Harmonized Tariff Schedule of the United States

美国协调关税税则

（正文·上册）

李九领　编

金宏彬　孙军超　李　宇　解恭浩　刘骁原　译

图书在版编目(CIP)数据

美国协调关税税则.正文 / 李九领编. -- 上海：上海财经大学出版社,2024.10
ISBN 978-7-5642-4272-5/F·4272

Ⅰ.①美… Ⅱ.①李… Ⅲ.①海关税则－关税法－美国 Ⅳ.①D971.222

中国国家版本馆CIP数据核字(2023)第210261号

□ 责任编辑　江　玉
□ 书籍设计　贺加贝

美国协调关税税则
（正文）

李九领　编

金宏彬　孙军超　李　宇　解恭浩　刘晓原　译

上海财经大学出版社出版发行
（上海市中山北一路369号　邮编200083）
网　　址:http://www.sufep.com
电子邮箱:webmaster@sufep.com
全国新华书店经销
江苏凤凰数码印务有限公司印刷装订
2024年10月第1版　2024年10月第1次印刷

889mm×1194mm　1/16　131.5印张(插页:4)　3598千字
定价:1180.00元(上、下册)

前　言

当今世界正经历百年未有之大变局,新冠疫情产生影响,贸易保护主义抬头,国际贸易和投资艰难复苏。我国进入新发展阶段,经济可持续发展具有坚实的基础,但是经济发展不平衡不充分问题仍然存在,国内、国际的风险挑战和不确定性、复杂性增加。

中国是全球第二大经济体,是全球第一大货物贸易国。据WTO统计,2023年我国进出口贸易额为5.94万亿美元,占全球进出口贸易总额的12.36%,其中进口贸易额2.56万亿美元,出口贸易额3.38万亿美元。美国是全球第一大经济体,是全球第一大服务贸易国。2023年美国进出口贸易额为5.19万亿美元,占全球进出口贸易总额的10.81%,其中进口贸易额3.17万亿美元,出口贸易额2.02万亿美元。虽然2018年至今中美经贸摩擦频发,但中国对美贸易额仍持续增加。据统计,在此期间,中美贸易总额年均为6 568.53亿美元,对美贸易顺差年均为3 456.83亿美元。2023年,美国依然是中国出口的第一目的国,出口贸易额5 002.91亿美元,占中国出口贸易总额的14.80%。同时,美国是中国进口的第二来源国,进口贸易额1 641.60亿美元,占中国进口贸易总额的6.42%。可见,国际贸易在中美两国经济发展中占有极其重要的地位,中美两个大国之间的经贸联系十分密切,互为重要贸易伙伴。

然而,2016年美国总统特朗普上台后奉行"美国优先"发展战略,采取带有世界性、全局性和长期性特点的单边主义和贸易保护主义政策,不仅影响了中美两国贸易,也对全球贸易和产业结构产生了重大影响。2020年,拜登当选美国总统,延续了特朗普政府对中国进口商品的高关税政策,同时采取新的单边主义政策,通过联合盟友制衡中国。

中国政府坚决反对贸易保护主义,维护国际自由贸易。针对美国对中国进口商品大规模加征关税,中国商务部发布对美加征关税的公告,促使美国进行谈判。

关税是财政政策和贸易政策中连接国内、国际经济的集合点,是极为传统、常用的财政政策和贸易政策工具之一,在本国经济和国际贸易中具有重要作用。进出口税则是国家对不同种类的进出口商品分别制定进口关税税率和出口关税税率。关税税目税率表是关税法的重要组成部分,是关税政策的具体体现。美国挑起贸易摩擦的借口和主要手段就是关税,通过税则实施关税政策,达到贸易保护的目的。因此,全面系统了解美国贸易和关税政策非常重要。

美国于1989年1月1日开始采用世界海关组织《商品名称及编码协调制度》(简称《协调制度》)商品分类目录制定本国税则,称为美国协调关税税则。美国协调关税税则采用十位编码:前六位编码与世界海关组织《协调制度》一致;前八位编码是法定的关税税号,用于设置关税税率;十位编码是统计目录。协调关税税则有四大特点:一是增加了世界海关组织《协调制度》目录中未包括的第九十八章和第九十九章。其中,第九十八章规定了在特殊情况下允许免税进口或部分免税进口的货物及免税条件;第九十九章规定了临时关税待遇以及根据贸易立法制定的临时贸易政策，如针对中国商品加征的关税措施在第九十九章第三分章第二十条注释中列出，共计66款，既有加征关税的措施，又有排除程序规定。二是在各类和各章中增加了大量附加美国注释及统计注释，明确了某些商品的归类要求，定义了一些专有名词，给出了某些商品进口数量限制。美国协调关税税则将进出口相关贸易政策与商品分类目录有机结合，形成了内容丰富、结构庞杂的税则体系。三是税则的列目结构比较细致。美国2021年版协调关税税则共有11 111个八位税号、18 815个十位编码。四是税则经常进行修订。美国2021年版协调关税税则已有包括基础版在内的至少9个版本，主要是根据贸易政策对少数注释作修改，而主体内容变化不大。

本项目是将美国2021年协调关税税则基础版由英文翻译成中文出版。项目由上海海关学院图书馆馆长、海关与公共经济学院原院长李九领教授统筹策划，组建翻译研究团队开展翻译、校对、统稿、审稿、出版联络等工作，并筹集经费。为保证税则翻译的专业性和准确性，由上海海关学院协调制度专家与海关一线专家共同组成翻译团队。翻译工作依照章节顺序分工如下：海关总署口岸监管司孙军超同志、拱北海关李宇同志翻译归类总规则、美国附加总规则、总注释、总统计注释、出口商须知；天津海关刘骁原同志翻译商品分类目录第一类至第五类、第十二类和统计附录；青岛海关解恭浩同志翻译商品分类目录第六类至第十类、协调关税表化学品附录、协调关税表药品附录和染料中间体附录；上海海关学院金宏彬博士翻译商品分类目录第十一类、第十三类至第二十二类。税则翻译全文由李九领教授和金宏彬博士校对、统稿。

美国协调关税税则由七部分组成：归类总规则、美国附加总规则、总注释、总统计注释、出口商须知、商品分类目录（第一章至第九十九章）、附录（包括协调关税表化学品附录、协调关税表药品附录、染料中间体附录、统计附录等）。鉴于翻译时间和版面关系，本书未翻译字母表，有兴趣的读者可以自行下载对照。美国协调关税税则内容繁杂，中文版分为两个部分分别出版：第一部分是美国协调关税税则的前言及附录（包含归类总规则、美国附加总规则、总注释、总统计注释、出口商须知和附录）；第二部分（含上、下册）是美国协调关税税则的正文，即商品分类目录，便于读者根据需要查阅。

美国协调关税税则中文版的翻译出版，将为我国政府部门、进出口企业、民众了解和研究美国关税政策提供完整系统的美国协调关税税则参考。

本书的翻译出版得到了上海海关学院领导的重视，得到了税务专业硕士研究生学位点的经费支持。同时，得到了上海财经大学出版社领导和相关工作人员的悉心帮助，他们对此书精心设计、编辑和排版。此外，还得到了财税与海关系统多位专家和领导的指导帮助。在此，对给予该书翻译出版帮助的所有领导、专家和工作人员表示衷心感谢！

翻译外国法律是一项非常严谨、细致且艰苦的工作，对语言能力与专业水平要求很高，需要多方面学习和研究不同国家的语言、历史、文化、政治、经济、法律等。翻译团队历时三年多时间，兢兢业业，完成了美国协调关税税则的翻译、审稿、校对和出版，但是由于译者水平所限，可能会存在漏译、翻译不准确甚至谬误等问题，恳请读者批评指正。

李九领

2024年1月

总目录

第一类　活动物；动物产品 1

第二类　植物产品 97

第三类　动、植物油、脂及其分解产品；精制的食用油脂；动、植物蜡 167

第四类　食品；饮料、酒及醋；烟草及烟草代用品的制品 179

第五类　矿产品 295

第六类　化学工业或相关工业的产品 333

第七类　塑料及其制品；橡胶及其制品 507

第八类　生皮、皮革、毛皮及其制品；鞍具及挽具；旅行用品、手提包及类似容器；动物肠线

（蚕胶丝除外）制品 553

第九类　木及木制品；木炭；软木及软木制品；稻草、秸秆、针茅或其他编结材料制品；篮筐

及柳条编结品 585

第十类　木浆及其他纤维状纤维素浆；回收（废碎）纸或纸板；纸、纸板及其制品 625

第十一类　纺织原料及纺织制品 655

第十二类　鞋、帽、伞、杖、鞭及其零件；已加工的羽毛及其制品；人造花；人发制品 981

第十三类　石料、石膏、水泥、石棉、云母及类似材料的制品；陶瓷产品；玻璃及其制品 ... 1023

第十四类　天然或养殖珍珠、宝石或半宝石、贵金属、包贵金属及其制品；仿首饰；硬币 ... 1067

第十五类　贱金属及其制品 1081

第十六类　机器、机械器具、电气设备及其零件；录音机及放声机、电视图像、声音的录制和重放设备及其零件、附件 ………………………………………………………… 1215

第十七类　车辆、航空器、船舶及有关运输设备 …………………………………………… 1375

第十八类　光学、照相、电影、计量、检验、医疗或外科用仪器及设备、精密仪器及设备；钟表；乐器；上述物品的零件、附件 ……………………………………………… 1413

第十九类　武器、弹药及其零件、附件 ……………………………………………………… 1473

第二十类　杂项制品 …………………………………………………………………………… 1481

第二十一类　艺术品、收藏品及古物 ………………………………………………………… 1519

第二十二类　特别归类规定；临时立法；根据现有贸易法规的临时修改；根据经修正的《农业调整法》第 22 条制定的附加进口限制 …………………………………… 1523

上册目录

第一类　活动物；动物产品 ··· 1

　第一章　活动物 ·· 3

　第二章　肉及食用杂碎 ·· 9

　第三章　鱼、甲壳动物、软体动物及其他水生无脊椎动物 ·· 21

　第四章　乳品；蛋品；天然蜂蜜；其他食用动物产品 ··· 50

　第五章　其他动物产品 ·· 92

第二类　植物产品 ··· 97

　第六章　活树及其他活植物；鳞茎、根及类似品；插花及装饰用簇叶 ····························· 99

　第七章　食用蔬菜、根及块茎 ·· 103

　第八章　食用水果及坚果；柑橘属水果或甜瓜的果皮 ··· 121

　第九章　咖啡、茶、马黛茶及调味香料 ··· 134

　第十章　谷物 ·· 140

　第十一章　制粉工业产品；麦芽；淀粉；菊粉；面筋 ··· 145

　第十二章　含油子仁及果实；杂项子仁及果实；工业用或药用植物；稻草、秸秆及饲料 ············ 151

　第十三章　虫胶；树胶、树脂及其他植物液、汁 ··· 161

　第十四章　编结用植物材料；其他植物产品 ··· 164

第三类　动、植物油、脂及其分解产品；精制的食用油脂；动、植物蜡 ························· 167

　第十五章　动、植物油、脂及其分解产品；精制的食用油脂；动、植物蜡 ················· 169

第四类 食品；饮料、酒及醋；烟草及烟草代用品的制品 179

第十六章 肉、鱼、甲壳动物、软体动物或其他水生无脊椎动物的制品 181
第十七章 糖及糖食 194
第十八章 可可及可可制品 207
第十九章 谷物、粮食粉、淀粉或乳的制品；糕饼点心 220
第二十章 蔬菜、水果、坚果或植物其他部分的制品 232
第二十一章 杂项食品 254
第二十二章 饮料、酒及醋 268
第二十三章 食品工业的残渣及废料；配制的动物饲料 278
第二十四章 烟草及烟草代用品的制品 283

第五类 矿产品 295

第二十五章 盐；硫磺；泥土及石料；石膏料、石灰及水泥 297
第二十六章 矿砂、矿渣及矿灰 304
第二十七章 矿物燃料、矿物油及其蒸馏产品；沥青物质；矿物蜡 312

第六类 化学工业或相关工业的产品 323

第二十八章 无机化学品；贵金属、稀土金属、放射性元素或同位素的有机或无机化合物 325
第二十九章 有机化学品 348
第三十章 药品 438
第三十一章 肥料 446
第三十二章 鞣料浸膏或染料浸膏；鞣酸及其衍生物；染料、颜料及其他着色料；油漆及清漆；油灰及其他类似胶粘剂；墨水、油墨 450
第三十三章 精油及香膏；芳香料制品及化妆盥洗品 465
第三十四章 肥皂、有机表面活性剂、洗涤剂、润滑剂、人造蜡、调制蜡、光洁剂、蜡烛及类似品、塑型用膏、"牙科用蜡"及牙科用熟石膏制剂 470
第三十五章 蛋白类物质；改性淀粉；胶；酶 475
第三十六章 炸药；烟火制品；火柴；引火合金；易燃材料制品 479

第三十七章　照相及电影用品 ………………………………………………………… 482

第三十八章　杂项化学产品 …………………………………………………………… 487

第七类　塑料及其制品；橡胶及其制品 ………………………………………………… 507

第三十九章　塑料及其制品 …………………………………………………………… 509

第四十章　橡胶及其制品 ……………………………………………………………… 537

第八类　生皮、皮革、毛皮及其制品；鞍具及挽具；旅行用品、手提包及类似容器；动物肠线（蚕胶丝除外）制品 …………………………………………………………… 553

第四十一章　生皮（毛皮除外）及皮革 ………………………………………………… 555

第四十二章　皮革制品；鞍具及挽具；旅行用品、手提包及类似容器；动物肠线（蚕胶丝除外）制品 …………………………………………………………………………… 569

第四十三章　毛皮、人造毛皮及其制品 ………………………………………………… 581

第九类　木及木制品；木炭；软木及软木制品；稻草、秸秆、针茅或其他编结材料制品；篮筐及柳条编结品 ………………………………………………………………… 585

第四十四章　木及木制品；木炭 ………………………………………………………… 587

第四十五章　软木及软木制品 ………………………………………………………… 616

第四十六章　稻草、秸秆、针茅或其他编结材料制品；篮筐及柳条编结品 ………… 619

第十类　木浆及其他纤维状纤维素浆；回收（废碎）纸或纸板；纸、纸板及其制品 …… 625

第四十七章　木浆及其他纤维状纤维素浆；回收（废碎）纸或纸板 ………………… 627

第四十八章　纸及纸板；纸浆、纸或纸板制品 ………………………………………… 630

第四十九章　书籍、报纸、印刷图画及其他印刷品；手稿、打字稿及设计图纸 ……… 650

第十一类　纺织原料及纺织制品 ……………………………………………………… 655

第五十章　蚕丝 ………………………………………………………………………… 661

第五十一章　羊毛、动物细毛或粗毛；马毛纱线及其机织物 ………………………… 664

第五十二章	棉花	676
第五十三章	其他植物纺织纤维；纸纱线及其机织物	717
第五十四章	化学纤维长丝；化学纤维纺织材料制扁条及类似品	723
第五十五章	化学纤维短纤	745
第五十六章	絮胎、毡呢及无纺织物；特种纱线；线、绳、索、缆及其制品	772
第五十七章	地毯及纺织材料的其他铺地制品	780
第五十八章	特种机织物；簇绒织物；花边；装饰毯；装饰带；刺绣品	787
第五十九章	浸渍、涂布、包覆或层压的纺织物；工业用纺织制品	797
第六十章	针织物及钩编织物	805
第六十一章	针织或钩编的服装及衣着附件	813
第六十二章	非针织或非钩编的服装及衣着附件	873
第六十三章	其他纺织制成品；成套物品；旧衣着及旧纺织品；碎织物	964

第十二类　鞋、帽、伞、杖、鞭及其零件；已加工的羽毛及其制品；人造花；人发制品　981

第六十四章	鞋靴、护腿和类似品及其零件	983
第六十五章	帽类及其零件	1011
第六十六章	雨伞、阳伞、手杖、鞭子、马鞭及其零件	1018
第六十七章	已加工羽毛、羽绒及其制品；人造花；人发制品	1020

第一类 活动物;动物产品

注释:

一、本类所称的各属种动物,除条文另有规定的以外,均包括其幼仔在内。

二、除条文另有规定的以外,本税则所称"干的"产品,均包括经脱水、蒸发或冷冻干燥的产品。

第一章 活动物

注释：

一、本章包括所有活动物，但下列各项除外：

(一) 品目 0301、品目 0306、品目 0307 或品目 0308 的鱼、甲壳动物、软体动物及其他水生无脊椎动物；

(二) 品目 3002 的培养微生物及其他产品；以及

(三) 品目 9508 的动物。

附加美国注释：

一、所称"纯种繁殖动物"仅包括由农业部向美国海关总署证实为公认品种的纯种动物并在农业部部长认可的该品种记录簿中正式登记的动物，这些动物是专门为繁殖目的而进口的，无论是否拟由进口商本人使用或为该目的而出售。[①]

二、某些适用于活动物的特别规定参见第九十八章。

[①] 纯种动物证书是一种过时的形式，不能再从美国农业部获得。有关更多信息请咨询美国海关。

税则号列	统计后缀	货品名称	单位	税率 1 普通	税率 1 特惠	2
0101		活的马、驴、骡:				
		马:				
0101.21.00		改良种用		0[1]		0
	10	公的	头			
	20	母的	头			
0101.29.00		其他		0[1]		20%
	10	进口立即屠宰	头			
	90	其他	头			
0101.30.00	00	驴	头	6.8%[1]	0(A+,AU,BH,CA,CL,CO,D,E,IL,JO,KR,MA,MX,OM,P,PA,PE,S,SG)	15%
0101.90		其他:				
0101.90.30	00	进口立即屠宰	头	0[1]		0
0101.90.40	00	其他	头	4.5%[1]	0(A+,AU,BH,CA,CL,CO,D,E,IL,JO,KR,MA,MX,OM,P,PA,PE,S,SG)	20%
0102		活牛:				
		家牛:				
0102.21.00		改良种用		0[1]		0
		奶牛:				
	10	公的	头			
	20	母的	头			
		其他:				
	30	公的	头			
	50	母的	头			
0102.29		其他:				
0102.29.20		为产奶而进口的奶牛:		0[1]		6.6美分/千克
	11	每头重量少于90千克	头 千克			
	12	每头重量90千克或以上	头 千克			
0102.29.40		其他		1美分/千克[1]	0(A+,AU,BH,CA,CL,CO,D,E,IL,JO,KR,MA,MX,OM,P,PA,PE,S,SG)	5.5美分/千克
		每头重量少于90千克:				
	24	公的	头 千克			
	28	母的	头 千克			
		每头重量90千克或以上并且少于200千克:				
	34	公的	头 千克			

税则号列	统计后缀	货品名称	单位	税率 1 普通	税率 1 特惠	2
	38	母的	头 千克			
		每头重量200千克或以上并且少于320千克:				
	54	公的	头 千克			
	58	母的	头 千克			
		每头重量320千克或以上:				
		直接屠宰:				
	62	小公牛	头 千克			
	64	公牛	头 千克			
	66	母牛	头 千克			
	68	小母牛	头 千克			
		种用:				
	72	公牛	头 千克			
	74	母牛	头 千克			
		其他:				
	82	公的	头 千克			
	84	母的	头 千克			
		水牛:				
0102.31.00		改良种用		0[1]		0
	10	公的	头			
	20	母的	头			
0102.39.00		其他		1美分/千克[1]	0(A+,AU,BH,CA,CL,CO,D,E,IL,JO,KR,MA,MX,OM,P,PA,PE,S,SG)	5.5美分/千克
	10	野牛	头 千克			
		其他:				
		每头重量少于90千克:				
	24	公的	头 千克			
	28	母的	头 千克			
		每头重量90千克或以上并且少于200千克:				

税则号列	统计后缀	货品名称	单位	税率 1 普通	税率 1 特惠	2
	34	公的	头 千克			
	38	母的	头 千克			
		每头重量200千克或以上并且少于320千克：				
	54	公的	头 千克			
	58	母的	头 千克			
		每头重量320千克或以上：				
	61	直接屠宰	头 千克			
		种用：				
	72	公的	头 千克			
	74	母的	头 千克			
		其他：				
	82	公的	头 千克			
	84	母的	头 千克			
0102.90.00	00	其他	头 千克	1美分/千克[1]	0(A+,AU,BH,CA,CL,CO,D,E,IL,JO,KR,MA,MX,OM,P,PA,PE,S,SG)	5.5美分/千克
0103		活猪：				
0103.10.00	00	改良种用	头	0[1]		0
		其他：				
0103.91.00		每头重量少于50千克		0[1]		4.4美分/千克
	10	每头重量少于7千克	头 千克			
	20	每头重量7千克或以上并且少于23千克	头 千克			
	30	每头重量23千克或以上并且少于50千克	头 千克			
0103.92.00		每头重量50千克或以上		0[1]		4.4美分/千克
	10	直接屠宰	头 千克			
	20	除了改良种用以外的饲养动物	头 千克			
	91	其他	头 千克			
0104		活的绵羊、山羊：				

第一章　活动物

税则号列	统计后缀	货品名称	单位	税率 1 普通	税率 1 特惠	2
0104.10.00	00	山羊	头 千克	0[1]		3美元/头
0104.20.00	00	绵羊	头	68美分/头[1]	0(A+,AU,BH,CA,CL,CO,D,E,IL,JO,KR,MA,MX,OM,P,PA,PE,S,SG)	3美元/头
0105		活的家禽,即鸡、鸭、鹅、火鸡及珍珠鸡:				
		重量不超过185克:				
0105.11.00		鸡	只	0.9美分/只[1]	0(A+,AU,BH,CA,CL,CO,D,E,IL,JO,KR,MA,MX,OM,P,PA,PE,S,SG)	4美分/只
		种用,无论是否纯种:				
	10	产蛋鸡(蛋型)	只			
	20	肉用鸡(肉型)	只			
	40	其他	只			
0105.12.00	00	火鸡	只	0.9美分/只[1]	0(A+,AU,BH,CA,CL,CO,D,E,IL,JO,KR,MA,MX,OM,P,PA,PE,S,SG)	4美分/只
0105.13.00	00	鸭	只	0.9美分/只[1]	0(A+,AU,BH,CA,CL,CO,D,E,IL,JO,KR,MA,MX,OM,P,PA,PE,S,SG)	4美分/只
0105.14.00	00	鹅	只	0.9美分/只[1]	0(A+,AU,BH,CA,CL,CO,D,E,IL,JO,KR,MA,MX,OM,P,PA,PE,S,SG)	4美分/只
0105.15.00	00	珍珠鸡	只	0.9美分/只[1]	0(A+,AU,BH,CA,CL,CO,D,E,IL,JO,KR,MA,MX,OM,P,PA,PE,S,SG)	4美分/只
		其他:				
0105.94.00	00	鸡	只 千克	2美分/千克[1]	0(A+,AU,BH,CA,CL,CO,D,E,IL,JO,KR,MA,MX,OM,P,PA,PE,S,SG)	17.6美分/千克
0105.99.00	00	其他	只 千克	2美分/千克[1]	0(A+,AU,BH,CA,CL,CO,D,E,IL,JO,KR,MA,MX,OM,P,PA,PE,S,SG)	17.6美分/千克
0106		其他活动物:				
		哺乳动物:				
0106.11.00	00	灵长类[2]	只	0[1]		15%
0106.12.01	00	鲸、海豚及鼠海豚(鲸目哺乳动物);海牛及儒艮(海牛目哺乳动物);海豹、海狮及海象(鳍足亚目哺乳动物)	只	0[1]		15%
0106.13.00	00	骆驼及其他骆驼科动物	只	0[1]		15%
0106.14.00	00	家兔及野兔	只	0[1]		15%
0106.19		其他:				
0106.19.30	00	狐狸	只	4.8%[1]	0(A+,AU,BH,CA,CL,CO,D,E,IL,JO,KR,MA,MX,OM,P,PA,PE,S,SG)	15%
0106.19.91		其他		0[1]		15%
	20	狗	只			

税则号列	统计后缀	货品名称	单位	税率 1 普通	税率 1 特惠	2
	95	其他	只			
0106.20.00	00	爬行动物(包括蛇及龟鳖)	只	0[1]		15%
		鸟:				
0106.31.00	00	猛禽	只	1.8%[1]	0(A, AU, BH, CA, CL, CO, D, E, IL, JO, KR, MA, MX, OM, P, PA, PE, S, SG)	20%
0106.32.00	00	鹦形目(包括普通鹦鹉、长尾鹦鹉、金刚鹦鹉及美冠鹦鹉)	只	1.8%[1]	0(A, AU, BH, CA, CL, CO, D, E, IL, JO, KR, MA, MX, OM, P, PA, PE, S, SG)	20%
0106.33.00	00	鸵鸟;鸸鹋(鸸鹋科)	只	1.8%[1]	0(A, AU, BH, CA, CL, CO, D, E, IL, JO, KR, MA, MX, OM, P, PA, PE, S, SG)	20%
0106.39.01	00	其他	只	1.8%[1]	0(A, AU, BH, CA, CL, CO, D, E, IL, JO, KR, MA, MX, OM, P, PA, PE, S, SG)	20%
		昆虫:				
0106.41.00	00	蜂	千克	0[1]		15%
0106.49.00		其他		0[1]		15%
	10	切叶蜂幼虫	千克			
	90	其他	千克			
0106.90.01		其他		0[1]		15%
	10	蠕虫	千克			
	20	诱饵虫(不是蠕虫)	千克			
	80	其他	千克			

[1]见9903.88.15。

[2]见9903.88.51和9903.88.57。

第二章 肉及食用杂碎

注释：

一、本章不包括：

(一)品目 0201 至 0208 或品目 0210 的不适合供人食用的产品；

(二)动物的肠、膀胱、胃(品目 0504)或动物血(品目 0511、品目 3002)；或者

(三)品目 0209 所列产品以外的动物脂肪(第十五章)。

附加美国注释：

一、在本章中——

(一)所称"已加工的"包括已碾碎或粉碎、切丁或切成小块用于炖肉或类似用途、卷制和串制的肉类，以及花式切割特殊加工的、特殊形状的或者其他为了零售用途而加工的肉类。

(二)所称"优质牛肉片"是指加工成花式肉片、特殊形状的牛肉，或者专门为零售的特殊用途而准备的牛肉(但不包括磨碎或粉碎、切块或切成一定尺寸的用于炖肉或类似用途的牛肉，或者卷制或串制的牛肉)，符合美国农业部发布的优质牛肉或精选牛肉法规中的规格，并且根据财政部部长与农业部部长协商后发布的条例，在出口前已由出口国政府官员认证。

二、在评估肉类的关税时，不应当考虑肉类的组成部分，如骨骼、脂肪和皮。密闭容器内肉类的应税重量适用包括容器的全部内容的特定税率。

三、税号 0201.10.10、税号 0201.20.10、税号 0201.20.30、税号 0201.20.50、税号 0201.30.10、税号 0201.30.30、税号 0201.30.50、税号 0202.10.10、税号 0202.20.10、税号 0202.20.30、税号 0202.20.50、税号 0202.30.10、税号 0202.30.30 和税号 0202.30.50 的进口牛肉的数量每年不得超过本注释规定的数量。

	数量(吨)
加拿大	无限制
墨西哥	无限制
澳大利亚	378 214
新西兰	213 402
阿根廷	20 000
乌拉圭	20 000
其他国家或地区	65 005

进口上述产品应当遵守美国贸易代表办公室(USTR)制定的规定。

税则号列	统计后缀	货品名称	单位	税率 1 普通	税率 1 特惠	2
0201		鲜、冷牛肉：				
0201.10		整头及半头：				
0201.10.05		本税则总注释十五描述，并根据其规定进口的		4.4美分/千克[1]	0(A+,AU,BH,CA,CL,CO,D,E*,IL,JO,KR,MA,MX,OM,P,PA,PE,S,SG)	13.2美分/千克
	10	小牛肉	千克			
	90	其他	千克			
0201.10.10		本章附加美国注释三描述，并根据其规定进口的		4.4美分/千克[1]	0(A+,AU,BH,CA,CL,CO,D,E*,IL,JO,KR,MA,MX,OM,P,PA,PE,S,SG)	13.2美分/千克
	10	小牛肉	千克			
	90	其他	千克			
0201.10.50		其他[2]		26.4%[1]	0(BH,CA,CL,JO,MA,MX,OM,P,S,SG)3.5%(PE)8.8%(KR) 见9913.02.05至9913.02.30(AU) 见9915.02.05至9915.02.10(P+) 见9918.02.01至9918.02.03(CO) 见9919.02.01至9919.02.02(PA)	31.1%
	10	小牛肉	千克			
	90	其他	千克			
0201.20		其他带骨肉：				
		本税则总注释十五描述，并根据其规定进口的				
		已加工的				
0201.20.02	00	优质牛肉片	千克	4%[1]	0(A+,AU,BH,CA,CL,CO,D,E*,IL,JO,KR,MA,MX,OM,P,PA,PE,S,SG)	20%
0201.20.04	00	其他	千克	10%[1]	0(A+,AU,BH,CA,CL,CO,D,E*,IL,JO,KR,MA,MX,OM,P,PA,PE,S,SG)	20%
0201.20.06	00	其他	千克	4.4美分/千克[1]	0(A+,AU,BH,CA,CL,CO,D,E*,IL,JO,KR,MA,MX,OM,P,PA,PE,S,SG)	13.2美分/千克
		本章附加美国注释三描述，并根据其规定进口的：				
		已加工的：				
0201.20.10	00	优质牛肉块	千克	4%[1]	0(A+,AU,BH,CA,CL,CO,D,E*,IL,JO,KR,MA,MX,OM,P,PA,PE,S,SG)	20%
0201.20.30	00	其他	千克	10%[1]	0(A+,AU,BH,CA,CL,CO,D,E*,IL,JO,KR,MA,MX,OM,P,PA,PE,S,SG)	20%
0201.20.50		其他	千克	4.4美分/千克[1]	0(A+,AU,BH,CA,CL,CO,D,E*,IL,JO,KR,MA,MX,OM,P,PA,PE,S,SG)	13.2美分/千克
	15	鲜、冷带骨小牛肉：	千克			
		其他：				
	25	肋骨切块	千克			

税则号列	统计后缀	货品名称	单位	税率 1 普通	税率 1 特惠	2
	35	肩胛骨切块	千克			
	45	腰部切块	千克			
	55	胸部切块	千克			
	65	臀部切块	千克			
	75	侧切或板切块	千克			
	85	其他	千克			
0201.20.80		其他[2]		26.4%[1]	0(BH,CA,CL,JO,MA,MX,OM,P,S,SG)3.5%(PE)8.8%(KR) 见9913.02.05至9913.02.30(AU) 见9915.02.05至9915.02.10(P+) 见9918.02.01至9918.02.03(CO) 见9919.02.01至9919.02.02(PA)	31.1%
	10	野牛	千克			
	90	其他	千克			
0201.30		无骨:				
		本税则总注释十五描述,并根据其规定进口的:				
		已加工的:				
0201.30.02	00	优质牛肉片	千克	4%[1]	0(A+,AU,BH,CA,CL,CO,D,E*,IL,JO,KR,MA,MX,OM,P,PA,PE,S,SG)	20%
0201.30.04	00	其他	千克	10%[1]	0(A+,AU,BH,CA,CL,CO,D,E*,IL,JO,KR,MA,MX,OM,P,PA,PE,S,SG)	20%
0201.30.06	00	其他	千克	4.4美分/千克[1]	0(A+,AU,BH,CA,CL,CO,D,E*,IL,JO,KR,MA,MX,OM,P,PA,PE,S,SG)	13.2美分/千克
		本章附加美国注释三描述,并根据其规定进口的:				
		已加工的:				
0201.30.10	00	优质牛肉块	千克	4%[1]	0(A+,AU,BH,CA,CL,CO,D,E*,IL,JO,KR,MA,MX,OM,P,PA,PE,S,SG)	20%
0201.30.30	00	其他	千克	10%[1]	0(A+,AU,BH,CA,CL,CO,D,E*,IL,JO,KR,MA,MX,OM,P,PA,PE,S,SG)	20%
0201.30.50		其他	千克	4.4美分/千克[1]	0(A+,AU,BH,CA,CL,CO,D,E*,IL,JO,KR,MA,MX,OM,P,PA,PE,S,SG)	13.2美分/千克
	15	鲜、冷去骨小牛肉	千克			
		其他:				
	25	肋骨切块	千克			
	35	肩胛骨切块	千克			
	45	腰部切块	千克			
	55	胸部切块	千克			
	65	臀部切块	千克			

税则号列	统计后缀	货品名称	单位	税率 1 普通	税率 1 特惠	2
	75	侧切或板切块	千克			
	85	其他	千克			
0201.30.80		其他[2]		26.4%[1]	0(BH,CA,CL,JO,MA,MX,OM,P,S,SG)3.5%(PE)8.8%(KR) 见9913.02.05至9913.02.30(AU) 见9915.02.05至9915.02.10(P+) 见9918.02.01至9918.02.03(CO) 见9919.02.01至9919.02.02(PA)	31.1%
	10	野牛	千克			
	90	其他	千克			
0202		冻牛肉：				
0202.10		整头或半头：				
0202.10.05		本税则总注释十五描述,并根据其规定进口的		4.4美分/千克[1]	0(A+,AU,BH,CA,CL,CO,D,E*,IL,JO,KR,MA,MX,OM,P,PA,PE,S,SG)	13.2美分/千克
	10	小牛肉	千克			
	90	其他	千克			
0202.10.10		本章附加美国注释三描述,并根据其规定进口的		4.4美分/千克[1]	0(A+,AU,BH,CA,CL,CO,D,E*,IL,JO,KR,MA,MX,OM,P,PA,PE,S,SG)	13.2美分/千克
	10	小牛肉	千克			
	90	其他	千克			
0202.10.50		其他[3]		26.4%[1]	0(BH,CA,CL,JO,MA,MX,OM,P,S,SG)3.5%(PE)8.8%(KR) 见9913.02.05至9913.02.30(AU) 见9915.02.05至9915.02.10(P+) 见9918.02.01至9918.02.03(CO) 见9919.02.01至9919.02.02(PA)	31.1%
	10	小牛肉	千克			
	90	其他	千克			
0202.20		其他带骨肉：				
		本税则总注释十五描述,并根据其规定进口的：				
		已加工的：				
0202.20.02	00	优质牛肉片	千克	4%[1]	0(A+,AU,BH,CA,CL,CO,D,E*,IL,JO,KR,MA,MX,OM,P,PA,PE,S,SG)	20%
0202.20.04	00	其他	千克	10%[1]	0(A+,AU,BH,CA,CL,CO,D,E*,IL,JO,KR,MA,MX,OM,P,PA,PE,S,SG)	20%
0202.20.06	00	其他	千克	4.4美分/千克[1]	0(A+,AU,BH,CA,CL,CO,D,E*,IL,JO,KR,MA,MX,OM,P,PA,PE,S,SG)	13.2美分/千克
		本章附加美国注释三描述,并根据其规定进口的：				
		已加工的：				

第二章 肉及食用杂碎 13

税则号列	统计后缀	货品名称	单位	税率 普通	税率 特惠	2
0202.20.10	00	优质牛肉片	千克	4%[1]	0(A+,AU,BH,CA,CL,CO,D,E*,IL,JO,KR,MA,MX,OM,P,PA,PE,S,SG)	20%
0202.20.30	00	其他	千克	10%[1]	0(A+,AU,BH,CA,CL,CO,D,E*,IL,JO,KR,MA,MX,OM,P,PA,PE,S,SG)	20%
0202.20.50		其他		4.4美分/千克[1]	0(A+,AU,BH,CA,CL,CO,D,E*,IL,JO,KR,MA,MX,OM,P,PA,PE,S,SG)	13.2美分/千克
	25	肋骨切块	千克			
	35	肩胛骨切块	千克			
	45	腰部切块	千克			
	55	胸部切块	千克			
	65	臀部切块	千克			
	75	侧切或板切块	千克			
	85	其他	千克			
0202.20.80	00	其他[2]	千克	26.4%[1]	0(BH,CA,CL,JO,MA,MX,OM,P,S,SG)3.5%(PE)8.8%(KR) 见9913.02.05至9913.02.30(AU) 见9915.02.05至9915.02.10(P+) 见9918.02.01至9918.02.03(CO) 见9919.02.01至9919.02.02(PA)	31.1%
0202.30		去骨的:				
		本税则总注释十五描述,并根据其规定进口的:				
		已加工的:				
0202.30.02	00	优质牛肉块	千克	4%[1]	0(A,AU,BH,CA,CL,CO,D,E*,IL,JO,KR,MA,MX,OM,P,PA,PE,S,SG)	20%
0202.30.04	00	其他	千克	10%[1]	0(A+,AU,BH,CA,CL,CO,D,E*,IL,JO,KR,MA,MX,OM,P,PA,PE,S,SG)	20%
0202.30.06	00	其他	千克	4.4美分/千克[1]	0(A+,AU,BH,CA,CL,CO,D,E*,IL,JO,KR,MA,MX,OM,P,PA,PE,S,SG)	13.2美分/千克
		本章附加美国注释三描述,并根据其规定进口的:				
		已加工的:				
0202.30.10	00	优质牛肉块	千克	4%[1]	0(A*,AU,BH,CA,CL,CO,D,E*,IL,JO,KR,MA,MX,OM,P,PA,PE,S,SG)	20%
0202.30.30	00	其他	千克	10%[1]	0(A+,AU,BH,CA,CL,CO,D,E*,IL,JO,KR,MA,MX,OM,P,PA,PE,S,SG)	20%
0202.30.50		其他	千克	4.4美分/千克[1]	0(A+,AU,BH,CA,CL,CO,D,E*,IL,JO,KR,MA,MX,OM,P,PA,PE,S,SG)	13.2美分/千克
	15	冷冻去骨小牛肉	千克			

税则号列	统计后缀	货品名称	单位	税率 普通	税率 特惠	2
		其他:				
	25	肋骨切块	千克			
	35	肩胛骨切块	千克			
	45	腰部切块	千克			
	55	胸部切块	千克			
	65	臀部切块	千克			
	75	侧切或板切块	千克			
	85	其他	千克			
0202.30.80	00	其他[2]	千克	26.4%[1]	0(BH,CA,CL,JO,MA,MX,OM,P,S,SG)3.5%(PE)8.8%(KR) 见9913.02.05至9913.02.30(AU) 见9915.02.05至9915.02.10(P+) 见9918.02.01至9918.02.03(CO) 见9919.02.01至9919.02.02(PA)	31.1%
0203		鲜、冷、冻猪肉:				
		鲜或冷的:				
0203.11.00	00	整头及半头	千克	0[1]		5.5美分/千克
0203.12		带骨的前腿、后腿及其肉块:				
0203.12.10		已加工的		1.4美分/千克[1]	0(A+,AU,BH,CA,CL,CO,D,E,IL,JO,KR,MA,MX,OM,P,PA,PE,S,SG)	7.2美分/千克
	10	前腿及其肉块	千克			
	20	后腿及其肉块	千克			
0203.12.90		其他		0[1]		5.5美分/千克
	10	前腿及其肉块	千克			
	20	后腿及其肉块	千克			
0203.19		其他:				
0203.19.20		已加工的		1.4美分/千克[1]	0(A+,AU,BH,CA,CL,CO,D,E,IL,JO,KR,MA,MX,OM,P,PA,PE,S,SG)	7.2美分/千克
	10	排骨	千克			
	90	其他	千克			
0203.19.40		其他		0[1]		5.5美分/千克
	10	猪肚	千克			
	90	其他	千克			
		冻的:				
0203.21.00	00	整头及半头	千克	0[1]		5.5美分/千克
0203.22		带骨的前腿、后腿及其肉块:				
0203.22.10	00	已加工的	千克	1.4美分/千克[1]	0(A,AU,BH,CA,CL,CO,D,E,IL,JO,KR,MA,MX,OM,P,PA,PE,S,SG)	7.2美分/千克

税则号列	统计后缀	货品名称	单位	税率 1 普通	税率 1 特惠	2
0203.22.90	00	其他	千克	0[1]		5.5美分/千克
0203.29		其他:				
0203.29.20	00	已加工的	千克	1.4美分/千克[4]	0(A,AU,BH,CA,CL,CO,D,E,IL,JO,KR,MA,MX,OM,P,PA,PE,S,SG)	7.2美分/千克
0203.29.40	00	其他	千克	0[5]		5.5美分/千克
0204		冷、鲜、冻绵羊肉或山羊肉:				
0204.10.00	00	鲜或冷的整头及半头羔羊	千克	0.7美分/千克[1]	0(A+,AU,BH,CA,CL,CO,D,E,IL,JO,KR,MA,MX,OM,P,PA,PE,S,SG)	15.4美分/千克
		其他鲜或冷的绵羊肉:				
0204.21.00	00	整头及半头[6]	千克	2.8美分/千克[1]	0(A+,AU,BH,CA,CL,CO,D,E,IL,JO,KR,MA,MX,OM,P,PA,PE,S,SG)	11美分/千克
0204.22		其他带骨肉:				
0204.22.20		羔羊		0.7美分/千克[1]	0(A+,AU,BH,CA,CL,CO,D,E,IL,JO,KR,MA,MX,OM,P,PA,PE,S,SG)	15.4美分/千克
	10	前腿	千克			
	20	后腿	千克			
	30	腰部	千克			
	90	其他	千克			
0204.22.40	00	其他[6]	千克	2.8美分/千克[1]	0(A+,AU,BH,CA,CL,CO,D,E,IL,JO,KR,MA,MX,OM,P,PA,PE,S,SG)	11美分/千克
0204.23		去骨肉:				
0204.23.20	00	羔羊	千克	0.7美分/千克[1]	0(A+,AU,BH,CA,CL,CO,D,E,IL,JO,KR,MA,MX,OM,P,PA,PE,S,SG)	15.4美分/千克
0204.23.40	00	其他[6]	千克	2.8美分/千克[1]	0(A+,AU,BH,CA,CL,CO,D,E,IL,JO,KR,MA,MX,OM,P,PA,PE,S,SG)	11美分/千克
0204.30.00	00	冻的整头及半头羔羊	千克	0.7美分/千克[1]	0(A+,AU,BH,CA,CL,CO,D,E,IL,JO,KR,MA,MX,OM,P,PA,PE,S,SG)	15.4美分/千克
		其他冻的绵羊肉:				
0204.41.00	00	整头及半头[6]	千克	2.8美分/千克[1]	0(A+,AU,BH,CA,CL,CO,D,E,IL,JO,KR,MA,MX,OM,P,PA,PE,S,SG)	11美分/千克
0204.42		其他带骨肉:				
0204.42.20		羔羊		0.7美分/千克[1]	0(A+,AU,BH,CA,CL,CO,D,E,IL,JO,KR,MA,MX,OM,P,PA,PE,S,SG)	15.4美分/千克
	10	前腿	千克			
	20	后腿	千克			

税则号列	统计后缀	货品名称	单位	税率 1 普通	税率 1 特惠	2
	30	腰部	千克			
	90	其他	千克			
0204.42.40	00	其他[6]	千克	2.8美分/千克[1]	0(A+,AU,BH,CA,CL,CO,D,E,IL,JO,KR,MA,MX,OM,P,PA,PE,S,SG)	11美分/千克
0204.43		去骨肉：				
0204.43.20	00	羔羊	千克	0.7美分/千克[1]	0(A+,AU,BH,CA,CL,CO,D,E,IL,JO,KR,MA,MX,OM,P,PA,PE,S,SG)	15.4美分/千克
0204.43.40	00	其他[6]	千克	2.8美分/千克[1]	0(A+,AU,BH,CA,CL,CO,D,E,IL,JO,KR,MA,MX,OM,P,PA,PE,S,SG)	11美分/千克
0204.50.00	00	山羊肉	千克	0[1]		11美分/千克
0205.00.00	00	鲜、冷、冻马、驴、骡肉	千克	0[1]		0
0206		鲜、冷、冻牛、猪、绵羊、山羊、马、驴、骡的食用杂碎：				
0206.10.00	00	鲜、冷牛杂碎	千克	0[4]		30%
		冻牛杂碎：				
0206.21.00	00	舌	千克	0[1]		30%
0206.22.00	00	肝	千克	0[1]		30%
0206.29.00	00	其他	千克	0[1]		30%
0206.30.00	00	鲜、冷猪杂碎	千克	0[1]		30%
		冻猪杂碎：				
0206.41.00	00	肝	千克	0[1]		30%
0206.49.00	00	其他	千克	0[1]		30%
0206.80.00	00	其他鲜、冷杂碎	千克	0[1]		30%
0206.90.00		其他冻杂碎		0[1]		30%
	20	冻羊（包括羔羊）杂碎	千克			
	40	冻马、驴、骡杂碎	千克			
0207		品目0105所列家禽的冷、鲜、冻肉及食用杂碎：				
		鸡：				
0207.11.00		整只,鲜或冷的		8.8美分/千克[1]	0(A+,AU,BH,CA,CL,CO,D,E,IL,JO,KR,MA,MX,OM,P,PA,PE,S,SG)	22美分/千克
	20	雏鸡（肉鸡、煎鸡、烤肉的鸡和阉鸡）	千克			
	40	其他	千克			
0207.12.00		整只,冻的		8.8美分/千克[1]	0(A+,AU,BH,CA,CL,CO,D,E,IL,JO,KR,MA,MX,OM,P,PA,PE,S,SG)	22美分/千克
	20	雏鸡（肉鸡、煎鸡、烤肉的鸡和阉鸡）	千克			
	40	其他	千克			

税则号列	统计后缀	货品名称	单位	税率 1 普通	税率 1 特惠	税率 2
0207.13.00	00	块及杂碎,鲜或冷的	千克	17.6美分/千克[1]	0(A+,AU,BH,CA,CL,CO,D,E,IL,JO,KR,MA,MX,OM,P,PA,PE,S,SG)	22美分/千克
0207.14.00		块及杂碎,冻的		17.6美分/千克[1]	0(A+,AU,BH,CA,CL,CO,D,E,IL,JO,KR,MA,MX,OM,P,PA,PE,S,SG)	22美分/千克
	20	肝脏	千克			
	40	其他	千克			
		火鸡:				
0207.24.00	00	整只,鲜或冷的	千克	15美分/千克[1]	0(A+,AU,BH,CA,CL,CO,D,E,IL,JO,KR,MA,MX,OM,P,PA,PE,S,SG)	22美分/千克
0207.25		整只,冻的:				
0207.25.20	00	价值低于88美分/千克	千克	8.8美分/千克[1]	0(A+,AU,BH,CA,CL,CO,D,E,IL,JO,KR,MA,MX,OM,P,PA,PE,S,SG)	22美分/千克
0207.25.40	00	价值为88美分/千克或更高	千克	10%[1]	0(A+,AU,BH,CA,CL,CO,D,E,IL,JO,KR,MA,MX,OM,P,PA,PE,S,SG)	25%
0207.26.00	00	块及杂碎,鲜或冷的	千克	17.6美分/千克[1]	0(A+,AU,BH,CA,CL,CO,D,E,IL,JO,KR,MA,MX,OM,P,PA,PE,S,SG)	22美分/千克
0207.27.00	00	块及杂碎,冻的	千克	17.6美分/千克[1]	0(A+,AU,BH,CA,CL,CO,D,E,IL,JO,KR,MA,MX,OM,P,PA,PE,S,SG)	22美分/千克
	20	肝脏	千克			
	40	其他	千克			
0207.41.00		鸭:				
	00	整只,鲜或冷的	千克	8.8美分/千克[1]	0(A+,AU,BH,CA,CL,CO,D,E,IL,JO,KR,MA,MX,OM,P,PA,PE,S,SG)	22美分/千克
0207.42.00	00	整只,冻的	千克	8.8美分/千克[1]	0(A,AU,BH,CA,CL,CO,D,E,IL,JO,KR,MA,MX,OM,P,PA,PE,S,SG)	22美分/千克
0207.43.00	00	脂肝,鲜或冷的	千克	17.6美分/千克[1]	0(A+,AU,BH,CA,CL,CO,D,E,IL,JO,KR,MA,MX,OM,P,PA,PE,S,SG)	22美分/千克
0207.44.00	00	其他,鲜或冷的	千克	17.6美分/千克[1]	0(A+,AU,BH,CA,CL,CO,D,E,IL,JO,KR,MA,MX,OM,P,PA,PE,S,SG)	22美分/千克
0207.45.00		其他,冻的	千克	17.6美分/千克[1]	0(A+,AU,BH,CA,CL,CO,D,E,IL,JO,KR,MA,MX,OM,P,PA,PE,S,SG)	22美分/千克
	20	肝脏	千克			
	40	其他	千克			
0207.51.00		鹅:				
	00	整只,鲜或冷的	千克	8.8美分/千克[1]	0(A+,AU,BH,CA,CL,CO,D,E,IL,JO,KR,MA,MX,OM,P,PA,PE,S,SG)	22美分/千克

税则号列	统计后缀	货品名称	单位	税率 1 普通	税率 1 特惠	2
0207.52.00	00	整只,冻的	千克	8.8美分/千克[1]	0(A,AU,BH,CA,CL,CO,D,E,IL,JO,KR,MA,MX,OM,P,PA,PE,S,SG)	22美分/千克
0207.53.00	00	脂肝,鲜或冷的	千克	17.6美分/千克[1]	0(A+,AU,BH,CA,CL,CO,D,E,IL,JO,KR,MA,MX,OM,P,PA,PE,S,SG)	22美分/千克
0207.54.00	00	其他,鲜或冷的	千克	17.6美分/千克[1]	0(A+,AU,BH,CA,CL,CO,D,E,IL,JO,KR,MA,MX,OM,P,PA,PE,S,SG)	22美分/千克
0207.55.00		其他,冻的		17.6美分/千克[1]	0(A+,AU,BH,CA,CL,CO,D,E,IL,JO,KR,MA,MX,OM,P,PA,PE,S,SG)	22美分/千克
	20	肝脏	千克			
	40	其他	千克			
0207.60		珍珠鸡:				
0207.60.10	00	整只,鲜或冷的	千克	8.8美分/千克[1]	0(A,AU,BH,CA,CL,CO,D,E,IL,JO,KR,MA,MX,OM,P,PA,PE,S,SG)	22美分/千克
0207.60.20	00	整只,冻的	千克	8.8美分/千克[1]	0(A,AU,BH,CA,CL,CO,D,E,IL,JO,KR,MA,MX,OM,P,PA,PE,S,SG)	22美分/千克
0207.60.30	00	脂肝,鲜或冷的	千克	17.6美分/千克[1]	0(A+,AU,BH,CA,CL,CO,D,E,IL,JO,KR,MA,MX,OM,P,PA,PE,S,SG)	22美分/千克
0207.60.40	00	其他,鲜或冷的	千克	17.6美分/千克[1]	0(A+,AU,BH,CA,CL,CO,D,E,IL,JO,KR,MA,MX,OM,P,PA,PE,S,SG)	22美分/千克
0207.60.60		其他,冻的		17.6美分/千克[1]	0(A+,AU,BH,CA,CL,CO,D,E,IL,JO,KR,MA,MX,OM,P,PA,PE,S,SG)	22美分/千克
	20	肝脏	千克			
	40	其他	千克			
0208		其他鲜、冷、冻肉及食用杂碎:				
0208.10.00	00	家兔或野兔的	千克	6.4%[4]	0(A+,AU,BH,CA,CL,CO,D,E,IL,JO,KR,MA,MX,OM,P,PA,PE,S,SG)	20%
0208.30.00	00	灵长目的	千克	6.4%[1]	0(A+,AU,BH,CA,CL,CO,D,E,IL,JO,KR,MA,MX,OM,P,PA,PE,S,SG)	20%
0208.40.01	00	鲸、海豚及鼠海豚(鲸目哺乳动物)的;海牛及儒艮(海牛目哺乳动物)的;海豹、海狮及海象(鳍足亚目哺乳动物)的	千克	6.4%[1]	0(A+,AU,BH,CA,CL,CO,D,E,IL,JO,KR,MA,MX,OM,P,PA,PE,S,SG)	20%
0208.50.00	00	爬行动物(包括蛇及龟鳖)的	千克	6.4%[1]	0(A+,AU,BH,CA,CL,CO,D,E,IL,JO,KR,MA,MX,OM,P,PA,PE,S,SG)	20%
0208.60.00	00	骆驼及其他骆驼科动物的	千克	6.4%[1]	0(A+,AU,BH,CA,CL,CO,D,E,IL,JO,KR,MA,MX,OM,P,PA,PE,S,SG)	20%
0208.90		其他:				

税则号列	统计后缀	货品名称	单位	税率 1 普通	税率 1 特惠	2
0208.90.20	00	鹿	千克	0[4]		13.2美分/千克
0208.90.25	00	青蛙腿	千克	0[4]		10%
0208.90.30	00	整只去内脏的鹌鹑	千克	7美分/千克[1]	0(A,AU,BH,CA,CL,CO,D,E,IL,JO,KR,MA,MX,OM,P,PA,PE,S,SG)	22美分/千克
0208.90.91	00	其他	千克	6.4%[1]	0(A+,AU,BH,CA,CL,CO,D,E,IL,JO,KR,MA,MX,OM,P,PA,PE,S,SG)	20%
0209		未炼制或用其他方法提取的不带瘦肉的肥猪肉、猪脂肪及家禽脂肪,鲜、冷、冻、干、熏、盐腌或盐渍的:				
0209.10.00	00	猪的	千克	3.2%[1]	0(A,AU,BH,CA,CL,CO,D,E,IL,JO,KR,MA,MX,OM,P,PA,PE,S,SG)	20%
0209.90.00	00	其他	千克	3.2%[1]	0(A,AU,BH,CA,CL,CO,D,E,IL,JO,KR,MA,MX,OM,P,PA,PE,S,SG)	20%
0210		肉及食用杂碎,干、熏、盐腌或盐渍的;可供食用的肉或杂碎的细粉、粗粉:				
		猪肉:				
0210.11.00		带骨的前腿、后腿及其肉块		1.4美分/千克[1]	0(A+,AU,BH,CA,CL,CO,D,E,IL,JO,KR,MA,MX,OM,P,PA,PE,S,SG)	7.2美分/千克
	10	前腿及其肉块	千克			
	20	后腿及其肉块	千克			
0210.12.00		腹肉(指五花肉)及其肉块		1.4美分/千克[1]	0(A,AU,BH,CA,CL,CO,D,E,IL,JO,KR,MA,MX,OM,P,PA,PE,S,SG)	7.2美分/千克
	20	熏猪肉	千克			
	40	其他	千克			
0210.19.00		其他		1.4美分/千克[4]	0(A+,AU,BH,CA,CL,CO,D,E,IL,JO,KR,MA,MX,OM,P,PA,PE,S,SG)	7.2美分/千克
	10	加拿大式培根	千克			
	90	其他	千克			
0210.20.00	00	牛肉	千克	0[1]		30%
		可供食用的肉或杂碎的细粉、粗粉:				
0210.91.00	00	灵长目的	千克	2.3%[1]	0(A,AU,BH,CA,CL,CO,D,E,IL,JO,KR,MA,MX,OM,P,PA,PE,S,SG)	20%
0210.92.01	00	鲸、海豚及鼠海豚(鲸目哺乳动物)的;海牛及儒艮(海牛目哺乳动物)的;海豹、海狮及海象(鳍足亚目哺乳动物)的	千克	2.3%[1]	0(A,AU,BH,CA,CL,CO,D,E,IL,JO,KR,MA,MX,OM,P,PA,PE,S,SG)	20%
0210.93.00	00	爬行动物(包括蛇及龟鳖的)	千克	2.3%[1]	0(A,AU,BH,CA,CL,CO,D,E,IL,JO,KR,MA,MX,OM,P,PA,PE,S,SG)	20%

税则号列	统计后缀	货品名称	单位	税率 1 普通	税率 1 特惠	2
0210.99		其他：				
0210.99.20	00	品目0105的禽肉	千克	2.3%[1]	0(A,AU,BH,CA,CL,CO,D,E,IL,JO,KR,MA,MX,OM,P,PA,PE,S,SG)	20%
0210.99.91	00	其他	千克	2.3%[1]	0(A,AU,BH,CA,CL,CO,D,E,IL,JO,KR,MA,MX,OM,P,PA,PE,S,SG)	20%

[1]见9903.88.15。

[2]见9904.02.01至9904.02.37。

[3]见9904.02.01至9904.02.37。

[4]见9903.88.03。

[5]见9903.88.03和9903.89.13。

[6]见9904.02.60。

第三章　鱼、甲壳动物、软体动物及其他水生无脊椎动物

注释：

一、本章不包括：

(一)品目 0106 的哺乳动物；

(二)品目 0106 的哺乳动物的肉(品目 0208 或品目 0210)；

(三)因品种或鲜度不适合供人食用的死鱼(包括鱼肝、鱼卵及鱼精等)、死甲壳动物、死软体动物或其他死水生无脊椎动物(第五章)；不适合供人食用的鱼、甲壳动物、软体动物、其他水生无脊椎动物的粉、粒(品目 2301)；或者

(四)鲟鱼子酱及用鱼卵制成的鲟鱼子酱代用品(品目 1604)。

二、本章所称"团粒"是指直接挤压或加入少量粘合剂制成的粒状产品。

附加美国注释：

一、某些鱼类、甲壳类动物、软体动物和其他水生无脊椎动物见第九十八章。

统计注释：

一、进口虾或虾制品须遵守 1989 年 11 月 21 日第 101－162 号公法第 609 节的规定(《美国法典》第 16 卷第 1537 节注)。

税则号列	统计后缀	货品名称	单位	税率 1 普通	税率 1 特惠	2
0301		活鱼：				
		观赏鱼：				
0301.11.00		淡水鱼		0[1]		0
	10	锦鲤	千克			
	20	金鱼（鲫鱼科）	千克			
	90	其他	千克			
0301.19.00		其他	千克	0[1]		0
		其他活鱼：				
0301.91.00	00	鳟鱼（包括鲑鱼、虹鳟、克拉克大麻哈鱼、阿瓜大麻哈鱼、吉雨大麻哈鱼、亚利桑那大麻哈鱼和金腹大麻哈鱼）	千克	0[1]		0
0301.92.00	00	鳗鱼（阿拉圭属）	千克	0[1]		0
0301.93.02		鲤科鱼（鲤属、鲫属、草鱼、鲢属、鳙属、青鱼、卡特拉鲃、野鲮属、哈氏纹唇鱼、何氏细须鲃、鲂属）		0[1]		0
	10	草鱼、鲢鱼（白鲢）和鳙鱼（黑鲢、花鲢）	千克			
	90	其他	千克			
0301.94.01	00	大西洋及太平洋蓝鳍金枪鱼	千克	0[1]		0
0301.95.00	00	南方蓝鳍金枪鱼	千克	0[1]		0
0301.99.03		其他		0[1]		0
	10	丁鲷、鲶鱼	千克			
	15	鳙鱼	千克			
	90	其他	千克			
		鲜、冷鱼，但品目0304的鱼片及其他鱼肉除外：				
		鲑科鱼，但子目0302.91至0302.99的可食用鱼杂碎除外：				
0302.11.00		鳟鱼（河鳟、虹鳟、克拉克大麻哈鱼、阿瓜大麻哈鱼、吉雨大麻哈鱼、亚利桑那大麻哈鱼、金腹大麻哈鱼）		0[1]		2.2美分/千克
	10	虹鳟,养殖的	千克			
	90	其他	千克			
0302.13.00		大麻哈鱼［红大麻哈鱼、细鳞大麻哈鱼、大麻哈鱼（种）、大鳞大麻哈鱼、银大麻哈鱼、马苏大麻哈鱼、玫瑰大麻哈鱼］		0[1]		4.4美分/千克
		大鳞大麻哈鱼（国王鲑鱼）：				
	13	农场饲养的	千克			
	14	非农场饲养的	千克			
	22	马苏大麻哈鱼（狗鲑）	千克			
	32	细鳞大麻哈鱼（粉鲑）	千克			
	42	红大麻哈鱼（红鲑）	千克			
		银大麻哈鱼（银鲑）：				

税则号列	统计后缀	货品名称	单位	税率 1 普通	税率 1 特惠	2
	53	农场饲养的	千克			
	54	非农场饲养的	千克			
	62	其他	千克			
0302.14.00		大西洋鲑鱼(安大略鲑鱼)及多瑙哲罗鱼		0[1]		4.4美分/千克
		大西洋的:				
	03	农场饲养的	千克			
	04	非农场饲养的	千克			
	62	其他	千克			
0302.19.00	00	其他	千克	0[1]		2.2美分/千克
		比目鱼(鲽科、鲆科、舌鳎科、鳎科、菱鲆科、刺鲆科)，但子目0302.91至0302.99的可食用鱼杂碎除外:				
0302.21.00		庸鲽鱼及格陵兰大菱鲆(马舌鲽、庸鲽、狭鳞庸鲽)		0[1]		4.4美分/千克
	10	大西洋	千克			
	20	太平洋	千克			
	90	其他(包括格陵兰岛)	千克			
0302.22.00	00	鲽鱼(鲽)	千克	0[1]		2.2美分/千克
0302.23.00	00	鳎鱼(鳎属)	千克	1.1美分/千克[1]	0(A*,AU,BH,CA,CL,CO,D,E,IL,JO,KR,MA,MX,OM,P,PA,PE,S,SG)	2.2美分/千克
0302.24.00	00	大菱鲆(瘤棘鲆)	千克	0[1]		2.2美分/千克
0302.29.01		其他		0[1]		2.2美分/千克
	10	鲆	千克			
	90	其他	千克			
		金枪鱼(金枪鱼属)、鲣鱼或狐鲣(鲣),但子目0302.91至0302.99的可食用鱼杂碎除外:				
0302.31.00	00	长鳍金枪鱼	千克	0[1]		0
0302.32.00	00	黄鳍金枪鱼	千克	0[1]		0
0302.33.00	00	鲣鱼或狐鲣	千克	0[1]		0
0302.34.00	00	大眼金枪鱼	千克	0[1]		0
0302.35.01	00	太平洋及大西洋蓝鳍金枪鱼	千克	0[1]		0
0302.36.00	00	南方蓝鳍金枪鱼	千克	0[1]		0
0302.39.02	00	其他	千克	0[1]		0

税则号列	统计后缀	货品名称	单位	税率 1 普通	税率 1 特惠	税率 2
		鲱鱼(大西洋鲱鱼、太平洋鲱鱼)、鳀鱼(鳀属)、沙丁鱼(沙丁鱼、沙瑙鱼属)、小沙丁鱼属、黍鲱或西鲱、鲭鱼[大西洋鲭、澳洲鲭(鲐)、日本鲭(鲐)]、印度鲭(羽鳃鲐属)、马鲛鱼(马鲛鱼属)、对称竹荚鱼、新西兰竹荚鱼及竹荚鱼(竹荚鱼属)、鲹鱼(鲹属)、军曹鱼、银鲳(鲳属)、秋刀鱼、圆鲹(圆鲹属)、多春鱼(毛鳞鱼)、剑鱼、鲔鱼、狐鲣(狐鲣属)、枪鱼、旗鱼、四鳍旗鱼(旗鱼科),但子目 0302.91 至 0302.99 的可食用鱼杂碎除外:				
0302.41.00	00	鲱鱼(太平洋鲱鱼、大西洋鲱鱼)	千克	0[1]		0
0302.42.00	00	鳀鱼(鳀属)	千克	0[1]		0
0302.43.00	00	沙丁鱼(沙丁鱼、沙瑙鱼属)、小沙丁鱼属、黍鲱或西鲱	千克	0[1]		2.2美分/千克
0302.44.00	00	鲭鱼[大西洋鲭、澳洲鲭(鲐)、日本鲭(鲐)]	千克	0[1]		4.4美分/千克
0302.45		对称竹荚鱼:				
0302.45.11	00	带鳞片的(不论是否已移除头部、内脏或或鳍,但未进行其他处理,装在直接容器中,与内容物同称重量为6.8千克或更少)	千克	3%[1]	0(A*,AU,BH,CA,CL,CO,D,E,IL,JO,KR,MA,MX,OM,P,PA,PE,S,SG)	25%
0302.45.50	00	其他	千克	0[1]		2.2美分/千克
0302.46		军曹鱼:				
0302.46.11	00	带鳞片的(不论是否已移除头部、内脏或或鳍,但未进行其他处理,直接装在容器中,与内容物同称重量为6.8千克或更少)	千克	3%[1]	0(A*,AU,BH,CA,CL,CO,D,E,IL,JO,KR,MA,MX,OM,P,PA,PE,S,SG)	25%
0302.46.50	00	其他	千克	0[1]		2.2美分/千克
0302.47.00		剑鱼		0[1]		2.2美分/千克
	10	鱼排	千克			
	90	其他	千克			
0302.49.00	00	其他	千克	0[1]		2.2美分/千克
		犀鳕科、多丝真鳕科、鳕科、长尾鳕科、黑鳕科、无须鳕科、深海鳕科及南极鳕科鱼,但子目 0303.91 至 0303.99 的可食用鱼杂碎除外:				
0302.51.00		鳕鱼(大西洋鳕鱼、格陵兰鳕鱼、太平洋鳕鱼)		0[1]		2.2美分/千克
	10	大西洋	千克			
	90	其他	千克			
0302.52.00	00	黑线鳕鱼(黑线鳕)	千克	0[1]		2.2美分/千克
0302.53.00	00	绿青鳕鱼	千克	0[1]		2.2美分/千克

第三章 鱼、甲壳动物、软体动物及其他水生无脊椎动物　25

税则号列	统计后缀	货品名称	单位	税率 普通	税率 1 特惠	2
0302.54		狗鳕鱼(无须鳕属、长鳍鳕属)				
0302.54.11	00	带鳞片的(不论是否头部、内脏或或鳍已移除,但未进行其他处理,直接装在容器中,与内容物同称重量为6.8千克或更少)	千克	3%[1]	0(A*,AU,BH,CA,CL,CO,D,E,IL,JO,KR,MA,MX,OM,P,PA,PE,S,SG)	25%
0302.54.50	00	其他	千克	0[1]		2.2美分/千克
0302.55		阿拉斯加狭鳕鱼				
0302.55.11	00	带鳞片的(不论是否已移除头部、内脏或或鳍,但未进行其他处理,直接装在容器中,与内容物同称重量为6.8千克或更少)	千克	3%[1]	0(A*,AU,BH,CA,CL,CO,D,E,IL,JO,KR,MA,MX,OM,P,PA,PE,S,SG)	25%
0302.55.50	00	其他	千克	0[1]		2.2美分/千克
0302.56		蓝鳕鱼(小鳍鳕、南蓝鳕)				
0302.56.11	00	带鳞片的(不论是否已移除头部、内脏或或鳍,但未进行其他处理,直接装在容器中,与内容物同称重量为6.8千克或更少)	千克	3%[1]	0(A*,AU,BH,CA,CL,CO,D,E,IL,JO,KR,MA,MX,OM,P,PA,PE,S,SG)	25%
0302.56.50	00	其他	千克	0[1]		2.2美分/千克
0302.59		其他				
0302.59.11	00	带鳞片的(不论是否已移除否头部、内脏或或鳍,但未进行其他处理,直接装在容器中,与内容物同称重量为6.8千克或更少)	千克	3%[1]	0(A*,AU,BH,CA,CL,CO,D,E,IL,JO,KR,MA,MX,OM,P,PA,PE,S,SG)	25%
0302.59.50		其他		0[1]		2.2美分/千克
	10	青鳕	千克			
	90	其他	千克			
		罗非鱼(口孵非鲫属)、鲶鱼[(鮰)(鲶属、鮰属、胡鲶属、真鮰属]、鲤科鱼(鲤属、鲫属、草鱼、鲢属、鳙属、青鱼、卡特拉鲃、野鲮属、哈氏纹唇鱼、何氏细须鲃、鲂属)、鳗鱼(鳗鲡属)、尼罗河鲈鱼(尼罗尖吻鲈)及黑鱼(鳢属),但子目0303.91至0303.99的可食用鱼杂碎除外				
0302.71		罗非鱼(口孵非鲫属)				
0302.71.11	00	带鳞片的(不论是否已移除头部、内脏或或鳍,但未进行其他处理,直接装在容器中,与内容物同称重量为6.8千克或更少)	千克	3%[1]	0(A*,AU,BH,CA,CL,CO,D,E,IL,JO,KR,MA,MX,OM,P,PA,PE,S,SG)	25%
0302.71.50	00	其他	千克	0[1]		2.2美分/千克
0302.72		鲶鱼[(鮰)鲶属、鮰属、胡鲶属、真鮰属]:				
0302.72.11	00	带鳞片的(不论是否已移除头部、内脏或或鳍,但未进行其他处理,直接装在容器中,与内容物同称重量为6.8千克或更少)	千克	3%[1]	0(A*,AU,BH,CA,CL,CO,D,E,IL,JO,KR,MA,MX,OM,P,PA,PE,S,SG)	25%

税则号列	统计后缀	货品名称	单位	税率 1 普通	税率 1 特惠	2
0302.72.50		其他		0[1]		2.2美分/千克
	01	叉尾鲷鱼	千克			
	04	芒鲶属,包括查鱼和巴沙鱼	千克			
	34	其他	千克			
0302.73		鲤科鱼(鲤属、鲫属、草鱼、鲢属、鲮属、青鱼、卡特拉鲃、野鲮属、哈氏纹唇鱼、何氏细须鲃、鲂属):				
0302.73.11	00	带鳞片的(不论是否已移除头部、内脏或或鳍,但未进行其他处理,直接装在容器中,与内容物同称重量为6.8千克或更少)	千克	3%[1]	0(A*,AU,BH,CA,CL,CO,D,E,IL,JO,KR,MA,MX,OM,P,PA,PE,S,SG)	25%
0302.73.50	00	其他	千克	0[1]		2.2美分/千克
0302.74.00	00	鳗鱼(鳗鲡属)	千克	0[1]		2.2美分/千克
0302.79		其他:				
0302.79.11	00	带鳞片的(不论是否已移除头部、内脏或或鳍,但未进行其他处理,直接装在容器中,与内容物同称重量为6.8千克或更少)	千克	3%[1]	0(A*,AU,BH,CA,CL,CO,D,E,IL,JO,KR,MA,MX,OM,P,PA,PE,S,SG)	25%
0302.79.50		其他		0[1]		2.2美分/千克
	25	尼罗河鲈鱼(尼罗尖吻鲈)	千克			
	76	其他	千克			
		其他鱼,但子目0302.91至0302.99的可食用鱼杂碎除外:				
0302.81.00		角鲨及其他鲨鱼		0[1]		2.2美分/千克
	11	角鲨(角鲨属)	千克			
	91	其他	千克			
0302.82.00	00	魟鱼及鳐鱼(鳐科)	千克	0[1]		2.2美分/千克
0302.83.00	00	南极犬牙鱼(南极犬牙鱼属)	千克	0[1]		2.2美分/千克
0302.84		尖吻鲈鱼(舌齿鲈属)				
0302.84.11	00	带鳞片的(不论是否已移除头部、内脏或或鳍,但未进行其他处理,直接装在容器中,与内容物同称重量为6.8千克或更少)	千克	3%[1]	0(A*,AU,BH,CA,CL,CO,D,E,IL,JO,KR,MA,MX,OM,P,PA,PE,S,SG)	25%
0302.84.50	00	其他	千克	0[1]		2.2美分/千克
0302.85		菱羊鲷(鲷科)				
0302.85.11	00	带鳞片的(不论是否已移除头部、内脏或或鳍,但未进行其他处理,直接装在容器中,与内容物同称重量为6.8千克或更少)	千克	3%[1]	0(A*,AU,BH,CA,CL,CO,D,E,IL,JO,KR,MA,MX,OM,P,PA,PE,S,SG)	25%

税则号列	统计后缀	货品名称	单位	税率 普通	税率 特惠	2
0302.85.50	00	其他	千克	0[1]		2.2美分/千克
0302.89		其他				
0302.89.11		带鳞片的(不论是否已移除头部、内脏或或鳍,但未进行其他处理,直接装在容器中,与内容物同称重量为6.8千克或更少)		3%[1]	0(A*,AU,BH,CA,CL,CO,D,E,IL,JO,KR,MA,MX,OM,P,PA,PE,S,SG)	25%
	20	黑貂鱼(盖鱼)	千克			
	40	其他	千克			
0302.89.50		其他		0[1]		2.2美分/千克
		淡水鱼:				
	07	白斑狗鱼	千克			
	10	梭鱼	千克			
		鲈鱼:				
	13	梭鲈(包括黄梭鱼)	千克			
	25	其他	千克			
	28	鲈鱼	千克			
	31	白鲑	千克			
	34	其他	千克			
	37	水珍鱼	千克			
	40	鳕鱼	千克			
	49	鲱鱼和鲟鱼	千克			
	52	黑貂鱼(盖鱼)	千克			
	55	海洋鲈鱼	千克			
	58	鲷鱼(笛鲷科)	千克			
	61	石斑鱼	千克			
	64	灵鳕(蛇鳕)	千克			
	67	冻安康鱼	千克			
	70	阿堤卡鲭鱼	千克			
	72	海豚鱼(鲯鳅鱼)(鬼头刀属)	千克			
	77	其他	千克			
		鱼肝、鱼卵、鱼精、鱼鳍、鱼头、鱼尾、鱼鳔及其他可食用鱼杂碎:				
0302.91		鱼肝、鱼卵及鱼精:				
0302.91.20	00	鲟鱼卵	千克	15%[1]	0(A*,AU,BH,CA,CL,CO,D,E,IL,JO,KR,MA,MX,OM,P,PA,PE,S,SG)	30%
0302.91.40		其他		0[1]		44美分/千克
	10	鲻鱼卵	千克			
	90	其他	千克			
0302.92.00	00	鲨鱼翅	千克	0[1]		2.2美分/千克

税则号列	统计后缀	货品名称	单位	税率 1 普通	税率 1 特惠	税率 2
0302.99.00	00	其他	千克	0[1]		44美分/千克
0303		冻鱼,但品目0304的鱼片及其他鱼肉除外:				
		鲑科鱼,但子目0303.91至0303.99的可食用鱼杂碎除外:				
0303.11.00	00	红大麻哈鱼(红鲑)	千克	0[1]		4.4美分/千克
0303.12.00		其他大麻哈鱼[细鳞大麻哈鱼、大麻哈鱼(种)、大鳞大麻哈鱼、银大麻哈鱼、马苏大麻哈鱼、玫瑰大麻哈鱼]		0[1]		4.4美分/千克
	12	大鳞大麻哈鱼(国王鲑鱼)	千克			
	22	马苏大麻哈鱼(狗鲑)	千克			
	32	玫瑰大麻哈鱼	千克			
	52	银大麻哈鱼(银鲑)	千克			
	62	其他	千克			
0303.13.00	00	大西洋鲑鱼及多瑙哲罗鱼	千克	0[1]		4.4美分/千克
0303.14.00	00	鳟鱼(河鳟、虹鳟、克拉克大麻哈鱼、阿瓜大麻哈鱼、吉雨大麻哈鱼、亚利桑那大麻哈鱼、金腹大麻哈鱼)	千克	0[1]		2.2美分/千克
0303.19.01	00	其他	千克	0[1]		2.2美分/千克
		罗非鱼(口孵非鲫属)、鲶鱼(鲶属、鲿属、胡鲶属、真鮰属)、鲤科鱼(鲤属、鲫属、草鱼、鲢属、鳙属、青鱼、卡特拉鲃、野鲮属、哈氏纹唇鱼、何氏细须鲃、鲂属)、鳗鱼(鳗鲡属)、尼罗河鲈鱼(尼罗尖吻鲈)及黑鱼(鳢属),但子目0303.91至0303.99的可食用鱼杂碎除外:				
0303.23.00	00	罗非鱼(口孵非鲫属)	千克	0[1]		2.2美分/千克
0303.24.00		鲶鱼[(鲶)鲶属、鲿属、胡鲶属、真鮰属]		0[1]		2.2美分/千克
	10	叉尾鮰科	千克			
	20	芒鱼科,包括波沙鱼和茶鱼	千克			
	50	其他	千克			
0303.25.01	00	鲤科鱼(鲤属、鲫属、草鱼、鲢属、鳙属、青鱼、卡特拉鲃、野鲮属、哈氏纹唇鱼、何氏细须鲃、鲂属、卡特拉鲌、野鲮属、哈氏石斑鱼、细须鲢属、鲂属)	千克	0[1]		2.2美分/千克
0303.26.00	00	鳗鱼(鳗鲡属)	千克	0[1]		2.2美分/千克
0303.29.01		其他		0[1]		2.2美分/千克
	10	尼罗河鲈鱼	千克			
	50	其他	千克			

税则号列	统计后缀	货品名称	单位	税率 1 普通	税率 1 特惠	2
		比目鱼(鲽科、鲆科、舌鳎科、鳎科、菱鲆科、刺鲆科),但子目 0303.91 至 0303.99 的可食用鱼杂碎除外:				
0303.31.00		庸鲽鱼及格陵兰大菱鲆(马舌鲽、庸鲽、狭鳞庸鲽)		0[1]		4.4美分/千克
	10	大西洋庸鲽鱼(庸鲽)	千克			
	20	太平洋庸鲽鱼(狭鳞庸鲽)	千克			
	30	格陵兰大菱鲆(格陵兰庸鲽鱼)(马舌鲽)				
0303.32.00	00	鲽鱼(鲽)	千克	0[1]		2.2美分/千克
0303.33.00	00	鳎鱼(鳎属)	千克	1.1美分/千克[1]	0(A*,AU,BH,CA,CL,CO,D,E,IL,JO,KR,MA,MX,OM,P,PA,PE,S,SG)	2.2美分/千克
0303.34.00	00	大菱鲆(瘤棘鲆)	千克	1.1美分/千克[1]	0(A*,AU,BH,CA,CL,CO,D,E,IL,JO,KR,MA,MX,OM,P,PA,PE,S,SG)	2.2美分/千克
0303.39.01		其他		1.1美分/千克[1]	0(A*,AU,BH,CA,CL,CO,D,E,IL,JO,KR,MA,MX,OM,P,PA,PE,S,SG)	2.2美分/千克
	10	比目鱼	千克			
	20	岩鲽(鲽、鲭鱼)	千克			
	30	黄鳍比目鱼(鲽鱼)	千克			
	95	其他	千克			
		金枪鱼(金枪鱼属)、鲣鱼,但子目 0303.91 至 0303.99 的可食用鱼杂碎除外:				
0303.41.00	00	长鳍金枪鱼	千克	0[1]		0
0303.42.00		黄鳍金枪鱼		0[1]		0
	20	整条鱼	千克			
	40	其他:				
	60	带头的	千克			
0303.43.00	00	其他	千克			
0303.44.00	00	鲣鱼或狐鲣	千克	0[1]		0
0303.45.01		大眼金枪鱼	千克	0[1]		0
		大西洋及太平洋蓝鳍金枪鱼		0[1]		0
	10	大西洋蓝鳍金枪鱼	千克			
	50	太平洋蓝鳍金枪鱼	千克			
0303.46.00	00	南方蓝鳍金枪鱼	千克	0[1]		0
0303.49.02	00	其他	千克	0[1]		0

税则号列	统计后缀	货品名称	单位	税率 1 普通	税率 1 特惠	2
		鲱鱼(大西洋鲱鱼、太平洋鲱鱼)、鳀鱼(鳀属)、沙丁鱼(沙丁鱼、沙瑙鱼属)、小沙丁鱼属、黍鲱或西鲱、鲭鱼[大西洋鲭、澳洲鲭(鲐)、日本鲭(鲐)]、印度鲭(羽鳃鲐属)、马鲛鱼(马鲛属)、对称竹荚鱼、新西兰竹荚鱼及竹荚鱼(竹荚鱼属)、鲹鱼(鲹属)、军曹鱼、银鲳(鲳属)、秋刀鱼、圆鲹(圆鲹属)、多春鱼(毛鳞鱼)、剑鱼、鲔鱼、狐鲣(狐鲣属)、枪鱼、旗鱼、四鳍旗鱼(旗鱼科),但子目0303.91至0303.99的可食用鱼杂碎除外:				
0303.51.00	00	鲱鱼(大西洋鲱鱼、太平洋鲱鱼)	千克	0[1]		0
0303.53.00	00	沙丁鱼(沙丁鱼、沙瑙鱼属)、小沙丁鱼属、黍鲱或西鲱	千克	1.1美分/千克[1]	0(A*,AU,BH,CA,CL,CO,D,E,IL,JO,KR,MA,MX,OM,P,PA,PE,S,SG)	2.2美分/千克
0303.54.00	00	鲭鱼[大西洋鲭、澳洲鲭(鲐)、日本鲭(鲐)]	千克	0[1]		4.4美分/千克
0303.55.00	00	对称竹荚鱼	千克	0[1]		2.2美分/千克
0303.56.00	00	军曹鱼	千克	0[1]		2.2美分/千克
0303.57.00		剑鱼		0[1]		2.2美分/千克
	10	鱼排	千克			
	90	其他	千克			
0303.59.00	00	其他	千克	0[1]		2.2美分/千克
		犀鳕科、多丝真鳕科、鳕科、长尾鳕科、黑鳕科、无须鳕科、深海鳕科及南极鳕科鱼,但子目0303.91至0303.99的可食用鱼杂碎除外:				
0303.63.00		鳕鱼(大西洋鳕鱼、格陵兰鳕鱼、太平洋鳕鱼)		0[1]		2.2美分/千克
	10	大西洋的	千克			
	90	其他	千克			
0303.64.00	00	黑线鳕鱼(黑线鳕)	千克	0[1]		2.2美分/千克
0303.65.00	00	绿青鳕鱼	千克	0[1]		2.2美分/千克
0303.66.00	00	狗鳕鱼(无须鳕属、长鳍鳕属)	千克	0[1]		2.2美分/千克
0303.67.00	00	阿拉斯加狭鳕鱼	千克	0[1]		2.2美分/千克
0303.68.00	00	蓝鳕鱼(小鳍鳕、南蓝鳕)	千克	0[1]		2.2美分/千克
0303.69.00	00	其他	千克	0[1]		2.2美分/千克
		其他鱼,但子目0303.91至0303.99的可食用鱼杂碎除外:				

税则号列	统计后缀	货品名称	单位	税率 1 普通	税率 1 特惠	税率 2
0303.81.00		狗鲨及其他鲨鱼		1.1美分/千克[1]	0(A*,AU,BH,CA,CL,CO,D,E,IL,JO,KR,MA,MX,OM,P,PA,PE,S,SG)	2.2美分/千克
	11	狗鲨（角鲨）	千克			
	91	其他	千克			
0303.82.00	00	魟鱼及鳐鱼（鳐科）	千克	0[1]		2.2美分/千克
0303.83.00	00	南极犬牙鱼（南极犬牙鱼属）	千克	0[1]		2.2美分/千克
0303.84.00	00	尖吻鲈鱼（舌齿鲈属）	千克	0[1]		2.2美分/千克
0303.89.00		其他		0[1]		2.2美分/千克
		胡瓜鱼：				
	01	海胡瓜鱼	千克			
	04	其他胡瓜鱼	千克			
	10	单鳍鳕	千克			
	13	鲱鱼或者鲟鱼	千克			
		淡水鱼：				
	28	白斑狗鱼和梭子鱼	千克			
	31	鲈鱼和白斑狗鱼（包括黄鲈鱼）	千克			
	34	大眼鲈鱼	千克			
	37	白鱼	千克			
	40	罗非鱼,不是口孵非鲫属	千克			
	43	其他	千克			
	46	多线鱼	千克			
	49	胭脂鱼	千克			
	52	安康鱼	千克			
	55	鲳鱼	千克			
	58	毛鳞鱼	千克			
	61	盖鱼	千克			
	64	海鲈鱼	千克			
	67	鲷鱼	千克			
	70	石斑鱼	千克			
	80	其他	千克			
		鱼肝、鱼卵、鱼精、鱼鳍、鱼头、鱼尾、鱼鳔及其他可食用鱼杂碎：				
0303.91		鱼肝、鱼卵及鱼精：				
0303.91.20	00	鲟鱼杂碎	千克	15%[1]	0(A*,AU,BH,CA,CL,CO,D,E,IL,JO,KR,MA,MX,OM,P,PA,PE,S,SG)	30%
0303.91.40		其他		0[1]		44美分/千克
	20	鲱鱼杂碎	千克			

税则号列	统计后缀	货品名称	单位	税率 1 普通	税率 1 特惠	2
	40	鲑鱼杂碎	千克			
	50	阿拉斯加鳕鱼杂碎	千克			
	60	鲷鱼杂碎	千克			
	95	其他	千克			
0303.92.00	00	鲨鱼翅	千克	1.1美分/千克[1]	0(A*,AU,BH,CA,CL,CO,D,E,IL,JO,KR,MA,MX,OM,P,PA,PE,S,SG)	2.2美分/千克
0303.99.00	00	其他	千克	0[1]		44美分/千克
0304		鲜、冷、冻鱼片及其他鱼肉(不论是否绞碎):				
		鲜或冷的罗非鱼(口孵非鲫属)、鲶鱼[(鲇)鲶属、鲶属、胡鲶属、真鮰属]、鲤科鱼(鲤属、鲫属、草鱼、鲢属、鳊属、青鱼、卡特拉鲃、野鲮属、哈氏纹唇鱼、何氏细须鲃、鲂属)、鳗鱼(鳗鲡属)、尼罗河鲈鱼(尼罗尖吻鲈)及黑鱼(鳢属)的鱼片:				
0304.31.00	00	罗非鱼(口孵非鲫属)	千克	0[1]		5.5美分/千克
0304.32.00		鲶鱼[(鲇)鲶属、鲶属、胡鲶属、真鮰属]		0[1]		5.5美分/千克
	10	真鮰属	千克			
	20	芒蜩属(包括巴沙鱼和查鱼)	千克			
	90	其他	千克			
0304.33.00	00	尼罗河鲈鱼(尼罗尖吻鲈)	千克	0[1]		5.5美分/千克
0304.39.00	00	其他	千克	0[1]		5.5美分/千克
		鲜或冷的其他鱼片:				
0304.41.00		大麻哈鱼[红大麻哈鱼、细鳞大麻哈鱼、大麻哈鱼(种)、大鳞大麻哈鱼、银大麻哈鱼、马苏大麻哈鱼、玫瑰大麻哈鱼]、大西洋鲑鱼及多瑙哲罗鱼		0[1]		5.5美分/千克
		大西洋鲑鱼:				
	10	养殖的	千克			
	20	非养殖的	千克			
	90	其他	千克			
0304.42.00	00	鳟鱼(河鳟、虹鳟、克拉克大麻哈鱼、阿瓜大麻哈鱼、吉雨大麻哈鱼、亚利桑那大麻哈鱼、金腹大麻哈鱼)	千克	0[1]		5.5美分/千克
0304.43.00		比目鱼(鲽科、鲆科、舌鳎科、鳎科、菱鲆科、刺鲆科)		0[1]		5.5美分/千克
	10	龙利鱼	千克			
	15	大比目鱼	千克			
	20	比目鱼	千克			
	25	格陵兰马舌鲽(格陵兰庸鲽鱼)	千克			

税则号列	统计后缀	货品名称	单位	税率		
				1		2
				普通	特惠	
	90	其他	千克			
0304.44.00		犀鳕科、多丝真鳕科、鳕科、长尾鳕科、黑鳕科、无须鳕科、深海鳕科及南极鳕科鱼		0[1]		5.5美分/千克
		鳕鱼:				
	10	太平洋鳕鱼	千克			
	15	其他	千克			
	20	黑线鳕鱼	千克			
	25	狭鳕鱼	千克			
	30	狗鳕鱼	千克			
	90	其他	千克			
0304.45.00	00	剑鱼	千克	0[1]		5.5美分/千克
0304.46.00	00	南极犬牙鱼(南极犬牙鱼属)	千克	0[1]		5.5美分/千克
0304.47.00	00	角鲨及其他鲨鱼	千克	0[1]		5.5美分/千克
0304.48.00	00	魟鱼及鳐鱼(鳐科)	千克	0[1]		5.5美分/千克
0304.49.01		其他		0[1]		5.5美分/千克
		淡水鱼:				
	03	梭子鱼	千克			
	06	小梭子鱼	千克			
	09	白河梭鱼	千克			
	12	罗非鱼,不是口孵非鲫属	千克			
	15	其他	千克			
	20	大西洋海洋鲈鱼	千克			
	25	鳕鱼	千克			
	90	其他	千克			
		其他,鲜或冷的:				
0304.51.01		鲜或冷的罗非鱼(口孵非鲫属)、鲶鱼(鲶属、鮠属、胡鲶属、真鮰属)、鲤科鱼(鲤属、鲫属、草鱼、鲢属、鳊属、青鱼、卡特拉鲃、野鲮属、哈氏纹唇鱼、何氏细须鲃、鲂属)、鳗鱼(鳗鲡属)、尼罗河鲈鱼(尼罗尖吻鲈)及黑鱼(鳢属)的鱼片		0[1]		5.5美分/千克
	10	真鲷属	千克			
	15	芒鲶属(包括查鱼和巴沙鱼和查鱼)	千克			
	20	尼罗河鲈鱼(尼罗尖吻鲈)	千克			
	25	罗非鱼(口孵非鲫属)	千克			
	90	其他	千克			
0304.52.00		鲑科鱼	千克	0[1]		5.5美分/千克

税则号列	统计后缀	货品名称	单位	税率 1 普通	税率 1 特惠	2
		大西洋鲑鱼				
	10	养殖的	千克			
	15	非养殖的	千克			
	20	其他鲑鱼	千克			
	90	其他	千克			
0304.53.00		犀鳕科、多丝真鳕科、鳕科、长尾鳕科、黑鳕科、无须鳕科、深海鳕科及南极鳕科鱼		0[1]		5.5美分/千克
		鳕鱼:				
	10	大西洋鳕鱼	千克			
	15	其他	千克			
	20	黑线鳕	千克			
	25	狭鳕鱼	千克			
	30	狗鳕鱼	千克			
	90	其他	千克			
0304.54.00	00	剑鱼	千克	0[1]		5.5美分/千克
0304.55.00	00	南极犬牙鱼(南极犬牙鱼属)	千克	0[1]		5.5美分/千克
0304.56.00	00	角鲨及其他鲨鱼	千克	0[1]		5.5美分/千克
0304.57.00	00	魟鱼及鳐鱼(鳐科)	千克	0[1]		5.5美分/千克
0304.59.00		其他		0[1]		5.5美分/千克
		淡水鱼:				
		鲈鱼:				
	03	黄鲈鱼	千克			
	06	梭鲈(包括黄狗鱼)	千克			
	09	其他	千克			
	15	狗鱼	千克			
	20	白河梭鱼	千克			
	25	白鲑	千克			
	30	罗非鱼而不是口孵非鲫属	千克			
	36	其他	千克			
		扁鱼:				
	40	比目鱼	千克			
	45	高眼鲽	千克			
	50	多宝鱼	千克			
	55	马舌鲽(格陵兰庸鲽鱼)	千克			
	61	其他	千克			
	65	大西洋海鲈鱼	千克			
	70	鳕鱼	千克			

税则号列	统计后缀	货品名称	单位	税率 1 普通	税率 1 特惠	2
	91	其他	千克			
		冻的罗非鱼(口孵非鲫属)、鲶鱼[(鲶)鲶属、鲶属、胡鲶属、真魾属]、鲤科鱼(鲤属、鲫属、草鱼、鲢属、鳑属、青鱼、卡特拉鲃、野鲮属、哈氏纹唇鱼、何氏细须鲃、鲂属)、鳗鱼(鳗鲡属)、尼罗河鲈鱼(尼罗尖吻鲈)及黑鱼(鳢属)的鱼片:				
0304.61.00	00	罗非鱼(口孵非鲫属)[2]	千克	0[1]		5.5美分/千克
0304.62.00		鲶鱼[(鲶)鲶属、鲶属、胡鲶属、真魾属]		0[1]		5.5美分/千克
	10	真魾属	千克			
	20	芒鲶属(包括巴沙鱼和查鱼)	千克			
	30	其他鲶形目	千克			
	90	其他	千克			
0304.63.00	00	尼罗河鲈鱼(尼罗尖吻鲈)	千克	0[1]		5.5美分/千克
0304.69.00	00	其他	千克	0[1]		5.5美分/千克
		冻的犀鳕科、多丝真鳕科、鳕科、长尾鳕科、黑鳕科、无须鳕科、深海鳕科及南极鳕科鱼的鱼片:				
0304.71		鳕鱼(大西洋鳕鱼、格陵兰鳕鱼、太平洋鳕鱼):				
0304.71.10	00	去皮的,不论是否切割,冷冻成重量超过4.5千克的块,进口时被切碎、磨碎或切割成统一重量和尺寸的块	千克	0[1]		2.8美分/千克
0304.71.50	00	其他	千克	0[1]		5.5美分/千克
0304.72		黑线鳕鱼(黑线鳕)				
0304.72.10	00	去皮的,不论是否切割,冷冻成重量超过4.5千克的块,进口时被切碎、磨碎或切割成统一重量和尺寸的块	千克	0[1]		2.8美分/千克
0304.72.50	00	其他[3]	千克	0[1]		5.5美分/千克
0304.73		青绿鳕鱼:				
0304.73.10	00	去皮的,不论是否切割,冷冻成重量超过4.5千克的块,进口时被切碎、磨碎或切割成统一重量和尺寸的块	千克	0[1]		2.8美分/千克
0304.73.50	00	其他	千克	0[1]		5.5美分/千克
0304.74		狗鳕鱼(无须鳕属、长鳍鳕属):				
0304.74.10	00	去皮的,不论是否切割,冷冻成重量超过4.5千克的块,进口时被切碎、磨碎或切割成统一重量和尺寸的块	千克	0[1]		2.8美分/千克
0304.74.50	00	其他	千克	0[1]		5.5美分/千克
0304.75		阿拉斯加狭鳕鱼:				

税则号列	统计后缀	货品名称	单位	税率 1 普通	税率 1 特惠	2
0304.75.10	00	去皮的,不论是否切割,冷冻成重量超过4.5千克的块,进口时切碎、磨碎或切割成统一重量和尺寸的块	千克	0[4]		2.8美分/千克
0304.75.50	00	其他	千克	0[4]		5.5美分/千克
0304.79		其他:				
0304.79.10		去皮的,不论是否切割,冷冻成重量超过4.5千克的块,进口时被切碎、磨碎或切割成统一重量和尺寸的块		0[1]		2.8美分/千克
	10	鳕鱼但不是狭鳕鱼	千克			
	15	鳕鱼(无须鳕属)	千克			
	90	其他	千克			
0304.79.50	00	其他	千克	0[1]		5.5美分/千克
		其他冻鱼片:				
0304.81		大麻哈鱼[红大麻哈鱼、细鳞大麻哈鱼、大麻哈鱼(种)、大鳞大麻哈鱼、银大麻哈鱼、马苏大麻哈鱼、玫瑰大麻哈鱼]、大西洋鲑鱼及多瑙哲罗鱼:				
0304.81.10	00	去皮的,不论是否切割,冷冻成重量超过4.5千克的块,进口时被切碎、磨碎或切割成统一重量和尺寸的块	千克	0[1]		2.8美分/千克
0304.81.50		其他		0[1]		5.5美分/千克
	10	大西洋鲑鱼	千克			
	90	其他	千克			
0304.82		鳟鱼(河鳟、虹鳟、克拉克大麻哈鱼、阿瓜大麻哈鱼、吉雨大麻哈鱼、亚利桑那大麻哈鱼、金腹大麻哈鱼):				
0304.82.10	00	去皮的,不论是否切割,冷冻成重量超过4.5千克的块,进口时被切碎、磨碎或切割成统一重量和尺寸的块	千克	0[1]		2.8美分/千克
0304.82.50	00	其他	千克	0[1]		5.5美分/千克
0304.83		比目鱼(鲽科、鲆科、舌鳎科、鳎科、菱鲆科、刺鲆科):				
0304.83.10		去皮的,不论是否切割,冷冻成重量超过4.5千克的块,进口时被切碎、磨碎或切割成统一重量和尺寸的块		0[1]		2.8美分/千克
	10	格陵兰大菱鲆(格陵兰庸鲽鱼)马舌鲽	千克			
	15	鳎鱼[3]	千克			
	20	比目鱼[3]	千克			
		其他:				
	25	大比目鱼	千克			
	30	大菱鲆	千克			
	90	其他	千克			

税则号列	统计后缀	货品名称	单位	税率 1 普通	税率 1 特惠	税率 2
0304.83.50		其他		0[1]		5.5美分/千克
	10	格陵兰大菱鲆(格陵兰庸鲽鱼)马舌鲽	千克			
	15	鳎鱼[5]	千克			
	20	比目鱼[5]	千克			
		其他:				
	25	大比目鱼	千克			
	30	大菱鲆	千克			
	90	其他[3]	千克			
0304.84.00	00	剑鱼	千克	0[1]		5.5美分/千克
0304.85.00	00	南极犬牙鱼(南极犬牙鱼属)	千克	0[1]		5.5美分/千克
0304.86.00	00	鲱鱼(大西洋鲱鱼、太平洋鲱鱼)	千克	0[1]		5.5美分/千克
0304.87.00	00	金枪鱼(金枪鱼属)、鲣鱼或狐鲣(鲣)	千克	0[1]		5.5美分/千克
0304.88.00	00	角鲨、其他鲨鱼、魟鱼及鳐鱼(鳐科)	千克	0[1]		5.5美分/千克
0304.89		其他:				
0304.89.10		去皮的,不论是否切割,冷冻成重量超过4.5千克的块,进口时被切碎、磨碎或切割成统一重量和尺寸的块		0[1]		2.8美分/千克
	10	海洋鲶鱼(狼鱼)	千克			
	15	小梭鱼	千克			
	20	大眼鲫鲈	千克			
		鲈鱼:				
	25	大西洋海洋鲈鱼	千克			
	30	其他海洋鲈鱼	千克			
	35	其他	千克			
	90	其他	千克			
0304.89.50		其他		0[1]		5.5美分/千克
		淡水鱼:				
		鲈鱼:				
	03	黄鲈鱼	千克			
	06	梭鲈鱼(包括黄狗鱼)	千克			
	09	其他	千克			
	15	小梭鱼	千克			
	20	白斑狗鱼	千克			
	25	大眼鲫鲈	千克			
	30	其他	千克			

税则号列	统计后缀	货品名称	单位	税率 1 普通	税率 1 特惠	2
	35	大西洋海洋鲈鱼	千克			
	40	其他海洋鲈鱼	千克			
	45	海洋鲶鱼(狼鱼)	千克			
	50	橙鲷	千克			
	55	鬼头刀鱼	千克			
	60	单鳍鳕	千克			
	91	其他	千克			
		其他,冻的:				
0304.91		剑鱼:				
0304.91.10	00	散装,或者直接装在容器中,与内容物同称每件重量超过6.8千克	千克	0[1]		2.8美分/千克
0304.91.90	00	其他	千克	6%[1]	0(A*,AU,BH,CA,CL,CO,D,E,IL,JO,KR,MA,MX,OM,P,PA,PE,S,SG)	25%
0304.92		南极犬牙鱼(南极犬牙鱼属):				
0304.92.10	00	散装,或者直接装在容器中,与内容物同称每件重量超过6.8千克	千克	0[1]		2.8美分/千克
0304.92.90	00	其他	千克	6%[1]	0(A*,AU,BH,CA,CL,CO,D,E,IL,JO,KR,MA,MX,OM,P,PA,PE,S,SG)	25%
0304.93		罗非鱼(口孵非鲫属)、鲶鱼[(鮠)鲶属、鲶属、胡鲶属、真鮰属]、鲤科鱼(鲤属、鲫属、草鱼、鲢属、鳙属、青鱼、卡特拉鲃、野鲮属、哈氏纹唇鱼、何氏细须鲃、鲂鱼)、鳗鱼(鳗鲡属)、尼罗河鲈鱼(尼罗尖吻鲈)及黑鱼(鳢属):				
0304.93.10		散装,或者直接装在容器中,与内容物同称每件重量超过6.8千克		0[1]		2.8美分/千克
		绞碎的:				
	05	鱼糜	千克			
	10	其他	千克			
	90	其他				
0304.93.90	00	其他	千克	6%[1]	0(A*,AU,BH,CA,CL,CO,D,E,IL,JO,KR,MA,MX,OM,P,PA,PE,S,SG)	25%
0304.94		阿拉斯加狭鳕鱼				
0304.94.10		散装,或者直接装在容器中,与内容物同称每件重量超过6.8千克		0[4]		2.8美分/千克
		绞碎的:				
	05	鱼糜	千克			
	10	其他	千克			
	90	其他				
0304.94.90	00	其他	千克	6%[1]	0(A*,AU,BH,CA,CL,CO,D,E,IL,JO,KR,MA,MX,OM,P,PA,PE,S,SG)	25%

第三章 鱼、甲壳动物、软体动物及其他水生无脊椎动物 39

税则号列	统计后缀	货品名称	单位	税率 1 普通	税率 1 特惠	2
0304.95		犀鳕科、多丝真鳕科、鳕科、长尾鳕科、黑鳕科、无须鳕科、深海鳕科及南极鳕科鱼,但阿拉斯加狭鳕鱼除外:				
0304.95.10		散装,或者直接装在容器中,与内容物同称每件重量超过6.8千克		0[1]		2.8美分/千克
		绞碎的:				
	05	鱼糜	千克			
		其他:				
	10	银鳕鱼	千克			
	15	其他	千克			
		其他:				
	20	银鳕鱼	千克			
	25	黑线鳕鱼	千克			
	30	狭鳕鱼	千克			
	90	其他	千克			
0304.95.90	00	其他	千克	6%[1]	0(A*,AU,BH,CA,CL,CO,D,E,IL,JO,KR,MA,MX,OM,P,PA,PE,S,SG)	25%
0304.96.00	00	角鲨及其他鲨鱼	千克	6%[1]	0(A*,AU,BH,CA,CL,CO,D,E,IL,JO,KR,MA,MX,OM,P,PA,PE,S,SG)	25%
0304.97.00	00	魟鱼及鳐鱼(鳐科)	千克	6%[1]	0(A*,AU,BH,CA,CL,CO,D,E,IL,JO,KR,MA,MX,OM,P,PA,PE,S,SG)	25%
0304.99		其他:				
0304.99.11		散装,或者直接装在容器中,与内容物同称每件重量超过6.8千克		0[1]		2.8美分/千克
		绞碎的:				
	04	鱼糜	千克			
	09	其他	千克			
		其他:				
	50	鳎鱼	千克			
	60	格陵兰大菱鲆(格陵兰大比目鱼)	千克			
	70	海洋鲈鱼	千克			
	82	白斑狗鱼	千克			
	83	白鲑鱼	千克			
		其他:				
	84	淡水鱼	千克			
	90	金枪鱼(金枪鱼属或鲣属)	千克			
	94	其他	千克			
0304.99.91		其他		6%[1]	0(A*,AU,BH,CA,CL,CO,D,E,IL,JO,KR,MA,MX,OM,P,PA,PE,S,SG)	25%

税则号列	统计后缀	货品名称	单位	税率 1 普通	税率 1 特惠	2
	90	海洋鱼	千克			
	92	其他	千克			
0305		干、盐腌或盐渍的鱼；熏鱼，不论在熏制前或熏制过程中是否烹煮；适合供人食用的鱼的细粉、粗粉及团粒：				
0305.10		适合供人食用的鱼的细粉、粗粉及团粒：				
0305.10.20	00	散装，或者直接装在容器中，与内容物同称每件重量超过6.8千克或更少	千克	0[1]		2.8美分/千克
0305.10.40	00	其他	千克	6%[1]	0(A*,AU,BH,CA,CL,CO,D,E,IL,JO,KR,MA,MX,OM,P,PA,PE,S,SG)	25%
0305.20		干、熏、盐腌或盐渍的鱼肝、鱼卵及鱼精：				
0305.20.20	00	鲟鱼鱼子	千克	7.5%[1]	0(A*,AU,BH,CA,CL,CO,D,E,IL,JO,KR,MA,MX,OM,P,PA,PE,S,SG)	30%
0305.20.40		其他		0[1]		44美分/千克
	20	鲑鱼鱼子	千克			
	40	鲱鱼鱼子	千克			
	65	其他	千克			
		干、盐腌或盐渍的鱼片，但熏制的除外：				
0305.31.01	00	罗非鱼(口孵非鲫属)、鲶鱼[(鲇)鲶属、鲶属、胡鲶属、真鲖属]、鲤科鱼(鲤属、鲫属、草鱼、鲢属、鳙属、青鱼、卡特拉鲃、野鲮属、哈氏纹唇鱼、何氏细须鲃、鲂属)、鳗鱼(鳗鲡属)、尼罗河鲈鱼(尼罗尖吻鲈)及黑鱼(鳢属)	千克	0[1]		2.2美分/千克
0305.32.00		犀鳕科、多丝真鳕科、鳕科、长尾鳕科、黑鳕科、无须鳕科、深海鳕科及南极鳕科鱼		0[1]		2.2美分/千克
	10	银鳕鱼	千克			
	90	其他	千克			
0305.39		其他：				
0305.39.20	00	鲱鱼，散装，或者直接装在容器中，与内容物同称每件重量为6.8千克或更少	千克	4%[1]	0(A+,AU,BH,CA,CL,CO,D,E,IL,JO,KR,MA,MX,OM,P,PA,PE,S,SG)	25%
0305.39.40	00	鲭鱼，散装，或者直接装在容器中，与内容物同称每件重量为6.8千克或更少	千克	5%[1]	0(A+,AU,BH,CA,CL,CO,D,E,IL,JO,KR,MA,MX,OM,P,PA,PE,S,SG)	25%
0305.39.61		其他		0[1]		2.2美分/千克
	10	鲱鱼	千克			
	80	其他	千克			
		熏鱼，包括鱼片，但食用杂碎除外：				
0305.41.00	00	大麻哈鱼[红大麻哈鱼、细鳞大麻哈鱼、大麻哈鱼(种)、大鳞大麻哈鱼、银大麻哈鱼、马苏大麻哈鱼、玫瑰大麻哈鱼]、大西洋鲑鱼及多瑙哲罗鱼	千克	5%[1]	0(A+,AU,BH,CA,CL,CO,D,E,IL,JO,KR,MA,MX,OM,P,PA,PE,S,SG)	25%

税则号列	统计后缀	货品名称	单位	税率 1 普通	税率 1 特惠	税率 2
0305.42.00		鲱鱼(大西洋鲱鱼、太平洋鲱鱼)		0[1]		6.6美分/千克
	20	整条或去头但没有经过其他加工	千克			
		其他:				
	50	去骨的	千克			
	60	其他	千克			
0305.43.00	00	鳟鱼(河鳟、虹鳟、克拉克大麻哈鱼、阿瓜大麻哈鱼、吉雨大麻哈鱼、亚利桑那大麻哈鱼、金腹大麻哈鱼)	千克	0[1]		6.6美分/千克
0305.44.01	00	罗非鱼(口孵非鲫属)、鲶鱼[(鲶)鲶属、鲶属、胡鲶属、真鮰属]、鲤科鱼(鲤属、鲫属、草鱼、鲢属、鳡属、青鱼、卡特拉鲃、野鲮属、哈氏纹唇鱼、何氏细须鲃、鲂属)、鳗鱼(鳗鲡属)、尼罗河鲈鱼(尼罗尖吻鲈)及黑鱼(鳢属)	千克	0[1]		6.6美分/千克
0305.49		其他:				
0305.49.20	00	鲭鱼	千克	0[1]		25%
0305.49.40		其他		0[1]		6.6美分/千克
	20	银鳕鱼,单鳍鳕,黑线鳕鱼、狗鳕鱼(无须鳕属、长鳍鳕属)和狭鳕鱼	千克			
	45	其他	千克			
		干鱼(不包括食用杂碎),不论是否盐腌,但熏制的除外:				
0305.51.00	00	鳕鱼(大西洋鳕鱼、格陵兰鳕鱼、太平洋鳕鱼)	千克	0[1]		5.5美分/千克
0305.52.00	00	罗非鱼(口孵非鲫属)、鲶鱼[(鲶)鲶属、鲶属、胡鲶属、真鮰属]、鲤科鱼(鲤属、鲫属、草鱼、鲢属、鳡属、青鱼、卡特拉鲃、野鲮属、哈氏纹唇鱼、何氏细须鲃、鲂属)、其他鳗鱼(鳗鲡属)、尼罗河鲈鱼(尼罗尖吻鲈)及黑鱼(鳢属)	千克	0[1]		2.8美分/千克
0305.53.00	00	犀鳕科、多丝真鳕科、鳕科、长尾鳕科、黑鳕科、无须鳕科、深海鳕科及南极鳕科鱼,但鳕鱼(大西洋鳕鱼、格陵兰鳕鱼、太平洋鳕鱼)除外	千克	0[1]		2.8美分/千克
0305.54.00	00	鲱鱼(大西洋鲱鱼、太平洋鲱鱼)、鳀鱼(鳀属)、沙丁鱼(沙丁鱼、沙瑙鱼属)、小沙丁鱼属、黍鲱或西鲱、鲭鱼(大西洋鲭、澳洲鲭(鲐)、日本鲭(鲐))、印度鲭(羽鳃鲐属)、马鲛鱼(马鲛属)、对称竹荚鱼、新西兰竹荚鱼及竹荚鱼(竹荚鱼属)、鲹鱼(鲹属)、军曹鱼、银鲳(鲳属)、秋刀鱼、圆鲹(圆鲹属)、多春鱼(毛鳞鱼)、剑鱼、鲔鱼(狐鲣属)、枪鱼、旗鱼、四鳍旗鱼(旗鱼科)	千克	0[1]		2.8美分/千克
0305.59.00	01	其他	千克	0[1]		2.8美分/千克
		盐腌及盐渍的鱼(不包括食用杂碎),但干或熏制的除外:				

税则号列	统计后缀	货品名称	单位	税率 1 普通	税率 1 特惠	2
0305.61		鲱鱼(大西洋鲱鱼、太平洋鲱鱼):				
0305.61.20	00	直接装在容器中,与内容物同称每件重量为6.8千克或更少	千克	4%[1]	0(A+,AU,BH,CA,CL,CO,D,E,IL,JO,KR,MA,MX,OM,P,PA,PE,S,SG)	25%
0305.61.40	00	其他	千克	0[1]		2.2美分/千克
0305.62.00		鳕鱼(大西洋鳕鱼、格陵兰鳕鱼、太平洋鳕鱼)		0[1]		2.8美分/千克
		整条,或者移除过头部、鱼鳍、内脏、鳞片、脊柱或者以上任意部分的结合,但不经过其他加工:				
	10	含水量超过50%	千克			
	25	含水量超过45%但不超过50%	千克			
	30	含水量超过43%但不超过45%	千克			
	45	含水量不超过43%	千克			
		其他:				
	50	含水量超过50%	千克			
	60	含水量超过45%但不超过50%	千克			
	70	含水量超过43%但不超过45%	千克			
	80	含水量不超过43%	千克			
0305.63		鳀鱼(鳀属)				
		直接装在容器中,与内容物同称每件重量为6.8千克或更少:				
0305.63.20	00	在密封的容器中	千克	5%[1]	0(A*,AU,BH,CA,CL,CO,D,E,IL,JO,KR,MA,MX,OM,P,PA,PE,S,SG)	25%
0305.63.40	00	其他	千克	0[1]		1%
0305.63.60	00	其他	千克	0[1]		2.5%
0305.64		罗非鱼(口孵非鲫属)、鲶鱼[(鲶)鲶属、鲶属、胡鲶属、真鲴属]、鲤科鱼(鲤属、鲫属、草鱼、鲢属、鳙属、青鱼、卡特拉鲃、野鲮属、哈氏纹唇鱼、何氏细须鲃、鲂属)、鳗鱼(鳗鲡属)、尼罗河鲈鱼(尼罗尖吻鲈)及黑鱼(鳢属):				
0305.64.10	00	直接装在容器中,与内容物同称每件重量为6.8千克或更少	千克	0[1]		25%
0305.64.50	00	其他	千克	0.5%[1]	0(A*,AU,BH,CA,CL,CO,D,E,IL,JO,KR,MA,MX,OM,P,PA,PE,S,SG)	1%
0305.69		其他:				
0305.69.10		单鳍鳕,黑线鳕鱼,狗鳕鱼(无须鳕属、长鳍鳕属)和狭鳕鱼		0[1]		2.8美分/千克
		整条,或者移除过头部、鱼鳍、内脏、鳞片、脊柱或者以上任意部分的结合,但未经过其他加工:				
	21	狗鳕鱼	千克			
	22	狭鳕鱼	千克			

第三章　鱼、甲壳动物、软体动物及其他水生无脊椎动物　43

税则号列	统计后缀	货品名称	单位	税率 1 普通	税率 1 特惠	2
	29	黑线鳕鱼及单鳍鳕	千克			
		其他：				
	41	狗鳕鱼	千克			
	42	狭鳕鱼	千克			
	49	黑线鳕鱼及单鳍鳕	千克			
		鲭鱼：				
0305.69.20	00	直接装在容器中，与内容物同称每件重量为6.8千克或更少	千克	5%[1]	0(A+,AU,BH,CA,CL,CO,D,E,IL,JO,KR,MA,MX,OM,P,PA,PE,S,SG)	25%
0305.69.30	00	其他	千克	0[1]		2.2美分/千克
0305.69.40	00	鲑鱼	千克	3%[1]	0(A+,AU,BH,CA,CL,CO,D,E,IL,JO,KR,MA,MX,OM,P,PA,PE,S,SG)	25%
		其他：				
0305.69.50	01	直接装在容器中，与内容物同称每件重量为6.8千克或更少	千克	0[1]		25%
0305.69.60	01	其他	千克	0.5%[1]	0(A*,AU,BH,CA,CL,CO,D,E,IL,JO,KR,MA,MX,OM,P,PA,PE,S,SG)	1%
		鱼鳍、鱼头、鱼尾、鱼鳔及其他可食用鱼杂碎：				
0305.71.00	00	鲨鱼翅	千克	0[1]		2.8美分/千克
0305.72.00	00	鱼头、鱼尾、鱼鳔	千克	0[1]		2.8美分/千克
0305.79.00	00	其他	千克	0[1]		2.8美分/千克
0306		带壳或去壳的甲壳动物，活、鲜、冷、冻、干、盐腌或盐渍的；熏制的带壳或去壳甲壳动物，不论在熏制前或熏制过程中是否烹煮；蒸过或用水煮过的带壳甲壳动物，不论是否冷、冻、干、盐腌或盐渍；适合供人食用的甲壳动物的细粉、粗粉及团粒：				
		冻的：				
0306.11.00		岩礁虾及其他龙虾（真龙虾属、龙虾属、岩龙虾属）		0[1]		0
	10	加勒比海龙虾（眼斑龙虾）	千克			
	20	其他	千克			
0306.12.00		鳌龙虾（鳌龙虾属）		0[1]		0
		装在密封容器中：				
	10	盐渍的	千克			
	30	其他	千克			
		其他：				
	50	盐渍的	千克			
	70	其他	千克			

税则号列	统计后缀	货品名称	单位	税率 普通	税率 1 特惠	2
0306.14		蟹：				
0306.14.20	00	蟹肉	千克	7.5%[1]	0(A*,AU,BH,CA,CL,CO,D,E,IL,JO,KR,MA,MX,OM,P,PA,PE,S,SG)	15%
0306.14.40		其他		0[1]		0
		王蟹：				
	03	红王蟹	千克			
	06	蓝王蟹	千克			
	09	金/棕王蟹	千克			
	12	智利红王蟹	千克			
	15	其他	千克			
	20	雪蟹	千克			
	30	珍宝蟹	千克			
	90	其他	千克			
0306.15.00	00	挪威海螯虾	千克	0[1]		0
0306.16.00		冷水小虾及对虾(长额虾属、褐虾)		0[1]		0
		带壳的,依照本章统计注释一进口：				
	03	每千克少于33头(按无头重量称重)(15s)	千克			
	06	每千克33~45头(按无头重量称重)(15~20s)	千克			
	09	每千克46~55头(按无头重量称重)(21~25s)	千克			
	12	每千克56~66头(按无头重量称重)(26~30s)	千克			
	15	每千克67~88头(按无头重量称重)(31~40s)	千克			
	18	每千克89~110头(按无头重量称重)(41~50s)	千克			
	21	每千克111~132头(按无头重量称重)(51~60s)	千克			
	24	每千克133~154头(按无头重量称重)(61~70s)	千克			
	27	每千克超过154头(按无头重量称重)(70s)	千克			
	40	带壳的,依照本章统计注释一进口	千克			
0306.17.00		其他小虾及对虾		0[1]		0
		带壳的,依照本章统计注释一进口：				
	03	每千克少于33头(按无头重量称重)千克(15s)	千克			
	06	每千克33~45头(按无头重量称重)(15~20s)	千克			
	09	每千克46~55头(按无头重量称重)(21~25s)	千克			

税则号列	统计后缀	货品名称	单位	税率 1 普通	税率 1 特惠	2
	12	每千克 56~66 头（按无头重量称重）(26~30s)	千克			
	15	每千克 67~88 头（按无头重量称重）(31~40s)	千克			
	18	每千克 89~110 头（按无头重量称重）(41~50s)	千克			
	21	每千克 111~132 头（按无头重量称重）(51~60s)	千克			
	24	每千克 133~154 头（按无头重量称重）(61~70s)	千克			
	27	每千克超过 154 头（按无头重量称重）(70s)	千克			
	40	去壳的,依照本章统计注释一进口	千克			
0306.19.00		其他,包括适合供人食用的甲壳动物的细粉、粗粉及团粒		0[1]		0
	10	淡水小龙虾	千克			
	30	南极磷虾	千克			
	61	其他[6]	千克			
		活、鲜或冷的：				
0306.31.00	00	岩礁虾及其他龙虾（真龙虾属、龙虾属、岩龙虾属）	千克	0[1]		0
0306.32.00		鳌龙虾（鳌龙虾属）		0[1]		0
	10	活的	千克			
	90	其他	千克			
0306.33		蟹：				
0306.33.20	00	蟹肉	千克	7.5%[1]	0(A*,AU,BH,CA,CL,CO,D,E,IL,JO,KR,MA,MX,OM,P,PA,PE,S,SG)	15%
0306.33.40	00	其他	千克	0[1]		0
0306.34.00	00	挪威海鳌虾	千克	0[1]		0
0306.35.00		冷水小虾及对虾（长额虾属、褐虾）		0[1]		0
	20	带壳的	千克			
	40	去壳的	千克			
0306.36.00		其他小虾及对虾		0[1]		0
	20	带壳的	千克			
	40	去壳的	千克			
0306.39.00	00	其他,包括适合供人食用的甲壳动物的细粉、粗粉及团粒：	千克	0[1]		0
		其他：				
0306.91.00	00	岩礁虾及其他龙虾（真龙虾属、龙虾属、岩龙虾属）	千克	0[1]		0
0306.92.00	00	鳌龙虾（鳌龙虾属）	千克	0[1]		0
0306.93		蟹：				

税则号列	统计后缀	货品名称	单位	税率 普通	税率 特惠	2
0306.93.20	00	蟹肉	千克	7.5%[1]	0(A*,AU,BH,CA,CL,CO,D,E,IL,JO,KR,MA,MX,OM,P,PA,PE,S,SG)	15%
0306.93.40	00	其他	千克	0[1]		0
0306.94.00	00	挪威海螯虾	千克	0[1]		0
0306.95.00		小虾及对虾		0[1]		0
	20	带壳的	千克			
	40	去壳的	千克			
0306.99.00	00	其他,包括适合供人食用的甲壳动物的细粉、粗粉及团粒:	千克	0[1]		0
0307		带壳或去壳的软体动物,活、鲜、冷、冻、干、盐腌或盐渍的;熏制的带壳或去壳软体动物,不论在熏制前或熏制过程中是否烹煮;适合供人食用的软体动物的细粉、粗粉及团粒:				
		牡蛎(蚝):				
0307.11.00		活、鲜或冷的		0[1]		0
	20	种苗	升,千克			
		其他:				
	60	养殖的	千克			
	80	其他	千克			
0307.12.00		冻的		0[1]		0
	60	养殖的	千克			
	80	其他	千克			
0307.19.01		其他		0[1]		0
	60	养殖的	千克			
	80	其他	千克			
		扇贝,包括女王海扇贝,属于扇贝属、栉孔扇贝属、巨扇贝属:				
0307.21.00	00	活、鲜或冷的	千克	0[1]		0
0307.22.00	00	冻的	千克	0[1]		0
0307.29.01	00	其他	千克	0[1]		0
		贻贝:				
0307.31.00		活、鲜或冷的		0[1]		0
	10	养殖的	千克			
	90	其他	千克			
0307.32.00	00	冻的	千克	0[1]		0
0307.39.01	00	其他	千克	0[1]		0
		墨鱼及鱿鱼:				
0307.42.00		活、鲜或冷的		0[1]		0
		鱿鱼:				
	20	枪乌贼	千克			

税则号列	统计后缀	货品名称	单位	税率 1 普通	税率 1 特惠	2
	40	其他	千克			
	60	其他	千克			
0307.43.00		冻的		0[1]		0
		鱿鱼：				
	10	鱼片	千克			
		其他：				
		枪乌贼：				
	22	加州枪乌贼	千克			
	24	皮式枪乌贼	千克			
	29	其他	千克			
	50	其他	千克			
	60	其他	千克			
0307.49.01		其他		0[1]		0
		鱿鱼：				
		枪乌贼：				
	22	加州枪乌贼	千克			
	24	皮式枪乌贼	千克			
	29	其他	千克			
	50	其他	千克			
	60	其他	千克			
		章鱼：				
0307.51.00	00	活、鲜或冷的	千克	0[1]		0
0307.52.00	00	冻的	千克	0[1]		0
0307.59.01	00	其他	千克	0[1]		0
0307.60.00	00	蜗牛及螺，但海螺除外	千克	5%[1]	0(A*,AU,BH,CA,CL,CO,D,E,IL,JO,KR,MA,MX,OM,P,PA,PE,S,SG)	20%
		蛤、鸟蛤及舟贝（蚶科、北极蛤科、鸟蛤科、斧蛤科、缝栖蛤科、蛤蜊科、中带蛤科、海螂科、双带蛤科、截蛏科、竹蛏科、䗉䗉科、帘蛤科）：				
0307.71.00		活、鲜或冷的		0[1]		0
		蛤				
	50	象牙蚌	千克			
	70	其他	千克			
	90	其他	千克			
0307.72.00		冻的		0[1]		0
		蛤：				
	30	象牙蚌	千克			
	51	史汀生	千克			
	55	其他	千克			
	60	其他	千克			

税则号列	统计后缀	货品名称	单位	税率 1 普通	税率 1 特惠	2
0307.79.01		其他		0[1]		0
		蛤:				
	30	象牙蚌	千克			
	51	史汀生	千克			
	55	其他	千克			
	60	其他	千克			
		鲍鱼(鲍属)及凤骡(凤骡属):				
0307.81.00	00	活、鲜或冷的鲍鱼(鲍属)	千克	0[1]		0
0307.82.00	00	活、鲜或冷的凤骡(凤骡属)	千克	0[1]		0
0307.83.00	00	冻的鲍鱼(鲍属)	千克	0[1]		0
0307.84.00	00	冻的凤螺(凤螺属)	千克	0[1]		0
0307.87.00	00	其他鲍鱼(鲍属)	千克	0[1]		0
0307.88.00	00	其他凤螺(凤螺属)	千克	0[1]		0
		其他,包括适合供人食用的的细粉、粗粉及团粒:				
0307.91.02		活、鲜或冷的		0[1]		0
	30	凤螺	千克			
	90	其他	千克			
0307.92.00		冻的		0[1]		0
	30	凤螺	千克			
	90	其他	千克			
0307.99.02	00	其他	千克	0[1]		0
0308		不属于甲壳动物及软体动物的水生无脊椎动物,活、鲜、冷、冻、干、盐腌或盐渍的;熏制的不属于甲壳动物及软体动物的水生无脊椎动物,不论在熏制前或熏制过程中是否烹煮;适合供人食用的不属于甲壳动物及软体动物的水生无脊柱动物的细粉、粗粉及团粒:				
		海参(仿刺参、海参纲):				
0308.11.00	00	活、鲜或冷的	千克	0[1]		0
0308.12.00	00	冻的	千克	0[1]		0
0308.19.01	00	其他	千克	0[1]		0
		海胆(球海胆属、拟球海胆、智利海胆、食用正海胆):				
0308.21.00		活、鲜或冷的		0[1]		0
	21	鱼子	千克			
	29	其他	千克			
0308.22.00	00	冻的	千克	0[1]		0
0308.29.01	00	其他	千克	0[1]		0
0308.30.00	00	海蜇(海蜇属)	千克	0[1]		0
0308.90.00	00	其他	千克	0[1]		0

[1]见9903.88.03。
[2]见9903.88.43。
[3]见9903.88.36和9903.88.56。
[4]见9903.88.16。
[5]见9903.88.38和9903.88.56。
[6]见9903.88.38。

第四章　乳品;蛋品;天然蜂蜜;其他食用动物产品

注释:

一、所称"乳"是指全脂乳及半脱脂或全脱脂的乳。

二、在品目 0405 中,

(一)所称"黄油"是指从乳中提取的天然黄油、乳清黄油及调制黄油(新鲜、加盐或酸败的,包括罐装黄油),按重量计,乳脂含量在 80% 以上但不超过 95%,乳的无脂固形物最大含量不超过 2%,以及水的最大含量不超过 16%。黄油中不含添加的乳化剂,但可含有氯化钠、食用色素、中和盐及无害乳酸菌的培养物。

(二)所称"乳酱"是一种油包水型可涂抹的乳状物,乳脂是该制品所含的唯一脂肪,按重量计其含量在 39% 或以上但小于 80%。

三、乳清经浓缩并加入乳或乳脂制成的产品,若同时具有下列三种特性,则视为乳酪归入品目 0406:

(一)按干重计乳脂含量在 5% 或以上的;

(二)按重量计干质成分至少为 70% 但不超过 85% 的;

(三)已成形或可以成形的。

四、本章不包括:

(一)按重量计乳糖含量(以干燥无水乳糖计)超过 95% 的乳清制品(品目 1702);

(二)以一种物质(例如油酸酯)代替乳中一种或多种天然成分(例如丁酸酯)而制得的产品(品目 1901 或品目 2106);

(三)白蛋白(包括按重量计干质成分的乳清蛋白含量超过 80% 的两种或两种以上的乳清蛋白浓缩物)(品目 3502)及球蛋白(品目 3504)。

子目注释:

一、子目 0404.10 所称"改性乳清"是指由乳清成分构成的制品,即全部或部分去除乳糖、蛋白或矿物质的乳清,加入天然乳清成分的乳清,以及由混入天然乳清成分制成的产品。

二、子目 0405.10 所称"黄油"不包括脱水黄油及印度酥油(子目 0405.90)。

附加美国注释:

一、本税则所称"第四章附加美国注释一所描述的乳产品"指的是以下产品:麦乳精、奶及奶油制品[(1)白巧克力,(2)校准红外牛奶分析仪用的不可食用的奶粉除外];作为食用物品商业生产中的配料使用的,乳脂含量(按重量计)超过 5.5% 的物品(第十八章附加美国注释二和注释三所适用的其他进口配额内的商品除外);或者满足以下条件的奶粉、乳清或酪乳(符合子目 0402.10、子目 0402.21、子目 0403.90 或子目 0404.10 的规定):(1)乳脂含量按重量计不超过 5.5%,(2)已经与包括但不仅限于糖的成分相混合,此混合物的乳固体含量(按重量计)超过16%,可以继续加工或者与类似或其他成分混合,且不准备以与进口时相同的形式和包装向最终消费者出售。

二、本税则所称"欧盟27国"是指以下其中一个国家的产品:奥地利、比利时、保加利亚、塞浦路斯、捷克共和国、丹麦、爱沙尼亚、芬兰、法国、德意志联邦共和国、匈牙利、希腊、爱尔兰、意大利、拉脱维亚、立陶宛、卢森堡、马耳他、荷兰、波兰、葡萄牙、罗马尼亚、西班牙、斯洛文尼亚、斯洛伐克共和国、瑞典或英国。

三、本章所称"软熟牛奶乳酪"是指如下所述的乳酪:

(一)表面有明显的因霉菌、酵母菌或酵母或者其他微生物作用而形成的外皮;

(二)由表面到中心明显趋于成熟;

(三)脂肪含量(按重量计)不低于50%(以无水分为基础);或者

(四)水含量(按非脂肪物质的重量计算)不低于65%,但不包括内部有霉菌的乳酪。

四、在本章中,除非上下文有其他明确的要求:

(一)所称"可以进行加工或者与类似或其他成分混合"指的是在一定条件或容器中进口的产品可以进行任何额外的制备、处理或制造,或者可以与任何额外的成分(包括水或任何其他液体)混合或组合,但最终消费者在产品消费之前加工或者将其与其他成分混合的操作除外;

(二)所称"准备以与进口时相同的形式或包装向最终消费者销售"指的是该产品不经过任何形式或包装上的改变,直接以易于识别的旨在向最终消费者零售的包装尺寸和标签进口;

(三)所称"最终消费者"不包括医院、监狱和军事等机构或者餐厅、旅馆、酒吧或面包店等餐饮服务机构。

五、乳脂含量(按重量计)超过6%但不超过45%的液体或冷冻、新鲜或酸味牛奶和奶油,在税号0401.40.05、税号0401.50.05和税号0403.90.04下进口,任何一个日历年度的总数量不得超过6 694 840升(墨西哥产品不被允许或包括在上述数量限制内且不得归类于其中)。

在本注释的数量限制中,新西兰产品应获得不少于5 678 117升的数量。

六、乳脂含量(按重量计)超过45%的黄油、新鲜奶油或酸奶油的货物,在税号0401.50.50、税号0403.90.74和税号0405.10.10下进口,任何一个日历年度的总数量不得超过6 977 000千克(墨西哥产品不被允许或包括在上述数量限制内且不得归类于其中)。

根据农业部部长颁布、美国贸易代表办公室批准的条例中规定的条款和条件,上述进口要求提供进口许可证。在美国贸易代表办公室批准的情况下,规则允许在供应国或未填充数量的地区之间重新分配数量。

七、在税号0402.10.10和税号0402.21.05下进口的奶粉,无论是否加糖或其他甜物质,任何一个日历年度的总数量不得超过5 261 000千克(墨西哥产品不被允许或包括在上述数量限制内且不得归类于其中内)。

进口上述产品需要提供由美国贸易代表办公室批准的、依据农业部颁布的法律法规规定的进口许可,在美国贸易代表办公室批准下,该条例可以规定在供应国和地区之间重新分配未填充数量。

八、在税号0402.21.30和税号0403.90.51下进口的奶粉和乳酪,无论是否加糖或其他甜物质,任何一个日历年度的总数量不得超过3 321 300千克(墨西哥产品不被允许或包括在上述数量限制内且不得归类于其中)。

进口上述产品需要提供由美国贸易代表办公室批准的、依据农业部颁布的法律法规规定的进口许可,在美国贸易代表办公室批准下,该条例可以规定在供应国和地区之间重新分配未填充数量。

九、在税号 0402.21.75 和税号 0403.90.61 下进口的奶粉和乳酪,无论是否加糖或其他甜物质,任何一个日历年度的总数量不得超过 3 321 300 千克(墨西哥产品不被允许或包括在上述数量限制内且不得归类于其中)。

十、在税号 0402.29.10、税号 0402.99.70、税号 0403.10.10、税号 0403.90.90、税号 0404.10.11、税号 0404.90.30、税号 0405.20.60、税号 1517.90.50、税号 1704.90.54、税号 1806.20.81、税号 1806.32.60、税号 1806.90.05、税号 1901.10.21、税号 1901.10.41、税号 1901.10.54、税号 1901.10.64、税号 1901.20.05、税号 1901.20.45、税号 1901.90.61、税号 1901.90.64、税号 2105.00.30、税号 2106.90.06、税号 2106.90.64、税号 2106.90.85 和税号 2202.99.24 下进口的第四章附加美国注释一所描述的产品,任何一个日历年度的总数量不得超过 4 105 000 千克(墨西哥产品不被允许或包括在上述数量限制内且不得归类于其中)。

在此注释的数量限制条款中,澳大利亚应获得不少于 1 016 046 千克的数量,比利时和丹麦应获得不少于 154 221 千克的数量(合计)。

十一、在税号 0402.91.10、税号 0402.91.30、税号 0402.99.10 和税号 0402.99.30 下进口的牛奶和奶油,无论是否浓缩或蒸发,任何一个日历年度的数量不得超过 6 857 300 千克(墨西哥产品不被允许或包括在上述数量限制内且不得归类于其中)。

在本注释的数量限制中,下表中的国家应获得不少于以下规定的数量:

	数量(千克)
澳大利亚:	
浓缩的,装在密封容器中	91 625
加拿大:	
蒸发的,装在密封容器中	31 751
浓缩的,装在密封容器中	994 274
其他,浓缩的	2 267
丹麦:	
蒸发的,装在密封容器中	4 989
浓缩的,装在密封容器中	605 092
德国:	
蒸发的,装在密封容器中	9 979
荷兰:	
蒸发的,装在密封容器中	548 393
浓缩的,装在密封容器中	153 314

十二、在税号 0403.90.41 和税号 0404.10.50 下进口的奶粉、奶油干和乳清干,不论是否加糖或者其他甜物质,任何一个日历年度的总数量不得超过 296 000 千克(墨西哥产品不被允许或包括在上述数量限制内且不得归类于其中)。

进口上述产品需要提供由美国贸易代表办公室批准的、依据农业部颁布的法律法规规定的进口许可,在美国贸易代表办公室批准下,该条例可以规定在供应国和地区之间重新分配未填充数量。

十三、税号 0404.90.10 所称"乳蛋白浓缩物",是指任何蛋白质(酪蛋白加乳清蛋白)含量(按重量计)为 40% 或以上的完整乳蛋白浓缩物。

十四、在税号 0405.20.20、税号 0405.90.10、税号 2106.90.24 和税号 2106.90.34 下进口的黄油替代品〔黄油含量(按重量计)超过 45%〕和本税则描述的黄油,任何一个日历年度的总数量不得超过 6 080 500 千克(墨西哥产品不被允许或包括在上述数量限制内且不得归类于其中)。

进口上述产品需要提供由美国贸易代表办公室批准的、依据农业部颁布的法律法规规定的进口许可,在美国贸易代表办公室批准下,该条例可以规定在供应国和地区之间重新分配未填充数量。

十五、对于不能食用、不易移除的乳酪保护层,不得在重量上留有余量。

十六、在税号 0406.10.04、税号 0406.10.84、税号 0406.20.89、税号 0406.30.89 和税号 0406.90.95 下进口乳酪和乳酪替代品〔除(i)不含牛奶的乳酪,(ii)软熟牛奶乳酪,(iii)乳脂含量(按重量计)不超过 0.5% 的乳酪(农家干酪除外),(iv)本章附加美国注释十七至二十五规定的进口配额范围内的物品除外〕,任何一个日历年度的总数量不得超过以下注释规定的数量(墨西哥产品不被允许或包括在上述数量限制内且不得归类于其中):

	数量(千克)
阿根廷	100 000
澳大利亚	3 050 000
加拿大	1 141 000
哥斯达黎加	1 550 000
欧盟 27 国	27 846 224
冰岛	323 000
以色列	673 000
新西兰	11 322 000
挪威	150 000
瑞士	1 720 000
乌拉圭	250 000
其他国家或地区	201 635
任意国家	300 000

在本注释适用于欧盟 27 国的数量限制条款中,葡萄牙应获得不少于 353 000 千克。

在此注释的数量限制条款中,适用于以色列的条款中脂肪含量不得超过 3%(按重量计)不得超过 160 000 千克。

进口上述产品需要提供由美国贸易代表办公室批准的、依据农业部颁布的法律法规规定的进口许可,在美国贸易代表办公室批准下,该条例可以规定在供应国和地区之间重新分配未填充数量。

十七、在税号 0406.10.14、税号 0406.20.24、税号 0406.20.61、税号 0406.30.14、税号 0406.30.61、税号 0406.40.54、税号 0406.40.58 和税号 0406.90.72 下进口的蓝霉乳酪(英国生产的斯蒂尔顿干酪除外)以及含有蓝霉乳酪或由蓝霉乳酪加工而成的乳酪及其替代品,任何一个日历年度的总数量不得超过本注释规定的数量(墨西哥产品不被允许或包括在上述数量限制内且不得归类于其中)。

	数量(千克)
阿根廷	2 000
智利	80 000
欧盟 27 国	2 829 000
其他国家或地区	1

进口上述产品需要提供由美国贸易代表办公室批准的、依据农业部颁布的法律法规规定的进口许可,在美国贸易代表办公室批准下,该条例可以规定在供应国和地区之间重新分配未填充数量。

十八、(一)在税号 0406.10.24、税号 0406.20.31、税号 0406.20.65、税号 0406.30.24、税号 0406.30.65、税号 0406.90.08 和税号 0406.90.76 下进口的切达干酪和干酪以及含有切达干酪或由切达干酪加工而成的干酪及其替代品,任何一个日历年度的总数量不得超过本注释规定的数量(墨西哥产品不被允许或包括在上述数量限制内且不得归类于其中)。

	数量(千克)
澳大利亚	2 450 000
加拿大	833 417
智利	220 000
欧盟 27 国	1 313 000
新西兰	8 200 000
其他国家或地区	139 889
任意国家	100 000

(二)进口上述产品需要提供由美国贸易代表办公室批准的、依据农业部颁布的法律法规规定的进口许可,在美国贸易代表办公室批准下,该条例可以规定在供应国和地区之间重新分配未填充数量。

(三)税号 0406.20.31 和税号 0406.90.08 下加拿大产的天然切达干酪,由未经高温消毒的牛奶制成,保质期不少于 9 个月,出口前已由加拿大政府官员证明符合此类要求的,每年度高达 833 417 千克的进口不需要许可证件。

十九、在税号 0406.10.34、税号 0406.20.36、税号 0406.20.69、税号 0406.30.34、税号 0406.30.69、税号 0406.90.52 和税号 0406.90.82 下进口的美式乳酪,包括科尔比乳酪、洗净凝乳和颗粒状乳酪(但不包括切德乳酪),以及含有这种美式乳酪或由这种美式乳酪加工的乳酪及其替代品,任何一个日历年度的总数量不得超过本注释规定的数量(墨西哥产品不被允许或包括在上述数量限制内且不得归类于其中)。

	数量(千克)
阿根廷	1 000 000
欧盟 27 国	354 000
新西兰	2 000 000
其他国家或地区	168 556

进口上述产品需要提供由美国贸易代表办公室批准的、依据农业部颁布的法律法规规定的进口许可,在美国贸易代表办公室批准下,该条例可以规定在供应国和地区之间重新分配未填充数量。

二十、在税号 0406.10.44、税号 0406.20.44、税号 0406.20.73、税号 0406.30.44、税号 0406.30.73、税号 0406.90.16 和税号 0406.90.86 下进口的艾丹姆和高达乳酪,以及含有艾丹姆和高达乳酪或由艾丹姆和高达乳酪加工而成的乳酪及其替代品,任何一个日历年度的总数量不得超过本注释规定的数量(墨西哥产品不被允许或包括在上述数量限制内且不得归类于其中)。

	数量(千克)
阿根廷	235 000
欧盟 27 国	6 389 000
挪威	167 000
其他国家或地区	25 402

进口上述产品需要提供由美国贸易代表办公室批准的、依据农业部颁布的法律法规规定的进口许可,在美国贸易代表办公室批准下,该条例可以规定在供应国和地区之间重新分配未填充数。

二十一、在税号 0406.10.54、税号 0406.20.51、税号 0406.20.77、税号 0406.30.77、税号 0406.90.31、税号 0406.90.36、税号 0406.90.41 和税号 0406.90.66 下进口的由牛奶制成的原味面包中的意大利式乳酪(由牛奶制成的罗马干酪、巴马干酪、巴马芝士、布旺伦芝士、菠罗伏洛和斯勃里恩兹),由牛奶制成的非原味面包中的意大利式乳酪(由牛奶制成的罗马干酪、巴马干酪、巴马芝士、布旺伦芝士、菠罗伏洛、斯勃里恩兹和戈雅),以及含有这种意大利式乳酪或由这种意大利式乳酪加工而成的乳酪及其替代品,无论是否在原味面包中,任何一个日历年度的总数量不得超过本注释规定的数量(墨西哥产品不被允许或包括在上述数量限制内且不得归类于其中)。

	数量(千克)
阿根廷	6 383 000
欧盟 27 国	5 407 000
乌拉圭	500 000
其他国家或地区	1 178 000

二十二、在税号 0406.10.64、税号 0406.20.81、税号 0406.30.51、税号 0406.30.81 和税号 0406.90.90 下进口的瑞士干酪或埃门塔尔干酪,但不包括有眼睛形成的干酪、格鲁耶尔加工干酪以及含有此类干酪或由此类干酪加工而成的干酪及其替代品,任何一个日历年度的总数量不得超过本注释规定的数量(墨西哥产品不被允许或包括在上述数量限制内且不得归类于其中)。

	数量(千克)
欧盟 27 国	5 925 000
瑞士	1 850 000
其他国家或地区	79 833

进口上述产品需要提供由美国贸易代表办公室批准的、依据农业部颁布的法律法规规定的进口许可,在美国贸易代表办公室批准下,该条例可以规定在供应国和地区之间重新分配未填充数量。

二十三、在税号 0406.10.74、税号 0406.20.85、税号 0406.30.85、税号 0406.90.93 和税号 1901.90.34 下进口的按重量计乳脂含量在 0.5% 或以下的乳酪及其替代品(附加美国注释十六至二十二规定的进口配额范围的商品及本章附加美国注释二十四和二十五的规定的进口配额范围内的商品除外)以及人造奶油,任何一个日历年度的总数量不得超过本注释规定的数量(墨西哥产品不被允许或包括在上述数量限制内且不得归类于其中)。

	数量(千克)
欧盟 27 国	4 424 907
新西兰	1 000 000
以色列	50 000
其他国家或地区	1

进口上述产品需要提供由美国贸易代表办公室批准的、依据农业部颁布的法律法规规定的进口许可,在美国贸易代表办公室批准下,该条例可以规定在供应国和地区之间重新分配未填充数量。

二十四、在税号 0406.20.15、税号 0406.30.05、税号 0406.40.44 和税号 0406.40.48 下进口的英国产斯提耳顿干酪,在任何一个日历年度内不受进口到美国的此类乳酪的数量限制。非英国产斯提耳顿干酪,应该被归入受数量限制的蓝霉乳酪中。

二十五、在税号 0406.90.46 下进口的有眼睛形成的瑞士和埃门塔勒乳酪,任何一个日历年度的总数量不得超过本注释规定的数量(墨西哥产品不被允许或包括在上述数量限制内且不得归类于其中)。

	数量(千克)
阿根廷	80 000
澳大利亚	500 000
加拿大	70 000
欧盟 27 国	22 900 000
冰岛	300 000
以色列	27 000
挪威	6 883 000
瑞士	3 630 000
其他国家或地区	85 276

进口上述产品需要提供由美国贸易代表办公室批准的、依据农业部颁布的法律法规规定的进口许可,在美国贸易代表办公室批准下,该条例可以规定在供应国和地区之间重新分配未填充数。

二十六、禁止进口野鸟蛋,但根据内政部部长所定规例为繁殖目的而进口的野鸟蛋及为科学收集而进口的标本除外。

统计注释:

一、数量单位"千克牛乳固体含量"包括除水以外的所有牛奶成分。

二、"有机认证"认可标准清单见总统计注释六。

第四章 乳品;蛋品;天然蜂蜜;其他食用动物产品 57

税则号列	统计后缀	货品名称	单位	税率 1 普通	税率 1 特惠	2
0401		未浓缩及未加糖或其他甜物质的乳及稀奶油:				
0401.10.00	00	按重量计脂肪含量不超过1%	升 千克	0.34美分/升[1]	0(A+,AU,BH,CA,CL,CO,D,E,IL,JO,KR,MA,MX,OM,P,PA,PE,S,SG)	0.5美分/升
0401.20		按重量计脂肪含量超过1%但不超过6%:				
0401.20.20	00	任何日历年度进口不超过11 356 236升	升 千克牛乳固体含量	0.43美分/升[1]	0(A+,AU,BH,CA,CL,CO,D,E,IL,JO,KR,MA,MX,OM,P,PA,PE,S,SG)	1.7美分/升
0401.20.40	00	其他	升 千克牛乳固体含量	1.5美分/升[1]	0(AU,BH,CA,CL,CO,IL,JO,KR,MA,MX,OM,P,PA,PE,S,SG)	1.7美分/升
0401.40		按重量计脂肪含量超过6%但不超过10%:				
0401.40.02	00	本税则总注释十五描述,并根据其规定进口的	升	3.2美分/升[1]	0(A+,AU,BH,CA,CL,CO,D,E,IL,JO,KR,MA,MX,OM,P,PA,PE,S,SG)	15美分/升
0401.40.05	00	本章附加美国注释五描述,并根据其规定进口的	升 千克牛乳固体含量	3.2美分/升[1]	0(A+,BH,CA,CL,CO,D,E,IL,JO,KR,MA,OM,P,PA,PE,S,SG)	15美分/升
0401.40.25	00	其他[2]	升 千克牛乳固体含量	77.2美分/升[1]	0(BH,CL,JO,KR,MA,MX,OM,SG)10.2美分/升(PE)25.7美分/升(PA)30.8美分/升(P) 见9823.01.01至9823.01.07(S+) 见9913.04.05(AU) 见9915.04.01至9915.04.03(P+) 见9918.04.01至9918.04.02(CO)	15美分/升
0401.50		按重量计脂肪含量超过10%:				
		按重量计脂肪含量超过45%:				
0401.50.02	00	本税则总注释十五描述,并根据其规定进口的	升	3.2美分/升[1]	0(A+,AU,BH,CA,CL,CO,D,E,IL,JO,KR,MA,MX,OM,P,PA,PE,S,SG)	15美分/升
0401.50.05	00	本章附加美国注释五描述,并根据其规定进口的	升 千克牛乳固体含量	3.2美分/升[1]	0(A+,BH,CA,CL,CO,D,E,IL,JO,KR,MA,OM,P,PA,PE,S,SG)	15美分/升
0401.50.25	00	其他[2]	升 千克牛乳固体含量	77.2美分/升[1]	0(BH,CL,JO,KR,MA,MX,OM,SG)10.2美分/升(PE)25.7美分/升(PA)30.8美分/升(P) 见9823.01.01至9823.01.07(S+) 见9913.04.05(AU) 见9915.04.01至9915.04.03(P+) 见9918.04.01至9918.04.02(CO)	15美分/升
		其他:				
0401.50.42	00	本税则总注释十五描述,并根据其规定进口的	升 千克	12.3美分/千克[1]	0(A+,AU,BH,CA,CL,CO,D,E,IL,JO,KR,MA,MX,OM,P,PA,PE,S,SG)	31美分/千克
0401.50.50	00	本章附加美国注释六描述,并根据其规定进口的	升 千克	12.3美分/千克[1]	0(A+,BH,CA,CL,CO,D,E,IL,JO,KR,MA,OM,P,PA,PE,S,SG)	31美分/千克

税则号列	统计后缀	货品名称	单位	税率 1 普通	税率 1 特惠	2
0401.50.75	00	其他[3]	升 千克	1.646美元/千克[1]	0(BH,CL,JO,KR,MA,MX,OM,SG)21.9美分/千克(PE)54.8美分/千克(PA)65.8美分/千克(P) 见9823.03.01至9823.03.12(S+) 见9908.04.01(IL) 见9913.04.10(AU) 见9915.04.05,9915.04.06,9915.04.12(P+) 见9918.04.04,9918.04.05(CO)	1.936美元/千克
0402		浓缩、加糖或其他甜物质的乳及稀奶油:				
0402.10		粉状、粒状或其他固体形状,按重量计脂肪含量不超过1.5%:				
0402.10.05	00	本税则总注释十五描述,并根据其规定进口的	千克	3.3美分/千克[1]	0(A+,AU,BH,CA,CL,CO,D,E,IL,JO,KR,MA,MX,OM,P,PA,PE,S,SG)	6.6美分/千克
0402.10.10	00	本章附加美国注释七描述,并根据其规定进口的	千克 千克牛乳固体含量	3.3美分/千克[1]	0(A+,BH,CA,CL,CO,D,E,IL,JO,KR,MA,OM,P,PA,PE,S,SG)	6.6美分/千克
0402.10.50	00	其他[4]	千克 千克牛乳固体含量	86.5美分/千克[1]	0(BH,CL,JO,MA,MX,OM,SG)20.3美分/千克(PE)28.8美分/千克(CO,KR,PA)34.6美分/千克(P) 见9823.02.01至9823.02.04(S+) 见9908.04.03(IL) 见9913.04.15(AU) 见9915.04.20,9915.04.21,9915.04.25(P+)	1.018美元/千克
		粉状、粒状或其他固体形状,按重量计脂肪含量超过1.5%:				
0402.21		未加糖或其他甜物质				
		按重量计脂肪含量不超过3%:				
0402.21.02	00	本税则总注释十五描述,并根据其规定进口的	千克	3.3美分/千克[1]	0(A+,AU,BH,CA,CL,CO,D,E,IL,JO,KR,MA,MX,OM,P,PA,PE,S,SG)	6.6美分/千克
0402.21.05	00	本章附加美国注释七描述,并根据其规定进口的	千克 千克牛乳固体含量	3.3美分/千克[1]	0(A+,BH,CA,CL,CO,D,E,IL,JO,KR,MA,OM,P,PA,PE,S,SG)	6.6美分/千克
0402.21.25	00	其他[4]	千克 千克牛乳固体含量	86.5美分/千克[1]	0(BH,CL,JO,MA,MX,OM,SG)20.3美分/千克(PE)28.8美分/千克(CO,KR,PA)34.6美分/千克(P) 见9823.02.01至9823.02.04(S+) 见9908.04.03(IL) 见9913.04.15(AU) 见9915.04.20,9915.04.21,9915.04.25(P+)	1.018美元/千克
		按重量计脂肪含量超过3%但不超过35%:				
0402.21.27	00	本税则总注释十五描述,并根据其规定进口的	千克	6.8美分/千克[1]	0(A+,AU,BH,CA,CL,CO,D,E,IL,JO,KR,MA,MX,OM,P,PA,PE,S,SG)	13.7美分/千克

税则号列	统计后缀	货品名称	单位	税率 1 普通	税率 1 特惠	2
0402.21.30	00	本章附加美国注释八描述,并根据其规定进口的	千克 千克牛乳固体含量	6.8美分/千克[1]	0(A+,BH,CA,CL,CO,D,E,IL,JO,KR,MA,OM,P,PA,PE,S,SG)	13.7美分/千克
0402.21.50	00	其他[5]	千克 千克牛乳固体含量	1.092美元/千克[1]	0(BH,CL,JO,MA,MX,OM,SG) 25.6美分/千克(PE)36.4美分/千克(CO,KR,PA)43.6美分/千克(P) 见9823.05.01至9823.05.06(S+) 见9913.04.20(AU) 见9915.04.20,9915.04.22,9915.04.26(P+)	1.285美元/千克
		其他:				
0402.21.73	00	本税则总注释十五描述,并根据其规定进口的	千克	13.7美分/千克[1]	0(A+,AU,BH,CA,CL,CO,D,E,IL,JO,KR,MA,MX,OM,P,PA,PE,S,SG)	27.3美分/千克
0402.21.75	00	本章附加美国注释九描述,并根据其规定进口的	千克 千克牛乳固体含量	13.7美分/千克[1]	0(A+,BH,CA,CL,CO,D,E,IL,JO,KR,MA,OM,P,PA,PE,S,SG)	27.3美分/千克
0402.21.90	00	其他[6]	千克 千克牛乳固体含量	1.556美元/千克[1]	0(BH,CL,JO,KR,MA,MX,OM,SG)20.7美分/千克(PE)51.8美分/千克(CO,PA)62.2美分/千克(P) 见9823.03.01至9823.03.12(S+) 见9913.04.10(AU) 见9915.04.05,9915.04.07,9915.04.13(P+)	1.831美元/千克
0402.29		其他:				
0402.29.05	00	本税则总注释十五描述,并根据其规定进口的	千克	17.5%[1]	0(A+,AU,BH,CA,CL,CO,D,E,IL,JO,KR,MA,MX,OM,P,PA,PE,S,SG)	35%
0402.29.10	00	本章附加美国注释十描述,并根据其规定进口的	千克 千克牛乳固体含量	17.5%[1]	0(A+,AU,BH,CA,CL,CO,D,E,IL,JO,KR,MA,OM,P,PA,PE,S,SG)	35%
0402.29.50	00	其他[7]	千克 千克牛乳固体含量	1.104美元/千克+14.9%[1]	0(BH,CL,JO,MA,MX,OM,SG) 36.8美分/千克+4.9%(PA)44.1美分/千克+5.9%(P) 见9823.05.01至9823.05.06(S+) 见9913.04.25(AU) 见9915.04.30,9915.04.31,9915.04.55(P+) 见9917.04.20,9917.04.21(PE) 见9918.04.60,9918.04.61(CO) 见9920.04.10至9920.04.11(KR)	1.299美元/千克+17.5%
		其他:				
0402.91		未加糖或其他甜物质:				
		本税则总注释十五描述,并根据其规定进口的:				
0402.91.03	00	装在密封容器中	千克	2.2美分/千克[1]	0(A+,AU,BH,CA,CL,CO,D,E,IL,JO,KR,MA,MX,OM,P,PA,PE,S,SG)	4美分/千克

税则号列	统计后缀	货品名称	单位	税率 普通	税率 1 特惠	2
0402.91.06	00	其他	千克	3.3美分/千克[1]	0(A+,AU,BH,CA,CL,CO,D,E,IL,JO,KR,MA,MX,OM,P,PA,PE,S,SG)	5.6美分/千克
		本章附加美国注释十一描述,并根据其规定进口的:				
0402.91.10	00	装在密封容器中	千克 千克牛乳固体含量	2.2美分/千克[1]	0(A+,BH,CA,CL,CO,D,E,IL,JO,KR,MA,OM,P,PA,PE,S,SG)	4美分/千克
0402.91.30	00	其他	千克 千克牛乳固体含量	3.3美分/千克[1]	0(A+,BH,CA,CL,CO,D,E,IL,JO,KR,MA,OM,P,PA,PE,S,SG)	5.6美分/千克
		其他:				
0402.91.70	00	装在密封容器中[8]	千克 千克牛乳固体含量	31.3美分/千克[1]	0(BH,CL,JO,KR,MA,MX,OM,SG)10.4美分/千克(CO)12.5美分/千克(P) 见9823.07.01至9823.07.07(S+) 见9913.04.30(AU) 见9915.04.30,9915.04.32,9915.04.56,9915.04.79(P+) 见9917.04.10,9917.04.11(PE) 见9919.04.10,9919.04.11,9919.04.13(PA)	36.8美分/千克
0402.91.90	00	其他[8]	千克 千克牛乳固体含量	31.3美分/千克[1]	0(BH,CL,JO,KR,MA,MX,OM,SG)10.4美分/千克(CO)12.5美分/千克(P) 见9823.07.01至9823.07.07(S+) 见9913.04.30(AU) 见9915.04.30,9915.04.32,9915.04.56,9915.04.79(P+) 见9917.04.10,9917.04.11(PE) 见9919.04.10,9919.04.11,9919.04.13(PA)	36.8美分/千克
0402.99		其他:				
		浓缩牛奶:				
		本税则总注释十五描述,并根据其规定进口的:				
0402.99.03	00	装在密封容器中	千克	3.9美分/千克[1]	0(A+,AU,BH,CA,CL,CO,D,E,IL,JO,KR,MA,MX,OM,P,PA,PE,S,SG)	6美分/千克
0402.99.06	00	其他	千克	3.3美分/千克[1]	0(A+,AU,BH,CA,CL,CO,D,E,IL,JO,KR,MA,MX,OM,P,PA,PE,S,SG)	5.6美分/千克
		本章附加美国注释十一描述,并根据其规定进口的:				
0402.99.10	00	装在密封容器中	千克 千克牛乳固体含量	3.9美分/千克[1]	0(A+,AU,BH,CA,CL,CO,D,E,IL,JO,KR,MA,OM,P,PA,PE,S,SG)	6美分/千克
0402.99.30	00	其他	千克 千克牛乳固体含量	3.3美分/千克[1]	0(A+,BH,CA,CL,CO,D,E,IL,JO,KR,MA,OM,P,PA,PE,S,SG)	5.6美分/千克
		其他:				

税则号列	统计后缀	货品名称	单位	税率 1 普通	税率 1 特惠	2
0402.99.45	00	装在密封容器中[8]	千克 千克牛乳固体含量	49.6美分/千克[1]	0(BH,CL,JO,KR,MA,MX,OM,SG)16.5美分/千克(CO)19.8美分/千克(P) 见9823.07.01至9823.07.07(S+) 见9913.04.30(AU) 见9915.04.30,9915.04.33,9915.04.57,9915.04.79(P+) 见9917.04.10,9917.04.12(PE) 见9919.04.10,9919.04.12,99.19.04.14(PA)	58.4美分/千克
0402.99.55	00	其他[8]	千克 千克牛乳固体含量	49.6美分/千克[1]	0(BH,CL,JO,KR,MA,MX,OM,SG)16.5美分/千克(CO)19.8美分/千克(P) 见9823.07.01至9823.07.07(S+) 见9913.04.30(AU) 见9915.04.30,9915.04.33,9915.04.57,9915.04.79(P+) 见9917.04.10,9917.04.12(PE) 见9919.04.10,9919.04.12,99.19.04.14(PA)	58.4美分/千克
		其他:				
0402.99.68	00	本税则总注释十五描述,并根据其规定进口的	千克	17.5%[1]	0(A+,AU,BH,CA,CL,CO,D,E,IL,JO,KR,MA,MX,OM,P,PA,PE,S,SG)	35%
0402.99.70	00	本章附加美国注释十描述,并根据其规定进口的	千克 千克牛乳固体含量	17.5%[1]	0(A+,AU,BH,CA,CL,CO,D,E,IL,JO,KR,MA,OM,P,PA,PE,S,SG)	35%
0402.99.90	00	其他[7]	千克 千克牛乳固体含量	46.3美分/千克+14.9%[1]	0(BH,CL,JO,MA,MX,OM,SG)15.4美分/千克+4.9%(PA)18.5美分/千克+5.9%(P) 见9823.07.01至9823.07.07(S+) 见9913.04.25(AU) 见9915.04.30,9915.04.34,9915.04.58(P+) 见9917.04.20,9917.04.22(PE) 见9918.04.60,9918.04.62(CO) 见9920.04.10,9920.04.12(KR)	54.5美分/千克+17.5%
0403		酪乳、结块的乳及稀奶油、酸乳、酸乳酒及其他发酵或酸化的乳和稀奶油,不论是否浓缩、加糖、加其他甜物质、加香料、加水果、加坚果或加可可:				
0403.10		酸乳:				
		干的:				
0403.10.05	00	本税则总注释十五描述,并根据其规定进口的	千克	20%[1]	0(A+,AU,BH,CA,CL,CO,D,E,IL,JO,KR,MA,MX,OM,P,PA,PE,S,SG)	20%
0403.10.10	00	本章附加美国注释十描述,并根据其规定进口的	千克 千克牛乳固体含量	20%[1]	0(A+,AU,BH,CA,CL,CO,D,E,IL,JO,KR,MA,OM,P,PA,PE,S,SG)	20%

税则号列	统计后缀	货品名称	单位	税率 1 普通	税率 1 特惠	2
0403.10.50	00	其他[7]	千克 千克牛乳固体含量	1.035美元/千克+17%[9]	0(BH,CL,JO,MA,MX,OM,SG) 34.5美分/千克+5.6%(PA)41.4美分/千克+6.8%(P) 见9823.06.01至9823.06.09(S+) 见9913.04.25(AU) 见9915.04.30,9915.04.35, 9915.04.59(P+) 见9917.04.20,9917.04.23(PE) 见9918.04.60,9918.04.63(CO) 见9920.04.10,9920.04.13(KR)	1.217美元/千克+20%
0403.10.90	00	其他	千克 千克牛乳固体含量	17%[10]	0(A+,AU,BH,CA,CL,CO,D,E,IL,JO,KR,MA,MX,OM,P,PA,PE,S,SG)	20%
0403.90		其他:				
		按重量计乳脂含量不超过45%的酸奶油;酪乳:				
		液体:				
		酸奶油:				
0403.90.02	00	本税则总注释十五描述,并根据其规定进口的	升	3.2美分/升[1]	0(A+,AU,BH,CA,CL,CO,D,E,IL,JO,KR,MA,MX,OM,P,PA,PE,S,SG)	15美分/升
0403.90.04	00	本章附加美国注释五描述,并根据其规定进口的	升 千克牛乳固体含量	3.2美分/升[1]	0(A+,BH,CA,CL,CO,D,E,IL,JO,KR,MA,OM,P,PA,PE,S,SG)	15美分/升
0403.90.16	00	其他[2]	升 千克牛乳固体含量	77.2美分/升[1]	0(BH,CL,JO,KR,MA,MX,OM,SG)10.2美分/升(PE)25.7美分/升(PA)30.8美分/升(P) 见9823.01.01至9823.01.07(S+) 见9913.04.05(AU) 见9915.04.01至9915.04.03(P+) 见9918.04.01至9918.04.02(CO)	90.8美分/升
0403.90.20	00	酪乳	升 千克牛乳固体含量	0.34美分/升[1]	0(A+,AU,BH,CA,CL,CO,D,E,IL,JO,KR,MA,MX,OM,P,PA,PE,S,SG)	0.5美分/升
		干的:				
		按重量计脂肪含量超过6%:				
0403.90.37	00	本税则总注释十五描述,并根据其规定进口的	千克	3.3美分/千克[1]	0(A+,AU,BH,CA,CL,CO,D,E,IL,JO,KR,MA,MX,OM,P,PA,PE,S,SG)	6.6美分/千克
0403.90.41		本章附加美国注释十二描述,并根据其规定进口的		3.3美分/千克[1]	0(A+,BH,CA,CL,CO,D,E,IL,JO,KR,MA,OM,P,PA,PE,S,SG)	6.6美分/千克
	10	需要许可证的进口商品	千克 千克牛乳固体含量			
	90	其他	千克 千克牛乳固体含量			

税则号列	统计后缀	货品名称	单位	税率 普通	税率 1 特惠	2
0403.90.45	00	其他[11]	千克 千克牛乳固体含量	87.6美分/千克[1]	0(BH,CL,JO,MA,MX,OM,SG)11.6美分/千克(PE)29.2美分/千克(CO,KR,PA)35美分/千克(P) 见9823.06.01至9823.06.09(S+) 见9913.04.20(AU) 见9915.04.20,9915.04.23, 9915.04.27(P+)	1.03美元/千克
		按重量计脂肪含量超过6%但不超过35%:				
0403.90.47	00	本税则总注释十五描述,并根据其规定进口的	千克	6.8美分/千克[1]	0(A+,AU,BH,CA,CL,CO,D,E,IL,JO,KR,MA,MX,OM,P,PA,PE,S,SG)	13.7美分/千克
0403.90.51	00	本章附加美国注释八描述,并根据其规定进口的	千克 千克牛乳固体含量	6.8美分/千克[1]	0(A+,BH,CA,CL,CO,D,E,IL,JO,KR,MA,OM,P,PA,PE,S,SG)	13.7美分/千克
0403.90.55	00	其他[5]	千克 千克牛乳固体含量	1.092美元/千克[1]	0(BH,CL,JO,MA,MX,OM,SG)25.6美分/千克(PE)36.4美分/千克(CO,KR,PA)43.6美分/千克(P) 见9823.06.01至9823.06.09(S+) 见9913.04.20(AU) 见9915.04.20,9915.04.22, 9915.04.26(P+)	1.285美元/千克
		其他:				
0403.90.57	00	本税则总注释十五描述,并根据其规定进口的	千克	13.7美分/千克[1]	0(A+,AU,BH,CA,CL,CO,D,E,IL,JO,KR,MA,MX,OM,P,PA,PE,S,SG)	27.3美分/千克
0403.90.61	00	本章附加美国注释九描述,并根据其规定进口的	千克 千克牛乳固体含量	13.7美分/千克[1]	0(A+,BH,CA,CL,CO,D,E,IL,JO,KR,MA,OM,P,PA,PE,S,SG)	27.3美分/千克
0403.90.65	00	其他[6]	千克 千克牛乳固体含量	1.556美元/千克[1]	0(BH,CL,JO,KR,MA,MX,OM,SG)20.7美分/千克(PE)51.8美分/千克(CO,PA)62.2美分/千克(P) 见9823.03.01至9823.03.12(S+) 见9913.04.10(AU) 见9915.04.05,9915.04.07, 9915.04.13(P+)	1.831美元/千克
		按重量计乳脂含量超过45%的酸奶油;酪乳:				
0403.90.72	00	本税则总注释十五描述,并根据其规定进口的	千克	12.3美分/千克[1]	0(A+,AU,BH,CA,CL,CO,D,E,IL,JO,KR,MA,MX,OM,P,PA,PE,S,SG)	30.9美分/千克
0403.90.74	00	本章附加美国注释六描述,并根据其规定进口的	千克 千克牛乳固体含量	12.3美分/千克[1]	0(A+,BH,CA,CL,CO,D,E,IL,JO,KR,MA,OM,P,PA,PE,S,SG)	30.9美分/千克

税则号列	统计后缀	货品名称	单位	税率 1 普通	税率 1 特惠	2
0403.90.78	00	其他[3]	千克 千克牛乳固体含量	1.646美元/千克[1]	0(BH,CL,JO,KR,MA,MX,OM,SG)21.9美分/千克(PE)54.8美分/千克(PA)65.8美分/千克(P) 见9823.03.01至9823.03.12(S+) 见9908.04.01(IL) 见9913.04.10(AU) 见9915.04.05,9915.04.08,9915.04.14(P+) 见9918.04.04,9918.04.05(CO)	1.936美元/千克
		其他：				
0403.90.85	00	发酵乳,不包括干发酵乳和添加发酵乳的干牛奶	千克 千克牛乳固体含量	17%[9]	0(A+,BH,CA,CL,CO,D,E,IL,JO,KR,MA,MX,OM,P,PA,PE,S,SG)0.8%(AU)	20%
		其他：				
0403.90.87	00	本税则总注释十五描述,并根据其规定进口的	千克	20%[1]	0(A+,AU,BH,CA,CL,CO,D,E,IL,JO,KR,MA,MX,OM,P,PA,PE,S,SG)	20%
0403.90.90	00	本章附加美国注释十描述,并根据其规定进口的	千克 千克牛乳固体含量	20%[9]	0(A+,AU,BH,CA,CL,CO,D,E,IL,JO,KR,MA,MX,OM,P,PA,PE,S,SG)	20%
0403.90.95	00	其他[7]	千克 千克牛乳固体含量	1.034美元/千克+17%[1]	0(BH,CL,JO,MA,MX,OM,SG)34.4美分/千克+5.6%(PA)41.3美分/千克+6.8%(P) 见9823.06.01至9823.06.09(S+) 见9913.04.25(AU) 见9915.04.30,9915.04.36,9915.04.60(P+) 见9917.04.20,9917.04.24(PE) 见9918.04.60,9918.04.64(CO) 见9920.04.10,9920.04.14(KR)	1.217美元/千克+20%
0404		乳清,不论是否浓缩、加糖或其他甜物质;其他品目未列名的含天然乳的产品,不论是否加糖或其他甜物质:				
0404.10		乳清及改性乳清,不论是否浓缩、加糖或其他甜物质:				
		改性乳清:				
0404.10.05	00	浓缩改性乳清	千克 千克牛乳固体含量	8.5%[12]	0(A,BH,CA,CL,CO,D,E,IL,JO,KR,MA,MX,OM,P,PA,PE,S,SG)0.4%(AU)	20%
		其他：				
0404.10.08	00	本税则总注释十五描述,并根据其规定进口的	千克	13%1[3]	0(A+,AU,BH,CA,CL,CO,D,E,IL,JO,KR,MA,MX,OM,P,PA,PE,S,SG)	20%
0404.10.11	00	本章附加美国注释十描述,并根据其规定进口的	千克 千克牛乳固体含量	13%[13]	0(A+,AU,BH,CA,CL,CO,D,E,IL,JO,KR,MA,MX,OM,P,PA,PE,S,SG)	20%

税则号列	统计后缀	货品名称	单位	税率 普通	税率 1 特惠	2
0404.10.15	00	其他[7]	千克 千克牛乳固体含量	1.035美元/千克+8.5%[13]	0(BH,CL,JO,MA,MX,OM,SG) 34.5美分/千克+2.8%(PA)41.4美分/千克+3.4%(P) 见9823.06.01至9823.06.09(S+) 见9913.04.25(AU) 见9915.04.30,9915.04.37,9915.04.61(P+) 见9917.04.20,9917.04.25(PE) 见9918.04.60,9918.04.65(CO) 见9920.04.10,9920.04.15(KR)	1.217美元/千克+10%
		其他：				
0404.10.20	00	液体	升 千克牛乳固体含量	0.34美分/升[13]	0(A+,AU,BH,CA,CL,CO,D,E,IL,JO,KR,MA,MX,OM,P,PA,PE,S,SG)	0.5美分/升
		干的				
0404.10.48	00	本税则总注释十五描述,并根据其规定进口的	千克	3.3美分/千克[13]	0(A+,AU,BH,CA,CL,CO,D,E,IL,JO,KR,MA,MX,OM,P,PA,PE,S,SG)	6.6美分/千克
0404.10.50		本章附加美国注释十描述,并根据其规定进口的	千克	3.3美分/千克[13]	0(A+,BH,CA,CL,CO,D,E,IL,JO,KR,MA,OM,P,PA,PE,S,SG)	6.6美分/千克
	10	进口需要许可证件的	千克 千克牛乳固体含量			
	90	其他	千克 千克牛乳固体含量			
0404.10.90	00	其他[1]	千克 千克牛乳固体含量	87.6美分/千克[13]	0(BH,CL,JO,MA,MX,OM,SG) 11.6美分/千克(PE)29.2美分/千克(CO,KR,PA)35美分/千克(P) 见9823.06.01至9823.06.09(S+) 见9913.04.20(AU) 见9915.04.20,9915.04.23,9915.04.27(P+)	1.03美元/千克
0404.90		其他：				
0404.90.10	00	浓缩牛奶蛋白质	千克 千克牛乳固体含量	0.37美分/千克[1]	0(A*,AU,BH,CA,CL,CO,D,E,IL,JO,KR,MA,MX,OM,P,PA,PE,S,SG)	12美分/千克
		其他：				
		第四章附加美国注释一描述的乳制品：				
0404.90.28	00	本税则总注释十五描述,并根据其规定进口的	千克	14.5%[1]	0(A+,AU,BH,CA,CL,CO,D,E,IL,JO,KR,MA,MX,OM,P,PA,PE,S,SG)	25%
0404.90.30	00	本章附加美国注释十描述,并根据其规定进口的	千克 千克牛乳固体含量	14.5%[1]	0(A+,AU,BH,CA,CL,CO,D,E,IL,JO,KR,MA,OM,P,PA,PE,S,SG)	25%

税则号列	统计后缀	货品名称	单位	税率 1 普通	税率 1 特惠	2
0404.90.50	00	其他[7]	千克 千克牛乳固体含量	1.189美元/千克+8.5%[1]	0(BH,CL,JO,MA,MX,OM,SG) 39.6美分/千克+2.8%(PA)47.5美分/千克+3.4%(P) 见9823.06.01至9823.06.09(S+) 见9913.04.25(AU) 见9915.04.30,9915.04.38, 9915.04.62(P+) 见9917.04.20,9917.04.26(PE) 见9918.04.60,9918.04.66(CO) 见9920.04.10,9920.04.16(KR)	1.399美元/千克+10%
0404.90.70	00	其他	千克 千克牛乳固体含量	8.5%[1]	0(A+,BH,CA,CL,CO,D,E,IL, JO,KR,MA,MX,OM,P,PA,PE, S,SG)0.4%(AU)	20%
0405		黄油及其他从乳中提取的脂和油；乳酱：				
0405.10		黄油：				
0405.10.05	00	本税则总注释十五描述,并根据其规定进口的	千克	12.3美分/千克[1]	0(A+,AU,BH,CA,CL,CO,D,E, IL,JO,KR,MA,MX,OM,P,PA, PE,S,SG)	30.9美分/千克
0405.10.10	00	本章附加美国注释六描述,并根据其规定进口的	千克 千克牛乳固体含量	12.3美分/千克[14]	0(A+,BH,CA,CL,CO,D,E,IL, JO,KR,MA,OM,P,PA,PE,S, SG)	30.9美分/千克
0405.10.20	00	其他[3]	千克 千克牛乳固体含量	1.541美元/千克[14]	0(BH,CL,JO,KR,MA,MX,OM, SG)20.5美分/千克(PE)51.3美分/千克(PA)61.6美分/千克(P) 见9823.03.01至9823.03.12(S+) 见9908.04.01(IL) 见9913.04.10(AU) 见9915.04.05,9915.04.09, 9915.04.15(P+) 见9918.04.04,9918.04.06(CO)	1.813美元/千克
0405.20		乳酱：				
		液态或固态黄油替代品：				
		按重量计乳脂含量超过45%：				
0405.20.10	00	本税则总注释十五描述,并根据其规定进口的	千克	15.4美分/千克[1]	0(A+,AU,BH,CA,CL,CO,D,E, IL,JO,KR,MA,MX,OM,P,PA, PE,S,SG)	31美分/千克
0405.20.20	00	本章附加美国注释十四描述,并根据其规定进口的	千克 千克牛乳固体含量	15.4美分/千克[9]	0(A+,BH,CA,CL,CO,D,E,IL, JO,KR,MA,OM,P,PA,PE,S, SG)	31美分/千克
0405.20.30	00	其他[15]	千克 千克牛乳固体含量	1.996美元/千克[16]	0(BH,CL,JO,KR,MA,MX,OM, SG)26.6美分/千克(PE)66.5美分/千克(PA)79.8美分/千克(P) 见9823.03.01至9823.03.12(S+) 见9913.04.10(AU) 见9915.04.05,9915.04.10, 9915.04.16(P+) 见9918.04.04,9918.04.07(CO)	2.348美元/千克
0405.20.40	00	其他	千克 千克牛乳固体含量	13.1美分/千克[1]	0(A+,BH,CA,CL,CO,D,E,IL, JO,KR,MA,MX,OM,P,PA,PE, S,SG)0.6%(AU)	31美分/千克

第四章　乳品;蛋品;天然蜂蜜;其他食用动物产品　67

税则号列	统计后缀	货品名称	单位	税率 1 普通	税率 1 特惠	2
		其他:				
		第四章附加美国注释一描述的乳制品				
0405.20.50	00	本税则总注释十五描述,并根据其规定进口的	千克	10%[1]	0(A+,AU,BH,CA,CL,CO,D,E,IL,JO,KR,MA,MX,OM,P,PA,PE,S,SG)	20%
0405.20.60	00	本章附加美国注释十描述,并根据其规定进口的	千克 千克牛乳固体含量	10%[1]	0(A+,AU,BH,CA,CL,CO,D,E,IL,JO,KR,MA,MX,OM,P,PA,PE,S,SG)	20%
0405.20.70	00	其他[7]	千克 千克牛乳固体含量	70.4美分/千克+8.5%[1]	0(BH,CL,JO,MA,MX,OM,SG) 23.4美分/千克+2.8%(PA) 28.1美分/千克+3.4%(P) 见9823.03.01至9823.03.12(S+) 见9913.04.25(AU) 见9915.04.30,9915.04.39,9915.04.63(P+) 见9917.04.20,9917.04.27(PE) 见9918.04.60,9918.04.67(CO) 见9920.04.10,9920.04.17(KR)	82.8美分/千克+10%
0405.20.80	00	其他	千克 千克牛乳固体含量	6.4%[16]	0(A,AU,BH,CA,CL,CO,D,E,IL,JO,KR,MA,MX,OM,P,PA,PE,S,SG)	20%
0405.90		其他:				
0405.90.05		本税则总注释十五描述,并根据其规定进口的		10%[1]	0(A+,AU,BH,CA,CL,CO,D,E,IL,JO,KR,MA,MX,OM,P,PA,PE,S,SG)	20%
	20	无水乳脂	千克			
	40	其他	千克			
0405.90.10		本章附加美国注释十四描述,并根据其规定进口的		10%1[7]	0(A+,BH,CA,CL,CO,D,E,IL,JO,KR,MA,OM,P,PA,PE,S,SG)	20%
	20	无水乳脂	千克 千克牛乳固体含量			
	40	其他	千克 千克牛乳固体含量			
0405.90.20		其他[15]		1.865美元/千克+8.5%[1]	0(BH,CL,JO,KR,MA,MX,OM,SG) 24.8美分/千克+1.1%(PE) 62.1美分/千克+2.8%(PA) 74.6美分/千克+3.4%(P) 见9823.03.01至9823.03.12(S+) 见9913.04.10(AU) 见9915.04.05,9915.04.11,9915.04.17(P+) 见9918.04.04,9918.04.07(CO)	2.194美元/千克+10%
	20	无水乳脂	千克 千克牛乳固体含量			
	40	其他	千克 千克牛乳固体含量			

税则号列	统计后缀	货品名称	单位	税率 1 普通	税率 1 特惠	2
0406		乳酪及凝乳：				
0406.10		鲜乳酪（未熟化或未固化的），包括乳清乳酪；凝乳：				
		丘戈斯：				
0406.10.02	00	本税则总注释十五描述，并根据其规定进口的	千克	10%[1]	0(A,AU,BH,CA,CL,CO,D,E,IL,JO,KR,MA,MX,OM,P,PA,PE,S,SG)	35%
0406.10.04	00	本章附加美国注释十六描述，并根据其规定进口的	千克 千克牛乳固体含量	10%[1]	0(A,AU,BH,CA,CL,CO,D,E,IL,JO,KR,MA,OM,P,PA,PE,S,SG)	35%
0406.10.08	00	其他[18]	千克 千克牛乳固体含量	1.509美元/千克[1]	0(BH,CL,JO,MA,MX,OM,SG) 50.3美分/千克(KR)60.3美分/千克(P) 见9823.04.01至9823.04.54(S+) 见9908.04.05(IL) 见9913.04.35(AU) 见9915.04.80,9915.04.81, 9915.04.90,9915.04.99(P+) 见9917.04.50,9917.04.51(PE) 见9918.04.50,9918.04.51(CO) 见9919.04.40,9919.04.41至9919.04.42(PA)	1.775美元/千克
		其他：				
0406.10.12	00	本税则总注释十五描述，并根据其规定进口的	千克	10%[1]	0(A+,AU,BH,CA,CL,CO,D,E,IL,JO,KR,MA,MX,OM,P,PA,PE,S,SG)	35%
		其他：				
		蓝霉乳酪以及含有蓝霉乳酪或由蓝霉乳酪加工而成的乳酪及其替代品：				
0406.10.14	00	本章附加美国注释十七描述，并根据其规定进口的	千克 千克牛乳固体含量	10%[1]	0(A+,BH,CA,CL,CO,D,E,IL,JO,KR,MA,OM,P,PA,PE,S,SG)	35%
0406.10.18	00	其他[19]	千克 千克牛乳固体含量	2.269美元/千克[1]	0(BH,CL,JO,MA,MX,OM,SG) 75.6美分/千克(KR)90.7美分/千克(P) 见9823.04.01至9823.04.54(S+) 见9908.04.05(IL) 见9913.04.40(AU) 见9915.04.80,9915.04.82, 9915.04.91(P+) 见9917.04.50,9917.04.52(PE) 见9918.04.50,9918.04.52(CO) 见9919.04.50,9919.04.51, 9919.04.61(PA)	2.67美元/千克
		切达干酪以及含有切达干酪或由切达干酪加工而成的干酪及其替代品：				
0406.10.24	00	本章附加美国总注释十八描述，并根据其规定进口的	千克 千克牛乳固体含量	10%[1]	0(A+,AU,BH,CA,CL,CO,D,E,IL,JO,KR,MA,OM,P,PA,PE,S,SG)	35%

税则号列	统计后缀	货品名称	单位	税率 1 普通	税率 1 特惠	2
0406.10.28	00	其他[20]	千克 千克牛乳固体含量	1.227美元/千克[9]	0(BH,CL,JO,MA,MX,OM,SG) 40.9美分/千克(KR)49美分/千克(P) 见9823.04.01至9823.04.54(S+) 见9908.04.05(IL) 见9913.04.45(AU) 见9915.04.80,9915.04.83,9915.04.92(P+) 见9917.04.50,9917.04.53(PE) 见9918.04.50,9918.04.53(CO) 见9919.04.50,9919.04.52,9919.04.62(PA)	1.443美元/千克
		美式乳酪,包括科尔比乳酪、洗净凝乳和颗粒状乳酪(但不包括切达乳酪),以及含有这种美式乳酪或由这种美式乳酪加工而成的乳酪及其替代品:				
0406.10.34	00	本章附加美国注释十九描述,并根据其规定进口的	千克 千克牛乳固体含量	10%[1]	0(A+,AU,BH,CA,CL,CO,D,E,IL,JO,KR,MA,OM,P,PA,PE,S,SG)	35%
0406.10.38	00	其他[21]	千克 千克牛乳固体含量	1.055美元/千克[1]	0(BH,CL,JO,MA,MX,OM,SG) 35.1美分/千克(KR)42.2美分/千克(P) 见9823.04.01至9823.04.54(S+) 见9908.04.05(IL) 见9913.04.50(AU) 见9915.04.80,9915.04.84,9915.04.93(P+) 见9917.04.50,9917.04.54(PE) 见9918.04.50,9918.04.54(CO) 见9919.04.50,9919.04.53,9919.04.63(PA)	1.241美元/千克
		艾丹姆和高达乳酪,以及由艾丹姆和高达乳酪加工而成的乳酪及其替代品:				
0406.10.44	00	本章附加美国注释二十描述,并根据其规定进口的	千克 千克牛乳固体含量	10%[1]	0(A+,BH,CA,CL,CO,D,E,IL,JO,KR,MA,OM,P,PA,PE,S,SG)	35%
0406.10.48	00	其他[22]	千克 千克牛乳固体含量	1.803美元/千克[1]	0(BH,CL,JO,MA,MX,OM,SG) 60.1美分/千克(KR)72.1美分/千克(P) 见9823.04.01至9823.04.54(S+) 见9908.04.05(IL) 见9913.04.40(AU) 见9915.04.80,9915.04.85,9915.04.94(P+) 见9917.04.50,9917.04.55(PE) 见9918.04.50,9918.04.55(CO) 见9919.04.50,9919.04.54,9919.04.64(PA)	2.121美元/千克

税则号列	统计后缀	货品名称	单位	税率 1 普通	税率 1 特惠	2
		意大利式乳酪,由牛奶制成,在原味面包中(由牛奶制成的罗马干酪、巴马干酪、巴马芝士、布旺伦芝士、菠罗伏洛和斯勃里恩兹);意大利式乳酪,由牛奶制成,不在原味面包中(由牛奶制成的罗马干酪、巴马干酪、巴马芝士、布旺伦芝士、菠罗伏洛、斯勃里恩兹和戈雅);以及含有这种意大利式乳酪或由这种意大利式乳酪加工而成的乳酪及其替代品,不论是否在原味面包中:				
0406.10.54	00	本章附加美国注释二十一描述,并根据其规定进口的	千克 千克牛乳固体含量	10%[9]	0(A+,BH,CA,CL,CO,D,E,IL,JO,KR,MA,OM,P,PA,PE,S,SG)	35%
0406.10.58	00	其他[23]	千克 千克牛乳固体含量	2.146美元/千克[9]	0(BH,CL,JO,MA,MX,OM,SG) 71.5美分/千克(KR)85.8美分/千克(P) 见9823.04.01至9823.04.54(S+) 见9908.04.05(IL) 见9913.04.40(AU) 见9915.04.80,9915.04.86,9915.04.95(P+) 见9917.04.50,9917.04.56(PE) 见9918.04.50,9918.04.56(CO) 见9919.04.50,9919.04.55,9919.04.65(PA)	2.525美元/千克
		瑞士或埃门塔勒乳酪(但有眼睛形成的乳酪除外)、格鲁耶尔加工乳酪以及含有这些乳酪或由这些乳酪加工而成的乳酪及其替代品:				
0406.10.64	00	本章附加美国注释二十二描述,并根据其规定进口的	千克 千克牛乳固体含量	10%[1]	0(A+,BH,CA,CL,CO,D,E,IL,JO,KR,MA,OM,P,PA,PE,S,SG)	35%
0406.10.68	00	其他[24]	千克 千克牛乳固体含量	1.386美元/千克[9]	0(BH,CL,JO,MA,MX,OM,SG) 46.2美分/千克(KR)55.4美分/千克(P) 见9823.04.01至9823.04.54(S+) 见9908.04.05(IL) 见9913.04.40(AU) 见9915.04.80,9915.04.87,9915.04.96(P+) 见9917.04.50,9917.04.57(PE) 见9918.04.50,9918.04.57(CO) 见9919.04.50,9919.04.56,9919.04.66(PA)	1.631美元/千克
		其他:				
		乳酪及其替代品,按重量计乳脂含量不超过0.5%:				
0406.10.74	00	本章附加美国注释二十三描述,并根据其规定进口的	千克 千克牛乳固体含量	10%[1]	0(A+,BH,CA,CL,CO,D,E,IL,JO,KR,MA,OM,P,PA,PE,S,SG)	35%

税则号列	统计后缀	货品名称	单位	税率 1 普通	税率 1 特惠	2
0406.10.78	00	其他[25]	千克 千克牛乳固体含量	1.128美元/千克[1]	0(BH,CL,JO,MA,MX,OM,SG) 37.6美分/千克(KR)45.1美分/千克(P) 见9823.04.01—9823.04.54(S+) 见9908.04.05(IL) 见9915.04.80,9915.04.88, 9915.04.97(P+) 见9917.04.50,9917.04.58(PE) 见9918.04.50,9918.04.58(CO) 见9919.04.50,9919.04.57, 9919.04.67(PA)	1.328美元/千克
		其他乳酪及其替代(不含牛奶的乳酪和软熟牛奶乳酪):				
0406.10.84	00	本章附加美国注释十六描述,并根据其规定进口的	千克 千克牛乳固体含量	10%[26]	0(A+,AU,BH,CA,CL,CO,D,E,IL,JO,KR,MA,OM,P,PA,PE,S,SG)	35%
0406.10.88	00	其他[18]	千克 千克牛乳固体含量	1.509美元/千克[26]	0(BH,CL,JO,MA,MX,OM,SG) 50.3美分/千克(KR)60.3美分/千克(P) 见9823.04.01至9823.04.54(S+) 见9908.04.05(IL) 见9913.04.35(AU) 见9915.04.80,9915.04.81, 9915.04.90,9915.04.99(P+) 见9917.04.50,9917.04.51(PE) 见9918.04.50,9918.04.51(CO) 见9919.04.40,9919.04.41至 9919.04.42(PA)	1.775美元/千克
0406.10.95	00	其他	千克	8.5%2[6]	0(A+,BH,CA,CL,CO,D,E,IL,JO,KR,MA,MX,OM,P,PA,PE,S,SG)0.4%(AU)	35%
0406.20		各种磨碎或粉化的乳酪:				
		蓝纹乳酪:				
0406.20.10	00	罗克福干酪	千克	8%[1]	0(A+,BH,CA,CL,CO,D,E,IL,JO,KR,MA,MX,OM,P,PA,PE,S,SG)0.3%(AU)	35%
0406.20.15	00	本章附加美国注释二十四描述,并根据其规定进口的斯蒂尔顿乳酪	千克 千克牛乳固体含量	17%[1]	0(CO,JO,KR,OM,PA,PE,S)	35%
		其他:				
0406.20.22	00	本税则总注释十五描述,并根据其规定进口的	千克	20%[1]	0(A+,AU,BH,CA,CL,CO,D,E,IL,JO,KR,MA,MX,OM,P,PA,PE,S,SG)	35%
0406.20.24	00	本章附加美国注释十七描述,并根据其规定进口的	千克 千克牛乳固体含量	20%[1]	0(A+,BH,CA,CL,CO,D,E,IL,JO,KR,MA,OM,P,PA,PE,S,SG)	35%

税则号列	统计后缀	货品名称	单位	税率 1 普通	税率 1 特惠	2
0406.20.28	00	其他[19]	千克 千克牛乳固体含量	2.269美元/千克[1]	0(BH,CL,JO,MA,MX,OM,SG) 75.6美分/千克(KR)90.7美分/千克(P) 见9823.04.01至9823.04.54(S+) 见9908.04.05(IL) 见9913.04.40(AU) 见9915.04.80,9915.04.82, 9915.04.91(P+) 见9917.04.50,9917.04.52(PE) 见9918.04.50,9918.04.52(CO) 见9919.04.50,9919.04.51, 9919.04.61(PA)	2.67美元/千克
		切达干酪：				
0406.20.29	00	本税则总注释十五描述,并根据其规定进口的	千克	16%[1]	0(A+,AU,BH,CA,CL,CO,D,E, IL,JO,KR,MA,MX,OM,P,PA, PE,S,SG)	35%
0406.20.31		本章附加美国注释十八描述,并根据其规定进口的		16%[1]	0(A+,AU,BH,CA,CL,CO,D,E, IL,JO,KR,MA,MX,OM,P,PA,PE,S, SG)	35%
	10	不受许可证管理的加拿大产品	千克 千克牛乳固体含量			
	90	其他	千克 千克牛乳固体含量			
0406.20.33	00	其他[20]	千克 千克牛乳固体含量	1.227美元/千克[1]	0(BH,CL,JO,MA,MX,OM,SG) 40.9美分/千克(KR)49美分/千克(P) 见9823.04.01至9823.04.54(S+) 见9908.04.05(IL) 见9913.04.45(AU) 见9915.04.80,9915.04.83, 9915.04.92(P+) 见9917.04.50,9917.04.53(PE) 见9918.04.50,9918.04.53(CO) 见9919.04.50,9919.04.52, 9919.04.62(PA)	1.443美元/千克
		科尔比乳酪：				
0406.20.34	00	本税则总注释十五描述,并根据其规定进口的	千克	20%[1]	0(A+,AU,BH,CA,CL,CO,D,E, IL,JO,KR,MA,MX,OM,P,PA, PE,S,SG)	35%
0406.20.36	00	本章附加美国注释十九描述,并根据其规定进口的	千克 千克牛乳固体含量	20%[1]	0(A+,AU,BH,CA,CL,CO,D,E, IL,JO,KR,MA,MX,OM,P,PA,PE,S, SG)	35%

税则号列	统计后缀	货品名称	单位	税率 1 普通	税率 1 特惠	2
0406.20.39	00	其他[21]	千克 千克牛乳固体含量	1.055美元/千克[1]	0(BH,CL,JO,MA,MX,OM,SG) 35.1美分/千克(KR)42.2美分/千克(P) 见9823.04.01至9823.04.54(S+) 见9908.04.05(IL) 见9913.04.50(AU) 见9915.04.80,9915.04.84, 9915.04.93(P+) 见9917.04.50,9917.04.54(PE) 见9918.04.50,9918.04.54(CO) 见9919.04.50,9919.04.53, 9919.04.63(PA)	1.241美元/千克
		艾丹姆和高达乳酪：				
0406.20.43	00	本税则总注释十五描述，并根据其规定进口的	千克	15%[1]	0(A+,AU,BH,CA,CL,CO,D,E,IL,JO,KR,MA,MX,OM,P,PA,PE,S,SG)	35%
0406.20.44	00	本章附加美国注释二十描述，并根据其规定进口的	千克 千克牛乳固体含量	15%[1]	0(A+,BH,CA,CL,CO,D,E,IL,JO,KR,MA,OM,P,PA,PE,S,SG)	35%
0406.20.48	00	其他[22]	千克 千克牛乳固体含量	1.803美元/千克[1]	0(BH,CL,JO,MA,MX,OM,SG) 60.1美分/千克(KR)72.1美分/千克(P) 见9823.04.01至9823.04.54(S+) 见9908.04.05(IL) 见9913.04.40(AU) 见9915.04.80,9915.04.85, 9915.04.94(P+) 见9917.04.50,9917.04.55(PE) 见9918.04.50,9918.04.55(CO) 见9919.04.50,9919.04.54, 9919.04.64(PA)	2.121美元/千克
		罗曼诺干酪（牛奶制成）、雷吉亚诺干酪、帕尔马干酪、普罗沃龙干酪、普罗沃莱蒂干酪、斯布林茨干酪和戈雅干酪：				
0406.20.49	00	本税则总注释十五描述，并根据其规定进口的	千克	15%[1]	0(A+,AU,BH,CA,CL,CO,D,E,IL,JO,KR,MA,MX,OM,P,PA,PE,S,SG)	35%
		其他：				
		牛奶制成：				
0406.20.51	00	本章附加美国注释二十一描述，并根据其规定进口的	千克 千克牛乳固体含量	15%[9]	0(A,BH,CA,CL,CO,D,E,IL,JO,KR,MA,OM,P,PA,PE,S,SG)	35%

税则号列	统计后缀	货品名称	单位	税率 1 普通	税率 1 特惠	2
0406.20.53	00	其他[23]	千克 千克牛乳固体含量	2.146美元/千克[9]	0(BH,CL,JO,MA,MX,OM,SG) 71.5美分/千克(KR)85.8美分/千克(P) 见9823.04.01至9823.04.54(S+) 见9908.04.05(IL) 见9913.04.40(AU) 见9915.04.80,9915.04.86, 9915.04.95(P+) 见9917.04.50,9917.04.56(PE) 见9918.04.50,9918.04.56(CO) 见9919.04.50,9919.04.55, 9919.04.65(PA)	2.525美元/千克
0406.20.54	00	其他	千克	9.6%[1]	0(A+,BH,CA,CL,CO,D,E,IL, JO,KR,MA,MX,OM,P,PA,PE, S,SG)0.4%(AU)	35%
		其他,包括上述产品的混合物:				
0406.20.55	00	山羊奶制成的乳酪	千克	9.6%[1]	0(A+,AU,BH,CA,CL,CO,D,E, IL,JO,KR,MA,MX,OM,P,PA, PE,S,SG)	35%
0406.20.56	00	其他,本税则总注释十五描述,并根据其规定进口的	千克	10%[1]	0(A+,AU,BH,CA,CL,CO,D,E, IL,JO,KR,MA,MX,OM,P,PA, PE,S,SG)	35%
		其他:				
0406.20.57	00	含有羊奶乳酪、挪威羊奶干酪、甘美罗斯乳酪、诺克洛斯特挪威乳酪、罗奎福特乳酪或由这些乳酪加工而成的	千克	8.5%[1]	0(A+,BH,CA,CL,CO,D,E,IL, JO,KR,MA,MX,OM,P,PA,PE, S,SG)0.4%(AU)	35%
		含有蓝纹乳酪(罗奎福特乳酪除外)或由蓝纹乳酪加工而成的:				
0406.20.61	00	本章附加美国注释十七描述,并根据其规定进口的	千克 千克牛乳固体含量	10%[1]	0(A+,BH,CA,CL,CO,D,E,IL, JO,KR,MA,OM,P,PA,PE,S, SG)	35%
0406.20.63	00	其他[19]	千克 千克牛乳固体含量	2.269美元/千克[1]	0(BH,CL,JO,MA,MX,OM,SG) 75.6美分/千克(KR)90.7美分/千克(P) 见9823.04.01至9823.04.54(S+) 见9908.04.05(IL) 见9913.04.40(AU) 见9915.04.80,9915.04.82, 9915.04.91(P+) 见9917.04.50,9917.04.52(PE) 见9918.04.50,9918.04.52(CO) 见9919.04.50,9919.04.51, 9919.04.61(PA)	2.67美元/千克
		含有切达乳酪或由切达乳酪加工而成的:				
0406.20.65	00	本章附加美国注释十八描述,并根据其规定进口的	千克 千克牛乳固体含量	10%[1]	0(A+,AU,BH,CA,CL,CO,D,E, IL,JO,KR,MA,OM,P,PA,PE,S, SG)	35%

第四章　乳品；蛋品；天然蜂蜜；其他食用动物产品　75

税则号列	统计后缀	货品名称	单位	税率 1 普通	税率 1 特惠	2
0406.20.67	00	其他[20]	千克 千克牛乳固体含量	1.227美元/千克[1]	0(BH,CL,JO,MA,MX,OM,SG) 40.9美分/千克(KR)49美分/千克(P) 见9823.04.01至9823.04.54(S+) 见9908.04.05(IL) 见9913.04.45(AU) 见9915.04.80,9915.04.83, 9915.04.92(P+) 见9917.04.50,9917.04.53(PE) 见9918.04.50,9918.04.53(CO) 见9919.04.50,9919.04.52, 9919.04.62(PA)	1.443美元/千克
		含有美式乳酪(包括冷干酪、水洗凝乳和颗粒状乳酪,但不包括切达干酪)或由上述美式乳酪加工而成的				
0406.20.69	00	本章附加美国注释十九描述,并根据其规定进口的	千克 千克牛乳固体含量	10%[9]	0(A+,AU,BH,CA,CL,CO,D,E, IL,JO,KR,MA,OM,P,PA,PE,S, SG)	35%
0406.20.71	00	其他[21]	千克 千克牛乳固体含量	1.055美元/千克[1]	0(BH,CL,JO,MA,MX,OM,SG) 35.1美分/千克(KR)42.2美分/千克(P) 见9823.04.01至9823.04.54(S+) 见9908.04.05(IL) 见9913.04.50(AU) 见9915.04.80,9915.04.84, 9915.04.93(P+) 见9917.04.50,9917.04.54(PE) 见9918.04.50,9918.04.54(CO) 见9919.04.50,9919.04.53, 9919.04.63(PA)	1.241美元/千克
		含有艾丹姆乳酪或高达乳酪或者由艾丹姆乳酪或高达乳酪加工而成的:				
0406.20.73	00	附加美国注释二十描述,并根据其规定进口的	千克 千克牛乳固体含量	10%[1]	0(A+,BH,CA,CL,CO,D,E,IL, JO,KR,MA,OM,P,PA,PE,S, SG)	35%
0406.20.75	00	其他[22]	千克 千克牛乳固体含量	1.803美元/千克[1]	0(BH,CL,JO,MA,MX,OM,SG) 60.1美分/千克(KR)72.1美分/千克(P) 见9823.04.01至9823.04.54(S+) 见9908.04.05(IL) 见9913.04.40(AU) 见9915.04.80,9915.04.85, 9915.04.94(P+) 见9917.04.50,9917.04.55(PE) 见9918.04.50,9918.04.55(CO) 见9919.04.50,9919.04.54, 9919.04.64(PA)	2.121美元/千克
		含有牛奶制成的意大利式乳酪(罗曼诺、雷吉亚诺、帕尔马干酪、普罗沃龙干酪、普罗沃莱蒂干酪、斯布林茨干酪和戈雅干酪)或由上述意大利式乳酪加工而成的:				

税则号列	统计后缀	货品名称	单位	税率 1 普通	税率 1 特惠	2
0406.20.77	00	本章附加美国注释二十一描述,并根据其规定进口的	千克 千克牛乳固体含量	10%[9]	0(A+,BH,CA,CL,CO,D,E,IL,JO,KR,MA,OM,P,PA,PE,S,SG)	35%
0406.20.79	00	其他[23]	千克 千克牛乳固体含量	2.146美元/千克[9]	0(BH,CL,JO,MA,MX,OM,SG) 71.5美分/千克(KR)85.8美分/千克(P) 见9823.04.01至9823.04.54(S+) 见9908.04.05(IL) 见9913.04.40(AU) 见9915.04.80,9915.04.86,9915.04.95(P+) 见9917.04.50,9917.04.56(PE) 见9918.04.50,9918.04.56(CO) 见9919.04.50,9919.04.55,9919.04.65(PA)	2.525美元/千克
		含有瑞士干酪、埃门塔勒干酪或格鲁耶尔干酪或由这些干酪加工而成的:				
0406.20.81	00	本章附加美国注释二十二描述,并根据其规定进口的	千克 千克牛乳固体含量	10%[1]	0(A+,BH,CA,CL,CO,D,E,IL,JO,KR,MA,OM,P,PA,PE,S,SG)	35%
0406.20.83	00	其他[24]	千克 千克牛乳固体含量	1.386美元/千克[1]	0(BH,CL,JO,MA,MX,OM,SG) 46.2美分/千克(KR)55.4美分/千克(P) 见9823.04.01至9823.04.54(S+) 见9908.04.05(IL) 见9913.04.40(AU) 见9915.04.80,9915.04.87,9915.04.96(P+) 见9917.04.50,9917.04.57(PE) 见9918.04.50,9918.04.57(CO) 见9919.04.50,9919.04.56,9919.04.66(PA)	1.631美元/千克
		其他:				
		按重量计乳脂含量不超过0.5%:				
0406.20.85	00	本章附加美国注释二十三描述,并根据其规定进口的	千克 千克牛乳固体含量	10%[1]	0(A+,BH,CA,CL,CO,D,E,IL,JO,KR,MA,OM,P,PA,PE,S,SG)	35%
0406.20.87	00	其他[25]	千克 千克牛乳固体含量	1.128美元/千克[9]	0(BH,CL,JO,MA,MX,OM,SG) 37.6美分/千克(KR)45.1美分/千克(P) 见9823.04.01至9823.04.54(S+) 见9908.04.05(IL) 见9915.04.80,9915.04.88,9915.04.97(P+) 见9917.04.50,9917.04.58(PE) 见9918.04.50,9918.04.58(CO) 见9919.04.50,9919.04.57,9919.04.67(PA)	1.328美元/千克
		其他:				
		含有牛奶:				

第四章 乳品;蛋品;天然蜂蜜;其他食用动物产品

税则号列	统计后缀	货品名称	单位	税率 1 普通	税率 1 特惠	2
0406.20.89	00	本章附加美国注释十六描述,并根据其规定进口的	千克 千克牛乳固体含量	10%[1]	0(A+,AU,BH,CA,CL,CO,D,E,IL,JO,KR,MA,OM,P,PA,PE,S,SG)	35%
0406.20.91	00	其他[18]	千克 千克牛乳固体含量	1.509美元/千克[9]	0(BH,CL,JO,MA,MX,OM,SG) 50.3美分/千克(KR)60.3美分/千克(P) 见9823.04.01至9823.04.54(S+) 见9908.04.05(IL) 见9913.04.35(AU) 见9915.04.80,9915.04.81, 9915.04.90,9915.04.99(P+) 见9917.04.50,9917.04.51(PE) 见9918.04.50,9918.04.51(CO) 见9919.04.40,9919.04.41至 9919.04.42(PA)	1.775美元/千克
0406.20.95	00	其他	千克	8.5%[1]	0(A+,BH,CA,CL,CO,D,E,IL,JO,KR,MA,MX,OM,P,PA,PE,S,SG)0.4%(AU)	35%
0406.30		经加工的乳酪,但磨碎或粉化的除外:				
		蓝纹乳酪,不包括罗克福干酪:				
0406.30.05	00	斯蒂尔顿乳酪,本章附加美国注释二十四描述,并根据其规定进口的	千克 千克牛乳固体含量	17%[9]	0(CO,JO,KR,OM,PA,PE,S)	35%
		其他:				
0406.30.12	00	本税则总注释十五描述,并根据其规定进口的	千克	20%[1]	0(A+,AU,BH,CA,CL,CO,D,E,IL,JO,KR,MA,MX,OM,P,PA,PE,S,SG)	35%
0406.30.14	00	本章附加美国注释十七描述,并根据其规定进口的	千克 千克牛乳固体含量	20%[1]	0(A+,BH,CA,CL,CO,D,E,IL,JO,KR,MA,OM,P,PA,PE,S,SG)	35%
0406.30.18	00	其他[19]	千克 千克牛乳固体含量	2.269美元/千克[9]	0(BH,CL,JO,MA,MX,OM,SG) 75.6美分/千克(KR)90.7美分/千克(P) 见9823.04.01至9823.04.54(S+) 见9908.04.05(IL) 见9913.04.40(AU) 见9915.04.80,9915.04.82, 9915.04.91(P+) 见9917.04.50,9917.04.52(PE) 见9918.04.50,9918.04.52(CO) 见9919.04.50,9919.04.51, 9919.04.61(PA)	2.67美元/千克
		切达干酪:				
0406.30.22	00	本税则总注释十五描述,并根据其规定进口的	千克	16%[1]	0(A+,AU,BH,CA,CL,CO,D,E,IL,JO,KR,MA,MX,OM,P,PA,PE,S,SG)	35%
0406.30.24	00	本章附加美国注释十八描述,并根据其规定进口的	千克 千克牛乳固体含量	16%[1]	0(A+,AU,BH,CA,CL,CO,D,E,IL,JO,KR,MA,OM,P,PA,PE,S,SG)	35%

税则号列	统计后缀	货品名称	单位	税率 1 普通	税率 1 特惠	2
0406.30.28	00	其他[20]	千克 千克牛乳固体含量	1.227美元/千克[9]	0(BH,CL,JO,MA,MX,OM,SG) 40.9美分/千克(KR)49美分/千克(P) 见9823.04.01至9823.04.54(S+) 见9908.04.05(IL) 见9913.04.45(AU) 见9915.04.80,9915.04.83, 9915.04.92(P+) 见9917.04.50,9917.04.53(PE) 见9918.04.50,9918.04.53(CO) 见9919.04.50,9919.04.52, 9919.04.62(PA)	1.443美元/千克
		科尔比干酪:				
0406.30.32	00	本税则总注释十五描述,并根据其规定进口的	千克	20%[1]	0(A+,AU,BH,CA,CL,CO,D,E, IL,JO,KR,MA,MX,OM,P,PA, PE,S,SG)	35%
0406.30.34	00	本章附加美国注释十九描述,并根据其规定进口的	千克 千克牛乳固体含量	20%[1]	0(A+,AU,BH,CA,CL,CO,D,E, IL,JO,KR,MA,MX,OM,P,PA,PE,S, SG)	35%
0406.30.38	00	其他[21]	千克 千克牛乳固体含量	1.055美元/千克[9]	0(BH,CL,JO,MA,MX,OM,SG) 35.1美分/千克(KR)42.2美分/千克(P) 见9823.04.01至9823.04.54(S+) 见9908.04.05(IL) 见9913.04.50(AU) 见9915.04.80,9915.04.84, 9915.04.93(P+) 见9917.04.50,9917.04.54(PE) 见9918.04.50,9918.04.54(CO) 见9919.04.50,9919.04.53, 9919.04.63(PA)	1.241美元/千克
		艾丹姆乳酪和高达乳酪:				
0406.30.42	00	本税则总注释十五描述,并根据其规定进口的	千克	15%[1]	0(A+,AU,BH,CA,CL,CO,D,E, IL,JO,KR,MA,MX,OM,P,PA, PE,S,SG)	35%
0406.30.44	00	本章附加美国注释二十描述,并根据其规定进口的	千克 千克牛乳固体含量	15%[1]	0(A+,BH,CA,CL,CO,D,E,IL, JO,KR,MA,OM,P,PA,PE,S, SG)	35%
0406.30.48	00	其他[22]	千克 千克牛乳固体含量	1.803美元/千克[1]	0(BH,CL,JO,MA,MX,OM,SG) 60.1美分/千克(KR)72.1美分/千克(P) 见9823.04.01至9823.04.54(S+) 见9908.04.05(IL) 见9913.04.40(AU) 见9915.04.80,9915.04.85, 9915.04.94(P+) 见9917.04.50,9917.04.55(PE) 见9918.04.50,9918.04.55(CO) 见9919.04.50,9919.04.54, 9919.04.64(PA)	2.121美元/千克
		格鲁耶尔干酪:				
0406.30.49	00	本税则总注释十五描述,并根据其规定进口的	千克	6.4%[1]	0(A+,AU,BH,CA,CL,CO,D,E, IL,JO,KR,MA,MX,OM,P,PA, PE,S,SG)	35%

第四章 乳品;蛋品;天然蜂蜜;其他食用动物产品　　79

税则号列	统计后缀	货品名称	单位	税率 1 普通	税率 1 特惠	2
0406.30.51	00	本章附加美国注释二十二描述,并根据其规定进口的	千克 千克牛乳固体含量	6.4%[17]	0(A+,BH,CA,CL,CO,D,E,IL,JO,KR,MA,OM,P,PA,PE,S,SG)	35%
0406.30.53	00	其他[24]	千克 千克牛乳固体含量	1.386美元/千克[17]	0(BH,CL,JO,MA,MX,OM,SG) 46.2美分/千克(KR)55.4美分/千克(P) 见9823.04.01至9823.04.54(S+) 见9908.04.05(IL) 见9913.04.40(AU) 见9915.04.80,9915.04.87,9915.04.96(P+) 见9917.04.50,9917.04.57(PE) 见9918.04.50,9918.04.57(CO) 见9919.04.50,9919.04.56,9919.04.66(PA)	1.631美元/千克
		其他,包括上述产品的混合物:				
0406.30.55	00	羊奶制成的奶酪	千克	9.6%[9]	0(A+,AU,BH,CA,CL,CO,D,E,IL,JO,KR,MA,MX,OM,P,PA,PE,S,SG)	35%
0406.30.56	00	其他,本税则总注释十五描述,并根据其规定进口的	千克	10%[1]	0(A+,AU,BH,CA,CL,CO,D,E,IL,JO,KR,MA,MX,OM,P,PA,PE,S,SG)	35%
		其他:				
0406.30.57	00	含有布扎林羊奶乳酪、挪威羊奶干酪、甘夫罗斯乳酪、诺克洛斯特乳酪或蓝纹乳酪或者由这些乳酪加工而成的	千克	8.5%[1]	0(A+,BH,CA,CL,CO,D,E,IL,JO,KR,MA,MX,OM,P,PA,PE,S,SG)0.4%(AU)	35%
		含有蓝纹乳酪(不包括罗克福干酪)或由上述蓝纹乳酪加工而成的:				
0406.30.61	00	本章附加美国注释十七描述,并根据其规定进口的	千克 千克牛乳固体含量	10%[1]	0(A+,BH,CA,CL,CO,D,E,IL,JO,KR,MA,OM,P,PA,PE,S,SG)	35%
0406.30.63	00	其他[19]	千克 千克牛乳固体含量	2.269美元/千克[1]	0(BH,CL,JO,MA,MX,OM,SG) 75.6美分/千克(KR)90.7美分/千克(P) 见9823.04.01至9823.04.54(S+) 见9908.04.05(IL) 见9913.04.40(AU) 见9915.04.80,9915.04.82,9915.04.91(P+) 见9917.04.50,9917.04.52(PE) 见9918.04.50,9918.04.52(CO) 见9919.04.50,9919.04.51,9919.04.61(PA)	2.67美元/千克
		含有切达干酪或由切达干酪加工而成:				
0406.30.65	00	本章附加美国注释十八描述,并根据其规定进口的	千克 千克牛乳固体含量	10%[1]	0(A+,AU,BH,CA,CL,CO,D,E,IL,JO,KR,MA,OM,P,PA,PE,S,SG)	35%

税则号列	统计后缀	货品名称	单位	税率 1 普通	税率 1 特惠	2
0406.30.67	00	其他 20/	千克 千克牛乳固体含量	1.227美元/千克[1]	0(BH,CL,JO,MA,MX,OM,SG) 40.9美分/千克(KR)49美分/千克(P) 见9823.04.01至9823.04.54(S+) 见9908.04.05(IL) 见9913.04.45(AU) 见9915.04.80,9915.04.83,9915.04.92(P+) 见9917.04.50,9917.04.53(PE) 见9918.04.50,9918.04.53(CO) 见9919.04.50,9919.04.52,9919.04.62(PA)	1.443美元/千克
		含有美式乳酪(包括科尔比乳酪、洗净凝乳乳酪和颗粒状乳酪,但不包括切达乳酪)或由上述美式乳酪加工而成的:				
0406.30.69	00	本章附加美国注释十九描述,并根据其规定进口的	千克 千克牛乳固体含量	10%[9]	0(A+,AU,BH,CA,CL,CO,D,E,IL,JO,KR,MA,OM,P,PA,PE,S,SG)	35%
0406.30.71	00	其他[21]	千克 千克牛乳固体含量	1.055美元/千克[1]	0(BH,CL,JO,MA,MX,OM,SG) 35.1美分/千克(KR)42.2美分/千克(P) 见9823.04.01至9823.04.54(S+) 见9908.04.05(IL) 见9913.04.50(AU) 见9915.04.80,9915.04.84,9915.04.93(P+) 见9917.04.50,9917.04.54(PE) 见9918.04.50,9918.04.54(CO) 见9919.04.50,9919.04.53,9919.04.63(PA)	1.241美元/千克
		含有艾丹姆乳酪或高达乳酪或者由艾丹姆乳酪或高达乳酪加工而成的:				
0406.30.73	00	本章附加美国注释二十描述,并根据其规定进口的	千克 千克牛乳固体含量	10%[1]	0(A+,BH,CA,CL,CO,D,E,IL,JO,KR,MA,OM,P,PA,PE,S,SG)	35%
0406.30.75	00	其他[22]	千克 千克牛乳固体含量	1.803美元/千克[1]	0(BH,CL,JO,MA,MX,OM,SG) 60.1美分/千克(KR)72.1美分/千克(P) 见9823.04.01至9823.04.54(S+) 见9908.04.05(IL) 见9913.04.40(AU) 见9915.04.80,9915.04.85,9915.04.94(P+) 见9917.04.50,9917.04.55(PE) 见9918.04.50,9918.04.55(CO) 见9919.04.50,9919.04.54,9919.04.64(PA)	2.121美元/千克
		含有意大利式奶酪(罗马干酪、巴马干酪、巴马芝士、布旺伦芝士、菠罗伏洛、斯勃里恩兹和戈雅)或由这种意大利式乳酪加工而成的:				

税则号列	统计后缀	货品名称	单位	税率 1 普通	税率 1 特惠	2
0406.30.77	00	本章附加美国注释二十描述,并根据其规定进口的	千克 千克牛乳固体含量	10%[1]	0(A+,BH,CA,CL,CO,D,E,IL,JO,KR,MA,OM,P,PA,PE,S,SG)	35%
0406.30.79	00	其他[23]	千克 千克牛乳固体含量	2.146美元/千克[9]	0(BH,CL,JO,MA,MX,OM,SG) 71.5美分/千克(KR)85.8美分/千克(P) 见9823.04.01至9823.04.54(S+) 见9908.04.05(IL) 见9913.04.40(AU) 见9915.04.80,9915.04.86,9915.04.95(P+) 见9917.04.50,9917.04.56(PE) 见9918.04.50,9918.04.56(CO) 见9919.04.50,9919.04.55,9919.04.65(PA)	2.525美元/千克
		含有瑞士、埃门塔勒或格鲁耶尔工艺乳酪或者由上述乳酪加工而成的:				
0406.30.81	00	本章附加美国注释二十二描述,并根据其规定进口的	千克 千克牛乳固体含量	10%[1]	0(A+,BH,CA,CL,CO,D,E,IL,JO,KR,MA,OM,P,PA,PE,S,SG)	35%
0406.30.83	00	其他[24]	千克 千克牛乳固体含量	1.386美元/千克[1]	0(BH,CL,JO,MA,MX,OM,SG) 46.2美分/千克(KR)55.4美分/千克(P) 见9823.04.01至9823.04.54(S+) 见9908.04.05(IL) 见9913.04.40(AU) 见9915.04.80,9915.04.87,9915.04.96(P+) 见9917.04.50,9917.04.57(PE) 见9918.04.50,9918.04.57(CO) 见9919.04.50,9919.04.56,9919.04.66(PA)	1.631美元/千克
		其他:				
		按重量计乳脂含量不超过0.5%:				
0406.30.85	00	本章附加美国注释二十三描述,并根据其规定进口的	千克 千克牛乳固体含量	10%[16]	0(A+,BH,CA,CL,CO,D,E,IL,JO,KR,MA,OM,P,PA,PE,S,SG)	35%
0406.30.87	00	其他[25]	千克 千克牛乳固体含量	1.128美元/千克[1]	0(BH,CL,JO,MA,MX,OM,SG) 37.6美分/千克(KR)45.1美分/千克(P) 见9823.04.01至9823.04.54(S+) 见9908.04.05(IL) 见9915.04.80,9915.04.88,9915.04.97(P+) 见9917.04.50,9917.04.58(PE) 见9918.04.50,9918.04.58(CO) 见9919.04.50,9919.04.57,9919.04.67(PA)	1.328美元/千克
		其他:				
		含有牛奶:				

税则号列	统计后缀	货品名称	单位	税率 1 普通	税率 1 特惠	2
0406.30.89	00	本章附加美国注释十六描述,并根据其规定进口的	千克 千克牛乳固体含量	10%[10]	0(A+,AU,BH,CA,CL,CO,D,E,IL,JO,KR,MA,OM,P,PA,PE,S,SG)	35%
0406.30.91	00	其他[18]	千克 千克牛乳固体含量	1.509美元/千克[1]	0(BH,CL,JO,MA,MX,OM,SG) 50.3美分/千克(KR) 60.3美分/千克(P) 见9823.04.01至9823.04.54(S+) 见9908.04.05(IL) 见9913.04.35(AU) 见9915.04.80,9915.04.81,9915.04.90,9915.04.99(P+) 见9917.04.50,9917.04.54(PE) 见9918.04.50,9918.04.51(CO) 见9919.04.40,9919.04.41至9919.04.42(PA)	1.775美元/千克
0406.30.95	00	其他	千克	8.5%[1]	0(A+,BH,CA,CL,CO,D,E,IL,JO,KR,MA,MX,OM,P,PA,PE,S,SG) 0.4%(AU)	35%
0406.40		蓝纹乳酪和娄地青霉生产的带有纹理的其他乳酪:				
		罗克福尔干酪:				
0406.40.20	00	原味面包	千克	2.7%[1]	0(A+,BH,CA,CL,CO,D,E,IL,JO,KR,MA,MX,OM,P,PA,PE,S,SG) 0.1%(AU)	35%
0406.40.40	00	其他	千克	4.5%[1]	0(A+,BH,CA,CL,CO,D,E,IL,JO,KR,MA,MX,OM,P,PA,PE,S,SG) 0.2%(AU)	35%
		斯蒂尔顿乳酪,本章附加美国注释二十四描述,并根据其规定进口的:				
0406.40.44	00	原味面包	千克 千克牛乳固体含量	12.8%[9]	0(CO,JO,KR,OM,PA,PE,S)	35%
0406.40.48	00	其他	千克 千克牛乳固体含量	17%[9]	0(CO,JO,KR,OM,PA,PE,S)	35%
		其他:				
		本税则总注释十五描述,并根据其规定进口的:				
0406.40.51	00	原味面包	千克	15%[1]	0(A+,AU,BH,CA,CL,CO,D,E,IL,JO,KR,MA,MX,OM,P,PA,PE,S,SG)	35%
0406.40.52	00	其他	千克	20%[1]	0(A+,AU,BH,CA,CL,CO,D,E,IL,JO,KR,MA,MX,OM,P,PA,PE,S,SG)	35%
		本章附加美国注释十七描述,并根据其规定进口的:				
0406.40.54	00	原味面包	千克 千克牛乳固体含量	15%[17]	0(A+,BH,CA,CL,CO,D,E,IL,JO,KR,MA,OM,P,PA,PE,S,SG)	35%

税则号列	统计后缀	货品名称	单位	税率 1 普通	税率 1 特惠	2
0406.40.58	00	其他	千克 千克牛乳固体含量	20%[1]	0(A+,BH,CA,CL,CO,D,E,IL,JO,KR,MA,OM,P,PA,PE,S,SG)	35%
0406.40.70	00	其他[19]	千克 千克牛乳固体含量	2.269美元/千克[1]	0(BH,CL,JO,MA,MX,OM,SG) 75.6美分/千克(KR)90.7美分/千克(P) 见9823.04.01至9823.04.54(S+) 见9908.04.05(IL) 见9913.04.40(AU) 见9915.04.80,9915.04.82,9915.04.91(P+) 见9917.04.50,9917.04.52(PE) 见9918.04.50,9918.04.52(CO) 见9919.04.50,9919.04.51,9919.04.61(PA)	2.67美元/千克
0406.90		其他乳酪:				
0406.90.05	00	布扎林羊奶乳酪	千克	7.2%[1]	0(A+,BH,CA,CL,CO,D,E,IL,JO,KR,MA,MX,OM,P,PA,PE,S,SG)0.3%(AU)	35%
		切达干酪:				
0406.90.06	00	本税则总注释十五描述,并根据其规定进口的	千克	12%[1]	0(A+,AU,BH,CA,CL,CO,D,E,IL,JO,KR,MA,MX,OM,P,PA,PE,S,SG)	35%
0406.90.08		本章附加美国注释十八描述,并根据其规定进口的		12%[17]	0(A+,AU,BH,CA,CL,CO,D,E,IL,JO,KR,MA,OM,P,PA,PE,S,SG)	35%
	10	加拿大生产且进口无需许可证件	千克 千克牛乳固体含量			
	90	其他	千克 千克牛乳固体含量			
0406.90.12	00	其他[20]	千克 千克牛乳固体含量	1.227美元/千克[17]	0(BH,CL,JO,MA,MX,OM,SG) 40.9美分/千克(KR)49美分/千克(P) 见9823.04.01至9823.04.54(S+) 见9908.04.05(IL) 见9913.04.45(AU) 见9915.04.80,9915.04.83,9915.04.92(P+) 见9917.04.50,9917.04.53(PE) 见9918.04.50,9918.04.53(CO) 见9919.04.50,9919.04.52,9919.04.62(PA)	1.443美元/千克
		艾丹姆乳酪和高达乳酪:				
0406.90.14	00	本税则总注释十五描述,并根据其规定进口的	千克	15%[1]	0(A+,AU,BH,CA,CL,CO,D,E,IL,JO,KR,MA,OM,P,PA,PE,S,SG)	35%
0406.90.16	00	本章附加美国注释二十描述,并根据其规定进口的	千克 千克牛乳固体含量	15%[26]	0(A+,BH,CA,CL,CO,D,E,IL,JO,KR,MA,OM,P,PA,PE,S,SG)	35%

税则号列	统计后缀	货品名称	单位	税率 1 普通	税率 1 特惠	2
0406.90.18	00	其他[22]	千克 千克牛乳固体含量	1.803美元/千克[1]	0(BH,CL,JO,MA,MX,OM,SG) 60.1美分/千克(KR)72.1美分/千克(P) 见9823.04.01至9823.04.54(S+) 见9908.04.05(IL) 见9913.04.40(AU) 见9915.04.80,9915.04.85,9915.04.94(P+) 见9917.04.50,9917.04.55(PE) 见9918.04.50,9918.04.55(CO) 见9919.04.50,9919.04.54,9919.04.64(PA)	2.121美元/千克
		杰托斯特乳酪：				
0406.90.20	00	由羊奶乳清或从羊奶和不超过20%(按重量计)牛奶的混合物中获得的乳清制成	千克	4.2%[1]	0(A+,AU,BH,CA,CL,CO,D,E,IL,JO,KR,MA,MX,OM,P,PA,PE,S,SG)	35%
0406.90.25	00	其他	千克	8.5%[1]	0(A+,BH,CA,CL,CO,D,E,IL,JO,KR,MA,MX,OM,P,PA,PE,S,SG)0.4%(AU)	35%
		戈雅乳酪：				
0406.90.28	00	本税则总注释十五描述，并根据其规定进口的	千克	25%[1]	0(A+,AU,BH,CA,CL,CO,D,E,IL,JO,KR,MA,MX,OM,P,PA,PE,S,SG)	35%
		其他：				
		牛奶制成，不在原味面包中				
0406.90.31	00	本章附加美国注释二十一描述，并根据其规定进口的	千克 千克牛乳固体含量	25%[1]	0(A+,BH,CA,CL,CO,D,E,IL,JO,KR,MA,OM,P,PA,PE,S,SG)	35%
0406.90.32	00	其他[23]	千克 千克牛乳固体含量	2.146美元/千克[9]	0(BH,CL,JO,MA,MX,OM,SG) 71.5美分/千克(KR)85.8美分/千克(P) 见9823.04.01至9823.04.54(S+) 见9908.04.05(IL) 见9913.04.40(AU) 见9915.04.80,9915.04.86,9915.04.95(P+) 见9917.04.50,9917.04.56(PE) 见9918.04.50,9918.04.56(CO) 见9919.04.50,9919.04.55,9919.04.65(PA)	2.525美元/千克
0406.90.33	00	其他	千克 千克牛乳固体含量	21.3%[1]	0(A+,BH,CA,CL,CO,D,E,IL,JO,KR,MA,MX,OM,P,PA,PE,S,SG) 见9913.04.55至9913.04.60(AU)	35%
		斯勃恩里兹乳酪：				
0406.90.34	00	本税则总注释十五描述，并根据其规定进口的	千克	19%[1]	0(A+,AU,BH,CA,CL,CO,D,E,IL,JO,KR,MA,MX,OM,P,PA,PE,S,SG)	35%
		其他：				
		牛奶制成：				

税则号列	统计后缀	货品名称	单位	税率 1 普通	税率 1 特惠	2
0406.90.36	00	本章附加美国注释二十一描述,并根据其规定进口的	千克 千克牛乳固体含量	19%[1]	0(A+,BH,CA,CL,CO,D,E,IL,JO,KR,MA,OM,P,PA,PE,S,SG)	35%
0406.90.37	00	其他[23]	千克 千克牛乳固体含量	2.146美元/千克[1]	0(BH,CL,JO,MA,MX,OM,SG) 71.5美分/千克(KR)85.8美分/千克(P) 见9823.04.01至9823.04.54(S+) 见9908.04.05(IL) 见9913.04.40(AU) 见9915.04.80,9915.04.86, 9915.04.95(P+) 见9917.04.50,9917.04.56(PE) 见9918.04.50,9918.04.56(CO) 见9919.04.50,9919.04.55, 9919.04.65(PA)	2.525美元/千克
0406.90.38	00	其他	千克	12.2%[1]	0(A+,BH,CA,CL,CO,D,E,IL,JO,KR,MA,MX,OM,P,PA,PE,S,SG)0.5%(AU)	35%
		罗马诺干酪,由牛奶、巴马干酪、帕尔马干酪、菠罗伏洛和普罗沃莱蒂制成:				
0406.90.39	00	本税则总注释十五描述,并根据其规定进口的	千克	15%[1]	0(A+,AU,BH,CA,CL,CO,D,E,IL,JO,KR,MA,MX,OM,P,PA,PE,S,SG)	35%
		其他:				
		牛奶制成:				
0406.90.41	00	本章附加美国注释二十一描述,并根据其规定进口的	千克 千克牛乳固体含量	15%[17]	0(A,BH,CA,CL,CO,D,E,IL,JO,KR,MA,OM,P,PA,PE,S,SG)	35%
0406.90.42	00	其他[23]	千克 千克牛乳固体含量	2.146美元/千克[17]	0(BH,CL,JO,MA,MX,OM,SG) 71.5美分/千克(KR)85.8美分/千克(P) 见9823.04.01至9823.04.54(S+) 见9908.04.05(IL) 见9913.04.40(AU) 见9915.04.80,9915.04.86, 9915.04.95(P+) 见9917.04.50,9917.04.56(PE) 见9918.04.50,9918.04.56(CO) 见9919.04.50,9919.04.55, 9919.04.65(PA)	2.525美元/千克
0406.90.43	00	其他	千克	9.6%[9]	0(A+,BH,CA,CL,CO,D,E,IL,JO,KR,MA,MX,OM,P,PA,PE,S,SG)0.4%(AU)	35%
		有眼睛形成的瑞士或埃门塔勒乳酪:				
0406.90.44	00	本税则总注释十五描述,并根据其规定进口的	千克	6.4%[1]	0(A+,AU,BH,CA,CL,CO,D,E,IL,JO,KR,MA,MX,OM,P,PA,PE,S,SG)	35%
0406.90.46	00	本章附加美国注释二十五描述,并根据其规定进口的	千克 千克牛乳固体含量	6.4%[27]	0(A+,AU,BH,CA,CL,CO,D,E,IL,JO,KR,MA,OM,P,PA,PE,S,SG)	35%

税则号列	统计后缀	货品名称	单位	税率 1 普通	税率 1 特惠	2
0406.90.48	00	其他[28]	千克 千克牛乳固体含量	1.877美元/千克[17]	0(BH,CL,JO,MA,MX,OM,SG) 62.5美分/千克(KR)75美分/千克(P) 见9823.04.01至9823.04.54(S+) 见9908.04.05(IL) 见9913.04.65(AU) 见9915.04.80,9915.04.89, 9915.04.98(P+) 见9917.04.50,9917.04.59(PE) 见9918.04.50,9918.04.59(CO) 见9919.04.50,9919.04.58, 9919.04.68(PA)	2.208美元/千克
0406.90.49	00	甘美罗斯和诺克洛斯特乳酪	千克 千克牛乳固体含量	5.4%[1]	0(A+,BH,CA,CL,CO,D,E,IL,JO,KR,MA,MX,OM,P,PA,PE,S,SG)0.2%(AU)	35%
		科尔比乳酪：				
0406.90.51	00	本税则总注释十五描述,并根据其规定进口的	千克	20%[1]	0(A+,AU,BH,CA,CL,CO,D,E,IL,JO,KR,MA,MX,OM,P,PA,PE,S,SG)	35%
0406.90.52	00	本章附加美国注释十九描述,并根据其规定进口的	千克 千克牛乳固体含量	20%[9]	0(A+,AU,BH,CA,CL,CO,D,E,IL,JO,KR,MA,MX,OM,P,PA,PE,S,SG)	35%
0406.90.54	00	其他[21]	千克 千克牛乳固体含量	1.055美元/千克[9]	0(BH,CL,JO,MA,MX,OM,SG) 35.1美分/千克(KR)42.2美分/千克(P) 见9823.04.01至9823.04.54(S+) 见9908.04.05(IL) 见9913.04.50(AU) 见9915.04.80,9915.04.84, 9915.04.93(P+) 见9917.04.50,9917.04.54(PE) 见9918.04.50,9918.04.54(CO) 见9919.04.50,9919.04.53, 9919.04.63(PA)	1.241美元/千克
		其他乳酪及其替代品,包括上述物质的混合物：				
		羊奶制成的乳酪：				
0406.90.56	00	在原味面包中,适合磨碎	千克	02[6]		35%
0406.90.57	00	佩科里诺,在原味面包中,不适合磨碎	千克	02[9]		35%
0406.90.59	00	其他	千克	9.6%[1]	0(A+,BH,CA,CL,CO,D,E,IL,JO,KR,MA,MX,OM,P,PA,PE,S,SG)0.4%(AU)	35%
		其他,本税则总注释十五描述,并根据其规定进口的(包括混合物)：				
0406.90.61	00	含有牛奶制成的罗马干酪、巴马干酪、巴马芝士、布旺伦芝士、菠罗伏洛、斯勃里恩兹或戈雅乳酪	千克	7.5%[1]	0(A+,AU,BH,CA,CL,CO,D,E,IL,JO,KR,MA,MX,OM,P,PA,PE,S,SG)	35%
0406.90.63	00	其他	千克	10%[1]	0(A+,AU,BH,CA,CL,CO,D,E,IL,JO,KR,MA,MX,OM,P,PA,PE,S,SG)	35%

税则号列	统计后缀	货品名称	单位	税率 1 普通	税率 1 特惠	2
		其他,包括上述物质的混合物(但税号0406.90.61或税号0406.90.63的混合物除外):				
		含有牛奶的罗马干酪、巴马干酪、巴马芝士、布旺伦芝士、菠罗伏洛、斯勃里恩兹和戈雅乳酪:				
0406.90.66	00	本章附加美国注释二十一描述,并根据其规定进口的	千克 千克牛乳固体含量	7.5%[1]	0(A+,BH,CA,CL,CO,D,E,IL,JO,KR,MA,OM,P,PA,PE,S,SG)	35%
0406.90.68	00	其他[23]	千克 千克牛乳固体含量	2.146美元/千克[9]	0(BH,CL,JO,MA,MX,OM,SG) 71.5美分/千克(KR)85.8美分/千克(P) 见9823.04.01至9823.04.54(S+) 见9908.04.05(IL) 见9913.04.40(AU) 见9915.04.80,9915.04.86,9915.04.95(P+) 见9917.04.50,9917.04.56(PE) 见9918.04.50,9918.04.56(CO) 见9919.04.50,9919.04.55,9919.04.65(PA)	2.525美元/千克
		含有蓝纹乳酪或由蓝纹乳酪加工而成:				
0406.90.72	00	本章附加美国注释十七描述,并根据其规定进口的	千克 千克牛乳固体含量	10%[9]	0(A+,BH,CA,CL,CO,D,E,IL,JO,KR,MA,OM,P,PA,PE,S,SG)	35%
0406.90.74	00	其他[19]	千克 千克牛乳固体含量	2.269美元/千克[9]	0(BH,CL,JO,MA,MX,OM,SG) 75.6美分/千克(KR)90.7美分/千克(P) 见9823.04.01至9823.04.54(S+) 见9908.04.05(IL) 见9913.04.40(AU) 见9915.04.80,9915.04.82,9915.04.91(P+) 见9917.04.50,9917.04.52(PE) 见9918.04.50,9918.04.52(CO) 见9919.04.50,9919.04.51,9919.04.61(PA)	2.67美元/千克
		含有切达乳酪或由切达干酪加工而成:				
0406.90.76	00	本章附加美国注释十八描述,并根据其规定进口的	千克 千克牛乳固体含量	10%[1]	0(A+,AU,BH,CA,CL,CO,D,E,IL,JO,KR,MA,OM,P,PA,PE,S,SG)	35%

税则号列	统计后缀	货品名称	单位	税率 1 普通	税率 1 特惠	2
0406.90.78	00	其他[20]	千克 千克牛乳固体含量	1.227美元/千克[16]	0(BH,CL,JO,MA,MX,OM,SG) 40.9美分/千克(KR)49美分/千克(P) 见9823.04.01至9823.04.54(S+) 见9908.04.05(IL) 见9913.04.45(AU) 见9915.04.80,9915.04.83,9915.04.92(P+) 见9917.04.50,9917.04.53(PE) 见9918.04.50,9918.04.53(CO) 见9919.04.50,9919.04.52,9919.04.62(PA)	1.443美元/千克
		含有美式乳酪(包括科尔比乳酪、洗净凝乳乳酪和颗粒状乳酪,但不包括切达乳酪)或由这种美式乳酪加工而成:				
0406.90.82	00	本章附加美国注释十九描述,并根据其规定进口的	千克 千克牛乳固体含量	10%[9]	0(A+,AU,BH,CA,CL,CO,D,E,IL,JO,KR,MA,OM,P,PA,PE,S,SG)	35%
0406.90.84	00	其他[21]	千克 千克牛乳固体含量	1.055美元/千克[1]	0(BH,CL,JO,MA,MX,OM,SG) 35.1美分/千克(KR)42.2美分/千克(P) 见9823.04.01至9823.04.54(S+) 见9908.04.05(IL) 见9913.04.50(AU) 见9915.04.80,9915.04.84,9915.04.93(P+) 见9917.04.50,9917.04.54(PE) 见9918.04.50,9918.04.54(CO) 见9919.04.50,9919.04.53,9919.04.63(PA)	1.241美元/千克
		含有艾丹姆乳酪或高达乳酪或者由艾丹姆乳酪或高达乳酪加工而成:				
0406.90.86	00	本章附加美国注释二十描述,并根据其规定进口的	千克 千克牛乳固体含量	10%[1]	0(A+,BH,CA,CL,CO,D,E,IL,JO,KR,MA,OM,P,PA,PE,S,SG)	35%
0406.90.88	00	其他[22]	千克 千克牛乳固体含量	1.803美元/千克[1]	0(BH,CL,JO,MA,MX,OM,SG) 60.1美分/千克(KR)72.1美分/千克(P) 见9823.04.01至9823.04.54(S+) 见9908.04.05(IL) 见9913.04.40(AU) 见9915.04.80,9915.04.85,9915.04.94(P+) 见9917.04.50,9917.04.55(PE) 见9918.04.50,9918.04.55(CO) 见9919.04.50,9919.04.54,9919.04.64(PA)	2.121美元/千克
		含有瑞士干酪、埃门塔勒干酪或格鲁耶尔干酪或者由上述乳酪加工而成:				
0406.90.90	00	本章附加美国注释二十二描述,并根据其规定进口的	千克 千克牛乳固体含量	10%[17]	0(A+,BH,CA,CL,CO,D,E,IL,JO,KR,MA,OM,P,PA,PE,S,SG)	35%

税则号列	统计后缀	货品名称	单位	税率 1 普通	税率 1 特惠	2
0406.90.92	00	其他[24]	千克 千克牛乳固体含量	1.386美元/千克[9]	0(BH,CL,JO,MA,MX,OM,SG) 46.2美分/千克(KR)55.4美分/千克(P) 见9823.04.01至9823.04.54(S+) 见9908.04.05(IL) 见9913.04.40(AU) 见9915.04.80,9915.04.87, 9915.04.96(P+) 见9917.04.50,9917.04.57(PE) 见9918.04.50,9918.04.57(CO) 见9919.04.50,9919.04.56, 9919.04.66(PA)	1.631美元/千克
		其他:				
		按重量计乳脂含量不超过0.5%:				
0406.90.93	00	本章附加美国注释二十三描述,并根据其规定进口的	千克 千克牛乳固体含量	10%[1]	0(A+,BH,CA,CL,CO,D,E,IL, JO,KR,MA,OM,P,PA,PE,S, SG)	35%
0406.90.94	00	其他[25]	千克 千克牛乳固体含量	1.128美元/千克[9]	0(BH,CL,JO,MA,MX,OM,SG) 37.6美分/千克(KR)45.1美分/千克(P) 见9823.04.01至9823.04.54(S+) 见9908.04.05(IL) 见9915.04.80,9915.04.88, 9915.04.97(P+) 见9917.04.50,9917.04.58(PE) 见9918.04.50,9918.04.58(CO) 见9919.04.50,9919.04.57, 9919.04.67(PA)	1.328美元/千克
		其他:				
		含有牛奶(软熟牛奶乳酪除外):				
0406.90.95	00	本章附加美国注释十六描述,并根据其规定进口的	千克 千克牛乳固体含量	10%[30]	0(A+,AU,BH,CA,CL,CO,D,E, IL,JO,KR,MA,OM,P,PA,PE,S, SG)	35%
0406.90.97	00	其他[18]	千克			
			千克牛乳固体含量	1.509美元/千克[17]	0(BH,CL,JO,MA,MX,OM,SG) 50.3美分/千克(KR)60.3美分/千克(P) 见9823.04.01至9823.04.54(S+) 见9908.04.05(IL) 见9913.04.35(AU) 见9915.04.80,9915.04.81, 9915.04.90,9915.04.99(P+) 见9917.04.50,9917.04.51(PE) 见9918.04.50,9918.04.51(CO) 见9919.04.40,9919.04.41至 9919.04.42(PA)	1.775美元/千克
0406.90.99	00	其他	千克			
			千克牛乳固体含量	8.5%[31]	0(A+,BH,CA,CL,CO,D,E,IL, JO,KR,MA,MX,OM,P,PA,PE, S,SG)0.4%(AU)	35%
0407		带壳禽蛋,鲜、腌制或煮过的:				

税则号列	统计后缀	货品名称	单位	税率 1 普通	税率 1 特惠	2
		孵化用受精禽蛋：				
0407.11.00	00	鸡的	打	2.8美分/打[1]	0(A,AU,BH,CA,CL,CO,D,E,IL,JO,KR,MA,MX,OM,P,PA,PE,S,SG)	10美分/打
0407.19.00	00	其他	打	2.8美分/打[13]	0(A,AU,BH,CA,CL,CO,D,E,IL,JO,KR,MA,MX,OM,P,PA,PE,S,SG)	10美分/打
		其他鲜蛋：				
0407.21.00		鸡的		2.8美分/打[13]	0(A,AU,BH,CA,CL,CO,D,E,IL,JO,KR,MA,MX,OM,P,PA,PE,S,SG)	10美分/打
	30	鲜蛋(消费级)	打			
	90	其他	打			
0407.29.00	00	其他	打	2.8美分/打[13]	0(A,AU,BH,CA,CL,CO,D,E,IL,JO,KR,MA,MX,OM,P,PA,PE,S,SG)	10美分/打
0407.90.00	00	其他	打	2.8美分/打[13]	0(A,AU,BH,CA,CL,CO,D,E,IL,JO,KR,MA,MX,OM,P,PA,PE,S,SG)	10美分/打
0408		去壳禽蛋及蛋黄，鲜、干、蒸过或水煮、霉、冻或用其他方法保藏的，不论是否加糖或其他甜物质：				
		蛋黄：				
0408.11.00	00	干的	千克	47.6美分/千克[13]	0(A+,AU,BH,CA,CL,CO,D,E,IL,JO,KR,MA,MX,OM,P,PA,PE,S,SG)	59.5美分/千克
0408.19.00	00	其他	千克	9.7美分/千克[13]	0(A+,AU,BH,CA,CL,CO,D,E,IL,JO,KR,MA,MX,OM,P,PA,PE,S,SG)	24.3美分/千克
		其他：				
0408.91.00	00	干的	千克	47.6美分/千克[1]	0(A+,AU,BH,CA,CL,CO,D,E,IL,JO,KR,MA,MX,OM,P,PA,PE,S,SG)	59.5美分/千克
0408.99.00	00	其他	千克	9.7美分/千克[13]	0(A+,AU,BH,CA,CL,CO,D,E,IL,JO,KR,MA,MX,OM,P,PA,PE,S,SG)	24.3美分/千克
0409.00.00		天然蜂蜜		1.9美分/千克[13]	0(A+,AU,BH,CA,CL,CO,D,E,IL,JO,KR,MA,MX,OM,P,PA,PE,S,SG)	6.6美分/千克
	05	有机认证	千克			
		其他：				
	10	零售用的包装好的蜂蜜和蜂巢	千克			
		其他：				
	35	白色或浅色	千克			
	45	超浅琥珀色	千克			
	56	浅琥珀色	千克			
	65	琥珀色或更暗	千克			

税则号列	统计后缀	货品名称	单位	税率 1 普通	税率 1 特惠	2
0410.00.00	00	其他税目未列名的食用动物产品	千克	1.1%1[3]	0(A,AU,BH,CA,CL,CO,D,E,IL,JO,KR,MA,MX,OM,P,PA,PE,S,SG)	10%

[1]见9903.88.15。

[2]见9904.04.01至9904.04.08。

[3]见9904.04.09至9904.04.21。

[4]见9904.04.22至9904.04.30。

[5]见9904.04.31至9904.04.39。

[6]见9904.04.40至9904.04.49。

[7]见9904.04.50至9904.05.01。

[8]见9904.05.02至9904.05.19。

[9]见9903.88.15和9903.89.10。

[10]见9903.88.15和9903.89.16。

[11]见9904.05.20至9904.05.36。

[12]见9903.88.03和9903.89.13。

[13]见9903.88.03。

[14]见9903.88.03和9903.89.16。

[15]见9904.05.37至9904.05.47。

[16]见9903.88.15和9903.89.19。

[17]见9903.88.15和9903.89.22。

[18]见9904.06.38至9904.06.49。

[19]见9904.05.48至9904.05.58。

[20]见9904.05.59至9904.05.73。

[21]见9904.05.74至9904.05.82。

[22]见9904.05.83至9904.05.94。

[23]见9904.05.95至9904.06.05。

[24]见9904.06.19至9904.06.28。

[25]见9904.06.29至9904.06.37。

[26]见9903.88.15和9903.89.13。

[27]见9903.88.15和9903.89.25。

[28]见9904.06.06至9904.06.18。

[29]见9903.88.15和9903.89.28。

[30]见9903.88.15和9903.89.31。

[31]见9903.88.15和9903.89.55。

第五章　其他动物产品

注释：
一、本章不包括：
　　(一)食用产品(整个或切块的动物肠、膀胱和胃以及液态或干制的动物血除外)；
　　(二)生皮或毛皮(第四十一章、第四十三章)，但品目0505的货品及品目0511的生皮或毛皮的边角废料仍归入本章；
　　(三)马毛及废马毛以外的动物纺织原料(第十一类)；
　　(四)供制帚、制刷用的成束、成簇的材料(品目9603)。
二、仅按长度而未按发根和发梢整理的人发，视为未加工品，归入品目0501。
三、本税则所称"兽牙"是指象、河马、海象、一角鲸和野猪的长牙、犀角及其他动物的牙齿。
四、本税则所称"马毛"是指马科、牛科动物的鬃毛和尾毛。品目0511主要包括马毛及废马毛，不论是否制成带衬垫或不带衬垫的毛片。

附加美国注释：
一、(一)除了下述(二)款和(三)款另有规定的以外，禁止进口任何禽鸟的羽毛或皮毛。这种禁止适用于任何鸟类的羽毛或皮肤：
　　　1. 无论是未经加工的还是已加工的；
　　　2. 无论是全身的羽毛和皮肤还是其中任意一部分；
　　　3. 无论是否附连于整只禽鸟或其任何部分；以及
　　　4. 无论是否构成其他物品的一部分。
　　(二)上述(一)款不适用于：
　　　1. 以下任何禽鸟(野鸟除外，无论是否圈养)：鸡(包括母鸡和公鸡)、火鸡、珍珠鸡、鹅、鸭、鸽子、鸵鸟、美洲鸵鸟、英国环颈雉和孔雀；
　　　2. 任何为科学或教育目的而进口的物品；
　　　3. 进口用于捕鱼的人工饲养的飞行动物；
　　　4. 税号9804.00.55的进口鸟类；以及
　　　5. 进口活鸟。
　　(三)尽管有上述(一)款的规定，但每年可输入以下配额的带有羽毛的毛皮：
　　　1. 用于制造钓鱼用的人造蝇：(1)不超过5 000张灰原鸡皮，以及(2)不超过1 000张鸳鸯皮；
　　　2. 用于制造钓鱼用的人造蝇，或用于女帽，总数不超过45 000张的下述几种野鸡的毛皮：阿默斯特夫人雉(白锦腹鸡)、金鸡(红锦腹鸡)、银鸡(白鹇)、芦雉(白冠长尾雉)、蓝耳雉和褐马鸡。①就这些配额而言,被切断的任何一部分毛皮应被视为一张完整的毛皮。

(四)除非内政部部长签发许可证,否则不得进口(三)款所指明的商品。内政部长须订明为达致上述目的所需的规例和(三)款的规定(包括规定在合格申请人之间公平分配这些规定所确定的进口配额的条例)。当内政部部长发现(三)款所述任何物种的野生供应受到严重减少或灭绝的威胁时,他应当制定规定(在面临威胁时根据他所认为需求的程度和时间段):

1. 对于灰原鸡和鸳鸯,应该减少进口配额;或者
2. 就任何种类的雉鸡而言,可以减少为雉鸡而订立的进口配额,可以为该种类的雉鸡单独订立配额,或将该种类从为雉鸡而订立的进口配额中剔除,或者上述任意组合。

上述授予内政部部长的减少任何进口配额的权力应包括取消此类配额的权力。②

(五)任何被以上(一)款、(二)款和(三)款禁止或者配额限制的物品,应在美国被推定为为非法进口目的而罚没和没收,并且应当在海关法律规定下罚没和没收,除非该推定得到令人满意的反驳,但该推定不适用于实际用于个人装饰或科学或教育目的的物品。任何被没收的物品可(由财政部部长酌情决定和根据其订明的规例规定)被放置在联邦政府或州政府的任何机构、社团或博物馆用于展览或科学、教育目的,或者被销毁。

(六)本注释中任何内容不得解释为废除1913年3月4日法案第145章(37统计编码847)或1918年7月3日法案(40统计编码755)的内容,或者旨在保护或维护美国境内鸟类而立即生效的美国法律。如果在扣押或没收审判前被地方海关执行者调查,或者如果已经扣押而被审判,则应当向地区海关执行者或政府检察官说明没有非法进口此类羽毛,但是拥有、获取或购买此类羽毛已经违反了1913年3月4日第145章(37统计编码847)或1918年7月3日法案(40统计编码755)的内容,或者旨在保护或维护美国境内鸟类而立即生效的美国法律的规定。这是地方海关执行者或检察官的职责,该行为应当向美国或州或地区负责执行此类法律的适当官员报告。

---

① 褐马鸡被列入濒危外来鱼类和野生动物名单,50CFR17附录A,1970年11月24日,生效日期为1970年12月2日(35F.R. 18319、18321)。

② 内政部部长废除了在1993年11月16日当天或之后生效的1962年关税分类法(58FR60524-60525)中实施羽毛进口配额的法规。

税则号列	统计后缀	货品名称	单位	税率 1 普通	税率 1 特惠	2
0501.00.00	00	未经加工的人发,不论是否洗涤;废人发	千克	1.4%[1]	0(A,AU,BH,CA,CL,CO,D,E,IL,JO,KR,MA,MX,OM,P,PA,PE,S,SG)	20%
0502		猪鬃、猪毛;獾毛及其他制刷用兽毛;上述鬃毛的废料:				
0502.10.00	00	猪鬃、猪毛及其废料	千克	0.8美分/千克[2]	0(A*,AU,BH,CA,CL,CO,D,E,IL,JO,KR,MA,MX,OM,P,PA,PE,S,SG)	6.6美分/千克
0502.90.00	00	其他	千克	0[1]		0
0504.00.00		整个或切块的动物(鱼除外)的肠、膀胱及胃,鲜、冷、冻、干、熏、盐腌或盐渍的		0[1]		0
		准备用作香肠肠衣:				
	20	猪的	千克			
	40	其他	千克			
	60	其他	千克			
0505		带有羽毛或羽绒的鸟皮及鸟体其他部分;羽毛及不完整羽毛(不论是否修边)、羽绒,仅经洗涤、消毒或为了保藏而作过处理,但未经进一步加工;羽毛或不完整羽毛的粉末及废料				
0505.10.00		填充用羽毛;羽绒		0[1]		20%
		符合美国总务行政管理局颁布的联邦标准148A的试验标准4和10.1:				
	50	羽毛[3]	千克			
	55	羽绒[4]	千克			
		其他:				
	60	羽毛[5]	千克			
	65	羽绒	千克			
0505.90		其他:				
0505.90.20		羽毛粉末和碎料		2.3%[6]	0(A,AU,BH,CA,CL,CO,D,E,IL,JO,KR,MA,MX,OM,P,PA,PE,S,SG)	20%
	20	羽毛粉末	千克			
	40	其他	千克			
0505.90.60	00	其他	千克	0[6]		20%
0506		骨及角柱,未经加工或经脱脂、简单整理(但未切割成形)、酸处理或脱胶;上述产品的粉末及废料:				
0506.10.00	00	经酸处理的骨胶原及骨	千克	0[6]		0
0506.90.00		其他		0[6]		0
	20	骨、生的、蒸的或磨碎的	千克			
	40	其他	千克			
0507		兽牙、龟壳、鲸须、鲸须毛、角、鹿角、蹄、甲、爪及喙,未经加工或仅简单整理但未切割成形;上述产品的粉末及废料:				

税则号列	统计后缀	货品名称	单位	税率 1 普通	税率 1 特惠	2
0507.10.00	00	兽牙;兽牙粉末及废料	千克	0[1]		0
0507.90.00		其他		0[6]		0
	10	鹿茸	千克			
	90	其他	千克			
0508.00.00	00	珊瑚及类似品,未经加工或仅简单整理但未经进一步加工;软体动物壳、甲壳动物壳、棘皮动物壳、墨鱼骨,未经加工或仅简单整理但未切割成形,上述壳、骨的粉末及废料	千克	0[6]		0
0510		龙涎香、海狸香、灵猫香及麝香;斑蝥;胆汁,不论是否干制;供配制药用的腺体及其他动物产品,鲜、冷、冻或用其他方法暂时保藏的:				
0510.00.20	00	龙涎香、香薄荷、灵猫香及麝香	千克	5.1%[1]	0(A, AU, BH, CA, CL, CO, D, E, IL, JO, KR, MA, MX, OM, P, PA, PE, S, SG)	20%
0510.00.40		其他		0[6]		0
	10	胰腺	千克			
	20	胆汁和其他动物分泌物	千克			
	40	斑蝥;用于制备药品的腺体(胰腺除外)、器官和其他动物产品	千克			
0511		其他品目未列名的动物产品;不适合供人食用的第一章或第三章的死动物:				
0511.10.00		牛的精液		0[6]		10%
	10	乳制品	份			
	90	其他	份			
		其他:				
0511.91.00		其他税目未列名的动物产品;不适合供人食用的第一章或第三章的死动物		0[6]		0
	10	受精鱼卵	千克			
	90	其他[8]	千克			
0511.99		其他:				
0511.99.20	00	生皮或皮的削片和类似废料	千克	0[6]		0
0511.99.30		主要用作动物食品或动物食品配料的产品		0[6]		10%
	30	南极磷虾	千克			
	60	其他	千克			
0511.99.33	00	马毛及废马毛,不论是否制成有或无衬垫的毛片	千克	0[6]		0
0511.99.36	00	动物源性天然海绵	千克	3%[6]	0(A+, AU, BH, CA, CL, CO, D, E, IL, JO, KR, MA, MX, OM, P, PA, PE, S, SG)	15%
0511.99.40		其他		1.1%[6]	0(A, AU, BH, CA, CL, CO, D, E, IL, JO, KR, MA, MX, OM, P, PA, PE, S, SG)	10%
		牛胚胎:				

税则号列	统计后缀	货品名称	单位	税率 1 普通	税率 1 特惠	2
	24	奶牛的	个			
	28	其他牛	个			
	30	干血	千克			
	40	其他动物精液	份			
	70	其他	千克			

[1]见 9903.88.15。

[2]见 9903.88.16。

[3]见 9903.88.44 和 9903.88.57。

[4]见 9903.88.49、9903.88.53 和 9903.88.57。

[5]见 9903.88.51 和 9903.88.57。

[6]见 9903.88.03。

[7]见 9903.88.43。

[8]见 9903.88.48。

第二类　植物产品

注释：
一、本类所称"团粒"是指直接挤压或加入按重量计比例不超过3%的粘合剂制成的粒状产品。

第六章　活树及其他活植物;鳞茎、根及类似品;插花及装饰用簇叶

注释：

一、除品目0601的菊苣植物及其根以外,本章包括通常由苗圃或花店供应为种植或装饰用的活树及其他货品(包括植物秧苗);但不包括马铃薯、洋葱、青葱、大蒜及其他第七章的产品。

二、品目0603、品目0604的各种货品,包括全部或部分用这些货品制成的花束、花篮、花圈及类似品,不论是否有其他材料制成的附件;但这些货品不包括品目9701的拼贴画或类似的装饰板。

税则号列	统计后缀	货品名称	单位	税率 1 普通	税率 1 特惠	2
0601		鳞茎、块茎、块根、球茎、根颈及根茎,休眠、生长或开花的;菊苣植物及其根,但品目1212的根除外				
0601.10		休眠的鳞茎、块茎、块根、球茎、根颈及根茎:				
0601.10.15	00	郁金香球茎	个	89.6美分/千个[1]	0(A*,AU,BH,CA,CL,CO,D,E,IL,JO,KR,MA,MX,OM,P,PA,PE,S,SG)	6美元/千个
0601.10.30	00	风信子球茎	个	38.4美分/千个[1]	0(A+,AU,BH,CA,CL,CO,D,E,IL,JO,KR,MA,MX,OM,P,PA,PE,S,SG)	4美元/千个
0601.10.45	00	百合鳞茎	个	55.7美分/千个[1]	0(A*,AU,BH,CA,CL,CO,D,E,IL,JO,KR,MA,MX,OM,P,PA,PE,S,SG)	6美元/千个
0601.10.60	00	水仙球茎	个	1.34美元/千个[1]	0(A*,AU,BH,CA,CL,CO,D,E,IL,JO,KR,MA,MX,OM,P,PA,PE,S,SG)	6美元/千个
0601.10.75	00	番红花球茎	个	19.2美分/千个[1]	0(A*,AU,BH,CA,CL,CO,D,E,IL,JO,KR,MA,MX,OM,P,PA,PE,S,SG)	2美元/千个
0601.10.85	00	山谷百合球茎	个	1.44美元/千个[1]	0(A+,AU,BH,CA,CL,CO,D,E,IL,JO,KR,MA,MX,OM,P,PA,PE,S,SG)	6美元/千个
0601.10.90		其他		3.5%[1]	0(A*,AU,BH,CA,CL,CO,D,E,IL,JO,KR,MA,MX,OM,P,PA,PE,S,SG)	30%
	20	虹膜球茎	个			
	40	唐菖蒲球茎	个			
	60	秋海棠茎块	个			
	80	其他	个			
0601.20		生长或开花的鳞茎、块茎、块根、球茎、根颈及根茎;菊苣植物及其根:				
0601.20.10	00	风信子鳞茎,无土壤附着	个	38.4美分/千个[1]	0(A+,AU,BH,CA,CL,CO,D,E,IL,JO,KR,MA,MX,OM,P,PA,PE,S,SG)	4美元/千个
0601.20.90	00	其他	个	1.4%[1]	0(A*,AU,BH,CA,CL,CO,D,E,IL,JO,KR,MA,MX,OM,P,PA,PE,S,SG)	30%
0602		其他活植物(包括其根)、插枝及接穗;蘑菇菌丝:				
0602.10.00	00	无根插枝及接穗	株	4.8%[1]	0(A*,AU,BH,CA,CL,CO,D,E,IL,JO,KR,MA,MX,OM,P,PA,PE,S,SG)	25%
0602.20.00	00	果或食用坚果的树、灌木,不论是否嫁接	株	0[1]		25%
0602.30.00	00	杜鹃,不论是否嫁接	株	1.9%[1]	0(A,AU,BH,CA,CL,CO,D,E,IL,JO,JP,KR,MA,MX,OM,P,PA,PE,S,SG)	25%
0602.40.00	00	玫瑰,不论是否嫁接	株	0[1]		4美分/株
0602.90		其他:				

税则号列	统计后缀	货品名称	单位	税率 普通	税率 1 特惠	税率 2
		多年生草本植物：				
0602.90.20	00	兰花	千克	0[1]		25%
		其他：				
0602.90.30		有土栽培		1.4%[1]	0(A*,AU,BH,CA,CL,CO,D,E,IL,JO,JP,KR,MA,MX,OM,P,PA,PE,S,SG)	30%
	10	菊花	株			
	90	其他	株			
0602.90.40	00	其他	千克	3.5%[1]	0(A*,AU,BH,CA,CL,CO,D,E,IL,JO,JP,KR,MA,MX,OM,P,PA,PE,S,SG)	30%
		其他：				
0602.90.50	00	蘑菇菌柱	千克	1.4美分/千克[2]	0(A+,AU,BH,CA,CL,CO,D,E,IL,JO,KR,MA,MX,OM,P,PA,PE,S,SG)	2.2美分/千克
		其他：				
0602.90.60		有土栽培		1.9%[1]	0(A*,AU,BH,CA,CL,CO,D,E,IL,JO,JP,KR,MA,MX,OM,P,PA,PE,S,SG)	25%
	10	树和灌木	株			
	20	一品红	株			
	90	其他	株			
0602.90.90		其他		4.8%[1]	0(A*,AU,BH,CA,CL,CO,D,E,IL,JO,JP,KR,MA,MX,OM,P,PA,PE,S,SG)	25%
	10	树和灌木	株			
	90	其他	株			
0603		制花束或装饰用的插花及花蕾,鲜、干、染色、漂白、浸渍或用其他方法处理的：				
		鲜的：				
0603.11.00		玫瑰		6.8%[1]	0(A,AU,BH,CA,CL,CO,D,E,IL,JO,KR,MA,MX,OM,P,PA,PE,S,SG)	40%
	10	甜心玫瑰	枝[3]			
	30	多头玫瑰	枝[3]			
	60	其他	枝[3]			
0603.12		康乃馨：				
0603.12.30	00	迷你(多头)康乃馨	枝[3]	3.2%[1]	0(A,AU,BH,CA,CL,CO,D,E,IL,JO,JP,KR,MA,MX,OM,P,PA,PE,S,SG)	40%
0603.12.70	00	其他	枝[3]	6.4%[1]	0(A,AU,BH,CA,CL,CO,D,E,IL,JO,KR,MA,MX,OM,P,PA,PE,S,SG)3.2%(JP)	40%
0603.13.00		兰花		6.4%[1]	0(A,AU,BH,CA,CL,CO,D,E,IL,JO,KR,MA,MX,OM,P,PA,PE,S,SG)3.2%(JP)	40%

税则号列	统计后缀	货品名称	单位	税率 1 普通	税率 1 特惠	2
	50	石斛兰	枝[3]			
	60	其他	枝[3]			
0603.14.00		菊花		6.4%[1]	0(A,AU,BH,CA,CL,CO,D,E,IL,JO,KR,MA,MX,OM,P,PA,PE,S,SG)3.2%(JP)	40%
		菊花：				
	10	绒球菊花	枝[3]			
	20	其他	枝[3]			
0603.15.00	00	百合花(百合属)	枝[3]	6.4%[1]	0(A,AU,BH,CA,CL,CO,D,E,IL,JO,KR,MA,MX,OM,P,PA,PE,S,SG)3.2%(JP)	40%
0603.19.01		其他		6.4%[1]	0(A*,AU,BH,CA,CL,CO,D,E,IL,JO,KR,MA,MX,OM,P,PA,PE,S,SG)3.2%(JP)	40%
	05	红掌	枝[3]			
	10	六出花	枝[3]			
	20	满天星	枝[3]			
	40	金鱼草	枝[3]			
	60	其他	枝			
0603.90.00	00	其他	枝	4%[1]	0(A*,AU,BH,CA,CL,CO,D,E,IL,JO,JP,KR,MA,MX,OM,P,PA,PE,S,SG)	40%
0604		制花束或装饰用的不带花及花蕾的植物枝、叶或其他部分、草、苔藓及地衣,鲜、干、染色、漂白、浸渍或用其他方法处理的：				
0604.20.00		鲜的		0[1]		0
	10	苔藓及地衣	枝			
		常绿圣诞树：				
	20	道格拉斯冷杉	枝			
	40	除道格拉斯冷杉外的冷杉	枝			
	60	其他	枝			
	80	其他	枝			
0604.90		其他：				
0604.90.10	00	苔藓及地衣	枝	0[1]		0
		其他：				
0604.90.30	00	干的或者漂白的	枝	0[1]		0
0604.90.60	00	其他	枝	7%[1]	0(A*,AU,BH,CA,CL,CO,D,E,IL,JO,KR,MA,MX,OM,P,PA,PE,S,SG)	50%

[1]见9903.88.15。

[2]见9903.88.16。

[3]申报茎块数量。

第七章　食用蔬菜、根及块茎

注释：

一、本章不包括品目 1214 的草料。

二、品目 0709、品目 0710、品目 0711 及品目 0712 所称"蔬菜"包括食用的蘑菇、块菌、油橄榄、刺山柑、菜葫芦、南瓜、茄子、甜玉米、辣椒、茴香菜、欧芹、细叶芹、龙蒿、水芹、甜茉乔栾那。

三、品目 0712 包括干制的归入品目 0701 至 0711 的各种蔬菜，但下列各项除外：

 （一）干制脱荚豆类蔬菜（品目 0713）；

 （二）品目 1102 至 1104 所列形状的甜玉米；

 （三）马铃薯细粉、粗粉、粉末、粉片、颗粒及团粒（品目 1105）；

 （四）用品目 0713 的干豆制成的细粉、粗粉及粉末（品目 1106）。

四、本章不包括辣椒干及辣椒粉（品目 0904）。

附加美国注释：

一、除非另有说明，本章的条文涵盖已命名产品，无论其尺寸是否缩小。

二、任何种类的蔬菜在征税时，与之混合的杂质或者异物不得与之分离，也不得给予免费的额度。

三、本章所涵盖的可用于食物、播种或种植的物品（例如洋葱、洋葱苗、葱、大蒜、马铃薯和马铃薯芽）即使由于杀虫剂、杀菌剂或类似化学品的处理而变得不可食用，也仍属于本章。

四、子目 0701.10 所称"种子"仅包括经外国政府负责官员或机构按照官方规则和条例证明已种植并批准特别用作种子的薯类种子，它们装在贴有外国政府官方薯类种子标签的容器内并作为种子而进口。

五、在税号 0711.20.18 和税号 2005.70.06 下进口的橄榄数量总和每年不得超过 4 400 吨。

统计注释：

一、"有机认证"认可标准清单见总统计注释六。

税则号列	统计后缀	货品名称	单位	税率 1 普通	税率 1 特惠	税率 2
0701		鲜或冷藏的马铃薯：				
0701.10.00		种子		0.5美分/千克[1]	0(A+,AU,BH,CA,CL,CO,D,E,IL,JO,KR,MA,MX,OM,P,PA,PE,S,SG)	1.7美分/千克
	20	直接装在容器中,净重不超过45千克	千克			
	40	其他	千克			
0701.90		其他：				
0701.90.10	00	黄色(索拉诺)土豆	千克	0.5美分/千克[1]	0(A,AU,BH,CA,CL,CO,D,E,IL,JO,KR,MA,MX,OM,P,PA,PE,S,SG)	1.7美分/千克
0701.90.50		其他		0.5美分/千克[1]	0(A+,AU,BH,CA,CL,CO,D,E,IL,JO,KR,MA,MX,OM,P,PA,PE,S,SG)	1.7美分/千克
		直接装在容器中,净重不超过1 200千克				
	15	黄褐色或网状宝石红品种	千克			
	25	红皮品种	千克			
	35	其他	千克			
		其他：				
	45	黄褐色或网状宝石红品种	千克			
	55	红皮品种	千克			
	65	其他	千克			
0702.00		鲜或冷藏的番茄：				
0702.00.20		每年3月1日至7月14日或9月1日至11月14日进口		3.9美分/千克[1]	0(AU,BH,CA,CL,CO,D,E,IL,JO,KR,MA,MX,OM,P,PA,PE,S,SG)	6.6美分/千克
	10	温室的	千克			
		其他：				
	35	樱桃番茄	千克			
	45	葡萄番茄	千克			
	65	罗马番茄(李子番茄)	千克			
	99	其他	千克			
0702.00.40		每年7月15日至8月31日进口		2.8美分/千克[1]	0(AU,BH,CA,CL,CO,D,E,IL,JO,KR,MA,MX,OM,P,PA,PE,S,SG)	6.6美分/千克
	10	温室的	千克			
		其他：				
	35	樱桃番茄	千克			
	46	葡萄番茄	千克			
	65	罗马番茄(李子番茄)	千克			
	98	其他	千克			
0702.00.60		每年11月15日至次年2月最后一天进口		2.8美分/千克[1]	0(A,AU,BH,CA,CL,CO,D,E,IL,JO,KR,MA,MX,OM,P,PA,PE,S,SG)	6.6美分/千克

税则号列	统计后缀	货品名称	单位	税率 1 普通	税率 1 特惠	2
	10	温室的	千克			
		其他:				
	35	樱桃番茄	千克			
	45	葡萄番茄	千克			
	65	罗马番茄(李子番茄)	千克			
	99	其他	千克			
0703		鲜或冷藏的洋葱、青葱、大蒜、韭葱及其他葱属蔬菜:				
0703.10		洋葱及青葱:				
0703.10.20	00	洋葱	千克	0.83美分/千克[2]	0(A,AU,BH,CA,CL,CO,D,E,IL,JO,KR,MA,MX,OM,P,PA,PE,S,SG)	5.5美分/千克
		其他:				
0703.10.30	00	直径不超过16毫米的珍珠洋葱	千克	0.96美分/千克[2]	0(A,AU,BH,CA,CL,CO,D,E,IL,JO,KR,MA,MX,OM,P,PA,PE,S,SG)	5.5美分/千克
0703.10.40	00	其他	千克	3.1美分/千克[2]	0(A,AU,BH,CA,CL,CO,D,E,IL,JO,KR,MA,MX,OM,P,PA,PE,S,SG)	5.5美分/千克
0703.20.00		大蒜	千克	0.43美分/千克[2]	0(A*,AU,BH,CA,CL,CO,D,E,IL,JO,KR,MA,MX,OM,P,PA,PE,S,SG)	3.3美分/千克
		新鲜完整的蒜头:				
	05	有机认证的	千克			
	15	其他	千克			
	20	整个的新鲜去壳丁香	千克			
	90	其他	千克			
0703.90.00	00	韭葱和其他葱属蔬菜	千克	20%[2]	0(A+,AU,BH,CA,CL,CO,D,E,IL,JO,KR,MA,MX,OM,P,PA,PE,S,SG)	50%
0704		鲜或冷藏的卷心菜、菜花、球茎甘蓝、羽衣甘蓝及类似的食用芥菜类蔬菜:				
0704.10		菜花及硬花甘蓝:				
0704.10.20	00	每年6月5日至10月15日进口	千克	2.5%[2]	0(A,AU,BH,CA,CL,CO,D,E,IL,JO,KR,MA,MX,OM,P,PA,PE,S,SG)	50%
		其他:				
0704.10.40	00	未缩减尺寸	千克	10%[2]	0(A,AU,BH,CA,CL,CO,D,E,IL,JO,KR,MA,MX,OM,P,PA,PE,S,SG)	50%
0704.10.60	00	经过切块、切片或缩减尺寸的其他操作	千克	14%[2]	0(A,AU,BH,CA,CL,CO,D,E,IL,JO,KR,MA,MX,OM,P,PA,PE,S,SG)	35%
0704.20.00	00	抱子甘蓝	千克	12.5%[1]	0(A,AU,BH,CA,CL,CO,D,E,IL,JO,KR,MA,MX,OM,P,PA,PE,S,SG)	50%
0704.90		其他[包括花茎甘蓝(绿菜花)]:				

税则号列	统计后缀	货品名称	单位	税率 1 普通	税率 1 特惠	税率 2
0704.90.20	00	卷心菜	千克	0.54美分/千克[2]	0(A, AU, BH, CA, CL, CO, D, E, IL, JO, KR, MA, MX, OM, P, PA, PE, S, SG)	4.4美分/千克
0704.90.40		其他		20%[2]	0(A+, AU, BH, CA, CL, CO, D, E, IL, JO, KR, MA, MX, OM, P, PA, PE, S, SG)	50%
	20	绿菜花	千克			
	40	其他	千克			
0705		鲜或冷藏的莴苣及菊苣:				
		莴苣:				
0705.11		结球莴苣(包心生菜):				
0705.11.20	00	每年6月1日至10月31日进口	千克	0.4美分/千克[1]	0(A, AU, BH, CA, CL, CO, D, E, IL, JO, KR, MA, MX, OM, P, PA, PE, S, SG)	4.4美分/千克
0705.11.40	00	其他	千克	3.7美分/千克[1]	0(A, AU, BH, CA, CL, CO, D, E, IL, JO, KR, MA, MX, OM, P, PA, PE, S, SG)	4.4美分/千克
0705.19		其他:				
0705.19.20	00	每年6月1日至10月31日进口	千克	0.4美分/千克[1]	0(A, AU, BH, CA, CL, CO, D, E, IL, JO, KR, MA, MX, OM, P, PA, PE, S, SG)	4.4美分/千克
0705.19.40	00	其他	千克	3.7美分/千克[1]	0(A, AU, BH, CA, CL, CO, D, E, IL, JO, KR, MA, MX, OM, P, PA, PE, S, SG)	4.4美分/千克
		菊苣:				
0705.21.00	00	维特罗夫菊苣	千克	0.15美分/千克[1]	0(A, AU, BH, CA, CL, CO, D, E, IL, JO, KR, MA, MX, OM, P, PA, PE, S, SG)	4.4美分/千克
0705.29.00	00	其他	千克	0.15美分/千克[1]	0(A, AU, BH, CA, CL, CO, D, E, IL, JO, KR, MA, MX, OM, P, PA, PE, S, SG)	4.4美分/千克
0706		鲜或冷藏的胡萝卜、芜菁、色拉甜菜根、婆罗门参、块根芹、萝卜及类似的食用根茎				
0706.10		胡萝卜及芜菁:				
		胡萝卜:				
0706.10.05	00	未缩减尺寸	千克	14.9%[2]	0(A+, AU, BH, CA, CL, CO, D, E, IL, JO, KR, MA, MX, OM, P, PA, PE, S, SG)	35%
		其他:				
0706.10.10	00	10厘米以下	千克	1.4美分/千克[2]	0(A, AU, BH, CA, CL, CO, D, E, IL, JO, KR, MA, MX, OM, P, PA, PE, S, SG)	17.6美分/千克
0706.10.20	00	其他	千克	0.7美分/千克[2]	0(A+, AU, BH, CA, CL, CO, D, E, IL, JO, KR, MA, MX, OM, P, PA, PE, S, SG)	8.8美分/千克
0706.10.40	00	萝卜	千克	0[2]		0.6美分/千克
0706.90		其他:				

税则号列	统计后缀	货品名称	单位	税率 普通	税率 1 特惠	税率 2
0706.90.20	00	小萝卜	千克	2.7%[2]	0(A,AU,BH,CA,CL,CO,D,E,IL,JO,KR,MA,MX,OM,P,PA,PE,S,SG)	50%
0706.90.30	00	甜菜和马萝卜	千克	1.9%[2]	0(A,AU,BH,CA,CL,CO,D,E,IL,JO,KR,MA,MX,OM,P,PA,PE,S,SG)	12%
0706.90.40	00	其他	千克	10%[2]	0(A+,AU,BH,CA,CL,CO,D,E,IL,JO,KR,MA,MX,OM,P,PA,PE,S,SG)	50%
0707.00		鲜或冷藏的黄瓜及小黄瓜:				
0707.00.20	00	每年10月1日至次年2月进口	千克	4.2美分/千克[1]	0(A,AU,BH,CA,CL,CO,D,E,IL,JO,KR,MA,MX,OM,P,PA,PE,S,SG)	6.6美分/千克
0707.00.40	00	每年3月1日至4月30日进口	千克	5.6美分/千克[1]	0(A,AU,BH,CA,CL,CO,D,E,IL,JO,KR,MA,MX,OM,P,PA,PE,S,SG)	6.6美分/千克
0707.00.50		每年5月1日至6月30日进口,或9月1日至11月30日进口	千克	5.6美分/千克[2]	0(AU,BH,CA,CL,CO,D,E,IL,JO,KR,MA,MX,OM,P,PA,PE,S,SG)	6.6美分/千克
	10	温室的	千克			
	90	其他	千克			
0707.00.60		每年7月1日至8月31日进口	千克	1.5美分/千克[1]	0(A,AU,BH,CA,CL,CO,D,E,IL,JO,KR,MA,MX,OM,P,PA,PE,S,SG)	6.6美分/千克
	10	温室的	千克			
		其他:				
	30	长度不超过15厘米(6英寸)和散装453.6千克(1 000磅)或以上	千克			
	50	其他	千克			
0708		鲜或冷藏的豆类蔬菜,不论是否脱荚:				
0708.10		豌豆:				
0708.10.20	00	每年7月1日至9月30日进口	千克	0.5美分/千克[2]	0(A,AU,BH,CA,CL,CO,D,E,IL,JO,KR,MA,MX,OM,P,PA,PE,S,SG)	8.6美分/千克
0708.10.40	00	其他	千克	2.8美分/千克[2]	0(A,AU,BH,CA,CL,CO,D,E,IL,JO,KR,MA,MX,OM,P,PA,PE,S,SG)	8.6美分/千克
0708.20		豇豆及菜豆:				
0708.20.10	00	菜豆,每年11月1日至次年5月31日进口	千克	2.3美分/千克[1]	0(A,AU,BH,CA,CL,CO,D,E,IL,JO,KR,MA,MX,OM,P,PA,PE,S,SG)	7.7美分/千克
0708.20.20		豇豆(不包括黑眼豌豆)		0[2]		0
	05	长豇豆	千克			
	10	其他	千克			
0708.20.90		其他		4.9美分/千克[2]	0(A+,AU,BH,CA,CL,CO,D,E,IL,JO,KR,MA,MX,OM,P,PA,PE,S,SG)	7.7美分/千克
	05	其他豇豆属的豆子	千克			

税则号列	统计后缀	货品名称	单位	税率 1 普通	税率 1 特惠	2
	10	其他	千克			
0708.90		其他豆类蔬菜：				
0708.90.05	00	雏豆(鹰嘴豆)	千克	1美分/千克[1]	0(A,AU,BH,CA,CL,CO,D,E,IL,JO,KR,MA,MX,OM,P,PA,PE,S,SG)	4.4美分/千克
0708.90.15	00	兵豆	千克	0.1美分/千克[2]	0(A,AU,BH,CA,CL,CO,D,E,IL,JO,KR,MA,MX,OM,P,PA,PE,S,SG)	1.1美分/千克
		树豆：				
0708.90.25	00	每年7月1日至9月30日进口	千克	0[1]		8.6美分/千克
0708.90.30	00	其他	千克	0.8美分/千克[1]	0(A*,AU,BH,CA,CL,CO,D,E,IL,JO,KR,MA,MX,OM,P,PA,PE,S,SG)	8.6美分/千克
0708.90.40	00	其他	千克	4.9美分/千克[2]	0(A+,AU,BH,CA,CL,CO,D,E,IL,JO,KR,MA,MX,OM,P,PA,PE,S,SG)	7.7美分/千克
0709		鲜或冷藏的其他蔬菜：				
0709.20		芦笋：				
0709.20.10		未缩减尺寸的,每年9月15日至11月15日空运到美国		5%[1]	0(A,BH,CA,CL,CO,D,E,IL,JO,KR,MA,MX,OM,P,PA,PE,S,SG)0.2%(AU)	50%
	10	白色	千克			
	90	其他	千克			
0709.20.90		其他		21.3%[1]	0(A+,BH,CA,CL,CO,D,E,IL,JO,KR,MA,MX,OM,P,PA,PE,S,SG)1%(AU)	50%
	10	白色	千克			
	90	其他	千克			
0709.30		茄子：				
0709.30.20	00	每年4月1日至11月30日进口	千克	2.6美分/千克[1]	0(A,AU,BH,CA,CL,CO,D,E,IL,JO,KR,MA,MX,OM,P,PA,PE,S,SG)	3.3美分/千克
0709.30.40	00	其他	千克	1.9美分/千克[1]	0(A,AU,BH,CA,CL,CO,D,E,IL,JO,KR,MA,MX,OM,P,PA,PE,S,SG)	3.3美分/千克
0709.40		芹菜,但块根芹除外：				
0709.40.20	00	缩减尺寸的	千克	14.9%[2]	0(AU,BH,CA,CL,CO,D,E,IL,JO,KR,MA,MX,OM,P,PA,PE,S,SG)	35%
		其他：				
0709.40.40	00	每年4月15日至7月31日进口	千克	0.25美分/千克[2]	0(A,AU,BH,CA,CL,CO,D,E,IL,JO,KR,MA,MX,OM,P,PA,PE,S,SG)	4.4美分/千克
0709.40.60	00	其他	千克	1.9美分/千克[2]	0(AU,BH,CA,CL,CO,D,E,IL,JO,KR,MA,MX,OM,P,PA,PE,S,SG)	4.4美分/千克
		蘑菇及块菌：				

税则号列	统计后缀	货品名称	单位	税率 1 普通	税率 1 特惠	税率 2
0709.51.01	00	伞菌属蘑菇	千克	8.8美分/千克+20%[2]	0(A+,BH,CA,CL,CO,D,E,IL,JO,KR,MA,MX,OM,P,PA,PE,S,SG)0.4美分/千克+0.9%(AU)	22美分/千克+45%
0709.59		其他:				
0709.59.10	00	块菌	千克	0[2]		0
0709.59.90	00	其他	千克	8.8美分/千克+20%[2]	0(A+,BH,CA,CL,CO,D,E,IL,JO,KR,MA,MX,OM,P,PA,PE,S,SG)0.4美分/千克+0.9%(AU)	22美分/千克+45%
0709.60		辣椒属及香果属的果实:				
0709.60.20		干辣椒		4.4美分/千克[2]	0(A,AU,BH,CA,CL,CO,D,E,IL,JO,KR,MA,MX,OM,P,PA,PE,S,SG)	5.5美分/千克
	10	温室的	千克			
	90	其他	千克			
0709.60.40		其他		4.7美分/千克[2]	0(A,AU,BH,CA,CL,CO,D,E,IL,JO,KR,MA,MX,OM,P,PA,PE,S,SG)	5.5美分/千克
		温室的:				
		甜椒(不辣的辣椒):				
	15	有机认证的	千克			
	25	其他	千克			
	55	其他	千克			
		其他:				
		甜椒(不辣的辣椒):				
	65	有机认证的	千克			
	85	其他	千克			
	95	其他	千克			
0709.70.00	00	菠菜	千克	20%[1]	0(A+,AU,BH,CA,CL,CO,D,E,IL,JO,KR,MA,MX,OM,P,PA,PE,S,SG)	50%
		其他:				
0709.91.00	00	洋蓟	千克	11.3%[1]	0(A,AU,BH,CA,CL,CO,D,E,IL,JO,KR,MA,MX,OM,P,PA,PE,S,SG)	50%
0709.92.00	00	油橄榄	千克	8.8美分/千克[1]	0(A+,AU,BH,CA,CL,CO,D,E,IL,JO,KR,MA,MX,OM,P,PA,PE,S,SG)	11美分/千克
0709.93		南瓜、笋瓜及瓠瓜(南瓜属):				
0709.93.10	00	南瓜	千克	11.3%[1]	0(A,AU,BH,CA,CL,CO,D,E,IL,JO,KR,MA,MX,OM,P,PA,PE,S,SG)	50%
0709.93.20		笋瓜	千克	1.5美分/千克[2]	0(A,AU,BH,CA,CL,CO,D,E,IL,JO,KR,MA,MX,OM,P,PA,PE,S,SG)	4.4美分/千克
	10	有机认证的	千克			

税则号列	统计后缀	货品名称	单位	税率 1 普通	税率 1 特惠	2
	50	其他	千克			
0709.93.30	00	瓠瓜(南瓜属)	千克	20%[1]	0(A+,BH,CA,CL,CO,D,E,IL,JO,KR,MA,MX,OM,P,PA,PE,S,SG)0.9%(AU)	50%
0709.99		其他:				
0709.99.05	00	豆薯和面包果	千克	11.3%[2]	0(A,AU,BH,CA,CL,CO,D,E,IL,JO,KR,MA,MX,OM,P,PA,PE,S,SG)	50%
0709.99.10	00	佛手瓜	千克	5.6%[2]	0(A,AU,BH,CA,CL,CO,D,E,IL,JO,KR,MA,MX,OM,P,PA,PE,S,SG)	50%
0709.99.14	00	秋葵	千克	20%[2]	0(A,AU,BH,CA,CL,CO,D,E,IL,JO,KR,MA,MX,OM,P,PA,PE,S,SG)	50%
0709.99.30	00	绿蕨菜	千克	8%[2]	0(A+,AU,BH,CA,CL,CO,D,E,IL,JO,KR,MA,MX,OM,P,PA,PE,S,SG)	20%
0709.99.45	00	甜玉米	千克	21.3%[2]	0(AU,BH,CA,CL,CO,D,E,IL,JO,KR,MA,MX,OM,P,PA,PE,S,SG)	50%
0709.99.90	00	其他	千克	20%[2]	0(A+,BH,CA,CL,CO,D,E,IL,JO,KR,MA,MX,OM,P,PA,PE,S,SG)0.9%(AU)	50%
0710		冷冻蔬菜(不论是否蒸煮):				
0710.10.00	00	马铃薯	千克	14%[2]	0(A,AU,BH,CA,CL,CO,D,E,IL,JO,KR,MA,MX,OM,P,PA,PE,S,SG)	35%
		豆类蔬菜,不论是否脱荚:				
0710.21		豌豆:				
0710.21.20	00	每年7月1日至9月30日进口	千克	1美分/千克[2]	0(A,AU,BH,CA,CL,CO,D,E,IL,JO,KR,MA,MX,OM,P,PA,PE,S,SG)	8.6美分/千克
0710.21.40	00	其他	千克	2美分/千克[2]	0(A,AU,BH,CA,CL,CO,D,E,IL,JO,KR,MA,MX,OM,P,PA,PE,S,SG)	8.6美分/千克
0710.22		豇豆及菜豆:				
		未缩减尺寸:				
		青豆:				
0710.22.10	00	每年11月1日至次年5月1日进口	千克	2.3美分/千克[2]	0(A,AU,BH,CA,CL,CO,D,E,IL,JO,KR,MA,MX,OM,P,PA,PE,S,SG)	7.7美分/千克
0710.22.15	00	其他	千克	4.9美分/千克[2]	0(A,AU,BH,CA,CL,CO,D,E,IL,JO,KR,MA,MX,OM,P,PA,PE,S,SG)	7.7美分/千克
0710.22.20	00	豇豆(不包括黑眼豌豆)	千克	0[2]		0
0710.22.25	00	四季豆(食荚菜豆)	千克	4.9美分/千克[2]	0(A,AU,BH,CA,CL,CO,D,E,IL,JO,KR,MA,MX,OM,P,PA,PE,S,SG)	7.7美分/千克

税则号列	统计后缀	货品名称	单位	税率 1 普通	税率 1 特惠	2
0710.22.37	00	其他	千克	4.9美分/千克[2]	0(A+,AU,BH,CA,CL,CO,D,E,IL,JO,KR,MA,MX,OM,P,PA,PE,S,SG)	7.7美分/千克
0710.22.40		未缩减尺寸		11.2%[2]	0(A,AU,BH,CA,CL,CO,D,E,IL,JO,KR,MA,MX,OM,P,PA,PE,S,SG)	35%
	10	绿色的和带植物蜡的	千克			
	90	其他	千克			
0710.29		其他:				
0710.29.05	00	鹰嘴豆(雏豆)	千克	1美分/千克[2]	0(A,AU,BH,CA,CL,CO,D,E,IL,JO,KR,MA,MX,OM,P,PA,PE,S,SG)	4.4美分/千克
0710.29.15	00	兵豆	千克	0.1美分/千克[1]	0(A,AU,BH,CA,CL,CO,D,E,IL,JO,KR,MA,MX,OM,P,PA,PE,S,SG)	1.1美分/千克
		树豆:				
0710.29.25	00	每年7月1日至9月30日进口	千克	0[2]		8.6美分/千克
0710.29.30	00	其他	千克	0.8美分/千克[2]	0(A*,AU,BH,CA,CL,CO,D,E,IL,JO,KR,MA,MX,OM,P,PA,PE,S,SG)	8.6美分/千克
0710.29.40	00	其他	千克	3.5美分/千克[2]	0(A+,AU,BH,CA,CL,CO,D,E,IL,JO,KR,MA,MX,OM,P,PA,PE,S,SG)	7.7美分/千克
0710.30.00	00	菠菜	千克	14%[2]	0(A,AU,BH,CA,CL,CO,D,E,IL,JO,KR,MA,MX,OM,P,PA,PE,S,SG)	35%
0710.40.00	00	甜玉米	千克	14%[2]	0(A+,AU,BH,CA,CL,CO,D,E,IL,JO,KR,MA,MX,OM,P,PA,PE,S,SG)	35%
0710.80		其他蔬菜:				
0710.80.15	00	竹笋及荸荠,但马蹄除外	千克	0[2]		35%
0710.80.20	00	蘑菇	千克	5.7美分/千克+8%[2]	0(A+,AU,BH,CA,CL,CO,D,E,IL,JO,KR,MA,MX,OM,P,PA,PE,S,SG)	22美分/千克+45%
		西红柿:				
0710.80.40	00	每年3月1日至7月14日,或9月1日至11月14日进口	千克	2.9美分/千克[2]	0(AU,BH,CA,CL,CO,D,E,IL,JO,KR,MA,MX,OM,P,PA,PE,S,SG)	6.6美分/千克
0710.80.45	00	每年7月15日至8月31日进口	千克	2.1美分/千克[2]	0(A+,AU,BH,CA,CL,CO,D,E,IL,JO,KR,MA,MX,OM,P,PA,PE,S,SG)	6.6美分/千克
0710.80.50	00	每年11月15日至次年2月进口	千克	2.1美分/千克[2]	0(A*,AU,BH,CA,CL,CO,D,E,IL,JO,KR,MA,MX,OM,P,PA,PE,S,SG)	6.6美分/千克
		其他:				
		未缩减尺寸:				

税则号列	统计后缀	货品名称	单位	税率 1 普通	税率 1 特惠	2
0710.80.60	00	绿蕨菜	千克	8%[1]	0(A+,AU,BH,CA,CL,CO,D,E,IL,JO,KR,MA,MX,OM,P,PA,PE,S,SG)	50%
0710.80.65	00	抱子甘蓝	千克	12.5%[2]	0(A*,AU,BH,CA,CL,CO,D,E,IL,JO,KR,MA,MX,OM,P,PA,PE,S,SG)	50%
0710.80.70		其他		11.3%[3]	0(A*,AU,BH,CA,CL,CO,D,E,IL,JO,KR,MA,MX,OM,P,PA,PE,S,SG)	50%
	40	胡萝卜	千克			
	60	其他	千克			
		未缩减尺寸:				
0710.80.85	00	抱子甘蓝	千克	14%[1]	0(A+,AU,BH,CA,CL,CO,D,E,IL,JO,KR,MA,MX,OM,P,PA,PE,S,SG)	35%
0710.80.93	00	秋葵	千克	14.9%[2]	0(A*,AU,BH,CA,CL,CO,D,E,IL,JO,KR,MA,MX,OM,P,PA,PE,S,SG)	35%
0710.80.97		其他		14.9%[2]	0(A+,AU,BH,CA,CL,CO,D,E,IL,JO,KR,MA,MX,OM,P,PA,PE,S,SG)	35%
	10	芦笋	千克			
		西蓝花:				
	22	毛茛	千克			
		其他:				
	24	装在每个容量大于1.4千克的容器中	千克			
	26	其他	千克			
	30	花椰菜	千克			
	50	其他	千克			
0710.90		什锦蔬菜:				
0710.90.11	00	豌豆荚和荸荠的混合物,不包括马蹄	千克	7.9%[2]	0(A,AU,BH,CA,CL,CO,D,E,IL,JO,KR,MA,MX,OM,P,PA,PE,S,SG)	35%
0710.90.91	00	其他	千克	14%[2]	0(A,AU,BH,CA,CL,CO,D,E,IL,JO,KR,MA,MX,OM,P,PA,PE,S,SG)	35%
0711		暂时保藏(例如,使用二氧化硫气体、盐水、亚硫酸水或其他防腐液)的蔬菜,但不适于直接食用的:				
0711.20		油橄榄:				
		未去核:				
		绿色,浸在盐水中,装在每个容量大于8千克的容器中,沥干物重量,经进口商证明可作为青橄榄用于重新包装或销售:				

第七章 食用蔬菜、根及块茎 113

税则号列	统计后缀	货品名称	单位	税率 1 普通	税率 1 特惠	2
0711.20.18	00	根据本章附加美国注释五描述并进口	千克	3.7美分/千克干重[4]	0(A*,AU,BH,CA,CL,CO,D,E,IL,JO,KR,MA,MX,OM,P,PA,PE,S,SG)	7.4美分/千克干重
0711.20.28	00	其他	千克	5.9美分/千克干重[4]	0(AU,BH,CA,CL,CO,IL,JO,KR,MA,MX,OM,P,PA,PE,S,SG)	7.4美分/千克干重
0711.20.38	00	其他	千克	5.9美分/千克干重[4]	0(A+,AU,BH,CA,CL,CO,D,E,IL,JO,KR,MA,MX,OM,P,PA,PE,S,SG)	7.4美分/千克干重
0711.20.40	00	去核	千克	8.6美分/千克干重[4]	0(A+,AU,BH,CA,CL,CO,D,E,IL,JO,KR,MA,MX,OM,P,PA,PE,S,SG)	10.8美分/千克干重
0711.40.00	00	黄瓜及小黄瓜	千克	7.7%[2]	0(A,AU,BH,CA,CL,CO,D,E,IL,JO,KR,MA,MX,OM,P,PA,PE,S,SG)	35%
		蘑菇及块菌:				
0711.51.00	00	伞菌属蘑菇	千克	5.7美分/千克干重+8%[2]	0(A+,AU,BH,CA,CL,CO,D,E,IL,JO,KR,MA,MX,OM,P,PA,PE,S,SG)	22美分/千克干重+45%
0711.59		其他:				
0711.59.10	00	蘑菇	千克	5.7美分/千克干重+8%[2]	0(A+,AU,BH,CA,CL,CO,D,E,IL,JO,KR,MA,MX,OM,P,PA,PE,S,SG)	22美分/千克干重+45%
0711.59.90	00	其他	千克	7.7%[1]	0(A*,AU,BH,CA,CL,CO,D,E,IL,JO,KR,MA,MX,OM,P,PA,PE,S,SG)	35%
0711.90		其他蔬菜;什锦蔬菜:				
0711.90.20	00	刺山柑	千克	0[2]		6.6美分/千克
0711.90.30	00	豆类蔬菜	千克	8%[1]	0(A,AU,BH,CA,CL,CO,D,E,IL,JO,KR,MA,MX,OM,P,PA,PE,S,SG)	20%
0711.90.50	00	洋葱	千克	5.1%[2]	0(A,AU,BH,CA,CL,CO,D,E,IL,JO,KR,MA,MX,OM,P,PA,PE,S,SG)	35%
0711.90.65	00	其他蔬菜;什锦蔬菜	千克	7.7%[2]	0(A,AU,BH,CA,CL,CO,D,E,IL,JO,KR,MA,MX,OM,P,PA,PE,S,SG)	35%
0712		干蔬菜,整个、切块、切片、破碎或制成粉状,但未经进一步加工的				
0712.20		洋葱:				
0712.20.20	00	粉状	千克	29.8%[2]	0(BH,CA,CL,CO,D,E,IL,JO,KR,MA,MX,OM,P,PA,PE,S,SG) 见9913.95.01至9913.95.05(AU)	35%
0712.20.40	00	其他	千克	21.3%[2]	0(BH,CA,CL,CO,D,E,IL,JO,KR,MA,MX,OM,P,PA,PE,S,SG) 见9913.95.06至9913.95.10(AU)	35%
		蘑菇、木耳、银耳及块菌:				

税则号列	统计后缀	货品名称	单位	税率 1 普通	税率 1 特惠	税率 2
0712.31		伞菌属蘑菇：				
0712.31.10	00	空气风干或太阳晒干	千克	1.3美分/千克+1.8%[2]	0(A,AU,BH,CA,CL,CO,D,E,IL,JO,KR,MA,MX,OM,P,PA,PE,S,SG)	22美分/千克+45%
0712.31.20	00	其他	千克	1.9美分/千克+2.6%[2]	0(A+,AU,BH,CA,CL,CO,D,E,IL,JO,KR,MA,MX,OM,P,PA,PE,S,SG)	22美分/千克+45%
0712.32.00	00	木耳(木耳属)	千克	8.3%[2]	0(A,AU,BH,CA,CL,CO,D,E,IL,JO,KR,MA,MX,OM,P,PA,PE,S,SG)	35%
0712.33.00	00	银耳	千克	8.3%[2]	0(A,AU,BH,CA,CL,CO,D,E,IL,JO,KR,MA,MX,OM,P,PA,PE,S,SG)	35%
0712.39		其他：				
		蘑菇：				
0712.39.10	00	空气风干或太阳晒干	千克	1.3美分/千克+1.8%[2]	0(A,AU,BH,CA,CL,CO,D,E,IL,JO,KR,MA,MX,OM,P,PA,PE,S,SG)	22美分/千克+45%
0712.39.20	00	其他	千克	1.9美分/千克+2.6%[2]	0(A+,AU,BH,CA,CL,CO,D,E,IL,JO,KR,MA,MX,OM,P,PA,PE,S,SG)	22美分/千克+45%
0712.39.40	00	块菌	千克	0[2]		0
0712.90		其他蔬菜;什锦蔬菜：				
0712.90.10	00	胡萝卜	千克	1.3%[2]	0(A*,AU,BH,CA,CL,CO,D,E,IL,JO,KR,MA,MX,OM,P,PA,PE,S,SG)	35%
		油橄榄：				
0712.90.15	00	未去核	千克	5.5美分/千克[2]	0(A*,AU,BH,CA,CL,CO,D,E,IL,JO,KR,MA,MX,OM,P,PA,PE,S,SG)	5.5美分/千克
0712.90.20	00	去核	千克	2.5美分/千克[2]	0(A+,AU,BH,CA,CL,CO,D,E,IL,JO,KR,MA,MX,OM,P,PA,PE,S,SG)	11美分/千克
0712.90.30	00	土豆,不论是否切片,但未经进一步加工	千克	2.3美分/千克[2]	0(A*,AU,BH,CA,CL,CO,D,E,IL,JO,KR,MA,MX,OM,P,PA,PE,S,SG)	6美分/千克
0712.90.40		大蒜		29.8%[2]	0(BH,CA,CL,CO,E,IL,JO,KR,MA,MX,OM,P,PA,PE,S,SG) 见9913.95.11至9913.95.20(AU)	35%
	20	粉状	千克			
	40	其他	千克			
		茴香、茉乔栾那、欧芹、香薄荷和龙蒿：				
0712.90.60	00	未加工	千克	0[2]		0
		其他：				
0712.90.65	00	西芹	千克	3.8%[2]	0(A*,AU,BH,CA,CL,CO,D,E,IL,JO,KR,MA,MX,OM,P,PA,PE,S,SG)	20%

税则号列	统计后缀	货品名称	单位	税率 1 普通	税率 1 特惠	税率 2
0712.90.70	00	其他	千克	1.9%[2]	0(A*,AU,BH,CA,CL,CO,D,E,IL,JO,KR,MA,MX,OM,P,PA,PE,S,SG)	25%
		西红柿：				
0712.90.74	00	粉状	千克	8.7%[2]	0(A*,AU,BH,CA,CL,CO,D,E,IL,JO,KR,MA,MX,OM,P,PA,PE,S,SG)	35%
0712.90.78	00	其他	千克	8.7%[2]	0(A+,AU,BH,CA,CL,CO,D,E,IL,JO,KR,MA,MX,OM,P,PA,PE,S,SG)	35%
0712.90.85		其他蔬菜;什锦蔬菜		8.3%[2]	0(A*,AU,BH,CA,CL,CO,D,E,IL,JO,KR,MA,MX,OM,P,PA,PE,S,SG)	35%
	10	花椰菜[5]	千克			
	20	芹菜茎	千克			
	30	韭菜	千克			
	40	菠菜	千克			
	50	用于播种的甜玉米种子	千克			
	80	其他[5]	千克			
0713		脱荚的干豆,不论是否去皮或分瓣：				
0713.10		豌豆：				
0713.10.10	00	种用	千克	1.5美分/千克[2]	0(A,AU,BH,CA,CL,CO,D,E,IL,JO,KR,MA,MX,OM,P,PA,PE,S,SG)	13.2美分/千克
		其他：				
0713.10.20	00	裂口的豌豆	千克	0[2]		5.5美分/千克
0713.10.40		其他	千克	0.4美分/千克[2]	0(A,AU,BH,CA,CL,CO,D,E,IL,JO,KR,MA,MX,OM,P,PA,PE,S,SG)	3.9美分/千克
		黄豌豆：				
	05	有机认证的	千克			
	15	其他	千克			
	20	绿豌豆	千克			
	60	奥地利冬豌豆	千克			
	80	其他	千克			
0713.20		鹰嘴豆：				
0713.20.10	00	种用	千克	1.5美分/千克[2]	0(A*,AU,BH,CA,CL,CO,D,E,IL,JO,KR,MA,MX,OM,P,PA,PE,S,SG)	13.2美分/千克
0713.20.20		其他	千克	1.4美分/千克[2]	0(A*,AU,BH,CA,CL,CO,D,E,IL,JO,KR,MA,MX,OM,P,PA,PE,S,SG)	3.9美分/千克
	10	卡布利鹰嘴豆	千克			
	90	其他	千克			
		豆类(豇豆属,菜豆属)：				

税则号列	统计后缀	货品名称	单位	税率 1 普通	税率 1 特惠	2
0713.31		绿豆：				
0713.31.10	00	种用[6]	千克	0.8美分/千克[2]	0(A,AU,BH,CA,CL,CO,D,E,IL,JO,KR,MA,MX,OM,P,PA,PE,S,SG)	13.2美分/千克
		其他：				
0713.31.20	00	每年5月1日至8月31日为消费而进口	千克	0[2]		6.6美分/千克
0713.31.40	00	在上述时段以外为消费而进口，或者任意时段为消费而撤回的	千克	0.3美分/千克[2]	0(A,AU,BH,CA,CL,CO,D,E,IL,JO,KR,MA,MX,OM,P,PA,PE,S,SG)	6.6美分/千克
0713.32		红小豆(赤豆)：				
0713.32.10	00	种用	千克	1.5美分/千克[2]	0(A,AU,BH,CA,CL,CO,D,E,IL,JO,KR,MA,MX,OM,P,PA,PE,S,SG)	13.2美分/千克
0713.32.20	00	其他	千克	1.2美分/千克[2]	0(A,AU,BH,CA,CL,CO,D,E,IL,JO,KR,MA,MX,OM,P,PA,PE,S,SG)	6.6美分/千克
0713.33		芸豆：				
0713.33.10		种用		1.5美分/千克[2]	0(A,AU,BH,CA,CL,CO,D,E,IL,JO,KR,MA,MX,OM,P,PA,PE,S,SG)	13.2美分/千克
	20	海军蓝或豌豆豆荚	千克			
	40	其他[7]	千克			
		其他：				
0713.33.20		每年5月1日至8月31日为消费而进口		1美分/千克[2]	0(A,AU,BH,CA,CL,CO,D,E,IL,JO,KR,MA,MX,OM,P,PA,PE,S,SG)	6.6美分/千克
	20	海军蓝或豌豆豆荚	千克			
	30	深红色豆荚	千克			
	50	浅红色豆荚	千克			
	90	其他	千克			
0713.33.40		在上述时段以外为消费而进口，或者任意时段为消费而撤回的		1.5美分/千克[2]	0(A,AU,BH,CA,CL,CO,D,E,IL,JO,KR,MA,MX,OM,P,PA,PE,S,SG)	6.6美分/千克
	20	海军蓝或豌豆豆荚	千克			
	30	深红色豆荚	千克			
	50	浅红色豆荚	千克			
	90	其他	千克			
0713.34		巴姆巴拉豆：				
0713.34.10	00	种用	千克	1.5美分/千克[1]	0(A,AU,BH,CA,CL,CO,D,E,IL,JO,KR,MA,MX,OM,P,PA,PE,S,SG)	13.2美分/千克
		其他：				
0713.34.20	00	每年5月1日至8月31日为消费而进口	千克	0.8美分/千克[2]	0(A*,AU,BH,CA,CL,CO,D,E,IL,JO,KR,MA,MX,OM,P,PA,PE,S,SG)	6.6美分/千克

税则号列	统计后缀	货品名称	单位	税率 1 普通	税率 1 特惠	税率 2
0713.34.40	00	在上述时段以外为消费而进口，或者任意时段为消费而撤回的	千克	0.8美分/千克[2]	0(A,AU,BH,CA,CL,CO,D,E,IL,JO,KR,MA,MX,OM,P,PA,PE,S,SG)	6.6美分/千克
0713.35.00	00	牛豆(豇豆)	千克	0[2]		6.6美分/千克
0713.39		其他：				
0713.39.11		种用		1.5美分/千克[2]	0(A*,AU,BH,CA,CL,CO,D,E,IL,JO,KR,MA,MX,OM,P,PA,PE,S,SG)	13.2美分/千克
	10	蔓越莓豆	千克			
	90	其他	千克			
		其他：				
0713.39.21		每年5月1日至8月31日为消费而进口		0.8美分/千克[2]	0(A*,AU,BH,CA,CL,CO,D,E,IL,JO,KR,MA,MX,OM,P,PA,PE,S,SG)	6.6美分/千克
	10	黑豆	千克			
	20	大北豆	千克			
	30	小利马豆	千克			
	40	其他利马豆	千克			
	50	斑豆	千克			
	60	其他白豆	千克			
	70	其他	千克			
0713.39.41		在上述时段以外为消费而进口，或者任意时段为消费而撤回的		0.8美分/千克[2]	0(A*,AU,BH,CA,CL,CO,D,E,IL,JO,KR,MA,MX,OM,P,PA,PE,S,SG)	6.6美分/千克
	10	黑豆	千克			
	20	大北豆	千克			
	30	小利马豆	千克			
	40	其他利马豆	千克			
	50	斑豆	千克			
	60	其他白豆	千克			
	70	其他	千克			
0713.40		扁豆：				
0713.40.10	00	种用	千克	1.5美分/千克[2]	0(A,AU,BH,CA,CL,CO,D,E,IL,JO,KR,MA,MX,OM,P,PA,PE,S,SG)	13.2美分/千克
0713.40.20		其他		0.15美分/千克[2]	0(A,AU,BH,CA,CL,CO,D,E,IL,JO,KR,MA,MX,OM,P,PA,PE,S,SG)	1.1美分/千克
		绿色小扁豆，包括法国绿(深色斑点)：				
	15	有机认证	千克			
	20	其他	千克			
	30	红色	千克			
	80	其他	千克			

税则号列	统计后缀	货品名称	单位	税率 1 普通	税率 1 特惠	2
0713.50		蚕豆:				
0713.50.10	00	种用[7]	千克	1.5美分/千克[2]	0(A,AU,BH,CA,CL,CO,D,E,IL,JO,KR,MA,MX,OM,P,PA,PE,S,SG)	13.2美分/千克
0713.50.20	00	其他	千克	1.2美分/千克[2]	0(A,AU,BH,CA,CL,CO,D,E,IL,JO,KR,MA,MX,OM,P,PA,PE,S,SG)	6.6美分/千克
0713.60		木豆(木豆属):				
0713.60.10	00	种用	千克	1.5美分/千克[1]	0(A,AU,BH,CA,CL,CO,D,E,IL,JO,KR,MA,MX,OM,P,PA,PE,S,SG)	13.2美分/千克
		其他:				
0713.60.60	00	每年5月1日至8月31日为消费而进口	千克	0.8美分/千克[2]	0(A,AU,BH,CA,CL,CO,D,E,IL,JO,KR,MA,MX,OM,P,PA,PE,S,SG)	6.6美分/千克
0713.60.80	00	在上述时段以外为消费而进口,或者任意时段为消费而撤回的	千克	1.5美分/千克[2]	0(A,AU,BH,CA,CL,CO,D,E,IL,JO,KR,MA,MX,OM,P,PA,PE,S,SG)	6.6美分/千克
0713.90		其他:				
0713.90.11	00	种用	千克	1.5美分/千克[2]	0(A*,AU,BH,CA,CL,CO,D,E,IL,JO,KR,MA,MX,OM,P,PA,PE,S,SG)	13.2美分/千克
		其他:				
0713.90.50	00	瓜尔豆	千克	0[2]		0
		其他:				
0713.90.61	00	每年5月1日至8月31日为消费而进口	千克	0.8美分/千克[2]	0(A*,AU,BH,CA,CL,CO,D,E,IL,JO,KR,MA,MX,OM,P,PA,PE,S,SG)	6.6美分/千克
0713.90.81	00	在上述时段以外为消费而进口,或者任意时段为消费而撤回的	千克	1.5美分/千克[2]	0(A*,AU,BH,CA,CL,CO,D,E,IL,JO,KR,MA,MX,OM,P,PA,PE,S,SG)	6.6美分/千克
0714		鲜、冷、冻或干的木薯、竹芋、兰科植物块茎、菊芋、甘薯及含有高淀粉或菊粉的类似根茎,不论是否切片或制成团粒;西谷茎髓				
0714.10		木薯:				
0714.10.10	00	冻的	千克	7.9%[1]	0(A,AU,BH,CA,CL,CO,D,E,IL,JO,KR,MA,MX,OM,P,PA,PE,S,SG)	35%
0714.10.20	00	其他	千克	11.3%[2]	0(A,AU,BH,CA,CL,CO,D,E,IL,JO,KR,MA,MX,OM,P,PA,PE,S,SG)	50%
0714.20		甘薯:				
0714.20.10	00	冻的	千克	6%[2]	0(A,AU,BH,CA,CL,CO,D,E,IL,JO,KR,MA,MX,OM,P,PA,PE,S,SG)	35%
0714.20.20	00	其他	千克	4.5%[2]	0(A,AU,BH,CA,CL,CO,D,E,IL,JO,KR,MA,MX,OM,P,PA,PE,S,SG)	50%

税则号列	统计后缀	货品名称	单位	税率 1 普通	税率 1 特惠	2
0714.30		山药：				
0714.30.10	00	鲜或冷的	千克	6.4%[2]	0(A,AU,BH,CA,CL,CO,D,E,IL,JO,KR,MA,MX,OM,P,PA,PE,S,SG)4.27%(JP)	50%
0714.30.20	00	冻的	千克	6%[2]	0(A,AU,BH,CA,CL,CO,D,E,IL,JO,KR,MA,MX,OM,P,PA,PE,S,SG)	35%
		其他				
0714.30.50	00	以颗粒的形式	千克	0[1]		0
0714.30.60	00	其他	千克	8.3%[2]	0(A*,AU,BH,CA,CL,CO,D,E,IL,JO,KR,MA,MX,OM,P,PA,PE,S,SG)5.54%(JP)	35%
0714.40		芋头(芋属)：				
0714.40.10	01	鲜或冷的	千克	2.3%[2]	0(A*,AU,BH,CA,CL,CO,D,E,IL,JO,KR,MA,MX,OM,P,PA,PE,S,SG)	50%
0714.40.20	00	冻的	千克	6%[2]	0(A,AU,BH,CA,CL,CO,D,E,IL,JO,KR,MA,MX,OM,P,PA,PE,S,SG)	35%
		其他：				
0714.40.50	00	以颗粒的形式	千克	0[2]		0
0714.40.60	00	其他	千克	8.3%[2]	0(A,AU,BH,CA,CL,CO,D,E,IL,JO,KR,MA,MX,OM,P,PA,PE,S,SG)	35%
0714.50		箭叶黄体芋(黄肉芋属)：				
0714.50.10	00	鲜或冷的	千克	16%[2]	0(A+,AU,BH,CA,CL,CO,D,E,IL,JO,KR,MA,MX,OM,P,PA,PE,S,SG)	50%
0714.50.20	00	冻的	千克	6%[2]	0(A,AU,BH,CA,CL,CO,D,E,IL,JO,KR,MA,MX,OM,P,PA,PE,S,SG)	35%
		其他：				
0714.50.50	00	以颗粒的形式	千克	0[2]		0
0714.50.60	00	其他	千克	8.3%[2]	0(A*,AU,BH,CA,CL,CO,D,E,IL,JO,KR,MA,MX,OM,P,PA,PE,S,SG)	35%
0714.90		其他：				
		鲜或冷的：				
0714.90.05	00	中国荸荠	千克	20%[2]	0(A+,AU,BH,CA,CL,CO,D,E,IL,JO,KR,MA,MX,OM,P,PA,PE,S,SG)	50%
0714.90.39	00	其他	千克	16%[2]	0(A+,AU,BH,CA,CL,CO,D,E,IL,JO,KR,MA,MX,OM,P,PA,PE,S,SG)	50%
		冻的：				
0714.90.41	00	荷兰豆和中国荸荠的混合物	千克	7.9%[2]	0(A,AU,BH,CA,CL,CO,D,E,IL,JO,KR,MA,MX,OM,P,PA,PE,S,SG)	35%

税则号列	统计后缀	货品名称	单位	税率 1 普通	税率 1 特惠	2
0714.90.42	00	中国荸荠的其他混合物	千克	14%[2]	0(A+,AU,BH,CA,CL,CO,D,E,IL,JO,KR,MA,MX,OM,P,PA,PE,S,SG)	35%
0714.90.44	00	中国荸荠,不混合	千克	0[2]		35%
0714.90.46	00	其他	千克	6%[2]	0(A,AU,BH,CA,CL,CO,D,E,IL,JO,KR,MA,MX,OM,P,PA,PE,S,SG)	35%
		其他:				
0714.90.48	00	中国荸荠	千克	8.3%[2]	0(A,AU,BH,CA,CL,CO,D,E,IL,JO,KR,MA,MX,OM,P,PA,PE,S,SG)	35%
		其他:				
0714.90.51	00	以颗粒的形式	千克	0[2]		0
0714.90.61	00	其他	千克	8.3%[2]	0(A,AU,BH,CA,CL,CO,D,E,IL,JO,KR,MA,MX,OM,P,PA,PE,S,SG)	35%

[1]见9903.88.15。

[2]见9903.88.03。

[3]见9902.01.01和9903.88.03。

[4]见9903.88.15和9903.89.34。

[5]见9903.88.46。

[6]见9903.88.45。

[7]见9903.88.48。

第八章 食用水果及坚果；柑橘属水果或甜瓜的果皮

注释：
一、本章不包括非供食用的坚果或水果。
二、冷藏的水果和坚果应按相应的鲜果品目归类。
三、本章的干果可以部分复水或为下列目的进行其他处理：
　　（一）为保藏或保持其稳定性（例如，经适度热处理或硫化处理、添加山梨酸或山梨酸钾）；
　　（二）为改进或保持其外观（例如，添加植物油或少量葡萄糖浆）但必须保持干果的特征。

附加美国注释：
一、不允许有污垢或其他坚果中的杂质，不论是否去壳。

统计注释：
一、"有机认证"的认可标准清单见总统计注释六。

税则号列	统计后缀	货品名称	单位	税率 1 普通	税率 1 特惠	2
0801		鲜或干的椰子、巴西果及腰果,不论是否去壳或去皮:				
		椰子:				
0801.11.00	00	干的	千克	0[1]		7.7美分/千克
0801.12.00	00	未去内壳(内果皮)	千克	0[2]		7.7美分/千克
0801.19.01		其他		0[1]		7.7美分/千克
	20	未去壳	千克			
	40	去壳	千克			
		巴西果:				
0801.21.00	00	未去壳	千克	0[2]		9.9美分/千克
0801.22.00	00	去壳	千克	0[2]		9.9美分/千克
		腰果:				
0801.31.00	00	未去壳	千克	0[1]		4.4美分/千克
0801.32.00	00	去壳	千克	0[1]		4.4美分/千克
0802		鲜或干的其他坚果,不论是否去壳或去皮:				
		扁桃核及仁:				
0802.11.00	00	未去壳	千克	7.7美分/千克[1]	0(A+,AU,BH,CA,CL,CO,D,E,IL,JO,KR,MA,MX,OM,P,PA,PE,S,SG)	12.1美分/千克
0802.12.00		去壳		24美分/千克[1]	0(A+,AU,BH,CA,CL,CO,D,E,IL,JO,KR,MA,MX,OM,P,PA,PE,S,SG)	40.8美分/千克
	05	有机认证的	千克			
	15	其他	千克			
		榛子:				
0802.21.00	00	未去壳	千克	7美分/千克[2]	0(A+,AU,BH,CA,CL,CO,D,E,IL,JO,KR,MA,MX,OM,P,PA,PE,S,SG)	11美分/千克
0802.22.00	00	去壳	千克	14.1美分/千克[1]	0(A+,AU,BH,CA,CL,CO,D,E,IL,JO,KR,MA,MX,OM,P,PA,PE,S,SG)	22美分/千克
		核桃:				
0802.31.00	00	未去壳	千克	7美分/千克[1]	0(A,AU,BH,CA,CL,CO,D,E,IL,JO,KR,MA,MX,OM,P,PA,PE,S,SG)	11美分/千克
0802.32.00	00	去壳	千克	26.5美分/千克[1]	0(A+,AU,BH,CA,CL,CO,D,E,IL,JO,KR,MA,MX,OM,P,PA,PE,S,SG)	33.1美分/千克
		栗子:				
0802.41.00	00	未去壳	千克	0[1]		0

税则号列	统计后缀	货品名称	单位	税率 1 普通	税率 1 特惠	税率 2
0802.42.00	00	去壳	千克	0[1]		0
		阿月浑子果(开心果):				
0802.51.00	00	未去壳	千克	0.9美分/千克[1]	0(A,AU,BH,CA,CL,CO,D,E,IL,JO,KR,MA,MX,OM,P,PA,PE,S,SG)	5.5美分/千克
0802.52.00	00	去壳	千克	1.9美分/千克[1]	0(A,AU,BH,CA,CL,CO,D,E,IL,JO,KR,MA,MX,OM,P,PA,PE,S,SG)	11美分/千克
		马卡达姆坚果(夏威夷果):				
0802.61.00	00	未去壳	千克	1.3美分/千克[2]	0(A,AU,BH,CA,CL,CO,D,E,IL,JO,KR,MA,MX,OM,P,PA,PE,S,SG)	5.5美分/千克
0802.62.00	00	去壳	千克	5美分/千克[1]	0(A+,AU,BH,CA,CL,CO,D,E,IL,JO,KR,MA,MX,OM,P,PA,PE,S,SG)	11美分/千克
		可乐果(可乐果属):				
0802.70.10	00	未去壳	千克	1.3美分/千克[2]	0(A,AU,BH,CA,CL,CO,D,E,IL,JO,KR,MA,MX,OM,P,PA,PE,S,SG)	5.5美分/千克
0802.70.20	00	去壳	千克	5美分/千克[2]	0(A,AU,BH,CA,CL,CO,D,E,IL,JO,KR,MA,MX,OM,P,PA,PE,S,SG)	11美分/千克
		槟榔果:				
0802.80.10	00	未去壳	千克	1.3美分/千克[2]	0(A,AU,BH,CA,CL,CO,D,E,IL,JO,KR,MA,MX,OM,P,PA,PE,S,SG)	5.5美分/千克
0802.80.20	00	去壳	千克	5美分/千克[1]	0(A+,AU,BH,CA,CL,CO,D,E,IL,JO,KR,MA,MX,OM,P,PA,PE,S,SG)	11美分/千克
0802.90		其他:				
		碧根果:				
0802.90.10	00	未去壳	千克	8.8美分/千克[1]	0(A+,AU,BH,CA,CL,CO,D,E,IL,JO,KR,MA,MX,OM,P,PA,PE,S,SG)	11美分/千克
0802.90.15	00	去壳	千克	17.6美分/千克[1]	0(A,AU,BH,CA,CL,CO,D,E,IL,JO,KR,MA,MX,OM,P,PA,PE,S,SG)	22美分/千克
		松子:				
0802.90.20	00	未去壳	千克	0.7美分/千克[2]	0(A,AU,BH,CA,CL,CO,D,E,IL,JO,KR,MA,MX,OM,P,PA,PE,S,SG)	5.5美分/千克
0802.90.25	00	去壳	千克	1美分/千克[3]	0(A,AU,BH,CA,CL,CO,D,E,IL,JO,KR,MA,MX,OM,P,PA,PE,S,SG)	11美分/千克
		其他:				
0802.90.82	00	未去壳	千克	1.3美分/千克[3]	0(A,AU,BH,CA,CL,CO,D,E,IL,JO,KR,MA,MX,OM,P,PA,PE,S,SG)	5.5美分/千克

税则号列	统计后缀	货品名称	单位	税率 1 普通	税率 1 特惠	2
0802.90.98	00	去壳	千克	5美分/千克[2]	0(A+,AU,BH,CA,CL,CO,D,E,IL,JO,KR,MA,MX,OM,P,PA,PE,S,SG)	11美分/千克
0803		鲜或干的香蕉,包括芭蕉:				
0803.10		芭蕉:				
0803.10.10	00	新鲜的	千克	0[2]		0
0803.10.20	00	干的	千克	1.4%[1]	0(A,AU,BH,CA,CL,CO,D,E,IL,JO,KR,MA,MX,OM,P,PA,PE,S,SG)	35%
0803.90.00		其他		0[1]		0
	25	有机认证的	千克			
		其他:				
	35	新鲜的	千克			
	45	干的[4]	千克			
0804		鲜或干的椰枣、无花果、菠萝、鳄梨、番石榴、芒果及山竹果:				
0804.10		椰枣:				
		整个的,不论是否有核:				
0804.10.20	00	带包装称重(与容器同称,如果有的话)不超过4.6千克	千克	13.2美分/千克[1]	0(A+,AU,BH,CA,CL,CO,D,E,IL,JO,KR,MA,MX,OM,P,PA,PE,S,SG)	16.5美分/千克
		其他:				
0804.10.40	00	带核	千克	1美分/千克[1]	0(A,AU,BH,CA,CL,CO,D,E,IL,JO,KR,MA,MX,OM,P,PA,PE,S,SG)	2.2美分/千克
0804.10.60	00	去核	千克	2.8美分/千克[1]	0(A,AU,BH,CA,CL,CO,D,E,IL,JO,KR,MA,MX,OM,P,PA,PE,S,SG)	4.4美分/千克
0804.10.80	00	其他	千克	29.8%[1]	0(A+,BH,CA,CL,CO,D,E,IL,JO,KR,MA,MX,OM,P,PA,PE,S,SG)1.4%(AU)	35%
0804.20		无花果:				
		整个的:				
0804.20.40	00	直接装在容器中,与内容物同称每件重量超过0.5千克	千克	7.9美分/千克[1]	0(A,AU,BH,CA,CL,CO,D,E,IL,JO,KR,MA,MX,OM,P,PA,PE,S,SG)	11美分/千克
0804.20.60	00	其他	千克	6.2美分/千克[1]	0(A,AU,BH,CA,CL,CO,D,E,IL,JO,KR,MA,MX,OM,P,PA,PE,S,SG)	11美分/千克
0804.20.80	00	其他	千克	8.8美分/千克[1]	0(A,AU,BH,CA,CL,CO,D,E,IL,JO,KR,MA,MX,OM,P,PA,PE,S,SG)	11美分/千克
0804.30		菠萝:				
		未缩减尺寸:				
0804.30.20	00	散装	千克	0.51美分/千克[1]	0(A+,AU,BH,CA,CL,CO,D,E,IL,JO,KR,MA,MX,OM,P,PA,PE,S,SG)	0.64美分/千克

税则号列	统计后缀	货品名称	单位	税率 1 普通	税率 1 特惠	2
0804.30.40	00	用板条箱或其他包装	千克	1.1美分/千克[1]	0(A+,AU,BH,CA,CL,CO,D,E,IL,JO,KR,MA,MX,OM,P,PA,PE,S,SG)	2.11美分/千克
0804.30.60	00	缩减尺寸	千克	0.44美分/千克[1]	0(A+,AU,BH,CA,CL,CO,D,E,IL,JO,KR,MA,MX,OM,P,PA,PE,S,SG)	4.4美分/千克
0804.40.00		鳄梨		11.2美分/千克[2]	0(A+,BH,CA,CL,CO,D,E,IL,JO,KR,MA,MX,OM,P,PA,PE,S,SG)见9913.08.05至9913.08.30(AU)	33.1美分/千克
		哈斯鳄梨和农业部部长认定为哈斯式的鳄梨：				
	20	有机认证的	千克			
	40	其他	千克			
	90	其他	千克			
0804.50		番石榴、芒果及山竹果：				
		鲜的：				
0804.50.40		每年9月1日至5月31日进口的		6.6美分/千克[1]	0(A,AU,BH,CA,CL,CO,D,E,IL,JO,KR,MA,MX,OM,P,PA,PE,S,SG)	33.1美分/千克
		芒果：				
	45	有机认证的	千克			
	55	其他	千克			
	80	其他	千克			
0804.50.60		其他时段进口的		6.6美分/千克[1]	0(A,AU,BH,CA,CL,CO,D,E,IL,JO,KR,MA,MX,OM,P,PA,PE,S,SG)	33.1美分/千克
		芒果：				
	45	有机认证的	千克			
	55	其他	千克			
	80	其他	千克			
0804.50.80		干的		1.5美分/千克[1]	0(A*,AU,BH,CA,CL,CO,D,E,IL,JO,KR,MA,MX,OM,P,PA,PE,S,SG)	33.1美分/千克
	10	芒果	千克			
	90	其他	千克			
0805		鲜或干的柑橘属水果：				
0805.10.00		橙		1.9美分/千克[5]	0(AU,BH,CA,CL,CO,D,E,IL,JO,KR,MA,MX,OM,P,PA,PE,S,SG)	2.2美分/千克
	20	神殿橙	千克			
	40	其他	千克			
		柑橘(包括小蜜橘及萨摩蜜柑橘)；克里曼丁橘，韦尔金橘及类似的杂交柑橘：				

税则号列	统计后缀	货品名称	单位	税率 1 普通	税率 1 特惠	2
0805.21.00		柑橘（包括小蜜橘及萨摩蜜柑橘）		1.9美分/千克[5]	0(AU,BH,CA,CL,CO,D,E,IL,JO,KR,MA,MX,OM,P,PA,PE,S,SG)	2.2美分/千克
	10	小蜜橘	千克			
	90	其他	千克			
0805.22.00	00	韦尔金橘	千克	1.9美分/千克[5]	0(AU,BH,CA,CL,CO,D,E,IL,JO,KR,MA,MX,OM,P,PA,PE,S,SG)	2.2美分/千克
0805.29.00	00	其他	千克	1.9美分/千克[1]	0(AU,BH,CA,CL,CO,D,E,IL,JO,KR,MA,MX,OM,P,PA,PE,S,SG)	2.2美分/千克
0805.40		葡萄柚，包括柚：				
0805.40.40	00	每年8月1日至9月30日进口	千克	1.9美分/千克[2]	0(AU,BH,CA,CL,CO,D,E,IL,JO,KR,MA,MX,OM,P,PA,PE,S,SG)	3.3美分/千克
0805.40.60	00	10月份进口	千克	1.5美分/千克[2]	0(AU,BH,CA,CL,CO,D,E,IL,JO,KR,MA,MX,OM,P,PA,PE,S,SG)	3.3美分/千克
0805.40.80	00	其他时段进口	千克	2.5美分/千克[2]	0(BH,CA,CL,CO,D,E,IL,JO,KR,MA,MX,OM,P,PA,PE,S,SG)0.1美分/千克(AU)	3.3美分/千克
0805.50		柠檬及酸橙：				
0805.50.20		柠檬		2.2美分/千克[2]	0(A+,AU,BH,CA,CL,CO,D,E,IL,JO,KR,MA,MX,OM,P,PA,PE,S,SG)	5.5美分/千克
	10	有机认证的	千克			
	50	其他	千克			
		酸橙：				
0805.50.30	00	塔希提酸橙、波斯酸橙和其他柑橘品种的酸橙	千克	0.8%[2]	0(A*,AU,BH,CA,CL,CO,D,E,IL,JO,KR,MA,MX,OM,P,PA,PE,S,SG)	35%
0805.50.40	00	其他	千克	1.8美分/千克[2]	0(A,AU,BH,CA,CL,CO,D,E,IL,JO,KR,MA,MX,OM,P,PA,PE,S,SG)	4.4美分/千克
0805.90.01	00	其他，包括金橘、柠檬和佛手柑	千克	0.8%[2]	0(A*,AU,BH,CA,CL,CO,D,E,IL,JO,KR,MA,MX,OM,P,PA,PE,S,SG)	35%
0806		鲜或干的葡萄：				
0806.10		鲜的：				
0806.10.20	00	每年2月15日至5月31日进口	立方米	1.13美元/立方米[2]	0(A+,AU,BH,CA,CL,CO,D,E,IL,JO,KR,MA,MX,OM,P,PA,PE,S,SG)	8.83美元/立方米
0806.10.40	00	每年4月1日至6月30日进口	立方米	0[2]		8.83美元/立方米
0806.10.60	00	其他时段进口	立方米	1.80美元/立方米[2]	0(A+,AU,BH,CA,CL,CO,D,E,IL,JO,KR,MA,MX,OM,P,PA,PE,S,SG)	8.83美元/立方米
0806.20		干的：				

税则号列	统计后缀	货品名称	单位	税率 1 普通	税率 1 特惠	税率 2
		葡萄干：				
0806.20.10		来自无籽葡萄种植		1.8美分/千克[1]	0(A+,AU,BH,CA,CL,CO,D,E,IL,JO,KR,MA,MX,OM,P,PA,PE,S,SG)	4.4美分/千克
	10	无核葡萄干	千克			
	20	苏丹葡萄干	千克			
	90	其他	千克			
0806.20.20	00	其他葡萄干	千克	2.8美分/千克[1]	0(A+,AU,BH,CA,CL,CO,D,E,IL,JO,KR,MA,MX,OM,P,PA,PE,S,SG)	4.4美分/千克
0806.20.90	00	其他干葡萄	千克	3.5美分/千克[1]	0(A+,AU,BH,CA,CL,CO,D,E,IL,JO,KR,MA,MX,OM,P,PA,PE,S,SG)	5.5美分/千克
0807		鲜的甜瓜(包括西瓜)及番木瓜：				
		甜瓜,包括西瓜：				
0807.11		西瓜：				
0807.11.30		每年12月1日至次年3月31日进口		9%[2]	0(A,AU,BH,CA,CL,CO,D,E,IL,JO,KR,MA,MX,OM,P,PA,PE,S,SG)6%(JP)	35%
	10	无籽的	千克			
	90	其他	千克			
0807.11.40		其他时段进口		17%[2]	0(A+,AU,BH,CA,CL,CO,D,E,IL,JO,KR,MA,MX,OM,P,PA,PE,S,SG)	35%
	10	无籽的	千克			
	90	其他	千克			
0807.19		其他：				
		罗马甜瓜：				
0807.19.10	00	每年8月1日至9月15日进口	千克	12.8%[2]	0(A+,AU,BH,CA,CL,CO,D,E,IL,JO,KR,MA,MX,OM,P,PA,PE,S,SG)10.24%(JP)	35%
0807.19.20	00	其他时段进口	千克	29.8%[2]	0(A,AU,BH,CA,CL,CO,D,E,IL,JO,KR,MA,MX,OM,P,PA,PE,S,SG)	35%
		欧根瓜及加勒比甜瓜：				
0807.19.50	00	每年12月1日至次年5月31日进口	千克	1.6%[2]	0(A,AU,BH,CA,CL,CO,D,E,IL,JO,JP,KR,MA,MX,OM,P,PA,PE,S,SG)	35%
0807.19.60	00	其他时段进口	千克	6.3%[2]	0(A,AU,BH,CA,CL,CO,D,E,IL,JO,KR,MA,MX,OM,P,PA,PE,S,SG)4.2%(JP)	35%
		其他：				
0807.19.70	00	每年12月1日至次年5月31日进口	千克	5.4%[2]	0(A,AU,BH,CA,CL,CO,D,E,IL,JO,KR,MA,MX,OM,P,PA,PE,S,SG)2.7%(JP)	35%

税则号列	统计后缀	货品名称	单位	税率 1 普通	税率 1 特惠	2
0807.19.80	00	其他时段进口	千克	28%[2]	0(A+,AU,BH,CA,CL,CO,D,E,IL,JO,KR,MA,MX,OM,P,PA,PE,S,SG)22.4%(JP)	35%
0807.20.00	00	番木瓜	千克	5.4%[2]	0(A,AU,BH,CA,CL,CO,D,E,IL,JO,KR,MA,MX,OM,P,PA,PE,S,SG)	35%
0808		鲜的苹果、梨及榅桲：				
0808.10.00		苹果		0		1.1美分/千克
	30	价值不超过22美分/千克	千克			
		价值超过22美分/千克				
	45	有机认证的	千克			
	65	其他	千克			
0808.30		梨：				
0808.30.20		每年4月1日至6月30日进口		0[1]		1.1美分/千克
	15	有机认证的	千克			
	25	其他	千克			
0808.30.40		其他时段进口		0.3美分/千克[1]	0(A+,AU,BH,CA,CL,CO,D,E,IL,JO,KR,MA,MX,OM,P,PA,PE,S,SG)	1.1美分/千克
	15	有机认证的	千克			
	25	其他	千克			
0808.40		榅桲：				
0808.40.20		每年4月1日至6月30日进口		0		1.1美分/千克
	15	有机认证的	千克			
	25	其他	千克			
0808.40.40		其他时段进口		0.3美分/千克[1]	0(A+,AU,BH,CA,CL,CO,D,E,IL,JO,KR,MA,MX,OM,P,PA,PE,S,SG)	1.1美分/千克
	15	有机认证的	千克			
	25	其他	千克			
0809		鲜的杏、樱桃、桃（包括油桃）、李（包括西梅）及黑刺李：				
0809.10.00	00	杏	千克	0.2美分/千克[2]	0(A+,AU,BH,CA,CL,CO,D,E,IL,JO,KR,MA,MX,OM,P,PA,PE,S,SG)	1.1美分/千克
		樱桃：				
0809.21.00	00	欧洲酸樱桃	千克	0		4.4美分/千克
0809.29.00	00	其他	千克	0		4.4美分/千克
0809.30		桃，包括油桃：				

税则号列	统计后缀	货品名称	单位	税率 1 普通	税率 1 特惠	2
0809.30.20	00	每年6月1日至11月30日进口	千克	0.2美分/千克[1]	0(A+,AU,BH,CA,CL,CO,D,E,IL,JO,KR,MA,MX,OM,P,PA,PE,S,SG)	1.1美分/千克
0809.30.40		其他时段进口		0[1]		1.1美分/千克
	10	桃	千克			
	90	油桃	千克			
0809.40		李(包括西梅)及黑刺李:				
0809.40.20	00	每年1月1日至5月31日进口	千克	0[2]		1.1美分/千克
0809.40.40	00	其他时段进口		0.5美分/千克[2]	0(A+,AU,BH,CA,CL,CO,D,E,IL,JO,KR,MA,MX,OM,P,PA,PE,S,SG)	1.1美分/千克
0810		其他鲜果:				
0810.10		草莓:				
0810.10.20	00	每年6月15日至9月15日进口	千克	0.2美分/千克[1]	0(A,AU,BH,CA,CL,CO,D,E,IL,JO,KR,MA,MX,OM,P,PA,PE,S,SG)	2.8美分/千克
0810.10.40	00	其他时段进口	千克	1.1美分/千克[1]	0(A,AU,BH,CA,CL,CO,D,E,IL,JO,KR,MA,MX,OM,P,PA,PE,S,SG)	2.8美分/千克
0810.20		木莓、黑莓、桑葚及罗甘莓:				
0810.20.10		木莓及洛根莓,每年9月1日至次年6月30日进口		0.18美分/千克[1]	0(A+,AU,BH,CA,CL,CO,D,E,IL,JO,KR,MA,MX,OM,P,PA,PE,S,SG)	2.8美分/千克
		木莓:				
	22	树莓,带包装称重(与容器同称,如果有的话)不超过5千克	千克			
	24	其他	千克			
	40	其他	千克			
0810.20.90		其他		0[2]		2.8美分/千克
		木莓:				
	22	树莓,带包装称重(与容器同称,如果有的话)不超过5千克	千克			
	24	其他	千克			
	30	黑莓	千克			
	90	其他	千克			
0810.30.00	00	黑、白或红的穗醋栗(加仑子)及醋栗(不包括猕猴桃)	千克	0[1]		2.8美分/千克
0810.40.00		蔓越橘、越橘及其他越橘属植物果实		0[1]		2.8美分/千克
		黑莓:				
	24	野生的	千克			
		种植的(含高灌木):				
	26	有机认证的	千克			

税则号列	统计后缀	货品名称	单位	税率 1 普通	税率 1 特惠	2
	29	其他	千克			
	30	鲜蔓越橘	千克			
	40	其他	千克			
0810.50.00	00	猕猴桃	千克	0[2]		2.8美分/千克
0810.60.00	00	榴莲	千克	2.2%[2]	0(A*,AU,BH,CA,CL,CO,D,E,IL,JO,KR,MA,MX,OM,P,PA,PE,S,SG)	35%
0810.70.00	00	柿子	千克	2.2%[1]	0(A,AU,BH,CA,CL,CO,D,E,IL,JO,JP,KR,MA,MX,OM,P,PA,PE,S,SG)	35%
0810.90		其他：				
0810.90.27		其他莓;罗望子		0		2.8美分/千克
	30	罗望子	千克			
	60	莓子	千克			
0810.90.46	00	其他	千克	2.2%[1]	0(A,AU,BH,CA,CL,CO,D,E,IL,JO,KR,MA,MX,OM,P,PA,PE,S,SG)	35%
0811		冷冻水果及坚果,不论是否蒸煮、加糖或其他甜物质：				
0811.10.00		草莓		11.2%[1]	0(A*,AU,BH,CA,CL,CO,D,E,IL,JO,KR,MA,MX,OM,P,PA,PE,S,SG)	35%
	20	直接装在每个容量不超过1.2升的容器中	千克			
		直接装在每个容量超过1.2升的容器中				
		含有甘蔗糖和/或甜菜糖的：				
	50	重量不超过25%	千克			
	60	重量超过25%	千克			
	70	其他	千克			
0811.20		木莓、黑莓、桑葚,罗甘莓,黑、白或红的穗醋栗(加仑子)及醋栗(不包括猕猴桃)：				
0811.20.20		木莓、罗甘莓、黑的穗醋栗及醋栗(不包括猕猴桃)		4.5%[1]	0(A*,AU,BH,CA,CL,CO,D,E,IL,JO,KR,MA,MX,OM,P,PA,PE,S,SG)	35%
		木莓：				
	25	红木莓	千克			
	35	其他	千克			
	40	其他	千克			
0811.20.40		其他		9%[1]	0(A*,AU,BH,CA,CL,CO,D,E,IL,JO,KR,MA,MX,OM,P,PA,PE,S,SG)	35%
	30	黑莓	千克			

第八章 食用水果及坚果；柑橘属水果或甜瓜的果皮　131

税则号列	统计后缀	货品名称	单位	税率 1 普通	税率 1 特惠	2
	90	其他	千克			
0811.90		其他：				
0811.90.10	00	香蕉和大蕉	千克	3.4%[1]	0(A*,AU,BH,CA,CL,CO,D,E,IL,JO,KR,MA,MX,OM,P,PA,PE,S,SG)	35%
0811.90.20		黑莓		0[1]		35%
	24	野生的	千克			
		种植的(含高灌木)：				
	30	有机认证的	千克			
	40	其他	千克			
0811.90.22	00	博伊森浆果	千克	11.2%[1]	0(A+,AU,BH,CA,CL,CO,D,E,IL,JO,KR,MA,MX,OM,P,PA,PE,S,SG)	35%
0811.90.25	00	腰果、马梅耶斯科罗拉多、人心果、刺果番荔枝和甜果	千克	3.2%[1]	0(A*,AU,BH,CA,CL,CO,D,E,IL,JO,KR,MA,MX,OM,P,PA,PE,S,SG)	35%
0811.90.30	00	椰子肉	千克	0[1]		4.9美分/千克
0811.90.35	00	蔓越莓	千克	0[1]		35%
0811.90.40	00	木瓜	千克	11.2%[1]	0(A+,AU,BH,CA,CL,CO,D,E,IL,JO,KR,MA,MX,OM,P,PA,PE,S,SG)	35%
0811.90.50	00	菠萝	千克	0.25美分/千克[1]	0(A*,AU,BH,CA,CL,CO,D,E,IL,JO,KR,MA,MX,OM,P,PA,PE,S,SG)	4.4美分/千克
0811.90.52	00	芒果	千克	10.9%[1]	0(A*,AU,BH,CA,CL,CO,D,E,IL,JO,KR,MA,MX,OM,P,PA,PE,S,SG)	35%
0811.90.55	00	瓜	千克	11.2%[1]	0(A*,AU,BH,CA,CL,CO,D,E,IL,JO,KR,MA,MX,OM,P,PA,PE,S,SG)	35%
0811.90.80		其他		14.5%[7]	0(A+,BH,CA,CL,CO,E,IL,JO,KR,MA,MX,OM,P,PA,PE,S,SG)0.6%(AU)	35%
		樱桃：				
	40	甜的品种	千克			
	60	酸的品种	千克			
	85	仅由草莓、蓝莓、红莓或黑莓混合而成的冷冻混合物	千克			
	95	其他	千克			
0812		暂时保藏(例如,使用二氧化硫气体、盐水、亚硫酸水或其他防腐液)的水果及坚果,但不适于直接食用的：				
0812.10.00	00	樱桃	千克	13.4美分/千克[6]	0(A+,AU,BH,CA,CL,CO,D,E,IL,JO,KR,MA,MX,OM,P,PA,PE,S,SG)	20.9美分/千克
0812.90		其他：				

税则号列	统计后缀	货品名称	单位	税率 1 普通	税率 1 特惠	税率 2
0812.90.10	00	混合两种或以上水果	千克	11.2%[1]	0(A+,AU,BH,CA,CL,CO,D,E,IL,JO,KR,MA,MX,OM,P,PA,PE,S,SG)	35%
		其他：				
0812.90.20	00	柑橘	千克	1.8美分/千克[1]	0(A+,AU,BH,CA,CL,CO,D,E,IL,JO,KR,MA,MX,OM,P,PA,PE,S,SG)	4.4美分/千克
0812.90.30	00	无花果	千克	2.6美分/千克[1]	0(A+,AU,BH,CA,CL,CO,D,E,IL,JO,KR,MA,MX,OM,P,PA,PE,S,SG)	11美分/千克
0812.90.40	00	菠萝	千克	0.25美分/千克[1]	0(A+,AU,BH,CA,CL,CO,D,E,IL,JO,KR,MA,MX,OM,P,PA,PE,S,SG)	4.4美分/千克
0812.90.50	00	草莓	千克	0.8美分/千克[1]	0(A+,AU,BH,CA,CL,CO,D,E,IL,JO,KR,MA,MX,OM,P,PA,PE,S,SG)	2.8美分/千克
0812.90.90	00	其他	千克	0.1美分/千克[1]	0(A+,AU,BH,CA,CL,CO,D,E,IL,JO,KR,MA,MX,OM,P,PA,PE,S,SG)	1.1美分/千克
0813		品目0801至0806以外的干果；本章中的什锦坚果或干果：				
0813.10.00	00	杏	千克	1.8美分/千克[1]	0(A,AU,BH,CA,CL,CO,D,E,IL,JO,KR,MA,MX,OM,P,PA,PE,S,SG)	4.4美分/千克
0813.20		梅及李：				
0813.20.10	00	盐渍的和干的	千克	2美分/千克[1]	0(A,AU,BH,CA,CL,CO,D,E,IL,JO,KR,MA,MX,OM,P,PA,PE,S,SG)	4.4美分/千克
0813.20.20	00	其他	千克	14%[1]	0(A,AU,BH,CA,CL,CO,D,E,IL,JO,KR,MA,MX,OM,P,PA,PE,S,SG)	35%
0813.30.00	00	苹果[4]	千克	0.74美分/千克[1]	0(A,AU,BH,CA,CL,CO,D,E,IL,JO,KR,MA,MX,OM,P,PA,PE,S,SG)	4.4美分/千克
0813.40		其他水果：				
0813.40.10	00	木瓜	千克	1.8%[1]	0(A*,AU,BH,CA,CL,CO,D,E,IL,JO,KR,MA,MX,OM,P,PA,PE,S,SG)	35%
		莓果：				
0813.40.15	00	小浆果	千克	3.5美分/千克[1]	0(A+,AU,BH,CA,CL,CO,D,E,IL,JO,KR,MA,MX,OM,P,PA,PE,S,SG)	5.5美分/千克
0813.40.20		其他		1.4美分/千克[1]	0(A,AU,BH,CA,CL,CO,D,E,IL,JO,KR,MA,MX,OM,P,PA,PE,S,SG)	5.5美分/千克
	10	野生蓝莓	千克			
	20	种植的(含高灌木)蓝莓	千克			
	60	其他	千克			

税则号列	统计后缀	货品名称	单位	税率 普通	税率 1 特惠	2
0813.40.30		樱桃		10.6美分/千克[5]	0(A+,AU,BH,CA,CL,CO,D,E,IL,JO,KR,MA,MX,OM,P,PA,PE,S,SG)	13.2美分/千克
	10	酸的品种	千克			
	90	其他	千克			
0813.40.40	00	桃子[4]	千克	1.4美分/千克[1]	0(A+,AU,BH,CA,CL,CO,D,E,IL,JO,KR,MA,MX,OM,P,PA,PE,S,SG)	4.4美分/千克
0813.40.80	00	罗望子	千克	6.8%[1]	0(A*,AU,BH,CA,CL,CO,D,E,IL,JO,KR,MA,MX,OM,P,PA,PE,S,SG)	35%
0813.40.90	00	其他[4]	千克	2.5%[1]	0(A+,AU,BH,CA,CL,CO,D,E,IL,JO,KR,MA,MX,OM,P,PA,PE,S,SG)	35%
0813.50.00		本章的什锦坚果或干果		14%[1]	0(A+,AU,BH,CA,CL,CO,D,E,IL,JO,KR,MA,MX,OM,P,PA,PE,S,SG)	35%
	20	只含水果的[4]	千克			
	40	只含干果的	千克			
	60	其他	千克			
0814.00		柑橘属水果或甜瓜(包括西瓜)的果皮,鲜、冻、干或者用盐水、亚硫酸水或其他防腐液暂时保藏的:				
0814.00.10	00	橙子或柠檬	千克	0[1]		4.4美分/千克
0814.00.40	00	酸橙	千克	1.6美分/千克[1]	0(A,AU,BH,CA,CL,CO,D,E,IL,JO,KR,MA,MX,OM,P,PA,PE,S,SG)	4.4美分/千克
0814.00.80	00	其他	千克	1.6美分/千克[1]	0(A+,AU,BH,CA,CL,CO,D,E,IL,JO,KR,MA,MX,OM,P,PA,PE,S,SG)	4.4美分/千克

[1]见9903.88.03。

[2]见9903.88.15。

[3]见9903.88.16。

[4]见9903.88.36和9903.88.56。

[5]见9903.88.03和9903.89.10。

[6]见9903.89.10和9903.88.15。

[7]见9903.88.03和9903.89.16。

第九章　咖啡、茶、马黛茶及调味香料

注释：

一、品目 0904 至 0910 所列产品的混合物，应按下列规定归类：

（一）同一品目的两种或以上产品的混合物仍应归入该品目；

（二）不同品目的两种或以上产品的混合物应归入品目 0910。

品目 0904 至 0910 的产品[或上述（一）或（二）项的混合物]如添加了其他物质，只要所得混合物保持原产品的基本特性，其归类应不受影响。基本特性已经改变的，则不应归入本章；构成混合调味品的，应归入品目 2103。

二、本章不包括荜澄茄椒或品目 1211 的其他产品。

附加美国注释：

一、除非另有规定，本章命名产品既包括整体形式又包括压碎和粉末形式。

二、本章产品中不得含有污垢和其他异物。

三、子目 0901.11 至 0901.22 规定的商品税率不适用于经修订的 1930 年《关税法》第 319 节（《美国法典》第 19 卷第 1319 节）规定税率下进口的波多黎各产品。

四、所有装有净含量少于 2.3 千克茶叶（品目 0902）的直接容器和包装材料、中间容器，如果进口时为空的话，都应按照该种容器和包装材料征税，除非该货物原产于下列国家或地区的关境内，该商品应当免税：澳大利亚、加拿大、智利、哥斯达黎加、多米尼加共和国、萨尔瓦多、危地马拉、洪都拉斯、墨西哥、尼加拉瓜、新加坡。

五、根据《美国法典》第 21 卷第 41 节，禁止进口不纯茶叶，除非第九十八章另有规定。[①]

六、禁止进口胡椒壳，不论其是否磨碎。

统计注释：

一、"有机认证"的认可标准清单见总统计注释六。

[①] 美国关税税则（TSUS）的节选法律条款。1996 年 4 月 9 日生效的《茶叶进口法》(21 U.S.C.41) 已废止。阴影区域表示该规定已过期。

税则号列	统计后缀	货品名称	单位	税率 1 普通	税率 1 特惠	税率 2
0901		咖啡,不论是否焙炒或浸除咖啡碱;咖啡豆荚及咖啡豆皮;含咖啡的咖啡代用品:				
		未焙炒的咖啡:				
0901.11.00		未浸除咖啡碱		0[1]		0
		阿拉比卡咖啡:				
	15	有机认证的	千克			
	25	其他	千克			
		其他:				
	45	有机认证的	千克			
	55	其他	千克			
0901.12.00		去咖啡因		0[1]		0
	15	已浸除咖啡碱	千克			
	25	其他	千克			
		已焙炒的咖啡:				
0901.21.00		未浸除咖啡碱		0[2]		0
		装在零售容器中,重量为2千克或更少:				
	35	有机认证的	千克			
	45	其他	千克			
		其他:				
	55	有机认证的	千克			
	65	其他	千克			
0901.22.00		已浸除咖啡碱		0[2]		0
		装在零售容器中,重量为2千克或更少:				
	35	有机认证的	千克			
	45	其他	千克			
	60	其他	千克			
0901.90		其他:				
0901.90.10	00	咖啡豆荚及咖啡豆皮	千克	0[1]		10%
0901.90.20	00	含咖啡的咖啡代用品	千克	1.5美分/千克[1]	0(A+,AU,BH,CA,CL,CO,D,E,IL,JO,KR,MA,MX,OM,P,PA,PE,S,SG)	6.6美分/千克
0902		茶,不论是否加香料:				
0902.10		绿茶(未发酵),在内包装中,净重不超过3千克:				
0902.10.10		花茶		6.4%[1]	0(A,AU,BH,CA,CL,CO,D,E,IL,JO,KR,MA,MX,OM,P,PA,PE,S,SG)4.27%(JP)	20%
	15	有机认证的	千克			
	50	其他	千克			
0902.10.90		其他		0[1]		0
	15	有机认证的	千克			

税则号列	统计后缀	货品名称	单位	税率 1 普通	税率 1 特惠	2
	50	其他	千克			
0902.20		其他绿茶(未发酵):				
0902.20.10	00	花茶	千克	6.4%[1]	0(A*,AU,BH,CA,CL,CO,D,E,IL,JO,KR,MA,MX,OM,P,PA,PE,S,SG)4.27%(JP)	20%
0902.20.90		其他		0[1]		0
	15	有机认证的	千克			
	50	其他	千克			
0902.30.00		红茶(已发酵)及半发酵茶,在内包装中每件净重不超过3千克		0[1]		0
		装在茶包中:				
	15	有机认证的	千克			
	50	其他	千克			
	90	其他	千克			
0902.40.00	00	其他红茶(已发酵)及部分发酵茶	千克	0[1]		0
0903.00.00	00	马黛茶	千克	0[1]		10%
0904		胡椒;辣椒干及辣椒粉:				
		胡椒:				
0904.11.00		未磨		0[1]		0
	20	黑的	千克			
	40	白的	千克			
0904.12.00	00	已磨	千克	0[1]		2美分/千克
		辣椒				
0904.21		干,未磨:				
		辣椒(包括卡宴辣椒,红甜辣椒和红辣椒):				
0904.21.20	00	红甜辣椒	千克	3美分/千克[1]	0(A,AU,BH,CA,CL,CO,D,E,IL,JO,KR,MA,MX,OM,P,PA,PE,S,SG)	11美分/千克
0904.21.40	00	阿纳海姆辣椒和安丘辣椒	千克	5美分/千克[1]	0(A+,AU,BH,CA,CL,CO,D,E,IL,JO,KR,MA,MX,OM,P,PA,PE,S,SG)	11美分/千克
0904.21.60		其他	千克	2.5美分/千克[1]	0(A,AU,BH,CA,CL,CO,D,E,IL,JO,KR,MA,MX,OM,P,PA,PE,S,SG)	11美分/千克
	10	柿子椒	千克			
	20	墨西哥辣椒	千克			
	90	其他	千克			
0904.21.80	00	胡椒属的(包括多香果)	千克	0[1]		0
0904.22		已磨:				
		辣椒(包括卡宴辣椒,红甜辣椒和红辣椒):				

第九章 咖啡、茶、马黛茶及调味香料   137

税则号列	统计后缀	货品名称	单位	税率 1 普通	税率 1 特惠	税率 2
0904.22.20	00	红甜辣椒	千克	3美分/千克[1]	0(A, AU, BH, CA, CL, CO, D, E, IL, JO, KR, MA, MX, OM, P, PA, PE, S, SG)	11美分/千克
0904.22.40	00	阿纳海姆辣椒和安丘辣椒	千克	5美分/千克[1]	0(A+, AU, BH, CA, CL, CO, D, E, IL, JO, KR, MA, MX, OM, P, PA, PE, S, SG)	11美分/千克
0904.22.73	00	捣碎或浸渍的盐和红辣椒混合物	千克	0[1]		17.6美分/千克
0904.22.76	00	其他	千克	5美分/千克[1]	0(A, AU, BH, CA, CL, CO, D, E, IL, JO, KR, MA, MX, OM, P, PA, PE, S, SG)	17.6美分/千克
0904.22.80	00	胡椒属的(包括多香果)	千克	0[1]		0
0905		香子兰豆:				
0905.10.00	00	未磨	千克	0[1]		66美分/千克
0905.20.00	00	已磨	千克	0[1]		66美分/千克
0906		肉桂及肉桂花:				
		未磨:				
0906.11.00	00	锡兰肉桂	千克	0[1]		0
0906.19.00	00	其他	千克	0[1]		0
0906.20.00	00	已磨	千克	0[1]		11美分/千克
0907		丁香(母丁香、公丁香及丁香梗):				
0907.10.00	00	未磨	千克	0[1]		0
0907.20.00	00	已磨	千克	0[1]		0
0908		肉豆蔻、肉豆蔻衣及豆蔻:				
		肉豆蔻:				
0908.11.00	00	未磨	千克	0[1]		0
0908.12.00	00	已磨	千克	0[1]		0
		肉豆蔻衣:				
0908.21.00	00	未磨	千克	0[1]		0
0908.22		已磨:				
0908.22.20	00	野生的肉豆蔻衣,磨碎的	千克	7.4美分/千克[1]	0(A, AU, BH, CA, CL, CO, D, E, IL, JO, KR, MA, MX, OM, P, PA, PE, S, SG)	49美分/千克
0908.22.40	00	其他	千克	0[1]		0
		豆蔻:				
0908.31.00	00	未磨	千克	0[1]		0
0908.32.00	00	已磨	千克	0[1]		0
0909		茴芹子、八角茴香、小茴香子、芫荽子、枯茗子及黄蒿子;杜松果:				
		芫荽子:				
0909.21.00	00	未磨	千克	0[1]		0

税则号列	统计后缀	货品名称	单位	税率 1 普通	税率 1 特惠	2
0909.22.00	00	已磨	千克	0[2]		0
		枯茗子：				
0909.31.00	00	未磨	千克	0[1]		0
0909.32.00	00	已磨	千克	0[1]		0
		茴芹子、八角茴香、黄蒿子或小茴香子；杜松果：				
0909.61.00	00	未磨	千克	0[1]		0
0909.62.00	00	已磨	千克	0[1]		0
0910		姜、番红花、姜黄、麝香草、月桂叶、咖喱及其他调味香料：				
		姜：				
0910.11.00		未磨		0[1]		0
	10	有机认证的	千克			
	15	其他	千克			
0910.12.00	00	已磨	千克	1美分/千克[1]	0(A*,AU,BH,CA,CL,CO,D,E,IL,JO,KR,MA,MX,OM,P,PA,PE,S,SG)	11美分/千克
0910.20.00	00	番红花	千克	0[1]		0
0910.30.00	00	姜黄	千克	0[1]		0
		其他调味香料：				
0910.91.00	00	本章注释一(二)所述的混合物	千克	1.9%[1]	0(A,AU,BH,CA,CL,CO,D,E,IL,JO,KR,MA,MX,OM,P,PA,PE,S,SG)	25%
0910.99		其他：				
		百里香；月桂叶：				
0910.99.05	00	未加工的	千克	0[1]		0
		其他：				
0910.99.06	00	百里香	千克	4.8%[1]	0(A*,AU,BH,CA,CL,CO,D,E,IL,JO,KR,MA,MX,OM,P,PA,PE,S,SG)	25%
0910.99.07	00	月桂叶	千克	3.2%[1]	0(A+,AU,BH,CA,CL,CO,D,E,IL,JO,KR,MA,MX,OM,P,PA,PE,S,SG)	25%
0910.99.10	00	咖喱	千克	0[1]		11美分/千克
		甘牛至(过江藤属)：				
0910.99.20	00	未加工的	千克	0[1]		0
0910.99.40	00	其他	千克	3.4%[1]	0(A*,AU,BH,CA,CL,CO,D,E,IL,JO,KR,MA,MX,OM,P,PA,PE,S,SG)	25%
		其他：				
0910.99.50	00	小茴香	千克	0[1]		25%

税则号列	统计后缀	货品名称	单位	税率 1 普通	税率 1 特惠	2
0910.99.60	00	其他	千克	1.9%[1]	0(A*,AU,BH,CA,CL,CO,D,E,IL,JO,KR,MA,MX,OM,P,PA,PE,S,SG)	25%

[1]见9903.88.15。

[2]见9903.88.15和9903.89.37。

第十章 谷 物

注释：

一、（一）本章各品目所列产品必须带有谷粒，不论是否成穗或带杆。

（二）本章不包括已去壳或经其他加工的谷物，但去壳、碾磨、磨光、上光、半熟或破碎的稻米仍应归入品目1006。

二、品目1005不包括甜玉米（第七章）。

子目注释：

一、所称"**硬粒小麦**"是指硬粒小麦属的小麦及以该属具有相同染色体数目（28）的小麦种间杂交所得的小麦。

附加美国注释：

一、在子目1005.10中，"种子"仅包括外国政府负责官员或机构根据该政府制定的规则和规定认证的，已经被播种并且专用作种子的谷物及玉米种子，包装物上有外国政府官方出具的谷物种子标签。

统计注释：

一、"有机认证"的认可标准清单见总统计注释六。

税则号列	统计后缀	货品名称	单位	税率 1 普通	税率 1 特惠	2
1001		小麦及混合麦：				
		硬粒小麦：				
1001.11.00	00	种用	千克	0.65美分/千克[1]	0(A+,AU,BH,CA,CL,CO,D,E,IL,JO,KR,MA,MX,OM,P,PA,PE,S,SG)	1.5美分/千克
1001.19.00		其他		0.65美分/千克[2]	0(A+,AU,BH,CA,CL,CO,D,E,IL,JO,KR,MA,MX,OM,P,PA,PE,S,SG)	1.5美分/千克
	25	有机认证的	千克			
		其他				
	51	等级1	千克			
	53	等级2	千克			
	69	其他	千克			
		其他：				
1001.91.00	00	种用	千克	2.8%[2]	0(A+,AU,BH,CA,CL,CO,D,E,IL,JO,KR,MA,MX,OM,P,PA,PE,S,SG)	10%
1001.99.00		其他		0.35美分/千克[1]	0(A+,AU,BH,CA,CL,CO,D,E,IL,JO,KR,MA,MX,OM,P,PA,PE,S,SG)	1.5美分/千克
	05	加拿大西部特强硬红春小麦	千克			
		其他：				
		春红麦：				
		等级1				
	11	蛋白质含量(按重量计)不超过12.9%	千克			
	15	蛋白质含量(按重量计)超过12.9%但不超过13.9%	千克			
	20	特定蛋白质含量(按重量计)超过13.9%	千克			
		等级2				
	21	蛋白质含量(按重量计)不超过12.9%	千克			
	25	蛋白质含量(按重量计)超过12.9%但不超过13.9%	千克			
	28	特定蛋白质含量(按重量计)超过13.9%	千克			
	35	其他春红麦	千克			
	40	白冬小麦	千克			
	50	加拿大西部红冬小麦	千克			
	60	软白春小麦	千克			
	96	其他	千克			
1002		黑麦：				
1002.10.00		种用		0[2]		0.59美分/千克

税则号列	统计后缀	货品名称	单位	税率 1 普通	税率 1 特惠	2
	10	用于播种的种子	千克			
	90	其他	千克			
1002.90.00	00	其他	千克	0[2]		0.59美分/千克
1003		大麦:				
1003.10.00	00	种用	千克	0.15美分/千克[1]	0(A+,AU,BH,CA,CL,CO,D,E,IL,JO,KR,MA,MX,OM,P,PA,PE,S,SG)	0.92美分/千克
1003.90		其他:				
1003.90.20	00	用于麦芽加工	千克	0.1美分/千克[1]	0(A+,AU,BH,CA,CL,CO,D,E,IL,JO,KR,MA,MX,OM,P,PA,PE,S,SG)	0.92美分/千克
1003.90.40		其他		0.15美分/千克[1]	0(A+,AU,BH,CA,CL,CO,D,E,IL,JO,KR,MA,MX,OM,P,PA,PE,S,SG)	0.92美分/千克
	20	有机认证的	千克			
	30	其他	千克			
1004		燕麦:				
1004.10.00	00	种用	千克	0[1]		1.1美分/千克
1004.90.00		其他		0[1]		1.1美分/千克
	10	有机认证的	千克			
	90	其他	千克			
1005		玉米:				
1005.10.00		种用		0[2]		0.98美分/千克
	10	黄色玉米	千克			
	90	其他	千克			
1005.90		其他:				
1005.90.20		黄色马齿种玉米		0.05美分/千克[1]	0(A,AU,BH,CA,CL,CO,D,E,IL,JO,KR,MA,MX,OM,P,PA,PE,S,SG)	0.98美分/千克
	15	有机认证的	千克			
	25	其他	千克			
1005.90.40		其他		0.25美分/千克[1]	0(A*,AU,BH,CA,CL,CO,D,E,IL,JO,KR,MA,MX,OM,P,PA,PE,S,SG)	0.98美分/千克
	40	爆米花	千克			
	60	其他	千克			
1006		稻谷、大米:				
1006.10.00	00	稻谷	千克	1.8美分/千克[2]	0(A+,AU,BH,CA,CL,CO,D,E,IL,JO,KR,MA,MX,OM,P,PA,PE,S,SG)	2.8美分/千克
1006.20		糙米:				

税则号列	统计后缀	货品名称	单位	税率 普通	税率 1 特惠	2
1006.20.20	00	巴斯马蒂香米	千克	0.83美分/千克[1]	0(A+,AU,BH,CA,CL,CO,D,E,IL,JO,KR,MA,MX,OM,P,PA,PE,S,SG)	3.3美分/千克
1006.20.40		其他		2.1美分/千克[1]	0(A+,AU,BH,CA,CL,CO,D,E,IL,JO,KR,MA,MX,OM,P,PA,PE,S,SG)	3.3美分/千克
		籼米:				
	25	茉莉	千克			
	35	其他	千克			
	40	中粒	千克			
	60	短粒	千克			
	80	上述的混合物	千克			
1006.30		精米,不论是否磨光或上光:				
1006.30.10		半熟的		11.2%[1]	0(AU,BH,CA,CL,CO,D,E,IL,JO,MA,MX,OM,P,PA,PE,S,SG)3.7%(KR)	35%
	20	长粒米	千克			
	40	其他,包括混合物	千克			
1006.30.90		其他		1.4美分/千克[1]	0(A+,AU,BH,CA,CL,CO,D,E,IL,JO,KR,MA,MX,OM,P,PA,PE,S,SG)	5.5美分/千克
	15	有机认证的	千克			
		其他:				
		长粒米:				
	57	茉莉	千克			
	59	巴斯马蒂香米	千克			
	61	其他	千克			
	65	中粒	千克			
	75	短粒	千克			
	85	上述物质的混合物	千克			
1006.40.00	00	碎米	千克	0.44美分/千克[1]	0(A+,AU,BH,CA,CL,CO,D,E,IL,JO,KR,MA,MX,OM,P,PA,PE,S,SG)	1.4美分/千克
1007		食用高粱:				
1007.10.00	00	种用	千克	0.22美分/千克[1]	0(A*,AU,BH,CA,CL,CO,D,E,IL,JO,KR,MA,MX,OM,P,PA,PE,S,SG)	4.4美分/千克
1007.90.00	00	其他	千克	0.22美分/千克[1]	0(A*,AU,BH,CA,CL,CO,D,E,IL,JO,KR,MA,MX,OM,P,PA,PE,S,SG)	4.4美分/千克
1008		荞麦、谷子及加那利草子;其他谷物:				
1008.10.00	00	荞麦	千克	0[1]		0.55美分/千克
		谷子:				

税则号列	统计后缀	货品名称	单位	税率 1 普通	税率 1 特惠	2
1008.21.00	00	种用	千克	0.32美分/千克[1]	0(A+,AU,BH,CA,CL,CO,D,E,IL,JO,KR,MA,MX,OM,P,PA,PE,S,SG)	2.2美分/千克
1008.29.00	00	其他	千克	0.32美分/千克[1]	0(A+,AU,BH,CA,CL,CO,D,E,IL,JO,KR,MA,MX,OM,P,PA,PE,S,SG)	2.2美分/千克
1008.30.00	00	加那利草子	千克	0.12美分/千克[1]	0(A,AU,BH,CA,CL,CO,D,E,IL,JO,KR,MA,MX,OM,P,PA,PE,S,SG)	2.2美分/千克
1008.40.00	00	直长马唐(马唐属)	千克	1.1%[2]	0(A+,AU,BH,CA,CL,CO,D,E,IL,JO,KR,MA,MX,OM,P,PA,PE,S,SG)	10%
1008.50.00		昆诺阿藜:		1.1%[1]	0(A+,AU,BH,CA,CL,CO,D,E,IL,JO,KR,MA,MX,OM,P,PA,PE,S,SG)	10%
	10	有机认证的	千克			
	90	其他	千克			
1008.60.00	00	黑小麦	千克	1.1%[2]	0(A+,AU,BH,CA,CL,CO,D,E,IL,JO,KR,MA,MX,OM,P,PA,PE,S,SG)	10%
1008.90.01		其他谷物(包括野生稻)		1.1%[1]	0(A+,AU,BH,CA,CL,CO,D,E,IL,JO,KR,MA,MX,OM,P,PA,PE,S,SG)	10%
	20	野生稻	千克			
	40	其他	千克			

[1]见9903.88.03。

[2]见9903.88.15。

第十一章 制粉工业产品;麦芽;淀粉;菊粉;面筋

注释:

一、本章不包括:

(一)作为咖啡代用品的焙制麦芽(品目0901或品目2101);

(二)品目1901的经制作的细粉、粗粒、粗粉或淀粉;

(三)品目1904的玉米片及其他产品;

(四)品目2001、品目2004或品目2005的经加工或保藏的蔬菜;

(五)药品(第三十章);或者

(六)具有芳香料制品或化妆盥洗品性质的淀粉(第三十三章)。

二、(一)下表所列谷物碾磨产品按干制品重量计如果同时符合以下两个条件,应归入本章;但是,整粒、滚压、制片或磨碎的谷物胚芽均应归入品目1104:

1. 淀粉含量(按修订的尤艾斯旋光法测定)超过表列第(2)栏的比例;以及

2. 灰分含量(除去任何添加的矿物质)不超过表列第(3)栏的比例。

否则,应归入品目2302。

(二)符合上述规定归入本章的产品,如果用表列第(4)栏或第(5)栏规定孔径的金属丝网筛过筛,其通过率按重量计不低于表列比例的,应归入品目1101或品目1102。

否则,应归入品目1103或品目1104。

谷物 (1)	淀粉含量 (2)	灰分含量 (3)	通过下列孔径筛子的比率	
			315微米 (4)	500微米 (5)
小麦及黑麦	45%	2.5%	80%	—
大麦	45%	3%	80%	—
燕麦	45%	5%	80%	—
玉米及高粱	45%	2%	—	90%
大米	45%	1.6%	80%	—
荞麦	45%	4%	80%	—

三、品目1103所称"粗粒"及"粗粉"是指谷物经碾碎所得的下列产品:

(一)玉米产品,用2毫米孔径的金属丝网筛过筛,通过率按重量计不低于95%的;

(二)其他谷物产品,用1.25毫米孔径的金属丝网筛过筛,通过率按重量计不低于95%的。

附加美国注释：

一、尽管本分章设置了税率，品目 1101、品目 1102、品目 1103 或品目 1104 的混合物（除非此混合物归入税号 1102.90.30），按照下表所列征税：

第一栏（普通）	12.8%
第一栏（特惠）	免税（澳大利亚、加拿大、智利、加勒比国家联盟、以色列、墨西哥、多米尼加、新加坡）
第二栏	20%

第十一章 制粉工业产品;麦芽;淀粉;菊粉;面筋 147

税则号列	统计后缀	货品名称	单位	税率 1 普通	税率 1 特惠	2
1101.00.00		小麦或混合麦的细粉		0.7美分/千克[1]	0(A+,AU,BH,CA,CL,CO,D,E,IL,JO,KR,MA,MX,OM,P,PA,PE,S,SG)	2.3美分/千克
	10	硬春小麦	千克			
	20	硬粒小麦	千克			
	30	白冬小麦	千克			
		其他:				
	50	有机认证的	千克			
	60	其他	千克			
1102		其他谷物细粉,但小麦或混合麦的细粉除外:				
1102.20.00	00	玉米细粉	千克	0.3美分/千克[1]	0(A,AU,BH,CA,CL,CO,D,E,IL,JO,KR,MA,MX,OM,P,PA,PE,S,SG)	1.1美分/千克
1102.90		其他:				
1102.90.20	00	荞麦粉	千克	0[1]		1.1美分/千克
1102.90.25	00	大米细粉	千克	0.09美分/千克[1]	0(A,AU,BH,CA,CL,CO,D,E,IL,JO,KR,MA,MX,OM,P,PA,PE,S,SG)	1.4美分/千克
1102.90.27	00	黑麦粉	千克	0.23美分/千克[1]	0(A+,AU,BH,CA,CL,CO,D,E,IL,JO,KR,MA,MX,OM,P,PA,PE,S,SG)	1美分/千克
		其他:				
1102.90.30	00	混合物	千克	12.8%[1]	0(A*,AU,BH,CA,CL,CO,D,E,IL,JO,KR,MA,MX,OM,P,PA,PE,S,SG)	20%
1102.90.60	00	其他	千克	9%[1]	0(A,AU,BH,CA,CL,CO,D,E,IL,JO,KR,MA,MX,OM,P,PA,PE,S,SG)	20%
1103		谷物的粗粒、粗粉及团粒:				
		粗粒及粗粉:				
1103.11.00		小麦的		0.5美分/千克[1]	0(A+,AU,BH,CA,CL,CO,D,E,IL,JO,KR,MA,MX,OM,P,PA,PE,S,SG)	2.3美分/千克
	20	粗面粉	千克			
	40	其他	千克			
1103.13.00		玉米的		0.3美分/千克[1]	0(A,AU,BH,CA,CL,CO,D,E,IL,JO,KR,MA,MX,OM,P,PA,PE,S,SG)	1.1美分/千克
	20	玉米粉	千克			
	60	其他	千克			
1103.19		其他谷类的:				
1103.19.12	00	燕麦的	千克	0.8美分/千克[1]	0(A,AU,BH,CA,CL,CO,D,E,IL,JO,KR,MA,MX,OM,P,PA,PE,S,SG)	1.8美分/千克

税则号列	统计后缀	货品名称	单位	税率 1 普通	税率 1 特惠	2
1103.19.14	00	大米的	千克	0.09美分/千克[1]	0(A,AU,BH,CA,CL,CO,D,E,IL,JO,KR,MA,MX,OM,P,PA,PE,S,SG)	1.4美分/千克
1103.19.90	00	其他谷类的	千克	9%[1]	0(A+,AU,BH,CA,CL,CO,D,E,IL,JO,KR,MA,MX,OM,P,PA,PE,S,SG)	20%
1103.20.00		团粒		0[1]		10%
	10	小麦的	千克			
	90	其他谷类的	千克			
1104		经其他加工的谷物（例如，去壳、滚压、制片、制成粒状、切片或粗磨），但品目1006的稻谷、大米除外；谷物胚芽，整粒、滚压、制片或磨碎的：				
		滚压或制片的谷物：				
1104.12.00	00	燕麦的	千克	1.2美分/千克[1]	0(A,AU,BH,CA,CL,CO,D,E,IL,JO,KR,MA,MX,OM,P,PA,PE,S,SG)	1.8美分/千克
1104.19		其他谷类的：				
1104.19.10	00	大麦的	千克	2美分/千克[1]	0(A+,AU,BH,CA,CL,CO,D,E,IL,JO,KR,MA,MX,OM,P,PA,PE,S,SG)	4.4美分/千克
1104.19.90	00	其他	千克	0.45美分/千克[1]	0(A,AU,BH,CA,CL,CO,D,E,IL,JO,KR,MA,MX,OM,P,PA,PE,S,SG)	1美分/千克
		经其他加工的谷物（例如，去壳、制成粒状、切片或粗磨）：				
1104.22.00	00	燕麦的	千克	0.5%[1]	0(A,AU,BH,CA,CL,CO,D,E,IL,JO,KR,MA,MX,OM,P,PA,PE,S,SG)	11%
1104.23.00	00	玉米的	千克	0.45美分/千克[1]	0(A,AU,BH,CA,CL,CO,D,E,IL,JO,KR,MA,MX,OM,P,PA,PE,S,SG)	1美分/千克
1104.29		其他谷类的：				
1104.29.10	00	大麦的	千克	1.2%[1]	0(A+,AU,BH,CA,CL,CO,D,E,IL,JO,KR,MA,MX,OM,P,PA,PE,S,SG)	17%
1104.29.90	00	其他	千克	2.7%[1]	0(A,AU,BH,CA,CL,CO,D,E,IL,JO,KR,MA,MX,OM,P,PA,PE,S,SG)	20%
1104.30.00	00	谷物胚芽,整粒、滚压、制片或磨碎的	千克	4.5%[1]	0(A,AU,BH,CA,CL,CO,D,E,IL,JO,KR,MA,MX,OM,P,PA,PE,S,SG)	20%
1105		马铃薯的细粉、粗粉、粉末、粉片、颗粒及团粒：				
1105.10.00	00	细粉、粗粉及粉末	千克	1.7美分/千克[1]	0(A,AU,BH,CA,CL,CO,D,E,IL,JO,KR,MA,MX,OM,P,PA,PE,S,SG)	5.5美分/千克

税则号列	统计后缀	货品名称	单位	税率 1 普通	税率 1 特惠	税率 2
1105.20.00	00	粉片、颗粒及团粒	千克	1.3美分/千克[1]	0(A+,AU,BH,CA,CL,CO,D,E,IL,JO,KR,MA,MX,OM,P,PA,PE,S,SG)	6.1美分/千克
1106		用品目0713的干豆或品目0714的西谷茎髓及植物根茎、块茎制成的细粉、粗粉及粉末;用第八章的产品制成的细粉、粗粉及粉末:				
1106.10.00	00	用品目0713的干豆制成的	千克	8.3%[1]	0(A*,AU,BH,CA,CL,CO,D,E,IL,JO,KR,MA,MX,OM,P,PA,PE,S,SG)	35%
1106.20		用品目0714的西谷茎髓及植物根茎、块茎制成的:				
1106.20.10	00	中国马蹄荸荠	千克	8.3%[1]	0(A,AU,BH,CA,CL,CO,D,E,IL,JO,KR,MA,MX,OM,P,PA,PE,S,SG)	35%
1106.20.90	00	其他	千克	0[1]		0
1106.30		用第八章的产品制成的:				
1106.30.20	00	香蕉和车前草	千克	2.8%[1]	0(A*,AU,BH,CA,CL,CO,D,E,IL,JO,KR,MA,MX,OM,P,PA,PE,S,SG)	20%
1106.30.40	00	其他[2]	千克	9.6%[1]	0(A,AU,BH,CA,CL,CO,D,E,IL,JO,KR,MA,MX,OM,P,PA,PE,S,SG)	20%
1107		麦芽,不论是否焙制:				
1107.10.00	00	未焙制	千克	0.3美分/千克[1]	0(A+,AU,BH,CA,CL,CO,D,E,IL,JO,KR,MA,MX,OM,P,PA,PE,S,SG)	0.88美分/千克
1107.20.00	00	已焙制	千克	0.42美分/千克[1]	0(A+,AU,BH,CA,CL,CO,D,E,IL,JO,KR,MA,MX,OM,P,PA,PE,S,SG)	0.88美分/千克
1108		淀粉;菊粉:				
		淀粉:				
1108.11.00		小麦淀粉		0.54美分/千克[1]	0(A,AU,BH,CA,CL,CO,D,E,IL,JO,KR,MA,MX,OM,P,PA,PE,S,SG)	3.3美分/千克
	10	食品用	千克			
	90	其他	千克			
1108.12.00		玉米淀粉		0.54美分/千克[1]	0(A,AU,BH,CA,CL,CO,D,E,IL,JO,KR,MA,MX,OM,P,PA,PE,S,SG)	3.3美分/千克
	10	食品用	千克			
	90	其他	千克			
1108.13.00		马铃薯淀粉		0.56美分/千克[1]	0(A+,AU,BH,CA,CL,CO,D,E,IL,JO,KR,MA,MX,OM,P,PA,PE,S,SG)	5.5美分/千克
	10	供人类消费	千克			
	90	其他	千克			
1108.14.00	00	木薯淀粉	千克	0[1]		0

税则号列	统计后缀	货品名称	单位	税率 1 普通	税率 1 特惠	2
1108.19.00		其他		0[1]		0
	10	非食品用谷类淀粉	千克			
	90	其他	千克			
1108.20.00	00	菊粉	千克	2.6%[1]	0(A,AU,BH,CA,CL,CO,D,E,IL,JO,KR,MA,MX,OM,P,PA,PE,S,SG)	50%
1109.00		面筋,不论是否干制:				
1109.00.10	00	作为动物饲料	千克	1.8%[1]	0(A,AU,BH,CA,CL,CO,D,E,IL,JO,KR,MA,MX,OM,P,PA,PE,S,SG)	20%
1109.00.90	00	其他	千克	6.8%[1]	0(A,BH,CA,CL,CO,D,E,IL,JO,KR,MA,MX,OM,P,PA,PE,S,SG)0.3%(AU)	20%

[1]见9903.88.03。

[2]见9903.88.46。

第十二章 含油子仁及果实;杂项子仁及果实;
工业用或药用植物;稻草、秸杆及饲料

注释:

一、品目1207主要包括油棕果及油棕仁、棉子、蓖麻子、芝麻、芥子、红花子、罂粟子、牛油树果;但不包括品目0801或品目0802的产品及油橄榄(第七章或第二十章)。

二、品目1208不仅包括未脱脂的细粉和粗粉,而且包括部分或全部脱脂以及用其本身的油料全部或部分复脂的细粉和粗粉;但不包括品目2304至2306的残渣。

三、甜菜子、草子及其他草本植物种子、观赏用花的种子、蔬菜种子、林木种子、果树种子、巢菜子(蚕豆除外)、羽扇豆属植物种子,可一律视为种植用种子,归入品目1209。

但下列各项即使作种子用,也不归入品目1209:

(一)豆类蔬菜或甜玉米(第七章);

(二)第九章的调味香料及其他产品;

(三)谷物(第十章);或者

(四)品目1201至1207或品目1211的产品。

四、品目1211主要包括下列植物或这些植物的某部分:罗勒、琉璃苣、人参、海索草、甘草、薄荷、迷迭香、芸香、鼠尾草及苦艾;但品目1211不包括:

(一)第三十章的药品;

(二)第三十三章的芳香料制品及化妆盥洗品;或者

(三)品目3808的杀虫剂、杀菌剂、除草剂、消毒剂及类似产品。

五、品目1212所称"海草及其他藻类"不包括:

(一)品目2102的已死的单细胞微生物;

(二)品目3002的培养微生物;或者

(三)品目3101或品目3105的肥料。

子目注释:

一、子目1205.10所称"低芥子酸油菜子"是指所获取的固定油中芥子酸含量按重量计低于2%,以及所得的固体成分每克葡萄糖苷酸(酯)含量低于30微摩尔的油菜子。

附加美国注释:

一、对于本章规定的任何种类的种子中的污垢或其他杂质,不得在重量上留有余量。

二、税号1202.30.40、税号1202.41.40、税号1202.42.40、税号2008.11.25和税号2008.11.45下进口花生的总数,在从每年4月1日至次年3月31日的12个月内,不得超过此外规定的数量(墨西哥产品不受此限制且不在下列数量限制内)。

	从每年4月1日至次年3月31日的12个月内的进口数量(吨)
阿根廷	43 901
其他国家或者地区	9 005

在此注释中,带壳花生的进口应按每100千克花生壳内75千克的数量计入本注释所列数量。

进口本注释下花生受美国贸易代表办公室或其他制定机构颁布法规的约束。

统计注释:

一、"有机认证"的认可标准清单见总统计注释六。

第十二章 含油子仁及果实;杂项子仁及果实;工业用或药用植物;稻草、秸杆及饲料

税则号列	统计后缀	货品名称	单位	税率 1 普通	税率 1 特惠	2
1201		大豆,不论是否破碎:				
1201.10.00	00	种用	千克	0[1]		4.4美分/千克
1201.90.00		其他		0[1]		4.4美分/千克
	05	用作油料的种子	千克			
		其他:				
	10	有机认证的	千克			
	90	其他	千克			
1202		未焙炒或未烹煮的花生,不论是否去壳或破碎:				
1202.30		种用:				
1202.30.05	00	本税则总注释十五描述,并根据其规定进口的	千克	6.6美分/千克[2]	0(A+,AU,BH,CA,CL,CO,D,E,IL,JO,KR,MA,MX,OM,P,PA,PE,S,SG)	15.4美分/千克
1202.30.40	00	本章附加美国注释二描述,并根据其规定进口的	千克	6.6美分/千克[1]	0(A*,BH,CA,CL,CO,D,E,IL,JO,KR,MA,OM,P,PA,PE,S,SG)	15.4美分/千克
1202.30.80	00	其他[3]	千克	131.8%[2]	0(BH,CL,JO,KR,MA,MX,OM,P,SG) 17.5%(PE) 43.9%(CO) 65.9%(PA) 见9908.12.01(IL) 见9913.12.05,9913.12.20(AU) 见9915.12.05,9915.12.20,9915.12.40(P+) 见9922.01.01至9922.01.12(S+)	155%
		其他:				
1202.41		未去壳:				
1202.41.05		本税则总注释十五描述,并根据其规定进口的		9.35美分/千克[2]	0(A+,AU,BH,CA,CL,CO,D,E,IL,JO,KR,MA,MX,OM,P,PA,PE,S,SG)	9.35美分/千克
	20	用作油料	千克			
	40	其他	千克			
1202.41.40		本章附加美国注释二描述,并根据其规定进口的		9.35美分/千克[2]	0(A*,BH,CA,CL,CO,D,E,IL,JO,KR,MA,OM,P,PA,PE,S,SG)	9.35美分/千克
	20	用作油料	千克			
	40	其他	千克			
1202.41.80		其他[3]		163.8%[2]	0(BH,CL,JO,KR,MA,MX,OM,P,SG) 21.8%(PE) 54.6%(CO) 81.9%(PA) 见9908.12.01(IL) 见9913.12.05至9913.12.10(AU) 见9915.12.05,9915.12.10,9915.12.30(P+) 见9922.01.01至9922.01.12(S+)	192.7%
	20	用作油料	千克			
	40	其他	千克			

税则号列	统计后缀	货品名称	单位	税率 1 普通	税率 1 特惠	2
1202.42		去壳,不论是否破碎:				
1202.42.05		本税则总注释十五描述,并根据其规定进口的		6.6美分/千克[2]	0(A+,AU,BH,CA,CL,CO,D,E,IL,JO,KR,MA,MX,OM,P,PA,PE,S,SG)	15.4美分/千克
	20	用作油料	千克			
	40	其他	千克			
1202.42.40		本章附加美国注释二描述,并根据其规定进口的		6.6美分/千克[2]	0(A*,BH,CA,CL,CO,D,E,IL,JO,KR,MA,OM,P,PA,PE,S,SG)	15.4美分/千克
	20	用作油料	千克			
	40	其他	千克			
1202.42.80		其他[3]		131.8%[2]	0(BH,CL,JO,KR,MA,MX,OM,P,SG) 17.5%(PE) 43.9%(CO) 65.9%(PA) 见9908.12.01(IL) 见9913.12.05,9913.12.20(AU) 见9915.12.05,9915.12.20,9915.12.40(P+) 见9922.01.01至9922.01.12(S+)	155%
	20	用作油料	千克			
	40	其他	千克			
1203.00.00	00	干椰子肉	千克	0[2]		0
1204.00.00		亚麻子,不论是否破碎:		0.39美分/千克[1]	0(A+,AU,BH,CA,CL,CO,D,E,IL,JO,KR,MA,MX,OM,P,PA,PE,S,SG)	2.55美分/千克
	10	种用	千克			
		用作油料:				
	25	有机认证的	千克			
	35	其他	千克			
	90	其他	千克			
1205		油菜子,不论是否破碎:				
1205.10.00		低芥子酸油菜子		0.58美分/千克[1]	0(A+,AU,BH,CA,CL,CO,D,E,IL,JO,KR,MA,MX,OM,P,PA,PE,S,SG)	4.4美分/千克
	10	种用	千克			
	20	用作油料	千克			
	90	其他	千克			
1205.90.00		其他		0.58美分/千克[1]	0(A+,AU,BH,CA,CL,CO,D,E,IL,JO,KR,MA,MX,OM,P,PA,PE,S,SG)	4.4美分/千克
	10	种用	千克			
	20	用作油料	千克			
	90	其他	千克			
1206.00.00		葵花子,不论是否破碎		0[1]		4.4美分/千克
	20	用作油料	千克			

税则号列	统计后缀	货品名称	单位	税率 1 普通	税率 1 特惠	税率 2
	31	种用	千克			
		其他:				
		供人类用:				
	61	带壳的	千克			
	69	其他	千克			
	90	其他	千克			
1207		其他含油子仁及果实,不论是否破碎:				
1207.10.00	00	棕榈果及棕榈仁	千克	0[2]		0
		棉子:				
1207.21.00	00	种用	千克	0.47美分/千克[2]	0(A+,AU,BH,CA,CL,CO,D,E,IL,JO,KR,MA,MX,OM,P,PA,PE,S,SG)	0.73美分/千克
1207.29.00	00	其他	千克	0.47美分/千克[2]	0(A+,AU,BH,CA,CL,CO,D,E,IL,JO,KR,MA,MX,OM,P,PA,PE,S,SG)	0.73美分/千克
1207.30.00	00	蓖麻子	千克	0[2]		0
1207.40.00	00	芝麻	千克	0[1]		2.6美分/千克
1207.50.00	00	芥子	千克	0[1]		4.4美分/千克
1207.60.00	00	红花子	千克	0[1]		0
1207.70.00		甜瓜的子	千克	0.83美分/千克[1]	0(A*,AU,BH,CA,CL,CO,D,E,IL,JO,KR,MA,MX,OM,P,PA,PE,S,SG)	13.2美分/千克
	20	哈密瓜[4]	千克			
	40	西瓜[4]	千克			
	75	其他[5]	千克			
		其他:				
1207.91.00	00	罂粟子	千克	0.06美分/千克[1]	0(A,AU,BH,CA,CL,CO,D,E,IL,JO,KR,MA,MX,OM,P,PA,PE,S,SG)	0.7美分/千克
1207.99.03		其他		0[1]		0
	10	油菊	千克			
		大麻子:				
	40	种用	千克			
	60	其他	千克			
	91	其他	千克			
1208		含油子仁或果实的细粉及粗粉,但芥子粉除外:				
1208.10.00		大豆粉		1.9%[1]	0(A+,AU,BH,CA,CL,CO,D,E,IL,JO,KR,MA,MX,OM,P,PA,PE,S,SG)	20%
	10	有机认证的	千克			
	90	其他	千克			

税则号列	统计后缀	货品名称	单位	税率 1 普通	税率 1 特惠	2
1208.90.00	00	其他	千克	1.4%[1]	0(A+,AU,BH,CA,CL,CO,D,E,IL,JO,KR,MA,MX,OM,P,PA,PE,S,SG)	20%
1209		种植用的种子、果实及孢子:				
1209.10.00	00	甜菜种子	千克	0[1]		0
		饲料植物种子:				
1209.21.00		紫苜蓿子		1.5美分/千克[1]	0(A,AU,BH,CA,CL,CO,D,E,IL,JO,KR,MA,MX,OM,P,PA,PE,S,SG)	17.6美分/千克
	20	认证的	千克			
	40	其他	千克			
1209.22		三叶草子				
1209.22.20	00	怀特和勒代诺	千克	1.6美分/千克[2]	0(A+,AU,BH,CA,CL,CO,D,E,IL,JO,KR,MA,MX,OM,P,PA,PE,S,SG)	13美分/千克
1209.22.40		其他		0[2]		18美分/千克
	20	杂三叶草	千克			
	30	深红色的	千克			
		红色的:				
	41	双纹路的	千克			
	49	其他	千克			
	60	甜味的	千克			
	95	其他	千克			
1209.23.00		羊茅子		0[2]		4.4美分/千克
	20	高的	千克			
		紫羊矛:				
	31	认证的	千克			
	39	其他	千克			
	60	草地	千克			
	90	其他	千克			
1209.24.00	00	草地早熟禾种子	千克	1.2美分/千克[2]	0(A+,AU,BH,CA,CL,CO,D,E,IL,JO,KR,MA,MX,OM,P,PA,PE,S,SG)	11美分/千克
1209.25.00		黑麦草种子		1.4美分/千克[1]	0(A+,AU,BH,CA,CL,CO,D,E,IL,JO,KR,MA,MX,OM,P,PA,PE,S,SG)	6.6美分/千克
	20	一年的	千克			
	40	多年生的	千克			
1209.29		其他:				
1209.29.10	00	甜菜	千克	0[1]		9美分/千克
1209.29.91		其他		0[1]		8%

第十二章 含油子仁及果实;杂项子仁及果实;工业用或药用植物;稻草、秸杆及饲料

税则号列	统计后缀	货品名称	单位	税率 1 普通	税率 1 特惠	2
	20	剪股颖	千克			
		百慕大草,种用:				
	25	去壳的	千克			
	26	其他	千克			
	30	鸟脚三叶草	千克			
		雀麦草:				
	36	草地	千克			
	37	平整的	千克			
	38	其他	千克			
	40	鸭矛	千克			
	60	苏丹草	千克			
		小麦苗:				
	71	冰草	千克			
	74	其他	千克			
	76	野生黑麦	千克			
	79	其他草	千克			
	96	其他	千克			
1209.30.00		草本花卉植物种子		1美分/千克[1]	0(A,AU,BH,CA,CL,CO,D,E,IL,JO,KR,MA,MX,OM,P,PA,PE,S,SG)	13.2美分/千克
	10	牵牛花	千克			
	90	其他[4]	千克			
		其他:				
1209.91		蔬菜种子:				
1209.91.10	00	菜花	千克	5.9美分/千克[1]	0(A+,AU,BH,CA,CL,CO,D,E,IL,JO,KR,MA,MX,OM,P,PA,PE,S,SG)	55美分/千克
1209.91.20	00	芹菜	千克	0[1]		4.4美分/千克
1209.91.40	00	洋葱	千克	0[1]		33美分/千克
1209.91.50	00	西芹	千克	0.68美分/千克[1]	0(A+,AU,BH,CA,CL,CO,D,E,IL,JO,KR,MA,MX,OM,P,PA,PE,S,SG)	4.4美分/千克
1209.91.60		辣椒		0[1]		33美分/千克
	10	甜椒[4]	千克			
	90	其他[5]	千克			
1209.91.80		其他		1.5美分/千克[1]	0(A*,AU,BH,CA,CL,CO,D,E,IL,JO,KR,MA,MX,OM,P,PA,PE,S,SG)	13.2美分/千克
	05	西蓝花	千克			
		卷心菜:				
	08	绿甘蓝	千克			

税则号列	统计后缀	货品名称	单位	税率 1 普通	税率 1 特惠	税率 2
	09	其他	千克			
	10	胡萝卜[4]	千克			
	20	萝卜[4]	千克			
	30	菠菜	千克			
	40	黄瓜[4]	千克			
	45	羽衣甘蓝	千克			
	47	大头菜	千克			
	50	生菜[4]	千克			
	54	欧洲萝卜	千克			
	55	南瓜[5]	千克			
	60	南瓜小果[4]	千克			
	70	西红柿[4]	千克			
	74	白萝卜	千克			
	90	其他[5]	千克			
1209.99		其他：				
1209.99.20	00	树和灌木	千克	0[1]		17.6美分/千克
1209.99.41		其他		0.83美分/千克[1]	0(A*,AU,BH,CA,CL,CO,D,E,IL,JO,KR,MA,MX,OM,P,PA,PE,S,SG)	13.2美分/千克
	70	烟草	千克			
	90	其他	千克			
1210		鲜或干的啤酒花,不论是否研磨或制成团粒;蛇麻腺:				
1210.10.00	00	啤酒花,未经研磨也未制成团粒	千克	13.2美分/千克[2]	0(A,AU,BH,CA,CL,CO,D,E,IL,JO,KR,MA,MX,OM,P,PA,PE,S,SG)	53美分/千克
1210.20.00		啤酒花,经研磨或制成团粒;蛇麻腺		13.2美分/千克[2]	0(A,AU,BH,CA,CL,CO,D,E,IL,JO,KR,MA,MX,OM,P,PA,PE,S,SG)	53美分/千克
	20	啤酒花球团	千克			
	40	其他	千克			
1211		主要用作香料、药用、杀虫、杀菌或类似用途的植物或这些植物的某部分(包括子仁及果实),鲜、冷、冻或干的,不论是否切割、压碎或研磨成粉				
1211.20		人参:				
1211.20.10		鲜或干的		0[1]		0
	20	种植的	千克			
	90	野生的	千克			
1211.20.15	00	冷或冻的	千克	6%[1]	0(A,AU,BH,CA,CL,CO,D,E,IL,JO,KR,MA,MX,OM,P,PA,PE,S,SG)	35%
1211.30.00	00	古柯叶	千克	0[1]		0

税则号列	统计后缀	货品名称	单位	税率 1 普通	税率 1 特惠	税率 2
1211.40.00	00	罂粟秆	千克	0[1]		0
1211.50.00	00	麻黄	千克	0[1]		0
1211.90		其他：				
		薄荷叶：				
1211.90.20	00	未加工的	千克	0[1]		0
1211.90.40		其他		4.8%[1]	0(A,AU,BH,CA,CL,CO,D,E,IL,JO,KR,MA,MX,OM,P,PA,PE,S,SG)	25%
	20	草药及草药浸剂(未混合的)	千克			
	40	其他	千克			
1211.90.60	00	零陵香豆	千克	6.6美分/千克[2]	0(A,AU,BH,CA,CL,CO,D,E,IL,JO,KR,MA,MX,OM,P,PA,PE,S,SG)	55美分/千克
		其他：				
1211.90.92		鲜或干的		0[1]		0
		具有麻醉、预防或治疗特性质,主要用作药物或药物成分的物质：				
	20	洋车前子	千克			
	31	其他	千克			
	40	罗勒	千克			
	50	鼠尾草	千克			
		其他：				
	80	草药及草药浸剂(单一物种,未混合的)	千克			
	90	其他	千克			
1211.90.93	00	冷或冻的	千克	6%[1]	0(A,AU,BH,CA,CL,CO,D,E,IL,JO,KR,MA,MX,OM,P,PA,PE,S,SG)	35%
1212		鲜、冷、冻或干的刺槐豆、海草及其他藻类、甜菜及甘蔗,不论是否碾磨；主要供人食用的其他品目未列名的果核、果仁及植物产品(包括未焙制的菊苣根)：				
		海草及其他藻类：				
1212.21.00	00	适合供人类消费的	千克	0[1]		0
1212.29.00	00	其他[4]	千克	0[1]		0
		其他：				
1212.91.00	00	甜菜	吨	39.7美分/吨[6]	0(A+,AU,BH,CA,CL,CO,D,E,IL,JO,KR,MA,MX,OM,P,PA,PE,S,SG)	88.2美分/吨
1212.92.00	00	刺槐豆	千克	0[1]		4.4美分/千克
1212.93.00	00	甘蔗	吨	1.24美元/吨[2]	0(A,AU,BH,CA,CL,CO,D,E,IL,JO,KR,MA,MX,OM,P,PA,PE,S,SG)	2.76美元/吨

税则号列	统计后缀	货品名称	单位	税率 1 普通	税率 1 特惠	2
1212.94.00	00	菊苣根	千克	0[2]		4.4美分/千克
1212.99		其他：				
		杏、桃(包括油桃)、梅或李的核及核仁：				
1212.99.20	00	油桃	千克	0[1]		4.4美分/千克
1212.99.30	00	其他	千克	1.5美分/千克[1]	0(A+,AU,BH,CA,CL,CO,D,E,IL,JO,KR,MA,MX,OM,P,PA,PE,S,SG)	6.6美分/千克
1212.99.92	00	其他[7]	千克	0[1]		4.4美分/千克
1213.00.00	00	未经处理的谷类植物的茎、秆及谷壳，不论是否切碎、碾磨、挤压或制成团粒	吨	0[1]		1.65美元/吨
1214		芜菁甘蓝、饲料甜菜、饲料用根、干草、紫苜蓿、三叶草、驴喜豆、饲料羽衣甘蓝、羽扇豆、巢菜及类似饲料，不论是否制成团粒：				
1214.10.00		紫苜蓿粗粉及团粒		1.4%[1]	0(A+,AU,BH,CA,CL,CO,D,E,IL,JO,KR,MA,MX,OM,P,PA,PE,S,SG)	20%
		脱水的：				
	10	立方体	吨			
	15	其他	吨			
		其他：				
		晒干的：				
	30	立方体	吨			
	50	其他	吨			
	60	其他	吨			
1214.90.00		其他		0[1]		5.51美元/吨
		干草：				
	10	苜蓿，不论是否双重压榨	吨			
	18	梯牧草	吨			
	25	其他	吨			
	30	三叶草	吨			
	90	其他	吨			

[1]见9903.88.03。

[2]见9903.88.15。

[3]见9904.12.01至9904.12.19。

[4]见9903.88.48。

[5]见9903.88.43。

[6]见9903.88.16。

[7]见9903.88.46。

第十三章 虫胶;树胶、树脂及其他植物液、汁

注释:

一、品目 1302 主要包括甘草、除虫菊、啤酒花、芦荟的浸膏及鸦片;但不包括:

(一)按重量计蔗糖含量在 10% 以上或制成糖食的甘草浸膏(品目 1734);

(二)麦芽膏(品目 1901);

(三)咖啡精、茶精、马黛茶精(品目 2101);

(四)构成含酒精饮料的植物汁、液(第二十二章);

(五)樟脑、甘草甜及品目 2914 或品目 2938 的其他产品;

(六)罂粟秆浓缩物,按重量计生物碱含量不低于 50%(品目 2939);

(七)品目 3003 或品目 3004 的药品及品目 3006 的血型试剂;

(八)鞣料或染料的浸膏(品目 3201 或品目 3203);

(九)精油、浸膏、净油、香膏、提取的油树脂或精油的水馏液及水溶液;饮料制造业用的以芳香物质为基料的制剂(第三十三章);或者

(十)天然橡胶、巴拉塔胶、古塔波胶、银胶菊胶、糖胶树胶或类似的天然树胶(品目 4001)。

税则号列	统计后缀	货品名称	单位	税率 1 普通	税率 1 特惠	2
1301		虫胶；天然树胶、树脂、树胶脂及油树脂（例如，香树脂）：				
1301.20.00	00	阿拉伯胶	千克	0[1]		1.1美分/千克
1301.90		其他：				
1301.90.40	00	松节油树胶（活树的含油性渗出物）	千克	1.3%[1]	0(A, AU, BH, CA, CL, CO, D, E, IL, JO, KR, MA, MX, OM, P, PA, PE, S, SG)	5%
1301.90.91		其他		0[1]		0
	05	香脂	千克			
	10	漂白紫胶	千克			
	20	紫胶籽	千克			
	30	胶黄耆树胶（卡喇杆胶）	千克			
	40	梧桐胶	千克			
	90	其他	千克			
1302		植物液汁及浸膏；果胶、果胶酸盐及果胶酸酯；从植物产品制得的琼脂、其他胶液及增稠剂，不论是否改性：				
		植物液汁及浸膏：				
1302.11.00	00	鸦片	无水吗啡含量	0[1]		40美元/千克无水吗啡含量
1302.12.00	00	甘草的	千克	3.8%[1]	0(A, AU, BH, CA, CL, CO, D, E, IL, JO, KR, MA, MX, OM, P, PA, PE, S, SG)	20%
1302.13.00	00	啤酒花的	千克	89美分/千克[1]	0(A+, AU, BH, CA, CL, CO, D, E, IL, JO, KR, MA, MX, OM, P, PA, PE, S, SG)	5.29美元/千克
1302.14.01	00	麻黄的	千克	1%[1]	0(A, AU, BH, CA, CL, CO, D, E, IL, JO, KR, MA, MX, OM, P, PA, PE, S, SG)	10%
1302.19		其他：				
		人参；具有麻醉、预防或治疗特性的物质：				
1302.19.21	00	罂粟草提取物	千克	0[1]		0
1302.19.41		其他		1%[1]	0(A, AU, BH, CA, CL, CO, D, E, IL, JO, KR, MA, MX, OM, P, PA, PE, S, SG)	10%
	20	人参	千克			
	40	其他	千克			
1302.19.91		其他		0[1]		0
	20	腰果壳液	千克			
	40	其他	千克			
1302.20.00	00	果胶物质、果胶和果胶酸盐	千克	0[1]		25%
		从植物产品制得的胶液及增稠剂，不论是否改性：				

税则号列	统计后缀	货品名称	单位	税率 1 普通	税率 1 特惠	2
1302.31.00	00	琼脂	千克	0[1]		25%
1302.32.00		从刺槐豆、刺槐豆子或瓜尔豆制得的胶液及增稠剂,不论是否改性		0[1]		0
	20	瓜尔豆	千克			
	40	刺槐豆	千克			
1302.39.00		其他		3.2%[1]	0(A+,AU,BH,CA,CL,CO,D,E,IL,JO,KR,MA,MX,OM,P,PA,PE,S,SG)	20%
	10	卡拉胶	千克			
	90	其他	千克			

[1]见9903.88.15。

第十四章 编结用植物材料；其他植物产品

注释：

一、本章不包括归入第十一类的下列产品：主要供纺织用的植物材料或植物纤维，不论其加工程度如何；或经过处理使其只能作为纺织原料用的其他植物材料。

二、品目1401 主要包括竹（不论是否劈开、纵锯、切段、圆端、漂白、磨光、染色或进行不燃处理）、劈开的柳条、芦苇及类似品和藤心、藤丝、藤片；但不包括木片条（品目4404）。

三、品目1404 不包括木丝（品目4405）及供制帚、制刷用成束、成簇的材料（品目9603）。

第十四章 编结用植物材料；其他植物产品

税则号列	统计后缀	货品名称	单位	税率 1 普通	税率 1 特惠	税率 2
1401		主要作编结用的植物材料(例如,竹、藤、芦苇、灯芯草、柳条、酒椰叶,已净、漂白或染色的谷类植物的茎秆,椴树皮):				
1401.10.00	00	竹	个	0[1]		0
1401.20		藤:				
1401.20.20		粗糙的或横向切割成部分的		0[2]		0
	10	粗糙的,长度为4米或以上	个			
	90	其他	个			
1401.20.40	00	其他	个	2%[3]	0(A,AU,BH,CA,CL,CO,D,E,IL,JO,KR,MA,MX,OM,P,PA,PE,S,SG)	20%
1401.90		其他:				
1401.90.20	00	柳树的	千克	4.4%[1]	0(A+,AU,BH,CA,CL,CO,D,E,IL,JO,KR,MA,MX,OM,P,PA,PE,S,SG)	35%
1401.90.40	00	其他	千克	3.2%[1]	0(A,AU,BH,CA,CL,CO,D,E,IL,JO,KR,MA,MX,OM,P,PA,PE,S,SG)	20%
1404		其他品目未列名的植物产品:				
1404.20.00	00	棉短绒	千克	0[1]		0
1404.90		其他:				
1404.90.10	00	植物纤维	千克	0.5美分/千克[1]	0(A+,AU,BH,CA,CL,CO,D,E,IL,JO,KR,MA,MX,OM,P,PA,PE,S,SG)	2.2美分/千克
		主要用于扫帚或刷子的植物材料(例如,高粱巴西棕榈叶纤维、沙发草和龙舌兰纤维),不论是否成捆:				
1404.90.20	00	高粱草	吨	4.95美元/吨[2]	0(A+,AU,BH,CA,CL,CO,D,E,IL,JO,KR,MA,MX,OM,P,PA,PE,S,SG)	22美元/吨
1404.90.30	00	龙舌兰纤维	千克	0[1]		0
1404.90.40	00	其他	千克	2.3%[1]	0(A*,AU,BH,CA,CL,CO,D,E,IL,JO,KR,MA,MX,OM,P,PA,PE,S,SG)	20%
1404.90.90		其他		0[1]		0
		主要供染料、鞣料用的植物原料:				
	20	卡纳伊格尔、栗树、克鲁佩、迪维迪维、桉树、五倍子、铁杉、落叶松、红树林植物、密罗巴兰、橡树、白蜡树、漆树、塔拉、乌伦代、瓦隆尼亚、金合欢和其他主要用于制革的材料	千克			
	40	其他	千克			
	90	其他	千克	[4]		[4]

[1]见 9903.88.03。

[2]见 9903.88.15。

［3］见 9903.88.16。

［4］根据这项规定,进口主要由非纸浆植物材料制成的香烟包装物或烟筒可征收联邦消费税(26U.S.C.5701)。

第三类　动、植物油、脂及其分解产品；精制的食用油脂；动、植物蜡

第十五章 动、植物油、脂及其分解产品;精制的食用油脂;动、植物蜡

注释:

一、本章不包括:

(一)品目 0209 的猪脂肪及家禽脂肪;

(二)可可脂、可可油(品目 1804);

(三)按重量计品目 0405 所列产品的含量超过 15% 的食品(通常归入第二十一章);

(四)品目 2301 的油渣或品目 2304 至 2306 的残渣;

(五)第六类 的脂肪酸、精制蜡、药品、油漆、清漆、肥皂、芳香料制品、化妆品、盥洗品、磺化油及其他货品;或者

(六)从油类提取的油膏(品目 4002)。

二、品目 1509 不包括用溶剂提取的橄榄油(品目 1510)。

三、品目 1508 不包括变性的油、脂及其分离品,这些货品应归入其相应的未变性油、脂及其分离品的品目。

四、皂料、油脚、硬脂沥青、甘油沥青及羊毛脂残渣,归入品目 1522。

子目注释:

一、子目 1514.11 及子目 1514.19 所称"低芥子酸菜子油"是指按重量计芥子酸含量低于 2% 的固定油。

附加美国注释:

一、第九十八章对美国渔产品作了规定。

统计注释:

一、商品单位"千克牛乳固体含量"包括所有的牛奶成分,不包括水。

二、"有机认证"认可标准清单见总统计注释六。

税则号列	统计后缀	货品名称	单位	税率 1 普通	税率 1 特惠	2
1501		猪脂肪(包括已炼制的猪油)及家禽脂肪,但品目0209及品目1503的货品除外:				
1501.10.00	00	猪油	千克	3美分/千克[1]	0(A+,AU,BH,CA,CL,CO,D,E,IL,JO,KR,MA,MX,OM,P,PA,PE,S,SG)	6.6美分/千克
1501.20.00		其他猪脂肪		3美分/千克[1]	0(A+,AU,BH,CA,CL,CO,D,E,IL,JO,KR,MA,MX,OM,P,PA,PE,S,SG)	6.6美分/千克
	40	精选白色动物油脂	千克			
	60	黄色动物油脂	千克			
	80	其他	千克			
1501.90.00	00	其他	千克	3美分/千克[1]	0(A+,AU,BH,CA,CL,CO,D,E,IL,JO,KR,MA,MX,OM,P,PA,PE,S,SG)	6.6美分/千克
1502		牛、羊脂肪,但品目1503的货品除外:				
1502.10.00		牛、羊油脂		0.43美分/千克[1]	0(A+,AU,BH,CA,CL,CO,D,E,IL,JO,KR,MA,MX,OM,P,PA,PE,S,SG)	7.7美分/千克
	20	可食用的	千克			
	40	不可食用的	千克			
1502.90.00	00	其他	千克	0.43美分/千克[1]	0(A+,AU,BH,CA,CL,CO,D,E,IL,JO,KR,MA,MX,OM,P,PA,PE,S,SG)	7.7美分/千克
1503.00.00	00	猪油硬脂、液体猪油、油硬脂、食用或非食用油脂,未经乳化、混合或其他方法制作	千克	2美分/千克[1]	0(A+,AU,BH,CA,CL,CO,D,E,IL,JO,KR,MA,MX,OM,P,PA,PE,S,SG)	8.8美分/千克
1504		鱼或海生哺乳动物的油、脂及其分离品,不论是否精制,但未经化学改性:				
1504.10		鱼肝油及其分离品:				
1504.10.20	00	银鳕鱼	千克	0[2]		0
1504.10.40	00	其他	千克	2.5%[2]	0(A+,AU,BH,CA,CL,CO,D,E,IL,JO,KR,MA,MX,OM,P,PA,PE,S,SG)	6.6美分/千克+10%
1504.20		除鱼肝油以外的鱼油、脂及其分离品:				
1504.20.20	00	银鳕鱼	千克	0[2]		0
1504.20.40	00	鲱鱼	千克	1美分/千克[2]	0(A,AU,BH,CA,CL,CO,D,E,IL,JO,KR,MA,MX,OM,P,PA,PE,S,SG)	8美分/千克
1504.20.60		其他	千克	1.5美分/千克+5%[2]	0(A,AU,BH,CA,CL,CO,D,E,IL,JO,KR,MA,MX,OM,P,PA,PE,S,SG)	6.6美分/千克+20%
	20	鲱鱼	千克			
	40	其他	千克			
1504.30.00	00	海生哺乳动物的油、脂及其分离品	千克	1.7美分/千克+5%[1]	0(A,AU,BH,CA,CL,CO,D,E,IL,JO,KR,MA,MX,OM,P,PA,PE,S,SG)	6.6美分/千克+20%
1505.00		羊毛脂及从羊毛脂制得的脂肪物质(包括纯净的羊毛脂):				

第十五章 动、植物油、脂及其分解产品;精制的食用油脂;动、植物蜡

税则号列	统计后缀	货品名称	单位	税率 普通	税率 1 特惠	税率 2
1505.00.10	00	粗羊毛润滑脂	千克	1.3美分/千克[2]	0(A,AU,BH,CA,CL,CO,D,E,IL,JO,KR,MA,MX,OM,P,PA,PE,S,SG)	9.5美分/千克
1505.00.90	00	其他	千克	2.4%[2]	0(A,AU,BH,CA,CL,CO,D,E,IL,JO,KR,MA,MX,OM,P,PA,PE,S,SG)	27%
1506.00.00	00	其他动物油、脂及其分离品,不论是否精制,但未经化学改性:	千克	2.3%[2]	0(A,AU,BH,CA,CL,CO,D,E,IL,JO,KR,MA,MX,OM,P,PA,PE,S,SG)	20%
1507		豆油及其分离品,不论是否精制,但未经化学改性:				
1507.10.00	00	初榨的,不论是否脱胶	千克	19.1%[1]	0(A+,AU,BH,CA,CL,CO,D,E,IL,JO,KR,MA,MX,OM,P,PA,PE,S,SG)	45%
1507.90		其他:				
1507.90.20	00	药品级,符合FDA要求,用于静脉注射脂肪乳剂,每千克价值超过5美元	千克	0[1]		10%
1507.90.40		其他		19.1%[1]	0(A+,AU,BH,CA,CL,CO,D,E,IL,JO,KR,MA,MX,OM,P,PA,PE,S,SG)	45%
	20	一次精炼(经碱洗,但未漂白或除臭)	千克			
	40	其他(完全精炼、洗涤、漂白或除臭)	千克			
1508		花生油及其分离品,不论是否精制,但未经化学改性:				
1508.10.00	00	初榨的	千克	7.5美分/千克[1]	0(A+,BH,CA,CL,CO,D,E,IL,JO,KR,MA,MX,OM,P,PA,PE,S,SG)0.3美分/千克(AU)	8.8美分/千克
1508.90.00	00	其他	千克	7.5美分/千克[1]	0(A+,BH,CA,CL,CO,D,E,IL,JO,KR,MA,MX,OM,P,PA,PE,S,SG)0.3美分/千克(AU)	8.8美分/千克
1509		油橄榄油及其分离品,不论是否精制,但未经化学改性:				
1509.10		初榨的:				
1509.10.20		与直接容器同称重量在18千克以下		5美分/千克含容器重量[3]	0(A,AU,BH,CA,CL,CO,D,E,IL,JO,KR,MA,MX,OM,P,PA,PE,S,SG)	17.6美分/千克含容器重量
		有机认证的:				
	30	标签为优质初榨的	千克			
	40	其他	千克			
		其他:				
	50	标签为优质初榨的	千克			
	60	其他	千克			
1509.10.40		其他		3.4美分/千克[1]	0(A,AU,BH,CA,CL,CO,D,E,IL,JO,KR,MA,MX,OM,P,PA,PE,S,SG)	14.3美分/千克

税则号列	统计后缀	货品名称	单位	税率 1 普通	税率 1 特惠	2
		有机认证的：				
	30	标签为优质初榨的	千克			
	40	其他	千克			
		其他：				
	50	标签为优质初榨的	千克			
	60	其他	千克			
1509.90		其他：				
1509.90.20	00	与直接容器一起称重在18千克以下	千克	5美分/千克含容器重量[3]	0(A, AU, BH, CA, CL, CO, D, E, IL, JO, KR, MA, MX, OM, P, PA, PE, S, SG)	17.6美分/千克含容器重量
1509.90.40	00	其他	千克	3.4美分/千克[1]	0(A, AU, BH, CA, CL, CO, D, E, IL, JO, KR, MA, MX, OM, P, PA, PE, S, SG)	14.3美分/千克
1510.00		其他橄榄油及其分离品,不论是否精制,但未经化学改性,包括掺有品目1509的油或分离品的混合物：				
1510.00.20	00	不适合用作食物的	千克	0[1]		0
		其他：				
1510.00.40	00	与直接容器一起称重在18千克以下	千克	5美分/千克含容器重量[4]	0(A, AU, BH, CA, CL, CO, D, E, IL, JO, KR, MA, MX, OM, P, PA, PE, S, SG)	17.6美分/千克含容器重量
1510.00.60	00	其他	千克	3.4美分/千克[1]	0(A, AU, BH, CA, CL, CO, D, E, IL, JO, KR, MA, MX, OM, P, PA, PE, S, SG)	14.3美分/千克
1511		棕榈油及其分离品,不论是否精制,但未经化学改性：				
1511.10.00	00	初榨的	千克	0[1]		0
1511.90.00	00	其他	千克	0[1]		0
1512		葵花油、红花油或棉子油及其分离品,不论是否精制,但未经化学改性：				
		葵花油或红花油及其分离品：				
1512.11.00		初榨的		1.7美分/千克+3.4%[1]	0(A+, AU, BH, CA, CL, CO, D, E, IL, JO, KR, MA, MX, OM, P, PA, PE, S, SG)	9.9美分/千克+20%
	20	葵花油	千克			
	40	红花油	千克			
1512.19.00		其他		1.7美分/千克+3.4%[1]	0(A+, AU, BH, CA, CL, CO, D, E, IL, JO, KR, MA, MX, OM, P, PA, PE, S, SG)	9.9美分/千克+20%
	20	葵花油	千克			
	40	红花油	千克			
		棉子油及其分离品：				
1512.21.00	00	初榨的,不论是否去除棉子酚	千克	5.6美分/千克[1]	0(A+, AU, BH, CA, CL, CO, D, E, IL, JO, KR, MA, MX, OM, P, PA, PE, S, SG)	6.6美分/千克

税则号列	统计后缀	货品名称	单位	税率 1 普通	税率 1 特惠	2
1512.29.00		其他		5.6美分/千克[1]	0(A+,AU,BH,CA,CL,CO,D,E,IL,JO,KR,MA,MX,OM,P,PA,PE,S,SG)	6.6美分/千克
	20	一次精炼(经碱洗,但未漂白或除臭)	千克			
	40	其他(完全精炼、水洗、漂白或除臭)	千克			
1513		椰子油、棕榈仁油或巴巴苏棕榈果油及其分离品,不论是否精制,但未经化学改性:				
		椰子油及其分离品:				
1513.11.00	00	初榨的	千克	0[1]		4.4美分/千克
1513.19.00	00	其他	千克	0[1]		4.4美分/千克
		棕榈仁油或巴巴苏棕榈果油及其分离品:				
1513.21.00	00	初榨的	千克	0[1]		2.2美分/千克
1513.29.00	00	其他	千克	0[1]		2.2美分/千克
1514		菜子油或芥子油及其分离品,不论是否精制,但未经化学改性:				
		低芥子酸菜子油及其分离品:				
1514.11.00	00	初榨的	千克	6.4%[1]	0(A+,AU,BH,CA,CL,CO,D,E,IL,JO,KR,MA,MX,OM,P,PA,PE,S,SG)	22.5%
1514.19.00	00	其他	千克	6.4%[1]	0(A+,AU,BH,CA,CL,CO,D,E,IL,JO,KR,MA,MX,OM,P,PA,PE,S,SG)	22.5%
		其他:				
1514.91		初榨的				
1514.91.10	00	进口用于制造橡胶替代品或润滑油	千克	0[5]		1.8美分/千克
1514.91.90		其他		6.4%[1]	0(A+,AU,BH,CA,CL,CO,D,E,IL,JO,KR,MA,MX,OM,P,PA,PE,S,SG)	22.5%
	10	油菜或菜籽油及其分离品	千克			
	20	芥子油及其分离品	千克			
1514.99		其他:				
1514.99.10	00	进口用于制造橡胶替代品或润滑油	千克	0[1]		1.8美分/千克
		其他:				
1514.99.50		改性的		1.3美分/千克[1]	0(A+,AU,BH,CA,CL,CO,D,E,IL,JO,KR,MA,MX,OM,P,PA,PE,S,SG)	9.92美分/千克
	10	油菜或菜籽油及其分离品	千克			

税则号列	统计后缀	货品名称	单位	税率 1 普通	税率 1 特惠	2
	20	芥子油及其分离品	千克			
1514.99.90		其他		6.4%[6]	0(A+,AU,BH,CA,CL,CO,D,E,IL,JO,KR,MA,MX,OM,P,PA,PE,S,SG)	22.5%
	10	油菜或菜籽油及其分离品	千克			
	20	芥子油及其分离品	千克			
1515		其他固定植物油、脂(包括希蒙得木油)及其分离品,不论是否精制,但未经化学改性:				
		亚麻子油及其分离品:				
1515.11.00	00	初榨的	千克	6.3美分/千克[1]	0(A+,AU,BH,CA,CL,CO,D,E,IL,JO,KR,MA,MX,OM,P,PA,PE,S,SG)	9.9美分/千克
1515.19.00	00	其他	千克	6.3美分/千克[1]	0(A+,AU,BH,CA,CL,CO,D,E,IL,JO,KR,MA,MX,OM,P,PA,PE,S,SG)	9.9美分/千克
		玉米油及其分离品:				
1515.21.00	00	初榨的	千克	3.4%[1]	0(A+,AU,BH,CA,CL,CO,D,E,IL,JO,KR,MA,MX,OM,P,PA,PE,S,SG)	20%
1515.29.00		其他		3.4%[1]	0(A+,AU,BH,CA,CL,CO,D,E,IL,JO,KR,MA,MX,OM,P,PA,PE,S,SG)	20%
	20	一次精炼(经碱洗,但未漂白或除臭)	千克			
	40	其他(完全精炼、水洗、漂白或除臭)	千克			
1515.30.00	00	蓖麻油及其分离品	千克	0[1]		6.6美分/千克
1515.50.00	00	芝麻油及其分离品	千克	0.68美分/千克[1]	0(A*,AU,BH,CA,CL,CO,D,E,IL,JO,KR,MA,MX,OM,P,PA,PE,S,SG)	6.6美分/千克
1515.90		其他:				
1515.90.21	00	坚果油	千克	0[1]		0
1515.90.60	00	希蒙得木油(霍霍巴油)及其分离品	千克	2.3%[1]	0(A*,AU,BH,CA,CL,CO,D,E,IL,JO,JP,KR,MA,MX,OM,P,PA,PE,S,SG)	20%
1515.90.80		其他		3.2%[1]	0(A*,AU,BH,CA,CL,CO,D,E,IL,JO,JP,KR,MA,MX,OM,P,PA,PE,S,SG)	20%
	10	大麻油	千克			
	90	其他	千克			
1516		动、植物油、脂及其分离品,全部或部分氢化、相互酯化、再酯化或反油酸化,不论是否精制,但未经进一步加工:				
1516.10.00	00	动物油、脂及其分离品	千克	7美分/千克[1]	0(A,AU,BH,CA,CL,CO,D,E,IL,JO,KR,MA,MX,OM,P,PA,PE,S,SG)	11美分/千克

第十五章 动、植物油、脂及其分解产品;精制的食用油脂;动、植物蜡

税则号列	统计后缀	货品名称	单位	税率 1 普通	税率 1 特惠	2
1516.20		植物油、脂及其分离品:				
1516.20.10	00	菜籽油	千克	7.7%[1]	0(A+,AU,BH,CA,CL,CO,D,E,IL,JO,KR,MA,MX,OM,P,PA,PE,S,SG)	12.5%
1516.20.90	00	其他	千克	8.8美分/千克[1]	0(A+,AU,BH,CA,CL,CO,D,E,IL,JO,KR,MA,MX,OM,P,PA,PE,S,SG)	11美分/千克
1517		人造黄油;本章各种动、植物油、脂及其分离品混合制成的食用油、脂或制品,但品目1516的食用油、脂及其分离品除外:				
1517.10.00	00	人造黄油,但不包括液态的	千克	12.3美分/千克[1]	0(A+,AU,BH,CA,CL,CO,D,E,IL,JO,KR,MA,MX,OM,P,PA,PE,S,SG)	31美分/千克
1517.90		其他:				
		品目1501至1515的两种或以上产品的人工混合物:				
1517.90.10		含有5%或以上(按重量计)大豆油或其任何部分		18%[1]	0(A,AU,BH,CA,CL,CO,D,E,IL,JO,KR,MA,MX,OM,P,PA,PE,S,SG)	45%
	20	沙拉和食用油	千克			
		烘焙或煎炸用油:				
	40	完全为蔬菜油	千克			
	60	其他	千克			
	80	其他	千克			
1517.90.20		其他		8%[1]	0(A,AU,BH,CA,CL,CO,D,E,IL,JO,KR,MA,MX,OM,P,PA,PE,S,SG)	25%
	20	沙拉和食用油	千克			
		烘焙或煎炸用油:				
	40	完全为蔬菜油	千克			
	60	其他	千克			
	80	其他	千克			
		其他:				
		第四章附加美国注释一描述的乳制品:				
1517.90.45	00	本税则总注释十五描述,并根据其规定进口的	千克	11美分/千克[1]	0(A+,AU,BH,CA,CL,CO,D,E,IL,JO,KR,MA,MX,OM,P,PA,PE,S,SG)	11美分/千克
1517.90.50	00	第四章附加美国注释十描述,并根据其规定进口的	千克 千克牛乳固体含量	11美分/千克[1]	0(A+,AU,BH,CA,CL,CO,D,E,IL,JO,KR,MA,MX,OM,P,PA,PE,S,SG)	11美分/千克

税则号列	统计后缀	货品名称	单位	税率 1 普通	税率 1 特惠	2
1517.90.60	00	其他[7]	千克 千克牛乳固体含量	34.2美分/千克[1]	0(BH,CL,JO,MA,MX,OM,SG) 11.4美分/千克(PA)13.6美分/千克(P) 见9823.08.01至9823.08.38(S+) 见9913.04.25(AU) 见9915.04.30,9915.04.40, 9915.04.64(P+) 见9917.04.20,9917.04.28(PE) 见9918.04.60,9918.04.68(CO) 见9920.04.10,9920.04.18(KR)	40.2美分/千克
1517.90.90		其他		8.8美分/千克[1]	0(A+,AU,BH,CA,CL,CO,D,E,IL,JO,KR,MA,MX,OM,P,PA,PE,S,SG)	11美分/千克
	15	部分氢化沙拉和食用油	千克			
	25	全氢化大豆油	千克			
	85	全氢化棉籽油	千克			
	90	其他	千克			
1518.00		动、植物油、脂及其分离品,经过熟炼、氧化、脱水、硫化、吹制或在真空、惰性气体中加热聚合及用其他化学方法改性的,但品目1516的产品除外;本章各种油、脂及其分离品混合制成的其他品目未列名的非食用油、脂或制品:				
1518.00.20	00	亚麻籽或亚麻籽油	千克	6.3美分/千克[1]	0(A+,AU,BH,CA,CL,CO,D,E,IL,JO,KR,MA,MX,OM,P,PA,PE,S,SG)	9.9美分/千克
1518.00.40	00	其他	千克	8%[1]	0(A,AU,BH,CA,CL,CO,D,E,IL,JO,KR,MA,MX,OM,P,PA,PE,S,SG)	25%
1520.00.00	00	粗甘油;甘油水及甘油碱液	千克	0[1]		2.2美分/千克
1521		植物蜡(甘油三酯除外)、蜂蜡、其他虫蜡及鲸蜡,不论是否精制或着色:				
1521.10.00		植物蜡		0[1]		0
	20	小烛树蜡	千克			
	40	巴西棕榈	千克			
	60	其他	千克			
1521.90		其他:				
1521.90.20	00	漂白蜂蜡	千克	4.8%[1]	0(A,AU,BH,CA,CL,CO,D,E,IL,JO,KR,MA,MX,OM,P,PA,PE,S,SG)	30%
1521.90.40	00	其他	千克	0[1]		0
1522.00.00	00	油鞣回收脂;加工处理油脂物质及动、植物蜡所剩的残渣	千克	3.8%[1]	0(A+,AU,BH,CA,CL,CO,D,E,IL,JO,KR,MA,MX,OM,P,PA,PE,S,SG)	30%

[1]见9903.88.15。
[2]见9903.88.03。

[3]见 9903.88.15 和 9903.89.13。
[4]见 9903.88.15。
[5]见 9903.88.16。
[6]见 9902.01.02 和 9903.88.15。
[7]见 9904.04.50 至 9904.05.01。

第四类　食品；饮料、酒及醋；烟草及烟草代用品的制品

注释：

一、本类所称"团粒"是指直接挤压或加入按重量计比例不超过3%的粘合剂制成的粒状产品。

附加美国注释：

一、本节所称"罐装"是指通过热处理保存在密封容器中，该热处理可以破坏或灭活微生物以及可能导致腐败的酶。

二、在本章节中，除非另有规定：

（一）所称"干重百分比"是指糖含量占产品总固体的百分比；

（二）所称"可以进一步加工或者与类似或其他成分混合"指的是在一定条件或容器中进口的产品可以进行任何额外的预制、处理或制造，或者可以与任何额外的成分（包括水或任何其他液体）混合或组合，但最终消费者在产品消费之前加工或者将其与其他成分混合的操作除外。

（三）所称"准备以与进口时相同的形式或包装向最终消费者销售"指的是该产品不经过任何形式或包装上的改变，直接以易于识别的旨在向最终消费者零售的包装尺寸和标签进口。

（四）所称"最终消费者"不包括医院、监狱和军事等机构或者餐厅、酒店、酒吧或面包店等餐饮服务机构。

第十六章 肉、鱼、甲壳动物、软体动物及其他水生无脊椎动物的制品

注释：

一、本章不包括用第二章、第三章及品目0504所列方法制作或保藏的肉、食用杂碎、鱼、甲壳动物、软体动物或其他水生无脊椎动物。

二、本章的食品按重量计必须含有20%以上的香肠、肉、食用杂碎、动物血、鱼、甲壳动物、软体动物或其他水生无脊椎动物及其混合物。对于含有两种或以上前述产品的食品，则应按其中重量最大的产品归入第十六章的相应品目。但本条规定不适用于品目1902的包馅食品或者品目2103或品目2104的食品。

子目注释：

一、子目1602.10所称"均化食品"是指用肉、食用杂碎或动物血经精细均化制成供婴幼儿食用或营养用的零售包装食品（每件净重不超过250克）。为了调味、保藏或其他目的，均化食品中可以加入少量其他配料，还可以含有少量可见的肉粒或食用杂碎粒。归类时，该子目优先于品目1602中的所有其他子目。

二、品目1604或品目1605项下各子目所列的是鱼、甲壳动物、软体动物及其他水生无脊椎动物的俗名，它们与第三章中相同名称的鱼、甲壳动物、软体动物及其他水生无脊椎动物的种类范围相同。

附加美国注释：

一、本章所称"油浸"是指包装在油或者添加的油和其他物质中，不论这些油是在包装时或是在包装之前引入的。

二、在对肉类产品征税时，不得考虑包括骨骼、脂肪、皮在内的正常成分。对于密封容器中的肉类，需要按照包括容器在内的特殊税率征税。

三、税号1604.14.22和税号1604.14.33的来自自由联盟国的吞拿鱼和鲣鱼，在本税则总注释十（三）规定的条款和总数量下免税。从自由联盟国进口的或从仓库进出以供消费的货物超过总数量规定的，应当按照适当子目以第一栏"普通"子栏设置的税率征税。

统计注释：

一、进口虾或虾制品须遵守1989年11月21日第101-162号公法第609节的规定（《美国法典》第16卷第1537节注）。

税则号列	统计后缀	货品名称	单位	税率 1 普通	税率 1 特惠	2
1601.00		肉、食用杂碎或动物血制成的香肠及类似产品；用香肠制成的食品：				
1601.00.20		猪肉		0.8美分/千克[1]	0(A,AU,BH,CA,CL,CO,D,E,IL,JO,KR,MA,MX,OM,P,PA,PE,S,SG)	7.2美分/千克
	10	罐装	千克			
	90	其他	千克			
		其他：				
1601.00.40		牛肉，装在密封容器中		3.4%[2]	0(A,AU,BH,CA,CL,CO,D,E*,IL,JO,KR,MA,MX,OM,P,PA,PE,S,SG)	30%
	10	罐装	千克			
	90	其他	千克			
1601.00.60		其他		3.2%[2]	0(A,AU,BH,CA,CL,CO,D,E*,IL,JO,KR,MA,MX,OM,P,PA,PE,S,SG)	20%
	20	牛肉	千克			
		其他：				
	60	罐装	千克			
	80	其他	千克			
1602		其他方法制作或保藏的肉、食用杂碎或动物血：				
1602.10		均化食品：				
1602.10.10	00	供婴儿食用或营养用的零售包装食品	千克	1.9%[2]	0(A+,AU,BH,CA,CL,CO,D,E*,IL,JO,KR,MA,MX,OM,P,PA,PE,S,SG)	30%
1602.10.50		供幼儿食用的零售包装食品		6.4%[2]	0(A,AU,BH,CA,CL,CO,D,E,IL,JO,KR,MA,MX,OM,P,PA,PE,S,SG)	20%
	60	罐装	千克			
	80	其他	千克			
1602.20		动物肝：				
1602.20.20	00	鹅的	千克	4.9美分/千克[2]	0(A+,AU,BH,CA,CL,CO,D,E,IL,JO,KR,MA,MX,OM,P,PA,PE,S,SG)	22美分/千克
1602.20.40	00	其他	千克	3.2%[2]	0(A,AU,BH,CA,CL,CO,D,E*,IL,JO,KR,MA,MX,OM,P,PA,PE,S,SG)	20%
		品目0105的家禽的：				
1602.31.00		火鸡的		6.4%[2]	0(A,AU,BH,CA,CL,CO,D,E,IL,JO,KR,MA,MX,OM,P,PA,PE,S,SG)	20%
	20	备餐	千克			
	40	其他	千克			
1602.32.00		鸡的		6.4%[3]	0(A,AU,BH,CA,CL,CO,D,E,IL,JO,KR,MA,MX,OM,P,PA,PE,S,SG)	20%

税则号列	统计后缀	货品名称	单位	税率 1 普通	税率 1 特惠	2
		备餐：				
	10	装在密封容器中	千克			
	30	其他	千克			
	40	其他	千克			
1602.39.00		其他		6.4%[2]	0(A,AU,BH,CA,CL,CO,D,E,IL,JO,KR,MA,MX,OM,P,PA,PE,S,SG)	20%
		备餐：				
	15	装在密封容器中	千克			
	35	其他	千克			
	45	其他	千克			
		猪的：				
1602.41		后腿及其肉块：				
1602.41.10	00	含有谷物或蔬菜的	千克	6.4%[2]	0(A,AU,BH,CA,CL,CO,D,E,IL,JO,KR,MA,MX,OM,P,PA,PE,S,SG)	20%
		其他：				
1602.41.20		去骨,煮熟,装在密封容器中		5.3美分/千克[2]	0(A,AU,BH,CA,CL,CO,D,E,IL,JO,KR,MA,MX,OM,P,PA,PE,S,SG)	6.6美分/千克
	20	装在容量小于1千克的容器中	千克			
	40	其他	千克			
1602.41.90	00	其他	千克	1.4美分/千克[4]	0(A+,AU,BH,CA,CL,CO,D,E,IL,JO,KR,MA,MX,OM,P,PA,PE,S,SG)	7.2美分/千克
1602.42		前腿及其肉块：				
1602.42.20		去骨,煮熟,装在密封容器中		4.2美分/千克[4]	0(A,AU,BH,CA,CL,CO,D,E,IL,JO,KR,MA,MX,OM,P,PA,PE,S,SG)	6.6美分/千克
	20	装在容量小于1千克的容器中	千克			
	40	其他	千克			
1602.42.40	00	其他	千克	1.4美分/千克[4]	0(A+,AU,BH,CA,CL,CO,D,E,IL,JO,KR,MA,MX,OM,P,PA,PE,S,SG)	7.2美分/千克
1602.49		其他,包括混合的肉：				
1602.49.10	00	内脏	千克	3.2%[5]	0(A,AU,BH,CA,CL,CO,D,E,IL,JO,KR,MA,MX,OM,P,PA,PE,S,SG)	20%
		其他：				
		不含谷物或蔬菜的：				
1602.49.20	00	去骨,煮熟,装在密封容器中	千克	4.2美分/千克[6]	0(A,AU,BH,CA,CL,CO,D,E,IL,JO,KR,MA,MX,OM,P,PA,PE,S,SG)	6.6美分/千克
1602.49.40	00	其他	千克	1.4美分/千克[4]	0(A,AU,BH,CA,CL,CO,D,E,IL,JO,KR,MA,MX,OM,P,PA,PE,S,SG)	7.2美分/千克

税则号列	统计后缀	货品名称	单位	税率 1 普通	税率 1 特惠	2
		其他:				
1602.49.60	00	猪肉和牛肉的混合物	千克	3.2%[2]	0(A,AU,BH,CA,CL,CO,D,E*,IL,JO,KR,MA,MX,OM,P,PA,PE,S,SG)	20%
1602.49.90	00	其他	千克	6.4%[4]	0(A,AU,BH,CA,CL,CO,D,E,IL,JO,KR,MA,MX,OM,P,PA,PE,S,SG)	20%
1602.50		牛的:				
1602.50.05	00	内脏	千克	2.3%[2]	0(A*,AU,BH,CA,CL,CO,D,E*,IL,JO,KR,MA,MX,OM,P,PA,PE,S,SG)	20%
		其他:				
		不含谷物或蔬菜的:				
		腌制的:				
1602.50.07		腌牛肉,装在密封容器中		0[2]		30%
	20	装在容量小于1千克的容器中	千克			
	40	其他	千克			
1602.50.08	00	其他	千克	4.5%[2]	0(A*,AU,BH,CA,CL,CO,D,E*,IL,JO,KR,MA,MX,OM,P,PA,PE,S,SG)	30%
		其他:				
1602.50.21		装在密封容器中		1.4%[2]	0(A*,AU,BH,CA,CL,CO,D,E*,IL,JO,KR,MA,MX,OM,P,PA,PE,S,SG)	30%
	20	装在容量小于1千克的容器中	千克			
	40	其他	千克			
1602.50.60	00	其他	千克	1.8%[2]	0(A+,AU,BH,CA,CL,CO,D,E*,IL,JO,KR,MA,MX,OM,P,PA,PE,S,SG)	20%
1602.50.90		其他	千克	2.5%[2]	0(A,AU,BH,CA,CL,CO,D,E*,IL,JO,KR,MA,MX,OM,P,PA,PE,S,SG)	20%
	20	备餐	千克			
	40	其他	千克			
1602.90		其他,包括动物血的食品:				
1602.90.10	00	青蛙肉	千克	2.7%[7]	0(A,AU,BH,CA,CL,CO,D,E,IL,JO,KR,MA,MX,OM,P,PA,PE,S,SG)	20%
1602.90.91		其他	千克	6.4%[2]	0(A,AU,BH,CA,CL,CO,D,E,IL,JO,KR,MA,MX,OM,P,PA,PE,S,SG)	20%
	60	罐装	千克			
	80	其他	千克			
1603.00		肉、鱼、甲壳动物、软体动物或其他水生无脊椎动物的精及汁:				

第十六章 肉、鱼、甲壳动物、软体动物及其他水生无脊椎动物的制品

税则号列	统计后缀	货品名称	单位	税率 1 普通	税率 1 特惠	税率 2
1603.00.10	00	蛤蜊汁	千克	8.5%[3]	0(A+,AU,BH,CA,CL,CO,D,E,IL,JO,KR,MA,MX,OM,P,PA,PE,S,SG)	35%
1603.00.90		其他		0[3]		13%
	10	肉的	千克			
	90	其他	千克			
1604		制作或保藏的鱼;鲟鱼子酱及鱼卵制的鲟鱼子酱代用品:				
		鱼,整条或切块,但未绞碎:				
1604.11		鲑鱼:				
1604.11.20		油浸,装在密封容器中		6%[3]	0(A+,AU,BH,CA,CL,CO,D,E,IL,JO,KR,MA,MX,OM,P,PA,PE,S,SG)	30%
	20	粉鲑鱼	千克			
	30	红鲑鱼	千克			
	90	其他	千克			
1604.11.40		其他		0[3]		25%
		罐装:				
	10	马苏大马哈鱼	千克			
	20	粉鲑鱼	千克			
	30	红鲑鱼	千克			
	40	其他	千克			
	50	其他	千克			
1604.12		鲱鱼:				
1604.12.20	00	油浸,装在密封容器中	千克	4%[3]	0(A+,AU,BH,CA,CL,CO,D,E,IL,JO,KR,MA,MX,OM,P,PA,PE,S,SG)	30%
		其他:				
1604.12.40	00	用番茄酱熏制或腌制,直接装在容器中,与内容物同称每件重量超过0.45千克	千克	0[3]		25%
1604.12.60		其他		0[3]		25%
		腌制:				
	10	鱼片	千克			
	30	其他	千克			
		其他:				
	50	罐头熏鲱鱼片	千克			
	90	其他	千克			
1604.13		沙丁鱼、小沙丁鱼属、黍鲱或西鲱:				
		油浸,装在密封容器中:				
1604.13.10	00	烟熏三文鱼,既不去皮也不去骨,装在镀锡铁皮的容器中每千克价值1美元或以上,装在其他容器中每千克价值1.1美元或以上	千克	0[3]		30%

税则号列	统计后缀	货品名称	单位	税率 1 普通	税率 1 特惠	2
		其他：				
1604.13.20	00	既不去皮也不去骨	千克	15%[3]	0(A+,AU,BH,CA,CL,CO,D,E,IL,JO,KR,MA,MX,OM,P,PA,PE,S,SG)	30%
1604.13.30	00	去皮的或者去骨的	千克	20%[3]	0(A+,AU,BH,CA,CL,CO,D,E,IL,JO,KR,MA,MX,OM,P,PA,PE,S,SG)	30%
		其他：				
1604.13.40	00	直接装在容器中,与内容物同称每件重量低于225克	千克	0[3]		25%
1604.13.90	00	其他	千克	3.1%[3]	0(A*,AU,BH,CA,CL,CO,D,E,IL,JO,KR,MA,MX,OM,P,PA,PE,S,SG)	25%
1604.14		金枪鱼、鲣及狐鲣(狐鲣属)：				
		金枪鱼和鲣鱼：				
		密封包装：				
1604.14.10		油浸		35%[3]	0(A+,AU,BH,CA,CL,CO,D,IL,JO,KR,MA,MX,OM,P,PA,PE,R,S,SG)	45%
	10	装在箔纸或其他软质容器中,与内容物同称每件重量不超过6.8千克	千克			
		其他：				
	91	长鳍金枪鱼	千克			
	99	其他	千克			
		非油浸：				
1604.14.22		装在容器中,与内容物同称每件重量不超过7千克,不属于美国附属岛屿的产物,且每年进口总量不超过上一年国家海洋局报道的美国金枪鱼(装在密封容器中)表观消费量的4.8%		6%[3]	0(A+,AU,BH,CA,CL,CO,D,IL,JO,KR,MA,MX,OM,P,PA,PE,R,S,SG)	25%
		长鳍金枪鱼：				
	51	装在箔纸或其他软质容器中,与内容物同称每件重量不超过6.8千克	千克			
	59	其他	千克			
		其他：				
	91	装在箔纸或其他软质容器中,与内容物同称每件重量不超过6.8千克	千克			
	99	其他	千克			
1604.14.30		其他		12.5%[3]	0(A+,AU,BH,CA,CL,CO,D,IL,JO,KR,MA,MX,OM,P,PA,PE,R,S,SG)	25%
		长鳍金枪鱼：				

税则号列	统计后缀	货品名称	单位	税率 1 普通	税率 1 特惠	2
	51	装在箔纸或其他软质容器中,与内容物同称每件重量不超过6.8千克	千克			
	59	其他	千克			
		其他:				
	91	装在箔纸或其他软质容器中,与内容物同称每件重量不超过6.8千克	千克			
	99	其他	千克			
		非密封包装:				
1604.14.40	00	散装,或者装在直接容器中,与内容物同称每件重量超过6.8千克,非油浸	千克	1.1美分/千克[3]	0(A+,AU,BH,CA,CL,CO,D,E,IL,JO,KR,MA,MX,OM,P,PA,PE,S,SG)	2.8美分/千克
1604.14.50	00	其他	千克	6%[3]	0(A*,AU,BH,CA,CL,CO,D,E,IL,JO,KR,MA,MX,OM,P,PA,PE,S,SG)	25%
		鲣鱼:				
1604.14.70	00	油浸	千克	4.9%[3]	0(A+,AU,BH,CA,CL,CO,D,E,IL,JO,KR,MA,MX,OM,P,PA,PE,S,SG)	30%
1604.14.80	00	非油浸	千克	6%[3]	0(A+,AU,BH,CA,CL,CO,D,E,IL,JO,KR,MA,MX,OM,P,PA,PE,S,SG)	25%
1604.15.00	00	鲭鱼	千克	3%[3]	0(A*,AU,BH,CA,CL,CO,D,E,IL,JO,KR,MA,MX,OM,P,PA,PE,S,SG)	25%
1604.16		鳀鱼:				
1604.16.20	00	油浸,密封包装	千克	0[3]		30%
		其他:				
1604.16.40	00	直接装在容器中,与内容物同称每件重量不超过6.8千克	千克	5%[3]	0(A*,AU,BH,CA,CL,CO,D,E,IL,JO,KR,MA,MX,OM,P,PA,PE,S,SG)	25%
1604.16.60	00	其他	千克	0[3]		2.5%
1604.17		鳗鱼:				
1604.17.10	00	密封包装	千克	4%[3]	0(A*,AU,BH,CA,CL,CO,D,E,IL,JO,KR,MA,MX,OM,P,PA,PE,S,SG)	30%
		其他:				
		任何大小或形状的鱼条或类似产品、鱼片或者鱼的其他部分,如果已包裹面包屑、面糊或者经过其他类似的预制:				
1604.17.40	00	未烹煮且非油浸	千克	10%[3]	0(A+,AU,BH,CA,CL,CO,D,E,IL,JO,KR,MA,MX,OM,P,PA,PE,S,SG)	20%
1604.17.50	00	其他	千克	7.5%[3]	0(A+,AU,BH,CA,CL,CO,D,E,IL,JO,KR,MA,MX,OM,P,PA,PE,S,SG)	30%

税则号列	统计后缀	货品名称	单位	税率 1 普通	税率 1 特惠	2
		其他：				
1604.17.60	00	油浸,散装,或者直接装在容器中,每件重量超过7千克	千克	0[3]		2.8美分/千克
1604.17.80	00	其他	千克	6%[3]	0(A*,AU,BH,CA,CL,CO,D,E,IL,JO,KR,MA,MX,OM,P,PA,PE,S,SG)	25%
1604.18		鲨鱼翅：				
1604.18.10	00	装在密封容器中	千克	4%[3]	0(A*,AU,BH,CA,CL,CO,D,E,IL,JO,KR,MA,MX,OM,P,PA,PE,S,SG)	30%
1604.18.90	00	其他	千克	6%[3]	0(A*,AU,BH,CA,CL,CO,D,E,IL,JO,KR,MA,MX,OM,P,PA,PE,S,SG)	25%
1604.19		其他(包括黄尾鱼)：				
		装在密封容器中：				
		非油浸：				
1604.19.10	00	鲣鱼、黄尾鱼和狭鳕鱼	千克	4%[3]	0(A+,AU,BH,CA,CL,CO,D,E,IL,JO,KR,MA,MX,OM,P,PA,PE,S,SG)	25%
1604.19.22	00	其他	千克	4%[3]	0(A*,AU,BH,CA,CL,CO,D,E,IL,JO,KR,MA,MX,OM,P,PA,PE,S,SG)	25%
		油浸：				
1604.19.25	00	鲣鱼,黄尾鱼和狭鳕鱼	千克	5%[3]	0(A*,AU,BH,CA,CL,CO,D,E,IL,JO,KR,MA,MX,OM,P,PA,PE,S,SG)	30%
1604.19.32	00	其他	千克	4%[3]	0(A*,AU,BH,CA,CL,CO,D,E,IL,JO,KR,MA,MX,OM,P,PA,PE,S,SG)	30%
		其他：				
		任何大小或形状的鱼条或类似产品、鱼片或者鱼的其他部分,如果已包裹面包屑、面糊或者经过其他类似的预制：				
1604.19.41	00	未烹煮且非油浸	千克	10%[3]	0(A+,AU,BH,CA,CL,CO,D,E,IL,JO,KR,MA,MX,OM,P,PA,PE,S,SG)	20%
1604.19.51	00	其他	千克	7.5%[3]	0(A+,AU,BH,CA,CL,CO,D,E,IL,JO,KR,MA,MX,OM,P,PA,PE,S,SG)	30%
		其他：				
1604.19.61	00	油浸,散装,或者直接装在容器中,与内容物同称每件重量超过7千克	千克	0[3]		2.8美分/千克
1604.19.82	00	其他	千克	6%[3]	0(A*,AU,BH,CA,CL,CO,D,E,IL,JO,KR,MA,MX,OM,P,PA,PE,S,SG)	25%
1604.20		其他制作或保藏的鱼：				

第十六章 肉、鱼、甲壳动物、软体动物及其他水生无脊椎动物的制品

税则号列	统计后缀	货品名称	单位	税率 1 普通	税率 1 特惠	2
1604.20.05		含有甲壳类动物、软体动物或其他水生无脊椎动物的产品；备餐		7%[3]	0(A*,AU,BH,CA,CL,CO,D,E,IL,JO,KR,MA,MX,OM,P,PA,PE,S,SG)	20%
	10	备餐	千克			
	90	其他	千克			
		其他：				
1604.20.10	00	面团	千克	0[3]		30%
		球状、蛋糕状和布丁状：				
1604.20.15	00	油浸	千克	0[3]		30%
		非油浸：				
		直接装在容器中，与内容物同称每件重量不超过6.8千克				
1604.20.20	00	装在密封容器中	千克	0[3]		25%
1604.20.25	00	其他	千克	0[3]		25%
1604.20.30	00	其他	千克	0[3]		2%
		任何大小或形状的鱼条或类似产品、鱼片或者鱼的其他部分，如果已包裹面包屑、面糊或者经过其他类似的预制：				
1604.20.40	00	未烹煮且非油浸	千克	10%[3]	0(A+,AU,BH,CA,CL,CO,D,E,IL,JO,KR,MA,MX,OM,P,PA,PE,S,SG)	20%
1604.20.50		其他		7.5%[3]	0(A+,AU,BH,CA,CL,CO,D,E,IL,JO,KR,MA,MX,OM,P,PA,PE,S,SG)	30%
	10	预煮的和冻的	千克			
	90	其他	千克			
1604.20.60		其他		0[3]		25%
	10	预煮的和冻的	千克			
	90	其他	千克			
		鲟鱼子酱及鲟鱼子酱代用品：				
1604.31.00	00	鲟鱼子酱	千克	15%[3]	0(A*,AU,BH,CA,CL,CO,D,E,IL,JO,KR,MA,MX,OM,P,PA,PE,S,SG)	30%
1604.32		鲟鱼子酱代用品：				
1604.32.30	00	烹煮的且密封包装	千克	0[3]		30%
1604.32.40	00	其他	千克	0[3]		44美分/千克
1605		制作或保藏的甲壳动物、软体动物及其他水生无脊椎动物：				
1605.10		蟹：				
1605.10.05		包含鱼肉的产品；备餐		10%[3]	0(A*,AU,BH,CA,CL,CO,D,E,IL,JO,KR,MA,MX,OM,P,PA,PE,S,SG)	20%
	10	密封包装	千克			

税则号列	统计后缀	货品名称	单位	税率 1 普通	税率 1 特惠	2
	90	其他	千克			
		其他：				
		蟹肉：				
1605.10.20		密封包装		0[3]		22.5%
	10	王蟹[8]	千克			
		雪蟹(灰眼雪蟹、绿眼雪蟹等)：				
	22	绿眼雪蟹(小)[8]	千克			
	25	其他				
	30	邓格内斯蟹[8]	千克			
		梭子蟹(梭子蟹科)：				
	51	美青蟹属,包括蓝蟹	千克			
	59	其他[9]				
	90	其他[8]	千克			
1605.10.40		其他		5%[3]	0(A*,AU,BH,CA,CL,CO,D,E,IL,JO,KR,MA,MX,OM,P,PA,PE,S,SG)	15%
		冻的：				
	02	王蟹	千克			
		雪蟹(灰眼雪蟹、绿眼雪蟹等)：				
	05	绿眼雪蟹(小)	千克			
	10	其他	千克			
	15	邓格内斯蟹	千克			
		梭子蟹(梭子蟹科)：				
	25	美青蟹属,包括蓝蟹	千克			
	30	其他	千克			
	35	其他	千克			
	40	其他	千克			
1605.10.60		其他		0[3]		0
	10	密封包装	千克			
	90	其他	千克			
		小虾及对虾：				
1605.21		非密封包装：				
1605.21.05	00	包含鱼肉的产品;备餐	千克	5%[3]	0(A*,AU,BH,CA,CL,CO,D,E,IL,JO,KR,MA,MX,OM,P,PA,PE,S,SG)	20%
1605.21.10		其他		0[3]		0
		冻的,根据本章统计注释一进口：				
	20	包裹面包屑的	千克			
	30	其他	千克			
	50	其他,根据本章统计注释一进口	千克			

税则号列	统计后缀	货品名称	单位	税率 1 普通	税率 1 特惠	2
1605.29		其他:				
1605.29.05	00	包含鱼肉的产品;备餐	千克	5%[3]	0(A*,AU,BH,CA,CL,CO,D,E,IL,JO,KR,MA,MX,OM,P,PA,PE,S,SG)	20%
1605.29.10		其他		0[3]		0
	10	冻的,根据本章统计注释一进口	千克			
	40	其他,根据本章统计注释一进口	千克			
1605.30		龙虾:				
1605.30.05		包含鱼肉的产品;备餐		10%[3]	0(A*,AU,BH,CA,CL,CO,D,E,IL,JO,KR,MA,MX,OM,P,PA,PE,S,SG)	20%
	10	装在密封容器中	千克			
	90	其他	千克			
1605.30.10		其他		0[3]		0
		龙虾肉,已被蒸制或水煮且去壳,不论是否冷冻,但未经进一步制作或保藏:				
	10	冻的	千克			
	30	非冻的	千克			
		其他:				
	50	装在密封容器中	千克			
	90	其他	千克			
1605.40		其他甲壳动物:				
1605.40.05	00	包含鱼肉的产品;备餐	千克	0[3]		20%
1605.40.10		其他		0[3]		0
	10	去壳的新鲜的小龙虾尾肉	千克			
	90	其他	千克			
		软体动物:				
1605.51		牡蛎(蚝):				
1605.51.05	00	包含鱼肉的产品;备餐	千克	0[3]		20%
		其他:				
1605.51.40	00	烟熏的	千克	0[3]		7.5%
1605.51.50	00	其他	千克	4.7%[3]	0(A+,AU,BH,CA,CL,CO,D,E,IL,JO,KR,MA,MX,OM,P,PA,PE,S,SG)	12.5%
1605.52		扇贝,包括女王海扇贝:				
1605.52.05	00	包含鱼肉的产品;备餐	千克	0[3]		20%
1605.52.60	00	其他	千克	0[3]		0
1605.53		牡蛎(蚝):				
1605.53.05	00	包含鱼肉的产品;备餐	千克	0[10]		20%
1605.53.60	00	其他	千克	0[11]		0
1605.54		墨鱼和鱿鱼:				

税则号列	统计后缀	货品名称	单位	税率 1 普通	税率 1 特惠	2
1605.54.05	00	包含鱼肉的产品；备餐	千克	0[3]		20%
1605.54.60		其他		0[3]		0
	10	墨鱼	千克			
		鱿鱼：				
	20	枪乌贼	千克			
	30	其他	千克			
1605.55		章鱼：				
1605.55.05	00	包含鱼肉的产品；备餐	千克	0[3]		20%
1605.55.60	00	其他	千克	0[3]		0
1605.56		蛤、鸟蛤及舟贝：				
1605.56.05	00	包含鱼肉的产品；备餐	千克	0[10]		20%
		其他：				
		蛤：				
		密封包装：				
1605.56.10	00	剃刀蛤(太平洋竹蛏)	千克	0[10]		23%
		其他：				
1605.56.15	00	煮蛤蜊,不论是完整的、切碎的还是绞碎的,不论是否盐渍,但未经进一步制作或保藏,直接装在容器中,每个容器的内容物毛重不超过680克	千克	10%[10]	0(A*,AU,BH,CA,CL,CO,D,E,IL,JO,KR,MA,MX,OM,P,PA,PE,S,SG)	110%
1605.56.20	00	其他	千克	0[10]		35%
1605.56.30	00	其他	千克	0[10]		0
1605.56.60	00	其他	千克	0[10]		0
1605.57		鲍鱼：				
1605.57.05	00	包含鱼肉的产品；备餐	千克	0[3]		20%
1605.57.60	00	其他	千克	0[3]		0
1605.58		蜗牛及螺，但海螺除外：				
1605.58.05	00	包含鱼肉的产品；备餐	千克	0[3]		20%
1605.58.55	00	其他	千克	5%[3]	0(A*,AU,BH,CA,CL,CO,D,E,IL,JO,KR,MA,MX,OM,P,PA,PE,S,SG)	20%
1605.59		其他：				
1605.59.05	00	包含鱼肉的产品；备餐	千克	0[10]		20%
1605.59.60	00	其他	千克	0[10]		0
		其他水生无脊椎动物：				
1605.61.00	00	海参	千克	0[3]		0
1605.62.00	00	海胆	千克	0[3]		0
1605.63.00	00	海蜇	千克	0[3]		0
1605.69.00	00	其他	千克	0[3]		0

[1]见9903.88.15和9903.89.16。
[2]见9903.88.15。
[3]见9903.88.03。
[4]见9903.88.15和9903.89.19。
[5]见9903.88.15和9903.89.10。
[6]见9903.88.15和9903.89.40。
[7]见9903.88.16。
[8]见9903.88.38和9903.88.56。
[9]见9903.88.43。
[10]见9903.88.03和9903.89.10。
[11]见9903.88.03和9903.89.22。

第十七章　糖及糖食

注释：

一、本章不包括：

(一) 含有可可的糖食(品目1806)；

(二) 品目2904的化学纯糖(蔗糖、乳糖、麦芽糖、葡萄糖及果糖除外)及其他产品；或者

(三) 第三十章的药品及其他产品。

子目注释：

一、子目号1701.12、子目1701.13及子目1701.14所称"原糖"是指按重量计干燥状态的蔗糖含量对应的旋光读数低于99.5度的糖。

二、子目1701.13仅包括非离心蔗糖，其按重量计干燥状态的蔗糖含量对应的旋光读数不低于69度但低于93度。该产品仅含肉眼不可见的不规则形状天然他形微晶，外被糖蜜残余及其他甘蔗成分。

附加美国注释：

一、本章"税率"栏的术语"度数"指的是通过旋光测试确定的糖分度。

二、本税则所称"第十七章附加美国注释二所述的按干重计糖含量超过65%的货品"是指按干重计从甘蔗或甜菜中提取的糖含量超过65%，不论是否与其他成分混合，可以进一步加工或者与类似或其他成分混合，并且不准备以与进口时相同的形式和包装向最终消费者销售的货品。

三、本税则所称"第十七章附加美国注释三所述的按干重计糖含量超过10%的货品"是指按干重计从甘蔗或甜菜中提取的糖含量超过10%，不论是否与其他成分混合的货品，以下各项除外：(1)主要不是晶体结构或非干燥无定形形式的物品，准备以与进口时相同的形式和包装向最终消费者销售；(2)含有从甘蔗或甜菜中提取的糖的混合糖浆，其可以进一步加工或者与类似或其他成分混合，并且不准备以与进口时相同的形式和包装向最终消费者销售；(3)按干重计从甘蔗或甜菜中提取的糖含量超过65%，不论是否与其他成分混合，可以进一步加工或者与类似或其他成分混合，并且不准备以与进口时相同的形式和包装向最终消费者销售；或者(4)在与进口时相同的条件下使用、未经任何进一步加工(直接用于个别糕点或糖果除外)的蛋糕装饰物和类似产品，与那些糖混合的细磨或咀嚼过的椰肉或椰汁，以及调味汁及其制品。

四、本税则所称"第十七章附加美国注释四所述的混合糖浆"是指从甘蔗或甜菜中提取的，可以进一步加工或者与类似或其他成分混合，并且不准备以与进口时相同的形式和包装向最终消费者销售的混合糖浆。

五、(一)1. 在任何年度，税号1701.13.10和税号1701.14.10的为消费而进出库的甘蔗原糖的总量不得超过这样一个数量(按原始价值计算)：由农业部部长设立的不得少于1 117 195吨；在任何年度，税

号 1701.12.10、税号 1701.91.10、税号 1701.99.10、税号 1702.90.10 和税号 2106.90.44 下(在税号 9903.17.01 至 9903.18.10 的条款及其适用注释下)为消费而进出库的糖、糖浆和糖蜜的总量不得超过这样一个数量(按原始价值计算):由农业部部长设立的不得少于 22 000 吨。无论是甘蔗原糖的总量还是不包括甘蔗原糖的糖、糖浆和糖蜜的总量,农业部部长应当为美国贸易代表办公室定义的特种糖在配额上留有余量。

2. 无论何时只要农业部部长认为在合理价格下本国糖供应量不能满足需求,其可以修改先前制定的本注释下的数量限制,但是不得将总数量减少到上述第 1 款设置的总量以下。

3. 农业部部长应就本注释下作出的任何决定通知财政部部长,决定的通知应当在《联邦公报》上刊发。

4. 在本注释下建立的配额期限内进口至美国的糖可以在农业部部长的书面批准下计入上一个或者下一个配额期。

(二)1. 美国贸易代表办公室可以把(一)款建立的配额在国家和地区之间分配。

2. 美国贸易代表办公室可以在咨询国务卿和农业部后修改、终止(对于全部或者部分配额数量)或者恢复本款规定的配额(包括任何国家的增加或减少),如果美国贸易代表办公室发现此行为正好可以行使国际条约下美国的权利或义务,而该国际条约的缔约方之一是美国或该国际条约适用于促进美国的经济利益。

3. 美国贸易代表办公室应当将任何法案通知美国财政部并且将其在《联邦公报》上刊发。该行为将在本通知刊发在《联邦公报》后的次日生效,或者是在其后根据美国贸易代表办公室的规定生效。

4. 美国贸易代表办公室可颁布适当的条例,对根据本注释授权的配额作出规定。这些条例可能包括:对于从任何国家或地区进口的任何糖、糖浆或糖蜜(包括任何特种糖),颁发资格证书,这些国家或地区有规定的配额,并且最低配额数量恰好能为那些拥有少量配额的国家或地区的产品进入美国市场提供合理的机会。

(三)本注释所称"原值"是指根据财政部部长发布的法规或指示,通过偏光镜进行 96 度普通商业原糖测试的等价物。包括:(1)在最终确定极性之前,允许此类物品入境;以及(2)在相同或后续配额期间,对初步和最终原值的差异进行积极或消极调整。糖的主要等级和类型应按以下方式转换为原值:

1. 对于税号 1701.12.05、税号 1701.12.10、税号 1701.12.50、税号 1701.13.05、税号 1701.13.10、税号 1701.13.20、税号 1701.13.50、税号 1701.14.05、税号 1701.14.10、税号 1701.14.20、税号 1701.14.50、税号 1701.91.05、税号 1701.91.10、税号 1701.91.30、税号 1701.99.05、税号 1701.99.10、税号 1701.99.50、税号 2106.90.42、税号 2106.90.44 和税号 2106.90.46 所述的货品,通过其重量乘以 0.93 或在 100 偏阵度下每个偏阵度(和有侧重的度数)乘以 1.07 减去 0.0175 的数中取较大者获得。

2. 对于税号 1702.90.05、税号 1702.90.10 和税号 1702.90.20 所述的货品,用全部糖的千克数(蔗糖和还原或转化糖的总和)乘以 0.17。

3. 当财政部部长认为以上条款不能充分衡量一些特殊等级和类型的糖、糖浆或糖蜜的原值时,他/她应当建立起一套将其转化成原值的模型或方法。

六、税号 1701.13.20 和税号 17.1.14.20 的甘蔗原糖应当进口仅用于多元醇的生产(不包括蒸馏),除非该多元醇用于代替人类消费用糖,或者精炼并以精炼或含糖产品的形式再出口,农业部部长可以为该进口颁发许可证并且可以颁布一些规定(包括任何条款、条件、证明、保证、民事处罚或其他限制性措施),以保证税号 1701.13.20 和税号 17.1.14.20 下进口的糖仅用于以上目的。

七、第十七章附加美国注释二中税号 1701.91.44、税号 1702.90.64、税号 1704.90.64、税号 1806.10.24、税号 1806.10.45、税号 1806.20.71、税号 1806.90.45、税号 1901.20.20、税号 1901.20.55、税号 1901.90.67、税号 2101.12.44、税号 2101.20.44、税号 2106.90.74 和税号 2106.90.92 的按干重计糖含量超过 65% 的商品的总量在每年 10 月 1 日至次年 9 月 30 日的 12 个月内应当为零,并且没有类似物品归类于其中。

八、第十七章附加美国注释二中税号 1701.91.44、税号 1702.90.64、税号 1704.90.64、税号 1806.10.24、税号 1806.10.45、税号 1806.20.71、税号 1806.90.45、税号 1901.20.20、税号 1901.20.55、税号 1901.90.67、税号 2101.12.44、税号 2101.20.44、税号 2106.90.74 和税号 2106.90.92 的按干重计糖含量超过 10% 的商品的总量在每年 10 月 1 日至次年 9 月 30 日的 12 个月内应当不超过 64 709 吨(墨西哥产品不被允许或包括在上述数量限制内且不得归类于其中)。

九、第十七章附加美国注释二中税号 1701.91.44、税号 1702.90.64、税号 1704.90.64、税号 1806.10.24、税号 1806.10.45、税号 1806.20.71、税号 1806.90.45、税号 1901.20.20、税号 1901.20.55、税号 1901.90.67、税号 2101.12.44、税号 2101.20.44、税号 2106.90.74 和税号 2106.90.92 的混合糖浆的总量在每年 10 月 1 日至次年 9 月 30 日的 12 个月内应当为零,并且没有类似物品归类于其中。

十、品目 1703 不包括从甘蔗或甜菜中提取并且所含可溶性非固体糖(排除产品中可能添加或产生的任何异物)占总可溶性固体物不超过 6% 的产品。

十一、对于税号 17.4.90.25,"止咳糖"每剂量必须至少含有 5 毫克薄荷醇、桉叶醇或薄荷醇的混合物和桉树醇。

统计注释:

一、品目 1701 所称"进一步加工"是指进行进一步提升糖质量的操作,包括从事精炼加工的人或公司通过精炼或者通过吸收或结晶进一步净化、澄清和深度净化。

二、"有机认证"认可标准清单见总统计注释六。

第十七章 糖及糖食 197

税则号列	统计后缀	货品名称	单位	税率 1 普通	税率 1 特惠	2
1701		固体甘蔗糖、甜菜糖及化学纯蔗糖：				
		未加香料或着色剂的原糖：				
1701.12		甜菜糖：				
1701.12.05	00	本税则总注释十五描述，并根据其规定进口的	千克	3.660 6美分/千克,100度以下每度减0.020 668美分/千克(和一度的分数成比例)但不低于3.143 854美分/千克[1]	0(A*,AU,BH,CA,CL,CO,D,E*,IL,JO,KR,MA,MX,OM,P,PA,PE,S,SG)	6.581 70美分/千克,100度以下每度减0.062 20美分/千克(和一度的分数成比例)但不低于5.031 562美分/千克
1701.12.10	00	本章附加美国注释五描述，并根据其规定进口的	千克	3.660 6美分/千克,100度以下每度减0.020 668美分/千克(和一度的分数成比例)但不低于3.143 854美分/千克[1]	0(A*,BH,CA,CL,CO,D,E*,IL,JO,KR,MA,MX,OM,P,PA,PE,S,SG) 见9822.05.15(P+)	6.581 70美分/千克,100度以下每度减0.062 20美分/千克(和一度的分数成比例)但不低于5.031 562美分/千克
1701.12.50	00	其他[2]	千克	35.74美分/千克[1]	0(BH,CL,JO,KR,MX,OM,SG) 见9822.05.20(P+) 见9822.06.10(PE) 见9822.08.01(CO) 见9822.09.17(PA) 见9823.09.01至9823.09.09(S+) 见9912.17.05,9912.17.15(MA)	42.05美分/千克
1701.13		本章子目注释二所述的甘蔗糖：				
1701.13.05	00	本税则总注释十五描述，并根据其规定进口的	千克	1.460 6美分/千克,100度以下每度减0.020 668美分/千克(和一度的分数成比例)但不低于0.943 854美分/千克[1]	0(A*,AU,BH,CA,CL,CO,D,E*,IL,JO,KR,MA,MX,OM,P,PA,PE,S,SG)	4.381 7美分/千克,100度以下每度减0.062 200 5美分/千克(和一度的分数成比例)但不低于2.831 562美分/千克
1701.13.10	00	本章附加美国注释五描述，并根据其规定进口的	千克	1.460 6美分/千克,100度以下每度减0.020 668美分/千克(和一度的分数成比例)但不低于0.943 854美分/千克[1]	0(A*,BH,CA,CL,CO,D,E*,IL,JO,KR,MA,MX,OM,P,PA,PE,S,SG) 见9822.05.15(P+)	4.381 7美分/千克,100度以下每度减0.062 200 5美分/千克(和一度的分数成比例)但不低于2.831 562美分/千克
1701.13.20	00	其他用于生产多元醇产品的糖(不包括蒸馏)，除非该多元醇用于代替人类消费用糖，或者精炼或以精炼或含糖产品的形式再出口，或者代替已经或将要出口的国产甘蔗原糖	千克	1.460 6美分/千克,100度以下每度减0.020 668美分/千克(和一度的分数成比例)但不低于0.943 854美分/千克[1]	0(A*,AU,BH,CA,CL,CO,D,E*,IL,JO,KR,MA,MX,OM,P,PA,PE,S,SG)	4.381 7美分/千克,100度以下每度减0.062 200 5美分/千克(和一度的分数成比例)但不低于2.831 562美分/千克

税则号列	统计后缀	货品名称	单位	税率 1 普通	税率 1 特惠	税率 2
1701.13.50	00	其他[3]	千克	33.87美分/千克[1]	0(BH,CL,JO,KR,MX,OM,SG) 见9822.05.20(P+) 见9822.06.10(PE) 见9822.08.01(CO) 见9822.09.17(PA) 见9823.09.01至9823.09.09(S+) 见9912.17.05至9912.17.10(MA)	39.85美分/千克
1701.14		其他甘蔗糖:				
1701.14.05	00	本税则总注释十五描述,并根据其规定进口的	千克	1.4606美分/千克,100度以下每度减0.020668美分/千克(和一度的分数成比例)但不低于0.943854美分/千克[1]	0(A*,AU,BH,CA,CL,CO,D,E*,IL,JO,KR,MA,MX,OM,P,PA,PE,S,SG)	4.3817美分/千克,100度以下每度减0.062 200 5美分/千克(和一度的分数成比例)但不低于2.831 562美分/千克
1701.14.10		本章附加美国注释五描述,并根据其规定进口的	千克	1.4606美分/千克,100度以下每度减0.020668美分/千克(和一度的分数成比例)但不低于0.943854美分/千克[1]	0(A*,BH,CA,CL,CO,D,E*,IL,JO,KR,MA,MX,OM,P,PA,PE,S,SG) 见9822.05.15(P+)	4.3817美分/千克,100度以下每度减0.062 200 5美分/千克(和一度的分数成比例)但不低于2.831 562美分/千克
	20	有机认证的	千克			
	40	其他	千克			
1701.14.20	00	其他用于生产多元醇产品的糖(不包括蒸馏),除非该多元醇用于代替人类消费用糖,或者精炼或以精炼或含糖产品的形式再出口,或者代替已经或将要出口的国产甘蔗原糖	千克	1.4606美分/千克,100度以下每度减0.020668美分/千克(和一度的分数成比例)但不低于0.943854美分/千克[1]	0(A*,AU,BH,CA,CL,CO,D,E*,IL,JO,KR,MA,MX,OM,P,PA,PE,S,SG)	4.3817美分/千克,100度以下每度减0.062 200 5美分/千克(和一度的分数成比例)但不低于2.831 562美分/千克
1701.14.50	00	其他[3]	千克	33.87美分/千克[1]	0(BH,CL,JO,KR,MX,OM,SG) 见9822.05.20(P+) 见9822.06.10(PE) 见9822.08.01(CO) 见9822.09.17(PA) 见9823.09.01至9823.09.09(S+) 见9912.17.05至9912.17.10(MA)	39.85美分/千克
		其他:				
1701.91		加有香料或着色剂的:				
		加有着色剂但未加香料的:				
1701.91.05	00	本税则总注释十五描述,并根据其规定进口的	千克	3.6606美分/千克,100度以下每度减0.020668美分/千克(和一度的分数成比例)但不低于3.143854美分/千克[1]	0(A*,AU,BH,CA,CL,CO,D,E*,IL,JO,KR,MA,MX,OM,P,PA,PE,S,SG)	6.58170美分/千克,100度以下每度减0.062 20美分/千克(和一度的分数成比例)但不低于5.031 562美分/千克

税则号列	统计后缀	货品名称	单位	税率 1 普通	税率 1 特惠	税率 2
1701.91.10	00	本章附加美国注释五描述,并根据其规定进口的	千克	3.660 6 美分/千克,100 度以下每度减 0.020 668 美分/千克(和一度的分数成比例)但不低于 3.143 854 美分/千克[1]	0(A*,BH,CA,CL,CO,D,E*,IL,JO,KR,MA,MX,OM,P,PA,PE,S,SG) 见 9822.05.15(P+)	6.581 70 美分/千克,100 度以下每度减 0.062 20 美分/千克(和一度的分数成比例)但不低于 5.031 562 美分/千克
1701.91.30	00	其他[2]	千克	35.74 美分/千克[1]	0(BH,CL,JO,KR,MX,OM,SG) 见 9822.05.20(P+) 见 9822.06.10(PE) 见 9822.08.01(CO) 见 9822.09.17(PA) 见 9823.09.01 至 9823.09.09(S+) 见 9912.17.05,9912.17.15(MA)	42.05 美分/千克
		加有香料的,无论是否加有着色剂:				
		第十七章附加美国注释二所述的按干重计糖含量超过 65% 的商品:				
1701.91.42	00	本税则总注释十五描述,并根据其规定进口的	千克	6%[1]	0(A*,AU,BH,CA,CL,CO,D,E,IL,JO,KR,MA,MX,OM,P,PA,PE,S,SG)	20%
1701.91.44	00	本章附加美国注释七描述,并根据其规定进口的	千克	6%[1]	0(OM,PE,S)	20%
1701.91.48	00	其他[4]	千克	33.9 美分/千克+5.1%[1]	0(BH,CL,JO,KR,MX,OM,SG) 见 9822.05.20(P+) 见 9822.06.10(PE) 见 9822.08.01(CO) 见 9822.09.17(PA) 见 9823.10.01 至 9823.10.45(S+) 见 9912.17.05,9912.17.20(MA)	39.9 美分/千克+6%
		第十七章附加美国注释三所述的按干重计糖含量超过 10% 的商品:				
1701.91.52	00	本税则总注释十五描述,并根据其规定进口的	千克	6%[1]	0(A,AU,BH,CA,CL,CO,D,E,IL,JO,KR,MA,MX,OM,P,PA,PE,S,SG)	20%
1701.91.54	00	本章附加美国注释八描述,并根据其规定进口的	千克	6%[1]	0(A,BH,CA,CL,CO,D,E,IL,JO,KR,MA,OM,P,PA,PE,S,SG)	20%
1701.91.58	00	其他[5]	千克	33.9 美分/千克+5.1%[1]	0(BH,CL,JO,KR,MX,OM,SG) 见 9822.05.20(P+) 见 9822.06.10(PE) 见 9822.08.01(CO) 见 9822.09.17(PA) 见 9823.10.01 至 9823.10.45(S+) 见 9912.17.05,9912.17.20(MA)	39.9 美分/千克+6%
1701.91.80	00	其他	千克	5.1%[1]	0(A*,BH,CA,CL,CO,D,E,IL,JO,KR,MA,MX,OM,P,PA,PE,S,SG)0.2%(AU)	20%
1701.99		其他:				

税则号列	统计后缀	货品名称	单位	税率 1 普通	税率 1 特惠	税率 2
1701.99.05	00	本税则总注释十五描述,并根据其规定进口的	千克	3.660 6 美分/千克,100 度以下每度减 0.020 668 美分/千克(和一度的分数成比例)但不低于 3.143 854 美分/千克[1]	0(A*,AU,BH,CA,CL,CO,D,E*,IL,JO,KR,MA,MX,OM,P,PA,PE,S,SG)	6.581 70 美分/千克,100 度以下每度减 0.062 20 美分/千克(和一度的分数成比例)但不低于 5.031 562 美分/千克
1701.99.10		本章附加美国注释五描述,并根据其规定进口的	千克	3.660 6 美分/千克,100 度以下每度减 0.020 668 美分/千克(和一度的分数成比例)但不低于 3.143 854 美分/千克[6]	0(A*,BH,CA,CL,CO,D,E*,IL,JO,KR,MA,MX,OM,P,PA,PE,S,SG) 见 9822.05.15(P+)	6.581 70 美分/千克,100 度以下每度减 0.062 20 美分/千克(和一度的分数成比例)但不低于 5.031 562 美分/千克
		特种糖:				
	15	有机认证的	千克			
	17	其他	千克			
		其他:				
	25	未经进一步加工的糖	千克			
	50	其他	千克			
1701.99.50		其他[2]		35.74 美分/千克[6]	0(BH,CL,JO,KR,MX,OM,SG) 见 9822.05.20(P+) 见 9822.06.10(PE) 见 9822.08.01(CO) 见 9822.09.17(PA) 见 9823.09.01 至 9823.09.09(S+) 见 9912.17.05,9912.17.15(MA)	42.05 美分/千克
		特种糖:				
	15	有机认证的	千克			
	17	其他	千克			
		其他:				
	25	未经进一步加工的糖	千克			
	50	其他	千克			
1702		其他固体糖,包括化学纯乳糖、麦芽糖、葡萄糖及果糖;未加香料或着色剂的糖浆;人造蜜,不论是否掺有天然蜂蜜;焦糖:				
		乳糖及乳糖浆:				
1702.11.00	00	按重量计干燥无水乳糖含量在 99% 或以上	千克 千克牛乳固体含量	6.4%[1]	0(A+,BH,CA,CL,CO,D,E,IL,JO,KR,MA,MX,OM,P,PA,PE,S,SG)0.3%(AU)	50%
1702.19.00	00	其他	千克 千克牛乳固体含量	6.4%[1]	0(A+,BH,CA,CL,CO,D,E,IL,JO,KR,MA,MX,OM,P,PA,PE,S,SG)0.3%(AU)	50%
1702.20		槭糖及槭糖浆:				
		第十七章附加美国注释四所述的混合糖浆:				

第十七章　糖及糖食

税则号列	统计后缀	货品名称	单位	税率 1 普通	税率 1 特惠	税率 2
1702.20.22		本税则总注释十五描述,并根据其规定进口的		6%[1]	0(A,AU,BH,CA,CL,CO,D,E,IL,JO,KR,MA,MX,OM,P,PA,PE,S,SG)	20%
	10	槭糖	千克			
	90	槭糖浆	千克			
1702.20.24		本章附加美国注释九描述,并根据其规定进口的		6%[1]	0(OM,PE,S)	20%
	10	槭糖	千克			
	90	槭糖浆	千克			
1702.20.28		其他[7]		16.9美分/千克总糖量+5.1%[1]	0(BH,CL,JO,KR,MX,OM,SG) 见9822.05.20(P+) 见9822.06.10(PE) 见9822.08.01(CO) 见9822.09.17(PA) 见9823.10.01至9823.10.45(S+) 见9912.17.05,9912.17.25(MA)	19.9美分/千克总糖量+6%
	10	槭糖	千克			
	90	槭糖浆	千克			
1702.20.40		其他		0[1]		9美分/千克
	10	槭糖	千克			
	90	槭糖浆	千克			
1702.30		葡萄糖及葡萄糖浆,不含果糖或按重量计干燥状态的果糖含量在20%以下:				
		第十七章附加美国注释四所述的混合糖浆:				
1702.30.22	00	本税则总注释十五描述,并根据其规定进口的	千克	6%[1]	0(A*,AU,BH,CA,CL,CO,D,E,IL,JO,KR,MA,MX,OM,P,PA,PE,S,SG)	20%
1702.30.24	00	本章附加美国注释九描述,并根据其规定进口的	千克	6%[1]	0(OM,PE,S)	20%
1702.30.28	00	其他	千克	16.9美分/千克总糖量+5.1%[1]	0(BH,CL,JO,KR,MX,OM,SG) 见9822.05.20(P+) 见9822.06.10(PE) 见9822.08.01(CO) 见9822.09.17(PA) 见9823.10.01至9823.10.45(S+) 见9912.17.05,9912.17.25(MA)	19.9美分/千克总糖量+6%
1702.30.40		其他		2.2美分/千克[1]	0(A,BH,CA,CL,CO,D,E,IL,JO,KR,MA,MX,OM,P,PA,PE,S,SG)0.1美分/千克(AU)	4.4美分/千克
	40	葡萄糖糖浆	千克			
	80	其他	千克			
1702.40		葡萄糖及葡萄糖浆,按重量计干燥状态的果糖含量在20%或以上但在50%以下,不包括转化糖:				
		第十七章附加美国注释四所述的葡萄糖:				

税则号列	统计后缀	货品名称	单位	税率 普通	税率 特惠	2
1702.40.22	00	本税则总注释十五描述,并根据其规定进口的	千克	6%[1]	0(A*,AU,BH,CA,CL,CO,D,E,IL,JO,KR,MA,MX,OM,P,PA,PE,S,SG)	20%
1702.40.24	00	本章附加美国注释九描述,并根据其规定进口的	千克	6%[1]	0(OM,PE,S)	20%
1702.40.28	00	其他[7]	千克	33.9美分/千克总糖量+5.1%[1]	0(BH,CL,JO,KR,MX,OM,SG) 见 9822.05.20(P+) 见 9822.06.10(PE) 见 9822.08.01(CO) 见 9822.09.17(PA) 见 9823.10.01 至 9823.10.45(S+) 见 9912.17.05,9912.17.30(MA)	39.9美分/千克总糖量+6%
1702.40.40	00	其他	千克	5.1%[1]	0(A*,BH,CA,CL,CO,D,E,IL,JO,KR,MA,MX,OM,P,PA,PE,S,SG)0.2%(AU)	20%
1702.50.00	00	化学纯果糖	千克	9.6%[1]	0(A+,BH,CA,CL,CO,D,E,IL,JO,KR,MA,MX,OM,P,PA,PE,S,SG)0.4%(AU)	50%
1702.60		其他果糖及果糖浆,按重量计干燥状态的果糖含量在50%或以上,不包括转化糖				
		第十七章附加美国注释四所述的混合糖浆:				
1702.60.22	00	本税则总注释十五描述,并根据其规定进口的	千克	6%[1]	0(A*,AU,BH,CA,CL,CO,D,E,IL,JO,KR,MA,MX,OM,P,PA,PE,S,SG)	20%
1702.60.24	00	本章附加美国注释九描述,并根据其规定进口的	千克	6%[1]	0(OM,PE,S)	20%
1702.60.28	00	其他[7]	千克	33.9美分/千克总糖量+5.1%[1]	0(BH,CL,JO,KR,MX,OM,SG) 见 9822.05.20(P+) 见 9822.06.10(PE) 见 9822.08.01(CO) 见 9822.09.17(PA) 见 9823.10.01 至 9823.10.45(S+) 见 9912.17.05,9912.17.30(MA)	39.9美分/千克总糖量+6%
1702.60.40		其他		5.1%[1]	0(A,BH,CA,CL,CO,D,E,IL,JO,KR,MA,MX,OM,P,PA,PE,S,SG)0.2%(AU)	20%
	20	葡萄糖	千克			
	90	其他	千克			
1702.90		其他,包括转化糖及其他按重量计干燥状态的果糖含量为50%的糖及糖浆混合物:				
		从甘蔗和甜菜中提取的:				
		在所有可溶性固体中含有6%或以下的可溶性非糖固体(包括任何可能已经加入或加工的其他物质,包括但不限于蜜糖):				

税则号列	统计后缀	货品名称	单位	税率 1 普通	税率 1 特惠	税率 2
1702.90.05	00	本税则总注释十五描述,并根据其规定进口的	千克	3.6606美分/千克总糖量[1]	0(A*,AU,BH,CA,CL,CO,D,E*,IL,JO,KR,MA,MX,OM,P,PA,PE,S,SG)	6.58170美分/千克总糖量
1702.90.10	00	本章附加美国注释五描述,并根据其规定进口的	千克	3.6606美分/千克总糖量[1]	0(A*,BH,CA,CL,CO,D,E*,IL,JO,KR,MA,MX,OM,P,PA,PE,S,SG) 见9822.05.15(P+)	6.58170美分/千克总糖量
1702.90.20	00	其他[2]	千克	35.74美分/千克[1]	0(BH,CL,JO,KR,MX,OM,SG) 见9822.05.20(P+) 见9822.06.10(PE) 见9822.08.01(CO) 见9822.09.17(PA) 见9823.09.01至9823.09.09(S+) 见9912.17.05,9912.17.15(MA)	42.05美分/千克
		其他:				
1702.90.35	00	转化蜜糖	升 千克	0.35美分/升[1]	0(A*,AU,BH,CA,CL,CO,D,E,IL,JO,KR,MA,MX,OM,P,PA,PE,S,SG)	1.8美分/升
1702.90.40	00	其他	升 千克	0.35美分/升[1]	0(A*,AU,BH,CA,CL,CO,D,E,IL,JO,KR,MA,MX,OM,P,PA,PE,S,SG)	1.8美分/升
		其他:				
1702.90.52	00	本税则总注释十五描述,并根据其规定进口的	千克	6%[1]	0(A*,AU,BH,CA,CL,CO,D,E,IL,JO,KR,MA,MX,OM,P,PA,PE,S,SG)	20%
		其他:				
		第十七章附加美国注释四所述的混合糖浆:				
1702.90.54	00	本章附加美国注释九描述,并根据其规定进口的	千克	6%[1]	0(OM,PE,S)	20%
1702.90.58	00	其他[7]	千克	33.9美分/千克总糖量+5.1%[1]	0(BH,CL,JO,KR,MX,OM,SG) 见9822.05.20(P+) 见9822.06.10(PE) 见9822.08.01(CO) 见9822.09.17(PA) 见9823.10.01至9823.10.45(S+) 见9912.17.05,9912.17.30(MA)	39.9美分/千克总糖量+6%
		第十七章附加美国注释二所述的按干重计糖含量超过65%的商品:				
1702.90.64	00	本章附加美国注释七描述,并根据其规定进口的	千克	6%[1]	0(OM,PE,S)	20%
1702.90.68	00	其他[4]	千克	33.9美分/千克+5.1%[1]	0(BH,CL,JO,KR,MX,OM,SG) 见9822.05.20(P+) 见9822.06.10(PE) 见9822.08.01(CO) 见9822.09.17(PA) 见9823.10.01至9823.10.45(S+) 见9912.17.05,9912.17.20(MA)	39.9美分/千克+6%

税则号列	统计后缀	货品名称	单位	税率 1 普通	税率 1 特惠	2
1702.90.90	00	其他	千克	5.1%[6]	0(A,BH,CA,CL,CO,D,E,IL,JO,KR,MA,MX,OM,P,PA,PE,S,SG)0.2%(AU)	20%
1703		制糖后所剩的糖蜜:				
1703.10		甘蔗糖蜜:				
1703.10.30	00	为糖的商业提取或供人们消费而进口的	升[8]	0.35美分/升[1]	0(A,AU,BH,CA,CL,CO,D,E,IL,JO,KR,MA,MX,OM,P,PA,PE,S,SG)	1.8美分/升
1703.10.50	00	其他	升8/千克总糖量	0.01美分/千克总糖量[1]	0(A,AU,BH,CA,CL,CO,D,E,IL,JO,KR,MA,MX,OM,P,PA,PE,S,SG)	0.07美分/千克总糖量
1703.90		其他:				
1703.90.30	00	为糖的商业提取或供人们消费而进口的	升[8]	0.35美分/升[1]	0(A,AU,BH,CA,CL,CO,D,E,IL,JO,KR,MA,MX,OM,P,PA,PE,S,SG)	1.8美分/升
1703.90.50	00	其他	升8/千克总糖量	0.01美分/千克总糖量[1]	0(A,AU,BH,CA,CL,CO,D,E,IL,JO,KR,MA,MX,OM,P,PA,PE,S,SG)	0.07美分/千克总糖量
1704		不含可可的糖食(包括白巧克力):				
1704.10.00	00	口香糖,不论是否裹糖	千克	4%[1]	0(A,AU,BH,CA,CL,CO,D,E,IL,JO,KR,MA,MX,OM,P,PA,PE,S,SG)3.2%(JP)	20%
1704.90		其他:				
		供消费的甜品和甜食:				
1704.90.10	00	蜜饯	千克	4.5%[1]	0(A+,AU,BH,CA,CL,CO,D,E,IL,JO,KR,MA,MX,OM,P,PA,PE,S,SG)3.6%(JP)	40%
		其他:				
1704.90.25	00	止咳糖	千克	0[1]		30%
1704.90.35		其他	千克	5.6%[9]	0(A,AU,BH,CA,CL,CO,D,E,IL,JO,KR,MA,MX,OM,P,PA,PE,S,SG)4.48%(JP)	40%
		零售:				
	20	含有花生、花生酱或花生糊的	千克			
	50	其他[10]	千克			
	90	其他	千克			
		其他:				
1704.90.52	00	本税则总注释十五描述,并根据其规定进口的	千克	12.2%[1]	0(A+,AU,BH,CA,CL,CO,D,E,IL,JO,KR,MA,MX,OM,P,PA,PE,S,SG)9.76%(JP)	12.2%
		其他:				
		第四章附加美国注释一所述的奶制品:				
1704.90.54	00	第四章附加美国注释十描述,并根据其规定进口的:	千克千克牛乳固体含量	12.2%[1]	0(A+,AU,BH,CA,CL,CO,D,E,IL,JO,KR,MA,OM,P,PA,PE,S,SG)	12.2%

税则号列	统计后缀	货品名称	单位	税率 1 普通	税率 1 特惠	税率 2
1704.90.58	00	其他[11]	千克 千克牛乳固体含量	40美分/千克+10.4%[1]	0(BH,CL,JO,MA,MX,OM,SG) 13.3美分/千克+3.4%(PA)16美分/千克+4.1%(P) 见9823.08.01至9823.08.38(S+) 见9913.04.25(AU) 见9915.04.30,9915.04.41, 9915.04.65(P+) 见9917.04.20,9917.04.29(PE) 见9918.04.60,9918.04.69(CO) 见9920.04.10,9920.04.19(KR)	47.4美分/千克+12.2%
		其他:				
		第十七章附加美国注释二所述的按干重计糖含量超过65%的商品:				
1704.90.64	00	本章附加美国注释七描述,并根据其规定进口的:	千克	12.2%[1]	0(OM,PE,S)	12.2%
1704.90.68	00	其他[4]	千克	40美分/千克+10.4%[1]	0(BH,CL,JO,KR,MX,OM,SG) 见9822.05.20(P+) 见9822.06.10(PE) 见9822.08.01(CO) 见9822.09.17(PA) 见9823.10.01至9823.10.45(S+) 见9912.17.05,9912.17.35(MA)	47.4美分/千克+12.2%
		第十七章附加美国注释二所述的按干重计糖含量超过10%的商品:				
1704.90.74	00	本章附加美国注释八描述,并根据其规定进口的	千克	12.2%[1]	0(A+,BH,CA,CL,CO,D,E,IL,JO,KR,MA,OM,P,PA,PE,S,SG)	12.2%
1704.90.78	00	其他[5]	千克	40美分/千克+10.4%[1]	0(BH,CL,JO,KR,MX,OM,SG) 见9822.05.20(P+) 见9822.06.10(PE) 见9822.08.01(CO) 见9822.09.17(PA) 见9823.10.01至9823.10.45(S+) 见9912.17.05,9912.17.35(MA)	47.4美分/千克+12.2%
1704.90.90	00	其他	千克	10.4%[6]	0(A+,AU,BH,CA,CL,CO,D,E,IL,JO,KR,MA,MX,OM,P,PA,PE,S,SG)	12.2%

[1]见9903.88.15。

[2]见9904.17.08至9904.17.16。

[3]见9904.17.01至9904.17.07。

[4]见9904.17.17至9904.17.48。

[5]见9904.17.49至9904.17.65。

[6]见9903.88.03。

[7]见9904.17.66至9904.17.84。

[8] 以 0.72 千克/升为单位报告干糖蜜的升数。
[9] 见 9903.88.03。
[10] 见 9903.88.35。
[11] 见 9904.04.50 至 9904.05.01。

第十八章　可可及可可制品

注释：

一、本章不包括品目 0403、品目 1901、品目 1904、品目 1905、品目 2105、品目 2202、品目 2208、品目 3003 或品目 3004 的制品。

二、品目 1806 包括含有可可的糖食及本章注释一以外的其他含可可的食品。

附加美国注释：

一、从甘蔗或甜菜中提取的按干重计糖含量超过 10% 的可可粉,不论是否与其他成分混合[以下各项除外：(1)主要不是晶体结构或非干燥无定形形式的物品,准备以与进口时相同的形式和包装向最终消费者销售；(2)含有从甘蔗或甜菜中提取的糖的混合糖浆,其可以进一步加工或者与类似或其他成分混合,并且不准备以与进口时相同的形式和包装向最终消费者销售；或者(3)从甘蔗或甜菜中分离出来的按干重计糖含量超过 65%,不论是否与其他成分混合,可以进一步加工或者与类似或其他成分混合,并且不准备以与进口时相同的形式和包装向最终消费者销售],在税号 1806.10.10、税号 1806.10.34 和税号 1806.10.65 下进口,每年 10 月 1 日至次年 9 月 30 日的 12 个月内的总量应当不超过 2 313 吨(墨西哥产品不被允许或包括在上述数量限制内且不得归类于其中)。

二、按重量计乳脂含量超过 5.5% 的巧克力(作为糖果或甜点消费的商品除外)在税号 1806.20.24、税号 1806.32.04 和税号 1806.90.15 下进口,任何一年的总量应当不超过 26 167 700 千克(墨西哥产品不被允许或包括在上述数量限制内且不得归类于其中)。

关于本注释的数量限制,下列国家应能获得不少于以下规定的数量：

	数量(千克)
爱尔兰	4 286 491
英国	3 379 297
荷兰	45 359
澳大利亚	2 000 000
新西兰	1

三、按重量计乳脂含量不超过 5.5% 的巧克力和低脂巧克力屑(不包括糖果或甜点等供零售消费的商品),在税号 1806.20.34、税号 1806.20.85、税号 1806.32.14 和税号 1806.90.25 下进口,任何一个日历年度的总数量应当不超过 2 122 834 千克(墨西哥产品不被允许或包括在上述数量限制内且不得归类于其中)。

关于本注释的数量限制,下列国家应能获得不少于以下规定的数量：

	数量(千克)
爱尔兰	1 700 988
英国	421 845
新西兰	1

统计注释：

一、数量单位"千克"(牛乳固体含量)包括所有的牛奶成分，水除外。

第十八章 可可及可可制品

税则号列	统计后缀	货品名称	单位	税率 1 普通	税率 1 特惠	2
1801.00.00	00	整颗或破碎的可可豆,生的或焙炒的	千克	0[1]		0
1802.00.00	00	可可荚、壳、皮及废料	千克	0[1]		10%
1803		可可膏,不论是否脱脂:				
1803.10.00	00	未脱脂	千克	0[1]		6.6美分/千克
1803.20.00	00	全脱脂或部分脱脂	千克	0.2美分/千克[1]	0(A,AU,BH,CA,CL,CO,D,E,IL,JO,KR,MA,MX,OM,P,PA,PE,S,SG)	6.6美分/千克
1804.00.00	00	可可脂、可可油	千克	0[1]		25%
1805.00.00	00	未加糖或其他甜物质的可可粉	千克	0.52美分/千克[2]	0(A,AU,BH,CA,CL,CO,D,E,IL,JO,KR,MA,MX,OM,P,PA,PE,S,SG)	6.6美分/千克
1806		巧克力及其他含可可的食品:				
1806.10		加糖或其他甜物质的可可粉:				
		按重量计糖含量低于65%:				
1806.10.05	00	本税则总注释十五描述,并根据其规定进口的	千克	0[1]		40%
1806.10.10	00	本章附加美国注释一描述,并根据其规定进口的	千克	0[1]		40%
1806.10.15	00	其他[3]	千克	21.7美分/千克[1]	0(BH,CL,JO,KR,MX,OM,SG) 见9822.05.20(P+) 见9822.06.10(PE) 见9822.08.01(CO) 见9822.09.17(PA) 见9823.10.01至9823.10.45(S+) 见9912.17.05,9912.17.40(MA)	25.5美分/千克
		按干重计糖含量在65%或以上但在90%以下:				
1806.10.22	00	本税则总注释十五描述,并根据其规定进口的	千克	10%[1]	0(A,AU,BH,CA,CL,CO,D,E,IL,JO,KR,MA,MX,OM,P,PA,PE,S,SG)	20%
		第十七章附加美国注释二所述的按干重计糖含量超过65%的商品:				
1806.10.24	00	第十七章附加美国注释七描述,并根据其规定进口的	千克	10%[1]	0(CO,KR,OM,PA,PE,S)	20%
1806.10.28	00	其他[4]	千克	33.6美分/千克[1]	0(BH,CL,JO,KR,MX,OM,SG) 见9822.05.20(P+) 见9822.06.10(PE) 见9822.08.01(CO) 见9822.09.17(PA) 见9823.10.01至9823.10.45(S+) 见9912.17.05,9912.17.45(MA)	39.5美分/千克
		其他:				
1806.10.34	00	本章附加美国注释一描述,并根据其规定进口的	千克	10%[1]	0(A,BH,CA,CL,CO,D,E,IL,JO,KR,MA,OM,P,PA,PE,S,SG)	20%

税则号列	统计后缀	货品名称	单位	税率 1 普通	税率 1 特惠	2
1806.10.38	00	其他[3]	千克	33.6美分/千克[1]	0(BH,CL,JO,KR,MX,OM,SG) 见9822.05.20(P+) 见9822.06.10(PE) 见9822.08.01(CO) 见9822.09.17(PA) 见9823.10.01至9823.10.45(S+) 见9912.17.05,9912.17.45(MA)	39.5美分/千克
		按干重计糖含量在90%或以上：				
1806.10.43	00	本税则总注释十五描述,并根据其规定进口的	千克	10%[1]	0(A,AU,BH,CA,CL,CO,D,E,IL,JO,KR,MA,MX,OM,P,PA,PE,S,SG)	20%
		第十七章附加美国注释二所述的按干重计糖含量超过65%的商品：				
1806.10.45	00	第十七章附加美国注释七描述,并根据其规定进口的	千克	10%[1]	0(CO,KR,OM,PA,PE,S)	20%
1806.10.55	00	其他[4]	千克	33.6美分/千克[1]	0(BH,CL,JO,KR,MX,OM,SG) 见9822.05.20(P+) 见9822.06.10(PE) 见9822.08.01(CO) 见9822.09.17(PA) 见9823.10.01至9823.10.45(S+) 见9912.17.05,9912.17.45(MA)	39.5美分/千克
		其他：				
1806.10.65	00	本章附加美国注释一描述,并根据其规定进口的	千克	10%[1]	0(A*,BH,CA,CL,CO,D,E,IL,JO,KR,MA,OM,P,PA,PE,S,SG)	20%
1806.10.75	00	其他[3]	千克	33.6美分/千克[1]	0(BH,CL,JO,KR,MX,OM,SG) 见9822.05.20(P+) 见9822.06.10(PE) 见9822.08.01(CO) 见9822.09.17(PA) 见9823.10.01至9823.10.45(S+) 见9912.17.05,9912.17.45(MA)	39.5美分/千克
1806.20		其他重量超过2千克的块状或条状含可可食品,或者液状、膏状、粉状、粒状或其他散装形状的含可可食品,装在容器中或直接包装,内容物超过2千克的：				
		完全由磨碎的可可豆制成的制品,无论是否添加可可脂、调味剂或乳化剂,按重量计乳脂或其他乳固体含量不超过32%,糖含量不超过60%：				
1806.20.20		每个条或板的重量在4.5千克或以上		0[1]		8.8美分/千克
	10	不含乳脂或其他乳固体	千克			
	90	含有乳脂或其他乳固体	千克 千克牛乳固体含量			
		其他：				

税则号列	统计后缀	货品名称	单位	税率 1 普通	税率 1 特惠	2
		含有乳脂或其他乳固体(不包括糖果或甜点等供零售消费的商品):				
1806.20.22	00	本税则总注释十五描述,并根据其规定进口的	千克	5%[1]	0(A, AU, BH, CA, CL, CO, D, E, IL, JO, JP, KR, MA, MX, OM, P, PA, PE, S, SG)	40%
		其他,按重量计乳脂含量超过5.5%:				
1806.20.24	00	本章附加美国注释二描述,并根据其规定进口的	千克 千克牛乳固体含量	5%[1]	0(A, AU, BH, CA, CL, CO, D, E, IL, JO, KR, MA, OM, P, PA, PE, S, SG)	40%
		其他:				
1806.20.26	00	按重量计乳固体含量低于21%[5]	千克 千克牛乳固体含量	37.2美分/千克+4.3%[1]	0(BH, CL, JO, KR, MA, MX, OM, SG)4.9美分/千克+0.5%(PE)12.4美分/千克+1.4%(CO, PA)14.8美分/千克+1.7%(P)见9823.08.01至9823.08.38(S+)见9913.04.25(AU)见9915.04.30,9915.04.42,9915.04.66(P+)	43.8美分/千克+5%
1806.20.28	00	其他[5]	千克 千克牛乳固体含量	52.8美分/千克+4.3%[1]	0(BH, CL, JO, KR, MA, MX, OM, SG)7美分/千克+0.5%(PE)17.6美分/千克+1.4%(CO, PA)21.1美分/千克+1.7%(P)见9823.08.01至9823.08.38(S+)见9913.04.25(AU)见9915.04.30,9915.04.43,9915.04.67(P+)	62.1美分/千克+5%
		其他:				
1806.20.34	00	本章附加美国注释三描述,并根据其规定进口的	千克 千克牛乳固体含量	5%[1]	0(A, BH, CA, CL, CO, D, E, IL, JO, KR, MA, OM, P, PA, PE, S, SG)	40%
		其他:				
1806.20.36	00	按重量计乳固体含量低于21%[6]	千克 千克牛乳固体含量	37.2美分/千克+4.3%[1]	0(BH, CL, JO, KR, MA, MX, OM, SG)4.9美分/千克+0.5%(PE)12.4美分/千克+1.4%(CO, PA)14.8美分/千克+1.7%(P)见9823.08.01至9823.08.38(S+)见9913.04.25(AU)见9915.04.30,9915.04.42,9915.04.66(P+)	43.8美分/千克+5%
1806.20.38	00	其他[6]	千克 千克牛乳固体含量	52.8美分/千克+4.3%[1]	0(BH, CL, JO, KR, MA, MX, OM, SG)7美分/千克+0.5%(PE)17.6美分/千克+1.4%(CO, PA)21.1美分/千克+1.7%(P)见9823.08.01至9823.08.38(S+)见9913.04.25(AU)见9915.04.30,9915.04.43,9915.04.67(P+)	62.1美分/千克+5%
1806.20.50	00	其他	千克	4.3%[1]	0(A, AU, BH, CA, CL, CO, D, E, IL, JO, KR, MA, MX, OM, P, PA, PE, S, SG)	40%

税则号列	统计后缀	货品名称	单位	税率 1 普通	税率 1 特惠	2
1806.20.60	00	糖果涂层和其他产品(但糖果除外),按重量计可可豆粒的非固体脂肪含量不低于6.8%,除可可脂以外的植物脂肪含量不低于15%	千克	2%[1]	0(A,AU,BH,CA,CL,CO,D,E,IL,JO,KR,MA,MX,OM,P,PA,PE,S,SG)1.2%(JP)	35%
		其他:				
		按重量计糖含量超过65%:				
1806.20.67	00	本税则总注释十五描述,并根据其规定进口的	千克	10%[1]	0(A,AU,BH,CA,CL,CO,D,E,IL,JO,KR,MA,MX,OM,P,PA,PE,S,SG)8%(JP)	20%
		其他:				
		第十七章附加美国注释二所述的按干重计糖含量超过65%的商品:				
1806.20.71	00	第十七章附加美国注释七描述,并根据其规定进口的:	千克	10%[1]	0(CO,KR,OM,PA,PE,S)	20%
1806.20.73	00	其他[4]	千克	30.5美分/千克+8.5%[1]	0(BH,CL,JO,KR,MX,OM,SG) 见9822.05.20(P+) 见9822.06.10(PE) 见9822.08.01(CO) 见9822.09.17(PA) 见9823.10.01至9823.10.45(S+) 见9912.17.05,9912.17.50(MA)	35.9美分/千克+10%
		第十七章附加美国注释三所述的按干重计糖含量超过10%的商品:				
1806.20.75	00	第十七章附加美国注释八描述,并根据其规定进口的:	千克	10%[1]	0(A,BH,CA,CL,CO,D,E,IL,JO,KR,MA,OM,P,PA,PE,S,SG)	20%
1806.20.77	00	其他[7]	千克	30.5美分/千克+8.5%[1]	0(BH,CL,JO,KR,MX,OM,SG) 见9822.05.20(P+) 见9822.06.10(PE) 见9822.08.01(CO) 见9822.09.17(PA) 见9823.10.01至9823.10.45(S+) 见9912.17.05,9912.17.50(MA)	35.9美分/千克+10%
1806.20.78	00	其他	千克	8.5%[1]	0(A,AU,BH,CA,CL,CO,D,E,IL,JO,KR,MA,MX,OM,P,PA,PE,S,SG)	20%
		其他:				
1806.20.79	00	本税则总注释十五描述,并根据其规定进口的	千克	10%[1]	0(A+,AU,BH,CA,CL,CO,D,E,IL,JO,KR,MA,MX,OM,P,PA,PE,S,SG)6.67%(JP)	20%
		其他:				
		第四章附加美国注释一描述,并根据其规定进口的:				
1806.20.81	00	第四章附加美国注释十描述,并根据其规定进口的:	千克 千克牛乳固体含量	10%[1]	0(A+,AU,BH,CA,CL,CO,D,E,IL,JO,KR,MA,OM,P,PA,PE,S,SG)	20%
		其他:				

税则号列	统计后缀	货品名称	单位	税率 1 普通	税率 1 特惠	2
1806.20.82	00	按干重计乳固体含量低于21%[8]	千克 千克牛乳固体含量	37.2美分/千克+8.5%[1]	0(BH,CL,JO,MA,MX,OM,SG)12.4美分/千克+2.8%(PA)14.8美分/千克+3.4%(P) 见9823.08.01至9823.08.38(S+) 见9913.04.25(AU) 见9915.04.30,9915.04.44,9915.04.68(P+) 见9917.04.20,9917.04.30(PE) 见9918.04.60至9918.04.80(CO) 见9920.04.10,9920.04.20(KR)	43.8美分/千克+10%
1806.20.83	00	其他[8]	千克 千克牛乳固体含量	52.8美分/千克+8.5%[1]	0(BH,CL,JO,MA,MX,OM,SG)17.6美分/千克+2.8%(PA)21.1美分/千克+3.4%(P) 见9823.08.01至9823.08.38(S+) 见9913.04.25(AU) 见9915.04.30,9915.04.45,9915.04.69(P+) 见9917.04.20,9917.04.31(PE) 见9918.04.60至9918.04.80(CO) 见9920.04.10,9920.04.21(KR)	62.1美分/千克+10%
		其他,低脂巧克力屑(包括糖果或甜点等供零售消费的商品):				
1806.20.85	00	本章附加美国注释三描述,并根据其规定进口的	千克 千克牛乳固体含量	10%[1]	0(A+,BH,CA,CL,CO,D,E,IL,JO,KR,MA,OM,P,PA,PE,S,SG)	20%
		其他:				
1806.20.87	00	按重量计乳固体含量低于21%[6]	千克 千克牛乳固体含量	37.2美分/千克+8.5%[1]	0(BH,CL,JO,KR,MA,MX,OM,SG)4.9美分/千克+1.1%(PE)12.4美分/千克+2.8%(CO,PA)14.8美分/千克+3.4%(P) 见9823.08.01至9823.08.38(S+) 见9913.04.25(AU) 见9915.04.30,9915.04.44,9915.04.68(P+)	43.8美分/千克+10%
1806.20.89	00	其他[6]	千克 千克牛乳固体含量	52.8美分/千克+8.5%[1]	0(BH,CL,JO,KR,MA,MX,OM,SG)7美分/千克+1.1%(PE)17.6美分/千克+2.8%(CO,PA)21.1美分/千克+3.4%(P) 见9823.08.01至9823.08.38(S+) 见9913.04.25(AU) 见9915.04.30,9915.04.45,9915.04.69(P+)	62.1美分/千克+10%
		其他:				
		第十七章附加美国注释四所述的混合糖浆:				
1806.20.91	00	第十七章附加美国注释九描述,并根据其规定进口的:	千克	10%[1]	0(CO,KR,OM,PA,PE,S)	20%

税则号列	统计后缀	货品名称	单位	税率 1 普通	税率 1 特惠	2
1806.20.94	00	其他[9]	千克	37.2美分/千克+8.5%[1]	0(BH,CL,JO,KR,MX,OM,SG) 见9822.05.20(P+) 见9822.06.10(PE) 见9822.08.01(CO) 见9822.09.17(PA) 见9823.10.01至9823.10.45(S+) 见9912.17.05,9912.17.55(MA)	43.8美分/千克+10%
		第十七章附加美国注释三所述的按干重计糖含量超过10%的商品:				
1806.20.95	00	第十七章附加美国注释八描述,并根据其规定进口的:	千克	10%[1]	0(A+,BH,CA,CL,CO,D,E,IL,JO,KR,MA,OM,P,PA,PE,S,SG)	20%
1806.20.98	00	其他[7]	千克	37.2美分/千克+8.5%[1]	0(BH,CL,JO,KR,MX,OM,SG) 见9822.05.20(P+) 见9822.06.10(PE) 见9822.08.01(CO) 见9822.09.17(PA) 见9823.10.01至9823.10.45(S+) 见9912.17.05,9912.17.55(MA)	43.8美分/千克+10%
1806.20.99	00	其他	千克	8.5%[1]	0(A+,BH,CA,CL,CO,D,E,IL,JO,KR,MA,MX,OM,P,PA,PE,S,SG)0.4%(AU)	20%
		其他,块状或条状:				
1806.31.00		夹心		5.6%[1]	0(A,AU,BH,CA,CL,CO,D,E,IL,JO,KR,MA,MX,OM,P,PA,PE,S,SG)3.74%(JP)	40%
		甜食:				
	41	包括花生、花生酱或花生糊	千克			
	49	其他	千克			
	80	其他	千克			
1806.32		不夹心:				
		完全由磨碎的可可豆制成的制品,无论是否添加可可脂、调味品或乳化剂,按重量计乳脂或乳固体含量不超过32%,糖含量不超过60%:				
		含有乳脂或其他固体乳(不包括糖果或甜点等供零售消费的商品):				
1806.32.01	00	本税则总注释十五描述,并根据其规定进口的	千克	5%[1]	0(A,AU,BH,CA,CL,CO,D,E,IL,JO,JP,KR,MA,MX,OM,P,PA,PE,S,SG)	40%
		其他,超过5.5%的乳脂:				
1806.32.04	00	本章附加美国注释二描述,并根据其规定进口的	千克 千克牛乳固体含量	5%[1]	0(A,AU,BH,CA,CL,CO,D,E,IL,JO,KR,MA,OM,P,PA,PE,S,SG)	40%
		其他:				

税则号列	统计后缀	货品名称	单位	税率 普通	税率 1 特惠	2
1806.32.06	00	按重量计乳固体含量低于21%[5]	千克 千克牛乳固体含量	37.2美分/千克+4.3%[1]	0(BH,CL,JO,KR,MA,MX,OM,SG)4.9美分/千克+0.5%(PE)12.4美分/千克+1.4%(CO,PA)14.8美分/千克+1.7%(P) 见9823.08.01至9823.08.38(S+) 见9913.04.25(AU) 见9915.04.30,9915.04.42,9915.04.66(P+)	43.8美分/千克+5%
1806.32.08	00	其他[5]	千克 千克牛乳固体含量	52.8美分/千克+4.3%[1]	0(BH,CL,JO,KR,MA,MX,OM,SG)7美分/千克+0.5%(PE)17.6美分/千克+1.4%(CO,PA)21.1美分/千克+1.7%(P) 见9823.08.01至9823.08.38(S+) 见9913.04.25(AU) 见9915.04.30,9915.04.43,9915.04.67(P+)	62.1美分/千克+5%
		其他:				
1806.32.14	00	本章附加美国注释三描述,并根据其规定进口的	千克 千克牛乳固体含量	5%[1]	0(A,BH,CA,CL,CO,D,E,IL,JO,KR,MA,OM,P,PA,PE,S,SG)	40%
		其他:				
1806.32.16	00	按重量计乳固体含量低于21%[6]	千克 千克牛乳固体含量	37.2美分/千克+4.3%[1]	0(BH,CL,JO,KR,MA,MX,OM,PA,SG)4.9美分/千克+0.5%(PE)12.4美分/千克+1.4%(CO)14.8美分/千克+1.7%(P) 见9823.08.01至9823.08.38(S+) 见9913.04.25(AU) 见9915.04.30,9915.04.42,9915.04.66(P+)	43.8美分/千克+5%
1806.32.18	00	其他[6]	千克 千克牛乳固体含量	52.8美分/千克+4.3%[1]	0(BH,CL,JO,KR,MA,MX,OM,SG)7美分/千克+0.5%(PE)17.6美分/千克+1.4%(CO,PA)21.1美分/千克+1.7%(P) 见9823.08.01至9823.08.38(S+) 见9913.04.25(AU) 见9915.04.30,9915.04.43,9915.04.67(P+)	62.1美分/千克+5%
1806.32.30	00	其他	千克	4.3%[1]	0(A,AU,BH,CA,CL,CO,D,E,IL,JO,KR,MA,MX,OM,P,PA,PE,S,SG)	40%
		其他:				
1806.32.55	00	本税则总注释十五描述,并根据其规定进口的	千克	7%[1]	0(A,AU,BH,CA,CL,CO,D,E,IL,JO,KR,MA,MX,OM,P,PA,PE,S,SG)5.6%(JP)	40%
		其他,第四章附加美国注释一所述的乳制品:				
1806.32.60	00	第四章附加美国注释十描述,并根据其规定进口的	千克 千克牛乳固体含量	7%[1]	0(A,AU,BH,CA,CL,CO,D,E,IL,JO,KR,MA,OM,P,PA,PE,S,SG)	40%
		其他:				

税则号列	统计后缀	货品名称	单位	税率 1 普通	税率 1 特惠	2
1806.32.70	00	按重量计乳固体含量低于21%[8]	千克 千克牛乳固体含量	37.2美分/千克+6%[1]	0(BH,CL,JO,MA,MX,OM,PA,SG)14.8美分/千克+2.4%(P) 见9823.08.01至9823.08.38(S+) 见9913.04.25(AU) 见9915.04.30,9915.04.46,9915.04.70(P+) 见9917.04.20,9917.04.32(PE) 见9918.04.60至9918.04.80(CO) 见9920.04.10,9920.04.22(KR)	43.8美分/千克+7%
1806.32.80	00	其他[8]	千克 千克牛乳固体含量	52.8美分/千克+6%[1]	0(BH,CL,JO,MA,MX,OM,SG)17.6美分/千克+2%(PA)21.1美分/千克+2.4%(P) 见9823.08.01至9823.08.38(S+) 见9913.04.25(AU) 见9915.04.30,9915.04.47,9915.04.71(P+) 见9917.04.20,9917.04.33(PE) 见9918.04.60至9918.04.80(CO) 见9920.04.10,9920.04.23(KR)	62.1美分/千克+7%
1806.32.90	00	其他	千克	6%[1]	0(A,AU,BH,CA,CL,CO,D,E,IL,JO,KR,MA,MX,OM,P,PA,PE,S,SG)	40%
1806.90		其他:				
1806.90.01	00	本税则总注释十五描述,并根据其规定进口的	千克	3.5%[1]	0(A*,AU,BH,CA,CL,CO,D,E,IL,JO,KR,MA,MX,OM,P,PA,PE,S,SG)2.1%(JP)	40%
		其他:				
		第四章附加美国注释一所述的乳制品:				
1806.90.05	00	第四章附加美国注释十描述,并根据其规定进口的	千克 千克牛乳固体含量	3.5%[1]	0(A*,AU,BH,CA,CL,CO,D,E,IL,JO,KR,MA,OM,P,PA,PE,S,SG)	40%
		其他:				
1806.90.08	00	按重量计乳固体含量低于21%	千克 千克牛乳固体含量	37.2美分/千克+6%[1]	0(BH,CL,JO,MA,MX,OM,SG)12.4美分/千克+2%(PA)14.8美分/千克+2.4%(P) 见9823.08.01至9823.08.38(S+) 见9913.04.25(AU) 见9915.04.30,9915.04.46,9915.04.70(P+) 见9917.04.20,9917.04.32(PE) 见9918.04.60至9918.04.80(CO) 见9920.04.10,9920.04.22(KR)	43.8美分/千克+7%

税则号列	统计后缀	货品名称	单位	税率 1 普通	税率 1 特惠	2
1806.90.10	00	其他[8]	千克 千克牛乳固体含量	52.8美分/千克+6%[1]	0(BH,CL,JO,MA,MX,OM,SG)17.6美分/千克+2%(PA)21.1美分/千克+2.4%(P) 见9823.08.01至9823.08.38(S+) 见9913.04.25(AU) 见9915.04.30,9915.04.47,9915.04.71(P+) 见9917.04.20,9917.04.33(PE) 见9918.04.60至9918.04.80(CO) 见9920.04.10,9920.04.23(KR)	62.1美分/千克+7%
		其他：				
		含有乳脂或其他乳固体(不包括糖果或甜点等供零售消费的商品)：				
		按重量计乳脂含量超过5.5%：				
1806.90.15	00	本章附加美国注释二描述,并根据其规定进口的：	千克 千克牛乳固体含量	3.5%[1]	0(A*,AU,BH,CA,CL,CO,D,E,IL,JO,KR,MA,OM,P,PA,PE,S,SG)	40%
		其他：				
1806.90.18	00	按重量计乳固体含量低于21%[5]	千克 千克牛乳固体含量	37.2美分/千克+6%[1]	0(BH,CL,JO,KR,MA,MX,OM,SG)4.9美分/千克+0.8%(PE)12.4美分/千克+2%(CO,PA)14.8美分/千克+2.4%(P) 见9823.08.01至9823.08.38(S+) 见9913.04.25(AU) 见9915.04.30,9915.04.46,9915.04.70(P+)	43.8美分/千克+7%
1806.90.20	00	其他[5]	千克 千克牛乳固体含量	52.8美分/千克+6%[1]	0(BH,CL,JO,KR,MA,MX,OM,SG)7美分/千克+0.8%(PE)17.6美分/千克+2%(CO,PA)21.1美分/千克+2.4%(P) 见9823.08.01至9823.08.38(S+) 见9913.04.25(AU) 见9915.04.30,9915.04.47,9915.04.71(P+)	62.1美分/千克+7%
		其他：				
1806.90.25	00	本章附加美国注释三描述,并根据其规定进口的：	千克 千克牛乳固体含量	3.5%[1]	0(A*,BH,CA,CL,CO,D,E,IL,JO,KR,MA,OM,P,PA,PE,S,SG)	40%
		其他：				
1806.90.28	00	按重量计乳固体含量低于21%[6]	千克 千克牛乳固体含量	37.2美分/千克+6%[1]	0(BH,CL,JO,KR,MA,MX,OM,PA,SG)4.9美分/千克+0.8%(PE)12.4美分/千克+2%(CO)14.8美分/千克+2.4%(P) 见9823.08.01至9823.08.38(S+) 见9913.04.25(AU) 见9915.04.30,9915.04.46,9915.04.70(P+)	43.8美分/千克+7%

税则号列	统计后缀	货品名称	单位	税率 1 普通	税率 1 特惠	税率 2
1806.90.30	00	其他[6]	千克 千克牛乳固体含量	52.8美分/千克+6%[1]	0(BH,CL,JO,KR,MA,MX,OM,SG)7美分/千克+0.8%(PE)17.6美分/千克+2%(CO,PA)21.1美分/千克+2.4%(P) 见9823.08.01至9823.08.38(S+) 见9913.04.25(AU) 见9915.04.30,9915.04.47,9915.04.71(P+)	62.1美分/千克+7%
		其他:				
		第十七章附加美国注释四所述的混合糖浆:				
1806.90.35	00	第十七章附加美国注释九描述,并根据其规定进口的	千克	3.5%[1]	0(CO,KR,OM,PA,PE,S)	40%
1806.90.39	00	其他[9]	千克	37.2美分/千克+6%[1]	0(BH,CL,JO,KR,MX,OM,SG) 见9822.05.20(P+) 见9822.06.10(PE) 见9822.08.01(CO) 见9822.09.17(PA) 见9823.10.01至9823.10.45(S+) 见9912.17.05,9912.17.60(MA)	43.8美分/千克+7%
		第十七章附加美国注释二所述的按干重计糖含量超过65%的商品:				
1806.90.45	00	第十七章附加美国注释七描述,并根据其规定进口的	千克	3.5%[1]	0(CO,KR,OM,PA,PE,S)	40%
1806.90.49	00	其他[4]	千克	37.2美分/千克+6%[1]	0(BH,CL,JO,KR,MX,OM,SG) 见9822.05.20(P+) 见9822.06.10(PE) 见9822.08.01(CO) 见9822.09.17(PA) 见9823.10.01至9823.10.45(S+) 见9912.17.05,9912.17.60(MA)	43.8美分/千克+7%
		第十七章附加美国注释三所述的按干量计糖含量超过10%的商品:				
1806.90.55	00	第十七章附加美国注释八描述,并根据其规定进口的	千克	3.5%[1]	0(A*,BH,CA,CL,CO,D,E,IL,JO,KR,MA,OM,P,PA,PE,S,SG)	40%
1806.90.59	00	其他[7]	千克	37.2美分/千克+6%[1]	0(BH,CL,JO,KR,MX,OM,SG) 见9822.05.20(P+) 见9822.06.10(PE) 见9822.08.01(CO) 见9822.09.17(PA) 见9823.10.01至9823.10.45(S+) 见9912.17.05,9912.17.60(MA)	43.8美分/千克+7%
1806.90.90		其他		6%[1]	0(A*,AU,BH,CA,CL,CO,D,E,IL,JO,KR,MA,MX,OM,P,PA,PE,S,SG)	40%
		甜食:				
	11	包括花生及花生制品	千克			

税则号列	统计后缀	货品名称	单位	税率		2
				1		
				普通	特惠	
	19	其他	千克			
	90	其他	千克			

[1]见9903.88.15。

[2]见9902.01.03和9903.88.15。

[3]见9904.18.01至9904.18.08。

[4]见9904.17.17至9904.17.48。

[5]见9904.18.09至9904.18.18。

[6]见9904.18.19至9904.18.30。

[7]见9904.17.49至9904.17.65。

[8]见9904.04.50至9904.05.01。

[9]见9904.17.66至9904.17.84。

第十九章 谷物、粮食粉、淀粉或乳的制品;糕饼点心

注释:

一、本章不包括:

(一)香肠、肉、食用杂碎、动物血、鱼、甲壳动物、软体动物、其他水生无脊椎动物及其混合物含量(按重量计)超过20%的食品(第十六章),但品目1902的包馅食品除外;

(二)用面粉或淀粉制成的专作动物饲料用的饼干及其他制品(品目2309);

(三)第三十章的药品及其他产品。

二、在品目1901中,

(一)所称"**粗粒**"是指第十一章中谷物的粗粒;

(二)所称"**细粉**"及"**粗粉**"是指:

1. 第十一章中谷物的细粉及粗粉;

2. 其他章中植物的细粉、粗粉及粉末,但不包括干蔬菜(品目0712)、马铃薯(品目1105)和干制豆科蔬菜(品目1106)的细粉、粗粉及粉末。

三、品目1940不包括全脱脂可可含量(按重量计)超过6%或用巧克力完全包裹的食品,或者含有品目1806的可可的其他食品(品目1806)。

四、品目1904所称"**其他方法制作的**"是指制作或加工程度超过第十章或第十一章中各品目或注释所规定范围的。

附加美国注释:

一、本章所称"第十九章附加美国注释一所描述的混合物和面团"是指按干重计从甘蔗或甜菜中提取的糖含量超过10%的物品,无论是否与其他成分混合[以下各项除外:(1)主要不是晶体结构或非干燥无定形形式的物品,准备以与进口时相同的形式和包装向最终消费者销售;(2)含有从甘蔗或甜菜中提取的糖的混合糖浆,其可以深加工或者与类似或其他成分混合,并且不准备以与进口时相同的形式和包装向最终消费者销售;或者(3)按干重计从甘蔗或甜菜中提取的糖含量超过65%,无论是否与其他成分混合,可以深加工或者与类似或其他成分混合,并且不准备以与进口时相同的形式和包装向最终消费者销售]。

二、含有低聚糖的婴儿配方奶粉在税号1901.10.11和税号1901.10.33下进口,经食品药品监督管理局批准,任何一年的总量应当不超过100吨(墨西哥产品不被允许或包括在上述数量限制内且不得归类于其中)。

三、第十九章附加美国注释一所描述的混合物和面团在税号1901.20.30和税号1901.20.65下进口,每年10月1日至次年9月30日的12个月内的总数量应当不超过5 398吨(墨西哥产品不被允许或包括在上述数量限制内且不得归类于其中)。

统计注释：
一、数量单位"千克牛乳固体含量"包括除水以外的所有牛奶成分。

税则号列	统计后缀	货品名称	单位	税率 1 普通	税率 1 特惠	2
1901		麦精;细粉、粗粒、粗粉、淀粉或麦精制的其他品目未列名的食品,不含可可或按重量计全脱脂可可含量低于40%;品目0401至0404所列货品制的其他品目未列名的食品,不含可可或按重量计全脱脂可可含量低于5%:				
1901.10		供婴幼儿食用的零售包装食品:				
		适合婴儿的零售食品:				
		按重量计乳固体含量超过10%:				
1901.10.05	00	本税则总注释十五描述,并根据其规定进口的	千克	17.5%[1]	0(A+,AU,BH,CA,CL,CO,D,E,IL,JO,KR,MA,MX,OM,P,PA,PE,S,SG)	35%
		其他:				
		含低聚糖的婴儿配方奶粉:				
1901.10.11	00	本章附加美国注释二描述,并根据其规定进口的	千克 千克牛乳固体含量	17.5%[1]	0(A+,BH,CA,CL,CO,D,E,IL,JO,KR,MA,OM,P,PA,PE,S,SG)	35%
1901.10.16	00	其他[2]	千克 千克牛乳固体含量	1.035美元/千克+14.9%[1]	0(BH,CL,JO,KR,MA,MX,OM,SG)13.8美分/千克+1.9%(PE) 34.5美分/千克+4.9%(PA)41.4美分/千克+5.9%(P) 见9823.08.01至9823.08.38(S+) 见9913.04.25(AU) 见9915.04.30,9915.04.48,9915.04.72(P+) 见9918.04.60至9918.04.80(CO)	1.217美元/千克+17.5%
		其他:				
		第四章附加美国注释一描述的奶产品:				
1901.10.21	00	第四章附加美国注释十描述,并根据其规定进口的	千克	17.5%[1]	0(A+,AU,BH,CA,CL,CO,D,E,IL,JO,KR,MA,OM,P,PA,PE,S,SG)	35%
1901.10.26	00	其他[3]	千克 千克牛乳固体含量	1.035美元/千克+14.9%[1]	0(BH,CL,JO,MA,MX,OM,SG) 34.5美分/千克+4.9%(PA)41.4美分/千克+5.9%(P) 见9823.08.01至9823.08.38(S+) 见9913.04.25(AU) 见9915.04.30,9915.04.48,9915.04.72(P+) 见9917.04.20,9917.04.34(PE) 见9918.04.60至9918.04.80(CO) 见9920.04.10,9920.04.24(KR)	1.217美元/千克+17.5%
1901.10.29	00	其他	千克 千克牛乳固体含量	14.9%[1]	0(A+,AU,BH,CA,CL,CO,D,E,IL,JO,KR,MA,MX,OM,P,PA,PE,S,SG)	35%
		其他:				
1901.10.31	00	本税则总注释十五描述,并根据其规定进口的	千克	17.5%[1]	0(A+,AU,BH,CA,CL,CO,D,E,IL,JO,KR,MA,MX,OM,P,PA,PE,S,SG)	35%
		其他:				
		含低聚糖的婴儿配方奶粉:				

税则号列	统计后缀	货品名称	单位	税率 1 普通	税率 1 特惠	税率 2
1901.10.33	00	本章附加美国注释二描述,并根据其规定进口的	千克	17.5%[1]	0(A+,BH,CA,CL,CO,D,E,IL,JO,KR,MA,OM,P,PA,PE,S,SG)	35%
1901.10.36	00	其他[2]	千克	1.035美元/千克+14.9%[1]	0(BH,CL,JO,KR,MA,MX,OM,SG)13.8美分/千克+1.9%(PE)34.5美分/千克+4.9%(PA)41.4美分/千克+5.9%(P) 见9823.08.01至9823.08.38(S+) 见9913.04.25(AU) 见9915.04.30,9915.04.48,9915.04.72(P+) 见9918.04.60至9918.04.80(CO)	1.217美元/千克+17.5%
		其他:				
		第四章附加美国注释一描述的奶产品:				
1901.10.41	00	第四章附加美国注释十描述,并根据其规定进口的	千克	17.5%[1]	0(A+,AU,BH,CA,CL,CO,D,E,IL,JO,KR,MA,OM,P,PA,PE,S,SG)	35%
1901.10.44	00	其他	千克	1.035美元/千克+14.9%[1]	0(BH,CL,JO,MA,MX,OM,SG)34.5美分/千克+4.9%(PA)41.4美分/千克+5.9%(P) 见9823.08.01至9823.08.38(S+) 见9913.04.25(AU) 见9915.04.30,9915.04.48,9915.04.72(P+) 见9917.04.20,9917.04.34(PE) 见9918.04.60至9918.04.80(CO) 见9920.04.10,9920.04.24(KR)	1.217美元/千克+17.5%
1901.10.49	00	其他	千克	14.9%[1]	0(A+,AU,BH,CA,CL,CO,D,E,IL,JO,KR,MA,MX,OM,P,PA,PE,S,SG)	35%
		适合幼儿的零售食品:				
		第四章附加美国注释一描述的奶产品:				
		乳固体含量超过10%的乳制品:				
1901.10.52	00	本税则总注释十五描述,并根据其规定进口的	千克	16%[1]	0(A+,AU,BH,CA,CL,CO,D,E,IL,JO,KR,MA,MX,OM,P,PA,PE,S,SG)	25%
1901.10.54	00	第四章附加美国注释十描述,并根据其规定进口的	千克 千克牛乳固体含量	16%[1]	0(A,AU,BH,CA,CL,CO,D,E,IL,JO,KR,MA,OM,P,PA,PE,S,SG)	25%
1901.10.56	00	其他[3]	千克 千克牛乳固体含量	1.035美元/千克+13.6%[1]	0(BH,CL,JO,MA,MX,OM,SG)34.5美分/千克+4.5%(PA)41.4美分/千克+5.4%(P) 见9823.08.01至9823.08.38(S+) 见9913.04.25(AU) 见9915.04.30,9915.04.50,9915.04.74(P+) 见9917.04.20,9917.04.36(PE) 见9918.04.60—9918.04.80(CO) 见9920.04.10,9920.04.26(KR)	1.217美元/千克+16%
		其他:				

税则号列	统计后缀	货品名称	单位	税率 1 普通	税率 1 特惠	2
1901.10.62	00	本税则总注释十五描述,并根据其规定进口的	千克	16%[1]	0(A+,AU,BH,CA,CL,CO,D,E,IL,JO,KR,MA,MX,OM,P,PA,PE,S,SG)	25%
1901.10.64	00	第四章附加美国注释十描述,并根据其规定进口的	千克	16%[1]	0(A+,AU,BH,CA,CL,CO,D,E,IL,JO,KR,MA,OM,P,PA,PE,S,SG)	25%
1901.10.66	00	其他	千克	1.035美元/千克+13.6%[1]	0(BH,CL,JO,MA,MX,OM,SG) 34.5美分/千克+4.5%(PA)41.4美分/千克+5.4%(P) 见9823.08.01至9823.08.38(S+) 见9913.04.25(AU) 见9915.04.30,9915.04.50,9915.04.74(P+) 见9917.04.20,9917.04.36(PE) 见9918.04.60至9918.04.80(CO) 见9920.04.10,9920.04.26(KR)	1.217美元/千克+16%
		其他:				
1901.10.72	00	本税则总注释十五描述,并根据其规定进口的	千克	10%[1]	0(A+,AU,BH,CA,CL,CO,D,E,IL,JO,KR,MA,MX,OM,P,PA,PE,S,SG)	20%
		第十七章附加美国注释三描述的按重量计干糖含量超过10%的商品:				
1901.10.74	00	第十七章附加美国注释八描述,并根据其规定进口的	千克	10%[1]	0(A+,BH,CA,CL,CO,D,E,IL,JO,KR,MA,OM,P,PA,PE,S,SG)	20%
1901.10.76	00	其他	千克	23.7美分/千克+8.5%[1]	0(BH,CL,JO,KR,MX,OM,SG) 见9822.05.20(P+) 见9822.06.10(PE) 见9822.08.01(CO) 见9822.09.17(PA) 见9823.10.01至9823.10.45(S+) 见9912.17.05,9912.17.70(MA)	27.9美分/千克+10%
1901.10.91	00	其他	千克	6.4%[1]	0(A,AU,BH,CA,CL,CO,E,IL,JO,KR,MA,MX,OM,P,PA,PE,S,SG)	20%
1901.20		供烘焙品目1905所列面包糕饼用的调制品及面团				
		乳脂含量超过25%,非用于零售:				
1901.20.02	00	本税则总注释十五描述,并根据其规定进口的	千克	10%[1]	0(A,AU,BH,CA,CL,CO,D,E,IL,JO,KR,MA,OM,P,PA,PE,S,SG)	20%
		其他:				
		第四章附加美国注释一描述的奶产品:				
1901.20.05	00	第四章附加美国注释十描述,并根据其规定进口的	千克 千克牛乳固体含量	10%[1]	0(A,AU,BH,CA,CL,CO,D,E,IL,JO,KR,MA,OM,P,PA,PE,S,SG)	20%

第十九章　谷物、粮食粉、淀粉或乳的制品;糕饼点心　225

税则号列	统计后缀	货品名称	单位	税率 1 普通	税率 1 特惠	2
1901.20.15	00	其他[3]	千克 千克牛乳固体含量	42.3美分/千克+8.5%[1]	0(BH,CL,JO,MA,MX,OM,SG) 14.1美分/千克+2.8%(PA)16.9美分/千克+3.4%(P) 见9823.08.01至9823.08.38(S+) 见9913.04.25(AU) 见9915.04.30,9915.04.49, 9915.04.73(P+) 见9917.04.20,9917.04.35(PE) 见9918.04.60-9918.04.80(CO) 见9920.04.10,9920.04.25(KR)	49.8美分/千克+10%
		其他:				
		第十七章附加美国注释二描述的按重量计干糖含量超过65%的商品:				
1901.20.20	00	第十七章附加美国注释七描述,并根据其规定进口的	千克 千克牛乳固体含量	10%[1]	0(CO,KR,OM,PA,PE,S)	20%
1901.20.25	00	其他[5]	千克 千克牛乳固体含量	42.3美分/千克+8.5%[1]	0(BH,CL,JO,KR,MX,OM,SG) 见9822.05.20(P+) 见9822.06.10(PE) 见9822.08.01(CO) 见9822.09.17(PA) 见9823.10.01至9823.10.45(S+) 见9912.17.05,9912.17.65(MA)	49.8美分/千克+10%
		第十九章附加美国注释一描述,并根据其规定进口的:				
1901.20.30	00	本章附加美国注释三描述,并根据其规定进口的	千克 千克牛乳固体含量	10%[1]	0(A,BH,CA,CL,CO,D,E,IL,JO,KR,MA,OM,P,PA,PE,S,SG)	20%
1901.20.35	00	其他[6]	千克 千克牛乳固体含量	42.3美分/千克+8.5%[1]	0(BH,CL,JO,KR,MX,OM,SG) 见9822.05.20(P+) 见9822.06.10(PE) 见9822.08.01(CO) 见9822.09.17(PA) 见9823.10.01至9823.10.45(S+) 见9912.17.05,9912.17.65(MA)	49.8美分/千克+10%
1901.20.40	00	其他	千克 千克牛乳固体含量	8.5%[1]	0(A,AU,BH,CA,CL,CO,D,E,IL,JO,KR,MA,MX,OM,P,PA,PE,S,SG)	20%
		其他:				
1901.20.42	00	本税则总注释十五描述,并根据其规定进口的	千克	10%[1]	0(A,AU,BH,CA,CL,CO,D,E,IL,JO,KR,MA,MX,OM,P,PA,PE,S,SG)	20%
		其他:				
		第四章附加美国注释一描述的奶产品:				
1901.20.45	00	第四章附加美国注释十描述,并根据其规定进口的:	千克 千克牛乳固体含量	10%[1]	0(A*,AU,BH,CA,CL,CO,D,E,IL,JO,KR,MA,OM,P,PA,PE,S,SG)	20%

税则号列	统计后缀	货品名称	单位	税率 1 普通	税率 1 特惠	2
1901.20.50	00	其他[3]	千克 千克牛乳固体含量	42.3美分/千克+8.5%[1]	0(BH,CL,JO,MA,MX,OM,SG) 14.1美分/千克+2.8%(PA)16.9美分/千克+3.4%(P) 见9823.08.01至9823.08.38(S+) 见9913.04.25(AU) 见9915.04.30,9915.04.49, 9915.04.73(P+) 见9917.04.20,9917.04.35(PE) 见9918.04.60至9918.04.80(CO) 见9920.04.10,9920.04.25(KR)	49.8美分/千克+10%
		其他:				
		第十七章附加美国注释二描述的干糖含量超过65%的商品:				
1901.20.55	00	第十七章附加美国注释七描述,并根据其规定进口的	千克	10%[1]	0(CO,KR,OM,PA,PE,S)	20%
1901.20.60	00	其他[5]	千克	42.3美分/千克+8.5%[1]	0(BH,CL,JO,KR,MX,OM,SG) 见9822.05.20(P+) 见9822.06.10(PE) 见9822.08.01(CO) 见9822.09.17(PA) 见9823.10.01至9823.10.45(S+) 见9912.17.05,9912.17.65(MA)	49.8美分/千克+10%
		第十九章附加美国注释一描述的调制品及面团:				
1901.20.65	00	本章附加美国注释三描述,并根据其规定进口的	千克	10%[1]	0(A,BH,CA,CL,CO,D,E,IL,JO,KR,MA,OM,P,PA,PE,S,SG)	20%
1901.20.70	00	其他[6]	千克	42.3美分/千克+8.5%[1]	0(BH,CL,JO,KR,MX,OM,SG) 见9822.05.20(P+) 见9822.06.10(PE) 见9822.08.01(CO) 见9822.09.17(PA) 见9823.10.01至9823.10.45(S+) 见9912.17.05,9912.17.65(MA)	49.8美分/千克+10%
1901.20.80	00	其他	千克	8.5%[1]	0(A,AU,BH,CA,CL,CO,D,E,IL,JO,KR,MA,MX,OM,P,PA,PE,S,SG)	20%
1901.90		其他:				
		麦芽提取物:				
1901.90.10	00	液体	升	3.2美分/升[1]	0(A+,AU,BH,CA,CL,CO,D,E,IL,JO,KR,MA,MX,OM,P,PA,PE,S,SG)	26美分/升
1901.90.20	00	固体或浓缩	千克	9.6%[1]	0(A+,AU,BH,CA,CL,CO,D,E,IL,JO,KR,MA,MX,OM,P,PA,PE,S,SG)	60%
1901.90.25	00	未经进一步加工的即食布丁	千克	0[1]		30%

第十九章　谷物、粮食粉、淀粉或乳的制品；糕饼点心

税则号列	统计后缀	货品名称	单位	税率 普通	税率 1 特惠	2
1901.90.28	00	按重量计乳脂含量少于31%的干拌料,由按重量计各自含量均不少于17.5%的酪蛋白酸钠、乳脂、按重量计乳清含量超过5.5%的乳清固体及全脂奶粉组成,但不包含按重量计乳脂含量不超过5.5%的奶粉、乳清粉或全脂奶粉	千克 千克牛乳固体含量	0.37美分/千克[1]	0(A,AU,BH,CA,CL,CO,D,E,IL,JO,KR,MA,MX,OM,P,PA,PE,S,SG)	12.1美分/千克
1901.90.32	00	非牛奶制的卡杰塔	千克	11.2%[1]	0(A+,AU,BH,CA,CL,CO,D,E,IL,JO,KR,MA,MX,OM,P,PA,PE,S,SG)	35%
		人造奶油干酪:				
1901.90.33	00	本税则总注释十五描述,并根据其规定进口的	千克	10%[1]	0(A+,AU,BH,CA,CL,CO,D,E,IL,JO,KR,MA,MX,OM,P,PA,PE,S,SG)	20%
1901.90.34	00	第四章附加美国注释二十三描述,并根据其规定进口的	千克 千克牛乳固体含量	10%[1]	0(A+,BH,CA,CL,CO,D,E,IL,JO,KR,MA,OM,P,PA,PE,S,SG)	20%
1901.90.36	00	其他[7]	千克 千克牛乳固体含量	1.128美元/千克[1]	0(BH,CL,JO,MA,MX,OM,SG) 37.6美分/千克(KR)45.1美分/千克(P) 见9823.04.01至9823.04.54(S+) 见9908.04.05(IL) 见9915.04.80,9915.04.88, 9915.04.97(P+) 见9917.04.58,9917.04.58(PE) 见9918.04.50至9918.04.59(CO) 见9919.04.50,9919.04.57, 9919.04.67(PA)	1.328美元/千克
		其他:				
		第四章附加美国注释二描述的奶产品:				
		按重量计乳固体含量超过10%的乳制品				
1901.90.60	00	本税则总注释十五描述,并根据其规定进口的	千克	16%[1]	0(A+,AU,BH,CA,CL,CO,D,E,IL,JO,KR,MA,MX,OM,P,PA,PE,S,SG)	25%
1901.90.61	00	第四章附加美国注释三描述,并根据其规定进口的	千克 千克牛乳固体含量	16%[1]	0(A,AU,BH,CA,CL,CO,D,E,IL,JO,KR,MA,MX,OM,P,PA,PE,S,SG)	25%
1901.90.62	00	其他[3]	千克 千克牛乳固体含量	1.035美元/千克 +13.6%[1]	0(BH,CL,JO,MA,MX,OM,SG) 34.5美分/千克+4.5%(PA)41.4美分/千克+5.4%(P) 见9823.08.01至9823.08.38(S+) 见9913.04.25(AU) 见9915.04.30,9915.04.50, 9915.04.74(P+) 见9917.04.20,9917.04.36(PE) 见9918.04.60至9918.04.80(CO) 见9920.04.10,9920.04.26(KR)	1.217美元/千克+16%
		其他:				
1901.90.63	00	本税则总注释十五描述,并根据其规定进口的	千克	16%[1]	0(A+,AU,BH,CA,CL,CO,D,E,IL,JO,KR,MA,MX,OM,P,PA,PE,S,SG)	25%

税则号列	统计后缀	货品名称	单位	税率 1 普通	税率 1 特惠	2
1901.90.64	00	第四章附加美国注释十描述，并根据其规定进口的	千克	16%[1]	0(A+,AU,BH,CA,CL,CO,D,E,IL,JO,KR,MA,OM,P,PA,PE,S,SG)	25%
1901.90.65	00	其他[3]	千克	1.035美元/千克+13.6%[1]	0(BH,CL,JO,MA,MX,OM,SG) 34.5美分/千克+4.5%(PA) 41.4美分/千克+5.4%(P) 见9823.08.01至9823.08.38(S+) 见9913.04.25(AU) 见9915.04.30,9915.04.50,9915.04.74(P+) 见9917.04.20,9917.04.36(PE) 见9918.04.60至9918.04.80(CO) 见9920.04.10,9920.04.26(KR)	1.217美元/千克+16%
		其他：				
1901.90.66	00	本税则总注释十五描述，并根据其规定进口的	千克	10%[1]	0(A+,AU,BH,CA,CL,CO,D,E,IL,JO,KR,MA,MX,OM,P,PA,PE,S,SG)	20%
		其他：				
		第十七章附加美国注释二描述的按重量计干糖含量超过65%的商品：				
1901.90.67	00	第十七章附加美国注释七描述，并根据其规定进口的	千克	10%[1]	0(CO,KR,OM,PA,PE,S)	20%
1901.90.68	00	其他	千克	23.7美分/千克+8.5%[1]	0(BH,CL,JO,KR,MX,OM,SG) 见9822.05.20(P+) 见9822.06.10(PE) 见9822.08.01(CO) 见9822.09.17(PA) 见9823.10.01至9823.10.45(S+) 见9912.17.05,9912.17.70(MA)	27.9美分/千克+10%
		第十七章附加美国注释三描述的按重量计干糖含量超过10%的商品：				
1901.90.69	00	本章附加美国注释八描述，并根据其规定进口的	千克	10%[1]	0(A+,BH,CA,CL,CO,D,E,IL,JO,KR,MA,OM,P,PA,PE,S,SG)	20%
1901.90.71	00	其他[4]	千克	23.7美分/千克+8.5%[1]	0(BH,CL,JO,KR,MX,OM,SG) 见9822.05.20(P+) 见9822.06.10(PE) 见9822.08.01(CO) 见9822.09.17(PA) 见9823.10.01至9823.10.45(S+) 见9912.17.05,9912.17.70(MA)	27.9美分/千克+10%
		其他：				
1901.90.72	00	按重量计乳脂含量超过5.5%,非零售包装：	千克 千克牛乳固体含量	10.2%[1]	0(A+,AU,BH,CA,CL,CO,D,E,IL,JO,KR,MA,MX,OM,P,PA,PE,S,SG)	20%
1901.90.91		其他		6.4%[8]	0(A,AU,BH,CA,CL,CO,D,E,IL,JO,KR,MA,MX,OM,P,PA,PE,S,SG)	20%
	82	玉米、大豆、牛奶混合物	千克			
	85	小麦、面粉、大豆混合物	千克			

税则号列	统计后缀	货品名称	单位	税率 1 普通	税率 1 特惠	2
	95	其他	千克			
1902		面食,不论是否煮熟、包馅(肉馅或其他馅)或其他方法制作,例如,意大利面、通心粉、面条、汤团、馄饨、饺子、奶油面卷;古斯古斯面食,不论是否制作:				
		生的面食,未包馅或未经其他方法制作:				
1902.11		含蛋:				
1902.11.20		全面食		0[1]		6.6美分/千克
		欧盟国家产品:				
	10	受进口加工制度(IPR)约束	千克			
	20	受美欧面协议中欧盟减少出口退税的限制	千克			
	30	其他	千克			
	90	除欧盟外其他国家的产品	千克			
1902.11.40	00	其他,包括与酱汁一起包装的面食	千克	6.4%[1]	0(A*,AU,BH,CA,CL,CO,D,E,IL,JO,KR,MA,MX,OM,P,PA,PE,S,SG)	20%
1902.19		其他:				
1902.19.20		全面食		0[8]		4.4美分/千克
		欧盟国家产品:				
	10	受进口加工制度(IPR)约束	千克			
	20	受美欧面协议中欧盟减少出口退税的限制	千克			
	30	其他	千克			
	90	除欧盟外其他国家的产品	千克			
1902.19.40	00	其他,包括与酱汁一起包装的面食	千克	6.4%[8]	0(A*,AU,BH,CA,CL,CO,D,E,IL,JO,KR,MA,MX,OM,P,PA,PE,S,SG)	20%
1902.20.00		包馅面食,不论是否烹煮或经其他方法制作		6.4%[8]	0(A*,AU,BH,CA,CL,CO,D,E,IL,JO,KR,MA,MX,OM,P,PA,PE,S,SG)	20%
	20	罐装	千克			
		其他:				
	40	冻的	千克			
	60	其他	千克			
1902.30.00		其他面食		6.4%[8]	0(A*,AU,BH,CA,CL,CO,D,E,IL,JO,KR,MA,MX,OM,P,PA,PE,S,SG)	20%
	20	罐装	千克			
		其他:				
	40	冻的	千克			
	60	其他	千克			

税则号列	统计后缀	货品名称	单位	税率 1 普通	税率 1 特惠	2
1902.40.00	00	古斯古斯面食	千克	6.4%[1]	0(A,AU,BH,CA,CL,CO,D,E,IL,JO,KR,MA,MX,OM,P,PA,PE,S,SG)	20%
1903.00		珍粉及淀粉制成的珍粉代用品,片、粒、珠、粉或类似形状的:				
1903.00.20	00	竹芋、木薯或西米	千克	0[1]		0
1903.00.40	00	其他	千克	0.8美分/千克[1]	0(A+,AU,BH,CA,CL,CO,D,E,IL,JO,KR,MA,MX,OM,P,PA,PE,S,SG)	3.3美分/千克
1904		谷物或谷物产品经膨化或烘炒制成的食品(例如,玉米片);其他品目未列名的预煮或经其他方法制作的谷粒(玉米除外)、谷物片或经其他加工的谷粒(细粉、粗粒及粗粉除外):				
1904.10.00		谷物或谷物产品经膨化或烘炒制成的食品		1.1%[1]	0(A,AU,BH,CA,CL,CO,D,E,IL,JO,KR,MA,MX,OM,P,PA,PE,S,SG)	20%
	40	含甘蔗糖和/或者甜菜糖	千克			
	80	其他	千克			
1904.20		未烘炒谷物片制成的食品及未烘炒的谷物片与烘炒的谷物片或膨化的谷物混合制成的食品:				
1904.20.10	00	装在密封容器中,不含杏子、柑橘类水果、桃子或梨	千克	5.6%[1]	0(A+,AU,BH,CA,CL,CO,D,E,IL,JO,KR,MA,MX,OM,P,PA,PE,S,SG)	35%
1904.20.90	00	其他	千克	14.9%[1]	0(A+,AU,BH,CA,CL,CO,D,E,IL,JO,KR,MA,MX,OM,P,PA,PE,S,SG)	35%
1904.30.00	00	碾碎的干小麦	千克	14%[1]	0(A*,AU,BH,CA,CL,CO,D,E,IL,JO,KR,MA,MX,OM,P,PA,PE,S,SG)	35%
1904.90.01		其他		14%[1]	0(A,AU,BH,CA,CL,CO,D,E,IL,JO,KR,MA,MX,OM,P,PA,PE,S,SG)	35%
	20	冻的	千克			
	40	其他	千克			
1905		面包、糕点、饼干及其他烘焙糕饼,不论是否含可可;圣餐饼、装药空囊、封碱、糯米纸及类似制品:				
1905.10.00	00	黑麦脆面包片	千克	0[1]		30%
1905.20.00	00	姜饼及类似品	千克	0[1]		30%
		甜饼干;华夫饼干及圣餐饼:				
1905.31.00		甜饼干		0[9]		30%
		冻的:				
	21	含有花生或花生制品	千克			
	29	其他	千克			
		其他:				

税则号列	统计后缀	货品名称	单位	税率 1 普通	税率 1 特惠	2
	41	含有花生或花生制品	千克			
	49	其他	千克			
1905.32.00		华夫饼干及圣餐饼		0[10]		30%
		冻的：				
	21	含有花生或花生制品	千克			
	29	其他	千克			
		其他：				
	41	含有花生或花生制品	千克			
	49	其他	千克			
1905.40.00	00	面包干、吐司及类似的烤面包：	千克	0[1]		30%
1905.90		其他：				
1905.90.10		面包、糕点、饼干及其他烘焙糕饼和布丁,不论是否含有巧克力、水果、坚果和糕点甜食		0[8]		30%
		冻的：				
	41	面包、糕点、饼干及其他类似的甜面包制品和布丁	千克			
	49	其他	千克			
		其他：				
	50	面包、糕点、饼干及其他类似的甜面包制品和布丁	千克			
	70	面包	千克			
	90	其他	千克			
1905.90.90		其他		4.5%[1]	0(A*,AU,BH,CA,CL,CO,D,E,IL,JO,KR,MA,MX,OM,P,PA,PE,S,SG)	20%
	30	玉米片和类似的清脆可口的休闲食品	千克			
	60	披萨和乳蛋饼	千克			
	90	其他	千克			

[1]见 9903.88.15。

[2]见 9904.19.01 至 9904.19.10。

[3]见 9904.04.50 至 9904.05.01。

[4]见 9904.17.49 至 9904.17.65。

[5]见 9904.17.17 至 9904.17.48。

[6]见 9904.19.11 至 9904.19.19。

[7]见 9904.06.29 至 9904.06.37。

[8]见 9903.88.03。

[9]见 9903.88.15 和 9903.89.37。

[10]见 9909.88.15 和 9903.89.43。

第二十章　蔬菜、水果、坚果或植物其他部分的制品

注释：

一、本章不包括：

(一)用第七章、第八章或第十一章所列方法制作或保藏的蔬菜、水果或坚果；

(二)按重量计含香肠、肉、食用杂碎、动物血、鱼、甲壳动物、软体动物、其他水生无脊椎动物及其混合物超过 20% 的食品(第十六章)；

(三)品目 1905 的烘焙糕饼及其他制品；或者

(四)品目 2104 的均化混合食品。

二、品目 2007 及品目 2008 不包括制成糖食的果冻、果膏、糖衣杏仁或类似品(品目 1704)及巧克力糖食(品目 1806)。

三、品目 2001、品目 2004 和品目 2005 仅酌情包括用本章注释一(一)以外的方法制作或保藏的第七章或品目 1105、品目 1106 的产品(第八章产品的细粉、粗粉除外)。

四、干重量在 7% 或以上的番茄汁归入品目 2002。

五、品目 2007 所称"烹煮的"是指在常压或减压下，通过减少水分或其他方法增加产品粘稠度的热处理。

六、品目 2009 所称"未发酵及未加酒精的水果汁"是指按容量计酒精浓度(标准见第二十二章注释二)不超过 0.5% 的水果汁。

子目注释：

一、子目 2005.10 所称"均化蔬菜"是指蔬菜经精细均化制成适合供婴幼儿食用或营养用的零售包装食品(每件净重不超过 250 克)。出于调味、保藏或其他目的，均化蔬菜中可以加入少量其他配料，还可以含有少量可见的蔬菜粒。归类时，子目 2005.10 优先于品目 2005 的其他子目。

二、子目 2007.10 所称"均化食品"是指果实经精细均化制成适合供婴幼儿食用或营养用的零售包装食品(每件净重不超过 250 克)。出于调味、保藏或其他目的，均化食品中可以加入少量其他配料，还可以含有少量可见的果粒。归类时，子目 2007.10 优先于品目 2007 的其他子目。

三、子目 2009.12、子目 2009.21、子目 2009.31、子目 2009.41、子目 2009.61 及子目 2009.71 所称"白利糖度值"是指直接从白利糖度计读取的度数或在 20 摄氏度时从折射计读取的以蔗糖百分比含量计的折射率，在其他温度下读取的数值应折算为 20 摄氏度时的数值。

附加美国注释：

一、在品目 2009 中，

(一)果汁相关条款的"税率"栏中的"升"表示天然未浓缩果汁的升数或浓缩果汁的升数；

(二)所称"复原果汁"是指通过将进口浓缩液与水按一定比例混合而获得的产品，该产品比例等于财

政部部长不时在美国商业和贸易中检查的天然非浓缩果汁的平均白利糖度。

(三)所称"白利糖度"指的是果汁折射糖值,该糖值适用于补充任何所加甜物质的效果,进而进行酸度校正。

二、在确定从浓缩果汁中获得复原果汁的升数时,浓缩度应按体积计算,精确到0.5度,根据进口浓缩果汁与复原果汁的白利糖度之比确定,并根据果汁的比重差异进行校正。任何浓度低于1.5度(在校正至最接近的0.5度之前测定)的果汁应被视为天然非浓缩果汁。

三、在确定混合果汁的浓缩度时,混合物应被视为完全由具有最低白利糖度值的成分果汁组成。

四、在税号0711.20.18和税号2005.70.06下进口的橄榄总数量不得超过4 400吨。

五、在税号2008.11.05下进口的花生酱和花生糊,任何一个日历年度的总数量不得超过本注释规定的数量(墨西哥产品不被允许或包括在上述数量限制内且不得归类于其中)。

	数量(吨)
加拿大	14 500
阿根廷	3 650
本章附加美国注释六中确定的国家或地区	1 600
其他国家或地区	250

本注释下进口的花生酱和花生糊须遵守美国贸易代表办公室或其他指定机构颁布的条例。

六、所称"本章附加美国注释六确定的国家或地区"表示下列国家应当按照本章附加美国注释五规定的总数量进口:阿尔巴尼亚、安哥拉、安圭拉、安提瓜和巴布达、阿根廷、阿鲁巴、巴哈马、巴林、孟加拉国、巴巴多斯、伯利兹、贝宁、不丹、玻利维亚、波斯尼亚和黑塞哥维那、博茨瓦纳、巴西、英属印度洋领地、英属维尔京群岛、保加利亚、布隆迪、喀麦隆、佛得角、开曼群岛、中非共和国、乍得、智利、圣诞岛(印度洋)、科科斯(基林)岛、哥伦比亚、科摩罗、刚果、库克群岛、哥斯达黎加、克罗地亚、塞浦路斯、捷克共和国、吉布提、多米尼加、多米尼加共和国、厄瓜多尔、埃及、萨尔瓦多、赤道几内亚、爱沙尼亚、埃塞俄比亚、福克兰群岛、斐济、法国、加蓬、冈比亚、加纳、直布罗陀、格陵兰、格林纳达、危地马拉、几内亚、几内亚－比绍、圭亚那、海地、赫德岛和麦克唐纳群岛、洪都拉斯、匈牙利、印度、印度尼西亚、以色列、象牙海岸、牙买加、约旦、哈萨克斯坦、肯尼亚、基里巴斯、吉尔吉斯斯坦、拉脱维亚、黎巴嫩、莱索托、利比里亚、立陶宛、中国澳门、马达加斯加、马拉维、马来西亚、马尔代夫群岛、马里、马耳他和戈佐岛、毛里塔尼亚、毛里求斯、蒙特塞拉特、摩洛哥、莫桑比克、纳米比亚、尼泊尔、荷属安的列斯群岛、新喀里多尼亚、尼加拉瓜、尼日尔、纽埃、诺福克岛、北马其顿、阿曼、巴基斯坦、帕劳、巴拿马、巴布亚新几内亚、巴拉圭、秘鲁、菲律宾、皮特凯恩岛、波兰、波利尼西亚、南非共和国、也门共和国、罗马尼亚、俄罗斯、卢旺达、圣多美和普林西比、塞内加尔、塞舌尔、塞拉利昂、斯洛伐克、斯洛文尼亚、所罗门群岛、索马里、斯里兰卡、圣彼得堡海伦娜、圣基茨和尼维斯、圣·露西亚、圣文森特和格林纳丁斯、苏里南、斯威士兰、坦桑尼亚、泰国、多哥、托克劳群岛、汤加、特立尼达和多巴哥、突尼斯、土耳其、特克斯和凯科斯群岛、图瓦卢、乌干达、乌克兰、乌拉圭、瓦努阿图、委内瑞拉、瓦利斯和富图纳撒哈拉、西萨摩亚、扎伊尔、赞比亚、津巴布韦。

统计注释：

一、在品目 2009 的统计报告中，果汁相关条款的"数量单位"栏中的"升"表示天然未浓缩果汁的升数或复原果汁[定义见上述附加美国注释一(二)]的升数。

税则号列	统计后缀	货品名称	单位	税率 普通	税率 1 特惠	2
2001		蔬菜、水果、坚果及植物的其他食用部分，用醋或醋酸制作或保藏的：				
2001.10.00	00	黄瓜及小黄瓜	千克	9.6%[1]	0(A,AU,BH,CA,CL,CO,D,E,IL,JO,KR,MA,MX,OM,P,PA,PE,S,SG)	35%
2001.90		其他：				
		刺山柑：				
2001.90.10	00	直接装在容量超过3.4千克的容器中	千克	8%[2]	0(A*,AU,BH,CA,CL,CO,D,E,IL,JO,KR,MA,MX,OM,P,PA,PE,S,SG)	20%
2001.90.20	00	其他	千克	8%[1]	0(A*,AU,BH,CA,CL,CO,D,E,IL,JO,KR,MA,MX,OM,P,PA,PE,S,SG)	20%
		其他：				
		蔬菜：				
2001.90.25	00	洋蓟	千克	10.2%[3]	0(A*,AU,BH,CA,CL,CO,D,E,IL,JO,KR,MA,MX,OM,P,PA,PE,S,SG)	35%
2001.90.30	00	豆荚	千克	5.8%[1]	0(A*,AU,BH,CA,CL,CO,D,E,IL,JO,KR,MA,MX,OM,P,PA,PE,S,SG)	35%
2001.90.33	00	食用仙人掌	千克	7.7%[2]	0(A*,AU,BH,CA,CL,CO,D,E,IL,JO,KR,MA,MX,OM,P,PA,PE,S,SG)	35%
2001.90.34	00	洋葱	千克	3.6%[1]	0(A*,AU,BH,CA,CL,CO,D,E,IL,JO,KR,MA,MX,OM,P,PA,PE,S,SG)	35%
2001.90.35	00	甜椒	千克	8.1%[1]	0(A+,AU,BH,CA,CL,CO,D,E,IL,JO,KR,MA,MX,OM,P,PA,PE,S,SG)	38.5%
2001.90.38	00	其他	千克	9.6%[4]	0(A*,AU,BH,CA,CL,CO,D,E,IL,JO,KR,MA,MX,OM,P,PA,PE,S,SG)	35%
2001.90.42	00	荸荠,中国荸荠除外	千克	4.9美分/千克[1]	0(A*,AU,BH,CA,CL,CO,D,E,IL,JO,KR,MA,MX,OM,P,PA,PE,S,SG)	55美分/千克
2001.90.45	00	芒果	千克	1.5美分/千克[2]	0(A*,AU,BH,CA,CL,CO,D,E,IL,JO,KR,MA,MX,OM,P,PA,PE,S,SG)	33美分/千克
2001.90.48	00	中国水荸荠	千克	9.6%[1]	0(A*,AU,BH,CA,CL,CO,D,E,IL,JO,KR,MA,MX,OM,P,PA,PE,S,SG)	35%
2001.90.50	00	胡桃	千克	7美分/千克[1]	0(A*,AU,BH,CA,CL,CO,D,E,IL,JO,KR,MA,MX,OM,P,PA,PE,S,SG)	33美分/千克
2001.90.60	00	其他	千克	14%[1]	0(A+,AU,BH,CA,CL,CO,D,E,IL,JO,KR,MA,MX,OM,P,PA,PE,S,SG)	35%
2002		番茄,用醋或醋酸以外的其他方法制作或保藏的：				

税则号列	统计后缀	货品名称	单位	税率 1 普通	税率 1 特惠	2
2002.10.00		番茄,整个或切片		12.5%[1]	0(A+,BH,CA,CL,CO,D,E,IL,JO,KR,MA,MX,OM,P,PA,PE,S,SG) 见9913.95.21至9913.95.30(AU)	50%
	20	装在容量小于1.4千克的容器中	千克			
	80	其他	千克			
2002.90		其他:				
2002.90.40	00	粉状	千克	11.6%[1]	0(A,BH,CA,CL,CO,D,E,IL,JO,KR,MA,MX,OM,P,PA,PE,S,SG)0.5%(AU)	50%
2002.90.80		其他		11.6%[1]	0(A+,BH,CA,CL,CO,D,E,IL,JO,KR,MA,MX,OM,P,PA,PE,S,SG) 见9913.95.31至9913.95.55(AU)	50%
		团状:				
	10	装在容量小于1.4千克的容器中	千克			
	20	其他	千克			
		泥状:				
	30	装在容量小于1.4千克的容器中	千克			
	40	其他	千克			
	50	其他	千克			
2003		蘑菇及块菌,用醋或醋酸以外的其他方法制作或保藏的:				
2003.10.01		伞菌属蘑菇		6美分/千克干重+8.5%[1]	0(A+,AU,BH,CA,CL,CO,D,E,IL,JO,KR,MA,MX,OM,P,PA,PE,S,SG)	22美分/千克干重+45%
		装在每个容量不超过225克的容器中				
	27	整个的(包括口蘑)	千克			
	31	切片的	千克			
	37	其他	千克			
		装在每个容量不超过225克的容器中				
	43	整个的(包括口蘑)	千克			
	47	切片的	千克			
	53	其他	千克			
2003.90		其他:				
2003.90.10	00	松露	千克	0		0
2003.90.80		其他		6美分/千克干重+8.5%[1]	0(A+,AU,BH,CA,CL,CO,D,E,IL,JO,KR,MA,MX,OM,P,PA,PE,S,SG)	22美分/千克干重+45%
	10	草菇	千克			
	90	其他	千克			
2004		其他冷冻蔬菜,用醋或醋酸以外的其他方法制作或保藏的,但品目2006的产品除外:				
2004.10		马铃薯:				

第二十章 蔬菜、水果、坚果或植物其他部分的制品 237

税则号列	统计后缀	货品名称	单位	税率 1 普通	税率 1 特惠	2
2004.10.40	00	黄色(索拉诺)土豆	千克	6.4%[2]	0(A,AU,BH,CA,CL,CO,D,E,IL,JO,KR,MA,MX,OM,P,PA,PE,S,SG)	35%
2004.10.80		其他		8%[1]	0(A+,AU,BH,CA,CL,CO,D,E,IL,JO,KR,MA,MX,OM,P,PA,PE,S,SG)	35%
	20	炸薯条	千克			
	40	其他	千克			
2004.90		其他蔬菜及什锦蔬菜				
2004.90.10	00	前菜	千克	3.2%[2]	0(A,AU,BH,CA,CL,CO,D,E,IL,JO,KR,MA,MX,OM,P,PA,PE,S,SG)	30%
2004.90.80	00	豆类	千克	2.1美分/千克含容器重量[1]	0(A,AU,BH,CA,CL,CO,D,E,IL,JO,KR,MA,MX,OM,P,PA,PE,S,SG)	6.6美分/千克含容器重量
2004.90.85		其他		11.2%[1]	0(A+,AU,BH,CA,CL,CO,D,E,IL,JO,KR,MA,MX,OM,P,PA,PE,S,SG)	35%
	20	胡萝卜	千克			
	40	甜玉米	千克			
	60	豌豆	千克			
	80	其他,包括混合物	千克			
2005		其他未冷冻蔬菜,用醋或醋酸以外的其他方法制作或保藏的,但品目2006的产品除外:				
2005.10.00	00	均化蔬菜	千克	11.2%[2]	0(A*,AU,BH,CA,CL,CO,D,E,IL,JO,KR,MA,MX,OM,P,PA,PE,S,SG)	35%
2005.20.00		马铃薯	千克	6.4%[1]	0(A*,AU,BH,CA,CL,CO,D,E,IL,JO,KR,MA,MX,OM,P,PA,PE,S,SG)	35%
	20	马铃薯片	千克			
	40	马铃薯粒	千克			
	70	其他	千克			
2005.40.00	00	豌豆	千克	0[1]		4.4美分/千克含容器重量
		豆类(豇豆属、菜豆属):				
2005.51		豆类,脱荚的:				
2005.51.20		黑眼豇豆		1.5美分/千克含容器重量[1]	0(A+,AU,BH,CA,CL,CO,D,E,IL,JO,KR,MA,MX,OM,P,PA,PE,S,SG)	6.6美分/千克含容器重量
	20	罐装,干的	千克			
	40	其他	千克			
2005.51.40		其他		2.1美分/千克含容器重量[1]	0(A,AU,BH,CA,CL,CO,D,E,IL,JO,KR,MA,MX,OM,P,PA,PE,S,SG)	6.6美分/千克含容器重量

税则号列	统计后缀	货品名称	单位	税率 1 普通	税率 1 特惠	2
	20	罐装,干的	千克			
	40	其他	千克			
2005.59.00	00	其他	千克	1.5美分/千克含容器重量[1]	0(A*,AU,BH,CA,CL,CO,D,E,IL,JO,KR,MA,MX,OM,P,PA,PE,S,SG)	6.6美分/千克含容器重量
2005.60.00	00	芦笋	千克	14.9%[1]	0(A+,BH,CA,CL,CO,D,E,IL,JO,KR,MA,MX,OM,P,PA,PE,S,SG) 见9913.95.56—9913.95.60(AU)	35%
2005.70		油橄榄:				
		浸在盐水中:				
		绿色的:				
		未去核:				
		成熟的,装在每个容量少于13千克的容器中,沥干重:				
2005.70.02		任何一个日历年度的进口总数量不超过730吨		5.4美分/千克干重[2]	0(A*,AU,BH,CA,CL,CO,D,E,IL,JO,KR,MA,MX,OM,P,PA,PE,S,SG)	7.4美分/千克干重
	30	装在每个容量超过8千克的容器中,沥干重	千克			
	60	装在每个容量为8千克或更少的容器中,沥干重	千克			
2005.70.04		其他		3.7美分/千克干重[2]	0(AU,BH,CA,CL,CO,IL,JO,KR,MA,MX,OM,P,PA,PE,S,SG)	7.4美分/千克干重
	30	装在每个容量超过8千克的容器中,沥干重	千克			
	60	装在每个容量为8千克或更少的容器中,沥干重	千克			
		其他:				
		装在每个容量超过8千克的容器中,沥干重,经进口商证明可作为青橄榄用于重新包装或销售:				
2005.70.06	00	本章附加美国注释四描述,并根据其规定进口的	千克	3.7美分/千克干重[2]	0(A*,AU,BH,CA,CL,CO,D,E,IL,JO,KR,MA,MX,OM,P,PA,PE,S,SG)	7.4美分/千克干重
2005.70.08	00	其他	千克	3.7美分/千克干重[5]	0(AU,BH,CA,CL,CO,IL,JO,KR,MA,MX,OM,P,PA,PE,S,SG)	7.4美分/千克干重
2005.70.12	00	其他	千克	3.7美分/千克干重[6]	0(A*,AU,BH,CA,CL,CO,D,E,IL,JO,KR,MA,MX,OM,P,PA,PE,S,SG)	7.4美分/千克干重
		去核或填充:				
		装箱:				
		填充的,装在每个容量不超过1千克的容器中,沥干重:				

税则号列	统计后缀	货品名称	单位	税率 1 普通	税率 1 特惠	2
2005.70.16	00	任何一个日历年度的总数量不超过2 700吨	千克	5.4美分/千克干重[5]	0(A*,AU,BH,CA,CL,CO,D,E,IL,JO,KR,MA,MX,OM,P,PA,PE,S,SG)	10.8美分/千克干重
2005.70.18	00	其他	千克	6.9美分/千克干重[2]	0(AU,BH,CA,CL,CO,IL,JO,KR,MA,MX,OM,P,PA,PE,S,SG)	10.8美分/千克干重
2005.70.23	00	其他	千克	6.9美分/千克干重[5]	0(A*,AU,BH,CA,CL,CO,D,E,IL,JO,KR,MA,MX,OM,P,PA,PE,S,SG)	10.8美分/千克干重
2005.70.25		其他		8.6美分/千克干重[7]	0(A*,AU,BH,CA,CL,CO,D,E,IL,JO,KR,MA,MX,OM,P,PA,PE,S,SG)	10.8美分/千克干重
		装在每个容量超过8千克的容器中,沥干重				
	10	全部去核	千克			
	20	全部填充	千克			
	30	其他,包括破碎的,切片的,沙拉形态的	千克			
		装在每个容量秋8千克或更少的容器中,沥干重				
	40	全部去核	千克			
	50	全部填充	千克			
	60	其他,包括破碎的、切片的、沙拉形态的	千克			
		颜色不是绿色的:				
		罐装:				
2005.70.50		未去核		9.3美分/千克干重[2]	0(A+,AU,BH,CA,CL,CO,D,E,IL,JO,KR,MA,MX,OM,P,PA,PE,S,SG)	11.6美分/千克干重
	30	装在每个容量超过0.3千克的容器中,沥干重	千克			
	60	装在每个容量为0.3千克或更少的容器中,沥干重	千克			
2005.70.60		其他		10.1美分/千克干重[1]	0(A+,AU,BH,CA,CL,CO,D,E,IL,JO,KR,MA,MX,OM,P,PA,PE,S,SG)	11.9美分/千克干重
		全部去核:				
	20	装在每个容量超过0.3千克的容器中,沥干重	千克			
	30	装在每个容量为0.3千克或更少的容器中,沥干重	千克			
	50	切片的	千克			
	60	切碎的	千克			
	70	其他,包括楔入的或断裂的	千克			
		非罐装:				

税则号列	统计后缀	货品名称	单位	税率 1 普通	税率 1 特惠	2
2005.70.70	00	装在密封的玻璃或金属容器中	千克	9.9美分/千克干重[1]	0(A+,AU,BH,CA,CL,CO,D,E,IL,JO,KR,MA,MX,OM,P,PA,PE,S,SG)	11.6美分/千克干重
2005.70.75		其他		4.3美分/千克干重[1]	0(A*,AU,BH,CA,CL,CO,D,E,IL,JO,KR,MA,MX,OM,P,PA,PE,S,SG)	10美分/千克干重
	10	全部去核	千克			
	15	切片的	千克			
	20	切碎的	千克			
	25	其他,包括楔入的或断裂的	千克			
		其他方法制作或保藏的:				
		绿色的,装在每个容量少于13千克的容器中,沥干重:				
2005.70.91	00	任何一个日历年度的进口总数量不超过550吨	千克	5.5美分/千克干重[2]	0(A+,AU,BH,CA,CL,CO,D,E,IL,JO,KR,MA,MX,OM,P,PA,PE,S,SG)	11美分/千克干重
2005.70.93	00	其他	千克	8.8美分/千克干重[2]	0(AU,BH,CA,CL,CO,IL,JO,KR,MA,MX,OM,P,PA,PE,S,SG)	11美分/千克干重
2005.70.97	00	其他	千克	8.8美分/千克干重[1]	0(A+,AU,BH,CA,CL,CO,D,E,IL,JO,KR,MA,MX,OM,P,PA,PE,S,SG)	11美分/千克干重
2005.80.00	00	甜玉米	千克	5.6%[1]	0(A*,AU,BH,CA,CL,CO,D,E,IL,JO,KR,MA,MX,OM,P,PA,PE,S,SG)	35%
		其他蔬菜及什锦蔬菜:				
2005.91		竹笋:				
2005.91.60	00	装在密封容器中	千克	0[1]		35%
2005.91.97	00	其他	千克	11.2%[1]	0(A,AU,BH,CA,CL,CO,D,E,IL,JO,KR,MA,MX,OM,P,PA,PE,S,SG)	35%
2005.99		其他:				
2005.99.10	00	装在密封容器中的胡萝卜	千克	6.4%[1]	0(A*,AU,BH,CA,CL,CO,D,E,IL,JO,KR,MA,MX,OM,P,PA,PE,S,SG)	35%
2005.99.20	00	洋葱	千克	4.5%[1]	0(A*,AU,BH,CA,CL,CO,D,E,IL,JO,KR,MA,MX,OM,P,PA,PE,S,SG)	35%
2005.99.30	00	酸菜	千克	4.8%[1]	0(A+,AU,BH,CA,CL,CO,D,E,IL,JO,KR,MA,MX,OM,P,PA,PE,S,SG)	50%
2005.99.41		荸荠,中国荸荠除外		0[1]		35%
	10	切片的	千克			
	20	整个的	千克			
		辣椒及辣椒属的果实:				
2005.99.50		甜椒		8.1%[8]	0(A+,AU,BH,CA,CL,CO,D,E,IL,JO,KR,MA,MX,OM,P,PA,PE,S,SG)	38.5%

税则号列	统计后缀	货品名称	单位	税率 1 普通	税率 1 特惠	税率 2
	20	装在每个容量不超过227克的容器中	千克			
	40	其他	千克			
2005.99.55		其他	千克	14.9%[9]	0(A*,BH,CA,CL,CO,D,E,IL,JO,KR,MA,MX,OM,P,PA,PE,S,SG)0.70%(AU)	35%
	10	甜椒	千克			
	90	其他	千克			
2005.99.80	00	洋蓟	千克	14.9%[10]	0(A+,BH,CA,CL,CO,D,E,IL,JO,KR,MA,MX,OM,P,PA,PE,S,SG)0.70%(AU)	35%
2005.99.85	00	鹰嘴豆	千克	0.8美分/千克含容器重量[1]	0(A*,AU,BH,CA,CL,CO,D,E,IL,JO,KR,MA,MX,OM,P,PA,PE,S,SG)	4.4美分/千克含容器重量
2005.99.97	00	其他[1]	千克	11.2%[1]	0(A*,AU,BH,CA,CL,CO,D,E,IL,JO,KR,MA,MX,OM,P,PA,PE,S,SG)	35%
2006.00		糖渍蔬菜、水果、坚果、果皮及植物的其他部分(沥干、糖渍或裹糖的):				
2006.00.20	00	樱桃	千克	9.9美分/千克+6.4%[1]	0(A+,AU,BH,CA,CL,CO,D,E,IL,JO,KR,MA,MX,OM,P,PA,PE,S,SG)	20.9美分/千克+40%
2006.00.30	00	生姜	千克	2.4%[1]	0(A,AU,BH,CA,CL,CO,D,E,IL,JO,KR,MA,MX,OM,P,PA,PE,S,SG)	20%
2006.00.40	00	菠萝	千克	2.1%[1]	0(A+,AU,BH,CA,CL,CO,D,E,IL,JO,KR,MA,MX,OM,P,PA,PE,S,SG)	35%
		其他,包括混合物:				
2006.00.50	00	混合物	千克	16%[1]	0(A+,AU,BH,CA,CL,CO,D,E,IL,JO,KR,MA,MX,OM,P,PA,PE,S,SG)	20%
		其他:				
2006.00.60	00	柑橘类水果;柑橘皮或其他水果的皮	千克	6美分/千克[1]	0(A+,AU,BH,CA,CL,CO,D,E,IL,JO,KR,MA,MX,OM,P,PA,PE,S,SG)	17.6美分/千克
2006.00.70	00	其他水果和坚果	千克	8%[1]	0(A*,AU,BH,CA,CL,CO,D,E,IL,JO,KR,MA,MX,OM,P,PA,PE,S,SG)	40%
2006.00.90	00	其他	千克	16%[1]	0(A,AU,BH,CA,CL,CO,D,E,IL,JO,KR,MA,MX,OM,P,PA,PE,S,SG)	20%
2007		烹煮的果酱、果冻、柑橘酱、果泥及果膏,不论是否加糖或其他甜物质:				
2007.10.00	00	均化食品	千克	12%[1]	0(A+,BH,CA,CL,CO,D,E,IL,JO,KR,MA,MX,OM,P,PA,PE,S,SG)0.5%(AU)	35%
		其他:				
2007.91		柑橘属水果的:				

税则号列	统计后缀	货品名称	单位	税率 1 普通	税率 1 特惠	2
2007.91.10	00	糊状物和纯净物	千克	11.2%[1]	0(A+,AU,BH,CA,CL,CO,D,E,IL,JO,KR,MA,MX,OM,P,PA,PE,S,SG)	35%
2007.91.40	00	桔子酱	千克	3.5%[1]	0(A*,AU,BH,CA,CL,CO,D,E,IL,JO,KR,MA,MX,OM,P,PA,PE,S,SG)	35%
2007.91.90	00	其他	千克	4.5%[2]	0(A*,AU,BH,CA,CL,CO,D,E,IL,JO,KR,MA,MX,OM,P,PA,PE,S,SG)	35%
2007.99		其他:				
		果酱:				
2007.99.05	00	越橘和覆盆子	千克	1.8%[12]	0(A,AU,BH,CA,CL,CO,D,E,IL,JO,KR,MA,MX,OM,P,PA,PE,S,SG)	35%
2007.99.10	00	草莓	千克	2.2%[12]	0(A,AU,BH,CA,CL,CO,D,E,IL,JO,KR,MA,MX,OM,P,PA,PE,S,SG)	35%
2007.99.15	00	醋栗和其他莓	千克	1.4%[12]	0(A,AU,BH,CA,CL,CO,D,E,IL,JO,KR,MA,MX,OM,P,PA,PE,S,SG)	35%
2007.99.20	00	杏	千克	3.5%[12]	0(A,AU,BH,CA,CL,CO,D,E,IL,JO,KR,MA,MX,OM,P,PA,PE,S,SG)	35%
2007.99.25	00	樱桃番茄	千克	4.5%[12]	0(A,AU,BH,CA,CL,CO,D,E,IL,JO,KR,MA,MX,OM,P,PA,PE,S,SG)	20.9美分/千克+40%
2007.99.30	00	番石榴	千克	0[2]		35%
2007.99.35	00	桃子	千克	7%[12]	0(A+,BH,CA,CL,CO,D,E,IL,JO,KR,MA,MX,OM,P,PA,PE,S,SG)0.3%(AU)	35%
2007.99.40	00	菠萝	千克	4%[1]	0(A,AU,BH,CA,CL,CO,D,E,IL,JO,KR,MA,MX,OM,P,PA,PE,S,SG)	35%
2007.99.45	00	其他	千克	5.6%[1]	0(A,AU,BH,CA,CL,CO,D,E,IL,JO,KR,MA,MX,OM,P,PA,PE,S,SG)	35%
		糊状物和纯净物:				
2007.99.48	00	苹果、木瓜和梨	千克	12%[1]	0(A*,AU,BH,CA,CL,CO,D,E,IL,JO,KR,MA,MX,OM,P,PA,PE,S,SG)	35%
2007.99.50		番石榴和芒果		1.3%[1]	0(A,AU,BH,CA,CL,CO,D,E,IL,JO,KR,MA,MX,OM,P,PA,PE,S,SG)	35%
	10	番石榴	千克			
	20	芒果	千克			
2007.99.55	00	番木瓜	千克	14%[2]	0(A+,AU,BH,CA,CL,CO,D,E,IL,JO,KR,MA,MX,OM,P,PA,PE,S,SG)	35%

税则号列	统计后缀	货品名称	单位	税率 1 普通	税率 1 特惠	税率 2
2007.99.60	00	草莓	千克	12%[12]	0(A+,AU,BH,CA,CL,CO,D,E,IL,JO,KR,MA,MX,OM,P,PA,PE,S,SG)	35%
2007.99.65		其他		10%[1]	0(A+,BH,CA,CL,CO,D,E,IL,JO,KR,MA,MX,OM,P,PA,PE,S,SG)0.4%(AU)	35%
	10	红莓	千克			
	20	其他	千克			
		果冻：				
2007.99.70	00	醋栗和浆果	千克	1.4%[13]	0(A+,AU,BH,CA,CL,CO,D,E,IL,JO,KR,MA,MX,OM,P,PA,PE,S,SG)	35%
2007.99.75	00	其他	千克	3.2%[1]	0(A,AU,BH,CA,CL,CO,D,E,IL,JO,KR,MA,MX,OM,P,PA,PE,S,SG)	35%
2008		用其他方法制作或保藏的其他品目未列名的水果、坚果及植物的其他食用部分，不论是否加酒、加糖或其他甜物质：				
		坚果、花生及其他子仁，不论是否混合：				
2008.11		花生：				
		花生酱和花生糊：				
2008.11.02	00	本税则总注释十五描述，并根据其规定进口的	千克	0[1]		15美分/千克
2008.11.05	00	本章附加美国注释五描述，并根据其规定进口的	千克	0[1]		15美分/千克
2008.11.15	00	其他[14]	千克	131.8%[1]	0(BH,CL,JO,KR,MA,MX,OM,P,SG)17.5%(PE)43.9%(CO)65.9%(PA) 见9913.12.05,9913.12.20(AU) 见9915.20.05至9915.20.20(P+) 见9922.01.01至9922.01.12(S+)	155%
		脱皮花生：				
2008.11.22	00	本税则总注释十五描述，并根据其规定进口的	千克	6.6美分/千克[1]	0(A+,AU,BH,CA,CL,CO,D,E,IL,JO,KR,MA,MX,OM,P,PA,PE,S,SG)	15美分/千克
2008.11.25	00	第十二章附加美国注释二描述，并根据其规定进口的	千克	6.6美分/千克[1]	0(A*,BH,CA,CL,CO,D,E,IL,JO,KR,MA,OM,P,PA,PE,S,SG)	15美分/千克
2008.11.35	00	其他[15]	千克	131.8%[2]	0(BH,CL,JO,KR,MA,MX,OM,P,SG)17.5%(PE)43.9%(CO)65.9%(PA) 见9908.12.01(IL) 见9913.12.05,9913.12.20(AU) 见9915.12.05,9915.12.20,9915.12.40(P+) 见9922.01.01至9922.01.12(S+)	155%
		其他：				
2008.11.42	00	本税则总注释十五描述，并根据其规定进口的	千克	6.6美分/千克[1]	0(A+,AU,BH,CA,CL,CO,D,E,IL,JO,KR,MA,MX,OM,P,PA,PE,S,SG)	15美分/千克

税则号列	统计后缀	货品名称	单位	税率 1 普通	税率 1 特惠	2
2008.11.45	00	第十二章附加美国注释二描述,并根据其规定进口的	千克	6.6美分/千克[1]	0(A*,BH,CA,CL,CO,D,E,IL,JO,KR,MA,OM,P,PA,PE,S,SG)	15美分/千克
2008.11.60	00	其他[15]	千克	131.8%[2]	0(BH,CL,JO,KR,MA,MX,OM,P,SG)17.5%(PE)43.9%(CO)65.9%(PA) 见9908.12.01(IL) 见9913.12.05,9913.12.20(AU) 见9915.12.05,9915.12.20,9915.12.40(P+) 见9922.01.01至9922.01.12(S+)	155%
2008.19		其他,包括混合物:				
2008.19.10		巴西坚果和腰果		0[1]		10美分/千克
	20	巴西坚果	千克			
	40	腰果	千克			
2008.19.15	00	可可果	千克	1%[1]	0(A,AU,BH,CA,CL,CO,D,E,IL,JO,KR,MA,MX,OM,P,PA,PE,S,SG)	20%
2008.19.20	00	榛子	千克	11.3美分/千克[1]	0(A+,AU,BH,CA,CL,CO,D,E,IL,JO,KR,MA,MX,OM,P,PA,PE,S,SG)	22美分/千克
2008.19.25	00	山核桃	千克	9.9美分/千克[1]	0(A,AU,BH,CA,CL,CO,D,E,IL,JO,KR,MA,MX,OM,P,PA,PE,S,SG)	22美分/千克
2008.19.30		松子和开心果		1美分/千克[1]	0(A,AU,BH,CA,CL,CO,D,E,IL,JO,KR,MA,MX,OM,P,PA,PE,S,SG)	11美分/千克
	10	松子	千克			
	20	开心果	千克			
2008.19.40	00	巴旦木	千克	32.6美分/千克[1]	0(A+,AU,BH,CA,CL,CO,D,E,IL,JO,KR,MA,MX,OM,P,PA,PE,S,SG)	40.8美分/千克
2008.19.50	00	西瓜子	千克	6.4%[1]	0(A+,AU,BH,CA,CL,CO,D,E,IL,JO,KR,MA,MX,OM,P,PA,PE,S,SG)	20%
		其他,包括混合物:				
2008.19.85	00	混合物	千克	22.4%[1]	0(A+,BH,CA,CL,CO,D,E,IL,JO,KR,MA,MX,OM,P,PA,PE,S,SG)1%(AU)	35%
2008.19.90		其他		17.9%[1]	0(A,AU,BH,CA,CL,CO,D,E,IL,JO,KR,MA,MX,OM,P,PA,PE,S,SG)	35%
	10	夏威夷果仁	千克			
	90	其他	千克			
2008.20.00		菠萝		0.35美分/千克[1]	0(A+,AU,BH,CA,CL,CO,D,E,IL,JO,KR,MA,MX,OM,P,PA,PE,S,SG)	4.4美分/千克
	10	包含甜菜糖或甘蔗糖	千克			

税则号列	统计后缀	货品名称	单位	税率 1 普通	税率 1 特惠	2
	90	其他	千克			
2008.30		柑橘类水果:				
		果皮:				
2008.30.10	00	橙子、橘子(包括柑橘和温州蜜柑)、桔梗、金柑和类似的柑桔杂交种的	千克	2美分/千克[1]	0(A*,AU,BH,CA,CL,CO,D,E,IL,JO,KR,MA,MX,OM,P,PA,PE,S,SG)	17.6美分/千克
2008.30.20	00	柠檬的	千克	4.2美分/千克[1]	0(A+,AU,BH,CA,CL,CO,D,E,IL,JO,KR,MA,MX,OM,P,PA,PE,S,SG)	17.6美分/千克
2008.30.30	00	其他	千克	11.3美分/千克[1]	0(A+,AU,BH,CA,CL,CO,D,E,IL,JO,KR,MA,MX,OM,P,PA,PE,S,SG)	17.6美分/千克
		果肉:				
2008.30.35	00	橙子	千克	11.2%[2]	0(A+,AU,BH,CA,CL,CO,D,E,IL,JO,KR,MA,MX,OM,P,PA,PE,S,SG)	35%
2008.30.37	00	其他	千克	6.8%[2]	0(A*,AU,BH,CA,CL,CO,D,E,IL,JO,KR,MA,MX,OM,P,PA,PE,S,SG)	35%
		其他:				
2008.30.40	00	橙子	千克	1.4美分/千克[1]	0(A+,AU,BH,CA,CL,CO,D,E,IL,JO,KR,MA,MX,OM,P,PA,PE,S,SG)	2.2美分/千克
		橘子(包括柑橘和温州蜜柑)、桔梗、金柑和类似的柑桔杂交种:				
		中国柑橘:				
		温州蜜柑,装在密封容器中:				
2008.30.42		任何一个日历年度的进口总数量不超过 4 000 吨		0[1]		2.2美分/千克
	10	含有甘蔗糖或甜菜糖	千克			
	90	其他	千克			
2008.30.46	00	其他	千克	0.28美分/千克[1]	0(A+,AU,BH,CA,CL,CO,D,IL,JO,KR,MA,MX,OM,P,PA,PE,S,SG)	2.2美分/千克
2008.30.48	00	其他	千克	0.28美分/千克[1]	0(A*,AU,BH,CA,CL,CO,D,E,IL,JO,KR,MA,MX,OM,P,PA,PE,S,SG)	2.2美分/千克
2008.30.55	00	其他	千克	1.4美分/千克[1]	0(AU,BH,CA,CL,CO,D,E,IL,JO,KR,MA,MX,OM,P,PA,PE,S,SG)	2.2美分/千克
		柠檬和酸橙:				
2008.30.60	00	柠檬	千克	0.8美分/千克[2]	0(A*,AU,BH,CA,CL,CO,D,E,IL,JO,KR,MA,MX,OM,P,PA,PE,S,SG)	5.5美分/千克
2008.30.66	00	酸橙	千克	14%[2]	0(A+,AU,BH,CA,CL,CO,D,E,IL,JO,KR,MA,MX,OM,P,PA,PE,S,SG)	35%

税则号列	统计后缀	货品名称	单位	税率 1 普通	税率 1 特惠	2
2008.30.70	00	葡萄柚	千克	1.1美分/千克[1]	0(A+,AU,BH,CA,CL,CO,D,E,IL,JO,KR,MA,MX,OM,P,PA,PE,S,SG)	3.3美分/千克
2008.30.80	00	金橘	千克	0.55美分/千克[1]	0(A+,AU,BH,CA,CL,CO,D,E,IL,JO,KR,MA,MX,OM,P,PA,PE,S,SG)	2.2美分/千克
2008.30.85	00	香橼	千克	14%[2]	0(A+,AU,BH,CA,CL,CO,D,E,IL,JO,KR,MA,MX,OM,P,PA,PE,S,SG)	35%
2008.30.96	00	其他,包括佛手柑	千克	14%[1]	0(A*,AU,BH,CA,CL,CO,D,E,IL,JO,KR,MA,MX,OM,P,PA,PE,S,SG)	35%
2008.40.00		梨		15.3%[13]	0(A+,BH,CA,CL,CO,D,E,IL,JO,KR,MX,OM,P,PA,PE,S,SG) 见9912.95.31至9912.95.40(MA) 见9913.95.61至9913.95.70(AU)	35%
	20	装在每个容量少于1.4千克的容器中	千克			
	40	其他	千克			
2008.50		杏:				
2008.50.20	00	果肉	千克	10%[1]	0(A*,BH,CA,CL,CO,D,E,IL,JO,KR,MA,MX,OM,P,PA,PE,S,SG)0.4%(AU)	35%
2008.50.40	00	其他	千克	29.8%[1]	0(A+,BH,CA,CL,CO,E,IL,JO,KR,MX,OM,P,PA,PE,S,SG) 见9912.95.41至9912.95.45(MA) 见9913.95.71至9913.95.75(AU)	35%
2008.60.00		樱桃		6.9美分/千克+4.5%[16]	0(A+,AU,BH,CA,CL,CO,D,E,IL,JO,KR,MA,MX,OM,P,PA,PE,S,SG)	21美分/千克+40%
	20	樱桃酒	千克			
		其他:				
	40	甜种的	千克			
	60	酸种的	千克			
2008.70		桃,包括油桃:				
2008.70.10		油桃		16%[1]	0(A+,BH,CA,CL,CO,D,E,IL,JO,KR,MX,OM,P,PA,PE,S,SG)0.7%(AU) 见9912.95.46至9912.95.55(MA)	35%
	20	装在每个容量少于1.4千克的容器中	千克			
	40	其他	千克			
2008.70.20		其他桃		17%[16]	0(A+,BH,CA,CL,CO,E,IL,JO,KR,MX,OM,P,PA,PE,S,SG) 见9912.95.56至9912.95.65(MA) 见9913.95.76至9913.95.85(AU)	35%
	20	装在每个容量少于1.4千克的容器中	千克			
	40	其他	千克			

税则号列	统计后缀	货品名称	单位	税率 1 普通	税率 1 特惠	2
2008.80.00	00	草莓	千克	11.9%[17]	0(A+,AU,BH,CA,CL,CO,D,E,IL,JO,KR,MA,MX,OM,P,PA,PE,S,SG)	35%
		其他,包括子目 2008.19 以外的什锦果实:				
2008.91.00	00	棕榈芯	千克	0.9%[2]	0(A,AU,BH,CA,CL,CO,D,E,IL,JO,KR,MA,MX,OM,P,PA,PE,S,SG)	35%
2008.93.00	00	蔓越橘(大果蔓越橘、小果蔓越橘、越橘)	千克	4.5%[1]	0(A,AU,BH,CA,CL,CO,D,E,IL,JO,KR,MA,MX,OM,P,PA,PE,S,SG)	35%
2008.97		什锦果实:				
2008.97.10		装在密封容器中,不含杏、柑橘类水果、桃或梨		5.6%[1]	0(A+,AU,BH,CA,CL,CO,D,E,IL,JO,KR,MA,MX,OM,P,PA,PE,S,SG)	35%
	20	精制谷物制品	千克			
	40	其他	千克			
2008.97.90		其他	千克	14.9%[16]	0(A+,BH,CA,CL,CO,E,IL,JO,KR,MX,OM,P,PA,PE,S,SG) 见 9912.95.66 至 9912.95.86(MA) 见 9913.95.86 至 9913.96.06(AU)	35%
		包装在密封容器的液体介质中:				
		含有桃或梨:				
	30	装在每个容量少于1.4千克的容器中	千克			
	35	其他	千克			
		其他:				
	40	含有橘子或葡萄柚	千克			
	50	其他	千克			
		其他:				
	92	精制谷物制品	千克			
	94	其他	千克			
2008.99		其他:				
2008.99.05	00	苹果	千克	0.9美分/千克[1]	0(A+,AU,BH,CA,CL,CO,D,E,IL,JO,KR,MA,MX,OM,P,PA,PE,S,SG)	5.5美分/千克
2008.99.10	00	鳄梨	千克	10.6美分/千克[2]	0(A+,AU,BH,CA,CL,CO,D,E,IL,JO,KR,MA,MX,OM,P,PA,PE,S,SG)	33美分/千克
		香蕉:				
2008.99.13	00	果肉	千克	3.4%[2]	0(A*,AU,BH,CA,CL,CO,D,E,IL,JO,KR,MA,MX,OM,P,PA,PE,S,SG)	35%
2008.99.15	00	其他	千克	0.8%[1]	0(A,AU,BH,CA,CL,CO,D,E,IL,JO,KR,MA,MX,OM,P,PA,PE,S,SG)	35%
		莓:				

税则号列	统计后缀	货品名称	单位	税率 1 普通	税率 1 特惠	2
2008.99.18		蓝莓		2.2%[1]	0(A+,AU,BH,CA,CL,CO,D,E,IL,JO,KR,MA,MX,OM,P,PA,PE,S,SG)	35%
	10	野生蓝莓罐头	千克			
	90	其他	千克			
2008.99.21		其他		4.5%[1]	0(A*,AU,BH,CA,CL,CO,D,E,IL,JO,KR,MA,MX,OM,P,PA,PE,S,SG)	35%
	20	红莓	千克			
	40	其他	千克			
2008.99.23	00	腰果梨、马美果、人参果、红毛榴莲和释迦	千克	1.3%[1]	0(A*,AU,BH,CA,CL,CO,D,E,IL,JO,KR,MA,MX,OM,P,PA,PE,S,SG)	35%
2008.99.25	00	椰枣	千克	22.4%[1]	0(A+,BH,CA,CL,CO,D,E,IL,JO,KR,MA,MX,OM,P,PA,PE,S,SG)1%(AU)	35%
2008.99.28	00	无花果	千克	9.6%[1]	0(A*,AU,BH,CA,CL,CO,D,E,IL,JO,KR,MA,MX,OM,P,PA,PE,S,SG)	40%
2008.99.29	00	葡萄番茄	千克	7%[1]	0(A+,AU,BH,CA,CL,CO,D,E,IL,JO,KR,MA,MX,OM,P,PA,PE,S,SG)	35%
2008.99.30	00	番石榴	千克	0[1]		35%
2008.99.35	00	荔枝和龙眼	千克	7%[1]	0(A*,AU,BH,CA,CL,CO,D,E,IL,JO,KR,MA,MX,OM,P,PA,PE,S,SG)	35%
2008.99.40	00	芒果	千克	1.5美分/千克[1]	0(A*,AU,BH,CA,CL,CO,D,E,IL,JO,KR,MA,MX,OM,P,PA,PE,S,SG)	33美分/千克
		木瓜:				
2008.99.45	00	果肉	千克	14%[2]	0(A*,AU,BH,CA,CL,CO,D,E,IL,JO,KR,MA,MX,OM,P,PA,PE,S,SG)	35%
2008.99.50	00	其他	千克	1.8%[1]	0(A*,AU,BH,CA,CL,CO,D,E,IL,JO,KR,MA,MX,OM,P,PA,PE,S,SG)	35%
2008.99.60	00	李子	千克	11.2%[1]	0(A+,AU,BH,CA,CL,CO,D,E,IL,JO,KR,MA,MX,OM,P,PA,PE,S,SG)	35%
2008.99.61	00	大豆	千克	3.8%[1]	0(A,AU,BH,CA,CL,CO,D,E,IL,JO,KR,MA,MX,OM,P,PA,PE,S,SG)	35%
2008.99.63	00	甜姜	千克	4.4%[1]	0(A*,AU,BH,CA,CL,CO,D,E,IL,JO,KR,MA,MX,OM,P,PA,PE,S,SG)	35%
2008.99.65	00	木薯	千克	7.9%[2]	0(A*,AU,BH,CA,CL,CO,D,E,IL,JO,KR,MA,MX,OM,P,PA,PE,S,SG)	35%
		中国荸荠:				

税则号列	统计后缀	货品名称	单位	税率 1 普通	税率 1 特惠	2
2008.99.70	00	冻的	千克	11.2%[1]	0(A+,AU,BH,CA,CL,CO,D,E,IL,JO,KR,MA,MX,OM,P,PA,PE,S,SG)	35%
2008.99.71		其他		0[1]		35%
	10	切片的	千克			
	20	整个的	千克			
		其他:				
2008.99.80	00	果肉	千克	9.6%[1]	0(A*,AU,BH,CA,CL,CO,D,E,IL,JO,KR,MA,MX,OM,P,PA,PE,S,SG)	35%
2008.99.91		其他		6%[1]	0(A*,AU,BH,CA,CL,CO,D,E,IL,JO,KR,MA,MX,OM,P,PA,PE,S,SG)	35%
	10	豆饼、豆条、味噌及类似产品	千克			
	90	其他	千克			
2009		未发酵及未加酒精的水果汁(包括酿酒葡萄汁)、蔬菜汁,不论是否加糖或其他甜物质:				
		橙汁:				
2009.11.00		冻的		7.85美分/升[1]	0(BH,CA,CL,CO,D,E,IL,JO,KR,MX,OM,P,PA,PE,S,SG) 见9912.95.87至9912.96.01(MA) 见9913.96.07至9913.96.21(AU)	18美分/升
	20	装在每个容量少于0.946升的容器中	升			
	40	装在每个容量为0.946升或更多但不超过3.785升的容器中	升			
	60	装在容量超过3.785升的容器中	升			
2009.12		非冷冻的,白利糖度值不超过20:				
2009.12.25	00	未浓缩,也不是由浓缩为1.5或更高的果汁制成的(在校正至最接近的0.5度之前测定)	升	4.5美分/升[2]	0(BH,CA,CL,CO,D,E,IL,JO,KR,MA,MX,OM,P,PA,PE,S,SG)0.2美分/升(AU)	18美分/升
2009.12.45	00	其他	升	7.85美分/升[2]	0(BH,CA,CL,CO,D,E,IL,JO,KR,MA,MX,OM,P,PA,PE,S,SG) 见9913.96.22至9913.96.26(AU)	18美分/升
2009.19.00	00	其他	升	7.85美分/升[2]	0(BH,CA,CL,CO,D,E,IL,JO,KR,MA,MX,OM,P,PA,PE,S,SG) 见9913.96.27至9913.96.31(AU)	18美分/升
		葡萄柚(包括柚子)果汁:				
2009.21		白利糖度值不超过20:				
2009.21.20	00	未浓缩,也不是由浓缩为1.5或更高的果汁制成的(在校正至最接近的0.5度之前测定)	升	4.5美分/升[1]	0(AU,BH,CA,CL,CO,D,E,IL,JO,KR,MA,MX,OM,P,PA,PE,S,SG)	18美分/升
2009.21.40		其他	升	7.9美分/升[2]	0(AU,BH,CA,CL,CO,D,E,IL,JO,KR,MA,MX,OM,P,PA,PE,S,SG)	18美分/升

税则号列	统计后缀	货品名称	单位	税率 1 普通	税率 1 特惠	2
	20	冻的	升			
	40	其他	升			
2009.29.00		其他		7.9美分/升[1]	0(BH,CA,CL,CO,D,E,IL,JO,KR,MA,MX,OM,P,PA,PE,S,SG)0.3美分/升(AU)	18美分/升
	20	冻的	升			
	40	其他	升			
		任何其他单一柑橘类水果的果汁:				
2009.31		白利糖度值不超过20:				
		酸橙汁:				
2009.31.10		不适合饮用		1.8美分/千克[2]	0(A,AU,BH,CA,CL,CO,D,E,IL,JO,KR,MA,MX,OM,P,PA,PE,S,SG)	11美分/千克
	20	未浓缩的	千克 升			
	40	浓缩的	千克 升			
2009.31.20		其他		1.7美分/升[1]	0(A,AU,BH,CA,CL,CO,D,E,IL,JO,KR,MA,MX,OM,P,PA,PE,S,SG)	18美分/升
	20	未浓缩的	升			
	40	浓缩的	升			
		其他:				
2009.31.40	00	未浓缩的	升	3.4美分/升[1]	0(AU,BH,CA,CL,CO,D,E,IL,JO,KR,MA,MX,OM,P,PA,PE,S,SG)	18美分/升
2009.31.60		浓缩的		7.9美分/升[1]	0(BH,CA,CL,CO,D,E,IL,JO,KR,MA,MX,OM,P,PA,PE,S,SG)0.3美分/升(AU)	18美分/升
		柠檬汁:				
	20	冻的	升			
	40	其他	升			
	60	其他	升			
2009.39		其他:				
		酸橙汁:				
2009.39.10	00	不适合饮用	千克 升	1.8美分/千克[2]	0(A,AU,BH,CA,CL,CO,D,E,IL,JO,KR,MA,MX,OM,P,PA,PE,S,SG)	11美分/千克
2009.39.20	00	其他	升	1.7美分/升[2]	0(A,AU,BH,CA,CL,CO,D,E,IL,JO,KR,MA,MX,OM,P,PA,PE,S,SG)	18美分/升
2009.39.60		其他		7.9美分/升[1]	0(BH,CA,CL,CO,D,E,IL,JO,KR,MA,MX,OM,P,PA,PE,S,SG)0.3美分/升(AU)	18美分/升
		柠檬汁:				
	20	冻的	升			

税则号列	统计后缀	货品名称	单位	税率 1 普通	税率 1 特惠	2
	40	其他	升			
	60	其他	升			
		菠萝汁：				
2009.41		白利糖度值不超过20：				
2009.41.20	00	未浓缩，或浓缩度不超过3.5（在校正至最接近的0.5度之前测定）	升	4.2美分/升[2]	0(A+,AU,BH,CA,CL,CO,D,E,IL,JO,KR,MA,MX,OM,P,PA,PE,S,SG)	18美分/升
2009.41.40		其他		1美分/升[1]	0(A+,AU,BH,CA,CL,CO,D,E,IL,JO,KR,MA,MX,OM,P,PA,PE,S,SG)	18美分/升
	20	冻的	升			
	40	其他	升			
2009.49		其他：				
2009.49.20	00	未浓缩，或浓缩度不超过3.5（在校正至最接近的0.5度之前测定）	升	4.2美分/升[2]	0(A+,AU,BH,CA,CL,CO,D,E,IL,JO,KR,MA,MX,OM,P,PA,PE,S,SG)	18美分/升
2009.49.40		其他		1美分/升[1]	0(A+,AU,BH,CA,CL,CO,D,E,IL,JO,KR,MA,MX,OM,P,PA,PE,S,SG)	18美分/升
	20	冻的	升			
	40	其他	升			
2009.50.00		番茄汁		0.14美分/升[1]	0(A,AU,BH,CA,CL,CO,D,E,IL,JO,KR,MA,MX,OM,P,PA,PE,S,SG)	4美分/升
	10	装在密封容器中	升 千克			
	90	其他	升 千克			
		葡萄果汁：				
2009.61.00		白利糖度值不超过30		4.4美分/升[2]	0(A+,BH,CA,CL,CO,D,E,IL,JO,KR,MA,MX,OM,P,PA,PE,S,SG) 见9913.96.32至9913.96.46(AU)	26美分/升
	20	未浓缩的	升			
		浓缩的：				
	40	冻的	升			
	60	其他	升			
2009.69.00		其他		4.4美分/升[1]	0(A+,BH,CA,CL,CO,D,E,IL,JO,KR,MA,MX,OM,P,PA,PE,S,SG) 见9913.96.47至9913.96.56(AU)	26美分/升
	40	冻的	升			
	60	其他	升			
		苹果汁：				
2009.71.00	00	白利糖度值不超过20	升 千克	0[1]		1.3美分/升

税则号列	统计后缀	货品名称	单位	税率 1 普通	税率 1 特惠	2
2009.79.00		其他		0[1]		1.3美分/升
		冻的:				
	15	有机认证的	升			
	17	其他	升			
	20	其他	升			
		其他未混合的水果汁或蔬菜汁:				
2009.81.00	00	蔓越橘(大果蔓越橘、小果蔓越橘、越橘)果汁	升	0.5美分/升[2]	0(A*,AU,BH,CA,CL,CO,D,E,IL,JO,KR,MA,MX,OM,P,PA,PE,S,SG)	18美分/升
2009.89		其他:				
		水果汁:				
2009.89.20	00	梨汁	升	0[13]		1.3美分/升
2009.89.40	00	梅子汁	升	0.64美分/升[2]	0(A+,AU,BH,CA,CL,CO,D,E,IL,JO,KR,MA,MX,OM,P,PA,PE,S,SG)	18美分/升
2009.89.65		樱桃汁		0.5美分/升[18]	0(A*,AU,BH,CA,CL,CO,D,E,IL,JO,KR,MA,MX,OM,P,PA,PE,S,SG)	18美分/升
	11	浓缩酸樱桃果汁	升			
	90	其他	升			
2009.89.70		其他		0.5美分/升[19]	0(A*,AU,BH,CA,CL,CO,D,E,IL,JO,KR,MA,MX,OM,P,PA,PE,S,SG)	18美分/升
		浆果汁:				
	31	蓝莓汁,包括浓缩的	升			
	55	红莓汁,包括浓缩的	升			
	65	其他	升			
	70	芒果汁	升			
	91	其他	升			
2009.89.80		蔬菜汁		0.2美分/升[16]	0(A*,AU,BH,CA,CL,CO,D,E,IL,JO,KR,MA,MX,OM,P,PA,PE,S,SG)	4美分/升
	31	装在密封容器中	升 千克			
	39	其他	升 千克			
2009.90						
2009.90.20	00	混合果汁:蔬菜	升	0.2美分/升[2]	0(A*,AU,BH,CA,CL,CO,D,E,IL,JO,KR,MA,MX,OM,P,PA,PE,S,SG)	4美分/升
2009.90.40	00	其他	升	7.4美分/升[20]	0(A+,AU,BH,CA,CL,CO,D,E,IL,JO,KR,MA,MX,OM,P,PA,PE,S,SG)	18美分/升

[1]见9903.88.03。

[2]见9903.88.15。

[3]见 9902.01.04 和 9903.88.03。

[4]见 9902.01.05、9902.01.06 和 9903.88.03。

[5]见 9903.88.15 和 9903.89.34。

[6]见 9903.88.15 和 9903.89.13。

[7]见 9902.01.07、9903.88.03 和 9903.89.13。

[8]见 9902.01.08 和 9903.88.03。

[9]见 9902.01.09 和 9903.88.03。

[10]见 9902.01.10 和 9903.88.03。

[11]见 9903.88.45。

[12]见 9903.88.03 和 9903.89.52。

[13]见 9903.88.03 和 9903.89.22。

[14]见 9904.20.01 至 9904.20.10。

[15]见 9904.12.01 至 9904.12.19。

[16]见 9903.88.03 和 9903.89.16。

[17]见 9902.01.11 和 9903.88.03。

[18]见 9902.01.15、9902.01.16、9902.01.17、9903.88.03 和 9903.89.16。

[19]见 9902.01.15、9902.01.16、9902.01.17 和 9903.88.03。

[20]见 9902.01.14 和 9903.88.03。

第二十一章　杂项食品

注释：

一、本章不包括：

（一）品目 0712 的什锦蔬菜；

（二）含有任意比例咖啡的焙炒咖啡代用品（品目 0901）；

（三）加香料的茶（品目 0902）；

（四）品目 0904 至 0910 的调味香料或其他产品；

（五）按重量计香肠、肉、食用杂碎、动物血、鱼、甲壳动物、软体动物、其他水生无脊椎动物及其混合物含量超过 20％的食品（第十六章），但品目 2103 或品目 2104 的产品除外；

（六）品目 3003 或品目 3004 的药用酵母及其他产品；或者

（七）品目 3507 的酶制品。

二、上述注释一（二）所述咖啡代用品的精汁归入品目 2101。

三、品目 2104 所称"均化混合食品"是指两种或以上的基本配料，例如，肉、鱼、蔬菜或果实等，经精细均化制成供婴幼儿食用或营养用的零售包装食品，每件净重不超过 250 克。出于调味、保藏或其他目的，均化混合食品中可以加入少量其他配料，还可以含有少量可见的小块配料。

附加美国注释：

一、税号 2106.90.48、税号 2106.90.52 和税号 2106.90.54 仅包括以浓缩形式进口的含有维他命和强化矿物质的果蔬汁，类似的非浓缩果汁应当归入税号 2202.99.30、税号 2202.99.35、税号 2202.99.36 和税号 2202.99.37。

二、在税号 2106.90.48、税号 2106.90.52 和税号 2106.90.54 中，

（一）果汁相关条款的"税率"栏中的"升"表示复原果汁的升数；

（二）所称"复原果汁"是指通过将进口浓缩液与水按一定比例混合而获得的产品，财政部部长时常会发现在美国贸易和商业中，该产品的白利糖度等于类似天然非浓缩果汁的平均白利糖度。

（三）所称"白利糖度"指的是果汁折射糖值，该糖值适用于补充任何所加甜物质的效果，然后校正酸度。

（四）在确定从浓缩果汁中获得复原果汁的升数时，浓缩度应按体积计算，精确到 0.5 度，根据进口浓缩果汁与复原果汁的白利糖度之比确定，并根据果汁的比重差异进行校正。任何浓度低于 1.5 度（在校正至最接近的 0.5 度之前测定）的果汁应被视为天然非浓缩果汁。

（五）在确定混合果汁的浓缩度时，混合物应被视为完全由具有最低白利糖度值的成分果汁组成。

三、本章所称"本章附加美国注释三所描述的混合调味品和调味料"是指按干重计从甘蔗或甜菜中提取的糖含量超过 10％的物品，不论是否与其他成分混合，以下各项除外：(1)主要不是晶体结构或非干燥

无定形形式的物品,准备以与进口时相同的形式和包装向最终消费者销售;(2)在与进口时相同的条件下使用、未经任何进一步加工(直接用于个别糕点或糖果除外)的蛋糕装饰物和类似产品,与那些糖混合的细磨或咀嚼过的椰肉或椰汁,以及调味汁及其制品。

四、本章附加美国注释三描述的混合调味品和调味料在税号2103.90.74下进口,每年10月1日至次年9月30日的12个月内的总数量应当不超过689吨(墨西哥产品不被允许或包括在上述数量限制内且不得归类于其中)。

五、在税号2105.00.10下进口的冰淇淋,任何一个日历年度的总数量不得超过5 667 846升(墨西哥产品不被允许或包括在上述数量限制内且不得归类于其中)。

根据本注释规定的配额限制,下列国家应当获得不少于下述特定限制数量:

	数量(升)
比利时	922 315
丹麦	13 059
牙买加	3 596
荷兰	104 77
新西兰	589 312

统计注释:

一、数量单位"千克牛乳固体含量"包括除水以外的所有牛奶成分。

税则号列	统计后缀	货品名称	单位	税率 1 普通	税率 1 特惠	2
2101		咖啡、茶、马黛茶的浓缩精汁及以其为基本成分或以咖啡、茶、马黛茶为基本成分的制品;烘焙菊苣和其他烘焙咖啡代用品及其浓缩精汁：				
		咖啡浓缩精汁及以其为基本成分或以咖啡为基本成分的制品：				
2101.11		浓缩精汁：				
2101.11.21		原味速溶咖啡		0[1]		0
		未脱咖啡因：				
	26	零售包装	千克			
	29	其他	千克			
		已脱咖啡因：				
	31	零售包装	千克			
	39	其他	千克			
2101.11.29		其他		0[2]		0
	41	零售包装	千克			
	49	其他	千克			
2101.12		以浓缩精汁或咖啡为基本成分的制品				
2101.12.32	00	本税则总注释十五描述,并根据其规定进口的	千克	10%[2]	0(A, AU, BH, CA, CL, CO, D, E, IL, JO, KR, MA, MX, OM, P, PA, PE, S, SG)	20%
		其他：				
		第十七章附加美国注释四描述的混合糖浆				
2101.12.34	00	第十七章附加美国注释九描述,并根据其规定进口的：	千克	10%[2]	0(CO,KR,OM,PA,PE,S)	20%
2101.12.38	00	其他[3]	千克	30.5美分/千克+8.5%[2]	0(BH,CL,JO,KR,MX,OM,SG) 见 9822.05.20(P+) 见 9822.06.10(PE) 见 9822.08.01(CO) 见 9822.09.17(PA) 见 9823.10.01 至 9823.10.45(S+) 见 9912.17.05,9912.17.50(MA)	35.9美分/千克+10%
		按干重计糖含量超过 65% 的物品,详见第十七章附加美国注释二：				
2101.12.44	00	第十七章附加美国注释七描述,并根据其规定进口的：	千克	10%[2]	0(CO,KR,OM,PA,PE,S)	20%
2101.12.48	00	其他[4]	千克	30.5美分/千克+8.5%[2]	0(BH,CL,JO,KR,MX,OM,SG) 见 9822.05.20(P+) 见 9822.06.10(PE) 见 9822.08.01(CO) 见 9822.09.17(PA) 见 9823.10.01 至 9823.10.45(S+) 见 9912.17.05,9912.17.50(MA)	35.9美分/千克+10%
		按干重计糖含量超过 10% 的物品,详见第十七章附加美国注释三：				

税则号列	统计后缀	货品名称	单位	税率 1 普通	税率 1 特惠	2
2101.12.54	00	第十七章附加美国注释八描述,并根据其规定进口的:	千克	10%[2]	0(A,BH,CA,CL,CO,D,E,IL,JO,KR,MA,OM,P,PA,PE,S,SG)	20%
2101.12.58	00	其他[5]	千克	30.5美分/千克+8.5%[2]	0(BH,CL,JO,KR,MX,OM,SG) 见9822.05.20(P+) 见9822.06.10(PE) 见9822.08.01(CO) 见9822.09.17(PA) 见9823.10.01至9823.10.45(S+) 见9912.17.05,9912.17.50(MA)	35.9美分/千克+10%
2101.12.90	00	其他	千克	8.5%[2]	0(A,AU,BH,CA,CL,CO,D,E,IL,JO,KR,MA,MX,OM,P,PA,PE,S,SG)	20%
2101.20		茶、马黛茶浓缩精汁及以其为基本成分或以茶、马黛茶为基本成分的制品:				
2101.20.20		浓缩精汁		0[2]		10%
	10	速溶茶	千克			
	90	其他	千克			
		其他:				
2101.20.32	00	本税则总注释十五描述,并根据其规定进口的	千克	10%[2]	0(A*,AU,BH,CA,CL,CO,D,E,IL,JO,KR,MA,MX,OM,P,PA,PE,S,SG)	20%
		其他:				
		第十七章附加美国注释四补充说明描述的混合糖浆:				
2101.20.34	00	第十七章附加美国注释九描述,并根据其规定进口的:	千克	10%[2]	0(CO,KR,OM,PA,PE,S)	20%
2101.20.38	00	其他[3]	千克	30.5美分/千克+8.5%[2]	0(BH,CL,JO,KR,MX,OM,SG) 见9822.05.20(P+) 见9822.06.10(PE) 见9822.08.01(CO) 见9822.09.17(PA) 见9823.10.01至9823.10.45(S+) 见9912.17.05,9912.17.50(MA)	35.9美分/千克+10%
		第十七章附加美国注释二描述的按干重计糖含量超过65%的商品				
2101.20.44	00	第十七章附加美国注释七描述,并根据其规定进口的	千克	10%[2]	0(CO,KR,OM,PA,PE,S)	20%
2101.20.48	00	其他[4]	千克	30.5美分/千克+8.5%[2]	0(BH,CL,JO,KR,MX,OM,SG) 见9822.05.20(P+) 见9822.06.10(PE) 见9822.08.01(CO) 见9822.09.17(PA) 见9823.10.01至9823.10.45(S+) 见9912.17.05,9912.17.50(MA)	35.9美分/千克+10%
		按干重计糖含量超过10%的物品,详见第十七章附加美国注释三				

税则号列	统计后缀	货品名称	单位	税率 1 普通	税率 1 特惠	2
2101.20.54	00	第十七章附加美国注释八描述,并根据其规定进口的:	千克	10%[2]	0(A*,BH,CA,CL,CO,D,E,IL,JO,KR,MA,OM,P,PA,PE,S,SG)	20%
2101.20.58	00	其他[5]	千克	30.5美分/千克+8.5%[2]	0(BH,CL,JO,KR,MX,OM,SG) 见9822.05.20(P+) 见9822.06.10(PE) 见9822.08.01(CO) 见9822.09.17(PA) 见9823.10.01至9823.10.45(S+) 见9912.17.05,9912.17.50(MA)	35.9美分/千克+10%
2101.20.90	00	其他	千克	8.5%[2]	0(A*,AU,BH,CA,CL,CO,D,E,IL,JO,KR,MA,MX,OM,P,PA,PE,S,SG)	20%
2101.30.00	00	烘焙菊苣和其他烘焙咖啡代用品及其浓缩精汁	千克	2.1美分/千克[2]	0(A+,AU,BH,CA,CL,CO,D,E,IL,JO,KR,MA,MX,OM,P,PA,PE,S,SG)	6.6美分/千克
2102		酵母(活性或非活性);已死的其他单细胞微生物(不包括品目3002的疫苗);发酵粉:				
2102.10.00	00	活性酵母	千克	6.4%[2]	0(A,AU,BH,CA,CL,CO,D,E,IL,JO,KR,MA,MX,OM,P,PA,PE,S,SG)	20%
2102.20		非活性酵母;已死的其他单细胞微生物:				
2102.20.20	00	酵母(干的啤酒酵母除外)	千克	6.4%[2]	0(A*,AU,BH,CA,CL,CO,D,E,IL,JO,KR,MA,MX,OM,P,PA,PE,S,SG)	20%
2102.20.40	00	天然干啤酒酵母	千克	0[2]		0
2102.20.60	00	其他	千克	3.2%[2]	0(A*,AU,BH,CA,CL,CO,D,E,IL,JO,KR,MA,MX,OM,P,PA,PE,S,SG)	25%
2102.30.00	00	发酵粉	千克	0[2]		25%
2103		调味汁及其制品;混合调味品;芥子粉及其调制品:				
2103.10.00	00	酱油	千克	3%[6]	0(A*,AU,BH,CA,CL,CO,D,E,IL,JO,KR,MA,MX,OM,P,PA,PE,S,SG)1.8%(JP)	35%
2103.20		番茄沙司及其他番茄调味汁:				
2103.20.20	00	番茄酱	千克	6%[2]	0(A,AU,BH,CA,CL,CO,D,E,IL,JO,KR,MA,MX,OM,P,PA,PE,S,SG)	35%
2103.20.40		其他		11.6%[2]	0(A+,BH,CA,CL,CO,D,E,IL,JO,KR,MA,MX,OM,P,PA,PE,S,SG) 见9913.96.57至9913.96.66(AU)	50%
	20	装在容量少于1.4千克的容器中	千克			
	40	其他	千克			
2103.30		芥子粉及其调制品:				
2103.30.20	00	芥子粉	千克	0[2]		22美分/千克

第二十一章 杂项食品 259

税则号列	统计后缀	货品名称	单位	税率 1 普通	税率 1 特惠	2
2103.30.40	00	调制品	千克	2.8美分/千克[2]	0(A*,BH,CA,CL,CO,D,E,IL,JO,KR,MA,MX,OM,P,PA,PE,S,SG)0.1美分/千克(AU)	22美分/千克
2103.90		其他：				
2103.90.20	00	鱼露	千克	0[2]		30%
2103.90.40	00	不含酒精的酵母提取物（其他酱汁）	千克	3.2%[2]	0(A,AU,BH,CA,CL,CO,D,E,IL,JO,KR,MA,MX,OM,P,PA,PE,S,SG)1.92%(JP)	20%
		其他：				
		混合调味品和混合调味料：				
		本章附加美国注释三描述的混合调味品和调味料：				
2103.90.72	00	本税则总注释十五描述，并根据其规定进口的	千克	7.5%[2]	0(A,AU,BH,CA,CL,CO,D,E,IL,JO,KR,MA,MX,OM,P,PA,PE,S,SG)5%(JP)	35%
2103.90.74	00	本章附加美国注释四描述，并根据其规定进口的	千克	7.5%[2]	0(A,BH,CA,CL,CO,D,E,IL,JO,KR,MA,OM,P,PA,PE,S,SG)	35%
2103.90.78	00	其他[7]	千克	30.5美分/千克+6.4%[2]	0(BH,CL,JO,KR,MX,OM,SG) 见9822.05.20(P+) 见9822.06.10(PE) 见9822.08.01(CO) 见9822.09.17(PA) 见9823.10.01至9823.10.45(S+) 见9912.17.05,9912.17.75(MA)	35.9美分/千克+7.5%
2103.90.80	00	其他[8]	千克	6.4%[6]	0(A,AU,BH,CA,CL,CO,D,E,IL,JO,KR,MA,MX,OM,P,PA,PE,S,SG)	35%
2103.90.90		其他		6.4%[2]	0(A,AU,BH,CA,CL,CO,D,E,IL,JO,KR,MA,MX,OM,P,PA,PE,S,SG)	35%
	20	蛋黄酱	千克			
	40	其他沙拉酱	千克			
		番茄调味料				
	51	装在容量少于1.4千克的容器中	千克			
	59	其他	千克			
	91	其他	千克			
2104		汤料及其制品；均化混合食品：				
2104.10.00		汤料及其制品		3.2%[2]	0(A,AU,BH,CA,CL,CO,D,E,IL,JO,KR,MA,MX,OM,P,PA,PE,S,SG)	35%
	20	干的	千克			
		其他				
	40	基于鱼类或其他海鲜	千克			
	60	其他	千克			
2104.20		均化混合食品：				

税则号列	统计后缀	货品名称	单位	税率 1 普通	税率 1 特惠	2
2104.20.10	00	供婴儿食用或营养用的零售包装食品	千克	2.5%[2]	0(A,AU,BH,CA,CL,CO,D,E,IL,JO,KR,MA,MX,OM,P,PA,PE,S,SG)	20%
2104.20.50	00	供幼儿食用的零售包装食品	千克	6.4%[2]	0(A,AU,BH,CA,CL,CO,D,E,IL,JO,KR,MA,MX,OM,P,PA,PE,S,SG)	20%
2105.00		冰淇淋及其他冰制食品,不论是否含有可可:				
		冰淇淋:				
2105.00.05	00	本税则总注释十五描述,并根据其规定进口的	千克	20%[2]	0(A+,AU,BH,CA,CL,CO,D,E,IL,JO,KR,MA,MX,OM,P,PA,PE,S,SG)16%(JP)	20%
2105.00.10	00	本章附加美国注释五描述,并根据其规定进口的	千克 升	20%[2]	0(A+,BH,CA,CL,CO,D,E,IL,JO,KR,MA,OM,P,PA,PE,S,SG)	20%
2105.00.20	00	其他[9]	千克 升	50.2美分/千克+17%[2]	0(BH,CL,JO,KR,MA,MX,OM,SG)6.6美分/千克+2.2%(PE)20美分/千克+6.8%(P) 见9823.01.01至9823.01.07(S+) 见9908.21.01(IL) 见9913.04.05(AU) 见9915.21.05至9915.21.20(P+) 见9918.21.10至9918.21.11(CO) 见9919.21.10,9919.21.11至9919.21.12(PA)	59美分/千克+20%
		其他:				
		第四章附加美国注释一描述的乳制品:				
2105.00.25	00	本税则总注释十五描述,并根据其规定进口的	千克	20%[2]	0(A+,AU,BH,CA,CL,CO,D,E,IL,JO,KR,MA,MX,OM,P,PA,PE,S,SG)16%(JP)	20%
2105.00.30	00	第四章附加美国注释十描述,并根据其规定进口的	千克 千克牛乳固体含量	20%[2]	0(A+,AU,BH,CA,CL,CO,D,E,IL,JO,KR,MA,MX,OM,P,PA,PE,S,SG)	20%
2105.00.40	00	其他[10]	千克 千克牛乳固体含量	50.2美分/千克+17%[2]	0(BH,CL,JO,MA,MX,OM,SG)16.7美分/千克+5.6%(PA)20美分/千克+6.8%(P) 见9823.08.01至9823.08.38(S+) 见9913.04.25(AU) 见9915.04.30,9915.04.51,9915.04.75(P+) 见9917.04.20,9917.04.37(PE) 见9918.04.60至9918.04.80(CO) 见9920.04.10,9920.04.27(KR)	59美分/千克+20%
2105.00.50	00	其他	千克	17%[2]	0(A+,AU,BH,CA,CL,CO,D,E,IL,JO,KR,MA,MX,OM,P,PA,PE,S,SG)	20%
2106		其他品目未列名的食品:				

税则号列	统计后缀	货品名称	单位	税率 1 普通	税率 1 特惠	2
2106.10.00	00	浓缩蛋白质及人造蛋白物质[11]	千克	6.4%[6]	0(A,AU,BH,CA,CL,CO,D,E,IL,JO,KR,MA,MX,OM,P,PA,PE,S,SG)	20%
2106.90		其他:				
		从子目 0402.10、税号 0402.21.05、税号 0402.21.25、税号 0402.21.30、税号 0402.21.50、税号 0403.90.41、税号 0403.90.45、税号 0404.10.50 或税号 0404.10.90 的奶粉、全脂奶粉或乳清粉衍生出来的产品,按重量计乳脂含量不超过 5.5%,与包括但不限于糖的其他成分混合,如果按重量计此类混合物的乳固体含量超过 16%,则可以进一步加工或与类似成分混合,并且不准备以与进口时相同的形式和包装向最终消费者销售:				
2106.90.03	00	本税则总注释十五描述,并根据其规定进口的	千克	2.9 美分/千克[2]	0(A*,AU,BH,CA,CL,CO,D,E,IL,JO,KR,MA,MX,OM,P,PA,PE,S,SG)	12.1 美分/千克
2106.90.06	00	第四章附加美国注释十描述,并根据其规定进口的:	千克 千克牛乳固体含量	2.9 美分/千克[2]	0(A*,AU,BH,CA,CL,CO,D,E,IL,JO,KR,MA,MX,OM,P,PA,PE,S,SG)	12.1 美分/千克
2106.90.09	00	其他[10]	千克 千克牛乳固体含量	86.2 美分/千克[2]	0(BH,CL,JO,MA,MX,OM,SG) 28.7 美分/千克(PA)34.4 美分/千克(P) 见 9823.08.01 至 9823.08.38(S+) 见 9913.04.25(AU) 见 9915.04.30,9915.04.52,9915.04.76(P+) 见 9917.04.20,9917.04.38(PE) 见 9918.04.60 至 9918.04.80(CO) 见 9920.04.10,9920.04.28(KR)	1.014 美元/千克
		制造饮料用的一种按体积计酒精浓度超过 0.5%的复合酒精制品:				
2106.90.12	00	按重量计酒精含量不超过 20%的	千克	4.2 美分/千克+1.9%[12][2]	0(A*,AU,BH,CA,CL,CO,D,E,IL,JO,KR,MA,MX,OM,P,PA,PE,S,SG) 1[2]	44 美分/千克+25%
2106.90.15	00	按重量计酒精含量超过 20%但不超过 50%的	千克	8.4 美分/千克+1.9%[12][2]	0(A*,AU,BH,CA,CL,CO,D,E,IL,JO,KR,MA,MX,OM,P,PA,PE,S,SG) 1[2]	88 美分/千克+25%
2106.90.18	00	按重量计酒精含量超过 50%的	千克	17 美分/千克+1.9%[12][2]	0(A*,AU,BH,CA,CL,CO,D,E,IL,JO,KR,MA,MX,OM,P,PA,PE,S,SG) 1[2]	1.76 美元/千克+25%
		黄油替代品,液态或固态,且按重量计黄油或其他从牛奶中提取的油脂含量超过 15%:				
		按重量计乳固体含量超过 10%:				
		按重量计乳脂含量超过 45%的黄油替代品:				
2106.90.22	00	本税则总注释十五描述,并根据其规定进口的	千克	15.4 美分/千克[2]	0(A+,AU,BH,CA,CL,CO,D,E,IL,JO,KR,MA,MX,OM,P,PA,PE,S,SG)	31 美分/千克

税则号列	统计后缀	货品名称	单位	税率 1 普通	税率 1 特惠	2
2106.90.24	00	第四章附加美国注释十四描述,并根据其规定进口的:	千克 千克牛乳固体含量	15.4美分/千克[2]	0(A+,BH,CA,CL,CO,D,E,IL,JO,KR,MA,OM,P,PA,PE,S,SG)	31美分/千克
2106.90.26	00	其他[13]	千克 千克牛乳固体含量	1.996美元/千克[2]	0(BH,CL,JO,KR,MA,MX,OM,SG)26.6美分/千克(PE)66.5美分/千克(PA)79.8美分/千克(P) 见9823.03.01至9823.03.12(S+) 见9913.04.10(AU) 见9915.04.05,9915.04.10,9915.04.16(P+) 见9918.04.04至9918.04.09(CO)	2.348美元/千克
2106.90.28	00	其他	千克 千克牛乳固体含量	13.1美分/千克[2]	0(A+,BH,CA,CL,CO,D,E,IL,JO,KR,MA,MX,OM,P,PA,PE,S,SG)0.6美分/千克(AU)	31美分/千克
		其他:				
		按重量计乳脂含量超过45%的黄油替代品:				
2106.90.32	00	本税则总注释十五描述,并根据其规定进口的	千克	15.4美分/千克[2]	0(A+,AU,BH,CA,CL,CO,D,E,IL,JO,KR,MA,MX,OM,P,PA,PE,S,SG)	31美分/千克
2106.90.34	00	第四章附加美国注释十四描述,并根据其规定进口的:	千克 千克牛乳固体含量	15.4美分/千克[2]	0(A+,BH,CA,CL,CO,D,E,IL,JO,KR,MA,OM,P,PA,PE,S,SG)	31美分/千克
2106.90.36	00	其他[13]	千克 千克牛乳固体含量	1.996美元/千克[2]	0(BH,CL,JO,KR,MA,MX,OM,SG)26.6美分/千克(PE)66.5美分/千克(PA)79.8美分/千克(P) 见9823.03.01至9823.03.12(S+) 见9913.04.10(AU) 见9915.04.05,9915.04.10,9915.04.16(P+) 见9918.04.04至9918.04.09(CO)	2.348美元/千克
2106.90.38	00	其他	千克 千克牛乳固体含量	13.1美分/千克[2]	0(A+,BH,CA,CL,CO,D,E,IL,JO,KR,MA,MX,OM,P,PA,PE,S,SG)0.6美分/千克(AU)	31美分/千克
2106.90.39	00	人工加糖止咳剂	千克	0		30%
		从甘蔗糖或甜菜糖中提取的糖浆,含有添加的色素但未添加调味料:				
2106.90.42	00	本税则总注释十五描述,并根据其规定进口的	千克	3.6606美分/千克总糖量[2]	0(A*,AU,BH,CA,CL,CO,D,E*,IL,JO,KR,MA,MX,OM,P,PA,PE,S,SG)	6.58170美分/千克总糖量
2106.90.44	00	第十七章附加美国注释五描述,并根据其规定进口的	千克	3.6606美分/千克总糖量[2]	0(A*,BH,CA,CL,CO,D,E*,IL,JO,KR,MA,MX,OM,P,PA,PE,S,SG) 见9822.05.15(P+)	6.58170美分/千克总糖量

税则号列	统计后缀	货品名称	单位	税率 1 普通	税率 1 特惠	2
2106.90.46	00	其他[14]	千克	35.74美分/千克[2]	0(BH,CL,JO,KR,MX,OM,SG) 见9822.05.20(P+) 见9822.06.10(PE) 见9822.08.01(CO) 见9822.09.17(PA) 见9823.10.01至9823.10.45(S+) 见9912.17.05,9912.17.15(MA)	42.05美分/千克
		含有维生素或矿物质的水果或蔬菜汁:				
2106.90.48	00	橙汁	升	7.85美分/升[2]	0(A+,BH,CA,CL,CO,D,E,IL,JO,KR,MA,MX,OM,P,PA,PE,S,SG)0.3美分/升(AU)	18美分/升
		其他:				
2106.90.52	00	单一品种水果汁或蔬菜汁	升	适用品目2009项下天然果汁的税率[15]	0(AU,BH,CL,CO,E,IL,JO,KR,MA,MX,OM,P,PA,PE,S,SG)适用品目2009项下天然果汁的税率(A*,CA,D)	适用品目2009项下天然果汁的税率
2106.90.54	00	混合果汁	升	适用品目2009项下天然果汁的税率[15]	0(AU,BH,CL,CO,E,IL,JO,KR,MA,MX,OM,P,PA,PE,S,SG)适用品目2009项下天然果汁的税率(A*,CA,D)	适用品目2009项下天然果汁的税率
		其他:				
2106.90.58	00	含明胶的		4.8%[2]	0(A*,AU,BH,CA,CL,CO,D,E,IL,JO,KR,MA,MX,OM,P,PA,PE,S,SG)	25%
		用于零售:				
	30	含有从甘蔗或甜菜中提取的糖分	千克			
	50	其他	千克			
		其他:				
	70	含有从甘蔗或甜菜中提取的糖分	千克			
	90	其他	千克			
		其他:				
		按重量计乳固体含量超过10%				
2106.90.62	00	税则总注释十五描述,并根据其规定进口的	千克	10%[2]	0(A+,AU,BH,CA,CL,CO,D,E,IL,JO,KR,MA,MX,OM,P,PA,PE,S,SG)	20%
		其他,第四章附加美国注释一描述的乳制品				
2106.90.64	00	第四章附加美国注释十描述,并根据其规定进口的:	千克 千克牛乳固体含量	10%[2]	0(A+,BH,CA,CL,CO,D,E,IL,JO,KR,MA,MX,OM,P,PA,PE,S,SG)	20%

税则号列	统计后缀	货品名称	单位	税率 1 普通	税率 1 特惠	2
2106.90.66	00	其他[10]	千克 千克牛乳固体含量	70.4美分/千克+8.5%[2]	0(BH,CL,JO,MA,MX,OM,SG) 23.4美分/千克+2.8%(PA)28.1美分/千克+3.4%(P) 见9823.08.01至9823.08.38(S+) 见9913.04.25(AU) 见9915.04.30,9915.04.39, 9915.04.63(P+) 见9917.04.20,9917.04.27(PE) 见9918.04.60,9918.04.67(CO) 见9920.04.10,9920.04.17(KR)	82.8美分/千克+10%
		其他[3]				
		第十七章附加美国注释四描述的混合糖浆：				
		第十七章附加美国注释九描述，并根据其规定进口的：				
2106.90.68	00		千克 千克牛乳固体含量	10%[2]	0(CO,KR,OM,PA,PE,S)	20%
2106.90.72	00	其他[3]	千克 千克牛乳固体含量	70.4美分/千克+8.5%[2]	0(BH,CL,JO,KR,MX,OM,SG) 见9822.05.20(P+) 见9822.06.10(PE) 见9822.08.01(CO) 见9822.09.17(PA) 见9823.10.01至9823.10.45(S+) 见9912.17.05,9912.17.80(MA)	82.8美分/千克+10%
		第十七章附加美国注释二描述的按干重计糖含量超过65%的物品：				
2106.90.74	00	第十七章附加美国注释七描述，并根据其规定进口的	千克 千克牛乳固体含量	10%[2]	0(CO,KR,OM,PA,PE,S)	20%
2106.90.76	00	其他[4]	千克 千克牛乳固体含量	70.4美分/千克+8.5%[2]	0(BH,CL,JO,KR,MX,OM,SG) 见9822.05.20(P+) 见9822.06.10(PE) 见9822.08.01(CO) 见9822.09.17(PA) 见9823.10.01至9823.10.45(S+) 见9912.17.05,9912.17.80(MA)	82.8美分/千克+10%
		第十七章附加美国注释三描述的按十重计糖含量超过10%的物品：				
2106.90.78	00	第十七章附加美国注释八描述，并根据其规定进口的	千克 千克牛乳固体含量	10%[2]	0(A+,BH,CA,CL,CO,D,E,IL,JO,KR,MA,OM,P,PA,PE,S,SG)	20%
2106.90.80	00	其他[5]	千克 千克牛乳固体含量	70.4美分/千克+8.5%[2]	0(BH,CL,JO,KR,MX,OM,SG) 见9822.05.20(P+) 见9822.06.10(PE) 见9822.08.01(CO) 见9822.09.17(PA) 见9823.10.01至9823.10.45(S+) 见9912.17.05,9912.17.80(MA)	82.8美分/千克+10%
2106.90.82	00	其他	千克 千克牛乳固体含量	6.4%[16]	0(A*,AU,BH,CA,CL,CO,D,E,IL,JO,KR,MA,MX,OM,P,PA,PE,S,SG)	20%

税则号列	统计后缀	货品名称	单位	税率 1 普通	税率 1 特惠	2
		其他：				
2106.90.83	00	本税则总注释十五描述,并根据其规定进口的	千克	10%[2]	0(A+,AU,BH,CA,CL,CO,D,E,IL,JO,KR,MA,MX,OM,P,PA,PE,S,SG)	20%
		其他,第四章附加美国注释一描述的其他乳制品：				
2106.90.85	00	第四章附加美国注释十描述,并根据其规定进口的	千克	10%[2]	0(A+,AU,BH,CA,CL,CO,D,E,IL,JO,KR,MA,OM,P,PA,PE,S,SG)	20%
2106.90.87	00	其他	千克	28.8美分/千克+8.5%[2]	0(BH,CL,JO,MA,MX,OM,SG) 9.6美分/千克+2.8%(PA)11.5美分/千克+3.4%(P) 见9823.08.01至9823.08.38(S+) 见9913.04.25(AU) 见9915.04.30,9915.04.53,9915.04.77(P+) 见9917.04.20,9917.04.39(PE) 见9918.04.60,9918.04.79(CO) 见9920.04.10,9920.04.29(KR)	33.9美分/千克+10%
		其他：				
		第十七章附加美国注释四描述的混合糖浆：				
2106.90.89	00	第十七章附加美国注释九描述,并根据其规定进口的	千克	10%[2]	0(CO,KR,OM,PA,PE,S)	20%
2106.90.91	00	其他[3]	千克	28.8美分/千克+8.5%[2]	0(BH,CL,JO,KR,MX,OM,SG) 见9822.05.20(P+) 见9822.06.10(PE) 见9822.08.01(CO) 见9822.09.17(PA) 见9823.10.01至9823.10.45(S+) 见9912.17.05,9912.17.85(MA)	33.9美分/千克+10%
		第十七章附加美国注释二描述的按干重计糖含量超过65%的物品：				
2106.90.92	00	第十七章附加美国注释七描述,并根据其规定进口的	千克	10%[2]	0(CO,KR,OM,PA,PE,S)	20%
2106.90.94	00	其他	千克	28.8美分/千克+8.5%[2]	0(BH,CL,JO,KR,MX,OM,SG) 见9822.05.20(P+) 见9822.06.10(PE) 见9822.08.01(CO) 见9822.09.17(PA) 见9823.10.01至9823.10.45(S+) 见9912.17.05,9912.17.85(MA)	33.9美分/千克+10%
		第十七章附加美国注释三描述的按干重计糖含量超过10%的物品：				
2106.90.95	00	第十七章附加美国注释八描述,并根据其规定进口的	千克	10%[2]	0(A+,BH,CA,CL,CO,D,E,IL,JO,KR,MA,OM,P,PA,PE,S,SG)	20%

税则号列	统计后缀	货品名称	单位	税率 1 普通	税率 1 特惠	2
2106.90.97	00	其他	千克	28.8美分/千克+8.5%[2]	0(BH,CL,JO,KR,MX,OM,SG) 见9822.05.20(P+) 见9822.06.10(PE) 见9822.08.01(CO) 见9822.09.17(PA) 见9823.10.01至9823.10.45(S+) 见9912.17.05,9912.17.85(MA)	33.9美分/千克+10%
2106.90.98		其他		6.4%[17]	0(A, AU, BH, CA, CL, CO, D, E, IL, JO, KR, MA, MX, OM, P, PA, PE, S, SG)	20%
		饮料制造基料				
	71	含有高强度甜味剂(如阿斯巴甜或糖精)	千克			
	72	含有从甘蔗或甜菜中提取的糖分	千克			
	73	其他	千克			
	75	无乳咖啡增白剂	千克			
	80	其他奶油或牛奶替代品	千克			
	85	含有人工合成甜味剂(如糖精)的糖果(包括口香糖)	千克			
	87	由混合草药组成的草药茶或草药液	千克			
	88	调味蜂蜜	千克			
		其他:				
	90	罐装	千克			
		其他:				
	95	冻的	千克			
		其他:				
	97	含有从甘蔗或甜菜中提取的糖分	千克			
	98	其他	千克			

[1]见9903.88.15和9903.89.37。

[2]见9903.88.15。

[3]见9904.17.66至9904.17.84。

[4]见9904.17.17至9904.17.48。

[5]见9904.17.49至9904.17.65。

[6]见9903.88.03。

[7]见9904.21.01至9904.21.09。

[8]见9903.88.36。

[9]见9904.21.10至9904.21.18。

[10]见9904.04.50至9904.05.01。

[11]见9903.88.46。

[12]进口本商品可能缴纳联邦消费税(26U.S.C.5001或26U.S.C.5041)。

[13]见 9904.05.37 至 9904.05.47。

[14]见 9904.17.08 至 9904.17.16。

[15]见 9903.88.15、9903.88.25、9903.88.26、9903.88.27 和 9903.88.28。

[16]见 9902.01.12 和 9903.88.15。

[17]见 9902.01.13 和 9903.88.15。

第二十二章　饮料、酒及醋

注释：

一、本章不包括：

(一)本章的产品(品目2209的货品除外)经配制后，用于烹饪而不适于作为饮料的制品(通常归入品目2103)；

(二)海水(品目2501)；

(三)蒸馏水、导电水及类似的纯净水(品目2853)；

(四)按重量计浓度超过10%的醋酸(品目2915)；

(五)品目3003或品目3004的药品；或者

(六)芳香料制品及盥洗品(第三十三章)。

二、本章及第二十章、第二十一章所称"按容量计酒精浓度"应是温度在20摄氏度时测得的浓度。

三、品目2202所称"无酒精饮料"是指按容量计酒精浓度不超过0.5%的饮料。含酒精饮料应分别归入品目2203至2206或品目2208。

子目注释：

一、子目2204.10所称"汽酒"是指温度在20摄氏度时装在密封容器中超过大气压力3巴及以上的酒。

附加美国注释：

一、对本章所涵盖产品规定的关税是对现行法律或任何后续法案规定的国内税收的补充。对本章所涵盖的同时须缴纳国内所得税的产品征收的关税，仅对须缴纳国内所得税的数量征收；但如属根据1954年《国内税收条例》第5232条的规定移转至蒸馏酒厂保税处的蒸馏酒，则关税是对从海关保管中提取的数量征收的。

二、税号2202.99.30、税号2202.99.35、税号2202.99.36和税号2202.99.37仅包括进口的非浓缩形式的维他命和强化矿物质果蔬汁，类似形式的浓缩果汁应当适当归入税号2106.90.48、税号2106.90.52或税号2106.90.54。

三、品目2204、品目2206或品目2208的酒精饮料(包括葡萄汁)的应税数量应当根据第二十章附加美国注释一、二、三计算。

四、所称"发泡葡萄酒"是除起泡酒以外的每100毫升中二氧化碳含量超过0.392克的葡萄酒。

五、在品目2204、品目2206、品目2207或品目2208中，"税率"栏中显示的税率以检验升为单位，检验升是指温度在15.56摄氏度(60华氏度)时的一升液体，其含有50%(100标准酒精度，按体积计)温度在15.56摄氏度(60华氏度)时的比重为0.793 9[以温度在15.56摄氏度(60华氏度)时的水作为单位一或酒精当量]的乙醇。

六、品目 2204、品目 2206、品目 2207 或品目 2208 中的税率是以检验升为基础的,所示税率应以在 100 检验升进口产品中的每一升课征的税额为准显示,对于进口多于或少于 100 检验升的产品征税应与 100 检验升进口商品所征税额的比例相同。

七、确定白兰地和其他任何类型烈酒在进口时的标准酒精度的规范与国内税收相关法律中的解释一致。当依照现行法律、法规规定的方式无法确定葡萄酒、甜酒或其他酒和果汁的酒精度时,财政部部长可酌情授权用蒸馏或其他方法确定该酒精度。

八、第九十八章中的税号 9811.00.20 涵盖了某些酒精饮料样品的免费入境规定。

九、对于品目 2209,醋的标准酒精度是醋酸重量的 4%。

统计注释:

一、数量单位"千克牛乳固体含量"包括除水以外的所有牛奶成分。

二、"有机认证"认可标准清单见总统计注释六。

三、统计报告编码 2206.00.1510 的"硬苹果酒"是指每 100 毫升含有不超过 0.64 克二氧化碳的发酵饮料,来自苹果、梨或其浓缩物,不含其他水果产品或调味品,按容量计酒精浓度大于 0.5% 且小于 8.5%。

税则号列	统计后缀	货品名称	单位	税率 1 普通	税率 1 特惠	2
2201		未加糖或其他甜物质及未加味的水,包括天然或人造矿泉水及汽水;冰及雪:				
2201.10.00	00	矿泉水及汽水	升	0.26美分/升[1]	0(A,AU,BH,CA,CL,CO,D,E,IL,JO,KR,MA,MX,OM,P,PA,PE,S,SG)	2.6美分/升
2201.90.00	00	其他	吨	0[1]		0
2202		加味、加糖或其他甜物质的水,包括矿泉水及汽水,其他无酒精饮料,但不包括品目2009的水果汁或蔬菜汁:				
2202.10.00		加味、加糖或其他甜物质的水,包括矿泉水及汽水	升	0.2美分/升[1]	0(A,AU,BH,CA,CL,CO,D,E,IL,JO,KR,MA,MX,OM,P,PA,PE,S,SG)	4美分/升
		碳酸软饮料:				
	20	含有高强度甜味剂(例如阿巴斯甜或糖精)	升			
	40	其他	升			
	60	其他	升			
		其他:				
2202.91.00	00	无酒精啤酒	升	0.2美分/升[2]	0(A*,AU,BH,CA,CL,CO,D,E,IL,JO,KR,MA,MX,OM,P,PA,PE,S,SG)	4美分/升
2202.99		其他:				
		含乳饮料:				
2202.99.10	00	巧克力奶饮品	升 千克牛乳固体含量	17%[2]	0(A+,BH,CA,CL,CO,D,E,IL,JO,KR,MA,MX,OM,P,PA,PE,S,SG)0.8%(AU)	20%
		其他:				
2202.99.22	00	本税则总注释十五描述,并根据其规定进口的	升 千克	17.5%[2]	0(A+,AU,BH,CA,CL,CO,D,E,IL,JO,KR,MA,MX,OM,P,PA,PE,S,SG)	35%
2202.99.24	00	第四章附加美国注释十描述,并根据其规定进口的	升 千克	17.5%[2]	0(A+,AU,BH,CA,CL,CO,D,E,IL,JO,KR,MA,MX,OM,P,PA,PE,S,SG)	35%
2202.99.28	00	其他	升 千克	23.5美分/升+14.9%[3][2]	0(BH,CL,JO,MA,MX,OM,PA,SG)9.4美分/升+5.9%(P) 见9823.01.01至9823.01.07(S+) 见9913.04.25(AU) 见9915.04.30,9915.04.54,9915.04.78(P+) 见9917.04.20,9917.04.40(PE) 见9918.04.60,9918.04.80(CO) 见9920.04.10,9920.04.30(KR)[3]	27.6美分/升+17.5%[3]
		添加维他命或矿物质的果蔬汁:				
		橙汁:				
2202.99.30	00	非由浓缩度不低于1.5度(在校正至最接近的0.5度之前测定)	升	4.5美分/升[1]	0(A+,AU,BH,CA,CL,CO,D,E,IL,JO,KR,MA,MX,OM,P,PA,PE,S,SG)	18美分/升

税则号列	统计后缀	货品名称	单位	税率 1 普通	税率 1 特惠	2
2202.99.35	00	其他	升	7.85美分/升[1]	0(A+,BH,CA,CL,CO,D,E,IL,JO,KR,MA,MX,OM,P,PA,PE,S,SG)0.3美分/升(AU)	18美分/升
		其他：				
2202.99.36	00	单一果蔬汁	升	适用品目2009项下天然果汁的税率[4]	0(AU,BH,CA,CL,CO,D,E,IL,JO,KR,MA,MX,OM,P,PA,PE,S,SG)适用品目2009项下天然果汁的税率(A*)	适用品目2009项下天然果汁的税率
2202.99.37	00	混合果蔬汁	升	适用品目2009项下天然果汁的税率[4]	0(BH,CA,CL,CO,D,E,IL,JO,KR,MA,MX,OM,P,PA,PE,S,SG)适用品目2009项下天然果汁的税率(AU)适用品目2009项下天然果汁的税率(A*)	适用品目2009项下天然果汁的税率
2202.99.90	00	其他	升	0.2美分/升[1]	0(A,AU,BH,CA,CL,CO,D,E,IL,JO,KR,MA,MX,OM,P,PA,PE,S,SG)	4美分/升
2203.00.00		麦芽酿造的啤酒		0[5][1]		13.2美分/升[5]
		装在每个容量不超过4升的容器中：				
	30	装在玻璃容器中	升			
	60	其他	升			
	90	装在每个容量超过4升的容器中	升			
2204		鲜葡萄酿造的酒，包括加酒精的；品目2009以外的酿酒葡萄汁：				
2204.10.00		汽酒		19.8美分/升[6][1]	0(A,AU,BH,CA,CL,CO,D,E,IL,KR,MA,MX,OM,P,PA,PE,S,SG)8.8美分/升(JO)[6]	1.59美元/检验升[6]
	30	价值不超过1.59美元/升	升			
		价值超过1.59美元/升：				
	65	有机认证的	升			
	75	其他	升			
		其他酒；加酒精抑制发酵的酿酒葡萄汁：				
2204.21		装在容量为2升或以下的容器中：				
2204.21.20	00	起泡酒	升	19.8美分/升[6][1]	0(A+,AU,BH,CA,CL,CO,D,E,IL,KR,MA,MX,OM,P,PA,PE,S,SG)8.8美分/升(JO)[6]	1.59美元/分[6]
		其他：				
		按容量计酒精浓度不超过14%：				
2204.21.30	00	如果根据美国国税局的批准使用一种带有"Tokyo"字样的设计，并且如果该设计在批准的标签上：	升	6.3美分/升[6][1]	0(A,AU,BH,CA,CL,CO,D,E,IL,KR,MA,MX,OM,P,PA,PE,S,SG)2.8美分/升(JO)[6]	33美分/升[6]
2204.21.50		其他		6.3美分/升[6][7]	0(A+,AU,BH,CA,CL,CO,D,E,IL,KR,MA,MX,OM,P,PA,PE,S,SG)2.8美分/升(JO)[6]	33美分/升[6]

税则号列	统计后缀	货品名称	单位	税率 1 普通	税率 1 特惠	2
		价值不超过1.05美元/升：				
	05	红酒	升			
	15	白酒	升			
	25	其他	升			
		价值超过1.05美元/升：				
	28	冰酒	升			
		其他：				
		红的：				
	35	有机认证的	升			
	40	非有机认证的	升			
		白的：				
	50	有机认证的	升			
	55	非有机认证的	升			
	60	其他	升			
		按容量计酒精浓度超过14%：				
2204.21.60	00	如果根据美国国税局的批准使用一种带有"Mrsala"字样的设计，并且如果该设计在批准的标签上：	升	5.3美分/升[6][1]	0(A, AU, BH, CA, CL, CO, D, E, IL, KR, MA, MX, OM, P, PA, PE, S, SG)2.3美分/升(JO)[6]	33美分/升[6]
2204.21.80		其他		16.9美分/升[6][1]	0(A, AU, BH, CA, CL, CO, D, E, IL, KR, MA, MX, OM, P, PA, PE, S, SG)7.5美分/升(JO)[6]	33美分/升[6]
	30	雪莉	升			
	60	其他	升			
2204.22		装在容量超过2升但不超过10升的容器中：				
		装在容量超过2升但不超过4升的容器中：				
2204.22.20		按容量计酒精浓度不超过14%		8.4美分/升[6][2]	0(A+, AU, BH, CA, CL, CO, D, E, IL, KR, MA, MX, OM, P, PA, PE, S, SG)3.7美分/升(JO)[6]	33美分/升[6]
		价值不超过1.05美元/升：				
	05	红酒	升			
	15	白酒	升			
	25	其他	升			
		价值超过1.05美元/升：				
	30	红酒	升			
	45	白酒	升			
	60	其他	升			
2204.22.40	00	按容量计酒精浓度超过14%	升	22.4美分/升[6][2]	0(A+, AU, BH, CA, CL, CO, D, E, IL, KR, MA, MX, OM, P, PA, PE, S, SG)9.9美分/升(JO)[6]	33美分/升[6]

税则号列	统计后缀	货品名称	单位	税率 1 普通	税率 1 特惠	2
		装在容量超过4升但不超过10升的容器				
2204.22.60	00	按容量计酒精浓度不超过14%	升	14美分/升[6][2]	0(A+,AU,BH,CA,CL,CO,D,E,IL,KR,MA,MX,OM,P,PA,PE,S,SG)6.2美分/升(JO)[6]	33美分/升[6]
2204.22.80	00	按容量计酒精浓度超过14%	升	22.4美分/升[6][2]	0(A+,AU,BH,CA,CL,CO,D,E,IL,KR,MA,MX,OM,P,PA,PE,S,SG)9.9美分/升(JO)[6]	33美分/升[6]
2204.29		其他:				
2204.29.61	00	按容量计酒精浓度不超过14%	升	14美分/升[6][2]	0(A+,AU,BH,CA,CL,CO,D,E,IL,KR,MA,MX,OM,P,PA,PE,S,SG)6.2美分/升(JO)[6]	33美分/升[6]
2204.29.81	00	按容量计酒精浓度超过14%	升	22.4美分/升[6][2]	0(A+,AU,BH,CA,CL,CO,D,E,IL,KR,MA,MX,OM,P,PA,PE,S,SG)9.9美分/升(JO)[6]	33美分/升[6]
2204.30.00	00	其他酿酒葡萄汁	升 检验升	4.4美分/升+31.4美分/检验升[6][2]	0(A+,AU,BH,CA,CL,CO,D,E,IL,KR,MA,MX,OM,P,PA,PE,S,SG)1.9美分/升+13.9¢/pf. liter(JO)[6]	18.5美分/升+1.32美元/检验升
2205		味美思酒及其他加植物或香料的用鲜葡萄酿造的酒:				
2205.10		装在容量为2升或更少的容器中:				
2205.10.30	00	苦艾酒	升	3.5美分/升[6][2]	0(A,AU,BH,CA,CL,CO,D,E,IL,KR,MA,MX,OM,P,PA,PE,S,SG)1.5美分/升(JO)[6]	33美分/升[6]
2205.10.60	00	其他	升	4.2美分/升[6][2]	0(A,AU,BH,CA,CL,CO,D,E,IL,KR,MA,MX,OM,P,PA,PE,S,SG)1.8美分/升(JO)[6]	33美分/升[6]
2205.90		其他:				
		苦艾酒:				
2205.90.20	00	装在容量超过2升但不超过4升的容器中	升	3.5美分/升[6][2]	0(A,AU,BH,CA,CL,CO,D,E,IL,KR,MA,MX,OM,P,PA,PE,S,SG)1.5美分/升(JO)[6]	33美分/升[6]
2205.90.40	00	装在容量超过4升的容器中	升	3.8美分/升[6][2]	0(A+,AU,BH,CA,CL,CO,D,E,IL,KR,MA,MX,OM,P,PA,PE,S,SG)1.6美分/升(JO)[6]	33美分/升[6]
2205.90.60	00	其他	升	4.2美分/升[6][2]	0(A,AU,BH,CA,CL,CO,D,E,IL,KR,MA,MX,OM,P,PA,PE,S,SG)1.8美分/升(JO)[6]	33美分/升[6]
2206.00		其他发酵饮料(例如,苹果酒、梨酒、蜂蜜酒、清酒);其他品目未列名的发酵饮料的混合物及发酵饮料与无酒精饮料的混合物:				
2206.00.15		苹果酒,不论是静止的还是起泡的		0.4美分/升[8][2]	0(A,AU,BH,CA,CL,CO,D,E,IL,KR,MA,MX,OM,P,PA,PE,S,SG)0.1美分/升(JO)[8]	1.3美分/升[8]
	10	本章统计注释三中描述的硬苹果酒	升			
	20	其他	升			

税则号列	统计后缀	货品名称	单位	税率 1 普通	税率 1 特惠	2
2206.00.30	00	梅干酒	升 检验升	3.1美分/升+22.1美分/检验升乙醇含量[8][2]	0(A+,AU,BH,CA,CL,CO,D,E,IL,KR,MA,MX,OM,P,PA,PE,S,SG)1.3美分/升+9.8美分/检验升乙醇含量(JO)[8]	18.5美分/检验升+1.32美元/检验升乙醇含量[8]
2206.00.45	00	米酒或清酒	升	3美分/升[8][1]	0(A,AU,BH,CA,CL,CO,D,E,IL,KR,MA,MX,OM,P,PA,PE,S,SG)1.3美分/升(JO)[8]	33美分/升[8]
		其他:				
2206.00.60	00	起泡酒	升	13.9美分/升[8][2]	0(A+,AU,BH,CA,CL,CO,D,E,IL,KR,MA,MX,OM,P,PA,PE,S,SG)6.1美分/升(JO)[8]	1.59美元/升[8]
2206.00.90	00	其他	升	4.2美分/升[8][1]	0(A,AU,BH,CA,CL,CO,D,E,IL,KR,MA,MX,OM,P,PA,PE,S,SG)1.8美分/升(JO)[8]	33美分/升[8]
2207		未改性乙醇,按容量计酒精浓度在80%或以上;任何浓度的改性乙醇及其他酒精:				
2207.10		未改性乙醇,按容量计酒精浓度在80%或以上:				
2207.10.30	00	用于饮料	检验升	18.9美分/检验升[8][1]	0(A*,BH,CA,CL,CO,D,E,IL,JO,KR,MA,MX,OM,P,PA,PE,S,SG)0.9¢/pf. liter(AU)[8]	1.32美元/检验升[8]
2207.10.60		非用于饮料		2.5%[8][1]	0(A+,AU,BH,CA,CL,CO,D,E,IL,JO,KR,MA,MX,OM,P,PE,S,SG) 见9822.09.22至9822.09.24(PA)[8]	20%[8]
	10	用于燃料	升			
	90	其他	升			
2207.20.00		任何浓度的改性乙醇及其他酒精		1.9%[8][2][9]	0(A+,AU,BH,CA,CL,CO,D,E,IL,JO,KR,MA,MX,OM,P,PE,S,SG) 见9822.09.22至9822.09.24(PA)[8][2][9]	20%[8][9]
	10	用于燃料	升			
	90	其他	升			
2208		未改性乙醇,按容量计酒精浓度在80%以下;蒸馏酒、利口酒及其他酒精饮料:				
2208.20		蒸馏葡萄酒制得的烈性酒:				
2208.20.10	00	皮斯克和新伽眤	检验升	0[8][2]		1.78美元/检验升[8]
		其他:				
		装在容量为4升或更少的容器中:				
2208.20.20	00	价值不超过2.38美元/升	检验升	0[8][2]		2.35美元/检验升[8]
2208.20.30	00	价值超过2.38美元/升但不超过3.43美元/升	检验升	0⁸/[2]		2.35美元/检验升[8]

税则号列	统计后缀	货品名称	单位	税率 1 普通	税率 1 特惠	税率 2
2208.20.40	00	价值超过3.43美元/升	检验升	0[8][2]		2.35美元/检验升[8]
		装在容量超过4升的容器中：				
2208.20.50	00	价值不超过2.38美元/升	检验升	0[8][2]		1.32美元/检验升[8]
2208.20.60	00	价值超过2.38美元/升	检验升	0[8][2]		1.32美元/检验升[8]
2208.30		威士忌酒：				
2208.30.30		爱尔兰威士忌和苏格兰威士忌		0[8][10]		1.99美元/检验升[8]
	30	装在容量为4升或更少的容器中	检验升			
	60	装在容量超过4升的容器中	检验升			
2208.30.60		前天		0[8][2]		2.04美元/检验升[8]
		波旁威士忌：				
	20	装在容量为4升或更少的容器中	检验升			
	40	装在容量超过4升的容器中：	检验升			
		其他：				
		装在容量为4升或更少容器中				
	55	黑麦威士忌	检验升			
	65	其他	检验升			
		装在容量超过4升的容器中：				
	75	黑麦威士忌	检验升			
	85	其他	检验升			
2208.40		朗姆酒及蒸馏已发酵甘蔗产品制得的其他烈性酒：				
		装在容量为4升或更少的容器中：				
2208.40.20	00	价值不超过3美元/检验升	检验升	23.7美分/检验升[11][2]	0(A＋,BH,CA,CL,D,E,IL,KR,MA,MX,OM,P,PA,PE,S,SG)1.1¢/pf. liter(AU)7.9¢/pf. liter(CO)10.5¢/pf. liter(JO)[11]	1.32美元/检验升[11]
2208.40.40	00	价值超过3美元/检验升	检验升	0		1.32美元/检验升[11]
		装在容量超过4升的容器中：				
2208.40.60	00	价值不超过69美分/检验升	检验升	23.7美分/检验升[11][2]	0(A＋,BH,CA,CL,D,E,IL,KR,MA,MX,OM,P,PA,S,SG)1.1¢/pf. liter(AU)3.1¢/pf. liter(PE)7.9¢/pf. liter(CO)10.5¢/pf. liter(JO)[11]	1.32美元/检验升[11]
2208.40.80	00	价值超过69美分/检验升	检验升	0[11][2]		1.32美元/检验升[11]
2208.50.00		杜松子酒		0[11][2]		1.99美元/检验升[11]
	30	装在容量为4升或更少的容器中	检验升			

税则号列	统计后缀	货品名称	单位	税率 1 普通	税率 1 特惠	2
	60	装在容量超过4升的容器中	检验升			
2208.60		伏特加酒：				
		装在容量为4升或更少的容器中：				
2208.60.10	00	价值不超过2.05美元/升	检验升	0[1][12]		1.78美元/检验升[11]
2208.60.20	00	价值超过2.05美元/升	检验升	0[1][12]		1.78美元/检验升[11]
2208.60.50	00	装在容量超过4升的容器中	检验升	0[1][12]		1.32美元/检验升[11]
2208.70.00		利口酒及柯迪尔酒		0[1][12]		3.08美元/检验升[11]
	30	装在容量为4升或更少的容器中	检验升			
	60	装在容量超过4升的容器中	检验升			
2208.90		其他：				
2208.90.01	00	阿夸维特酒	检验升	0[1][12]		1.99美元/检验升[11]
		比特酒：				
2208.90.05	00	不适于作为饮料	检验升	0[11][2]		1.32美元/检验升[11]
2208.90.10	00	适于作为饮料	检验升	0[11][2]		1.32美元/检验升[11]
		白兰地：				
		梅子白兰地：				
		价值不超过3.43美元/升：				
2208.90.12	00	装在容量为4升或更少的容器中	检验升	0[1][12]		2.35美元/检验升[11]
2208.90.14	00	装在容量超过4升的容器中	检验升	0[11][2]		1.32美元/检验升
2208.90.15	00	价值超过3.43美元/升	检验升	0[11][2]		2.35美元/检验升[11]
		其他：				
		装在容量为4升或更少的容器中：				
2208.90.20	00	价值不超过2.38美元/升	检验升	0[11][2]		2.35美元/检验升[11]
2208.90.25	00	价值超过2.38美元/升但不超过3.43美元/升	检验升	0[11][2]		2.35美元/检验升[11]
2208.90.30	00	价值超过3.43美元/升	检验升	0[11][2]		2.35美元/检验升[11]
		装在容量超过4升的容器中：				
2208.90.35	00	价值超过2.38美元/升	检验升	0[11][2]		1.32美元/检验升[11]
2208.90.40	00	价值不超过2.38美元/升	检验升	0[11][2]		1.32美元/检验升[11]

税则号列	统计后缀	货品名称	单位	税率 1 普通	税率 1 特惠	2
2208.90.46		樱桃酒和果仁酒		0[11][2]		3.08美元/检验升[11]
	30	装在容量为4升或更少的容器中	检验升			
	60	装在容量超过4升的容器中	检验升			
		龙舌兰酒：				
2208.90.50	00	装在容量为4升或更少的容器中	检验升	0[1][12]		1.68美元/检验升[11]
2208.90.55	00	装在容量超过4升的容器中	检验升	0[1][12]		1.32美元/检验升[11]
2208.90.71	00	白兰地和其他烈性饮料的仿制品	检验升	0[1][12]		2.35美元/检验升[11]
		其他：				
		烈酒：				
2208.90.72	00	装在容量为4升或更少的容器中的龙舌兰酒	检验升	0[1][12]		1.78美元/检验升[11]
2208.90.75	00	其他	检验升	0[1][12]		1.78美元/检验升[11]
2208.90.80	00	其他	检验升	21.1美分/检验升[11][13]	0(A, AU, BH, CA, CL, CO, D, E, IL, KR, MA, MX, OM, P, PA, PE, S, SG)9.3美分/检验升(JO)[11]	4.05美元/检验升[11]
2209.00.00	00	醋及用醋酸制得的醋代用品	检验升 升	0.5美分/检验升[1]	0(A, AU, BH, CA, CL, CO, D, E, IL, JO, KR, MA, MX, OM, P, PA, PE, S, SG)	2.1美元/检验升

[1]见9903.88.03。

[2]见9903.88.15。

[3]见9904.04.50至9904.05.01。

[4]见9903.88.03、9903.88.21、9903.88.22、9903.88.23和9903.88.24。

[5]进口本子目商品可能缴纳联邦消费税(26U.S.C.5051)。

[6]进口本子目商品可能缴纳联邦消费税(26U.S.C.5041)。

[7]见9903.88.03和9903.89.34。

[8]进口本子目商品可能缴纳联邦消费税(26U.S.C.5001,26U.S.C.5041或26U.S.C.5051)。

[9]对于来自CBERA的乙醇或其混合物，见1986年《税收改革法案》第423节，修订版(19U.S.C.2703,注释)；对于DR-加拿大FTA受益人的乙醇或其混合物，见节201(a)(3)(B)(ii)《DR-加拿大FTA实施法案》(19U.S.C.4031(a)(3)(B)(ii))。

[10]见9903.88.15和9903.89.49。

[11]进口本子目商品可能缴纳联邦消费税(26U.S.C.5001)。

[12]见9903.88.15、9903.89.46和9903.89.55。

[13]见9903.88.16。

第二十三章 食品工业的残渣及废料;配制的动物饲料

注释:

一、品目 2309 包括其他品目未列名的配制动物饲料,这些饲料是由动、植物原料加工而成的,并且已改变了原料的基本特性,但加工过程中的植物废料、植物残渣及副产品除外。

子目注释:

一、子目 2306.41 所称"低芥子酸油菜子"是指第十二章子目注释一所定义的油菜子。

附加美国注释:

一、税号 2309.90.10 所称"混合饲料和混合饲料成分"包括品目 2309 的在谷物(或谷物制品,包括在碾磨谷物中获得的副产品)中掺和糖蜜、油饼、油饼粉或饲料的制成品,并且该产品含有按重量计不少于 6% 的谷物或谷物制品。

二、含有牛奶或牛奶衍生物的动物饲料在税号 2309.90.24 和税号 2309.90.44 下进口,任何一个日历年度的总数量不超过 7 399 700 千克(墨西哥产品不被允许或包括在上述数量限制内且不得归类于其中)。

根据本注释规定的配额限制,下列国家应当获得不少于下述特定限制数量:

	数量(千克)
爱尔兰	5 470 323
英国	83 914
新西兰	1 782 618
澳大利亚	56 699

第二十三章 食品工业的残渣及废料;配制的动物饲料

税则号列	统计后缀	货品名称	单位	税率 1 普通	税率 1 特惠	2
2301		不适于供人食用的肉、杂碎、鱼、甲壳动物、软体动物或其他水生无脊椎动物的渣粉及团粒;油渣:				
2301.10.00	00	肉、杂碎的渣粉及团粒;油渣	吨	0[1]		0
2301.20.00		鱼、甲壳动物、软体动物或其他水生无脊椎动物的渣粉及团粒:		0[1]		0
	10	鲱鱼粉渣、沙丁鱼渣粉	吨			
	90	其他	吨			
2302		谷物或豆类植物在筛、碾或其他加工过程中所产生的糠、麸及其他残渣,不论是否制成团粒:				
2302.10.00	00	玉米的	吨	0[2]		10%
2302.30.00		小麦的		0[1]		10%
	10	麦麸,小麦次粉和麦芯	吨			
	90	其他	吨			
2302.40.01		其他谷物的		0[1]		10%
	05	稻谷的	吨			
	10	其他单一谷物的,切碎、压碎或磨碎的	吨			
		其他:				
	20	颗粒筛(清筛)	吨			
	90	其他	吨			
2302.50.00	00	豆类植物的	吨	1.4%[1]	0(A+,AU,BH,CA,CL,CO,D,E,IL,JO,KR,MA,MX,OM,P,PA,PE,S,SG)	20%
2303		制造淀粉过程中的残渣及类似的残渣,甜菜渣、甘蔗渣及制糖过程中的其他残渣,酿造及蒸馏过程中的糟粕及残渣,不论是否制成团粒:				
2303.10.00		淀粉产生的残渣和类似残留物		1.4%[1]	0(A+,AU,BH,CA,CL,CO,D,E,IL,JO,KR,MA,MX,OM,P,PA,PE,S,SG)	20%
	10	玉米蛋白饲料	吨			
	20	玉米蛋白粉	吨			
	40	其他	吨			
2303.20.00		甜菜渣、甘蔗渣及制糖过程中的其他残渣		0[1]		4.91美元/吨
	20	干的甜菜渣	吨			
	40	其他	吨			
2303.30.00	00	酿造及蒸馏过程中的糟粕及残渣	吨	0[1]		4.91美元/吨
2304.00.00	00	提炼豆油所得的油渣饼及其他固体残渣,不论是否碾磨或制成团粒	千克	0.45美分/千克[1]	0(A+,AU,BH,CA,CL,CO,D,E,IL,JO,KR,MA,MX,OM,P,PA,PE,S,SG)	0.7美分/千克
2305.00.00	00	提炼花生油所得的油渣饼及其他固体残渣,不论是否碾磨或制成团粒	千克	0.32美分/千克[1]	0(A*,AU,BH,CA,CL,CO,D,E,IL,JO,KR,MA,MX,OM,P,PA,PE,S,SG)	0.7美分/千克

税则号列	统计后缀	货品名称	单位	税率 1 普通	税率 1 特惠	税率 2
2306		品目2304或品目2305以外的提炼植物油脂所得的油渣饼及其他固体残渣,不论是否碾磨或制成团粒:				
2306.10.00	00	棉籽的	千克	0.56美分/千克[2]	0(A+,AU,BH,CA,CL,CO,D,E,IL,JO,KR,MA,MX,OM,P,PA,PE,S,SG)	0.7美分/千克
2306.20.00	00	亚麻籽的	千克	0.12美分/千克[1]	0(A,AU,BH,CA,CL,CO,D,E,IL,JO,KR,MA,MX,OM,P,PA,PE,S,SG)	0.7美分/千克
2306.30.00	00	葵花籽的	千克	0.45美分/千克[1]	0(A*,AU,BH,CA,CL,CO,D,E,IL,JO,KR,MA,MX,OM,P,PA,PE,S,SG)	0.7美分/千克
		油菜或菜籽:				
2306.41.00	00	低芥子酸的	千克	0.17美分/千克[1]	0(A,AU,BH,CA,CL,CO,D,E,IL,JO,KR,MA,MX,OM,P,PA,PE,S,SG)	0.7美分/千克
2306.49.00	00	其他	千克	0.17美分/千克[1]	0(A,AU,BH,CA,CL,CO,D,E,IL,JO,KR,MA,MX,OM,P,PA,PE,S,SG)	0.7美分/千克
2306.50.00	00	椰子或干椰肉的	千克	0.45美分/千克[2]	0(A,AU,BH,CA,CL,CO,D,E,IL,JO,KR,MA,MX,OM,P,PA,PE,S,SG)	0.7美分/千克
2306.60.00	00	棕榈果或棕榈仁的	千克	0.32美分/千克[2]	0(A,AU,BH,CA,CL,CO,D,E,IL,JO,KR,MA,MX,OM,P,PA,PE,S,SG)	0.7美分/千克
2306.90.01		其他		0.32美分/千克[1]	0(A,AU,BH,CA,CL,CO,D,E,IL,JO,KR,MA,MX,OM,P,PA,PE,S,SG)	0.7美分/千克
	20	玉米的	千克			
	30	大麻籽的	千克			
	50	其他	千克			
2307.00.00	00	葡萄酒渣;粗酒石	千克	0[2]		0
2308.00		动物饲料用的其他品目未列名的植物原料、废料、残渣及副产品,不论是否制成团粒:				
2308.00.10	00	橡子和马蹄屑	千克	1.4%[2]	0(A+,AU,BH,CA,CL,CO,D,E,IL,JO,KR,MA,MX,OM,P,PA,PE,S,SG)	20%
2308.00.93	00	亚麻籽的筛下物、谷壳、秸秆或渣滓,不论是否磨碎	千克	0[2]		10%
2308.00.95	00	脱水的金盏花	千克	1.9%[1]	0(A,AU,BH,CA,CL,CO,D,E,IL,JO,KR,MA,MX,OM,P,PA,PE,S,SG)	20%
2308.00.98		其他		1.4%[1]	0(A+,AU,BH,CA,CL,CO,D,E,IL,JO,KR,MA,MX,OM,P,PA,PE,S,SG)	20%
	20	柑橘浆球团	吨			
	90	其他	千克			
2309		配制的动物饲料:				

第二十三章　食品工业的残渣及废料；配制的动物饲料　281

税则号列	统计后缀	货品名称	单位	税率 1 普通	税率 1 特惠	2
2309.10.00		零售包装的狗食或猫食		0[1]		10%
	10	装在密封容器中	千克			
	90	其他	千克			
2309.90		其他：				
2309.90.10		混合饲料或混合饲料成分		0[1]		10%
	05	鸟食	千克			
	15	其他零售的宠物食品	千克			
	20	精制家禽饲料	吨			
	30	精制奶牛饲料	吨			
	32	精制其他牛饲料	吨			
	35	精制猪饲料	吨			
	45	其他精制家畜饲料	吨			
	50	其他	吨			
		其他：				
		含有牛奶或牛奶衍生物的动物饲料：				
		按重量计乳固体含量超过10%：				
2309.90.22		本税则总注释十五描述，并根据其规定进口的		7.5%[2]	0(A+,AU,BH,CA,CL,CO,D,E,IL,JO,KR,MA,MX,OM,P,PA,PE,S,SG)	20%
	10	牛奶替代品	千克			
	90	其他	千克			
2309.90.24		本章附加美国注释二描述，并根据其规定进口的		7.5%[2]	0(A+,AU,BH,CA,CL,CO,D,E,IL,JO,KR,MA,MX,OM,P,PA,PE,S,SG)	20%
	10	牛奶替代品	千克			
	90	其他				
2309.90.28		其他[3]		80.4美分/千克+6.4%[2]	0(BH,CL,JO,KR,MA,MX,OM,SG)10.7美分/千克+0.8%(PE) 26.8美分/千克+2.1%(CO,PA) 32.1美分/千克+2.5%(P) 见9823.05.01至9823.05.06(S+) 见9913.04.20(AU) 见9915.04.20,9915.04.24,9915.04.28(P+)	94.6美分/千克+7.5%
	10	牛奶替代品	千克			
	90	其他	千克			
		其他：				
2309.90.42		本税则总注释十五描述，并根据其规定进口的		7.5%[2]	0(A+,AU,BH,CA,CL,CO,D,E,IL,JO,KR,MA,MX,OM,P,PA,PE,S,SG)	20%
	10	牛奶替代品	千克			
	90	其他	千克			

税则号列	统计后缀	货品名称	单位	税率 1 普通	税率 1 特惠	2
2309.90.44		本章附加美国注释二描述,并根据其规定进口的		7.5%[2]	0(A+,AU,BH,CA,CL,CO,D,E,IL,JO,KR,MA,OM,P,PA,PE,S,SG)	20%
	10	牛奶代替品	千克			
	90	其他	千克			
2309.90.48		其他[3]		80.4美分/千克+6.4%[2]	0(BH,CL,JO,KR,MA,MX,OM,PA,SG) 10.7美分/千克+0.8%(PE)26.8美分/千克+2.1%(CO)32.1美分/千克+2.5%(P) 见9823.05.01至9823.05.06(S+) 见9913.04.20(AU) 见9915.04.20,9915.04.24,9915.04.28(P+)	94.6美分/千克+7.5%
	10	牛奶代替品	千克			
	90	其他	千克			
		其他:				
2309.90.60	00	含蛋的动物饲料	千克	1.9%[2]	0(A+,AU,BH,CA,CL,CO,D,E,IL,JO,KR,MA,MX,OM,P,PA,PE,S,SG)	20%
		其他:				
2309.90.70	00	以维生素B12为主要成分的动物饲料补充制品	千克	1.4%[1]	0(A,AU,BH,CA,CL,CO,D,E,IL,JO,KR,MA,MX,OM,P,PA,PE,S,SG)	20%
2309.90.95	00	其他	千克	1.4%[1]	0(A+,AU,BH,CA,CL,CO,D,E,IL,JO,KR,MA,MX,OM,P,PA,PE,S,SG)	20%

[1]见9903.88.03。

[2]见9903.88.15。

[3]见9904.23.01至9904.23.09。

第二十四章 烟草及烟草代用品的制品

注释:
一、本章不包括药用卷烟(第三十章)。

子目注释:
一、子目2403.11所称"水烟料"是指由烟草和甘油混合而成的用水烟筒吸用的烟草,不论是否含有芳香油及提取物、糖蜜或糖,也不论是否用水果调味,但供在水烟筒中吸用的非烟草产品不归入该子目。

附加美国注释:
一、本章所称"包装烟草"表示烟叶具有必备的颜色、质地和燃烧度,并具有足够用于雪茄包装纸的尺寸;所称"填充烟草"表示所有其他的烟叶。
二、包装烟草的百分比数指的是在一包、一箱、一袋或者其他运输单位中包装烟草的烟叶数与总烟叶数量的比例。在确定该百分比时,海关行政人员将至少检测10手,并且对来自指定检查的每个装运单位中至少计算2手的烟叶数量。
三、雪茄及香烟的应课税重量包括作为其组成部分的所有物料的重量。
四、本章规定的某些烟草制品样品有权享受免税待遇(第九十八章)。
五、(一)税号2401.10.63、税号2401.20.33、税号2401.20.85、税号2401.30.33、税号2401.30.35、税号2401.30.37、税号2403.19.60、税号2403.91.45和税号2403.99.60的消费用的烟草,从12月13日至次年12月12日进出库的总数量不得超过以下数量限制:

	数量(吨)
阿根廷	10 750
巴西	80 200
智利	2 750
欧盟(澳大利亚、比利时、丹麦、芬兰、法国、德国、希腊、爱尔兰、意大利、卢森堡、荷兰、葡萄牙、西班牙、英国总计)	10 000
危地马拉	10 000
马拉维	12 000
菲律宾	3 000
泰国	7 000
津巴布韦	12 000
其他国家和地区	3 000

(二)上述(一)款列举的税号不包括:

1. 加拿大、以色列和墨西哥的产品,或者
2. 根据本税则第九十八章的任何规定获得关税待遇且不得归类于上述税号的任何数量的烟草。
(三)本注释的数量限制受美国贸易代表办公室或其指定机构发布的法规约束。
(四)尽管本注释有其他规定,但除加拿大、以色列和墨西哥产品外,进口烟草应享受规定的税率,并且在满足如下条件时应归入上述(一)款规定的品目:(1)在1995年9月13日前从原产国出口;(2)从原产国直接进口至美国关境,并且随附财政部长认为有必要的单据。对于本段来说,为消费目的从仓库进口烟草和从对外贸易区进口烟草将不被视为从原产地直接进口至美国关境。
(五)对于本章来说,用于制作销售给最终消费者做手卷香烟用的香烟烟草而进口的烟草,将被视为除香烟外其他产品用的烟草。

六、本章所称"准备以与进口时相同的形式和包装向最终消费者销售"是指商品以尺寸和标签易于识别的包装进口,准备以尺寸和标签同样易于识别的包装零售给消费者,产品形式和包装不作任何改动。

第二十四章 烟草及烟草代用品的制品 285

税则号列	统计后缀	货品名称	单位	税率 1 普通	税率 1 特惠	2
2401		烟草(不论是否经过脱粒或类似加工);烟草废料:				
2401.10		未去梗的烟草:				
		包装烟草含量超过35%:				
2401.10.21		包装烟草		0[1]		5.02美元/千克
	20	康涅狄格遮叶	千克			
	40	其他	千克			
2401.10.29		其他		0[1]		5.02美元/千克
	20	康涅狄格遮叶	千克			
	40	其他	千克			
		不含包装烟草,或包装烟草含量不超过35%:				
		东方式或土耳其式:				
2401.10.44	00	烟叶	千克	0[2]		77.2美分/千克
2401.10.48	00	其他	千克	0[1]		85美分/千克
2401.10.53		雪茄夹和填充物		0[1]		85美分/千克
	40	雪茄夹	千克			
	50	填充物	千克			
		其他:				
		烤烟和其他光烤叶:				
2401.10.61		用于除香烟以外的产品		23.9美分/千克[1]	0(A+,AU,BH,CA,CL,CO,D,E,IL,KR,MA,MX,OM,P,PA,PE,S,SG)	77.2美分/千克
	30	烤烟	千克			
	60	白肋烟	千克			
	80	马里兰烟	千克			
	90	其他	千克			
		其他:				
2401.10.63		本章附加美国注释五描述并根据其规定进口的		23.9美分/千克[1]	0(A+,BH,CL,CO,D,E,KR,MA,OM,P,PA,PE,S,SG)	77.2美分/千克
	30	烤烟	千克			
	60	白肋烟	千克			
	80	马里兰烟	千克			
	90	其他	千克			
2401.10.65		其他		350%[1]	0(BH,CA,CL,IL,KR,MA,MX,OM,P,S,SG) 46.6%(PE) 175%(PA) 见9913.24.05至9913.24.10(AU) 见9918.24.10至9918.24.11(CO)	350%
	30	烤烟	千克			

税则号列	统计后缀	货品名称	单位	税率 1 普通	税率 1 特惠	2
	60	白肋烟	千克			
	80	马里兰烟	千克			
	90	其他	千克			
2401.10.95		其他		32.7美分/千克[1]	0(A,AU,BH,CA,CL,CO,D,E,IL,KR,MA,MX,OM,P,PA,PE,S,SG)	85美分/千克
	10	火烧肯塔基州和田纳西州烟草	千克			
	15	黑风烤肯塔基州和田纳西州烟草	千克			
	20	火烤弗吉尼亚烟草	千克			
	25	阳晒弗吉尼亚烟草	千克			
	30	黑发烟草	千克			
	60	其他	千克			
2401.20		未去梗的烟草：				
		未经脱粒或类似加工的：				
2401.20.05	00	烟叶，两个或以上国家或属地的产品，当混合或包装在一起时	千克	5.48美元/千克[2]	0(A+,AU,BH,CA,CL,CO,D,E,IL,KR,MA,MX,OM,P,PA,PE,S,SG)	6.45美元/千克
		其他：				
		包装烟草含量超过35%：				
2401.20.14		包装烟草		0[2]		6.45美元/千克
	20	康涅狄格遮叶	千克			
	40	其他	千克			
2401.20.18	00	其他		0[2]		6.45美元/千克
		不含包装烟草,或包装烟草含量不超过35%：				
		东方式或土耳其式：				
2401.20.23	00	烟叶	千克	0[2]		1.21美元/千克
2401.20.26	00	其他	千克	0[2]		1.15美元/千克
2401.20.29		雪茄夹和填充物		0[2]		1.15美元/千克
	70	雪茄夹	千克			
	90	填充物	千克			
		其他：				
		烤烟、白肋烟等光烤烟叶：				
2401.20.31		用在除香烟以外的产品上		40.9美分/千克[2]	0(A+,AU,BH,CA,CL,CO,D,E,IL,KR,MA,MX,OM,P,PA,PE,S,SG)	1.21美元/千克
	10	烤烟	千克			
	20	白肋烟	千克			

税则号列	统计后缀	货品名称	单位	税率 1 普通	税率 1 特惠	2
	30	马里兰烟	千克			
	40	其他	千克			
		其他：				
2401.20.33		本章附加美国注释五描述，并根据其规定进口的		40.9美分/千克[2]	0（A＋，BH，CL，CO，D，E，KR，MA，OM，P，PA，PE，S，SG）	1.21美元/千克
	10	烤烟	千克			
	20	白肋烟	千克			
	30	马里兰烟	千克			
	40	其他	千克			
2401.20.35		其他		350％[2]	0（BH，CA，CL，IL，KR，MA，MX，OM，P，S，SG）46.6％（PE）175％（PA） 见9913.24.05至9913.24.10（AU） 见9918.24.10至9918.24.11（CO）	350％
	10	烤烟	千克			
	20	白肋烟	千克			
	30	马里兰烟	千克			
	40	其他	千克			
2401.20.57		其他		39.7美分/千克[2]	0（A＊，BH，CA，CL，CO，D，E，IL，KR，MA，MX，OM，P，PA，PE，S，SG）1.9美分/千克（AU）	1.15美元/千克
	10	火烧肯塔基州和田纳西州烟草	千克			
	15	黑风烤肯塔基州和田纳西州烟草	千克			
	20	火烤弗吉尼亚烟草	千克			
	25	阳晒弗吉尼亚烟草	千克			
	30	黑发烟草	千克			
	40	其他	千克			
		脱粒的或类似加工的：				
2401.20.60		来自雪茄叶		0[2]		77.2美分/千克
	20	康涅狄格遮叶	千克			
	40	其他	千克			
		其他：				
2401.20.75	00	东方式或土耳其式	千克	0[2]		1.10美元/千克
		其他：				
2401.20.83		用于除香烟以外的产品		37.5美分/千克[2]	0（A＋，AU，BH，CA，CL，CO，D，E，IL，KR，MA，MX，OM，P，PA，PE，S，SG）	1.10美元/千克
	10	烤烟	千克			
	20	白肋烟	千克			

税则号列	统计后缀	货品名称	单位	税率 1 普通	税率 1 特惠	2
	30	马里兰烟	千克			
	35	火烧肯塔基州和田纳西州烟草	千克			
	40	黑风烤肯塔基州和田纳西州烟草	千克			
	50	火烤弗吉尼亚烟草	千克			
	55	阳晒弗吉尼亚烟草	千克			
	60	黑发烟草	千克			
	90	其他	千克			
		其他：				
2401.20.85		本章附加美国注释五描述，并根据其规定进口的		37.5美分/千克[2]	0(A＋,BH,CL,CO,D,E,KR,MA,OM,P,PA,PE,S,SG)	1.10美元/千克
	10	烤烟	千克			
	20	白肋烟	千克			
	30	马里兰烟	千克			
	35	火烧肯塔基州和田纳西州烟草	千克			
	40	黑风烤肯塔基州和田纳西州烟草	千克			
	50	火烤弗吉尼亚烟草	千克			
	55	阳晒弗吉尼亚烟草	千克			
	60	黑发烟草	千克			
	90	其他	千克			
2401.20.87		其他		350%[2]	0(BH,CA,CL,IL,KR,MA,MX,OM,P,S,SG) 46.6%(PE) 175%(PA) 见9913.24.05至9913.24.10(AU) 见9918.24.10至9918.24.11(CO)	350%
	10	烤烟	千克			
	20	白肋烟	千克			
	30	马里兰烟	千克			
	35	火烧肯塔基州和田纳西州烟草	千克			
	40	黑风烤肯塔基州和田纳西州烟草	千克			
	50	火烤弗吉尼亚烟草	千克			
	55	阳晒弗吉尼亚烟草	千克			
	60	黑发烟草	千克			
	90	其他	千克			
2401.30		烟草废料：				
		来自雪茄叶：				
		烟梗：				
2401.30.03	00	未切割、未研磨、未粉碎	千克	0[2]		0

税则号列	统计后缀	货品名称	单位	税率 1 普通	税率 1 特惠	税率 2
2401.30.06	00	切割、研磨或粉碎的	千克	0[2]		1.21美元/千克
2401.30.09	00	其他	千克	0[2]		77.2美分/千克
		来自东方或土耳其烟草:				
		烟梗:				
2401.30.13	00	未切割、未研磨、未粉碎	千克	0[2]		0
2401.30.16	00	切割、研磨或粉碎	千克	0[2]		1.21美元/千克
2401.30.19	00	其他	千克	0[2]		77.2美分/千克
		其他:				
		用于除香烟以外的产品:				
		烟梗:				
2401.30.23		未切割、未研磨、未粉碎		0[2]		0
	10	烤烟	千克			
	20	白肋烟	千克			
	35	火烧肯塔基州和田纳西州烟草	千克			
	40	黑风烤肯塔基州和田纳西州烟草	千克			
	50	火烤弗吉尼亚烟草	千克			
	60	阳晒弗吉尼亚烟草	千克			
	90	其他	千克			
2401.30.25		切割、研磨或粉碎的		97美分/千克[2]	0(A+,AU,BH,CA,CL,CO,D,E,IL,KR,MA,MX,OM,P,PA,PE,S,SG)	1.21美元/千克
	10	烤烟	千克			
	20	白肋烟	千克			
	35	火烧肯塔基州和田纳西州烟草	千克			
	40	黑风烤肯塔基州和田纳西州烟草	千克			
	50	火烤弗吉尼亚烟草	千克			
	60	阳晒弗吉尼亚烟草	千克			
	90	其他	千克			
2401.30.27		其他		28.4美分/千克[2]	0(A+,BH,CA,CL,CO,D,E,IL,KR,MA,MX,OM,P,PA,PE,S,SG)1.3美分/千克(AU)	77.2美分/千克
	10	烤烟	千克			
	20	白肋烟	千克			
	35	火烧肯塔基州和田纳西州烟草	千克			
	40	黑风烤肯塔基州和田纳西州烟草	千克			

税则号列	统计后缀	货品名称	单位	税率 1 普通	税率 1 特惠	2
	50	火烤弗吉尼亚烟草	千克			
	60	阳晒弗吉尼亚烟草	千克			
	90	其他	千克			
		其他：				
		本章附加美国注释五描述，并根据其规定进口的烟梗：				
		烟梗：				
2401.30.33		未切割、未研磨、未粉碎		0[2]		0
	10	烤烟	千克			
	20	白肋烟	千克			
	35	火烧肯塔基州和田纳西州烟草	千克			
	40	黑风烤肯塔基州和田纳西州烟草	千克			
	50	火烤弗吉尼亚烟草	千克			
	60	阳晒弗吉尼亚烟草	千克			
	90	其他	千克			
2401.30.35		切割、研磨或粉碎的		97美分/千克[2]	0（A＋，BH，CL，CO，D，E，KR，MA，OM，P，PA，PE，S，SG）	1.21美元/千克
	10	烤烟	千克			
	20	白肋烟	千克			
	35	火烧肯塔基州和田纳西州烟草	千克			
	40	黑风烤肯塔基州和田纳西州烟草	千克			
	50	火烤弗吉尼亚烟草	千克			
	60	阳晒弗吉尼亚烟草	千克			
	90	其他	千克			
2401.30.37		其他		28.4美分/千克[2]	0（A＋，BH，CL，CO，D，E，KR，MA，OM，P，PA，PE，S，SG）	77.2美分/千克
	10	烤烟	千克			
	20	白肋烟	千克			
	35	火烧肯塔基州和田纳西州烟草	千克			
	40	黑风烤肯塔基州和田纳西州烟草	千克			
	50	火烤弗吉尼亚烟草	千克			
	60	阳晒弗吉尼亚烟草	千克			
	90	其他	千克			
2401.30.70		其他		350%[2]	0（BH，CA，CL，IL，KR，MA，MX，OM，P，S，SG）46.6%（PE）175%（PA） 见9913.24.05至9913.24.10（AU） 见9918.24.10至9918.24.11（CO）	350%

税则号列	统计后缀	货品名称	单位	税率 1 普通	税率 1 特惠	税率 2
	10	烤烟	千克			
	20	白肋烟	千克			
	35	火烧肯塔基州和田纳西州烟草	千克			
	40	黑风烤肯塔基州和田纳西州烟草	千克			
	50	火烤弗吉尼亚烟草	千克			
	60	阳晒弗吉尼亚烟草	千克			
	90	其他	千克			
2402		烟草或烟草代用品制成的雪茄烟及卷烟：				
2402.10		烟草制的雪茄烟：				
2402.10.30		每根价值低于15美分		1.89美元/千克+4.7%[4][2]	0(A+,AU,BH,CA,CL,CO,D,E,IL,KR,MA,MX,OM,P,PA,PE,S,SG)[3]	9.92美元/千克+25%[3]
	30	小雪茄、切洛特雪茄和雪茄(重量不超过1.36千克/千根)	千根 千克			
	70	其他	千根 千克			
2402.10.60	00	每根价值为15美分或以上但低于23美分	千根 千克	57美分/千克+1.4%[3][2]	0(A+,AU,BH,CA,CL,CO,D,E,IL,KR,MA,MX,OM,P,PA,PE,S,SG)[3]	9.92美元/千克+25%[3]
2402.10.80		每根价值为23美分或以上		57美分/千克+1.4%[3][2]	0(A,AU,BH,CA,CL,CO,D,E,IL,KR,MA,MX,OM,P,PA,PE,S,SG)[3]	9.92美元/千克+25%[3]
	30	小雪茄、切洛特雪茄和雪茄(重量不超过1.36千克/千根)	千根 千克			
	50	其他,每根价值为23美分或以上但低于76美分	千根 千克			
	80	其他	千根 千克			
2402.20		烟草制的卷烟：				
2402.20.10	00	含有丁香的	千根 千克	41.7美分/千克+0.9%[3][2]	0(A,AU,BH,CA,CL,CO,D,E,IL,KR,MA,MX,OM,P,PA,PE,S,SG)[3]	9.92美元/千克+25%[3]
		其他：				
2402.20.80	00	用纸包的	千根 千克	1.05美元/千克+2.3%[3][2]	0(A+,AU,BH,CA,CL,CO,D,E,IL,KR,MA,MX,OM,P,PA,PE,S,SG)[3]	9.92美元/千克+25%[3]
2402.20.90	00	其他	千根 千克	1.50美元/千克+3.2%[3][2]	0(A,AU,BH,CA,CL,CO,D,E,IL,KR,MA,MX,OM,P,PA,PE,S,SG)[3]	9.92美元/千克+25%[3]
2402.90.00	00	其他	千根 千克	1.05美元/千克+2.3%[2]	0(A+,AU,BH,CA,CL,CO,D,E,IL,KR,MA,MX,OM,P,PA,PE,S,SG)	9.92美元/千克+25%
2403		其他烟草及烟草代用品的制品；"均化"或"再造"烟草；烟草精汁：				
		供吸用的烟草,不论是否含有任何比例的烟草代用品：				

税则号列	统计后缀	货品名称	单位	税率 普通	税率 1 特惠	税率 2
2403.11.00	00	本章子目注释一所述的水烟料	千克	32.8美分/千克[2]	0(A+,AU,BH,CA,CL,CO,D,E,IL,KR,MA,MX,OM,P,PA,PE,S,SG)	1.21美元/千克
2403.19		其他：				
2403.19.20		准备以与进口时相同的形式和包装向最终消费者销售的[3]		32.8美分/千克[2]	0(A+,AU,BH,CA,CL,CO,D,E,IL,KR,MA,MX,OM,P,PA,PE,S,SG)	1.21美元/千克
	20	烟斗烟草	千克			
	50	自卷烟	千克			
	80	其他	千克			
		其他：				
2403.19.30		用于除香烟以外的产品		32.8美分/千克[2]	0(A+,AU,BH,CA,CL,CO,D,E,IL,KR,MA,MX,OM,P,PA,PE,S,SG).	1.21美元/千克
	50	烤烟	千克			
	60	白肋烟	千克			
	80	马里兰	千克			
	90	其他	千克			
		其他：				
2403.19.60		本章附加美国注释五描述，并根据其规定进口的		32.8美分/千克[2]	0(A+,BH,CL,CO,D,E,KR,MA,OM,P,PA,PE,S,SG)	1.21美元/千克
	50	烤烟	千克			
	60	白肋烟	千克			
	80	马里兰	千克			
	90	其他	千克			
2403.19.90		其他		350%[2]	0(BH,CA,CL,IL,KR,MA,MX,OM,P,S,SG) 46.6%(PE) 175%(PA) 见9913.24.05至9913.24.10(AU) 见9918.24.10至9918.24.11(CO)	350%
	50	烤烟	千克			
	60	白肋烟	千克			
	80	马里兰	千克			
	90	其他	千克			
		其他：				
2403.91		"均化"或"再造"烟草：				
2403.91.20	00	适合作包装烟草	千克	62美分/千克[1]	0(A,AU,BH,CA,CL,CO,D,E,IL,KR,MA,MX,OM,P,PA,PE,S,SG)	6.45美元/千克
		其他：				
2403.91.43		用于除香烟以外的产品		19.9美分/千克[2]	0(A+,AU,BH,CA,CL,CO,D,E,IL,KR,MA,MX,OM,P,PA,PE,S,SG)	1.10美元/千克
	50	烤烟	千克			
	60	白肋烟	千克			

税则号列	统计后缀	货品名称	单位	税率 1 普通	税率 1 特惠	2
	80	马里兰	千克			
	90	其他	千克			
		其他：				
2403.91.45		本章附加美国注释五描述，并根据其规定进口的		19.9美分/千克[1]	0（A+，BH，CL，CO，D，E，KR，MA，OM，P，PA，PE，S，SG）	1.10美元/千克
	50	烤烟	千克			
	60	白肋烟	千克			
	80	马里兰	千克			
	90	其他	千克			
2403.91.47		其他		350%[1]	0（BH，CA，CL，IL，KR，MA，MX，OM，P，S，SG）46.6%（PE）175%（PA）见9913.24.05至9913.24.10（AU）见9918.24.10至9918.24.11（CO）	350%
	50	烤烟	千克			
	60	白肋烟	千克			
	80	马里兰	千克			
	90	其他	千克			
2403.99		其他：				
2403.99.20		准备以与进口时相同的形式和包装向最终消费者销售		24.7美分/千克[2]	0（A+，AU，BH，CA，CL，CO，D，E，IL，KR，MA，MX，OM，P，PA，PE，S，SG）	1.21美元/千克
	30	咀嚼烟草[3]	千克			
	40	鼻烟和鼻烟粉[3]	千克			
	90	其他	千克			
		其他：				
2403.99.30		用于除香烟以外的产品		24.7美分/千克[2]	0（A+，AU，BH，CA，CL，CO，D，E，IL，KR，MA，MX，OM，P，PA，PE，S，SG）	1.21美元/千克
	50	烤烟	千克			
	60	白肋烟	千克			
		其他：				
	65	部分制造、掺和或混合烟草	千克			
	70	其他	千克			
		其他：				
2403.99.60		本章附加美国注释五描述，并根据其规定进口的		24.7美分/千克[2]	0（A+，BH，CL，CO，D，E，KR，MA，OM，P，PA，PE，S，SG）	1.21美元/千克
	50	烤烟	千克			
	60	白肋烟	千克			
		其他：				
	65	部分制造、掺和或混合烟草	千克			
	70	其他	千克			

税则号列	统计后缀	货品名称	单位	税率 1 普通	税率 1 特惠	2
2403.99.90		其他		350%[2]	0(BH,CA,CL,IL,KR,MA,MX,OM,P,S,SG) 46.6%(PE) 175%(PA) 见 9913.24.05 至 9913.24.10(AU) 见 9918.24.10 至 9918.24.11(CO)	350%
	50	烤烟	千克			
	60	白肋烟	千克			
		其他：				
	65	部分制造、掺和或混合烟草	千克			
	70	其他	千克			

[1]见 9903.88.15。

[2]见 9903.88.03。

[3]根据这一规定,进口商品可能需要缴纳联邦消费税(26U.S.C.5701)。

第五类　矿产品

第二十五章　盐;硫磺;泥土及石料;石膏料、石灰及水泥

注释:

一、除条文及注释四另有规定的以外,本章各品目只包括原产状态的矿产品,或只经过洗涤(包括用化学物质清除杂质而未改变产品结构的)、破碎、磨碎、研粉、淘洗、筛分以及用浮选、磁选和其他机械物理方法(不包括结晶法)精选过的货品,但不得经过焙烧、煅烧、混合或超过品目所列的加工范围。

本章产品可含有添加的抗尘剂,但所加剂料并不使原产品改变其一般用途而适合于某些特殊用途。

二、本章不包括:

(一)升华硫磺、沉淀硫磺及胶态硫磺(品目2802);

(二)土色料,按重量计三氧化二铁含量在70%或以上(品目2821);

(三)第三十章的药品及其他产品;

(四)芳香料制品及化妆盥洗品(第三十三章);

(五)长方砌石、路缘石、扁平石(品目6801)、镶嵌石或类似石料(品目6802)及铺屋顶、饰墙面或防潮用的板石(品目6803);

(六)宝石或半宝石(品目7102或品目7103);

(七)每颗重量不低于2.5克的氯化钠或氧化镁培养晶体(光学元件除外)(品目3824);氯化钠或氧化镁制的光学元件(品目9001);

(八)台球用粉块(品目9504);或者

(九)书写或绘画用粉笔及裁缝划粉(品目9609)。

三、既可归入品目2517又可归入本章其他品目的产品,应归入品目2517。

四、品目2530主要包括:未膨胀的蛭石、珍珠岩及绿泥石;不论是否煅烧或混合的土色料;天然云母氧化铁;海泡石(不论是否磨光成块);琥珀;模制后未经进一步加工的片、条、杆或类似形状的粘聚海泡石及粘聚琥珀;黑玉;菱锶矿(不论是否煅烧),但不包括氧化锶;破碎陶器;砖或混凝土的碎块。

统计注释:

一、在品目2525中,

(一)所称"裂块云母"是指厚度不超过0.508毫米,并在0.203毫米的公差内破碎和筛分的云母,且没有按照尺寸、形状或结构进行切割加工的。

(二)所称"劈开的云母片"是指紧致包装或松散包装的云母薄片,适用于制造品目6815的凝聚态云母。

税则号列	统计后缀	货品名称	单位	税率 普通	税率 特惠	税率 2
2501.00.00	00	盐(包括精制盐及变性盐)及纯氯化钠,不论是否为水溶液,也不论是否添加抗结块剂或松散剂;海水:	吨	0[1]		26%
2502.00.00	00	未焙烧的黄铁矿	吨	0[1]		0
2503.00.00		各种硫磺,但升华硫磺、沉淀硫磺及胶态硫磺除外:		0[1]		0
	10	粗硫磺或未精炼的硫磺	吨			
	90	其他	吨			
2504		天然石墨:				
2504.10		粉末或粉片:				
2504.10.10	00	鳞片(不包括片状粉尘)	千克	0		3.6美分/千克
2504.10.50	00	其他	千克	0		10%
2504.90.00	00	其他	千克	0		10%
2505		各种天然砂,不论是否着色,但第二十六章的含金属矿砂除外:				
2505.10		硅砂及石英砂				
2505.10.10	00	二氧化硅含量超过95%且氧化铁含量不超过0.6%的砂	吨	0[1]		1.97美元/吨
2505.10.50	00	其他	吨	0[1]		0
2505.90.00	00	其他	吨	0[1]		0
2506		石英(天然砂除外);石英岩,不论是否粗加修整或者仅用锯或其他方法切割成矩形(包括正方形)的板、块:				
2506.10.00		石英	.	0[1]		0
	10	二氧化硅含量超过95%且氧化铁含量不超过0.6%的砂和天然砂	吨			
	50	其他	吨			
2506.20.00		石英岩		0[1]		0
	10	原状或粗加修整石英岩	吨			
	80	其他	吨			
2507.00.00	00	高岭土及类似土,不论是否煅烧:	吨	0[1]		2.46美元/吨
2508		其他黏土(不包括品目6806的膨胀黏土)、红柱石、蓝晶石及硅线石,不论是否煅烧;富铝红柱石;火泥及第纳斯土:				
2508.10.00	00	膨润土	吨	0[1]		3.20美元/吨
2508.30.00	00	耐火黏土	吨	0[1]		1.97美元/吨
2508.40.01		其他黏土		0[1]		1.97美元/吨
	10	普通蓝黏土和球体黏土	吨			
	20	脱色漂白土	吨			
	50	其他	吨			
2508.50.00	00	红柱石、蓝晶石及硅线石	吨	0[1]		0
2508.60.00	00	富铝红柱石	吨	0[1]		30%

税则号列	统计后缀	货品名称	单位	税率 1 普通	税率 1 特惠	税率 2
2508.70.00	00	火泥及第纳斯土	吨	0[1]		0
2509.00		白垩:				
2509.00.10	00	天然的	吨	0[1]		0
2509.00.20	00	其他	吨	0[1]		13%
2510		天然磷酸钙、天然磷酸铝钙及磷酸盐白垩:				
2510.10.00	00	未碾磨	吨	0[1]		0
2510.20.00	00	已碾磨	吨	0[1]		0
2511		天然硫酸钡(重晶石);天然碳酸钡(毒重石),不论是否煅烧,但品目2816的氧化钡除外:				
2511.10		天然硫酸钡(重晶石)				
2511.10.10	00	已碾磨	吨	0		7.38美元/吨
2511.10.50	00	其他	吨	1.25美元/吨	0(A,AU,BH,CA,CL,CO,D,E,IL,JO,KR,MA,MX,OM,P,PA,PE,S,SG)	3.94美元/吨
2511.20.00	00	天然碳酸钡(毒重石)	千克	0[1]		30%
2512.00.00	00	硅质化石粗粉(例如各种硅藻土)及类似的硅质土,不论是否煅烧,其表观比重不超过1	吨	0[1]		0
2513		浮石;刚玉岩;天然刚玉砂;天然石榴石及其他天然磨料,不论是否热处理:				
2513.10.00		浮石		0[1]		0
	10	粗糙的或不规则的碎片,包括破碎的浮石	千克			
	80	其他	千克			
2513.20		刚玉岩、天然刚玉砂、天然石榴石及其他天然磨料:				
2513.20.10	00	粗糙的或不规则的	千克	0[1]		0
2513.20.90	00	其他	千克	0[1]		2.2美分/千克
2514.00.00		板岩,不论是否粗加修整或者仅用锯或其他方法切割成矩形(包括正方形)的板、块	吨	0[1]		25%
2515		大理石、石灰华及其他石灰质碑用或建筑用石,表观比重为2.5或以上,蜡石,不论是否粗加修整或者仅用锯或其他方法切割成矩形(包括正方形)的板、块:				
		大理石及石灰华:				
2515.11.00	00	原状或粗加修整	立方米 吨	0[1]		22.95美元/立方米
2515.12		用锯或其他方法切割成矩形(包括正方形)的板、块:				
2515.12.10	00	大理石	吨	0[1]		13%
2515.12.20	00	石灰华	吨	3%[1]	0(A,AU,BH,CA,CL,CO,D,E,IL,JO,KR,MA,MX,OM,P,PA,PE,S,SG)	50%

税则号列	统计后缀	货品名称	单位	税率 1 普通	税率 1 特惠	税率 2
2515.20.00	00	其他石灰质碑用或建筑用石,蜡石	吨	3%[1]	0(A, AU, BH, CA, CL, CO, D, E, IL, JO, KR, MA, MX, OM, P, PA, PE, S, SG)	50%
2516		花岗石、斑岩、玄武岩、砂岩以及其他碑用或建筑用石,不论是否粗加修整或者仅用锯或其他方法切割成矩形(包括正方形)的板、块:				
		花岗岩:				
2516.11.00	00	原状或粗加修整	立方米 吨	0[1]		8.83美元/立方米
2516.12.00		仅用锯或者其他方法切割成矩形(包括正方形)的板、块		2.8%[1]	0(A, AU, BH, CA, CL, CO, D, E, IL, JO, KR, MA, MX, OM, P, PA, PE, S, SG)	60%
	30	厚度不小于7.5厘米的	吨			
	60	其他	吨			
2516.20		砂岩:				
2516.20.10	00	原状或粗加修整	立方米 吨	0[1]		5.30美元/立方米
2516.20.20	00	仅用锯或者其他方法切割成矩形(包括正方形)的板块	吨	3%[1]	0(A, AU, BH, CA, CL, CO, D, E, IL, JO, KR, MA, MX, OM, P, PA, PE, S, SG)	50%
2516.90.00		其他碑用或建筑用石		3%[1]	0(A, AU, BH, CA, CL, CO, D, E, IL, JO, KR, MA, MX, OM, P, PA, PE, S, SG)	50%
	30	厚度不小于7.5厘米的	吨			
	60	其他	吨			
2517		通常作混凝土粒料、铺路、铁道路基或其他路基用的卵石、砾石及碎石,圆石子及燧石,不论是否热处理;矿渣、浮渣及类似的工业残渣,不论是否混有本品目第一部分所列的材料;沥青碎石;品目2515、品目2516所列各种石料的碎粒、碎屑及粉末,不论是否热处理:				
2517.10.00		通常作混凝土粒料、铺路、铁道路基或其他路基用的卵石、砾石及碎石,圆石子及燧石,不论是否热处理		0[1]		30%
	15	卵石和砾石	吨			
	20	石灰石,除了卵石和砾石	吨			
	55	其他	吨			
2517.20.00	00	矿渣、浮渣及类似的工业残渣,不论是否混有子目2517.10所列的材料	吨	0[1]		30%
2517.30.00	00	沥青碎石	吨	0[1]		30%
		品目2515及品目2516所列各种石料的碎粒、碎屑及粉末,不论是否热处理:				
2517.41.00	00	大理石的	吨	0[1]		30%
2517.49.00	00	其他	吨	0[1]		1.10美元/吨

第二十五章 盐;硫磺;泥土及石料;石膏料、石灰及水泥

税则号列	统计后缀	货品名称	单位	税率 1 普通	税率 1 特惠	税率 2
2518		白云石,不论是否煅烧或烧结、粗加修整或者仅用锯或其他方法切割成矩形(包括正方形)的板、块;夯混白云石:				
2518.10.00	00	未煅烧或烧结的白云石	吨	0[1]		0
2518.20.00	00	已煅烧或烧结的白云石	吨	3%[1]	0(A,AU,BH,CA,CL,CO,D,E,IL,JO,KR,MA,MX,OM,P,PA,PE,S,SG)	30%
2518.30.00	00	夯混白云石	吨	0[1]		30%
2519		天然碳酸镁(菱镁矿);熔凝镁氧矿;烧结镁氧矿,不论烧结前是否加入少量其他氧化物;其他氧化镁,不论是否纯净:				
2519.10.00	00	天然碳酸镁(菱镁矿)	吨	0		10.33美元/吨
2519.90		其他:				
2519.90.10	00	熔凝镁氧矿和烧结镁氧矿(重烧镁)	千克	0		1.7美分/千克
2519.90.20	00	碱烧菱镁矿	吨	0		20.70美元/吨
2519.90.50	00	其他	千克	0		15.4美分/千克
2520		生石膏;硬石膏;熟石膏(由煅烧的生石膏或硫酸钙构成),不论是否着色,也不论是否带有少量促凝剂或缓凝剂:				
2520.10.00	00	生石膏;硬石膏	吨	0[1]		0
2520.20.00	00	熟石膏	吨	0[1]		1.38美元/吨
2521.00.00	00	石灰石助熔剂;通常用于制造石灰或水泥的石灰石及其他钙质石	吨	0[1]		0
2522		生石灰、熟石灰及水硬石灰,但品目2825的氧化钙及氢氧化钙除外:				
2522.10.00	00	生石灰	千克	0[1]		0.2美分/千克,含集装箱重量
2522.20.00	00	熟石灰	千克	0[1]		0.3美分/千克,含集装箱重量
2522.30.00	00	水硬石灰	千克	0[1]		0.2美分/千克,含集装箱重量
2523		硅酸盐水泥、矾土水泥、矿渣水泥、富硫酸盐水泥及类似的水凝水泥,不论是否着色,包括水泥熟料:				
2523.10.00	00	水泥熟料	吨	0[1]		1.32美元/吨,含集装箱重量
		硅酸盐水泥:				
2523.21.00	00	白水泥,不论是否人工着色	吨	0[1]		1.76美元/吨,含集装箱重量
2523.29.00	00	其他	吨	0[1]		1.32美元/吨,含集装箱重量
2523.30.00	00	矾土水泥	吨	0[1]		1.32美元/吨,含集装箱重量

税则号列	统计后缀	货品名称	单位	税率 1 普通	税率 1 特惠	2
2523.90.00	00	其他水凝水泥	吨	0[1]		1.32美元/吨,含集装箱重量
2524		石棉:				
2524.10.00	00	青石棉(蓝色)	吨	0[1]		0
2524.90.00		其他		0[1]		0
	10	铁石棉	吨			
		温石棉				
	30	原状的	吨			
	40	研磨纤维,三级(纺丝纤维或当量)	吨			
	45	研磨纤维,四级和五级	吨			
	55	其他	吨			
	60	其他	吨			
2525		云母,包括云母片;云母废料:				
2525.10.00		原状云母及劈开的云母片		0[1]		0
	10	裂块云母	千克			
	20	劈开的云母片	千克			
	50	其他	千克			
2525.20.00	00	云母粉	千克	0[1]		20%
2525.30.00	00	云母废料	千克	0[1]		8.8美分/千克
2526		天然冻石,不论是否粗加修整或者仅用锯或其他方法切割成矩形(包括正方形)的板、块;滑石:				
2526.10.00	00	未破碎及未研粉:	千克	0		0.6美分/千克
2526.20.00	00	已破碎或已研粉:	吨	0		35%
2528.00.00		天然硼酸盐及其精矿(不论是否煅烧),但不包括从天然盐水析离的硼酸盐;天然粗硼酸,含硼酸干重不超过85%:		0[1]		0
	05	天然硼砂及其精矿(不论是否煅烧)	千克			
	10	天然钙硼酸盐	千克			
	50	其他	千克			
2529		长石;白榴石;霞石及霞石正长岩;萤石(氟石):				
2529.10.00	00	长石	吨	0[1]		49美分/吨
		萤石				
2529.21.00	00	按重量计氟化钙含量在97%或以下	吨	0		13.5%
2529.22.00	00	按重量计氟化钙含量在97%以上	吨	0		5.51美元/吨
2529.30.00		白榴石;霞石及霞石正长岩		0[1]		0
	10	霞石正长岩	吨			
	50	其他	吨			
2530		其他品目未列名的矿产品:				
2530.10.00	00	未膨胀的蛭石、珍珠岩及绿泥石	千克	0[1]		0

税则号列	统计后缀	货品名称	单位	税率		2
				1		
				普通	特惠	
2530.20		硫镁矾矿及泻盐矿（天然硫酸镁）：				
2530.20.10	00	硫酸镁石	千克	0[1]		0
2530.20.20	00	泻盐	千克	0[1]		20%
2530.90		其他：				
2530.90.10	00	自然冰晶石；自然锥冰晶石	吨	0[1]		0
2530.90.20	00	天然云母铁氧化物	千克	2.9%[1]	0(A,AU,BH,CA,CL,CO,D,E,IL,JO,KR,MA,MX,OM,P,PA,PE,S,SG)	20%
2530.90.80		其他		0		0.3美分/千克
	10	天青石	千克			
	15	矿物颜料	千克			
	50	其他	千克			

[1]见9903.88.03。

第二十六章　矿砂、矿渣及矿灰

注释：
一、本章不包括：
  (一)铺路用的矿渣及类似的工业废渣(品目2517)；
  (二)天然碳酸镁(菱镁矿)，不论是否煅烧(品目2519)；
  (三)主要含有石油的石油储罐的淤渣(品目2710)；
  (四)第三十一章的碱性熔渣；
  (五)矿物棉(品目6860)；
  (六)贵金属或包贵金属的废碎料，主要用于回收贵金属的含有贵金属或贵金属化合物的其他废碎料(品目7112)；
  (七)通过熔炼所产生的铜锍、镍锍或钴锍(第十五类)。
二、品目2601至2617所称"矿砂"是指冶金工业中提炼汞、品目2844的金属以及第十四类、第十五类金属的矿物，即使这些矿物不用于冶金工业，也包括在内；但品目2601至2617不包括不是以冶金工业正常加工方法处理的各种矿物。
三、品目2620只适用于：
  (一)在工业上提炼金属或作为生产金属化合物基本原料的矿渣、矿灰及残渣，但焚化城市垃圾所产生的灰、渣除外(品目2621)；
  (二)含有砷的矿渣、矿灰及残渣，不论其是否含有金属，用于提取或生产砷、金属及其化合物。

子目注释：
一、子目2620.21所称"含铅汽油的淤渣及含铅抗震化合物的淤渣"是指含铅汽油及含铅抗震化合物(例如，四乙基铅)储罐的淤渣，主要含有铅、铅化合物以及铁的氧化物。
二、含有砷、汞、铊及其混合物的矿渣、矿灰及残渣，用于提取或生产砷、汞、铊及其化合物，归入子目2620.60。

附加美国注释：
一、本章品目下矿石和其他材料的金属成分采用的特殊税率应当适用于其中所含金属的测定数量，不论是否作为金属、合金或者化合物回收或者直接用于生产货品，但对于本章规定的矿石或其他材料的铜、铅和锌成分适用特别税率的，损失的绝对扣除额为每干吨18千克，允许从每种金属成分的相应数量中扣除。
二、本章任何进口金属的归类取决于金属成分的百分比，该百分比是以干重(即不含任何未结合水分)为基础计算的各金属成分总量与进口材料总量之比。

统计注释：

一、报告的金属成分含量应为未经扣除的测定数量。

二、统计报告编码 2601.11.0060 所称"粗糙的"指的是铁矿石的大部分单颗粒直径超过 4.75 毫米。

三、对于税号 2603.00.00、税号 2604.00.00、税号 2607.00.00、税号 2608.00.00、税号 2616.10.00、税号 2616.90.00、税号 2620.19.60、税号 2620.21.00、税号 2620.29.00 或税号 2620.30.00 下细分的任何十位级统计报告编码，以及为规定报告已命名金属成分的八位级税号而设的十位级统计报告编码 2620.99.7560 和 2620.99.7580，在上述税号下进口的任何一批矿石、精矿、炉渣、灰或残渣中金属成分的重量和价值应当在适用的统计报告编码中报告。如果其中一项规定所涵盖的产品含有一种以上的已命名金属，则有必要输入多个十位级编码，并在相应的十位级编码下标明每种金属的重量和价值。

税则号列	统计后缀	货品名称	单位	税率 1 普通	税率 1 特惠	2
2601		铁矿砂及其精矿,包括焙烧黄铁矿:				
		铁矿砂及其精矿,但焙烧黄铁矿除外:				
2601.11.00		未烧结		0[1]		0
	30	精矿	吨			
		矿石:				
	60	粗化的	吨			
	90	其他	吨			
2601.12.00		精矿		0[1]		0
	30	颗粒	吨			
	60	煤球	吨			
	90	其他	吨			
2601.20.00	00	焙烧黄铁矿	吨	0[1]		0
2602.00.00		锰矿砂及其精矿,包括按干重计含锰量在20%或以上的锰铁矿及其精矿		0		2.2美分/千克锰含量
	40	按重量计锰含量少于47%	千克 千克锰			
	60	按重量计锰含量为47%或以上	千克 千克锰			
2603.00.00		铜矿砂及其精矿		1.7美分/千克铅含量	0(A,AU,BH,CA,CL,CO,D,E,IL,JO,KR,MA,MX,OM,P,PA,PE,S,SG)	8.8美分/千克铜含量＋3.3美分/千克铅含量＋3.7美分/千克锌含量
	10	铜含量	千克铜[2]			
	20	铅含量	千克铅[2]			
	30	锌含量	千克锌[2]			
	40	银含量	克银[2]			
	50	金含量	克金[2]			
2604.00.00		镍矿砂及其精矿		0[1]		0
	40	镍含量	千克镍[2]			
	80	其他金属含量	千克[2]			
2605.00.00	00	钴矿砂及其精矿	千克 千克钴	0		0
2606.00.00		铝矿砂及其和精矿		0		1美元/吨
		煅烧铝土矿:				
	30	耐火级	吨			
	60	其他	吨			
	90	其他	吨			

税则号列	统计后缀	货品名称	单位	税率 1 普通	税率 1 特惠	税率 2
2607.00.00		铅矿砂及其精矿		1.1美分/千克铅含量[1]	0(A,AU,BH,CA,CL,CO,D,E,IL,JO,KR,MA,MX,OM,P,PA,PE,S,SG)	8.8美分/千克铜含量+3.3美分/千克铅含量+3.7美分/千克锌含量
	10	铜含量	千克铜[2]			
	20	铅含量	千克铅[2]			
	30	锌含量	千克锌[2]			
	40	银含量	克银[2]			
	50	金含量	克金[2]			
2608.00.00		锌矿砂及其精矿		0		8.8美分/千克铜含量+3.3美分/千克铅含量+3.7美分/千克锌含量
	10	铜含量	千克铜[2]			
	20	铅含量	千克铅[2]			
	30	锌含量	千克锌[2]			
	40	银含量	克银[2]			
	50	金含量	克金[2]			
2609.00.00	00	锡矿砂及其精矿	吨 吨锡	0		0
2610.00.00		铬矿砂及其精矿		0		0
	20	铬含量不超过氧化铬(Cr_2O_3)的40%	吨 吨 Cr_2O_3			
	40	铬含量超过氧化铬(Cr_2O_3)的40%但低于氧化铬(Cr_2O_3)的46%	吨 吨 Cr_2O_3			
	60	铬量含不低于氧化铬(Cr_2O_3)的46%	吨 吨 Cr_2O_3			
2611.00		钨矿砂及其精矿：				
2611.00.30	00	矿石	千克 千克钨	0		1.10美元/千克钨含量
2611.00.60	00	精矿	千克 千克钨	37.5美分/千克钨含量	0(A*,AU,BH,CA,CL,CO,D,E,IL,JO,KR,MA,MX,OM,P,PA,PE,S,SG)	1.10美元/千克钨含量
2612		铀或钍矿砂及其精矿：				
2612.10.00	00	铀矿砂及其精矿	千克	0		0
2612.20.00	00	钍矿砂及其精矿	吨	0		0
2613		钼矿砂及其精矿：				
2613.10.00	00	已焙烧	千克 千克钼	12.8美分/千克钼含量+1.8%	0(A+,AU,BH,CA,CL,CO,D,E,IL,JO,KR,MA,MX,OM,P,PA,PE,S,SG)	1.10美元/千克钼含量+15%

税则号列	统计后缀	货品名称	单位	税率 普通	税率 1 特惠	2
2613.90.00	00	其他	千克 千克钼	17.8美分/千克钼含量	0(A+,AU,BH,CA,CL,CO,D,E,IL,JO,KR,MA,MX,OM,P,PA,PE,S,SG)	77.2美分/吨钼含量
2614.00		钛矿砂及其精矿：				
2614.00.30	00	合成金红石	千克	0[1]		30%
2614.00.60		其他		0[1]		0
	20	钛铁矿	千克			
	40	其他(金红石)	千克			
2615		铌、钽、钒或锆矿砂及其精矿：				
2615.10.00	00	锆矿砂及其精矿	千克	0[1]		0
2615.90		其他：				
2615.90.30	00	钽、铌矿砂及其精矿	千克	0[1]		30%
2615.90.60		其他		0[1]		0
	30	铌矿砂及其精矿	千克			
	60	钽矿砂及其精矿	千克			
	90	钒矿砂及其精矿	千克 千克V_2O_5			
2616		贵金属矿砂及其精矿：				
2616.10.00		银矿砂及其精矿：		0.8美分/千克铅含量[1]	0(A+,AU,BH,CA,CL,CO,D,E,IL,JO,KR,MA,MX,OM,P,PA,PE,S,SG)	8.8美分/千克铜含量+3.3美分/千克铅含量+3.7美分/千克锌含量
	10	铜含量	千克铜[2]			
	20	铅含量	千克铅[2]			
	30	锌含量	千克锌[2]			
	40	银含量	克银[2]			
	80	金含量	克金[2]			
2616.90.00		其他		1.7美分/千克铅含量[1]	0(A+,AU,BH,CA,CL,CO,D,E,IL,JO,KR,MA,MX,OM,P,PA,PE,S,SG)	8.8美分/千克铜含量+3.3美分/千克铅含量+3.7美分/千克锌含量
	10	铜含量	千克铜[2]			
	20	铅含量	千克铅[2]			
	30	锌含量	千克锌[2]			
	40	金含量	克金[2]			
	50	其他贵金属含量	克[2]			
2617		其他矿砂及其精矿：				
2617.10.00	00	锑矿砂及其精矿	千克 千克锑	0		0
2617.90.00		其他		0[1]		0

税则号列	统计后缀	货品名称	单位	税率 1 普通	税率 1 特惠	税率 2
	30	铍矿砂及其精矿	千克			
	60	其他	千克			
2618.00.00	00	冶炼钢铁所产生的粒状熔渣（熔渣砂）	吨	0[1]		10%
2619.00		冶炼钢铁所产生的熔渣、浮渣（粒状熔渣除外）、氧化皮及其他废料：				
2619.00.30	00	含铁型	吨	0[1]		73.8美分/吨
2619.00.90	00	其他	千克	0[1]		0
2620		含有金属、砷及其化合物的矿渣、矿灰及残ं渣（冶炼钢铁所产生的灰、渣除外）：				
		主要含锌：				
2620.11.00	00	含硬锌	千克	0[1]		5%
2620.19		其他：				
2620.19.30	00	锌渣和锌灰	千克 千克锌	0[1]		3.3美分/千克
2620.19.60		其他		0.7美分/千克铜含量+0.7美分/千克铅含量[1]	0(A,AU,BH,CA,CL,CO,D,E,IL,JO,KR,MA,MX,OM,P,PA,PE,S,SG)	8.8美分/千克铜含量+3.3美分/千克铅含量+3.7美分/千克锌含量
	10	铜含量	千克铜[2]			
	20	铅含量	千克铅[2]			
	30	锌含量	千克锌[2]			
	40	银含量	克银[2]			
	50	金含量	克金[2]			
		主要含铅：				
2620.21.00		含铅汽油的淤渣及含铅抗震化合物的淤渣		0[1]		8.8美分/千克铜含量+3.3美分/千克铅含量+3.7美分/千克锌含量
	10	铜含量	千克铜[2]			
	20	铅含量	千克铅[2]			
	30	锌含量	千克锌[2]			
	40	银含量	克银[2]			
	50	金含量	克金[2]			
2620.29.00		其他		0[1]		8.8美分/千克铜含量+3.3美分/千克铅含量+3.7美分/千克锌含量
	10	铜含量	千克铜[2]			
	20	铅含量	千克铅[2]			

税则号列	统计后缀	货品名称	单位	税率 1 普通	税率 1 特惠	2
	30	锌含量	千克锌[2]			
	40	银含量	克银[2]			
	50	金含量	克金[2]			
2620.30.00		主要含铜		0[1]		8.8美分/千克铜含量＋3.3美分/千克铅含量＋3.7美分/千克锌含量
	10	含铜量	千克铜[2]			
	20	含铅量	千克铅[2]			
	30	含锌量	千克锌[2]			
	40	含银量	克银[2]			
	50	含金量	克金[2]			
2620.40.00		主要含铝		0		0
	30	钒轴承材料	千克 千克 V$_2$O$_5$			
	60	其他	千克			
2620.60		含砷、汞、铊及其混合物,用于提取或生产砷、汞、铊及其化合物：				
2620.60.10	00	一种仅用于提取砷或生产其化合物的物质	千克	5%[1]	0(A+,AU,BH,CA,CL,CO,D,E,IL,JO,KR,MA,MX,OM,P,PA,PE,S,SG)	25%
2620.60.90	00	其他	千克	0[1]		30%
		其他：				
2620.91.00	00	含锑、铍、镉、铬及其混合物	千克	0[1]		30%
2620.99		其他：				
2620.99.10	00	主要含钒	千克 千克 V$_2$O$_5$	0[1]		0
2620.99.20	00	主要含钨	千克 千克钨	17.6美分/千克钨含量＋3.8%[1]	0(A,AU,BH,CA,CL,CO,D,E,IL,JO,KR,MA,MX,OM,P,PA,PE,S,SG)	1.32美元/千克钨含量＋40%
2620.99.30	00	本品目其他部分未提及的材料,按重量计镍含量超过10%	千克 千克镍	0[1]		0
2620.99.50	00	按重量计钛含量超过40%且铜、铅或锌含量超过2%的炉渣不得进行回收处理	千克	0[1]		0
2620.99.75		其他未通过任何方式提升价值或状态的残留物,以及按重量计铜、铅或锌含量超过2%的材料,不得进行回收处理		0[1]		0
	20	含钒材料	千克 千克 V$_2$O$_5$			
	60	其他含银材料	克银[2]			
	80	其他含金材料	克金[2]			

税则号列	统计后缀	货品名称	单位	税率 1 普通	税率 1 特惠	2
	90	其他不含钒、银、金的材料	千克			
2620.99.85	00	其他	千克	0[1]		30%
2621		其他矿渣及矿灰,包括海藻灰(海草灰);焚化城市垃圾所产生的灰、渣:				
2621.10.00	00	焚化城市垃圾所产生的灰、渣	吨	0[3]		0
2621.90.00	00	其他	吨	0[1]		0

[1]见9903.88.03。

[2]仅报告所述的金属含量。

[3]见9903.88.15。

第二十七章 矿物燃料、矿物油及其蒸馏产品；沥青物质；矿物蜡

注释：

一、本章不包括：

(一)单独的已有化学定义的有机化合物，但纯甲烷及纯丙烷应归入品目2711；

(二)品目3003及品目3004的药品；或者

(三)品目3301、品目3302及品目3805的不饱和烃混合物。

二、品目2710所称"石油及从沥青矿物提取的油类"不仅包括石油、从沥青矿物提取的油及类似油，还包括那些用任何方法提取的主要含有不饱和烃混合物的油，但其非芳族成分的重量必须超过芳族成分。然而，它不包括温度在300摄氏度时，压力转为1 013毫巴后减压蒸馏出的液体合成聚烯烃以体积计小于60％的货品(第三十九章)。

三、品目2710所称"废油"是指主要含有石油及从沥青矿物提取的油类(参见本章注释二)的废油，不论其是否与水混合。它们包括：

(一)不再适于作为原产品使用的废油(例如，用过的润滑油、液压油及变压器油)；

(二)石油储罐的淤渣油，主要含有废油及高浓度的在生产原产品时使用的添加剂(例如，化学品)；

(三)水乳浊液状或与水混合的废油，例如，浮油、清洗油罐所得的油或机械加工中已用过的切削油。

子目注释：

一、子目2701.11所称"无烟煤"是指含挥发物(以干燥、无矿物质计)不超过14％的煤。

二、子目2701.12所称"烟煤"是指含挥发物(以干燥、无矿物质计)超过14％，并且热值(以潮湿、无矿物质计)等于或大于5 833大卡/千克的煤。

三、子目2707.10、子目2707.20、子目2707.30及子目2707.40所称"粗苯""粗甲苯""粗二甲苯""萘"分别是指按重量计苯、甲苯、二甲苯、萘的含量在50％以上的产品。

四、子目2710.12所称"轻油及其制品"是指根据ISO3405方法(等同于ASTM D86方法)，温度在210℃时以体积计馏出量(包括损耗)在90％或以上的产品。

五、品目2710的子目所称"生物柴油"是指从动物、植物油脂(不论是否使用过)得到的用作燃料的脂肪酸单烷基酯。

附加美国注释：

一、(一)从沥青矿物提取的原油和再生原油，如果是加拿大的产品，应被允许免税，并在进口后的180日之内，向有关海关官员提交文件证明，根据能源部部长所批准的美国和加拿大炼油厂之间的商业交换协议——

1. 部长已为此类产品颁发了进口许可证；并且

2. 等量的国内或已完税的国外原油,初榨的根据该商业交换协议,从沥青矿物或重组原油中获得的和以商务部长签发的出口许可证,从美国出口到加拿大和以前没有被用来履行职责－免税本美国票据项下类似加拿大产品的进口。

(二)在与商务部部长和能源部部长协商后,财政部部长应根据美国注释的规定发布必要的规则或条例,以管理加拿大产品的准入。

二、品目 2710 所称"石油"仅包括以下产品:

(一)所称凝固点(ASTM D938)低于 30 摄氏度;

(二)如果凝固点不低于 30 摄氏度,

1. 70 摄氏度时的密度小于 0.942,25 摄氏度时的工作锥入度(ASTM D217)或锥入度(ASTM D937)不低于 350;

2. 如果 70 摄氏度时的密度不小于 0.942,25 摄氏度时的针入度(ASTM D5)不低于 400。

三、税号 2710.12.15 所称"汽车燃料"是指主要来源于石油、页岩或天然气的任何产品,不论是否含有添加剂,主要用作内燃机或其他发动机的燃料。

四、税号 2710.12.18、税号 2710.19.25 及税号 2710.20.15 所称"汽车燃料混合原料"是指主要来源于石油、页岩油或天然气的任何产品(税号 2710.12.25 的石脑油除外),不论是否含有添加剂,用于在汽车燃料制造中直接混合。

五、在测定税号 2710.12.45 和税号 2710.19.45 规定的混合物组分的相对重量时,石脑油和其他作为溶剂存于此类混合物中的石油衍生物应不予考虑。

六、在品目 2716 中——

(一)所称"电力"不包括作为通信媒介传输的电能;

(二)电力不受经修订的 1930 年《关税法》(19U.S.C.1484)第 484 节规定的进口商品入境要求的约束,但应按照财政部部长规定的条例定期入境。

七、本章所称"桶"(bbl)是指在 15.6 摄氏度时测量的 158.98 升。

八、税号 2712.10.00 不包括适用于皮肤护理的零售包装的凡士林(税号 3304.99.10)。

税则号列	统计后缀	货品名称	单位	税率 1 普通	税率 1 特惠	2
2701		煤;煤砖、煤球及用煤制成的类似固体燃料:				
		煤,不论是否粉化,但未制成型:				
2701.11.00	00	无烟煤	吨	0[1]		0
2701.12.00		烟煤		0[1]		0
	10	炼焦煤	吨			
	50	其他	吨			
2701.19.00		其他煤		0[1]		0
	10	次烟煤	吨			
	50	其他	吨			
2701.20.00	00	煤砖、煤球及用煤制成的类似固体燃料	吨	0[1]		0
2702		褐煤,不论是否制成型,但不包括黑玉:				
2702.10.00	00	褐煤,不论是否粉化,但未制成型	吨	0[1]		0
2702.20.00	00	制成型的褐煤	吨	0[1]		0
2703.00.00	00	泥煤(包括肥料用泥煤),不论是否制成型:	吨	0[1]		0
2704.00.00		煤、褐煤或泥煤制成的焦炭及半焦炭,不论是否制成型;甑炭:		0		0
		焦炭及半焦炭:				
	11	最大直径大于100毫米(4英寸)的焦炭,在根据 ASTMD3038 进行跌落破碎试验后,至少50%保留在100毫米(4英寸)的筛子上,用于铸造厂	吨			
	25	其他	吨			
	50	其他	吨			
2705.00.00	00	煤气、水煤气、炉煤气及类似气体,但石油气及其他烃类气除外	千立方米 千克	0[1]		0
2706.00.00	00	从煤、褐煤或泥煤蒸馏所得的焦油及其他矿物焦油,不论是否脱水或部分蒸馏,包括再造焦油	升	0[1]		0
2707		蒸馏高温煤焦油所得的油类及其他产品;芳族成分重量超过非芳族成分的类似产品:				
2707.10.00	00	粗苯	升	0[1]		0
2707.20.00	00	粗甲苯	升	0[1]		0
2707.30.00		粗二甲苯		0[1]		0
	10	间二甲苯	升			
	20	邻二甲苯	升			
	30	对二甲苯	升			
	40	其他	升			
2707.40.00	00	萘	千克 升	0[1]		0

税则号列	统计后缀	货品名称	单位	税率 1 普通	税率 1 特惠	2
2707.50.00	00	其他芳烃混合物,根据 ISO3405 方法(等同于 ASTM D86 方法),温度在 250 摄氏度时的馏出量以体积计(包括损耗)在 65% 或以上;	千克 升	0[1]		0
		其他:				
2707.91.00	00	杂酚油	升	0[1]		0
2707.99		其他:				
2707.99.10	00	轻油	升	0[1]		0
2707.99.20	00	甲基吡啶	千克	0[1]		0
2707.99.40	00	65% 以上纯度的咔唑	千克	0.9 美分/千克+3%[1]	0(A,AU,BH,CA,CL,CO,D,E,IL,JO,KR,L,MA,MX,OM,P,PA,PE,S,SG)	15.4 美分/千克+40%
		酚类化合物:				
2707.99.51	00	按重量计含有 50% 以上的酚	千克	2.9 美分/千克+12.5%[2]	0(A,AU,BH,CA,CL,CO,D,E,IL,JO,KR,MA,MX,OM,P,PA,PE,S,SG)	7.7 美分/千克+29.5%
2707.99.55	00	间甲酚、邻甲酚、对甲酚和甲氨甲酚,按重量计此类物质纯度在 75% 或以上	千克	0.9 美分/千克+3%[1]	0(A,AU,BH,CA,CL,CO,D,E,IL,JO,KR,MA,MX,OM,P,PA,PE,S,SG)	15.4 美分/千克+42.5%
2707.99.59	00	其他	千克	0[1]		0
2707.99.90		其他		0[1]		0
	10	炭黑原料	桶			
	90	其他	千克			
2708		从煤焦油或其他矿物焦油所得的沥青及沥青焦:				
2708.10.00	00	沥青	千克	0[1]		0
2708.20.00	00	沥青焦	千克	0[1]		0
2709		石油原油及从沥青矿物提取的原油:				
2709.00.10	00	在 25 摄氏度以下测试	桶	5.25 美分/桶[1]	0(A+,AU,BH,CA,CL,CO,D,IL,JO,KR,MA,MX,OM,P,PA,PE,R,S,SG)	21 美分/桶
2709.00.20		在 25 摄氏度以上测试	桶	10.5 美分/桶[1]	0(A+,AU,BH,CA,CL,CO,D,IL,JO,KR,MA,MX,OM,P,PA,PE,R,S,SG)	21 美分/桶
	10	完全来自天然气的凝析油	桶			
	90	其他	桶			
2710		石油及从沥青矿物提取的油类,但原油除外;以上述油为基本成分(按重量计不低于 70%)的其他品目未列名的制品;废油;石油及从沥青矿物提取的油类(但原油除外),以及以上述油为基本成分(按重量计不低于 70%)的其他品目未列名的制品,不含有生物柴油,但废油除外:				
2710.12		轻油及其制品:				
2710.12.15		发动机燃料	桶	52.5 美分/桶[1]	0(A+,AU,BH,CA,CL,CO,D,IL,JO,KR,MA,MX,OM,P,PA,PE,R,S,SG)	1.05 美元/桶

税则号列	统计后缀	货品名称	单位	税率 1 普通	税率 1 特惠	2
		汽油：				
	10	含铅	桶			
		无铅：				
	14	新配方	桶			
	19	其他	桶			
	20	挥发性喷气燃料	桶			
	50	其他	桶			
2710.12.18		汽车燃料混合料		52.5美分/桶[1]	0(A+,AU,BH,CA,CL,CO,D,IL,JO,KR,MA,MX,OM,P,PA,PE,R,S,SG)	1.05美元/桶
	05	用于含氧化合物混合(RBOB)的新配方混合料	桶			
	90	其他	桶			
2710.12.25	00	石脑油(除车用燃料或车用混合燃料外)	桶	10.5美分/桶[1]	0(A+,AU,BH,CA,CL,CO,D,IL,JO,KR,MA,MX,OM,P,PA,PE,R,S,SG)	21美分/桶
		其他：				
2710.12.45		其他部分未列名的烃类混合物,按重量计任何单一烃类化合物的含量不超过50%		10.5美分/桶[1]	0(A+,AU,BH,CA,CL,CO,D,IL,JO,KR,MA,MX,OM,P,PA,PE,R,S,SG)	21美分/桶
	45	绝缘油或变压器油	桶			
	90	其他	桶			
2710.12.90	00	其他	千克升	7%[3]	0(A+,AU,BH,CA,CL,CO,D,E,IL,JO,KR,MA,MX,OM,P,PA,PE,S,SG)[4]	25%
2710.19		其他：				
		馏分油和残余燃油(包括混合燃油)：				
2710.19.06		在25摄氏度以下测试		5.25美分/桶[1]	0(A+,AU,BH,CA,CL,CO,D,IL,JO,KR,MA,MX,OM,P,PA,PE,R,S,SG)	21美分/桶
		在37.8摄氏度时下的赛氏通用粘度为45秒或以上,但不超过125秒(4号燃油)：				
	05	含硫不超过500ppm的	桶			
	15	含硫超过500ppm的	桶			
		在37.8摄氏度时的赛氏通用粘度为45秒或以上但不超过45秒的重油：				
	25	5号燃油	桶			
	30	6号燃油	桶			
	35	其他	桶			
	50	其他	桶			
2710.19.11		在25摄氏度以上测试		10.5美分/桶[1]	0(A+,AU,BH,CA,CL,CO,D,IL,JO,KR,MA,MX,OM,P,PA,PE,R,S,SG)	21美分/桶

税则号列	统计后缀	货品名称	单位	税率 1 普通	税率 1 特惠	2
		在37.8摄氏度时下的赛氏通用粘度小于45秒(轻质燃油):				
		2号燃油和3号燃油:				
		柴油:				
	02	含硫不超过15ppm的	桶			
	03	含硫超过15ppm但不超过500ppm的	桶			
	04	含硫超过500ppm的	桶			
		其他:				
	05	含硫不超过15ppm的	桶			
	07	含硫超过15ppm但不超过500ppm的	桶			
	08	含硫超过500ppm的	桶			
		其他:				
	11	含硫不超过15ppm的	桶			
	13	含硫超过15ppm但不超过500ppm的	桶			
	14	含硫超过500ppm的	桶			
		在37.8摄氏度时下的赛氏通用粘度为45秒或以上但不超过125秒(4号燃油):				
	15	含硫不超过500ppm的	桶			
	25	含硫超过500ppm的	桶			
	50	在37.8摄氏度时的赛氏通用粘度超过125秒(重燃油)	桶			
2710.19.16	00	煤油型喷气燃料	桶	52.5美分/桶[1]	0(A+,AU,BH,CA,CL,CO,D,IL,JO,KR,MA,MX,OM,P,PA,PE,R,S,SG)	1.05美元/桶
		煤油(煤油型喷气燃料除外):				
2710.19.24	00	汽车燃料	桶	52.5美分/桶[1]	0(A+,AU,BH,CA,CL,CO,D,IL,JO,KR,MA,MX,OM,P,PA,PE,R,S,SG)	1.05美元/桶
2710.19.25	00	车用燃料混合料	桶	52.5美分/桶[1]	0(A+,AU,BH,CA,CL,CO,D,IL,JO,KR,MA,MX,OM,P,PA,PE,R,S,SG)	1.05美元/桶
2710.19.26	00	煤油(煤油型喷气燃料除外	桶	10.5美分/桶[1]	0(A+,AU,BH,CA,CL,CO,D,IL,JO,KR,MA,MX,OM,P,PA,PE,R,S,SG)	21美分/桶
		含有或不含添加剂的润滑油和润滑脂:				
2710.19.30		油		84美分/桶[5]	0(A+,AU,BH,CA,CL,CO,D,IL,JO,KR,MA,MX,OM,P,PA,PE,R,S,SG)	1.68美元/桶
	10	航空发动机润滑油	桶			
	20	汽车、柴油或船用发动机润滑油	桶			

税则号列	统计后缀	货品名称	单位	税率 1 普通	税率 1 特惠	2
	30	汽轮润滑油,包括船用润滑油	桶			
	40	汽车齿轮油	桶			
	50	汽缸油	桶			
	70	淬火油或切削油	桶			
	80	其他	桶			
		油脂:				
2710.19.35	00	按重量计动物(包括海洋动物)或植物来源的脂肪酸盐含量不超过10%	千克	5.8%[5]	0(A, AU, BH, CA, CL, CO, D, IL, JO, KR, MA, MX, OM, P, PA, PE, R, S, SG)	20%
2710.19.40	00	其他	千克	1.3美分/千克+5.7%[5]	0(A, AU, BH, CA, CL, CO, D, IL, JO, KR, MA, MX, OM, P, PA, PE, R, S, SG)	4.4美分/千克+20%
		其他:				
2710.19.45		其他部分未列名的烃类混合物,按重量计任何单一烃类化合物的含量不超过50%		10.5美分/桶[1]	0(A+, AU, BH, CA, CL, CO, D, IL, JO, KR, MA, MX, OM, P, PA, PE, R, S, SG)	21美分/桶
		白矿油:				
	30	药用级	桶			
	40	其他	桶			
	45	绝缘油或变压器油	桶			
	90	其他	桶			
2710.19.90	00	其他	千克升	7%[6]	0(A+, AU, BH, CA, CL, CO, D, E, IL, JO, KR, MA, MX, OM, P, PA, PE, S, SG)	25%
2710.20		石油及从沥青矿物提取的油类(但原油除外),以及以上述油为基本成分(按重量计不低于70%)的其他品目未列名的制品,含有生物柴油,但废油除外				
		馏分油和残余燃油(包括混合燃油):				
2710.20.05		在25摄氏度以下测试		5.25美分/桶[1]	0(A+, AU, BH, CA, CL, CO, D, IL, JO, KR, MA, MX, OM, P, PA, PE, R, S, SG)	21美分/桶
	10	在37.8摄氏度时的赛氏通用粘度为45秒或以上但不超过125秒(4号燃油)	桶			
	20	在37.8摄氏度时的赛氏通用粘度超过125秒(重燃油)	桶			
	50	其他	桶			
2710.20.10		在25摄氏度以上测试		10.5美分/桶[1]	0(A+, AU, BH, CA, CL, CO, D, IL, JO, KR, MA, MX, OM, P, PA, PE, R, S, SG)	21美分/桶
		在37.8摄氏度时的赛氏通用粘度小于45秒(轻质燃油)				
		2号燃油和3号燃油:				
		柴油:				
	02	含硫不超过15ppm的	桶			

税则号列	统计后缀	货品名称	单位	税率 普通	税率 特惠	2
	03	含硫超过15ppm但不超过500ppm的	桶			
	04	含硫超过500ppm的	桶			
		其他:				
	05	含硫不超过15ppm的	桶			
	07	含硫超过15ppm但不超过500ppm的	桶			
	08	含硫超过500ppm的	桶			
		其他:				
	11	含硫不超过15ppm的	桶			
	13	含硫超过15ppm但不超过500ppm的	桶			
	14	含硫超过500ppm的	桶			
		在37.8摄氏度时下的赛氏通用粘度为45秒或以上但不超过125秒(4号燃油):				
	15	含硫不超过500ppm的	桶			
	25	含硫超过500ppm的	桶			
	50	在37.8摄氏度时的赛氏通用粘度超过125秒(重燃油)	桶			
2710.20.15	00	煤油型喷气燃料、机动燃料或机动燃料混合燃料	桶	52.5美分/桶[1]	0(A+,AU,BH,CA,CL,CO,D,IL,JO,KR,MA,MX,OM,P,PA,PE,R,S,SG)	1.05美元/桶
2710.20.25	00	煤油(煤油型喷气燃料、机动燃料或机动燃料混合燃料除外)	桶	10.5美分/桶[1]	0(A+,AU,BH,CA,CL,CO,D,IL,JO,KR,MA,MX,OM,P,PA,PE,R,S,SG)	21美分/桶
		废油:				
2710.91.00	00	含有多氯联苯(PCBs)、多氯三联(PCTs)或多溴联苯(PBBs)的	桶	10.5美分/桶[2]	0(A+,AU,BH,CA,CL,CO,D,IL,JO,KR,MA,MX,OM,P,PA,PE,R,S,SG)	21美分/桶
2710.99		其他:				
		废物的馏分油和残余燃油(是否混合):				
2710.99.05	00	在25摄氏度以下测试	桶	5.25美分/桶[2]	0(A+,AU,BH,CA,CL,CO,D,IL,JO,KR,MA,MX,OM,P,PA,PE,R,S,SG)	21美分/桶
2710.99.10	00	在25摄氏度以上测试	桶	10.5美分/桶[2]	0(A+,AU,BH,CA,CL,CO,D,IL,JO,KR,MA,MX,OM,P,PA,PE,R,S,SG)	21美分/桶
2710.99.16	00	车用燃料或车用燃料混合料的废料	桶	52.5美分/桶[2]	0(A+,AU,BH,CA,CL,CO,D,IL,JO,KR,MA,MX,OM,P,PA,PE,R,S,SG)	1.05美元/桶
2710.99.21	00	煤油或石脑油的废料	桶	10.5美分/桶[2]	0(A+,AU,BH,CA,CL,CO,D,IL,JO,KR,MA,MX,OM,P,PA,PE,R,S,SG)	21美分/桶
		润滑油和油脂的废料(含有或不含添加剂):				

税则号列	统计后缀	货品名称	单位	税率 1 普通	税率 1 特惠	2
2710.99.31	00	油	桶	84美分/桶[2]	0(A+,AU,BH,CA,CL,CO,D,IL,JO,KR,MA,MX,OM,P,PA,PE,R,S,SG)	1.68美元/桶
		油脂：				
2710.99.32	00	按重量计(包括海洋动物)或植物来源的脂肪酸盐含量不超过10%动物	千克	5.8%[2]	0(A,AU,BH,CA,CL,CO,D,IL,JO,KR,MA,MX,OM,P,PA,PE,R,S,SG)	20%
2710.99.39	00	其他	千克	1.3美分/千克+5.7%[2]	0(A,AU,BH,CA,CL,CO,D,IL,JO,KR,MA,MX,OM,P,PA,PE,R,S,SG)	4.4美分/千克+20%
		其他：				
2710.99.45	00	其他部分未列名的烃类混合物，按重量计任何单一烃类化合物的含量不超过50%	桶	10.5美分/桶[2]	0(A+,AU,BH,CA,CL,CO,D,IL,JO,KR,MA,MX,OM,P,PA,PE,R,S,SG)	21美分/桶
2710.99.90	00	其他	千克 升	7%[2]	0(A+,AU,BH,CA,CL,CO,D,E,IL,JO,KR,MA,MX,OM,P,PA,PE,S,SG)	25%
2711		石油气及其他烃类气：				
		液化的：				
2711.11.00	00	天然气	立方米	0[1]		0
2711.12.00		丙烷	立方米	0[1]		0
	10	最低纯度为90%液体体积的丙烷	立方米			
	20	其他	立方米			
2711.13.00		丁烷	立方米	0[1]		0
	10	纯度为液体体积百分比在90%或以上但小于95%的丁烷	立方米			
	20	其他	立方米			
2711.14.00		乙烯、丙烯、丁烯及丁二烯		0[1]		0
	10	乙烯	千克			
	20	丙烯	千克			
	30	丁二烯	千克			
	40	丁二烯	千克			
2711.19.00		其他	千克	0[1]		0
	10	乙烷	千克			
	20	其他	千克			
		气态的：				
2711.21.00	00	天然气	立方米	0[1]		0
2711.29.00		其他	千克	0[1]		0
		丙烷：				
	10	最低纯度为90%液体体积的丙烷液体	千克			
	15	其他	千克			
		丁烷：				

税则号列	统计后缀	货品名称	单位	税率 普通	税率 特惠	2
	20	纯度为液体体积百分比在90%或以上但小于95%的丁烷	千克			
	25	其他	千克			
	60	其他	千克			
2712		凡士林；石蜡、微晶石蜡、疏松石蜡、地蜡、褐煤蜡、泥煤蜡、其他矿物蜡及用合成或其他方法制得的类似产品，不论是否着色				
2712.10.00	00	凡士林	千克	0[1]		0
2712.20.00	00	石蜡，按重量计含油量小于0.75%	千克	0[2]		2.2美分/千克
2712.90		其他：				
2712.90.10	00	褐煤蜡	千克	0[1]		0
2712.90.20	00	其他	千克	0[1]		2.2美分/千克
2713		石油焦、石油沥青及其他石油或从沥青矿物提取的油类的残渣：				
		石油焦：				
2713.11.00	00	未煅烧	吨	0[1]		0
2713.12.00	00	已煅烧	吨	0[1]		45%
2713.20.00	00	石油沥青	吨	0[1]		0
2713.90.00	00	其他石油或从沥青矿物提取的油类的残渣	吨	0[1]		0
2714		沥青和天然沥青；沥青页岩、油页岩及焦油砂；沥青岩				
2714.10.00	00	沥青页岩、油页岩及焦油砂	吨	0[1]		0
2714.90.00	00	其他	吨	0[1]		0
2715.00.00	00	以天然沥青、石油沥青、矿物焦油或矿物焦油沥青为基本成分的沥青混合物（例如，沥青胶黏剂、稀释沥青）	吨	0[1]		0
2716.00.00	00	电力	兆瓦时	0		0

[1] 见9903.88.03。

[2] 见9903.88.15。

[3] 见9902.01.18和9903.88.03。

[4] 关于CBERA受惠国提供的乙醇或其混合物，参见1986年《税收改革法案》第423节（修订版）(19U.S.C.2703note)；关于DR-CAFTA受惠国提供的乙醇或其混合物，参见DR-CAFTA实施法案第201(a)(3)(B)(ii)节[19 U.S.C.4031(a)(3)(B)(ii)]。

[5] 见9903.88.02。

[6] 见9902.01.19和9903.88.03。

第六类　化学工业或相关工业的产品

注释：

一、（一）凡符合品目 2844 或品目 2845 规定的货品（放射性矿砂除外），应分别归入这两个品目而不归入本税则的其他品目。

（二）除上述（一）款另有规定的以外，凡符合品目 2843、品目 2846 或品目 2852 规定的货品，应分别归入这三个品目而不归入本类的其他品目。

二、除上述注释一另有规定的以外，凡由于按一定剂量或作为零售包装而可归入品目 3004、品目 3005、品目 3006、品目 3212、品目 3303、品目 3304、品目 3305、品目 3306、品目 3307、品目 3506、品目 3707 或品目 3808 的货品，应分别归入以上品目，而不归入本税则的其他品目。

三、由两种或以上单独成分配套的货品，其部分或全部成分属于本类范围以内，混合后则构成第六类或第七类的货品，应按混合后产品归入相应的品目，但其组成成分必须符合下列条件：

（一）其包装形式足以表明这些成分不需经过改装就可一起使用的；

（二）一起报验的；以及

（三）这些成分的属性及相互比例足以表明是相互配用的。

附加美国注释：

一、在以本章特定税率厘定单一化合物水溶液所适用的关税额时，须视情况就重量或体积给予未溶解化合物中可能存在的所有结晶水免税。

二、就本税则而言：

（一）所称"芳烃"对任何化合物均指含有一个或多个稠合或未稠合苯环的化合物；

（二）所称"改性芳烃"是指至少有一个包含至少四个碳原子的六元杂环且如苯环或醌环一样具有分子键排列的分子结构，但不包括任何其中一个或多个嘧啶环是仅存在改性的芳烃环类的分子结构；

（三）品目 2902、品目 2907 及品目 3817 所称"烷基"是指任何具有六个或更多碳原子的饱和无环烃基，或者第二十九章注释一中平均有六个或更多碳原子的此类基团混合物。

三、所称"第六类附加美国注释三中所述产品"是指任何未列入税则化学品附录中的产品，以及

(一)进口商提供化学文摘社(C.A.S.)注册号并证明该注册号未列入税则化学品附录中;或者

(二)进口商证明没有 C.A.S. 注册号,且未以报关所用名称或任何其他已知名称列入税则化学品附录中。

第二十八章　无机化学品；贵金属、稀土金属、放射性元素或同位素的有机或无机化合物

注释：

一、除条文另有规定的以外，本章各品目只适用于：
　　（一）单独的化学元素及单独的已有化学定义的化合物，不论是否含有杂质；
　　（二）上述（一）款产品的水溶液；
　　（三）溶于其他溶剂的上述（一）款产品，但该产品处于溶液状态只是为了安全或运输所采取的正常必要方法，其所用溶剂并不使该产品改变其一般用途而适合于某些特殊用途；
　　（四）为了保存或运输需要，加入稳定剂（包括抗结块剂）的上述（一）、（二）或（三）款产品；
　　（五）为了便于识别或安全起见，加入抗尘剂或着色剂的上述（一）、（二）、（三）或（四）款产品，但所加剂料并不使原产品改变其一般用途而适合于某些特殊用途。

二、除以有机物质稳定的连二亚硫酸盐及次硫酸盐（品目2831），无机碱的碳酸盐及过碳酸盐（品目2836），无机碱的氰化物、氧氰化物及氰络合物（品目2837），无机碱的雷酸盐、氰酸盐及硫氰酸盐（品目2842），品目2843至2846及品目2852的有机产品，以及碳化物（品目2849）之外，本章仅包括下列碳化合物：
　　（一）碳的氧化物，氰化氢及雷酸、异氰酸、硫氰酸及其他简单或络合氰酸（品目2811）；
　　（二）碳的卤氧化物（品目2812）；
　　（三）二硫化碳（品目2813）；
　　（四）硫代碳酸盐、硒代碳酸盐、碲代碳酸盐、硒代氰酸盐、碲代氰酸盐、四氰硫基二氨基络酸盐及其他无机碱络合氰酸盐（品目2842）；
　　（五）用尿素固化的过氧化氢（品目2847）、氧硫化碳、硫代羰基卤化物、氰、卤化氰、氨基氰及其金属衍生物（品目2853），不论是否纯净，但氰氨化钙除外（第三十一章）。

三、除第六类注释一另有规定的以外，本章不包括：
　　（一）氯化钠或氧化镁（不论是否纯净）及第五类的其他产品；
　　（二）上述注释二所述以外的有机-无机化合物；
　　（三）第三十一章注释二、三、四或五所述的产品；
　　（四）品目3206的用作发光剂的无机产品；品目3207的搪瓷玻璃料及其他玻璃，呈粉、粒或粉片状的；
　　（五）人造石墨（品目3801）；品目3813的灭火器的装配药及已装药的灭火弹；品目3824的零售包装的除墨剂；品目3824的每颗重量不少于2.5克的碱金属或碱土金属卤化物的培养晶体（光学元件除外）；
　　（六）宝石或半宝石（天然、合成或再造）及这些宝石、半宝石的粉末（品目7102至7105），第七十一章的贵金属及贵金属合金；

（七）第十五类的金属（不论是否纯净）、金属合金或金属陶瓷，包括硬质合金（与金属烧结的金属碳化物）；或者

（八）光学元件，例如，用碱金属或碱土金属卤化物制成的（品目9001）。

四、由本章第二分章的非金属酸和第四分章的金属酸所构成的已有化学定义的络酸，应归入品目2811。

五、品目2826至2842只适用于金属盐、铵盐及过氧酸盐。除条文另有规定的以外，复盐及络盐应归入品目2842。

六、品目2844只适用于：

（一）锝（原子序数43）、钷（原子序数61）、钋（原子序数84）及原子序数大于84的所有化学元素；

（二）天然或人造放射性同位素（包括第十四类及第十五类的贵金属和贱金属的放射性同位素），不论是否混合；

（三）上述元素或同位素的无机或有机化合物，不论是否已有化学定义或是否混合；

（四）含有上述元素或同位素及其无机或有机化合物并且具有某种放射性强度超过74贝克勒尔/克（0.002微居里/克）的合金、分散体（包括金属陶瓷）、陶瓷产品及混合物；

（五）核反应堆已耗尽（已辐照）的燃料元件（释热元件）；

（六）放射性的残渣，不论是否有用。

品目2844、品目2845及本注释所称"同位素"是指：

1. 单独的核素，但不包括自然界中以单一同位素状态存在的核素；

2. 同一元素的同位素混合物，其中一种或几种同位素已被浓缩，即人工地改变了该元素同位素的自然构成。

七、品目2853包括按重量计含磷量超过15%的磷化铜（磷铜）。

八、经掺杂用于电子工业的化学元素（例如，硅、硒）如果拉制后未经加工或呈圆筒形、棒形，则应归入本章；如果已切成圆片、薄片或类似形状，则归入品目3818。

子目注释：

一、子目2852.10所称"已有化学定义"是指符合第二十八章注释一（一）至（五）或第二十九章注释一（一）至（八）规定的汞的无机或有机化合物。

统计注释：

一、品目2804所称"立方米"是指在21摄氏度、760mm（1013毫巴）压力下测得的标准立方米。

税则号列	统计后缀	货品名称	单位	税率 1 普通	税率 1 特惠	2
		第一分章 化学元素				
2801		氟、氯、溴及碘:				
2801.10.00	00	氯	千克	0[1]		25%
2801.20.00	00	碘	千克	0[1]		0
2801.30		氟;溴:				
2801.30.10	00	氟	千克	3.7%[1]	0(A,AU,BH,CA,CL,CO,D,E,IL,JO,KR,MA,MX,OM,P,PA,PE,S,SG)	25%
2801.30.20	00	溴	千克	5.5%[1]	0(A+,AU,BH,CA,CL,CO,D,E,IL,JO,KR,MA,MX,OM,P,PA,PE,S,SG)	37%
2802.00.00	00	升华硫磺、沉淀硫磺;胶态硫磺	吨	0[1]		0
2803.00.00		碳(碳黑及其他品目未列名的其他形态的碳)		0[1]		20%
	10	碳黑	千克			
	50	其他	千克			
2804		氢、稀有气体及其他非金属:				
2804.10.00	00	氢	千立方米	3.7%[1]	0(A,AU,BH,CA,CL,CO,D,E,IL,JO,KR,MA,MX,OM,P,PA,PE,S,SG)	25%
		稀有气体:				
2804.21.00	00	氩	千立方米	3.7%[1]	0(A,AU,BH,CA,CL,CO,D,E,IL,JO,KR,MA,MX,OM,P,PA,PE,S,SG)	25%
2804.29.00		其他		3.7%[1]	0(A,AU,BH,CA,CL,CO,D,E,IL,JO,KR,MA,MX,OM,P,PA,PE,S,SG)	25%
	10	氦	千立方米			
	50	其他	千立方米			
2804.30.00	00	氮	千立方米	3.7%[1]	0(A,AU,BH,CA,CL,CO,D,E,IL,JO,KR,MA,MX,OM,P,PA,PE,S,SG)	25%
2804.40.00	00	氧	千立方米	3.7%[1]	0(A,AU,BH,CA,CL,CO,D,E,IL,JO,KR,MA,MX,OM,P,PA,PE,S,SG)	25%
2804.50.00		硼;碲		0[1]		25%
	10	硼	千克			
	20	碲	千克			
		硅:				
2804.61.00	00	按重量计含硅量不少于99.99%	千克	0[1]		25%
2804.69		其他:				
2804.69.10	00	按重量计含硅量不少于99%但少于99.99%	千克 千克硅	5.3%	0(A*,AU,BH,CA,CL,CO,D,E,IL,JO,KR,MA,MX,OM,P,PA,PE,S,SG)	21%

税则号列	统计后缀	货品名称	单位	税率 1 普通	税率 1 特惠	2
2804.69.50	00	其他	千克 千克硅	5.5%	0(A+,AU,BH,CA,CL,CO,D,E, IL,JO,KR,MA,MX,OM,P,PA, PE,S,SG)	45%
2804.70.00	00	磷	千克	0		17.6美分/千克
2804.80.00	00	砷	千克	0[1]		13.2美分/千克
2804.90.00	00	硒	千克	0[1]		0
2805		碱金属、碱土金属；稀土金属、钪及钇,不论是否相互混合或相互熔合；汞：				
		碱金属或碱土金属：				
2805.11.00	00	钠[2]	千克	5.3%[3]	0(A+,AU,BH,CA,CL,CO,D,E, IL,JO,KR,MA,MX,OM,P,PA, PE,S,SG)	25%
2805.12.00	00	钙	千克	3%[1]	0(A+,AU,BH,CA,CL,CO,D,E, IL,JO,KR,MA,MX,OM,P,PA, PE,S,SG)	25%
2805.19		其他：				
2805.19.10	00	锶	千克	3.7%[1]	0(A+,AU,BH,CA,CL,CO,D,E, IL,JO,KR,MA,MX,OM,P,PA, PE,S,SG)	25%
2805.19.20	00	钡	千克	0[1]		25%
2805.19.90	00	其他	千克	5.5%[1]	0(A+,AU,BH,CA,CL,CO,D,E, IL,JO,KR,MA,MX,OM,P,PA, PE,S,SG)	25%
2805.30.00		稀土金属、钪及钇,不论是否相互混合或相互熔合		5%	0(A+,AU,BH,CA,CL,CO,D,E, IL,JO,KR,MA,MX,OM,P,PA, PE,S,SG)	31.3%
		未相互混合或相互熔合：				
	05	镧	千克			
	10	铈	千克			
	15	镨	千克			
	20	钕	千克			
	50	其他	千克			
	90	其他	千克			
2805.40.00	00	汞	千克	1.7%[1]	0(A*,AU,BH,CA,CL,CO,D,E, IL,JO,KR,MA,MX,OM,P,PA, PE,S,SG)	5.7%
		第二分章　无机酸及非金属无机氧化物				
2806		氯化氢(盐酸)；氯磺酸：				
2806.10.00	00	氯化氢(盐酸)	吨	0[1]		0
2806.20.00	00	氯磺酸	千克	4.2%[1]	0(A,AU,BH,CA,CL,CO,D,E, IL,JO,KR,MA,MX,OM,P,PA, PE,S,SG)	25%
2807.00.00	00	硫酸；发烟硫酸	吨	0[1]		0
2808.00.00		硝酸；磺硝酸		0[1]		0

税则号列	统计后缀	货品名称	单位	税率 1 普通	税率 1 特惠	2
	10	硝酸	千克			
	20	磺硝酸	千克			
2809		五氧化二磷;磷酸;多磷酸,不论是否已有化学定义:				
2809.10.00	00	五氧化二磷	千克	0[1]		25%
2809.20.00		磷酸及多磷酸		0[1]		0
		磷酸:				
		肥料等级:				
	10	五氧化二磷有效成分低于65%	吨			
	20	其他	吨			
	30	其他	吨			
	40	多磷酸	吨			
2810.00.00	00	硼的氧化物;硼酸	吨	1.5%[1]	0(A,AU,BH,CA,CL,CO,D,E,IL,JO,KR,MA,MX,OM,P,PA,PE,S,SG)	8.5%
2811		其他无机酸及非金属无机氧化物:				
		其他无机酸:				
2811.11.00	00	氟化氢(氢氟酸)	千克	0[1]		0
2811.12.00	00	氰化氢(氢氰酸)	千克	4.2%[1]	0(A,AU,BH,CA,CL,CO,D,E,IL,JO,KR,MA,MX,OM,P,PA,PE,S,SG)	25%
2811.19		其他:				
2811.19.10	00	砷酸	千克	2.3%[4]	0(A,AU,BH,CA,CL,CO,D,E,IL,JO,KR,MA,MX,OM,P,PA,PE,S,SG)	4.9%
2811.19.30	00	氢溴酸	千克	0[1]		25%
2811.19.61		其他		4.2%[5]	0(A,AU,BH,CA,CL,CO,D,E,IL,JO,KR,MA,MX,OM,P,PA,PE,S,SG)	25%
	10	氨基磺酸	千克			
	90	其他	千克			
		其他非金属无机氧化物:				
2811.21.00	00	二氧化碳	吨	3.7%[1]	0(A,AU,BH,CA,CL,CO,D,E,IL,JO,KR,MA,MX,OM,P,PA,PE,S,SG)	25%
2811.22		二氧化硅:				
2811.22.10	00	合成硅胶[6]	千克	3.7%[7]	0(A*,AU,BH,CA,CL,CO,D,E,IL,JO,KR,MA,MX,OM,P,PA,PE,S,SG)	25%
2811.22.50	00	其他	千克	0[1]		0
2811.29		其他:				
2811.29.10	00	三氧化二砷	千克	0[1]		0
2811.29.20	00	二氧化硒	千克	0[1]		0

税则号列	统计后缀	货品名称	单位	税率 1 普通	税率 1 特惠	2
2811.29.30	00	二氧化硫	千克	4.2%[1]	0(A,AU,BH,CA,CL,CO,D,E,IL,JO,KR,MA,MX,OM,P,PA,PE,S,SG)	25%
2811.29.50	00	其他[8]	千克	3.7%[1]	0(A,AU,BH,CA,CL,CO,D,E,IL,JO,KR,MA,MX,OM,P,PA,PE,S,SG)	25%
		第三分章 非金属卤化物及硫化物				
2812		非金属卤化物及卤氧化物:				
		氯化物及氯氧化物:				
2812.11.00	00	碳酰二氯(光气)	千克	3.7%[1]	0(A,AU,BH,CA,CL,CO,D,E,IL,JO,KR,MA,MX,OM,P,PA,PE,S,SG)	25%
2812.12.00	00	氧氯化磷	千克	3.7%[1]	0(A,AU,BH,CA,CL,CO,D,E,IL,JO,KR,MA,MX,OM,P,PA,PE,S,SG)	25%
2812.13.00	00	三氯化磷	千克	3.7%[1]	0(A,AU,BH,CA,CL,CO,D,E,IL,JO,KR,MA,MX,OM,P,PA,PE,S,SG)	25%
2812.14.00	00	五氯化磷	千克	0[1]		25%
2812.15.00	00	一氯化硫	千克	3.7%[1]	0(A,AU,BH,CA,CL,CO,D,E,IL,JO,KR,MA,MX,OM,P,PA,PE,S,SG)	25%
2812.16.00	00	二氯化硫	千克	3.7%[1]	0(A,AU,BH,CA,CL,CO,D,E,IL,JO,KR,MA,MX,OM,P,PA,PE,S,SG)	25%
2812.17.00	00	亚硫酰氯	千克	3.7%[9]	0(A,AU,BH,CA,CL,CO,D,E,IL,JO,KR,MA,MX,OM,P,PA,PE,S,SG)	25%
2812.19.00	00	其他	千克	3.7%[1]	0(A,AU,BH,CA,CL,CO,D,E,IL,JO,KR,MA,MX,OM,P,PA,PE,S,SG)	25%
2812.90.00	00	其他	千克	3.7%[1]	0(A,AU,BH,CA,CL,CO,D,E,IL,JO,KR,MA,MX,OM,P,PA,PE,S,SG)	25%
2813		非金属硫化物;商品三硫化二磷:				
2813.10.00	00	二硫化碳	千克	3.7%[1]	0(A,AU,BH,CA,CL,CO,D,E,IL,JO,KR,MA,MX,OM,P,PA,PE,S,SG)	25%
2813.90		其他:				
2813.90.10	00	砷	千克	0[1]		0
2813.90.20	00	磷	千克	0[1]		25%
2813.90.50	00	其他	千克	3.7%[1]	0(A*,AU,BH,CA,CL,CO,D,E,IL,JO,KR,MA,MX,OM,P,PA,PE,S,SG)	25%
		第四分章 无机碱和金属氧化物、氢氧化物及过氧化物				
2814		氨及氨水:				
2814.10.00	00	氨	吨	0[1]		0

税则号列	统计后缀	货品名称	单位	税率 1 普通	税率 1 特惠	2
2814.20.00	00	氨水	吨 吨氨气	0[1]		0
2815		氢氧化钠(烧碱);氢氧化钾(苛性钾);过氧化钠及过氧化钾:				
		氢氧化钠(烧碱):				
2815.11.00	00	固体	千克	0[1]		1.1美分/千克
2815.12.00	00	水溶液(氢氧化钠浓溶液及液体烧碱)	千克 千克氢氧化钠	0[1]		1.1美分/千克
2815.20.00		氢氧化钾(苛性钾)		0[1]		2.2美分/千克
	50	固态	千克			
	90	其他	千克			
2815.30.00	00	过氧化钠及过氧化钾	千克	3.7%[1]	0(A,AU,BH,CA,CL,CO,D,E,IL,JO,KR,MA,MX,OM,P,PA,PE,S,SG)	25%
2816		氢氧化镁及过氧化镁;锶或钡的氧化物、氢氧化物及过氧化物:				
2816.10.00	00	氢氧化镁及过氧化镁	千克	3.1%[1]	0(A,AU,BH,CA,CL,CO,D,E,IL,JO,KR,MA,MX,OM,P,PA,PE,S,SG)	25%
2816.40		锶或钡的氧化物、氢氧化物及过氧化物:				
2816.40.10	00	锶的	千克	4.2%[1]	0(A,AU,BH,CA,CL,CO,D,E,IL,JO,KR,MA,MX,OM,P,PA,PE,S,SG)	25%
2816.40.20	00	钡的	千克	2%	0(A,AU,BH,CA,CL,CO,D,E,IL,JO,KR,MA,MX,OM,P,PA,PE,S,SG)	10.5%
2817.00.00	00	氧化锌及过氧化锌	千克	0[1]		5.5%
2818		人造刚玉,不论是否已有化学定义;氧化铝;氢氧化铝:				
2818.10		人造刚玉,不论是否已有化学定义:				
2818.10.10	00	未加工的	吨	0[4]		0
2818.10.20		磨碎的、粉碎的或精制的		1.3%[4]	0(A,AU,BH,CA,CL,CO,D,E,IL,JO,KR,MA,MX,OM,P,PA,PE,S,SG)	4.1%
	10	按重量计氧化铝含量在97.5%以上的白、粉红或红宝石	千克			
	90	其他	千克			
2818.20.00	00	氧化铝,但人造刚玉除外	千克	0		1.1美分/千克
2818.30.00	00	氢氧化铝[10]	千克	0[1]		1.1美分/千克
2819		铬的氧化物及氢氧化物:				
2819.10.00	00	三氧化铬	千克	3.7%[1]	0(A,AU,BH,CA,CL,CO,D,E,IL,JO,KR,MA,MX,OM,P,PA,PE,S,SG)	25%

税则号列	统计后缀	货品名称	单位	税率 1 普通	税率 1 特惠	2
2819.90.00	00	其他	千克	3.7%[11]	0(A,AU,BH,CA,CL,CO,D,E,IL,JO,KR,MA,MX,OM,P,PA,PE,S,SG)	25%
2820		锰的氧化物:				
2820.10.00	00	二氧化锰	千克	4.7%[1]	0(A,AU,BH,CA,CL,CO,D,E,IL,JO,KR,MA,MX,OM,P,PA,PE,S,SG)	25%
2820.90.00	00	其他	千克	4.7%[1]	0(A,AU,BH,CA,CL,CO,D,E,IL,JO,KR,MA,MX,OM,P,PA,PE,S,SG)	25%
2821		铁的氧化物及氢氧化物;土色料,按重量计三氧化二铁含量在70%或以上:				
2821.10.00		铁的氧化物及氢氧化物		3.7%[12]	0(A,AU,BH,CA,CL,CO,D,E,IL,JO,KR,MA,MX,OM,P,PA,PE,S,SG)	25%
		合成色:				
	10	黑	千克			
	20	红[13]	千克			
	30	黄	千克			
	40	其他	千克			
	50	其他	千克			
2821.20.00	00	土色料	千克	5.5%[1]	0(A,AU,BH,CA,CL,CO,D,E,IL,JO,KR,MA,MX,OM,P,PA,PE,S,SG)	20%
2822.00.00	00	钴的氧化物及氢氧化物;商品氧化钴:	千克	0.1%[1]	0(A*,AU,BH,CA,CL,CO,D,E,IL,JO,KR,MA,MX,OM,P,PA,PE,S,SG)	1.7%
2823.00.00	00	钛的氧化物[14]	千克	5.5%[1]	0(A,AU,BH,CA,CL,CO,D,E,IL,JO,KR,MA,MX,OM,P,PA,PE,S,SG)	30%
2824		铅的氧化物;铅丹及铅橙:				
2824.10.00	00	一氧化铅(铅黄、黄丹)	千克	3%[1]	0(A,AU,BH,CA,CL,CO,D,E,IL,JO,KR,MA,MX,OM,P,PA,PE,S,SG)	12%
2824.90		其他:				
2824.90.10	00	低氧化铅(含铅的一氧化铅)	千克	5.5%[1]	0(A,AU,BH,CA,CL,CO,D,E,IL,JO,KR,MA,MX,OM,P,PA,PE,S,SG)	30%
2824.90.20	00	铅丹及铅橙	千克	3.4%[1]	0(A,AU,BH,CA,CL,CO,D,E,IL,JO,KR,MA,MX,OM,P,PA,PE,S,SG)	12.5%
2824.90.50	00	其他	千克	4.8%[1]	0(A,AU,BH,CA,CL,CO,D,E,IL,JO,KR,MA,MX,OM,P,PA,PE,S,SG)	30%
2825		肼(联氨)、胲(羟胺)及其无机盐;其他无机碱;其他金属氧化物、氢氧化物及过氧化物:				

第二十八章 无机化学品;贵金属、稀土金属、放射性元素或同位素的有机或无机化合物

税则号列	统计后缀	货品名称	单位	税率 普通	税率 1 特惠	2
2825.10.00	00	肼(联氨)、胲(羟胺)及其无机盐	千克	3.7%[15]	0(A,AU,BH,CA,CL,CO,D,E,IL,JO,KR,MA,MX,OM,P,PA,PE,S,SG)	25%
2825.20.00	00	锂的氧化物及氢氧化物	千克	3.7%[1]	0(A,AU,BH,CA,CL,CO,D,E,IL,JO,KR,MA,MX,OM,P,PA,PE,S,SG)	25%
2825.30.00		钒的氧化物及氢氧化物		5.5%[1]	0(A,AU,BH,CA,CL,CO,D,E,IL,JO,KR,MA,MX,OM,P,PA,PE,S,SG)	40%
	10	五氧化二钒(酸酐)	千克 千克钒			
	50	其他	千克 千克钒			
2825.40.00	00	镍的氧化物及氢氧化物	千克	0[1]		0
2825.50		铜的氧化物及氢氧化物:				
2825.50.10	00	氧化铜	千克	4.3%[1]	0(A,AU,BH,CA,CL,CO,D,E,IL,JO,KR,MA,MX,OM,P,PA,PE,S,SG)	31%
2825.50.20	00	氧化亚铜	千克	5%[1]	0(A,AU,BH,CA,CL,CO,D,E,IL,JO,KR,MA,MX,OM,P,PA,PE,S,SG)	39.5%
2825.50.30	00	氢氧化铜	千克	3.9%[1]	0(A,AU,BH,CA,CL,CO,D,E,IL,JO,KR,MA,MX,OM,P,PA,PE,S,SG)	32.5%
2825.60.00	00	锗的氧化物及二氧化锆	千克	3.7%[16]	0(A,AU,BH,CA,CL,CO,D,E,IL,JO,KR,MA,MX,OM,P,PA,PE,S,SG)	25%
2825.70.00	00	钼的氧化物及氢氧化物	千克	3.2%	0(A,AU,BH,CA,CL,CO,D,E,IL,JO,KR,MA,MX,OM,P,PA,PE,S,SG)	20.5%
2825.80.00	00	锑的氧化物	千克	0		4.4美分/千克
2825.90		其他:				
2825.90.10	00	铍的氧化物及氢氧化物	千克	3.7%[1]	0(A*,AU,BH,CA,CL,CO,D,E,IL,JO,KR,MA,MX,OM,P,PA,PE,S,SG)	25%
2825.90.15	00	氧化铌	千克	3.7%[1]	0(A*,AU,BH,CA,CL,CO,D,E,IL,JO,KR,MA,MX,OM,P,PA,PE,S,SG)	25%
2825.90.20	00	氧化锡	千克	4.2%[17]	0(A*,AU,BH,CA,CL,CO,D,E,IL,JO,KR,MA,MX,OM,P,PA,PE,S,SG)	25%
2825.90.30	00	氧化钨	千克 千克钨	5.5%	0(A+,AU,BH,CA,CL,CO,D,E,IL,JO,KR,MA,MX,OM,P,PA,PE,S,SG)	45.5%
2825.90.75	00	氧化镉	千克	0[1]		25%
2825.90.90	00	其他	千克	3.7%[1]	0(A*,AU,BH,CA,CL,CO,D,E,IL,JO,KR,MA,MX,OM,P,PA,PE,S,SG)	25%

税则号列	统计后缀	货品名称	单位	税率 1 普通	税率 1 特惠	税率 2
		第五分章　无机酸盐、无机过氧酸盐及金属酸盐、金属过氧酸盐				
2826		氟化物；氟硅酸盐、氟铝酸盐及其他氟络盐：				
		氟化物：				
2826.12.00	00	氟化铝	千克	0[1]		25%
2826.19		其他：				
2826.19.10	00	铵的氟化物	千克	3.1%[18]	0(A,AU,BH,CA,CL,CO,D,E,IL,JO,KR,MA,MX,OM,P,PA,PE,S,SG)	25%
2826.19.20	00	钠的氟化物	千克	3.7%[19]	0(A,AU,BH,CA,CL,CO,D,E,IL,JO,KR,MA,MX,OM,P,PA,PE,S,SG)	25%
2826.19.90	00	其他	千克	3.9%[20]	0(A,AU,BH,CA,CL,CO,D,E,IL,JO,KR,MA,MX,OM,P,PA,PE,S,SG)	25%
2826.30.00	00	六氟铝酸钠(人造冰晶石)	吨	0[1]		0
2826.90		其他：				
2826.90.10	00	钠或钾的氟硅酸盐	千克	4.1%[1]	0(A*,AU,BH,CA,CL,CO,D,E,IL,JO,KR,MA,MX,OM,P,PA,PE,S,SG)	62.5%
2826.90.90	00	其他	千克	3.1%[21]	0(A*,AU,BH,CA,CL,CO,D,E,IL,JO,KR,MA,MX,OM,P,PA,PE,S,SG)	25%
2827		氯化物、氯氧化物及氢氧基氯化物；溴化物及溴氧化物；碘化物及碘氧化物：				
2827.10.00	00	氯化铵	千克	2.9%[1]	0(A,AU,BH,CA,CL,CO,D,E,IL,JO,KR,MA,MX,OM,P,PA,PE,S,SG)	18%
2827.20.00	00	氯化钙	千克	0[1]		0
		其他氯化物：				
2827.31.00	00	氯化镁	千克	1.5%[1]	0(A,AU,BH,CA,CL,CO,D,E,IL,JO,KR,MA,MX,OM,P,PA,PE,S,SG)	5%
2827.32.00	00	氯化铝	千克	0[1]		25%
2827.35.00	00	氯化镍	千克	3.7%[1]	0(A,AU,BH,CA,CL,CO,D,E,IL,JO,KR,MA,MX,OM,P,PA,PE,S,SG)	25%
2827.39		其他：				
2827.39.10	00	氯化钒	千克 千克钒	5.5%[4]	0(A,AU,BH,CA,CL,CO,D,E,IL,JO,KR,MA,MX,OM,P,PA,PE,S,SG)	40%
2827.39.25	00	氯化锡	千克	4.2%	0(A,AU,BH,CA,CL,CO,D,E,IL,JO,KR,MA,MX,OM,P,PA,PE,S,SG)	25%
2827.39.30	00	氯化钛	千克	4.9%[22]	0(A,AU,BH,CA,CL,CO,D,E,IL,JO,KR,MA,MX,OM,P,PA,PE,S,SG)	30%

第二十八章 无机化学品;贵金属、稀土金属、放射性元素或同位素的有机或无机化合物

税则号列	统计后缀	货品名称	单位	税率 普通	税率 1 特惠	2
2827.39.40	00	氯化钨	千克 千克钨	5.5%	0(A+,AU,BH,CA,CL,CO,D,E,IL,JO,KR,MA,MX,OM,P,PA,PE,S,SG)	45.5%
2827.39.45	00	氯化钡	千克	4.2%[1]	0(A,AU,BH,CA,CL,CO,D,E,IL,JO,KR,MA,MX,OM,P,PA,PE,S,SG)	28.5%
2827.39.55	00	氯化铁	千克	3.7%[1]	0(A,AU,BH,CA,CL,CO,D,E,IL,JO,KR,MA,MX,OM,P,PA,PE,S,SG)	25%
2827.39.60	00	氯化钴	千克	4.2%[23]	0(A,AU,BH,CA,CL,CO,D,E,IL,JO,KR,MA,MX,OM,P,PA,PE,S,SG)	30%
2827.39.65	00	氯化锌	千克	1.6%[1]	0(A,AU,BH,CA,CL,CO,D,E,IL,JO,KR,MA,MX,OM,P,PA,PE,S,SG)	5%
2827.39.90	00	其他	千克	3.7%[24]	0(A,AU,BH,CA,CL,CO,D,E,IL,JO,KR,MA,MX,OM,P,PA,PE,S,SG)	25%
		氯氧化物及氢氧基氯化物:				
2827.41.00	00	铜的氯氧化物及氢氧基氯化物	千克	3.9%[1]	0(A,AU,BH,CA,CL,CO,D,E,IL,JO,KR,MA,MX,OM,P,PA,PE,S,SG)	32.5%
2827.49		其他:				
2827.49.10	00	钒的氯氧化物及氢氧基氯化物	千克 千克钒	5.5%[1]	0(A,AU,BH,CA,CL,CO,D,E,IL,JO,KR,MA,MX,OM,P,PA,PE,S,SG)	40%
2827.49.50	00	其他	千克	5.5%	0(A,AU,BH,CA,CL,CO,D,E,IL,JO,KR,MA,MX,OM,P,PA,PE,S,SG)	25%
		溴化物及溴氧化物:				
2827.51.00	00	溴化钠及溴化钾	千克	0[1]		22美分/千克
2827.59		其他:				
2827.59.25	00	溴化铵溴化钙或溴化锌	千克	0[1]		25%
2827.59.51	00	其他	千克	3.6%[1]	0(A,AU,BH,CA,CL,CO,D,E,IL,JO,KR,MA,MX,OM,P,PA,PE,S,SG)	25%
2827.60		碘化物及碘氧化物:				
2827.60.10	00	钙或铜的碘化物及碘氧化物	千克	0[1]		25%
2827.60.20	00	钾的碘化物及碘氧化物	千克	2.8%[1]	0(A,AU,BH,CA,CL,CO,D,E,IL,JO,KR,MA,MX,OM,P,PA,PE,S,SG)	7.5%
2827.60.51	00	其他	千克	4.2%[25]	0(A,AU,BH,CA,CL,CO,D,E,IL,JO,KR,MA,MX,OM,P,PA,PE,S,SG)	25%
2828		次氯酸盐;商品次氯酸钙;亚氯酸盐;次溴酸盐:				

税则号列	统计后缀	货品名称	单位	税率 1 普通	税率 1 特惠	2
2828.10.00	00	商品次氯酸钙及其他钙的次氯酸盐	千克	2.4%[1]	0(A, AU, BH, CA, CL, CO, D, E, IL, JO, KR, MA, MX, OM, P, PA, PE, S, SG)	25%
2828.90.00	00	其他	千克	3.7%[1]	0(A, AU, BH, CA, CL, CO, D, E, IL, JO, KR, MA, MX, OM, P, PA, PE, S, SG)	25%
2829		氯酸盐及高氯酸盐;溴酸盐及过溴酸盐;碘酸盐及高碘酸盐:				
		氯酸盐:				
2829.11.00	00	氯酸钠	千克	0[1]		13%
2829.19.01	00	其他	千克	3.3%[1]	0(A, AU, BH, CA, CL, CO, D, E, IL, JO, KR, MA, MX, OM, P, PA, PE, S, SG)	25%
2829.90		其他:				
2829.90.05	00	溴酸钾	千克	0[1]		25%
2829.90.25	00	溴酸钠	千克	0[26]		25%
		其他:				
2829.90.40	00	钾的其他酸盐	千克	3.1%[1]	0(A, AU, BH, CA, CL, CO, D, E, IL, JO, KR, MA, MX, OM, P, PA, PE, S, SG)	25%
2829.90.61	00	其他	千克	3.7%[1]	0(A, AU, BH, CA, CL, CO, D, E, IL, JO, KR, MA, MX, OM, P, PA, PE, S, SG)	25%
2830		硫化物;多硫化物,不论是否已有化学定义:				
2830.10.00	00	钠的硫化物	千克	3.7%[27]	0(A, AU, BH, CA, CL, CO, D, E, IL, JO, KR, MA, MX, OM, P, PA, PE, S, SG)	25%
2830.90		其他:				
2830.90.10	00	按重量计纯度在99.99%或以上的发光级硫化锌	千克	0[1]		11%
2830.90.15	00	其他硫化锌	千克	2.8%[1]	0(A, AU, BH, CA, CL, CO, D, E, IL, JO, KR, MA, MX, OM, P, PA, PE, S, SG)	11%
2830.90.20	00	硫化镉	千克	3.1%[1]	0(A, AU, BH, CA, CL, CO, D, E, IL, JO, KR, MA, MX, OM, P, PA, PE, S, SG)	25%
2830.90.90	00	其他	千克	3%[1]	0(A, AU, BH, CA, CL, CO, D, E, IL, JO, KR, MA, MX, OM, P, PA, PE, S, SG)	25%
2831		连二亚硫酸盐及次硫酸盐:				
2831.10		钠的连二亚硫酸盐及次硫酸盐:				
2831.10.10	00	钠的甲醛亚砜酸盐	千克	0[1]		35%
2831.10.50	00	其他	千克	5.5%[1]	0(A, AU, BH, CA, CL, CO, D, E, IL, JO, KR, MA, MX, OM, P, PA, PE, S, SG)	35%

税则号列	统计后缀	货品名称	单位	税率 1 普通	税率 1 特惠	税率 2
2831.90.00	00	其他	千克	5.5%[1]	0(A,AU,BH,CA,CL,CO,D,E,IL,JO,KR,MA,MX,OM,P,PA,PE,S,SG)	35%
2832		亚硫酸盐;硫代硫酸盐:				
2832.10.00	00	钠的亚硫酸盐	千克	1.5%[1]	0(A,AU,BH,CA,CL,CO,D,E,IL,JO,KR,MA,MX,OM,P,PA,PE,S,SG)	4.5%
2832.20.00	00	其他亚硫酸盐	千克	3.1%[1]	0(A*,AU,BH,CA,CL,CO,D,E,IL,JO,KR,MA,MX,OM,P,PA,PE,S,SG)	25%
2832.30		硫代硫酸盐:				
2832.30.10	00	硫代硫酸钠	千克	1.5%[28]	0(A*,AU,BH,CA,CL,CO,D,E,IL,JO,KR,MA,MX,OM,P,PA,PE,S,SG)	4.5%
2832.30.50	00	其他	千克	3.1%[1]	0(A,AU,BH,CA,CL,CO,D,E,IL,JO,KR,MA,MX,OM,P,PA,PE,S,SG)	4.5%
2833		硫酸盐;矾;过硫酸盐:				
		钠的硫酸盐:				
2833.11		硫酸钠:				
2833.11.10	00	芒硝	吨	0[1]		0
2833.11.50		其他		0.4%[1]	0(A,AU,BH,CA,CL,CO,D,E,IL,JO,KR,MA,MX,OM,P,PA,PE,S,SG)	3.6%
	10	无水的	吨			
	50	其他	吨			
2833.19.00	00	其他	千克	0[1]		0
		其他硫酸盐:				
2833.21.00	00	硫酸镁	千克	3.7%[1]	0(A,AU,BH,CA,CL,CO,D,E,IL,JO,KR,MA,MX,OM,P,PA,PE,S,SG)	20%
2833.22.00	00	硫酸铝	千克	0[1]		10%
2833.24.00	00	镍的硫酸盐	千克	3.2%[1]	0(A,AU,BH,CA,CL,CO,D,E,IL,JO,KR,MA,MX,OM,P,PA,PE,S,SG)	25%
2833.25.00	00	铜的硫酸盐	千克 千克铜	1.4%[1]	0(A,AU,BH,CA,CL,CO,D,E,IL,JO,KR,MA,MX,OM,P,PA,PE,S,SG)	5%
2833.27.00	00	硫酸钡	千克	0.6%[1]	0(A,AU,BH,CA,CL,CO,D,E,IL,JO,KR,MA,MX,OM,P,PA,PE,S,SG)	4.2%
2833.29		其他:				
2833.29.10	00	硫酸钴	千克	1.4%[1]	0(A,AU,BH,CA,CL,CO,D,E,IL,JO,KR,MA,MX,OM,P,PA,PE,S,SG)	6.5%
2833.29.20	00	硫酸铁	千克	0[1]		0

税则号列	统计后缀	货品名称	单位	税率 1 普通	税率 1 特惠	2
2833.29.30	00	硫酸钒	千克 千克钒	5.5%[1]	0(A,AU,BH,CA,CL,CO,D,E,IL,JO,KR,MA,MX,OM,P,PA,PE,S,SG)	40%
2833.29.40	00	硫酸铬	千克	3.7%[1]	0(A,AU,BH,CA,CL,CO,D,E,IL,JO,KR,MA,MX,OM,P,PA,PE,S,SG)	25%
2833.29.45	00	硫酸锌	千克	1.6%[1]	0(A,AU,BH,CA,CL,CO,D,E,IL,JO,KR,MA,MX,OM,P,PA,PE,S,SG)	8%
2833.29.51	00	其他	千克	3.7%[1]	0(A,AU,BH,CA,CL,CO,D,E,IL,JO,K,KR,MA,MX,OM,P,PA,PE,S,SG)	30%
2833.30.00	00	矾	千克	1.6%[1]	0(A,AU,BH,CA,CL,CO,D,E,IL,JO,KR,MA,MX,OM,P,PA,PE,S,SG)	25%
2833.40		过硫酸盐:				
2833.40.20	00	硝酸钠	千克	3.7%[1]	0(A,AU,BH,CA,CL,CO,D,E,IL,JO,KR,MA,MX,OM,P,PA,PE,S,SG)	25%
2833.40.60		其他		3.1%[1]	0(A,AU,BH,CA,CL,CO,D,E,IL,JO,KR,MA,MX,OM,P,PA,PE,S,SG)	25%
	10	硝酸钾	千克			
	20	硝酸铵	千克			
	50	其他	千克			
2834		亚硝酸盐;硝酸盐:				
2834.10		亚硝酸盐:				
2834.10.10	00	亚硝酸钠	千克	5.5%[1]	0(A,AU,BH,CA,CL,CO,D,E,IL,JO,KR,MA,MX,OM,P,PA,PE,S,SG)	54%
2834.10.50	00	其他	千克	3.1%[1]	0(A,AU,BH,CA,CL,CO,D,E,IL,JO,KR,MA,MX,OM,P,PA,PE,S,SG)	25%
		硝酸盐:				
2834.21.00	00	硝酸钾	吨	0[1]		0
2834.29		其他:				
2834.29.05	00	硝酸铋	千克	5.5%[1]	0(A,AU,BH,CA,CL,CO,D,E,IL,JO,KR,MA,MX,OM,P,PA,PE,S,SG)	35%
2834.29.10	00	硝酸钙	吨	0[1]		0
2834.29.20	00	硝酸锶	千克	4.2%[1]	0(A,AU,BH,CA,CL,CO,D,E,IL,JO,KR,MA,MX,OM,P,PA,PE,S,SG)	25%
2834.29.51	00	其他	千克	3.5%[29]	0(A,AU,BH,CA,CL,CO,D,E,IL,JO,KR,MA,MX,OM,P,PA,PE,S,SG)	10%
2835		次磷酸盐、亚磷酸盐、磷酸盐及多磷酸盐,不论是否已有化学定义:				

第二十八章 无机化学品；贵金属、稀土金属、放射性元素或同位素的有机或无机化合物

税则号列	统计后缀	货品名称	单位	税率 1 普通	税率 1 特惠	2
2835.10.00	00	次磷酸盐及亚磷酸盐	千克	3.1%[30]	0(A,AU,BH,CA,CL,CO,D,E,IL,JO,KR,MA,MX,OM,P,PA,PE,S,SG)	25%
		磷酸盐：				
2835.22.00	00	磷酸一钠及磷酸二钠	千克	1.4%[1]	0(A,AU,BH,CA,CL,CO,D,E,IL,JO,KR,MA,MX,OM,P,PA,PE,S,SG)	6%
2835.24.00	00	钾的磷酸盐	千克	3.1%[31]	0(A,AU,BH,CA,CL,CO,D,E,IL,JO,KR,MA,MX,OM,P,PA,PE,S,SG)	25%
2835.25.00	00	正磷酸氢钙(磷酸二钙)	千克	0[1]		25%
2835.26.00	00	其他磷酸钙	千克	0[1]		25%
2835.29		其他：				
2835.29.10	00	磷酸铝	千克	0[1]		25%
2835.29.20	00	三磷酸氨	千克	1.5%[1]	0(A,AU,BH,CA,CL,CO,D,E,IL,JO,KR,MA,MX,OM,P,PA,PE,S,SG)	8.5%
2835.29.30	00	三磷酸钠	千克	2.2%[1]	0(A,AU,BH,CA,CL,CO,D,E,IL,JO,KR,MA,MX,OM,P,PA,PE,S,SG)	11.5%
2835.29.51	00	其他	千克	4.1%[1]	0(A,AU,BH,CA,CL,CO,D,E,IL,JO,KR,MA,MX,OM,P,PA,PE,S,SG)	25%
		聚磷酸盐：				
2835.31.00	00	三磷酸钠(三聚磷酸钠)	千克	1.4%[1]	0(A,AU,BH,CA,CL,CO,D,E,IL,JO,KR,MA,MX,OM,P,PA,PE,S,SG)	6%
2835.39		其他：				
2835.39.10	00	钾	千克	3.1%[1]	0(A,AU,BH,CA,CL,CO,D,E,IL,JO,KR,MA,MX,OM,P,PA,PE,S,SG)	25%
2835.39.50	00	其他	千克	3.7%[32]	0(A,AU,BH,CA,CL,CO,D,E,IL,JO,KR,MA,MX,OM,P,PA,PE,S,SG)	25%
2836		碳酸盐；过碳酸盐；含氨基甲酸铵的商品碳酸铵：				
2836.20.00	00	碳酸钠	千克	1.2%[1]	0(A,AU,BH,CA,CL,CO,D,E,IL,JO,KR,MA,MX,OM,P,PA,PE,S,SG)	8.5%
2836.30.00	00	碳酸氢钠(小苏打)	千克	0[1]		0
2836.40		钾的碳酸盐：	千克			
2836.40.10	00	碳酸二钾	千克	1.9%[1]	0(A,AU,BH,CA,CL,CO,D,E,IL,JO,KR,MA,MX,OM,P,PA,PE,S,SG)	6%
2836.40.20	00	碳酸氢钾	千克	1.3%[1]	0(A,AU,BH,CA,CL,CO,D,E,IL,JO,KR,MA,MX,OM,P,PA,PE,S,SG)	4.8%
2836.50.00	00	碳酸钙	千克	0[1]		25%

税则号列	统计后缀	货品名称	单位	税率 普通	税率 1 特惠	税率 2
2836.60.00	00	碳酸钡	千克	2.3%[1]	0(A, AU, BH, CA, CL, CO, D, E, IL, JO, KR, MA, MX, OM, P, PA, PE, S, SG)	8.4%
		其他：				
2836.91.00		锂的碳酸盐		3.7%[1]	0(A, AU, BH, CA, CL, CO, D, E, IL, JO, KR, MA, MX, OM, P, PA, PE, S, SG)	25%
	10	U.S.P.级	千克			
	50	其他	千克			
2836.92.00	00	锶的碳酸盐	千克	4.2%[1]	0(A, AU, BH, CA, CL, CO, D, E, IL, JO, KR, MA, MX, OM, P, PA, PE, S, SG)	25%
2836.99		其他：				
2836.99.10	00	碳酸钴	千克	4.2%[33]	0(A, AU, BH, CA, CL, CO, D, E, IL, JO, KR, MA, MX, OM, P, PA, PE, S, SG)	30%
2836.99.20	00	碳酸铋	千克	5.5%[1]	0(A, AU, BH, CA, CL, CO, D, E, IL, JO, KR, MA, MX, OM, P, PA, PE, S, SG)	35%
2836.99.30	00	商品碳酸铵和其他碳酸铵	千克	1.7%[1]	0(A, AU, BH, CA, CL, CO, D, E, IL, JO, KR, MA, MX, OM, P, PA, PE, S, SG)	16%
2836.99.40	00	碳酸铅	千克	0.5%[1]	0(A, AU, BH, CA, CL, CO, D, E, IL, JO, KR, MA, MX, OM, P, PA, PE, S, SG)	4.5%
2836.99.50	00	其他	千克	3.7%[34]	0(A, AU, BH, CA, CL, CO, D, E, IL, JO, KR, MA, MX, OM, P, PA, PE, S, SG)	25%
2837		氰化物、氧氰化物及氰络合物：				
		氰化物及氧氰化物：				
2837.11.00	00	氰化钠	千克	0[1]		0
2837.19.01		其他		0[4]		0
	10	氰化钾	千克			
	15	氰化钙	千克			
	25	其他	千克			
2837.20		氰络合物：				
2837.20.10	00	铁氰化钾	千克	1.1%[35]	0(A, AU, BH, CA, CL, CO, D, E, IL, JO, KR, MA, MX, OM, P, PA, PE, S, SG)	5.1%
2837.20.51	00	其他	千克	1.7%[36]	0(A, AU, BH, CA, CL, CO, D, E, IL, JO, KR, MA, MX, OM, P, PA, PE, S, SG)	8.5%
2839		硅酸盐；商品碱金属硅酸盐：				
		钠盐：				
2839.11.00	00	偏硅酸钠	千克	1.1%[37]	0(A, AU, BH, CA, CL, CO, D, E, IL, JO, KR, MA, MX, OM, P, PA, PE, S, SG)	3%

税则号列	统计后缀	货品名称	单位	税率 1 普通	税率 1 特惠	2
2839.19.00	00	其他	千克	1.1%[1]	0(A,AU,BH,CA,CL,CO,D,E,IL,JO,KR,MA,MX,OM,P,PA,PE,S,SG)	3%
2839.90		其他：				
2839.90.10	00	钾盐	千克	3.1%[1]	0(A,AU,BH,CA,CL,CO,D,E,IL,JO,KR,MA,MX,OM,P,PA,PE,S,SG)	25%
2839.90.50	00	其他	千克	3.1%[1]	0(A*,AU,BH,CA,CL,CO,D,E,IL,JO,KR,MA,MX,OM,P,PA,PE,S,SG)	25%
2840		硼酸盐及过硼酸盐：				
		四硼酸钠(精炼硼砂)：				
2840.11.00	00	无水四硼酸钠	千克	0.3%[1]	0(A,AU,BH,CA,CL,CO,D,E,IL,JO,KR,MA,MX,OM,P,PA,PE,S,SG)	1.2%
2840.19.00	00	其他	千克	0.1%[1]	0(A,AU,BH,CA,CL,CO,D,E,IL,JO,KR,MA,MX,OM,P,PA,PE,S,SG)	0.4%
2840.20.00	00	其他硼酸盐	千克	3.7%[38]	0(A,AU,BH,CA,CL,CO,D,E,IL,JO,KR,MA,MX,OM,P,PA,PE,S,SG)	25%
2840.30.00		过硼酸盐		3.7%[1]	0(A,AU,BH,CA,CL,CO,D,E,IL,JO,KR,MA,MX,OM,P,PA,PE,S,SG)	25%
	10	过硼酸钠	千克			
	50	其他	千克			
2841		金属酸盐及过金属酸盐：				
2841.30.00	00	重铬酸钠	千克	2.4%[1]	0(A*,AU,BH,CA,CL,CO,D,E,IL,JO,KR,MA,MX,OM,P,PA,PE,S,SG)	8.5%
2841.50		其他铬酸盐及重铬酸盐；过铬酸盐：				
2841.50.10	00	重铬酸钾	千克	1.5%[1]	0(A,AU,BH,CA,CL,CO,D,E,IL,JO,KR,MA,MX,OM,P,PA,PE,S,SG)	3.5%
2841.50.91	00	其他	千克	3.1%[1]	0(A*,AU,BH,CA,CL,CO,D,E,IL,JO,KR,MA,MX,OM,P,PA,PE,S,SG)	25%
		锰氧化物、锰酸盐及高锰酸盐：				
2841.61.00	00	高锰酸钾	千克	5%[1]	0(A,AU,BH,CA,CL,CO,D,E,IL,JO,KR,MA,MX,OM,P,PA,PE,S,SG)	23%
2841.69.00		其他		5%[1]	0(A,AU,BH,CA,CL,CO,D,E,IL,JO,KR,MA,MX,OM,P,PA,PE,S,SG)	23%
	10	高锰酸钠[39]	千克			
	90	其他	千克			
2841.70		钼酸盐：				

税则号列	统计后缀	货品名称	单位	税率 普通	税率 1 特惠	税率 2
2841.70.10	00	钼酸铵	千克 千克钼	4.3%	0(A, AU, BH, CA, CL, CO, D, E, IL, JO, KR, MA, MX, OM, P, PA, PE, S, SG)	29%
2841.70.50	00	其他	千克 千克钼	3.7%	0(A, AU, BH, CA, CL, CO, D, E, IL, JO, KR, MA, MX, OM, P, PA, PE, S, SG)	25%
2841.80.00		钨酸盐		5.5%[40]	0(A+, AU, BH, CA, CL, CO, D, E, IL, JO, KR, MA, MX, OM, P, PA, PE, S, SG)	49.5%
	10	钨酸铵	千克 千克钨			
	20	钨酸钙	千克 千克钨			
	50	其他	千克 千克钨			
2841.90		其他:				
2841.90.10	00	钒酸盐	千克 千克钒	5.5%[1]	0(A, AU, BH, CA, CL, CO, D, E, IL, JO, KR, MA, MX, OM, P, PA, PE, S, SG)	40%
2841.90.20	00	过硼酸铵	千克	3.1%[1]	0(A, AU, BH, CA, CL, CO, D, E, IL, JO, KR, MA, MX, OM, P, PA, PE, S, SG)	25%
2841.90.30	00	锡酸钾	千克	3.1%[1]	0(A, AU, BH, CA, CL, CO, D, E, IL, JO, KR, MA, MX, OM, P, PA, PE, S, SG)	25%
2841.90.40	00	铝酸盐	千克	3.1%[1]	0(A, AU, BH, CA, CL, CO, D, E, IL, JO, K, KR, MA, MX, OM, P, PA, PE, S, SG)	25%
2841.90.45	00	锌或铅的铬酸盐	千克	3.7%[1]	0(A, AU, BH, CA, CL, CO, D, E, IL, JO, KR, MA, MX, OM, P, PA, PE, S, SG)	25%
2841.90.50	00	其他	千克	3.7%[1]	0(A, AU, BH, CA, CL, CO, D, E, IL, JO, JP, KR, MA, MX, OM, P, PA, PE, S, SG)	25%
2842		其他无机酸盐或过氧酸盐(包括不论是否已有化学定义的硅铝酸盐),但叠氮化物除外:				
2842.10.00	00	硅酸复盐及硅酸络盐(包括不论是否已有化学定义的硅铝酸盐)	千克	3.7%[1]	0(A+, AU, BH, CA, CL, CO, D, E, IL, JO, K, KR, MA, MX, OM, P, PA, PE, S, SG)	25%
2842.90		其他:				
2842.90.10	00	雷酸盐、氰酸盐及硫氰酸盐	千克	3.1%[41]	0(A, AU, BH, CA, CL, CO, D, E, IL, JO, KR, MA, MX, OM, P, PA, PE, S, SG)	25%
2842.90.90	00	其他	千克	3.3%[1]	0(A, AU, BH, CA, CL, CO, D, E, IL, JO, K, KR, MA, MX, OM, P, PA, PE, S, SG)	25%
		第六分章 杂项产品				
2843		胶态贵金属;贵金属的无机或有机化合物,不论是否已有化学定义;贵金属汞齐:				

第二十八章　无机化学品；贵金属、稀土金属、放射性元素或同位素的有机或无机化合物

税则号列	统计后缀	货品名称	单位	税率 1 普通	税率 1 特惠	2
2843.10.00	00	胶态贵金属	克	5.5%[1]	0(A+,AU,BH,CA,CL,CO,D,E,IL,JO,KR,MA,MX,OM,P,PA,PE,S,SG)	65%
		银化合物：				
2843.21.00	00	硝酸银	千克	3.7%[1]	0(A,AU,BH,CA,CL,CO,D,E,IL,JO,KR,MA,MX,OM,P,PA,PE,S,SG)	25%
2843.29.01	00	其他	千克	3.7%[42]	0(A,AU,BH,CA,CL,CO,D,E,IL,JO,K,KR,MA,MX,OM,P,PA,PE,S,SG)	25%
2843.30.00	00	金化合物	千克	5%[1]	0(A*,AU,BH,CA,CL,CO,D,E,IL,JO,K,KR,MA,MX,OM,P,PA,PE,S,SG)	25%
2843.90.00	00	其他贵金属化合物；贵金属汞齐	千克	3.7%[1]	0(A,AU,BH,CA,CL,CO,D,E,IL,JO,K,KR,MA,MX,OM,P,PA,PE,S,SG)	25%
2844		放射性化学元素及放射性同位素（包括可裂变或可转换的化学元素及同位素）及其化合物；含上述产品的混合物及残渣：				
2844.10		天然铀及其化合物；含天然铀或天然铀化合物的合金、分散体（包括金属陶瓷）、陶瓷产品及混合物：				
2844.10.10	00	天然铀金属	千克	5%[1]	0(A,AU,BH,CA,CL,CO,D,E,IL,JO,KR,MA,MX,OM,P,PA,PE,S,SG)	45%
2844.10.20		天然铀化合物		0[1]		0
	10	天然铀的氧化物	千克			
	25	天然铀的六氟化物	千克			
	55	其他	千克			
2844.10.50	00	其他	千克	5%[1]	0(A+,AU,BH,CA,CL,CO,D,E,IL,JO,KR,MA,MX,OM,P,PA,PE,S,SG)	45%
2844.20.00		铀235浓缩铀及其化合物；钚及其化合物；含铀235浓缩铀、钚或它们的化合物的合金、分散体（包括金属陶瓷）、陶瓷产品及混合物		0[4]		0
		浓缩铀化合物：				
	10	浓缩铀的氧化物	千克			
	20	浓缩铀的氟化物	千克			
	30	其他	千克			
	50	其他	千克			
2844.30		铀235贫化铀及其化合物；钍及其化合物；含铀235贫化铀、钍或它们的化合物的合金、分散体（包括金属陶瓷）、陶瓷产品及混合物：				
2844.30.10	00	钍化合物	千克	5.5%	0(A,AU,BH,CA,CL,CO,D,E,IL,JO,KR,MA,MX,OM,P,PA,PE,S,SG)	35%
2844.30.20		贫化铀化合物		0		0

税则号列	统计后缀	货品名称	单位	税率 1 普通	税率 1 特惠	2
	10	贫化铀的氧化物	千克			
	20	贫化铀的氟化物	千克			
	50	其他	千克			
2844.30.50		其他		5%	0(A, AU, BH, CA, CL, CO, D, E, IL, JO, KR, MA, MX, OM, P, PA, PE, S, SG)	45%
	10	贫化铀金属	千克			
	50	其他	千克			
2844.40.00		除子目2844.10、子目2844.20及子目2844.30以外的放射性元素、同位素及其化合物;含这些元素、同位素及其化合物的合金、分散体(包括金属陶瓷)、陶瓷产品及混合物;放射性残留物		0		0
	10	钴-60的放射性元素、同位素和化合物	吉贝可			
		其他元素、同位素和化合物:				
	21	镅-241、锎-252、锔-244、铯-137、钆-153、铱-192、铊-147、镭-226、硒-75或铥-169	兆贝可			
	28	其他	兆贝可			
	50	其他	千克			
2844.50.00	00	核反应堆已耗尽(已辐照)的燃料元件(释热元件)	千克	0[4]		0
2845		品目2844以外的同位素;这些同位素的无机或有机化合物,不论是否已有化学定义:				
2845.10.00	00	重水(氧化氘)	千克	0[1]		25%
2845.90.00	00	其他	千克	0[43]		25%
2846		稀土金属、钇、钪及其混合物的无机或有机化合物:				
2846.10.00		铈的化合物		5.5%[44]	0(A, AU, BH, CA, CL, CO, D, E, IL, JO, KR, MA, MX, OM, P, PA, PE, S, SG)	35%
	10	氧化铈	千克			
	50	其他	千克			
2846.90		其他:				
2846.90.20		稀土氧化物或稀土氯化物的混合物		0		25%
		除氧化铈以外的稀土氧化物:				
	05	以镧为主要金属的稀土氧化物	千克			
	15	以钇或钪为主要金属的稀土氧化物	千克			
	40	其他	千克			
		氯化铈以外的氯化稀土:				
	82	以钇或钪为主要金属的氯化稀土	千克			
	84	其他	千克			
		其他:				

第二十八章 无机化学品;贵金属、稀土金属、放射性元素或同位素的有机或无机化合物

税则号列	统计后缀	货品名称	单位	税率 1 普通	税率 1 特惠	2
2846.90.40	00	按重量计氧化钇含量在 19%~85%的含钇材料和化合物	千克	0		25%
2846.90.80		其他		3.7%[44]	0(A,AU,BH,CA,CL,CO,D,E,IL,JO,K,KR,MA,MX,OM,P,PA,PE,S,SG)	25%
		碳酸铈以外的碳酸稀土混合物:				
	70	以镧为主要金属的的碳酸稀土混合物	千克			
	75	其他	千克			
	90	其他	千克			
2847.00.00	00	过氧化氢,不论是否用尿素固化	千克	3.7%[1]	0(A,AU,BH,CA,CL,CO,D,E,IL,JO,KR,MA,MX,OM,P,PA,PE,S,SG)	25%
2849		碳化物,不论是否已有化学定义:				
2849.10.00	00	碳化钙	千克	1.8%[1]	0(A*,AU,BH,CA,CL,CO,D,E,IL,JO,KR,MA,MX,OM,P,PA,PE,S,SG)	10%
2849.20		碳化硅:				
2849.20.10	00	粗制的碳化硅	千克	0		0
2849.20.20	00	磨碎的,磨碎的或精制的碳化硅	千克	0.5%	0(A,AU,BH,CA,CL,CO,D,E,IL,JO,KR,MA,MX,OM,P,PA,PE,S,SG)	1.6%
2849.90		其他:				
2849.90.10	00	碳化硼[39]	千克	3.7%[1]	0(A,AU,BH,CA,CL,CO,D,E,IL,JO,KR,MA,MX,OM,P,PA,PE,S,SG)	25%
2849.90.20	00	碳化铬	千克	4.2%[1]	0(A,AU,BH,CA,CL,CO,D,E,IL,JO,KR,MA,MX,OM,P,PA,PE,S,SG)	25%
2849.90.30	00	碳化钨	千克	5.5%	0(A+,AU,BH,CA,CL,CO,D,E,IL,JO,KR,MA,MX,OM,P,PA,PE,S,SG)	55.5%
2849.90.50	00	其他	千克	3.7%[1]	0(A,AU,BH,CA,CL,CO,D,E,IL,JO,KR,MA,MX,OM,P,PA,PE,S,SG)	25%
2850.00		氢化物、氮化物、叠氮化物、硅化物及硼化物,不论是否已有化学定义,但可归入品目 2849 的碳化物除外:				
2850.00.05	00	钙的氢化物、氮化物、叠氮化物、硅化物及硼化物	千克	0[1]		25%
2850.00.07	00	钛的氢化物、氮化物、叠氮化物、硅化物及硼化物	千克	4.9%[45]	0(A,AU,BH,CA,CL,CO,D,E,IL,JO,KR,MA,MX,OM,P,PA,PE,S,SG)	30%
2850.00.10	00	钨的氢化物、氮化物、叠氮化物、硅化物及硼化物	千克 千克钨	5.5%[1]	0(A+,AU,BH,CA,CL,CO,D,E,IL,JO,KR,MA,MX,OM,P,PA,PE,S,SG)	45.5%
2850.00.20	00	钒的氢化物、氮化物、叠氮化物、硅化物及硼化物	千克 千克钒	5.5%[1]	0(A,AU,BH,CA,CL,CO,D,E,IL,JO,KR,MA,MX,OM,P,PA,PE,S,SG)	40%

税则号列	统计后缀	货品名称	单位	税率 1 普通	税率 1 特惠	2
2850.00.50	00	其他[10]	千克	3.7%[46]	0(A*,AU,BH,CA,CL,CO,D,E,IL,JO,KR,MA,MX,OM,P,PA,PE,S,SG)	25%
2852		汞的无机或有机化合物,不论是否已有化学定义,但汞齐除外:				
2852.10		已有化学定义的:				
2852.10.10	00	氧化汞、氰化汞、氰化汞和氰化汞钾	千克	0[1]		25%
2852.10.90	00	其他	千克	3%[1]	0(A,AU,BH,CA,CL,CO,D,E,IL,JO,KR,MA,MX,OM,P,PA,PE,S,SG)	25%
2852.90		其他:				
2852.90.05	00	汞的蛋白盐、单宁酸盐和磷化物	千克	0[1]		25%
2852.90.90	00	其他	千克	3%[1]	0(A,AU,BH,CA,CL,CO,D,E,IL,JO,KR,MA,MX,OM,P,PA,PE,S,SG)	25%
2853		磷化物,不论是否已有化学定义,但磷铁除外;其他无机化合物(包括蒸馏水、导电水及类似的纯净水);液态空气(不论是否除去稀有气体);压缩空气;汞齐,但贵金属汞齐除外:				
2853.10.00	00	氯化氰	千克	2.8%[1]	0(A,AU,BH,CA,CL,CO,D,E,IL,JO,KR,MA,MX,OM,P,PA,PE,S,SG)	25%
2853.90		其他:				
		磷化物,不论是否已有化学定义,但不包括磷铁:				
2853.90.10	00	按重量计含磷量超过15%的铜(磷铜)	千克	2.6%[1]	0(A,AU,BH,CA,CL,CO,D,E,IL,JO,KR,MA,MX,OM,P,PA,PE,S,SG)	32.5%
2853.90.50	00	其他金属或非金属的磷化物	千克	0[1]		25%
2853.90.90		其他		2.8%[47]	0(A,AU,BH,CA,CL,CO,D,E,IL,JO,KR,MA,MX,OM,P,PA,PE,S,SG)	25%
	10	纯砷化镓晶片	千克			
	90	其他	千克			

[1]见 9903.88.03。

[2]见 9903.88.35、9903.88.56 和 9903.88.64。

[3]见 9902.01.20、9902.01.21 和 9903.88.03。

[4]见 9903.88.15。

[5]见 9902.01.22、9902.01.23、9902.01.24、9902.01.25 和 9903.88.03。

[6]见 9903.88.38 和 9903.88.43。

[7]见 9902.01.26、9902.01.27、9902.01.28、9902.01.29、9902.01.30、9902.01.31、9902.01.32 和 9903.88.03。

[8]见 9903.88.38。

[9]见 9902.01.33 和 9903.88.03。

[10]见 9903.88.45。

[11]见9902.01.34和9903.88.03。

[12]见9902.01.35和9903.88.03。

[13]见9903.88.46。

[14]见9903.88.40。

[15]见9902.01.36、9902.01.37、9902.01.38和9903.88.03。

[16]见9902.01.39和9903.88.03。

[17]见9902.01.40。

[18]见9902.01.41和9903.88.03。

[19]见9902.01.42和9903.88.03。

[20]见9902.01.43、9902.01.44、9902.01.45、9902.01.46和9903.88.03。

[21]见9902.01.47、9902.01.48和9902.01.49。

[22]见9902.01.50和9903.88.03。

[23]见9902.01.51和9903.88.03。

[24]见9902.01.52和9903.88.03。

[25]见9902.01.53和9903.88.03。

[26]见9903.88.16。

[27]见9902.01.54和9903.88.03。

[28]见9902.01.55和9903.88.03。

[29]见9902.01.56和9903.88.03。

[30]见9902.01.57和9903.88.03。

[31]见9902.01.58和9903.88.03。

[32]见9902.01.59和9903.88.03。

[33]见9902.01.60和9903.88.03。

[34]见9902.01.61和9903.88.03。

[35]见9902.01.62和9903.88.03。

[36]见9902.01.63、9902.01.64和9903.88.03。

[37]见9902.01.65和9903.88.03。

[38]见9902.01.66和9903.88.03。

[39]见9903.88.48。

[40]见9902.01.67。

[41]见9902.01.68和9903.88.03。

[42]见9902.01.69和9903.88.03。

[43]见9903.88.01。

[44]见9902.01.70。

[45]见9902.01.77、9902.01.78和9903.88.03。

[46]见9902.01.79和9903.88.03。

[47]见9902.01.80和9903.88.03。

第二十九章　有机化学品

注释：

一、除条文另有规定的以外，本章各品目只适用于：
   (一)单独的已有化学定义的有机化合物，不论是否含有杂质；
   (二)同一有机化合物的两种或以上异构体的混合物(不论是否含有杂质)，但无环烃异构体的混合物（立体异构体除外）不论是否饱和，应归入第二十七章；
   (三)品目 2936 至 2939 的产品，品目 2940 的糖醚、糖缩醛、糖酯及其盐类和品目 2941 的产品，不论是否已有化学定义；
   (四)上述(一)、(二)、(三)款产品的水溶液；
   (五)溶于其他溶剂的上述(一)、(二)、(三)款的产品，但该产品处于溶液状态只是为了安全或运输所采取的正常必要方法，其所用溶剂并不使该产品改变其一般用途而适合于某些特殊用途；
   (六)为了保存或运输的需要，加入稳定剂(包括抗结块剂)的上述(一)、(二)、(三)、(四)、(五)各款产品；
   (七)为了便于识别或安全起见，加入抗尘剂、着色剂或气味剂的上述(一)、(二)、(三)、(四)、(五)、(六)各款产品，但所加剂料并不使原产品改变其一般用途而适合于某些特殊用途；
   (八)为生产偶氮染料而稀释至标准浓度的下列产品：重氮盐，用于重氮盐、可重氮化的胺及其盐类的耦合剂。

二、本章不包括：
   (一)品目 1504 的货品及品目 1520 的粗甘油；
   (二)乙醇(品目 2207 或品目 2208)；
   (三)甲烷及丙烷(品目 2711)；
   (四)第二十八章注释二所述的碳化合物；
   (五)品目 3002 的免疫制品。
   (六)尿素(品目 3102 或品目 3105)；
   (七)植物性或动物性着色料(品目 3203)、合成有机着色料、用作荧光增白剂或发光体的合成有机产品(品目 3204)及零售包装的染料或其他着色料(品目 3212)；
   (八)酶(品目 3507)；
   (九)聚乙醛、环六亚甲基四胺(乌洛托品)及类似物质，制成片、条或类似形状作为燃料用的，以及包装容器的容积不超过 300 立方厘米的直接灌注香烟打火机及类似打火器用的液体燃料或液化气体燃料(品目 3606)；
   (十)灭火器的装配药及已装药的灭火弹(品目 3813)，零售包装的除墨剂(品目 3824)；
   (十一)光学元件，例如用酒石酸乙二胺制成的(品目 9001)。

三、可以归入本章两个或以上品目的货品，应归入有关品目中的最后一个品目。

四、品目 2904 至 2906、品目 2908 至 2911 及品目 2913 至 2920 的卤化、磺化、硝化或亚硝化衍生物均包括复合衍生物，例如，卤磺化、卤硝化、磺硝化及卤磺硝化衍生物。

硝基及亚硝基不作为品目 2929 的"含氮基官能团"。

品目 2911、品目 2912、品目 2914、品目 2918 及品目 2922 所称"含氧基"，仅限于品目 2905 至 2920 的各种含氧基（其特征为有机含氧基）。

五、(一) 本章第一分章至第七分章的酸基有机化合物与这些分章的有机化合物构成的酯，应归入有关税号中的最后一个税号。

(二) 乙醇与本章第一分章至第七分章的酸基有机化合物所构成的酯，应按有关酸基化合物归类。

(三) 除第六类注释一及第二十八章注释二另有规定的以外，

1. 第一分章至第十分章及品目 2942 的有机化合物的无机盐，例如，含酸基、酚基或烯醇基的化合物及有机碱的无机盐，应归入相应的有机化合物的品目；

2. 第一分章至第十分章及品目 2942 的有机化合物之间生成的盐，应按生成该盐的碱或酸（包括酚基或烯醇基化合物）归入本章有关品目中的最后一个品目；

3. 除第十一分章或品目 2941 的产品外，配位化合物应按该化合物所有金属键（金属-碳键除外）"断开"所形成的片段归入第二十九章有关品目中的最后一个品目。

(四) 除乙醇外，金属醇化物应按相应的醇归类（品目 2905）。

(五) 羧酸酰卤化物应按相应的酸归类。

六、品目 2930 及品目 2931 的化合物是指有机化合物，其分子中除含氢、氧或氮原子外，还含有与碳原子直接连接的其他非金属或金属原子（例如，硫、砷或铅）。

品目 2930（有机硫化合物）及品目 2931（其他有机-无机化合物）不包括某些磺化或卤化衍生物（含复合衍生物）。这些衍生物分子中除氢、氧、氮之外，只有具有磺化或卤化衍生物（或复合衍生物）性质的硫原子或卤素原子与碳原子直接连接。

七、品目 2932、品目 2933 及品目 2934 不包括三节环环氧化物、过氧化酮、醛或硫醛的环聚合物、多元羧酸酐、多元醇或酚与多元酸构成的环酯及多元酸酰亚胺。

本条规定只适用于由本条所列环化功能形成环内杂原子的化合物。

八、在品目 2937 中，

(一) 所称"激素"包括激素释放因子、激素刺激和释放因子、激素抑制剂以及激素抗体；

(二) 所称"主要起激素作用的"不仅适用于激素衍生物以及主要起激素作用的结构类似物，也适用于在本品目所列产品合成过程中主要用作中间体的激素衍生物及结构类似物。

子目注释：

一、属于本章任一品目项下的一种（组）化合物的衍生物，如果该品目其他子目未明确将其包括在内，而且有关的子目中又无列名为"其他"的子目，则应与该种（组）化合物归入同一子目。

二、第二十九章注释三不适用于本章的子目。

税则号列	统计后缀	货品名称	单位	税率 1 普通	税率 1 特惠	税率 2
		第一分章　烃类及其卤化、磺化、硝化或亚硝化衍生物				
2901		无环烃：				
2901.10		饱和：				
2901.10.10	00	乙烷和丁烷	千克	0[1]		0
2901.10.30	00	正戊烷和异戊烷	千克	0[1]		25%
		其他：				
2901.10.40	00	全部或部分来自石油、页岩油或天然气	千克	0[1]		25%
2901.10.50	00	其他	千克	0[1]		25%
		不饱和：				
2901.21.00	00	乙烯	千克	0[1]		0
2901.22.00	00	丙烯	千克	0[1]		0
2901.23.00	00	丁烯及其异构体	千克	0[1]		0
2901.24		1,3-丁二烯和异戊二烯：				
2901.24.10	00	1,3-丁二烯	千克	0[1]		0
		异戊二烯：				
2901.24.20	00	按重量计纯度为95%或以上的	千克	0[1]		25%
2901.24.50	00	其他	千克	0[1]		25%
2901.29		其他：				
2901.29.10		全部或部分来自石油、页岩油或天然气		0[1]		25%
	10	线性α-烯烃(C6-C30)，未混合的	千克			
	50	其他	千克			
2901.29.50	00	其他	千克	0[1]		25%
2902		环烃：				
		环烷烃、环烯及环萜烯：				
2902.11.00	00	环己烷	千克	0[1]		15.4美分/千克+40%
2902.19.00		其他		0[1]		25%
	10	双环戊二烯	千克			
	50	其他	千克			
2902.20.00	00	苯	升	0[1]		0
2902.30.00	00	甲苯	升	0[1]		0
		二甲苯：				
2902.41.00	00	邻二甲苯	升	0[1]		0
2902.42.00	00	间二甲苯	升	0[1]		0
2902.43.00	00	对二甲苯	升	0[1]		0
2902.44.00	00	混合二甲苯异构体	升	0[1]		0

税则号列	统计后缀	货品名称	单位	税率 1 普通	税率 1 特惠	税率 2
2902.50.00	00	苯乙烯	千克	0[1]		15.4美分/千克+45%
2902.60.00	00	乙苯	千克	0[1]		15.4美分/千克+55%
2902.70.00	00	异丙基苯	千克	0[1]		0
2902.90		其他:				
2902.90.10	00	假枯烯	千克	0[1]		0
2902.90.20	00	苊、䓛、伞花烃、二甲基萘、荧蒽、芴、茚、均三甲苯、甲基蒽、甲基萘、菲和芘	千克	0[1]		0
2902.90.30		烷基苯及多烷基苯		0[1]		15.4美分/千克+55%
	10	十二烷基苯	千克			
	50	其他	千克			
2902.90.40	00	蒽;1,4-双-(2-甲基苯乙烯基)苯	千克	0[1]		15.4美分/千克+68.5%
2902.90.60	00	联苯(二苯基),片状	千克	0[1]		15.4美分/千克+68.5%
2902.90.90	00	其他	千克	0[1]		15.4美分/千克+68.5%
2903		烃的卤化衍生物:				
		无环烃的饱和氯化衍生物:				
2903.11.00		氯甲烷及氯乙烷		5.5%[1]	0(A,AU,BH,CA,CL,CO,D,E,IL,JO,KR,MA,MX,OM,P,PA,PE,S,SG)	125%
	10	氯甲烷	千克			
	20	氯乙烷	千克			
2903.12.00	00	二氯甲烷	千克	3.7%[1]	0(A,AU,BH,CA,CL,CO,D,E,IL,JO,KR,MA,MX,OM,P,PA,PE,S,SG)	25%
2903.13.00	00	三氯甲烷	千克	5.5%[1]	0(A,AU,BH,CA,CL,CO,D,E,IL,JO,KR,MA,MX,OM,P,PA,PE,S,SG)	32%
2903.14.00	00	四氯化碳	千克	2.3%[1]	0(A,AU,BH,CA,CL,CO,D,E,IL,JO,KR,MA,MX,OM,P,PA,PE,S,SG)	8.5%
2903.15.00	00	二氯乙烯(ISO)(1,2-二氯乙烷)	千克	5.5%[1]	0(A,AU,BH,CA,CL,CO,D,E,IL,JO,KR,MA,MX,OM,P,PA,PE,S,SG)	88%
2903.19		其他:				
2903.19.05	00	1,2-二氯丙烷(二氯丙烯)及二氯丁烷	千克	5.1%[1]	0(A,AU,BH,CA,CL,CO,D,E,IL,JO,KR,MA,MX,OM,P,PA,PE,S,SG)	33.3%
2903.19.10	00	六氯乙烷及四氯乙烷	千克	3.7%[1]	0(A,AU,BH,CA,CL,CO,D,E,IL,JO,KR,MA,MX,OM,P,PA,PE,S,SG)	25%
2903.19.30	00	仲丁基氯	千克	0[1]		114.5%

税则号列	统计后缀	货品名称	单位	税率 1 普通	税率 1 特惠	2
2903.19.60		其他		5.5%[2]	0(A, AU, BH, CA, CL, CO, D, E, IL, JO, KR, L, MA, MX, OM, P, PA, PE, S, SG)	114.5%
	10	甲基氯仿(1,1,1-三氯乙烷)	千克			
	50	其他	千克			
		无环烃的不饱和氯化衍生物：				
2903.21.00	00	氯乙烯	千克	5.5%[3]	0(A, AU, BH, CA, CL, CO, D, E, IL, JO, KR, MA, MX, OM, P, PA, PE, S, SG)	76%
2903.22.00	00	三氯乙烯	千克	4.2%[1]	0(A, AU, BH, CA, CL, CO, D, E, IL, JO, K, KR, MA, MX, OM, P, PA, PE, S, SG)	30%
2903.23.00	00	四氯乙烯(全氯乙烯)	千克	3.4%[1]	0(A, AU, BH, CA, CL, CO, D, E, IL, JO, KR, MA, MX, OM, P, PA, PE, S, SG)	25%
2903.29.00	00	其他	千克	5.5%[1]	0(A, AU, BH, CA, CL, CO, D, E, IL, JO, KR, MA, MX, OM, P, PA, PE, S, SG)	114.5%
		其他无环烃的不饱和氯化衍生物：				
2903.31.00	00	二溴乙烷(ISO)(1,2-二溴乙烷)	千克	5.4%[1]	0(A+, AU, BH, CA, CL, CO, D, E, IL, JO, KR, MA, MX, OM, P, PA, PE, S, SG)	46.3%
2903.39		其他：				
2903.39.15		四溴乙烷；烷基溴化物；二溴亚甲基；溴乙烯		0[1]		25%
	20	溴甲烷	千克			
	50	其他	千克			
2903.39.20		其他		3.7%[4]	0(A, AU, BH, CA, CL, CO, D, E, IL, JO, K, KR, MA, MX, OM, P, PA, PE, S, SG)	25%
		氟化烃：				
	05	1,1,3,3,3-五氟-2-(三氟甲基)-丙-1-烯	千克			
	20	1,1,1,2-四氟乙烷(HFC-134a)	千克			
	35	二氟甲烷；五氟乙烷；1,1,1-三氟乙烷	千克			
	45	其他	千克			
	50	其他	千克			
		含有两种或以上不同卤素的无环烃卤化衍生物：				
2903.71.00	00	一氯二氟甲烷	千克	3.7%[1]	0(A, AU, BH, CA, CL, CO, D, E, IL, JO, KR, MA, MX, OM, P, PA, PE, S, SG)	25%
2903.72.00		二氯三氟乙烷		3.7%[1]	0(A, AU, BH, CA, CL, CO, D, E, IL, JO, KR, MA, MX, OM, P, PA, PE, S, SG)	25%

税则号列	统计后缀	货品名称	单位	税率 1 普通	税率 1 特惠	2
	20	二氯三氟乙烷(HCFC-123)	千克			
	50	其他	千克			
2903.73.00	00	二氯一氟乙烷	千克	3.7%[1]	0(A,AU,BH,CA,CL,CO,D,E,IL,JO,KR,MA,MX,OM,P,PA,PE,S,SG)	25%
2903.74.00	00	一氯二氟乙烷	千克	3.7%[1]	0(A,AU,BH,CA,CL,CO,D,E,IL,JO,KR,MA,MX,OM,P,PA,PE,S,SG)	25%
2903.75.00	00	二氯五氟丙烷	千克	3.7%[1]	0(A,AU,BH,CA,CL,CO,D,E,IL,JO,KR,MA,MX,OM,P,PA,PE,S,SG)	25%
2903.76.00		溴氯二氟甲烷、溴三氟甲烷及二溴四氟乙烷		3.7%[1]	0(A,AU,BH,CA,CL,CO,D,E,IL,JO,KR,MA,MX,OM,P,PA,PE,S,SG)	25%
	10	溴三氟甲烷(Halon 1301)	千克			
	50	其他	千克			
2903.77.00		其他,仅含氟和氯的全卤化物		3.7%[3]	0(A,AU,BH,CA,CL,CO,D,E,IL,JO,K,KR,MA,MX,OM,P,PA,PE,S,SG)	25%
	10	三氯氟甲烷	千克			
	20	三氯三氟乙烷	千克			
	30	二氯四氟乙烷(CFC-114)	千克			
	40	一氯五氟乙烷(CFC-115)	千克			
	50	二氯二氟甲烷	千克			
	80	其他	千克			
2903.78.00	00	其他全卤化衍生物	千克	3.7%[1]	0(A,AU,BH,CA,CL,CO,D,E,IL,JO,K,KR,MA,MX,OM,P,PA,PE,S,SG)	25%
2903.79		其他:				
2903.79.10	00	溴氯甲烷	千克	0[5]		25%
2903.79.90		其他		3.7%[1]	0(A,AU,BH,CA,CL,CO,D,E,IL,JO,K,KR,MA,MX,OM,P,PA,PE,S,SG)	25%
	30	一氯四氟乙烷(HCFC-124)	千克			
	70	其他	千克			
		环烷烃、环烯烃或环萜烯烃的卤化衍生物:				
2903.81.00	00	1,2,3,4,5,6-六氯环己烷(六六六(ISO)),包括林丹(ISO,INN)	千克	5.5%[1]	0(A,AU,BH,CA,CL,CO,D,E,IL,JO,K,KR,MA,MX,OM,P,PA,PE,S,SG)	15.4美分/千克+64.5%
2903.82.00	00	艾氏剂(ISO)、氯丹(ISO)及七氯(ISO)	千克	5.5%[1]	0(A,AU,BH,CA,CL,CO,D,E,IL,JO,KR,MA,MX,OM,P,PA,PE,S,SG)	15.4美分/千克+64.5%
2903.83.00	00	灭蚁灵(ISO)	千克	5.5%[1]	0(A,AU,BH,CA,CL,CO,D,E,IL,JO,KR,MA,MX,OM,P,PA,PE,S,SG)	114.5%

税则号列	统计后缀	货品名称	单位	税率 1 普通	税率 1 特惠	2
2903.89		其他:				
		全部或部分来自苯或其他芳烃:				
2903.89.05	00	二溴乙基二溴环己烷	千克	0[5]		15.4美分/千克+64.5%
		其他:				
2903.89.11	00	农药	千克	5.5%[3]	0(A,AU,BH,CA,CL,CO,D,E,IL,JO,KR,MA,MX,OM,P,PA,PE,S,SG)	15.4美分/千克+64.5%
		其他:				
2903.89.15	00	第六类附加美国注释三描述的产品	千克	5.5%[1]	0(A+,AU,BH,CA,CL,CO,D,E,IL,JO,K,KR,MA,MX,OM,P,PA,PE,S,SG)	15.4美分/千克+53.5%
2903.89.20	00	其他	千克	5.5%[1]	0(A+,AU,BH,CA,CL,CO,D,E,IL,JO,K,KR,MA,MX,OM,P,PA,PE,S,SG)	15.4美分/千克+53.5%
		其他:				
2903.89.31	00	氯化,但未以其他方式卤化	千克	5.5%[6]	0(A,AU,BH,CA,CL,CO,D,E,IL,JO,KR,MA,MX,OM,P,PA,PE,S,SG)	114.5%
		其他:				
2903.89.40	00	1,3,5,7,9,11-六溴环十二烷	千克	3.7%[1]	0(A,AU,BH,CA,CL,CO,D,E,IL,JO,KR,MA,MX,OM,P,PA,PE,S,SG)	25%
2903.89.60	00	四溴环辛烷	千克	0[1]		25%
2903.89.70	00	其他	千克	3.7%[1]	0(A,AU,BH,CA,CL,CO,D,E,IL,JO,K,MA,MX,OM,P,PA,PE,S,SG)	25%
		芳烃卤化衍生物:				
2903.91		氯苯、邻二氯苯及对二氯苯:				
2903.91.10	00	氯苯	千克	5.5%[7]	0(A,AU,BH,CA,CL,CO,D,E,IL,JO,KR,MA,MX,OM,P,PA,PE,S,SG)	15.4美分/千克+91.5%
2903.91.20	00	邻二氯苯	千克	5.5%[8]	0(A+,AU,BH,CA,CL,CO,D,E,IL,JO,KR,MA,MX,OM,P,PA,PE,S,SG)	15.4美分/千克+84%
2903.91.30	00	对二氯苯	千克	5.5%[9]	0(A+,AU,BH,CA,CL,CO,D,E,IL,JO,KR,MA,MX,OM,P,PA,PE,S,SG)	15.4美分/千克+40.5%
2903.92.00	00	六氯苯(ISO)及滴滴涕(ISO,INN),(1,1,1-三氯-2,2-双(4-氯苯基)乙烷)	千克	5.5%[1]	0(A+,AU,BH,CA,CL,CO,D,E,IL,JO,K,KR,MA,MX,OM,P,PA,PE,S,SG)	15.4美分/千克+71%
2903.93.00	00	五氯苯(ISO)	千克	5.5%[5]	0(A+,AU,BH,CA,CL,CO,D,E,IL,JO,K,KR,MA,MX,OM,P,PA,PE,S,SG)	15.4美分/千克+71%
2903.94.00	00	六溴联苯	千克	5.5%[1]	0(A+,AU,BH,CA,CL,CO,D,E,IL,JO,K,KR,MA,MX,OM,P,PA,PE,S,SG)	15.4美分/千克+71%
2903.99		其他:				

税则号列	统计后缀	货品名称	单位	税率 1 普通	税率 1 特惠	税率 2
2903.99.05	00	3-溴-α,α,α-三氟甲苯;2-氯-5-溴-α,α,α-三氟甲苯;α-氯-3-甲基甲苯	千克	5.5%[3]	0(A,AU,BH,CA,CL,CO,D,E,IL,JO,KR,MA,MX,OM,P,PA,PE,S,SG)	15.4美分/千克+71%
2903.99.08	00	三氟甲基氯苯;3,4-二氯三氟苯	千克	5.5%[10]	0(A,AU,BH,CA,CL,CO,D,E,IL,JO,KR,MA,MX,OM,P,PA,PE,S,SG)	15.4美分/千克+71%
2903.99.10	00	间二氯苯;1,1-二氯-2,2-双(对乙基苯基)乙烷;三氯苯	千克	5.5%[11]	0(A+,AU,BH,CA,CL,CO,D,E,IL,JO,KR,MA,MX,OM,P,PA,PE,S,SG)	15.4美分/千克+40.5%
2903.99.15	00	三苯基氯甲烷	千克	0[5]		15.4美分/千克+71%
2903.99.20	00	苄基氯(α-氯甲苯);三氯化苯(α,α,α-三氯甲苯)	千克	5.5%[12]	0(A+,AU,BH,CA,CL,CO,D,E,IL,JO,K,KR,MA,MX,OM,P,PA,PE,S,SG)	15.4美分/千克+48%
2903.99.23	00	五溴乙苯	千克	0[1]		15.4美分/千克+71%
2903.99.27	00	三溴异丙苯	千克	5.5%[1]	0(A+,AU,BH,CA,CL,CO,D,E,IL,JO,KR,MA,MX,OM,P,PA,PE,S,SG)	15.4美分/千克+71%
		其他:				
2903.99.30	00	农药	千克	5.5%[1]	0(A,AU,BH,CA,CL,CO,D,E,IL,JO,KR,MA,MX,OM,P,PA,PE,S,SG)	15.4美分/千克+64.5%
2903.99.80	01	其他	千克	5.5%[13]	0(A+,AU,BH,CA,CL,CO,D,E,IL,JO,K,KR,MA,MX,OM,P,PA,PE,S,SG)	15.4美分/千克+71%
2904		烃的磺化、硝化或亚硝化衍生物,不论是否卤化:				
2904.10		仅含磺基的衍生物及其盐和乙酯:				
2904.10.04	00	2-蒽磺酸	千克	5.5%[1]	0(A,AU,BH,CA,CL,CO,D,E,IL,JO,KR,MA,MX,OM,P,PA,PE,S,SG)	15.4美分/千克+51%
2904.10.08	00	苯磺酰氯	千克	5.5%[14]	0(A,AU,BH,CA,CL,CO,D,E,IL,JO,KR,MA,MX,OM,P,PA,PE,S,SG)	15.4美分/千克+51%
2904.10.10	00	间苯二磺酸钠盐;1,5-萘二磺酸;对甲苯磺酰氯	千克	5.5%[1]	0(A+,AU,BH,CA,CL,CO,D,E,IL,JO,KR,L,MA,MX,OM,P,PA,PE,S,SG)	15.4美分/千克+41.5%
2904.10.15	00	1,3,6-萘三磺酸及1,3,7-萘三磺酸混合物	千克	5.5%[1]	0(A+,AU,BH,CA,CL,CO,D,E,IL,JO,KR,MA,MX,OM,P,PA,PE,S,SG)	15.4美分/千克+40%
		其他:				
		芳香族的:				
2904.10.32	00	第六类附加美国注释三描述的产品	千克	5.5%[15]	0(A+,AU,BH,CA,CL,CO,D,E,IL,JO,K,KR,MA,MX,OM,P,PA,PE,S,SG)	15.4美分/千克+51%
2904.10.37	00	其他	千克	5.5%[16]	0(A+,AU,BH,CA,CL,CO,D,E,IL,JO,KR,L,MA,MX,OM,P,PA,PE,S,SG)	15.4美分/千克+51%

税则号列	统计后缀	货品名称	单位	税率 普通	税率 1 特惠	2
2904.10.50	00	其他	千克	4.2%[17]	0(A+,AU,BH,CA,CL,CO,D,E,IL,JO,KR,MA,MX,OM,P,PA,PE,S,SG)	25%
2904.20		仅含硝基或亚硝基的衍生物:				
2904.20.10	00	对硝基甲苯	千克	5.5%[1]	0(A+,AU,BH,CA,CL,CO,D,E,IL,JO,KR,MA,MX,OM,P,PA,PE,S,SG)	15.4美分/千克+40%
2904.20.15	00	对硝基邻二甲苯	千克	5.5%[1]	0(A+,AU,BH,CA,CL,CO,D,E,IL,JO,KR,L,MA,MX,OM,P,PA,PE,S,SG)	15.4美分/千克+41.5%
2904.20.20	00	三硝基甲苯	千克	0[1]		15.4美分/千克+45%
2904.20.30	00	5-叔丁基-2,4,6-三硝基间二甲苯(麝香二甲苯)和其他人造麝香	千克	5.5%[1]	0(A+,AU,BH,CA,CL,CO,D,E,IL,JO,KR,MA,MX,OM,P,PA,PE,S,SG)	15.4美分/千克+57%
2904.20.35	00	硝化苯、硝化甲苯(对硝基甲苯除外)或硝化萘	千克	5.5%[1]	0(A+,AU,BH,CA,CL,CO,D,E,IL,JO,KR,MA,MX,OM,P,PA,PE,S,SG)	15.4美分/千克+40%
		其他:				
		芳香族的:				
2904.20.40	00	第六类附加美国注释三描述的产品	千克	5.5%[1]	0(A+,AU,BH,CA,CL,CO,D,EIL,JO,KR,MA,MX,OM,P,PA,PE,S,SG)	15.4美分/千克+51%
2904.20.45	00	其他	千克	5.5%[1]	0(A+,AU,BH,CA,CL,CO,D,E,IL,JO,KR,MA,MX,OM,P,PA,PE,S,SG)	15.4美分/千克+51%
2904.20.50	00	其他	千克	5.5%[1]	0(A,AU,BH,CA,CL,CO,D,E,IL,JO,KR,MA,MX,OM,P,PA,PE,S,SG)	30.5%
		全氟辛基磺酸及其盐和全氟辛基磺酰氟:				
2904.31.00	00	全氟辛基磺酸	千克	3.7%[1]	0(A,AU,BH,CA,CL,CO,D,E,IL,JO,KR,MA,MX,OM,P,PA,PE,S,SG)	25%
2904.32.00	00	全氟辛基磺酸铵	千克	3.7%[1]	0(A,AU,BH,CA,CL,CO,D,E,IL,JO,KR,MA,MX,OM,P,PA,PE,S,SG)	25%
2904.33.00	00	全氟辛基磺酸锂	千克	3.7%[1]	0(A,AU,BH,CA,CL,CO,D,E,IL,JO,KR,MA,MX,OM,P,PA,PE,S,SG)	25%
2904.34.00	00	全氟辛基磺酸钾	千克	3.7%[1]	0(A,AU,BH,CA,CL,CO,D,E,IL,JO,KR,MA,MX,OM,P,PA,PE,S,SG)	25%
2904.35.00	00	其他全氟辛基磺酸盐	千克	3.7%[1]	0(A,AU,BH,CA,CL,CO,D,E,IL,JO,KR,MA,MX,OM,P,PA,PE,S,SG)	25%
2904.36.00	00	全氟辛基磺酰氟	千克	3.7%[1]	0(A,AU,BH,CA,CL,CO,D,E,IL,JO,KR,MA,MX,OM,P,PA,PE,S,SG)	25%
		其他:				

税则号列	统计后缀	货品名称	单位	税率 1 普通	税率 1 特惠	税率 2
2904.91.00	00	三氯硝基甲烷（氯化苦）	千克	3.7%[1]	0(A,AU,BH,CA,CL,CO,D,E,IL,JO,KR,MA,MX,OM,P,PA,PE,S,SG)	25%
2904.99		其他：				
		一氯硝基苯：				
2904.99.04	00	邻硝基氯苯；对硝基氯苯	千克	5.5%[1]	0(A,AU,BH,CA,CL,CO,D,E,IL,JO,KR,MA,MX,OM,P,PA,PE,S,SG)	15.4美分/千克+59%
2904.99.08	00	其他	千克	5.5%[1]	0(A+,AU,BH,CA,CL,CO,D,E,IL,JO,KR,MA,MX,OM,P,PA,PE,S,SG)	15.4美分/千克+59%
2904.99.15	00	4-氯-3-硝基-α,α,α-三氟甲苯;2-氯-5-硝基-α,α,α-三氟甲苯;4-氯-3,5-二硝基-α,α,α-三氟甲苯	千克	5.5%[18]	0(A*,AU,BH,CA,CL,CO,D,E,IL,JO,K,KR,MA,MX,OM,P,PA,PE,S,SG)	15.4美分/千克+51%
2904.99.20	00	硝基甲苯磺酸	千克	5.5%[19]	0(A+,AU,BH,CA,CL,CO,D,E,IL,JO,KR,MA,MX,OM,P,PA,PE,S,SG)	15.4美分/千克+74.5%
2904.99.30	00	1-溴-2-硝基苯；1,2-二氯-4-硝基苯及邻氟硝基苯	千克	5.5%[1]	0(A+,AU,BH,CA,CL,CO,D,E,IL,JO,KR,MA,MX,OM,P,PA,PE,S,SG)	15.4美分/千克+40%
2904.99.35	00	4,4′-二硝基芪-2,2′-二磺酸	千克	5.5%[1]	0(A,AU,BH,CA,CL,CO,D,E,IL,JO,KR,MA,MX,OM,P,PA,PE,S,SG)	15.4美分/千克+50%
		其他：				
		芳香族的：				
2904.99.40	00	第六类附加美国注释三描述的产品	千克	5.5%[1]	0(A+,AU,BH,CA,CL,CO,D,E,IL,JO,K,KR,MA,MX,OM,P,PA,PE,S,SG)	15.4美分/千克+51%
2904.99.47	00	其他	千克	5.5%[1]	0(A+,AU,BH,CA,CL,CO,D,E,IL,JO,K,KR,L,MA,MX,OM,P,PA,PE,S,SG)	15.4美分/千克+51%
2904.99.50	00	其他	千克	3.7%[20]	0(A,AU,BH,CA,CL,CO,D,E,IL,JO,KR,MA,MX,OM,P,PA,PE,S,SG)	25%
		第二分章 醇类及其卤化、磺化、硝化或亚硝化衍生物				
2905		无环醇及其卤化、磺化、硝化或亚硝化衍生物：				
		饱和一元醇：				
2905.11		甲醇：				
2905.11.10	00	进口的仅用于生产合成天然气（SNG）或直接用作燃料的	升	0[1]		4.8美分/升
2905.11.20		其他	升	5.5%[1]	0(A,AU,BH,CA,CL,CO,D,E,IL,JO,KR,MA,MX,OM,P,PA,PE,S,SG)	46%
	10	进口的用于化工生产，包括生产醛、塑料、烯烃和树脂的	升			
	15	用于废水处理的	升			

税则号列	统计后缀	货品名称	单位	税率 1 普通	税率 1 特惠	2
	85	其他	升			
2905.12.00		丙-1-醇(丙醇)和丙-2-醇(异丙醇)		5.5%[1]	0(A*,AU,BH,CA,CL,CO,D,E,IL,JO,KR,MA,MX,OM,P,PA,PE,S,SG)	66%
	10	丙醇	千克			
	50	丙二醇	千克			
2905.13.00	00	正丁醇	千克	5.5%[1]	0(A*,AU,BH,CA,CL,CO,D,E,IL,JO,KR,MA,MX,OM,P,PA,PE,S,SG)	50.5%
2905.14		其他丁醇:				
2905.14.10	00	按重量计纯度低于99%的叔丁醇	千克	0[1]		50.5%
2905.14.50		其他		5.5%[1]	0(A,AU,BH,CA,CL,CO,D,E,IL,JO,KR,MA,MX,OM,P,PA,PE,S,SG)	50.5%
	10	2-甲基丙烷-1-醇(异丁醇)	千克			
	50	其他	千克			
2905.16.00		辛醇及其异构体		3.7%[21]	0(A,AU,BH,CA,CL,CO,D,E,IL,JO,KR,MA,MX,OM,P,PA,PE,S,SG)	25%
	10	2-乙基己烷-1-醇	千克			
	50	其他	千克			
2905.17.00	00	十二醇、十六醇及十八醇	千克	5%[1]	0(A+,AU,BH,CA,CL,CO,D,E,IL,JO,KR,MA,MX,OM,P,PA,PE,S,SG)	25%
2905.19		其他:				
2905.19.10	00	戊醇及其异构体	千克	5.5%[1]	0(A,AU,BH,CA,CL,CO,D,E,IL,JO,KR,MA,MX,OM,P,PA,PE,S,SG)	37.5%
2905.19.90		其他		3.7%[22]	0(A,AU,BH,CA,CL,CO,D,E,IL,JO,K,KR,MA,MX,OM,P,PA,PE,S,SG)	25%
	05	3,3-二甲基丁-2-醇(频哪基醇)	千克			
	10	癸醇及其异构体	千克			
	20	己醇及其异构体	千克			
	90	其他	千克			
		不饱和一元醇:				
2905.22		无环萜烯醇:				
2905.22.10	00	香叶醇	千克	3%[1]	0(A,AU,BH,CA,CL,CO,D,E,IL,JO,KR,MA,MX,OM,P,PA,PE,S,SG)	45%
2905.22.20	00	异植醇	千克	3.7%[1]	0(A,AU,BH,CA,CL,CO,D,E,IL,JO,K,KR,MA,MX,OM,P,PA,PE,S,SG)	25%
2905.22.50		其他		4.8%[1]	0(A*,AU,BH,CA,CL,CO,D,E,IL,JO,K,KR,MA,MX,OM,P,PA,PE,S,SG)	45%

税则号列	统计后缀	货品名称	单位	税率 1 普通	税率 1 特惠	税率 2
	10	香茅醇	千克			
	50	其他	千克			
2905.29		其他:				
2905.29.10	00	烯丙醇	千克	5.5%[1]	0(A,AU,BH,CA,CL,CO,D,E,IL,JO,KR,MA,MX,OM,P,PA,PE,S,SG)	45%
2905.29.90	00	其他	千克	3.7%[23]	0(A,AU,BH,CA,CL,CO,D,E,IL,JO,K,KR,MA,MX,OM,P,PA,PE,S,SG)	25%
		二元醇:				
2905.31.00	00	1,2-乙二醇	千克	5.5%[1]	0(A,AU,BH,CA,CL,CO,D,E,IL,JO,KR,MA,MX,OM,P,PA,PE,S,SG)	63%
2905.32.00	00	1,2-丙二醇	千克	5.5%[1]	0(A,AU,BH,CA,CL,CO,D,E,IL,JO,KR,MA,MX,OM,P,PA,PE,S,SG)	51%
2905.39		其他:				
2905.39.10	00	丁二醇	千克	5.5%[1]	0(A,AU,BH,CA,CL,CO,D,E,IL,JO,KR,MA,MX,OM,P,PA,PE,S,SG)	51%
2905.39.20	00	新戊二醇	千克	5.5%[1]	0(A,AU,BH,CA,CL,CO,D,E,IL,JO,KR,MA,MX,OM,P,PA,PE,S,SG)	54.5%
2905.39.60	00	己二醇	千克	0[1]		54.5%
2905.39.90	00	其他	千克	5.5%[24]	0(A,AU,BH,CA,CL,CO,D,E,IL,JO,K,KR,MA,MX,OM,P,PA,PE,S,SG)	54.5%
		其他多元醇:				
2905.41.00	00	2-乙基-2-(羟甲基)丙烷-1,3-二醇（三羟甲基丙烷）	千克	3.7%[1]	0(A,AU,BH,CA,CL,CO,D,E,IL,JO,KR,MA,MX,OM,P,PA,PE,S,SG)	25%
2905.42.00	00	季戊四醇	千克	3.7%[1]	0(A*,AU,BH,CA,CL,CO,D,E,IL,JO,KR,MA,MX,OM,P,PA,PE,S,SG)	25%
2905.43.00	00	甘露糖醇	千克	4.6%[5]	0(A,AU,BH,CA,CL,CO,D,E,IL,JO,KR,MA,MX,OM,P,PA,PE,S,SG)	50%
2905.44.00	00	山梨醇	千克	4.9%[5]	0(A*,AU,BH,CA,CL,CO,D,E,IL,JO,KR,MA,MX,OM,P,PA,PE,S,SG)	50%
2905.45.00	00	丙三醇(甘油)	千克	0.5美分/千克[5]	0(A*,AU,BH,CA,CL,CO,D,E,IL,JO,KR,MA,MX,OM,P,PA,PE,S,SG)	4.4美分/千克
2905.49		其他:				
2905.49.10	00	三醇和四醇	千克	3.7%[1]	0(A,AU,BH,CA,CL,CO,D,E,IL,JO,KR,MA,MX,OM,P,PA,PE,S,SG)	25%

税则号列	统计后缀	货品名称	单位	税率 普通	税率 特惠	2
2905.49.20	00	与品目2904的酸形成的甘油酯	千克	5.5%[1]	0(A,AU,BH,CA,CL,CO,D,E,IL,JO,K,KR,MA,MX,OM,P,PA,PE,S,SG)	54.5%
		其他：				
		糖类衍生的多元醇：				
2905.49.30	00	木糖醇	千克	0[1]		50%
2905.49.40	00	其他[25]	千克	5.5%[1]	0(A,AU,BH,CA,CL,CO,D,E,IL,JO,KR,MA,MX,OM,P,PA,PE,S,SG)	50%
2905.49.50	01	其他	千克	5.5%[1]	0(A,AU,BH,CA,CL,CO,D,E,IL,JO,K,KR,MA,MX,OM,P,PA,PE,S,SG)	54.5%
		无环醇的卤化、磺化、硝化或亚硝化衍生物：				
2905.51.00	00	乙氯维诺(INN)	千克	0		39%
2905.59		其他：				
2905.59.10	00	一元醇的衍生物	千克	5.5%[1]	0(A,AU,BH,CA,CL,CO,D,E,IL,JO,K,KR,MA,MX,OM,P,PA,PE,S,SG)	39%
2905.59.30	00	二溴新戊二醇	千克	0[1]		54.5%
2905.59.90	00	其他	千克	5.5%[1]	0(A,AU,BH,CA,CL,CO,D,E,IL,JO,K,KR,MA,MX,OM,P,PA,PE,S,SG)	54.5%
2906		环醇及其卤化、磺化、硝化或亚硝化衍生物：				
		环烷醇、环烯醇及环萜烯醇：				
2906.11.00	00	薄荷醇	千克	2.1%[26]	0(A*,AU,BH,CA,CL,CO,D,E,IL,JO,K,KR,MA,MX,OM,P,PA,PE,S,SG)	6.2%
2906.12.00	00	环己醇、甲基环己醇及二甲基环己醇	千克	5.5%[1]	0(A+,AU,BH,CA,CL,CO,D,E,IL,JO,KR,MA,MX,OM,P,PA,PE,S,SG)	15.4美分/千克+53.5%
2906.13		固醇及肌醇：				
2906.13.10	00	肌醇	千克	0[1]		50%
2906.13.50	00	其他	千克	3.7%[1]	0(A,AU,BH,CA,CL,CO,D,E,IL,JO,KR,MA,MX,OM,P,PA,PE,S,SG)	25%
2906.19		其他：				
2906.19.10	00	4,4′-异亚丙基二环己醇；以及按重量计含有不少于90%的2-异丙基-5-甲基环己醇立体异构体，但含有任何一种此类立体异构体的重量不超过30%的混合物	千克	0[1]		45%
2906.19.30	00	松油醇	千克	5.5%[1]	0(A*,AU,BH,CA,CL,CO,D,E,IL,JO,KR,MA,MX,OM,P,PA,PE,S,SG)	45%

税则号列	统计后缀	货品名称	单位	税率 普通	税率 1 特惠	税率 2
2906.19.50	00	其他	千克	5.5%[1]	0(A,AU,BH,CA,CL,CO,D,E,IL,JO,K,KR,MA,MX,OM,P,PA,PE,S,SG)	45%
		芳香族的:				
2906.21.00	00	苄醇	千克	5.5%[1]	0(A+,AU,BH,CA,CL,CO,D,E,IL,JO,KR,MA,MX,OM,P,PA,PE,S,SG)	15.4美分/千克+40%
2906.29		其他:				
		有气味的或调味的化合物:				
2906.29.10	00	苯乙醇	千克	5.5%[1]	0(A,AU,BH,CA,CL,CO,D,E,IL,JO,KR,MA,MX,OM,P,PA,PE,S,SG)	15.4美分/千克+77%
2906.29.20	00	其他	千克	5.5%[1]	0(A,AU,BH,CA,CL,CO,D,E,IL,JO,KR,MA,MX,OM,P,PA,PE,S,SG)	15.4美分/千克+58%
		其他:				
2906.29.30	00	1,1-双(4-氯苯基)-2,2,2-三氯乙醇(三氯杀螨醇);对硝基苯甲醇	千克	0[1]		15.4美分/千克+40%
2906.29.60	00	其他	千克	5.5%[1]	0(A+,AU,BH,CA,CL,CO,D,E,IL,JO,K,KR,L,MA,MX,OM,P,PA,PE,S,SG)	15.4美分/千克+40%
		第三分章 酚、酚醇及其卤化、磺化、硝化或亚硝化衍生物				
2907		酚;酚醇:				
		一元酚:				
2907.11.00	00	苯酚及其盐	千克	5.5%[1]	0(A,AU,BH,CA,CL,CO,D,E,IL,JO,KR,MA,MX,OM,P,PA,PE,S,SG)	15.4美分/千克+44%
2907.12.00	00	甲酚及其盐	千克	4.2%[1]	0(A,AU,BH,CA,CL,CO,D,E,IL,JO,KR,MA,MX,OM,P,PA,PE,S,SG)	48.3%
2907.13.00	00	辛基酚、壬基酚及其异构体以及它们的盐	千克	5.5%[1]	0(A+,AU,BH,CA,CL,CO,D,E,IL,JO,KR,MA,MX,OM,P,PA,PE,S,SG)	15.4美分/千克+80%
2907.15		萘酚及其盐:				
2907.15.10	00	α-萘酚[27]	千克	5.5%[28]	0(A,AU,BH,CA,CL,CO,D,E,IL,JO,KR,MA,MX,OM,P,PA,PE,S,SG)	15.4美分/千克+73%
2907.15.30	00	β-萘酚(2-萘酚)	千克	0[1]		15.4美分/千克+73%
2907.15.60	00	其他	千克	5.5%[1]	0(A+,AU,BH,CA,CL,CO,D,E,IL,JO,KR,MA,MX,OM,P,PA,PE,S,SG)	15.4美分/千克+73%
2907.19		其他:				
2907.19.10	00	烷基甲酚	千克	5.5%[1]	0(A+,AU,BH,CA,CL,CO,D,E,IL,JO,K,KR,MA,MX,OM,P,PA,PE,S,SG)	15.4美分/千克+40.5%

税则号列	统计后缀	货品名称	单位	税率 1 普通	税率 1 特惠	2
2907.19.20	00	烷基苯酚	千克	5.5%[1]	0(A+,AU,BH,CA,CL,CO,D,E,IL,JO,K,KR,MA,MX,OM,P,PA,PE,S,SG)	15.4美分/千克+80%
2907.19.40	00	麝香草酚	千克	4.2%[29]	0(A,AU,BH,CA,CL,CO,D,E,IL,JO,K,KR,MA,MX,OM,P,PA,PE,S,SG)	35%
		其他：				
2907.19.61	00	2-叔丁基乙基苯酚；6-叔丁基-2,4-二甲酚；二甲苯酚及其盐类	千克	0[1]		15.4美分/千克+44%
2907.19.80	00	其他	千克	5.5%[30]	0(A+,AU,BH,CA,CL,CO,D,E,IL,JO,K,KR,MA,MX,OM,P,PA,PE,S,SG)	15.4美分/千克+44%
		多元酚；酚醇：				
2907.21.00	00	间苯二酚及其盐	千克	5.5%[31]	0(A+,AU,BH,CA,CL,CO,D,E,IL,JO,KR,MA,MX,OM,P,PA,PE,S,SG)	15.4美分/千克+40%
2907.22		对苯二酚及其盐：				
2907.22.10	00	照相级	千克	5.5%[1]	0(A+,AU,BH,CA,CL,CO,D,E,IL,JO,KR,MA,MX,OM,P,PA,PE,S,SG)	15.4美分/千克+50%
2907.22.50	00	其他	千克	5.5%[1]	0(A+,AU,BH,CA,CL,CO,D,E,IL,JO,KR,MA,MX,OM,P,PA,PE,S,SG)	15.4美分/千克+44%
2907.23.00	00	4,4'-异亚丙基联苯酚(双酚A,二苯基酚丙烷)及其盐	千克	5.5%[1]	0(A+,AU,BH,CA,CL,CO,D,E,IL,JO,KR,MA,MX,OM,P,PA,PE,S,SG)	15.4美分/千克+44%
2907.29		其他：				
2907.29.05	00	酚醇	千克	5.5%[1]	0(A+,AU,BH,CA,CL,CO,D,E,IL,JO,KR,L,MA,MX,OM,P,PA,PE,S,SG)	15.4美分/千克+44%
2907.29.10	00	焦性没食子酸	千克	1.3%[32]	0(A,AU,BH,CA,CL,CO,D,E,IL,JO,KR,MA,MX,OM,P,PA,PE,S,SG)	2%
2907.29.15	00	4,4'-双酚	千克	0[1]		15.4美分/千克+44%
2907.29.25	00	特丁基对苯二酚	千克	5.5%[1]	0(A,AU,BH,CA,CL,CO,D,E,IL,JO,KR,MA,MX,OM,P,PA,PE,S,SG)	15.4美分/千克+44%
2907.29.90	00	其他	千克	5.5%[33]	0(A+,AU,BH,CA,CL,CO,D,E,IL,JO,K,KR,MA,MX,OM,P,PA,PE,S,SG)	15.4美分/千克+44%
2908		酚及酚醇的卤化、磺化、硝化或亚硝化衍生物：				
		仅含卤素取代基的衍生物及其盐：				
2908.11.00	00	五氯苯酚(ISO)	千克	5.5%[1]	0(A,AU,BH,CA,CL,CO,D,E,IL,JO,KR,MA,MX,OM,P,PA,PE,S,SG)	15.4美分/千克+40%
2908.19		其他：				

税则号列	统计后缀	货品名称	单位	税率 1 普通	税率 1 特惠	2
2908.19.05	00	2,2-双(4-羟基苯基)-1,1,1,3,3,3-六氟丙烷	千克	0[1]		15.4美分/千克+62%
2908.19.10	00	6-氯间甲酚[OH＝1]；间氯苯酚；氯百里酚	千克	5.5%[1]	0(A+,AU,BH,CA,CL,CO,D,E,IL,JO,K,KR,MA,MX,OM,P,PA,PE,S,SG)	15.4美分/千克+67.5%
2908.19.15	00	3-羟基-α,α,α-三氟甲苯	千克	5.5%[3]	0(A,AU,BH,CA,CL,CO,D,E,IL,JO,KR,MA,MX,OM,P,PA,PE,S,SG)	15.4美分/千克+62%
2908.19.20	00	五氯苯酚盐；2,4,5-三氯苯酚及其盐类	千克	5.5%[1]	0(A,AU,BH,CA,CL,CO,D,E,IL,JO,KR,MA,MX,OM,P,PA,PE,S,SG)	15.4美分/千克+40%
2908.19.25	00	四溴双酚A	千克	5.5%[1]	0(A+,AU,BH,CA,CL,CO,D,E,IL,JO,KR,MA,MX,OM,P,PA,PE,S,SG)	15.4美分/千克+62%
		其他：				
2908.19.35	00	第六类附加美国注释三描述的产品	千克	5.5%[1]	0(A+,AU,BH,CA,CL,CO,D,E,IL,JO,K,KR,MA,MX,OM,P,PA,PE,S,SG)	15.4美分/千克+62%
2908.19.60	00	其他	千克	5.5%[1]	0(A+,AU,BH,CA,CL,CO,D,E,IL,JO,K,KR,L,MA,MX,OM,P,PA,PE,S,SG)	15.4美分/千克+62%
		其他：				
2908.91.00	00	地乐酚(ISO)及其盐	千克	5.5%[1]	0(A,AU,BH,CA,CL,CO,D,E,IL,JO,L,KR,L,MA,MX,OM,P,PA,PE,S,SG)	15.4美分/千克+48.5%
2908.92.00	00	4,6-二硝基邻甲酚[二硝酚(ISO)]及其盐	千克	5.5%[1]	0(A+,AU,BH,CA,CL,CO,D,E,IL,JO,KR,MA,MX,OM,P,PA,PE,S,SG)	15.4美分/千克+48.5%
2908.99		其他：				
		仅含磺基的衍生物及其盐和酯：				
2908.99.03	00	2,5-二羟基苯磺酸,钾盐；3,6-二羟基-2,7-萘二磺酸；3,6-二羟基-2,7-萘二磺酸钠盐；4-羟基-1-萘磺酸钠盐；1-萘酚-3,6-二磺酸；2-萘酚-3,6-二磺酸及其盐	千克	5.5%[1]	0(A+,AU,BH,CA,CL,CO,D,E,IL,JO,KR,L,MA,MX,OM,P,PA,PE,S,SG)	15.4美分/千克+45.5%
2908.99.06	00	4-羟基-1-萘磺酸(1-萘酚-4-磺酸)	千克	0[5]		15.4美分/千克+45.5%
2908.99.09	00	1,8-二羟基萘-3,6-二磺酸及其二钠盐	千克	5.5%[1]	0(A,AU,BH,CA,CL,CO,D,E,IL,JO,KR,L,MA,MX,OM,P,PA,PE,S,SG)	15.4美分/千克+62%
		其他：				
2908.99.12	00	第六类附加美国注释三描述的产品	千克	5.5%[1]	0(A+,AU,BH,CA,CL,CO,D,E,IL,JO,K,KR,L,MA,MX,OM,P,PA,PE,S,SG)	15.4美分/千克+62%
2908.99.15	00	其他	千克	5.5%[1]	0(A+,AU,BH,CA,CL,CO,D,E,IL,JO,K,KR,L,MA,MX,OM,P,PA,PE,S,SG)	15.4美分/千克+62%
		其他：				

税则号列	统计后缀	货品名称	单位	税率 1 普通	税率 1 特惠	2
2908.99.20	00	对硝基酚	千克	5.5%[1]	0(A,AU,BH,CA,CL,CO,D,E,IL,JO,KR,MA,MX,OM,P,PA,PE,S,SG)	15.4美分/千克+51.5%
2908.99.25	00	其他硝基酚	千克	5.5%[34]	0(A+,AU,BH,CA,CL,CO,D,E,IL,JO,K,KR,MA,MX,OM,P,PA,PE,S,SG)	15.4美分/千克+51.5%
2908.99.33	00	二硝基邻甲酚(4,6-二硝基邻甲酚除外)及4-硝基间甲酚	千克	5.5%[1]	0(A,AU,BH,CA,CL,CO,D,E,IL,JO,KR,MA,MX,OM,P,PA,PE,S,SG)	15.4美分/千克+45.5%
2908.99.40	00	二硝基丁基苯酚及其盐类	千克	5.5%[1]	0(A,AU,BH,CA,CL,CO,D,E,IL,JO,KR,MA,MX,OM,P,PA,PE,S,SG)	15.4美分/千克+48.5%
		其他:				
2908.99.80	00	第六类附加美国注释三描述的产品[25]	千克	5.5%[35]	0(A+,AU,BH,CA,CL,CO,D,E,IL,JO,KR,MA,MX,OM,P,PA,PE,S,SG)	15.4美分/千克+62%
2908.99.90	00	其他	千克	5.5%[1]	0(A+,AU,BH,CA,CL,CO,D,E,IL,JO,KR,MA,MX,OM,P,PA,PE,S,SG)	15.4美分/千克+62%
		第四分章 醚、过氧化醇、过氧化醚、过氧化酮、三节环环氧化物、缩醛及半缩醛及其卤化、磺化、硝化或亚硝化衍生物				
2909		醚、醚醇、醚酚、醚醇酚、过氧化醇、过氧化醚、过氧化酮(不论是否已有化学定义)及其卤化、磺化、硝化或亚硝化衍生物:				
		无环醚及其卤化、磺化、硝化或亚硝化衍生物:				
2909.11.00	00	乙醚	千克	1%[1]	0(A,AU,BH,CA,CL,CO,D,E,IL,JO,KR,MA,MX,OM,P,PA,PE,S,SG)	4%
2909.19		其他:				
		一元醇醚:				
2909.19.14	00	甲基叔丁基醚(MTBE)	千克	5.5%[1]	0(A*,AU,BH,CA,CL,CO,D,E,IL,JO,KR,MA,MX,OM,P,PA,PE,S,SG)	37%
2909.19.18	00	其他[36]	千克	5.5%[1]	0(A*,AU,BH,CA,CL,CO,D,E,IL,JO,K,KR,MA,MX,OM,P,PA,PE,S,SG)	37%/
		多元醇醚:				
2909.19.30	00	三甘醇二氯化物	千克	0[1]		54.5%
2909.19.60	00	其他	千克	5.5%[37]	0(A,AU,BH,CA,CL,CO,D,E,IL,JO,K,KR,MA,MX,OM,P,PA,PE,S,SG)	54.5%
2909.20.00	00	环烷醚、环烯醚或环萜烯醚及其卤化、磺化、硝化或亚硝化衍生物	千克	3.7%[1]	0(A,AU,BH,CA,CL,CO,D,E,IL,JO,KR,MA,MX,OM,P,PA,PE,S,SG)	25%
2909.30		芳香醚及其卤化、磺化、硝化或亚硝化衍生物:				

税则号列	统计后缀	货品名称	单位	税率 普通	税率 1 特惠	税率 2
2909.30.05	00	5-氯-2-硝基苯甲醚;6-氯-3-硝基-p-二甲氧基苯;二甲基二苯醚	千克	5.5%[1]	0(A+,AU,BH,CA,CL,CO,D,E,IL,JO,KR,MA,MX,OM,P,PA,PE,S,SG)	15.4美分/千克+40%
2909.30.07	00	十溴二苯醚;八溴二苯醚	千克	5.5%[3]	0(A+,AU,BH,CA,CL,CO,D,E,IL,JO,KR,MA,MX,OM,P,PA,PE,S,SG)	15.4美分/千克+70.5%
2909.30.09	00	双(三溴苯氧基)乙烷;五溴二苯醚;十四溴二苯氧基苯	千克	0[3]		15.4美分/千克+70.5%
		其他:				
		气味或香味化合物:				
2909.30.10	00	6-叔丁基-3-甲基-2,4-二硝基苯甲醚(麝香琥珀)和其他人造麝香	千克	5.5%[3]	0(A,AU,BH,CA,CL,CO,D,E,IL,JO,KR,MA,MX,OM,P,PA,PE,S,SG)	15.4美分/千克+57%
2909.30.20	00	其他[38]	千克	5.5%[1]	0(A,AU,BH,CA,CL,CO,D,E,IL,JO,KR,MA,MX,OM,P,PA,PE,S,SG)	15.4美分/千克+58%
2909.30.30	00	农药	千克	5.5%[39]	0(A,AU,BH,CA,CL,CO,D,E,IL,JO,KR,MA,MX,OM,P,PA,PE,S,SG)	15.4美分/千克+48.5%
		其他:				
2909.30.40	00	第六类附加美国注释三描述的产品	千克	5.5%[1]	0(A+,AU,BH,CA,CL,CO,D,E,IL,JO,K,KR,MA,MX,OM,P,PA,PE,S,SG)	15.4美分/千克+70.5%
2909.30.60	00	其他	千克	5.5%[40]	0(A+,AU,BH,CA,CL,CO,D,E,IL,JO,K,KR,MA,MX,OM,P,PA,PE,S,SG)	15.4美分/千克+70.5%
		醚醇及其卤化、磺化、硝化或亚硝化衍生物:				
2909.41.00	00	2,2'-氧联二乙醇(二甘醇)	千克	5.5%[1]	0(A,AU,BH,CA,CL,CO,D,E,IL,JO,KR,MA,MX,OM,P,PA,PE,S,SG)	54.5%
2909.43.00	00	乙二醇或二甘醇的单丁醚	千克	5.5%[1]	0(A,AU,BH,CA,CL,CO,D,E,IL,JO,KR,MA,MX,OM,P,PA,PE,S,SG)	54.5%
2909.44.01		乙二醇或二甘醇的其他单烷基醚		5.5%[1]	0(A,AU,BH,CA,CL,CO,D,E,IL,JO,KR,MA,MX,OM,P,PA,PE,S,SG)	54.5%
	10	乙二醇或二甘醇的单甲醚	千克			
	50	其他	千克			
2909.49		其他:				
		芳香族的:				
2909.49.05	00	愈创甘油醚	千克	0[1]		15.4美分/千克+79%
		其他:				
2909.49.10	00	第六类附加美国注释三描述的产品	千克	5.5%[1]	0(A+,AU,BH,CA,CL,CO,D,E,IL,JO,K,KR,MA,MX,OM,P,PA,PE,S,SG)	15.4美分/千克+70.5%

税则号列	统计后缀	货品名称	单位	税率 1 普通	税率 1 特惠	税率 2
2909.49.15	00	其他	千克	5.5%[1]	0(A+,AU,BH,CA,CL,CO,D,E,IL,JO,K,KR,MA,MX,OM,P,PA,PE,S,SG)	15.4美分/千克+70.5%
		其他:				
2909.49.20	00	甘油醚	千克	3.7%[1]	0(A,AU,BH,CA,CL,CO,D,E,IL,JO,K,KR,MA,MX,OM,P,PA,PE,S,SG)	25%
2909.49.30	00	按重量计纯度为94%或以上的二季戊四醇	千克	0[1]		54.5%
2909.49.60	00	其他	千克	5.5%[41]	0(A,AU,BH,CA,CL,CO,D,E,IL,JO,K,KR,MA,MX,OM,P,PA,PE,S,SG)	54.5%
2909.50		醚酚、醚醇酚及其卤化、磺化、硝化或亚硝化衍生物:				
2909.50.10	00	4-乙基愈创木酚	千克	5.5%[1]	0(A+,AU,BH,CA,CL,CO,D,E,IL,JO,KR,MA,MX,OM,P,PA,PE,S,SG)	15.4美分/千克+40%
2909.50.20	00	愈创木酚及其衍生物	千克	5.5%[1]	0(A,AU,BH,CA,CL,CO,D,E,IL,JO,K,KR,MA,MX,OM,P,PA,PE,S,SG)	15.4美分/千克+79%
		其他:				
2909.50.40		有气味或香味的化合物		4.8%[1]	0(A*,AU,BH,CA,CL,CO,D,E,IL,JO,K,KR,MA,MX,OM,P,PA,PE,S,SG)	45%
	10	丁香酚和异丁香酚	千克			
	50	其他	千克			
		其他:				
2909.50.45	00	第六类附加美国注释三描述的产品	千克	5.5%[1]	0(A+,AU,BH,CA,CL,CO,D,E,IL,JO,K,KR,MA,MX,OM,P,PA,PE,S,SG)	15.4美分/千克+70.5%
2909.50.50	00	其他	千克	5.5%[1]	0(A+,AU,BH,CA,CL,CO,D,E,IL,JO,K,KR,MA,MX,OM,P,PA,PE,S,SG)	15.4美分/千克+70.5%
2909.60		过氧化醇、过氧化醚、过氧化酮及其卤化、磺化、硝化或亚硝化衍生物:				
		芳香族的:				
2909.60.10	00	第六类附加美国注释三描述的产品	千克	5.5%[42]	0(A+,AU,BH,CA,CL,CO,D,E,IL,JO,KR,MA,MX,OM,P,PE,S,SG)	15.4美分/千克+70.5%
2909.60.20	00	其他	千克	5.5%[43]	0(A+,AU,BH,CA,CL,CO,D,E,IL,JO,KR,MA,MX,OM,P,PA,PE,S,SG)	15.4美分/千克+70.5%
2909.60.50	00	其他	千克	3.7%[44]	0(A,AU,BH,CA,CL,CO,D,E,IL,JO,KR,MA,MX,OM,P,PA,PE,S,SG)	25%
2910		三节环环氧化物、环氧醇、环氧酚、环氧醚及其卤化、磺化、硝化或亚硝化衍生物:				

税则号列	统计后缀	货品名称	单位	税率 普通	税率 1 特惠	税率 2
2910.10.00	00	环氧乙烷(氧化乙烯)	千克	5.5%[1]	0(A,AU,BH,CA,CL,CO,D,E,IL,JO,KR,MA,MX,OM,P,PA,PE,S,SG)	49%
2910.20.00	00	甲基环氧乙烷(氧化丙烯)	千克	5.5%[1]	0(A,AU,BH,CA,CL,CO,D,E,IL,JO,KR,MA,MX,OM,P,PA,PE,S,SG)	55%
2910.30.00	00	1-氯-2,3-环氧丙烷(表氯醇)	千克	3.7%[1]	0(A,AU,BH,CA,CL,CO,D,E,IL,JO,K,KR,MA,MX,OM,P,PA,PE,S,SG)	25%
2910.40.00	00	狄氏剂(ISO,INN)	千克	4.8%[1]	0(A,AU,BH,CA,CL,CO,D,E,IL,JO,K,KR,MA,MX,OM,P,PA,PE,S,SG)	31%
2910.50.00	00	异狄氏剂	千克	4.8%[1]	0(A,AU,BH,CA,CL,CO,D,E,IL,JO,K,KR,MA,MX,OM,P,PA,PE,S,SG)	31%
2910.90		其他:				
2910.90.10	00	氧化丁烯	千克	4.6%[1]	0(A*,AU,BH,CA,CL,CO,D,E,IL,JO,K,KR,MA,MX,OM,P,PA,PE,S,SG)	46%
		其他:				
2910.90.20	00	芳香族的	千克	5.5%[1]	0(A+,AU,BH,CA,CL,CO,D,E,IL,JO,K,KR,MA,MX,OM,P,PA,PE,S,SG)	15.4美分/千克+40%
2910.90.91	00	其他	千克	4.8%[45]	0(A*,AU,BH,CA,CL,CO,D,E,IL,JO,K,KR,MA,MX,OM,P,PA,PE,S,SG)	31%
2911.00		缩醛及半缩醛,不论是否含有其他含氧基,及其卤化、磺化、硝化或亚硝化衍生物:				
2911.00.10	00	1,1-双(1-甲基乙氧基)环己烷	千克	0[1]		36.5%
2911.00.50	00	其他	千克	5.3%[46]	0(A,AU,BH,CA,CL,CO,D,E,IL,JO,K,KR,MA,MX,OM,P,PA,PE,S,SG)	36.5%
		第五分章 醛基化合物				
2912		醛,不论是否含有其他含氧基;环聚醛;多聚甲醛:				
		不含其他含氧基的无环醛:				
2912.11.00	00	甲醛	千克	2.8%[1]	0(A,AU,BH,CA,CL,CO,D,E,IL,JO,KR,MA,MX,OM,P,PA,PE,S,SG)	12.1%
2912.12.00	00	乙醛	千克	5.5%[1]	0(A,AU,BH,CA,CL,CO,D,E,IL,JO,KR,MA,MX,OM,P,PA,PE,S,SG)	71%
2912.19		其他:				
		有气味或香味的化合物:				
2912.19.10	00	柠檬醛	千克	5.5%[47]	0(A,AU,BH,CA,CL,CO,D,E,IL,JO,KR,MA,MX,OM,P,PA,PE,S,SG)	45%

税则号列	统计后缀	货品名称	单位	税率 1 普通	税率 1 特惠	2
2912.19.20	00	其他	千克	4.8%[1]	0(A,AU,BH,CA,CL,CO,D,E,IL,JO,KR,MA,MX,OM,P,PA,PE,S,SG)	45%
		其他：				
2912.19.25	00	丁醛(正异构体丁醛)	千克	5.5%[1]	0(A,AU,BH,CA,CL,CO,D,E,IL,JO,KR,MA,MX,OM,P,PA,PE,S,SG)	61.5%
2912.19.30	00	乙二醛[27]	千克	3.7%[48]	0(A,AU,BH,CA,CL,CO,D,E,IL,JO,KR,MA,MX,OM,P,PA,PE,S,SG)	25%
2912.19.40	00	异丁醛	千克	5.5%[3]	0(A,AU,BH,CA,CL,CO,D,E,IL,JO,KR,MA,MX,OM,P,PA,PE,S,SG)	61.5%
2912.19.50	00	其他	千克	5.5%[1]	0(A,AU,BH,CA,CL,CO,D,E,IL,JO,K,KR,MA,MX,OM,P,PA,PE,S,SG)	37%
		不含其他含氧基的环醛：				
2912.21.00	00	苯甲醛	千克	5.5%[1]	0(A+,AU,BH,CA,CL,CO,D,E,IL,JO,KR,MA,MX,OM,P,PA,PE,S,SG)	15.4美分/千克+45%
2912.29		其他：				
2912.29.10	00	苯乙醛	千克	5.5%[1]	0(A,AU,BH,CA,CL,CO,D,E,IL,JO,KR,MA,MX,OM,P,PA,PE,S,SG)	15.4美分/千克+40.5%
2912.29.30	00	3,4-二甲基苯甲醛；三聚乙醛，USP级；对甲苯醛	千克	0[1]		15.4美分/千克+58%
2912.29.60		其他		5.5%[49]	0(A,AU,BH,CA,CL,CO,D,E,IL,JO,K,KR,MA,MX,OM,P,PA,PE,S,SG)	15.4美分/千克+58%
	10	有气味或香味的化合物	千克			
	90	其他	千克			
		醛醇、醛酚及含有其他含氧基的醛：				
2912.41.00	00	香草醛(3-甲氧基-4-羟基苯甲醛)	千克	5.5%[5]	0(A,AU,BH,CA,CL,CO,D,E,IL,JO,KR,MA,MX,OM,P,PA,PE,S,SG)	15.4美分/千克+48%
2912.42.00	00	乙基香草醛(3-乙氧基-4-羟基苯甲醛)	千克	5.5%[1]	0(A,AU,BH,CA,CL,CO,D,E,IL,JO,KR,MA,MX,OM,P,PA,PE,S,SG)	15.4美分/千克+80%
2912.49		其他：				
		芳香族的：				
2912.49.10	00	对茴香醛	千克	5.5%[50]	0(A,AU,BH,CA,CL,CO,D,E,IL,JO,KR,MA,MX,OM,P,PA,PE,S,SG)	15.4美分/千克+36%
2912.49.15	00	对羟基苯甲醛	千克	0[1]		15.4美分/千克+58%
2912.49.26	00	其他	千克	5.5%[51]	0(A,AU,BH,CA,CL,CO,D,E,IL,JO,K,KR,MA,MX,OM,P,PA,PE,S,SG)	15.4美分/千克+58%

税则号列	统计后缀	货品名称	单位	税率 1 普通	税率 1 特惠	税率 2
		其他：				
		醛醇：				
2912.49.55	00	羟基香茅醛	千克	4.8%[52]	0(A,AU,BH,CA,CL,CO,D,E, IL,JO,KR,MA,MX,OM,P,PA, PE,S,SG)	45%
2912.49.60	00	其他	千克	5.1%[1]	0(A,AU,BH,CA,CL,CO,D,E, IL,JO,KR,MA,MX,OM,P,PA, PE,S,SG)	37%
2912.49.90	00	其他	千克	4.8%[1]	0(A,AU,BH,CA,CL,CO,D,E, IL,JO,KR,MA,MX,OM,P,PA, PE,S,SG)	45%
2912.50		环聚醛：				
2912.50.10	00	四聚乙醛	千克	0[1]		40%
2912.50.50	00	其他	千克	5.5%[1]	0(A,AU,BH,CA,CL,CO,D,E, IL,JO,KR,L,MA,MX,OM,P, PA,PE,S,SG)	40%
2912.60.00	00	多聚甲醛	千克	5.1%[1]	0(A,AU,BH,CA,CL,CO,D,E, IL,JO,KR,MA,MX,OM,P,PA, PE,S,SG)	32.5%
2913.00		品目2912所列产品的卤化、磺化、硝化或亚硝化衍生物：				
		芳香族的：				
2913.00.20	00	4-氟-3-苯氧基苯甲醛	千克	0[1]		15.4美分/千克+77.5%
2913.00.40	00	其他	千克	5.5%[53]	0(A+,AU,BH,CA,CL,CO,D,E, IL,JO,KR,L,MA,MX,OM,P, PA,PE,S,SG)	15.4美分/千克+77.5%
2913.00.50	00	其他	千克	5.5%[1]	0(A,AU,BH,CA,CL,CO,D,E, IL,JO,KR,MA,MX,OM,P,PA, PE,S,SG)	37%
		第六分章　酮基化合物及醌基化合物				
2914		酮及醌,不论是否含有其他含氧基,及其卤化、磺化、硝化或亚硝化衍生物：				
		不含其他含氧基的无环酮：				
2914.11		丙酮：				
2914.11.10	00	全部或部分来自异丙苯	千克	5.5%[1]	0(A+,AU,BH,CA,CL,CO,D,E, IL,JO,KR,MA,MX,OM,P,PA, PE,S,SG)	15.4美分/千克+60%
2914.11.50	00	其他	千克	0[1]		20%
2914.12.00	00	丁酮(甲基乙基(甲)酮)	千克	3.1%[1]	0(A*,AU,BH,CA,CL,CO,D,E, IL,JO,KR,MA,MX,OM,P,PA, PE,S,SG)	20%
2914.13.00	00	4-甲基戊烷-2-酮(甲基异丁基酮)	千克	4%[1]	0(A*,AU,BH,CA,CL,CO,D,E, IL,JO,KR,MA,MX,OM,P,PA, PE,S,SG)	20%
2914.19.00	00	其他	千克	4%[54]	0(A,AU,BH,CA,CL,CO,D,E, IL,JO,K,KR,MA,MX,OM,P, PA,PE,S,SG)	20%

税则号列	统计后缀	货品名称	单位	税率 1 普通	税率 1 特惠	2
		无其他氧功能的环酮、环酮或环萜酮：				
2914.22		环己酮及甲基环己酮：				
2914.22.10	00	环己酮	千克	5.5%[1]	0(A,AU,BH,CA,CL,CO,D,E,IL,JO,KR,MA,MX,OM,P,PA,PE,S,SG)	15.4美分/千克+40%
2914.22.20	00	甲基环己酮	千克	5.5%[1]	0(A,AU,BH,CA,CL,CO,D,E,IL,JO,KR,MA,MX,OM,P,PA,PE,S,SG)	15.4美分/千克+40%
2914.23.00	00	芷香酮及甲基芷香酮	千克	5.5%[55]	0(A,AU,BH,CA,CL,CO,D,E,IL,JO,KR,MA,MX,OM,P,PA,PE,S,SG)	45%
2914.29		其他：				
2914.29.10	00	异佛尔酮	千克	4%[1]	0(A,AU,BH,CA,CL,CO,D,E,IL,JO,KR,MA,MX,OM,P,PA,PE,S,SG)	20%
		樟脑：				
2914.29.30	00	天然的	千克	0[1]		11美分/千克
2914.29.31	00	合成的	千克	2.6%[1]	0(A,AU,BH,CA,CL,CO,D,E,IL,JO,KR,MA,MX,OM,P,PA,PE,S,SG)	11%
2914.29.50	00	其他	千克	4.8%[56]	0(A,AU,BH,CA,CL,CO,D,E,IL,JO,K,KR,MA,MX,OM,P,PA,PE,S,SG)	45%
		无其他氧功能的芳香酮：				
2914.31.00	00	苯丙酮(苯基丙-2-酮)	千克	5.5%[1]	0(A,AU,BH,CA,CL,CO,D,E,IL,JO,KR,MA,MX,OM,P,PA,PE,S,SG)	15.4美分/千克+58%
2914.39		其他：				
2914.39.10	00	7-乙酰基-1,1,3,4,4,6-六甲基四氢萘;1-(2-萘基)乙酮;6-乙酰基-1,1,2,3,3,5-六甲基茚丹	千克	0[1]		15.4美分/千克+58%
2914.39.90	00	其他	千克	5.5%[57]	0(A,AU,BH,CA,CL,CO,D,E,IL,JO,K,KR,MA,MX,OM,P,PA,PE,S,SG)	15.4美分/千克+58%
2914.40		酮醇及酮醛：				
2914.40.10	00	4-羟基-4-甲基戊烷-2-酮(双丙酮醇)	千克	4%[1]	0(A*,AU,BH,CA,CL,CO,D,E,IL,JO,KR,MA,MX,OM,P,PA,PE,S,SG)	25%
		其他：				
		芳香族的：				
2914.40.20	00	1,2,3-茚三酮一水合物(茚三酮)	千克	5.5%[1]	0(A,AU,BH,CA,CL,CO,D,E,IL,JO,KR,MA,MX,OM,P,PA,PE,S,SG)	15.4美分/千克+42%
2914.40.40	00	其他	千克	5.5%[1]	0(A+,AU,BH,CA,CL,CO,D,E,IL,JO,K,KR,MA,MX,OM,P,PA,PE,S,SG)	15.4美分/千克+42%
		其他：				

税则号列	统计后缀	货品名称	单位	税率 1 普通	税率 1 特惠	税率 2
2914.40.60	00	1,3-二羟基丙酮	千克	0[1]		20%
2914.40.90	00	其他	千克	4.8%[58]	0(A,AU,BH,CA,CL,CO,D,E,IL,JO,K,KR,MA,MX,OM,P,PA,PE,S,SG)	20%
2914.50		酮酚及含有其他含氧基的酮:				
		芳香族的:				
2914.50.10	00	5-苯甲酰基-4-羟基-2-甲氧基苯磺酸	千克	0[1]		15.4美分/千克+42%
2914.50.30	00	其他[27]	千克	5.5%[59]	0(A+,AU,BH,CA,CL,CO,D,E,IL,JO,K,KR,MA,MX,OM,P,PA,PE,S,SG)	15.4美分/千克+42%
2914.50.50	00	其他	千克	4%[60]	0(A,AU,BH,CA,CL,CO,D,E,IL,JO,K,KR,MA,MX,OM,P,PA,PE,S,SG)	20%
		醌:				
2914.61.00	00	蒽醌	千克	0[1]		15.4美分/千克+42%
2914.62.00	00	辅酶Q10(癸烯醌(INN))	千克	5.5%	0(A+,AU,BH,CA,CL,CO,D,E,IL,JO,K,KR,MA,MX,OM,P,PA,PE,S,SG)	15.4美分/千克+45%
2914.69		其他:				
2914.69.10	00	照相化学品	千克	5.5%[61]	0(A,AU,BH,CA,CL,CO,D,E,IL,JO,KR,MA,MX,OM,P,PA,PE,S,SG)	15.4美分/千克+50%
2914.69.21	00	药物	千克	5.5%	0(A+,AU,BH,CA,CL,CO,D,E,IL,JO,K,KR,MA,MX,OM,P,PA,PE,S,SG)	15.4美分/千克+45%
		其他:				
2914.69.60	00	1,4-二羟基蒽醌;以及2-乙基蒽醌	千克	0[3]		15.4美分/千克+42%
2914.69.90	00	其他	千克	5.5%[62]	0(A+,AU,BH,CA,CL,CO,D,E,IL,JO,K,KR,L,MA,MX,OM,P,PA,PE,S,SG)	15.4美分/千克+42%
		卤化、磺化、硝化或亚硝化衍生物:				
2914.71.00	00	十氯酮(ISO)	千克	4%[1]	0(A,AU,BH,CA,CL,CO,D,E,IL,JO,K,KR,L,MA,MX,OM,P,PA,PE,S,SG)	20%
2914.79		其他:				
		芳香族的:				
2914.79.10	00	2,3-二氯-1,4-萘醌 1,8-二羟基-4,5-二硝基蒽醌;4-叔丁基-2,6-二甲基-3,5-二硝基苯乙酮(麝香酮)和其他人造麝香[38]	千克	5.5%[1]	0(A,AU,BH,CA,CL,CO,D,E,IL,JO,K,KR,L,MA,MX,OM,P,PA,PE,S,SG)	15.4美分/千克+52%
2914.79.30	00	蒽醌二磺酸钠盐;4-(3,4-二氯苯基)-1-四氢萘酮	千克	0[1]		15.4美分/千克+42%
2914.79.40	00	其他	千克	5.5%[63]	0(A+,AU,BH,CA,CL,CO,D,E,IL,JO,K,KR,L,MA,MX,OM,P,PA,PE,S,SG)	15.4美分/千克+42%

税则号列	统计后缀	货品名称	单位	税率 1 普通	税率 1 特惠	2
		其他:				
2914.79.60	00	1-氯-5-己酮	千克	0[1]		20%
2914.79.90	00	其他	千克	4%[64]	0(A, AU, BH, CA, CL, CO, D, E, IL, JO, K, KR, L, MA, MX, OM, P, PA, PE, S, SG)	20%
		第七分章 羧酸及其酸酐、酰卤化物、过氧化物和过氧酸以及它们的卤化、磺化、硝化或亚硝化衍生物				
2915		饱和无环一元羧酸及其酸酐、酰卤化物、过氧化物和过氧酸以及它们的卤化、磺化、硝化或亚硝化衍生物:				
		甲酸及其盐和酯:				
2915.11.00	00	甲酸	千克	5.5%[1]	0(A, AU, BH, CA, CL, CO, D, E, IL, JO, KR, MA, MX, OM, P, PA, PE, S, SG)	22.5%
2915.12.00	00	甲酸盐	千克	5.5%[1]	0(A, AU, BH, CA, CL, CO, D, E, IL, JO, KR, MA, MX, OM, P, PA, PE, S, SG)	27.5%
2915.13		甲酸酯:				
2915.13.10	00	芳香族的	千克	5.5%[1]	0(A, AU, BH, CA, CL, CO, D, E, IL, JO, KR, MA, MX, OM, P, PA, PE, S, SG)	15.4美分/千克+58%
2915.13.50	00	其他	千克	3.7%[1]	0(A, AU, BH, CA, CL, CO, D, E, IL, JO, KR, MA, MX, OM, P, PA, PE, S, SG)	25%
		乙酸及其盐;乙酸酐:				
2915.21.00	00	乙酸	千克	1.8%[1]	0(A, AU, BH, CA, CL, CO, D, E, IL, JO, KR, MA, MX, OM, P, PA, PE, S, SG)	16%
2915.24.00	00	醋酸酐	千克	3.5%[1]	0(A, AU, BH, CA, CL, CO, D, E, IL, JO, KR, MA, MX, OM, P, PA, PE, S, SG)	22%
2915.29		其他:				
2915.29.10	00	一水醋酸铜	千克	0[1]		25%
2915.29.20	00	醋酸钠	千克	3.7%[1]	0(A, AU, BH, CA, CL, CO, D, E, IL, JO, KR, MA, MX, OM, P, PA, PE, S, SG)	25%
2915.29.30	00	醋酸钴	千克	4.2%[1]	0(A, AU, BH, CA, CL, CO, D, E, IL, JO, KR, MA, MX, OM, P, PA, PE, S, SG)	30%
2915.29.50	00	其他	千克	2.8%[1]	0(A, AU, BH, CA, CL, CO, D, E, IL, JO, K, KR, MA, MX, OM, P, PA, PE, S, SG)	25%
		乙酸酯:				
2915.31.00	00	乙酸乙酯	千克	3.7%[1]	0(A, AU, BH, CA, CL, CO, D, E, IL, JO, KR, MA, MX, OM, P, PA, PE, S, SG)	20.5%

税则号列	统计后缀	货品名称	单位	税率 普通	税率 1 特惠	税率 2
2915.32.00	00	乙酸乙烯酯	千克	3.8%[1]	0(A,AU,BH,CA,CL,CO,D,E,IL,JO,KR,MA,MX,OM,P,PA,PE,S,SG)	52%
2915.33.00	00	乙酸(正)丁酯	千克	5.5%[1]	0(A,AU,BH,CA,CL,CO,D,E,IL,JO,KR,MA,MX,OM,P,PA,PE,S,SG)	40%
2915.36.00	00	地乐酚(ISO)乙酸酯	千克	5.5%[1]	0(A+,AU,BH,CA,CL,CO,D,E,IL,JO,K,KR,MA,MX,OM,P,PA,PE,S,SG)	15.4美分/千克+57%
2915.39		其他:				
		芳香族的:				
		有气味或香味的化合物:				
2915.39.10	00	乙酸苄酯	千克	5.5%[1]	0(A,AU,BH,CA,CL,CO,D,E,IL,JO,KR,MA,MX,OM,P,PA,PE,S,SG)	15.4美分/千克+104.5%
2915.39.20	00	其他	千克	5.5%[1]	0(A,AU,BH,CA,CL,CO,D,E,IL,JO,KR,MA,MX,OM,P,PA,PE,S,SG)	15.4美分/千克+58%
		其他:				
2915.39.31	00	第六类附加美国注释三中所述产品	千克	5.5%[1]	0(A+,AU,BH,CA,CL,CO,D,E,IL,JO,K,KR,MA,MX,OM,P,PA,PE,S,SG)	15.4美分/千克+57%
2915.39.35	00	其他	千克	5.5%[3]	0(A+,AU,BH,CA,CL,CO,D,E,IL,JO,K,KR,MA,MX,OM,P,PA,PE,S,SG)	15.4美分/千克+57%
		其他:				
		有气味或香味的化合物:				
2915.39.40	00	乙酸芳樟酯	千克	5.5%[1]	0(A,AU,BH,CA,CL,CO,D,E,IL,JO,K,KR,MA,MX,OM,P,PA,PE,S,SG)	45%
2915.39.45		其他		4.8%[65]	0(A,AU,BH,CA,CL,CO,D,E,IL,JO,KR,MA,MX,OM,P,PA,PE,S,SG)	45%
	10	乙酸正丙酯	千克			
	50	其他[38]	千克			
		其他:				
2915.39.47	00	多元醇或多元醇醚的乙酸酯	千克	5.5%[1]	0(A,AU,BH,CA,CL,CO,D,E,IL,JO,K,KR,MA,MX,OM,P,PA,PE,S,SG)	54.5%
		其他:				
2915.39.60	00	双(溴乙酰氧基)丁烯	千克	0[1]		25%
2915.39.70	00	乙酸异丁酯	千克	5.5%[1]	0(A,AU,BH,CA,CL,CO,D,E,IL,JO,KR,MA,MX,OM,P,PA,PE,S,SG)	40%
2915.39.80	00	2-乙氧基乙酸乙酯(乙二醇、乙醚醋酸酯)	千克	5.5%[1]	0(A,AU,BH,CA,CL,CO,D,E,IL,JO,KR,MA,MX,OM,P,PA,PE,S,SG)	54.5%

税则号列	统计后缀	货品名称	单位	税率 普通	税率 1 特惠	2
2915.39.90	00	其他	千克	3.7%[1]	0(A, AU, BH, CA, CL, CO, D, E, IL, JO, K, KR, MA, MX, OM, P, PA, PE, S, SG)	25%
2915.40		一氯代乙酸、二氯乙酸或三氯乙酸及其盐和酯:				
2915.40.10	00	氯乙酸	千克	1.8%[1]	0(A, AU, BH, CA, CL, CO, D, E, IL, JO, K, KR, MA, MX, OM, P, PA, PE, S, SG)	17.5%
		其他:				
		芳香族的:				
2915.40.20	00	第六类附加美国注释三描述的产品	千克	5.5%[5]	0(A+, AU, BH, CA, CL, CO, D, E, IL, JO, K, KR, MA, MX, OM, P, PA, PE, S, SG)	15.4美分/千克+57%
2915.40.30	00	其他	千克	5.5%[1]	0(A+, AU, BH, CA, CL, CO, D, E, IL, JO, K, KR, MA, MX, OM, P, PA, PE, S, SG)	15.4美分/千克+57%
2915.40.50		其他		3.7%[66]	0(A, AU, BH, CA, CL, CO, D, E, IL, JO, K, KR, MA, MX, OM, P, PA, PE, S, SG)	25%
	10	氯乙酸钠	千克			
	50	其他[27]	千克			
2915.50		丙酸及其盐和酯:	千克			
2915.50.10	00	丙酸	千克	4.2%[1]	0(A, AU, BH, CA, CL, CO, D, E, IL, JO, KR, MA, MX, OM, P, PA, PE, S, SG)	25%
		其他:				
2915.50.20	00	芳香族的	千克	5.5%[1]	0(A, AU, BH, CA, CL, CO, D, E, IL, JO, K, KR, MA, MX, OM, P, PA, PE, S, SG)	15.4美分/千克+58%
2915.50.50	00	其他	千克	3.7%[1]	0(A, AU, BH, CA, CL, CO, D, E, IL, JO, KR, MA, MX, OM, P, PA, PE, S, SG)	25%
2915.60		丁酸、戊酸及其盐和酯:				
2915.60.10	00	芳香族的	千克	5.5%[1]	0(A, AU, BH, CA, CL, CO, D, E, IL, JO, KR, MA, MX, OM, P, PA, PE, S, SG)	15.4美分/千克+58%
2915.60.50	00	其他	千克	2.1%[1]	0(A, AU, BH, CA, CL, CO, D, E, IL, JO, KR, MA, MX, OM, P, PA, PE, S, SG)	25%
2915.70.01		棕榈酸、硬脂酸及其盐和酯		5%[1]	0(A*, AU, BH, CA, CL, CO, D, E, IL, JO, KR, MA, MX, OM, P, PA, PE, S, SG)	29.5%
	10	棕榈酸	千克			
	20	硬脂酸	千克			
	50	其他	千克			
2915.90		其他:				
		酸:				

税则号列	统计后缀	货品名称	单位	税率 1 普通	税率 1 特惠	税率 2
2915.90.10		动植物源脂肪酸		5%[1]	0(A,AU,BH,CA,CL,CO,D,E,IL,JO,K,KR,MA,MX,OM,P,PA,PE,S,SG)	20%
	10	月桂酸	千克			
	50	其他	千克			
		其他:				
2915.90.14	00	丙戊酸	千克	4.2%[1]	0(A,AU,BH,CA,CL,CO,D,E,IL,JO,K,KR,MA,MX,OM,P,PA,PE,S,SG)	25%
2915.90.18	00	其他	千克	4.2%[67]	0(A,AU,BH,CA,CL,CO,D,E,IL,JO,K,KR,MA,MX,OM,P,PA,PE,S,SG)	25%
		其他:				
2915.90.20	00	芳香族的	千克	5.5%[1]	0(A,AU,BH,CA,CL,CO,D,E,IL,JO,K,KR,MA,MX,OM,P,PA,PE,S,SG)	15.4美分/千克+58%
2915.90.50		其他		3.8%[68]	0(A,AU,BH,CA,CL,CO,D,E,IL,JO,K,KR,MA,MX,OM,P,PA,PE,S,SG)	25%
	10	酸性氯化物	千克			
	50	其他	千克			
2916		不饱和无环一元羧酸、环一元羧酸及其酸酐、酰卤化物、过氧化物和过氧酸以及它们的卤化、磺化、硝化或亚硝化衍生物:				
		不饱和无环一元羧酸及其酸酐、酰卤化物、过氧化物和过氧酸以及它们的衍生物:				
2916.11.00	00	丙烯酸及其盐	千克	4.2%[1]	0(A+,AU,BH,CA,CL,CO,D,E,IL,JO,KR,MA,MX,OM,P,PA,PE,S,SG)	25%
2916.12		丙烯酸酯:				
2916.12.10	00	芳香族的	千克	6.5%[1]	0(A,AU,BH,CA,CL,CO,D,E,IL,JO,KR,MA,MX,OM,P,PA,PE,S,SG)	15.4美分/千克+58%
2916.12.50		其他		3.7%[69]	0(A,AU,BH,CA,CL,CO,D,E,IL,JO,KR,MA,MX,OM,P,PA,PE,S,SG)	25%
	10	丙烯酸乙酯	千克			
	20	丙烯酸甲酯	千克			
	30	丙烯酸丁酯	千克			
	40	2-乙基-1-己基丙烯酸酯	千克			
	50	其他	千克			
2916.13.00	00	甲基丙烯酸及其盐	千克	4.2%[1]	0(A+,AU,BH,CA,CL,CO,D,E,IL,JO,KR,MA,MX,OM,P,PA,PE,S,SG)	25%
2916.14		甲基丙烯酸酯:				
2916.14.10	00	甲基丙烯酸二环戊烯氧基乙酯	千克	0[1]		25%

税则号列	统计后缀	货品名称	单位	税率 1 普通	税率 1 特惠	2
2916.14.20		其他		3.7%[70]	0(A, AU, BH, CA, CL, CO, D, E, IL, JO, KR, MA, MX, OM, P, PA, PE, S, SG)	25%
	10	甲基丙烯酸乙酯	千克			
	20	甲基丙烯酸甲酯	千克			
	50	其他	千克			
2916.15		油酸、亚油酸或亚麻酸及其盐和酯:				
2916.15.10	00	油酸、亚油酸或亚麻酸	千克	6.5%[1]	0(A+, AU, BH, CA, CL, CO, D, E, IL, JO, KR, MA, MX, OM, P, PA, PE, S, SG)	35.2%
2916.15.51	00	其他	千克	4.4%[1]	0(A, AU, BH, CA, CL, CO, D, E, IL, JO, KR, MA, MX, OM, P, PA, PE, S, SG)	27%
2916.16.00	00	乐杀螨(ISO)	千克	3.7%[1]	0(A, AU, BH, CA, CL, CO, D, E, IL, JO, K, KR, MA, MX, OM, P, PA, PE, S, SG)	25%
2916.19		其他:				
2916.19.10	00	山梨酸钾[71]	千克	3.1%[1]	0(A, AU, BH, CA, CL, CO, D, E, IL, JO, KR, MA, MX, OM, P, PA, PE, S, SG)	25%
2916.19.20	00	山梨酸	千克	4.2%[72]	0(A, AU, BH, CA, CL, CO, D, E, IL, JO, KR, MA, MX, OM, P, PA, PE, S, SG)	25%
		其他:				
2916.19.30	00	酸	千克	6.1%[73]	0(A+, AU, BH, CA, CL, CO, D, E, IL, JO, K, KR, MA, MX, OM, P, PA, PE, S, SG)	24.4%
2916.19.50	00	其他	千克	3.7%[1]	0(A*, AU, BH, CA, CL, CO, D, E, IL, JO, K, KR, MA, MX, OM, P, PA, PE, S, SG)	25%
2916.20		环烷一元羧酸、环烯一元羧酸或环萜烯一元羧酸及其酸酐、酰卤化物、过氧化物和过氧酸以及它们的衍生物:				
2916.20.10	00	(2,3,5,6-四氟-4-甲基苯基)甲基-(1α-3α)-(Z)-(±)-3-(2-氯-3,3,3-三氟-1-丙烯基-2,2-环丙烷羧酸二甲酯)(七氟菊酯)	千克	0[1]		25%
2916.20.50	00	其他	千克	3.7%[74]	0(A, AU, BH, CA, CL, CO, D, E, IL, JO, K, KR, MA, MX, OM, P, PA, PE, S, SG)	25%
		芳香一元羧酸及其酸酐、酰卤化物、过氧化物和过氧酸以及它们的衍生物:				
2916.31		苯甲酸及其盐和酯:				
2916.31.11		苯甲酸及其盐		6.5%[1]	0(A, AU, BH, CA, CL, CO, D, E, IL, JO, KR, MA, MX, OM, P, PA, PE, S, SG)	15.4美分/千克+40%
	05	苯甲酸	千克			
	70	苯甲酸钠	千克			

税则号列	统计后缀	货品名称	单位	税率 1 普通	税率 1 特惠	税率 2
	90	其他	千克			
		其他：				
2916.31.20	00	有气味或香味的化合物	千克	6.5%[1]	0(A,AU,BH,CA,CL,CO,D,E,IL,JO,KR,MA,MX,OM,P,PA,PE,S,SG)	15.4美分/千克+58%
		其他：				
2916.31.30	00	第六类附加美国注释三描述的产品	千克	6.5%[1]	0(A+,AU,BH,CA,CL,CO,D,E,IL,JO,K,KR,MA,MX,OM,P,PA,PE,S,SG)	15.4美分/千克+57%
2916.31.50	00	其他	千克	6.5%[1]	0(A+,AU,BH,CA,CL,CO,D,E,IL,JO,K,KR,MA,MX,OM,P,PA,PE,S,SG)	15.4美分/千克+57%
2916.32		过氧化苯甲酰及苯甲酰氯：				
2916.32.10	00	过氧化苯甲酰	千克	6.5%[1]	0(A+,AU,BH,CA,CL,CO,D,E,IL,JO,KR,MA,MX,OM,P,PA,PE,S,SG)	15.4美分/千克+57%
2916.32.20	00	苯甲酰氯	千克	6.5%[75]	0(A+,AU,BH,CA,CL,CO,D,E,IL,JO,KR,MA,MX,OM,P,PA,PE,S,SG)	15.4美分/千克+44%
2916.34		苯乙酸及其盐：				
2916.34.10	00	苯乙酸(α-甲苯甲酸)	千克	6.5%[1]	0(A+,AU,BH,CA,CL,CO,D,E,IL,JO,KR,MA,MX,OM,P,PA,PE,S,SG)	15.4美分/千克+40.5%
		其他：				
2916.34.15	00	有气味或香味的化合物	千克	6.5%[3]	0(A,AU,BH,CA,CL,CO,D,E,IL,JO,KR,MA,MX,OM,P,PA,PE,S,SG)	15.4美分/千克+58%
		其他：				
2916.34.25	00	第六类附加美国注释三描述的产品	千克	6.5%[5]	0(A+,AU,BH,CA,CL,CO,D,E,IL,JO,KR,MA,MX,OM,P,PA,PE,S,SG)	15.4美分/千克+57%
2916.34.55	00	其他	千克	0[1]		15.4美分/千克+57%
2916.39		其他：				
2916.39.03	00	苯酐;过氧化苯甲酸叔丁酯;对硝基苯甲酰氯;2-硝基间甲苯酸;3-硝基邻甲苯酸	千克	6.5%[76]	0(A+,AU,BH,CA,CL,CO,D,E,IL,JO,KR,MA,MX,OM,P,PA,PE,S,SG)	15.4美分/千克+40.5%
2916.39.04	00	间氯过氧苯甲酸;对磺基苯甲酸钾盐	千克	0[1]		15.4美分/千克+40.5%
2916.39.06	00	肉桂酸	千克	6.5%[1]	0(A,AU,BH,CA,CL,CO,D,E,IL,JO,KR,MA,MX,OM,P,PA,PE,S,SG)	15.4美分/千克+57%
2916.39.08	00	4-氯-3-硝基苯甲酸	千克	6.5%[5]	0(A,AU,BH,CA,CL,CO,D,E,IL,JO,KR,MA,MX,OM,P,PA,PE,S,SG)	15.4美分/千克+40.5%
2916.39.12	00	4-氯-3,5-二硝基苯甲酸及其酯	千克	6.5%[5]	0(A,AU,BH,CA,CL,CO,D,E,IL,JO,KR,MA,MX,OM,P,PA,PE,S,SG)	15.4美分/千克+57%

税则号列	统计后缀	货品名称	单位	税率 普通	税率 1 特惠	2
2916.39.15	00	布洛芬	千克	6.5%	0(A,AU,BH,CA,CL,CO,D,E,IL,JO,KR,MA,MX,OM,P,PA,PE,S,SG)	15.4美分/千克+47.5%
2916.39.16	00	4-氯苯甲酸	千克	6.5%[1]	0(A,AU,BH,CA,CL,CO,D,E,IL,JO,KR,MA,MX,OM,P,PA,PE,S,SG)	15.4美分/千克+57%
2916.39.17	00	2,2-二氯苯乙酸乙酯;间甲苯酸	千克	0[1]		15.4美分/千克+57%
		其他:				
2916.39.21	00	有气味或调味的化合物	千克	6.5%[77]	0(A,AU,BH,CA,CL,CO,D,E,IL,JO,KR,MA,MX,OM,P,PA,PE,S,SG)	15.4美分/千克+58%
		其他:				
2916.39.46	00	第六类附加美国注释三描述的产品	千克	6.5%[1]	0(A+,AU,BH,CA,CL,CO,D,E,IL,JO,K,KR,MA,MX,OM,P,PA,PE,S,SG)	15.4美分/千克+57%
		其他:				
2916.39.77	00	苯乙酸酯	千克	0[1]		15.4美分/千克+57%
2916.39.79	00	其他	千克	6.5%[78]	0(A+,AU,BH,CA,CL,CO,D,E,IL,JO,K,KR,MA,MX,OM,PA,PE,S,SG)	15.4美分/千克+57%
2917		多元羧酸及其酸酐、酰卤化物、过氧化物和过氧酸以及它们的卤化、磺化、硝化或亚硝化衍生物:				
		无环多元羧酸及其酸酐、酰卤化物、过氧化物和过氧酸以及它们的衍生物:				
2917.11.00	00	草酸及其盐和酯	千克	3.1%[79]	0(A,AU,BH,CA,CL,CO,D,E,IL,JO,KR,L,MA,MX,OM,P,PA,PE,S,SG)	34.5%
2917.12		己二酸及其盐和酯:				
2917.12.10	00	己二酸	千克	6.5%[1]	0(AU,BH,CA,CL,CO,D,E,IL,JO,KR,MA,MX,OM,P,PA,PE,S,SG)	15.4美分/千克+63%
		其他:				
2917.12.20	00	增塑剂	千克	6.5%[1]	0(A,AU,BH,CA,CL,CO,D,E,IL,JO,KR,MA,MX,OM,P,PA,PE,S,SG)	15.4美分/千克+57%
2917.12.50	00	其他[80]	千克	6.5%[1]	0(A+,AU,BH,CA,CL,CO,D,E,IL,JO,KR,MA,MX,OM,P,PA,PE,S,SG)	15.4美分/千克+53.5%
2917.13.00		壬二酸、癸二酸及其盐和酯		4.8%[81]	0(A,AU,BH,CA,CL,CO,D,E,IL,JO,K,KR,MA,MX,OM,P,PA,PE,S,SG)	25%
	30	癸二酸[25]	千克			
	90	其他	千克			
2917.14		马来酐:				

税则号列	统计后缀	货品名称	单位	税率 1 普通	税率 1 特惠	税率 2
2917.14.10	00	全部或部分来自苯或其他芳烃	千克	6.5%[1]	0(A,AU,BH,CA,CL,CO,D,E,IL,JO,KR,MA,MX,OM,P,PA,PE,S,SG)	15.4美分/千克+50%
2917.14.50	00	其他	千克	4.2%[1]	0(A*,AU,BH,CA,CL,CO,D,E,IL,JO,KR,MA,MX,OM,P,PA,PE,S,SG)	25%
2917.19		其他：				
2917.19.10	00	富马酸亚铁	千克	6.5%[1]	0(A,AU,BH,CA,CL,CO,D,E,IL,JO,K,KR,MA,MX,OM,P,PA,PE,S,SG)	15.4美分/千克+45%
		富马酸：				
2917.19.15	00	全部或部分来自芳烃	千克	6.5%[1]	0(A,AU,BH,CA,CL,CO,D,E,IL,JO,KR,MA,MX,OM,P,PA,PE,S,SG)	15.4美分/千克+87%
2917.19.17	00	其他	千克	4.2%[1]	0(A,AU,BH,CA,CL,CO,D,E,IL,JO,KR,MA,MX,OM,P,PA,PE,S,SG)	25%
		马来酸；全部或部分来自马来酸酐或环己烷的琥珀酸；全部或部分来自环戊酮的戊二酸；酸酐、卤化物、过氧化物、过氧酸和其他己二酸衍生物；全部或部分来自芳烃的富马酸衍生物、马来酸衍生物；全部或部分来自马来酸酐或溴环己烷的丁二酸衍生物；全部或部分来自环戊酮的丁二酸衍生物；其他部分未列名的：				
2917.19.20	00	第六类附加美国注释三描述的产品	千克	6.5%[1]	0(A+,AU,BH,CA,CL,CO,D,E,IL,JO,K,KR,L,MA,MX,OM,P,PA,PE,S,SG)	15.4美分/千克+53.5%
		其他：				
2917.19.23	00	马来酸	千克	6.5%[1]	0(A,AU,BH,A,CL,CO,D,E,IL,JO,K,KR,MA,MX,OM,P,PA,PE,S,SG)	15.4美分/千克+53.5%
2917.19.27	00	其他	千克	6.5%[1]	0(A+,AU,BH,A,CL,CO,D,E,IL,JO,K,KR,MA,MX,OM,P,PA,E,S,SG)	15.4美分/千克+53.5%
2917.19.30	00	巴亚基酸次乙酯	千克	4.8%[3]	0(A,AU,BH,A,CL,CO,D,E,IL,JO,KR,MA,MX,OM,P,PA,PE,S,SG)	45%
2917.19.35	00	丙二酸	千克	0[1]		25%
		其他：				
2917.19.40	00	全部或部分来自芳烃	千克	6.5%[1]	0(A+,AU,BH,CA,CL,CO,D,E,IL,JO,K,KR,MA,MX,OM,P,PA,PE,S,SG)	15.4美分/千克+40%
2917.19.70		其他		4%[82]	0(A,AU,BH,A,CL,CO,D,E,IL,JO,K,KR,L,MA,MX,OM,P,A,PE,S,SG)	25%
	20	增塑剂	千克			
	50	其他	千克			

第二十九章 有机化学品 379

税则号列	统计后缀	货品名称	单位	税率 1 普通	税率 1 特惠	2
2917.20.00	00	环烷多元羧酸、环烯多元羧酸、环萜烯多元羧酸及其酸酐、酰卤化物、过氧化物和过氧酸以及它们的衍生物	千克	4.2%[83]	0(A+,AU,BH,CA,CL,CO,D,E,IL,JO,K,KR,L,MA,MX,OM,P,PA,PE,S,SG)	25%
		芳香多元羧酸及其酸酐、酰卤化物、过氧化物和过氧酸以及它们的衍生物：				
2917.32.00	00	邻苯二甲酸二辛酯	千克	6.5%[1]	0(A,AU,BH,CA,CL,CO,D,E,IL,JO,KR,MA,MX,OM,P,PA,PE,S,SG)	15.4美分/千克+57%
2917.33.00		邻苯二甲酸二壬酯及邻苯二甲酸二癸酯		6.5%[1]	0(A,AU,BH,CA,CL,CO,D,E,IL,JO,KR,MA,MX,OM,P,PA,PE,S,SG)	15.4美分/千克+57%
	10	邻苯二甲酸二异癸酯	千克			
	50	其他	千克			
2917.34.01		其他邻苯二甲酸酯		6.5%[1]	0(A,AU,BH,CA,CL,CO,D,E,IL,JO,K,KR,MA,MX,OM,P,PA,PE,S,SG)	15.4美分/千克+57%
	10	邻苯二甲酸二丁酯	千克			
	50	其他	千克			
2917.35.00	00	邻苯二甲酸酐	千克	6.5%[1]	0(A,AU,BH,CA,CL,CO,D,E,IL,JO,KR,MA,MX,OM,P,PA,PE,S,SG)	15.4美分/千克+49%
2917.36.00	00	对苯二甲酸及其盐	千克	6.5%[1]	0(A+,AU,BH,CA,CL,CO,D,E,IL,JO,KR,MA,MX,OM,P,PA,PE,S,SG)	15.4美分/千克+57%
2917.37.00	00	对苯二甲酸二甲酯	千克	6.5%[1]	0(A,AU,BH,CA,CL,CO,D,E,IL,JO,KR,MA,MX,OM,P,PA,PE,S,SG)	15.4美分/千克+42%
2917.39		其他：				
2917.39.04	00	1,2,4-苯三甲酸,1,2-二酐(偏三酸酐);邻苯二甲酸;4-磺基-1,8-萘酸酐	千克	6.5%[84]	0(A+,AU,BH,CA,CL,CO,D,E,IL,JO,KR,MA,MX,OM,P,PA,PE,S,SG)	15.4美分/千克+37%
2917.39.08	00	萘二甲酐	千克	0[3]		15.4美分/千克+37%
2917.39.12	00	4,4'-(六氟异亚丙基)双(苯酐)	千克	0[1]		15.4美分/千克+73%
2917.39.15	00	间苯二甲酸	千克	6.5%[1]	0(A+,AU,BH,CA,CL,CO,D,E,IL,JO,KR,MA,MX,OM,P,PA,PE,S,SG)	15.4美分/千克+40%
2917.39.17	00	四溴苯酐	千克	6.5%[3]	0(A+,AU,BH,CA,CL,CO,D,E,IL,JO,KR,MA,MX,OM,P,PA,PE,S,SG)	15.4美分/千克+73%
		其他：				
2917.39.20	00	增塑剂	千克	6.5%[1]	0(A,AU,BH,CA,CL,CO,D,E,IL,JO,KR,MA,MX,OM,P,PA,PE,S,SG)	15.4美分/千克+57%
		其他：				

税则号列	统计后缀	货品名称	单位	税率 1 普通	税率 1 特惠	税率 2
2917.39.30	00	第六类附加美国注释三描述的产品	千克	6.5%[85]	0(A+,AU,BH,CA,CL,CO,D,E,IL,JO,K,KR,MA,MX,OM,P,PA,PE,S,SG)	15.4美分/千克+73%
2917.39.70	00	其他	千克	6.5%[86]	0(A+,AU,BH,CA,CL,CO,D,E,IL,JO,KR,L,MA,MX,OM,P,PA,PE,S,SG)	15.4美分/千克+73%
2918		含有附加含氧基的羧酸及其酸酐、酰卤化物、过氧化物和过氧酸以及它们的卤化、磺化、硝化或亚硝化衍生物：				
		含有醇基但不含其他含氧基的羧酸及其酸酐、酰卤化物、过氧化物和过氧酸以及它们的衍生物：				
2918.11		乳酸及其盐和酯：				
2918.11.10	00	乳酸	千克	5.1%[1]	0(A,AU,BH,CA,CL,CO,D,E,IL,JO,KR,MA,MX,OM,P,PA,PE,S,SG)	35%
2918.11.51	00	其他	千克	3.4%[1]	0(A,AU,BH,CA,CL,CO,D,E,IL,JO,K,KR,MA,MX,OM,P,PA,PE,S,SG)	25%
2918.12.00	00	酒石酸	千克	0[1]		17%
2918.13		酒石酸盐及酒石酸酯：				
2918.13.10	00	酒石酸锑钾(酒石吐)	千克	0[1]		4%
2918.13.20	00	酒石酸钾(酒石膏)	千克	0[1]		11%
2918.13.30	00	酒石酸钾钠(罗谢尔盐)	千克	0[1]		11.5%
2918.13.50	00	其他	千克	4.4%[1]	0(A,AU,BH,CA,CL,CO,D,E,IL,JO,K,KR,MA,MX,OM,P,PA,PE,S,SG)	25%
2918.14.00	00	柠檬酸	千克	6%[1]	0(A,AU,BH,CA,CL,CO,D,E,IL,JO,KR,MA,MX,OM,P,PA,PE,S,SG)	39.5%
2918.15		柠檬酸盐及柠檬酸酯：				
2918.15.10	00	柠檬酸钠	千克	6.5%[1]	0(A*,AU,BH,CA,CL,CO,D,E,IL,JO,KR,MA,MX,OM,P,PA,PE,S,SG)	42%
2918.15.50	00	其他	千克	3.7%[1]	0(A*,AU,BH,CA,CL,CO,D,E,IL,JO,KR,MA,MX,OM,P,PA,PE,S,SG)	25%
2918.16		葡糖酸及盐和酯：				
2918.16.10	00	葡萄糖酸	千克	6%[1]	0(A,AU,BH,CA,CL,CO,D,E,IL,JO,KR,MA,MX,OM,P,PA,PE,S,SG)	25%
2918.16.50		其他	千克	3.7%[1]	0(A,AU,BH,CA,CL,CO,D,E,IL,JO,K,KR,MA,MX,OM,P,PA,PE,S,SG)	25%
	10	葡萄糖酸钠	千克			
	50	其他	千克			

税则号列	统计后缀	货品名称	单位	税率 1 普通	税率 1 特惠	2
2918.17.00	01	2,2-二苯基-2-羟基乙酸(二苯基乙醇酸)	千克	5.8%[1]	0(A+,AU,BH,CA,CL,CO,D,E,IL,JO,KR,MA,MX,OM,P,PA,PE,S,SG)	15.4美分/千克+40%
2918.18.00	00	乙酯杀螨醇(ISO)	千克	6.5%[1]	0(A+,AU,BH,CA,CL,CO,D,E,IL,JO,K,KR,L,MA,MX,OM,P,PA,PE,S,SG)	15.4美分/千克+57%
2918.19		其他:				
		芳香族的:				
2918.19.11	00	苯甲酸甲酯	千克	5.8%[1]	0(A+,AU,BH,CA,CL,CO,D,E,IL,JO,KR,MA,MX,OM,P,PA,PE,S,SG)	15.4美分/千克+40%
		苯乙醇酸(扁桃酸)及其盐类和酯类:				
2918.19.12	00	扁桃酸	千克	0[1]		15.4美分/千克+67.5%
2918.19.15	00	其他	千克	6.5%[1]	0(A+,AU,BH,CA,CL,CO,D,E,IL,JO,K,KR,MA,MX,OM,P,PA,PE,S,SG)	15.4美分/千克+67.5%
		其他:				
2918.19.20	00	第六类附加美国注释三描述的产品	千克	6.5%[5]	0(A+,AU,BH,CA,CL,CO,D,E,IL,JO,K,KR,L,MA,MX,OM,P,PA,PE,S,SG)	15.4美分/千克+57%
2918.19.31	00	其他	千克	6.5%[5]	0(A+,AU,BH,CA,CL,CO,D,E,IL,JO,K,KR,L,MA,MX,OM,P,PA,PE,S,SG)	15.4美分/千克+57%
		其他:				
2918.19.60	00	苹果酸	千克	4%[1]	0(A,AU,BH,CA,CL,CO,D,E,IL,JO,K,KR,MA,MX,OM,P,PA,PE,S,SG)	25%
2918.19.90	00	其他	千克	4%[87]	0(A+,AU,BH,CA,CL,CO,D,E,IL,JO,K,KR,MA,MX,OM,P,PA,PE,S,SG)	25%
		含有酚基但不含其他含氧基的羧酸及其酸酐、酰卤化物、过氧化物和过氧酸以及它们的衍生物:				
2918.21		水杨酸及其盐:				
2918.21.10	00	适合药用的	千克	6.5%[1]	0(A*,AU,BH,CA,CL,CO,D,E,IL,JO,KR,MA,MX,OM,P,PA,PE,S,SG)	15.4美分/千克+72%
2918.21.50	00	其他	千克	6.5%[1]	0(A*,AU,BH,CA,CL,CO,D,E,IL,JO,K,KR,MA,MX,OM,P,PA,PE,S,SG)	15.4美分/千克+57%
2918.22		邻乙酰水杨酸及其盐和酯:				
2918.22.10	00	邻乙酰水杨酸(阿司匹林)	千克	6.5%[88]	0(A*,AU,BH,CA,CL,CO,D,E,IL,JO,KR,MA,MX,OM,P,PA,PE,S,SG)	15.4美分/千克+82%
2918.22.50	00	邻乙酰水杨酸的盐和酯	千克	6.5%	0(A*,AU,BH,CA,CL,CO,D,E,IL,JO,K,KR,MA,MX,OM,P,PA,PE,S,SG)	15.4美分/千克+47.5%

税则号列	统计后缀	货品名称	单位	税率 1 普通	税率 1 特惠	2
2918.23		水杨酸的其他酯及其盐：				
2918.23.10	00	适于药用的水杨酸苯酯	千克	6.5%[1]	0(A,AU,BH,CA,CL,CO,D,E,IL,JO,KR,MA,MX,OM,P,PA,PE,S,SG)	15.4美分/千克+45%
		其他：				
2918.23.20	00	有气味或调味的化合物	千克	6.5%[89]	0(A,AU,BH,CA,CL,CO,D,E,IL,JO,KR,MA,MX,OM,P,PA,PE,S,SG)	15.4美分/千克+58%
		其他：				
2918.23.30	00	第六类附加美国注释三描述的产品	千克	6.5%[1]	0(A+,AU,BH,CA,CL,CO,D,E,IL,JO,K,KR,MA,MX,OM,P,PA,PE,S,SG)	15.4美分/千克+57%
2918.23.50	00	其他	千克	6.5%[1]	0(A+,AU,BH,CA,CL,CO,D,E,IL,JO,K,KR,MA,MX,OM,P,PA,PE,S,SG)	15.4美分/千克+57%
2918.29		其他：				
2918.29.04	00	2,3-甲酚酸；2-羟基苯甲酸钙盐；1-羟基-2-萘甲酸；2-羟基-1-萘甲酸；1-羟基-2-萘甲酸苯酯；α-间苯二酚酸；γ-间苯二酚酸；5-磺基水杨酸	千克	5.8%[1]	0(A+,AU,BH,CA,CL,CO,D,E,IL,JO,KR,L,MA,MX,OM,P,PA,PE,S,SG)	15.4美分/千克+40%
2918.29.06	00	1,6-己二醇双(3,5-二丁基-4-羟基苯基)丙酸酯)	千克	5.8%[1]	0(A+,AU,BH,CA,CL,CO,D,E,IL,JO,KR,MA,MX,OM,P,PA,PE,S,SG)	15.4美分/千克+40%
2918.29.08	00	间羟基苯甲酸	千克	0[1]		15.4美分/千克+40%
2918.29.20	00	龙胆酸；羟基肉桂酸及其盐类	千克	6.5%[1]	0(A+,AU,BH,CA,CL,CO,D,E,IL,JO,K,KR,MA,MX,OM,P,PA,PE,S,SG)	15.4美分/千克+48.5%
2918.29.22	00	对羟基苯甲酸	千克	6.5%[90]	0(A,AU,BH,CA,CL,CO,D,E,IL,JO,KR,MA,MX,OM,P,PA,PE,S,SG)	15.4美分/千克+48.5%
2918.29.25	00	3-羟基-2-萘甲酸	千克	6.5%[3]	0(A,AU,BH,CA,CL,CO,D,E,IL,JO,KR,L,MA,MX,OM,P,PA,PE,S,SG)	15.4美分/千克+57%
2918.29.30	00	没食子酸	千克	1%[91]	0(A,AU,BH,CA,CL,CO,D,E,IL,JO,KR,MA,MX,OM,P,PA,PE,S,SG)	2%
2918.29.39	00	4,4-双(4-羟基苯基)戊酸；3,5,6-三氯水杨酸	千克	0[1]		15.4美分/千克+57%
		其他：				
2918.29.65	00	第六类附加美国注释三描述的产品	千克	6.5%[92]	0(A+,AU,BH,CA,CL,CO,D,E,IL,JO,K,KR,L,MA,MX,OM,P,PA,PE,S,SG)	15.4美分/千克+57%
2918.29.75	00	其他	千克	6.5%[93]	0(A+,AU,BH,CA,CL,CO,D,E,IL,JO,K,KR,L,MA,MX,OM,P,PA,PE,S,SG)	15.4美分/千克+57%

税则号列	统计后缀	货品名称	单位	税率 1 普通	税率 1 特惠	2
2918.30		含有醛基或酮基但不含其他含氧基的羧酸及其酸酐、酰卤化物、过氧化物和过氧酸以及它们的衍生物：				
		芳香族的：				
2918.30.10	00	1-甲酰基苯乙酸甲酯	千克	5.8%[1]	0(A+,AU,BH,CA,CL,CO,D,E,IL,JO,KR,MA,MX,OM,P,PA,PE,S,SG)	15.4美分/千克+40%
2918.30.15	00	2-氯-4,5-二氟-β-氧代苯丙酸乙酯;2-酮基-4-苯基丁酸乙酯	千克	0[1]		15.4美分/千克+57%
		其他：				
2918.30.25	00	第六类附加美国注释三描述的产品	千克	6.5%[1]	0(A+,AU,BH,CA,CL,CO,D,E,IL,JO,K,KR,MA,MX,OM,P,PA,PE,S,SG)	15.4美分/千克+57%
2918.30.30	00	其他	千克	6.5%[94]	0(A+,AU,BH,CA,CL,CO,D,E,IL,JO,K,KR,MA,MX,OM,P,PA,PE,S,SG)	15.4美分/千克+57%
		其他：				
2918.30.70	00	二甲基乙酰琥珀酸酯;草酸二乙酯、钠盐;4,4,4-三氟-3-恶丁烷酸乙酯;4,4,4-三氟-3-恶丁烷酸甲酯	千克	0[1]		25%
2918.30.90	00	其他[38]	千克	3.7%[95]	0(A*,AU,BH,CA,CL,CO,D,E,IL,JO,K,KR,L,MA,MX,OM,P,PA,PE,S,SG)	25%
		其他：				
2918.91.00	00	2,4,5-涕(ISO)(2,4,5-三氯苯氧乙酸)及其盐或酯	千克	6.5%[1]	0(A,AU,BH,CA,CL,CO,D,E,IL,JO,KR,MA,MX,OM,P,PA,PE,S,SG)	15.4美分/千克+48.5%
2918.99		其他：				
		芳香族的：				
2918.99.05	00	对茴香酸;氯纤维;3-苯氧基苯甲酸	千克	5.8%[1]	0(A+,AU,BH,CA,CL,CO,D,E,IL,JO,K,KR,MA,MX,OM,P,PA,PE,S,SG)	15.4美分/千克+40%
2918.99.06	00	1-羟基-6-十八氧基-2-萘羧酸;1-羟基-6-二氧基-2-萘羧酸	千克	0[3]		15.4美分/千克+57%
2918.99.14	00	2-(4-氯-2-甲基苯氧基)丙酸及其盐类	千克	0		15.4美分/千克+40.5%
		其他：				
		农药：				
2918.99.18	00	4-(4-氯-2-甲基苯氧基)丁酸;对氯苯氧乙酸;2-(2,4-二氯苯氧基)丙酸	千克	6.5%[96]	0(A,AU,BH,CA,CL,CO,D,E,IL,JO,KR,MA,MX,OM,P,PA,PE,S,SG)	15.4美分/千克+40.5%
2918.99.20		其他	千克	6.5%[97]	0(A,AU,BH,CA,CL,CO,D,E,IL,JO,KR,MA,MX,OM,P,PA,PE,S,SG)	15.4美分/千克+48.5%
	10	2,4-二氯苯氧乙酸及其盐类和酯类	千克			
	15	2-甲基-4-氯苯氧乙酸	千克			

税则号列	统计后缀	货品名称	单位	税率 1 普通	税率 1 特惠	2
	50	其他	千克			
2918.99.30	00	药物	千克	6.5%	0(A,AU,BH,CA,CL,CO,D,E,IL,JO,K,KR,MA,MX,OM,P,PA,PE,S,SG)	15.4美分/千克+47.5%
2918.99.35	00	有气味或调味的化合物	千克	6.5%[3]	0(A,AU,BH,CA,CL,CO,D,E,IL,JO,KR,MA,MX,OM,P,PA,PE,S,SG)	15.4美分/千克+58%
		其他:				
2918.99.43	00	第六类附加美国注释三描述的产品	千克	6.5%[98]	0(A+,AU,BH,CA,CL,CO,D,E,IL,JO,K,KR,MA,MX,OM,P,PA,PE,S,SG)	15.4美分/千克+57%
2918.99.47	00	其他	千克	6.5%[3]	0(A+,AU,BH,CA,CL,CO,D,E,IL,JO,K,KR,MA,MX,OM,P,PA,PE,S,SG)	15.4美分/千克+57%
2918.99.50	00	其他	千克	4%[99]	0(A,AU,BH,CA,CL,CO,D,E,IL,JO,K,KR,MA,MX,OM,P,PA,PE,S,SG)	25%
		第八分章 非金属无机酸酯及其盐以及它们的卤化、磺化、硝化或亚硝化衍生物				
2919		磷酸酯及其盐,包括乳磷酸盐,以及它们的卤化、磺化、硝化或亚硝化衍生物:				
2919.10.00	00	三(2,3-磷酸二溴丙酯)	千克	3.7%[1]	0(A,AU,BH,CA,CL,CO,D,E,IL,JO,K,KR,MA,MX,OM,P,PA,PE,S,SG)	25%
2919.90		其他:				
		芳香族的:				
		增塑剂:				
2919.90.15	00	磷酸三苯酯	千克	0[1]		15.4美分/千克+57%
2919.90.25	00	其他	千克	6.5%[1]	0(A,AU,BH,CA,CL,CO,D,E,IL,JO,KR,MA,MX,OM,P,PA,PE,S,SG)	15.4美分/千克+57%
2919.90.30	00	其他	千克	6.5%[100]	0(A+,AU,BH,CA,CL,CO,D,E,IL,JO,K,KR,MA,MX,OM,P,PA,PE,S,SG)	15.4美分/千克+43%
2919.90.50		其他	千克	3.7%[101]	0(A,AU,BH,CA,CL,CO,D,E,IL,JO,K,KR,MA,MX,OM,P,PA,PE,S,SG)	25%
	10	增塑剂	千克			
	50	其他	千克			
2920		其他非金属无机酸酯(不包括卤化氢的酯)及其盐以及它们的卤化、磺化、硝化或亚硝化衍生物:				
		硫代磷酸酯及其盐以及它们的卤化、磺化、硝化或亚硝化衍生物:				
2920.11.00	00	对硫磷(ISO)及甲基对硫磷(ISO)	千克	0[1]		15.4美分/千克+64.5%
2920.19		其他:				

税则号列	统计后缀	货品名称	单位	税率 1 普通	税率 1 特惠	税率 2
		芳香族的:				
2920.19.10	00	O,O-二甲基-O-(4-硝基-m-甲苯基)硫代磷酸酯(杀螟硫磷)	千克	6.5%[1]	0(A,AU,BH,CA,CL,CO,D,E,IL,JO,KR,MA,MX,OM,P,PA,PE,S,SG)	15.4美分/千克+41%
2920.19.40	00	其他	千克	6.5%[102]	0(A,AU,BH,CA,CL,CO,D,E,IL,JO,K,KR,MA,MX,OM,P,PA,PE,S,SG)	15.4美分/千克+64.5%
2920.19.50	00	其他	千克	3.7%[103]	0(A,AU,BH,CA,CL,CO,D,E,IL,JO,K,KR,MA,MX,OM,P,PA,PE,S,SG)	25%
		磷酸酯及其盐以及它们的卤化、磺化、硝化或亚硝化衍生物:				
2920.21.00	00	亚磷酸二甲酯	千克	3.7%[104]	0(A,AU,BH,CA,CL,CO,D,E,IL,JO,K,KR,MA,MX,OM,P,PA,PE,S,SG)	25%
2920.22.00	00	亚磷酸二乙酯	千克	3.7%[103]	0(A,AU,BH,CA,CL,CO,D,E,IL,JO,K,KR,MA,MX,OM,P,PA,PE,S,SG)	25%
2920.23.00	00	亚磷酸三甲酯	千克	3.7%[1]	0(A,AU,BH,CA,CL,CO,D,E,IL,JO,K,KR,MA,MX,OM,P,PA,PE,S,SG)	25%
2920.24.00	00	亚磷酸三乙酯	千克	3.7%[1]	0(A,AU,BH,CA,CL,CO,D,E,IL,JO,K,KR,MA,MX,OM,P,PA,PE,S,SG)	25%
2920.29.00	00	其他	千克	3.7%[105]	0(A,AU,BH,CA,CL,CO,D,E,IL,JO,K,KR,MA,MX,OM,P,PA,PE,S,SG)	25%
2920.30.00	00	硫丹(ISO)	千克	3.7%[1]	0(A,AU,BH,CA,CL,CO,D,E,IL,JO,K,KR,MA,MX,OM,P,PA,PE,S,SG)	25%
2920.90		其他:				
		芳香族的:				
2920.90.10	00	农药	千克	6.5%[106]	0(A,AU,BH,CA,CL,CO,D,E,IL,JO,KR,MA,MX,OM,P,PA,PE,S,SG)	15.4美分/千克+64.5%
2920.90.20	00	其他	千克	6.5%[1]	0(A+,AU,BH,CA,CL,CO,D,E,IL,JO,KR,MA,MX,OM,P,PA,PE,S,SG)	15.4美分/千克+53%
2920.90.51	00	其他	千克	3.7%[107]	0(A,AU,BH,CA,CL,CO,D,E,IL,JO,K,KR,MA,MX,OM,P,PA,PE,S,SG)	25%
		第九分章 含氮基化合物				
2921		氨基化合物				
		无环单胺及其衍生物以及它们的盐:				
2921.11.00	00	甲胺、二甲胺或三甲胺及其盐	千克	3.7%[1]	0(A,AU,BH,CA,CL,CO,D,E,IL,JO,KR,MA,MX,OM,P,PA,PE,S,SG)	25%
2921.12.01	00	2-(N,N-二甲基氨基)氯乙烷盐酸盐	千克	0[5]		30.5%

税则号列	统计后缀	货品名称	单位	税率 1 普通	税率 1 特惠	税率 2
2921.13.00	00	2-(N,N-二乙基氨基)氯乙烷盐酸盐	千克	0[1]		30.5%
2921.14.00	00	2-(N,N,-二异丙基氨基)氯乙烷盐酸盐	千克	6.5%[1]	0(A,AU,BH,CA,CL,CO,D,E,IL,JO,K,KR,MA,MX,OM,P,PA,PE,S,SG)	30.5%
2921.19		其他:				
2921.19.11	00	一乙胺、二乙胺和三乙胺；一、二、三(丙基和丁基)单胺类；上述任何一种盐	千克	3.7%[1]	0(A,AU,BH,CA,CL,CO,D,E,IL,JO,K,KR,MA,MX,OM,P,PA,PE,S,SG)	25%
2921.19.31	00	3-氨基-3-甲基-1-丁烯(二甲氨基)异丙基氯盐酸盐	千克	0[1]		30.5%
2921.19.61		其他		6.5%[108]	0(A,AU,BH,CA,CL,CO,D,E,IL,JO,K,KR,MA,MX,OM,P,PA,PE,S,SG)	30.5%
	10	N,N-二烷基(甲基、乙基或正丙基)-2-氯乙胺及其质子化盐	千克			
	90	其他	千克			
		无环多胺及其衍生物以及它们的盐:				
2921.21.00	00	乙二胺及其盐	千克	5.8%[1]	0(A,AU,BH,CA,CL,CO,D,E,IL,JO,KR,MA,MX,OM,P,PA,PE,S,SG)	39%
2921.22		六亚甲基二胺及其盐:				
2921.22.05	00	己二酸己二胺(尼龙盐)	千克	6.5%[1]	0(A,AU,BH,CA,CL,CO,D,E,IL,JO,KR,MA,MX,OM,P,PA,PE,S,SG)	15.4美分/千克+46%
		其他:				
2921.22.10	00	全部或部分来自己二酸	千克	6.5%[1]	0(A+,AU,BH,CA,CL,CO,D,E,IL,JO,KR,MA,MX,OM,P,PA,PE,S,SG)	15.4美分/千克+66.5%
2921.22.50	00	其他	千克	6.5%[1]	0(A,AU,BH,CA,CL,CO,D,E,IL,JO,KR,MA,MX,OM,P,PA,PE,S,SG)	30.5%
2921.29.00		其他		6.5%[109]	0(A,AU,BH,CA,CL,CO,D,E,IL,JO,K,KR,MA,MX,OM,P,PA,PE,S,SG)	30.5%
	10	四乙烯五胺	千克			
	20	三乙烯四胺	千克			
	30	二乙烯三胺	千克			
	55	其他	千克			
2921.30		环烷单胺或多胺、环烯单胺或多胺、环萜烯单胺或多胺及其衍生物以及它们的盐:				
		全部或部分来自芳香化合物:				
2921.30.05	00	1,3-双(氨基乙基)环己烷	千克	0[1]		15.4美分/千克+53.5%
		其他:				

税则号列	统计后缀	货品名称	单位	税率 1 普通	税率 1 特惠	2
2921.30.10	00	第六类附加美国注释三描述的产品	千克	6.5%[1]	0(A+,AU,BH,CA,CL,CO,D,E,IL,JO,K,KR,MA,MX,OM,P,PA,PE,S,SG)	15.4美分/千克+53.5%
2921.30.30	00	其他	千克	6.5%[1]	0(A+,AU,BH,CA,CL,CO,D,E,IL,JO,K,KR,MA,MX,OM,P,PA,PE,S,SG)	15.4美分/千克+53.5%
2921.30.50	00	其他	千克	3.7%[1]	0(A,AU,BH,CA,CL,CO,D,E,IL,JO,K,KR,MA,MX,OM,P,PA,PE,S,SG)	25%
		芳香单胺及其衍生物以及它们的盐:				
2921.41		苯胺及其盐类:				
2921.41.10	00	苯胺	千克	6.5%[1]	0(A+,AU,BH,CA,CL,CO,D,E,IL,JO,KR,MA,MX,OM,P,PA,PE,S,SG)	15.4美分/千克+43.5%
2921.41.20	00	苯胺盐	千克	6.5%[1]	0(A+,AU,BH,CA,CL,CO,D,,E,IL,JO,KR,MA,MX,OM,P,PA,PE,S,SG)	15.4美分/千克+60%
2921.42		苯胺衍生物及其盐:				
2921.42.10	00	N,N-二甲基苯胺	千克	6.5%[5]	0(A+,AU,BH,CA,CL,CO,D,E,IL,JO,KR,MA,MX,OM,P,PA,PE,S,SG)	15.4美分/千克+40%
2921.42.15	00	N-乙基苯胺;N,N-二乙基苯胺	千克	6.5%[1]	0(A,AU,BH,CA,CL,CO,D,E,IL,JO,KR,MA,MX,OM,P,PA,PE,S,SG)	15.4美分/千克+60%
2921.42.16	00	2,4,5-三氯苯胺	千克	0[1]		15.4美分/千克+39.5%
2921.42.18	00	邻氨基苯磺酸;6-氯代苯甲酸;2-氯-5-硝基苯胺;4-氯-3-硝基苯胺;2,3-二氯苯胺;2,4-二氯苯胺;2,5-二氯苯胺;3,5-二氯苯胺;N,N-二乙基偏苯甲酸;N,N-二乙基偏苯甲酸钠盐;2,4-二氟苯胺;对氟苯胺;N-甲基苯胺;硝基苯胺	千克	5.8%[110]	0(A+,AU,BH,CA,CL,CO,D,E,IL,JO,KR,L,MA,MX,OM,P,PA,PE,S,SG)	15.4美分/千克+39.5%
2921.42.21	00	偏苯甲酸	千克	6.5%[1]	0(A,AU,BH,CA,CL,CO,D,E,IL,JO,KR,L,MA,MX,OM,P,PA,PE,S,SG)	15.4美分/千克+60%
2921.42.22	00	对氨基苯甲酸	千克	6.5%[1]	0(A+,AU,BH,CA,CL,CO,D,E,IL,JO,KR,MA,MX,OM,P,PA,PE,S,SG)	15.4美分/千克+60%
2921.42.23	00	3,4-二氯苯胺	千克	6.5%[1]	0(A+,AU,BH,CA,CL,CO,D,E,IL,JO,KR,MA,MX,OM,P,PA,PE,S,SG)	15.4美分/千克+60%
2921.42.36	00	间氯苯胺;2-氯-4-硝基苯胺;2,5-二氯苯胺-4-磺酸及其单钠盐;2,4-二硝基苯胺;邻硝基苯胺对磺酸钠盐;2,3,4-三氟苯胺	千克	0[1]		15.4美分/千克+60%
		其他:				
2921.42.55	00	耐晒染色基	千克	6.5%[111]	0(A,AU,BH,CA,CL,CO,D,E,IL,JO,KR,MA,MX,OM,P,PA,PE,S,SG)	15.4美分/千克+53%

税则号列	统计后缀	货品名称	单位	税率 1 普通	税率 1 特惠	税率 2
		其他：				
2921.42.65	00	第六类附加美国注释三描述的产品	千克	6.5%[112]	0(A+,AU,BH,CA,CL,CO,D,E,IL,JO,K,KR,L,MA,MX,OM,P,PA,PE,S,SG)	15.4美分/千克+60%
2921.42.90	00	其他	千克	6.5%[113]	0(A+,AU,BH,CA,CL,CO,D,E,IL,JO,K,KR,L,MA,MX,OM,P,PA,PE,S,SG)	15.4美分/千克+60%
2921.43		甲苯胺及其衍生物以及它们的盐：				
2921.43.04	00	3-氯邻甲苯胺;6-氯邻甲苯胺	千克	0[1]		15.4美分/千克+39.5%
2921.43.08	00	4-氯邻甲苯胺和盐酸盐;5-氯邻甲苯胺;6-氯-2-甲基苯胺-4-磺酸;4-氯-α,α,α-三氟邻甲苯胺;2,6-二氯间甲苯胺;N,N-二甲基对甲苯胺;N-乙基-N-苄基-m-甲苯胺酮;N-乙基邻甲苯胺	千克	5.8%[1]	0(A+,AU,BH,CA,CL,CO,D,E,IL,JO,KR,L,MA,MX,OM,P,PA,PE,S,SG)	15.4美分/千克+39.5%
2921.43.15	00	α,α,α-三氟-2,6-二硝基-N,N-二丙基-p-甲苯胺(氟乐灵)	千克	6.5%[114]	0(A,AU,BH,CA,CL,CO,D,E,IL,JO,KR,MA,MX,OM,P,PA,PE,S,SG)	15.4美分/千克+48.5%
2921.43.19	00	α,α,α-三氟邻甲苯胺;α,α,α-三氟-6-氯-m-甲苯胺	千克	6.5%[1]	0(A,AU,BH,CA,CL,CO,D,E,IL,JO,KR,L,MA,MX,OM,P,PA,PE,S,SG)	15.4美分/千克+60%
2921.43.22	00	N-乙基-N-(2-甲基-2-丙烯基)-2,6-二硝基-4-(三氟甲基)苯胺	千克	6.5%[115]	0(A,AU,BH,CA,CL,CO,D,E,IL,JO,KR,MA,MX,OM,P,PA,PE,S,SG)	15.4美分/千克+60%
2921.43.24	00	2-氨基-5-氯-4-乙基苯磺酸;2-氨基-5-氯-p-甲苯磺酸;对硝基邻甲苯胺;3-(三氟甲基)苯胺(间氨基苯并三氟)	千克	0[1]		15.4美分/千克+60%
		其他：				
2921.43.40	00	第六类附加美国注释三描述的产品	千克	6.5%[116]	0(A+,AU,BH,CA,CL,CO,D,E,IL,JO,K,KR,MA,MX,OM,P,PA,PE,S,SG)	15.4美分/千克+60%
2921.43.90		其他		6.5%[117]	0(A+,AU,BH,CA,CL,CO,D,E,IL,JO,KR,MA,MX,OM,P,PA,PE,S,SG)	15.4美分/千克+60%
	20	2-氯-5-甲基苯胺磺酸(CAS号:88-51-7)	千克			
	40	对甲苯胺间磺酸(CAS号:88-44-8)	千克			
	90	其他	千克			
2921.44		二苯胺及其衍生物以及它们的盐：				
2921.44.05	00	4,4'-双(α,α-二甲基苄基)二苯胺;亚硝二苯胺	千克	0[1]		15.4美分/千克+60%
2921.44.10	00	硝基二苯胺	千克	6.5%[1]	0(A+,AU,BH,CA,CL,CO,D,E,IL,JO,KR,MA,MX,OM,P,PA,PE,S,SG)	15.4美分/千克+40%
		其他：				

税则号列	统计后缀	货品名称	单位	税率 1 普通	税率 1 特惠	2
2921.44.20	00	第五章附加美国注释三描述的产品	千克	6.5%[1]	0(A+,AU,BH,CA,CL,CO,D,E,IL,JO,KR,MA,MX,OM,P,PA,PE,S,SG)	15.4美分/千克+60%
2921.44.70	00	其他	千克	6.5%[1]	0(A+,AU,BH,CA,CL,CO,D,E,IL,JO,KR,MA,MX,OM,P,PA,PE,S,SG)	15.4美分/千克+60%
2921.45		1-萘胺(α-萘胺),2-萘胺(β-萘胺)及其衍生物以及它们的盐:				
2921.45.10	00	7-氨基-1,3-萘二磺酸及盐类;5-氨基-2-萘磺酸及盐类;8-氨基-1-萘磺酸及盐类;N-苯基-2-萘胺	千克	6.5%[1]	0(A+,AU,BH,CA,CL,CO,D,E,IL,JO,KR,L,MA,MX,OM,P,PA,PE,S,SG)	15.4美分/千克+48.5%
2921.45.20	00	3-氨基-2,7-萘二磺酸;4-氨基-1-萘磺酸钠盐;5-氨基-1-萘磺酸(洛朗酸);8-氨基-2-萘磺酸及盐类;7-氨基-1,3,6-萘三磺酸;8-苯胺基-1-萘磺酸及盐类;N-乙基-1-萘胺	千克	5.8%[1]	0(A+,AU,BH,CA,CL,CO,D,E,IL,JO,KR,L,MA,MX,OM,P,PA,PE,S,SG)	15.4美分/千克+39.5%
2921.45.25	00	5-和8-氨基-2-萘磺酸的混合物;2-萘胺-6-磺酸;安多萘磺酸(1-氨基-2-萘磺酸)	千克	0[1]		15.4美分/千克+60%
		其他:				
2921.45.60	00	第六类附加美国注释三描述的产品	千克	6.5%[5]	0(A+,AU,BH,CA,CL,CO,D,E,IL,JO,K,KR,L,MA,MX,OM,P,PA,PE,S,SG)	15.4美分/千克+60%
2921.45.90	00	其他	千克	6.5%[1]	0(A+,AU,BH,CA,CL,CO,D,E,IL,JO,K,KR,L,MA,MX,OM,P,PA,PE,S,SG)	15.4美分/千克+60%
	10	2-氨基-1-萘磺酸(托比亚斯酸)	千克			
	90	其他	千克			
2921.46.00	00	安非他明(INN)、苄非他明(INN)、右苯丙胺(INN)、乙非他明(INN)、芬卡法明(INN)、利非他明(INN)、左苯丙胺(INN)、美芬雷司(INN)、苯丁胺(INN)以及它们的盐	千克	0		15.4美分/千克+149.5%
2921.49		其他:				
2921.49.10	00	4-氨基-2-二苯乙烯磺酸及其盐类;对乙基苯胺;2,4,6-三甲基苯胺(甲磺酸);2,3-二甲基苯胺;2,4-二甲基苯胺;2,5-二甲基苯胺;3,4-二甲基苯胺	千克	5.8%[118]	0(A+,AU,BH,CA,CL,CO,D,E,IL,JO,KR,MA,MX,OM,P,PA,PE,S,SG)	15.4美分/千克+48.5%
2921.49.15	00	间硝基对甲苯胺	千克	0[5]		15.4美分/千克+53%
		其他:				
2921.49.32	00	耐晒染色基	千克	6.5%	0(A,AU,BH,CA,CL,CO,D,E,IL,JO,KR,MA,MX,OM,P,PA,PE,S,SG)	15.4美分/千克+53%
		药物:				

税则号列	统计后缀	货品名称	单位	税率 1 普通	税率 1 特惠	税率 2
2921.49.38	00	抗抑郁药、镇静剂和其他心理治疗药物	千克	6.5%	0(A+,AU,BH,CA,CL,CO,D,E,IL,JO,K,KR,MA,MX,OM,P,PA,PE,S,SG)	15.4美分/千克+149.5%
2921.49.43	00	其他	千克	6.5%	0(A+,AU,BH,CA,CL,CO,D,E,IL,JO,K,KR,MA,MX,OM,P,PA,PE,S,SG)	15.4美分/千克+71.5%
		其他:				
2921.49.45	00	第六类附加美国注释三描述的产品	千克	6.5%[119]	0(A+,AU,BH,CA,CL,CO,D,E,IL,JO,K,KR,MA,MX,OM,P,PA,PE,S,SG)	15.4美分/千克+60%
2921.49.50	00	其他	千克	6.5%[120]	0(A+,AU,BH,CA,CL,CO,D,E,IL,JO,K,KR,L,MA,MX,OM,P,PA,PE,S,SG)	15.4美分/千克+60%
		芳香多胺及其衍生物以及它们的盐:				
2921.51		邻-、间-、对-苯二胺、二氨基甲苯及其衍生物以及它们的盐:				
2921.51.10	00	4-氨基-2-(N,N-二氨基)甲苯盐酸盐;间苯二胺;邻苯二胺;甲苯-2,4-二胺;甲苯-2,5-二胺;甲苯-2,5-二胺硫酸盐	千克	6.5%[121]	0(A+,AU,BH,CA,CL,CO,D,E,IL,JO,KR,L,MA,MX,OM,P,PA,PE,S,SG)	15.4美分/千克+48.5%
		其他:				
2921.51.20	00	照相化学品	千克	6.5%[5]	0(A,AU,BH,CA,CL,CO,D,E,IL,JO,KR,MA,MX,OM,P,PA,PE,S,SG)	15.4美分/千克+50%
		其他:				
2921.51.30	00	第六类附加美国注释三描述的产品	千克	6.5%[1]	0(A+,AU,BH,CA,CL,CO,D,E,IL,JO,KR,L,MA,MX,OM,P,PA,PE,S,SG)	15.4美分/千克+60%
2921.51.50	00	其他	千克	6.5%[122]	0(A+,AU,BH,CA,CL,CO,D,E,IL,JO,KR,L,MA,MX,OM,P,PA,PE,S,SG)	15.4美分/千克+60%
2921.59		其他:				
2921.59.04	00	1,8-二氨基萘(1,8-萘二胺)	千克	0[1]		15.4美分/千克+39.5%
2921.59.08	00	5-氨基-2-(对氨基苯胺基)苯磺酸;4,4'-二氨基-3-联苯磺酸(3-联苯磺酸);3,3'-二甲基联苯胺(邻甲苯胺);3,3'-二甲基联苯胺盐酸盐;乙基-(2-二甲氨基乙基)苯胺;N-乙基-N,N'-二甲基-N'-苯乙二胺;4,4'-亚甲基双(2-氯苯胺)	千克	5.8%[123]	0(A+,AU,BH,CA,CL,CO,D,E,IL,JO,KR,L,MA,MX,OM,P,PA,PE,S,SG)	15.4美分/千克+39.5%
2921.59.17	00	4,4'-联苯胺-2,2'-二磺酸;1,4-二氨基苯-2-磺酸;4,4'-亚甲基双(3-氯-2,6-二乙基苯胺);4,4'-亚甲基双(2,6-二乙基苯胺);4,4'-亚甲基双(2,6-二异丙基苯胺);间二甲苯二胺;3,3'-二氨基联苯(四氨基联苯)	千克	0[1]		15.4美分/千克+60%

税则号列	统计后缀	货品名称	单位	税率 1 普通	税率 1 特惠	税率 2
2921.59.20	00	4,4′-二氨基-2,2′-二苯乙烯二磺酸2[5]	千克	6.5%[124]	0(A,AU,BH,CA,CL,CO,D,E,IL,JO,KR,MA,MX,OM,P,PA,PE,S,SG)	15.4美分/千克+80%
2921.59.30	00	4,4′-亚甲基二苯胺	千克	6.5%[1]	0(A+,AU,BH,CA,CL,CO,D,E,IL,JO,KR,MA,MX,OM,P,PA,PE,S,SG)	15.4美分/千克+40%
		其他:				
2921.59.40	00	第六类附加美国注释三描述的产品	千克	6.5%[125]	0(A+,AU,BH,CA,CL,CO,D,E,IL,JO,K,KR,L,MA,MX,OM,P,PA,PE,S,SG)	15.4美分/千克+60%
2921.59.80		其他		6.5%[126]	0(A+,AU,BH,CA,CL,CO,D,E,IL,JO,K,KR,L,MA,MX,OM,P,PA,PE,S,SG)	15.4美分/千克+60%
	10	3,3′-二氯联苯胺盐酸盐	千克			
	90	其他	千克			
2922		含氧基氨基化合物:				
		氨基醇(但含有一种以上含氧基的除外)及其醚和酯,以及它们的盐:				
2922.11.00	00	单乙醇胺及其盐	千克	6.5%[1]	0(A,AU,BH,CA,CL,CO,D,E,IL,JO,K,MA,MX,OM,P,PA,PE,S,SG)	50.5%
2922.12.00	01	二乙醇胺及其盐	千克	6.5%[1]	0(A,AU,BH,CA,CL,CO,D,E,IL,JO,K,MA,MX,OM,P,PA,PE,S,SG)	50.5%
2922.14.00	00	右丙氧吩(INN)及其盐	千克	0		15.4美分/千克+119.5%
2922.15.00	00	三乙醇胺	千克	6.5%[1]	0(A,AU,BH,CA,CL,CO,D,E,IL,JO,KR,MA,MX,OM,P,PA,PE,S,SG)	50.5%
2922.16.00	00	全氟辛基磺酸二乙醇铵	千克	6.5%[1]	0(A,AU,BH,CA,CL,CO,D,E,IL,JO,KR,L,MA,MX,OM,P,PA,PE,S,SG)	30.5%
2922.17.00	00	甲基二乙醇胺和乙基二乙醇胺	千克	6.5%[1]	0(A,AU,BH,CA,CL,CO,D,E,IL,JO,KR,MA,MX,OM,P,PA,PE,S,SG)	30.5%
2922.18.00	00	2-(N,N-二异丙基氨基)乙醇	千克	6.5%[1]	0(A,AU,BH,CA,CL,CO,D,E,IL,JO,K,KR,MA,MX,OM,P,PA,PE,S,SG)	30.5%
2922.19		其他:				
		芳香族的:				
2922.19.09	00	药物	千克	6.5%	0(A+,AU,BH,CA,CL,CO,D,E,IL,JO,K,KR,MA,MX,OM,P,PA,PE,S,SG)	15.4美分/千克+45%
		其他:				

税则号列	统计后缀	货品名称	单位	税率 普通	税率 1 特惠	税率 2
2922.19.20	00	4,4′-双(二甲氨基)苯水解液(米氏水解液);5′-[3′-(二甲氨基)丙基]-10′,11′-二氢-5H′-二苯并[a,b]环庚烯-5′-醇(二苯甲醇);1-(对硝基苯基)-2-氨基-1,3-丙二醇	千克	5.8%	0(A+,AU,BH,CA,CL,CO,D,E,IL,JO,K,KR,MA,MX,OM,P,PA,PE,S,SG)	15.4美分/千克+39%
2922.19.33	00	N1-(2-羟乙基)-2-硝基-1,4-苯二胺;N1,N4,N4-三(2-羟乙基)-2-硝基-1,4-苯二胺;N1,N4-二甲基-N1-(2-羟乙基)-3-硝基-1,4-苯二胺;N1,N4-二甲基-N1-(2,3-二羟基-丙基)-3-硝基-1,4-苯二胺;N1-(2-羟乙基)-3-硝基-1,4-苯二胺	千克	0		15.4美分/千克+50%
		其他:				
2922.19.60	00	第六类附加美国注释三描述的产品	千克	6.5%[127]	0(A+,AU,BH,CA,CL,CO,D,E,IL,JO,K,KR,MA,MX,OM,P,PA,PE,S,SG)	15.4美分/千克+50%
2922.19.70	00	其他	千克	6.5%[128]	0(A+,AU,BH,CA,CL,CO,D,E,IL,JO,K,KR,L,MA,MX,OM,P,PA,PE,S,SG)	15.4美分/千克+50%
		其他:				
2922.19.90	00	三乙醇胺盐	千克	6.5%	0(A,AU,BH,CA,CL,CO,D,E,IL,JO,KR,MA,MX,OM,P,PA,PE,S,SG)	50.5%
2922.19.96		其他		6.5%[129]	0(A,AU,BH,CA,CL,CO,D,E,IL,JO,K,KR,MA,MX,OM,P,PA,PE,S,SG)	30.5%
		N,N-二烷基(甲基、乙基、正丙基或异丙基)-2-氨基乙醇及其质子化盐:				
	10	N,N-二甲基-2-氨基乙醇、N,N-二乙基-2-氨基乙醇及其原生质盐	千克			
	19	其他	千克			
	90	其他	千克			
		氨基萘酚和其他氨基酚(但含有一种以上含氧基的除外)及其醚和酯,以及它们的盐:				
2922.21		氨基羟基萘磺酸及其盐类:				
2922.21.10	00	1-氨基-8-羟基-3,6-萘二磺酸;4-氨基-5-羟基-1,3-萘二磺酸(芝加哥酸);4-氨基-5-羟基-1,3-萘二磺酸钾盐;4-氨基-5-羟基-1,3-萘二磺酸钠盐;4-氨基-5-羟基-2,7-萘二磺酸单钠盐(H酸,单钠盐);4-氨基-5-羟基-2,7-萘二磺酸钾盐(H酸,单钾盐);4-氨基-3-羟基-1-萘磺酸;6-氨基-1-萘酚-3-磺酸及其盐类;8-氨基-1-萘酚-5-磺酸及其盐类	千克	5.8%[1]	0(A+,AU,BH,CA,CL,CO,D,E,IL,JO,KR,L,MA,MX,OM,P,PA,PE,S,SG)	15.4美分/千克+39%

税则号列	统计后缀	货品名称	单位	税率 1 普通	税率 1 特惠	2
2922.21.25	00	1-氨基-8-羟基-4,6-萘二磺酸单钠盐	千克	0[1]		15.4美分/千克+50%
		其他：				
2922.21.40	00	第六类附加美国注释三描述的产品	千克	6.5%[5]	0(A+,AU,BH,CA,CL,CO,D,E,IL,JO,KR,L,MA,MX,OM,P,PA,PE,S,SG)	15.4美分/千克+50%
2922.21.50	00	其他	千克	6.5%[1]	0(A+,AU,BH,CA,CL,CO,D,E,IL,JO,KR,L,MA,MX,OM,P,PA,PE,S,SG)	15.4美分/千克+50%
2922.29		其他：				
2922.29.03	00	邻茴香胺；对茴香胺；对苯乙氨酸	千克	6.5%[1]	0(A+,AU,BH,CA,CL,CO,D,E,IL,JO,KR,L,MA,MX,OM,P,PA,PE,S,SG)	15.4美分/千克+65%
		间硝基对茴香胺；间硝基邻茴香胺：				
2922.29.06	00	耐晒染色基	千克	0[3]		15.4美分/千克+54.5%
2922.29.08	00	其他	千克	0[1]		15.4美分/千克+50%
2922.29.10	00	2-氨基-6-氯-4-硝基苯酚；2-氨基-4-氯苯酚；2-氨基-4-氯酚盐酸盐；2-氨基对甲酚；4-氨基邻甲酚；6-氨基-2,4-二氯-3-甲基苯酚；2-(3-氨基-4-羟基苯磺酰基)乙醇；2-氨基-4-硝基苯酚；2-氨基-4-硝基苯酚钠盐；2-氨基-5-硝基苯酚；间氨基苯酚；2-(4′-氨基苯氧基)乙基硫酸盐；5-氯-2-(2′,4′-二氯苯氧基)苯胺；3,4-二甲氧基苯乙胺(高藜芦胺)；2-羟基-5-硝基甲苯酸；4-甲氧基苯甲酸；6-甲氧基苯甲酸；4-甲氧基间苯二胺；5-甲氧基间苯二胺硫酸盐；6-(甲胺基)-1-萘酚-3-磺酸；7-(甲胺基)-1-萘酚-3-磺酸；以及2-甲基-p-茴香胺	千克	5.8%[130]	0(A+,AU,BH,CA,CL,CO,D,E,IL,JO,K,KR,L,MA,MX,OM,P,PA,PE,S,SG)	15.4美分/千克+39%
2922.29.13	00	邻氨基苯酚；2,2-双[4-(4-氨基苯氧基)苯基]丙烷	千克	0[1]		15.4美分/千克+50%
2922.29.15	00	间二乙氨基苯酚；间二甲氨基苯酚；3-乙基氨基对甲酚；5-甲氧基间苯二胺	千克	6.5%[3]	0(A+,AU,BH,CA,CL,CO,D,E,IL,JO,KR,L,MA,MX,OM,P,PA,PE,S,SG)	15.4美分/千克+51%
2922.29.20	00	4-氯-2,5-二甲氧基苯胺；2,4-二甲氧基苯胺	千克	0[1]		15.4美分/千克+41.5%
		其他：				
2922.29.26	00	耐晒染色基	千克	6.5%[1]	0(A,AU,BH,CA,CL,CO,D,E,IL,JO,KR,L,MA,MX,OM,P,PA,PE,S,SG)	15.4美分/千克+54.5%
2922.29.27	00	药物	千克	6.5%[1]	0(A+,AU,BH,CA,CL,CO,D,E,IL,JO,K,KR,MA,MX,OM,P,PA,PE,S,SG)	15.4美分/千克+71.5%

税则号列	统计后缀	货品名称	单位	税率 1 普通	税率 1 特惠	税率 2
2922.29.29	00	照相化学品	千克	6.5%[1]	0(A,AU,BH,CA,CL,CO,D,E,IL,JO,KR,L,MA,MX,OM,P,PA,PE,S,SG)	15.4美分/千克+50%
		其他：				
2922.29.61	00	第六类附加美国注释三描述的产品	千克	6.5%[131]	0(A+,AU,BH,CA,CL,CO,D,E,IL,JO,K,KR,L,MA,MX,OM,P,PA,PE,S,SG)	15.4美分/千克+50%
2922.29.81		其他		6.5%[132]	0(A+,AU,BH,CA,CL,CO,D,E,IL,JO,K,KR,L,MA,MX,OM,P,PA,PE,S,SG)	15.4美分/千克+50%
	10	对硝基邻茴香胺	千克			
	90	其他[27]	千克			
		氨基醛、氨基酮和氨基醌，但含有一种以上含氧基的除外，以及它们的盐：				
2922.31.00	00	安非拉酮(INN)、美沙酮(INN)和去甲美沙酮(INN)以及它们的盐	千克	0		15.4美分/千克+50%
2922.39		其他：				
		芳香族的：				
2922.39.05	00	1-氨基-2,4-二溴蒽醌；以及2-氨基-5-氯二苯甲酮	千克	0[1]		15.4美分/千克+50%
2922.39.10	00	2′-氨基苯乙酮；3′-氨基苯乙酮；1-氨基-4-溴-2-甲基蒽醌；1,4-双[1-蒽醌基氨基]蒽醌；1,4-二甲氨基蒽醌；4-二甲氨基苯甲醛；二蒽醌	千克	5.8%[3]	0(A+,AU,BH,CA,CL,CO,D,E,IL,JO,KR,MA,MX,OM,P,PA,PE,S,SG)	15.4美分/千克+39%
2922.39.14	00	2-氨基蒽醌	千克	6.5%[1]	0(A,AU,BH,CA,CL,CO,D,E,IL,JO,KR,MA,MX,OM,P,PA,PE,S,SG)	15.4美分/千克+50%
2922.39.17	00	1-氨基蒽醌	千克	0[1]		15.4美分/千克+50%
		其他：				
2922.39.25	00	第六类附加美国注释三描述的产品	千克	6.5%[1]	0(A+,AU,BH,CA,CL,CO,D,E,IL,JO,K,KR,MA,MX,OM,P,PA,PE,S,SG)	15.4美分/千克+50%
2922.39.45	00	其他	千克	6.5%[1]	0(A+,AU,BH,CA,CL,CO,D,E,IL,JO,K,KR,L,MA,MX,OM,P,PA,PE,S,SG)	15.4美分/千克+50%
2922.39.50	00	其他	千克	6.5%[1]	0(A,AU,BH,CA,CL,CO,D,E,IL,JO,K,KR,MA,MX,OM,P,PA,PE,S,SG)	30.5%
		氨基酸(但含有一种以上含氧基的除外)及其酯以及它们的盐：				
2922.41.00		赖氨酸及其酯以及它们的盐		3.7%[133]	0(A*,AU,BH,CA,CL,CO,D,E,IL,JO,K,KR,MA,MX,OM,P,PA,PE,S,SG)	25%
	10	符合食品化学法典、食品法典或美国药典的要求	千克			
	90	其他	千克			

税则号列	统计后缀	货品名称	单位	税率 1 普通	税率 1 特惠	2
2922.42		谷氨酸及其盐：				
2922.42.10	00	谷氨酸	千克	6.5%[1]	0(A+,AU,BH,CA,CL,CO,D,E,IL,JO,KR,MA,MX,OM,P,PA,PE,S,SG)	25%
2922.42.50	00	其他	千克	3.7%[1]	0(A,AU,BH,CA,CL,CO,D,E,IL,JO,K,KR,MA,MX,OM,P,PA,PE,S,SG)	25%
2922.43		邻氨基苯甲酸(氨茴酸)及其盐：				
2922.43.10	00	第六类附加美国注释三描述的产品	千克	6.5%[1]	0(A+,AU,BH,CA,CL,CO,D,E,IL,JO,K,KR,MA,MX,OM,P,PA,PE,S,SG)	15.4美分/千克+50%
2922.43.50	00	其他	千克	6.5%[1]	0(A+,AU,BH,CA,CL,CO,D,E,IL,JO,K,KR,MA,MX,OM,P,PA,PE,S,SG)	15.4美分/千克+50%
2922.44.00	00	替利定(INN)及其盐	千克	0		15.4美分/千克+45%
2922.49		其他：				
		芳香族的：				
2922.49.05	00	(R)-α-氨基苯乙酸;2-氨基-3-氯苯甲酸甲酯	千克	0[1]		15.4美分/千克+50%
2922.49.10	00	间氨基苯甲酸,工业级;对氨基苯甲酸;3,5-二氨基苯甲酸;2-乙基氨基-5-磺基苯甲酸;3-(N-乙基苯胺基)丙酸甲酯;β-(β-甲氧基乙氧基乙基)-4-氨基苯甲酸酯;邻氨基苯甲酸甲酯;苯丙氨酸	千克	5.8%[1]	0(A+,AU,BH,CA,CL,CO,D,E,IL,JO,K,KR,MA,MX,OM,P,PA,PE,S,SG)	15.4美分/千克+39%
		其他：				
2922.49.26	00	药物	千克	6.5%[1]	0(A+,AU,BH,CA,CL,CO,D,E,IL,JO,K,KR,MA,MX,OM,P,PA,PE,S,SG)	15.4美分/千克+45%
		其他：				
2922.49.30	00	第六类附加美国注释三描述的产品	千克	6.5%[134]	0(A+,AU,BH,CA,CL,CO,D,E,IL,JO,K,KR,MA,MX,OM,P,PA,PE,S,SG)	15.4美分/千克+50%
2922.49.37	00	其他[25]	千克	6.5%[1]	0(A+,AU,BH,CA,CL,CO,D,E,IL,JO,K,KR,L,MA,MX,OM,P,PA,PE,S,SG)	15.4美分/千克+50%
		其他：				
		氨基酸：				
2922.49.43	00	甘氨酸(氨基乙酸)	千克	4.2%[1]	0(AU,BH,CA,CL,CO,D,E,IL,JO,KR,MA,MX,OM,P,PA,PE,S,SG)	25%
2922.49.49		其他氨基酸		4.2%[135]	0(A*,AU,BH,CA,CL,CO,D,E,IL,JO,K,KR,MA,MX,OM,P,PA,PE,S,SG)	25%
	10	丙氨酸	千克			
	15	l-天冬氨酸	千克			

税则号列	统计后缀	货品名称	单位	税率 1 普通	税率 1 特惠	税率 2
	50	其他	千克			
		其他：				
2922.49.60	00	3-氨基巴豆酸甲酯；和(R)-α-氨基-1,4-环己二烯-1-乙酸	千克	0[1]		25％
2922.49.80	00	其他	千克	3.7％[136]	0(A*,AU,BH,CA,CL,CO,D,E,IL,JO,K,KR,MA,MX,OM,P,PA,PE,S,SG)	25％
2922.50		氨基醇酚、氨基酸酚及其他含氧基氨基化合物：				
		芳香族的：				
2922.50.07	00	3,4-二氨基苯醚硫酸二氢酯；2-硝基-5-[(2,3-二羟基)丙氧基]-N-甲基苯胺；2-硝基-5-(2-羟基乙氧基)-N-甲基苯胺；4-(2-羟乙氧基)-1,3-苯二胺盐酸盐；3-甲氧基-4-[(2-羟乙基)氨基]硝基苯；4-[(2-羟乙基)氨基]-3-硝基苯酚；(R)-α-氨基-4-羟基苯乙酸[d(-)-对羟基苯基甘氨酸]	千克	0		15.4美分/千克+50％
2922.50.10	00	dl-3-(3,4-二羟基苯基)丙氨酸；N-乙基-N-(2-甲氧基羰基乙基)苯胺；dl-苯基肾上腺素碱(碳酸、甲酯、二酯和2,2'-(间甲氨基)二乙醇(碳酸甲苯胺酮)	千克	5.8％	0(A+,AU,BH,CA,CL,CO,D,E,IL,JO,K,KR,MA,MX,OM,P,PA,PE,S,SG)	15.4美分/千克+39％
2922.50.11	00	d(-)-对羟基苯甘氨酸[(R)-α-氨基对羟基苯乙酸]的盐	千克	6.5％	0(A,AU,BH,CA,CL,CO,D,E,IL,JO,KR,MA,MX,OM,P,PA,PE,S,SG)	15.4美分/千克+50％
		其他：				
		药物：				
2922.50.13	00	异他林盐酸盐；盐酸异舒普林；盐酸奈利德林；盐酸苯肾上腺素；沙丁胺醇(沙丁胺醇)；硫酸特布他林	千克	0		15.4美分/千克+47％
		其他：				
2922.50.14	00	心血管药物	千克	6.5％	0(A+,AU,BH,CA,CL,CO,D,E,IL,JO,K,KR,MA,MX,OM,P,PA,PE,S,SG)	15.4美分/千克+65％
2922.50.17	00	皮肤科药物和局部麻醉剂	千克	6.5％	0(A+,AU,BH,CA,CL,CO,D,E,IL,JO,K,KR,MA,MX,OM,P,PA,PE,S,SG)	15.4美分/千克+51.5％
2922.50.19	00	愈创木酚衍生物	千克	6.5％	0(A,AU,BH,CA,CL,CO,D,E,IL,JO,K,KR,MA,MX,OM,P,PA,PE,S,SG)	15.4美分/千克+79％
2922.50.25	00	其他	千克	6.5％	0(A+,AU,BH,CA,CL,CO,D,E,IL,JO,K,KR,MA,MX,OM,P,PA,PE,S,SG)	15.4美分/千克+82％
		其他：				

税则号列	统计后缀	货品名称	单位	税率 1 普通	税率 1 特惠	税率 2
2922.50.35	00	第六类附加美国注释三描述的产品	千克	6.5%[137]	0(A+,AU,BH,CA,CL,CO,D,E,IL,JO,K,KR,MA,MX,OM,P,PA,PE,S,SG)	15.4美分/千克+50%
2922.50.40	00	其他	千克	6.5%[138]	0(A+,AU,BH,CA,CL,CO,D,E,IL,JO,K,KR,L,MA,MX,OM,P,PA,PE,S,SG)	15.4美分/千克+50%
2922.50.50	00	其他	千克	6.5%	0(A,AU,BH,CA,CL,CO,D,E,IL,JO,K,KR,MA,MX,OM,P,PA,PE,S,SG)	30.5%
2923		季铵盐及季铵碱；卵磷脂及其他磷氨基类脂,不论是否已有化学定义：				
2923.10.00	00	胆碱及其盐	千克	3.7%[139]	0(A,AU,BH,CA,CL,CO,D,E,IL,JO,K,KR,MA,MX,OM,P,PA,PE,S,SG)	25%
2923.20		卵磷脂及其他磷氨基类脂：				
2923.20.10	00	用于静脉脂肪乳剂的,符合美国食品药品监督管理局要求的医药级纯化卵磷脂	千克	0[1]		16.5美分/千克+30%
2923.20.20	00	其他	千克	5%[140]	0(A*,AU,BH,CA,CL,CO,D,E,IL,JO,K,KR,MA,MX,OM,P,PA,PE,S,SG)	33.4%
2923.30.00	00	全氟辛烷磺酸四乙基铵	千克	6.2%[1]	0(A,AU,BH,CA,CL,CO,D,E,IL,JO,K,KR,MA,MX,OM,P,PA,PE,S,SG)	15.4美分/千克+36%
2923.40.00	00	全氟辛基磺酸二癸基二甲基铵	千克	6.2%[1]	0(A,AU,BH,CA,CL,CO,D,E,IL,JO,K,KR,MA,MX,OM,P,PA,PE,S,SG)	15.4美分/千克+36%
2923.90.01	00	其他	千克	6.2%[1]	0(A,AU,BH,CA,CL,CO,D,E,IL,JO,K,KR,MA,MX,OM,P,PA,PE,S,SG)	15.4美分/千克+36%
2924		羧基酰胺基化合物；碳酸酰胺基化合物：				
		无环酰胺(包括无环氨基甲酸酯)及其衍生物以及它们的盐：				
2924.11.00	00	甲丙氨酯(INN)	千克	0		25%
2924.12.00	00	氟乙酰胺(ISO),久效磷(ISO)及磷胺(ISO)	千克	3.7%[1]	0(A,AU,BH,CA,CL,CO,D,E,IL,JO,K,KR,MA,MX,OM,P,PA,PE,S,SG)	25%
2924.19		其他：				
2924.19.11		酰胺		3.7%[141]		25%
	10	丙烯酰胺	千克			
	20	二甲基甲酰胺	千克			
	30	甲基丙烯酰胺	千克			
	50	其他	千克			
2924.19.80	00	其他	千克	6.5%[142]	0(A+,AU,BH,CA,CL,CO,D,E,IL,JO,K,KR,MA,MX,OM,P,PA,PE,S,SG)	30.5%

税则号列	统计后缀	货品名称	单位	税率 1 普通	税率 1 特惠	税率 2
		环酰胺(包括环氨基甲酸酯)及其衍生物以及它们的盐:				
2924.21		酰脲及其衍生物以及它们的盐:				
		芳香族的:				
		农药:				
2924.21.04	00	3-(对氯苯基)-1,1-二甲基脲(蒙脲)	千克	6.5%[1]	0(A,AU,BH,CA,CL,CO,D,E,IL,JO,KR,MA,MX,OM,P,PA,PE,S,SG)	15.4美分/千克+40.5%
2924.21.08	00	1,1-二甲基-3-(α,α,α-三氟间甲苯基)尿(氟甲隆)	千克	0[1]		15.4美分/千克+40.5%
2924.21.12	00	1-(2-甲基环己基)-3-苯基脲	千克	0[1]		15.4美分/千克+48.5%
2924.21.16	00	其他[27]	千克	6.5%[143]	0(A*,AU,BH,CA,CL,CO,D,E,IL,JO,K,KR,MA,MX,OM,P,PA,PE,S,SG)	15.4美分/千克+48.5%
		其他:				
2924.21.18	00	对称二乙基二苯基脲	千克	6.5%[3]	0(A,AU,BH,CA,CL,CO,D,E,IL,JO,KR,MA,MX,OM,P,PA,PE,S,SG)	15.4美分/千克+58%
		其他:				
2924.21.20	00	第六类附加美国注释三描述的产品	千克	6.5%[1]	0(A+,AU,BH,CA,CL,CO,D,E,IL,JO,K,KR,L,MA,MX,OM,P,PA,PE,S,SG)	15.4美分/千克+58%
2924.21.45	00	其他	千克	6.5%[1]	0(A+,AU,BH,CA,CL,CO,D,E,IL,JO,K,KR,L,MA,MX,OM,P,PA,PE,S,SG)	15.4美分/千克+58%
2924.21.50	00	其他	千克	6.5%[1]	0(A,AU,BH,CA,CL,CO,D,E,IL,JO,K,KR,MA,MX,OM,P,PA,PE,S,SG)	30.5%
2924.23		2-乙酰氨基苯甲酸(N-乙酰邻氨基苯甲酸)及其盐:				
2924.23.10	00	2-乙酰氨基苯甲酸	千克	6.5%[1]	0(A+,AU,BH,CA,CL,CO,D,E,IL,JO,KR,MA,MX,OM,P,PA,PE,S,SG)	15.4美分/千克+58%
		其他:				
2924.23.70	00	第六类附加美国注释三描述的产品	千克	6.5%[1]	0(A+,AU,BH,CA,CL,CO,D,E,IL,JO,K,KR,L,MA,MX,OM,P,PA,PE,S,SG)	15.4美分/千克+58%
2924.23.75	00	其他	千克	6.5%[1]	0(A+,AU,BH,CA,CL,CO,D,E,IL,JO,K,KR,L,MA,MX,OM,P,PA,PE,S,SG)	15.4美分/千克+58%
2924.24.00	00	炔己蚁胺(INN)	千克	0		30.5%
2924.25.00	00	甲草胺(ISO)	千克	6.5%[1]	0(A+,AU,BH,CA,CL,CO,D,E,IL,JO,K,KR,MA,MX,OM,P,PA,PE,S,SG)	15.4美分/千克+58%
2924.29		其他:				
		芳香族的:				

税则号列	统计后缀	货品名称	单位	税率 1 普通	税率 1 特惠	2
2924.29.01	00	对乙酰苯胺;对乙酰甲苯;4′-氨基-N-甲基乙酰苯胺;2,5-二甲氧基乙酰苯胺;N-(7-羟基-1-萘基)乙酰胺	千克	0[1]		15.4美分/千克+39.5%
2924.29.03	00	3,5-二硝基邻甲苯胺	千克	0[3]		15.4美分/千克+47.5%
2924.29.05	00	胆红素酸;3,5-二乙胺基-2,4,6-三碘苯甲酸;甲硝唑酸	千克	5.3%	0(A+,AU,BH,CA,CL,CO,D,E,IL,JO,K,KR,MA,MX,OM,P,PA,PE,S,SG)	15.4美分/千克+34%
2924.29.10	00	乙酰苯胺;N-乙酰磺酰氯;阿斯巴甜;2-甲氧基-5-乙酰氨基-N,N-双(2-乙酰氧基乙基)苯胺	千克	6.5%[1]	0(A,AU,BH,CA,CL,CO,D,E,IL,JO,K,KR,MA,MX,OM,P,PA,PE,S,SG)	15.4美分/千克+58%
2924.29.20	00	2-乙酰氨基-3-氯蒽醌;邻乙酰乙酰苯胺;邻乙酰甲苯胺;2′,4′-乙酰氧基化物;1-氨基-5-苯甲酰胺蒽醌	千克	6.5%[1]	0(A+,AU,BH,CA,CL,CO,D,E,IL,JO,KR,MA,MX,OM,P,PA,PE,S,SG)	15.4美分/千克+53%
2924.29.23	00	4-氨基乙酰苯胺;2,2′-恶酰胺基双[3-(3,5-二叔丁基-4-羟基苯基)丙酸乙酯];乙酰甲胺磷磺酸钾盐;N-(2,3-二羟基丙基)-5-N-(2,3-二羟基丙基)乙酰胺-N′-(2-羟乙基)-2,4,6-三碘异苯二甲酰胺	千克	0[3]		15.4美分/千克+58%
2924.29.26	00	3-氨基甲氧基苯甲酰苯胺	千克	0[3]		15.4美分/千克+54.5%
2924.29.28	00	N-{[(4-氯苯基)氨基]羰基}-2,6-二氟苯甲酰胺;3,5-二氯-N-(1,1-二甲基-2-丙炔基)-苯甲酰胺	千克	0[1]		15.4美分/千克+64.5%
2924.29.31	00	4-乙酰氨基-2-氨基苯酚;对乙酰氨基苯甲醛;乙酰乙酰苄酰胺;乙酰丙酮-5-氯-2-甲苯胺;对乙酰苯乙脒;N-乙酰基-2,6-二甲基苯胺(N-乙酰基-2,6-二甲基苯胺);对氨基苯甲酸异辛基酰胺;对氨基苯甲酰基氨基萘磺酸;2-氨基-4-氯苯甲酰胺;3-氨基-4-氯苯甲酰胺;4-氨基马尿酸;对氨基苯基氨基苯甲酸乙酯;1-苯甲酰胺基-4-氯蒽醌;1-苯甲酰胺基-5-氯蒽醌;苯甲酰胺基;4′-氯乙酰乙酰苯胺;3-(N,N-二羟基乙基氨基)苯甲酰苯胺;2,5-二羟基-N-(2-羟乙基)-苯甲酰胺;龙胆胺;N,N′-六亚甲基双(3,5-二叔丁基-4-羟基氢化肉桂酰胺);2-(间羟基苯胺基)乙酰胺;硝酸酰胺(1-氨基-9,10-二氢-N-(3-甲氧基丙基)-4-硝基-9,10-二氧基-2-蒽酰胺);非那西丁,原药;β-间苯二酚酰胺	千克	5.8%[144]	0(A+,AU,BH,CA,CL,CO,D,E,IL,JO,KR,MA,MX,OM,P,PA,PE,S,SG)	15.4美分/千克+39.5%
		萘酚及其衍生物:				

税则号列	统计后缀	货品名称	单位	税率 1 普通	税率 1 特惠	税率 2
2924.29.33	00	3-羟基-2-萘酰苯胺;3-羟基-2-萘酚-o-甲苯胺;3-羟基-2-萘酚-o-茴香胺;3-羟基-2-萘酚-o-苯乙啶;3-羟基-2-萘酚-4-氯-2,5-二甲氧基苯胺;3-羟基-3′-硝基-2-萘酰苯胺;N,N′-双(乙酰基邻甲苯胺酮)	千克	0[1]		15.4美分/千克+60%
2924.29.36	00	其他	千克	6.5%	0(A,AU,BH,CA,CL,CO,D,E,IL,JO,KR,MA,MX,OM,P,PA,PE,S,SG)	15.4美分/千克+60%
		其他:				
		农药:				
2924.29.43	00	3-乙氧基羰基氨基苯基-N-苯基氨基甲酸酯(地塞米松);N-(3-氯苯基)氨基甲酸异丙酯(CIPC)	千克	6.5%[145]	0(A,AU,BH,CA,CL,CO,D,E,IL,JO,KR,MA,MX,OM,P,PA,PE,S,SG)	15.4美分/千克+40.5%
2924.29.47	00	其他	千克	6.5%[146]	0(A,AU,BH,CA,CL,CO,D,E,IL,JO,KR,MA,MX,OM,P,PA,PE,S,SG)	15.4美分/千克+64.5%
2924.29.52	00	耐晒染色基	千克	6.5%	0(A,AU,BH,CA,CL,CO,D,E,IL,JO,KR,L,MA,MX,OM,P,PA,PE,S,SG)	15.4美分/千克+54.5%
		药物:				
2924.29.57	00	二氨基乙氧基化物(利多卡因)	千克	0		15.4美分/千克+101.5%
2924.29.62		其他		6.5%	0(A,AU,BH,CA,CL,CO,D,E,IL,JO,K,KR,MA,MX,OM,P,PA,PE,S,SG)	15.4美分/千克+47.5%
	10	对乙酰氨基酚	千克			
	20	苯乙啶(非那西丁)	千克			
	50	其他	千克			
		其他:				
2924.29.65	00	5-溴乙酰基-2-水杨酰胺	千克	6.5%[1]	0(A,AU,BH,CA,CL,CO,D,E,IL,JO,KR,MA,MX,OM,P,PA,PE,S,SG)	15.4美分/千克+58%
		其他:				
2924.29.71	00	第六类附加美国注释三描述的产品[27]	千克	6.5%[147]	0(A+,AU,BH,CA,CL,CO,D,E,IL,JO,K,KR,L,MA,MX,OM,P,PA,PE,S,SG)	15.4美分/千克+58%
2924.29.77		其他		6.5%[148]	0(A+,AU,BH,CA,CL,CO,D,E,IL,JO,K,KR,L,MA,MX,OM,P,PA,PE,S,SG)	15.4美分/千克+58%
	10	乙酰乙酰苯胺	千克			
	20	乙酰乙酸-2,5-二甲氧基-4-氯苯胺	千克			
	30	对氨基苯甲酰胺	千克			
	90	其他	千克			

税则号列	统计后缀	货品名称	单位	税率 1 普通	税率 1 特惠	2
		其他:				
2924.29.80	00	2,2-二甲基环丙基甲酰胺	千克	0[1]		30.5%
2924.29.95	00	其他	千克	6.5%[149]	0(A,AU,BH,CA,CL,CO,D,E,IL,JO,K,KR,MA,MX,OM,P,PA,PE,S,SG)	30.5%
2925		羧基酰亚胺化合物(包括糖精及其盐)及亚胺基化合物:				
		酰亚胺及其衍生物以及它们的盐:				
2925.11.00	00	糖精及其盐	千克	6.5%[1]	0(A,AU,BH,CA,CL,CO,D,E,IL,JO,KR,MA,MX,OM,P,PA,PE,S,SG)	15.4美分/千克+61%
2925.12.00	00	格鲁米特(INN)	千克	0		15.4美分/千克+61%
2925.19		其他:				
		芳香族的:				
2925.19.10	00	亚乙基双四溴邻苯二甲酰亚胺	千克	6.5%[3]	0(A+,AU,BH,CA,CL,CO,D,E,IL,JO,KR,MA,MX,OM,P,PA,PE,S,SG)	15.4美分/千克+61%
2925.19.30	00	双(邻甲苯基)碳二亚胺;2,2′,6,6′-四异丙基二苯基碳二亚胺	千克	0[1]		15.4美分/千克+61%
2925.19.42	00	其他	千克	6.5%[150]	0(A+,AU,BH,CA,CL,CO,D,E,IL,JO,K,KR,L,MA,MX,OM,P,PA,PE,S,SG)	15.4美分/千克+61%
		其他:				
2925.19.70	00	N-氯丁二酰亚胺;N,N′-乙烯双(5,6-二溴-2,3-降冰片烷二甲酰亚胺)	千克	0[1]		25%
2925.19.91	00	其他	千克	3.7%[151]	0(A,AU,BH,CA,CL,CO,D,E,IL,JO,KR,L,MA,MX,OM,P,PA,PE,S,SG)	25%
		亚胺及其衍生物以及它们的盐:				
2925.21.00	00	杀虫脒(ISO)	千克	6.5%[1]	0(A+,AU,BH,CA,CL,CO,D,E,IL,JO,K,KR,MA,MX,OM,P,PA,PE,S,SG)	15.4美分/千克+61%
2925.29		其他:				
		芳香族的:				
2925.29.10	00	N′-(4-氯-o-甲苯基)-N,N-二甲基甲脒;盐酸丁苯脒;喷他脒	千克	6.5%[1]	0(A+,AU,BH,CA,CL,CO,D,E,IL,JO,K,KR,MA,MX,OM,P,PA,PE,S,SG)	15.4美分/千克+41%
2925.29.18	00	N,N′-二苯基胍;3-二甲氨基亚甲氨基苯酚盐酸盐;1,3-二邻甲苯基胍;N,N-二甲基-N′-[3-[[(甲胺基)羰基-氧基]苯基]甲酰亚胺一氢氯化物	千克	0[1]		15.4美分/千克+61%
		其他:				
2925.29.20	00	药物	千克	6.5%[1]	0(A+,AU,BH,CA,CL,CO,D,E,IL,JO,K,KR,MA,MX,OM,P,PA,PE,S,SG)	15.4美分/千克+67.5%

税则号列	统计后缀	货品名称	单位	税率 1 普通	税率 1 特惠	2
2925.29.60	00	其他	千克	6.5%[152]	0(A+,AU,BH,CA,CL,CO,D,E,IL,JO,K,KR,MA,MX,OM,P,PA,PE,S,SG)	15.4美分/千克+61%
		其他：				
2925.29.70	00	四甲基胍	千克	0[5]		25%
2925.29.90	00	其他	千克	3.7%[153]	0(A,AU,BH,CA,CL,CO,D,E,IL,JO,K,KR,MA,MX,OM,P,PA,PE,S,SG)	25%
2926		腈基化合物：				
2926.10.00	00	丙烯腈	千克	6.5%[1]	0(A*,AU,BH,CA,CL,CO,D,E,IL,JO,KR,MA,MX,OM,P,PA,PE,S,SG)	56.5%
2926.20.00	00	1-氰基胍(双氰胺)[154]	千克	0[1]		25%
2926.30		芬普雷司(INN)及其盐；美沙酮中间体(4-氰基-2-二甲氨基-4,4-二苯基丁烷)：				
2926.30.10	00	芬普雷司及其盐	千克	0[1]		15.4美分/千克+65.5%
2926.30.20	00	4-氰基-2-二甲氨基-4,4-二苯基丁烷	千克	6.5%[1]	0(A+,AU,BH,CA,CL,CO,D,E,IL,JO,KR,MA,MX,OM,P,PA,PE,S,SG)	15.4美分/千克+65.5%
2926.40.00	00	α-苯基乙酰基乙腈	千克	6.5%	0(A+,AU,BH,CA,CL,CO,D,E,IL,JO,K,KR,MA,MX,OM,P,PA,PE,S,SG)	15.4美分/千克+65.5%
2926.90		其他：				
		芳香族的：				
2926.90.01	00	2-氰基-4-硝基苯胺	千克	0[1]		15.4美分/千克+41%
2926.90.05	00	2-氨基-4-氯苯甲腈(5-氯-2-氰基苯胺)；2-氨基-5-氯苯甲腈；4-氨基-2-氯苯甲腈；(氰乙基)(羟乙基)-m-甲苯胺酮；对氰基苯乙酸酯；邻苯二腈；四氯-3-氰基苯甲酸甲酯	千克	6.5%[1]	0(A+,AU,BH,CA,CL,CO,D,E,IL,JO,KR,MA,MX,OM,P,PA,PE,S,SG)	15.4美分/千克+41%
2926.90.08	00	苯甲腈	千克	6.5%[5]	0(A,AU,BH,CA,CL,CO,D,E,IL,JO,KR,MA,MX,OM,P,PA,PE,S,SG)	15.4美分/千克+41%
		二氯苯甲腈：				
2926.90.11	00	2,6-二氯苯甲腈	千克	0[1]		15.4美分/千克+41%
2926.90.12	00	其他	千克	6.5%[1]	0(A+,AU,BH,CA,CL,CO,D,E,IL,JO,KR,MA,MX,OM,P,PA,PE,S,SG)	15.4美分/千克+41%
2926.90.14	00	对氯苯甲腈；盐酸维拉帕米	千克	6.5%[1]	0(A,AU,BH,CA,CL,CO,D,E,IL,JO,K,KR,MA,MX,OM,P,PA,PE,S,SG)	15.4美分/千克+65.5%

税则号列	统计后缀	货品名称	单位	税率 1 普通	税率 1 特惠	2
2926.90.16	00	[1α(S*),3α(Z)]-(±)-氰基(3-苯氧基苯基)-甲基 3-(2-氯-3,3,3-三氟-1-丙烯基)-2,2-二甲基环丙烷羧酸盐	千克	0[1]		15.4美分/千克+64.5%
2926.90.17	00	邻氯苯甲腈	千克	6.5%[1]	0(A,AU,BH,CA,CL,CO,D,E,IL,JO,KR,MA,MX,OM,P,PA,PE,S,SG)	15.4美分/千克+65.5%
2926.90.19	00	N,N-双(2-氰乙基)苯胺;2,6-二氟苯甲腈	千克	0[3]		15.4美分/千克+65.5%
		其他:				
		农药:				
2926.90.21	00	杀菌剂	千克	6.5%[155]	0(A,AU,BH,CA,CL,CO,D,E,IL,JO,KR,MA,MX,OM,P,PA,PE,S,SG)	15.4美分/千克+40%
		除草剂:				
2926.90.23	00	3,5-二溴-4-羟基苯甲腈(溴苯腈)	千克	6.5%[5]	0(A,AU,BH,CA,CL,CO,D,E,IL,JO,KR,MA,MX,OM,P,PA,PE,S,SG)	15.4美分/千克+40.5%
2926.90.25	00	其他	千克	6.5%[156]	0(A,AU,BH,CA,CL,CO,D,E,IL,JO,KR,MA,MX,OM,P,PA,PE,S,SG)	15.4美分/千克+48.5%
2926.90.30	00	其他	千克	6.5%[157]	0(A,AU,BH,CA,CL,CO,D,E,IL,JO,KR,MA,MX,OM,P,PA,PE,S,SG)	15.4美分/千克+64.5%
		其他:				
2926.90.43	00	第六类附加美国注释三描述的产品[27]	千克	6.5%[158]	0(A+,AU,BH,CA,CL,CO,D,E,IL,JO,K,KR,L,MA,MX,OM,P,PA,PE,S,SG)	15.4美分/千克+65.5%
2926.90.48	01	其他[27]	千克	6.5%[159]	0(A+,AU,BH,CA,CL,CO,D,E,IL,JO,K,KR,L,MA,MX,OM,P,PA,PE,S,SG)	15.4美分/千克+65.5%
2926.90.50		其他		0[1]		25%
	10	丙二腈	千克			
	50	其他[160]	千克			
2927.00		重氮化合物、偶氮化合物及氧化偶氮化合物:				
2927.00.03	00	4-氨基偶氮苯二磺酸单钠盐	千克	0[1]		15.4美分/千克+40.5%
2927.00.06	00	对氨基偶氮苯二磺酸;重氮氨基苯(1,3-二苯基三氮烯)	千克	5.8%[1]	0(A+,AU,BH,CA,CL,CO,D,E,IL,JO,KR,L,MA,MX,OM,P,PA,PE,S,SG)	15.4美分/千克+40.5%
2927.00.15	00	1,1'-偶氮二甲酰胺	千克	3.7%[1]	0(A,AU,BH,CA,CL,CO,D,E,IL,JO,KR,MA,MX,OM,P,PA,PE,S,SG)	25%

税则号列	统计后缀	货品名称	单位	税率 1 普通	税率 1 特惠	税率 2
2927.00.18	00	1-萘磺酸,6-重氮-5,6-二氢-5-氧代,与苯基(2,3,4-三羟基苯基)甲酮的酯;1-萘磺酸,3-重氮-3,4-二氢-4-氧代ar′-(1-甲基乙基)[1,1′-联苯]-4-基酯;1-萘磺酸,6-重氮-5,6-二氢-5-氧-,(八氢-4,7-甲烷-1H-茚-2,5-二基)双(亚甲基)酯;1-萘磺酸,6-重氮-5,6-二氢-5-氧代-,4-苯甲酰基-1,2,3-苯三酯	千克	0[1]		15.4美分/千克+50%
		其他:				
2927.00.25	00	照相化学品	千克	6.5%[1]	0(A,AU,BH,CA,CL,CO,D,E,IL,JO,KR,MA,MX,OM,P,PA,PE,S,SG)	15.4美分/千克+50%
2927.00.30	00	耐晒染色基和耐晒染色盐	千克	6.5%[1]	0(A,AU,BH,CA,CL,CO,D,E,IL,JO,KR,MA,MX,OM,P,PA,PE,S,SG)	15.4美分/千克+54.5%
		其他:				
2927.00.40	00	第六类附加美国注释三描述的产品	千克	6.5%[1]	0(A+,AU,BH,CA,CL,CO,D,E,IL,JO,K,KR,L,MA,MX,OM,P,PA,PE,S,SG)	15.4美分/千克+63.5%
2927.00.50	00	其他	千克	6.5%[161]	0(A+,AU,BH,CA,CL,CO,D,E,IL,JO,K,KR,L,MA,MX,OM,P,PA,PE,S,SG)	15.4美分/千克+63.5%
2928.00		肼(联氨)及胲(羟胺)的有机衍生物:				
2928.00.10	00	甲基乙基酮肟	千克	3.7%	0(A,AU,BH,CA,CL,CO,D,E,IL,JO,KR,MA,MX,OM,P,PA,PE,S,SG)	25%
2928.00.15	00	苯肼	千克	0[1]		15.4美分/千克+43.5%
		其他:				
2928.00.25	00	芳香族的	千克	6.5%[162]	0(A+,AU,BH,CA,CL,CO,D,E,IL,JO,K,KR,L,MA,MX,OM,P,PA,PE,S,SG)	15.4美分/千克+43.5%
		其他:				
2928.00.30	00	药物	千克	3.7%	0(A,AU,BH,CA,CL,CO,D,E,IL,JO,K,KR,MA,MX,OM,P,PA,PE,S,SG)	25%
2928.00.50	00	其他	千克	6.5%[163]	0(A,AU,BH,CA,CL,CO,D,E,IL,JO,K,KR,MA,MX,OM,P,PA,PE,S,SG)	30.5%
2929		其他含氮基化合物:				
2929.10		异氰酸酯:				
2929.10.10	00	甲苯二异氰酸酯(未混合)	千克	6.5%[1]	0(A+,AU,BH,CA,CL,CO,D,E,IL,JO,KR,MA,MX,OM,P,PA,PE,S,SG)	15.4美分/千克+40%
2929.10.15	00	2,4-和2,6-甲苯二异氰酸酯混合物	千克	6.5%[1]	0(A*,AU,BH,CA,CL,CO,D,E,IL,JO,KR,MA,MX,OM,P,PA,PE,S,SG)	15.4美分/千克+43.5%

税则号列	统计后缀	货品名称	单位	税率 1 普通	税率 1 特惠	税率 2
2929.10.20	00	二甲苯二异氰酸酯（TODI）；邻异氰酸,邻甲苯酯；二甲苯二异氰酸酯	千克	5.8%[164]	0(A+,AU,BH,CA,CL,CO,D,E,IL,JO,KR,MA,MX,OM,P,PA,PE,S,SG)	15.4美分/千克+40%
2929.10.27	00	正丁基异氰酸酯；环己基异氰酸酯；1-异氰酸酯-3-(三氟甲基)苯；1,5-萘二异氰酸酯；异氰酸十八酯[25]	千克	0[1]		15.4美分/千克+52%
2929.10.30	00	3,4-二氯苯基异氰酸酯	千克	6.5%[3]	0(A,AU,BH,CA,CL,CO,D,E,IL,JO,KR,MA,MX,OM,P,PA,PE,S,SG)	15.4美分/千克+52%
2929.10.35	00	1,6-六亚甲基二异氰酸酯	千克	6.5%[1]	0(A+,AU,BH,CA,CL,CO,D,E,IL,JO,KR,MA,MX,OM,P,PA,PE,S,SG)	15.4美分/千克+52%
		其他：				
2929.10.55	00	第六类附加美国注释三描述的产品	千克	6.5%[1]	0(A+,AU,BH,CA,CL,CO,D,E,IL,JO,KR,MA,MX,OM,P,PA,PE,S,SG)	15.4美分/千克+52%
2929.10.80		其他		6.5%[165]	0(A+,AU,BH,CA,CL,CO,D,E,IL,JO,KR,MA,MX,OM,P,PA,PE,S,SG)	15.4美分/千克+52%
	10	亚甲基二对亚苯基异氰酸酯（MDI）	千克			
	90	其他	千克			
2929.90		其他：				
2929.90.05	00	2,2'-双(4-氰基苯基)-1,1,1,3,3,3-六氟丙烷,2,2-双((4-氰基苯基)丙烷；1,1-亚乙基(苯基-4-氰酸盐)；4,4'-亚甲基双(2,6-二甲基苯基氰酸盐)；1,3-亚苯基双(1-甲基亚乙基)氰酸,1,4-亚苯基酯	千克	0[1]		15.4美分/千克+52%
		其他：				
		芳香族的：				
2929.90.15	00	第六类附加美国注释三描述的产品	千克	6.5%[166]	0(A+,AU,BH,CA,CL,CO,D,E,IL,JO,K,KR,MA,MX,OM,P,PA,PE,S,SG)	15.4美分/千克+52%
2929.90.20	00	其他	千克	6.5%[1]	0(A+,AU,BH,CA,CL,CO,D,E,IL,JO,K,KR,MA,MX,OM,P,PA,PE,S,SG)	15.4美分/千克+52%
2929.90.50		其他		6.5%[167]	0(A,AU,BH,CA,CL,CO,D,E,IL,JO,K,KR,MA,MX,OM,P,PA,PE,S,SG)	30.5%
	10	N,N-二烷基(甲基、乙基、正丙基或异丙基)磷酰胺二卤化物	千克			
	20	二烷基(甲基、乙基、正丙基或异丙基)-N,N-二烷基(甲基、乙基、正丙基或异丙基)磷酰胺	千克			
	90	其他[80]	千克			
		第十章 有机-无机化合物、杂环化合物、核酸及其盐以及磺(酰)胺				
2930		有机硫化合物：				

税则号列	统计后缀	货品名称	单位	税率 1 普通	税率 1 特惠	税率 2
2930.20		硫代氨基甲酸盐(或酯)及二硫代氨基甲酸盐：				
		芳香族的：				
2930.20.10	00	农药	千克	6.5%[168]	0(A,AU,BH,CA,CL,CO,D,E,IL,JO,KR,MA,MX,OM,P,PA,PE,S,SG)	15.4美分/千克+48.5%
2930.20.20		其他		6.5%	0(A+,AU,BH,CA,CL,CO,D,E,IL,JO,K,KR,MA,MX,OM,P,PA,PE,S,SG)	15.4美分/千克+40.5%
	10	主要用于橡胶加工的产品	千克			
	50	其他	千克			
		其他：				
2930.20.70	00	S-(2,3,3'-三氯烯丙基)二异丙基硫代氨基甲酸酯	千克	0[3]		25%
2930.20.90		其他		3.7%[169]	0(A,AU,BH,CA,CL,CO,D,E,IL,JO,K,KR,MA,MX,OM,P,PA,PE,S,SG)	25%
	10	农药	千克			
	20	主要用于橡胶加工的产品	千克			
	50	其他	千克			
2930.30		秋兰姆单硫化物、二硫化物或四硫化物：				
2930.30.30	00	四甲基秋兰姆单硫化物	千克	0[3]		25%
2930.30.60	00	其他	千克	3.7%[1]	0(A,AU,BH,CA,CL,CO,D,E,IL,JO,K,KR,MA,MX,OM,P,PA,PE,S,SG)	25%
2930.40.00	00	蛋氨酸	千克	0[1]		25%
2930.60.00	00	2-(N,N-二乙氨基)乙硫醇	千克	3.7%[1]	0(A,AU,BH,CA,CL,CO,D,E,IL,JO,K,KR,L,MA,MX,OM,P,PA,PE,S,SG)	25%
2930.70.00	00	双(2-羟乙基)硫化物[硫二甘醇(INN)]	千克	3.7%[5]	0(A,AU,BH,CA,CL,CO,D,E,IL,JO,K,KR,L,MA,MX,OM,P,PA,PE,S,SG)	25%
2930.80.00	00	涕灭威(ISO)、敌菌丹(ISO)及甲胺磷(ISO)	千克	6.5%[3]	0(A,AU,BH,CA,CL,CO,D,E,IL,JO,KR,MA,MX,OM,P,PA,PE,S,SG)	30.5%
2930.90		其他：				
		芳香族的：				
2930.90.10	00	农药	千克	6.5%[170]	0(A,AU,BH,CA,CL,CO,D,E,IL,JO,KR,MA,MX,OM,P,PA,PE,S,SG)	15.4美分/千克+64.5%
		其他：				
2930.90.24	00	N-环己基硫代邻苯二甲酰亚胺	千克	6.5%[3]	0(A,AU,BH,CA,CL,CO,D,E,IL,JO,KR,MA,MX,OM,P,PA,PE,S,SG)	15.4美分/千克+40.5%

税则号列	统计后缀	货品名称	单位	税率 1 普通	税率 1 特惠	2
2930.90.26	00	3-(4′-氨基苯甲酰胺基)苯基-β-羟基-乙基砜;2-[(4-氨基苯基)磺酰基]乙醇,硫酸氢酯;二苯基硫脲;N,N′-(二硫二-2,1-亚苯基)双苯甲酰胺;五氯苯硫酚;4,4′-硫代二苯基氰酸酯	千克	0[1]		15.4美分/千克+40.5%
2930.90.29	00	其他	千克	6.5%[171]	0(A+,AU,BH,CA,CL,CO,D,E,IL,JO,K,KR,L,MA,MX,OM,P,PA,PE,S,SG)	15.4美分/千克+40.5%
		其他:				
		农药:				
2930.90.30	00	硫氰酸盐、秋兰姆和异硫氰酸盐	千克	3.7%[1]	0(A,AU,BH,CA,CL,CO,D,E,IL,JO,KR,MA,MX,OM,P,PA,PE,S,SG)	25%
		其他:				
2930.90.42	00	O,O-二甲基-S-甲基氨基甲酰基-甲基二硫代磷酸酯;马拉硫磷	千克	0[1]		30.5%
2930.90.43		其他		6.5%[172]	0(A,AU,BH,CA,CL,CO,D,E,IL,JO,KR,MA,MX,OM,P,PA,PE,S,SG)	30.5%
	10	O-乙基-S-苯基乙基膦酰基硫氰酸酯(地虫磷)	千克			
	20	含有一个磷原子并结合一个甲基、乙基、正丙基或异丙基,但没有其他碳原子的化合物	千克			
	91	其他	千克			
		其他:				
		酸:				
2930.90.46	00	dl-蛋氨酸的dl-羟基类似物	千克	0[1]		25%
2930.90.49		其他		4.2%[173]	0(A+,AU,BH,CA,CL,CO,D,E,IL,JO,K,KR,MA,MX,OM,P,PA,PE,S,SG)	25%
	10	巯基乙酸	千克			
	20	巯基羧酸	千克			
	50	其他	千克			
		其他:				
2930.90.71	00	二丁基硫脲	千克	0[5]		25%
2930.90.91		其他		3.7%[174]	0(A,AU,BH,CA,CL,CO,D,E,IL,JO,K,KR,L,MA,MX,OM,P,PA,PE,S,SG)	25%
	08	O,O-二乙基S-[2-(二乙氨基)-乙基]硫代磷酸酯及其烷基化或质子化盐;硫二甘醇(INN)[双(2-羟基-乙基)硫化物]	千克			
	10	盐酸半胱氨酸	千克			

税则号列	统计后缀	货品名称	单位	税率 1 普通	税率 1 特惠	2
	12	2-乙基己基硫基乙酸酯	千克			
	24	N,N-二烷基(甲基、乙基、正丙基或异丙基)氨基乙烷-2-硫醇及其质子化盐	千克			
	25	其他含有一个磷原子并结合一个甲基、乙基、正丙基或异丙基,但没有其他碳原子的化合物	千克			
		其他:				
	30	主要用于橡胶加工的产品	千克			
	35	药物	千克			
	50	其他	千克			
2931		其他有机-无机化合物:				
2931.10.00	00	四甲基铅及四乙基铅	千克	3.7%[1]	0(A,AU,BH,CA,CL,CO,D,E,IL,JO,KR,MA,MX,OM,P,PA,PE,S,SG)	25%
2931.20.00	00	三丁基锡化合物	千克	3.7%[1]	0(A,AU,BH,CA,CL,CO,D,E,IL,JO,KR,MA,MX,OM,P,PA,PE,S,SG)	25%
		其他有机磷衍生物:				
2931.31.00	00	甲基膦酸二甲酯	千克	3.7%[1]	0(A,AU,BH,CA,CL,CO,D,E,IL,JO,K,KR,MA,MX,OM,P,PA,PE,S,SG)	25%
2931.32.00	00	丙基膦酸二甲酯	千克	3.7%[1]	0(A,AU,BH,CA,CL,CO,D,E,IL,JO,K,KR,MA,MX,OM,P,PA,PE,S,SG)	25%
2931.33.00	00	乙基膦酸二乙酯	千克	3.7%[5]	0(A,AU,BH,CA,CL,CO,D,E,IL,JO,K,KR,MA,MX,OM,P,PA,PE,S,SG)	25%
2931.34.00	00	3-(三羟基硅烷基)丙基甲基膦酸钠	千克	3.7%[1]	0(A,AU,BH,CA,CL,CO,D,E,IL,JO,K,KR,MA,MX,OM,P,PA,PE,S,SG)	25%
2931.35.00	00	1-丙基磷酸环酐(2,4,6-三丙基-1,3,5,2,4,6-三氧三磷酸-2,4,6-三氧化物)	千克	3.7%[1]	0(A,AU,BH,CA,CL,CO,D,E,IL,JO,K,KR,MA,MX,OM,P,PA,PE,S,SG)	25%
2931.36.00	00	(5-乙基-2-甲基-2-氧代-1,3,2-二氧磷杂环己-5-基)甲基膦酸二甲酯	千克	3.7%[1]	0(A,AU,BH,CA,CL,CO,D,E,IL,JO,K,KR,MA,MX,OM,P,PA,PE,S,SG)	25%
2931.37.00	00	双[(5-乙基-2-甲基-2-氧化-1,3,2-二氧磷膦-5-基)甲基]膦酸甲酯	千克	3.7%[1]	0(A,AU,BH,CA,CL,CO,D,E,IL,JO,K,KR,MA,MX,OM,P,PA,PE,S,SG)	25%
2931.38.00	00	甲基膦酸和(氨基亚胺甲基)尿素盐(1:1)	千克	3.7%[1]	0(A,AU,BH,CA,CL,CO,D,E,IL,JO,K,KR,MA,MX,OM,P,PA,PE,S,SG)	25%
2931.39.00		其他		3.7%[175]	0(A,AU,BH,CA,CL,CO,D,E,IL,JO,K,KR,MA,MX,OM,P,PA,PE,S,SG)	25%

税则号列	统计后缀	货品名称	单位	税率 1 普通	税率 1 特惠	2
	12	含有一个与一个甲基、乙基、正丙基或异丙基键合的磷原子,但没有其他碳原子	千克			
	15	2-氨基-4-[羟基(甲基)膦酰基]丁酸(草铵膦)及其盐类和酯类	千克			
	18	其他	千克			
2931.90		其他:				
		芳香族的:				
2931.90.05	00	二苯基二氯硅烷;苯基三氯硅烷	千克	0[3]		15.4美分/千克+68.5%
2931.90.10	00	4,4′-二苯基双膦酸、二(2′,2″,4′,4″-二叔丁基)苯基酯	千克	6.5%	0(A+,AU,BH,CA,CL,CO,D,E,IL,JO,KR,MA,MX,OM,P,PA,PE,S,SG)	15.4美分/千克+40%
2931.90.15	00	四苯硼钠	千克	5.8%[3]	0(A+,AU,BH,CA,CL,CO,D,E,IL,JO,KR,MA,MX,OM,P,PA,PE,S,SG)	15.4美分/千克+40%
		其他:				
2931.90.22	00	药物	千克	6.5%[1]	0(A+,AU,BH,CA,CL,CO,D,E,IL,JO,K,KR,MA,MX,OM,P,PA,PE,S,SG)	15.4美分/千克+67.5%
2931.90.26	00	农药	千克	6.5%[176]	0(A*,AU,BH,CA,CL,CO,D,E,IL,JO,KR,MA,MX,OM,P,PA,PE,S,SG)	15.4美分/千克+40%
		其他:				
2931.90.30	00	第六类附加美国注释三描述的产品[27]	千克	6.5%[177]	0(A+,AU,BH,CA,CL,CO,D,E,IL,JO,K,KR,MA,MX,OM,P,PA,PE,S,SG)	15.4美分/千克+68.5%
2931.90.60	00	其他	千克	6.5%[178]	0(A+,AU,BH,CA,CL,CO,D,E,IL,JO,K,KR,MA,MX,OM,P,PA,PE,S,SG)	15.4美分/千克+68.5%
		其他:				
2931.90.70	00	N,N′-双(三甲基硅基)脲;3-(羟甲基膦基)-1-丙酸,2-羟乙基酯;2-磷酸丁烷-1,2,4-三羧酸及其盐类[27]	千克	0[1]		25%
2931.90.90		其他		3.7%[179][180][181]	0(A*,AU,BH,CA,CL,CO,D,E,IL,JO,K,KR,MA,MX,OM,P,PA,PE,S,SG)	25%
	10	有机硅化合物[181]	千克			
		有机锡化合物:				
	21	二丁基氧化锡[181]	千克			
	25	四丁基锡[181]	千克			
	29	其他[181]	千克			
	51	其他	千克			
2932		仅含氧杂原子的杂环化合物:				

税则号列	统计后缀	货品名称	单位	税率 1 普通	税率 1 特惠	2
		结构上含有一个非稠合呋喃环(不论是否氢化)的化合物：				
2932.11.00	00	四氢呋喃	千克	3.7%[1]	0(A, AU, BH, CA, CL, CO, D, E, IL, JO, KR, MA, MX, OM, P, PA, PE, S, SG)	25%
2932.12.00	00	2-糠醛	千克	0[1]		0
2932.13.00	00	糠醇及四氢糠醇	千克	3.7%[1]	0(A, AU, BH, CA, CL, CO, D, E, IL, JO, KR, MA, MX, OM, P, PA, PE, S, SG)	25%
2932.14.00	00	二氯蔗糖	千克	3.7%[3]	0(A, AU, BH, CA, CL, CO, D, E, IL, JO, K, KR, MA, MX, OM, P, PA, PE, S, SG)	25%
2932.19		其他：				
2932.19.10	00	芳香族的	千克	6.5%[1]	0(A+, AU, BH, CA, CL, CO, D, E, IL, JO, K, KR, MA, MX, OM, PA, PE, S, SG)	25%
2932.19.51	00	其他	千克	3.7%[182]	0(A, AU, BH, CA, CL, CO, D, E, IL, JO, K, KR, MA, MX, OM, P, PA, PE, S, SG)	25%
2932.20		内酯：				
2932.20.05	00	香豆素、甲基香豆素及乙基香豆素	千克	6.5%	0(A, AU, BH, CA, CL, CO, D, E, IL, JO, K, KR, MA, MX, OM, P, PA, PE, S, SG)	15.4美分/千克+48%
		其他：				
		芳香族的：				
2932.20.10	00	农药	千克	6.5%[183]	0(A, AU, BH, CA, CL, CO, D, E, IL, JO, KR, MA, MX, OM, P, PA, PE, S, SG)	15.4美分/千克+64.5%
2932.20.20	00	药物	千克	6.5%	0(A+, AU, BH, CA, CL, CO, D, E, IL, JO, K, KR, MA, MX, OM, P, PA, PE, S, SG)	15.4美分/千克+53%
		其他：				
2932.20.25	00	4-羟基香豆素	千克	6.5%	0(A, AU, BH, CA, CL, CO, D, E, IL, JO, KR, MA, MX, OM, P, PA, PE, S, SG)	15.4美分/千克+52%
		其他：				
2932.20.30	00	第六类附加美国注释三描述的产品	千克	6.5%	0(A+, AU, BH, CA, CL, CO, D, E, IL, JO, K, KR, MA, MX, OM, P, PA, PE, S, SG)	15.4美分/千克+53.5%
2932.20.45	00	其他	千克	6.5%	0(A+, AU, BH, CA, CL, CO, D, E, IL, JO, K, KR, MA, MX, OM, P, PA, PE, S, SG)	15.4美分/千克+52%
2932.20.50		其他	千克	3.7%[184]	0(A, AU, BH, CA, CL, CO, D, E, IL, JO, KR, MA, MX, OM, P, PA, PE, S, SG)	25%
	10	丁内酯	千克			
	20	葡萄糖酸-δ-内酯	千克			
	30	异抗坏血酸钠	千克			

税则号列	统计后缀	货品名称	单位	税率 1 普通	税率 1 特惠	2
	50	其他	千克			
		其他：				
2932.91.00	00	异黄樟素	千克	6.5%[3]	0(A+,AU,BH,CA,CL,CO,D,E,IL,JO,KR,MA,MX,OM,P,PA,PE,S,SG)	15.4美分/千克+52%
2932.92.00	00	1-(1,3-苯并二恶英-5-基)丙烷-2-酮	千克	6.5%[1]	0(A+,AU,BH,CA,CL,CO,D,E,IL,JO,KR,MA,MX,OM,P,PA,PE,S,SG)	15.4美分/千克+52%
2932.93.00	00	3,4-亚甲二氧基苯甲醛(胡椒醛)	千克	4.8%[1]	0(A+,AU,BH,CA,CL,CO,D,E,IL,JO,KR,MA,MX,OM,P,PA,PE,S,SG)	45%
2932.94.00	00	4-烯丙基-1,2-亚甲二氧基苯(黄樟脑)	千克	6.5%[1]	0(A,AU,BH,CA,CL,CO,D,E,IL,JO,KR,MA,MX,OM,P,PA,PE,S,SG)	45%
2932.95.00	00	四氢大麻酚(所有异构体)	千克	0[1]		15.4美分/千克+52%
2932.99		其他：				
		芳香族的：				
		农药：				
2932.99.04	00	2,2-二甲基-1,3-苯并二恶英-4-基甲氨基甲酸酯(苯二威)	千克	0[3]		15.4美分/千克+40.5%
2932.99.08	00	2-乙氧基-2,3-二氢-3,3-二甲基-5-苯并呋喃甲磺酸	千克	6.5%[185]	0(A,AU,BH,CA,CL,CO,D,E,IL,JO,KR,MA,MX,OM,P,PA,PE,S,SG)	15.4美分/千克+40.5%
2932.99.20	00	其他	千克	6.5%[186]	0(A,AU,BH,CA,CL,CO,D,E,IL,JO,KR,MA,MX,OM,P,PA,PE,S,SG)	15.4美分/千克+40%
2932.99.32	00	苯并呋喃(香豆酮);二苯并呋喃(二苯醚)	千克	0[1]		0
2932.99.35	00	2-羟基-3-二苯并呋喃甲酸	千克	6.5%[1]	0(A+,AU,BH,CA,CL,CO,D,E,IL,JO,KR,MA,MX,OM,P,PA,PE,S,SG)	15.4美分/千克+66.5%
2932.99.39	00	安息香四氢吡喃酯;黄原-9-酮	千克	5.8%[1]	0(A+,AU,BH,CA,CL,CO,D,E,IL,JO,KR,MA,MX,OM,P,PA,PE,S,SG)	15.4美分/千克+39.5%
2932.99.55	00	双O-[(4-甲基苯基)亚甲基]-D-葡萄糖醇(二甲基亚苄基山梨醇);罗丹明2C碱	千克	0[3]		15.4美分/千克+52%
		其他：				
2932.99.61	00	第六类附加美国注释三描述的产品	千克	6.5%	0(A+,AU,BH,CA,CL,CO,D,E,IL,JO,K,KR,MA,MX,OM,P,PA,PE,S,SG)	15.4美分/千克+52%
2932.99.70	00	其他	千克	6.5%[187]	0(A+,AU,BH,CA,CL,CO,D,E,IL,JO,K,KR,L,MA,MX,OM,P,PA,PE,S,SG)	15.4美分/千克+52%
2932.99.90		其他		3.7%[188]	0(A*,AU,BH,CA,CL,CO,D,E,IL,JO,K,KR,MA,MX,OM,P,PA,PE,S,SG)	25%

税则号列	统计后缀	货品名称	单位	税率 1 普通	税率 1 特惠	2
	10	氨基葡萄糖及其盐类和酯类	千克			
	90	其他	千克			
2933		仅含有氮杂原子的杂环化合物:				
		结构上含有一个非稠合吡唑环(不论是否氢化)的化合物:				
2933.11.00	00	二甲基苯基吡唑酮(安替比林)及其衍生物	千克	6.5%	0(A, AU, BH, CA, CL, CO, D, E, IL, JO, K, KR, MA, MX, OM, P, PA, PE, S, SG)	15.4美分/千克+49.5%
2933.19		其他:				
		芳香族或改性芳香族:				
2933.19.04	00	氨甲基苯基吡唑(苯甲基氨基吡唑);3-甲基-1-(对甲苯基)-2-吡唑啉-5-酮(对甲苯基甲基吡唑啉酮)	千克	0[5]		15.4美分/千克+39.5%
2933.19.08	00	3-(5-氨基-3-甲基-1H-吡唑-1-基)-苯磺酸;氨基-J-吡唑啉酮;3-氨基-1-(2,4,6-三氯苯)-5-吡唑啉酮;3-羧基-1,4-磺基苯基吡唑-5-酮;4-氯-3-(3-甲基-5-氧代-2-吡唑啉-1-基)苯磺酸;1-(间氯苯基)-3-甲基-2-吡唑啉-5-酮;对氯吡唑啉酮;1-(2',5'-二氯苯基)-3-甲基-2-吡唑啉-5-酮;1-(邻乙基苯基)-3-甲基-2-吡唑啉-5-酮;5-亚氨基-3-甲基-1-苯基吡唑;5-亚氨基-3-甲基-1-(间磺苯基)-吡唑;2,4-甲基羧基吡唑酸;甲基苯基吡唑啉酮;硫吡唑酮	千克	5.8%[1]	0(A+, AU, BH, CA, CL, CO, D, E, IL, JO, K, KR, L, MA, MX, OM, P, PA, PE, S, SG)	15.4美分/千克+39.5%
2933.19.15	00	1,2-二甲基-3,5-二苯基-1H-吡唑柳甲基硫酸甲酯(二苯唑季硫酸甲酯)	千克	0[1]		15.4美分/千克+48.5%
2933.19.18	00	2-氯-5-磺基苯基甲基吡唑啉酮;2,5-二氯-4-(3-甲基-5-氧代-2-吡唑啉-1-基)苯磺酸;苯基多乙氧基吡唑啉酮;间磺胺基吡唑啉酮(间磺胺基苯基甲基吡唑啉酮);1-(对磺苯基)-3-甲基吡唑啉酮	千克	0[1]		15.4美分/千克+52%
		其他:				
2933.19.23	00	农药	千克	6.5%[189]	0(A, AU, BH, CA, CL, CO, D, E, IL, JO, KR, MA, MX, OM, P, PA, S, SG)	15.4美分/千克+48.5%
2933.19.30		照相化学品		6.5%[1]	0(A, AU, BH, CA, CL, CO, D, E, IL, JO, KR, MA, MX, OM, P, PA, S, SG)	15.4美分/千克+50%
	10	彩色负片相纸用耦合器	千克			
	95	其他	千克			
2933.19.35	00	药物	千克	6.5%[1]	0(A, AU, BH, CA, CL, CO, D, E, IL, JO, K, KR, MA, MX, OM, P, PA, PE, S, SG)	15.4美分/千克+47.5%

税则号列	统计后缀	货品名称	单位	税率 普通	税率 1 特惠	税率 2
		其他：				
2933.19.37	00	第六类附加美国注释三描述的产品	千克	6.5%[190]	0(A+,AU,BH,CA,CL,CO,D,E,IL,JO,K,KR,L,MA,MX,OM,P,PA,PE,S,SG)	15.4美分/千克+52%
2933.19.43	00	其他	千克	6.5%[1]	0(A+,AU,BH,CA,CL,CO,D,E,IL,JO,K,KR,L,MA,MX,OM,P,PA,PE,S,SG)	15.4美分/千克+52%
		其他：				
2933.19.45	00	药物	千克	3.7%[1]	0(A,AU,BH,CA,CL,CO,D,E,IL,JO,K,KR,MA,MX,OM,P,PA,PE,S,SG)	25%
		其他：				
2933.19.70	00	3-甲基-5-吡唑啉酮	千克	0[1]		30.5%
2933.19.90	00	其他	千克	6.5%[1]	0(A,AU,BH,CA,CL,CO,D,E,IL,JO,K,KR,MA,MX,OM,P,PA,PE,S,SG)	30.5%
		结构上含有一个非稠合咪唑环(不论是否氢化)的化合物：				
2933.21.00	00	乙内酰脲及其衍生物	千克	6.5%[191]	0(A,AU,BH,CA,CL,CO,D,E,IL,JO,K,KR,MA,MX,OM,P,PA,PE,S,SG)	15.4美分/千克+63%
2933.29		其他：				
		芳香族或改性芳香族：				
2933.29.05	00	1-{1-[(4-氯-2-(三氟甲基)苯基)-亚氨基]-2-丙氧基乙基}-1H咪唑(三氟咪唑)；乙烯硫脲	千克	0[1]		15.4美分/千克+52%
2933.29.10	00	2-苯基咪唑	千克	5.8%[1]	0(A+,AU,BH,CA,CL,CO,D,E,IL,JO,KR,MA,MX,OM,P,PA,PE,S,SG)	15.4美分/千克+39.5%
		其他：				
2933.29.20	00	药物	千克	6%[1]	0(A,AU,BH,CA,CL,CO,D,E,IL,JO,K,KR,MA,MX,OM,P,PA,PE,S,SG)	15.4美分/千克+51%
		其他：				
2933.29.35	00	第六类附加美国注释三描述的产品	千克	6.5%[192]	0(A+,AU,BH,CA,CL,CO,D,E,IL,JO,K,KR,MA,MX,OM,P,PA,PE,S,SG)	15.4美分/千克+52%
2933.29.43	00	其他	千克	6.5%[193]	0(A+,AU,BH,CA,CL,CO,D,E,IL,JO,K,KR,MA,MX,OM,P,PA,PE,S,SG)	15.4美分/千克+52%
		其他：				
2933.29.45	00	药物	千克	3.7%[1]	0(A,AU,BH,CA,CL,CO,D,E,IL,JO,K,KR,MA,MX,OM,P,PA,PE,S,SG)	25%
		其他：				
2933.29.60	00	咪唑	千克	0[1]		30.5%

税则号列	统计后缀	货品名称	单位	税率 1 普通	税率 1 特惠	税率 2
2933.29.90	00	其他	千克	6.5%[194]	0(A,AU,BH,CA,CL,CO,D,E,IL,JO,K,KR,MA,MX,OM,P,PA,PE,S,SG)	30.5%
		结构上含有一个非稠合吡啶环(不论是否氢化)的化合物:				
2933.31.00	00	吡啶及其盐	千克	0[1]		0
2933.32		六氢吡啶(哌啶)及其盐:				
2933.32.10	00	哌啶	千克	6.5%[1]	0(A+,AU,BH,CA,CL,CO,D,E,IL,JO,KR,MA,MX,OM,P,PA,PE,S,SG)	15.4美分/千克+52%
2933.32.50	00	其他	千克	6.5%[1]	0(A+,AU,BH,CA,CL,CO,D,E,IL,JO,KR,MA,MX,OM,P,PA,PE,S,SG)	15.4美分/千克+52%
2933.33.00	00	阿芬太尼(INN)、阿尼利定(INN)、苯氰米特(INN)、溴西泮(INN)、地芬诺新(INN)、地芬诺酯(INN)、地匹哌酮(INN)、芬太尼(INN)、凯托米酮(INN)、哌醋甲酯(INN)、喷他左辛(INN)、哌替啶(INN)、哌替啶中间体A(INN)、苯环利定(INN)、苯哌利定(INN)、哌苯甲醇(INN)、哌氰米特(INN)、哌丙吡胺(INN)及三甲利定(INN)以及它们的盐	千克	0		15.4美分/千克+149.5%
2933.39		其他:				
2933.39.08	00	1-(3-磺丙基)氢氧化吡啶;N,N'-双(2,2,6,6-四甲基-4-哌啶基)-1,6-己二胺;3,5-二甲基-2-羟基甲基-4-甲氧基吡啶(吡啶醇);二戊基亚甲基秋兰姆四硫化物;2H-吲哚-2-酮,1,3-二氢-1-苯基-3-(4-吡啶亚甲基);4-吡啶酰氯盐酸盐;哌啶基氯化乙酯	千克	0		15.4美分/千克+52%
2933.39.10	00	可力丁、二甲基吡啶和甲基吡啶	千克	0		0
2933.39.15	00	奎宁-3-醇	千克	5.8%	0(A+,AU,BH,CA,CL,CO,D,E,IL,JO,K,KR,MA,MX,OM,P,PA,PE,S,SG)	15.4美分/千克+39.5%
2933.39.20	00	对氯-2-苄基吡啶;4-氯-1-甲基哌啶盐酸盐;1,4-二甲基-6-羟基-3-氰基吡啶-2-酮;癸二酸二-(2,2,6,6-四甲基-4-羟基哌啶);2-甲基-5-乙基吡啶;4-苯基丙基吡啶;α-苯基吡啶乙酸甲酯;吡啶酸;2-吡啶甲醛;2,5-吡啶二甲酸	千克	5.8%[195]	0(A+,AU,BH,CA,CL,CO,D,E,IL,JO,K,KR,MA,MX,OM,P,PA,PE,S,SG)	15.4美分/千克+39.5%
		其他:				
		农药:				
2933.39.21	00	杀菌剂	千克	6.5%[196]	0(A*,AU,BH,CA,CL,CO,D,E,IL,JO,KR,MA,MX,OM,P,PA,PE,S,SG)	15.4美分/千克+40%
		除草剂:				
2933.39.23	00	邻二氯百草枯	千克	6.5%[197]	0(A,AU,BH,CA,CL,CO,D,E,IL,JO,KR,MA,MX,OM,P,PA,PE,S,SG)	15.4美分/千克+40.5%

税则号列	统计后缀	货品名称	单位	税率 1 普通	税率 1 特惠	2
2933.39.25	00	其他	千克	6.5%[198]	0(A,AU,BH,CA,CL,CO,D,E,IL,JO,KR,MA,MX,OM,P,PA,PE,S,SG)	15.4美分/千克+48.5%
2933.39.27	00	其他	千克	6.5%[199]	0(A,AU,BH,CA,CL,CO,D,E,IL,JO,KR,MA,MX,OM,P,PA,PE,S,SG)	15.4美分/千克+64.5%
		药物：				
2933.39.31	00	抗抑郁药、镇静剂和其他心理治疗药物	千克	6.5%	0(A+,AU,BH,CA,CL,CO,D,E,IL,JO,K,KR,MA,MX,OM,P,PA,PE,S,SG)	15.4美分/千克+149.5%
2933.39.41	00	其他	千克	6.5%[200]	0(A+,AU,BH,CA,CL,CO,D,E,IL,JO,K,KR,MA,MX,OM,P,PA,PE,S,SG)	15.4美分/千克+65%
		其他：				
2933.39.61		第六类附加美国注释三描述的产品		6.5%[201]	0(A+,AU,BH,CA,CL,CO,D,E,IL,JO,K,KR,MA,MX,OM,P,PA,PE,S,SG)	15.4美分/千克+52%
	10	二苯羟乙酸-3-喹咛环酯	千克			
	90	其他	千克			
2933.39.91	00	其他	千克	6.5%[202]	0(A+,AU,BH,CA,CL,CO,D,E,IL,JO,K,KR,MA,MX,OM,P,PA,PE,S,SG)	15.4美分/千克+52%
		结构上含有一个喹啉或异喹啉环系(不论是否氢化)的化合物,但未经进一步稠合的：				
2933.41.00	00	左非诺(INN)及其盐	千克	0		15.4美分/千克+67.5%
2933.49		其他：				
2933.49.08	00	4,7-二氯喹啉	千克	6.5%	0(A,AU,BH,CA,CL,CO,D,E,IL,JO,KR,MA,MX,OM,P,PA,PE,S,SG)	15.4美分/千克+52%
2933.49.10	00	乙氧基喹(1,2-二氢-6-乙氧基-2,2,4-三甲基喹啉)	千克	6.5%[203]	0(A,AU,BH,CA,CL,CO,D,E,IL,JO,KR,MA,MX,OM,P,PA,PE,S,SG)	15.4美分/千克+55%
2933.49.15	00	8-甲基喹啉和异喹啉	千克	5.8%	0(A+,AU,BH,CA,CL,CO,D,E,IL,JO,KR,MA,MX,OM,P,PA,PE,S,SG)	15.4美分/千克+39.5%
2933.49.17	00	6,7,8-三氟-1,4-二氢-4-氧代-3-喹啉羧酸乙酯	千克	0		15.4美分/千克+52%
		其他：				
		药物：				
2933.49.20	00	5-氯-7-碘-8-喹啉(氯羟基喹碘);地可喹酯;二碘羟基喹啉;硫酸氧喹啉	千克	6.5%	0(A+,AU,BH,CA,CL,CO,D,E,IL,JO,K,KR,MA,MX,OM,P,PA,PE,S,SG)	15.4美分/千克+46%
2933.49.26	00	其他	千克	6.5%	0(A+,AU,BH,CA,CL,CO,D,E,IL,JO,K,KR,MA,MX,OM,P,PA,PE,S,SG)	15.4美分/千克+67.5%

税则号列	统计后缀	货品名称	单位	税率 1 普通	税率 1 特惠	税率 2
2933.49.30	00	农药	千克	6.5%[204]	0(A*,AU,BH,CA,CL,CO,D,E,IL,JO,KR,MA,MX,OM,P,PA,PE,S,SG)	15.4美分/千克+40%
		其他：				
2933.49.60	00	第六类附加美国注释三描述的产品	千克	6.5%[205]	0(A+,AU,BH,CA,CL,CO,D,E,IL,JO,K,KR,L,MA,MX,OM,P,PA,PE,S,SG)	15.4美分/千克+52%
2933.49.70	00	其他	千克	6.5%[206]	0(A+,AU,BH,CA,CL,CO,D,E,IL,JO,K,KR,L,MA,MX,OM,P,PA,PE,S,SG)	15.4美分/千克+52%
		结构上含有一个嘧啶环(不论是否氢化)或哌嗪环的化合物：				
2933.52		丙二酰脲(巴比妥酸)及其盐：				
2933.52.10	00	丙二酰脲(巴比妥酸)	千克	0		25%
2933.52.90	00	其他	千克	0		50%
2933.53.00	00	阿洛巴比妥(INN)、异戊巴比妥(INN)、巴比妥(INN)、布他比妥(INN)、正丁巴比妥(INN)、环己巴比妥(INN)、甲苯巴比妥(INN)、戊巴比妥(INN)、苯巴比妥(INN)、仲丁巴比妥(INN)、司可巴比妥(INN)及和乙烯比妥(INN)以及它们的盐	千克	0		50%
2933.54.00	00	其他丙二酰脲(巴比妥酸)的衍生物以及它们的盐	千克	3.7%	0(A+,AU,BH,CA,CL,CO,D,E,IL,JO,K,KR,L,MA,MX,OM,P,PA,PE,S,SG)	50%
2933.55.00	00	氯普唑仑(INN),甲氯喹酮(INN),甲喹酮(INN)和齐培丙醇(INN)以及它们的盐	千克	0		15.4美分/千克+149.5%
2933.59		其他：				
		农药：				
		芳香族或改性芳香族的：				
2933.59.10	00	除草剂	千克	6.5%[207]	0(A,AU,BH,CA,CL,CO,D,E,IL,JO,KR,MA,MX,OM,P,PA,PE,S,SG)	15.4美分/千克+48.5%
2933.59.15	00	其他	千克	6.5%[208]	0(A,AU,BH,CA,CL,CO,D,E,IL,JO,KR,MA,MX,OM,P,PA,PE,S,SG)	15.4美分/千克+64.5%
2933.59.18	00	其他	千克	6.5%[209]	0(A,AU,BH,CA,CL,CO,D,E,IL,JO,KR,MA,MX,OM,P,PA,PE,S,SG)	30.5%
		药物：				
		芳香族或改性芳香族的：				
2933.59.21	00	包括主要用作抗恶心药的抗组胺药	千克	6.5%	0(A+,AU,BH,CA,CL,CO,D,E,IL,JO,K,KR,MA,MX,OM,P,PA,PE,S,SG)	15.4美分/千克+82%
		抗感染药：				

税则号列	统计后缀	货品名称	单位	税率 1 普通	税率 1 特惠	税率 2
2933.59.22	00	尼卡巴嗪;甲氧苄啶	千克	6.5%	0(A+,AU,BH,CA,CL,CO,D,E,IL,JO,K,KR,MA,MX,OM,P,PA,PE,S,SG)	15.4美分/千克+46%
2933.59.36	00	其他	千克	6.5%[210]	0(A+,AU,BH,CA,CL,CO,D,E,IL,JO,K,KR,MA,MX,OM,P,PA,PE,S,SG)	15.4美分/千克+67.5%
2933.59.46	00	抗抑郁药、镇静剂和其他心理治疗药物	千克	6.5%	0(A+,AU,BH,CA,CL,CO,D,E,IL,JO,K,KR,MA,MX,OM,P,PA,PE,S,SG)	15.4美分/千克+149.5%
2933.59.53	00	其他	千克	6.5%[211]	0(A+,AU,BH,CA,CL,CO,D,E,IL,JO,K,KR,MA,MX,OM,P,PA,PE,S,SG)	15.4美分/千克+45%
2933.59.59	00	其他	千克	3.7%	0(A,AU,BH,CA,CL,CO,D,E,IL,JO,K,KR,MA,MX,OM,P,PA,PE,S,SG)	25%
		其他:				
		芳香族或改性芳香族的:				
2933.59.70	00	第六类附加美国注释三描述的产品	千克	6.5%[212]	0(A+,AU,BH,CA,CL,CO,D,E,IL,JO,K,KR,MA,MX,OM,P,PA,PE,S,SG)	15.4美分/千克+52%
2933.59.80	00	其他	千克	6.5%[213]	0(A+,AU,BH,CA,CL,CO,D,E,IL,JO,K,KR,MA,MX,OM,P,PA,PE,S,SG)	15.4美分/千克+52%
		其他:				
2933.59.85	00	2-氨基-4-氯-6-甲氧基嘧啶;2-氨基-4,6-二甲氧基嘧啶;6甲基尿嘧啶	千克	0		30.5%
2933.59.95	00	其他	千克	6.5%[214]	0(A,AU,BH,CA,CL,CO,D,E,IL,JO,K,KR,L,MA,MX,OM,P,PA,PE,S,SG)	30.5%
		结构上含有一个非稠合三嗪环(不论是否氢化)的化合物:				
2933.61.00	00	三聚氰胺(蜜胺)	千克	3.5%[1]	0(A,AU,BH,CA,CL,CO,D,E,IL,JO,KR,MA,MX,OM,P,PA,PE,S,SG)	25%
2933.69		其他:				
2933.69.20	00	2,4-二氨基-6-苯基-1,3,5-三嗪	千克	0[1]		25%
2933.69.50	00	六亚甲基四胺	千克	6.3%[1]	0(A,AU,BH,CA,CL,CO,D,E,IL,JO,KR,MA,MX,OM,P,PA,PE,S,SG)	58%
2933.69.60		其他		3.5%[215]	0(A,AU,BH,CA,CL,CO,D,E,IL,JO,K,KR,MA,MX,OM,P,PA,PE,S,SG)	25%
	10	三聚氰氯[216]	千克			
		农药:				
	15	二氯异氰尿酸钠和三氯异氰尿酸钠	千克			
	21	其他	千克			

税则号列	统计后缀	货品名称	单位	税率 1 普通	税率 1 特惠	2
	30	主要用于橡胶加工的产品	千克			
	50	其他	千克			
		内酰胺：				
2933.71.00	00	6-己内酰胺	千克	6.5%[1]	0(A,AU,BH,CA,CL,CO,D,E,IL,JO,KR,MA,MX,OM,P,PA,PE,S,SG)	15.4美分/千克+40%
2933.72.00	00	氯巴占(INN)和甲乙哌酮(INN)	千克	0		15.4美分/千克+52%
2933.79		其他内酰胺：				
2933.79.04	00	芳香族或改性芳香族的：				
		2,5-二氢-3,6-二苯基吡咯-(3,4-c)-吡咯-1,4-二酮	千克	0[1]		15.4美分/千克+52%
		其他：				
2933.79.08	00	第六类附加美国注释三描述的产品	千克	6.5%[217]	0(A+,AU,BH,CA,CL,CO,D,E,IL,JO,K,KR,MA,MX,OM,P,PA,PE,S,SG)	15.4美分/千克+52%
2933.79.15	00	其他	千克	6.5%[218]	0(A+,AU,BH,CA,CL,CO,D,E,IL,JO,K,KR,MA,MX,OM,P,PA,PE,S,SG)	15.4美分/千克+52%
		其他：				
2933.79.20	00	N-甲基-2-吡咯烷酮；2吡咯烷酮	千克	4.2%[1]	0(A,AU,BH,CA,CL,CO,D,E,IL,JO,KR,MA,MX,OM,P,PA,PE,S,SG)	25%
2933.79.30	00	N-乙烯基-2-吡咯烷酮，单体	千克	5.5%[1]	0(A,AU,BH,CA,CL,CO,D,E,IL,JO,KR,MA,MX,OM,P,PA,PE,S,SG)	40%
2933.79.40	00	12-氨基十二酸内酰胺	千克	0[1]		30.5%
2933.79.85	00	其他	千克	6.5%[1]	0(A,AU,BH,CA,CL,CO,D,E,IL,JO,K,KR,L,MA,MX,OM,P,PA,PE,S,SG)	30.5%
		其他：				
2933.91.00	00	阿普唑仑(INN)、卡马西泮(INN)、氯氮卓(INN)、氯硝西泮(INN)、氯拉卓酸、地洛西泮(INN)、地西泮(INN)、艾司唑仑(INN)、氯氟卓乙酯(INN)、氟地西泮(INN)、氟硝西泮(INN)、氟西泮(INN)、哈拉西泮(INN)、劳拉西泮(INN)、氯甲西泮(INN)、马吲哚(INN)、美达西泮(INN)、咪唑仑(INN)、硝甲西泮(INN)、去甲西泮(INN)、奥沙西泮(INN)、匹那西泮(INN)、普拉西泮(INN)、吡咯戊酮(INN)、替马西泮(INN)、四氢西泮(INN)及三唑仑(INN)以及它们的盐	千克	0		15.4美分/千克+149.5%
2933.92.00	00	甲基谷硫磷	千克	0[1]		15.4美分/千克+64.5%
2933.99	00	其他：				
		芳香族或改性芳香族：				

税则号列	统计后缀	货品名称	单位	税率 1 普通	税率 1 特惠	2
2933.99.01	00	(R)-2-[4-(5-三氟甲基-2-吡啶氧基)苯氧基]丙酸丁酯	千克	0		15.4美分/千克+50%
2933.99.02	00	2-{4-[(6-氯-2-喹喔啉基)氧]苯氧基}-丙酸乙酯	千克	0		15.4美分/千克+64.5%
2933.99.05	00	吖啶和吲哚	千克	0		0
2933.99.06	00	α-丁基-α-(4-氯苯基)-1H-1,2,4-三唑-1-丙腈(腈菌唑);α-[2-(4-氯苯基)乙基]-α-苯基-1H-1,2,4-三唑-1-丙腈(芬布康唑)	千克	6.5%[219]	0(A,AU,BH,CA,CL,CO,D,E,IL,JO,KR,MA,MX,OM,P,PA,PE,S,SG)	15.4美分/千克+64.5%
2933.99.08	00	乙酰-5-氨基苯并咪唑啉酮;3-(2H-苯并三唑-2-基)-5-(叔丁基)-4-羟基苯丙酸,C7-C9支链或直链烷基酯;2-(2H-苯并三唑-2-基)-6-十二烷基-4-甲基苯酚,液态,支链和直链;1,3,3-三甲基-2-亚甲基吲哚啉	千克	0		15.4美分/千克+52%
2933.99.11	00	咔唑	千克	0		15.4美分/千克+39.5%
2933.99.12	00	6-溴-5-甲基-1H-咪唑并[4,5-b]-吡啶;2-仲丁基-4-叔丁基-6-(苯并三唑-2-基)苯酚;叔丁基-4-甲基-6-(5-氯苯并三唑-2-基)苯酚;2,4-二叔丁基-6-(苯并三唑-2-基)苯酚;2,4-二叔丁基-6-(5-氯苯并三唑-2-基)苯酚;2,3-二氯-6-喹喔啉羰基氯;1-羟基-2-咔唑甲酸;2-羟基-3-咔唑甲酸;2-羟基-3-咔唑甲酸钠盐;亚氨基二苄(10,11-二氢-5H-二苯并-[b,f]氮杂环丙烷);吲哚啉;甲苯并[f]喹啉;2-甲基吲哚啉;2-甲硫基苯并咪唑;1-甲基-2-苯基吲哚;1-甲基吡嗪;2,4-甲基吡唑酸;2-苯基苯并咪唑;2-甲基吲哚;川芎嗪;2,3,5-三苯基四唑氯化物;dl-色氨酸,乙烯基咔唑,单体	千克	5.8%	0(A+,AU,BH,CA,CL,CO,D,E,IL,JO,K,KR,MA,MX,OM,P,PA,PE,S,SG)	15.4美分/千克+39.5%
		其他:				
		农药:				
2933.99.14	00	5-氨基-4-氯-α-苯基-3-哒嗪酮	千克	6.5%	0(A,AU,BH,CA,CL,CO,D,E,IL,JO,KR,MA,MX,OM,P,PA,PE,S,SG)	15.4美分/千克+40.5%
2933.99.16	00	邻二喹二溴化物(1,1'-乙烯-2,2'-联吡啶二溴化物)	千克	0		15.4美分/千克+40.5%
		其他:				
2933.99.17	01	杀虫剂	千克	6.5%[220]	0(A,AU,BH,CA,CL,CO,D,E,IL,JO,KR,MA,MX,OM,P,PA,PE,S,SG)	15.4美分/千克+64.5%

税则号列	统计后缀	货品名称	单位	税率 1 普通	税率 1 特惠	税率 2
2933.99.22	00	其他	千克	6.5%[221]	0(A,AU,BH,CA,CL,CO,D,E,IL,JO,KR,L,MA,MX,OM,P,PA,PE,S,SG)	15.4美分/千克+64.5%
2933.99.24	00	照相化学品	千克	6.5%	0(A,AU,BH,CA,CL,CO,D,E,IL,JO,KR,MA,MX,OM,P,PA,PE,S,SG)	15.4美分/千克+50%
		药物：				
2933.99.26	00	抗组胺药	千克	6.5%	0(A+,AU,BH,CA,CL,CO,D,E,IL,JO,K,KR,MA,MX,OM,P,PA,PE,S,SG)	15.4美分/千克+45%
		抗感染药物：				
2933.99.42	00	吖啶黄素；盐酸阿昔洛韦；卡巴多；吡嗪酰胺	千克	0		15.4美分/千克+46%
2933.99.46	00	其他	千克	6.5%	0(A+,AU,BH,CA,CL,CO,D,E,IL,JO,K,KR,MA,MX,OM,P,PA,PE,S,SG)	15.4美分/千克+67.5%
		心血管药物：				
2933.99.51	00	盐酸肼嗪	千克	0		15.4美分/千克+47.5%
2933.99.53	00	其他	千克	6.5%	0(A+,AU,BH,CA,CL,CO,D,E,IL,JO,K,KR,MA,MX,OM,P,PA,PE,S,SG)	15.4美分/千克+65%
		主要影响中枢神经系统的药物：				
2933.99.55		镇痛药、解热药和非激素抗炎药		6.5%	0(A*,AU,BH,CA,CL,CO,D,E,IL,JO,K,KR,MA,MX,OM,P,PA,PE,S,SG)	15.4美分/千克+47.5%
	10	甲苯胺	千克			
	20	托美汀钠二水合物	千克			
	30	托美汀钠(无水)	千克			
	90	其他	千克			
		抗抑郁药、镇静剂和其他心理治疗药物：				
2933.99.58	00	氟哌利多；盐酸丙咪嗪	千克	0		15.4美分/千克+45.5%
2933.99.61	00	其他	千克	6.5%	0(A+,AU,BH,CA,CL,CO,D,E,IL,JO,K,KR,MA,MX,OM,P,PA,PE,S,SG)	15.4美分/千克+149.5%
2933.99.65	00	抗惊厥药、催眠药和镇静剂	千克	6.5%	0(A+,AU,BH,CA,CL,CO,D,E,IL,JO,K,KR,MA,MX,OM,P,PA,PE,S,SG)	15.4美分/千克+48.5%
2933.99.70	00	其他	千克	6.5%	0(A+,AU,BH,CA,CL,CO,D,E,IL,JO,K,KR,MA,MX,OM,P,PA,PE,S,SG)	15.4美分/千克+58.5%
2933.99.75	00	其他	千克	6.5%	0(A+,AU,BH,CA,CL,CO,D,E,IL,JO,K,KR,MA,MX,OM,P,PA,PE,S,SG)	15.4美分/千克+45%
		其他：				

税则号列	统计后缀	货品名称	单位	税率 1 普通	税率 1 特惠	2
2933.99.79	00	第六类附加美国注释三描述的产品	千克	6.5%[222]	0(A+,AU,BH,CA,CL,CO,D,E,IL,JO,K,KR,L,MA,MX,OM,P,PA,PE,S,SG)	15.4美分/千克+52%
2933.99.82		其他		6.5%[223]	0(A+,AU,BH,CA,CL,CO,D,E,IL,JO,K,KR,L,MA,MX,OM,P,PA,PE,S,SG)	15.4美分/千克+52%
	10	苯并三唑(CAS号:95-14-7)	千克			
	20	甲苯三唑(CAS号:29385-43-1)	千克			
	90	其他	千克			
		其他:				
2933.99.85	00	3-氨基-1,2,4-三唑	千克	3.7%	0(A,AU,BH,CA,CL,CO,D,E,IL,JO,K,KR,MA,MX,OM,P,PA,PE,S,SG)	25%
2933.99.89	00	六亚甲基胺	千克	0		30.5%
		其他:				
2933.99.90	00	药物	千克	3.7%	0(A,AU,BH,CA,CL,CO,D,E,IL,JO,K,KR,MA,MX,OM,P,PA,PE,S,SG)	25%
2933.99.97	01	其他	千克	6.5%[224]	0(A,AU,BH,CA,CL,CO,D,E,IL,JO,K,L,KR,MA,MX,OM,P,PA,PE,S,SG)	30.5%
2934		核酸及其盐,不论是否已有化学定义;其他杂环化合物:				
2934.10		结构上含有一个非稠合噻唑环(不论是否氢化)的化合物:				
		芳香族或改性芳香族的:				
2934.10.10	00	第六类附加美国注释三描述的产品	千克	6.5%[225]	0(A+,AU,BH,CA,CL,CO,D,E,IL,JO,K,KR,MA,MX,OM,P,PA,PE,S,SG)3.25%(JP)	15.4美分/千克+52%
2934.10.20	00	其他	千克	6.5%[1]	0(A+,AU,BH,CA,CL,CO,D,E,IL,JO,K,KR,MA,MX,OM,P,PA,PE,S,SG)	15.4美分/千克+52%
		其他:				
2934.10.70	00	4,5-二氯-2-正辛基-4-异噻唑啉-3-酮;2-(2-氨基噻唑-4-基)-2-羟基亚氨基乙酸乙酯;2-(2-氨基噻唑-4-基)-2-甲氧基亚氨基乙酸乙酯;2-甲基-4-异噻唑啉-3-酮;2-正辛基-4-异噻唑啉-3-酮;盐酸硫胺素	千克	0[3]		30.5%
2934.10.90	00	其他[27]	千克	6.5%[226]	0(A,AU,BH,CA,CL,CO,D,E,IL,JO,K,KR,MA,MX,OM,P,PA,PE,S,SG)3.25%(JP)	30.5%
2934.20		结构上含有一个苯并噻唑环系(不论是否氢化)的化合物,但未经进一步稠合的:				

税则号列	统计后缀	货品名称	单位	税率 普通	税率 1 特惠	2
2934.20.05	00	N-叔丁基-2-苯并噻唑磺酰胺	千克	6.5%[3]	0(A,AU,BH,CA,CL,CO,D,E,IL,JO,KR,MA,MX,OM,P,PA,PE,S,SG)	15.4美分/千克+52%
2934.20.10	00	2,2'-二硫代二苯并噻唑	千克	6.5%[1]	0(A,AU,BH,CA,CL,CO,D,E,IL,JO,KR,MA,MX,OM,P,PA,PE,S,SG)	15.4美分/千克+57%
2934.20.15	00	2-巯基苯并噻唑;N-(氧二亚乙基)苯并噻唑-2-次磺酰胺[27]	千克	6.5%[227]	0(A,AU,BH,CA,CL,CO,D,E,IL,JO,KR,MA,MX,OM,P,PA,PE,S,SG)	15.4美分/千克+52%
2934.20.20	00	2-巯基苯并噻唑钠盐(2-苯并噻唑硫醇钠盐)	千克	6.5%[1]	0(A+,AU,BH,CA,CL,CO,D,E,IL,JO,KR,MA,MX,OM,P,PA,PE,S,SG)	15.4美分/千克+40%
2934.20.25	00	2-氨基-5,6-二氯苯并噻唑;2-(4-氨基苯基)-6-甲基苯并噻唑-7-磺酸;2-氨基-6-硝基苯并噻唑;N,N-二环己基-2-苯并噻唑亚砜酰胺	千克	0[1]		15.4美分/千克+52%
2934.20.30	00	2-氨基-6-甲氧基苯并噻唑;2-氨基-6-甲氧基苯并噻唑;6-乙氧基-2-苯并噻唑乙硫醇;3-甲基苯并噻唑-2-腙;报春碱	千克	5.8%[1]	0(A+,AU,BH,CA,CL,CO,D,E,IL,JO,KR,L,MA,MX,OM,P,PA,PE,S,SG)	15.4美分/千克+39.5%
		其他:				
2934.20.35	00	农药	千克	6.5%[1]	0(A,AU,BH,CA,CL,CO,D,E,IL,JO,KR,MA,MX,OM,P,PA,PE,S,SG)	15.4美分/千克+40%
		其他:				
2934.20.40	00	第六类附加美国注释三描述的产品	千克	6.5%[228]	0(A+,AU,BH,CA,CL,CO,D,E,IL,JO,K,KR,L,MA,MX,OM,P,PA,PE,S,SG)	15.4美分/千克+52%
2934.20.80	00	其他	千克	6.5%[229]	0(A+,AU,BH,CA,CL,CO,D,E,IL,JO,K,KR,L,MA,MX,OM,P,PA,PE,S,SG)	15.4美分/千克+52%
2934.30		结构上含有一个吩噻嗪环系(不论是否氢化)的化合物,但未经进一步稠合的:				
2934.30.12	00	2-(三氟甲基)吩噻嗪	千克	6.5%	0(A+,AU,BH,CA,CL,CO,D,E,IL,JO,KR,MA,MX,OM,P,PA,PE,S,SG)	15.4美分/千克+45%
2934.30.18	00	(1H-吩噻嗪-2,4,1)氨基甲酸乙酯	千克	0		15.4美分/千克+52%
		其他:				
		药物:				
2934.30.23	00	抗抑郁药、镇静剂和其他心理治疗药物	千克	6.5%	0(A+,AU,BH,CA,CL,CO,D,E,IL,JO,K,KR,MA,MX,OM,P,PA,PE,S,SG)	15.4美分/千克+149.5%
2934.30.27	00	其他	千克	6.5%	0(A+,AU,BH,CA,CL,CO,D,E,IL,JO,K,KR,MA,MX,OM,P,PA,PE,S,SG)	15.4美分/千克+45%
		其他:				

税则号列	统计后缀	货品名称	单位	税率 1 普通	税率 1 特惠	2
2934.30.43	00	第六类附加美国注释三描述的产品	千克	6.5%	0(A+,AU,BH,CA,CL,CO,D,E,IL,JO,K,KR,MA,MX,OM,P,PA,PE,S,SG)	15.4美分/千克+52%
2934.30.50	00	其他	千克	6.5%	0(A+,AU,BH,CA,CL,CO,D,E,IL,JO,K,KR,MA,MX,OM,P,PA,PE,S,SG)	15.4美分/千克+52%
		其他：				
2934.91.00	00	阿米雷司(INN)、溴替唑仑(INN)、氯噻西泮(INN)、氯恶唑仑(INN)、右吗拉胺(INN)、卤恶唑仑(INN)、凯他唑仑(INN)、美索卡(INN)、恶唑仑(INN)、匹莫林(INN)、苯甲曲嗪(INN)、芬美曲嗪(INN)和舒芬太尼(INN)，以及它们的盐	千克	0		15.4美分/千克+52%
2934.99		其他：				
		芳香族或改性芳香族的：				
2934.99.01	00	霉酚酸酯	千克	0		15.4美分/千克+45%
2934.99.03	00	2-乙酰苯并噻吩;3-亚甲基-7-(2-苯氧基乙酰胺)-头孢烷-4-羧酸,对硝基苄基酯,1-氧化物；萘酚[1,2-d]-[1,2,3]-恶二唑-5-磺酸及其钠盐	千克	0		15.4美分/千克+52%
2934.99.05	00	5-氨基-3-苯基-1,2,4-噻二唑(3-苯基-5-氨基-1,2,4-噻二唑);2-羟基苯并恶唑(苯并恶唑酮);4-苯基吗啉;1,9-噻吩二甲酸;硫杂蒽-9-酮(硫杂蒽酮)	千克	5.8%	0(A+,AU,BH,CA,CL,CO,D,E,IL,JO,KR,MA,MX,OM,P,PA,PE,S,SG)	15.4美分/千克+39.5%
2934.99.06	00	7-硝基萘酚[1,2]恶二唑-5-磺酸及其盐	千克	6.5%	0(A+,AU,BH,CA,CL,CO,D,E,IL,JO,KR,L,MA,MX,OM,P,PA,PE,S,SG)	15.4美分/千克+66.5%
2934.99.07	00	2-{4-[(6-氯-2-苯并恶唑基)氧]-苯氧基}丙酸乙酯	千克	0		15.4美分/千克+48.5%
2934.99.08	00	2,5-二苯恶唑	千克	6.5%	0(A,AU,BH,CA,CL,CO,D,E,IL,JO,KR,MA,MX,OM,P,PA,PE,S,SG)	15.4美分/千克+52%
2934.99.09	00	1,2-苯并异噻唑啉-3-酮	千克	0		15.4美分/千克+40.5%
		其他：				
		农药：				
2934.99.11	00	2-叔丁基-4-(2,4-二氯-5-异丙氧基苯基)-Δ^2-1,3,4-恶二唑啉-5-酮;3-异丙基-1H-2,1,3-苯并噻嗪-4-(3H)-酮-2,2-二氧化物(苯达松);O,O-二乙基-S-[(6-氯-2-氧代苯并恶唑啉-3-基)甲基]-二硫代磷酸酯(单磷)	千克	6.5%[230]	0(A,AU,BH,CA,CL,CO,D,E,IL,JO,KR,MA,MX,OM,P,PA,PE,S,SG)	15.4美分/千克+40.5%
		其他：				

税则号列	统计后缀	货品名称	单位	税率 1 普通	税率 1 特惠	税率 2
2934.99.12	00	杀菌剂	千克	6.5%[231]	0(A,AU,BH,CA,CL,CO,D,E,IL,JO,KR,MA,MX,OM,P,PA,PE,S,SG)	15.4美分/千克+40%
2934.99.15	00	除草剂	千克	6.5%[232]	0(A,AU,BH,CA,CL,CO,D,E,IL,JO,KR,MA,MX,OM,P,PA,PE,S,SG)3.25%(JP)	15.4美分/千克+48.5%
2934.99.16	00	杀虫剂	千克	6.5%[233]	0(A,AU,BH,CA,CL,CO,D,E,IL,JO,KR,MA,MX,OM,P,PA,PE,S,SG)	15.4美分/千克+64.5%
2934.99.18	00	其他	千克	6.5%[234]	0(A,AU,BH,CA,CL,CO,D,E,IL,JO,KR,MA,MX,OM,P,PA,PE,S,SG)	15.4美分/千克+40%
2934.99.20	00	照相化学品	千克	6.5%	0(A,AU,BH,CA,CL,CO,D,E,IL,JO,KR,MA,MX,OM,P,PA,PE,S,SG)	15.4美分/千克+50%
2934.99.30	00	药物	千克	6.5%[235]	0(A,AU,BH,CA,CL,CO,D,E,IL,JO,K,KR,MA,MX,OM,P,PA,PE,S,SG)	15.4美分/千克+45%
		其他:				
2934.99.39	00	第六类附加美国注释三描述的产品	千克	6.5%[236]	0(A+,AU,BH,CA,CL,CO,D,E,IL,JO,K,KR,L,MA,MX,OM,P,PA,PE,S,SG)	15.4美分/千克+52%
2934.99.44	00	其他	千克	6.5%[237]	0(A+,AU,BH,CA,CL,CO,D,E,IL,JO,K,KR,MA,MX,OM,P,PA,PE,S,SG)	15.4美分/千克+52%
		其他:				
2934.99.47	00	药物	千克	3.7%	0(A,AU,BH,CA,CL,CO,D,E,IL,JO,K,KR,MA,MX,OM,P,PA,PE,S,SG)	25%
		其他:				
2934.99.70	00	吗啉氯化乙酯盐酸盐;2-甲基-2,5-二氧代-1-氧代-2-腾烷;(6R反式)-7-氨基-3-甲基-8-氧代-5-噻-1-氮杂双环[4.2.0]-辛-2-烯-2-羧酸	千克	0		30.5%
2934.99.90	01	其他	千克	6.5%[238]	0(A,AU,BH,CA,CL,CO,D,E,IL,JO,K,KR,MA,MX,OM,P,PA,PE,S,SG)	30.5%
2935		磺(酰)胺:				
2935.10.00	00	N-甲基全氟辛基磺酰胺	千克	6.5%	0(A+,AU,BH,CA,CL,CO,D,E,IL,JO,KR,MA,MX,OM,P,PA,PE,S,SG)	15.4美分/千克+57.5%
2935.20.00	00	N-乙基全氟辛基磺酰胺	千克	6.5%	0(A+,AU,BH,CA,CL,CO,D,E,IL,JO,KR,MA,MX,OM,P,PA,PE,S,SG)	15.4美分/千克+57.5%
2935.30.00	00	N-乙基-N-(2-羟乙基)全氟辛基磺酰胺	千克	6.5%	0(A+,AU,BH,CA,CL,CO,D,E,IL,JO,KR,MA,MX,OM,P,PA,PE,S,SG)	15.4美分/千克+57.5%

税则号列	统计后缀	货品名称	单位	税率 1 普通	税率 1 特惠	2
2935.40.00	00	N-(2-羟乙基)-N-甲基全氟辛基磺酰胺	千克	6.5%	0(A+,AU,BH,CA,CL,CO,D,E,IL,JO,KR,MA,MX,OM,P,PA,PE,S,SG)	15.4美分/千克+57.5%
2935.50.00	00	其他全氟辛基磺酰胺	千克	6.5%	0(A+,AU,BH,CA,CL,CO,D,E,IL,JO,KR,MA,MX,OM,P,PA,PE,S,SG)	15.4美分/千克+57.5%
2935.90		其他：				
2935.90.06	00	4-氨基-6-氯-间-苯二磺酰胺及甲基-4-氨基苯磺酰基氨基甲酸酯(黄草灵)	千克	6.5%	0(A,AU,BH,CA,CL,CO,D,E,IL,JO,K,KR,MA,MX,OM,P,PA,PE,S,SG)	15.4美分/千克+41%
2935.90.10	00	2-氨基-N-乙基苯磺酰胺;5-氨基-α,α,α-三氟甲苯-2,4-二硫酰胺;苯磺酰胺;苯磺酰肼;2-氯-4-氨基-5-羟基苯磺酰胺;2,5-二甲氧基磺胺苯胺;间苯胺	千克	6.5%	0(A+,AU,BH,CA,CL,CO,D,E,IL,JO,KR,L,MA,MX,OM,P,PA,PE,S,SG)	15.4美分/千克+41%
2935.90.13	00	(5-2-氯-4-三氟甲基)苯氧基]-N-甲基磺酰基)-2-硝基苯甲酰胺(氟磺胺);N-(2,6-二氯-3-甲基苯基)-5-氨基-1,3,4-三唑-2-磺酰胺;2,4-二氯-5-氨磺酰苯甲酸;N-乙基-o-甲苯磺酰胺;N-乙基对甲苯磺酰胺;7-(十六烷基磺酰氨基)-1H-吲哚;5-{[(4,6-二甲氧基-2-嘧啶基)氨基]-羰基氨基磺酰基}-3-氯-1-甲基-1H-吡唑-4-羧酸甲酯(卤磺隆甲基);邻位和对甲苯磺酰胺的混合物	千克	0		15.4美分/千克+57.5%
2935.90.15	00	邻甲苯磺酰胺	千克	6.5%	0(A+,AU,BH,CA,CL,CO,D,E,IL,JO,KR,MA,MX,OM,P,PA,PE,S,SG)	15.4美分/千克+57.5%
		其他：				
2935.90.20	00	耐晒染色基和耐晒染色盐	千克	6.5%	0(A,AU,BH,CA,CL,CO,D,E,IL,JO,KR,MA,MX,OM,P,PA,PE,S,SG)	15.4美分/千克+54.5%
		药物：				
		抗感染药：				
2935.90.29	00	乙酰磺胺胍	千克	0		15.4美分/千克+96%
2935.90.30	00	磺胺二甲嘧啶	千克	0		15.4美分/千克+80%
2935.90.32	00	乙酰硫异恶唑;磺胺醋胺钠;磺胺二甲嘧啶钠	千克	6.5%	0(A,AU,BH,CA,CL,CO,D,E,IL,JO,K,KR,MA,MX,OM,P,PA,PE,S,SG)	15.4美分/千克+96%
2935.90.33	00	磺胺噻唑和磺胺噻唑钠	千克	0		15.4美分/千克+133%
2935.90.42	00	柳氮磺胺吡啶;磺胺嘧啶;磺胺胍;磺胺嘧啶;磺胺吡啶	千克	0		15.4美分/千克+128.5%
2935.90.48	00	其他	千克	6.5%[239]	0(A+,AU,BH,CA,CL,CO,D,E,IL,JO,K,KR,MA,MX,OM,P,PA,PE,S,SG)	15.4美分/千克+96%

税则号列	统计后级	货品名称	单位	税率 1 普通	税率 1 特惠	2
2935.90.60	00	其他	千克	6.5%	0(A+,AU,BH,CA,CL,CO,D,E,IL,JO,K,KR,MA,MX,OM,P,PA,PE,S,SG)	15.4美分/千克+45%
		其他：				
2935.90.75	00	第六类附加美国注释三描述的产品	千克	6.5%[240]	0(A+,AU,BH,CA,CL,CO,D,E,IL,JO,K,KR,L,MA,MX,OM,P,PA,PE,S,SG)	15.4美分/千克+57.5%
2935.90.95	00	其他	千克	6.5%[241]	0(A+,AU,BH,CA,CL,CO,D,E,IL,JO,K,KR,MA,MX,OM,P,PA,PE,S,SG)	15.4美分/千克+57.5%
		第十一分章　维生素原、维生素及激素				
2936		天然或合成再制的维生素原和维生素(包括天然浓缩物)及其主要用作维生素的衍生物,上述产品的混合物,不论是否溶于溶剂：				
		未混合的维生素及其衍生物：				
2936.21.00	00	维生素A及其衍生物	千克	0		25%
2936.22.00	00	维生素B1(硫胺)及其衍生物	千克	0		25%
2936.23.00	00	维生素B2(核黄素)及其衍生物	千克	0		15.4美分/千克+62%
2936.24.00	00	D或DL-泛酸(维生素B3或维生素B5)及其衍生物	千克	0		25%
2936.25.00	00	维生素B6(吡哆醇及具有维生素B6活性的相关化合物)及其衍生物	千克	0		25%
2936.26.00	00	维生素B12(氰钴胺及具有维生素B12活性的相关化合物)及其衍生物	千克	0		15.4美分/千克+145.5%
2936.27.00	00	维生素C(抗坏血酸)及其衍生物	千克	0		25%
2936.28.00	00	维生素E(具有维生素E活性的生育酚及其相关化合物)及其衍生物	千克	0		15.4美分/千克+63.5%
2936.29		其他维生素及其衍生物：				
2936.29.10	00	叶酸	千克	0		15.4美分/千克+49%
2936.29.15		烟酸和烟酰胺		0		25%
		烟酸：				
	10	医药级	千克			
	20	其他	千克			
	30	烟酰胺	千克			
		其他：				
2936.29.20	00	芳香族或改性芳香族的	千克	0		15.4美分/千克+45%
2936.29.50		其他		0		25%
	20	维生素D及其衍生物	千克			
	30	生物素	千克			
	50	其他	千克			
2936.90.01		其他,包括维生素原和天然浓缩物		0		25%

税则号列	统计后缀	货品名称	单位	税率 普通	税率 特惠	2
	10	维生素原	千克			
	50	其他	千克			
2937		天然或合成再制的激素、前列腺素、血栓烷、白细胞三烯及其衍生物和结构类似物，包括主要用作激素的改性链多肽：				
		多肽激素、蛋白激素、糖蛋白激素及其衍生物和结构类似物：				
2937.11.00	00	生长激素及其衍生物和结构类似物	克	0		10%
2937.12.00	00	胰岛素及其盐类	克	0		10%
2937.19.00	00	其他	克	0		25%
		甾族激素及其衍生物和结构类似物：				
2937.21.00		可的松、氢化可的松、脱氢可的松及脱氢皮质醇		0		25%
	10	可的松	克			
	20	氢化可的松	克			
	30	脱氢可的松	克			
	40	脱氢皮质醇	克			
2937.22.00	00	肾上腺皮质激素的卤化衍生物	克	0		25%
2937.23		雌激素和孕激素：				
2937.23.10		直接或间接从动植物原料中获得的		0		25%
	10	雌激素	克			
		其他：				
	20	孕酮	千克			
	50	其他	千克			
		其他：				
2937.23.25	00	苯甲酸雌二醇；环戊基丙酸雌二醇	克	0		15.4美分/千克+49%
2937.23.50		其他		0		15.4美分/千克+78.5%
	10	雌激素	克			
		其他：				
	20	孕酮	克			
	50	其他	克			
2937.29		其他：				
2937.29.10	00	羟泼尼缩松；苯丙酸南洛酮	克	0		15.4美分/千克+49%
2937.29.90		其他		0		25%
	20	氢化可的松的盐和酯	克			
	30	强的松的盐和酯	克			
	40	泼尼松龙的盐和酯	克			
	50	合成代谢剂和雄激素	克			
	95	其他	克			

税则号列	统计后缀	货品名称	单位	税率 1 普通	税率 1 特惠	2
2937.50.00	00	前列腺素、血栓烷和白细胞三烯及其衍生物和结构类似物	克	0		25%
2937.90		其他：				
		儿茶酚胺激素及其衍生物和结构类似物：				
2937.90.05	00	肾上腺素	克	0		15.4美分/千克+49%
		其他：				
2937.90.10	00	盐酸肾上腺素	克	0		15.4美分/千克+49%
2937.90.20	00	其他	克	0		25%
		氨基酸衍生物：				
2937.90.40	00	l-甲状腺素(左旋甲状腺素)、钠	千克	0		15.4美分/千克+49%
2937.90.45	00	其他	克	0		25%
2937.90.90	00	其他	克	0		25%
		第十二分章 天然或合成再制的苷(配糖物)、生物碱及其盐、醚、酯和其他衍生物				
2938		天然或合成再制的苷(配糖物)及其盐、醚、酯和其他衍生物：				
2938.10.00	00	芸香苷及其衍生物	千克	1.5%	0(A,AU,BH,CA,CL,CO,D,E,IL,JO,K,KR,MA,MX,OM,P,PA,PE,S,SG)	10%
2938.90.00	00	其他	千克	3.7%[242]	0(A*,AU,BH,CA,CL,CO,D,E,IL,JO,K,KR,MA,MX,OM,P,PA,PE,S,SG)	50%
2939		天然或合成再制的生物碱及其盐、醚、酯和其他衍生物：				
		鸦片碱及其衍生物，以及它们的盐：				
2939.11.00	00	罂粟秆浓缩物、丁丙诺啡(INN)、可待因、双氢可待因(INN)、乙基吗啡、埃托啡(INN)、海洛因、氢可酮(INN)、氢吗啡酮(INN)、吗啡、尼可吗啡(INN)、羟考酮(INN)、羟吗啡酮(INN)、福尔可定(INN)、醋氢可酮(INN)和蒂巴因,以及它们的盐	千克	0		15.4美分/千克+50%
2939.19		其他：				
2939.19.10	00	罂粟碱及其盐类	千克	0		15.4美分/千克+104%
		其他：				
2939.19.20	00	合成的	千克	0		15.4美分/千克+50%
2939.19.50	00	其他	克	0		10.6美分/克
2939.20.00		金鸡纳生物碱及其衍生物以及它们的盐		0		0
	10	奎宁及其盐	克			
	50	其他	克			

税则号列	统计后缀	货品名称	单位	税率 1 普通	税率 1 特惠	税率 2
2939.30.00	00	咖啡因及其盐	千克	0		59%
		麻黄碱类及其盐：				
2939.41.00	00	麻黄碱及其盐	千克	0		15.4美分/千克+59%
2939.42.00	00	假麻黄碱及其盐	千克	0		15.4美分/千克+59%
2939.43.00	00	阿茶碱(INN)及其盐	千克	0		15.4美分/千克+59%
2939.44.00	00	去甲麻黄碱及其盐	千克	0		15.4美分/千克+59%
2939.49.02	00	其他	千克	0		15.4美分/千克+59%
		茶碱和氨茶碱及其衍生物以及它们的盐：				
2939.51.00	00	芬乙茶碱(INN)及其盐	千克	0		25%
2939.59.00	00	其他	千克	0		25%
		麦角生物碱及其衍生物以及它们的盐：				
2939.61.00	00	麦角新碱及其盐	千克	0		25%
2939.62.00	00	麦角胺及其盐	千克	0		25%
2939.63.00	00	麦角酸及其盐	千克	0		25%
2939.69.00	00	其他	千克	0		25%
		其他,植物来源的：				
2939.71.00	00	可卡因、芽子碱、左甲苯丙胺、去氧麻黄碱(INN)、去氧麻黄碱外消旋体,它们的盐、酯及其他衍生物	千克	0		25%
2939.79.00	00	其他	千克	0		25%
2939.80.00	00	其他	千克	6.5%[1]	0(A,AU,BH,CA,CL,CO,D,E,IL,JO,K,KR,MA,MX,OM,P,PA,PE,S,SG)	30.5%
		第十三分章 其他有机化合物				
2940.00		化学纯糖,但蔗糖、乳糖、麦芽糖、葡萄糖及果糖除外；糖醚、糖缩醛、糖酯及其盐,但不包括品目2937、品目2938及品目2939的产品：				
2940.00.20	00	D-阿拉伯糖	千克	0[3]		50%
2940.00.60	00	其他[243]	千克	5.8%[244]	0(A*,AU,BH,CA,CL,CO,D,E,IL,JO,K,KR,MA,MX,OM,P,PA,PE,S,SG)	50%
2941		抗菌素：				
2941.10		青霉素和具有青霉烷酸结构的青霉素衍生物及其盐：				
2941.10.10	00	氨苄青霉素及其盐	千克	0		15.4美分/千克+48.5%
2941.10.20	00	青霉素G盐	千克	0		15.4美分/千克+49%

税则号列	统计后缀	货品名称	单位	税率 1 普通	税率 1 特惠	2
		其他:				
2941.10.30	00	卡费西林钠;氯唑西林钠;双氯西林钠;氟氯西林;苯唑西林钠	千克	0		15.4美分/千克+45%
2941.10.50	00	其他	千克	0		15.4美分/千克+56.5%
2941.20		链霉素及其衍生物以及它们的盐:				
2941.20.10	00	双氢链霉素及其衍生物以及它们的盐	克	3.5%	0(A,AU,BH,CA,CL,CO,D,E,IL,JO,KR,MA,MX,OM,P,PA,PE,S,SG)	25%
2941.20.50	00	其他	克	0		25%
2941.30.00	00	四环素及其衍生物以及它们的盐	克	0		25%
2941.40.00	00	氯霉素及其衍生物以及它们的盐	千克	0		15.4美分/千克+45%
2941.50.00	00	红霉素及其衍生物以及它们的盐	克	0		25%
2941.90		其他:				
2941.90.10		天然的		0		10%
	10	氨基糖苷类抗生素	千克			
	50	其他	千克			
		其他:				
2941.90.30	00	芳香族或改性芳香族的	千克	0		15.4美分/千克+45%
2941.90.50	00	其他	千克	0		25%
2942.00		其他有机化合物:				
		芳香族或改性芳香族的:				
2942.00.03	00	{2,2'-硫代双(4-(1,1,3,3-四甲基-正丁基)苯酚)(2,1)}-O,O',S-(1-丁胺),镍II	千克	0[1]		15.4美分/千克+46.5%
		其他:				
2942.00.05	00	药物	千克	6.5%[1]	0(A+,AU,BH,CA,CL,CO,D,E,IL,JO,K,KR,MA,MX,OM,P,PA,PE,S,SG)	15.4美分/千克+46%
		其他:				
2942.00.10	00	第六类附加美国注释三描述的产品	千克	6.5%[245]	0(A+,AU,BH,CA,CL,CO,D,E,IL,JO,K,KR,MA,MX,OM,P,PA,PE,S,SG)	15.4美分/千克+46.5%
2942.00.35	00	其他	千克	6.5%[1]	0(A+,AU,BH,CA,CL,CO,D,E,IL,JO,K,KR,MA,MX,OM,P,PA,PE,S,SG)	15.4美分/千克+46.5%
2942.00.50	00	其他	千克	3.7%[246]	0(A,AU,BH,CA,CL,CO,D,E,IL,JO,K,KR,MA,MX,OM,P,PA,PE,S,SG)	25%

[1]见9903.88.03。

[2]见9902.01.81、9902.01.82和9903.88.03。

[3]见9903.88.16。

[4]见9902.01.83和9903.88.16。
[5]见9903.88.15。
[6]见9902.01.84和9903.88.16。
[7]见9902.01.85和9903.88.03。
[8]见9902.01.86和9903.88.03。
[9]见9902.01.87和9903.88.03。
[10]见9902.01.88和9903.88.16。
[11]见9902.01.89和9903.88.03。
[12]见9902.01.90和9903.88.03。
[13]见9902.01.91、9902.01.92、9902.01.93、9902.01.94、9902.01.95、9902.01.96和9903.88.16。
[14]见9902.01.97和9903.88.03。
[15]见9902.01.98和9903.88.03。
[16]见9902.01.99、9902.02.01和9903.88.03。
[17]见9902.02.02、9902.02.03和9903.88.03。
[18]见9902.02.04和9903.88.03。
[19]见9902.02.05和9903.88.03。
[20]见9902.02.06、9902.02.07、9902.02.08和9903.88.03。
[21]见9902.02.09和9903.88.03。
[22]见9902.02.10、9902.02.11、9902.02.12和9903.88.03。
[23]见9902.02.13、9902.02.14和9903.88.03。
[24]见9902.02.15、9902.02.16和9903.88.03。
[25]见9903.88.33。
[26]见9902.02.17和9903.88.03。
[27]见9903.88.43。
[28]见9902.02.19和9903.88.03。
[29]见9902.02.20和9903.88.03。
[30]见9902.02.21、9902.02.22和9903.88.03。
[31]见9902.02.23和9903.88.03。
[32]见9902.02.24和9903.88.16。
[33]见9902.02.25、9902.02.26、9902.02.27、9902.02.28、9902.02.29、9902.02.30、9902.02.31和9903.88.03。
[34]见9902.02.32和9903.88.16。
[35]见9902.02.33和9903.88.03。
[36]见9903.88.46。
[37]见9902.02.34和9903.88.03。
[38]见9903.88.45。
[39]见9902.02.35和9903.88.16。
[40]见9902.02.36和9903.88.03。
[41]见9902.02.37和9903.88.03。
[42]见9902.02.38和9903.88.03。
[43]见9902.02.39、9902.02.40和9903.88.03。
[44]见9902.02.41和9903.88.03。
[45]见9902.02.42和9903.88.03。
[46]见9902.02.43和9903.88.03。

[47] 见 9902.02.44 和 9903.88.03。
[48] 见 9902.02.45 和 9903.88.03。
[49] 见 9902.02.46、9902.02.47、9902.02.48 和 9903.88.03。
[50] 见 9902.02.49 和 9903.88.03。
[51] 见 9902.02.50 和 9903.88.03。
[52] 见 9902.02.51 和 9903.88.03。
[53] 见 9902.02.52、9902.02.53 和 9903.88.03。
[54] 见 9902.02.54 和 9903.88.03。
[55] 见 9902.02.55、9902.02.56 和 9903.88.03。
[56] 见 9902.02.57、9902.02.58、9902.02.59 和 9903.88.03。
[57] 见 9902.02.60、9902.02.61、9902.02.62 和 9903.88.03。
[58] 见 9902.02.63 和 9903.88.03。
[59] 见 9902.02.64、9902.02.65 和 9903.88.03。
[60] 见 9902.02.66 和 9903.88.03。
[61] 见 9902.02.67 和 9903.88.03。
[62] 见 9902.02.25 和 9903.88.16。
[63] 见 9902.02.68、9902.02.69、9902.02.70 和 9903.88.15。
[64] 见 9902.02.71、9902.02.72 和 9903.88.03。
[65] 见 9902.02.73 和 9903.88.03。
[66] 见 9902.02.74、9902.02.75、9902.02.76 和 9903.88.03。
[67] 见 9902.02.78 和 9903.88.03。
[68] 见 9902.02.79、9902.02.80 和 9903.88.03。
[69] 见 9902.02.81 和 9903.88.03。
[70] 见 9902.02.82 和 9903.88.03。
[71] 见 9903.88.48。
[72] 见 9902.02.83 和 9903.88.03。
[73] 见 9902.02.84 和 9903.88.03。
[74] 见 9902.02.85、9902.02.86 和 9903.88.03。
[75] 见 9902.02.87 和 9903.88.03。
[76] 见 9902.02.88 和 9903.88.03。
[77] 见 9902.02.89 和 9903.88.03。
[78] 见 9902.02.90 和 9903.88.15。
[79] 见 9902.02.91、9902.02.92 和 9903.88.03。
[80] 见 9903.88.43 和 9903.88.56。
[81] 见 9902.02.93 和 9903.88.03。
[82] 见 9902.02.94、9902.02.95 和 9903.88.16。
[83] 见 9902.02.96 和 9903.88.03。
[84] 见 9902.02.97 和 9903.88.03。
[85] 见 9902.02.99 和 9903.88.03。
[86] 见 9902.03.01、9902.03.02、9902.03.03、9902.03.04、9902.03.05 和 9903.88.03。
[87] 见 9902.03.06 和 9903.88.03。
[88] 见 9902.03.07。
[89] 见 9902.03.08 和 9903.88.03。

[90] 见9902.03.09和9903.88.03。

[91] 见9902.03.10和9903.88.03。

[92] 见9902.03.11和9903.88.03。

[93] 见9902.03.12、9902.03.13、9902.03.14、9902.03.15、9902.03.16、9902.03.17和9903.88.03。

[94] 见9902.03.18和9903.88.03。

[95] 见9902.03.19、9902.03.20和9903.88.03。

[96] 见9902.03.21和9903.88.03。

[97] 见9902.03.22、9902.03.23、9902.03.24和9903.88.15。

[98] 见9902.03.25、9902.03.26、9902.03.27、9902.03.28、9902.03.29、9902.03.30和9903.88.03。

[99] 见9902.03.31、9902.03.32、9902.03.33、9902.03.34和9903.88.16。

[100] 见9902.03.35、9902.03.36和9903.88.03。

[101] 见9902.03.37和9903.88.03。

[102] 见9902.03.38和9903.88.03。

[103] 见9902.03.39和9903.88.03。

[104] 见9902.03.40和9903.88.03。

[105] 见9902.03.42和9903.88.03。

[106] 见9902.03.41和9903.88.03。

[107] 见9902.03.43、9902.03.44、9902.03.45、9902.03.46、9902.03.47和9903.88.15。

[108] 见9902.03.48、9902.03.49、9902.03.50和9903.88.03。

[109] 见9902.03.51、9902.03.52、9902.03.53和9903.88.03。

[110] 见9902.03.54和9903.88.15。

[111] 见9902.03.55、9902.03.56和9903.88.16。

[112] 见9902.03.57、9902.03.58和9903.88.15。

[113] 见9902.03.59、9902.03.60、9902.03.61、9902.03.62、9902.03.63、9902.03.64和9903.88.03。

[114] 见9902.03.65和9903.88.03。

[115] 见9902.03.66和9903.88.03。

[116] 见9902.03.67和9903.88.03。

[117] 见9902.03.68、9902.03.69、9902.03.70、9902.03.71、9902.03.72、9902.03.73和9903.88.03。

[118] 见9902.03.74和9903.88.03。

[119] 见9902.03.75、9902.03.76、9902.03.77和9903.88.03。

[120] 见9902.03.78、9902.03.79和9903.88.03。

[121] 见9902.03.80、9902.03.81和9903.88.03。

[122] 见9902.03.82和9903.88.03。

[123] 见9902.03.83和9903.88.03。

[124] 见9902.03.84和9903.88.03。

[125] 见9902.03.85、9902.03.86和9903.88.03。

[126] 见9902.03.87、9902.03.88和9903.88.03。

[127] 见9902.03.89。

[128] 见9902.03.90。

[129] 见9902.03.91、9902.03.92和9902.03.93。

[130] 见9902.03.94和9903.88.03。

[131] 见9902.03.95、9902.03.96、9902.03.97和9903.88.03。

[132] 见9902.03.98、9902.03.99、9902.04.01、9902.04.02和9903.88.03。

[133]见9902.04.03。

[134]见9902.04.04、9902.04.05、9902.04.06、9902.04.07和9903.88.03。

[135]见9902.04.08和9903.88.03。

[136]见9902.04.09、9902.04.10、9902.04.11、9902.04.12、9902.04.13和9903.88.03。

[137]见9902.04.14。

[138]见9902.04.15。

[139]见9902.04.16和9903.88.03。

[140]见9902.04.17、9902.04.18、9902.04.19和9903.88.03。

[141]见9902.04.20、9902.04.21、9902.04.22、9902.04.23、9902.04.24、9902.04.25和9903.88.03。

[142]见9902.04.26、9902.04.27、9902.04.28和9903.88.03。

[143]见9902.04.30、9902.04.31和9903.88.03。

[144]见9902.04.32和9903.88.03。

[145]见9902.04.33和9903.88.03。

[146]见9902.04.34、9902.04.35、9902.04.36、9902.04.37、9902.04.38、9902.04.39、9902.04.40、9902.04.41、9902.04.42、9902.04.43、9902.04.44、9902.04.45、9902.04.46、9902.04.47和9903.88.03。

[147]见9902.04.48、9902.04.49、9902.04.50、9902.04.51、9902.04.52和9903.88.03。

[148]见9902.04.53、9902.04.54、9902.04.55、9902.04.56和9903.88.03。

[149]见9902.04.57和9903.88.03。

[150]见9902.04.58和9903.88.03。

[151]见9902.04.59、9902.04.60和9903.88.03。

[152]见9902.04.61、9902.04.62和9903.88.03。

[153]见9902.04.63、9902.04.64和9903.88.03。

[154]见9903.88.45和9903.88.56。

[155]见9902.04.65和9903.88.16。

[156]见9902.04.66、9902.04.67、9902.04.68、9902.04.69和9903.88.03。

[157]见9902.04.70、9902.04.71、9902.04.72、9902.04.73、9902.04.74、9902.04.75、9902.04.76、9902.04.78和9903.88.03。

[158]见9902.04.79和9903.88.03。

[159]见9902.04.80、9902.04.81、9902.04.82和9903.88.03。

[160]见9903.88.43和9903.88.45。

[161]见9902.04.83和9903.88.03。

[162]见9902.04.84、9902.04.85、9902.04.86、9902.04.87、9902.04.88和9903.88.03。

[163]见9902.04.89、9902.04.90、9902.04.91、9902.04.92、9902.04.93和9903.88.03。

[164]见9902.04.94和9903.88.03。

[165]见9902.04.95、9902.04.96和9903.88.16。

[166]见9902.04.97和9903.88.03。

[167]见9902.04.98和9903.88.03。

[168]见9902.04.99和9903.88.03。

[169]见9902.05.01和9903.88.03。

[170]见9902.05.02、9902.05.03、9902.05.04、9902.05.05、9902.05.06和9903.88.03。

[171]见9902.05.07、9902.05.08、9902.05.09、9902.05.10、9902.05.11、9902.05.12、9902.05.13、9902.05.14和9903.88.03。

[172]见9902.05.15、9902.05.16、9902.05.17、9902.05.18、9902.05.19和9903.88.03。

[173]见9902.05.20、9902.05.21和9903.88.03。

[174]见9902.05.22、9902.05.23、9902.05.24、9902.05.25和9902.05.26。

[175]见9902.05.27、9902.05.28、9902.05.29、9902.05.30、9902.05.37、9902.05.41和9903.88.16。

[176]见9902.05.31、9902.05.32和9903.88.16。

[177]见9902.05.33、9902.05.34和9903.88.03。

[178]见9902.05.35、9902.05.36和9903.88.03。

[179]见9902.05.38、9902.05.39、9902.05.40、9902.05.42、9902.05.43和9902.05.44。

[180]根据第九十九章第三分章美国注释20(u)(ii)、税号9903.88.16涵盖统计报告编码为2931.90.9010、2931.90.9021、2931.90.9025和2931.90.9029的某些商品。

[181]根据第九十九章第三分章美国注释20(g)、税号9903.88.04涵盖如脚注所示税率线的某些商品；请注意该税号不包括无脚注的统计报告注释。

[182]见9902.05.45、9902.05.46和9903.88.03。

[183]见9902.05.47、9902.05.48、9902.05.49和9902.05.50。

[184]见9902.05.51、9902.05.52、9902.05.53和9902.05.54。

[185]见9902.05.55和9903.88.03。

[186]见9902.05.56和9903.88.03。

[187]见9902.05.57和9903.88.03。

[188]见9902.05.58、9902.05.59和9902.05.60。

[189]见9902.05.61、9902.05.62、9902.05.63、9902.05.64、9902.05.65、9902.05.66、9902.05.67、9902.05.68、9902.05.69、9902.05.70、9902.05.71和9903.88.03。

[190]见9902.05.72和9903.88.03。

[191]见9902.05.73和9903.88.03。

[192]见9902.05.74、9902.05.75和9903.88.03。

[193]见9902.05.76和9903.88.03。

[194]见9902.05.77和9903.88.03。

[195]见9902.05.78。

[196]见9902.05.79、9902.05.80、9902.05.81、9902.05.82、9902.05.83和9902.05.84。

[197]见9902.05.85。

[198]见9902.05.86、9902.05.87、9902.05.88、9902.05.89、9902.05.90、9902.05.91、9902.05.92、9902.05.93、9902.05.94和9902.05.95。

[199]见9902.05.96、9902.05.97、9902.05.98、9902.05.99、9902.06.01、9902.06.02、9902.06.03和9902.06.04。

[200]见9902.06.05和9902.05.06。

[201]见9902.06.07、9902.06.08、9902.06.09、9902.06.10、9902.06.11、9902.06.12、9902.06.13、9902.06.14、9902.06.15、9902.06.16、9902.06.17、9902.06.18和9902.06.19。

[202]见9902.06.20和9902.06.21。

[203]见9902.06.22。

[204]见9902.06.23。

[205]见9902.06.24和9902.06.25。

[206]见9902.06.26。

[207]见9902.06.27、9902.06.28和9902.06.29。

[208]见9902.06.30、9902.06.31、9902.06.32、9902.06.33和9902.06.34。

[209]见9902.06.35、9902.06.36和9902.06.37。

[210]见9902.06.38。

[211]见9902.06.39。

[212]见9902.06.40、9902.06.41、9902.06.42和9902.06.43。

[213]见9902.06.44。

[214]见9902.06.45、9902.06.46、9902.06.47、9902.06.48和9902.06.49。

[215]见9902.06.50、9902.06.51、9902.06.52、9902.06.53、9902.06.54、9902.06.55、9902.06.56、9902.06.57、9902.06.58、9902.06.59、9902.06.60、9902.06.61、9902.06.62、9902.06.63、9902.06.64、9902.06.65、9902.06.66和9903.88.15。

[216]见9903.88.49。

[217]见9902.06.67、9902.06.68和9903.88.03。

[218]见9902.06.69和9903.88.03。

[219]见9902.06.70和9902.06.71。

[220]见9902.06.72和9902.06.73。

[221]见9902.06.74、9902.06.75、9902.06.76、9902.06.77、9902.06.78、9902.06.79、9902.06.80、9902.06.81、9902.06.82、9902.06.83、9902.06.84、9902.06.85、9902.06.86、9902.06.87和9902.06.88。

[222]见9902.06.89、9902.06.90、9902.06.91、9902.06.92和9902.06.93。

[223]见9902.06.94和9902.06.95。

[224]见9902.06.96、9902.06.97和9902.06.98。

[225]见9902.06.99、9902.07.01、9902.07.02、9902.07.03、9902.07.04、9902.07.05和9903.88.03。

[226]见9902.07.06、9902.07.07、9902.07.08和9903.88.03。

[227]见9902.07.09和9903.88.03。

[228]见9902.07.10和9903.88.03。

[229]见9902.07.11、9902.07.12和9903.88.16。

[230]见9902.07.13。

[231]见9902.07.14、9902.07.15、9902.07.16、9902.07.17、9902.07.18、9902.07.19、9902.07.20和9902.07.21。

[232]见9902.07.22、9902.07.23、9902.07.24、9902.07.25、9902.07.26、9902.07.27、9902.07.28、9902.07.29和9902.07.30。

[233]见9902.07.31、9902.07.32和9902.07.33。

[234]见9902.07.34、9902.07.35和9902.07.36。

[235]见9902.07.37、9902.07.38、9902.07.39、9902.07.40、9902.07.41和9902.07.42。

[236]见9902.07.43、9902.07.44和9902.07.45。

[237]见9902.07.46。

[238]见9902.07.47、9902.07.48、9902.07.49、9902.07.50、9902.07.51、9902.07.52、9902.07.53和9902.07.54。

[239]见9902.07.55。

[240]见9902.07.56、9902.07.57、9902.07.58、9902.07.59、9902.07.60、902.07.61、9902.07.62、9902.07.63、9902.07.64、9902.07.65、9902.07.66、9902.07.67、9902.07.68、9902.07.69、9902.07.70、9902.07.71和9902.07.72。

[241]见9902.07.73。

[242]见9902.07.74、9902.75和9902.07.76。

[243]见9903.88.40。

[244]见9902.07.77、9902.07.78和9903.88.03。

[245]见9902.07.79和9903.88.03。

[246]见9902.07.80和9903.88.03。

第三十章 药 品

注释：

一、本章不包括：

 （一）食品及饮料（例如，营养品、糖尿病食品、强化食品、保健食品、滋补饮料及矿泉水）（第四类），但不包括供静脉摄入用的滋养品；

 （二）用于帮助吸烟者戒烟的产品，例如，片剂、咀嚼胶或透皮贴片（品目2106或品目3824）；

 （三）经特殊煅烧或精细研磨的牙科用熟石膏（品目2520）；

 （四）适合医药用的精油水馏液及水溶液（品目3301）；

 （五）品目3303至3307的制品，不论是否具有治疗及预防疾病的作用；

 （六）加有药料的肥皂及品目3401的其他产品；

 （七）以熟石膏为基本成分的牙科用制品（品目3407）；或者

 （八）不作治疗及预防疾病用的血清蛋白（品目3502）。

二、品目3002所称"免疫制品"是指直接参与免疫过程调节的多肽及蛋白质（品目2937的货品除外），例如单克隆抗体（MAB）、抗体片段、抗体偶联物及抗体片段偶联物、白介素、干扰素（IFN）、趋化因子及特定的肿瘤坏死因子（TNF）、生长因子（GF）、促红细胞生成素及集落刺激因子（CSF）。

三、品目3003及品目3004以及本章注释四（四）所述的非混合产品及混合产品，按下列规定处理：

 （一）非混合产品：

  1. 溶于水的非混合产品；

  2. 第二十八章及第二十九章的所有货品；以及

  3. 品目1302的单一植物浸膏，只经标定或溶于溶剂的。

 （二）混合产品：

  1. 胶体溶液及悬浮液（胶态硫磺除外）；

  2. 从植物性混合物加工所得的植物浸膏；

  3. 蒸发天然矿质水所得的盐及浓缩物。

四、品目3006仅适用于下列物品（这些物品只能归入品目3006而不得归入本目录其他品目）：

 （一）无菌外科肠线、类似的无菌缝合材料（包括外科或牙科用无菌可吸收缝线）及外伤创口闭合用的无菌粘合胶布；

 （二）无菌昆布及无菌昆布塞条；

 （三）外科或牙科用无菌吸收性止血材料，外科或牙科用无菌抗粘连阻隔材料（不论是否可吸收）；

 （四）用于病人的X光检查造影剂及其他诊断试剂，这些药剂是由单一产品配定剂量或由两种以上成分混合而成的；

 （五）血型试剂；

(六)牙科粘固剂及其他牙科填料,骨骼粘固剂;

(七)急救药箱、药包;

(八)以激素、品目 2937 的其他产品或杀精子剂为基本成分的化学避孕药物;

(九)专用于人类或作兽药用的凝胶制品,作为外科手术或体检时躯体部位的润滑剂,或者作为躯体和医疗器械之间的耦合剂;

(十)废药物,即那些因超过有效保存期等原因而不适于作原用途的药品;

(十一)可确定用于造口术的用具,即裁切成型的结肠造口术、回肠造口术、尿道造口术用袋及其具有粘性的片或底盘。

子目注释:

一、子目 3002.13 及子目 3002.14 所述非混合产品、纯物质及混合产品按下列规定处理:

(一)非混合产品或纯物质,不论是否含有杂质;

(二)混合产品:

    1. 上述(一)款所述的产品溶于水或其他溶剂的;

    2. 为保存或运输需要,上述(一)款及(二)1 项所述的产品加入稳定剂的;

    3. 上述(一)款、(二)1 项及(二)2 项所述的产品添加其他添加剂的。

二、子目 3003.60 和子目 3004.60 包括的药品含有与其他药用活性成分配伍的口服用青蒿素(INN),或者含有下列任何一种活性成分,不论是否与其他药用活性成分配伍:阿莫地喹(INN)、蒿醚林酸及其盐(INN)、双氢青蒿素(INN)、蒿乙醚(INN)、蒿甲醚(INN)、青蒿琥酯(INN)、氯喹(INN)、二氢青蒿素(INN)、苯芴醇(INN)、甲氟喹(INN)、哌喹(INN)、乙胺嘧啶(INN)或磺胺多辛(INN)。

税则号列	统计后缀	货品名称	单位	税率 1 普通	税率 1 特惠	2
3001		已干燥的器官疗法用腺体及其他器官,不论是否制成粉末;器官疗法用腺体、其他器官及其分泌物的提取物;肝素及其盐;其他供治疗或预防疾病用的其他品目未列名的人体或动物制品:				
3001.20.00	00	腺体、其他器官及其分泌物的提取物	千克	0		10%
3001.90.01		其他		0		0
		腺体及其他器官,干燥,不论是否粉状:	千克			
	10	肝脏				
	50	其他	千克			
	90	其他	千克			
3002		人血;治病、防病或诊断用的动物血制品;抗血清、其他血份及免疫制品,不论是否修饰或通过生物工艺加工制得;疫苗、毒素、培养微生物(不包括酵母)及类似产品:				
		抗血清、其他血份及免疫制品,不论是否修饰或通过生物工艺加工制得:				
3002.11.00	00	疟疾诊断试剂盒	千克	0		0
3002.12.00		抗血清及其他血份		0		0
	10	人血浆	千克			
	20	正常人血清,不论是否干燥	千克			
	30	人免疫血清	千克			
	40	胎牛血清(FBS)	千克			
	90	其他	千克			
3002.13.00		非混合的免疫制品,未配定剂量或制成零售包装	千克	0		0
	10	单克隆抗体	千克			
	90	其他	千克			
3002.14.00		混合的免疫制品,未配定剂量或制成零售包装	千克	0		0
	10	含有单克隆抗体的	千克			
	90	其他	千克			
3002.15.00		免疫制品,已配定剂量或制成零售包装	千克	0		0
	10	基于抗体测试的诊断试剂	千克			
	90	其他	千克			
3002.19.00	00	其他	千克	0		0
3002.20.00		人用疫苗	千克	0		0
	20	含类毒素	千克			
		其他:				
	40	减毒活疫苗	千克			
	60	灭活疫苗	千克			
	80	其他	千克			

税则号列	统计后缀	货品名称	单位	税率 1 普通	税率 1 特惠	税率 2
3002.30.00	00	兽用疫苗	千克	0		0
3002.90		其他：				
3002.90.10	00	发酵	千克	0		25%
3002.90.51		其他		0		0
	10	人全血	千克			
	20	抗过敏制剂	千克			
	50	其他	千克			
3003		两种或以上成分混合而成的治病或防病用药品（不包括品目3002、品目3005或品目3006的货品），未配定剂量或制成零售包装：				
3003.10.00	00	含有青霉素及具有青霉烷酸结构的青霉素衍生物或链霉素及其衍生物	千克	0		15.4美分/千克+49%
3003.20.00	00	其他，含有抗菌素	千克	0		25%
		其他，含有激素或品目2937的其他产品：				
3003.31.00	00	含有胰岛素	千克	0		25%
3003.39		其他：				
3003.39.10	00	天然激素的人工混合物	克	0		25%
3003.39.50	00	其他	千克	0		30%
		其他，含有生物碱及其衍生物：				
3003.41.00	00	含有麻黄碱及其盐	千克	0		0
3003.42.00	00	含有伪麻黄碱(INN)及其盐	千克	0		0
3003.43.00	00	含有去甲麻黄碱及其盐	千克	0		0
3003.49.00	00	其他	千克	0		0
3003.60.00	00	其他，含有本章子目注释二所列抗疟疾活性成分的	千克	0		0
3003.90.01		其他	千克	0		30%
		抗感染药物：				
	20	抗病毒药	千克			
	40	抗真菌药	千克			
	60	抗原生动物（不包括本章子目注释二中描述的商品）	千克			
	80	其他	千克			
	90	其他	千克			
3004		由混合或非混合产品构成的治病或防病用药品（不包括品目3002、品目3005或品目3006的货品），已配定剂量或（包括制成皮肤摄入形式的）或制成零售包装：				
3004.10		含有青霉素及具有青霉烷酸结构的青霉素衍生物或链霉素及其衍生物：				
3004.10.10		含青霉素G盐		0		15.4美分/千克+49%
	10	兽医用	千克			

税则号列	统计后缀	货品名称	单位	税率 1 普通	税率 1 特惠	2
		其他：				
	20	单一	千克			
	45	联合抗生素	千克			
3004.10.50		其他		0		15.4美分/千克+45%
	10	兽医用	千克			
		其他：				
	45	联合抗生素	千克			
	60	其他	千克			
3004.20.00		其他,含有抗菌素		0		25%
	10	兽医用	千克			
		其他：				
	20	红霉素,单用或与其他抗生素合用	千克			
	30	四环素,单用或与其他抗生素合用	千克			
	60	其他	千克			
		其他,含有激素或品目2937的其他产品：				
3004.31.00	00	含有胰岛素	千克	0		25%
3004.32.00	00	含有皮质类固醇激素及其衍生物或结构类似物的	千克	0		25%
3004.39.00		其他		0		25%
	10	兽医用	千克			
	50	其他	千克			
		其他,含有生物碱及其衍生物：				
3004.41.00	00	含有麻黄碱及其盐	千克	0		25%
3004.42.00	00	含有伪麻黄碱(INN)及其盐	千克	0		25%
3004.43.00	00	含有去甲麻黄碱及其盐	千克	0		25%
3004.49.00		其他		0		25%
	05	兽医用	千克			
		其他：				
	10	心血管药物	千克			
		主要影响中枢神经系统的药物：				
	20	抗惊厥药、催眠药和镇静剂	千克			
	30	抗抑郁药、镇静剂和其他心理治疗药物	千克			
	40	其他	千克			
	50	皮肤科药物和局部麻醉剂	千克			
	60	主要影响眼睛、耳朵或呼吸系统的药物	千克			
	70	其他	千克			
		其他,含有维生素或品目2936所列产品：				

税则号列	统计后缀	货品名称	单位	税率 普通	税率 特惠	税率 2
3004.50		含全部或部分由芳香族或改性芳香族工业有机化合物合成的维生素：				
3004.50.10	00	维生素B2	千克	0		15.4美分/千克+62%
3004.50.20	00	维生素B12	千克	0		15.4美分/千克+145.5%
3004.50.30	00	维生素E	千克	0		15.4美分/千克+63.5%
3004.50.40	00	其他	千克	0		15.4美分/千克+49%
3004.50.50		其他		0		25%
	05	兽医用	千克			
		其他：				
		单一维生素：				
	10	与矿物质或其他营养物质合制	千克			
	20	其他	千克			
		复合维生素：				
	30	与矿物质或其他营养成分合制	千克			
	40	其他	千克			
3004.60.00	00	其他,含有本章子目注释二所列抗疟疾活性成分的	千克	0		30%
3004.90		其他：				
3004.90.10	00	含有抗原或透明质酸或其钠盐的	千克	0		0
3004.90.92		其他		0		30%
	03	兽医用	千克			
		其他：				
		抗感染药物：				
	07	抗病毒药	千克			
	09	抗真菌药	千克			
	11	抗原生动物(不包括本章子目注释二描述的商品)	千克			
	13	磺胺类	千克			
	14	其他	千克			
	15	抗肿瘤和免疫抑制药物	千克			
	20	心血管药物	千克			
		主要影响中枢神经系统的药物：				
		镇痛药、解热药和非激素类抗炎药：				
	22	托美汀	千克			
	24	托美汀钠二水合物	千克			
	26	托美汀钠(无水)	千克			
	28	其他	千克			
	30	抗惊厥药、催眠药和镇静剂	千克			

税则号列	统计后缀	货品名称	单位	税率 普通	税率 特惠	2
	35	抗抑郁药、镇静剂和其他心理治疗药物	千克			
	40	其他	千克			
	45	皮肤科药物和局部麻醉剂	千克			
		主要影响消化系统的药物：				
	50	泻药	千克			
	55	抗酸剂	千克			
	60	其他	千克			
		影响电解、热量或水平衡的制剂：				
	65	利尿剂	千克			
	70	其他	千克			
		主要影响眼睛、耳朵或呼吸系统的药物：				
	76	咳嗽感冒药	千克			
		其他：				
	80	抗组胺药	千克			
	85	其他	千克			
	90	其他	千克			
3005		软填料、纱布、绷带及类似物品（例如，敷料、橡皮膏、泥罨剂），经过药物浸涂或制成零售包装供医疗、外科、牙科或兽医用：				
3005.10		胶粘敷料及有胶粘涂层的其他物品：				
3005.10.10	00	用药物包裹或浸渍的	千克	0		20%
3005.10.50	00	其他	千克	0		40%
3005.90		其他：				
3005.90.10	00	用药物包裹或浸渍的	千克	0		20%
3005.90.50		其他		0		40%
	10	剖腹手术海绵	千克			
	90	其他	千克			
3006		本章注释四所规定的医药用品：				
3006.10.01	00	无菌外科肠线、类似的无菌缝合材料（包括外科或牙科用无菌可吸收缝线）及外伤创口闭合用的无菌粘合胶布；无菌昆布及无菌昆布塞条；外科或牙科用无菌吸收性止血材料；外科或牙科用无菌抗粘连阻隔材料，不论是否可吸收	千克	0		40%
3006.20.00	00	血型试剂	千克	0		0
3006.30		X光检查造影剂；用于病人的诊断试剂：				
3006.30.10	00	含有抗原或抗血清	千克	0		0
3006.30.50	00	其他	千克	0		45%
3006.40.00	00	牙科粘固剂及其他牙科填料；骨骼粘固剂	千克	0		20%
3006.50.00	00	急救药箱、药包	千克	0		45%

税则号列	统计后缀	货品名称	单位	税率 1 普通	税率 1 特惠	2
3006.60.00	00	以激素、品目2937的其他产品或杀精子剂为基本成分的化学避孕药物	千克	0		25%
3006.70.00	00	专用于人类或作兽药用的凝胶制品,作为外科手术或体检时躯体部位的润滑剂,或者作为躯体和医疗器械之间的耦合剂	千克	5%	0(A+,AU,BH,CA,CL,CO,D,E,IL,JO,K,KR,MA,MX,OM,P,PA,PE,S,SG)	25%
		其他:				
3006.91.00	00	可确定用于造口术的用具	千克	4.2%	0(A,AU,BH,CA,CL,CO,D,E,IL,JO,KR,MA,MX,OM,P,PA,PE,S,SG)	45%
3006.92.00	00	废药物	千克	0		45%

第三十一章　肥　料

注释：

一、本章不包括：

(一)品目0511的动物血；

(二)单独的已有化学定义的化合物〔符合下列注释二(一)、三(一)、四(一)或五所规定的化合物除外〕；或者

(三)品目3824的每颗重量不低于25克的氯化钾培养晶体(光学元件除外)；氯化钾光学元件(品目9001)。

二、品目3102只适用于下列货品，但未制成品目3105所述形状或包装：

(一)符合下列任何一条规定的货品：

1. 硝酸钠，不论是否纯净；

2. 硝酸铵，不论是否纯净；

3. 硫酸铵及硝酸铵的复盐，不论是否纯净；

4. 硫酸铵，不论是否纯净；

5. 硝酸钙及硝酸铵的复盐(不论是否纯净)或硝酸钙及硝酸铵的混合物；

6. 硝酸钙及硝酸镁的复盐(不论是否纯净)或硝酸钙及硝酸镁的混合物；

7. 氰氨化钙，不论是否纯净或用油处理；

8. 尿素，不论是否纯净。

(二)由上述(一)款任何货品相互混合的肥料。

(三)由氯化铵或上述(一)或(二)款任何货品与白垩、石膏或其他无肥效无机物混合而成的肥料。

(四)由上述(一)2或8项的货品或其混合物溶于水或液氨的液体肥料。

三、品目3103只适用于下列货品，但未制成品目3105所述形状或包装：

(一)符合下列任何一条规定的货品：

1. 碱性熔渣；

2. 品目2510的天然磷酸盐，已焙烧或经过超出清除杂质范围的热处理；

3. 过磷酸钙(一过磷酸钙、二过磷酸钙或三过磷酸钙)；

4. 磷酸氢钙，按干燥无水产品重量计含氟量不低于0.2%。

(二)由上述(一)款的任何货品相互混合的肥料，不论含氟量多少。

(三)由上述(一)或(二)款的任何货品与白垩、石膏或其他无肥效无机物混合而成的肥料，不论含氟量多少。

四、品目3104只适用于下列货品，但未制成品目3105所述形状或包装：

(一)符合下列任何一条规定的货品：

1. 天然粗钾盐（例如，光卤石、钾盐镁矾及钾盐）；
2. 氯化钾，不论是否纯净，但上述注释一（三）所述的产品除外；
3. 硫酸钾，不论是否纯净；
4. 硫酸镁钾，不论是否纯净。

（二）由上述(一)款任何货品相互混合的肥料。

五、磷酸二氢铵及磷酸氢二铵(不论是否纯净)及其相互之间的混合物应归入品目3105。

六、品目3105所称"其他肥料"仅适用于其基本成分至少含有氮、磷、钾中一种肥效元素的肥料用产品。

税则号列	统计后缀	货品名称	单位	税率 普通	税率 特惠	2
3101.00.00	00	动物或植物肥料,不论是否相互混合或经化学处理;动植物产品经混合或化学处理制成的肥料[1]	吨	0[2]		0
3102		矿物氮肥及化学氮肥:				
3102.10.00		尿素,不论是否在水溶液中		0[2]		0
	10	固体尿素	吨			
		其他:				
	30	符合 ISO 22241 的柴油废气油液(DEF)	吨			
	50	其他	吨			
		硫酸铵;硫酸铵和硝酸铵的复盐及混合物:				
3102.21.00	00	硫酸铵	吨	0[2]		0
3102.29.00	00	其他	吨	0[2]		0
3102.30.00	00	硝酸铵,不论是否在水溶液中	吨	0[2]		0
3102.40.00	00	硝酸铵与碳酸钙或其他无肥效无机物的混合物	吨	0[2]		0
3102.50.00	00	硝酸钠	吨	0[2]		0
3102.60.00	00	硝酸钙和硝酸铵的复盐及混合物	吨	0[2]		0
3102.80.00	00	尿素及硝酸铵混合物的水溶液或氨水溶液	吨	0[2]		0
3102.90.01	00	其他,包括上述子目未列名的混合物	吨	0[2]		0
3103		矿物磷肥及化学磷肥:				
		过磷酸钙:				
3103.11.00	00	按重量计五氧化二磷(P2O5)含量在35%或以上	吨	0[2]		0
3103.19.00	00	其他	吨	0[2]		0
3103.90.01	00	其他	吨	0[2]		0
3104		矿物钾肥及化学钾肥:				
3104.20.00	00	氯化钾	吨	0[2]		0
3104.30.00	00	硫酸钾	吨	0[2]		0
3104.90.01	00	其他	吨	0[2]		0
3105		含氮、磷、钾中两种或三种肥效元素的矿物肥料或化学肥料;其他肥料;制成片及类似形状或每包毛重不超过 10 千克的本章各项货品:				
3105.10.00	00	制成片及类似形状或每包毛重不超过 10 千克的本章各项货品	千克	0[2]		0
3105.20.00	00	含氮、磷、钾三种肥效元素的矿物肥料或化学肥料	吨	0[2]		0
3105.30.00	00	磷酸氢二铵	吨	0[2]		0
3105.40.00		磷酸二氢铵及磷酸二氢铵与磷酸氢二铵的混合物		0[2]		0
	10	磷酸二氢铵	吨			

税则号列	统计后缀	货品名称	单位	税率 普通	税率 特惠	2
	50	其他	吨			
		其他含氮、磷两种肥效元素的矿物肥料或化学肥料：				
3105.51.00	00	含有硝酸盐及磷酸盐	吨	0[2]		0
3105.59.00	00	其他	吨	0[2]		0
3105.60.00	00	含磷、钾两种肥效元素的矿物肥料或化学肥料	吨	0[2]		0
3105.90.00		其他		0[2]		0
	10	硝酸钾-硝酸钠混合物	吨			
	50	其他	吨			

[1]见9903.88.38。

[2]见9903.88.03。

第三十二章　鞣料浸膏或染料浸膏；鞣酸及其衍生物；染料、颜料及其他着色料；油漆及清漆；油灰及其他类似胶粘剂；墨水、油墨

注释：

一、本章不包括：

(一)单独的已有化学定义的化学元素及化合物(品目3203及品目3204的货品、品目3206的用作发光体的无机产品、品目3207所述形状的熔融石英或其他熔融硅石制成的玻璃及品目3212的零售形状或零售包装的染料及其他着色料除外)；

(二)品目2936至2939、品目2941及品目3501至3504的鞣酸盐及其他鞣酸衍生物；或者

(三)沥青胶粘剂(品目2715)。

二、品目3204包括生产偶氮染料用的稳定重氮盐与耦合物的混合物。

三、品目3203、品目3204、品目3205及品目3206也包括以着色料为基本成分的制品(例如，品目3206包括以品目2530或第二十八章的颜料、金属粉片及金属粉末为基本成分的制品)。该制品是用作原材料着色剂的拌料。但以上品目不包括分散在非水介质中呈液状或浆状的制漆用颜料，例如，品目3212的瓷漆及品目3207、品目3208、品目3209、品目3210、品目3212、品目3213及品目3215的其他制品。

四、品目3208包括由品目3901至3913所列产品溶于挥发性有机溶剂的溶液(胶棉除外)，但溶剂重量必须超过溶液重量的50%。

五、本章所称"着色料"不包括作为油漆填料的产品，不论这些产品能否用于水浆涂料的着色。

六、品目3212所称"压印箔"只包括用以压印诸如书本封面或帽带之类的薄片，这些薄片由以下材料构成：

(一)金属粉(包括贵金属粉)或颜料经胶水、明胶及其他粘合剂凝结而成的；或者

(二)金属(包括贵金属)或颜料沉积于任何材料衬片上的。

附加美国注释：

一、就税号3204.11.10、税号3204.12.20和税号3204.16.20而言，"按重量计含有……的染料"是指仅含有染料成分的产品，其中列出的特定成分必须存在于产品中。允许指定百分比的公差为正负两个百分点。

第三十二章　鞣料浸膏或染料浸膏;鞣酸及其衍生物;染料、颜料及其他着色料;油漆及清漆;油灰及其他类似胶粘剂;墨水、油墨

税则号列	统计后缀	货品名称	单位	税率 1 普通	税率 1 特惠	2
3201		植物鞣料浸膏;鞣酸及其盐、醚、酯和其他衍生物:				
3201.10.00	00	坚木浸膏	千克	0[1]		0
3201.20.00	00	荆树皮浸膏	千克	0[1]		0
3201.90		其他:				
3201.90.10	00	单宁酸,按重量计含有50%或以上的单宁酸	千克	1.5%[1]	0(A, AU, BH, CA, CL, CO, D, E, IL, JO, KR, MA, MX, OM, P, PA, PE, S, SG)	8%
3201.90.25	00	金丝雀、栗子、油麻、桉树、甘比亚、铁杉、落叶松、红树林、八角茴香、橡树、漆树、塔拉、乌伦代或瓦隆的提取物	千克	0[1]		0
3201.90.50	00	其他	千克	3.1%[1]	0(A, AU, BH, CA, CL, CO, D, E, IL, JO, KR, MA, MX, OM, P, PA, PE, S, SG)	15%
3202		有机合成鞣料;无机鞣料;鞣料制剂,不论是否含有天然鞣料;预鞣用酶制剂:				
3202.10		有机合成鞣料:				
3202.10.10	00	芳香族或改性芳香族	千克	6.5%[1]	0(A, AU, BH, CA, CL, CO, D, E, IL, JO, KR, MA, MX, OM, P, PA, PE, S, SG)	15.4美分/千克+48.5%
3202.10.50	00	其他	千克	6.5%[1]	0(A+, AU, BH, CA, CL, CO, D, E, IL, JO, KR, MA, MX, OM, P, PA, PE, S, SG)	41.5%
3202.90		其他:				
3202.90.10	00	完全由无机成分组成	千克	0[1]		25%
3202.90.50	00	其他	千克	5%[1]	0(A, AU, BH, CA, CL, CO, D, E, IL, JO, KR, MA, MX, OM, P, PA, PE, S, SG)	25%
3203.00		动植物质着色料(包括染料浸膏,但动物炭黑除外),不论是否有化学定义;本章注释三所述的以动植物质着色料为基本成分的制品:				
3203.00.10	00	安纳托、阿奇尔、胭脂虫、海棠、石蕊、罗木和万寿菊粉	千克	0[1]		0
3203.00.30	00	3,4-二羟基苯基-2,4,6-三羟基苯基甲酮和2-(2,4-二羟基苯基)-3,5,7-三羟基-4H-1-苯并吡喃-4-酮的混合物	千克	0[1]		15%
3203.00.80	00	其他	千克	3.1%[2]	0(A, AU, BH, CA, CL, CO, D, E, IL, JO, K, KR, MA, MX, OM, P, PA, PE, S, SG)	15%
3204		有机合成着色料,不论是否已有化学定义;本章注释三所述的以有机合成着色料为基本成分的制品;用作荧光增白剂或发光体的有机合成产品,不论是否已有化学定义:				
		有机合成着色料及本章注释三所述的以有机合成着色料为基本成分的制品:				
3204.11		分散染料及以其为基本成分的制品:				

税则号列	统计后缀	货品名称	单位	税率 1 普通	税率 1 特惠	2
3204.11.10	00	分散蓝 19、26、26:1、35、55、56、58、72、73、79、83、84、93、95、122、125、126、128、148、154、1、835、1185、200、284、285、288、289、295、296；分散棕 19；分散绿 9；分散橙 7、13、20、31、32、42、47、48、54、56、60、63、70、80、96、127、137、139；分散红 44、46、72、73、90、93、107、118、121、122、131、133、134、151、169、184、185、202、203、27、8、2、8、2、7、7303、310；分散紫 23、33、35、48、57、63；分散黄 13、44、58、63、65、82、85、91、107、119、122、124、126、139、182、183、184、202、204；按重量计含有 12.7%分散黄 1、32.3%分散橙 1、19.8%分散蓝 35 和 35.2%分散蓝 3 的染料；按重量计含有 39.0%分散黄 39、28.0%分散橙 25 和 33.0%分散紫 27 的染料；按重量计含有 89.4%分散紫 27 和 10.6%分散绿 9 的染料；按重量计含有 67.7%分散蓝 35、14.2%分散黄 1 和 18.1%分散橙 1 的染料；按重量计含有 74.3%分散蓝 285、18.0%分散棕 19 和 7.7%分散黄 126 的染料	千克	6.5%[3]	0(A+, AU, BH, CA, CL, CO, D, E, IL, JO, KR, MA, MX, OM, P, PA, PE, S, SG)	52.5%
3204.11.15	00	分散蓝 30	千克	6.5%[4]	0(A+, AU, BH, CA, CL, CO, D, E, IL, JO, KR, MA, MX, OM, P, PA, PE, S, SG)	51.9%
3204.11.18	00	N-[2-[(2,6-二氰基-4-甲基苯基偶氮]-5-(二乙氨基)-苯基]甲磺酰胺；和 N-[2-[2,6-二氰基-4-甲基苯基偶氮]-5-(二-1-丙胺基)苯基]甲基磺酰胺	千克	0[1]		63.5%
		其他：				
3204.11.35	00	第六类附加美国注释三所述的产品	千克	6.5%[5]	0(A+, AU, BH, CA, CL, CO, D, E, IL, JO, KR, MA, MX, OM, P, PA, PE, S, SG)	63.5%
3204.11.50	00	其他	千克	6.5%[6]	0(A+, AU, BH, CA, CL, CO, D, E, IL, JO, KR, MA, MX, OM, P, PA, PE, S, SG)	63.5%
3204.12		酸性染料(不论是否与金属络合)及以其为基本成分的制品；媒染染料及以其为基本成分的制品：				
3204.12.05	00	酸性黑 210 粉末和滤饼	千克	0[1]		72%
3204.12.13	00	酸性紫 19	千克	0[1]		51%
3204.12.17	00	酸性黑 31、50、94、129；酸性蓝 54、127、129、143；酸性棕色 44、46、48、58、188、189；酸性绿 40；酸性红 130、145、174、211；酸性紫 31、41、48；酸性黄 2、75；媒染黑 8；媒染绿 47；以及媒染红 17、27	千克	6.5%[1]	0(A+, AU, BH, CA, CL, CO, D, E, IL, JO, KR, MA, MX, OM, P, PA, PE, S, SG)	51%

税则号列	统计后缀	货品名称	单位	税率 1 普通	税率 1 特惠	2
3204.12.20	00	酸性黑 61、63、76、83、117、127、131、132、139、164、170、177、183、188、194、199、211；酸性蓝 1、47、60、61、66、72、81、82、83、90、98、102、112、123、126、127：1、130、133、140、142、147、151、172、175、182、185、193、204、205、208、209、221、225、229、239、242、247、250、252、254、260、261、264、266、268、280、284、288、290、296、312、318；酸性棕 10、11、12、30、33、45、50、52、68、83、85、100、101、103、104、105、106、126、127、147、158、160、161、162、163、165、180、191、224、226、227、235、237、239、248、266、267、270、276、282、283、289、290、291、298、304、311、314、315、321、322、324、325、330、331、355、357、358、359、360、361、362、384；酸性绿 9、26、28、41、43、60、68、70、71、73、80、82、84、89、92、93、94、108、112；酸性橙 3、19、28、33、43、47、61、86、89、92、94、102、107、126、135、142、144；酸性红 37、42、48、52、57、58、92、111、118、127、131、138、143、155、161、183、199、213、215、216、226、227、228、249、252、257、259、260、261、263、274、281、282、283、301、303、310、315、330、331、332、336、347、357、359、360、361、362、380、392、396；酸性紫 9、34、36、47、66、75、80、90、103、109、111、121；酸性黄 7、35、64、70、72、96、98、111、127、136、155、167、183、184、194、195、199、218、221、223、227；酞菁铜-3,3',4,4'-四磺酸；酞菁铜-4,4',4'',4'''-四磺酸；按重量计含有 24.2%酸性黄 135、21.7%酸性橙 51 和 54.1%酸性蓝 113 的染料；按重量计含有 10.1%酸性黄 64、11.6%酸性橙 51、26.3%酸性蓝 113、50.5%酸性黑 172 和 1.5%酸性绿 25 的染料	千克	6.5%[7]	0(A, AU, BH, CA, CL, CO, D, E, IL, JO, KR, MA, MX, OM, P, PA, PE, S, SG)	53.4%
3204.12.30	00	媒染黑 75；媒介蓝 1；媒染棕 79；媒染红 81、84	千克	6.5%[1]	0(A, AU, BH, CA, CL, CO, D, E, IL, JO, KR, MA, MX, OM, P, PA, PE, S, SG)	50.5%
		其他：				
3204.12.45	00	第六类附加国注释三中描述的产品	千克	6.5%[8]	0(A, AU, BH, CA, CL, CO, D, E, IL, JO, KR, MA, MX, OM, P, PA, PE, S, SG)	72%
3204.12.50		其他	千克	6.5%[9]	0(A, AU, BH, CA, CL, CO, D, E, IL, JO, KR, MA, MX, OM, P, PA, PE, S, SG)	72%
	10	FD&C 红 40(CAS 号：25956-17-6)	千克			

税则号列	统计后缀	货品名称	单位	税率 1 普通	税率 1 特惠	2
	20	FD&C 黄 5(CAS 号:1934-21-0)	千克			
	30	FD&C 黄 6(CAS 号:2783-94-0)	千克			
	90	其他	千克			
3204.13	00	碱性染料及以其为基本成分的制品:	千克			
3204.13.10		碱性黑 7;碱性蓝 41、45、48、55、62、66、70、71、78、80、81、120、141;碱性绿 6、8;碱性橙 30、35、36、37、43、44、48;碱性红 22、23、28、29、43、44、46、58、75、100;碱性紫 2、22、25、37、38;碱性黄 19、23、24、25、39、40、45、54、56、63、70、77		6.5%[10]	0(A+, AU, BH, CA, CL, CO, D, E, IL, JO, KR, MA, MX, OM, P, PA, PE, S, SG)	52.3%
3204.13.20	00	碱性橙 22 和碱性红 13	千克	6.5%[1]	0(A+, AU, BH, CA, CL, CO, D, E, IL, JO, KR, MA, MX, OM, P, PA, PE, S, SG)	51.5%
3204.13.25	00	碱性蓝 3;碱性红 14;碱性黄 1、11、13	千克	6.5%[1]	0(A+, AU, BH, CA, CL, CO, D, E, IL, JO, KR, MA, MX, OM, P, PA, PE, S, SG)	65.4%
3204.13.45	00	3,7-双(二甲氨基)苯扎噻吩氯化铵(亚甲基蓝);以及碱性蓝 147	千克	0[1]		71.7%
		其他:				
3204.13.60	00	第六类附加美国注释三所述的产品	千克	6.5%[1]	0(A+, AU, BH, CA, CL, CO, D, E, IL, JO, K, KR, MA, MX, OM, P, PA, PE, S, SG)	71.7%
3204.13.80	00	其他	千克	6.5%[12]	0(A+, AU, BH, CA, CL, CO, D, E, IL, JO, K, KR, MA, MX, OM, P, PA, PE, S, SG)	71.7%
3204.14		直接染料及以其为基本成分的制品:				
3204.14.10	00	直接黑 62、91;直接蓝 92、106、108、109、160、172;直接棕 103、115、116;直接绿 5、29、31;直接橙 37	千克	6.5%[1]	0(A+, AU, BH, CA, CL, CO, D, E, IL, JO, KR, MA, MX, OM, P, PA, PE, S, SG)	51.5%
3204.14.20	00	直接黑 51、69、112、114、118、122;直接蓝 74、77、85、90、156、158、158:1、207、211、225、244、267;直接棕 97、113、157、169、170、200、212、214;直接绿 33、59、67、68;直接橙 17、60、105、106、107、118;直接红 9、89、92、95、111、127、173、207、221;直接紫 47、93;以及直接黄 27、39、68、93、95、96、98、109、110、133、134	千克	6.5%[1]	0(A+, AU, BH, CA, CL, CO, D, E, IL, JO, KR, MA, MX, OM, P, PA, PE, S, SG)	54.7%
3204.14.25	00	直接蓝 86;直接红 83;直接黄 28	千克	6.5%[1]	0(A+, AU, BH, CA, CL, CO, D, E, IL, JO, KR, MA, MX, OM, P, PA, PE, S, SG)	67.3%
		其他:				
3204.14.30	00	第六类附加美国注释三所述的产品	千克	6.5%[1]	0(A+, AU, BH, CA, CL, CO, D, E, IL, JO, KR, MA, MX, OM, P, PA, PE, S, SG)	67.3%

税则号列	统计后缀	货品名称	单位	税率 普通	税率 1 特惠	2
3204.14.50	00	其他	千克	6.5%[13]	0(A+, AU, BH, CA, CL, CO, D, E, IL, JO, KR, MA, MX, OM, P, PA, PE, S, SG)	67.3%
3204.15		瓮染料(包括颜料用的)及以其为基本成分的制品:				
3204.15.10	00	还原蓝1(合成靛蓝),颜色索引编号73000	千克	6.5%[14]	0(A+, AU, BH, CA, CL, CO, D, E, IL, JO, KR, MA, MX, OM, P, PA, PE, S, SG)	6.6美分/千克+29%
3204.15.20	00	还原棕3;还原橙2、7;还原紫9、13	千克	6.5%[15]	0(A+, AU, BH, CA, CL, CO, D, E, IL, JO, KR, MA, MX, OM, P, PA, PE, S, SG)	64.5%
3204.15.25	00	还原红1	千克	0[1]		75.3%
3204.15.30	00	可溶性还原蓝5;可溶性还原橙1;可溶性还原黄7、45、47;还原黑19、30、31;还原蓝5、16、19、21、66、67;还原棕33、50、57;还原绿28、48;还原橙5、13;还原红10、15、32、41;还原黄46	千克	6.5%[16]	0(A+, AU, BH, CA, CL, CO, D, E, IL, JO, KR, MA, MX, OM, P, PA, PE, S, SG)	48.1%
3204.15.35	00	可溶性还原橙3;还原蓝2;还原红44;还原黄4、20	千克	6.5%[1]	0(A+, AU, BH, CA, CL, CO, D, E, IL, JO, KR, MA, MX, OM, P, PA, PE, S, SG)	52.3%
		其他:				
3204.15.40	00	第六类附加美国注释三所述的产品	千克	6.5%[17]	0(A+, AU, BH, CA, CL, CO, D, E, IL, JO, KR, MA, MX, OM, P, PA, PE, S, SG)	75.3%
3204.15.80	00	其他	千克	6.5%[18]	0(A+, AU, BH, CA, CL, CO, D, E, IL, JO, KR, MA, MX, OM, P, PA, PE, S, SG)	75.3%
3204.16		活性染料及以其为基本成分的制品:				
3204.16.10	00	活性黑1;活性蓝1、2、4;活性橙1;活性红1、2、3、5、6;以及活性黄1	千克	6.5%[1]	0(A+, AU, BH, CA, CL, CO, D, E, IL, JO, KR, MA, MX, OM, P, PA, PE, S, SG)	50.8%

税则号列	统计后缀	货品名称	单位	税率 1 普通	税率 1 特惠	2
3204.16.20	00	按重量计含有 71.0%活性黄 85 和 29.0%活性橙 13 的染料;按重量计含有 50.0%活性红 120 和 50.0%活性黄 84 的染料;按重量计含有 50.0%活性蓝 74 和 50.0%活性蓝 63 的染料;按重量计含有 66.7%活性橙 12 和 33.3%活性红 32 的染料;按重量计含有 57.9%活性蓝 13 和 42.1%活性黑 41 的染料;活性黑 4、10、13、21、23、26、34、35、41;活性蓝 6、7、8、10、13、18、19、21、22、23、24、26、27、29、34、38、39、40、41、42、43、44、50、51、52、63、65、66、67、69、73、74、75、77、78、79、82、94、99、103、104、114、116、118、136、137、139、140、156、157、160、162、163、167、170;活性棕 2、5、7、12、16、18、19、23、26;活性绿 5、6、8、12、15、16、19;活性橙 3、5、9、10、11、15、20、29、33、34、35、41、42、44、45、62、64、67、68、69、70、71、82、84、89;活性红 4、7、8、10、12、13、16、17、19、21、24、29、30、32、40、42、44、45、49、55、56、66、78、80、82、83、84、85、86、99、104、116、118、119、121、122、123、124、132、134、141、151、152、159、179;活性紫 3、6、12、23、24;活性黄 2、4、5、6、11、12、15、25、27、29、35、37、39、41、42、52、57、58、64、81、82、85、87、110、125、135	千克	6.5%[19]	0(A＋, AU, BH, CA, CL, CO, D, E, IL, JO, KR, MA, MX, OM, P, PA, PE, S, SG)	47.5%
		其他:				
3204.16.30	00	第六类附加美国注释三所述的产品	千克	6.5%[20]	0(A＋, AU, BH, CA, CL, CO, D, E, IL, JO, KR, MA, MX, OM, P, PA, PE, S, SG)	63.8%
3204.16.50	00	其他	千克	6.5%[21]	0(A＋, AU, BH, CA, CL, CO, D, E, IL, JO, KR, MA, MX, OM, P, PA, PE, S, SG)	63.8%
3204.17		颜料及以其为基本成分的制品:				
3204.17.04		颜料黑 1;颜料蓝 16、18;颜料棕 22、23、25、32;颜料绿 8;颜料橙 31、34、36、51;颜料红 9、14、34、48:3、52、68、112、139、144、146、151、166、169170、171、175、176、177、180、185、188、192、199、208、209、216、220、221;颜料紫 32;颜料黄 16、24、49、62:1、81、93、95、97、108、109、110、113、117、127、153		6.5%[1]	0(A＋, AU, BH, CA, CL, CO, D, E, IL, JO, KR, MA, MX, OM, P, PA, PE, S, SG)	46.8%
	05	颜料蓝 16	千克			
	15	颜料橙 31	千克			
	20	颜料橙 36	千克			
	25	颜料红 144	千克			
	30	颜料红 166	千克			
	35	颜料红 177	千克			

税则号列	统计后缀	货品名称	单位	税率 1 普通	税率 1 特惠	2
	85	其他	千克			
3204.17.08	00	颜料红178;颜料黄101、138	千克	0[1]		46.8%
3204.17.20	00	酞菁铜{[酞菁(2-)]-铜},未准备用作颜料	千克	6.5%[22]	0(A+, AU, BH, CA, CL, CO, D, E, IL, JO, KR, MA, MX, OM, P, PA, PE, S, SG)	15.4美分/千克+48%
3204.17.40		异吲哚啉红色素;颜料红214、242、254;颜料红149干粉和颜料红149滤饼;以及颜料黄155、183		0[1]		72%
	15	颜料红149	千克			
	30	颜料红214	千克			
	90	其他	千克			
		其他:				
3204.17.60		第六类附加美国注释三所述的产品		6.5%[23]	0(A+, AU, BH, CA, CL, CO, D, E, IL, JO, KR, MA, MX, OM, P, PA, PE, S, SG)	72%
	05	颜料蓝15	千克			
	10	颜料蓝15:1	千克			
	15	颜料蓝15:2	千克			
	20	颜料蓝15:4	千克			
	85	其他	千克			
3204.17.90		其他		6.5%[24]	0(A+, AU, BH, CA, CL, CO, D, E, IL, JO, KR, L, MA, MX, OM, P, PA, PE, S, SG)	72%
	02	颜料蓝15:3,干粉,滤饼或水性浆料	千克			
	03	基于颜料蓝15:3的制剂	千克			
	06	颜料蓝61	千克			
	10	颜料绿7[25]	千克			
	15	颜料绿36	千克			
	18	颜料红57:1,干粉,滤饼或水性浆料	千克			
	19	基于颜料红57:1的制剂	千克			
	21	颜料红122[25]	千克			
	25	颜料红149	千克			
	30	颜料红179	千克			
	35	颜料紫19[25]	千克			
	40	颜料紫23	千克			
	46	颜料黄12,干粉、滤饼或水性浆料	千克			
	47	基于颜料黄12的制剂	千克			
	50	颜料黄13[26]	千克			
	55	颜料黄74[25]	千克			
	60	颜料黄75	千克			

税则号列	统计后缀	货品名称	单位	税率 1 普通	税率 1 特惠	2
	86	其他[25]	千克			
3204.19		其他,包括由子目 3204.11 至 3204.19 中两个或多个子目所列着色料组成的混合物:				
		溶剂染料及以其为基本成分的制品:				
3204.19.06	00	溶剂黄 43、44、85、172	千克	0[1]		64.1%
3204.19.11	00	溶剂黑 2、3、27、28、29、34、35;溶剂蓝 45、49、51、53、56、67、97;溶剂棕 1、28、42、43、44;溶剂绿 4、5、7、19、27、28;溶剂橙 45、54、59、62、63、67;溶剂红 7、18、19、23、27、35、89、92、100、110、118、119、124、125、127、129、130、131、132、160、162;溶剂紫 2、23、24;溶剂黄 1、30、32、48、64、89、93、98、160	千克	6.5%[27]	0(A+, AU, BH, CA, CL, CO, D, E, IL, JO, KR, MA, MX, OM, P, PA, PE, S, SG)	45.7%
		其他:				
3204.19.20		第六类附加美国注释三所述的产品		6.5%[28]	0(A+, AU, BH, CA, CL, CO, D, E, IL, JO, KR, MA, MX, OM, P, PA, PE, S, SG)	64.1%
	20	溶剂红 179	千克			
	40	溶剂黄 163	千克			
	90	其他	千克			
3204.19.25		其他		6.5%[29]	0(A+, AU, BH, CA, CL, CO, D, E, IL, JO, KR, MA, MX, OM, P, PA, PE, S, SG)	64.1%
	20	溶剂红 135	千克			
	40	溶剂橙 60	千克			
	60	溶剂黄 33	千克			
	95	其他	千克			
		其他:				
3204.19.30	00	硫磺黑,颜色索引编号 53185、53190 和 53195	千克	6.5%[30]	0(A+, AU, BH, CA, CL, CO, D, E, IL, JO, KR, MA, MX, OM, P, PA, PE, S, SG)	6.6美分/千克+28%
3204.19.35	00	β-胡萝卜素和其他类胡萝卜素色素	千克	3.1%[1]	0(A, AU, BH, CA, CL, CO, D, E, IL, JO, K, KR, MA, MX, OM, P, PA, PE, S, SG)	25%
		其他:				
3204.19.40	00	第六类附加美国注释三所述的产品	千克	6.5%[4]	0(A+, AU, BH, CA, CL, CO, D, E, IL, JO, KR, MA, MX, OM, P, PA, PE, S, SG)	50.5%
3204.19.50	00	其他	千克	6.5%[31]	0(A+, AU, BH, CA, CL, CO, D, E, IL, JO, KR, MA, MX, OM, P, PA, PE, S, SG)	50.5%
3204.20		用作荧光增白剂的有机合成产品:				

税则号列	统计后缀	货品名称	单位	税率 普通	税率 特惠	2
3204.20.10	00	荧光增白剂 32	千克	6.5%[1]	0(A, AU, BH, CA, CL, CO, D, E, IL, JO, KR, MA, MX, OM, P, PA, PE, S, SG)	64.2%
3204.20.40	00	苯并恶唑	千克	0[4]		44.1%
3204.20.80	00	其他	千克	6.5%[32]	0(A, AU, BH, CA, CL, CO, D, E, IL, JO, KR, MA, MX, OM, P, PA, PE, S, SG)	44.1%
3204.90.00	00	其他	千克	5.9%[33]	0(A, AU, BH, CA, CL, CO, D, E, IL, JO, K, KR, MA, MX, OM, P, PA, PE, S, SG)	50.8%
3205.00		色淀;本章注释三所述的以色淀为基本成分的制品:				
		胭脂红:				
3205.00.05	00	食用色素溶液,含胭脂红色淀和辣椒油树脂,但不包括任何合成有机色素	千克	0[1]		72%
3205.00.15	00	其他	千克	6.5%[1]	0(A, AU, BH, CA, CL, CO, D, E, IL, JO, KR, MA, MX, OM, P, PA, PE, S, SG)	72%
		其他:				
3205.00.40		第六类附加美国注释三所述的产品		6.5%[1]	0(A+, AU, BH, CA, CL, CO, D, E, IL, JO, KR, MA, MX, OM, P, PA, PE, S, SG)	72%
	10	黄	千克			
	20	红	千克			
	40	蓝	千克			
	55	其他	千克			
3205.00.50		其他		6.5%[1]	0(A+, AU, BH, CA, CL, CO, D, E, IL, JO, KR, MA, MX, OM, P, PA, PE, S, SG)	72%
	10	黄	千克			
	20	红	千克			
	30	紫	千克			
	40	蓝	千克			
	50	其他	千克			
3206		其他着色料;本章注释三所述的制品,但品目 3203、品目 3204 及品目 3205 的货品除外;用作发光体的无机产品,不论是否已有化学定义:				
		以二氧化钛为基本成分的颜料及制品:				
3206.11.00	00	以干物质计二氧化钛含量在 80% 或以上的	千克	6%[1]	0(A, AU, BH, CA, CL, CO, D, E, IL, JO, KR, MA, MX, OM, P, PA, PE, S, SG)	30%
3206.19.00	00	其他	千克	6%[1]	0(A, AU, BH, CA, CL, CO, D, E, IL, JO, KR, MA, MX, OM, P, PA, PE, S, SG)	30%
3206.20.00		以铬化合物为基本成分的颜料及制品		3.7%[1]	0(A, AU, BH, CA, CL, CO, D, E, IL, JO, KR, MA, MX, OM, P, PA, PE, S, SG)	25%

税则号列	统计后缀	货品名称	单位	税率 1 普通	税率 1 特惠	2
	10	铬黄	千克			
	20	钼橙	千克			
	30	锌黄	千克			
	50	其他	千克			
		其他着色料及其他制品：				
3206.41.00	00	群青及以其为基本成分的制品	千克	1.5%[1]	0(A, AU, BH, CA, CL, CO, D, E, IL, JO, KR, MA, MX, OM, P, PA, PE, S, SG)	7.5%
3206.42.00	00	锌钡白及以硫化锌为基本成分的其他颜料和制品	千克	2.2%[34]	0(A, AU, BH, CA, CL, CO, D, E, IL, JO, KR, MA, MX, OM, P, PA, PE, S, SG)	11%
3206.49		其他：				
3206.49.10	00	颜料在塑料材料中的浓缩分散体	千克	5.9%[1]	0(A, AU, BH, CA, CL, CO, D, E, IL, JO, KR, MA, MX, OM, P, PA, PE, S, SG)	15.4美分/千克+45%
3206.49.20	00	基于氧化铁的制品	千克	6.5%[1]	0(A+, AU, BH, CA, CL, CO, D, E, IL, JO, KR, MA, MX, OM, P, PA, PE, S, SG)	20%
3206.49.30	00	基于氧化锌的制品	千克	1.3%[1]	0(A, AU, BH, CA, CL, CO, D, E, IL, JO, KR, MA, MX, OM, P, PA, PE, S, SG)	4.5%
3206.49.40	00	基于炭黑的制品	千克	0[1]		20%
3206.49.55	00	基于六氰基铁酸盐(亚铁氰化物和铁氰化物)的颜料和制品	千克	3.7%[1]	0(A, AU, BH, CA, CL, CO, D, E, IL, JO, KR, MA, MX, OM, P, PA, PE, S, SG)	12%
3206.49.60		其他		3.1%[35]	0(A, AU, BH, CA, CL, CO, D, E, IL, JO, KR, MA, MX, OM, P, PA, PE, S, SG)	25%
	10	基于镉化合物的颜料和制品	千克			
	50	其他	千克			
3206.50.00	00	用作发光体的无机产品	千克	6.5%[36]	0(A+, AU, BH, CA, CL, CO, D, E, IL, JO, KR, MA, MX, OM, P, PA, PE, S, SG)	45.5%
3207		陶瓷、搪瓷及玻璃工业用的调制颜料、遮光剂、着色剂、珐琅和釉料、釉底料(泥釉)、光瓷釉以及类似产品；搪瓷玻璃料及其他玻璃，呈粉、粒或粉片状的：				
3207.10.00	00	调制颜料、遮光剂、着色剂及类似制品	千克	3.1%[1]	0(A, AU, BH, CA, CL, CO, D, E, IL, JO, KR, MA, MX, OM, P, PA, PE, S, SG)	25%
3207.20.00	00	珐琅和釉料、釉底料(泥釉)及类似制品	千克	4.9%[1]	0(A, AU, BH, CA, CL, CO, D, E, IL, JO, KR, MA, MX, OM, P, PA, PE, S, SG)	30%
3207.30.00	00	光瓷釉及类似制品	千克	3.1%[1]	0(A, AU, BH, CA, CL, CO, D, E, IL, JO, KR, MA, MX, OM, P, PA, PE, S, SG)	25%
3207.40		搪瓷玻璃料及其他玻璃，呈粉、粒或粉片状的：				

第三十二章 鞣料浸膏或染料浸膏;鞣酸及其衍生物;染料、颜料及其他着色料;油漆及清漆;油灰及其他类似胶粘剂;墨水、油墨

税则号列	统计后缀	货品名称	单位	税率 普通	税率 1 特惠	税率 2
3207.40.10	00	研磨或粉碎	千克	6%[37]	0(A, AU, BH, CA, CL, CO, D, E, IL, JO, KR, MA, MX, OM, P, PA, PE, S, SG)	30%
3207.40.50	00	其他	千克	6.5%[1]	0(A+, AU, BH, CA, CL, CO, D, E, IL, JO, KR, MA, MX, OM, P, PA, PE, S, SG)	40%
3208		以合成聚合物或化学改性天然聚合物为基本成分的油漆及清漆(包括瓷漆及大漆),分散于或溶于非水介质的;本章注释四所述的溶液:				
3208.10.00	00	以聚酯为基本成分	升千克	3.7%[1]	0(A, AU, BH, CA, CL, CO, D, E, IL, JO, KR, MA, MX, OM, P, PA, PE, S, SG)	15.4美分/千克+46%
3208.20.00	00	以丙烯酸聚合物或乙烯聚合物为基本成分	升千克	3.6%[1]	0(A, AU, BH, CA, CL, CO, D, E, IL, JO, KR, MA, MX, OM, P, PA, PE, S, SG)	25%
3208.90.00	00	其他	升千克	3.2%[1]	0(A, AU, BH, CA, CL, CO, D, E, IL, JO, KR, MA, MX, OM, P, PA, PE, S, SG)	25%
3209		以合成聚合物或化学改性天然聚合物为基本成分的油漆及清漆(包括瓷漆及大漆),分散于或溶于水介质的:				
3209.10.00	00	以丙烯酸聚合物或乙烯聚合物为基本成分	升千克	5.1%[1]	0(A, AU, BH, CA, CL, CO, D, E, IL, JO, KR, MA, MX, OM, P, PA, PE, S, SG)	25%
3209.90.00	00	其他	升千克	5.9%[1]	0(A*, AU, BH, CA, CL, CO, D, E, IL, JO, KR, MA, MX, OM, P, PA, PE, S, SG)	15.4美分/千克+46%
3210.00.00	00	其他油漆及清漆(包括瓷漆、大漆及水浆涂料);加工皮革用的水性颜料	升千克	1.8%[1]	0(A, AU, BH, CA, CL, CO, D, E, IL, JO, KR, MA, MX, OM, P, PA, PE, S, SG)	25%
3211.00.00	00	准备好的干燥剂	千克	3.7%[38]	0(A+, AU, BH, CA, CL, CO, D, E, IL, JO, KR, MA, MX, OM, P, PA, PE, S, SG)	25%
3212		制造油漆(含瓷漆)用的颜料(包括金属粉末或金属粉片),分散于非水介质中呈液状或浆状的;压印箔;零售形状及零售包装的染料或其他着色料:				
3212.10.00	00	压印箔	平方米	4.7%[1]	0(A, AU, BH, CA, CL, CO, D, E, IL, JO, KR, MA, MX, OM, P, PA, PE, S, SG)	20%
3212.90.00		其他		3.1%[1]	0(A, AU, BH, CA, CL, CO, D, E, IL, JO, KR, MA, MX, OM, P, PA, PE, S, SG)	25%
	10	金属铝颜料	千克			
	50	其他	千克			
3213		艺术家、学生和广告美工用的颜料、调色料、文娱颜料及类似品,片状、管装、罐装、瓶装、扁盒装以及类似形状或包装的:				

税则号列	统计后缀	货品名称	单位	税率 1 普通	税率 1 特惠	2
3213.10.00	00	成套的颜料[39]	件	整套的6.5%[1]	0(A, AU, BH, CA, CL, CO, D, E, IL, JO, KR, MA, MX, OM, P, PA, PE, S, SG)	整套的70%
3213.90.00	00	其他	件	3.4%[1]	0(A, AU, BH, CA, CL, CO, D, E, IL, JO, KR, MA, MX, OM, P, PA, PE, S, SG)	48.6%
3214		安装玻璃用油灰、接缝用油灰、树脂胶泥、嵌缝胶及其他类似胶粘剂；漆工用填料；非耐火涂面制剂，涂门面、内墙、地板、天花板等用：				
3214.10.00		安装玻璃用油灰、接缝用油灰、树脂胶泥、嵌缝胶及其他类似胶粘剂；漆工用填料		3.7%[40]	0(A, AU, BH, CA, CL, CO, D, E, IL, JO, KR, MA, MX, OM, P, PA, PE, S, SG)	20%
		胶粘剂：				
	10	填缝剂	千克			
	20	其他	千克			
	90	漆工用填料	千克			
3214.90		其他：				
3214.90.10	00	基于橡胶的	千克	0[1]		20%
3214.90.50	00	其他	千克	3.5%[1]	0(A+, AU, BH, CA, CL, CO, D, E, IL, JO, KR, MA, MX, OM, P, PA, PE, S, SG)	60%
3215		印刷油墨、书写或绘图墨水及其他墨类，不论是否固体或浓缩：				
		印刷油墨：				
3215.11		黑色：				
		固体的：				
3215.11.10	00	工程形态，用于装入子目8443.31、子目8443.32或子目8443.39所列设备	千克	0[1]		10%
3215.11.30	00	其他	千克	1.8%[1]	0(A, AU, BH, CA, CL, CO, E, IL, JO, KR, MA, MX, OM, P, PA, PE, S, SG)	10%
3215.11.90		其他	千克	1.8%[1]	0(A, AU, BH, CA, CL, CO, E, IL, JO, KR, MA, MX, OM, P, PA, PE, S, SG)	10%
	10	新闻用	千克			
		其他：				
	20	柔印	千克			
	30	凹版	千克			
	40	活版印刷	千克			
	50	胶印	千克			
	60	其他	千克			
3215.19		其他：				
		固体的：				

第三十二章　鞣料浸膏或染料浸膏;鞣酸及其衍生物;染料、颜料及其他着色料;油漆及清漆;油灰及其他类似胶粘剂;墨水、油墨

税则号列	统计后级	货品名称	单位	税率 1 普通	税率 1 特惠	2
3215.19.10	00	工程形态,用于装入子目8443.31、子目8443.32或子目8443.39所列设备	千克	0[1]		10%
3215.19.30	00	其他	千克	1.8%[1]	0(A, AU, BH, CA, CL, CO, E, IL, JO, KR, MA, MX, OM, P, PA, PE, S, SG)	10%
3215.19.90		其他		1.8%[1]	0(A, AU, BH, CA, CL, CO, E, IL, JO, KR, MA, MX, OM, P, PA, PE, S, SG)	10%
	10	新闻用	千克			
		其他:				
	20	柔印	千克			
	30	凹版	千克			
	40	活版印刷	千克			
	50	胶印	千克			
	60	其他	千克			
3215.90		其他:				
3215.90.10	00	绘图墨水	千克	3.1%[1]	0(A, AU, BH, CA, CL, CO, D, E, IL, JO, KR, MA, MX, OM, P, PA, PE, S, SG)	15%
3215.90.50	00	其他	千克	1.8%[1]	0(A, AU, BH, CA, CL, CO, D, E, IL, JO, KR, MA, MX, OM, P, PA, PE, S, SG)	10%

[1]见9903.88.03。

[2]见9902.07.81、9902.07.82、9902.07.83、9902.07.84和9903.88.03。

[3]见9902.07.85、9902.07.86、9902.07.87和9903.88.03。

[4]见9903.88.16。

[5]见9902.07.88、9902.07.89、9902.07.90、9902.07.91、9902.07.92、9902.07.93、9902.07.94、9902.07.95、9902.07.96、9902.07.97、9902.07.98、9902.07.99、9902.08.01、9902.08.02、9902.08.03、9902.08.04、9902.08.05、9902.08.06、9902.08.07和9903.88.03。

[6]见9902.08.08、9902.08.09、9902.08.10、9902.08.11、9902.08.12、9902.08.13和9903.88.03。

[7]见9902.08.14、9902.08.15、9902.08.16、9902.08.17和9903.88.03。

[8]见9902.08.18、9902.08.19、9902.08.20、9902.08.21、9902.08.22、9902.08.23、9902.08.24和9903.88.03。

[9]见9902.08.25、9902.08.26、9902.08.27、9902.08.28和9903.88.03。

[10]见9902.08.29和9903.88.03。

[11]见9902.08.30和9903.88.03。

[12]见9902.08.31、9902.08.32、9902.08.33、9902.08.34和9903.88.03。

[13]见9902.08.35、9902.08.36、9902.08.37、9902.08.38和9903.88.03。

[14]见9902.08.39和9903.88.15。

[15]见9902.08.40和9903.88.03。

[16]见9902.08.41、9902.08.42、9902.08.43和9903.88.03。

[17]见9902.08.44、9902.08.45和9903.88.03。

[18]见9902.08.46、9902.08.47和9903.88.15。

[19]见 9902.08.48 和 9903.88.03。

[20]见 9902.08.49、9902.08.50、9902.08.51、9902.08.52、9902.08.53、9902.08.54、9902.08.55 和 9903.88.03。

[21]见 9902.08.56、9902.08.57、9902.08.58 和 9903.88.03。

[22]见 9902.08.59 和 9903.88.03。

[23]见 9902.08.60、9902.08.61、9902.08.62 和 9903.88.03。

[24]见 9902.08.63、9902.08.64 和 9903.88.03。

[25]见 9903.88.46。

[26]见 9903.88.33 和 9903.88.56。

[27]见 9902.08.65、9902.08.66、9902.08.67 和 9903.88.03。

[28]见 9902.08.69、9902.08.70、9902.08.71、9902.08.72、9902.08.73 和 9903.88.03。

[29]见 9902.08.74、9902.08.75、9902.08.76、9902.08.77、9902.08.78、9902.08.79、9902.08.80 和 9903.88.03。

[30]见 9902.08.81 和 9903.88.03。

[31]见 9902.08.82、9902.08.83 和 9903.88.03。

[32]见 9902.08.84、9902.08.85 和 9903.88.03。

[33]见 9902.08.86、9902.08.87 和 9903.88.03。

[34]见 9902.08.88 和 9903.88.03。

[35]见 9902.08.89 和 9903.88.03。

[36]见 9902.08.90、9902.08.91、9902.08.92、9902.08.93、9902.08.94、9902.08.95 和 9903.88.03。

[37]见 9902.08.96 和 9903.88.03。

[38]见 9902.08.97 和 9903.88.03。

[39]见 9903.88.48。

[40]见 9902.08.98 和 9903.88.03。

第三十三章 精油及香膏;芳香料制品及化妆盥洗品

注释:

一、本章不包括:

(一)品目1301及1302的天然油树脂及植物浸膏;

(二)品目3401的肥皂及其他产品;或者

(三)品目3805的脂松节油、木松节油和硫酸盐松节油及其他产品。

二、品目3302所称"香料"仅指品目3301所列的物质、从这些物质离析出来的香料组分以及合成芳香剂。

三、品目3303至3307主要包括适合作这些品目所列用途的零售包装产品,不论其是否混合(精油水馏液及水溶液除外)。

四、品目3307所称"芳香料制品及化妆盥洗品"主要适用于下列产品:香袋;通过燃烧散发香气的制品;香纸及用化妆品浸渍或涂布的纸;隐形眼镜片或假眼用的溶液;用香水或化妆品浸渍、涂布、包覆的絮胎、毡呢及无纺织物;动物用盥洗品。

税则号列	统计后缀	货品名称	单位	税率 1 普通	税率 1 特惠	2
3301		精油(无萜或含萜),包括浸膏及净油;香膏;提取的油树脂;用花香吸取法或浸渍法制成的含浓缩精油的脂肪、固定油、蜡及类似品;精油脱萜时所得的萜烯副产品;精油水馏液及水溶液:				
		柑橘属果实的精油:				
3301.12.00	00	橙油	千克	2.7%[1]	0(A*,AU,BH,CA,CL,CO,D,E,IL,JO,KR,MA,MX,OM,P,PA,PE,S,SG)	25%
3301.13.00	00	柠檬油	千克	3.8%[2]	0(A*,AU,BH,CA,CL,CO,D,E,IL,JO,KR,MA,MX,OM,P,PA,PE,S,SG)	25%
3301.19		其他:				
3301.19.10	00	西柚的	千克	2.7%[3]	0(A*,AU,BH,CA,CL,CO,D,E,IL,JO,KR,MA,MX,OM,P,PA,PE,S,SG)	25%
3301.19.51		其他		0[4]		25%
	10	佛手柑	千克			
	20	酸橙	千克			
	50	其他	千克			
		非柑橘属果实的精油:				
3301.24.00	00	胡椒薄荷油	千克	4.2%[4]	0(A,AU,BH,CA,CL,CO,D,E,IL,JO,KR,MA,MX,OM,P,PA,PE,S,SG)	25%
3301.25.00		其他薄荷油		0[4]		25%
	10	玉米薄荷的,包括从野薄荷中提取的"胡椒薄荷"	千克			
	20	留兰香的	千克			
	50	其他	千克			
3301.29		其他:				
3301.29.10	00	桉树的	千克	1.8%[5]	0(A,AU,BH,CA,CL,CO,D,E,IL,JO,KR,MA,MX,OM,P,PA,PE,S,SG)	15%
3301.29.20	00	鸢尾花的	千克	1.1%[4]	0(A,AU,BH,CA,CL,CO,D,E,IL,JO,KR,MA,MX,OM,P,PA,PE,S,SG)	25%
3301.29.51		其他		0[4]		0
	03	茴香的	千克			
	05	香菜的	千克			
	07	决明子的	千克			
	09	雪松木的	千克			
	11	香茅的	千克			
	13	丁香的	千克			
	15	大蒜的	千克			
	16	天竺葵的	千克			
	17	茉莉花的	千克			

税则号列	统计后缀	货品名称	单位	税率 1 普通	税率 1 特惠	税率 2
	18	薰衣草的	千克			
	19	柠檬草的	千克			
	21	里那洛或玫瑰木的	千克			
	25	肉豆蔻的	千克			
	28	洋葱的	千克			
	29	广藿香的	千克			
	33	苦橙叶的	千克			
	35	玫瑰（玫瑰的附属物）的	克			
	37	迷迭香的	千克			
	39	檀香的	千克			
	41	包括洋槐在内的檫木的	千克			
	42	香根草的	千克			
	43	依兰依兰（康纳加）的	千克			
	50	其他	千克			
3301.30.00	00	树脂类	千克	0[4]		0
3301.90		其他：				
3301.90.10		提取的油树脂		3.8%[4]	0(A*,AU,BH,CA,CL,CO,D,E,IL,JO,KR,MA,MX,OM,P,PA,PE,S,SG)	25%
	10	辣椒粉	千克			
	20	黑胡椒	千克			
	50	其他	千克			
3301.90.50	00	其他	千克	0[4]		20%
3302		工业原料用的混合香料以及以一种或多种香料为基本成分的混合物（包括酒精溶液）；生产饮料用的以香料为基本成分的其他制品：				
3302.10		食品或饮料工业用：				
3302.10.10	00	不含酒精	千克	0[4]		25%
		含酒精：				
3302.10.20	00	按重量计酒精含量不超过20%	千克	0[6][4]		44美分/千克+25%[6][6]
		按重量计酒精含量超过20%：				
		只需添加乙醇或水即可生产适合人类饮用饮料的制剂：				
3302.10.40	00	按重量计酒精含量超过20%但不超过50%	千克	8.4美分/千克+1.9%[6][4]	0(A,AU,BH,CA,CL,CO,D,E,IL,JO,KR,MA,MX,OM,P,PA,PE,S,SG)[6]	88美分/千克+25%[6]
3302.10.50	00	按重量计酒精含量超过50%	千克	17美分/千克+1.9%[6][4]	0(A,AU,BH,CA,CL,CO,D,E,IL,JO,KR,MA,MX,OM,P,PA,PE,S,SG)[6]	1.76美元/千克+25%[6]
3302.10.90	00	其他	千克	0[4]		50%
3302.90		其他：				

税则号列	统计后缀	货品名称	单位	税率 1 普通	税率 1 特惠	2
3302.90.10		不含酒精或按重量计酒精含量不超过10%		0[2]		88美分/千克+50%
	10	香水油混合物,由成品香水基料组成	千克			
	50	其他	千克			
3302.90.20		按重量计酒精含量超过10%		0[2]		88美分/千克+75%
	10	香水油混合物,由成品香水基料组成	千克			
	50	其他	千克			
3303.00		香水及花露水:				
		不含酒精:				
3303.00.10	00	花水	升	0[2]		20%
3303.00.20	00	其他	千克	0[2]		75%
3303.00.30	00	含酒精	千克	0[2]		88美分/千克+75%
3304		美容品或化妆品及护肤品(药品除外),包括防晒油或晒黑油;指(趾)甲化妆品:				
3304.10.00	00	唇用化妆品	千克	0[2]		75%
3304.20.00	00	眼用化妆品	千克	0[2]		75%
3304.30.00	00	指(趾)甲化妆品	千克	0[2]		75%
		其他:				
3304.91.00		粉,不论是否压紧		0[2]		75%
	10	胭脂	千克			
	50	其他	千克			
		其他:				
3304.99.10	00	供零售的凡士林	千克	0[2]		75%
3304.99.50	00	其他	千克	0[2]		75%
3305		护发品:				
3305.10.00	00	洗发剂(香波)	千克	0[2]		75%
3305.20.00	00	烫发剂	千克	0[2]		75%
3305.30.00	00	定型剂	千克	0[2]		88美分/千克+75%
3305.90.00	00	其他	千克	0[2]		88美分/千克+75%
3306		口腔及牙齿清洁剂,包括假牙稳固剂及粉;清洁牙缝用的纱线(牙线),单独零售包装的:				
3306.10.00	00	洁齿品	千克	0		75%
3306.20.00	00	清洁牙缝用的纱线(牙线)[7]	千克	0[4]		88美分/千克+75%
3306.90.00	00	其他	千克	0[2]		88美分/千克+75%

税则号列	统计后缀	货品名称	单位	税率 1 普通	税率 1 特惠	2
3307		剃须用制剂、人体除臭剂、泡澡用制剂、脱毛剂和其他品目未列名的芳香料制品及化妆盥洗品;室内除臭剂,不论是否加香水或消毒剂:				
3307.10		剃须用制剂:				
3307.10.10	00	不含酒精	千克	4.9%[2]	0(A*,AU,BH,CA,CL,CO,D,E,IL,JO,KR,MA,MX,OM,P,PA,PE,S,SG)	75%
3307.10.20	00	含酒精	千克	4.9%[2]	0(A*,AU,BH,CA,CL,CO,D,E,IL,JO,KR,MA,MX,OM,P,PA,PE,S,SG)	81.7%
3307.20.00	00	人体除臭剂及止汗剂	千克	4.9%[2]	0(A*,AU,BH,CA,CL,CO,D,E,IL,JO,KR,MA,MX,OM,P,PA,PE,S,SG)	75%
3307.30		香浴盐及其他泡澡用制剂:				
3307.30.10	00	浴盐,不论是否加香料	千克	5.8%[2]	0(A,AU,BH,CA,CL,CO,D,E,IL,JO,KR,MA,MX,OM,P,PA,PE,S,SG)	75%
3307.30.50	00	其他	千克	4.9%[2]	0(A,AU,BH,CA,CL,CO,D,E,IL,JO,KR,MA,MX,OM,P,PA,PE,S,SG)	75%
		室内散香或除臭制品,包括宗教仪式用的香:				
3307.41.00	00	神香及其他通过燃烧散发香气的制品	千克	2.4%[2]	0(A,AU,BH,CA,CL,CO,D,E,IL,JO,KR,MA,MX,OM,P,PA,PE,S,SG)	20%
3307.49.00	00	其他	千克	6%[2]	0(A*,AU,BH,CA,CL,CO,D,E,IL,JO,KR,MA,MX,OM,P,PA,PE,S,SG)	73.2%
3307.90.00	00	其他	千克	5.4%[2]	0(A*,AU,BH,CA,CL,CO,D,E,IL,JO,KR,MA,MX,OM,P,PA,PE,S,SG)	75%

[1]见9902.08.99和9903.88.15。

[2]见9903.88.03。

[3]见9902.09.01和9903.88.15。

[4]见9903.88.15。

[5]见9902.09.02和9903.88.16。

[6]根据这一规定,进口商品可能需要缴纳联邦消费税(26 USC.5001)。

[7]见9903.88.47。

第三十四章　肥皂、有机表面活性剂、洗涤剂、润滑剂、人造蜡、调制蜡、光洁剂、蜡烛及类似品、塑型用膏、"牙科用蜡"及牙科用熟石膏制剂

注释：

一、本章不包括：

(一)用作脱模剂的食用动植物油、脂混合物或制品(品目1517)；

(二)单独的已有化学定义的化合物；或者

(三)含肥皂或其他有机表面活性剂的洗发剂、洁齿品、剃须膏及泡澡用制剂(品目3305、品目3306及品目3307)。

二、品目3401所称"肥皂"只适用于水溶性肥皂。品目3401的肥皂及其他产品可以含有添加料(例如，消毒剂、磨料粉、填料或药料)。含磨料粉的产品，只有条状、块状或模制形状可以归入品目3401。其他形状的应作为"去污粉及类似品"归入品目3405。

三、品目3402所称"有机表面活性剂"是指温度在20摄氏度时与水混合配成0.5％浓度的水溶液，并在同样温度下搁置一小时后与下列规定相符的产品：

(一)成为透明或半透明的液体或稳定的乳浊液而未离析出不溶解物质；

(二)将水的表面张力减低到每厘米45达因或以下。

四、品目3403所称"石油及从沥青矿物提取的油类"适用于第二十七章注释二所规定的产品。

五、品目3404所称"人造蜡及调制蜡"仅适用于：

(一)用化学方法生产的具有蜡质特性的有机产品，不论是否为水溶性的；

(二)各种蜡混合制成的产品；

(三)以一种或几种蜡为基本原料并含有油脂、树脂、矿物质或其他原料的具有蜡质特性的产品。

本品目不包括：

(一)品目1516、品目3402或品目3823的产品，不论是否具有蜡质特性；

(二)品目1521的未混合的动物蜡或未混合的植物蜡，不论是否精制或着色；

(三)品目2712的矿物蜡或类似产品，不论是否相互混合或仅经着色；或者

(四)混合、分散或溶解于液体溶剂的蜡(品目3405、品目3809等)。

第三十四章 肥皂、有机表面活性剂、洗涤剂、润滑剂、人造蜡、调制蜡、光洁剂、蜡烛及类似品、塑型用膏、"牙科用蜡"及牙科用熟石膏制剂

税则号列	统计后缀	货品名称	单位	税率 1 普通	税率 1 特惠	税率 2
3401		肥皂；做肥皂用的有机表面活性产品及制品，条状、块状或模制形状的，不论是否含有肥皂；洁肤用的有机表面活性产品及制品，液状或膏状并制成零售包装的，不论是否含有肥皂；用肥皂或洗涤剂浸渍、涂面或包覆的纸、絮胎、毡呢及无纺织物：				
		肥皂及有机表面活性产品及制品，条状、块状或模制形状的，以及用肥皂或洗涤剂浸渍、涂面或包覆的纸、絮胎、毡呢及无纺织物：				
3401.11		盥洗用（包括含有药物的产品）：				
3401.11.10	00	橄榄香皂	千克	0[1]		15%
3401.11.50	00	其他[2]	千克	0[1]		4.4美分/千克+30%
3401.19.00	00	其他[3]	千克	0[4]		4.4美分/千克+15%
3401.20.00	00	其他形状的肥皂	千克	0[1]		4.4美分/千克+30%
3401.30		洁肤用的有机表面活性产品及制品，液状或膏状并制成零售包装的，不论是否含有肥皂：				
3401.30.10	00	含有芳香族或改性芳香族表面活性剂的	千克	4%[1]	0(A, AU, BH, CA, CL, CO, D, E, IL, JO, K, KR, MA, MX, OM, P, PA, PE, S, SG)	15.4美分/千克+53.5%
3401.30.50	00	其他[5]	千克	0[1]		25%
3402		有机表面活性剂（肥皂除外）；表面活性剂制品、洗涤剂（包括助洗剂）及清洁剂，不论是否含有肥皂，但品目3401的产品除外：				
		有机表面活性剂，不论是否零售包装：				
3402.11		阴离子型：				
		芳香族或改性芳香族的：				
3402.11.20	00	直链烷基苯磺酸及直链烷基苯磺酸盐	千克	6.5%[1]	0(A, AU, BH, CA, CL, CO, D, E, IL, JO, KR, MA, MX, OM, P, PA, PE, S, SG)	15.4美分/千克+52.5%
3402.11.40	00	其他	千克	4%[1]	0(A, AU, BH, CA, CL, CO, D, E, IL, JO, KR, MA, MX, OM, P, PA, PE, S, SG)	15.4美分/千克+52.5%
3402.11.50		其他		3.7%[6]	0(A, AU, BH, CA, CL, CO, D, E, IL, JO, KR, MA, MX, OM, P, PA, PE, S, SG)	25%
	10	硫酸化醇盐	千克			
	20	硫酸化聚醚盐	千克			
	50	其他	千克			
3402.12		阳离子型：				
3402.12.10	00	芳香族或改性芳香族的	千克	4%[1]	0(A, AU, BH, CA, CL, CO, D, E, IL, JO, KR, MA, MX, OM, P, PA, PE, S, SG)	15.4美分/千克+53.5%

税则号列	统计后缀	货品名称	单位	税率 1 普通	税率 1 特惠	2
3402.12.50	00	其他	千克	4%[1]	0(A,AU,BH,CA,CL,CO,D,E,IL,JO,KR,MA,MX,OM,P,PA,PE,S,SG)	16.5美分/千克+30%
3402.13		非离子型：				
3402.13.10	00	芳香族或改性芳香族的	千克	4%[7]	0(A,AU,BH,CA,CL,CO,D,E,IL,JO,K,KR,MA,MX,OM,P,PA,PE,S,SG)	15.4美分/千克+53.5%
		其他：				
3402.13.20		动植物源性脂肪物质		4%[8]	0(A,AU,BH,CA,CL,CO,D,E,IL,JO,K,KR,MA,MX,OM,P,PA,PE,S,SG)	16.5美分/千克+30%
	10	聚醚	千克			
	20	多元醇的酯和醚酯	千克			
	50	其他	千克			
3402.13.50	00	其他	千克	3.7%[1]	0(A,AU,BH,CA,CL,CO,D,E,IL,JO,K,KR,MA,MX,OM,P,PA,PE,S,SG)	25%
3402.19		其他：				
3402.19.10	00	芳香族或改性芳香族的	千克	4%[1]	0(A,AU,BH,CA,CL,CO,D,E,IL,JO,KR,MA,MX,OM,P,PA,PE,S,SG)	15.4美分/千克+53.5%
3402.19.50	00	其他	千克	3.7%[9]	0(A,AU,BH,CA,CL,CO,D,E,IL,JO,KR,MA,MX,OM,P,PA,PE,S,SG)	25%
3402.20		零售包装的制品：				
3402.20.11	00	含有芳香族或改性芳香族表面活性剂的[10]	千克	4%[1]	0(A,AU,BH,CA,CL,CO,D,E,IL,JO,K,KR,MA,MX,OM,P,PA,PE,S,SG)	15.4美分/千克+53.5%
3402.20.51	00	其他	千克	0[1]		25%
3402.90		其他：				
3402.90.10	00	合成洗涤剂	千克	3.8%[1]	0(A,AU,BH,CA,CL,CO,D,E,IL,JO,KR,MA,MX,OM,P,PA,PE,S,SG)	15.4美分/千克+53.5%
		其他：				
3402.90.30	00	含有芳香族或改性芳香族表面活性剂的	千克	4%[11]	0(A,AU,BH,CA,CL,CO,D,E,IL,JO,KR,MA,MX,OM,P,PA,PE,S,SG)	15.4美分/千克+44.5%
3402.90.50		其他		3.7%[1]	0(A,AU,BH,CA,CL,CO,D,E,IL,JO,KR,L,MA,MX,OM,P,PA,PE,S,SG)	25%
	10	洗涤制品	千克			
	30	清洁制品	千克			
	50	其他	千克			

第三十四章　肥皂、有机表面活性剂、洗涤剂、润滑剂、人造蜡、调制蜡、光洁剂、蜡烛及类似品、塑型用膏、"牙科用蜡"及牙科用熟石膏制剂　　473

税则号列	统计后缀	货品名称	单位	税率 1 普通	税率 1 特惠	税率 2
3403		润滑剂(包括以润滑剂为基本成分的切削油制剂、螺栓或螺母松开剂、防锈或防腐蚀制剂及脱模剂)及用于纺织材料、皮革、毛皮或其他材料油脂处理的制剂,但不包括以石油或从沥青矿物提取的油类为基本成分(按重量计不低于70%)的制剂:				
		含有石油或从沥青矿物提取的油类:				
3403.11		处理纺织材料、皮革、毛皮或其他材料的制剂:				
		纺织材料处理用制剂:				
3403.11.20	00	按重量计含有50%或以上石油或从沥青矿物中提取的油	升	0.2%[1]	0(A+,AU,BH,CA,CL,CO,D,E,IL,JO,KR,MA,MX,OM,P,PA,PE,S,SG)	0.4%
3403.11.40	00	其他	千克	6.1%[1]	0(A,AU,BH,CA,CL,CO,D,E,IL,JO,KR,MA,MX,OM,P,PA,PE,S,SG)	15.4美分/千克+49.5%
3403.11.50	00	其他	千克	1.4%[1]	0(A,AU,BH,CA,CL,CO,D,E,IL,JO,KR,MA,MX,OM,P,PA,PE,S,SG)	25%
3403.19		其他:				
3403.19.10	00	按重量计含有50%或以上石油或从沥青矿物中提取的油	升	0.2%[12]	0(A+,AU,BH,CA,CL,CO,D,E,IL,JO,JP,KR,MA,MX,OM,P,PA,PE,S,SG)	0.4%
3403.19.50	00	其他	千克	5.8%[12]	0(A,AU,BH,CA,CL,CO,D,E,IL,JO,KR,MA,MX,OM,P,PA,PE,S,SG)2.9%(JP)	20%
		其他:				
3403.91		处理纺织材料、皮革、毛皮或其他材料的制剂:				
3403.91.10	00	纺织材料处理用制剂	千克	6%[1]	0(A,AU,BH,CA,CL,CO,D,E,IL,JO,KR,MA,MX,OM,P,PA,PE,S,SG)3%(JP)	25%
3403.91.50	00	其他	千克	6.5%[1]	0(A+,AU,BH,CA,CL,CO,D,E,IL,JO,KR,MA,MX,OM,P,PA,PE,S,SG)3.25%(JP)	30%
3403.99.00	00	其他	千克	6.5%[13]	0(A+,AU,BH,CA,CL,CO,D,E,IL,JO,KR,MA,MX,OM,P,PA,PE,S,SG)3.25%(JP)	30%
3404		人造蜡及调制蜡:				
3404.20.00	00	聚氧乙烯(聚乙二醇)蜡	千克	0[1]		54.5%
3404.90		其他:				
3404.90.10	00	含漂白蜂蜡的	千克	0[1]		30%
3404.90.51		其他		0[1]		0
	10	化学改性褐煤	千克			
	50	其他[14]	千克			

税则号列	统计后缀	货品名称	单位	税率 1 普通	税率 1 特惠	2
3405		鞋靴、家具、地板、车身、玻璃或金属用的光洁剂、擦洗膏、去污粉及类似制品(包括用这类制剂浸渍、涂面或包覆的纸、絮胎、毡呢、无纺织物、泡沫塑料或海绵橡胶),但不包括品目3404的蜡:				
3405.10.00	00	鞋靴或皮革用的上光剂及类似制品	千克	0[1]		25%
3405.20.00	00	保养木制家具、地板或其他木制品用的上光剂及类似制品	千克	0[1]		25%
3405.30.00	00	车身用的上光剂及类似制品,但金属用的光洁剂除外	千克	0[1]		25%
3405.40.00	00	擦洗膏、去污粉及类似制品	千克	0[1]		4.4美分/千克+15%
3405.90.00	00	其他	千克	0[1]		25%
3406.00.00	00	各种蜡烛及类似品	千克	0[4]		27.5%
3407		塑型用膏,包括供儿童娱乐用的在内;通称为"牙科用蜡"或"牙科造形膏"的制品,成套、零售包装或制成片状、马蹄形、条状及类似形状的;以熟石膏(煅烧石膏或硫酸钙)为基本成分的牙科用其他制品:				
3407.00.20	00	塑型用膏,包括供儿童娱乐用的在内	千克	0		40%
3407.00.40	00	其他	千克	0		40%

[1]见9903.88.03。

[2]见9903.88.37。

[3]见9903.88.39和9903.88.57。

[4]见9903.88.15。

[5]见9903.88.46、9903.88.48、9903.88.56 and 9903.88.64。

[6]见9902.09.03、9902.09.04、9902.09.05、9902.09.06、9902.09.07和9903.88.03。

[7]见9902.09.08和9903.88.03。

[8]见9902.09.09、9902.09.10和9903.88.03。

[9]见9902.09.11和9903.88.03。

[10]见9903.88.38和9903.88.56。

[11]见9902.09.12和9903.88.03。

[12]见9903.88.02。

[13]见9902.09.13和9903.88.02。

[14]见9903.88.48。

第三十五章 蛋白类物质;改性淀粉;胶;酶

注释:

一、本章不包括:

(一)酵母(品目2102);

(二)第三十章的血份(非治病、防病用的血清白蛋白除外)、药品及其他产品;

(三)预鞣用酶制剂(品目3202);

(四)第三十四章的加酶的浸透剂、洗涤剂及其他产品;

(五)硬化蛋白(品目3913);或者

(六)印刷工业用的明胶产品(第四十九章)。

二、品目3505所称"糊精"是指淀粉的降解产品,其还原糖含量以右旋糖的干重量计不超过10%。如果还原糖含量超过10%,应归入品目1702。

附加美国注释:

一、税号3501.10.10所称"浓缩乳蛋白"是指任何全乳蛋白(酪蛋白加乳清蛋白)浓缩物。

税则号列	统计后缀	货品名称	单位	税率 1 普通	税率 1 特惠	税率 2
3501		酪蛋白、酪蛋白酸盐及其他酪蛋白衍生物；酪蛋白胶：				
3501.10		酪蛋白：				
3501.10.10	00	牛奶浓缩蛋白	千克 千克乳固体含量	0.37美分/千克[1]	0(A, AU, BH, CA, CL, CO, D, E, IL, JO, KR, MA, MX, OM, P, PA, PE, S, SG)	12美分/千克
3501.10.50	00	其他	千克 千克乳固体含量	0[1]		0
3501.90		其他：				
3501.90.20	00	酪蛋白胶	千克	6%[1]	0(A, AU, BH, CA, CL, CO, D, E, IL, JO, KR, MA, MX, OM, P, PA, PE, S, SG)	30%
3501.90.60	00	其他	千克 千克乳固体含量	0.37美分/千克[1]	0(A, AU, BH, CA, CL, CO, D, E, IL, JO, KR, MA, MX, OM, P, PA, PE, S, SG)	12.1美分/千克
3502		白蛋白(包括按重量计干质成分的乳清蛋白含量超过80%的两种或以上的乳清蛋白浓缩物)、白蛋白盐及其他白蛋白衍生物：				
		卵清蛋白：				
3502.11.00	00	干的	千克	47.6美分/千克[2]	0(A+, AU, BH, CA, CL, CO, D, E, IL, JO, KR, MA, MX, OM, P, PA, PE, S, SG)	59.5美分/千克
3502.19.00	00	其他	千克	9.7美分/千克[1]	0(A+, AU, BH, CA, CL, CO, D, E, IL, JO, KR, MA, MX, OM, P, PA, PE, S, SG)	24.3美分/千克
3502.20.00	00	乳白蛋白,包括两种或以上的乳清蛋白浓缩物	千克 千克乳固体含量	0[1]		0
3502.90.00	00	其他	千克	0[2]		0
3503.00		明胶(包括长方形、正方形明胶薄片,不论是否表面加工或着色)及其衍生物；鱼鳔胶；其他动物胶,但不包括品目3501的酪蛋白胶：				
3503.00.10	00	鱼胶	千克	1.2美分/千克+1.5%[1]	0(A, AU, BH, CA, CL, CO, D, E, IL, JO, KR, MA, MX, OM, P, PA, PE, S, SG)	17.6美分/千克+25%
		不可食用的明胶及动物胶：				
3503.00.20	00	每千克价值88美分以下	千克	1.2美分/千克+3.2%[1]	0(A+, AU, BH, CA, CL, CO, D, E, IL, JO, KR, MA, MX, OM, P, PA, PE, S, SG)	5.5美分/千克+20%
3503.00.40	00	每千克价值88美分或以上	千克	2.8美分/千克+3.8%[1]	0(A+, AU, BH, CA, CL, CO, D, E, IL, JO, KR, MA, MX, OM, P, PA, PE, S, SG)	15.4美分/千克+20%
3503.00.55		其他		2.8美分/千克+3.8%[1]	0(A+, AU, BH, CA, CL, CO, D, E, IL, JO, KR, MA, MX, OM, P, PA, PE, S, SG)	15.4美分/千克+20%
	10	食用明胶	千克			

税则号列	统计后缀	货品名称	单位	税率 1 普通	税率 1 特惠	2
	20	照相明胶	千克			
	50	其他	千克			
3504.00		蛋白胨及其衍生物;其他品目未列名的蛋白质及其衍生物;皮粉,不论是否加入铬矾:				
3504.00.10	00	分离蛋白	千克	5%[1]	0(A,AU,BH,CA,CL,CO,D,E,IL,JO,KR,MA,MX,OM,P,PA,PE,S,SG)	20%
3504.00.50	00	其他	千克	4%[1]	0(A*,AU,BH,CA,CL,CO,D,E,IL,JO,KR,MA,MX,OM,P,PA,PE,S,SG)	30.5%
3505		糊精及其他改性淀粉(例如,预凝化淀粉或酯化淀粉);以淀粉、糊精或其他改性淀粉为基本成分的胶:				
3505.10.00		糊精及其他改性淀粉		0.7美分/千克[1]	0(A,AU,BH,CA,CL,CO,D,E,IL,JO,KR,MA,MX,OM,P,PA,PE,S,SG)	6.6美分/千克
		糊精:				
	15	源自马铃薯淀粉	千克			
	20	其他	千克			
		其他:				
	40	源自玉米淀粉	千克			
	45	源自马铃薯淀粉	千克			
	92	其他	千克			
3505.20.00	00	胶	千克	2.1美分/千克+2.9%[1]	0(A,AU,BH,CA,CL,CO,D,E,IL,JO,KR,MA,MX,OM,P,PA,PE,S,SG)	17.6美分/千克+25%
3506		其他品目未列名的调制胶及其他调制粘合剂;适于作胶或粘合剂用的产品,零售包装每件净重不超过1千克:				
3506.10		适于作胶或粘合剂用的产品,零售包装每件净重不超过1千克:				
3506.10.10	00	动物胶,包括酪蛋白胶,但不包括鱼胶	千克	6.5%[2]	0(A+,AU,BH,CA,CL,CO,D,E,IL,JO,KR,MA,MX,OM,P,PA,PE,S,SG)	30.4%
3506.10.50	00	其他	千克	2.1%[2]	0(A,AU,BH,CA,CL,CO,D,E,IL,JO,KR,MA,MX,OM,P,PA,PE,S,SG)	20%
		其他:				
3506.91		以橡胶或品目3901至3913的聚合物为基本成分的粘合剂:				
3506.91.10	00	专门或主要用于显示屏或触摸屏制造的光学透明膜粘合剂和光固化液体粘合剂				
3506.91.50	00	其他	千克	2.1%[2]	0(A,AU,BH,CA,CL,CO,E,IL,JO,KR,MA,MX,OM,P,PA,PE,S,SG)	20%

税则号列	统计后缀	货品名称	单位	税率 1 普通	税率 1 特惠	2
3506.99.00	00	其他	千克	2.1%[2]	0(A*,AU,BH,CA,CL,CO,D,E,IL,JO,KR,MA,MX,OM,P,PA,PE,S,SG)	20%
3507		酶;其他品目未列名的酶制品:				
3507.10.00	00	粗制凝乳酶及其浓缩物	千克	0[2]		0
3507.90		其他:				
3507.90.20	00	青霉素G酰胺酶	千克	0[2]		25%
3507.90.70	00	其他	千克	0[2]		25%

[1]见9903.88.15。

[2]见9903.88.03。

第三十六章 炸药;烟火制品;火柴;引火合金;易燃材料制品

注释:

一、本章不包括单独的已有化学定义的化合物,但下列注释二(一)、(二)所述物品除外。

二、品目 3606 所称"**易燃材料制品**"只适用于:

(一)聚乙醛、六甲撑四胺及类似物质,已制成片、棒或类似形状作燃料用的;以酒精为基本成分的固体或半固体燃料及类似的配制燃料;

(二)直接灌注香烟打火机及类似打火器用的液体燃料或液化气体燃料,其包装容器的容积不超过 300 立方厘米;以及

(三)树脂火炬、引火物及类似品。

附加美国注释:

一、禁止进口白磷火柴。

税则号列	统计后缀	货品名称	单位	税率 1 普通	税率 1 特惠	2
3601.00.00	00	发射药	千克	3.5%[1]	0(A,AU,BH,CA,CL,CO,D,E,IL,JO,KR,MA,MX,OM,P,PA,PE,S,SG)	60%
3602.00.00		配制炸药,但发射药除外		0[1]		0
	30	炸药及其他烈性炸药,装在弹药筒、棍棒或其他形式中,适于爆破	千克			
	60	其他	千克			
3603.00		安全导火索;导爆索;火帽或雷管;引爆器;电雷管:				
3603.00.30		安全导火索或导爆索		3%[1]	0(A*,AU,BH,CA,CL,CO,D,E,IL,JO,KR,MA,MX,OM,P,PA,PE,S,SG)	8.3%
	10	安全导火索	千米			
	20	导爆索	千米			
3603.00.60	00	火帽	数千	4.2%[1]	0(A*,AU,BH,CA,CL,CO,D,E,IL,JO,KR,MA,MX,OM,P,PA,PE,S,SG)	30%
3603.00.90		雷管、引爆器或电雷管		0.2%[1]	0(A*,AU,BH,CA,CL,CO,D,E,IL,JO,KR,MA,MX,OM,P,PA,PE,S,SG)	0.3%
	10	雷管	个			
	20	引爆器	个			
	30	电雷管	个			
3604		烟花、爆竹、信号弹、降雨火箭、浓雾信号弹及其他烟火制品:				
3604.10		烟花、爆竹:				
3604.10.10	00	燃放烟花爆竹(1.3G级)	千克	2.4%[2]	0(A,AU,BH,CA,CL,CO,D,E,IL,JO,KR,MA,MX,OM,P,PA,PE,S,SG)	12.5%
3604.10.90		其他(包括1.4G级)		5.3%[3]	0(A,AU,BH,CA,CL,CO,D,E,IL,JO,KR,MA,MX,OM,P,PA,PE,S,SG)	12.5%
	10	1.4G级(C级)	千克			
	50	其他	千克			
3604.90.00	00	其他	千克	6.5%[4]	0(A*,AU,BH,CA,CL,CO,D,E,IL,JO,KR,MA,MX,OM,P,PA,PE,S,SG)	40%
3605.00.00		火柴,但品目3604的烟火制品除外		0[1]		20美分/罗
	30	与天然木杆相配	千克			
	60	其他	千克			
3606		各种形状的铈铁及其他引火合金;本章注释二所述的易燃材料制品:				
3606.10.00	00	直接灌注香烟打火机及类似打火器用的液体燃料或液化气体燃料,其包装容器的容积不超过300立方厘米	个	0[5]		0
3606.90		其他:				

税则号列	统计后缀	货品名称	单位	税率 1 普通	税率 1 特惠	2
3606.90.30		铈铁及其他引火合金		5.9%	0(A+,AU,BH,CA,CL,CO,D,E,IL,JO,KR,MA,MX,OM,P,PA,PE,S,SG)	56.7%
	10	以零售形式或包装形式呈现的	千克			
	90	其他	千克			
3606.90.40	00	四聚乙醛	千克	0[1]		25%
3606.90.80		其他		5%[1]	0(A,AU,BH,CA,CL,CO,D,E,IL,JO,KR,MA,MX,OM,P,PA,PE,S,SG)	25%
	10	以零售形式或包装形式呈现的	千克			
	90	其他	千克			

[1] 见 9903.88.15。
[2] 见 9903.88.16。
[3] 见 9902.09.14 和 9903.88.16。
[4] 见 9902.09.15 和 9903.88.15。
[5] 见 9903.88.03。

第三十七章　照相及电影用品

注释：
一、本章不包括废碎料。
二、本章所称"摄影"是指光或其他射线作用于感光面上直接或间接形成可见影像的过程。

第三十七章 照相及电影用品

税则号列	统计后缀	货品名称	单位	税率 1 普通	税率 1 特惠	2
3701		未曝光的摄影感光硬片及平面软片,用纸、纸板及纺织物以外任何材料制成;未曝光的一次成像感光平片,不论是否分装:				
3701.10.00		X光用		3.7%[1]	0(A*,AU,BH,CA,CL,CO,D,E, IL,JO,KR,MA,MX,OM,P,PA, PE,S,SG)	25%
	30	医疗用,牙科除外	平方米			
	60	其他	平方米			
3701.20.00		一次成像平片		3.7%[2]	0(A,AU,BH,CA,CL,CO,D,E, IL,JO,JP,KR,MA,MX,OM,P, PA,PE,S,SG)	25%
	30	彩色摄影用	个			
	60	其他	个			
3701.30.00	00	其他硬片及软片,任何一边超过255毫米	平方米	0[1]		25%
		其他:				
3701.91.00		彩色摄影用		3.7%[1]	0(A,AU,BH,CA,CL,CO,D,E, IL,JO,KR,MA,MX,OM,P,PA, PE,S,SG)	25%
	30	光盘胶片	个			
	60	其他	平方米			
3701.99		其他:				
3701.99.30	00	底片	平方米	0[1]		20%
3701.99.60		其他		0[1]		25%
	30	印刷胶片	平方米			
	60	其他	平方米			
3702		成卷的未曝光摄影感光胶片,用纸、纸板及纺织物以外任何材料制成;未曝光的一次成像感光卷片:				
3702.10.00		X光用		3.7%[1]	0(A*,AU,BH,CA,CL,CO,D,E, IL,JO,KR,MA,MX,OM,P,PA, PE,S,SG)	25%
	30	医疗用,牙科除外	平方米			
	60	其他	平方米			
		无齿孔的其他胶片,宽度不超过105毫米:				
3702.31.01	00	彩色摄影用	个	3.7%[1]	0(A,AU,BH,CA,CL,CO,D,E, IL,JO,KR,MA,MX,OM,P,PA, PE,S,SG)	25%
3702.32.01		其他涂卤化银乳液的		3.7%[1]	0(A,AU,BH,CA,CL,CO,D,E, IL,JO,KR,MA,MX,OM,P,PA, PE,S,SG)	25%
	30	缩微胶片	平方米			
	60	其他	平方米			
3702.39.01	00	其他	平方米	3.7%[1]	0(A,AU,BH,CA,CL,CO,D,E, IL,JO,KR,MA,MX,OM,P,PA, PE,S,SG)	25%

税则号列	统计后缀	货品名称	单位	税率 1 普通	税率 1 特惠	2
		无齿孔的其他胶片,宽度超过105毫米:				
3702.41.01	00	彩色摄影用,宽度超过610毫米,长度超过200米	平方米	3.7%[1]	0(A, AU, BH, CA, CL, CO, D, E, IL, JO, KR, MA, MX, OM, P, PA, PE, S, SG)	25%
3702.42.01	00	非彩色摄影用,宽度超过610毫米,长度超过200米	平方米	3.7%[1]	0(A, AU, BH, CA, CL, CO, D, E, IL, JO, KR, MA, MX, OM, P, PA, PE, S, SG)	25%
3702.43.01	00	宽度超过610毫米,长度不超过200米	平方米	3.7%[1]	0(A, AU, BH, CA, CL, CO, D, E, IL, JO, KR, MA, MX, OM, P, PA, PE, S, SG)	25%
3702.44.01		宽度超过105毫米但不超过610毫米	平方米	3.7%[1]	0(A, AU, BH, CA, CL, CO, D, E, IL, JO, KR, MA, MX, OM, P, PA, PE, S, SG)	25%
	30	印刷胶片				
	60	其他[3]	平方米			
		彩色摄影用的其他胶片:				
3702.52.01		宽度不超过16毫米		3.7%[1]	0(A, AU, BH, CA, CL, CO, D, E, IL, JO, KR, MA, MX, OM, P, PA, PE, S, SG)	25%
	30	反转彩膜	平方米			
	60	其他	平方米			
3702.53.00		幻灯片用,宽度超过16毫米但不超过35毫米,长度不超过30米		3.7%[1]	0(A, AU, BH, CA, CL, CO, D, E, IL, JO, KR, MA, MX, OM, P, PA, PE, S, SG)	25%
	30	35毫米	个			
	60	其他	个			
3702.54.00		非幻灯片用,宽度超过16毫米但不超过35毫米,长度不超过30米		3.7%[1]	0(A, AU, BH, CA, CL, CO, D, E, IL, JO, KR, MA, MX, OM, P, PA, PE, S, SG)	25%
	30	35毫米	个			
	60	其他	个			
3702.55.00		宽度超过16毫米但不超过35毫米,长度超过30米		0[1]		38美分/米^2
	30	反转彩膜	平方米			
	60	其他	平方米			
3702.56.00		宽度超过35毫米		0[1]		38美分/米^2
	30	电影胶片	米 平方米			
	60	其他	平方米			
		其他:				
3702.96.00	00	宽度不超过35毫米,长度不超过30米	平方米	3.7%[1]	0(A, AU, BH, CA, CL, CO, D, E, IL, JO, KR, MA, MX, OM, P, PA, PE, S, SG)	25%
3702.97.00	00	宽度不超过35毫米,长度超过30米	平方米	0[1]		38美分/米^2
3702.98.00	00	宽度超过35毫米	平方米	3.7%[1]	0(A, AU, BH, CA, CL, CO, D, E, IL, JO, KR, MA, MX, OM, P, PA, PE, S, SG)	25%

第三十七章 照相及电影用品

税则号列	统计后缀	货品名称	单位	税率 1 普通	税率 1 特惠	2
3703		未曝光的摄影感光纸、纸板及纺织物：				
3703.10		成卷，宽度超过610毫米：				
3703.10.30		卤化银纸		3.7%[1]	0(A,AU,BH,CA,CL,CO,D,E,IL,JO,KR,MA,MX,OM,P,PA,PE,S,SG)	30%
		用于画图(连续影调)：				
	30	彩色摄影用	平方米			
	60	其他	平方米			
	90	其他(流水线生产)	平方米			
3703.10.60	00	其他	平方米	3.1%[1]	0(A,AU,BH,CA,CL,CO,D,E,IL,JO,KR,MA,MX,OM,P,PA,PE,S,SG)	30%
3703.20		其他，彩色摄影用：				
3703.20.30		卤化银纸		3.7%[1]	0(A,AU,BH,CA,CL,CO,D,E,IL,JO,KR,MA,MX,OM,P,PA,PE,S,SG)	30%
	30	图示用(连续影调)	平方米			
	60	其他(流水线生产)	平方米			
3703.20.60	00	其他	平方米	3.1%[1]	0(A,AU,BH,CA,CL,CO,D,E,IL,JO,KR,MA,MX,OM,P,PA,PE,S,SG)	30%
3703.90		其他：				
3703.90.30		卤化银纸		3.7%[1]	0(A,AU,BH,CA,CL,CO,D,E,IL,JO,KR,MA,MX,OM,P,PA,PE,S,SG)	30%
		图示用(连续影调)：				
	30	成薄片	平方米			
	60	其他	平方米			
	90	其他(流水线生产)	平方米			
3703.90.60	00	其他	平方米	2.8%[1]	0(A,AU,BH,CA,CL,CO,D,E,IL,JO,KR,MA,MX,OM,P,PA,PE,S,SG)	35%
3704.00.00	00	已曝光未冲洗的摄影硬片、软片、纸、纸板及纺织物	平方米	0[1]		3.88美元/米^2
3705.00.00	00	已曝光已冲洗的摄影硬片及软片，但电影胶片除外	平方米	0[1]		25%
3706		已曝光已冲洗的电影胶片，不论是否配有声道或仅有声道：				
3706.10		宽度在35毫米及以上：				
3706.10.30	00	适用于电影展品的电影胶片录音	米	1.4%[1]	0(A*,AU,BH,CA,CL,CO,D,E,IL,JO,KR,MA,MX,OM,P,PA,PE,S,SG)	7%
3706.10.60		其他		0[1]		10美分/米
		故事片：				
	30	正版印刷品	米			
	60	其他	米			

税则号列	统计后缀	货品名称	单位	税率 普通	税率 特惠	2
	90	其他	米			
3706.90.00		其他		0[1]		10美分/米
	30	正版印刷品	米			
	60	其他	米			
3707		摄影用化学制剂(不包括上光漆、胶水、粘合剂及类似制剂);摄影用未混合产品;定量包装或零售包装可立即使用的:				
3707.10.00		感光乳液		3%[1]	0(A, AU, BH, CA, CL, CO, D, E, IL, JO, KR, MA, MX, OM, P, PA, PE, S, SG)	20%
	05	用于彩色负片相纸	千克			
	90	其他	千克			
3707.90		其他:				
		照相用化学制剂:				
3707.90.31	00	酸性紫19	千克	0[1][4]		15.4美分/千克+50%
3707.90.32		其他		0[1][4]		15.4美分/千克+50%
	10	彩色负片相纸用非感光乳剂	千克			
	20	彩色负片相纸用耦合器	千克			
	30	彩色负片相纸用耦合器色散	千克			
	90	其他	千克			
3707.90.60	00	未混合的照相用产品,按一定比例摆放或以可供使用的形式零售	千克	0[1][4]		4.5%

[1]见9903.88.03。

[2]见9902.09.16和9903.88.03。

[3]见9903.88.33和9903.88.56。

[4]见9817.29.01。

第三十八章　杂项化学产品

注释：
一、本章不包括：
　　(一)单独的已有化学定义的元素及化合物,但下列各项除外：
　　　　1. 人造石墨(品目 3801)；
　　　　2. 制成品目 3808 所述的形状或包装的杀虫剂、杀鼠剂、杀菌剂、除草剂、抗萌剂、植物生长调节剂、消毒剂及类似产品；
　　　　3. 灭火器的装配药及已装药的灭火弹(品目 3813)；
　　　　4. 下列注释二所规定的检定参照物；
　　　　5. 下列注释三(一)及三(三)所规定的产品。
　　(二)配制食品用的与食物或其他营养物质混合的化学品(一般归入品目 2106)。
　　(三)符合第二十六章注释三(一)或三(二)的规定,含有金属、砷及其混合物的矿渣、矿灰及残渣(包括淤渣,但下水道淤泥除外)(品目 2620)；
　　(四)药品(品目 3003 及品目 3004)。
　　(五)用于提取贱金属或生产贱金属化合物的废催化剂(品目 2620)、主要用于回收贵金属的废催化剂(品目 7112),或某种形状(例如,精细粉末或纱网状)的金属或金属合金催化剂(第十四类或第十五类)。
二、(一)品目 3822 所称"检定参照物"是指附有证书的参照物,该证书标明了参照物属性的指标、确定这些指标的方法以及与每一指标相关的确定度,这些参照物适用于分析、校准和比较。
　　(二)除第二十八章和二十九章的产品外,检定参照物在本目录中应优先归入品目 3822。
三、品目 3824 包括不归入本税则其他品目的下列货品：
　　(一)每颗重量不小于 2.5 克的氧化镁、碱金属或碱土金属卤化物制成的培养晶体（光学元件除外）；
　　(二)杂醇油、骨焦油；
　　(三)零售包装的除墨剂；
　　(四)零售包装的蜡纸改正液、其他改正液及改正带(品目 9612 的产品除外)；以及
　　(五)可熔性陶瓷测温器(例如,塞格测温锥)。
四、本税则所称"城市垃圾"是指一种从家庭、宾馆、餐馆、医院、商店、办公室等收集来的废物、马路和人行道的垃圾以及建筑垃圾或废墟废物。城市垃圾通常含有大量各种各样的材料,例如,塑料、橡胶、木材、纸张、纺织品、玻璃、金属、食物、破碎家具和其他已损坏或被丢弃的物品,但不包括：
　　(一)已从垃圾中分拣出来的单独的材料或物品,例如,塑料、橡胶、木材、纸张、纺织品、玻璃、金属的废品及用尽的电池,这些材料或物品应归入本税则中适当品目；
　　(二)工业废物；

(三)第三十章注释四(十)所规定的废药物;或者

(四)本章注释六(一)所规定的医疗废物。

五、品目3825所称"下水道淤泥"是指城市污水处理厂产生的淤渣,包括预处理的废物、洗涤污垢和性质不稳定的淤泥;但适合作为肥料用的性质稳定的淤泥除外(第三十一章)。

六、品目3825所称"其他废物"适用于:

(一)医疗废物,即医学研究、诊断、治疗以及其他内科、外科、牙科或兽医治疗所产生的被污染的废物,通常含有病菌和药物,需作专门处理(例如,脏的敷料、用过的手套及注射器);

(二)废有机溶剂;

(三)废的金属酸洗液、液压油、制动油及防冻液;

(四)其他化学工业及相关工业的废物。

"其他废物"不包括主要含有石油及从沥青矿物提取的油类的废油(品目2710)。

七、品目3826所称"生物柴油"是指从动植物油脂(不论是否使用过)得到的用作燃料的一种脂肪酸单烷基酯。

子目注释:

一、子目3808.52及子目3808.59仅包括品目3808的货品,含有一种或多种下列物质:甲草胺(ISO)、涕灭威(ISO)、艾氏剂(ISO)、谷硫磷(ISO)、乐杀螨(ISO)、毒杀芬(ISO)、敌菌丹(ISO)、氯丹(ISO)、杀虫脒(ISO)、乙酯杀螨醇(ISO)、滴滴涕(ISO,INN)[1,1,1-三氯-2,2-双(4-氯苯基)乙烷]、狄氏剂(ISO,INN)、4,6-二硝基邻甲酚[二硝酚(ISO)]及其盐、地乐酚(ISO)及其盐或酯、硫丹(ISO)、1,2-二溴乙烷(ISO)、1,2-二氯乙烷(ISO)、氟乙酰胺(ISO)、七氯(ISO)、六氯苯(ISO)、1,2,3,4,5,6-六氯环己烷[六六六(ISO)],包括林丹(ISO,INN)、汞化合物、甲胺磷(ISO)、久效磷(ISO)、环氧乙烷(氧化乙烯)、对硫磷(ISO)、甲基对硫磷(ISO)、五溴二苯醚及八溴二苯醚、五氯苯酚(ISO)及其盐或酯、全氟辛基磺酸及其盐、全氟辛基磺酰胺、全氟辛基磺酰氯、磷胺(ISO)、2,4,5-涕(ISO)(2,4,5-三氯苯氧基乙酸)及其盐或酯、三丁基锡化合物。

子目3808.59还包括含有苯菌录(ISO)、克百威(ISO)及福美双(ISO)混合物的粉状制剂。

二、子目3808.61及子目3808.69仅包括品目3808项下含有下列物质的货品:α-氯氰菊酯(ISO)、恶虫威(ISO)、联苯菊酯(ISO)、虫螨腈(ISO)、氟氯氰菊酯(ISO)、溴氯菊酯(INN,ISO)、醚菊酯(INN)、杀螟硫磷(ISO)、高效氯氟氰菊酯(ISO)、马拉硫磷(ISO)、甲基嘧啶磷(ISO)、或残杀威(ISO)。

三、子目3824.81至3824.88仅包括含有下列一种或多种物质的混合物及制品:环氧乙烷(氧化乙烯)、多溴联苯(PBBs)、多氯联苯(PCBs)、多氯三联苯(PCTs)、三(2,3-二溴丙基)磷酸酯、艾氏剂(ISO)、毒杀芬(ISO)、氯丹(ISO)、十氯酮(ISO)、滴滴涕(ISO,INN)〔1,1,1-三氯-2,2-双(4-氯苯基)乙烷〕、狄氏剂(ISO,INN)、硫丹(ISO)、异狄氏剂(ISO)、七氯(ISO)、灭蚁灵(ISO)、1,2,3,4,5,6-六氯环己烷〔六六六(ISO)〕,包括林丹(ISO,INN)、五氯苯(ISO)、六氯苯(ISO)、全氟辛基磺酸及其盐、全氟辛基磺酰胺、全氟辛基磺酰氯,四、五、六、七或八溴联苯醚。

四、子目3825.41及子目3825.49所称"废有机溶剂"是指主要含有有机溶剂的废物,不适合再作原产品使用,不论其是否用于回收溶剂。

统计注释：

一、品目 3824 所称"生物柴油"是指从动植物油脂(不论是否使用过)得到的用作燃料的一种脂肪酸酯。

二、统计报告编码 3824.78.0020 所称"氢氟烃制冷剂混合物"由至少含有五氟乙烷(R125)、二氟甲烷(R32)或 1,1,1-三氟乙烷(R143a)的氢氟烃混合物组成,与或未与其他成分混合。

三、税目 3824.99.2840 及税目 3824.99.9280 所称用于"个人电气或电子蒸发装置"的混合物是指含有尼古丁的配制液体,不论是否包装在适用于此类装置的墨盒或罐中零售。个人电气或电子蒸发装置通过电加热或雾化液体或其他物质,产生可通过吸嘴吸入的蒸汽。这些设备通常被称为电子烟。

税则号列	统计后缀	货品名称	单位	税率 1 普通	税率 1 特惠	2
3801		人造石墨；胶态或半胶态石墨；以石墨或其他碳为基本成分的糊状、块状、板状制品或其他半制品：				
3801.10		人造石墨：				
3801.10.10	00	全部或部分制造的板状、棒状、粉状及其他形状,用于制造发电机、电动机或者其他机器或器具的电刷	千克	3.7%[1]	0(A,AU,BH,CA,CL,CO,D,E,IL,JO,KR,MA,MX,OM,P,PA,PE,S,SG)	45%
3801.10.50	00	其他[2]	千克	0[1]		10%
3801.20.00	00	胶态或半胶态石墨	千克	0[1]		10%
3801.30.00	00	电极用碳糊及炉衬用的类似糊	千克	4.9%[1]	0(A,AU,BH,CA,CL,CO,D,E,IL,JO,KR,MA,MX,OM,P,PA,PE,S,SG)	30%
3801.90.00	00	其他[3]	千克	4.9%[1]	0(A,AU,BH,CA,CL,CO,D,E,IL,JO,KR,MA,MX,OM,P,PA,PE,S,SG)	45%
3802		活性碳；活性天然矿产品；动物炭黑,包括废动物炭黑：				
3802.10.00		活性碳		4.8%[1]	0(A*,AU,BH,CA,CL,CO,D,E,IL,JO,KR,MA,MX,OM,P,PA,PE,S,SG)	45%
	10	来自煤炭	千克			
	20	来自椰子	千克			
	50	其他	千克			
3802.90		其他：				
3802.90.10	00	骨黑	千克	5.8%[1]	0(A*,AU,BH,CA,CL,CO,D,E,IL,JO,KR,MA,MX,OM,P,PA,PE,S,SG)	20%
3802.90.20	00	活化粘土和活化土	千克	2.5%[1]	0(A,AU,BH,CA,CL,CO,D,E,IL,JO,KR,MA,MX,OM,P,PA,PE,S,SG)	0.6美分/千克+30%
3802.90.50	00	其他	千克	4.8%[1]	0(A,AU,BH,CA,CL,CO,D,E,IL,JO,KR,MA,MX,OM,P,PA,PE,S,SG)	45%
3803.00.00	00	妥尔油,不论是否精炼	千克	0[1]		20%
3804.00		木浆残余碱液,不论是否浓缩、脱糖或经化学处理,包括木素磺酸盐,但不包括品目3803的妥尔油：				
3804.00.10	00	木质素磺酸及其盐类	千克	0[1]		20%
3804.00.50	00	其他	千克	3.7%[1]	0(A+,AU,BH,CA,CL,CO,D,E,IL,JO,KR,MA,MX,OM,P,PA,PE,S,SG)	25%
3805		脂松节油、木松节油和硫酸盐松节油及其他萜烯油,用蒸馏或其他方法从针叶木制得；粗制二聚戊烯；亚硫酸盐松节油及其他粗制对异丙基苯甲烷；以α-萜品醇为基本成分的松油：				
3805.10.00	00	脂松节油、木松节油和硫酸盐松节油	升	5%[1]	0(A*,AU,BH,CA,CL,CO,D,E,IL,JO,KR,MA,MX,OM,P,PA,PE,S,SG)	5%

税则号列	统计后缀	货品名称	单位	税率 1 普通	税率 1 特惠	税率 2
3805.90		其他:				
3805.90.10	00	松油	千克	0[1]		25%
3805.90.50	00	其他	千克	3.7%[1]	0(A+,AU,BH,CA,CL,CO,D,E,IL,JO,KR,MA,MX,OM,P,PA,PE,S,SG)	25%
3806		松香和树脂酸及其衍生物;松香精及松香油;再熔胶:				
3806.10.00		松香及树脂酸		5%[1]	0(A,AU,BH,CA,CL,CO,D,E,IL,JO,KR,MA,MX,OM,P,PA,PE,S,SG)	5%
	10	松香	千克			
	50	其他	千克			
3806.20.00	00	松香盐、树脂酸盐及松香或树脂酸衍生物的盐,但松香加合物的盐除外	千克	3.7%[1]	0(A,AU,BH,CA,CL,CO,D,E,IL,JO,KR,MA,MX,OM,P,PA,PE,S,SG)	25%
3806.30.00	00	酯胶	千克	6.5%[4]	0(A,AU,BH,CA,CL,CO,D,E,IL,JO,KR,MA,MX,OM,P,PA,PE,S,SG)	15.4美分/千克+57%
3806.90.00	00	其他	千克	4.2%[5]	0(A,AU,BH,CA,CL,CO,D,E,IL,JO,KR,MA,MX,OM,P,PA,PE,S,SG)	15.4美分/千克+57%
3807.00.00	00	木焦油;精制木焦油;木杂酚油;粗木精;植物沥青;以松香、树脂酸或植物沥青为基本成分的啤酒桶沥青及类似制品	千克	0.1%[1]	0(A,AU,BH,CA,CL,CO,D,E,IL,JO,KR,MA,MX,OM,P,PA,PE,S,SG)	0.2%
3808		杀虫剂、杀鼠剂、杀菌剂、除草剂、抗萌剂、植物生长调节剂、消毒剂及类似产品,零售形状,零售包装或制成制剂及成品(例如,经硫磺处理的带子、杀虫灯芯、蜡烛及捕蝇纸):				
		本章子目注释一所列货品:				
3808.52.00	00	DDT(ISO)[滴滴涕(INN)],每包净重不超过300克	千克	6.5%[6]	0(A,AU,BH,CA,CL,CO,D,E,IL,JO,KR,MA,MX,OM,P,PA,PE,S,SG)	15.4美分/千克+31%
3808.59		其他:				
3808.59.10	00	含有芳香或改性芳香杀虫剂的	千克	6.5%[7]	0(A,AU,BH,CA,CL,CO,D,E,IL,JO,KR,MA,MX,OM,P,PA,PE,S,SG)	15.4美分/千克+31%
		其他:				
3808.59.40	00	消毒剂	千克	5%[1]	0(A,AU,BH,CA,CL,CO,D,E,IL,JO,K,KR,MA,MX,OM,P,PA,PE,S,SG)	25%
3808.59.50	00	其他	千克	5%[7]	0(A+,AU,BH,CA,CL,CO,D,E,IL,JO,K,KR,MA,MX,OM,P,PA,PE,S,SG)	25%
		本章子目注释二所列货品:				
3808.61		每包净重不超过300克:				
3808.61.10	00	含有芳香或改性芳香杀虫剂的	千克	6.5%[1]	0(A,AU,BH,CA,CL,CO,D,E,IL,JO,KR,MA,MX,OM,P,PA,PE,S,SG)	15.4美分/千克+31%

税则号列	统计后缀	货品名称	单位	税率 1 普通	税率 1 特惠	2
3808.61.50	00	其他	千克	5%[6]	0(A+,AU,BH,CA,CL,CO,D,E,IL,JO,K,KR,MA,MX,OM,P,PA,PE,S,SG)	25%
3808.62		每包净重超过300克,但不超过7.5千克:				
3808.62.10	00	含有芳香或改性芳香杀虫剂的	千克	6.5%[1]	0(A,AU,BH,CA,CL,CO,D,E,IL,JO,KR,MA,MX,OM,P,PA,PE,S,SG)	15.4美分/千克+31%
3808.62.50	00	其他	千克	5%[1]	0(A+,AU,BH,CA,CL,CO,D,E,IL,JO,KR,MA,MX,OM,P,PA,PE,S,SG)	25%
3808.69		其他:				
3808.69.10	00	含有芳香或改性芳香杀虫剂的	千克	6.5%[1]	0(A*,AU,BH,CA,CL,CO,D,E,IL,JO,KR,MA,MX,OM,P,PA,PE,S,SG)	15.4美分/千克+31%
3808.69.50	00	其他	千克	5%[1]	0(A+,AU,BH,CA,CL,CO,D,E,IL,JO,KR,MA,MX,OM,P,PA,PE,S,SG)	25%
		其他:				
3808.91		杀虫剂:				
3808.91.10	00	飞丝带(丝带捕蝇器)	千克	2.8%[1]	0(A,AU,BH,CA,CL,CO,D,E,IL,JO,KR,MA,MX,OM,P,PA,PE,S,SG)	35%
		其他:				
		含有芳香或改性芳香杀虫剂的:				
3808.91.15	00	N-[[(4-氯苯基)氨基]-羰基]-2,6-二氟苯甲酰胺和惰性物质的混合物	千克	0[1]		15.4美分/千克+31%
3808.91.25	01	其他	千克	6.5%[8]	0(A,AU,BH,CA,CL,CO,D,E,IL,JO,KR,MA,MX,OM,P,PA,PE,S,SG)	15.4美分/千克+31%
3808.91.30	00	含有无机物的	千克	5%[9]	0(A,AU,BH,CA,CL,CO,D,E,IL,JO,KR,MA,MX,OM,P,PA,PE,S,SG)	25%
3808.91.50	01	其他	千克	5%[10]	0(A+,AU,BH,CA,CL,CO,D,E,IL,JO,KR,MA,MX,OM,P,PA,PE,S,SG)	25%
3808.92		杀菌剂:				
		含有芳香或改性芳香杀菌剂的:				
3808.92.05	00	敌螨普和应用佐剂的混合物	千克	0[1]		15.4美分/千克+31%
3808.92.15	00	其他	千克	6.5%[11]	0(A,AU,BH,CA,CL,CO,D,E,IL,JO,KR,MA,MX,OM,P,PA,PE,S,SG)	15.4美分/千克+31%
		其他:				
		含有硫代酰胺、硫代氨基甲酸酯、二硫代氨基甲酸酯、秋兰姆或异硫氰酸盐的杀菌剂:				

税则号列	统计后缀	货品名称	单位	税率 1 普通	税率 1 特惠	2
3808.92.24	00	代森锰;代森锌;代森锰锌;以及代森联杀菌剂	千克	0[1]		25%
3808.92.28	00	其他	千克	3.7%[12]	0(A,AU,BH,CA,CL,CO,D,E,IL,JO,KR,MA,MX,OM,P,PA,PE,S,SG)	25%
		其他:				
3808.92.30	00	含有无机物的	千克	5%[13]	0(A,AU,BH,CA,CL,CO,D,E,IL,JO,KR,MA,MX,OM,P,PA,PE,S,SG)	25%
3808.92.50		其他	千克	5%[14]	0(A+,AU,BH,CA,CL,CO,D,E,IL,JO,KR,MA,MX,OM,P,PA,PE,S,SG)	25%
	40	含有任何3-碘丙-2-炔-1-基丁基氨基甲酸酯(IPBC)的配方杀菌剂	千克			
	80	其他	千克			
3808.93		除草剂、抗萌剂及植物生长调节剂:				
		含有芳香或改性芳香除草剂、抗发芽剂或植物生长调节剂:				
3808.93.05	00	2,6-二氯苯甲腈和惰性物质的混合物;3,5-二氯-N-(1,1-二甲基-2-丙炔基)苯甲酰胺(丙酰胺)和应用佐剂的混合物;2-{[(1-乙氧基亚氨基)丁基]-5-[2-乙基硫丙基]-3-羟基-2-环己烯-1-酮(司他啶)和施用助剂的混合物;2-{4-[(6-氯-2-苯并恶唑基)氧基]苯氧基}丙酸乙酯(芬诺沙普乙酯)和2,4-二氯苯氧乙酸异辛酯的混合物;2-甲基-4-氯苯酚氧乙酸异辛酯与应用助剂的混合物	千克	0[1]		15.4美分/千克+31%
3808.93.15	00	其他[15]	千克	6.5%[16]	0(A,AU,BH,CA,CL,CO,D,E,IL,JO,KR,MA,MX,OM,P,PA,PE,S,SG)	15.4美分/千克+31%
		其他:				
3808.93.20	00	含有无机物	千克	5%[17]	0(A,AU,BH,CA,CL,CO,D,E,IL,JO,KR,MA,MX,OM,P,PA,PE,S,SG)	25%
3808.93.50		其他		5%[18]	0(A+,AU,BH,CA,CL,CO,D,E,IL,JO,KR,MA,MX,OM,P,PA,PE,S,SG)	25%
	10	2-氨基-4-[羟基(甲基)膦酰基]丁酸(草铵膦)或其盐或酯的混合物和应用助剂	千克			
	50	其他[19]	千克			
3808.94		消毒剂:				
3808.94.10	00	含有任何芳香或改性芳香消毒剂[20]	千克	6.5%[1]	0(A,AU,BH,CA,CL,CO,D,E,IL,JO,K,KR,MA,MX,OM,P,PA,PE,S,SG)	15.4美分/千克+31%

税则号列	统计后缀	货品名称	单位	税率 1 普通	税率 1 特惠	税率 2
3808.94.50		其他	千克	5%[1]	0(A, AU, BH, CA, CL, CO, D, E, IL, JO, K, KR, MA, MX, OM, P, PA, PE, S, SG)	25%
	10	浸有酒精或其他消毒剂的湿巾（纸巾或无纺布湿巾除外）[20]	千克			
	50	用于消毒表面的消毒剂制剂中的过氧化氢[20]	千克			
	90	其他[20]	千克			
3808.99		其他：				
		含有芳香或改性芳香杀虫剂：				
3808.99.04	00	1,1-双(4-氯苯基)-2,2,2-三氯乙醇(三氯杀螨醇)和应用助剂的混合物	千克	0[1]		15.4美分/千克+31%
3808.99.08	00	其他	千克	6.5%[1]	0(A, AU, BH, CA, CL, CO, D, E, IL, JO, KR, MA, MX, OM, P, PA, PE, S, SG)	15.4美分/千克+31%
		其他：				
3808.99.30	00	基于2-甲基-4-异噻唑啉-3-酮、或2-正辛基-4-异噻唑啉-3-酮、或4,5-二氯-2-正辛基-4-异噻唑啉-3-酮、或5-氯-2-甲基-4-异噻唑啉-3-酮和2-甲基-4-异噻唑啉-3-酮的混合物的配方杀生物剂；以及四聚乙醛	千克	0[1]		25%
		其他：				
3808.99.70	00	含有无机物的	千克	5%[1]	0(A, AU, BH, CA, CL, CO, D, E, IL, JO, KR, MA, MX, OM, P, PA, PE, S, SG)	25%
3808.99.95	01	其他	千克	5%[21]	0(A+, AU, BH, CA, CL, CO, D, E, IL, JO, KR, MA, MX, OM, P, PA, PE, S, SG)	25%
3809		纺织、造纸、制革及类似工业用的其他品目未列名的整理剂、染料加速着色或固色助剂及其他产品和制剂(例如，修整剂及媒染剂)：				
3809.10.00	00	以淀粉物质为基本成分	千克	2.2美分/千克+3%[6]	0(A, AU, BH, CA, CL, CO, D, E, IL, JO, KR, MA, MX, OM, P, PA, PE, S, SG)	17.6美分/千克+25%
		其他：				
3809.91.00	00	纺织工业及类似工业用	千克	6%[22]	0(A, AU, BH, CA, CL, CO, D, E, IL, JO, KR, MA, MX, OM, P, PA, PE, S, SG)3%(JP)	25%
3809.92		造纸工业及类似工业用：				
3809.92.10	00	按重量计含5%或以上一种或多种芳香族或改性芳香族物质	千克	6.5%[1]	0(A+, AU, BH, CA, CL, CO, D, E, IL, JO, KR, MA, MX, OM, P, PA, PE, S, SG)	60%
3809.92.50	00	其他	千克	6%[1]	0(A+, AU, BH, CA, CL, CO, D, E, IL, JO, KR, MA, MX, OM, P, PA, PE, S, SG)	25%

第三十八章 杂项化学产品

税则号列	统计后缀	货品名称	单位	税率 1 普通	税率 1 特惠	税率 2
3809.93		制革工业及类似工业用：				
3809.93.10	00	按重量计含5%或以上一种或多种芳香族或改性芳香族物质	千克	6.5%[1]	0(A+,AU,BH,CA,CL,CO,D,E,IL,JO,KR,MA,MX,OM,P,PA,PE,S,SG)	60%
3809.93.50	00	其他	千克	6%[1]	0(A,AU,BH,CA,CL,CO,D,E,IL,JO,KR,MA,MX,OM,P,PA,PE,S,SG)	25%
3810		金属表面酸洗剂；焊接用的焊剂及其他辅助剂；金属及其他材料制成的焊粉或焊膏；作焊条芯子或焊条涂料用的制品：				
3810.10.00	00	金属表面酸洗剂；金属及其他材料制成的焊粉或焊膏	千克	5%[1]	0(A+,AU,BH,CA,CL,CO,D,E,IL,JO,KR,MA,MX,OM,P,PA,PE,S,SG)	25%
3810.90		其他：				
3810.90.10	00	按重量计含5%或以上一种或多种芳香族或改性芳香族物质	千克	6.5%[1]	0(A+,AU,BH,CA,CL,CO,D,E,IL,JO,KR,MA,MX,OM,P,PA,PE,S,SG)	3.7美分/千克+60%
3810.90.20	00	完全由无机物组成[23]	千克	0[1]		25%
3810.90.50	00	其他[24]	千克	5%[1]	0(A+,AU,BH,CA,CL,CO,D,E,IL,JO,KR,MA,MX,OM,P,PA,PE,S,SG)	25%
3811		抗震剂、抗氧剂、防胶剂、黏度改良剂、防腐蚀制剂及其他配制添加剂，用于矿物油（包括汽油）或与矿物油同样用途的其他液体：				
		抗震剂：				
3811.11		以铅化合物为基本成分：				
3811.11.10	00	基于四乙基铅或基于四乙基铅和四甲基铅的混合物	千克	0[1]		30%
3811.11.50	00	其他	千克	0[1]		25%
3811.19.00	00	其他	千克	6.5%[1]	0(A+,AU,BH,CA,CL,CO,D,E,IL,JO,KR,MA,MX,OM,P,PA,PE,S,SG)	3.7美分/千克+60%
		润滑油添加剂：				
3811.21.00	00	含有石油或从沥青矿物提取的油类	千克	6.5%[25]	0(A+,AU,BH,CA,CL,CO,D,E,IL,JO,KR,MA,MX,OM,P,PA,PE,S,SG)	60%
3811.29.00	00	其他	千克	6.5%[26]	0(A+,AU,BH,CA,CL,CO,D,E,IL,JO,KR,MA,MX,OM,P,PA,PE,S,SG)	25%
3811.90.00	00	其他	千克	6.5%[27]	0(A+,AU,BH,CA,CL,CO,D,E,IL,JO,KR,MA,MX,OM,P,PA,PE,S,SG)	3.7美分/千克+60%
3812		配制的橡胶促进剂；其他品目未列名的橡胶或塑料用复合增塑剂；橡胶或塑料用抗氧制剂及其他复合稳定剂：				
3812.10		配制的橡胶促进剂：				
3812.10.10	00	含有任何芳香族或改性芳香族橡胶促进剂	千克	6.5%[1]	0(A,AU,BH,CA,CL,CO,D,E,IL,JO,KR,MA,MX,OM,P,PA,PE,S,SG)	3.7美分/千克+60%

税则号列	统计后缀	货品名称	单位	税率 1 普通	税率 1 特惠	2
3812.10.50	00	其他	千克	5%[28]	0(A+,AU,BH,CA,CL,CO,D,E,IL,JO,KR,MA,MX,OM,P,PA,PE,S,SG)	25%
3812.20		橡胶或塑料用复合增塑剂：				
3812.20.10	00	含有任何芳香族或改性芳香族增塑剂	千克	6.5%[29]	0(A,AU,BH,CA,CL,CO,D,E,IL,JO,KR,MA,MX,OM,P,PA,PE,S,SG)	15.4美分/千克+57%
3812.20.50	00	其他	千克	5%[1]	0(A+,AU,BH,CA,CL,CO,D,E,IL,JO,KR,MA,MX,OM,P,PA,PE,S,SG)	25%
		橡胶或塑料用抗氧制剂及其他复合稳定剂：				
3812.31.00	00	2,2,4-三甲基1-1,2-二氢化喹啉(TMQ)低聚体混合物	千克	6.5%[1]	0(A,AU,BH,CA,CL,CO,D,E,IL,JO,K,KR,MA,MX,OM,P,PA,PE,S,SG)	3.7美分/千克+60%
3812.39		其他：				
		含有任何芳香族或改性芳香族抗氧化剂或其他稳定剂：				
3812.39.20	00	N,N'-二芳基-对苯二胺的混合物	千克	6.5%[1]	0(A,AU,BH,CA,CL,CO,D,E,IL,JO,KR,MA,MX,OM,P,PA,PE,S,SG)	3.7美分/千克+60%
3812.39.30	00	聚[亚硝基甲烷三芳基-亚硝基[2,4,6-三(1-甲基乙基)-1,3-亚苯基]]-2,6-双(1-甲基乙基)苯基]母料-ω-[[[[2,6-双(1-甲基乙基)苯基]氨基]-亚甲基]氨基]碳二亚胺或2,4-二异氰酸酯-1,3,5-三(1-甲基乙基)-苯与聚乙烯、聚对苯二甲酸乙二酯或热塑性聚氨酯的均聚物；3-(2H-苯并三唑-2-基)-5-(叔丁基)-4-羟基苯丙酸、C7-C9支链或直链烷基酯的母料；以及主批次α-[3-[3-(2H-苯并三唑-2-基)-5-(1,1-二甲基乙基)-4-羟基苯基]-1-氧丙基]-ω-[3-[3-(2H-苯并三唑-2-基)-5-(1,1-二甲基乙基)-4-羟基苯基]-1-氧代丙基]聚氧乙烯	千克	0[1]		3.7美分/千克+60%
3812.39.60	00	其他	千克	6.5%[30]	0(A,AU,BH,CA,CL,CO,D,E,IL,JO,KR,MA,MX,OM,P,PA,PE,S,SG)	3.7美分/千克+60%
		其他：				
3812.39.70	00	双(1,2,2,6,6-五甲基-4-哌啶基)癸二酸酯	千克	0[1]		25%
3812.39.90	00	其他	千克	5%[31]	0(A+,AU,BH,CA,CL,CO,D,E,IL,JO,KR,MA,MX,OM,P,PA,PE,S,SG)	25%
3813.00		灭火器的装配药；已装药的灭火弹：				
3813.00.10	00	完全由无机物组成	千克	0[1]		25%

税则号列	统计后缀	货品名称	单位	税率 1 普通	税率 1 特惠	2
3813.00.50	00	其他	千克	3.7%[1]	0(A*,AU,BH,CA,CL,CO,D,E,IL,JO,KR,MA,MX,OM,P,PA,PE,S,SG)	20%
3814.00		其他品目未列名的有机复合溶剂及稀释剂;除漆剂:				
3814.00.10	00	按重量计含有5%或以上但不超过25%的一种或多种芳香族或改性芳香族物质	千克	6.5%[1]	0(A+,AU,BH,CA,CL,CO,D,E,IL,JO,KR,MA,MX,OM,P,PA,PE,S,SG)	3.7美分/千克+60%
3814.00.20	00	按重量计含有25%以上的一种或多种芳香族或改性芳香族物质	千克	6.5%[1]	0(A,AU,BH,CA,CL,CO,D,E,IL,JO,KR,MA,MX,OM,P,PA,PE,S,SG)	15.4美分/千克+43.5%
3814.00.50		其他		6%[1]	0(A+,AU,BH,CA,CL,CO,D,E,IL,JO,KR,MA,MX,OM,P,PA,PE,S,SG)	25%
	10	含有甲基氯仿(1,1,1-三氯乙烷)或四氯化碳	千克			
	90	其他	千克			
3815		其他品目未列名的反应引发剂、反应促进剂、催化剂:				
		载体催化剂:				
3815.11.00	00	以镍及其化合物为活性物的[15]	千克	0[1]		25%
3815.12.00	00	以贵金属及其化合物为活性物的	千克	0[1]		25%
3815.19.00	00	其他[32]	千克	0[1]		25%
3815.90		其他:				
		完全由无机物组成:				
3815.90.10	00	铋的、钨的或钒的	千克	6.5%[1]	0(A,AU,BH,CA,CL,CO,D,E,IL,JO,KR,MA,MX,OM,P,PA,PE,S,SG)	40%
3815.90.20	00	汞的或钼的	千克	2.8%[1]	0(A,AU,BH,CA,CL,CO,D,E,IL,JO,KR,MA,MX,OM,P,PA,PE,S,SG)	18%
3815.90.30	00	其他	千克	0[1]		25%
3815.90.50	00	其他	千克	5%[33]	0(A+,AU,BH,CA,CL,CO,D,E,IL,JO,KR,MA,MX,OM,P,PA,PE,S,SG)	25%
3816.00.00		耐火的水泥、灰泥、混凝土及类似耐火混合制品,但品目3801的产品除外		3%[1]	0(A,AU,BH,CA,CL,CO,D,E,IL,JO,KR,MA,MX,OM,P,PA,PE,S,SG)	30%
	10	粘土	千克			
	50	其他	千克			
3817		混合烷基苯及混合烷基萘,但品目2707及品目2902的货品除外:				
		混合烷基苯:				
3817.00.10	00	混合直链烷基苯	千克	6.5%[1]	0(A+,AU,BH,CA,CL,CO,D,E,IL,JO,KR,MA,MX,OM,P,PA,PE,S,SG)	15.4美分/千克+55%

税则号列	统计后缀	货品名称	单位	税率 1 普通	税率 1 特惠	2
3817.00.15	00	其他	千克	6.5%[34]	0(A,AU,BH,CA,CL,CO,D,E,IL,JO,KR,MA,MX,OM,P,PA,PE,S,SG)	15.4美分/千克+55%
3817.00.20	00	混合烷基萘	千克	6.5%[1]	0(A+,AU,BH,CA,CL,CO,D,E,IL,JO,KR,MA,MX,OM,P,PA,PE,S,SG)	3.7美分/千克+60%
3818.00.00		经掺杂用于电子工业的化学元素,已切成圆片、薄片或类似形状;经掺杂用于电子工业的化合物		0[1]		25%
	10	掺杂砷化镓晶片	千克			
	90	其他	千克			
3819.00.00		闸用液压油及其他液压传动用液体,不含石油或从沥青矿物提取的油类,或者按重量计石油或从沥青矿物提取的油类含量低于70%		6.5%[35]	0(A+,AU,BH,CA,CL,CO,D,E,IL,JO,KR,MA,MX,OM,P,PA,PE,S,SG)	3.7美分/千克+60%
	10	液压制动液	千克			
	90	其他	千克			
3820.00.00	00	防冻剂及解冻剂	千克	6.5%[6]	0(A+,AU,BH,CA,CL,CO,D,E,IL,JO,KR,MA,MX,OM,P,PA,PE,S,SG)	63%
3821.00.00		制成的供微生物(包括病毒及类似品)或植物、人体、动物细胞生长或维持用的培养基	千克	5%	0(A+,AU,BH,CA,CL,CO,D,E,IL,JO,KR,MA,MX,OM,P,PA,PE,S,SG)	25%
	10	病毒转运介质	千克			
	90	其他	千克			
3822.00		附于衬背上的诊断或实验用试剂及不论是否附于衬背上的诊断或实验用配制试剂,但品目3002及品目3006的货品除外;有证标准样品				
		附于衬背上的诊断或实验用试剂及不论是否附于衬背上的诊断或实验用配制试剂,但品目3002及品目3006的货品除外:				
3822.00.10		含有抗原或抗血清		0		0
	10	含有甲基氯仿(1,1,1-三氯乙烷)或四氯化碳	千克			
	90	其他	千克			
3822.00.50		其他		0		25%
	10	含有甲基氯仿(1,1,1-三氯乙烷)或四氯化碳	千克			
	50	基于聚合酶链反应(PCR)的诊断试剂	千克			
	95	其他	千克			
3822.00.60	00	有证标准样品	千克	0		25%
3823		工业用单羧脂肪酸;精炼所得的酸性油;工业用脂肪醇:				
		工业用单羧脂肪酸;精炼所得的酸性油:				

税则号列	统计后缀	货品名称	单位	税率 1 普通	税率 1 特惠	税率 2
3823.11.00	00	硬脂酸	千克	2.1美分/千克+3.8%[6]	0(A*,AU,BH,CA,CL,CO,D,E,IL,JO,KR,MA,MX,OM,P,PA,PE,S,SG)	6.6美分/千克+25%
3823.12.00	00	油酸	千克	2.1美分/千克+3.2%[6]	0(A,AU,BH,CA,CL,CO,D,E,IL,JO,KR,MA,MX,OM,P,PA,PE,S,SG)	6.6美分/千克+20%
3823.13.00		妥尔油脂肪酸		3.2%[6]	0(A+,AU,BH,CA,CL,CO,D,E,IL,JO,KR,MA,MX,OM,P,PA,PE,S,SG)	20%
	20	松香含量低于2%的	千克			
	40	其他	千克			
3823.19		其他：				
3823.19.20	00	从椰子、棕榈仁或棕榈油中提取的	千克	2.3%[36]	0(A,AU,BH,CA,CL,CO,D,E,IL,JO,KR,MA,MX,OM,P,PA,PE,S,SG)	20%
3823.19.40	00	其他	千克	3.2%[37]	0(A+,AU,BH,CA,CL,CO,D,E,IL,JO,KR,MA,MX,OM,P,PA,PE,S,SG)	20%
3823.70		工业用脂肪醇：				
		来源于动物或植物的脂肪物质：				
3823.70.20	00	油基的	千克	5.1%[6]	0(A+,AU,BH,CA,CL,CO,D,E,IL,JO,KR,MA,MX,OM,P,PA,PE,S,SG)	39.5%
3823.70.40	00	其他	千克	2%[38]	0(A+,AU,BH,CA,CL,CO,D,E,IL,JO,KR,MA,MX,OM,P,PA,PE,S,SG)	25%
3823.70.60	00	其他	千克	2.4%[6]	0(A+,AU,BH,CA,CL,CO,D,E,IL,JO,KR,MA,MX,OM,P,PA,PE,S,SG)	25%
3824		铸模及铸芯用粘合剂；其他品目未列名的化学工业及其相关工业的化学产品及配制品(包括由天然产品混合组成的)：				
3824.10.00	00	铸模及铸芯用粘合剂	千克	6%[1]	0(A+,AU,BH,CA,CL,CO,D,E,IL,JO,KR,MA,MX,OM,P,PA,PE,S,SG)	25%
3824.30.00	00	自身混合或与金属粘合剂混合的未烧结金属碳化物	千克	3.6%[1]	0(A,AU,BH,CA,CL,CO,D,E,IL,JO,KR,MA,MX,OM,P,PA,PE,S,SG)	25%
3824.40		水泥、灰泥及混凝土用添加剂：				
3824.40.10	00	按重量计含5%或以上的一种或多种芳香族或改性芳香族物质	千克	6.5%[1]	0(A+,AU,BH,CA,CL,CO,D,E,IL,JO,KR,MA,MX,OM,P,PA,PE,S,SG)	3.7美分/千克+60%
3824.40.20	00	完全由无机物组成	千克	0[1]		25%
3824.40.50	00	其他	千克	5%[1]	0(A+,AU,BH,CA,CL,CO,D,E,IL,JO,KR,MA,MX,OM,P,PA,PE,S,SG)	25%
3824.50.00		非耐火的灰泥及混凝土		0[1]		20%
	10	湿的	吨			

税则号列	统计后缀	货品名称	单位	税率 普通	税率 1 特惠	2
	50	其他	吨			
3824.60.00	00	子目2905.44以外的山梨醇	千克	4.9%[6]	0(A, AU, BH, CA, CL, CO, D, E, IL, JO, KR, MA, MX, OM, P, PA, PE, S, SG)	50%
		含有甲烷、乙烷或丙烷的卤化衍生物的混合物:				
3824.71.01	00	含有全氯氟烃(CFCs)的,不论是否含有氢氯氟烃(HCFCs)、全氟烃(PFCs)或氢氟烃(HFCs)	千克	3.7%[1]	0(A+, AU, BH, CA, CL, CO, D, E, IL, JO, KR, MA, MX, OM, P, PA, PE, S, SG)	25%
3824.72.00	00	含有溴氯二氟甲烷、溴三氟甲烷或二溴四氟乙烷的	千克	3.7%[1]	0(A+, AU, BH, CA, CL, CO, D, E, IL, JO, KR, MA, MX, OM, P, PA, PE, S, SG)	25%
3824.73.00	00	含有氢溴氟烃(HBFCs)的	千克	3.7%[1]	0(A+, AU, BH, CA, CL, CO, D, E, IL, JO, KR, MA, MX, OM, P, PA, PE, S, SG)	25%
3824.74.00	00	含有氢氯氟烃(HCFCs)的,不论是否含有全氟烃(PFCs)或氢氟烃(HFCs),但不含全氯氟烃(CFCs)	千克	3.7%[1]	0(A+, AU, BH, CA, CL, CO, D, E, IL, JO, KR, MA, MX, OM, P, PA, PE, S, SG)	25%
3824.75.00	00	含有四氯化碳的	千克	6.5%[1]	0(A, AU, BH, CA, CL, CO, D, E, IL, JO, K, KR, MA, MX, OM, P, PA, PE, S, SG)	114.5%
3824.76.00	00	含有1,1,1-三氯乙烷(甲基氯仿)的	千克	6.5%[1]	0(A, AU, BH, CA, CL, CO, D, E, IL, JO, K, KR, MA, MX, OM, P, PA, PE, S, SG)	114.5%
3824.77.00	00	含有溴化甲烷(甲基溴)或溴氯甲烷的	千克	3.7%[1]	0(A+, AU, BH, CA, CL, CO, D, E, IL, JO, KR, MA, MX, OM, P, PA, PE, S, SG)	25%
3824.78.00		含有全氟烃(PFCs)或氢氟烃(HFCs)的,但不含全氯氟烃(CFCs)或氢氯氟烃(HCF-Cs)的		3.7%[1]	0(A+, AU, BH, CA, CL, CO, D, E, IL, JO, KR, MA, MX, OM, P, PA, PE, S, SG)	25%
	20	本章子目注释二规定的氢氟碳制冷剂混合物[39]	千克			
	50	其他	千克			
3824.79		其他:				
3824.79.10	00	氯化但未卤化	千克	6.5%[1]	0(A, AU, BH, CA, CL, CO, D, E, IL, JO, KR, MA, MX, OM, P, PA, PE, S, SG)	114.5%
3824.79.90	00	其他	千克	3.7%[1]	0(A+, AU, BH, CA, CL, CO, D, E, IL, JO, KR, MA, MX, OM, P, PA, PE, S, SG)	25%
		本章子目注释三所列货品:				
3824.81.00	00	含有环氧乙烷(氧化乙烯)的	千克	5%[1]	0(A+, AU, BH, CA, CL, CO, D, E, IL, JO, K, KR, MA, MX, OM, P, PA, PE, S, SG)	25%
3824.82		含有多氯联苯(PCBs)、多氯三联苯(PCTs)或多溴联苯(PBBs)的:				
3824.82.10	00	氯化但未卤化	千克	6.5%[1]	0(A, AU, BH, CA, CL, CO, D, E, IL, JO, K, KR, MA, MX, OM, P, PA, PE, S, SG)	114.5%

税则号列	统计后缀	货品名称	单位	税率 1 普通	税率 1 特惠	2
3824.82.90	00	其他	千克	3.7%[1]	0(A+,AU,BH,CA,CL,CO,D,E,IL,JO,K,KR,MA,MX,OM,P,PA,PE,S,SG)	25%
3824.83.00	00	含有三(2,3-二溴丙基)磷酸酯的	千克	5%[1]	0(A+,AU,BH,CA,CL,CO,D,E,IL,JO,K,KR,MA,MX,OM,P,PA,PE,S,SG)	25%
3824.84.00	00	含有艾氏剂(ISO)、毒杀芬(ISO)、氯丹(ISO)、十氯酮(ISO)、DDT(ISO)[滴滴涕(INN)、1,1,1-三氯-2,2-双(4-氯苯基)乙烷]、狄氏剂(ISO,INN)、硫丹(ISO)、异狄氏剂(ISO)、七氯(ISO)或灭蚁灵(ISO)的	千克	6.5%[1]	0(A,AU,BH,CA,CL,CO,D,E,IL,JO,K,KR,MA,MX,OM,P,PA,PE,S,SG)	114.5%
3824.85.00	00	含有1,2,3,4,5,6-六氯环己烷[六六六(ISO)],包括林丹(ISO,INN)的	千克	6.5%[1]	0(A,AU,BH,CA,CL,CO,D,E,IL,JO,K,KR,MA,MX,OM,P,PA,PE,S,SG)	114.5%
3824.86.00	00	含有五氯苯(ISO)或六氯苯(ISO)的	千克	6.5%[1]	0(A,AU,BH,CA,CL,CO,D,E,IL,JO,K,KR,MA,MX,OM,P,PA,PE,S,SG)	3.7美分/千克+60%
3824.87.00	00	含有全氟辛基磺酸及其盐、全氟辛基磺酰胺或全氟辛基磺酰氯的	千克	3.7%[1]	0(A+,AU,BH,CA,CL,CO,D,E,IL,JO,K,KR,MA,MX,OM,P,PA,PE,S,SG)	25%
3824.88.00	00	含有四、五、六、七或八溴联苯醚的	千克	6.5%[1]	0(A,AU,BH,CA,CL,CO,D,E,IL,JO,K,KR,MA,MX,OM,P,PA,PE,S,SG)	3.7美分/千克+60%
		其他:				
3824.91.00	00	主要由(5-乙基-2-甲基-2氧代-3,2-二氧磷杂环己-5-基)甲基膦酸二甲酯和双[(5-乙基-2-甲基-2氧代-1,3,2-二氧磷杂环己-5-基)甲基]甲基膦酸酯组成的混合物及制品	千克	5%[1]	0(A+,AU,BH,CA,CL,CO,D,E,IL,JO,K,KR,MA,MX,OM,P,PA,PE,S,SG)	25%
3824.99		其他:				
		培养晶体(第九十章的光学元件除外),每个重量不少于2.5克:				
3824.99.11	00	以锭的形式	千克	0[1]		25%
3824.99.19	00	其他	千克	6.5%[1]	0(A,AU,BH,CA,CL,CO,D,E,IL,JO,KR,MA,MX,OM,P,PA,PE,S,SG)	50%
		其他:				
		按重量计含有5%或以上的一种或多种芳香族或改性芳香族物质的混合物:				
3824.99.21	00	完全由煤焦油中天然存在的物质组成,不论是从煤焦油还是其他来源获得	千克	0[1]		0
3824.99.25	00	三苯基氯化锍、二苯基(4-苯硫基)苯基氯化锍和(硫代-4,1-亚苯基)双(二苯基锍)二氯化物的水性混合物	千克	6.5%[1]	0(A,AU,BH,CA,CL,CO,D,E,IL,JO,K,KR,MA,MX,OM,P,PA,PE,S,SG)	3.7美分/千克+60%

税则号列	统计后缀	货品名称	单位	税率 1 普通	税率 1 特惠	2
3824.99.26	00	苯,2,4-二异氰酸酯-1,3,5-三(1-甲基乙基)均聚物;5-氟-2-甲基-1-[[4-(甲基亚磺酰基)-苯基]亚甲基]-1H-茚、邻苯二甲酸二甲酯、叔丁醇、过氧化氢和水杨酸钠的混合物;以及含有N-[2-(2-羟基-3-苯氧基丙氧基)苯基]-乙酰胺衍生物的混合物	千克	0[1]		3.7美分/千克+60%
3824.99.28		其他		6.5%[40]	0(A,AU,BH,CA,CL,CO,D,E,IL,JO,K,KR,MA,MX,OM,P,PA,PE,S,SG)	3.7美分/千克+60%
	40	用于个人电动或电子蒸发装置的含有尼古丁的混合物	千克			
	90	其他	千克			
		两种或以上无机化合物的混合物:				
3824.99.31	00	铋的	千克	6.5%[1]	0(A,AU,BH,CA,CL,CO,D,E,IL,JO,KR,MA,MX,OM,P,PA,PE,S,SG)	35%
3824.99.32	00	亚硫酸氢盐化合物,亚砜化合物,或两者兼有	千克	6.5%[1]	0(A*,AU,BH,CA,CL,CO,D,E,IL,JO,KR,MA,MX,OM,P,PA,PE,S,SG)	35%
3824.99.33	00	汞的	千克	4.2%[1]	0(A,AU,BH,CA,CL,CO,D,E,IL,JO,KR,MA,MX,OM,P,PA,PE,S,SG)	26.3%
3824.99.34	00	钼的	千克	2.8%[1]	0(A,AU,BH,CA,CL,CO,D,E,IL,JO,KR,MA,MX,OM,P,PA,PE,S,SG)	18%
3824.99.35	00	钨的	千克	6.5%[1]	0(A+,AU,BH,CA,CL,CO,D,E,IL,JO,KR,MA,MX,OM,P,PA,PE,S,SG)	45.5%
3824.99.36	00	钒的	千克	6.5%[6]	0(A,AU,BH,CA,CL,CO,D,E,IL,JO,KR,MA,MX,OM,P,PA,PE,S,SG)	40%
3824.99.39	00	其他[41]	千克	0[1]		25%
3824.99.41		动物或植物来源的脂肪物质及其混合物		4.6%[42]	0(A*,AU,BH,CA,CL,CO,D,E,IL,JO,KR,MA,MX,OM,P,PA,PE,S,SG)	16.5美分/千克+30%
	40	脂肪酸酯混合物	千克			
	90	其他	千克			
		其他:				
3824.99.48	00	全部或部分来自石油、页岩油或天然气的全部或部分碳氢化合物的混合物	千克	6.5%[1]	0(A+,AU,BH,CA,CL,CO,D,E,IL,JO,K,KR,MA,MX,OM,P,PA,PE,S,SG)	25%
		卤代烃的混合物:				
3824.99.50	00	氯化但未卤化	千克	6.5%[1]	0(A,AU,BH,CA,CL,CO,D,E,IL,JO,K,KR,MA,MX,OM,P,PA,PE,S,SG)	114.5%

税则号列	统计后缀	货品名称	单位	税率 1 普通	税率 1 特惠	2
3824.99.55	00	其他	千克	3.7%[1]	0(A+,AU,BH,CA,CL,CO,D,E,IL,JO,K,KR,MA,MX,OM,P,PA,PE,S,SG)	25%
		其他:				
3824.99.70	00	二溴新戊二醇的混合物；聚二溴苯醚；四溴双酚-A-碳酸酯低聚物；用于印刷电路板、塑料和金属饰面的电镀化学和化学镀溶液和其他材料	千克	0[1]		25%
3824.99.75		环烷酸及其水不溶性盐和酯		3.7%[1]	0(A,AU,BH,CA,CL,CO,D,E,IL,JO,KR,MA,MX,OM,P,PA,PE,S,SG)	25%
	10	环烷酸	千克			
	50	其他	千克			
3824.99.92		其他		5%[43]	0(A+,AU,BH,CA,CL,CO,D,E,IL,JO,JP,K,KR,MA,MX,OM,P,PA,PE,S,SG)	25%
		无环、一元、未取代醇的混合物：				
	10	仅含有C11或低级醇	千克			
	20	仅含有C12或更高级醇	千克			
	30	其他	千克			
	61	主要由含有一个磷原子的化学品组成的混合物,该磷原子与一个甲基、乙基、正丙基或异丙基相连,但不含其他碳原子	千克			
	80	用于个人电动或电子蒸发装置的含有尼古丁的混合物	千克			
	86	用作脱硫剂的含镁混合物	千克			
	97	其他[44]	千克			
3825		其他品目未列名的化学工业及其相关工业的副产品；城市垃圾；下水道淤泥；本章注释六所规定的其他废物：				
3825.10.00	00	城市垃圾	千克	0[6]		0
3825.20.00	00	下水道淤泥	千克	0[6]		0
3825.30.00	00	医疗废物	千克	0[6]		0
		废有机溶剂：				
3825.41.00	00	卤化物的	千克	0[1]		0
3825.49.00	00	其他	千克	0[1]		0
3825.50.00	00	废的金属酸洗液、液压油、制动油及防冻液	千克	0[1]		0
		其他化学工业及相关工业的废物：				
3825.61.00	00	主要含有有机成分的	千克	0[1]		0
3825.69.00	00	其他	千克	0[1]		0
3825.90.00	00	其他	千克	0[1]		0

税则号列	统计后缀	货品名称	单位	税率 普通	税率 1 特惠	2
3826.00		生物柴油及其混合物,不含或含有按重量计少于70%的石油或从沥青矿物中提取的油类:				
3826.00.10	00	不含石油或从沥青材料中提取的油类的生物柴油(B100)	千克	4.6%[1]	0(A*,AU,BH,CA,CL,CO,D,E,IL,JO,KR,MA,MX,OM,P,PA,PE,S,SG)	16.5美分/千克+30%
3826.00.30	00	其他	千克	6.5%[1]	0(A+,AU,BH,CA,CL,CO,D,E,IL,JO,K,KR,MA,MX,OM,P,PA,PE,S,SG)	25%

[1]见9903.88.03。

[2]见9903.88.46、9903.88.48和9903.88.56。

[3]见9903.88.46和9903.88.56。

[4]见9902.09.17和9903.88.03。

[5]见9902.09.18和9903.88.03。

[6]见9903.88.15。

[7]见9903.88.16。

[8]见9902.09.19、9902.09.20、9902.09.21、9902.09.22、9902.09.23、9902.09.24、9902.09.25、9902.09.26、9902.09.27、9902.09.28、9902.09.29、9902.09.30、9902.09.31和9903.88.03。

[9]见9902.09.32和9903.88.03。

[10]见9902.09.33、9902.09.34、9902.09.35、9902.09.36、9902.09.37、9902.09.38、9902.09.39和9903.88.03。

[11]见9902.09.40、9902.09.41、9902.09.42、9902.09.43、9902.09.44、9902.09.45、9902.09.46、9902.09.47、9902.09.48、9902.09.49、9902.09.50、9902.09.51、9902.09.52、9902.09.53、9902.09.54、9902.09.55、9902.09.56、9902.09.57、9902.09.58、9902.09.59、9902.09.60、9902.09.61、9902.09.62、9902.09.63、9902.09.64、9902.09.65、9902.09.66、9902.09.67、9902.09.68、9902.09.69、9902.09.70、9902.09.71、9902.09.72和9903.88.03。

[12]见9902.09.73、9902.09.74、9902.09.75和9903.88.03。

[13]见9902.09.76、9902.09.77和9903.88.03。

[14]见9902.09.78、9902.09.79、9902.09.80、9902.09.81、9902.09.82、9902.09.83、9902.09.84和9903.88.03。

[15]见9903.88.38和9903.88.56。

[16]见9902.09.85、9902.09.86、9902.09.87、9902.09.88、9902.09.89、90209.90、9902.09.91、9902.09.92、9902.09.93、9902.09.94、9902.09.95、9902.09.96、9902.09.97、9902.09.98、9902.09.99、9902.10.01、9902.10.02、9902.10.03、9902.10.04、9902.10.5、9902.10.06、9902.10.07、9902.10.08、9902.10.09、9902.10.10、9902.10.11和9903.88.03。

[17]见9902.10.12和9903.88.03。

[18]见9902.10.13、9902.10.14、9902.10.15、9902.10.16、9902.10.17、9902.10.18和9903.88.03。

[19]见9903.88.48。

[20]见9903.88.64。

[21]见9902.10.19和9903.88.03。

[22]见9902.10.20和9903.88.03。

[23]见9903.88.43和9903.88.56。

[24]见9903.88.46。

[25]见9902.10.21、9902.10.22和9903.88.02。

[26]见9902.10.23和9903.88.02。

[27]见9902.10.24、9902.10.25和9903.88.03。

[28]见9902.10.26、9902.10.27、9902.10.28和9903.88.03。

[29]见9902.10.29、9902.10.30和9903.88.03。

[30]见9902.10.31、9902.10.32、9902.10.33、9902.10.34、9902.10.35和9903.88.03。

[31]见9902.10.36、9902.10.37和9903.88.03。

[32]见9903.88.38、9903.88.46和9903.88.56。

[33]见9902.10.38、9902.10.39、9902.10.40、9902.10.41和9903.88.03。

[34]见9902.10.42和9903.88.03。

[35]见9902.10.43和9903.88.03。

[36]见9902.10.44和9903.88.15。

[37]见9902.10.45和9903.88.15。

[38]见9902.10.46和9903.88.15。

[39]见9903.88.45、9903.88.48和9903.88.56。

[40]见9902.10.49、9902.10.50和9903.88.03。

[41]见9903.88.18。

[42]见9902.10.53和9903.88.03。

[43]见9902.10.47、9902.10.48、9902.10.54、9902.10.55、9902.10.56、9902.10.57、9902.10.58、9902.10.59、9902.10.60、9902.10.61、9902.10.62、9902.10.63和9903.88.03。

[44]见9903.88.45、9903.88.48、9903.88.56和9903.88.64。

第七类　塑料及其制品;橡胶及其制品

注释:

一、由两种或以上单独成分配套的货品,其部分或全部成分属于本类范围以内,混合后则构成第六类或第七类的货品,应按混合后产品归入相应的品目,但其组成成分必须同时符合下列条件:

(一)其包装形式足以表明这些成分不需经过改装就可以一起使用的;

(二)一起进口或出口的;

(三)这些成分的属性及相互比例足以表明是相互配用的。

二、除品目3918或品目3919的货品外,印有花纹、文字、图画的塑料、橡胶及其制品,如果所印花纹、字画作为其主要用途,则应归入第四十九章。

第三十九章　塑料及其制品

注释：

一、本税则所称"塑料"是指品目3901至3914的材料，这些材料能够在聚合时或聚合后在外力（一般是热力和压力，必要时加入溶剂或增塑剂）作用下通过模制、浇铸、挤压、滚轧或其他工序制成一定的形状，成形后除去外力，其形状仍保持不变。

　本税则所称"塑料"还应包括钢纸，但不包括第十一类的纺织材料。

二、本章不包括：

（一）品目2710或品目3403的润滑油；

（二）品目2712或品目3404的蜡；

（三）单独的已有化学定义的有机化合物（第二十九章）；

（四）肝素及其盐（品目3001）；

（五）品目3901至3913所列的任何产品溶于挥发性有机溶剂的溶液（胶棉除外），但溶剂的重量必须超过溶液重量的50%（品目3208）；品目3212的压印箔；

（六）有机表面活性剂或品目3402的制剂；

（七）再熔胶及酯胶（品目3806）；

（八）配制的添加剂，用于矿物油（包括汽油）或与矿物油同样用途的其他液体（品目3811）；

（九）以第三十九章的聚乙二醇、聚硅氧烷或其他聚合物为基本成分的液压用液体（品目3819）；

（十）附于塑料衬背上的诊断或实验用试剂（品目3822）；

（十一）第四十章规定的合成橡胶及其制品；

（十二）鞍具及挽具（品目4201），品目4202的衣箱、提箱、手提包及其他容器；

（十三）第四十六章的缏条、编结品及其他制品；

（十四）品目4814的壁纸；

（十五）第十一类的货品（纺织原料及纺织制品）；

（十六）第十二类的物品（例如，鞋靴、帽类、雨伞、阳伞、手杖、鞭子、马鞭及其零件）；

（十七）品目7117的仿首饰；

（十八）第十六类的物品（机器、机械器具或电气器具）；

（十九）第十七类的航空器零件及车辆零件；

（二十）第九十章的物品（例如，光学元件、眼镜架及绘图仪器）；

（二十一）第九十一章的物品（例如，钟壳及表壳）；

（二十二）第九十二章的物品（例如，乐器及其零件）；

（二十三）第九十四章的物品（例如，家具、灯具、照明装置、灯箱及活动房屋）；

（二十四）第九十五章的物品（例如，玩具、游戏品及运动用品）；或者

（二十五）第九十六章的物品（例如，刷子、纽扣、拉链、梳子、烟斗的嘴及柄、香烟嘴及类似品、保温瓶的零件及类似品、钢笔、活动铅笔、独脚架、双脚架、三脚架及类似品）。

三、品目3901至3911仅适用于化学合成的下列货品：

（一）温度在300摄氏度时，压力转为1 013毫巴后减压蒸馏出的液体合成聚烯烃以体积计小于60%的货品（品目3901及品目3902）；

（二）非高度聚合的苯并呋喃-茚式树脂（品目3911）；

（三）平均至少有五个单体单元的其他合成聚合物；

（四）聚硅氧烷（品目3910）；

（五）甲阶酚醛树脂（品目3909）及其他预聚物。

四、所称"共聚物"包括在整个聚合物中按重量计没有一种单体单元的含量在95%或以上的各种聚合物。在本章中，除条文另有规定以外，共聚物（包括共缩聚物、共加聚物、嵌段共聚物及接枝共聚物）及聚合物混合体应按聚合物中重量最大的那种共聚单体单元所构成的聚合物归入相应品目。在本注释中，归入同一品目的聚合物的共聚单体单元应作为一种单体单元对待。

如果没有任何一种共聚单体单元重量为最大，共聚物或聚合物混合体应按号列顺序归入其可归入的最末一个品目。

五、化学改性聚合物即聚合物主链上的支链通过化学反应发生了变化的聚合物，应按未改性的聚合物的相应品目归类。

本规定不适用于接枝共聚物。

六、品目3901至3914所称"初级形状"只限于下列各种形状：

（一）液状及糊状，包括分散体（乳浊液及悬浮液）及溶液；

（二）不规则形状的块、团、粉（包括压型粉）、颗粒、粉片及类似的散装形状。

七、品目3915不适用于已制成初级形状的单一的热塑材料废碎料及下脚料（品目3901至3914）。

八、品目3917所称"管子"是指通常用于输送或供给气体或液体的空心制品或半制品（例如，肋纹浇花软管、多孔管），还包括香肠用肠衣及其他扁平管。除肠衣及扁平管外，内截面如果不呈圆形、椭圆形、矩形（其长度不超过宽度的1.5倍）或正几何形，则不能视为管子，而应作为异型材。

九、品目3918所称"塑料糊墙品"适用于墙壁或天花板装饰用的宽度不小于45厘米的成卷产品，这类产品是将塑料牢固地附着在除纸张以外任何材料的衬背上，并且在塑料面起纹、压花、着色、印制图案或用其他方法装饰。

十、品目3920及品目3921所称"板、片、膜、箔、扁条"只适用于未切割或仅切割成矩形（包括正方形）（含切割后即可供使用的）；但未经进一步加工的板、片、膜、箔、扁条（第五十四章的物品除外）及正几何形块，不论是否经过印制或其他表面加工。

十一、品目3925只适用于第二分章以前各品目未包括的下列物品：

（一）容积超过300升的囤、柜（包括化粪池）、罐、桶及类似容器；

（二）用于地板、墙壁、隔墙、天花板或屋顶等方面的结构件；

（三）槽管及其附件；

（四）门、窗及其框架和门槛；

（五）阳台、栏杆、栅栏、栅门及类似品；

（六）窗板、百叶窗（包括威尼斯式百叶窗）或类似品及其零件、附件；

(七)商店、工棚、仓库等用的拼装式固定大型货架；

(八)建筑用的特色(例如,凹槽、圆顶及鸽棚式)装饰件；以及

(九)固定装于门窗、楼梯、墙壁或建筑物其他部位的附件及架座,例如,球形把手、拉手、挂钩、托架、毛巾架、开关板及其他护板。

子目注释：

一、属于本章任一税号项下的聚合物(包括共聚物)及化学改性聚合物,应按下列规则归类：

(一)在同级子目中有一个"其他"子目的：

1. 子目所列聚合物名称冠有"聚(多)"的(例如,聚乙烯及聚酰胺-6,6),是指列名的该种聚合物单体单元含量在整个聚合物中按重量计必须占95%或以上。

2. 如果子目3901.30、子目3901.40、子目3903.20、子目3903.30及子目3904.30所列的共聚单体单元含量在整个聚合物中按重量计占95%或以上,即应归入上述子目。

3. 化学改性聚合物如未在其他子目具体列名,应归入列明为"其他"的子目内。

4. 不符合上述1、2、3款规定的聚合物应按聚合物中重量最大的那种单体单元(与其他各种单一的共聚单体单元相比)所构成的聚合物归入该级其他相应子目。为此,归入同一子目的聚合物单体单元应作为一种单体单元对待。

只有在同级子目中的聚合物共聚单体单元才可以进行比较。

(二)在同级子目中没有"其他"子目的：

1. 聚合物应按聚合物中重量最大的那种单体单元(与其他各种单一的共聚单体单元相比)所构成的聚合物归入该级相应子目。为此,归入同一子目的聚合物单体单元应作为一种单体单元对待。只有在同级子目中的聚合物共聚单体单元才可以进行比较。

2. 化学改性聚合物应按相应的未改性聚合物的子目归类。

聚合物混合体应按单体单元比例相等、种类相同的聚合物归入相应子目。

二、子目3920.43所称"增塑剂"包括"次级增塑剂"。

附加美国注释：

一、本章所称"弹性体"是指在交联后可在20摄氏度时拉伸至其原始长度至少三倍的塑料材料,并且在拉伸至其原始长度的两倍并消除应力后,在五分钟内返回到原始长度的150%以下。弹性塑料也可包含填料、填充剂、颜料或橡胶加工化学品,而不论此类塑料材料在添加这些填料、填充剂、颜料或化学品后是否能够通过上述测试。

二、就品目3916而言,"特惠"税率栏中的"免税"仅适用于长度不超过38.1厘米的物品。

三、就品目3917的管子而言,"特惠"税率栏中的"免税"只适用于装有附件的管子。

四、就品目3921而言,"特惠"税率栏中的"免税"仅适用于宽度不超过38.1厘米、长度不超过45.7厘米的物品。

五、品目3924所称"家庭用品"不包括相册(见税号3926.90.48)。

统计注释：

一、统计报告编码 3904.61.0010 所称"颗粒状"是指根据 ASTM D 4894-98a 确定的悬浮聚合法生产的聚四氟乙烯（PTFE）树脂和原料聚合物，或根据 ASTM D 4745 确定的悬浮聚合法生产的 PTFE 化合物，或由 ASTM D 5675（第 1 组，1、4、6 类）测定的树脂或原聚合物制成的微粉。

第三十九章　塑料及其制品　513

税则号列	统计后缀	货品名称	单位	税率 1 普通	税率 1 特惠	税率 2
		第一分章　初级形状				
3901		初级形状的乙烯聚合物：				
3901.10		聚乙烯,比重小于0.94：				
3901.10.10	00	相对粘度大于等于1.44的	千克	6.5%[1]	0(AU,BH,CA,CL,CO,E,IL,JO,KR,MA,MX,OM,P,PA,PE,S,SG)	43%
3901.10.50	00	其他	千克	6.5%[1]	0(A,AU,BH,CA,CL,CO,D,E,IL,JO,KR,MA,MX,OM,P,PA,PE,S,SG)	43%
	10	线性低密度聚乙烯	千克			
	20	低密度聚乙烯,但线性低密度聚乙烯除外	千克			
	30	中密度聚乙烯	千克			
3901.20		聚乙烯,比重在0.94或以上				
3901.20.10	00	相对粘度大于等于1.44的	千克	6.5%[1]	0(AU,BH,CA,CL,CO,E,IL,JO,KR,MA,MX,OM,P,PA,PE,S,SG)	43%
3901.20.50	00	其他	千克	6.5%[1]	0(A,AU,BH,CA,CL,CO,D,E,IL,JO,KR,MA,MX,OM,P,PA,PE,S,SG)	43%
3901.30		乙烯-乙酸乙烯酯共聚物：				
3901.30.20	00	醋酸乙烯-氯乙烯-乙烯三元共聚物,按重量计含有少于50%的醋酸乙烯衍生物,但由芳香族或改性芳香族单体聚合而成的除外	千克	0[1]		43.5%
3901.30.60	00	其他	千克	5.3%[1]	0(A,AU,BH,CA,CL,CO,D,E,IL,JO,KR,MA,MX,OM,P,PA,PE,S,SG)	43.5%
3901.40.00	00	乙烯-α-烯烃共聚物,比重小于0.94	千克	6.5%[2]	0(AU,BH,CA,CL,CO,D,E,IL,JO,KR,MA,MX,OM,P,PA,PE,S,SG)	43%
3901.90		其他				
3901.90.10	00	弹性体[3]	千克	0[1]		20%
		其他				
3901.90.55	01	乙烯共聚物	千克	6.5%[1]	0(A,AU,BH,CA,CL,CO,D,E,IL,JO,KR,MA,MX,OM,P,PA,PE,S,SG)	43%
3901.90.90	00	其他	千克	6.5%[4]	0(A*,AU,BH,CA,CL,CO,D,E,IL,JO,K,KR,MA,MX,OM,P,PA,PE,S,SG)	2.2美分/千克+33.5%
3902		初级形状的丙烯或其他烯烃聚合物：				
3902.10.00	00	聚丙烯	千克	6.5%[5]	0(A*,AU,BH,CA,CL,CO,D,E,IL,JO,KR,MA,MX,OM,P,PA,PE,S,SG)	33.5%
3902.20		聚异丁烯：				
3902.20.10	00	弹性体	千克	0[1]		20%

税则号列	统计后缀	货品名称	单位	税率 1 普通	税率 1 特惠	2
3902.20.50	00	其他	千克	6.5%[6]	0(A*,AU,BH,CA,CL,CO,D,E,IL,JO,KR,MA,MX,OM,P,PA,PE,S,SG)	2.2美分/千克+33.5%
3902.30.00	00	丙烯共聚物	千克	6.5%[7]	0(A,AU,BH,CA,CL,CO,D,E,IL,JO,KR,MA,MX,OM,P,PA,PE,S,SG)	2.2美分/千克+33.5%
3902.90.00		其他		6.5%[8]	0(A*,AU,BH,CA,CL,CO,D,E,IL,JO,K,KR,MA,MX,OM,P,PA,PE,S,SG)	2.2美分/千克+33.5%
	10	聚丁烯	千克			
	50	其他	千克			
3903		初级形状的苯乙烯聚合物:				
		聚苯乙烯:				
3903.11.00	00	可发性的	千克	6.5%[1]	0(A,AU,BH,CA,CL,CO,D,E,IL,JO,KR,MA,MX,OM,P,PA,PE,S,SG)	15.4美分/千克+46%
3903.19.00	00	其他	千克	6.5%[1]	0(A,AU,BH,CA,CL,CO,D,E,IL,JO,KR,MA,MX,OM,P,PA,PE,S,SG)	15.4美分/千克+46%
3903.20.00	00	苯乙烯-丙烯腈(SAN)共聚物	千克	6.5%[1]	0(A,AU,BH,CA,CL,CO,D,E,IL,JO,KR,MA,MX,OM,P,PA,PE,S,SG)	15.4美分/千克+45.5%
3903.30.00	00	丙烯腈-丁二烯-苯乙烯(ABS)共聚物	千克	6.5%[1]	0(A,AU,BH,CA,CL,D,E,IL,J,JO,KR,MA,MX,OM,P,PE,S,SG)	15.4美分/千克+47%
3903.90		其他:				
3903.90.10	00	甲基丙烯酸甲酯-丁二烯-苯乙烯(MBS)共聚物	千克	6.5%[1]	0(A,AU,BH,CA,CL,CO,D,E,IL,JO,KR,MA,MX,OM,P,PA,PE,S,SG)	15.4美分/千克+67.5%
3903.90.50	00	其他	千克	6.5%[1]	0(A*,AU,BH,CA,CL,CO,D,E,IL,JO,KR,MA,MX,OM,P,PA,PE,S,SG)	15.4美分/千克+46%
3904		初级形状的氯乙烯或其他卤化烯烃聚合物:				
3904.10.00	00	聚氯乙烯,未掺其他物质	千克	6.5%[1]	0(A,AU,BH,CA,CL,CO,D,E,IL,JO,KR,MA,MX,OM,P,PA,PE,S,SG)	43.5%
		其他聚氯乙烯:				
3904.21.00	00	未塑化	千克	6.5%[1]	0(A,AU,BH,CA,CL,CO,D,E,IL,JO,KR,MA,MX,OM,P,PA,PE,S,SG)	43.5%
3904.22.00	00	已塑化	千克	6.5%[1]	0(A,AU,BH,CA,CL,CO,D,E,IL,JO,KR,MA,MX,OM,P,PA,PE,S,SG)	43.5%
3904.30		氯乙烯-乙酸乙烯酯共聚物:				
3904.30.20	00	醋酸乙烯-氯乙烯-乙烯三元共聚物,按重量计含有少于50%的醋酸乙烯衍生物,但由芳香族或改性芳香族单体聚合而成的除外	千克	0[1]		43.5%

税则号列	统计后缀	货品名称	单位	税率 普通	税率 1 特惠	2
3904.30.60	00	其他	千克	5.3%[9]	0(A,AU,BH,CA,CL,CO,D,E,IL,JO,KR,MA,MX,OM,P,PA,PE,S,SG)	43.5%
3904.40.00	00	其他氯乙烯共聚物	千克	5.3%[10]	0(A*,AU,BH,CA,CL,CO,D,E,IL,JO,KR,MA,MX,OM,P,PA,PE,S,SG)	43.5%
3904.50.00	00	偏二氯乙烯聚合物	千克	6.5%[1]	0(A,AU,BH,CA,CL,CO,D,E,IL,JO,KR,MA,MX,OM,P,PA,PE,S,SG)	2.2美分/千克+33.5%
		氟聚合物：				
3904.61.00		聚四氟乙烯(PTFE)[1]		5.8%	0(A,AU,BH,CA,CL,CO,D,E,IL,JO,K,KR,MA,MX,OM,P,PA,PE,S,SG)	34.1%
	10	粒状,不论是否填充或复合(参见本章统计注释二)	千克			
	90	其他[11]	千克			
3904.69		其他：				
3904.69.10	00	弹性体	千克	0[1]		20%
3904.69.50	00	其他	千克	6.5%[12]	0(A,AU,BH,CA,CL,CO,D,E,IL,JO,KR,MA,MX,OM,P,PA,PE,S,SG)	2.2美分/千克+33.5%
3904.90		其他：				
3904.90.10	00	弹性体	千克	0[1]		20%
3904.90.50	00	其他	千克	6.5%[1]	0(A,AU,BH,CA,CL,CO,D,E,IL,JO,KR,MA,MX,OM,P,PA,PE,S,SG)	2.2美分/千克+33.5%
3905		初级形状的乙酸乙烯酯或其他乙烯酯聚合物;初级形状的其他乙烯基聚合物：				
		聚乙酸乙烯酯：				
3905.12.00	00	水分散体	千克	4%[1]	0(A,AU,BH,CA,CL,CO,D,E,IL,JO,KR,MA,MX,OM,P,PA,PE,S,SG)	37.5%
3905.19.00	00	其他	千克	4%[13]	0(A,AU,BH,CA,CL,CO,D,E,IL,JO,KR,MA,MX,OM,P,PA,PE,S,SG)	37.5%
		乙酸乙烯酯共聚物：				
3905.21.00	00	水分散体	千克	4%[1]	0(A,AU,BH,CA,CL,CO,D,E,IL,JO,KR,MA,MX,OM,P,PA,PE,S,SG)	37.5%
3905.29.00	00	其他	千克	4%[14]	0(A,AU,BH,CA,CL,CO,D,E,IL,JO,KR,MA,MX,OM,P,PA,PE,S,SG)	37.5%
3905.30.00	00	聚乙烯醇,不论是否含有未水解的乙酸酯基	千克	3.2%[1]	0(A,AU,BH,CA,CL,CO,D,E,IL,JO,KR,MA,MX,OM,P,PA,PE,S,SG)	37.5%
		其他：				
3905.91		共聚物：				

税则号列	统计后缀	货品名称	单位	税率 1 普通	税率 1 特惠	2
3905.91.10	00	按重量计含有50%或以上醋酸乙烯衍生物的	千克	4%[15]	0(A,AU,BH,CA,CL,CO,D,E,IL,JO,K,KR,MA,MX,OM,P,PA,PE,S,SG)	37.5%
3905.91.50	00	其他	千克	5.3%[1]	0(A,AU,BH,CA,CL,CO,D,E,IL,JO,K,KR,MA,MX,OM,P,PA,PE,S,SG)	43.5%
3905.99		其他：				
3905.99.30	00	聚乙烯咔唑(含助剂)	千克	0[2]		43.5%
3905.99.80	00	其他	千克	5.3%[16]	0(A,AU,BH,CA,CL,CO,D,E,IL,JO,K,KR,MA,MX,OM,P,PA,PE,S,SG)	43.5%
3906		初级形状的丙烯酸聚合物：				
3906.10.00	00	聚甲基丙烯酸甲酯	千克	6.3%[1]	0(A*,AU,BH,CA,CL,CO,D,E,IL,JO,KR,MA,MX,OM,P,PA,PE,S,SG)	37%
3906.90		其他：				
3906.90.10	00	弹性体	千克	0[1]		20%
		其他：				
3906.90.20	00	塑料[3]	千克	6.3%[1]	0(A,AU,BH,CA,CL,CO,D,E,IL,JO,KR,MA,MX,OM,P,PA,PE,S,SG)	37%
3906.90.50	00	其他[17]	千克	4.2%[18]	0(A*,AU,BH,CA,CL,CO,D,E,IL,JO,K,KR,MA,MX,OM,P,PA,PE,S,SG)	25%
3907		初级形状的聚缩醛、其他聚醚及环氧树脂；初级形状的聚碳酸酯、醇酸树脂、聚烯丙基酯及其他聚酯：				
3907.10.00	00	聚缩醛	千克	6.5%[1]	0(A,AU,BH,CA,CL,CO,D,E,IL,JO,K,KR,MA,MX,OM,P,PA,PE,S,SG)	2.2美分/千克+33.5%
3907.20.00	00	其他聚醚[3]	千克	6.5%[19]	0(A,AU,BH,CA,CL,CO,D,E,IL,JO,K,KR,MA,MX,OM,P,PA,PE,S,SG)	2.2美分/千克+33.5%
3907.30.00	00	环氧树脂	千克	6.1%[20]	0(A*,AU,BH,CA,CL,CO,D,E,IL,JO,K,KR,MA,MX,OM,P,PA,PE,S,SG)	15.4美分/千克+47%
3907.40.00	00	聚碳酸酯	千克	5.8%[1]	0(A,AU,BH,CA,CL,CO,D,E,IL,JO,KR,MA,MX,OM,P,PA,PE,S,SG)	15.4美分/千克+45%
3907.50.00	00	醇酸树脂	千克	6.5%[1]	0(A,AU,BH,CA,CL,CO,D,E,IL,JO,KR,MA,MX,OM,P,PA,PE,S,SG)	15.4美分/千克+45%
		聚对苯二甲酸乙二酯：				
3907.61.00		粘数在78毫升/克或以上	千克	6.5%[1]	0(A*,AU,BH,CA,CL,CO,D,E,IL,JO,K,KR,MA,MX,OM,P,PA,PE,S,SG)	15.4美分/千克+45%
	10	粘数在78毫升/克或以上但不超过88毫升/克	千克			
	50	其他	千克			

税则号列	统计后缀	货品名称	单位	税率 1 普通	税率 1 特惠	2
3907.69.00		其他	千克	6.5%[21]	0(A*,AU,BH,CA,CL,CO,D,E,IL,JO,K,KR,MA,MX,OM,P,PA,PE,S,SG)	15.4美分/千克+45%
	10	粘数在70毫升/克或以上但小于78毫升/克	千克			
	50	其他	千克			
3907.70.00	00	聚乳酸	千克	6.5%[1]	0(A*,AU,BH,CA,CL,CO,D,E,IL,JO,K,KR,MA,MX,OM,P,PA,PE,S,SG)	15.4美分/千克+45%
		其他聚酯:				
3907.91		不饱和:				
		烯丙基树脂:				
3907.91.20	00	未压缩烯丙基树脂	千克	0[1]		15.4美分/千克+45%
3907.91.40	00	其他	千克	5.8%[1]	0(A,AU,BH,CA,CL,CO,D,E,IL,JO,KR,MA,MX,OM,P,PA,PE,S,SG)	15.4美分/千克+45%
3907.91.50	00	其他	千克	6.5%[1]	0(A,AU,BH,CA,CL,CO,D,E,IL,JO,KR,MA,MX,OM,P,PA,PE,S,SG)	15.4美分/千克+45%
3907.99		其他:				
3907.99.20	00	热塑性液晶芳香聚酯共聚物	千克	0[1]		15.4美分/千克+45%
3907.99.50		其他	千克	6.5%[22]	0(A*,AU,BH,CA,CL,CO,E,IL,JO,K,KR,MA,MX,OM,P,PA,PE,S,SG)	15.4美分/千克+45%
	10	聚对苯二甲酸丁二醇酯	千克			
	50	其他	千克			
3908		初级形状的聚酰胺:				
3908.10.00	00	聚酰胺-6、-11、-12、-6,6、-6,9、-6,10或-6,12	千克	6.3%[23]	0(A,AU,BH,CA,CL,CO,D,E,IL,JO,K,KR,MA,MX,OM,P,PA,PE,S,SG)	15.4美分/千克+51.5%
3908.90		其他:				
3908.90.20	00	双(4-氨基-3-甲基环己基)甲烷-间苯二甲酸-月桂内酰胺共聚物	千克	0[1]		2.2美分/千克+33.5%
3908.90.70	00	其他	千克	6.5%[24]	0(A,AU,BH,CA,CL,CO,D,E,IL,JO,KR,MA,MX,OM,P,PA,PE,S,SG)	2.2美分/千克+33.5%
3909		初级形状的氨基树脂、酚醛树脂及聚氨酯类:				
3909.10.00	00	尿素树脂;硫脲树脂	千克	6.5%[1]	0(A*,AU,BH,CA,CL,CO,D,E,IL,JO,K,KR,MA,MX,OM,P,PA,PE,S,SG)	41.5%
3909.20.00	00	蜜胺树脂	千克	6.5%[1]	0(A,AU,BH,CA,CL,CO,D,E,IL,JO,KR,MA,MX,OM,P,PA,PE,S,SG)	41.5%
		其他氨基树脂:				

税则号列	统计后缀	货品名称	单位	税率 1 普通	税率 1 特惠	2
3909.31.00	00	聚(亚甲基苯基异氰酸酯)(粗MDI、聚合MDI)	千克	6.5%[2]	0(A,AU,BH,CA,CL,CO,D,E,IL,JO,KR,MA,MX,OM,P,PA,PE,S,SG)	41.5%
3909.39.00	00	其他	千克	6.5%[25]	0(A,AU,BH,CA,CL,CO,D,E,IL,JO,KR,MA,MX,OM,P,PA,PE,S,SG)	41.5%
3909.40.00	00	酚醛树脂	千克	6.5%[26]	0(A,AU,BH,CA,CL,CO,D,E,IL,JO,K,KR,MA,MX,OM,P,PA,PE,S,SG)	15.4美分/千克+48%
3909.50		聚氨基甲酸酯:				
3909.50.10	00	弹性体	千克	0[1]		20%
3909.50.20	00	水泥	千克	2.1%[1]	0(A,AU,BH,CA,CL,CO,D,E,IL,JO,KR,MA,MX,OM,P,PA,PE,S,SG)	20%
3909.50.50	00	其他	千克	6.3%[27]	0(A*,AU,BH,CA,CL,CO,D,E,IL,JO,KR,MA,MX,OM,P,PA,PE,S,SG)	15.4美分/千克+51.5%
3910.00.00	00	初级形状的聚硅氧烷[28]	千克	3%[1]	0(A*,AU,BH,CA,CL,CO,D,E,IL,JO,K,KR,MA,MX,OM,P,PA,PE,S,SG)	25%
3911		初级形状的石油树脂、苯并呋喃-茚树脂、多萜树脂、多硫化物、聚砜及本章注释三所规定的其他品目未列名的产品:				
3911.10.00	00	石油树脂、苯并呋喃树脂、茚树脂、苯并呋喃-茚树脂及多萜树脂[29]	千克	6.1%[1]	0(A*,AU,BH,CA,CL,CO,D,E,IL,JO,KR,MA,MX,OM,P,PA,PE,S,SG)	15.4美分/千克+49%
3911.90		其他:				
3911.90.10	00	弹性体	千克	0[1]		20%
		其他:				
		含有芳香族或改性芳香族单体单元,或全部或部分由其获得、衍生或制造的单体单元:				
		热塑性塑料:				
3911.90.15	00	聚(硝基甲烷四芳基腈基-[2,4,6-三-(1-甲基乙基)-1,3-亚苯基][-2,6-双(1-甲基乙基)-苯基]-ω-[[[2,6-双(1-甲基乙基)-苯基]氨基]亚甲基]氨基碳二亚胺或2,4-二异氰酸酯-1,3,5-三(1-甲基-乙基)均聚物与聚乙烯	千克	0[1]		15.4美分/千克+49%
3911.90.25	00	其他	千克	6.1%[30]	0(A,AU,BH,CA,CL,CO,D,E,IL,JO,K,KR,MA,MX,OM,P,PA,PE,S,SG)	15.4美分/千克+49%
		热固性:				
3911.90.35	00	1,1′-双(亚甲基二-4,1-亚苯基)-1H-吡咯-2,5-二酮,与4,4′-亚甲基双(苯胺)的共聚物;以及碳氢酚醛氰酸酯	千克	0[1]		15.4美分/千克+45%

税则号列	统计后缀	货品名称	单位	税率 1 普通	税率 1 特惠	2
3911.90.45	00	其他	千克	5.8%[31]	0(A,AU,BH,CA,CL,CO,D,E,IL,JO,K,KR,MA,MX,OM,P,PA,PE,S,SG)	15.4美分/千克+45%
		其他:				
3911.90.70	00	氯化合成橡胶	千克	0[1]		2.2美分/千克+33.5%
3911.90.90		其他	千克	6.5%[32]	0(A,AU,BH,CA,CL,CO,D,E,IL,JO,K,KR,MA,MX,OM,P,PA,PE,S,SG)	2.2美分/千克+33.5%
	10	热塑性塑料	千克			
	50	热固性	千克			
3912		初级形状的其他品目未列名的纤维素及其化学衍生物:				
		乙酸纤维素:				
3912.11.00	00	未塑化	千克	5.6%[2]	0(A,AU,BH,CA,CL,CO,D,E,IL,JO,KR,MA,MX,OM,P,PA,PE,S,SG)	73.5%
3912.12.00	00	已塑化	千克	5.6%[1]	0(A,AU,BH,CA,CL,CO,D,E,IL,JO,KR,MA,MX,OM,P,PA,PE,S,SG)	73.5%
3912.20.00	00	硝酸纤维素(包括胶棉)	千克	5.2%[33]	0(A,AU,BH,CA,CL,CO,D,E,IL,JO,K,KR,MA,MX,OM,P,PA,PE,S,SG)	34.5%
		纤维素醚:				
3912.31.00		羧甲基纤维素及其盐		6.4%[2]	0(A*,AU,BH,CA,CL,CO,D,E,IL,JO,K,KR,MA,MX,OM,P,PA,PE,S,SG)	66%
	10	按重量计含有不少于90%的羧甲基纤维素	千克			
	90	其他	千克			
3912.39.00	00	其他	千克	4.2%[1]	0(A,AU,BH,CA,CL,CO,D,E,IL,JO,K,KR,MA,MX,OM,P,PA,PE,S,SG)	33.5%
3912.90.00		其他		5.2%[1]	0(A,AU,BH,CA,CL,CO,D,E,IL,JO,K,KR,MA,MX,OM,P,PA,PE,S,SG)	34.5%
	10	颗粒、微晶或粉末形式的α-纤维素	千克			
	90	其他	千克			
3913		初级形状的其他品目未列名的天然聚合物(例如藻酸)及改性天然聚合物(例如,硬化蛋白、天然橡胶的化学衍生物):				
3913.10.00	00	藻酸及其盐和酯[34]	千克	4.2%[35]	0(A,AU,BH,CA,CL,CO,D,E,IL,JO,KR,MA,MX,OM,P,PA,PE,S,SG)	25%
3913.90		其他:				
3913.90.10	00	天然橡胶的化学衍生物	千克	0[1]		20%

税则号列	统计后缀	货品名称	单位	税率 普通	税率 1 特惠	2
3913.90.20		多糖及其衍生物		5.8%[36]	0(A*,AU,BH,CA,CL,CO,D,E,IL,JO,K,KR,MA,MX,OM,P,PA,PE,S,SG)	50%
	15	黄原胶	千克			
	90	其他[37]	千克			
3913.90.50	00	其他	千克	6.5%[1]	0(A*,AU,BH,CA,CL,CO,D,E,IL,JO,K,KR,MA,MX,OM,P,PA,PE,S,SG)	2.2美分/千克+33.5%
3914.00		初级形状的离子交换剂,以品目3901至3913的聚合物为基本成分的:				
3914.00.20	00	交联聚乙烯苄基三甲基氯化铵(胆胺树脂USP)	千克	0[1]		35%
3914.00.60	00	其他	千克	3.9%[38]	0(A,AU,BH,CA,CL,CO,D,E,IL,JO,K,KR,MA,MX,OM,P,PA,PE,S,SG)	35%
		第二分章 废碎料及下脚料;半制品;制成品				
3915		塑料的废碎料及下脚料:				
3915.10.00	00	乙烯聚合物的	千克	0[2]		10%
3915.20.00	00	苯乙烯聚合物的	千克	0[2]		10%
3915.30.00	00	氯乙烯聚合物的	千克	0[2]		10%
3915.90.00		其他塑料的		0[2]		10%
	10	聚对苯二甲酸乙二酯(PET)塑料的	千克			
	90	其他	千克			
3916		塑料制的单丝(截面直径超过1毫米)、条、杆、型材及异型材,不论是否经表面加工,但未经其他加工:				
3916.10.00	00	乙烯聚合物制	千克	5.8%[1]	0(A,AU,B,BH,CA,CL,CO,D,E,IL,JO,KR,MA,MX,OM,P,PA,PE,S,SG)[39]	35%
3916.20.00	00	氯乙烯聚合物制		5.8%[1]	0(A*,AU,BH,CA,CL,CO,D,E,IL,JO,KR,MA,MX,OM,P,PA,PE,S,SG)	35%
	10	房屋或建筑物外部的壁板	千克			
	20	窗户、门、地板或栏杆型材[40]	米 千克			
	91	其他	千克			
3916.90		其他塑料制:				
3916.90.10	00	丙烯酸聚合物制	千克	6.5%[1]	0(A,AU,BH,CA,CL,CO,D,E,IL,JO,KR,MA,MX,OM,P,PA,PE,S,SG)	40.6%
		其他:				
3916.90.20	00	球拍弦	米	3.1%[2]	0(A,AU,BH,CA,CL,CO,D,E,IL,JO,KR,MA,MX,OM,P,PA,PE,S,SG)	30%
		其他:				

第三十九章　塑料及其制品　521

税则号列	统计后缀	货品名称	单位	税率 1 普通	税率 1 特惠	2
3916.90.30	00	单丝	米	6.5%[1]	0(A+,AU,BH,CA,CL,CO,D,E,IL,JO,KR,MA,MX,OM,P,PA,PE,S,SG)	50%
3916.90.50	00	其他	千克	5.8%[41]	0(A,AU,B,BH,CA,CL,CO,D,E,IL,JO,KR,MA,MX,OM,P,PA,PE,S,SG)[39]	35%
3917		塑料制的管子及其附件(例如,接头、肘管、法兰):				
3917.10		硬化蛋白或纤维素材料制的人造肠衣(香肠用肠衣):				
3917.10.10	00	纤维素塑料材料	千克	6.5%[2]	0(A,AU,BH,CA,CL,CO,D,E,IL,JO,KR,MA,MX,OM,P,PA,PE,S,SG)	60%
		其他:				
3917.10.60	00	胶原蛋白	千克	0[2]		40%
3917.10.90	00	其他	千克	4.2%[2]	0(A,AU,BH,CA,CL,CO,D,E,IL,JO,KR,MA,MX,OM,P,PA,PE,S,SG)	40%
		硬管:				
3917.21.00	00	乙烯聚合物制	千克	3.1%[1]	0(A,AU,B,BH,C,CA,CL,CO,D,E,IL,JO,KR,MA,MX,OM,P,PA,PE,S,SG)[42]	25%
3917.22.00	00	丙烯聚合物制	千克	3.1%[1]	0(A,AU,B,BH,C,CA,CL,CO,D,E,IL,JO,KR,MA,MX,OM,P,PA,PE,S,SG)[42]	25%
3917.23.00	00	氯乙烯聚合物制[40]	千克	3.1%[1]	0(A,AU,B,BH,C,CA,CL,CO,D,E,IL,JO,KR,MA,MX,OM,P,PA,PE,S,SG)[42]	25%
3917.29.00		其他塑料制		3.1%[1]	0(A,AU,B,BH,C,CA,CL,CO,D,E,IL,JO,KR,MA,MX,OM,P,PA,PE,S,SG)[42]	25%
	50	长度小于200毫米	千千克			
	90	其他[43]	千克			
		其他管:				
3917.31.00	00	软管,最小爆破压力为27.6兆帕斯卡	千克	3.1%[1]	0(A,AU,B,BH,C,CA,CL,CO,D,E,IL,JO,KR,MA,MX,OM,P,PA,PE,S,SG)[42]	25%
3917.32.00		其他未装有附件的管子,未经加强,也未与其他材料合制		3.1%[44]	0(A*,AU,B,BH,CA,CL,CO,D,E,IL,JO,KR,MA,MX,OM,P,PA,PE,S,SG)	25%
	10	聚氯乙烯	千克			
	20	聚乙烯[28]	千克			
	50	其他[40]	千克			
3917.33.00	00	其他装有附件的管子,未经加强,也未与其他材料合制[45]	千克	3.1%[2]	0(A,AU,B,BH,C,CA,CL,CO,D,E,IL,JO,KR,MA,MX,OM,P,PA,PE,S,SG)[42]	25%

税则号列	统计后缀	货品名称	单位	税率 1 普通	税率 1 特惠	2
3917.39.00		其他		3.1%[2]	0(A*,AU,B,BH,C,CA,CL,CO,D,E,IL,JO,KR,MA,MX,OM,P,PA,PE,S,SG)[42]	25%
	10	用金属加固	千克			
		其他:				
	20	聚氯乙烯	千克			
	50	其他	千克			
3917.40.00		管子附件		5.3%[46]	0(A,AU,B,BH,C,CA,CL,CO,D,E,IL,JO,KR,MA,MX,OM,P,PA,PE,S,SG)[42]	80%
	10	用于子目8701.20或者品目8702、品目8703、品目8704、品目8705或品目8711车辆的制动软管	千克			
	90	其他[40]	千克			
3918		块状或成卷的塑料铺地制品,不论是否胶粘;本章注释九所规定的塑料糊墙品:				
3918.10		氯乙烯聚合物制:				
		地板覆盖物:				
3918.10.10	00	乙烯基瓷砖[47]	平方米	5.3%[2]	0(A,AU,BH,CA,CL,CO,D,E,IL,JO,KR,MA,MX,OM,P,PA,PE,S,SG)	40%
3918.10.20	00	其他	平方米	5.3%[2]	0(A,AU,B,BH,CA,CL,CO,D,E,IL,JO,KR,MA,MX,OM,P,PA,PE,S,SG)	40%
		糊墙品:				
		以纺织纤维为背衬:				
		以化纤为背衬:				
3918.10.31		按重量计塑料超过70%的		4.2%[2]	0(A,AU,BH,CA,CL,CO,D,E,IL,JO,KR,MA,MX,OM,P,PA,PE,S,SG)	25%
	10	机织的	平方米			
	50	其他	平方米			
3918.10.32		其他		6.5%[2]	0(A+,AU,BH,CA,CL,CO,D,E,IL,JO,KR,MA,MX,OM,P,PA,PE,S,SG)	84.5%
	10	机织的	平方米			
	50	其他	平方米			
3918.10.40		其他		5.3%[2]	0(A+,AU,BH,CA,CL,CO,D,E,IL,JO,KR,MA,MX,OM,P,PA,PE,S,SG)	40%
	10	机织的	平方米			
	50	其他	平方米			
3918.10.50	00	其他[48]	平方米	4.2%[2]	0(A,AU,BH,CA,CL,CO,D,E,IL,JO,KR,MA,MX,OM,P,PA,PE,S,SG)	25%
3918.90		其他塑料制:				

税则号列	统计后缀	货品名称	单位	税率 1 普通	税率 1 特惠	2
3918.90.10	00	地板覆盖物	平方米	5.3%[2]	0(A,AU,B,BH,CA,CL,CO,D,E,IL,JO,KR,MA,MX,OM,P,PA,PE,S,SG)	40%
		糊墙品：				
		以纺织纤维为背衬：				
3918.90.20	00	以化纤为背衬	平方米	6.5%[2]	0(A+,AU,BH,CA,CL,CO,D,E,IL,JO,KR,MA,MX,OM,P,PA,PE,S,SG)	84.5%
3918.90.30	00	其他	平方米	5.3%[2]	0(A+,AU,BH,CA,CL,CO,D,E,IL,JO,KR,MA,MX,OM,P,PA,PE,S,SG)	40%
3918.90.50	00	其他	平方米	4.2%[2]	0(A,AU,BH,CA,CL,CO,D,E,IL,JO,KR,MA,MX,OM,P,PA,PE,S,SG)	25%
3919		自粘的塑料板、片、膜、箔、带、扁条及其他扁平形状材料,不论是否成卷：				
3919.10		成卷,宽度不超过20厘米：				
3919.10.10		具有全部或部分由玻璃颗粒(小球)形成的反光表面				
	10	路面标线带	平方米 千克	6.5%[1]	0(A,AU,BH,CA,CL,CO,D,E,IL,JO,KR,MA,MX,OM,P,PA,PE,S,SG)	50%
	50	其他	千克			
3919.10.20		其他		5.8%[1]	0(A,AU,BH,CA,CL,CO,D,E,IL,JO,KR,MA,MX,OM,P,PA,PE,S,SG)	40%
	10	纤维增强胶带	平方米 千克			
	20	电工胶带[49]	平方米 千克			
		其他：				
		透明胶带,长度不超过55米：				
	30	宽度不超过5厘米[49]	平方米 千克			
	40	其他	平方米 千克			
	55	其他[17]	平方米 千克			
3919.90		其他：				
3919.90.10	00	具有全部或部分由玻璃颗粒(小球)形成的反光表面	千克	6.5%[1]	0(A,AU,BH,CA,CL,CO,D,E,IL,JO,KR,MA,MX,OM,P,PA,PE,S,SG)	50%
3919.90.50		其他		5.8%[1]	0(A,AU,BH,CA,CL,CO,D,E,IL,JO,KR,MA,MX,OM,P,PA,PE,S,SG)	40%
	10	反光板	平方米 千克			

税则号列	统计后缀	货品名称	单位	税率 1 普通	税率 1 特惠	2
	20	纤维增强胶带	平方米 千克			
	30	电工胶带	平方米 千克			
	40	透明胶带[28]	平方米 千克			
	60	其他[50]	平方米 千克			
3920		其他非泡沫塑料的板、片、膜、箔及扁条,未用其他材料强化、层压、支撑或用类似方法合制:				
3920.10.00	00	乙烯聚合物制[50]	千克	4.2%[1]	0(A*,AU,BH,CA,CL,CO,D,E,IL,JO,KR,MA,MX,OM,P,PA,PE,S,SG)	25%
3920.20.00		丙烯聚合物制		4.2%[51]	0(A*,AU,BH,CA,CL,CO,D,E,IL,JO,KR,MA,MX,OM,P,PA,PE,S,SG)	25%
	15	包装用的装饰带或礼品包装带	千克			
	20	礼品包装	千克			
	55	其他[40]	千克			
3920.30.00	00	苯乙烯聚合物制	千克	5.8%[1]	0(A,AU,BH,CA,CL,CO,D,E,IL,JO,KR,MA,MX,OM,P,PA,PE,S,SG)	35%
		氯乙烯聚合物制:				
3920.43		按重量计增塑剂含量不小于6%:				
3920.43.10	00	仿漆皮制	平方米 千克	3.1%[1]	0(A*,AU,BH,CA,CL,CO,D,E,IL,JO,KR,MA,MX,OM,P,PA,PE,S,SG)	25%
3920.43.50	00	其他[49]	千克	4.2%[1]	0(A*,AU,BH,CA,CL,CO,D,E,IL,JO,KR,MA,MX,OM,P,PA,PE,S,SG)	25%
3920.49.00	00	其他[40]	千克	5.8%[1]	0(A,AU,BH,CA,CL,CO,D,E,IL,JO,KR,MA,MX,OM,P,PA,PE,S,SG)	35%
		丙烯酸聚合物制:				
3920.51		聚甲基丙烯酸甲酯制:				
3920.51.10	00	柔性的	千克	6%[1]	0(A,AU,BH,CA,CL,CO,D,E,IL,JO,KR,MA,MX,OM,P,PA,PE,S,SG)	25%
3920.51.50	00	其他	千克	6.5%[52]	0(A,AU,BH,CA,CL,CO,D,E,IL,JO,KR,MA,MX,OM,P,PA,PE,S,SG)	48.2%
3920.59		其他:				
3920.59.10	00	柔性的	千克	6%[53]	0(A,AU,BH,CA,CL,CO,D,E,IL,JO,KR,MA,MX,OM,P,PA,PE,S,SG)	25%
		其他:				
3920.59.40	00	含铅量在30%以上的透明薄膜	千克	0[1]		51.7%

税则号列	统计后缀	货品名称	单位	税率 普通	税率 1 特惠	2
3920.59.80	00	其他	千克	6.5%[1]	0(A,AU,BH,CA,CL,CO,D,E,IL,JO,KR,MA,MX,OM,P,PA,PE,S,SG)	51.7%
		聚碳酸酯、醇酸树脂、聚烯丙酯或其他聚酯制:				
3920.61.00	00	聚碳酸酯制	千克	5.8%[1]	0(A,AU,BH,CA,CL,CO,D,E,IL,JO,KR,MA,MX,OM,P,PA,PE,S,SG)	35%
3920.62.00		聚对苯二甲酸乙二酯制		4.2%[1]	0(A*,AU,BH,CA,CL,CO,D,E,IL,JO,KR,MA,MX,OM,P,PA,PE,S,SG)	25%
		金属化PET薄膜:				
	20	礼品包装	千克			
	50	其他	千克			
	90	其他[17]	千克			
3920.63		不饱和聚酯制:				
3920.63.10	00	柔性的	千克	4.2%[1]	0(A,AU,BH,CA,CL,CO,D,E,IL,JO,KR,MA,MX,OM,P,PA,PE,S,SG)	25%
3920.63.20	00	其他	千克	5.8%[1]	0(A,AU,BH,CA,CL,CO,D,E,IL,JO,KR,MA,MX,OM,P,PA,PE,S,SG)	35%
3920.69.00	00	其他聚酯制	千克	4.2%[1]	0(A*,AU,BH,CA,CL,CO,D,E,IL,JO,KR,MA,MX,OM,P,PA,PE,S,SG)	25%
		纤维素及其化学衍生物制:				
3920.71.00	00	再生纤维素制	千克	6.2%[1]	0(A,AU,BH,CA,CL,CO,D,E,IL,JO,KR,MA,MX,OM,P,PA,PE,S,SG)	45%
3920.73.00	00	乙酸纤维素制	千克	2.9%[1]	0(A,AU,BH,CA,CL,CO,D,E,IL,JO,KR,MA,MX,OM,P,PA,PE,S,SG)	30.5%
3920.79		其他纤维素衍生物制:				
3920.79.05	00	硫化纤维	千克	3.1%[1]	0(A,AU,BH,CA,CL,CO,D,E,IL,JO,KR,MA,MX,OM,P,PA,PE,S,SG)	30%
		其他:				
3920.79.10	00	厚度不超过0.076毫米的薄膜、带材和片材	千克	6.2%[1]	0(A,AU,BH,CA,CL,CO,D,E,IL,JO,KR,MA,MX,OM,P,PA,PE,S,SG)	45%
3920.79.50	00	其他	千克	3.7%[1]	0(A,AU,BH,CA,CL,CO,D,E,IL,JO,KR,MA,MX,OM,P,PA,PE,S,SG)	28.5%
		其他塑料制:				
3920.91.00	00	聚乙烯醇缩丁醛制	千克	4.2%[54]	0(A,AU,BH,CA,CL,CO,D,E,IL,JO,KR,MA,MX,OM,P,PA,PE,S,SG)	25%

税则号列	统计后缀	货品名称	单位	税率 1 普通	税率 1 特惠	2
3920.92.00	00	聚酰胺制	千克	4.2%[1]	0(A*,AU,BH,CA,CL,CO,D,E,IL,JO,KR,MA,MX,OM,P,PA,PE,S,SG)	25%
3920.93.00	00	氨基树脂制	千克	5.8%[1]	0(A,AU,BH,CA,CL,CO,D,E,IL,JO,KR,MA,MX,OM,P,PA,PE,S,SG)	35%
3920.94.00	00	酚醛树脂制	千克	5.8%[1]	0(A,AU,BH,CA,CL,CO,D,E,IL,JO,KR,MA,MX,OM,P,PA,PE,S,SG)	35%
3920.99		其他塑料制:				
		薄膜、带材和片材,所有上述材料都是柔性的:				
3920.99.10	00	厚度超过0.152毫米,且不成卷	千克	6%[1]	0(A,AU,BH,CA,CL,CO,D,E,IL,JO,KR,MA,MX,OM,P,PA,PE,S,SG)	25%
3920.99.20	00	其他[40]	千克	4.2%[1]	0(A,AU,BH,CA,CL,CO,D,E,IL,JO,KR,MA,MX,OM,P,PA,PE,S,SG)	25%
3920.99.50	00	其他	千克	5.8%[1]	0(A,AU,BH,CA,CL,CO,D,E,IL,JO,KR,MA,MX,OM,P,PA,PE,S,SG)	35%
3921		其他塑料板、片、膜、箔、扁条:				
		泡沫塑料的:				
3921.11.00	00	苯乙烯聚合物制	千克	5.3%[1]	0(A,AU,BH,CA,CL,CO,D,E,IL,JO,KR,MA,MX,OM,P,PA,PE,S,SG)	80%
3921.12		氯乙烯聚合物制:				
		与纺织材料合制:				
		含有纺织成分的产品,其中化纤在重量上超过任何其他单一纺织纤维:				
3921.12.11	00	塑料重量超过70%的[49]	平方米 千克	4.2%[1]	0(A*,AU,BH,CA,CL,CO,D,E,IL,JO,KR,MA,MX,OM,P,PA,PE,S,SG)	25%
3921.12.15	00	其他(229)	平方米 千克	6.5%[1]	0(AU,B,BH,CA,CL,CO,E,IL,JO,KR,MA,MX,OM,P,PA,PE,S,SG)	84.5%
3921.12.19		其他		5.3%[1]	0(A*,AU,B,,BH,CA,CL,D,E,IL,J,JO,KR,MA,MX,OM,P,PE,S,SG)	40%
	10	含有纺织成分的产品,其中植物纤维在重量上超过任何其他单一纺织纤维	平方米 千克			
	50	其他	平方米 千克			
3921.12.50	00	其他[40]	千克	6.5%[1]	0(A*,AU,BH,CA,CL,CO,D,E,IL,JO,KR,MA,MX,OM,P,PA,PE,S,SG)	50%
3921.13		氨酯聚合物制:				

税则号列	统计后缀	货品名称	单位	税率 1 普通	税率 1 特惠	税率 2
		与纺织材料合制:				
		含有纺织成分的产品,其中化纤在重量上超过任何其他单一纺织纤维:				
3921.13.11	00	塑料重量超过70%的	平方米 千克	4.2%[1]	0(A*,AU,BH,CA,CL,CO,D,E,IL,JO,KR,MA,MX,OM,P,PA,PE,S,SG)	25%
3921.13.15	00	其他(229)[40]	平方米 千克	6.5%[1]	0(AU,B,BH,CA,CL,CO,E,IL,JO,KR,MA,MX,OM,P,PA,PE,S,SG)	84.5%
3921.13.19		其他		5.3%[1]	0(A+,AU,B,BH,CA,CL,CO,D,E*,IL,JO,KR,MA,MX,OM,P,PA,PE,S,SG)	40%
	10	含有纺织成分的产品,其中植物纤维在重量上超过任何其他单一纺织纤维	平方米 千克			
	50	其他	平方米 千克			
3921.13.50	00	其他	千克	4.2%[1]	0(A*,AU,BH,CA,CL,CO,D,E,IL,JO,KR,MA,MX,OM,P,PA,PE,S,SG)	25%
3921.14.00	00	再生纤维素制[40]	千克	6.5%[55]	0(A,AU,BH,CA,CL,CO,D,E,IL,JO,KR,MA,MX,OM,P,PA,PE,S,SG)	60%
3921.19.00	00	其他塑料制[56]	千克	6.5%[57]	0(A,AU,BH,CA,CL,CO,D,E,IL,JO,KR,MA,MX,OM,P,PA,PE,S,SG)	50%
3921.90		其他:				
		与纺织材料合制,重量不超过1.492千克/米^2:				
		含有纺织成分的产品,其中化纤在重量上超过任何其他单一纺织纤维:				
3921.90.11	00	塑料重量超过70%的[40]	平方米 千克	4.2%[1]	0(A,AU,BH,CA,CL,CO,D,E,IL,JO,KR,MA,MX,OM,P,PA,PE,S,SG)	25%
3921.90.15	00	其他(229)[43]	平方米 千克	6.5%[1]	0(AU,B,BH,CA,CL,CO,IL,JO,KR,MA,MX,OM,P,PA,PE,S,SG)	84.5%
3921.90.19		其他		5.3%[1]	0(A+,AU,B,BH,CA,CL,CO,D,E*,IL,JO,KR,MA,MX,OM,P,PA,PE,S,SG)	40%
	10	含有纺织成分的产品,其中植物纤维在重量上超过任何其他单一纺织纤维	平方米 千克			
	50	其他[40]	平方米 千克			
		与纺织材料合制,重量超过1.492千克/米^2:				

税则号列	统计后缀	货品名称	单位	税率 普通	税率 1 特惠	2
3921.90.21	00	含有纺织成分的产品,其中棉花在重量上超过任何其他单一纺织纤维	平方米 千克	6.5%[1]	0(A+,AU,BH,CA,CL,CO,D,E*,IL,JO,KR,MA,MX,OM,P,PA,PE,S,SG)	40%
3921.90.25		含有纺织成分的产品,其中化纤在重量上超过任何其他单一纺织纤维		6.5%[1]	0(AU,BH,CA,CL,E*,IL,J*,JO,KR,MA,MX,OM,P,PE,S,SG)	83.5%
	10	塑料重量超过70%	平方米 千克			
	50	其他(229)	平方米 千克			
3921.90.29	00	其他	千克	4.4%[1]	0(A+,AU,BH,CA,CL,CO,D,E*,IL,JO,KR,MA,MX,OM,P,PA,PE,S,SG)	40%
		其他:				
3921.90.40		柔性的		4.2%[1]	0(A,AU,B,BH,CA,CL,CO,D,E,IL,JO,KR,MA,MX,OM,P,PA,PE,S,SG)[58]	25%
	10	用纸加固	千克			
	90	其他[40]	千克			
3921.90.50		其他		4.8%[1]	0(A*,AU,B,BH,CA,CL,CO,D,E,IL,JO,KR,MA,MX,OM,P,PA,PE,S,SG)[58]	42.5%
	10	高压纸增强装饰层压板	平方米 千克			
	50	其他	平方米 千克			
3922		塑料浴缸、淋浴盘、洗涤槽、盥洗盆、坐浴盆、便盆、马桶座圈及盖、抽水箱及类似卫生洁具:				
3922.10.00	00	浴缸、淋浴盘、洗涤槽及盥洗盆	个 千克	6.3%[59]	0(A,AU,BH,CA,CL,CO,D,E,IL,JO,KR,MA,MX,OM,P,PA,PE,S,SG)	56%
3922.20.00	00	马桶座圈及盖	个	6.3%[59]	0(A,AU,B,BH,CA,CL,CO,D,E,IL,JO,KR,MA,MX,OM,P,PA,PE,S,SG)	56%
3922.90.00	00	其他	个 千克	6.3%[2]	0(A,AU,B,BH,CA,CL,CO,D,E,IL,JO,KR,MA,MX,OM,P,PA,PE,S,SG)	56%
3923		供运输或包装货物用的塑料制品;塑料制的塞子、盖子及类似品:				
3923.10		盒、箱(包括板条箱)及类似品:				
3923.10.20	00	子目3923.10或子目8486.90的,具有特定形状或装置,供运输或包装半导体晶圆、掩模或光罩的	千克	0[2]		80%
3923.10.90	00	其他[60]	千克	3%[2]	0(A,AU,BH,CA,CL,CO,E,IL,JO,KR,MA,MX,OM,P,PA,PE,S,SG)	80%
		袋及包(包括锥形的):				

税则号列	统计后缀	货品名称	单位	税率 1 普通	税率 1 特惠	2
3923.21.00		乙烯聚合物制		3%[2]	0(A*,AU,BH,CA,CL,CO,D,E,IL,JO,KR,MA,MX,OM,P,PA,PE,S,SG)	80%
		可重新封闭,带有一体式挤压封口:				
	11	单边长度不超过75毫米	千			
	20	其他,带有打开或关闭密封件的滑块	千			
	30	其他[61]	千			
		其他:				
	80	单边长度不超过75毫米	千			
	85	带有提手(包括拉绳)的聚乙烯零售手提袋(PRCB),长度或宽度不得短于6英寸(152.4毫米)或长于40英寸(1,016毫米)	千			
	95	其他[62]	千			
3923.29.00	00	其他塑料制[63]	千克	3%[2]	0(A,AU,BH,CA,CL,CO,D,E,IL,JO,KR,MA,MX,OM,P,PA,PE,S,SG)	80%
3923.30.00		坛、瓶及类似品		3%[64]	0(A,AU,BH,CA,CL,CO,D,E,IL,JO,KR,MA,MX,OM,P,PA,PE,S,SG)	80%
	10	容量不超过50毫升	千			
	90	其他	千克			
3923.40.00		卷轴、纤子、筒管及类似品		5.3%[2]	0(A,AU,BH,CA,CL,CO,D,E,IL,JO,KR,MA,MX,OM,P,PA,PE,S,SG)	80%
	10	摄影胶片卷轴和卷轴罐	千克			
	50	其他	千克			
3923.50.00	00	塞子、盖子及类似品[65]	个 千克	5.3%[66]	0(A,AU,B,BH,CA,CL,CO,D,E,IL,JO,KR,MA,MX,OM,P,PA,PE,S,SG)	80%
3923.90.00		其他		3%[2]	0(A*,AU,BH,CA,CL,CO,D,E,IL,JO,KR,MA,MX,OM,P,PA,PE,S,SG)	80%
		水桶和提桶,带或不带盖子或其他封盖,容量为:				
	12	小于11.36升(3加仑)	个			
	14	11.36升(3加仑)或以上,但不超过22.71升(6加仑)	个			
	16	22.71升(6加仑)或以上	个			
	80	其他[67]	个 千克			
3924		塑料制的餐具、厨房用具、其他家庭用具及卫生或盥洗用具:				
3924.10		餐具及厨房用具:				

税则号列	统计后缀	货品名称	单位	税率 普通	税率 1 特惠	2
3924.10.10	00	盐、胡椒、芥末和番茄酱分配器及类似分配器	个 千克	3.4%[68]	0(A*,AU,BH,CA,CL,CO,D,E,IL,JO,KR,MA,MX,OM,P,PA,PE,S,SG)	80%
3924.10.20	00	盘子、杯子、碟子、汤碗、谷类碗、糖碗、小奶油罐、船形肉卤盘、菜盘、大浅盘	千克	6.5%[59]	0(A*,AU,BH,CA,CL,CO,D,E,IL,JO,KR,MA,MX,OM,P,PA,PE,S,SG)	84.5%
3924.10.30	00	托盘	个	5.3%[59]	0(A*,AU,BH,CA,CL,CO,D,E,IL,JO,KR,MA,MX,OM,P,PA,PE,S,SG)	40%
3924.10.40	00	其他	个 千克	3.4%[69]	0(A*,AU,BH,CA,CL,CO,D,E,IL,JO,KR,MA,MX,OM,P,PA,PE,S,SG)	80%
3924.90		其他:				
3924.90.05	00	奶嘴和手指套[70]	罗	3.1%[59]	0(A,AU,BH,CA,CL,CO,D,E,IL,JO,KR,MA,MX,OM,P,PA,PE,S,SG)	25%
3924.90.10		窗帘,包括帘片和帷幔;餐巾、桌布、(装饰或保护桌面的)衬垫、狭长台布、长窄地毯、(置于家具上的)装饰小垫、放在(桌子等)中央的装饰、(椅子或沙发等的)背套和家具套;以及家具类似用品		3.3%[68]	0(A,AU,BH,CA,CL,CO,D,E,IL,JO,KR,MA,MX,OM,P,PA,PE,S,SG)	25%
	10	窗帘	千克			
	50	其他	个 千克			
3924.90.20	00	相框	个 千克	3.4%[68]	0(A,AU,BH,CA,CL,CO,D,E,IL,JO,KR,MA,MX,OM,P,PA,PE,S,SG)	80%
3924.90.56		其他		3.4%[71]	0(A,AU,BH,CA,CL,CO,D,E,IL,JO,KR,MA,MX,OM,P,PA,PE,S,SG)	80%
	10	用于限制儿童或宠物的门	个			
	50	其他[72]	个 千克			
3925		其他品目未列名的建筑用塑料制品:				
3925.10.00	00	囷、柜、罐、桶及类似容器,容积超过300升	个 千克	6.3%[2]	0(A,AU,BH,CA,CL,CO,D,E,IL,JO,KR,MA,MX,OM,P,PA,PE,S,SG)	56%
3925.20.00		门、窗及其框架、门槛		5.3%[59]	0(A*,AU,BH,CA,CL,CO,D,E,IL,JO,KR,MA,MX,OM,P,PA,PE,S,SG)	80%
	10	门和门框[73]	个 千克			
	20	窗和窗框	个 千克			
	91	其他	个 千克			
3925.30		窗板、百叶窗(包括威尼斯式百叶窗)或类似制品及其零件:				

税则号列	统计后缀	货品名称	单位	税率 1 普通	税率 1 特惠	2
3925.30.10	00	百叶窗（包括软百叶窗帘）	个	3.3%[59]	0(A*,AU,BH,CA,CL,CO,D,E,IL,JO,KR,MA,MX,OM,P,PA,PE,S,SG)	25%
3925.30.50	00	其他	个 千克	5.3%[59]	0(A*,AU,BH,CA,CL,CO,D,E,IL,JO,KR,MA,MX,OM,P,PA,PE,S,SG)	80%
3925.90.00	00	其他[74]	个 千克	5.3%[2]	0(A,AU,BH,CA,CL,CO,D,E,IL,JO,KR,MA,MX,OM,P,PA,PE,S,SG)	80%
3926		其他塑料制品及品目3901至3914所列其他材料的制品：				
3926.10.00	00	办公室或学校用品	千克	5.3%[68]	0(A,AU,BH,CA,CL,CO,D,E,IL,JO,KR,MA,MX,OM,P,PA,PE,S,SG)	80%
3926.20		衣服及衣着附件（包括分指手套、连指手套及露指手套）：				
		分指手套、连指手套及露指手套：				
3926.20.10		无缝的		0[68]		25%
	10	外科的和医疗的	打双			
		其他：				
	20	一次性的	打双			
	50	其他	打双			
		其他：				
		专为运动设计的：				
3926.20.20	00	棒球和垒球分指手套及露指手套	个	0[2]		30%
3926.20.30	00	其他	个	3%[75]	0(A,AU,BH,CA,CL,CO,D,E,IL,JO,KR,MA,MX,OM,P,PA,PE,S,SG)	30%
3926.20.40		其他		6.5%[68]	0(A+,AU,BH,CA,CL,CO,D,E,IL,JO,KR,MA,MX,OM,P,PA,PE,S,SG)	25%
	10	一次性的	打双			
	50	其他	打双			
		其他：				
3926.20.60	00	塑料雨具，包括短上衣、外套、雨披、风雪外套、（长而宽松的）雨衣，外壳为聚氯乙烯塑料，连帽或不连帽，价值不超过每件10美元	打	0[2]		25%
3926.20.90		其他		5%[2]	0(A,AU,BH,CA,CL,CO,D,E,IL,JO,KR,MA,MX,OM,P,PA,PE,S,SG)	25%
	10	围裙[45]	打			
	50	其他[62]	打			
3926.30		家具、车厢或类似品的附件：				

税则号列	统计后缀	货品名称	单位	税率 普通	税率 1 特惠	2
3926.30.10	00	把手和旋钮	千克	6.5%[76]	0(A, AU, B, BH, CA, CL, CO, D, E, IL, JO, KR, MA, MX, OM, P, PA, PE, S, SG)3.25%(JP)	57.5%
3926.30.50	00	其他	千克	5.3%[59]	0(A+, AU, B, BH, CA, CL, CO, D, E, IL, JO, KR, MA, MX, OM, P, PA, PE, S, SG)2.65%(JP)	80%
3926.40.00		小雕塑品及其他装饰品		5.3%[68]	0(A*, AU, BH, CA, CL, CO, D, E, IL, JO, KR, MA, MX, OM, P, PA, PE, S, SG)	80%
	10	装饰(包括礼品包装等)用蝴蝶结及类似产品	个			
	90	其他	个			
3926.90		其他:				
3926.90.10	00	水桶和提桶	个	3.4%[59]	0(A, AU, BH, CA, CL, CO, D, E, IL, JO, KR, MA, MX, OM, P, PA, PE, S, SG)	80%
3926.90.16	00	奶嘴	罗	3.1%[59]	0(A, AU, BH, CA, CL, CO, D, E, IL, JO, KR, MA, MX, OM, P, PA, PE, S, SG)	25%
3926.90.21	00	冰袋;冲洗袋、灌肠袋、热水瓶及其配件;病弱者及类似人员的护理垫;穿戴防护罩;子宫托;预防性药物;冲洗用空气球;非玻璃或金属制注射器(皮下注射器除外)及其配件	个	4.2%[59]	0(A, AU, BH, CA, CL, CO, D, E, IL, JO, KR, MA, MX, OM, P, PA, PE, S, SG)	25%
3926.90.25	00	其他部分未列名的塑料把手及旋钮	千克	6.5%[59]	0(A, AU, BH, CA, CL, CO, D, E, IL, JO, KR, MA, MX, OM, P, PA, PE, S, SG)	57.5%
3926.90.30	00	品目8903的游艇或游船零件;独木舟、赛艇、气动船和游船的零件,不是设计主要用于发动机或帆的类型[77]	千克	4.2%[2]	0(A, AU, BH, CA, CL, CO, D, E, IL, JO, KR, MA, MX, OM, P, PA, PE, S, SG)	30%
		珠子、喇叭和亮片,未串起(临时除外)和未镶嵌;其他部分未列名的物品:				
3926.90.33	00	手提包	个	6.5%[68]	0(A, AU, BH, CA, CL, CO, D, E, IL, JO, KR, MA, MX, OM, P, PA, PE, S, SG)	60%
3926.90.35	00	其他	千克	6.5%[59]	0(A, AU, BH, CA, CL, CO, D, E, IL, JO, KR, MA, MX, OM, P, PA, PE, S, SG)	60%
3926.90.40	00	仿宝石	千克	2.8%[68]	0(A, AU, BH, CA, CL, CO, D, E, IL, JO, KR, MA, MX, OM, P, PA, PE, S, SG)	20%
3926.90.45		垫圈、垫片和其他密封件		3.5%[2]	0(A, AU, B, BH, C, CA, CL, CO, D, E, IL, JO, KR, MA, MX, OM, P, PA, PE, S, SG)	25%
	10	O形环	个			
	90	其他[37]	个			
3926.90.48	00	相册	个	3.4%[68]	0(A, AU, BH, CA, CL, CO, D, E, IL, JO, KR, MA, MX, OM, P, PA, PE, S, SG)	80%

税则号列	统计后缀	货品名称	单位	税率 1 普通	税率 1 特惠	2
3926.90.50	00	摄影幻灯片的框架或支架	千克	3.8%[59]	0(A, AU, BH, CA, CL, CO, D, E, IL, JO, KR, MA, MX, OM, P, PA, PE, S, SG)	45%
		皮带装置和皮带,用于机械:				
		含纺织纤维:				
3926.90.55	00	V形皮带	千克	5.1%[2]	0(A+, AU, B, BH, CA, CL, CO, D, E, IL, JO, KR, MA, MX, OM, P, PA, PE, S, SG)	30%
		其他:				
3926.90.56	00	纺织成分中植物纤维的重量超过任何其他纺织纤维	千克	5.1%[2]	0(A, AU, BH, CA, CL, CO, D, E, IL, JO, KR, MA, MX, OM, P, PA, PE, S, SG)	30%
3926.90.57	00	纺织成分中化纤的重量超过任何其他纺织纤维	千克	6.5%[2]	0(A, AU, BH, CA, CL, CO, D, E, IL, JO, KR, MA, MX, OM, P, PA, PE, S, SG)	74%
3926.90.59	00	其他	千克	2.4%[78]	0(A+, AU, BH, CA, CL, CO, D, E, IL, JO, KR, MA, MX, OM, P, PA, PE, S, SG)	25%
3926.90.60		其他		4.2%[2]	0(A, AU, BH, CA, CL, CO, D, E, IL, JO, KR, MA, MX, OM, P, PA, PE, S, SG)	25%
	10	同步带	个			
	90	其他	千克			
		衣夹:				
3926.90.65		弹簧式		4.2%[68]	0(A+, AU, BH, CA, CL, CO, D, E, IL, JO, KR, MA, MX, OM, P, PA, PE, S, SG)	8.4%
	10	一罗价值不超过80美分	罗			
	20	一罗价值超过80美分但不超过1.35美元	罗			
	30	一罗价值超过1.35美元但不超过1.70美元	罗			
	50	一罗价值超过1.70美元	罗			
3926.90.70	00	其他	罗	5.3%[59]	0(A, AU, BH, CA, CL, CO, D, E, IL, JO, KR, MA, MX, OM, P, PA, PE, S, SG)	80%
3926.90.75	00	其他未列名的充气床垫及其他充气物品	个	4.2%[68]	0(A, AU, BH, CA, CL, CO, D, E, IL, JO, KR, MA, MX, OM, P, PA, PE, S, SG)	25%
3926.90.77	00	水床床垫和衬垫,以及上述部分	个	2.4%[68]	0(A+, AU, BH, CA, CL, CO, D, E, IL, JO, KR, MA, MX, OM, P, PA, PE, S, SG)	25%
3926.90.83	00	打字机和机器色带用空墨盒和盒式磁带	个	5.3%[2]	0(A, AU, BH, CA, CL, CO, D, E, IL, JO, KR, MA, MX, OM, P, PA, PE, S, SG)	80%
3926.90.85	00	适用于机械连接装置的夹子中的紧固件	千克	6.5%[79]	0(A+, AU, BH, CA, CL, CO, D, E, IL, JO, KR, MA, MX, OM, P, PA, PE, S, SG)	60%

税则号列	统计后缀	货品名称	单位	税率 1 普通	税率 1 特惠	2
3926.90.87	00	带标签的柔性塑料文件活页夹,卷状或扁平状	个	5.3%[2]	0(A, AU, BH, CA, CL, CO, D, E, IL, JO, KR, MA, MX, OM, P, PA, PE, S, SG)	80%
3926.90.94	00	卡片,未打孔,适合用作或制作提花卡片;动力织机的提花梳棉机、提花机头及其零件;含铅30%或以上的塑料透明片	个	0[2]		80%
3926.90.96	00	自行车变速器电缆套管;以及卡钳和悬臂制动器用电缆或内导线的外壳,不论是否切割成一定长度	千克	0[2]		25%
3926.90.99		其他		5.3%[80]	0(A, AU, B, BH, C, CA, CL, CO, D, E, IL, JO, KR, MA, MX, OM, P, PA, PE, S, SG)	80%
	05	完全由塑料制成的松紧带	千克			
	10	实验室器皿[81]	个			
	25	道路用反光三角警示标志[82]	个			
	30	梯子	个			
	40	检修孔盖、环和框架;集水池;排水闸门及其框架;清洁盖及其框架;阀门、服务和仪表箱	个			
	50	面罩和面罩、医疗定位或运输垫、医疗废物容器或消毒湿巾分配器[83]	个 千克			
	85	其他[84]	个 千克			

[1]见9903.88.02。

[2]见9903.88.03。

[3]见9903.88.12。

[4]见9902.10.64和9903.88.02。

[5]见9902.10.65和9903.88.02。

[6]见9902.10.66、9902.10.67和9903.88.02。

[7]见9902.10.68、9902.10.69、9902.10.70、9903.88.02。

[8]见9902.10.71、99021.10.72、9902.10.73和9903.88.02。

[9]见9902.10.75、9902.10.76和9903.88.02。

[10]见9902.10.77、9902.10.78和9903.88.02。

[11]见9903.88.12和9903.88.54。

[12]见9902.10.79、9902.10.80、9902.10.81、9902.10.82、9902.10.83、9902.10.84、9902.10.85、9902.10.86、9902.10.87、9902.10.88、9902.10.89、9902.10.90、9902.10.91、9902.10.92、9902.10.93、9902.10.94、9902.10.95、9902.10.96、9902.10.97和9903.88.02。

[13]见9902.10.98、9902.10.99和9903.88.02。

[14]见9902.11.01和9903.88.02。

[15]见9902.11.02和9903.88.02。

[16]见9902.11.03和9903.88.02。

[17]见9903.88.17、9903.88.20和9903.88.59

[18]见9902.11.04、9902.11.05、9902.11.06、9902.11.07、9902.11.08、9902.11.09、9902.11.10、9902.11.11和9903.88.02。

[19]见9902.11.12、9902.11.13、9902.11.14和9903.88.02。

[20]见9902.11.15、9902.11.16、9902.11.17和9903.88.02。

[21]见9902.11.18和9903.88.02。

[22]见9902.11.19、9902.11.20、9902.11.21、9902.11.23、9902.11.24、9902.11.26、9902.11.27、9902.11.28、9902.11.29和9903.88.02。

[23]见9902.11.30、9902.11.31和9903.88.02。

[24]见9902.11.32、9902.11.33和9903.88.02。

[25]见9902.11.34和9903.88.03。

[26]见9902.11.35、9902.11.36、9902.11.37和9903.88.02。

[27]见9902.11.38、9902.11.39、9902.11.40、9902.11.41、9902.11.42和9903.88.02。

[28]见9903.88.20。

[29]见9903.88.17、9903.88.20和9903.88.61。

[30]见9902.11.43、9902.11.44、9902.11.45和9903.88.02。

[31]见9902.11.46、9902.11.47和9903.88.02。

[32]见9902.11.48、9902.11.49、9902.11.50、9902.11.51、9902.11.52、9902.11.53、9902.11.54、9902.11.55、9902.11.56和9903.88.02。

[33]见9902.11.57、9902.11.58和9903.88.02。

[34]见9903.88.53和9903.88.57。

[35]见9902.11.59、9902.11.60、9902.11.61、9902.11.62和9903.88.15。

[36]见9902.11.63和9903.88.03。

[37]见9903.88.43。

[38]见9902.11.64、9902.11.65、9902.11.66、9902.11.67、9902.11.68、9902.11.69、9902.11.70、9902.11.71、9902.11.72、9902.11.73、9902.11.74、9902.11.75、9902.11.76、9902.11.77、9902.11.78和9903.88.02。

[39]见本章附加美国注释二。

[40]见9903.88.17。

[41]见9902.11.79和9903.88.02。

[42]见本章附加美国注释三。

[43]见9903.88.17、9903.88.59和9903.88.63。

[44]见9902.11.80、9902.11.81和9903.88.02。

[45]见9903.88.64。

[46]见9902.11.82和9903.88.02。

[47]见9903.88.34和9903.88.38和9903.88.46。

[48]见9903.88.33。

[49]见9903.88.17和9903.88.59。

[50]见9903.88.12、9903.88.54和9903.88.63。

[51]见9902.11.83和9903.88.02。

[52]见9902.11.84和9903.88.02。

[53]见9902.11.85和9903.88.02。

[54]见9902.11.86和9903.88.02。

[55]见9902.11.87和9903.88.02。

[56]见9903.88.17、9903.88.20、9903.88.59和9903.88.63。

[57]见9902.11.88、9902.11.89和9903.88.02。

[58]见本章附加美国注释四。

[59]见9903.88.15。

[60]见9903.88.13、9903.88.35、9903.88.43、9903.88.56和9903.88.64。

[61]见9903.88.41和9903.88.64。

[62]见9903.88.41、9903.88.56和9903.88.64。

[63]见9903.88.38和9903.88.45。

[64]见9902.11.90和9903.88.03。

[65]见9903.88.13、9903.88.46、9903.88.56和9903.88.64。

[66]见9902.11.91、9902.11.92、9902.11.93、9902.11.94和9903.88.03。

[67]见9903.88.18。

[68]见9903.88.16。

[69]见9902.11.95、9902.11.96、9902.11.97和9903.88.16。

[70]见9903.88.51。

[71]见9902.11.98、9902.11.99和9903.88.15。

[72]见9903.88.49、9903.88.51、9903.88.53和9903.88.57。

[73]见9903.88.53。

[74]见9903.88.43和9903.88.45。

[75]见9902.12.01和9903.88.03。

[76]见9902.12.02和9903.88.15。

[77]见9903.88.13。

[78]见9902.12.03和9903.88.03。

[79]见9902.12.04和9903.88.15。

[80]见9902.12.05、9902.12.06、9902.12.07、9902.12.08、9902.12.09、9902.12.10、9902.12.11、9902.12.12、9902.12.13、9902.12.14、9902.12.15、9902.12.16、9902.12.17、9902.12.18、9902.12.19、9902.12.20、9902.12.21、9902.12.22、9902.12.23、9902.12.24、9902.12.25、9902.12.26、9902.12.27、9902.12.28和9903.88.15。

[81]见9903.88.39、9903.88.57和9903.88.65。

[82]见9903.88.44。

[83]见9903.88.65。

[84]见9903.88.42、9903.88.44、9903.88.47、9903.88.49、9903.88.51、9903.88.53、9903.88.55、9903.88.57和9903.88.65。

第四十章　橡胶及其制品

注释：

一、除条文另有规定的以外，本税则所称"橡胶"是指不论是否硫化或硬化的下列产品：天然橡胶、巴拉塔胶、古塔波胶、银胶菊胶、糖胶树胶及类似的天然树胶、合成橡胶、从油类中提取的油膏以及上述物品的再生品。

二、本章不包括：
  （一）第十一类的货品（纺织原料及纺织制品）；
  （二）第六十四章的鞋靴及其零件；
  （三）第六十五章的帽类及其零件（包括游泳帽）；
  （四）第十六类的硬质橡胶制的机械器具、电气器具及其零件（包括各种电气用品）；
  （五）第九十章、第九十二章、第九十四章或第九十六章的物品；或者
  （六）第九十五章的物品（运动用分指手套、连指手套、露指手套及品目4011至4013的制品除外）。

三、品目4001至4003及品目4005所称"初级形状"只限于下列形状：
  （一）液状及糊状，包括胶乳（不论是否预硫化）及其他分散体和溶液；
  （二）不规则形状的块、团、包、粉、粒、碎屑及类似的散装形状。

四、本章注释一和品目4002所称"合成橡胶"适用于：
  （一）不饱和合成物质，即用硫磺硫化能使其不可逆地变为非热塑物质，这种物质能在温度18摄氏度至29摄氏度之间被拉长到其原长度的三倍而不致断裂，拉长到原长度的两倍时，在五分钟内能回复到不超过原长度的一倍半。为了进行上述试验，可以加入交联所需的硫化活化剂或促进剂；也允许含有注释五（二）2及3所述的物质。但不能加入非交联所需的物质，例如，增量剂、增塑剂及填料。
  （二）聚硫橡胶（TM）。
  （三）与塑料接枝共聚或混合而改性的天然橡胶、解聚天然橡胶以及不饱和合成物质与饱和合成高聚物的混合物，但这些产品必须符合以上（一）款关于硫化、延伸及回复的要求。

五、（一）品目4001及品目4002不适用于任何凝结前或凝结后与下列物质相混合的橡胶或橡胶混合物：
  1.硫化剂、促进剂、防焦剂或活性剂（为制造预硫胶乳所加入的除外）；
  2.颜料或其他着色料，但仅为易于识别而加入的除外；
  3.增塑剂或增量剂（用油增量的橡胶中所加的矿物油除外）、填料、增强剂、有机溶剂或其他物质，但以下（二）款所述的除外。
  （二）含有下列物质的橡胶或橡胶混合物，只要仍具有原料的基本特性，应归入品目4001或品目4002：
  1.乳化剂或防粘剂；

2. 少量的乳化剂分解产品；

3. 微量的下列物质：热敏剂（一般为制造热敏胶乳用）、阳离子表面活性剂（一般为制造阳性胶乳用）、抗氧剂、凝固剂、碎裂剂、抗冻剂、胶溶剂、保存剂、稳定剂、黏度控制剂或类似的特殊用途添加剂。

六、品目 4004 所称"废碎料及下脚料"是指在橡胶或橡胶制品生产或加工过程中由于切割、磨损或其他原因明显不能按橡胶或橡胶制品使用的废橡胶及下脚料。

七、全部用硫化橡胶制成的线，其任一截面的尺寸超过 5 毫米的，应作为带、杆或型材及异型材归入品目 4008。

八、品目 4010 包括用橡胶浸渍、涂布、包覆或层压的织物制成的或用橡胶浸渍、涂布、包覆或套裹的纱线或绳制成的传动带、输送带。

九、品目 4001、品目 4002、品目 4003、品目 4005 及品目 4008 所称"板""片""带"仅指未切割或只简单切割成矩形（包括正方形）的板、片、带及正几何形块，不论是否具有成品的特征，也不论是否经过印制或其他表面加工，但未切割成其他形状或进一步加工。

品目 4008 所称"杆"或"型材及异型材"仅指不论是否切割成一定长度或表面加工，但未经进一步加工的该类产品。

附加美国注释：

一、就子目 4008.21 而言，"特惠"税率栏中的"免税"仅适用于宽度不超过 38.1 厘米、长度不超过 45.7 厘米的物品。

二、就子目 4008.29 而言，"特惠"税率栏中的"免税"仅适用于按尺寸切割的型材。

三、就品目 4017 而言，"特惠"税率栏中的"免税"仅适用于装有附件的管子。

税则号列	统计后级	货品名称	单位	税率 普通	税率 特惠	2
4001		天然橡胶、巴拉塔胶、古塔波胶、银胶菊胶、糖胶树胶及类似的天然树胶,初级形状或板、片、带:				
4001.10.00	00	天然胶乳,不论是否预硫化	千克[1]	0[2]		0
		其他形状的天然橡胶:				
4001.21.00		烟胶片		0[2]		0
	10	1级	千克			
	20	2级	千克			
	30	3级	千克			
	50	其他	千克			
4001.22.00		技术分类天然橡胶(TSNR)		0[2]		0
	05	5级	千克			
	10	CV级	千克			
	15	L级	千克			
	20	10级	千克			
	25	20级	千克			
	50	其他	千克			
4001.29.00	00	其他	千克	0[2]		0
4001.30.00		巴拉塔胶、古塔波胶、银胶菊胶、糖胶树胶及类似的天然树胶		0[2]		0
	05	巴拉塔胶	千克			
	10	其他部分未列名的古塔波胶和古塔胶	千克			
	20	糖胶树胶	千克			
	55	其他	千克			
4002		合成橡胶及从油类提取的油膏,初级形状或板、片、带;品目4001所列产品与本品目所列产品的混合物,初级形状或板、片、带:				
		丁苯橡胶(SBR);羧基丁苯橡胶(XSBR)				
4002.11.00	00	胶乳	千克	0[2]		20%
4002.19.00		其他		0[2]		20%
		按干聚合物重量计,苯乙烯含量不超过50%:				
	14	丁苯嵌段共聚物:溶液聚合(SBS,热塑性弹性体)在颗粒、碎屑或粉末中产生的共聚物				
	15	乳液聚合法(E-SBR)成捆生产的丁苯橡胶	千克			
	16	溶液聚合法(S-SBR)成捆生产的丁苯橡胶	千克			
	19	其他	千克			
	20	按干聚合物重量计,苯乙烯含量超过50%	千克			
4002.20.00	00	丁二烯橡胶(BR)	千克	0[2]		20%

税则号列	统计后缀	货品名称	单位	税率 1 普通	税率 1 特惠	2
		异丁烯-异戊二烯(丁基)橡胶(IIR);卤代丁基橡胶(CIIR或BIIR):				
4002.31.00	00	异丁烯-异戊二烯(丁基)橡胶(IIR)	千克	0[2]		20%
4002.39.00	00	其他	千克	0[2]		20%
		氯丁二烯(氯丁)橡胶(CR):				
4002.41.00	00	胶乳	千克	0[2]		20%
4002.49.00	00	其他	千克	0[2]		20%
		丁腈橡胶(NBR):				
4002.51.00	00	胶乳	千克	0[2]		20%
4002.59.00	00	其他	千克	0[2]		20%
4002.60.00	00	异戊二烯橡胶(IR)	千克	0[2]		20%
4002.70.00	00	乙丙非共轭二烯橡胶(EPDM)	千克	0[2]		20%
4002.80.00	00	品目4001所列产品与本品目所列产品的混合物	千克	0[2]		20%
		其他:				
4002.91.00	00	胶乳	千克	0[2]		20%
4002.99.00	00	其他	千克	0[2]		20%
4003.00.00	00	再生橡胶,初级形状或板、片、带	千克	0[2]		0
4004.00.00	00	橡胶(硬质橡胶的除外)的废碎料、下脚料及其粉、粒	千克	0[2]		0
4005		未硫化的复合橡胶,初级形状或板、片、带:				
4005.10.00	00	与炭黑或硅石混合	千克	0[2]		20%
4005.20.00	00	溶液;子目号4005.10以外的分散体	千克	0[2]		20%
		其他:				
4005.91.00	00	板、片、带	千克	0[2]		20%
4005.99.00	00	其他	千克	0[2]		20%
4006		其他形状(例如,杆、管或型材及异型材)的未硫化橡胶及未硫化橡胶制品(例如,盘、环):				
4006.10.00	00	轮胎翻新用胎面补料胎条	千克	2.9%[3]	0(A, AU, BH, CA, CL, CO, D, E, IL, JO, KR, MA, MX, OM, P, PA, PE, S, SG)	35%
4006.90		其他:				
4006.90.10	00	天然橡胶制	千克	0[2]		35%
4006.90.50	00	其他	千克	2.7%[2]	0(A, AU, BH, CA, CL, CO, D, E, IL, JO, KR, MA, MX, OM, P, PA, PE, S, SG)	80%
4007.00.00	00	硫化橡胶线及绳	千克	0[2]		35%
4008		硫化橡胶(硬质橡胶除外)制的板、片、带、杆或型材及异型材:				
		海绵橡胶制:				
4008.11		板、片、带:				

第四十章 橡胶及其制品 541

税则号列	统计后缀	货品名称	单位	税率 1 普通	税率 1 特惠	2
4008.11.10	00	天然橡胶制	千克	0[2]		25%
4008.11.50	00	其他	千克	3.3%[2]	0(A,AU,BH,CA,CL,CO,D,E,IL,JO,KR,MA,MX,OM,P,PA,PE,S,SG)	50%
4008.19		其他:				
		天然橡胶制:				
4008.19.20	00	异型材	千克	0[2]		25%
4008.19.40	00	其他	千克	0[2]		25%
		其他:				
4008.19.60	00	异型材	千克	3.3%[2]	0(A,AU,BH,CA,CL,CO,D,E,IL,JO,KR,MA,MX,OM,P,PA,PE,S,SG)	50%
4008.19.80	00	其他	千克	3.3%[2]	0(A,AU,BH,CA,CL,CO,D,E,IL,JO,KR,MA,MX,OM,P,PA,PE,S,SG)	50%
		非海绵橡胶制:				
4008.21.00	00	板、片、带	千克	0[2]		40%
4008.29		其他:				
4008.29.20	00	异型材	千克	2.9%[2]	0(A,AU,B,BH,C,CA,CL,CO,D,E,IL,JO,KR,MA,MX,OM,P,PA,PE,S,SG)[4][5]	35%
4008.29.40	00	其他	千克	2.9%[2]	0(A,AU,B,BH,CA,CL,CO,E,IL,JO,KR,MA,MX,OM,P,PA,PE,S,SG)[4]	35%
4009		硫化橡胶(硬质橡胶除外)制的管子,不论是否装有附件(例如,接头、肘管、法兰):				
		未经加强或未与其他材料合制:				
4009.11.00	00	未装有附件[6]	千克	2.5%[2]	0(A*,AU,B,BH,CA,CL,CO,D,E,IL,JO,JP,KR,MA,MX,OM,P,PA,PE,S,SG)	25%
4009.12.00		装有附件		2.5%[3]	0(A,AU,B,BH,C,CA,CL,CO,D,E,IL,JO,KR,MA,MX,OM,P,PA,PE,S,SG)	25%
	20	子目8701.20或品目8702、品目8703、品目8704、品目8705或品目8711所列车辆的制动软管	千克			
	50	其他	千克			
		用金属加强或只与金属合制:				
4009.21.00	00	未装有附件	千克	2.5%[2]	0(A*,AU,B,BH,CA,CL,CO,D,E,IL,JO,KR,MA,MX,OM,P,PA,PE,S,SG)	25%
4009.22.00		装有附件		2.5%[2]	0(A,AU,B,BH,C,CA,CL,CO,D,E,IL,JO,KR,MA,MX,OM,P,PA,PE,S,SG)	25%
	20	子目8701.20或品目8702、品目8703、品目8704、品目8705或品目8711所列车辆的制动软管	千克			

税则号列	统计后缀	货品名称	单位	税率 1 普通	税率 1 特惠	2
	50	其他	千克			
		用纺织材料加强或只与纺织材料合制：				
4009.31.00	00	未装有附件[6]	千克	2.5%[2]	0(A*,AU,B,BH,CA,CL,CO,D,E,IL,JO,KR,MA,MX,OM,P,PA,PE,S,SG)	25%
4009.32.00		装有附件		2.5%[2]	0(A*,AU,B,BH,C,CA,CL,CO,D,E,IL,JO,KR,MA,MX,OM,P,PA,PE,S,SG)	25%
	20	子目8701.20或品目8702、品目8703、品目8704、品目8705或品目8711所列车辆的制动软管	千克			
	50	其他[7]	千克			
		用其他材料加强或与其他材料合制：				
4009.41.00	00	未装有附件[6]	千克	2.5%[2]	0(A*,AU,B,BH,CA,CL,CO,D,E,IL,JO,KR,MA,MX,OM,P,PA,PE,S,SG)	25%
4009.42.00		装有附件		2.5%[3]	0(A,AU,B,BH,C,CA,CL,CO,D,E,IL,JO,KR,MA,MX,OM,P,PA,PE,S,SG)	25%
	20	子目8701.20或品目8702、品目8703、品目8704、品目8705或品目8711所列车辆的制动软管	千克			
	50	其他	千克			
4010		硫化橡胶制的传动带或输送带及带料：				
		输送带及带料：				
4010.11.00	00	仅用金属加强的	千克	3.3%[3]	0(A,AU,BH,CA,CL,CO,D,E,IL,JO,KR,MA,MX,OM,P,PA,PE,S,SG)	25%
4010.12		仅用纺织材料加强的：				
4010.12.10	00	纺织成分中植物纤维的重量超过任何其他单一纺织纤维的	千克	4.1%[2]	0(A,AU,BH,CA,CL,CO,D,E,IL,JO,KR,MA,MX,OM,P,PA,PE,S,SG)	30%
		纺织成分中化纤重量超过任何其他单一纺织纤维的：				
4010.12.50	00	宽度超过20厘米的	千克	8%[8]	0(A,AU,BH,CA,CL,CO,D,E,IL,JO,KR,MA,MX,OM,P,PA,PE,S,SG)	74%
4010.12.55	00	其他	千克	6.4%[2]	0(A,AU,BH,CA,CL,CO,D,E,IL,JO,KR,MA,MX,OM,P,PA,PE,S,SG)	74%
4010.12.90	00	其他	千克	1.9%[2]	0(A+,AU,BH,CA,CL,CO,D,E,IL,JO,KR,MA,MX,OM,P,PA,PE,S,SG)	25%
4010.19		其他：				
		与纺织材料合制：				
4010.19.10	00	纺织成分中植物纤维的重量超过任何其他单一纺织纤维的	千克	4.1%[2]	0(A,AU,BH,CA,CL,CO,D,E,IL,JO,KR,MA,MX,OM,P,PA,PE,S,SG)	30%

税则号列	统计后缀	货品名称	单位	税率 1 普通	税率 1 特惠	2
		纺织成分中化纤重量超过任何其他单一纺织纤维的:				
4010.19.50	00	宽度超过20厘米的	千克	8%[2]	0(A,AU,BH,CA,CL,CO,D,E,IL,JO,KR,MA,MX,OM,P,PA,PE,S,SG)	74%
4010.19.55	00	其他	千克	6.4%[2]	0(A,AU,BH,CA,CL,CO,D,E,IL,JO,KR,MA,MX,OM,P,PA,PE,S,SG)	74%
4010.19.80	00	其他	千克	1.9%[2]	0(A+,AU,BH,CA,CL,CO,D,E,IL,JO,KR,MA,MX,OM,P,PA,PE,S,SG)	25%
4010.19.91	00	其他	千克	3.3%[2]	0(A,AU,BH,CA,CL,CO,D,E,IL,JO,KR,MA,MX,OM,P,PA,PE,S,SG)	25%
		传动带及带料:				
4010.31		梯形截面的环形传动带(三角带),V形肋状的,外周长超过60厘米但不超过180厘米:				
4010.31.30	00	与纺织材料合制	千克	3.4%[2]	0(A+,AU,B,BH,CA,CL,CO,D,E,IL,JO,KR,MA,MX,OM,P,PA,PE,S,SG)	30%
4010.31.60	00	其他	千克	2.8%[2]	0(A*,AU,BH,CA,CL,CO,D,E,IL,JO,KR,MA,MX,OM,P,PA,PE,S,SG)	25%
4010.32		梯形截面的环形传动带(三角带),外周长超过60厘米但不超过180厘米,V形肋状的除外:				
4010.32.30	00	与纺织材料合制	千克	3.4%[2]	0(A+,AU,B,BH,CA,CL,CO,D,E,IL,JO,KR,MA,MX,OM,P,PA,PE,S,SG)	30%
4010.32.60	00	其他	千克	2.8%[2]	0(A,AU,BH,CA,CL,CO,D,E,IL,JO,KR,MA,MX,OM,P,PA,PE,S,SG)	25%
4010.33		梯形截面的环形传动带(三角带),V形肋状的,外周长超过180厘米但不超过240厘米:				
4010.33.30	00	与纺织材料合制	千克	3.4%[2]	0(A+,AU,B,BH,CA,CL,CO,D,E,IL,JO,KR,MA,MX,OM,P,PA,PE,S,SG)	30%
4010.33.60	00	其他	千克	2.8%[2]	0(A,AU,BH,CA,CL,CO,D,E,IL,JO,KR,MA,MX,OM,P,PA,PE,S,SG)	25%
4010.34		梯形截面的环形传动带(三角带),外周长超过180厘米但不超过240厘米,V形肋状的除外:				
4010.34.30	00	与纺织材料合制	千克	3.4%[2]	0(A+,AU,B,BH,CA,CL,CO,D,E,IL,JO,KR,MA,MX,OM,P,PA,PE,S,SG)	30%
4010.34.60	00	其他	千克	2.8%[2]	0(A,AU,BH,CA,CL,CO,D,E,IL,JO,KR,MA,MX,OM,P,PA,PE,S,SG)	25%

税则号列	统计后缀	货品名称	单位	税率 1 普通	税率 1 特惠	2
4010.35		环形同步带,外周长超过60厘米但不超过150厘米:				
		与纺织材料合制:				
4010.35.30	00	纺织成分中植物纤维的重量超过任何其他单一纺织纤维的	千克	4.1%[2]	0(A,AU,BH,CA,CL,CO,D,E,IL,JO,KR,MA,MX,OM,P,PA,PE,S,SG)	30%
		纺织成分中化纤重量超过任何其他单一纺织纤维的:				
4010.35.41	00	宽度超过20厘米的	千克	8%[2]	0(A,AU,BH,CA,CL,CO,D,E,IL,JO,KR,MA,MX,OM,P,PA,PE,S,SG)	74%
4010.35.45	00	其他	千克	6.4%[2]	0(A,AU,BH,CA,CL,CO,D,E,IL,JO,KR,MA,MX,OM,P,PA,PE,S,SG)	74%
4010.35.50	00	其他	千克	1.9%[2]	0(A+,AU,BH,CA,CL,CO,D,E,IL,JO,KR,MA,MX,OM,P,PA,PE,S,SG)	25%
4010.35.90	00	其他[9]	千克	3.3%[2]	0(A,AU,BH,CA,CL,CO,D,E,IL,JO,KR,MA,MX,OM,P,PA,PE,S,SG)	25%
4010.36		环形同步带,外周长超过150厘米但不超过198厘米:				
		与纺织材料合制:				
4010.36.30	00	纺织成分中植物纤维的重量超过任何其他单一纺织纤维的	千克	4.1%[2]	0(A,AU,BH,CA,CL,CO,D,E,IL,JO,KR,MA,MX,OM,P,PA,PE,S,SG)	30%
		纺织成分中化纤重量超过任何其他单一纺织纤维的:				
4010.36.41	00	宽度超过20厘米的	千克	8%[2]	0(A,AU,BH,CA,CL,CO,D,E,IL,JO,KR,MA,MX,OM,P,PA,PE,S,SG)	74%
4010.36.45	00	其他	千克	6.4%[2]	0(A,AU,BH,CA,CL,CO,D,E,IL,JO,KR,MA,MX,OM,P,PA,PE,S,SG)	74%
4010.36.50	00	其他	千克	1.9%[2]	0(A+,AU,BH,CA,CL,CO,D,E,IL,JO,KR,MA,MX,OM,P,PA,PE,S,SG)	25%
4010.36.90	00	其他	千克	3.3%[2]	0(A,AU,BH,CA,CL,CO,D,E,IL,JO,KR,MA,MX,OM,P,PA,PE,S,SG)	25%
4010.39		其他				
		梯形横截面的(V带和皮带):				
4010.39.10	00	与纺织材料合制:	千克	3.4%[2]	0(A+,AU,B,BH,CA,CL,CO,D,E,IL,JO,KR,MA,MX,OM,P,PA,PE,S,SG)	30%
4010.39.20	00	其他	千克	2.8%[2]	0(A,AU,BH,CA,CL,CO,D,E,IL,JO,KR,MA,MX,OM,P,PA,PE,S,SG)	25%
		其他:				

税则号列	统计后缀	货品名称	单位	税率 1 普通	税率 1 特惠	税率 2
		与纺织材料合制：				
4010.39.30	00	纺织成分中植物纤维的重量超过任何其他单一纺织纤维的	千克	4.1%[2]	0(A,AU,BH,CA,CL,CO,D,E,IL,JO,KR,MA,MX,OM,P,PA,PE,S,SG)	30%
		纺织成分中化纤重量超过任何其他单一纺织纤维的：				
4010.39.41	00	宽度超过20厘米的	千克	8%[2]	0(A,AU,BH,CA,CL,CO,D,E,IL,JO,KR,MA,MX,OM,P,PA,PE,S,SG)	74%
4010.39.45	00	其他	千克	6.4%[2]	0(A,AU,BH,CA,CL,CO,D,E,IL,JO,KR,MA,MX,OM,P,PA,PE,S,SG)	74%
4010.39.50	00	其他	千克	1.9%[2]	0(A+,AU,BH,CA,CL,CO,D,E,IL,JO,KR,MA,MX,OM,P,PA,PE,S,SG)	25%
4010.39.90	00	其他	千克	3.3%[2]	0(A,AU,BH,CA,CL,CO,D,E,IL,JO,KR,MA,MX,OM,P,PA,PE,S,SG)	25%
4011		新的充气橡胶轮胎：				
4011.10		机动小客车(包括旅行小客车及赛车)用：				
4011.10.10		子午线的		4%[2]	0(A*,AU,BH,CA,CL,CO,D,E,IL,JO,KR,MA,MX,OM,P,PA,PE,S,SG)	10%
	10	轮辋直径为33.02厘米(13英寸)或更小	个			
	20	轮辋直径大于33.02厘米(13英寸)，但不超过35.56厘米(14英寸)	个			
	30	轮辋直径大于35.56厘米(14英寸)，但不超过38.10厘米(15英寸)	个			
	40	轮辋直径大于38.10厘米(15英寸)，但不超过40.64厘米(16英寸)	个			
	50	轮辋直径大于40.64厘米(16英寸)，但不超过43.18厘米(17英寸)	个			
	60	轮辋直径大于43.18厘米(17英寸)，但不超过45.72厘米(18英寸)	个			
	70	轮辋直径大于45.72厘米(18英寸)的	个			
4011.10.50	00	其他	个	3.4%[2]	0(A*,AU,BH,CA,CL,CO,D,E,IL,JO,KR,MA,MX,OM,P,PA,PE,S,SG)	10%
4011.20		客运机动车辆或货运机动车辆用				
4011.20.10		子午线的		4%[2]	0(A*,AU,BH,CA,CL,CO,D,E,IL,JO,KR,MA,MX,OM,P,PA,PE,S,SG)	10%

税则号列	统计后缀	货品名称	单位	税率 普通	税率 特惠	2
		高速公路上的:				
	05	轻型卡车	个			
	15	其他	个			
		在高速公路外的:				
	25	用于直径40.6厘米或以上的轮辋	个			
	35	其他	个			
4011.20.50		其他		3.4%[2]	0(A*,AU,BH,CA,CL,CO,D,E,IL,JO,KR,MA,MX,OM,P,PA,PE,S,SG)	10%
		高速公路上的:				
	10	轻型卡车	个			
	20	其他	个			
		在高速公路外的:				
	30	用于直径40.6厘米或以上的轮辋	个			
	50	其他	个			
4011.30.00		航空器用		0[10]		30%
	10	用于民用飞机的	个			
	50	其他	个			
4011.40.00	00	摩托车用	个	0[2]		10%
4011.50.00	00	自行车用[11]	个	0[2]		10%
4011.70.00		农业或林业车辆及机器用		0[2]		0
	10	人字形胎面或类似胎面	个			
	50	其他	个			
4011.80		建筑业、采矿业或工业搬运车辆及机器用:				
4011.80.10		人字形胎面或类似胎面		0[2]		10%
	10	辋圈尺寸不超过61厘米	个			
	20	辋圈尺寸超过61厘米	个			
		其他				
4011.80.20		子午线的		4%[2]	0(A*,AU,BH,CA,CL,CO,D,E,IL,JO,JP,KR,MA,MX,OM,P,PA,PE,S,SG)	10%
	10	辋圈尺寸不超过61厘米	个			
	20	辋圈尺寸超过61厘米	个			
4011.80.80		其他		3.4%[2]	0(A*,AU,BH,CA,CL,CO,D,E,IL,JO,JP,KR,MA,MX,OM,P,PA,PE,S,SG)	10%
	10	辋圈尺寸不超过61厘米	个			
	20	辋圈尺寸超过61厘米	个			
4011.90		其他:				
4011.90.10		人字形胎面或类似胎面的		0[2]		10%

税则号列	统计后缀	货品名称	单位	税率 1 普通	税率 1 特惠	2
	10	用于高尔夫球车,全地形车,以及草坪、草皮或花园拖车的[6]	个			
	50	其他	个			
4011.90.20		子午线的		4%[2]	0(A*,AU,BH,CA,CL,CO,D,E,IL,JO,KR,MA,MX,OM,P,PA,PE,S,SG)	10%
	10	用于高尔夫球车,全地形车,以及草坪、草皮或花园拖车的[6]	个			
	50	其他	个			
4011.90.80		其他		3.4%[2]	0(A*,AU,BH,CA,CL,CO,D,E,IL,JO,KR,MA,MX,OM,P,PA,PE,S,SG)	10%
	10	用于高尔夫球车,全地形车,以及草坪、草皮或花园拖车的[12]	个			
	50	其他	个			
4012		翻新的或旧的充气橡胶轮胎;实心或半实心橡胶轮胎、橡胶胎面及橡胶轮胎衬带:				
		翻新轮胎:				
4012.11		机动小客车(包括旅行小客车及赛车)用:				
4012.11.40	00	子午线的	个	4%[2]	0(A,AU,BH,CA,CL,CO,D,E,IL,JO,KR,MA,MX,OM,P,PA,PE,S,SG)	10%
4012.11.80	00	其他	个	3.4%[2]	0(A,AU,BH,CA,CL,CO,D,E,IL,JO,KR,MA,MX,OM,P,PA,PE,S,SG)	10%
4012.12		机动大客车或货运机动车辆用:				
4012.12.40		子午线的		4%[2]	0(A,AU,BH,CA,CL,CO,D,E,IL,JO,KR,MA,MX,OM,P,PA,PE,S,SG)	10%
		高速公路上的卡车和公共汽车轮胎用:				
	15	轻型卡车用	个			
	25	其他	个			
	35	其他	个			
4012.12.80		其他		3.4%[2]	0(A*,AU,BH,CA,CL,CO,D,E,IL,JO,KR,MA,MX,OM,P,PA,PE,S,SG)	10%
		高速公路上的卡车和公共汽车轮胎用:				
	19	轻型卡车用	个			
	29	其他	个			
	50	其他	个			
4012.13.00		航空器用		0[10]		30%
	10	民用航空器用	个			
	50	其他	个			

税则号列	统计后缀	货品名称	单位	税率 1 普通	税率 1 特惠	2
4012.19		其他:				
4012.19.20	00	专为税号 8701.90.10 中规定的拖拉机或者第八十四章或税号 8716.80.10 中规定的农业或园艺机械或器具而设计	个	0[2]		0
		其他:				
4012.19.40	00	子午线的	个	4%[2]	0(A, AU, BH, CA, CL, CO, D, E, IL, JO, KR, MA, MX, OM, P, PA, PE, S, SG)	10%
4012.19.80	00	其他	个	3.4%[3]	0(A, AU, BH, CA, CL, CO, D, E, IL, JO, KR, MA, MX, OM, P, PA, PE, S, SG)	10%
4012.20		旧的充气轮胎:				
4012.20.10		航空器用		0[2]		30%
	10	民用航空器用	个			
	50	其他	个			
		专为税号 8701.90.10 中规定的拖拉机或者第八十四章或税号 8716.80.10 中规定的农业或园艺机械或器具而设计:				
4012.20.15	00	在公路运送乘客或货物的车辆(包括拖拉机)用	个	0[2]		0
4012.20.45	00	其他	个	0[2]		0
		其他:				
4012.20.60	00	在公路运输乘客或货物的车辆(包括拖拉机)用,或品目 8705 的车辆用	个	0[2]		10%
4012.20.80	00	其他	个	0[2]		10%
4012.90		其他:				
4012.90.10	00	实心或缓冲轮胎	个	0[2]		25%
		其他:				
		天然橡胶:				
4012.90.30	00	自行车轮辋条	千克个	0[2]		35%
4012.90.45	00	其他	千克个	4.2%[2]	0(A*,AU,BH,CA,CL,CO,D,E, IL,JO,KR,MA,MX,OM,P,PA, PE,S,SG)	35%
		其他:				
4012.90.70	00	自行车轮辋条	千克个	0[2]		80%
4012.90.90	00	其他	千克个	2.7%[2]	0(A*,AU,BH,CA,CL,CO,D,E, IL,JO,KR,MA,MX,OM,P,PA, PE,S,SG)	80%
4013		橡胶内胎:				
4013.10.00		机动小客车(包括旅行小客车及赛车)、客运机动车辆或货运机动车辆用		3.7%[2]	0(A, AU, BH, CA, CL, CO, D, E, IL, JO, KR, MA, MX, OM, P, PA, PE, S, SG)	25%

税则号列	统计后缀	货品名称	单位	税率 1 普通	税率 1 特惠	税率 2
	10	机动小客车用	个			
	20	客运机动车辆或货运机动车辆用	个			
4013.20.00	00	自行车用	个	0[2]		30%
4013.90		其他：				
4013.90.10	00	专为税号4011.70.00、税号4012.19.20、税号4012.20.15 和税号4012.20.45 中规定的轮胎而设计	个	0[2]		0
4013.90.50		其他		3.7%[2]	0(A,AU,BH,CA,CL,CO,D,E,IL,JO,KR,MA,MX,OM,P,PA,PE,S,SG)	25%
	10	摩托车(含轻便摩托车)	个			
	50	其他	个			
4014		硫化橡胶(硬质橡胶除外)制的卫生及医疗用品(包括奶嘴),不论是否装有硬质橡胶制的附件：				
4014.10.00	00	避孕套	罗	0		25%
4014.90		其他：				
4014.90.10	00	奶嘴	罗	0		25%
4014.90.50	00	其他	个	4.2%	0(A,AU,BH,CA,CL,CO,D,E,IL,JO,KR,MA,MX,OM,P,PA,PE,S,SG)	25%
4015		硫化橡胶(硬质橡胶除外)制的衣着用品及附件(包括分指手套、连指手套及露指手套)：				
		分指手套、连指手套及露指手套：				
4015.11.01		外科用		0		25%
	10	天然橡胶制	打双			
	50	其他	打双			
4015.19		其他：				
4015.19.05		医疗用		0[3]		25%
	10	天然橡胶制[13]	打双			
	50	其他[13]	打双			
		其他：				
4015.19.10		无缝的		3%[2]	0(A,AU,BH,CA,CL,CO,D,E,IL,JO,KR,MA,MX,OM,P,PA,PE,S,SG)	25%
	10	一次性的[14]	打双			
	50	其他	打双			
4015.19.50	00	其他	打双	14%[15]	0(A+,AU,BH,CA,CL,CO,D,E,IL,JO,KR,MA,MX,OM,P,PA,PE,S,SG)	75%
4015.90.00		其他		4%[2]	0(A+,AU,BH,CA,CL,CO,D,E,IL,JO,KR,MA,MX,OM,P,PA,PE,S,SG)	25%
	10	围裙	打			

税则号列	统计后缀	货品名称	单位	税率 1 普通	税率 1 特惠	2
	50	其他	打			
4016		硫化橡胶(硬质橡胶除外)的其他制品:				
4016.10.00	00	海绵橡胶制	千克	0[2]		25%
		其他:				
4016.91.00	00	铺地制品及门垫[16]	千克	2.7%[2]	0(A*,AU,B,BH,CA,CL,CO,D,E,IL,JO,KR,MA,MX,OM,P,PA,PE,S,SG)	40%
4016.92.00	00	橡皮擦	千克	4.2%[17]	0(A,AU,BH,CA,CL,CO,D,E,IL,JO,KR,MA,MX,OM,P,PA,PE,S,SG)	35%
4016.93		垫片、垫圈及其他密封垫:				
4016.93.10		属于第八十七章的汽车用品		2.5%[18]	0(A*,AU,B,BH,CA,CL,CO,D,E,IL,JO,KR,MA,MX,OM,P,PA,PE,S,SG)	25%
	10	O型环[19]	千克			
	20	油封	个 千克			
	50	其他	千克			
4016.93.50		其他		2.5%[2]	0(A*,AU,BH,C,CA,CL,CO,D,E,IL,JO,JP,KR,MA,MX,OM,P,PA,PE,S,SG)	25%
	10	O型环	千克			
	20	油封[20]	个 千克			
	50	其他[21]	千克			
4016.94.00	00	船舶或码头的碰垫,不论是否可充气	千克	4.2%[2]	0(A,AU,BH,CA,CL,CO,D,E,IL,JO,KR,MA,MX,OM,P,PA,PE,S,SG)	80%
4016.95.00	00	其他可充气制品	千克	4.2%[3]	0(A,AU,BH,CA,CL,CO,D,E,IL,JO,KR,MA,MX,OM,P,PA,PE,S,SG)	25%
4016.99		其他:				
4016.99.03	00	用于包装、运输或销售商品的容器,带盖或不带盖	千克	3%[2]	0(A,AU,BH,CA,CL,CO,D,E,IL,JO,KR,MA,MX,OM,P,PA,PE,S,SG)	80%
4016.99.05	00	其他部分未列名的家用物品	千克	3.4%[3]	0(A,AU,BH,CA,CL,CO,D,E,IL,JO,KR,MA,MX,OM,P,PA,PE,S,SG)	80%
4016.99.10	00	把手和旋钮	千克	3.3%[3]	0(A,AU,B,BH,CA,CL,CO,D,E,IL,JO,KR,MA,MX,OM,P,PA,PE,S,SG)	57.5%
4016.99.15	00	盖子、密封件、塞子和其他封闭件	千克	2.7%[3]	0(A,AU,B,BH,CA,CL,CO,D,E,IL,JO,KR,MA,MX,OM,P,PA,PE,S,SG)	80%
4016.99.20	00	宠物玩具	千克	4.3%[22]	0(A,AU,BH,CA,CL,CO,D,E,IL,JO,KR,MA,MX,OM,P,PA,PE,S,SG)	80%
		其他:				

税则号列	统计后缀	货品名称	单位	税率 普通	税率 特惠	2
		天然橡胶的：				
4016.99.30	00	品目8701至8705的车辆中使用的振动控制产品	千克	0[2]		35%
4016.99.35		其他		0[2]		35%
	10	橡皮筋	千克			
	50	其他	千克			
		其他：				
4016.99.55	00	品目8701至8705的车辆中使用的振动控制产品[7]	千克	2.5%[2]	0(A,AU,B,BH,CA,CL,CO,D,E,IL,JO,KR,MA,MX,OM,P,PA,PE,S,SG)	80%
4016.99.60		其他		2.5%[23]	0(A,AU,B,BH,C,CA,CL,CO,D,E,IL,JO,KR,MA,MX,OM,P,PA,PE,S,SG)	80%
	10	机动车辆机械制品[24]	千克			
	50	其他[25]	千克			
4017.00.00	00	各种形状的硬质橡胶(例如,纯硬质胶),包括废碎料;硬质橡胶制品	千克	2.7%[2]	0(A,AU,B,BH,C,CA,CL,CO,D,E,IL,JO,KR,MA,MX,OM,P,PA,PE,S,SG)[26]	80%

[1]千克干橡胶含量。

[2]见9903.88.03。

[3]见9903.88.15。

[4]见本章附加美国注释一。

[5]见本章附加美国注释二。

[6]见9903.88.43。

[7]见9903.88.46

[8]见9902.12.29和9903.88.03。

[9]见9903.88.37和9903.88.56。

[10]见9903.88.01。

[11]见9903.88.38。

[12]见9903.88.43和9903.88.46。

[13]见9903.88.39、9903.88.57和9903.88.65。

[14]见9903.88.38、9903.88.41、9903.88.56和9903.88.64。

[15]见9902.13.53和9903.88.03。

[16]见9903.88.18和9903.88.43。

[17]见9903.88.16。

[18]见9902.12.30和9903.88.03。

[19]见9903.88.18。

[20]见9903.88.48。

[21]见9903.88.33。

[22]见9902.12.31和9903.88.16。

[23]见9902.12.32、9902.12.33和9903.88.03。

[24]见9903.88.40。
[25]见9903.88.33、9903.88.43、9903.88.45、9903.88.46、9903.88.48和9903.88.56。
[26]见本章附加美国注释三。

第八类　生皮、皮革、毛皮及其制品;鞍具及挽具;旅行用品、手提包及类似容器;动物肠线(蚕胶丝除外)制品

第四十一章 生皮(毛皮除外)及皮革

注释：

一、本章不包括：

(一)生皮的边角废料(品目0511)；

(二)品目0505或品目6701的带羽毛或羽绒的整张或部分鸟皮；或者

(三)带毛生皮或已鞣的带毛皮张(第四十三章)，但下列动物的带毛生皮应归入第四十一章：牛(包括水牛)、马、绵羊及羔羊(不包括阿斯特拉罕、大尾羔羊、卡拉库尔羔羊、波斯羔羊或类似羔羊、印度羔羊、中国羔羊或蒙古羔羊)、山羊或小山羊(不包括也门或蒙古山羊及小山羊)、猪(包括西猯)、小羚羊、瞪羚、骆驼(包括单峰骆驼)、驯鹿、麋、鹿、狍或狗。

二、(一)品目4104至4106不包括经退鞣(包括预鞣)加工的皮(酌情归入品目4101至4103)；

(二)品目4104至4106所称"坯革"包括在干燥前经复鞣、染色或加油(加脂)的皮。

三、本税则所称"再生皮革"仅指品目4115的皮革。

附加美国注释：

一、适用于皮革的"花式"一词是指以任何方式或在任何程度上压花、印刷或以其他方式装饰的皮革(包括通过任何工艺突出原始纹理的皮革，但不包括子目4114.20的皮革)。

税则号列	统计后级	货品名称	单位	税率 1 普通	税率 1 特惠	2
4101		生牛科动物(包括水牛)皮、生马科动物皮,鲜的、盐腌的、干的、石灰浸渍的、浸酸的或以其他方法保藏,但未鞣制、未经羊皮纸化处理或进一步加工的,不论是否去毛或刨层:				
4101.20		未剖层的整张皮,仅经过简单干燥处理的每张重量不超过8千克,干盐腌的不超过10千克,鲜的、湿盐腌的或以其他方法保藏的不超过16千克:				
4101.20.10		未预鞣的		0[1]		10%
	10	牛科动物皮	件 千克			
	20	马科动物皮	件 千克			
		其他:				
		牛科动物(包括水牛)皮:				
		单位面积不超过28平方英尺(2.6平方米)的:				
4101.20.20	00	鞋面和衬里	件	0[1]		15%
4101.20.30	00	其他	件	2.4%[1]	0(A+,AU,BH,CA,CL,CO,D,E,IL,JO,KR,MA,MX,OM,P,PA,PE,S,SG)	15%
		其他:				
4101.20.35	00	水牛的	件	2.4%[1]	0(A,AU,BH,CA,CL,CO,D,E,IL,JO,KR,MA,MX,OM,P,PA,PE,S,SG)	25%
		其他:				
4101.20.40	00	植物预鞣的	件	5%[1]	0(A,AU,BH,CA,CL,CO,D,E,IL,JO,KR,MA,MX,OM,P,PA,PE,S,SG)	25%
4101.20.50	00	其他	件	3.3%[1]	0(A,AU,BH,CA,CL,CO,D,E,IL,JO,KR,MA,MX,OM,P,PA,PE,S,SG)	25%
4101.20.70	00	其他	件 千克	3.3%[1]	0(A,AU,BH,CA,CL,CO,D,E,IL,JO,KR,MA,MX,OM,P,PA,PE,S,SG)	25%
4101.50		整张皮,重量超过16千克				
4101.50.10		未预鞣的		0[1]		10%
		牛科动物皮:				
	10	牛的	件 千克			
	20	其他	件 千克			
	91	马科动物皮	件 千克			
		其他:				
		牛科动物(包括水牛)皮:				

第四十一章 生皮(毛皮除外)及皮革 557

税则号列	统计后缀	货品名称	单位	税率 1 普通	税率 1 特惠	2
		单位面积不超过28平方英尺(2.6平方米):				
4101.50.20	00	鞋面和衬里	件	0[1]		15%
4101.50.30	00	其他	件	2.4%[1]	0(A+,AU,BH,CA,CL,CO,D,E,IL,JO,KR,MA,MX,OM,P,PA,PE,S,SG)	15%
		其他:				
4101.50.35	00	水牛的	件	2.4%[1]	0(A,AU,BH,CA,CL,CO,D,E,IL,JO,KR,MA,MX,OM,P,PA,PE,S,SG)	25%
		其他:				
4101.50.40	00	植物预鞣的	件	5%[1]	0(A,AU,BH,CA,CL,CO,D,E,IL,JO,KR,MA,MX,OM,P,PA,PE,S,SG)	25%
4101.50.50	00	其他	件	3.3%[1]	0(A,AU,BH,CA,CL,CO,D,E,IL,JO,KR,MA,MX,OM,P,PA,PE,S,SG)	25%
4101.50.70	00	其他	件	3.3%[1]	0(A,AU,BH,CA,CL,CO,D,E,IL,JO,KR,MA,MX,OM,P,PA,PE,S,SG)	25%
4101.90		其他,包括臀皮、背皮及腹皮:				
4101.90.10		未预鞣的		0[1]		10%
		牛科动物皮:				
		鲜的或湿腌的:				
	10	整张背皮和半张背皮	件 千克			
	20	其他	件 千克			
	30	其他	件 千克			
	40	马科动物皮	件 千克			
		其他:				
		牛科动物(包括水牛)皮:				
4101.90.35	00	水牛的	件	2.4%[1]	0(A,AU,BH,CA,CL,CO,D,E,IL,JO,KR,MA,MX,OM,P,PA,PE,S,SG)	25%
		其他:				
4101.90.40	00	植物预鞣的	件	5%[1]	0(A*,AU,BH,CA,CL,CO,D,E,IL,JO,KR,MA,MX,OM,P,PA,PE,S,SG)	25%
4101.90.50	00	其他	件	3.3%[1]	0(A,AU,BH,CA,CL,CO,D,E,IL,JO,KR,MA,MX,OM,P,PA,PE,S,SG)	25%
4101.90.70	00	其他	件	3.3%[1]	0(A,AU,BH,CA,CL,CO,D,E,IL,JO,KR,MA,MX,OM,P,PA,PE,S,SG)	25%

税则号列	统计后缀	货品名称	单位	税率 1 普通	税率 1 特惠	2
4102		绵羊或羔羊生皮(鲜的、盐腌的、干的、石灰浸渍的、浸酸的或经其他方法保藏,但未鞣制、未经羊皮纸化处理或进一步加工的),不论是否带毛或剖层,但本章注释一(三)所述不包括的生皮除外:				
4102.10		带毛:				
4102.10.10	00	未预鞣的	件 千克	0[1]		0
		其他:				
4102.10.20	00	植物预鞣的	件 千克	0[1]		10%
4102.10.30	00	其他	件 千克	2%[2]	0(A+,AU,BH,CA,CL,CO,D,E,IL,JO,KR,MA,MX,OM,P,PA,PE,S,SG)	25%
		不带毛:				
4102.21.00		浸酸的		0[1]		0
	65	不分割的	件 千克			
	95	其他	件 千克			
4102.29		其他:				
4102.29.10		未预鞣的		0[1]		0
	10	无绒毛羊皮和直毛绵羊皮	件 千克			
	90	其他	件 千克			
		其他:				
4102.29.20	00	植物预鞣的	件 千克	0[1]		10%
4102.29.30	00	其他	件 千克	2%[1]	0(A+,AU,BH,CA,CL,CO,D,E,IL,JO,KR,MA,MX,OM,P,PA,PE,S,SG)	25%
4103		其他生皮(鲜的、盐渍的、干的、石灰浸渍的、浸酸的或以其他方法保藏,但未鞣制、未经羊皮纸化处理或进一步加工的),不论是否去毛或剖层,但本章注释一(二)或(三)所述不包括的生皮除外:				
4103.20		爬行动物皮:				
4103.20.10	00	未预鞣的	件 千克	0[1]		0
		其他:				
4103.20.20	00	植物预鞣的	件	5%[1]	0(A,AU,BH,CA,CL,CO,D,E,IL,JO,KR,MA,MX,OM,P,PA,PE,S,SG)	25%
4103.20.30	00	其他	件	0[1]		25%
4103.30		猪皮:				

税则号列	统计后缀	货品名称	单位	税率 1 普通	税率 1 特惠	2
4103.30.10	00	未预鞣的	件 千克	0[1]		0
4103.30.20	00	其他	件	4.2%[1]	0(A+,AU,BH,CA,CL,CO,D,E,IL,JO,KR,MA,MX,OM,P,PA,PE,S,SG)	25%
4103.90		其他：				
4103.90.11		未预鞣的		0[1]		0
	30	鹿皮	件 千克			
	40	山羊或小山羊皮	件 千克			
	90	其他	千克			
		其他：				
		山羊或小山羊皮：				
4103.90.12	00	植物预鞣的	件 千克	0[1]		10%
4103.90.13	00	其他	件 千克	3.7%[1]	0(A,AU,BH,CA,CL,CO,D,E,IL,JO,KR,MA,MX,OM,P,PA,PE,S,SG)	25%
4103.90.20	00	其他	千克	3.3%[1]	0(A+,AU,BH,CA,CL,CO,D,E,IL,JO,KR,MA,MX,OM,P,PA,PE,S,SG)	25%
4104		经鞣制的不带毛牛科动物(包括水牛)皮、马科动物皮及其坯革,不论是否剖层,但未经进一步加工：				
		湿革(包括蓝湿皮)：				
4104.11		全粒面未剖层革；粒面剖层革：				
		整张牛皮,单位表面积不超过28平方英尺(2.6平方米)：				
4104.11.10		鞋面皮革；衬里皮革		0[3]		15%
	20	鞋面皮革	平方米			
	40	衬里皮革	平方米			
4104.11.20	00	其他	平方米	2.4%[3]	0(A+,AU,BH,CA,CL,CO,D,E,IL,JO,KR,MA,MX,OM,P,PA,PE,S,SG)	15%
		其他：				
4104.11.30		水牛的	平方米	2.4%[3][4]	0(A,AU,BH,CA,CL,CO,D,E,IL,JO,KR,MA,MX,OM,P,PA,PE,S,SG)	25%
	10	鞋面皮革	平方米			
	60	其他	平方米			
		其他：				
4104.11.40		鞋面皮革；鞋底皮革		5%[3][4]	0(A,AU,BH,CA,CL,CO,D,E,IL,JO,KR,MA,MX,OM,P,PA,PE,S,SG)	25%
	10	鞋面皮革	平方米			

税则号列	统计后缀	货品名称	单位	税率 1 普通	税率 1 特惠	2
	60	其他	平方米			
4104.11.50		其他		3.3%[3][4]	0(A,AU,BH,CA,CL,CO,D,E,IL,JO,KR,MA,MX,OM,P,PA,PE,S,SG)	25%
		蓝湿的:				
	30	未分割的	件 千克			
		分割的:				
	40	粒面的	件			
	70	其他	千克			
	80	其他	千克			
4104.19		其他:				
		整张牛皮,单位表面积不超过28平方英尺(2.6平方米):				
4104.19.10		鞋面皮革;衬里皮革		0[3]		15%
	20	鞋面皮革	平方米			
	40	衬里皮革	平方米			
4104.19.20	00	其他	平方米	2.4%[3]	0(A+,AU,BH,CA,CL,CO,D,E,IL,JO,KR,MA,MX,OM,P,PA,PE,S,SG)	15%
		其他:				
4104.19.30	00	水牛的	平方米	2.4%[3][4]	0(A,AU,BH,CA,CL,CO,D,E,IL,JO,KR,MA,MX,OM,P,PA,PE,S,SG)	25%
		其他:				
4104.19.40		鞋面皮革;鞋底皮革		5%[3][4]	0(A,AU,BH,CA,CL,CO,D,E,IL,JO,KR,MA,MX,OM,P,PA,PE,S,SG)	25%
	10	鞋面皮革	平方米			
	60	其他	平方米			
4104.19.50		其他		3.3%[3][4]	0(A,AU,BH,CA,CL,CO,D,E,IL,JO,KR,MA,MX,OM,P,PA,PE,S,SG)	25%
		蓝湿的:				
	30	未分割的	件 千克			
		分割的:				
	40	粒面的	件			
	70	其他	千克			
	80	其他	千克			
		干革(坯革):				
4104.41		全粒面未剖层;粒面剖层革:				
		整张牛皮,单位表面积不超过28平方英尺(2.6平方米):				
4104.41.10		鞋面皮革;衬里皮革		0[3]		15%

税则号列	统计后缀	货品名称	单位	税率 普通	税率 特惠	2
	20	鞋面皮革	平方米			
	40	衬里皮革	平方米			
4104.41.20	00	其他	平方米	2.4%[3]	0(A+,AU,BH,CA,CL,CO,D,E,IL,JO,KR,MA,MX,OM,P,PA,PE,S,SG)	15%
		其他:				
4104.41.30		水牛的		2.4%[3][4]	0(A,AU,BH,CA,CL,CO,D,E,IL,JO,KR,MA,MX,OM,P,PA,PE,S,SG)	25%
	10	鞋面皮革	平方米			
	60	其他	平方米			
		其他:				
4104.41.40		鞋面皮革;鞋底皮革		5%[3][4]	0(A,AU,BH,CA,CL,CO,D,E,IL,JO,KR,MA,MX,OM,P,PA,PE,S,SG)	25%
	10	鞋面皮革	平方米			
	60	其他	平方米			
4104.41.50	00	其他	平方米	3.3%[4][5]	0(A*,AU,BH,CA,CL,CO,D,E,IL,JO,KR,MA,MX,OM,P,PA,PE,S,SG)	25%
4104.49		其他:				
		整张牛皮,单位表面积不超过28平方英尺(2.6平方米):				
4104.49.10		鞋面皮革;衬里皮革		0[3]		15%
	20	鞋面皮革	平方米			
	40	衬里皮革	平方米			
4104.49.20	00	其他	平方米	2.4%[3]	0(A+,AU,BH,CA,CL,CO,D,E,IL,JO,KR,MA,MX,OM,P,PA,PE,S,SG)	15%
		其他:				
4104.49.30		水牛的		2.4%[3][4]	0(A,AU,BH,CA,CL,CO,D,E,IL,JO,KR,MA,MX,OM,P,PA,PE,S,SG)	25%
	10	鞋面皮革	平方米			
	60	其他	平方米			
		其他:				
4104.49.40		鞋面皮革;鞋底皮革		5%[3][4]	0(A,AU,BH,CA,CL,CO,D,E,IL,JO,KR,MA,MX,OM,P,PA,PE,S,SG)	25%
	10	鞋面皮革	平方米			
	60	其他	平方米			
4104.49.50	00	其他	平方米	3.3%[3][4]	0(A,AU,BH,CA,CL,CO,D,E,IL,JO,KR,MA,MX,OM,P,PA,PE,S,SG)	25%
4105		经鞣制的不带毛绵羊或者羔羊皮及其坯革,不论是否剖层,但未经进一步加工:				

税则号列	统计后缀	货品名称	单位	税率 1 普通	税率 1 特惠	2
4105.10		湿革(包括蓝湿皮):				
4105.10.10	00	蓝湿的	平方米	2%[3][4]	0(A+,AU,BH,CA,CL,CO,D,E,IL,JO,KR,MA,MX,OM,P,PA,PE,S,SG)	25%
4105.10.90	00	其他	平方米	2%[3][4]	0(A+,AU,BH,CA,CL,CO,D,E,IL,JO,KR,MA,MX,OM,P,PA,PE,S,SG)	25%
4105.30.00	00	干革(坯革)	平方米	2%[3][4]	0(A+,AU,BH,CA,CL,CO,D,E,IL,JO,KR,MA,MX,OM,P,PA,PE,S,SG)	25%
4106		经鞣制的其他不带毛动物皮及其坯革,不论是否剖层,但未经进一步加工:				
		山羊或小山羊的:				
4106.21		湿革(包括蓝湿皮):				
4106.21.10	00	蓝湿的	平方米	2.4%[3][4]	0(A,AU,BH,CA,CL,CO,D,E,IL,JO,KR,MA,MX,OM,P,PA,PE,S,SG)	25%
4106.21.90	00	其他	平方米	2.4%[3][4]	0(A,AU,BH,CA,CL,CO,D,E,IL,JO,KR,MA,MX,OM,P,PA,PE,S,SG)	25%
4106.22.00	00	干革(坯革)	平方米	2.4%[3][4]	0(A,AU,BH,CA,CL,CO,D,E,IL,JO,KR,MA,MX,OM,P,PA,PE,S,SG)	25%
		猪的:				
4106.31		湿革(包括蓝湿皮):				
4106.31.10	00	蓝湿的	平方米	4.2%[3]	0(A+,AU,BH,CA,CL,CO,D,E,IL,JO,KR,MA,MX,OM,P,PA,PE,S,SG)	25%
4106.31.90	00	其他	平方米	4.2%[3]	0(A+,AU,BH,CA,CL,CO,D,E,IL,JO,KR,MA,MX,OM,P,PA,PE,S,SG)	25%
4106.32.00	00	干革(坯革)	平方米	4.2%[3]	0(A+,AU,BH,CA,CL,CO,D,E,IL,JO,KR,MA,MX,OM,P,PA,PE,S,SG)	25%
4106.40.00	00	爬行动物的	平方米	0[3]		25%
		其他:				
4106.91.00	00	湿革(包括蓝湿皮)	平方米	3.3%[3]	0(A+,AU,BH,CA,CL,CO,D,E,IL,JO,KR,MA,MX,OM,P,PA,PE,S,SG)	25%
4106.92.00	00	干革(坯革)	平方米	3.3%[3]	0(A+,AU,BH,CA,CL,CO,D,E,IL,JO,KR,MA,MX,OM,P,PA,PE,S,SG)	25%
4107		经鞣制或半硝处理后进一步加工的不带毛的牛科动物(包括水牛)皮革及马科动物皮革,包括羊皮纸化处理的皮革,不论是否剖层,但品目4114的皮革除外:				
		整张的:				
4107.11		全粒面未剖层革:				

税则号列	统计后缀	货品名称	单位	税率 1 普通	税率 1 特惠	税率 2
		牛皮,单位表面积不超过28平方英尺(2.6平方米):				
4107.11.10		鞋面皮革;衬里皮革				
	20	鞋面皮革	平方米	0[3]		15%
	40	衬里皮革	平方米			
		其他:				
4107.11.20	00	非装饰用	平方米	2.4%[3]	0(A+,AU,BH,CA,CL,CO,D,E,IL,JO,KR,MA,MX,OM,P,PA,PE,S,SG)	15%
4107.11.30	00	装饰用	平方米	3.6%[3][4]	0(A+,AU,BH,CA,CL,CO,D,E,IL,JO,KR,MA,MX,OM,P,PA,PE,S,SG)	30%
		其他:				
4107.11.40	00	水牛的	平方米	2.5%[3][4]	0(A,AU,BH,CA,CL,CO,D,E,IL,JO,KR,MA,MX,OM,P,PA,PE,S,SG)	25%
		其他:				
4107.11.50	00	内饰皮革	平方米	2.8%[3][4]	0(A,AU,BH,CA,CL,CO,D,E,IL,JO,KR,MA,MX,OM,P,PA,PE,S,SG)	20%
4107.11.60		鞋面皮革;鞋底皮革		3.3%[3][4]	0(A,AU,BH,CA,CL,CO,D,E,IL,JO,KR,MA,MX,OM,P,PA,PE,S,SG)	25%
	10	鞋面皮革	平方米			
	60	鞋底皮革	平方米			
		其他:				
4107.11.70		非装饰用		5%[3][4]	0(A,AU,BH,CA,CL,CO,D,E,IL,JO,KR,MA,MX,OM,P,PA,PE,S,SG)	25%
	30	皮带	平方米			
	40	手套和衣服	平方米			
	50	包、箱、带、领	平方米			
	90	其他	平方米			
4107.11.80	00	装饰用	平方米	2.4%[3][4]	0(A*,AU,BH,CA,CL,CO,D,E,IL,JO,KR,MA,MX,OM,P,PA,PE,S,SG)	30%
4107.12		粒面剖层革:				
		牛皮,单位表面积不超过28平方英尺(2.6平方米):				
4107.12.10		鞋面皮革;衬里皮革		0[3]		15%
	20	鞋面皮革	平方米			
	40	衬里皮革	平方米			
		其他:				
4107.12.20	00	非装饰用	平方米	2.4%[3]	0(A+,AU,BH,CA,CL,CO,D,E,IL,JO,KR,MA,MX,OM,P,PA,PE,S,SG)	15%

税则号列	统计后缀	货品名称	单位	税率 1 普通	税率 1 特惠	2
4107.12.30	00	装饰用	平方米	3.6%[3][4]	0(A+,AU,BH,CA,CL,CO,D,E,IL,JO,KR,MA,MX,OM,P,PA,PE,S,SG)	30%
		其他：				
4107.12.40	00	水牛的	平方米	2.5%[3][4]	0(A,AU,BH,CA,CL,CO,D,E,IL,JO,KR,MA,MX,OM,P,PA,PE,S,SG)	25%
		其他：				
4107.12.50	00	内饰皮革	平方米	2.8%[3][4]	0(A,AU,BH,CA,CL,CO,D,E,IL,JO,KR,MA,MX,OM,P,PA,PE,S,SG)	20%
4107.12.60		鞋面皮革；鞋底皮革		3.3%[3][4]	0(A,AU,BH,CA,CL,CO,D,E,IL,JO,KR,MA,MX,OM,P,PA,PE,S,SG)	25%
	10	鞋面皮革	平方米			
	60	鞋底皮革	平方米			
		其他：				
4107.12.70		非装饰用		5%[3][4]	0(A,AU,BH,CA,CL,CO,D,E,IL,JO,KR,MA,MX,OM,P,PA,PE,S,SG)	25%
	30	皮带	平方米			
	40	手套和衣服	平方米			
	50	包、箱、带、领	平方米			
	90	其他	平方米			
4107.12.80	00	装饰用	平方米	2.4%[3][4]	0(A,AU,BH,CA,CL,CO,D,E,IL,JO,KR,MA,MX,OM,P,PA,PE,S,SG)	30%
4107.19		其他：				
		牛皮,单位表面积不超过28平方英尺(2.6平方米)：				
4107.19.10		鞋面皮革；衬里皮革				
	20	鞋面皮革	平方米	0[3]		15%
	40	衬里皮革	平方米			
		其他：				
4107.19.20	00	非装饰用	平方米	2.4%[3]	0(A+,AU,BH,CA,CL,CO,D,E,IL,JO,KR,MA,MX,OM,P,PA,PE,S,SG)	15%
4107.19.30	00	装饰用	平方米	3.6%[3][4]	0(A,AU,BH,CA,CL,CO,D,E,IL,JO,KR,MA,MX,OM,P,PA,PE,S,SG)	30%
		其他：				
4107.19.40	00	水牛的	平方米	2.5%[3][4]	0(A,AU,BH,CA,CL,CO,D,E,IL,JO,KR,MA,MX,OM,P,PA,PE,S,SG)	25%
		其他：				

税则号列	统计后缀	货品名称	单位	税率 1 普通	税率 1 特惠	2
4107.19.50	00	内饰皮革	平方米	2.8%[3][4]	0(A*,AU,BH,CA,CL,CO,D,E,IL,JO,KR,MA,MX,OM,P,PA,PE,S,SG)	20%
4107.19.60		鞋面皮革;鞋底皮革		5%[3][4]	0(A,AU,BH,CA,CL,CO,D,E,IL,JO,KR,MA,MX,OM,P,PA,PE,S,SG)	25%
	10	鞋面皮革	平方米			
	50	鞋底皮革	平方米 千克			
		其他:				
4107.19.70		非装饰用		5%[3][4]	0(A,AU,BH,CA,CL,CO,D,E,IL,JO,KR,MA,MX,OM,P,PA,PE,S,SG)	25%
	30	皮带	平方米			
	40	手套和衣服	平方米			
	50	包、箱、带、领	平方米			
	90	其他	平方米			
4107.19.80	00	装饰用	平方米	2.4%[3][4]	0(A,AU,BH,CA,CL,CO,D,E,IL,JO,KR,MA,MX,OM,P,PA,PE,S,SG)	30%
		其他,包括半张的:				
4107.91		全粒面未剖层革:				
4107.91.40	00	水牛的	平方米	2.5%[3][4]	0(A,AU,BH,CA,CL,CO,D,E,IL,JO,KR,MA,MX,OM,P,PA,PE,S,SG)	25%
		其他:				
4107.91.50	00	内饰皮革	平方米	2.8%[3][4]	0(A,AU,BH,CA,CL,CO,D,E,IL,JO,KR,MA,MX,OM,P,PA,PE,S,SG)	20%
4107.91.60		鞋面皮革;鞋底皮革	平方米	3.3%[3][4]	0(A,AU,BH,CA,CL,CO,D,E,IL,JO,KR,MA,MX,OM,P,PA,PE,S,SG)	25%
	10	鞋面皮革	平方米			
	50	鞋底皮革	平方米			
		其他:				
4107.91.70		非装饰用		5%[3][4]	0(A,AU,BH,CA,CL,CO,D,E,IL,JO,KR,MA,MX,OM,P,PA,PE,S,SG)	25%
	30	皮带	平方米			
	40	手套和衣服	平方米			
	50	包、箱、带、领	平方米			
	90	其他	平方米			
4107.91.80	00	装饰用	平方米	2.4%[3][4]	0(A,AU,BH,CA,CL,CO,D,E,IL,JO,KR,MA,MX,OM,P,PA,PE,S,SG)	30%
4107.92		粒面剖层革:				

税则号列	统计后缀	货品名称	单位	税率 1 普通	税率 1 特惠	2
4107.92.40	00	水牛的	平方米	2.5%[3][4]	0(A, AU, BH, CA, CL, CO, D, E, IL, JO, KR, MA, MX, OM, P, PA, PE, S, SG)	25%
		其他:				
4107.92.50	00	内饰皮革	平方米	2.8%[3][4]	0(A, AU, BH, CA, CL, CO, D, E, IL, JO, KR, MA, MX, OM, P, PA, PE, S, SG)	20%
4107.92.60		鞋面皮革;鞋底皮革		3.3%[3][4]	0(A, AU, BH, CA, CL, CO, D, E, IL, JO, KR, MA, MX, OM, P, PA, PE, S, SG)	25%
	10	鞋面皮革	平方米			
	50	鞋底皮革	平方米			
		其他:				
4107.92.70		非装饰用		5%[3][4]	0(A, AU, BH, CA, CL, CO, D, E, IL, JO, KR, MA, MX, OM, P, PA, PE, S, SG)	25%
	30	皮带	平方米			
	40	手套和衣服	平方米			
	50	包、箱、带、领	平方米			
	90	其他	平方米			
4107.92.80	00	装饰用	平方米	2.4%[3][4]	0(A, AU, BH, CA, CL, CO, D, E, IL, JO, KR, MA, MX, OM, P, PA, PE, S, SG)	30%
4107.99		其他:				
4107.99.40	00	水牛的	平方米	2.5%[3][4]	0(A, AU, BH, CA, CL, CO, D, E, IL, JO, KR, MA, MX, OM, P, PA, PE, S, SG)	25%
		其他:				
4107.99.50	00	内饰皮革	平方米	2.8%[3][4]	0(A, AU, BH, CA, CL, CO, D, E, IL, JO, KR, MA, MX, OM, P, PA, PE, S, SG)	20%
4107.99.60		鞋面皮革;鞋底皮革		5%[3][4]	0(A, AU, BH, CA, CL, CO, D, E, IL, JO, KR, MA, MX, OM, P, PA, PE, S, SG)	25%
	10	鞋面皮革	平方米			
	50	鞋底皮革	平方米			
		其他:				
4107.99.70		非装饰用		5%[3][4]	0(A, AU, BH, CA, CL, CO, D, E, IL, JO, KR, MA, MX, OM, P, PA, PE, S, SG)	25%
	30	皮带	平方米			
	40	手套和衣服	平方米			
	50	包、箱、带、领	平方米			
	90	其他	平方米			
4107.99.80	00	装饰用	平方米	2.4%[3][4]	0(A*, AU, BH, CA, CL, CO, D, E, IL, JO, KR, MA, MX, OM, P, PA, PE, S, SG)	30%

税则号列	统计后缀	货品名称	单位	税率 1 普通	税率 1 特惠	2
4112.00		经鞣制或半硝处理后进一步加工的不带毛的绵羊或羔羊皮革,包括羊皮纸化处理的,不论是否剖层,但品目4114的皮革除外:				
4112.00.30		非装饰用		2%[3][4]	0(A+,AU,BH,CA,CL,CO,D,E,IL,JO,KR,MA,MX,OM,P,PA,PE,S,SG)	25%
	30	衣服	平方米			
	60	其他	平方米			
4112.00.60	00	装饰用	平方米	2%[3][4]	0(A,AU,BH,CA,CL,CO,D,E,IL,JO,KR,MA,MX,OM,P,PA,PE,S,SG)	30%
4113		经鞣制或半硝处理后进一步加工的不带毛的其他动物皮革,包括羊皮纸化处理的,不论是否剖层,但品目4114的皮革除外:				
4113.10		山羊或小山羊皮的:				
4113.10.30	00	非装饰用	平方米	2.4%[3][4]	0(A,AU,BH,CA,CL,CO,D,E,IL,JO,KR,MA,MX,OM,P,PA,PE,S,SG)	25%
4113.10.60	00	装饰用	平方米	2.8%[3][4]	0(A,AU,BH,CA,CL,CO,D,E,IL,JO,KR,MA,MX,OM,P,PA,PE,S,SG)	30%
4113.20.00	00	猪皮的	平方米	4.2%[3]	0(A+,AU,BH,CA,CL,CO,D,E,IL,JO,KR,MA,MX,OM,P,PA,PE,S,SG)	25%
4113.30		爬行动物皮的:				
4113.30.30	00	非装饰用	平方米	0[3]		25%
4113.30.60	00	装饰用	平方米	0[3]		30%
4113.90		其他:				
4113.90.30	00	非装饰用	平方米	3.3%[3]	0(A+,AU,BH,CA,CL,CO,D,E,IL,JO,KR,MA,MX,OM,P,PA,PE,S,SG)	25%
4113.90.60	00	装饰用	平方米	1.6%[3]	0(A*,AU,BH,CA,CL,CO,D,E,IL,JO,KR,MA,MX,OM,P,PA,PE,S,SG)	30%
4114		油鞣皮革(包括结合鞣制的油鞣皮革);漆皮及层压漆皮;镀金属皮革:				
4114.10.00	00	油鞣皮革(包括结合鞣制的油鞣皮革)	平方米	3.2%[3]	0(A,AU,BH,CA,CL,CO,D,E,IL,JO,KR,MA,MX,OM,P,PA,PE,S,SG)	25%
4114.20		漆皮及层压漆皮;镀金属皮革:				
4114.20.30	00	漆皮	平方米	2.3%[3]	0(A+,AU,BH,CA,CL,CO,D,E,IL,JO,KR,MA,MX,OM,P,PA,PE,S,SG)	15%
		层压漆皮;镀金属皮革:				
4114.20.40	00	小牛皮	平方米	3.6%[3]	0(A+,AU,BH,CA,CL,CO,D,E,IL,JO,KR,MA,MX,OM,P,PA,PE,S,SG)	30%

税则号列	统计后缀	货品名称	单位	税率 1 普通	税率 1 特惠	2
4114.20.70	00	其他	平方米	1.6%[3]	0(A,AU,BH,CA,CL,CO,D,E,IL,JO,KR,MA,MX,OM,P,PA,PE,S,SG)	30%
4115		以皮革或皮革纤维为基本成分的再生皮革,成块、成张或成条的,不论是否成卷;皮革或再生皮革的边角废料,不适宜作皮革制品用;皮革粉末:				
4115.10.00	00	以皮革或皮革纤维为基本成分的再生皮革,成块、成张或成条,不论是否成卷	千克	0[3]		10%
4115.20.00	00	皮革或再生皮革的边角废料,不适宜作皮革制品用;皮革粉末	千克	0[1]		10%

[1] 见 9903.88.15。

[2] 见 9903.88.16。

[3] 见 9903.88.03。

[4] 见第九十九章第三分章美国注释三和 9903.41.05。

[5] 见 9902.12.34 和 9903.88.03。

第四十二章 皮革制品;鞍具及挽具;旅行用品、手提包及类似容器;动物肠线(蚕胶丝除外)制品

注释:

一、本章所称的"皮革"包括油鞣皮革(含结合鞣制的油鞣皮革)、漆皮、层压漆皮和镀金属皮革。

二、本章不包括:

(一)外科用无菌肠线或类似的无菌缝合材料(品目3006);

(二)以毛皮或人造毛皮衬里或作面(仅饰边的除外)的衣服及衣着附件(分指手套、连指手套及露指手套除外)(品目4303或品目4304);

(三)网线袋及类似品(品目5608);

(四)第六十四章的物品;

(五)第六十五章的帽类及其零件;

(六)品目6602的鞭子、马鞭或其他物品;

(七)袖扣、手镯或其他仿首饰(品目7117);

(八)单独进口或出口的挽具附件或装饰物,例如,马镫、马嚼子、马铃铛及类似品、带扣(一般归入第十五类);

(九)弦线、鼓面皮或类似品及其他乐器零件(品目9209);

(十)第九十四章的物品(例如,家具、灯具及照明装置);

(十一)第九十五章的物品(例如,玩具、游戏品及运动用品);

(十二)品目9606的纽扣、揿扣、纽扣芯或这些物品的其他零件、纽扣坯。

三、(一)除上述注释二所规定的以外,品目4202也不包括:

1. 非供长期使用的带把手塑料薄膜袋,不论是否印制(品目3923);

2. 编结材料制品(品目4602)。

(二)品目4202及品目4203的制品,如果装有用贵金属、包贵金属、天然或养殖珍珠、宝石或半宝石(天然、合成或再造)制的零件,即使这些零件不是仅作为小配件或小饰物的,只要其未构成物品的基本特征,仍应归入上述品目。但如果这些零件已构成物品的基本特征,则应归入第七十一章。

四、品目4203所称"衣服及衣着附件"主要包括分指手套、连指手套及露指手套(包括运动及防护手套)、围裙及其他防护用衣着、裤吊带、腰带、子弹带及腕带,但不包括表带(品目9113)。

附加美国注释:

一、品目4202所称"旅行、运动及类似箱包"是指除子目4202.11至4202.39所列物品外,设计用于在旅行中携带衣物和其他个人物品的货物,包括本品目的背包和购物袋,但不包括双筒望远镜、相机盒、乐

器盒、酒瓶盒及类似容器。

二、为对子目4202.12、子目4202.22、子目4202.32和子目4202.92下的货品进行归类,用塑料(无论是紧凑型还是蜂窝状)浸渍、涂层、覆盖或层压的纺织织物物品应被视为具有纺织材料外表面或塑料片材,取决于纺织品成分或塑料成分是否构成制品的外表面以及构成制品的外表面的程度。

第四十二章　皮革制品;鞍具及挽具;旅行用品、手提包及类似容器;动物肠线(蚕胶丝除外)制品

税则号列	统计后缀	货品名称	单位	税率 1 普通	税率 1 特惠	税率 2
4201.00		各种材料制成的鞍具及挽具(包括缰绳、挽绳、护膝垫、口套、鞍褥、马褡裢、狗外套及类似品),适合各种动物用:				
4201.00.30	00	狗用皮带、项圈、口套、马具和类似的狗用装备[1]	个	2.4%[2]	0(A,AU,BH,CA,CL,CO,D,E,IL,JO,KR,MA,MX,OM,P,PA,PE,S,SG)	35%
4201.00.60	00	其他	个	2.8%[3]	0(A*,AU,BH,CA,CL,CO,D,E,IL,JO,KR,MA,MX,OM,P,PA,PE,S,SG)	15%
4202		衣箱、提箱、小手袋、公文箱、公文包、书包、眼镜盒、望远镜盒、照相机套、乐器盒、枪套及类似容器;旅行包、食品或饮料保温包、化妆包、帆布包、手提包、购物袋、钱夹、钱包、地图盒、烟盒、烟袋、工具包、运动包、瓶盒、首饰盒、粉盒、刀叉餐具盒及类似容器,用皮革或再生皮革、塑料片、纺织材料、钢纸或纸板制成,或者全部或主要用上述材料或纸包覆制成:				
		衣箱、提箱、小手袋、公文箱、公文包、书包及类似容器:				
4202.11.00		以皮革或再生皮革作面		8%[2]	0(A,AU,BH,CA,CL,CO,D,IL,JO,KR,MA,MX,NP,OM,P,PA,PE,R,S,SG)6.4%(E)	35%
	30	公文箱、公文包、书包、职业行李箱及类似容器[4]	个			
	90	其他	个			
4202.12		以塑料或纺织材料作面:				
		以塑料作面:				
4202.12.21		衣箱、提箱、小手袋及类似容器		20%[2]	0(A,AU,BH,CA,CL,CO,D,IL,JO,KR,MA,MX,NP,OM,P,PA,PE,R,S,SG)17.5%(E)	45%
	20	四面结构坚固的	个			
	50	其他	个			
4202.12.29		其他		20%[2]	0(AU,BH,CA,CL,CO,D,IL,JO,KR,MA,MX,NP,OM,P,PA,PE,R,S,SG)17.5%(E)	45%
		四面结构坚固的:				
	10	公文箱、公文包及类似容器	个			
	25	其他	个			
		其他:				
	35	公文箱、公文包及类似容器	个			
	85	其他	个			
		以纺织材料作面:				
		植物纤维而非绒毛或簇绒结构的:				
4202.12.40	00	棉花的(369)	个 千克	6.3%[2]	0(A,AU,BH,CA,CL,CO,D,IL,JO,KR,MA,MX,NP,OM,P,PA,PE,S,SG)4.9%(E)	40%

税则号列	统计后缀	货品名称	单位	税率 1 普通	税率 1 特惠	2
4202.12.60	00	其他(870)	个 千克	5.7%[2]	0(AU,BH,CA,CL,CO,IL,JO,KR,MA,MX,NP,OM,P,PA,PE,S,SG)4.4%(E)	40%
4202.12.81		化纤的		17.6%[2]	0(A,AU,BH,CA,CL,CO,D,IL,JO,KR,MA,MX,NP,OM,P,PA,PE,S,SG)16.6%(E)	65%
	30	公文箱、公文包、书包、职业行李箱及类似容器(670)[5]	个 千克			
	70	其他(670)	个 千克			
4202.12.89		其他		17.6%[2]	0(AU,BH,CA,CL,CO,IL,JO,KR,MA,MX,NP,OM,P,PA,PE,S,SG)16.6%(E)	65%
		公文箱、公文包、书包、职业行李箱及类似容器:				
	10	按重量计含有85%或以上的丝绸或䌷丝	个 千克			
	20	棉花的(369)	个 千克			
	40	其他(870)	个 千克			
		其他:				
	50	按重量计含有85%或以上的丝绸或䌷丝	个 千克			
	60	棉花的(369)	个 千克			
	80	其他(870)	个 千克			
4202.19.00	00	其他	个	20%[2]	0(AU,BH,CA,CL,CO,D,IL,JO,KR,MA,MX,OM,P,PA,PE,R,S,SG)17.5%(E)	45%
		手提包,不论是否有背带,包括无把手的:				
4202.21		以皮革或再生皮革作面:				
4202.21.30	00	爬行动物皮革的	个	5.3%[2]	0(AU,BH,CA,CL,CO,D,IL,JO,KR,MA,MX,OM,P,PA,PE,R,S,SG)4.2%(E)	35%
		其他:				
4202.21.60	00	每件价值不超过20美元	个	10%[2]	0(A,AU,BH,CA,CL,CO,D,IL,JO,KR,MA,MX,NP,OM,P,PA,PE,R,S,SG)8%(E)	35%
4202.21.90	00	每件价值值超过20美元	个	9%[2]	0(A,AU,BH,CA,CL,CO,D,IL,JO,KR,MA,MX,NP,OM,P,PA,PE,R,S,SG)7.2%(E)	35%
4202.22		以塑料片或纺织材料作面:				
4202.22.15	00	以塑料片作面[6]	个	16%[2]	0(A,AU,BH,CA,CL,CO,D,IL,JO,KR,MA,MX,NP,OM,P,PA,PE,R,S,SG)15%(E)	45%
		以纺织材料作面:				

第四十二章　皮革制品;鞍具及挽具;旅行用品、手提包及类似容器;动物肠线(蚕胶丝除外)制品

税则号列	统计后缀	货品名称	单位	税率 1 普通	税率 1 特惠	2
		全部或部分编织:				
4202.22.35	00	蕉麻的	个 千克	8.4%[2]	0(A,AU,BH,CA,CL,CO,D,E,IL,JO,KR,MA,MX,OM,P,PA,PE,S,SG)	90%
4202.22.40		其他		7.4%[2]	0(AU,BH,CA,CL,CO,IL,JO,KR,MA,MX,NP,OM,P,PA,PE,S,SG)5.7%(E)	90%
	10	按重量计含有85%或以上的丝绸或紬丝	个 千克			
		其他:				
	20	棉花的(369)	个 千克			
	30	化纤的(670)	个 千克			
	40	其他(871)	个 千克			
		其他:				
		植物纤维而非绒毛或簇绒结构的:				
4202.22.45	00	棉花的(369)	个 千克	6.3%[2]	0(A,AU,BH,CA,CL,CO,D,IL,JO,KR,MA,MX,NP,OM,P,PA,PE,S,SG)4.9%(E)	40%
4202.22.60	00	其他(871)	个 千克	5.7%[2]	0(AU,BH,CA,CL,CO,IL,JO,KR,MA,MX,NP,OM,P,PA,PE,S,SG)4.4%(E)	40%
		其他:				
4202.22.70	00	按重量计含有85%或以上的丝绸或紬丝	个 千克	7%[2]	0(AU,BH,CA,CL,CO,D,IL,JO,KR,MA,MX,NP,OM,P,PA,PE,S,SG)	65%
4202.22.81	00	化纤的(670)[7]	个 千克	17.6%[2]	0(A,AU,BH,CA,CL,CO,D,IL,JO,KR,MA,MX,NP,OM,P,PA,PE,S,SG)16.6%(E)	65%
4202.22.89		其他		17.6%[2]	0(AU,BH,CA,CL,CO,IL,JO,KR,MA,MX,NP,OM,P,PA,PE,S,SG)16.6%(E)	65%
	30	棉花的(369)	个 千克			
	70	纸纱的	个 千克			
	80	其他(871)	个 千克			
4202.29		其他:				
		全部或主要用纸包覆的材料(皮革、合成革、塑料片、纺织材料、硫化纤维或纸板除外):				
4202.29.10	00	塑料的	个	5.3%[2]	0(A,AU,BH,CA,CL,CO,D,E,IL,JO,KR,MA,MX,OM,P,PA,PE,S,SG)	80%

税则号列	统计后缀	货品名称	单位	税率 普通	税率 1 特惠	税率 2
4202.29.20	00	木制的	个	3.3%[2]	0(A,AU,BH,CA,CL,CO,D,E,IL,JO,KR,MA,MX,OM,P,PA,PE,S,SG)	33.33%
4202.29.50	00	其他	个	7.8%[2]	0(AU,BH,CA,CL,CO,D,E,IL,JO,KR,MA,MX,NP,OM,P,PA,PE,S,SG)	110%
4202.29.90	00	其他	个	20%[2]	0(AU,BH,CA,CL,CO,D,IL,JO,KR,MA,MX,NP,OM,P,PA,PE,R,S,SG)17.5%(E)	45%
		通常置于口袋或手提包内的物品：				
4202.31	00	以皮革或再生皮革作面：				
4202.31.30		爬行动物皮革的	个	3.7%[2]	0(A,AU,BH,CA,CL,CO,D,E,IL,JO,KR,MA,MX,OM,P,PA,PE,S,SG)	35%
4202.31.60	00	其他	个	8%[2]	0(A,AU,BH,CA,CL,CO,D,IL,JO,KR,MA,MX,NP,OM,P,PA,PE,R,S,SG)6.4%(E)	35%
4202.32		以塑料片或纺织材料作面：				
		以塑料片作面：				
4202.32.10	00	增强塑料或层压塑料的[6]	个/千克	12.1美分/千克+4.6%[2]	0(A,AU,BH,CA,CL,CO,D,E,IL,JO,KR,MA,MX,OM,P,PA,PE,S,SG)	1.10美元/千克+40%
4202.32.20	00	其他	个	20%[2]	0(A,AU,BH,CA,CL,CO,D,E,IL,JO,KR,MA,MX,OM,P,PA,PE,S,SG)	45%
		以塑料片纺织材料作面：				
		植物纤维而非绒毛或簇绒结构的：				
4202.32.40	00	棉花的(369)	个/千克	6.3%[2]	0(A,AU,BH,CA,CL,CO,D,IL,JO,KR,MA,MX,NP,OM,P,PA,PE,S,SG)4.9%(E)	40%
4202.32.80	00	其他(871)	个/千克	5.7%[2]	0(A,AU,BH,CA,CL,CO,D,E,IL,JO,KR,MA,MX,NP,OM,P,PA,PE,S,SG)	40%
4202.32.85	00	其他：				
		按重量计含有85%或以上的丝绸或䌷丝	个/千克	0[2]		65%
4202.32.91	00	棉花的(369)	个/千克	17.6%[2]	0(AU,BH,CA,CL,CO,IL,JO,KR,MA,MX,NP,OM,P,PA,PE,S,SG)16.6%(E)	65%
4202.32.93	00	化纤的(670)	个/千克	17.6%[2]	0(A,AU,BH,CA,CL,CO,IL,JO,KR,MA,MX,NP,OM,P,PA,PE,S,SG)16.6%(E)	65%
4202.32.99	00	其他(871)	个/千克	17.6%[2]	0(A,AU,BH,CA,CL,CO,IL,JO,KR,MA,MX,NP,OM,P,PA,PE,S,SG)16.6%(E)	65%
4202.39		其他：				

第四十二章 皮革制品;鞍具及挽具;旅行用品、手提包及类似容器;动物肠线(蚕胶丝除外)制品

税则号列	统计后缀	货品名称	单位	税率 1 普通	税率 1 特惠	2
		全部或主要用纸包覆的材料(皮革、合成革、塑料片、纺织材料、硫化纤维或纸板除外):				
4202.39.10	00	塑料的	个 千克	5.3%[2]	0(A,AU,BH,CA,CL,CO,D,E,IL,JO,KR,MA,MX,OM,P,PA,PE,S,SG)	80%
4202.39.20	00	木制的	个 千克	3.3%[2]	0(A,AU,BH,CA,CL,CO,D,E,IL,JO,KR,MA,MX,OM,P,PA,PE,S,SG)	33.33%
4202.39.50	00	其他	个 千克	7.8%[2]	0(AU,BH,CA,CL,CO,D,E,IL,JO,KR,MA,MX,OM,P,PA,PE,S,SG)	110%
4202.39.90	00	其他	个 千克	20%[2]	0(A,AU,BH,CA,CL,CO,D,E,IL,JO,KR,MA,MX,OM,P,PA,PE,S,SG)	45%
		其他:				
4202.91		以皮革或再生皮革作面:				
4202.91.10	00	高尔夫球袋	个	4.5%[2]	0(AU,BH,CA,CL,CO,D,IL,JO,KR,MA,MX,NP,OM,P,PA,PE,S,SG)3.5%(E)	35%
4202.91.90		其他		4.5%[2]	0(A,AU,BH,CA,CL,CO,D,IL,JO,KR,MA,MX,NP,OM,P,PA,PE,S,SG)3.5%(E)	35%
	30	旅行包、运动包及类似的包	个			
	90	其他	个			
4202.92		以塑料片或纺织材料作面:				
		绝缘食品或饮料袋:				
		以纺织材料作面:				
4202.92.04	00	饮料袋,其内部仅包含一个柔性塑料容器,用于通过连接的柔性管存储和分配饮用饮料[5]	个 千克	7%[2]	0(A,AU,BH,CA,CL,CO,D,E,IL,JO,KR,MA,MX,OM,P,PA,PE,S,SG)	40%
4202.92.08		其他		7%[2]	0(AU,BH,CA,CL,CO,E,IL,JO,KR,MA,MX,NP,OM,P,PA,PE,S,SG)	40%
	05	棉花的(369)	个 千克			
	07	化纤的(670)	个 千克			
	09	其他(870)	个 千克			
4202.92.10	00	其他	个 千克	3.4%[2]	0(A,AU,BH,CA,CL,CO,D,E,IL,JO,KR,MA,MX,OM,P,PA,PE,S,SG)	80%
		旅行包、运动包及类似的包:				
		以纺织材料作面:				
		植物纤维而非绒毛或簇绒结构的:				

税则号列	统计后缀	货品名称	单位	税率 1 普通	税率 1 特惠	2
4202.92.15	00	棉花的(369)	个 千克	6.3%[8]	0(A, AU, BH, CA, CL, CO, D, IL, JO, KR, MA, MX, NP, OM, P, PA, PE, S, SG)4.9%(E)	40%
4202.92.20	00	其他(870)[9]	个 千克	5.7%[2]	0(A, AU, BH, CA, CL, CO, D, IL, JO, KR, MA, MX, NP, OM, P, PA, PE, S, SG)4.4%(E)	40%
4202.92.31		化纤的		17.6%[10]	0(A, AU, BH, CA, CL, CO, D, IL, JO, KR, MA, MX, NP, OM, P, PA, PE, S, SG)16.6%(E)	65%
	20	背包(670)[11]	个 千克			
	31	其他(670)[12]	个 千克			
4202.92.33		纸纱或棉花;按重量计含有85%或以上的丝绸或䌷丝		17.6%[2]	0(AU, BH, CA, CL, CO, IL, JO, KR, MA, MX, NP, OM, P, PA, PE, S, SG)16.6%(E)	65%
	05	纸纱的	个 千克			
	10	按重量计含有85%或以上的丝绸或䌷丝	个 千克			
	16	棉花的(369)	个 千克			
4202.92.39	00	其他(870)	个 千克	17.6%[2]	0(A, AU, BH, CA, CL, CO, D, IL, JO, KR, MA, MX, NP, OM, P, PA, PE, S, SG)16.6%(E)	65%
4202.92.45	00	其他	个 千克	20%[2]	0(A, AU, BH, CA, CL, CO, D, IL, JO, KR, MA, MX, NP, OM, P, PA, PE, R, S, SG)17.5%(E)	45%
4202.92.50	00	乐器盒	个	4.2%[2]	0(A, AU, BH, CA, CL, CO, D, E, IL, JO, KR, MA, MX, OM, P, PA, PE, S, SG)	50%
		其他:				
4202.92.60		棉花的		6.3%[2]	0(AU, BH, CA, CL, CO, IL, JO, KR, MA, MX, NP, OM, P, PA, PE, S, SG)4.9%(E)	40%
	10	首饰盒和类似的容器,通常在零售处与其内容物一起出售	个 千克			
	91	其他(369)	个 千克			
		其他:				
		以纺织材料作面:				
4202.92.91	00	化纤(通常在零售处与其内容物一起出售的首饰盒除外)(670)[13]	个 千克	17.6%[14]	0(A, AU, BH, CA, CL, CO, D, IL, JO, KR, MA, MX, NP, OM, P, PA, PE, S, SG)16.6%(E)	45%
4202.92.93		其他		17.6%[2]	0(AU, BH, CA, CL, CO, IL, JO, KR, MA, MX, NP, OM, P, PA, PE, S, SG)16.6%(E)	45%
	10	按重量计含有85%或以上的丝绸或䌷丝	个 千克			

第四十二章　皮革制品;鞍具及挽具;旅行用品、手提包及类似容器;动物肠线(蚕胶丝除外)制品

税则号列	统计后缀	货品名称	单位	税率 1 普通	税率 1 特惠	2
	15	其他首饰盒,通常在零售处与其内容物一起出售	个 千克			
	36	其他(870)	个 千克			
		其他:				
4202.92.94	00	设计用于保护和运输光盘(CD)、CD只读存储器磁盘、CD播放器、盒式磁带播放器和/或盒式磁带的箱子	个 千克	17.6%[2]	0(AU,BH,CA,CL,CO,IL,JO,KR,MA,MX,NP,OM,P,PA,PE,S,SG)16.6%(E)	45%
4202.92.97	00	其他	个 千克	17.6%[15]	0(A,AU,BH,CA,CL,CO,D,IL,JO,KR,MA,MX,NP,OM,P,PA,PE,S,SG)	45%
4202.99		其他:				
		全部或主要用纸包覆的材料(皮革、合成革、塑料片、纺织材料、硫化纤维或纸板除外):				
4202.99.10	00	塑料的	个 千克	3.4%[2]	0(A,AU,BH,CA,CL,CO,D,E,IL,JO,KR,MA,MX,OM,P,PA,PE,S,SG)	80%
		木制的:				
4202.99.20	00	无内衬纺织面料	个 千克	4.3%[2]	0(A,AU,BH,CA,CL,CO,D,E,IL,JO,KR,MA,MX,OM,P,PA,PE,S,SG)	33.33%
4202.99.30	00	内衬纺织面料	个 千克	0[2]		11美分/千克+20%
4202.99.50	00	其他	个 千克	7.8%[2]	0(AU,BH,CA,CL,CO,D,E,IL,JO,KR,MA,MX,OM,P,PA,PE,S,SG)	110%
4202.99.90	00	其他[9]	个 千克	20%[16]	0(A,AU,BH,CA,CL,CO,D,IL,JO,KR,MA,MX,NP,OM,P,PA,PE,R,S,SG)17.5%(E)	45%
4203		皮革或再生皮革制的衣服及衣着附件:				
4203.10		衣服:				
4203.10.20	00	爬行动物皮革的	个	4.7%[2]	0(A,AU,BH,CA,CL,CO,D,E,IL,JO,KR,MA,MX,OM,P,PA,PE,S,SG)	35%
4203.10.40		其他		6%[17]	0(AU,BH,CA,CL,CO,D,IL,JO,KR,MA,MX,OM,P,PA,PE,R,S,SG)4.8%(E)	35%
		外套和夹克:				
	10	风衣	个			
		其他:				
	30	男式和男童式	个			
	60	女式、女童式和婴儿式	个			
		其他:				
	85	男式和男童式	个			
	95	女式、女童式和婴儿式[9]	个			

税则号列	统计后缀	货品名称	单位	税率 1 普通	税率 1 特惠	2
		手套,包括连指或露指的:				
4203.21		专供运动用:				
		棒球和垒球手套(包括击球手套):				
4203.21.20	00	击球手套	个	3%[18]	0(A,AU,BH,CA,CL,CO,D,E,IL,JO,KR,MA,MX,OM,P,PA,PE,S,SG)	30%
4203.21.40	00	其他	个	0[2]		30%
		滑雪或雪地车手套,包括连指或露指的:				
4203.21.55	00	越野滑雪手套,包括连指或露指的	双	3.5%[2]	0(A,AU,BH,CA,CL,CO,D,E,IL,JO,KR,MA,MX,OM,P,PA,PE,S,SG)	45%
4203.21.60	00	其他	双	5.5%[2]	0(A,AU,BH,CA,CL,CO,D,E,IL,JO,KR,MA,MX,OM,P,PA,PE,S,SG)	45%
4203.21.70	00	冰球手套	双	0[2]		30%
4203.21.80		其他		4.9%[19]	0(A,AU,BH,CA,CL,CO,D,E,IL,JO,KR,MA,MX,OM,P,PA,PE,S,SG)	30%
	30	高尔夫球手套	打			
	60	其他	个			
4203.29		其他:				
		马皮或牛皮(小牛皮除外)皮革手套:				
		全皮的:				
4203.29.05	00	带指叉或至少四个指尖从一个指尖到另一个指尖间有连接侧壁的	打双	12.6%[2]	0(AU,BH,CA,CL,CO,D,E,IL,JO,KR,MA,MX,OM,P,PA,PE,S,SG)	25%
4203.29.08	00	其他	打双	14%[2]	0(AU,BH,CA,CL,CO,D,IL,JO,KR,MA,MX,OM,P,PA,PE,R,S,SG)11.5%(E)	25%
		其他:				
4203.29.15	00	带指叉或至少四个指尖从一个指尖到另一个指尖间有连接侧壁的	打双	14%[20]	0(AU,BH,CA,CL,CO,D,E,IL,JO,KR,MA,MX,OM,P,PA,PE,S,SG)	25%
4203.29.18	00	其他	打双	14%[21]	0(AU,BH,CA,CL,CO,D,IL,JO,KR,MA,MX,OM,P,PA,PE,R,S,SG)11.5%(E)	25%
		其他:				
4203.29.20	00	无接缝的	打双	12.6%[2]	0(AU,BH,CA,CL,CO,D,E,IL,JO,KR,MA,MX,OM,P,PA,PE,S,SG)	25%
		其他:				
4203.29.30		男式的		14%[22]	0(AU,BH,CA,CL,CO,D,E,IL,JO,KR,MA,MX,OM,P,PA,PE,S,SG)	25%
	10	无衬里的	打双			

第四十二章　皮革制品;鞍具及挽具;旅行用品、手提包及类似容器;动物肠线(蚕胶丝除外)制品

税则号列	统计后缀	货品名称	单位	税率 1 普通	税率 1 特惠	2
	20	有衬里的	打双			
		其他式样的:				
4203.29.40	00	无衬里的	打双	12.6%[2]	0(AU,BH,CA,CL,CO,D,E,IL,JO,KR,MA,MX,OM,P,PA,PE,S,SG)	25%
4203.29.50	00	有衬里的	打双	12.6%[2]	0(AU,BH,CA,CL,CO,D,E,IL,JO,KR,MA,MX,NP,OM,P,PA,PE,S,SG)	25%
4203.30.00	00	带扣或不带扣的腰带及子弹带	个	2.7%[23]	0(A,AU,BH,CA,CL,CO,D,E,IL,JO,KR,MA,MX,OM,P,PA,PE,S,SG)	35%
4203.40		其他衣着附件:				
4203.40.30	00	爬行动物皮革的	个	4.9%[2]	0(A,AU,BH,CA,CL,CO,D,E,IL,JO,KR,MA,MX,OM,P,PA,PE,S,SG)	35%
4203.40.60	00	其他	个	0[2]		35%
4205.00		皮革或再生皮革的其他制品:				
		机器、机械器具或其他专门技术用途的:				
4205.00.05	00	带革,全部或部分切割成适合转换成带子的外表或形状的	千克	2.9%[2]	0(A*,AU,BH,CA,CL,CO,D,E,IL,JO,KR,MA,MX,OM,P,PA,PE,S,SG)	12.5%
4205.00.10	00	其他	千克	0[2]		35%
		其他:				
4205.00.20	00	鞋带	千克	0[2]		15%
4205.00.40	00	肩带和吊带	千克	1.8%[2]	0(A*,AU,BH,CA,CL,CO,D,E,IL,JO,KR,MA,MX,OM,P,PA,PE,S,SG)	35%
		其他:				
4205.00.60	00	爬行动物皮革的	千克	4.9%[2]	0(A*,AU,B,BH,CA,CL,CO,D,E,IL,JO,KR,MA,MX,OM,P,PA,PE,S,SG)	35%
4205.00.80	00	其他[24]	千克	0[2]		35%
4206.00		肠线(蚕胶丝除外)、肠膜、膀胱或筋腱制品:				
		羊肠线的:				
4206.00.13	00	若进口用于制造无菌外科缝线的	千克	3.5%	0(A,AU,BH,CA,CL,CO,D,E,IL,JO,KR,MA,MX,OM,P,PA,PE,S,SG)	40%
4206.00.19		其他		3.9%	0(A,AU,BH,CA,CL,CO,D,E,IL,JO,KR,MA,MX,OM,P,PA,PE,S,SG)	40%
	10	球拍线	米			
	30	其他	千克			
4206.00.90	00	其他	千克	0		40%

[1] 见9903.88.18和9903.88.34。

[2] 见9903.88.03。

[3] 见9902.12.35和9903.88.03。

[4] 见9903.88.37。

[5] 见9903.88.45和9903.88.56。

[6] 见9903.88.48。

[7] 见9903.88.38。

[8] 见9902.12.37和9903.88.03。

[9] 见9903.88.43。

[10] 见9902.12.38、9902.12.39、9902.12.40、9902.12.41、9902.12.42、9902.12.43、9902.12.44、9902.12.45和9903.88.03。

[11] 见9903.88.43、9903.88.45、9903.88.46和9903.88.56。

[12] 见9903.88.40、9903.88.43、9903.88.45、9903.88.46、9903.88.48和9903.88.56。

[13] 见9903.88.38、9903.88.43和9903.88.46。

[14] 见9902.12.46、9902.12.47、9902.12.48、9902.12.49和9903.88.03。

[15] 见9902.12.49和9903.88.03。

[16] 见9902.12.50、9902.12.51、9902.12.52、9902.12.53、9902.12.54、9902.12.55、9902.12.56和9903.88.03。

[17] 见9902.12.57和9903.88.03。

[18] 见9902.12.58和9903.88.03。

[19] 见9902.12.59、9902.12.60和9903.88.03。

[20] 见9902.12.61和9903.88.03。

[21] 见9902.12.62和9903.88.03。

[22] 见9902.12.63和9903.88.03。

[23] 见9902.12.64和9903.88.03。

[24] 见9903.88.40和9903.88.56。

第四十三章 毛皮、人造毛皮及其制品

注释：

一、本税则所称"毛皮"是指已鞣的各种动物的带毛毛皮，但不包括品目 4301 的生毛皮。

二、本章不包括：

  (一)带羽毛或羽绒的整张或部分鸟皮(品目 0505 或品目 6701)；

  (二)第四十一章的带毛生皮[见该章注释一(三)]；

  (三)用皮革与毛皮或用皮革与人造毛皮制成的分指手套、连指手套及露指手套(品目 4203)；

  (四)第六十四章的物品；

  (五)第六十五章的帽类及其零件；或者

  (六)第九十五章的物品(例如，玩具、游戏品及运动用品)。

三、品目 4303 包括加有其他材料缝合的毛皮和毛皮部分品，以及缝合成衣服、衣服部分品、衣着附件或其他制品的毛皮和毛皮部分品。

四、以毛皮或人造毛皮衬里或作面(仅饰边的除外)的衣服及衣着附件(不包括注释二所述的货品)，应分别归入品目 4303 或品目 4304，但毛皮或人造毛皮仅作为装饰的除外。

五、本税则所称"人造毛皮"是指以毛、发或其他纤维粘附或缝合于皮革、织物或其他材料之上而构成的仿毛皮，但不包括以机织或针织方法制得的仿毛皮(一般应归入品目 5801 或品目 6001)。

税则号列	统计后缀	货品名称	单位	税率 1 普通	税率 1 特惠	2
4301		生毛皮(包括适合加工皮货用的头、尾、爪及其他块、片),但品目4101、品目4102或品目4103的生皮除外:				
4301.10.00		整张水貂皮,不论是否带头、尾或爪		0[1]		0
	10	野生的	个			
	20	其他	个			
4301.30.00	00	下列羔羊的整张毛皮,不论是否带头、尾或爪:阿斯特拉罕羔羊、大尾羔羊、卡拉库尔羔羊、波斯羔羊及类似羔羊,印度、中国或蒙古羔羊	个	0[2]		0
4301.60		整张狐皮,不论是否带头、尾或爪:				
4301.60.30	00	银狐、黑狐或铂金狐(包括任何由银狐、黑狐或铂金狐变异而成的狐狸)的	个	5.1%[1]	0(A, AU, BH, CA, CL, CO, D, E, IL, JO, KR, MA, MX, OM, P, PA, PE, S, SG)	50%
4301.60.60	00	其他	个	0[1]		0
4301.80.02		整张的其他毛皮,不论是否带头、尾或爪		0[1]		0
	01	野兔的	个			
	02	家兔的	个			
	03	海狸的	个			
	04	麝鼠的	个			
	10	海狸鼠的	个			
	20	猞猁的	个			
	40	貂的	个			
	60	紫貂的	个			
	70	食鱼动物的	个			
	75	浣熊的	个			
	80	海豹的	个			
	90	其他	个			
4301.90.00	00	适合加工皮货用的头、尾、爪及其他块、片	千克	0[2]		0
4302		未缝制或已缝制(不加其他材料)的已鞣毛皮(包括头、尾、爪及其他块、片),但品目4303的货品除外:				
		未缝制的整张毛皮,不论是否带头、尾或爪:				
4302.11.00		水貂的		2.1%[3]	0(A, AU, BH, CA, CL, CO, D, E, IL, JO, KR, MA, MX, OM, P, PA, PE, S, SG)	25%
	10	科林斯基貂	个			
	20	其他	个			
4302.19		其他:				
4302.19.13	00	下列羔羊皮:阿斯特拉罕羔羊、大尾羔羊、卡拉库尔羔羊、波斯羔羊及类似羔羊,印度、中国或蒙古羔羊	个	2.2%[3]	0(A, AU, BH, CA, CL, CO, D, E, IL, JO, KR, MA, MX, OM, P, PA, PE, S, SG)	30%

税则号列	统计后缀	货品名称	单位	税率 普通	税率 特惠	2
		海狸、龙猫、白鼬、食鱼动物、艾鼬誉、狐狸、豹、猞猁、貂、海狸鼠、豹猫、水獭、小马、浣熊、紫貂或狼的：				
4302.19.15	00	银狐、黑狐或铂金狐(包括任何由银狐、黑狐或铂金狐变异而成的狐狸)的	个	5.6%[3]	0(A,AU,BH,CA,CL,CO,D,E,IL,JO,KR,MA,MX,OM,P,PA,PE,S,SG)	50%
		其他：				
4302.19.30		未染色的		1.5%[3]	0(A,AU,BH,CA,CL,CO,D,E,IL,JO,KR,MA,MX,OM,P,PA,PE,S,SG)	25%
	30	狐皮	个			
	40	浣熊皮	个			
	70	其他	个			
4302.19.45		染色的		2.2%[3]	0(A,AU,BH,CA,CL,CO,D,E,IL,JO,KR,MA,MX,OM,P,PA,PE,S,SG)	30%
	30	狐皮	个			
	40	浣熊皮	个			
	70	其他	个			
4302.19.55	00	家兔或野兔的	个	2.7%[3]	0(A,AU,BH,CA,CL,CO,D,E,IL,JO,KR,MA,MX,OM,P,PA,PE,S,SG)	25%
		其他：				
4302.19.60	00	未染色的	个	3.5%[3]	0(A,AU,BH,CA,CL,CO,D,E,IL,JO,KR,MA,MX,OM,P,PA,PE,S,SG)	25%
4302.19.75	00	染色的	个	1.7%[3]	0(A,AU,BH,CA,CL,CO,D,E,IL,JO,KR,MA,MX,OM,P,PA,PE,S,SG)	30%
4302.20		未缝制的头、尾、爪及其他块、片：				
4302.20.30	00	海狸、卡拉库尔羔羊或波斯羔羊、龙猫、银貂、食鱼动物、艾鼬、狐狸、科林斯基貂、豹、猞猁、貂、水貂、海狸鼠、豹猫、水獭、小马、浣熊、黑貂或狼的	千克	2.1%[3]	0(A,AU,BH,CA,CL,CO,D,E,IL,JO,KR,MA,MX,OM,P,PA,PE,S,SG)	25%
		其他：				
4302.20.60	00	未染色的	千克	3.5%[3]	0(A,AU,BH,CA,CL,CO,D,E,IL,JO,KR,MA,MX,OM,P,PA,PE,S,SG)	25%
4302.20.90	00	染色的	千克	1.7%[3]	0(A,AU,BH,CA,CL,CO,D,E,IL,JO,KR,MA,MX,OM,P,PA,PE,S,SG)	30%
4302.30.00	00	已缝制的整张毛皮及其块、片	千克	5.3%[3]	0(A,AU,BH,CA,CL,CO,D,E,IL,JO,KR,MA,MX,OM,P,PA,PE,S,SG)	35%
4303		毛皮制的衣服、衣着附件及其他物品：				
4303.10.00		衣服及衣着附件		4%[4]	0(A*,AU,BH,CA,CL,CO,D,E,IL,JO,KR,MA,MX,OM,P,PA,PE,S,SG)	50%

税则号列	统计后缀	货品名称	单位	税率 1 普通	税率 1 特惠	2
	30	貂皮的	个			
	60	其他	个			
4303.90.00	00	其他	个	0[3]		50%
4304.00.00	00	人造毛皮及其制品	个	6.5%[3]	0(A+,AU,BH,CA,CL,CO,D,E,IL,JO,KR,MA,MX,OM,P,PA,PE,S,SG)	74%

[1]见 9903.88.15。

[2]见 9903.88.16。

[3]见 9903.88.03。

[4]见 9902.12.65 和 9903.88.03。

第九类　　木及木制品；木炭；软木及软木制品；稻草、秸秆、针茅或其他编结材料制品；篮筐及柳条编结品

第四十四章 木及木制品;木炭

注释:

一、本章不包括:

(一)主要作香料、药料、杀虫、杀菌或类似用途的木片、刨花、碎木、木粒或木粉(品目1211);

(二)竹或主要作编织用的其他木质材料,呈原木状,不论是否经劈开、纵锯或切段(品目1401);

(三)主要作染料或鞣料用的木片、刨花、木粒或木粉(品目1404);

(四)活性炭(品目3802);

(五)品目4202的物品;

(六)第四十六章的货品;

(七)第六十四章的鞋靴及其零件;

(八)第六十六章的货品(例如,伞、手杖及其零件);

(九)品目6808的货品;

(十)品目7117的仿首饰;

(十一)第十六类或第十七类的货品(例如,机器零件,机器及器具的箱、罩、壳,车辆部件);

(十二)第十八类的货品(例如,钟壳、乐器及其零件);

(十三)火器的零件(品目9305);

(十四)第九十四章的物品(例如,家具、灯具及照明器具、活动房屋);

(十五)第九十五章的物品(例如,玩具、游戏品及运动用品);

(十六)第九十六章的物品(例如,烟斗及其零件、纽扣、铅笔、独脚架、双脚架、三脚架及类似品),但品目9603所列物品的木身及木柄除外;或者

(十七)第九十七章的物品(例如,艺术品)。

二、本章所称"强化木"是指经过化学或物理方法处理(对于多层粘合木材,其处理应超出一般粘合需要),从而增加了密度或硬度并改善了机械强度、抗化学或抗电性能的木材。

三、品目4414至4421适用于木质碎料板或类似木质材料板、纤维板、层压板或强化木的制品。

四、品目4410、品目4411或品目4412的产品,可以加工成品目品目4409所述的各种形状,也可以加工成弯曲、瓦楞、多孔或其他形状(正方形或矩形除外),以及经其他任何加工,但未具有其他品目所列制品的特性。

五、品目4417不包括装有第八十二章注释一所述材料制成的刀片、工作刃、工作面或其他工作部件的工具。

六、除上述注释一及其他条文另有规定的以外,本章品目中所称"木"也包括竹及其他木质材料。

子目注释：

一、子目 4401.31 所称"木屑棒"是指由木材加工业、家具制造业及其他木材加工活动中产生的副产品（例如，刨花、锯末及碎木片）直接压制而成或加入按重量计不超过 3% 的黏合剂后粘聚而成的产品。此类产品呈圆柱状，其直径不超过 25 毫米，长度不超过 100 毫米。

附加美国注释：

一、就本章而言：

（一）所称"木材废料"是指木材加工过程中产生的除木柴以外的剩余材料，包括废料、刨花、锯屑、单板切屑、削片机废料和类似的小木材残留物，以及较大或较粗的固体类型的剩余木材，如板材、镶边、碎木片和单板原木芯；

（二）所称"标准木模"是指加工成一种图案并在整个长度上具有相同横截面轮廓的木模；

（三）适用于品目 4411 和品目 4412 的物品的"表面覆盖"一词，是指产品的一个或多个外表面已经过杂酚油或其他木材防腐剂的处理，或者已经过填料、密封剂、蜡、油、污渍、清漆、油漆或搪瓷的处理，或者已经过纸、织物、塑料、基底金属或其他材料覆盖。

二、《1930 年关税法》第 304(a)(3)(J) 节[《美国法典》第 19 卷第 1304(a)(3)(J) 节]规定的效力，在该节允许的范围内以及《关税及贸易总协定》附表 XX 规定的范围内暂停生效，因此，锯木和锯材（不论用途）、木制电话杆、电车杆、电灯杆和电报杆，以及除红雪松木瓦外的木瓦捆，无需标明原产国。

三、税号 4407.19.05 和税号 4407.19.06 包括比例不易识别的已命名物种的组合。

四、品目 4409 包括具有沿任何边缘或面加工的重复设计的物品。

五、品目 4418 包括：

（一）钻孔或有缺口的木材螺柱或木材钉；以及

（二）面板厚度为 4 毫米或以上的多层拼装地板。

统计注释：

一、品目 4407 所称"粗糙的"包括经过磨边、重新锯切、横切或修剪成更小尺寸的木材，但不包括通过在一个或多个边缘或面上刨光而修整或表面处理的木材，或已被边缘胶合或端部胶合的木材。

第四十四章 木及木制品；木炭

税则号列	统计后缀	货品名称	单位	税率 1 普通	税率 1 特惠	税率 2
4401		薪柴(圆木段、块、枝、成捆或类似形状)；木片或木粒；锯末、木废料及碎片，不论是否粘结成圆木段、块、片或类似形状：				
		薪柴(圆木段、块、枝、成捆或类似形状)：				
4401.11.00	00	针叶木	千克	0[1]		20%
4401.12.00	00	非针叶木	千克	0[1]		20%
		木片或木粒：				
4401.21.00	00	针叶木	干重吨	0[1]		0
4401.22.00	00	非针叶木	干重吨	0[1]		0
		锯末、木废料及碎片，粘结成圆木段、块、片或类似形状：				
4401.31.00	00	木屑棒	千克	0[1]		0
4401.39		其他：				
4401.39.20	00	由蜡和锯末组成的人造火木，添加或不添加材料	千克	0[1]		20%
4401.39.41		其他		0[1]		0
	10	锯末	千克			
	20	刨花	千克			
	90	其他	千克			
4401.40.00		锯末、木废料及碎片，未粘结的		0[1]		0
	10	锯末	千克			
	20	刨花	千克			
	90	其他	千克			
4402		木炭(包括果壳炭及果核炭)，不论是否结块：				
4402.10.00	00	竹的[2]	吨	0[1]		0
4402.90.00	00	其他	吨	0[1]		0
4403		原木，不论是否去皮、去边材或粗锯成方：				
		用油漆、着色剂、杂酚油或其他防腐剂处理：				
4403.11.00		针叶木		0[1]		0
		杆、桩和柱子：				
	20	电话、电报和电线杆	米			
	40	栅栏柱	米			
	50	其他	米			
	60	其他	立方米			
4403.12.00		非针叶木		0[1]		0
		杆、桩和柱子：				
	20	电话、电报和电线杆	米			
	40	栅栏柱	米			
	50	其他	米			
	60	其他	立方米			

税则号列	统计后缀	货品名称	单位	税率 普通	税率 特惠	2
		其他,针叶木:				
4403.21.00		松木(松属),截面尺寸在15厘米或以上		0[1]		0
		杆、桩和柱子:				
	12	电话、电报和电线杆	米			
	15	栅栏柱	米			
	16	其他	米			
		原木和木材:				
	20	南方黄松(火炬松)、长叶松(沼泽松)、油松(硬松)、短叶松(棘松)、沼泽松(湿地松)、弗吉尼亚松(矮松)	立方米			
	25	西黄松(黄松)	立方米			
	30	其他	立方米			
	65	其他	立方米			
4403.22.00		其他松木		0[1]		0
	08	纸浆木	立方米			
		杆、桩和柱子:				
	12	电话、电报和电线杆	米			
	15	栅栏柱	米			
	16	其他	米			
		原木和木材:				
	20	南方黄松(火炬松)、长叶松(沼泽松)、油松(硬松)、短叶松(棘松)、沼泽松(湿地松)、弗吉尼亚松(矮松)	立方米			
	25	西黄松(黄松)	立方米			
	30	其他	立方米			
	65	其他	立方米			
4403.23.00		冷杉和云杉,截面尺寸在15厘米或以上		0[1]		0
		杆、桩和柱子:				
	12	电话、电报和电线杆	米			
	15	栅栏柱	米			
	16	其他	米			
		原木和木材:				
	35	云杉(云杉属)	立方米			
	42	其他冷杉;香脂	立方米			
	65	其他	立方米			
4403.24.00		其他冷杉和云杉		0[1]		0
	04	纸浆木	立方米			
		杆、桩和柱子:				
	12	电话、电报和电线杆	米			

税则号列	统计后缀	货品名称	单位	税率 1 普通	税率 1 特惠	2
	15	栅栏柱	米			
	16	其他	米			
		原木和木材:				
	35	云杉(云杉属)	立方米			
	42	其他冷杉;香脂	立方米			
	65	其他	立方米			
4403.25.00		其他,截面尺寸在15厘米或以上		0[1]		0
		杆、桩和柱子:				
	12	电话、电报和电线杆	米			
	15	栅栏柱	米			
	16	其他	米			
		原木和木材:				
	40	花旗松	立方米			
	50	异叶铁杉	立方米			
	52	其他铁杉	立方米			
	55	西部红雪松	立方米			
	57	其他雪松	立方米			
	64	其他	立方米			
	65	其他	立方米			
4403.26.00		其他		0[1]		0
	08	纸浆木	立方米			
		杆、桩和柱子:				
	12	电话、电报和电线杆	米			
	15	栅栏柱	米			
	16	其他	米			
		原木和木材:				
	40	花旗松	立方米			
	50	异叶铁杉	立方米			
	52	其他铁杉	立方米			
	55	西部红雪松	立方米			
	57	其他雪松	立方米			
	64	其他	立方米			
	65	其他	立方米			
		其他,热带木:				
4403.41.00	00	深红色红柳桉木、浅红色红柳桉木及巴棒红柳桉木	立方米	0[1]		0
4403.49.01	00	其他	立方米	0[1]		0
		其他:				
4403.91.00		橡木(栎属)		0[1]		0
	20	红橡木	立方米			

税则号列	统计后缀	货品名称	单位	税率 1 普通	税率 1 特惠	2
	40	其他	立方米			
4403.93.00	00	水青冈木(山毛榉属)，截面尺寸在15厘米或以上	立方米	0[1]		0
4403.94.00	00	其他水青冈木(山毛榉属)	立方米	0[1]		0
4403.95.00		桦木(桦树属)，截面尺寸在15厘米或以上		0[1]		
	27	杆、桩和柱子	立方米			
	30	其他	立方米			
4403.96.00		其他桦木(桦树属)		0[1]		0
	23	纸浆木	立方米			
	27	杆、桩和柱子	立方米			
	30	其他	立方米			
4403.97.00		杨木(杨属)		0[1]		0
	22	纸浆木	立方米			
	26	杆、桩和柱子	立方米			
		其他:				
	65	黄杨木(北美鹅掌楸)	立方米			
	67	其他杨树；大齿杨或棉白杨	立方米			
4403.98.00		桉木(桉属)		0[1]		0
	23	纸浆木	立方米			
	28	杆、桩和柱子	立方米			
	95	其他	立方米			
4403.99.01		其他		0[1]		0
	23	纸浆木	立方米			
	28	杆、桩和柱子	立方米			
		其他:				
	40	白蜡木	立方米			
	50	西部红桤木	立方米			
	55	樱桃木	立方米			
	60	枫木	立方米			
	70	核桃木	立方米			
	75	泡桐木	立方米			
	95	其他	立方米			
4404		箍木；木劈条；已削尖但未经纵锯的木桩；粗加修整但未经车圆、弯曲或其他方式加工的木棒，适合制手杖、伞柄、工具把柄及类似品；木片条及类似品:				
4404.10.00		针叶木的		0[1]		0
	40	栅栏桩、栅栏和栏杆	千克			
	80	杆、桩和柱子	千克			
	90	其他	千克			
4404.20.00		非针叶木的		0[1]		0

税则号列	统计后缀	货品名称	单位	税率 1 普通	税率 1 特惠	2
	40	栅栏桩、栅栏和栏杆	千克			
	80	杆、桩和柱子	千克			
	90	其他	千克			
4405.00.00	00	木丝；木粉	千克	3.2%[1]	0(A+,AU,BH,CA,CL,CO,D,E,IL,JO,KR,MA,MX,OM,P,PA,PE,S,SG)	33.33%
4406		铁道及电车道枕木：				
		未浸渍：				
4406.11.00	00	针叶木	立方米个	0[1]		0
4406.12.00	00	非针叶木	立方米个	0[1]		0
		其他：				
4406.91.00	00	针叶木	立方米个	0[1]		0
4406.92.00	00	非针叶木	立方米个	0[1]		0
4407		经纵锯、纵切、刨切或旋切的木材，不论是否刨平、砂光或端部接合，厚度超过6毫米：				
		针叶木：				
4407.11.00		松木（松属）		0[1]		1.70美元/立方米
	01	指接的	立方米			
		其他：				
	02	用油漆、着色剂、杂酚油或其他防腐剂处理	立方米			
		未处理：				
		东部白松（北美乔松）和红松（树脂松）：				
	42	粗糙的	立方米			
	43	其他	立方米			
		红松：				
	44	粗糙的	立方米			
	45	其他	立方米			
		南方黄松（火炬松）、长叶松（沼泽松）、油松（硬松）、短叶松（棘松）、沼泽松（湿地松）、弗吉尼亚松（矮松）：				
	46	粗糙的	立方米			
	47	其他	立方米			
		西黄松（黄松）				
	48	粗糙的	立方米			
	49	其他	立方米			
		其他松树：				

税则号列	统计后缀	货品名称	单位	税率 1 普通	税率 1 特惠	2
	52	粗糙的	立方米			
	53	其他	立方米			
4407.12.00		冷杉及云杉		0[1]		1.70美元/立方米
	01	指接的	立方米			
		其他：				
	02	用油漆、着色剂、杂酚油或其他防腐剂处理	立方米			
		未处理：				
		暹罗云杉：				
	17	粗糙的	立方米			
	18	其他	立方米			
		其他云杉：				
	19	粗糙的	立方米			
	20	其他	立方米			
		冷杉(冷杉属)：				
	58	粗糙的	立方米			
	59	其他	立方米			
4407.19		其他：				
4407.19.05	00	云杉-松木-冷杉,未经油漆、着色剂、杂酚油或其他防腐剂处理	立方米	0[1]		1.70美元/立方米
4407.19.06	00	铁杉-冷杉,未经油漆、着色剂、杂酚油或其他防腐剂处理	立方米	0[1]		1.70美元/立方米
4407.19.10		其他	立方米	0[1]		1.70美元/立方米
	01	指接的	立方米			
		其他：				
	02	用油漆、着色剂、杂酚油或其他防腐剂处理	立方米			
		未处理：				
		花旗松				
		粗糙的：				
	54	最小尺寸小于5.1厘米	立方米			
	55	最小尺寸为5.1厘米或以上但小于12.7厘米	立方米			
	56	最小尺寸为12.7厘米或以上	立方米			
	57	其他	立方米			
		铁杉(铁杉属)：				
	64	粗糙的	立方米			
	65	其他	立方米			
		落叶松(落叶松属)：				
	66	粗糙的	立方米			

税则号列	统计后缀	货品名称	单位	税率 1 普通	税率 1 特惠	2
	67	其他	立方米			
		西部红雪松：				
	68	粗糙的	立方米			
	69	其他	立方米			
		黄雪松：				
	74	粗糙的	立方米			
	75	其他	立方米			
		其他雪松（刺柏属、杜松属、樟子树属、柏树属和文心果属）：				
	76	粗糙的	立方米			
	77	其他	立方米			
		红杉				
	82	粗糙的	立方米			
	83	其他	立方米			
		其他：				
	92	粗糙的	立方米			
	93	其他	立方米			
		热带木：				
4407.21.00	00	美洲桃花心木	立方米	0[1]		1.27美元/立方米
4407.22.00		苏里南肉豆蔻木、细孔绿心樟及美洲轻木		0[1]		1.27美元/立方米
	06	美洲轻木	立方米			
	91	其他	立方米			
4407.25.00	00	深红色红柳桉木、浅红色红柳桉木及巴栳红柳桉木	立方米	0[1]		1.27美元/立方米
4407.26.00	00	白柳桉木、白色红柳桉木、白色柳桉木、黄色红柳桉木及阿兰木	立方米	0[1]		1.27美元/立方米
4407.27.00	00	沙比利	立方米	0[1]		1.27美元/立方米
4407.28.00	00	伊罗科木	立方米	0[1]		1.27美元/立方米
4407.29.01		其他		0[1]		1.27美元/立方米
	06	非洲阿卡朱(卡雅楝属)，又名非洲桃花心木	立方米			
	11	粗状阿林山榄(阿林山榄属)，又名安妮格或安丽格	立方米			
	16	羯布罗香木(龙脑香属)	立方米			
	20	皮蚁木(蚁木属或风铃木属)	立方米			
	31	柚木	立方米			
	40	圭亚那苦油楝木(圭亚那栋树)，紫檀木(紫檀属)，又名非洲紫檀	立方米			

税则号列	统计后缀	货品名称	单位	税率 1 普通	税率 1 特惠	2
	60	雪松木(雪松属),又名西班牙雪松	立方米			
	85	南美柚木(李叶豆属),又名巴西樱桃	立方米			
	95	其他	立方米			
		其他:				
4407.91.00		橡木(栎属)		0[1]		1.27美元/立方米
	22	红橡木	立方米			
	63	其他	立方米			
4407.92.00	00	水青冈木(山毛榉属)	立方米	0[1]		1.27美元/立方米
4407.93.00		枫木(槭属)		0[1]		1.27美元/立方米
	10	硬枫树	立方米			
	20	其他	立方米			
4407.94.00	00	樱桃木(李属)	立方米	0[1]		1.27美元/立方米
4407.95.00	00	白蜡木(白蜡树属)	立方米	0[1]		1.27美元/立方米
4407.96.00		桦木(桦树属)		0[1]		1.27美元/立方米
	11	北美桦木(阿勒格汉桦、纸斑桦、蓝桦、黑桦)	立方米			
	13	欧洲桦木(桦树、短柔桦),又名波罗的海、俄罗斯或中国桦树	立方米			
	19	其他	立方米			
4407.97.00		杨木(杨属)		0[1]		1.27美元/立方米
	72	黄杨木(北美鹅掌楸)	立方米			
	79	其他杨树;大齿杨或棉白杨	立方米			
4407.99.02		其他		0[1]		1.27美元/立方米
	42	山胡桃木(山胡桃属)和美洲山核桃树	立方米			
	61	胡桃木(胡桃属)	立方米			
	63	西部红桤木(桤木属)	立方米			
	95	其他非针叶木	立方米			
4408		饰面用单板(包括刨切积层木获得的单板)、制胶合板或类似多层板用单板以及其他经纵锯、刨切或旋切的木材,不论是否刨平、砂光、拼接或端部结合,厚度不超过6毫米:				
4408.10.01		针叶木		0[1]		20%
	25	花旗松	平方米			
	45	其他	平方米			

税则号列	统计后缀	货品名称	单位	税率 1 普通	税率 1 特惠	2
		热带木:				
4408.31.01	00	深红色红柳桉木、浅红色红柳桉木及巴桉红柳桉木	平方米	0[1]		20%
4408.39.02		其他		0[1]		20%
	10	拼接或端接	平方米			
	90	其他	平方米			
4408.90.01		其他		0[1]		20%
		拼接或端接:				
	05	白蜡木(白蜡树属)	平方米			
	10	桦木(桦树属)	平方米			
	15	樱桃木(李属)	平方米			
	21	枫木(槭属)	平方米			
		橡木(栎属):				
	31	红色的	平方米			
	37	其他	平方米			
	45	核桃木(核桃属)	平方米			
	51	其他	平方米			
		其他:				
	56	白蜡木(白蜡树属)	平方米			
	61	桦树木(桦树属)	平方米			
	66	樱桃木(李属)	平方米			
	71	枫木(槭属)	平方米			
		橡木(栎属):				
	76	红色的	平方米			
	81	其他	平方米			
	87	核桃木(核桃属)	平方米			
	97	其他	平方米			
4409		任何一边、端或面制成连续形状(舌榫、槽榫、半槽榫、斜角、V形接头、珠榫、缘饰、刨圆及类似形状)的木材(包括未装拼的拼花地板用板条及缘板),不论是否刨平、砂光或端部结合:				
4409.10		针叶木:				
4409.10.05	00	任何一端制成连续形状的木材,不论其任何一边或面是否也制成连续形状的木材,不论是否刨平、砂光或端部结合	立方米	3.2%[1]	0(A*,AU,BH,CA,CL,CO,D,E,IL,JO,KR,MA,MX,OM,P,PA,PE,S,SG)	33.33%
		其他:				
4409.10.10		木质壁板		0[1]		2.2美分/米^2
		重磨斜面壁板:				
	20	西部红雪松	平方米 立方米			

税则号列	统计后缀	货品名称	单位	税率 1 普通	税率 1 特惠	2
	40	其他	平方米 立方米			
		其他：				
	60	西部红雪松	平方米 立方米			
	80	其他	平方米 立方米			
4409.10.20	00	木质地板	平方米 立方米	0[1]		33.33%
		木条：				
		标准木模：				
4409.10.40		松树(松属)		0[1]		5%
	10	端部结合的	米			
	90	其他	米			
4409.10.45	00	其他	米	0[1]		5%
4409.10.50	00	其他	米	0[1]		40%
		木暗销：				
4409.10.60	00	普通的	米 立方米	0[1]		5%
4409.10.65	00	打磨、开槽或以其他方式改进的	米 立方米	4.9%[1]	0(A+,AU,BH,CA,CL,CO,D,E, IL,JO,KR,MA,MX,OM,P,PA, PE,S,SG)	33.33%
4409.10.90		其他		0[1]		1.70美元/ 立方米
	20	西部红雪松	平方米 立方米			
	40	其他	平方米 立方米			
		非针叶木：				
4409.21		竹的：				
4409.21.05	00	任何一端制成连续形状的木材,不论其任何一边或面是否也制成连续形状的木材,不论是否刨平、砂光或端部结合	立方米	3.2%[1]	0(A,AU,BH,CA,CL,CO,D,E, IL,JO,KR,MA,MX,OM,P,PA, PE,S,SG)	33.33%
4409.21.90	00	其他	立方米	0[1]		1.70美元/ 立方米
4409.22		热带木的：				
4409.22.05		任何一端制成连续形状的木材,不论其任何一边或面是否也制成连续形状的木材,不论是否刨平、砂光或端部结合		3.2%[1]	0(A*,AU,BH,CA,CL,CO,D,E, IL,JO,KR,MA,MX,OM,P,PA, PE,S,SG)	33.33%
		木地板(端部匹配)：				
	15	南美柚木(李叶豆属),又名巴西樱桃	平方米 立方米			
	20	皮蚁木(蚁木属或风铃木属),又名塔希博、重蚁木、巴西胡桃木和巴塔哥尼亚胡桃木	平方米 立方米			

税则号列	统计后缀	货品名称	单位	税率 1 普通	税率 1 特惠	2
	35	桑托斯桃花心木(吐鲁胶树),又名红檀香	平方米 立方米			
	45	龙凤檀(香豆属),又名巴西柚木	平方米 立方米			
	60	其他	平方米 立方米			
	90	其他	平方米 立方米			
		其他:				
4409.22.10	00	木质壁板	平方米	0[1]		4.3美分/米²
4409.22.25	00	木质地板	平方米 立方米	0[1]		8%
		木条:				
4409.22.40	00	标准木模	米	0[1]		5%
4409.22.50	00	其他	米	0[1]		40%
		木暗销:				
4409.22.60	00	普通的	米	0[1]		5%
4409.22.65	00	打磨、开槽或以其他方式改进的	米	4.9%[1]	0(A+,AU,BH,CA,CL,CO,D,E,IL,JO,KR,MA,MX,OM,P,PA,PE,S,SG)	33.33%
4409.22.90	00	其他	立方米	0[1]		1.70美元/立方米
4409.29		其他:				
4409.29.06		任何一端制成连续形状的木材,不论其任何一边或面是否也制成连续形状的木材,不论是否刨平、砂光或端部结合		3.2%[1]	0(A*,AU,BH,CA,CL,CO,D,E,IL,JO,KR,MA,MX,OM,P,PA,PE,S,SG)	33.33%
	55	木地板(端部匹配):	平方米 立方米			
	65	其他	平方米 立方米			
		其他:				
4409.29.11	00	木质壁板	平方米	0[1]		4.3美分/米²
4409.29.26		木质地板		0[1]		8%
	30	枫木(槭属)	平方米 立方米			
	50	桦树(桦树属)和水青冈木(山毛榉属)	平方米 立方米			
	60	其他	平方米 立方米			
		木条:				
4409.29.41	00	标准木模[3]	米	0[1]		5%
4409.29.51	00	其他	米	0[1]		40%
		木暗销:				
4409.29.61	00	普通的	米	0[1]		5%

税则号列	统计后缀	货品名称	单位	税率 1 普通	税率 1 特惠	2
4409.29.66	00	打磨、开槽或以其他方式改进的	米	4.9%[1]	0(A+,AU,BH,CA,CL,CO,D,E,IL,JO,KR,MA,MX,OM,P,PA,PE,S,SG)	33.33%
4409.29.91	00	其他	立方米	0[1]		1.70美元/立方米
4410		碎料板,定向刨花板(OSB)及类似板(例如,华夫板),木或其他木质材料制,不论是否用树脂或其他有机粘合剂粘合:				
		木制:				
4410.11.00		碎料板		0[1]		40%
	10	未加工或除打磨外未进一步加工	立方米 千克			
	20	表面覆盖三聚氰胺浸渍纸	立方米 千克			
	30	表面覆盖装饰性塑料层压板	立方米 千克			
	60	其他	立方米 千克			
4410.12.00		定向刨花板		0[1]		40%
	10	未加工或除打磨外未进一步加工	立方米 千克			
	20	其他	立方米 千克			
4410.19.00		其他		0[1]		40%
	10	未加工或除打磨外未进一步加工	立方米 千克			
	20	表面覆盖三聚氰胺浸渍纸	立方米 千克			
	30	表面覆盖装饰性塑料层压板	立方米 千克			
	60	其他	立方米 千克			
4410.90.00	00	其他	立方米 千克	0[1]		20%
4411		木纤维板或其他木质材料纤维板,不论是否用树脂或其他有机黏合剂粘合:				
		中密度纤维板(MDF):				
4411.12		厚度不超过5毫米:				
4411.12.10	00	未经机械加工或盖面的	立方米	0[1]		30%
		其他:				
		任何一边制成连续的榫舌、凹槽或槽口,专用于建造墙壁、天花板或建筑物的其他部分:				
4411.12.20	00	用合成树脂全部或部分粘合或浸渍的层压板	千克 立方米	1.9美分/千克+1.5%[1]	0(A,AU,BH,CA,CL,CO,D,E,IL,JO,KR,MA,MX,OM,P,PA,PE,S,SG)	33美分/千克+25%

税则号列	统计后缀	货品名称	单位	税率 1 普通	税率 1 特惠	2
4411.12.30	00	其他	立方米	0[1]		20%
		其他:				
4411.12.60	00	未盖面(油处理除外)	立方米	0[1]		30%
4411.12.90		其他		3.9%[1]	0(A*,AU,BH,CA,CL,CO,D,E,IL,JO,KR,MA,MX,OM,P,PA,PE,S,SG)	45%
	10	标准木模	立方米			
	90	其他	立方米			
4411.13		厚度超过5毫米但不超过9毫米:				
4411.13.10	00	未经机械加工或盖面的	立方米	0[1]		30%
		其他:				
		任何一边制成连续的榫舌、凹槽或槽口,专用于建造墙壁、天花板或建筑物的其他部分:				
4411.13.20	00	用合成树脂全部或部分粘合或浸渍的层压板[4]	千克 立方米	1.9美分/千克+1.5%[1]	0(A,AU,BH,CA,CL,CO,D,E,IL,JO,KR,MA,MX,OM,P,PA,PE,S,SG)	33美分/千克+25%
4411.13.30	00	其他	立方米	0[1]		20%
		其他:				
4411.13.60	00	未盖面(油处理除外)	立方米	0[1]		30%
4411.13.90		其他		3.9%[1]	0(A,AU,BH,CA,CL,CO,D,E,IL,JO,KR,MA,MX,OM,P,PA,PE,S,SG)	45%
	10	标准木模	立方米			
	90	其他	立方米			
4411.14		厚度超过9毫米:				
4411.14.10	00	未经机械加工或盖面的	立方米	0[1]		30%
		其他:				
		任何一边制成连续的榫舌、凹槽或槽口,专用于建造墙壁、天花板或建筑物的其他部分:				
4411.14.20	00	用合成树脂全部或部分粘合或浸渍的层压板	千克 立方米	1.9美分/千克+1.5%[1]	0(A,AU,BH,CA,CL,CO,D,E,IL,JO,KR,MA,MX,OM,P,PA,PE,S,SG)	33美分/千克+25%
4411.14.30	00	其他	立方米	0[1]		20%
		其他:				
4411.14.60	00	未盖面(油处理除外)	立方米	0[1]		30%
4411.14.90		其他		3.9%[1]	0(A,AU,BH,CA,CL,CO,D,E,IL,JO,KR,MA,MX,OM,P,PA,PE,S,SG)	45%
	10	标准木模	立方米			
	90	其他	立方米			
		其他:				
4411.92		密度超过0.8克/立方厘米:				

税则号列	统计后缀	货品名称	单位	税率 1 普通	税率 1 特惠	2
4411.92.10	00	未经机械加工或盖面的	立方米	0[1]		30%
		其他:				
4411.92.20	00	未盖面(油处理除外)	立方米	0[1]		30%
		其他:				
4411.92.30	00	任何一边连续加工的瓦板,专用于建造墙壁、天花板或建筑物的其他部分	立方米	0[1]		20%
4411.92.40	00	其他	立方米	6%[1]	0(A, AU, BH, CA, CL, CO, D, E, IL, JO, KR, MA, MX, OM, P, PA, PE, S, SG)	45%
4411.93		密度超过0.5克/立方厘米,但未超过0.8克/立方厘米:				
4411.93.10	00	未经机械加工或盖面的	立方米	0[1]		30%
		其他:				
		任何一边制成连续的榫舌、凹槽或槽口,专用于建造墙壁、天花板或建筑物的其他部分:				
4411.93.20	00	用合成树脂全部或部分粘合或浸渍的层压板	千克 立方米	1.9美分/千克+1.5%[1]	0(A, AU, BH, CA, CL, CO, D, E, IL, JO, KR, MA, MX, OM, P, PA, PE, S, SG)	33美分/千克+25%
4411.93.30	00	其他	立方米	0[1]		20%
		其他:				
4411.93.60	00	未盖面(油处理除外)	立方米	0[1]		30%
4411.93.90		其他		3.9%[1]	0(A, AU, BH, CA, CL, CO, D, E, IL, JO, KR, MA, MX, OM, P, PA, PE, S, SG)	45%
	10	标准木模	立方米			
	90	其他[5]	立方米			
4411.94.00		密度未超过0.5克/立方厘米		0[1]		20%
		密度超过0.35克/立方厘米,但未超过0.5克/立方厘米:				
		未经机械加工或盖面的:				
	10	沥青浸渍的	立方米			
	20	其他	立方米			
		其他:				
	30	沥青浸渍的	立方米			
	40	其他	立方米			
		其他:				
		未经机械加工或盖面的:				
	50	沥青浸渍的	立方米			
	60	其他	立方米			
		其他:				
	70	沥青浸渍的	立方米			
	80	其他	立方米			

税则号列	统计后缀	货品名称	单位	税率 1 普通	税率 1 特惠	税率 2
4412		胶合板、单板饰面板及类似的多层板：				
4412.10		竹制的：				
4412.10.05	00	胶合板[6]	立方米	8%[1]	0(A*,AU,BH,CA,CL,CO,D,E,IL,JO,KR,MA,MX,OM,P,PA,PE,S,SG)	40%
4412.10.90	00	其他[6]	立方米	0[1]		40%
		其他仅由薄板制的胶合板（竹制除外），每层厚度不超过6毫米：				
4412.31		至少有一表层是热带木：				
		未盖面，或以不会模糊面层纹理或标记的透明材料盖面：				
4412.31.06		有一层是桦木（桦树属）		0[1]		50%
	20	厚度不超过3.6毫米、宽度不超过1.2米、长度不超过2.2米的面板	立方米			
		其他：				
	40	未盖面	立方米			
	60	其他	立方米			
4412.31.26		有一层是西班牙雪松（雪松属）或胡桃木（核桃属）		8%[1]	0(A*,AU,BH,CA,CL,CO,D,E,IL,JO,KR,MA,MX,OM,P,PA,PE,S,SG)	40%
	10	有一层是西班牙雪松（雪松属）	立方米			
	20	有一层是胡桃木（核桃属）	立方米			
		其他：				
		至少有一表层是下列热带木：深红色红柳桉木、浅红色红柳桉木、白柳桉木、良木非洲楝、西非榄仁木、奥克榄木、非洲轻木、非洲桃花心木、沙贝利、维罗蔻木、桃花心木、帕拉红木、里约热内卢红木或玫瑰红木：				
4412.31.42	00	有一层是桃花心木	立方米	8%[1]	0(A*,AU,BH,CA,CL,CO,D,E,IL,JO,KR,MA,MX,OM,P,PA,PE,S,SG)	40%
4412.31.45	00	厚度不超过3.6毫米、宽度不超过1.2米、长度不超过2.2米的面板	立方米	8%[1]	0(A*,AU,BH,CA,CL,CO,D,E,IL,JO,KR,MA,MX,OM,P,PA,PE,S,SG)	40%
4412.31.48		其他		8%[1]	0(A*,AU,BH,CA,CL,CO,D,E,IL,JO,KR,MA,MX,OM,P,PA,PE,S,SG)	40%
	50	厚度不超过3.6毫米、宽度不超过1.2米、长度不超过2.2米的面板	立方米			
		其他：				
	65	未盖面	立方米			
		其他：				
	75	木质地板	立方米			

税则号列	统计后缀	货品名称	单位	税率 1 普通	税率 1 特惠	2
	80	其他	立方米			
4412.31.52		其他		8%[1]	0(A*,AU,BH,CA,CL,CO,D,E,IL,JO,KR,MA,MX,OM,P,PA,PE,S,SG)	40%
	25	木质地板	立方米			
		其他:				
	35	有一层是刺楸	立方米			
		其他:				
	55	厚度不超过3.6毫米、宽度不超过1.2米、长度不超过2.2米的面板	立方米			
		其他:				
	65	未盖面	立方米			
	75	其他	立方米			
		其他:				
4412.31.61	00	至少有一表层是下列热带木:深红色红柳桉木、浅红色红柳桉木、白柳桉木、良木非洲楝、西非榄仁木、奥克榄木、非洲轻木、非洲桃花心木、沙贝利、维罗蔻木、桃花心木、帕拉红木、里约热内卢红木或玫瑰红木	立方米	8%[1]	0(A*,AU,BH,CA,CL,CO,D,E,IL,JO,KR,MA,MX,OM,P,PA,PE,S,SG)	40%
4412.31.92	00	其他	立方米	8%[1]	0(A*,AU,BH,CA,CL,CO,D,E,IL,JO,KR,MA,MX,OM,P,PA,PE,S,SG)	40%
4412.33		其他,至少有一表层是下列非针叶木:桤木、白蜡木、水青冈木、桦木、樱桃木、栗木、榆木、桉木、山胡桃木、七叶树、椴木、枫木、橡木、悬铃木、杨木、刺槐木、郁金香木或胡桃木:				
		未盖面,或以不会模糊面层纹理或标记的透明材料盖面:				
4412.33.06		有一层是桦木		0[1]		50%
	20	厚度不超过3.6毫米、宽度不超过1.2米宽、长度不超过2.2米的面板	立方米			
	40	未盖面	立方米			
		其他:				
	65	木质地板	立方米			
	70	其他	立方米			
4412.33.26		有一层是胡桃木		5.1%[1]	0(A*,AU,BH,CA,CL,CO,D,E,IL,JO,KR,MA,MX,OM,P,PA,PE,S,SG)	40%
	25	木质地板	立方米			
	30	其他	立方米			

税则号列	统计后缀	货品名称	单位	税率 普通	税率 1 特惠	2
4412.33.32		其他		8%[1]	0(A*,AU,BH,CA,CL,CO,D,E,IL,JO,KR,MA,MX,OM,P,PA,PE,S,SG)	40%
	25	木质地板	立方米			
		其他:				
	35	有一层是刺楸	立方米			
	55	有一层是桃花心木	立方米			
		其他:				
	65	厚度不超过3.6毫米、宽度不超过1.2米宽、长度不超过2.2米的面板	立方米			
		其他:				
	75	未盖面	立方米			
	85	其他	立方米			
4412.33.57	00	其他	立方米	8%[1]	0(A*,AU,BH,CA,CL,CO,D,E,IL,JO,KR,MA,MX,OM,P,PA,PE,S,SG)	40%
4412.34		其他,至少有一表层为子目4412.33未列名的非针叶木:				
		未盖面,或以不会模糊面层纹理或标记的透明材料盖面:				
4412.34.26	00	有一层是西班牙雪松	立方米	5.1%[1]	0(A*,AU,BH,CA,CL,CO,D,E,IL,JO,KR,MA,MX,OM,P,PA,PE,S,SG)	40%
4412.34.32		其他		8%[1]	0(A*,AU,BH,CA,CL,CO,D,E,IL,JO,KR,MA,MX,OM,P,PA,PE,S,SG)	40%
	25	木质地板	立方米			
		其他:				
	35	有一层是刺楸	立方米			
	55	有一层是桃花心木	立方米			
		其他:				
	65	厚度不超过3.6毫米、宽度不超过1.2米宽、长度不超过2.2米的面板	立方米			
		其他:				
	75	未盖面	立方米			
	85	其他	立方米			
4412.34.57	00	其他	立方米	8%[1]	0(A*,AU,BH,CA,CL,CO,D,E,IL,JO,KR,MA,MX,OM,P,PA,PE,S,SG)	40%
4412.39		其他,上下表层均为针叶木:				
		未盖面,或以不会模糊面层的纹理或标记的透明材料盖面:				
4412.39.10	00	有一层是巴拉那松	立方米	0[1]		40%

税则号列	统计后缀	货品名称	单位	税率 1 普通	税率 1 特惠	2
4412.39.30	00	有一层是欧洲红松	立方米	3.4%[1]	0(A*,AU,BH,CA,CL,CO,D,E,IL,JO,KR,MA,MX,OM,P,PA,PE,S,SG)	40%
4412.39.40		其他		8%[1]	0(A*,AU,BH,CA,CL,CO,D,E,IL,JO,KR,MA,MX,OM,P,PA,PE,S,SG)	40%
		至少有一表层是花旗松：				
	11	粗磨,或用砂纸打磨以确定尺寸,但未进一步加工	立方米			
	12	至少在一个面上完全打磨,但未进一步加工	立方米			
	19	其他	立方米			
		至少有一层表层是长叶松、短叶松、南方黄松、湿地松、油松或弗吉尼亚松：				
	31	粗磨,或用砂纸打磨以确定尺寸,但未进一步加工	立方米			
	32	至少在一个面上完全打磨,但未进一步加工	立方米			
	39	其他	立方米			
		至少有一层表层是贝壳杉属：				
	51	粗磨,或用砂纸打磨以确定尺寸,但未进一步加工	立方米			
	52	至少在一个面上完全打磨,但未进一步加工	立方米			
	59	其他	立方米			
		其他：				
	61	粗磨,或用砂纸打磨以确定尺寸,但未进一步加工	立方米			
	62	至少在一个面上完全打磨,但未进一步加工	立方米			
	69	其他	立方米			
4412.39.50		其他		5.1%[1]	0(A+,AU,BH,CA,CL,CO,D,E,IL,JO,KR,MA,MX,OM,P,PA,PE,S,SG)	40%
	10	至少有一表层是花旗松	立方米			
	30	至少有一层表层是长叶松、短叶松、南方黄松、湿地松、油松或弗吉尼亚松	立方米			
	50	其他	立方米			
		其他：				
4412.94		木块芯胶合板,侧板条芯胶合板及板条芯胶合板：				
		至少有一表层是非针叶木：				
		胶合板：				
		未盖面,或以不会模糊面层纹理或标记的透明材料盖面：				

税则号列	统计后缀	货品名称	单位	税率 1 普通	税率 1 特惠	2
4412.94.10		有一层是桦木		0[1]		50%
	30	未盖面	立方米			
	50	其他	立方米			
4412.94.31		其他		8%[1]	0(A*,AU,BH,CA,CL,CO,D,E,IL,JO,KR,MA,MX,OM,P,PA,PE,S,SG)	40%
	05	木质地板	平方米 立方米			
		其他：				
	11	有一层是西班牙雪松	平方米 立方米			
	21	有一层是胡桃木	平方米 立方米			
	41	有一层是桃花心木	平方米 立方米			
		其他：				
	61	未盖面	平方米 立方米			
	75	其他	平方米 立方米			
4412.94.41	00	其他	立方米	8%[1]	0(A*,AU,BH,CA,CL,CO,D,E,IL,JO,KR,MA,MX,OM,P,PA,PE,S,SG)	40%
4412.94.51	00	其他	立方米	0[1]		40%
		其他：				
		胶合板：				
		未盖面,或以不会模糊面层纹理或标记的透明材料盖面：				
4412.94.60	00	有一层是巴拉那松	立方米	0[1]		40%
4412.94.70	00	有一层是欧洲红松	立方米	3.4%[1]	0(A,AU,BH,CA,CL,CO,D,E,IL,JO,KR,MA,MX,OM,P,PA,PE,S,SG)	40%
4412.94.80	00	其他	立方米	8%[1]	0(A*,AU,BH,CA,CL,CO,D,E,IL,JO,KR,MA,MX,OM,P,PA,PE,S,SG)	40%
4412.94.90	00	其他	立方米	5.1%[1]	0(A*,AU,BH,CA,CL,CO,D,E,IL,JO,KR,MA,MX,OM,P,PA,PE,S,SG)	40%
4412.94.95	00	其他	立方米	0[1]		40%
4412.99		其他：				
		至少有一表层是非针叶木：				
4412.99.06	00	含有至少一层刨花板	立方米	0[1]		40%
		其他：				
		胶合板：				

税则号列	统计后缀	货品名称	单位	税率 1 普通	税率 1 特惠	2
		未盖面,或以不会模糊面层纹理或标记的透明材料盖面:				
4412.99.10		有一层是桦木		0[1]		50%
	20	厚度不超过3.6毫米、宽度不超过1.2米、长度不超过2.2米的面板	立方米			
		其他:				
	30	未盖面	立方米			
	40	其他	立方米			
4412.99.31		其他		8%[1]	0(A*,AU,BH,CA,CL,CO,D,E,IL,JO,KR,MA,MX,OM,P,PA,PE,S,SG)	40%
	10	有一层是西班牙雪松	立方米			
	20	有一层是胡桃木	立方米			
	30	有一层是刺楸	立方米			
	40	有一层是桃花心木	立方米			
		其他:				
	50	厚度不超过3.6毫米、宽度不超过1.2米、长度不超过2.2米的面板	立方米			
	60	其他,未覆盖表面	立方米			
	70	其他	立方米			
4412.99.41	00	其他	立方米	8%[1]	0(A*,AU,BH,CA,CL,CO,D,E,IL,JO,KR,MA,MX,OM,P,PA,PE,S,SG)	40%
4412.99.51		其他		0[1]		40%
	05	木质地板[7]	立方米			
	15	其他	立方米			
		其他:				
4412.99.57	01	含有至少一层刨花板	立方米	0[1]		40%
		其他:				
		胶合板:				
		未盖面,或以不会模糊面层纹理或标记的透明材料盖面:				
4412.99.60	00	有一层是巴拉那松	立方米	0[1]		40%
4412.99.70	00	有一层是欧洲红松	立方米	3.4%[1]	0(A*,AU,BH,CA,CL,CO,D,E,IL,JO,KR,MA,MX,OM,P,PA,PE,S,SG)	40%
4412.99.80	00	其他	立方米	8%[1]	0(A*,AU,BH,CA,CL,CO,D,E,IL,JO,KR,MA,MX,OM,P,PA,PE,S,SG)	40%

税则号列	统计后缀	货品名称	单位	税率 1 普通	税率 1 特惠	税率 2
4412.99.90	00	其他	立方米	5.1%[1]	0(A*,AU,BH,CA,CL,CO,D,E,IL,JO,KR,MA,MX,OM,P,PA,PE,S,SG)	40%
4412.99.95	00	其他	立方米	0[1]		40%
4413.00.00	00	强化木,成块、板、条或异型的	千克	3.7%[1]	0(A,AU,BH,CA,CL,CO,D,E,IL,JO,KR,MA,MX,OM,P,PA,PE,S,SG)	50%
4414.00.00	00	木制的画框、相框、镜框及类似品	个	3.9%[8]	0(A*,AU,BH,CA,CL,CO,D,E,IL,JO,KR,MA,MX,OM,P,PA,PE,S,SG)	33.33%
4415		包装木箱、木盒、板条箱、圆桶及类似的木制包装容器;木制电缆卷筒;木托板、箱形托盘及其他装载用木板;木制的托盘护框:				
4415.10		箱、盒、板条箱、圆桶及类似的包装容器;电缆卷筒:				
4415.10.30	00	带实心侧面、盖子和底部的包装箱	个	0[1]		15%
4415.10.60	00	用于采集水果和蔬菜的容器	个	0[1]		0
4415.10.90	00	其他	个	10.7%[1]	0(A*,AU,BH,CA,CL,CO,D,E,IL,JO,KR,MA,MX,OM,P,PA,PE,S,SG)	33.33%
4415.20		木托板、箱形托盘及其他装载用木板;木制的托盘护框:				
4415.20.40	00	用于采集水果和蔬菜的容器	个	0[1]		0
4415.20.80	00	其他	个	10.7%[1]	0(A,AU,BH,CA,CL,CO,D,E,IL,JO,KR,MA,MX,OM,P,PA,PE,S,SG)	33.33%
4416.00		木制大桶、琵琶桶、盆和其他木制箍桶及其零件,包括桶板:				
4416.00.30		木制大桶、琵琶桶和橡木桶		0[1]		15%
	10	新的	个			
		旧的:				
	20	装配(调试)的	个			
	30	未装配(拆卸)的	个			
4416.00.60		桶板和箍;软木紧桶盖		0[1]		0
		新的:				
	10	桶板	个			
	20	箍	个			
	30	紧桶盖	个			
		旧的:				
	40	桶板	个			
	50	其他	个			
4416.00.90		其他		3.2%[1]	0(A,AU,BH,CA,CL,CO,D,E,IL,JO,KR,MA,MX,OM,P,PA,PE,S,SG)	33.33%
	20	新的	千克			

税则号列	统计后缀	货品名称	单位	税率 1 普通	税率 1 特惠	2
	40	旧的	千克			
4417.00		木制的工具、工具支架、工具柄、扫帚及刷子的身及柄;木制鞋靴楦及楦头:				
4417.00.20	00	扫帚和拖把,直径1.9厘米或以上,长度97厘米或以上	个	0[8]		33.33%
4417.00.40	00	油漆刷和油漆滚筒手柄	千克	0[8]		33.33%
4417.00.60	00	刷背	个	0[1]		33.33%
4417.00.80		其他		5.1%[1]	0(A*,AU,BH,CA,CL,CO,D,E,IL,JO,KR,MA,MX,OM,P,PA,PE,S,SG)	33.33%
	10	工具手柄	千克			
	90	其他	千克			
4418		建筑用木工制品,包括蜂窝结构木镶板、已装拼的地板、木瓦及盖屋板:				
4418.10.00	00	窗、法兰西式(落地)窗及其框架	个	3.2%[1]	0(A,AU,BH,CA,CL,CO,D,E,IL,JO,KR,MA,MX,OM,P,PA,PE,S,SG)	33.33%
4418.20		门及其框架和门槛:				
4418.20.40	00	法兰西式门	个	4.8%[1]	0(A,AU,BH,CA,CL,CO,D,E,IL,JO,KR,MA,MX,OM,P,PA,PE,S,SG)	33.33%
4418.20.80		其他		4.8%[1]	0(A,AU,BH,CA,CL,CO,D,E,IL,JO,KR,MA,MX,OM,P,PA,PE,S,SG)	33.33%
	30	平面门	个			
	60	其他	个			
4418.40.00	00	水泥构件的模板	千克	3.2%[1]	0(A,AU,BH,CA,CL,CO,D,E,IL,JO,KR,MA,MX,OM,P,PA,PE,S,SG)	33.33%
4418.50.00		木瓦及盖屋板		0[1]		0
		木瓦:				
	10	西部红雪松的	平方米 千克			
	30	其他	平方米 千克			
	50	其他	平方米 千克			
4418.60.00	00	柱及梁	千克	3.2%[1]	0(A*,AU,BH,CA,CL,CO,D,E,IL,JO,KR,MA,MX,OM,P,PA,PE,S,SG)	33.33%
		已装拼的地板:				
4418.73		竹的或至少顶层(耐磨层)是竹的:				
		马赛克地板用:				
4418.73.10	00	实心的	平方米	0[1]		33.33%
		其他:				
4418.73.20	00	面层厚度超过6毫米的	平方米	0[1]		33.33%

税则号列	统计后缀	货品名称	单位	税率 普通	税率 特惠	2
4418.73.30	00	其他	平方米	8%[1]	0(A*,AU,BH,CA,CL,CO,D,E,IL,JO,KR,MA,MX,OM,P,PA,PE,S,SG)	40%
		其他,多层的:				
4418.73.40	00	面层厚度超过6毫米的	平方米	3.2%[1]	0(A*,AU,BH,CA,CL,CO,D,E,IL,JO,KR,MA,MX,OM,P,PA,PE,S,SG)	33.33%
		其他:				
4418.73.60	00	单向竹	平方米	0[1]		40%
4418.73.70	00	其他	平方米	5%[1]	0(A*,AU,BH,CA,CL,CO,D,E,IL,JO,KR,MA,MX,OM,P,PA,PE,S,SG)	40%
4418.73.90	00	其他	平方米	3.2%[1]	0(A*,AU,BH,CA,CL,CO,D,E,IL,JO,KR,MA,MX,OM,P,PA,PE,S,SG)	33.33%
4418.74		其他,马赛克地板用:				
4418.74.10	00	实心的	平方米	0[1]		33.33%
		其他:				
4418.74.20	00	面层厚度超过6毫米的	平方米	0[1]		33.33%
4418.74.90	00	其他	平方米	8%[1]	0(A*,AU,BH,CA,CL,CO,D,E,IL,JO,KR,MA,MX,OM,P,PA,PE,S,SG)	40%
4418.75		其他,多层的:				
4418.75.40	00	面层厚度超过6毫米的	平方米	3.2%[1]	0(A*,AU,BH,CA,CL,CO,D,E,IL,JO,KR,MA,MX,OM,P,PA,PE,S,SG)	33.33%
4418.75.70	00	其他	平方米	5%[1]	0(A*,AU,BH,CA,CL,CO,D,E,IL,JO,KR,MA,MX,OM,P,PA,PE,S,SG)	40%
4418.79.01	00	其他	平方米	3.2%[1]	0(A*,AU,BH,CA,CL,CO,D,E,IL,JO,KR,MA,MX,OM,P,PA,PE,S,SG)	33.33%
		其他:				
4418.91		竹的:				
4418.91.10	00	钻孔或缺口木材钉	立方米	0[1]		1.70美元/立方米
4418.91.90		其他		3.2%[1]	0(A*,AU,BH,CA,CL,CO,D,E,IL,JO,KR,MA,MX,OM,P,PA,PE,S,SG)	33.33%
	05	木质地板	平方米 立方米			
		其他:				
	10	拱门,层压的	千克			
	20	屋顶桁架	千克			
	40	其他装配式结构木构件	千克			
	50	建筑物用预制隔墙和面板	千克			
	95	其他	千克			

税则号列	统计后缀	货品名称	单位	税率 1 普通	税率 1 特惠	2
4418.99		其他：				
4418.99.10	00	钻孔或缺口木材钉	立方米	0[1]		1.70美元/立方米
4418.99.90		其他		3.2%[1]	0(A*,AU,BH,CA,CL,CO,D,E,IL,JO,KR,MA,MX,OM,P,PA,PE,S,SG)	33.33%
	05	木质地板	平方米 立方米			
		其他：				
	10	拱门,层压的	千克			
	20	屋顶桁架	千克			
	40	其他装配式结构木构件	千克			
	50	建筑物用预制隔墙和面板	千克			
	95	其他	千克			
4419		木制餐具及厨房用具：				
		竹的：				
4419.11.00	00	切面包板、砧板及类似板	个	3.2%[9]	0(A*,AU,BH,CA,CL,CO,D,E,IL,JO,KR,MA,MX,OM,P,PA,PE,S,SG)	33.33%
4419.12.00	00	筷子	千克	3.2%[9]	0(A,AU,BH,CA,CL,CO,D,E,IL,JO,KR,MA,MX,OM,P,PA,PE,S,SG)	33.33%
4419.19		其他：				
4419.19.10	00	叉子和勺子	千克	5.3%[9]	0(A*,AU,BH,CA,CL,CO,D,E,IL,JO,KR,MA,MX,OM,P,PA,PE,S,SG)	33.33%
4419.19.90	00	其他	千克	3.2%[9]	0(A*,AU,BH,CA,CL,CO,D,E,IL,JO,KR,MA,MX,OM,P,PA,PE,S,SG)	33.33%
4419.90		其他：				
4419.90.10	00	叉子和勺子	千克	5.3%[9]	0(A*,AU,BH,CA,CL,CO,D,E,IL,JO,KR,MA,MX,OM,P,PA,PE,S,SG)	33.33%
4419.90.90	00	其他	千克	3.2%[8]	0(A*,AU,BH,CA,CL,CO,D,E,IL,JO,KR,MA,MX,OM,P,PA,PE,S,SG)	33.33%
4420		镶嵌木(包括细工镶嵌木);装珠宝或刀具用的木制盒子和小匣子及类似品;木制小雕像及其他装饰品;第九十四章以外的木制家具：				
4420.10.00	00	木制小雕像及其他装饰品	个	3.2%[9]	0(A*,AU,BH,CA,CL,CO,D,E,IL,JO,KR,MA,MX,OM,P,PA,PE,S,SG)	33.33%
4420.90		其他：				
		木制珠宝盒、银器盒、雪茄盒和香烟盒、显微镜盒、工具或器具盒及类似的盒、箱和柜：				
4420.90.20	00	雪茄盒和香烟盒	个	0[8]		60%

第四十四章 木及木制品;木炭 613

税则号列	统计后缀	货品名称	单位	税率 1 普通	税率 1 特惠	2
		其他:				
4420.90.45	00	无内衬纺织面料	个	4.3%[1]	0(A*,AU,BH,CA,CL,CO,D,E,IL,JO,KR,MA,MX,OM,P,PA,PE,S,SG)	33.33%
4420.90.65	00	有内衬纺织面料	千克个	0[1]		11美分/千克+20%
4420.90.80	00	其他[10]	个	3.2%[1]	0(A*,AU,BH,CA,CL,CO,D,E,IL,JO,KR,MA,MX,OM,P,PA,PE,S,SG)	33.33%
4421		其他木制品:				
4421.10.00	00	衣架	百个	3.2%[9]	0(A+,AU,BH,CA,CL,CO,D,E,IL,JO,KR,MA,MX,OM,P,PA,PE,S,SG)	33.33%
		其他:				
4421.91		竹的:				
		木暗销:				
4421.91.10	00	普通的	米	0[1]		5%
4421.91.20	00	打磨、开槽或以其他方式改进的	米	4.9%[1]	0(A+,AU,BH,CA,CL,CO,D,E,IL,JO,KR,MA,MX,OM,P,PA,PE,S,SG)	33.33%
		木百叶窗、百叶窗、屏风和遮阳帘,不论是否配备五金件:				
4421.91.30	00	由中心是固定百叶板或板条的木质框架组成,不论是否配备五金件	个	10.7%[9]	0(A*,AU,BH,CA,CL,CO,D,E,IL,JO,KR,MA,MX,OM,P,PA,PE,S,SG)	33.33%
4421.91.40	00	其他	个	5.1%[8]	0(A+,AU,BH,CA,CL,CO,D,E,IL,JO,KR,MA,MX,OM,P,PA,PE,S,SG)	50%
		牙签、烤肉叉子、糖果棒、冰激凌棒、压舌板、饮料搅拌器和类似的小商品:				
4421.91.50	00	牙签	千克	0[9]		25%
4421.91.60	00	其他	千克	5.1%[8]	0(A*,AU,BH,CA,CL,CO,D,E,IL,JO,KR,MA,MX,OM,P,PA,PE,S,SG)	33.33%
4421.91.70		已锯好的尖桩、栅栏、立柱和栏杆;组装的围栏段		0[1]		0
	20	组装的围栏段[3]	个			
	40	其他	个			
		衣夹:				
4421.91.80		弹簧式		6.5美分/罗[9]	0(A+,BH,CA,CL,CO,D,E,IL,JO,KR,MA,MX,OM,P,PA,PE,S,SG)	20美分/罗
	24	价值不超过80美分/罗	罗			
	27	价值超过80美分/罗,但不超过1.35美元/罗	罗			

税则号列	统计后缀	货品名称	单位	税率 1 普通	税率 1 特惠	2
	30	价值超过1.35美元/罗,但不超过1.70美元/罗	罗			
	33	价值超过1.70美元/罗	罗			
4421.91.85	00	其他	罗	4.8%[9]	0(A+,AU,BH,CA,CL,CO,D,E,IL,JO,KR,MA,MX,OM,P,PA,PE,S,SG)	35%
4421.91.88	00	独木舟桨	个	0[9]		35%
		其他:				
4421.91.93	00	戏剧、芭蕾舞和歌剧的布景和道具,包括舞台	千克	0[1]		33.33%
4421.91.94	00	封边胶合木材	立方米	0[1]		10%
4421.91.97		其他		3.3%[1]	0(A*,AU,B,BH,CA,CL,CO,D,E,IL,JO,KR,MA,MX,OM,P,PA,PE,S,SG)	33.33%
	20	铅笔板条	罗			
	30	棺材	个			
	70	用于限制儿童或宠物的门	个			
	80	其他	千克			
4421.99		其他:				
		木暗销:				
		普通的:				
4421.99.10	00	针叶木的	米	0[1]		5%
4421.99.15	00	其他[4]	米	0[1]		5%
4421.99.20	00	打磨、开槽或以其他方式改进的	米	4.9%[1]	0(A+,AU,BH,CA,CL,CO,D,E,IL,JO,KR,MA,MX,OM,P,PA,PE,S,SG)	33.33%
		木百叶窗、百叶窗、屏风和遮阳帘,不论是否配备五金件:				
4421.99.30	00	由中心是固定百叶或板条的木质框架组成,不论是否配备五金件	个	10.7%[8]	0(A*,AU,BH,CA,CL,CO,D,E,IL,JO,KR,MA,MX,OM,P,PA,PE,S,SG)	33.33%
4421.99.40	00	其他	个	5.1%[9]	0(A+,AU,BH,CA,CL,CO,D,E,IL,JO,KR,MA,MX,OM,P,PA,PE,S,SG)	50%
		牙签、烤肉叉子、糖果棒、冰激凌棒、压舌板、饮料搅拌器和类似的小商品:				
4421.99.50	00	牙签	千克	0[9]		25%
4421.99.60	00	其他	千克	5.1%[9]	0(A*,AU,BH,CA,CL,CO,D,E,IL,JO,KR,MA,MX,OM,P,PA,PE,S,SG)	33.33%
4421.99.70		已锯好的尖桩、栅栏、立柱和栏杆;组装的围栏段		0[1]		0
	20	组装的围栏段	个			
	40	其他	个			
		衣夹:				

税则号列	统计后缀	货品名称	单位	税率 1 普通	税率 1 特惠	2
4421.99.80		弹簧式		6.5美分/罗[9]	0(A+,BH,CA,CL,CO,D,E,IL,JO,KR,MA,MX,OM,P,PA,PE,S,SG)	20美分/罗
	24	价值不超过80美分/罗	罗			
	27	价值超过80美分/罗,但不超过1.35美元/罗	罗			
	30	价值超过1.35美元/罗,但不超过1.70美元/罗	罗			
	33	价值超过1.70美元/罗	罗			
4421.99.85	00	其他	罗	4.8%[9]	0(A+,AU,BH,CA,CL,CO,D,E,IL,JO,KR,MA,MX,OM,P,PA,PE,S,SG)	35%
4421.99.88	00	独木舟桨	个	0[8]		35%
		其他:				
4421.99.93	00	戏剧、芭蕾舞和歌剧的布景和道具,包括舞台	千克	0[1]		33.33%
4421.99.94	00	封边胶合木材	立方米	0[1]		10%
4421.99.97		其他		3.3%[1]	0(A*,AU,B,BH,CA,CL,CO,D,E,IL,JO,KR,MA,MX,OM,P,PA,PE,S,SG)	33.33%
	20	铅笔板条	罗			
	30	棺材	个			
	70	用于限制儿童或宠物的门	个			
	80	其他[11]	千克			

[1]见9903.88.03。

[2]见9903.88.18和9903.88.56。

[3]见9903.88.34。

[4]见9903.88.48。

[5]见9903.88.34和9903.88.56。

[6]见9903.88.46。

[7]见9903.88.18、9903.88.34和9903.88.40。

[8]见9903.88.15。

[9]见9903.88.16。

[10]见9903.88.37、9903.88.40和9903.88.48。

[11]见9903.88.38。

第四十五章　软木及软木制品

注释：

一、本章不包括：

(一)第六十四章的鞋靴及其零件；

(二)第六十五章的帽类及其零件；

(三)第九十五章的物品(例如,玩具、游戏品及运动用品)。

附加美国注释：

一、税号 4504.10.20 所称"压缩软木"是指在加热和压缩下由软木颗粒模制而成的形态,不添加其他材料。

第四十五章 软木及软木制品

税则号列	统计后缀	货品名称	单位	税率 1 普通	税率 1 特惠	2
4501		未加工或简单加工的天然软木；软木废料；碎的、粒状的或粉状的软木：				
4501.10.00	00	未加工或简单加工的天然软木	千克	0[1]		0
4501.90		其他：				
4501.90.20	00	软木废料	千克	0[1]		0
4501.90.40	00	碎的、粒状的或粉状的软木	千克	0[1]		6.6美分/千克
4502.00.00	00	天然软木，除去表皮或粗切成方形，或成方块、正方块、板、片或条状（包括作塞子用的方块坯料）	千克	0[1]		22美分/千克
4503		天然软木制品：				
4503.10		塞子：				
		锥形且厚度（或长度）大于最大直径的：				
4503.10.20	00	最大直径不超过19毫米	千克	0[1]		68美分/千克
		其他：				
4503.10.30	00	全软木，厚度（或长度）大于最大直径	千克	0[1]		55美分/千克
4503.10.40	00	其他	千克	0[1]		55美分/千克
4503.10.60	00	其他	千克	0[1]		55美分/千克
4503.90		其他：				
4503.90.20	00	圆盘、圆片和垫圈	千克	0[1]		55美分/千克
4503.90.40	00	墙纸，用纸背衬或以其他方式加固	千克	0[1]		3.3美分/千克+20%
4503.90.60	00	其他	千克	14%[1]	0(A,AU,BH,CA,CL,CO,D,E,IL,JO,KR,MA,MX,OM,P,PA,PE,S,SG)	45%
4504		压制软木（不论是否使用黏合剂压成）及其制品：				
4504.10		块、板、片及条；任何形状的砖、瓦；实心圆柱体，包括圆片：				
4504.10.10	00	完全由磨碎或压成细粉的软木和橡胶制成的硫化薄板和平板	千克	0[1]		25%
4504.10.20	00	压制软木的绝缘材料，有涂层或无涂层	立方米 千克	0[1]		0
4504.10.30	00	铺地制品	千克	0[1]		22美分/千克
4504.10.40	00	墙纸，用纸背衬或以其他方式加固	千克	0[1]		3.3美分/千克+20%
		软木塞、塞子、圆盘、圆片和垫圈：				

税则号列	统计后缀	货品名称	单位	税率 普通	税率 特惠	2
4504.10.45	00	塞子,非锥形,完全由软木制成,厚度(或长度)大于最大直径	千克	0[1]		55美分/千克
4504.10.47	00	其他	千克	0[1]		55美分/千克
4504.10.50	00	其他	千克	0[1]		45%
4504.90.00	00	其他	千克	0[1]		45%

[1]见9903.88.03。

第四十六章　稻草、秸秆、针茅或其他编结材料制品；篮筐及柳条编结品

注释：

一、本章所称"编结材料"是指其状态或形状适于编结、交织或类似加工的材料，包括稻草、秸秆、柳条、竹、藤、灯芯草、芦苇、木片条、其他植物材料扁条（例如，树皮条、狭叶、酒椰叶纤维或其他从阔叶获取的条）、未纺的天然纺织纤维、塑料单丝及扁条、纸带，但不包括皮革、再生皮革、毡呢或无纺织物的扁条、人发、马毛、纺织粗纱或纱线以及第五十四章的单丝和扁条。

二、本章不包括：

(一)品目 4814 的壁纸；

(二)不论是否编结而成的线、绳、索、缆(品目 5607)；

(三)第六十四章和第六十五章的鞋靴、帽类及其零件；

(四)编结而成的车辆或车身(第八十七章)；或者

(五)第九十四章的物品(例如，家具、灯具及照明装置)。

三、品目 4601 所称"平行连结的成片编结材料、缏条或类似的编结材料产品"是指编结材料、缏条及类似的编结材料产品平行排列连结成片的制品，其连结材料不论是否为纺制的纺织材料。

税则号列	统计后缀	货品名称	单位	税率 1 普通	税率 1 特惠	2
4601		用编结材料编成的缏条及类似产品,不论是否缝合成宽条;平行连结或编结的成片材料、缏条或类似的编结材料产品,不论是否制成品(例如,席子、席料、帘子):				
		植物材料制的席子、席料及帘子:				
4601.21		竹制的:				
4601.21.40	00	编织或部分缝合	千克	3.3%[1]	0(A, AU, BH, CA, CL, CO, D, E, IL, JO, KR, MA, MX, OM, P, PA, PE, S, SG)	45%
		其他:				
4601.21.80	00	铺地制品	千克	0[1]		40%
4601.21.90	00	其他	千克	8%[1]	0(A, AU, BH, CA, CL, CO, D, E, IL, JO, KR, MA, MX, OM, P, PA, PE, S, SG)	50%
4601.22		藤制的:				
4601.22.40	00	编织或部分缝合	千克	3.3%[1]	0(A, AU, BH, CA, CL, CO, D, E, IL, JO, KR, MA, MX, OM, P, PA, PE, S, SG)	45%
		其他:				
4601.22.80	00	铺地制品	千克	0[1]		40%
4601.22.90	00	其他	千克	8%[1]	0(A, AU, BH, CA, CL, CO, D, E, IL, JO, KR, MA, MX, OM, P, PA, PE, S, SG)	50%
4601.29		其他:				
		编织或部分缝合:				
4601.29.40	00	柳木制的	千克	3.3%[1]	0(A, AU, BH, CA, CL, CO, D, E, IL, JO, KR, MA, MX, OM, P, PA, PE, S, SG)	45%
4601.29.60	00	其他	千克	4.8%[1]	0(A, AU, BH, CA, CL, CO, D, E, IL, JO, KR, MA, MX, OM, P, PA, PE, S, SG)	45%
		其他:				
4601.29.80	00	铺地制品	千克	0[1]		40%
4601.29.90	00	其他	千克	8%[1]	0(A, AU, BH, CA, CL, CO, D, E, IL, JO, KR, MA, MX, OM, P, PA, PE, S, SG)	50%
		其他:				
4601.92		竹制的:				
4601.92.05	00	缏条及类似产品,不论是否缝合成宽条	千克	2.7%[1]	0(A, AU, BH, CA, CL, CO, D, E, IL, JO, KR, MA, MX, OM, P, PA, PE, S, SG)	80%
4601.92.20	00	其他	千克	6.6%[2]	0(A, AU, BH, CA, CL, CO, D, E, IL, JO, KR, MA, MX, OM, P, PA, PE, S, SG)	45%
4601.93		藤制的:				
4601.93.01	00	带状结实织物[3]	平方米	0[1]		20%

第四十六章 稻草、秸秆、针茅或其他编结材料制品;篮筐及柳条编结品

税则号列	统计后缀	货品名称	单位	税率 1 普通	税率 1 特惠	2
4601.93.05	00	缏条及类似产品,不论是否缝合成宽条	千克	2.7%[1]	0(A*,AU,BH,CA,CL,CO,D,E,IL,JO,KR,MA,MX,OM,P,PA,PE,S,SG)	80%
4601.93.20	00	其他	千克	6.6%[1]	0(A*,AU,BH,CA,CL,CO,D,E,IL,JO,KR,MA,MX,OM,P,PA,PE,S,SG)	45%
4601.94		其他植物材料制:				
4601.94.05	00	缏条及类似产品,不论是否缝合成宽条	千克	2.7%[1]	0(A,AU,BH,CA,CL,CO,D,E,IL,JO,KR,MA,MX,OM,P,PA,PE,S,SG)	80%
		其他:				
4601.94.20	00	柳木制的	千克	6.6%[4]	0(A,AU,BH,CA,CL,CO,D,E,IL,JO,KR,MA,MX,OM,P,PA,PE,S,SG)	45%
4601.94.40	00	其他	千克	0[1]		25%
4601.99		其他:				
4601.99.05	00	缏条及类似产品,不论是否缝合成宽条	千克	2.7%[1]	0(A,AU,BH,CA,CL,CO,D,E,IL,JO,KR,MA,MX,OM,P,PA,PE,S,SG)	80%
4601.99.90	00	其他	千克	3.3%[1]	0(A+,AU,BH,CA,CL,CO,D,E,IL,JO,KR,MA,MX,OM,P,PA,PE,S,SG)	25%
4602		用编结材料直接编成或用品目4601所列货品制成的篮筐、柳条编结品及其他制品;丝瓜络制品:				
		植物材料制:				
4602.11		竹制的:				
4602.11.05	00	渔筐或鱼篓	个	5%[1]	0(A*,AU,BH,CA,CL,CO,D,E,IL,JO,KR,MA,MX,OM,P,PA,PE,S,SG)	45%
		其他篮子和袋子,不论是否有衬里:				
4602.11.07	00	柳条编结品	个	0[1]		50%
4602.11.09	00	其他	个	10%[1]	0(A*,AU,BH,CA,CL,CO,D,E,IL,JO,KR,MA,MX,OM,P,PA,PE,S,SG)	50%
4602.11.21	00	行李箱、手提包和手提袋,不论是否有内衬	个	6.2%[1]	0(AU,BH,CA,CL,CO,D,IL,JO,KR,MA,MX,OM,P,PA,PE,R,S,SG)5.2%(E)	50%
		其他:				
4602.11.35	00	柳条编结品	个	0[1]		45%
4602.11.45	00	其他	个	6.6%[1]	0(A*,AU,BH,CA,CL,CO,D,E,IL,JO,KR,MA,MX,OM,P,PA,PE,S,SG)	45%
4602.12		藤制的:				
4602.12.05	00	渔筐或鱼篓	个	5%[1]	0(A*,AU,BH,CA,CL,CO,D,E,IL,JO,KR,MA,MX,OM,P,PA,PE,S,SG)	45%
		其他篮子和袋子,不论是否有衬里:				

税则号列	统计后缀	货品名称	单位	税率 1 普通	税率 1 特惠	2
4602.12.14	00	柳条编结品	个	0[1]		50%
4602.12.16	00	其他	个	5%[1]	0(A*,AU,BH,CA,CL,CO,D,E,IL,JO,KR,MA,MX,OM,P,PA,PE,S,SG)	50%
		行李箱、手提包和手提袋,不论是否有内衬:				
4602.12.23	00	通常置于口袋或手提包内的物品	个	9%[5]	0(A*,AU,BH,CA,CL,CO,D,E,IL,JO,KR,MA,MX,OM,P,PA,PE,S,SG)	50%
4602.12.25	00	其他	个	18%[1]	0(AU,BH,CA,CL,CO,D,IL,JO,KR,MA,MX,OM,P,PA,PE,R,S,SG)15.5%(E)	50%
		其他:				
4602.12.35	00	柳条编结品	个	0[1]		45%
4602.12.45	00	其他	个	6.6%[1]	0(A*,AU,BH,CA,CL,CO,D,E,IL,JO,KR,MA,MX,OM,P,PA,PE,S,SG)	45%
4602.19		其他:				
4602.19.05	00	渔筐或鱼篓	个	5%[1]	0(A,AU,BH,CA,CL,CO,D,E,IL,JO,KR,MA,MX,OM,P,PA,PE,S,SG)	45%
		其他篮子和袋子,不论是否有衬里:				
4602.19.12	00	柳木制的	个	5.8%[1]	0(A,AU,BH,CA,CL,CO,D,E,IL,JO,KR,MA,MX,OM,P,PA,PE,R,S,SG)	50%
		棕榈叶制的:				
4602.19.14	00	柳条编结品	个	0[1]		50%
4602.19.16	00	其他	个	5%[1]	0(A,AU,BH,CA,CL,CO,D,E,IL,JO,KR,MA,MX,OM,P,PA,PE,S,SG)	50%
		其他:				
4602.19.17	00	枝条编结品	个	0[1]		50%
4602.19.18	00	其他	个	4.5%[1]	0(A,AU,BH,CA,CL,CO,D,E,IL,JO,KR,MA,MX,OM,P,PA,PE,S,SG)	50%
		行李箱、手提包和手提袋,不论是否有内衬:				
4602.19.22	00	柳木制的	个	5.8%[1]	0(AU,BH,CA,CL,CO,D,IL,JO,KR,MA,MX,OM,P,PA,PE,R,S,SG)4.6%(E)	50%
		棕榈叶制的:				
4602.19.23	00	通常置于口袋或手提包内的物品	个	9%[1]	0(A*,AU,BH,CA,CL,CO,D,E,IL,JO,KR,MA,MX,OM,P,PA,PE,S,SG)	50%
4602.19.25	00	其他	个	18%[1]	0(AU,BH,CA,CL,CO,D,IL,JO,KR,MA,MX,OM,P,PA,PE,R,S,SG)15.5%(E)	50%

税则号列	统计后缀	货品名称	单位	税率 1 普通	税率 1 特惠	2
4602.19.29		其他		5.3% [1]	0(AU,BH,CA,CL,CO,D,IL,JO,KR,MA,MX,OM,P,PA,PE,R,S,SG)4.2%(E)	50%
	20	手提包	个			
	40	其他	个			
		其他:				
4602.19.35	00	柳木制或木制的:	个	0[1]		45%
		柳条编结品				
4602.19.45	00	其他	个	6.6% [1]	0(A,AU,BH,CA,CL,CO,D,E,IL,JO,KR,MA,MX,OM,P,PA,PE,S,SG)	45%
		其他:				
4602.19.60	00	枝条编结品	个	0[1]		25%
4602.19.80	00	其他	个	2.3% [1]	0(A,AU,BH,CA,CL,CO,D,E,IL,JO,KR,MA,MX,OM,P,PA,PE,S,SG)	25%
4602.90.00	00	其他[6]	千克	3.5% [1]	0(A*,AU,BH,CA,CL,CO,D,E,IL,JO,KR,MA,MX,OM,P,PA,PE,S,SG)	80%

[1]见9903.88.03。

[2]见9902.12.66和9903.88.03。

[3]见9903.88.18。

[4]见9902.12.67和9903.88.03。

[5]见9902.12.68和9903.88.03。

[6]见9903.88.48。

第十类　木浆及其他纤维状纤维素浆；
回收（废碎）纸或纸板；
纸、纸板及其制品

附加美国注释：

一、如果任何国家、属地、省或其他政府部门以任何方式禁止或限制出口（不论是通过法律、命令、法规、合同关系还是通过其他方式，不论直接还是间接），或者征收任何出口关税、出口许可费或其他任何形式的出口费用（不论是以附加费、许可证费还是以其他形式），对于印刷纸、木浆或用于制造木浆的木材，总统可以与该国家、属地、省或其他政府部门进行谈判，以确保取消此类禁令、限制、出口关税或其他出口费用。如果没有取消，总统可以通过公告宣布谈判失败，并说明事实。

因此，在此类禁止、限制、出口关税或其他出口费用取消之前，应对子目4802.54、子目4802.55、子目4802.56、子目4802.57、子目4802.58、子目4802.61、子目4802.62和子目4802.69规定的印刷纸（封面纸、印度纸和圣经纸除外）征收关税，直接或间接从该国、属地、省或其他政府部门进口时，从价税加征10%的附加税，并加征相当于该国、属地、省或其他政府部门在同等数量的印刷纸或一定数量的木浆或制造木浆所需的木材上征收的最高出口税或其他出口税的金额。

第四十七章 木浆及其他纤维状纤维素浆;回收(废碎)纸或纸板

注释:

一、品目4702所称"<u>化学木浆,溶解级</u>"是指温度在20摄氏度时浸入含18%氢氧化钠的苛性碱溶液内,一小时后,按重量计含有92%或以上的不溶级分的碱木浆或硫酸盐木浆,或者含有88%或以上的不溶级分的亚硫酸盐木浆。

对于亚硫酸盐木浆,按重量计灰分含量不得超过0.15%。

税则号列	统计后缀	货品名称	单位	税率 普通	税率 特惠	2
4701.00.00	00	机械木浆	空气干重吨	0[1]		0
4702.00.00		化学木浆,溶解级		0[1]		0
	20	亚硫酸盐的	空气干重吨			
	40	硫酸盐或苏打的	空气干重吨			
4703		碱木浆或硫酸盐木浆,但溶解级的除外:				
		未漂白:				
4703.11.00	00	针叶木的	空气干重吨	0[1]		0
4703.19.00	00	非针叶木的	空气干重吨	0[1]		0
		半漂白或漂白:				
4703.21.00		针叶木的		0[1]		0
	20	半漂白	空气干重吨			
	40	漂白	空气干重吨			
4703.29.00		非针叶木的		0[1]		0
	20	半漂白	空气干重吨			
	40	漂白	空气干重吨			
4704		亚硫酸盐木浆,但溶解级的除外:				
		未漂白:				
4704.11.00	00	针叶木的	空气干重吨	0[1]		0
4704.19.00	00	非针叶木的	空气干重吨	0[1]		0
		半漂白或漂白:				
4704.21.00	00	针叶木的	空气干重吨	0[1]		0
4704.29.00	00	非针叶木的	空气干重吨	0[1]		0
4705.00.00	00	用机械与化学联合制浆法制得的木浆	空气干重吨	0[1]		0
4706		从回收(废碎)纸或纸板提取的纤维浆或其他纤维状纤维素浆:				
4706.10.00	00	棉短绒纸浆	空气干重吨	0[1]		0
4706.20.00	00	从回收(废碎)纸或纸板提取的纤维浆	空气干重吨	0[1]		0
4706.30.00	00	其他,竹浆	空气干重吨	0[1]		0
		其他:				
4706.91.00	00	机械浆	空气干重吨	0[1]		0
4706.92.01	00	化学浆	空气干重吨	0[1]		0
4706.93.01	00	用机械和化学联合法制得的浆	空气干重吨	0[1]		0
4707		回收(废碎)纸或纸板:				
4707.10.00	00	未漂白的牛皮纸或纸板及瓦楞纸或纸板	吨	0[1]		0
4707.20.00		主要由漂白化学木浆制成未经本体染色的其他纸和纸板		0[1]		0
	20	高档脱墨纸和纸板	吨			
	40	其他	吨			
4707.30.00		主要由机械浆制成的纸或纸板(例如,报纸、杂志及类似印刷品)		0[1]		0

税则号列	统计后缀	货品名称	单位	税率 1 普通	税率 1 特惠	2
	20	新闻纸	吨			
	40	其他	吨			
4707.90.00	00	其他,包括未分类的废物和废料	吨	0[1]		0

[1]见9903.88.03.

第四十八章　纸及纸板；纸浆、纸或纸板制品

注释：

一、除条文另有规定的以外，本章所称"纸"包括纸板（不论其厚度或每平方米重量如何）。

二、本章不包括：

（一）第三十章的物品；

（二）品目3212的压印箔；

（三）香纸及用化妆品浸渍或涂布的纸（第三十三章）；

（四）用肥皂或洗涤剂浸渍、覆盖或涂布的纸或纤维素絮纸（品目3401）和用光洁剂、擦光膏及类似制剂浸渍、覆盖或涂布的纸或纤维素絮纸（品目3405）；

（五）品目3701至3704的感光纸或感光纸板；

（六）用诊断或实验用试剂浸渍的纸（品目3822）；

（七）第三十九章的用纸强化的层压塑料板，用塑料覆盖或涂布的单层纸或纸板（塑料部分占总厚度的一半以上），以及上述材料的制品，但品目4814的壁纸除外；

（八）品目4202的物品（例如，旅行用品）；

（九）第四十六章的物品（编结材料制品）；

（十）纸纱线或纸纱线纺织物（第十一类）；

（十一）第六十四章或第六十五章的物品；

（十二）品目6805的砂纸或品目6814的用纸或纸板衬底的云母（但涂布云母粉的纸及纸板归入本章）；

（十三）用纸或纸板衬底的金属箔（通常为第十四类或第十五类）；

（十四）品目9209的制品；

（十五）第九十五章的物品（例如，玩具、游戏品及运动用品）；或者

（十六）第九十六章的物品［例如，纽扣、卫生巾（护垫）及卫生棉条、婴儿尿布及尿布衬里］。

三、除注释七另有规定的以外，品目4801至4805包括经砑光、高度砑光、釉光或类似处理、仿水印、表面施胶的纸及纸板；同时还包括用各种方法本体着色或染成斑纹的纸、纸板、纤维素絮纸及纤维素纤维网纸。

除品目4803另有规定的以外，上述品目不适用于经过其他方法加工的纸、纸板、纤维素絮纸或纤维素纤维网纸。

四、本章所称"新闻纸"是指所含用机械或化学–机械方法制得的木纤维不少于全部纤维重量的50%的未经涂布的报刊用纸，未施胶或微施胶，每面粗糙度［帕克印刷表面粗糙度（1兆帕）］超过2.5微米，每平方米重量不小于40克但不超过65克，并且仅适用于下列规格的纸：

（一）成条或成卷，宽度超过28厘米；或者

(二)成张矩形(包括正方形),一边超过 28 厘米,另一边超过 15 厘米(以未折叠计)。

五、品目 4802 所称"书写、印刷或类似用途的纸及纸板"和"未打孔的穿孔卡片纸及穿孔纸带纸"是指主要用漂白纸浆或者用机械或化学-机械方法制得的纸浆制成的纸及纸板,并且符合下列任一标准:

(一)每平方米重量不超过 150 克的纸或纸板:

  1. 用机械或化学-机械方法制得的纤维含量在 10% 或以上,并且

    (1)每平方米重量不超过 80 克,

    (2)本体着色;

  2. 灰分含量在 8% 以上,并且

    (1)每平方米重量不超过 80 克,

    (2)本体着色;

  3. 灰分含量在 3% 以上,亮度在 60% 或以上;

  4. 灰分含量在 3% 以上但不超过 8%,亮度低于 60%,耐破指数不超过 2.5 千帕斯卡·平方米/克;或者

  5. 灰分含量在 3% 或以下,亮度在 60% 或以上,耐破指数不超过 2.5 千帕斯卡·平方米/克。

(二)每平方米重量超过 150 克的纸或纸板:

  1. 本体着色;

  2. 亮度在 60% 或以上,并且

    (1)厚度在 225 微米或以下,或

    (2)厚度在 225 微米以上但不超过 508 微米,灰分含量在 3% 以上;或者

  3. 亮度低于 60%,厚度不超过 254 微米,灰分含量在 8% 以上。

品目 4802 不包括滤纸及纸板(含茶袋纸)或毡纸及纸板。

六、本章所称"牛皮纸及纸板"是指所含用硫酸盐法或烧碱法制得的纤维不少于全部纤维重量的 80% 的纸及纸板。

七、除税目条文另有规定以外,符合品目 4801 至 4811 中两个或以上品目所规定的纸、纸板、纤维素絮纸及纤维素纤维网纸,应按号列顺序归入有关品目中的最末一个品目。

八、品目 4803 至 4809 仅适用于下列规格的纸、纸板、纤维素絮纸及纤维素纤维网纸:

(一)成条或成卷,宽度超过 36 厘米;或者

(二)成张矩形(包括正方形),一边超过 36 厘米,另一边超过 15 厘米(以未折叠计)。

九、品目 4814 所称"壁纸及类似品"仅限于:

(一)适合作墙壁或天花板装饰用的成卷纸张,宽度不小于 45 厘米但不超过 160 厘米:

  1. 起纹、压花、染面、印有图案或经其他装饰的(例如起绒),不论是否用透明的防护塑料涂布或覆盖;

  2. 表面饰有木粒或草粒而凹凸不平的;

  3. 表面用塑料涂布或覆盖并起纹、压花、染面、印有图案或经其他装饰的;

  4. 表面用不论是否平行连结或编织的编结材料覆盖的。

(二)适于装饰墙壁或天花板用的经上述加工的纸边及纸条,不论是否成卷。

(三)由几幅拼成的壁纸,成卷或成张,贴到墙上可组成印制的风景或图案。

  既可作铺地制品,也可作壁纸的以纸或纸板为底的产品,应归入品目 4823。

十、品目 4820 不包括切成一定尺寸的活页纸张或卡片,不论是否印制、压花、打孔。

十一、品目 4823 主要适用于提花机或类似机器用的穿孔纸或卡片,以及纸花边。

十二、除品目 4814 及品目 4821 的货外,印有图案、文字或图画的纸、纸板、纤维素絮纸及其制品,如果所印图案、文字或图画作为其主要用途,应归入第四十九章。

子目注释：

一、子目 4804.11 及子目 4804.19 所称"牛皮挂面纸"是指所含用硫酸盐法或烧碱法制得的木纤维不少于全部纤维重量的 80% 的成卷机器上光或砑光纸及纸板,重量超过 115 克/米^2,并且最低缪伦耐破度符合下表所示(其他重量的耐破度可参照下表换算):

重量 (克/米^2)	最低耐破度 (千帕斯卡)
115	393
125	417
200	637
300	824
400	961

二、子目 4804.21 及子目 4804.29 所称"袋用牛皮纸"是指所含用硫酸盐法或烧碱法制得的木纤维不少于全部纤维重量的 80% 的成卷机器上光纸,重量不小于 60 克/米^2 但不超过 115 克/米^2,并且符合下列一种规格:

(一)缪伦耐破指数不小于 3.7 千帕斯卡·平方米/克,并且横向伸长率大于 4.5%,纵向伸长率大于 2%;

(二)至少能达到下表所示的最小撕裂度和抗张强度(其他重量的可参照下表换算):

重量 (克/米^2)	最小撕裂度（毫牛顿） 纵向	最小撕裂度（毫牛顿） 纵向加横向	最小抗张强度（千牛顿/米） 横向	最小抗张强度（千牛顿/米） 纵向加横向
60	700	1510	1.9	6
70	830	1790	2.3	7.2
80	965	2070	2.8	8.3
100	1230	2635	3.7	10.6
115	1425	3060	4.4	12.3

三、子目 4805.11 所称"半化学的瓦楞纸"是指所含用机械和化学联合法制得的未漂白硬木纤维不少于全部纤维重量的 65% 的成卷纸张,并且在温度为 23 摄氏度和相对湿度为 50% 时,经过 30 分钟的瓦楞芯纸平压强度测定(CMT30),抗压强度超过 1.8 牛顿/克/米^2。

四、子目 4805.12 包括主要用机械和化学联合法制得的草浆制成的成卷纸张,每平方米重量在 130 克或以上,并且在温度为 23 摄氏度和相对湿度为 50% 时,经过 30 分钟的瓦楞芯纸平压强度测定

（CMT30），抗压强度超过 1.4 牛顿/克/米^2。

五、子目 4805.24 及子目 4805.25 包括全部或主要用回收（废碎）纸及纸板制得的纸浆制成的纸及纸板。强韧箱纸板也可以有一面用染色纸或者由漂白或未漂白的非再生浆制得的纸做表层。这些产品缪伦耐破指数不小于 2 千帕斯卡·平方米/克。

六、子目 4805.30 所称"亚硫酸盐包装纸"是指所含用亚硫酸盐法制得的木纤维超过全部纤维重量的 40%的机器砑光纸，灰分含量不超过 8%，并且缪伦耐破指数不小于 1.47 千帕斯卡·平方米/克。

七、子目 4810.22 所称"轻质涂布纸"是指双面涂布纸，其总重量不超过 72 克/米^2，每面的涂层重量不超过 15 克/米^2，原纸中所含用机械方法制得的木纤维不少于全部纤维重量的 50%。

附加美国注释：

一、就本章而言，纤维素絮纸和纤维素网纸的规定仅适用于从第四十七章的纸浆中获得的产品。

二、用于测定按重量分类的纸或纸板重量的样品，应在相对湿度为 50%（±2%）和温度为 23 摄氏度（±2 摄氏度）的大气中处理。

统计注释：

一、"标准新闻纸"是指符合下列规格的品目 4801 的印刷用纸：

重量：不小于 46.3 克/米^2，不大于 57 克/米^2。

尺寸：卷宽不小于 33 厘米，直径不小于 71 厘米；每张不小于 51 厘米×76 厘米。

厚度：不超过 0.11 毫米。

施胶：毛玻璃法渗水时间不超过 10 秒。

灰分含量：不超过 6.5%。

颜色和饰面：白色；或成卷的粉红色、桃红色或绿色色调；使用 Ingersoll 眩光仪测试时，光泽度不超过 50%。

二、就统计报告编码 4823.90.8620 而言，鞋套（短靴）的纤维素/纸重量必须为 50%或以上。本规定不包括归入品目 6307 的非织造纺织纤维制成的一次性鞋套（短靴）。

税则号列	统计后缀	货品名称	单位	税率 1 普通	税率 1 特惠	税率 2
4801.00.01		成卷或成张的新闻纸		0[1]		0
	20	标准新闻纸	吨			
	40	其他	吨			
4802		书写、印刷或类似用途的未经涂布的纸及纸板、未打孔的穿孔卡片纸及穿孔纸带纸,成卷或成张矩形(包括正方形),任何尺寸,但品目 4801 或品目 4803 的纸除外;手工制纸及纸板:				
4802.10.00	00	手工制纸及纸板	千克	0[1]		17.5%
4802.20		光敏、热敏、电敏纸及纸板的原纸和原纸板:				
4802.20.10	00	成条或成卷的,以未折叠计宽度超过 15 厘米;或者成张矩形(包括正方形),以未折叠计一边超过 36 厘米,另一边超过 15 厘米:	平方米	0[1]		20%
		其他:				
4802.20.20	00	摄影用感光原纸	千克 平方米	0[1]		5%
4802.20.40		其他		0[1]		30%
	20	按重量计含棉纤维 25% 以上的	千克			
	40	其他	千克			
4802.40.00	00	壁纸原纸	千克	0[1]		10%
		其他纸及纸板,不含用机械或化学-机械方法制得的纤维或所含前述纤维不超过全部纤维重量的 10%:				
4802.54		重量小于 40 克/米^2:				
		成条或成卷的,以未折叠计宽度超过 15 厘米;或者成张矩形(包括正方形),以未折叠计一边超过 36 厘米,另一边超过 15 厘米:				
4802.54.10	00	信纸	千克	0[1]		28%
4802.54.20	00	圣经纸、字典纸	千克	0[1]		18%
4802.54.31	00	其他	千克	0[1]		11.5%
		其他:				
4802.54.50	00	摄影用感光原纸	千克 平方米	0[1]		5%
4802.54.61	00	其他	千克	0[1]		30%
4802.55		重量为 40 克/米^2 或以上但不超过 150 克/米^2,成卷的:				
		宽度超过 15 厘米的:				
4802.55.10	00	书写纸和封面纸	千克	0[1]		28%
4802.55.20	00	绘图纸	千克	0[1]		15.5%
4802.55.30	00	圣经纸、字典纸	千克	0[1]		18%
4802.55.40	00	其他	千克	0[1]		11.5%
		其他:				
4802.55.60	00	摄影用感光原纸	千克 平方米	0[1]		5%
4802.55.70		其他		0[1]		30%

税则号列	统计后缀	货品名称	单位	税率 1 普通	税率 1 特惠	税率 2
	20	按重量计含有25%或以上的棉纤维	千克			
	40	其他	千克			
4802.56		重量为40克/米^{2}或以上但不超过150克/米^2,成张的,以未折叠计一边超过435毫米,另一边不超过297毫米:				
		以未折叠计一边超过360毫米,另一边超过150毫米:				
4802.56.10	00	书写纸和封面纸	千克	0[1]		28%
4802.56.20	00	绘图纸	千克	0[1]		15.5%
4802.56.30	00	圣经纸、字典纸	千克	0[1]		18%
4802.56.40	00	其他	千克	0[1]		11.5%
		其他:				
4802.56.60	00	摄影用感光原纸	千克 平方米	0[1]		5%
4802.56.70		其他		0[1]		30%
	20	按重量计含有25%或以上的棉纤维	千克			
		其他:				
	50	书写纸和封面纸	千克			
	90	其他	千克			
4802.57		其他,重量为40克/米^{2}或以上但不超过150克/米^2:				
4802.57.10		书写纸和封面纸		0[1]		28%
	20	以未折叠计一边等于559毫米,另一边等于280毫米	千克			
	40	以未折叠计一边等于965毫米,另一边等于635毫米	千克			
	90	其他	千克			
4802.57.20	00	绘图纸	千克	0[1]		15.5%
4802.57.30	00	圣经纸、字典纸	千克	0[1]		18%
4802.57.40		其他		0[1]		11.5%
	20	以未折叠计一边等于559毫米,另一边等于280毫米	千克			
	40	以未折叠计一边等于965毫米,另一边等于635毫米	千克			
	90	其他	千克			
4802.58		重量超过150克/米^2:				
		成条或成卷的,以未折叠计宽度超过15厘米;或者成张矩形(包括正方形),以未折叠计一边超过36厘米,另一边超过15厘米:				
4802.58.10	00	书写纸和封面纸	千克	0[1]		30%
4802.58.20		其他		0[1]		24.5%
	20	绘图纸	千克			
	40	有光纸板	千克			

税则号列	统计后缀	货品名称	单位	税率 1 普通	税率 1 特惠	税率 2
	80	其他	千克			
		其他:				
4802.58.50	00	摄影用感光原纸	千克 平方米	0[1]		5%
4802.58.60		其他		0[1]		30%
	20	按重量计含有25%或以上的棉纤维	千克			
	40	其他	千克			
		其他纸及纸板,所含用机械或化学-机械方法制得的纤维超过全部纤维重量的10%:				
4802.61		成卷的:				
		宽度超过15厘米的:				
4802.61.10	00	书写纸和封面纸	千克	0[1]		28%
4802.61.20	00	绘图纸	千克	0[1]		15.5%
4802.61.31		其他		0[1]		11.5%
	10	重量小于40克/米^2	千克			
		其他:				
	35	超级压光的	千克			
	91	其他	千克			
		其他:				
4802.61.50	00	摄影用感光原纸	千克 平方米	0[1]		5%
4802.61.60		其他		0[1]		30%
	20	按重量计含有25%或以上的棉纤维	千克			
	40	其他	千克			
4802.62		成张的,以未折叠计一边不超过435毫米,另一边不超过297毫米:				
		以未折叠计一边超过360毫米,另一边超过150毫米:				
4802.62.10	00	书写纸和封面纸	千克	0[1]		28%
4802.62.20	00	绘图纸	千克	0[1]		15.5%
4802.62.30	00	其他	千克	0[1]		11.5%
		其他:				
4802.62.50	00	摄影用感光原纸	千克 平方米	0[1]		5%
4802.62.61		其他		0[1]		30%
	20	按重量计含有25%或以上的棉纤维	千克			
	40	其他	千克			
4802.69		其他:				
4802.69.10	00	书写纸和封面纸	千克	0[1]		28%
4802.69.20	00	绘图纸	千克	0[1]		15.5%
4802.69.30	00	其他	千克	0[1]		11.5%

税则号列	统计后缀	货品名称	单位	税率 1 普通	税率 1 特惠	税率 2
4803.00		卫生纸、面巾纸、餐巾纸以及家庭或卫生用的类似纸、纤维素絮纸和纤维素纤维网纸,不论是否起纹、压花、打孔、染面、饰面或印花,成卷或成张的:				
4803.00.20	00	纤维素絮纸	千克	0[1]		24%
4803.00.40	00	其他	千克	0[1]		36%
4804		成卷或成张的未经涂布的牛皮纸及纸板,但不包括品目4802或品目4803的货品:				
		牛皮纸:				
4804.11.00	00	未漂白	千克	0[1]		20%
4804.19.00	00	其他	千克	0[1]		20%
		袋用牛皮纸:				
4804.21.00	00	未漂白	千克	0[1]		30%
4804.29.00	00	其他	千克	0[1]		30%
		其他牛皮纸及纸板,重量不超过150克/米²:				
4804.31		未漂白:				
		电容器纸:				
4804.31.10	00	重量超过15克/米²但不超过30克/米²	千克	0[1]		20.5%
4804.31.20	00	其他	千克	0[1]		25%
4804.31.40		包装纸		0[1]		30%
	20	纸袋或纸袋纸	千克			
	40	其他	千克			
4804.31.60	00	其他	千克	0[1]		30%
4804.39		其他:				
4804.39.20	00	电容器纸	千克	0[1]		25%
4804.39.40		包装纸		0[1]		30%
	20	纸袋或纸袋纸	千克			
		其他:				
	41	重量不超过29克/米²的薄纸,成张的	千克			
	49	其他	千克			
4804.39.60		其他		0[1]		30%
	20	托盘、碟子、盘子、杯子等的基础原料	千克			
	40	其他	千克			
		其他牛皮纸及纸板,重量超过150克/米²但小于225克/米²:				
4804.41		未漂白:				
4804.41.20	00	包装纸	千克	0[1]		30%
4804.41.40	00	其他	千克	0[1]		30%
4804.42.00		本体均匀漂白,所含用化学方法制得的木纤维超过全部纤维重量的95%		0[1]		30%
	10	牛奶箱和其他饮料容器的基础原料	千克			
		其他:				

税则号列	统计后缀	货品名称	单位	税率 1 普通	税率 1 特惠	税率 2
	20	折叠纸箱的原料	千克			
	30	托盘、碟子、盘子、杯子等的基础原料	千克			
		其他：				
	40	包装材料的基础原料	千克			
	50	其他	千克			
4804.49.00	00	其他	千克	0[1]		30%
		其他牛皮纸及纸板，重量为225克/米^{2}或以上：				
4804.51.00	00	未漂白	千克	0[1]		30%
4804.52.00		本体均匀漂白，所含用化学方法制得的木纤维超过全部纤维重量的95%		0[1]		30%
	10	牛奶箱和其他饮料容器的基础原料	千克			
		其他：				
	20	折叠纸箱的原料	千克			
	30	托盘、碟子、盘子、杯子等的基础原料	千克			
		其他：				
	40	包装材料的基础原料	千克			
	50	其他	千克			
4804.59.00	00	其他	千克	0[1]		30%
4805		成卷或成张的其他未经涂布的纸及纸板，加工程度不超过本章注释三所列范围：				
		瓦楞原纸：				
4805.11.00	00	半化学的瓦楞原纸	千克	0[1]		30%
4805.12		草浆瓦楞原纸：				
4805.12.10	00	重量为150克/米^{2}或以下	千克	0[1]		30%
4805.12.20	00	重量超过150克/米^2	千克	0[1]		30%
4805.19		其他：				
4805.19.10	00	重量为150克/米^{2}或以下	千克	0[1]		30%
4805.19.20	00	重量超过150克/米^2	千克	0[1]		30%
		强韧箱纸板（再生挂面纸板）：				
4805.24		重量为150克/米^{2}或以下：				
4805.24.50	00	重量不超过15克/米^2	千克	0[1]		30%
4805.24.70	00	重量超过15克/米^{2}但不超过30克/米^2	千克	0[1]		11美分/千克+15%
4805.24.90	00	重量超过30克/米^2	千克	0[1]		30%
4805.25.00	00	重量超过150克/米^2	千克	0[1]		30%
4805.30.00	00	亚硫酸盐包装纸	千克	0[1]		30%
4805.40.00	00	滤纸及纸板	千克	0[1]		11美分/千克+15%
4805.50.00	00	毡纸及纸板	千克	0[1]		10%
		其他：				
4805.91		重量为150克/米^{2}或以下：				

税则号列	统计后缀	货品名称	单位	税率 普通	税率 特惠	税率 2
4805.91.10		多层纸和纸板;吸水纸和包装纸		0[1]		30%
	10	折叠纸盒用纸板	千克			
	90	其他	千克			
4805.91.20	00	电容器纸	千克	0[1]		25%
		其他:				
4805.91.50	00	重量不超过15克/米^2	千克	0[1]		30%
4805.91.70	00	重量超过15克/米^{2}但不超过30克/米^2	千克	0[1]		11美分/千克+15%
4805.91.90	00	重量超过30克/米^2	千克	0[1]		30%
4805.92		重量超过150克/米^{2}但小于225克/米^2:				
4805.92.20	00	层压纸板	千克	0[1]		30%
4805.92.40		其他		0[1]		30%
	10	折叠纸盒用纸板	千克			
	20	建筑用纸	千克			
	30	按重量计含有少于80%的化学硫酸盐木浆的挂面纸板	千克			
	40	其他	千克			
4805.93		重量为225克/米^{2}或以上:				
4805.93.20	00	层压纸板	千克	0[1]		30%
4805.93.40		其他		0[1]		30%
	10	折叠纸盒用纸板	千克			
	15	湿抄纸板	千克			
	20	建筑用纸	千克			
	30	按重量计含有少于80%的化学硫酸盐木浆的挂面纸板	千克			
	50	管芯板	千克			
	60	其他	千克			
4806		成卷或成张的植物羊皮纸、防油纸、描图纸、半透明纸及其他高光泽透明或半透明纸:				
4806.10.00	00	植物羊皮纸	千克	0[1]		19%
4806.20.00	00	防油纸	千克	0[1]		7美分/千克+15%
4806.30.00	00	描图纸	千克	0[1]		7美分/千克+15%
4806.40.00	00	高光泽透明或半透明纸	千克	0[1]		7美分/千克+15%
4807.00		成卷或成张的复合纸及纸板(用黏合剂粘合各层纸或纸板制成),未经表面涂布或未浸渍,不论内层是否有加强材料:				
4807.00.10	00	纸和纸板,内部用沥青、焦油或柏油层压	千克	0[1]		30%
		其他:				
4807.00.91	00	草浆纸和纸板,不论是否覆以草纸以外的纸	千克	0[1]		30%

税则号列	统计后缀	货品名称	单位	税率 1 普通	税率 1 特惠	税率 2
		其他：				
4807.00.92	00	衬布纸或增强纸	千克	0[1]		22.5%
4807.00.94	00	其他	千克	0[1]		30%
4808		成卷或成张的瓦楞纸及纸板（不论是否与平面纸胶合）、皱纹纸及纸板、压纹纸及纸板、穿孔纸及纸板，但品目4803的纸除外：				
4808.10.00	00	瓦楞纸及纸板，不论是否穿孔	千克	0[1]		30%
4808.40.00	00	皱纹牛皮纸，不论是否压花或穿孔	千克	0[1]		36%
4808.90		其他：				
4808.90.20	00	起皱的	千克	0[1]		36%
4808.90.40	00	压花的	千克	0[1]		18.5%
4808.90.60	00	其他	千克	0[1]		35%
4809		复写纸、自印复写纸及其他拷贝或转印纸（包括涂布或浸渍的油印蜡纸或胶印版纸），不论是否印制，成卷或成张的：				
4809.20		自印复写纸：				
4809.20.20	00	书写纸	千克	0[1]		35%
4809.20.40	00	其他	千克	0[1]		25%
4809.90		其他：				
4809.90.20	00	铅版字型纸板和纸垫	千克	0[1]		35%
		贴花纸：				
4809.90.40	00	单层纸	千克	0[1]		15%
4809.90.60	00	双层纸	千克	0[1]		0
		其他：				
4809.90.71	00	浸渍、涂层或两者兼有，但未经其他处理	千克	0[1]		25%
4809.90.80	00	其他	千克	0[1]		20%
4810		成卷或成张矩形（包括正方形）的任何尺寸的单面或双面涂布高岭土或其他无机物质（不论是否加黏合剂）的纸及纸板，未涂布其他涂料，不论是否染面、饰面或印花：				
		书写、印刷或类似用途的纸及纸板，不含用机械或化学-机械方法制得的纤维或所含前述纤维不超过全部纤维重量的10%：				
4810.13		成卷的：				
		宽度超过15厘米的：				
		每平方米重量不超过150克：				
4810.13.11		摄影用感光原纸		0[1]		5%
	20	钡底相纸	千克 平方米			
	40	其他	千克 平方米			
4810.13.13	00	圣经纸或字典纸	千克	0[1]		24%
4810.13.19	00	其他	千克	0[1]		37%

税则号列	统计后缀	货品名称	单位	税率 普通	税率 特惠	税率 2
4810.13.20		重量超过150克/米²		0[1]		42%
	10	仅在一面有涂层	千克			
	90	其他	千克			
		其他:				
4810.13.50	00	印制、压花或打孔	千克	0[1]		30%
		其他:				
4810.13.60	00	摄影用感光原纸	千克 平方米	0[1]		5%
4810.13.70		其他		0[1]		30%
	20	按重量计含有25%或以上的棉纤维	千克			
	40	其他	千克			
4810.14		成张的,以未折叠计一边不超过435毫米,另一边不超过297毫米:				
		以未折叠计边超过360毫米,另一边超过150毫米:				
		重量不超过150克/米²:				
4810.14.11		摄影用感光原纸		0[1]		5%
	20	钡底相纸	千克 平方米			
	40	其他	千克 平方米			
4810.14.13	00	圣经纸或字典纸	千克	0[1]		24%
4810.14.19	00	其他	千克	0[1]		37%
4810.14.20		重量超过150克/米²		0[1]		42%
	10	仅在一面有涂层	千克			
	90	其他	千克			
		其他:				
4810.14.50	00	印制、压花或打孔	千克	0[1]		30%
		其他:				
4810.14.60	00	摄影用感光原纸	千克 平方米	0[1]		5%
4810.14.70		其他		0[1]		30%
	20	按重量计含有25%或以上的棉纤维	千克			
	40	其他	千克			
4810.19		其他:				
		重量不超过150克/米²:				
4810.19.11	00	摄影用感光原纸	千克 平方米	0[1]		5%
4810.19.13	00	圣经纸或字典纸	千克	0[1]		24%
4810.19.19	00	其他	千克	0[1]		37%
4810.19.20		重量超过150克/米²		0[1]		42%
	10	仅在一面有涂层	千克			

税则号列	统计后缀	货品名称	单位	税率 1 普通	税率 1 特惠	税率 2
	90	其他	千克			
		书写、印刷或类似用途的纸及纸板,所含用机械或化学-机械方法制得的纤维超过全部纤维重量的10%:				
4810.22		轻质涂布纸:				
4810.22.10	00	成条或成卷的,以未折叠计宽度超过15厘米;或者成张矩形(包括正方形),以未折叠计一边超过36厘米,另一边超过15厘米	千克	0[1]		37%
		其他:				
4810.22.50		印制、压花或打孔		0[1]		30%
	44	打孔活页纸	千克			
	80	其他	千克			
		其他:				
4810.22.60	00	摄影用感光原纸	千克 平方米	0[1]		5%
4810.22.70		其他		0[1]		30%
	20	按重量计含有25%或以上的棉纤维	千克			
	40	其他	千克			
4810.29		其他:				
4810.29.10		成条或成卷的,以未折叠计宽度超过15厘米;或者成张矩形(包括正方形),以未折叠计一边超过36厘米,另一边超过15厘米		0[1]		37%
	25	成卷的	千克			
	35	成张的	千克			
		其他:				
4810.29.50	00	印制、压花或打孔	千克	0[1]		30%
		其他:				
4810.29.60	00	摄影用感光原纸	千克 平方米	0[1]		5%
4810.29.70		其他		0[1]		30%
	20	按重量计含有25%或以上的棉纤维	千克			
		其他:				
	25	成卷的	千克			
	35	成张的	千克			
		牛皮纸及纸板,但书写、印刷或类似用途的除外:				
4810.31		本体均匀漂白,所含用化学方法制得的木纤维超过全部纤维重量的95%,每平方米重量不超过150克:				
4810.31.10		成条或成卷的,以未折叠计宽度超过15厘米;或者成张矩形(包括正方形),以未折叠计一边超过36厘米,另一边超过15厘米		0[1]		25%
	20	折叠纸箱的原料	千克			
	40	托盘、碟子、盘子、杯子等的基础原料	千克			
		其他:				

税则号列	统计后缀	货品名称	单位	税率 1 普通	税率 1 特惠	税率 2
	50	礼品包装纸	千克			
	80	其他	千克			
		其他:				
4810.31.30	00	打孔机用卡片,未打孔,不论是否成条	千克	0[1]		30%
4810.31.65	00	其他	千克	0[1]		26.5%
4810.32		本体均匀漂白,所含用化学方法制得的木纤维超过全部纤维重量的95%,每平方米重量超过150克:				
4810.32.10		成条或成卷的,以未折叠计宽度超过15厘米;或者成张矩形(包括正方形),以未折叠计一边超过36厘米,另一边超过15厘米		0[1]		25%
	20	折叠纸箱的原料	千克			
	40	托盘、碟子、盘子、杯子等的基础原料	千克			
	60	其他	千克			
		其他:				
4810.32.30	00	打孔机用卡片,未打孔,不论是否成条	千克	0[1]		30%
4810.32.65	00	其他	千克	0[1]		26.5%
4810.39		其他:				
		成条或成卷的,以未折叠计宽度超过15厘米;或者成张矩形(包括正方形),以未折叠计一边超过36厘米,另一边超过15厘米:				
4810.39.12	00	不论是否浸渍,但未经其他处理	千克	0[1]		25%
4810.39.14	00	其他	千克	0[1]		20%
		其他:				
4810.39.30	00	打孔机用卡片,未打孔,不论是否成条	千克	0[1]		30%
4810.39.65	00	其他	千克	0[1]		26.5%
		其他纸及纸板:				
4810.92		多层的:				
		成条或成卷的,以未折叠计宽度超过15厘米;或者成张矩形(包括正方形),以未折叠计一边超过36厘米,另一边超过15厘米:				
4810.92.12		重量超过150克/米²		0[1]		30%
	25	成卷的	千克			
	35	成张的	千克			
4810.92.14		其他		0[1]		20%
	25	成卷的	千克			
	35	成张的	千克			
		其他:				
4810.92.30	00	打孔机用卡片,未打孔,不论是否成条	千克	0[1]		30%
4810.92.65		其他		0[1]		26.5%
	25	成卷的	千克			
	35	成张的	千克			

税则号列	统计后缀	货品名称	单位	税率 1 普通	税率 1 特惠	税率 2
4810.99		其他：				
4810.99.10		成条或成卷的,以未折叠计宽度超过15厘米;或者成张矩形(包括正方形),以未折叠计一边超过36厘米,另一边超过15厘米		0[1]		20%
	10	礼品包装纸	千克			
	50	折叠纸盒	千克			
	60	其他	千克			
		其他：				
4810.99.30	00	打孔机用卡片,未打孔,不论是否成条	千克	0[1]		30%
4810.99.65	00	其他	千克	0[1]		26.5%
4811		成卷或成张矩形(包括正方形)的任何尺寸的经涂布、浸渍、覆盖、染面、饰面或印花的纸、纸板、纤维素絮纸及纤维素纤维网纸,但品目4803、品目4809或品目4810的货品除外：				
4811.10		焦油纸及纸板、沥青纸及纸板：				
4811.10.11	00	成条或成卷的,以未折叠计宽度超过15厘米;或者成张矩形(包括正方形),以未折叠计一边超过36厘米,另一边超过15厘米	千克	0[1]		10%
4811.10.21	00	其他	千克	0[1]		26.5%
		胶粘纸及纸板：				
4811.41		自粘的：				
4811.41.10	00	成条或成卷的,以未折叠计宽度超过15厘米;或者成张矩形(包括正方形),以未折叠计一边超过36厘米,另一边超过15厘米	千克	0[1]		40%
		其他：				
4811.41.21	00	成条的或成卷的	千克	0[1]		40%
4811.41.30	00	其他	千克	0[1]		35%
4811.49		其他：				
4811.49.10	00	成条或成卷的,以未折叠计宽度超过15厘米;或者成张矩形(包括正方形),以未折叠计一边超过36厘米,另一边超过15厘米	千克	0[1]		14%
		其他：				
4811.49.21	00	成条的或成卷的	千克	0[1]		30%
4811.49.30	00	其他	千克	0[1]		35%
		用塑料(不包括黏合剂)涂布、浸渍或覆盖的纸及纸板：				
4811.51		漂白的,重量超过150克/米^2:				
		成条或成卷的,以未折叠计宽度超过15厘米;或者成张矩形(包括正方形),以未折叠计一边超过36厘米,另一边超过15厘米：				
4811.51.20		厚度不小于0.3毫米		0[1]		30%
	10	牛奶箱和其他饮料容器的基础原料	千克			
		其他：				
	20	折叠纸箱的原料	千克			

税则号列	统计后缀	货品名称	单位	税率 1 普通	税率 1 特惠	税率 2
	30	托盘、碟子、盘子、杯子等的基础原料	千克			
		其他：				
	40	包装材料的基础原料	千克			
	50	其他[2]	千克			
4811.51.40	00	其他[2]	千克	0[1]		42%
4811.51.60	00	其他[2]	千克	0[1]		35%
4811.59		其他：				
		成条或成卷的，以未折叠计宽度超过15厘米；或者成张矩形（包括正方形），以未折叠计一边超过36厘米，另一边超过15厘米：				
4811.59.20	00	印刷纸	千克	0[1]		37%
4811.59.40		其他		0[1]		25%
	20	折叠纸箱的原料	千克			
	40	其他	千克			
4811.59.60	00	其他	千克	0[1]		35%
4811.60		用蜡、石蜡、硬脂精、油或甘油涂布、浸渍、覆盖的纸及纸板：				
4811.60.40	00	成条或成卷的，以未折叠计宽度超过15厘米；或者成张矩形（包括正方形），以未折叠计一边超过36厘米，另一边超过15厘米	千克	0[1]		17.5%
4811.60.60	00	其他	千克	0[1]		35%
4811.90		其他纸、纸板、纤维素絮纸及纤维素纤维网纸：				
		成条或成卷的，以未折叠计宽度超过15厘米；或者成张矩形（包括正方形），以未折叠计一边超过36厘米，另一边超过15厘米：				
4811.90.10	00	手工纸	千克	0[1]		27%
		其他：				
4811.90.20	00	全部或部分覆盖有植绒、明胶、金属或金属溶液	千克	0[1]		22.5%
		其他：				
4811.90.30	00	用乳胶浸渍	千克	0[1]		25%
		其他：				
4811.90.40		重量不超过15克/米^2		0[1]		30%
	10	纸巾,成张的	千克			
	90	其他	千克			
4811.90.60		重量超过15克/米^2，但不超过30克/米^2		0[1]		20%
	10	重量不超过29克/米^{2}的纸巾,成张的	千克			
	90	其他	千克			
4811.90.80		重量超过30克/米^2		0[1]		18.5%
	20	礼品包装纸（纸巾除外）	千克			
	30	热敏涂层纸	千克			

税则号列	统计后缀	货品名称	单位	税率 1 普通	税率 1 特惠	税率 2
	50	其他	千克			
4811.90.90		其他		0[1]		35%
	10	重量不超过29克/米² 的纸巾,成张的	千克			
	30	热敏涂层纸	千克			
	35	成张的纸,横纹或格纹,宽度为152.4~360毫米(含),长度为225.25~360毫米(含)	千克			
	80	其他	千克			
4812.00.00	00	纸浆制的滤块、滤板及滤片	千克	0[1]		20%
4813		卷烟纸,不论是否切成一定尺寸,成小本或管状:				
4813.10.00	00	成小本或管状	千克	0[1][3]		60%3/
4813.20.00	00	宽度不超过5厘米,成卷的	千克	0[1]		60%
4813.90.00	00	其他	千克	0[1]		60%
4814		壁纸及类似品;窗用透明纸:				
4814.20.00	00	用塑料涂面或盖面的壁纸及类似品,起纹、压花、着色、印刷图案或经其他装饰	千克	0[4]		3.3美分/千克+20%
4814.90.02	00	其他[5]	千克	0[4]		3.3美分/千克+20%
4816		复写纸、自印复写纸及其他拷贝或转印纸(不包括品目4809的纸)、油印蜡纸或胶印版纸,不论是否盒装:				
4816.20.00	00	自印复写纸	千克	0[1]		30%
4816.90.01	00	其他	千克	0[1]		35%
4817		纸或纸板制的信封、封缄信片、素色明信片及通信卡片;纸或纸板制的盒子、袋子及夹子,内装各种纸制文具:				
4817.10.00	00	信封	千.	0[1]		35%
4817.20		封缄信片、素色明信片及通信卡片:				
4817.20.20	00	成张书写纸,带边框胶粘或穿孔,带或不带插页,准备用作合成纸和信封	千克	0[1]		40%
4817.20.40	00	其他	千克	0[1]		33%
4817.30.00	00	纸或纸板制的盒子、袋子及夹子,内装各种纸制文具	千克	0[1]		40%
4818		卫生纸及类似纸,家庭或卫生用纤维素絮纸及纤维素纤维网纸,成卷宽度不超过36厘米或切成一定尺寸或形状的;纸浆、纸、纤维素絮纸或纤维素纤维网纸制的手帕、面巾、台布、餐巾、床单及类似的家庭、卫生或医院用品、衣服及衣着附件:				
4818.10.00	00	卫生纸	千克	0[1]		35%
4818.20.00		纸手帕及纸面巾		0[1]		35%
	20	纸面巾	千克			
	40	其他	千克			
4818.30.00	00	纸台布及纸餐巾	千克	0[1]		35%
4818.50.00		衣服及衣着附件		0[1]		26.5%
	20	医疗服或手术服	千克			

税则号列	统计后缀	货品名称	单位	税率 1 普通	税率 1 特惠	税率 2
	80	其他	千克			
4818.90.00		其他		0[4]		30%
	20	口罩[6]	千克			
	80	其他[6]	千克			
4819		纸、纸板、纤维素絮纸或纤维素纤维网纸制的箱、盒、匣、袋及其他包装容器;纸或纸板制的卷宗盒、信件盘及类似品,供办公室、商店及类似场所使用的:				
4819.10.00		瓦楞纸或纸板制的箱、盒、匣		0[1]		35%
	20	卫生食品和饮料容器	千克			
	40	其他[7]	千克			
4819.20.00		非瓦楞纸或纸板制的可折叠箱、盒、匣		0[1]		35%
	20	卫生食品和饮料容器	千克			
	40	其他	千克			
4819.30.00		底宽40厘米或以上的纸袋		0[1]		35%
	20	装运麻袋和多层袋,杂货袋除外	千克			
	40	其他	千克			
4819.40.00		其他纸袋,包括锥形袋		0[1]		35%
	20	装运麻袋和多层袋,杂货袋除外	千克			
	40	其他	千克			
4819.50		其他包装容器,包括唱片套:				
4819.50.20	00	卫生食品和饮料容器	千克	0[1]		35%
4819.50.30	00	唱片套	千克	0[1]		19.3美分/千克
4819.50.40		其他		0[1]		35%
	20	纤维桶、罐、管和类似容器	千克			
		其他:				
	40	硬盒和纸箱[8]	千克			
	60	其他[9]	千克			
4819.60.00	00	办公室、商店及类似场所使用的卷宗盒、信件盘、存储盒及类似品	千克	0[1]		35%
4820		纸或纸板制的登记本、账本、笔记本、订货本、收据本、信笺本、记事本、日记本及类似品、练习本、吸墨纸本、活动封面(活页及非活页)、文件夹、卷宗皮、多联商业表格纸、页间夹有复写纸的本及其他文具用品;纸或纸板制的样品簿、粘贴簿及书籍封面:				
4820.10		登记本、账本、笔记本、订货本、收据本、信笺本、记事本及类似品:				
4820.10.20		日记本、笔记本和地址簿,装订成册;记事本、信笺本及类似品		0[1]		25%
	10	日记本和地址簿[10]	个			
	20	记事本、信笺本及类似品[11]	个			
	30	线装作文本,尺寸为小边152.4～381毫米(6～15英寸)(含),乘以大边222.5～381毫米(8.75～15英寸)(含)	个			

税则号列	统计后缀	货品名称	单位	税率 1 普通	税率 1 特惠	税率 2
	40	其他笔记本,尺寸为小边152.4~381毫米(6~15英寸)(含),乘以大边222.5~381毫米(8.75~15英寸)(含)	个			
	60	其他[12]	个			
4820.10.40	00	其他[2]	个	0[1]		25%
4820.20.00	00	练习本	个	0[1]		25%
4820.30.00		活动封面(书籍封面除外)、文件夹及卷宗皮		0[1]		35%
	20	活页夹	千克			
	40	其他[11]	千克			
4820.40.00	00	多联商业表格纸、页间夹有复写纸的本	千克	0[1]		26.5%
4820.50.00	00	样品簿及粘贴簿[10]	个	0[1]		30%
4820.90.00	00	其他	千克	0[1]		35%
4821		纸或纸板制的各种标签,不论是否印制:				
4821.10		印制:				
4821.10.20	00	全部或部分通过光刻工艺印刷	千克	0[1]		88美分/千克
4821.10.40	00	其他[13]	千克	0[1]		35%
4821.90		其他:				
4821.90.20	00	自粘	千克	0[1]		40%
4821.90.40	00	其他	千克	0[1]		30%
4822		纸浆、纸或纸板(不论是否穿孔或硬化)制的筒管、卷轴、纡子及类似品:				
4822.10.00	00	纺织纱线用	千克	0[1]		43%
4822.90.00	00	其他	千克	0[1]		35%
4823		切成一定尺寸或形状的其他纸、纸板、纤维素絮纸及纤维素纤维网纸;纸浆、纸、纸板、纤维素絮纸及纤维素纤维网纸制的其他物品:				
4823.20		滤纸及纸板:				
4823.20.10	00	油漆过滤器	千克	0[1]		35%
4823.20.90		其他	千克	0[1]		30%
4823.40.00	00	已印制的自动记录器用打印纸卷、纸张及纸盘	千克	0[1]		35%
		纸或纸板制的盘、碟、盆、杯及类似品:				
4823.61.00		竹浆纸制		0[1]		35%
	20	杯子和圆形嵌套食品容器	千克			
	40	其他[14]	千克			
4823.69.00		其他		0[1]		35%
	20	杯子和圆形嵌套食品容器	千克			
	40	其他	千克			
4823.70.00		压制或模制纸浆制品		0[1]		30%
	20	盘子、碗或杯子[12]	个			
	40	其他[15]	千克			

税则号列	统计后缀	货品名称	单位	税率 1 普通	税率 1 特惠	税率 2
4823.90		其他：				
4823.90.10	00	纸浆的	千克	0[1]		30%
4823.90.20	00	碎纸的	千克	0[1]		25%
		其他：				
4823.90.31	00	卡片,未打孔,用于打卡机,无论是否条状	千克	0[1]		30%
4823.90.40	00	摄影幻灯片的框架或支架	千克	0[1]		45%
4823.90.50	00	手扇	千克,个	0[1]		50%
		其他：				
		涂布纸或纸板：				
4823.90.60	00	密合垫、垫圈和其他密封件	千克	0[1]		26.5%
4823.90.67	00	其他	千克	0[1]		26.5%
4823.90.70	00	纤维素填料	千克	0[1]		19.5%
		其他：				
4823.90.80	00	密合垫、垫圈和其他密封件	千克	0[1]		35%
4823.90.86		其他		0[1]		35%
	20	本章子目注释二中所述的鞋套(靴套)	千克			
	80	其他[13]	千克			

[1]见 9903.88.03。

[2]见 9903.88.46。

[3]本协议项下的进口商品可能需要缴纳联邦消费税(26U.S.C.5701)。

[4]见 9903.88.15。

[5]见 9903.88.51 和 9903.88.57。

[6]见 9903.88.39、9903.88.57 和 9903.88.65。

[7]见 9903.88.43。

[8]见 9903.88.34。

[9]见 9903.88.46、9903.88.56 和 9903.88.64。

[10]见 9903.88.48。

[11]见 9903.88.45。

[12]见 9903.88.43 和 9903.88.56。

[13]见 9903.88.38。

[14]见 9903.88.33 和 9903.88.56。

[15]见 9903.88.18、9903.88.36、9903.88.43 和 9903.88.56。

第四十九章　书籍、报纸、印刷图画及其他印刷品；手稿、打字稿及设计图纸

注释：

一、本章不包括：

(一) 透明基的照相负片或正片(第三十七章)；

(二) 立体地图、设计图表或地球仪、天体仪，不论是否印刷(品目9023)；

(三) 第九十五章的扑克牌或其他物品；或者

(四) 雕版画、印刷画、石印画的原本(品目9702)，品目9704的邮票、印花税票、纪念封、首日封、邮政信笺及类似品，以及第九十七章的超过100年的古物或其他物品。

二、第四十九章所称"印刷"也包括用胶版复印机、油印机印制，在自动数据处理设备控制下打印绘制，压印、冲印、感光复印、热敏复印或打字。

三、用纸以外材料装订成册的报纸、杂志和期刊，以及一期以上装订在同一封面里的成套报纸、杂志和期刊，应归入品目4901，不论是否有广告材料。

四、品目4901还包括：

(一) 附有说明文字，每页编有号数以便装订成一册或几册的整集印刷复制品，例如，美术作品、绘画；

(二) 随同成册书籍的图画附刊；

(三) 供装订书籍或小册子用的散页、集页或书帖形式的印刷品，已构成一部作品的全部或部分。

　　但没有说明文字的印刷图画或图解，不论是否散页或书帖形式，应归入品目4911。

五、除本章注释三另有规定的以外，品目4901不包括主要作广告用的出版物(例如，小册子、散页印刷品、商业目录、同业公会出版的年鉴、旅游宣传品)，这类出版物应归入品目4911。

六、品目4903所称"儿童图画书"是指以图画为主、文字为辅，供儿童阅览的书籍。

附加美国注释：

一、为确定全部或部分用平版印刷法生产的印刷品的分类，该印刷品的厚度为其中所含最薄纸张的厚度，但永久固定的平版印刷品的厚度为平版印刷品及其固定件的总厚度。

二、为货币目的而进口的任何国家的流通货币和有价证券以及品目4907规定的类似价值证明，无需正式海关消费进口或缴纳关税即可入境。这不影响其他法律规定的任何要求，即在任何情况下向美国或通过美国转让货币工具的金额超过10 000美元，应按照其中的规定申报。

第四十九章　书籍、报纸、印刷图画及其他印刷品；手稿、打字稿及设计图纸

税则号列	统计后缀	货品名称	单位	税率 1 普通	税率 1 特惠	税率 2
4901		书籍、小册子、散页印刷品及类似印刷品，不论是否单张：				
4901.10.00		单张的，不论是否折叠		0[1][2]		0
	20	复制样张	千克			
	40	其他	千克			
		其他：				
4901.91.00		字典或百科全书及其连续出版的分册		0[1]		0
	20	字典（包括同义词库）	个			
	40	百科全书	个			
4901.99.00		其他		0[3]		0
	10	教科书	个			
	20	本章标准注释三规定的装订成册的报纸、期刊和杂志	个			
	30	目录	个			
		其他：				
	40	圣经、遗嘱、祈祷书和其他宗教书籍	个			
	50	技术、科学和专业书籍	个			
		艺术和图画书：				
	60	每本价值低于5美元[4]	个			
	65	每本价值为5美元或以上[5]	个			
		其他：				
	70	精装书	个			
	75	书架大小的平装书	个			
		其他：				
	91	每本不超过4页（不包括封面）	个			
	92	每本为5页或以上，但不超过48页（不包括封面）	个			
	93	每本为49页或以上（不包括封面）[6]	个			
4902		报纸、杂志及期刊，不论有无插图或广告材料：				
4902.10.00	00	每周至少出版四次	千克	0[1]		0
4902.90		其他：				
4902.90.10	00	用凹版印刷工艺印刷的报纸增刊	个	0[1]		25%
4902.90.20		其他		0[1]		0
	20	每周出版不到四次的报纸	千克			
	40	其他商业期刊和专业期刊（包括为运输目的捆绑在一起的单一期刊）	个			
	60	其他（包括为运输目的捆绑在一起的单一期刊）	个			
4903.00.00	00	儿童图画书、绘本或涂色书	个	0[7]		0
4904.00.00		乐谱原稿或印本，不论是否装订或印有插图		0[1]		0
	20	乐谱，不论是否用订书钉装订或折叠，但未以其他方式装订	千克			

税则号列	统计后缀	货品名称	单位	税率 1 普通	税率 1 特惠	税率 2
	40	其他	个			
4905		各种印刷的地图、水道图及类似图表,包括地图册、挂图、地形图及地球仪、天体仪:				
4905.10.00	00	地球仪、天体仪	千克	0[1]		35%
		其他:				
4905.91.00	00	成册的	个	0[1]		0
4905.99.00	00	其他	千克	0[1]		0
4906.00.00	00	手绘的建筑、工程、工业、商业、地形或类似用途的设计图纸原稿;手稿;用感光纸照相复印或用复写纸誊写的上述物品复制件	千克	0[1]		25%
4907.00.00	00	在承认或将承认其面值的国家流通或新发行并且未经使用的邮票、印花税票及类似票证;印有邮票或印花税票的纸品;钞票;空白支票;股票、债券及类似所有权凭证	千克	0[1]		66美分/千克
4908		转印贴花纸(移画印花法用图案纸):				
4908.10.00	00	釉转印贴花纸(移画印花法用图案纸)	千克	0[1][2]		66美分/千克+15%
4908.90.00	00	其他	千克	0[1]		88美分/千克
4909.00		印刷或有图画的明信片;印有个人问候、祝贺、通告的卡片,不论是否有图画、带信封或饰边:				
4909.00.20	00	明信片	千	0[1]		25%
4909.00.40	00	其他	千克	0[7]		45%
4910.00		印刷的各种日历,包括日历芯:				
		全部或部分用平版印刷法印刷在纸或纸板上:				
4910.00.20	00	厚度不超过0.51毫米	千克	0[7]		66美分/千克
4910.00.40	00	厚度超过0.51毫米	千克	0[1]		19美分/千克
4910.00.60	00	其他	千克	0[1]		35%
4911		其他印刷品,包括印刷的图片及照片:				
4911.10.00		商业广告品、商品目录及类似印刷品		0[1]		0
	20	主要与当前美国产品销售报价有关的印刷目录	个			
	40	与主要营业地或真正居住地在外国的人出售或出租外国产品或者提供外国或国际运输或商业保险服务的要约有关的印刷目录、价目表或贸易通知	个			
	60	旅游和其他文献(包括海报),包含地理、历史、酒店、机构、时间表、旅行或类似信息,主要涉及美国关境以外的地点、旅游设施或教育机会	千克			
	80	其他	千克			
		其他:				
4911.91		图片、设计图样及照片:				
4911.91.10	00	进口时印刷时间超过20年	千克	0[1]		0
		进口时印刷时间不超过20年:				
4911.91.15	00	在生产中适用于品目4901的物品	千克	0[1]		0

第四十九章　书籍、报纸、印刷图画及其他印刷品；手稿、打字稿及设计图纸

税则号列	统计后缀	货品名称	单位	税率 1 普通	税率 1 特惠	税率 2
		其他：				
		在纸或纸板上平版印刷：				
4911.91.20		厚度不超过0.51毫米		0[2][7]		66美分/千克
	20	海报	千克			
	40	其他	千克			
4911.91.30	00	厚度超过0.51毫米	千克	0[2][7]		19.3美分/千克
4911.91.40		其他		0[1][2]		25%
	20	海报	千克			
	40	其他	千克			
4911.99		其他：				
4911.99.20	00	英文或法文的国际海关报关单(海关文件)及其部分(不论是否使用其他语言)	千克	0[1]		0
		其他：				
4911.99.60	00	全部或部分用平版印刷法印刷在纸或纸板上	千克	0[1]		66美分/千克+0.4%
4911.99.80	00	其他	千克	0[1]		35%

[1]见9903.88.15。

[2]见第九十九章第三分章美国注释21(n)和9903.89.43。

[3]见第九十九章第三分章美国注释20(s)(ii)和9903.88.15。

[4]见9903.88.51。

[5]见9903.88.51和9903.88.57。

[6]见9903.88.49。

[7]见9903.88.16。

第十一类　纺织原料及纺织制品

注释：
一、本类不包括：
   (一)制刷用的动物鬃、毛(品目0502)；马毛及废马毛(品目0511)；
   (二)人发及人发制品(品目0501、品目6703或品目6704)，但通常用于榨油机或类似机器的滤布除外(品目5911)；
   (三)第十四章的棉短绒或其他植物材料；
   (四)品目2524的石棉、品目6812或品目6813的石棉制品或其他产品；
   (五)品目3005或品目3006的物品；品目3306的用于清洁牙缝的纱线(牙线)，单独零售包装的；
   (六)品目3701至3704的感光布；
   (七)截面尺寸超过1毫米的塑料单丝和表面宽度超过5毫米的塑料扁条及类似品(例如，人造草)(第三十九章)，以及上述单丝或扁条的缏条、织物、篮筐或柳条编结品(第四十六章)；
   (八)第三十九章的用塑料浸渍、涂布、包覆或层压的机织物、针织物或钩编织物、毡呢或无纺织物及其制品；
   (九)第四十章的用橡胶浸渍、涂布、包覆或层压的机织物、针织物或钩编织物、毡呢或无纺织物及其制品；
   (十)带毛皮张(第四十一章或第四十三章)、品目4303或品目4304的毛皮制品、人造毛皮及其制品；
   (十一)品目4201或品目4202的用纺织材料制成的物品；
   (十二)第四十八章的产品或物品(例如，纤维素絮纸)；
   (十三)第六十四章的鞋靴及其零件、护腿、裹腿及类似品；
   (十四)第六十五章的发网、其他帽类及其零件；
   (十五)第六十七章的货品；
   (十六)涂有研磨料的纺织材料(品目6805)以及品目6815的碳纤维及其制品；
   (十七)玻璃纤维及其制品，但可见底布的玻璃线刺绣品除外(第七十章)；
   (十八)第九十四章的物品(例如，家具、寝具、灯具及照明装置)；

(十九)第九十五章的物品(例如,玩具、游戏品、运动用品及网具);

(二十)第九十六章的物品[例如,刷子、旅行用成套缝纫用具、拉链、打字机色带、卫生巾(护垫)及卫生棉条、婴儿尿布及尿布衬里];或者

(二十一)第九十七章的物品。

二、(一)可归入第五十章至第五十五章及品目5809或品目5902的由两种或以上纺织材料混合制成的货品,应按其中重量最大的那种纺织材料归类。

当没有一种纺织材料重量较大时,应按可归入的有关品目中最后一个品目所列的纺织材料归类。

(二)应用上述规定时:

1. 马毛粗松螺旋花线(品目5110)和含金属纱线(品目5605)均应作为一种单一的纺织材料,其重量应为它们在纱线中的合计重量;在机织物的归类中,金属线应作为一种纺织材料;

2. 在选择合适的品目时,应首先确定章,然后再确定该章的有关品目,至于不归入该章的其他材料可不予考虑;

3. 当归入第五十四章及第五十五章的货品与其他章的货品进行比较时,应将这两章作为一个单一的章对待;

4. 同一章或同一品目所列各种不同的纺织材料应作为单一的纺织材料对待。

(三)上述(一)、(二)两款规定亦适用于以下注释三、四、五或六所述纱线。

三、(一)本类纱线(单纱、多股纱线或缆线)除下列(二)款另有规定的以外,凡符合以下规格的应作为"线、绳、索、缆":

1. 丝或绢丝纱线,细度在20 000分特以上;

2. 化学纤维纱线(包括第五十四章的用两根或以上单丝纺成的纱线),细度在10 000分特以上;

3. 麻或亚麻纱线:

(1)加光或上光的,细度在1 429分特或以上;或者

(2)未加光或上光的,细度在20 000分特以上;

4. 三股或以上的椰壳纤维纱线;

5. 其他植物纤维纱线,细度在20 000分特以上;或者

6. 用金属线加强的纱线。

(二)下列各项不按上述(一)款规定办理:

1. 羊毛或其他动物毛纱线及纸纱线,但用金属线加强的纱线除外;

2. 第五十五章的化学纤维长丝丝束以及第五十四章的未加捻或捻度每米少于5转的复丝纱线;

3. 品目5006的蚕胶丝及第五十四章的单丝;

4. 品目5605的含金属纱线,但用金属线加强的纱线按上述(一)款6项规定办理;以及

5. 品目5606的绳绒线、粗松螺旋花线及纵行起圈纱线。

四、(一)除下列(二)款另有规定的以外,第五十章、第五十一章、第五十二章、第五十四章和第五十五章所称"供零售用"纱线是指以下列方式包装的纱线(单纱、多股纱线或缆线):

1. 绕于纸板、线轴、纱管或类似芯子上,其重量(含线芯)符合下列规定:

(1)丝、绢丝或化学纤维长丝纱线,不超过85克;或者

(2)其他纱线,不超过125克;

2. 绕成团、绞或束,其重量符合下列规定:

(1)细度在 3 000 分特以下的化学纤维长丝纱线,丝或绢丝纱线,不超过 85 克;

(2)细度在 2 000 分特以下的任何其他纱线,不超过 125 克;或者

(3)其他纱线,不超过 500 克;

3.绕成绞或束,每绞或每束中有若干用线分开的小绞或小束,每小绞或小束的重量相等,并且符合下列规定:

(1)丝、绢丝或化学纤维长丝纱线,不超过 85 克;或者

(2)其他纱线,不超过 125 克。

(二)下列各项不按上述(一)款规定办理:

1.各种纺织材料制的单纱,但下列两种除外:

(1)未漂白的羊毛或动物细毛单纱;以及

(2)漂白、染色或印色的羊毛或动物细毛单纱,细度在 5 000 分特以上;

2.未漂白的多股纱线或缆线:

(1)丝或绢丝制的,不论何种包装;或者

(2)除羊毛或动物细毛外其他纺织材料制,成绞或成束的;

3.漂白、染色或印色丝或绢丝制的多股纱线或缆线,细度在 133 分特或以下;以及

4.任何纺织材料制的单纱、多股纱线或缆线:

(1)交叉绕成绞或束的;或者

(2)绕于纱芯上或以其他方式卷绕,明显用于纺织工业的(例如,绕于纱管、加捻管、纬纱管、锥形筒管或锭子上的或者绕成蚕茧状以供绣花机使用的纱线)。

五、品目 5204、品目 5401 及品目 5508 所称"**缝纫线**"是指下列多股纱线或缆线:

(一)绕于芯子(例如,线轴、纱管)上,重量(包括纱芯)不超过 1 000 克;

(二)作为缝纫线上过浆的;以及

(三)终捻为反手(Z)捻的。

六、本类所称"**高强力纱**"是指断裂强度大于下列标准的纱线:

尼龙、其他聚酰胺或聚酯制的单纱——60 厘牛顿/特克斯;

尼龙、其他聚酰胺或聚酯制的多股纱线或缆线——53 厘牛顿/特克斯;

粘胶纤维制的单纱、多股纱线或缆线——27 厘牛顿/特克斯。

七、本类所称"**制成的**"是指:

(一)裁剪成除正方形或长方形以外的其他形状的;

(二)呈制成状态,无需缝纫或其他进一步加工(或仅需剪断分隔联线)即可使用的(例如,某些抹布、毛巾、台布、方披巾、毯子);

(三)裁剪成一定尺寸,至少有一边为带有可见的锥形或压平形的热封边,其余各边经本注释其他各项所述加工,但不包括为防止剪边脱纱而用热切法或其他简单方法处理的织物;

(四)已缝边或滚边,或者在任一边带有结制的流苏,但不包括为防止剪边脱纱而锁边或用其他简单方法处理的织物;

(五)裁剪成一定尺寸并经抽纱加工的;

(六)缝合、胶合或用其他方法拼合而成[将两段或以上同样料子的织物首尾连接而成的匹头,以及由两层或以上的织物(不论中间有无胎料)层叠而成的匹头除外];

(七)针织或钩编成一定形状,不论报验时是单件还是以若干件相连成幅的。

八、对于第五十章至第六十章:
    (一)第五十章至第五十五章和第六十章,以及除条文另有规定以外的第五十六章至第五十九章,不适用于上述注释七所规定的制成货品;以及
    (二)第五十章至第五十五章及第六十章不包括第五十六章至第五十九章的货品。

九、第五十章至第五十五章的机织物包括由若干层平行纱线以锐角或直角相互层叠,在纱线交叉点用粘合剂或以热粘合法粘合而成的织物。

十、以纺织材料和橡胶线制成的弹性产品归入本类。

十一、本类所称"浸渍"包括"浸泡"。

十二、本类所称"聚酰胺"包括"芳族聚酰胺"。

十三、本类及本税则所称"弹性纱线"是指合成纤维纺织材料制成的长丝纱线(包括单丝),但变形纱线除外。这些纱线可拉伸至原长的三倍而不断裂,并可在拉伸至原长两倍后五分钟内回复到不超过原长度的一倍半。

十四、除条文另有规定的以外,各种服装即使成套包装供零售用,也应按各自品目分别归类。本注释所称"纺织服装"是指品目6101至6114及品目6201至6211所列的各种服装。

子目注释:

一、本类及本税则所用有关名词解释如下:
    (一)未漂白纱线:
        1.带有纤维自然色泽并且未经漂染(不论是否整体染色)或印色的纱线;或
        2.从回收纤维制得,色泽未定的纱线("本色纱")。
        这种纱线可用无色浆料或易褪色染料(可轻易地用肥皂洗去)处理,如果是化学纤维纱线,则整体用消光剂(例如,二氧化钛)进行处理。
    (二)漂白纱线:
        1.经漂白加工、用漂白纤维制得或经染白(除条文另有规定的以外)(不论是否整体染色)及用白浆料处理的纱线;
        2.用未漂白纤维和漂白纤维混纺制得的纱线;或者
        3.用未漂白纱和漂白纱纺成多股纱线或缆线。
    (三)着色(染色或印色)纱线:
        1.染成彩色(不论是否整体染色,但白色或易褪色除外)或印色的纱线,以及用染色或印色纤维纺制的纱线;
        2.用各色染色纤维混合纺制或者用未漂白或漂白纤维与着色纤维混合制得的纱线(夹色纱或混色纱),以及用一种或几种颜色间隔印色而获得点纹印迹的纱线;
        3.用已经印色的纱条或粗纱纺制的纱线;或者
        4.用未漂白纱和漂白纱与着色纱纺成的多股纱线或缆线。
        上述定义作相应调整后,可适用于第五十四章的单丝、扁条或类似产品。
    (四)未漂白机织物:
        用未漂白纱线织成后未经漂白、染色或印花的机织物。这类织物可用无色浆料或易褪色染料

处理。
- (五)漂白机织物：
    1. 经漂白、染白或用白浆料处理(除条文另有规定的以外)的成匹机织物；
    2. 用漂白纱线织成的机织物；或者
    3. 用未漂白纱线和漂白纱线织成的机织物。
- (六)染色机织物：
    1. 除条文另有规定的以外，染成白色以外的其他单一颜色或用白色以外的其他有色整理剂处理的成匹机织物；或者
    2. 以单一颜色的着色纱线织成的机织物。
- (七)色织机织物：
    除印花机织物以外的下列机织物：
    1. 用各种不同颜色纱线或同一颜色不同深浅(纤维的自然色彩除外)纱线织成的机织物；
    2. 用未漂白或漂白纱线与着色纱线织成的机织物；或者
    3. 用夹色纱线或混色纱线织成的机织物。
    不论何种情况，布边或布头的纱线均可忽略不计。
- (八)印花机织物：
    成匹印花的机织物，不论是否用各色纱线织成。
    (用刷子或喷枪，经转印纸转印、植绒或蜡防印花等方法印成花纹图案的机织物亦可视为印花机织物。)
    上述各类纱线或织物如经丝光工艺处理，并不影响其归类。
    上述(四)至(八)款的定义在作必要修改后，可适用于针织或钩编织物。
- (九)平纹组织：
    每根纬纱在并排的经纱间上下交错而过，而每根经纱也在并排的纬纱间上下交错而过的织物组织。

二、(一)含有两种或以上纺织材料的第五十六章至第六十三章的产品，应根据本类注释二对第五十章至第五十五章或品目 5809 的此类纺织材料产品归类的规定来确定归类。
(二)运用本条规定时：
1. 应酌情考虑按归类总规则第三条来确定归类；
2. 对由底布和绒面或毛圈面构成的纺织品，在归类时可不考虑底布的属性；
3. 对品目 5810 的刺绣品及其制品，归类时应只考虑底布的属性，但不见底布的刺绣品及其制品应根据绣线的属性确定归类。

附加美国注释：

一、就本税则的每一项条款而言，根据 1974 年《贸易法》第 101 条签订的贸易协定，美国同意在 1980 年 1 月 3 日之前对 1977 年 12 月 14 日延长的《关于国际纺织品贸易的安排》(以下简称《安排》)中定义的任何棉花、羊毛或化学纤维纺织产品降低关税税率。如果总统认为合适的这一《安排》或替代安排(包括单方面进口限制或双边协定)在 1974 年《贸易法》第 101 条和第 109 条规定的关税税率完全降低生效之前对美国不再有效，那么总统应宣布对于进出仓库供消费的物品，在《安排》或替代安排停止生效

后30日内，1975年1月1日规定的第1栏中的税率为有效税率，直至总统宣布在下文所述情况下继续削减。如果随后总统认为合适的这一《安排》或替代安排（包括单方面进口限制或双边协定）对美国有效，则总统应根据该贸易协定宣布继续降低该税率。就1974年《贸易法》第109(c)(2)条而言，1975年1月1日税率根据本注释生效的任何时间，应为因美国立法或根据美国立法采取行动而部分减税无效的时间。

二、本税则规定的有关产品所使用的术语"经认证的手工织物和民俗产品"是指由产品生产国政府机构的官员按照美国贸易代表办公室依据国际谅解确定的程序，认证为此类制造方式的产品。

统计注释：

一、《关于国际纺织品贸易的安排》所规定的限制不适用于发展中国家出口的"手工编织物和民俗产品"，这些产品已按照国际谅解执行纺织品协定委员会制定的程序得到认证，由产品生产国政府机构的官员确定。进口商必须在入境汇总表或提款单上，在适当的十位数统计报告编码前加上"F"作为前缀，以识别此类认证产品。

二、就税则而言：

　　（一）"棉限内的"是指下列货品：

　　　　1. 按重量计棉纤维组分在所有组分纤维中占50%或以上；或者

　　　　2. 按重量计棉和羊毛、动物细毛或化纤的总量在所有组分纤维中占50%或以上，且棉纤维组分的重量等于或超过羊毛（包括动物细毛）和化纤任意一种组分的重量。

　　（二）"毛限内的"是指以上（一）款未提及的货品，其中按重量计羊毛（包括动物细毛）组分超过所有组分纤维的17%。

　　（三）"化纤限内的"是指上款（一）或（二）款未提及的货品，按重量计化纤或者化纤与棉、羊毛或动物细毛的总量等于或超过所有组分纤维的50%。

　　对于本注释的应用，在适当情况下，仅考虑产品中根据总规则三确定归类的那部分。

三、为方便参考，美国在监测纺织品目录（或类别）产品的运输以及管理美国纺织品贸易协定计划中使用的每个纺织品目录（或类别），均以适当的十位数字在附表中列出。

四、所有从加拿大进口或从墨西哥进口的美国附加注释三[第（三）款除外]、注释四和注释五所列的纺织品和服装，必须包含(i)第十一类中针对此类货物的适当的十位统计报告编码和数量单位，以及(ii)正确的适用于此类货物的八位特殊统计报告号和根据美国附加注释确定的所输入货物的平方米当量。特殊的统计报告号在税则第九十九章的末尾列出。对于美国附加注释三的第（三）款中所述的商品，请参见税号9802.00.80。

第五十章 蚕 丝

税则号列	统计后缀	货品名称	单位	税率 1 普通	税率 1 特惠	2
5001.00.00	00	适于缫丝的蚕茧	千克	0[1]		0
5002.00.00	00	生丝（未加捻）	千克	0[1]		0
5003.00		废丝（包括不适于缫丝的蚕茧、废纱及回收纤维）				
5003.00.10	00	未梳的	千克	0[1]		0
5003.00.90	00	其他	千克	2.5%[1]	0（A,AU,BH,CA,CL,CO,D,E,IL,JO,KR,MA,MX,OM,P,PA,PE,S,SG）	50%
5004.00.00	00	丝纱线（绢纺纱线除外），非供零售用	千克	0[1]		40%
5005.00.00		绢纺纱线，非供零售用		0[1]		50%
	10	含有85%或以上的丝或绢丝	千克			
	90	其他（800）	千克			
5006.00		丝纱线及绢纺纱线，供零售用；蚕胶丝				
5006.00.10	00	含有85%或以上的丝或绢丝	千克	0[1]		40%
5006.00.90	00	其他（800）	千克	0[1]		40%
5007		丝或绢丝机织物：				
5007.10		䌷丝机织物：				
5007.10.30		含有85%或以上的丝或绢丝		0.8%[1]	0（A,AU,BH,CA,CL,CO,D,E,IL,JO,KR,MA,MX,OM,P,PA,PE,S,SG）	90%
		非提花机织物：				
	20	幅宽超过127厘米	平方米 千克			
	40	其他	平方米 千克			
	90	其他	平方米 千克			
5007.10.60		其他		3.9%[1]	0（AU,BH,CA,CL,CO,E*,IL,JO,KR,MA,MX,OM,P,PA,PE,S,SG）	90%
		棉限内的或者化纤限内的：				
	10	色织（218）	平方米 千克			
	20	其他（220）	平方米 千克			

税则号列	统计后缀	货品名称	单位	税率 1 普通	税率 1 特惠	2
	30	毛限内的（410）	平方米 千克			
	90	其他（810）	平方米 千克			
5007.20.00		其他机织物，按重量计丝或绢丝（䌷丝除外）含量在85%或以上		0[1]		90%
		印花：				
	15	幅宽小于77厘米，每厘米经纱超过47根，用于制造领带	平方米 千克			
		其他：				
	25	幅宽超过127厘米	平方米 千克			
	35	其他	平方米 千克			
		其他：				
	55	幅宽小于77厘米，每厘米经纱超过47根，用于制造领带	平方米 千克			
		其他：				
		非提花机织物：				
	65	幅宽超过127厘米[2]	平方米 千克			
	85	其他[2]	平方米 千克			
	95	其他	平方米 千克			
5007.90		其他机织物：				
5007.90.30		含有85%或以上的丝或绢丝		0.8%[1]	0(A, AU, BH, CA, CL, CO, D, E, IL, JO, KR, MA, MX, OM, P, PA, PE, S, SG)	90%
		非提花机织物：				
	20	幅宽超过127厘米	平方米 千克			
	40	其他	平方米 千克			
	90	其他	平方米 千克			
5007.90.60		其他		3.9%[1]	0(AU, BH, CA, CL, CO, E*, IL, JO, KR, MA, MX, OM, P, PA, PE, S, SG)	90%
		棉限内的或者化纤限内的：				
	10	色织（218）	平方米 千克			
	20	其他（220）	平方米 千克			
	30	毛限内的（410）	平方米 千克			

税则号列	统计后缀	货品名称	单位	税率 1 普通	税率 1 特惠	2
	90	其他（810）	平方米 千克			

[1]见 9903.88.03。

[2]见 9903.88.34 和 9903.88.56。

第五十一章 羊毛、动物细毛或粗毛；马毛纱线及其机织物

注释：

一、就本税则而言：

(一)"**羊毛**"是指绵羊或羔羊身上长的天然纤维；

(二)"**动物细毛**"是指下列动物的毛：羊驼、美洲驼、驼马、骆驼(包括单峰骆驼)、牦牛、安哥拉山羊、西藏山羊、喀什米尔山羊及类似山羊(普通山羊除外)、家兔(包括安哥拉兔)、野兔、海狸、河狸鼠或麝鼠；

(三)"**动物粗毛**"是指以上未提及的其他动物的毛，但不包括制刷用鬃、毛(品目0502)以及马毛(品目0511)。

附加美国注释：

一、就品目5101、品目5102、品目5103和品目5104而言，关于任何含有羊毛或动物细毛但税率不同的包装，尽管列出了税率，第1栏税率是适用于包装内任何部分(按重量计不少于10%)的最高第1栏税率，第2栏税率是适用于包装内任何部分(按重量计不少于10%)的最高第2栏税率。

二、就本章而言：

(一)税率栏中的"净千克"是指净产量千克。

(二)除碳化纤维外，"净产量"是指绝对净含量(即商品中完全由羊毛或毛发组成，不含任何植物和其他异物，按重量计水分含量为12%，用酒精从羊毛或毛发上提取的物质含量为1.5%，并且按重量计灰分含量不超过0.5%)，减去余量，等于0.5%的绝对净含量加上60%的植物物质，但不超过在商业清洗作业中通常会损失的羊毛或毛发的绝对净含量的15%(按重量计)。

(三)就碳化纤维而言，"净产量"是指在进口时的状态。

(四)1."**特殊用途的羊毛**"是指未经改良的羊毛和由经销商、制造商或加工商输入的、经认证仅用于制造毛毡或针织靴、铺地制品、重型木匠袜、压榨布、用于抛光板材和镜面玻璃的造纸毛毡的不超过46s的其他羊毛。

2.除非经销商、制造商或加工商提交保证书，以确保作为特殊用途羊毛入境的任何羊毛仅用于(下文另有规定的除外)制造上述第1项所列物品，否则特殊用途羊毛不得从海关监管中放行。

3.经销商、制造商或加工商可免除其在保证金项下对以进口或任何其他形式转让给另一经销商的作为特殊用途羊毛进口的任何羊毛的责任，制造商或加工商已提交保证书，以确保如此转让的商品仅用于(下文另有规定的除外)制造上述第1项所列物品。

4.当作为特殊用途羊毛进口的羊毛被用于或转移用于制造上述第1项所列物品以外的用途时：

(1)在进口时的状态下适用于此类羊毛的常规关税应由经销商、制造商或加工商支付，其保证金与改变或转移其用途的羊毛有关，但对于上述第1项所列物品的通常制造过程中产生的

任何废物或副产品,或者销毁或出口的任何商品,均不得征收上述关税;

(2)如果在改变或转移其用途之前,已与该羊毛或任何其他商品混合,则该混合物应全部视为由作为特殊用途羊毛输入的羊毛组成,除非负责支付关税的经销商、制造商或加工商能确定这种混合物中羊毛的数量;

(3)根据特殊用途羊毛规定提供保证金的每个经销商、制造商或加工商应在改变或转移其用途后的 30 日内,向提交保证金的地区海关总监报告任何违反保证金条款的商品转让或使用情况,如交易商、制造商或加工商未能如此报告,则将被处以相当于改变或转移其用途的商品在改变或转移其用途的时间及地点的价值的罚款(除规定的关税外);

(4)任何羊毛的净产量应视为 100%,除非实际净产量已通过适当的试验确定,且改变或转移其用途不迟于此类羊毛入境之日后 3 年;

(五)"未改良羊毛"是指阿勒颇、阿拉伯、巴格达、黑西班牙、中国、科尔多瓦、塞浦路斯、顿斯科伊、东印度、厄瓜多尔、埃及、格鲁吉亚、哈斯洛克、冰岛、卡拉库尔、克里、满洲里、蒙古、波尔图、波斯、比利牛斯、撒丁、苏格兰黑面、锡斯坦、士麦那、苏丹、叙利亚、西藏、土耳其、瓦尔帕莱索或威尔士山羊毛和类似的羊毛,未经过美利奴或英国血统改良。

(六)确定羊毛等级的标准应为农业部部长根据法律不定期制定并在羊毛进口之日生效的标准。

税则号列	统计后缀	货品名称	单位	税率 1 普通	税率 1 特惠	2
5101		未梳的羊毛:				
		含脂羊毛,包括剪前水洗毛:				
5101.11		剪羊毛:				
		未改良羊毛;其他羊毛,不细于46s:				
5101.11.10	00	特殊用途的羊毛	净千克 千克	0[1]		保税内免税
		其他:				
5101.11.20	00	未改良羊毛;其他羊毛,不细于40s	净千克 千克	0[1]		55.1美分/净千克
5101.11.40	00	其他羊毛,细于40s但不细于44s	净千克 千克	0[1]		66.1美分/净千克
5101.11.50	00	其他羊毛,细于44s	净千克 千克	0[1]		77.2美分/净千克
5101.11.60		其他:		18.7美分/净千克[1]	0(AU,BH,CA,CL,CO,E,IL,JO,KR,MA,MX,OM,P,PA,PE,S,SG)	77.2美分/净千克
	30	不细于58s	净千克 千克			
	60	细于58s	净千克 千克			
5101.19		其他:				
		未改良羊毛;其他羊毛,不细于46s:				
5101.19.10	00	特殊用途的羊毛	净千克 千克	0[1]		保税内免税
		其他				
5101.19.20	00	未改良羊毛;其他羊毛,不细于40s	净千克 千克	0[1]		55.1美分/净千克
5101.19.40	00	其他羊毛,细于40s但不细于44s	净千克 千克	0[1]		66.1美分/净千克
5101.19.50	00	其他羊毛,细于44s	净千克 千克	0[1]		77.2美分/净千克
5101.19.60		其他		18.7美分/净千克[1]	0(AU,BH,CA,CL,CO,E,IL,JO,KR,MA,MX,OM,P,PA,PE,S,SG)	77.2美分/净千克
	30	不细于58s	净千克 千克			
	60	细于58s	净千克 千克			
		脱脂羊毛,未碳化:				
5101.21		剪羊毛:				
		除脱脂外未经任何加工:				
		未改良羊毛;其他羊毛,不细于46s:				
5101.21.10	00	特殊用途的羊毛	净千克 千克	0[1]		保税内免税

税则号列	统计后缀	货品名称	单位	税率 1 普通	税率 1 特惠	2
		其他				
5101.21.15	00	未改良羊毛;其他羊毛,不细于40s	净千克 千克	0[1]		59.5美分/净千克
5101.21.30	00	其他羊毛,细于40s但不细于44s	净千克 千克	0[1]		70.6美分/净千克
5101.21.35	00	其他羊毛,细于44s	净千克 千克	0[1]		81.6美分/净千克
5101.21.40		其他		20.6美分/净千克[1]	0(AU,BH,CA,CL,CO,E,IL,JO,KR,MA,MX,OM,P,PA,PE,S,SG)	81.6美分/净千克
	30	不细于58s	净千克 千克			
	60	细于58s	净千克 千克			
		其他				
5101.21.65	00	未改良羊毛;其他羊毛,不细于46s;	千克	0[1]		81.6美分/千克+20%
5101.21.70	00	其他	千克	6.5美分/千克+5.3%[1]	0(AU,BH,CA,CL,CO,IL,JO,KR,MA,MX,OM,P,PA,PE,S,SG)	81.6美分/千克+20%
5101.29		其他:				
		除脱脂外未经任何加工:				
		未改良羊毛;其他羊毛,不细于46s:				
5101.29.10	00	特殊用途的羊毛	净千克 千克	0[1]		保税内免税
		其他:				
5101.29.15	00	未改良羊毛;其他羊毛,不细于40s	净千克 千克	0[1]		59.6美分/净千克
5101.29.30	00	其他羊毛,细于40s但不细于44s	净千克 千克	0[1]		70.6美分/净千克
5101.29.35	00	其他羊毛,细于44s	净千克 千克	0[1]		81.6美分/净千克
5101.29.40		其他		20.6美分/净千克[1]	0(AU,BH,CA,CL,CO,E,IL,JO,KR,MA,MX,OM,P,PA,PE,S,SG)	81.6美分/净千克
	30	不细于58s	净千克 千克			
	60	细于58s	净千克 千克			
		其他:				
5101.29.65	00	未改良羊毛;其他羊毛,不细于46s	千克	0[1]		81.6美分/千克+20%
5101.29.70	00	其他	千克	6.5美分/千克+5.3%[1]	0(AU,BH,CA,CL,CO,IL,JO,KR,MA,MX,OM,P,PA,PE,S,SG)	81.6美分/千克+20%
5101.30		碳化羊毛:				

税则号列	统计后缀	货品名称	单位	税率 1 普通	税率 1 特惠	2
		除脱脂外未经任何加工:				
5101.30.10	00	未改良羊毛;其他羊毛,不细于40s	千克	0[1]		75.1美分/千克
5101.30.15	00	其他羊毛,细于40s但不细于44s	千克	0[1]		86.1美分/千克
5101.30.30	00	其他羊毛,细于44s但不细于46s	千克	0[1]		97美分/千克
5101.30.40	00	其他	千克	24.4美分/千克[1]	0(AU,BH,CA,CL,CO,E,IL,JO,KR,MA,MX,OM,P,PA,PE,S,SG)	97美分/千克
		其他				
5101.30.65	00	未改良羊毛;其他羊毛,不细于46s	千克	0[1]		81.6美分/千克+20%
5101.30.70	00	其他	千克	6.5美分/千克+5.3%[1]	0(AU,BH,CA,CL,CO,IL,JO,KR,MA,MX,OM,P,PA,PE,S,SG)	81.6美分/千克+20%
5102		未梳的动物细毛或粗毛:				
		细毛:				
5102.11		喀什米尔山羊的:				
5102.11.10	00	除脱脂或碳化外未经任何加工	净千克 千克	5.1美分/净千克[1]	0(AU,BH,CA,CL,CO,E,IL,JO,KR,MA,MX,OM,P,PA,PE,S,SG)	46.3美分/净千克
5102.11.90	00	其他	净千克 千克	4.9美分/千克+4%[2]	0(AU,BH,CA,CL,CO,E,IL,JO,KR,MA,MX,OM,P,PA,PE,S,SG)	81.6美分/千克+20%
5102.19		其他:				
		除脱脂或碳化外未经任何加工:				
5102.19.20	00	骆驼毛	净千克 千克	5美分/净千克[3]	0(AU,BH,CA,CL,CO,E,IL,JO,KR,MA,MX,OM,P,PA,PE,S,SG)	55美分/净千克
5102.19.60		其他		0.4%[1]	0(A,AU,BH,CA,CL,CO,D,E,IL,JO,KR,MA,MX,OM,P,PA,PE,S,SG)	6.9%
	30	安哥拉山羊毛	净千克 千克			
	60	其他	净千克 千克			
		其他:				
5102.19.80	00	软毛,供帽匠使用	千克	0[1]		35%
5102.19.90	00	其他	千克	4.9美分/千克+4%[4]	0(AU,BH,CA,CL,CO,IL,JO,KR,MA,MX,OM,P,PA,PE,S,SG)	81.6美分/千克+20%
5102.20.00	00	粗毛	千克	0[1]		0
5103		羊毛或动物细毛或粗毛的废料,包括废纱线,但不包括回收纤维:				

税则号列	统计后缀	货品名称	单位	税率 1 普通	税率 1 特惠	税率 2
5103.10.00	00	羊毛或动物细毛的落毛	千克	2.6美分/千克[5]	0(A,AU,BH,CA,CL,CO,D,E,IL,JO,KR,MA,MX,OM,P,PA,PE,S,SG)	50.7美分/千克
5103.20.00	00	羊毛或动物细毛的其他废料	千克	2.6美分/千克[1]	0(A,AU,BH,CA,CL,CO,D,E,IL,JO,KR,MA,MX,OM,P,PA,PE,S,SG)	55.1美分/千克
5103.30.00	00	动物粗毛废料	千克	7%[1]	0(AU,BH,CA,CL,CO,E,IL,JO,KR,MA,MX,OM,P,PA,PE,S,SG)	30%
5104.00.00	00	羊毛或动物细毛或粗毛的回收纤维	千克	0[1]		57.3美分/千克
5105		已梳的羊毛及动物细毛或粗毛(包括精梳片毛):				
5105.10.00	00	粗梳羊毛(400)	千克	6.5美分/千克+5.3%[1]	0(AU,BH,CA,CL,CO,IL,JO,KR,MA,MX,OM,P,PA,PE,S,SG)	81.6美分/千克+20%
		羊毛条及其他精梳羊毛:				
5105.21.00	00	精梳片毛(400)	千克	3.7美分/千克+3%[1]	0(AU,BH,CA,CL,CO,IL,JO,KR,MA,MX,OM,P,PA,PE,S,SG)	81.6美分/千克+20%
5105.29.00	00	其他(400)	千克	3.9美分/千克+3.1%[1]	0(AU,BH,CA,CL,CO,IL,JO,KR,MA,MX,OM,P,PA,PE,S,SG)	81.6美分/千克+20%
		已梳动物细毛:				
5105.31.00	00	喀什米尔山羊的(400)	千克	6.8美分/千克+5.5%[6]	0(AU,BH,CA,CL,CO,IL,JO,KR,MA,MX,OM,P,PA,PE,S,SG)	81.6美分/千克+20%
5105.39.00	00	其他(400)	千克	6.8美分/千克+5.5%[7]	0(AU,BH,CA,CL,CO,IL,JO,KR,MA,MX,OM,P,PA,PE,S,SG)	81.6美分/千克+20%
5105.40.00	00	已梳动物粗毛	千克	0[1]		20%
5106		粗梳羊毛纱线,非供零售用:				
5106.10.00		按重量计羊毛含量在85%或以上		6%[1]	0(AU,BH,CA,CL,CO,IL,JO,KR,MA,MX,OM,P,PA,PE,S,SG)	55.5%
	10	平均纤维直径不小于34.40微米(400)	千克			
	90	其他(400)	千克			
5106.20.00	00	按重量计羊毛含量在85%以下(400)	千克	6%[1]	0(AU,BH,CA,CL,CO,IL,JO,KR,MA,MX,OM,P,PA,PE,S,SG)	55.5%
5107		精梳羊毛纱线,非供零售用:				
5107.10		按重量计羊毛含量在85%或以上:				
5107.10.30	00	平均纤维直径为18.5微米或以下的羊毛(400)	千克	6%[1]	0(AU,BH,CA,CL,CO,IL,JO,KR,MA,MX,OM,P,PA,PE,S,SG)	55.5%
5107.10.60	00	其他(400)	千克	6%[1]	0(AU,BH,CA,CL,CO,IL,JO,KR,MA,MX,OM,P,PA,PE,S,SG)	55.5%

税则号列	统计后缀	货品名称	单位	税率 普通	税率 特惠	2
5107.20		按重量计羊毛含量在85%以下：				
5107.20.30	00	平均纤维直径为18.5微米或以下的羊毛(400)	千克	6%[1]	0 (AU, BH, CA, CL, CO, IL, JO, KR, MA, MX, OM, P, PA, PE, S, SG)	55.5%
5107.20.60	00	其他(400)	千克	6%[1]	0 (AU, BH, CA, CL, CO, IL, JO, KR, MA, MX, OM, P, PA, PE, S, SG)	55.5%
5108		动物细毛(粗梳或精梳)纱线,非供零售用：				
5108.10		粗梳：				
5108.10.30	00	安哥拉兔毛的(400)	千克	4%[1]	0 (AU, BH, CA, CL, CO, IL, JO, KR, MA, MX, OM, P, PA, PE, S, SG)	55.5%
5108.10.40	00	马海毛的(400)	千克	4%[1]	0 (AU, BH, CA, CL, CO, IL, JO, KR, MA, MX, OM, P, PA, PE, S, SG)	55.5%
5108.10.80	00	其他(400)	千克	4%[10]	0 (AU, BH, CA, CL, CO, IL, JO, KR, MA, MX, OM, P, PA, PE, S, SG)	55.5%
5108.20		精梳：				
5108.20.30	00	安哥拉兔毛的(400)	千克	4%[1]	0 (AU, BH, CA, CL, CO, IL, JO, KR, MA, MX, OM, P, PA, PE, S, SG)	55.5%
5108.20.40	00	马海毛的(400)	千克	4%[1]	0 (AU, BH, CA, CL, CO, IL, JO, KR, MA, MX, OM, P, PA, PE, S, SG)	55.5%
5108.20.80	00	其他(400)	千克	4%[11]	0 (AU, BH, CA, CL, CO, IL, JO, KR, MA, MX, OM, P, PA, PE, S, SG)	55.5%
5109		羊毛或动物细毛的纱线,供零售用：				
5109.10		按重量计羊毛或动物细毛含量在85%或以上：				
5109.10.20	00	染色的羊毛纱线,切成不超过8厘米的均匀长度(400)	千克	0[1]		0
		其他：				
5109.10.40	00	安哥拉兔毛的(400)	千克	4%[1]	0 (AU, BH, CA, CL, CO, IL, JO, KR, MA, MX, OM, P, PA, PE, S, SG)	55.5%
		其他：				
5109.10.80	00	平均纤维直径为18.5微米或以下的羊毛(400)	千克	6%[1]	0 (AU, BH, CA, CL, CO, IL, JO, KR, MA, MX, OM, P, PA, PE, S, SG)	55.5%
5109.10.90	00	其他(400)	千克	6%[1]	0 (AU, BH, CA, CL, CO, IL, JO, KR, MA, MX, OM, P, PA, PE, S, SG)	55.5%
5109.90		其他：				
5109.90.20	00	染色的羊毛纱线,切成不超过8厘米的均匀长度(400)	千克	0[1]		0
		其他：				

税则号列	统计后缀	货品名称	单位	税率 1 普通	税率 1 特惠	税率 2
5109.90.40	00	安哥拉兔毛的(400)	千克	4%[1]	0(AU,BH,CA,CL,CO,IL,JO,KR,MA,MX,OM,P,PA,PE,S,SG)	55.5%
		其他:				
5109.90.80	00	平均纤维直径为18.5微米或以下的羊毛(400)	千克	6%[1]	0(AU,BH,CA,CL,CO,IL,JO,KR,MA,MX,OM,P,PA,PE,S,SG)	55.5%
5109.90.90	00	其他(400)	千克	6%[1]	0(AU,BH,CA,CL,CO,IL,JO,KR,MA,MX,OM,P,PA,PE,S,SG)	55.5%
5110.00.00	00	动物粗毛或马毛的纱线(包括马毛粗松螺旋花线),不论是否供零售用	千克	0[1]		20%
5111		粗梳羊毛或粗梳动物细毛的机织物:				
		按重量计羊毛或动物细毛含量在85%或以上:				
5111.11		重量不超过300克/米^2:				
5111.11.20	00	重量不超过140克/米^{2}的挂毯织物及室内装饰织物(414)	平方米 千克	7%[1]	0(AU,BH,CA,CL,CO,IL,JO,KR,MA,MX,OM,P,PA,PE,S,SG)	68.5%
		其他:				
5111.11.30	00	手工机织物,织物宽度小于76厘米(410)	平方米 千克	10%[1]	0(AU,BH,CA,CL,CO,IL,JO,KR,MA,MX,OM,P,PA,PE,S,SG)	1.10美元/千克+60%
5111.11.70		其他		25%[12]	0(AU,BH,CA,CL,CO,IL,JO,KR,MA,MX,OM,P,PA,PE,S,SG)	68.5%
	30	全部或部分动物细毛(410)	平方米 千克			
	60	其他(410)	平方米 千克			
5111.19		其他:				
5111.19.10	00	挂毯织物及室内装饰织物(414)	平方米 千克	7%[1]	0(AU,BH,CA,CL,CO,IL,JO,KR,MA,MX,OM,P,PA,PE,S,SG)	68.5%
		其他:				
5111.19.20	00	手工机织物,织物宽度小于76厘米(410)	平方米 千克	10%[1]	0(AU,BH,CA,CL,CO,IL,JO,KR,MA,MX,OM,P,PA,PE,S,SG)	1.10美元/千克+60%
5111.19.60		其他		25%[13]	0(AU,BH,CA,CL,CO,IL,JO,KR,MA,MX,OM,P,PA,PE,S,SG)	68.5%
		全部或部分动物细毛:				
	20	重量不超过400克/米^2(410)	平方米 千克			
	40	重量超过400克/米^2(410)	平方米 千克			
		其他:				

税则号列	统计后缀	货品名称	单位	税率 1 普通	税率 1 特惠	税率 2
	60	重量不超过 400 克/米² (410)	平方米 千克			
	80	重量超过 400 克/米² (410)	平方米 千克			
5111.20		其他,主要或仅与化学纤维长丝混纺:				
5111.20.05	00	重量超过 300 克/米² 的挂毯织物及室内装饰织物(414)	平方米 千克	7%[1]	0(AU, BH, CA, CL, CO, IL, JO, KR, MA, MX, OM, P, PA, PE, S, SG)	68.5%
5111.20.10	00	重量不超过 140 克/米² 的挂毯织物及室内装饰织物(414)	平方米 千克	7%[1]	0(AU, BH, CA, CL, CO, IL, JO, KR, MA, MX, OM, P, PA, PE, S, SG)	68.5%
5111.20.90	00	其他(410)	平方米 千克	25%[1]	0(AU, BH, CA, CL, CO, IL, JO, KR, MA, MX, OM, P, PA, PE, S, SG)	48.5美分/千克 +68.5%
5111.30		其他,主要或仅与化学纤维短纤混纺:				
5111.30.05	00	重量超过 300 克/米² 的挂毯织物及室内装饰织物(414)	平方米 千克	7%[1]	0(AU, BH, CA, CL, CO, IL, JO, KR, MA, MX, OM, P, PA, PE, S, SG)	68.5%
5111.30.10	00	重量不超过 140 克/米² 的挂毯织物及室内装饰织物(414)	平方米 千克	7%[1]	0(AU, BH, CA, CL, CO, IL, JO, KR, MA, MX, OM, P, PA, PE, S, SG)	68.5%
5111.30.90	00	其他(410)	平方米 千克	25%[1]	0(AU, BH, CA, CL, CO, IL, JO, KR, MA, MX, OM, P, PA, PE, S, SG)	48.5美分/千克 +68.5%
5111.90		其他:				
5111.90.30	00	按重量计含有 30% 或以上的丝或绢丝,价值超过 33 美元/千克(410)	平方米 千克	6.9%[1]	0(AU, BH, CA, CL, CO, IL, JO, KR, MA, MX, OM, P, PA, PE, S, SG)	80%
		其他:				
5111.90.40	00	重量超过 300 克/米² 的挂毯织物及室内装饰织物(414)	平方米 千克	7%[1]	0(AU, BH, CA, CL, CO, IL, JO, KR, MA, MX, OM, P, PA, PE, S, SG)	68.5%
5111.90.50	00	重量不超过 140 克/米² 的挂毯织物及室内装饰织物(414)	平方米 千克	7%[1]	0(AU, BH, CA, CL, CO, IL, JO, KR, MA, MX, OM, P, PA, PE, S, SG)	68.5%
5111.90.90	00	其他(410)	平方米 千克	25%[1]	0(AU, BH, CA, CL, CO, IL, JO, KR, MA, MX, OM, P, PA, PE, S, SG)	68.5%
5112		精梳羊毛或精梳动物细毛的机织物:				
		按重量计羊毛或动物细毛含量在 85% 或以上:				
5112.11		重量不超过 200 克/米²:				
5112.11.10	00	重量不超过 140 克/米² 的挂毯织物及室内装饰织物(414)	平方米 千克	7%[1]	0(AU, BH, CA, CL, CO, IL, JO, KR, MA, MX, OM, P, PA, PE, S, SG)	68.5%
		其他:				
5112.11.30		平均直径为 18.5 微米或以下的羊毛纱线		25%[1]	0(AU, BH, CA, CL, CO, IL, JO, KR, MA, MX, OM, P, PA, PE, S, SG)	68.5%

税则号列	统计后缀	货品名称	单位	税率 1 普通	税率 1 特惠	2
	30	含有动物细毛(410)	平方米 千克			
	60	其他(410)	平方米 千克			
5112.11.60		其他		25%[14]	0(AU, BH, CA, CL, CO, IL, JO, KR, MA, MX, OM, P, PA, PE, S, SG)	68.5%
	30	全部或部分动物细毛(410)	平方米 千克			
	60	其他(410)	平方米 千克			
5112.19		其他:				
5112.19.20	00	挂毯织物和室内装饰织物(414)	平方米 千克	7%[1]	0(AU, BH, CA, CL, CO, IL, JO, KR, MA, MX, OM, P, PA, PE, S, SG)	68.5%
		其他:				
5112.19.60		平均直径为18.5微米或以下的羊毛纱线		25%[1]	0(AU, BH, CA, CL, CO, IL, JO, KR, MA, MX, OM, P, PA, PE, S, SG)	68.5%
		含有动物细毛:				
	10	重量不超过270克/米²(410)	平方米 千克			
	20	重量超过270克/米² 但不超过340克/米²(410)	平方米 千克			
	30	重量超过340克/米²	平方米 千克			
		其他:				
	40	重量不超过270克/米²(410)	平方米 千克			
	50	重量超过270克/米² 但不超过340克/米²(410)	平方米 千克			
	60	重量超过340克/米²	平方米 千克			
5112.19.95		其他		25%[15]	0(AU, BH, CA, CL, CO, IL, JO, KR, MA, MX, OM, P, PA, PE, S, SG)	68.5%
		全部或部分动物细毛:				
	10	重量不超过270克/米²(410)	平方米 千克			
	20	重量超过270克/米² 但不超过340克/米²(410)	平方米 千克			
	30	重量超过340克/米²	平方米 千克			
		其他:				
	40	重量不超过270克/米²(410)	平方米 千克			

税则号列	统计后缀	货品名称	单位	税率 1 普通	税率 1 特惠	2
	50	重量超过 270 克/米² 但不超过 340 克/米² (410)	平方米 千克			
	60	重量超过 340 克/米²	平方米 千克			
5112.20		其他,主要或仅与化学纤维长丝混纺:				
5112.20.10	00	重量超过 300 克/米² 的挂毯织物及室内装饰织物(414)	平方米 千克	7%[1]	0(AU, BH, CA, CL, CO, IL, JO, KR, MA, MX, OM, P, PA, PE, S, SG)	68.5%
5112.20.20	00	重量不超过 140 克/米² 的挂毯织物及室内装饰织物(414)	平方米 千克	7%[1]	0(AU, BH, CA, CL, CO, IL, JO, KR, MA, MX, OM, P, PA, PE, S, SG)	68.5%
5112.20.30	00	其他(410)	平方米 千克	25%[1]	0(AU, BH, CA, CL, CO, IL, JO, KR, MA, MX, OM, P, PA, PE, S, SG)	48.5 美分/千克 +68.5%
5112.30		其他,主要或仅与化学纤维短纤混纺:				
5112.30.10	00	重量超过 300 克/米² 的挂毯织物及室内装饰织物(414)	平方米 千克	7%[1]	0(AU, BH, CA, CL, CO, IL, JO, KR, MA, MX, OM, P, PA, PE, S, SG)	68.5%
5112.30.20	00	重量不超过 140 克/米² 的挂毯织物及室内装饰织物(414)	平方米 千克	7%[1]	0(AU, BH, CA, CL, CO, IL, JO, KR, MA, MX, OM, P, PA, PE, S, SG)	68.5%
5112.30.30	00	其他(410)	平方米 千克	25%[1]	0(AU, BH, CA, CL, CO, IL, JO, KR, MA, MX, OM, P, PA, PE, S, SG)	48.5 美分/千克 +68.5%
5112.90		其他:				
5112.90.30	00	按重量计含有 30% 或以上的丝或绢丝,价值超过 33 美元/千克(410)	平方米 千克	6.9%[1]	0(AU, BH, CA, CL, CO, IL, JO, KR, MA, MX, OM, P, PA, PE, S, SG)	80%
		其他:				
5112.90.40	00	重量超过 300 克/米² 的挂毯织物及室内装饰织物(414)	平方米 千克	7%[1]	0(AU, BH, CA, CL, CO, IL, JO, KR, MA, MX, OM, P, PA, PE, S, SG)	68.5%
5112.90.50	00	重量不超过 140 克/米² 的挂毯织物及室内装饰织物(414)	平方米 千克	7%[1]	0(AU, BH, CA, CL, CO, IL, JO, KR, MA, MX, OM, P, PA, PE, S, SG)	68.5%
5112.90.90		其他(410)		25%[1]	0(AU, BH, CA, CL, CO, IL, JO, KR, MA, MX, OM, P, PA, PE, S, SG)	68.5%
	10	主要或仅与棉混纺(410)	平方米 千克			
	90	其他(410)	平方米 千克			
5113.00.00	00	动物粗毛或马毛的机织物	平方米 千克	2.7%[1]	0(A, AU, BH, CA, CL, CO, D, E, IL, JO, KR, MA, MX, OM, P, PA, PE, S, SG)	40%

[1]见 9903.88.03。

[2]见 9902.12.69 和 9903.88.03。

[3]见 9902.12.70 和 9903.88.03。

[4]见9902.12.71和9903.88.03。

[5]见9902.12.72和9903.88.03。

[6]见9902.12.73和9903.88.03。

[7]见9902.12.74和9903.88.03。

[8]见9903.88.33。

[9]见9903.88.43和9903.88.56。

[10]见9902.12.75、9902.12.76、9902.12.77和9903.88.03。

[11]见9902.12.78和9903.88.03。

[12]见9902.12.79和9903.88.03。

[13]见9902.12.80和9903.88.03。

[14]见9902.12.81和9903.88.03。

[15]见9902.12.82和9903.88.03。

第五十二章 棉 花

子目注释：

一、子目5209.42及子目5211.42所称"粗斜纹布(劳动布)"是指用不同颜色的纱线织成的三线或四线斜纹织物，包括破斜纹组织的织物，这种织物以经纱为面，经纱染成一种相同的颜色，纬纱未漂白或经漂白、染成灰色或比经纱稍浅的颜色。

附加美国注释：

一、根据财政部部长规定的条例，应根据农业部部长制定并在确定时生效的美国官方棉花短纤维长度标准，为所有海关需要确定棉花的短纤维长度。

二、为了对品目5205及品目5206的纱线进行分类，品目中所称"公支"是指一千克纱线的长度相对于1 000米的倍数。为了确定任何纱线的公支数，无论是单纱、多股纱线还是缆线，一千克的实际米数应除以1 000，其商应乘以其中单纱的数量，包括制造多股纱线或缆线时使用的单纱。

三、就第五十二章的机织物而言：

（一）棉织物中的术语"号"是指其中所含纱线的平均数。在计算平均纱线数时，纱线长度等于在进口时织物中纱线的长度，将所有剪下的纱线视为连续纱线进行测量，并对织物中的全部单纱进行计数，包括任何多股纱线或缆线中的单纱。重量应在通过煮沸或其他适当工艺去除任何多余的浆料后测量。下列任何一个公式都可用于确定平均纱线数：

$$N=BYT/1\,000, 100T/Z', BT/Z \text{ 或 } ST/10$$

其中，N是平均纱线数，B是织物的宽度(厘米)，Y是每千克织物的长度(米)，T是每平方厘米的单纱数，S是每千克织物的面积(平方米)，Z是每米织物的重量(克)，Z'是每平方米织物的重量(克)。

所得"号"中的小数应忽略不计。

（二）除条文另有规定的以外，与一种或多种织物组织有关的规定仅包括完全由规定的一种或多种织物组织组成的织物(不包括布边)，包括仅由其组合而成的织物。

四、就品目5208及品目5209而言，"经认证的手工织物"是指由家庭手工业在手摇织机(即非动力驱动织机)上制造的织物，且在出口前已由织物生产国政府机构的官员认证制造方式的织物。

五、包括美国在内的任何国家或地区的产品中纤维长度小于28.575毫米(1.125英寸)的未梳棉花[粗棉除外，其短纤维长度低于19.05毫米(3/4英寸)]，自每年9月20日至次年9月19日的12个月内在税号5201.00.14项下进口的总数量不得超过20 207.05吨(墨西哥产品不被允许或包括在上述数量限制内且不得归类于其中)。

在本注释规定的数量限制中，下表中的国家应获得不少于以下规定的数量：

	数量（千克）
阿根廷	2 360
巴西	280 648
英属东非	1 016
英属西非（尼日利亚和加纳除外）	7 259
英属西印度群岛（巴巴多斯、百慕大、牙买加、特立尼达和多巴哥除外）	9 671
中国	621 780
哥伦比亚	56
厄瓜多尔	4 233
埃及和苏丹（合计）	355 532
海地	107
洪都拉斯	341
印度和巴基斯坦（合计）	908 764
印度尼西亚和荷兰新几内亚（合计）	32 381
伊拉克	88
尼日利亚	2 438
巴拉圭	395
秘鲁	112 469
亚美尼亚、阿塞拜疆、白俄罗斯、爱沙尼亚、格鲁吉亚、哈萨克斯坦、吉尔吉斯斯坦、拉脱维亚、立陶宛、摩尔多瓦、俄罗斯、塔吉克斯坦、土库曼斯坦、乌克兰和乌兹别克斯坦（合计）	215 512

除上述国家配额规定外，非世界贸易组织成员国或地区的产品不得被允许或包括在本注释规定的数量限制内。

六、包括美国在内的任何国家或地区的产品中纤维长度为 29.368 75 毫米或以上但小于 34.925 毫米、颜色为白色（脆弱棉纤维、抓绒棉和手摘棉除外）的未梳粗棉，自每年 8 月 1 日到次年 7 月 31 日的 12 个月内在税号 5201.00.24 项下进口的总数量不得超过 1 400.0 吨（墨西哥产品不被允许或包括在上述数量限制内且不得归类于其中）。

非世界贸易组织成员国或地区的产品不得被允许或包括在本注释规定的数量限制内。

七、包括美国在内的任何国家或地区的产品中长度为 28.575 毫米或以上但小于 34.925 毫米的未梳棉花（纤维长度为 29.368 75 毫米或以上且颜色为白色的粗棉除外），包括脆弱棉纤维、抓绒棉和手摘棉，自每年 8 月 1 日至次年 7 月 31 日的 12 个月内在税号 5201.00.34 项下进口的总数量不得超过 11 500.0 吨（墨西哥产品不被允许或包括在上述数量限制内且不得归类于其中）。

非世界贸易组织成员国或地区的产品不得被允许或包括在本注释规定的数量限制内。

八、包括美国在内的任何国家或地区的产品中长度为 34.925 毫米或以上的未梳棉花，自每年 8 月 1 日至次年 7 月 31 日（含 7 月 31 日）的 12 个月内在税号 5201.00.60 项下进口的总数量不得超过 40 100.0 吨（墨西哥产品不被允许或包括在上述数量限制内且不得归类于其中）。

非世界贸易组织成员国或地区的产品不得被允许或包括在本注释规定的数量限制内。

九、包括美国在内的任何国家或地区的产品中纤维长度在 30.1625 毫米以下的棉制成的梳棉条以及回花、废棉条和废粗纱,自每年 9 月 20 日至次年 9 月 19 日(含 9 月 19 日)的 12 个月内在税号 5202.99.10 项下进口的总数量不得超过 3 335 427 千克(墨西哥产品不被允许或包括在上述数量限制内且不得归类于其中)。

在本注释规定的数量限制中,下表中的国家应获得不少于以下规定的数量:

	数量(千克)
比利时	5 830
加拿大	108 721
中国	7 857
古巴	2 968
埃及	3 689
法国	34 385
德国	11 540
意大利	3 215
印度和巴基斯坦(合计)	31 582
日本	154 917
荷兰	10 317
瑞士	6 711
英国	653 695

除上述国家配额规定外,非世界贸易组织成员国或地区的产品不得被允许或包括在本注释规定的数量限制内。

十、自每年 9 月 11 日至次年 9 月 10 日的 12 个月内在税号 5203.00.10 项下进口的已加工但未纺制的棉纤维总数量不得超过 2 500 千克(墨西哥产品不被允许或包括在上述数量限制内且不得归类于其中)。

非世界贸易组织成员国或地区的产品不得被允许或包括在本注释规定的数量限制内。

统计注释:

一、就第五十二章的机织物而言:

(一)所称"府绸或细平布"是指非平衡结构的平纹机织物,不论是否拉绒,但不包括以下类型:

1. 每平方米重量不超过 200 克、每平方厘米经纱和纬纱不超过 33 根的织物;
2. 每平方米重量超过 200 克、平均纱线数不超过 26 的织物。

(二)所称"阔幅平布"是指以下类型的平纹机织物,不论是否拉绒:

1. 每平方米重量不超过 200 克、每平方厘米经纱和纬纱超过 33 根、平均纱线数不超过 68 的平衡织物,但不包括印花布;
2. 每平方米重量超过 200 克的织物,但不包括:
   (1)经纱或纬纱由多股纱线或缆线组成、平均纱线数不超过 26 的织物;以及
   (2)平均纱线数不低于 27 的非平衡结构的织物。

(三)所称"粗棉布"是指每平方米重量不超过 200 克、每平方厘米经纱和纬纱不超过 33 根的平纹机织

物,不论是否拉绒。
(四)所称"印花布"是指每平方米重量不超过 200 克、平均纱线数为 43～68、每平方厘米含有 33 根以上单纱且不含多股纱线或缆线的平衡结构的平纹机织物,未经精梳,不论是否拉绒。
(五)所称"上等细布、巴厘纱或细薄织物"是指每平方米重量不超过 200 克、平均纱线数不低于 69、每平方厘米经纱和纬纱超过 33 根的平纹机织物,不论是否拉绒。
(六)所称"棉缎"是指缎纹机织物,不论是否拉绒。
(七)所称"牛津布"是指每平方米重量不超过 200 克的平纹机织物,不论是否拉绒,但两根或以上经纱穿一综眼(多经穿综)的织物除外。牛津布不作为平纹机织物归类。
(八)所称"粗布"是指每平方米重量超过 200 克、平均纱线公支数不超过 26 的以下类型的机织物,不论是否拉绒:
  1. 平纹机织物,其经纱或纬纱由多股纱线或缆线组成;或者
  2. 以平纹织造,但两个或以上经纱端以一个(带式经纱)编织,不论是否含有多股纱线或缆线;这种粗布不作为平纹机织物归类。
(九)所称"平衡结构"是指以下类型的机织物:
  1. 每平方厘米经纱和纬纱少于 79 根,其中每厘米经纱总数与每厘米纬纱总数之差小于 11 根;或者
  2. 每平方厘米经纱和纬纱不少于 79 根,其中每厘米经纱总数和每厘米纬纱总数均小于每平方厘米此类经纱和纬纱总数的 57%。
(十)所称"拉绒"是指具有毛绒纤维表面的织物,其表面是通过划破或刺破表面而产生的,从而使部分纤维从纱身上隆起。拉绒织物不得与起绒织物混淆。软绒布和广东法兰绒、鼹鼠皮等都是典型的拉绒面料。
(十一)所称"未精梳"是指全部或部分未经精梳的棉花、其他植物纺织纤维或者羊毛或动物细毛织物。
(十二)所称"精梳"是指含有棉花、其他植物纺织纤维或者羊毛或动物细毛的织物,其中纤维经过精梳,不论是否含有其他纤维。
(十三)所称"低支纱柳条"是指未精梳、未拉绒、每平方米重量超过 200 克、平均纱线数不超过 22、每厘米经纱和纬纱少于 28 根的平衡结构的平纹机织物。
(十四)所称"蓝色粗斜纹布(劳动布)"是指三线或四线斜纹机织物,包括经面破斜纹机织物,其经纱染成蓝色,纬纱未漂白或经漂白、染成灰色或比经纱稍浅的蓝色。
(十五)所称"拔染印花"织物是指:
  1. 染色,非着色,除白色外的单一均匀颜色;
  2. 使用氯或其他破坏颜色的化学品施加于染色织物的分离部分以漂白或排除染料并在这些分离部分印花的方法进行进一步处理,从而在先前染色的背景上产生不同颜色的图案;以及
  3. 进行以下两种或以上的表面处理操作:漂白、收缩、填充、拉绒、浸渍、永久硬挺、增重、永久压花或湿化。

税则号列	统计后缀	货品名称	单位	税率 1 普通	税率 1 特惠	2
5201.00		未梳的棉花：[1]				
		纤维长度在28.575毫米（1.125英寸）以下：				
5201.00.05	00	纤维长度在19.05毫米（3/4英寸）以下的粗棉	千克	0[2]		0
		其他：				
5201.00.12	00	本税则总注释十五描述，并根据其规定进口的	千克	0[2]		0
5201.00.14	00	本章附加美国注释五描述，并根据其规定进口的	千克	0[2]		0
5201.00.18	00	其他	千克	31.4美分/千克[2]	0(A+，BH，CL，CO，JO，KR，MA，MX，OM，P，PE，SG)15.7美分/千克(PA) 见9913.52.05至9913.52.20(AU) 见9922.52.01至9922.52.12(S+)	36.9美分/千克
		纤维长度大于或等于28.575毫米（1.125英寸）但在34.925毫米（1.375英寸）以下：				
5201.00.22	00	本税则总注释十五描述，并根据其规定进口的	千克	4.4美分/千克[2]	0(A+，AU，BH，CA，CL，CO，E，IL，JO，KR，MA，MX，OM，P，PA，PE，S，SG)	15.4美分/千克
		其他，纤维长度大于或等于29.368 75毫米（1.156 237 5英寸）的白色粗棉（脆弱棉纤维、抓绒棉或手摘棉除外）				
5201.00.24	00	本章附加美国注释六描述，并根据其规定进口的	千克	4.4美分/千克[2]	0(A+，BH，CA，CL，CO，E，IL，JO，KR，MA，OM，P，PA，PE，S，SG)	15.4美分/千克
5201.00.28	00	其他	千克	31.4美分/千克[2]	0(A+，BH，CL，CO，JO，KR，MA，MX，OM，P，PE，SG)15.7美分/千克(PA) 见9913.52.05至9913.52.20(AU) 见9922.52.01至9922.52.12(S+)	36.9美分/千克
		其他：				
5201.00.34	00	本章附加美国注释七描述，并根据其规定进口的	千克	4.4美分/千克[2]	0(A+，BH，CA，CL，CO，E，IL，JO，KR，MA，OM，P，PA，PE，S，SG)	15.4美分/千克
5201.00.38	00	其他	千克	31.4美分/千克[2]	0(A+，BH，CL，CO，JO，KR，MA，MX，OM，P，PE，SG)15.7美分/千克(PA) 见9913.52.05至9913.52.20(AU) 见9922.52.01至9922.52.12(S+)	36.9美分/千克
		纤维长度大于或等于34.925毫米（1.375英寸）：				
5201.00.55	00	本税则总注释十五描述，并根据其规定进口的	千克	1.5美分/千克[2]	0(AU，BH，CA，CL，CO，E，IL，JO，KR，MA，MX，OM，P，PA，PE，S，SG)	15.4美分/千克
5201.00.60	00	本章附加美国注释八描述，并根据其规定进口的	千克	1.5美分/千克[2]	0(BH，CA，CL，CO，E，IL，JO，KR，MA，OM，P，PA，PE，S，SG)	15.4美分/千克

税则号列	统计后缀	货品名称	单位	税率 1 普通	税率 1 特惠	税率 2
5201.00.80	00	其他	千克	31.4美分/千克[2]	0(BH,CL,CO,JO,KR,MA,MX,OM,P,PE,SG)15.7美分/千克(PA) 见9913.52.05至9913.52.20(AU) 见9922.52.01至9922.52.12(S+)	36.9美分/千克
5202		废棉(包括废棉纱线及回收纤维):[3]				
5202.10.00	00	废棉纱(含废棉线)	千克	0[2]		0
		其他:				
5202.91.00	00	回收纤维	千克	4.3%[2]	0(A+,AU,BH,CA,CL,CO,E,IL,JO,KR,MA,MX,OM,P,PA,PE,S,SG)	5%
5202.99		其他:				
		纤维长度小于30.1625毫米(1.1875英寸)的棉条,以及回花、废棉条和废粗纱:				
5202.99.05	00	本税则总注释十五描述,并根据其规定进口的	千克	0[2]		0
5202.99.10	00	本章附加美国注释九中描述,并根据其规定进口的	千克	0[2]		0
5202.99.30	00	其他	千克	7.8美分/千克[2]	0(A+,BH,CL,CO,JO,KR,MA,MX,OM,P,PE,SG)3.9美分/千克(PA) 见9913.52.05,9913.52.40(AU) 见9922.52.01至9922.52.12(S+)	9.2美分/千克
5202.99.50	00	其他	千克	0[2]		0
5203.00		已梳的棉花:				
		已加工但未纺的棉纤维:				
5203.00.05	00	本税则总注释十五描述,并根据其规定进口的	千克	5%[2]	0(A+,AU,BH,CA,CL,CO,E,IL,JO,KR,MA,MX,OM,P,PA,PE,S,SG)	5%
5203.00.10	00	本章附加美国注释十中描述,并根据其规定进口的	千克	5%[2]	0(A+,BH,CA,CL,CO,E,IL,JO,KR,MA,MX,OM,P,PA,PE,S,SG)	5%
5203.00.30	00	其他	千克	31.4美分/千克[2]	0(A+,BH,CL,CO,JO,KR,MA,MX,OM,P,PE,SG)15.7美分/千克(PA) 见9913.52.05至9913.52.20(AU) 见9922.52.01至9922.52.12(S+)	36.9美分/千克
5203.00.50	00	其他	千克	4.3%[2]	0(A+,AU,BH,CA,CL,CO,E,IL,JO,KR,MA,MX,OM,P,PA,PE,S,SG)	5%
5204		棉制缝纫线,不论是否供零售用:				
		非供零售用:				
5204.11.00	00	按重量计含棉量在85%或以上(200)	千克	4.4%[2]	0(AU,BH,CA,CL,CO,IL,JO,KR,MA,MX,OM,P,PA,PE,S,SG)	25.5%
5204.19.00	00	其他(200)	千克	4.4%[2]	0(AU,BH,CA,CL,CO,IL,JO,KR,MA,MX,OM,P,PA,PE,S,SG)	25.5%

税则号列	统计后缀	货品名称	单位	税率 1 普通	税率 1 特惠	2
5204.20.00	00	供零售用(200)	千克	4.4%[2]	0(AU, BH, CA, CL, CO, IL, JO, KR, MA, MX, OM, P, PA, PE, S, SG)	25.5%
5205		棉纱线(缝纫线除外),按重量计含棉量在85%或以上,非供零售用:				
		未精梳纤维纺制的单纱:				
5205.11		细度不超过14公支:				
5205.11.10	00	未漂白,非丝光(300)	千克	3.7%[2]	0(AU, BH, CA, CL, CO, IL, JO, KR, MA, MX, OM, P, PA, PE, S, SG)	6.9%
5205.11.20	00	其他(300)	千克	5%[2]	0(AU, BH, CA, CL, CO, IL, JO, KR, MA, MX, OM, P, PA, PE, S, SG)	11.9%
5205.12		细度超过14公支,但不超过43公支:				
5205.12.10	00	未漂白,非丝光(300)	千克	5.2%[2]	0(AU, BH, CA, CL, CO, IL, JO, KR, MA, MX, OM, P, PA, PE, S, SG)	10.3%
5205.12.20	00	其他(300)	千克	6.5%[2]	0(AU, BH, CA, CL, CO, IL, JO, KR, MA, MX, OM, P, PA, PE, S, SG)	15.3%
5205.13		细度超过43公支,但不超过52公支:				
5205.13.10	00	未漂白,非丝光(300)	千克	6.5%[2]	0(AU, BH, CA, CL, CO, IL, JO, KR, MA, MX, OM, P, PA, PE, S, SG)	13.9%
5205.13.20	00	其他(300)	千克	7.3%[2]	0(AU, BH, CA, CL, CO, IL, JO, KR, MA, MX, OM, P, PA, PE, S, SG)	18.9%
5205.14		细度超过52公支,但不超过80公支:				
5205.14.10	00	未漂白,非丝光(300)	千克	7.8%[2]	0(AU, BH, CA, CL, CO, IL, JO, KR, MA, MX, OM, P, PA, PE, S, SG)	17.3%
5205.14.20	00	其他(300)	千克	8.7%[2]	0(AU, BH, CA, CL, CO, IL, JO, KR, MA, MX, OM, P, PA, PE, S, SG)	22.3%
5205.15		细度超过80公支:				
5205.15.10	00	未漂白,非丝光(300)	千克	9.9%[2]	0(AU, BH, CA, CL, CO, IL, JO, KR, MA, MX, OM, P, PA, PE, S, SG)	29.1%
5205.15.20	00	其他(300)	千克	12%[2]	0(AU, BH, CA, CL, CO, IL, JO, KR, MA, MX, OM, P, PA, PE, S, SG)	34.1%
		精梳纤维纺制的单纱:				
5205.21.00		细度不超过14公支		5.8%[2]	0(AU, BH, CA, CL, CO, IL, JO, KR, MA, MX, OM, P, PA, PE, S, SG)	11.9%
	20	环锭纺(301)	千克			
	90	其他(301)	千克			

税则号列	统计后缀	货品名称	单位	税率 1 普通	税率 1 特惠	2
5205.22.00		细度超过14公支,但不超过43公支		7.3%[2]	0(AU,BH,CA,CL,CO,IL,JO,KR,MA,MX,OM,P,PA,PE,S,SG)	15.3%
	20	环锭纺(301)	千克			
	90	其他(301)	千克			
5205.23.00		细度超过43公支,但不超过52公支		8.6%[2]	0(AU,BH,CA,CL,CO,IL,JO,KR,MA,MX,OM,P,PA,PE,S,SG)	18.9%
	20	环锭纺(301)	千克			
	90	其他(301)	千克			
5205.24.00		细度超过52公支,但不超过80公支		9.9%[2]	0(AU,BH,CA,CL,CO,IL,JO,KR,MA,MX,OM,P,PA,PE,S,SG)	22.3%
	20	环锭纺(301)	千克			
	90	其他(301)	千克			
5205.26.00		细度在125分特以下,但不细于106.38分特(超过80公支,但不超过94公支)		12%[2]	0(AU,BH,CA,CL,CO,IL,JO,KR,MA,MX,OM,P,PA,PE,S,SG)	34.1%
	20	环锭纺(301)	千克			
	90	其他(301)	千克			
5205.27.00		细度在106.38分特以下,但不细于83.33分特(超过94公支,但不超过120公支)		12%[2]	0(AU,BH,CA,CL,CO,IL,JO,KR,MA,MX,OM,P,PA,PE,S,SG)	34.1%
	20	环锭纺(301)	千克			
	90	其他(301)	千克			
5205.28.00		细度在83.33分特以下(超过120公支)		12%[2]	0(AU,BH,CA,CL,CO,IL,JO,KR,MA,MX,OM,P,PA,PE,S,SG)	34.1%
	20	环锭纺(301)	千克			
	90	其他(301)	千克			
		未精梳纤维纺制的多股纱线或缆线:				
5205.31.00	00	每根单纱细度不超过14公支(300)	千克	5.8%[2]	0(AU,BH,CA,CL,CO,IL,JO,KR,MA,MX,OM,P,PA,PE,S,SG)	11.9%
5205.32.00	00	每根单纱细度超过14公支,但不超过43公支(300)	千克	7.3%[2]	0(AU,BH,CA,CL,CO,IL,JO,KR,MA,MX,OM,P,PA,PE,S,SG)	15.3%
5205.33.00	00	每根单纱细度超过43公支,但不超过52公支(300)	千克	8.6%[2]	0(AU,BH,CA,CL,CO,IL,JO,KR,MA,MX,OM,P,PA,PE,S,SG)	18.9%
5205.34.00	00	每根单纱细度超过52公支,但不超过80公支(300)	千克	9.9%[2]	0(AU,BH,CA,CL,CO,IL,JO,KR,MA,MX,OM,P,PA,PE,S,SG)	22.3%
5205.35.00	00	每根单纱细度超过80公支(300)	千克	12%[2]	0(AU,BH,CA,CL,CO,IL,JO,KR,MA,MX,OM,P,PA,PE,S,SG)	34.1%
		精梳纤维纺制的多股纱线或缆线:				

税则号列	统计后缀	货品名称	单位	税率 1 普通	税率 1 特惠	2
5205.41.00		每根单纱细度不超过14公支		5%[2]	0(AU, BH, CA, CL, CO, IL, JO, KR, MA, MX, OM, P, PA, PE, S, SG)	11.9%
	20	环锭纺(301)	千克			
	90	其他(301)	千克			
5205.42.00		每根单纱细度超过14公支,但不超过43公支(300)		6.5%[2]	0(AU, BH, CA, CL, CO, IL, JO, KR, MA, MX, OM, P, PA, PE, S, SG)	15.3%
		环锭纺:				
	21	紧密纺,细度超过41公支(301)	千克			
	29	其他(301)	千克			
	90	其他(301)	千克			
5205.43.00		每根单纱细度超过43公支,但不超过52公支(300)		8.6%[2]	0(AU, BH, CA, CL, CO, IL, JO, KR, MA, MX, OM, P, PA, PE, S, SG)	18.9%
		环锭纺:				
	21	紧密纺(301)	千克			
	29	其他(301)	千克			
	90	其他(301)	千克			
5205.44.00		每根单纱细度超过52公支,但不超过80公支(300)		9.9%[2]	0(AU, BH, CA, CL, CO, IL, JO, KR, MA, MX, OM, P, PA, PE, S, SG)	22.3%
		环锭纺:				
	21	紧密纺(301)	千克			
	29	其他(301)	千克			
	90	其他(301)	千克			
5205.46.00		每根单纱细度在125分特以下,但不细于106.38分特(每根单纱超过80公支,但不超过94公支)		12%[2]	0(AU, BH, CA, CL, CO, IL, JO, KR, MA, MX, OM, P, PA, PE, S, SG)	34.1%
		环锭纺:				
	21	紧密纺(301)	千克			
	29	其他(301)	千克			
	90	其他(301)	千克			
5205.47.00		每根单纱细度在106.38分特以下,但不细于83.33分特(每根单纱超过94公支,但不超过120公支)		12%[2]	0(AU, BH, CA, CL, CO, IL, JO, KR, MA, MX, OM, P, PA, PE, S, SG)	34.1%
		环锭纺:				
	21	紧密纺,细度不超过102公支(301)	千克			
	29	其他(301)	千克			
	90	其他(301)	千克			
5205.48.00		每根单纱细度在83.33分特以下(每根单纱超过120公支)		12%[2]	0(AU, BH, CA, CL, CO, IL, JO, KR, MA, MX, OM, P, PA, PE, S, SG)	34.1%
	20	环锭纺(301)	千克			

税则号列	统计后缀	货品名称	单位	税率 1 普通	税率 1 特惠	2
	90	其他(301)	千克			
5206		棉纱线(缝纫线除外),按重量计含棉量在85%以下,非供零售用:				
		未精梳纤维纺制的单纱:				
5206.11.00	00	细度不超过14公支(300)	千克	9.2%[2]	0(AU, BH, CA, CL, CO, IL, JO, KR, MA, MX, OM, P, PA, PE, S, SG)	40%
5206.12.00	00	细度超过14公支,但不超过43公支(300)	千克	9.2%[2]	0(AU, BH, CA, CL, CO, IL, JO, KR, MA, MX, OM, P, PA, PE, S, SG)	40%
5206.13.00	00	细度超过43公支,但不超过52公支(300)	千克	9.2%[2]	0(AU, BH, CA, CL, CO, IL, JO, KR, MA, MX, OM, P, PA, PE, S, SG)	40%
5206.14.00	00	细度超过52公支,但不超过80公支(300)	千克	9.2%[2]	0(AU, BH, CA, CL, CO, IL, JO, KR, MA, MX, OM, P, PA, PE, S, SG)	40%
5206.15.00	00	细度超过80公支(300)	千克	9.2%[2]	0(AU, BH, CA, CL, CO, IL, JO, KR, MA, MX, OM, P, PA, PE, S, SG)	40%
		精梳纤维纺制的单纱:				
5206.21.00	00	细度不超过14公支(301)	千克	9.2%[2]	0(AU, BH, CA, CL, CO, IL, JO, KR, MA, MX, OM, P, PA, PE, S, SG)	40%
5206.22.00	00	细度超过14公支,但不超过43公支(301)	千克	9.2%[2]	0(AU, BH, CA, CL, CO, IL, JO, KR, MA, MX, OM, P, PA, PE, S, SG)	40%
5206.23.00	00	细度超过43公支,但不超过52公支(301)	千克	9.2%[2]	0(AU, BH, CA, CL, CO, IL, JO, KR, MA, MX, OM, P, PA, PE, S, SG)	40%
5206.24.00	00	细度超过52公支,但不超过80公支(301)	千克	9.2%[2]	0(AU, BH, CA, CL, CO, IL, JO, KR, MA, MX, OM, P, PA, PE, S, SG)	40%
5206.25.00	00	细度超过80公支(301)	千克	9.2%[2]	0(AU, BH, CA, CL, CO, IL, JO, KR, MA, MX, OM, P, PA, PE, S, SG)	40%
		未精梳纤维纺制的多股纱线或缆线:				
5206.31.00	00	细度不超过14公支(300)	千克	9.2%[2]	0(AU, BH, CA, CL, CO, IL, JO, KR, MA, MX, OM, P, PA, PE, S, SG)	40%
5206.32.00	00	细度超过14公支,但不超过43公支(300)	千克	9.2%[2]	0(AU, BH, CA, CL, CO, IL, JO, KR, MA, MX, OM, P, PA, PE, S, SG)	40%
5206.33.00	00	细度超过43公支,但不超过52公支(300)	千克	9.2%[2]	0(AU, BH, CA, CL, CO, IL, JO, KR, MA, MX, OM, P, PA, PE, S, SG)	40%
5206.34.00	00	细度超过52公支,但不超过80公支(300)	千克	9.2%[2]	0(AU, BH, CA, CL, CO, IL, JO, KR, MA, MX, OM, P, PA, PE, S, SG)	40%

税则号列	统计后缀	货品名称	单位	税率 1 普通	税率 1 特惠	2
5206.35.00	00	细度超过80公支(300)	千克	9.2%[2]	0(AU, BH, CA, CL, CO, IL, JO, KR, MA, MX, OM, P, PA, PE, S, SG)	40%
		精梳纤维纺制的多股纱线或缆线:				
5206.41.00	00	细度不超过14公支(301)	千克	9.2%[2]	0(AU, BH, CA, CL, CO, IL, JO, KR, MA, MX, OM, P, PA, PE, S, SG)	40%
5206.42.00	00	细度超过14公支,但不超过43公支(301)	千克	9.2%[2]	0(AU, BH, CA, CL, CO, IL, JO, KR, MA, MX, OM, P, PA, PE, S, SG)	40%
5206.43.00	00	细度超过43公支,但不超过52公支(301)	千克	9.2%[2]	0(AU, BH, CA, CL, CO, IL, JO, KR, MA, MX, OM, P, PA, PE, S, SG)	40%
5206.44.00	00	细度超过52公支,但不超过80公支(301)	千克	9.2%[2]	0(AU, BH, CA, CL, CO, IL, JO, KR, MA, MX, OM, P, PA, PE, S, SG)	40%
5206.45.00	00	细度超过80公支(301)	千克	9.2%[2]	0(AU, BH, CA, CL, CO, IL, JO, KR, MA, MX, OM, P, PA, PE, S, SG)	40%
5207		棉纱线(缝纫线除外),供零售用:				
5207.10.00	00	按重量计含棉量在85%或以上(200)	千克	0[2]		25.5%
5207.90.00	00	其他(200)	千克	5%[2]	0(AU, BH, CA, CL, CO, IL, JO, KR, MA, MX, OM, P, PA, PE, S, SG)	25.5%
5208		棉机织物,按重量计含棉量在85%或以上,每平方米重量不超过200克:				
		未漂白:				
5208.11		平纹机织物,重量不超过100克/米²:				
5208.11.20		42号及以下		7%[2]	0(AU, BH, CA, CL, CO, IL, JO, KR, MA, MX, OM, P, PA, PE, S, SG)	16.9%
	20	府绸或细平布(314)	平方米 千克			
	40	阔幅平布(313)	平方米 千克			
	90	粗棉布(226)	平方米 千克			
5208.11.40		43号至68号		9%[2]	0(AU, BH, CA, CL, CO, IL, JO, KR, MA, MX, OM, P, PA, PE, S, SG)	21.7%
	20	府绸或细平布(314)	平方米 千克			
	40	阔幅平布(313)	平方米 千克			
	60	印花布(315)	平方米 千克			
	90	粗棉布(226)[4]	平方米 千克			

税则号列	统计后缀	货品名称	单位	税率 1 普通	税率 1 特惠	2
		69号及以上				
5208.11.60	00	适用于制造打字机色带,每平方厘米的总纱线数(多股纱线或缆线视为单纱)不少于94根但不超过134根,纱线平均数超过85但不超过237,经纱数或纬纱数不超过经纱和纬纱总数的60%(220)	平方米 千克	0[2]		22美分/千克+41.5%
5208.11.80		其他		10.5%[2]	0(AU,BH,CA,CL,CO,IL,JO,KR,MA,MX,OM,P,PA,PE,S,SG)	32.5%
	20	府绸或细平布(314)	平方米 千克			
	90	粗棉布;上等细布、巴厘纱或细薄织物(226)	平方米 千克			
5208.12		平纹机织物,重量超过100克/米^2:				
5208.12.40		42号及以下		7%[2]	0(AU,BH,CA,CL,CO,IL,JO,KR,MA,MX,OM,P,PA,PE,S,SG)	16.9%
	20	府绸或细平布(314)	平方米 千克			
	40	阔幅平布(313)	平方米 千克			
	90	粗棉布(226)	平方米 千克			
5208.12.60		43号至68号		9%[2]	0(AU,BH,CA,CL,CO,IL,JO,KR,MA,MX,OM,P,PA,PE,S,SG)	21.7%
	20	府绸或细平布(314)	平方米 千克			
	40	阔幅平布(313)	平方米 千克			
	60	印花布(315)	平方米 千克			
	90	粗棉布(226)	平方米 千克			
5208.12.80		69号及以上		10.5%[2]	0(AU,BH,CA,CL,CO,IL,JO,KR,MA,MX,OM,P,PA,PE,S,SG)	32.5%
	20	府绸或细平布(314)	平方米 千克			
	90	粗棉布;上等细布、巴厘纱或细薄织物(226)	平方米 千克			
5208.13.00	00	三线或四线斜纹机织物,包括双面斜纹机织物(317)	平方米 千克	7.9%[2]	0(AU,BH,CA,CL,CO,IL,JO,KR,MA,MX,OM,P,PA,PE,S,SG)	18.7%
5208.19		其他机织物:				

税则号列	统计后缀	货品名称	单位	税率 1 普通	税率 1 特惠	2
5208.19.20		缎纹机织物或斜纹机织物		7.9%[2]	0(AU, BH, CA, CL, CO, IL, JO, KR, MA, MX, OM, P, PA, PE, S, SG)	18.7%
	20	纬面缎纹(326)	平方米 千克			
	90	其他(317)	平方米 千克			
		其他:				
5208.19.40		42号及以下		7%[2]	0(AU, BH, CA, CL, CO, IL, JO, KR, MA, MX, OM, P, PA, PE, S, SG)	16.9%
	20	牛津布(227)	平方米 千克			
	90	其他(220)	平方米 千克			
5208.19.60		43号至68号		9%[2]	0(AU, BH, CA, CL, CO, IL, JO, KR, MA, MX, OM, P, PA, PE, S, SG)	21.7%
	20	牛津布(227)	平方米 千克			
	90	其他(220)	平方米 千克			
5208.19.80		69号及以上		10.5%[2]	0(AU, BH, CA, CL, CO, IL, JO, KR, MA, MX, OM, P, PA, PE, S, SG)	32.5%
	20	牛津布(227)	平方米 千克			
	90	其他(220)	平方米 千克			
		漂白:				
5208.21		平纹机织物,重量不超过100克/米²:				
5208.21.20		42号及以下		8.4%[2]	0(AU, BH, CA, CL, CO, IL, JO, KR, MA, MX, OM, P, PA, PE, S, SG)	19.9%
	20	府绸或细平布(314)	平方米 千克			
	40	阔幅平布(313)	平方米 千克			
	90	粗棉布(226)	平方米 千克			
5208.21.40		43号至68号		10.2%[5]	0(AU, BH, CA, CL, CO, IL, JO, KR, MA, MX, OM, P, PA, PE, S, SG)	24.7%
	20	府绸或细平布(314)	平方米 千克			
	40	阔幅平布(313)	平方米 千克			
	60	印花布(315)	平方米 千克			

税则号列	统计后缀	货品名称	单位	税率 1 普通	税率 1 特惠	2
	90	粗棉布(226)[4]	平方米 千克			
5208.21.60		69号及以上		11.5%[2]	0(AU, BH, CA, CL, CO, IL, JO, KR, MA, MX, OM, P, PA, PE, S, SG)	35.5%
	20	府绸或细平布(314)	平方米 千克			
	90	粗棉布;上等细布、巴厘纱或细薄织物(226)	平方米 千克			
5208.22		平纹机织物,重量超过100克/米²:				
5208.22.40		42号及以下		8.4%[2]	0(AU, BH, CA, CL, CO, IL, JO, KR, MA, MX, OM, P, PA, PE, S, SG)	19.9%
	20	府绸或细平布(314)	平方米 千克			
	40	阔幅平布(313)	平方米 千克			
	90	粗棉布(226)	平方米 千克			
5208.22.60		43号至68号		8.7%[2]	0(AU, BH, CA, CL, CO, IL, JO, KR, MA, MX, OM, P, PA, PE, S, SG)	24.7%
	20	府绸或细平布(314)	平方米 千克			
	40	阔幅平布(313)	平方米 千克			
	60	印花布(315)	平方米 千克			
	90	粗棉布(226)	平方米 千克			
5208.22.80		69号及以上		11.5%[2]	0(AU, BH, CA, CL, CO, IL, JO, KR, MA, MX, OM, P, PA, PE, S, SG)	35.5%
	20	府绸或细平布(314)	平方米 千克			
	90	粗棉布;上等细布、巴厘纱或细薄织物(226)	平方米 千克			
5208.23.00	00	三线或四线斜纹机织物,包括双面斜纹机织物(317)	平方米 千克	9.1%[2]	0(AU, BH, CA, CL, CO, IL, JO, KR, MA, MX, OM, P, PA, PE, S, SG)	21.7%
5208.29		其他机织物:				
5208.29.20		缎纹机织物或斜纹机织物		7.7%[2]	0(AU, BH, CA, CL, CO, IL, JO, KR, MA, MX, OM, P, PA, PE, S, SG)	21.7%
	20	纬面缎纹(326)	平方米 千克			
	90	其他(317)	平方米 千克			
		其他:				

税则号列	统计后缀	货品名称	单位	税率 1 普通	税率 1 特惠	2
5208.29.40		42号及以下		8.4%[2]	0（AU, BH, CA, CL, CO, IL, JO, KR, MA, MX, OM, P, PA, PE, S, SG）	19.9%
	20	牛津布(227)	平方米 千克			
	90	其他(220)	平方米 千克			
5208.29.60		43号至68号		10.2%[2]	0（AU, BH, CA, CL, CO, IL, JO, KR, MA, MX, OM, P, PA, PE, S, SG）	24.7%
	20	牛津布(227)	平方米 千克			
	90	其他(220)	平方米 千克			
5208.29.80		69号及以上		13.5%[2]	0（AU, BH, CA, CL, CO, IL, JO, KR, MA, MX, OM, P, PA, PE, S, SG）	35.5%
	20	牛津布(227)	平方米 千克			
	90	其他(220)	平方米 千克			
		染色：				
5208.31		平纹机织物，重量不超过100克/米^2：				
5208.31.20	00	经认证的手工织物	平方米 千克	3%[2]	0（A, AU, BH, CA, CL, CO, D, E, IL, JO, KR, MA, MX, OM, P, PA, PE, S, SG）	38.5%
		其他：				
5208.31.40		42号及以下		8.1%[2]	0（AU, BH, CA, CL, CO, IL, JO, KR, MA, MX, OM, P, PA, PE, S, SG）	22.9%
	20	府绸或细平布(314)	平方米 千克			
	40	阔幅平布(313)	平方米 千克			
	90	粗棉布(226)	平方米 千克			
5208.31.60		43号至68号		9.7%[2]	0（AU, BH, CA, CL, CO, IL, JO, KR, MA, MX, OM, P, PA, PE, S, SG）	27.7%
	20	府绸或细平布(314)	平方米 千克			
	40	阔幅平布(313)	平方米 千克			
	60	印花布(315)	平方米 千克			
	90	粗棉布(226)	平方米 千克			

税则号列	统计后缀	货品名称	单位	税率 普通	税率 1 特惠	税率 2
5208.31.80		69号及以上		12.5%[2]	0(AU,BH,CA,CL,CO,IL,JO,KR,MA,MX,OM,P,PA,PE,S,SG)	38.5%
	20	府绸或细平布(314)	平方米 千克			
	90	粗棉布；上等细布、巴厘纱或细薄织物(226)	平方米 千克			
5208.32		平纹机织物,重量超过100克/米^2：				
5208.32.10	00	经认证的手工织物	平方米 千克	3%[2]	0(A,AU,BH,CA,CL,CO,D,E,IL,JO,KR,MA,MX,OM,P,PA,PE,S,SG)	38.5%
		其他：				
5208.32.30		42号及以下		7%[2]	0(AU,BH,CA,CL,CO,IL,JO,KR,MA,MX,OM,P,PA,PE,S,SG)	22.9%
	20	府绸或细平布(314)	平方米 千克			
	40	阔幅平布(313)	平方米 千克			
	90	粗棉布(226)	平方米 千克			
5208.32.40		43号至68号		9.7%[2]	0(AU,BH,CA,CL,CO,IL,JO,KR,MA,MX,OM,P,PA,PE,S,SG)	27.7%
	20	府绸或细平布(314)	平方米 千克			
	40	阔幅平布(313)	平方米 千克			
	60	印花布(315)	平方米 千克			
	90	粗棉布(226)	平方米 千克			
5208.32.50		69号及以上		12.5%[2]	0(AU,BH,CA,CL,CO,IL,JO,KR,MA,MX,OM,P,PA,PE,S,SG)	38.5%
	20	府绸或细平布(314)	平方米 千克			
	90	粗棉布；上等细布、巴厘纱或细薄织物(226)	平方米 千克			
5208.33.00	00	三线或四线斜纹机织物,包括双面斜纹机织物(317)	平方米 千克	10.3%[2]	0(AU,BH,CA,CL,CO,IL,JO,KR,MA,MX,OM,P,PA,PE,S,SG)	24.7%
5208.39		其他机织物：				
5208.39.20		缎纹机织物或斜纹机织物		8.8%[2]	0(AU,BH,CA,CL,CO,IL,JO,KR,MA,MX,OM,P,PA,PE,S,SG)	24.7%
	20	纬面缎纹(326)[6]	平方米 千克			

税则号列	统计后缀	货品名称	单位	税率 普通	税率 特惠	2
	90	其他(317)	平方米 千克			
		其他:				
5208.39.40		42号及以下		7%[2]	0(AU, BH, CA, CL, CO, IL, JO, KR, MA, MX, OM, P, PA, PE, S, SG)	22.9%
	20	牛津布(227)	平方米 千克			
	90	其他(220)	平方米 千克			
5208.39.60		43号至68号		9.7%[2]	0(AU, BH, CA, CL, CO, IL, JO, KR, MA, MX, OM, P, PA, PE, S, SG)	27.7%
	20	牛津布(227)	平方米 千克			
	90	其他(220)	平方米 千克			
5208.39.80		69号及以上		12.5%[2]	0(AU, BH, CA, CL, CO, IL, JO, KR, MA, MX, OM, P, PA, PE, S, SG)	38.5%
	20	牛津布(227)	平方米 千克			
	90	其他(220)	平方米 千克			
		色织:				
5208.41		平纹机织物,重量不超过100克/米^2:				
5208.41.20	00	经认证的手工织物	平方米 千克	3%[2]	0(A, AU, BH, CA, CL, CO, D, E, IL, JO, KR, MA, MX, OM, P, PA, PE, S, SG)	38.5%
		其他:				
5208.41.40	00	42号及以下(218)	平方米 千克	8.1%[2]	0(AU, BH, CA, CL, CO, IL, JO, KR, MA, MX, OM, P, PA, PE, S, SG)	22.9%
5208.41.60	00	43号至68号(218)	平方米 千克	11.4%[2]	0(AU, BH, CA, CL, CO, IL, JO, KR, MA, MX, OM, P, PA, PE, S, SG)	27.7%
5208.41.80	00	69号及以上(218)	平方米 千克	14.7%[2]	0(AU, BH, CA, CL, CO, IL, JO, KR, MA, MX, OM, P, PA, PE, S, SG)	38.5%
5208.42		平纹机织物,重量超过100克/米^2:				
5208.42.10	00	经认证的手工织物	平方米 千克	3%[2]	0(A, AU, BH, CA, CL, CO, D, E, IL, JO, KR, MA, MX, OM, P, PA, PE, S, SG)	38.5%
		其他:				
5208.42.30	00	42号及以下(218)	平方米 千克	8.1%[2]	0(AU, BH, CA, CL, CO, IL, JO, KR, MA, MX, OM, P, PA, PE, S, SG)	22.9%

税则号列	统计后缀	货品名称	单位	税率 普通	税率 1 特惠	2
5208.42.40	00	43号至68号(218)	平方米 千克	11.4%[2]	0(AU, BH, CA, CL, CO, IL, JO, KR, MA, MX, OM, P, PA, PE, S, SG)	27.7%
5208.42.50	00	69号及以上(218)	平方米 千克	14.7%[2]	0(AU, BH, CA, CL, CO, IL, JO, KR, MA, MX, OM, P, PA, PE, S, SG)	38.5%
5208.43.00	00	三线或四线斜纹机织物,包括双面斜纹机织物(218)	平方米 千克	0[2]		24.7%
5208.49		其他机织物:				
5208.49.20	00	缎纹机织物或斜纹机织物	平方米 千克	0[2]		24.7%
		其他:				
5208.49.40		42号及以下		8.1%[2]	0(AU, BH, CA, CL, CO, IL, JO, KR, MA, MX, OM, P, PA, PE, S, SG)	22.9%
	10	牛津布(218)	平方米 千克			
	20	提花机织物(220)	平方米 千克			
	90	其他(218)	平方米 千克			
5208.49.60		43号至68号		9.7%[2]	0(AU, BH, CA, CL, CO, IL, JO, KR, MA, MX, OM, P, PA, PE, S, SG)	27.7%
	10	牛津布(218)	平方米 千克			
		提花机织物				
	20	幅宽超过127厘米(220)	平方米 千克			
	30	其他(220)	平方米 千克			
	90	其他(218)	平方米 千克			
5208.49.80		69号及以上		14.7%[2]	0(AU, BH, CA, CL, CO, IL, JO, KR, MA, MX, OM, P, PA, PE, S, SG)	38.5%
	20	提花机织物(220)	平方米 千克			
	90	其他(218)	平方米 千克			
		印花:				
5208.51		平纹机织物,重量不超过100克/米^2:				
5208.51.20	00	经认证的手工织物	平方米 千克	3%[2]	0(A, AU, BH, CA, CL, CO, D, E, IL, JO, KR, MA, MX, OM, P, PA, PE, S, SG)	38.5%
		其他:				

税则号列	统计后缀	货品名称	单位	税率 1 普通	税率 1 特惠	2
5208.51.40		42号及以下		8.1%[2]	0(AU, BH, CA, CL, CO, IL, JO, KR, MA, MX, OM, P, PA, PE, S, SG)	22.9%
	20	府绸或细平布(314)	平方米 千克			
	40	阔幅平布(313)	平方米 千克			
	90	粗棉布(226)	平方米 千克			
5208.51.60		43号至68号		11.4%[2]	0(AU, BH, CA, CL, CO, IL, JO, KR, MA, MX, OM, P, PA, PE, S, SG)	27.7%
	20	府绸或细平布(314)	平方米 千克			
	40	阔幅平布(313)	平方米 千克			
	60	印花布(315)	平方米 千克			
	90	粗棉布(226)	平方米 千克			
5208.51.80		69号及以上		12.5%[2]	0(AU, BH, CA, CL, CO, IL, JO, KR, MA, MX, OM, P, PA, PE, S, SG)	38.5%
	20	府绸或细平布(314)	平方米 千克			
	90	粗棉布；上等细布、巴厘纱或细薄织物(226)	平方米 千克			
5208.52		平纹机织物,重量超过100克/米^2:				
5208.52.10	00	经认证的手工织物	平方米 千克	3%[2]	0(A, AU, BH, CA, CL, CO, D, E, IL, JO, KR, MA, MX, OM, P, PA, PE, S, SG)	38.5%
		其他：				
5208.52.30		42号及以下		6%[2]	0(AU, BH, CA, CL, CO, IL, JO, KR, MA, MX, OM, P, PA, PE, S, SG)	22.9%
	20	府绸或细平布(314)	平方米 千克			
		阔幅平布：				
	35	拔染印花(313)	平方米 千克			
	45	其他(313)	平方米 千克			
	90	粗棉布(226)	平方米 千克			
5208.52.40		43号至68号		11.4%[2]	0(AU, BH, CA, CL, CO, IL, JO, KR, MA, MX, OM, P, PA, PE, S, SG)	27.7%
	20	府绸或细平布(314)	平方米 千克			

税则号列	统计后缀	货品名称	单位	税率 普通	税率 特惠	2
		阔幅平布:				
	35	拔染印花(313)	平方米 千克			
	45	其他(313)	平方米 千克			
		印花布(315)				
	55	拔染印花(315)	平方米 千克			
	65	其他(315)	平方米 千克			
	90	粗棉布(226)	平方米 千克			
5208.52.50		69号及以上		12.5%[2]	0(AU,BH,CA,CL,CO,IL,JO, KR,MA,MX,OM,P,PA,PE,S, SG)	38.5%
	20	府绸或细平布(314)	平方米 千克			
	90	粗棉布;上等细布、巴厘纱或细薄织物(226)	平方米 千克			
5208.59		其他机织物:				
5208.59.10	00	三线或四线斜纹机织物,包括双面斜纹机织物(317)	平方米 千克	8.8%[2]	0(AU,BH,CA,CL,CO,IL,JO, KR,MA,MX,OM,P,PA,PE,S, SG)	24.7%
5208.59.20		缎纹机织物或斜纹机织物,但三线斜纹、四线斜纹或双面斜纹机织物除外		10.3%[2]	0(AU,BH,CA,CL,CO,IL,JO, KR,MA,MX,OM,P,PA,PE,S, SG)	24.7%
		纬面缎纹:				
	15	拔染印花(326)	平方米 千克			
	25	其他(326)	平方米 千克			
		其他:				
	85	拔染印花(317)	平方米 千克			
	95	其他(317)	平方米 千克			
		其他:				
5208.59.40		42号及以下		6%[2]	0(AU,BH,CA,CL,CO,IL,JO, KR,MA,MX,OM,P,PA,PE,S, SG)	22.9%
	20	牛津布(227)	平方米 千克			
	90	其他(220)	平方米 千克			
5208.59.60		43号至68号		9.7%[2]	0(AU,BH,CA,CL,CO,IL,JO, KR,MA,MX,OM,P,PA,PE,S, SG)	27.7%

税则号列	统计后缀	货品名称	单位	税率 1 普通	税率 1 特惠	2
	20	牛津布(227)	平方米 千克			
	90	其他(220)	平方米 千克			
5208.59.80		69号及以上		11.4%[2]	0(AU, BH, CA, CL, CO, IL, JO, KR, MA, MX, OM, P, PA, PE, S, SG)	38.5%
	20	牛津布(227)	平方米 千克			
	90	其他(220)	平方米 千克			
5209		棉机织物,按重量计含棉量在85%以上,重量超过200克/米^2:				
		未漂白:				
5209.11.00		平纹机织物		6.5%[2]	0(AU, BH, CA, CL, CO, IL, JO, KR, MA, MX, OM, P, PA, PE, S, SG)	14.9%
	20	府绸或细平布(314)	平方米 千克			
		阔幅平布:				
		非拉绒织物:				
	25	低支纱柳条(313)	平方米 千克			
	35	其他(313)	平方米 千克			
	50	拉绒织物(313)	平方米 千克			
	90	平纹粗布(219)	平方米 千克			
5209.12.00		三线或四线斜纹机织物,包括双面斜纹机织物		6.5%[2]	0(AU, BH, CA, CL, CO, IL, JO, KR, MA, MX, OM, P, PA, PE, S, SG)	14.9%
	20	非拉绒织物(317)	平方米 千克			
	40	拉绒织物(317)	平方米 千克			
5209.19.00		其他机织物		6.5%[2]	0(AU, BH, CA, CL, CO, IL, JO, KR, MA, MX, OM, P, PA, PE, S, SG)	14.9%
		缎纹机织物或斜纹机织物:				
	20	棉缎(326)	平方米 千克			
	40	其他(317)	平方米 千克			
	60	粗布,平纹机织物除外(219)	平方米 千克			
	90	其他(220)	平方米 千克			

税则号列	统计后缀	货品名称	单位	税率 1 普通	税率 1 特惠	2
		漂白：				
5209.21.00		平纹机织物		7.7%[2]	0(AU,BH,CA,CL,CO,IL,JO,KR,MA,MX,OM,P,PA,PE,S,SG)	17.9%
	20	府绸或细平布（314）	平方米 千克			
		阔幅平布：				
		非拉绒织物：				
	25	低支纱柳条（313）	平方米 千克			
	35	其他（313）	平方米 千克			
	50	拉绒织物（313）	平方米 千克			
	90	平纹粗布（219）	平方米 千克			
5209.22.00		三线或四线斜纹机织物,包括双面斜纹机织物		7.7%[2]	0(AU,BH,CA,CL,CO,IL,JO,KR,MA,MX,OM,P,PA,PE,S,SG)	17.9%
	20	非拉绒织物（317）	平方米 千克			
	40	拉绒织物（317）	平方米 千克			
5209.29.00		其他机织物		7.7%[2]	0(AU,BH,CA,CL,CO,IL,JO,KR,MA,MX,OM,P,PA,PE,S,SG)	17.9%
		缎纹机织物或斜纹机织物：				
	20	棉缎（326）	平方米 千克			
	40	其他（317）	平方米 千克			
	60	粗布,平纹机织物除外（219）	平方米 千克			
	90	其他（220）	平方米 千克			
		染色：				
5209.31		平纹机织物：				
5209.31.30	00	经认证的手工织物	平方米 千克	3%[2]	0(A,AU,BH,CA,CL,CO,D,E,IL,JO,KR,MA,MX,OM,P,PA,PE,S,SG)	20.9%
5209.31.60		其他		8.4%[2]	0(AU,BH,CA,CL,CO,IL,JO,KR,MA,MX,OM,P,PA,PE,S,SG)	20.9%
	20	府绸或细平布（314）	平方米 千克			
		阔幅平布：				
		非拉绒织物：				

税则号列	统计后缀	货品名称	单位	税率 普通	税率 特惠	2
	25	低支纱柳条(313)	平方米 千克			
	35	其他(313)	平方米 千克			
	50	拉绒织物(313)	平方米 千克			
	90	平纹粗布(219)	平方米 千克			
5209.32.00		三线或四线斜纹机织物,包括双面斜纹机织物		8.4%[2]	0(AU,BH,CA,CL,CO,IL,JO, KR,MA,MX,OM,P,PA,PE,S, SG)	20.9%
	20	非拉绒织物(317)	平方米 千克			
	40	拉绒织物(317)	平方米 千克			
5209.39.00		其他机织物		8.4%[2]	0(AU,BH,CA,CL,CO,IL,JO, KR,MA,MX,OM,P,PA,PE,S, SG)	20.9%
		缎纹机织物或斜纹机织物:				
	20	棉缎(326)	平方米 千克			
	40	其他(317)	平方米 千克			
	60	粗布,平纹机织物除外(219)	平方米 千克			
		其他:				
	80	幅宽超过127厘米(220)	平方米 千克			
	90	其他(220)	平方米 千克			
		色织:				
5209.41		平纹机织物:				
5209.41.30	00	经认证的手工织物	平方米 千克	3%[2]	0(A,AU,BH,CA,CL,CO,D,E, IL,JO,KR,MA,MX,OM,P,PA, PE,S,SG)	20.9%
5209.41.60		其他		7.5%[2]	0(AU,BH,CA,CL,CO,IL,JO, KR,MA,MX,OM,P,PA,PE,S, SG)	20.9%
	20	非拉绒织物(218)	平方米 千克			
	40	拉绒织物(218)	平方米 千克			
5209.42.00		粗斜纹布(劳动布)		8.4%[2]	0(AU,BH,CA,CL,CO,IL,JO, KR,MA,MX,OM,P,PA,PE,S, SG)	20.9%
		蓝色粗斜纹布(劳动布):				
	20	重量不超过360克/米^2(225)	平方米 千克			

税则号列	统计后缀	货品名称	单位	税率 1 普通	税率 1 特惠	2
	40	重量超过360克/米²(225)	平方米 千克			
		其他粗斜纹布(劳动布):				
	60	重量不超过360克/米²(218)	平方米 千克			
	80	重量超过360克/米²(218)	平方米 千克			
5209.43.00		其他三线或四线斜纹机织物,包括双面斜纹机织物		8.4%[2]	0(AU,BH,CA,CL,CO,IL,JO,KR,MA,MX,OM,P,PA,PE,S,SG)	20.9%
	30	非拉绒织物(218)	平方米 千克			
	50	拉绒织物(218)	平方米 千克			
5209.49.00		其他机织物		8.4%[2]	0(AU,BH,CA,CL,CO,IL,JO,KR,MA,MX,OM,P,PA,PE,S,SG)	20.9%
		提花织物:				
	20	幅宽超过127厘米(220)	平方米 千克			
	40	其他(220)	平方米 千克			
	90	其他(218)	平方米 千克			
		印花:				
5209.51		平纹机织物:				
5209.51.30	00	经认证的手工织物	平方米 千克	3%[2]	0(A,AU,BH,CA,CL,CO,D,E,IL,JO,KR,MA,MX,OM,P,PA,PE,S,SG)	20.9%
5209.51.60		其他		8.4%[2]	0(AU,BH,CA,CL,CO,IL,JO,KR,MA,MX,OM,P,PA,PE,S,SG)	20.9%
		府绸或细平布:				
	15	拔染印花(314)	平方米 千克			
	25	其他(314)	平方米 千克			
		阔幅平布:				
		非拉绒织物:				
	32	拔染印花(313)	平方米 千克			
	35	其他(313)	平方米 千克			
	50	拉绒织物(313)	平方米 千克			
	90	平纹粗布(219)	平方米 千克			

税则号列	统计后缀	货品名称	单位	税率 1 普通	税率 1 特惠	2
5209.52.00		三线或四线斜纹机织物,包括双面斜纹机织物		8.4%[2]	0(AU, BH, CA, CL, CO, IL, JO, KR, MA, MX, OM, P, PA, PE, S, SG)	20.9%
	20	非拉绒织物(317)	平方米 千克			
	40	拉绒织物(317)	平方米 千克			
5209.59.00		其他机织物		8.4%[2]	0(AU, BH, CA, CL, CO, IL, JO, KR, MA, MX, OM, P, PA, PE, S, SG)	20.9%
		缎纹机织物或斜纹机织物:				
		棉缎:				
	15	拔染印花(326)	平方米 千克			
	25	其他(326)	平方米 千克			
	40	其他(317)	平方米 千克			
	60	粗布,平纹机织物除外(219)	平方米 千克			
	90	其他(220)	平方米 千克			
5210		棉机织物,按重量计含棉量在85%以下,主要或仅与化学纤维混纺,重量不超过200克/米^2				
		未漂白:				
5210.11		平纹机织物:				
5210.11.40		42号及以下		8.4%[7]	0(AU, BH, CA, CL, CO, IL, JO, KR, MA, MX, OM, P, PA, PE, S, SG)	21.9%
	20	府绸或细平布(314)	平方米 千克			
	40	阔幅平布(313)[8]	平方米 千克			
	90	粗棉布(226)	平方米 千克			
5210.11.60		43号至68号		10.2%[7]	0(AU, BH, CA, CL, CO, IL, JO, KR, MA, MX, OM, P, PA, PE, S, SG)	26.7%
	20	府绸或细平布(314)[8]	平方米 千克			
	40	阔幅平布(313)	平方米 千克			
	60	印花布(315)	平方米 千克			
	90	粗棉布(226)	平方米 千克			

税则号列	统计后缀	货品名称	单位	税率 1 普通	税率 1 特惠	2
5210.11.80		69号及以上		13.5%[2]	0(AU,BH,CA,CL,CO,IL,JO,KR,MA,MX,OM,P,PA,PE,S,SG)	37.5%
	20	府绸或细平布（314）	平方米 千克			
	90	粗棉布；上等细布、巴厘纱或细薄织物（226）	平方米 千克			
5210.19		其他机织物：				
5210.19.10	00	三线或四线斜纹机织物，包括双面斜纹机织物（317）	平方米 千克	9.1%[9]	0(AU,BH,CA,CL,CO,IL,JO,KR,MA,MX,OM,P,PA,PE,S,SG)	23.7%
5210.19.20		缎纹机织物或斜纹机织物，但三线斜纹、四线斜纹或双面斜纹机织物除外		9.1%[2]	0(AU,BH,CA,CL,CO,IL,JO,KR,MA,MX,OM,P,PA,PE,S,SG)	23.7%
	20	棉缎（326）	平方米 千克			
	90	其他（317）	平方米 千克			
		其他：				
5210.19.40		42号及以下		8.4%[2]	0(AU,BH,CA,CL,CO,IL,JO,KR,MA,MX,OM,P,PA,PE,S,SG)	21.9%
	20	牛津布（227）	平方米 千克			
	90	其他（220）	平方米 千克			
5210.19.60		43号至68号		8.7%[2]	0(AU,BH,CA,CL,CO,IL,JO,KR,MA,MX,OM,P,PA,PE,S,SG)	26.7%
	20	牛津布（227）	平方米 千克			
	90	其他（220）	平方米 千克			
5210.19.80		69号及以上		10.2%[2]	0(AU,BH,CA,CL,CO,IL,JO,KR,MA,MX,OM,P,PA,PE,S,SG)	37.5%
	20	牛津布（227）	平方米 千克			
	90	其他（220）	平方米 千克			
		漂白：				
5210.21		平纹机织物：				
5210.21.40		42号及以下		8.1%[2]	0(AU,BH,CA,CL,CO,IL,JO,KR,MA,MX,OM,P,PA,PE,S,SG)	24.9%
	20	府绸或细平布（314）	平方米 千克			
	40	阔幅平布（313）	平方米 千克			

税则号列	统计后缀	货品名称	单位	税率 1 普通	税率 1 特惠	2
	90	粗棉布（226）	平方米 千克			
5210.21.60		43号至68号		11.4%[2]	0（AU, BH, CA, CL, CO, IL, JO, KR, MA, MX, OM, P, PA, PE, S, SG）	29.7%
	20	府绸或细平布（314）	平方米 千克			
	40	阔幅平布（313）	平方米 千克			
	60	印花布（315）	平方米 千克			
	90	粗棉布（226）	平方米 千克			
5210.21.80		69号及以上		12.5%[2]	0（AU, BH, CA, CL, CO, IL, JO, KR, MA, MX, OM, P, PA, PE, S, SG）	40.5%
	20	府绸或细平布（314）	平方米 千克			
	90	粗棉布；上等细布、巴厘纱或细薄织物（226）	平方米 千克			
5210.29		其他机织物：				
5210.29.10	00	三线或四线斜纹机织物，包括双面斜纹机织物（317）	平方米 千克	10.3%[2]	0（AU, BH, CA, CL, CO, IL, JO, KR, MA, MX, OM, P, PA, PE, S, SG）	26.7%
5210.29.20		缎纹机织物或斜纹机织物，但三线斜纹、四线斜纹或双面斜纹机织物除外		10.3%[2]	0（AU, BH, CA, CL, CO, IL, JO, KR, MA, MX, OM, P, PA, PE, S, SG）	26.7%
	20	棉缎（326）	平方米 千克			
	90	其他（317）	平方米 千克			
		其他：				
5210.29.40		42号及以下		8.1%[2]	0（AU, BH, CA, CL, CO, IL, JO, KR, MA, MX, OM, P, PA, PE, S, SG）	24.9%
	20	牛津布（227）	平方米 千克			
	90	其他（220）	平方米 千克			
5210.29.60		43号至68号		11.4%[2]	0（AU, BH, CA, CL, CO, IL, JO, KR, MA, MX, OM, P, PA, PE, S, SG）	29.7%
	20	牛津布（227）	平方米 千克			
	90	其他（220）	平方米 千克			
5210.29.80		69号及以上		14.7%[2]	0（AU, BH, CA, CL, CO, IL, JO, KR, MA, MX, OM, P, PA, PE, S, SG）	40.5%

税则号列	统计后缀	货品名称	单位	税率 1 普通	税率 1 特惠	税率 2
	20	牛津布（227）	平方米 千克			
	90	其他（220）	平方米 千克			
		染色：				
5210.31		平纹机织物：				
5210.31.40		42号及以下		10%[2]	0（AU、BH、CA、CL、CO、IL、JO、KR、MA、MX、OM、P、PA、PE、S、SG）	27.9%
	20	府绸或细平布（314）	平方米 千克			
	40	阔幅平布（313）	平方米 千克			
	90	粗棉布（226）	平方米 千克			
5210.31.60		43号至68号		12.2%[2]	0（AU、BH、CA、CL、CO、IL、JO、KR、MA、MX、OM、P、PA、PE、S、SG）	32.7%
	20	府绸或细平布（314）	平方米 千克			
	40	阔幅平布（313）	平方米 千克			
	60	印花布（315）	平方米 千克			
	90	粗棉布（226）	平方米 千克			
5210.31.80		69号及以上		15.5%[2]	0（AU、BH、CA、CL、CO、IL、JO、KR、MA、MX、OM、P、PA、PE、S、SG）	43.5%
	20	府绸或细平布（314）	平方米 千克			
	90	粗棉布；上等细布、巴厘纱或细薄织物（226）	平方米 千克			
5210.32.00	00	三线或四线斜纹机织物，包括双面斜纹机织物（317）	平方米 千克	10%[2]	0（AU、BH、CA、CL、CO、IL、JO、KR、MA、MX、OM、P、PA、PE、S、SG）	29.7%
5210.39		其他机织物：				
5210.39.20		缎纹机织物或斜纹机织物		10%[2]	0（AU、BH、CA、CL、CO、IL、JO、KR、MA、MX、OM、P、PA、PE、S、SG）	29.7%
	20	棉缎（326）	平方米 千克			
	90	其他（317）	平方米 千克			
		其他：				
5210.39.40		42号及以下		8.8%[2]	0（AU、BH、CA、CL、CO、IL、JO、KR、MA、MX、OM、P、PA、PE、S、SG）	27.9%

税则号列	统计后缀	货品名称	单位	税率 普通	税率 特惠	2
	20	牛津布（227）	平方米 千克			
	90	其他（220）	平方米 千克			
5210.39.60		43号至68号		12.2%[2]	0（AU, BH, CA, CL, CO, IL, JO, KR, MA, MX, OM, P, PA, PE, S, SG）	32.7%
	20	牛津布（227）	平方米 千克			
	90	其他（220）	平方米 千克			
5210.39.80		69号及以上		12.4%[2]	0（AU, BH, CA, CL, CO, IL, JO, KR, MA, MX, OM, P, PA, PE, S, SG）	43.5%
	20	牛津布（227）	平方米 千克			
	90	其他（220）	平方米 千克			
		色织：				
5210.41		平纹机织物：				
5210.41.40	00	42号及以下（218）	平方米 千克	10%[2]	0（AU, BH, CA, CL, CO, IL, JO, KR, MA, MX, OM, P, PA, PE, S, SG）	27.9%
5210.41.60	00	43号至68号（218）	平方米 千克	12.2%[2]	0（AU, BH, CA, CL, CO, IL, JO, KR, MA, MX, OM, P, PA, PE, S, SG）	32.7%
5210.41.80	00	69号及以上（218）	平方米 千克	15.5%[2]	0（AU, BH, CA, CL, CO, IL, JO, KR, MA, MX, OM, P, PA, PE, S, SG）	43.5%
5210.49		其他机织物：				
5210.49.10	00	三线或四线斜纹机织物，包括双面斜纹机织物（218）	平方米 千克	10%[2]	0（AU, BH, CA, CL, CO, IL, JO, KR, MA, MX, OM, P, PA, PE, S, SG）	29.7%
5210.49.20	00	缎纹机织物或斜纹机织物，但三线斜纹、四线斜纹或双面斜纹机织物除外（218）	平方米 千克	10%[2]	0（AU, BH, CA, CL, CO, IL, JO, KR, MA, MX, OM, P, PA, PE, S, SG）	29.7%
		其他：				
5210.49.40		42号及以下		10%[2]	0（AU, BH, CA, CL, CO, IL, JO, KR, MA, MX, OM, P, PA, PE, S, SG）	27.9%
	10	牛津布（218）	平方米 千克			
	20	提花织物（220）	平方米 千克			
	90	其他（218）	平方米 千克			
5210.49.60		43号至68号		10.4%[2]	0（AU, BH, CA, CL, CO, IL, JO, KR, MA, MX, OM, P, PA, PE, S, SG）	32.7%

税则号列	统计后缀	货品名称	单位	税率 1 普通	税率 1 特惠	2
	10	牛津布（218）	平方米 千克			
	20	提花织物（220）	平方米 千克			
	90	其他（218）	平方米 千克			
5210.49.80		69号及以上		15.5%[2]	0（AU,BH,CA,CL,CO,IL,JO,KR,MA,MX,OM,P,PA,PE,S,SG）	43.5%
	20	提花织物（220）	平方米 千克			
	90	其他（218）	平方米 千克			
		印花：				
5210.51		平纹机织物：				
5210.51.40		42号及以下		10%[2]	0（AU,BH,CA,CL,CO,IL,JO,KR,MA,MX,OM,P,PA,PE,S,SG）	27.9%
	20	府绸或细平布（314）	平方米 千克			
	40	阔幅平布（313）	平方米 千克			
	90	粗棉布（226）	平方米 千克			
5210.51.60		43号至68号		12.2%[2]	0（AU,BH,CA,CL,CO,IL,JO,KR,MA,MX,OM,P,PA,PE,S,SG）	32.7%
	20	府绸或细平布（314）	平方米 千克			
	40	阔幅平布（313）	平方米 千克			
	60	印花布（315）	平方米 千克			
	90	粗棉布（226）	平方米 千克			
5210.51.80		69号及以上		15.5%[2]	0（AU,BH,CA,CL,CO,IL,JO,KR,MA,MX,OM,P,PA,PE,S,SG）	43.5%
	20	府绸或细平布（314）	平方米 千克			
	90	粗棉布；上等细布、巴厘纱或细薄织物（226）	平方米 千克			
5210.59		其他机织物：				
5210.59.10	00	三线或四线斜纹机织物,包括双面斜纹机织物（317）	平方米 千克	10%[2]	0（AU,BH,CA,CL,CO,IL,JO,KR,MA,MX,OM,P,PA,PE,S,SG）	29.7%
5210.59.20		缎纹机织物或斜纹机织物,但三线斜纹、四线斜纹或双面斜纹机织物除外		10%[2]	0（AU,BH,CA,CL,CO,IL,JO,KR,MA,MX,OM,P,PA,PE,S,SG）	29.7%

税则号列	统计后缀	货品名称	单位	税率 1 普通	税率 1 特惠	2
	20	棉缎(326)	平方米 千克			
	90	其他(317)	平方米 千克			
		其他:				
5210.59.40		42号及以下		8.8%[2]	0(AU, BH, CA, CL, CO, IL, JO, KR, MA, MX, OM, P, PA, PE, S, SG)	27.9%
	20	牛津布(227)	平方米 千克			
	90	其他(220)	平方米 千克			
5210.59.60		43号至68号		10.4%[2]	0(AU, BH, CA, CL, CO, IL, JO, KR, MA, MX, OM, P, PA, PE, S, SG)	32.7%
	20	牛津布(227)	平方米 千克			
	90	其他(220)	平方米 千克			
5210.59.80		69号及以上		7.8%[2]	0(AU, BH, CA, CL, CO, IL, JO, KR, MA, MX, OM, P, PA, PE, S, SG)	43.5%
	20	牛津布(227)	平方米 千克			
	90	其他(220)	平方米 千克			
5211		棉机织物,按重量计含棉量在85%以下,主要或仅与化学纤维混纺,重量超过200克/米^2:				
		未漂白:				
5211.11.00		平纹机织物		7.7%[2]	0(AU, BH, CA, CL, CO, IL, JO, KR, MA, MX, OM, P, PA, PE, S, SG)	19.9%
	20	府绸或细平布(314)	平方米 千克			
		阔幅平布:				
		非拉绒织物:				
	25	低支纱柳条(313)	平方米 千克			
	35	其他(313)	平方米 千克			
	50	拉绒织物(313)	平方米 千克			
	90	平纹粗布(219)	平方米 千克			
5211.12.00		三线或四线斜纹机织物,包括双面斜纹机织物		7.7%[2]	0(AU, BH, CA, CL, CO, IL, JO, KR, MA, MX, OM, P, PA, PE, S, SG)	19.9%

税则号列	统计后缀	货品名称	单位	税率 1 普通	税率 1 特惠	2
	20	非拉绒织物（317）	平方米千克			
	40	拉绒织物（317）	平方米千克			
5211.19.00		其他机织物		7.7%[2]	0（AU, BH, CA, CL, CO, IL, JO, KR, MA, MX, OM, P, PA, PE, S, SG）	19.9%
		缎纹机织物或斜纹机织物：				
	20	棉缎（326）	平方米千克			
	40	其他（317）	平方米千克			
	60	粗布，平纹机织物除外（219）	平方米千克			
	90	其他（220）	平方米千克			
5211.20		漂白：				
5211.20.21		平纹机织物		8.4%[2]	0（AU, BH, CA, CL, CO, IL, JO, KR, MA, MX, OM, P, PA, PE, S, SG）	22.9%
	20	府绸或细平布（314）	平方米千克			
		阔幅平布：				
		非拉绒织物：				
	25	低支纱柳条（313）	平方米千克			
	35	其他（313）	平方米千克			
	50	拉绒织物（313）	平方米千克			
	90	平纹粗布（219）	平方米千克			
5211.20.22		三线或四线斜纹机织物，包括双面斜纹机织物		8.4%[2]	0（AU, BH, CA, CL, CO, IL, JO, KR, MA, MX, OM, P, PA, PE, S, SG）	22.9%
	20	非拉绒织物（317）	平方米千克			
	40	拉绒织物（317）	平方米千克			
5211.20.29		其他机织物		8.4%[10]	0（AU, BH, CA, CL, CO, IL, JO, KR, MA, MX, OM, P, PA, PE, S, SG）	22.9%
		缎纹机织物或斜纹机织物：				
	20	棉缎（326）	平方米千克			
	40	其他（317）	平方米千克			

税则号列	统计后缀	货品名称	单位	税率 1 普通	税率 1 特惠	2
	60	粗布,平纹机织物除外(219)	平方米 千克			
	90	其他(220)	平方米 千克			
		染色:				
5211.31.00		平纹机织物		8.1%[2]	0(AU, BH, CA, CL, CO, IL, JO, KR, MA, MX, OM, P, PA, PE, S, SG)	25.9%
	20	府绸或细平布(314)	平方米 千克			
		阔幅平布:				
		非拉绒织物:				
	25	低支纱柳条(313)	平方米 千克			
	35	其他(313)	平方米 千克			
	50	拉绒织物(313)	平方米 千克			
	90	平纹粗布(219)	平方米 千克			
5211.32.00		三线或四线斜纹机织物,包括双面斜纹机织物		8.1%[2]	0(AU, BH, CA, CL, CO, IL, JO, KR, MA, MX, OM, P, PA, PE, S, SG)	25.9%
	20	非拉绒织物(317)	平方米 千克			
	40	拉绒织物(317)	平方米 千克			
5211.39.00		其他机织物		8.1%[11]	0(AU, BH, CA, CL, CO, IL, JO, KR, MA, MX, OM, P, PA, PE, S, SG)	25.9%
		缎纹机织物或斜纹机织物:				
	20	棉缎(326)	平方米 千克			
	40	其他(317)	平方米 千克			
	60	粗布,平纹机织物除外(219)	平方米 千克			
	90	其他(220)	平方米 千克			
		色织:				
5211.41.00		平纹机织物		8.1%[2]	0(AU, BH, CA, CL, CO, IL, JO, KR, MA, MX, OM, P, PA, PE, S, SG)	25.9%
	20	非拉绒织物(218)	平方米 千克			
	40	拉绒织物(218)	平方米 千克			

税则号列	统计后缀	货品名称	单位	税率 1 普通	税率 1 特惠	2
5211.42.00		粗斜纹布(劳动布)		8.1%[2]	0(AU,BH,CA,CL,CO,IL,JO,KR,MA,MX,OM,P,PA,PE,S,SG)	25.9%
		蓝色粗斜纹布(劳动布):				
	20	重量不超过 360 克/米²(225)	平方米千克			
	40	重量超过 360 克/米²(225)	平方米千克			
		其他粗斜纹布(劳动布):				
	60	重量不超过 360 克/米²(218)	平方米千克			
	80	重量超过 360 克/米²(218)	平方米千克			
5211.43.00		其他三线或四线斜纹机织物,包括双面斜纹机织物		8.1%[2]	0(AU,BH,CA,CL,CO,IL,JO,KR,MA,MX,OM,P,PA,PE,S,SG)	25.9%
	30	非拉绒织物(218)	平方米千克			
	50	拉绒织物(218)	平方米千克			
5211.49.00		其他机织物		8.1%[2]	0(AU,BH,CA,CL,CO,IL,JO,KR,MA,MX,OM,P,PA,PE,S,SG)	25.9%
	20	提花织物(220)	平方米千克			
	90	其他(218)	平方米千克			
		印花:				
5211.51.00		平纹机织物		0[2]		25.9%
	20	府绸或细平布(314)	平方米千克			
		阔幅平布:				
	30	非拉绒织物(313)	平方米千克			
	50	拉绒织物(313)	平方米千克			
	90	平纹粗布(219)	平方米千克			
5211.52.00		三线或四线斜纹机织物,包括双面斜纹机织物		8.1%[2]	0(AU,BH,CA,CL,CO,IL,JO,KR,MA,MX,OM,P,PA,PE,S,SG)	25.9%
	20	非拉绒织物(317)	平方米千克			
	40	拉绒织物(317)	平方米千克			
5211.59.00		其他机织物		8.1%[2]	0(AU,BH,CA,CL,CO,IL,JO,KR,MA,MX,OM,P,PA,PE,S,SG)	25.9%

税则号列	统计后缀	货品名称	单位	税率 1 普通	税率 1 特惠	2
		缎纹机织物或斜纹机织物:				
		缎纹机织物:				
	15	拔染印花(326)	平方米 千克			
	25	其他(326)	平方米 千克			
	40	其他(317)	平方米 千克			
	60	粗布,平纹机织物除外(219)	平方米 千克			
	90	其他(220)	平方米 千克			
5212		其他棉机织物:				
		重量不超过200克/米²:				
5212.11		未漂白:				
5212.11.10		按重量计羊毛或动物细毛含量在36%或以上		16.5%[2]	0(AU, BH, CA, CL, CO, IL, JO, KR, MA, MX, OM, P, PA, PE, S, SG)	68.5%
	10	未精梳(410)	平方米 千克			
	20	精梳(410)	平方米 千克			
5212.11.60		其他		7.8%[2]	0(AU, BH, CA, CL, CO, IL, JO, KR, MA, MX, OM, P, PA, PE, S, SG)	40%
	10	主要或者仅与羊毛或动物细毛混纺(220)	平方米 千克			
		其他:				
	20	府绸或细平布(314)	平方米 千克			
	30	阔幅平布(313)	平方米 千克			
	40	印花布(315)	平方米 千克			
	50	粗棉布;上等细布、巴厘纱或细薄织物(226)	平方米 千克			
		缎纹机织物或斜纹机织物:				
	60	棉缎(326)	平方米 千克			
	70	其他(317)	平方米 千克			
	80	牛津布(227)	平方米 千克			
	90	其他(220)	平方米 千克			
5212.12		漂白:				

税则号列	统计后缀	货品名称	单位	税率 1 普通	税率 1 特惠	税率 2
5212.12.10		按重量计羊毛或动物细毛含量在36%或以上		16.5%[2]	0(AU, BH, CA, CL, CO, IL, JO, KR, MA, MX, OM, P, PA, PE, S, SG)	68.5%
	10	未精梳(410)	平方米 千克			
	20	精梳(410)	平方米 千克			
5212.12.60		其他		7.8%[2]	0(AU, BH, CA, CL, CO, IL, JO, KR, MA, MX, OM, P, PA, PE, S, SG)	40%
	10	主要或者仅与羊毛或动物细毛混纺(220)	平方米 千克			
		其他:				
	20	府绸或细平布(314)	平方米 千克			
	30	阔幅平布(313)	平方米 千克			
	40	印花布(315)	平方米 千克			
	50	粗棉布;上等细布、巴厘纱或细薄织物(226)	平方米 千克			
		缎纹机织物或斜纹机织物:				
	60	棉缎(326)	平方米 千克			
	70	其他(317)	平方米 千克			
	80	牛津布(227)	平方米 千克			
	90	其他(220)	平方米 千克			
5212.13		染色:				
5212.13.10		按重量计羊毛或动物细毛含量在36%或以上		16.5%[2]	0(AU, BH, CA, CL, CO, IL, JO, KR, MA, MX, OM, P, PA, PE, S, SG)	68.5%
	10	未精梳(410)	平方米 千克			
	20	精梳(410)	平方米 千克			
5212.13.60		其他		7.8%[2]	0(AU, BH, CA, CL, CO, IL, JO, KR, MA, MX, OM, P, PA, PE, S, SG)	40%
	10	主要或者仅与羊毛或动物细毛混纺(220)	平方米 千克			
		其他:				
	20	府绸或细平布(314)	平方米 千克			
	30	阔幅平布(313)	平方米 千克			

税则号列	统计后缀	货品名称	单位	税率 1 普通	税率 1 特惠	2
	40	印花布（315）	平方米 千克			
	50	粗棉布；上等细布、巴厘纱或细薄织物（226）	平方米 千克			
		缎纹机织物或斜纹机织物：				
	60	棉缎（326）	平方米 千克			
	70	其他（317）	平方米 千克			
	80	牛津布（227）	平方米 千克			
	90	其他（220）	平方米 千克			
5212.14		色织：				
5212.14.10		按重量计羊毛或动物细毛含量在36%或以上		16.5%[2]	0（AU, BH, CA, CL, CO, IL, JO, KR, MA, MX, OM, P, PA, PE, S, SG）	68.5%
	10	未精梳（410）	平方米 千克			
	20	精梳（410）	平方米 千克			
5212.14.60		其他		7.8%[2]	0（AU, BH, CA, CL, CO, IL, JO, KR, MA, MX, OM, P, PA, PE, S, SG）	40%
	10	主要或者仅与羊毛或动物细毛混纺（220）	平方米 千克			
		其他：				
		提花织物：				
	20	幅宽超过127厘米（220）	平方米 千克			
	30	其他（220）	平方米 千克			
	90	其他（218）	平方米 千克			
5212.15		印花：				
5212.15.10		按重量计羊毛或动物细毛含量在36%或以上		0[2]		68.5%
	10	未精梳（410）	平方米 千克			
	20	精梳（410）	平方米 千克			
5212.15.60		其他		7.8%[2]	0（AU, BH, CA, CL, CO, IL, JO, KR, MA, MX, OM, P, PA, PE, S, SG）	40%
	10	主要或者仅与羊毛或动物细毛混纺（220）	平方米 千克			
		其他：				

税则号列	统计后缀	货品名称	单位	税率 1 普通	税率 1 特惠	2
	20	府绸或细平布（314）	平方米 千克			
	30	阔幅平布（313）	平方米 千克			
	40	印花布（315）	平方米 千克			
	50	粗棉布；上等细布、巴厘纱或细薄织物（226）	平方米 千克			
		缎纹机织物或斜纹机织物：				
	60	棉缎（326）	平方米 千克			
	70	其他（317）	平方米 千克			
	80	牛津布（227）	平方米 千克			
	90	其他（220）	平方米 千克			
		重量超过200克/米^2：				
5212.21		未漂白：				
5212.21.10		按重量计羊毛或动物细毛含量在36%或以上		16.5%[2]	0（AU,BH,CA,CL,CO,IL,JO,KR,MA,MX,OM,P,PA,PE,S,SG）	68.5%
	10	未精梳（410）	平方米 千克			
	20	精梳（410）	平方米 千克			
5212.21.60		其他		7.8%[2]	0（AU,BH,CA,CL,CO,IL,JO,KR,MA,MX,OM,P,PA,PE,S,SG）	40%
	10	主要或者仅与羊毛或动物细毛混纺（220）	平方米 千克			
		其他：				
	20	府绸或细平布（314）	平方米 千克			
	30	阔幅平布（313）	平方米 千克			
	40	粗布（219）	平方米 千克			
		缎纹机织物或斜纹机织物：				
	50	棉缎（326）	平方米 千克			
	60	其他（317）	平方米 千克			
	90	其他（220）	平方米 千克			
5212.22		漂白：				

税则号列	统计后缀	货品名称	单位	税率 1 普通	税率 1 特惠	2
5212.22.10		按重量计羊毛或动物细毛含量在36%或以上		16.5%[2]	0(AU, BH, CA, CL, CO, IL, JO, KR, MA, MX, OM, P, PA, PE, S, SG)	68.5%
	10	未精梳(410)	平方米 千克			
	20	精梳(410)	平方米 千克			
5212.22.60		其他		7.8%[2]	0(AU, BH, CA, CL, CO, IL, JO, KR, MA, MX, OM, P, PA, PE, S, SG)	40%
	10	主要或者仅与羊毛或动物细毛混纺(220)	平方米 千克			
		其他:				
	20	府绸或细平布(314)	平方米 千克			
	30	阔幅平布(313)	平方米 千克			
	40	粗布(219)	平方米 千克			
		缎纹机织物或斜纹机织物:				
	50	棉缎(326)	平方米 千克			
	60	其他(317)	平方米 千克			
	90	其他(220)	平方米 千克			
5212.23		染色:				
5212.23.10		按重量计羊毛或动物细毛含量在36%或以上		16.5%[2]	0(AU, BH, CA, CL, CO, IL, JO, KR, MA, MX, OM, P, PA, PE, S, SG)	68.5%
	10	未精梳(410)	平方米 千克			
	20	精梳(410)	平方米 千克			
5212.23.60		其他		7.8%[2]	0(AU, BH, CA, CL, CO, IL, JO, KR, MA, MX, OM, P, PA, PE, S, SG)	40%
	10	主要或者仅与羊毛或动物细毛混纺(220)	平方米 千克			
		其他:				
	20	府绸或细平布(314)	平方米 千克			
	30	阔幅平布(313)	平方米 千克			
	40	粗布(219)	平方米 千克			
		缎纹机织物或斜纹机织物:				

税则号列	统计后缀	货品名称	单位	税率 1 普通	税率 1 特惠	2
	50	棉缎（326）	平方米 千克			
	60	其他(317)	平方米 千克			
	90	其他(220)	平方米 千克			
5212.24		色织：				
5212.24.10		按重量计羊毛或动物细毛含量在36％或以上		16.5%[2]	0(AU,BH,CA,,CL,CO,IL,JO,KR,MA,MX,OM,P,PA,PE,S,SG)	68.5%
	10	未精梳（410）	平方米 千克			
	20	精梳（410）	平方米 千克			
5212.24.60		其他		7.8%[2]	0(AU,BH,CA,CL,CO,IL,JO,KR,MA,MX,OM,P,PA,PE,S,SG)	40%
	10	主要或者仅与羊毛或动物细毛混纺（220）	平方米 千克			
		其他：				
	20	蓝色粗斜纹布(劳动布)(225)	平方米 千克			
		提花织物：				
	30	幅宽超过127厘米（220）	平方米 千克			
	40	其他（220）	平方米 千克			
	90	其他（218）	平方米 千克			
5212.25		印花：				
5212.25.10		按重量计羊毛或动物细毛含量在36％或以上		0[2]		68.5%
	10	未精梳（410）	平方米 千克			
	20	精梳（410）	平方米 千克			
5212.25.60		其他		0[2]		40%
	10	主要或者仅与羊毛或动物细毛混纺（220）	平方米 千克			
		其他：				
	20	府绸或细平布（314）	平方米 千克			
	30	阔幅平布（313）	平方米 千克			
	40	粗布（219）	平方米 千克			
		缎纹机织物或斜纹机织物：				

税则号列	统计后缀	货品名称	单位	税率 1 普通	税率 1 特惠	2
	50	棉缎(326)	平方米 千克			
	60	其他(317)	平方米 千克			
	90	其他(220)	平方米 千克			

[1]见9903.52.00至9903.52.26和9904.52.01至9904.52.34。

[2]见9903.88.03。

[3]见9903.52.00至9903.52.26和9904.52.35至9904.52.50。

[4]见9903.88.40。

[5]见9902.12.83和9903.88.03。

[6]见9903.88.46。

[7]见9903.88.15。

[8]见9903.88.49、9903.88.57和9903.88.65。

[9]见9903.88.16。

[10]见9902.12.84和9903.88.03。

[11]见9902.12.85和9903.88.03。

第五十三章　其他植物纺织纤维；纸纱线及其机织物

统计注释：
一、就第五十三章的机织物而言：
（一）除条文另有规定的以外，与一种或多种织物组织有关的规定仅包括完全由规定的一种或多种织物组成的织物（不包括布边），包括仅由其组合而成的织物。
（二）所称"府绸或细平布"是指非平衡结构的平纹机织物，不论是否拉绒，但不包括以下类型：
　　1. 每平方米重量不超过 200 克、每平方厘米经纱和纬纱不超过 33 根的织物；
　　2. 每平方米重量超过 200 克、平均纱线数不超过 26 的织物。
（三）所称"阔幅平布"是指以下类型的平纹机织物，不论是否拉绒：
　　1. 每平方米重量不超过 200 克、每平方厘米经纱和纬纱超过 33 根、平均纱线数不超过 68 的平衡织物，但不包括印花布；
　　2. 每平方米重量超过 200 克的织物，但不包括：
　　　　(1) 经纱或纬纱由多股纱线或缆线组成、平均纱线数不超过 26 的织物；以及
　　　　(2) 平均纱线数不低于 27 的非平衡结构的织物。
（四）所称"印花布"是指每平方米重量不超过 200 克、平均纱线数为 43～68、每平方厘米含有 33 根以上单纱且不含多股纱线或缆线的平衡结构的平纹机织物，未经精梳，不论是否拉绒。
（五）所称"平衡结构"是指以下类型的机织物：
　　1. 每平方厘米经纱和纬纱少于 79 根，其中每厘米经纱总数与每厘米纬纱总数之差小于 11 根；或者
　　2. 每平方厘米经纱和纬纱不少于 79 根，其中每厘米经纱总数和每厘米纬纱总数均小于每平方厘米此类经纱和纬纱总数的 57%。
（六）所称"拉绒"是指具有毛绒纤维表面的织物，其表面是通过划破或刺破表面而产生的，从而使部分纤维从纱身上隆起。拉绒织物不得与起绒织物混淆。软绒布和广东法兰绒、鼹鼠皮等都是典型的拉绒面料。
（七）所称"未精梳"是指全部或部分未经精梳的棉花、其他植物纺织纤维或者羊毛或动物细毛织物。
（八）所称"精梳"是指含有棉花、其他植物纺织纤维或者羊毛或动物细毛的织物，其中纤维经过精梳，不论是否含有其他纤维。
（九）第五十三章机织物中的术语"号"是指其中所含纱线的平均数。在计算平均纱线数时，纱线长度等于在进口时织物中纱线的长度，将所有剪下的纱线视为连续纱线进行测量，并对织物中的全部单纱进行计数，包括任何股线或缆线中的单纱。重量应在通过煮沸或其他适当工艺去除任何多余的浆料后测量。下列任何一个公式都可用于确定平均纱线数：

$$N=BYT/1\,000,100T/Z',BT/Z \text{ 或 } ST/10$$

其中，N是平均纱线数，B是织物的宽度（厘米），Y是每千克织物的长度（米），T是每平方厘米的单纱数，S是每千克织物的面积（平方米），Z是每米织物的重量（克），Z′是每平方米织物的重量（克）。

所得"号"中的小数应忽略不计。

第五十三章 其他植物纺织纤维;纸纱线及其机织物

税则号列	统计后缀	货品名称	单位	税率 1 普通	税率 1 特惠	税率 2
5301		亚麻,生的或加工但未纺制的;亚麻短纤及废麻(包括废麻纱线及回收纤维):				
5301.10.00	00	生的或经沤制的亚麻	千克	0[1]		0.3美分/千克
		破开、打成、栉梳或经其他加工但未纺制的亚麻:				
5301.21.00	00	破开的或打成的	千克	0.2美分/千克[1]	0(A,AU,BH,CA,CL,CO,D,E,IL,JO,KR,MA,MX,OM,P,PA,PE,S,SG)	3.3美分/千克
5301.29.00	00	其他	千克	3.8%[1]	0(AU,BH,CA,CL,CO,E,IL,JO,KR,MA,MX,OM,P,PA,PE,S,SG)	20%
5301.30.00	00	亚麻短纤及废麻	千克	0[1]		0
5302		大麻,生的或加工但未纺制的;大麻短纤及废麻(包括废麻纱线及回收纤维):				
5302.10.00	00	生的或经沤制的大麻	千克	0[1]		4.4美分/千克
5302.90.00	00	其他	千克	0[1]		0
5303		黄麻及其他纺织用韧皮纤维(不包括亚麻、大麻及苎麻),生的或加工但未纺制的;上述纤维的短纤及废麻(包括废纱线及回收纤维):				
5303.10.00	00	生的或经沤制的黄麻及其他纺织用韧皮纤维	千克	0[1]		0
5303.90.00	00	其他	千克	0[1]		0
5305.00.00	00	椰壳纤维、蕉麻(马尼拉麻)、苎麻及其他品目未列名的纺织用植物纤维,生的或加工但未纺制的;上述纤维的短纤、落麻及废料(包括废纱线及回收纤维)	千克	0[1]		0
5306		亚麻纱线:				
5306.10.00	00	单纱	千克	0[1]		35%
5306.20.00	00	多股纱线或缆线	千克	0[1]		40%
5307		黄麻纱线或品目5303的其他纺织用韧皮纤维纱线:				
5307.10.00	00	单纱	千克	0[1]		15%
5307.20.00	00	多股纱线或缆线	千克	0[1]		25%
5308		其他植物纺织纤维纱线;纸纱线:				
5308.10.00	00	椰壳纤维纱线	千克	0[1]		0
5308.20.00	00	大麻纱线	千克	0[1]		35%
5308.90		其他:				
5308.90.10	00	纸纱线	千克	2.7%[1]	0(A,AU,BH,CA,CL,CO,D,E,IL,JO,KR,MA,MX,OM,P,PA,PE,S,SG)	35%
5308.90.90	00	其他(800)	千克	0[2]		40%
5309		亚麻机织物:				
		按重量计亚麻含量在85%或以上:				

税则号列	统计后缀	货品名称	单位	税率 1 普通	税率 1 特惠	2
5309.11.00		未漂白或漂白		0[1]		40%
	10	幅宽超过127厘米(810)	平方米 千克			
	90	其他(810)	平方米 千克			
5309.19.00		其他		0[1]		40%
	10	幅宽超过127厘米(810)	平方米 千克			
	90	其他(810)	平方米 千克			
		按重量计亚麻含量在85%以下:				
5309.21		未漂白或漂白:				
5309.21.20	00	按重量计羊毛或动物细毛含量超过17%(410)	平方米 千克	14.5%[1]	0(AU,BH,CA,CL,CO,IL,JO,KR,MA,MX,OM,P,PA,PE,S,SG)	90%
		其他:				
5309.21.30		含有棉和化纤		6.9%[1]	0(AU,BH,CA,CL,CO,E*,IL,JO,KR,MA,MX,OM,P,PA,PE,S,SG)	78%
		棉限内的:				
	05	府绸或细平布(314)	平方米 千克			
	10	阔幅平布(313)	平方米 千克			
	15	印花布(315)	平方米 千克			
	20	其他(220)	平方米 千克			
		化纤限内的:				
	55	府绸或细平布(614)	平方米 千克			
	60	阔幅平布(613)	平方米 千克			
	65	印花布(615)	平方米 千克			
	70	其他(220)	平方米 千克			
	90	其他(810)	平方米 千克			
5309.21.40		其他		0[1]		40%
	10	幅宽超过127厘米(810)	平方米 千克			
	90	其他(810)	平方米 千克			
5309.29		其他:				

税则号列	统计后缀	货品名称	单位	税率 普通	税率 特惠	2
5309.29.20	00	按重量计羊毛或动物细毛含量超过17%（410）	平方米 千克	14.5%[1]	0（AU,BH,CA,CL,CO,IL,JO,KR,MA,MX,OM,P,PA,PE,S,SG）	90%
		其他：				
5309.29.30		含棉和化纤		0[1]		78%
		棉限内的：				
	05	府绸或细平布（314）	平方米 千克			
	10	阔幅平布（313）	平方米 千克			
	15	印花布（315）	平方米 千克			
	20	其他（220）	平方米 千克			
		化纤限内的：				
	55	府绸或细平布（614）	平方米 千克			
	60	阔幅平布（613）	平方米 千克			
	65	印花布（615）	平方米 千克			
	70	其他（220）	平方米 千克			
	90	其他（810）	平方米 千克			
5309.29.40		其他		0[1]		40%
	10	幅宽超过127厘米（810）	平方米 千克			
	90	其他（810）	平方米 千克			
5310		黄麻或品目5303的其他纺织用韧皮纤维机织物：				
5310.10.00		未漂白		0[1]		40%
	20	幅宽不超过130厘米	平方米 千克			
	40	幅宽超过130厘米但不超过250厘米	平方米 千克			
	60	幅宽超过250厘米	平方米 千克			
5310.90.00	00	其他	平方米 千克	0[1]		11.5%
5311.00		其他纺织用植物纤维机织物；纸纱线机织物：				
		植物纺织纤维纺制的：				
5311.00.20	00	按重量计羊毛或动物细毛含量超过17%（410）	平方米 千克	14.5%[1]	0（AU,BH,CA,CL,CO,IL,JO,KR,MA,MX,OM,P,PA,PE,S,SG）	90%

税则号列	统计后级	货品名称	单位	税率 普通	税率 特惠	2
		其他:				
5311.00.30		含有棉和化纤		0[1]		78%
		棉限内的:				
	05	府绸或细平布（314）	平方米 千克			
	10	阔幅平布（313）	平方米 千克			
	15	印花布（315）	平方米 千克			
	20	其他（220）	平方米 千克			
		化纤限内的:				
	55	府绸或细平布（614）	平方米 千克			
	60	阔幅平布（613）	平方米 千克			
	65	印花布（615）	平方米 千克			
	70	其他（220）	平方米 千克			
	90	其他（810）	平方米 千克			
5311.00.40		其他		0[1]		40%
	10	大麻纤维（810）	平方米 千克			
	20	其他（810）	平方米 千克			
5311.00.60	00	纸纱线	千克	2.7%[1]	0(A, AU, BH, CA, CL, CO, D, E, IL, JO, KR, MA, MX, OM, P, PA, PE, S, SG)	40%

[1]见9903.88.03。

[2]见9903.88.15。

第五十四章　化学纤维长丝；化学纤维纺织材料制扁条及类似品

注释：
一、本税则所称"化学纤维"是指通过下列任一方法加工制得的有机聚合物的短纤或长丝：
　（一）将有机单体物质加以聚合而制成聚合物，例如，聚酰胺、聚酯、聚烯烃、聚氨基甲酸酯；或通过上述加工将聚合物经化学改性制得（例如，聚乙酸乙烯酯水解制得的聚乙烯醇）；或者
　（二）将天然有机聚合物（例如，纤维素）溶解或经化学处理制成聚合物，例如，铜铵纤维或粘胶纤维；或者将天然有机聚合物（例如，纤维素、酪蛋白及其他蛋白质或藻酸）经化学改性制成聚合物，例如，醋酸纤维素纤维或藻酸盐纤维。
　对于化学纤维，所称"合成"是指（一）款所述的纤维；所称"人造"，是指（二）款所述的纤维。品目5404或品目5405的扁条及类似品不视作化学纤维。
　对于纺织材料，所称"化学纤维""合成纤维"及"人造纤维"，其含义应与上述解释相同。
二、品目5402及品目5403不适用于第五十五章的合成纤维或人造纤维的长丝丝束。

统计注释：
一、就第五十四章的机织物而言：
　（一）除条文另有规定的以外，与一种或多种织物组织有关的规定仅包括完全由规定的一种或多种织物组成的织物（不包括布边），包括仅由其组合而成的织物。
　（二）所称"平幅机织物"是指不含每米捻度超过472圈的纱线的织物。
　（三）所称"府绸或细平布"是指非平衡结构的平纹机织物，不论是否拉绒，但不包括以下类型：
　　1. 每平方米重量不超过170克、每平方厘米经纱和纬纱不超过33根的织物；
　　2. 每平方米重量超过170克、平均纱线数不超过26的织物。
　（四）所称"阔幅平布"是指以下类型的平纹机织物，不论是否拉绒：
　　1. 每平方米重量不超过170克、每平方厘米经纱和纬纱超过33根、平均纱线数不超过68的平衡织物，但不包括印花布；
　　2. 每平方米重量超过170克的织物，但不包括：
　　　(1)经纱或纬纱由多股纱线或缆线组成、平均纱线数不超过26的织物；以及
　　　(2)平均纱线数不低于27的非平衡结构的织物。
　（五）所称"印花布"是指每平方米重量不超过170克、平均纱线数为43～68、每平方厘米含有33根以上单纱且不含多股纱线或缆线的平衡结构的平纹机织物，不论是否拉绒：
　　1. 未精梳织物；
　　2. 宽度小于168厘米的其他织物。
　（六）所称"平衡结构"是指以下类型的机织物：

1. 每平方厘米经纱和纬纱少于79根,其中每厘米经纱总数与每厘米纬纱总数之差小于11根;或者
2. 每平方厘米经纱和纬纱不少于79根,其中每厘米经纱总数和每厘米纬纱总数均小于每平方厘米此类经纱和纬纱总数的57%。

(七)所称"拉绒",是指具有毛绒纤维表面的织物,其表面是通过划破或刺破表面而产生的,从而使部分纤维从纱身上隆起。拉绒织物不得与起绒织物混淆。软绒布和广东法兰绒、鼹鼠皮等都是典型的拉绒面料。

(八)所称"未精梳"是指部分未经精梳的棉花、其他植物纺织纤维或者羊毛或动物细毛织物。

(九)所称"精梳"是指含有棉花、其他植物纺织纤维或者羊毛或动物细毛的织物,其中纤维经过精梳,不论是否含有其他纤维。

(十)化纤机织物中的术语"号"是指其中所含纱线的平均纱线数。在计算平均纱线数时,纱线长度等于在进口时织物纱线的长度,将所有剪下的纱线视为连续纱线进行测量,并对织物中的全部单纱进行计数,包括任何股线或缆线中的单纱。重量应在通过煮沸或其他适当工艺去除任何多余的浆料后测量。下列任何一个公式都可用于确定平均纱线公支数:

$$N=BYT/1\,000, 100T/Z', BT/Z \text{ 或 } ST/10$$

其中,N是平均纱线数,B是织物的宽度(厘米),Y是每千克织物的长度(米),T是每平方厘米的单纱数,S是每千克织物的面积(平方米),Z是每米织物的重量(克),Z′是每平方米织物的重量(克)。

所得"号"中的小数应忽略不计。

二、所称"拔染印花"织物是指:

(一)染色,非着色,除白色外的单一均匀颜色;

(二)使用氯或其他破坏颜色的化学品施加于染色织物的分离部分以漂白或排除染料并在这些分离部分印花的方法进行进一步处理,从而在先前染色的背景上产生不同颜色的图案;以及

(三)进行以下两种或以上的表面处理操作:漂白、收缩、填充、拉绒、浸渍、永久硬挺、增重、永久压花或湿化。

第五十四章 化学纤维长丝;化学纤维纺织材料制扁条及类似品   725

税则号列	统计后缀	货品名称	单位	税率 1 普通	税率 1 特惠	2
5401		化学纤维长丝纺制的缝纫线,不论是否供零售用:				
5401.10.00	00	合成纤维长丝纺制(200)	千克	11.4%[1]	0(AU,BH,CA,CL,CO,IL,JO,KR,MA,MX,OM,P,PA,PE,S,SG)	55%
5401.20.00	00	人造纤维长丝纺制(200)	千克	11.4%[1]	0(AU,BH,CA,CL,CO,IL,JO,KR,MA,MX,OM,P,PA,PE,S,SG)	55%
5402		合成纤维长丝纱线(缝纫线除外),非供零售用,包括细度在67分特以下的合成纤维单丝:				
		尼龙或其他聚酰胺纺制的高强力纱,不论是否经变形加工:				
5402.11		芳纶纺制:				
5402.11.30		单纱		8.8%[1]	0(AU,BH,CA,CL,CO,IL,JO,KR,MA,MX,OM,P,PA,PE,S,SG)	50%
		细度不超过920分特:				
	10	单丝;复丝,未加捻或捻度每米小于5转	千克			
	30	复丝,捻度每米不小于5转(606)	千克			
		细度超过920分特:				
	50	单丝;复丝,未加捻或捻度每米小于5转	千克			
	70	复丝,捻度每米不小于5转(606)	千克			
5402.11.60	00	多股纱线或缆线(606)	千克	8%[1]	0(AU,BH,CA,CL,CO,IL,JO,KR,MA,MX,OM,P,PA,PE,S,SG)	55%
5402.19		其他:				
5402.19.30		单纱		8.8%[1]	0(AU,BH,CA,CL,CO,IL,JO,KR,MA,MX,OM,P,PA,PE,S,SG)	50%
		细度不超过920分特:				
	10	单丝;复丝,未加捻或捻度每米小于5转	千克			
	30	复丝,捻度每米不小于5转(606)	千克			
		细度超过920分特:				
	50	单丝;复丝,未加捻或捻度每米小于5转	千克			
	70	复丝,捻度每米不小于5转(606)	千克			
5402.19.60	00	多股纱线或缆线(606)	千克	8%[1]	0(AU,BH,CA,CL,CO,IL,JO,KR,MA,MX,OM,P,PA,PE,S,SG)	55%
5402.20		聚酯高强力纱,不论是否经变形加工:				

税则号列	统计后缀	货品名称	单位	税率 普通	税率 1 特惠	2
5402.20.30		单纱		8.8%[1]	0（AU, BH, CA, CL, CO, IL, JO, KR, MA, MX, OM, P, PA, PE, S, SG）	50%
		细度不超过920分特：				
	10	单丝；复丝，未加捻或捻度每米小于5转[2]	千克			
	30	复丝，捻度每米不小于5转（606）[3]	千克			
		细度超过920分特：				
	50	单丝；复丝，未加捻或捻度每米小于5转	千克			
	70	复丝，捻度每米不小于5转（606）	千克			
5402.20.60	00	多股纱线或缆线（606）	千克	7.5%[4]	0（AU, BH, CA, CL, CO, IL, JO, KR, MA, MX, OM, P, PA, PE, S, SG）	55%
		变形纱线：				
5402.31		尼龙或其他聚酰胺纺制,每根单纱细度不超过500分特：				
5402.31.30	00	单纱（600）	千克	8.8%[1]	0（AU, BH, CA, CL, CO, IL, JO, KR, MA, MX, OM, P, PA, PE, S, SG）	50%
5402.31.60	00	多股纱线或缆线（600）	千克	8%[1]	0（AU, BH, CA, CL, CO, IL, JO, KR, MA, MX, OM, P, PA, PE, S, SG）	55%
5402.32		尼龙或其他聚酰胺纺制,每根单纱细度超过500分特：				
5402.32.30	00	单纱（600）	千克	8%[1]	0（AU, BH, CA, CL, CO, IL, JO, KR, MA, MX, OM, P, PA, PE, S, SG）	50%
5402.32.60	00	多股纱线或缆线（600）	千克	8%[1]	0（AU, BH, CA, CL, CO, IL, JO, KR, MA, MX, OM, P, PA, PE, S, SG）	55%
5402.33		聚酯纺制：				
5402.33.30	00	单纱（600）	千克	8.8%[1]	0（AU, BH, CA, CL, CO, IL, JO, KR, MA, MX, OM, P, PA, PE, S, SG）	50%
5402.33.60	00	多股纱线或缆线（600）	千克	8%[1]	0（AU, BH, CA, CL, CO, IL, JO, KR, MA, MX, OM, P, PA, PE, S, SG）	55%
5402.34		聚丙烯纺制：				
5402.34.30	00	单纱（600）	千克	8.8%[1]	0（AU, BH, CA, CL, CO, IL, JO, KR, MA, MX, OM, P, PA, PE, S, SG）	50%
5402.34.60	00	多股纱线或缆线（600）	千克	8%[1]	0（AU, BH, CA, CL, CO, IL, JO, KR, MA, MX, OM, P, PA, PE, S, SG）	55%
5402.39		其他：				

税则号列	统计后缀	货品名称	单位	税率 1 普通	税率 1 特惠	税率 2
5402.39.31		单纱		8.8%[1]	0(AU,BH,CA,CL,CO,IL,JO,KR,MA,MX,OM,P,PA,PE,S,SG)	50%
	10	聚乙烯纺制（600）	千克			
	90	其他(600)	千克			
5402.39.61		多股纱线或缆线		8%[1]	0(AU,BH,CA,CL,CO,IL,JO,KR,MA,MX,OM,P,PA,PE,S,SG)	55%
	10	聚乙烯纺制（600）	千克			
	90	其他(600)	千克			
		其他单纱,未加捻或捻度每米不超过50转:				
5402.44.00		弹性纱线		8%[1]	0(AU,BH,CA,CL,CO,IL,JO,KR,MA,MX,OM,P,PA,PE,S,SG)	50%
	05	单丝;复丝,未加捻或捻度每米小于5转	千克			
	40	其他	千克			
5402.45		其他,尼龙或其他聚酰胺纱线:				
5402.45.10	00	着色复丝纱线,未加捻或捻度每米小于5转,每根单丝细度不小于22分特,经进口证明用于生产玩偶假发	千克	0[1]		50%
5402.45.90		其他		8%[5]	0(AU,BH,CA,CL,CO,IL,JO,KR,MA,MX,OM,P,PA,PE,S,SG)	50%
		单丝;复丝,未加捻或捻度每米小于5转:				
	10	部分定向的复丝	千克			
	30	其他	千克			
	40	复丝,捻度每米不小于5转(606)	千克			
5402.46.00	00	其他,部分定向聚酯纱线	千克	8.8%[1]	0(AU,BH,CA,CL,CO,IL,JO,KR,MA,MX,OM,P,PA,PE,S,SG)	50%
5402.47		其他,聚酯纱线:				
5402.47.10		全聚酯纺制,细度不小于75分特但不超过80分特,每根纱线有24根长丝		8%[1]	0(AU,BH,CA,CL,CO,IL,JO,KR,MA,MX,OM,P,PA,PE,S,SG)	50%
	20	未加捻或捻度每米小于5转	千克			
	40	捻度每米不小于5转(606)	千克			
5402.47.90		其他		8%[1]	0(AU,BH,CA,CL,CO,IL,JO,KR,MA,MX,OM,P,PA,PE,S,SG)	50%
	20	单丝;复丝,未加捻或捻度每米小于5转	千克			
	40	复丝,捻度每米不小于5转(606)	千克			

税则号列	统计后缀	货品名称	单位	税率 1 普通	税率 1 特惠	2
5402.48.00		其他,聚丙烯纱线		8%[1]	0(AU, BH, CA, CL, CO, IL, JO, KR, MA, MX, OM, P, PA, PE, S, SG)	50%
	10	单丝;复丝,未加捻或捻度每米小于5转	千克			
	70	其他	千克			
5402.49		其他:				
5402.49.11	00	着色改性聚丙烯腈复丝,未加捻或捻度每米小于5转,每根单丝细度不小于22分特,经进口商证明用于生产玩偶假发	千克	0[1]		50%
5402.49.91		其他		8%[6]	0(AU, BH, CA, CL, CO, IL, JO, KR, MA, MX, OM, P, PA, PE, S, SG)	50%
		单丝;复丝,未加捻或捻度每米小于5转:				
	15	聚乙烯纱线	千克			
	40	其他	千克			
		复丝,捻度每米不小于5转:				
	75	聚乙烯纱线(606)	千克			
	80	其他(606)	千克			
		其他单纱,捻度每米超过50转:				
5402.51.00	00	尼龙或其他聚酰胺纱线(606)	千克	8.8%[7]	0(AU, BH, CA, CL, CO, IL, JO, KR, MA, MX, OM, P, PA, PE, S, SG)	50%
5402.52		聚酯纱线:				
5402.52.10	00	全聚酯纺制,细度不小于75分特但不超过80分特,每根纱线有24根长丝	千克	8.8%[1]	0(AU, BH, CA, CL, CO, IL, JO, KR, MA, MX, OM, P, PA, PE, S, SG)	50%
5402.52.90	00	其他(606)	千克	8.8%[1]	0(AU, BH, CA, CL, CO, IL, JO, KR, MA, MX, OM, P, PA, PE, S, SG)	50%
5402.53.00	00	聚丙烯纱线(606)	千克	8%[1]	0(AU, BH, CA, CL, CO, IL, JO, KR, MA, MX, OM, P, PA, PE, S, SG)	50%
5402.59.01	00	其他(606)	千克	8%[1]	0(AU, BH, CA, CL, CO, IL, JO, KR, MA, MX, OM, P, PA, PE, S, SG)	50%
		其他纱线,多股纱线或缆线:				
5402.61.00	00	尼龙或其他聚酰胺纺制(606)	千克	7.5%[1]	0(AU, BH, CA, CL, CO, IL, JO, KR, MA, MX, OM, P, PA, PE, S, SG)	55%
5402.62.00	00	聚酯纺制(606)	千克	7.5%[1]	0(AU, BH, CA, CL, CO, IL, JO, KR, MA, MX, OM, P, PA, PE, S, SG)	55%
5402.63.00	00	聚丙烯纺制(606)	千克	7.5%[1]	0(AU, BH, CA, CL, CO, IL, JO, KR, MA, MX, OM, P, PA, PE, S, SG)	55%

税则号列	统计后缀	货品名称	单位	税率 1 普通	税率 1 特惠	税率 2
5402.69.01	00	其他(606)	千克	7.5%[1]	0(AU,BH,CA,CL,CO,IL,JO,KR,MA,MX,OM,P,PA,PE,S,SG)	55%
5403		人造纤维长丝纱线(缝纫线除外),非供零售用,包括细度在67分特以下的人造纤维单丝:				
5403.10		粘胶纤维纺制的高强力纱:				
5403.10.30		单纱		10%[8]	0(AU,BH,CA,CL,CO,IL,JO,KR,MA,MX,OM,P,PA,PE,S,SG)	50%
	20	单丝;复丝,未加捻或捻度每米小于5转	千克			
	40	复丝,捻度每米不少于5转(606)	千克			
5403.10.60	00	多股纱线或缆线(606)	千克	9.1%[9]	0(AU,BH,CA,CL,CO,IL,JO,KR,MA,MX,OM,P,PA,PE,S,SG)	55%
		其他单纱:				
5403.31.00		粘胶纤维纺制,未加捻或捻度每米不超过120转		10%[10]	0(AU,BH,CA,CL,CO,IL,JO,KR,MA,MX,OM,P,PA,PE,S,SG)	50%
	20	单丝;复丝,未加捻或捻度每米小于5转	千克			
	40	复丝,捻度每米不少于5转(606)	千克			
5403.32.00	00	粘胶纤维纺制,捻度每米超过120转(606)	千克	10%[11]	0(AU,BH,CA,CL,CO,IL,JO,KR,MA,MX,OM,P,PA,PE,S,SG)	50%
5403.33.00		醋酸纤维纺制		8.8%[1]	0(AU,BH,CA,CL,CO,IL,JO,KR,MA,MX,OM,P,PA,PE,S,SG)	50%
	20	单丝;复丝,未加捻或捻度每米小于5转	千克			
	40	复丝,捻度每米不少于5转(606)	千克			
5403.39		其他:				
5403.39.10	00	变形纱线(600)	千克	10%[1]	0(AU,BH,CA,CL,CO,IL,JO,KR,MA,MX,OM,P,PA,PE,S,SG)	50%
5403.39.90		其他		8%[1]	0(AU,BH,CA,CL,CO,IL,JO,KR,MA,MX,OM,P,PA,PE,S,SG)	50%
	20	单丝;复丝,未加捻或捻度每米小于5转	千克			
	40	复丝,捻度每米不少于5转(606)	千克			
		其他纱线(股线或缆线):				
5403.41.00	00	粘胶纤维纺制(606)	千克	9.1%[1]	0(AU,BH,CA,CL,CO,IL,JO,KR,MA,MX,OM,P,PA,PE,S,SG)	55%

税则号列	统计后缀	货品名称	单位	税率 1 普通	税率 1 特惠	2
5403.42.00	00	醋酸纤维纺制（606）	千克	8%[1]	0 (AU, BH, CA, CL, CO, IL, JO, KR, MA, MX, OM, P, PA, PE, S, SG)	55%
5403.49		其他：				
5403.49.10	00	变形纱线（600）	千克	9.1%[1]	0 (AU, BH, CA, CL, CO, IL, JO, KR, MA, MX, OM, P, PA, PE, S, SG)	55%
5403.49.90	00	其他(606)	千克	7.5%[1]	0 (AU, BH, CA, CL, CO, IL, JO, KR, MA, MX, OM, P, PA, PE, S, SG)	55%
5404		截面尺寸不超过1毫米，细度在67分特或以上的合成纤维单丝；表观宽度不超过5毫米的合成纤维纺织材料制扁条及类似品（例如，人造草）：				
		单丝：				
5404.11.00	00	弹性单丝	千克	6.9%[1]	0 (AU, BH, CA, CL, CO, IL, JO, KR, MA, MX, OM, P, PA, PE, S, SG)	50%
5404.12		其他，聚丙烯单丝：				
5404.12.10	00	长度不超过254毫米	千克	6.9%[1]	0 (A, AU, BH, CA, CL, CO, D, E, IL, JO, KR, MA, MX, OM, P, PA, PE, S, SG)	50%
5404.12.90	00	其他	千克	6.9%[1]	0 (AU, BH, CA, CL, CO, IL, JO, KR, MA, MX, OM, P, PA, PE, S, SG)	50%
5404.19		其他：				
5404.19.10	00	球拍弦	千克	2.7%[1]	0 (A, AU, BH, CA, CL, CO, D, E, IL, JO, KR, MA, MX, OM, P, PA, PE, S, SG)	30%
5404.19.80		其他	千克	6.9%[12]	0 (AU, BH, CA, CL, CO, IL, JO, KR, MA, MX, OM, P, PA, PE, S, SG)	50%
	20	尼龙或其他聚酰胺单丝	千克			
	40	聚酯单丝	千克			
	80	其他	千克			
5404.90.00	00	其他	千克	0[1]		45%
5405.00		截面尺寸不超过1毫米，细度在67分特及以上的人造纤维单丝；表观宽度不超过5毫米的人造纤维纺织材料制扁条及类似品（例如，人造草）：				
5405.00.30	00	单丝	千克	6.9%[1]	0 (AU, BH, CA, CL, CO, IL, JO, KR, MA, MX, OM, P, PA, PE, S, SG)	50%
5405.00.60	00	其他	千克	5.8%[1]	0 (A, AU, BH, CA, CL, CO, D, E, IL, JO, KR, MA, MX, OM, P, PA, PE, S, SG)	45%
5406.00		化学纤维长丝纱线（缝纫线除外），供零售用：				

税则号列	统计后缀	货品名称	单位	税率 1 普通	税率 1 特惠	2
5406.00.10		合成纤维长丝纱线		7.5%[1]	0(AU, BH, CA, CL, CO, IL, JO, KR, MA, MX, OM, P, PA, PE, S, SG)	55%
	20	聚丙烯腈纤维(200)	千克			
	40	聚酯纤维(200)	千克			
	90	其他(200)	千克			
5406.00.20	00	人造纤维长丝纱线(200)	千克	7.5%[1]	0(AU, BH, CA, CL, CO, IL, JO, KR, MA, MX, OM, P, PA, PE, S, SG)	55%
5407		合成纤维长丝纱线的机织物,包括品目5404所列材料的机织物:				
5407.10.00		尼龙或其他聚酰胺高强力纱、聚酯高强力纱纺制的机织物		13.6%[1]	0(AU, BH, CA, CL, CO, IL, JO, KR, MA, MX, OM, P, PA, PE, S, SG)	81%
	10	聚酯纺制的机织物,重量不超过170克/米²(619)[13]	平方米 千克			
	90	其他(620)	平方米 千克			
5407.20.00	00	扁条及类似品的机织物(620)	平方米 千克	0[1]		81%
5407.30		第十一类注释九所列的机织物:				
5407.30.10	00	按重量计塑料含量超过60%	平方米 千克	0[1]		40%
5407.30.90	00	其他(620)	平方米 千克	8%[1]	0(AU, BH, CA, CL, CO, IL, JO, KR, MA, MX, OM, P, PA, PE, S, SG)	83.5%
		其他机织物,按重量计尼龙或其他聚酰胺长丝含量在85%或以上:				
5407.41.00		未漂白或漂白		13.6%[1]	0(AU, BH, CA, CL, CO, IL, JO, KR, MA, MX, OM, P, PA, PE, S, SG)	81%
		适用于制作打字机色带和机器带,含有平均细度超过28分特但不超过83分特的纱线,纱线密度(多股纱线或缆线视为单纱),每厘米经纱不少于59根但不超过83根,纬纱不少于39根但不超过55根,其中经纱根数不超过经纱和纬纱总数的60%:				
	10	双织边(621)	平方米 千克			
	20	其他(621)	平方米 千克			
		其他:				
	30	重量不超过170克/米²(620)	平方米 千克			
	60	重量超过170克/米²(620)	平方米 千克			

税则号列	统计后缀	货品名称	单位	税率 1 普通	税率 1 特惠	2
5407.42.00		染色		14.9%[1]	0（AU, BH, CA, CL, CO, IL, JO, KR, MA, MX, OM, P, PA, PE, S, SG）	81%
	30	重量不超过170克/米²（620）	平方米 千克			
	60	重量超过170克/米²（620）	平方米 千克			
5407.43		色织：				
5407.43.10	00	每厘米纱线数（多股纱线或缆线视为单纱）经纱超过69根但不超过142根，纬纱超过31根但不超过71根（620）	平方米 千克	12.2美分/千克+11.3%[1]	0（AU, BH, CA, CL, CO, IL, JO, KR, MA, MX, OM, P, PA, PE, S, SG）	24.3美分/千克+81%
5407.43.20		其他		8.5%[1]	0（AU, BH, CA, CL, CO, IL, JO, KR, MA, MX, OM, P, PA, PE, S, SG）	81%
	30	重量不超过170克/米²（620）	平方米 千克			
	60	重量超过170克/米²（620）	平方米 千克			
5407.44.00		印花		12%[1]	0（AU, BH, CA, CL, CO, IL, JO, KR, MA, MX, OM, P, PA, PE, S, SG）	81%
	30	重量不超过170克/米²（620）	平方米 千克			
	60	重量超过170克/米²（620）	平方米 千克			
		其他机织物，按重量计聚酯变形长丝含量在85%或以上：				
5407.51.00		未漂白或漂白		14.9%[1]	0（AU, BH, CA, CL, CO, IL, JO, KR, MA, MX, OM, P, PA, PE, S, SG）	81%
		重量不超过170克/米²：				
	20	平幅机织物（619）	平方米 千克			
	40	其他（619）	平方米 千克			
	60	重量超过170克/米²（620）：	平方米 千克			
5407.52		染色：				
5407.52.05	00	幅宽小于77厘米，每厘米纱线数（多股纱线或缆线视为单纱）经纱超过69根但不超过142根，纬纱超过31根但不超过71根（619）	平方米 千克	18.9美分/千克+17.6%[1]	0（AU, BH, CA, CL, CO, IL, JO, KR, MA, MX, OM, P, PA, PE, S, SG）	24.3美分/千克+81%
5407.52.20		其他		14.9%[1]	0（AU, BH, CA, CL, CO, IL, JO, KR, MA, MX, OM, P, PA, PE, S, SG）	81%
		重量不超过170克/米²：				
	20	平幅机织物（619）	平方米 千克			

税则号列	统计后缀	货品名称	单位	税率 1 普通	税率 1 特惠	2
	40	其他(619)	平方米 千克			
	60	重量超过170克/米²(620)[14]	平方米 千克			
5407.53		色织：				
5407.53.10	00	每厘米纱线数（多股纱线或缆线视为单纱）经纱超过69根但不超过142根,纬纱超过31根但不超过71根(619)	平方米 千克	18.8美分/千克+17.4%[1]	0(AU,BH,CA,CL,CO,IL,JO,KR,MA,MX,OM,P,PA,PE,S,SG)	24.3美分/千克+81%
5407.53.20		其他		12%[15]	0(AU,BH,CA,CL,CO,IL,JO,KR,MA,MX,OM,P,PA,PE,S,SG)	81%
		重量不超过170克/米²：				
	20	平幅机织物(619)	平方米 千克			
	40	其他(619)	平方米 千克			
	60	重量超过170克/米²(620)	平方米 千克			
5407.54.00		印花		14.9%[16]	0(AU,BH,CA,CL,CO,IL,JO,KR,MA,MX,OM,P,PA,PE,S,SG)	81%
		重量不超过170克/米²：				
	20	平幅机织物(619)	平方米 千克			
	40	其他(619)	平方米 千克			
	60	重量超过170克/米²(620)	平方米 千克			
		其他机织物,按重量计聚酯长丝含量在85%或以上：				
5407.61		按重量计聚酯非变形长丝含量在85%或以上：				
		染色,幅宽小于77厘米,每厘米纱线数（多股纱线或缆线视为单纱）经纱超过69根但不超过142根,纬纱超过31根但不超过71根：				
5407.61.11	00	全聚酯单纱纺制,纱线细度不小于75分特但不超过80分特,每根纱线24根单丝,捻度每米超过900转(619)	平方米 千克	19.4美分/千克+18%[1]	0(AU,BH,CA,CL,CO,IL,JO,KR,MA,MX,OM,P,PA,PE,S,SG)	24.3美分/千克+81%
5407.61.19	00	其他(619)	平方米 千克	19.4美分/千克+18%[1]	0(AU,BH,CA,CL,CO,IL,JO,KR,MA,MX,OM,P,PA,PE,S,SG)	24.3美分/千克+81%
		色织,每厘米纱线数（多股纱线或缆线视为单纱）经纱超过69根但不超过142根,纬纱超过31根但不超过71根：				

税则号列	统计后缀	货品名称	单位	税率 1 普通	税率 1 特惠	2
5407.61.21	00	全聚酯单纱纺制,纱线细度不小于75分特但不超过80分特,每根纱线24根单丝,捻度每米超过900转(619)	平方米 千克	12.2美分/千克+11.3%[1]	0(AU, BH, CA, CL, CO, IL, JO, KR, MA, MX, OM, P, PA, PE, S, SG)	24.3美分/千克+81%
5407.61.29	00	其他(619)	平方米 千克	12.2美分/千克+11.3%[1]	0(AU, BH, CA, CL, CO, IL, JO, KR, MA, MX, OM, P, PA, PE, S, SG)	24.3美分/千克+81%
		其他:				
5407.61.91	00	全聚酯单纱纺制,纱度细度不小于75分特但不超过80分特,每根纱线24根单丝,捻度每米超过900转(619)	平方米 千克	14.9%[1]	0(AU, BH, CA, CL, CO, IL, JO, KR, MA, MX, OM, P, PA, PE, S, SG)	81%
5407.61.99		其他		14.9%[1]	0(AU, BH, CA, CL, CO, IL, JO, KR, MA, MX, OM, P, PA, PE, S, SG)	81%
		未漂白或漂白:				
		重量不超过170克/米^2:				
	05	平幅机织物(619)	平方米 千克			
	10	其他(619)	平方米 千克			
	15	重量超过170克/米^2(620)	平方米 千克			
		染色:				
		重量不超过170克/米^2:				
	25	平幅机织物(619)	平方米 千克			
	30	其他(619)[17]	平方米 千克			
	35	重量超过170克/米^2(620)[17]	平方米 千克			
		色织:				
		重量不超过170克/米^2				
	45	平幅机织物(619)	平方米 千克			
	50	其他(619)	平方米 千克			
	55	重量超过170/米^{2}克(620)	平方米 千克			
		印花:				
		重量不超过170克/米^2:				
	65	平幅机织物(619)	平方米 千克			
	70	其他(619)	平方米 千克			
	75	重量超过170克/米^2(620)	平方米 千克			

税则号列	统计后缀	货品名称	单位	税率 1 普通	税率 1 特惠	2
5407.69		其他：				
5407.69.10		未漂白或漂白		14.9%[1]	0(AU,BH,CA,CL,CO,IL,JO,KR,MA,MX,OM,P,PA,PE,S,SG)	81%
	10	重量不超过170克/米²(619)	平方米 千克			
	60	重量超过170克/米²(620)	平方米 千克			
5407.69.20		染色		14.9%[1]	0(AU,BH,CA,CL,CO,IL,JO,KR,MA,MX,OM,P,PA,PE,S,SG)	81%
	10	重量不超过170克(619)	平方米 千克			
	60	重量超过170克/米²(620)	平方米 千克			
		色织：				
5407.69.30	00	每厘米纱线数(多股纱线或缆线视为单纱)经纱超过69根但不超过142根,纬纱超过31根但不超过71根(620)	平方米 千克	0[1]		24.3美分/千克＋81%
5407.69.40		其他		8.5%[1]	0(AU,BH,CA,CL,CO,IL,JO,KR,MA,MX,OM,P,PA,PE,S,SG)	81%
	10	重量不超过170克/米²(619)	平方米 千克			
	60	重量超过170克/米²(620)	平方米 千克			
5407.69.90		印花		14.9%[1]	0(AU,BH,CA,CL,CO,IL,JO,KR,MA,MX,OM,P,PA,PE,S,SG)	81%
	10	重量不超过170克/米²(619)	平方米 千克			
	60	重量超过170克/米²(620)	平方米 千克			
		其他机织物,按重量计其他合成纤维长丝含量在85%或以上：				
5407.71.00		未漂白或漂白		14.9%[1]	0(AU,BH,CA,CL,CO,IL,JO,KR,MA,MX,OM,P,PA,PE,S,SG)	81%
	15	重量不超过170克/米²(620)	平方米 千克			
	60	重量超过170克/米²(620)	平方米 千克			
5407.72.00		染色		14.9%[1]	0(AU,BH,CA,CL,CO,IL,JO,KR,MA,MX,OM,P,PA,PE,S,SG)	81%
	15	重量不超过170克/米²(620)[17]	平方米 千克			

税则号列	统计后缀	货品名称	单位	税率 1 普通	税率 1 特惠	2
	60	重量超过170克/米^2(620)	平方米 千克			
5407.73		色织:				
5407.73.10	00	每厘米纱线数(多股纱线或缆线视为单纱)经纱超过69根但不超过142根,纬纱超过31根但不超过71根(620)	平方米 千克	0[1]		24.3美分/千克+81%
5407.73.20		其他		8.5%[1]	0(AU, BH, CA, CL, CO, IL, JO, KR, MA, MX, OM, P, PA, PE, S, SG)	81%
	15	重量不超过170克/米^2(620)	平方米 千克			
	60	重量超过170克/米^2(620)	平方米 千克			
5407.74.00		印花		14.9%[1]	0(AU, BH, CA, CL, CO, IL, JO, KR, MA, MX, OM, P, PA, PE, S, SG)	81%
	15	重量不超过170克/米^2(620)	平方米 千克			
	60	重量超过170克/米^2(620)	平方米 千克			
		其他机织物,按重量计其他合成纤维长丝含量在85%以下,主要或仅与棉混纺:				
5407.81.00		未漂白或漂白		14.9%[1]	0(AU, BH, CA, CL, CO, IL, JO, KR, MA, MX, OM, P, PA, PE, S, SG)	81%
	10	府绸或细平布(625)	平方米 千克			
	20	阔幅平布(627)	平方米 千克			
	30	印花布(626)	平方米 千克			
	40	缎纹机织物或斜纹机织物(628)	平方米 千克			
	90	其他(629)	平方米 千克			
5407.82.00		染色		14.9%[1]	0(AU, BH, CA, CL, CO, IL, JO, KR, MA, MX, OM, P, PA, PE, S, SG)	81%
	10	府绸或细平布(625)	平方米 千克			
	20	阔幅平布(627)	平方米 千克			
	30	印花布(626)	平方米 千克			
	40	缎纹机织物或斜纹机织物(628)	平方米 千克			

税则号列	统计后缀	货品名称	单位	税率 1 普通	税率 1 特惠	税率 2
	90	其他(629)	平方米 千克			
5407.83.00		色织		8.5%[1]	0(AU,BH,CA,CL,CO,IL,JO,KR,MA,MX,OM,P,PA,PE,S,SG)	81%
	10	府绸或细平布(625)	平方米 千克			
	20	阔幅平布(627)	平方米 千克			
	30	印花布(626)	平方米 千克			
	40	缎纹机织物或斜纹机织物(628)	平方米 千克			
	90	其他(629)	平方米 千克			
5407.84.00		印花		14.9%[1]	0(AU,BH,CA,CL,CO,IL,JO,KR,MA,MX,OM,P,PA,PE,S,SG)	81%
	10	府绸或细平布(625)	平方米 千克			
	20	阔幅平布(627)	平方米 千克			
	30	印花布(626)	平方米 千克			
	40	缎纹机织物或斜纹机织物(628)	平方米 千克			
	90	其他(629)	平方米 千克			
		其他机织物:				
5407.91		未漂白或漂白:				
		主要或者仅与羊毛或动物细毛混纺:				
5407.91.05		按重量计羊毛或动物细毛含量在36%或以上		25%[1]	0(AU,BH,CA,CL,CO,IL,JO,KR,MA,MX,OM,P,PA,PE,S,SG)	48.5美分/千克＋68.5%
	10	未精梳(410)	平方米 千克			
	20	精梳(410)	平方米 千克			
5407.91.10	00	其他(624)	平方米 千克	12%[1]	0(AU,BH,CA,CL,CO,IL,JO,KR,MA,MX,OM,P,PA,PE,S,SG)	80.5%
5407.91.20		其他		14.9%[1]	0(AU,BH,CA,CL,CO,IL,JO,KR,MA,MX,OM,P,PA,PE,S,SG)	81%
	10	主要或仅与人造纤维长丝混纺(620)	平方米 千克			
		其他:				

税则号列	统计后缀	货品名称	单位	税率 1 普通	税率 1 特惠	2
	20	府绸或细平布（625）	平方米 千克			
	30	阔幅平布（627）	平方米 千克			
	40	印花布（626）	平方米 千克			
	50	缎纹机织物或斜纹机织物（628）	平方米 千克			
	90	其他（629）	平方米 千克			
5407.92		染色：				
		主要或者仅与羊毛或动物细毛混纺：				
5407.92.05		按重量计羊毛或动物细毛含量在36%或以上		25%[1]	0（AU, BH, CA, CL, CO, IL, JO, KR, MA, MX, OM, P, PA, PE, S, SG）	48.5美分/千克+68.5%
	10	未精梳（410）	平方米 千克			
	20	精梳（410）	平方米 千克			
5407.92.10		其他		12%[1]	0（AU, BH, CA, CL, CO, IL, JO, KR, MA, MX, OM, P, PA, PE, S, SG）	80.5%
	10	未精梳（624）	平方米 千克			
	20	精梳（624）	平方米 千克			
5407.92.20		其他		14.9%[1]	0（AU, BH, CA, CL, CO, IL, JO, KR, MA, MX, OM, P, PA, PE, S, SG）	81%
	10	主要或者仅与人造纤维长丝或含金属纱线混纺（620）	平方米 千克			
		其他：				
	20	府绸或细平布（625）	平方米 千克			
	30	阔幅平布（627）	平方米 千克			
	40	印花布（626）	平方米 千克			
	50	缎纹机织物或斜纹机织物（628）	平方米 千克			
	90	其他（629）[18]	平方米 千克			
5407.93		色织：				
		主要或者仅与羊毛或动物细毛混纺：				

第五十四章　化学纤维长丝;化学纤维纺织材料制扁条及类似品　739

税则号列	统计后缀	货品名称	单位	税率 1 普通	税率 1 特惠	2
5407.93.05		按重量计羊毛或动物细毛含量在36%或以上		25%[1]	0(AU,BH,CA,CL,CO,IL,JO,KR,MA,MX,OM,P,PA,PE,S,SG)	48.5美分/千克+68.5%
	10	未精梳（410）	平方米千克			
	20	精梳（410）	平方米千克			
5407.93.10	00	其他(624)	平方米千克	12%[1]	0(AU,BH,CA,CL,CO,IL,JO,KR,MA,MX,OM,P,PA,PE,S,SG)	80.5%
		其他：				
5407.93.15	00	按重量计人造纤维长丝含量在85%或以上,每厘米纱线数（多股纱线或缆线视为单纱）经纱超过69根但不超过142根,纬纱超过31根但不超过71根(620)	平方米千克	0[1]		24.3美分/千克+81%
5407.93.20		其他		12%[1]	0(AU,BH,CA,CL,CO,IL,JO,KR,MA,MX,OM,P,PA,PE,S,SG)	81%
	10	主要或者仅与人造纤维长丝或含金属纱线混纺（620）	平方米千克			
		其他：				
	20	府绸或细平布（625）	平方米千克			
	30	阔幅平布（627）	平方米千克			
	40	印花布（626）	平方米千克			
	50	缎纹机织物或斜纹机织物（628）	平方米千克			
	90	其他（629）	平方米千克			
5407.94		印花：				
		主要或者仅与羊毛或动物细毛混纺：				
5407.94.05		按重量计羊毛或动物细毛含量在36%或以上		0[1]		48.5美分/千克+68.5%
	10	未精梳（410）	平方米千克			
	20	精梳（410）	平方米千克			
5407.94.10	00	其他(624)	平方米千克	12%[1]	0(AU,BH,CA,CL,CO,IL,JO,KR,MA,MX,OM,P,PA,PE,S,SG)	80.5%
5407.94.20		其他		14.9%[1]	0(AU,BH,CA,CL,CO,IL,JO,KR,MA,MX,OM,P,PA,PE,S,SG)	81%

税则号列	统计后缀	货品名称	单位	税率 1 普通	税率 1 特惠	2
	10	主要或者仅与人造纤维长丝或含金属纱线混纺（620）	平方米 千克			
		其他：				
	20	府绸或细平布（625）	平方米 千克			
	30	阔幅平布（627）	平方米 千克			
	40	印花布（626）	平方米 千克			
	50	缎纹机织物或斜纹机织物（628）	平方米 千克			
	90	其他（629）	平方米 千克			
5408		人造纤维长丝纱线的机织物，包括品目5405所列材料的机织物：				
5408.10.00	00	粘胶纤维高强力纱的机织物（618）	平方米 千克	14.9%[1]	0(AU, BH, CA, CL, CO, IL, JO, KR, MA, MX, OM, P, PA, PE, S, SG)	81%
		其他机织物，按重量计人造纤维长丝、扁条或类似品含量在85%或以上：				
5408.21.00		未漂白或漂白		14.9%[1]	0(AU, BH, CA, CL, CO, IL, JO, KR, MA, MX, OM, P, PA, PE, S, SG)	81%
	30	重量超过170克/米^2（618）	平方米 千克			
	60	重量超过170克/米^2（618）	平方米 千克			
5408.22		染色：				
5408.22.10	00	铜氨纤维（618）	平方米 千克	14.9%[1]	0(AU, BH, CA, CL, CO, IL, JO, KR, MA, MX, OM, P, PA, PE, S, SG)	81%
5408.22.90		其他		14.9%[1]	0(AU, BH, CA, CL, CO, IL, JO, KR, MA, MX, OM, P, PA, PE, S, SG)	81%
	30	重量超过170克/米^2（618）	平方米 千克			
	60	重量超过170克/米^2（618）	平方米 千克			
5408.23		色织：				
		每厘米纱线数（多股纱线或缆线视为单纱）经纱超过69根但不超过142根，纬纱超过31根但不超过71根：				
5408.23.11	00	铜氨纤维（618）	平方米 千克	0[1]		24.3美分/千克+81%
5408.23.19	00	其他（618）	平方米 千克	0[1]		24.3美分/千克+81%
		其他：				

税则号列	统计后缀	货品名称	单位	税率 普通	税率 1 特惠	税率 2
5408.23.21	00	铜氨纤维（618）	平方米 千克	12%[1]	0（AU,BH,CA,CL,CO,IL,JO,KR,MA,MX,OM,P,PA,PE,S,SG）	81%
5408.23.29		其他		12%[1]	0（AU,BH,CA,CL,CO,IL,JO,KR,MA,MX,OM,P,PA,PE,S,SG）	81%
	30	重量不超过170克/米^2（618）	平方米 千克			
	60	重量超过170克170克/米^2（618）	平方米 千克			
5408.24		印花：				
5408.24.10	00	铜氨纤维（618）	平方米 千克	12%[1]	0（AU,BH,CA,CL,CO,IL,JO,KR,MA,MX,OM,P,PA,PE,S,SG）	81%
5408.24.90		其他		12%[1]	0（AU,BH,CA,CL,CO,IL,JO,KR,MA,MX,OM,P,PA,PE,S,SG）	81%
		重量不超过170克/米^2：				
	10	拔染印花（618）	平方米 千克			
	20	其他（618）	平方米 千克			
		重量超过170克/米^2：				
	40	拔染印花（618）	平方米 千克			
	50	其他（618）	平方米 千克			
		其他机织物：				
5408.31		未漂白或漂白：				
		主要或者仅与羊毛或动物细毛混纺：				
5408.31.05		按重量计羊毛或动物细毛含量在36%或以上		25%[1]	0（AU,BH,CA,CL,CO,IL,JO,KR,MA,MX,OM,P,PA,PE,S,SG）	48.5美分/千克＋68.5%
	10	未精梳（410）	平方米 千克			
	20	精梳（410）	平方米 千克			
5408.31.10	00	其他（624）	平方米 千克	12%[1]	0（AU,BH,CA,CL,CO,IL,JO,KR,MA,MX,OM,P,PA,PE,S,SG）	80.5%
5408.31.20		其他		14.9%[1]	0（AU,BH,CA,CL,CO,IL,JO,KR,MA,MX,OM,P,PA,PE,S,SG）	81%
	10	主要或仅与合成纤维长丝混纺（618）	平方米 千克			
		其他：				

税则号列	统计后缀	货品名称	单位	税率 1 普通	税率 1 特惠	2
	20	府绸或细平布（625）	平方米 千克			
	30	阔幅平布（627）	平方米 千克			
	40	印花布（626）	平方米 千克			
	50	缎纹机织物或斜纹机织物（628）	平方米 千克			
	90	其他（629）	平方米 千克			
5408.32		染色：				
		主要或者仅与羊毛或动物细毛混纺：				
5408.32.05		按重量计羊毛或动物细毛含量在36%或以上		19.7%[1]	0(AU, BH, CA, CL, CO, IL, JO, KR, MA, MX, OM, P, PA, PE, S, SG)	48.5美分/千克+68.5%
	10	未精梳（410）	平方米 千克			
	20	精梳（410）	平方米 千克			
5408.32.10	00	其他（624）	平方米 千克	12%[1]	0(AU, BH, CA, CL, CO, IL, JO, KR, MA, MX, OM, P, PA, PE, S, SG)	80.5%
		其他：				
5408.32.30	00	按重量计丝或绢丝含量在30%或以上，价值超过33美元/千克（618）	平方米 千克	6.9%[1]	0(AU, BH, CA, CL, CO, IL, JO, KR, MA, MX, OM, P, PA, PE, S, SG)	80%
5408.32.90		其他		15%[1]	0(AU, BH, CA, CL, CO, IL, JO, KR, MA, MX, OM, P, PA, PE, S, SG)	81%
	10	主要或仅与合成纤维长丝混纺（618）	平方米 千克			
		其他：				
	20	府绸或细平布（625）	平方米 千克			
	30	阔幅平布（627）	平方米 千克			
	40	印花布（626）	平方米 千克			
	50	缎纹机织物或斜纹机织物（628）[19]	平方米 千克			
	90	其他（629）	平方米 千克			
5408.33		色织：				
		主要或者仅与羊毛或动物细毛混纺：				

税则号列	统计后缀	货品名称	单位	税率 1 普通	税率 1 特惠	2
5408.33.05		按重量计羊毛或动物细毛含量在36%或以上		19.6%[1]	0(AU,BH,CA,CL,CO,IL,JO,KR,MA,MX,OM,P,PA,PE,S,SG)	48.5美分/千克+68.5%
	10	未精梳(410)	平方米 千克			
	20	精梳(410)	平方米 千克			
5408.33.10	00	其他(624)	平方米 千克	12%[1]	0(AU,BH,CA,CL,CO,IL,JO,KR,MA,MX,OM,P,PA,PE,S,SG)	80.5%
		其他:				
5408.33.15	00	按重量计人造纤维长丝含量在85%或以上,每厘米线数(多股纱线或缆线视为单纱)经纱超过69根但不超过142根,纬纱超过31根但不超过71根(618)	平方米 千克	12.3美分/千克+11.4%[1]	0(AU,BH,CA,CL,CO,IL,JO,KR,MA,MX,OM,P,PA,PE,S,SG)	24.3美分/千克+81%
5408.33.30	00	按重量计丝或绢丝含量在30%或以上,价值超过33美元/千克(618)	平方米 千克	6.9%[1]	0(AU,BH,CA,CL,CO,IL,JO,KR,MA,MX,OM,P,PA,PE,S,SG)	80%
5408.33.90		其他		12%[1]	0(AU,BH,CA,CL,CO,IL,JO,KR,MA,MX,OM,P,PA,PE,S,SG)	81%
	10	主要或者仅与合成纤维长丝或含金属纱线混纺(618)	平方米 千克			
		其他:				
	20	府绸或细平布(625)	平方米 千克			
	30	阔幅平布(627)	平方米 千克			
	40	印花布(626)	平方米 千克			
	50	缎纹机织物或斜纹机织物(628)	平方米 千克			
	90	其他(629)	平方米 千克			
5408.34		印花:				
		主要或者仅与羊毛或动物细毛混纺:				
5408.34.05		按重量计羊毛或动物细毛含量在36%或以上		0[1]		48.5美分/千克+68.5%
	10	未精梳(410)	平方米 千克			
	20	精梳(410)	平方米 千克			
5408.34.10	00	其他(624)	平方米 千克	12%[1]	0(AU,BH,CA,CL,CO,IL,JO,KR,MA,MX,OM,P,PA,PE,S,SG)	80.5%
		其他:				

税则号列	统计后缀	货品名称	单位	税率 1 普通	税率 1 特惠	2
5408.34.30	00	按重量计丝或绢丝含量在30%或以上,价值超过33美元/千克(618)	平方米 千克	0[1]		80%
5408.34.90		其他		12%[1]	0 (AU, BH, CA, CL, CO, IL, JO, KR, MA, MX, OM, P, PA, PE, S, SG)	81%
	10	主要或仅与合成纤维长丝混纺(618)	平方米 千克			
		其他:				
	20	府绸或细平布(625)	平方米 千克			
	30	阔幅平布(627)	平方米 千克			
	40	印花布(626)	平方米 千克			
	50	缎纹机织物或斜纹机织物(628)	平方米 千克			
		其他:				
	85	拔染印花(629)	平方米 千克			
	95	其他(629)	平方米 千克			

[1]见9903.88.03。

[2]见9903.88.13。

[3]见9903.88.34。

[4]见9903.88.16。

[5]见9902.12.86和9903.88.03。

[6]见9902.12.87和9903.88.03。

[7]见9902.12.88和9903.88.03。

[8]见9902.12.89、9902.12.90和9903.88.03。

[9]见9902.12.91和9903.88.03。

[10]见9902.12.92和9903.88.03。

[11]见9902.12.93和9903.88.03。

[12]见9902.12.94、9902.12.95、9902.12.96和9903.88.03。

[13]见9903.88.18。

[14]见9903.88.33、9903.88.37和9903.88.56。

[15]见9902.12.97和9903.88.03。

[16]见9903.88.15。

[17]见9903.88.37和9903.88.56。

[18]见9903.88.40。

[19]见9903.88.36。

第五十五章　化学纤维短纤

注释：

一、品目5501及品目5502仅适用于每根与丝束长度相等的平行化学纤维长丝丝束。前述丝束应同时符合下列规格：

　（一）丝束长度超过2米；

　（二）捻度每米少于5转；

　（三）每根长丝细度在67分特以下；

　（四）合成纤维长丝丝束，须经拉伸处理，即本身不能被拉伸至超过本身长度的一倍；

　（五）丝束总细度大于20 000分特。

　丝束长度不超过2米的归入品目5503或品目5504。

附加美国注释：

一、就第五十五章的机织物而言，除条文另有规定的以外，与一种或多种织物组织有关的规定仅包括完全由规定的一种或多种织物组成的织物（不包括布边），包括仅由其组合而成的织物。

统计注释：

一、就第五十五章的机织物而言：

　（一）所称"府绸或细平布"是指非平衡结构的平纹机织物，不论是否拉绒，但不包括以下类型：

　　1. 每平方米重量不超过170克、每平方厘米经纱和纬纱不超过33根的织物；

　　2. 每平方米重量超过170克、平均纱线数不超过26的织物。

　（二）所称"阔幅平布"是指以下类型的平纹机织物，不论是否拉绒：

　　1. 每平方米重量不超过170克、每平方厘米经纱和纬纱超过33根、平均纱线数不超过68的平衡织物，但不包括印花布；

　　2. 每平方米重量超过170克的织物，但不包括：

　　　(1)经纱或纬纱由多股纱线或缆线组成、平均纱线数不超过26的织物；以及

　　　(2)平均纱线数不低于27的非平衡结构的织物。

　（三）所称"印花布"是指每平方米重量不超过170克、平均纱线数为43～68、每平方厘米含有33根以上单纱且不含多股纱线或缆线的平衡结构的平纹机织物，不论是否拉绒：

　　1. 未精梳织物；

　　2. 宽度小于168厘米的其他织物。

　（四）所称"粗棉布"是指每平方米重量不超过170克、每平方厘米经纱和纬纱不超过33根的平纹机织物，不论是否拉绒。

(五)所称"上等细布、巴厘纱或细薄织物"是指每平方米重量不超过170克、平均纱线数不低于69、每平方厘米经纱和纬纱超过33根的平纹机织物,不论是否拉绒。

(六)所称"粗布"是指每平方米重量超过170克、平均纱线数不超过26的以下类型的机织物,不论是否拉绒:

 1.平纹机织物,其经纱或纬纱由多股纱线或缆线组成;或者

 2.以平纹织造,但两根或以上经纱穿一综眼(多经穿综)织造,不论是否含有多股纱线或缆线;这种粗布不作为平纹机织物归类。

(七)所称"牛津布"是指每平方米重量不超过170克的平纹机织物,不论是否拉绒,但两根或以上经纱穿一综眼(带式经纱)的织物除外。牛津布不作为平纹机织物归类。

(八)所称"蓝色粗斜纹布(劳动布)"是指每平方米重量超过170克的三线或四线斜纹织物,包括经面斜纹织物,经纱染成蓝色,纬纱未漂白或经漂白、染成灰色或比经纱稍浅的蓝色。

(九)所称"平衡结构"是指以下类型的机织物:

 1.每平方厘米经纱和纬纱少于79根,其中每厘米经纱总数与每厘米纬纱总数之差小于11根;或者

 2.每平方厘米经纱和纬纱不少于79根,其中每厘米经纱总数和每厘米纬纱总数均小于每平方厘米此类经纱和纬纱总数的57%。

(十)所称"拉绒"是指具有毛绒纤维表面的织物,其表面是通过划破或刺破表面而产生的,从而使部分纤维从纱身上隆起。拉绒织物不得与起绒织物混淆。软绒布和广东法兰绒、鼹鼠皮等都是典型的拉绒面料。

(十一)所称"未精梳"是指全部或部分未经精梳的棉花、其他植物纺织纤维或者羊毛或动物细毛织物。

(十二)所称"精梳"是指含有棉花、其他植物纺织纤维或者羊毛或动物细毛的织物,其中纤维经过精梳,不论是否含有其他纤维。

(十三)化纤机织物中的术语"号"是指其中所含纱线的平均纱线数。在计算平均纱线数时,纱线长度等于在进口时织物中纱线的长度,将所有剪下的纱线视为连续纱线进行测量,并对织物中的全部单纱进行计数,包括任何股线或缆线中的单纱。重量应在通过煮沸或其他适当工艺去除任何多余的浆料后测量。下列任何一个公式都可用于确定平均纱线数:

$$N = BYT/1\,000, 100T/Z', BT/Z \text{ 或 } ST/10$$

其中,N是平均纱线数,B是织物的宽度(厘米),Y是每千克织物的长度(米),T是每平方厘米的单纱数,S是每千克织物的面积(平方米),Z是每米织物的重量(克),Z'是每平方米织物的重量(克)。

所得"号"中的小数应忽略不计。

二、所称"拔染印花"织物是指:

(一)染色,非着色,除白色外的单一均匀颜色;

(二)使用氯或其他破坏颜色的化学品施加于染色织物的分离部分以漂白或排除染料并在这些分离部分印花的方法进行进一步处理,从而在先前染色的背景上产生不同颜色的图案;以及

(三)进行以下两种或以上的表面处理操作:漂白、收缩、填充、拉绒、浸渍、永久硬挺、增重、永久压花或湿化。

税则号列	统计后缀	货品名称	单位	税率 普通	税率 1 特惠	税率 2
5501		合成纤维长丝丝束：				
5501.10.00	00	尼龙或其他聚酰胺制	千克	7.5%[1]	0(AU, BH, CA, CL, CO, IL, JO, KR, MA, MX, OM, P, PA, PE, S, SG)	45%
5501.20.00	00	聚酯制[2]	千克	7.5%[1]	0(AU, BH, CA, CL, CO, IL, JO, KR, MA, MX, OM, P, PA, PE, S, SG)	45%
5501.30.00		聚丙烯腈或变性聚丙烯腈制		7.5%[3]	0(AU, BH, CA, CL, CO, IL, JO, KR, MA, MX, OM, P, PA, PE, S, SG)	45%
	10	按重量计含有92%及以上的丙烯腈单体,长丝数少于70 000±2 000,长丝直径为1.59±0.027分特或更小,或在可离的丝束中能够分成丝束70 000±2 000或更少,长丝直径为1.59±0.027分特或更小	千克			
	90	其他	千克			
5501.40.00	00	聚丙烯制[2]	千克	7.5%[1]	0(AU, BH, CA, CL, CO, IL, JO, KR, MA, MX, OM, P, PA, PE, S, SG)	45%
5501.90.01	00	其他	千克	7.5%[1]	0(AU, BH, CA, CL, CO, IL, JO, KR, MA, MX, OM, P, PA, PE, S, SG)	45%
5502		人造纤维长丝丝束：				
5502.10.00	00	醋酸纤维丝束	千克	7.5%[1]	0(AU, BH, CA, CL, CO, IL, JO, KR, MA, MX, OM, P, PA, PE, S, SG)	45%
5502.90.00	00	其他	千克	7.5%[1]	0(AU, BH, CA, CL, CO, IL, JO, KR, MA, MX, OM, P, PA, PE, S, SG)	45%
5503		合成纤维短纤,未梳或未经其他纺前加工：				
		尼龙或其他聚酰胺制：				
5503.11.00	00	芳纶制	千克	4.3%[1]	0(AU, BH, CA, CL, CO, IL, JO, KR, MA, MX, OM, P, PA, PE, S, SG)	25%
5503.19		其他：				
5503.19.10	00	按重量计尼龙12含量在10%或以上	千克	0[1]		25%
5503.19.90	00	其他	千克	4.3%[1]	0(AU, BH, CA, CL, CO, IL, JO, KR, MA, MX, OM, P, PA, PE, S, SG)	25%
5503.20.00		聚酯制		4.3%[1]	0(AU, BH, CA, CL, CO, IL, JO, KR, MA, MX, OM, P, PA, PE, S, SG)	25%
	15	双组分纤维,其外层共聚物鞘在低于芯层的温度下熔化,用于将纤维粘合在一起	千克			
		其他：				
	25	细度低于3.3分特	千克			

税则号列	统计后缀	货品名称	单位	税率 1 普通	税率 1 特惠	2
	45	细度在 3.3 分特或以上,但低于 13.2 分特	千克			
	65	细度在 13.2 分特或以上	千克			
5503.30.00	00	聚丙烯腈或变性聚丙烯腈制	千克	4.3%[4]	0 (AU, BH, CA, CL, CO, IL, JO, KR, MA, MX, OM, P, PA, PE, S, SG)	25%
5503.40.00	00	聚丙烯制	千克	4.3%[1]	0 (AU, BH, CA, CL, CO, IL, JO, KR, MA, MX, OM, P, PA, PE, S, SG)	25%
5503.90		其他:				
5503.90.10	00	维纶制	千克	0[1]		25%
5503.90.90	00	其他	千克	4.3%[1]	0 (AU, BH, CA, CL, CO, IL, JO, KR, MA, MX, OM, P, PA, PE, S, SG)	25%
5504		人造纤维短纤,未精梳或未经其他纺前加工:				
5504.10.00	00	粘胶纤维制[5]	千克	4.3%[6]	0 (AU, BH, CA, CL, CO, IL, JO, KR, MA, MX, OM, P, PA, PE, S, SG)	25%
5504.90.00	00	其他	千克	4.3%[1]	0 (AU, BH, CA, CL, CO, IL, JO, KR, MA, MX, OM, P, PA, PE, S, SG)	25%
5505		化学纤维废料(包括落绵、废纱及回收纤维):				
5505.10.00		合成纤维的		0[1]		10%
	20	尼龙或其他聚酰胺	千克			
	40	聚酯	千克			
	60	其他	千克			
5505.20.00	00	人造纤维的	千克	0[1]		10%
5506		合成纤维短纤,精梳或经其他纺前加工:				
5506.10.00	00	尼龙或其他聚酰胺	千克	5%[1]	0 (AU, BH, CA, CL, CO, IL, JO, KR, MA, MX, OM, P, PA, PE, S, SG)	51.5%
5506.20.00	00	聚酯	千克	5.7%[1]	0 (AU, BH, CA, CL, CO, IL, JO, KR, MA, MX, OM, P, PA, PE, S, SG)	51.5%
5506.30.00	00	聚丙烯腈或变性聚丙烯腈	千克	5%[8]	0 (AU, BH, CA, CL, CO, IL, JO, KR, MA, MX, OM, P, PA, PE, S, SG)	51.5%
5506.40.00	00	聚丙烯	千克	5%[1]	0 (AU, BH, CA, CL, CO, IL, JO, KR, MA, MX, OM, P, PA, PE, S, SG)	51.5%
5506.90.01	00	其他	千克	5%[1]	0 (AU, BH, CA, CL, CO, IL, JO, KR, MA, MX, OM, P, PA, PE, S, SG)	51.5%
5507.00.00	00	人造纤维短纤,精梳或经其他纺前加工	千克	5%[9]	0 (AU, BH, CA, CL, CO, IL, JO, KR, MA, MX, OM, P, PA, PE, S, SG)	51.5%

税则号列	统计后缀	货品名称	单位	税率 1 普通	税率 1 特惠	税率 2
5508		化学纤维短纤纺制的缝纫线,不论是否供零售用:				
5508.10.00	00	合成纤维短纤纺制(200)	千克	11.4%[1]	0(AU,BH,CA,CL,CO,IL,JO,KR,MA,MX,OM,P,PA,PE,S,SG)	55%
5508.20.00	00	人造纤维短纤纺制(200)	千克	11%[1]	0(AU,BH,CA,CL,CO,IL,JO,KR,MA,MX,OM,P,PA,PE,S,SG)	55%
5509		合成纤维短纤纺制的纱线(缝纫线除外),非供零售用:				
		按重量计尼龙或其他聚酰胺短纤含量在85%或以上:				
5509.11.00	00	单纱(604)	千克	9.4%[1]	0(AU,BH,CA,CL,CO,IL,JO,KR,MA,MX,OM,P,PA,PE,S,SG)	54%
5509.12.00	00	多股纱线或缆线(604)	千克	10.6%[1]	0(AU,BH,CA,CL,CO,IL,JO,KR,MA,MX,OM,P,PA,PE,S,SG)	61.5%
		按重量计聚酯短纤含量在85%或以上:				
5509.21.00	00	单纱(604)	千克	9.7%[1]	0(AU,BH,CA,CL,CO,IL,JO,KR,MA,MX,OM,P,PA,PE,S,SG)	54%
5509.22.00		多股纱线或缆线		10.6%[1]	0(AU,BH,CA,CL,CO,IL,JO,KR,MA,MX,OM,P,PA,PE,S,SG)	61.5%
	10	股线,终捻为Z捻(200)	千克			
	90	其他(604)	千克			
		按重量计聚丙烯腈或变性聚丙烯腈短纤含量在85%或以上:				
5509.31.00	00	单纱(604)	千克	9%[1]	0(AU,BH,CA,CL,CO,IL,JO,KR,MA,MX,OM,P,PA,PE,S,SG)	54%
5509.32.00	00	多股纱线或缆线(604)	千克	10%[1]	0(AU,BH,CA,CL,CO,IL,JO,KR,MA,MX,OM,P,PA,PE,S,SG)	61.5%
		其他纱线,按重量计合成纤维短纤含量在85%或以上:				
5509.41.00		单纱		9%[1]	0(AU,BH,CA,CL,CO,IL,JO,KR,MA,MX,OM,P,PA,PE,S,SG)	54%
	10	聚乙烯醇纤维纺制(604)	千克			
	90	其他(604)	千克			
5509.42.00		多股纱线或缆线		7%[1]	0(AU,BH,CA,CL,CO,IL,JO,KR,MA,MX,OM,P,PA,PE,S,SG)	61.5%
	10	聚乙烯醇纤维纺制(604)	千克			
	90	其他(604)	千克			
		其他聚酯短纤纺制的纱线:				

税则号列	统计后缀	货品名称	单位	税率 1 普通	税率 1 特惠	税率 2
5509.51		主要或仅与人造纤维短纤混纺：				
5509.51.30	00	单纱（607）	千克	9.7%[1]	0(AU, BH, CA, CL, CO, IL, JO, KR, MA, MX, OM, P, PA, PE, S, SG)	54%
5509.51.60	00	多股纱线或缆线（607）	千克	10.6%[1]	0(AU, BH, CA, CL, CO, IL, JO, KR, MA, MX, OM, P, PA, PE, S, SG)	61.5%
5509.52.00	00	主要或者仅与羊毛或动物细毛混纺（607）	千克	12%[1]	0(AU, BH, CA, CL, CO, IL, JO, KR, MA, MX, OM, P, PA, PE, S, SG)	81%
5509.53.00		主要或仅与棉混纺		13.2%[1]	0(AU, BH, CA, CL, CO, IL, JO, KR, MA, MX, OM, P, PA, PE, S, SG)	81%
	30	细度不超过52公支（607）	千克			
	60	细度超过52公支（607）	千克			
5509.59.00	00	其他（607）	千克	13.2%[1]	0(AU, BH, CA, CL, CO, IL, JO, KR, MA, MX, OM, P, PA, PE, S, SG)	81%
		其他聚丙烯腈或变性聚丙烯腈短纤纺制的纱线：				
5509.61.00	00	主要或者仅与羊毛或动物细毛混纺（607）	千克	13.2%[1]	0(AU, BH, CA, CL, CO, IL, JO, KR, MA, MX, OM, P, PA, PE, S, SG)	81%
5509.62.00	00	主要或仅与棉混纺（607）	千克	12%[1]	0(AU, BH, CA, CL, CO, IL, JO, KR, MA, MX, OM, P, PA, PE, S, SG)	81%
5509.69		其他：				
		主要或仅与人造纤维短纤混纺：				
5509.69.20	00	单纱（607）	千克	9%[1]	0(AU, BH, CA, CL, CO, IL, JO, KR, MA, MX, OM, P, PA, PE, S, SG)	54%
5509.69.40	00	多股纱线或缆线（607）	千克	10%[1]	0(AU, BH, CA, CL, CO, IL, JO, KR, MA, MX, OM, P, PA, PE, S, SG)	61.5%
5509.69.60	00	其他（607）	千克	13.2%[1]	0(AU, BH, CA, CL, CO, IL, JO, KR, MA, MX, OM, P, PA, PE, S, SG)	81%
		其他纱线：				
5509.91.00	00	主要或者仅与羊毛或动物细毛混纺（607）	千克	12%[1]	0(AU, BH, CA, CL, CO, IL, JO, KR, MA, MX, OM, P, PA, PE, S, SG)	81%
5509.92.00	00	主要或仅与棉混纺（607）	千克	7.5%[1]	0(AU, BH, CA, CL, CO, IL, JO, KR, MA, MX, OM, P, PA, PE, S, SG)	81%
5509.99		其他：				
		主要或仅与人造纤维短纤混纺：				
5509.99.20	00	单纱（607）	千克	9%[1]	0(AU, BH, CA, CL, CO, IL, JO, KR, MA, MX, OM, P, PA, PE, S, SG)	54%

税则号列	统计后缀	货品名称	单位	税率 普通	税率 1 特惠	2
5509.99.40	00	多股纱线或缆线（607）	千克	10.6%[1]	0（AU,BH,CA,CL,CO,IL,JO,KR,MA,MX,OM,P,PA,PE,S,SG）	61.5%
5509.99.60	00	其他（607）	千克	13.2%[1]	0（AU,BH,CA,CL,CO,IL,JO,KR,MA,MX,OM,P,PA,PE,S,SG）	81%
5510		人造纤维短纤纺制的纱线（缝纫线除外），非供零售用：				
		按重量计人造纤维短纤含量在85%或以上：				
5510.11.00	00	单纱（603）	千克	9%[1]	0（AU,BH,CA,CL,CO,IL,JO,KR,MA,MX,OM,P,PA,PE,S,SG）	54%
5510.12.00	00	多股纱线或缆线（603）	千克	10.6%[1]	0（AU,BH,CA,CL,CO,IL,JO,KR,MA,MX,OM,P,PA,PE,S,SG）	61.5%
5510.20.00	00	其他纱线，主要或者仅与羊毛或动物细毛混纺（607）	千克	10.2%[1]	0（AU,BH,CA,CL,CO,IL,JO,KR,MA,MX,OM,P,PA,PE,S,SG）	81%
5510.30.00	00	其他纱线，主要或仅与棉混纺（607）	千克	7.5%[1]	0（AU,BH,CA,CL,CO,IL,JO,KR,MA,MX,OM,P,PA,PE,S,SG）	81%
5510.90		其他纱线：				
		主要或仅与合成纤维短纤混纺：				
5510.90.20	00	单纱（607）	千克	9%[1]	0（AU,BH,CA,CL,CO,IL,JO,KR,MA,MX,OM,P,PA,PE,S,SG）	54%
5510.90.40	00	多股纱线或缆线（607）	千克	10.6%[1]	0（AU,BH,CA,CL,CO,IL,JO,KR,MA,MX,OM,P,PA,PE,S,SG）	61.5%
5510.90.60	00	其他（607）	千克	13.2%[1]	0（AU,BH,CA,CL,CO,IL,JO,KR,MA,MX,OM,P,PA,PE,S,SG）	81%
5511		化学纤维短纤纺制的纱线（缝纫线除外），供零售用：				
5511.10.00		按重量计合成纤维短纤含量在85%或以上		7.5%[1]	0（AU,BH,CA,CL,CO,IL,JO,KR,MA,MX,OM,P,PA,PE,S,SG）	55%
	30	聚丙烯腈或变性聚丙烯腈纺制（200）	千克			
	60	其他（200）	千克			
5511.20.00	00	按重量计合成纤维短纤含量在85%以下（200）	千克	7.5%[1]	0（AU,BH,CA,CL,CO,IL,JO,KR,MA,MX,OM,P,PA,PE,S,SG）	55%
5511.30.00	00	人造纤维短纤纺制（200）	千克	7.5%[1]	0（AU,BH,CA,CL,CO,IL,JO,KR,MA,MX,OM,P,PA,PE,S,SG）	55%
5512		合成纤维短纤纺制的机织物，按重量计合成纤维短纤含量在85%或以上：				
		按重量计聚酯短纤含量在85%或以上：				

税则号列	统计后缀	货品名称	单位	税率 1 普通	税率 1 特惠	2
5512.11.00		未漂白或漂白		12%[1]	0(AU, BH, CA, CL, CO, IL, JO, KR, MA, MX, OM, P, PA, PE, S, SG)	81%
	10	府绸或细平布（614）	平方米 千克			
		阔幅平布：				
	22	幅宽超过254厘米（613）	平方米 千克			
	27	其他（613）	平方米 千克			
	30	印花布（615）	平方米 千克			
	40	粗棉布；上等细布、巴厘纱或细薄织物（226）	平方米 千克			
	50	粗布（219）	平方米 千克			
	60	缎纹机织物或斜纹机织物（617）	平方米 千克			
	70	牛津布（227）	平方米 千克			
	90	其他（220）	平方米 千克			
5512.19.00		其他		13.6%[1]	0(AU, BH, CA, CL, CO, IL, JO, KR, MA, MX, OM, P, PA, PE, S, SG)	81%
	05	色织,但蓝色粗斜纹布（劳动布）或提花机织物除外（218）	平方米 千克			
	10	蓝色粗斜纹布（劳动布）（225）	平方米 千克			
		其他：				
	15	府绸或细平布（614）[10]	平方米 千克			
		阔幅平布：				
	22	幅宽超过254厘米（613）	平方米 千克			
	27	其他（613）	平方米 千克			
	30	印花布（615）	平方米 千克			
	35	粗棉布；上等细布、巴厘纱或细薄织物（226）	平方米 千克			
	40	粗布（219）	平方米 千克			
	45	缎纹机织物或斜纹机织物（617）	平方米 千克			
	50	牛津布（227）	平方米 千克			

税则号列	统计后缀	货品名称	单位	税率 1 普通	税率 1 特惠	2
	90	其他(220)[11]	平方米 千克			
		按重量计聚丙烯腈或变性聚丙烯腈短纤含量在85%或以上：				
5512.21.00		未漂白或漂白		12%[1]	0(AU,BH,CA,CL,CO,IL,JO,KR,MA,MX,OM,P,PA,PE,S,SG)	81%
	10	府绸或细平布(614)	平方米 千克			
	20	阔幅平布(613)	平方米 千克			
	30	印花布(615)	平方米 千克			
	40	粗棉布；上等细布、巴厘纱或细薄织物(226)	平方米 千克			
	50	粗布(219)	平方米 千克			
	60	缎纹机织物或斜纹机织物(617)	平方米 千克			
	70	牛津布(227)	平方米 千克			
	90	其他(220)	平方米 千克			
5512.29.00		其他		12%[1]	0(AU,BH,CA,CL,CO,IL,JO,KR,MA,MX,OM,P,PA,PE,S,SG)	81%
	05	色织，但蓝色粗斜纹布(劳动布)或提花机织物除外(218)	平方米 千克			
	10	蓝色粗斜纹布(劳动布)(225)	平方米 千克			
		其他：				
	15	府绸或细平布(614)	平方米 千克			
	20	阔幅平布(613)	平方米 千克			
	25	印花布(615)	平方米 千克			
	30	粗棉布；上等细布、巴厘纱或细薄织物(226)	平方米 千克			
	35	粗布(219)	平方米 千克			
	40	缎纹机织物或斜纹机织物(617)	平方米 千克			
	45	牛津布(227)	平方米 千克			
	90	其他(220)	平方米 千克			
		其他：				

税则号列	统计后缀	货品名称	单位	税率 1 普通	税率 1 特惠	2
5512.91.00		未漂白或漂白		14.9%[1]	0（AU，BH，CA，CL，CO，IL，JO，KR，MA，MX，OM，P，PA，PE，S，SG）	81%
	10	府绸或细平布（614）	平方米 千克			
	20	阔幅平布（613）	平方米 千克			
	30	印花布（615）	平方米 千克			
	40	粗棉布；上等细布、巴厘纱或细薄织物（226）	平方米 千克			
	50	粗布（219）	平方米 千克			
	60	缎纹机织物或斜纹机织物（617）	平方米 千克			
	70	牛津布（227）	平方米 千克			
	90	其他（220）	平方米 千克			
5512.99.00		其他		12%[12]	0（AU，BH，CA，CL，CO，IL，JO，KR，MA，MX，OM，P，PA，PE，S，SG）	81%
	05	色织，但蓝色粗斜纹布（劳动布）或提花机织物除外（218）	平方米 千克			
	10	蓝色粗斜纹布（劳动布）（225）	平方米 千克			
		其他：				
	15	府绸或细平布（614）	平方米 千克			
	20	阔幅平布（613）	平方米 千克			
	25	印花布（615）	平方米 千克			
	30	粗棉布；上等细布、巴厘纱或细薄织物（226）	平方米 千克			
	35	粗布（219）	平方米 千克			
	40	缎纹机织物或斜纹机织物（617）	平方米 千克			
	45	牛津布（227）	平方米 千克			
	90	其他（220）	平方米 千克			
5513		合成纤维短纤纺制的机织物，按重量计合成纤维短纤含量在85%以下，主要或仅与棉混纺，重量不超过170克/米^2：				
		未漂白或漂白：				

税则号列	统计后缀	货品名称	单位	税率 1 普通	税率 1 特惠	2
5513.11.00		聚酯短纤纺制的平纹机织物		14.9%[1]	0(AU, BH, CA, CL, CO, IL, JO, KR, MA, MX, OM, P, PA, PE, S, SG)	81%
	20	府绸或细平布（614）	平方米 千克			
	40	阔幅平布（613）[13]	平方米 千克			
	60	印花布（615）	平方米 千克			
	90	粗棉布；上等细布、巴厘纱或细薄织物（226）	平方米 千克			
5513.12.00	00	聚酯短纤纺制的三线或四线斜纹机织物，包括双面斜纹机织物（617）	平方米 千克	14.9%[1]	0(AU, BH, CA, CL, CO, IL, JO, KR, MA, MX, OM, P, PA, PE, S, SG)	81%
5513.13.00		聚酯短纤纺制的其他机织物		14.9%[1]	0(AU, BH, CA, CL, CO, IL, JO, KR, MA, MX, OM, P, PA, PE, S, SG)	81%
	20	缎纹机织物或斜纹机织物（617）	平方米 千克			
	40	牛津布（227）	平方米 千克			
	90	其他（220）	平方米 千克			
5513.19.00		其他机织物		14.9%[1]	0(AU, BH, CA, CL, CO, IL, JO, KR, MA, MX, OM, P, PA, PE, S, SG)	81%
	10	府绸或细平布（614）	平方米 千克			
	20	阔幅平布（613）	平方米 千克			
	30	印花布（615）	平方米 千克			
	40	粗棉布；上等细布、巴厘纱或细薄织物（226）	平方米 千克			
	50	缎纹机织物或斜纹机织物（617）	平方米 千克			
	60	牛津布（227）	平方米 千克			
	90	其他（220）	平方米 千克			
		染色：				
5513.21.00		聚酯短纤纺制的平纹机织物		14.9%[14]	0(AU, BH, CA, CL, CO, IL, JO, KR, MA, MX, OM, P, PA, PE, S, SG)	81%
	20	府绸或细平布（614）	平方米 千克			
	40	阔幅平布（613）	平方米 千克			

税则号列	统计后缀	货品名称	单位	税率 1 普通	税率 1 特惠	2
	60	印花布（615）	平方米 千克			
	90	粗棉布；上等细布、巴厘纱或细薄织物（226）	平方米 千克			
5513.23.01		聚酯短纤纺制的其他机织物		14.9%[1]	0（AU, BH, CA, CL, CO, IL, JO, KR, MA, MX, OM, P, PA, PE, S, SG）	81%
	21	缎纹机织物或斜纹机织物（617）	平方米 千克			
	41	牛津布（227）	平方米 千克			
	91	其他（220）	平方米 千克			
5513.29.00		其他机织物		14.9%[1]	0（AU, BH, CA, CL, CO, IL, JO, KR, MA, MX, OM, P, PA, PE, S, SG）	81%
	10	府绸或细平布（614）	平方米 千克			
	20	阔幅平布（613）	平方米 千克			
	30	印花布（615）	平方米 千克			
	40	粗棉布；上等细布、巴厘纱或细薄织物（226）	平方米 千克			
	50	缎纹机织物或斜纹机织物（617）	平方米 千克			
	60	牛津布（227）	平方米 千克			
	90	其他（220）	平方米 千克			
		色织：				
5513.31.00	00	聚酯短纤纺制的平纹机织物（218）	平方米 千克	14.9%[1]	0（AU, BH, CA, CL, CO, IL, JO, KR, MA, MX, OM, P, PA, PE, S, SG）	81%
5513.39.01		其他机织物		14.9%[1]	0（AU, BH, CA, CL, CO, IL, JO, KR, MA, MX, OM, P, PA, PE, S, SG）	81%
	11	提花机织物（220）	平方米 千克			
	15	牛津布（218）	平方米 千克			
	91	其他（218）	平方米 千克			
		印花：				
5513.41.00		聚酯短纤纺制的平纹机织物		14.9%[1]	0（AU, BH, CA, CL, CO, IL, JO, KR, MA, MX, OM, P, PA, PE, S, SG）	81%
	20	府绸或细平布（614）	平方米 千克			

税则号列	统计后缀	货品名称	单位	税率 1 普通	税率 1 特惠	2
	40	阔幅平布（613）	平方米 千克			
	60	印花布（615）	平方米 千克			
	90	粗棉布；上等细布、巴厘纱或细薄织物（226）	平方米 千克			
5513.49		其他机织物：				
5513.49.10	00	聚酯短纤纺制的三线或四线斜纹机织物，包括双面斜纹机织物（617）	平方米 千克	13.6%[1]	0（AU, BH, CA, CL, CO, IL, JO, KR, MA, MX, OM, P, PA, PE, S, SG）	81%
5513.49.20		聚酯短纤纺制的其他机织物		14.9%[1]	0（AU, BH, CA, CL, CO, IL, JO, KR, MA, MX, OM, P, PA, PE, S, SG）	81%
	20	缎纹机织物或斜纹机织物（617）	平方米 千克			
	40	牛津布（227）	平方米 千克			
	90	其他（220）	平方米 千克			
5513.49.90		其他		8.5%[1]	0（AU, BH, CA, CL, CO, IL, JO, KR, MA, MX, OM, P, PA, PE, S, SG）	81%
	10	府绸或细平布（614）	平方米 千克			
	20	阔幅平布（613）	平方米 千克			
	30	印花布（615）	平方米 千克			
	40	粗棉布；上等细布、巴厘纱或细薄织物（226）	平方米 千克			
	50	缎纹机织物或斜纹机织物（617）	平方米 千克			
	60	牛津布（227）	平方米 千克			
	90	其他（220）	平方米 千克			
5514		合成纤维短纤纺制的机织物，按重量计合成纤维短纤含量在85%以下，主要或仅与棉混纺，重量超过170克/米^2：				
		未漂白或漂白：				
5514.11.00		聚酯短纤纺制的平纹机织物		14.9%[1]	0（AU, BH, CA, CL, CO, IL, JO, KR, MA, MX, OM, P, PA, PE, S, SG）	81%
	20	府绸或细平布（614）	平方米 千克			
		阔幅平布：				
	30	非拉绒机织物（613）	平方米 千克			

税则号列	统计后缀	货品名称	单位	税率 普通	税率 特惠	2
	50	拉绒机织物(613)	平方米 千克			
	90	平纹粗布(219)	平方米 千克			
5514.12.00		聚酯短纤纺制的三线或四线斜纹机织物,包括双面斜纹机织物		14.9%[1]	0(AU, BH, CA, CL, CO, IL, JO, KR, MA, MX, OM, P, PA, PE, S, SG)	81%
	20	非拉绒机织物(617)	平方米 千克			
	40	拉绒机织物(617)	平方米 千克			
5514.19		其他机织物:				
5514.19.10		聚酯短纤纺制的机织物		14.9%[1]	0(AU, BH, CA, CL, CO, IL, JO, KR, MA, MX, OM, P, PA, PE, S, SG)	81%
	20	缎纹机织物或斜纹机织物(617)	平方米 千克			
	40	粗布,平纹机织物除外(219)	平方米 千克			
	90	其他(220)	平方米 千克			
5514.19.90		其他		8.5%[1]	0(AU, BH, CA, CL, CO, IL, JO, KR, MA, MX, OM, P, PA, PE, S, SG)	81%
	10	府绸或细平布(614)	平方米 千克			
	20	阔幅平布(613)	平方米 千克			
	30	粗布(219)	平方米 千克			
	40	缎纹机织物或斜纹机织物(617)	平方米 千克			
	90	其他(220)	平方米 千克			
		染色:				
5514.21.00		聚酯短纤纺制的平纹机织物		14.9%[1]	0(AU, BH, CA, CL, CO, IL, JO, KR, MA, MX, OM, P, PA, PE, S, SG)	81%
	20	府绸或细平布(614)	平方米 千克			
		阔幅平布:				
	30	非拉绒机织物(613)	平方米 千克			
	50	拉绒机织物(613)	平方米 千克			
	90	平纹粗布(219)	平方米 千克			

税则号列	统计后缀	货品名称	单位	税率 1 普通	税率 1 特惠	2
5514.22.00		聚酯短纤纺制的三线或四线斜纹机织物,包括双面斜纹机织物		14.9%[1]	0(AU, BH, CA, CL, CO, IL, JO, KR, MA, MX, OM, P, PA, PE, S, SG)	81%
	20	非拉绒机织物(617)	平方米 千克			
	40	拉绒机织物(617)	平方米 千克			
5514.23.00		聚酯短纤纺制的其他机织物		14.9%[1]	0(AU, BH, CA, CL, CO, IL, JO, KR, MA, MX, OM, P, PA, PE, S, SG)	81%
	20	缎纹机织物或斜纹机织物(617)	平方米 千克			
	40	粗布,平纹机织物除外(219)	平方米 千克			
	90	其他(220)	平方米 千克			
5514.29.00		其他机织物		12%[1]	0(AU, BH, CA, CL, CO, IL, JO, KR, MA, MX, OM, P, PA, PE, S, SG)	81%
	10	府绸或细平布(614)	平方米 千克			
	20	阔幅平布(613)	平方米 千克			
	30	粗布(219)	平方米 千克			
	40	缎纹机织物或斜纹机织物(617)	平方米 千克			
	90	其他(220)	平方米 千克			
5514.30		色织:				
5514.30.31	00	聚酯短纤纺制的平纹机织物(218)	平方米 千克	14.9%[1]	0(AU, BH, CA, CL, CO, IL, JO, KR, MA, MX, OM, P, PA, PE, S, SG)	81%
5514.30.32		聚酯短纤纺制的三线或四线斜纹机织物,包括双面斜纹机织物		14.9%[1]	0(AU, BH, CA, CL, CO, IL, JO, KR, MA, MX, OM, P, PA, PE, S, SG)	81%
		粗斜纹布(劳动布):				
	10	蓝色粗斜纹布(劳动布)(225)	平方米 千克			
	15	其他粗斜纹布(劳动布)(218)	平方米 千克			
	80	其他(218)	平方米 千克			
5514.30.33		聚酯短纤纺制的其他机织物		12%[1]	0(AU, BH, CA, CL, CO, IL, JO, KR, MA, MX, OM, P, PA, PE, S, SG)	81%
	10	提花机织物(220)	平方米 千克			

税则号列	统计后缀	货品名称	单位	税率 1 普通	税率 1 特惠	2
	90	其他(218)	平方米 千克			
5514.30.39		其他机织物		0[1]		81%
	10	蓝色粗斜纹布(劳动布)(225)	平方米 千克			
	20	提花机织物(220)	平方米 千克			
	90	其他(218)	平方米 千克			
		印花:				
5514.41.00		聚酯短纤纺制的平纹机织物		14.9%[1]	0(AU, BH, CA, CL, CO, IL, JO, KR, MA, MX, OM, P, PA, PE, S, SG)	81%
	20	府绸或细平布(614)	平方米 千克			
		阔幅平布:				
	30	非拉绒机织物(613)	平方米 千克			
	50	拉绒机织物(613)	平方米 千克			
	90	平纹粗布(219)	平方米 千克			
5514.42.00		聚酯短纤纺制的三线或四线斜纹机织物,包括双面斜纹机织物		14.9%[1]	0(AU, BH, CA, CL, CO, IL, JO, KR, MA, MX, OM, P, PA, PE, S, SG)	81%
	20	非拉绒机织物(617)	平方米 千克			
	40	拉绒机织物(617)	平方米 千克			
5514.43.00		聚酯短纤纺制的其他机织物		0[1]		81%
	20	缎纹机织物或斜纹机织物(617)	平方米 千克			
	40	粗布,平纹机织物除外(219)	平方米 千克			
	90	其他(220)	平方米 千克			
5514.49.00		其他机织物		8.5%[1]	0(AU, BH, CA, CL, CO, IL, JO, KR, MA, MX, OM, P, PA, PE, S, SG)	81%
	10	府绸或细平布(614)	平方米 千克			
	20	阔幅平布(613)	平方米 千克			
	30	粗布(219)	平方米 千克			
	40	缎纹机织物或斜纹机织物(617)	平方米 千克			

税则号列	统计后缀	货品名称	单位	税率 1 普通	税率 1 特惠	2
	90	其他(220)	平方米 千克			
5515		合成纤维短纤纺制的其他机织物：				
		聚酯短纤纺制：				
5515.11.00		主要或仅与粘胶纤维短纤混纺		14.9%[1]	0(AU, BH, CA, CL, CO, IL, JO, KR, MA, MX, OM, P, PA, PE, S, SG)	81%
	05	色织,但蓝色粗斜纹布(劳动布)或提花机织物除外(218)	平方米 千克			
	10	蓝色粗斜纹布(劳动布)(225)	平方米 千克			
		其他：				
	15	府绸或细平布(614)	平方米 千克			
	20	阔幅平布(613)	平方米 千克			
	25	印花布(615)	平方米 千克			
	30	粗棉布；上等细布、巴厘纱或细薄织物(226)	平方米 千克			
	35	粗布(219)	平方米 千克			
	40	缎纹机织物或斜纹机织物(617)	平方米 千克			
	45	牛津布(227)	平方米 千克			
	90	其他(220)	平方米 千克			
5515.12.00		主要或仅与化学纤维长丝混纺		12%[1]	0(AU, BH, CA, CL, CO, IL, JO, KR, MA, MX, OM, P, PA, PE, S, SG)	81%
	10	府绸或细平布(625)	平方米 千克			
		阔幅平布：				
	22	幅宽超过254厘米(627)	平方米 千克			
	27	其他(627)	平方米 千克			
	30	印花布(626)	平方米 千克			
	40	缎纹机织物或斜纹机织物(628)	平方米 千克			
	90	其他(629)	平方米 千克			
5515.13		主要或者仅与羊毛或动物细毛混纺：				
5515.13.05		按重量计羊毛或动物细毛含量在36%或以上		25%[1]	0(AU, BH, CA, CL, CO, IL, JO, KR, MA, MX, OM, P, PA, PE, S, SG)	48.5美分/千克+68.5%

税则号列	统计后缀	货品名称	单位	税率 1 普通	税率 1 特惠	2
	10	未精梳(410)	平方米 千克			
	20	精梳(410)	平方米 千克			
5515.13.10		其他		12%[1]	0 (AU, BH, CA, CL, CO, IL, JO, KR, MA, MX, OM, P, PA, PE, S, SG)	80.5%
	10	未精梳(624)	平方米 千克			
	20	精梳(624)	平方米 千克			
5515.19.00		其他		12%[1]	0 (AU, BH, CA, CL, CO, IL, JO, KR, MA, MX, OM, P, PA, PE, S, SG)	81%
	05	色织,但蓝色粗斜纹布(劳动布)或提花机织物除外(218)	平方米 千克			
	10	蓝色粗斜纹布(劳动布)(225)	平方米 千克			
		其他:				
	15	府绸或细平布(614)	平方米 千克			
	20	阔幅平布(613)	平方米 千克			
	25	印花布(615)	平方米 千克			
	30	粗棉布;上等细布、巴厘纱或细薄织物(226)	平方米 千克			
	35	粗布(219)	平方米 千克			
	40	缎纹机织物或斜纹机织物(617)	平方米 千克			
	45	牛津布(227)	平方米 千克			
	90	其他(220)	平方米 千克			
		聚丙烯腈或变性聚丙烯腈短纤纺制:				
5515.21.00		主要或仅与化学纤维长丝混纺		0[1]		81%
	10	府绸或细平布(625)	平方米 千克			
	20	阔幅平布(627)	平方米 千克			
	30	印花布(626)	平方米 千克			
	40	缎纹机织物或斜纹机织物(628)	平方米 千克			
	90	其他(629)	平方米 千克			
5515.22		主要或者仅与羊毛或动物细毛混纺:				

税则号列	统计后缀	货品名称	单位	税率 1 普通	税率 1 特惠	税率 2
5515.22.05		按重量计羊毛或动物细毛含量在36％或以上		20.1％[1]	0(AU,BH,CA,CL,CO,IL,JO,KR,MA,MX,OM,P,PA,PE,S,SG)	48.5美分/千克+68.5％
	10	未精梳(410)	平方米 千克			
	20	精梳(410)	平方米 千克			
5515.22.10	00	其他(624)	平方米 千克	12％[1]	0(AU,BH,CA,CL,CO,IL,JO,KR,MA,MX,OM,P,PA,PE,S,SG)	80.5％
5515.29.00		其他		0[1]		81％
	05	色织,但蓝色粗斜纹布(劳动布)或提花机织物除外(218)	平方米 千克			
	10	蓝色粗斜纹布(劳动布)(225)	平方米 千克			
		其他：				
	15	府绸或细平布(614)	平方米 千克			
	20	阔幅平布(613)	平方米 千克			
	25	印花布(615)	平方米 千克			
	30	粗棉布；上等细布、巴厘纱或细薄织物(226)	平方米 千克			
	35	粗布(219)	平方米 千克			
	40	缎纹机织物或斜纹机织物(617)	平方米 千克			
	45	牛津布(227)	平方米 千克			
	90	其他(220)	平方米 千克			
		其他机织物：				
5515.91.00		主要或仅与化学纤维长丝混纺		12％[1]	0(AU,BH,CA,CL,CO,IL,JO,KR,MA,MX,OM,P,PA,PE,S,SG)	81％
	10	府绸或细平布(625)	平方米 千克			
	20	阔幅平布(627)	平方米 千克			
	30	印花布(626)	平方米 千克			
	40	缎纹机织物或斜纹机织物(628)	平方米 千克			
	90	其他(629)	平方米 千克			
5515.99		其他：				

税则号列	统计后缀	货品名称	单位	税率 普通	税率 特惠	2
		主要或者仅与羊毛或动物细毛混纺：				
5515.99.05		按重量计羊毛或动物细毛含量在36%或以上		25%[1]	0（AU,BH,CA,CL,CO,IL,JO,KR,MA,MX,OM,P,PA,PE,S,SG）	48.5美分/千克+68.5%
	10	未精梳（410）	平方米千克			
	20	精梳（410）	平方米千克			
5515.99.10		其他		12%[1]	0（AU,BH,CA,CL,CO,IL,JO,KR,MA,MX,OM,P,PA,PE,S,SG）	80.5%
	10	未精梳（624）	平方米千克			
	20	精梳（624）	平方米千克			
5515.99.90		其他		8.5%[1]	0（AU,BH,CA,CL,CO,IL,JO,KR,MA,MX,OM,P,PA,PE,S,SG）	81%
	05	色织,但蓝色粗斜纹布（劳动布）或提花机织物除外（218）	平方米千克			
	10	蓝色粗斜纹布（劳动布）（225）	平方米千克			
		其他：				
	15	府绸或细平布（614）	平方米千克			
	20	阔幅平布（613）	平方米千克			
	25	印花布（615）	平方米千克			
	30	粗棉布；上等细布、巴厘纱或细薄织物（226）	平方米千克			
	35	粗布（219）	平方米千克			
	40	缎纹机织物或斜纹机织物（617）	平方米千克			
	45	牛津布（227）	平方米千克			
	90	其他（220）	平方米千克			
5516		人造纤维短纤纺制的机织物：				
		按重量计人造纤维短纤含量在85%或以上：				
5516.11.00		未漂白或漂白		14.9%[1]	0（AU,BH,CA,CL,CO,IL,JO,KR,MA,MX,OM,P,PA,PE,S,SG）	81%
	10	平纹机织物（611）	平方米千克			

税则号列	统计后缀	货品名称	单位	税率 1 普通	税率 1 特惠	2
	20	缎纹机织物或斜纹机织物（611）	平方米 千克			
	90	其他（611）	平方米 千克			
5516.12.00		染色		14.9%[1]	0（AU，BH，CA，CL，CO，IL，JO，KR，MA，MX，OM，P，PA，PE，S，SG）	81%
	10	平纹机织物（611）	平方米 千克			
	20	缎纹机织物或斜纹机织物（611）	平方米 千克			
	90	其他（611）	平方米 千克			
5516.13.00	00	色织（611）	平方米 千克	14.9%[1]	0（AU，BH，CA，CL，CO，IL，JO，KR，MA，MX，OM，P，PA，PE，S，SG）	81%
5516.14.00		印花		10%[1]	0（AU，BH，CA，CL，CO，IL，JO，KR，MA，MX，OM，P，PA，PE，S，SG）	81%
		平纹机织物：				
	05	拔染印花（611）	平方米 千克			
	15	其他（611）	平方米 千克			
		缎纹机织物或斜纹机织物：				
	25	拔染印花（611）	平方米 千克			
	30	其他（611）	平方米 千克			
		其他：				
	85	拔染印花（611）	平方米 千克			
	95	其他（611）	平方米 千克			
		按重量计人造纤维短纤含量在85%以下，主要或仅与化学纤维长丝混纺：				
5516.21.00		未漂白或漂白		14.9%[1]	0（AU，BH，CA，CL，CO，IL，JO，KR，MA，MX，OM，P，PA，PE，S，SG）	81%
	10	府绸或细平布（625）	平方米 千克			
	20	阔幅平布（627）	平方米 千克			
	30	印花布（626）	平方米 千克			
	40	缎纹机织物或斜纹机织物（628）	平方米 千克			

税则号列	统计后缀	货品名称	单位	税率 1 普通	税率 1 特惠	2
	90	其他(629)	平方米 千克			
5516.22.00		染色		14.9%[1]	0(AU, BH, CA, CL, CO, IL, JO, KR, MA, MX, OM, P, PA, PE, S, SG)	81%
	10	府绸或细平布(625)	平方米 千克			
	20	阔幅平布(627)	平方米 千克			
	30	印花布(626)	平方米 千克			
	40	缎纹机织物或斜纹机织物(628)	平方米 千克			
	90	其他(629)	平方米 千克			
5516.23.00		色织		8.5%[1]	0(AU, BH, CA, CL, CO, IL, JO, KR, MA, MX, OM, P, PA, PE, S, SG)	81%
	10	府绸或细平布(625)	平方米 千克			
	20	阔幅平布(627)	平方米 千克			
	30	印花布(626)	平方米 千克			
	40	缎纹机织物或斜纹机织物(628)	平方米 千克			
	90	其他(629)	平方米 千克			
5516.24.00		印花		14.9%[1]	0(AU, BH, CA, CL, CO, IL, JO, KR, MA, MX, OM, P, PA, PE, S, SG)	81%
	10	府绸或细平布(625)	平方米 千克			
	20	阔幅平布(627)	平方米 千克			
	30	印花布(626)	平方米 千克			
	40	缎纹机织物或斜纹机织物(628)	平方米 千克			
		其他:				
	85	拔染印花(629)	平方米 千克			
	95	其他(629)	平方米 千克			
		按重量计人造纤维短纤含量在85%以下,主要或者仅与羊毛或动物细毛混纺:				
5516.31		未漂白或漂白:				

税则号列	统计后缀	货品名称	单位	税率 普通	税率 1 特惠	税率 2
5516.31.05		按重量计羊毛或动物细毛含量在36%或以上		19.8%[1]	0（AU, BH, CA, CL, CO, IL, JO, KR, MA, MX, OM, P, PA, PE, S, SG）	48.5美分/千克+68.5%
	10	未精梳（410）	平方米千克			
	20	精梳（410）	平方米千克			
5516.31.10	00	其他(624)	平方米千克	12%[1]	0（AU, BH, CA, CL, CO, IL, JO, KR, MA, MX, OM, P, PA, PE, S, SG）	80.5%
5516.32		染色：				
5516.32.05		按重量计羊毛或动物细毛含量在36%或以上		25%[1]	0（AU, BH, CA, CL, CO, IL, JO, KR, MA, MX, OM, P, PA, PE, S, SG）	48.5美分/千克+68.5%
	10	未精梳（410）	平方米千克			
	20	精梳（410）	平方米千克			
5516.32.10	00	其他(624)	平方米千克	12%[1]	0（AU, BH, CA, CL, CO, IL, JO, KR, MA, MX, OM, P, PA, PE, S, SG）	80.5%
5516.33		色织：				
5516.33.05		按重量计羊毛或动物细毛含量在36%或以上		25%[1]	0（AU, BH, CA, CL, CO, IL, JO, KR, MA, MX, OM, P, PA, PE, S, SG）	48.5美分/千克+68.5%
	10	未精梳（410）	平方米千克			
	20	精梳（410）	平方米千克			
5516.33.10	00	其他(624)	平方米千克	12%[1]	0（AU, BH, CA, CL, CO, IL, JO, KR, MA, MX, OM, P, PA, PE, S, SG）	80.5%
5516.34		印花：				
5516.34.05		按重量计羊毛或动物细毛含量在36%或以上		19.7%[1]	0（AU, BH, CA, CL, CO, IL, JO, KR, MA, MX, OM, P, PA, PE, S, SG）	48.5美分/千克+68.5%
	10	未精梳（410）	平方米千克			
	20	精梳（410）	平方米千克			
5516.34.10	00	其他(624)	平方米千克	12%[1]	0（AU, BH, CA, CL, CO, IL, JO, KR, MA, MX, OM, P, PA, PE, S, SG）	80.5%
		按重量计人造纤维短纤含量在85%以下，主要或仅与棉混纺：				
5516.41.00		未漂白或漂白		14.9%[1]	0（AU, BH, CA, CL, CO, IL, JO, KR, MA, MX, OM, P, PA, PE, S, SG）	81%

税则号列	统计后缀	货品名称	单位	税率 1 普通	税率 1 特惠	2
	10	府绸或细平布 (614)	平方米 千克			
		阔幅平布：				
	22	幅宽超过127厘米 (613)	平方米 千克			
	27	其他 (613)	平方米 千克			
	30	印花布 (615)	平方米 千克			
	40	粗棉布；上等细布、巴厘纱或细薄织物 (226)	平方米 千克			
	50	粗布 (219)	平方米 千克			
	60	缎纹机织物或斜纹机织物 (617)	平方米 千克			
	70	牛津布 (227)	平方米 千克			
	90	其他 (220)	平方米 千克			
5516.42.00		染色		12%[15]	0 (AU, BH, CA, CL, CO, IL, JO, KR, MA, MX, OM, P, PA, PE, S, SG)	81%
	10	府绸或细平布 (614)	平方米 千克			
		阔幅平布：				
	22	幅宽超过127厘米 (613)	平方米 千克			
	27	其他 (613)	平方米 千克			
	30	印花布 (615)	平方米 千克			
	40	粗棉布；上等细布、巴厘纱或细薄织物 (226)	平方米 千克			
	50	粗布 (219)	平方米 千克			
	60	缎纹机织物或斜纹机织物 (617)	平方米 千克			
	70	牛津布 (227)	平方米 千克			
	90	其他 (220)	平方米 千克			
5516.43.00		色织		0[1]		81%
		粗斜纹布（劳动布）：				
	10	蓝色粗斜纹布（劳动布）(225)	平方米 千克			
	15	其他粗斜纹布（劳动布）(218)	平方米 千克			

税则号列	统计后缀	货品名称	单位	税率 1 普通	税率 1 特惠	2
	20	提花机织物（220）	平方米 千克			
		其他：				
	35	幅宽超过127厘米（218）	平方米 千克			
	80	其他(218)	平方米 千克			
5516.44.00		印花		8.5%[1]	0（AU，BH，CA，CL，CO，IL，JO，KR，MA，MX，OM，P，PA，PE，S，SG）	81%
	10	府绸或细平布（614）	平方米 千克			
		阔幅平布：				
	22	幅宽超过127厘米（613）[16]	平方米 千克			
	27	其他（613）	平方米 千克			
	30	印花布（615）	平方米 千克			
	40	粗棉布；上等细布、巴厘纱或细薄织物（226）	平方米 千克			
	50	粗布（219）	平方米 千克			
	60	缎纹机织物或斜纹机织物（617）	平方米 千克			
	70	牛津布（227）	平方米 千克			
	90	其他(220)	平方米 千克			
		其他：				
5516.91.00		未漂白或漂白		12%[1]	0（AU，BH，CA，CL，CO，IL，JO，KR，MA，MX，OM，P，PA，PE，S，SG）	81%
	10	府绸或细平布（614）	平方米 千克			
	20	阔幅平布（613）	平方米 千克			
	30	印花布（615）	平方米 千克			
	40	粗棉布；上等细布、巴厘纱或细薄织物（226）	平方米 千克			
	50	粗布（219）	平方米 千克			
	60	缎纹机织物或斜纹机织物（617）	平方米 千克			
	70	牛津布（227）	平方米 千克			

税则号列	统计后缀	货品名称	单位	税率 1 普通	税率 1 特惠	2
	90	其他(220)	平方米 千克			
5516.92.00		染色		12%[1]	0 (AU, BH, CA, CL, CO, IL, JO, KR, MA, MX, OM, P, PA, PE, S, SG)	81%
	10	府绸或细平布(614)	平方米 千克			
	20	阔幅平布(613)	平方米 千克			
	30	印花布(615)	平方米 千克			
	40	粗棉布；上等细布、巴厘纱或细薄织物(226)	平方米 千克			
	50	粗布(219)	平方米 千克			
	60	缎纹机织物或斜纹机织物(617)	平方米 千克			
	70	牛津布(227)	平方米 千克			
	90	其他(220)	平方米 千克			
5516.93.00		色织		8.5%[1]	0 (AU, BH, CA, CL, CO, IL, JO, KR, MA, MX, OM, P, PA, PE, S, SG)	81%
	10	蓝色粗斜纹布(劳动布)(225)	平方米 千克			
	20	提花机织物(220)	平方米 千克			
	90	其他(218)	平方米 千克			
5516.94.00		印花		12%[1]	0 (AU, BH, CA, CL, CO, IL, JO, KR, MA, MX, OM, P, PA, PE, S, SG)	81%
	10	府绸或细平布(614)	平方米 千克			
	20	阔幅平布(613)	平方米 千克			
	30	印花布(615)	平方米 千克			
	40	粗棉布；上等细布、巴厘纱或细薄织物(226)	平方米 千克			
	50	粗布(219)	平方米 千克			
	60	缎纹机织物或斜纹机织物(617)	平方米 千克			
	70	牛津布(227)	平方米 千克			
	90	其他(220)	平方米 千克			

[1]见9903.88.03。
[2]见9903.88.43和9903.88.56。
[3]见9902.12.98、9902.12.99、9902.13.01、9902.13.02、9902.13.03、9902.13.04、9902.13.05和9903.88.03。
[4]见9902.13.06至9902.13.23和9903.88.03。
[5]见9903.88.53、9903.88.57和9903.88.65。
[6]见9902.13.24至9902.13.33和9903.88.15。
[7]见9902.13.34和9903.88.03。
[8]见9902.13.35、9902.13.36、9902.13.37、9902.13.38和9903.88.03。
[9]见9902.13.39和9903.88.03。
[10]见9903.88.37。
[11]见9903.88.37和9903.88.56。
[12]见9902.13.40和9903.88.03。
[13]见9903.88.18。
[14]见9903.88.16。
[15]见9902.13.41和9903.88.03。
[16]见9903.88.40。
[17]见9903.88.38。

第五十六章　絮胎、毡呢及无纺织物；特种纱线；线、绳、索、缆及其制品

注释：

一、本章不包括：

(一)用各种物质或制剂(例如，第三十三章的香水或化妆品，品目 3401 的肥皂或洗涤剂，品目 3405 的光洁剂、擦洗膏及类似制剂，品目 3809 的织物柔软剂)浸渍、涂布、包覆的絮胎、毡呢或无纺织物，其中的纺织材料仅作为承载介质；

(二)品目 5811 的纺织产品；

(三)以毡呢或无纺织物为底的砂布及类似品(品目 6805)；

(四)以毡呢或无纺织物为底的粘聚或复制云母(品目 6814)；

(五)以毡呢或无纺织物为底的金属箔(通常为第十四类或第十五类)；或者

(六)品目 9619 的卫生巾(护垫)及卫生棉条、婴儿尿布及尿布衬里和类似品。

二、所称"毡呢"包括针刺机制毡呢以及纤维本身通过缝编工序增强了抱合力的纺织纤维网状织物。

三、品目 5602 及品目 5603 分别包括用各种性质(紧密结构或泡沫状)的塑料或橡胶浸渍、涂布、包覆或层压的毡呢及无纺织物。

品目 5603 还包括用塑料或橡胶作粘合材料的无纺织物。

但品目 5602 及品目 5603 不包括：

(一)用塑料或橡胶浸渍、涂布、包覆或层压，按重量计纺织材料含量在 50% 或以下的毡呢或者完全嵌入塑料或橡胶之内的毡呢(第三十九章或第四十章)；

(二)完全嵌入塑料或橡胶之内的无纺织物，以及用肉眼可辨别出两面都用塑料或橡胶涂布、包覆的无纺织物，涂布或包覆所引起的颜色变化可不予考虑(第三十九章或第四十章)；或者

(三)与毡呢或无纺织物混制的泡沫塑料或海绵橡胶板、片或扁条，纺织材料仅在其中起增强作用(第三十九章或第四十章)。

四、品目 5604 不包括用肉眼无法辨别出是否经过浸渍、涂布或包覆的纺织纱线或者品目 5404 或品目 5405 的扁条及类似品(通常归入第五十章至第五十五章)；运用本条规定，可不考虑浸渍、涂布或包覆所引起的颜色变化。

附加美国注释：

一、所称"宽非纤维带"适用于税号 5607.41.10 和税号 5607.49.10 的线、绳、索或缆，包括未折叠宽度超过 25.4 毫米的非纤维聚乙烯或聚丙烯带(不论是折叠、加捻或卷曲)含量超过 65%(按重量计)的产品。

二、品目 5607 不包括金属制线、绳、索或缆(第十五类)。

统计注释：

一、统计报告编码 5608.19.1010 所称"尼龙或其他聚酰胺制鲑鱼刺网"是指尼龙或其他聚酰胺纤维制的鱼网，由最大横截面尺寸不超过 0.806 毫米的单丝或不超过 233 分特的复丝纱组成，或是上述各项的组合，双结或三结结构，彩色，具有不小于 10.5 厘米且不大于 21.6 厘米的拉伸网格尺寸。

税则号列	统计后缀	货品名称	单位	税率 1 普通	税率 1 特惠	2
5601		纺织材料絮胎及其制品；长度不超过5毫米的纺织纤维(纤维屑)、纤维粉末及球结：				
		纺织材料制的絮胎及其制品：				
5601.21.00		棉制		3.6%[1]	0(AU,B,BH,CA,CL,CO,IL,JO,KR,MA,MX,OM,P,PA,PE,S,SG)	40%
	10	片状的絮胎(223)	千克			
	90	其他(369)	千克			
5601.22.00		化学纤维制		6.3%[1]	0(AU,B,BH,CA,CL,CO,IL,JO,KR,MA,MX,OM,P,PA,PE,S,SG)	74%
	10	片状的絮胎(223)	千克			
	50	植绒棉签，但品目3926的货品除外(669)	千克			
	91	其他(669)	千克			
5601.29.00		其他		4%[1]	0(AU,B,BH,CA,CL,CO,E*,IL,JO,KR,MA,MX,OM,P,PA,PE,S,SG)	40%
	10	按重量计丝或绢丝含量在85%或以上	千克			
	20	羊毛或动物细毛制(469)	千克			
	90	其他(899)	千克			
5601.30.00	00	纤维屑、纤维粉末及球结	千克	0[1]		25%
5602		毡呢，不论是否浸渍、涂布、包覆或层压：				
5602.10		针刺机制毡呢及纤维缝编织物：				
5602.10.10	00	层压织物(223)	千克	12%[1]	0(AU,BH,CA,CL,CO,IL,JO,KR,MA,MX,OM,P,PA,PE,S,SG)	83.5%
5602.10.90		其他		10.6%[1]	0(AU,B,BH,CA,CL,CO,IL,JO,KR,MA,MX,OM,P,PA,PE,S,SG)	74%
	10	羊毛或动物细毛制(414)	千克			
	90	其他(223)	千克			
		其他毡呢，未浸渍、涂布、包覆或层压：				
5602.21.00	00	羊毛或动物细毛制(414)	千克	49.5美分/千克+7.5%[1]	0(AU,B,BH,CA,CL,CO,IL,JO,KR,MA,MX,OM,P,PA,PE,S,SG)	88美分/千克+40%
5602.29.00	00	其他纺织材料制(223)	千克	6.3%[1]	0(AU,B,BH,CA,CL,CO,IL,JO,KR,MA,MX,OM,P,PA,PE,S,SG)	74%
5602.90		其他：				
5602.90.30	00	层压织物(223)	千克	0[1]		83.5%
		其他：				
5602.90.60	00	化学纤维制(223)	千克	6.3%[1]	0(AU,B,BH,CA,CL,CO,IL,JO,KR,MA,MX,OM,P,PA,PE,S,SG)	74%

第五十六章 絮胎、毡呢及无纺织物;特种纱线;线、绳、索、缆及其制品

税则号列	统计后缀	货品名称	单位	税率 1 普通	税率 1 特惠	税率 2
5602.90.90	00	其他(414)	千克	52.9美分/千克+8%[1]	0(AU,B,BH,CA,CL,CO,IL,JO,KR,MA,MX,OM,P,PA,PE,S,SG)	88美分/千克+40%
5603		无纺织物,不论是否浸渍、涂布、包覆或层压:				
		化学纤维长丝制:				
5603.11.00		重量不超过25克/米^2		0[1]		74%
	10	用橡胶、塑料、木浆或玻璃纤维以外的材料浸渍、涂布或包覆;"仿麂皮"(223)	千克			
	90	其他(223)	平方米 千克			
5603.12.00		重量超过25克/米^2,但不超过70克/米^2		0[1]		74%
	10	用橡胶、塑料、木浆或玻璃纤维以外的材料浸渍、涂布或包覆;"仿麂皮"(223)	千克			
	90	其他(223)[2]	千克			
5603.13.00		重量超过70克/米^2,但不超过150克/米^2		0[1]		74%
	10	用橡胶、塑料、木浆或玻璃纤维以外的材料浸渍、涂布或包覆;"仿麂皮"(223)	千克			
	90	其他(223)	千克			
5603.14		重量超过150克/米^2:				
5603.14.30	00	层压织物(223)	千克	0[1]		83.5%
5603.14.90		其他		0[1]		74%
	10	用橡胶、塑料、木浆或玻璃纤维以外的材料浸渍、涂布或包覆;"仿麂皮"(223)	千克			
	90	其他(223)[3]	千克			
		其他:				
5603.91.00		重量不超过25克/米^2		0[1]		74%
	10	用橡胶、塑料、木浆或玻璃纤维以外的材料浸渍、涂布或包覆;"仿麂皮"(223)	千克			
	90	其他(223)	千克			
5603.92.00		重量超过25克/米^2,但不超过70克/米^2		0[1]		74%
	10	用橡胶、塑料、木浆或玻璃纤维以外的材料浸渍、涂布或包覆;"仿麂皮"(223)	千克			
	90	其他(223)[4]	千克			
5603.93.00		重量超过70克/米^2,但不超过150克/米^2		0[1]		74%

税则号列	统计后缀	货品名称	单位	税率 1 普通	税率 1 特惠	2
	10	用橡胶、塑料、木浆或玻璃纤维以外的材料浸渍、涂布或包覆；"仿麂皮"(223)	千克			
	90	其他(223)[3]	千克			
5603.94		重量超过150克/米²：				
5603.94.10		地板垫		0[1]		40%
	10	羊毛或动物细毛制(469)	平方米 千克			
	90	其他[5]	平方米 千克			
		其他：				
5603.94.30	00	层压织物(223)	千克	0[1]		83.5%
5603.94.90		其他		0[1]		74%
	10	用橡胶、塑料、木浆或玻璃纤维以外的材料浸渍、涂布或包覆；"仿麂皮"(223)	千克			
		其他无纺织物,不论是否浸渍、涂布或者包覆：				
	30	热粘合,短纤维制(223)	千克			
	50	由短纤维机械缠结获得(223)	千克			
		其他：				
	70	长丝制(223)	千克			
	90	短纤制(223)[6]	千克			
5604		用纺织材料包覆的橡胶线及绳；用橡胶或塑料浸渍、涂布、包覆或套裹的纺织纱线及品目5404或品目5405的扁条及类似品：				
5604.10.00	00	用纺织材料包覆的橡胶线及绳(201)	千克	6.3%[1]	0(AU,BH,CA,CL,CO,IL,JO,KR,MA,MX,OM,P,PA,PE,S,SG)	40%
		其他：				
5604.90.20	00	聚酯、尼龙、聚酰胺或粘胶高强力纱制,经浸渍或涂布(201)	千克	8.8%[1]	0(AU,BH,CA,CL,CO,IL,JO,KR,MA,MX,OM,P,PA,PE,S,SG)	50%
5604.90.90	00	其他	千克	5%[1]	0(AU,BH,CA,CL,CO,E*,IL,JO,KR,MA,MX,OM,P,PA,PE,S,SG)	50%
5605.00		含金属纱线,不论是否螺旋花线,由纺织纱线或者品目5404或品目5405的扁条及类似品与金属线、扁条或粉末混合制得或用金属包覆制得：				
5605.00.10	00	金属涂层或金属层压化纤长丝或扁条及类似品,未螺旋、未加捻或捻度每米小于5转	千克	7.5%[1]	0(AU,BH,CA,CL,CO,E,IL,JO,KR,MA,MX,OM,P,PA,PE,S,SG)	81%
5605.00.90	00	其他(201)	千克	13.2%[1]	0(AU,BH,CA,CL,CO,E*,IL,JO,KR,MA,MX,OM,P,PA,PE,S,SG)	81%

税则号列	统计后缀	货品名称	单位	税率 1 普通	税率 1 特惠	2
5606.00.00		粗松螺旋花线,品目 5404 或品目 5405 的扁条及类似品制的螺旋花线(品目 5605 的货品及马毛粗松螺旋花线除外);绳绒线(包括植绒绳绒线);纵行起圈纱线		8%[1]	0(AU,BH,CA,CL,CO,E*,IL,JO,KR,MA,MX,OM,P,PA,PE,S,SG)	80%
	10	含弹性长丝(201)	千克			
	90	其他(201)	千克			
5607		线、绳、索、缆,不论是否编织或编结而成,也不论是否用橡胶或塑料浸渍、涂布、包覆或套裹:				
		西沙尔麻或其他纺织用龙舌兰类纤维纺制:				
5607.21.00	00	包扎用绳	千克	0[1]		0
5607.29.00	00	其他	千克	3.6%[1]	0(A,AU,BH,CA,CL,CO,D,E,IL,JO,KR,MA,MX,OM,P,PA,PE,S,SG)	40%
		聚乙烯或聚丙烯纺制:				
5607.41		包扎用绳:				
5607.41.10	00	宽非纤维带	千克	2.7%[1]	0(A,AU,BH,CA,CL,CO,D,E,IL,JO,KR,MA,MX,OM,P,PA,PE,S,SG)	80%
5607.41.30	00	其他(201)	千克	4%[1]	0(AU,BH,CA,CL,CO,IL,JO,KR,MA,MX,OM,P,PA,PE,S,SG)	76.5%
5607.49		其他:				
5607.49.10	00	宽非纤维带	千克	2.7%[1]	0(A,AU,BH,CA,CL,CO,D,E,IL,JO,KR,MA,MX,OM,P,PA,PE,S,SG)	80%
		其他,非编织或编结:				
5607.49.15	00	直径小于4.8毫米(201)	千克	7%[1]	0(AU,BH,CA,CL,CO,IL,JO,KR,MA,MX,OM,P,PA,PE,S,SG)	76.5%
5607.49.25	00	其他(201)	千克	9.8美分/千克+5.3%[1]	0(AU,BH,CA,CL,CO,IL,JO,KR,MA,MX,OM,P,PA,PE,S,SG)	27.6美分/千克+76.5%
5607.49.30	00	其他(669)	千克	3.6%[1]	0(AU,BH,CA,CL,CO,IL,JO,KR,MA,MX,OM,P,PA,PE,S,SG)	60%
5607.50		其他合成纤维纺制:				
		非编织或编结:				
5607.50.25	00	终捻S捻的3股或4股多色绳,按重量计棉含量至少为10%,直径小于3.5毫米(201)	千克	7%[1]	0(AU,BH,CA,CL,CO,IL,JO,KR,MA,MX,OM,P,PA,PE,S,SG)	76.5%
5607.50.35	00	其他(201)	千克	19.9美分/千克+10.8%[1]	0(AU,BH,CA,CL,CO,IL,JO,KR,MA,MX,OM,P,PA,PE,S,SG)	27.6美分/千克+76.5%
5607.50.40	00	其他(669)	千克	3.6%[1]	0(AU,BH,CA,CL,CO,IL,JO,KR,MA,MX,OM,P,PA,PE,S,SG)	60%

税则号列	统计后缀	货品名称	单位	税率 1 普通	税率 1 特惠	2
5607.90		其他：				
5607.90.10	00	椰壳纤维纺制	千克	0[1]		0
5607.90.15	00	品目5303的黄麻或其他纺织韧皮纤维纺制	千克	0[1]		20%
		焦麻(马尼拉大麻)或其他硬(叶)纤维纺制：				
5607.90.25	00	直径为1.88厘米或以上的绞合结构	千克	0[1]		4美分/千克
5607.90.35	00	其他	千克	3.4%[1]	0(A*,AU,BH,CA,CL,CO,D,E,IL,JO,KR,MA,MX,OM,P,PA,PE,S,SG)	40%
5607.90.90	00	其他(201)	千克	6.3%[1]	0(AU,BH,CA,CL,CO,E*,IL,JO,KR,MA,MX,OM,P,PA,PE,S,SG)	40%
5608		线、绳或索结制的网料；纺织材料制成的渔网及其他网：				
		化学纤维材料制：				
5608.11.00		制成的渔网		8%[1]	0(AU,BH,CA,CL,CO,IL,JO,KR,MA,MX,OM,P,PA,PE,S,SG)	82%
	10	手工编结	千克			
	90	其他(229)	千克			
5608.19		其他：				
5608.19.10		鱼网		8.5%[1]	0(AU,BH,CA,CL,CO,IL,JO,KR,MA,MX,OM,P,PA,PE,S,SG)	82%
	10	尼龙或其他聚酰胺制鲑鱼刺网(229)	千克			
	20	其他(229)	千克			
5608.19.20		其他		5%[1]	0(AU,B,BH,CA,CL,CO,IL,JO,KR,MA,MX,OM,P,PA,PE,S,SG)	90%
	10	带拉绳封口的诱饵袋	千克			
	90	其他(229)	千克			
5608.90		其他：				
5608.90.10	00	鱼网和渔网	千克	8%[1]	0(AU,BH,CA,CL,CO,E*,IL,JO,KR,MA,MX,OM,P,PA,PE,S,SG)	82%
		其他：				
		棉制：				
5608.90.23	00	吊床	千克	14.1%[1]	0(A,AU,BH,CA,CL,CO,D,E,IL,JO,KR,MA,MX,OM,P,PA,PE,S,SG)	90%
5608.90.27	00	其他(229)	千克	14.1%[1]	0(AU,BH,CA,CL,CO,IL,JO,KR,MA,MX,OM,P,PA,PE,S,SG)	90%

税则号列	统计后缀	货品名称	单位	税率 普通	税率 特惠	2
5608.90.30	00	其他	千克	5%[1]	0(A,AU,BH,CA,CL,CO,D,E,IL,JO,KR,MA,MX,OM,P,PA,PE,S,SG)	90%
5609.00		用纱线、品目5404或品目5405的扁条及类似品或线、绳、索、缆制成的其他品目未列名的物品：				
5609.00.10	00	棉制	千克	2.9%[1]	0(AU,BH,CA,CL,CO,IL,JO,KR,MA,MX,OM,P,PA,PE,S,SG)	40%
5609.00.20	00	植物纺织纤维（棉除外）制	千克	0[1]		40%
5609.00.30	00	化学纤维制[5]	千克	4.5%[1]	0(AU,BH,CA,CL,CO,IL,JO,KR,MA,MX,OM,P,PA,PE,S,SG)	78.5%
5609.00.40	00	其他[7]	千克	3.9%[1]	0(AU,BH,CA,CL,CO,E*,IL,JO,KR,MA,MX,OM,P,PA,PE,S,SG)	90%

[1]见9903.88.03。

[2]见9903.88.33、9903.88.41、9903.88.56和9903.88.64。

[3]见9903.88.48、9903.88.56和9903.88.64。

[4]见9903.88.13、9903.88.48、9903.88.56和9903.88.64。

[5]见9903.88.36。

[6]见9903.88.40和9903.88.56。

[7]见9903.88.37。

第五十七章　地毯及纺织材料的其他铺地制品

注释：
一、本章所称"地毯及纺织材料的其他铺地制品"是指使用时以纺织材料作面的铺地制品，也包括具有纺织材料铺地制品特征但作其他用途的物品。
二、本章不包括铺地制品衬垫。

税则号列	统计后级	货品名称	单位	税率 普通	税率 特惠	2
5701		结织栽绒地毯及纺织材料的其他结织栽绒铺地制品,不论是否制成的:				
5701.10		羊毛或动物细毛制:				
		在机织或针织过程中,用手插入或手工打结形成绒毛,按重量计超过50%的绒毛是羊驼、原驼、豪里佐、美洲驼、米斯提小羊驼、阿尔帕卡羊或这些动物毛混合物:				
5701.10.13	00	经认证的手工织物和民俗产品	平方米 千克	0[1]		45%
5701.10.16	00	其他(465)	平方米 千克	0[1]		45%
		其他:				
5701.10.40	00	手工钩编的,即用手或用手工工具插入和打结形成绒毛(465)	平方米 千克	0[2]		45%
5701.10.90	00	其他(465)	平方米 千克	4.5%[2]	0(AU,BH,CA,CL,CO,IL,JO,KR,MA,MX,NP,OM,P,PA,PE,S,SG)	45%
5701.90		其他纺织材料制:				
5701.90.10		在机织或针织过程中插入和打结的		0[1]		45%
	10	手工钩编的[3]	平方米 千克			
		其他:				
	20	棉制(369)	平方米 千克			
	30	化学纤维制(665)	平方米 千克			
	90	其他	平方米 千克			
5701.90.20		其他		0[2]		60%
	10	手工钩编的,即用手或用手工工具插入和打结形成绒毛	平方米 千克			
		其他:				
	20	棉制(369)	平方米 千克			
	30	化学纤维制(665)	平方米 千克			
	90	其他	平方米 千克			
5702		机织地毯及纺织材料的其他机织铺地制品,未簇绒或未植绒,不论是否制成的,包括"开来姆""苏麦克""卡拉马尼"及类似的手织地毯				
5702.10		"开来姆""苏麦克""卡拉马尼"及类似的手织地毯:				
5702.10.10	00	经认证的手工织物和民俗产品	平方米 千克	0[1]		45%

税则号列	统计后缀	货品名称	单位	税率 1 普通	税率 1 特惠	2
5702.10.90		其他		0[1]		45%
	10	羊毛或动物细毛制(465)	平方米 千克			
	20	棉制(369)	平方米 千克			
	30	化学纤维制(665)	平方米 千克			
	90	其他	平方米 千克			
5702.20		椰壳纤维制的铺地制品:				
5702.20.10	00	起绒的	平方米 千克	0[1]		1.29美元/米²
5702.20.20	00	其他	平方米 千克	0[1]		16%
		其他起绒结构的铺地制品,未制成的:				
5702.31		羊毛或动物细毛制:				
5702.31.10	00	威尔顿(包括布鲁塞尔)和天鹅绒(包括织锦)铺地制品以及具有相似特征或类型的铺地制品(465)	平方米 千克	8%[1]	0(AU, BH, CA, CL, CO, IL, JO, KR, MA, MX, OM, P, PA, PE, S, SG)	60%
5702.31.20	00	其他(465)	平方米 千克	4%[1]	0(AU, BH, CA, CL, CO, IL, JO, KR, MA, MX, NP, OM, P, PA, PE, S, SG)	60%
5702.32		化学纤维制:				
5702.32.10	00	威尔顿(包括布鲁塞尔)和天鹅绒(包括织锦)铺地制品以及具有相似特征或类型的铺地制品(665)	平方米 千克	8%[1]	0(AU, BH, CA, CL, CO, IL, JO, KR, MA, MX, OM, P, PA, PE, S, SG)	60%
5702.32.20	00	其他(665)	平方米 千克	7%[1]	0(AU, BH, CA, CL, CO, IL, JO, KR, MA, MX, OM, P, PA, PE, S, SG)	60%
5702.39		其他纺织材料制:				
5702.39.10	00	黄麻制	平方米 千克	0[1]		35%
5702.39.20		其他		3.6%[1]	0(AU, BH, CA, CL, CO, E*, IL, JO, KR, MA, MX, OM, P, PA, PE, S, SG)	60%
	10	棉制(369)	平方米 千克			
	90	其他	平方米 千克			
		其他起绒结构的铺地制品,制成的:				
5702.41		羊毛或动物细毛制:				
5702.41.10	00	威尔顿(包括布鲁塞尔)和天鹅绒(包括织锦)铺地制品以及具有相似特征或类型的铺地制品(465)	平方米 千克	0[1]		60%
5702.41.20	00	其他(465)	平方米 千克	0[1]		60%
5702.42		化学纤维制:				

税则号列	统计后缀	货品名称	单位	税率 普通	税率 特惠	2
5702.42.10	00	威尔顿(包括布鲁塞尔)和天鹅绒(包括织锦)铺地制品以及具有相似特征或类型的铺地制品(665)	平方米 千克	0[1]		60%
5702.42.20		其他		0[1]		60%
	20	不是在动力驱动织机上制造的(665)	平方米 千克			
	80	其他(665)	平方米 千克			
5702.49		其他纺织材料制:				
5702.49.10		棉制		0[1]		35%
	20	不是在动力驱动织机上制造的(369)	平方米 千克			
	80	其他(369)	平方米 千克			
5702.49.15	00	黄麻制	平方米	0[1]		35%
5702.49.20	00	其他	平方米 千克	4%[1]	0(AU,B,BH,CA,CL,CO,E*,IL,JO,KR,MA,MX,NP,OM,P,PA,PE,S,SG)	60%
5702.50		其他非起绒结构的铺地制品,未制成的:				
		羊毛或动物细毛制:				
5702.50.20	00	机织物,但不是在动力驱动织机上制造的(465)	平方米 千克	4.3%[1]	0(A,AU,BH,CA,CL,CO,D,IL,JO,KR,MA,MX,OM,P,PA,PE,S,SG)	45%
5702.50.40	00	其他(465)	平方米 千克	6.3%[1]	0(AU,BH,CA,CL,CO,IL,JO,KR,MA,MX,NP,OM,P,PA,PE,S,SG)	60%
5702.50.52	00	化学纤维制(665)	平方米 千克	4.7%[1]	0(AU,BH,CA,CL,CO,IL,JO,KR,MA,MX,OM,P,PA,PE,S,SG)	40%
		其他纺织材料制:				
5702.50.56	00	棉制(369)	平方米 千克	6.8%[1]	0(AU,BH,CA,CL,CO,IL,JO,KR,MA,MX,OM,P,PA,PE,S,SG)	45%
5702.50.59	00	其他	平方米 千克	2.7%[1]	0(AU,BH,CA,CL,CO,E*,IL,JO,KR,MA,MX,NP,OM,P,PA,PE,S,SG)	40%
		其他非起绒结构的铺地制品,制成的:				
5702.91		羊毛或动物细毛制:				
		机织物,但不是在动力驱动织机上制造的:				
5702.91.20	00	经认证的手工织物和民俗产品	平方米 千克	0[1]		45%
5702.91.30	00	其他(465)	平方米 千克	4.3%[1]	0(A*,AU,BH,CA,CL,CO,D,IL,JO,KR,MA,MX,NP,OM,P,PA,PE,S,SG)	45%
5702.91.40	00	其他(465)	平方米 千克	3.6%[1]	0(AU,BH,CA,CL,CO,IL,JO,KR,MA,MX,NP,OM,P,PA,PE,S,SG)	60%

税则号列	统计后缀	货品名称	单位	税率 1 普通	税率 1 特惠	2
5702.92		化学纤维制：				
5702.92.10	00	机织物,但不是在动力驱动织机上制造的（665）	平方米 千克	2.7%[1]	0(A*,AU,BH,CA,CL,CO,D,IL,JO,KR,MA,MX,OM,P,PA,PE,S,SG)	40%
5702.92.90	00	其他(665)	平方米 千克	2.7%[1]	0(AU,BH,CA,CL,CO,IL,JO,KR,MA,MX,NP,OM,P,PA,PE,S,SG)	40%
5702.99		其他纺织材料制：				
		棉制：				
5702.99.05	00	机织物,但不是在动力驱动织机上制造的（369）	平方米 千克	6.8%[1]	0(A*,AU,BH,CA,CL,CO,D,IL,JO,KR,MA,MX,OM,P,PA,PE,S,SG)	45%
5702.99.15	00	其他(369)	平方米 千克	6.8%[1]	0(AU,BH,CA,CL,CO,IL,JO,KR,MA,MX,NP,OM,P,PA,PE,S,SG)	45%
5702.99.20	00	其他	平方米 千克	2.7%[1]	0(A*,AU,BH,CA,CL,CO,D,E,IL,JO,KR,MA,MX,OM,P,PA,PE,S,SG)	40%
5703		簇绒地毯及纺织材料的其他簇绒铺地制品,不论是否制成的：				
5703.10		羊毛或动物细毛制：				
5703.10.20	00	手工钩编的,即用手或用手工工具插入和打结形成绒毛（465）	平方米 千克	6%[4]	0(A*,AU,B,BH,CA,CL,CO,D,IL,JO,KR,MA,MX,NP,OM,P,PA,PE,S,SG)	60%
5703.10.80	00	其他(465)	平方米 千克	6%[1]	0(AU,B,BH,CA,CL,CO,IL,JO,KR,MA,MX,NP,OM,P,PA,PE,S,SG)	60%
5703.20		尼龙或其他聚酰胺制：				
5703.20.10	00	手工钩编的,即用手或用手工工具插入和打结形成绒毛（665）	平方米 千克	5.8%[1]	0(A,AU,BH,CA,CL,CO,D,IL,JO,KR,MA,MX,OM,P,PA,PE,S,SG)	60%
5703.20.20		其他		6.7%[1]	0(AU,B,BH,CA,CL,CO,IL,JO,KR,MA,MX,OM,P,PA,PE,S,SG)	60%
	10	面积不超过5.25平方米（665）	平方米 千克			
	90	其他(665)	平方米 千克			
5703.30		其他化学纤维制：				
5703.30.20	00	手工钩编的,即用手或用手工工具插入和打结形成绒毛（665）	平方米 千克	6%[1]	0(A,AU,B,BH,CA,CL,CO,D,IL,JO,KR,MA,MX,OM,P,PA,PE,S,SG)	60%
5703.30.80		其他		6%[1]	0(AU,B,BH,CA,CL,CO,IL,JO,KR,MA,MX,OM,P,PA,PE,S,SG)	60%
	30	面积不超过5.25平方米（665）	平方米 千克			
		其他：				

税则号列	统计后缀	货品名称	单位	税率 普通	税率 特惠	2
	60	合成或人造草皮,成卷,宽度为1米或以上,或成片,每边长1米或以上(665)	平方米 千克			
	85	其他(665)	平方米 千克			
5703.90.00	00	其他纺织材料制	平方米 千克	3.8%[1]	0(A,AU,B,BH,CA,CL,CO,D,E,IL,JO,KR,MA,MX,NP,OM,P,PA,PE,S,SG)	60%
5704		毡呢地毯及纺织材料的其他毡呢铺地制品,未簇绒或未植绒,不论是否制成的:				
5704.10.00		最大表面面积不超过0.3平方米		4.7%[1]	0(AU,BH,CA,CL,CO,IL,JO,KR,MA,MX,OM,P,PA,PE,S,SG)	40%
	10	羊毛或动物细毛制(465)	平方米 千克			
	90	其他(665)	平方米 千克			
5704.20.00		最大表面面积超过0.3平方米但不超过1平方米		0[1]		40%
	10	羊毛或动物细毛制(465)	平方米 千克			
	90	其他(665)	平方米 千克			
5704.90.01		其他		0[1]		40%
	10	羊毛或动物细毛制(465)	平方米 千克			
	90	其他(665)	平方米 千克			
5705.00		其他地毯及纺织材料的其他铺地制品,不论是否制成的:				
5705.00.10	00	椰壳纤维制	平方米 千克	0[1]		16%
5705.00.20		其他		3.3%[1]	0(AU,B,BH,CA,CL,CO,E*,IL,JO,KR,MA,MX,NP,OM,P,PA,PE,S,SG)	35%
		羊毛或动物细毛制:				
	05	针刺(465)	平方米 千克			
	15	其他(465)	平方米 千克			
	20	棉制(369)	平方米 千克			
	30	化学纤维制(665)[5]	平方米 千克			
	90	其他	平方米 千克			

[1]见9903.88.03。

[2] 见 9817.57.01 和 9903.88.03。
[3] 见 9903.88.48 和 9903.88.56。
[4] 见 9902.13.42 和 9903.88.03。
[5] 见 9903.88.38 和 9903.88.56。

第五十八章 特种机织物;簇绒织物;花边;装饰毯;装饰带;刺绣品

注释:

一、本章不适用于经浸渍、涂布、包覆或层压的第五十九章注释一所述的纺织物或第五十九章的其他货品。

二、品目5801也包括因未将浮纱割断而使表面无竖绒的纬起绒织物。

三、品目5803所称"纱罗"是指经线全部或部分由地经纱和绞经纱构成的织物,其中绞经纱绕地经纱半圈、一圈或几圈而形成圈状,纬纱从圈中穿过。

四、品目5804不适用于品目5608的线、绳、索结制的网状织物。

五、品目5806所称"狭幅机织物"是指:

(一)幅宽不超过30厘米的机织物,不论是否织成或从宽幅料剪成,但两侧必须有织成的、胶粘的或用其他方法制成的布边;

(二)压平宽度不超过30厘米的圆筒机织物;以及

(三)折边的斜裁滚条布,其未折边时的宽度不超过30厘米。

流苏状的狭幅机织物归入品目5808。

六、品目5810所称"刺绣品"除了一般纺织材料绣线绣制的刺绣品外,还包括在可见底布上用金属线或玻璃线刺绣的刺绣品,也包括用珠片、饰珠、纺织材料或其他材料制的装饰用花纹图案所缝绣的贴花织物。该品目不包括手工针绣嵌花装饰毯(品目5805)。

七、除品目5809的产品外,本章还包括金属线制的用于衣着、装饰及类似用途的物品。

附加美国注释:

一、税号5810.91.00适用的税率为:

第1栏(普通):免费,但如果是成匹的刺绣品,则不低于非刺绣品的税率。

第2栏:90%,但如果是成匹的刺绣品,则不低于非刺绣品的税率。

二、税号5810.92.10适用的税率为:

第1栏(普通):4.2%,但如果是成匹的刺绣品,则不低于非刺绣品的税率。

第2栏:90%,但如果是成匹的刺绣品,则不低于非刺绣品的税率。

三、税号5810.92.90适用的税率为:

第1栏(普通):7.4%,但如果是成匹的刺绣品,则不低于非刺绣品的税率。

第2栏:90%,但如果是成匹的刺绣品,则不低于非刺绣品的税率。

四、税号5810.99.10适用的税率为:

第1栏(普通):7.4%,但如果是成匹的刺绣品,则不低于非刺绣品的税率。

第2栏:90%,但如果是成匹的刺绣品,则不低于非刺绣品的税率。

五、税号 5810.99.90 适用的税率为：

第 1 栏（普通）：4.2%，但如果是成匹的刺绣品，则不低于非刺绣品的税率。

第 2 栏：90%，但如果是成匹的刺绣品，则不低于非刺绣品的税率。

第五十八章 特种机织物;簇绒织物;花边;装饰毯;装饰带;刺绣品

税则号列	统计后缀	货品名称	单位	税率 1 普通	税率 1 特惠	2
5801		起绒机织物及绳绒织物,但品目5802或品目5806的织物除外:				
5801.10.00	00	羊毛或动物细毛制	平方米 千克	0[1]		61.5%
		棉制:				
5801.21.00	00	不割绒的纬起绒织物	平方米 千克	20.2%[1]	0(AU,BH,CA,CL,CO,IL,JO,KR,MA,MX,OM,P,PA,PE,S,SG)	50%
5801.22		割绒的灯芯绒				
5801.22.10	00	每厘米绒条数大于7.5根(224)	平方米 千克	10%[1]	0(AU,BH,CA,CL,CO,IL,JO,KR,MA,MX,OM,P,PA,PE,S,SG)	50%
5801.22.90	00	其他(224)	平方米 千克	20.2%[1]	0(AU,BH,CA,CL,CO,IL,JO,KR,MA,MX,OM,P,PA,PE,S,SG)	50%
5801.23.00	00	其他纬起绒织物	平方米 千克	10%[1]	0(AU,BH,CA,CL,CO,IL,JO,KR,MA,MX,OM,P,PA,PE,S,SG)	44%
5801.26.00		绳绒织物		0[1]		50%
	10	仅一面有雪尼尔线(224)	平方米 千克			
	20	其他(224)	平方米 千克			
5801.27		经起绒织物:				
5801.27.10	00	不割绒的(224)	平方米 千克	10.5%[1]	0(AU,BH,CA,CL,CO,IL,JO,KR,MA,MX,OM,P,PA,PE,S,SG)	70%
5801.27.50		割绒的(224)		18.5%[1]	0(AU,BH,CA,CL,CO,IL,JO,KR,MA,MX,OM,P,PA,PE,S,SG)	70%
	10	重量超过271克/米^2(224)	平方米 千克			
	20	其他(224)	平方米 千克			
		化学纤维制:				
5801.31.00	00	不割绒的纬起绒织物	平方米 千克	17.2%[2]	0(AU,BH,CA,CL,CO,IL,JO,KR,MA,MX,OM,P,PA,PE,S,SG)	79.5%
5801.32.00	00	割绒的灯芯绒	平方米 千克	14%[2]	0(AU,BH,CA,CL,CO,IL,JO,KR,MA,MX,OM,P,PA,PE,S,SG)	79.5%
5801.33.00	00	其他纬起绒织物	平方米 千克	9.8%[3]	0(AU,BH,CA,CL,CO,IL,JO,KR,MA,MX,OM,P,PA,PE,S,SG)	79.5%
5801.36.00		绳绒织物		9.8%[3]	0(AU,BH,CA,CL,CO,IL,JO,KR,MA,MX,OM,P,PA,PE,S,SG)	79.5%
	10	仅一面有雪尼尔线(224)	平方米 千克			

税则号列	统计后缀	货品名称	单位	税率 1 普通	税率 1 特惠	2
	20	其他(224)	平方米 千克			
5801.37		经起绒织物：				
5801.37.10	00	不割绒的（224）	平方米 千克	14%[1]	0(AU, BH, CA, CL, CO, IL, JO, KR, MA, MX, OM, P, PA, PE, S, SG)	79.5%
5801.37.50		割绒的		17.2%[1]	0(AU, BH, CA, CL, CO, IL, JO, KR, MA, MX, OM, P, PA, PE, S, SG)	79.5%
	10	重量超过271克/米^2(224)	平方米 千克			
	20	其他(224)	平方米 千克			
5801.90		其他纺织材料制：				
5801.90.10	00	植物纺织纤维(棉除外)制(810)	平方米 千克	3.7%[1]	0(AU, BH, CA, CL, CO, E*, IL, JO, KR, MA, MX, OM, P, PA, PE, S, SG)	50%
5801.90.20		其他		2.7%[1]	0(AU, BH, CA, CL, CO, E*, IL, JO, KR, MA, MX, OM, P, PA, PE, S, SG)	70%
	10	按重量计丝或绢丝含量在85%或以上	平方米 千克			
	90	其他(810)	平方米 千克			
5802		毛巾织物及类似的毛圈机织物，但品目5806的狭幅织物除外；簇绒织物，但品目5703的产品除外：				
		棉制毛巾织物及类似毛圈机织物：				
5802.11.00	00	未漂白	平方米 千克	9.8%[1]	0(AU, BH, CA, CL, CO, IL, JO, KR, MA, MX, OM, P, PA, PE, S, SG)	40%
5802.19.00	00	其他	平方米 千克	9.4%[1]	0(AU, BH, CA, CL, CO, IL, JO, KR, MA, MX, OM, P, PA, PE, S, SG)	40%
5802.20.00		其他纺织材料制的毛巾织物及类似的毛圈机织物：		14%[1]	0(AU, BH, CA, CL, CO, E*, IL, JO, KR, MA, MX, OM, P, PA, PE, S, SG)	79.5%
	10	按重量计丝或绢丝含量在85%或以上	平方米 千克			
	20	化学纤维制(224)	平方米 千克			
	90	其他(810)	平方米 千克			
5802.30.00		簇绒织物：		6.2%[1]	0(AU, BH, CA, CL, CO, E*, IL, JO, KR, MA, MX, OM, P, PA, PE, S, SG)	79.5%
	10	按重量计丝或绢丝含量在85%或以上	平方米 千克			

第五十八章 特种机织物;簇绒织物;花边;装饰毯;装饰带;刺绣品

税则号列	统计后缀	货品名称	单位	税率 1 普通	税率 1 特惠	2
	20	羊毛或动物细毛制(414)	平方米 千克			
	30	棉制;化学纤维制(224)	平方米 千克			
	90	其他(810)	平方米 千克			
5803.00		纱罗,但品目5806的狭幅织物除外:				
5803.00.10	00	棉制(220)	平方米 千克	0[1]		41.75%
		其他纺织材料制:				
		羊毛或动物细毛制:				
5803.00.20	00	重量不超过140克/米² 的挂毯织物和室内装饰织物(414)	平方米 千克	7%[1]	0(AU,BH,CA,CL,CO,IL,JO,KR,MA,MX,OM,P,PA,PE,S,SG)	68.5%
5803.00.30	00	其他(414)	平方米 千克	16.5%[1]	0(AU,BH,CA,CL,CO,IL,JO,KR,MA,MX,OM,P,PA,PE,S,SG)	68.5%
5803.00.40	00	植物纺织纤维(棉除外)制(810)	平方米 千克	0[1]		35%
5803.00.50	00	化学纤维制(220)	平方米 千克	0[1]		81%
5803.00.90		其他		0[1]		60%
	10	按重量计丝或绢丝含量在85%或以上	平方米 千克			
	90	其他(810)	平方米 千克			
5804		网眼薄纱及其他网眼织物,但不包括机织物、针织物或钩编织物;成卷、成条或成小块图案的花边,但品目6002至6006的织物除外:				
5804.10		网眼薄纱及其他网眼织物:				
5804.10.10	00	棉制或化学纤维制(229)	千克	6%[1]	0(AU,BH,CA,CL,CO,IL,JO,KR,MA,MX,OM,P,PA,PE,S,SG)	90%
5804.10.90		其他		0[1]		90%
	10	按重量计丝或绢丝含量在85%或以上	千克			
	90	其他(899)	千克			
		机制花边:				
5804.21.00	00	化学纤维制	千克	12%[1]	0(AU,BH,CA,CL,CO,IL,JO,KR,MA,MX,OM,P,PA,PE,S,SG)	90%
5804.29		其他纺织材料制:				
5804.29.10	00	棉制(229)	千克	8%[1]	0(AU,BH,CA,CL,CO,IL,JO,KR,MA,MX,OM,P,PA,PE,S,SG)	90%

税则号列	统计后缀	货品名称	单位	税率 1 普通	税率 1 特惠	2
5804.29.90		其他		5%[1]	0(AU, BH, CA, CL, CO, E*, IL, JO, KR, MA, MX, OM, P, PA, PE, S, SG)	90%
	10	按重量计丝或绢丝含量在85%或以上	千克			
	90	其他(899)	千克			
5804.30.00		手工制花边		13.2%[1]	0(AU, BH, CA, CL, CO, E*, IL, JO, KR, MA, MX, OM, P, PA, PE, S, SG)	90%
	10	按重量计丝或绢丝含量在85%或以上	千克			
	20	棉制;化学纤维制(229)	千克			
	90	其他(899)	千克			
5805.00		"哥白林""弗朗德""奥步生"、"波威"及类似式样的手织装饰毯,以及手工针绣嵌花装饰毯(例如,小针脚或十字绣),不论是否制成的:				
5805.00.10	00	只适合用作壁挂的手工编织挂毯,每平方米价值超过215美元	平方米 千克	0[1]		0
		其他:				
		羊毛或动物细毛制:				
5805.00.20	00	经认证的手工织物和民俗产品	平方米 千克	0[1]		64.5%
5805.00.25	00	其他(414)	平方米 千克	0[4]		64.5%
5805.00.30	00	棉制(369)	平方米 千克	0[1]		40%
5805.00.40		其他		0[4]		74%
	10	化学纤维制(666)	平方米 千克			
	90	其他	平方米 千克			
5806		狭幅机织物,但品目5807的货品除外;用粘合剂粘合制成的有经纱而无纬纱的狭幅织物(包扎匹头用带):				
5806.10		起绒机织物(包括毛巾织物及类似的毛圈织物)及绳绒织物:				
5806.10.10	00	棉制(229)	千克	7.8%[1]	0(AU, BH, CA, CL, CO, IL, JO, KR, MA, MX, OM, P, PA, PE, S, SG)	62.5%
		化学纤维制:				
5806.10.24	00	固定用带状织物(229)	千克	7%[1]	0(AU, BH, CA, CL, CO, IL, JO, KR, MA, MX, OM, P, PA, PE, S, SG)	68.5%
5806.10.28	00	其他(229)	千克	8.4%[1]	0(AU, BH, CA, CL, CO, IL, JO, KR, MA, MX, OM, P, PA, PE, S, SG)	68.5%

税则号列	统计后缀	货品名称	单位	税率 1 普通	税率 1 特惠	2
5806.10.30		其他		3.8%[1]	0(AU,BH,CA,CL,CO,E*,IL,JO,KR,MA,MX,OM,P,PA,PE,S,SG)	59%
	10	按重量计丝或绢丝含量在85%或以上	千克			
	20	羊毛或动物细毛制(414)	千克			
	90	其他(899)	千克			
5806.20.00		按重量计弹性纱线或橡胶线含量在5%或以上的其他机织物		7%[1]	0(AU,BH,CA,CL,CO,E*,IL,JO,KR,MA,MX,OM,P,PA,PE,S,SG)	60%
	10	含弹性纱线(229)	千克			
	90	其他(229)	千克			
		其他机织物:				
5806.31.00	00	棉制	千克	8.8%[1]	0(AU,BH,CA,CL,CO,IL,JO,KR,MA,MX,OM,P,PA,PE,S,SG)	35%
5806.32		化学纤维制				
5806.32.10		丝带		6%[1]	0(AU,BH,CA,CL,CO,IL,JO,KR,MA,MX,OM,P,PA,PE,S,SG)	76.5%
	10	适用于制造品目9612的打字机或类似色带(621)	千克			
		其他:				
		宽度不超过12厘米的:				
		聚酯纤维制:				
		带机织布边:				
	20	布边中含有金属丝(229)	千克			
	30	其他(229)	千克			
	40	其他(229)	千克			
		尼龙制:				
		带机织布边:				
	50	布边中含有金属丝(229)	千克			
	60	其他(229)	千克			
	70	其他(229)	千克			
	80	其他(229)	千克			
	95	其他(229)	千克			
5806.32.20	00	其他(229)[5]	千克	6.2%[1]	0(AU,BH,CA,CL,CO,IL,JO,KR,MA,MX,OM,P,PA,PE,S,SG)	84%
5806.39		其他纺织材料制:				
5806.39.10	00	羊毛或动物细毛制(414)	千克	6.6%[1]	0(AU,BH,CA,CL,CO,IL,JO,KR,MA,MX,OM,P,PA,PE,S,SG)	59%

税则号列	统计后缀	货品名称	单位	税率 1 普通	税率 1 特惠	2
5806.39.20	00	植物纺织纤维（棉除外）制（899）	千克	4.9%[1]	0(AU,BH,CA,CL,CO,E*,IL,JO,KR,MA,MX,OM,P,PA,PE,S,SG)	35%
5806.39.30		其他		0[1]		65%
	10	按重量计丝或绢丝含量在85%或以上	千克			
		其他：				
	20	含金属纱线（229）	千克			
	80	其他（899）	千克			
5806.40.00	00	用粘合剂粘合制成的有经纱而无纬纱的织物（包扎匹头用带）：	千克	8%[1]	0(AU,BH,CA,CL,CO,E*,IL,JO,KR,MA,MX,OM,P,PA,PE,S,SG)	83.5%
5807		非绣制的纺织材料制标签、徽章及类似品，成匹、成条或裁成一定形状或尺寸：				
5807.10		机织：				
		标签：				
5807.10.05		棉制或化学纤维制		7.9%[1]	0(AU,BH,CA,CL,CO,IL,JO,KR,MA,MX,OM,P,PA,PE,S,SG)	71.5%
	10	棉制（369）	千克			
	20	其他（669）	千克			
5807.10.15	00	其他	千克	4.5%[1]	0(AU,BH,CA,CL,CO,E*,IL,JO,KR,MA,MX,OM,P,PA,PE,S,SG)	71.5%
5807.10.20		其他		3.3%[1]	0(AU,BH,CA,CL,CO,E*,IL,JO,KR,MA,MX,OM,P,PA,PE,S,SG)	40%
	10	棉制	千克			
	20	化学纤维制	千克			
	90	其他	千克			
5807.90		其他：				
		标签：				
5807.90.05		棉或化学纤维制		7.9%[1]	0(AU,BH,CA,CL,CO,IL,JO,KR,MA,MX,OM,P,PA,PE,S,SG)	71.5%
	10	棉制（369）	千克			
	20	其他（669）	千克			
5807.90.15	00	其他	千克	4.5%[1]	0(AU,BH,CA,CL,CO,E*,IL,JO,KR,MA,MX,OM,P,PA,PE,S,SG)	71.5%
5807.90.20		其他		3.3%[1]	0(AU,BH,CA,CL,CO,E*,IL,JO,KR,MA,MX,OM,P,PA,PE,S,SG)	40%
	10	棉制	千克			
	20	化学纤维制	千克			
	90	其他	千克			

税则号列	统计后缀	货品名称	单位	税率 1 普通	税率 1 特惠	2
5808		成匹的编带;非绣制的成匹装饰带,但针织或钩编的除外;流苏、绒球及类似品:				
5808.10		成匹的编带:				
		适合制作或装饰头饰:				
5808.10.10	00	蕉麻或苎麻制(899)	千克	0[1]		25%
5808.10.40	00	棉制或化学纤维制(229)	千克	3.2%[1]	0(AU,BH,CA,CL,CO,IL,JO,KR,MA,MX,OM,P,PA,PE,S,SG)	90%
5808.10.50	00	其他纺织纤维制	千克	0[1]		90%
		其他:				
5808.10.70	00	棉制或化学纤维制(229)	千克	7.4%[1]	0(AU,BH,CA,CL,CO,IL,JO,KR,MA,MX,OM,P,PA,PE,S,SG)	90%
5808.10.90	00	其他	千克	4.2%[1]	0(AU,BH,CA,CL,CO,E*,IL,JO,KR,MA,MX,OM,P,PA,PE,S,SG)	90%
5808.90.00		其他		3.9%[1]	0(AU,BH,CA,CL,CO,E*,IL,JO,KR,MA,MX,OM,P,PA,PE,S,SG)	90%
	10	棉制;化学纤维制(229)	千克			
	90	其他	千克			
5809.00.00	00	其他品目未列名的金属线机织物及品目5605所列含金属纱线的机织物,用于衣着、装饰及类似用途	平方米 千克	14.9%[1]	0(AU,BH,CA,CL,CO,E*,IL,JO,KR,MA,MX,OM,P,PA,PE,S,SG)	81%
5810		成匹、成条或成小块图案的刺绣品:				
5810.10.00	00	不见底布的刺绣品	千克	14.1%[1]	0(AU,BH,CA,CL,CO,E*,IL,JO,KR,MA,MX,OM,P,PA,PE,S,SG)	90%
		其他刺绣品:				
5810.91.00		棉制		见附加美国注释一[6]	0(AU,BH,CA,CL,CO,IL,JO,KR,MA,MX,OM,P,PA,PE,S,SG)	见附加美国注释一
	10	重量超过200克/米^2	千克			
	20	其他	千克			
5810.92		化学纤维制				
5810.92.10	00	徽章和图案	千克	见附加美国注释二[6]	0(AU,BH,CA,CL,CO,E*,IL,JO,KR,MA,MX,OM,P,PA,PE,S,SG)	见附加美国注释二
5810.92.90		其他		见附加美国注释三[6]	0(AU,BH,CA,CL,CO,IL,JO,KR,MA,MX,OM,P,PA,PE,S,SG)	见附加美国注释三
	30	标签(669)	千克			
		其他:				
	50	在重量小于100克/米^{2}且幅宽大于225厘米的底布上绣制	千克			
	80	其他[7]	千克			

税则号列	统计后缀	货品名称	单位	税率 1 普通	税率 1 特惠	2
5810.99		其他纺织材料制：				
5810.99.10	00	羊毛或动物细毛制（414）	千克	见附加美国注释四[6]	0（AU,BH,CA,CL,CO,IL,JO,KR,MA,MX,OM,P,PA,PE,S,SG）	见附加美国注释四
5810.99.90	00	其他	千克	见附加美国注释五[6]	0（AU,BH,CA,CL,CO,E*,IL,JO,KR,MA,MX,OM,P,PA,PE,S,SG）	见附加美国注释五
5811.00		用一层或几层纺织材料与胎料经绗缝或其他方法组合制成的被褥状纺织品，但品目5810的刺绣品除外：				
5811.00.10	00	羊毛或动物细毛制（414）	平方米 千克	13.2%[1]	0（AU,BH,CA,CL,CO,IL,JO,KR,MA,MX,OM,P,PA,PE,S,SG）	57%
5811.00.20	00	棉制（229）	平方米 千克	6.3%[1]	0（AU,BH,CA,CL,CO,IL,JO,KR,MA,MX,OM,P,PA,PE,S,SG）	40%
5811.00.30	00	化学纤维制（229）	平方米 千克	8%[1]	0（AU,BH,CA,CL,CO,IL,JO,KR,MA,MX,OM,P,PA,PE,S,SG）	83.5%
5811.00.40	00	其他纺织纤维制	平方米 千克	0[1]		40%

[1]见 9903.88.03。

[2]见 9903.88.16。

[3]见 9903.88.15。

[4]见 9817.57.01 和 9903.88.03。

[5]见 9903.88.33。

[6]见 9903.88.03、9903.88.21、9903.88.22、9903.88.23 和 9903.88.24。

[7]见 9903.88.37 和 9903.88.56。

第五十九章　浸渍、涂布、包覆或层压的纺织物；工业用纺织制品

注释：

一、除条文另有规定的以外，本章所称"<u>纺织物</u>"仅适用于第五十章至第五十五章、品目 5803 及品目 5806 的机织物、品目 5808 的成匹编带和装饰带及品目 6002 至 6006 的针织物或钩编织物。

二、品目 5903 适用于：

(一)用塑料浸渍、涂布、包覆或层压的纺织物，不论每平方米重量多少以及塑料的性质如何(紧密结构或泡沫状的)，但下列各项除外：

　　1. 用肉眼无法辨别出是否经过浸渍、涂布、包覆或层压的织物(通常归入第五十章至第五十五章、第五十八章或第六十章)，但由于浸渍、涂布、包覆或层压所引起的颜色变化可不予考虑；

　　2. 温度在 15 摄氏度至 30 摄氏度时，用手工将其绕于直径 7 毫米的圆柱体上会发生断裂的产品(通常归入第三十九章)；

　　3. 纺织物完全嵌入塑料内或在其两面均用塑料完全包覆或涂布，而这种包覆或涂布用肉眼是能够辨别出的产品(但由于包覆或涂布所引起的颜色变化可不予考虑)(第三十九章)；

　　4. 用塑料部分涂布或包覆并由此而形成图案的织物(通常归入第五十章至第五十五章、第五十八章或第六十章)；

　　5. 与纺织物混制而其中纺织物仅起增强作用的泡沫塑料板、片或带(第三十九章)；或者

　　6. 品目 5811 的纺织品。

(二)由品目 5604 的用塑料浸渍、涂布、包覆或套裹的纱线、扁条或类似品制成的织物。

三、品目 5905 所称"<u>糊墙织物</u>"是指以纺织材料作面，固定在一衬背上或在背面进行处理(浸渍或涂布以便于裱糊)，适于装饰墙壁或天花板，且宽度不小于 45 厘米的成卷产品。

但本品目不适用于以纺织纤维屑或粉末直接粘于纸上(品目 4814)或布底上(通常归入品目 5907)的糊墙物品。

四、品目 5906 所称"<u>用橡胶处理的纺织物</u>"是指：

(一)用橡胶浸渍、涂布、包覆或层压的纺织物：

　　1. 每平方米重量不超过 1 500 克；或

　　2. 每平方米重量超过 1 500 克，按重量计纺织材料含量在 50% 以上；

(二)由品目 5604 的用橡胶浸渍、涂布、包覆或套裹的纱线、扁条或类似品制成的织物；以及

(三)平行纺织纱线经橡胶粘合的织物，不论每平方米重量多少。

但本品目不包括与纺织物混制而其中纺织物仅起增强作用的海绵橡胶板、片或带(第四十章)，也不包括品目 5811 的纺织品。

五、品目 5907 不适用于：

(一)用肉眼无法辨别出是否经过浸渍、涂布或包覆的织物(通常归入第五十章至第五十五章、第五十

八章或第六十章），但由于浸渍、涂布或包覆所引起的颜色变化可不予考虑；

(二)绘有图画的织物（作为舞台、摄影布景或类似品的已绘制的画布除外）；

(三)用短绒、粉末、软木粉或类似品部分覆面并由此而形成图案的织物，但仿绒织物仍归入本品目；

(四)以淀粉或类似物质为基本成分的普通浆料上浆整理的织物；

(五)以纺织物为底的木饰面板（品目 4408）；

(六)以纺织物为底的砂布及类似品（品目 6805）；

(七)以纺织物为底的粘聚或复制云母片（品目 6814）；或者

(八)以纺织物为底的金属箔（通常归入第十四类或第十五类）。

六、品目 5910 不适用于：

(一)厚度小于 3 毫米的纺织材料制传动带料或输送带料；或者

(二)用橡胶浸渍、涂布、包覆或层压的织物制成的或用橡胶浸渍、涂布、包覆或套裹的纱线或绳制成的传动带料及输送带料（品目 4010）。

七、品目 5911 适用于下列不归入第十一类其他品目的货品：

(一)下列成匹的、裁成一定长度或仅裁成矩形（包括正方形）的纺织产品（具有品目 5908 至 5910 所列产品特征的产品除外）：

1. 用橡胶、皮革或其他材料涂布、包覆或层压的作针布用的纺织物、毡呢及毡呢衬里机织物，以及其他专门技术用途的类似织物，包括用橡胶浸渍的用于包覆纺锤（织轴）的狭幅丝绒织物；

2. 筛布；

3. 用于榨油机器或类似机器的纺织材料制或人发制滤布；

4. 用多股经纱或纬纱平织而成的纺织物，不论是否毡化、浸渍或涂布，通常用于机械或其他专门技术用途；

5. 专门技术用途的用金属增强的纺织物；

6. 工业上用作填塞或润滑材料的线绳、编带及类似品，不论是否涂布、浸渍或用金属加强。

(二)专门技术用途的纺织制品（品目 5908 至 5910 的货品除外），例如，造纸机器或类似机器（如制浆机或制石棉水泥的机器）用的环状或装有连接装置的纺织物或毡呢、密封垫、垫圈、抛光盘及其他机器零件。

第五十九章　浸渍、涂布、包覆或层压的纺织物；工业用纺织制品　799

税则号列	统计后缀	货品名称	单位	税率 1 普通	税率 1 特惠	2
5901		用胶或淀粉物质涂布的纺织物，作书籍封面及类似用途的；描图布；制成的油画布；作帽里的硬衬布及类似硬挺纺织物：				
5901.10		用胶或淀粉物质涂布的纺织物，作书籍封面及类似用途的：				
5901.10.10	00	化学纤维制（229）	平方米千克	7%[1]	0（AU,BH,CA,CL,CO,IL,JO,KR,MA,MX,OM,P,PA,PE,S,SG）	74.5%
5901.10.20	00	其他（229）	平方米千克	4.1%[1]	0（AU,BH,CA,CL,CO,E*,IL,JO,KR,MA,MX,OM,P,PA,PE,S,SG）	35%
5901.90		其他：				
5901.90.20	00	化学纤维制（229）	平方米千克	7%[1]	0（AU,BH,CA,CL,CO,IL,JO,KR,MA,MX,OM,P,PA,PE,S,SG）	74.5%
5901.90.40	00	其他（229）[2]	平方米千克	4.1%[1]	0（AU,BH,CA,CL,CO,E*,IL,JO,KR,MA,MX,OM,P,PA,PE,S,SG）	35%
5902		尼龙或其他聚酰胺、聚酯或粘胶纤维高强力纱制的帘子布：				
5902.10.00	00	尼龙或其他聚酰胺制	千克	5.8%[1]	0（AU,BH,CA,CL,CO,IL,JO,KR,MA,MX,OM,P,PA,PE,S,SG）	25%
5902.20.00	00	聚酯制	千克	5.8%[1]	0（AU,BH,CA,CL,CO,IL,JO,KR,MA,MX,OM,P,PA,PE,S,SG）	25%
5902.90.00	00	其他	千克	0[1]		25%
5903		用塑料浸渍、涂布、包覆或层压的纺织物，但品目5902的货品除外：				
5903.10		用聚氯乙烯浸渍、涂布、包覆或层压的：				
5903.10.10	00	棉制	平方米千克	2.7%[1]	0（A*,AU,BH,CA,CL,CO,D,E,IL,JO,KR,MA,MX,OM,P,PA,PE,S,SG）	40%
		化学纤维制：				
		第十一类注释九所述的织物：				
5903.10.15	00	按重量计塑料含量超过60%	平方米千克	0[3]		40%
5903.10.18	00	其他（229）	平方米千克	14.1%[1]	0（AU,BH,CA,CL,CO,IL,JO,KR,MA,MX,OM,P,PA,PE,S,SG）	83.5%
		其他：				
5903.10.20		按重量计橡胶或塑料含量超过70%		0[1]		25%
	10	包覆聚氯乙烯的纱线制织物，未经浸渍、涂布、包覆或层压	平方米千克			
	90	其他[4]	平方米千克			

税则号列	统计后缀	货品名称	单位	税率 1 普通	税率 1 特惠	2
5903.10.25	00	其他(229)	平方米 千克	7.5%[1]	0(AU,BH,CA,CL,CO,IL,JO,KR,MA,MX,OM,P,PA,PE,S,SG)	84.5%
5903.10.30	00	其他	平方米 千克	2.7%[1]	0(AU,BH,CA,CL,CO,E*,IL,JO,KR,MA,MX,OM,P,PA,PE,S,SG)	40%
5903.20		用聚氨基甲酸酯浸渍、涂布、包覆或层压的:				
5903.20.10	00	棉制	平方米 千克	2.7%[1]	0(AU,BH,CA,CL,CO,E*,IL,JO,KR,MA,MX,OM,P,PA,PE,S,SG)	40%
		化学纤维制:				
		第十一类注释九所述的织物:				
5903.20.15	00	按重量计塑料含量超过60%	平方米 千克	0[1]		40%
5903.20.18	00	其他(229)	平方米 千克	8%[1]	0(AU,BH,CA,CL,CO,IL,JO,KR,MA,MX,OM,P,PA,PE,S,SG)	83.5%
		其他:				
5903.20.20	00	按重量计橡胶或塑料含量超过70%[5]	平方米 千克	0[1]		25%
5903.20.25	00	其他(229)[6]	平方米 千克	7.5%[1]	0(AU,BH,CA,CL,CO,IL,JO,KR,MA,MX,OM,P,PA,PE,S,SG)	84.5%
5903.20.30		其他		2.7%[1]	0(AU,BH,CA,CL,CO,E*,IL,JO,KR,MA,MX,OM,P,PA,PE,S,SG)	40%
	10	羊毛或动物细毛制(414)	平方米 千克			
	90	其他	平方米 千克			
5903.90		其他:				
5903.90.10	00	棉制	平方米 千克	2.7%[1]	0(A,AU,BH,CA,CL,CO,D,E,IL,JO,KR,MA,MX,OM,P,PA,PE,S,SG)	40%
		化学纤维制:				
		第十一类注释九所述的织物:				
5903.90.15	00	按重量计塑料含量超过60%	平方米 千克	0[1]		40%
5903.90.18	00	其他(229)	平方米 千克	8%[1]	0(AU,BH,CA,CL,CO,IL,JO,KR,MA,MX,OM,P,PA,PE,S,SG)	83.5%
		其他:				
5903.90.20	00	按重量计橡胶或塑料含量超过70%[7]	平方米 千克	0[1]		25%
5903.90.25	00	其他(229)	平方米 千克	7.5%[1]	0(AU,BH,CA,CL,CO,IL,JO,KR,MA,MX,OM,P,PE,S,SG)	84.5%

税则号列	统计后缀	货品名称	单位	税率 1 普通	税率 1 特惠	税率 2
5903.90.30		其他		2.7%[1]	0(AU,BH,CA,CL,CO,E*,IL,JO,KR,MA,MX,OM,P,PA,PE,S,SG)	40%
	10	羊毛或动物细毛制(414)	平方米 千克			
	90	其他	平方米 千克			
5904		列诺伦(亚麻油地毡),不论是否剪切成形;以织物为底布经涂布或覆面的铺地制品,不论是否剪切成形:				
5904.10.00	00	列诺伦(亚麻油地毡)	平方米 千克	0[1]		35%
5904.90		其他:				
5904.90.10	00	有针刺毡呢或无纺织物组成的基布	平方米 千克	0[1]		40%
5904.90.90	00	其他	平方米 千克	0[1]		40%
5905.00		糊墙织物:				
5905.00.10	00	背面有永久性粘贴纸	平方米 千克	0[1]		3.3美分/千克+20%
5905.00.90	00	其他(229)	平方米 千克	0[1]		74%
5906		用橡胶处理的纺织物,但品目5902的货品除外:				
5906.10.00	00	宽度不超过20厘米的胶粘带	千克	2.9%[1]	0(A,AU,BH,CA,CL,CO,D,E,IL,JO,KR,MA,MX,OM,P,PA,PE,S,SG)	40%
		其他:				
5906.91		针织或钩编的				
5906.91.10	00	棉制	平方米 千克	2.7%[1]	0(AU,BH,CA,CL,CO,IL,JO,KR,MA,MX,OM,P,PA,PE,S,SG)	40%
		化学纤维制:				
5906.91.20	00	按重量计橡胶或塑料含量超过70%	平方米 千克	0[1]		25%
5906.91.25	00	其他(229)	平方米 千克	7.5%[1]	0(AU,BH,CA,CL,CO,IL,JO,KR,MA,MX,OM,P,PA,PE,S,SG)	84.5%
5906.91.30	00	其他	平方米 千克	2.7%[1]	0(AU,BH,CA,CL,CO,E*,IL,JO,KR,MA,MX,OM,P,PA,PE,S,SG)	40%
5906.99		其他:				
5906.99.10	00	棉制	平方米 千克	2.7%[1]	0(AU,BH,CA,CL,CO,IL,JO,KR,MA,MX,OM,P,PA,PE,S,SG)	40%
		化学纤维制:				
5906.99.20	00	按重量计橡胶或塑料含量超过70%	平方米 千克	0[1]		25%

税则号列	统计后缀	货品名称	单位	税率 1 普通	税率 1 特惠	2
5906.99.25	00	其他(229)	平方米 千克	0[1]		84.5%
5906.99.30	00	其他	平方米 千克	3.3%[1]	0(AU,BH,CA,CL,CO,E*,IL,JO,KR,MA,MX,OM,P,PA,PE,S,SG)	40%
5907.00		用其他材料浸渍、涂布或包覆的纺织物;作舞台、摄影布景或类似用途的已绘制画布:				
		层压织物;第十一类注释九所述的织物:				
		化学纤维制:				
5907.00.05	00	戏剧、芭蕾舞和歌剧的布景(229)	平方米 千克	0[1]		83.5%
5907.00.15	00	其他(229)	平方米 千克	8%[1]	0(AU,BH,CA,CL,CO,IL,JO,KR,MA,MX,OM,P,PA,PE,S,SG)	83.5%
		其他:				
5907.00.25	00	戏剧、芭蕾舞和歌剧的布景(229)	平方米 千克	0[1]		83.5%
5907.00.35	00	其他(229)	平方米 千克	8%[1]	0(AU,BH,CA,CL,CO,IL,JO,KR,MA,MX,OM,P,PA,PE,S,SG)	83.5%
		其他:				
5907.00.60	00	化学纤维制(229)	平方米 千克	0[1]		50%
5907.00.80		其他		0[1]		50%
	10	植物纺织纤维(棉除外)制(810)	平方米 千克			
	90	其他(229)	平方米 千克			
5908.00.00	00	用纺织材料机织、编结或针织而成的灯芯、炉芯、打火机芯、烛芯或类似品;煤气灯纱筒及纱罩,不论是否浸渍	千克	3.4%[1]	0(AU,BH,CA,CL,CO,E*,IL,JO,KR,MA,MX,OM,P,PA,PE,S,SG)	78.5%
5909.00		纺织材料制的水龙软管及类似的管子,不论有无其他材料作衬里、护套或附件:				
5909.00.10	00	植物纺织纤维制	千克	0[1]		21.5%
5909.00.20	00	其他	千克	3.3%[1]	0(AU,B,BH,CA,CL,CO,E*,IL,JO,KR,MA,MX,OM,P,PA,PE,S,SG)	88.5%
5910.00		纺织材料制的传动带或输送带及带料,不论是否用塑料浸渍、涂布、包覆或压层,也不论是否用金属或其他材料加强:				
5910.00.10		化学纤维制		4%[1]	0(A,AU,BH,CA,CL,CO,D,E,IL,JO,KR,MA,MX,OM,P,PA,PE,S,SG)	74%
		传动带和输送带:				
		输送带:				
	10	V型输送带	个 千克			

第五十九章　浸渍、涂布、包覆或层压的纺织物;工业用纺织制品

税则号列	统计后缀	货品名称	单位	税率 1 普通	税率 1 特惠	2
	20	同步带	个 千克			
	30	其他	个 千克			
		传送带:				
	60	连接带	米 千克			
	70	其他	米 千克			
	90	其他	千克			
5910.00.90	00	其他	千克	2.6%[1]	0(AU,BH,CA,CL,CO,E*,IL,JO,KR,MA,MX,OM,P,PA,PE,S,SG)	30%
5911		本章注释七所规定的作专门技术用途的纺织产品及制品:				
5911.10		用橡胶、皮革或其他材料涂布、包覆或层压的作针布用的纺织物、毡呢及毡呢衬里机织物,以及作专门技术用途的类似织物,包括用橡胶浸渍的、用于包覆纺缍(织轴)的狭幅丝绒织物:				
5911.10.10	00	打印刷用橡胶毯	千克	2.9%[1]	0(AU,BH,CA,CL,CO,E*,IL,JO,KR,MA,MX,OM,P,PA,PE,S,SG)	40%
5911.10.20	00	其他	千克	3.8%[1]	0(AU,BH,CA,CL,CO,E*,IL,JO,KR,MA,MX,OM,P,PA,PE,S,SG)	68.5%
5911.20		筛布,不论是否制成的:				
5911.20.10	00	主要用于丝网印刷的织物	平方米 千克	3.3%[1]	0(AU,BH,CA,CL,CO,E*,IL,JO,KR,MA,MX,OM,P,PA,PE,S,SG)	62%
		其他:				
5911.20.20	00	丝制	平方米 千克	0[1]		0
5911.20.30	00	其他(229)	平方米 千克	0[1]		63%
		环状或装有连接装置的纺织物及毡呢,用于造纸机器或类似机器(例如,制浆机或制石棉水泥的机器):				
5911.31.00		重量在650克/米² 以下		3.8%[1]	0(AU,BH,CA,CL,CO,E*,IL,JO,KR,MA,MX,OM,P,PA,PE,S,SG)	68.5%
	10	压榨毯	平方米 千克			
	20	烘干毡和烘干织物	平方米 千克			
	30	造纸织物	平方米 千克			
	80	其他	平方米 千克			

税则号列	统计后缀	货品名称	单位	税率 普通	税率 特惠	2
5911.32.00		重量在650克/米² 或以上		3.8%[1]	0(AU, BH, CA, CL, CO, E*, IL, JO, KR, MA, MX, OM, P, PA, PE, S, SG)	68.5%
	10	压榨毯	平方米 千克			
	20	烘干毡和烘干织物	平方米 千克			
	30	造纸织物	平方米 千克			
	80	其他	平方米 千克			
5911.40.00	00	用于榨油机器或类似机器的滤布,包括人发制滤布	平方米 千克	8%[1]	0(A, AU, BH, CA, CL, CO, D, E, IL, JO, KR, MA, MX, OM, P, PA, PE, S, SG)	81%
5911.90.00		其他		3.8%[1]	0(AU, B, BH, CA, CL, CO, E*, IL, JO, KR, MA, MX, OM, P, PA, PE, S, SG)	68.5%
	40	工业中用作包装或润滑材料的绳索、编织物等	千克			
	80	其他	千克			

[1] 见 9903.88.03。

[2] 见 9903.88.48。

[3] 见 9903.88.15。

[4] 见 9903.88.33。

[5] 见 9903.88.43。

[6] 见 9903.88.18 和 9903.88.33。

[7] 见 9903.88.38。

第六十章　针织物及钩编织物

注释：

一、本章不包括：

(一)品目 5804 的钩编花边；

(二)品目 5807 的针织或钩编的标签、徽章及类似品；或者

(三)第五十九章的经浸渍、涂布、包覆或层压的针织物及钩编织物；但经浸渍、涂布、包覆或层压的起绒针织物及起绒钩编织物仍归入品目 6001。

二、本章还包括用金属线制的用于衣着、装饰或类似用途的织物。

三、本税则所称"针织物"包括由纺织纱线用链式针法构成的缝编织物。

子目注释：

一、子目 6005.35 包括由聚乙烯单丝或涤纶复丝制成的织物，每平方米重量不小于 30 克但不超过 55 克，网眼尺寸每平方厘米不小于 20 孔但不超过 100 孔，并且用 α-氯氰菊酯(ISO)、虫螨腈(ISO)、溴氰菊酯(INN, ISO)、高效氯氟氰菊酯(ISO)、除虫菊酯(ISO)或甲基嘧啶磷(ISO)浸渍或涂层。

附加美国注释：

一、品目 6001 所称"长毛绒织物"是指在针织过程中，通过将梳棉条中的纤维插入底布织物的线圈而制成的织物。

二、本章所称"透孔织物"是指具有稳定开放式网格的织物，不论是否含有刺绣图案。

统计注释：

一、统计报告编码 6001.92.0010 和 6001.92.0030 所称"丝绒"是指垂直方向上每厘米含有 12 针或更多针数的织物。

税则号列	统计后缀	货品名称	单位	税率 1 普通	税率 1 特惠	2
6001		针织或钩编的起绒织物,包括"长毛绒"织物及毛圈织物:				
6001.10		"长毛绒"织物:				
6001.10.20	00	化学纤维制(224)[1]	平方米 千克	17.2%[2]	0(AU,BH,CA,CL,CO,IL,JO,KR,MA,MX,OM,P,PA,PE,S,SG)	79.5%
6001.10.60	00	其他(224)	平方米 千克	9%[2]	0(AU,BH,CA,CL,CO,E*,IL,JO,KR,MA,MX,OM,P,PA,PE,S,SG)	40%
		毛圈绒头织物:				
6001.21.00	00	棉制	平方米 千克	9.8%[2]	0(AU,BH,CA,CL,CO,IL,JO,KR,MA,MX,OM,P,PA,PE,S,SG)	40%
6001.22.00	00	化学纤维制	平方米 千克	17.2%[3]	0(AU,BH,CA,CL,CO,IL,JO,KR,MA,MX,OM,P,PA,PE,S,SG)	79.5%
6001.29.00	00	其他纺织材料制	千克	7%[2]	0(AU,BH,CA,CL,CO,E*,IL,JO,KR,MA,MX,OM,P,PA,PE,S,SG)	61.5%
		其他:				
6001.91.00		棉制		18.5%[2]	0(AU,BH,CA,CL,CO,IL,JO,KR,MA,MX,OM,P,PA,PE,S,SG)	70%
	10	重量超过271克/米^2(224)	平方米 千克			
	20	其他(224)	平方米 千克			
6001.92.00		化学纤维制		17.2%[2]	0(AU,BH,CA,CL,CO,IL,JO,KR,MA,MX,OM,P,PA,PE,S,SG)	79.5%
		重量超过271克/米^2:				
	10	天鹅绒(224)[4]	平方米 千克			
	20	其他(224)	平方米 千克			
		其他:				
	30	天鹅绒(224)	平方米 千克			
	40	其他(224)	平方米 千克			
6001.99		其他纺织材料制:				
6001.99.10	00	按重量计丝或绢丝含量在85%或以上	平方米 千克	4%[2]	0(AU,BH,CA,CL,CO,E,IL,JO,KR,MA,MX,OM,P,PA,PE,S,SG)	61.5%
6001.99.90	00	其他(414)	平方米 千克	7%[2]	0(AU,BH,CA,CL,CO,E*,IL,JO,KR,MA,MX,OM,P,PA,PE,S,SG)	61.5%

税则号列	统计后缀	货品名称	单位	税率 1 普通	税率 1 特惠	2
6002		宽度不超过30厘米,按重量计弹性纱线或橡胶线含量在5%或以上的针织物或钩编织物,但品目6001的货品除外:				
6002.40		按重量计弹性纱线含量在5%或以上,但不含橡胶线:				
6002.40.40	00	棉制（222）	千克	8.8%[2]	0(AU,BH,CA,CL,CO,IL,JO,KR,MA,MX,OM,P,PA,PE,S,SG)	35%
6002.40.80		其他		8%[2]	0(AU,BH,CA,CL,CO,E*,IL,JO,KR,MA,MX,OM,P,PA,PE,S,SG)	90%
	20	经编透孔织物（222）	千克			
	80	其他（222）	千克			
6002.90		其他:				
6002.90.40	00	棉制（222）	千克	8.8%[2]	0(AU,BH,CA,CL,CO,IL,JO,KR,MA,MX,OM,P,PA,PE,S,SG)	35%
6002.90.80		其他		8%[2]	0(AU,BH,CA,CL,CO,E*,IL,JO,KR,MA,MX,OM,P,PA,PE,S,SG)	90%
	20	经编透孔织物（222）	千克			
	80	其他（222）	千克			
6003		宽度不超过30厘米的针织或钩编织物,但品目6001或品目6002的货品除外:				
6003.10		羊毛或动物细毛制:				
6003.10.10	00	经编透孔织物（229）	千克	14.1%[2]	0(AU,BH,CA,CL,CO,IL,JO,KR,MA,MX,OM,P,PA,PE,S,SG)	90%
6003.10.90	00	其他(899)	千克	6.6%[2]	0(AU,BH,CA,CL,CO,E*,IL,JO,KR,MA,MX,OM,P,PA,PE,S,SG)	59%
6003.20		棉制:				
6003.20.10	00	经编透孔织物（229）	千克	14.1%[2]	0(AU,BH,CA,CL,CO,IL,JO,KR,MA,MX,OM,P,PA,PE,S,SG)	90%
6003.20.30	00	其他(222)	千克	8%[2]	0(AU,BH,CA,CL,CO,IL,JO,KR,MA,MX,OM,P,PA,PE,S,SG)	35%
6003.30		合成纤维制:				
6003.30.10	00	经编透孔织物（229）	千克	14.1%[2]	0(AU,BH,CA,CL,CO,IL,JO,KR,MA,MX,OM,P,PA,PE,S,SG)	90%
6003.30.60	00	其他(222)	千克	7.6%[5]	0(AU,BH,CA,CL,CO,IL,JO,KR,MA,MX,OM,P,PA,PE,S,SG)	90%
6003.40		人造纤维制:				
6003.40.10	00	经编透孔织物（229）	千克	14.1%[2]	0(AU,BH,CA,CL,CO,IL,JO,KR,MA,MX,OM,P,PA,PE,S,SG)	90%

税则号列	统计后缀	货品名称	单位	税率 1 普通	税率 1 特惠	2
6003.40.60	00	其他(222)[6]	千克	7.6%[2]	0(AU,BH,CA,CL,CO,IL,JO,KR,MA,MX,OM,P,PA,PE,S,SG)	90%
6003.90		其他:				
6003.90.10	00	经编透孔织物(229)	千克	14.1%[2]	0(AU,BH,CA,CL,CO,IL,JO,KR,MA,MX,OM,P,PA,PE,S,SG)	90%
6003.90.90	00	其他(899)	千克	6.6%[2]	0(AU,BH,CA,CL,CO,E*,IL,JO,KR,MA,MX,OM,P,PA,PE,S,SG)	59%
6004		宽度超过30厘米,按重量计弹性纱线或橡胶线含量在5%或以上的针织物或钩编织物,但品目6001的货品除外:				
6004.10.00		按重量计弹性纱线含量在5%或以上,但不含橡胶线		12.3%[2]	0(AU,BH,CA,CL,CO,E*,IL,JO,KR,MA,MX,OM,P,PA,PE,S,SG)	113.5%
		经编:				
	10	透孔的花纹织物(222)	千克			
	25	其他(222)	千克			
	85	其他(222)	千克			
6004.90		其他:				
6004.90.20		含弹性纱线和橡胶线		12.3%[2]	0(AU,BH,CA,CL,CO,E*,IL,JO,KR,MA,MX,OM,P,PA,PE,S,SG)	113.5%
		经编:				
	10	透孔的花纹织物(222)	千克			
	25	其他(222)	千克			
	85	其他(222)	千克			
6004.90.90	00	其他(222)	千克	7%[2]	0(AU,BH,CA,CL,CO,E*,IL,JO,KR,MA,MX,OM,P,PA,PE,S,SG)	60%
6005		经编针织物(包括由镶边针织机织成的),但品目6001至6004的货品除外:				
		棉制:				
6005.21.00	00	未漂白或漂白	千克	10%[2]	0(AU,BH,CA,CL,CO,IL,JO,KR,MA,MX,OM,P,PA,PE,S,SG)	45%
6005.22.00	00	染色	千克	10%[2]	0(AU,BH,CA,CL,CO,IL,JO,KR,MA,MX,OM,P,PA,PE,S,SG)	45%
6005.23.00	00	色织	千克	10%[2]	0(AU,BH,CA,CL,CO,IL,JO,KR,MA,MX,OM,P,PA,PE,S,SG)	45%
6005.24.00	00	印花	千克	10%[2]	0(AU,BH,CA,CL,CO,IL,JO,KR,MA,MX,OM,P,PA,PE,S,SG)	45%
		合成纤维制:				

税则号列	统计后缀	货品名称	单位	税率 普通	税率 特惠	2
6005.35.00	00	本章子目注释一所列织物	千克	10%[7]	0(AU,BH,CA,CL,CO,IL,JO,KR,MA,MX,OM,P,PA,PE,S,SG)	113.5%
6005.36.00		其他,未漂白或漂白		10%[2]	0(AU,BH,CA,CL,CO,IL,JO,KR,MA,MX,OM,P,PA,PE,S,SG)	113.5%
	10	透孔织物（229）	千克			
		其他:				
	20	缝编织物（223）	千克			
	80	其他(222)	千克			
6005.37.00		其他,染色		10%[2]	0(AU,BH,CA,CL,CO,IL,JO,KR,MA,MX,OM,P,PA,PE,S,SG)	113.5%
	10	透孔织物（229）	千克			
		其他:				
	20	缝编织物（223）	千克			
	80	其他(222)	千克			
6005.38.00		其他,色织		10%[2]	0(AU,BH,CA,CL,CO,IL,JO,KR,MA,MX,OM,P,PA,PE,S,SG)	113.5%
	10	透孔织物（229）	千克			
		其他:				
	20	缝编织物（223）	千克			
	80	其他(222)	千克			
6005.39.00		其他,印花		10%[2]	0(AU,BH,CA,CL,CO,IL,JO,KR,MA,MX,OM,P,PA,PE,S,SG)	113.5%
	10	透孔织物（229）	千克			
		其他:				
	20	缝编织物（223）	千克			
	80	其他(222)	千克			
		人造纤维制:				
6005.41.00		未漂白或漂白		10%[3]	0(AU,BH,CA,CL,CO,IL,JO,KR,MA,MX,OM,P,PA,PE,S,SG)	113.5%
	10	透孔织物（229）	千克			
		其他:				
	20	缝编织物（223）	千克			
	80	其他(222)	千克			
6005.42.00		染色		10%[2]	0(AU,BH,CA,CL,CO,IL,JO,KR,MA,MX,OM,P,PA,PE,S,SG)	113.5%
	10	透孔织物（229）	千克			
		其他:				
	20	缝编织物（223）	千克			

税则号列	统计后缀	货品名称	单位	税率 1 普通	税率 1 特惠	2
	80	其他(222)	千克			
6005.43.00		色织		10%[2]	0(AU, BH, CA, CL, CO, IL, JO, KR, MA, MX, OM, P, PA, PE, S, SG)	113.5%
	10	透孔织物（229）	千克			
		其他：				
	20	缝编织物（223）	千克			
	80	其他(222)	千克			
6005.44.00		印花		10%[2]	0(AU, BH, CA, CL, CO, IL, JO, KR, MA, MX, OM, P, PA, PE, S, SG)	113.5%
	10	透孔织物（229）	千克			
		其他：				
	20	缝编织物（223）	千克			
	80	其他(222)	千克			
6005.90		其他：				
6005.90.10	00	羊毛或动物细毛制(414)	千克	10%[2]	0(AU, BH, CA, CL, CO, IL, JO, KR, MA, MX, OM, P, PA, PE, S, SG)	65.5%
6005.90.90	00	其他(899)	千克	10%[2]	0(AU, BH, CA, CL, CO, E*, IL, JO, KR, MA, MX, OM, P, PA, PE, S, SG)	45%
6006		其他针织或钩编织物：				
6006.10.00	00	羊毛或动物细毛制	千克	10%[2]	0(AU, BH, CA, CL, CO, IL, JO, KR, MA, MX, OM, P, PA, PE, S, SG)	65.5%
		棉制：				
6006.21		未漂白或漂白				
6006.21.10	00	圆形针织，全棉纱线制，每根纱线超过100公支（222）	千克	10%[2]	0(AU, BH, CA, CL, CO, IL, JO, KR, MA, MX, OM, P, PA, PE, S, SG)	45%
6006.21.90		其他		10%[2]	0(AU, BH, CA, CL, CO, IL, JO, KR, MA, MX, OM, P, PA, PE, S, SG)	45%
	20	单层针织结构的(222)	千克			
	80	其他(222)	千克			
6006.22		染色：				
6006.22.10	00	圆形针织，全棉纱线制，每根纱线超过100公支（222）	千克	10%[2]	0(AU, BH, CA, CL, CO, IL, JO, KR, MA, MX, OM, P, PA, PE, S, SG)	45%
6006.22.90		其他		10%[2]	0(AU, BH, CA, CL, CO, IL, JO, KR, MA, MX, OM, P, PA, PE, S, SG)	45%
	20	单层针织结构的(222)	千克			
	80	其他(222)	千克			
6006.23		色织：				

税则号列	统计后缀	货品名称	单位	税率 1 普通	税率 1 特惠	税率 2
6006.23.10	00	圆形针织,全棉纱线制,每根纱线超过100公支（222）	千克	10%[2]	0（AU, BH, CA, CL, CO, IL, JO, KR, MA, MX, OM, P, PA, PE, S, SG）	45%
6006.23.90		其他		10%[2]	0（AU, BH, CA, CL, CO, IL, JO, KR, MA, MX, OM, P, PA, PE, S, SG）	45%
	20	单层针织结构的（222）	千克			
	80	其他（222）	千克			
6006.24		印花：				
6006.24.10	00	圆形针织,全棉纱线制,每根纱线超过100公支（222）	千克	10%[2]	0（AU, BH, CA, CL, CO, IL, JO, KR, MA, MX, OM, P, PA, PE, S, SG）	45%
6006.24.90		其他		10%[3]	0（AU, BH, CA, CL, CO, IL, JO, KR, MA, MX, OM, P, PA, PE, S, SG）	45%
	20	单层针织结构的（222）	千克			
	80	其他（222）	千克			
		合成纤维制：				
6006.31.00		未漂白或漂白		10%[2]	0（AU, BH, CA, CL, CO, IL, JO, KR, MA, MX, OM, P, PA, PE, S, SG）	113.5%
		双层针织或互锁结构的：				
	20	尼龙制（222）	千克			
	40	聚酯制（222）	千克			
	60	其他（222）	千克			
	80	其他（222）	千克			
6006.32.00		染色		10%[2]	0（AU, BH, CA, CL, CO, IL, JO, KR, MA, MX, OM, P, PA, PE, S, SG）	113.5%
		双层针织或互锁结构的：				
	20	尼龙制（222）	千克			
	40	聚酯制（222）	千克			
	60	其他（222）	千克			
	80	其他（222）[8]	千克			
6006.33.00		色织		10%[2]	0（AU, BH, CA, CL, CO, IL, JO, KR, MA, MX, OM, P, PA, PE, S, SG）	113.5%
		双层针织或互锁结构的：				
	20	尼龙制（222）	千克			
	40	聚酯制（222）	千克			
	60	其他（222）	千克			
	80	其他（222）	千克			
6006.34.00		印花		10%[2]	0（AU, BH, CA, CL, CO, IL, JO, KR, MA, MX, OM, P, PA, PE, S, SG）	113.5%

税则号列	统计后缀	货品名称	单位	税率 1 普通	税率 1 特惠	2
		双层针织或互锁结构的:				
	20	尼龙制(222)	千克			
	40	聚酯制(222)	千克			
	60	其他(222)	千克			
	80	其他(222)	千克			
		人造纤维制:				
6006.41.00		未漂白或漂白		10%[3]	0(AU,BH,CA,CL,CO,IL,JO,KR,MA,MX,OM,P,PA,PE,S,SG)	113.5%
	25	双层针织或互锁结构的(222)	千克			
	85	其他(222)	千克			
6006.42.00		染色		10%[2]	0(AU,BH,CA,CL,CO,IL,JO,KR,MA,MX,OM,P,PA,PE,S,SG)	113.5%
	25	双层针织或互锁结构的(222)	千克			
	85	其他(222)	千克			
6006.43.00		色织		10%[2]	0(AU,BH,CA,CL,CO,IL,JO,KR,MA,MX,OM,P,PA,PE,S,SG)	113.5%
	25	双层针织或互锁结构的(222)	千克			
	85	其他(222)	千克			
6006.44.00		印花		10%[2]	0(AU,BH,CA,CL,CO,IL,JO,KR,MA,MX,OM,P,PA,PE,S,SG)	113.5%
	25	双层针织或互锁结构的(222)	千克			
	85	其他(222)	千克			
6006.90		其他				
6006.90.10	00	按重量计丝或绢丝含量在85%或以上	千克	7%[2]	0(AU,BH,CA,CL,CO,E,IL,JO,KR,MA,MX,OM,P,PA,PE,S,SG)	45%
6006.90.90	00	其他(899)	千克	0[2]		45%

[1]见9903.88.33和9903.88.56。

[2]见9903.88.03。

[3]见9903.88.16。

[4]见9903.88.40。

[5]见9902.13.43和9903.88.03。

[6]见9903.88.40和9903.88.56。

[7]见9903.88.15。

[8]见9903.88.43。

[9]见9903.88.34。

第六十一章　针织或钩编的服装及衣着附件

注释：

一、本章仅适用于制成的针织品或钩编织品。

二、本章不包括：

（一）品目 6212 的货品；

（二）品目 6309 的旧衣着或其他旧物品；或者

（三）矫形器具、外科手术带、疝气带及类似品（品目 9021）。

三、就品目 6103 及品目 6104 而言：

（一）"西服套装"是指面料用相同的织物制成的两件套或三件套的下列成套服装：

——一件人体上半身穿着的外套或短上衣，除袖子外，其面料数为四片或以上；也可附带一件马甲（西服背心），这件马甲（西服背心）的前片面料应与套装其他各件的面料相同，后片面料则应与外套或短上衣的衬里料相同；以及

——一件人体下半身穿着的服装，即不带背带或护胸的长裤、马裤、短裤（游泳裤除外）、裙子或裙裤。

西服套装各件面料质地、颜色及构成必须相同，其款式也必须相同，尺寸大小还须相互般配，但可以用不同织物滚边（在缝口上缝入长条织物）。

如果数件人体下半身穿着的服装同时报验（例如，两条长裤、长裤与短裤、裙子或裙裤与长裤），构成西服套装下装的应是一条长裤，而对于女式西服套装，应是一条裙子或裙裤，其他服装应分别归类。

所称"西服套装"包括不论是否完全符合上述条件的下列配套服装：

——常礼服，由一件后襟下垂并下端开圆弧形叉的素色短上衣和一条条纹长裤组成；

——晚礼服（燕尾服），一般用黑色织物制成，上衣前襟较短且不闭合，背后有燕尾；

——无燕尾套装夜礼服，其中上衣款式与普通上衣相似（可以更为显露衬衣前胸），但有光滑丝质或仿丝质的翻领。

（二）"便服套装"是指面料相同并作零售包装的下列成套服装（西服套装及品目 6107、品目 6108 或品目 6109 的物品除外）：

——一件人体上半身穿着的服装，但套衫及背心除外，因为套衫可在两件套服装中作为内衣，背心也可作为内衣；以及

——一件或两件不同的人体下半身穿着的服装，即长裤、护胸背带工装裤、马裤、短裤（游泳裤除外）、裙子或裙裤。

便服套装各件面料质地、款式、颜色及构成必须相同；尺寸大小也须相互般配。所称"便服套装"不包括品目 6112 的运动服及滑雪服。

四、品目6105及品目6106不包括在腰围以下有口袋的服装、带有罗纹腰带及以其他方式收紧下摆的服装或其织物至少在10厘米×10厘米的面积内沿各方向的直线长度上平均每厘米少于10针的服装。品目6105不包括无袖服装。

五、品目6109不包括带有束带、罗纹腰带或其他方式收紧下摆的服装。

六、就品目6111而言：

（一）所称"婴儿服装及衣着附件"是指用于身高不超过86厘米幼儿的服装；

（二）既可归入品目6111也可归入本章其他品目的物品，应归入品目6111。

七、品目6112所称"滑雪服"是指从整个外观和织物质地来看，主要在滑雪（速度滑雪或高山滑雪）时穿着的下列服装或成套服装：

（一）"滑雪连身服"，即上下身连在一起的单件服装；除袖子和领子外，滑雪连身服可有口袋或脚带；或者

（二）"滑雪套装"，即由两件或三件构成一套并作零售包装的下列服装：

——一件用一条拉链扣合的带风帽的厚夹克、防风衣或类似的服装，可以附带一件背心（滑雪背心）；以及

——一条不论是否过腰的长裤、一条马裤或一条护胸背带工装裤。

"滑雪套装"也可由一件类似以上（一）款所述的连身服和一件可套在连身服外面的有胎料背心组成。

"滑雪套装"各件颜色可以不同，但面料质地、款式及构成必须相同；尺寸大小也须相互般配。

八、既可归入品目6113也可归入本章其他品目的服装，除品目6111所列的仍归入该品目外，其余的应一律归入品目6113。

九、本章的服装凡门襟为左压右的，应视为男式；右压左的，应视为女式。但本规定不适用于其式样已明显为男式或女式的服装。

无法区别是男式还是女式的服装，应按女式服装归入有关品目。

十、本章物品可用金属线制成。

附加美国注释：

一、品目6111所称"套装"是指两件或以上品目6111、品目6209或品目6505的同时进口的不同服装，尺寸般配，拟由同一人一起穿着。

统计注释：

一、在税号6103.21.00、税号6103.22.00、税号6103.23.00、税号6103.29.10、税号6104.21.00、税号6104.22.00、税号6104.23.00或税号6104.29.10项下同时进口且一并归类的套装，或税号6112.11.00或税号6112.12.00的运动服，应在同一个八位数税号下以最合适的十位数报告编码分别进行统计报告，该八位税号规定了便服套装或运动服、热身服或慢跑服。

二、就品目6103、品目6104和品目6112而言，衬衫的统计规定是指品目6105、品目6106和品目6110中规定的服装，但下文统计注释三中提及的毛衣、套衫、背心或开襟衫除外。

三、就本章而言，不论是否被称为套衫、背心或开襟衫，毛衣的统计规定包括这样的服装，其外表面的针数是每2厘米不超过9针（沿针迹形成的方向测量）；以及被称为毛衣的服装，但其外表面的针数无法按针迹形成的方向计算。

四、第六十一章的某些服装在美国成型和裁剪，在国外加工制成，并在国外经过漂白、染色或熨烫，可根据

特殊准入制度入境。确定资格必须依据双边协议进行,并且必须符合纺织品协议执行委员会(CITA)制定的程序。进口商需要在报关汇总表或提单上将符号"H"作为前缀,添加到相应的第六十一章十位统计编码中,以识别此类服装。

五、根据纺织品和服装的出口加工计划,第六十一章的某些服装在美国完成织物制造(裁剪和加工),可有资格入境。资格必须符合纺织品协议执行委员会制定的程序。进口商需要在报关汇总表或提单上将符号"S"作为前缀,添加到相应的第六十一章十位统计编码中,以识别此类服装。

六、品目6110所称"针织成型"是指在横机上成型的针织服装,其外表面的针数每2厘米超过9针但不超过18针(沿针迹形成形的方向测量)。就本统计注释而言,在通常同时计算针织和双反面针数的情况下,双反面针数将被忽略,仅计算织物外表面的针织针数。该服装的所有部件,包括但不限于领子、门襟、袖口、腰带和口袋,都是针织成型的。所有部件都是通过起圈和连接来组合的,包括侧缝。

税则号列	统计后缀	货品名称	单位	税率 普通	税率 1 特惠	2
6101		针织或钩编的男式大衣、短大衣、斗篷、短斗篷、带风帽的防寒短上衣(包括滑雪短上衣)、防风衣、防风短上衣及类似品,但品目6103的货品除外:				
6101.20.00		棉制		15.9%[1]	0(AU,BH,CA,CL,CO,IL,JO,KR,MA,MX,OM,P,PA,PE,S,SG)	50%
	10	男式(334)	打千克			
	20	男童(334)	打千克			
6101.30		化学纤维制:				
6101.30.10	00	按重量计皮革含量在25%或以上(634)	打千克	5.6%[1]	0(AU,BH,CA,CL,CO,IL,JO,KR,MA,MX,OM,P,PA,PE,S,SG)	35%
		其他:				
6101.30.15	00	按重量计羊毛或动物细毛含量在23%或以上(434)	打千克	38.6美分/千克+10%[1]	0(AU,BH,CA,CL,CO,IL,JO,KR,MA,MX,OM,P,PA,PE,S,SG)	77.2美分/千克+54.5%
6101.30.20		其他		28.2%[1]	0(AU,BH,CA,CL,CO,IL,JO,KR,MA,MX,OM,P,PA,PE,S,SG)	72%
	10	男式(634)	打千克			
	20	男童(634)	打千克			
6101.90		其他纺织材料制:				
6101.90.05	00	羊毛或动物细毛制(434)	打千克	61.7美分/千克+16%[1]	0(AU,BH,CA,CL,CO,IL,JO,KR,MA,MX,OM,P,PA,PE,S,SG)	77.2美分/千克+54.5%
6101.90.10	00	按重量计丝或绢丝含量在70%或以上(734)	打千克	0.9%[1]	0(AU,BH,CA,CL,CO,E,IL,JO,KR,MA,MX,OM,P,PA,PE,S,SG)	45%
6101.90.90		其他		5.7%[1]	0(AU,BH,CA,CL,CO,E*,IL,JO,KR,MA,MX,OM,P,PA,PE,S,SG)	45%
	10	棉限内的(334)	打千克			
	20	毛限内的(434)	打千克			
	30	化纤限内的(634)	打千克			
	60	其他(834)	打千克			
6102		针织或钩编的女式大衣、短大衣、斗篷、短斗篷、带风帽的防寒短上衣(包括滑雪短上衣)、防风衣、防风短上衣及类似品,但品目6104的货品除外:				

税则号列	统计后缀	货品名称	单位	税率 1 普通	税率 1 特惠	2
6102.10.00	00	羊毛或动物细毛制	打千克	55.9美分/千克+16.4%[1]	0(AU,BH,CA,CL,CO,IL,JO,KR,MA,MX,OM,P,PA,PE,S,SG)	68.3美分/千克+54.5%
6102.20.00		棉制		15.9%[1]	0(AU,BH,CA,CL,CO,IL,JO,KR,MA,MX,OM,P,PA,PE,S,SG)	50%
	10	女式(335)	打千克			
	20	女童(335)	打千克			
6102.30		化学纤维制:				
6102.30.05	00	按重量计皮革含量在25%或以上(635)	打千克	5.3%[1]	0(AU,BH,CA,CL,CO,IL,JO,KR,MA,MX,OM,P,PA,PE,S,SG)	35%
		其他:				
6102.30.10	00	按重量计羊毛或动物细毛含量在23%或以上(435)	打千克	64.4美分/千克+18.8%[1]	0(AU,BH,CA,CL,CO,IL,JO,KR,MA,MX,OM,P,PA,PE,S,SG)	68.3美分/千克+54.5%
6102.30.20		其他		28.2%[1]	0(AU,BH,CA,CL,CO,IL,JO,KR,MA,MX,OM,P,PA,PE,S,SG)	72%
	10	女式(635)	打千克			
	20	女童(635)	打千克			
6102.90		其他纺织材料制:				
6102.90.10	00	按重量计丝或绢丝含量在70%或以上(735)	打千克	0.9%[1]	0(AU,BH,CA,CL,CO,E,IL,JO,KR,MA,MX,OM,P,PA,PE,S,SG)	45%
6102.90.90		其他		5.7%[1]	0(AU,BH,CA,CL,CO,E*,IL,JO,KR,MA,MX,OM,P,PA,PE,S,SG)	45%
	05	棉限内的(335)	打千克			
	10	毛限内的(435)	打千克			
	15	化纤限内的(635)	打千克			
	30	其他(835)	打千克			
6103		针织或钩编的男式西服套装、便服套装、上衣、长裤、护胸背带工装裤、马裤及短裤(游泳裤除外):				
6103.10		西服套装:				
6103.10.10	00	羊毛或动物细毛制(443)	个千克	38.8美分/千克+10%[1]	0(AU,BH,CA,CL,CO,IL,JO,KR,MA,MX,OM,P,PA,PE,S,SG)	77.2美分/千克+54.5%
		合成纤维制:				

税则号列	统计后缀	货品名称	单位	税率 1 普通	税率 1 特惠	税率 2
6103.10.20	00	按重量计羊毛或动物细毛含量在23%或以上(443)	个千克	60.3美分/千克+15.6%[1]	0(AU,BH,CA,CL,CO,IL,JO,KR,MA,MX,OM,P,PA,PE,S,SG)	77.2美分/千克+54.5%
6103.10.30	00	其他(643)	个千克	28.2%[1]	0(AU,BH,CA,CL,CO,IL,JO,KR,MA,MX,OM,P,PA,PE,S,SG)	72%
		其他纺织材料制:				
		人造纤维制:				
6103.10.40	00	按重量计羊毛或动物细毛含量在23%或以上(443)	个千克	0[2]		77.2美分/千克+54.5%
6103.10.50	00	其他(643)	个千克	0[1]		72%
6103.10.60		棉制		9.4%[1]	0(AU,BH,CA,CL,CO,IL,JO,KR,MA,MX,OM,P,PA,PE,S,SG)	90%
	10	作为西服套装一部分进口的上衣(333)	打千克			
	15	作为西服套装一部分进口的长裤、马裤和短裤(347)	打千克			
	30	作为西服套装一部分进口的背心(359)	打千克			
6103.10.70	00	按重量计丝或绢丝含量在70%或以上(743)	个千克	0.9%[2]	0(AU,BH,CA,CL,CO,E,IL,JO,KR,MA,MX,OM,P,PA,PE,S,SG)	45%
6103.10.90		其他		5.6%[1]	0(AU,BH,CA,CL,CO,E*,IL,JO,KR,MA,MX,OM,P,PA,PE,S,SG)	45%
		棉限内的:				
	10	作为西服套装一部分进口的上衣(333)	打千克			
	20	作为西服套装一部分进口的长裤、马裤和短裤(347)	打千克			
	30	作为西服套装一部分进口的背心(359)	打千克			
	40	毛限内的(443)	个千克			
	50	化纤限内的(643)	个千克			
	80	其他(843)	个千克			
		便服套装:				
6103.22.00		棉制		如果单独输入,则适用套装中每件衣服的税率[3]	0(AU,BH,CA,CL,CO,IL,JO,KR,MA,MX,OM,P,PA,PE,S,SG)	如果单独输入,则适用套装中每件衣服的税率
	10	品目6101所述的服装(334)	打千克			

税则号列	统计后缀	货品名称	单位	税率 1 普通	税率 1 特惠	2
	20	品目6103所述的上衣(333)	打千克			
	30	长裤和马裤(347)	打千克			
	40	短裤(347)	打千克			
	50	衬衫(338)	打千克			
	70	毛衣(345)	打千克			
	80	其他(359)	打千克			
6103.23.00		合成纤维制		如果单独输入,则适用套装中每件衣服的税率[3]	0(AU, BH, CA, CL, CO, IL, JO, KR, MA, MX, OM, P, PA, PE, S, SG)	如果单独输入,则适用套装中每件衣服的税率
		按重量计羊毛或动物细毛含量在23%或以上:				
	05	品目6101所述的服装(434)	打千克			
	07	品目6103所述的上衣(433)	打千克			
	10	长裤、马裤和短裤(447)	打千克			
	25	衬衫(438)	打千克			
	30	毛衣(445)	打千克			
	35	其他(459)	打千克			
		其他:				
	36	品目6101所述的服装(634)	打千克			
	37	品目6103所述的上衣(633)	打千克			
	40	长裤和马裤(647)	打千克			
	45	短裤(647)	打千克			
	55	护胸背带工装裤(659)	打千克			
	70	毛衣(645)	打千克			
	75	衬衫(638)	打千克			
	80	其他(659)	打千克			

税则号列	统计后缀	货品名称	单位	税率 1 普通	税率 1 特惠	2
6103.29		其他纺织材料制：				
6103.29.05		羊毛或动物细毛制		如果单独输入,则适用套装中每件衣服的税率[3]	0（AU,BH,CA,CL,CO,IL,JO,KR,MA,MX,OM,P,PA,PE,S,SG）	如果单独输入,则适用套装中每件衣服的税率
	10	品目6101所述的服装（434）	打千克			
	20	品目6103所述的上衣(433)	打千克			
	30	长裤、马裤和短裤（447）	打千克			
	50	衬衫(438)	打千克			
	60	毛衣(445)	打千克			
	70	其他(459)	打千克			
6103.29.10		人造纤维制		如果单独输入,则适用套装中每件衣服的税率[3]	0（AU,BH,CA,CL,CO,IL,JO,KR,MA,MX,OM,P,PA,PE,S,SG）	如果单独输入,则适用套装中每件衣服的税率
	10	品目6101所述的服装（634）	打千克			
	15	品目6103所述的上衣(633)	打千克			
	20	长裤和马裤（647）	打千克			
	30	短裤(647)	打千克			
	40	毛衣(645)	打千克			
	50	衬衫(638)	打千克			
	60	其他(659)	打千克			
6103.29.20		其他		如果单独输入,则适用套装中每件衣服的税率[3]	0（AU,BH,CA,CL,CO,E＊,IL,JO,KR,MA,MX,OM,P,PA,PE,S,SG）	如果单独输入,则适用套装中每件衣服的税率
		品目6101所述的服装：				
	28	按重量计丝或绢丝含量在70%或以上（734）	打千克			
	30	其他(834)	打千克			
		品目6103所述的上衣：				

税则号列	统计后缀	货品名称	单位	税率 1 普通	税率 1 特惠	2
	34	按重量计丝或绢丝含量在70%或以上(733)	打 千克			
	36	其他(833)	打 千克			
		长裤、马裤和短裤:				
	40	按重量计丝或绢丝含量在70%或以上(747)	打 千克			
		其他:				
	44	长裤和马裤(847)	打 千克			
	48	短裤(847)	打 千克			
		衬衫:				
	52	按重量计丝或绢丝含量在70%或以上(738)	打 千克			
	54	其他(838)	打 千克			
		毛衣:				
	58	棉限内的(345)	打 千克			
	60	毛限内的(445)	打 千克			
	62	化纤限内的(645)	打 千克			
		其他:				
		丝制:				
	64	按重量计丝或绢丝含量在70%或以上(745)	打 千克			
		其他:				
	66	在其他地方针织成型部件在香港组合(846)	打 千克			
	68	其他(846)	打 千克			
		其他:				
	70	在其他地方针织成型部件在香港组合(845)	打 千克			
	74	其他(845)	打 千克			
		其他:				
	80	按重量计丝或绢丝含量在70%或以上(759)	打 千克			
	82	其他(859)	打 千克			
		上衣:				

税则号列	统计后缀	货品名称	单位	税率 1 普通	税率 1 特惠	2
6103.31.00	00	羊毛或动物细毛制	打千克	38.6美分/千克+10%[1]	0(AU, BH, CA, CL, CO, IL, JO, KR, MA, MX, OM, P, PA, PE, S, SG)	77.2美分/千克+54.5%
6103.32.00	00	棉制	打千克	13.5%[1]	0(AU, BH, CA, CL, CO, IL, JO, KR, MA, MX, OM, P, PA, PE, S, SG)	90%
6103.33		合成纤维制				
6103.33.10	00	按重量计羊毛或动物细毛含量在23%或以上(433)	打千克	38.6美分/千克+10%[1]	0(AU, BH, CA, CL, CO, IL, JO, KR, MA, MX, OM, P, PA, PE, S, SG)	77.2美分/千克+54.5%
6103.33.20	00	其他(633)	打千克	28.2%[1]	0(AU, BH, CA, CL, CO, IL, JO, KR, MA, MX, OM, P, PA, PE, S, SG)	72%
6103.39		其他纺织材料制				
6103.39.10	00	人造纤维制(633)	打千克	14.9%[1]	0(AU, BH, CA, CL, CO, IL, JO, KR, MA, MX, OM, P, PA, PE, S, SG)	72%
6103.39.40	00	按重量计丝或绢丝含量在70%或以上(733)	打千克	0.9%[1]	0(AU, BH, CA, CL, CO, E, IL, JO, KR, MA, MX, OM, P, PA, PE, S, SG)	60%
6103.39.80		其他		5.6%[1]	0(AU, BH, CA, CL, CO, E*, IL, JO, KR, MA, MX, OM, P, PA, PE, S, SG)	60%
	10	棉限内的(333)	打千克			
	20	毛限内的(433)	打千克			
	30	化纤限内的(633)	打千克			
	60	其他(833)	打千克			
		长裤、护胸背带工装裤、马裤及短裤:				
6103.41		羊毛或动物细毛制				
6103.41.10		长裤、马裤和短裤		61.1美分/千克+15.8%[1]	0(AU, BH, CA, CL, CO, IL, JO, KR, MA, MX, OM, P, PA, PE, S, SG)	77.2美分/千克+54.5%
	10	长裤和马裤(447)	打千克			
	20	短裤(447)	打千克			
6103.41.20	00	护胸背带工装裤(459)	打千克	13.6%[1]	0(AU, BH, CA, CL, CO, IL, JO, KR, MA, MX, OM, P, PA, PE, S, SG)	54.5%
6103.42		棉制:				
6103.42.10		长裤、马裤和短裤		16.1%[1]	0(AU, BH, CA, CL, CO, IL, JO, KR, MA, MX, OM, P, PA, PE, S, SG)	45%
		长裤和马裤:				

税则号列	统计后缀	货品名称	单位	税率 1 普通	税率 1 特惠	2
	20	男式(347)	打千克			
		男童：				
	35	作为儿童模仿套装一部分进口(237)	打千克			
	40	其他(347)	打千克			
		短裤：				
	50	男式(347)	打千克			
		男童：				
	65	作为儿童模仿套装一部分进口(237)	打千克			
	70	其他(347)	打千克			
6103.42.20		护胸背带工装裤		10.3%[1]	0(AU,BH,CA,CL,CO,IL,JO,KR,MA,MX,OM,P,PA,PE,S,SG)	90%
	10	御寒保暖(359)	打千克			
		其他：				
	15	男童2号至7号(237)	打千克			
	25	其他(359)	打千克			
6103.43		合成纤维制：				
		长裤、马裤和短裤：				
6103.43.10		按重量计羊毛或动物细毛含量在23%或以上		58.5美分/千克+15.2%[1]	0(AU,BH,CA,CL,CO,IL,JO,KR,MA,MX,OM,P,PA,PE,S,SG)	77.2美分/千克+54.5%
	10	长裤和马裤(447)	打千克			
	20	短裤(447)	打千克			
6103.43.15		其他		28.2%[1]	0(AU,BH,CA,CL,CO,IL,JO,KR,MA,MX,OM,P,PA,PE,S,SG)	72%
		长裤和马裤：				
	20	男式(647)	打千克			
		男童：				
	35	作为儿童模仿套装一部分进口(237)	打千克			
	40	其他(647)	打千克			
		短裤：				

税则号列	统计后缀	货品名称	单位	税率 1 普通	税率 1 特惠	2
	50	男式(647)	打千克			
		男童:				
	65	作为儿童模仿套装一部分进口(237)	打千克			
	70	其他(647)	打千克			
6103.43.20		护胸背带工装裤		14.9%[1]	0(AU, BH, CA, CL, CO, IL, JO, KR, MA, MX, OM, P, PA, PE, S, SG)	72%
	10	按重量计羊毛或动物细毛含量在23%或以上(459)	打千克			
		其他:				
	15	御寒保暖(659)	打千克			
		其他:				
	20	男式(659)	打千克			
	25	男童(659)	打千克			
6103.49		其他纺织材料制:				
		人造纤维制:				
6103.49.10		长裤、马裤和短裤		28.2%[1]	0(AU, BH, CA, CL, CO, IL, JO, KR, MA, MX, OM, P, PA, PE, S, SG)	72%
	10	按重量计羊毛或动物细毛含量在23%或以上(447)	打千克			
		其他:				
	20	长裤和马裤(647)	打千克			
	60	短裤(647)	打千克			
6103.49.20	00	护胸背带工装裤(659)	打千克	13.6%[1]	0(AU, BH, CA, CL, CO, IL, JO, KR, MA, MX, OM, P, PA, PE, S, SG)	72%
6103.49.40		按重量计丝或绢丝含量在70%或以上		0.9%[1]	0(AU, BH, CA, CL, CO, E, IL, JO, KR, MA, MX, OM, P, PA, PE, S, SG)	35%
	10	长裤、马裤和短裤(747)	打千克			
	20	护胸背带工装裤(759)	打千克			
6103.49.80		其他		5.6%[1]	0(AU, BH, CA, CL, CO, E*, IL, JO, KR, MA, MX, OM, P, PA, PE, S, SG)	35%
		长裤、马裤和短裤:				
	10	棉限内的(347)	打千克			

税则号列	统计后缀	货品名称	单位	税率 1 普通	税率 1 特惠	2
	12	毛限内的(447)	打千克			
	14	化纤限内的(647)	打千克			
		其他：				
	24	长裤和马裤(847)	打千克			
	26	短裤(847)	打千克			
		护胸背带工装裤：				
	34	棉限内的(359)	打千克			
	36	毛限内的(459)	打千克			
	38	化纤限内的(659)	打千克			
	60	其他(859)	打千克			
6104		针织或钩编的女式西服套装、便服套装、上衣、连衣裙、裙子、裙裤、长裤、护胸背带工装裤、马裤及短裤(游泳服除外)：				
		西服套装：				
6104.13		合成纤维制				
6104.13.10	00	按重量计羊毛或动物细毛含量在23%或以上(444)	个千克	0[1]		54.5%
6104.13.20	00	其他(644)	个千克	14.9%[2]	0(AU, BH, CA, CL, CO, IL, JO, KR, MA, MX, OM, P, PA, PE, S, SG)	72%
6104.19		其他纺织材料制：				
		人造纤维制：				
6104.19.10	00	按重量计羊毛或动物细毛含量在23%或以上(444)	个千克	8.5%[2]	0(AU, BH, CA, CL, CO, IL, JO, KR, MA, MX, OM, P, PA, PE, S, SG)	54.5%
6104.19.15	00	其他(644)	个千克	0[1]		72%
6104.19.40	00	按重量计丝或绢丝含量在70%或以上(744)	个千克	0.9%[1]	0(AU, BH, CA, CL, CO, E, IL, JO, KR, MA, MX, OM, P, PA, PE, S, SG)	60%
6104.19.50	00	羊毛或动物细毛制(444)	个千克	13.6%[1]	0(AU, BH, CA, CL, CO, IL, JO, KR, MA, MX, OM, P, PA, PE, S, SG)	54.5%
6104.19.60		棉制		9.4%[1]	0(AU, BH, CA, CL, CO, IL, JO, KR, MA, MX, OM, P, PA, PE, S, SG)	90%
	10	作为西服套装一部分进口的上衣(335)	打千克			
	20	作为西服套装一部分进口的裙子和裙裤(342)	打千克			

税则号列	统计后缀	货品名称	单位	税率 1 普通	税率 1 特惠	2
	30	作为西服套装一部分进口的长裤、马裤和短裤(348)	打千克			
	40	作为西服套装一部分进口的背心(359)	打千克			
6104.19.80		其他		5.6%[1]	0(AU, BH, CA, CL, CO, E*, IL, JO, KR, MA, MX, OM, P, PA, PE, S, SG)	60%
		棉限内的:				
	10	作为西服套装一部分进口的上衣(335)	打千克			
	20	作为西服套装一部分进口的裙子和裙裤(342)	打千克			
	30	作为西服套装一部分进口的长裤、马裤和短裤(348)	打千克			
	40	作为西服套装一部分进口的背心(359)	打千克			
	50	毛限内的(444)	个千克			
	60	化纤限内的(644)	个千克			
	90	其他(844)	个千克			
		便服套装:				
6104.22.00		棉制		如果单独输入,则适用套装中每件衣服的税率[3]	0(AU, BH, CA, CL, CO, IL, JO, KR, MA, MX, OM, P, PA, PE, S, SG)	如果单独输入,则适用套装中每件衣服的税率
	10	品目6102所述的服装;品目6104所述的上衣(335)	打千克			
	30	裙子和裙裤(342)	打千克			
	40	长裤和马裤(348)	打千克			
	50	短裤(348)	打千克			
	60	衬衫和上衣(339)	打千克			
	80	毛衣(345)	打千克			
	90	其他(359)	打千克			
6104.23.00		合成纤维制		如果单独输入,则适用套装中每件衣服的税率[3]	0(AU, BH, CA, CL, CO, IL, JO, KR, MA, MX, OM, P, PA, PE, S, SG)	如果单独输入,则适用套装中每件衣服的税率
		按重量计羊毛或动物细毛含量在23%或以上:				

税则号列	统计后缀	货品名称	单位	税率 1 普通	税率 1 特惠	2
	10	品目6102所述的服装；品目6104所述的上衣(435)	打千克			
	14	裙子和裙裤(442)	打千克			
	16	长裤、马裤和短裤(448)	打千克			
	20	衬衫和上衣(438)	打千克			
	22	毛衣(446)	打千克			
	24	其他(459)	打千克			
		其他：				
	26	品目6102所述的服装；品目6104所述的上衣(635)	打千克			
	30	裙子和裙裤(642)	打千克			
	32	长裤和马裤(648)	打千克			
	34	短裤(648)	打千克			
	36	衬衫和上衣(639)	打千克			
	40	毛衣(646)	打千克			
	42	其他(659)	打千克			
6104.29		其他纺织材料制：				
6104.29.05		羊毛或动物细毛制		如果单独输入，则适用套装中每件衣服的税率[3]	0 (AU, BH, CA, CL, CO, IL, JO, KR, MA, MX, OM, P, PA, PE, S, SG)	如果单独输入，则适用套装中每件衣服的税率
	10	品目6102所述的服装；品目6104所述的上衣(435)	打千克			
	30	裙子和裙裤(442)	打千克			
	40	长裤、马裤和短裤(448)	打千克			
	60	罩衫和衬衣(438)	打千克			
	70	毛衣(446)	打千克			
	80	其他(459)	打千克			

税则号列	统计后缀	货品名称	单位	税率 1 普通	税率 1 特惠	2
6104.29.10		人造纤维制		如果单独输入,则适用套装中每件衣服的税率[3]	0(AU,BH,CA,CL,CO,IL,JO,KR,MA,MX,OM,P,PA,PE,S,SG)	如果单独输入,则适用套装中每件衣服的税率
	10	品目6102所述的服装;品目6104所述的上衣(635)	打千克			
	20	裙子和裙裤(642)	打千克			
	30	长裤和马裤(648)	打千克			
	40	短裤(648)	打千克			
	50	衬衫和上衣(639)	打千克			
	60	毛衣(646)	打千克			
	70	其他(659)	打千克			
6104.29.20		其他		如果单独输入,则适用套装中每件衣服的税率[2]	0(AU,BH,CA,CL,CO,E*,IL,JO,KR,MA,MX,OM,P,PA,PE,S,SG)	如果单独输入,则适用套装中每件衣服的税率
		品目6102所述的服装;品目6104所述的上衣:				
	10	棉限内的(335)	打千克			
	12	毛限内的(435)	打千克			
	14	化纤限内的(635)	打千克			
		其他:				
		丝制:				
	16	按重量计丝或绢丝含量在70%或以上(735)	打千克			
	18	其他(835)	打千克			
	20	其他(835)	打千克			
		裙子和裙裤:				
	22	棉限内的(342)	打千克			
	24	毛限内的(442)	打千克			
	26	化纤限内的(642)	打千克			
		其他:				

税则号列	统计后缀	货品名称	单位	税率 1 普通	税率 1 特惠	2
		丝制：				
	28	按重量计丝或绢丝含量在70%或以上(742)	打千克			
	30	其他(842)	打千克			
	32	其他(842)	打千克			
		长裤、马裤和短裤：				
	34	棉限内的(348)	打千克			
	36	毛限内的(448)	打千克			
	38	化纤限内的(648)	打千克			
		其他：				
		丝制：				
	40	按重量计丝或绢丝含量在70%或以上(748)	打千克			
		其他：				
	41	长裤和马裤(847)	打千克			
	43	短裤(847)	打千克			
		其他：				
	45	长裤和马裤(847)	打千克			
	47	短裤(847)	打千克			
		衬衫和上衣：				
	49	棉限内的(339)	打千克			
	51	毛限内的(438)	打千克			
	55	化纤限内的(639)	打千克			
		其他：				
		丝制：				
	57	按重量计丝或绢丝含量在70%或以上(739)	打千克			
	61	其他(838)	打千克			
	63	其他(838)	打千克			
		毛衣：				
	65	棉限内的(345)	打千克			

税则号列	统计后缀	货品名称	单位	税率 1 普通	税率 1 特惠	2
	67	毛限内的(446)	打千克			
	69	化纤限内的(646)	打千克			
		其他：				
		丝制：				
	71	按重量计丝和绢丝含量在70%或以上(746)	打千克			
		其他：				
	73	在其他地方针织成型部件在香港组合(846)	打千克			
	75	其他(846)	打千克			
		其他：				
	77	在其他地方针织成型部件在香港组合(845)	打千克			
	79	其他(845)	打千克			
		其他：				
	81	棉限内的(359)	打千克			
	83	毛限内的(459)	打千克			
	85	化纤限内的(659)	打千克			
		其他：				
		丝制：				
	86	按重量计丝或绢丝含量在70%或以上(759)	打千克			
	87	其他(859)	打千克			
	90	其他(859)	打千克			
		上衣：				
6104.31.00	00	羊毛或动物细毛制：	打千克	54.8美分/千克+16%[1]	0(AU, BH, CA, CL, CO, IL, JO, KR, MA, MX, OM, P, PA, PE, S, SG)	68.3美分/千克+54.5%
6104.32.00	00	棉制	打千克	14.9%[1]	0(AU, BH, CA, CL, CO, IL, JO, KR, MA, MX, OM, P, PA, PE, S, SG)	90%
6104.33		合成纤维制：				
6104.33.10	00	按重量计羊毛或动物细毛含量在23%或以上(435)	打千克	56.4美分/千克+16.5%[2]	0(AU, BH, CA, CL, CO, IL, JO, KR, MA, MX, OM, P, PA, PE, S, SG)	68.3美分/千克+54.5%
6104.33.20	00	其他(635)	打千克	28.2%[1]	0(AU, BH, CA, CL, CO, IL, JO, KR, MA, MX, OM, P, PA, PE, S, SG)	72%

税则号列	统计后缀	货品名称	单位	税率 1 普通	税率 1 特惠	2
6104.39		其他纺织材料制：				
6104.39.10	00	人造纤维制(635)	打千克	24%[1]	0(AU,BH,CA,CL,CO,IL,JO,KR,MA,MX,OM,P,PA,PE,S,SG)	72%
6104.39.20		其他		0[1]		35%
	10	棉限内的(335)	打千克			
	20	毛限内的(435)	打千克			
	30	化纤限内的(635)	打千克			
		其他：				
		丝制：				
	40	按重量计丝或绢丝含量在70%或以上(735)	打千克			
	50	其他(835)	打千克			
	90	其他(835)	打千克			
		连衣裙：				
6104.41.00		羊毛或动物细毛制		13.6%[1]	0(AU,BH,CA,CL,CO,IL,JO,KR,MA,MX,OM,P,PA,PE,S,SG)	54.5%
	10	女式(436)	打千克			
	20	女童(436)	打千克			
6104.42.00		棉制		11.5%[1]	0(AU,BH,CA,CL,CO,IL,JO,KR,MA,MX,OM,P,PA,PE,S,SG)	45%
	10	女式(336)	打千克			
	20	女童(336)	打千克			
6104.43		合成纤维制：				
6104.43.10		按重量计羊毛或动物细毛含量在23%或以上		14.9%[1]	0(AU,BH,CA,CL,CO,IL,JO,KR,MA,MX,OM,P,PA,PE,S,SG)	54.5%
	10	女式(436)	打千克			
	20	女童(436)	打千克			
6104.43.20		其他		16%[1]	0(AU,BH,CA,CL,CO,IL,JO,KR,MA,MX,OM,P,PA,PE,S,SG)	72%
	10	女式(636)	打千克			

税则号列	统计后缀	货品名称	单位	税率 1 普通	税率 1 特惠	2
	20	女童(636)	打千克			
6104.44		人造纤维制：				
6104.44.10	00	按重量计羊毛或动物细毛含量在23%或以上(436)	打千克	14.9%[1]	0(AU,BH,CA,CL,CO,IL,JO,KR,MA,MX,OM,P,PA,PE,S,SG)	54.5%
6104.44.20		其他		14.9%[1]	0(AU,BH,CA,CL,CO,IL,JO,KR,MA,MX,OM,P,PA,PE,S,SG)	72%
	10	女式(636)	打千克			
	20	女童(636)	打千克			
6104.49		其他纺织材料制：				
6104.49.10	00	按重量计丝或绢丝含量在70%或以上(736)	打千克	0.9%[1]	0(AU,BH,CA,CL,CO,E,IL,JO,KR,MA,MX,OM,P,PA,PE,S,SG)	60%
6104.49.90		其他		5.6%[1]	0(AU,BH,CA,CL,CO,E*,IL,JO,KR,MA,MX,OM,P,PA,PE,S,SG)	60%
	10	棉限内的(336)	打千克			
	20	毛限内的(436)	打千克			
	30	化纤限内的(636)	打千克			
	60	其他(836)	打千克			
		裙子及裙裤：				
6104.51.00	00	羊毛或动物细毛制	打千克	14.9%[1]	0(AU,BH,CA,CL,CO,IL,JO,KR,MA,MX,OM,P,PA,PE,S,SG)	54.5%
6104.52.00		棉制		8.3%[1]	0(AU,BH,CA,CL,CO,IL,JO,KR,MA,MX,OM,P,PA,PE,S,SG)	90%
	10	女式(342)	打千克			
	20	女童(342)	打千克			
6104.53		合成纤维制：				
6104.53.10	00	按重量计羊毛或动物细毛含量在23%或以上(442)	打千克	14.9%[2]	0(AU,BH,CA,CL,CO,IL,JO,KR,MA,MX,OM,P,PA,PE,S,SG)	54.5%
6104.53.20		其他		16%[1]	0(AU,BH,CA,CL,CO,IL,JO,KR,MA,MX,OM,P,PA,PE,S,SG)	72%
	10	女式(642)	打千克			

税则号列	统计后缀	货品名称	单位	税率 普通	税率 1 特惠	2
	20	女童(642)	打 千克			
6104.59		其他纺织材料制：				
6104.59.10		人造纤维制		8%[1]	0(AU,BH,CA,CL,CO,IL,JO, KR,MA,MX,OM,P,PA,PE,S, SG)	72%
	05	按重量计羊毛或动物细毛含量在23%或以上(442)	打 千克			
		其他：				
	30	女式(642)	打 千克			
	60	女童(642)	打 千克			
6104.59.40	00	按重量计丝或绢丝含量在70%或以上(742)	打 千克	0.9%[1]	0(AU,BH,CA,CL,CO,E,IL,JO, KR,MA,MX,OM,P,PA,PE,S, SG)	45%
6104.59.80		其他		5.6%[1]	0(AU,BH,CA,CL,CO,E*,IL, JO,KR,MA,MX,OM,P,PA,PE, S,SG)	45%
	10	棉限内的(342)	打 千克			
	20	毛限内的(442)	打 千克			
	30	化纤限内的(642)	打 千克			
	90	其他(842)	打 千克			
		长裤、护胸背带工装裤、马裤及短裤：				
6104.61.00		羊毛或动物细毛制		14.9%[1]	0(AU,BH,CA,CL,CO,IL,JO, KR,MA,MX,OM,P,PA,PE,S, SG)	54.5%
	10	长裤和马裤(448)	打 千克			
	20	短裤(448)	打 千克			
	30	护胸背带工装裤(459)	打 千克			
6104.62		棉制：				
6104.62.10		护胸背带工装裤		10.3%[1]	0(AU,BH,CA,CL,CO,IL,JO, KR,MA,MX,OM,P,PA,PE,S, SG)	90%
	10	御寒保暖(359)	打 千克			
		其他：				
	20	女式(359)	打 千克			
	30	女童(237)	打 千克			

税则号列	统计后缀	货品名称	单位	税率 1 普通	税率 1 特惠	2
6104.62.20		其他		14.9%[1]	0(AU, BH, CA, CL, CO, IL, JO, KR, MA, MX, OM, P, PA, PE, S, SG)	90%
		长裤和马裤:				
		女式:				
	06	按重量计弹性纱线或橡胶线含量在5%或以上(348)	打千克			
	11	其他(348)	打千克			
		女童:				
		作为儿童模仿套装一部分进口				
	16	按重量计弹性纱线或橡胶线含量在5%或以上(237)	打千克			
	21	其他(237)	打千克			
		其他:				
	26	按重量计弹性纱线或橡胶线含量在5%或以上(348)	打千克			
	28	其他(348)	打千克			
		短裤:				
	30	女式(348)	打千克			
		女童:				
	50	作为儿童模仿套装一部分进口(237)	打千克			
	60	其他(348)	打千克			
6104.63		合成纤维制:				
6104.63.10		护胸背带工装裤		14.9%[1]	0(AU, BH, CA, CL, CO, IL, JO, KR, MA, MX, OM, P, PA, PE, S, SG)	72%
	10	御寒保暖(659)	打千克			
		其他:				
	20	女式(659)	打千克			
	30	女童(659)	打千克			
		其他:				
6104.63.15		按重量计羊毛或动物细毛含量在23%或以上		14.9%[1]	0(AU, BH, CA, CL, CO, IL, JO, KR, MA, MX, OM, P, PA, PE, S, SG)	54.5%

税则号列	统计后缀	货品名称	单位	税率 1 普通	税率 1 特惠	2
	10	长裤和马裤(448)	打千克			
	20	短裤(448)	打千克			
6104.63.20		其他		28.2%[1]	0(AU,BH,CA,CL,CO,IL,JO,KR,MA,MX,OM,P,PA,PE,S,SG)	72%
		长裤和马裤：				
		女式：				
	06	按重量计弹性纱线或橡胶线含量在5%或以上(648)	打千克			
	11	其他(648)	打千克			
		女童：				
		作为儿童模仿套装一部分进口：				
	16	按重量计弹性纱线或橡胶线含量在5%或以上(237)	打千克			
	21	其他(237)	打千克			
		其他：				
	26	按重量计弹性纱线或橡胶线含量在5%或以上(648)	打千克			
	28	其他(648)	打千克			
		短裤：				
	30	女式(648)	打千克			
		女童：				
	50	作为儿童模仿套装一部分进口(237)	打千克			
	60	其他(648)	打千克			
6104.69		其他纺织材料制：				
		人造纤维制：				
6104.69.10	00	护胸背带工装裤(659)	打千克	13.6%[1]	0(AU,BH,CA,CL,CO,IL,JO,KR,MA,MX,OM,P,PA,PE,S,SG)	72%
6104.69.20		长裤、马裤和短裤		28.2%[1]	0(AU,BH,CA,CL,CO,IL,JO,KR,MA,MX,OM,P,PA,PE,S,SG)	72%
	05	按重量计羊毛和动物细毛含量在23%或以上(448)	打千克			
		其他：				

税则号列	统计后缀	货品名称	单位	税率 1 普通	税率 1 特惠	2
	30	长裤和马裤(648)	打千克			
	60	短裤(648)	打千克			
6104.69.40		按重量计丝或绢丝含量在70%或以上		0.9%[1]	0(AU,BH,CA,CL,CO,E,IL,JO, KR,MA,MX,OM,P,PA,PE,S, SG)	60%
	10	护胸背带工装裤(759)	打千克			
	20	长裤、马裤和短裤(748)	打千克			
6104.69.80		其他		5.6%[1]	0(AU,BH,CA,CL,CO,E*,IL, JO,KR,MA,MX,OM,P,PA,PE, S,SG)	60%
		护胸背带工装裤：				
	10	棉限内的(359)	打千克			
	12	毛限内的(459)	打千克			
	14	化纤限内的(659)	打千克			
	20	其他(859)	打千克			
		长裤、马裤和短裤：				
	22	棉限内的(348)	打千克			
	24	毛限内的(448)	打千克			
	26	化纤限内的(648)	打千克			
		其他：				
	38	长裤和马裤(847)	打千克			
	40	短裤(847)	打千克			
6105		针织或钩编的男衬衫：				
6105.10.00		棉制		19.7%[1]	0(AU,BH,CA,CL,CO,IL,JO, KR,MA,MX,OM,P,PA,PE,S, SG)	45%
	10	男式(338)	打千克			
		男童：				
	20	作为儿童模仿套装一部分进口(237)	打千克			
	30	其他(338)	打千克			
6105.20		化学纤维制				

税则号列	统计后缀	货品名称	单位	税率 1 普通	税率 1 特惠	2
6105.20.10	00	按重量计羊毛或动物细毛含量在23%或以上(438)	打千克	13.6%[1]	0(AU,BH,CA,CL,CO,IL,JO,KR,MA,MX,OM,P,PA,PE,S,SG)	54.5%
6105.20.20		其他		32%[4]	0(AU,BH,CA,CL,CO,IL,JO,KR,MA,MX,OM,P,PA,PE,S,SG)	72%
	10	男式(638)	打千克			
		男童：				
	20	作为儿童模仿套装一部分进口(237)	打千克			
	30	其他(638)	打千克			
6105.90		其他纺织材料制：				
6105.90.10	00	羊毛或动物细毛制(438)	打千克	14.9%[1]	0(AU,BH,CA,CL,CO,IL,JO,KR,MA,MX,OM,P,PA,PE,S,SG)	54.5%
6105.90.40	00	按重量计丝或绢丝含量在70%或以上(738)	打千克	0.9%[2]	0(AU,BH,CA,CL,CO,E,IL,JO,KR,MA,MX,OM,P,PA,PE,S,SG)	60%
6105.90.80		其他		5.6%[1]	0(AU,BH,CA,CL,CO,E*,IL,JO,KR,MA,MX,OM,P,PA,PE,S,SG)	60%
	10	棉限内的(338)	打千克			
	20	毛限内的(438)	打千克			
	30	化纤限内的(638)	打千克			
	60	其他(838)	打千克			
6106		针织或钩编的女衬衫：				
6106.10.00		棉制		19.7%[1]	0(AU,BH,CA,CL,CO,IL,JO,KR,MA,MX,OM,P,PA,PE,S,SG)	45%
	10	女式(339)	打千克			
		女童：				
	20	作为儿童模仿套装一部分进口(237)	打千克			
	30	其他(339)	打千克			
6106.20		化学纤维制：				
6106.20.10		按重量计羊毛或动物细毛含量在23%或以上		14.9%[1]	0(AU,BH,CA,CL,CO,IL,JO,KR,MA,MX,OM,P,PA,PE,S,SG)	54.5%
	10	女式(438)	打千克			

税则号列	统计后缀	货品名称	单位	税率 1 普通	税率 1 特惠	2
	20	女童(438)	打千克			
6106.20.20		其他		32%[1]	0(AU,BH,CA,CL,CO,IL,JO,KR,MA,MX,OM,P,PA,PE,S,SG)	72%
	10	女式(639)	打千克			
		女童:				
	20	作为儿童模仿套装一部分进口(237)	打千克			
	30	其他(639)	打千克			
6106.90		其他纺织材料制:				
6106.90.10		羊毛或动物细毛制		13.6%[1]	0(AU,BH,CA,CL,CO,IL,JO,KR,MA,MX,OM,P,PA,PE,S,SG)	54.5%
	10	女式(438)	打千克			
	20	女童(438)	打千克			
		丝或绢丝制:				
6106.90.15	00	按重量计丝或绢丝含量在70%或以上(739)	打千克	0.9%[1]	0(AU,BH,CA,CL,CO,E,IL,JO,KR,MA,MX,OM,P,PA,PE,S,SG)	60%
6106.90.25		其他		5.6%[1]	0(AU,BH,CA,CL,CO,E*,IL,JO,KR,MA,MX,OM,P,PA,PE,S,SG)	60%
	10	棉限内的(339)	打千克			
	20	毛限内的(438)	打千克			
	30	化纤限内的(639)	打千克			
	50	其他(838)	打千克			
6106.90.30		其他		4.7%[1]	0(AU,BH,CA,CL,CO,E*,IL,JO,KR,MA,MX,OM,P,PA,PE,S,SG)	45%
	10	棉限内的(339)	打千克			
	20	毛限内的(438)	打千克			
	30	化纤限内的(639)	打千克			
	40	其他(838)	打千克			
6107		针织或钩编的男式内裤、三角裤、长睡衣、睡衣裤、浴衣、晨衣及类似品:				

税则号列	统计后缀	货品名称	单位	税率 1 普通	税率 1 特惠	2
		内裤及三角裤：				
6107.11.00		棉制		7.4%[1]	0(AU,BH,CA,CL,CO,IL,JO,KR,MA,MX,OM,P,PA,PE,S,SG)	90%
	10	男式(352)	打千克			
	20	男童(352)	打千克			
6107.12.00		化学纤维制		14.9%[1]	0(AU,BH,CA,CL,CO,IL,JO,KR,MA,MX,OM,P,PA,PE,S,SG)	90%
	10	男式(652)	打千克			
	20	男童(652)	打千克			
6107.19		其他纺织材料制：				
6107.19.10	00	按重量计丝或绢丝含量在70%或以上(752)	打千克	0.9%[2]	0(AU,BH,CA,CL,CO,E,IL,JO,KR,MA,MX,OM,P,PA,PE,S,SG)	55.5%
6107.19.90	00	其他(852)	打千克	5.6%[1]	0(AU,BH,CA,CL,CO,E*,IL,JO,KR,MA,MX,OM,P,PA,PE,S,SG)	55.5%
		长睡衣及睡衣裤：				
6107.21.00		棉制		8.9%[1]	0(AU,BH,CA,CL,CO,IL,JO,KR,MA,MX,OM,P,PA,PE,S,SG)	90%
	10	男式(351)	打千克			
	20	男童(351)	打千克			
6107.22.00		化学纤维制		16%[1]	0(AU,BH,CA,CL,CO,IL,JO,KR,MA,MX,OM,P,PA,PE,S,SG)	72%
	10	男式(651)	打千克			
		男童：				
	15	毛布睡衣(651)	打千克			
	25	其他(651)	打千克			
6107.29		其他纺织材料制：				
6107.29.20	00	羊毛或动物细毛制(459)	打千克	8.5%[1]	0(AU,BH,CA,CL,CO,IL,JO,KR,MA,MX,OM,P,PA,PE,S,SG)	54.5%
6107.29.50	00	按重量计丝或绢丝含量在70%或以上(751)	打千克	0.9%[1]	0(AU,BH,CA,CL,CO,E,IL,JO,KR,MA,MX,OM,P,PA,PE,S,SG)	60%

税则号列	统计后缀	货品名称	单位	税率 1 普通	税率 1 特惠	2
6107.29.90	00	其他(851)	打千克	5.6%[1]	0(AU, BH, CA, CL, CO, E*, IL, JO, KR, MA, MX, OM, P, PA, PE, S, SG)	60%
		其他:				
6107.91.00		棉制		8.7%[1]	0(AU, BH, CA, CL, CO, IL, JO, KR, MA, MX, OM, P, PA, PE, S, SG)	90%
	30	睡衣(351)	打千克			
		其他:				
	40	男式(350)	打千克			
	90	男童(350)	打千克			
6107.99		其他纺织材料制:				
6107.99.10		化学纤维制		14.9%[2]	0(AU, BH, CA, CL, CO, IL, JO, KR, MA, MX, OM, P, PA, PE, S, SG)	72%
	30	睡衣(651)	打千克			
		其他:				
	40	男式(650)	打千克			
	90	男童(650)	打千克			
6107.99.20	00	羊毛或动物细毛制(459)	打千克	13.6%[2]	0(AU, BH, CA, CL, CO, IL, JO, KR, MA, MX, OM, P, PA, PE, S, SG)	54.5%
6107.99.50		按重量计丝和绢丝含量在70%或以上		0.8%[1]	0(AU, BH, CA, CL, CO, E, IL, JO, KR, MA, MX, OM, P, PA, PE, S, SG)	60%
	13	睡衣(751)	打千克			
	15	其他(750)	打千克			
6107.99.90	00	其他(850)	打千克	4.8%[2]	0(AU, BH, CA, CL, CO, E*, IL, JO, KR, MA, MX, OM, P, PA, PE, S, SG)	60%
6108		针织或钩编的女式长衬裙、衬裙、三角裤、短衬裤、睡衣、睡衣裤、浴衣、晨衣及类似品:				
		长衬裙及衬裙:				
6108.11.00		化学纤维制		14.9%[1]	0(AU, BH, CA, CL, CO, IL, JO, KR, MA, MX, OM, P, PA, PE, S, SG)	90%
	10	女式(652)	打千克			
	20	女童(652)	打千克			

税则号列	统计后缀	货品名称	单位	税率 普通	税率 特惠	2
		其他纺织材料制：				
6108.19.10	00	按重量计丝或绢丝含量在70%或以上(752)	打千克	1.1%[2]	0(AU,BH,CA,CL,CO,E,IL,JO,KR,MA,MX,OM,P,PA,PE,S,SG)	60%
6108.19.90		其他		6.6%[1]	0(AU,BH,CA,CL,CO,E*,IL,JO,KR,MA,MX,OM,P,PA,PE,S,SG)	60%
	10	棉制(352)	打千克			
	30	其他(852)	打千克			
		三角裤及短衬裤：				
6108.21.00		棉制		7.6%[1]	0(AU,BH,CA,CL,CO,IL,JO,KR,MA,MX,OM,P,PA,PE,S,SG)	90%
	10	女式(352)	打千克			
	20	女童(352)	打千克			
6108.22		化学纤维制：				
6108.22.10	00	专为一次性使用而设计的一次性内裤和短衬裤	打千克	8.3%[1]	0(AU,BH,CA,CL,CO,IL,JO,KR,MA,MX,OM,P,PA,PE,S,SG)	90%
6108.22.90		其他		15.6%[1]	0(AU,BH,CA,CL,CO,IL,JO,KR,MA,MX,OM,P,PA,PE,S,SG)	90%
	20	女式(652)	打千克			
	30	女童(652)	打千克			
6108.29		其他纺织材料制：				
6108.29.10	00	按重量计丝或绢丝含量在70%或以上(752)	打千克	2.1%[2]	0(AU,BH,CA,CL,CO,IL,JO,KR,MA,MX,OM,P,PA,PE,S,SG)	90%
6108.29.90	00	其他(852)	打千克	13.3%[1]	0(AU,BH,CA,CL,CO,IL,JO,KR,MA,MX,OM,P,PA,PE,S,SG)	90%
		睡衣及睡衣裤：				
6108.31.00		棉制		8.5%[1]	0(AU,BH,CA,CL,CO,IL,JO,KR,MA,MX,OM,P,PA,PE,S,SG)	90%
	10	女式(351)	打千克			
	20	女童(351)	打千克			
6108.32.00		化学纤维制		16%[1]	0(AU,BH,CA,CL,CO,IL,JO,KR,MA,MX,OM,P,PA,PE,S,SG)	72%

税则号列	统计后缀	货品名称	单位	税率 1 普通	税率 1 特惠	2
	10	女式(651)	打 千克			
		女童:				
	15	毛布睡衣(651)	打 千克			
	25	其他(651)	打 千克			
6108.39		其他纺织材料制:				
6108.39.10	00	羊毛或动物细毛制(459)	打 千克	8.5%[2]	0(AU,BH,CA,CL,CO,IL,JO,KR,MA,MX,OM,P,PA,PE,S,SG)	54.5%
6108.39.40	00	按重量计丝或绢丝含量在70%或以上(751)	打 千克	0.6%[2]	0(AU,BH,CA,CL,CO,E,IL,JO,KR,MA,MX,OM,P,PA,PE,S,SG)	60%
6108.39.80	00	其他(851)	打 千克	3.8%[2]	0(AU,BH,CA,CL,CO,E,IL,JO,KR,MA,MX,OM,P,PA,PE,S,SG)	60%
		其他:				
6108.91.00		棉制		8.5%[1]	0(AU,BH,CA,CL,CO,IL,JO,KR,MA,MX,OM,P,PA,PE,S,SG)	90%
		内衣:				
	05	内裤(352)	打 千克			
		其他:				
	15	女式(352)	打 千克			
	25	女童(352)	打 千克			
		其他:				
	30	女式(350)[5]	打 千克			
	40	女童(350)	打 千克			
6108.92.00		化学纤维制		16%[1]	0(AU,BH,CA,CL,CO,IL,JO,KR,MA,MX,OM,P,PA,PE,S,SG)	72%
		内衣:				
	05	内裤(352)	打 千克			
		其他:				
	15	女式(652)	打 千克			
	25	女童(652)	打 千克			
		其他:				

税则号列	统计后缀	货品名称	单位	税率 1 普通	税率 1 特惠	2
	30	女式(650)	打 千克			
	40	女童(650)	打 千克			
6108.99		其他纺织材料制:				
6108.99.20	00	羊毛或动物细毛制(459)	打 千克	8.5%[1]	0(AU, BH, CA, CL, CO, IL, JO, KR, MA, MX, OM, P, PA, PE, S, SG)	54.5%
6108.99.50		按重量计丝或绢丝含量在70%或以上		0.6%[2]	0(AU, BH, CA, CL, CO, E, IL, JO, KR, MA, MX, OM, P, PA, PE, S, SG)	60%
	13	内衣(752)	打 千克			
	15	其他(750)	打 千克			
6108.99.90	00	其他(850)	打 千克	3.8%[1]	0(AU, BH, CA, CL, CO, E, IL, JO, KR, MA, MX, OM, P, PA, PE, S, SG)	60%
6109		针织或钩编的T恤衫、汗衫及其他背心:				
6109.10.00		棉制		16.5%[1]	0(AU, BH, CA, CL, CO, IL, JO, KR, MA, MX, OM, P, PA, PE, S, SG)	90%
		男式或男童:				
	04	T恤衫,全白色,短袖,缝边下摆,圆领或V领,V领中间有斜接缝,无口袋,无镶边或刺绣(352)	打 千克			
	07	无袖背心,全白色,无口袋,无镶边或刺绣(352)	打 千克			
	11	保暖汗衫(352)	打 千克			
		其他T恤衫:				
	12	男式(338)	打 千克			
	14	男童(338)	打 千克			
		紧身短背心和其他背心:				
	18	男式(338)	打 千克			
	23	男童(338)	打 千克			
	27	其他(338)	打 千克			
		女式或女童:				
	37	内衣(352)	打 千克			
		其他:				
		T恤衫:				

税则号列	统计后缀	货品名称	单位	税率 普通	税率 1 特惠	2
	40	女式(339)	打 千克			
	45	女童(339)	打 千克			
		紧身短背心:				
	60	女式(339)	打 千克			
	65	女童(339)	打 千克			
	70	其他(339)	打 千克			
6109.90		其他纺织材料制:				
6109.90.10		化学纤维制		32%[6]	0(AU, BH, CA, CL, CO, IL, JO, KR, MA, MX, OM, P, PA, PE, S, SG)	90%
		男式或男童:				
		T恤衫:				
	07	男式(638)	打 千克			
	09	男童(638)	打 千克			
		紧身短背心和无袖背心:				
	13	男式(638)	打 千克			
	25	男童(638)	打 千克			
	47	保暖汗衫(652)	打 千克			
	49	其他(638)	打 千克			
		女式或女童:				
		T恤衫:				
	50	女式(639)	打 千克			
	60	女童(639)	打 千克			
		紧身短背心和无袖背心:				
	65	女式(639)	打 千克			
	70	女童(639)	打 千克			
	75	保暖汗衫(652)	打 千克			
	90	其他(639)	打 千克			

税则号列	统计后缀	货品名称	单位	税率 1 普通	税率 1 特惠	2
6109.90.15		羊毛纤维制,长袖		5.6%[1]	0(AU,BH,CA,CL,CO,IL,JO,KR,MA,MX,OM,P,PA,PE,S,SG)	55.5%
		男式或男童:				
	10	内衣(459)	打千克			
	20	其他(438)	打千克			
		女式或女童:				
	30	内衣(459)	打千克			
	40	其他(438)	打千克			
6109.90.40		按重量计丝或绢丝含量在70%或以上		2.6%[2]	0(AU,BH,CA,CL,CO,E,IL,JO,KR,MA,MX,OM,P,PA,PE,S,SG)	90%
	10	男式或男童(738)	打千克			
	20	女式或女童(739)	打千克			
6109.90.80		其他		16%[1]	0(AU,BH,CA,CL,CO,E*,IL,JO,KR,MA,MX,OM,P,PA,PE,S,SG)	90%
	10	男式或男童(838)	打千克			
		女式或女童:				
	20	羊毛纤维制(438)	打千克			
	30	其他(838)	打千克			
6110		针织或钩编的套头衫、开襟衫、背心及类似品:				
		羊毛或动物细毛制:				
6110.11.00		羊毛制		16%[7]	0(AU,BH,CA,CL,CO,IL,JO,KR,MA,MX,OM,P,PA,PE,S,SG)	54.5%
		毛衣:				
	15	男式(445)	打千克			
	25	男童(445)	打千克			
	30	女式(446)	打千克			
	40	女童(446)	打千克			
		背心,毛衣背心除外:				
	50	男式或男童(459)	打千克			

税则号列	统计后缀	货品名称	单位	税率 1 普通	税率 1 特惠	2
	60	女式或女童(459)	打千克			
		其他:				
	70	男式或男童(438)	打千克			
	80	女式或女童(438)	打千克			
6110.12		喀什米尔山羊细毛制:				
6110.12.10		全喀什米尔山羊毛制		4%[8]	0(AU, BH, CA, CL, CO, IL, JO, KR, MA, MX, OM, P, PA, PE, S, SG)	52%
		毛衣:				
	10	男式或男童(445)	打千克			
	20	女式或女童(446)	打千克			
		背心,毛衣背心除外:				
	30	男式或男童(445)	打千克			
	40	女式或女童(446)	打千克			
		其他:				
	50	男式或男童(445)	打千克			
	60	女式或女童(446)	打千克			
6110.12.20		其他		16%[1]	0(AU, BH, CA, CL, CO, IL, JO, KR, MA, MX, OM, P, PA, PE, S, SG)	54.5%
		毛衣:				
	10	男式(445)	打千克			
	20	男童(445)	打千克			
	30	女式(446)	打千克			
	40	女童(446)	打千克			
		背心,毛衣背心除外:				
	50	男式或男童(459)	打千克			
	60	女式或女童(459)	打千克			
		其他:				
	70	男式或男童(438)	打千克			

税则号列	统计后缀	货品名称	单位	税率 1 普通	税率 1 特惠	2
	80	女式或女童(438)	打千克			
6110.19.00		其他		16%[1]	0 (AU, BH, CA, CL, CO, IL, JO, KR, MA, MX, OM, P, PA, PE, S, SG)	54.5%
		毛衣:				
	15	男式(445)	打千克			
	25	男童(445)	打千克			
	30	女式(446)	打千克			
	40	女童(446)	打千克			
		背心,毛衣背心除外:				
	50	男式或男童(459)	打千克			
	60	女式或女童(459)	打千克			
		其他:				
	70	男式或男童(438)	打千克			
	80	女式或女童(438)	打千克			
6110.20		棉制:				
6110.20.10		按重量计亚麻含量在36%或以上		5%[1]	0 (AU, BH, CA, CL, CO, IL, JO, KR, MA, MX, OM, P, PA, PE, S, SG)	45%
		毛衣:				
	10	男式或男童(345)	打千克			
	20	女式或女童(345)	打千克			
		背心,毛衣背心除外:				
	22	男式或男童(359)	打千克			
	24	女式或女童(359)	打千克			
		其他:				
		男式或男童:				
	26	本章统计注释六所述的针织制品(338)	打千克			
	29	其他(338)	打千克			
		女式或女童:				
	31	本章统计注释六所述的针织制品(339)	打千克			

税则号列	统计后缀	货品名称	单位	税率 1 普通	税率 1 特惠	2
	33	其他(339)	打千克			
6110.20.20		其他		16.5%[7]	0 (AU, BH, CA, CL, CO, IL, JO, KR, MA, MX, OM, P, PA, PE, S, SG)	50%
	05	作为儿童模仿套装一部分进口的男童或女童服装(237)	打千克			
		其他:				
		毛衣:				
	10	男式(345)	打千克			
	15	男童(345)	打千克			
	20	女式(345)	打千克			
	25	女童(345)	打千克			
		背心,毛衣背心除外:				
	30	男式或男童(359)	打千克			
	35	女式或女童(359)	打千克			
		运动衫:				
	41	男式(338)	打千克			
	44	男童(338)	打千克			
	46	女式(339)	打千克			
	49	女童(339)	打千克			
		其他:				
		男式或男童:				
	67	本章统计注释六所述的针织制品(338)	打千克			
	69	其他(338)	打千克			
		女式或女童:				
	77	本章统计注释六所述的针织制品(339)	打千克			
	79	其他(339)	打千克			
6110.30		化学纤维制:				
6110.30.10		按重量计皮革含量在25%或以上		6%[1]	0 (AU, BH, CA, CL, CO, IL, JO, KR, MA, MX, OM, P, PA, PE, S, SG)	35%
		毛衣:				

税则号列	统计后缀	货品名称	单位	税率 普通	税率 特惠	2
	10	男式或男童(645)	打千克			
	20	女式或女童(646)	打千克			
		背心,毛衣背心除外:				
	30	男式或男童(659)	打千克			
	40	女式或女童(659)	打千克			
		其他:				
	50	男式或男童(638)	打千克			
	60	女式或女童(639)	打千克			
		其他:				
6110.30.15		按重量计羊毛或动物细毛含量在23%或以上		17%[9]	0(AU, BH, CA, CL, CO, IL, JO, KR, MA, MX, OM, P, PA, PE, S, SG)	54.5%
		毛衣:				
	10	男式或男童(445)	打千克			
	20	女式或女童(446)	打千克			
		背心,毛衣背心除外:				
	30	男式或男童(459)	打千克			
	40	女式或女童(459)	打千克			
		其他:				
	50	男式或男童(438)	打千克			
	60	女式或女童(438)	打千克			
		其他:				
6110.30.20		按重量计丝或绢丝含量在30%或以上		6.3%[1]	0(AU, BH, CA, CL, CO, IL, JO, KR, MA, MX, OM, P, PA, PE, S, SG)	90%
		毛衣:				
	10	男式或男童(645)	打千克			
	20	女式或女童(646)	打千克			
		背心,毛衣背心除外:				
	30	男式或男童(659)	打千克			
	40	女式或女童(659)	打千克			

税则号列	统计后缀	货品名称	单位	税率 1 普通	税率 1 特惠	2
		其他：				
		男式或男童：				
	51	本章统计注释六所述的针织制品(638)	打千克			
	53	其他(638)	打千克			
		女式或女童：				
	61	本章统计注释六所述的针织制品(639)	打千克			
	63	其他(639)	打千克			
6110.30.30		其他		32%[10]	0 (AU, BH, CA, CL, CO, IL, JO, KR, MA, MX, OM, P, PA, PE, S, SG)	90%
	05	作为儿童模仿套装一部分进口的男童或女童服装(237)	打千克			
		其他：				
		毛衣：				
	10	男式(645)	打千克			
	15	男童(645)	打千克			
	20	女式(646)	打千克			
	25	女童(646)	打千克			
		背心,毛衣背心除外：				
	30	男式或男童(659)	打千克			
	35	女式或女童(659)	打千克			
		运动衫：				
	41	男式(638)	打千克			
	44	男童(638)	打千克			
	45	女式或女童(639)	打千克			
		其他：				
		男式或男童：				
	51	本章统计注释六所述的针织制品(638)	打千克			
	53	其他(638)	打千克			
		女式或女童：				

税则号列	统计后缀	货品名称	单位	税率 1 普通	税率 1 特惠	2
	57	本章统计注释六所述的针织制品(639)	打千克			
	59	其他(639)	打千克			
6110.90		其他纺织材料制：				
6110.90.10		按重量计丝或绢丝含量在70%或以上		0.9%[11]	0(AU,BH,CA,CL,CO,E,IL,JO,KR,MA,MX,OM,P,PA,PE,S,SG)	60%
		毛衣：				
	10	男式或男童(745)	打千克			
	20	女式或女童(746)	打千克			
		背心,毛衣背心除外：				
	30	男式或男童(759)	打千克			
	40	女式或女童(759)	打千克			
		其他：				
	50	男式或男童(738)	打千克			
	60	女式或女童(739)	打千克			
6110.90.90		其他		6%1[2]	0(AU,BH,CA,CL,CO,E*,IL,JO,KR,MA,MX,OM,P,PA,PE,S,SG)	60%
		男式或男童毛衣：				
	10	棉限内的(345)	打千克			
	12	毛限内的(445)	打千克			
	14	化纤限内的(645)	打千克			
		其他：				
	15	丝制(846)	打千克			
	23	其他(845)	打千克			
		女式或女童毛衣：				
	26	棉限内的(345)	打千克			
	28	毛限内的(446)	打千克			
	30	化纤限内的(646)	打千克			
		其他：				

税则号列	统计后缀	货品名称	单位	税率 普通	税率 特惠	2
	34	丝制(846)	打 千克			
	41	其他(845)	打 千克			
		背心,毛衣背心除外:				
		棉限内的:				
	44	男式或男童(359)	打 千克			
	46	女式或女童(359)	打 千克			
		毛限内的:				
	48	男式或男童(459)	打 千克			
	50	女式或女童(459)	打 千克			
		化纤限内的:				
	52	男式或男童(659)	打 千克			
	54	女式或女童(659)	打 千克			
		其他:				
	64	男式或男童(859)	打 千克			
	66	女式或女童(859)	打 千克			
		其他:				
		棉限内的:				
		男式或男童:				
	67	本章统计注释六所述的针织制品(338)	打 千克			
	69	其他(338)	打 千克			
		女式或女童:				
	71	本章统计注释六所述的针织制品(339)	打 千克			
	73	其他(339)	打 千克			
		毛限内的:				
	75	男式或男童(438)	打 千克			
	77	女式或女童(438)	打 千克			
		化纤限内的:				
		男式或男童:				
	79	本章统计注释六所述的针织制品(638)	打 千克			

税则号列	统计后缀	货品名称	单位	税率 1 普通	税率 1 特惠	2
	80	其他(638)	打千克			
		女式或女童:				
	81	本章统计注释六所述的针织制品(639)	打千克			
	82	其他(639)	打千克			
		其他:				
	88	男式或男童(838)	打千克			
	90	女式或女童(838)	打千克			
6111		针织或钩编的婴儿服装及衣着附件:				
6111.20		棉制:				
6111.20.10	00	罩衫和衬衣,但作为套装一部分进口的除外(239)	打千克	19.7%[1]	0(AU,BH,CA,CL,CO,IL,JO,KR,MA,MX,OM,P,PA,PE,S,SG)	90%
6111.20.20	00	T恤衫、无袖背心,作为套装一部分进口的除外(239)	打千克	14.9%[1]	0(AU,BH,CA,CL,CO,IL,JO,KR,MA,MX,OM,P,PA,PE,S,SG)	90%
6111.20.30	00	毛衣、套头衫、运动衫、背心及类似品,但作为套装一部分进口的除外(239)	打千克	14.9%[1]	0(AU,BH,CA,CL,CO,IL,JO,KR,MA,MX,OM,P,PA,PE,S,SG)	90%
6111.20.40	00	连衣裙(239)	打千克	11.5%[1]	0(AU,BH,CA,CL,CO,IL,JO,KR,MA,MX,OM,P,PA,PE,S,SG)	45%
		其他:				
6111.20.50	00	长裤、马裤和短裤,作为套装一部分进口的除外(239)	打千克	14.9%[1]	0(AU,BH,CA,CL,CO,IL,JO,KR,MA,MX,OM,P,PA,PE,S,SG)	90%
6111.20.60		其他		8.1%[1]	0(AU,BH,CA,CL,CO,IL,JO,KR,MA,MX,OM,P,PE,S,SG)见9822.09.65,9919.61.01至9919.61.02(PA)	90%
	10	防晒服、卫衣及类似的服装(239)	打千克			
	20	套装(239)	打千克			
		其他:				
	30	作为套装一部分进口(239)	打千克			
	50	婴儿袜(239)	打双千克			
	70	其他(239)[5]	打千克			
6111.30		合成纤维制:				

税则号列	统计后缀	货品名称	单位	税率 1 普通	税率 1 特惠	2
6111.30.10	00	长裤、马裤和短裤,作为套装一部分进口的除外(239)	打千克	28.2%[1]	0(AU, BH, CA, CL, CO, IL, JO, KR, MA, MX, OM, P, PA, PE, S, SG)	90%
6111.30.20	00	罩衫和衬衣,但作为套装一部分进口的除外(239)	打千克	32%[1]	0(AU, BH, CA, CL, CO, IL, JO, KR, MA, MX, OM, P, PA, PE, S, SG)	90%
6111.30.30	00	T恤衫、无袖背心,但作为套装一部分进口的除外(239)	打千克	32%[1]	0(AU, BH, CA, CL, CO, IL, JO, KR, MA, MX, OM, P, PA, PE, S, SG)	90%
6111.30.40	00	毛衣、套头衫、运动衫、背心及类似品,但作为套装一部分进口的除外(239)	打千克	30%[1]	0(AU, BH, CA, CL, CO, IL, JO, KR, MA, MX, OM, P, PA, PE, S, SG)	90%
6111.30.50		其他		16%[1]	0(AU, BH, CA, CL, CO, IL, JO, KR, MA, MX, OM, P, PE, S, SG)见9822.09.65,9919.61.01,9919.61.03(PA)	90%
	10	防晒服、卫衣及类似的服装(239)	打千克			
	15	毛布睡衣(239)[13]	打千克			
	20	套装(239)	打千克			
		其他:				
	30	作为套装一部分进口(239)	打千克			
	50	婴儿袜(239)	打双千克			
	70	其他(239)	打千克			
6111.90		其他纺织材料制:				
6111.90.05		羊毛或动物细毛制		13.6%[1]	0(AU, BH, CA, CL, CO, IL, JO, KR, MA, MX, OM, P, PA, PE, S, SG)	78.5%
	10	毛衣、套头衫、运动衫、背心及类似品(439)	打千克			
	30	其他(439)	打千克			
		人造纤维制:				
6111.90.10	00	长裤、马裤和短裤,作为套装一部分进口的除外(239)	打千克	14.9%[1]	0(AU, BH, CA, CL, CO, IL, JO, KR, MA, MX, OM, P, PA, PE, S, SG)	90%
6111.90.20	00	罩衫和衬衣,但作为套装一部分进口的除外(239)	打千克	17.3%[1]	0(AU, BH, CA, CL, CO, IL, JO, KR, MA, MX, OM, P, PA, PE, S, SG)	90%
6111.90.30	00	T恤衫、无袖背心,但作为套装一部分进口的除外(239)	打千克	0[2]		90%
6111.90.40	00	毛衣、套头衫、运动衫、背心及类似品,但作为套装一部分进口的除外(239)	打千克	26%[1]	0(AU, BH, CA, CL, CO, IL, JO, KR, MA, MX, OM, P, PA, PE, S, SG)	90%

税则号列	统计后缀	货品名称	单位	税率 1 普通	税率 1 特惠	2
6111.90.50		其他		14.9%[1]	0(AU,BH,CA,CL,CO,IL,JO,KR,MA,MX,OM,P,PE,S,SG)见9822.09.65,9919.61.01,9919.61.04(PA)	90%
	10	防晒服、运动服及卫衣(239)	打千克			
	20	套装(239)	打千克			
		其他:				
	30	作为套装一部分进口(239)	打千克			
	50	婴儿袜(239)	打双千克			
	70	其他(239)	打千克			
6111.90.70	00	按重量计丝或绢丝含量在70%或以上	打千克	0.9%[1]	0(AU,BH,CA,CL,CO,E,IL,JO,KR,MA,MX,OM,P,PA,PE,S,SG)	60%
6111.90.90	00	其他(839)	打千克	5.6%[1]	0(AU,BH,CA,CL,CO,E*,IL,JO,KR,MA,MX,OM,P,PA,PE,S,SG)	60%
6112		针织或钩编的运动服、滑雪服及游泳服:				
		运动服:				
6112.11.00		棉制		14.9%[1]	0(AU,BH,CA,CL,CO,IL,JO,KR,MA,MX,OM,P,PA,PE,S,SG)	45%
		品目6101或品目6102所述的服装:				
	10	男式或男童(334)	打千克			
	20	女式或女童(335)	打千克			
		衬衫:				
	30	男式或男童(338)	打千克			
	40	女式或女童(339)	打千克			
		长裤:				
	50	男式或男童(347)	打千克			
	60	女式或女童(348)	打千克			
6112.12.00		合成纤维制		28.2%[1]	0(AU,BH,CA,CL,CO,IL,JO,KR,MA,MX,OM,P,PA,PE,S,SG)	72%
		品目6101或品目6102所述的服装:				

税则号列	统计后缀	货品名称	单位	税率 1 普通	税率 1 特惠	2
	10	男式或男童(634)	打 千克			
	20	女式或女童(635)	打 千克			
		衬衫：				
	30	男式或男童(638)	打 千克			
	40	女式或女童(639)	打 千克			
		长裤：				
	50	男式或男童(647)	打 千克			
	60	女式或女童(648)	打 千克			
6112.19		其他纺织材料制：				
6112.19.10		人造纤维制		28.2%[1]	0(AU,BH,CA,CL,CO,IL,JO, KR,MA,MX,OM,P,PA,PE,S, SG)	72%
		品目6101或品目6102所述的服装：				
	10	男式或男童(634)	打 千克			
	20	女式或女童(635)	打 千克			
		衬衫：				
	30	男式或男童(638)	打 千克			
	40	女式或女童(639)	打 千克			
		长裤：				
	50	男式或男童(647)	打 千克			
	60	女式或女童(648)	打 千克			
6112.19.40		按重量计丝或绢丝含量在70%或以上		3.5%[1]	0(AU,BH,CA,CL,CO,E,IL,JO, KR,MA,MX,OM,P,PA,PE,S, SG)	90%
		品目6101或品目6102所述的服装：				
	10	男式或男童(734)	打 千克			
	20	女式或女童(735)	打 千克			
		衬衫：				
	30	男式或男童(738)	打 千克			

税则号列	统计后缀	货品名称	单位	税率 1 普通	税率 1 特惠	2
	40	女式或女童(739)	打千克			
		长裤：				
	50	男式或男童(747)	打千克			
	60	女式或女童(748)	打千克			
6112.19.80		其他		21.6%[1]	0(AU,BH,CA,CL,CO,E*,IL,JO,KR,MA,MX,OM,P,PA,PE,S,SG)	90%
		品目6101或品目6102所述的服装：				
	10	男式或男童(834)	打千克			
	20	女式或女童(835)	打千克			
		衬衫：				
	30	男式或男童(838)	打千克			
	40	女式或女童(838)	打千克			
		长裤：				
	50	男式或男童(847)	打千克			
	60	女式或女童(847)	打千克			
6112.20		滑雪服：				
6112.20.10		化学纤维制		28.2%[1]	0(AU,BH,CA,CL,CO,IL,JO,KR,MA,MX,OM,P,PA,PE,S,SG)	72%
		带风帽的厚夹克(包括滑雪夹克)、防风衣及类似的服装：				
	10	男式或男童(634)	打千克			
	20	女式或女童(635)	打千克			
		有胎料背心：				
		带袖子附件：				
	30	男式或男童(634)	打千克			
	40	女式或女童(635)	打千克			
	50	其他(659)	打千克			
		长裤和马裤：				
	60	男式或男童(647)	打千克			

税则号列	统计后缀	货品名称	单位	税率 1 普通	税率 1 特惠	2
	70	女式或女童(648)	打千克			
		其他:				
	80	男式或男童(659)	打千克			
	90	女式或女童(659)	打千克			
6112.20.20		其他		8.3%[1]	0(AU,BH,CA,CL,CO,E*,IL,JO,KR,MA,MX,OM,P,PA,PE,S,SG)	90%
	10	棉制(359)	打千克			
	20	羊毛或动物细毛制(459)	打千克			
	30	其他(859)	打千克			
		男式游泳服:				
6112.31.00		合成纤维制		25.9%[1]	0(AU,BH,CA,CL,CO,IL,JO,KR,MA,MX,OM,P,PA,PE,S,SG)	90%
	10	男式(659)	打千克			
	20	男童(659)	打千克			
6112.39.00		其他纺织材料制		13.2%[1]	0(AU,BH,CA,CL,CO,E*,IL,JO,KR,MA,MX,OM,P,PA,PE,S,SG)	90%
	10	棉制(359)	打千克			
		其他:				
	15	按重量计丝或绢丝含量在70%或以上(759)	打千克			
	90	其他(859)	打千克			
		女式游泳服:				
6112.41.00		合成纤维制		24.9%[1]	0(AU,BH,CA,CL,CO,IL,JO,KR,MA,MX,OM,P,PA,PE,S,SG)	90%
		按重量计弹性纱线或橡胶线含量在5%或以上:				
	10	女式(659)	打千克			
	20	女童(659)	打千克			
		其他:				
	30	女式(659)	打千克			

税则号列	统计后缀	货品名称	单位	税率 1 普通	税率 1 特惠	2
	40	女童(659)	打千克			
6112.49.00		其他纺织材料制		13.2%[1]	0(AU,BH,CA,CL,CO,E*,IL,JO,KR,MA,MX,OM,P,PA,PE,S,SG)	90%
	10	棉制(359)	打千克			
		其他:				
	15	按重量计丝或绢丝含量在70%或以上(759)	打千克			
	90	其他(859)	打千克			
6113.00		用品目5903、品目5906或品目5907的针织物或钩编织物制成的服装:				
6113.00.10		外表面用橡胶或塑料浸渍、涂层、包覆或层压,完全遮盖底下的织物		3.8%[1]	0(AU,BH,CA,CL,CO,E,IL,JO,KR,MA,MX,OM,P,PA,PE,S,SG)	65%
		外套和夹克:				
	05	男式或男童	打千克			
	10	女式或女童	打千克			
	12	其他	打千克			
6113.00.90		其他		7.1%[1]	0(AU,BH,CA,CL,CO,E*,IL,JO,KR,MA,MX,OM,P,PA,PE,S,SG)	65%
		外套和夹克:				
		棉制:				
	15	男式或男童(334)	打千克			
	20	女式或女童(335)	打千克			
		其他:				
	25	男式或男童(634)	打千克			
	30	女式或女童(635)	打千克			
		长裤、马裤和短裤:				
		棉制:				
	38	男式或男童(347)	打千克			
	42	女式或女童(348)	打千克			
		其他:				
	44	男式或男童(647)	打千克			

税则号列	统计后缀	货品名称	单位	税率 1 普通	税率 1 特惠	2
	52	女式或女童(648)	打千克			
		工作服:				
		棉制:				
	55	男式或男童(359)	打千克			
	60	女式或女童(359)	打千克			
		其他:				
	65	男式或男童(659)	打千克			
	70	女式或女童(659)	打千克			
		其他:				
		棉制:				
	74	男式或男童(359)	打千克			
	82	女式或女童(359)	打千克			
		其他:				
	84	男式或男童(659)	打千克			
	86	女式或女童(659)	打千克			
6114		针织或钩编的其他服装:				
6114.20.00		棉制		10.8%[14]	0(AU, BH, CA, CL, CO, IL, JO, KR, MA, MX, OM, P, PA, PE, S, SG)	90%
		直筒衫:				
	05	男式或男童(338)	打千克			
	10	女式或女童(339)	打千克			
	15	无袖套领罩衫(359)	打千克			
	20	紧身衣和紧身衬衫(359)	打千克			
		防晒服、卫衣、连体运动服及类似的服装:				
	35	男童(237)	打千克			
	40	女式或女童(237)	打千克			
		工作服、连衣裤及类似的服装:				
	42	御寒保暖(359)	打千克			

税则号列	统计后缀	货品名称	单位	税率 1 普通	税率 1 特惠	2
		其他：				
	44	男童,2号至7号（237）	打千克			
	46	女童（237）	打千克			
	48	男式或男童（359）	打千克			
	52	女式（359）	打千克			
		其他：				
	55	男式或男童（359）	打千克			
	60	女式或女童（359）	打千克			
6114.30		化学纤维制：				
6114.30.10		直筒衫		28.2%[1]	0（AU, BH, CA, CL, CO, IL, JO, KR, MA, MX, OM, P, PA, PE, S, SG）	90%
	10	男式或男童（638）	打千克			
	20	女式或女童（639）	打千克			
6114.30.20		紧身衣		32%[1]	0（AU, BH, CA, CL, CO, IL, JO, KR, MA, MX, OM, P, PA, PE, S, SG）	90%
	10	按重量计弹性纱线或橡胶线含量在5%或以上的织物制（659）	打千克			
		其他：				
	30	按重量计羊毛或动物细毛含量在23%或以上（459）	打千克			
	60	其他（659）	打千克			
6114.30.30		其他		14.9%[1]	0（AU, BH, CA, CL, CO, IL, JO, KR, MA, MX, OM, P, PA, PE, S, SG）	90%
		无袖套领罩衫：				
	12	按重量计羊毛或动物细毛的含量在23%或以上（459）	打千克			
	14	其他（659）	打千克			
		防晒服、卫衣、连体运动服及类似的服装：				
	20	男童（237）	打千克			
	30	女式或女童（237）	打千克			
		工作服、连衫裤及类似的服装：				

税则号列	统计后缀	货品名称	单位	税率 1 普通	税率 1 特惠	2
		男式或男童：				
	42	按重量计羊毛或动物细毛含量在23%或以上(459)	打千克			
	44	其他(659)	打千克			
		女式或女童：				
	52	按重量计羊毛或动物细毛含量在23%或以上(459)	打千克			
	54	其他(659)	打千克			
		其他：				
	60	男式或男童(659)	打千克			
	70	女式或女童(659)	打千克			
6114.90		其他纺织材料制：				
6114.90.05		羊毛或动物细毛制		12%[1]	0(AU,BH,CA,CL,CO,IL,JO,KR,MA,MX,OM,P,PA,PE,S,SG)	90%
		直筒衫：				
	20	男式或男童(438)	打千克			
	40	女式或女童(438)	打千克			
	50	无袖套领罩衫(459)	打千克			
		其他：				
	60	男式或男童(459)	打千克			
	70	女式或女童(459)	打千克			
6114.90.10		按重量计丝或绢丝含量在70%或以上		0.9%[1]	0(AU,BH,CA,CL,CO,E,IL,JO,KR,MA,MX,OM,P,PA,PE,S,SG)	60%
		直筒衫：				
	10	男式或男童(738)	打千克			
	20	女式或女童(739)	打千克			
	30	无袖套领罩衫(759)	打千克			
	40	防晒服、卫衣及类似的服装(759)	打千克			
	50	工作服、连衫裤及类似的服装(759)	打千克			
	60	其他(759)	打千克			

税则号列	统计后缀	货品名称	单位	税率 1 普通	税率 1 特惠	2
6114.90.90		其他		5.6%[2]	0(AU,BH,CA,CL,CO,E*,IL,JO,KR,MA,MX,OM,P,PA,PE,S,SG)	60%
	10	直筒衫（838）	打千克			
	20	无袖套领罩衫（859）	打千克			
	30	防晒服、卫衣及类似的服装（859）	打千克			
	40	工作服、连衫裤及类似的服装（859）	打千克			
		其他：				
	45	棉限内的（359）	打千克			
	50	毛限内的（459）	打千克			
	55	化纤限内的（659）	打千克			
	70	其他（859）	打千克			
6115		针织或钩编的连裤袜、紧身裤袜、长统袜、短袜及其他袜类，包括用以治疗静脉曲张的长统袜和无外缚鞋底的鞋类：				
6115.10		渐紧压袜类(例如，用以治疗静脉曲张的长统袜)：				
6115.10.05	00	矫形治疗用渐紧压缩的外科连裤袜和外科长筒袜	打双千克	0		40%
		其他渐紧压缩连裤袜和紧身裤袜：				
6115.10.10	00	合成纤维制（659）	打双千克	14.9%[1]	0(AU,BH,CA,CL,CO,IL,JO,KR,MA,MX,OM,P,PA,PE,S,SG)	72%
6115.10.15		其他纺织纤维制		16%[1]	0(AU,BH,CA,CL,CO,E*,IL,JO,KR,MA,MX,OM,P,PA,PE,S,SG)	90%
	10	棉制（359）	打双千克			
	20	羊毛或动物细毛制（459）	打双千克			
	40	其他（859）	打双千克			
		其他渐紧压缩连裤袜和紧身裤袜：				
6115.10.30	00	棉制（332）	打双千克	13.5%[1]	0(AU,BH,CA,CL,CO,IL,JO,KR,MA,MX,OM,P,PA,PE,S,SG)	51%
6115.10.40	00	合成纤维制（632）	打双千克	14.6%[1]	0(AU,BH,CA,CL,CO,IL,JO,KR,MA,MX,OM,P,PA,PE,S,SG)	72%

税则号列	统计后缀	货品名称	单位	税率 1 普通	税率 1 特惠	2
6115.10.55	00	人造纤维制（632）	打双千克	14.6%[1]	0(AU,BH,CA,CL,CO,IL,JO,KR,MA,MX,OM,P,PA,PE,S,SG)	72%
6115.10.60	00	其他纺织纤维制（832）	打双千克	9.9%[1]	0(AU,BH,CA,CL,CO,E*,IL,JO,KR,MA,MX,OM,P,PA,PE,S,SG)	90%
		其他连裤袜及紧身裤袜：				
6115.21.00		每根单丝细度在67分特以下的合成纤维制		16%[1]	0(AU,BH,CA,CL,CO,IL,JO,KR,MA,MX,OM,P,PA,PE,S,SG)	72%
	10	紧身裤袜(659)	打双千克			
	20	其他(632)	打双千克			
6115.22.00	00	每根单丝细度在67分特或以上的合成纤维制	打双千克	14.9%[2]	0(AU,BH,CA,CL,CO,IL,JO,KR,MA,MX,OM,P,PA,PE,S,SG)	72%
6115.29		其他纺织材料制：				
6115.29.40	00	按重量计丝和绢丝含量在70%或以上	打双千克	2.6%[1]	0(AU,BH,CA,CL,CO,E,IL,JO,KR,MA,MX,OM,P,PA,PE,S,SG)	90%
6115.29.80		其他		16%[2]	0(AU,BH,CA,CL,CO,E*,IL,JO,KR,MA,MX,OM,P,PA,PE,S,SG)	90%
	10	棉制（359）	打双千克			
	20	羊毛或动物细毛制(459)	打双千克			
	40	其他(859)	打双千克			
6115.30		女式长筒袜及中筒袜,每根单丝细度在67分特以下：				
6115.30.10	00	按重量计丝或绢丝含量在70%或以上	打双千克	2.7%[1]	0(AU,BH,CA,CL,CO,E,IL,JO,KR,MA,MX,OM,P,PA,PE,S,SG)	90%
6115.30.90		其他		14.6%[1]	0(AU,BH,CA,CL,CO,E*,IL,JO,KR,MA,MX,OM,P,PA,PE,S,SG)	90%
	10	化学纤维制（632）	打双千克			
	30	其他(832)	打双千克			
		其他：				
6115.94.00	00	羊毛或动物细毛制	打双千克	11.3%[1]	0(AU,BH,CA,CL,CO,IL,JO,KR,MA,MX,OM,P,PE,S,SG)见9822.09.65,9919.61.05至9919.61.06(PA)	90%
6115.95		棉制：				

税则号列	统计后缀	货品名称	单位	税率 1 普通	税率 1 特惠	2
6115.95.60	00	有花边或网眼织物（332）	打双千克	10%[1]	0（AU，BH，CA，CL，CO，IL，JO，KR，MA，MX，OM，P，PE，S，SG）见9822.09.65，9919.61.05，9919.61.07（PA）	90%
6115.95.90	00	其他（332）	打双千克	13.5%[1]	0（AU，BH，CA，CL，CO，IL，JO，KR，MA，MX，OM，P，PE，S，SG）见9822.09.65，9919.61.05，9919.61.08（PA）	51%
6115.96		合成纤维制：				
6115.96.60		有花边或网眼织物		18.8%[1]	0（AU，BH，CA，CL，CO，IL，JO，KR，MA，MX，OM，P，PE，S，SG）见9822.09.65，9919.61.05，9919.61.09（PA）	90%
	10	按重量计羊毛或动物细毛含量在23%或以上（432）	打双千克			
	20	其他（632）	打双千克			
6115.96.90		其他		14.6%[15]	0（AU，BH，CA，CL，CO，IL，JO，KR，MA，MX，OM，P，PE，S，SG）见9822.09.65，9919.61.05，9919.61.10（PA）	72%
	10	按重量计羊毛或动物细毛含量在23%或以上（432）	打双千克			
	20	其他（632）	打双千克			
6115.99		其他纺织材料制：				
		人造纤维制：				
6115.99.14		有花边或网眼织物		18.8%[1]	0（AU，BH，CA，CL，CO，IL，JO，KR，MA，MX，OM，P，PE，S，SG）见9822.09.65，9919.61.05，9919.61.08（PA）	90%
	10	按重量计羊毛或动物细毛含量在23%或以上（432）	打双千克			
	20	其他（632）	打双千克			
6115.99.19		其他		14.6%[2]	0（AU，BH，CA，CL，CO，IL，JO，KR，MA，MX，OM，P，PE，S，SG）见9822.09.65，9919.61.05，9919.61.10（PA）	72%
	10	按重量计羊毛或动物细毛含量在23%或以上（432）	打双千克			
	20	其他（632）	打双千克			
6115.99.40	00	按重量计丝或绢丝含量在70%或以上	打双千克	1.6%[1]	0（AU，BH，CA，CL，CO，E，IL，JO，KR，MA，MX，OM，P，PE，S，SG）见9822.09.65，9919.61.05，9919.61.11（PA）	90%

税则号列	统计后缀	货品名称	单位	税率 1 普通	税率 1 特惠	2
6115.99.90	00	其他(832)	打双千克	9.9%[1]	0(AU,BH,CA,CL,CO,E*,IL,JO,KR,MA,MX,OM,P,PE,S,SG) 见 9822.09.65,9919.61.05,9919.61.12(PA)	90%
6116		针织或钩编的分指手套、连指手套及露指手套:				
6116.10		用塑料或橡胶浸渍、涂布或包覆的:				
6116.10.05	00	冰球手套及曲棍球手套	打双千克	0[2]		25%
6116.10.08	00	其他分指手套、连指手套及露指手套,专为运动而设计,包括滑雪和雪地摩托分指手套、连指手套及露指手套	打双千克	2.8%[1]	0(A*,AU,BH,CA,CL,CO,D,E,IL,JO,KR,MA,MX,OM,P,PA,PE,S,SG)	25%
		其他:				
		没有指叉的:				
		用针织物裁剪并缝制,该针织物用塑料或橡胶浸渍、涂布或包覆:				
		植物纺织纤维制:				
6116.10.13	00	按重量计塑料或橡胶含量超过50%	打双千克	12.5%[1]	0(AU,BH,CA,CL,CO,E,IL,KR,MA,MX,OM,P,PA,PE,S,SG)	61%
6116.10.17		其他		23.5%[1]	0(AU,BH,CA,CL,CO,IL,JO,KR,MA,MX,OM,P,PA,PE,S,SG)22.5%(E)	61%
	20	棉限内的(331)	打双千克			
	30	化纤限内的(631)	打双千克			
	40	其他(831)	打双千克			
		其他:				
6116.10.44	00	按重量计塑料或橡胶含量超过50%[16]	打双千克	9.9%[1]	0(AU,BH,CA,CL,CO,IL,JO,KR,MA,MX,OM,P,PA,PE,S,SG)8.9%(E)	90%
6116.10.48		其他		18.6%[1]	0(AU,BH,CA,CL,CO,IL,JO,KR,MA,MX,OM,P,PA,PE,S,SG)16.3%(E)	90%
	10	棉限内的(331)	打双千克			
	20	化纤限内的(631)	打双千克			
	30	其他(831)	打双千克			
		其他:				
6116.10.55		按重量计棉、化纤或其他纺织纤维及其混合物的含量在50%或以上		13.2%[1]	0(AU,BH,CA,CL,CO,IL,JO,KR,MA,MX,OM,P,PA,PE,S,SG)10.7%(E)	75%
	10	棉限内的(331)	打双千克			

税则号列	统计后缀	货品名称	单位	税率 1 普通	税率 1 特惠	2
	20	化纤限内的(631)[16]	打双千克			
	30	其他(831)	打双千克			
6116.10.65	00	其他[17]	打双千克	7%[1]	0(AU,BH,CA,CL,CO,IL,JO,KR,MA,MX,OM,P,PA,PE,S,SG)6%(E)	75%
		没有指叉的:				
6116.10.75		按重量计棉、化纤或其他纺织纤维及其混合物的含量在50%或以上		13.2%[2]	0(AU,BH,CA,CL,CO,E*,IL,JO,KR,MA,MX,OM,P,PA,PE,S,SG)	25%
	10	棉限内的(331)	打双千克			
	20	化纤限内的(631)	打双千克			
	30	其他(831)	打双千克			
6116.10.95	00	其他	打双千克	7%[1]	0(AU,BH,CA,CL,CO,E,IL,JO,KR,MA,MX,OM,P,PA,PE,S,SG)	25%
		其他:				
6116.91.00	00	羊毛或动物细毛制	打双千克	31.2美分/千克+7%[1]	0(AU,BH,CA,CL,CO,IL,JO,KR,MA,MX,OM,P,PA,PE,S,SG)	1.10美元/千克+50%
6116.92		棉制:				
6116.92.05	00	冰球手套及曲棍球手套	打双千克	0[2]		45%
6116.92.08	00	其他分指手套、连指手套及露指手套,专为运动而设计,包括滑雪和雪地摩托分指手套、连指手套及露指手套	打双千克	2.8%[1]	0(A,AU,BH,CA,CL,CO,D,E,IL,JO,KR,MA,MX,OM,P,PA,PE,S,SG)	45%
		其他:				
		由机器针织面料制成:				
6116.92.64		没有指叉的		23.5%[1]	0(AU,BH,CA,CL,CO,IL,JO,KR,MA,MX,OM,P,PA,PE,S,SG)22.5%(E)	90%
	10	毛圈布,圈绒织物(331)	打双千克			
	20	平针、拉绒或绒布(331)	打双千克			
	30	莱尔型、无绒毛,不拉丝或拉毛(331)	打双千克			
	40	其他(331)	打双千克			
6116.92.74		有指叉的		23.5%[2]	0(AU,BH,CA,CL,CO,IL,JO,KR,MA,MX,OM,P,PA,PE,S,SG)	90%
	50	平针、拉绒或绒布(331)	打双千克			

税则号列	统计后缀	货品名称	单位	税率 1 普通	税率 1 特惠	2
	60	莱尔型,无绒毛,不拉丝或拉毛(331)	打双千克			
	70	其他(331)	打双千克			
		其他:				
6116.92.88	00	没有指叉的(331)	打双千克	9.4%[1]	0(AU, BH, CA, CL, CO, IL, JO, KR, MA, MX, OM, P, PA, PE, S, SG)7.4%(E)	90%
6116.92.94	00	有指叉的(331)	打双千克	9.4%[1]	0(AU, BH, CA, CL, CO, IL, JO, KR, MA, MX, OM, P, PA, PE, S, SG)	90%
6116.93		合成纤维制:				
6116.93.05	00	冰球手套及曲棍球手套	打双千克	0[1]		45%
6116.93.08	00	其他分指手套、连指手套及露指手套,专为运动而设计,包括滑雪和雪地摩托分指手套、连指手套及露指手套	打双千克	2.8%[18]	0(A, AU, BH, CA, CL, CO, D, E, IL, JO, KR, MA, MX, OM, P, PA, PE, S, SG)	45%
		其他:				
		按重量计羊毛或动物细毛含量在23%或以上:				
6116.93.64	00	没有指叉的(431)	打双千克	31美分/千克+6.9%[2]	0(AU, BH, CA, CL, CO, IL, JO, KR, MA, MX, OM, P, PA, PE, S, SG)31美分/千克+5.4%(E)	1.10美元/千克+50%
6116.93.74	00	有指叉的(431)	打双千克	31美分/千克+6.9%[1]	0(AU, BH, CA, CL, CO, IL, JO, KR, MA, MX, OM, P, PA, PE, S, SG)	1.10美元/千克+50%
		其他:				
6116.93.88	00	没有指叉的(631)[16]	打双千克	18.6%[1]	0(AU, BH, CA, CL, CO, IL, JO, KR, MA, MX, OM, P, PA, PE, S, SG)16.3%(E)	90%
6116.93.94	00	有指叉的(631)	打双千克	18.6%[2]	0(AU, BH, CA, CL, CO, IL, JO, KR, MA, MX, OM, P, PA, PE, S, SG)	90%
6116.99		其他纺织材料制:				
		人造纤维制:				
6116.99.20	00	冰球手套及曲棍球手套	打双千克	0[2]		45%
6116.99.35	00	其他分指手套、连指手套及露指手套,专为运动而设计,包括滑雪和雪地摩托分指手套、连指手套及露指手套	打双千克	2.8%[1]	0(A*, AU, BH, CA, CL, CO, D, E, IL, JO, KR, MA, MX, OM, P, PA, PE, S, SG)	45%
		其他:				
6116.99.48	00	没有指叉的(631)	打双千克	18.8%[2]	0(AU, BH, CA, CL, CO, IL, JO, KR, MA, MX, OM, P, PA, PE, S, SG)16.5%(E)	90%

税则号列	统计后缀	货品名称	单位	税率 1 普通	税率 1 特惠	2
6116.99.54	00	有指叉的(631)	打双千克	18.8%[2]	0(AU,BH,CA,CL,CO,IL,JO,KR,MA,MX,OM,P,PA,PE,S,SG)	90%
6116.99.75	00	按重量计丝和绢丝含量在70%或以上	打双千克	0[2]		40%
6116.99.95		其他		3.8%[2]	0(AU,BH,CA,CL,CO,E*,IL,JO,KR,MA,MX,OM,P,PA,PE,S,SG)	40%
	10	棉限内的(331)	打双千克			
	20	毛限内的(431)	打双千克			
	30	化纤限内的(631)	打双千克			
	60	其他(831)	打双千克			
6117		其他制成的针织或钩编的衣着附件;服装或衣着附件的针织或钩编的零件:				
6117.10		披巾、头巾、围巾、披纱、面纱及类似品:				
6117.10.10	00	羊毛或动物细毛制(459)	打千克	9.6%[1]	0(AU,BH,CA,CL,CO,IL,JO,KR,MA,MX,OM,P,PA,PE,S,SG)	90%
6117.10.20		化学纤维制		11.3%[2]	0(AU,BH,CA,CL,CO,IL,JO,KR,MA,MX,OM,P,PA,PE,S,SG)	90%
	10	按重量计羊毛或动物细毛含量在23%或以上(459)	打千克			
	30	其他(659)	打千克			
6117.10.40	00	按重量计丝或绢丝含量在70%或以上	打千克	1.5%[1]	0(A,AU,BH,CA,CL,CO,D,E,IL,JO,KR,MA,MX,OM,P,PA,PE,S,SG)	90%
6117.10.60		其他		9.5%[1]	0(AU,BH,CA,CL,CO,E*,IL,JO,KR,MA,MX,NP,OM,P,PA,PE,S,SG)	90%
	10	棉制(359)	打千克			
	20	其他(859)	打千克			
6117.80		其他附件:				
		按重量计丝或绢丝含量在70%或以上:				
6117.80.20	00	领带及领结(758)	打千克	1.2%[1]	0(AU,BH,CA,CL,CO,E,IL,JO,KR,MA,MX,OM,P,PA,PE,S,SG)	71.5%
6117.80.30		其他		2.3%[2]	0(AU,BH,CA,CL,CO,E,IL,JO,KR,MA,MX,OM,P,PA,PE,S,SG)	90%

税则号列	统计后缀	货品名称	单位	税率 1 普通	税率 1 特惠	2
	10	头带、马尾夹及类似物品	打千克			
	90	其他(759)	打千克			
		其他：				
6117.80.85	00	头带、马尾夹及类似物品	打千克	14.6%[1]	0(A*,AU,BH,CA,CL,CO,D,E*,IL,JO,KR,MA,MX,NP,OM,P,PA,PE,S,SG)	90%
6117.80.87		领带及领结		5%[2]	0(AU,BH,CA,CL,CO,E*,IL,JO,KR,MA,MX,OM,P,PA,PE,S,SG)	71.5%
	10	棉制(359)	打千克			
	20	羊毛或动物细毛制(459)	打千克			
	30	化学纤维制(659)	打千克			
	70	其他(858)	打千克			
6117.80.95		其他		14.6%[19]	0(AU,BH,CA,CL,CO,E*,IL,JO,KR,MA,MX,OM,P,PA,PE,S,SG)	90%
	10	棉制(359)	打千克			
	20	羊毛或动物细毛制(459)	打千克			
		化学纤维制：				
	30	按重量计羊毛或动物细毛含量在23%或以上(459)	打千克			
	40	其他(659)	打千克			
	70	其他(859)	打千克			
6117.90		零件：				
6117.90.10		按重量计丝或绢丝含量在70%或以上		2.3%[1]	0(AU,BH,CA,CL,CO,E,IL,JO,KR,MA,MX,OM,P,PA,PE,S,SG)	90%
	10	毛衣的(746)	打千克			
	20	罩衫和衬衣的(739)	打千克			
	30	上衣的(735)	打千克			
	40	长裤、马裤和短裤的(748)	打千克			
	60	其他(759)	打千克			

税则号列	统计后缀	货品名称	单位	税率 1 普通	税率 1 特惠	2
6117.90.90		其他		14.6%[1]	0(AU,BH,CA,CL,CO,E∗,IL,JO,KR,MA,MX,OM,P,PA,PE,S,SG)	90%
		毛衣的：				
	03	棉制(345)	打 千克			
	05	羊毛或动物细毛制(446)	打 千克			
	10	化学纤维制(646)	打 千克			
	15	其他(845)	打 千克			
		罩衫和衬衣的：				
	20	棉制(339)	打 千克			
	25	羊毛或动物细毛制(438)	打 千克			
	30	化学纤维制(639)	打 千克			
	35	其他(838)	打 千克			
		上衣的：				
	40	棉制(335)	打 千克			
	45	羊毛或动物细毛制(435)	打 千克			
	50	化学纤维制(635)	打 千克			
	55	其他(835)	打 千克			
		长裤、马裤和短裤的：				
	60	棉制(348)	打 千克			
	65	羊毛或动物细毛制(448)	打 千克			
	70	化学纤维制(648)	打 千克			
	75	其他(847)	打 千克			
		其他：				
	80	棉制(359)	打 千克			
	85	羊毛或动物细毛制(459)	打 千克			
	90	化学纤维制(659)	打 千克			

税则号列	统计后缀	货品名称	单位	税率 1 普通	税率 1 特惠	2
	95	其他(859)	打 千克			

[1]见9903.88.15。

[2]见9903.88.16。

[3]见9903.88.15、9903.88.25、9903.88.26、9903.88.27和9903.88.28。

[4]见9902.13.44和9903.88.15。

[5]见9903.88.53和9903.88.57。

[6]见9902.13.45和9903.88.15。

[7]见9903.88.15和9903.89.49。

[8]见9903.88.16和9903.89.49。

[9]见9902.13.46和9903.88.16。

[10]见9902.13.47、9903.88.15和9903.89.49。

[11]见9902.13.48和9903.88.16。

[12]见9902.13.49和9903.88.15。

[13]见9903.88.53和9903.88.57。

[14]见9902.13.50和9903.88.15。

[15]见9902.13.51、9902.13.52和9903.88.16。

[16]见9903.88.49。

[17]见9903.88.49、9903.88.57和9903.88.65。

[18]见9902.13.53和9903.88.15。

[19]见9902.13.54和9903.88.15。

第六十二章 非针织或非钩编的服装及衣着附件

注释：

一、本章仅适用于除絮胎以外任何纺织物的制成品，但不适用于针织品或钩编织品（品目 6212 的除外）。

二、本章不包括：

（一）品目 6309 的旧衣着或其他旧物品；或者

（二）矫形器具、外科手术带、疝气带及类似品（品目 9021）。

三、就品目 6203 及品目 6204 而言：

（一）"西服套装"是指面料用完全相同织物制成的两件套或三件套的下列成套服装：

——一件人体上半身穿着的外套或短上衣，除袖子外，其面料数为四片或以上；也可附带一件马甲（西服背心），这件马甲（西服背心）的前片面料应与套装其他各件的面料相同，后片面料则应与外套或短上衣的衬里料相同；以及

——一件人体下半身穿着的服装，即不带背带或护胸的长裤、马裤、短裤（游泳裤除外）、裙子或裙裤。

西服套装各件面料质地、颜色及构成必须相同，其款式也必须相同，尺寸大小还须相互般配，但可以用不同织物滚边（在缝口上缝入长条织物）。

如果数件人体下半身穿着的服装同时报验（例如，两条长裤、长裤与短裤、裙子或裙裤与长裤），构成西服套装下装的应是一条长裤，而对于女式西服套装，应是一条裙子或裙裤，其他服装应分别归类。

所称"西服套装"包括不论是否完全符合上述条件的下列配套服装：

——常礼服，由一件后襟下垂并下端开圆弧形叉的素色短上衣和一条条纹长裤组成；

——晚礼服（燕尾服），一般用黑色织物制成，上衣前襟较短且不闭合，背后有燕尾；

——无燕尾套装夜礼服，其中上衣款式与普通上衣相似（可以更为显露衬衣前胸），但有光滑丝质或仿丝质的翻领。

（二）"便服套装"是指面料相同并作零售包装的下列成套服装（西服套装及品目 6207 或品目 6208 的物品除外）：

——一件人体上半身穿着的服装，但背心除外，因为背心可作为内衣；以及

——一件或两件不同的人体下半身穿着的服装，即长裤、护胸背带工装裤、马裤、短裤（游泳裤除外）、裙子或裙裤。

便服套装各件面料质地、款式、颜色及构成必须相同；尺寸大小也须相互般配。所称"便服套装"不包括品目 6211 的运动服及滑雪服。

四、就品目 6209 而言：

（一）所称"婴儿服装及衣着附件"是指用于身高不超过 86 厘米幼儿的服装；

(二)既可归入品目6209也可归入本章其他品目的物品,应归入品目6209;

五、既可归入品目6210也可归入本章其他品目的服装,除品目6209所列的仍归入该品目外,其余的应一律归入品目6210。

六、品目6211所称"滑雪服"是指从整个外观和织物质地来看,主要在滑雪(速度滑雪和高山滑雪)时穿着的下列服装或成套服装:

(一)"滑雪连身服",即上下身连在一起的单件服装;除袖子和领子外,滑雪连身服可有口袋或脚带;或者

(二)"滑雪套装",即由两件或三件构成一套并作零售包装的下列服装:

——一件用一条拉链扣合的带风帽的厚夹克、防风衣或类似的服装,可以附带一件背心(滑雪背心);以及

——一条不论是否过腰的长裤、一条马裤或一条护胸背带工装裤。

"滑雪套装"也可由一件类似以上(一)款所述的连身服和一件可套在连身服外面的有胎料背心组成。

"滑雪套装"各件颜色可以不同,但面料质地、款式及构成必须相同;尺寸大小也须相互般配。

七、正方形或近似正方形的围巾及围巾式样的物品,如果每边均不超过60厘米,应作为手帕归类(品目6213)。任何一边超过60厘米的手帕,应归入品目6214。

八、本章的服装凡门襟为左压右的,应视为男式;右压左的,应视为女式。但本规定不适用于其式样已明显为男式或女式的服装。

无法区别是男式还是女式的服装,应按女式服装归入有关品目。

九、本章物品可用金属线制成。

附加美国注释:

一、品目6209所称"套装"是指两件或以上品目6111、品目6209或品目6505的同时进口的不同服装,尺寸般配,拟由同一人一起穿着。

二、在税号6201.92.17、税号6201.92.35、税号6201.93.47、税号6201.93.60、税号6202.92.05、税号6202.92.30、税号6202.93.07、税号6202.93.48、税号6203.41.01、税号6203.41.25、税号6203.43.03、税号6203.43.11、税号6203.43.55、税号6203.43.75、税号6204.61.05、税号6204.61.60、税号6204.63.02、税号6204.63.09、税号6204.63.55、税号6204.63.75和税号6211.20.15项下,"防水"是指可归入这些税号的服装必须具有耐水性(参见ASTM D7017现行版本),以便在600毫米汞柱的压力下,当按照AATCC-35现行版本试验方法进行试验时,两分钟后渗透的水不得超过1.0克。这种防水性必须是在外壳、衬里或内衬上涂布橡胶或塑料的结果。

三、(一)当用于本章子目或其直接上级文本中使用时,"休闲外套"是指裤子(包括但不限于滑雪裤,以及拟作为滑雪套装一部分出售的滑雪裤)、工作服、护胸背带工装裤、夹克(包括但不限于全拉链夹克、滑雪夹克和拟作为滑雪套装一部分出售的滑雪夹克)、风衣及类似服装(包括有胎料背心),由棉、毛、麻、竹、丝、化纤或这些纤维混纺而成的织物制成;具有如本章附加美国注释二所述的防水性或经塑料处理,或者两者兼而有之;具有严格的密封接缝,并具有五个或更多以下特征(详见下文):

1. 御寒保暖;

2. 有口袋,其中至少一个口袋有拉链、钩环或其他类型的封口;
3. 在腰部或腿部下摆周围以松紧带、拉绳或其他方式收紧,包括隐藏式腿袖,裤子的脚踝处有收紧方式,夹克的腰部或下摆周围有收紧方式;
4. 有通风孔,不包括金属环;
5. 铰接式肘部或膝盖;
6. 在以下某一区域加固:肘部、肩部、座椅、膝盖、脚踝或袖口;
7. 在腰部或前部有防风雨封闭设计;
8. 多个可调节风帽或可调节衣领;
9. 在袖边有可调下摆防风裙、内防护裙或可调内护袖口;
10. 腋下角撑板,利用织物、设计或图案允许手臂径向运动的结构;或
11. 气味控制技术。

"休闲外套"不包括职业外套。

(二)就本注释而言,下列术语具有如下含义:
1. 术语"用塑料处理"是指用塑料浸渍、涂布、包覆或层压的纺织物,如第五十九章注释二所述。
2. 术语"密封接缝"是指通过胶带、粘合、熔合、焊接或类似工艺覆盖的接缝,以便在按照 AATCC-35 现行版本试验方法进行试验时,空气和水不能通过接缝。
3. 术语"严格的密封接缝"是指:
   (1)对于夹克、风衣和类似物品(包括有胎料背心),在前后轭或肩部、臂孔或两者(如适用)处有密封接缝;
   (2)对于长裤、工作服、护胸背带工装裤及类似服装,在服装的前面(用拉链或其他扣合方式)和后面有密封接缝。
4. 术语"御寒保暖"是指隔热性能符合 ASTM F 2732 规定的最小克罗值1.5。
5. 术语"通风"是指衣服上可关闭或永久性构造的开口(不包括正面、主拉链封口和金属环),以允许在户外活动时更多地排出积聚的热量。在夹克中,此类开口通常位于衣服的腋下接缝处,也可以沿衣服前面或后面的其他接缝设置。在长裤中,此类开口通常位于服装的内侧或外侧腿部接缝处,也可以沿服装前部或后部的其他接缝设置。
6. 术语"铰接式肘部或膝盖"是指袖子(或裤腿)的构造,通过使用额外的接缝、省道、裤裆或其他方式,提高肘部(或膝盖)的灵活性。
7. 术语"加固"是指使用双层织物或部分具有耐磨性的织物,以使其比服装面料更耐用。
8. 术语"防风雨封闭"是指经加固或设计,以减少穿过服装开口的水分或空气渗透或吸收的封盖(包括但不限于层压或涂层拉链、防雨盖或其他防风雨结构)。
9. 术语"多个可调节风帽"或"可调节衣领"分别是指包含两条或多条牵引绳、调节片或松紧带的风帽和包含至少一条牵引绳、调节片、松紧带或类似部件的衣领,允许在头盔周围或头顶、颈部或面部周围进行空间调整。
10. 术语"可调下摆防风裙"和"内防护裙"是指对于部分较低的内衬,通过收紧腰部的方式额外保护身体免受恶劣天气的影响。
11. 术语"腋下角撑板"是指腋下使用额外织物的角撑板臂部结构,通常为菱形或三角形,设计或图案允许手臂径向运动。

12. 术语"手臂径向运动"是指穿着高性能外套时手臂不受限制的180度运动。

13. 术语"气味控制技术"是指将材料(包括但不限于活性炭、银、铜或其混合物)与织物或服装相结合,这些材料能够吸附、吸收人体气味或与人体气味发生反应,或有效抑制引起气味的细菌的生长。

14. 术语"职业外套"是指主要用于工作场所的外衣,包括制服,专门设计用于保护工作场所免受火灾、电气、磨损或化学危害,或者撞击、割伤和刺穿等危害。

(三)本章特定子目下作为"休闲外套"的进口商应保存记录,证明进口的货物符合本注释的条款,包括必要的信息,以证明商品符合"休闲外套"归类的特征。

统计注释:

一、税号6203.21.00、税号6203.22.30、税号6203.23.00、税号6203.29.20、税号6204.21.00、税号6204.22.30、税号6204.23.00及税号6204.29.20项下,一同进口和归类的套装,应作为单独的物品进行统计报告,并在该套装的相同八位税号下以最合适的十位统计编码进行报告。

二、第六十二章中的某些服装,在美国成型和裁剪,在国外加工制成,并在国外经过漂白、染色、石洗、酸洗或熨烫的,可根据特殊准入制度入境。资格的确定必须依据双边协议,符合纺织品协议执行委员会(CITA)制定的程序。进口商需要在报关汇总表或提单上,将符号"H"作为前缀添加到相应的第六十二章十位统计编码中,以识别此类服装。

三、根据纺织品和服装的出口加工计划,第六十二章中的某些服装,由在美国完成织物制造(裁剪和加工),可有资格入境。资格的确定必须符合纺织品协议执行委员会制定的程序。进口商需要在报关汇总表或提单上,将符号"S"作为前缀添加到相应的第六十二章十位统计编码中,以识别此类服装。

四、在统计报告编码6203.43.1110、6203.43.7510、6204.63.0910、6204.63.7510、6210.40.2551、6210.40.5531、6210.50.0531和6210.50.5531项下,术语"滑雪裤"是指由合成纤维制成的齐踝长裤,带有或不带御寒保暖材料,带口袋,其中至少有一个有拉链或钩环闭合,在前部和后裆处密封接缝(用拉链或其他扣合方式),隐藏式腿袖(在脚踝处收紧),并有以下一个或多个结构:侧开口、防磨保护或后裆加强。密封接缝是指通过胶带、胶粘、粘合、胶合、熔合或类似工艺进行密封,使空气和水不能通过接缝。

税则号列	统计后缀	货品名称	单位	税率 1 普通	税率 1 特惠	税率 2
6201		男式大衣、短大衣、斗篷、短斗篷、带风帽的防寒短上衣(包括滑雪短上衣)、防风衣、防风短上衣及类似品,但品目6203的货品除外:				
		大衣、短大衣、斗篷、短斗篷及类似品:				
6201.11.00		羊毛或动物细毛制		41美分/千克+16.3%[1]	0(AU,BH,CA,CL,CO,IL,JO,KR,MA,MX,OM,P,PA,PE,S,SG)	52.9美分/千克+58.5%
	10	男式(434)	打千克			
	20	男童(434)	打千克			
6201.12		棉制:				
6201.12.10	00	按重量计羽绒和水禽羽毛含量在15%或以上,其中羽绒含量至少35%;按重量计羽绒含量在10%或以上(353)	打千克	4.4%[1]	0(AU,BH,CA,CL,CO,IL,JO,KR,MA,MX,OM,P,PA,PE,S,SG)	60%
6201.12.20		其他		9.4%[1]	0(AU,BH,CA,CL,CO,IL,JO,KR,MA,MX,OM,P,PA,PE,S,SG)	90%
		雨衣:				
	10	男式(334)	打千克			
	20	男童(334)	打千克			
		其他:				
		灯芯绒:				
	25	男式(334)	打千克			
	35	男童(334)	打千克			
		其他:				
	50	男式(334)	打千克			
	60	男童(334)	打千克			
6201.13		化学纤维制:				
6201.13.10	00	按重量计羽绒和水禽羽毛含量在15%或以上,其中羽绒含量至少35%;按重量计羽绒含量在10%或以上(653)	打千克	4.4%[1]	0(AU,BH,CA,CL,CO,IL,JO,KR,MA,MX,OM,P,PA,PE,S,SG)	60%
		其他:				
6201.13.30		按重量计羊毛和动物细毛含量在36%或以上		49.7美分/千克+19.7%[2]	0(AU,BH,CA,CL,CO,IL,JO,KR,MA,MX,OM,P,PA,PE,S,SG)	52.9美分/千克+58.5%
	10	男式(434)	打千克			

税则号列	统计后缀	货品名称	单位	税率 1 普通	税率 1 特惠	2
	20	男童(434)	打千克			
6201.13.40		其他		27.7%[1]	0(AU,BH,CA,CL,CO,IL,JO,KR,MA,MX,OM,P,PA,PE,S,SG)	90%
		雨衣:				
	15	男式(634)	打千克			
	20	男童(634)	打千克			
		其他:				
	30	男式(634)	打千克			
	40	男童(634)	打千克			
6201.19		其他纺织材料制:				
6201.19.10	00	按重量计丝或绢丝含量在70%或以上(734)	打千克	0[1]		35%
6201.19.90		其他		2.8%[1]	0(AU,BH,CA,CL,CO,E*,IL,JO,KR,MA,MX,OM,P,PA,PE,S,SG)	35%
	10	棉限内的(334)	打千克			
	20	毛限内的(434)	打千克			
	30	化纤限内的(634)	打千克			
	60	其他(834)	打千克			
		其他:				
6201.91		羊毛或动物细毛制:				
		休闲外套:				
6201.91.03	00	有胎料背心(459)	打千克	8.5%[1]	0(AU,BH,CA,CL,CO,IL,JO,KR,MA,MX,OM,P,PA,PE,S,SG)	58.5%
6201.91.05		其他		49.7美分/千克+19.7%[1]	0(AU,BH,CA,CL,CO,IL,JO,KR,MA,MX,OM,P,PA,PE,S,SG)	52.9美分/千克+58.5%
	11	男式(434)	打千克			
	21	男童(434)	打千克			
		其他:				
6201.91.25	00	有胎料背心	打千克	8.5%[1]	0(AU,BH,CA,CL,CO,IL,JO,KR,MA,MX,OM,P,PA,PE,S,SG)	58.5%

税则号列	统计后缀	货品名称	单位	税率 1 普通	税率 1 特惠	税率 2
6201.91.40		其他		49.7美分/千克+19.7%[1]	0(AU, BH, CA, CL, CO, IL, JO, KR, MA, MX, OM, P, PA, PE, S, SG)	52.9美分/千克+58.5%
	11	男式(434)	打千克			
	21	男童(434)	打千克			
6201.92		棉制：				
		休闲外套：				
6201.92.05	00	按重量计羽绒和水禽羽毛含量在15%或以上，其中羽绒含量至少35%；按重量计羽绒含量在10%或以上(353)	打千克	4.4%[1]	0(AU, BH, CA, CL, CO, IL, JO, KR, MA, MX, OM, P, PA, PE, S, SG)	60%
		其他：				
6201.92.17	00	防水的(334)	打千克	6.2%[3]	0(AU, BH, CA, CL, CO, IL, JO, KR, MA, MX, OM, P, PA, PE, S, SG)	37.5%
6201.92.19		其他		9.4%[1]	0(AU, BH, CA, CL, CO, IL, JO, KR, MA, MX, OM, P, PA, PE, S, SG)	90%
		有胎料背心：				
	05	带袖子附件(334)	打千克			
	10	其他(359)	打千克			
		其他：				
	21	灯芯绒(334)	打千克			
		蓝色粗斜纹布(劳动布)：				
	31	男式(334)	打千克			
	41	男童(334)	打千克			
		其他：				
	51	男式(334)	打千克			
	61	男童(334)	打千克			
		其他：				
6201.92.30	00	按重量计羽绒和水禽羽毛含量在15%或以上，其中羽绒含量至少35%；按重量计羽绒含量在10%或以上(353)	打千克	4.4%[1]	0(AU, BH, CA, CL, CO, IL, JO, KR, MA, MX, OM, P, PA, PE, S, SG)	60%
		其他：				
6201.92.35	00	防水的	打千克	6.2%[1]	0(AU, BH, CA, CL, CO, IL, JO, KR, MA, MX, OM, P, PA, PE, S, SG)	37.5%

税则号列	统计后缀	货品名称	单位	税率 1 普通	税率 1 特惠	2
6201.92.45		其他		9.4%[4]	0(AU,BH,CA,CL,CO,IL,JO,KR,MA,MX,OM,P,PA,PE,S,SG)	90%
		有胎料背心：				
	05	带袖子附件(334)	打千克			
	10	其他(359)	打千克			
		其他：				
	21	灯芯绒(334)	打千克			
		蓝色粗斜纹布(劳动布)：				
	31	男式(334)	打千克			
	41	男童(334)	打千克			
		其他：				
	51	男式(334)	打千克			
	61	男童(334)	打千克			
6201.93		化学纤维制：				
		休闲外套：				
6201.93.15	00	按重量计羽绒和水禽羽毛含量在15%或以上,其中羽绒含量至少35%；按重量计羽绒含量在10%或以上(653)	打千克	4.4%[1]	0(AU,BH,CA,CL,CO,IL,JO,KR,MA,MX,OM,P,PA,PE,S,SG)	60%
		其他：				
6201.93.18		有胎料背心：		14.9%[1]	0(AU,BH,CA,CL,CO,IL,JO,KR,MA,MX,OM,P,PA,PE,S,SG)	76%
	10	带袖子附件(634)	打千克			
	20	其他(659)	打千克			
		其他：				
6201.93.45		按重量计羊毛和动物细毛含量在36%或以上		49.5美分/千克+19.6%[1]	0(AU,BH,CA,CL,CO,IL,JO,KR,MA,MX,OM,P,PA,PE,S,SG)	52.9美分/千克+58.5%
	11	男式(434)	打千克			
	21	男童(434)	打千克			
		其他：				
6201.93.47	00	防水的(634)	打千克	7.1%[1]	0(AU,BH,CA,CL,CO,IL,JO,KR,MA,MX,OM,P,PA,PE,S,SG)	65%

税则号列	统计后缀	货品名称	单位	税率 1 普通	税率 1 特惠	2
6201.93.49		其他		27.7%[1]	0(AU, BH, CA, CL, CO, IL, JO, KR, MA, MX, OM, P, PA, PE, S, SG)	90%
	11	男式(634)	打千克			
	21	男童(634)	打千克			
		其他:				
6201.93.50	00	按重量计羽绒和水禽羽毛含量在15%或以上,其中羽绒含量至少35%;按重量计羽绒含量在10%或以上(653)	打千克	4.4%[1]	0(AU, BH, CA, CL, CO, IL, JO, KR, MA, MX, OM, P, PA, PE, S, SG)	60%
		其他:				
6201.93.52		有胎料背心		14.9%[1]	0(AU, BH, CA, CL, CO, IL, JO, KR, MA, MX, OM, P, PA, PE, S, SG)	76%
	10	带袖子附件(634)	打千克			
	20	其他(659)	打千克			
		其他:				
6201.93.55		按重量计羊毛和动物细毛含量在36%或以上		49.5美分/千克+19.6%[5]	0(AU, BH, CA, CL, CO, IL, JO, KR, MA, MX, OM, P, PA, PE, S, SG)	52.9美分/千克+58.5%
	11	男式(434)	打千克			
	21	男童(434)	打千克			
		其他:				
6201.93.60	00	防水的(634)	打千克	7.1%[1]	0(AU, BH, CA, CL, CO, IL, JO, KR, MA, MX, OM, P, PA, PE, S, SG)	65%
6201.93.65		其他		27.7%[1]	0(AU, BH, CA, CL, CO, IL, JO, KR, MA, MX, OM, P, PA, PE, S, SG)	90%
	11	男式(634)	打千克			
	21	男童(634)	打千克			
6201.99		其他纺织材料制:				
		休闲外套:				
6201.99.05	00	按重量计丝或绢丝含量在70%或以上(735)	打千克	0[1]		35%
6201.99.15		其他		4.2%[1]	0(AU, BH, CA, CL, CO, E*, IL, JO, KR, MA, MX, OM, P, PA, PE, S, SG)	35%
	10	棉限内的(334)	打千克			

税则号列	统计后缀	货品名称	单位	税率 1 普通	税率 1 特惠	2
	20	毛限内的(434)	打千克			
	30	化纤限内的(634)	打千克			
	60	其他(834)	打千克			
		其他:				
6201.99.50	00	按重量计丝或绢丝含量在70%或以上(735)	打千克	0[1]		35%
6201.99.80		其他		4.2%[1]	0(AU,BH,CA,CL,CO,E*,IL,JO,KR,MA,MX,OM,P,PA,PE,S,SG)	35%
	10	棉限内的(334)	打千克			
	20	毛限内的(434)	打千克			
	30	化纤限内的(634)	打千克			
	60	其他(834)	打千克			
6202		女式大衣、短大衣、斗篷、短斗篷、带风帽的防寒短上衣(包括滑雪短上衣)、防风衣、防风短上衣及类似品,但品目6204的货品除外:				
		大衣、短大衣、斗篷、短斗篷及类似品:				
6202.11.00		羊毛或动物细毛制		41美分/千克+16.3%[1]	0(AU,BH,CA,CL,CO,IL,JO,KR,MA,MX,OM,P,PA,PE,S,SG)	46.3美分/千克+58.5%
	10	女式(435)	打千克			
	20	女童(435)	打千克			
6202.12		棉制:				
6202.12.10	00	按重量计羽绒和水禽羽毛含量在15%或以上,其中羽绒含量至少35%;按重量计羽绒含量在10%或以上(354)	打千克	4.4%[1]	0(AU,BH,CA,CL,CO,IL,JO,KR,MA,MX,OM,P,PA,PE,S,SG)	60%
6202.12.20		其他		8.9%[1]	0(AU,BH,CA,CL,CO,IL,JO,KR,MA,MX,OM,P,PA,PE,S,SG)	90%
		雨衣:				
	10	女式(335)	打千克			
	20	女童(335)	打千克			
		其他:				
		灯芯绒:				

税则号列	统计后缀	货品名称	单位	税率 1 普通	税率 1 特惠	2
	25	女式(335)	打千克			
	35	女童(335)	打千克			
		其他：				
	50	女式(335)	打千克			
	60	女童(335)	打千克			
6202.13		化学纤维制：				
6202.13.10	00	按重量计羽绒和水禽羽毛含量在15%或以上，其中羽绒含量至少35%；按重量计羽绒含量在10%或以上(654)	打千克	4.4%[1]	0(AU, BH, CA, CL, CO, IL, JO, KR, MA, MX, OM, P, PA, PE, S, SG)	60%
		其他：				
6202.13.30		按重量计羊毛和动物细毛含量在36%或以上		43.5美分/千克+19.7%[1]	0(AU, BH, CA, CL, CO, IL, JO, KR, MA, MX, OM, P, PA, PE, S, SG)	46.3美分/千克+58.5%
	10	女式(435)	打千克			
	20	女童(435)	打千克			
6202.13.40		其他		27.7%[1]	0(AU, BH, CA, CL, CO, IL, JO, KR, MA, MX, OM, P, PA, PE, S, SG)	90%
		雨衣：				
	05	女式(635)	打千克			
	10	女童(635)	打千克			
		其他：				
	20	女式(635)	打千克			
	30	女童(635)	打千克			
6202.19		其他纺织材料制：				
6202.19.10	00	按重量计丝或绢丝含量在70%或以上(735)	打千克	0[1]		35%
6202.19.90		其他		2.8%[1]	0(AU, BH, CA, CL, CO, E*, IL, JO, KR, MA, MX, OM, P, PA, PE, S, SG)	35%
	10	棉限内的(335)	打千克			
	20	毛限内的(435)	打千克			
	30	化纤限内的(635)	打千克			

税则号列	统计后缀	货品名称	单位	税率 1 普通	税率 1 特惠	2
	60	其他(835)	打千克			
		其他：				
6202.91		羊毛或动物细毛制：				
		休闲外套：				
6202.91.03	00	有胎料背心(459)	打千克	14%[1]	0(AU, BH, CA, CL, CO, IL, JO, KR, MA, MX, OM, P, PA, PE, S, SG)	58.5%
6202.91.15		其他		36美分/千克+16.3%[1]	0(AU, BH, CA, CL, CO, IL, JO, KR, MA, MX, OM, P, PA, PE, S, SG)	46.3美分/千克+58.5%
	11	女式(435)	打千克			
	21	女童(435)	打千克			
		其他：				
6202.91.60	00	有胎料背心(459)	打千克	14%[6]	0(AU, BH, CA, CL, CO, IL, JO, KR, MA, MX, OM, P, PA, PE, S, SG)	58.5%
6202.91.90		其他		36美分/千克+16.3%[1]	0(AU, BH, CA, CL, CO, IL, JO, KR, MA, MX, OM, P, PA, PE, S, SG)	46.3美分/千克+58.5%
	11	女式(438)	打千克			
	21	女童(435)	打千克			
6202.92		棉制：				
		休闲外套：				
6202.92.03	00	按重量计羽绒和水禽羽毛含量在15%或以上,其中羽绒含量至少35%;按重量计羽绒含量在10%或以上(354)	打千克	4.4%[1]	0(AU, BH, CA, CL, CO, IL, JO, KR, MA, MX, OM, P, PA, PE, S, SG)	60%
		其他：				
6202.92.05	00	防水的(335)	打千克	6.2%[1]	0(AU, BH, CA, CL, CO, IL, JO, KR, MA, MX, OM, P, PA, PE, S, SG)	37.5%
6202.92.12		其他		8.9%[1]	0(AU, BH, CA, CL, CO, IL, JO, KR, MA, MX, OM, P, PA, PE, S, SG)	90%
		有胎料背心：				
	10	带袖子附件(335)	打千克			
	20	其他(359)	打千克			
		其他：				
		灯芯绒：				
	26	女式(335)	打千克			

税则号列	统计后缀	货品名称	单位	税率 普通	税率 特惠	2
	31	女童(335)	打 千克			
		其他:				
	61	女式(335)	打 千克			
	71	女童(335)	打 千克			
		其他:				
6202.92.25	00	按重量计羽绒和水禽羽毛含量在15%或以上,其中羽绒含量至少35%;按重量计羽绒含量在10%或以上	打 千克	4.4%[1]	0(AU, BH, CA, CL, CO, IL, JO, KR, MA, MX, OM, P, PA, PE, S, SG)	60%
		其他:				
6202.92.30	00	防水的(335)	打 千克	6.2%[1]	0(AU, BH, CA, CL, CO, IL, JO, KR, MA, MX, OM, P, PA, PE, S, SG)	37.5%
6202.92.90		其他		8.9%[1]	0(AU, BH, CA, CL, CO, IL, JO, KR, MA, MX, OM, P, PA, PE, S, SG)	90%
		有胎料背心:				
	10	带袖子附件(335)	打 千克			
	20	其他(359)	打 千克			
		其他:				
		灯芯绒:				
	26	女式(335)	打 千克			
	31	女童(335)	打 千克			
		其他:				
	61	女式(335)	打 千克			
	71	女童(335)	打 千克			
6202.93		化学纤维制:				
		休闲外套:				
6202.93.01	00	按重量计羽绒和水禽羽毛含量在15%或以上,其中羽绒含量至少35%;按重量计羽绒含量在10%或以上 (654)	打 千克	4.4%[1]	0(AU, BH, CA, CL, CO, IL, JO, KR, MA, MX, OM, P, PA, PE, S, SG)	60%
		其他:				
6202.93.03		有胎料背心		14.9%[3]	0(AU, BH, CA, CL, CO, IL, JO, KR, MA, MX, OM, P, PA, PE, S, SG)	76%
	10	带袖子附件(635)	打 千克			

税则号列	统计后缀	货品名称	单位	税率 1 普通	税率 1 特惠	2
	20	其他(659)	打千克			
		其他:				
6202.93.05		按重量计羊毛和动物细毛含量在36%或以上		43.4美分/千克+19.7%[1]	0(AU, BH, CA, CL, CO, IL, JO, KR, MA, MX, OM, P, PA, PE, S, SG)	46.3美分/千克+58.5%
	11	女式(435)	打千克			
	21	女童(435)	打千克			
		其他:				
6202.93.07	00	防水的(635)	打千克	7.1%[1]	0(AU, BH, CA, CL, CO, IL, JO, KR, MA, MX, OM, P, PA, PE, S, SG)	65%
6202.93.09		其他		27.7%[1]	0(AU, BH, CA, CL, CO, IL, JO, KR, MA, MX, OM, P, PA, PE, S, SG)	90%
	11	女式(635)	打千克			
	21	女童(635)	打千克			
		其他:				
6202.93.15	00	按重量计羽绒和水禽羽毛含量在15%或以上,其中羽绒含量至少35%;按重量计羽绒含量在10%或以上(654)	打千克	4.4%[1]	0(AU, BH, CA, CL, CO, IL, JO, KR, MA, MX, OM, P, PA, PE, S, SG)	60%
		其他:				
6202.93.25		有胎料背心		14.9%[1]	0(AU, BH, CA, CL, CO, IL, JO, KR, MA, MX, OM, P, PA, PE, S, SG)	76%
	10	带袖子附件(635)	打千克			
	20	其他(659)	打千克			
		其他:				
6202.93.45		按重量计羊毛和动物细毛含量在36%或以上		43.4美分/千克+19.7%[7]	0(AU, BH, CA, CL, CO, IL, JO, KR, MA, MX, OM, P, PA, PE, S, SG)	46.3美分/千克+58.5%
	11	女式(435)	打千克			
	21	女童(435)	打千克			
		其他:				
6202.93.48	00	防水的(635)	打千克	7.1%[1]	0(AU, BH, CA, CL, CO, IL, JO, KR, MA, MX, OM, P, PA, PE, S, SG)	65%

税则号列	统计后缀	货品名称	单位	税率 1 普通	税率 1 特惠	2
6202.93.55		其他		27.7%[1]	0(AU,BH,CA,CL,CO,IL,JO,KR,MA,MX,OM,P,PA,PE,S,SG)	90%
	11	女式(635)	打千克			
	21	女童(635)	打千克			
6202.99		其他纺织材料制:				
		休闲外套:				
6202.99.03	00	按重量计丝或绢丝含量在70%或以上(735)	打千克	0[1]		35%
6202.99.15		其他		2.8%[8]	0(AU,BH,CA,CL,CO,E*,IL,JO,KR,MA,MX,OM,P,PA,PE,S,SG)	35%
	11	棉限内的(335)	打千克			
	21	毛限内的(435)	打千克			
	31	化纤限内的(635)	打千克			
	61	其他(835)	打千克			
		其他:				
6202.99.60	00	按重量计丝或绢丝含量在70%或以上(735)	打千克	0[1]		35%
6202.99.80		其他		2.8%[8]	0(AU,BH,CA,CL,CO,E*,IL,JO,KR,MA,MX,OM,P,PA,PE,S,SG)	35%
	11	棉限内的(335)	打千克			
	21	毛限内的(435)	打千克			
	31	化纤限内的(635)	打千克			
	61	其他(835)	打千克			
6203		男式西服套装、便服套装、上衣、长裤、护胸背带工装裤、马裤及短裤(游泳裤除外):				
		西服套装:				
6203.11		羊毛或动物细毛制:				
		按重量计丝或绢丝含量在30%或以上:				
6203.11.15	00	精纺羊毛织物制,由平均纤维直径不超过18.5微米的毛纱制成(443)	个千克	7.5%[1]	0(AU,BH,CA,CL,CO,IL,JO,KR,MA,MX,OM,P,PA,PE,S,SG)	65%
6203.11.30	00	其他(443)	个千克	7.5%[1]	0(AU,BH,CA,CL,CO,IL,JO,KR,MA,MX,OM,P,PA,PE,S,SG)	65%

税则号列	统计后缀	货品名称	单位	税率 1 普通	税率 1 特惠	2
		其他：				
6203.11.60	00	精纺羊毛织物制,由平均纤维直径不超过18.5微米的毛纱制成(443)	个 千克	17.5%[8]	0(AU, BH, CA, CL, CO, IL, JO, KR, MA, MX, OM, P, PA, PE, S, SG)	52.9美分/千克+58.5%
6203.11.90	00	其他(443)	个 千克	17.5%[8]	0(AU, BH, CA, CL, CO, IL, JO, KR, MA, MX, OM, P, PA, PE, S, SG)	52.9美分/千克+58.5%
6203.12		合成纤维制：				
6203.12.10	00	按重量计羊毛和动物细毛含量在36%或以上(443)	个 千克	17.5%[1]	0(AU, BH, CA, CL, CO, IL, JO, KR, MA, MX, OM, P, PA, PE, S, SG)	52.9美分/千克+58.5%
6203.12.20		其他		27.3%[1]	0(AU, BH, CA, CL, CO, IL, JO, KR, MA, MX, OM, P, PA, PE, S, SG)	77.5%
	10	男式(643)	个 千克			
	20	男童(643)	个 千克			
6203.19		其他纺织材料制：				
6203.19.10		棉制		13.2%[1]	0(AU, BH, CA, CL, CO, IL, JO, KR, MA, MX, OM, P, PA, PE, S, SG)	90%
	10	作为西服套装一部分进口的上衣(333)	打 千克			
	20	作为西服套装一部分进口的长裤、马裤和短裤(347)	打 千克			
	30	作为西服套装一部分进口的背心(359)	打 千克			
		人造纤维制：				
6203.19.20	00	按重量计羊毛和动物细毛含量在36%或以上(443)	个 千克	52.9美分/千克+21%[3]	0(AU, BH, CA, CL, CO, IL, JO, KR, MA, MX, OM, P, PA, PE, S, SG)	52.9美分/千克+58.5%
6203.19.30	00	其他(643)	个 千克	14.9%[9]	0(AU, BH, CA, CL, CO, IL, JO, KR, MA, MX, OM, P, PA, PE, S, SG)	77.5%
6203.19.50	00	按重量计丝或绢丝含量在70%或以上(743)	个 千克	3.8%[1]	0(AU, BH, CA, CL, CO, E, IL, JO, KR, MA, MX, OM, P, PA, PE, S, SG)	35%
6203.19.90		其他		7.1%[9]	0(AU, BH, CA, CL, CO, E*, IL, JO, KR, MA, MX, OM, P, PA, PE, S, SG)	35%
		棉限内的：				
	10	作为西服套装一部分进口的上衣(333)	打 千克			
	20	作为西服套装一部分进口的长裤、马裤和短裤(347)	打 千克			
	30	作为西服套装一部分进口的背心(359)	打 千克			

税则号列	统计后缀	货品名称	单位	税率 1 普通	税率 1 特惠	2
	40	毛限内的(443)	个 千克			
	50	化纤限内的(643)	个 千克			
	80	其他(843)	个 千克			
		便服套装：				
6203.22		棉制：				
6203.22.10	00	柔道、空手道等东方武术制服(359)	打 千克	7.5%[1]	0 (AU, BH, CA, CL, CO, IL, JO, KR, MA, MX, OM, P, PA, PE, S, SG)	90%
6203.22.30		其他		如果单独输入，则适用套装中每件衣服的税率[10]	0 (AU, BH, CA, CL, CO, IL, JO, KR, MA, MX, OM, P, PA, PE, S, SG)	如果单独输入，则适用套装中每件衣服的税率
	10	品目6201所述的服装(334)	打 千克			
	15	品目6203所述的夹克和运动夹克(333)	打 千克			
	20	长裤和马裤(347)	打 千克			
	30	短裤(347)	打 千克			
	50	衬衫(340)	打 千克			
	60	其他(359)	打 千克			
6203.23.00		合成纤维制		如果单独输入，则适用套装中每件衣服的税率[3]	0 (AU, BH, CA, CL, CO, IL, JO, KR, MA, MX, OM, P, PA, PE, S, SG)	如果单独输入，则适用套装中每件衣服的税率
		按重量计羊毛和动物细毛含量在36%或以上：				
	10	品目6201所述的服装(434)	打 千克			
	15	品目6203所述的夹克和运动夹克(433)	打 千克			
	20	长裤、马裤和短裤(447)	打 千克			
	30	衬衫(440)	打 千克			
	40	其他(459)	打 千克			
		其他：				
	50	品目6201所述的服装(634)	打 千克			

税则号列	统计后缀	货品名称	单位	税率 1 普通	税率 1 特惠	2
	55	品目 6203 所述的夹克和运动夹克(633)	打千克			
	60	长裤和马裤(647)	打千克			
	70	短裤(647)	打千克			
	80	衬衫(640)	打千克			
	90	其他(659)	打千克			
6203.29		其他纺织材料制：				
		羊毛或动物细毛制：				
6203.29.10		精纺羊毛织物制西服套装、西服式夹克及长裤，这些织物由平均纤维直径不超过 18.5 微米的毛纱制成		如果单独输入，则适用套装中每件衣服的税率[10]	0（AU,BH,CA,CL,CO,IL,JO,KR,MA,MX,OM,P,PA,PE,S,SG）	如果单独输入，则适用套装中每件衣服的税率
	10	西服套装(443)	个千克			
	15	西服式夹克(433)	打千克			
	20	长裤(447)	打千克			
6203.29.15		其他		如果单独输入，则适用套装中每件衣服的税率[10]	0（AU,BH,CA,CL,CO,IL,JO,KR,MA,MX,OM,P,PA,PE,S,SG）	如果单独输入，则适用套装中每件衣服的税率
	10	品目 6201 所述的服装(434)	打千克			
	15	品目 6203 所述的夹克和运动夹克(433)	打千克			
	20	长裤、马裤和短裤(447)	打千克			
	30	衬衫(440)	打千克			
	60	其他(459)	打千克			
6203.29.20		人造纤维制		如果单独输入，则适用套装中每件衣服的税率[10]	0（AU,BH,CA,CL,CO,IL,JO,KR,MA,MX,OM,P,PA,PE,S,SG）	如果单独输入，则适用套装中每件衣服的税率
	10	品目 6201 所述的服装(634)	打千克			
	20	品目 6203 所述的夹克和运动夹克(633)	打千克			
	30	长裤和马裤(647)	打千克			

第六十二章 非针织或非钩编的服装及衣着附件

税则号列	统计后缀	货品名称	单位	税率 1 普通	税率 1 特惠	2
	35	短裤(647)	打千克			
	50	衬衫(640)	打千克			
	60	其他(659)	打千克			
6203.29.30		其他		如果单独输入,则适用套装中每件衣服的税率[10]	0(AU,BH,CA,CL,CO,E*,IL,JO,KR,MA,MX,OM,P,PA,PE,S,SG)	如果单独输入,则适用套装中每件衣服的税率
		品目6201所述的服装:				
	10	按重量计丝或绢丝含量在70%或以上(734)	打千克			
	20	其他(834)	打千克			
		品目6203所述的夹克和运动夹克:				
	26	按重量计丝或绢丝含量在70%或以上(733)	打千克			
	28	其他(833)	打千克			
		长裤、马裤和短裤:				
	30	按重量计丝或绢丝含量在70%或以上(747)	打千克			
		其他:				
	46	长裤和马裤(847)	打千克			
	48	短裤(847)	打千克			
		衬衫:				
	50	按重量计丝或绢丝含量在70%或以上(740)	打千克			
	60	其他(840)	打千克			
		其他:				
	70	按重量计丝或绢丝含量在70%或以上(759)	打千克			
	80	其他(859)	打千克			
		上衣:				
6203.31		羊毛或动物细毛制:				
6203.31.50		精纺羊毛织物制,由平均纤维直径不超过18.5微米的毛纱制成		17.5%[1]	0(AU,BH,CA,CL,CO,IL,JO,KR,MA,MX,OM,P,PA,PE,S,SG)	59.5%
	10	本章注释三(一)所述的西服套装(443)	个千克			

税则号列	统计后缀	货品名称	单位	税率 普通	税率 1 特惠	2
	20	其他(433)	打千克			
6203.31.90		其他		17.5%[1]	0(AU, BH, CA, CL, CO, IL, JO, KR, MA, MX, OM, P, PA, PE, S, SG)	59.5%
	10	本章注释三(一)所述的西服套装(443)	个千克			
	20	其他(433)	打千克			
6203.32		棉制:				
6203.32.10	00	按重量计亚麻含量在36%或以上(333)	打千克	2.8%[1]	0(AU, BH, CA, CL, CO, IL, JO, KR, MA, MX, OM, P, PA, PE, S, SG)	35%
6203.32.20		其他		9.4%[1]	0(AU, BH, CA, CL, CO, IL, JO, KR, MA, MX, OM, P, PA, PE, S, SG)	90%
		灯芯绒:				
	10	男式(333)	打千克			
	20	男童(333)	打千克			
	30	蓝色粗斜纹布(劳动布)(333)	打千克			
		其他:				
	40	男式(333)	打千克			
	50	男童(333)	打千克			
6203.33		合成纤维制:				
6203.33.10		按重量计羊毛和动物细毛含量在36%或以上		22%[1]	0(AU, BH, CA, CL, CO, IL, JO, KR, MA, MX, OM, P, PA, PE, S, SG)	59.5%
		男式:				
	30	本章注释三(一)所述的西服套装(443)	个千克			
	40	其他(433)	打千克			
		男童:				
	50	本章注释三(一)所述的西服套装(443)	个千克			
	60	其他(433)	打千克			
6203.33.20		其他		27.3%[1]	0(AU, BH, CA, CL, CO, IL, JO, KR, MA, MX, OM, P, PA, PE, S, SG)	77.5%
	10	男式(633)	打千克			

税则号列	统计后缀	货品名称	单位	税率 1 普通	税率 1 特惠	2
	20	男童(633)	打千克			
6203.39		其他纺织材料制:				
		人造纤维制:				
6203.39.10		按重量计羊毛和动物细毛含量在36%或以上		22%[3]	0(AU, BH, CA, CL, CO, IL, JO, KR, MA, MX, OM, P, PA, PE, S, SG)	59.5%
	10	本章注释三(一)所述的西服套装(443)	个千克			
	20	其他(433)	打千克			
6203.39.20		其他		27.3%[1]	0(AU, BH, CA, CL, CO, IL, JO, KR, MA, MX, OM, P, PA, PE, S, SG)	77.5%
	10	男式(633)	打千克			
	20	男童(633)	打千克			
6203.39.50	00	按重量计丝或绢丝含量在70%或以上(733)	打千克	1%[1]	0(AU, BH, CA, CL, CO, E, IL, JO, KR, MA, MX, OM, P, PA, PE, S, SG)	35%
6203.39.90		其他		6.5%[1]	0(AU, BH, CA, CL, CO, E*, IL, JO, KR, MA, MX, OM, P, PA, PE, S, SG)	35%
	10	棉限内的(333)	打千克			
	20	毛限内的(433)	打千克			
	30	化纤限内的(633)	打千克			
	60	其他(833)	打千克			
		长裤、护胸背带工装裤、马裤及短裤:				
6203.41		羊毛或动物细毛制:				
		休闲外套				
		长裤、马裤和短裤:				
6203.41.01		长裤和马裤,含有弹性纤维,防水,无腰带襻,每打重量超过9千克		7.6%[11]	0(AU, BH, CA, CL, CO, IL, JO, KR, MA, MX, OM, P, PA, PE, S, SG)	52.9美分/千克+58.5%
	10	男式(447)	打千克			
	20	男童(447)	打千克			
		其他:				
6203.41.03		精纺羊毛长裤,由平均直径不超过18.5微米的毛纱制成		41.9美分/千克+16.3%[1]	0(AU, BH, CA, CL, CO, IL, JO, KR, MA, MX, OM, P, PA, PE, S, SG)	52.9美分/千克+58.5%

税则号列	统计后缀	货品名称	单位	税率 1 普通	税率 1 特惠	2
	10	男式(447)	打千克			
	20	男童(447)	打千克			
6203.41.06		其他	打千克	41.9美分/千克+16.3%[1]	0(AU,BH,CA,CL,CO,IL,JO,KR,MA,MX,OM,P,PA,PE,S,SG)	52.9美分/千克+58.5%
		长裤和马裤：				
	10	男式(447)	打千克			
	20	男童(447)	打千克			
	30	短裤(447)	打千克			
6203.41.08	00	护胸背带工装裤(459)	打千克	8.5%[1]	0(AU,BH,CA,CL,CO,IL,JO,KR,MA,MX,OM,P,PA,PE,S,SG)	63%
		其他：				
		长裤、马裤和短裤：				
6203.41.25		长裤和马裤,含有弹性纤维,防水,无腰带襻,每打重量超过9千克	打千克	7.6%[1]	0(AU,BH,CA,CL,CO,IL,JO,KR,MA,MX,OM,P,PA,PE,S,SG)	52.9美分/千克+58.5%
	10	男式(447)	打千克			
	20	男童(447)	打千克			
		其他：				
6203.41.30		精纺羊毛长裤,由平均直径不超过18.5微米的毛纱制成	打千克	41.9美分/千克+16.3%[1]	0(AU,BH,CA,CL,CO,IL,JO,KR,MA,MX,OM,P,PA,PE,S,SG)	52.9美分/千克+58.5%
	10	男式(447)	打千克			
	20	男童(447)	打千克			
6203.41.60		其他	打千克	41.9美分/千克+16.3%[1]	0(AU,BH,CA,CL,CO,IL,JO,KR,MA,MX,OM,P,PA,PE,S,SG)	52.9美分/千克+58.5%
		长裤和马裤：				
	10	男式(447)	打千克			
	20	男童(447)	打千克			
	30	短裤(447)	打千克			
6203.41.80	00	护胸背带工装裤(459)	打千克	8.5%[1]	0(AU,BH,CA,CL,CO,IL,JO,KR,MA,MX,OM,P,PA,PE,S,SG)	63%
6203.42		棉制：				

税则号列	统计后缀	货品名称	单位	税率 1 普通	税率 1 特惠	2
		休闲外套:				
6203.42.03	00	按重量计羽绒和水禽羽毛含量在15%或以上,其中羽绒含量至少35%;按重量计羽绒含量在10%或以上	打千克	0[1]		60%
		其他:				
6203.42.05		护胸背带工装裤		10.3%[1]	0(AU, BH, CA, CL, CO, IL, JO, KR, MA, MX, OM, P, PA, PE, S, SG)	90%
	05	御寒保暖(359)	打千克			
		其他:				
	10	男式(359)	打千克			
		男童,2号至7号:				
	25	作为儿童模仿套装一部分进口(237)	打千克			
	50	其他(237)	打千克			
	90	其他(359)	打千克			
6203.42.07		其他		16.6%[1]	0(AU, BH, CA, CL, CO, IL, JO, KR, MA, MX, OM, P, PA, PE, S, SG)	90%
	03	含有统计报告编码5205.42.0021、5205.43.0021、5205.44.0021、5205.46.0021或5205.47.0021所述的紧密纱(347)	打千克			
		其他:				
		男式长裤或马裤:				
	06	灯芯绒(347)	打千克			
	11	蓝色粗斜纹布(劳动布)(347)	打千克			
	16	其他(347)	打千克			
		男童长裤或马裤:				
		灯芯绒:				
	21	作为儿童模仿套装一部分进口(237)	打千克			
	26	其他(347)	打千克			
		蓝色粗斜纹布(劳动布):				
	31	作为儿童模仿套装一部分进口(237)	打千克			

税则号列	统计后缀	货品名称	单位	税率 1 普通	税率 1 特惠	2
	36	其他(347)	打千克			
		其他:				
	41	作为儿童模仿套装一部分进口(237)	打千克			
	46	其他(347)	打千克			
	51	男式短裤(347)	打千克			
		男童短裤:				
	56	作为儿童模仿套装一部分进口(237)	打千克			
	61	其他(347)	打千克			
		其他:				
6203.42.17	00	按重量计羽绒和水禽羽毛含量在15%或以上,其中羽绒含量至少35%;按重量计羽绒含量在10%或以上	打千克	0[1]		60%
		其他:				
6203.42.25		护胸背带工装裤		10.3%[1]	0(AU, BH, CA, CL, CO, IL, JO, KR, MA, MX, OM, P, PA, PE, S, SG)	90%
	05	御寒保暖(359)	打千克			
		其他:				
	10	男式(359)	打千克			
		男童,2号至7号:				
	25	作为儿童模仿套装一部分进口(237)	打千克			
	50	其他(237)	打千克			
	90	其他(359)	打千克			
6203.42.45		其他		16.6%[1]	0(AU, BH, CA, CL, CO, IL, JO, KR, MA, MX, OM, P, PA, PE, S, SG)	90%
	03	含有统计报告编码5205.42.0021、5205.43.0021、5205.44.0021、5205.46.0021或5205.47.0021所述的紧密纱(347)	打千克			
		其他:				
		男式长裤或马裤:				
	06	灯芯绒(347)	打千克			

税则号列	统计后缀	货品名称	单位	税率 1 普通	税率 1 特惠	2
	11	蓝色粗斜纹布(劳动布)(347)	打千克			
	16	其他(347)	打千克			
		男童长裤或马裤：				
		灯芯绒：				
	21	作为儿童模仿套装一部分进口(237)	打千克			
	26	其他(347)	打千克			
		蓝色粗斜纹布(劳动布)：				
	31	作为儿童模仿套装一部分进口(237)	打千克			
	36	其他(347)	打千克			
		其他：				
	41	作为儿童模仿套装一部分进口(237)	打千克			
	46	其他(347)	打千克			
	51	男式短裤(347)	打千克			
		男童短裤				
	56	作为儿童模仿套装一部分进口(237)	打千克			
	61	其他(347)	打千克			
6203.43		合成纤维制：				
		休闲外套：				
6203.43.01	00	按重量计羽绒和水禽羽毛含量在15%或以上，其中羽绒含量至少35%；按重量计羽绒含量在10%或以上	打千克	0[3]		60%
		其他：				
		护胸背带工装裤：				
6203.43.03	00	防水(659)	打千克	7.1%[1]	0(AU, BH, CA, CL, CO, IL, JO, KR, MA, MX, OM, P, PA, PE, S, SG)	65%
6203.43.05		其他		14.9%[1]	0(AU, BH, CA, CL, CO, IL, JO, KR, MA, MX, OM, P, PA, PE, S, SG)	76%
	05	御寒保暖(659)	打千克			
		其他：				
	10	男式(659)	打千克			
		男童，2号至7号：				

税则号列	统计后缀	货品名称	单位	税率 1 普通	税率 1 特惠	2
	25	作为儿童模仿套装一部分进口(237)	打千克			
	50	其他(237)	打千克			
	90	其他(659)	打千克			
		其他：				
6203.43.09		按重量计羊毛和动物细毛含量在36%或以上		49.6美分/千克+19.7%[1]	0(AU,BH,CA,CL,CO,IL,JO,KR,MA,MX,OM,P,PA,PE,S,SG)	52.9美分/千克+58.5%
		长裤和马裤：				
	10	男式(447)	打千克			
	20	男童(447)	打千克			
	30	短裤(447)	打千克			
		其他：				
6203.43.11		防水长裤或马裤(647)		7.1%[1]	0(AU,BH,CA,CL,CO,IL,JO,KR,MA,MX,OM,P,PA,PE,S,SG)	65%
	10	滑雪裤(647)	打千克			
	90	其他(647)	打千克			
6203.43.13		其他		27.9%[1]	0(AU,BH,CA,CL,CO,IL,JO,KR,MA,MX,OM,P,PA,PE,S,SG)	90%
		长裤和马裤：				
	10	男式(647)	打千克			
		男童：				
	15	作为儿童模仿套装一部分进口(237)	打千克			
	20	其他(647)	打千克			
		短裤：				
	30	男式(647)	打千克			
		男童：				
	35	作为儿童模仿套装一部分进口(237)	打千克			
	40	其他(647)	打千克			
		其他：				

税则号列	统计后缀	货品名称	单位	税率 1 普通	税率 1 特惠	2
6203.43.45	00	按重量计羽绒和水禽羽毛含量在15%或以上,其中羽绒含量至少35%;按重量计羽绒含量在10%或以上	打千克	0[1]		60%
		其他:				
		护胸背带工装裤:				
6203.43.55	00	防水(659)	打千克	7.1%[1]	0(AU, BH, CA, CL, CO, IL, JO, KR, MA, MX, OM, P, PA, PE, S, SG)	65%
6203.43.60		其他		14.9%[1]	0(AU, BH, CA, CL, CO, IL, JO, KR, MA, MX, OM, P, PA, PE, S, SG)	76%
	05	御寒保暖(659)	打千克			
		其他:				
	10	男式(659)	打千克			
		男童,2号至7号:				
	25	作为儿童模仿套装一部分进口(237)	打千克			
	50	其他(237)	打千克			
	90	其他(659)	打千克			
		其他:				
6203.43.65	00	经认证的手工织物和民俗产品(647)	打千克	12.2%[1]	0(AU, BH, CA, CL, CO, IL, JO, KR, MA, MX, OM, P, PA, PE, S, SG)	76%
		其他:				
6203.43.70		按重量计羊毛和动物细毛含量在36%或以上		49.6美分/千克+19.7%[1]	0(AU, BH, CA, CL, CO, IL, JO, KR, MA, MX, OM, P, PA, PE, S, SG)	52.9美分/千克+58.5%
		长裤和马裤:				
	10	男式(447)	打千克			
	20	男童(447)	打千克			
	30	短裤(447)	打千克			
		其他:				
6203.43.75		防水长裤或马裤(647)		7.1%[1]	0(AU, BH, CA, CL, CO, IL, JO, KR, MA, MX, OM, P, PA, PE, S, SG)	65%
	10	滑雪裤(647)	打千克			
	90	其他(647)	打千克			

税则号列	统计后缀	货品名称	单位	税率 1 普通	税率 1 特惠	2
6203.43.90		其他		27.9%[1]	0(AU, BH, CA, CL, CO, IL, JO, KR, MA, MX, OM, P, PA, PE, S, SG)	90%
		长裤和马裤：				
	10	男式(647)	打千克			
		男童：				
	15	作为儿童模仿套装一部分进口(237)	打千克			
	20	其他(647)	打千克			
		短裤：				
	30	男式(647)	打千克			
		男童：				
	35	作为儿童模仿套装一部分进口(237)	打千克			
	40	其他(647)	打千克			
6203.49		其他纺织材料制：				
		休闲外套：				
		人造纤维制：				
6203.49.01		护胸背带工装裤		8.5%[1]	0(AU, BH, CA, CL, CO, IL, JO, KR, MA, MX, OM, P, PA, PE, S, SG)	76%
	05	御寒保暖(659)	打千克			
		其他：				
	10	男式(659)	打千克			
		男童,2号至7号：				
	25	作为儿童模仿套装一部分进口(237)	打千克			
	50	其他(237)	打千克			
	90	其他(659)	打千克			
6203.49.05		长裤、马裤和短裤		27.9%[1]	0(AU, BH, CA, CL, CO, IL, JO, KR, MA, MX, OM, P, PA, PE, S, SG)	90%
	05	按重量计羊毛和动物细毛含量在36%或以上(447)	打千克			
		其他：				
		长裤和马裤：				
	15	男式(647)	打千克			

税则号列	统计后缀	货品名称	单位	税率 1 普通	税率 1 特惠	2
		男童:				
	20	作为儿童模仿套装一部分进口(237)	打千克			
	30	其他(647)	打千克			
		短裤:				
	45	男式(647)	打千克			
		男童:				
	50	作为儿童模仿套装一部分进口(237)	打千克			
	60	其他(647)	打千克			
		其他纺织材料制:				
6203.49.07		按重量计丝或绢丝含量在70%或以上		0[1]		35%
	10	护胸背带工装裤(759)	打千克			
	20	长裤和马裤(747)	打千克			
	30	短裤(747)	打千克			
6203.49.09		其他		2.8%[1]	0(AU,BH,CA,CL,CO,E∗,IL,JO,KR,MA,MX,OM,P,PA,PE,S,SG)	35%
	10	护胸背带工装裤(859)	打千克			
		长裤和马裤:				
	20	棉限内的(347)	打千克			
	25	毛限内的(447)	打千克			
	30	化纤限内的(647)	打千克			
	45	其他(847)	打千克			
	60	短裤(847)	打千克			
		其他:				
		人造纤维制:				
6203.49.25		护胸背带工装裤		8.5%[1]	0(AU,BH,CA,CL,CO,IL,JO,KR,MA,MX,OM,P,PA,PE,S,SG)	76%
	05	御寒保暖(659)	打千克			
		其他:				

税则号列	统计后缀	货品名称	单位	税率 1 普通	税率 1 特惠	2
	10	男式(659)	打千克			
		男童,2号至7号:				
	25	作为儿童模仿套装一部分进口(237)	打千克			
	50	其他(237)	打千克			
	90	其他(659)	打千克			
		长裤、马裤和短裤:				
6203.49.35	00	经认证的手工织物和民俗产品	打千克	12.2%[1]	0(AU,BH,CA,CL,CO,IL,JO,KR,MA,MX,OM,P,PA,PE,S,SG)	76%
6203.49.50		其他		27.9%[1]	0(AU,BH,CA,CL,CO,IL,JO,KR,MA,MX,OM,P,PA,PE,S,SG)	90%
	05	按重量计羊毛和动物细毛含量在36%或以上(447)	打千克			
		其他:				
		长裤和马裤:				
	15	男式(647)	打千克			
		男童:				
	20	作为儿童模仿套装一部分进口(237)	打千克			
	30	其他(647)	打千克			
		短裤:				
	45	男式(647)	打千克			
		男童:				
	50	作为儿童模仿套装一部分进口(237)	打千克			
	60	其他(647)	打千克			
6203.49.60		按重量计丝或绢丝含量在70%或以上		0[3]		35%
	10	护胸背带工装裤(759)	打千克			
	20	长裤和马裤(747)	打千克			
	30	短裤(747)	打千克			
6203.49.90		其他		2.8%[1]	0(AU,BH,CA,CL,CO,E*,IL,JO,KR,MA,MX,OM,P,PA,PE,S,SG)	35%

税则号列	统计后缀	货品名称	单位	税率 1 普通	税率 1 特惠	2
	10	护胸背带工装裤(859)	打 千克			
		长裤和马裤:				
	20	棉限内的(347)	打 千克			
	25	毛限内的(447)	打 千克			
	30	化纤限内的(647)	打 千克			
	45	其他(847)	打 千克			
	60	短裤(847)	打 千克			
6204		女式西服套装、便服套装、上衣、连衣裙、裙子、裙裤、长裤、护胸背带工装裤、马裤及短裤(游泳服除外):				
		西服套装:				
6204.11.00	00	羊毛或动物细毛制	个 千克	14%[1]	0(AU, BH, CA, CL, CO, IL, JO, KR, MA, MX, OM, P, PA, PE, S, SG)	58.5%
6204.12.00		棉制		14.9%[1]	0(AU, BH, CA, CL, CO, IL, JO, KR, MA, MX, OM, P, PA, PE, S, SG)	90%
	10	作为西服套装一部分进口的上衣(335)	打 千克			
	20	作为西服套装一部分进口的裙子和裙裤(342)	打 千克			
	30	作为西服套装一部分进口的裤子、马裤和短裤(348)	打 千克			
	40	作为西服套装一部分进口的背心(359)	打 千克			
6204.13		合成纤维制:				
6204.13.10	00	按重量计羊毛和动物细毛含量在36%或以上(444)	个 千克	17%[1]	0(AU, BH, CA, CL, CO, IL, JO, KR, MA, MX, OM, P, PA, PE, S, SG)	58.5%
6204.13.20		其他		35.3美分/千克+25.9%[1]	0(AU, BH, CA, CL, CO, IL, JO, KR, MA, MX, OM, P, PA, PE, S, SG)	37.5美分/千克+76%
	10	女式(644)	个 千克			
	20	女童(644)	个 千克			
6204.19		其他纺织材料制:				
		人造纤维制:				
6204.19.10	00	按重量计羊毛和动物细毛含量在36%或以上(444)	个 千克	17%[1]	0(AU, BH, CA, CL, CO, IL, JO, KR, MA, MX, OM, P, PA, PE, S, SG)	58.5%

税则号列	统计后缀	货品名称	单位	税率 1 普通	税率 1 特惠	2
6204.19.20	00	其他(644)	个 千克	35.3美分/千克+25.9%[1]	0(AU,BH,CA,CL,CO,IL,JO,KR,MA,MX,OM,P,PA,PE,S,SG)	37.5美分/千克+76%
6204.19.40	00	按重量计丝或绢丝含量在70%或以上(744)	个 千克	1%[1]	0(AU,BH,CA,CL,CO,E,IL,JO,KR,MA,MX,OM,P,PA,PE,S,SG)	65%
6204.19.80		其他		6.5%[1]	0(AU,BH,CA,CL,CO,E*,IL,JO,KR,MA,MX,OM,P,PA,PE,S,SG)	65%
		棉限内的:				
	10	作为西服套装一部分进口的上衣(335)	打 千克			
	20	作为西服套装一部分进口的裙子和裙裤(342)	打 千克			
	30	作为西服套装一部分进口的长裤、马裤和短裤(348)	打 千克			
	40	作为西服套装一部分进口的背心(359)	打 千克			
	50	毛限内的(444)	个 千克			
	60	化纤限内的(644)	个 千克			
	90	其他(844)	个 千克			
		便服套装:				
6204.21.00		羊毛或动物细毛制		如果单独输入,则适用套装中每件衣服的税率[10]	0(AU,BH,CA,CL,CO,IL,JO,KR,MA,MX,OM,P,PA,PE,S,SG)	如果单独输入,则适用套装中每件衣服的税率
	10	品目6202所述的服装;品目6204所述的夹克和西装外套(435)	打 千克			
	30	裙子和裙裤(442)	打 千克			
	40	长裤、马裤和短裤(448)	打 千克			
	60	罩衫和衬衣(440)	打 千克			
	70	其他(459)	打 千克			
6204.22		棉制:				
6204.22.10	00	柔道、空手道等东方武术制服(359)	打 千克	7.5%[1]	0(AU,BH,CA,CL,CO,IL,JO,KR,MA,MX,OM,P,PA,PE,S,SG)	90%
6204.22.30		其他		如果单独输入,则适用套装中每件衣服的税率[10]	0(AU,BH,CA,CL,CO,IL,JO,KR,MA,MX,OM,P,PA,PE,S,SG)	如果单独输入,则适用套装中每件衣服的税率

税则号列	统计后缀	货品名称	单位	税率 1 普通	税率 1 特惠	2
	10	品目 6202 所述的服装;品目 6204 所述的夹克和西装外套(335)	打千克			
	30	裙子和裙裤(342)	打千克			
	40	长裤和马裤(348)	打千克			
	50	短裤(348)	打千克			
		罩衫和衬衣:				
	60	在经纱和/或纬纱中有两种或多种颜色(341)	打千克			
	65	其他(341)	打千克			
	70	其他(359)	打千克			
6204.23.00		合成纤维制		如果单独输入,则适用套装中每件衣服的税率[10]	0(AU,BH,CA,CL,CO,IL,JO,KR,MA,MX,OM,P,PA,PE,S,SG)	如果单独输入,则适用套装中每件衣服的税率
		按重量计羊毛和动物细毛含量在36%或以上:				
	05	品目 6202 所述的服装;品目 6204 所述的夹克和西装外套(435)	打千克			
	10	裙子和裙裤(442)	打千克			
	15	长裤、马裤和短裤(448)	打千克			
	20	罩衫和衬衣(440)	打千克			
	25	其他(459)	打千克			
		其他:				
	30	品目 6202 所述的服装;品目 6204 所述的夹克和西装外套(635)	打千克			
	35	裙子和裙裤(642)	打千克			
	40	长裤和马裤(648)	打千克			
	45	短裤(648)	打千克			
		罩衫和衬衣:				
	50	在经纱和/或纬纱中有两种或多种颜色(641)	打千克			
	55	其他(641)	打千克			

税则号列	统计后缀	货品名称	单位	税率 1 普通	税率 1 特惠	2
	60	其他(659)	打千克			
6204.29		其他纺织材料制：				
6204.29.20		人造纤维制		如果单独输入，则适用套装中每件衣服的税率[10]	0(AU,BH,CA,CL,CO,IL,JO,KR,MA,MX,OM,P,PA,PE,S,SG)	如果单独输入，则适用套装中每件衣服的税率
	10	品目6202所述的服装；品目6204所述的夹克和西装外套(635)	打千克			
	15	裙子或裙裤(642)	打千克			
	20	长裤和马裤(648)	打千克			
	25	短裤(648)	打千克			
		罩衫和衬衣：				
	30	在经纱和/或纬纱中有两种或多种颜色(641)	打千克			
	40	其他(641)	打千克			
	50	其他(659)	打千克			
6204.29.40		其他		如果单独输入，则适用套装中每件衣服的税率[3]	0(AU,BH,CA,CL,CO,E*,IL,JO,KR,MA,MX,OM,P,PA,PE,S,SG)	如果单独输入，则适用套装中每件衣服的税率
		品目6202所述的服装；品目6204所述的夹克和西装外套：				
	10	棉限内的(335)	打千克			
	12	毛限内的(435)	打千克			
	14	化纤限内的(635)	打千克			
		其他：				
		丝制：				
	16	按重量计丝或绢丝含量在70%或以上(735)	打千克			
	18	其他(835)	打千克			
	20	其他(835)	打千克			
		裙子和裙裤：				
	22	棉限内的(342)	打千克			

税则号列	统计后缀	货品名称	单位	税率 1 普通	税率 1 特惠	2
	24	毛限内的(442)	打 千克			
	26	化纤限内的(642)	打 千克			
		其他:				
		丝制:				
	28	按重量计丝或绢丝含量在70%或以上(742)	打 千克			
	30	其他(842)	打 千克			
	32	其他(842)	打 千克			
		长裤、马裤和短裤:				
	34	棉限内的(348)	打 千克			
	36	毛限内的(448)	打 千克			
	38	化纤限内的(648)	打 千克			
		其他:				
		丝制:				
	40	按重量计丝或绢丝含量在70%或以上(748)	打 千克			
		其他:				
	41	长裤和马裤(847)	打 千克			
	43	短裤(847)	打 千克			
		其他:				
	47	长裤和马裤(847)	打 千克			
	49	短裤(847)	打 千克			
		罩衫和衬衣:				
	70	棉限内的(341)	打 千克			
	72	毛限内的(440)	打 千克			
	74	化纤限内的(641)	打 千克			
		其他:				
		丝制:				
	76	按重量计丝或绢丝含量在70%或以上(741)	打 千克			
	78	其他(840)	打 千克			

税则号列	统计后缀	货品名称	单位	税率 1 普通	税率 1 特惠	2
	80	其他(840)	打 千克			
		其他：				
	82	棉限内的(359)	打 千克			
	84	毛限内的(459)	打 千克			
	86	化纤限内的(659)	打 千克			
		其他：				
		丝制：				
	88	按重量计丝或绢丝含量在70%或以上(759)	打 千克			
	90	其他(859)	打 千克			
	92	其他(859)	打 千克			
		上衣：				
6204.31		羊毛或动物细毛制				
6204.31.10		按重量计丝或绢丝含量在30%或以上		7.5%[1]	0(AU, BH, CA, CL, CO, IL, JO, KR, MA, MX, OM, P, PA, PE, S, SG)	65%
	10	女式(435)	打 千克			
	20	女童(435)	打 千克			
6204.31.20		其他		17.5%[1]	0(AU, BH, CA, CL, CO, IL, JO, KR, MA, MX, OM, P, PA, PE, S, SG)	46.3美分/千克 +58.5%
	10	女式(435)	打 千克			
	20	女童(435)	打 千克			
6204.32		棉制：				
6204.32.10	00	按重量计亚麻含量在36%或以上(335)	打 千克	2.8%[1]	0(AU, BH, CA, CL, CO, IL, JO, KR, MA, MX, OM, P, PA, PE, S, SG)	35%
6204.32.20		其他		9.4%[1]	0(AU, BH, CA, CL, CO, IL, JO, KR, MA, MX, OM, P, PA, PE, S, SG)	90%
		灯芯绒：				
	10	女式(335)	打 千克			
	20	女童(335)	打 千克			
		其他：				

税则号列	统计后缀	货品名称	单位	税率 1 普通	税率 1 特惠	2
	30	女式(335)	打千克			
	40	女童(335)	打千克			
6204.33		合成纤维制:				
6204.33.10	00	按重量计丝或绢丝含量在30%或以上（635）	打千克	7.1%[1]	0（AU, BH, CA, CL, CO, IL, JO, KR, MA, MX, OM, P, PA, PE, S, SG）	65%
6204.33.20	00	按重量计亚麻含量在36或以上（635）	打千克	2.8%[3]	0（AU, BH, CA, CL, CO, IL, JO, KR, MA, MX, OM, P, PA, PE, S, SG）	35%
6204.33.40		按重量计羊毛和动物细毛含量在36%或以上		46.3美分/千克+21%[1]	0（AU, BH, CA, CL, CO, IL, JO, KR, MA, MX, OM, P, PA, PE, S, SG）	46.3美分/千克+58.5%
	10	女式(435)	打千克			
	20	女童(435)	打千克			
6204.33.50		其他		27.3%[1]	0（AU, BH, CA, CL, CO, IL, JO, KR, MA, MX, OM, P, PA, PE, S, SG）	77.5%
	10	女式(635)	打千克			
	20	女童(635)	打千克			
6204.39		其他纺织材料制:				
		人造纤维制:				
6204.39.20		按重量计羊毛和动物细毛含量在36%或以上		37.1美分/千克+16.8%[1]	0（AU, BH, CA, CL, CO, IL, JO, KR, MA, MX, OM, P, PA, PE, S, SG）	46.3美分/千克+58.5%
	10	女式(435)	打千克			
	20	女童(435)	打千克			
6204.39.30		其他		27.3%[1]	0（AU, BH, CA, CL, CO, IL, JO, KR, MA, MX, OM, P, PA, PE, S, SG）	77.5%
	10	女式(635)	打千克			
	20	女童(635)	打千克			
		其他:				
6204.39.60	00	按重量计丝或绢丝含量在70%或以上（735）	打千克	1%[1]	0（A, AU, BH, CA, CL, CO, D, E, IL, JO, KR, MA, MX, OM, P, PA, PE, S, SG）	65%
6204.39.80		其他		6.3%[1]	0（AU, BH, CA, CL, CO, E*, IL, JO, KR, MA, MX, OM, P, PA, PE, S, SG）	65%

税则号列	统计后缀	货品名称	单位	税率 1 普通	税率 1 特惠	2
	10	棉限内的(335)	打千克			
	20	毛限内的(435)	打千克			
	30	化纤限内的(635)	打千克			
		其他:				
	50	丝制(835)	打千克			
	60	其他(835)	打千克			
		连衣裙:				
6204.41		羊毛或动物细毛制:				
6204.41.10	00	按重量计丝或绢丝含量在30%或以上(436)	打千克	7.2%[1]	0(AU, BH, CA, CL, CO, IL, JO, KR, MA, MX, OM, P, PA, PE, S, SG)	90%
6204.41.20		其他		13.6%[1]	0(AU, BH, CA, CL, CO, IL, JO, KR, MA, MX, OM, P, PA, PE, S, SG)	58.5%
	10	女式(436)	打千克			
	20	女童(436)	打千克			
6204.42		棉制:				
6204.42.10	00	经认证的手工织物和民俗产品(336)	打千克	11.8%[1]	0(AU,BH,CA,CL,CO,E,IL,JO, KR, MA, MX, OM, P, PA, PE, S, SG)	90%
		其他:				
6204.42.20	00	按重量计亚麻含量在36%或以上(336)	打千克	5.5%[1]	0(AU, BH, CA, CL, CO, IL, JO, KR, MA, MX, OM, P, PA, PE, S, SG)	90%
6204.42.30		其他		8.4%[1]	0(AU, BH, CA, CL, CO, IL, JO, KR, MA, MX, OM, P, PA, PE, S, SG)	90%
		灯芯绒:				
	10	女式(336)	打千克			
	20	女童(336)	打千克			
		其他:				
		在经纱和/或纬纱中有两种或多种颜色:				
	30	女式(336)	打千克			
	40	女童(336)	打千克			
		其他:				

税则号列	统计后缀	货品名称	单位	税率 1 普通	税率 1 特惠	2
	50	女式(336)	打千克			
	60	女童(336)	打千克			
6204.43		合成纤维制:				
6204.43.10	00	经认证的手工织物和民俗产品(636)	打千克	11.3%[1]	0(AU,BH,CA,CL,CO,E,IL,JO,KR,MA,MX,OM,P,PA,PE,S,SG)	76%
		其他:				
6204.43.20	00	按重量计丝或绢丝含量在30%或以上(636)	打千克	7.1%[1]	0(AU,BH,CA,CL,CO,IL,JO,KR,MA,MX,OM,P,PA,PE,S,SG)	65%
6204.43.30		按重量计羊毛和动物细毛含量在36%或以上		14.9%[1]	0(AU,BH,CA,CL,CO,IL,JO,KR,MA,MX,OM,P,PA,PE,S,SG)	58.5%
	10	女式(436)	打千克			
	20	女童(436)	打千克			
6204.43.40		其他		16%[1]	0(AU,BH,CA,CL,CO,IL,JO,KR,MA,MX,OM,P,PA,PE,S,SG)	90%
		在经纱和/或纬纱中有两种或多种颜色:				
	10	女式(636)	打千克			
	20	女童(636)	打千克			
		其他:				
	30	女式(636)	打千克			
	40	女童(636)	打千克			
6204.44		人造纤维制:				
6204.44.20	00	经认证的手工织物和民俗产品(636)	打千克	11.3%[1]	0(AU,BH,CA,CL,CO,E,IL,JO,KR,MA,MX,OM,P,PA,PE,S,SG)	76%
		其他:				
6204.44.30		按重量计羊毛和动物细毛含量在36%或以上		8.5%[1]	0(AU,BH,CA,CL,CO,IL,JO,KR,MA,MX,OM,P,PA,PE,S,SG)	58.5%
	10	女式(436)	打千克			
	20	女童(436)	打千克			
6204.44.40		其他		16%[1]	0(AU,BH,CA,CL,CO,IL,JO,KR,MA,MX,OM,P,PA,PE,S,SG)	90%

税则号列	统计后缀	货品名称	单位	税率 1 普通	税率 1 特惠	2
	10	女式(636)	打千克			
	20	女童(636)	打千克			
6204.49		其他纺织材料制：				
6204.49.10	00	按重量计丝或绢丝含量在70%或以上(736)	打千克	6.9%1[2]	0(A*,AU,BH,CA,CL,CO,D,E,IL,JO,KR,MA,MX,OM,P,PA,PE,S,SG)	65%
6204.49.50		其他		6.9%[1]	0(AU,BH,CA,CL,CO,E*,IL,JO,KR,MA,MX,OM,P,PA,PE,S,SG)	65%
	10	棉限内的(336)	打千克			
	20	毛限内的(436)	打千克			
	30	化纤限内的(636)	打千克			
		其他：				
	50	丝制(836)	打千克			
	60	其他(836)	打千克			
		裙子及裙裤：				
6204.51.00		羊毛或动物细毛制		14%[1]	0(AU,BH,CA,CL,CO,IL,JO,KR,MA,MX,OM,P,PA,PE,S,SG)	90%
	10	女式(442)	打千克			
	20	女童(442)	打千克			
6204.52		棉制：				
6204.52.10	00	经认证的手工织物和民俗产品(342)	打千克	8%[1]	0(AU,BH,CA,CL,CO,E,IL,JO,KR,MA,MX,OM,P,PA,PE,S,SG)	90%
6204.52.20		其他		8.2%[1]	0(AU,BH,CA,CL,CO,IL,JO,KR,MA,MX,OM,P,PA,PE,S,SG)	90%
		灯芯绒：				
	10	女式(342)	打千克			
	20	女童(342)	打千克			
		蓝色粗斜纹布(劳动布)：				
	30	女式(342)	打千克			
	40	女童(342)	打千克			
		其他：				

税则号列	统计后级	货品名称	单位	税率 普通	税率 特惠	2
	70	女式(342)	打千克			
	80	女童(342)	打千克			
6204.53		合成纤维制：				
6204.53.10	00	经认证的手工织物和民俗产品（642）	打千克	11.3%[1]	0(AU,BH,CA,CL,CO,E,IL,JO,KR,MA,MX,OM,P,PA,PE,S,SG)	76%
		其他：				
6204.53.20		按重量计羊毛和动物细毛含量在36%或以上		14.9%[1]	0(AU,BH,CA,CL,CO,IL,JO,KR,MA,MX,OM,P,PA,PE,S,SG)	90%
	10	女式(442)	打千克			
	20	女童(442)	打千克			
6204.53.30		其他		16%[1]	0(AU,BH,CA,CL,CO,IL,JO,KR,MA,MX,OM,P,PA,PE,S,SG)	90%
	10	女式(642)	打千克			
	20	女童(642)	打千克			
6204.59		其他纺织材料制：				
		人造纤维制：				
6204.59.10	00	经认证的手工织物和民俗产品（642）	打千克	11.3%[1]	0(AU,BH,CA,CL,CO,E,IL,JO,KR,MA,MX,OM,P,PA,PE,S,SG)	76%
		其他：				
6204.59.20		按重量计羊毛和动物细毛含量在36%或以上		14.9%[1]	0(AU,BH,CA,CL,CO,IL,JO,KR,MA,MX,OM,P,PA,PE,S,SG)	90%
	10	女式(442)	打千克			
	20	女童(442)	打千克			
6204.59.30		其他		16%[1]	0(AU,BH,CA,CL,CO,IL,JO,KR,MA,MX,OM,P,PA,PE,S,SG)	90%
	10	女式(642)	打千克			
	20	女童(642)	打千克			
6204.59.40		其他		6.6%[13]	0(AU,BH,CA,CL,CO,E*,IL,JO,KR,MA,MX,OM,P,PA,PE,S,SG)	65%
	10	棉限内的(342)	打千克			

税则号列	统计后缀	货品名称	单位	税率 1 普通	税率 1 特惠	2
	20	毛限内的(442)	打千克			
	30	化纤限内的(642)	打千克			
		其他：				
		丝制：				
	40	按重量计丝或绢丝含量在70%或以上(742)	打千克			
	50	其他(842)	打千克			
	60	其他(842)	打千克			
		长裤、护胸背带工装裤、马裤及短裤：				
6204.61		羊毛或动物细毛制：				
		休闲外套：				
6204.61.05		长裤和马裤,含有弹性纤维,防水,无腰襻,每打重量超过6千克		7.6%[1]	0(AU, BH, CA, CL, CO, IL, JO, KR, MA, MX, OM, P, PA, PE, S, SG)	58.5%
	10	女式(448)	打千克			
	20	女童(448)	打千克			
6204.61.15		其他		13.6%[1]	0(AU, BH, CA, CL, CO, IL, JO, KR, MA, MX, OM, P, PA, PE, S, SG)	58.5%
		长裤和马裤：				
	10	女式(448)	打千克			
	20	女童(448)	打千克			
	30	短裤(448)	打千克			
	40	护胸背带工装裤(459)	打千克			
		其他：				
6204.61.60		长裤和马裤,含有弹性纤维,防水,无腰襻,每打重量超过6千克		7.6%[1]	0(AU, BH, CA, CL, CO, IL, JO, KR, MA, MX, OM, P, PA, PE, S, SG)	58.5%
	10	女式(448)	打千克			
	20	女童(448)	打千克			
6204.61.80		其他		13.6%[1]	0(AU, BH, CA, CL, CO, IL, JO, KR, MA, MX, OM, P, PA, PE, S, SG)	58.5%
		长裤和马裤：				

税则号列	统计后缀	货品名称	单位	税率 1 普通	税率 1 特惠	2
	10	女式(448)	打千克			
	20	女童(448)	打千克			
	30	短裤(448)	打千克			
	40	护胸背带工装裤(459)	打千克			
6204.62		棉制				
		休闲外套:				
6204.62.03	00	按重量计羽绒和水禽羽毛含量在15%或以上,其中羽绒含量至少35%;按重量计羽绒含量在10%或以上	打千克	0[1]		60%
		其他:				
6204.62.05		护胸背带工装裤		8.9%[1]	0 (AU, BH, CA, CL, CO, IL, JO, KR, MA, MX, OM, P, PA, PE, S, SG)	90%
	05	御寒保暖(359)	打千克			
		其他:				
	10	女式(359)	打千克			
		女童:				
	25	作为儿童模仿套装一部分进口(237)	打千克			
	50	其他(237)	打千克			
6204.62.15		其他		16.6%[1]	0 (AU, BH, CA, CL, CO, IL, JO, KR, MA, MX, OM, P, PA, PE, S, SG)	90%
	03	包含统计报告编码5205.42.0021、5205.43.0021、5205.44.0021、5205.46.0021或5205.47.0021所述的紧密纱(348)	打千克			
		其他:				
		女式长裤或马裤:				
	06	灯芯绒(348)	打千克			
	11	蓝色粗斜纹布(劳动布)(348)	打千克			
	21	其他(348)	打千克			
		女童长裤和马裤:				
		灯芯绒:				
	26	作为儿童模仿套装一部分进口(237)	打千克			

税则号列	统计后缀	货品名称	单位	税率 1 普通	税率 1 特惠	2
	31	其他(348)	打千克			
		蓝色粗斜纹布(劳动布):				
	36	作为儿童模仿套装一部分进口(237)	打千克			
	41	其他(348)	打千克			
		其他:				
	46	作为儿童模仿套装一部分进口(237)	打千克			
	51	其他(348)	打千克			
	56	女式短裤(348)	打千克			
		女童短裤				
	61	作为儿童模仿套装一部分进口(237)	打千克			
	66	其他(348)	打千克			
		其他:				
6204.62.50	00	按重量计羽绒和水禽羽毛含量在15%或以上,其中羽绒含量至少35%;按重量计羽绒含量在10%或以上	打千克	0[1]		60%
		其他:				
6204.62.60		护胸背带工装裤		8.9%[1]	0(AU,BH,CA,CL,CO,IL,JO,KR,MA,MX,OM,P,PA,PE,S,SG)	90%
	05	御寒保暖(359)	打千克			
		其他:				
	10	女式(359)	打千克			
		女童:				
	25	作为儿童模仿套装一部分进口(237)	打千克			
	50	其他(237)	打千克			
		其他:				
6204.62.70	00	经认证的手工织物和民俗产品(348)	打千克	7.1%[1]	0(AU,BH,CA,CL,CO,E,IL,JO,KR,MA,MX,OM,P,PA,PE,S,SG)	37.5%
6204.62.80		其他		16.6%[1]	0(AU,BH,CA,CL,CO,IL,JO,KR,MA,MX,OM,P,PA,PE,S,SG)	90%

税则号列	统计后缀	货品名称	单位	税率 1 普通	税率 1 特惠	2
	03	包含统计报告编码 5205.42.0021、5205.43.0021、5205.44.0021、5205.46.0021 或 5205.47.0021 所述的紧密纱(348)	打千克			
		其他:				
		女式长裤或马裤:				
	06	灯芯绒(348)	打千克			
	11	蓝色粗斜纹布(劳动布)(348)	打千克			
	21	其他(348)	打千克			
		女童长裤和马裤:				
		灯芯绒:				
	26	作为儿童模仿套装一部分进口(237)	打千克			
	31	其他(348)	打千克			
		蓝色粗斜纹布(劳动布):				
	36	作为儿童模仿套装一部分进口(237)	打千克			
	41	其他(348)	打千克			
		其他:				
	46	作为儿童模仿套装一部分进口(237)	打千克			
	51	其他(348)	打千克			
	56	女式短裤(348)	打千克			
		女童短裤				
	61	作为儿童模仿套装一部分进口(237)	打千克			
	66	其他(348)	打千克			
6204.63		合成纤维制:				
		休闲外套:				
6204.63.01	00	按重量计羽绒和水禽羽毛含量在15%或以上,其中羽绒含量至少35%;按重量计羽绒含量在10%或以上	打千克	0[1]		60%
		其他:				
		护胸背带工装裤:				

税则号列	统计后缀	货品名称	单位	税率 1 普通	税率 1 特惠	2
6204.63.02	00	防水	打千克	7.1%[1]	0(AU, BH, CA, CL, CO, IL, JO, KR, MA, MX, OM, P, PA, PE, S, SG)	65%
6204.63.03		其他		14.9%[1]	0(AU, BH, CA, CL, CO, IL, JO, KR, MA, MX, OM, P, PA, PE, S, SG)	76%
	05	御寒保暖(659)	打千克			
		其他:				
	10	女式(659)	打千克			
		女童:				
	25	作为儿童模仿套装一部分进口(237)	打千克			
	50	其他(237)	打千克			
		其他:				
6204.63.08		按重量计羊毛和动物细毛含量在36%或以上		13.6%[1]	0(AU, BH, CA, CL, CO, IL, JO, KR, MA, MX, OM, P, PA, PE, S, SG)	58.5%
	10	女式(448)	打千克			
	20	女童(448)	打千克			
		其他:				
6204.63.09		防水长裤或短裤		7.1%[1]	0(AU, BH, CA, CL, CO, IL, JO, KR, MA, MX, OM, P, PA, PE, S, SG)	65%
	10	滑雪裤(648)	打千克			
	90	其他(648)	打千克			
6204.63.11		其他		28.6%[1]	0(AU, BH, CA, CL, CO, IL, JO, KR, MA, MX. OM, P, PA, PE, S, SG)	90%
		长裤和马裤:				
	10	女式(648)	打千克			
		女童:				
	25	作为儿童模仿套装一部分进口(237)	打千克			
	30	其他(648)	打千克			
		短裤:				
	32	女式(648)	打千克			
		女童:				

第六十二章　非针织或非钩编的服装及衣着附件　919

税则号列	统计后缀	货品名称	单位	税率 1 普通	税率 1 特惠	2
	35	作为儿童模仿套装一部分进口(237)	打千克			
	40	其他(648)	打千克			
		其他：				
6204.63.50	00	按重量计羽绒和水禽羽毛含量在15%或以上，其中羽绒含量至少35%；按重量计羽绒含量在10%或以上	打千克	0[1]		60%
		其他：				
		护胸背带工装裤：				
6204.63.55	00	防水(659)	打千克	7.1%[1]	0(AU,BH,CA,CL,CO,IL,JO,KR,MA,MX,OM,P,PA,PE,S,SG)	65%
6204.63.60		其他		14.9%[1]	0(AU,BH,CA,CL,CO,IL,JO,KR,MA,MX.OM,P,PA,PE,S,SG)	76%
	05	御寒保暖(659)	打千克			
		其他：				
	10	女式(659)	打千克			
		女童：				
	25	作为儿童模仿套装一部分进口(237)	打千克			
	50	其他(237)	打千克			
6204.63.65	00	经认证的手工织物和民俗产品(648)	打千克	11.3%[1]	0(AU,BH,CA,CL,CO,E,IL,JO,KR,MA,MX,OM,P,PA,PE,S,SG)	76%
		其他：				
6204.63.70		按重量计羊毛和动物细毛含量在36%或以上		13.6%[1]	0(AU,BH,CA,CL,IL,JO,KR,MA,MX,OM,P,PA,PE,SG)	58.5%
	10	女式(448)	打千克			
	20	女童(448)	打千克			
		其他：				
6204.63.75		防水长裤或短裤(648)		7.1%[1]	0(AU,BH,CA,CL,CO,IL,JO,KR,MA,MX,OM,P,PA,PE,S,SG)	65%
	10	滑雪裤(648)	打千克			
	90	其他(648)	打千克			
6204.63.90		其他		28.6%[1]	0(AU,BH,CA,CL,CO,IL,JO,KR,MA,MX,OM,P,PA,PE,S,SG)	90%

税则号列	统计后缀	货品名称	单位	税率 1 普通	税率 1 特惠	2
		长裤和马裤:				
	10	女式(648)	打千克			
		女童:				
	25	作为儿童模仿套装一部分进口(237)	打千克			
	30	其他(648)	打千克			
		短裤:				
	32	女式(648)	打千克			
		女童:				
	35	作为儿童模仿套装一部分进口(237)	打千克			
	40	其他(648)	打千克			
6204.69		其他纺织材料制:				
		休闲外套:				
		人造纤维制:				
6204.69.01		护胸背带工装裤		13.6%[1]	0(AU, BH, CA, CL, CO, IL, JO, KR, MA, MX, OM, P, PA, PE, S, SG)	76%
	05	御寒保暖(659)	打千克			
		其他:				
	10	女式(659)	打千克			
		女童:				
	25	作为儿童模仿套装一部分进口(237)	打千克			
	50	其他	打千克			
		长裤、马裤和短裤:				
6204.69.02		按重量计羊毛和动物细毛含量在36%或以上		13.6%[1]	0(AU, BH, CA, CL, CO, IL, JO, KR, MA, MX, OM, P, PA, PE, S, SG)	58.5%
		长裤和马裤:				
	10	女式(448)	打千克			
	20	女童(448)	打千克			
	30	短裤(448)	打千克			
6204.69.03		其他		28.6%[1]	0(AU, BH, CA, CL, CO, IL, JO, KR, MA, MX, OM, P, PA, PE, S, SG)	90%

税则号列	统计后缀	货品名称	单位	税率 1 普通	税率 1 特惠	2
		长裤和马裤：				
	10	女式(648)	打千克			
		女童：				
	20	作为儿童模仿套装一部分进口(237)	打千克			
	30	其他(648)	打千克			
		短裤：				
	40	女式(648)	打千克			
		女童：				
	50	作为儿童模仿套装一部分进口(237)	打千克			
	60	其他(648)	打千克			
		丝或绢丝制：				
6204.69.04		按重量计丝或绢丝含量在70%或以上		1.1%[1]	0(AU,BH,CA,CL,CO,E,IL,JO,KR,MA,MX,OM,P,PA,PE,S,SG)	65%
	10	长裤、马裤和短裤(748)	打千克			
	20	护胸背带工装裤(759)	打千克			
6204.69.05		其他		7.1%[1]	0(AU,GH,CA,CL,CO,E*,IL,JO,KR,MA,MX,OM,P,PA,PE,S,SG)	65%
		长裤、马裤和短裤：				
	10	棉限内的(348)	打千克			
	20	毛限内的(448)	打千克			
	30	化纤限内的(648)	打千克			
		其他：				
	40	长裤和马裤(847)	打千克			
	50	短裤(847)	打千克			
	70	护胸背带工装裤(859)	打千克			
6204.69.06		其他		2.8%[1]	0(AU,BH,CA,CL,CO,E*,IL,JO,KR,MA,MX,OM,P,PA,PE,S,SG)	35%
		长裤、马裤和短裤：				
	10	棉限内的(348)	打千克			

税则号列	统计后缀	货品名称	单位	税率 1 普通	税率 1 特惠	2
	20	毛限内的(448)	打千克			
	30	化纤限内的(648)	打千克			
		其他:				
	44	长裤和马裤(847)	打千克			
	46	短裤(847)	打千克			
	50	护胸背带工装裤(859)	打千克			
		其他:				
		人造纤维制:				
6204.69.15		护胸背带工装裤		13.6%[1]	0(AU,BH,CA,CL,CO,IL,JO,KR,MA,MX,OM,P,PA,PE,S,SG)	76%
	05	御寒保暖(659)	打千克			
		其他:				
	10	女式(659)	打千克			
		女童:				
	25	作为儿童模仿套装一部分进口(237)	打千克			
	50	其他(237)	打千克			
		长裤、马裤和短裤:				
6204.69.22		按重量计羊毛和动物细毛含量在36%或以上		13.6%[1]	0(AU,BH,CA,CL,CO,IL,JO,KR,MA,MX,OM,P,PA,PE,S,SG)	58.5%
		长裤和马裤:				
	10	女式(448)	打千克			
	20	女童(448)	打千克			
	30	短裤(448)	打千克			
6204.69.28		其他		28.6%[1]	0(AU,BH,CA,CL,CO,IL,JO,KR,MA,MX,OM,P,PA,PE,S,SG)	90%
		长裤和马裤:				
	10	女式(648)	打千克			
		女童:				
	20	作为儿童模仿套装一部分进口(237)	打千克			

第六十二章 非针织或非钩编的服装及衣着附件

税则号列	统计后缀	货品名称	单位	税率 普通	税率 特惠	2
	30	其他(648)	打千克			
		短裤:				
	40	女式(648)	打千克			
		女童:				
	50	作为儿童模仿套装一部分进口(237)	打千克			
	60	其他(648)	打千克			
		丝或绢丝制:				
6204.69.45		按重量计丝或绢丝含量在70%或以上		1.1%[1]	0(AU,BH,CA,CL,CO,E,IL,JO,KR,MA,MX,OM,P,PA,PE,S,SG)	65%
	10	长裤、马裤和短裤(748)	打千克			
	20	护胸背带工装裤(759)	打千克			
6204.69.65		其他		7.1%[1]	0(AU,BH,CA,CL,CO,E*,IL,JO,KR,MA,MX,OM,P,PA,PE,S,SG)	65%
		长裤、马裤和短裤:				
	10	棉限内的(348)	打千克			
	20	毛限内的(448)	打千克			
	30	化纤限内的(648)	打千克			
		其他:				
	40	长裤和马裤(847)	打千克			
	50	短裤(847)	打千克			
	70	护胸背带工装裤(859)	打千克			
6204.69.80		其他		2.8%[1]	0(AU,BH,CA,CL,CO,E*,IL,JO,KR,MA,MX,OM,P,PA,PE,S,SG)	35%
		长裤、马裤和短裤:				
	10	棉限内的(348)	打千克			
	20	毛限内的(448)	打千克			
	30	化纤限内的(648)	打千克			
		其他:				

税则号列	统计后缀	货品名称	单位	税率 1 普通	税率 1 特惠	2
	44	长裤和马裤(847)	打千克			
	46	短裤(847)	打千克			
	50	护胸背带工装裤(859)	打千克			
6205		男衬衫：				
6205.20		棉制：				
6205.20.10	00	经认证的手工织物和民俗产品(340)	打千克	8.7%[1]	0(AU,BH,CA,CL,CO,E,IL,JO,KR,MA,MX,OM,P,PA,PE,S,SG)	90%
6205.20.20		其他		19.7%[1]	0(AU,BH,CA,CL,CO,IL,JO,KR,MA,MX,OM,P,PA,PE,S,SG)	45%
	03	包含统计报告编码 5205.42.0021、5205.43.0021、5205.44.0021、5205.46.0021 或 5205.47.0021 所述的紧密纱(340)	打千克			
		礼服衬衫：				
		在经纱和/或纬纱中有两种或多种颜色：				
	16	男式(340)	打千克			
	21	男童(340)	打千克			
		其他：				
	26	男式(340)	打千克			
	31	男童(340)	打千克			
		其他：				
		灯芯绒：				
	36	男式(340)	打千克			
		男童：				
	41	作为儿童模仿套装一部分进口(237)	打千克			
	44	其他(340)	打千克			
		其他：				
		在经纱和/或纬纱中有两种或多种颜色：				
	47	起绒(340)	打千克			
		其他：				
	51	男式(340)	打千克			

税则号列	统计后缀	货品名称	单位	税率 1 普通	税率 1 特惠	2
		男童：				
	56	作为儿童模仿套装一部分进口(237)	打千克			
	61	其他(340)	打千克			
		其他：				
	66	男式(340)	打千克			
		男童：				
	71	作为儿童模仿套装一部分进口(237)	打千克			
	76	其他(340)	打千克			
6205.30		化学纤维制：				
6205.30.10	00	经认证的手工织物和民俗产品(640)	打千克	12.2%[1]	0(AU,BH,CA,CL,CO,E,IL,JO,KR,MA,MX,OM,P,PA,PE,S,SG)	76%
		其他：				
6205.30.15		按重量计羊毛和动物细毛含量在36%或以上		49.6美分/千克+19.7%[1]	0(AU,BH,CA,CL,CO,IL,JO,KR,MA,MX,OM,P,PA,PE,S,SG)	52.9美分/千克+45%
	10	男式(440)	打千克			
	20	男童(440)	打千克			
6205.30.20		其他		29.1美分/千克+25.9%[1]	0(AU,BH,CA,CL,CO,IL,JO,KR,MA,MX,OM,P,PA,PE,S,SG)	30.9美分/千克+76%
		裙子：				
		在经纱和/或纬纱中有两种或多种颜色：				
	10	男式(640)	打千克			
	20	男童(640)	打千克			
		其他：				
	30	男式(640)	打千克			
	40	男童(640)	打千克			
		其他：				
		在经纱和/或纬纱中有两种或多种颜色：				
	50	男式(640)	打千克			
		男童：				

税则号列	统计后缀	货品名称	单位	税率 1 普通	税率 1 特惠	2
	55	作为儿童模仿套装一部分进口(237)	打千克			
	60	其他(640)	打千克			
		其他:				
	70	男式(640)	打千克			
		男童:				
	75	作为儿童模仿套装一部分进口(237)	打千克			
	80	其他(640)	打千克			
6205.90		其他:				
		羊毛或动物细毛制:				
6205.90.05	00	经认证的手工织物和民俗产品(440)	打千克	9.2%[1]	0(AU, BH, CA, CL, CO, E, IL, JO, KR, MA, MX, OM, P, PA, PE, S, SG)	90%
6205.90.07		其他		17.5%[1]	0(AU, BH, CA, CL, CO, IL, JO, KR, MA, MX, OM, P, PA, PE, S, SG)	52.9美分/千克+45%
	10	男式(440)	打千克			
	20	男童(440)	打千克			
		丝或绢丝制:				
6205.90.10	00	按重量计丝或绢丝含量在70%或以上(740)	打千克	1.1%[3]	0(AU, BH, CA, CL, CO, E, IL, JO, KR, MA, MX, OM, P, PA, PE, S, SG)	65%
6205.90.30		其他		7.1%[3]	0(AU, BH, CA, CL, CO, E*, IL, JO, KR, MA, MX, OM, P, PA, PE, S, SG)	65%
	10	棉限内的(340)	打千克			
	20	毛限内的(440)	打千克			
	30	化纤限内的(640)	打千克			
	50	其他(840)	打千克			
6205.90.40		其他		2.8%[1]	0(AU, BH, CA, CL, CO, E*, IL, JO, KR, MA, MX, OM, P, PA, PE, S, SG)	35%
	10	棉限内的(340)	打千克			
	20	毛限内的(440)	打千克			
	30	化纤限内的(640)	打千克			

税则号列	统计后缀	货品名称	单位	税率 1 普通	税率 1 特惠	2
	40	其他(840)	打千克			
6206		女衬衫：				
6206.10.00		丝或绢丝制		6.9%[14]	0(AU,BH,CA,CL,CO,E*,IL,JO,KR,MA,MX,OM,P,PA,PE,S,SG)	65%
	10	棉限内的(341)	打千克			
	20	毛限内的(440)	打千克			
	30	化纤限内的(641)	打千克			
		其他：				
	40	按重量计丝或绢丝含量在70%或以上(741)	打千克			
	50	其他(840)	打千克			
6206.20		羊毛或动物细毛制：				
6206.20.10	00	经认证的手工织物和民俗产品(440)	打千克	8.5%[1]	0(AU,BH,CA,CL,CO,E,IL,JO,KR,MA,MX,OM,P,PA,PE,S,SG)	90%
		其他：				
6206.20.20		按重量计丝或绢丝含量在30%或以上		7.1%[1]	0(AU,BH,CA,CL,CO,IL,JO,KR,MA,MX,OM,P,PA,PE,S,SG)	90%
	10	女式(440)	打千克			
	20	女童(440)	打千克			
6206.20.30		其他		17%[1]	0(AU,BH,CA,CL,CO,IL,JO,KR,MA,MX,OM,P,PA,PE,S,SG)	82.7美分/千克+58.5%
	10	女式(440)	打千克			
	20	女童(440)	打千克			
6206.30		棉制：				
6206.30.10	00	经认证的手工织物和民俗产品(341)	打千克	9%[1]	0(AU,BH,CA,CL,CO,E,IL,JO,KR,MA,MX,OM,P,PA,PE,S,SG)	90%
		其他：				
6206.30.20	00	按重量计亚麻含量在36%或以上(341)	打千克	3.5%[1]	0(AU,BH,CA,CL,CO,IL,JO,KR,MA,MX,OM,P,PA,PE,S,SG)	90%
6206.30.30		其他		15.4%[1]	0(AU,BH,CA,CL,CO,IL,JO,KR,MA,MX,OM,P,PA,PE,S,SG)	90%

税则号列	统计后缀	货品名称	单位	税率 1 普通	税率 1 特惠	2
	03	包含统计报告编码 5205.42.0021、5205.43.0021、5205.44.0021、5205.46.0021 或 5205.47.0021 所述的紧密纱(341)	打千克			
		其他:				
		在经纱和/或纬纱中有两种或多种颜色:				
	11	女式(341)	打千克			
		女童:				
	21	作为儿童模仿套装一部分进口(237)	打千克			
	31	其他(341)	打千克			
		其他:				
	41	女式(341)	打千克			
		女童:				
	51	作为儿童模仿套装一部分进口(237)	打千克			
	61	其他(341)	打千克			
6206.40		化学纤维制:				
6206.40.10	00	经认证的手工织物和民俗产品(641)	打千克	11.3%[1]	0(AU, BH, CA, CL, CO, E, IL, JO, KR, MA, MX, OM, P, PA, PE, S, SG)	76%
		其他:				
6206.40.20	00	按重量计丝或绢丝含量在30%或以上(641)	打千克	4%[1]	0(AU, BH, CA, CL, CO, IL, JO, KR, MA, MX, OM, P, PA, PE, S, SG)	90%
6206.40.25		按重量计羊毛和动物细毛含量在36%或以上		56.3 美分/千克 +14.3%[1]	0(AU, BH, CA, CL, CO, IL, JO, KR, MA, MX, OM, P, PA, PE, S, SG)	82.7 美分/千克 +58.5%
	10	女式(440)	打千克			
	20	女童(440)	打千克			
6206.40.30		其他		26.9%[1]	0(AU, BH, CA, CL, CO, IL, JO, KR, MA, MX, OM, P, PA, PE, S, SG)	90%
		在经纱和/或纬纱中有两种或多种颜色:				
	10	女式(641)	打千克			
		女童:				
	20	作为儿童模仿套装一部分进口(237)	打千克			

税则号列	统计后缀	货品名称	单位	税率 1 普通	税率 1 特惠	2
	25	其他(641)	打 千克			
		其他：				
	30	女式(641)	打 千克			
		女童：				
	40	作为儿童模仿套装一部分进口(237)	打 千克			
	50	其他(641)	打 千克			
6206.90.00		其他纺织材料制		6.7%[1]	0(AU,BH,CA,CL,CO,E*,IL,JO,KR,MA,MX,OM,P,PA,PE,S,SG)	90%
	10	棉限内的(341)	打 千克			
	20	毛限内的(440)	打 千克			
	30	化纤限内的(641)	打 千克			
	40	其他(840)	打 千克			
6207		男式背心及其他内衣、内裤、三角裤、长睡衣、睡衣裤、浴衣、晨衣及类似品：				
		内裤及三角裤：				
6207.11.00	00	棉制	打 千克	6.1%[1]	0(AU,BH,CA,CL,CO,IL,JO,KR,MA,MX,OM,P,PA,PE,S,SG)	37.5%
6207.19		其他纺织材料制：				
6207.19.10	00	按重量计丝或绢丝含量在70%或以上(752)	打 千克	1.7%[1]	0(AU,BH,CA,CL,CO,E,IL,JO,KR,MA,MX,OM,P,PA,PE,S,SG)	90%
6207.19.90		其他		10.5%[1]	0(AU,BH,CA,CL,CO,E*,IL,JO,KR,MA,MX,OM,P,PA,PE,S,SG)	90%
	10	化学纤维制(652)	打 千克			
	30	其他(852)	打 千克			
		长睡衣及睡衣裤：				
6207.21.00		棉制		8.9%[1]	0(AU,BH,CA,CL,CO,IL,JO,KR,MA,MX,OM,P,PA,PE,S,SG)	90%
		在经纱和/或纬纱中有两种或多种颜色：				
	10	男式(351)	打 千克			
	20	男童(351)	打 千克			

税则号列	统计后缀	货品名称	单位	税率 普通	税率 特惠	2
		其他:				
	30	男式(351)	打千克			
	40	男童(351)	打千克			
6207.22.00	00	化学纤维制	打千克	16%[1]	0(AU, BH, CA, CL, CO, IL, JO, KR, MA, MX, OM, P, PA, PE, S, SG)	76%
6207.29		其他纺织材料制:				
6207.29.10	00	按重量计丝或绢丝含量在70%或以上(751)	打千克	1.1%[1]	0(AU, BH, CA, CL, CO, E, IL, JO, KR, MA, MX, OM, P, PA, PE, S, SG)	65%
6207.29.90		其他		7.1%[1]	0(AU, BH, CA, CL, CO, E*, IL, JO, KR, MA, MX, OM, P, PA, PE, S, SG)	65%
	10	羊毛或动物细毛制(459)	打千克			
	30	其他(851)	打千克			
		其他:				
6207.91		棉制:				
6207.91.10	00	浴衣、晨衣及类似品(350)[15]	打千克	8.4%[1]	0(AU, BH, CA, CL, CO, IL, JO, KR, MA, MX, OM, P, PA, PE, S, SG)	90%
6207.91.30		其他		6.1%[1]	0(AU, BH, CA, CL, CO, IL, JO, KR, MA, MX, OM, P, PA, PE, S, SG)	37.5%
	10	睡衣(351)	打千克			
	20	其他(352)	打千克			
6207.99		其他纺织材料制:				
		羊毛或动物细毛制:				
6207.99.20	00	浴衣、晨衣及类似品(459)	打千克	8.5%[1]	0(AU, BH, CA, CL, CO, IL, JO, KR, MA, MX, OM, P, PA, PE, S, SG)	58.5%
6207.99.40	00	其他(459)	打千克	6.1%[1]	0(AU, BH, CA, CL, CO, IL, JO, KR, MA, MX, OM, P, PA, PE, S, SG)	52%
6207.99.70		按重量计丝或绢丝含量在70%及以上		1.1%[1]	0(AU, BH, CA, CL, CO, E, IL, JO, KR, MA, MX, OM, P, PA, PE, S, SG)	65%
	10	浴衣、晨衣及类似品(750)	打千克			
	20	睡衣(751)	打千克			
	30	其他(752)	打千克			

税则号列	统计后缀	货品名称	单位	税率 1 普通	税率 1 特惠	2
		化学纤维制：				
6207.99.75		浴衣、晨衣及类似品		14.9%[3]	0(AU,BH,CA,CL,CO,IL,JO,KR,MA,MX,OM,P,PA,PE,S,SG)	90%
	10	按重量计羊毛或动物细毛含量在36%或以上（459）	打千克			
	20	其他（650）	打千克			
6207.99.85		其他		10.5%[16]	0(AU,BH,CA,CL,CO,IL,JO,KR,MA,MX,OM,P,PA,PE,S,SG)	90%
	10	睡衣（651）	打千克			
	20	其他（652）	打千克			
6207.99.90		其他		7.1%[3]	0(AU,BH,CA,CL,CO,E*,IL,JO,KR,MA,MX,OM,P,PA,PE,S,SG)	65%
	10	浴衣、晨衣及类似品（850）	打千克			
	40	其他（852）	打千克			
6208		女式背心及其他内衣、长衬裙、衬裙、三角裤、短衬裤、睡衣、睡衣裤、浴衣、晨衣及类似品：				
		长衬裙及衬裙：				
6208.11.00	00	化学纤维制	打千克	14.9%[1]	0(AU,BH,CA,CL,CO,IL,JO,KR,MA,MX,OM,P,PA,PE,S,SG)	90%
6208.19		其他纺织材料制：				
6208.19.20	00	棉制（352）	打千克	11.2%[1]	0(AU,BH,CA,CL,CO,IL,JO,KR,MA,MX,OM,P,PA,PE,S,SG)	90%
6208.19.50	00	按重量计丝或绢丝含量在70%或以上（752）	打千克	1.4%[1]	0(AU,BH,CA,CL,CO,E,IL,JO,KR,MA,MX,OM,P,PA,PE,S,SG)	90%
6208.19.90	00	其他（852）	打千克	8.7%[1]	0(AU,BH,CA,CL,CO,E*,IL,JO,KR,MA,MX,OM,P,PA,PE,S,SG)	90%
		睡衣及睡衣裤：				
6208.21.00		棉制		8.9%[8]	0(AU,BH,CA,CL,CO,IL,JO,KR,MA,MX,OM,P,PA,PE,S,SG)	90%
	10	在经纱和/或纬纱中有两种或多种颜色（351）	打千克			
		其他：				
	20	女式（351）	打千克			

税则号列	统计后缀	货品名称	单位	税率 1 普通	税率 1 特惠	2
	30	女童(351)	打千克			
6208.22.00	00	化学纤维制	打千克	16%[1]	0(AU, BH, CA, CL, CO, IL, JO, KR, MA, MX, OM, P, PA, PE, S, SG)	90%
6208.29		其他纺织材料制：				
6208.29.10	00	按重量计丝或绢丝含量在70%或以上(751)	打千克	1.1%[1]	0(AU, BH, CA, CL, CO, E, IL, JO, KR, MA, MX, OM, P, PA, PE, S, SG)	65%
6208.29.90		其他		7.1%[1]	0(AU, BH, CA, CL, CO, E＊, IL, JO, KR, MA, MX, OM, P, PA, PE, S, SG)	65%
	10	羊毛或动物细毛制(459)	打千克			
	30	其他(851)	打千克			
		其他：				
6208.91		棉制：				
6208.91.10		浴衣、晨衣及类似品		7.5%[1]	0(AU, BH, CA, CL, CO, IL, JO, KR, MA, MX, OM, P, PA, PE, S, SG)	90%
	10	女式(350)[15]	打千克			
	20	女童(350)[15]	打千克			
6208.91.30		其他		11.2%[1]	0(AU, BH, CA, CL, CO, IL, JO, KR, MA, MX, OM, P, PA, PE, S, SG)	90%
	10	女式(352)	打千克			
	20	女童(352)	打千克			
6208.92.00		化学纤维制		16%[1]	0(AU, BH, CA, CL, CO, IL, JO, KR, MA, MX, OM, P, PA, PE, S, SG)	90%
		浴衣、晨衣及类似品：				
	10	女式(650)	打千克			
	20	女童(650)[15]	打千克			
		其他：				
	30	女式(652)	打千克			
	40	女童(652)	打千克			
6208.99		其他纺织材料制：				

税则号列	统计后缀	货品名称	单位	税率 1 普通	税率 1 特惠	2
6208.99.20		羊毛或动物细毛制		8.5%[1]	0(AU,BH,CA,CL,CO,IL,JO,KR,MA,MX,OM,P,PA,PE,S,SG)	58.5%
	10	浴衣、晨衣及类似品（459）	打千克			
	20	其他(459)	打千克			
		丝或绢丝制：				
6208.99.30		按重量计丝或绢丝含量在70%或以上		1.1%[1]	0(AU,BH,CA,CL,CO,E,IL,JO,KR,MA,MX,OM,P,PA,PE,S,SG)	65%
	10	浴衣、晨衣及类似品（750）	打千克			
	20	其他(752)	打千克			
6208.99.50		其他		7.1%[1]	0(AU,BH,CA,CL,CO,E*,IL,JO,KR,MA,MX,OM,P,PA,PE,S,SG)	65%
	10	浴衣、晨衣及类似品（850）	打千克			
	20	其他(852)	打千克			
6208.99.80		其他		2.8%[1]	0(AU,BH,CA,CL,CO,E*,IL,JO,KR,MA,MX,OM,P,PA,PE,S,SG)	35%
	10	浴衣、晨衣及类似品（850）	打千克			
	20	其他(852)	打千克			
6209		婴儿服装及衣着附件：				
6209.20		棉制：				
6209.20.10	00	连衣裙(239)	打千克	11.8%[1]	0(AU,BH,CA,CL,CO,IL,JO,KR,MA,MX,OM,P,PA,PE,S,SG)	90%
6209.20.20	00	罩衫和衬衣,但作为套装一部分进口的除外(239)	打千克	14.9%[1]	0(AU,BH,CA,CL,CO,IL,JO,KR,MA,MX,OM,P,PA,PE,S,SG)	37.5%
		其他：				
6209.20.30	00	长裤、马裤和短裤,作为套装一部分进口的除外（239）	打千克	14.9%[1]	0(AU,BH,CA,CL,CO,IL,JO,KR,MA,MX,OM,P,PA,PE,S,SG)	90%
6209.20.50		其他		9.3%[1]	0(AU,BH,CA,CL,CO,IL,JO,KR,MA,MX,OM,P,PA,PE,S,SG)	90%
	30	防晒服、卫衣及类似的服装（239）	打千克			
	35	套装（239）	打千克			
		其他：				

税则号列	统计后缀	货品名称	单位	税率 1 普通	税率 1 特惠	2
	45	作为套装一部分进口(239)	打千克			
	50	其他(239)	打千克			
6209.30		合成纤维制：				
6209.30.10	00	罩衫和衬衣,但作为套装一部分进口的除外(239)	打千克	22%[1]	0(AU, BH, CA, CL, CO, IL, JO, KR, MA, MX, OM, P, PA, PE, S, SG)	90%
6209.30.20	00	长裤、马裤和短裤,作为套装一部分进口的除外(239)	打千克	28.6%[1]	0(AU, BH, CA, CL, CO, IL, JO, KR, MA, MX, OM, P, PA, PE, S, SG)	90%
6209.30.30		其他		16%[1]	0(AU, BH, CA, CL, CO, IL, JO, KR, MA, MX, OM, P, PA, PE, S, SG)	90%
	10	防晒服、卫衣及类似的服装(239)	打千克			
	20	套装(239)	打千克			
		其他：				
	30	作为套装一部分进口(239)	打千克			
	40	其他(239)	打千克			
6209.90		其他纺织材料制：				
6209.90.05	00	羊毛或动物细毛制(439)	打千克	31.8美分/千克+14.4%[1]	0(AU, BH, CA, CL, CO, IL, JO, KR, MA, MX, OM, P, PA, PE, S, SG)	46.3美分/千克+58.5%
		人造纤维制：				
6209.90.10	00	罩衫和衬衣,但作为套装一部分进口的除外(239)	打千克	22%[1]	0(AU, BH, CA, CL, CO, IL, JO, KR, MA, MX, OM, P, PA, PE, S, SG)	90%
6209.90.20	00	长裤、马裤和短裤,作为套装一部分进口的除外(239)	打千克	14.9%[17]	0(AU, BH, CA, CL, CO, IL, JO, KR, MA, MX, OM, P, PA, PE, S, SG)	90%
6209.90.30		其他		14.9%[1]	0(AU, BH, CA, CL, CO, IL, JO, KR, MA, MX, OM, P, PA, PE, S, SG)	90%
	10	防晒服、卫衣及类似的服装(239)	打千克			
	15	毛布睡衣(239)	打千克			
	20	套装(239)	打千克			
		其他：				
	30	作为套装一部分进口(239)	打千克			
	40	其他(239)	打千克			

税则号列	统计后缀	货品名称	单位	税率 1 普通	税率 1 特惠	税率 2
6209.90.50	00	按重量计丝或绢丝含量在70%或以上	打千克	0[1]		35%
6209.90.90	00	其他(839)	打千克	2.8%[18]	0(AU,BH,CA,CL,CO,E,IL,JO,KR,MA,MX,OM,P,PA,PE,S,SG)	35%
6210		用品目5602、品目5603、品目5903、品目5906或品目5907的织物制成的服装:				
6210.10		用品目5602或品目5603的织物制成的服装:				
6210.10.20	00	用在纸基上形成或者用纸覆盖或衬纸的织物制成的服装	打千克	2.8%[3]	0(A,AU,BH,CA,CL,CO,D,E,IL,JO,KR,MA,MX,OM,P,PA,PE,S,SG)	26.5%
		其他:				
6210.10.50		设计用于医院、诊所、实验室或污染区域的一次性无纺织物		0[1]		76%
	10	手术服或隔离服[19]	打千克			
	90	其他[19]	打千克			
		其他:				
6210.10.70	00	专为一次性使用而设计的一次性内裤和短衬裤	打千克	8.5%[3]	0(AU,BH,CA,CL,CO,E,IL,JO,KR,MA,MX,OM,P,PA,PE,S,SG)	76%
6210.10.90		其他	打千克	16%[3]	0(AU,BH,CA,CL,CO,E*,IL,JO,KR,MA,MX,OM,P,PA,PE,S,SG)	76%
	10	工作服(659)	打千克			
	40	其他(659)	打千克			
6210.20		其他服装,子目6201.11至6201.19所列类型的:				
		化学纤维制:				
6210.20.30	00	外表面用橡胶或塑料浸渍、涂布、包覆或层压的,完全遮住底下的织物	打千克	3.8%[3]	0(AU,BH,CA,CL,CO,IL,JO,KR,MA,MX,OM,P,PA,PE,S,SG)	65%
6210.20.50	00	其他(634)	打千克	7.1%[1]	0(AU,BH,CA,CL,CO,IL,JO,KR,MA,MX,OM,P,PA,PE,S,SG)	65%
		其他:				
6210.20.70	00	外表面用橡胶或塑料浸渍、涂布、包覆或层压,完全遮盖底下的织物	打千克	3.3%[3]	0(AU,BH,CA,CL,CO,E,IL,JO,KR,MA,MX,OM,P,PA,PE,S,SG)	37.5%
6210.20.90		其他		6.2%[1]	0(AU,BH,CA,CL,CO,E*,IL,JO,KR,MA,MX,OM,P,PA,PE,S,SG)	37.5%
	10	亚麻布制(834)	打千克			

税则号列	统计后缀	货品名称	单位	税率 1 普通	税率 1 特惠	2
	20	其他(334)	打千克			
6210.30		其他服装,子目6202.11至6202.19所列类型的:				
		化学纤维制:				
6210.30.30	00	外表面用橡胶或塑料浸渍、涂布、包覆或层压的,完全遮住底下的织物	打千克	3.8%[3]	0(AU, BH, CA, CL, CO, IL, JO, KR, MA, MX, OM, P, PA, PE, S, SG)	65%
6210.30.50	00	其他(635)	打千克	7.1%[1]	0(AU, BH, CA, CL, CO, IL, JO, KR, MA, MX, OM, P, PA, PE, S, SG)	65%
		其他:				
6210.30.70	00	外表面用橡胶或塑料浸渍、涂布、包覆或层压,完全遮盖底下的织物	打千克	3.3%[1]	0(AU, BH, CA, CL, CO, E, IL, JO, KR, MA, MX, OM, P, PA, PE, S, SG)	37.5%
6210.30.90		其他		6.2%[1]	0(AU, BH, CA, CL, CO, E*, IL, JO, KR, MA, MX, OM, P, PA, PE, S, SG)	37.5%
	10	亚麻布制(835)	打千克			
	20	其他(335)	打千克			
6210.40		其他男式服装:				
		休闲外套:				
		化学纤维制:				
6210.40.15	00	外表面用橡胶或塑料浸渍、涂布、包覆或层压的,完全遮住底下的织物	打千克	3.8%[1]	0(AU, BH, CA, CL, CO, IL, JO, KR, MA, MX, OM, P, PA, PE, S, SG)	65%
6210.40.25		其他		7.1%[1]	0(AU, BH, CA, CL, CO, IL, JO, KR, MA, MX, OM, P, PA, PE, S, SG)	65%
	20	带风帽的厚夹克(包括滑雪夹克)、防风衣及类似的服装(634)	打千克			
		长裤、马裤和短裤:				
	31	滑雪裤(647)	打千克			
	39	其他(647)	打千克			
	40	工作服(659)	打千克			
	50	其他(659)	打千克			
		其他:				
6210.40.28	00	外表面用橡胶或塑料浸渍、涂布、包覆或层压的,完全遮住底下的织物	打千克	3.3%[1]	0(AU, BH, CA, CL, CO, E, IL, JO, KR, MA, MX, OM, P, PA, PE, S, SG)	37.5%

税则号列	统计后缀	货品名称	单位	税率 1 普通	税率 1 特惠	税率 2
6210.40.29		其他		6.2%[1]	0(AU,BH,CA,CL,CO,E*,IL,JO,KR,MA,MX,OM,P,PA,PE,S,SG)	37.5%
		按重量计丝或绢丝含量在70%或以上：				
	16	带风帽的厚夹克(包括滑雪夹克)、防风衣及类似的服装(734)	打千克			
	17	长裤、马裤和短裤(747)	打千克			
	18	工作服(759)	打千克			
	19	其他(759)	打千克			
		其他：				
	25	带风帽的厚夹克(包括滑雪夹克)、防风衣及类似的服装(334)	打千克			
	33	长裤、马裤和短裤(347)	打千克			
	45	工作服(359)	打千克			
	60	其他(359)	打千克			
		其他：				
		化学纤维制：				
6210.40.35	00	外表面用橡胶或塑料浸渍、涂布、包覆或层压的,完全遮住底下的织物	打千克	3.8%[3]	0(AU,BH,CA,CL,CO,IL,JO,KR,MA,MX,OM,P,PA,PE,S,SG)	65%
6210.40.55		其他		7.1%[1]	0(AU,BH,CA,CL,CO,IL,JO,KR,MA,MX,OM,P,PA,PE,S,SG)	65%
	20	带风帽的厚夹克(包括滑雪夹克)、防风衣及类似的服装(634)	打千克			
		长裤、马裤和短裤：				
	31	滑雪裤(647)	打千克			
	39	其他(647)	打千克			
	40	工作服(659)	打千克			
	50	其他(659)	打千克			
		其他：				
6210.40.75	00	外表面用橡胶或塑料浸渍、涂布、包覆或层压的,完全遮住底下的织物	打千克	3.3%[1]	0(AU,BH,CA,CL,CO,E,IL,JO,KR,MA,MX,OM,P,PA,PE,S,SG)	37.5%

税则号列	统计后缀	货品名称	单位	税率 1 普通	税率 1 特惠	2
6210.40.80		其他		6.2%[1]	0(AU,BH,CA,CL,CO,E*,IL,JO,KR,MA,MX,OM,P,PA,PE,S,SG)	37.5%
		按重量计丝或绢丝含量在70%或以上：				
	16	带风帽的厚夹克（包括滑雪夹克）、防风衣及类似的服装（734）	打千克			
	17	长裤、马裤和短裤（747）	打千克			
	18	工作服（759）	打千克			
	19	其他（759）	打千克			
		其他：				
	25	带风帽的厚夹克（包括滑雪夹克）、防风衣及类似的服装（334）	打千克			
	33	长裤、马裤和短裤（347）	打千克			
	45	工作服（359）	打千克			
	60	其他（359）	打千克			
6210.50		其他女式服装：				
		休闲外套：				
		化学纤维制：				
6210.50.03	00	外表面用橡胶或塑料浸渍、涂布、包覆或层压的,完全遮住底下的织物	打千克	3.8%[3]	0(AU,BH,CA,CL,CO,IL,JO,KR,MA,MX,OM,P,PA,PE,S,SG)	65%
6210.50.05		其他		7.1%[1]	0(AU,BH,CA,CL,CO,IL,JO,KR,MA,MX,OM,P,PA,PE,S,SG)	65%
	20	带风帽的厚夹克（包括滑雪夹克）、防风衣及类似的服装（635）	打千克			
		长裤、马裤和短裤：				
	31	滑雪裤（648）	打千克			
	39	其他（648）	打千克			
	40	工作服（659）	打千克			
	55	其他（659）	打千克			
		其他：				

税则号列	统计后缀	货品名称	单位	税率 1 普通	税率 1 特惠	2
6210.50.12	00	外表面用橡胶或塑料浸渍、涂布、包覆或层压的,完全遮住底下的织物	打千克	3.3%[3]	0(AU,BH,CA,CL,CO,E,IL,JO,KR,MA,MX,OM,P,PA,PE,S,SG)	37.5%
6210.50.22		其他		6.2%[1]	0(AU,BH,CA,CL,CO,E*,IL,JO,KR,MA,MX,OM,P,PA,PE,S,SG)	37.5%
		按重量计丝或绢丝含量在70%或以上:				
	10	带风帽的厚夹克(包括滑雪夹克)、防风衣及类似的服装(735)	打千克			
	20	长裤、马裤和短裤(748)	打千克			
	30	工作服(759)	打千克			
	40	其他(759)	打千克			
		其他:				
	50	带风帽的厚夹克(包括滑雪夹克)、防风衣及类似的服装(335)	打千克			
	60	长裤、马裤和短裤(348)	打千克			
	70	工作服(359)	打千克			
	90	其他(359)	打千克			
		其他:				
		化学纤维制:				
6210.50.35	00	外表面用橡胶或塑料浸渍、涂布、包覆或层压的,完全遮住底下的织物	打千克	3.8%[3]	0(AU,BH,CA,CL,CO,IL,JO,KR,MA,MX,OM,P,PA,PE,S,SG)	65%
6210.50.55		其他		7.1%[1]	0(AU,BH,CA,CL,CO,IL,JO,KR,MA,MX,OM,P,PA,PE,S,SG)	65%
	20	带风帽的厚夹克(包括滑雪夹克)、防风衣及类似的服装(635)	打千克			
		长裤、马裤和短裤:				
	31	滑雪裤(648)	打千克			
	39	其他(648)	打千克			
	40	工作服(659)	打千克			
	55	其他(659)	打千克			
		其他:				

税则号列	统计后缀	货品名称	单位	税率 1 普通	税率 1 特惠	2
6210.50.75	00	外表面用橡胶或塑料浸渍、涂布、包覆或层压的,完全遮住底下的织物	打千克	3.3%[1]	0(AU,BH,CA,CL,CO,E,IL,JO,KR,MA,MX,OM,P,PA,PE,S,SG)	37.5%
6210.50.80		其他		6.2%[1]	0(AU,BH,CA,CL,CO,E*,IL,JO,KR,MA,MX,OM,P,PA,PE,S,SG)	37.5%
		按重量计丝或绢丝含量在70%或以上:				
	10	带风帽的厚夹克(包括滑雪夹克)、防风衣及类似的服装(735)	打千克			
	20	长裤、马裤和短裤(748)	打千克			
	30	工作服(759)	打千克			
	40	其他(759)	打千克			
		其他:				
	50	带风帽的厚夹克(包括滑雪夹克)、防风衣及类似的服装(335)	打千克			
	60	长裤、马裤和短裤(348)	打千克			
	70	工作服(359)	打千克			
	90	其他(359)	打千克			
6211		运动服、滑雪服及游泳服;其他服装:				
		游泳服:				
6211.11		男式:				
6211.11.10		化学纤维制		27.8%[1]	0(AU,BH,CA,CL,CO,IL,JO,KR,MA,MX,OM,P,PA,PE,S,SG)	90%
	10	男式(659)	打千克			
	20	男童(659)	打千克			
6211.11.40	00	按重量计丝或绢丝含量在70%或以上(759)	打千克	4%[1]	0(AU,BH,CA,CL,CO,E,IL,JO,KR,MA,MX,OM,P,PA,PE,S,SG)	37.5%
6211.11.80		其他		7.5%[1]	0(AU,BH,CA,CL,CO,E*,IL,JO,KR,MA,MX,OM,P,PA,PE,S,SG)	37.5%
		棉制:				
	10	男式(359)	打千克			
	20	男童(359)	打千克			

税则号列	统计后缀	货品名称	单位	税率 1 普通	税率 1 特惠	2
	40	其他(859)	打 千克			
6211.12		女式：				
6211.12.10		化学纤维制		11.8%[1]	0(AU,BH,CA,CL,CO,IL,JO,KR,MA,MX,OM,P,PA,PE,S,SG)	90%
	10	女式(659)	打 千克			
	20	女童(659)	打 千克			
6211.12.40	00	按重量计丝或绢丝含量在70%或以上(759)	打 千克	1.2%[8]	0(AU,BH,CA,CL,CO,E,IL,JO,KR,MA,MX,OM,P,PA,PE,S,SG)	37.5%
6211.12.80		其他		7.5%[8]	0(AU,BH,CA,CL,CO,E*,IL,JO,KR,MA,MX,OM,P,PA,PE,S,SG)	37.5%
		棉制：				
	10	女式(359)	打 千克			
	20	女童(359)	打 千克			
	30	其他(859)	打 千克			
6211.20		滑雪服：				
		按重量计羽绒和水禽羽毛含量在15%及以上，其中羽绒含量至少35%；按重量计羽绒含量在10%或以上：				
6211.20.04		作为西服套装一部分进口的带风帽的厚夹克(包括滑雪夹克)、防风衣及类似的服装(包括有胎料背心)		0.7%[1]	0(AU,BH,CA,CL,CO,E*,IL,JO,KR,MA,MX,OM,P,PA,PE,S,SG)	60%
		男式或男童：				
	10	棉制(353)	打 千克			
	20	其他(653)	打 千克			
		女式或女童：				
	30	棉制(354)	打 千克			
	40	其他(654)	打 千克			
6211.20.08		其他		4.4%[1]	0(AU,BH,CA,CL,CO,E*,IL,JO,KR,MA,MX,OM,P,PA,PE,S,SG)	60%
	10	男式或男童	打 千克			
	20	女式或女童	打 千克			

税则号列	统计后缀	货品名称	单位	税率 1 普通	税率 1 特惠	2
		其他：				
6211.20.15		防水的		7.1%[1]	0(AU,BH,CA,CL,CO,E*,IL,JO,KR,MA,MX,OM,P,PA,PE,S,SG)	65%
		男式或男童：				
		作为西服套装一部分进口的带风帽的厚夹克（包括滑雪夹克）、防风衣及类似的服装（包括有胎料背心）				
	10	棉制（334）	打千克			
	15	其他（634）	打千克			
		作为滑雪套装一部分进口的长裤和马裤：				
	20	棉制（347）	打千克			
	25	其他（647）	打千克			
		其他：				
	30	棉制（359）	打千克			
	35	其他（659）	打千克			
		女式或女童：				
		作为西服套装一部分进口的带风帽的厚夹克（包括滑雪夹克）、防风衣及类似的服装（包括有胎料背心）				
	40	棉制（335）	打千克			
	45	其他（635）	打千克			
		作为滑雪套装一部分进口的长裤和马裤：				
	50	棉制（348）	打千克			
	55	其他（648）	打千克			
		其他：				
	60	棉制（359）	打千克			
	65	其他（659）	打千克			
		其他：				
		男式或男童：				

税则号列	统计后缀	货品名称	单位	税率 1 普通	税率 1 特惠	2
		作为西服套装一部分进口的带风帽的厚夹克(包括滑雪夹克)、防风衣及类似的服装(包括有胎料背心)				
6211.20.24	00	羊毛或动物细毛制(434)	打千克	17.5%[1]	0(AU,BH,CA,CL,CO,E*,IL,JO,KR,MA,MX,OM,P,PA,PE,S,SG)	90%
6211.20.28		其他		27.7%[1]	0(AU,BH,CA,CL,CO,E*,IL,JO,KR,MA,MX,OM,P,PA,PE,S,SG)	90%
	10	棉制(334)	打千克			
	20	化学纤维制(634)	打千克			
	30	其他(834)	打千克			
		作为滑雪套装一部分进口的长裤和马裤:				
6211.20.34	00	羊毛或动物细毛制(447)	打千克	17.5%[1]	0(AU,BH,CA,CL,CO,E*,IL,JO,KR,MA,MX,OM,P,PA,PE,S,SG)	90%
6211.20.38		其他		28.1%[1]	0(AU,BH,CA,CL,CO,E*,IL,JO,KR,MA,MX,OM,P,PA,PE,S,SG)	90%
	10	棉制(347)	打千克			
	20	化学纤维制(647)	打千克			
	30	其他(847)	打千克			
		其他:				
6211.20.44	00	羊毛或动物细毛制(459)	打千克	14%[1]	0(AU,BH,CA,CL,CO,E*,IL,JO,KR,MA,MX,OM,P,PA,PE,S,SG)	76%
6211.20.48		其他		14.9%[3]	0(AU,BH,CA,CL,CO,E*,IL,JO,KR,MA,MX,OM,P,PA,PE,S,SG)	76%
	15	棉制(359)	打千克			
	35	化学纤维制(659)	打千克			
	60	其他(859)	打千克			
		女式或女童:				
		作为西服套装一部分进口的带风帽的厚夹克(包括滑雪夹克)、防风衣及类似的服装(包括有胎料背心)				

税则号列	统计后缀	货品名称	单位	税率 1 普通	税率 1 特惠	2
6211.20.54	00	羊毛或动物细毛制（435）	打千克	17.5%[1]	0(AU,BH,CA,CL,CO,E*,IL,JO,KR,MA,MX,OM,P,PA,PE,S,SG)	90%
6211.20.58		其他		28%[3]	0(AU,BH,CA,CL,CO,E*,IL,JO,KR,MA,MX,OM,P,PA,PE,S,SG)	90%
	10	棉制（335）	打千克			
	20	化学纤维制（635）	打千克			
	30	其他（835）	打千克			
		作为滑雪套装一部分进口的长裤和马裤：				
6211.20.64	00	羊毛或动物细毛制（448）	打千克	17.5%[1]	0(AU,BH,CA,CL,CO,E*,IL,JO,KR,MA,MX,OM,P,PA,PE,S,SG)	90%
6211.20.68		其他		28.6%[1]	0(AU,BH,CA,CL,CO,E*,IL,JO,KR,MA,MX,OM,P,PA,PE,S,SG)	90%
	10	棉制（348）	打千克			
	20	化学纤维制（648）	打千克			
	30	其他（847）	打千克			
		其他：				
6211.20.74	00	羊毛或动物细毛制（459）	打千克	14%[1]	0(AU,BH,CA,CL,CO,E*,IL,JO,KR,MA,MX,OM,P,PA,PE,S,SG)	76%
6211.20.78		其他		14.9%[1]	0(AU,BH,CA,CL,CO,E*,IL,JO,KR,MA,MX,OM,P,PA,PE,S,SG)	76%
	10	棉制（359）	打千克			
	20	化学纤维制（659）	打千克			
	30	其他（859）	打千克			
		其他男式服装：				
6211.32		棉制：				
6211.32.50		休闲外套		8.1%[1]	0(AU,BH,CA,CL,CO,IL,JO,KR,MA,MX,OM,P,PA,PE,S,SG)	90%
		工作服、连衫裤及类似的服装：				
	03	按重量计羽绒和水禽羽毛含量在15%或以上，其中羽绒含量至少35%；按重量计羽绒含量在10%或以上	打千克			

税则号列	统计后缀	货品名称	单位	税率 1 普通	税率 1 特惠	2
	07	其他,御寒保暖(359)	打千克			
		其他:				
	10	男式(359)	打千克			
		男童:				
	15	2号至7号(237)	打千克			
	25	其他(359)	打千克			
	30	男童用卫衣、防晒服、连体泳衣及类似的服装(237)	打千克			
		运动服:				
	40	长裤(347)	打千克			
	50	其他(334)	打千克			
	60	品目6205以外的衬衫(340)	打千克			
	70	背心(359)	打千克			
	75	品目6201以外的夹克及夹克类服装(334)	打千克			
	81	其他(359)	打千克			
6211.32.90		其他		8.1%[1]	0(AU,BH,CA,CL,CO,IL,JO,KR,MA,MX,OM,P,PA,PE,S,SG)	90%
		工作服、连衫裤及类似的服装:				
	03	按重量计羽绒和水禽羽毛含量在15%或以上,其中羽绒含量至少35%;按重量计羽绒含量在10%或以上	打千克			
	07	其他,御寒保暖(359)	打千克			
		其他:				
	10	男式(359)	打千克			
		男童:				
	15	2号至7号(237)	打千克			
	25	其他(359)	打千克			
	30	男童用卫衣、防晒服、连体泳衣及类似的服装(237)	打千克			
		运动服:				

税则号列	统计后缀	货品名称	单位	税率 1 普通	税率 1 特惠	2
	40	长裤(347)	打 千克			
	50	其他(334)	打 千克			
	60	品目6205以外的衬衫(340)	打 千克			
	70	背心(359)	打 千克			
	75	品目6201以外的夹克及夹克类服装(334)	打 千克			
	81	其他(359)	打 千克			
6211.33		化学纤维制:				
6211.33.50		休闲外套		16%[1]	0(AU, BH, CA, CL, CO, IL, JO, KR, MA, MX, OM, P, PA, PE, S, SG)	76%
		工作服、连衫裤及类似的服装:				
	03	按重量计羽绒和水禽羽毛含量在15%或以上,其中羽绒含量至少35%;按重量计羽绒含量在10%或以上	打 千克			
	07	其他,御寒保暖(659)	打 千克			
		其他:				
	10	男式(659)	打 千克			
		男童:				
	15	2号至7号(237)	打 千克			
	17	其他(659)	打 千克			
	25	男童用卫衣、防晒服、连体泳衣及类似的服装(237)	打 千克			
		运动服:				
	30	长裤(647)	打 千克			
	35	其他(634)	打 千克			
	40	品目6205以外的衬衫(640)	打 千克			
		背心:				
	52	按重量计羊毛和动物细毛含量在36%或以上(459)	打 千克			
	54	其他(659)	打 千克			
	58	品目6201以外的夹克及夹克类服装(634)	打 千克			

税则号列	统计后缀	货品名称	单位	税率 1 普通	税率 1 特惠	2
	61	其他(659)	打千克			
6211.33.90		其他		16%[1]	0(AU,BH,CA,CL,CO,IL,JO,KR,MA,MX,OM,P,PA,PE,S,SG)	76%
		工作服、连衫裤及类似的服装：				
	03	按重量计羽绒和水禽羽毛含量在15%或以上,其中羽绒含量至少35%;按重量计羽绒含量在10%或以上	打千克			
	07	其他,御寒保暖(659)	打千克			
		其他：				
	10	男式(659)	打千克			
		男童：				
	15	2号至7号(237)	打千克			
	17	其他(659)	打千克			
	25	男童用卫衣、防晒服、连体泳衣及类似的服装(237)	打千克			
		运动服：				
	30	长裤(647)	打千克			
	35	其他(634)	打千克			
	40	品目6205以外的衬衫(640)	打千克			
		背心：				
	52	按重量计羊毛和动物细毛含量在36%或以上(459)	打千克			
	54	其他(659)	打千克			
	58	品目6201以外的夹克及夹克类服装(634)	打千克			
	61	其他(659)	打千克			
6211.39		其他纺织材料制：				
		休闲外套：				
6211.39.03		羊毛或动物细毛制		12%[1]	0(AU,BH,CA,CL,CO,IL,JO,KR,MA,MX,OM,P,PA,PE,S,SG)	58.5%
		运动服：				
	10	长裤(447)	打千克			

税则号列	统计后缀	货品名称	单位	税率 1 普通	税率 1 特惠	2
	20	其他(434)	打千克			
	30	品目6205以外的衬衫(440)	打千克			
	40	背心(459)	打千克			
	45	品目6201以外的夹克及夹克类服装(434)	打千克			
	51	其他(459)	打千克			
6211.39.07		按重量计丝或绢丝含量在70%或以上		0.5%[1]	0(AU,BH,CA,CL,CO,E,IL,JO,KR,MA,MX.P,PA,PE,S,SG)	35%
	10	工作服、连衫裤及类似的服装(759)	打千克			
	20	卫衣、防晒服、连体泳衣及类似的服装(759)	打千克			
		运动服：				
	30	长裤(747)	打千克			
	40	其他(734)	打千克			
	50	品目6205以外的衬衫(740)	打千克			
	60	背心(759)	打千克			
	70	品目6201以外的夹克及夹克类服装(734)	打千克			
	90	其他(759)	打千克			
6211.39.15		其他		2.8%[1]	0(AU,BH,CA,CL,CO,E*,IL,JO,KR,MA,MX.OM,P,PE,S,SG)	35%
	10	工作服、连衫裤及类似的服装(859)	打千克			
	20	卫衣、防晒服、连体泳衣及类似的服装(859)	打千克			
		运动服：				
	30	长裤(847)	打千克			
	40	其他(834)	打千克			
	50	品目6205以外的衬衫(840)	打千克			
	60	背心(859)	打千克			
	70	品目6201以外的夹克及夹克类服装(834)	打千克			

税则号列	统计后缀	货品名称	单位	税率 1 普通	税率 1 特惠	2
	90	其他(859)	打千克			
		其他：				
6211.39.30		羊毛或动物细毛制		12%[1]	0(AU,BH,CA,CL,CO,IL,JO, KR,MA,MX,OM,P,PA,PE,S, SG)	58.5%
		运动服：				
	10	长裤(447)	打千克			
	20	其他(434)	打千克			
	30	品目6205以外的衬衫(440)	打千克			
	40	背心(459)	打千克			
	45	品目6201以外的夹克及夹克类服装(434)	打千克			
	51	其他(459)	打千克			
6211.39.60		按重量计丝或绢丝含量在70%或以上		0.5%[1]	0(AU,BH,CA,CL,CO,E,IL,JO, KR,MA,MX.OM,P,PA,PE,S, SG)	35%
	10	工作服、连衫裤及类似的服装(759)	打千克			
	20	卫衣、防晒服、连体泳衣及类似的服装(759)	打千克			
		运动服：				
	30	长裤(747)	打千克			
	40	其他(734)	打千克			
	50	品目6205以外的衬衫(740)	打千克			
	60	背心(759)	打千克			
	70	品目6201以外的夹克及夹克类服装(734)	打千克			
	90	其他(759)	打千克			
6211.39.80		其他		2.8%[1]	0(AU,BH,CA,CL,CO,E*,IL, JO,KR,MA,MX.OM,P,PA,PE, S,SG)	35%
	10	工作服、连衫裤及类似的服装(859)	打千克			
	20	卫衣、防晒服、连体泳衣及类似的服装(859)	打千克			
		运动服：				

税则号列	统计后缀	货品名称	单位	税率 1 普通	税率 1 特惠	2
	30	长裤(847)	打 千克			
	40	其他(834)	打 千克			
	50	品目6205以外的衬衫(840)	打 千克			
	60	背心(859)	打 千克			
	70	品目6201以外的夹克及夹克类服装(834)	打 千克			
	90	其他(859)	打 千克			
		其他女式服装:				
6211.42		棉制:				
6211.42.05		休闲外套		8.1%[1]	0(AU, BH, CA, CL, CO, IL, JO, KR, MA, MX. OM, P, PA, PE, S, SG)	90%
		工作服、连衫裤及类似的服装:				
	03	按重量计羽绒和水禽羽毛含量在15%或以上,其中羽绒含量至少35%;按重量计羽绒含量在10%或以上	打 千克			
	07	其他,御寒保暖(359)	打 千克			
		其他:				
	10	女式(359)	打 千克			
	20	女童(237)	打 千克			
	25	卫衣、防晒服、连体泳衣及类似的服装(237)	打 千克			
		运动服:				
	30	长裤(348)	打 千克			
	40	其他(335)	打 千克			
		衬衫和女罩衫、无袖背心及类似的上身服装,品目6206除外:				
	54	在经纱和/或纬纱中有两种或多种颜色(341)	打 千克			
	56	其他(341)	打 千克			
	60	无袖套领罩衫(359)	打 千克			
	70	背心(359)	打 千克			
	75	品目6202以外的夹克及夹克类服装(335)	打 千克			

税则号列	统计后缀	货品名称	单位	税率 1 普通	税率 1 特惠	2
	81	其他(359)	打千克			
6211.42.10		其他		8.1%[1]	0(AU,BH,CA,CL,CO,IL,JO,KR,MA,MX.OM,P,PA,PE,S,SG)	90%
		工作服、连衫裤及类似的服装：				
	03	按重量计羽绒和水禽羽毛含量在15%或以上,其中羽绒含量至少35%；按重量计羽绒含量在10%或以上	打千克			
	07	其他,御寒保暖(359)	打千克			
		其他：				
	10	女式(359)	打千克			
	20	女童(237)	打千克			
	25	卫衣、防晒服、连体泳衣及类似的服装(237)	打千克			
		运动服：				
	30	长裤(348)	打千克			
	40	其他(335)	打千克			
		衬衫和女罩衫、无袖背心及类似的上身服装,品目6206除外：				
	54	在经纱和/或纬纱中有两种或多种颜色(341)	打千克			
	56	其他(341)	打千克			
	60	无袖套领罩衫(359)	打千克			
	70	背心(359)	打千克			
	75	品目6202以外的夹克及夹克类服装(335)	打千克			
	81	其他(359)	打千克			
6211.43		化学纤维制：				
6211.43.05		休闲外套		16%[1]	0(AU,BH,CA,CL,CO,IL,JO,KR,MA,MX,OM,P,PA,PE,S,SG)	90%
		工作服、连衫裤及类似的服装：				
	03	按重量计羽绒和水禽羽毛含量在15%或以上,其中羽绒含量至少35%；按重量计羽绒含量在10%或以上	打千克			

税则号列	统计后缀	货品名称	单位	税率 1 普通	税率 1 特惠	2
	07	其他,御寒保暖(659)	打千克			
		其他:				
	10	女式(659)	打千克			
	20	女童(237)	打千克			
	30	卫衣、防晒服、连体泳衣及类似的服装	打千克			
		运动服:				
	40	长裤(648)	打千克			
	50	其他(659)	打千克			
	60	衬衫和女罩衫、无袖背心及类似的上身服装,品目 6206 除外(641)	打千克			
		无袖套领罩衫:				
	64	按重量计羊毛和动物细毛含量在 36% 或以上(459)	打千克			
	66	其他(659)	打千克			
		背心:				
	74	按重量计羊毛和动物细毛含量在 36% 或以上(459)	打千克			
	76	其他(659)	打千克			
	78	品目 6202 以外的夹克及夹克类服装(635)	打千克			
	91	其他(659)	打千克			
6211.43.10		其他		16%[1]	0(AU, BH, CA, CL, CO, IL, JO, KR, MA, MX, OM, P, PA, PE, S, SG)	90%
		工作服、连衫裤及类似的服装:				
	03	按重量计羽绒和水禽羽毛含量在 15% 或以上,其中羽绒含量至少 35%;按重量计羽绒含量在 10% 或以上	打千克			
	07	其他,御寒保暖(659)	打千克			
		其他:				
	10	女式(659)	打千克			
	20	女童(237)	打千克			
	30	卫衣、防晒服、连体泳衣及类似的服装(237)	打千克			

税则号列	统计后缀	货品名称	单位	税率 1 普通	税率 1 特惠	2
		运动服:				
	40	长裤(648)	打千克			
	50	其他(659)	打千克			
	60	衬衫和女罩衫、无袖背心及类似的上身服装,品目6206除外(641)	打千克			
		无袖套领罩衫:				
	64	按重量计羊毛和动物细毛含量在36%或以上(459)	打千克			
	66	其他(659)	打千克			
		背心:				
	74	按重量计羊毛和动物细毛含量在36%或以上(459)	打千克			
	76	其他(659)	打千克			
	78	品目6202以外的夹克及夹克类服装(635)	打千克			
	91	其他(659)	打千克			
6211.49		其他纺织材料制:				
		休闲外套:				
6211.49.03		按重量计丝或绢丝含量在70%或以上		1.2%[1]	0(AU,BH,CA,CL,CO,E,IL,JO,KR,MA,MX. OM,P,PA,PE,S,SG)	35%
	10	工作服、连衫裤及类似的服装:	打千克			
	20	卫衣、防晒服、连体泳衣及类似的服装(759)	打千克			
		运动服:				
	30	长裤(748)	打千克			
	40	其他(735)	打千克			
	50	衬衫和女罩衫、无袖背心和类似的上身服装,品目6206除外	打千克			
	60	无袖套领罩衫(759)	打千克			
	70	背心(759)	打千克			
	80	品目6202以外的夹克及夹克类服装(735)	打千克			
	90	其他(759)	打千克			

税则号列	统计后缀	货品名称	单位	税率 1 普通	税率 1 特惠	2
6211.49.15		羊毛或动物细毛制		12%[1]	0(AU, BH, CA, CL, CO, IL, JO, KR, MA, MX, OM, P, PA, PE, S, SG)	58.5%
		运动服：				
	10	长裤(448)	打千克			
	20	其他(435)	打千克			
	30	衬衫和女罩衫、无袖背心及类似的上身服装,品目6206除外(440)	打千克			
	40	无袖套领罩衫(459)	打千克			
	50	背心(459)	打千克			
	55	品目6202以外的夹克及夹克类服装(435)	打千克			
	61	其他(459)	打千克			
6211.49.25		其他		7.3%[1]	0(AU, BH, CA, CL, CO, E, IL, JO, KR, MA, MX. OM, P, PA, PE, S, SG)	35%
	10	工作服、连衣裤及类似的服装(859)	打千克			
	20	卫衣、防晒服、连体泳衣及类似的服装(859)	打千克			
		运动服：				
	30	长裤(847)	打千克			
	40	其他(835)	打千克			
	50	衬衫和女罩衫、无袖背心及类似的上身服装,品目6206除外(840)	打千克			
	60	无袖套领罩衫(859)	打千克			
	70	背心(859)	打千克			
	80	品目6202以外的夹克及夹克类服装(835)	打千克			
	90	其他(859)	打千克			
		其他：				
6211.49.50		按重量计丝或绢丝含量在70%或以上		1.2%[1]	0(AU, BH, CA, CL, CO, E, IL, JO, KR, MA, MX, OM, P, PA, PE, S, SG)	35%
	10	工作服、连衣裤及类似的服装	打千克			

税则号列	统计后级	货品名称	单位	税率 1 普通	税率 1 特惠	2
	20	卫衣、防晒服、连体泳衣及类似的服装(759)	打千克			
		运动服：				
	30	长裤(748)	打千克			
	40	其他(735)	打千克			
	50	衬衫和女罩衫、无袖背心及类似的上身服装,品目6206除外	打千克			
	60	无袖套领罩衫(759)	打千克			
	70	背心(759)	打千克			
	80	品目6202以外的夹克及夹克类服装(735)	打千克			
	90	其他(759)	打千克			
6211.49.60		羊毛或动物细毛制		12%[1]	0(AU,BH,CA,CL,CO,IL,JO,KR,MA,MX,OM,P,PA,PE,S,SG)	58.5%
		运动服：				
	10	长裤(448)	打千克			
	20	其他(435)	打千克			
	30	衬衫和女罩衫、无袖背心及类似的上身服装,品目6206除外(440)	打千克			
	40	无袖套领罩衫(459)	打千克			
	50	背心(459)	打千克			
	55	品目6202以外的夹克及夹克类服装(435)	打千克			
	61	其他(459)	打千克			
6211.49.80		其他		7.3%[1]	0(AU,BH,CA,CL,CO,E,IL,JO,KR,MA,MX,OM,P,PA,PE,S,SG)	35%
	10	工作服、连衫裤及类似的服装(859)	打千克			
	20	卫衣、防晒服、连体泳衣及类似的服装(859)	打千克			
		运动服：				
	30	长裤(847)	打千克			
	40	其他(835)	打千克			

税则号列	统计后缀	货品名称	单位	税率 1 普通	税率 1 特惠	2
	50	衬衫和女罩衫、无袖背心及类似的上身服装,品目6206除外(840)	打千克			
	60	无袖套领罩衫(859)	打千克			
	70	背心(859)	打千克			
	80	品目6202以外的夹克及夹克类服装(835)	打千克			
	90	其他(859)	打千克			
6212		胸罩、束腰带、紧身胸衣、吊裤带、吊袜带、束袜带和类似品及其零件,不论是否针织或钩编的:				
6212.10		胸罩:				
		含有花边、网眼织物或刺绣:				
6212.10.30	00	按重量计丝或绢丝含量在70%或以上	打千克	4.8%[1]	0(AU,BH,CA,CL,CO,E,IL,JO,KR,MA,MX,OM,P,PA,PE,S,SG)	90%
6212.10.50		其他		16.9%[1]	0(AU,BH,CA,CL,CO,E*,IL,JO,KR,MA,MX,OM,P,PA,PE,S,SG)	90%
	10	棉制(349)	打千克			
	20	化学纤维制(649)	打千克			
	30	其他(859)	打千克			
		其他:				
6212.10.70	00	按重量计丝或绢丝含量在70%或以上	打千克	2.7%[1]	0(AU,BH,CA,CL,CO,E,IL,JO,KR,MA,MX,OM,P,PA,PE,S,SG)	75%
6212.10.90		其他		16.9%[20]	0(AU,BH,CA,CL,CO,E*,IL,JO,KR,MA,MX,OM,P,PA,PE,S,SG)	75%
	10	棉制(349)	打千克			
	20	化学纤维制(649)	打千克			
	40	其他(859)	打千克			
6212.20.00		束腰带及腹带		20%[1]	0(AU,BH,CA,CL,CO,E*,IL,JO,KR,MA,MX,OM,P,PA,PE,S,SG)	90%
	10	棉制(349)	打千克			
	20	化学纤维制(649)	打千克			

税则号列	统计后缀	货品名称	单位	税率 1 普通	税率 1 特惠	2
	30	其他(859)	打千克			
6212.30.00		紧身胸衣		23.5%[1]	0(AU,BH,CA,CL,CO,E＊,IL,JO,KR,MA,MX,OM,P,PA,PE,S,SG)	90%
	10	棉制(349)	打千克			
	20	化学纤维制(649)	打千克			
	30	其他(859)	打千克			
6212.90.00		其他		6.6%[1]	0(AU,BH,CA,CL,CO,E＊,IL,JO,KR,MA,MX,OM,P,PA,PE,S,SG)	83.5%
	10	棉或棉与橡胶或塑料制(359)	打千克			
	20	羊毛或羊毛与橡胶或塑料制(459)	打千克			
	30	人造纤维或人造纤维与橡胶或塑料制(659)	打千克			
	50	按重量计丝或绢丝含量在70%或以上	打千克			
	90	其他(859)	打千克			
6213		手帕:				
6213.20		棉制:				
6213.20.10	00	包边,不含花边或刺绣(330)	打千克	13.2%[3]	0(AU,BH,CA,CL,CO,IL,JO,KR,MA,MX,OM,P,PA,PE,S,SG)	58%
6213.20.20	00	其他(330)	打千克	7.1%[1]	0(AU,BH,CA,CL,CO,IL,JO,KR,MA,MX,OM,P,PA,PE,S,SG)	75%
6213.90		其他纺织材料制:				
		丝或绢丝制:				
6213.90.05	00	按重量计丝或绢丝含量在70%或以上	打千克	1.1%[1]	0(A,AU,BH,CA,CL,CO,D,E,IL,JO,KR,MA,MX,OM,P,PA,PE,S,SG)	60%
6213.90.07	00	其他(859)	打千克	3.8%[1]	0(AU,BH,CA,CL,CO,E＊,IL,JO,KR,MA,MX,OM,P,PA,PE,S,SG)	60%
6213.90.10	00	化学纤维制(630)	打千克	10.8%[3]	0(AU,BH,CA,CL,CO,IL,JO,KR,MA,MX,OM,P,PA,PE,S,SG)	68.5%
6213.90.20	00	其他(859)	打千克	5.3%[1]	0(AU,BH,CA,CL,CO,E＊,IL,JO,KR,MA,MX,OM,P,PA,PE,S,SG)	51.5%
6214		披巾、领巾、围巾、披纱、面纱及类似品:				
6214.10		丝或绢丝制:				

税则号列	统计后缀	货品名称	单位	税率 1 普通	税率 1 特惠	2
6214.10.10	00	按重量计丝或绢丝含量在70%或以上	打千克	1.2%2[1]	0(A,AU,BH,CA,CL,CO,D,E,IL,JO,KR,MA,MX,NP,OM,P,PA,PE,S,SG)	65%
6214.10.20	00	其他(859)	打千克	3.9%[1]	0(AU,BH,CA,CL,CO,E*,IL,JO,KR,MA,MX,NP,OM,P,PA,PE,S,SG)	65%
6214.20.00	00	羊毛或动物细毛制	打千克	6.7%[1]	0(AU,BH,CA,CL,CO,IL,JO,KR,MA,MX,NP,OM,P,PA,PE,S,SG)	90%
6214.30.00	00	合成纤维制	打千克	5.3%[3]	0(AU,BH,CA,CL,CO,IL,JO,KR,MA,MX,NP,OM,P,PA,PE,S,SG)	90%
6214.40.00	00	人造纤维制	打千克	5.3%[1]	0(AU,BH,CA,CL,CO,IL,JO,KR,MA,MX,NP,OM,P,PA,PE,S,SG)	90%
6214.90.00		其他纺织材料制		11.3%[1]	0(AU,BH,CA,CL,CO,E*,IL,JO,KR,MA,MX,NP,OM,P,PA,PE,S,SG)	90%
	10	棉制(359)	打千克			
	90	其他(859)	打千克			
6215		领带及领结:				
6215.10.00		丝或绢丝制		7.2%[1]	0(AU,BH,CA,CL,CO,E*,IL,JO,KR,MA,MX,OM,P,PA,PE,S,SG)	65%
	25	按重量计丝或绢丝以外纺织材料含量在50%或以上(包括任何衬料和衬布)(659)	打千克			
		按重量计丝或绢丝以外纺织材料含量低于50%(包括任何衬料和衬布):				
	40	外层含有70%或以上重量的丝绸或废丝(758)	打千克			
	90	其他(858)	打千克			
6215.20.00	00	化学纤维制	打千克	24.8美分/千克+12.7%[3]	0(AU,BH,CA,CL,CO,IL,JO,KR,MA,MX,OM,P,PA,PE,S,SG)	26.5美分/千克+65%
6215.90.00		其他纺织材料制		5%[3]	0(AU,BH,CA,CL,CO,E*,IL,JO,KR,MA,MX,OM,P,PA,PE,S,SG)	52%
	10	羊毛或动物细毛制(459)	打千克			
	15	棉制(359)	打千克			
	20	其他(858)	打千克			
6216.00		分指手套、连指手套及露指手套:				
		用塑料或橡胶浸渍、涂布或包覆的:				

税则号列	统计后缀	货品名称	单位	税率 1 普通	税率 1 特惠	2
6216.00.05	00	冰球手套及曲棍球手套	打双千克	0[1]		25%
6216.00.08	00	其他分指手套、连指手套及露指手套，专为运动而设计，包括滑雪和雪地摩托分指手套、连指手套及露指手套	打双千克	0.8%[1]	0(A*,AU,BH,CA,CL,CO,D,E,IL,JO,KR,MA,MX,OM,P,PA,PE,S,SG)	25%
		其他：				
		没有指叉的：				
		用机织物裁剪并缝制，该机织物用塑料或橡胶浸渍、涂布或包覆：				
		植物纺织纤维制：				
6216.00.13	00	按重量计塑料或橡胶含量超过50%	打双千克	12.5%[3]	0(AU,BH,CA,CL,CO,E,IL,JO,KR,MA,MX,OM,P,PA,PE,S,SG)	25%
6216.00.17		其他		23.5%[1]	0(AU,BH,CA,CL,CO,IL,JO,KR,MA,MX,OM,P,PA,PE,S,SG)22.5%(E)	25%
	20	棉限内的(331)[22]	打双千克			
	30	化纤限内的(631)	打双千克			
	40	其他(831)	打双千克			
		其他：				
6216.00.19	00	按重量计塑料或橡胶含量超过50%	打双千克	11.1美分/千克+5.5%[1]	0(AU,BH,CA,CL,CO,IL,JO,KR,MA,MX,OM,P,PA,PE,S,SG)11.1美分/千克+4.5%(E)	99.2美分/千克+65%
6216.00.21		其他	打双千克	20.6美分/千克+10.3%[3]	0(AU,BH,CA,CL,CO,IL,JO,KR,MA,MX,OM,P,PA,PE,S,SG)20.6美分/千克+8.1%(E)	99.2美分/千克+65%
	10	棉限内的(331)	打双千克			
	20	化纤限内的(631)	打双千克			
	30	其他(831)	打双千克			
		其他：				
6216.00.24		按重量计棉、化纤或其混合物含量在50%或以上		13.2%[1]	0(AU,BH,CA,CL,CO,IL,JO,KR,MA,MX,OM,P,PA,PE,S,SG)10.7%(E)	75%
	10	棉限内的(331)	打双千克			
	25	化纤限内的(631)	打双千克			
	30	其他(831)	打双千克			

税则号列	统计后缀	货品名称	单位	税率 1 普通	税率 1 特惠	2
6216.00.26	00	其他	打双千克	7%[1]	0(AU,BH,CA,CL,CO,IL,JO, KR,MA,MX,OM,P,PA,PE,S, SG)6%(E)	75%
		没有指叉的:				
6216.00.29		按重量计棉、化纤或其混合物含量在50%或以上		13%[1]	0(AU,BH,CA,CL,CO,E*,IL, JO,KR,MA,MX,OM,P,PA,PE, S,SG)	25%
	10	棉限内的(331)	打双千克			
	25	化纤限内的(631)	打双千克			
	30	其他(831)	打双千克			
6216.00.31	00	其他	打双千克	7%[1]	0(AU,BH,CA,CL,CO,E,IL,JO, KR,MA,MX,OM,P,PA,PE,S, SG)	25%
		其他:				
		棉制:				
6216.00.33	00	冰球手套及曲棍球手套	打双千克	0[1]		45%
6216.00.35	00	其他分指手套、连指手套及露指手套,专为运动而设计,包括滑雪和雪地摩托分指手套、连指手套及露指手套	打双千克	2.8%[3]	0(A*,AU,BH,CA,CL,CO,D,E, IL,JO,KR,MA,MX,OM,P,PA, PE,S,SG)	45%
		其他:				
6216.00.38	00	没有指叉的(331)	打双千克	23.5%[1]	0(AU,BH,CA,CL,CO,IL,JO, KR,MA,MX,OM,P,PA,PE,S, SG)22.5%(E)	25%
6216.00.41	00	有指叉的(331)	打双千克	23.5%[1]	0(AU,BH,CA,CL,CO,IL,JO, KR,MA,MX,OM,P,PA,PE,S, SG)	25%
		化学纤维制:				
6216.00.43	00	冰球手套及曲棍球手套	打双千克	0[1]		45%
6216.00.46	00	其他分指手套、连指手套及露指手套,专为运动而设计,包括滑雪和雪地摩托分指手套、连指手套及露指手套	打双千克	2.8%[23]	0(A*,AU,BH,CA,CL,CO,D,E, IL,JO,KR,MA,MX,OM,P,PA, PE,S,SG)	45%
		其他:				
6216.00.54		没有指叉的	打双千克	20.7美分/千克 +10.4%[1]	0(AU,BH,CA,CL,CO,IL,JO, KR,MA,MX,OM,P,PA,PE,S, SG)20.7美分/千克+8.2%(E)	99.2美分/千克+65%
	10	按重量计羊毛和动物细毛含量在36%或以上(431)	打双千克			
	20	其他(631)	打双千克			

税则号列	统计后缀	货品名称	单位	税率 1 普通	税率 1 特惠	2
6216.00.58		有指叉的		20.7美分/千克+10.4%2[4]	0(AU,BH,CA,CL,CO,IL,JO,KR,MA,MX,OM,P,PA,PE,S,SG)	99.2美分/千克+65%
	10	按重量计羊毛和动物细毛含量在36%或以上(431)	打双千克			
	20	其他(631)	打双千克			
		其他:				
6216.00.80	00	羊毛或动物细毛制(431)	打双千克	3.5%[1]	0(AU,BH,CA,CL,CO,IL,JO,KR,MA,MX,NP,OM,P,PA,PE,S,SG)	25%
6216.00.90	00	其他(831)	打双千克	3.8%[1]	0(AU,BH,CA,CL,CO,E*,IL,JO,KR,MA,MX,OM,P,PA,PE,S,SG)	40%
6217		其他制成的衣着附件;服装或衣着附件的零件,但品目6212的货品除外:				
6217.10		附件:				
6217.10.10		按重量计丝或绢丝含量在70%或以上		2.3%[1]	0(AU,BH,CA,CL,CO,E,IL,JO,KR,MA,MX,OM,P,PA,PE,S,SG)	90%
	10	头带、马尾夹及类似物品	打千克			
	90	其他(759)	打千克			
		其他:				
6217.10.85	00	头带、马尾夹及类似物品	打千克	14.6%[3]	0(A*,AU,BH,CA,CL,CO,D,E*,IL,JO,KR,MA,MX,NP,OM,P,PA,PE,S,SG)	90%
6217.10.95		其他		14.6%[1]	0(AU,BH,CA,CL,CO,E*,IL,JO,KR,MA,MX,OM,P,PA,PE,S,SG)	90%
	10	棉制(359)	打千克			
	20	羊毛或动物细毛制(459)	打千克			
	30	化学纤维制(659)	打千克			
	50	其他(859)	打千克			
6217.90		零件:				
6217.90.10		按重量计丝或绢丝含量在70%或以上		2.3%[1]	0(AU,BH,CA,CL,CO,E,IL,JO,KR,MA,MX,OM,P,PA,PE,S,SG)	90%
	10	罩衫和衬衣的(741)	打千克			
	20	上衣的(735)	打千克			
	30	长裤和马裤的(748)	打千克			

税则号列	统计后缀	货品名称	单位	税率 1 普通	税率 1 特惠	2
	60	其他(759)	打千克			
6217.90.90		其他		14.6%[25]	0(AU,BH,CA,CL,CO,E*,IL,JO,KR,MA,MX,OM,P,PA,PE,S,SG)	90%
		罩衫和衬衣的：				
	03	棉制(341)	打千克			
	05	羊毛或动物细毛制(440)	打千克			
	10	化学纤维制(641)	打千克			
	20	其他(840)	打千克			
		上衣的：				
	25	棉制(335)	打千克			
	30	羊毛或动物细毛制(435)	打千克			
	35	化学纤维制(635)	打千克			
	45	其他(835)	打千克			
		长裤和马裤的：				
	50	棉制(348)	打千克			
	55	羊毛或动物细毛制(448)	打千克			
	60	化学纤维制(648)	打千克			
	70	其他(847)	打千克			
		其他：				
	75	棉制(359)	打千克			
	80	羊毛或动物细毛制(459)	打千克			
	85	化学纤维制(659)	打千克			
	95	其他(859)	打千克			

[1]见 9903.88.15。

[2]见 9902.13.55 和 9903.88.15。

[3]见 9903.88.16。

[4]见 9902.13.57 和 9903.88.15。

[5]见 9902.13.58 和 9903.88.15。

[6] 见 9902.13.59 和 9903.88.15。
[7] 见 9902.13.60 和 9903.88.15。
[8] 见 9903.88.15 和 9903.89.49。
[9] 见 9903.88.16 和 9903.89.49。
[10] 见 9903.88.15、9903.88.25、9903.88.26、9903.88.27 和 9903.88.28。
[11] 见 9903.88.15 和 9903.88.16。
[12] 见 9902.13.61 和 9903.88.15。
[13] 见 9902.13.63 和 9903.88.15。
[14] 见 9902.13.64 和 9903.88.15。
[15] 见 9903.88.53 和 9903.88.57。
[16] 见 9902.13.65 和 9903.88.15。
[17] 见 9902.13.66 和 9903.88.15。
[18] 见 9902.13.67 和 9903.88.15。
[19] 见 9903.88.65。
[20] 见 9902.13.68 和 9903.88.15。
[21] 见 9902.13.69 和 9903.88.15。
[22] 见 9903.88.49。
[23] 见 9902.13.70 和 9903.88.15。
[24] 见 9902.13.71 和 9903.88.15。
[25] 见 9902.13.72 和 9903.88.15。

第六十三章 其他纺织制成品；成套物品；旧衣着及旧纺织品；碎织物

注释：

一、第一分章仅适用于各种纺织物制成的物品。

二、第一分章不包括：

（一）第五十六章至第六十二章的货品；或者

（二）品目 6309 的旧衣着或其他旧物品。

三、品目 6309 仅适用于下列货品：

（一）纺织材料制品：

1. 衣着和衣着附件及其零件；

2. 毯子及旅行毯；

3. 床上、餐桌、盥洗及厨房用的织物制品；

4. 装饰用织物制品，但品目 5701 至 5705 的地毯及品目 5805 的装饰毯除外。

（二）用石棉以外其他任何材料制成的鞋帽类。

上述物品只有同时符合下列两个条件才能归入本品目：

1. 必须明显看得出穿用过；以及

2. 必须以散装、捆装、袋装或类似的大包装形式报验。

子目注释：

一、子目 6304.20 包括用 α-氯氰菊酯（ISO）、虫螨腈（ISO）、溴氰菊酯（INN，ISO）、高效氯氟氰菊酯（ISO）、除虫菊酯（ISO）或甲基嘧啶磷（ISO）浸渍或涂层的经编针织物制品。

第六十三章 其他纺织制成品;成套物品;旧衣着及旧纺织品;碎织物

税则号列	统计后缀	货品名称	单位	税率 1 普通	税率 1 特惠	2
		第一分章 其他纺织制成品				
6301		毯子及旅行毯:				
6301.10.00	00	电暖毯	个 千克	11.4%[1]	0(AU,BH,CA,CL,CO,E*,IL,JO,KR,MA,MX,OM,P,PA,PE,S,SG)	77.5%
6301.20.00		羊毛或动物细毛制的毯子(电暖毯除外)及旅行毯		0[2]		1.10美元/千克+60%
	10	长度不超过3米(464)	个 千克			
	20	长度超过3米(410)	平方米 千克			
6301.30.00		棉制的毯子(电暖毯除外)及旅行毯		8.4%[3]	0(AU,BH,CA,CL,CO,IL,JO,KR,MA,MX,OM,P,PA,PE,S,SG)	30%
	10	机织的(369)[4]	个 千克			
	20	其他(369)[4]	个 千克			
6301.40.00		合成纤维制的毯子(电暖毯除外)及旅行毯		8.5%[1]	0(AU,BH,CA,CL,CO,IL,JO,KR,MA,MX,OM,P,PA,PE,S,SG)	77.5%
	10	机织的(666)	个 千克			
	20	其他(666)	个 千克			
6301.90.00		其他毯子及旅行毯		7.2%[5]	0(AU,BH,CA,CL,CO,E*,IL,JO,KR,MA,MX,NP,OM,P,PA,PE,S,SG)	90%
	10	人造纤维制(666)	个 千克			
		其他:				
	20	按重量计丝或绢丝含量在85%或以上	个 千克			
	30	其他(899)	个 千克			
6302		床上、餐桌、盥洗及厨房用的织物制品:				
6302.10.00		针织或钩编的床上用织物制品:		6%[2]	0(AU,BH,CA,CL,CO,E*,IL,JO,KR,MA,MX,OM,P,PA,PE,S,SG)	25%
		棉制:				
	05	枕套及靠垫套(362)	个 千克			
	08	床单(362)	个 千克			
	15	其他(362)	个 千克			
	20	其他(666)	个 千克			

税则号列	统计后缀	货品名称	单位	税率 1 普通	税率 1 特惠	2
		其他印花的床上用织物制品：				
6302.21		棉制：				
		包含任何刺绣、花边、编带、饰边、镶边、滚边或贴花加工：				
6302.21.30		起绒的		11.9%[2]	0(AU, BH, CA, CL, CO, IL, JO, KR, MA, MX, OM, P, PA, PE, S, SG)	90%
	10	枕套,靠垫套除外(360)	个 千克			
	20	床单(361)	个 千克			
	30	抱枕套(360)	个 千克			
	40	枕巾(369)	个 千克			
	50	其他(362)	个 千克			
6302.21.50		非起绒的		20.9%[3]	0(AU, BH, CA, CL, CO, IL, JO, KR, MA, MX, OM, P, PA, PE, S, SG)	90%
	10	枕套,靠垫套除外(360)	个 千克			
	20	床单(361)	个 千克			
	30	抱枕套(360)	个 千克			
	40	枕巾(369)	个 千克			
	50	其他(362)	个 千克			
		其他：				
6302.21.70		起绒的		2.5%[2]	0(AU, BH, CA, CL, CO, IL, JO, KR, MA, MX, OM, P, PA, PE, S, SG)	25%
	10	枕套,靠垫套除外(360)	个 千克			
	20	床单(361)	个 千克			
	30	抱枕套(360)	个 千克			
	40	枕巾(369)	个 千克			
	50	其他(362)	个 千克			
6302.21.90		非起绒的		6.7%[3]	0(AU, BH, CA, CL, CO, IL, JO, KR, MA, MX, OM, P, PA, PE, S, SG)	25%

税则号列	统计后缀	货品名称	单位	税率 普通	税率 特惠	2
	10	枕套,靠垫套除外(360)	个千克			
	20	床单(361)	个千克			
	30	抱枕套(360)	个千克			
	40	枕巾(369)	个千克			
	50	其他(362)	个千克			
6302.22		化学纤维制:				
6302.22.10		包含任何刺绣、花边、编带、饰边、镶边、滚边或贴花加工:		14.9%[1]	0(AU,BH,CA,CL,CO,IL,JO,KR,MA,MX,OM,P,PA,PE,S,SG)	90%
		枕套,靠垫套除外:				
	10	起绒的(666)	个千克			
	20	非起绒的(666)	个千克			
		床单:				
	30	起绒的(666)	个千克			
	40	非起绒的(666)	个千克			
		其他:				
	50	抱枕套(666)	个千克			
	60	其他(666)	个千克			
6302.22.20		其他		11.4%[1]	0(AU,BH,CA,CL,CO,IL,JO,KR,MA,MX,OM,P,PA,PE,S,SG)	77.5%
	10	枕套(666)	个千克			
	20	床单(666)	个千克			
	30	其他(666)	个千克			
6302.29.00		其他纺织材料制:		4.5%[2]	0(AU,BH,CA,CL,CO,E*,IL,JO,KR,MA,MX,OM,P,PA,PE,S,SG)	90%
	10	按重量计丝或绢丝含量在85%或以上	个千克			
	20	其他(899)	个千克			
		其他床上用织物制品:				
6302.31		棉制:				

税则号列	统计后缀	货品名称	单位	税率 1 普通	税率 1 特惠	2
		包含任何刺绣、花边、编带、饰边、镶边、滚边或贴花加工：				
6302.31.30		起绒的		11.9%[2]	0 (AU, BH, CA, CL, CO, IL, JO, KR, MA, MX, OM, P, PA, PE, S, SG)	90%
	10	枕套,靠垫套除外	个 千克			
	20	床单（361）	个 千克			
	30	抱枕套（360）	个 千克			
	40	枕巾（369）	个 千克			
	50	其他（362）	个 千克			
6302.31.50		非起绒的		20.9%[2]	0 (AU, BH, CA, CL, CO, IL, JO, KR, MA, MX, OM, P, PA, PE, S, SG)	90%
	10	枕套,靠垫套除外（360）	个 千克			
	20	床单（361）	个 千克			
	30	抱枕套（360）	个 千克			
	40	枕巾（369）	个 千克			
	50	其他（362）	个 千克			
		其他：				
6302.31.70		起绒的		3.8%[2]	0 (AU, BH, CA, CL, CO, IL, JO, KR, MA, MX, OM, P, PA, PE, S, SG)	25%
	10	枕套,靠垫套除外（360）	个 千克			
	20	床单（361）	个 千克			
	30	抱枕套（360）	个 千克			
	40	枕巾（369）	个 千克			
	50	其他（362）	个 千克			
6302.31.90		非起绒的		6.7%[2]	0 (AU, BH, CA, CL, CO, IL, JO, KR, MA, MX, OM, P, PA, PE, S, SG)	25%
	10	枕套,靠垫套除外（360）	个 千克			
	20	床单（361）	个 千克			

税则号列	统计后缀	货品名称	单位	税率 1 普通	税率 1 特惠	2
	30	抱枕套(360)	个 千克			
	40	枕巾(369)	个 千克			
	50	其他(362)	个 千克			
6302.32		化学纤维制:				
6302.32.10		包含任何刺绣、花边、编带、饰边、镶边、滚边或贴花加工:		14.9%[1]	0(AU,BH,CA,CL,CO,IL,JO,KR,MA,MX,OM,P,PA,PE,S,SG)	90%
		枕套,靠垫套除外:				
	10	起绒的(666)	个 千克			
	20	非起绒的(666)	个 千克			
		床单:				
	30	起绒的(666)	个 千克			
	40	非起绒的(666)	个 千克			
		其他:				
	50	抱枕套(666)	个 千克			
	60	其他(666)	个 千克			
6302.32.20		其他		11.4%[1]	0(AU,BH,CA,CL,CO,IL,JO,KR,MA,MX,OM,P,PA,PE,S,SG)	77.5%
		枕套,靠垫套除外:				
	10	起绒的(666)	个 千克			
	20	非起绒的(666)	个 千克			
		床单:				
	30	起绒的(666)	个 千克			
	40	非起绒的(666)	个 千克			
		其他:				
	50	抱枕套(666)	个 千克			
	60	其他(666)	个 千克			
6302.39.00		其他纺织材料制		4.3%[2]	0(AU,BH,CA,CL,CO,E*,IL,JO,KR,MA,MX,OM,P,PA,PE,S,SG)	90%

税则号列	统计后缀	货品名称	单位	税率 1 普通	税率 1 特惠	2
	10	羊毛或动物细毛制（469）	个 千克			
		其他：				
	20	按重量计丝或绢丝含量在85%或以上	个 千克			
	30	其他（899）	个 千克			
6302.40		针织或钩编的餐桌用织物制品：				
6302.40.10	00	植物纺织纤维（棉除外）制（899）	个 千克	6.4%[2]	0(AU,BH,CA,CL,CO,E*,IL,JO,KR,MA,MX,OM,P,PA,PE,S,SG)	90%
6302.40.20		其他		6.8%[2]	0(AU,BH,CA,CL,CO,E*,IL,JO,KR,MA,MX,OM,P,PA,PE,S,SG)	90%
	10	棉制（369）	个 千克			
	20	其他（666）	个 千克			
		其他餐桌用织物制品：				
6302.51		棉制：				
		桌布和餐巾：				
6302.51.10	00	锦缎（369）	个 千克	6.1%[1]	0(AU,BH,CA,CL,CO,IL,JO,KR,MA,MX,OM,P,PA,PE,S,SG)	30%
		其他：				
6302.51.20	00	平纹机织物（369）	个 千克	4.8%[2]	0(AU,BH,CA,CL,CO,IL,JO,KR,MA,MX,OM,P,PA,PE,S,SG)	30%
6302.51.30	00	其他（369）	个 千克	5.8%[2]	0(AU,BH,CA,CL,CO,IL,JO,KR,MA,MX,OM,P,PA,PE,S,SG)	40%
6302.51.40	00	其他（369）	个 千克	6.3%[2]	0(AU,BH,CA,CL,CO,IL,JO,KR,MA,MX,OM,P,PA,PE,S,SG)	40%
6302.53.00		化学纤维制		11.3%[2]	0(AU,BH,CA,CL,CO,IL,JO,KR,MA,MX,OM,P,PA,PE,S,SG)	90%
		桌布和餐巾：				
	10	锦缎（666）	个 千克			
	20	其他（666）	个 千克			
	30	其他（666）	个 千克			
6302.59		其他纺织材料制：				
		亚麻制：				

第六十三章　其他纺织制成品;成套物品;旧衣着及旧纺织品;碎织物

税则号列	统计后缀	货品名称	单位	税率 1 普通	税率 1 特惠	税率 2
6302.59.10		桌布和餐巾		5.1%[2]	0(AU,BH,CA,CL,CO,E*,IL,JO,KR,MA,MX,OM,P,PA,PE,S,SG)	90%
	10	锦缎（899）	个 千克			
	20	其他（899）	个 千克			
6302.59.20	00	其他（899）	个 千克	0[2]		90%
6302.59.30		其他		8.8%[2]	0(AU,BH,CA,CL,CO,E*,IL,JO,KR,MA,MX,OM,P,PA,PE,S,SG)	90%
	10	按重量计丝或绢丝含量在85%或以上	个 千克			
	20	其他（899）	个 千克			
6302.60.00		盥洗及厨房用棉制毛巾织物或类似的毛圈织物的制品		9.1%[2]	0(AU,BH,CA,CL,CO,IL,JO,KR,MA,MX,OM,P,PA,PE,S,SG)	40%
		毛巾:				
	10	餐具用（369）	个 千克			
	20	其他（363）	个 千克			
	30	其他（369）	个 千克			
		其他:				
6302.91.00		棉制		9.2%[7]	0(AU,BH,CA,CL,CO,IL,JO,KR,MA,MX,OM,P,PA,PE,S,SG)	40%
		起绒或簇绒结构:				
		毛巾:				
	05	餐具用（369）	个 千克			
	15	其他（363）	个 千克			
	25	其他（369）	个 千克			
		其他:				
		毛巾:				
	35	提花（363）	个 千克			
		其他:				
	45	餐具用（369）	个 千克			
	50	其他（369）	个 千克			

税则号列	统计后缀	货品名称	单位	税率 1 普通	税率 1 特惠	2
	60	其他(369)	个 千克			
6302.93		化学纤维制：				
6302.93.10	00	起绒或簇绒结构(666)	个 千克	6.2%[8]	0(AU,BH,CA,CL,CO,IL,JO,KR,MA,MX,OM,P,PA,PE,S,SG)	78%
6302.93.20	00	其他(666)	个 千克	9.9%[8]	0(AU,BH,CA,CL,CO,IL,JO,KR,MA,MX,OM,P,PA,PE,S,SG)	90%
6302.99		其他纺织材料制：				
6302.99.10	00	按重量计丝或绢丝含量在85%或以上	个 千克	2.7%[2]	0(A,AU,BH,CA,CL,CO,D,E,IL,JO,KR,MA,MX,OM,P,PA,PE,S,SG)	90%
6302.99.15		亚麻制		0[2]		40%
	10	毛巾(863)	个 千克			
	20	其他(899)	个 千克			
6302.99.20	00	其他(899)	个 千克	8.4%[7]	0(AU,BH,CA,CL,CO,E*,IL,JO,KR,MA,MX,OM,P,PA,PE,S,SG)	90%
6303		窗帘(包括帷帘)及帐幔;帘帷或床帷：				
		针织或钩编的：				
6303.12.00		合成纤维制		11.3%[2]	0(AU,BH,CA,CL,CO,IL,JO,KR,MA,MX,OM,P,PA,PE,S,SG)	90%
	10	百叶窗(666)	个 千克			
	90	其他(666)	个 千克			
6303.19		其他纺织材料制：				
6303.19.11	00	棉制(369)	个 千克	10.3%[2]	0(AU,BH,CA,CL,CO,IL,JO,KR,MA,MX,OM,P,PA,PE,S,SG)	90%
6303.19.21		其他		6.4%[2]	0(AU,BH,CA,CL,CO,E*,IL,JO,KR,MA,MX,OM,P,PA,PE,S,SG)	90%
	10	人造纤维制(666)	个 千克			
	20	其他(899)	个 千克			
		其他：				
6303.91.00		棉制		10.3%[2]	0(AU,BH,CA,CL,CO,IL,JO,KR,MA,MX,OM,P,PA,PE,S,SG)	90%
	10	窗帘(包括帷帘)及窗帘帷幔(369)	个 千克			

第六十三章　其他纺织制成品;成套物品;旧衣着及旧纺织品;碎织物　973

税则号列	统计后缀	货品名称	单位	税率 1 普通	税率 1 特惠	税率 2
	20	其他(369)	个千克			
6303.92		合成纤维制:				
6303.92.10	00	由税号5407.61.11、5407.61.21或税号5407.61.91所述的织物制成(666)	个千克	11.3%[1]	0(AU,BH,CA,CL,CO,IL,JO,KR,MA,MX,OM,P,PA,PE,S,SG)	90%
6303.92.20		其他	个千克	11.3%[2]	0(AU,BH,CA,CL,CO,IL,JO,KR,MA,MX,OM,P,PA,PE,S,SG)	90%
	10	窗帘(包括帷帘)及窗帘帷幔(666)	个千克			
		其他:				
	30	百叶窗(666)	个千克			
	50	其他(666)	个千克			
6303.99.00		其他纺织材料制		11.3%[7]	0(AU,BH,CA,CL,CO,E*,IL,JO,KR,MA,MX,OM,P,PA,PE,S,SG)	90%
	10	人造纤维制(666)	个千克			
		其他:				
	30	按重量计丝或绢丝含量在85%或以上	个千克			
	60	其他(899)	个千克			
6304		其他装饰用织物制品,但品目9404的货品除外:				
		床罩:				
6304.11		针织或钩编的:				
6304.11.10	00	棉制(362)	个千克	12%[2]	0(AU,BH,CA,CL,CO,IL,JO,KR,MA,MX,OM,P,PA,PE,S,SG)	90%
6304.11.20	00	化学纤维制(666)	个千克	6.5%[1]	0(AU,BH,CA,CL,CO,IL,JO,KR,MA,MX,OM,P,PA,PE,S,SG)	77.5%
6304.11.30	00	其他(899)	个千克	5.9%[1]	0(AU,BH,CA,CL,CO,E*,IL,JO,KR,MA,MX,OM,P,PA,PE,S,SG)	90%
6304.19		其他:				
		棉制:				
6304.19.05	00	包含任何刺绣、花边、编带、饰边、镶边、滚边或贴花加工(362)	个千克	12%[2]	0(AU,BH,CA,CL,CO,IL,JO,KR,MA,MX,OM,P,PA,PE,S,SG)	90%
6304.19.10	00	其他(362)	个千克	4.4%[2]	0(AU,BH,CA,CL,CO,IL,JO,KR,MA,MX,OM,P,PA,PE,S,SG)	25%
		化学纤维制:				

税则号列	统计后缀	货品名称	单位	税率 1 普通	税率 1 特惠	2
6304.19.15	00	包含任何刺绣、花边、编带、饰边、镶边、滚边或贴花加工(666)	个 千克	14.9%[1]	0(AU,BH,CA,CL,CO,IL,JO,KR,MA,MX,OM,P,PA,PE,S,SG)	90%
6304.19.20	00	其他(666)	个 千克	6.5%[1]	0(AU,BH,CA,CL,CO,IL,JO,KR,MA,MX,OM,P,PA,PE,S,SG)	77.5%
6304.19.30		其他		6.3%[2]	0(AU,BH,CA,CL,CO,E*,IL,JO,KR,MA,MX,OM,P,PA,PE,S,SG)	90%
	30	按重量计丝或绢丝含量在85%或以上	个 千克			
		其他：				
	40	羊毛或动物细毛制(469)	个 千克			
	60	其他(899)	个 千克			
6304.20.00		本章子目注释一所列的蚊帐：		5.8%[2]	0(AU,BH,CA,CL,CO,E*,IL,JO,KR,MA,MX,OM,P,PA,PE,S,SG)	90%
	20	棉制(369)	个 千克			
	40	化学纤维制(666)	个 千克			
		其他：				
	50	羊毛或动物细毛制(469)	个 千克			
		其他：				
	60	按重量计丝或绢丝含量在85%或以上	个 千克			
	70	其他(899)	打 千克			
		其他：				
6304.91.01		针织或钩编的：	个 千克	5.8%[2]	0(AU,BH,CA,CL,CO,E*,IL,JO,KR,MA,MX,OM,P,PA,PE,S,SG)	90%
	20	棉制(369)	个 千克			
	40	化学纤维制(666)	个 千克			
		其他：				
	50	羊毛或动物细毛制(469)	个 千克			
		其他：				
	60	按重量计丝或绢丝含量在85%或以上	个 千克			
	70	其他(899)	打 千克			

第六十三章 其他纺织制成品;成套物品;旧衣着及旧纺织品;碎织物

税则号列	统计后缀	货品名称	单位	税率 1 普通	税率 1 特惠	税率 2
6304.92.00	00	非针织或非钩编的,棉制(369)[9]	个 千克	6.3%[7]	0(AU,BH,CA,CL,CO,IL,JO,KR,MA,MX,OM,P,PA,PE,S,SG)	40%
6304.93.00	00	非针织或非钩编的,合成纤维制(666)	个 千克	9.3%[8]	0(AU,BH,CA,CL,CO,IL,JO,KR,MA,MX,OM,P,PA,PE,S,SG)	90%
6304.99		非针织或非钩编的,其他纺织材料制:				
		羊毛或动物细毛制壁挂:				
6304.99.10	00	经认证的手工织物和民俗产品	平方米 千克	3.8%[2]	0(A*,AU,BH,CA,CL,CO,D,E,IL,JO,KR,MA,MX,OM,P,PA,PE,S,SG)	50%
6304.99.15	00	其他(469)	平方米 千克	11.3%[7]	0(AU,BH,CA,CL,CO,IL,JO,KR,MA,MX,OM,P,PA,PE,S,SG)	90%
		其他:				
		植物纺织纤维制(棉除外):				
6304.99.25	00	亚麻制壁挂	千克	11.3%[2]	0(A*,AU,BH,CA,CL,CO,D,E,IL,JO,KR,MA,MX,OM,P,PA,PE,S,SG)	90%
6304.99.35	00	其他(899)	千克	11.3%[7]	0(AU,BH,CA,CL,CO,E*,IL,JO,KR,MA,MX,OM,P,PA,PE,S,SG)	90%
6304.99.40	00	经认证的羊毛或动物细毛手工织物和民间枕巾	千克	3.8%[2]	0(A*,AU,BH,CA,CL,CO,D,E,IL,JO,KR,MA,MX,OM,P,PA,PE,S,SG)	50%
6304.99.60		其他		3.2%[7]	0(AU,BH,CA,CL,CO,E*,IL,JO,KR,MA,MX,OM,P,PA,PE,S,SG)	90%
	10	羊毛或动物细毛制(469)	千克			
	20	人造纤维制(666)	千克			
		其他:				
	30	按重量计丝或绢丝含量在85%或以上	千克			
	40	其他(899)	千克			
6305		货物包装用袋:				
6305.10.00	00	黄麻或品目5303的其他韧皮纺织纤维制	千克	0[2]		2.2美分/千克+10%
6305.20.00	00	棉制	千克	6.2%[2]	0(AU,BH,CA,CL,CO,IL,JO,KR,MA,MX,OM,P,PA,PE,S,SG)	40%
		化学纤维材料制:				
6305.32.00		散装货物储运软袋		8.4%[2]	0(AU,BH,CA,CL,CO,IL,JO,KR,MA,MX,OM,P,PA,PE,S,SG)	103%
	10	重量1千克或以上(669)	千克			
	20	其他(669)	千克			

税则号列	统计后缀	货品名称	单位	税率 1 普通	税率 1 特惠	2
6305.33.00		其他,聚乙烯、聚丙烯扁条或类似材料制		8.4%[2]	0(AU, BH, CA, CL, CO, IL, JO, KR, MA, MX, OM, P, PA, PE, S, SG)	103%
	10	重量1千克或以上(669)	千克			
		其他:				
		重量小于1千克,外部用塑料片层压:				
	40	三色或三色以上印花(669)	千克			
	60	其他(669)	千克			
	80	其他(669)	千克			
6305.39.00	00	其他	千克	8.4%[10]	0(AU, BH, CA, CL, CO, IL, JO, KR, MA, MX, OM, P, PA, PE, S, SG)	103%
6305.90.00	00	其他纺织材料制	千克	6.2%[2]	0(AU, BH, CA, CL, CO, E*, IL, JO, KR, MA, MX, OM, P, PA, PE, S, SG)	40%
6306		油苫布、天篷及遮阳篷;帐篷;风帆;野营用品				
		油苫布、天篷及遮阳篷:				
6306.12.00	00	合成纤维制(669)	千克	8.8%[1]	0(AU, BH, CA, CL, CO, IL, JO, KR, MA, MX, OM, P, PA, PE, S, SG)	90%
6306.19		其他纺织材料制:				
6306.19.11	00	棉制(369)	千克	8%[2]	0(AU, BH, CA, CL, CO, IL, JO, KR, MA, MX, OM, P, PA, PE, S, SG)	90%
6306.19.21		其他		5.1%[2]	0(AU, BH, CA, CL, CO, E*, IL, JO, KR, MA, MX, OM, P, PA, PE, S, SG)	40%
	10	人造纤维制(669)	千克			
	20	其他(899)	千克			
		帐篷:				
6306.22		合成纤维制:				
6306.22.10	00	背包帐篷	个 千克	0[2]		90%
6306.22.90		其他		8.8%[2]	0(AU, BH, CA, CL, CO, IL, JO, KR, MA, MX, OM, P, PA, PE, S, SG)	90%
	10	屏蔽室	千克			
	30	其他(669)	千克			
6306.29		其他纺织材料制:				
6306.29.11	00	棉制	千克	8%[1]	0(AU, BH, CA, CL, CO, IL, JO, KR, MA, MX, OM, P, PA, PE, S, SG)	90%
6306.29.21	00	其他	千克	2.9%[1]	0(AU, BH, CA, CL, CO, E*, IL, JO, KR, MA, MX, OM, P, PA, PE, S, SG)	40%

第六十三章 其他纺织制成品;成套物品;旧衣着及旧纺织品;碎织物

税则号列	统计后缀	货品名称	单位	税率 1 普通	税率 1 特惠	2
6306.30.00		风帆		0[2]		30%
	10	合成纤维制	千克			
	20	其他纺织纤维制	千克			
6306.40		充气褥垫：				
6306.40.41	00	棉制	千克	3.7%[2]	0(AU,BH,CA,CL,CO,IL,JO,KR,MA,MX,OM,P,PA,PE,S,SG)	25%
6306.40.49	00	其他纺织纤维制	千克	3.7%[2]	0(A,AU,BH,CA,CL,CO,D,E,IL,JO,KR,MA,MX,OM,P,PA,PE,S,SG)	25%
6306.90		其他：				
6306.90.10	00	棉制	千克	3.5%[1]	0(AU,BH,CA,CL,CO,IL,JO,KR,MA,MX,OM,P,PA,PE,S,SG)	40%
6306.90.50	00	其他纺织纤维制	千克	4.5%[1]	0(AU,BH,CA,CL,CO,E*,IL,JO,KR,MA,MX,OM,P,PA,PE,S,SG)	78.5%
6307		其他制成品,包括服装裁剪样：				
6307.10		擦地布、擦碗布、抹布及类似擦拭用布：				
6307.10.10		棉制抹布、拖布和抛光布		4.1%[2]	0(AU,BH,CA,CL,CO,IL,JO,KR,MA,MX,OM,P,PA,PE,S,SG)	26.2%
	20	毛圈布条状拖把(长46～57厘米,宽38～43厘米)(369)	个 千克			
	90	其他(369)	千克			
6307.10.20		其他		5.3%[2]	0(AU,BH,CA,CL,CO,E*,IL,JO,KR,MA,MX,OM,P,PA,PE,S,SG)	40%
		专用于车库、加油站和机械车间的毛巾：				
	05	棉制(369)	个 千克			
	15	其他(863)	个 千克			
		抹布：				
	27	棉制(369)	个 千克			
	28	其他(863)	个 千克			
	30	其他	千克			
6307.20.00	00	救生衣及安全带	千克	4.5%[1]	0(AU,BH,CA,CL,CO,E*,IL,JO,KR,MA,MX,OM,P,PA,PE,S,SG)	78.5%
6307.90		其他：				
6307.90.30		标签		7.9%[2]	0(AU,BH,CA,CL,CO,E*,IL,JO,KR,MA,MX,OM,P,PA,PE,S,SG)	71.5%

税则号列	统计后缀	货品名称	单位	税率 1 普通	税率 1 特惠	2
	10	棉花(369)	千克			
	20	其他(669)	千克			
6307.90.40		绳索和流苏		0[2]		65%
	10	棉制(369)	千克			
	20	其他(669)	千克			
6307.90.50		束腰系带、鞋带或类似系带		0[2]		90%
	10	棉制(369)	千克			
	20	其他(669)	千克			
		手术布帘:				
6307.90.60		用在纸基上形成或者用纸覆盖或衬纸的织物制成		0[2]		26.5%
	10	会阴毛巾	千克			
	90	其他[11]	千克			
		其他:				
6307.90.68	00	化纤制水刺或粘合纤维无纺织物制一次性外科用窗帘[11]	千克	0[2]		78.5%
6307.90.72	00	其他[12]	千克	4.5%[2]	0(AU,BH,CA,CL,CO,E*,IL,JO,KR,MA,MX,OM,P,PA,PE,S,SG)	78.5%
6307.90.75	00	纺织材料制宠物玩具	个 千克	4.3%[1]	0(AU,BH,CA,CL,CO,E*,IL,JO,KR,MA,MX,OM,P,PA,PE,S,SG)	80%
6307.90.85	00	化学纤维制壁幅	千克	5.8%[7]	0(A*,AU,BH,CA,CL,CO,D,E,IL,JO,KR,MA,MX,OM,P,PA,PE,S,SG)	74%
		其他:				
6307.90.89		手术毛巾;起绒或簇绒结构的棉毛巾;棉制枕套;棉被、羽绒被、棉被及类似品用套		7%[1]	0(AU,B,BH,CA,CL,CO,E*,IL,JO,KR,MA,MX,OM,P,PA,PE,S,SG)	40%
	10	外科毛巾(369)	个 千克			
	40	起绒或簇绒结构的棉毛巾(363)	个 千克			
	45	棉制枕套(369)	千克			
		棉被、羽绒被、棉被和类似品用套:				
	50	睡袋壳	千克			
		其他:				
	85	按重量计棉含量在85%及以上	个 千克			
	95	其他(362)	个 千克			
6307.90.98		其他		7%[13]	0(A*,AU,B,BH,CA,CL,CO,D,E,IL,JO,KR,MA,MX,OM,P,PA,PE,S,SG)	40%
		国旗:				

税则号列	统计后缀	货品名称	单位	税率 1 普通	税率 1 特惠	税率 2
	25	美国的	个 千克			
	35	其他国家的	个 千克			
		面罩,包括无可更换过滤器的呼吸器:				
	45	N95 呼吸器[14]	个 千克			
	50	其他呼吸器[14]	个 千克			
		其他面膜:				
	70	一次性的[14]	个 千克			
	75	其他[14]	个 千克			
		其他:				
	82	其他棉毛巾(369)	个 千克			
	84	其他化学纤维毛巾(666)	个 千克			
	85	棉制家具搬运工垫	个 千克			
	87	化学纤维家具搬运工垫	个 千克			
	91	其他[15]	个 千克			
		第二分章 成套物品				
6308.00.00		由机织物及纱线构成的零售包装成套物品,不论是否带附件,用以制作小地毯、装饰毯、绣花台布、餐巾或类似的纺织物品		11.4%[2]	0(AU,BH,CA,CL,CO,E*,IL,JO,KR,MA,MX,NP,OM,P,PA,PE,S,SG)	55%
	10	含羊毛纱线(469)	千克			
	20	其他(669)	千克			
		第三分章 旧衣着及旧纺织品;碎织物				
6309.00.00		旧衣物及旧纺织品		0[2]		93%
	10	旧衣物	千克			
	20	其他	千克			
6310		纺织材料的新的或旧的碎织物及废线、绳、索、缆及其制品:				
6310.10		经分拣的				
6310.10.10	00	羊毛或动物细毛	千克	0[2]		39.7美分/千克
6310.10.20		其他		0[2]		10%
	10	棉制	千克			
	20	化学纤维制	千克			
	30	其他	千克			

税则号列	统计后缀	货品名称	单位	税率 1 普通	税率 1 特惠	2
6310.90		其他				
6310.90.10	00	羊毛或动物细毛	千克	5.5美分/千克[2]	0(AU, BH, CA, CL, CO, IL, JO, KR, MA, MX, OM, P, PA, PE, S, SG)	39.7美分/千克
6310.90.20	00	其他	千克	0[2]		10%

[1] 见9903.88.16。

[2] 见9903.88.15。

[3] 见9903.88.15和9903.89.49。

[4] 见9903.88.53和9903.88.57。

[5] 见9903.88.16和9903.89.49。

[6] 见9903.88.51和9903.88.57。

[7] 见9817.57.01和9903.88.15。

[8] 见9817.57.01和9903.88.16。

[9] 见9903.88.51和9903.88.53。

[10] 见9902.13.73和9903.88.15。

[11] 见9903.88.39、9903.88.57和9903.88.65。

[12] 见9903.88.65。

[13] 见9817.57.01、9902.13.80、9902.13.82至9902.13.91和9903.88.15。

[14] 见9903.88.42、9903.88.57和9903.88.65。

[15] 见9903.88.42、9903.88.53、9903.88.57和9903.88.65。

第十二类 鞋、帽、伞、杖、鞭及其零件;已加工的羽毛及其制品;人造花;人发制品

第六十四章　鞋靴、护腿和类似品及其零件

注释：

一、本章不包括：

(一)易损材料(例如,纸、塑料薄膜)制的无外绱鞋底的一次性鞋靴罩或套,这些产品应按其构成材料归类；

(二)纺织材料制的鞋靴,没有用粘、缝或其他方法将外底固定或安装在鞋面上的(第十一类)；

(三)品目6309的旧鞋靴；

(四)石棉制品(品目6812)；

(五)矫形鞋靴或其他矫形器具及其零件(品目9021[①])；或者

(六)玩具鞋及装有冰刀或轮子的滑冰鞋,护胫或类似的运动防护服装(第九十五章)。

二、品目6406所称"零件"不包括鞋钉、护鞋铁掌、鞋眼、鞋钩、鞋扣、饰物、编带、鞋带、绒球或其他装饰带(应分别归入相应品目)及品目9606的纽扣或其他货品。

三、就本章而言：

(一)"<u>橡胶</u>"及"<u>塑料</u>"包括能用肉眼辨出其外表有一层橡胶或塑料的机织物或其他纺织产品,运用本款时,橡胶或塑料仅引起颜色变化的不计在内；

(二)"<u>皮革</u>"是指品目4107及品目4112至4114的货品。

四、除本章注释三另有规定的以外：

(一)鞋面的材料应以占表面面积最大的那种材料为准,计算表面面积可不考虑附件及加固件,例如,护踝、裹边、饰物、扣子、拉襻、鞋眼或类似附属件；

(二)外底的主要材料应以与地面接触最广的那种材料为准,计算接触面时可不考虑鞋底钉、铁掌或类似附属件。

子目注释：

一、子目6402.12、子目6402.19、子目6403.12、子目6403.19及子目6404.11所称"运动鞋靴"仅适用于：

(一)带有或可装鞋底钉、止滑柱、夹钳、马蹄掌或类似品的体育专用鞋靴；

(二)滑冰靴、滑雪靴及越野滑雪用鞋靴、滑雪板靴、角力靴、拳击靴及赛车鞋。

附加美国注释：

一、就本章而言：

(一)所称"<u>贴边鞋</u>"是指用贴边制成的鞋,该贴边沿着鞋底踏面部分的边缘延伸,其中贴边和鞋面缝在

[①]　见9817.64.01。

鞋垫表面的唇部，鞋底缝在或粘在贴边上；

（二）所称"男士鞋、青年鞋和男童鞋"包括美国青年11.5码及以上男鞋和适用于女性的更大一点的鞋，不包括男女通用的鞋。

二、本章所称"网球鞋、篮球鞋、运动鞋、训练鞋等"包括除普通运动鞋类以外的专业竞技鞋（参见子目注释一），不论是否主要用于此类运动比赛或目的。

三、品目6401所称"防水鞋"是指该品目中规定的、旨在防止水或其他液体渗透的鞋，不论该鞋是否主要用于此类目的。

四、子目6406.10关于"成型鞋面"的规定涵盖了具有封闭底的鞋面，这些鞋面是通过持久、模塑或其他方式成型的，但不是通过简单地在底部封闭成型的。

五、为了根据本章注四（二）款确定外底的组成材料，不应考虑不具备正常使用外底所需特性（包括耐久性和强度）的纺织材料。

六、税号6402.91.42及税号6402.99.32所称"主动防护鞋"是指设计用于户外活动的鞋（子目注释一所述鞋除外），如登山鞋、徒步鞋、跑步鞋和越野鞋，上述产品每双价值超过24美元，可防止使用涂层或层压织物造成的水污染。

统计注释：

一、就本章而言：

（一）"工作鞋"除了包括具有金属鞋头的鞋之外，还包括适用于男性或女性的专用鞋：

— 有橡胶或塑料的外底；

— 专为从事不利于使用休闲鞋、女装鞋或类似轻便鞋的职业（如与农业、建筑、工业、公共安全和交通部门有关的职业）的人员设计的；以及

— 具有防止工作场所危险的特殊功能（例如，耐化学品、压缩、油脂、油、渗透、滑动或静电积聚）。

工作鞋不包括：

— 运动鞋、网球鞋、篮球鞋、体育馆用鞋、训练鞋等；

— 可穿在其他鞋上的鞋；

— 露趾或露跟鞋；或者

— 不使用鞋带或者鞋带与挂钩或其他紧固件组合而固定在脚上的滑套式或其他鞋类，品目6401所列鞋类除外。

（二）"男鞋"一词包括美国男性6号及以上的男鞋，不包括男女通用的鞋。

（三）"女鞋"一词包括美国女性4号及以上的女鞋，不论是女鞋还是男女通用的鞋。

（四）"拖鞋"包括：

1. 外底厚度不超过3.5毫米的由多孔橡胶、非粒面皮革或纺织材料制成的鞋；

2. 外底厚度不超过2毫米的由聚氯乙烯组成的鞋，不论是否有衬垫；或者

3. 在脚掌处测量时鞋底部件（包括任何内底和中底）的组合厚度不超过8毫米（从最上面的鞋底部件的外表面到外底的底表面测量），并且在后跟区域以相同方式测量时厚度与在脚掌处测量时相等或小于后者的鞋。

二、统计报告编码6402.91.4063、6402.99.3173、6405.20.3070、6405.20.9070和6405.90.9030所称"婴儿鞋"涵盖3号及以下的美国婴儿尺码。

第六十四章　鞋靴、护腿和类似品及其零件

税则号列	统计后缀	货品名称	单位	税率 1 普通	税率 1 特惠	税率 2
6401		橡胶或塑料制外底及鞋面的防水鞋靴，其鞋面不是用缝、铆、钉、旋、塞或类似方法固定在鞋底上的：				
6401.10.00	00	装有金属防护鞋头的鞋靴	双	37.5%[1]	0(AU,BH,CA,CL,CO,D,IL,JO,MA,MX,OM,P,PA,PE,R,S,SG) 18.7%(KR)	75%
		其他鞋靴：				
6401.92		过踝但未到膝：				
6401.92.30	00	滑雪靴和滑雪板靴	双	0[1]		35%
		其他：				
6401.92.60	00	鞋底和鞋面90%以上的外表面面积[包括本章注释四(一)款所述的任何附件或加固件]为聚氯乙烯，不论是否用聚氯乙烯支撑或内衬，但不以其他方式支撑或内衬	双	4.6%[2]	0(AU,BH,CA,CL,CO,D,E,IL,JO,KR,MA,MX,OM,P,PA,PE,R,S,SG)	25%
6401.92.90		其他	双	37.5%[1]	0(AU,BH,CA,CL,CO,D,IL,JO,MA,MX,OM,P,PA,PE,R,S,SG) 18.7%(KR)	75%
	30	工作鞋	双			
	60	其他	双			
6401.99		其他：				
6401.99.10	00	过膝	双	37.5%[2]	0(AU,BH,CA,CL,CO,D,IL,JO,MA,MX,OM,P,PA,PE,R,S,SG) 18.7%(KR)	75%
		其他：				
		设计用于穿在其他鞋上面或代替其他鞋，防水、防油、防油脂、防化学品、防寒冷或恶劣天气：				
6401.99.30	00	设计无封盖使用	双	25%[1]	0(AU,BH,CA,CL,CO,D,IL,JO,MA,MX,OM,P,PA,PE,R,S,SG) 12.5%(KR)	50%
6401.99.60	00	其他	双	37.5%[1]	0(AU,BH,CA,CL,CO,D,IL,JO,MA,MX,OM,P,PA,PE,R,S,SG) 18.7%(KR)	75%
		其他：				
6401.99.80	00	鞋面90%以上的外表面面积[包括本章注释四(一)款所述的任何附件或加固件]是橡胶或塑料(鞋底有镶边或类似镶边的带子并与鞋面重叠的鞋除外)	双	0[1]		35%
6401.99.90	00	其他	双	37.5%[2]	0(AU,BH,CA,CL,CO,D,IL,JO,MA,MX,OM,P,PA,PE,R,S,SG) 18.7%(KR)	66%
6402		橡胶或塑料制外底及鞋面的其他鞋靴：				
		运动鞋靴：				
6402.12.00	00	滑雪靴、越野滑雪鞋靴及滑雪板靴	双	0[1]		35%

税则号列	统计后缀	货品名称	单位	税率 1 普通	税率 1 特惠	2
6402.19		其他：				
		鞋面90%以上的外表面面积〔包括本章注释四(一)款所述的任何附件或加固件〕为橡胶或塑料的(鞋底有镶边或类似镶边的带子并与鞋面重叠的鞋除外,设计用于穿在其他鞋上面或代替其他鞋的防水、防油、防油脂、防化学品、防寒冷或恶劣天气的鞋除外)：				
6402.19.05		高尔夫球鞋		6%[2]	0(AU,BH,CA,CL,CO,D,E,IL,JO,KR,MA,MX,OM,P,PA,PE,R,S,SG)	35%
	30	男士用	双			
	60	女士用	双			
	90	其他	双			
6402.19.15		其他		5.1%[1]	0(AU,BH,CA,CL,CO,D,E,IL,JO,KR,MA,MX,OM,P,PA,PE,R,S,SG)	35%
	20	男士用	双			
	41	女士用	双			
	61	其他	双			
		其他：				
6402.19.30		价值不超过3美元/双		0[2]		84%
	31	男士用	双			
	61	其他	双			
6402.19.50		定价超过3美元/双但不超过6.5美元/双		76美分/双+32%[1]	0(AU,BH,CA,CL,CO,D,E,IL,JO,KR,MA,MX,OM,P,PA,PE,R,S,SG)	1.58美元/双+66%
	31	男士用	双			
	61	其他	双			
6402.19.70		价值超过6.5美元/双但不超过12美元/双		76美分/双+17%[1]	0(AU,BH,CA,CL,CO,D,E,IL,JO,KR,MA,MX,OM,P,PA,PE,R,S,SG)	1.58美元/双+35%
	31	男士用	双			
	61	其他	双			
6402.19.90		价值超过12美元/双		9%[3]	0(AU,BH,CA,CL,CO,D,E,IL,JO,KR,MA,MX,OM,P,PA,PE,R,S,SG)	35%
	31	男士用	双			
	61	其他	双			
6402.20.00	00	用栓塞方法将鞋面条带装配在鞋底上的鞋(夹指凉鞋)	双	0[2]		35%
		其他鞋靴：				
6402.91		过踝：				
		包括保护性金属鞋头：				

税则号列	统计后缀	货品名称	单位	税率 1 普通	税率 1 特惠	2
6402.91.05	00	鞋面90%以上的外表面面积[包括本章注释四(一)款所述的任何附件或加固件]为橡胶或塑料的(鞋底有镶边或类似镶边的带子并与鞋面重叠的鞋除外,设计用于穿在其他鞋上面或代替其他鞋的防水、防油、防油脂、防化学品、防寒冷或恶劣天气的鞋除外)	双	6%[2]	0(AU,BH,CA,CL,CO,D,E,IL,JO,KR,MA,MX,OM,P,PA,PE,R,S,SG)	35%
		其他:				
6402.91.10	00	设计用于穿在其他鞋上面或代替其他鞋的防水、防油、防油脂、防化学品、防寒冷或恶劣天气的鞋	双	37.5%[2]	0(AU,BH,CA,CL,CO,D,IL,JO,MA,MX,OM,P,PA,PE,R,S,SG) 18.7%(KR)	66%
		其他:				
6402.91.16	00	价值不超过3美元/双	双	24%[2]	0(AU,BH,CA,CL,CO,D,IL,JO,KR,MA,MX,OM,P,PA,PE,R,S,SG)	84%
6402.91.20	00	定价超过3美元/双但不超过6.5美元/双	双	90美分/双+37.5%[1]	0(AU,BH,CA,CL,CO,D,IL,JO,MA,MX,OM,P,PA,PE,R,S,SG) 45¢/pr.+18.7%(KR)	1.58美元/双+66%
6402.91.26	00	定价超过6.5美元/双但不超过12美元/双	双	90美分/双+20%[2]	0(AU,BH,CA,CL,CO,D,IL,JO,MA,MX,OM,P,PA,PE,R,S,SG) 45¢/pr.+10%(KR)	1.58美元/双+35%
6402.91.30	00	定价超过12美元/双	双	20%[2]	0(AU,BH,CA,CL,CO,D,IL,JO,KR,MA,MX,OM,P,PA,PE,R,S,SG)	35%
		其他:				
6402.91.40		鞋面90%以上的外表面面积[包括本章注释四(一)款所述的任何附件或加固件]为橡胶或塑料的,但(1)鞋底有镶边或类似镶边的带子并与鞋面重叠的鞋除外,以及(2)设计用于穿在其他鞋上面或代替其他鞋的防水、防油、防油脂、防化学品、防寒冷或恶劣天气的鞋(除了鞋面的外底顶部上方3厘米处完全是各部分缝合在一起形成并在外表面露出大部分功能性缝线的非模压结构的鞋)除外		6%[4]	0(AU,BH,CA,CL,CO,D,E,IL,JO,KR,MA,MX,OM,P,PA,PE,R,S,SG)	35%
		男士用:				
	05	工作鞋	双			
	10	其他	双			
		女士用:				
	40	工作鞋	双			
	50	其他	双			
	63	本章统计注释二所述婴儿用	双			
	67	其他	双			

税则号列	统计后缀	货品名称	单位	税率 1 普通	税率 1 特惠	2
6402.91.42		主动防护鞋[具有防水模压底部（包括由外底和全部或部分鞋面组成的底部）的鞋除外，具有防止寒冷天气的隔热层的鞋除外］，从外底底部至鞋面顶部不超过15.34厘米		20%[5]	0(AU,BH,CA,CL,CO,D,IL,JO,MA,MX,OM,P,PA,PE,R,S,SG) 10%(KR)	35%
	30	男士用	双			
	60	女士用	双			
	90	其他	双			
		其他：				
6402.91.50		设计用于穿在其他鞋上面或代替其他鞋的防水、防油、防油脂、防化学品、防寒冷或恶劣天气的鞋		37.5%[6]	0(AU,BH,CA,CL,CO,D,IL,JO,MA,MX,OM,P,PA,PE,R,S,SG) 18.7%(KR)	66%
		男士用：				
	10	工作鞋	双			
	20	其他	双			
		女士用：				
	45	工作鞋	双			
	50	其他	双			
	90	其他	双			
		其他：				
6402.91.60		价值不超过3美元/双		48%[1]	0(AU,BH,CA,CL,CO,D,E,IL,JO,KR,MA,MX,OM,P,PA,PE,R,S,SG)	84%
	30	男士用	双			
	60	女士用	双			
	90	其他	双			
6402.91.70		价值超过3美元/双但不超过6.5美元/双		90美分/双+37.5%[7]	0(AU,BH,CA,CL,CO,D,E,IL,JO,KR,MA,MX,OM,P,PA,PE,R,S,SG)	1.58美元/双+66%
	30	男士用	双			
	60	女士用	双			
	90	其他	双			
6402.91.80		价值超过6.5美元/双但不超过12美元/双		90美分/双+20%[8]	0(AU,BH,CA,CL,CO,D,IL,JO,MA,MX,OM,P,PA,PE,R,S,SG) 45¢/pr.+10%(KR)	1.58美元/双+35%
	05	网球鞋、篮球鞋、运动鞋、训练鞋及类似鞋	双			
		其他：				
		男士用：				
	10	工作鞋	双			
	21	其他	双			
		女士用：				
	45	工作鞋	双			

第六十四章 鞋靴、护腿和类似品及其零件 989

税则号列	统计后缀	货品名称	单位	税率 1 普通	税率 1 特惠	2
	51	其他	双			
	91	其他	双			
6402.91.90		价值超过12美元/双		20%[1]	0(AU,BH,CA,CL,CO,D,IL,JO,MA,MX,OM,P,PA,PE,R,S,SG) 10%(KR)	35%
	05	网球鞋、篮球鞋、运动鞋、训练鞋及类似鞋	双			
		其他：				
		男士用：				
	10	工作鞋	双			
	35	其他	双			
		女士用：				
	45	工作鞋	双			
	65	其他	双			
	95	其他	双			
6402.99		其他：				
		装有金属防护鞋头：				
6402.99.04	00	鞋面90%以上的外表面面积[包括本章注释四（一）款所述的任何附件或加固件]为橡胶或塑料的（鞋底有镶边或类似镶边的带子并与鞋面重叠的鞋除外，设计用于穿在其他鞋上面或代替其他鞋的防水、防油、防油脂、防化学品、防寒冷或恶劣天气的鞋除外）	双	6%[2]	0(AU,BH,CA,CL,CO,D,E,IL,JO,KR,MA,MX,OM,P,PA,PE,R,S,SG)	35%
		其他：				
6402.99.08	00	设计用于穿在其他鞋上面或代替其他鞋的防水、防油、防油脂、防化学品、防寒冷或恶劣天气的鞋	双	37.5%[1]	0(AU,BH,CA,CL,CO,D,IL,JO,MA,MX,OM,P,PA,PE,R,S,SG) 18.7%(KR)	66%
		其他：				
6402.99.12	00	价值不超过3美元/双	双	24%[2]	0(AU,BH,CA,CL,CO,D,IL,JO,KR,MA,MX,OM,P,PA,PE,R,S,SG)	84%
6402.99.16	00	价值超过3美元/双但不超过6.5美元/双	双	90美分/双+37.5%[2]	0(AU,BH,CA,CL,CO,D,IL,JO,MA,MX,OM,P,PA,PE,R,S,SG) 45¢/pr.+18.7%(KR)	1.58美元/双+66%
6402.99.19	00	价值超过6.5美元/双但不超过12美元/双	双	90美分/双+20%[2]	0(AU,BH,CA,CL,CO,D,IL,JO,MA,MX,OM,P,PA,PE,R,S,SG) 45¢/pr.+10%(KR)	1.58美元/双+35%
6402.99.21	00	价值超过12美元/双	双	20%[1]	0(AU,BH,CA,CL,CO,D,IL,JO,KR,MA,MX,OM,P,PA,PE,R,S,SG)	35%
		其他：				

税则号列	统计后缀	货品名称	单位	税率 1 普通	税率 1 特惠	2
		鞋面90%以上的外表面面积[包括本章注释四(一)款所述的任何附件或加固件]为橡胶或塑料的(鞋底有镶边或类似镶边的带子并与鞋面重叠的鞋除外,设计用于穿在其他鞋上面或代替其他鞋的防水、防油、防油脂、防化学品、防寒冷或恶劣天气的鞋除外):				
6402.99.23		在木制底座或平台上制作的		8%[9]	0(AU,BH,CA,CL,CO,D,E,IL,JO,KR,MA,MX,OM,P,PA,PE,R,S,SG)	33.33%
	30	男士用	双			
	60	女士用	双			
	90	其他	双			
6402.99.25		在软木底座或平台上制作的		12.5%[1]	0(AU,BH,CA,CL,CO,D,E,IL,JO,KR,MA,MX,OM,P,PA,PE,R,S,SG)	35%
	30	男士用	双			
	60	女士用	双			
	90	其他	双			
		其他:				
6402.99.27		塑料凉鞋及类似鞋,一体成型		3%[1]	0(AU,BH,CA,CL,CO,D,E,IL,JO,KR,MA,MX,OM,P,PA,PE,R,S,SG)	35%
	30	男士用	双			
	60	女士用	双			
	90	其他	双			
6402.99.31		其他		6%[10]	0(AU,BH,CA,CL,CO,D,E,IL,JO,KR,MA,MX,OM,P,PA,PE,R,S,SG)	35%
	10	拖鞋	双			
	15	网球鞋、篮球鞋、运动鞋、训练鞋及类似鞋	双			
		其他:				
		男士用:				
	35	工作鞋	双			
	45	其他	双			
		女士用:				
	55	工作鞋	双			
	65	其他	双			
	73	本章统计注释二所述婴儿用	双			
	77	其他	双			
		其他:				

税则号列	统计后缀	货品名称	单位	税率 1 普通	税率 1 特惠	2
6402.99.32		主动防护鞋		20%[11]	0(AU,BH,CA,CL,CO,D,IL,JO,MA,MX,OM,P,PA,PE,R,S,SG) 10%(KR)	35%
	30	男士用	双			
	60	女士用	双			
	90	其他	双			
6402.99.33		设计用于穿在其他鞋上面或代替其他鞋的防水、防油、防油脂、防化学品、防寒冷或恶劣天气的鞋		37.5%[12]	0(AU,BH,CA,CL,CO,D,IL,JO,MA,MX,OM,P,PA,PE,R,S,SG) 18.7%(KR)	66%
		男士用：				
	10	工作鞋	双			
	20	其他	双			
		女士用：				
	45	工作鞋	双			
	50	其他	双			
	90	其他	双			
		露趾或露跟鞋，无需使用鞋带、鞋扣或其他扣件就可固定在脚上的滑套式鞋，但税号6402.99.33所述的鞋除外，鞋底有完全或几乎完全由橡胶或塑料制成的镶边或类似镶边的带子并与鞋面重叠的鞋除外：				
6402.99.41	00	外底由与地面接触面积最大的纺织材料制成,但本章附加美国注释五未考虑在内	双	12.5%[2]	0(AU,BH,CA,CL,CO,D,E,IL,JO,KR,MA,MX,OM,P,PA,PE,R,S,SG)	35%
6402.99.49		其他		37.5%[1]	0(AU,BH,CA,CL,CO,D,E,IL,JO,KR,MA,MX,P,PA,PE,OM,R,S,SG)	66%
	20	拖鞋	双			
		其他：				
	40	男士用	双			
	60	女士用	双			
	80	其他	双			
		其他：				
		价值不超过3美元/双：				
6402.99.61	00	外底由与地面接触面积最大的纺织材料制成,但本章附加美国注释五未考虑在内	双	12.5%[2]	0(AU,BH,CA,CL,CO,D,E,IL,JO,KR,MA,MX,OM,P,PA,PE,R,S,SG)	35%
6402.99.69		其他		48%[2]	0(AU,BH,CA,CL,CO,D,E,IL,JO,KR,MA,MX,OM,P,PA,PE,R,S,SG)	84%
	15	拖鞋	双			
		其他：				
	30	男士用	双			

税则号列	统计后缀	货品名称	单位	税率 1 普通	税率 1 特惠	2
	60	女士用	双			
	90	其他	双			
		价值超过3美元/双但不超过6.5美元/双				
6402.99.71	00	外底由与地面接触面积最大的纺织材料制成,但本章附加美国注释五未考虑在内	双	12.5%[2]	0(AU,BH,CA,CL,CO,D,E,IL,JO,KR,MA,MX,OM,P,PA,PE,R,S,SG)	35%
6402.99.79		其他		90美分/双+37.5%[2]	0(AU,BH,CA,CL,CO,D,E,IL,JO,KR,MA,MX,OM,P,PA,PE,R,S,SG)	1.58美元/双+66%
	15	拖鞋	双			
		其他:				
	30	男士用	双			
	60	女士用	双			
	90	其他	双			
6402.99.80		价值超过6.5美元/双但不超过12美元/双		90美分/双+20%[1]	0(AU,BH,CA,CL,CO,D,IL,JO,MA,MX,OM,P,PA,PE,R,S,SG) 45¢/pr.+10%(KR)	1.58美元/双+35%
	05	网球鞋、篮球鞋、运动鞋、训练鞋及类似鞋	双			
		其他:				
	31	男士用	双			
	61	女士用	双			
	91	其他	双			
6402.99.90		价值超过12美元/双		20%[13]	0(AU,BH,CA,CL,CO,D,IL,JO,MA,MX,OM,P,PA,PE,R,S,SG) 10%(KR)	35%
	05	网球鞋、篮球鞋、运动鞋、训练鞋及类似鞋	双			
		其他:				
	35	男士用	双			
	65	女士用	双			
	95	其他	双			
6403		橡胶、塑料、皮革或再生皮革制外底,皮革制鞋面的鞋靴:				
		运动鞋靴:				
6403.12		滑雪靴、越野滑雪鞋靴及滑雪板靴:				
6403.12.30	00	贴边鞋	双	0[1]		20%
6403.12.60	00	其他	双	0[1]		20%
6403.19		其他:				
		男士、青年及男童用:				
		贴边鞋:				

税则号列	统计后缀	货品名称	单位	税率 1 普通	税率 1 特惠	2
6403.19.10	00	高尔夫鞋	双	5%[1]	0(AU,BH,CA,CL,CO,D,E,IL,JO,KR,MA,MX,OM,P,PA,PE,R,S,SG)	20%
6403.19.20	00	其他	双	0[1]		20%
		其他:				
6403.19.30		高尔夫鞋		8.5%[14]	0(AU,BH,CA,CL,CO,D,E,IL,JO,KR,MA,MX,OM,P,PA,PE,R,S,SG)	20%
	30	猪皮革鞋面	双			
	90	其他	双			
6403.19.40		其他		4.3%[1]	0(AU,BH,CA,CL,CO,D,E,IL,JO,KR,MA,MX,OM,P,PA,PE,R,S,SG)	20%
	30	猪皮革鞋面	双			
	90	其他	双			
		其他人用:				
6403.19.50		高尔夫鞋		10%[1]	0(AU,BH,CA,CL,CO,D,E,IL,JO,KR,MA,MX,OM,P,PA,PE,R,S,SG)	20%
		女士用:				
	31	猪皮革鞋面	双			
	61	其他	双			
	91	其他	双			
6403.19.70		其他		0[1]		20%
		女士用:				
	31	猪皮革鞋面	双			
	61	其他	双			
	91	其他	双			
6403.20.00	00	皮革制外底,由交叉于脚背并绕大脚趾的皮革条带构成鞋面的鞋	双	0[15]		20%
6403.40		装有金属防护鞋头的其他鞋靴:				
6403.40.30		贴边鞋		5%[15]	0(AU,BH,CA,CL,CO,D,E,IL,JO,KR,MA,MX,OM,P,PA,PE,R,S,SG)	20%
	30	猪皮革鞋面	双			
	90	其他	双			
6403.40.60	00	其他	双	8.5%[16]	0(AU,BH,CA,CL,CO,D,E,IL,JO,KR,MA,MX,OM,P,PA,PE,R,S,SG)	20%
		皮革制外底的其他鞋靴:				
6403.51		过踝:				
6403.51.11	00	在木制底座或平台上制作的鞋,无内底或金属防护鞋头	双	0[15]		33.33%
		其他:				

税则号列	统计后缀	货品名称	单位	税率 1 普通	税率 1 特惠	2
6403.51.30		贴边鞋		5%[15]	0(AU,BH,CA,CL,CO,D,E,IL,JO,KR,MA,MX,OM,P,PA,PE,R,S,SG)	20%
		男士用：				
	15	猪皮革鞋面	双			
	30	其他	双			
	60	女士用	双			
	71	其他	双			
		其他：				
6403.51.60		男士、青年及男童用		8.5%[15]	0(AU,BH,CA,CL,CO,D,E,IL,JO,KR,MA,MX,OM,P,PA,PE,R,S,SG)	20%
		男士用：				
	15	猪皮革鞋面	双			
	30	其他	双			
	60	其他	双			
6403.51.90		其他人用		10%[15]	0(AU,BH,CA,CL,CO,D,E,IL,JO,KR,MA,MX,OM,P,PA,PE,R,S,SG)	20%
		女士用：				
	15	猪皮革鞋面	双			
	30	其他	双			
	41	其他	双			
6403.59		其他：				
6403.59.10	00	在木制底座或平台上制作的鞋，无内底或金属防护鞋头	双	0[15]		33.33%
		其他：				
6403.59.15		反绱鞋		2.5%[15]	0(AU,BH,CA,CL,CO,D,IL,KR,MA,MX,OM,P,PA,PE,R,S,SG)	10%
	20	男士用	双			
	45	女士用	双			
	61	其他	双			
6403.59.30		贴边鞋		5%[15]	0(AU,BH,CA,CL,CO,D,E,IL,JO,KR,MA,MX,OM,P,PA,PE,R,S,SG)	20%
		男士用：				
	20	猪皮革鞋面	双			
	40	其他	双			
	60	女士用	双			
	81	其他	双			
		其他：				

税则号列	统计后缀	货品名称	单位	税率 1 普通	税率 1 特惠	2
6403.59.60		男士、青年及男童用		8.5%[15]	0(AU,BH,CA,CL,CO,D,IL,JO,KR,MA,MX,OM,P,PA,PE,R,S,SG)	20%
		男士用：				
	40	猪皮革鞋面	双			
	60	其他	双			
	80	其他	双			
6403.59.90		其他人用		10%[15]	0(AU,BH,CA,CL,CO,D,E,IL,JO,KR,MA,MX,OM,P,PA,PE,R,S,SG)	20%
		女士用：				
	30	猪皮革鞋面	双			
	45	其他	双			
	61	其他	双			
		其他鞋靴：				
6403.91		过踝：				
6403.91.11	00	在木制底座或平台上制作的鞋,无内底或金属防护鞋头	双	0[15]		33.33%
		其他：				
6403.91.30		贴边鞋		5%[15]	0(AU,BH,CA,CL,CO,D,IL,JO,KR,MA,MX,OM,P,PA,PE,R,S,SG)	20%
		工作鞋：				
	10	男士用	双			
	25	其他	双			
		其他：				
		男士用：				
	35	猪皮革鞋面	双			
	40	其他	双			
	80	女士用	双			
	91	其他	双			
		其他：				
6403.91.60		男士、青年及男童用		8.5%[15]	0(AU,BH,CA,CL,CO,D,E,IL,JO,KR,MA,MX,OM,P,PA,PE,R,S,SG)	20%
	10	工作鞋	双			
		其他：				
		网球鞋、篮球鞋、运动鞋、训练鞋及类似鞋,男士用：				
	30	猪皮革鞋面	双			
	40	其他	双			
		其他网球鞋、篮球鞋、运动鞋、训练鞋及类似鞋：				

税则号列	统计后缀	货品名称	单位	税率 1 普通	税率 1 特惠	2
	50	猪皮革鞋面	双			
	60	其他	双			
		其他：				
		男士用：				
	65	猪皮革鞋面	双			
	75	其他	双			
	90	其他	双			
6403.91.90		其他人用		10%[15]	0(AU,BH,CA,CL,CO,D,E,IL,JO,KR,MA,MX,OM,P,PA,PE,R,S,SG)	20%
	15	工作鞋	双			
		其他：				
		女士用：				
	25	猪皮革鞋面	双			
	45	其他	双			
	51	其他	双			
6403.99		其他：				
6403.99.10	00	在木制底座或平台上制作的鞋,无内底或金属防护鞋头	双	0[15]		33.33%
		其他：				
6403.99.20		在木制底座或平台上制作的鞋		8%[17]	0(AU,BH,CA,CL,CO,D,E,IL,JO,KR,MA,MX,OM,P,PA,PE,R,S,SG)	33.33%
	30	男士用	双			
	60	女士用	双			
	90	其他	双			
		其他：				
6403.99.40		贴边鞋		5%[15]	0(AU,BH,CA,CL,CO,D,E,IL,JO,KR,MA,MX,OM,P,PA,PE,R,S,SG)	20%
		工作鞋：				
	10	男士用	双			
	20	其他	双			
		其他：				
		男士用：				
	35	猪皮革鞋面	双			
	55	其他	双			
	80	女士用	双			
	91	其他	双			
		其他：				
6403.99.60		男士、青年及男童用		8.5%[18]	0(AU,BH,CA,CL,CO,D,IL,JO,KR,MA,MX,OM,P,PA,PE,R,S,SG)	20%

税则号列	统计后缀	货品名称	单位	税率 1 普通	税率 1 特惠	2
	15	拖鞋	双			
	25	工作鞋	双			
		其他：				
		网球鞋、篮球鞋子、运动鞋、训练鞋及类似鞋，男士用：				
	30	猪皮革鞋面	双			
	40	其他	双			
		其他网球鞋、篮球鞋、运动鞋、训练鞋及类似鞋：				
	50	猪皮革鞋面	双			
	60	其他	双			
		其他：				
		男士用：				
	65	猪皮革鞋面	双			
	75	其他	双			
	90	其他	双			
		其他人用：				
6403.99.75		价值不超过2.50美元/双		7%[16]	0(AU,BH,CA,CL,CO,D,E,IL,JO,KR,MA,MX,OM,P,PA,PE,R,S,SG)	20%
	15	拖鞋	双			
		其他：				
		女士用：				
	30	猪皮革鞋面	双			
	60	其他	双			
	90	其他	双			
6403.99.90		价值超过2.5美元/双		10%[19]	0(AU,BH,CA,CL,CO,D,IL,JO,KR,MA,MX,OM,P,PA,PE,R,S,SG)	20%
	05	拖鞋	双			
	15	工作鞋	双			
		其他：				
		网球鞋、篮球鞋子、运动鞋、训练鞋及类似鞋，女士用：				
	21	猪皮革鞋面	双			
	31	其他	双			
	41	其他网球鞋、篮球鞋、运动鞋、训练鞋及的类似鞋：	双			
		其他：				
		女士用：				
	55	猪皮革鞋面	双			

税则号列	统计后缀	货品名称	单位	税率 1 普通	税率 1 特惠	2
	65	其他	双			
	71	其他	双			
6404		橡胶、塑料、皮革或再生皮革制外底,用纺织材料制鞋面的鞋靴:				
		橡胶或塑料制外底的鞋靴:				
6404.11		运动鞋靴;网球鞋、篮球鞋、体操鞋、训练鞋及类似鞋:				
6404.11.20		鞋面50％以上的外表面面积[包括本章注释四(一)款所述的任何皮革附件或加固件]为皮革		10.5％[20]	0(AU, BH, CA, CL, CO, D, E, IL, JO, KR, MA, MX, OM, P, PA, PE, R, S, SG)	35％
	30	男士用	双			
	60	女士用	双			
	71	其他	双			
		其他:				
		价值不超过3美元/双:				
		橡胶或塑料制鞋底(或中底,如有),仅用粘合剂粘在鞋面上(任何中底也是仅用粘合剂彼此粘在一起,以及粘在鞋底上);对于前述鞋靴,鞋底有镶边或类似镶边的带子并与鞋面重叠的鞋除外,鞋底与鞋面重叠(除了在脚趾或脚跟处)的鞋除外:				
6404.11.41		鞋面由植物纤维制成,外底由与地面接触面积最大的纺织材料制成,但本章附加美国注释五未考虑在内		7.5％[21]	0(AU, BH, CA, CL, CO, D, E, IL, JO, KR, MA, MX, OM, P, PA, PE, R, S, SG)	35％
	30	男士用	双			
	60	女士用	双			
	90	其他	双			
6404.11.49	00	其他	双	37.5％[2]	0(AU, BH, CA, CL, CO, D, E, IL, JO, KR, MA, MX, OM, P, PA, PE, R, S, SG)	66％
		其他:				
6404.11.51		鞋面由植物纤维制成,外底由与地面接触面积最大的纺织材料制成,但本章附加美国注释五未考虑在内		7.5％[21]	0(AU, BH, CA, CL, CO, D, E, IL, JO, KR, MA, MX, OM, P, PA, PE, R, S, SG)	35％
	30	男士用	双			
	60	女士用	双			
	90	其他	双			
6404.11.59	00	其他	双	48％[2]	0(AU, BH, CA, CL, CO, D, E, IL, JO, KR, MA, MX, OM, P, PA, PE, R, S, SG)	84％
		价值超过3美元/双但不超过6.5美元/双:				

税则号列	统计后缀	货品名称	单位	税率 1 普通	税率 1 特惠	2
		橡胶或塑料制鞋底(或中底,如有),仅用粘合剂粘在鞋面上(任何中底也是仅用粘合剂彼此粘在一起,以及粘在鞋底上);对于前述鞋靴,鞋底有镶边或类似镶边的带子并与鞋面重叠的鞋除外,鞋底与鞋面重叠(除了在脚趾或脚跟处)的鞋除外:				
6404.11.61		鞋面由植物纤维制成,外底由与地面接触面积最大的纺织材料制成,但本章附加美国注释五未考虑在内		7.5%[21]	0(AU,BH,CA,CL,CO,D,E,IL,JO,KR,MA,MX,OM,P,PA,PE,R,S,SG)	35%
	30	男士用	双			
	60	女士用	双			
	90	其他	双			
6404.11.69		其他		37.5%[22]	0(AU,BH,CA,CL,CO,D,E,IL,JO,KR,MA,MX,OM,P,PA,PE,R,S,SG)	66%
	30	男士用	双			
	60	女士用	双			
	90	其他	双			
		其他:				
6404.11.71		鞋面由植物纤维制成,外底由与地面接触面积最大的纺织材料制成,但本章附加美国注释五未考虑在内		7.5%[23]	0(AU,BH,CA,CL,CO,D,E,IL,JO,KR,MA,MX,OM,P,PA,PE,R,S,SG)	35%
	30	男士用	双			
	60	女士用	双			
	90	其他	双			
6404.11.75		鞋面由植物纤维以外的纺织材料制成,外底由与地面接触面积最大的纺织材料制成,但本章附加美国注释五未考虑在内		12.5%[2]	0(AU,BH,CA,CL,CO,D,E,IL,JO,KR,MA,MX,OM,P,PA,PE,R,S,SG)	35%
	30	男士用	双			
	60	女士用	双			
	90	其他	双			
6404.11.79		其他		90美分/双+37.5%[1]	0(AU,BH,CA,CL,CO,D,E,IL,JO,KR,MA,MX,OM,P,PA,PE,R,S,SG)	1.58美元/双+66%
	30	男士用	双			
	60	女士用	双			
	90	其他	双			
		价值超过6.5美元/双但不超过12美元/双:				

税则号列	统计后缀	货品名称	单位	税率 1 普通	税率 1 特惠	2
6404.11.81		鞋面由植物纤维制成,外底由与地面接触面积最大的纺织材料制成,但本章附加美国注释五未考虑在内		7.5%[23]	0(AU,BH,CA,CL,CO,D,E,IL,JO,KR,MA,MX,OM,P,PA,PE,R,S,SG)	35%
	30	男士用	双			
	60	女士用	双			
	90	其他	双			
6404.11.85		鞋面由植物纤维以外的纺织材料制成,外底由与地面接触面积最大的纺织材料制成,但本章附加美国注释五未考虑在内		12.5%[2]	0(AU,BH,CA,CL,CO,D,E,IL,JO,KR,MA,MX,OM,P,PA,PE,R,S,SG)	35%
	30	男士用	双			
	60	女士用	双			
	90	其他	双			
6404.11.89		其他		90美分/双+20%[1]	0(AU,BH,CA,CL,CO,D,E,IL,JO,KR,MA,MX,OM,P,PA,PE,R,S,SG)	1.58美元/双+35%
	30	男士用	双			
	60	女士用	双			
	90	其他	双			
6404.11.90		每双价值超过12美元		20%[24]	0(AU,BH,CA,CL,CO,D,IL,JO,MA,MX,OM,P,PA,PE,R,S,SG) 10%(KR)	35%
		男士用:				
	10	滑雪靴、越野滑雪鞋和滑雪板靴	双			
	20	其他	双			
		女士用:				
	40	滑雪靴、越野滑雪鞋和滑雪板靴	双			
	50	其他	双			
		其他:				
	70	滑雪靴、越野滑雪鞋和滑雪板靴	双			
	80	其他	双			
6404.19		其他:				
6404.19.15		鞋面50%以上的外表面面积[包括本章注释四(一)款所述的任何皮革附件或加固件]为皮革		10.5%[15]	0(AU,BH,CA,CL,CO,D,E,IL,JO,KR,MA,MX,OM,P,PA,PE,R,S,SG)	35%
	20	男士用	双			
	60	女士用	双			
	81	其他	双			
6404.19.20		设计用于穿在其他鞋上面或代替其他鞋的防水、防油、防油脂、防化学品、防寒冷或恶劣天气的鞋		37.5%[25]	0(AU,BH,CA,CL,CO,D,IL,JO,MA,MX,OM,P,PA,PE,R,S,SG) 18.7%(KR)	66%

税则号列	统计后缀	货品名称	单位	税率 1 普通	税率 1 特惠	2
	30	男士用	双			
	60	女士用	双			
	90	其他	双			
		露趾或露跟鞋,无需使用鞋带、鞋扣或其他扣件就可固定在脚上的滑套式鞋,但税号 6404.19.20 所述的鞋除外,鞋底有完全或几乎完全由橡胶或塑料制成的镶边或类似镶边的带子并与鞋面重叠的鞋除外:				
		按重量计橡胶或塑料含量低于10%:				
6404.19.25		植物纤维制鞋面的		7.5%[1]	0(AU,BH,CA,CL,CO,D,E,IL,JO,KR,MA,MX,OM,P,PA,PE,R,S,SG)	35%
		拖鞋:				
	15	过踝	双			
	20	其他	双			
		其他:				
	30	男士用	双			
	60	女士用	双			
	90	其他	双			
6404.19.30		其他		12.5%[2]	0(AU,BH,CA,CL,CO,D,E,IL,JO,KR,MA,MX,OM,P,PA,PE,R,S,SG)	35%
		拖鞋:				
	15	过踝	双			
	20	其他	双			
		其他:				
	40	男士用	双			
	60	女士用	双			
	80	其他	双			
		其他:				
6404.19.36		鞋面由植物纤维制成,外底由与地面接触面积最大的纺织材料制成,但本章附加美国注释五未考虑在内		7.5%[26]	0(AU,BH,CA,CL,CO,D,E,IL,JO,KR,MA,MX,OM,P,PA,PE,R,S,SG)	35%
	30	男士用	双			
	60	女士用	双			
	90	其他	双			
6404.19.37		鞋面由植物纤维以外的纺织材料制成,外底由与地面接触面积最大的纺织材料制成,但本章附加美国注释五未考虑在内		12.5%[27]	0(AU,BH,CA,CL,CO,D,E,IL,JO,KR,MA,MX,OM,P,PA,PE,R,S,SG)	35%
	15	拖鞋	双			
		其他:				

税则号列	统计后缀	货品名称	单位	税率 1 普通	税率 1 特惠	2
	30	男士用	双			
	60	女士用	双			
	90	其他	双			
6404.19.39		其他		37.5%[28]	0(AU,BH,CA,CL,CO,D,E,IL,JO,KR,MA,MX,OM,P,PA,PE,R,S,SG)	66%
	15	拖鞋	双			
		其他：				
	40	男士用	双			
	60	女士用	双			
	80	其他	双			
		其他：				
		价值不超过3美元/双：				
		橡胶或塑料制鞋底(或中底,如有),仅用粘合剂粘在鞋面上(任何中底也是仅用粘合剂彼此粘在一起,以及粘在鞋底上);对于前述鞋靴,鞋底有镶边或类似镶边的带子并与鞋面重叠的鞋除外,鞋底与鞋面重叠(除了在脚趾或脚跟处)的鞋除外：				
6404.19.42		鞋面由植物纤维制成,外底由与地面接触面积最大的纺织材料制成,但本章附加美国注释五未考虑在内		7.5%[21]	0(AU,BH,CA,CL,CO,D,E,IL,JO,KR,MA,MX,OM,P,PA,PE,R,S,SG)	35%
	30	男士用	双			
	60	女士用	双			
	90	其他	双			
6404.19.47		鞋面由植物纤维以外的纺织材料制成,外底由与地面接触面积最大的纺织材料制成,但本章附加美国注释五未考虑在内		12.5%[2]	0(AU,BH,CA,CL,CO,D,E,IL,JO,KR,MA,MX,OM,P,PA,PE,R,S,SG)	35%
	15	拖鞋	双			
		其他：				
	30	男士用	双			
	60	女士用	双			
	90	其他	双			
6404.19.49		其他		37.5%[2]	0(AU,BH,CA,CL,CO,D,E,IL,JO,KR,MA,MX,OM,P,PA,PE,R,S,SG)	66%
	30	男士用	双			
	60	女士用	双			
	90	其他	双			
		其他：				

税则号列	统计后缀	货品名称	单位	税率 1 普通	税率 1 特惠	税率 2
6404.19.52		鞋面由植物纤维制成,外底由与地面接触面积最大的纺织材料制成,但本章附加美国注释五未考虑在内		7.5%[21]	0(AU,BH,CA,CL,CO,D,E,IL,JO,KR,MA,MX,OM,P,PA,PE,R,S,SG)	35%
	30	男士用	双			
	60	女士用	双			
	90	其他	双			
6404.19.57		鞋面由植物纤维制成,外底由与地面接触面积最大的纺织材料制成,但本章附加美国注释五未考虑在内		12.5%[2]	0(AU,BH,CA,CL,CO,D,E,IL,JO,KR,MA,MX,OM,P,PA,PE,R,S,SG)	35%
	15	拖鞋	双			
		其他:				
	30	男士用	双			
	60	女士用	双			
	90	其他	双			
6404.19.59		其他		48%[2]	0(AU,BH,CA,CL,CO,D,E,IL,JO,KR,MA,MX,OM,P,PA,PE,R,S,SG)	84%
	15	拖鞋	双			
		其他:				
	30	男士用	双			
	60	女士用	双			
	90	其他	双			
		价值超过3美元/双但不超过6.5美元/双:				
		橡胶或塑料制鞋底(或中底,如有),仅用粘合剂粘在鞋面上(任何中底也是仅用粘合剂彼此粘在一起,以及粘在鞋底上);对于前述鞋靴,鞋底有镶边或类似镶边的带子并与鞋面重叠的鞋除外,鞋底与鞋面重叠(除了在脚趾或脚跟处)的鞋除外:				
6404.19.61		鞋面由植物纤维以外的纺织材料制成,外底由与地面接触面积最大的纺织材料制成,但本章附加美国注释五未考虑在内		12.5%[2]	0(AU,BH,CA,CL,CO,D,E,IL,JO,KR,MA,MX,OM,P,PA,PE,R,S,SG)	35%
	15	拖鞋	双			
		其他:				
	30	男士用	双			
	60	女士用	双			
	90	其他	双			
6404.19.69		其他		37.5%[2]	0(AU,BH,CA,CL,CO,D,E,IL,JO,KR,MA,MX,OM,P,PA,PE,R,S,SG)	66%

税则号列	统计后缀	货品名称	单位	税率 1 普通	税率 1 特惠	2
	30	男士用	双			
	60	女士用	双			
	90	其他	双			
		其他：				
6404.19.72		鞋面由植物纤维制成,外底由与地面接触面积最大的纺织材料制成,但本章附加美国注释五未考虑在内		7.5%[21]	0(AU,BH,CA,CL,CO,D,E,IL,JO,KR,MA,MX,OM,P,PA,PE,R,S,SG)	35%
	30	男士用	双			
	60	女士用	双			
	90	其他	双			
6404.19.77		鞋面由植物纤维制成,外底由与地面接触面积最大的纺织材料制成,但本章附加美国注释五未考虑在内		12.5%[2]	0(AU,BH,CA,CL,CO,D,E,IL,JO,KR,MA,MX,OM,P,PA,PE,R,S,SG)	35%
	15	拖鞋	双			
		其他：				
	30	男士用	双			
	60	女士用	双			
	90	其他	双			
6404.19.79		其他		90美分/双+37.5%[1]	0(AU,BH,CA,CL,CO,D,E,IL,JO,KR,MA,MX,OM,P,PA,PE,R,S,SG)	1.58美元/双+66%
	15	拖鞋	双			
		其他：				
	30	男士用	双			
	60	女士用	双			
	90	其他	双			
		价值超过6.5美元/双但不超过12美元/双：				
6404.19.82		橡胶或塑料制鞋底(或中底,如有),仅用粘合剂粘在鞋面上(任何中底也是仅用粘合剂彼此粘在一起,以及粘在鞋底上);对于前述鞋靴,鞋底有镶边或类似镶边的带子并与鞋面重叠的鞋除外,鞋底与鞋面重叠(除了在脚趾或脚跟处)的鞋除外：		7.5%[23]	0(AU,BH,CA,CL,CO,D,E,IL,JO,KR,MA,MX,OM,P,PA,PE,R,S,SG)	35%
	30	男士用	双			
	60	女士用	双			
	90	其他	双			
6404.19.87		鞋面由植物纤维制成,外底由与地面接触面积最大的纺织材料制成,但本章附加美国注释五未考虑在内		12.5%[29]	0(AU,BH,CA,CL,CO,D,E,IL,JO,KR,MA,MX,OM,P,PA,PE,R,S,SG)	35%
	15	拖鞋	双			

税则号列	统计后缀	货品名称	单位	税率 1 普通	税率 1 特惠	2
		其他:				
	30	男士用	双			
	60	女士用	双			
	90	其他	双			
6404.19.89		其他		90美分/双+20%[1]	0(AU,BH,CA,CL,CO,D,E,IL,JO,KR,MA,MX,OM,P,PA,PE,R,S,SG)	1.58美元/双+35%
	30	男士用	双			
	60	女士用	双			
	90	其他	双			
6404.19.90		价值超过12美元/双		9%[30]	0(AU,BH,CA,CL,CO,D,E,IL,JO,KR,MA,MX,OM,P,PA,PE,R,S,SG)	35%
	30	男士用	双			
	60	女士用	双			
	90	其他	双			
6404.20		皮革或再生皮革制外底的鞋靴:				
		按重量计橡胶或塑料含量不超过50%,纺织材料和橡胶或塑料重量不超过50%且橡胶或塑料含量至少为10%:				
6404.20.20		价值不超过2.5美元/双		15%[1]	0(AU,BH,CA,CL,CO,D,E,IL,JO,KR,MA,MX,OM,P,PA,PE,R,S,SG)	35%
	30	男士用	双			
	60	女士用	双			
	90	其他	双			
6404.20.40		价值超过2.5美元/双		10%[1]	0(AU,BH,CA,CL,CO,D,E,IL,JO,KR,MA,MX,OM,P,PA,PE,R,S,SG)	35%
	30	男士用	双			
	60	女士用	双			
	90	其他	双			
6404.20.60		其他		37.5%[31]	0(AU,BH,CA,CL,CO,D,E,IL,JO,KR,MA,MX,OM,P,PA,PE,R,S,SG)	66%
	40	男士用	双			
	60	女士用	双			
	80	其他	双			
6405		其他鞋靴:				
6405.10.00		皮革或再生成革制鞋面的		10%[1]	0(AU,BH,CA,CL,CO,D,E,IL,JO,KR,MA,MX,OM,P,PA,PE,R,S,SG)	20%
	30	男士用	双			
	60	女士用	双			

税则号列	统计后缀	货品名称	单位	税率 1 普通	税率 1 特惠	2
	90	其他	双			
6405.20		纺织材料制鞋面的：				
6405.20.30		植物纤维制鞋面的		7.5%[21]	0(AU,BH,CA,CL,CO,D,E,IL, JO,KR,MA,MX,OM,P,PA,PE, R,S,SG)	35%
	30	男士用	双			
	60	女士用	双			
	70	本章统计注释二所述的婴儿鞋	双			
	80	其他	双			
6405.20.60		毛毡制鞋底和鞋帮的		2.5%[1]	0(AU,BH,CA,CL,CO,E,IL,JO, KR,MA,MX,OM,P,PA,PE,S, SG)	35%
	30	男士用(459)	双 千克			
	60	女士用(459)	双 千克			
	90	其他(459)	双 千克			
6405.20.90		其他		12.5%[32]	0(AU,BH,CA,CL,CO,D,E,IL, JO,KR,MA,MX,OM,P,PA,PE, R,S,SG)	35%
	15	拖鞋	双			
		其他：				
	30	男士用	双			
	60	女士用	双			
	70	本章统计注释二所述婴儿用	双			
	80	其他	双			
6405.90		其他：				
6405.90.20	00	一次性鞋,专为一次性使用而设计	双	3.8%[1]	0(A*,AU,BH,CA,CL,CO,D,E, IL,JO,KR,MA,MX,OM,P,PA, PE,S,SG)	35%
6405.90.90		其他		12.5%[33]	0(AU,BH,CA,CL,CO,D,E,IL, JO,KR,MA,MX,OM,P,PA,PE, R,S,SG)	35%
	30	本章统计注释二所述婴儿用	双			
	60	其他	双			
6406		鞋靴零件(包括鞋面,不论是否带有除外底以外的其他鞋底);活动式鞋内底、跟垫及类似品;护腿、裹腿和类似品及其零件：				
6406.10		鞋面及其零件,但硬衬除外：				
		成型鞋面：				
		皮革或再生皮革制：				
6406.10.05	00	男士、青年及男童用	双	8.5%[1]	0(AU,BH,CA,CL,CO,D,IL,JO, KR,MA,MX,OM,P,PA,PE,R, S,SG)	20%

税则号列	统计后缀	货品名称	单位	税率 1 普通	税率 1 特惠	2
6406.10.10	00	其他人用	双	10%[2]	0(AU,BH,CA,CL,CO,D,IL,JO,KR,MA,MX,OM,P,PA,PE,R,S,SG)	20%
		纺织材料制：				
6406.10.20		50%以上的外表面面积[包括本章注释四(一)款所述的任何皮革附件或加固件]为皮革		10.5%[1]	0(AU,BH,CA,CL,CO,D,IL,JO,KR,MA,MX,OM,P,PA,PE,R,S,SG)	20%
	31	男士用	双			
	61	其他	双			
		其他：				
6406.10.25	00	价值不超过3美元/双	双	33.6%[1]	0(AU,BH,CA,CL,CO,D,IL,JO,KR,MA,MX,OM,P,PA,PE,S,SG)	84%
6406.10.30	00	价值超过3美元/双但不超过6.5美元/双	双	63美分/双+26.2%[1]	0(AU,BH,CA,CL,CO,D,IL,JO,KR,MA,MX,OM,P,PA,PE,S,SG)	1.58美元/双+66%
6406.10.35	00	价值超过6.5美元/双但不超过12美元/双	双	62美分/双+13.7%[1]	0(AU,BH,CA,CL,CO,D,IL,JO,KR,MA,MX,OM,P,PA,PE,S,SG)	1.58美元/双+35%
6406.10.40	00	价值超过12美元/双	双	7.5%[1]	0(AU,BH,CA,CL,CO,D,IL,JO,KR,MA,MX,OM,P,PA,PE,S,SG)	35%
		其他：				
6406.10.45	00	90%以上的外表面面积[包括本章注释四(一)款所述的任何附件或加固件]为橡胶或塑料,不适合制成如下所述的鞋:(1)鞋底有镶边或类似镶边的带子并与鞋面重叠,或(2)设计用于穿在其他鞋上面或代替其他鞋,防水、防油、防油脂、防化学品、防寒冷或恶劣天气	双	6%[1]	0(AU,BH,CA,CL,CO,D,IL,JO,KR,MA,MX,OM,P,PA,PE,R,S,SG)	35%
6406.10.50	00	其他	双	26.2%[1]	0(AU,BH,CA,CL,CO,D,IL,JO,KR,MA,MX,OM,P,PA,PE,R,S,SG)	66%
		其他：				
6406.10.60	00	塑料或橡胶制	双	0[1]		80%
6406.10.65	00	皮革制	双	0[1]		15%
6406.10.70	00	50%以上的外表面面积[包括本章注释四(一)款所述的任何皮革附件或加固件]为皮革	双	0[1]		35%
		其他：				
		棉的：				
6406.10.72	00	50%以下的外表面面积[包括本章注释四(一)款所述的任何皮革附件或加固件]为纺织材料	双	11.2%[1]	0(A,AU,BH,CA,CL,CO,D,E,IL,JO,KR,MA,MX,OM,P,PA,PE,S,SG)	62.9%

税则号列	统计后缀	货品名称	单位	税率 1 普通	税率 1 特惠	2
6406.10.77	00	其他(369)	双千克	11.2%[1]	0(AU,BH,CA,CL,CO,IL,JO,KR,MA,MX,OM,P,PA,PE,S,SG)	62.9%
		其他：				
6406.10.85	00	50%以下的外表面面积[包括本章注释四(一)款所述的任何皮革、橡胶或塑料附件或加固件]为纺织材料	双	4.5%[1]	0(A,AU,BH,CA,CL,CO,D,E,IL,JO,KR,MA,MX,OM,P,PA,PE,S,SG)	78.5%
6406.10.90		其他		4.5%[1]	0(AU,BH,CA,CL,CO,E*,IL,JO,KR,MA,MX,OM,P,PA,PE,S,SG)	78.5%
		非棉纺织材料制：				
	20	羊毛或动物细毛制(469)	双千克			
	40	人造纤维制(669)	双千克			
	60	其他(899)	双千克			
	90	其他	双千克			
6406.20.00	00	橡胶或塑料制的外底及鞋跟	双千克	2.7%[1]	0(A*,AU,BH,CA,CL,CO,D,E,IL,JO,KR,MA,MX,OM,P,PA,PE,S,SG)	80%
6406.90		其他：				
6406.90.10	00	木制	千克	2.6%[1]	0(A,AU,BH,CA,CL,CO,D,E,IL,JO,KR,MA,MX,OM,P,PA,PE,S,SG)	33.33%
		其他材料制：				
6406.90.15		纺织材料制		14.9%[34]	0(AU,BH,CA,CL,CO,E*,IL,JO,KR,MA,MX,OM,P,PA,PE,S,SG)	72%
		化学纤维制：				
		暖腿器：				
	05	按重量计羊毛或动物细毛含量为23%以上(459)	打千克			
	10	其他(659)	打千克			
	40	其他(659)	打千克			
		其他				
		暖腿器：				
	50	棉制(359)	打千克			
	60	羊毛或动物细毛制(459)	打千克			
	70	其他(859)	打千克			

税则号列	统计后缀	货品名称	单位	税率 1 普通	税率 1 特惠	2
	80	其他	打千克			
6406.90.30		橡胶或塑料制		5.3%[35]	0(A,AU,BH,CA,CL,CO,D,E,IL,JO,KR,MA,MX,OM,P,PA,PE,S,SG)	80%
	30	底部	打千克			
	60	其他	打千克			
6406.90.60	00	皮革制	千克	0[1]		15%
6406.90.90	00	其他	千克	0[1]		45%

[1]见9903.88.15。

[2]见9903.88.16。

[3]见9902.13.92、9902.13.93和9903.88.15。

[4]见9902.13.94和9903.88.16。

[5]见9902.13.95、9902.13.96、9902.13.97和9903.88.16。

[6]见9902.13.98、9902.13.99、9902.14.01、9902.14.02和9903.88.16。

[7]见9902.14.03和9903.88.16。

[8]见9902.14.04和9903.88.15。

[9]见9902.14.05和9903.88.15。

[10]见9902.14.06、9902.14.07、9902.14.08、9902.14.09、9902.14.10和9903.88.16。

[11]见9902.14.11、9902.14.12、9902.14.13和9903.88.15。

[12]见9902.14.14、9902.14.15、9902.14.16、9902.14.17和9903.88.15。

[13]见9902.14.18和9903.88.15。

[14]见9902.14.19和9903.88.16。

[15]见9903.41.10和9903.88.15。

[16]见9903.41.10和9903.88.16。

[17]见9902.14.20、9903.41.10和9903.88.15。

[18]见9902.14.21、9902.14.22、9902.14.23、9902.14.24、9903.41.10和9903.88.15。

[19]见9902.14.25至9902.14.31、9903.41.10和9903.88.15。

[20]见9902.14.32、9903.41.10和9903.88.15。

[21]见9902.14.47和9903.88.16。

[22]见9902.14.33和9903.88.16。

[23]见9902.14.47和9903.88.16。

[24]见9902.14.34、9902.14.35、9902.14.36和9903.88.15。

[25]见9902.14.37、9902.14.38、9902.14.39和9903.88.16。

[26]见9902.14.40、9902.14.41、9902.14.47和9903.88.16。

[27]见9902.14.42、9902.14.43、9902.14.44和9903.88.16。

[28]见9902.14.45、9902.14.46、9903.27.09和9903.88.15。

[29]见9902.14.48和9903.88.16。

[30]见9902.14.49、9902.14.50和9903.88.15。

[31] 见 9902.14.51、9902.14.52 和 9903.88.15。
[32] 见 9902.14.53、9902.14.54 和 9903.88.16。
[33] 见 9902.14.55 和 9903.88.16。
[34] 见 9902.14.56 和 9903.88.15。
[35] 见 9902.14.57 和 9903.88.16。

第六十五章　帽类及其零件

注释：

一、本章不包括：

(一)品目 6309 的旧帽类；

(二)石棉制帽类(品目 6812)；

(三)第九十五章的玩偶帽、其他玩具帽或狂欢节用品。

二、品目 6502 不包括缝制的帽坯，但仅将条带缝成螺旋形的除外。

附加美国注释：

一、本章不包括围巾、披巾、领巾、披纱、面纱及类似品(品目 6117 或品目 6214)。

税则号列	统计后缀	货品名称	单位	税率 1 普通	税率 1 特惠	2
6501.00		毡呢制的帽坯、帽身及帽兜，未楦制成形，也未加帽边；毡呢制的圆帽片及制帽用的毡呢筒（包括裁开的毡呢筒）：				
		毡呢：				
6501.00.30	00	男式	打 千克	0[1]		16美元/打 +25%
6501.00.60	00	其他	打 千克	96美分/打 +1.4%[1]	0(A,AU,BH,CA,CL,CO,D,E,IL,JO,KR,MA,MX,OM,P,PA,PE,S,SG)	16美元/打 +25%
6501.00.90	00	其他(459)	个 千克	10.3美分/千克 +10.3%[1]	0(AU,BH,CA,CL,CO,IL,JO,KR,MA,MX,OM,P,PA,PE,S,SG)	88.2美元/千克 +55%
6502.00		编结的帽坯或用任何材料的条带拼制而成的帽坯，未楦制成形，也未加帽边、衬里或装饰物：				
		植物纤维制，未纺纤维状植物材料制，纸纱制，或其任何组合制的：				
6502.00.20	00	缝制	打 千克	34美分/打 +3.4%[1]	0(A,AU,BH,CA,CL,CO,D,E,IL,JO,KR,MA,MX,OM,P,PA,PE,S,SG)	3美元/打 +50%
		未缝制：				
6502.00.40	00	未漂白，未染色	打 千克	4%[1]	0(A,AU,BH,CA,CL,CO,D,E,IL,JO,KR,MA,MX,OM,P,PA,PE,S,SG)	25%
6502.00.60		漂白或染色		0[1]		25美分/打 +25%
	30	纸制	打			
	60	其他	打 千克			
6502.00.90		其他		6.8%[1]	0(AU,BH,CA,CL,CO,E*,IL,JO,KR,MA,MX,OM,P,PA,PE,S,SG)	90%
	30	化学纤维制(659)	打 千克			
	60	其他	打 千克			
6504.00		编结帽或用任何材料的条带拼制而成的帽类，不论有无衬里或装饰物：				
		植物纤维制，未纺纤维状植物材料制，纸纱制或其任何组合制的：				
6504.00.30	00	缝制	打 千克	6%[2]	0(A*,AU,BH,CA,CL,CO,D,E,IL,JO,KR,MA,MX,OM,P,PA,PE,S,SG)	3美元/打 +50%
6504.00.60	00	未缝制	打 千克	94美分/打 +4.6%[3]	0(A*,AU,BH,CA,CL,CO,D,E,IL,JO,KR,MA,MX,OM,P,PA,PE,S,SG)	3.50美元/打 +50%
6504.00.90		其他		6.8%[1]	0(AU,BH,CA,CL,CO,E*,IL,JO,KR,MA,MX,NP,OM,P,PA,PE,S,SG)	90%

税则号列	统计后缀	货品名称	单位	税率 1 普通	税率 1 特惠	2
		缝制:				
	15	人造纤维制(659)	打 千克			
	45	其他	打 千克			
		未缝制:				
	60	人造纤维制(659)	打 千克			
	75	其他	打 千克			
6505.00		针织或钩编的帽类,用成匹的花边、毡呢或其他纺织物(条带除外)制成的帽类,不论有无衬里或装饰物;任何材料制的发网,不论有无衬里或装饰物:				
6505.00.01	00	发网	千克	6.4%[4/5]	0(A,AU,BH,CA,CL,CO,D,E, IL,JO,KR,MA,MX,OM,P,PA, PE,S,SG)	20%
		其他:				
		用品目6501的帽身、帽兜或圆帽片制成的毡呢帽类,不论有无衬里或装饰物:				
6505.00.04		毛毡制		0[1]		16美元/打 +25%
	10	男士或男童用	打 千克			
	50	其他	打 千克			
6505.00.08	00	其他	个 千克	13.5美分/ 千克 +6.3%+1.9 美分/个[1]	0(AU,BH,CA,CL,CO,IL,JO, KR,MA,MX,NP,OM,P,PA,PE, S,SG)	88.2美分/千克 +55% +12.5美分/个
		其他:				
		棉制、亚麻制或棉麻制:				
6505.00.15		针织		7.9%[6]	0(AU,BH,CA,CL,CO,E*,IL, JO,KR,MA,MX,NP,OM,P,PA, PE,S,SG)	45%
		棉制:				
	15	婴儿用(239)	打 千克			
		其他:				
	25	不覆盖头顶的护目镜和其他头饰(359)	打 千克			
	40	其他(359)	打 千克			
	60	其他(859)	打 千克			
		非针织:				

税则号列	统计后缀	货品名称	单位	税率 1 普通	税率 1 特惠	2
6505.00.20		经认证的手工织造和民俗产品;棉质头饰		7.5%[1]	0(AU,BH,CA,CL,CO,E*,IL,JO,KR,MA,MX,NP,OM,P,PA,PE,S,SG)	37.5%
	30	婴儿用(239)	打千克			
	60	其他(359)	打千克			
6505.00.25		其他		7.5%[1]	0(AU,BH,CA,CL,CO,E*,IL,JO,KR,MA,MX,NP,OM,P,PA,PE,S,SG)	37.5%
	45	不覆盖头顶的护目镜和其他头饰(359)	打千克			
	90	其他(859)	打千克			
		羊毛制:				
6505.00.30		针织,或钩编,或者由针织或钩编织物制成		25.4美分/千克+7.7%[1]	0(AU,BH,CA,CL,CO,IL,JO,KR,MA,MX,NP,OM,P,PA,PE,S,SG)	1.10美元/千克+50%
	30	婴儿用(439)	打千克			
		其他:				
	45	不覆盖头顶的护目镜和其他头饰(459)	打千克			
	90	其他(459)	打千克			
6505.00.40		其他		31美分/千克+7.9%[1]	0(AU,BH,CA,CL,CO,IL,JO,KR,MA,MX,NP,OM,P,PA,PE,S,SG)	1.10美元/千克+50%
	30	婴儿用(439)	打千克			
		其他:				
	45	不覆盖头顶的护目镜和其他头饰(459)	打千克			
	90	其他(459)	打千克			
		人造纤维制:				
		针织,或钩编,或者由针织或钩编织物制成:				
6505.00.50		全部或部分编织		6.8%[1]	0(AU,BH,CA,CL,CO,IL,JO,KR,MA,MX,NP,OM,P,PA,PE,S,SG)	90%
	30	婴儿用(239)	打千克			
		其他:				
	45	不覆盖头顶的护目镜和其他头饰(659)	打千克			
	90	其他(659)	打千克			

税则号列	统计后缀	货品名称	单位	税率 1 普通	税率 1 特惠	2
6505.00.60		非部分编织		20美分/千克+7%[7]	0(AU,BH,CA,CL,CO,IL,JO,KR,MA,MX,NP,OM,P,PA,PE,S,SG)	99.2美分/千克+65%
	30	婴儿用(239)	打千克			
		其他：				
	40	按重量计羊毛或细动物毛含量在23%或以上(459)	打千克			
		其他：				
	45	不覆盖头顶的护目镜和其他头饰(659)	打千克			
	90	其他(659)	打千克			
		其他：				
6505.00.70		全部或部分编织		6.8%[1]	0(AU,BH,CA,CL,CO,IL,JO,KR,MA,MX,OM,P,PA,PE,S,SG)	90%
	30	婴儿用(239)	打千克			
		其他：				
	45	不覆盖头顶的护目镜和其他头饰(659)	打千克			
	90	其他(659)	打千克			
6505.00.80		非部分编织		18.7美分/千克+6.8%[8]	0(AU,BH,CA,CL,CO,IL,JO,KR,MA,MX,NP,OM,P,PA,PE,S,SG)	99.2美分/千克+65%
	15	无帽舌或面罩的非织造布一次性帽子[9]	打千克			
		其他：				
	45	婴儿用(239)	打千克			
		其他：				
	50	不覆盖头顶的护目镜和其他头饰(659)	打千克			
	90	其他(659)	打千克			
6505.00.90		其他		20.7美分/千克+7.5%[1]	0(AU,BH,CA,CL,CO,IL,JO,KR,MA,MX,NP,OM,P,PA,PE,S,SG)[10]	99.2美分/千克+65%
	30	按重量计丝或废丝的含量在70%或以上(759)	打千克			
		其他：				
	45	动物细毛制(459)	打千克			
	50	纸纱制	打千克			

税则号列	统计后缀	货品名称	单位	税率 1 普通	税率 1 特惠	2
		其他：				
	76	未纺的植物纤维制	打千克			
	89	其他(859)	打千克			
6506		其他帽类,不论有无衬里或装饰物：				
6506.10		安全帽：				
6506.10.30		增强或层压塑料制		0[5]		1.10美元/千克+40%
	30	摩托车头盔	个千克			
		其他：				
	45	田径、娱乐和运动帽类[11]	打千克			
	75	其他	打千克			
6506.10.60		其他		0[5]		25%
	30	摩托车头盔[12]	个千克			
		其他：				
	45	田径、娱乐和运动帽类[13]	打千克			
	75	其他[14]	打千克			
		其他：				
6506.91.00		橡胶或塑料制		0[1]		25%
	30	浴帽	打千克			
	45	不覆盖头顶的护目镜和其他头饰	打千克			
	60	其他	打千克			
6506.99		其他材料制：				
6506.99.30	00	毛皮制	打千克	3.3%[1]	0(A*,AU,BH,CA,CL,CO,D,E,IL,JO,KR,MA,MX,NP,OM,P,PA,PE,S,SG)	50%
6506.99.60	00	其他	打千克	8.5%[1]	0(A*,AU,BH,CA,CL,CO,D,E,IL,JO,KR,MA,MX,NP,OM,P,PA,PE,S,SG)	35%
6507.00.00	00	帽圈、帽衬、帽套、帽帮、帽骨架、帽舌及帽额带[15]	打千克	0[1]		35%

[1]见9903.88.03。

[2]见9902.14.58、9902.14.59和9903.88.03。

[3]见9902.14.60、9902.14.61和9903.88.03。

[4]据先前规定,普通税率应当为9.4%,第2栏税率应当为90%。

[5]见 9903.88.15。

[6]见 9902.14.62、9902.14.63 和 9903.88.03。

[7]见 9902.14.64 和 9903.88.03。

[8]见 9902.14.65 和 9903.88.03。

[9]见 9903.88.40、9903.88.56 和 9903.88.64。

[10]根据以前的规定,E*省略。

[11]见 9903.88.44。

[12]见 9903.88.47 和 9903.88.57。

[13]见 9903.88.51、9903.88.53 和 9903.88.57。

[14]见 9903.88.53。

[15]见 9903.88.45。

第六十六章　雨伞、阳伞、手杖、鞭子、马鞭及其零件

注释：

一、本章不包括：

(一)丈量用杖及类似品(品目9017)；

(二)火器手杖、刀剑手杖、加重手杖及类似品(第九十三章)；或者

(三)第九十五章的货品(例如,玩具雨伞、玩具阳伞)。

二、品目6603不包括纺织材料制的零件、附件及装饰品或者任何材料制的罩套、流苏、鞭梢、伞套及类似品。此类货品即使与品目6601或品目6602的物品一同进口或出口，只要未装配在一起，则不应视为上述品目所列物品的组成零件，而应分别归入各有关品目。

第六十六章 雨伞、阳伞、手杖、鞭子、马鞭及其零件

税则号列	统计后缀	货品名称	单位	税率 1 普通	税率 1 特惠	2
6601		雨伞及阳伞(包括手杖伞、庭园用伞及类似伞):				
6601.10.00	00	庭院用伞及类似伞	打	6.5%[1]	0 (A*,AU,BH,CA,CL,CO,D,E,IL,JO,KR,MA,MX,OM,P,PA,PE,S,SG)	40%
		其他:				
6601.91.00	00	折叠伞	打	0[1]		40%
6601.99.00	00	其他	打	8.2%[1]	0 (A,AU,BH,CA,CL,CO,D,E,IL,JO,KR,MA,MX,OM,P,PA,PE,S,SG)	40%
6602.00.00	00	手杖、带坐手杖、鞭子、马鞭及类似品	个	4%[2]	0 (A,AU,BH,CA,CL,CO,D,E,IL,JO,KR,MA,MX,OM,P,PA,PE,S,SG)	40%
6603		品目6601或品目6602所列物品的零件及装饰品:				
6603.20		伞骨,包括装在伞柄上的伞骨:				
6603.20.30	00	手持雨伞,主要用于防雨	个	0[1]		60%
6603.20.90	00	其他	个	12%[3]	0 (A,AU,BH,CA,CL,CO,D,E,IL,JO,KR,MA,MX,OM,P,PA,PE,S,SG)	60%
6603.90		其他:				
6603.90.41	00	伞柄、把手、伞头及伞帽	千克	0[2]		45%
6603.90.81	00	其他	千克	5.2%[1]	0 (A,AU,BH,CA,CL,CO,D,E,IL,JO,KR,MA,MX,OM,P,PA,PE,S,SG)	45%

[1]见 9903.88.16。

[2]见 9903.88.15。

[3]见 9902.14.66 和 9903.88.16。

第六十七章 已加工羽毛、羽绒及其制品;人造花;人发制品

注释:

一、本章不包括:

(一)人发制滤布(品目5911);(二)花边、刺绣品或其他纺织物制成的花卉图案(第十一类);

(三)鞋靴(第六十四章);

(四)帽类及发网(第六十五章);

(五)玩具、运动用品或狂欢节用品(第九十五章);或者

(六)羽毛掸帚、粉扑及人发制的筛子(第九十六章)。

二、品目6701不包括:

(一)羽毛或羽绒仅在其中作为填充料的物品(例如,品目9404的寝具);

(二)羽毛或羽绒仅作为饰物或填充料的衣服或衣着附件;或者

(三)品目6702的人造花、叶及其部分品,以及它们的制成品。

三、品目6702不包括:

(一)玻璃制品(第七十章);或者

(二)用陶器、石料、金属、木料或其他材料经模铸、锻造、雕刻、冲压或其他方法整件制成形的人造花、叶或果实;用捆扎、胶粘相互连接或类似方法以外的其他方法将部分品组合而成的上述制品。

第六十七章 已加工羽毛、羽绒及其制品；人造花；人发制品

税则号列	统计后缀	货品名称	单位	税率 1 普通	税率 1 特惠	税率 2
6701.00		带羽毛或羽绒的鸟皮及鸟体其他部分、羽毛、部分羽毛、羽绒及其制品（品目0505的货品和经加工的羽管及羽轴除外）：				
6701.00.30	00	羽毛或羽绒制品	个	4.7%[1]	0(A*,AU,BH,CA,CL,CO,D,E,IL,JO,KR,MA,MX,OM,P,PA,PE,S,SG)	60%
6701.00.60	00	其他	千克	4.7%[1]	0(A*,AU,BH,CA,CL,CO,D,E,IL,JO,KR,MA,MX,OM,P,PA,PE,S,SG)	60%
6702		人造花、叶、果实及其零件；用人造花、叶或果实制成的物品：				
6702.10		塑料制：				
6702.10.20	00	以柔性材料如金属丝、纸张、纺织材料或箔，用捆扎、胶粘或类似方法组合而成	个	8.4%[2]	0(A*,AU,BH,CA,CL,CO,D,E,IL,JO,KR,MA,MX,OM,P,PA,PE,S,SG)	60%
6702.10.40	00	其他，包括零部件	个	3.4%[3]	0(A*,AU,BH,CA,CL,CO,D,E,IL,JO,KR,MA,MX,OM,P,PA,PE,S,SG)	80%
6702.90		其他材料制：				
6702.90.10	00	羽毛制	个	4.7%[4]	0(A*,AU,BH,CA,CL,CO,D,E,IL,JO,KR,MA,MX,OM,P,PA,PE,S,SG)	60%
		其他：				
6702.90.35	00	化学纤维制	个	9%[5]	0(A*,AU,BH,CA,CL,CO,D,E,IL,JO,KR,MA,MX,OM,P,PA,PE,S,SG)	71.5%
6702.90.65	00	其他材料制	个	17%[4]	0(A*,AU,BH,CA,CL,CO,D,E,IL,JO,KR,MA,MX,OM,P,PA,PE,S,SG)	90%
6703.00		经梳理、稀疏、脱色或其他方法加工的人发；作假发及类似品用的羊毛、其他动物毛或其他纺织材料：				
6703.00.30	00	人发制	千克	0[4]		20%
6703.00.60	00	其他材料制	千克	0[4]		35%
6704		人发、动物毛或纺织材料制的假发、假胡须、假眉毛、假睫毛及类似品；其他品目未列名的人发制品：				
		合成纤维纺织材料制：				
6704.11.00	00	整头假发	个	0[4]		35%
6704.19.00	00	其他	个	0[4]		35%
6704.20.00	00	人发制	个	0[4]		35%
6704.90.00	00	其他材料制	个	0[4]		35%

[1]见9903.88.03。
[2]见9902.14.67和9903.88.16。
[3]见9902.14.68和9903.88.16。
[4]见9903.88.15。
[5]见9903.88.16。

Harmonized Tariff Schedule of the United States

美国协调关税税则

（正文·下册）

李九领　编

金宏彬　孙军超　李　宇　解恭浩　刘骁原　译

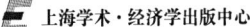

下册目录

第十三类　石料、石膏、水泥、石棉、云母及类似材料的制品;陶瓷产品;玻璃及其制品 …… 1023

　第六十八章　石料、石膏、水泥、石棉、云母及类似材料的制品 …… 1025

　第六十九章　陶瓷产品 …… 1033

　第七十章　玻璃及其制品 …… 1046

第十四类　天然或养殖珍珠、宝石或半宝石、贵金属、包贵金属及其制品;仿首饰;硬币 …… 1067

　第七十一章　天然或养殖珍珠、宝石或半宝石、贵金属、包贵金属及其制品;仿首饰;硬币 …… 1069

第十五类　贱金属及其制品 …… 1081

　第七十二章　钢铁 …… 1083

　第七十三章　钢铁制品 …… 1117

　第七十四章　铜及其制品 …… 1149

　第七十五章　镍及其制品 …… 1162

　第七十六章　铝及其制品 …… 1167

　第七十八章　铅及其制品 …… 1178

　第七十九章　锌及其制品 …… 1181

　第八十章　锡及其制品 …… 1184

　第八十一章　其他贱金属、金属陶瓷及其制品 …… 1187

　第八十二章　贱金属工具、器具、利口器、餐匙、餐叉及其零件 …… 1193

　第八十三章　贱金属杂项制品 …… 1207

第十六类 机器、机械器具、电气设备及其零件；录音机及放声机、电视图像、声音的录制和重放设备及其零件、附件 …… 1215

第八十四章 核反应堆、锅炉、机器、机械器具及其零件 …… 1219

第八十五章 电机、电气设备及其零件；录音机及放声机、电视图像、声音的录制和重放设备及其零件、附件 …… 1312

第十七类 车辆、航空器、船舶及有关运输设备 …… 1375

第八十六章 铁道及电车道机车、车辆及其零件；铁道及电车道轨道固定装置及其零件、附件；各种机械（包括电动机械）交通信号设备 …… 1377

第八十七章 车辆及其零件、附件（铁道及电车道车辆除外） …… 1381

第八十八章 航空器、航天器及其零件 …… 1404

第八十九章 船舶及浮动结构体 …… 1408

第十八类 光学、照相、电影、计量、检验、医疗或外科用仪器及设备、精密仪器及设备；钟表；乐器；上述物品的零件、附件 …… 1413

第九十章 光学、照相、电影、计量、检验、医疗或外科用仪器及设备、精密仪器及设备；上述物品的零件、附件 …… 1415

第九十一章 钟表及其零件 …… 1442

第九十二章 乐器及其零件、附件 …… 1467

第十九类 武器、弹药及其零件、附件 …… 1473

第九十三章 武器、弹药及其零件、附件 …… 1475

第二十类 杂项制品 …… 1481

第九十四章 家具；寝具、褥垫、弹簧床垫、软座垫及类似的填充制品；未列名灯具及照明装置；发光标志、发光铭牌及类似品；活动房屋 …… 1483

第九十五章 玩具、游戏品、运动用品及其零件、附件 …… 1498

第九十六章 杂项制品 …… 1507

第二十一类　艺术品、收藏品及古物 ……………………………………………………… 1519
第九十七章　艺术品、收藏品及古物 ……………………………………………………… 1521

第二十二类　特别归类规定；临时立法；根据现有贸易法规的临时修改；根据经修正的
《农业调整法》第 22 条制定的附加进口限制 ……………………………… 1523
第九十八章　特别归类规定 ………………………………………………………………… 1525
第九十九章　临时立法；根据现有贸易法规的临时修改；根据经修正的《农业调整法》第 22 条制定的
附加进口限制 ……………………………………………………………………… 1644

第十三类　石料、石膏、水泥、石棉、云母及类似材料的制品;陶瓷产品;玻璃及其制品

第六十八章　石料、石膏、水泥、石棉、云母及类似材料的制品

注释：
一、本章不包括：
   （一）第二十五章的货品；
   （二）品目4810或品目4811的经涂布、浸渍或覆盖的纸及纸板（例如，用云母粉或石墨涂布的纸及纸板、沥青纸及纸板）；
   （三）第五十六章或第五十九章的经涂布、浸渍或包覆的纺织物（例如，用云母粉涂布或包覆的织物，沥青织物）；
   （四）第七十一章的物品；
   （五）第八十二章的工具及其零件；
   （六）品目8442的印刷用石板；
   （七）绝缘子（品目8546）或绝缘材料制的零件（品目8547）；
   （八）牙科用磨锉（品目9018）；
   （九）第九十一章的物品（例如，钟及钟壳）；
   （十）第九十四章的物品（例如，家具、灯具及照明装置、活动房屋）；
   （十一）第九十五章的物品（例如，玩具、游戏品及运动用品）；
   （十二）用第九十六章注释二（二）所述材料制成的品目9602的物品或品目9606的物品（例如，钮扣）、品目9609的物品（例如，石笔）、品目9610的物品（例如，绘画石板）或品目9620的物品（独脚架、双脚架、三脚架及类似品）；或者
   （十三）第九十七章的物品（例如，艺术品）。
二、品目6802所称"已加工的碑石或建筑用石"不仅适用于已加工的品目2515、品目2516的各种石料，也适用于所有经类似加工的其他天然石料（例如，石英岩、燧石、白云石及冻石），但不适用于板岩。

附加美国注释：
一、品目6802所称"石板"包括厚度不超过5.1厘米、表面积为25.8平方厘米或以上的扁平石片，其边缘未经斜切、磨圆或其他加工，但为便于在建筑施工中安装瓷砖或贴面而可能需要的加工除外。
二、品目6810所称"瓷砖"不包括任何厚度为3.2厘米或以上的物品。

税则号列	统计后缀	货品名称	单位	税率 1 普通	税率 1 特惠	2
6801.00.00	00	天然石料(不包括板岩)制的长方砌石、路缘石、扁平石	吨	2.8%[1]	0(A,AU,BH,CA,CL,CO,D,E,IL,JO,KR,MA,MX,OM,P,PA,PE,S,SG)	60%
6802		已加工的碑石或建筑用石(不包括板岩)及其制品,但品目 6801 的货品除外;天然石料(包括板岩)制的镶嵌石(马赛克)及类似品,不论是否有衬背;天然石料(包括板岩)制的人工染色石粒、石片及石粉:				
6802.10.00	00	砖、瓦、方块及类似品,不论是否为矩形(包括正方形),其最大面以可置入边长小于 7 厘米的方格为限;人工染色的石粒、石片及石粉:	千克	4.8%[1]	0(A,AU,BH,CA,CL,CO,D,E,IL,JO,KR,MA,MX,OM,P,PA,PE,S,SG)	40%
		简单切削或锯开并具有一个平面的其他碑石或建筑用石及其制品:				
6802.21		大理石、石灰华及蜡石:				
6802.21.10	00	石灰华	吨	4.2%[1]	0(A,AU,BH,CA,CL,CO,D,E,IL,JO,KR,MA,MX,OM,P,PA,PE,S,SG)	50%
6802.21.50	00	其他	吨	1.9%[1]	0(A,AU,BH,CA,CL,CO,D,E,IL,JO,KR,MA,MX,OM,P,PA,PE,S,SG)	13%
6802.23.00	00	花岗岩	吨	3.7%[1]	0(A,AU,BH,CA,CL,CO,D,E,IL,JO,KR,MA,MX,OM,P,PA,PE,S,SG)	60%
6802.29		其他石:				
6802.29.10	00	石灰岩,大理石、石灰华或蜡石除外	吨	4.9%[1]	0(A*,AU,BH,CA,CL,CO,D,E,IL,JO,KR,MA,MX,OM,P,PA,PE,S,SG)	50%
6802.29.90	00	其他	吨	6%[1]	0(A*,AU,BH,CA,CL,CO,D,E,IL,JO,KR,MA,MX,OM,P,PA,PE,S,SG)	30%
		其他:				
6802.91		大理石、石灰华及蜡石:				
		大理石:				
6802.91.05	00	石板	吨	2.5%[1]	0(A,AU,BH,CA,CL,CO,D,E,IL,JO,KR,MA,MX,OM,P,PA,PE,S,SG)	15%
6802.91.15	00	其他[2]	吨	4.9%[1]	0(A,AU,BH,CA,CL,CO,D,E,IL,JO,KR,MA,MX,OM,P,PA,PE,S,SG)	50%
		石灰华:				
6802.91.20	00	税号 6802.21.10 的货品,经过修饰或抛光,但未进一步加工	吨	4.2%[1]	0(A,AU,BH,CA,CL,CO,D,E,IL,JO,KR,MA,MX,OM,P,PA,PE,S,SG)	50%
6802.91.25	00	其他	吨	3.7%[1]	0(A,AU,BH,CA,CL,CO,D,E,IL,JO,KR,MA,MX,OM,P,PA,PE,S,SG)	40%
6802.91.30	00	蜡石	吨	4.7%[1]	0(A,AU,BH,CA,CL,CO,D,E,IL,JO,KR,MA,MX,OM,P,PA,PE,S,SG)	50%

第六十八章　石料、石膏、水泥、石棉、云母及类似材料的制品

税则号列	统计后缀	货品名称	单位	税率 1 普通	税率 1 特惠	税率 2
6802.92.00	00	其他石灰石[3]	吨	4.9%[1]	0(A*,AU,BH,CA,CL,CO,D,E,IL,JO,KR,MA,MX,OM,P,PA,PE,S,SG)	50%
6802.93.00		花岗岩		3.7%[1]	0(A*,AU,BH,CA,CL,CO,D,E,IL,JO,KR,MA,MX,OM,P,PA,PE,S,SG)	60%
	10	税号6802.23.00所列用于纪念或建筑的货品,未按尺寸切割,且只有一个面的加工程度超出简单切削或锯切	吨			
		税号6802.23.00所列用于纪念或建筑的货品,切割成一定尺寸,一个或多个面或边缘的表面加工程度超过简单切削或锯切:				
	20	最大厚度为1.5厘米	吨			
	25	最大厚度大于1.5厘米但不大于7.5厘米	吨			
		最大厚度大于7.5厘米的:				
	35	纪念碑、基座和标记	吨			
	60	其他	吨			
	90	其他[4]	吨			
6802.99.00		其他石		6.5%[1]	0(A*,AU,BH,CA,CL,CO,D,E,IL,JO,KR,MA,MX,OM,P,PA,PE,S,SG)	40%
	30	纪念碑、基座和标记	吨			
	60	其他[5]	吨			
6803.00		已加工的板岩及板岩或粘聚板岩的制品:				
6803.00.10	00	屋顶板岩	平方米	3.3%[1]	0(A,AU,BH,CA,CL,CO,D,E,IL,JO,KR,MA,MX,OM,P,PA,PE,S,SG)	25%
6803.00.50	00	其他	吨	0[1]		25%
6804		未装支架的石磨、石碾、砂轮和类似品及其零件,用于研磨、磨刃、抛光、整形或切割,以及手用磨石、抛光石及其零件,用天然石料、粘聚的天然磨料、人造磨料或陶瓷制成,不论是否装有由其他材料制成的零件:				
6804.10.00	00	碾磨或磨浆用石磨、石碾	个	0[1]		0
		其他石磨、石碾、砂轮及类似品:				
6804.21.00		粘聚合成或天然金刚石制:		0[1]		30%
	10	由金属粘聚的金刚石组成的圆锯片段	个			
	20	由金属粘聚的金刚石连续段组成的货品,附在圆形钢板上(不论是否附在非钢板上)	个			
	30	由多段金属粘聚的金刚石组成的货品,附在圆形钢板上,无切割零件(不论是否附在非钢板上)	个			
	90	其他	个			

税则号列	统计后缀	货品名称	单位	税率 1 普通	税率 1 特惠	2
6804.22		其他粘聚磨料制或陶瓷制：				
6804.22.10	00	合成树脂粘聚	千克	5美分/千克+2%[1]	0(A, AU, BH, CA, CL, CO, D, E, IL, JO, KR, MA, MX, OM, P, PA, PE, S, SG)	1.10美元/千克+40%
		其他：				
6804.22.40	00	砂轮	个	0[1]		20%
6804.22.60	00	其他	千克	0[1]		30%
6804.23.00	00	天然石料制	个	0[1]		0
6804.30.00	00	手用磨石及抛光石	个	0[1]		0
6805		砂布、砂纸及以其他材料为底的类似品，不论是否裁切、缝合或用其他方法加工成形：				
6805.10.00	00	砂布	千克	0[1]		20%
6805.20.00	00	砂纸	千克	0[1]		20%
6805.30		其他：				
6805.30.10	00	全部或部分涂有研磨剂的货品，片状、条状、圆盘、皮带、套筒或类似形式	千克	0[1]		20%
6805.30.50	00	其他	千克	0[1]		20%
6806		矿渣棉、岩石棉及类似的矿质棉；页状蛭石、膨胀粘土、泡沫矿渣及类似的膨胀矿物材料；具有隔热、隔音或吸音性能的矿物材料的混合物及制品，但品目6811、品目6812或第六十九章的货品除外：				
6806.10.00		矿渣棉、岩石棉及类似的矿质棉(包括其相互混合物)，块状、成片或成卷		3.9%[6]	0(A, AU, BH, CA, CL, CO, D, E, IL, JO, KR, MA, MX, OM, P, PA, PE, S, SG)	30%
	10	隔音垫和隔音板	平方米			
		其他：				
	20	絮状，宽度不超过61厘米	平方米			
	40	絮状，宽度超过61厘米	平方米			
	60	管道覆盖物	平方米			
	90	其他	平方米			
6806.20.00	00	页状蛭石、膨胀粘土、泡沫矿渣及类似的膨胀矿物材料(包括其相互混合物)	千克	0[1]		30%
6806.90.00		其他		0[1]		30%
	10	隔音垫和隔音板	平方米			
		其他：				
	20	模压硅酸钙制	平方米			
	90	其他	千克			
6807		沥青或类似原料(例如，石油沥青或煤焦油沥青)的制品：				
6807.10.00	00	成卷	千克	0[1]		30%
6807.90.00		其他		2.7%[1]	0(A, AU, BH, CA, CL, CO, D, E, IL, JO, KR, MA, MX, OM, P, PA, PE, S, SG)	35%

第六十八章 石料、石膏、水泥、石棉、云母及类似材料的制品

税则号列	统计后缀	货品名称	单位	税率 1 普通	税率 1 特惠	税率 2
	10	用于屋顶或壁板的货品	千克			
	50	其他	千克			
6808.00.00	00	镶板、平板、瓦、砖及类似品，用水泥、石膏及其他矿物粘合材料粘合植物纤维、稻草、刨花、木片屑、木粉、锯末或木废料制成	平方米 千克	0[1]		20%
6809		石膏制品及以石膏为基本成分的混合材料制品：				
		未经装饰的板、片、砖、瓦及类似品：				
6809.11.00		仅用纸、纸板贴面或加强的		0[1]		30%
	10	石膏灰泥	千克 平方米			
	80	其他	千克 平方米			
6809.19.00	00	其他	平方米	3%[1]	0(A, AU, BH, CA, CL, CO, D, E, IL, JO, KR, MA, MX, OM, P, PA, PE, S, SG)	35%
6809.90.00	00	其他制品	千克	0[1]		60%
6810		水泥、混凝土或人造石制品，不论是否加强：				
		砖、瓦、扁平石及类似品：				
6810.11.00		建筑用砖及石砌块		3.2%[1]	0(A, AU, BH, CA, CL, CO, D, E, IL, JO, KR, MA, MX, OM, P, PA, PE, S, SG)	30%
	10	按重量计含有超过70%的镁砂(以氧化镁的含量计)，碳含量从微量到低于30%，并通过树脂或沥青进行化学粘合	平方米			
	70	其他	吨			
6810.19		其他：				
		地砖和墙砖：				
6810.19.12	00	用粘合剂(水泥除外)粘结的石头	平方米	4.9%[1]	0(A, AU, BH, CA, CL, CO, D, E, IL, JO, KR, MA, MX, OM, P, PA, PE, S, SG)	40%
6810.19.14	00	其他	平方米	9%[1]	0(A, AU, BH, CA, CL, CO, D, E, IL, JO, KR, MA, MX, OM, P, PA, PE, S, SG)	55%
6810.19.50	00	其他	吨	3.9%[1]	0(A, AU, BH, CA, CL, CO, D, E, IL, JO, KR, MA, MX, OM, P, PA, PE, S, SG)	30%
		其他制品：				
6810.91.00	00	建筑或土木工程用的预制结构件：	吨	0[1]		30%
6810.99.00		其他：		0[1]		30%
	10	台面用烧结石英板	平方米			
	80	其他[7]	个			
6811		石棉水泥、纤维素水泥或类似材料的制品：				
6811.40.00	00	含石棉的	千克	0[1]		2.2美分/千克

税则号列	统计后缀	货品名称	单位	税率 1 普通	税率 1 特惠	2
		不含石棉的:				
6811.81.00	00	瓦楞板	千克	0[1]		2.2美分/千克
6811.82.00	00	其他片、板、砖、瓦及类似制品	千克	0[1]		2.2美分/千克
6811.89		其他制品:				
6811.89.10	00	管子及管子附件	千克	0[1]		1.7美分/千克
6811.89.90	00	其他制品	千克	0[1]		2.2美分/千克
6812		已加工的石棉纤维;以石棉为基本成分或以石棉和碳酸镁为基本成分的混合物;上述混合物或石棉的制品(例如,纱线、机织物、服装、帽类、鞋靴、衬垫),不论是否加强,但品目6811或品目6813的货品除外:				
6812.80		青石棉的:				
6812.80.10	00	鞋靴	千克	8.3%[1]	0(AU,BH,CA,CL,CO,D,E,IL,JO,KR,MA,MX,OM,P,PA,PE,S,SG)	35%
6812.80.90	00	其他	千克	0[1]		35%
		其他:				
		服装、衣着附件、帽类及鞋靴				
6812.91.10	00	鞋靴	千克	8.3%[1]	0(AU,BH,CA,CL,CO,D,E,IL,JO,KR,MA,MX,OM,P,PA,PE,S,SG)	35%
6812.91.90	00	其他	千克	0[1]		35%
6812.92.00	00	纸、麻丝板及毡子	平方米	0[1]		25%
6812.93.00	00	成片或成卷的压缩石棉纤维接合材料	平方米	0[1]		25%
6812.99.00		其他		0[1]		25%
	01	人造石棉纤维;以石棉为基本成分或以石棉和碳酸镁为基本成分的混合物	千克			
	02	纱线	千克			
	03	绳索,不论是否编结	千克			
	04	机织物或针织物	千克			
		其他:				
	10	用于民用飞机	千克			
		其他:				
	20	垫圈、填料和密封件	千克			
	25	建筑材料	千克			
	55	其他	千克			
6813		以石棉、其他矿物质或纤维素为基本成分的未装配摩擦材料及其制品(例如,片、卷、带、盘、圈、垫及扇形),适于作制动器、离合器及类似品,不论是否与织物或其他材料结合而成:				
6813.20.00		含石棉的:		0[1]		25%
		闸衬、闸垫:				

第六十八章 石料、石膏、水泥、石棉、云母及类似材料的制品

税则号列	统计后缀	货品名称	单位	税率 1 普通	税率 1 特惠	2
	10	民用航空器用制品	个			
	15	其他	个			
		其他:				
	20	民用航空器用制品	个			
	25	其他	个			
		不含石棉的:				
6813.81.00		闸衬、闸垫		0[1]		25%
	10	民用航空器用制品,以矿物质为基本成分	个			
	50	其他	个			
6813.89.00		其他		0[1]		25%
	10	民用航空器用制品,以矿物质为基本成分	个			
	50	其他	个			
6814		已加工的云母及其制品,包括粘聚或复制的云母,不论是否附于纸、纸板或其他材料上:				
6814.10.00	00	粘聚或复制云母制的板、片、带,不论是否附于其他材料上	千克	2.7%[1]	0(A,AU,B,BH,CA,CL,CO,D,E,IL,JO,KR,MA,MX,OM,P,PA,PE,S,SG)	40%
6814.90.00	00	其他	千克	2.6%[1]	0(A,AU,B,BH,CA,CL,CO,D,E,IL,JO,KR,MA,MX,OM,P,PA,PE,S,SG)	45%
6815		其他品目未列名的石制品及其他矿物制品(包括碳纤维及其制品和泥煤制品):				
6815.10.01	00	非电气用的石墨或其他碳精制品[8]	千克	0[1]		45%
6815.20.00	00	泥煤制品	千克	0[1]		20%
		其他制品:				
6815.91.00		含有菱镁矿、白云石或铬铁矿的		0[1]		30%
	10	按重量计含有超过70%的镁砂(以氧化镁的含量计),碳含量从微量到低于30%,并通过树脂或沥青进行化学粘合	千克			
	70	其他	千克			
6815.99		其他:				
6815.99.20	00	滑石和皂石,经切割或锯切,制成坯料、蜡笔、立方体、圆盘或其他形式	千克	0[1]		2.2美分/千克
6815.99.40		其他		0[1]		30%
	10	按重量计含有超过70%的镁砂(以氧化镁的含量计),碳含量从微量到低于30%,并通过树脂或沥青进行化学粘合	千克			
	70	其他	千克			

[1]见9903.88.03。

[2]见9903.88.43。

[3] 见 9903.88.46。
[4] 见 9903.88.43 和 9903.88.46。
[5] 见 9903.88.43、9903.88.46 和 9903.88.56。
[6] 见 9902.14.69、9902.14.70、9902.14.71、9902.14.72、9902.14.73 和 9903.88.03。
[7] 见 9903.88.33 和 9903.88.43。
[8] 见 9903.88.35 和 9903.88.43。

第六十九章　陶瓷产品

注释：

一、本章仅适用于成形后经过烧制的陶瓷产品。品目 6904 至 6914 仅适用于不归入品目 6901 至 6903 的产品。

二、本章不包括：

(一)品目 2844 的产品；

(二)品目 6804 的物品；

(三)第七十一章的物品(例如，仿首饰)；

(四)品目 8113 的金属陶瓷；

(五)第八十二章的物品；

(六)绝缘子(品目 8546)或绝缘材料制的零件(品目 8547)；

(七)假牙(品目 9021)；

(八)第九十一章的物品(例如，钟及钟壳)；

(九)第九十四章的物品(例如，家具、灯具及照明装置、活动房屋)；

(十)第九十五章的物品(例如，玩具、游戏品及运动用品)；

(十一)品目 9606 的物品(例如，钮扣)或品目 9614 的物品(例如，烟斗)；或者

(十二)第九十七章的物品(例如，艺术品)。

附加美国注释：

一、品目 6902 及品目 6903 所称"<u>耐火材料</u>"适用于当以每小时 60 摄氏度的速度加热时具有至少相当于 1 500 摄氏度高温锥体的物品(高温锥体 18)。耐火制品具有特殊的强度和抗热震性能,根据设计的特殊用途,还可能具有其他特殊性能,如耐磨性和耐腐蚀性。

二、品目 6902 项下同时含有铬和镁的砖,可根据这些成分(分别以三氧化二铬和氧化镁计)中哪种成分的重量更大进行归类。

三、品目 6905 及品目 6907 所称"<u>瓷砖</u>"不包括任何厚度为 3.2 厘米或以上的货品。

五、就品目 6909 至 6914 而言：

(一)所称"<u>瓷器</u>"包括陶瓷制品(石器除外),不论是否上釉或装饰,具有烧制的白色主体(除非人工着色),吸水量不超过其重量的 0.5%,厚度为几毫米,半透明。本注释所称"石器"包括陶瓷制品,基本成分是粘土,通常不呈白色,吸水量不超过其重量的 3%,即使吸水量小于 0.1%,也天然不透明(非常薄的碎片除外)。

(二)所称"<u>骨瓷</u>"包括瓷器,其主体含有 25%或以上的煅烧骨或磷酸三钙。

(三)所称"<u>陶器</u>"包括陶瓷制品,不论是否上釉或装饰,其烧制坯体含有粘土作为基本成分,吸水量超

过其重量的 3%。
（四）陶瓷体的吸水率应通过 ASTM-C373 试验方法测定（试样的最小重量为 10 克，并且可能有一个较大的釉面除外）。

六、就品目 6911 及品目 6912 而言：

（一）所称"指定套装"包括主要用于制备、供应或储存食品或饮料或者食品或饮料配料的盘子、杯子、碟子和其他物品，这些物品以相同样式已出售或供出售，但任何一个物品均不得归类为"指定套装"，除非至少有本注释下述（二）款所列物品以该样式已出售或待出售。

（二）如果以下每件物品以相同样式已出售或待出售，则税号 6911.10.35、税号 6911.10.37、税号 6911.10.38、税号 6912.00.35 或税号 6912.00.39 中所有此类样式物品的归类应以所示数量的以下物品的总价值为准，根据经修订的 1930 年《关税法》第 402 节，由相关海关官员确定，不论此类物品是否在同一批货物中进口：

12 个最大尺寸最接近 26.7 厘米的盘子，已出售或供出售，

12 个最大尺寸最接近 15.3 厘米的盘子，已出售或供出售，

12 个茶杯及其茶托，已出售或供出售，

12 个最大尺寸最接近 17.8 厘米的汤盘，已出售或供出售，

12 个最大尺寸最接近 12.7 厘米的水果盘，已出售或供出售，

1 个最大尺寸最接近 38.1 厘米的拼盘或剁盘，已出售或供出售，

1 个最大尺寸最接近 25.4 厘米的开放式蔬菜盘或碗，已出售或供出售，

1 个最大容量的糖罐，已出售或供出售，

1 个最大容量的奶精壶，已出售或供出售。

如果汤盘或水果盘未出售或非供出售，则应以已出售或供出售的最大尺寸最接近 15.3 厘米的 12 个谷物盘代替。

（三）相同样式的铸造和熔接陶瓷制品，作为"指定套装"，且在同一批货物中以至少 5 件熔接制品与 1 件熔接制品的比率一起进口，其吸水率百分比应为此类铸造和熔接制品的平均吸水率，在装运过程中，其平均吸水率应视为相当于此类铸件代表性样品的 5% 吸水率加上此类拼合制品代表性样品的 95% 吸水率。

七、在品目 6911、品目 6912 和品目 6913 项下，根据每件"物品"的价值对商品进行归类的规定，物品是一个单独的关税实体，可以由多个部件组成。例如，在同一批货物中进口的蔬菜盘及其盖子或饮料罐及其盖子构成一件物品。

统计注释：

一、品目 6904 及品目 6905 所称"隔热"物品（不论是否成型）是指比重在 1.2 或以下且设计用于阻止或抵抗 870 摄氏度以上温度热流的物品。

二、就品目 6904 而言：

（一）所称"实心砖"是指空隙率不超过 25% 的砖。

（二）所称"空心砖"是指空隙率超过 25% 的砖。

第六十九章 陶瓷产品

税则号列	统计后缀	货品名称	单位	税率 1 普通	税率 1 特惠	税率 2
		第一分章 硅化石粉或类似硅土及耐火材料制品				
6901.00.00	00	硅质化石粉（例如，各种硅藻土）或类似硅土制的砖、块、瓦及其他陶瓷制品	吨		0[1]	30%
6902		耐火砖、块、瓦及类似耐火陶瓷建材制品，但硅质化石粉及类似硅土制的除外：				
6902.10		单独或同时含有按重量计超过50%的镁、钙或铬（分别以氧化镁、氧化钙及三氧化二铬的含量计）：				
6902.10.10	00	砖	千个 吨		0[1]	13%
6902.10.50	00	其他	吨		0[1]	30%
6902.20		按重量计含有超过50%的三氧化二铝、二氧化硅或其混合物或化合物：				
6902.20.10		砖			0[1]	25%
	10	氧化铝	千个 吨			
	20	其他[2]	千个 吨			
6902.20.50		其他			0[1]	30%
	10	氧化铝	吨			
	20	其他	吨			
6902.90		其他				
6902.90.10		砖			0[1]	25%
	10	粘土	千个 吨			
	20	其他	千个 吨			
6902.90.50		其他			0[1]	30%
	10	粘土	吨			
	20	其他	吨			
6903		其他耐火陶瓷制品（例如，甑、坩埚、马弗罩、喷管、栓塞、支架、烤钵、管子、护套及棒条），但硅质化石粉及类似硅土制的除外：				
6903.10.00	00	含有按重量计超过50%的石墨、其他碳或其混合物	千克		0[1]	45%
6903.20.00	00	含有按重量计超过50%的三氧化二铝或三氧化二铝和二氧化硅的混合物或化合物[2]	千克		0[1]	30%
6903.90.00		其他			0[1]	30%
	10	粘土制	千克			
	50	其他	千克			
		第二分章 其他陶瓷产品				
6904		陶瓷制建筑用砖、铺地砖、支撑或填充用砖及类似品：				

税则号列	统计后缀	货品名称	单位	税率 1 普通	税率 1 特惠	2
6904.10.00		建筑用砖		0[1]		0
		实心砖：				
	10	隔热	千个			
	20	其他	千个			
		空心砖：				
	30	隔热	千个			
	40	其他	千个			
6904.90.00	00	其他	千个	0[1]		30%
6905		屋顶瓦、烟囱罩、通风帽、烟囱衬壁、建筑装饰物及其他建筑用陶瓷制品：				
6905.10.00	00	屋顶瓦	平方米	13.5%[1]	0 (A, AU, BH, CA, CL, CO, D, E, IL, JO, KR, MA, MX, OM, P, PA, PE, S, SG)	55%
6905.90.00		其他		3.2%[1]	0 (A, AU, BH, CA, CL, CO, D, E, IL, JO, KR, MA, MX, OM, P, PA, PE, S, SG)	30%
	10	隔热	个			
	50	其他	个			
6906.00.00	00	陶瓷套管、导管、槽管及管子附件	千克	0[1]		30%
6907		陶瓷贴面砖、铺面砖，包括炉面砖及墙面砖；陶瓷镶嵌砖（马赛克）及其类似品，不论是否有衬背；饰面陶瓷：				
		贴面砖、铺面砖，包括炉面砖及墙面砖，但子目 6907.30 和子目 6907.40 所列商品除外：				
6907.21		按重量计吸水率不超过 0.5%：				
6907.21.10		无釉		10%[1]	0 (AU, BH, CA, CL, CO, D, E, IL, JO, KR, MA, MX, OM, P, PA, PE, S, SG)	55%
	05	瓷砖，不论是否为矩形，其最大表面积以可置入边长小于 7 厘米的方格为限	平方米			
		其他：				
	11	瓷砖，其最大表面积以可置入边长为 30 厘米或以下的方格为限	平方米			
	51	其他	平方米			
		上釉：				
		其最大表面积以可置入边长小于 7 厘米的方格为限				
6907.21.20	00	每平方米不超过 3 229 块瓷砖，其中大部分的面完全以直线为界	平方米	10%[1]	0 (AU, BH, CA, CL, CO, D, E, IL, JO, KR, MA, MX, OM, P, PA, PE, S, SG)	55%
		其他：				
6907.21.30	00	最大表面积小于 38.7 平方厘米	平方米	10%[1]	0 (A*, AU, BH, CA, CL, CO, D, E, IL, JO, KR, MA, MX, OM, P, PA, PE, S, SG)	55%

税则号列	统计后级	货品名称	单位	税率 普通	税率 1 特惠	税率 2
6907.21.40	00	其他	平方米	8.5%[1]	0 (AU,BH,CA,CL,CO,D,E,IL,JO,KR,MA,MX,OM,P,PA,PE,S,SG)	55%
6907.21.90		其他		8.5%[1]	0 (AU,BH,CA,CL,CO,D,E,IL,JO,KR,MA,MX,OM,P,PA,PE,S,SG)	55%
	11	瓷砖,其最大表面积以可置入边长为30厘米或以下的方格为限	平方米			
	51	其他	平方米			
6907.22		按重量计吸水率超过0.5%但不超过10%:				
6907.22.10		无釉		10%[1]	0 (AU,BH,CA,CL,CO,D,E,IL,JO,KR,MA,MX,OM,P,PA,PE,S,SG)	55%
	05	瓷砖,不论是否为矩形,其最大表面积以可置入边长小于7厘米的方格为限	平方米			
		其他:				
	11	瓷砖,其最大表面积以可置入边长为30厘米或以下的方格为限	平方米			
	51	其他	平方米			
		上釉:				
		其最大表面积以可置入边长小于7厘米的方格为限:				
6907.22.20	00	每平方米不超过3 229块瓷砖,其中大部分的面完全以直线为界	平方米	10%[1]	0 (AU,BH,CA,CL,CO,D,E,IL,JO,KR,MA,MX,OM,P,PA,PE,S,SG)	55%
		其他:				
6907.22.30	00	最大表面积小于38.7平方厘米	平方米	10%[1]	0 (A*,AU,BH,CA,CL,CO,D,E,IL,JO,KR,MA,MX,OM,P,PA,PE,S,SG)	55%
6907.22.40	00	其他	平方米	8.5%[1]	0 (AU,BH,CA,CL,CO,D,E,IL,JO,KR,MA,MX,OM,P,PA,PE,S,SG)	55%
6907.22.90		其他		8.5%[1]	0 (AU,BH,CA,CL,CO,D,E,IL,JO,KR,MA,MX,OM,P,PA,PE,S,SG)	55%
	11	瓷砖,其最大表面积以可置入边长为30厘米或以下的方格为限	平方米			
	51	其他	平方米			
6907.23		按重量计吸水率超过10%:				
6907.23.10		无釉		10%[1]	0 (AU,BH,CA,CL,CO,D,E,IL,JO,KR,MA,MX,OM,P,PA,PE,S,SG)	55%

税则号列	统计后缀	货品名称	单位	税率 1 普通	税率 1 特惠	2
	05	瓷砖,不论是否为矩形,其最大表面积以可置入边长小于7厘米的方格为限	平方米			
		其他:				
	11	瓷砖,其最大表面积以可置入边长为30厘米或以下的方格为限	平方米			
	51	其他	平方米			
		上釉:				
		其最大表面积以可置入边长小于7厘米的方格为限				
6907.23.20	00	每平方米不超过3 229块瓷砖,其中大部分的面完全以直线为界	平方米	10%[1]	0 (AU,BH,CA,CL,CO,D,E,IL,JO,KR,MA,MX,OM,P,PA,PE,S,SG)	55%
		其他:				
6907.23.30	00	最大表面积小于38.7平方厘米	平方米	10%[1]	0 (A*,AU,BH,CA,CL,CO,D,E,IL,JO,KR,MA,MX,OM,P,PA,PE,S,SG)	55%
6907.23.40	00	其他	平方米	8.5%[1]	0 (AU,BH,CA,CL,CO,D,E,IL,JO,KR,MA,MX,OM,P,PA,PE,S,SG)	55%
6907.23.90		其他		8.5%[1]	0 (AU,BH,CA,CL,CO,D,E,IL,JO,KR,MA,MX,OM,P,PA,PE,S,SG)	55%
	11	瓷砖,其最大表面积以可置入边长为30厘米或以下的方格为限	平方米			
	51	其他	平方米			
6907.30		镶嵌砖(马赛克)及其类似品,但子目6907.40的货品除外:				
6907.30.10		无釉		10%[1]	0 (AU,BH,CA,CL,CO,D,E,IL,JO,KR,MA,MX,OM,P,PA,PE,S,SG)	55%
	05	立方体及类似物,不论是否为矩形,其最大表面积以可置入边长小于7厘米的方格为限	平方米			
		其他:				
	11	立方体及类似物,其最大表面积以可置入边长为30厘米或以下的方格为限	平方米			
	51	其他	平方米			
		上釉:				
		其最大表面积以可置入边长小于7厘米的方格为限:				
6907.30.20	00	每平方米不超过3 229块瓷砖,其中大部分是直线	平方米	10%[1]	0 (AU,BH,CA,CL,CO,D,E,IL,JO,KR,MA,MX,OM,P,PA,PE,S,SG)	55%
		其他:				

税则号列	统计后级	货品名称	单位	税率 1 普通	税率 1 特惠	2
6907.30.30	00	最大表面积小于38.7平方厘米	平方米	10%[1]	0（A*,AU,BH,CA,CL,CO,D,E,IL,JO,KR,MA,MX,OM,P,PA,PE,S,SG）	55%
6907.30.40	00	其他	平方米	8.5%[1]	0（AU,BH,CA,CL,CO,D,E,IL,JO,KR,MA,MX,OM,P,PA,PE,S,SG）	55%
6907.30.90		其他		8.5%[1]	0（AU,BH,CA,CL,CO,D,E,IL,JO,KR,MA,MX,OM,P,PA,PE,S,SG）	55%
	11	立方体及类似物,其最大表面积以可置入边长为30厘米或以下的方格为限	平方米			
	51	其他	平方米			
6907.40		饰面陶瓷：				
6907.40.10		无釉		10%[1]	0（AU,BH,CA,CL,CO,D,E,IL,JO,KR,MA,MX,OM,P,PA,PE,S,SG）	55%
	05	精加工陶瓷,不论是否为矩形,其最大表面积以可置入边长小于7厘米的方格为限	平方米			
		其他：				
	11	精加工陶瓷,其最大表面积以可置入边长为30厘米或以下的方格为限	平方米			
	51	其他	平方米			
		上釉：				
		其最大表面积以可置入边长小于7厘米的方格为限：				
6907.40.20	00	每平方米不超过3 229块精加工陶瓷,其中大部分的面完全以直线为界	平方米	10%[1]	0（AU,BH,CA,CL,CO,D,E,IL,JO,KR,MA,MX,OM,P,PA,PE,S,SG）	55%
		其他：				
6907.40.30	00	最大表面积小于38.7平方厘米	平方米	10%[1]	0（A*,AU,BH,CA,CL,CO,D,E,IL,JO,KR,MA,MX,OM,P,PA,PE,S,SG）	55%
6907.40.40	00	其他	平方米	8.5%[1]	0（AU,BH,CA,CL,CO,D,E,IL,JO,KR,MA,MX,OM,P,PA,PE,S,SG）	55%
6907.40.90		其他		8.5%[1]	0（AU,BH,CA,CL,CO,D,E,IL,JO,KR,MA,MX,OM,P,PA,PE,S,SG）	55%
	11	精加工陶瓷,其最大表面积以可置入边长为30厘米或以下的方格为限	平方米			
	51	其他	平方米			
6909		实验室、化学或其他专门技术用途的陶瓷器;农业用陶瓷槽、缸及类似容器;通常供运输及盛装货物用的陶瓷罐、坛及类似品：				

税则号列	统计后缀	货品名称	单位	税率 1 普通	税率 1 特惠	2
		实验室、化学或其他专门技术用途的陶瓷器:				
6909.11		瓷制:				
6909.11.20	00	机械零件[3]	个	0[1]		40%
6909.11.40	00	其他	个	4.5%[1]	0 (A*,AU,BH,CA,CL,CO,D,E,IL,JO,KR,MA,MX,OM,P,PA,PE,S,SG)	60%
6909.12.00	00	莫氏硬度为9或以上的物品[4]	个	4%[1]	0 (A*,AU,BH,CA,CL,CO,D,E,IL,JO,KR,MA,MX,OM,P,PA,PE,S,SG)	45%
6909.19		其他:				
6909.19.10	00	铁氧体磁芯存储器	个	0[1]		35%
6909.19.50		其他		4%[1]	0 (A,AU,BH,CA,CL,CO,D,E,IL,JO,JP,KR,MA,MX,OM,P,PA,PE,S,SG)	45%
	10	陶瓷轴承	个			
	95	其他[4]	个			
6909.90.00	00	其他	个	4%[1]	0 (A,AU,BH,CA,CL,CO,D,E,IL,JO,KR,MA,MX,OM,P,PA,PE,S,SG)	45%
6910		陶瓷洗涤槽、脸盆、脸盆座、浴缸、坐浴盆、抽水马桶、水箱、小便池及类似的固定卫生设备:				
6910.10.00		瓷制		5.8%[5]	0 (A*,AU,BH,CA,CL,CO,D,E,IL,JO,KR,MA,MX,OM,P,PA,PE,S,SG)	60%
	05	冲水式抽水马桶	个			
	10	整体式带水箱的抽水马桶	个			
	15	冲洗水箱	个			
	20	其他抽水马桶	个			
	30	水槽	个			
	50	其他	个			
6910.90.00	00	其他	个	5.7%[6]	0 (A*,AU,BH,CA,CL,CO,D,E,IL,JO,KR,MA,MX,OM,P,PA,PE,S,SG)	60%
6911		瓷餐具、厨房器具及其他家用或盥洗用瓷器:				
6911.10		餐具及厨房器具:				
6911.10.10	00	酒店或餐厅用品和其他非家用货品	打	25%[6]	0 (A+,AU,BH,CA,CL,CO,D,E,IL,JO,KR,MA,MX,OM,P,PA,PE,S,SG)	75%
		其他:				
		骨瓷制品:				
6911.10.15	00	价值不超过31.50美元/打	打	8%[5]	0 (A*,AU,BH,CA,CL,CO,D,E,IL,JO,KR,MA,MX,OM,P,PA,PE,S,SG)	75%

第六十九章 陶瓷产品

税则号列	统计后缀	货品名称	单位	税率 普通	税率 特惠	2
6911.10.25	00	其他	打	6%[6]	0 (A*,AU,BH,CA,CL,CO,D,E,IL,JO,KR,MA,MX,OM,P,PA,PE,S,SG)	75%
		其他:				
		指定套装中:				
6911.10.35		本章附加美国注释六(二)中所列任何形式的货品,总价值不超过56美元		26%[6]	0 (A*,AU,BH,CA,CL,CO,D,E,IL,JO,KR,MA,MX,OM,P,PA,PE,S,SG)	75%
	10	最大尺寸不超过27.9厘米的盘子;茶杯和茶托;杯子;最大尺寸不超过22.9厘米的汤、水果和谷物用盘子	打			
	50	其他	打			
		本章附加美国注释六(二)中所列任何形式的货品,总价值超过56美元:				
6911.10.37		总价值不超过200美元		8%[6]	0 (A*,AU,BH,CA,CL,CO,D,E,IL,JO,KR,MA,MX,OM,P,PA,PE,S,SG)	75%
	10	最大尺寸不超过27.9厘米的盘子;茶杯和茶托;杯子;最大尺寸不超过22.9厘米的汤、水果和谷物用盘子	打			
	50	其他	打			
6911.10.38		总价值超过200美元		6%[6]	0 (A*,AU,BH,CA,CL,CO,D,E,IL,JO,KR,MA,MX,OM,P,PA,PE,S,SG)	75%
	10	最大尺寸不超过27.9厘米的盘子;茶杯和茶托;杯子;最大尺寸不超过22.9厘米的汤、水果和谷物用盘子	打			
	50	其他	打			
		其他:				
6911.10.41	00	带有永久连接的锡合金盖、糖果盒、醒酒器、冲压碗、椒盐卷饼盘、小菜盘、分层服务器、糖果盘、蛋杯、勺子和勺子架、油和醋套装、玻璃杯以及盐和胡椒瓶套装	打	6.3%[5]	0 (A*,AU,BH,CA,CL,CO,D,E,IL,JO,KR,MA,MX,OM,P,PA,PE,S,SG)	70%
6911.10.45	00	马克杯和其他酒杯	打	14%[5]	0 (A*,AU,BH,CA,CL,CO,D,E,IL,JO,KR,MA,MX,OM,P,PA,PE,S,SG)	70%

税则号列	统计后缀	货品名称	单位	税率 1 普通	税率 1 特惠	2
6911.10.52	00	价值超过8美元/打但不超过29美元/打的杯子；价值超过5.25美元/打但不超过18.75美元/打的碟子；价值超过9.30美元/打但不超过33美元/打的汤、燕麦和谷物用盘子；最大直径不超过22.9厘米、价值超过8.50美元/打但不超过31美元/打的盘子；最大直径超过22.9厘米但不超过27.9厘米、价值超过11.50美元/打但不超过41美元/打的盘子；价值超过40美元/打但不超过143美元/打的拼盘；价值超过23美元/打但不超过85美元/打的糖碟；价值超过20美元/打但不超过75美元/打的奶精碟；以及价值超过50美元/打但不超过180美元/打的饮料服务器	打	8%[6]	0（A+,AU,BH,CA,CL,CO,D,E,IL,JO,KR,MA,MX,OM,P,PA,PE,S,SG）	75%
6911.10.58	00	价值超过29美元/打的杯子；价值超过18.75美元/打的碟子；价值超过33美元/打的汤、燕麦和谷物用盘；最大直径不超过22.9厘米、价值超过31美元/打的盘子；最大直径超过22.9厘米但不超过27.9厘米、价值超过41美元/打的盘子；价值超过143美元/打的拼盘；价值超过85美元/打的糖碟；价值超过75美元/打的奶精碟；以及价值值超过180美元/打的饮料服务器	打	6%[6]	0（A+,AU,BH,CA,CL,CO,D,E,IL,JO,KR,MA,MX,OM,P,PA,PE,S,SG）	75%
6911.10.60	00	毛巾环	打	20.8%[6]	0（A*,AU,BH,CA,CL,CO,D,E,IL,JO,KR,MA,MX,OM,P,PA,PE,S,SG）	75%
6911.10.80		其他		20.8%[6]	0（A+,AU,BH,CA,CL,CO,D,E,IL,JO,KR,MA,MX,OM,P,PA,PE,S,SG）	75%
	10	适合与食物或饮料接触	打			
	90	其他	打			
6911.90.00		其他		5.4%[6]	0（A*,AU,BH,CA,CL,CO,D,E,IL,JO,KR,MA,MX,OM,P,PA,PE,S,SG）	70%
	10	盥洗用品	个			
	50	其他	个			
6912.00		陶餐具、厨房器具及其他家用或盥洗用陶器：				
		餐具及厨具：				

第六十九章 陶瓷产品 1043

税则号列	统计后缀	货品名称	单位	税率 1 普通	税率 1 特惠	2
6912.00.10	00	粗粒陶器或粗粒石器；细粒陶器,不论是否装饰,器身略呈红色,釉面有光泽,在茶壶上可以是任何颜色,但在其他制品上必须有金属氧化物或盐形成的斑驳、条纹或纯棕色至纯黑色	打	0.7%[6]	0 (A*,AU,BH,CA,CL,CO,D,E,IL,JO,KR,MA,MX,OM,P,PA,PE,S,SG)	25%
		其他：				
6912.00.20	00	酒店或餐厅用具和其他非家居用品	打	28%[5]	0 (A+,AU,BH,CA,CL,CO,D,E,IL,JO,KR,MA,MX,OM,P,PA,PE,S,SG)	55%
		其他：				
		指定套装中：				
6912.00.35		本章附加美国注释六(二)中所列任何形式的货品,总价值不超过38美元	打	9.8%[5]	0 (A*,AU,BH,CA,CL,CO,D,E,IL,JO,KR,MA,MX,OM,P,PA,PE,S,SG)	55%
	10	最大尺寸不超过27.9厘米的盘子；茶杯和茶托；杯子；最大尺寸不超过22.9厘米的汤、水果和谷物用盘子	打			
	50	其他	打			
6912.00.39		本章附加美国注释六(二)中所列任何形式的货品,总价值超过38美元：		4.5%[5]	0 (A+,AU,BH,CA,CL,CO,D,E,IL,JO,KR,MA,MX,OM,P,PA,PE,S,SG)	55%
	10	最大尺寸不超过27.9厘米的盘子；茶杯和茶托；杯子；最大尺寸不超过22.9厘米的汤、水果和谷物用盘子	打			
	50	其他	打			
		其他：				
6912.00.41	00	带有永久连接的锡合金盖、糖果盒、醒酒器、冲压碗、椒盐卷饼盘、小菜盘、分层服务器、糖果盘、蛋杯、勺子和勺子架、油和醋套装、玻璃杯以及盐和胡椒瓶套装	打	3.9%[5]	0 (A*,AU,BH,CA,CL,CO,D,E,IL,JO,KR,MA,MX,OM,P,PA,PE,S,SG)	55%
6912.00.44	00	马克杯和其他酒杯	打	10%[5]	0 (A*,AU,BH,CA,CL,CO,D,E,IL,JO,KR,MA,MX,OM,P,PA,PE,S,SG)	55%
6912.00.45	00	价值超过5.25美元/打的杯子；价值超过3美元/打的碟子；价值超过6美元/打的汤、燕麦和谷物用盘子；最大直径不超过22.9厘米、价值超过6美元/打的盘子；最大直径超过22.9厘米但不超过27.9厘米、价值超过8.50美元/打的盘子；价值超过35美元/打的拼盘；价值超过21美元/打的糖碟；价值超过15美元/打的奶精碟；以及价值超过42美元/打的饮料服务器	打	4.5%[5]	0 (A+,AU,BH,CA,CL,CO,D,E,IL,JO,KR,MA,MX,OM,P,PA,PE,S,SG)	55%

税则号列	统计后缀	货品名称	单位	税率 1 普通	税率 1 特惠	2
6912.00.46	00	毛巾环	打	9.8%[5]	0 (A*, AU, BH, CA, CL, CO, D, E, IL, JO, KR, MA, MX, OM, P, PA, PE, S, SG)	55%
6912.00.48		其他		9.8%[5]	0 (A*, AU, BH, CA, CL, CO, D, E, IL, JO, KR, MA, MX, OM, P, PA, PE, S, SG)	55%
	10	适合与食物或饮料接触	打			
	90	其他	打			
6912.00.50	00	其他	打	6%[5]	0 (A*, AU, BH, CA, CL, CO, D, E, IL, JO, KR, MA, MX, OM, P, PA, PE, S, SG)	50.5%
6913		塑像及其他装饰用陶瓷制品:				
6913.10		瓷制:				
6913.10.10	00	雕像、小雕像和手工花卉,价值超过2.50美元/打,由专业雕塑家制作或直接来自专业雕塑家制作的原始模型制成的模具	打	0[6]		20%
		其他:				
6913.10.20	00	骨瓷制	打	3.3%[6]	0 (A*, AU, BH, CA, CL, CO, D, E, IL, JO, KR, MA, MX, OM, P, PA, PE, S, SG)	70%
6913.10.50	00	其他	打	0[6]		70%
6913.90		其他:				
6913.90.10	00	雕像、小雕像和手工花卉,价值超过2.50美元/打,由专业雕塑家制作或直接来自专业雕塑家制作的原始模型制成的模具	打	0[6]		20%
		其他:				
6913.90.20	00	瓷砖的	打	0[6]		50%
6913.90.30	00	陶器,不论是否装饰,器身略呈红色,釉面有光泽,有金属氧化物或盐形成的斑驳、条纹或纯棕色至纯黑色	打	0[6]		25%
6913.90.50	00	其他	打	6%[6]	0 (A*, AU, BH, CA, CL, CO, D, E, IL, JO, KR, MA, MX, OM, P, PA, PE, S, SG)	51.5%
6914		其他陶瓷制品:				
6914.10		瓷制:				
6914.10.40	00	瓷制陶瓷套圈,直径不超过3毫米或长度不超过25毫米,具有纤维通道开口和/或氧化铝或氧化锆陶瓷配合套管	打	0[1]		60%
6914.10.80	00	其他	打	9%[1]	0 (A, AU, BH, CA, CL, CO, D, E, IL, JO, KR, MA, MX, OM, P, PA, PE, S, SG)	60%
6914.90		其他:				

税则号列	统计后缀	货品名称	单位	税率 1 普通	税率 1 特惠	2
6914.90.41	00	氧化铝或氧化锆陶瓷套圈,直径不超过3毫米或长度不超过25毫米,具有纤维通道开口和/或氧化铝或氧化锆陶瓷配合套管	打	0[1]		45%
6914.90.80	00	其他	打	5.6%[7]	0 (A*,AU,BH,CA,CL,CO,D,E,IL,JO,KR,MA,MX,OM,P,PA,PE,S,SG)	45%

[1]见9903.88.03。

[2]见9903.88.46。

[3]见9903.88.35和9903.88.56。

[4]见9903.88.43。

[5]见9903.88.16。

[6]见9903.88.15。

[7]见9902.14.74和9903.88.03。

第七十章　玻璃及其制品

注释：

一、本章不包括：

(一)品目 3207 的货品(例如，珐琅和釉料、搪瓷玻璃料及其他玻璃粉、粒或粉片)；

(二)第七十一章的物品(例如，仿首饰)；

(三)品目 8544 的光缆、品目 8546 的绝缘子或品目 8547 所列绝缘材料制的零件；

(四)光导纤维、经光学加工的光学元件、注射用针管、假眼、温度计、气压计、液体比重计或第九十章的其他物品；

(五)有永久固定电光源的灯具及照明装置、灯箱标志或铭牌和类似品及其零件(品目 9405)；

(六)玩具、游戏品、运动用品、圣诞树装饰品及第九十五章的其他物品(供玩偶或第九十五章其他物品用的无机械装置的玻璃假眼除外)；或者

(七)钮扣、保温瓶、香水喷雾器和类似的喷雾器及第九十六章的其他物品。

二、就品目 7003、品目 7004 及品目 7005 而言：

(一)玻璃在退火前的各种处理都不视为"已加工"；

(二)玻璃切割成一定形状并不影响其作为板片归类；

(三)所称"吸收、反射或非反射层"是指极薄的金属或化合物(例如，金属氧化物)镀层，该镀层可以吸收红外线等光线或可以提高玻璃的反射性能，同时仍然使玻璃具有一定程度的透明性或半透明性；或者该镀层可以防止光线在玻璃表面的反射。

三、品目 7006 所述产品不论是否具有制成品的特性，仍归入该品目。

四、品目 7019 所称"玻璃棉"是指：

(一)按重量计二氧化硅的含量在 60% 或以上的矿质棉；

(二)按重量计二氧化硅的含量在 60% 以下，但碱性氧化物(氧化钾或氧化钠)的含量在 5% 以上或氧化硼的含量在 2% 以上的矿质棉。

不符合上述规定的矿质棉归入品目 6806。

五、本税则所称"玻璃"包括熔融石英及其他熔融硅石。

子目注释：

一、子目 7013.21、子目 7013.31 及子目 7013.91 所称"铅晶质玻璃"仅指按重量计氧化铅含量不低于 24% 的玻璃。

附加美国注释：

一、本章所称"熔融石英或其他熔融二氧化硅"是指按重量计二氧化硅含量超过 95% 的玻璃。

二、品目7003至7005所称"整块着色"是指玻璃在400(含)～700(含)毫微米的一个或多个波长下,正常入射光的透射率小于66%,或对于厚度为6毫米的玻璃,在525(含)～575(含)毫微米的一个或多个波长下透射率小于80%,或对于任何其他厚度的玻璃,具有等效透射率,前提是在确定此类透射率时,应消除表面不规则或结构的影响,或者其他表面处理(凝固前应用的泛水除外)和玻璃内铁丝网的影响。

三、就品目7003及品目7004而言,任何装运数量超过4.6平方米的相同尺寸和厚度的进口玻璃不得进入,除非:

(一)包装单位应包含4.6平方米或其倍数,并尽可能接近特定允许尺寸;或

(二)包装单位应包含相同尺寸和厚度的板材数量的倍数,如果包装单位的尺寸接近4.6或9.3平方米,则该单位应包含相同尺寸和厚度的板材;或者

(三)以符合财政部部长不定期确定和公布的国内玻璃行业包装惯例的方式包装。

四、品目7005所称与玻璃相关的"抛光"是指玻璃的一个或两个表面全部或部分通过研磨或化学方法或通过将玻璃漂浮在熔融金属上而变得光滑。

五、税号7018.10.20所称"仿宝石或半宝石"是指以类似于天然宝石的方式制成适合用于珠宝或其他装饰用途的玻璃,不论是否仿制,但不包括天然宝石、合成宝石、再造天然宝石或仿珍珠。

统计注释:

一、就品目7003及品目7004而言,在确定具有不规则表面的铸造或轧制玻璃(如波纹玻璃)的表面积时,应使用外表面面积。

税则号列	统计后缀	货品名称	单位	税率 1 普通	税率 1 特惠	2
7001.00		碎玻璃及废玻璃;玻璃块料:				
		玻璃块料:				
7001.00.10	00	熔融石英或其他熔融二氧化硅制	千克	0[1]		30%
7001.00.20	00	其他	千克	3%[1]	0(A, AU, BH, CA, CL, CO, D, E, IL, JO, KR, MA, MX, OM, P, PA, PE, S, SG)	50%
7001.00.50	00	其他[2]	千克	0[1]		10%
7002		未加工的玻璃球、棒及管(品目 7018 的微型玻璃球除外):				
7002.10		玻璃球:				
7002.10.10	00	直径不超过6毫米	千克	3.9%[3]	0(A+, AU, BH, CA, CL, CO, D, E, IL, JO, KR, MA, MX, OM, P, PA, PE, S, SG)	60%
7002.10.20	00	其他	千克	0[1]		55%
7002.20		玻璃棒:				
7002.20.10	00	熔融石英或其他熔融二氧化硅制[4]	千克	0[5]		40%
7002.20.50	00	其他	千克	6%[1]	0(A, AU, BH, CA, CL, CO, D, E, IL, JO, KR, MA, MX, OM, P, PA, PE, S, SG)	65%
		玻璃管:				
7002.31.00	00	熔融石英或其他熔融二氧化硅制	千克	0[1]		40%
7002.32.00	00	温度在0～300摄氏度时线膨胀系数不超过5×10^{-6}/开尔文的其他玻璃制	千克	6%[1]	0(A, AU, BH, CA, CL, CO, D, E, IL, JO, KR, MA, MX, OM, P, PA, PE, S, SG)	65%
7002.39.00		其他		6%[1]	0(A*, AU, BH, CA, CL, CO, D, E, IL, JO, KR, MA, MX, OM, P, PA, PE, S, SG)	65%
	10	长度不超过200毫米的	个			
	90	其他	千克			
7003		铸制或轧制玻璃板、片或型材及异型材,不论是否有吸收、反射或非反射层,但未经其他加工:				
		非夹丝玻璃板、片:				
7003.12.00	00	整块着色、不透明、镜色或具有吸收、反射或非反射层的	平方米	1.4%[1]	0(A, AU, B, BH, CA, CL, CO, D, E, IL, JO, KR, MA, MX, OM, P, PA, PE, S, SG)	12%
7003.19.00	00	其他	平方米	1.3%[1]	0(A, AU, BH, CA, CL, CO, D, E, IL, JO, KR, MA, MX, OM, P, PA, PE, S, SG)	21%
7003.20.00	00	夹丝玻璃板、片	平方米	1.1%[1]	0(A, AU, BH, CA, CL, CO, D, E, IL, JO, KR, MA, MX, OM, P, PA, PE, S, SG)	21%
7003.30.00	00	型材及异型材	平方米	6.3%[1]	0(A, AU, BH, CA, CL, CO, D, E, IL, JO, KR, MA, MX, OM, P, PA, PE, S, SG)	60%
7004		拉制或吹制玻璃板、片,不论是否有吸收、反射或非反射层,但未经其他加工:				

税则号列	统计后缀	货品名称	单位	税率 1 普通	税率 1 特惠	2
7004.20		整块着色、不透明、镶色或具有吸收、反射或非反射层的：				
7004.20.10	00	具有吸收、反射或非反射层的	平方米	0[1]		60%
		其他：				
7004.20.20		矩形		1美分/千克+1.6%[1]	0(A,AU,BH,CA,CL,CO,D,E,IL,JO,KR,MA,MX,OM,P,PA,PE,S,SG)	6.2美分/千克+5%
	10	厚度小于5毫米	平方米 千克			
	20	厚度为5毫米或以上	平方米 千克			
7004.20.50	00	其他	平方米	7.2%[1]	0(A,AU,B,BH,CA,CL,CO,D,E,IL,JO,KR,MA,MX,OM,P,PA,PE,S,SG)	60%
7004.90		其他玻璃：				
		矩形：				
		厚度不超过1.5毫米：				
7004.90.05	00	面积不超过0.26平方米	平方米 千克	0[1]		3.3美分/千克
7004.90.10	00	面积超过0.26平方米	平方米 千克	0[1]		4.2美分/千克
		厚度超过1.5毫米但不超过2毫米：				
7004.90.15	00	面积不超过0.26平方米	平方米 千克	0[1]		4.6美分/千克
7004.90.20	00	面积超过0.26平方米	平方米 千克	0[1]		5.5美分/千克
7004.90.25		厚度超过2毫米但不超过3.5毫米		0.7美分/千克[1]	0(A,AU,BH,CA,CL,CO,D,E,IL,JO,KR,MA,MX,OM,P,PA,PE,S,SG)	5.3美分/千克
	10	面积不超过0.26平方米	平方米 千克			
	20	面积超过0.26平方米但不超过0.58平方米	平方米 千克			
	50	面积超过0.58平方米	平方米 千克			
		厚度超过3.5毫米：				
7004.90.30		面积不超过0.65平方米		0[1]		3.3美分/千克
		面积不超过0.26平方米：				
	10	厚度超过3.5毫米但不超过5毫米	平方米 千克			
	20	厚度超过5毫米	平方米 千克			
	50	面积超过0.26平方米但不超过0.65平方米	平方米 千克			

税则号列	统计后缀	货品名称	单位	税率 1 普通	税率 1 特惠	2
7004.90.40	00	面积超过0.65平方米	平方米 千克	0[1]		5.3美分/千克
7004.90.50	00	其他	平方米	5%[1]	0(A,AU,B,BH,CA,CL,CO,D,E,IL,JO,KR,MA,MX,OM,P,PA,PE,S,SG)	60%
7005		浮法玻璃板、片及表面研磨或抛光玻璃板、片,不论是否有吸收、反射或非反射层,但未经其他加工:				
7005.10		具有吸收、反射或非反射层的非夹丝玻璃				
7005.10.40	00	适用于液晶显示器,厚度不超过1.2毫米,面积不超过0.8平方米	平方米	0[1]		60%
7005.10.80	00	其他	平方米	4.4%[1]	0(A,AU,B,BH,CA,CL,CO,D,E,IL,JO,KR,MA,MX,OM,P,PA,PE,S,SG)	60%
		其他非夹丝玻璃:				
7005.21		整块颜色、不透明、镶色或仅表面研磨的:				
7005.21.10		厚度小于10毫米		14.5美分/米^2+0.4%[1]	0(A+,AU,B,BH,CA,CL,CO,D,E,IL,JO,KR,MA,MX,OM,P,PA,PE,S,SG)	2.13美元/米^2+5%
	10	厚度小于5毫米	平方米			
	30	厚度为5毫米或以上但小于10毫米	平方米			
7005.21.20	00	厚度为10毫米或以上	平方米	5.6%[1]	0(A+,AU,BH,CA,CL,CO,D,E,IL,JO,KR,MA,MX,OM,P,PA,PE,SG)	55%
7005.29		其他:				
		厚度小于10毫米:				
		面积不超过0.65平方米:				
7005.29.04		适用于液晶显示器		0[1]		1.35美元/米^2
	10	面积不超过0.26平方米	平方米			
	50	面积超过0.26平方米但不超过0.65平方米	平方米			
7005.29.08		其他		18.7美分/米^2[1]	0(A+,AU,B,BH,CA,CL,CO,D,E,IL,JO,KR,MA,MX,OM,P,PA,PE,S,SG)	1.35美元/米^2
	10	面积不超过0.26平方米	平方米			
	50	面积超过0.26平方米但不超过0.65平方米	平方米			
		面积超过0.65平方米:				
7005.29.14		适用于液晶显示器,面积不超过0.8平方米		0[1]		2.13美元/米^2
	10	厚度小于5毫米	平方米			
	50	厚度为5毫米或以上但小于10毫米	平方米			

税则号列	统计后缀	货品名称	单位	税率 1 普通	税率 1 特惠	2
7005.29.18		其他		14.5美分/米²[1]	0(A+,AU,B,BH,CA,CL,CO,D,E,IL,JO,KR,MA,MX,OM,P,PA,PE,S,SG)	2.13美元/米²
	10	厚度小于5毫米	平方米			
	50	厚度为5毫米或以上但小于10毫米	平方米			
7005.29.25	00	厚度为10毫米或以上	平方米	4.9%[1]	0(A,AU,BH,CA,CL,CO,D,E,IL,JO,KR,MA,MX,OM,P,PA,PE,S,SG)	50%
7005.30.00	00	夹丝玻璃	平方米	29.1美分/米²[6]	0(A,AU,B,BH,CA,CL,CO,D,E,IL,JO,KR,MA,MX,OM,P,PA,PE,S,SG)	2.48美元/米²
7006.00		经弯曲、磨边、镂刻、钻孔、涂珐琅或其他加工的品目7003、品目7004或品目7005的玻璃,但未用其他材料镶框或装配:				
7006.00.10	00	宽度不超过15.2厘米,厚度不超过2毫米,并且所有纵向边缘都经过打磨或以其他方式平滑或加工的玻璃条	平方米	8.8%[1]	0(A*,AU,BH,CA,CL,CO,D,E,IL,JO,KR,MA,MX,OM,P,PA,PE,S,SG)	53%
		其他:				
7006.00.20	00	玻璃,拉制或吹制,不含金属丝网,表面未研磨或抛光	平方米	6.4%[1]	0(A*,AU,BH,CA,CL,CO,D,E,IL,JO,KR,MA,MX,OM,P,PA,PE,S,SG)	60%
7006.00.40		其他		4.9%[7]	0(A*,AU,BH,CA,CL,CO,D,E,IL,JO,KR,MA,MX,OM,P,PA,PE,S,SG)	60%
	10	具有吸收或反射层的	平方米			
	50	其他[2]	平方米			
7007		钢化或层压玻璃制的安全玻璃:				
		钢化安全玻璃:				
7007.11.00		规格及形状适于安装在车辆、航空器、航天器及船舶上:		5.5%[1]	0(A*,AU,B,BH,CA,CL,CO,D,E,IL,JO,KR,MA,MX,OM,P,PA,PE,S,SG)	50%
	10	第八十七章的机动车辆的	平方米			
	90	其他	平方米			
7007.19.00	00	其他[8]	平方米	5%[1]	0(A,AU,BH,CA,CL,CO,D,E,IL,JO,KR,MA,MX,OM,P,PA,PE,S,SG)	50%
		层压安全玻璃:				
7007.21		规格及形状适于安装在车辆、航空器、航天器及船舶上:				
7007.21.10		挡风玻璃		4.9%[1]	0(A,AU,BH,C,CA,CL,CO,D,E,IL,JO,KR,MA,MX,OM,P,PA,PE,S,SG)	60%
	10	第八十七章的机动车辆的[9]	平方米			
	90	其他	平方米			
7007.21.50	00	其他	平方米	4.9%[1]	0(A,AU,BH,CA,CL,CO,D,E,IL,JO,KR,MA,MX,OM,P,PA,PE,S,SG)	60%

税则号列	统计后缀	货品名称	单位	税率 普通	税率 特惠	2
7007.29.00	00	其他	平方米	4.9%[1]	0(A,AU,BH,CA,CL,CO,D,E,IL,JO,KR,MA,MX,OM,P,PA,PE,S,SG)	60%
7008.00.00	00	多层隔温、隔音玻璃组件：	个	3.9%[1]	0(A,AU,BH,CA,CL,CO,D,E,IL,JO,KR,MA,MX,OM,P,PA,PE,S,SG)	50%
7009		玻璃镜（包括后视镜），不论是否镶框：				
7009.10.00	00	车辆后视镜[10]	个	3.9%[1]	0(A,AU,B,BH,CA,CL,CO,D,E,IL,JO,KR,MA,MX,OM,P,PA,PE,S,SG)	50%
		其他：				
7009.91		未镶框：				
7009.91.10		反射面积不超过929平方厘米		7.8%[1]	0(A,AU,B,BH,CA,CL,CO,D,E,IL,JO,KR,MA,MX,OM,P,PA,PE,S,SG)	50%
	10	包含LED或荧光灯	平方厘米 个			
	90	其他	平方厘米 个			
7009.91.50		反射面积超过929平方厘米		6.5%[1]	0(A,AU,B,BH,CA,CL,CO,D,E,IL,JO,KR,MA,MX,OM,P,PA,PE,S,SG)3.25%(JP)	45%
	10	包含LED或荧光灯	平方厘米 个			
	90	其他	平方厘米 个			
7009.92		已镶框：				
7009.92.10		反射面积不超过929平方厘米		7.8%[1]	0(A,AU,B,BH,CA,CL,CO,D,E,IL,JO,KR,MA,MX,OM,P,PA,PE,S,SG)	50%
	10	包含LED或荧光灯	平方厘米 个			
	90	其他	平方厘米 个			
7009.92.50		反射面积超过929平方厘米		6.5%[1]	0(A,AU,B,BH,CA,CL,CO,D,E,IL,JO,KR,MA,MX,OM,P,PA,PE,S,SG)3.25%(JP)	45%
	10	包含LED或荧光灯	平方厘米 个			
	90	其他	平方厘米 个			
7010		玻璃制的坛、瓶、缸、罐、安瓿及其他容器，用于运输或盛装货物；玻璃制保藏罐；玻璃塞、盖及类似的封口器：				
7010.10.00	00	安瓿	罗	0[1]		50美分/罗
7010.20		塞、盖及类似的封口器：				
7010.20.20	00	由自动化机器生产	罗	2.5%[1]	0(A,AU,BH,CA,CL,CO,D,E,IL,JO,KR,MA,MX,OM,P,PA,PE,S,SG)	25%

税则号列	统计后缀	货品名称	单位	税率 1 普通	税率 1 特惠	2
7010.20.30	00	其他	罗	5.2%[1]	0(A,AU,BH,CA,CL,CO,D,E,IL,JO,KR,MA,MX,OM,P,PA,PE,S,SG)	75%
7010.90		其他：				
7010.90.05		血清瓶、小瓶和其他药物容器		0[1]		50美分/罗
	10	容量超过1升	罗			
	20	容量超过0.33升但不超过1升	罗			
	30	容量超过0.15升但不超过0.33升	罗			
	40	容量不超过0.15升	罗			
		用于运输或包装香水或其他盥洗用品的容器（带盖或不带盖）；其他装有或设计使用磨砂玻璃塞的容器：				
7010.90.20		由自动化机器生产		2.5%[1]	0(A,AU,BH,CA,CL,CO,D,E,IL,JO,KR,MA,MX,OM,P,PA,PE,S,SG)	25%
	10	容量超过1升	罗			
	20	容量超过0.33升但不超过1升	罗			
	30	容量超过0.15升但不超过0.33升	罗			
	40	容量不超过0.15升	罗			
7010.90.30		其他		5.2%[1]	0(A,AU,BH,CA,CL,CO,D,E,IL,JO,KR,MA,MX,OM,P,PA,PE,S,SG)	75%
	10	容量超过1升	罗			
	20	容量超过0.33升但不超过1升	罗			
	30	容量超过0.15升但不超过0.33升	罗			
	40	容量不超过0.15升	罗			
7010.90.50		其他容器（带盖或不带盖）		0[1]		4.9%
		容量超过1升：				
	05	口径为38毫米或以上	罗			
	09	其他	罗			
		容量超过0.473升但不超过1升：				
	15	口径为38毫米或以上	罗			
	19	其他	罗			
		容量超过0.33升但不超过0.473升：				
	25	口径为38毫米或以上	罗			
	29	其他	罗			
		容量超过0.15升但不超过0.33升的：				
	35	口径为38毫米或以上	罗			
	39	其他	罗			

税则号列	统计后缀	货品名称	单位	税率 1 普通	税率 1 特惠	2
		容量超过0.118升但不超过0.15升的：				
	45	口径为38毫米或以上	罗			
	49	其他	罗			
	55	容量不超过0.118升	罗			
7011		制灯泡、阴极射线管及类似品用的未封口玻璃外壳（包括玻璃泡及管）及其玻璃零件，但未装有配件：				
7011.10		电灯用：				
7011.10.10	00	白炽灯灯泡用	百个	0[1]		20%
7011.10.50	00	其他	百个	4.6%[1]	0(A,AU,BH,CA,CL,CO,D,E,IL,JO,KR,MA,MX,OM,P,PA,PE,S,SG)	55%
7011.20		阴极射线管用：				
7011.20.10	00	锥形	百个	5.2%[1]	0(A,AU,BH,CA,CL,CO,D,E,IL,JO,KR,MA,MX,OM,P,PA,PE,S,SG)	55%
		其他：				
7011.20.45	00	单色玻璃封套,上述经进口商证明实际用于自动数据处理设备、数据或图形显示阴极射线管[12]	百个	0[1]		55%
7011.20.85		其他	百个	5.2%[1]	0(A,AU,BH,CA,CL,CO,D,E,IL,JO,KR,MA,MX,OM,P,PA,PE,S,SG)	55%
		彩色非投影阴极射线电视显像管（包括视频监视器管）的前面板：				
	10	最大对角线尺寸不超过50厘米	百个			
	25	其他	百个			
	40	其他	百个			
7011.90.00	00	其他	百个	6.6%[1]	0(A,AU,BH,CA,CL,CO,D,E,IL,JO,KR,MA,MX,OM,P,PA,PE,S,SG)	55%
7013		玻璃器,供餐桌、厨房、盥洗室、办公室、室内装饰或类似用途（品目7010或品目7018的货品除外）：				
7013.10		玻璃陶瓷制：				
7013.10.10	00	锂铝硅制厨具,无釉,体积结晶度大于75%,温度在0～300摄氏度线膨胀系数不超过10×10⁻⁷/开尔文,透明,无雾,3毫米厚的样品在2.5微米波长红外辐射时的透视率超过75%,并且以β石英固溶体作为主要晶相	个	6.9%[13]	0(A,AU,BH,CA,CL,CO,D,E,IL,JO,KR,MA,MX,OM,P,PA,PE,S,SG)	75%
7013.10.50	00	其他	个	26%[14]	0(A+,AU,BH,CA,CL,CO,D,E,IL,JO,KR,MA,MX,OM,P,PA,PE,S,SG)	75%
		高脚杯,但玻璃陶瓷制的除外：				
7013.22		铅晶质玻璃制：				

税则号列	统计后缀	货品名称	单位	税率 普通	税率 特惠	2
7013.22.10	00	价值不超过1美元/个	个	15%[15]	0(A+,AU,BH,CA,CL,CO,D,E,IL,JO,KR,MA,MX,OM,P,PA,PE,S,SG)	60%
7013.22.20	00	价值超过1美元/个但不超过3美元/个	个	14%[15]	0(A+,AU,BH,CA,CL,CO,D,E,IL,JO,KR,MA,MX,OM,P,PA,PE,S,SG)	60%
7013.22.30	00	价值超过3美元/个但不超过5美元/个	个	7.3%[15]	0(A+,AU,BH,CA,CL,CO,D,E,IL,JO,KR,MA,MX,OM,P,PA,PE,S,SG)	60%
7013.22.50	00	价值超过5美元/个	个	3%[15]	0(A,AU,BH,CA,CL,CO,D,E,IL,JO,KR,MA,MX,OM,P,PA,PE,S,SG)	60%
7013.28		其他:				
7013.28.05	00	压制和增韧(特别回火)	个	12.5%[15]	0(A+,AU,BH,CA,CL,CO,D,E,IL,JO,KR,MA,MX,OM,P,PA,PE,S,SG)	50%
		其他:				
7013.28.10	00	价值不超过0.30美元/个	个	28.5%[15]	0(A+,AU,BH,CA,CL,CO,D,E,IL,JO,KR,MA,MX,OM,P,PA,PE,S,SG)	60%
7013.28.20		价值超过0.30美元/个但不超过3美元/个	个	22.5%[15]	0(A+,AU,BH,CA,CL,CO,D,E,IL,JO,KR,MA,MX,OM,P,PA,PE,S,SG)	60%
	10	晶体或无铅晶体	个			
	90	其他	个			
		价值超过3美元/个:				
		切割或雕刻的:				
7013.28.30	00	价值超过3美元/个但不超过5美元/个	个	11.3%[15]	0(A+,AU,BH,CA,CL,CO,D,E,IL,JO,KR,MA,MX,OM,P,PA,PE,S,SG)	60%
7013.28.40	00	价值超过5美元/个	个	5%[15]	0(A+,AU,BH,CA,CL,CO,D,E,IL,JO,KR,MA,MX,OM,P,PA,PE,S,SG)	60%
		其他:				
7013.28.50		价值超过3美元/个但不超过5美元/个	个	7.5%[15]	0(A+,AU,BH,CA,CL,CO,D,E,IL,JO,KR,MA,MX,OM,P,PA,PE,S,SG)	60%
	10	晶体或无铅晶体	个			
	90	其他	个			
7013.28.60		价值超过5美元/个	个	5%[15]	0(A+,AU,BH,CA,CL,CO,D,E,IL,JO,KR,MA,MX,OM,P,PA,PE,S,SG)	60%
	10	晶体或无铅晶体	个			
	90	其他	个			
		其他杯子,但玻璃陶瓷制的除外:				
7013.33		铅晶质玻璃制:				

税则号列	统计后缀	货品名称	单位	税率 普通	税率 1 特惠	2
7013.33.10	00	价值不超过1美元/个	个	15%[15]	0(A+,AU,BH,CA,CL,CO,D,E,IL,JO,KR,MA,MX,OM,P,PA,PE,S,SG)	60%
7013.33.20	00	价值超过1美元/个但不超过3美元/个	个	14%[15]	0(A+,AU,BH,CA,CL,CO,D,E,IL,JO,KR,MA,MX,OM,P,PA,PE,S,SG)	60%
7013.33.30	00	价值超过3美元/个但不超过5美元/个	个	7.3%[15]	0(A+,AU,BH,CA,CL,CO,D,E,IL,JO,KR,MA,MX,OM,P,PE,S,SG)	60%
7013.33.50	00	价值超过5美元/个	个	3%[15]	0(A,AU,BH,CA,CL,CO,D,E,IL,JO,KR,MA,MX,OM,P,PA,PE,S,SG)	60%
7013.37		其他:				
7013.37.05	00	压制和增韧(特别回火)	个	12.5%[15]	0(A+,AU,BH,CA,CL,CO,D,E,IL,JO,KR,MA,MX,OM,P,PA,PE,S,SG)	50%
		其他:				
7013.37.10		价值不超过0.30美元/个	个	28.5%[15]	0(A+,AU,BH,CA,CL,CO,D,E,IL,JO,KR,MA,MX,OM,P,PA,PE,S,SG)	60%
	10	晶体或无铅晶体	个			
	90	其他	个			
7013.37.20		价值超过0.30美元/个但不超过3美元/个	个	22.5%[15]	0(A+,AU,BH,CA,CL,CO,D,E,IL,JO,KR,MA,MX,OM,P,PA,PE,S,SG)	60%
	10	晶体或无铅晶体	个			
	90	其他	个			
		价值超过3美元/个:				
		切割或雕刻的:				
7013.37.30	00	价值超过3美元/个但不超过5美元/个	个	11.3%[15]	0(A+,AU,BH,CA,CL,CO,D,E,IL,JO,KR,MA,MX,OM,P,PA,PE,S,SG)	60%
7013.37.40	00	价值超过5美元/个	个	5%[15]	0(A+,AU,BH,CA,CL,CO,D,E,IL,JO,KR,MA,MX,OM,P,PA,PE,S,SG)	60%
		其他:				
7013.37.50		价值超过3美元/个但不超过5美元/个	个	7.5%[15]	0(A+,AU,BH,CA,CL,CO,D,E,IL,JO,KR,MA,MX,OM,P,PA,PE,S,SG)	60%
	10	晶体或无铅晶体	个			
	90	其他	个			
7013.37.60		价值超过5美元/个	个	5%[15]	0(A+,AU,BH,CA,CL,CO,D,E,IL,JO,KR,MA,MX,OM,P,PA,PE,S,SG)	60%
	10	晶体或无铅晶体	个			
	90	其他	个			
		餐桌或厨房用玻璃器皿(不包括杯子),但玻璃陶瓷制的除外:				

税则号列	统计后缀	货品名称	单位	税率 1 普通	税率 1 特惠	2
7013.41		铅晶质玻璃制：				
7013.41.10	00	价值不超过1美元/个	个	15%[15]	0(A+,AU,BH,CA,CL,CO,D,E, IL,JO,KR,MA,MX,OM,P,PA, PE,S,SG)	60%
7013.41.20	00	价值超过1美元/个但不超过3美元/个	个	14%[15]	0(A+,AU,BH,CA,CL,CO,D,E, IL,JO,KR,MA,MX,OM,P,PA, PE,S,SG)	60%
7013.41.30	00	价值超过3美元/个但不超过5美元/个	个	10.5%[15]	0(A,AU,BH,CA,CL,CO,D,E, IL,JO,KR,MA,MX,OM,P,PA, PE,S,SG)	60%
7013.41.50	00	价值超过5美元/个	个	3%[15]	0(A,AU,BH,CA,CL,CO,D,E, IL,JO,KR,MA,MX,OM,P,PA, PE,S,SG)	60%
7013.42		温度在0～300摄氏度时线膨胀系数不超过5×10^{-6}/开尔文的其他玻璃制：				
7013.42.10	00	压制和增韧(特别回火)	个	12.5%[16]	0(A+,AU,BH,CA,CL,CO,D,E, IL,JO,KR,MA,MX,OM,P,PA, PE,S,SG)	50%
		其他：				
7013.42.20	00	价值不超过3美元/个	个	22.5%[15]	0(A+,AU,BH,CA,CL,CO,D,E, IL,JO,KR,MA,MX,OM,P,PA, PE,S,SG)	60%
7013.42.30	00	价值超过3美元/个但不超过5美元/个	个	11.3%[16]	0(A+,AU,BH,CA,CL,CO,D,E, IL,JO,KR,MA,MX,OM,P,PA, PE,S,SG)	60%
7013.42.40	00	价值超过5美元/个	个	7.2%[15]	0(A+,AU,BH,CA,CL,CO,D,E, IL,JO,KR,MA,MX,OM,P,PA, PE,S,SG)	60%
7013.49		其他：				
7013.49.10	00	压制和增韧(特别回火)	个	12.5%[15]	0(A+,AU,BH,CA,CL,CO,D,E, IL,JO,KR,MA,MX,OM,P,PA, PE,S,SG)	50%
		其他：				
7013.49.20		价值不超过3美元/个	个	22.5%[15]	0(A+,AU,BH,CA,CL,CO,D,E, IL,JO,KR,MA,MX,OM,P,PA, PE,S,SG)	60%
	10	晶体或无铅晶体	个			
	90	其他	个			
		价值超过3美元/个：				
		切割或雕刻的：				
7013.49.30	00	价值超过3美元/个但不超过5美元/个	个	11.3%[15]	0(A+,AU,BH,CA,CL,CO,D,E, IL,JO,KR,MA,MX,OM,P,PA, PE,S,SG)	60%
7013.49.40	00	价值超过5美元/个	个	7.2%[15]	0(A+,AU,BH,CA,CL,CO,D,E, IL,JO,KR,MA,MX,OM,P,PA, PE,S,SG)	60%
		其他：				

税则号列	统计后缀	货品名称	单位	税率 1 普通	税率 1 特惠	2
7013.49.50		价值超过3美元/个但不超过5美元/个	个	15%[16]	0(A+,AU,BH,CA,CL,CO,D,E,IL,JO,KR,MA,MX,OM,P,PA,PE,S,SG)	60%
	10	晶体或无铅晶体	个			
	90	其他	个			
7013.49.60		价值超过5美元/个	个	7.2%[15]	0(A+,AU,BH,CA,CL,CO,D,E,IL,JO,KR,MA,MX,OM,P,PA,PE,S,SG)	60%
	10	晶体或无铅晶体	个			
	90	其他	个			
		其他玻璃器:				
7013.91		铅晶质玻璃制:				
7013.91.10	00	价值不超过1美元/个	个	20%[16]	0(A+,AU,BH,CA,CL,CO,D,E,IL,JO,KR,MA,MX,OM,P,PA,PE,S,SG)	60%
7013.91.20	00	价值超过1美元/个但不超过3美元/个	个	14%[16]	0(A+,AU,BH,CA,CL,CO,D,E,IL,JO,KR,MA,MX,OM,P,PA,PE,S,SG)	60%
7013.91.30	00	价值超过3美元/个但不超过5美元/个	个	10.5%[15]	0(A+,AU,BH,CA,CL,CO,D,E,IL,JO,KR,MA,MX,OM,P,PA,PE,S,SG)	60%
7013.91.50	00	价值超过5美元/个	个	6%[15]	0(A,AU,BH,CA,CL,CO,D,E,IL,JO,KR,MA,MX,OM,P,PA,PE,S,SG)	60%
7013.99		其他:				
7013.99.10	00	装饰有金属微粒、玻璃图案场景或玻璃丝带效果的玻璃器皿,上述任何一种在玻璃器皿固化之前嵌入或引入玻璃器皿中;千花玻璃器皿;固化前着色的玻璃器皿,其特征是大量气泡、种子或石头随机分布在整个玻璃块中	个	15%[15]	0(A+,AU,BH,CA,CL,CO,D,E,IL,JO,KR,MA,MX,OM,P,PA,PE,S,SG)	60%
7013.99.20	00	压制和增韧(特别回火)	个	12.5%[16]	0(A+,AU,BH,CA,CL,CO,D,E,IL,JO,KR,MA,MX,OM,P,PA,PE,S,SG)	50%
		其他:				
7013.99.30	00	吸烟用品;装有磨砂玻璃塞的香水瓶	个	9%[15]	0(A*,AU,BH,CA,CL,CO,D,E,IL,JO,KR,MA,MX,OM,P,PA,PE,S,SG)	60%
7013.99.35	00	许愿烛台	个	6.6%[15]	0(A*,AU,BH,CA,CL,CO,D,E,IL,JO,KR,MA,MX,OM,P,PA,PE,S,SG)	55%
		其他:				
7013.99.40		价值不超过0.30美元/个	个	38%[16]	0(A+,AU,BH,CA,CL,CO,D,E,IL,JO,KR,MA,MX,OM,P,PA,PE,S,SG)	60%
	10	晶体或无铅晶体	个			
	90	其他	个			

第七十章　玻璃及其制品　1059

税则号列	统计后缀	货品名称	单位	税率 1 普通	税率 1 特惠	税率 2
7013.99.50		价值超过0.30美元/个但不超过3美元/个	个	30%[17]	0(A+,AU,BH,CA,CL,CO,D,E,IL,JO,KR,MA,MX,OM,P,PA,PE,S,SG)	60%
	10	晶体或无铅晶体	个			
	90	其他	个			
		价值超过3美元/个：				
		切割或雕刻的：				
7013.99.60	00	价值超过3美元/个但不超过5美元/个	个	15%[16]	0(A+,AU,BH,CA,CL,CO,D,E,IL,JO,KR,MA,MX,OM,P,PA,PE,S,SG)	60%
7013.99.70	00	价值超过5美元/个	个	7.2%[15]	0(A+,AU,BH,CA,CL,CO,D,E,IL,JO,KR,MA,MX,OM,P,PA,PE,S,SG)	60%
		其他：				
7013.99.80		价值超过3美元/个但不超过5美元/个	个	11.3%[16]	0(A+,AU,BH,CA,CL,CO,D,E,IL,JO,KR,MA,MX,OM,P,PA,PE,S,SG)	60%
	10	晶体或无铅晶体	个			
	90	其他	个			
7013.99.90		价值超过5美元/个	个	7.2%[18]	0(A+,AU,BH,CA,CL,CO,D,E,IL,JO,KR,MA,MX,OM,P,PA,PE,S,SG)	60%
	10	晶体或无铅晶体	个			
	90	其他	个			
7014.00		未经光学加工的信号玻璃器及玻璃制光学元件(品目7015的货品除外)：				
		光学元件：				
7014.00.10	00	镜片毛坯(眼镜除外)[19]	个	4.1%[1]	0(A,AU,BH,CA,CL,CO,D,E,IL,JO,KR,MA,MX,OM,P,PA,PE,S,SG)	40%
7014.00.20	00	其他[19]	个	5%[1]	0(A,AU,B,BH,CA,CL,CO,E,IL,JO,KR,MA,MX,OM,P,PA,PE,S,SG)	50%
		其他：				
7014.00.30	00	镜头和滤光片及其零件	个	3.4%[1]	0(A,AU,B,BH,CA,CL,CO,E,IL,JO,KR,MA,MX,OM,P,PA,PE,S,SG)	60%
7014.00.50	00	其他	个	3.3%[1]	0(A,AU,B,BH,CA,CL,CO,E,IL,JO,KR,MA,MX,OM,P,PA,PE,S,SG)	60%
7015		钟表玻璃及类似玻璃、视力矫正或非视力矫正眼镜用玻璃,呈弧面、弯曲、凹形或类似形状但未经光学加工的;制造上述玻璃用的凹面圆形及扇形玻璃：				
7015.10.00	00	视力矫正眼镜用玻璃：	个	0[15]		40%
7015.90		其他：				
		手表玻璃：				

税则号列	统计后缀	货品名称	单位	税率 1 普通	税率 1 特惠	2
7015.90.10	00	圆形的	个	0[15]		60%
7015.90.20	00	其他	个	0[15]		60%
7015.90.50	00	其他	个	0[15]		60%
7016		建筑用压制或模制的铺面用玻璃块、砖、片、瓦及其他制品,不论是否夹丝;供镶嵌或类似装饰用的玻璃马赛克及其他小件玻璃品,不论是否有衬背;花饰铅条窗玻璃及类似品;多孔或泡沫玻璃块、板、片及类似品:				
7016.10.00	00	供镶嵌或类似装饰用的玻璃马赛克及其他小件玻璃品,不论是否有衬背[20]	个	2.7%[1]	0(A*,AU,BH,CA,CL,CO,D,E,IL,JO,KR,MA,MX,OM,P,PA,PE,S,SG)	60%
7016.90		其他:				
7016.90.10		铺路块、砖、片、瓦及其他压制或模制玻璃制品		8%[1]	0(A,AU,BH,CA,CL,CO,D,E,IL,JO,KR,MA,MX,OM,P,PA,PE,S,SG)	60%
	10	砖块	个			
	50	其他	个			
7016.90.50	00	其他	个	5%[1]	0(A,AU,BH,CA,CL,CO,D,E,IL,JO,KR,MA,MX,OM,P,PA,PE,S,SG)	60%
7017		实验室、卫生及配药用的玻璃器,不论有无刻度或标量:				
7017.10		熔融石英或其他熔融二氧化硅制:				
7017.10.30	00	用于插入熔化和氧化炉内以制备半导体晶片的石英反应管及夹持器	千克	0[1]		50%
7017.10.60	00	其他	千克	4.6%[1]	0(A,AU,BH,CA,CL,CO,D,E,IL,JO,KR,MA,MX,OM,P,PA,PE,S,SG)	50%
7017.20.00	00	温度在0~300摄氏度时线膨胀系数不超过5×10^{-6}/开尔文的其他玻璃制	千克	6.7%[1]	0(A,AU,BH,CA,CL,CO,D,E,IL,JO,KR,MA,MX,OM,P,PA,PE,S,SG)	85%
7017.90		其他:				
7017.90.10	00	显微镜载玻片和微型盖玻片[21]	千克	0[1]		85%
7017.90.50	00	其他[22]	千克	6.7%[1]	0(A,AU,BH,CA,CL,CO,D,E,IL,JO,KR,MA,MX,OM,P,PA,PE,S,SG)	85%
7018		玻璃珠、仿珍珠、仿宝石或仿半宝石和类似小件玻璃品及其制品,但仿首饰除外;玻璃假眼,但医用假眼除外;灯工方法制作的玻璃塑像及其他玻璃装饰品,但仿首饰除外;直径不超过1毫米的微型玻璃球:				
7018.10		玻璃珠、仿珍珠、仿宝石或仿半宝石及类似小件玻璃品:				
7018.10.10	00	各种形状和颜色的仿珍珠,钻孔或未钻孔,但未串珠(暂时除外)和未镶嵌	千克	4%[1]	0(A,AU,BH,CA,CL,CO,D,E,IL,JO,KR,MA,MX,OM,P,PA,PE,S,SG)	60%
7018.10.20	00	仿宝石或仿半宝石(其仿珠除外)	千克	0[1]		20%

税则号列	统计后缀	货品名称	单位	税率 1 普通	税率 1 特惠	2
7018.10.50	00	其他	千克	0[1]		40%
7018.20.00	00	直径不超过1毫米的微型玻璃球	千克	5%[1]	0(A+,AU,BH,CA,CL,CO,D,E,IL,JO,KR,MA,MX,OM,P,PA,PE,S,SG)	60%
7018.90		其他:				
7018.90.10	00	玻璃假眼,但医用假眼除外	千克	3.2%[15]	0(A,AU,BH,CA,CL,CO,D,E,IL,JO,KR,MA,MX,OM,P,PA,PE,S,SG)	70%
7018.90.50	00	其他	千克	6.6%[1]	0(A,AU,BH,CA,CL,CO,D,E,IL,JO,KR,MA,MX,OM,P,PA,PE,S,SG)	60%
7019		玻璃纤维(包括玻璃棉)及其制品(例如,纱线、机织物):				
		纱条、无捻粗纱、纱线及短切纤维:				
7019.11.00	00	长度不超过50毫米的短切纤维	千克	4.9%[1]	0(A,AU,BH,CA,CL,CO,D,E,IL,JO,KR,MA,MX,OM,P,PA,PE,S,SG)	50%
7019.12.00		无捻粗纱		4.8%[1]	0(A,AU,BH,CA,CL,CO,D,E,IL,JO,KR,MA,MX,OM,P,PA,PE,S,SG)	50%
	40	工业上用作包装或润滑材料	千克			
	80	其他	千克			
7019.19		其他:				
		纱线:				
		无色:				
7019.19.05	00	玻璃纤维橡胶增强纱,由直径为9～11微米的电气绝缘连续玻璃纤维长丝制成,并用间苯二酚甲醛胶乳浸渍处理以粘合聚合物	千克	0[1]		50%
7019.19.15		其他		6.5%[1]	0(AU,BH,CA,CL,CO,IL,JO,KR,MA,MX,OM,P,PA,PE,S,SG)	50%
	40	工业上用作包装或润滑材料(201)	千克			
	80	其他(201)	千克			
		有色:				
7019.19.24	00	玻璃纤维橡胶增强纱,由直径为9～11微米的电气绝缘连续玻璃纤维长丝制成,并用间苯二酚甲醛胶乳浸渍处理以粘合聚合物	千克	0[1]		60%
7019.19.28	00	其他(201)[2]	千克	7%[1]	0(AU,BH,CA,CL,CO,IL,JO,KR,MA,MX,OM,P,PA,PE,S,SG)	60%
7019.19.30	00	长度超过50毫米的短切纤维	千克	4.9%[23]	0(A,AU,BH,CA,CL,CO,D,E,IL,JO,KR,MA,MX,OM,P,PA,PE,S,SG)	50%

税则号列	统计后缀	货品名称	单位	税率 1 普通	税率 1 特惠	2
7019.19.70	00	玻璃纤维橡胶增强线,由直径为9~11微米的电气绝缘连续玻璃纤维长丝制成,并用间苯二酚甲醛胶乳浸渍处理以粘合聚合物	千克	0[1]		50%
7019.19.90	00	其他	千克	4.2%[24]	0(A+,AU,BH,CA,CL,CO,D,E*,IL,JO,KR,MA,MX,OM,P,PA,PE,S,SG)	50%
		薄片(巴厘纱)、纤维网、席、垫、板及类似无纺产品:				
7019.31.00	00	席	千克	4.3%[1]	0(A,AU,B,BH,CA,CL,CO,D,E,IL,JO,KR,MA,MX,OM,P,PA,PE,S,SG)	50%
7019.32.00	00	薄片(巴厘纱)	千克	4.3%[1]	0(A,AU,B,BH,CA,CL,CO,D,E,IL,JO,KR,MA,MX,OM,P,PA,PE,S,SG)	50%
7019.39		其他:				
7019.39.10		绝缘产品		4.9%[1]	0(A,AU,B,BH,CA,CL,CO,D,E,IL,JO,KR,MA,MX,OM,P,PA,PE,S,SG)	50%
	10	絮垫	平方米 千克			
	20	管道覆盖物	平方米 千克			
	90	其他[2]	千克			
7019.39.50	00	其他	平方米 千克	4.9%[1]	0(A,AU,B,BH,CA,CL,CO,D,E,IL,JO,KR,MA,MX,OM,P,PA,PE,S,SG)	50%
7019.40		粗纱机织物:				
		宽度不超过30厘米:				
7019.40.05	00	玻璃纤维轮胎帘子布,由直径为9~11微米的电气绝缘连续玻璃纤维长丝编织而成,并用间苯二酚甲醛胶乳浸渍处理以粘合聚合物(622)	平方米 千克	0[1]		50%
7019.40.15	00	其他(622)	平方米 千克	6%[1]	0(AU,BH,CA,CL,CO,IL,JO,KR,MA,MX,OM,P,PA,PE,S,SG)	50%
		其他:				
		无色:				
7019.40.30	00	玻璃纤维轮胎帘子布,由直径为9~11微米的电气绝缘连续玻璃纤维长丝编织而成,并用间苯二酚甲醛胶乳浸渍处理以粘合聚合物(622)	平方米 千克	0[1]		50%
7019.40.40		其他		7.3%[1]	0(AU,BH,CA,CL,CO,IL,JO,KR,MA,MX,OM,P,PA,PE,S,SG)	50%
	30	二氧化硅含量大于93%的二氧化硅长丝织物(622)	平方米 千克			

税则号列	统计后缀	货品名称	单位	税率 1 普通	税率 1 特惠	2
	60	其他(622)	平方米 千克			
		有色：				
7019.40.70	00	玻璃纤维轮胎帘子布,由直径为9～11微米的电气绝缘连续玻璃纤维长丝编织而成,并用间苯二酚甲醛胶乳浸渍处理以粘合聚合物(622)	平方米 千克	0[1]		60%
7019.40.90		其他		7%[15]	0(AU,BH,CA,CL,CO,IL,JO,KR,MA,MX,OM,P,PA,PE,S,SG)	60%
	30	二氧化硅含量大于93%的二氧化硅长丝织物(622)	平方米 千克			
	60	其他(622)	平方米 千克			
		其他机织物：				
7019.51		宽度不超过30厘米的				
7019.51.10	00	玻璃纤维轮胎帘子布,由直径9～11微米的电气绝缘连续玻璃纤维长丝编织而成,并用间苯二酚甲醛胶乳浸渍处理以粘合聚合物(622)	平方米 千克	0[1]		50%
7019.51.90		其他		6%[1]	0(AU,BH,CA,CL,CO,IL,JO,KR,MA,MX,OM,P,PA,PE,S,SG)	50%
	10	重量不超过185克/米^2(622)	平方米 千克			
	90	其他(622)	平方米 千克			
7019.52		宽度超过30厘米的长丝平纹织物,重量不超过250克/米^2,单根纱线细度不超过136特克斯				
		无色：				
7019.52.30	00	玻璃纤维轮胎帘子布,由直径为9～11微米的电气绝缘连续玻璃纤维长丝编织而成,并用间苯二酚甲醛胶乳浸渍处理以粘合聚合物(622)	平方米 千克	0[1]		50%
7019.52.40		其他		7.3%[1]	0(AU,BH,CA,CL,CO,IL,JO,KR,MA,MX,OM,P,PA,PE,S,SG)	50%
	10	重量不超过185克/米^2(622)	平方米 千克			
	21	重量超过215克/米^2,细丝直径为7～13微米(622)	平方米 千克			
	96	其他(622)	平方米 千克			
		有色：				

税则号列	统计后缀	货品名称	单位	税率 1 普通	税率 1 特惠	2
7019.52.70	00	玻璃纤维轮胎帘子布,由直径为9~11微米的电气绝缘连续玻璃纤维长丝编织而成,并用间苯二酚甲醛胶乳浸渍处理以粘合聚合物(622)	平方米千克	0[1]		60%
7019.52.90		其他		7%[1]	0(AU, BH, CA, CL, CO, IL, JO, KR, MA, MX, OM, P, PA, PE, S, SG)	60%
	10	重量不超过185克/米^2(622)	平方米千克			
	21	重量超过215克/米^2,细丝直径为7~13微米(622)	平方米千克			
	96	其他(622)	平方米千克			
7019.59		其他:				
		无色:				
7019.59.30	00	玻璃纤维轮胎帘子布,由直径为9~11微米的电气绝缘连续玻璃纤维长丝编织而成,并用间苯二酚甲醛胶乳浸渍处理以粘合聚合物(622)	平方米千克	0[1]		50%
7019.59.40		其他		7.3%[1]	0(AU, BH, CA, CL, CO, IL, JO, KR, MA, MX, OM, P, PA, PE, S, SG)	50%
	10	重量不超过185克/米^2(622)	平方米千克			
	21	重量超过215克/米^2,细丝直径为7~13微米(622)	平方米千克			
	96	其他(622)	平方米千克			
		有色:				
7019.59.70	00	玻璃纤维轮胎帘子布,由直径为9~11微米的电气绝缘连续玻璃纤维长丝编织而成,并用间苯二酚甲醛胶乳浸渍处理以粘合聚合物(622)	平方米千克	0[1]		60%
7019.59.90		其他		7%[1]	0(AU, BH, CA, CL, CO, IL, JO, KR, MA, MX, OM, P, PA, PE, S, SG)	60%
	10	重量不超过185克/米^2(622)	平方米千克			
	21	重量超过215克/米^2,细丝直径为7~13微米(622)	平方米千克			
	96	其他(622)	平方米千克			
7019.90		其他:				
7019.90.10	00	机织	平方米千克	4.8%[1]	0(A+,AU,BH,CA,CL,CO,D,E,IL,JO,KR,MA,MX,OM,P,PA,PE,S,SG)	60%

税则号列	统计后缀	货品名称	单位	税率 1 普通	税率 1 特惠	2
7019.90.50		其他		4.3%[1]	0(A*,AU,B,BH,CA,CL,CO,D,E,IL,JO,KR,MA,MX,OM,P,PA,PE,S,SG)	50%
	20	散装玻璃纤维	千克 平方米			
	40	玻璃纤维过滤器	千克 平方米			
	50	其他	千克 平方米			
7020.00		其他玻璃制品：				
7020.00.30	00	用于插入熔化和氧化炉内以制备半导体晶片的石英反应管及夹持器	个	0[1]		55%
7020.00.40	00	保温瓶或其他保温容器用的玻璃胆	个	6.6%[1]	0(A,AU,BH,CA,CL,CO,D,E,IL,JO,KR,MA,MX,OM,P,PA,PE,S,SG)	37.5美分/个 +45%
7020.00.60	00	其他	个	5%[25]	0(A,AU,BH,CA,CL,CO,D,E,IL,JO,KR,MA,MX,OM,P,PA,PE,S,SG)	55%

[1]见9903.88.03。

[2]见9903.88.38。

[3]见9902.14.75和9903.88.03。

[4]见9903.88.20。

[5]见9903.88.02。

[6]见9902.14.76和9903.88.03。

[7]见9902.14.77和9903.88.03。

[8]见9903.88.43和9903.88.56。

[9]见9903.88.43。

[10]见9903.88.38、9903.88.43、9903.88.46和9903.88.56。

[11]见9902.14.78和9903.88.03。

[12]见9903.88.45和9903.88.46。

[13]见9902.14.79和9903.88.15。

[14]见9902.14.80和9903.88.15。

[15]见9903.88.15。

[16]见9903.88.16。

[17]见9902.14.81、9902.14.82、9902.14.83和9903.88.16。

[18]见9902.14.84和9903.88.15。

[19]见9903.88.55。

[20]见9903.88.33和9903.88.56。

[21]见9903.88.33和9903.88.46。

[22]见9903.88.46。

[23]见9902.14.85和9903.88.16。

[24]见9902.14.86和9903.88.03。

[25]见9902.14.87和9903.88.03。

第十四类　天然或养殖珍珠、宝石或半宝石、贵金属、包贵金属及其制品;仿首饰;硬币

第七十一章 天然或养殖珍珠、宝石或半宝石、贵金属、包贵金属及其制品;仿首饰;硬币

注释:
一、除第六类注释一(一)及下列各款另有规定的以外,凡制品的全部或部分由下列物品构成,均应归入本章:
   (一)天然或养殖珍珠、宝石或半宝石(天然、合成或再造);或者
   (二)贵金属或包贵金属。
二、(一)品目7113、品目7114及品目7115不包括带有贵金属或包贵金属制的小零件或小装饰品(例如,交织字母、套、圈、套环)的制品,上述注释一(二)也不适用于这类制品;
   (二)品目7116不包括含有贵金属或包贵金属(仅作为小零件或小装饰品的除外)的制品。
三、本章不包括:
   (一)贵金属汞齐及胶态贵金属(品目2843);
   (二)第三十章的外科用无菌缝合材料、牙科填料或其他货品;
   (三)第三十二章的货品(例如,光瓷釉);
   (四)载体催化剂(品目3815);
   (五)第四十二章注释三(二)所述的品目4202或品目4203的物品;
   (六)品目4303或品目4304的物品;
   (七)第十一类的货品(纺织原料及纺织制品);
   (八)第六十四章或第六十五章的鞋靴、帽类及其他物品;
   (九)第六十六章的伞、手杖及其他物品;
   (十)品目6804或品目6805及第八十二章含有宝石或半宝石(天然或合成)粉末的研磨材料制品;第八十二章装有宝石或半宝石(天然、合成或再造)工作部件的器具;第十六类的机器、机械器具、电气设备及其零件。然而,完全以宝石或半宝石(天然、合成或再造)制成的物品及其零件,除未安装的唱针用已加工蓝宝石或钻石外(品目8522),其余仍应归入本章;
   (十一)第九十章、第九十一章或第九十二章的物品(科学仪器、钟表及乐器);
   (十二)武器及其零件(第九十三章);
   (十三)第九十五章注释二所述物品;
   (十四)根据第九十六章注释四应归入该章的物品;或者
   (十五)雕塑品原件(品目9703)、收藏品(品目9705)或超过一百年的古物(品目9706),但天然或养殖

珍珠、宝石及半宝石除外。

四、(一)所称"贵金属"是指银、金及铂。

(二)所称"铂"是指铂、铱、锇、钯、铑及钌。

(三)所称"宝石或半宝石"不包括第九十六章注释二(二)所述任何物质。

五、含有贵金属的合金(包括烧结及化合的),只要其中任何一种贵金属的含量达到合金重量的2%,即应视为本章的贵金属合金。贵金属合金应按下列规则归类：

(一)按重量计含铂量在2%或以上的合金,应视为铂合金;

(二)按重量计含金量在2%或以上,但不含铂或按重量计含铂量在2%以下的合金,应视为金合金;

(三)按重量计含银量在2%或以上的其他合金,应视为银合金。

六、除条文另有规定的以外,本税则所称贵金属应包括上述注释五所规定的贵金属合金,但不包括包贵金属或表面镀以贵金属的贱金属及非金属。

七、本税则所称"包贵金属"是指以贱金属为底料,在其一面或多面用焊接、熔接、热轧或类似机械方法覆盖一层贵金属的材料。除条文另有规定的以外,也包括镶嵌贵金属的贱金属。

八、除第六类注释一(一)另有规定的以外,凡符合品目7112规定的货品,应归入该品目而不归入本税则的其他品目。

九、品目7113所称"首饰"是指：

(一)个人用小饰物(例如,戒指、手镯、项圈、饰针、耳环、表链、表链饰物、垂饰、领带别针、袖扣、饰扣、宗教性或其他勋章及徽章);以及

(二)通常放置在衣袋、手提包或佩戴在身上的个人用品(例如,雪茄盒或烟盒、鼻烟盒、口香糖盒或药丸盒、粉盒、链袋或念珠)。

这些物品可以和下列物品组合或镶嵌下列物品：例如,天然或养殖珍珠、宝石或半宝石、合成或再造的宝石或半宝石、玳瑁壳、珍珠母、兽牙、天然或再生琥珀、黑玉或珊瑚。

十、品目7114所称"金银器"包括装饰品、餐具、梳妆用具、吸烟用具及类似的家庭、办公室或宗教用的其他物品。

十一、品目7117所称"仿首饰"是指不含天然或养殖珍珠、宝石或半宝石(天然、合成或再造)及贵金属或包贵金属(仅作为镀层或小零件、小装饰品的除外)的上述注释九(一)所述的首饰(不包括品目9606的钮扣及其他物品或品目9615的梳子、发夹及类似品)。

子目注释：

一、子目7106.10、子目7108.11、子目7110.11、子目7110.21、子目7110.31及子目7110.41所称"粉末"是指按重量计90%或以上可从网眼孔径为0.5毫米的筛子通过的产品。

二、子目7110.11及子目7110.19所称"铂"可不受本章注释四(二)的规定约束,不包括铱、锇、钯、铑及钌。

三、对于品目7110项下的子目所列合金的归类,按其所含铂、钯、铑、铱、锇或钌中重量最大的一种金属归类。

附加美国注释：

一、除条文另有规定的以外,在第二分章中——

(一)"未锻造"是指以下状态的金属,不论是否精炼,其形式为锭、块、坯料、饼、板、阴极、阳极、球状、立方体、棒、颗粒、海绵、球团、扁平球团、圆球、圆片、丸粒和类似的初级形状,但不包括轧制、锻造、拉制或挤压产品,这些产品已通过简单修整、剥皮或除锈以外的其他方式进行机械加工或处理。

(二)"半制成品"是指棒材、型材、板材、薄板、带材、线材、管材和空心棒材形式的锻造金属产品,以及粉末(粉末形式的初级金属除外);

(三)"废碎料"是指二手或废弃,或者过时、有缺陷或损坏的材料和物品,这些材料和物品只适合回收金属成分或用于制造化学品。它包括主要用于回收贵金属的残留物和灰烬,但不包括品目2616的未锻造金属或含金属材料。

二、品目7118项下、目前在任何国家流通并进口用于货币目的的硬币,应在无正式海关消费申报或纳税的情况下予以进口。这不影响其他法律规定的任何要求,即任何一次向美国境内或通过美国境内转移金额超过10 000美元的硬币,应按其中所述进行报告。

三、(一)尽管第九十一章附加美国注释五有规定,品目7113中规定的属于维尔京群岛、关岛或美属萨摩亚产品的任何珠宝物品(包括含有任何外国成分的任何此类物品)有资格享受第九十一章附加美国注释五(八)款规定的福利,但须遵守该注释以及本注释(二)(三)(四)款的规定和限制。

(二)尽管有第九十一章附加美国注释五(八)2(2)款,但受本注释约束的珠宝物品应受到10 000 000单位的限制。

(三)本注释中的任何内容均不得导致第九十一章附加美国注释五(八)3款中提及的总额增加或减少,或者根据第九十一章附加美国注释五的要求另行规定的数量限制。

(四)本注释中的任何内容均不得解释为允许手表生产商根据第九十一章附加美国注释五(八)4款的规定减少可用数量。

(五)商务部部长和内政部部长应发布与本注释和第九十一章附加美国注释五的规定不一致的法规,因为部长们认为有必要履行本注释下各自的职责。此类法规不得与实质性改变要求不一致,但可规定在何种情况下,珠宝物品应被视为"单位",以实现第九十一章附加美国注释五的利益、规定和限制。

(六)尽管有任何其他法律规定,2001年8月9日之后在维尔京群岛、关岛或美属萨摩亚开始珠宝制造或珠宝组装业务的珠宝制造商或珠宝组装商在维尔京群岛、关岛或美属萨摩亚组装的品目7113中规定的任何珠宝物品,应被视为本注释和总注释三1(4)款所称的维尔京群岛、关岛或美属萨摩亚的产品,前提是该物品在该珠宝制造商或珠宝组装商在维尔京群岛、关岛或美属萨摩亚开始珠宝制造或珠宝组装作业后18个月内入境。

统计注释:

一、税号7113.19.50所称"ISO标准铂"是指符合国际标准化组织铂标准的铂,其含有至少85%的纯铂,或者含有至少50%的纯铂且总含量中有至少95%的铂族金属铱、锇、钯、铑或钌。

二、为了对统计编码7113.19.5021至7113.19.5045进行报告,每件单独计数。例如,一对耳环计为两件,一条项链及其吊坠计为一件。

税则号列	统计后缀	货品名称	单位	税率 1 普通	税率 1 特惠	2
		第一分章 天然或养殖珍珠、宝石或半宝石				
7101		天然或养殖珍珠,不论是否加工或分级,但未成串或镶嵌;天然或养殖珍珠,为便于运输而暂穿成串:				
7101.10		天然珍珠:				
7101.10.30	00	分级并为便于运输而暂穿成串	克	0[1]		10%
7101.10.60	00	其他	克	0[1]		10%
		养殖珍珠:				
7101.21.00	00	未加工	克	0[1]		10%
7101.22		已加工:				
7101.22.30	00	分级并为便于运输而暂穿成串	克	0[1]		10%
7101.22.60	00	其他	克	0[1]		10%
7102		钻石,不论是否加工,但未镶嵌:				
7102.10.00	00	未分级	克拉	0[1]		0
		工业用:				
7102.21		未加工或经简单锯开、劈开或粗磨:				
7102.21.10		矿工钻石		0[2]		0
	10	黑金刚石	克拉			
	20	其他	克拉			
		其他:				
7102.21.30	00	简单锯开、劈开或粗磨	克拉	0[2]		30%
7102.21.40	00	其他	克拉	0[2]		0
7102.29.00		其他		0[2]		0
		矿工钻石:				
	10	黑金刚石	克拉			
	20	其他	克拉			
	50	其他	克拉			
		非工业用:				
7102.31.00	00	未加工或经简单锯开、劈开或粗磨	克拉	0[1]		0
7102.39.00		其他		0[1]		10%
	10	每颗重量不超过0.5克拉	克拉			
	50	每颗重量超过0.5克拉	克拉			
7103		宝石(钻石除外)或半宝石,不论是否加工或分级,但未成串或镶嵌;未分级的宝石(钻石除外)或半宝石,为便于运输而暂穿成串:				
7103.10		未加工或经简单锯开或粗制成形:				
7103.10.20	00	未加工	克拉	0[1]		0
7103.10.40	00	其他	克拉	10.5%[1]	0(A,AU,BH,CA,CL,CO,D,E,IL,JO,KR,MA,MX,OM,P,PA,PE,S,SG)	50%

第七十一章 天然或养殖珍珠、宝石或半宝石、贵金属、包贵金属及其制品;仿首饰;硬币

税则号列	统计后缀	货品名称	单位	税率 1 普通	税率 1 特惠	2
		经其他加工:				
7103.91.00		红宝石、蓝宝石、绿宝石		0[1]		10%
	10	红宝石	克拉			
	20	蓝宝石	克拉			
	30	绿宝石	克拉			
7103.99		其他:				
7103.99.10	00	已切割而未镶嵌,适用于珠宝制造	克拉	0[1]		10%
7103.99.50	00	其他	克拉	10.5%[1]	0(A*,AU,BH,CA,CL,CO,D,E,IL,JO,KR,MA,MX,OM,P,PA,PE,S,SG)	50%
7104		合成或再造的宝石或半宝石,不论是否加工或分级,但未成串或镶嵌的;未分级的合成或再造的宝石或半宝石,为便于运输而暂穿成串:				
7104.10.00	00	压电石英	千克	3%[1]	0(A,AU,BH,CA,CL,CO,D,E,IL,JO,KR,MA,MX,OM,P,PA,PE,S,SG)	50%
7104.20.00	00	其他,未加工或经简单锯开或粗制成形	克	3%[1]	0(A+,AU,BH,CA,CL,CO,D,E,IL,JO,KR,MA,MX,OM,P,PA,PE,S,SG)	30%
7104.90		其他:				
7104.90.10	00	已切割而未镶嵌,适用于珠宝制造	个	0[1]		10%
7104.90.50	00	其他	克	6.4%[1]	0(A,AU,BH,CA,CL,CO,D,E,IL,JO,KR,MA,MX,OM,P,PA,PE,S,SG)	50%
7105		天然或合成的宝石或半宝石的粉末:				
7105.10.00		钻石的		0[2]		0
		天然的:				
	11	80目或更细	克拉			
	15	其他	克拉			
		合成的:				
	20	涂有金属	克拉			
		其他:				
	30	80目或更细	克拉			
	50	其他	克拉			
7105.90.00	00	其他	千克	0[2]		2.2美分/千克
		第二分章 贵金属及包贵金属				
7106		银(包括镀金、镀铂的银),未锻造、半制成或粉末状:				
7106.10.00	00	粉末	克	0[2]		0
		其他:				
7106.91		未锻造:				
7106.91.10		金条和金锭		0[2]		0

税则号列	统计后缀	货品名称	单位	税率 普通	税率 1 特惠	2
	10	金条	克银			
	20	金锭	克银			
7106.91.50	00	其他	克	3%[2]	0(A,AU,BH,CA,CL,CO,D,E,IL,JO,KR,MA,MX,OM,P,PA,PE,S,SG)	65%
7106.92		半制成：				
7106.92.10	00	矩形或近似矩形，按重量计含有99.5%或以上的银，并且除重量、纯度或其他识别信息外，没有其他标记或装饰	克	0[2]		0
7106.92.50	00	其他	克	3%[3]	0(A*,AU,BH,CA,CL,CO,D,E,IL,JO,KR,MA,MX,OM,P,PA,PE,S,SG)	65%
7107.00.00	00	以贱金属为底的包银材料	克	3.3%[2]	0(A,AU,BH,CA,CL,CO,D,E,IL,JO,KR,MA,MX,OM,P,PA,PE,S,SG)	30%
7108		金（包括镀铂的金），未锻造、半制成或粉末状：				
		非货币用：				
7108.11.00	00	金粉	克	0[2]		0
7108.12		其他未锻造形状				
7108.12.10		金条和金锭		0[2]		0
		金条：				
	13	按重量计含有不少于99.95%的金	克金			
	17	其他	克金			
	20	金锭	克金			
7108.12.50		其他		4.1%[2]	0(A,AU,BH,CA,CL,CO,D,E,IL,JO,KR,MA,MX,OM,P,PA,PE,S,SG)	65%
	10	按重量计含有不少于99.95%的金	克金			
	50	其他	克金			
7108.13		其他半制成形状：				
7108.13.10	00	金箔	平方厘米 克金	0[2]		8%
		其他：				
7108.13.55	00	矩形或近似矩形，按重量计含有99.5%或以上的金，并且除重量、纯度或其他识别信息外，没有其他标记或装饰	克	0[2]		0
7108.13.70	00	其他	克	4.1%[2]	0(A,AU,BH,CA,CL,CO,D,E,IL,JO,KR,MA,MX,OM,P,PA,PE,S,SG)	65%
7108.20.00	00	货币用	克	0[2]		0

第七十一章　天然或养殖珍珠、宝石或半宝石、贵金属、包贵金属及其制品；仿首饰；硬币

税则号列	统计后缀	货品名称	单位	税率 1 普通	税率 1 特惠	税率 2
7109.00.00	00	以贱金属或银为底的包金材料	克	6%[2]	0(A,AU,BH,CA,CL,CO,D,E,IL,JO,KR,MA,MX,OM,P,PA,PE,S,SG)	65%
7110		铂,未锻造、半制成或粉末状：				
		铂：				
7110.11.00		未锻造或粉末状		0[2]		0
	10	金属铂的颗粒和块	克铂			
	20	金属铂的海绵状	克铂			
	50	其他	克铂			
7110.19.00	00	其他	克铂	0[2]		0
		钯：				
7110.21.00	00	未锻造或粉末状	克钯	0[2]		0
7110.29.00	00	其他	克钯	0[2]		0
		铑：				
7110.31.00	00	未锻造或粉末状	克铑	0[2]		0
7110.39.00	00	其他	克铑	0[2]		0
		铱、锇及钌：				
7110.41.00		未锻造或粉末状		0[2]		0
		单独地：				
	10	铱	克铱			
	20	锇	克锇			
	30	钌	克钌			
	50	其他	克			
7110.49.00		其他：		0[2]		0
	10	铱,单独地	克铱			
	50	其他	克			
7111.00.00	00	以贱金属、银或金为底的包铂材料	克	10%[2]	0(A,AU,BH,CA,CL,CO,D,E,IL,JO,KR,MA,MX,OM,P,PA,PE,S,SG)	65%
7112		贵金属或包贵金属的废碎料；含有贵金属或贵金属化合物的其他废碎料,主要用于回收贵金属：				
7112.30.00	00	含有贵金属或贵金属化合物的灰	千克	0[2]		0
		其他：				
7112.91.00	00	金及包金的废碎料,但含有其他贵金属的碎屑除外	克 克金	0[2]		0
7112.92.00	00	铂及包铂的废碎料,但含有其他贵金属的碎屑除外	克 克铂	0[2]		0
7112.99.00	00	其他	克	0[2]		0
		第三分章　珠宝首饰、金银器及其他制品				
7113		贵金属或包贵金属制的首饰及其零件：				
		贵金属制,不论是否包、镀贵金属：				

税则号列	统计后级	货品名称	单位	税率 1 普通	税率 1 特惠	2
7113.11		银制,不论是否包、镀其他贵金属:				
7113.11.10	00	以连续长度生产的绳、缆、链及类似货品,所有上述货品,不论是否切割至特定长度,亦不论是否镶有仿珍珠或仿宝石,均适用于制造本品目规定的货品	克	6.3%[1]	0(A, AU, BH, CA, CL, CO, D, E, IL, JO, KR, MA, MX, OM, P, PA, PE, S, SG)	80%
		其他:				
7113.11.20	00	每打产品及其零件价值不超过18美元	克	13.5%[1]	0(A, AU, BH, CA, CL, CO, D, E, IL, JO, KR, MA, MX, OM, P, PA, PE, S, SG)	110%
7113.11.50	00	其他	克	5%[1]	0(A*, AU, BH, CA, CL, CO, D, E, IL, JO, KR, MA, MX, OM, P, PA, PE, S, SG)	80%
7113.19		其他贵金属制,不论是否包、镀贵金属:				
7113.19.10	00	以连续长度生产的绳、缆、链及类似货品,所有上述货品,不论是否切割至特定长度,亦不论是否镶有仿珍珠或仿宝石,均适用于造本品目规定的货品	克	7%[1]	0(A*, AU, BH, CA, CL, CO, D, E, IL, JO, KR, MA, MX, OM, P, PA, PE, S, SG)	80%
		其他:				
		金项链和颈链:				
7113.19.21	00	绳	克	5%[1]	0(A*, AU, BH, CA, CL, CO, D, E, IL, JO, KR, MA, MX, OM, P, PA, PE, S, SG)	80%
7113.19.25	00	混合链	克	5.8%[1]	0(A*, AU, BH, CA, CL, CO, D, E, IL, JO, KR, MA, MX, OM, P, PA, PE, S, SG)	80%
7113.19.29	00	其他	克	5.5%[1]	0(A*, AU, BH, CA, CL, CO, D, E, IL, JO, KR, MA, MX, OM, P, PA, PE, S, SG)	80%
7113.19.30	00	扣环及其零件	克	5.8%[1]	0(A*, AU, BH, CA, CL, CO, D, E, IL, JO, KR, MA, MX, OM, P, PA, PE, S, SG)	80%
7113.19.50		其他		5.5%[1]	0(A*, AU, BH, CA, CL, CO, D, E, IL, JO, KR, MA, MX, OM, P, PA, PE, S, SG)	80%
		ISO标准铂:				
	21	项链和颈链	件[4]			
	25	戒指	件[4]			
	30	耳环	件[4]			
	45	其他	件[4]			
	90	其他	克			
7113.20		以贱金属为底的包贵金属制:				
7113.20.10	00	以连续长度生产的绳、缆、链及类似货品,所有上述货品,不论是否切割至特定长度,亦不论是否镶有仿珍珠或仿宝石,均适用于制造本品目规定的货品	克	7%[1]	0(A*, AU, BH, CA, CL, CO, D, E, IL, JO, KR, MA, MX, OM, P, PA, PE, S, SG)	80%

第七十一章　天然或养殖珍珠、宝石或半宝石、贵金属、包贵金属及其制品;仿首饰;硬币

税则号列	统计后缀	货品名称	单位	税率 1 普通	税率 1 特惠	2
		其他:				
		镶金项链和颈链:				
7113.20.21	00	绳	克	5.8%[1]	0(A*,AU,BH,CA,CL,CO,D,E,IL,JO,KR,MA,MX,OM,P,PA,PE,S,SG)	80%
7113.20.25	00	混合链	克	5.8%[1]	0(A*,AU,BH,CA,CL,CO,D,E,IL,JO,KR,MA,MX,OM,P,PA,PE,S,SG)	80%
7113.20.29	00	其他	克	5.2%[1]	0(A*,AU,BH,CA,CL,CO,D,E,IL,JO,KR,MA,MX,OM,P,PA,PE,S,SG)	80%
7113.20.30	00	扣环及其零件	克	5.8%[1]	0(A*,AU,BH,CA,CL,CO,D,E,IL,JO,KR,MA,MX,OM,P,PA,PE,S,SG)	80%
7113.20.50	00	其他	克	5.2%[1]	0(A*,AU,BH,CA,CL,CO,D,E,IL,JO,KR,MA,MX,OM,P,PA,PE,S,SG)	80%
7114		贵金属或包贵金属制的金银器及其零件:				
		贵金属制,不论是否包、镀贵金属:				
7114.11		银制,不论是否包、镀其他贵金属:				
7114.11.10	00	带银柄的刀	个	2.8%[2]	0(A,AU,BH,CA,CL,CO,D,E,IL,JO,KR,MA,MX,OM,P,PA,PE,S,SG)	16美分/个+45%
7114.11.20	00	带银把手的叉	个	2.7%[2]	0(A,AU,BH,CA,CL,CO,D,E,IL,JO,KR,MA,MX,OM,P,PA,PE,S,SG)	16美分/个+45%
		勺子和长柄勺:				
7114.11.30	00	带有纯银手柄	个	3.3%[2]	0(A,AU,BH,CA,CL,CO,D,E,IL,JO,KR,MA,MX,OM,P,PA,PE,S,SG)	65%
7114.11.40	00	其他	个	3.5%[2]	0(A,AU,BH,CA,CL,CO,D,E,IL,JO,KR,MA,MX,OM,P,PA,PE,S,SG)	65%
7114.11.45	00	包括两把或以上刀、叉、勺或长柄勺的上述成套货品	件	3%[2]	0(A+,AU,BH,CA,CL,CO,D,E,IL,JO,KR,MA,MX,OM,P,PA,PE,S,SG)	65%
		其他品目未列名的用于家庭、餐桌或厨房的货品;卫生间和卫生洁具;所有上述货品的零件,银制:				
7114.11.50	00	纯银餐具	克	3.3%[2]	0(A,AU,BH,CA,CL,CO,D,E,IL,JO,KR,MA,MX,OM,P,PA,PE,S,SG)	65%
7114.11.60	00	其他	克	3%[2]	0(A*,AU,BH,CA,CL,CO,D,E,IL,JO,KR,MA,MX,OM,P,PA,PE,S,SG)	65%
7114.11.70	00	其他	克	3%[2]	0(A,AU,BH,CA,CL,CO,D,E,IL,JO,KR,MA,MX,OM,P,PA,PE,S,SG)	65%

税则号列	统计后缀	货品名称	单位	税率 1 普通	税率 1 特惠	税率 2
7114.19.00	00	其他贵金属制,不论是否包、镀贵金属	克	7.9%[2]	0(A,AU,BH,CA,CL,CO,D,E,IL,JO,KR,MA,MX,OM,P,PA,PE,S,SG)	65%
7114.20.00		以贱金属为底的包贵金属制		3%[2]	0(A*,AU,BH,CA,CL,CO,D,E,IL,JO,KR,MA,MX,OM,P,PA,PE,S,SG)	65%
	40	其他品目未列名的用于家庭、餐桌或厨房的货品;卫生间和卫生洁具	克			
	60	其他	克			
7115		贵金属或包贵金属的其他制品:				
7115.10.00	00	金属丝布或格栅形状的铂催化剂	克	4%[5]	0(A,AU,BH,CA,CL,CO,D,E,IL,JO,KR,MA,MX,OM,P,PA,PE,S,SG)	65%
7115.90		其他:				
7115.90.05		矩形或近似矩形的贵金属制品,按重量计含有 99.5% 或以上的贵金属,并且除重量、纯度或其他识别信息外,未作其他标记或装饰		0[2]		0
	30	金的	克			
	60	银的	克			
	90	其他	克			
		其他:				
7115.90.30	00	金的,包括包金材料	克	3.9%[2]	0(A,AU,BH,CA,CL,CO,D,E,IL,JO,KR,MA,MX,OM,P,PA,PE,S,SG)	110%
7115.90.40	00	银的,包括包银材料	克	3%[6]	0(A,AU,BH,CA,CL,CO,D,E,IL,JO,KR,MA,MX,OM,P,PA,PE,S,SG)	65%
7115.90.60	00	其他	克	4%[2]	0(A,AU,BH,CA,CL,CO,D,E,IL,JO,KR,MA,MX,OM,P,PA,PE,S,SG)	65%
7116		用天然或养殖珍珠、宝石或半宝石(天然、合成或再造)制成的物品:				
7116.10		天然或养殖珍珠制:				
7116.10.10	00	天然的	克	3.3%[7]	0(A,AU,BH,CA,CL,CO,D,E,IL,JO,KR,MA,MX,OM,P,PA,PE,S,SG)	80%
7116.10.25	00	养殖的	克	5.5%[1]	0(A,AU,BH,CA,CL,CO,D,E,IL,JO,KR,MA,MX,OM,P,PA,PE,S,SG)	110%
7116.20		宝石或半宝石(天然、合成或再造)制:				
		珠宝制品:				
7116.20.05	00	价值不超过 40 美元/件	克	3.3%[7]	0(A*,AU,BH,CA,CL,CO,D,E,IL,JO,KR,MA,MX,OM,P,PA,PE,S,SG)	80%
7116.20.15	00	其他	克	6.5%[1]	0(A*,AU,BH,CA,CL,CO,D,E,IL,JO,KR,MA,MX,OM,P,PA,PE,S,SG)	80%

第七十一章　天然或养殖珍珠、宝石或半宝石、贵金属、包贵金属及其制品;仿首饰;硬币　1079

税则号列	统计后缀	货品名称	单位	税率 1 普通	税率 1 特惠	2
		其他:				
		半宝石(水晶除外):				
7116.20.30	00	为方便运输,暂穿成串的分级半宝石	克	2.1%[1]	0(A*,AU,BH,CA,CL,CO,D,E,IL,JO,KR,MA,MX,OM,P,PA,PE,S,SG)	50%
7116.20.35	00	半宝石雕像	个	4.5%[1]	0(A*,AU,BH,CA,CL,CO,D,E,IL,JO,KR,MA,MX,OM,P,PA,PE,S,SG)	50%
7116.20.40	00	其他	个	10.5%[1]	0(A*,AU,BH,CA,CL,CO,D,E,IL,JO,KR,MA,MX,OM,P,PA,PE,S,SG)	50%
7116.20.50	00	其他	个	0[1]		50%
7117		仿首饰:				
		贱金属制,不论是否镀贵金属:				
7117.11.00	00	袖扣、饰扣	个	8%[1]	0(A*,AU,BH,CA,CL,CO,D,E,IL,JO,KR,MA,MX,OM,P,PA,PE,S,SG)	110%
7117.19		其他:				
		以连续长度生产的绳、缆、链及类似货品,所有上述货品,不论是否切割至特定长度,亦不论是否镶有仿珍珠或仿宝石,均适用于制造本品目规定的货品:				
		价值不超过33美分/米:				
7117.19.05	00	价值不超过8美分/件的玩具首饰	千克	0[7]		80%
7117.19.15	00	其他	千克	8%[1]	0(A,AU,BH,CA,CL,CO,D,E,IL,JO,KR,MA,MX,OM,P,PA,PE,S,SG)	80%
7117.19.20	00	价值超过33美分/米	千克	11%[1]	0(A,AU,BH,CA,CL,CO,D,E,IL,JO,KR,MA,MX,OM,P,PA,PE,S,SG)	110%
7117.19.30	00	具有纯粹信仰特征的宗教物品,设计用于穿戴在衣服上或随身携带或附在人身上	千克	3.9%[1]	0(A,AU,BH,CA,CL,CO,D,E,IL,JO,KR,MA,MX,OM,P,PA,PE,S,SG)	45%
		其他:				
7117.19.60	00	价值不超过8美分/件的玩具首饰	千克	0[1]		110%
7117.19.90	00	其他	千克	11%[8]	0(A,AU,BH,CA,CL,CO,D,E,IL,JO,KR,MA,MX,OM,P,PA,PE,S,SG)	110%
7117.90		其他:				
7117.90.10	00	价值不超过30美分/打的项链,全部由安装在纤维绳上的塑料制成	打	0[1]		0
		具有纯粹信仰性质的宗教物品,设计用于穿戴在衣服上或随身携带或附在人身上:				

税则号列	统计后缀	货品名称	单位	税率 1 普通	税率 1 特惠	2
7117.90.20	00	念珠和项圈	千克	3.3%[1]	0(A*,AU,BH,CA,CL,CO,D,E,IL,JO,KR,MA,MX,OM,P,PA,PE,S,SG)	50%
7117.90.30	00	其他	千克	3.9%[1]	0(A*,AU,BH,CA,CL,CO,D,E,IL,JO,KR,MA,MX,OM,P,PA,PE,S,SG)	45%
		其他:				
		每打或每件零件价值不超过20美分:				
7117.90.45	00	玩具首饰(零件除外)	千克	0[7]		45%
7117.90.55	00	其他	千克	7.2%[1]	0(A*,AU,BH,CA,CL,CO,D,E,IL,JO,KR,MA,MX,OM,P,PA,PE,S,SG)	45%
		每打价值超过20美分:				
7117.90.60	00	玩具首饰(零件除外),价值不超过8美分/件	千克	0[7]		110%
		其他:				
7117.90.75	00	塑料制	千克	0[7]		110%
7117.90.90	00	其他	千克	11%[1]	0(A*,AU,BH,CA,CL,CO,D,E,IL,JO,KR,MA,MX,OM,P,PA,PE,S,SG)	110%
7118		硬币:				
7118.10.00	00	非法定货币的硬币(金币除外)	克	0[1]		0
7118.90.00		其他		0[1]		0
		金:				
	11	加拿大枫叶	克 克金			
	19	其他	克 克金			
	20	铂	克 克铂			
	55	其他	克			

[1]见9903.88.15。

[2]见9903.88.03。

[3]见9902.14.88、9902.14.89和9903.88.03。

[4]见本章统计注释二。

[5]见9902.14.90和9903.88.03。

[6]见9902.14.91和9903.88.03。

[7]见9903.88.16。

[8]见9902.14.92和9903.88.15。

第十五类　贱金属及其制品

注释：

一、本类不包括：

（一）以金属粉末为基本成分的调制油漆、油墨或其他产品（品目 3207 至 3210、品目 3212、品目 3213 或品目 3215）；

（二）铈铁或其他引火合金（品目 3606）；

（三）品目 6506 或品目 6507 的帽类及其零件；

（四）品目 6603 的伞骨及其他物品；

（五）第七十一章的货品（例如，贵金属合金、以贱金属为底的包贵金属、仿首饰）；

（六）第十六类的物品（机器、机械器具及电气设备）；

（七）已装配的铁道或电车道轨道（品目 8608）或第十七类的其他物品（车辆、船舶、航空器）；

（八）第十八类的仪器及器具，包括钟表发条；

（九）做弹药用的铅弹（品目 9306）或第十九类的其他物品（武器、弹药）；

（十）第九十四章的物品（例如，家具、弹簧床垫，灯具及照明装置、发光标志、活动房屋）；

（十一）第九十五章的物品（例如，玩具、游戏品及运动用品）；

（十二）手用筛子、钮扣、钢笔、铅笔套、钢笔尖、独脚架、双脚架、三脚架及类似品或第九十六章的其他物品（杂项制品）；或者

（十三）第九十七章的物品（例如，艺术品）。

二、本税则所称"**通用零件**"是指：

（一）品目 7307、品目 7312、品目 7315、品目 7317 或品目 7318 的物品及其他贱金属制的类似品；

（二）贱金属制的弹簧及弹簧片，但钟表发条（品目 9114）除外；以及

（三）品目 8301、品目 8302、品目 8308、品目 8310 的物品及品目 8306 的贱金属制的框架及镜子。

第七十三章至第七十六章（品目 7315 除外）及第七十八章至第八十二章所列货品的零件，不包括上述的通用零件。

除上段及第八十三章注释一另有规定的以外，第七十二章至第七十六章及第七十八章至第八十一章不包括第八十二章、第八十三章的物品。

三、本税则所称"贱金属"是指铁及钢、铜、镍、铝、铅、锌、锡、钨、钼、钽、镁、钴、铋、镉、钛、锆、锑、锰、铍、铬、锗、钒、镓、铪、铟、铌(钶)、铼及铊。

四、本税则所称"金属陶瓷"是指金属与陶瓷成分以极细微粒不均匀结合而成的产品。"金属陶瓷"包括硬质合金(金属碳化物与金属烧结而成)。

五、合金的归类规则(第七十二章、第七十四所规定的铁合金及母合金除外)：

(一)贱金属的合金按其所含重量最大的金属归类；

(二)由本类的贱金属和非本类的元素构成的合金,如果所含贱金属的总重量等于或超过所含其他元素的总重量,应作为本类贱金属合金归类；

(三)本类所称"合金"包括金属粉末的烧结混合物、熔化而得的不均匀紧密混合物(金属陶瓷除外)及金属间化合物。

六、除条文另有规定的以外,本税则所称的贱金属包括贱金属合金,这类合金应按上述注释五的规则进行归类。

七、复合材料制品的归类规则：

除各品目另有规定的以外,贱金属制品(包括根据"归类总规则"作为贱金属制品的混合材料制品)如果含有两种或以上贱金属的,按其所含重量最大的贱金属的制品归类。为此：

(一)钢铁或不同种类的钢铁,均视为一种金属；

(二)按照注释五的规定作为某一种金属归类的合金,应视为一种金属；以及

(三)品目 8113 的金属陶瓷,应视为一种贱金属。

八、本类所用有关名词解释如下：

(一)废碎料

在金属生产或机械加工中产生的废料及碎屑,以及因破裂、切断、磨损或其他原因而明显不能作为原物使用的金属货品。

(二)粉末

按重量计 90％或以上可从网眼孔径为 1 毫米的筛子通过的产品。

附加美国注释：

一、本类所称"未锻造"是指以下状态的金属,不论是否精炼,其形式为锭、块、坯料、饼、板、阴极、阳极、球状、立方体、棒、颗粒、海绵、球团、扁平球团、圆球、圆片、丸粒和类似的初级形状,但不包括轧制、锻造、拉制或挤压产品、管状产品或铸造或烧结形式,这些产品已通过简单修整、剥皮或除锈以外的其他方式进行机械加工或处理。

第七十二章 钢 铁

注释：

一、本章所述有关名词解释如下[本条注释(四)(五)(六)适用于本税则其他各章]：

(一)生铁：

无实用可锻性的铁碳合金，按重量计含碳量在2%以上并可含有一种或几种下列含量范围的其他元素：

铬不超过10%；

锰不超过6%；

磷不超过3%；

硅不超过8%；

其他元素合计不超过10%。

(二)镜铁：

按重量计含锰量在6%以上但不超过30%的铁碳合金，其他方面符合上述(一)款所列标准。

(三)铁合金：

锭、块、团或类似初级形状、连续铸造而形成的各种形状及颗粒、粉末状的合金，不论是否烧结，通常用于其他合金生产过程中的添加剂或在黑色金属冶炼中作除氧剂、脱硫剂及类似用途，一般无实用可锻性，按重量计铁元素含量在4%或以上并含有下列一种或几种元素：

铬超过10%；

锰超过30%；

磷超过3%；

硅超过8%；

除碳以外的其他元素，合计超过10%，但最高含铜量不得超过10%。

(四)钢：

除品目7203以外的黑色金属材料(某些铸造而成的种类除外)，具有实用可锻性，按重量计含碳量在2%或以下，但铬钢可具有较高的含碳量。

(五)不锈钢：

按重量计含碳量在1.2%或以下，含铬量在10.5%或以上的合金钢，不论是否含有其他元素。

(六)其他合金钢：

不符合以上不锈钢定义的钢，含有一种或几种按重量计符合下列含量比例的元素：

铝0.3%或以上；

硼0.0008%或以上；

铬0.3%或以上；

钴 0.3%或以上；

铜 0.4%或以上；

铅 0.4%或以上；

锰 1.65%或以上；

钼 0.08%或以上；

镍 0.3%或以上；

铌 0.06%或以上；

硅 0.6%或以上；

钛 0.05%或以上；

钨 0.3%或以上；

钒 0.1%或以上；

锆 0.05%或以上；

其他元素(硫、磷、碳及氮除外)单项含量在 0.1%或以上。

(七)供再熔的碎料钢铁锭：

粗铸成形无缩孔或冒口的锭块产品，表面有明显瑕疵，化学成分不同于生铁、镜铁及铁合金。

(八)颗粒：

按重量计不到 90%可从网眼孔径为 1 毫米的筛子通过，而 90%或以上可从网眼孔径为 5 毫米的筛子通过的产品。

(九)半制成品：

连续铸造的实心产品，不论是否初步热轧；其他实心产品，除经初步热轧或锻造粗制成形以外未经进一步加工，包括角材、型材及异型材的坯件。

本类产品不包括成卷的产品。

(十)平板轧材：

截面为矩形(正方形除外)并且不符合以上第(九)款所述定义的下列形状实心轧制产品：

1. 层叠的卷材；或者

2. 平直形状，其厚度如果在 4.75 毫米以下，则宽度至少是厚度的十倍；其厚度如果在 4.75 毫米或以上，其宽度应超过 150 毫米，并且至少应为厚度的两倍。

平板轧材包括直接轧制而成并有凸起式样(例如，凹槽、肋条形、格槽、珠粒、菱形)的产品以及穿孔、抛光或制成瓦楞形的产品，但不具有其他品目所列制品或产品的特征。

各种规格的平板轧材(矩形或正方形除外)，但不具有其他品目所列制品或产品的特征，都应作为宽度为 600 毫米或以上的产品归类。

(十一)不规则盘绕的热轧条、杆：

经热轧不规则盘绕的实心产品，其截面为圆形、扇形、椭圆形、矩形(包括正方形)、三角形或其他外凸多边形(包括"扁圆形"及"变形矩形"，即相对两边为弧拱形，另外两边为等长平行直线形)。这类产品可带有在轧制过程中产生的凹痕、凸缘、槽沟或其他变形(钢筋)。

(十二)其他条、杆：

不符合上述(九)(十)(十一)款或"丝"定义的实心产品，其全长截面均为圆形、扇形、椭圆形、矩形(包括正方形)、三角形或其他外凸多边形(包括"扁圆形"及"变形矩形"，即相对两边为弧拱

形,另外两边为等长平行直线形)。这些产品可以:

1、带有在轧制过程中产生的凹痕、凸缘、槽沟或其他变形(钢筋);

2、轧制后扭曲的。

(十三)角材、型材及异型材:

不符合上述(九)(十)(十一)(十二)款或"丝"定义,但其全长截面均为同样形状的实心产品。

第七十二章不包括品目 7301 或品目 7302 的产品。

(十四)丝:

不符合平板轧材定义但全长截面均为同样形状的盘卷冷成形实心产品。

(十五)空心钻钢:

适合钻探用的各种截面的空心条、杆,其最大外形尺寸超过 15 毫米但不超过 52 毫米,最大内孔尺寸不超过最大外形尺寸的二分之一。不符合本定义的钢铁空心条、杆应归入品目 7304。

二、用一种黑色金属包覆另外一种黑色金属,应按其中重量最大的材料归类。

三、用电解沉积法、压铸法或烧结法所得的钢铁产品,应按其形状、成分及外观归入本章类似热轧产品的相应品目。

子目注释:

一、本章所用有关名词解释如下:

(一)合金生铁:

按重量计含有一种或几种下列比例的元素的生铁:

铬 0.2%以上;

铜 0.3%以上;

镍 0.3%以上;

0.1%以上的任何下列元素:铝、钼、钛、钨、钒。

(二)非合金易切削钢:

按重量计含有一种或几种下列比例的元素的非合金钢:

硫 0.08%或以上;

铅 0.1%或以上;

硒 0.05%或以上;

碲 0.01%或以上;

铋 0.05%或以上。

(三)硅电钢:

按重量计含硅量至少为 0.6%但不超过 6%、含碳量不超过 0.08%的合金钢。这类钢还可含有按重量计不超过 1%的铝,但所含其他元素的比例并不使其具有其他合金钢的特性。

(四)高速钢:

不论是否含有其他元素,但至少含有按重量计合计含量在 7%或以上的钼、钨、钒中两种元素的合金钢,按重量计其含碳量在 0.6%或以上,含铬量在 3%~6%。

(五)硅锰钢:

按重量计同时含有下列元素的合金钢:

碳不超过0.7%；

锰0.5%或以上,但不超过1.9%；以及

硅0.6%或以上,但不超过2.3%。

所含其他元素的比例并不使其具有其他合金钢的特性。

二、品目7202项下的子目所列铁合金,应按照下列规则归类:

对于只有一种元素超出本章注释一(三)款规定的最低百分比的铁合金,应作为二元合金归入相应的子目(如果其存在)。以此类推,如果有两种或三种合金元素超出了最低百分比的,则可分别作为三元或四元合金。

在运用本规定时,本章注释一(三)款所述的未列名的"其他元素",按重量计单项含量必须超过10%。

附加美国注释:

一、本税则所述有关名词解释如下:

(一)高强度钢:

厚度在3毫米以下且最小屈服点为275兆帕或者厚度在3毫米或以上且最小屈服点为355兆帕的平板轧材产品。

(二)齐边钢板:

在四个面上轧制或在封闭型箱中轧制的平板轧材产品,宽度超过150毫米但不超过1 250毫米,厚度在4毫米或以上,非成卷且无图案。

(三)混凝土增强钢筋条、杆:

带有在轧制过程中产生的或轧制后扭曲的凹痕、凸缘、槽沟或其他变形的热轧条、杆。

(四)刀片钢:

厚度不超过0.25毫米、宽度不超过23毫米、按重量计含铬量不超过14.7%的不锈钢平板轧材,在进口时经认证用于制造剃须刀片。

(五)工具钢:

含有以下元素组合的合金钢,按重量计元素含量分别为:

1.碳超过1.2%,铬超过10.5%；或

2.碳不低于0.3%,铬1.25%或以上但低于10.5%;

3.碳不低于0.85%,锰1%(含)~1.8%(含);

4.铬0.9%(含)~1.2%(含),钼0.9%(含)~1.4%(含);

5.碳不低于0.5%,钼不低于3.5%;或者

6.碳不低于0.5%,钨不低于5.5%。

(六)削片刀钢:

除铁外还含有下列元素的合金工具钢,按重量计每种元素含量如下:

1.碳不低于0.48%且不超过0.55%；

2.锰不低于0.2%且不超过0.5%；

3.硅不低于0.75%且不超过1.05%；

4.铬不低于7.25%且不超过8.75%；

5.钼不低于1.25%且不超过1.75%；

6. 不含钨或钨不超过1.75%；以及

7. 钒不低于0.2%且不超过0.55%。

(七)耐热钢：

按重量计含碳量低于0.3%、含铬量在4%或以上但低于10.5%的合金钢。

(八)滚珠轴承钢：

除铁外还含有下列元素的合金工具钢，按重量计每种元素含量如下：

1. 碳不低于0.95%且不超过1.13%；

2. 锰不低于0.22%且不超过0.48%；

3. 不含硫或硫不超过0.03%；

4. 不含磷或磷不超过0.03%；

5. 硅不低于0.18%且不超过0.37%；

6. 铬不低于1.25%且不超过1.65%；

7. 不含镍或镍不超过0.28%；

8. 不含铜或铜不超过0.38%；以及

9. 不含钼或钼不超过0.09%。

二、除条文另有规定的以外，本章所称"进一步加工"涉及经过以下任何一种表面处理的产品：抛光；人工氧化；化学表面处理，如磷化、草酸盐和硼化；金属涂层；非金属涂层(例如，上釉、涂清漆、上生漆、刷涂料、包覆塑料涂层)；或包层金属。

三、不得对钢铁或任何钢铁制品因入境前发生变色或生锈而造成的部分损坏或损失进行免税或减免关税。

统计注释：

一、本税则所称高镍合金钢是指按重量计镍含量为24%或以上，不论是否含有其他元素的合金钢。

二、子目7204.10所称铸铁废碎料包括但不限于：冲天炉铸件(ISRI编号252)；充电箱铸件(ISRI编号253)；重型易碎铸件(ISRI编号254)；锤块或底座(ISRI编号255)；烧铁(ISRI编号256)；混合铸造(ISRI编号257)；炉板、清洁铸铁炉(ISRI编号258)；清洁自动铸造(ISRI编号259、262和263)；电机组(ISRI编号260)；跌落破碎机械铸件(ISRI编号261)；可塑性(ISRI编号264)；铸锭模和凳子(ISRI编号265和266)；以及由1号、2号、3号和4号铸铁，铸铁闸瓦及1号车轮组成的铁路废铁。

三、就子目7204.41或子目7204.49而言：

(一)1号重熔包括但不限于：

1号重熔钢(ISRI编号200、201和202)；捆绑的1号钢(ISRI编号217)；铸钢(ISRI编号233)；弹簧和曲轴(ISRI编号244)；船舶废料；以及由1号和2号铸钢、1号熔炼钢、弹簧钢、报废钢车厢、报废钢车厢侧面和箱式车厢车顶组成的铁路废铁(注：其他类型的铁路废铁包括在以下列出的一些等级中)。

(二)2号重熔包括但不限于：

2号重熔钢(ISRI编号203、204、205和206)；捆绑的2号钢(ISRI编号218)；铸造钢(ISRI编号242和243)；切割为76厘米或以下的硬钢(ISRI编号248)。

(三)1号捆绑包包括但不限于：

1号布什林(ISRI 编号 207);新的黑纸剪报(ISRI 编号 207A);1 号捆绑包(ISRI 编号 208);电炉束(ISRI 编号 235);含硅钢衬套、碎屑和捆扎(ISRI 编号 239、240 和 250);1 号铁路铁皮废料;以及汽车夹。

(四)2 号捆绑包包括但不限于:

2 号捆绑包(ISRI 编号 209);3 号捆绑包(ISRI 编号 214);焚烧炉管束(ISRI 编号 215);镀铅锡合金钢板束(ISRI 编号 216);以及自动板坯(ISRI 编号 224 和 225)。

(五)钻孔、铲土和转弯包括但不限于:

机械车间车削、铲削车削和铁钻孔(ISRI 编号 219、220、221、222 和 223);型铁钻孔(ISRI 编号 226);压块钢车削(ISRI 编号 227);无合金车削(ISRI 编号 245、246 和 247);大转弯(ISRI 编号 251);1 号和 2 号化学钻孔(ISRI 编号 267 和 271);可锻钻孔(ISRI 编号 270);钢屑;以及由 1 号和 2 号转弯、钻孔和/或镗孔组成的铁路铁屑。

(六)粉碎废料包括但不限于:

切碎的剪报(ISRI 编号 212);以及碎汽车废料(ISRI 编号 210 和 211)。

(七)切割板和结构包括但不限于:

坯料、初轧和锻造作物(ISRI 编号 229);棒材、冲压件和板材废料(ISRI 编号 230 和 234);板块和结构(ISRI 编号 231、232、236、237 和 238);可充电锭和锭头(ISRI 编号 241);以及可充电板坯(ISRI 编号 249)。

四、轮胎帘线质量钢丝盘条:

横截面直径为 5.0 毫米或以上但不超过 6.0 毫米的盘条,平均部分脱碳深度不超过 70 微米(最大 200 微米);没有厚度(垂直于轧制方向测量)大于 20 微米的非变形夹杂物;并且含有以下重量比例的元素:

——碳 0.68% 或以上;

——铝低于 0.01%;

——磷和硫总含量 0.040% 或以下;

——氮 0.008% 或以下;以及

——铜、镍和铬的总含量不超过 0.55%。

五、冷镦质量(CHQ)钢:

适用于冷镦、锻造或螺纹轧制,并符合 ASTM F2282 标准的条杆。

六、焊接质量盘条:

直径小于 10 毫米的盘条,含碳量低于 0.2%,含硫量低于 0.04%,含磷量低于 0.04%,适合拉伸或轧制至最终尺寸,用于电弧焊过程中所消耗的——

• 无涂层,或镀金,或镀铜的实心焊丝或焊条;

• 覆盖保护金属电弧焊条的芯条;或者

• 药芯焊丝的成型护套。

七、弹簧圆钢丝

统计报告编码 7223.00.1005 所称"弹簧圆钢丝"是指适用于制造弹簧且符合 ASTM 标准 A313 的钢丝。

税则号列	统计后缀	货品名称	单位	税率 1 普通	税率 1 特惠	2
		第一分章 原料；粒状及粉状产品				
7201		生铁及镜铁,锭、块或其他初级形状:				
7201.10.00	00	非合金生铁,按重量计含磷量在0.5%或以下	吨	0[1]		1.11美元/吨
7201.20.00	00	非合金生铁,按重量计含磷量在0.5%以上	吨	0[1]		1.11美元/吨
7201.50		合金生铁；镜铁:				
7201.50.30	00	合金生铁	吨	0[1]		1.11美元/吨
7201.50.60	00	镜铁	吨	0[1]		0.5%
7202		铁合金:				
		锰铁:				
7202.11		按重量计含碳量在2%以上:				
7202.11.10	00	按重量计含碳量超过2%但不超过4%	千克 千克锰	1.4%[1]	0(A*,AU,BH,CA,CL,CO,D,E,IL,JO,KR,MA,MX,OM,P,PA,PE,S,SG)	6.5%
7202.11.50	00	按重量计含碳量超过4%	千克 千克锰	1.5%[1]	0(A+,AU,BH,CA,CL,CO,D,E,IL,JO,KR,MA,MX,OM,P,PA,PE,S,SG)	10.5%
7202.19		其他:				
7202.19.10	00	按重量计含碳量不超过1%	千克 千克锰	2.3%[1]	0(A,AU,BH,CA,CL,CO,D,E,IL,JO,KR,MA,MX,OM,P,PA,PE,S,SG)	22%
7202.19.50	00	按重量计含碳量超过1%但不超过2%	千克 千克锰	1.4%[1]	0(A,AU,BH,CA,CL,CO,D,E,IL,JO,KR,MA,MX,OM,P,PA,PE,S,SG)	6.5%
		硅铁:				
7202.21		按重量计含硅量在55%以上:				
		按重量计含硅量超过55%但不超过80%:				
7202.21.10	00	按重量计含钙量超过3%	千克 千克硅	1.1%[1]	0(A*,AU,BH,CA,CL,CO,D,E,IL,JO,KR,MA,MX,OM,P,PA,PE,S,SG)	11.5%
7202.21.50	00	其他	千克 千克硅	1.5%[1]	0(A*,AU,BH,CA,CL,CO,D,E,IL,JO,KR,MA,MX,OM,P,PA,PE,S,SG)	11.5%
7202.21.75	00	按重量计含硅量超过80%但不超过90%	千克 千克硅	1.9%[1]	0(A+,AU,BH,CA,CL,CO,D,E,IL,JO,KR,MA,MX,OM,P,PA,PE,S,SG)	9%
7202.21.90	00	按重量计含硅量超过90%	千克 千克硅	5.8%[1]	0(A+,AU,BH,CA,CL,CO,D,E,IL,JO,KR,MA,MX,OM,P,PA,PE,S,SG)	40%
7202.29.00		其他		0[1]		4.4美分/千克硅
	10	按重量计含镁量超过2%	千克 千克硅			
	50	其他	千克 千克硅			

税则号列	统计后缀	货品名称	单位	税率 1 普通	税率 1 特惠	2
7202.30.00	00	硅锰铁	千克 千克锰	3.9%[1]	0(A*,AU,BH,CA,CL,CO,D,E,IL,JO,KR,MA,MX,OM,P,PA,PE,S,SG)	23%
		铬铁：				
7202.41.00	00	按重量计含碳量在4%以上	千克 千克铬	1.9%[1]	0(A*,AU,BH,CA,CL,CO,D,E,IL,JO,KR,MA,MX,OM,P,PA,PE,S,SG)	7.5%
7202.49		其他：				
7202.49.10	00	按重量计含碳量超过3%	千克 千克铬	1.9%[1]	0(A+,AU,BH,CA,CL,CO,D,E,IL,JO,KR,MA,MX,OM,P,PA,PE,S,SG)	7.5%
7202.49.50		其他		3.1%[1]	0(A,AU,BH,CA,CL,CO,D,E,IL,JO,KR,MA,MX,OM,P,PA,PE,S,SG)	30%
	10	按重量计含碳量超过0.5%	千克 千克铬			
	90	其他	千克 千克铬			
7202.50.00	00	硅铬铁	千克 千克铬	10%[1]	0(A,AU,BH,CA,CL,CO,D,E,IL,JO,KR,MA,MX,OM,P,PA,PE,S,SG)	25%
7202.60.00	00	镍铁	千克 千克镍	0		6.6美分/千克
7202.70.00	00	钼铁	千克 千克钼	4.5%	0(A+,AU,BH,CA,CL,CO,D,E,IL,JO,KR,MA,MX,OM,P,PA,PE,S,SG)	31.5%
7202.80.00	00	钨铁及硅钨铁	千克 千克钨	5.6%[1]	0(A,AU,BH,CA,CL,CO,D,E,IL,JO,KR,MA,MX,OM,P,PA,PE,S,SG)	35%
		其他：				
7202.91.00	00	钛铁及硅钛铁	千克	3.7%[1]	0(A+,AU,BH,CA,CL,CO,D,E,IL,JO,KR,MA,MX,OM,P,PA,PE,S,SG)	25%
7202.92.00	00	钒铁	千克 千克钒	4.2%[1]	0(A+,AU,BH,CA,CL,CO,E,IL,JO,KR,MA,MX,OM,P,PA,PE,S,SG)	25%
7202.93		铌铁：				
7202.93.40	00	按重量计含磷或含硫量低于0.02%或者含硅量低于0.4%	千克	5%	0(A+,AU,BH,CA,CL,CO,D,E,IL,JO,KR,MA,MX,OM,P,PA,PE,S,SG)	25%
7202.93.80	00	其他	千克	5%	0(A*,AU,BH,CA,CL,CO,D,E,IL,JO,KR,MA,MX,OM,P,PA,PE,S,SG)	25%
7202.99		其他：				
7202.99.10	00	锆铁	千克	4.2%[1]	0(A*,AU,BH,CA,CL,CO,D,E,IL,JO,KR,MA,MX,OM,P,PA,PE,S,SG)	25%
7202.99.20	00	硅钙铁	千克	5%[1]	0(A,AU,BH,CA,CL,CO,D,E,IL,JO,KR,MA,MX,OM,P,PA,PE,S,SG)	25%

税则号列	统计后缀	货品名称	单位	税率 1 普通	税率 1 特惠	税率 2
7202.99.80		其他		5%[2]	0(A+,AU,BH,CA,CL,CO,D,E,IL,JO,KR,MA,MX,OM,P,PA,PE,S,SG)	25%
	20	磷铁	千克			
	40	其他	千克			
7203		直接从铁矿还原所得的铁产品及其他海绵铁产品,块、团、团粒及类似形状;按重量计纯度在99.94%或以上的铁,块、团、团粒及类似形状:				
7203.10.00	00	直接从铁矿还原所得的铁产品	吨	0[1]		2.21美元/吨
7203.90.00	00	其他	吨	0[1]		2.21美元/吨
7204		钢铁废碎料;供再熔的碎料钢铁锭:				
7204.10.00	00	铸铁废碎料	吨	0[1]		74美分/吨
		合金钢废碎料:				
7204.21.00	00	不锈钢废碎料	吨	0[1]		74美分/吨
7204.29.00	00	其他	吨	0[1]		74美分/吨
7204.30.00	00	镀锡钢铁废碎料	吨	0[1]		0
		其他废碎料:				
7204.41.00		车、刨、铣、磨、锯、锉、剪、冲加工过程中产生的废料,不论是否成捆		0[1]		74美分/吨
	20	1号捆绑包	吨			
	40	2号捆绑包	吨			
	60	镗削、铲削和车削的	吨			
	80	其他	吨			
7204.49.00		其他		0[1]		74美分/吨
	20	1号重熔	吨			
	40	2号重熔	吨			
		其他:				
	60	切割板和结构	吨			
	70	切碎的	吨			
	80	其他	吨			
7204.50.00	00	供再熔的碎料钢铁锭	吨	0[1]		74美分/吨
7205		生铁、镜铁及钢铁的颗粒和粉末:				
7205.10.00	00	颗粒	千克	0[1]		3%
		粉末:				
7205.21.00	00	合金钢的	千克	0[1]		45%
7205.29.00	00	其他	吨	0[1]		2.21美元/吨
		第二分章 铁及非合金钢				
7206		铁及非合金钢,锭状或其他初级形状(品目7203的铁除外):				
7206.10.00	00	锭状	千克	0[3]		20%
7206.90.00	00	其他	千克	0[3]		20%

税则号列	统计后缀	货品名称	单位	税率 普通	税率 特惠	2
7207		铁或非合金钢的半制成品：				
		按重量计含碳量在0.25%以下：				
7207.11.00	00	矩形(包括正方形)截面,宽度小于厚度的两倍	千克	0[3]		20%
7207.12.00		其他矩形(正方形除外)截面的		0[3]		20%
	10	宽度小于厚度的四倍	千克			
	50	宽度至少是厚度的四倍	千克			
7207.19.00		其他		0[3]		20%
	30	圆形截面的	千克			
	90	其他	千克			
7207.20.00		按重量计含碳量在0.25%或以上		0[3]		20%
		矩形(包括正方形)截面的：				
	25	宽度小于厚度的四倍	千克			
	45	宽度至少是厚度的四倍	千克			
	75	圆形截面的	千克			
	90	其他	千克			
7208		宽度在600毫米或以上的铁或非合金钢平板轧材,经热轧,但未经包覆、镀层或涂层：				
7208.10		除热轧外未经进一步加工的卷材,已轧压花纹：				
7208.10.15	00	酸洗的	千克	0[3]		0.4美分/千克+20%
		其他：				
7208.10.30	00	厚度为4.75毫米或以上	千克	0[3]		20%
7208.10.60	00	厚度小于4.75毫米	千克	0[3]		20%
		其他经酸洗的卷材,除热轧外未经进一步加工：				
7208.25		厚度在4.75毫米或以上				
7208.25.30	00	高强度钢	千克	0[3]		20%
7208.25.60	00	其他	千克	0[3]		0.4美分/千克+20%
7208.26.00		厚度在3毫米或以上,但小于4.75毫米：		0[3]		0.4美分/千克+20%
	30	高强度钢	千克			
	60	其他	千克			
7208.27.00		厚度小于3毫米		0[3]		0.4美分/千克+20%
	30	高强度钢	千克			
	60	其他	千克			
		其他卷材,除热轧外未经进一步加工：				
7208.36.00		厚度超过10毫米		0[3]		20%
	30	高强度钢	千克			
	60	其他	千克			

税则号列	统计后缀	货品名称	单位	税率 1 普通	税率 1 特惠	税率 2
7208.37.00		厚度在4.75毫米或以上,但不超过10毫米		0[3]		20%
	30	高强度钢	千克			
	60	其他	千克			
7208.38.00		厚度在3毫米或以上,但小于4.75毫米:		0[3]		20%
	15	高强度钢	千克			
		其他:				
	30	边缘未修剪的	千克			
	90	其他	千克			
7208.39.00		厚度小于3毫米		0[3]		20%
	15	高强度钢	千克			
		其他:				
	30	边缘未修剪的	千克			
	90	其他	千克			
7208.40		已轧压花纹的非卷材,除热轧外未经进一步加工				
7208.40.30		厚度为4.75毫米或以上		0[3]		20%
	30	厚度超过10毫米	千克			
	60	其他	千克			
7208.40.60		厚度小于4.75毫米		0[3]		20%
	30	厚度小于3毫米	千克			
	60	其他	千克			
		其他非卷材,除热轧外未经进一步加工:				
7208.51.00		厚度超过10毫米		0[3]		20%
	30	齐边钢板	千克			
		其他:				
	45	高强度钢	千克			
	60	其他	千克			
7208.52.00	00	厚度在4.75毫米或以上,但不超过10毫米	千克	0[3]		20%
7208.53.00	00	厚度在3毫米或以上,但小于4.75毫米	千克	0[3]		20%
7208.54.00	00	厚度小于3毫米	千克	0[3]		20%
7208.90.00	00	其他	千克	0[3]		20%
7209		宽度在600毫米或以上的铁或非合金钢平板轧材,经冷轧,但未经包覆、镀层或涂层:				
		卷材,除冷轧外未经进一步加工:				
7209.15.00	00	厚度在3毫米或以上	千克	0[3]		0.4美分/千克+20%
7209.16.00		厚度超过1毫米,但小于3毫米		0[3]		0.4美分/千克+20%
		高强度钢:				

税则号列	统计后缀	货品名称	单位	税率 1 普通	税率 1 特惠	2
	30	退火	千克			
	60	其他	千克			
		其他：				
	70	退火	千克			
	91	其他	千克			
7209.17.00		厚度在0.5毫米或以上,但不超过1毫米		0[3]		0.4美分/千克+20%
		高强度钢：				
	30	退火	千克			
	60	其他	千克			
		其他：				
	70	退火	千克			
	91	其他	千克			
7209.18		厚度小于0.5毫米：				
7209.18.15		高强度钢		0[3]		0.4美分/千克+20%
	30	退火	千克			
	60	其他	千克			
		其他：				
7209.18.25		厚度小于0.361毫米(背板)		0[3]		20%
	20	退火	千克			
	85	其他	千克			
7209.18.60		其他		0[3]		0.4美分/千克+20%
	20	退火	千克			
	90	其他	千克			
		非卷材,除冷轧外未经进一步加工：				
7209.25.00	00	厚度在3毫米或以上	千克	0[3]		0.4美分/千克+20%
7209.26.00	00	厚度超过1毫米,但小于3毫米	千克	0[3]		0.4美分/千克+20%
7209.27.00	00	厚度在0.5毫米或以上,但不超过1毫米	千克	0[3]		0.4美分/千克+20%
7209.28.00	00	厚度小于0.5毫米	千克	0[3]		0.4美分/千克+20%
7209.90.00	00	其他	千克	0[3]		0.4美分/千克+20%
7210		宽度在600毫米或以上的铁或非合金钢平板轧材,经包覆、镀层或涂层：				
		镀或涂锡的：				
7210.11.00	00	厚度在0.5毫米或以上	千克	0[3]		6%
7210.12.00	00	厚度小于0.5毫米	千克	0[3]		6%
7210.20.00	00	镀或涂铅的,包括镀铅锡钢板	千克	0[4]		6%

税则号列	统计后缀	货品名称	单位	税率 1 普通	税率 1 特惠	税率 2
7210.30.00		电镀或涂锌的		0[3]		21.5%
	30	高强度钢	千克			
	60	其他	千克			
		用其他方法镀或涂锌的：				
7210.41.00	00	瓦楞形	千克	0[3]		21.5%
7210.49.00		其他		0[3]		21.5%
	30	高强度钢	千克			
		其他：				
	91	厚度在0.4毫米或以上	千克			
	95	其他	千克			
7210.50.00	00	镀或涂氧化铬或铬及氧化铬的	千克	0[3]		45%
		镀或涂铝的：				
7210.61.00	00	镀或涂铝锌合金的	千克	0[3]		21.5%
7210.69.00	00	其他	千克	0[3]		21.5%
7210.70		涂漆或涂塑的：				
7210.70.30	00	未涂覆或镀金属且未包覆	千克	0[3]		0.4美分/千克+20%
7210.70.60		其他		0[3]		21.5%
		涂锌或镀锌：				
	30	电解涂层或电镀	千克			
	60	其他	千克			
	90	其他	千克			
7210.90		其他：				
7210.90.10	00	包覆	千克	0[3]		30%
		其他：				
7210.90.60	00	电解涂层或镀贱金属	千克	0[3]		45%
7210.90.90	00	其他	千克	0[3]		21.5%
7211		宽度小于600毫米的铁或非合金钢平板轧材,但未经包覆、镀层或涂层：				
		除热轧外未经进一步加工：				
7211.13.00	00	经四面轧制或在闭合匣内轧制的非卷材,宽度超过150毫米,厚度不小于4毫米,未轧压花纹	千克	0[3]		20%
7211.14.00		其他,厚度在4.75毫米或以上		0[3]		20%
	30	高强度钢	千克			
		其他：				
	45	非卷材	千克			
	90	其他	千克			
7211.19		其他：				
		宽度小于300毫米：				
7211.19.15	00	高强度钢	千克	0[3]		25%

税则号列	统计后缀	货品名称	单位	税率 1 普通	税率 1 特惠	2
		其他:				
7211.19.20	00	厚度超过1.25毫米	千克	0[3]		25%
7211.19.30	00	其他	千克	0[3]		25%
		其他:				
7211.19.45	00	高强度钢	千克	0[3]		20%
		其他:				
7211.19.60	00	酸洗	千克	0[3]		0.4美分/千克+20%
7211.19.75		其他		0[3]		20%
		卷材:				
	30	边缘未修剪的	千克			
	60	其他	千克			
	90	其他	千克			
		除冷轧外未经进一步加工:				
7211.23		按重量计含碳量低于0.25%:				
		宽度小于300毫米:				
		厚度超过1.25毫米:				
7211.23.15	00	高强度钢	千克	0[3]		25%
7211.23.20	00	其他	千克	0[3]		25%
7211.23.30	00	厚度超过0.25毫米,但不超过1.25毫米	千克	0[3]		25%
7211.23.45	00	厚度不超过0.25毫米	千克	0[3]		25%
7211.23.60		其他		0[3]		0.4美分/千克+20%
	30	厚度超过1.25毫米	千克			
	60	厚度超过0.25毫米,但不超过1.25毫米	千克			
	90	厚度不超过0.25毫米	千克			
7211.29		其他:				
		宽度小于300毫米:				
7211.29.20		厚度超过0.25毫米		0[3]		25%
	30	宽度小于51毫米的卷材	千克			
	90	其他	千克			
7211.29.45	00	其他	千克	0[3]		25%
7211.29.60		其他		0[3]		0.4美分/千克+20%
	30	厚度超过1.25毫米	千克			
	80	其他	千克			
7211.90.00	00	其他	千克	0[3]		20%
7212		宽度小于600毫米的铁或非合金钢平板轧材,经包覆、镀层或涂层:				
7212.10.00	00	镀或涂锡的	千克	0[3]		6%

税则号列	统计后缀	货品名称	单位	税率 普通	税率 特惠	2
7212.20.00	00	电镀或涂锌的	千克	0[3]		21.5%
7212.30		用其他方法镀或涂锌的：				
		宽度小于300毫米：				
7212.30.10		厚度超过0.25毫米		0[3]		25%
	30	宽度小于51毫米的卷材	千克			
	90	其他	千克			
7212.30.30	00	其他	千克	0[3]		25%
7212.30.50	00	其他	千克	0[3]		21.5%
7212.40		涂漆或涂塑的：				
7212.40.10	00	宽度小于300毫米	千克	0[3]		25%
7212.40.50	00	其他	千克	0[3]		0.4美分/千克+20%
7212.50.00	00	镀或涂其他材料的	千克	0[3]		21.5%
7212.60.00	00	经包覆的	千克	0[3]		30%
7213		不规则盘卷的铁及非合金钢的热轧条、杆：				
7213.10.00	00	带有轧制过程中产生的凹痕、凸缘、槽沟及其他变形的	千克	0[3]		20%
7213.20.00		其他，易切削钢制		0[3]		5.5%
	10	按重量计含铅量在0.1%或以上	千克			
	80	其他	千克			
		其他：				
7213.91		直径小于14毫米圆形截面的				
7213.91.30		未回火、未处理且非半制成品		0[3]		5.5%
	11	本章统计注释四定义的轮胎帘子线质量钢丝盘条	千克			
	15	本章统计注释五定义的冷镦质量（CHQ）钢	千克			
	20	本章统计注释六定义的焊接质量盘条	千克			
	93	其他	千克			
		其他：				
7213.91.45	00	按重量计含碳量在0.6%或以上	千克	0[3]		5.5%
7213.91.60	00	其他	千克	0[3]		6%
7213.99.00		其他		0[3]		5.5%
		圆形截面的：				
	30	直径在14毫米或以上但小于19毫米	千克			
	60	直径在19毫米或以上	千克			
	90	其他	千克			
7214		铁或非合金钢的其他条、杆，除锻造、热轧、热拉拔或热挤压外未经进一步加工，包括轧制后扭曲的：				

税则号列	统计后缀	货品名称	单位	税率 1 普通	税率 1 特惠	2
7214.10.00	00	锻造的	千克	0[4]		20%
7214.20.00	00	带有轧制过程中产生的凹痕、凸缘、槽沟或其他变形以及轧制后扭曲的	千克	0[3]		20%
7214.30.00		其他,易切削钢制		0[3]		20%
	10	按重量计含铅量在0.1%或以上	千克			
	80	其他	千克			
		其他:				
7214.91.00		矩形(正方形除外)截面的		0[3]		20%
		按重量计含碳量低于0.25%:				
	16	最大截面尺寸小于152毫米	千克			
	20	最大截面尺寸为152毫米或以上	千克			
	60	按重量计含碳量在0.25%或以上,但低于0.6%	千克			
	90	按重量计含碳量在0.6%或以上	千克			
7214.99.00		其他		0[3]		20%
		圆形:				
		按重量计含碳量低于0.25%:				
	16	直径小于76毫米	千克			
	21	直径在76毫米或以上,但不超过152毫米	千克			
	26	直径超过152毫米	千克			
		按重量计含碳量在0.25%或以上,但低于0.6%:				
	31	直径小于76毫米	千克			
	36	直径在76毫米或以上,但不超过152毫米	千克			
	40	直径超过152毫米	千克			
	45	按重量计含碳量在0.6%或以上	千克			
		其他:				
	60	按重量计含碳量低于0.25%	千克			
	75	按重量计含碳量在0.25%或以上,但低于0.6%	千克			
	90	按重量计含碳量在0.6%或以上	千克			
7215		铁及非合金钢的其他条、杆:				
7215.10.00		易切削钢制,除冷成型或冷加工外未经进一步加工		0[3]		0.3美分/千克+20%
	10	按重量计含铅量在0.1%或以上	千克			
	80	其他	千克			
7215.50.00		其他,除冷成型或冷加工外未经进一步加工		0[3]		0.3美分/千克+20%
		按重量计含碳量低于0.25%:				
	16	直径或截面尺寸小于76毫米	千克			

第七十二章 钢铁 1099

税则号列	统计后缀	货品名称	单位	税率 1 普通	税率 1 特惠	2
	18	直径或截面尺寸为76毫米或以上,但不超过228毫米	千克			
	20	直径或截面尺寸超过228毫米	千克			
		按重量计含碳量在0.25%或以上,但低于0.6%:				
	61	直径或截面尺寸小于76毫米	千克			
	63	直径或截面尺寸为76毫米或以上,但不超过228毫米	千克			
	65	直径或截面尺寸超过228毫米	千克			
	90	按重量计含碳量在0.6%或以上	千克			
7215.90		其他:				
		镀或涂金属的:				
7215.90.10	00	非冷成型	千克	0[3]		0.4美分/千克+20%
7215.90.30	00	冷成型	千克	0[4]		0.3美分/千克+20%
7215.90.50	00	其他	千克	0[3]		0.3美分/千克+20%
7216		铁或非合金钢的角材、型材及异型材:				
7216.10.00		槽钢、工字钢及H型钢,除热轧、热拉拔或热挤压外未经进一步加工,截面高度低于80毫米		0[3]		2%
	10	槽钢	千克			
	50	其他	千克			
		角钢及丁字钢,除热轧、热拉拔或热挤压外未经进一步加工,截面高度低于80毫米:				
7216.21.00	00	角钢	千克	0[3]		2%
7216.22.00	00	丁字钢	千克	0[3]		2%
		槽钢、工字钢及H型钢,除热轧、热拉拔或热挤压外未经进一步加工,截面高度在80毫米或以上:				
7216.31.00	00	槽钢	千克	0[3]		2%
7216.32.00	00	工字钢:	千克	0[3]		2%
7216.33.00		H型钢		0[3]		2%
	30	重量不超过11.3千克/30.5厘米,腹板深度为102~356毫米	千克			
	60	重量大于11.3千克但不超过27.2千克/30.5厘米,腹板深度为203~457毫米	千克			
	90	其他	千克			
7216.40.00		角钢及丁字钢,除热轧、热拉拔或热挤压外未经进一步加工,截面高度在80毫米或以上		0[3]		2%
	10	角钢	千克			

税则号列	统计后缀	货品名称	单位	税率 普通 1	税率 特惠 1	2
	50	其他	千克			
7216.50.00	00	其他角材、型材及异型材,除热轧、热拉拔或热挤压外未经进一步加工	千克	0[3]		2%
		角材、型材及异型材,除冷成型或冷加工外未经进一步加工:				
7216.61.00	00	平板轧材制的	千克	0[1]		20%
7216.69.00	00	其他	千克	0[1]		20%
		其他:				
7216.91.00		平板轧材经冷成型或冷加工制的		0[1]		20%
	10	钻孔、开槽、冲孔或弯曲	千克			
	90	其他	千克			
7216.99.00		其他		0[3]		20%
	10	钻孔、开槽、冲孔或弯曲	千克			
	90	其他	千克			
7217		铁丝或非合金钢丝:				
7217.10		未经镀或涂层,不论是否抛光:				
		按重量计含碳量低于0.25%:				
		扁丝:				
7217.10.10	00	厚度不超过0.25毫米	千克	0[3]		25%
7217.10.20	00	厚度超过0.25毫米,但不超过1.25毫米	千克	0[3]		25%
7217.10.30	00	厚度超过1.25毫米	千克	0[3]		25%
		圆丝:				
7217.10.40		直径小于1.5毫米		0[3]		25%
		热处理:				
	40	重量不超过2千克的卷材	千克			
	45	其他	千克			
	90	其他	千克			
7217.10.50		直径为1.5毫米或以上		0[3]		7%
	30	热处理	千克			
	90	其他	千克			
7217.10.60	00	其他丝	千克	0[3]		25%
		其他:				
7217.10.70	00	扁丝	千克	0[3]		25%
7217.10.80		圆丝		0[3]		25%
		按重量计含碳量在0.25%或以上,但不超过0.6%:				
	10	热处理	千克			
	20	其他	千克			
		按重量计含碳量在0.6%或以上:				

税则号列	统计后缀	货品名称	单位	税率 1 普通	税率 1 特惠	2
		热处理:				
	25	直径小于1.0毫米	千克			
	30	直径为1.0毫米或以上,但小于1.5毫米	千克			
	45	直径为1.5毫米或以上	千克			
		其他:				
	60	直径小于1.0毫米	千克			
	75	直径为1.0毫米或以上,但小于1.5毫米	千克			
	90	直径为1.5毫米或以上	千克			
7217.10.90	00	其他丝	千克	0[3]		25%
7217.20		镀或涂锌的:				
7217.20.15	00	扁丝	千克	0[3]		26%
		圆丝:				
7217.20.30	00	直径为1.5毫米或以上且按重量计含碳量低于0.25%[5]	千克	0[3]		7%
7217.20.45		其他		0[3]		25%
		直径小于1.0毫米:				
	10	按重量计含碳量低于0.25%	千克			
	20	按重量计含碳量在0.25%或以上,但低于0.6%	千克			
	30	按重量计含碳量在0.6%或以上[6]	千克			
		直径为1.0毫米或以上,但小于1.5毫米:				
	40	按重量计含碳量低于0.25%	千克			
	50	按重量计含碳量在0.25%或以上,但低于0.6%	千克			
	60	按重量计含碳量在0.6%或以上	千克			
		直径为1.5毫米或以上:				
	70	按重量计含碳量在0.25%或以上,但低于0.6%	千克			
	80	按重量计含碳量在0.6%或以上	千克			
		其他:				
7217.20.60	00	按重量计含碳量低于0.25%	千克	0[3]		25%
7217.20.75	00	其他	千克	0[3]		26%
7217.30		镀或涂其他贱金属的:				
7217.30.15		扁丝		0[3]		26%
	30	按重量计含碳量在0.6%或以上	千克			
	60	其他	千克			
		圆丝:				

税则号列	统计后缀	货品名称	单位	税率 普通	税率 特惠	2
7217.30.30	00	直径为1.5毫米或以上且按重量计含碳量低于0.25%	千克	0[3]		7%
7217.30.45		其他		0[3]		25%
	04	按重量计含碳量低于0.20%,适用于电弧焊	千克			
		其他:				
		直径小于1.0毫米:				
	11	按重量计含碳量低于0.25%	千克			
	20	按重量计含碳量在0.25%或以上,但低于0.6%	千克			
	30	按重量计含碳量在0.6%或以上	千克			
		直径为1.0毫米或以上,但小于1.5毫米:				
	41	按重量计含碳量低于0.25%	千克			
	50	按重量计含碳量在0.25%或以上,但低于0.6%	千克			
	60	按重量计含碳量在0.6%或以上	千克			
	90	直径为1.5毫米或以上	千克			
		其他:				
7217.30.60	00	按重量计含碳量低于0.25%	千克	0[3]		25%
7217.30.75	00	其他	千克	0[3]		26%
7217.90		其他				
7217.90.10	00	涂塑的	千克	0[3]		2%
7217.90.50		其他		0[3]		35%
	30	按重量计含碳量低于0.25%	千克			
	60	按重量计含碳量在0.25%或以上,但低于0.6%	千克			
	90	按重量计含碳量在0.6%或以上	千克			
		第三分章 不锈钢				
7218		不锈钢,锭状或其他初级形状;不锈钢半制成品:				
7218.10.00	00	锭状及其他初级形状	千克	0[3]		29%
		其他:				
7218.91.00		矩形(正方形除外)截面的		0[3]		29%
		宽度小于厚度的四倍:				
	15	截面积小于232平方厘米	千克			
	30	截面积为232平方厘米或以上	千克			
	60	宽度至少是厚度的四倍	千克			
7218.99.00		其他		0[3]		29%
		方形截面的:				

税则号列	统计后缀	货品名称	单位	税率 普通	税率 特惠	2
	15	截面积小于232平方厘米	千克			
	30	截面积为232平方厘米或以上	千克			
		圆形截面的:				
	45	截面积小于232平方厘米	千克			
	60	截面积为232平方厘米或以上	千克			
	90	其他	千克			
7219		不锈钢平板轧材,宽度在600毫米或以上:				
		除热轧外未经进一步加工的卷材:				
7219.11.00		厚度超过10毫米		0[3]		29%
	30	宽度不超过1 575毫米	千克			
	60	宽度超过1 575毫米	千克			
7219.12.00		厚度在4.75毫米或以上,但不超过10毫米		0[3]		29%
	02	未退火或未酸洗	千克			
		其他:				
	06	高镍合金钢	千克			
		其他:				
		宽度为1 370毫米或以上:				
		厚度超过6.8毫米:				
	21	宽度不超过1 575毫米	千克			
	26	宽度超过1 575毫米	千克			
		其他:				
	51	宽度不超过1 575毫米	千克			
	56	宽度超过1 575毫米	千克			
		其他:				
		按重量计含镍量超过0.5%:				
	66	按重量计含钼量超过1.5%,但低于5%	千克			
	71	其他	千克			
	81	其他	千克			
7219.13.00		厚度在3毫米或以上,但小于4.75毫米		0[3]		29%
	02	未退火或未酸洗	千克			
		其他:				
	31	宽度为1 370毫米或以上	千克			
		其他:				
		按重量计含镍量超过0.5%,但低于24%:				
	51	按重量计含钼量超过1.5%,但低于5%	千克			
	71	其他	千克			
	81	其他	千克			

税则号列	统计后缀	货品名称	单位	税率 1 普通	税率 1 特惠	2
7219.14.00		厚度小于3毫米:		0[3]		29%
	30	宽度为1 370毫米或以上	千克			
		其他:				
	65	高镍合金钢	千克			
	90	其他	千克			
		除热轧外未经进一步加工的非卷材:				
7219.21.00		厚度超过10毫米		0[3]		29%
	05	高镍合金钢	千克			
		其他:				
	20	宽度不超过1 575毫米	千克			
	40	宽度超过1 575毫米,但不超过1 880毫米	千克			
	60	宽度超过1 880毫米	千克			
7219.22.00		厚度在4.75毫米或以上,但不超过10毫米		0[3]		29%
	05	高镍合金钢	千克			
		其他:				
		按重量计含镍量超过0.5%:				
		按重量计含钼量超过1.5%,但低于5%:				
	15	宽度不超过1 575毫米	千克			
	20	宽度超过1 575毫米,但不超过1 880毫米	千克			
	25	宽度超过1 880毫米	千克			
		其他:				
	35	宽度不超过1 575毫米	千克			
	40	宽度超过1 575毫米,但不超过1 880毫米	千克			
	45	宽度超过1 880毫米	千克			
		其他:				
	70	宽度不超过1 575毫米	千克			
	75	宽度超过1 575毫米,但不超过1 880毫米	千克			
	80	宽度超过1 880毫米	千克			
7219.23.00		厚度在3毫米或以上,但小于4.75毫米		0[3]		29%
	30	宽度为1 370毫米或以上	千克			
	60	其他	千克			
7219.24.00		厚度小于3毫米:		0[3]		29%
	30	宽度为1 370毫米或以上	千克			
	60	其他	千克			
		除冷轧外未经进一步加工:				

税则号列	统计后缀	货品名称	单位	税率 普通	税率 特惠	税率 2
7219.31.00		厚度在4.75毫米或以上		0[3]		29%
	10	卷材	千克			
	50	非卷材	千克			
7219.32.00		厚度在3毫米或以上,但小于4.75毫米		0[3]		29%
		卷材：				
		宽度为1 370毫米或以上的：				
	05	高镍合金钢	千克			
		其他：				
	20	按重量计含镍量超过0.5%	千克			
	25	其他	千克			
		其他：				
	35	高镍合金钢	千克			
		其他：				
		按重量计含镍量超过0.5%：				
	36	按重量计含钼量超过1.5%但低于5%	千克			
	38	其他	千克			
		其他：				
	42	按重量计含铬量低于15%	千克			
	44	其他	千克			
		非卷材：				
	45	宽度为1 370毫米或以上	千克			
	60	其他	千克			
7219.33.00		厚度超过1毫米但小于3毫米		0[3]		29%
		卷材：				
		宽度为1 370毫米或以上：				
	05	高镍合金钢	千克			
		其他：				
	20	按重量计含镍量超过0.5%	千克			
	25	其他	千克			
		其他：				
	35	高镍合金钢	千克			
		其他：				
		按重量计含镍量超过0.5%：				
	36	按重量计含钼量超过1.5%,但低于5%	千克			
	38	其他	千克			
		其他：				
	42	按重量计含铬量低于15%	千克			
	44	其他	千克			

税则号列	统计后缀	货品名称	单位	税率 1 普通	税率 1 特惠	2
		非卷材：				
	45	宽度为1 370毫米或以上	千克			
		其他：				
	70	按重量计含镍量超过0.5%，但低于24%	千克			
	80	其他	千克			
7219.34.00		厚度在0.5毫米或以上，但不超过1毫米		0[3]		29%
		卷材：				
	05	高镍合金钢	千克			
		其他：				
		按重量计含镍量超过0.5%：				
	20	按重量计含钼量超过1.5%，但低于5%	千克			
	25	其他	千克			
		其他：				
	30	按重量计含铬量低于15%	千克			
	35	其他	千克			
	50	非卷材	千克			
7219.35.00		厚度小于0.5毫米		0[3]		29%
		卷材：				
		按重量计含镍量超过0.5%，但低于24%：				
	05	按重量计含钼量超过1.5%，但低于5%	千克			
	15	其他	千克			
		其他：				
	30	按重量计含铬量低于15%	千克			
	35	其他	千克			
	50	非卷材	千克			
7219.90.00		其他		0[3]		29%
	10	高镍合金钢	千克			
		其他：				
		按重量计含镍量超过0.5%：				
	20	按重量计含钼量超过1.5%，但低于5%	千克			
	25	其他	千克			
		其他：				
	60	按重量计含铬量低于15%	千克			
	80	其他	千克			
7220		不锈钢平板轧材，宽度小于600毫米：				
		除热轧外未经进一步加工：				

税则号列	统计后缀	货品名称	单位	税率 1 普通	税率 1 特惠	税率 2
7220.11.00	00	厚度在4.75毫米或以上	千克	0[3]		29%
7220.12		厚度小于4.75毫米				
7220.12.10	00	宽度为300毫米或以上	千克	0[3]		29%
7220.12.50	00	宽度小于300毫米	千克	0[3]		34%
7220.20		除冷轧外未经进一步加工：				
7220.20.10		宽度为300毫米或以上		0[3]		29%
		按重量计含镍量超过0.5%,但低于24%：				
	10	按重量计含钼量超过1.5%,但低于5%	千克			
	15	其他	千克			
		其他：				
	60	按重量计含铬量低于15%	千克			
	80	其他	千克			
		宽度小于300毫米：				
7220.20.60		厚度超过1.25毫米		0[3]		34%
	05	高镍合金钢	千克			
		其他：				
		按重量计含镍量超过0.5%：				
	10	按重量计含钼量超过1.5%,但低于5%	千克			
	15	其他	千克			
		其他：				
	60	按重量计含铬量低于15%	千克			
	80	其他	千克			
7220.20.70		厚度超过0.25毫米,但不超过1.25毫米		0[3]		34%
	05	高镍合金钢	千克			
		其他：				
		按重量计含镍量超过0.5%：				
	10	按重量计含钼量超过1.5%,但低于5%	千克			
	15	其他	千克			
		其他：				
	60	按重量计含铬量低于15%	千克			
	80	其他	千克			
		厚度不超过0.25毫米：				
7220.20.80	00	刀片钢	千克	0[3]		34%
7220.20.90		其他		0[3]		34%
	30	按重量计含镍量超过0.5%,但低于24%	千克			
	60	其他	千克			

税则号列	统计后缀	货品名称	单位	税率 普通	税率 特惠	2
7220.90.00		其他		0[3]		46%
		按重量计含镍量超过0.5%,但低于24%:				
	10	按重量计含钼量超过1.5%,但低于5%	千克			
	15	其他	千克			
		其他:				
	60	按重量计含铬量低于15%	千克			
	80	其他	千克			
7221.00.00		不规则盘卷的不锈钢热轧条、杆		0[3]		11%
	05	高镍合金钢	千克			
		其他:				
		圆形截面的:				
		直径小于14毫米:				
	17	按重量计含镍量低于8%	千克			
	18	按重量计含镍量在8%或以上,但低于24%	千克			
	30	直径为14毫米或以上,但小于19毫米	千克			
	45	直径为19毫米以上	千克			
	75	其他	千克			
7222		不锈钢其他条、杆;不锈钢角材、型材及异型材:				
		条、杆,除热轧、热拉拔或热挤压外未经进一步加工:				
7222.11.00		圆形截面的		0[3]		29%
	01	电渣或真空电弧重熔	千克			
	06	高镍合金钢	千克			
		其他:				
		最大截面尺寸小于152.4毫米:				
	57	按重量计含镍量低于8%	千克			
	59	按重量计含镍量在8%或以上,但低于24%	千克			
		最大截面尺寸为152.4毫米或以上:				
	82	按重量计含镍量低于8%	千克			
	84	按重量计含镍量在8%或以上,但低于24%	千克			
7222.19.00		其他		0[3]		29%
	01	电渣或真空电弧重熔	千克			
		其他:				
	06	高镍合金钢	千克			
		其他:				

税则号列	统计后缀	货品名称	单位	税率 普通	税率 特惠	2
	52	按重量计含镍量低于8%	千克			
	54	按重量计含镍量在8%或以上,但低于24%	千克			
7222.20.00		条、杆,除冷成型或冷加工外未经进一步加工		0[3]		29%
	01	电渣或真空电弧重熔	千克			
	06	高镍合金钢	千克			
		其他:				
		圆形截面的:				
		最大圆形横截面尺寸小于18毫米:				
	41	按重量计含镍量低于8%	千克			
	43	按重量计含镍量在8%或以上,但低于24%	千克			
		最大圆形截面尺寸为18毫米或以上,但小于152.4毫米:				
	62	按重量计含镍量低于8%	千克			
	64	按重量计含镍量在8%或以上,但低于24%	千克			
		最大圆形截面尺寸为152.4毫米或以上:				
	67	按重量计含镍量低于8%	千克			
	69	按重量计含镍量在8%或以上,但低于24%	千克			
		其他:				
	71	按重量计含镍量低于8%	千克			
	73	按重量计含镍量在8%或以上,但低于24%	千克			
7222.30.00		其他条、杆		0[3]		29%
	01	电渣或真空电弧重熔	千克			
	12	高镍合金钢	千克			
		其他:				
		最大截面尺寸小于152.4毫米:				
	22	按重量计含镍量低于8%	千克			
	24	按重量计含镍量在8%或以上,但低于24%	千克			
		最大截面尺寸为152.4毫米或以上:				
	82	按重量计含镍量低于8%	千克			
	84	按重量计含镍量在8%或以上,但低于24%	千克			
7222.40		角材、型材及异型材:				
7222.40.30		热轧、未钻孔、未冲压且未进行其他处理		0[3]		10%

税则号列	统计后级	货品名称	单位	税率 普通	税率 特惠	2
		最大截面尺寸为80毫米或以上：				
	25	角材	千克			
	45	其他	千克			
		最大截面尺寸小于80毫米：				
	65	角材	千克			
	85	其他	千克			
7222.40.60	00	其他	千克	0[3]		28%
7223.00		不锈钢丝：				
7223.00.10		圆丝		0[3]		34%
	05	弹簧圆丝	千克			
		其他：				
	16	直径小于0.25毫米	千克			
	31	直径为0.25毫米或以上,但小于0.76毫米	千克			
	46	直径为0.76毫米或以上,但小于1.52毫米	千克			
	61	直径为1.52毫米或以上,但小于5.1毫米	千克			
	76	直径为5.1毫米以上	千克			
7223.00.50	00	扁丝	千克	0[3]		34%
7223.00.90	00	其他	千克	0[3]		34%
		第四分章 其他合金钢；合金钢或非合金钢制的空心钻钢				
7224		其他合金钢,锭状或其他初级形状；其他合金钢制的半制成品：				
7224.10.00		锭状及其他初级形状		0[3]		28%
	05	高镍合金钢制	千克			
		其他：				
	45	工具钢制	千克			
	75	其他	千克			
7224.90.00		其他		0[3]		28%
	05	高镍合金钢制	千克			
		其他：				
		工具钢制：				
		矩形(包括正方形)截面的：				
	15	宽度小于厚度的4倍	千克			
	25	宽度至少是厚度的4倍	千克			
	35	其他	千克			
		其他：				
		矩形(包括正方形)截面的：				
	45	宽度小于厚度的4倍	千克			
	55	宽度至少是厚度的4倍	千克			

税则号列	统计后缀	货品名称	单位	税率 1 普通	税率 1 特惠	2
	65	圆形截面的	千克			
	75	其他	千克			
7225		其他合金钢平板轧材,宽度在600毫米或以上				
		硅电钢制:				
7225.11.00	00	取向性硅电钢	千克	0[3]		28%
7225.19.00	00	其他	千克	0[3]		28%
7225.30		其他卷材,除热轧外未经进一步加工:				
		厚度为4.75毫米或以上:				
7225.30.11		工具钢		0[3]		29%
	10	高速钢	千克			
	80	其他	千克			
7225.30.30		其他		0[3]		28%
	05	高镍合金钢	千克			
	50	其他	千克			
		厚度小于4.75毫米:				
7225.30.51		工具钢的		0[3]		29%
	10	高速钢的	千克			
	80	其他	千克			
7225.30.70	00	其他	千克	0[3]		28%
7225.40		其他非卷材,除热轧外未经进一步加工:				
		厚度为4.75毫米或以上的:				
7225.40.11		工具钢		0[3]		29%
	10	高速钢	千克			
	80	其他	千克			
7225.40.30		其他		0[3]		28%
	05	高镍合金钢	千克			
	50	其他	千克			
		厚度小于4.75毫米:				
7225.40.51		工具钢		0[3]		29%
	10	高速钢	千克			
	30	滚珠轴承钢	千克			
	60	其他	千克			
7225.40.70	00	其他	千克	0[3]		28%
7225.50		其他,除冷轧外未经进一步加工:				
7225.50.11		工具钢		0[3]		29%
	10	高速钢	千克			
	30	滚珠轴承钢	千克			
	60	其他	千克			
		其他:				

税则号列	统计后缀	货品名称	单位	税率 普通 1	税率 特惠 1	2
7225.50.60	00	厚度为4.75毫米或以上	千克	0[3]		28%
		厚度小于4.75毫米：				
7225.50.70	00	耐热钢	千克	0[3]		29%
7225.50.80		其他		0[3]		28%
	10	高镍合金钢	千克			
	80	其他	千克			
		其他：				
7225.91.00	00	电镀或涂锌的	千克	0[3]		28%
7225.92.00	00	用其他方法镀或涂锌的	千克	0[3]		28%
7225.99.00		其他		0[3]		28%
	10	高镍合金钢	千克			
	90	其他	千克			
7226		其他合金钢平板轧材,宽度小于600毫米：				
		硅电钢制：				
7226.11		取向性硅电钢：				
7226.11.10	00	宽度为300毫米或以上	千克	0[3]		28%
7226.11.90		宽度小于300毫米		0[3]		33%
	30	厚度不超过0.25毫米	千克			
	60	其他	千克			
7226.19		其他：				
7226.19.10	00	宽度为300毫米或以上	千克	0[3]		28%
7226.19.90	00	宽度小于300毫米	千克	0[3]		33%
7226.20.00	00	高速钢制	千克	0[3]		37%
		其他：				
7226.91		除热轧外未经进一步加工：				
		工具钢(高速钢除外)：				
7226.91.05	00	削片刀钢	千克	0[3]		34%
		其他：				
7226.91.15		宽度为300毫米或以上		0[3]		29%
	30	滚珠轴承钢	千克			
	60	其他	千克			
7226.91.25		宽度小于300毫米		0[3]		34%
	30	滚珠轴承钢	千克			
	60	其他	千克			
		其他：				
7226.91.50	00	厚度为4.75毫米或以上	千克	0[3]		28%
		厚度小于4.75毫米：				
7226.91.70	00	宽度为300毫米或以上	千克	0[3]		28%
7226.91.80	00	宽度小于300毫米	千克	0[3]		33%

税则号列	统计后缀	货品名称	单位	税率 1 普通	税率 1 特惠	税率 2
7226.92		除冷轧外未经进一步加工:				
		工具钢(高速钢除外):				
7226.92.10		宽度为300毫米或以上		0[3]		0.4美分/千克+29%
	30	滚珠轴承钢	千克			
	60	其他	千克			
7226.92.30		宽度小于300毫米		0[3]		34%
	30	滚珠轴承钢	千克			
	60	其他	千克			
		其他:				
7226.92.50	00	宽度为300毫米或以上	千克	0[3]		0.4美分/千克+28%
		宽度小于300毫米:				
7226.92.70		厚度不超过0.25毫米		0[3]		33%
	05	高镍合金钢	千克			
	50	其他	千克			
7226.92.80		厚度超过0.25毫米		0[3]		33%
	05	高镍合金钢	千克			
	50	其他	千克			
7226.99.01		其他:		0[3]		33%
	10	电镀或涂锌的	千克			
	30	用其他方法镀或涂锌的	千克			
	80	其他	千克			
7227		不规则盘卷的其他合金钢热轧条、杆:				
7227.10.00	00	高速钢制	千克	0[3]		14%
7227.20.00		硅锰钢制		0[3]		10%
	30	本章统计注释六定义的焊接质量盘条	千克			
	80	其他	千克			
7227.90		其他:				
		工具钢(高速钢除外):				
7227.90.10		未回火、未处理且非半制品		0[3]		12%
	30	滚珠轴承钢	千克			
	60	其他	千克			
7227.90.20		其他		0[3]		11%
	30	滚珠轴承钢	千克			
	60	其他	千克			
7227.90.60		其他		0[3]		10%
	05	高镍合金钢	千克			
	10	本章统计注释五定义的冷镦质量(CHQ)钢	千克			

税则号列	统计后缀	货品名称	单位	税率 1 普通	税率 1 特惠	2
	20	本章统计注释六定义的焊接质量盘条	千克			
		圆形截面的：				
	30	直径小于14毫米	千克			
	35	直径为14毫米或以上但小于19毫米	千克			
	40	直径为19毫米以上	千克			
	90	其他	千克			
7228		其他合金钢条、杆；其他合金钢角材、型材及异型材；合金钢或非合金钢制的空心钻钢：				
7228.10.00		高速钢条、杆		0[3]		32%
	10	非冷成型[7]	千克			
		冷成型：				
	30	最大截面尺寸小于18毫米	千克			
	60	最大截面尺寸为18毫米或以上	千克			
7228.20		硅锰钢条、杆：				
7228.20.10	00	非冷成型	千克	0[3]		28%
7228.20.50	00	冷成型	千克	0[3]		28%
		其他条、杆，除热轧、热拉拔或热挤压外未经进一步加工：				
7228.30		工具钢（高速钢除外）：				
7228.30.20	00	滚珠轴承钢	千克	0[3]		29%
7228.30.40	00	削片刀钢,非冷成型	千克	0[3]		28%
7228.30.60	00	其他	千克	0[3]		29%
7228.30.80		其他		0[3]		28%
	05	高镍合金钢	千克			
	10	混凝土钢筋和杆	千克			
		其他：				
	15	直径或截面尺寸小于76毫米	千克			
	41	直径或截面尺寸为76毫米或以上,但不超过152毫米	千克			
	45	直径或截面尺寸为152毫米或以上,但不超过228毫米	千克			
	70	直径或截面尺寸超过228毫米	千克			
7228.40.00	00	其他条、杆,除锻造外未经进一步加工	千克	0[3]		28%
7228.50		其他条、杆,除冷成型或冷加工外未经进一步加工：				
7228.50.10		工具钢（高速钢除外）		0[3]		29%
	10	滚珠轴承钢	千克			
		其他：				
		最大截面尺寸小于18毫米：				

税则号列	统计后缀	货品名称	单位	税率 1 普通	税率 1 特惠	2
	20	圆形或矩形截面,表面经研磨、铣削或抛光	千克			
	40	其他	千克			
		最大截面尺寸为18毫米或以上:				
	60	圆形或矩形截面,表面经研磨、铣削或抛光	千克			
	80	其他	千克			
7228.50.50		其他		0[3]		28%
	05	高镍合金钢	千克			
		其他:				
	15	直径或截面尺寸小于76毫米	千克			
	40	直径或截面尺寸为76毫米或以上,但不超过228毫米	千克			
	70	直径或截面尺寸超过228毫米	千克			
7228.60		其他条、杆:				
7228.60.10		工具钢(高速钢除外)		0[3]		29%
	30	滚珠轴承钢	千克			
	60	其他	千克			
		其他:				
7228.60.60	00	非冷成型	千克	0[3]		28%
7228.60.80	00	冷成型	千克	0[3]		28%
7228.70		角材、型材及异型材:				
7228.70.30		热轧、未钻孔、未冲压且未进行其他处理		0[3]		10%
	10	槽钢、工字钢和T字钢	千克			
		其他:				
		最大截面尺寸为76毫米或以上:				
	20	斜角	千克			
	41	其他	千克			
		最大截面尺寸小于76毫米:				
	60	斜角	千克			
	81	其他	千克			
7228.70.60	00	其他	千克	0[3]		28%
7228.80.00	00	空心钻钢	千克	0[3]		30%
7229		其他合金钢丝:				
7229.20.00		硅锰钢制		0[3]		33%
		圆形,直径不超过1.6毫米,按重量计含碳量低于0.20%,含锰量超过0.9%,含硅量超过0.6%,适用于电弧焊:				
	10	镀或涂铜	千克			
	15	其他	千克			

税则号列	统计后缀	货品名称	单位	税率 1 普通	税率 1 特惠	2
	90	其他	千克			
7229.90		其他：				
7229.90.05	00	高速钢制	千克	0[3]		37%
		其他：				
7229.90.10	00	扁丝	千克	0[3]		33%
7229.90.50		圆丝		0[3]		33%
		直径不超过1.6毫米,按重量计含碳量低于0.20%,含镍量超过0.08%,含钼量超过0.3%,适用于电弧焊：				
	06	镀或涂铜	千克			
	08	其他	千克			
		其他：				
	16	直径小于1.0毫米	千克			
	31	直径为1.0毫米或以上,但小于1.5毫米	千克			
	51	直径为1.5毫米或以上	千克			
7229.90.90	00	其他丝	千克	0[3]		33%

[1]见9903.88.03。

[2]见9902.14.93。

[3]见9903.88.15。另见第九十九章第三分章注释十六和有关关税待遇的相关关税规定。

[4]见9903.88.16。另见第九十九章第三分章注释十六和有关关税待遇的相关关税规定。

[5]见9903.88.49。

[6]见9903.88.51和9903.88.57。

[7]见9903.88.51。

第七十三章 钢铁制品

注释：

一、本章所称"铸铁"适用于经铸造而得的产品，按重量计其铁元素含量超过其他元素单项含量并与第七十二章注释一（四）所述的钢的化学成分不同。

二、本章所称"丝"是指热或冷成型的任何截面形状的产品，但其截面尺寸均不超过16毫米。

附加美国注释：

一、就品目7304或品目7306而言，出现在"特惠"税率栏中的"免税"税率仅适用于适合输送气体或液体的带有附件的管子和管道。

二、税号7307.19.30所称"韧性管件"是指按重量计含有2.5%以上的碳和0.02%以上的镁或镁和铈的管件。

统计注释：

一、统计报告编码7310.10.0005、7310.29.0020和7310.29.0055所称"可再灌装的不锈钢桶，不论是否加压"，是指用于液体饮料的圆柱形小桶，每个小桶都有一个圆顶和底部以及一个圆顶单颈件，设计用于耦合器（阀门）系统和提取管，通过它可以清洁、灌装和分配液体。

税则号列	统计后缀	货品名称	单位	税率 1 普通	税率 1 特惠	税率 2
7301		钢铁板桩,不论是否钻孔、打眼或组装;焊接的钢铁角材、型材及异型材:				
7301.10.00	00	钢铁板桩	千克	0[1][2]		2%
7301.20		角材、型材及异型材:				
7301.20.10	00	铁或非合金钢制	千克	0[3]		20%
7301.20.50	00	合金钢制	千克	0[3]		28%
7302		铁道及电车道铺轨用钢铁材料(钢轨、护轨、齿轨、道岔尖轨、辙叉、尖轨拉杆及其他叉道段体、轨枕、鱼尾板、轨座、轨座楔、钢轨垫板、钢轨夹、底板、固定板及其他专门用于连接或加固路轨的材料):				
7302.10		钢轨:				
7302.10.10		铁或非合金钢制		0[1][2]		1%
		新的:				
		未热处理:				
	10	每米超过30千克的标准T形导轨	千克			
		其他:				
	15	每米超过30千克	千克			
	25	其他	千克			
		热处理:				
	35	每米超过30千克的标准T形导轨	千克			
		其他:				
	45	每米超过30千克	千克			
	55	其他	千克			
		用过的:				
	65	用于重轧的铁路钢轨	千克			
	75	其他	千克			
7302.10.50		合金钢的		0[1][2]		9%
	20	新的	千克			
		用过的:				
	40	用于重轧的铁路钢轨	千克			
	60	其他	千克			
7302.30.00	00	道岔尖轨、辙叉、尖轨拉杆及其他叉道段体	千克	0[3]		45%
7302.40.00	00	鱼尾板及钢轨垫板	千克	0[4][2]		2%
7302.90		其他:				
7302.90.10	00	轨枕	千克	0[1][2]		2%
7302.90.90	00	其他	千克	0[1][2]		45%
7303.00.00		铸铁管及空心异型材:		0[3]		33%
	30	污水管	千克			

税则号列	统计后缀	货品名称	单位	税率 1 普通	税率 1 特惠	2
	60	内径小于356毫米的压力管	千克			
	90	其他	千克			
7304		无缝钢铁管及空心异型材(铸铁的除外):				
		石油或天然气管道管:				
7304.11.00		不锈钢制:		0[1][2]		35%
	20	外径不超过114.3毫米	千克			
	50	外径超过114.3毫米,但不超过406.4毫米	千克			
	80	外径超过406.4毫米	千克			
7304.19		其他:				
7304.19.10		铁或非合金钢制		0[1][2]		25%
	20	外径不超过114.3毫米	千克			
	30	外径超过114.3毫米,但小于215.9毫米	千克			
		外径为215.9毫米或以上,但不超过406.4毫米:				
	45	壁厚小于12.7毫米	千克			
	60	壁厚为12.7毫米或以上	千克			
	80	外径超过406.4毫米	千克			
7304.19.50		其他合金钢		0[1][2]		35%
	20	外径不超过114.3毫米	千克			
	50	外径超过114.3毫米,但不超过406.4毫米	千克			
	80	外径超过406.4毫米	千克			
		钻探石油及天然气用的套管、导管及钻管:				
7304.22.00		不锈钢制钻管		0[1][2]		35%
		外径不超过168.3毫米:				
	30	壁厚不超过9.5毫米	千克			
	45	壁厚超过9.5毫米	千克			
	60	外径超过168.3毫米	千克			
7304.23		其他钻管:				
7304.23.30	00	铁或非合金钢制	千克	0[4][2]		25%
7304.23.60		合金钢制		0[1][2]		35%
		外径不超过168.3毫米:				
	30	壁厚不超过9.5毫米	千克			
	45	壁厚超过9.5毫米	千克			
	60	外径超过168.3毫米	千克			
7304.24		其他不锈钢管:				
		套管:				
7304.24.30		螺纹或耦合		0[1][2]		28%
		外径小于215.9毫米:				

税则号列	统计后缀	货品名称	单位	税率 1 普通	税率 1 特惠	2
	10	壁厚小于12.7毫米	千克			
	20	壁厚为12.7毫米或以上	千克			
		外径为215.9毫米或以上,但不超过285.8毫米				
	30	壁厚小于12.7毫米	千克			
	40	壁厚为12.7毫米或以上	千克			
	45	外径超过285.8毫米,但不超过406.4毫米	千克			
	80	外径超过406.4毫米	千克			
7304.24.40		其他		0[1][2]		8.5%
		外径小于215.9毫米:				
	10	壁厚小于12.7毫米	千克			
	20	壁厚为12.7毫米或以上	千克			
		外径为215.9毫米或以上,但不超过285.8毫米:				
	30	壁厚小于12.7毫米	千克			
	40	壁厚为12.7毫米或以上	千克			
		外径超过285.8毫米,但不超过406.4毫米:				
	50	壁厚小于12.7毫米	千克			
	60	壁厚为12.7毫米或以上	千克			
	80	外径超过406.4毫米	千克			
7304.24.60		管道		0[1][2]		35%
		外径不超过114.3毫米:				
	15	壁厚不超过9.5毫米	千克			
	30	壁厚超过9.5毫米	千克			
	45	外径超过114.3毫米,但小于215.9毫米	千克			
	60	外径为215.9毫米或以上,但不超过406.4毫米	千克			
	75	外径超过406.4毫米	千克			
7304.29		其他:				
		套管:				
		铁或非合金钢制:				
7304.29.10		螺纹或耦合		0[1][2]		20%
		外径小于215.9毫米:				
	10	壁厚小于12.7毫米	千克			
	20	壁厚为12.7毫米或以上	千克			
		外径为215.9毫米或以上,但不超过285.8毫米:				
	30	壁厚小于12.7毫米	千克			
	40	壁厚为12.7毫米或以上	千克			

税则号列	统计后缀	货品名称	单位	税率 普通	税率 特惠	2
		外径超过285.8毫米,但不超过406.4毫米:				
	50	壁厚小于12.7毫米	千克			
	60	壁厚为12.7毫米或以上	千克			
	80	外径超过406.4毫米	千克			
7304.29.20		其他		0[1][2]		1%
		外径小于215.9毫米:				
	10	壁厚小于12.7毫米	千克			
	20	壁厚为12.7毫米或以上	千克			
		外径为215.9毫米或以上但不超过285.8毫米:				
	30	壁厚小于12.7毫米	千克			
	40	壁厚为12.7毫米或以上	千克			
		外径超过285.8毫米,但不超过406.4毫米:				
	50	壁厚小于12.7毫米	千克			
	60	壁厚为12.7毫米或以上	千克			
	80	外径超过406.4毫米	千克			
		其他合金钢制:				
7304.29.31		螺纹或耦合		0[1][2]		28%
		外径小于215.9毫米:				
	10	壁厚小于12.7毫米	千克			
	20	壁厚为12.7毫米或以上	千克			
		外径为215.9毫米或以上,但不超过285.8毫米:				
	30	壁厚小于12.7毫米	千克			
	40	壁厚为12.7毫米或以上	千克			
		外径超过285.8毫米,但不超过406.4毫米:				
	50	壁厚小于12.7毫米	千克			
	60	壁厚为12.7毫米或以上	千克			
	80	外径超过406.4毫米	千克			
7304.29.41		其他		0[1][2]		8.5%
		外径小于215.9毫米:				
	10	壁厚小于12.7毫米	千克			
	20	壁厚为12.7毫米或以上	千克			
		外径为215.9毫米或以上,但不超过285.8毫米:				
	30	壁厚小于12.7毫米	千克			
	40	壁厚为12.7毫米或以上	千克			
		外径超过285.8毫米,但不超过406.4毫米:				

税则号列	统计后缀	货品名称	单位	税率 普通	税率 特惠	2
	50	壁厚小于12.7毫米	千克			
	60	壁厚为12.7毫米或以上	千克			
	80	外径超过406.4毫米	千克			
		管道：				
7304.29.50		铁或非合金钢制		0[1][2]		25%
		外径不超过114.3毫米：				
	15	壁厚不超过9.5毫米	千克			
	30	壁厚超过9.5毫米	千克			
	45	外径超过114.3毫米,但小于215.9毫米	千克			
	60	外径为215.9毫米或以上,但不超过406.4毫米	千克			
	75	外径超过406.4毫米	千克			
7304.29.61		其他合金钢制		0[1][2]		35%
		外径不超过114.3毫米：				
	15	壁厚不超过9.5毫米	千克			
	30	壁厚超过9.5毫米	千克			
	45	外径超过114.3毫米,但小于215.9毫米	千克			
	60	外径为215.9毫米或以上,但不超过406.4毫米	千克			
	75	外径超过406.4毫米	千克			
		铁或非合金钢的其他圆形截面管：				
7304.31		冷拔或冷轧的：				
7304.31.30	00	空心棒	千克	0[1][2]		22%
7304.31.60		其他		0[1][2]		25%
	10	适用于锅炉、过热器、热交换器、冷凝器、精炼炉和给水加热器	千克			
	50	其他	千克			
7304.39.00		其他		0[1][2]		25%
		适用于锅炉、过热器、热交换器、冷凝器、精炼炉和给水加热器：				
	02	外径小于38.1毫米	千克			
	04	外径为38.1毫米或以上,但小于190.5毫米	千克			
	06	外径为190.5毫米或以上,但不超过285.8毫米	千克			
	08	外径超过285.8毫米	千克			
		其他：				
	16	镀锌,外径不超过114.3毫米	千克			
		其他：				
	20	外径小于38.1毫米	千克			

税则号列	统计后缀	货品名称	单位	税率 普通	税率 特惠	2
		外径为38.1毫米或以上,但不超过114.3毫米:				
	24	壁厚小于6.4毫米	千克			
	28	壁厚为6.4毫米或以上,但不超过12.7毫米	千克			
	32	壁厚超过12.7毫米	千克			
		外径超过114.3毫米,但小于190.5毫米:				
	36	壁厚小于12.7毫米	千克			
	40	壁厚为12.7毫米或以上,但低于19毫米	千克			
	44	壁厚为19毫米或以上	千克			
		外径为190.5毫米或以上,但不超过285.8毫米:				
	48	壁厚小于12.7毫米	千克			
	52	壁厚为12.7毫米或以上,但小于19毫米	千克			
	56	壁厚为19毫米或以上	千克			
		外径超过285.8毫米,但不超过406.4毫米:				
	62	壁厚小于12.7毫米	千克			
	68	壁厚为12.7毫米或以上,但小于19毫米	千克			
	72	壁厚为19毫米或以上	千克			
		外径超过406.4毫米:				
	76	壁厚小于19毫米	千克			
	80	壁厚为19毫米或以上	千克			
		不锈钢的其他圆形截面管:				
7304.41		冷拔或冷轧的:				
7304.41.30		外径小于19毫米		0[1][2]		36%
	05	高镍合金钢制	千克			
		其他:				
	15	适用于锅炉、过热器、热交换器、冷凝器、精炼炉和给水加热器	千克			
	45	其他	千克			
7304.41.60		其他		0[1][2]		36%
	05	高镍合金钢制	千克			
		其他:				
	15	适用于锅炉、过热器、热交换器、冷凝器、精炼炉和给水加热器	千克			
	45	其他[5]	千克			
7304.49.00		其他		0[1][2]		36%

税则号列	统计后缀	货品名称	单位	税率 普通	税率 特惠	2
	05	高镍合金钢制	千克			
		其他：				
	15	空心棒	千克			
		其他：				
	45	适用于锅炉、过热器、热交换器、冷凝器、精炼炉和给水加热器	千克			
	60	其他	千克			
		其他合金钢的其他圆形截面管：				
7304.51		冷拔或冷轧的：				
7304.51.10	00	适用于制造滚珠轴承或滚柱轴承	千克	0[1][2]		34%
7304.51.50		其他		0[1][2]		35%
	05	高镍合金钢制	千克			
		其他：				
		适用于锅炉、过热器、热交换器、冷凝器、精炼炉和给水加热器：				
	15	耐热钢的	千克			
	45	其他	千克			
	60	其他	千克			
7304.59		其他：				
7304.59.10	00	适用于制造滚珠轴承或滚柱轴承	千克	0[1][2]		34%
		其他：				
7304.59.20		适用于锅炉、过热器、热交换器、冷凝器、精炼炉和给水加热器		0[1][2]		35%
	30	耐热钢制	千克			
		其他：				
	40	外径小于38.1毫米	千克			
	45	外径为38.1毫米或以上,但不超过114.3毫米	千克			
	55	外径超过114.3毫米,但小于190.5毫米	千克			
	60	外径为190.5毫米或以上,但不超过285.8毫米	千克			
	70	外径超过285.8毫米,但不超过406.4毫米	千克			
	80	外径超过406.4毫米	千克			
		其他：				
7304.59.60	00	耐热钢制	千克	0[1][2]		36%
7304.59.80		其他		0[1][2]		35%
	10	外径小于38.1毫米	千克			
		外径为38.1毫米或以上,但不超过114.3毫米：				

税则号列	统计后缀	货品名称	单位	税率 普通	税率 特惠	2
	15	壁厚小于6.4毫米	千克			
	20	壁厚为6.4毫米或以上，但不超过12.7毫米	千克			
	25	壁厚超过12.7毫米	千克			
		外径超过114.3毫米，但小于190.5毫米：				
	30	壁厚小于12.7毫米	千克			
	35	壁厚为12.7毫米或以上，但小于19毫米	千克			
	40	壁厚为19毫米或以上	千克			
		外径为190.5毫米或以上，但不超过285.8毫米：				
	45	壁厚小于12.7毫米	千克			
	50	壁厚为12.7毫米或以上，但小于19毫米	千克			
	55	壁厚为19毫米或以上	千克			
		外径超过285.8毫米，但不超过406.4毫米：				
	60	壁厚小于12.7毫米	千克			
	65	壁厚为12.7毫米或以上，但小于19毫米	千克			
	70	壁厚为19毫米或上	千克			
	80	外径超过406.4毫米	千克			
7304.90		其他：				
		壁厚为4毫米或以上：				
7304.90.10	00	铁或非合金钢制	千克	0[1][2]		1%
7304.90.30	00	合金钢制	千克	0[1][2]		8.5%
		壁厚小于4毫米：				
7304.90.50	00	铁或非合金钢制	千克	0[1][2]		25%
7304.90.70	00	合金钢制	千克	0[1][2]		35%
7305		其他圆形截面钢铁管（例如，焊、铆及用类似方法接合的管），外径超过406.4毫米：				
		石油或天然气管道管：				
7305.11		纵向埋弧焊接的：				
7305.11.10		铁或非合金钢制		0[1][2]		5.5%
	30	外径超过406.4毫米，但不超过609.6毫米	千克			
	60	外径超过609.6毫米	千克			
7305.11.50	00	合金钢制	千克	0[1][2]		10%
7305.12		其他纵向焊接的：				
7305.12.10		铁或非合金钢制		0[1][2]		5.5%
	30	外径超过406.4毫米，但不超过609.6毫米	千克			

税则号列	统计后缀	货品名称	单位	税率 1 普通	税率 1 特惠	2
	60	外径超过609.6毫米	千克			
7305.12.50	00	合金钢制	千克	0[1][2]		10%
7305.19		其他：				
7305.19.10		铁或非合金钢制		0[1][2]		5.5%
	30	外径超过406.4毫米,但不超过609.6毫米	千克			
	60	外径超过609.6毫米	千克			
7305.19.50	00	合金钢制	千克	0[1][2]		10%
7305.20		钻探石油或天然气用套管：				
		铁或非合金钢制：				
7305.20.20	00	螺纹或耦合	千克	0[1][2]		20%
7305.20.40	00	其他	千克	0[1][2]		1%
		合金钢制：				
7305.20.60	00	螺纹或耦合	千克	0[1][2]		28%
7305.20.80	00	其他	千克	0[1][2]		8.5%
		其他焊接的：				
7305.31		纵向焊接的：				
7305.31.20	00	主要用作照明制品零件的锥形钢管	千克	0[1][2]		45%
		其他：				
7305.31.40	00	铁或非合金钢制	千克	0[1][2]		5.5%
7305.31.60		合金钢制		0[1][2]		10%
	10	不锈钢制	千克			
	90	其他	千克			
7305.39		其他：				
7305.39.10	00	铁或非合金钢制	千克	0[1][2]		5.5%
7305.39.50	00	合金钢制	千克	0[1][2]		10%
7305.90		其他：				
7305.90.10	00	铁或非合金钢制	千克	0[1][2]		5.5%
7305.90.50	00	合金钢制	千克	0[1][2]		10%
7306		其他钢铁管及空心异型材(例如,辊缝、焊、铆及类似方法接合的)：				
		石油及天然气管道管：				
7306.11.00		不锈钢焊缝管		0[1][2]		10%
	10	外径不超过114.3毫米	千克			
	50	外径超过114.3毫米	千克			
7306.19		其他：				
7306.19.10		铁或非合金钢制		0[1][2]		5.5%
	10	外径不超过114.3毫米	千克			
	50	外径超过114.3毫米	千克			
7306.19.51		合金钢制		0[1][2]		10%

税则号列	统计后缀	货品名称	单位	税率 1 普通	税率 1 特惠	税率 2
	10	外径不超过114.3毫米	千克			
	50	外径超过114.3毫米	千克			
		钻探石油及天然气用的套管及导管：				
7306.21		不锈钢焊缝管：				
		套管：				
7306.21.30	00	螺纹或耦合	千克	0[1][2]		28%
7306.21.40	00	其他	千克	0[1][2]		8.5%
7306.21.80		管道		0[1][2]		10%
	10	带联轴器进口	千克			
	50	其他	千克			
7306.29		其他：				
		套管：				
		铁或非合金钢制：				
7306.29.10		螺纹或耦合		0[1][2]		20%
	30	带联轴器进口	千克			
	90	其他	千克			
7306.29.20	00	其他	千克	0[1][2]		1%
		其他：				
7306.29.31	00	螺纹或耦合	千克	0[1][2]		28%
7306.29.41	00	其他	千克	0[1][2]		8.5%
		管道：				
7306.29.60		铁或非合金钢制		0[1][2]		5.5%
	10	带联轴器进口	千克			
	50	其他	千克			
7306.29.81		其他		0[1][2]		10%
	10	带联轴器进口	千克			
	50	其他	千克			
7306.30		铁或非合金钢的其他圆形截面焊缝管：				
7306.30.10	00	壁厚小于1.65毫米	千克	0[1][2]		25%
		壁厚为1.65毫米或以上：				
7306.30.30	00	主要用作照明制品零件的锥形钢管	千克	0[1][2]		45%
7306.30.50		其他		0[1][2]		5.5%
	10	适用于锅炉、过热器、热交换器、冷凝器、精炼炉和给水加热器，不论是否冷拔	千克			
	15	其他，冷拉	千克			
	20	其他，壁厚不超过2.54毫米的冷轧	千克			
		其他：				
		外径不超过114.3毫米：				
		镀锌：				

税则号列	统计后缀	货品名称	单位	税率 1 普通	税率 1 特惠	2
	25	带联轴器进口	千克			
	28	内部涂有或衬有非电气绝缘材料,适合用作电气导管	千克			
	32	其他	千克			
		其他:				
	35	用于重拉伸的空心管子	千克			
	40	其他,带联轴器进口	千克			
	55	其他	千克			
		外径超过114.3毫米,但不超过406.4毫米:				
	85	镀锌	千克			
	90	其他	千克			
7306.40		不锈钢的其他圆形截面焊缝管:				
7306.40.10		壁厚小于1.65毫米		0[1][2]		36%
		按重量计含镍量超过0.5%:				
	10	按重量计含钼量超过1.5%,但低于5%	千克			
	15	其他	千克			
	90	其他	千克			
7306.40.50		壁厚为1.65毫米或以上		0[1][2]		11%
	05	高镍合金钢制	千克			
		其他:				
	15	适用于锅炉、过热器、热交换器、冷凝器、精炼炉和给水加热器,不论是否冷拔	千克			
		其他,冷拔或冷轧:				
	40	按重量计含镍量大于0.5%,但低于24%	千克			
		其他:				
	42	按重量计含铬量低于15%	千克			
	44	其他	千克			
		其他:				
		外径不超过114.3毫米:				
		按重量计含镍量超过0.5%,但低于24%				
	62	按重量计含镍量超过1.5%,但低于5%	千克			
	64	其他	千克			
	80	其他	千克			
		外径超过114.3毫米,但不超过406.4毫米:				
	85	按重量计含镍量超过0.5%,但低于24%	千克			

税则号列	统计后缀	货品名称	单位	税率 1 普通	税率 1 特惠	税率 2
	90	其他	千克			
7306.50		其他合金钢的圆形截面焊缝管：				
7306.50.10	00	壁厚小于1.65毫米	千克	0[1][2]		35%
		壁厚为1.65毫米或以上：				
7306.50.30	00	主要用作照明制品零件的锥形钢管	千克	0[1][2]		45%
7306.50.50		其他		0[1][2]		10%
	10	适用于锅炉、过热器、热交换器、冷凝器、精炼炉和给水加热器，不论是否冷拔	千克			
	30	其他,冷拔或冷轧	千克			
		其他：				
	50	外径不超过114.3毫米	千克			
	70	外径超过114.3毫米,但不超过406.4毫米	千克			
		非圆形截面的其他焊缝管：				
7306.61		矩形或正方形截面：				
		壁厚为4毫米或以上：				
7306.61.10	00	铁或非合金钢制	千克	0[1][2]		1%
7306.61.30	00	合金钢制	千克	0[1][2]		28%
		壁厚小于4毫米：				
7306.61.50	00	铁或非合金钢制	千克	0[1][2]		25%
7306.61.70		合金钢制		0[1][2]		35%
	30	不锈钢制	千克			
	60	其他	千克			
7306.69		其他非圆形截面：				
		壁厚为4毫米或以上：				
7306.69.10	00	铁或非合金钢制	千克	0[1][2]		1%
7306.69.30	00	合金钢制	千克	0[1][2]		28%
		壁厚小于4毫米：				
7306.69.50	00	铁或非合金钢制	千克	0[1][2]		25%
7306.69.70		合金钢制		0[1][2]		35%
	30	不锈钢制	千克			
	60	其他	千克			
7306.90		其他：				
7306.90.10	00	铁或非合金钢制	千克	0[1][2]		5.5%
7306.90.50	00	合金钢制	千克	0[1][2]		10%
7307		钢铁管子附件(例如、接头、肘管、管套)：				
		铸件：				
7307.11.00		无可锻性铸铁制		4.8%[3]	0(A*,AU,BH,CA,CL,CO,D,E,IL,JO,KR,MA,MX,OM,P,PA,PE,S,SG)	25%

税则号列	统计后缀	货品名称	单位	税率 1 普通	税率 1 特惠	2
	30	用于螺纹管	千克			
		其他：				
	45	用于铸铁污水管	千克			
	60	其他	千克			
7307.19		其他：				
7307.19.30		韧性管件		5.6%[3]	0(A*,AU,BH,CA,CL,CO,D,E,IL,JO,KR,MA,MX,OM,P,PA,PE,S,SG)	45%
	40	带槽管件(包括带槽接头)	千克			
		其他：				
	60	螺纹	千克			
	70	带有机械、推动(橡胶压缩)或法兰接头	千克			
	85	其他	千克			
7307.19.90		其他		6.2%[3]	0(A+,AU,BH,CA,CL,CO,D,E,IL,JO,KR,MA,MX,OM,P,PA,PE,S,SG)	45%
	30	活接头	千克			
		其他：				
	40	带槽管件(包括带槽接头)	千克			
		其他：				
	60	螺纹	千克			
	80	其他[6]	千克			
		其他,不锈钢制：				
7307.21		法兰：				
7307.21.10	00	锻造后未经机械加工、工具加工和其他加工	千克	3.3%[3]	0(A*,AU,BH,CA,CL,CO,D,E,IL,JO,KR,MA,MX,OM,P,PA,PE,S,SG)	34%
7307.21.50	00	其他	千克	5.6%[3]	0(A*,AU,B,BH,CA,CL,CO,D,E,IL,JO,KR,MA,MX,OM,P,PA,PE,S,SG)	45%
7307.22		螺纹肘管、弯管及管套：				
7307.22.10	00	套筒(联轴器)	千克	0[3]		45%
7307.22.50	00	其他	千克	6.2%[3]	0(A,AU,B,BH,CA,CL,CO,D,E,IL,JO,KR,MA,MX,OM,P,PA,PE,S,SG)	45%
7307.23.00		对焊件		5%[3]	0(A*,AU,B,BH,CA,CL,CO,D,E,IL,JO,KR,MA,MX,OM,P,PA,PE,S,SG)	45%
	30	锻造后未经机械加工和其他加工	千克			
	90	其他	千克			
7307.29.00		其他		5%[3]	0(A*,AU,B,BH,CA,CL,CO,D,E,IL,JO,KR,MA,MX,OM,P,PA,PE,S,SG)	45%
	30	辐条螺母	千克			

税则号列	统计后缀	货品名称	单位	税率 1 普通	税率 1 特惠	2
	90	其他	千克			
		其他：				
7307.91		法兰：				
		锻造后未经机械加工、工具加工和其他加工：				
7307.91.10	00	铁或非合金钢制	千克	3.3%[3]	0(A,AU,BH,CA,CL,CO,D,E,IL,JO,JP,KR,MA,MX,OM,P,PA,PE,S,SG)	25%
7307.91.30	00	合金钢(不锈钢除外)制	千克	3.2%[3]	0(A*,AU,BH,CA,CL,CO,D,E,IL,JO,JP,KR,MA,MX,OM,P,PA,PE,S,SG)	33%
7307.91.50		其他		5.5%[3]	0(A*,AU,B,BH,CA,CL,CO,D,E,IL,JO,KR,MA,MX,OM,P,PA,PE,S,SG)2.75%(JP)	45%
		内径小于360毫米：				
	10	铁或非合金钢制	千克			
	30	合金钢(不锈钢除外)制	千克			
		内径为360毫米或以上：				
	50	铁或非合金钢制	千克			
	70	合金钢(不锈钢除外)制	千克			
7307.92		螺纹肘管、弯管及管套：				
7307.92.30		套筒(联轴器)		0[3]		45%
	10	铁或非合金钢制	千克			
	30	合金钢(不锈钢除外)制[7]	千克			
7307.92.90	00	其他	千克	6.2%[3]	0(A,AU,B,BH,CA,CL,CO,D,E,IL,JO,KR,MA,MX,OM,P,PA,PE,S,SG)3.1%(JP)	45%
7307.93		对焊件：				
		内径小于360毫米：				
7307.93.30		铁或非合金钢制		6.2%[3]	0(A+,AU,B,BH,CA,CL,CO,D,E,IL,JO,KR,MA,MX,OM,P,PA,PE,S,SG)	45%
	10	锻造后未经机械加工、工具加工和其他加工	千克			
	40	其他	千克			
7307.93.60	00	合金钢(不锈钢除外)制[7]	千克	5.5%[3]	0(A*,AU,B,BH,CA,CL,CO,D,E,IL,JO,KR,MA,MX,OM,P,PA,PE,S,SG)	45%
7307.93.90		内径大于360毫米		4.3%[3]	0(A*,AU,B,BH,CA,CL,CO,D,E,IL,JO,KR,MA,MX,OM,P,PA,PE,S,SG)	45%
		铁或非合金钢制：				
	10	锻造后未经机械加工、工具加工和其他加工：	千克			
	40	其他	千克			
	60	合金钢(不锈钢除外)制	千克			

税则号列	统计后缀	货品名称	单位	税率 1 普通	税率 1 特惠	2
7307.99		其他：				
		锻造后未经机械加工、工具加工和其他加工：				
7307.99.10	00	铁或非合金钢制	千克	3.7%[3]	0(A, AU, BH, CA, CL, CO, D, E, IL, JO, JP, KR, MA, MX, OM, P, PA, PE, S, SG)	25%
7307.99.30	00	合金钢(不锈钢除外)制	千克	3.2%[3]	0(A, AU, BH, CA, CL, CO, D, E, IL, JO, JP, KR, MA, MX, OM, P, PA, PE, S, SG)	33%
7307.99.50		其他		4.3%[3]	0(A, AU, B, BH, CA, CL, CO, D, E, IL, JO, JP, KR, MA, MX, OM, P, PA, PE, S, SG)	45%
		铁或非合金钢制：				
	15	辐条螺母[8]	千克			
	45	其他	千克			
	60	合金钢(不锈钢除外)制	千克			
7308		钢铁结构体(品目9406的活动房屋除外)及其部件(例如,桥梁及桥梁体段、闸门、塔楼、格构杆、屋顶、屋顶框架、门窗及其框架、门槛、百叶窗、栏杆、支柱及立柱);上述结构体用的已加工钢铁板、杆、角材、型材、异型材、管子及类似品：				
7308.10.00	00	桥梁及桥梁体段	千克	0[9]		45%
7308.20.00		塔楼及格构杆		0[9]		45%
	20	管状(不论是否锥形)及其截面部件	千克			
	90	其他	千克			
7308.30		门窗及其框架、门槛：				
7308.30.10	00	不锈钢制[10]	千克	0[3]		35%
7308.30.50		其他		0[3]		25%
	15	窗户及其框架	千克			
	25	门槛	千克			
	50	其他[11]	千克			
7308.40.00	00	脚手架、模板或坑道支撑用的支柱及类似设备[12]	千克	0[3]		45%
7308.90		其他				
		支柱、立柱、桩、梁、桁架和类似结构单元：				
7308.90.30	00	非合金钢制[13]	千克	0[9]		20%
7308.90.60	00	其他	千克	0[9]		30%
		其他：				
7308.90.70	00	钢格栅	千克	0[9]		45%
7308.90.95		其他		0[9]		45%
	30	金属板屋面、壁板、地板和屋顶排水设备	千克			

税则号列	统计后缀	货品名称	单位	税率 1 普通	税率 1 特惠	2
		其他：				
	60	建筑及装饰工程	千克			
	90	其他[14]	千克			
7309.00.00		盛装物料用的钢铁囤、柜、罐、桶及类似容器(装压缩气体或液化气体的除外)，容积超过300升,不论是否衬里或隔热,但无机械或热力装置		0[3]		45%
	30	罐[16]	个 千克			
	90	其他	个 千克			
7310		盛装物料用的钢铁柜、桶、罐、听、盒及类似容器(装压缩气体或液化气体的除外)，容积不超过300升,不论是否衬里或隔热,但无机械或热力装置：				
7310.10.00		容积在50升或以上		0[3]		25%
	05	本章统计注释一描述的一种可再灌装的不锈钢桶,不论是否加压	个			
	15	空的钢桶[16]	个 千克			
	90	其他	千克			
		容积在50升以下：				
7310.21.00		焊边或卷边接合的罐		0[3]		25%
	25	圆形截面的容器,容积在11.4~26.6升之间,用于运输货物[17]	个			
	50	其他	个			
7310.29.00		其他：		0[3]		25%
		圆形截面的容器,容积在11.4~26.6升之间,用于运输货物：				
	20	本章统计注释一描述的可再灌装的不锈钢桶,不论是否加压	个			
	30	其他	个			
		其他：				
	55	本章统计注释一描述的可再灌装的不锈钢桶,不论是否加压	个			
	65	其他	个			
7311.00.00		装压缩气体或液化气体用的钢铁容器：		0[3]		25%
		出口前已根据美国联邦法规第49篇第178.36至178.68节的安全要求或对这些要求的特定豁免进行认证：				
	30	无外包装的无缝钢制容器,标有DOT3A、3AX、3AA、3AAX、3B、3E、3HT、3T 或DOTE,后跟特定的豁免编号	个 千克			
	60	其他	个 千克			

税则号列	统计后缀	货品名称	单位	税率 1 普通	税率 1 特惠	税率 2
	90	其他	个 千克			
7312		非绝缘的钢铁绞股线、绳、缆、编带、吊索及类似品:				
7312.10		绞股线、绳、缆:				
		绞股线:				
		不锈钢的:				
7312.10.05	00	装有配件或制成制品	千克	0[3]		45%
7312.10.10		其他		0[3]		45%
	30	轮胎帘子线	千克			
	50	其他绞线或捻度不超过1圈的绞线,其长度等于绞线直径乘以8.5	千克			
	70	其他	千克			
		其他:				
7312.10.20	00	装有配件或制成制品	千克	0[3]		45%
7312.10.30		其他		0[3]		35%
	05	轮胎帘子线	千克			
		用于预应力混凝土:				
	10	用纺织品或其他非金属材料覆盖	千克			
	12	其他	千克			
	20	其他绞线或捻度不超过1圈的绞线,其长度等于绞线直径乘以8.5	千克			
		其他:				
	45	镀黄铜线	千克			
		其他:				
		镀锌:				
	65	钢芯绞线	千克			
		其他:				
	70	用纺织品或其他非金属材料覆盖	千克			
	74	其他	千克			
	80	其他	千克			
		绞股线以外的绳、缆:				
		不锈钢制:				
7312.10.50	00	装有配件或制成制品	千克	0[3]		45%
7312.10.60		其他		0[3]		45%
	30	直径不超过9.5毫米	千克			
	60	其他	千克			
		其他:				
7312.10.70	00	装有配件或制成制品	千克	0[3]		45%

税则号列	统计后缀	货品名称	单位	税率 1 普通	税率 1 特惠	税率 2
		其他：				
7312.10.80	00	镀黄铜线	千克	0[3]		35%
7312.10.90		其他		0[3]		35%
		镀锌：				
	30	直径不超过9.5毫米	千克			
	60	直径超过9.5毫米	千克			
	90	其他	千克			
7312.90.00	00	其他	千克	0[3]		45%
7313.00.00	00	带刺钢铁丝；围篱用的钢铁绞带或单股扁丝(不论是否带刺)及松绞的双股丝	千克	0[3]		0
7314		钢铁丝制的布(包括环形带)、网、篱、格栅；网眼钢铁板：				
		机织品：				
7314.12		不锈钢制的机器用环形带：				
7314.12.10	00	经纱或纬纱密度不超过每厘米12根	平方米 千克	0[3]		35%
7314.12.20	00	经纱或纬纱密度超过每厘米12根，但不超过每厘米36根	平方米 千克	0[3]		50%
		经纱或纬纱密度超过每厘米36根				
		长网,有缝或无缝,适用于造纸机：				
7314.12.30	00	密度超过每厘米94根	平方米 千克	0[3]		75%
7314.12.60	00	其他	平方米 千克	0[3]		75%
7314.12.90	00	其他	平方米 千克	0[3]		60%
7314.14		不锈钢制的其他机织品：				
7314.14.10	00	经纱或纬纱密度不超过每厘米12根[18]	平方米 千克	0[3]		35%
7314.14.20	00	经纱或纬纱密度超过每厘米12根，但不超过每厘米36根	平方米 千克	0[3]		50%
		经纱或纬纱密度超过每厘米36根				
		长网,有缝或无缝,适用于造纸机：				
7314.14.30	00	密度超过每厘米94根	平方米 千克	0[3]		75%
7314.14.60	00	其他	平方米 千克	0[3]		75%
7314.14.90	00	其他	平方米 千克	0[3]		60%
7314.19.01	00	其他	平方米 千克	0[3]		60%
7314.20.00	00	交点焊接的网、篱及格栅,其丝的最大截面尺寸在3毫米或以上,网眼尺寸在100平方厘米或以上	千克	0[3]		45%

税则号列	统计后缀	货品名称	单位	税率 1 普通	税率 1 特惠	2
		其他交点焊接的网、篱及格栅：				
7314.31		镀或涂锌的：				
7314.31.10	00	镀或涂锌的铁丝网,不论是否用塑料材料包覆	千克	0[3]		1.1美分/千克
7314.31.50		其他		0[3]		45%
	10	焊丝灰泥网,有毛,未用补充水平钢丝加固	千克			
	80	其他	千克			
7314.39.00	00	其他	千克	0[3]		45%
		其他网、篱及格栅：				
7314.41.00		镀或涂锌的		0[3]		1.1美分/千克
	30	链式围栏	千克			
		机织灰泥网,有毛,未用补充水平钢丝加固：				
	40	最大截面尺寸为1毫米的钢丝	千克			
	45	其他	千克			
	80	其他	千克			
7314.42.00		涂塑的		0[3]		1.1美分/千克
	30	链式围栏	千克			
	60	其他	千克			
7314.49		其他：				
7314.49.30	00	未切割成形	千克	0[3]		45%
7314.49.60	00	切割成形	千克	0[3]		35%
7314.50.00	00	网眼钢铁板	平方米 千克	0[3]		45%
7315		钢铁链及其零件：				
		铰接链及其零件：				
7315.11.00		滚子链：		0[3]		40%
	05	机动车辆用	千克			
		其他：				
		节距不超过50毫米,且每个节距包含超过3个零件：				
	10	自行车链条	千克			
	45	其他	千克			
	60	其他	千克			
7315.12.00		其他链		0[3]		40%
	20	节距不超过50毫米,且每个节距包含超过3个零件	千克			
		其他：				
	40	焊接钢链	千克			
	60	铸造和组合链	千克			
	80	其他[19]	千克			

税则号列	统计后缀	货品名称	单位	税率 1 普通	税率 1 特惠	税率 2
7315.19.00	00	零件	千克	0[3]		40%
7315.20		防滑链：				
7315.20.10	00	直径不超过8毫米[15]	千克	0[3]		10%
7315.20.50	00	直径超过8毫米	千克	0[3]		2.5美分/千克
		其他链：				
7315.81.00	00	日字环节链	千克	0[3]		4.4美分/千克
7315.82		其他焊接链：				
		合金钢制：				
7315.82.10	00	直径不超过10毫米	千克	0[3]		10%
7315.82.30	00	直径超过10毫米	千克	0[3]		10%
		铁或非合金钢制：				
7315.82.50	00	直径不超过10毫米[6]	千克	0[3]		10%
7315.82.70	00	直径超过10毫米	千克	0[3]		10%
7315.89		其他：				
		具有基本圆形截面的连杆：				
7315.89.10	00	直径不超过8毫米	千克	1.5%[3]	0(A,AU,B,BH,CA,CL,CO,D,E,IL,JO,KR,MA,MX,OM,P,PA,PE,S,SG)	10%
7315.89.30	00	直径超过8毫米	千克	0[3]		4.7美分/千克
7315.89.50	00	其他	千克	3.9%[3]	0(A,AU,B,BH,CA,CL,CO,D,E,IL,JO,KR,MA,MX,OM,P,PA,PE,S,SG)	45%
7315.90.00	00	其他零件	千克	2.9%[3]	0(A*,AU,B,BH,CA,CL,CO,D,E,IL,JO,KR,MA,MX,OM,P,PA,PE,S,SG)	45%
7316.00.00	00	钢铁锚、多爪锚及其零件	个 千克	0[3]		25%
7317.00		钢铁制的钉、平头钉、图钉、波纹钉、U形钉（品目8305的货品除外）及类似品，不论钉头是否用其他材料制成，但不包括铜头钉：				
7317.00.10	00	图钉	千克	0[1]		4%
		其他，适用于粉末驱动的手动工具：				
7317.00.20	00	无螺纹[20]	千克	0[3]		1.5美分/千克
7317.00.30	00	螺纹	千克	0[3][2]		45%
		其他：				
		整体式结构：				
7317.00.55		用圆铁丝制成		0[3][2]		3.5%
		排钉：				
	01	长度为20.6~46.1毫米、钉头直径为8.3~10.6毫米、钉柄直径为2.5~3.2毫米排钉,不论是否镀锌	千克			
		其他：				

税则号列	统计后缀	货品名称	单位	税率 1 普通	税率 1 特惠	2
		组装在钢丝圈中:				
	02	镀锌	千克			
	03	其他	千克			
		组装在塑料条中:				
	05	镀锌	千克			
	07	其他	千克			
	08	组装在纸条上	千克			
	11	组装在金属丝上	千克			
	18	其他	千克			
		其他:				
	19	长度小于25.4毫米,直径小于1.65毫米	千克			
		其他:				
		光滑柄:				
	20	未涂层、电镀或涂漆	千克			
		涂层、电镀或涂漆:				
	30	镀锌	千克			
	40	乙烯基、树脂或水泥涂层	千克			
	50	其他	千克			
		其他:				
	60	未涂层、电镀或涂漆	千克			
		涂层、电镀或涂漆:				
	70	镀锌	千克			
	80	乙烯基、树脂或水泥涂层	千克			
	90	其他	千克			
7317.00.65		其他		0[3][2]		5.5%
	30	切割的	千克			
	60	其他	千克			
7317.00.75	00	两片或多片的	千克	0[3]		8%
7318		钢铁制的螺钉、螺栓、螺母、方头螺钉、钩头螺钉、铆钉、销、开尾销、垫圈(包括弹簧垫圈)及类似品:				
		螺纹制品:				
7318.11.00	00	方头螺钉	千克	12.5%[3]	0(A+,AU,B,BH,CA,CL,CO,D,E,IL,JO,KR,MA,MX,OM,P,PA,PE,S,SG)	25%
7318.12.00	00	其他木螺钉	千克	12.5%[3]	0(A*,AU,B,BH,CA,CL,CO,D,E,IL,JO,KR,MA,MX,OM,P,PA,PE,S,SG)	25%
7318.13.00		钩头螺钉及环头螺钉	千克	5.7%[3]	0(A,AU,B,BH,CA,CL,CO,D,E,IL,JO,KR,MA,MX,OM,P,PA,PE,S,SG)	45%

税则号列	统计后缀	货品名称	单位	税率 1 普通	税率 1 特惠	2
	30	有直径小于6毫米的柄或螺纹	千克			
	60	有直径为6毫米或以上的柄或螺纹	千克			
7318.14		自攻螺钉：				
7318.14.10		有直径小于6毫米的柄或螺纹		6.2%[3]	0(A+,AU,B,BH,CA,CL,CO,D,E,IL,JO,KR,MA,MX,OM,P,PA,PE,S,SG)3.1%(JP)	45%
	30	不锈钢制	千克			
	60	其他	千克			
7318.14.50		有直径为6毫米或以上的柄或螺纹		8.6%[21]	0(A+,AU,B,BH,CA,CL,CO,D,E,IL,JO,KR,MA,MX,OM,P,PA,PE,S,SG)4.3%(JP)	45%
	20	不锈钢制	千克			
	80	其他	千克			
7318.15		其他螺钉及螺栓,不论是否带有螺母或垫圈：				
7318.15.20		同批进出口的螺栓及其螺母或垫圈		0[3]		3.5%
	10	有直径小于6毫米的柄或螺纹	千克			
		有直径为6毫米或以上的柄或螺纹：				
	20	履带螺栓	千克			
	30	结构螺栓	千克			
		弯曲螺栓：				
	41	直角地脚螺栓	千克			
	46	其他[22]	千克			
		其他：				
		圆头：				
	51	不锈钢制	千克			
	55	其他[6]	千克			
		六角头：				
	61	不锈钢制	千克			
	65	其他	千克			
		其他：				
	91	不锈钢制	千克			
	95	其他	千克			
7318.15.40	00	机器螺钉长度为9.5毫米或以上,直径为3.2毫米或以上(不包括带帽螺钉)	千克	0[3]		2.2美分/千克
7318.15.50		双头螺栓		0[3]		45%
	30	不锈钢制	千克			
		其他：				
		连续螺纹杆：				
	51	合金钢制	千克			
	56	其他	千克			

税则号列	统计后缀	货品名称	单位	税率 1 普通	税率 1 特惠	2
	90	其他	千克			
		其他：				
7318.15.60		有直径小于6毫米的柄或螺纹		6.2%[3]	0(A*,AU,B,BH,CA,CL,CO,D,E,IL,JO,KR,MA,MX,OM,P,PA,PE,S,SG)	45%
		内六角螺钉：				
	10	不锈钢制	千克			
	40	其他	千克			
		其他：				
	70	不锈钢制	千克			
	80	其他	千克			
7318.15.80		有直径为6毫米或以上的柄或螺纹		8.5%[3]	0(A*,AU,B,BH,CA,CL,CO,D,E,IL,JO,KR,MA,MX,OM,P,PA,PE,S,SG)	45%
	20	固定螺钉	千克			
		其他：				
		内六角螺钉：				
	30	不锈钢制	千克			
	45	其他	千克			
		其他：				
		六角头：				
	55	不锈钢制	千克			
		其他：				
	66	带帽螺钉	千克			
	69	其他[23]	千克			
		其他：				
	82	不锈钢制[17]	千克			
	85	其他	千克			
7318.16.00		螺母		0[1]		0.5%
		车轮螺母：				
	15	非锁定镀铬	千克			
	30	锁定	千克			
	45	其他	千克			
		其他：				
	60	不锈钢制	千克			
	85	其他	千克			
7318.19.00	00	其他	千克	5.7%[3]	0(A*,AU,B,BH,CA,CL,CO,D,E,IL,JO,KR,MA,MX,OM,P,PA,PE,S,SG)2.85%(JP)	45%
		无螺纹制品：				
7318.21.00		弹簧垫圈及其他防松垫圈		5.8%[3]	0(A,AU,B,BH,CA,CL,CO,D,E,IL,JO,KR,MA,MX,OM,P,PA,PE,S,SG)2.9%(JP)	35%

税则号列	统计后缀	货品名称	单位	税率 1 普通	税率 1 特惠	2
	30	螺旋弹簧锁紧垫圈	千克			
	90	其他	千克			
7318.22.00	00	其他垫圈	千克	0[3]		1.3美分/千克
7318.23.00	00	铆钉	千克	0[3]		2.2美分/千克
7318.24.00	00	销及开尾销	千克	3.8%[3]	0(A,AU,B,BH,CA,CL,CO,D,E,IL,JO,JP,KR,MA,MX,OM,P,PA,PE,S,SG)	45%
7318.29.00	00	其他	千克	2.8%[3]	0(A,AU,B,BH,CA,CL,CO,D,E,IL,JO,JP,KR,MA,MX,OM,P,PA,PE,S,SG)	45%
7319		钢铁制的手工缝针、编织针、引针、钩针、刺绣穿孔锥及类似制品；其他品目未列名的钢铁制安全别针及其他别针：				
7319.40		安全别针及其他别针：				
7319.40.20		安全别针		4.5%[1]	0(A,AU,BH,CA,CL,CO,D,E,IL,JO,KR,MA,MX,OM,P,PA,PE,S,SG)	35%
	10	在卡片上	罗			
	50	其他	罗			
7319.40.30	00	裁缝别针或普通别针	千克	4.1%[1]	0(A,AU,BH,CA,CL,CO,D,E,IL,JO,KR,MA,MX,OM,P,PA,PE,S,SG)	35%
7319.40.50		其他		0[1]		35%
	10	图钉	千克			
	50	其他	千克			
7319.90		其他：				
7319.90.10	00	缝纫、织补或绣花针	千个	0[1]		0
7319.90.90	00	其他	个	2.9%[1]	0(A,AU,BH,CA,CL,CO,D,E,IL,JO,KR,MA,MX,OM,P,PA,PE,S,SG)	45%
7320		钢铁制弹簧及弹簧片：				
7320.10		片簧及簧片：				
		适用于机动车辆悬架：				
7320.10.30	00	用于总重量不超过4吨的机动车辆	千克	3.2%[3]	0(A*,AU,B,BH,CA,CL,CO,D,E,IL,JO,KR,MA,MX,OM,P,PA,PE,S,SG)	25%
7320.10.60		其他		3.2%[3]	0(A+,AU,B,BH,CA,CL,CO,D,E,IL,JO,KR,MA,MX,OM,P,PA,PE,S,SG)	25%
	15	厚度为1.6毫米或以上的片簧及簧片	千克			
	60	其他	千克			
7320.10.90		其他		3.2%[3]	0(A*,AU,B,BH,CA,CL,CO,D,E,IL,JO,JP,KR,MA,MX,OM,P,PA,PE,S,SG)	25%

税则号列	统计后缀	货品名称	单位	税率 1 普通	税率 1 特惠	2
	15	厚度为1.6毫米或以上的片簧及簧片	千克			
	60	其他	千克			
7320.20		螺旋弹簧：				
7320.20.10	00	适用于机动车辆悬架	千克	3.2%[1]	0(A, AU, B, BH, CA, CL, CO, D, E, IL, JO, KR, MA, MX, OM, P, PA, PE, S, SG)	25%
7320.20.50		其他		3.9%[1]	0(A, AU, B, BH, CA, CL, CO, D, E, IL, JO, KR, MA, MX, OM, P, PA, PE, S, SG)	45%
		截面尺寸小于5.1毫米的金属丝螺旋弹簧：				
	10	适用于品目9404的床垫	千克			
	20	其他	千克			
	45	截面尺寸为5.1毫米或以上但小于12.7毫米的螺旋弹簧	千克			
	60	其他	千克			
7320.90		其他：				
7320.90.10	00	细弹簧	千克	0[3]		65%
7320.90.50		其他		2.9%[3]	0(A*, AU, B, BH, CA, CL, CO, D, E, IL, JO, JP, KR, MA, MX, OM, P, PA, PE, S, SG)	45%
		线材：				
	10	适用于品目9404的床垫	千克			
	20	其他	千克			
	60	其他	千克			
7321		非电热的钢铁制家用炉、灶(包括集中供暖用的附属锅炉)、烤肉架、烤炉、煤气灶、加热板和类似非电热的家用器具及其零件：				
		炊事器具及加热板：				
7321.11		使用气体燃料或可使用气体燃料及其他燃料的：				
7321.11.10		便携式		5.7%[24]	0(A, AU, BH, CA, CL, CO, D, E, IL, JO, KR, MA, MX, OM, P, PA, PE, S, SG)	45%
	30	炉灶	个			
	60	其他[25]	个			
		其他：				
7321.11.30		炉灶		0[3]		45%
	10	最大宽度不超过70厘米	个			
	20	最大宽度超过70厘米,但不超过80厘米	个			
	50	最大宽度超过80厘米	个			
7321.11.60	00	其他	个	0[3]		45%
7321.12.00	00	使用液体燃料的	个	0[4]		45%

税则号列	统计后缀	货品名称	单位	税率 1 普通	税率 1 特惠	税率 2
7321.19.00		其他,包括使用固体燃料的		0[4]		45%
		便携式:				
	20	小炭炉	个			
	40	其他	个			
		其他:				
	60	铸铁制	个			
	80	其他	个			
		其他器具:				
7321.81		使用气体燃料或可使用气体燃料及其他燃料的:				
7321.81.10	00	便携式	个	2.9%[4]	0(A*,AU,BH,CA,CL,CO,D,E,IL,JO,KR,MA,MX,OM,P,PA,PE,S,SG)	45%
7321.81.50	00	其他	个	0[1]		45%
7321.82		使用液体燃料的:				
7321.82.10	00	便携式	个	2.9%[1]	0(A,AU,BH,CA,CL,CO,D,E,IL,JO,KR,MA,MX,OM,P,PA,PE,S,SG)	45%
7321.82.50	00	其他	个	0[1]		45%
7321.89.00		其他,包括使用固体燃料的		0[1]		45%
	10	铸铁壁炉炉栅	个			
	50	其他	个			
7321.90		零件:				
		税号7321.11.30货品的:				
7321.90.10	00	烹饪室,不论是否组装[16]	个 千克	0[3]		45%
7321.90.20	00	带或不带燃烧器或控制器的顶板	个 千克	0[3]		45%
7321.90.40	00	门组件,包含一种以上的以下货品:内板、外板、窗户、绝缘材料	个 千克	0[3]		45%
7321.90.50	00	其他	个 千克	0[3]		45%
7321.90.60		其他		0[3]		45%
		炊具和盘子加热器:				
	40	用于烹饪烤箱的搁架和架子	个 千克			
	60	其他[22]	个 千克			
	90	其他[26]	个 千克			
7322		非电热的钢铁制集中供暖用散热器及其零件;非电热的钢铁制空气加热器、暖气分布器(包括可分布新鲜空气或调节空气的)及其零件,装有电动风扇或鼓风机:				
		散热器及其零件:				

税则号列	统计后缀	货品名称	单位	税率 普通	税率 特惠	2
7322.11.00	00	铸铁制	个	0[3]		45%
7322.19.00	00	其他	个	0[3]		45%
7322.90.00		其他,包括零件		0[3]		45%
	15	非电热的空气加热器,装有电动风扇或鼓风机[23]	个 千克			
	30	非电热的暖气分布器,装有电动风扇或鼓风机	个 千克			
	45	空气加热器和暖气分布器的零件	个			
7323		餐桌、厨房或其他家用钢铁器具及其零件;钢铁丝绒;钢铁制擦锅器、洗刷、擦光用的块垫、手套及类似品:				
7323.10.00	00	钢铁丝绒;擦锅器及洗刷擦光用的块垫、手套及类似品	千克	0[3]		22美分/千克+30%
		其他:				
7323.91		铸铁制,未搪瓷				
7323.91.10	00	涂有或镀有贵金属的	个 千克	0[1]		20%
7323.91.50		其他		5.3%[4]	0(A*,AU,BH,CA,CL,CO,D,E,IL,JO,KR,MA,MX,OM,P,PA,PE,S,SG)	40%
	20	厨具(不适合炉顶使用的厨具)	个 千克			
	40	其他	个 千克			
7323.92.00		铸铁制,已搪瓷		0[1]		35.5%
	20	烤盘(不适合炉灶面使用的炊具)	个 千克			
	40	其他	个 千克			
7323.93.00		不锈钢制		2%[27]	0(A*,AU,BH,CA,CL,CO,D,E,IL,JO,KR,MA,MX,OM,P,PA,PE,S,SG)	40%
		烹饪和厨房用具:				
	15	茶壶	个 千克			
		其他:				
		炊具:				
	35	烤盘(不适合炉灶面使用的炊具)	个 千克			
	45	其他	个 千克			
	60	厨具	个 千克			
	80	其他	个 千克			

税则号列	统计后缀	货品名称	单位	税率 1 普通	税率 1 特惠	2
7323.94.00		钢铁（铸铁除外）制,已搪瓷		2.7%[1]	0(A,AU,BH,CA,CL,CO,D,E,IL,JO,KR,MA,MX,OM,P,PA,PE,S,SG)	35.5%
		烹饪和厨房用具：				
		钢制：				
	10	茶壶	个 千克			
		其他：				
		炊具：				
	21	烤盘（不适合炉灶面使用的炊具）	个 千克			
	26	其他	个 千克			
	30	厨具	个 千克			
	40	其他	个 千克			
	80	其他	个 千克			
7323.99		其他：				
		涂有或镀有贵金属：				
7323.99.10	00	涂银或镀银	个 千克	0[1]		50%
7323.99.30	00	其他	个 千克	8.2%[4]	0(A*,AU,BH,CA,CL,CO,D,E,IL,JO,KR,MA,MX,OM,P,PA,PE,S,SG)	65%
		未涂或未镀贵金属：				
7323.99.50		马口铁制		0[4]		40%
	30	适合与食物或饮料接触的厨房或餐具	个 千克			
	60	其他	个 千克			
		其他：				
7323.99.70	00	炊具	个 千克	5.3%[4]	0(A*,AU,BH,CA,CL,CO,D,E,IL,JO,KR,MA,MX,OM,P,PA,PE,S,SG)	40%
7323.99.90		其他		3.4%[28]	0(A*,AU,BH,CA,CL,CO,D,E,IL,JO,KR,MA,MX,OM,P,PA,PE,S,SG)	40%
	30	适合与食物或饮料接触的厨房或餐具[8]	个 千克			
	40	限制儿童或宠物的栅栏门[29]	个			
	80	其他[30]	个			
7324		钢铁制卫生器具及其零件：				

税则号列	统计后缀	货品名称	单位	税率 1 普通	税率 1 特惠	2
7324.10.00		不锈钢制洗涤槽及脸盆		3.4%[3]	0(A*,AU,BH,C,CA,CL,CO,D,E,IL,JO,KR,MA,MX,OM,P,PA,PE,S,SG)	40%
	10	带一个或多个拉制碗（盆）的不锈钢水槽	个			
	50	其他	个			
		浴缸：				
7324.21		铸铁制,不论是否搪瓷				
7324.21.10	00	涂有或镀有贵金属	个	0[3]		20%
7324.21.50	00	其他[23]	个	0[3]		40%
7324.29.00	00	其他	个	0[1]		40%
7324.90.00	00	其他,包括零件[31]	个	0[3]		40%
7325		其他钢铁铸造制品：				
7325.10.00		无可锻性铸铁制：		0[3]		10%
	10	井盖、环和框架	千克			
	20	集水池、格栅和框架	千克			
	25	清洁盖和框架	千克			
	30	阀门和服务箱	千克			
	35	仪表箱	千克			
	80	其他	千克			
		其他：				
7325.91.00	00	研磨机用的研磨球及类似品	千克	2.9%[3]	0(A,AU,BH,CA,CL,CO,D,E,IL,JO,KR,MA,MX,OM,P,PA,PE,S,SG)	45%
7325.99		其他：				
7325.99.10	00	铸铁制[8]	千克	0[3]		20%
7325.99.50	00	其他[8]	千克	2.9%[3]	0(A,AU,B,BH,CA,CL,CO,D,E,IL,JO,KR,MA,MX,OM,P,PA,PE,S,SG)	45%
7326		其他钢铁制品：				
		经锻造或冲压,但未经进一步加工：				
7326.11.00	00	研磨机用的研磨球及类似品	千克	0[3]		27.5%
7326.19.00		其他	千克	2.9%[3]	0(A,AU,BH,CA,CL,CO,D,E,IL,JO,KR,MA,MX,OM,P,PA,PE,S,SG)	45%
	10	锻造的	千克			
	80	其他[23]	千克			
7326.20.00		钢铁丝制品		3.9%[3]	0(A,AU,B,BH,C,CA,CL,CO,D,E,IL,JO,KR,MA,MX,OM,P,PA,PE,S,SG)	45%
	10	腰带	千克			
	20	衣架	个			
	30	草皮钉、U形钉、灌溉钉、地钉和接地引脚	个			

税则号列	统计后缀	货品名称	单位	税率 1 普通	税率 1 特惠	2
	40	双环扎带	个			
	55	油漆滚筒架	个			
	90	其他	个			
7326.90		其他:				
7326.90.10	00	马口铁制	个 千克	0[3]		45%
		其他:				
7326.90.25	00	卡钳和悬臂式制动器的电缆或内线及其套管,不论是否切成特定长度	千克	0[3]		45%
7326.90.35	00	一种通常随身携带、放在口袋或手提包中的容器	打	7.8%[3]	0(AU,BH,CA,CL,CO,D,E,IL,JO,KR,MA,MX,OM,P,PA,PE,S,SG)	110%
7326.90.45	00	马鞋或骡鞋	千克	0[3]		10%
		其他:				
7326.90.60	00	涂有或镀有贵金属	个 千克	8.6%[3]	0(A,AU,BH,CA,CL,CO,D,E,IL,JO,KR,MA,MX,OM,P,PA,PE,S,SG)	65%
7326.90.86		其他		2.9%[32]	0(A,AU,B,BH,CA,CL,CO,D,E,IL,JO,JP,KR,MA,MX,OM,P,PA,PE,S,SG)	45%
	05	电气接地棒	千克			
	10	由两片或以上用粘合剂粘合在一起或具有非金属材料芯的钢制扁平板制成的层压制品	千克			
	30	管子和管道的吊架和类似支架	千克			
	35	栅栏柱,镶嵌有波纹、旋钮、螺柱、凹口或类似的突出物,带或不带锚板	千克			
	45	带刺胶带	千克			
	60	梯子[7]	个			
	75	油漆滚筒架(钢铁丝制的除外)	个			
	76	用于扫帚、拖把、油漆涂抹器和类似产品的金属手柄	个			
	77	骨灰盒	个			
	88	其他[33]	千克			

[1]见9903.88.15。

[2]见第九十九章第三分章附加美国注释十六。

[3]见9903.88.03。

[4]见9903.88.16。

[5]见9903.88.51。

[6]见9903.88.45。

[7]见9903.88.35。

[8]见9903.88.46。

[9]见9903.88.02。

[10] 见9903.88.43和9903.88.56。

[11] 见9903.88.37和9903.88.56。

[12] 见9903.88.48和9903.88.56。

[13] 见9903.88.17和9903.88.59。

[14] 见9903.88.17和9903.88.20。

[15] 见9903.88.43。

[16] 见9903.88.43和9903.88.48。

[17] 见9903.88.48。

[18] 见9903.88.18。

[19] 见9903.88.33和9903.88.56。

[20] 见9903.88.37。

[21] 见9902.14.94和9903.88.03。

[22] 见9903.88.38。

[23] 见9903.88.33。

[24] 见9902.14.95和9903.88.03。

[25] 见9903.88.40、9903.88.48和9903.88.56。

[26] 见9903.88.18和9903.88.56。

[27] 见9902.14.96、9902.14.97和9903.88.16。

[28] 见9902.14.98、9902.14.99、9902.15.01和9903.88.03。

[29] 见9903.88.36。

[30] 见9903.88.13、9903.88.37、9903.88.43和9903.88.46。

[31] 见9903.88.34和9903.88.43。

[32] 见9902.15.02、9902.15.03、9902.15.04、9902.15.05、9902.15.06和9903.88.03。

[33] 见9903.88.33、9903.88.36、9903.88.37、9903.88.38、9903.88.43、9903.88.45、9903.88.46、9903.88.48和9903.88.56。

第七十四章　铜及其制品

注释：
一、本章所用有关名词解释如下：
(一)精炼铜。
　　按重量计含铜量至少为99.85%的金属；或者
　　按重量计含铜量至少为97.5%，但其他各种元素的含量不超过下表中规定限量的金属：

其他元素表

元　素	所含重量百分比(%)
Ag　银	0.25
As　砷	0.5
Cd　镉	1.3
Cr　铬	1.4
Mg　镁	0.8
Pb　铅	1.5
S　硫	0.7
Sn　锡	0.8
Te　碲	0.8
Zn　锌	1
Zr　锆	0.3
其他元素*，每种	0.3

　　＊ 其他元素，例如，铝、铍、钴、铁、锰、镍、硅。

(二)铜合金。
　　除未精炼铜以外的金属物质，按重量计含铜量大于其他元素单项含量，但——
　　1.按重量计至少有一种其他元素的含量超过上表中规定的限量；或
　　2.按重量计其他元素的总含量超过2.5%。
(三)铜母合金。
　　含有其他元素，但按重量计含铜量超过10%的合金，该合金无实用可锻性，通常用作生产其他合金的添加剂或用作冶炼有色金属的脱氧剂、脱硫剂及类似用途。但按重量计含磷量超过15%的磷化铜(磷铜)归入品目2853。
(四)条、杆。
　　轧、挤、拔或锻制的实心产品，非成卷的，其全长截面均为圆形、椭圆形、矩形(包括正方形)、等边三角形或规则外凸多边形(包括相对两边为弧拱形，另外两边为等长平行直线的"扁圆形"及"变形矩形")。对于矩形(包括正方形)、三角形或多边形截面的产品,其全长边角可经磨圆。矩形(包括"变形矩形")截面的产品,其厚度应大于宽度的十分之一。所述条、杆也包括同样形状及尺寸的铸造或烧结产品。该产品在铸造或烧结后再经加工(简单剪修或去氧化皮的除外),但不具有其他品目所列制品或产品的特征。

线锭及坯段,已具锥形尾端或经其他简单加工以便送入机器制成盘条或管子等的,仍应作为未锻轧铜归入品目7403。

(五)型材及异型材。

轧、挤、拔、锻制的产品或其他成型产品,不论是否成卷,其全长截面相同,但与条、杆、丝、板、片、带、箔、管的定义不相符合。同时也包括同样形状的铸造或烧结产品。该产品在铸造或烧结后再经加工(简单剪修或去氧化皮的除外),但不具有其他品目所列制品或产品的特征。

(六)丝。

盘卷的轧、挤或拔制实心产品,其全长截面均为圆形、椭圆形、矩形(包括正方形)、等边三角形或规则外凸多边形(包括相对两边为弧拱形,另外两边为等长平行直线的"扁圆形"及"变形矩形")。对于矩形(包括正方形)、三角形或多边形截面的产品,其全长边角可经磨圆。矩形(包括"变形矩形")截面的产品,其厚度应大于宽度的十分之一。

(七)板、片、带、箔。

成卷或非成卷的平面产品(品目7403的未锻轧产品除外),截面均为厚度相同的实心矩形(不包括正方形),不论边角是否磨圆(包括相对两边为弧拱形,另外两边为等长平行直线的"变形矩形"),并且符合以下规格:

1. 矩形(包括正方形)的,厚度不超过宽度的十分之一;

2. 矩形或正方形以外形状的,任何尺寸,但不具有其他品目所列制品或产品的特征。

品目7409及品目7410还适用于具有花样(例如,凹槽、肋条形、格槽、珠粒及菱形)的板、片、带、箔以及穿孔、抛光、涂层或制成瓦楞形的这类产品,但不具有其他品目所列制品或产品的特征。

(八)管。

全长截面及管壁厚度相同并只有一个闭合空间的空心产品,成卷或非成卷的,其截面为圆形、椭圆形、矩形(包括正方形)、等边三角形或规则外凸多边形。对于截面为矩形(包括正方形)、等边三角形或规则外凸多边形的产品,不论全长边角是否磨圆,只要其内外截面为同一圆心并为同样形状及同一轴向,也可视为管子。上述截面的管子可经抛光、涂层、弯曲、攻丝、钻孔、缩腰、胀口、成锥形或装法兰、颈圈或套环。

子目注释:

一、本章所用有关名词解释如下:

(一)铜锌合金(黄铜)。

铜与锌的合金,不论是否含有其他元素。含有其他元素时:

1. 按重量计含锌量应大于其他各种元素的单项含量;

2. 按重量计含镍量应低于5%[参见铜镍锌合金(德银)];以及

3. 按重量计含锡量应低于3%[参见铜锡合金(青铜)]。

(二)铜锡合金(青铜)。

　　铜与锡的合金,不论是否含有其他元素。含有其他元素时,按重量计含锡量应大于其他各种元素的单项含量。当按重量计含锡量在3%或以上时,锌的含量可大于锡的含量,但必须小于10%。

(三)铜镍锌合金(德银)。

　　铜、镍、锌的合金,不论是否含有其他元素,按重量计含镍量在5%或以上[参见铜锌合金(黄铜)]。

(四)铜镍合金。

　　铜与镍的合金,不论是否含有其他元素,但按重量计含锌量不得大于1%。含有其他元素时,按重量计含镍量应大于其他各种元素的单项含量。

附加美国注释:

一、第二十六章附加美国注释一中规定的扣减应适用于子目7401.20的沉积铜(泥铜)。

统计注释:

一、本章所称"铍铜中间合金"是指按重量计铍含量至少为3%但不超过10%的铜母合金。

税则号列	统计后缀	货品名称	单位	税率 普通	税率 特惠	2
7401.00.00	00	铜锍；沉积铜(泥铜)	千克	0		6%
7402.00.00	00	未精炼铜；电解精炼用的铜阳极	千克 千克铜	0[1]		6%
7403		未锻轧的精炼铜及铜合金：				
		精炼铜：				
7403.11.00	00	阴极及阴极型材	千克	1%[1]	0(A*,AU,BH,CA,CL,CO,D,E,IL,JO,KR,MA,MX,OM,P,PA,PE,S,SG)	6%
7403.12.00	00	线锭	千克	1%[1]	0(A,AU,BH,CA,CL,CO,D,E,IL,JO,KR,MA,MX,OM,P,PA,PE,S,SG)	6%
7403.13.00	00	坯段	千克	1%[1]	0(A,AU,BH,CA,CL,CO,D,E,IL,JO,KR,MA,MX,OM,P,PA,PE,S,SG)	6%
7403.19.00	00	其他	千克	1%[1]	0(A*,AU,BH,CA,CL,CO,D,E,IL,JO,KR,MA,MX,OM,P,PA,PE,S,SG)	6%
		铜合金：				
7403.21.00	00	铜锌合金(黄铜)	千克	1%[1]	0(A,AU,BH,CA,CL,CO,D,E,IL,JO,KR,MA,MX,OM,P,PA,PE,S,SG)	6%
7403.22.00	00	铜锡合金(青铜)	千克	1%[1]	0(A,AU,BH,CA,CL,CO,D,E,IL,JO,KR,MA,MX,OM,P,PA,PE,S,SG)	6%
7403.29.01		其他铜合金(品目7405的铜母合金除外)		1%[1]	0(A,AU,BH,CA,CL,CO,D,E,IL,JO,KR,MA,MX,OM,P,PA,PE,S,SG)	6%
	10	铜镍基合金(白铜)或铜镍锌基合金(镍银)	千克			
	80	其他	千克			
7404.00		铜废碎料：				
7404.00.30		废阳极；按重量计铜含量低于94%的废物和废料		0[1]		6%
	20	精炼铜制	千克			
		铜合金制：				
		铜锌合金(黄铜)制：				
	45	含铅量超过0.3%	千克			
	55	其他	千克			
	65	铜锡合金(青铜)制	千克			
	90	其他	千克			
7404.00.60		其他		0[1]		6%
	20	精炼铜制	千克			
		铜合金制：				
		铜锌合金(黄铜)制：				
	45	含铅量超过0.3%	千克			
	55	其他	千克			

税则号列	统计后缀	货品名称	单位	税率 普通	税率 特惠	2
	65	铜锡合金(青铜)制	千克			
	90	其他	千克			
7405.00		铜母合金:				
7405.00.10	00	按重量计含有5%或以上但不超过15%的磷	千克	0[1]		12%
7405.00.60		其他		0[1]		28%
	30	铍铜母合金	千克			
	50	其他	千克			
7406		铜粉及片状粉末:				
7406.10.00	00	非片状粉末	千克	0[1]		49%
7406.20.00	00	片状粉末	千克	0[1]		12%
7407		铜条、杆、型材及异型材:				
7407.10		精炼铜制:				
		异型材:				
7407.10.15	00	空心型材	千克	3%[1]	0(A,AU,BH,CA,CL,CO,D,E,IL,JO,KR,MA,MX,OM,P,PA,PE,S,SG)	48%
7407.10.30	00	其他	千克	3%[1]	0(A,AU,BH,CA,CL,CO,D,E,IL,JO,KR,MA,MX,OM,P,PA,PE,S,SG)	48%
7407.10.50		条、杆		1%[1]	0(A,AU,BH,CA,CL,CO,D,E,IL,JO,KR,MA,MX,OM,P,PA,PE,S,SG)	7%
	10	矩形横截面的	千克			
	50	其他	千克			
		铜合金制:				
7407.21		铜锌合金(黄铜):				
		异型材:				
7407.21.15	00	空心型材	千克	2.2%[1]	0(A,AU,BH,CA,CL,CO,D,E,IL,JO,KR,MA,MX,OM,P,PA,PE,S,SG)	17%
7407.21.30	00	其他	千克	2.2%[1]	0(A,AU,BH,CA,CL,CO,D,E,IL,JO,KR,MA,MX,OM,P,PA,PE,S,SG)	17%
		条、杆:				
7407.21.50	00	低烟钎焊条、杆	千克	2.2%[1]	0(A,AU,BH,CA,CL,CO,D,E,IL,JO,KR,MA,MX,OM,P,PA,PE,S,SG)	9%
		其他:				
7407.21.70	00	矩形截面的	千克	1.9%[1]	0(A,AU,BH,CA,CL,CO,D,E,IL,JO,KR,MA,MX,OM,P,PA,PE,S,SG)	9%
7407.21.90	00	其他	千克	2.2%[1]	0(A*,AU,BH,CA,CL,CO,D,E,IL,JO,KR,MA,MX,OM,P,PA,PE,S,SG)	9%
7407.29		其他:				

税则号列	统计后缀	货品名称	单位	税率 普通	税率 特惠	2
		异型材：				
7407.29.16		空心型材		3%[1]	0(A, AU, BH, CA, CL, CO, D, E, IL, JO, KR, MA, MX, OM, P, PA, PE, S, SG)	48%
	10	铜镍合金（白铜）或铜镍锌合金（镍银）制	千克			
	80	其他	千克			
		其他：				
7407.29.34	00	铜镍合金（白铜）或铜镍锌合金（镍银）制	千克	3%[1]	0(A, AU, BH, CA, CL, CO, D, E, IL, JO, KR, MA, MX, OM, P, PA, PE, S, SG)	48%
7407.29.38	00	其他	千克	3%[1]	0(A, AU, BH, CA, CL, CO, D, E, IL, JO, KR, MA, MX, OM, P, PA, PE, S, SG)	48%
7407.29.40	00	铜镍合金（白铜）或铜镍锌合金（镍银）条、杆	千克	3%[1]	0(A, AU, BH, CA, CL, CO, D, E, IL, JO, KR, MA, MX, OM, P, PA, PE, S, SG)	48%
7407.29.50	00	其他条、杆	千克	1.6%[1]	0(A, AU, BH, CA, CL, CO, D, E, IL, JO, KR, MA, MX, OM, P, PA, PE, S, SG)	9%
7408		铜丝：				
		精炼铜制：				
7408.11		最大截面尺寸超过6毫米：				
7408.11.30	00	最大截面尺寸超过9.5毫米	千克	1%[1]	0(A, AU, BH, CA, CL, CO, D, E, IL, JO, KR, MA, MX, OM, P, PA, PE, S, SG)	7%
7408.11.60	00	最大截面尺寸超过6毫米，但不超过9.5毫米	千克	3%[1]	0(A*, AU, BH, CA, CL, CO, D, E, IL, JO, KR, MA, MX, OM, P, PA, PE, S, SG)	28%
7408.19.00		其他		3%[1]	0(A*, AU, BH, CA, CL, CO, D, E, IL, JO, KR, MA, MX, OM, P, PA, PE, S, SG)	28%
	30	最大截面尺寸为3毫米或以下	千克			
	60	其他	千克			
		铜合金制：				
7408.21.00	00	铜锌合金（黄铜）	千克	3%[1]	0(A, AU, BH, CA, CL, CO, D, E, IL, JO, KR, MA, MX, OM, P, PA, PE, S, SG)	28%
7408.22		铜镍合金（白铜）或铜镍锌合金（德银）制：				
7408.22.10	00	涂有或镀有金属的	千克	3%[1]	0(A, AU, BH, CA, CL, CO, D, E, IL, JO, KR, MA, MX, OM, P, PA, PE, S, SG)	28%
7408.22.50	00	未涂或未镀金属的	千克	3%	0(A, AU, BH, CA, CL, CO, D, E, IL, JO, KR, MA, MX, OM, P, PA, PE, S, SG)	28%
7408.29		其他：				

税则号列	统计后缀	货品名称	单位	税率 1 普通	税率 1 特惠	税率 2
7408.29.10	00	涂有或镀有金属的	千克	3%[1]	0(A*,AU,BH,CA,CL,CO,D,E,IL,JO,KR,MA,MX,OM,P,PA,PE,S,SG)	28%
7408.29.50	00	未涂或未镀金属的	千克	3%[1]	0(A*,AU,BH,CA,CL,CO,D,E,IL,JO,KR,MA,MX,OM,P,PA,PE,S,SG)	28%
7409		铜板、片及带,厚度超过0.15毫米:				
		精炼铜制:				
7409.11		盘卷的:				
7409.11.10	00	厚度为5毫米或以上的	千克	3%[1]	0(A,AU,BH,CA,CL,CO,D,E,IL,JO,KR,MA,MX,OM,P,PA,PE,S,SG)	38%
7409.11.50		厚度小于5毫米的		1%[1]	0(A*,AU,BH,CA,CL,CO,D,E,IL,JO,KR,MA,MX,OM,P,PA,PE,S,SG)	7.5%
	10	宽度为500毫米或以上的	千克			
	50	宽度小于500毫米的	千克			
7409.19		其他:				
7409.19.10	00	厚度为5毫米或以上的	千克	3%[1]	0(A,AU,BH,CA,CL,CO,D,E,IL,JO,KR,MA,MX,OM,P,PA,PE,S,SG)	48%
		厚度小于5毫米的:				
7409.19.50	00	宽度为500毫米或以上的	千克	1%[1]	0(A,AU,BH,CA,CL,CO,D,E,IL,JO,KR,MA,MX,OM,P,PA,PE,S,SG)	7.5%
7409.19.90	00	宽度小于500毫米的	千克	3%[1]	0(A,AU,BH,CA,CL,CO,D,E,IL,JO,KR,MA,MX,OM,P,PA,PE,S,SG)	48%
		铜锌合金(黄铜)制:				
7409.21.00		盘卷的		1.9%[1]	0(A*,AU,BH,CA,CL,CO,D,E,IL,JO,KR,MA,MX,OM,P,PA,PE,S,SG)	9%
	10	厚度为5毫米或以上的	千克			
		厚度小于5毫米的:				
	50	宽度为500毫米或以上的	千克			
		宽度小于500毫米的:				
	75	厚度小于1.6毫米的	千克			
	90	其他	千克			
7409.29.00		其他		1.9%[1]	0(A,AU,BH,CA,CL,CO,D,E,IL,JO,KR,MA,MX,OM,P,PA,PE,S,SG)	9%
	10	厚度为5毫米或以上的	千克			
		厚度小于5毫米的:				
	50	宽度为500毫米或以上的	千克			
		宽度小于500毫米的:				
	75	厚度小于1.6毫米的	千克			

税则号列	统计后缀	货品名称	单位	税率 1 普通	税率 1 特惠	2
	90	其他	千克			
		铜锡合金(青铜)制:				
7409.31		盘卷的:				
7409.31.10	00	厚度为5毫米或以上的	千克	3%[1]	0(A, AU, BH, CA, CL, CO, D, E, IL, JO, KR, MA, MX, OM, P, PA, PE, S, SG)	49%
		厚度小于5毫米的:				
7409.31.50	00	宽度为500毫米或以上的	千克	1.7%[1]	0(A, AU, BH, CA, CL, CO, D, E, IL, JO, KR, MA, MX, OM, P, PA, PE, S, SG)	9%
7409.31.90	00	宽度小于500毫米的	千克	3%[1]	0(A, AU, BH, CA, CL, CO, D, E, IL, JO, KR, MA, MX, OM, P, PA, PE, S, SG)	49%
7409.39		其他:				
7409.39.10		厚度为5毫米或以上的		3%[1]	0(A, AU, BH, CA, CL, CO, D, E, IL, JO, KR, MA, MX, OM, P, PA, PE, S, SG)	49%
	30	磷青铜	千克 千克铜			
	60	其他	千克 千克铜			
		厚度小于5毫米的:				
7409.39.50	00	宽度为500毫米或以上的	千克	1.7%[1]	0(A, AU, BH, CA, CL, CO, D, E, IL, JO, KR, MA, MX, OM, P, PA, PE, S, SG)	9%
7409.39.90		宽度小于500毫米的		3%[1]	0(A, AU, BH, CA, CL, CO, D, E, IL, JO, KR, MA, MX, OM, P, PA, PE, S, SG)	49%
	30	磷青铜	千克 千克铜			
	60	其他	千克 千克铜			
7409.40.00	00	铜镍合金(白铜)或铜镍锌合金(德银)制	千克	3%[1]	0(A, AU, BH, CA, CL, CO, D, E, IL, JO, KR, MA, MX, OM, P, PA, PE, S, SG)	48%
7409.90		其他铜合金制:				
7409.90.10		厚度为5毫米或以上的		3%[1]	0(A, AU, BH, CA, CL, CO, D, E, IL, JO, KR, MA, MX, OM, P, PA, PE, S, SG)	49%
	30	铍铜合金制	千克 千克铜			
	60	其他	千克 千克铜			
		厚度小于5毫米的:				
7409.90.50		宽度为500毫米或以上的		1.7%[1]	0(A, AU, BH, CA, CL, CO, D, E, IL, JO, KR, MA, MX, OM, P, PA, PE, S, SG)	9%

税则号列	统计后缀	货品名称	单位	税率 1 普通	税率 1 特惠	税率 2
	30	铍铜合金制	千克 千克铜			
	60	其他	千克 千克铜			
7409.90.90		宽度小于500毫米的		3%[1]	0(A,AU,BH,CA,CL,CO,D,E,IL,JO,KR,MA,MX,OM,P,PA,PE,S,SG)	49%
	30	铍铜合金制	千克 千克铜			
	60	其他	千克 千克铜			
7410		铜箔(不论是否印花或用纸、纸板、塑料或类似材料衬背),厚度(衬背除外)不超过0.15毫米:				
		无衬背:				
7410.11.00	00	精炼铜制	千克	1%[1]	0(A,AU,BH,CA,CL,CO,D,E,IL,JO,JP,KR,MA,MX,OM,P,PA,PE,S,SG)	6.5%
7410.12.00		铜合金制		1%[1]	0(A,AU,BH,CA,CL,CO,D,E,IL,JO,JP,KR,MA,MX,OM,P,PA,PE,S,SG)	6.5%
	30	铜锌合金(黄铜)制	千克			
	60	其他	千克			
		有衬背:				
7410.21		精炼铜制:				
7410.21.30		覆铜板		3%[1]	0(A,AU,BH,CA,CL,CO,D,E,IL,JO,JP,KR,MA,MX,OM,P,PA,PE,S,SG)	80%
		具有完全由塑料浸渍玻璃制成的底座:				
	20	只有一面是铜的	平方米 千克			
	40	两面都是铜的	平方米 千克			
	60	其他	平方米 千克			
7410.21.60	00	其他	千克	1.5%[1]	0(A,AU,BH,CA,CL,CO,D,E,IL,JO,JP,KR,MA,MX,OM,P,PA,PE,S,SG)	6%
7410.22.00	00	铜合金制:	千克	1.5%[1]	0(A*,AU,BH,CA,CL,CO,D,E,IL,JO,JP,KR,MA,MX,OM,P,PA,PE,S,SG)	6%
7411		铜管:				
7411.10		精炼铜制:				
7411.10.10		无缝的		1.5%[1]	0(A,AU,BH,CA,CL,CO,D,E,IL,JO,KR,MA,MX,OM,P,PA,PE,S,SG)	13%

税则号列	统计后缀	货品名称	单位	税率 1 普通	税率 1 特惠	2
	30	外径为6毫米或以上但不超过16毫米的卷轴	千克			
	90	其他	千克			
7411.10.50	00	其他	千克	3%[1]	0(A,AU,BH,CA,CL,CO,D,E,IL,JO,KR,MA,MX,OM,P,PA,PE,S,SG)	47%
		铜合金制：				
7411.21		铜锌合金(黄铜)制：				
7411.21.10	00	无缝的	千克	1.4%[1]	0(A,AU,BH,CA,CL,CO,D,E,IL,JO,KR,MA,MX,OM,P,PA,PE,S,SG)	10%
7411.21.50	00	其他	千克	3%[1]	0(A,AU,BH,CA,CL,CO,D,E,IL,JO,KR,MA,MX,OM,P,PA,PE,S,SG)	49%
7411.22.00	00	铜镍合金(白铜)或铜镍锌合金(德银)制	千克	3%[1]	0(A,AU,BH,CA,CL,CO,D,E,IL,JO,KR,MA,MX,OM,P,PA,PE,S,SG)	47%
7411.29		其他：				
7411.29.10	00	无缝的	千克	1.4%[1]	0(A*,AU,BH,CA,CL,CO,D,E,IL,JO,KR,MA,MX,OM,P,PA,PE,S,SG)	10%
7411.29.50	00	其他	千克	3%[1]	0(A*,AU,BH,CA,CL,CO,D,E,IL,JO,KR,MA,MX,OM,P,PA,PE,S,SG)	49%
7412		铜制管子附件(例如,接头、肘管、管套)：				
7412.10.00	00	精炼铜制	千克	3%[1]	0(A,AU,B,BH,CA,CL,CO,D,E,IL,JO,KR,MA,MX,OM,P,PA,PE,S,SG)	46%
7412.20.00		铜合金制		3%[1]	0(A*,AU,B,BH,CA,CL,CO,D,E,IL,JO,KR,MA,MX,OM,P,PA,PE,S,SG)	49%
	15	用于子目8701.20、品目8702、品目8703、品目8704或品目8705车辆的制动软管	千克			
		其他：				
		铜锌合金(黄铜)制：				
		有螺纹的：				
	25	辐条螺母	千克			
	35	其他	千克			
	45	其他	千克			
		其他：				
		有螺纹的：				
	65	辐条螺母	千克			
	85	其他	千克			
	90	其他	千克			
7413.00		非绝缘的铜丝绞股线、缆、编带及类似品：				

税则号列	统计后缀	货品名称	单位	税率 普通	税率 1 特惠	2
		未安装配件且未制成制品：				
7413.00.10	00	绞合线	千克	3%[1]	0(A*,AU,BH,CA,CL,CO,D,E,IL,JO,KR,MA,MX,OM,P,PA,PE,S,SG)	35%
7413.00.50	00	其他	千克	2%[1]	0(A*,AU,BH,CA,CL,CO,D,E,IL,JO,KR,MA,MX,OM,P,PA,PE,S,SG)	35%
7413.00.90	00	装有配件或制成制品的	千克	3%[1]	0(A*,AU,B,BH,C,CA,CL,CO,D,E,IL,JO,KR,MA,MX,OM,P,PA,PE,S,SG)	45%
7415		铜制或钢铁制带铜头的钉、平头钉、图钉、U形钉（品目8305的货品除外）及类似品；铜制螺钉、螺栓、螺母、钩头螺钉、铆钉、销、开尾销、垫圈（包括弹簧垫圈）及类似品：				
7415.10.00	00	钉、平头钉、图钉、U形钉及类似品	千克	2.5%[1]	0(A,AU,BH,CA,CL,CO,D,E,IL,JO,KR,MA,MX,OM,P,PA,PE,S,SG)	45%
		其他无螺纹制品：				
7415.21.00	00	垫圈（包括弹簧垫圈）	千克	3%[1]	0(A,AU,B,BH,CA,CL,CO,D,E,IL,JO,KR,MA,MX,OM,P,PA,PE,S,SG)	45%
7415.29.00	00	其他	千克	3%[1]	0(A,AU,B,BH,CA,CL,CO,D,E,IL,JO,KR,MA,MX,OM,P,PA,PE,S,SG)	45%
		其他螺纹制品：				
7415.33		螺钉、螺栓及螺母：				
7415.33.05	00	木螺钉	千克	3%[1]	0(A,AU,B,BH,CA,CL,CO,D,E,IL,JO,KR,MA,MX,OM,P,PA,PE,S,SG)	45%
7415.33.10	00	蒙兹合金或黄铜螺栓	千克	1.4%[1]	0(A,AU,B,BH,CA,CL,CO,D,E,IL,JO,KR,MA,MX,OM,P,PA,PE,S,SG)	7%
7415.33.80		其他螺钉和螺栓；螺母		3%[1]	0(A,AU,B,BH,CA,CL,CO,D,E,IL,JO,KR,MA,MX,OM,P,PA,PE,S,SG)	45%
	10	具有直径为6毫米或以上的柄、螺纹或孔	千克			
	50	具有直径小于6毫米的柄、螺纹或孔	千克			
7415.39.00	00	其他	千克	3%[1]	0(A,AU,B,BH,CA,CL,CO,D,E,IL,JO,KR,MA,MX,OM,P,PA,PE,S,SG)	45%
7418		餐桌、厨房或其他家用铜制器具及其零件；铜制擦锅器、洗刷擦光用的块垫、手套及类似品；铜制卫生器具及其零件：				
7418.10.00		餐桌、厨房或其他家用器具及其零件；擦锅器及洗刷擦光用的块垫、手套及类似品		3%[2]	0(A*,AU,BH,CA,CL,CO,D,E,IL,JO,KR,MA,MX,OM,P,PA,PE,S,SG)	40%
		擦锅器及洗刷擦洗光用的块垫、手套及类似品：				

税则号列	统计后缀	货品名称	单位	税率 1 普通	税率 1 特惠	2
	02	铜锌合金(黄铜)制	千克			
	04	其他	千克			
		其他:				
	19	涂有或镀有贵金属的	千克			
		其他:				
		铜锌合金(黄铜)制:				
	21	非电热的家用烹饪或加热器具及其零件	千克			
	23	厨具	千克			
	25	其他	千克			
		其他:				
	51	非电热的家用烹饪或加热器具及其零件	千克			
	53	厨具	个 千克			
	55	其他	千克			
7418.20		卫生器具及其零件				
7418.20.10	00	铜锌合金(黄铜)制[3]	千克	3%[1]	0(A*,AU,BH,CA,CL,CO,D,E,IL,JO,KR,MA,MX,OM,P,PA,PE,S,SG)	40%
7418.20.50	00	其他	千克	3%[1]	0(A*,AU,BH,CA,CL,CO,D,E,IL,JO,KR,MA,MX,OM,P,PA,PE,S,SG)	40%
7419		其他铜制品:				
7419.10.00	00	链条及其零件	千克	3%[1]	0(A,AU,B,BH,CA,CL,CO,D,E,IL,JO,KR,MA,MX,OM,P,PA,PE,S,SG)	45%
		其他:				
7419.91.00		铸造、模压、冲压或锻造,但未经进一步加工的		0[1]		46%
	10	未列名的黄铜管道制品	千克			
	50	其他	千克			
7419.99		其他:				
		铜丝制的布(包括环形带)、格栅和网;网眼铜板:				
		布料:				
7419.99.03	00	长网,有缝或无缝,用于造纸机,每厘米线数为94或以上	平方米 千克	0[1]		75%
7419.99.06		其他		3%[1]	0(A,AU,BH,CA,CL,CO,D,E,IL,JO,KR,MA,MX,OM,P,PA,PE,S,SG)	43%
	60	长网,有缝或无缝,用于造纸机,每厘米线数低于94或以上	平方米 千克			
	80	其他	平方米 千克			

税则号列	统计后缀	货品名称	单位	税率 1 普通	税率 1 特惠	2
7419.99.09	00	其他	千克	3%[1]	0(A,AU,B,BH,CA,CL,CO,D,E,IL,JO,KR,MA,MX,OM,P,PA,PE,S,SG)	43%
7419.99.15	00	通常随身携带、放在口袋或手提包中的容器	打	3%[1]	0(AU,BH,CA,CL,CO,D,E,IL,JO,KR,MA,MX,OM,P,PA,PE,S,SG)	110%
7419.99.16	00	铜弹簧	千克	3%[1]	0(A,AU,B,BH,CA,CL,CO,D,E,IL,JO,KR,MA,MX,OM,P,PA,PE,S,SG)	45%
		其他:				
7419.99.30	00	涂有或镀有贵金属的	千克	3%[1]	0(A,AU,BH,CA,CL,CO,D,E,IL,JO,KR,MA,MX,OM,P,PA,PE,S,SG)	65%
7419.99.50		其他		0[1]		46%
	10	其他未列名的黄铜管道制品[4]	千克			
	50	其他[5]	千克			

[1]见9903.88.03。

[2]见9903.88.15。

[3]见9903.88.38。

[4]见9903.88.43。

[5]见9903.88.33。

第七十五章　镍及其制品

注释：

一、本章所用有关名词解释如下：

(一)条、杆。

轧、挤、拔或锻制的实心产品，非成卷的，其全长截面均为圆形、椭圆形、矩形（包括正方形）、等边三角形或规则外凸多边形（包括相对两边为弧拱形，另外两边为等长平行直线的"扁圆形"及"变形矩形"）。对于矩形（包括正方形）、三角形或多边形截面的产品，其全长边角可经磨圆。矩形（包括"变形矩形"）截面的产品，其厚度应大于宽度的十分之一。所述条、杆也包括同样形状及尺寸的铸造或烧结产品。该产品在铸造或烧结后再经加工（简单剪修或去氧化皮的除外），但不具有其他品目所列制品或产品的特征。

(二)型材及异型材。

轧、挤、拔、锻制的产品或其他成型产品，不论是否成卷，其全长截面相同，但与条、杆、丝、板、片、带、箔、管的定义不相符合。同时也包括同样形状的铸造或烧结产品。该产品在铸造或烧结后再经加工（简单剪修或去氧化皮的除外），但不具有其他品目所列制品或产品的特征。

(三)丝。

盘卷的轧、挤或拔制实心产品，其全长截面均为圆形、椭圆形、矩形（包括正方形）、等边三角形或规则外凸多边形（包括相对两边为弧拱形，另外两边为等长平行直线的"扁圆形"及"变形矩形"）。对于矩形（包括正方形）、三角形或多边形截面的产品，其全长边角可经磨圆。矩形（包括"变形矩形"）截面的产品，其厚度应大于宽度的十分之一。

(四)板、片、带、箔。

成卷或非成卷的平面产品（品目7502的未锻轧产品除外），截面均为厚度相同的实心矩形（不包括正方形），不论边角是否磨圆（包括相对两边为弧拱形，另外两边为等长平行直线的"变形矩形"），并且符合以下规格：

1.矩形（包括正方形）的，厚度不超过宽度的十分之一；

2.矩形或正方形以外形状的，任何尺寸，但不具有其他品目所列制品或产品的特征。

品目7506还适用于具有花样（例如，凹槽、肋条形、格槽、珠粒及菱形）的板、片、带、箔以及穿孔、抛光、涂层或制成瓦楞形的这类产品，但不具有其他品目所列制品或产品的特征。

(五)管。

全长截面及管壁厚度相同并只有一个闭合空间的空心产品，成卷或非成卷的，其截面为圆形、椭圆形、矩形（包括正方形）、等边三角形或规则外凸多边形。对于截面为矩形（包括正方形）、等边三角形或规则外凸多边形的产品，不论全长边角是否磨圆，只要其内外截面为同一圆心并为同样形状及同一轴向，也可视为管子。上述截面的管子可经抛光、涂层、弯曲、攻丝、钻孔、缩腰、胀口、成锥形或装法兰、颈圈或套环。

子目注释：

一、本章所用有关名词解释如下：

(一)非合金镍。

按重量计镍及钴的含量至少为99%的金属，但：

1. 按重量计含钴量不超过1.5%；以及

2. 按重量计其他各种元素的含量不超过下表中规定的限量：

其他元素表

元　素	所含重量百分比(%)
Fe　铁	0.5
O　氧	0.4
其他元素，每种	0.3

(二)镍合金。

按重量计含镍量大于其他元素单项含量的金属物质，但——

1. 按重量计含钴量超过1.5%；

2. 按重量计至少有一种其他元素的含量超过上表中规定的限量；或

3. 除镍及钴以外，按重量计其他元素的总含量超过1%。

二、子目7508.10所称"丝"不受本章注释三的限制，仅适用于截面尺寸不超过6毫米的任何截面形状的产品，不论是否盘卷。

税则号列	统计后缀	货品名称	单位	税率 1 普通	税率 1 特惠	税率 2
7501		镍锍、氧化镍烧结物及镍冶炼的其他中间产品:				
7501.10.00	00	镍锍	千克 千克镍	0[1]		0
7501.20.00	00	氧化镍烧结物及镍冶炼的其他中间产品[2]	千克 千克镍	0[1]		0
7502		未锻轧镍:				
7502.10.00	00	非合金镍:	千克	0[1]		6.6美分/千克
7502.20.00	00	镍合金	千克	0[1]		6.6美分/千克
7503.00.00	00	镍废碎料	千克	0[1]		6.6美分/千克
7504.00.00		镍粉及片状粉末:		0[1]		6.6美分/千克
	10	镍粉	千克			
	50	片状粉末	千克			
7505		镍条、杆、型材及异型材或丝:				
		条、杆、型材及异型材:				
7505.11		非合金镍制:				
		条、杆:				
7505.11.10	00	冷成型	千克	3%[1]	0(A, AU, BH, CA, CL, CO, D, E, IL, JO, KR, MA, MX, OM, P, PA, PE, S, SG)	35%
7505.11.30	00	非冷成型	千克	2.6%[1]	0(A, AU, BH, CA, CL, CO, D, E, IL, JO, KR, MA, MX, OM, P, PA, PE, S, SG)	25%
7505.11.50	00	型材或异型材	千克	3%[1]	0(A, AU, BH, CA, CL, CO, D, E, IL, JO, KR, MA, MX, OM, P, PA, PE, S, SG)	45%
7505.12		镍合金制:				
		条、杆:				
7505.12.10	00	冷成型	千克	3%[1]	0(A, AU, BH, CA, CL, CO, D, E, IL, JO, KR, MA, MX, OM, P, PA, PE, S, SG)	35%
7505.12.30	00	非冷成型	千克	2.5%[1]	0(A, AU, BH, CA, CL, CO, D, E, IL, JO, KR, MA, MX, OM, P, PA, PE, S, SG)	25%
7505.12.50	00	型材或异型材	千克	3%[3]	0(A, AU, BH, CA, CL, CO, D, E, IL, JO, KR, MA, MX, OM, P, PA, PE, S, SG)	45%
		丝:				
7505.21		非合金镍制:				
7505.21.10	00	冷成型	千克	3%[1]	0(A, AU, BH, CA, CL, CO, D, E, IL, JO, KR, MA, MX, OM, P, PA, PE, S, SG)	35%
7505.21.50	00	非冷成型	千克	2.6%[1]	0(A, AU, BH, CA, CL, CO, D, E, IL, JO, KR, MA, MX, OM, P, PA, PE, S, SG)	25%
7505.22		镍合金制:				

第七十五章 镍及其制品

税则号列	统计后缀	货品名称	单位	税率 普通	税率 特惠	2
7505.22.10	00	冷成型	千克	3%[4]	0(A*,AU,BH,CA,CL,CO,D,E,IL,JO,KR,MA,MX,OM,P,PA,PE,S,SG)	35%
7505.22.50	00	非冷成型	千克	2.6%[1]	0(A*,AU,BH,CA,CL,CO,D,E,IL,JO,KR,MA,MX,OM,P,PA,PE,S,SG)	25%
7506		镍板、片、带、箔：				
7506.10		非合金镍制：				
7506.10.05	00	厚度不超过0.15毫米	千克	2.5%[1]	0(A,AU,BH,CA,CL,CO,D,E,IL,JO,KR,MA,MX,OM,P,PA,PE,S,SG)	45%
		其他：				
7506.10.10	00	冷成型	千克	3%[1]	0(A,AU,BH,CA,CL,CO,D,E,IL,JO,KR,MA,MX,OM,P,PA,PE,S,SG)	35%
7506.10.30	00	非冷成型	千克	2.5%[1]	0(A,AU,BH,CA,CL,CO,D,E,IL,JO,KR,MA,MX,OM,P,PA,PE,S,SG)	25%
7506.20		镍合金制：				
7506.20.05	00	厚度不超过0.15毫米	千克	3%[1]	0(A,AU,BH,CA,CL,CO,D,E,IL,JO,KR,MA,MX,OM,P,PA,PE,S,SG)	45%
		其他：				
7506.20.10	00	冷成型	千克	3%[1]	0(A,AU,BH,CA,CL,CO,D,E,IL,JO,KR,MA,MX,OM,P,PA,PE,S,SG)	35%
7506.20.30	00	非冷成型	千克	2.5%[1]	0(A,AU,BH,CA,CL,CO,D,E,IL,JO,KR,MA,MX,OM,P,PA,PE,S,SG)	25%
7507		镍管及管子附件(例如,接头、肘管、管套)：				
		镍管：				
7507.11.00	00	非合金镍制	千克	2%[1]	0(A,AU,BH,CA,CL,CO,D,E,IL,JO,KR,MA,MX,OM,P,PA,PE,S,SG)	35%
7507.12.00	00	镍合金制	千克	2%[1]	0(A,AU,BH,CA,CL,CO,D,E,IL,JO,KR,MA,MX,OM,P,PA,PE,S,SG)	35%
7507.20.00	00	管子附件	千克	3%[1]	0(A,AU,B,BH,CA,CL,CO,D,E,IL,JO,KR,MA,MX,OM,P,PA,PE,S,SG)	45%
7508		其他镍制品：				
7508.10.00	00	镍丝布、网及格栅	千克	3%[1]	0(A,AU,B,BH,CA,CL,CO,D,E,IL,JO,KR,MA,MX,OM,P,PA,PE,S,SG)	45%
7508.90		其他：				
7508.90.10	00	绞合线	千克	3%[1]	0(A,AU,B,BH,CA,CL,CO,D,E,IL,JO,KR,MA,MX,OM,P,PA,PE,S,SG)	35%

税则号列	统计后缀	货品名称	单位	税率 1 普通	税率 1 特惠	2
7508.90.50	00	其他	千克	3%[1]	0(A,AU,B,BH,CA,CL,CO,D,E,IL,JO,KR,MA,MX,OM,P,PA,PE,S,SG)	45%

[1]见9903.88.03。

[2]见9903.88.33和9903.88.56。

[3]见9902.15.07和9903.88.03。

[4]见9902.15.08和9903.88.03。

第七十六章　铝及其制品

注释：
一、本章所用有关名词解释如下：
　（一）条、杆。
　　轧、挤、拔或锻制的实心产品，非成卷的，其全长截面均为圆形、椭圆形、矩形（包括正方形）、等边三角形或规则外凸多边形（包括相对两边为弧拱形，另外两边为等长平行直线的"扁圆形"及"变形矩形"）。对于矩形（包括正方形）、三角形或多边形截面的产品，其全长边角可经磨圆。矩形（包括"变形矩形"）截面的产品，其厚度应大于宽度的十分之一。所述条、杆也包括同样形状及尺寸的铸造或烧结产品。该产品在铸造或烧结后再经加工（简单剪修或去氧化皮的除外），但不具有其他品目所列制品或产品的特征。
　（二）型材及异型材。
　　轧、挤、拔、锻制的产品或其他成型产品，不论是否成卷，其全长截面相同，但与条、杆、丝、板、片、带、箔、管的定义不相符合。同时也包括同样形状的铸造或烧结产品。该产品在铸造或烧结后再经加工（简单剪修或去氧化皮的除外），但不具有其他品目所列制品或产品的特征。
　（三）丝。
　　盘卷的轧、挤或拔制实心产品，其全长截面均为圆形、椭圆形、矩形（包括正方形）、等边三角形或规则外凸多边形（包括相对两边为弧拱形，另外两边为等长平行直线的"扁圆形"及"变形矩形"）。对于矩形（包括正方形）、三角形或多边形截面的产品，其全长边角可经磨圆。矩形（包括"变形矩形"）截面的产品，其厚度应大于宽度的十分之一。
　（四）板、片、带、箔。
　　成卷或非成卷的平面产品（品目7601的未锻轧产品除外），截面均为厚度相同的实心矩形（不包括正方形），不论边角是否磨圆（包括相对两边为弧拱形，另外两边为等长平行直线的"变形矩形"），并且符合以下规格：
　　1.矩形（包括正方形）的，厚度不超过宽度的十分之一；
　　2.矩形或正方形以外形状的，任何尺寸，但不具有其他品目所列制品或产品的特征。
　　品目7606及品目7607还适用于具有花样（例如，凹槽、肋条形、格槽、珠粒及菱形）的板、片、带、箔以及穿孔、抛光、涂层或制成瓦楞形的这类产品，但不具有其他品目所列制品或产品的特征。
　（五）管。
　　全长截面及管壁厚度相同并只有一个闭合空间的空心产品，成卷或非成卷的，其截面为圆形、椭圆形、矩形（包括正方形）、等边三角形或规则外凸多边形。对于截面为矩形（包括正方形）、等边三角形或规则外凸多边形的产品，不论全长边角是否磨圆，只要其内外截面为同一圆心并为同样形状及同一轴向，也可视为管子。上述截面的管子可经抛光、涂层、弯曲、攻丝、钻孔、缩腰、胀口、成锥形或装法兰、颈圈或套环。

子目注释：

一、本章所用有关名词解释如下：

(一)非合金铝。

按重量计含铝量至少为 99% 的金属，但其他各种元素的含量不超过下表中规定的限量：

其他元素表

元　素	所含重量百分比(%)
Fe+Si(铁+硅)	1
其他元素(1)，每种	0.1

(1)其他元素，例如，铬、铜、镁、锰、镍、锌。

(2)含铜量大于 0.1% 但不得超过 0.2%，且铬和锰的含量均不得超过 0.05%。

(二)铝合金。

按重量计含铝量大于其他元素单项含量的金属物质，但——

1.按重量计至少有一种其他元素或铁加硅的含量大于上表中规定的限量；或

2.按重量计其他元素的总含量超过 1%。

二、子目 7616.91 所称"丝"不受本章注释三的限制，仅适用于截面尺寸不超过 6 毫米的任何截面形状的产品，不论是否盘卷。

附加美国注释：

一、在品目 7608 中，"特惠"税率栏中的"免税"税率仅适用于带有连接配件的适合输送气体或液体的管和管道。

统计注释：

一、本章所称"铝钒母合金"是指按重量计含 20% 或以上钒的铝合金。

二、本章所称"铝罐料"是指铝合金的板材和带材，其中锰或镁是主要合金元素，未涂漆，厚度超过 0.175 毫米但不超过 0.432 毫米，宽度超过 254 毫米，包括以下规定的"罐体料"和"盖料"：

(一)"罐体料"是指以锰为主要合金元素且具有 262 兆帕最小抗拉强度的铝罐料；

(二)"盖料"是指以镁为主要合金元素且具有 345 兆帕最小抗拉强度的铝罐料。

三、统计报告编码 7601.20.9080 所称"薄板锭"(板坯)是指具有矩形截面的铝合金，适用于制造成其他产品。

四、统计报告编码 7601.20.9085 所称"铸造锭"是指各种形状的铝合金大型铸件，而非用于进一步加工的薄板或板坯。

五、统计报告编码 7604.29.3030、7604.29.5020 和 7606.12.3015 所称"高强度可热处理合金"是指按重量计含铜量在 7.0% 或以下或者含锌量在 10.0% 或以下的铝，和/或在铝协会注册合金规范中指定为 2××× 和 7××× 系列(7072 除外)的铝。

六、统计报告编码 7604.21.0010、7604.29.1010、7604.29.3060、7604.29.5050、7606.12.3025 和 7606.12.3091 所称"可热处理工业合金"是指按重量计含镁量不超过 3.0%、含硅量不超过 3.0% 的铝，和/或在铝协会注册合金规范中被指定为 6××× 系列的铝。

税则号列	统计后缀	货品名称	单位	税率 1 普通	税率 1 特惠	税率 2
7601		未锻轧铝：				
7601.10		非合金铝：				
7601.10.30	00	在整个长度上具有均匀截面,最小截面尺寸不超过9.5毫米,成卷	千克	2.6%[1][2]	0(A,AU,BH,CA,CL,CO,D,E,IL,JO,KR,MA,MX,OM,P,PA,PE,S,SG)	18.5%
7601.10.60		其他	千克	0[1][2]		11%
	30	铝含量大于99.8%	千克			
	90	其他	千克			
7601.20		铝合金：				
7601.20.30	00	在整个长度上具有均匀截面,最小截面尺寸不超过9.5毫米,成卷	千克	2.6%[1][2]	0(A,AU,BH,CA,CL,CO,D,E,IL,JO,KR,MA,MX,OM,P,PA,PE,S,SG)	18.5%
		其他：				
7601.20.60	00	按重量计含硅量在25%或以上	千克	2.1%[1][2]	0(A+,AU,BH,CA,CL,CO,D,E,IL,JO,KR,MA,MX,OM,P,PA,PE,S,SG)	25%
7601.20.90		其他	千克	0[1][2]		10.5%
	30	铝钒母合金	千克			
		其他：				
	45	在其整个长度上具有均匀的圆形截面,由铝坯组成,非成卷	千克			
	60	其他,按重量计含铅量在0.03%或以上(二次铝)	千克			
		其他：				
	75	重熔废锭	千克			
	80	本章统计注释三所述的薄板锭(板坯)	千克			
	85	本章统计注释四所述的铸造锭	千克			
	95	其他	千克			
7602.00.00		铝废碎料		0[3]		0
	30	饮料容器废料	千克			
		其他：				
	91	工业加工废料,包括车削、钻孔、刨花、锉屑、剪屑、切屑和其他制造废料和残留料	千克			
	96	其他	千克			
7603		铝粉及片状粉末：				
7603.10.00	00	非片状粉末	千克	5%[3]	0(A,AU,BH,CA,CL,CO,D,E,IL,JO,KR,MA,MX,OM,P,PA,PE,S,SG)	45%
7603.20.00	00	片状粉末	千克	3.9%[3]	0(A,AU,BH,CA,CL,CO,D,E,IL,JO,KR,MA,MX,OM,P,PA,PE,S,SG)	11%
7604		铝条、杆、型材及异型材：				

税则号列	统计后缀	货品名称	单位	税率 普通	税率 1 特惠	2
7604.10		非合金铝制:				
7604.10.10	00	型材或异型材	千克	5%[1][2]	0(A, AU, BH, CA, CL, CO, D, E, IL, JO, KR, MA, MX, OM, P, PA, PE, S, SG)	45%
		铝条、杆:				
7604.10.30	00	圆形截面的	千克	2.6%[1][2]	0(A, AU, BH, CA, CL, CO, D, E, IL, JO, KR, MA, MX, OM, P, PA, PE, S, SG)	11%
7604.10.50	00	其他	千克	3%[1][2]	0(A, AU, BH, CA, CL, CO, D, E, IL, JO, KR, MA, MX, OM, P, PA, PE, S, SG)	13.5%
		铝合金制:				
7604.21.00		空心型材及异型材	千克	1.5%[1][2]	0(A, AU, BH, CA, CL, CO, D, E, IL, JO, KR, MA, MX, OM, P, PA, PE, S, SG)	15.5%
	10	本章统计注释六所述的可热处理工业合金	千克			
	90	其他	千克			
7604.29		其他:				
7604.29.10		其他型材及异型材	千克	5%[1][2]	0(A*, AU, BH, CA, CL, CO, D, E, IL, JO, KR, MA, MX, OM, P, PA, PE, S, SG)	45%
	10	本章统计注释六所述的可热处理工业合金	千克			
	90	其他	千克			
		铝合金条、杆:				
7604.29.30		圆形截面的		2.6%[1][2]	0(A*, AU, BH, CA, CL, CO, D, E, IL, JO, KR, MA, MX, OM, P, PA, PE, S, SG)	11%
	30	本章统计注释五所述的高强度可热处理合金	千克			
	60	本章统计注释六所述的可热处理工业合金	千克			
	90	其他	千克			
7604.29.50		其他		3%[1][2]	0(A*, AU, BH, CA, CL, CO, D, E, IL, JO, KR, MA, MX, OM, P, PA, PE, S, SG)	13.5%
	20	本章统计注释五所述的高强度可热处理合金	千克			
	50	本章统计注释六所述的可热处理工业合金	千克			
	90	其他	千克			
7605		铝丝:				
		非合金铝制:				
7605.11.00	00	最大截面尺寸超过7毫米		2.6%[1][2]	0(A, AU, BH, CA, CL, CO, D, E, IL, JO, KR, MA, MX, OM, P, PA, PE, S, SG)	11%

税则号列	统计后缀	货品名称	单位	税率 1 普通	税率 1 特惠	2
7605.19.00	00	其他	千克	4.2%[1][2]	0(A,AU,BH,CA,CL,CO,D,E,IL,JO,KR,MA,MX,OM,P,PA,PE,S,SG)	25%
		铝合金制:				
7605.21.00	00	最大截面尺寸超过7毫米		2.6%[1][2]	0(A,AU,BH,CA,CL,CO,D,E,IL,JO,KR,MA,MX,OM,P,PA,PE,S,SG)	11%
7605.29.00	00	其他	千克	4.2%[1][2]	0(A*,AU,BH,CA,CL,CO,D,E,IL,JO,KR,MA,MX,OM,P,PA,PE,S,SG)	25%
7606		铝板、片及带,厚度超过0.2毫米:				
		矩形(包括正方形):				
7606.11		非合金铝制:				
7606.11.30		未包覆的		3%[1][2]	0(A,AU,BH,CA,CL,CO,D,E,IL,JO,KR,MA,MX,OM,P,PA,PE,S,SG)	13.5%
	30	厚度超过6.3毫米	千克			
	60	厚度不超过6.3毫米	千克			
7606.11.60	00	包覆的	千克	2.7%[1][2]	0(A,AU,BH,CA,CL,CO,D,E,IL,JO,KR,MA,MX,OM,P,PA,PE,S,SG)	9.5%
7606.12		铝合金制:				
7606.12.30		未包覆的	[2]	3%[1]	0(A*,AU,BH,CA,CL,CO,D,E,IL,JO,KR,MA,MX,OM,P,PA,PE,S,SG)	13.5%
		厚度超过6.3毫米:				
	15	本章统计注释五所述的高强度可热处理合金	千克			
	25	本章统计注释六所述的可热处理工业合金	千克			
	35	其他	千克			
		厚度不超过6.3毫米:				
		铝罐料:				
	45	罐体料	千克			
	55	盖料	千克			
		其他:				
	91	本章统计注释六所述的可热处理工业合金	千克			
	96	其他	千克			
7606.12.60	00	包覆的	千克	6.5%[1][2]	0(A*,AU,BH,CA,CL,CO,D,E,IL,JO,KR,MA,MX,OM,P,PA,PE,S,SG)	30%
		其他:				
7606.91		非合金铝制:				

税则号列	统计后缀	货品名称	单位	税率 1 普通	税率 1 特惠	2
7606.91.30		未包覆的		3%[1][2]	0(A, AU, BH, CA, CL, CO, D, E, IL, JO, KR, MA, MX, OM, P, PA, PE, S, SG)	13.5%
	55	厚度超过6.3毫米	千克			
	95	厚度不超过6.3毫米	千克			
7606.91.60		包覆的		2.7%[1][2]	0(A, AU, BH, CA, CL, CO, D, E, IL, JO, KR, MA, MX, OM, P, PA, PE, S, SG)	9.5%
	55	厚度超过6.3毫米	千克			
	95	厚度不超过6.3毫米	千克			
7606.92		铝合金制:				
7606.92.30		未包覆的		3%[1][2]	0(A, AU, BH, CA, CL, CO, D, E, IL, JO, KR, MA, MX, OM, P, PA, PE, S, SG)	13.5%
	25	厚度超过6.3毫米	千克			
	35	厚度不超过6.3毫米	千克			
7606.92.60		包覆的		6.5%[1][2]	0(A, AU, BH, CA, CL, CO, D, E, IL, JO, KR, MA, MX, OM, P, PA, PE, S, SG)	30%
	55	厚度超过6.3毫米	千克			
	95	厚度不超过6.3毫米	千克			
7607		铝箔(不论是否印花或用纸、纸板、塑料或类似材料衬背),厚度(衬背除外)不超过0.2毫米:				
		无衬背:				
7607.11		轧制后未经进一步加工的:				
		厚度不超过0.15毫米:				
7607.11.30	00	厚度不超过0.01毫米	千克	5.8%[1][2]	0(A*, AU, BH, CA, CL, CO, D, E, IL, JO, KR, MA, MX, OM, P, PA, PE, S, SG)	40%
7607.11.60		厚度超过0.01毫米		5.3%[1][2]	0(A*, AU, BH, CA, CL, CO, D, E, IL, JO, KR, MA, MX, OM, P, PA, PE, S, SG)	40%
	10	盒装铝箔,重量不超过11.3千克	千克 平方米			
	90	其他	千克 平方米			
7607.11.90		其他		3%[1][2]	0(A*, AU, BH, CA, CL, CO, D, E, IL, JO, KR, MA, MX, OM, P, PA, PE, S, SG)	13.5%
		铝罐料:				
	30	罐体料	千克			
	60	盖料	千克			
	90	其他	千克			
7607.19		其他:				

税则号列	统计后缀	货品名称	单位	税率 1 普通	税率 1 特惠	税率 2
7607.19.10	00	蚀刻电容器箔	千克	5.3%[1][2]	0(A,AU,BH,CA,CL,CO,D,E,IL,JO,KR,MA,MX,OM,P,PA,PE,S,SG)	40%
		其他：				
7607.19.30	00	切割成型,厚度不超过0.15毫米	千克	5.7%[1][2]	0(A,AU,BH,CA,CL,CO,D,E,IL,JO,KR,MA,MX,OM,P,PA,PE,S,SG)	45%
7607.19.60	00	其他	千克	3%[1][2]	0(A,AU,BH,CA,CL,CO,D,E,IL,JO,KR,MA,MX,OM,P,PA,PE,S,SG)	13.5%
7607.20		有衬背：				
7607.20.10	00	用字符、图案、奇特的效果或样式覆盖或装饰	千克	3.7%[1][2]	0(A,AU,BH,CA,CL,CO,D,E,IL,JO,KR,MA,MX,OM,P,PA,PE,S,SG)	22.5%
7607.20.50	00	其他	千克	0[1][2]		23%
7608		铝管：				
7608.10.00		非合金铝制		5.7%[1][2]	0(A,AU,B,BH,C,CA,CL,CO,D,E,IL,JO,KR,MA,MX,OM,P,PA,PE,S,SG)[4]	45%
	30	无缝的	千克			
	90	其他	千克			
7608.20.00		铝合金制：		5.7%[1][2]	0(A,AU,B,BH,C,CA,CL,CO,D,E,IL,JO,KR,MA,MX,OM,P,PA,PE,S,SG)[4]	45%
	30	无缝的	千克			
	90	其他	千克			
7609.00.00	00	铝制管子附件(例如、接头、肘管、管套)	千克	5.7%[1][2]	0(A,AU,B,BH,CA,CL,CO,D,E,IL,JO,KR,MA,MX,OM,P,PA,PE,S,SG)	45%
7610		铝制结构体(品目9406的活动房屋除外)及其部件(例如,桥梁及桥梁体段、塔、格构杆、屋顶、屋顶框架、门窗及其框架、门槛、栏杆、支柱及立柱);上述结构体用的已加工铝板、杆、型材、异型材、管子及类似品：				
7610.10.00		门窗及其框架、门槛		5.7%[1]	0(A,AU,BH,CA,CL,CO,D,E,IL,JO,KR,MA,MX,OM,P,PA,PE,S,SG)	45%
	10	窗户及其框架	千克			
	20	门槛	千克			
	30	其他	千克			
7610.90.00		其他		5.7%[3]	0(A*,AU,BH,CA,CL,CO,D,E,IL,JO,KR,MA,MX,OM,P,PA,PE,S,SG)	45%
	20	钣金屋面、壁板、地板和屋顶排水沟和排水设备	千克			
	40	建筑和装饰作品	千克			
		其他：				

税则号列	统计后缀	货品名称	单位	税率 1 普通	税率 1 特惠	2
	60	移动房屋	千克			
	80	其他[5]	千克			
7611.00.00		盛装物料用的铝制囤、柜、罐、桶及类似容器(装压缩气体或液化气体的除外),容积超过300升,不论是否衬里或隔热,但无机械或热力装置		2.6%[3]	0(A, AU, BH, CA, CL, CO, D, E, IL, JO, KR, MA, MX, OM, P, PA, PE, S, SG)	45%
	30	罐	个			
	90	其他	个			
7612		盛装物料用的铝制桶、罐、听、盒及类似容器,包括软管容器及硬管容器(装压缩气体或液化气体的除外),容积不超过300升,不论是否衬里或隔热,但无机械或热力装置:				
7612.10.00	00	软管容器	个	2.4%[3]	0(A, AU, BH, CA, CL, CO, D, E, IL, JO, KR, MA, MX, OM, P, PA, PE, S, SG)	45%
7612.90		其他:				
7612.90.10		容量不超过20升的		5.7%[3]	0(A*, AU, BH, CA, CL, CO, D, E, IL, JO, KR, MA, MX, OM, P, PA, PE, S, SG)	45%
	30	容量不超过355毫升的罐	个			
	60	容量超过355毫升但低于3.8升的罐	个			
	90	其他	个			
7612.90.50	00	其他	个	0[3]		25%
7613.00.00	00	装压缩气体或液化气体用的铝制容器:	个	5%[3]	0(A, AU, BH, CA, CL, CO, D, E, IL, JO, KR, MA, MX, OM, P, PA, PE, S, SG)	25%
7614		非绝缘的铝制绞股线、缆、编带及类似品:				
7614.10		带钢芯的:				
7614.10.10	00	未装配件且未制成制品	千克	4.9%[6]	0(A+, AU, BH, CA, CL, CO, D, E, IL, JO, KR, MA, MX, OM, P, PA, PE, S, SG)	35%
7614.10.50	00	装有配件或制成制品的	千克	4.9%[3][2]	0(A*, AU, B, BH, CA, CL, CO, D, E, IL, JO, KR, MA, MX, OM, P, PA, PE, S, SG)	35%
7614.90		其他:				
		未装配件且未制成制品:				
7614.90.20		电导体	千克	4.9%[6][2]	0(A, AU, BH, CA, CL, CO, D, E, IL, JO, KR, MA, MX, OM, P, PA, PE, S, SG)	35%
	30	截面面积小于240平方毫米	千克			
	60	截面面积大于或等于240平方毫米	千克			
7614.90.40	00	其他	千克	4.9[3][2]	0(A+, AU, BH, CA, CL, CO, D, E, IL, JO, KR, MA, MX, OM, P, PA, PE, S, SG)	35%

税则号列	统计后缀	货品名称	单位	税率 1 普通	税率 1 特惠	2
7614.90.50	00	装有配件或制成制品的	千克	5.7%[3][2]	0(A,AU,B,BH,CA,CL,CO,D,E,IL,JO,KR,MA,MX,OM,P,PA,PE,S,SG)	45%
7615		餐桌、厨房或其他家用铝制器具及其零件；铝制擦锅器、洗刷擦光用的块垫、手套及类似品；铝制卫生器具及其零件：				
7615.10		餐桌、厨房或其他家用器具及其零件；擦锅器及洗刷擦光用的块垫、手套及类似品：				
7615.10.11	00	擦锅器、洗刷、擦光用的块垫、手套及类似品	千克	3.1%[1]	0(A*,AU,BH,CA,CL,CO,D,E,IL,JO,KR,MA,MX,OM,P,PA,PE,S,SG)	45.5%
		其他：				
		烹饪和厨房用具：				
		搪瓷、上釉或包含不粘的内部饰面：				
7615.10.20		铸造		3.1%[7]	0(A*,AU,BH,CA,CL,CO,D,E,IL,JO,KR,MA,MX,OM,P,PA,PE,S,SG)	45.5%
	15	烤盘(不适合炉灶面使用的炊具)	个 千克			
	25	其他	个 千克			
7615.10.30		其他		3.1%[1]	0(A*,AU,BH,CA,CL,CO,D,E,IL,JO,KR,MA,MX,OM,P,PA,PE,S,SG)	45.5%
	15	烤盘(不适合炉灶面使用的炊具)	个 千克			
	25	其他	个 千克			
		未上釉或上釉，且不包含不粘的内部饰面：				
7615.10.50		铸造		3.1%[1]	0(A*,AU,BH,CA,CL,CO,D,E,IL,JO,KR,MA,MX,OM,P,PA,PE,S,SG)	45.5%
	20	烤盘(不适合炉灶面使用的炊具)	个 千克			
	40	其他	个 千克			
7615.10.71		其他		3.1%[7]	0(A*,AU,BH,CA,CL,CO,D,E,IL,JO,KR,MA,MX,OM,P,PA,PE,S,SG)	45.5%
	25	适用于食品制备、烘焙、再加热或储存的容器，厚度为0.04毫米或以上，但不超过0.22毫米	个 千克			
		其他炊具：				
	30	烤盘(不适合炉灶面使用的炊具)	个 千克			

税则号列	统计后缀	货品名称	单位	税率 1 普通	税率 1 特惠	2
	55	其他	个 千克			
	80	其他	个 千克			
7615.10.91	00	其他	千克	3.1%[1]	0(A*,AU,BH,CA,CL,CO,D,E,IL,JO,KR,MA,MX,OM,P,PA,PE,S,SG)	45.5%
7615.20.00	00	卫生器具及其零件	千克	3.8%[3]	0(A*,AU,BH,CA,CL,CO,D,E,IL,JO,KR,MA,MX,OM,P,PA,PE,S,SG)	45.5%
7616		其他铝制品：				
7616.10		钉、平头钉、U形钉（品目8305的货品除外）、螺钉、螺栓、螺母、钩头螺钉、铆钉、销、开尾销、垫圈及类似品				
7616.10.10	00	钉、平头钉和U形钉	千克	5.7%[3]	0(A,AU,BH,CA,CL,CO,D,E,IL,JO,KR,MA,MX,OM,P,PA,PE,S,SG)	45%
7616.10.30	00	铆钉	千克	4.7%[3]	0(A,AU,B,BH,CA,CL,CO,D,E,IL,JO,KR,MA,MX,OM,P,PA,PE,S,SG)	45%
7616.10.50	00	销和开尾销	千克	5.7%[3]	0(A,AU,BH,CA,CL,CO,D,E,IL,JO,KR,MA,MX,OM,P,PA,PE,S,SG)	45%
		其他：				
7616.10.70		具有直径超过6毫米的柄、螺纹或孔		5.5%[3]	0(A,AU,B,BH,CA,CL,CO,D,E,IL,JO,KR,MA,MX,OM,P,PA,PE,S,SG)2.75%(JP)	45%
	30	螺纹紧固件	千克			
	90	其他	千克			
7616.10.90		其他		6%[3]	0(A,AU,B,BH,CA,CL,CO,D,E,IL,JO,KR,MA,MX,OM,P,PA,PE,S,SG)	45%
	30	螺纹紧固件	千克			
	90	其他	千克			
		其他：				
7616.91.00	00	铝丝制的布、网、篱及格栅	千克	2.5%[3]	0(A*,AU,B,BH,CA,CL,CO,D,E,IL,JO,KR,MA,MX,OM,P,PA,PE,S,SG)	45%
7616.99		其他：				
7616.99.10	00	行李架	千克	0[3]		45%
7616.99.51		其他		2.5%[8][2]	0(A*,AU,B,BH,CA,CL,CO,D,E,IL,JO,KR,MA,MX,OM,P,PA,PE,S,SG)	45%
	20	由两个或更多铝制平板轧材组成的层压制品,用粘合剂粘合或有非金属材料芯的	千克			
	30	梯子[9]	个			
	40	百叶窗及其零件	个			

税则号列	统计后缀	货品名称	单位	税率 1 普通	税率 1 特惠	2
	50	管道的吊架和支架[10]	千克			
		其他:				
	60	铸件	千克			
	70	锻件	千克			
		其他:				
	75	金属制品	千克			
	90	其他[11]	千克			

[1]见 9903.88.15。

[2]见第九十九章第三分章美国注释十九。

[3]见 9903.88.03。

[4]见本章附加美国注释一。

[5]见 9903.88.37。

[6]见 9903.88.02。

[7]见 9903.88.16。

[8]见 9902.15.09 和 9903.88.03。

[9]见 9903.88.36。

[10]见 9903.88.40。

[11]见 9903.88.18、9903.88.33、9903.88.37、9903.88.40、9903.88.43、9903.88.48 和 9903.88.56。

第七十八章　铅及其制品

注释：
一、本章所用有关名词解释如下：
（一）条、杆。
轧、挤、拔或锻制的实心产品，非成卷的，其全长截面均为圆形、椭圆形、矩形（包括正方形）、等边三角形或规则外凸多边形（包括相对两边为弧拱形，另外两边为等长平行直线的"扁圆形"及"变形矩形"）。对于矩形（包括正方形）、三角形或多边形截面的产品，其全长边角可经磨圆。矩形（包括"变形矩形"）截面的产品，其厚度应大于宽度的十分之一。所述条、杆也包括同样形状及尺寸的铸造或烧结产品。该产品在铸造或烧结后再经加工（简单剪修或去氧化皮的除外），但不具有其他品目所列制品或产品的特征。

（二）型材及异型材。
轧、挤、拔、锻制的产品或其他成型产品，不论是否成卷，其全长截面相同，但与条、杆、丝、板、片、带、箔、管的定义不相符合。同时也包括同样形状的铸造或烧结产品。该产品在铸造或烧结后再经加工（简单剪修或去氧化皮的除外），但不具有其他品目所列制品或产品的特征。

（三）丝。
盘卷的轧、挤或拔制实心产品，其全长截面均为圆形、椭圆形、矩形（包括正方形）、等边三角形或规则外凸多边形（包括相对两边为弧拱形，另外两边为等长平行直线的"扁圆形"及"变形矩形"）。对于矩形（包括正方形）、三角形或多边形截面的产品，其全长边角可经磨圆。矩形（包括"变形矩形"）截面的产品，其厚度应大于宽度的十分之一。

（四）板、片、带、箔。
成卷或非成卷的平面产品（品目7801的未锻轧产品除外），截面均为厚度相同的实心矩形（不包括正方形），不论边角是否磨圆（包括相对两边为弧拱形，另外两边为等长平行直线的"变形矩形"），并且符合以下规格：
1.矩形（包括正方形）的，厚度不超过宽度的十分之一；
2.矩形或正方形以外形状的，任何尺寸，但不具有其他品目所列制品或产品的特征。
品目7804还适用于具有花样（例如，凹槽、肋条形、格槽、珠粒及菱形）的板、片、带、箔以及穿孔、抛光、涂层或制成瓦楞形的这类产品，但不具有其他品目所列制品或产品的特征。

（五）管。
全长截面及管壁厚度相同并只有一个闭合空间的实心产品，成卷或非成卷的，其截面为圆形、椭圆形、矩形（包括正方形）、等边三角形或规则外凸多边形。对于截面为矩形（包括正方形）、等边三角形或规则外凸多边形的产品，不论全长边角是否磨圆，只要其内外截面为同一圆心并为同样形状及同一轴向，也可视为管子。上述截面的管子可经抛光、涂层、弯曲、攻丝、钻孔、缩腰、胀口、成锥形或装法兰、颈圈或套环。

子目注释：

一、本章所称"精炼铅"是指：

按重量计含铅量至少为99.9%的金属，但其他各种元素的含量不超过下表中规定的限量：

其他元素表

元　素	所含重量百分比(%)
Ag　银	0.02
As　砷	0.005
Bi　铋	0.05
Ca　钙	0.002
Cd　镉	0.002
Cu　铜	0.08
Fe　铁	0.002
S　硫	0.002
Sb　锑	0.005
Sn　锡	0.005
Zn　锌	0.002
其他（例如，碲），每种	0.001

统计注释：

一、本章所称"铅合金"是指按重量计铅含量小于99%，但不小于任何其他金属元素的金属。

税则号列	统计后缀	货品名称	单位	税率 1 普通	税率 1 特惠	2
7801		未锻轧铅：				
7801.10.00	00	精炼铅	千克	铅含量价值的2.5%	0(A*,AU,BH,CA,CL,CO,D,E,IL,JO,KR,MA,MX,OM,P,PA,PE,S,SG)	10%
		其他：				
7801.91.00	00	按重量计所含其他元素是以锑为主的	千克 千克铅	铅含量价值的2.5%[1]	0(A,AU,BH,CA,CL,CO,D,E,IL,JO,KR,MA,MX,OM,P,PA,PE,S,SG)	10%
7801.99		其他：				
7801.99.30	00	粗铝	千克 千克铅	铅含量价值的2.5%[1]	0(A,AU,BH,CA,CL,CO,D,E,IL,JO,KR,MA,MX,OM,P,PA,PE,S,SG)	10.5%
7801.99.90		其他		铅含量价值的2.5%[1]	0(A,AU,BH,CA,CL,CO,D,E,IL,JO,KR,MA,MX,OM,P,PA,PE,S,SG)	10%
	30	铅合金	千克 千克铅			
	50	其他	千克 千克铅			
7802.00.00		铅废碎料		0		11.5%
	30	从铅酸蓄电池中获得	千克 千克铅			
	60	其他	千克 千克铅			
7804		铅板、片、带、箔；铅粉及片状粉末：				
		板、片、带、箔：				
7804.11.00	00	片、带及厚度（衬背除外）不超过0.2毫米的箔	千克	2.2%[1]	0(A,AU,BH,CA,CL,CO,D,E,IL,JO,KR,MA,MX,OM,P,PA,PE,S,SG)	45%
7804.19.00	00	其他	千克	3%[1]	0(A,AU,BH,CA,CL,CO,D,E,IL,JO,KR,MA,MX,OM,P,PA,PE,S,SG)	45%
7804.20.00	00	粉末及片状粉末	千克	0[1]		45%
7806		其他铅制品：				
7806.00.03	00	铅条、杆、型材及异型材或丝	千克	1.2%[1]	0(A,AU,BH,CA,CL,CO,D,E,IL,JO,KR,MA,MX,OM,P,PA,PE,S,SG)	45%
7806.00.05	00	铅管和管子附件（例如，联轴器、弯头、套管）	千克	2%[1]	0(A,AU,BH,CA,CL,CO,D,E,IL,JO,KR,MA,MX,OM,P,PA,PE,S,SG)	45%
7806.00.80	00	其他	千克	3%[1]	0(A,AU,B,BH,CA,CL,CO,D,E,IL,JO,KR,MA,MX,OM,P,PA,PE,S,SG)	45%

[1]见9903.88.03。

第七十九章　锌及其制品

注释：
一、本章所用名词解释如下：
(一)条、杆。
　　轧、挤、拔或锻制的实心产品，非成卷的，其全长截面均为圆形、椭圆形、矩形(包括正方形)、等边三角形或规则外凸多边形(包括相对两边弧拱形，另外两边为等长平行直线的"扁圆形"及"变形矩形")。对于矩形(包括正方形)、三角形或多边形截面的产品，其全长边角可经磨圆。矩形(包括"变形矩形")截面的产品，其厚度应大于宽度的十分之一。所述条、杆也包括同样形状及尺寸的铸造或烧结产品。该产品在铸造或烧结后再经加工(简单剪修或去氧化皮的除外)，但不具有其他品目所列制品或产品的特征。

(二)型材及异型材。
　　轧、挤、拔、锻制的产品或其他成型产品，不论是否成卷，其全长截面相同，但与条、杆、丝、板、片、带、箔、管的定义不相符合。同时也包括同样形状的铸造或烧结产品。该产品在铸造或烧结后再经加工(简单剪修或去氧化皮的除外)，但不具有其他品目所列制品或产品的特征。

(三)丝。
　　盘卷的轧、挤或拔制实心产品，其全长截面均为圆形、椭圆形、矩形(包括正方形)、等边三角形或规则外凸多边形(包括相对两边为弧拱形，另外两边为等长平行直线的"扁圆形"及"变形矩形")。对于矩形(包括正方形)、三角形或多边形截面的产品，其全长边角可经磨圆。矩形(包括"变形矩形")截面的产品，其厚度应大于宽度的十分之一。

(四)板、片、带、箔。
　　成卷或非成卷的平面产品(品目7901的未锻轧产品除外)，截面均为厚度相同的实心矩形(不包括正方形)，不论边角是否磨圆(包括相对两边为弧拱形，另外两边为等长平行直线的"变形矩形")，并且符合以下规格：
1.矩形(包括正方形)的，厚度不超过宽度的十分之一；
2.矩形或正方形以外形状的，任何尺寸，但不具有其他品目所列制品或产品的特征。
　　品目7905还适用于具有花样(例如，凹槽、肋条形、格槽、珠粒及菱形)的板、片、带、箔以及穿孔、抛光、涂层或制成瓦楞形的这类产品，但不具有其他品目所列制品或产品的特征。

(五)管。
　　全长截面及管壁厚度相同并只有一个闭合空间的空心产品，成卷或非成卷的，其截面为圆形、椭圆形、矩形(包括正方形)、等边三角形或规则外凸多边形。对于截面为矩形(包括正方形)、等边三角形或规则外凸多边形的产品，不论全长边角是否磨圆，只要其内外截面为同一圆心并为同样形状及同一轴向，也可视为管子。上述截面的管子可经抛光、涂层、弯曲、攻丝、钻孔、缩腰、胀口、成锥形或装法兰、颈圈或套环。

子目注释：

一、本章所用有关名词解释如下：

(一)非合金锌。

按重量计含锌量至少为97.5%的金属。

(二)锌合金。

按重量计含锌量大于其他元素单项含量的金属物质,但按重量计其他元素的总含量超过2.5%。

(三)锌末。

冷凝锌雾所得的锌末。该产品由球形微粒组成,比锌粉更为精细,按重量计至少80%的微粒可以通过孔径为63微米的筛子,而且必须含有按重量计至少为85%的金属锌。

附加美国注释：

一、就品目7901而言,"铸造级锌"按重量计至少含有97.5%的锌,并按重量计含有一种或多种以下元素：

铅超过1.8%；

镉超过1.8%；

铁超过1.8%；

铝超过0.5%；

铜超过1%；

钛超过0.08%；

任何其他贱金属单项超过0.1%。

税则号列	统计后缀	货品名称	单位	税率 1 普通	税率 1 特惠	税率 2
7901		未锻轧锌：				
		非合金锌：				
7901.11.00	00	按重量计含锌量在99.99%或以上	千克	1.5%	0(A*,AU,BH,CA,CL,CO,D,E,IL,JO,KR,MA,MX,OM,P,PA,PE,S,SG)	5%
7901.12		按重量计含锌量低于99.99%：				
7901.12.10	00	铸造级锌	千克	3%	0(A+,AU,BH,CA,CL,CO,D,E,IL,JO,KR,MA,MX,OM,P,PA,PE,S,SG)	45%
7901.12.50	00	其他	千克	1.5%	0(A*,AU,BH,CA,CL,CO,D,E,IL,JO,KR,MA,MX,OM,P,PA,PE,S,SG)	5%
7901.20.00	00	锌合金	千克	3%	0(A,AU,BH,CA,CL,CO,D,E,IL,JO,KR,MA,MX,OM,P,PA,PE,S,SG)	45%
7902.00.00	00	锌废碎料	千克	0		11%
7903		锌末、锌粉及片状粉末：				
7903.10.00	00	锌末	千克	0.7美分/千克[1]	0(A,AU,BH,CA,CL,CO,D,E,IL,JO,KR,MA,MX,OM,P,PA,PE,S,SG)	3.9美分/千克
7903.90		其他：				
7903.90.30	00	粉末	千克	0.5美分/千克[1]	0(A,AU,BH,CA,CL,CO,D,E,IL,JO,KR,MA,MX,OM,P,PA,PE,S,SG)	3.9美分/千克
7903.90.60	00	其他	千克	3%[1]	0(A,AU,BH,CA,CL,CO,D,E,IL,JO,KR,MA,MX,OM,P,PA,PE,S,SG)	45%
7904.00.00	00	锌条、杆、型材及异型材或丝	千克	4.2%[1]	0(A,AU,BH,CA,CL,CO,D,E,IL,JO,KR,MA,MX,OM,P,PA,PE,S,SG)	25%
7905.00.00	00	锌板、片、带、箔	千克	2.8%[1]	0(A,AU,BH,CA,CL,CO,D,E,IL,JO,KR,MA,MX,OM,P,PA,PE,S,SG)	45%
7907.00		其他锌制品：				
7907.00.10	00	家用、餐桌或厨房用制品；厕所和卫生器具；上述制品的锌制零件	千克	3%[2]	0(A*,AU,BH,CA,CL,CO,D,E,IL,JO,KR,MA,MX,OM,P,PA,PE,S,SG)	40%
7907.00.20	00	锌管及锌制管子附件（例如，接头、肘管、管套）	千克	3%[1]	0(A*,AU,BH,CA,CL,CO,D,E,IL,JO,KR,MA,MX,OM,P,PA,PE,S,SG)	45%
7907.00.60	00	其他[3]	千克	3%[4]	0(A*,AU,B,BH,CA,CL,CO,D,E,IL,JO,KR,MA,MX,OM,P,PA,PE,S,SG)	45%

[1]见9903.88.03。

[2]见9903.88.16。

[3]见9903.88.37和9903.88.43。

[4]见9902.15.10和9903.88.03。

第八十章　锡及其制品

注释：
一、本章所用有关名词解释如下：
（一）条、杆。
轧、挤、拔或锻制的实心产品，非成卷的，其全长截面均为圆形、椭圆形、矩形（包括正方形）、等边三角形或规则外凸多边形（包括相对两边为弧拱形，另外两边为等长平行直线的"扁圆形"及"变形矩形"）。对于矩形（包括正方形）、三角形或多边形截面的产品，其全长边角可经磨圆。矩形（包括"变形矩形"）截面的产品，其厚度应大于宽度的十分之一。所述条、杆也包括同样形状及尺寸的铸造或烧结产品。该产品在铸造或烧结后再经加工（简单剪修或去氧化皮的除外），但不具有其他品目所列制品或产品的特征。

（二）型材及异型材。
轧、挤、拔、锻制的产品或其他成型产品，不论是否成卷，其全长截面相同，但与条、杆、丝、板、片、带、箔、管的定义不相符合。同时也包括同样形状的铸造或烧结产品。该产品在铸造或烧结后再经加工（简单剪修或去氧化皮的除外），但不具有其他品目所列制品或产品的特征。

（三）丝。
盘卷的轧、挤或拔制实心产品，其全长截面均为圆形、椭圆形、矩形（包括正方形）、等边三角形或规则外凸多边形（包括相对两边为弧拱形，另外两边为等长平行直线的"扁圆形"及"变形矩形"）。对于矩形（包括正方形）、三角形或多边形截面的产品，其全长边角可经磨圆。矩形（包括"变形矩形"）截面的产品，其厚度应大于宽度的十分之一。

（四）板、片、带、箔。
成卷或非成卷的平面产品（品目8001的未锻轧产品除外），截面均为厚度相同的实心矩形（不包括正方形），不论边角是否磨圆（包括相对两边为弧拱形，另外两边为等长平行直线的"变形矩形"），并且符合以下规格：
1.矩形（包括正方形）的，厚度不超过宽度的十分之一；
2.矩形或正方形以外形状的，任何尺寸，但不具有其他品目所列制品或产品的特征。

（五）管。
全长截面及管壁厚度相同并只有一个闭合空间的空心产品，成卷或非成卷的，其截面为圆形、椭圆形、矩形（包括正方形）、等边三角形或规则外凸多边形。对于截面为矩形（包括正方形）、等边三角形或规则外凸多边形的产品，不论全长边角是否磨圆，只要其内外截面为同一圆心并为同样形状及同一轴向，也可视为管子。上述截面的管子可经抛光、涂层、弯曲、攻丝、钻孔、缩腰、胀口、成锥形或装法兰、颈圈或套环。

子目注释：

一、本章所用有关名词解释如下：

（一）非合金锡。

按重量计含锡量至少为99％的金属，但含铋量或含铜量不超过下表中规定的限量：

其他元素表

元　素	所含重量百分比（％）
Bi　铋	0.1
Cu　铜	0.4

（二）锡合金。

按重量计含锡量大于其他元素单项含量的金属物质，但——

1.按重量计其他元素的总含量超过1％；或

2.按重量计含铋量或含铜量应等于或大于上表中规定的限量。

税则号列	统计后缀	货品名称	单位	税率 普通	税率 特惠	2
8001		未锻轧锡：				
8001.10.00	00	非合金锡	千克	0		0
8001.20.00		锡合金：		0		0
	10	按重量计含铅量不超过5%	千克			
	50	按重量计含铅量超过5%，但不超过25%	千克 千克铅			
	90	按重量计含铅量超过25%	千克 千克铅			
8002.00.00	00	锡废碎料	千克	0		0
8003.00.00	00	锡条、杆、型材及异型材或丝	千克	3%	0(A,AU,BH,CA,CL,CO,D,E,IL,JO,KR,MA,MX,OM,P,PA,PE,S,SG)	45%
8007.00		其他锡制品：				
8007.00.10		其他品目未列名的家用、餐桌或厨房用制品；厕所和卫生器具；上述所有材料均未涂有或镀有贵金属		2.1%[1]	0(A,AU,BH,CA,CL,CO,D,E,IL,JO,KR,MA,MX,OM,P,PA,PE,S,SG)	40%
	10	适合于餐饮服务	个			
	50	其他	个			
8007.00.20	00	锡板、片及带，厚度超过0.2毫米	千克	2.4%	0(A,AU,BH,CA,CL,CO,D,E,IL,JO,KR,MA,MX,OM,P,PA,PE,S,SG)	45%
8007.00.31	00	锡箔(不论是否印花或用纸、纸板、塑料或类似材料衬背)，厚度(衬背除外)不超过0.2毫米	千克	3%	0(A,AU,BH,CA,CL,CO,D,E,IL,JO,KR,MA,MX,OM,P,PA,PE,S,SG)	35%
8007.00.32	00	锡管及片状粉末	千克	2.8%	0(A,AU,BH,CA,CL,CO,D,E,IL,JO,KR,MA,MX,OM,P,PA,PE,S,SG)	45%
8007.00.40	00	锡管及管子附件(例如，接头、肘管、管套)	千克	2.4%	0(A,AU,BH,CA,CL,CO,D,E,IL,JO,KR,MA,MX,OM,P,PA,PE,S,SG)	45%
8007.00.50	00	其他	千克	2.8%[1]	0(A,AU,B,BH,CA,CL,CO,D,E,IL,JO,KR,MA,MX,OM,P,PA,PE,S,SG)	45%

[1]见9903.88.03。

第八十一章 其他贱金属、金属陶瓷及其制品

子目注释：
一、第七十四章注释中有关"条、杆"、"型材及异型材"、"丝"及"板、片、带、箔"的规定也适用于本章。

附加美国注释：
一、第八十一章中规定的每种贱金属的合金是指其各自贱金属的含量（按重量计）小于 99%，但不小于任何其他金属元素的金属。
二、就子目 8108.90.60 而言，"特惠"税率栏中出现的"免税"税率仅适用于带有连接配件的适合输送气体或液体的管和管道。

税则号列	统计后缀	货品名称	单位	税率 普通	税率 特惠	2
8101		钨及其制品,包括废碎料:				
8101.10.00	00	粉末	千克 千克钨	7%	0(A+,AU,BH,CA,CL,CO,D,E,IL,JO,KR,MA,MX,OM,P,PA,PE,S,SG)	58%
		其他:				
8101.94.00	00	未锻轧钨,包括简单烧结而成的条、杆	千克	6.6%[1]	0(A+,AU,BH,CA,CL,CO,D,E,IL,JO,KR,MA,MX,OM,P,PA,PE,S,SG)	60%
8101.96.00	00	丝	千克	4.4%[2]	0(A+,AU,BH,CA,CL,CO,D,E,IL,JO,KR,MA,MX,OM,P,PA,PE,S,SG)	60%
8101.97.00	00	废碎料	千克 千克钨	2.8%	0(A*,AU,BH,CA,CL,CO,D,E,IL,JO,KR,MA,MX,OM,P,PA,PE,S,SG)	50%
8101.99		其他:				
8101.99.10	00	条、杆,但简单烧结而成的除外;型材及异型材、板、片、带、箔	千克	6.5%	0(A+,AU,BH,CA,CL,CO,D,E,IL,JO,KR,MA,MX,OM,P,PA,PE,S,SG)	60%
8101.99.80	00	其他	千克	3.7%	0(A,AU,BH,CA,CL,CO,D,E,IL,JO,KR,MA,MX,OM,P,PA,PE,S,SG)	45%
8102		钼及其制品,包括废碎料:				
8102.10.00	00	粉末	千克 千克钼	9.1美分/千克钼+1.2%	0(A+,AU,BH,CA,CL,CO,D,E,IL,JO,KR,MA,MX,OM,P,PA,PE,S,SG)	1.10美元/千克钼+15%
		其他:				
8102.94.00	00	未锻轧钼,包括简单烧结而成的条、杆	千克 千克钼	13.9美分/千克钼+1.9%	0(A+,AU,BH,CA,CL,CO,D,E,IL,JO,KR,MA,MX,OM,P,PA,PE,S,SG)	1.10美元/千克钼+15%
8102.95		条、杆,但简单烧结而成的除外;型材及异型材、板、片、带、箔:				
8102.95.30	00	条、杆	千克	6.6%	0(A,AU,BH,CA,CL,CO,D,E,IL,JO,KR,MA,MX,OM,P,PA,PE,S,SG)	60%
8102.95.60	00	其他	千克	6.6%	0(A,AU,BH,CA,CL,CO,D,E,IL,JO,KR,MA,MX,OM,P,PA,PE,S,SG)	60%
8102.96.00	00	丝	千克	4.4%[2]	0(A,AU,BH,CA,CL,CO,D,E,IL,JO,KR,MA,MX,OM,P,PA,PE,S,SG)	60%
8102.97.00	00	废碎料	千克 千克钼	0		0
8102.99.00	00	其他	千克	3.7%	0(A,AU,BH,CA,CL,CO,D,E,IL,JO,KR,MA,MX,OM,P,PA,PE,S,SG)	45%
8103		钽及其制品,包括废碎料:				
8103.20.00		未锻轧钽,包括简单烧结而成的条、杆;粉末		2.5%	0(A,AU,BH,CA,CL,CO,D,E,IL,JO,KR,MA,MX,OM,P,PA,PE,S,SG)	25%

税则号列	统计后缀	货品名称	单位	税率 1 普通	税率 1 特惠	税率 2
	30	粉末	千克			
	90	其他	千克			
8103.30.00	00	废碎料	千克	0		0
8103.90.00	00	其他	千克	4.4%	0(A, AU, BH, CA, CL, CO, D, E, IL, JO, KR, MA, MX, OM, P, PA, PE, S, SG)	45%
8104		镁及其制品,包括废碎料:				
		未锻轧镁:				
8104.11.00	00	按重量计含镁量至少为99.8%	千克	8%	0(A, AU, BH, CA, CL, CO, D, E, IL, JO, KR, MA, MX, OM, P, PA, PE, S, SG)	100%
8104.19.00	00	其他	千克 千克镁	6.5%	0(A+, AU, BH, CA, CL, CO, D, E, IL, JO, KR, MA, MX, OM, P, PA, PE, S, SG)	60.5%
8104.20.00	00	废碎料	千克	0		0
8104.30.00	00	锉屑、车屑及颗粒,已按规格分级的;粉末	千克 千克镁	4.4%[2]	0(A, AU, BH, CA, CL, CO, D, E, IL, JO, KR, MA, MX, OM, P, PA, PE, S, SG)	60.5%
8104.90.00	00	其他	千克 千克镁	14.8美分/千克镁+3.5%[2]	0(A, AU, B, BH, CA, CL, CO, D, E, IL, JO, KR, MA, MX, OM, P, PA, PE, S, SG)	88美分/千克镁+20%
8105		钴锍及其他冶炼钴时所得的中间产品;钴及其制品,包括废碎料:				
8105.20		钴锍及其他冶炼钴时所得的中间产品;未锻轧钴;粉末:				
		未锻轧钴:				
8105.20.30	00	合金	千克	4.4%[2]	0(A+, BH, CA, CL, CO, D, E, IL, JO, KR, MA, MX, OM, P, PA, PE, S, SG)	45%
8105.20.60	00	其他	千克	0[2]		0
8105.20.90	00	其他	千克	0[2]		0
8105.30.00	00	废碎料	千克	0[2]		0
8105.90.00	00	其他	千克	3.7%[2]	0(A, AU, BH, CA, CL, CO, D, E, IL, JO, KR, MA, MX, OM, P, PA, PE, S, SG)	45%
8106.00.00	00	铋及其制品,包括废碎料[3]	千克	0[2]		7.5%
8107		镉及其制品,包括废碎料:				
8107.20.00	00	未锻轧镉;粉末	千克	0[2]		33美分/千克
8107.30.00	00	废碎料	千克	0[2]		33美分/千克
8107.90.00	00	其他	千克	4.4%[2]	0(A, AU, BH, CA, CL, CO, D, E, IL, JO, KR, MA, MX, OM, P, PA, PE, S, SG)	45%
8108		钛及其制品,包括废碎料:				
8108.20.00		未锻轧钛;粉末		15%[2]	0(A+, AU, BH, CA, CL, CO, D, E, IL, JO, KR, MA, MX, OM, P, PA, PE, S, SG)	25%

税则号列	统计后缀	货品名称	单位	税率 1 普通	税率 1 特惠	2
	10	海绵钛	千克			
		其他:				
	15	粉末	千克			
	30	锭	千克			
	95	其他	千克			
8108.30.00	00	废碎料	千克	0[2]		0
8108.90		其他:				
8108.90.30		钛制品		5.5%[2]	0(A*,AU,BH,CA,CL,CO,D,E,IL,JO,KR,MA,MX,OM,P,PA,PE,S,SG)	45%
	30	铸件	千克			
	60	其他	千克			
8108.90.60		其他		15%[2]	0(A*,AU,BH,C,CA,CL,CO,D,E,IL,JO,KR,MA,MX,OM,P,PA,PE,S,SG)	45%
	20	大方坯、板坯和板材	千克			
	31	其他条、杆、型材及异型材、丝	千克			
	45	板、片、带、箔	千克			
	60	管子	千克			
	75	其他	千克			
8109		锆及其制品,包括废碎料:				
8109.20.00	00	未锻轧锆;粉末	千克	4.2%	0(A+,AU,BH,CA,CL,CO,D,E,IL,JO,KR,MA,MX,OM,P,PA,PE,S,SG)	25%
8109.30.00	00	废碎料	千克	0[2]		0
8109.90.00	00	其他	千克	3.7%[2]	0(A,AU,BH,CA,CL,CO,D,E,IL,JO,KR,MA,MX,OM,P,PA,PE,S,SG)	45%
8110		锑及其制品,包括废碎料:				
8110.10.00	00	未锻轧锑;粉末:	千克	0		4.4美分/千克
8110.20.00	00	废碎料	千克	0		4.4美分/千克
8110.90.00	00	其他	千克	0		4.4美分/千克
8111.00		锰及其制品,包括废碎料:				
8111.00.30	00	废碎料	千克	0		0
		其他:				
		未锻轧锰:				
8111.00.47	00	按重量计含锰至少99.5%的薄片	千克	14%	0(A+,AU,BH,CA,CL,CO,D,E,IL,JO,KR,MA,MX,OM,P,PA,PE,S,SG)	20%
8111.00.49		其他		14%	0(A+,AU,BH,CA,CL,CO,E,IL,JO,KR,MA,MX,OM,P,PA,PE,S,SG)	20%
	10	按重量计含锰至少99.5%的粉末	千克			
	90	其他	千克			

第八十一章 其他贱金属、金属陶瓷及其制品　1191

税则号列	统计后缀	货品名称	单位	税率 普通	税率 1 特惠	税率 2
8111.00.60	00	其他	千克	3.7%	0(A,AU,BH,CA,CL,CO,D,E,IL,JO,KR,MA,MX,OM,P,PA,PE,S,SG)	45%
8112		铍、铬、锗、钒、镓、铪、铟、铼、铌、铊及其制品，包括废碎料：				
		铍：				
8112.12.00	00	未锻轧铍；粉末	千克	8.5%[2]	0(A,AU,BH,CA,CL,CO,D,E,IL,JO,KR,MA,MX,OM,P,PA,PE,S,SG)	25%
8112.13.00	00	废碎料	千克	0[2]		0
8112.19.00	00	其他	千克	5.5%[2]	0(A*,AU,BH,CA,CL,CO,D,E,IL,JO,KR,MA,MX,OM,P,PA,PE,S,SG)	45%
		铬：				
8112.21.00	00	未锻轧铬；粉末	千克	3%	0(A,AU,BH,CA,CL,CO,D,E,IL,JO,KR,MA,MX,OM,P,PA,PE,S,SG)	30%
8112.22.00	00	废碎料	千克	0		0
8112.29.00	00	其他	千克	3%[2]	0(A,AU,BH,CA,CL,CO,D,E,IL,JO,KR,MA,MX,OM,P,PA,PE,S,SG)	30%
		铊：				
8112.51.00	00	未锻轧铊；粉末	千克	4%[2]	0(A+,AU,BH,CA,CL,CO,D,E,IL,JO,KR,MA,MX,OM,P,PA,PE,S,SG)	25%
8112.52.00	00	废碎料	千克	0[2]		0
8112.59.00	00	其他	千克	4%[2]	0(A,AU,BH,CA,CL,CO,D,E,IL,JO,KR,MA,MX,OM,P,PA,PE,S,SG)	25%
		其他：				
8112.92		未锻轧；废碎料；粉末：				
8112.92.06	00	废碎料	千克	0[2]		0
		其他：				
8112.92.10	00	镓	千克	3%[5]	0(A,AU,BH,CA,CL,CO,D,E,IL,JO,KR,MA,MX,OM,P,PA,PE,S,SG)	25%
8112.92.20	00	铪	千克	0[2]		25%
8112.92.30	00	铟	千克	0		25%
8112.92.40	00	铌(钶)	千克	4.9%[2]	0(A+,AU,BH,CA,CL,CO,D,E,IL,JO,KR,MA,MX,OM,P,PA,PE,S,SG)	25%
8112.92.50	00	铼	千克	3%[2]	0(A,AU,BH,CA,CL,CO,D,E,IL,JO,KR,MA,MX,OM,P,PA,PE,S,SG)	25%
		锗：				

税则号列	统计后缀	货品名称	单位	税率 普通	税率 1 特惠	2
8112.92.60	00	未锻轧锗	千克	2.6%[6]	0(A,AU,BH,CA,CL,CO,D,E,IL,JO,KR,MA,MX,OM,P,PA,PE,S,SG)	25%
8112.92.65	00	其他	千克	4.4%[2]	0(A,AU,BH,CA,CL,CO,D,E,IL,JO,KR,MA,MX,OM,P,PA,PE,S,SG)	45%
8112.92.70	00	钒	千克 千克钒	2%[2]	0(A+,AU,BH,CA,CL,CO,D,E,IL,JO,KR,MA,MX,OM,P,PA,PE,S,SG)	25%
8112.99		其他:				
8112.99.10	00	锗	千克	4.4%[2]	0(A,AU,BH,CA,CL,CO,D,E,IL,JO,KR,MA,MX,OM,P,PA,PE,S,SG)	45%
8112.99.20	00	钒	千克 千克钒	2%[2]	0(A+,AU,BH,CA,CL,CO,D,E,IL,JO,KR,MA,MX,OM,P,PA,PE,S,SG)	25%
8112.99.90	00	其他	千克	4%[2]	0(A,AU,BH,CA,CL,CO,D,E,IL,JO,KR,MA,MX,OM,P,PA,PE,S,SG)	45%
8113.00.00	00	金属陶瓷及其制品,包括废碎料:	千克	3.7%[2]	0(A,AU,BH,CA,CL,CO,D,E,IL,JO,KR,MA,MX,OM,P,PA,PE,S,SG)	45%

[1]见9902.15.11。

[2]见9903.88.03。

[3]见9903.88.45。

[4]见本章附加美国注释二。

[5]见9902.15.12和9903.88.03。

[6]见9902.15.13和9902.15.14。

第八十二章　贱金属工具、器具、利口器、餐匙、餐叉及其零件

注释：

一、除喷灯、轻便锻炉、带支架的砂轮、修指甲和修脚用器具及品目 8209 的货品外，本章仅包括带有用下列材料制成的刀片、工作刃、工作面或其他工作部件的物品：

（一）贱金属；

（二）硬质合金或金属陶瓷；

（三）装于贱金属、硬质合金或金属陶瓷底座上的宝石或半宝石（天然、合成或再造）；或者

（四）附于贱金属底座上的磨料，当附上磨料后，所具有的切齿、沟、槽或类似结构仍保持其特性及功能。

二、本章所列物品的贱金属零件，应与该制品归入同一品目，但具体列名的零件及手工工具的工具夹具（品目 8466）除外。第十五类注释二所述的通用零件，均不归入本章。

电动剃须刀及电动毛发推剪的刀头、刀片应归入品目 8510。

三、由品目 8211 的一把或多把刀具与品目 8215 至少数量相同的物品构成的成套货品应归入品目 8215。

附加美国注释：

一、本章中专门提及厨房或餐具的规定包括室外使用和室内使用的物品。

二、在确定钢锉和木锉（品目 8203）的长度时，不应包括柄脚（如有）。

三、为确定适用于品目 8205、品目 8206、品目 8211 或品目 8215 中规定的成套物品的税率，成套物品中任何物品的特定税率或复合税率应转换为其从价等效税率，也就是说，当从价税率适用于根据经修订的《1930 年关税法》第 402 节确定的物品全部价值时，将提供与特定税率或复合税率相同的关税金额。

统计注释：

一、为了对品目 8205、品目 8206、品目 8211 或品目 8215 中的成套设备进行统计报告，报告的件数应为成套设备中单独设备的总数。

二、子目 8211.92 所称"鞘式刀"是指装在坚固枪套中的固定刀片刀，即"鞘"刀，是用于狩猎和捕鱼的一种刀。

税则号列	统计后缀	货品名称	单位	税率 1 普通	税率 1 特惠	2
8201		锹、铲、镐、锄、叉及耙；斧子、钩刀及类似砍伐工具；各种修枝用剪刀；镰刀、秣刀、树篱剪、伐木楔子及其他农业、园艺或林业用手工工具：				
8201.10.00	00	锹及铲,及其零件[1]	个	0[2]		30%
8201.30.00		镐、锄及耙,及其零件		0[2]		45%
	10	锄及镐,及其零件	个			
	80	其他	个			
8201.40		斧子、钩刀及类似砍伐工具,及其零件：				
8201.40.30	00	弯刀及其零件	个	0[2]		0
8201.40.60		其他		6.2%[3]	0(A*,AU,BH,CA,CL,CO,D,E,IL,JO,KR,MA,MX,OM,P,PA,PE,S,SG)	45%
	10	斧子及其零件	个			
	80	其他	个			
8201.50.00	00	修枝剪及类似的单手操作剪刀(包括家禽剪)	个	1美分/个+2.8%[4]	0(A,AU,BH,CA,CL,CO,D,E,IL,JO,KR,MA,MX,OM,P,PA,PE,S,SG)	20美分/个+45%
8201.60.00	00	树篱剪、双手修枝剪及类似的双手操作剪刀	个	1美分/个+2.8%[5]	0(A,AU,BH,CA,CL,CO,D,E,IL,JO,KR,MA,MX,OM,P,PA,PE,S,SG)	20美分/个+45%
8201.90		用于农业、园艺或林业的其他手工工具：				
8201.90.30	00	除草剪刀及其零件	个	2美分/个+5.1%[6]	0(A,AU,BH,CA,CL,CO,D,E,IL,JO,KR,MA,MX,OM,P,PA,PE,S,SG)	20美分/个+45%
8201.90.40	00	叉子及其零件	个	0[2]		15%
8201.90.60	00	其他	个	0[2]		0
8202		手工锯及其金属零件；各种锯的锯片(包括切条、切槽或无齿锯片)及其贱金属零件：				
8202.10.00	00	手工锯及其零件(锯片除外)	个	0[2]		20%
8202.20.00		带锯片及其零件		0[2]		20%
	30	金属刀片	个			
	60	其他	个			
		圆锯片(包括切条或切槽锯片)：				
8202.31.00	00	带有钢制工作部件	个	0[2]		25%
8202.39.00		其他,包括部件：		0[2]		25%
	10	带有金刚石制工作部件	个			
	40	金刚石锯片芯	个			
	70	其他	个			
8202.40		链锯片及其零件：				
8202.40.30	00	切割零件,按重量计铬、钼或钨含量超过0.2%,或钒含量超过0.1%	个	7.2%[2]	0(A,AU,BH,CA,CL,CO,D,E,IL,JO,KR,MA,MX,OM,P,PA,PE,S,SG)	60%
8202.40.60		其他		0[2]		27.5%

税则号列	统计后缀	货品名称	单位	税率 普通	税率 特惠	2
	30	连续长度	米			
	60	其他	个			
		其他锯片及其零件:				
8202.91		直锯片,加工金属用:				
8202.91.30	00	钢锯片	个	0[2]		20%
8202.91.60	00	其他	罗	0[2]		40美分/罗
8202.99.00	00	其他(包括零件)[7]	个	0[2]		20%
8203		钢锉、木锉、钳子(包括剪钳)、镊子、白铁剪、切管器、螺栓切头器、打孔冲子及类似手工工具,及其贱金属零件:				
8203.10		钢锉、木锉及类似工具:				
8203.10.30	00	长度不超过11厘米	打	0[2]		47.5美分/打
8203.10.60	00	长度超过11厘米但不超过17厘米	打	0[2]		62.5美分/打
8203.10.90	00	长度超过17厘米	打	0[2]		77.5美分/打
8203.20		钳子(包括剪钳)、镊子及类似工具,及其零件:				
8203.20.20	00	镊子	个	4%[8]	0(A,AU,BH,CA,CL,CO,D,E,IL,JO,KR,MA,MX,OM,P,PA,PE,S,SG)	60%
		其他:				
8203.20.40	00	滑动接头钳	打	12%[2]	0(A+,AU,BH,CA,CL,CO,D,E,IL,JO,KR,MA,MX,OM,P,PA,PE,S,SG)	60%
8203.20.60		其他(零件除外)		12美分/打+5.5%[3]	0(A,AU,BH,CA,CL,CO,D,E,IL,JO,KR,MA,MX,OM,P,PA,PE,S,SG)	1.20美元/打+60%
	30	钳子[9]	打			
	60	其他[10]	打			
8203.20.80	00	零件	个	4.5%[2]	0(A,AU,BH,CA,CL,CO,D,E,IL,JO,KR,MA,MX,OM,P,PA,PE,S,SG)	45%
8203.30.00	00	白铁剪及类似工具,及其零件:	个	0[3]		50%
8203.40		切管器、螺栓切头器、打孔冲子及类似工具,及其零件:				
8203.40.30	00	切割零件,按重量计铬、钼或钨含量超过0.2%,或钒含量超过0.1%	个	6%[2]	0(A,AU,BH,CA,CL,CO,D,E,IL,JO,KR,MA,MX,OM,P,PA,PE,S,SG)	60%
8203.40.60	00	其他(包括零件)	个	3.3%[3]	0(A,AU,BH,CA,CL,CO,D,E,IL,JO,KR,MA,MX,OM,P,PA,PE,S,SG)	50%
8204		手动扳手及扳钳(包括转矩扳手,但不包括丝锥扳手);可互换的扳手套筒,不论是否带手柄、驱动器或扩展件;贱金属零件:				
		手动扳手及扳钳,及其零件:				

税则号列	统计后缀	货品名称	单位	税率 1 普通	税率 1 特惠	2
8204.11.00		固定的,及其零件		9%[2]	0(A*,AU,BH,CA,CL,CO,D,E,IL,JO,KR,MA,MX,OM,P,PA,PE,S,SG)	45%
	30	开口扳手、套筒扳手及开口扳手和套筒扳手组合	个			
	60	其他(包括零件)[11]	个			
8204.12.00	00	可调的,及其零件	个	9%[2]	0(A,AU,BH,CA,CL,CO,D,E,IL,JO,KR,MA,MX,OM,P,PA,PE,S,SG)	45%
8204.20.00	00	可互换的扳手套筒,不论是否带手柄、驱动器和扩展件,及其零件[7]	个	9%[2]	0(A,AU,BH,CA,CL,CO,D,E,IL,JO,KR,MA,MX,OM,P,PA,PE,S,SG)	45%
8205		其他品目未列名的手工工具(包括玻璃刀);喷灯;台钳、夹钳及类似品,但作为机床或水射流切割机附件或零件的除外;砧;轻便锻炉;带支架的手摇或脚踏砂轮;贱金属零件:				
8205.10.00	00	钻孔或攻丝工具及其零件	个	6.2%[2]	0(A,AU,BH,CA,CL,CO,D,E,IL,JO,KR,MA,MX,OM,P,PA,PE,S,SG)	45%
8205.20		锤子和大锤,及其零件:				
8205.20.30	00	每个锤头不超过1.5千克	个	6.2%[2]	0(A,AU,BH,CA,CL,CO,D,E,IL,JO,KR,MA,MX,OM,P,PA,PE,S,SG)	45%
8205.20.60	00	每个锤头超过1.5千克	个	0[2]		20%
8205.30		木工用刨子、凿子及类似切削工具,及其零件:				
8205.30.30	00	切割零件,按重量计铬、钼或钨含量超过0.2%,或钒含量超过0.1%	个	5.7%[2]	0(A,AU,BH,CA,CL,CO,D,E,IL,JO,KR,MA,MX,OM,P,PA,PE,S,SG)	60%
8205.30.60	00	其他(包括零件)	个	5%[2]	0(A,AU,BH,CA,CL,CO,D,E,IL,JO,KR,MA,MX,OM,P,PA,PE,S,SG)	45%
8205.40.00	00	螺丝刀,及其零件[12]	个	6.2%[3]	0(A,AU,BH,CA,CL,CO,D,E,IL,JO,KR,MA,MX,OM,P,PA,PE,S,SG)3.1%(JP)	45%
		其他手工工具(包括玻璃刀)及其零件:				
8205.51		家用工具,及其零件				
		钢铁制:				
8205.51.15	00	雕刻和屠宰用钢,带或不带把手	个	0[2]		8美分/个+45%
8205.51.30		其他(包括零件)	个	3.7%[2]	0(A*,AU,BH,CA,CL,CO,D,E,IL,JO,KR,MA,MX,OM,P,PA,PE,S,SG)	40%
	30	厨房和餐桌用具[13]	个			
	60	其他(包括零件)	个			
8205.51.45	00	铜制	个	0[2]		40%

税则号列	统计后缀	货品名称	单位	税率 普通	税率 1 特惠	税率 2
8205.51.60	00	铝制	千克	2.2美分/千克+5%[2]	0(A*,AU,BH,CA,CL,CO,D,E,IL,JO,KR,MA,MX,OM,P,PA,PE,S,SG)	19美分/千克+40%
8205.51.75	00	其他[12]	个	3.7%[2]	0(A*,AU,BH,CA,CL,CO,D,E,IL,JO,KR,MA,MX,OM,P,PA,PE,S,SG)	40%
8205.59		其他:				
8205.59.10	00	管道工具及其零件[12]	个	7.2%[2]	0(A,AU,BH,CA,CL,CO,D,E,IL,JO,KR,MA,MX,OM,P,PA,PE,S,SG)3.6%(JP)	45%
8205.59.20	00	粉末驱动手动工具及其零件	个	0[2]		27.5%
8205.59.30		撬棍、履带工具和楔子及其零件		0[2]		3美分/千克
	10	撬棍	千克个			
	80	其他	千克个			
		其他:				
		钢铁制:				
8205.59.45	00	填缝枪	个	5.3%[2]	0(A,AU,BH,CA,CL,CO,D,E,IL,JO,KR,MA,MX,OM,P,PA,PE,S,SG)	40%
8205.59.55		其他	个	5.3%[14]	0(A,AU,BH,CA,CL,CO,D,E,IL,JO,KR,MA,MX,OM,P,PA,PE,S,SG)	40%
		带刃的手工工具:				
	05	除剃须外的单刃刀片	个			
	10	其他	个			
	60	其他(包括零件)	个			
8205.59.60	00	铜制	个	0[2]		40%
8205.59.70	00	铝制	千克	1.5美分/千克+3.5%[2]	0(A,AU,BH,CA,CL,CO,D,E,IL,JO,KR,MA,MX,OM,P,PA,PE,S,SG)	19美分/千克+40%
8205.59.80	00	其他[12]	个	3.7%[2]	0(A,AU,BH,CA,CL,CO,D,E,IL,JO,KR,MA,MX,OM,P,PA,PE,S,SG)	40%
8205.60.00	00	喷灯及其零件	个	2.9%[2]	0(A,AU,BH,CA,CL,CO,D,E,IL,JO,KR,MA,MX,OM,P,PA,PE,S,SG)	45%
8205.70.00		台钳、夹钳及类似品,及其零件		5%[15]	0(A,AU,BH,CA,CL,CO,D,E,IL,JO,KR,MA,MX,OM,P,PA,PE,S,SG)	45%
		台钳:				
	30	管子用	个			
	60	其他	个			
	90	其他(包括零件)[11]	个			
8205.90		其他,包括由本品目项下两个或多个子目所列货品组成的成套货品:				

税则号列	统计后缀	货品名称	单位	税率 1 普通	税率 1 特惠	2
8205.90.10	00	砧;轻便锻炉;带支架的手摇或脚踏砂轮;贱金属零件	个	0[2]		6%
8205.90.60	00	上述两个或多个子目所列货品组成的成套货品	件[16]	适用于该成套货品的税率,以最高税率为准[17]	0(A+,AU,BH,CA,CL,CO,D,E,IL,JO,KR,MA,MX,OM,P,PA,PE,S,SG)	适用于该成套货品的税率,以最高税率为准
8206.00.00	00	由品目 8202 至 8205 中两个或多个品目所列工具组成的零售包装成套货品	件[16]	适用于该成套货品的税率,以最高税率为准[17]	0(A+,AU,BH,CA,CL,CO,D,E,IL,JO,KR,MA,MX,OM,P,PA,PE,S,SG)	适用于该成套货品的税率,以最高税率为准
8207		手工工具(不论是否有动力装置)及机床(例如,锻压、冲压、攻丝、钻孔、镗孔、铰孔及铣削、车削或上螺丝用的机器)的可互换工具,包括金属拉拔或挤压用模以及凿岩或钻探工具;贱金属零件及其零件:				
		凿岩或钻探工具及其零件:				
8207.13.00	00	带有金属陶瓷制工作部件	个	3.6%[2]	0(A,AU,BH,CA,CL,CO,D,E,IL,JO,KR,MA,MX,OM,P,PA,PE,S,SG)	60%
8207.19		其他,包括部件:				
8207.19.30		切割零件,按重量计铬、钼或钨含量超过 0.2%,或钒含量超过 0.1%		5%[18]	0(A*,AU,BH,CA,CL,CO,D,E,IL,JO,KR,MA,MX,OM,P,PA,PE,S,SG)	60%
	30	冲击式凿岩钻头	个			
		其他:				
	60	旋转式凿岩钻头、取芯钻头和铰刀[19]	个			
	90	其他[10]	个			
8207.19.60		其他		2.9%[20]	0(A*,AU,BH,CA,CL,CO,D,E,IL,JO,JP,KR,MA,MX,OM,P,PA,PE,S,SG)	35%
	30	冲击式凿岩钻头	个			
		其他:				
		旋转式凿岩钻头、取芯钻头和铰刀:				
	65	带有金刚石制工作部件	个			
	70	其他	个			
	90	其他	个			
8207.20.00		金属拉拔或挤压用模,及其零件		3.9%[2]	0(A*,AU,BH,CA,CL,CO,D,E,IL,JO,JP,KR,MA,MX,OM,P,PA,PE,S,SG)	30%
	30	金刚石拉丝模	个 千克			
	40	其他模具	个 千克			
	70	零件	个 千克			
8207.30		锻压或冲压工具,及其零件:				

第八十二章　贱金属工具、器具、利口器、餐匙、餐叉及其零件　1199

税则号列	统计后缀	货品名称	单位	税率 1 普通	税率 1 特惠	税率 2
8207.30.30		适用于切割金属,及其零件		5.7%[2]	0(A,AU,BH,CA,CL,CO,D,E,IL,JO,KR,MA,MX,OM,P,PA,PE,S,SG)2.85%(JP)	60%
	20	工具	个 千克			
	50	零件	个 千克			
8207.30.60		不适用于切割金属,及其零件		2.9%[2]	0(A,AU,BH,CA,CL,CO,D,E,IL,JO,JP,KR,MA,MX,OM,P,PA,PE,S,SG)	35%
	32	不适用于切割金属的冲压模[7]	个 千克			
	62	金属成型模具,包括螺纹滚压模具	个 千克			
	92	其他工具	个 千克			
	95	零件	个 千克			
8207.40		攻丝工具,及其零件:				
8207.40.30	00	切割零件,按重量计铬、钼或钨含量超过0.2%,或钒含量超过0.1%	个	5.7%[2]	0(A,AU,BH,CA,CL,CO,D,E,IL,JO,KR,MA,MX,OM,P,PA,PE,S,SG)2.85%(JP)	60%
8207.40.60	00	其他	个	4.8%[2]	0(A,AU,BH,CA,CL,CO,D,E,IL,JO,JP,KR,MA,MX,OM,P,PA,PE,S,SG)	50%
8207.50		钻孔工具,但凿岩及钻探用的除外,及其零件:				
8207.50.20		切割零件,按重量计铬、钼或钨含量超过0.2%,或钒含量超过0.1%		5%[2]	0(A,AU,BH,CA,CL,CO,D,E,IL,JO,KR,MA,MX,OM,P,PA,PE,S,SG)	60%
	30	冲击钻	个			
		麻花钻:				
	45	木工钻	个			
	55	其他	个			
		其他:				
	70	木工用[21]	个			
	80	其他	个			
		其他:				
8207.50.40		适用于切割金属,及其零件		8.4%[22]	0(A,AU,BH,CA,CL,CO,D,E,IL,JO,KR,MA,MX,OM,P,PA,PE,S,SG)	50%
	30	麻花钻	个			
	60	其他	个			
		不适用于切割金属,及其零件:				
8207.50.60	00	用于手动工具,及其零件[21]	个	5.2%[2]	0(A,AU,BH,CA,CL,CO,D,E,IL,JO,KR,MA,MX,OM,P,PA,PE,S,SG)	45%

税则号列	统计后缀	货品名称	单位	税率 1 普通	税率 1 特惠	2
8207.50.80	00	其他	个	2.9%[22]	0(A,AU,BH,CA,CL,CO,D,E,IL,JO,KR,MA,MX,OM,P,PA,PE,S,SG)	35%
8207.60.00		镗孔或铰孔工具,及其零件:		4.8%[2]	0(A,AU,BH,CA,CL,CO,D,E,IL,JO,JP,KR,MA,MX,OM,P,PA,PE,S,SG)	60%
	30	拉刀	个			
	35	铰刀,枪铰刀除外	个			
	61	其他(包括其零件)	个			
8207.70		铣削工具,及其零件:				
8207.70.30		切割零件,按重量计铬、钼或钨含量超过0.2%,或钒含量超过0.1%		5%[2]	0(A*,AU,BH,CA,CL,CO,D,E,IL,JO,JP,KR,MA,MX,OM,P,PA,PE,S,SG)	60%
	30	端铣刀	个			
	40	木工刨刀	个			
	60	其他	个			
8207.70.60		其他		2.9%[22]	0(A*,AU,BH,CA,CL,CO,D,E,IL,JO,JP,KR,MA,MX,OM,P,PA,PE,S,SG)	35%
	30	端铣刀	个			
	40	不适合切割金属的刀头	个			
	60	其他(包括零件)	个			
8207.80		车削工具:				
8207.80.30	00	切割零件,按重量计铬、钼或钨含量超过0.2%,或钒含量超过0.1%	个	4.8%[2]	0(A,AU,BH,CA,CL,CO,D,E,IL,JO,KR,MA,MX,OM,P,PA,PE,S,SG)	60%
8207.80.60	00	其他	个	3.7%[22]	0(A,AU,BH,CA,CL,CO,D,E,IL,JO,KR,MA,MX,OM,P,PA,PE,S,SG)	35%
8207.90		其他可互换工具:				
8207.90.15	00	锉刀和锉刀,包括旋转锉刀和锉刀,及其零件	打	1.6%[2]	0(A*,AU,BH,CA,CL,CO,D,E,IL,JO,KR,MA,MX,OM,P,PA,PE,S,SG)	15%
		其他:				
8207.90.30		切割零件,按重量计铬、钼或钨含量超过0.2%,或钒含量超过0.1%		5%[2]	0(A*,AU,BH,CA,CL,CO,D,E,IL,JO,KR,MA,MX,OM,P,PA,PE,S,SG)	60%
	30	滚刀和其他齿轮切削工具	个			
		木工用:				
	75	刀具可互换的刀盘	个			
	80	其他	个			
	85	其他	个			
		其他:				
8207.90.45	00	适用于切割金属,及其零件	个	4.8%[22]	0(A*,AU,BH,CA,CL,CO,D,E,IL,JO,KR,MA,MX,OM,P,PA,PE,S,SG)	50%

税则号列	统计后缀	货品名称	单位	税率 1 普通	税率 1 特惠	税率 2
		不适用于切割金属,及其零件:				
8207.90.60	00	用于手动工具,及其零件	个	4.3%[2]	0(A*、AU、BH、CA、CL、CO、D、E、IL、JO、KR、MA、MX、OM、P、PA、PE、S、SG)	45%
8207.90.75		其他		3.7%[22]	0(A*、AU、BH、CA、CL、CO、D、E、IL、JO、JP、KR、MA、MX、OM、P、PA、PE、S、SG)	35%
	45	刀具可互换的刀盘	个			
	85	其他[23]	个			
8208		机器或机械器具的刀及刀片,及其贱金属零件:				
8208.10.00		金属加工用,及其零件		0[2]		20%
	30	长度超过30.5厘米,用于金属剪切机;直径超过15.2厘米,用于金属剪切机/纵切机	个			
	60	其他(包括零件)	个			
8208.20.00		木器加工用,及其零件		0[2]		20%
	30	长度超过73.7厘米,用于单板切割机	个			
	60	长度超过15.2厘米,用于削木机	个			
	90	其他(包括零件)	个			
8208.30.00		厨房器具或食品工业机器用,及其零件		0[2]		20%
	30	用于肉类切片、肉类切割或切肉机	个			
	60	其他(包括零件)	个			
8208.40		农业、园艺或林业机器用,及其零件:				
8208.40.30	00	割草机刀片	个	0[2]		20%
8208.40.60	00	其他(包括零件)	个	0[2]		0
8208.90		其他:				
8208.90.30	00	用于制鞋机械	个	0[2]		0
8208.90.60	00	其他(包括零件)	个	0[2]		20%
8209.00.00		未装配的工具用金属陶瓷板、杆、刀头及类似品		4.6%[2]	0(A、AU、BH、CA、CL、CO、D、E、IL、JO、JP、KR、MA、MX、OM、P、PA、PE、S、SG)	60%
	30	烧结金属碳化物制[24]	千克			
	60	其他金属陶瓷制	千克			
8210.00.00	00	用于加工或调制食品或饮料的手动机械器具,重量为10千克或更少,及其贱金属零件	个	3.7%[25]	0(A*、AU、BH、CA、CL、CO、D、E、IL、JO、KR、MA、MX、OM、P、PA、PE、S、SG)	40%
8211		有刃口的刀,不论是否有锯齿(包括整枝刀),但品目8208的刀除外,刀片及其他贱金属零件:				
8211.10.00	00	成套货品	件[16]	适用于该成套货品的税率,以最高税率为准[26]	0(AU、BH、CA、CL、CO、D、E、IL、JO、KR、MA、MX、OM、P、PA、PE、S、SG)	适用于该成套货品的税率,以最高税率为准
		其他:				

税则号列	统计后缀	货品名称	单位	税率 1 普通	税率 1 特惠	2
8211.91		刃面固定的餐刀：				
8211.91.10	00	带镀银手柄的刀具	个	0[27]		8美分/个+45%
		带不锈钢手柄的刀具：				
		按重量计手柄含镍或含锰超过10%：				
8211.91.20	00	价值在25美分/个以下,总长度不超过25.9厘米	个	0.4美分/个+6.4%[27]	0(A+,AU,BH,CA,CL,CO,D,E,IL,JO,KR,MA,MX,OM,P,PA,PE,S,SG)	2美分/个+45%
8211.91.25	00	其他	个	0.4美分/个+6.8%[27]	0(AU,BH,CA,CL,CO,D,E,IL,JO,KR,MA,MX,OM,P,PA,PE,S,SG)	2美分/个+45%
		其他：				
8211.91.30	00	价值在25美分/个以下,总长度不超过25.9厘米	个	0.9美分/个+10.6%[26]	0(AU,BH,CA,CL,CO,D,E,IL,JO,KR,MA,MX,OM,P,PA,PE,S,SG)	2美分/个+45%
8211.91.40	00	其他	个	0.3美分/个+3.7%[26]	0(AU,BH,CA,CL,CO,D,E,IL,JO,KR,MA,MX,OM,P,PA,PE,S,SG)	2美分/个+45%
8211.91.50		带橡胶或塑料手柄的刀具		0.7美分/个+3.7%[27]	0(A*,AU,BH,CA,CL,CO,D,E,IL,JO,KR,MA,MX,OM,P,PA,PE,S,SG)	8美分/个+45%
	30	牛排刀	个			
	60	其他	个			
8211.91.80		其他		0.3美分/个+4.9%[27]	0(A*,AU,BH,CA,CL,CO,D,E,IL,JO,KR,MA,MX,OM,P,PA,PE,S,SG)	8美分/个+45%
	30	牛排刀	个			
	60	其他	个			
8211.92		刃面固定的其他刀：				
		带橡胶或塑料手柄：				
8211.92.20	00	厨房和屠宰刀	个	0.8美分/个+4.6%[27]	0(A*,AU,BH,CA,CL,CO,D,E,IL,JO,KR,MA,MX,OM,P,PA,PE,S,SG)	8美分/个+45%
8211.92.40		其他		1美分/个+4.6%[26]	0(A*,AU,BH,CA,CL,CO,D,E,IL,JO,KR,MA,MX,OM,P,PA,PE,S,SG)	8美分/个+45%
	50	鞘式刀	个			
	60	其他	个			
		其他：				
8211.92.60	00	木柄猎刀	个	4.4%[27]	0(A*,AU,BH,CA,CL,CO,D,E,IL,JO,KR,MA,MX,OM,P,PA,PE,S,SG)	8美分/个+45%
8211.92.90		其他	个	0.4美分/个+6.1%[27]	0(A*,AU,BH,CA,CL,CO,D,E,IL,JO,KR,MA,MX,OM,P,PA,PE,S,SG)	8美分/个+45%
	30	厨房和屠宰刀	个			

税则号列	统计后缀	货品名称	单位	税率 1 普通	税率 1 特惠	2
	45	鞘式刀	个			
	60	其他	个			
8211.93.00		刃面不固定的刀		3美分/个 +5.4%[3]	0(A*,AU,BH,CA,CL,CO,D,E, IL,JO,KR,MA,MX,OM,P,PA, PE,S,SG)	35美分/个 +55%
	31	折叠双手柄多用途工具,每个手柄内装有一个或多个工具,其中一个或多个工具为折叠刀片	个			
	35	笔刀、袖珍刀和其他有折叠刀片的刀	个			
	60	其他(包括零件)	个			
8211.94		刀片:				
8211.94.10	00	用于刃面固定的刀	个	0.16美分/个 +2.2%[2]	0(A,AU,BH,CA,CL,CO,D,E, IL,JO,KR,MA,MX,OM,P,PA, PE,S,SG)	8美分/个 +45%
8211.94.50	00	其他	个	1美分/个 +5.4%[3]	0(A,AU,BH,CA,CL,CO,D,E, IL,JO,KR,MA,MX,OM,P,PA, PE,S,SG)	11美分/个 +55%
8211.95		贱金属制的刀柄:				
8211.95.10	00	用于刃面固定刀片的餐刀	个	0.3美分/个 +4.9%[2]	0(A,AU,BH,CA,CL,CO,D,E, IL,JO,KR,MA,MX,OM,P,PA, PE,S,SG)	8美分/个 +45%
8211.95.50	00	用于刃面固定的其他刀	个	0.4美分/个 +6.1%[2]	0(A,AU,BH,CA,CL,CO,D,E, IL,JO,KR,MA,MX,OM,P,PA, PE,S,SG)	8美分/个 +45%
8211.95.90	00	其他	个	3美分/个 +5.4%[2]	0(A,AU,BH,CA,CL,CO,D,E, IL,JO,KR,MA,MX,OM,P,PA, PE,S,SG)	35美分/个 +55%
8212		剃刀及其刀片(包括未分开的刀片条),及贱金属零件:				
8212.10.00	00	剃刀[28]	个	0[27]		10美分/个 +30%
8212.20.00		安全刀片,包括未分开的刀片条		0[27]		1美分/个 +30%
	05	剃须用单刃刀片	个			
	10	其他	个			
8212.90.00	00	其他零件	个	0[27]		27.5%
8213.00		剪刀、裁缝剪刀及类似品、剪刀片及其他贱金属零件:				
8213.00.30	00	价值不超过1.75美元/打	个	1.7美分/个 +4.3%[26]	0(A,AU,BH,CA,CL,CO,D,E, IL,JO,KR,MA,MX,OM,P,PA, PE,S,SG)	15美分/个 +45%
		价值超过1.75美元/打:				
8213.00.60	00	花齿剪,价值超过30美元/打	个	8美分/个 +8%[26]	0(A,AU,BH,CA,CL,CO,D,E, IL,JO,KR,MA,MX,OM,P,PA, PE,S,SG)	20美分/个 +45%

税则号列	统计后缀	货品名称	单位	税率 1 普通	税率 1 特惠	2
8213.00.90	00	其他(包括零件)	个	3美分/个+3%[29]	0(A+,AU,BH,CA,CL,CO,D,E,IL,JO,KR,MA,MX,OM,P,PA,PE,S,SG)	20美分/个+45%
8214		其他利口器(例如,理发推剪、屠刀、砍骨刀、切肉刀、切菜刀、裁纸刀);修指甲及修脚用具(包括指甲锉);贱金属零件:				
8214.10.00	00	裁纸刀、开信刀、改错刀、铅笔刀,及其刀片和其他零件	个	0.3美分/个+4.2%[2]	0(A,AU,BH,CA,CL,CO,D,E,IL,JO,KR,MA,MX,OM,P,PA,PE,S,SG)	8美分/个+45%
8214.20		修指甲或修脚用具(包括指甲锉)及其零件:				
8214.20.30	00	用于修指甲或修脚的角质层刀或割鸡腿刀、双头表皮推、指甲锉、指甲垢清除器、指甲钳和指甲剪及其零件	个	4%[30]	0(A*,AU,BH,CA,CL,CO,D,E,IL,JO,KR,MA,MX,OM,P,PA,PE,S,SG)	60%
		美甲和足疗套装及其组合:				
8214.20.60	00	装于皮质容器	个	0[27]		50%
8214.20.90	00	其他	个	4.1%[31]	0(A*,AU,BH,CA,CL,CO,D,E,IL,JO,KR,MA,MX,OM,P,PA,PE,S,SG)	45%
8214.90		其他:				
		其他未列名的切割器等:				
8214.90.30	00	带柄切肉刀	个	1美分/个+4.9%[27]	0(A+,AU,BH,CA,CL,CO,D,E,IL,JO,KR,MA,MX,OM,P,PA,PE,S,SG)	8美分/个+45%
8214.90.60	00	其他	个	0.2美分/个+3.1%[32]	0(A,AU,BH,CA,CL,CO,D,E,IL,JO,KR,MA,MX,OM,P,PA,PE,S,SG)	8美分/个+45%
8214.90.90	00	其他(包括零件)	个	1.4美分/个+3.2%[26]	0(A,AU,BH,CA,CL,CO,D,E,IL,JO,KR,MA,MX,OM,P,PA,PE,S,SG)	20美分/个+45%
8215		餐匙、餐叉、长柄勺、漏勺、糕点夹、鱼刀、黄油刀、糖块夹及类似的厨房或餐桌用具;及其贱金属零件:				
8215.10.00	00	成套货品,至少其中一件货品是镀贵金属的	件[16]	适用于该成套货品的税率,以最高税率为准[33]	0(AU,BH,CA,CL,CO,D,E,IL,JO,KR,MA,MX,OM,P,PA,PE,S,SG)	适用于该成套货品的税率,以最高税率为准
8215.20.00	00	其他成套货品[10]	件[16]	适用于该成套货品的税率,以最高税率为准[17]	0(AU,BH,CA,CL,CO,D,E,IL,JO,KR,MA,MX,OM,P,PA,PE,S,SG)	适用于该成套货品的税率,以最高税率为准
		其他:				
8215.91		镀贵金属的:				
8215.91.30	00	叉子	个	0[27]		2美分/个+45%
8215.91.60	00	汤匙和勺子	个	4.2%[27]	0(A,AU,BH,CA,CL,CO,D,E,IL,JO,KR,MA,MX,OM,P,PA,PE,S,SG)	50%

第八十二章　贱金属工具、器具、利口器、餐匙、餐叉及其零件

税则号列	统计后缀	货品名称	单位	税率 1 普通	税率 1 特惠	税率 2
8215.91.90	00	其他(包括零件)	个	2.7%[27]	0(A,AU,BH,CA,CL,CO,D,E,IL,JO,KR,MA,MX,OM,P,PA,PE,S,SG)	40%
8215.99		其他：				
		叉子：				
		带有不锈钢手柄：				
		按重量计手柄含镍或含锰超过10%：				
8215.99.01	00	价值在25美分/个以下,总长度不超过25.9厘米	个	0.9美分/个+15.8%[26]	0(A+,AU,BH,CA,CL,CO,D,E,IL,JO,KR,MA,MX,OM,P,PA,PE,S,SG)	2美分/个+45%
8215.99.05	00	其他	个	0.5美分/个+8.5%[2]	0(AU,BH,CA,CL,CO,D,E,IL,JO,KR,MA,MX,OM,P,PA,PE,S,SG)	2美分/个+45%
		其他：				
8215.99.10	00	价值在25美分/个以下	个	0.5美分/个+6.3%[26]	0(A+,AU,BH,CA,CL,CO,D,E,IL,JO,KR,MA,MX,OM,P,PA,PE,S,SG)	2美分/个+45%
8215.99.15	00	其他	个	0.4美分/个+4.8%[27]	0(AU,BH,CA,CL,CO,D,E,IL,JO,KR,MA,MX,OM,P,PA,PE,S,SG)	2美分/个+45%
8215.99.20	00	带有橡胶或塑料手柄	个	0.5美分/个+3.2%[26]	0(A*,AU,BH,CA,CL,CO,D,E,IL,JO,KR,MA,MX,OM,P,PA,PE,S,SG)	8美分/个+45%
		其他：				
8215.99.22	00	没有手柄	个	0[26]		8美分/个+45%
		其他：				
8215.99.24	00	餐桌叉(包括餐桌餐叉)和带木制手柄的烧烤叉	个	0.3美分/个+4.5%[27]	0(A*,AU,BH,CA,CL,CO,D,E,IL,JO,KR,MA,MX,OM,P,PA,PE,S,SG)	8美分/个+45%
8215.99.26	00	其他	个	0.2美分/个+3.1%[27]	0(AU,BH,CA,CL,CO,D,E,IL,JO,KR,MA,MX,OM,P,PA,PE,S,SG)	8美分/个+45%
		餐匙及长柄勺：				
		带有不锈钢手柄：				
8215.99.30	00	价值在25美分/个以下的勺子	个	14%[26]	0(A+,AU,BH,CA,CL,CO,D,E,IL,JO,KR,MA,MX,OM,P,PA,PE,S,SG)	40%
8215.99.35	00	其他[34]	个	6.8%[27]	0(AU,BH,CA,CL,CO,D,E,IL,JO,KR,MA,MX,OM,P,PA,PE,S,SG)	40%
8215.99.40		带有贱金属(不锈钢除外)或非金属手柄		5%[26]	0(A*,AU,BH,CA,CL,CO,D,E,IL,JO,KR,MA,MX,OM,P,PA,PE,S,SG)	40%
	30	汤匙和饭勺	个			
	60	其他	个			
8215.99.45	00	其他	个	0[27]		65%

税则号列	统计后缀	货品名称	单位	税率 1 普通	税率 1 特惠	2
8215.99.50	00	其他(包括零件)	个	5.3%[26]	0(A*,AU,BH,CA,CL,CO,D,E,IL,JO,KR,MA,MX,OM,P,PA,PE,S,SG)	40%

[1]见9903.88.40。

[2]见9903.88.03。

[3]见9903.88.03和9903.89.37。

[4]见9902.15.15和9903.88.03。

[5]见9902.15.16和9903.88.03。

[6]见9902.15.17和9903.88.03。

[7]见9903.88.38。

[8]见9902.15.18、9903.88.03和9903.89.37。

[9]见9903.88.34。

[10]见9903.88.37。

[11]见9903.88.33。

[12]见9903.88.46。

[13]见9903.88.46和9903.88.56。

[14]见9902.15.20和9903.88.03。

[15]见9902.15.21、9902.15.22、9902.15.23和9903.88.03。

[16]见本章统计注释一。

[17]见9903.88.03、9903.88.21、9903.88.22、9903.88.23和9903.88.24。

[18]见9902.15.24和9903.88.03。

[19]见9903.88.33和9903.88.48。

[20]见9817.82.01、9902.15.25和9903.88.03。

[21]见9903.88.43。

[22]见9817.82.01和9903.88.03。

[23]见9903.88.34、9903.88.40和9903.88.56。

[24]见9903.88.33和9903.88.34。

[25]见9902.15.26、9902.15.27、9902.15.28和9903.88.03。

[26]见9903.88.16。

[27]见9903.88.15。

[28]见9903.88.51。

[29]见9902.15.30、9902.15.31和9903.88.16。

[30]见9902.15.32、9902.15.33和9903.88.16。

[31]见9902.15.34和9903.88.16。

[32]见9903.88.16和9903.89.52。

[33]见9903.88.15、9903.88.25、9903.88.26、9903.88.27和9903.88.28。

[34]见9903.88.53。

第八十三章　贱金属杂项制品

注释：
一、在本章中，贱金属零件应与制品一同归类。但品目 7312、品目 7315、品目 7317、品目 7318 及品目 7320 的钢铁制品或其他贱金属（第七十四章至第七十六章及第七十八章至第八十一章）制的类似物品不应视为本章制品的零件。
二、品目 8302 所称"脚轮"是指直径（对于有胎的，连胎计算在内，下同）不超过 75 毫米的或直径虽超过 75 毫米，但所装轮或胎的宽度必须小于 30 毫米的脚轮。

附加美国注释：
一、子目 8308.10 中钩、眼和孔眼的应纳税重量包括卡片、纸箱、即时包装材料和标签的重量。

税则号列	统计后缀	货品名称	单位	税率 1 普通	税率 1 特惠	税率 2
8301		贱金属制的锁（钥匙锁、数码锁及电动锁）；贱金属制带锁的扣环及扣环框架；上述锁的贱金属制钥匙：				
8301.10		挂锁：				
		非圆柱或销制栓结构：				
8301.10.20	00	宽度不超过3.8厘米	打	2.3%[1]	0(A+,AU,BH,CA,CL,CO,D,E,IL,JO,KR,MA,MX,OM,P,PA,PE,S,SG)	39.5%
8301.10.40	00	宽度超过3.8厘米,但不超过6.4厘米	打	3.8%[1]	0(A+,AU,BH,CA,CL,CO,D,E,IL,JO,KR,MA,MX,OM,P,PA,PE,S,SG)	29.5%
8301.10.50	00	宽度超过6.4厘米	打	3.6%[2]	0(A,AU,BH,CA,CL,CO,D,E,IL,JO,KR,MA,MX,OM,P,PA,PE,S,SG)	28.5%
		圆柱或销制栓结构：				
8301.10.60		宽度不超过3.8厘米	打	6.1%[1]	0(A,AU,BH,CA,CL,CO,D,E,IL,JO,KR,MA,MX,OM,P,PA,PE,S,SG)	27%
	20	包含硬化钢部件的锁体,带有由钢绞线和硬化钢珠组成的连接（或可插入）柔性钢缆	打			
	80	其他	打			
8301.10.80	00	宽度超过3.8厘米,但不超过6.4厘米	打	4.8%[3]	0(A+,AU,BH,CA,CL,CO,D,E,IL,JO,KR,MA,MX,OM,P,PA,PE,S,SG)	36%
8301.10.90	00	宽度超过6.4厘米	打	4.2%[2]	0(A,AU,BH,CA,CL,CO,D,E,IL,JO,KR,MA,MX,OM,P,PA,PE,S,SG)	29.5%
8301.20.00		机动车用锁		5.7%[4]	0(A*,AU,B,BH,CA,CL,CO,D,E,IL,JO,KR,MA,MX,OM,P,PA,PE,S,SG)	45%
	30	非集成方向盘防盗装置	打			
	60	其他	千克			
8301.30.00		家具用锁		5.7%[1]	0(A,AU,BH,CA,CL,CO,D,E,IL,JO,KR,MA,MX,OM,P,PA,PE,S,SG)	45%
	60	凸轮锁和其他适用于箱子、抽屉和类似货品的锁	千克			
	90	其他	千克			
8301.40		其他锁：				
8301.40.30	00	行李锁	打	3.1%[2]	0(A,AU,BH,CA,CL,CO,D,E,IL,JO,JP,KR,MA,MX,OM,P,PA,PE,S,SG)	45%
8301.40.60		其他		5.7%[1]	0(A,AU,BH,CA,CL,CO,D,E,IL,JO,KR,MA,MX,OM,P,PA,PE,S,SG)2.85%(JP)	45%
	30	适用于内门或外门的门锁、锁具和其他锁（车库门、高架门或滑动门除外）	千克			

税则号列	统计后缀	货品名称	单位	税率 1 普通	税率 1 特惠	2
	60	其他	千克			
8301.50.00	00	带锁的扣环及扣环框架	千克	3.1%[1]	0(A,AU,BH,CA,CL,CO,D,E,IL,JO,KR,MA,MX,OM,P,PA,PE,S,SG)	45%
8301.60.00	00	零件	千克	2.8%[1]	0(A*,AU,B,BH,CA,CL,CO,D,E,IL,JO,JP,KR,MA,MX,OM,P,PA,PE,S,SG)	45%
8301.70.00	00	钥匙	千克	4.5%[1]	0(A*,AU,B,BH,CA,CL,CO,D,E,IL,JO,JP,KR,MA,MX,OM,P,PA,PE,S,SG)	45%
8302		用于家具、门窗、楼梯、百叶窗、车厢、鞍具、衣箱、盒子及类似品的贱金属附件及架座；贱金属制帽架、帽钩、托架及类似品；用贱金属做支架的小脚轮；贱金属制的自动闭门器：				
8302.10		铰链(折叶)：				
		钢铁制、铝制或锌制：				
8302.10.30	00	专为机动车辆设计	千克	2%[1]	0(A*,AU,B,BH,CA,CL,CO,D,E,IL,JO,KR,MA,MX,OM,P,PA,PE,S,SG)	25%
8302.10.60		其他		3.5%[4]	0(A*,AU,B,BH,C,CA,CL,CO,D,E,IL,JO,KR,MA,MX,OM,P,PA,PE,S,SG)	45%
	30	适用于内部和外部门(车库门、高架门或滑动门除外)	千克			
	60	适用于家具和橱柜	千克			
	90	其他	千克			
8302.10.90		其他		3.4%[4]	0(A*,AU,B,BH,C,CA,CL,CO,D,E,IL,JO,KR,MA,MX,OM,P,PA,PE,S,SG)	45%
	30	适用于内部和外部门(车库门、高架门或滑动门除外)	千克			
	60	适用于家具和橱柜	千克			
	90	其他	千克			
8302.20.00	00	小脚轮及其零件[5]	千克	5.7%[4]	0(A*,AU,B,BH,C,CA,CL,CO,D,E,IL,JO,KR,MA,MX,OM,P,PA,PE,S,SG)	45%
8302.30		机动车辆用的其他附件及架座：				
8302.30.30		钢铁制、铝制或锌制		2%[4]	0(A*,AU,B,BH,CA,CL,CO,D,E,IL,JO,KR,MA,MX,OM,P,PA,PE,S,SG)	25%
	10	用于提升、降低、阻尼或平衡的气缸	个			
	60	其他[6]	千克			
8302.30.60	00	其他	千克	3.5%[4]	0(A+,AU,B,BH,CA,CL,CO,D,E,IL,JO,KR,MA,MX,OM,P,PA,PE,S,SG)	45%
		其他附件及架座：				
8302.41		建筑用：				

税则号列	统计后缀	货品名称	单位	税率 1 普通	税率 1 特惠	2
8302.41.30	00	闭门器(自动闭门器除外)及其零件	千克	3.9%[7]	0(A, AU, BH, CA, CL, CO, D, E, IL, JO, KR, MA, MX, OM, P, PA, PE, S, SG)	45%
		其他:				
8302.41.60		钢铁制、铝制或锌制		3.9%[4]	0(A, AU, BH, CA, CL, CO, D, E, IL, JO, KR, MA, MX, OM, P, PA, PE, S, SG)	45%
		适用于内部和外部门(车库门、高架门或滑动门除外):				
	15	门挡、链条门紧固件、门拉环、踢脚板、门环和门框	千克			
	45	其他	千克			
	50	用于床帷、帐幔和窗帘[8]	千克			
	80	其他[9]	千克			
8302.41.90		其他		3.5%[4]	0(A, AU, BH, CA, CL, CO, D, E, IL, JO, KR, MA, MX, OM, P, PA, PE, S, SG)	45%
		适用于内部和外部门(车库门、高架门或滑动门除外):				
	15	门挡、链条门紧固件、门拉环、踢脚板、门环和门框	千克			
	45	其他	千克			
	50	用于床帷、帐幔和窗帘	千克			
	80	其他[10]	千克			
8302.42		其他,家具用:				
8302.42.30		钢铁制、铝制或锌制		3.9%[1]	0(A*, AU, BH, C, CA, CL, CO, D, E, IL, JO, KR, MA, MX, OM, P, PA, PE, SG)	45%
	10	用于提升、降低、阻尼或平衡的气缸	个			
	15	抽屉滑轨	千克			
	65	其他[11]	千克			
8302.42.60	00	其他	千克	3.4%[1]	0(A*, AU, BH, C, CA, CL, CO, D, E, IL, JO, KR, MA, MX, OM, P, PA, PE, SG)	45%
8302.49		其他:				
		线束、鞍具或缆绳五金件及其零件:				
8302.49.20	00	涂或镀贵金属的	千克	7.5%[4]	0(A*, AU, BH, CA, CL, CO, D, E, IL, JO, KR, MA, MX, OM, P, PA, PE, S, SG)	60%
8302.49.40	00	其他[12]	千克	0[4]		50%
		其他:				
8302.49.60		钢铁制,铝制或锌制		5.7%[4]	0(A*, AU, BH, C, CA, CL, CO, D, E, IL, JO, KR, MA, MX, OM, P, PA, PE, S, SG)	45%

第八十三章 贱金属杂项制品

税则号列	统计后缀	货品名称	单位	税率 1 普通	税率 1 特惠	2
	35	用于提升、降低、阻尼或平衡的气缸	个			
		其他：				
	45	铁路车辆用[13]	千克			
	55	第十七类的飞机、船舶和其他车辆（机动车辆除外）的[14]	千克			
	85	其他[15]	千克			
8302.49.80		其他		3.5%[4]	0(A*,AU,BH,C,CA,CL,CO,D,E,IL,JO,KR,MA,MX,OM,P,PA,PE,S,SG)	45%
		第十七类的铁路车辆、飞机、船舶和其他车辆（机动车辆除外）的：				
	40	铜制	千克			
	50	其他	千克			
	90	其他	千克			
8302.50.00	00	帽架、帽钩、托架及类似品[16]	千克	0[4]		40%
8302.60		自动闭门器：				
8302.60.30	00	自动闭门器	千克	3.9%[4]	0(A,AU,BH,C,CA,CL,CO,D,E,IL,JO,KR,MA,MX,OM,P,PA,PE,S,SG)	45%
8302.60.90	00	零件	千克	3.1%[4]	0(A,AU,BH,CA,CL,CO,D,E,IL,JO,KR,MA,MX,OM,P,PA,PE,S,SG)	45%
8303.00.00	00	装甲或加强的贱金属制保险箱、保险柜及保险库的门和带锁保险储存橱、钱箱、契约箱及类似品[17]	千克	3.8%[18]	0(A,AU,BH,CA,CL,CO,D,E,IL,JO,KR,MA,MX,OM,P,PA,PE,S,SG)	45%
8304.00.00	00	贱金属制的档案柜、卡片索引柜、文件盘、文件篮、笔盘、公章架及类似的办公用具，但品目9403的办公室家具除外	千克	3.9%[2]	0(A*,AU,BH,CA,CL,CO,D,E,IL,JO,KR,MA,MX,OM,P,PA,PE,S,SG)	45%
8305		活页夹、卷宗夹的贱金属附件,贱金属制的信夹、信角、文件夹、索引标签及类似的办公用品；贱金属制的成条钉书钉（例如，供办公室、室内装饰或包装用）：				
8305.10.00		活页夹或卷宗夹的附件		2.9%[1]	0(A,AU,BH,CA,CL,CO,D,E,IL,JO,KR,MA,MX,OM,P,PA,PE,S,SG)	45%
	10	环形活页夹机构[19]	千克			
	50	其他	千克			
8305.20.00	00	成条钉书钉	千克	0[1]		4%
8305.90		其他,包括零件：				
8305.90.30		回形针及其零件		0[2]		45%
	10	全部为金属丝制	千克			
	50	其他	千克			

税则号列	统计后缀	货品名称	单位	税率 1 普通	税率 1 特惠	2
8305.90.60	00	其他	千克	5.7%[1]	0(A,AU,BH,CA,CL,CO,D,E,IL,JO,KR,MA,MX,OM,P,PA,PE,S,SG)	45%
8306		非电动的贱金属铃、钟、锣及类似品;贱金属雕塑像及其他装饰品;贱金属相框、画框或类似框架;贱金属镜子;及其贱金属零件:				
8306.10.00	00	铃、钟、锣及类似品,及其零件	千克	5.8%[2]	0(A*,AU,BH,CA,CL,CO,D,E,IL,JO,KR,MA,MX,OM,P,PA,PE,S,SG)	50%
		雕塑及其他装饰品,及其零件:				
8306.21.00	00	镀贵金属的	千克	4.5%[1]	0(A*,AU,BH,CA,CL,CO,D,E,IL,JO,KR,MA,MX,OM,P,PA,PE,S,SG)	65%
8306.29.00	00	其他	千克	0[2]		46%
8306.30.00	00	相框、画框或类似框架;镜子;及其零件	千克	2.7%[4]	0(A*,AU,BH,CA,CL,CO,D,E,IL,JO,KR,MA,MX,OM,P,PA,PE,S,SG)	45%
8307		贱金属软管,不论是否有附件:				
8307.10		钢铁制:				
8307.10.30	00	带配件[20]	千克	3.8%[4]	0(A,AU,B,BH,C,CA,CL,CO,D,E,IL,JO,KR,MA,MX,OM,P,PA,PE,S,SG)	30%
8307.10.60	00	其他	千克	3.8%[4]	0(A,AU,B,BH,C,CA,CL,CO,D,E,IL,JO,KR,MA,MX,OM,P,PA,PE,S,SG)	30%
8307.90		其他贱金属制:				
8307.90.30	00	带配件	千克	3.8%[4]	0(A,AU,B,BH,C,CA,CL,CO,D,E,IL,JO,KR,MA,MX,OM,P,PA,PE,S,SG)	30%
8307.90.60	00	其他	千克	3.8%[4]	0(A,AU,B,BH,C,CA,CL,CO,D,E,IL,JO,KR,MA,MX,OM,P,PA,PE,S,SG)	30%
8308		贱金属制的扣、钩、环、眼及类似品,用于衣着或衣着附件、鞋靴、珠宝首饰、手表、书籍、天篷、皮革制品、旅行用品或马具或其他制成品;贱金属制的管形铆钉及开口铆钉;贱金属制的珠子及亮晶片:				
8308.10.00	00	钩、环及眼	千克	1.1美分/千克+2.9%[4]	0(A,AU,BH,CA,CL,CO,D,E,IL,JO,KR,MA,MX,OM,P,PA,PE,S,SG)	10美分/千克+25%
8308.20		管形铆钉及开口铆钉:				
8308.20.30	00	钢铁制,未抛光、未车削、未经机械加工	千克	0[4]		2.2美分/千克
8308.20.60	00	其他	千克	0[4]		45%
8308.90		其他,包括零件:				
8308.90.30	00	贱金属制的珠子及亮晶片	千克	0[4]		40%
8308.90.60	00	搭扣和搭扣扣环及其零件[20]	千克	3.9%[4]	0(A,AU,B,BH,C,CA,CL,CO,D,E,IL,JO,KR,MA,MX,OM,P,PA,PE,S,SG)	45%

税则号列	统计后缀	货品名称	单位	税率 普通	税率 1 特惠	税率 2
8308.90.90	00	其他[13]	千克	2.7%[4]	0（A,AU,B,BH,CA,CL,CO,D,E,IL,JO,KR,MA,MX,OM,P,PA,PE,S,SG）	65%
8309		贱金属制的塞子、盖子（包括冠形瓶塞、螺口盖及倒水塞）、瓶帽、螺口塞、塞子帽、封志及其他包装用附件，及其零件：				
8309.10.00	00	冠形瓶塞，及其零件	千克	0[4]		45%
8309.90.00	00	其他	千克	2.6%[4]	0（A,AU,BH,CA,CL,CO,D,E,IL,JO,KR,MA,MX,OM,P,PA,PE,S,SG）	45%
8310.00.00	00	贱金属制的标志牌、铭牌、地名牌及类似品、号码、字母及类似标志，及其零件，但品目9405的货品除外[20]	千克	0[4]		45%
8311		贱金属或硬质合金制的丝、条、管、板、电极及类似品，以焊剂涂面或以焊剂为芯，用于焊接或沉积金属、硬质合金；贱金属粉粘聚而成的丝或条，供金属喷镀用；贱金属零件：				
8311.10.00	00	以焊剂涂面的贱金属制电极，电弧焊用	千克	0[4]		35%
8311.20.00	00	以焊剂为芯的贱金属制焊丝，电弧焊用	千克	0[4]		35%
8311.30		以焊剂涂面的贱金属条或以焊剂为芯的贱金属丝，钎焊或气焊用				
8311.30.30	00	铅锡焊料	千克 千克铅	0[4]		2.5美分/千克铅
8311.30.60	00	其他	千克	0[4]		35%
8311.90.00	00	其他	千克	0[4]		35%

[1]见9903.88.15。

[2]见9903.88.16。

[3]见9902.15.35和9903.88.15。

[4]见9903.88.03。

[5]见9903.88.43。

[6]见9903.88.33、9903.88.34、9903.88.38和9903.88.43。

[7]见9902.15.36和9903.88.03。

[8]见9903.88.35。

[9]见9903.88.18。

[10]见9903.88.38。

[11]见9903.88.53。

[12]见9903.88.48。

[13]见9903.88.46。

[14]见9903.88.36和9903.88.43。

[15]见9903.88.18和9903.88.43。

[16]见9903.88.18、9903.88.35、9903.88.40、9903.88.46和9903.88.56。

[17]见9903.88.48和9903.88.56。

[18]见9902.15.37和9903.88.03。

[19]见9903.88.49。

[20]见9903.88.45。

第十六类　机器、机械器具、电气设备及其零件；录音机及放声机、电视图像、声音的录制和重放设备及其零件、附件

注释：

一、本类不包括：

(一)第三十九章的塑料或品目4010的硫化橡胶制的传动带、输送带；除硬质橡胶以外的硫化橡胶制的机器、机械器具、电气器具或其他专门技术用途的物品(品目4016)；

(二)机器、机械器具或其他专门技术用途的皮革、再生皮革(品目4205)或毛皮(品目4303)的制品；

(三)各种材料(例如，第三十九章、第四十章、第四十四章、第四十八章及第十五类的材料)制的筒管、卷轴、纡子、锥形筒管、芯子、线轴及类似品；

(四)提花机及类似机器用的穿孔卡片(例如，归入第三十九章、第四十八章或第十五类的)；

(五)纺织材料制的传动带、输送带或带料(品目5910)或专门技术用途的其他纺织材料制品(品目5911)；

(六)品目7102至7104的宝石或半宝石(天然、合成或再造)或品目7116的完全以宝石或半宝石制成的物品，但已加工未装配的唱针用蓝宝石和钻石除外(品目8522)；

(七)第十五类注释二所规定的贱金属制通用零件(第十五类)或塑料制的类似品(第三十九章)；

(八)钻管(品目7304)；

(九)金属丝或带制的环形带(第十五类)；

(十)第八十二章或第八十三章的物品；

(十一)第十七类的物品；

(十二)第九十章的物品；

(十三)第九十一章的钟、表或其他物品；

(十四)品目8207的可互换工具及作为机器零件的刷子(品目9603)，类似的可互换工具应按其构成工作部件的材料归类(例如，归入第四十章、第四十二章、第四十三章、第四十五章、第五十九章或品目6804、品目6909)；

(十五)第九十五章的物品；或者

(十六)打字机色带或类似色带，不论是否带轴或装盒(应按其材料属性归类，如已上油或经其他方法

处理能着色的,应归入品目 9612),或品目 9620 的独脚架、双脚架、三脚架及类似品。
二、除本类注释一、第八十四章注释一及第八十五章注释一另有规定的以外,机器零件(不属于品目 8484、品目 8544、品目 8545、品目 8546 或品目 8547 所列物品的零件)应按下列规定归类:
(一)凡在第八十四章、第八十五章的品目(品目 8409、品目 8431、品目 8448、品目 8466、品目 8473、品目 8487、品目 8503、品目 8522、品目 8529、品目 8538 及品目 8548 除外)列名的货品,均应归入该两章的相应品目;
(二)专用于或主要用于某一种机器或同一品目的多种机器(包括品目 8479 或品目 8543 的机器)的其他零件,应与该种机器一并归类,或酌情归入品目 8409、品目 8431、品目 848、品目 8466、品目 8473、品目 8503、品目 8522、品目 8529 或品目 8538。但能同时主要用于品目 8517 和品目 8525 至品目 8528 所列货品的零件应归入品目 8517;
(三)所有其他零件应酌情归入品目 8409、品目 8431、品目 8448、品目 8466、品目 8473、品目 8503、品目 8522、品目 8529 或品目 8538,如不能归入上述品目,则应归入品目 8487 或品目 8548。
三、由两部或以上机器装配在一起形成的组合式机器,或具有两种或以上互补或交替功能的机器,除条文另有规定的以外,应按具有主要功能的机器归类。
四、由不同独立部件(不论是否分开或由管道、传动装置、电缆或其他装置连接)组成的机器(包括机组),如果组合后明显具有一种第八十四章或第八十五章某个品目所列功能,则全部机器应按其功能归入有关品目。
五、上述各注释所称"机器",是指第八十四章或第八十五章各品目所列的各种机器、设备、装置及器具。

附加美国注释:
一、本类所称"印刷电路组件"是指由一个或多个品目 8534 的印刷电路组成的货品,其上组装有一个或多个有源元件,带或不带无源元件。本注释所称"有源元件",是指品目 8541 的二极管、晶体管和类似半导体器件(不论是否光敏),以及品目 8542 的集成电路。

统计注释:
一、关于半导体制造和测试机器及装置的规定涵盖用于半导体材料(如硅和砷化镓)生长和加工的产品、将此类材料加工成半导体器件的产品以及测试此类器件的产品(通常指归入第九十章的测试设备以及一些加工设备)。具体包括以下货品:
(一)晶圆制造设备:
1. 晶体生长器和拉拔器——用于生产非常纯净的单晶半导体束,从中可以切割晶片。这些晶体生长器和拉拔器最常用的方法是提拉法和浮动法。
2. 晶圆制备设备:
(1)晶体研磨机——用于将晶柱研磨至所需的精确直径,并研磨晶柱的平面,以指示晶体的导电类型和电阻率。
(2)晶片切割锯——用于从单晶半导体材料束上切割晶片。
(3)晶圆研磨机和抛光机——用于为制造工艺准备半导体晶圆。这涉及将晶圆置于尺寸公差范围内。尤其关键的是其表面的平整度。

(二)掩模制造和维修设备：
1. 制造设备——用于将设计图案转移到掩模，该设备通常利用光学、电子束或X射线在光刻胶涂层基板上写入电路图案。显影后，这些基板成为晶圆制造的掩模。
2. 维修设备——该设备通常使用聚焦离子束或激光束。它们直接用在掩模上以去除铬。

(三)晶圆制造设备：
1. 成膜设备——用于在制造过程中在晶圆表面涂覆或生成各种薄膜。这些薄膜在成品设备上用作导体、绝缘体和半导体。它们可以包括衬底表面的氧化物和氮化物、金属和外延层。下面列出的工艺和设备不一定限于生成特定类型的胶片。
   (1)氧化炉——用于在晶圆上形成"氧化膜"。氧化物是由晶圆顶部分子层与加热的氧气或蒸汽发生化学反应形成的。
   (2)化学气相沉积(CVD)设备——用于沉积各种类型的薄膜，这些薄膜是在高温下在反应物室中结合适当的气体获得的。这构成了热化学气相反应。操作可在大气压或低压(LPCVD)下进行，并可使用等离子体增强(PECVD)。
   (3)物理气相沉积(PVD)设备——用于沉积通过蒸发固体获得的各种类型的薄膜。
     ①蒸发设备——通过加热源材料产生薄膜的设备。
     ②溅射设备——通过离子轰击源材料(目标)生成薄膜的设备。
   (4)分子束外延(MBE)设备——用于在超高真空下使用分子束在加热的单晶衬底上生长外延层。该过程类似于PVD。
2. 掺杂设备——用于将掺杂剂引入晶圆表面，以改变半导体层的导电性或其他特性：
   (1)热扩散设备——在高温下通过气体将掺杂剂引入晶圆表面。
   (2)离子注入——将掺杂剂以加速离子束的形式"驱动"到晶圆表面的晶格结构中。
   (3)退火炉——用于修复因离子注入而损坏的晶圆晶格结构。
3. 蚀刻和剥离设备——用于蚀刻或清洁晶圆表面。
   (1)湿法蚀刻设备——通过喷涂或浸没方式应用化学蚀刻材料的设备。喷射式蚀刻机比槽式蚀刻机提供更均匀的结果，因为它们一次在一个晶圆上执行操作。
   (2)干等离子体蚀刻——蚀刻材料在等离子体能量场中以气体形式呈现，提供各向异性蚀刻轮廓。
   (3)离子束研磨设备——其中电离气体原子被加速到晶圆表面。冲击导致顶层从表面上物理移除。
   (4)剥离器或灰烬器——使用类似于蚀刻的技术，该设备在用作"模板"后，从晶圆表面去除废弃的光刻胶。该设备还用于去除氮化物、氧化物和多晶硅，具有各向同性蚀刻轮廓。
4. 光刻设备——用于将电路设计转移到半导体晶片的光刻胶涂层表面。
   (1)用光致抗蚀剂涂覆晶片的设备——包括光致抗蚀剂旋扣器，用于将液体光致抗蚀剂均匀地涂覆在晶片表面。
   (2)用于曝光具有电路设计(或其一部分)的光刻胶涂覆晶片的设备：
     ①使用掩模并将光刻胶暴露于光(通常为紫外线)或在某些情况下暴露于X射线下：
       (a)接触式打印机——在曝光过程中，掩模与晶圆接触。
       (b)接近对准器——与接触对准器类似，只是掩模与晶圆之间不发生实际接触。

(c)扫描对准器——使用投影技术在掩模和晶圆上暴露连续移动的狭缝。

(d)步进重复对准器——使用投影技术一次将晶圆曝光一部分。曝光可以通过从掩模到晶片的比例减少或1:1进行。增强包括使用准分子激光器。

②直接写入晶圆设备——这些设备无需掩模即可运行。它们使用计算机控制的"写入光束"(如电子束、离子束或激光)直接在涂有光刻胶的晶圆上"绘制"电路设计。

(3)显影曝光晶片的设备——包括类似于摄影实验室应用的化学浴。

(四)装配设备：

1. 划片设备——包括锯切机和划片机(包括激光划片机)以及划片配件,如晶圆切割设备。

2. 芯片粘合设备——通过焊接或粘合将芯片安装到封装上。

3. 引线键合设备——用于将细线或胶带(通常为金、铝或铜)从管芯键合焊盘连接到封装上的相应焊盘。

4. 封装设备——用于封装或包装半导体器件的设备。这些设备包括密封炉、盖子焊接机、塑料封装机、铅修剪和成型设备、包装放气机、浸锡和焊锡板设备。

(五)测试和检查设备：

1. 光学检查设备——包括"检查"晶圆表面部分并将其与标准图案或晶圆表面其他部分进行比较的设备。

2. 电气测试设备——包括通过应用和检测电信号或模式来测试半导体器件功能和电气规格的计算机控制系统。测试在未封装的芯片和封装的集成电路上进行。

第八十四章　核反应堆、锅炉、机器、机械器具及其零件

注释：
一、本章不包括：

(一) 第六十八章的石磨、石碾或其他物品；

(二) 陶瓷材料制的机器或器具(例如,泵)及供任何材料制的机器或器具用的陶瓷零件(第六十九章)；

(三) 实验室用玻璃器(品目 7017)，玻璃制的机器、器具或其他专门技术用途的物品或其零件(品目 7019 或品目 7020)；

(四) 品目 7321 或品目 7322 的物品或其他贱金属制的类似物品(第七十四章至第七十六章或第七十八章至第八十一章)；

(五) 品目 8508 的真空吸尘器；

(六) 品目 8509 的家用电动器具，品目 8525 的数字照相机；

(七) 第十七类物品用的散热器；或者

(八) 非机动的手工操作地板清扫器(品目 9603)。

二、除第十六类注释三及本章注释九另有规定以外，如果某种机器或器具既符合品目 8401 至 8424 中一个或几个品目的规定，或符合品目 8486 的规定，又符合品目 8425 至 8480 中一个或几个品目的规定，则应酌情归入品目 8401 至 8424 中的相应品目或品目 8486，而不归入品目 8425 至 8480 中的有关品目。

但品目 8419 不包括：

(一) 催芽装置、孵卵器或育雏器(品目 8436)；

(二) 谷物调湿机(品目 8437)；

(三) 萃取糖汁的浸提装置(品目 8438)；

(四) 纱线、织物及纺织制品的热处理机器(品目 8451)；或者

(五) 温度变化(即使必不可少)仅作为辅助功能的机器、设备或实验室设备。

品目 8422 不包括：

(一) 缝合袋子或类似品用的缝纫机(品目 8452)；或者

(二) 品目 8472 的办公室用机器。

品目 8424 不包括：

(一) 喷墨印刷(打印)机器(品目 8443)；或者

(二) 水射流切割机(品目 8456)。

三、如果用于加工各种材料的某种机床既符合品目 8456 的规定，又符合品目 8457、品目 8458、品目 8459、品目 8460、品目 8461、品目 8464 或品目 8465 的规定，则应归入品目 8456。

四、品目 8457 仅适用于可以完成下列不同形式机械操作的金属加工机床，但车床(包括车削中心)除外：

(一) 按照机械加工程序从刀具库或类似装置中自动更换刀具(加工中心)；

（二）同时或顺序地自动使用不同的动力头对固定不动的工件进行加工（单工位组合机床）；或者

（三）自动将工件送向不同的动力头（多工位组合机床）。

五、（一）品目8471所称"自动数据处理设备"是指具有以下功能的机器：

1. 存储处理程序及执行程序直接需要的起码的数据；

2. 按照用户的要求随意编辑程序；

3. 按照用户指令进行算术计算；以及

4. 在运行过程中，可不需人为干预而通过逻辑判断，执行一个处理程序，这个处理程序可改变计算机指令的执行。

（二）自动数据处理设备可以是一套由若干单独部件所组成的系统。

（三）除本条注释（四）及（五）另有规定的以外，一个部件如果符合下列所有规定，即可视为自动数据处理系统的一部分：

1. 专用于或主要用于自动数据处理系统；

2. 可以直接或通过一个或几个其他部件同中央处理器相联接；

3. 能够以本系统所使用的方式（代码或信号）接收或传送数据。

自动数据处理设备的部件如果单独报验，应归入品目8471。

但是，键盘、X-Y坐标输入装置及盘（片）式存储部件，只要符合上述注释（三）2及（三）3所列的规定，应一律作为品目8471的部件归类。

（四）品目8471不包括单独报验的下述设备，即使它们符合上述注释五（三）的所有规定：

1. 打印机、复印机、传真机，不论是否组合在一起式；

2. 发送或接收声音、图像或其他数据的设备，包括有线或无线网络（例如，局域网或广域网）的通信设备；

3. 扬声器及传声器（麦克风）；

4. 电视摄像机、数字照相机及视频摄录一体机；

5. 监视器及投影机，未装有电视接收装置。

（五）装有自动数据处理设备或与自动数据处理设备连接使用，但却从事数据处理以外的某项专门功能的机器，应按其功能归入相应的品目，对于无法按功能归类的，应归入未列名品目。

六、品目8482还包括最大直径及最小直径与标称直径相差均不超过1%或0.05毫米（以两者数值较小者为准）的抛光钢珠，其他钢珠归入品目7326。

七、具有一种以上用途的机器在归类时，其主要用途可作为唯一的用途对待。

除本章注释二、第十六类注释三另有规定的以外，凡任何品目都未列明其主要用途的机器，以及没有哪一种用途是主要用途的机器，均应归入品目8479。品目8479还包括将金属丝、纺织纱线或其他各种材料以及它们的混合材料制成绳、缆的机器（例如，捻股机、绞扭机、制缆机）。

八、品目8470所称"袖珍式"仅适用于外形尺寸不超过170毫米×100毫米×45毫米的机器。

九、（一）第八十五章注释八（一）及（二）同样适用于本条注释及品目8486中所称的"半导体器件"及"集成电路"。但本条注释及品目8486所称"半导体器件"，也包括光敏半导体器件及发光二极管（LED）。

（二）本条注释及品目8486所称"平板显示器的制造"，包括将各层基片制造成平板，但不包括玻璃的制造或者将印刷电路板或其他电子元件装配在平板上。"平板显示"不包括阴极射线管技术。

(三)品目 8486 也包括专用于或主要用于下列用途的机器及装置：

1. 制造或修补掩膜版及投影掩膜版；

2. 组装半导体器件或集成电路；

3. 升降、搬运、装卸单晶柱、晶圆、半导体器件、集成电路及平板显示器。

(四)除第十六类注释一及第八十四章注释一另有规定的以外,符合品目 8486 规定的机器及装置应归入该品目而不归入本税则的其他品目。

子目注释：

一、子目 8465.20 所称"加工中心"仅适用于加工木材、软木、骨、硬质橡胶、硬质塑料或类似硬质材料的加工机床。这些设备可根据机械加工程序,从刀具库或类似装置中自动更换刀具,以完成不同形式的机械加工。

二、子目 8471.49 所称"系统"是指各部件符合第八十四章注释五(三)所列条件,并且至少由一个中央处理部件、一个输入部件(例如,键盘或扫描器)及一个输出部件(例如,视频显示器或打印机)组成的自动数据处理设备。

三、子目 8481.20 所称"油压或气压传动阀"是指在液压或气压系统中专用于传递"流体动力"的阀门,其能源以加压流体(液体或气体)的形式供给。这些阀门可以具有各种形式(例如,减压阀、止回阀)。子目 8481.20 优先于品目 8481 的所有其他子目。

四、子目 8482.40 仅包括滚柱直径(最大不超过 5 毫米)相同,且长度至少是直径三倍的圆滚柱轴承,滚柱的两端可以磨圆。

附加美国注释：

一、就税号 8479.89.65 及税号 8479.89.94 而言,税率第 1 栏"特惠"栏中的"免税"仅适用于以下物品:非电动启动马达;非电动螺旋桨调节器;非电动伺服机构;非电动挡风玻璃雨刮器;液压气动蓄能器;涡轮喷气发动机、涡轮螺旋桨或其他燃气轮机的气动起动器;专为飞机设计的卫生间;反推装置的机械执行机构。

二、税号 8443.99.20 涵盖税号 8443.32.10 的打印机的以下零部件：

(一)控制或命令组件,包括一种以上的下述零件:印刷电路组件、硬盘或软盘驱动器、键盘、用户界面；

(二)光源组件,包括一种以上的下述零件:发光二极管组件、气体激光器、镜像多边形组件、底座铸件；

(三)激光成像组件,包括一种以上的下述零件:感光带或感光筒、碳粉盒单元、碳粉显影单元、充电/放电单元、清洁单元；

(四)图像固定组件,包括一种以上的下述零件:定影器、压力辊、加热元件、释放油分配器、清洁装置、电气控制；

(五)喷墨标记组件,包括一种以上的下述零件:热打印头、墨水分配单元、喷嘴和储液器单元、墨水加热器；

(六)维护/密封组件,包括一种以上的下述零件:真空装置、喷墨覆盖装置、密封装置、吹扫装置；

(七)纸张处理组件,包括一种以上的下述零件:纸张输送带、滚筒、打印杆、托架、夹持辊、纸张存储单元、出纸盘；

(八)热转印成像组件,包括一种以上的下述零件:热打印头、清洁装置、供给辊或卷取辊；

(九)子成像组件,包括一种以上的下述零件:离子产生和发射单元、空气辅助单元、印刷电路组件、电荷接收带或圆筒、碳粉盒单元、碳粉分配单元、显影剂盒和分配单元、显影单元、充电/放电单元、清洁单元;或者

(十)上述指定组件的组合。

三、税号 8443.99.30 包括传真机的以下零部件:

(一)控制或命令组件,包括一种以上的下述零件:印刷电路组件、调制解调器、硬盘或软盘驱动器、键盘、用户界面;

(二)光学模块组件,包括一种以上的下述零件:光学灯、电荷耦合装置和适当的光学元件、透镜、镜子;

(三)激光成像组件,包括一种以上的下述零件:感光带或感光筒、碳粉盒单元、碳粉显影单元、充电/放电单元、清洁单元;

(四)喷墨标记组件,包括一种以上的下述零件:热打印头、墨水分配单元、喷嘴和储液器单元、墨水加热器;

(五)热转印成像组件,包括一种以上的下述零件:热打印头、清洁装置、供给辊或卷取辊;

(六)离子成像组件,包括一种以上的下述零件:离子产生和发射单元、空气辅助单元、印刷电路组件、电荷接收带或圆筒、碳粉盒单元、碳粉分配单元、显影剂盒和分配单元、显影单元、充电/放电单元、清洁单元;

(七)图像固定组件,包括一种以上的下述零件:定影器、压力辊、加热元件、释放油分配器、清洁装置、电气控制;

(八)纸张处理组件,包括一种以上的下述零件:纸张输送带、滚筒、打印杆、托架、夹持辊、纸张存储单元、出纸盘;以及

(九)上述规定组件的组合。

四、税号 8443.99.40 涵盖税号 8443.39.20 的复印设备的以下零部件:

(一)成像组件,包括一种以上的下述零件:感光带或感光筒、碳粉盒单元、碳粉分配单元、显影剂盒单元、显影剂分配单元、充电/放电单元、清洁单元;

(二)光学组件,包括一种以上的下述零件:透镜、镜子、照明源、文件曝光玻璃;

(三)用户控制组件,包括一种以上的下述零件:印刷电路组件、电源、用户输入键盘、线束、显示单元(阴极射线型或平板);

(四)图像固定组件,包括一种以上的下述零件:定影器、压力辊、加热元件、释放油分配器、清洁装置、电气控制装置;

(五)纸张处理组件,包括一种以上的下述零件:纸张输送带、滚筒、打印杆、托架、夹持辊、纸张存储单元、出纸盘;或者

(六)上述指定组件的组合。

统计注释:

一、统计报告编码 8411.81.8010 所称"工业涡轮机"仅指用于固定应用的燃气轮机,包括用于固定发电的燃气轮机。

二、统计报告编码 8413.91.9065 所称"抽油杆"包括小马杆和抛光杆,全部设计用于油井和油田相关泵。

三、统计报告编码 8427.10.8020、8427.10.8040、8427.10.8070、8427.20.8020 和 8427.90.0020 所称"高

空作业平台"是指包含平台的工程卡车,该平台连接至安装在移动基座上的称降架,用于提升人员、工具和材料。

四、统计报告编码 8472.90.9040 所称"钞票计数器和钞票扫描仪"是指对钞票、优惠券、脚本或其他有价值的纸质文件进行计数并以有组织的方式进行堆叠的文件处理机。钞票计数器和钞票扫描仪都可以包含一个用于检测可疑(即伪造)钞票的传感器。扫描仪还有额外的传感器,使其能够按面额区分钞票。

税则号列	统计后缀	货品名称	单位	税率 1 普通	税率 1 特惠	2
8401		核反应堆;核反应堆的未辐照燃料元件(释热元件);同位素分离机器及装置:				
8401.10.00	00	核反应堆	吨	3.3%[1]	0(A, AU, BH, CA, CL, CO, D, E, IL, JO, KR, MA, MX, OM, P, PA, PE, S, SG)	45%
8401.20.00	00	同位素分离机器、装置及其零件	吨	2.6%[1]	0(A, AU, BH, CA, CL, CO, D, E, IL, JO, KR, MA, MX, OM, P, PA, PE, S, SG)	35%
8401.30.00	00	未辐照燃料元件(释热元件)	千克	3.3%[1]	0(A, AU, BH, CA, CL, CO, D, E, IL, JO, KR, MA, MX, OM, P, PA, PE, S, SG)	45%
8401.40.00	00	核反应堆零件	吨	3.3%[1]	0(A, AU, BH, CA, CL, CO, D, E, IL, JO, KR, MA, MX, OM, P, PA, PE, S, SG)	45%
8402		蒸汽锅炉(能产生低压水蒸汽的集中供暖用的热水锅炉除外);过热水锅炉:				
		蒸汽锅炉:				
8402.11.00	00	蒸发量超过45吨/时的水管锅炉	吨	5.2%[1]	0(A, AU, BH, CA, CL, CO, D, E, IL, JO, KR, MA, MX, OM, P, PA, PE, S, SG)	45%
8402.12.00	00	蒸发量不超过45吨/时的水管锅炉	吨	4.3%[1]	0(A*, AU, BH, CA, CL, CO, D, E, IL, JO, KR, MA, MX, OM, P, PA, PE, S, SG)	45%
8402.19.00	00	其他蒸汽锅炉,包括混合式锅炉	吨	5.2%[1]	0(A, AU, BH, CA, CL, CO, D, E, IL, JO, KR, MA, MX, OM, P, PA, PE, S, SG)	45%
8402.20.00	00	过热水锅炉	吨	3.3%[1]	0(A*, AU, BH, CA, CL, CO, D, E, IL, JO, KR, MA, MX, OM, P, PA, PE, S, SG)	45%
8402.90.00		零件		4.3%[1]	0(A, AU, BH, CA, CL, CO, D, E, IL, JO, KR, MA, MX, OM, P, PA, PE, S, SG)	45%
	10	热交换器[2]	吨			
	90	其他[3]	千克			
8403		集中供暖用的热水锅炉,但品目8402的货品除外:				
8403.10.00	00	锅炉	个	0[4]		45%
8403.90.00	00	零件	千克	0[4]		45%
8404		品目8402或品目8403所列锅炉的辅助设备(例如,节热器、过热器、除灰器、气体回收器);水蒸汽或其他蒸汽动力装置的冷凝器:				
8404.10.00		品目8402或品目8403所列锅炉的辅助设备:		3.5%[5]	0(A*, AU, BH, CA, CL, CO, D, E, IL, JO, KR, MA, MX, OM, P, PA, PE, S, SG)	45%
	10	节热器	吨			
	50	其他	吨			

第八十四章　核反应堆、锅炉、机器、机械器具及其零件　1225

税则号列	统计后缀	货品名称	单位	税率 1 普通	税率 1 特惠	2
8404.20.00	00	水蒸汽或其他蒸汽动力装置的冷凝器	吨	5%[1]	0(A*,AU,BH,CA,CL,CO,D,E,IL,JO,KR,MA,MX,OM,P,PA,PE,S,SG)	45%
8404.90.00	00	零件	千克	3.5%[1]	0(A*,AU,BH,CA,CL,CO,D,E,IL,JO,KR,MA,MX,OM,P,PA,PE,S,SG)	45%
8405		煤气发生器,不论有无净化器;乙炔发生器及类似的水解气体发生器,不论有无净化器:				
8405.10.00	00	煤气发生器,不论有无净化器;乙炔发生器及类似的水解气体发生器,不论有无净化器	个	0[1]		45%
8405.90.00	00	零件	千克	0[1]		45%
8406		汽轮机:				
8406.10		船舶动力用汽轮机:				
8406.10.10	00	汽轮机	个	6.7%[1]	0(A,AU,BH,CA,CL,CO,D,E,IL,JO,KR,MA,MX,OM,P,PA,PE,S,SG)	20%
8406.10.90	00	其他	个	0[1]		27.5%
		其他汽轮机:				
8406.81		输出功率超过40兆瓦的:				
8406.81.10		汽轮机		6.7%[6]	0(A,AU,BH,CA,CL,CO,D,E,IL,JO,KR,MA,MX,OM,P,PA,PE,S,SG)3.35%(JP)	20%
	20	固定式汽轮机,冷凝式	个			
	70	其他	个			
8406.81.90	00	其他	个	0[1]		27.5%
8406.82		输出功率不超过40兆瓦的				
8406.82.10		汽轮机		6.7%[7]	0(A,AU,BH,CA,CL,CO,D,E,IL,JO,KR,MA,MX,OM,P,PA,PE,S,SG)	20%
		固定式汽轮机,冷凝式:				
	10	不超过7 460千瓦	个			
	20	超过7 460千瓦	个			
		其他:				
	50	不超过7 460千瓦	个			
	70	超过7 460千瓦	个			
8406.82.90	00	其他	个	0[1]		27.5%
8406.90		零件:				
		汽轮机:				
8406.90.20	00	转子,完成最终组装	个	5%[8]	0(A,AU,BH,CA,CL,CO,D,E,IL,JO,KR,MA,MX,OM,P,PA,PE,S,SG)	20%
8406.90.30	00	转子,除清洁或机械加工用于拆卸翅片、浇口和冒口,或允许在精加工机械中定位外,不得进一步加工	个	5%[8]	0(A,AU,BH,CA,CL,CO,D,E,IL,JO,JP,KR,MA,MX,OM,P,PA,PE,S,SG)	20%

税则号列	统计后缀	货品名称	单位	税率 1 普通	税率 1 特惠	2
8406.90.40	00	叶片,旋转或静止	个	5%[8]	0(A,AU,BH,CA,CL,CO,D,E,IL,JO,JP,KR,MA,MX,OM,P,PA,PE,S,SG)	20%
8406.90.45		其他		5%[8]	0(A,AU,BH,CA,CL,CO,D,E,IL,JO,JP,KR,MA,MX,OM,P,PA,PE,S,SG)	20%
	40	转子或主轴和转子或主轴组件	个			
	80	其他	千克			
		其他:				
8406.90.50	00	转子,完成最终组装	个	0[8]		27.5%
8406.90.60	00	转子,除清洁或机械加工用于拆卸翅片、浇口和冒口,或允许在精加工机械中定位外,不得进一步加工	个	0[8]		27.5%
8406.90.70	00	叶片,旋转或静止	个	0[8]		27.5%
8406.90.75	00	其他	千克	0[8]		27.5%
8407		点燃往复式或旋转式活塞内燃发动机:				
8407.10.00		航空器发动机:		0[1]		35%
		用于民用飞机:				
		新的:				
	20	小于373千瓦	个			
	40	373千瓦或以上	个			
	60	已使用或重建	个			
	90	其他	个			
		船舶发动机:				
8407.21.00		舷外发动机		0[1]		35%
	40	小于22.38千瓦[9]	个			
	80	其他[10]	个			
8407.29.00		其他		0[1]		35%
	10	带外侧驱动的内侧发动机	个			
		带内侧驱动的内侧发动机:				
	20	小于746瓦	个			
	30	746瓦或以上,但不超过18.65千瓦	个			
	40	超过18.65千瓦	个			
		用于第八十七章所列车辆的往复式活塞发动机:				
8407.31.00		气缸容量(排气量)不超过50毫升		0[8]		35%
	40	小于746瓦	个			
	80	其他	个			
8407.32		气缸容量(排气量)超过50毫升,但不超过250毫升				
8407.32.10	00	安装在适合农用的拖拉机上	个	0[8]		0

税则号列	统计后缀	货品名称	单位	税率 1 普通	税率 1 特惠	2
8407.32.20		安装在子目8701.20、品目8702、品目8703或品目8704的车辆上		0[8]		35%
	40	已使用或重建	个			
	80	其他	个			
8407.32.90		其他		0[8]		35%
	40	不超过18.65千瓦[11]	个			
	80	超过18.65千瓦	个			
8407.33		气缸容量(排气量)超过250毫升,但不超过1 000毫升				
8407.33.10		安装在适合农用的拖拉机上		0[8]		0
	30	不超过37.3千瓦	个			
		超过37.3千瓦:				
	60	风冷	个			
	90	其他	个			
		安装在子目8701.20、品目8702、品目8703或品目8704的车辆上:				
8407.33.30		安装在专门设计用于在雪地上行驶的车辆、高尔夫球车、非禁止性全地形车辆和载货车上		0[8]		35%
	40	已使用或重建	个			
	80	其他	个			
8407.33.60		其他		2.5%[8]	0(A,AU,B,BH,CA,CL,CO,D,E,IL,JO,KR,MA,MX,OM,P,PA,PE,S,SG)	35%
	40	已使用或重建	个			
	80	其他	个			
8407.33.90		其他		0[8]		35%
	40	不超过18.65千瓦	个			
	80	超过18.65千瓦	个			
8407.34		气缸容量(排气量)超过1 000毫升:				
		气缸容量(排气量)不超过2 000毫升:				
8407.34.05		安装在适合农用的拖拉机上		0[12]		0
	30	不超过37.3千瓦	个			
		超过37.3千瓦:				
	60	风冷	个			
	90	其他	个			
		安装在子目8701.20、品目8702、品目8703或品目8704的车辆上:				
8407.34.14	00	已使用或重建	个	2.5%[8]	0(A,AU,B,BH,CA,CL,CO,D,E,IL,JO,KR,MA,MX,OM,P,PA,PE,S,SG)	35%

税则号列	统计后缀	货品名称	单位	税率 1 普通	税率 1 特惠	2
8407.34.18	00	其他	个	2.5%[8]	0(A,AU,B,BH,CA,CL,CO,D,E,IL,JO,KR,MA,MX,OM,P,PA,PE,S,SG)	35%
8407.34.25	00	其他	个	0[8]		35%
		气缸容量(排气量)超过 2 000 毫升:				
8407.34.35		安装在适合农用的拖拉机上		0[12]		0
	30	不超过37.3千瓦	个			
		超过37.3千瓦:				
	60	风冷	个			
	90	其他	个			
		安装在子目8701.20、品目8702、品目8703 或品目8704 的车辆上:				
8407.34.44	00	已使用或重建	个	2.5%[8]	0(A,AU,B,BH,CA,CL,CO,D,E,IL,JO,KR,MA,MX,OM,P,PA,PE,S,SG)	35%
8407.34.48	00	其他	个	2.5%[8]	0(A,AU,B,BH,CA,CL,CO,D,E,IL,JO,KR,MA,MX,OM,P,PA,PE,S,SG)	35%
8407.34.55	00	其他	个	0[8]		35%
8407.90		其他发动机:				
8407.90.10		安装在农业或园艺机械或设备中		0[12]		0
		不超过37.3千瓦:				
	10	小于4 476 瓦[13]	个			
	20	其他[14]	个			
		其他:				
	60	风冷[13]	个			
	80	其他	个			
8407.90.90		其他		0[12]		35%
	10	燃气(天然或液态丙烷(LP))发动机[15]	个			
		其他:				
	20	小于746 瓦	个			
	40	746 瓦或以上但小于4 476 瓦[16]	个			
	60	4 476 瓦或以上但不超过 18.65千瓦[17]	个			
	80	超过18.65千瓦	个			
8408		压燃式活塞内燃发动机(柴油或半柴油发动机):				
8408.10.00		船舶发动机		2.5%[1]	0(A,AU,BH,CA,CL,CO,D,E,IL,JO,KR,MA,MX,OM,P,PA,PE,S,SG)	35%
	05	不超过111.9千瓦	个			

税则号列	统计后缀	货品名称	单位	税率 普通	税率 特惠	2
	15	超过111.9千瓦但不超过149.2千瓦	个			
	20	超过149.2千瓦但不超过223.8千瓦	个			
	30	超过223.8千瓦但不超过373千瓦	个			
	40	超过373千瓦但不超过746千瓦	个			
	50	超过746千瓦	个			
8408.20		用于第八十七章所列车辆的发动机：				
8408.20.10		安装在适合农用的拖拉机上		0[12]		0
	40	不超过37.3千瓦	个			
	80	超过37.3千瓦	个			
8408.20.20	00	安装在子目8701.20、品目8702、品目8703或品目8704的车辆上	个	2.5%[18]	0(A*,AU,B,BH,CA,CL,CO,D,E,IL,JO,KR,MA,MX,OM,P,PA,PE,S,SG)	35%
8408.20.90	00	其他	个	2.5%[8]	0(A*,AU,BH,CA,CL,CO,D,E,IL,JO,KR,MA,MX,OM,P,PA,PE,S,SG)	35%
8408.90		其他发动机：				
8408.90.10		安装在农业或园艺机械或设备中		0[1]		0
	40	不超过37.3千瓦	个			
	80	超过37.3千瓦	个			
8408.90.90		其他		0[1]		35%
	10	不超过149.2千瓦[3]	个			
	20	超过149.2千瓦但不超过373千瓦[3]	个			
	30	超过373千瓦但不超过746千瓦	个			
	40	超过746千瓦但不超过1 119千瓦	个			
	50	超过1 119千瓦	个			
8409		专用于或主要用于品目8407或品目8408所列发动机的零件：				
8409.10.00		航空器发动机用[19]		0[1]		35%
	40	用于民用飞机	千克			
	80	其他	千克			
		机械加煤机,包括其机械炉箅、机械出灰器及类似装置：				
8409.91		专用于或主要用于点燃式活塞内燃发动机的：				
8409.91.10		铸铁零件,除清洁或机械加工用于拆卸翅片、浇口和冒口,或允许在精加工机械中定位外,不得进一步加工		0[8]		10%
	40	用于子目8701.20、品目8702、品目8703或品目8704的车辆	千克			
	60	用于船用推进发动机	千克			
	80	其他	千克			
		其他：				

税则号列	统计后缀	货品名称	单位	税率 1 普通	税率 1 特惠	2
		用于子目 8701.20、品目 8702、品目 8703 或品目 8704 的车辆:				
8409.91.30	00	铝制气缸盖[20]	个 千克	2.5%[8]	0(A, AU, B, BH, CA, CL, CO, D, E, IL, JO, KR, MA, MX, OM, P, PA, PE, S, SG)	35%
8409.91.50		其他		2.5%[8]	0(A*, AU, B, BH, CA, CL, CO, D, E, IL, JO, KR, MA, MX, OM, P, PA, PE, S, SG)	35%
	10	连接杆	个 千克			
	81	钢锻件	千克			
	85	其他[21]	千克			
8409.91.92		用于船用推进发动机		2.5%[8]	0(A, AU, BH, CA, CL, CO, D, E, IL, JO, KR, MA, MX, OM, P, PA, PE, S, SG)	35%
	10	连接杆	个 千克			
	90	其他[22]	千克			
8409.91.99		其他		2.5%[8]	0(A*, AU, B, BH, CA, CL, CO, D, E, IL, JO, KR, MA, MX, OM, P, PA, PE, S, SG)	35%
	10	连接杆	个 千克			
	90	其他[23]	千克			
8409.99		其他:				
8409.99.10		铸铁零件,除清洁或机械加工用于拆卸翅片、浇口和冒口,或允许在精加工机械中定位外,不得进一步加工		0[8]		10%
	40	用于子目 8701.20、品目 8702、品目 8703 或品目 8704 的车辆	千克			
	60	用于船用推进发动机	千克			
	80	其他	千克			
		其他:				
8409.99.91		用于子目 8701.20、品目 8702、品目 8703 或品目 8704 的车辆		2.5%[24]	0(A*, AU, B, BH, CA, CL, CO, D, E, IL, JO, KR, MA, MX, OM, P, PA, PE, S, SG)	35%
	10	连接杆	个 千克			
	90	其他	千克			
8409.99.92		用于船用推进发动机		2.5%[25]	0(A, AU, BH, CA, CL, CO, D, E, IL, JO, KR, MA, MX, OM, P, PA, PE, S, SG)	35%
	10	连接杆	个 千克			
	90	其他	千克			
8409.99.99		其他		0[8]		35%

第八十四章 核反应堆、锅炉、机器、机械器具及其零件 1231

税则号列	统计后缀	货品名称	单位	税率 1 普通	税率 1 特惠	税率 2
	10	连接杆	个 千克			
	90	其他	千克			
8410		水轮机、水轮及其调节器：				
		水轮机及水轮：				
8410.11.00	00	功率不超过1 000千瓦	个	3.8%[1]	0(A,AU,BH,CA,CL,CO,D,E,IL,JO,KR,MA,MX,OM,P,PA,PE,S,SG)	27.5%
8410.12.00	00	功率超过1 000千瓦,但不超过10 000千瓦	个	3.8%[1]	0(A,AU,BH,CA,CL,CO,D,E,IL,JO,KR,MA,MX,OM,P,PA,PE,S,SG)	27.5%
8410.13.00	00	功率超过10 000千瓦	个	3.8%[1]	0(A*,AU,BH,CA,CL,CO,D,E,IL,JO,KR,MA,MX,OM,P,PA,PE,S,SG)	27.5%
8410.90.00	00	零件,包括调节器	千克	3.8%[1]	0(A,AU,BH,CA,CL,CO,D,E,IL,JO,KR,MA,MX,OM,P,PA,PE,S,SG)	27.5%
8411		涡轮喷气发动机、涡轮螺桨发动机及其他燃气轮机：				
		涡轮喷气发动机：				
8411.11		推力不超过25千牛顿：				
8411.11.40	00	航空涡轮机	个	0[1]		35%
8411.11.80	00	其他	个	0[1]		35%
8411.12		推力超过25千牛顿：				
8411.12.40	00	航空涡轮机	个	0[1]		35%
8411.12.80	00	其他	个	0[1]		35%
		涡轮螺桨发动机：				
8411.21		功率不超过1 100千瓦：				
8411.21.40	00	航空涡轮机	个	0[1]		35%
8411.21.80	00	其他	个	0[1]		35%
8411.22		功率超过1 100千瓦：				
8411.22.40	00	航空涡轮机	个	0[1]		35%
8411.22.80	00	其他	个	0[1]		35%
		其他燃气轮机：				
8411.81		功率不超过5 000千瓦				
8411.81.40	00	航空涡轮机	个	0[1]		35%
8411.81.80		其他		2.5%[1]	0(A*,AU,BH,CA,CL,CO,D,E,IL,JO,KR,MA,MX,OM,P,PA,PE,S,SG)	35%
	10	本章统计注释一中所述类型的工业涡轮机	个			
	90	其他	个			
8411.82		功率超过5 000千瓦：				
8411.82.40	00	航空涡轮机	个	0[1]		35%

税则号列	统计后缀	货品名称	单位	税率 1 普通	税率 1 特惠	2
8411.82.80	00	其他	个	2.5%[1]	0(A*,AU,BH,CA,CL,CO,D,E,IL,JO,KR,MA,MX,OM,P,PA,PE,S,SG)	35%
		零件:				
8411.91		涡轮喷气发动机或涡轮螺桨发动机用:				
8411.91.10		铸铁零件,除清洁或机械加工用于拆卸翅片、浇口和冒口,或允许在精加工机械中定位外,不得进一步加工		0[1]		10%
	40	非飞机涡轮发动机零件	千克			
		飞机涡轮发动机零件:				
	60	用于民用飞机[19]	千克			
	90	其他	千克			
8411.91.90		其他		0[1]		35%
	40	非飞机涡轮发动机零件	千克			
		飞机涡轮发动机零件:				
	81	钢锻件	千克			
	85	其他	千克			
8411.99		其他:				
8411.99.10		铸铁零件,除清洁或机械加工用于拆卸翅片、浇口和冒口,或允许在精加工机械中定位外,不得进一步加工		0[1]		10%
	10	非飞机燃气轮机零件	千克			
		飞机燃气轮机零件:				
	40	用于民用飞机[19]	千克			
	80	其他	千克			
8411.99.90		其他		2.4%[1]	0(A*,AU,BH,C,CA,CL,CO,D,E,IL,JO,JP,KR,MA,MX,OM,P,PA,PE,S,SG)	35%
		非飞机燃气轮机零件:				
	30	转子或主轴以及转子或主轴组件	个			
		其他:				
	81	钢锻件	千克			
	85	其他[26]	千克			
	90	飞机燃气轮机零件[3]	千克			
8412		其他发动机及动力装置:				
8412.10.00		喷气发动机,但涡轮喷气发动机除外		0[1]		35%
	10	导弹和火箭发动机	个			
	90	其他	个			
		液压动力装置:				
8412.21.00		直线作用(液压缸)的		0[1]		27.5%

税则号列	统计后缀	货品名称	单位	税率 1 普通	税率 1 特惠	2
	15	拉杆式	个			
	30	熔接式[10]	个			
		其他：				
	45	伸缩式[27]	个			
	60	无杆式	个			
	75	其他[10]	个			
8412.29		其他：				
8412.29.40	00	船舶推进用水力喷射发动机	个	0[1]		30％
8412.29.80		其他		0[1]		27.5％
		无限旋转式：				
	15	齿轮式[28]	个			
	30	径向活塞式	个			
	45	轴向活塞式[29]	个			
	60	其他	个			
	75	其他	个			
		气压动力装置：				
8412.31.00		直线作用(气压缸)的		0[1]		27.5％
	40	拉杆式	个			
	80	其他	个			
8412.39.00		其他		0[1]		27.5％
	40	无限旋转式	个			
	80	其他[30]	个			
8412.80		其他				
8412.80.10	00	弹簧驱动和重量驱动电机[3]	个	0[1]		35％
8412.80.90	00	其他	个	0[1]		27.5％
8412.90		零件：				
8412.90.10	00	用于船舶推进的水力喷气发动机	千克	0[1]		30％
8412.90.90		其他		0[8]		27.5％
		液压动力发动机和马达：				
	05	直线作用发动机和马达	千克			
	15	其他	千克			
		气动动力发动机和马达：				
	25	直线作用发动机和马达	千克			
	35	其他	千克			
	50	涡轮喷气发动机以外的反作用发动机	千克			
		其他：				
	81	风力涡轮机叶片和轮毂[31]	千克			
	85	其他	千克			

税则号列	统计后缀	货品名称	单位	税率 1 普通	税率 1 特惠	2
8413		液体泵,不论是否装有计量装置;液体提升机:				
		装有或可装计量装置的泵:				
8413.11.00	00	分装燃料或润滑油的泵,用于加油站或车库	个	0[8]		35%
8413.19.00	00	其他[32]	个	0[1]		35%
8413.20.00	00	手泵,但子目 8413.11 或子目 8413.19 的货品除外[33]	个	0[8]		35%
8413.30		活塞式内燃发动机用的燃油泵、润滑油泵或冷却剂泵:				
8413.30.10	00	用于压燃式发动机的燃油喷射泵	个	2.5%[34]	0(A*,AU,B,BH,C,CA,CL,CO,D,E,IL,JO,KR,MA,MX,OM,P,PA,PE,S,SG)	35%
8413.30.90		其他		2.5%[35]	0(A*,AU,B,BH,C,CA,CL,CO,D,E,IL,JO,KR,MA,MX,OM,P,PA,PE,S,SG)	35%
	30	燃油泵[11]	个			
	60	润滑泵[36]	个			
	90	其他[37]	个			
8413.40.00	00	混凝土泵	个	0[1]		35%
8413.50.00		其他往复式排液泵:		0[1]		35%
	10	油井和油田泵[38]	个			
	50	隔膜泵	个			
		其他:				
		液压动力泵:				
	70	径向活塞式[26]	个			
	80	其他	个			
	90	其他[29]	个			
8413.60.00		其他回转式排液泵		0[1]		35%
		液压动力泵:				
	20	叶片式	个			
	30	齿轮式[3]	个			
	40	其他	个			
		其他:				
	50	油井和油田泵	个			
	70	滚子泵	个			
	90	其他[29]	个			
8413.70		其他离心泵:				
8413.70.10	00	用于制造纤维素纸浆、纸张或纸板的机器的进口原料泵	个	0[1]		35%
8413.70.20		其他		0[1]		35%
	04	潜水泵[39]	个			

第八十四章　核反应堆、锅炉、机器、机械器具及其零件　1235

税则号列	统计后缀	货品名称	单位	税率 1 普通	税率 1 特惠	2
		其他：				
		单级、单吸、紧耦合：				
	05	排出口直径小于5.08厘米[40]	个			
	15	排出口直径在5.08厘米以上[2]	个			
		单级、单吸、框架安装：				
	22	排出口直径小于7.6厘米[41]	个			
	25	排出口直径在7.6厘米以上[29]	个			
	30	单级、双吸	个			
	40	多级、单吸或双吸	个			
	90	其他[42]	个			
		其他泵；液体提升机：				
8413.81.00		泵		0[1]		35%
	20	涡轮泵	个			
	30	家用供水系统，自给式；风车泵	个			
	40	其他[43]	个			
8413.82.00	00	液体提升机	个	0[1]		35%
		零件：				
8413.91		泵用：				
8413.91.10	00	压燃式发动机的燃油喷射泵[44]	千克	2.5%[1]	0(A*,AU,B,BH,C,CA,CL,CO,D,E,IL,JO,KR,MA,MX,OM,P,PA,PE,S,SG)	35%
8413.91.20	00	用于制造纤维素纸浆、纸或纸板的机器的进口原料泵	千克	0[1]		35%
8413.91.90		其他		0[1]		35%
	10	税号8413.30.90的[38]	千克			
		液压流体动力泵：				
	55	流体端块	个			
	60	其他[45]	千克			
		税号8413.50.00的：				
	65	本章统计注释二描述的抽油杆	千克			
	85	其他[46]	千克			
	96	其他[46]	千克			
8413.92.00	00	液体提升机用	千克	0[8]		35%
8414		空气泵或真空泵、空气及其他气体压缩机、风机、风扇；装有风扇的通风罩或循环气罩，不论是否装有过滤器：				
8414.10.00	00	真空泵[47]	个	2.5%[48]	0(A,AU,B,BH,C,CA,CL,CO,D,E,IL,JO,JP,KR,MA,MX,OM,P,PA,PE,S,SG)	35%
8414.20.00	00	手动或脚踏式空气泵[49]	个	3.7%[8]	0(A,AU,B,BH,C,CA,CL,CO,D,E,IL,JO,KR,MA,MX,OM,P,PA,PE,S,SG)	35%

税则号列	统计后缀	货品名称	单位	税率 1 普通	税率 1 特惠	2
8414.30		用于制冷设备的压缩机：				
8414.30.40	00	不超过 1/4 马力[29]	个	0[1]		35%
8414.30.80		其他		0[1]		35%
		螺杆式：				
	10	不超过 200 马力	个			
	20	超过 200 马力	个			
		其他：				
		适用于除氨以外的所有制冷剂：				
	30	用于机动车辆[30]	个			
		其他：				
	50	超过 1/4 马力，但不超过 1 马力[3]	个			
	60	超过 1 马力，但不超过 3 马力[50]	个			
	70	超过 3 马力，但不超过 10 马力[29]	个			
	80	超过 10 马力[29]	个			
	90	适用于氨	个			
8414.40.00	00	装在拖车底盘上的空气压缩机	个	2.7%[8]	0(A, AU, BH, CA, CL, CO, D, E, IL, JO, KR, MA, MX, OM, P, PA, PE, S, SG)	35%
		风机、风扇：				
8414.51		台扇、落地扇、壁扇、换气扇或吊扇，包括风机，本身装有一个输出功率不超过 125 瓦的电动机：				
8414.51.30	00	永久安装的吊扇	个	4.7%[51]	0(A, AU, BH, C, CA, CL, CO, D, E, IL, JO, KR, MA, MX, OM, P, PA, PE, S, SG)	35%
8414.51.90		其他		4.7%[52]	0(A, AU, BH, C, CA, CL, CO, D, E, IL, JO, KR, MA, MX, OM, P, PA, PE, S, SG)	35%
	60	永久安装	个			
	90	其他	个			
8414.59		其他：				
8414.59.10	00	管风琴用鼓风机	个	0[8]		35%
8414.59.15	00	单独或主要用于冷却微处理器、电信设备、自动数据处理设备或自动数据处理机器部件的风扇	个	0[8]		35%
		其他：				
8414.59.30	00	涡轮增压器和机械增压器	个	2.3%[1]	0(A*, AU, B, BH, C, CA, CL, CO, D, E, IL, JO, KR, MA, MX, OM, P, PA, PE, S, SG)	35%
8414.59.65		其他		2.3%[53]	0(A*, AU, B, BH, C, CA, CL, CO, E, IL, JO, KR, MA, MX, OM, P, PA, PE, S, SG)	35%

税则号列	统计后缀	货品名称	单位	税率 1 普通	税率 1 特惠	2
	40	适用于机动车辆[54]	个			
		其他：				
	60	离心的[22]	个			
	90	轴向的[55]	个			
	95	其他[56]	个			
8414.60.00	00	罩的平面最大边长不超过120厘米的通风罩或循环气罩	个	0[8]		35%
8414.80		其他：				
		空气压缩机：				
8414.80.05	00	涡轮增压器和机械增压器	个	0[1]		35%
8414.80.16		其他		0[8]		35%
		固定式：				
		往复式：				
	05	不超过746瓦	个			
	15	超过746瓦,但不超过4.48千瓦	个			
	25	超过4.48千瓦,但不超过8.21千瓦	个			
	35	超过8.21千瓦,但不超过11.19千瓦	个			
	40	超过11.19千瓦,但不超过19.4千瓦	个			
	45	超过19.4千瓦,但不超过74.6千瓦	个			
	55	超过74.6千瓦	个			
		旋转式：				
	60	不超过11.19千瓦	个			
	65	超过11.19千瓦,但低于22.38千瓦	个			
	70	22.38千瓦或以上,但不超过74.6千瓦	个			
	75	超过74.6千瓦	个			
	80	其他[21]	个			
		便携式的：				
	85	0.57立方米/分钟以下[36]	个			
	90	其他	个			
8414.80.20		其他压缩机		0[1]		35%
	05	制冷剂回收装置	个			
		其他：				
	15	离心式和轴向式	个			
		其他,包括往复式和旋转式：				
	55	不超过186.5千瓦	个			

税则号列	统计后缀	货品名称	单位	税率 1 普通	税率 1 特惠	2
	65	超过186.5千瓦,但不超过746千瓦	个			
	75	超过746千瓦	个			
8414.80.90	00	其他	个	3.7%[57]	0(A*,AU,B,BH,C,CA,CL,CO,D,E,IL,JO,KR,MA,MX,OM,P,PA,PE,S,SG)	35%
8414.90		零件:				
8414.90.10		风扇(包括鼓风机)和通风或回收罩的		4.7%[58]	0(A*,AU,B,BH,C,CA,CL,CO,D,E,IL,JO,KR,MA,MX,OM,P,PA,PE,S,SG)	35%
	40	子目8414.51的风扇的[22]	千克			
	80	其他	千克			
		压缩机:				
8414.90.30	00	子目8414.30货品的定子和转子	个	0[1]		35%
8414.90.41		其他		0[1]		35%
		制冷和空调压缩机:				
	20	压缩机外壳	个			
	40	其他[28]	千克			
		其他:				
		子目8414.40的压缩机:				
	45	压缩机外壳	个			
	55	其他	千克			
		其他:				
	65	压缩机外壳[43]	个			
	80	叶轮盖和轮毂	个			
	90	其他[26]	千克			
8414.90.90		其他		0[1]		35%
	40	真空泵	千克			
	80	其他	千克			
8415		空气调节器,装有电扇及调温、调湿装置,包括不能单独调湿的空调器:				
8415.10		窗式、壁式、置于天花板或地板上的,独立的或分体的:				
8415.10.30		独立的		0[8]		35%
	40	低于2.93千瓦/小时	个			
	60	2.93千瓦/小时或更高,但低于4.98千瓦/小时	个			
	80	4.98千瓦/小时或更高	个			
		其他:				
8415.10.60	00	结合制冷装置和用于冷却/热循环逆转的阀门(可逆热泵)	个	1%[8]	0(A,AU,B,BH,C,CA,CL,CO,D,E,IL,JO,KR,MA,MX,OM,P,PA,PE,S,SG)	35%

税则号列	统计后缀	货品名称	单位	税率 1 普通	税率 1 特惠	2
8415.10.90	00	其他	个	2.2%[8]	0(A,AU,B,BH,C,CA,CL,CO,D,E,IL,JO,KR,MA,MX,OM,P,PA,PE,S,SG)	35%
8415.20.00	00	机动车辆上供人使用	个	1.4%[8]	0(A,AU,B,BH,CA,CL,CO,D,E,IL,JO,KR,MA,MX,OM,P,PA,PE,S,SG)	35%
		其他:				
8415.81.01		装有制冷装置及冷热循环换向阀(可逆式热泵)的:		1%[8]	0(A,AU,B,BH,C,CA,CL,CO,D,E,IL,JO,KR,MA,MX,OM,P,PA,PE,S,SG)	35%
		独立的:				
	10	不超过17.58千瓦/小时	个			
	20	超过17.58千瓦/小时	个			
	30	其他	个			
8415.82.01		其他,装有制冷装置的:		2.2%[59]	0(A,AU,B,BH,C,CA,CL,CO,D,E,IL,JO,KR,MA,MX,OM,P,PA,PE,S,SG)	35%
		除全年机组外的独立式机器和远程冷凝器式空调:				
	05	不超过17.58千瓦/小时	个			
	10	超过17.58千瓦/小时	个			
		全年机组(加热和冷却):				
	15	不超过17.58千瓦/小时	个			
	20	超过17.58千瓦/小时	个			
		与冷水机一起使用的房间或中央在站空调机组:				
	30	室内风机盘管机组	个			
	35	中央车站空调机组	个			
	40	其他	个			
		除湿机:				
	55	24小时内的额定除水能力小于35升	个			
	60	其他	个			
	70	装有制冷装置的其他空调机	个			
8415.83.00		未装有制冷装置的		1.4%[8]	0(A,AU,B,BH,C,CA,CL,CO,D,E,IL,JO,KR,MA,MX,OM,P,PA,PE,S,SG)	35%
		热交换器,包括冷凝装置:				
		冷凝机组:				
	50	不超过17.58千瓦/小时	个			
	60	超过17.58千瓦/小时	个			
	70	其他	个			
	90	其他未装有制冷装置的空调机	个			
8415.90		零件:				

税则号列	统计后缀	货品名称	单位	税率 普通	税率 1 特惠	2
8415.90.40	00	机箱、机箱底座和外柜	个	1.4%[4]	0(A, AU, B, BH, C, CA, CL, CO, D, E, IL, JO, KR, MA, MX, OM, P, PA, PE, S, SG)	35%
8415.90.80		其他		1.4%[4]	0(A, AU, B, BH, C, CA, CL, CO, D, E, IL, JO, KR, MA, MX, OM, P, PA, PE, S, SG) 见 9921.01.01, 9921.01.02(JP)	35%
	25	空调蒸发器盘管	个			
		其他:				
	45	汽车空调	千克			
	65	热泵的	千克			
	85	其他	千克			
8416		使用液体燃料、粉状固体燃料或气体燃料的炉用燃烧器;机械加煤机,包括其机械炉篦、机械出灰器及类似装置:				
8416.10.00	00	使用液体燃料的炉用燃烧器	个	0[4]		27.5%
8416.20.00		其他炉用燃烧器,包括复式燃烧器		0[4]		27.5%
	40	燃气燃烧器	个			
	80	其他	个			
8416.30.00	00	机械加煤机,包括其机械炉篦、机械出灰器及类似装置	个	0[8]		27.5%
8416.90.00	00	零件	千克	0[1]		27.5%
8417		非电热的工业或实验室用炉及烘箱,包括焚烧炉:				
8417.10.00	00	矿砂、黄铁矿或金属的焙烧、熔化或其他热处理用炉及烘箱	个	2.9%[1]	0(A, AU, BH, CA, CL, CO, D, E, IL, JO, KR, MA, MX, OM, P, PA, PE, S, SG)	45%
8417.20.00	00	面包房用烤炉及烘箱,包括做饼干用的	个	3.5%[4]	0(A, AU, BH, CA, CL, CO, D, E, IL, JO, KR, MA, MX, OM, P, PA, PE, S, SG)	45%
8417.80.00	00	其他,零件除外[29]	个	3.9%[1]	0(A, AU, BH, CA, CL, CO, D, E, IL, JO, KR, MA, MX, OM, P, PA, PE, S, SG)	45%
8417.90.00	00	零件[41]	千克	3.9%[1]	0(A*, AU, BH, CA, CL, CO, D, E, IL, JO, KR, MA, MX, OM, P, PA, PE, S, SG)	45%
8418		电气或非电气的冷藏箱、冷冻箱及其他制冷设备;热泵,但品目 8415 的空气调节器除外:				
8418.10.00		冷藏-冷冻组合机,各自装有单独外门的		0[8]		35%
		压缩式:				
	10	冷藏容积在184升以下	个			
	20	冷藏容积为184升及以上,但在269升以下	个			
	30	冷藏容积为269升及以上,但在382升以下	个			
		冷藏容积为382升及以上:				

税则号列	统计后缀	货品名称	单位	税率 1 普通	税率 1 特惠	2
		带底部冷冻室的法式门冰箱：				
		宽度超过87厘米,但不超过95厘米的：				
	45	外部深度(不包括门把手)不超过73厘米	个			
	55	其他	个			
	65	其他	个			
	75	其他	个			
	90	其他	个			
		家用型冷藏箱：				
8418.21.00		压缩式：		0[8]		35%
	10	冷藏容积在184升以下	个			
	20	冷藏容积为184升及以上,但在269升以下	个			
	30	冷藏容积为269升及以上,但在382升以下	个			
	90	冷藏容积为382升及以上	个			
8418.29		其他：				
8418.29.10	00	电气吸收式	个	1%[8]	0(A,AU,BH,CA,CL,CO,D,E,IL,JO,KR,MA,MX,OM,P,PA,PE,S,SG)	35%
8418.29.20	00	其他	个	1.9%[8]	0(A,AU,BH,CA,CL,CO,D,E,IL,JO,KR,MA,MX,OM,P,PA,PE,S,SG)	35%
8418.30.00	00	柜式冷冻箱,容积不超过800升	个	0[8]		35%
8418.40.00	00	立式冷冻箱,容积不超过900升	个	0[8]		35%
8418.50.00		装有冷藏或冷冻装置的其他设备(柜、箱、展示台、陈列箱及类似品),用于存储及展示		0[8]		35%
	40	冷冻	个			
	80	其他[60]	个			
		其他制冷设备;热泵：				
8418.61.01	00	热泵,品目8415的空气调节器除外	个	0[8]		35%
8418.69.01		其他		0[1]		35%
	10	制冰机[61]	个			
	20	饮用水冷却器,独立式[10]	个			
	30	冷饮柜台和啤酒分配设备	个			
	40	离心式液冷制冷机组	个			
	50	往复式液冷制冷机组	个			
	60	吸收式液体冷却装置[29]	个			
	80	其他冷藏或冷冻设备[61]	个			
		零件：				
8418.91.00	00	冷藏或冷冻设备专用的特制家具	个	0[8]		35%

税则号列	统计后缀	货品名称	单位	税率 1 普通	税率 1 特惠	2
8418.99		其他				
8418.99.40	00	包含一种以上的下述门组件:内板;外板;绝缘;铰链;把手	个	0[8]		35%
8418.99.80		其他		0[8]		35%
		制冷冷凝机组:				
	05	不超过746瓦	个			
	10	超过746瓦,但不超过2.2千瓦	个			
	15	超过2.2千瓦,但不超过7.5千瓦	个			
	20	超过7.5千瓦,但不超过22.3千瓦	个			
	25	超过22.3千瓦	个			
		其他:				
	50	装有独立外门的组合式冷藏冷冻柜的零件和家用冰箱的零件	千克			
	60	其他	千克			
8419		利用温度变化处理材料的机器、装置及类似的实验室设备,例如,加热、烹煮、烘炒、蒸馏、精馏、消毒、灭菌、汽蒸、干燥、蒸发、气化、冷凝、冷却的机器设备,不论是否电热的(不包括品目8514的炉、烘箱及其他设备),但家用的除外;非电热的快速热水器或贮备式热水器:				
		非电热的快速热水器或贮备式热水器:				
8419.11.00	00	燃气快速热水器	个	0[1]		45%
8419.19.00		其他		0[1]		45%
	20	即热式热水器	个			
	40	太阳能热水器[42]	个			
	60	其他	个			
8419.20.00		医用或实验室用消毒器具		0		35%
	10	医疗或手术消毒器	个			
	20	实验室消毒器	个			
		干燥器:				
8419.31.00	00	农产品干燥用	个	0[1]		35%
8419.32		木材、纸浆、纸或纸板干燥用:				
8419.32.10	00	木材用	个	0[1]		35%
8419.32.50	00	其他	个	0[1]		35%
8419.39.01		其他		0[1]		35%
	40	食品和饮料用	个			
	80	其他	个			
8419.40.00		蒸馏或精馏设备:		0[1]		35%
	40	食品和饮料用				
	80	其他[26]	个			

税则号列	统计后缀	货品名称	单位	税率 1 普通	税率 1 特惠	2
8419.50		热交换装置				
8419.50.10	00	钎焊铝板翅式换热器[29]	个	4.2%[1]	0(A,AU,BH,C,CA,CL,CO,D,E,IL,JO,JP,KR,MA,MX,OM,P,PA,PE,S,SG)	35%
8419.50.50	00	其他[29]	个	0[1]		35%
8419.60		液化空气或其他气体的机器:				
8419.60.10	00	包含钎焊铝板翅式换热器的机械	个	4.2%[62]	0(A*,AU,BH,CA,CL,CO,D,E,IL,JO,KR,MA,MX,OM,P,PA,PE,S,SG)	35%
8419.60.50	00	其他	个	0[1]		35%
		其他机器设备:				
8419.81		加工热饮料或烹调、加热食品用:				
8419.81.50		炉灶和烤箱		0[4]		35%
	40	用于民用飞机[19]	个			
	80	其他	个			
8419.81.90		其他		0[4]		35%
	40	用于餐厅、酒店或类似场所的类型	个			
	80	其他	个			
8419.89		其他:				
8419.89.10	00	用于制造纸浆、纸或纸板	个	0[12]		35%
		其他:				
8419.89.60	00	熔盐冷却丙烯酸反应器	个	0[1]		35%
8419.89.95		其他		4.2%[63]	0(A,AU,BH,CA,CL,CO,D,E,IL,JO,KR,MA,MX,OM,P,PA,PE,S,SG)	35%
		专为冷却而设计:				
	20	用于食品和饮料	个			
	40	其他[13]	个			
		其他:				
	60	食品和饮料用	个			
	80	橡胶和塑料用	个			
	85	其他材料用[64]	个			
8419.90		零件:				
8419.90.10	00	即热式或储水式热水器	千克	0[1]		45%
8419.90.20	00	制造纸浆、纸或纸板的机械和设备[65]	千克	0[1]		35%
8419.90.30	00	换热机组[38]	千克	0[1]		35%
		其他:				
8419.90.50		熔融盐冷却丙烯酸反应器;医疗、外科或实验室消毒器		0[1]		35%
	40	医疗、外科或实验室消毒器	千克			
	80	其他	千克			
8419.90.85	00	带有独立电动机的手持式机电工具	千克	0[1]		35%

税则号列	统计后缀	货品名称	单位	税率 1 普通	税率 1 特惠	2
8419.90.95		其他		4%[1]	0(A*,AU,BH,CA,CL,CO,D,E,IL,JO,KR,MA,MX,OM,P,PA,PE,S,SG)	35%
	20	餐厅、旅馆或类似场所使用的设备	千克			
	80	其他	千克			
8420		砑光机或其他滚压机器及其滚筒,但加工金属或玻璃用的除外:				
8420.10		砑光机或其他滚压机器:				
8420.10.10	00	纺织砑光机或滚压机器	个	3.5%[4]	0(A,AU,BH,CA,CL,CO,D,E,IL,JO,KR,MA,MX,OM,P,PA,PE,S,SG)	40%
8420.10.20	00	用于制造纸浆、纸或纸板的砑光机或类似的滚压机器	个	0[12]		35%
8420.10.90		其他		0[1]		35%
	40	橡胶和塑料的砑光机或其他滚压机器[50]	个			
	80	其他[66]	个			
		零件:				
8420.91		滚筒:				
8420.91.10	00	用于纺织的砑光机或滚压机器	个	2.6%[1]	0(A,AU,BH,CA,CL,CO,D,E,IL,JO,KR,MA,MX,OM,P,PA,PE,S,SG)	40%
8420.91.20	00	用于制造纸浆、纸或纸板用的砑光机或其他滚压机	个	0[1]		35%
8420.91.90	00	其他	个	0[1]		35%
8420.99		其他:				
8420.99.10	00	用于纺织加工的机器的	千克	3.5%[12]	0(A,AU,BH,CA,CL,CO,D,E,IL,JO,KR,MA,MX,OM,P,PA,PE,S,SG)	40%
8420.99.20	00	用于制造纸浆、纸或纸板的机器的	千克	0[1]		35%
8420.99.90	00	其他[67]	千克	0[1]		35%
8421		离心机,包括离心干燥机;液体或气体的过滤、净化机器及装置:				
		离心机,包括离心干燥机:				
8421.11.00	00	奶油分离器	个	0[8]		25%
8421.12.00	00	干衣机	个	0[4]		25%
8421.19.00	00	其他[68]	个	1.3%	0(A,AU,BH,C,CA,CL,CO,D,E,IL,JO,KR,MA,MX,OM,P,PA,PE,S,SG)	25%
		液体的过滤、净化机器及装置:				
8421.21.00	00	过滤或净化水用[69]	个	0[1]		35%
8421.22.00	00	过滤或净化饮料(水除外)用[27]	个	0[1]		35%
8421.23.00	00	内燃发动机的滤油器[70]	个	2.5%[8]	0(A,AU,B,BH,C,CA,CL,CO,D,E,IL,JO,KR,MA,MX,OM,P,PA,PE,S,SG)	35%

税则号列	统计后缀	货品名称	单位	税率 1 普通	税率 1 特惠	2
8421.29.00		其他:		0[1]		35%
	05	制冷剂回收和再循环装置	个			
		其他:				
	15	油分离设备	个			
		其他:				
	40	液压流体动力过滤器,额定压力为1 000千帕或以上	个			
	65	其他[41]	个			
		气体的过滤、净化机器及装置:				
8421.31.00	00	内燃发动机的进气过滤器	个	2.5%[8]	0(A,AU,B,BH,C,CA,CL,CO,D,E,IL,JO,KR,MA,MX,OM,P,PA,PE,S,SG)	35%
8421.39		其他:				
8421.39.40	00	催化转换器	个	0[1]		35%
8421.39.80		其他		0[1]		35%
		除尘及空气净化设备:				
	05	适用于品目8456至8465的机床	千克			
	15	其他[9]	千克			
		其他:				
		工业用除尘器:				
	20	静电除尘器	个			
	30	其他	个			
	40	气体分离设备[28]	个			
		其他:				
	60	气动流体动力过滤器,额定压力为550千帕或以上	个			
	90	其他[71]	千克			
		零件:				
8421.91		离心机用,包括离心干燥机用:				
8421.91.20	00	子目8421.12的干衣机的干衣室和装有干衣室的干衣机的其他零件	个	0[4]		25%
8421.91.40	00	设计用于安装子目8421.12干衣机的家具	个	0[4]		25%
8421.91.60	00	其他	千克	0[1]		25%
8421.99.00		其他		0[1]		35%
	40	用于过滤或净化水的机械和设备的零件[72]	千克			
	80	其他[61]	千克			
8422		洗碟机;瓶子及其他容器的洗涤或干燥机器;瓶、罐、箱、袋或其他容器装填、封口、密封、贴标签的机器;瓶、罐、管、筒或类似容器的包封机器;其他包装或打包机器(包括热缩包装机器);饮料充气机:				

税则号列	统计后缀	货品名称	单位	税率 1 普通	税率 1 特惠	2
		洗碟机：				
8422.11.00	00	家用型	个	2.4%[4]	0(A*,AU,BH,CA,CL,CO,D,E,IL,JO,KR,MA,MX,OM,P,PA,PE,S,SG)	35%
8422.19.00	00	其他	个	0[1]		35%
8422.20.00	00	瓶子或其他容器的洗涤或干燥机器	个	0[1]		35%
8422.30		瓶、罐、箱、袋或其他容器的装填、封口、密封、贴标签的机器；瓶、罐、管、筒或类似容器的包封机器；饮料充气机：				
8422.30.11	00	罐头封口机	个	0[1]		30%
8422.30.91		其他		0[1]		35%
	10	饮料充气机	个			
	20	贴标机	个			
		其他：				
		瓶、罐或类似容器的装填、封口、密封、包封或贴标签的机器：				
		灌装机，无论是否能够进行其他操作：				
	30	真空或气体包装	个			
	40	其他	个			
		仅执行以下操作的机器：封口、密封：				
	50	真空或气体包装	个			
	60	其他	个			
	70	其他	个			
		箱、袋或类似容器的装填、封口、密封、包封或标签的机器：				
	80	袋子的开封、装填和封口机器	个			
	85	袋子的成型、装填和密封机器	个			
	86	箱子的开封、装填和封口机器	个			
	87	贴体及吸塑包装机器	个			
	91	其他[29]	个			
8422.40		其他包装或打包机器(包括热缩包装机器)：				
8422.40.11		包装烟斗丝的机器；包装糖果的机器；卷烟包装机；糖果切割和包装组合机		0[1]		35%
	10	包装糖果的机器	个			
	90	其他	个			
8422.40.91		其他		0[1]		35%
	40	捆扎机	个			
	50	纸箱和托盘的成型、包装、拆包、封口和密封机器	个			
	60	收缩膜和热封机器	个			
	70	包装机	个			

税则号列	统计后缀	货品名称	单位	税率 1 普通	税率 1 特惠	2
	81	其他	个			
8422.90		零件：				
		洗碗机的：				
8422.90.02	00	子目8422.11洗碗机的隔水室和装有隔水室的家用型洗碗机的其他部件	个	0[4]		35%
8422.90.04	00	子目8422.11洗碗机的门组件	个	0[8]		35%
8422.90.06		其他		0[1]		35%
	40	家用型的[50]	千克			
	80	其他	千克			
8422.90.11	00	封罐机的	千克	0[4]		30%
8422.90.21	00	烟斗丝包装机、糖果包装机或卷烟包装机及糖果切割和包装组合机的	千克	0[4]		35%
8422.90.91		其他		0[1]		35%
	20	清洗或干燥瓶子或其他容器的机械	千克			
		其他：				
	30	捆扎机	千克			
	60	其他包装机	千克			
	95	其他	千克			
8423		衡器(感量为50毫克或更精密的天平除外)，包括计数或检验用的衡器；衡器用的各种砝码、秤砣：				
8423.10.00		体重计，包括婴儿秤；家用秤[29]		0[52]		45%
	10	数码电子式	个			
		其他：				
	30	适合随身携带的	个			
	60	其他	个			
8423.20		输送带上连续称货的秤：				
8423.20.10	00	以电子方式称重的	个	0[1]		45%
8423.20.90	00	其他	个	2.9%[1]	0(A,AU,BH,CA,CL,CO,E,IL,JO,KR,MA,MX,OM,P,PA,PE,S,SG)	45%
8423.30.00	00	恒定秤、物料定量装袋或装容器用的秤，包括料斗秤	个	0[1]		45%
		其他衡器：				
8423.81.00		最大称量不超过30千克		0[8]		45%
		数码电子式：				
	10	计数秤	个			
	20	零售秤,非计算式	个			
	30	零售秤,计算式[22]	个			
	40	其他[73]	个			
	50	其他	个			

税则号列	统计后缀	货品名称	单位	税率 1 普通	税率 1 特惠	2
8423.82.00		最大称量超过30千克,但不超过5 000千克		0[1]		45%
	10	数码电子式	个			
	50	其他	个			
8423.89		其他:				
8423.89.10	00	以电子方式称重的	个	0[1]		45%
8423.89.90	00	其他	个	2.9%[1]	0(A,AU,BH,CA,CL,CO,E,IL,JO,KR,MA,MX,OM,P,PA,PE,S,SG)	45%
8423.90		衡器用的各种砝码、秤砣;衡器的零件:				
8423.90.10	00	以电子方式称重的机械部件,不包括用于称重机动车辆的机器部件	千克	0[1]		45%
8423.90.90	00	其他	千克	2.8%[1]	0(A,AU,BH,CA,CL,CO,E,IL,JO,JP,,KR,MA,MX,OM,P,PA,PE,S,SG)	45%
8424		液体或粉末的喷射、散布或喷雾的机械器具(不论是否手工操作);灭火器,不论是否装药;喷枪及类似器具;喷汽机、喷砂机及类似的喷射机器:				
8424.10.00	00	灭火器,不论是否装药	个	0[4]		35%
8424.20		喷枪及类似器具:				
8424.20.10	00	简单活塞泵喷雾和粉末散布机	个	2.9%[8]	0(A,AU,B,BH,CA,CL,CO,D,E,IL,JO,KR,MA,MX,OM,P,PA,PE,S,SG)	45%
8424.20.90	00	其他	千克	0[8]		35%
8424.30		喷汽机、喷砂机及类似的喷射机器:				
8424.30.10	00	喷砂机	个	0[8]		0
8424.30.90	00	其他[74]	千克	0[8]		35%
		农业或园艺用喷雾器:				
8424.41		便携式喷雾器:				
8424.41.10	00	喷雾器(容量不超过20升的自给式喷雾器除外)[75]	个	0[8]		0
8424.41.90	00	其他	个	2.4%[8]	0(A*,AU,BH,CA,CL,CO,D,E,IL,JO,KR,MA,MX,OM,P,PA,PE,S,SG)	35%
8424.49.00	00	其他	个	2.4%[8]	0(A,AU,BH,CA,CL,CO,D,E,IL,JO,KR,MA,MX,OM,P,PA,PE,S,SG)	35%
		其他器具:				
8424.82.00		农业或园艺用		2.4%[76]	0(A,AU,BH,CA,CL,CO,D,E,IL,JO,KR,MA,MX,OM,P,PA,PE,S,SG)	35%
		灌溉设备:				
	10	自行式中心枢轴	个			
	20	其他	个			
	90	其他	个			

税则号列	统计后缀	货品名称	单位	税率 1 普通	税率 1 特惠	2
8424.89.10	00	用于投射、分散或喷涂的机械设备,专用于或主要用于制造印刷电路或印刷电路组件	个	0[1]		35%
8424.89.90	00	其他[77]	个	1.8%[12]	0(A*,AU,BH,CA,CL,CO,D,E,IL,JO,JP,KR,MA,MX,OM,P,PA,PE,S,SG)	35%
8424.90		零件:				
8424.90.05	00	灭火器的	千克	0[4]		35%
8424.90.10	00	简单的活塞泵喷雾和粉末散布机的	千克	2.9%[4]	0(A,AU,B,BH,CA,CL,CO,D,E,IL,JO,JP,KR,MA,MX,OM,P,PA,PE,S,SG)	45%
8424.90.20	00	喷砂机的	千克	0[1]		0
8424.90.90		其他		0[8]		35%
	40	蒸汽机及类似的喷射机器的	千克			
	80	其他[78]	千克			
8425		滑车及提升机,但倒卸式提升机除外;卷扬机及绞盘;千斤顶				
		滑车及提升机,但倒卸式提升机及提升车辆用的提升机除外:				
8425.11.00	00	电动的	个	0[1]		35%
8425.19.00	00	其他[79]	个	0[8]		35%
		卷扬机;绞盘:				
8425.31.01	00	电动的[49]	个	0[8]		35%
8425.39.01	00	其他[80]	个	0[1]		35%
		千斤顶;提升车辆用的提升机:				
8425.41.00	00	车库中使用的固定千斤顶系统	个	0[8]		35%
8425.42.00	00	其他液压千斤顶及提升机[81]	个	0[8]		35%
8425.49.00	00	其他[82]	个	0[8]		35%
8426		船用桅杆式起重机;起重机,包括缆式起重机;移动式吊运架、跨运车及装有起重机的工作车:				
		高架移动式起重机、桁架桥式起重机、龙门起重机、桥式起重机、移动式吊运架及跨运车:				
8426.11.00	00	固定支架的高架移动式起重机:	个	0		35%
8426.12.00	00	带胶轮的移动式吊运架及跨运车	个	0		35%
8426.19.00	00	其他	个	0		35%
8426.20.00	00	塔式起重机	个	0		35%
8426.30.00	00	门座式起重机及座式旋臂起重机[31]	个	0[8]		35%
		其他自推进机械:				
8426.41.00		带胶轮的		0[1]		35%
	05	装有起重机的工作车	个			
		其他:				
	10	电缆操作	个			

税则号列	统计后缀	货品名称	单位	税率 1 普通	税率 1 特惠	2
	90	其他	个			
8426.49.00		其他:		0[1]		35%
	10	电缆操作	个			
	90	其他	个			
		其他机械:				
8426.91.00	00	供装于公路车辆的	个	0[8]		35%
8426.99.00	00	其他	个	0[1]		35%
8427		叉车;其他装有升降或搬运装置的工作车:				
8427.10		电动机推进的机动车:				
8427.10.40	00	骑乘式平衡叉车[9]	个	0[1]		35%
8427.10.80		其他		0[1]		35%
		操作员驾驶:				
	20	本章统计注释三描述的高空作业平台[83]	个			
	30	其他[29]	个			
		自动导引车(AGV):				
	40	本章统计注释三描述的高空作业平台	个			
	50	其他	个			
		其他:				
	70	本章统计注释三描述的高空作业平台	个			
	95	其他	个			
8427.20		其他机动车:				
8427.20.40	00	骑乘式平衡叉车[29]	个	0[1]		35%
8427.20.80		其他		0[1]		35%
	20	本章统计注释三描述的高空作业平台	个			
	90	其他[3]	个			
8427.90.00		其他车		0[8]		35%
	20	本章统计注释三描述的高空作业平台	个			
	90	其他[75]	个			
8428		其他升降、搬运、装卸机械(例如,升降机、自动梯、输送机、缆车):				
8428.10.00		升降机及倒卸式起重机	个	0[4]		35%
8428.20.00		气压升降机及输送机		0[1]		35%
	10	输送机	个			
	50	升降机	个			
		其他用于连续运送货物或材料的升降机及输送机:				
8428.31.00		地下专用的	个	0[1]		35%
8428.32.00	00	其他,斗式[68]	个	0[1]		35%

税则号列	统计后缀	货品名称	单位	税率 1 普通	税率 1 特惠	2
8428.33.00	00	其他,带式[66]	个	0[1]		35%
8428.39.00	00	其他[84]	个	0[1]		35%
8428.40.00	00	自动梯及自动人行道	个	0[8]		35%
8428.60.00	00	缆车、座式升降机、滑雪拉索、索道用牵引装置	个	0[4]		35%
8428.90.02		其他机械		0[1]		35%
	10	林地原木处理设备(集材机除外)	个			
	20	工业机器人	个			
	90	其他[38]	个			
8429		机动推土机、侧铲推土机、筑路机、平地机、铲运机、机械铲、挖掘机、机铲装载机、捣固机械及压路机:				
		推土机及侧铲推土机:				
8429.11.00		履带式		0[1]		35%
	10	新的	个			
	90	已使用或重建	个			
8429.19.00		其他		0[1]		35%
	10	新的	个			
	90	已使用或重建	个			
8429.20.00	00	筑路机及平地机[3]	个	0[1]		35%
8429.30.00		铲运机		0[1]		35%
		新的:				
	20	不超过 13.7 立方米	个			
	40	超过 13.7 立方米	个			
	60	已使用或重建	个			
8429.40.00		捣固机械及压路机		0[1]		35%
		新的:				
	20	振动的[26]	个			
	40	其他[3]	个			
	60	已使用或重建	个			
		机械铲、挖掘机及机铲装载机:				
8429.51		前铲装载机				
8429.51.10		轮胎式		0[1]		35%
		新的:				
		整体式拖拉机铲式装载机,后置发动机:				
	05	两轮驱动	个			
		四轮驱动,铲斗容量为:				
	15	1.5 立方米以下[33]	个			
	25	至少 1.5 立方米,但小于 2.2 立方米	个			

税则号列	统计后缀	货品名称	单位	税率 1 普通	税率 1 特惠	2
	30	至少2.2立方米,但小于2.9立方米	个			
	35	至少2.9立方米,但小于3.8立方米[28]	个			
	40	至少3.8立方米,但小于5.2立方米[33]	个			
	45	至少5.2立方米,但小于7.6立方米[33]	个			
	50	至少7.6立方米,但小于11.4立方米[33]	个			
	55	11.4立方米及以上[50]	个			
	60	其他	个			
	65	已使用或重建	个			
8429.51.50		其他		0[1]		35%
		新的:				
	10	小于44.7千瓦[3]	个			
	20	至少44.7千瓦,但小于67.1千瓦	个			
	30	至少67.1千瓦,但小于93.2千瓦	个			
	40	至少93.2千瓦,但小于119.3千瓦	个			
	50	119.3千瓦及以上	个			
	60	已使用或重建	个			
8429.52		上部结构可旋转360度的机械:				
8429.52.10		反铲式、铲式、蛤壳式和拉铲挖掘机		0[85]		35%
		新的:				
		履带式安装:				
	10	液压[26]	个			
	20	其他	个			
		其他:				
	30	液压	个			
	40	其他	个			
	50	已使用或重建	个			
8429.52.50		其他		0[85]		35%
	10	新的	个			
	90	已使用或重建	个			
8429.59		其他:				
8429.59.10		反铲式、铲式、蛤壳式和拉铲挖掘机		0[1]		35%
		新的:				
	30	反铲	个			
	60	其他	个			
	90	已使用或重建	个			

税则号列	统计后缀	货品名称	单位	税率 1 普通	税率 1 特惠	2
8429.59.50		其他		0[1]		35%
		新的：				
		开沟机和挖沟机：				
	20	梯型	个			
	40	其他	个			
	60	其他	个			
	80	已使用或重建	个			
8430		泥土、矿物或矿石的运送、平整、铲运、挖掘、捣固、压实、开采或钻探机械；打桩机及拔桩机；扫雪机及吹雪机：				
8430.10.00	00	打桩机及拔桩机[42]	个	0[1]		35%
8430.20.00	00	扫雪机及吹雪机		0[4]		35%
		吹雪机：				
	30	附着式	个			
	60	其他[86]	个			
	90	其他	个			
		采(截)煤机、凿岩机及隧道掘进机：				
8430.31.00		自推进的：		0[1]		35%
	40	碎石机[27]	个			
	80	其他	个			
8430.39.00		其他		0[1]		35%
	40	碎石机	个			
	80	其他	个			
		其他钻探或凿井机械：				
8430.41.00	00	自推进的	个	0[1]		35%
8430.49		其他				
8430.49.40	00	海上油气钻采平台	千克	0[8]		45%
8430.49.80		其他		0[1]		35%
		用于油井和气田钻井：				
	10	旋转式	个			
	20	其他	个			
		用于水井钻探：				
	30	旋转式	个			
	40	其他	个			
	50	其他	个			
8430.50		其他自推进机械：				
8430.50.10	00	泥炭挖掘机	个	0[8]		35%
8430.50.50	00	其他	个	0[1]		35%
		其他非自推进机械：				
8430.61.00	00	捣固或压实机械	个	0[1]		35%
8430.69.01	00	其他	个	0[1]		35%

税则号列	统计后缀	货品名称	单位	税率 1 普通	税率 1 特惠	2
8431		专用于或主要用于品目 8425 至 8430 所列机械的零件:				
8431.10.00		品目 8425 所列机械的零件		0[1]		35%
	10	子目 8425.11 或子目 8425.19 所列机械的零件[3]	个			
	90	其他[29]	个			
8431.20.00	00	品目 8427 所列机械的零件[32]	个	0[1]		35%
		品目 8428 所列机械的零件:				
8431.31.00		客运或货运升降机、倒卸式起重机或自动梯的零件		0[1]		35%
	20	倒卸式起重机的	个			
	40	自动梯的[3]	个			
	60	其他[3]	个			
8431.39.00		其他		0[1]		35%
	10	升降机及输送机的[38]	个			
		其他:				
	50	油气田机械	个			
	70	统计报告编码 8428.90.0210 的林地原木处理设备的[3]	个			
	80	其他	个			
		品目 8426、品目 8429 或品目 8430 所列机械的零件:				
8431.41.00		戽斗、铲斗、抓斗及夹斗		0[1]		35%
	20	铲子附件	个			
	40	翻盖(抓钩)附件[29]	个			
	60	拉铲铲斗	个			
	80	其他	个			
8431.42.00	00	推土机或侧铲推土机用铲	个	0[1]		35%
8431.43		子目 8430.41 或子目 8430.49 所列钻探或凿井机械的零件:				
8431.43.40	00	海上油气钻采平台	个	0[1]		45%
8431.43.80		其他		0[1]		35%
		油气田机械:				
	20	工具接头,不论是否锻造	个			
	40	装有工具接头的钻杆	个			
	60	其他[87]	个			
	90	其他钻孔或下沉机械	个			
8431.49		其他:				
8431.49.10		品目 8426 的机械的		0[1]		35%
	10	子目 8426.11、子目 8426.19 和子目 8426.30 所列机械的零件	个			

税则号列	统计后缀	货品名称	单位	税率 1 普通	税率 1 特惠	2
	60	装有起重机的移动式起重架、跨运车和工程卡车的零件	个			
	90	其他	个			
8431.49.90		其他		0[1]		35%
		用于安装在机器上的附件：				
	05	反铲附件	个			
	10	前端加载器附件[26]	个			
	15	裂土器和生根器	个			
	20	其他[29]	个			
		其他：				
		煤炭或岩石切割机和隧道掘进机械的零件：				
	25	铸造桥壳	个			
	30	其他	个			
		反铲式、铲式、蛤壳式和拉铲挖掘机的零件：				
	35	铸造桥壳	个			
		其他：				
	36	车轮	个			
	38	车轮和轮胎组件	个			
	44	其他[3]	个			
		其他：				
	45	用于子目 8429.30 和税号 8430.69.01 的铲子的铲斗	个			
	50	轨道链接	个			
	55	铸造桥壳	个			
		其他：				
	81	钢锻件	千克			
		其他：				
	84	车轮	个			
	90	车轮和轮胎组件	个			
	95	其他[88]	个			
8432		农业、园艺及林业用整地或耕作机械；草坪及运动场地滚压机：				
8432.10.00		犁		0[1]		0
	20	除双壁犁外的板犁	个			
	40	圆盘犁	个			
	60	其他	个			
		耙、松土机、中耕机、除草机及耕耘机：				
8432.21.00	00	圆盘耙	个	0[1]		0
8432.29.00		其他		0[12]		0
		耕耘机、除草机及锄头：				

税则号列	统计后缀	货品名称	单位	税率 普通	税率 特惠	2
	40	拖拉机牵引或用于拖拉机安装的耕耘机	个			
	60	步行式旋耕机[89]	个			
	80	其他	个			
	90	其他[13]	个			
		播种机、种植机及移植机：				
8432.31.00		免耕直接播种机、种植机及移植机		0[12]		0
	10	种植机和移植机	个			
	90	播种机	个			
8432.39.00		其他：		0[12]		0
	10	种植机及移植机	个			
	90	播种机	个			
		施肥机：				
8432.41.00	00	粪肥施肥机	个	0[8]		0
8432.42.00	00	化肥施肥机[14]	个	0[12]		0
8432.80.00		其他机械		0[1]		0
	10	拖在施肥机、鼓风机和除草机后面	个			
	80	其他	个			
8432.90.00		零件		0[1]		0
	10	无轮胎的车轮	个			
	20	车轮和轮胎组件[28]	个			
		其他：				
	40	犁的	个			
	50	耙、松土机、中耕机、除草机及锄头的[29]	个			
	60	播种机、移植机及施肥机的[90]	个			
	81	其他机械的	个			
8433		收割机、脱粒机,包括草料打包机；割草机；蛋类、水果或其他农产品的清洁、分选、分级机器,但品目8437的机器除外：				
		草坪、公园或运动场地用的割草机：				
8433.11.00		机动的,切割装置在同一水平面上旋转的		0[4]		30%
	10	电动割草机,包括电池供电的	个			
		骑乘式割草机,电动的除外：				
	20	5.2千瓦以下	个			
	30	5.2千瓦及以上,但在7.46千瓦以下	个			
	40	7.46千瓦及以上	个			
		其他：				
	50	3.7千瓦以下	个			
	60	3.7千瓦及以上	个			

税则号列	统计后缀	货品名称	单位	税率 1 普通	税率 1 特惠	税率 2
8433.19.00		其他		0[4]		30%
	10	草坪割草机	个			
	20	成组切割机	个			
	30	其他骑乘式割草机	个			
		其他:				
	40	汽油动力的	个			
	50	其他	个			
8433.20.00		其他割草机,包括牵引装置用的刀具杆		0[1]		0
		拖拉机牵引或用于拖拉机安装:				
	20	旋转切割型	个			
	40	其他	个			
	60	其他	个			
8433.30.00	00	其他干草切割、翻晒机器	个	0[1]		0
8433.40.00	00	草料打包机,包括收集打包机	个	0[1]		0
		其他收割机;脱粒机:				
8433.51.00		联合收割机		0[1]		0
	10	自推进的	个			
	90	其他	个			
8433.52.00	00	其他脱粒机	个	0[1]		0
8433.53.00	00	根茎或块茎收获机	个	0[1]		0
8433.59.00		其他		0[1]		0
	10	田间牧草收获机	个			
	90	其他	个			
8433.60.00		蛋类、水果或其他农产品的清洁、分选、分级机器		0[1]		0
	10	蛋类清洁、分选、分级机器	个			
	90	其他	个			
8433.90		零件:				
8433.90.10		草坪、公园或运动场用割草机的		0[8]		30%
	10	车轮和轮胎组件	个			
	90	其他	个			
8433.90.50		其他		0[1]		0
		其他割草机、收割机及脱粒机的:				
	10	车轮	个			
	25	干草机和打捆机的	个			
	45	其他	个			
	60	蛋类清洁、分选或分级机器的	个			
	80	水果或其他农产品清洁、分选或分级机器的	个			
8434		挤奶机及乳品加工机器:				
8434.10.00	00	挤奶机	个	0[4]		0

税则号列	统计后缀	货品名称	单位	税率 普通 1	税率 特惠 1	2
8434.20.00	00	乳品加工机器	个	0[1]		0
8434.90.00	00	零件	个	0[1]		0
8435		制酒、制果汁或制类似饮料用的压榨机、轧碎机及类似机器：				
8435.10.00	00	机器	个	0[4]		40%
8435.90.00	00	零件	个	0[4]		40%
8436		农业、园艺、林业、家禽饲养业或养蜂业用的其他机器，包括装有机械或热力装置的催芽设备；家禽孵卵器及育雏器：				
8436.10.00	00	动物饲料配制机[29]	个	0[1]		0
		家禽饲养用的机器；家禽孵卵器及育雏器：				
8436.21.00	00	家禽孵卵器及育雏器	个	0[1]		0
8436.29.00	00	其他	个	0[1]		0
8436.80.00		其他机器		0[1]		0
	20	林业机械	个			
		其他：				
	40	谷仓和仓院机器	个			
	60	为市场或使用准备农作物的机器	个			
		其他：				
	70	养蜂机械	个			
	90	其他[91]	个			
		零件：				
8436.91.00		家禽饲养用机器的零件或家禽孵卵器及育雏器的零件		0[1]		0
	40	家禽孵卵器及育雏器的	个			
	80	其他	个			
8436.99.00		其他		0[1]		0
	20	林业机械的	个			
	30	养蜂机械的	个			
	35	制备动物饲料的机械的	个			
		其他：				
	40	谷仓和仓院机器的	个			
	70	为市场或使用准备农作物的机器的	个			
	90	其他[50]	个			
8437		种子、谷物或干豆的清洁、分选或分级机器；谷物磨粉业加工机器或谷物、干豆加工机器，但农业用机器除外：				
8437.10.00	00	种子、谷物或干豆的清洁、分选或分级机器	个	0[1]		35%
8437.80.00		其他机器		0[1]		35%
	10	面粉厂和谷物加工厂机器	个			

税则号列	统计后缀	货品名称	单位	税率 1 普通	税率 1 特惠	2
	90	其他	个			
8437.90.00		零件		0[1]		35%
	10	面粉厂或谷物加工厂机器的	个			
	90	其他	个			
8438		本章其他品目未列名的食品、饮料工业用的生产或加工机器,但提取、加工动物油脂或植物固定油脂的机器除外:				
8438.10.00		糕点加工机器及生产通心粉、面条或类似产品的机器		0[4]		35%
	10	糕点加工机器	个			
	90	其他	个			
8438.20.00	00	生产糖果、可可粉、巧克力的机器	个	0[4]		35%
8438.30.00	00	制糖机器	个	0[4]		0
8438.40.00	00	酿酒机器	个	2.3%[4]	0(A,AU,BH,CA,CL,CO,D,E,IL,JO,KR,MA,MX,OM,P,PA,PE,S,SG)	35%
8438.50.00		肉类或家禽加工机器		2.8%[1]	0(A,AU,BH,CA,CL,CO,D,E,IL,JO,KR,MA,MX,OM,P,PA,PE,S,SG)	35%
	10	肉类及家禽包装厂机械	个			
	90	其他	个			
8438.60.00	00	水果、坚果或蔬菜加工机器	个	0[1]		35%
8438.80.00	00	其他机器[9]	个	0[1]		40%
8438.90		零件				
8438.90.10	00	制糖机器的	个	0[4]		0
8438.90.90		其他	个	2.8%[1]	0(A,AU,BH,CA,CL,CO,D,E,IL,JO,KR,MA,MX,OM,P,PA,PE,S,SG)	35%
	15	糕点加工机器及生产通心粉、面条或类似产品的机器的	个			
	30	生产糖果、可可粉或巧克力的机器的	个			
	60	肉类或家禽加工机器的	个			
	90	其他	个			
8439		纤维素纸浆、纸及纸板的制造或整理机器:				
8439.10.00		制造纤维素纸浆的机器		0[1]		35%
	10	新的[28]	个			
	90	已使用或重建	个			
8439.20.00		纸或纸板的制造机器		0[1]		35%
	10	新的	个			
	90	已使用或重建	个			
8439.30.00	00	纸或纸板的整理机器	个	0[1]		35%
		零件:				
8439.91		制造纤维素纸浆的机器用				

税则号列	统计后缀	货品名称	单位	税率 1 普通	税率 1 特惠	2
8439.91.10	00	床板、滚动条和其他零件	个	0[1]		20%
8439.91.90	00	其他[27]	个	0[1]		35%
8439.99		其他				
8439.99.10	00	纸或纸板的制造机器的[65]	个	0[1]		35%
8439.99.50	00	纸或纸板的整理机器的[28]	个	0[1]		35%
8440		书本装订机器,包括锁线订书机:				
8440.10.00	00	机器:	个	0[4]		25%
8440.90.00	00	零件	个	0[4]		25%
8441		其他制造纸浆制品、纸制品或纸板制品的机器,包括各种切纸机:				
8441.10.00	00	切纸机	个	0[8]		35%
8441.20.00	00	制造包、袋或信封的机器	个	0[1]		35%
8441.30.00	00	制造箱、盒、管、桶或类似容器的机器,但模制成型机器除外	个	0[1]		35%
8441.40.00	00	纸浆、纸或纸板制品模制成型机器[29]	个	0[1]		35%
8441.80.00	00	其他机器	个	0[1]		35%
8441.90.00	00	零件	个	0[1]		35%
8442		制印刷版(片)、滚筒及其他印刷部件用的机器、器具及设备(品目8456至8465的机器除外);印刷用版(片)、滚筒及其他印刷部件;制成供印刷用(例如,刨平、压纹或抛光)的板(片)、滚筒及石板:				
8442.30.01		机械、器具及设备		0[1]		0
	10	照相排版和铸排机	个			
	50	其他机械、器具及设备	个			
8442.40.00	00	上述机器、器具及设备的零件	个	0[1]		0
8442.50		印刷用版(片)、滚筒及其他印刷部件;制成供印刷用(例如,刨平、压纹或抛光)的板(片)、滚筒及石板:				
8442.50.10	00	印刷用版	个	0[8]		25%
8442.50.90	00	其他	个	0[4]		60%
8443		用于品目8442的印刷用版(片)、滚筒及其他印刷部件进行印刷的机器;其他打印机、复印机及传真机,不论是否组合式;上述机器的零件及附件:				
		用品目8442的印刷用版(片)、滚筒及其他印刷部件进行印刷的机器:				
8443.11		卷取进料式胶印机:				
8443.11.10	00	双幅报纸印刷机	个	3.3%[1]	0(A*,AU,BH,CA,CL,CO,D,E,IL,JO,KR,MA,MX,OM,P,PA,PE,S,SG)	25%
8443.11.50	00	其他	个	0[1]		25%
8443.12.00	00	办公室用片取进料式胶印机(展开片尺寸一边长不超过22厘米,另一边长不超过36厘米)	个	0[1]		25%

税则号列	统计后缀	货品名称	单位	税率 1 普通	税率 1 特惠	2
8443.13.00	00	其他胶印机	个	0[1]		25%
8443.14.00	00	卷取进料式凸版印刷机,但不包括苯胺印刷机	个	2.2%[1]	0(A, AU, BH, CA, CL, CO, D, E, IL, JO, KR, MA, MX, OM, P, PA, PE, S, SG)	25%
8443.15.00	00	其他凸版印刷机,但不包括苯胺印刷机	个	0[8]		25%
8443.16.00	00	苯胺印刷机	个	2.2%[92]	0(A*, AU, BH, CA, CL, CO, D, E, IL, JO, KR, MA, MX, OM, P, PA, PE, S, SG)	25%
8443.17.00	00	凹版印刷机	个	2.2%[1]	0(A, AU, BH, CA, CL, CO, D, E, IL, JO, KR, MA, MX, OM, P, PA, PE, S, SG)	25%
8443.19		其他:				
8443.19.20	00	纺织印花机	个	2.6%[4]	0(A, AU, BH, CA, CL, CO, D, E, IL, JO, KR, MA, MX, OM, P, PA, PE, S, SG)	40%
8443.19.30	00	其他	个	0[1]		25%
		其他印刷(打印)机、复印机及传真机,不论是否组合式:				
8443.31.00	00	具有打印、复印或传真中两种及以上功能的机器,可与自动数据处理设备或网络连接	个	0[4]		35%
8443.32		其他,可与自动数据处理设备或网络连接:				
8443.32.10		打印机		0[4]		35%
		激光:				
	10	每分钟能打印超过20页	个			
	20	其他	个			
	30	灯条电子型	个			
	40	喷墨	个			
	50	热转印[93]	个			
	60	电离	个			
	70	菊花轮	个			
	80	点阵	个			
	90	其他	个			
8443.32.50	00	其他	个	0[4]		35%
8443.39		其他:				
		复印机:				
		静电感光复印设备:				
8443.39.10	00	将原件直接复印的(直接法)	个	0[4]		35%
8443.39.20	00	将原件通过中间体转印的(间接法)	个	0[8]		35%
		其他感光复印设备:				
8443.39.30	00	带有光学系统的	个	0[8]		35%
8443.39.40	00	接触式的	个	0[8]		35%

税则号列	统计后缀	货品名称	单位	税率 1 普通	税率 1 特惠	2
8443.39.50	00	热敏复印设备	个	0[8]		35%
8443.39.60	00	其他	个	0[52]		35%
8443.39.90	00	其他	个	0[4]		35%
		零件及附件：				
8443.91		用品目8442的印刷用版、滚筒及其他印刷部件进行印刷的机器零件及附件				
8443.91.10	00	印刷用辅助机器	个	0[1]		25%
8443.91.20	00	纺织印花机零件	个	0[4]		40%
8443.91.30	00	其他[86]	个	0[4]		25%
8443.99		其他：				
8443.99.10	00	用于连接到静电复印机并且不能独立于此类复印机运行的附件和辅助机器	个	0[8]		35%
		打印机配件：				
8443.99.20		本章附加美国注释二描述的税号8443.32.10的打印机部件		0[1]		35%
	10	墨盒[50]	个			
	50	其他[94]	个			
8443.99.25		其他		0[4]		35%
	10	墨盒	个			
	50	其他	个			
		传真机配件：				
8443.99.30	00	本章附加美国注释三描述的传真机部件	个	0[8]		35%
8443.99.35	00	其他	个	0[8]		35%
		复印机配件：				
8443.99.40	00	本章附加美国注释四描述的税号8443.39.20的复印设备部件	个	0[12]		35%
8443.99.45	00	其他	个	0[1]		35%
8443.99.50		其他		0[4]		35%
		子目8443.31货品的：				
	11	墨盒	个			
	15	其他	个			
	50	其他	个			
8444.00.00		化学纺织纤维挤压、拉伸、变形或切割机器		0[1]		40%
	10	变形机器	个			
	90	其他	个			
8445		纺织纤维的预处理机器；纺纱机、并线机、加捻机及其他生产纺织纱线的机器；摇纱机、络纱机(包括卷纬机)及处理品目8446或品目8447所列机器用的纺织纱线的机器：				
		纺织纤维的预处理机器：				

税则号列	统计后缀	货品名称	单位	税率 1 普通	税率 1 特惠	2
8445.11.00	00	梳理机	个	0[4]		40%
8445.12.00	00	精梳机	个	0[4]		40%
8445.13.00	00	拉伸机或粗纱机	个	0[4]		40%
8445.19.00		其他		3.3%[4]	0(A, AU, BH, CA, CL, CO, D, E, IL, JO, KR, MA, MX, OM, P, PA, PE, S, SG)	40%
	40	轧棉机	个			
	80	其他	个			
8445.20.00	00	纺纱机	个	0[4]		40%
8445.30.00		并线机或加捻机		0[4]		40%
	10	加捻机	个			
	90	其他	个			
8445.40.00	00	络纱机(包括卷纬机)或摇纱机	个	3.7%[4]	0(A, AU, BH, CA, CL, CO, D, E, IL, JO, KR, MA, MX, OM, P, PA, PE, S, SG)	40%
8445.90.00	00	其他	个	3.7%[4]	0(A, AU, BH, CA, CL, CO, D, E, IL, JO, KR, MA, MX, OM, P, PA, PE, S, SG)	40%
8446		织机:				
8446.10.00		所织织物宽度不超过30厘米的织机		0[4]		40%
	10	动力织机	个			
	90	其他	个			
		所织织物宽度超过30厘米的梭织机:				
8446.21		动力织机:				
8446.21.10	00	用于织造宽度超过4.9米的织物	个	0[52]		40%
8446.21.50	00	其他	个	3.7%[4]	0(A, AU, BH, CA, CL, CO, D, E, IL, JO, KR, MA, MX, OM, P, PA, PE, S, SG)	40%
8446.29.00	00	其他	个	0[4]		40%
8446.30		所织织物宽度超过30厘米的无梭织机:				
8446.30.10		用于织造宽度超过4.9米织物的动力织机		0[4]		40%
	10	剑杆织机	个			
	20	喷水织机	个			
	30	其他	个			
8446.30.50		其他		3.7%[95]	0(A, AU, BH, CA, CL, CO, D, E, IL, JO, KR, MA, MX, OM, P, PA, PE, S, SG)	40%
	10	剑杆织机	个			
	20	喷水织机	个			
	30	其他	个			
8447		针织机、缝编机及制粗松螺旋花线、网眼薄纱、花边、刺绣品、装饰带、编织带或网的机器及簇绒机:				

税则号列	统计后缀	货品名称	单位	税率 1 普通	税率 1 特惠	2
		圆型针织机：				
8447.11		圆筒直径不超过165毫米：				
8447.11.10	00	针织袜用	个	0[4]		40%
8447.11.90		其他		0[4]		40%
	10	开顶圆筒针织机	个			
	20	针筒针盘针织机	个			
	90	其他	个			
8447.12		圆筒直径超过165毫米：				
8447.12.10	00	针织袜用	个	0[4]		40%
8447.12.90		其他		0[4]		40%
	10	开顶圆筒针织机	个			
	20	针筒针盘针织机	个			
	90	其他	个			
8447.20		平型针织机；缝编机：				
		V型横机：				
8447.20.20	00	宽度超过50.8厘米的电动横机	个	0[4]		40%
8447.20.30	00	其他	个	2.6%[4]	0(A, AU, BH, CA, CL, CO, D, E, IL, JO, KR, MA, MX, OM, P, PA, PE, S, SG)	40%
8447.20.40	00	经编机	个	0[4]		40%
8447.20.60	00	其他	个	0[4]		40%
8447.90		其他：				
8447.90.10	00	编织机和鞋带编织机	个	0[4]		40%
8447.90.50	00	刺绣机[86]	个	0[4]		30%
8447.90.90	00	其他	个	0[4]		40%
8448		品目8444、品目8445、品目8446或品目8447所列机器的辅助机器(例如，多臂机、提花机、自停装置及换梭装置)；专用于或主要用于品目8444、品目8445、品目8446或品目8447所列机器的零件、附件(例如，锭子、锭壳、钢丝针布、梳、喷丝头、梭子、综丝、综框、针织机用针)：				
		品目8444、品目8445、品目8446或品目8447所列机器的辅助机器：				
8448.11.00	00	多臂机或提花机及其所用的卡片缩小、复制、穿孔或汇编机器	个	0[4]		40%
8448.19.00	00	其他	个	0[4]		40%
8448.20		品目8444所列机器及其辅助机器的零件、附件：				
8448.20.10	00	用于挤压或拉伸化纤长丝的机器的零件、附件	个	3.7%[4]	0(A, AU, BH, CA, CL, CO, D, E, IL, JO, KR, MA, MX, OM, P, PA, PE, S, SG)	40%
8448.20.50		其他		3.3%[4]	0(A, AU, BH, CA, CL, CO, D, E, IL, JO, KR, MA, MX, OM, P, PA, PE, S, SG)	40%

税则号列	统计后缀	货品名称	单位	税率 1 普通	税率 1 特惠	税率 2
	10	变形机器的零件、附件	个			
	90	其他	个			
		品目8445所列机器及其辅助机器的零件、附件：				
8448.31.00	00	钢丝针布	平方米	3.3%[4]	0(A*,AU,BH,CA,CL,CO,D,E,IL,JO,KR,MA,MX,OM,P,PA,PE,S,SG)	45%
8448.32.00		纺织纤维预处理机器的零件、附件，但钢丝针布除外		0[4]		40%
	10	轧棉机	个			
	90	其他	个			
8448.33.00	00	锭子、锭壳、纺丝环、钢丝圈	个	3.3%[4]	0(A,AU,BH,CA,CL,CO,D,E,IL,JO,KR,MA,MX,OM,P,PA,PE,S,SG)	40%
8448.39		其他：				
8448.39.10	00	纺纱机、并线机或加捻机零件	个	0[4]		40%
8448.39.50	00	络纱机或摇纱机零件	个	3.7%[4]	0(A,AU,BH,CA,CL,CO,D,E,IL,JO,KR,MA,MX,OM,P,PA,PE,S,SG)	40%
8448.39.90	00	其他	个	0[4]		40%
		织机及其辅助机器的零件、附件：				
8448.42.00	00	织机用筘、综丝及综框	个	3.7%[4]	0(A,AU,BH,CA,CL,CO,D,E,IL,JO,KR,MA,MX,OM,P,PA,PE,S,SG)	40%
8448.49		其他：				
8448.49.10	00	梭子	个	3.7%[4]	0(A,AU,BH,CA,CL,CO,D,E,IL,JO,KR,MA,MX,OM,P,PA,PE,S,SG)	40%
8448.49.20	00	其他	个	0[4]		40%
		品目8447所列机器及其辅助机器的零件、附件：				
8448.51		沉降片、织针及其他成圈机件：				
		针织机针：				
8448.51.10	00	舌针	千个	0[4]		2美元/千个+60%
8448.51.20	00	弹簧针	千个	0[8]		1.50美元/千个+50%
8448.51.30	00	其他	千个	0[4]		1.15美元/千个+40%
8448.51.50	00	其他	个	0[4]		40%
8448.59		其他：				
8448.59.10	00	针织机零件	个	0[4]		40%
8448.59.50	00	其他	个	0[4]		40%

税则号列	统计后缀	货品名称	单位	税率 1 普通	税率 1 特惠	2
8449.00		成匹、成形的毡呢或无纺织物制造或整理机器,包括制毡呢帽机器;帽模:				
8449.00.10	00	整理机及其零件	个	2.6%[4]	0(A,AU,BH,CA,CL,CO,D,E,IL,JO,KR,MA,MX,OM,P,PA,PE,S,SG)	40%
8449.00.50	00	其他	个	0[4]		40%
8450		家用型或洗衣房用洗衣机,包括洗涤干燥两用机;及其零件:				
		干衣量不超过10千克的洗衣机:				
8450.11.00		全自动的		1.4%[96]	0(A,AU,BH,CA,CL,CO,D,E,IL,JO,KR,MA,MX,OM,P,PA,PE,S,SG)	35%
	10	投币式	个			
		其他:				
	40	顶装的	个			
	80	其他	个			
8450.12.00	00	其他机器,装有离心甩干机	个	2.6%[52]	0(A*,AU,BH,CA,CL,CO,D,E,IL,JO,KR,MA,MX,OM,P,PA,PE,S,SG)	40%
8450.19.00	00	其他	个	1.8%[52]	0(A,AU,BH,CA,CL,CO,D,E,IL,JO,KR,MA,MX,OM,P,PA,PE,S,SG)	35%
8450.20.00		干衣量超过10千克的洗衣机		1%[96]	0(A*,AU,BH,CA,CL,CO,D,E,IL,JO,KR,MA,MX,OM,P,PA,PE,S,SG)	35%
	10	投币式	个			
		其他:				
	40	顶装的	个			
	80	其他	个			
8450.90		零件:				
8450.90.20	00	桶和桶组件	个	2.6%[97]	0(A*,AU,BH,CA,CL,CO,D,E,IL,JO,KR,MA,MX,OM,P,PA,PE,S,SG)	40%
8450.90.40	00	设计用于子目8450.11至8450.20(含子目8450.11)所述机器的家具	个	2.6%[4]	0(A*,AU,BH,CA,CL,CO,D,E,IL,JO,KR,MA,MX,OM,P,PA,PE,S,SG)	40%
8450.90.60	00	其他	个	2.6%[97]	0(A*,AU,BH,CA,CL,CO,D,E,IL,JO,KR,MA,MX,OM,P,PA,PE,S,SG)	40%
8451		纱线、织物及纺织制品的洗涤、清洁、绞拧、干燥、熨烫、挤压(包括熔压)、漂白、染色、上浆、整理、涂布或浸渍机器(品目8450的机器除外);列诺伦(亚麻油地毡)及类似铺地制品的布基或其他底布的浆料涂布机器;纺织物的卷绕、退绕、折叠、剪切或剪齿边机器;及其零件:				
8451.10.00	00	干洗机	个	0[8]		35%
		干燥机:				

税则号列	统计后缀	货品名称	单位	税率 1 普通	税率 1 特惠	税率 2
8451.21.00		干衣量不超过10千克		3.4%[8]	0(A,AU,BH,CA,CL,CO,D,E,IL,JO,KR,MA,MX,OM,P,PA,PE,S,SG)	40%
	10	投币式	个			
	90	其他	个			
8451.29.00		其他		2.6%[8]	0(A*,AU,BH,CA,CL,CO,D,E,IL,JO,KR,MA,MX,OM,P,PA,PE,S,SG)	40%
	10	用于干燥化妆品	个			
	90	其他	个			
8451.30.00	00	熨烫机及挤压机(包括熔压机)	个	0[8]		35%
8451.40.00	00	洗涤、漂白或染色机器	个	3.5%[8]	0(A*,AU,BH,CA,CL,CO,D,E,IL,JO,KR,MA,MX,OM,P,PA,PE,S,SG)	40%
8451.50.00	00	纺织物的卷绕、退绕、折叠、剪切或剪齿边机器	个	0[8]		40%
8451.80.00	00	其他机器	个	3.5%[8]	0(A,AU,BH,CA,CL,CO,D,E,IL,JO,KR,MA,MX,OM,P,PA,PE,S,SG)	40%
8451.90		零件:				
8451.90.30	00	子目8451.21或子目8451.29干燥机的干燥室,以及装有干燥室的干燥机的其他部件	个	3.5%[8]	0(A,AU,BH,CA,CL,CO,D,E,IL,JO,KR,MA,MX,OM,P,PA,PE,S,SG)	40%
8451.90.60	00	设计用于子目8451.21或子目8451.29干燥机的家具	个	3.5%[8]	0(A,AU,BH,CA,CL,CO,D,E,IL,JO,KR,MA,MX,OM,P,PA,PE,S,SG)	40%
8451.90.90		其他[75]		3.5%[8]	0(A,AU,BH,CA,CL,CO,D,E,IL,JO,KR,MA,MX,OM,P,PA,PE,S,SG)	40%
	10	用于洗涤、干洗、熨烫、熨烫或烘干纺织制品的机器或其他家用型或洗衣房用机器	个			
		其他:				
	20	用于漂白、染色、洗涤或清洁的机器	个			
	90	其他	个			
8452		缝纫机,但品目8440的锁线订书机除外;缝纫机专用的特制家具、底座及罩盖;缝纫机针:				
8452.10.00		家用型缝纫机:		0[4]		30%
	10	价值不超过20美元/个	个			
	90	其他[98]	个			
		其他缝纫机:				
8452.21		自动的:				
8452.21.10	00	专门设计用于将鞋底连接到鞋面	个	0[4]		0
8452.21.90	00	其他	个	0[4]		30%
8452.29		其他				

税则号列	统计后缀	货品名称	单位	税率 普通	税率 特惠	2
8452.29.10	00	专门设计用于将鞋底连接到鞋面	个	0[4]		0
8452.29.90	00	其他[99]	个	0[8]		30%
8452.30.00	00	缝纫机针	千个	0[4]		42%
8452.90		缝纫机专用的特制家具、底座和罩盖及其零件;缝纫机的其他零件:				
8452.90.10	00	缝纫机专用的特制家具、底座和罩盖及其零件	个	2.5%[4]	0(A, AU, BH, CA, CL, CO, D, E, IL, JO, KR, MA, MX, OM, P, PA, PE, S, SG)	20%
8452.90.20		缝纫机的其他零件		0[4]		30%
	10	家用机器的	个			
	90	其他	个			
8453		生皮、皮革的处理、鞣制或加工机器,鞋靴、毛皮及其他皮革制品的制作或修理机器,但缝纫机除外:				
8453.10.00	00	生皮、皮革的处理、鞣制或加工机器	个	0[4]		35%
8453.20.00	00	鞋靴制作或修理机器	个	0[4]		0
8453.80.00	00	其他机器	个	0[4]		35%
8453.90		零件				
8453.90.10	00	制造或修理鞋类的机械的零件	个	0[4]		0
8453.90.50	00	其他	个	0[4]		35%
8454		金属冶炼及铸造用的转炉、浇包、锭模及铸造机:				
8454.10.00	00	转炉	个	0[1]		35%
8454.20.00		锭模及浇包		0[8]		35%
		锭模:				
	10	钢锭用	个 千克			
	60	其他	个 千克			
	80	浇包	千克			
8454.30.00		铸造机		0[1]		35%
	10	压铸机[29]	个			
	90	其他	个			
8454.90.00		零件		0[1]		35%
		铸造机:				
	30	压铸机	个			
	60	其他	个			
	70	铸锭模具	个			
	80	其他	个			
8455		金属轧机及其轧辊:				
8455.10.00	00	轧管机	个	0[1]		30%
		其他轧机:				

税则号列	统计后缀	货品名称	单位	税率 1 普通	税率 1 特惠	2
8455.21.00	00	热轧机或冷热联合轧机	个	0[1]		30%
8455.22.00	00	冷轧机[45]	个	0[1]		30%
8455.30.00		轧机用轧辊		0[1]		30%
		灰口铸铁：				
	05	不超过 2 268 千克	个 千克			
	15	超过 2 268 千克,但不超过 6 803.9 千克	个 千克			
	25	超过 6 803.9 千克	个 千克			
		铸钢：				
	35	不超过 2 268 千克	个 千克			
	45	超过 2 268 千克,但不超过 6 803.9 千克	个 千克			
	55	超过 6 803.9 千克	个 千克			
		其他：				
	65	不超过 2 268 千克	个 千克			
	75	超过 2 268 千克,但不超过 6 803.9 千克	个 千克			
	85	超过 6 803.9 千克	个 千克			
8455.90		其他零件：				
8455.90.40	00	单件重量小于 90 吨的铸件或焊件,用于品目 8455 的机器	千克	0[12]		30%
8455.90.80	00	其他[29]	千克	0[1]		30%
8456		用激光、其他光、光子束、超声波、放电、电化学法、电子束、离子束或等离子弧处理各种材料的加工机床；水射流切割机：				
8456.11		用激光处理的：				
8456.11.10		加工金属用		3.5%[1]	0(A*,AU,BH,CA,CL,CO,D,E,IL,JO,JP,KR,MA,MX,OM,P,PA,PE,S,SG)	30%
	10	数控	个			
	50	其他	个			
		其他：				
8456.11.70	00	专用于或主要用于制造印刷电路、印刷电路组件、品目 8517 零件或自动数据处理设备零件	个	0[1]		30%
8456.11.90	00	其他	个	2.4%[1]	0(A*,AU,BH,CA,CL,CO,D,E,IL,JO,KR,MA,MX,OM,P,PA,PE,S,SG)	35%
8456.12		用其他光或光子束处理的：				

税则号列	统计后缀	货品名称	单位	税率 1 普通	税率 1 特惠	2
8456.12.10		加工金属用		3.5%[1]	0(A,AU,BH,CA,CL,CO,D,E, IL,JO,KR,MA,MX,OM,P,PA, PE,S,SG)	30%
	10	数控	个			
	50	其他	个			
		其他：				
8456.12.70	00	专用于或主要用于制造印刷电路、印刷电路组件、品目8517的零件或自动数据处理设备的零件	个	0[1]		30%
8456.12.90	00	其他	个	2.4%[1]	0(A*,AU,BH,CA,CL,CO,D,E, IL,JO,KR,MA,MX,OM,P,PA, PE,S,SG)	30%
8456.20		用超声波处理的：				
8456.20.10		加工金属用		3.5%[1]	0(A,AU,BH,CA,CL,CO,D,E, IL,JO,KR,MA,MX,OM,P,PA, PE,S,SG)	30%
	10	数控	个			
	50	其他	个			
8456.20.50	00	其他	个	2.4%[1]	0(A,AU,BH,CA,CL,CO,D,E, IL,JO,KR,MA,MX,OM,P,PA, PE,S,SG)	35%
8456.30		用放电处理的：				
8456.30.10		加工金属用		3.5%[1]	0(A,AU,BH,CA,CL,CO,D,E, IL,JO,KR,MA,MX,OM,P,PA, PE,S,SG)	30%
	20	走丝(线切割)型	个			
		其他：				
	50	数控	个			
	70	其他	个			
8456.30.50	00	其他	个	2.4%[1]	0(A,AU,BH,CA,CL,CO,D,E, IL,JO,KR,MA,MX,OM,P,PA, PE,S,SG)	35%
8456.40		用等离子弧处理的：				
8456.40.10		加工金属用		3.5%[1]	0(A,AU,BH,CA,CL,CO,D,E, IL,JO,KR,MA,MX,OM,P,PA, PE,S,SG)	30%
	10	数控	个			
	90	其他	个			
8456.40.90	00	其他	个	2.2%[1]	0(A,AU,BH,CA,CL,CO,D,E, IL,JO,KR,MA,MX,OM,P,PA, PE,S,SG)	35%
8456.50.00	00	水射流切割机	个	2.5%[1]	0(A,AU,BH,CA,CL,CO,D,E, IL,JO,KR,MA,MX,OM,P,PA, PE,S,SG)	35%
8456.90		其他：				
8456.90.31	00	加工金属用	个	3.5%[1]	0(A,AU,BH,CA,CL,CO,D,E, IL,JO,JP,KR,MA,MX,OM,P, PA,PE,S,SG)	30%

税则号列	统计后缀	货品名称	单位	税率 1 普通	税率 1 特惠	2
8456.90.71	00	其他	个	2.2%[1]	0(A,AU,BH,CA,CL,CO,D,E,IL,JO,KR,MA,MX,OM,P,PA,PE,S,SG)	35%
8457		加工金属的加工中心、单工位组合机床及多工位组合机床：				
8457.10.00		加工中心		4.2%[1]	0(A*,AU,BH,CA,CL,CO,D,E,IL,JO,JP,KR,MA,MX,OM,P,PA,PE,S,SG)	30%
	05	已使用或重建	个			
		其他：				
		带自动换刀器				
		Y轴行程为垂直主轴的机床				
	15	不超过660毫米	个			
	25	超过660毫米	个			
		Y轴行程为水平主轴的机床				
	55	不超过685毫米	个			
	60	超过685毫米，但不超过1 016毫米	个			
	65	超过1 016毫米	个			
	70	其他	个			
	75	其他	个			
8457.20.00		单工位组合机床		3.3%[1]	0(A,AU,BH,CA,CL,CO,D,E,IL,JO,KR,MA,MX,OM,P,PA,PE,S,SG)	30%
	10	数控	个			
	90	其他	个			
8457.30.00		多工位组合机床		3.3%[1]	0(A,AU,BH,CA,CL,CO,D,E,IL,JO,JP,KR,MA,MX,OM,P,PA,PE,S,SG)	30%
	10	数控	个			
	90	其他	个			
8458		切削金属的车床(包括车削中心)：				
		卧式车床：				
8458.11.00		数控的		4.4%[1]	0(A*,AU,BH,CA,CL,CO,D,E,IL,JO,JP,KR,MA,MX,OM,P,PA,PE,S,SG)	30%
	05	已使用或重建	个			
		其他：				
	10	多轴	个			
		其他：				
	30	额定功率小于18.65千瓦	个			
	50	额定功率为18.65千瓦或以上，但不超过37.3千瓦	个			
	90	额定功率超过37.3千瓦	个			

税则号列	统计后缀	货品名称	单位	税率 1 普通	税率 1 特惠	2
8458.19.00		其他		4.4%[1]	0(A,AU,BH,CA,CL,CO,D,E,IL,JO,KR,MA,MX,OM,P,PA,PE,S,SG)	30%
	10	已使用或重建	个			
	20	其他,价值在3 025美元/个以下[91]	个			
		其他:				
	30	发动机或工具车床	个			
		自动棒材和/或卡盘机:				
	50	单轴	个			
	70	多轴	个			
	90	其他	个			
		其他车床:				
8458.91		数控的:				
8458.91.10		立式转塔车床		4.2%[1]	0(A*,AU,BH,CA,CL,CO,D,E,IL,JO,JP,KR,MA,MX,OM,P,PA,PE,S,SG)	30%
	40	已使用或重建	个			
		其他:				
	60	多轴	个			
	80	其他	个			
8458.91.50		其他		4.4%[1]	0(A*,AU,BH,CA,CL,CO,D,E,IL,JO,JP,KR,MA,MX,OM,P,PA,PE,S,SG)	30%
	40	已使用或重建	个			
		其他:				
	50	多轴	个			
	70	其他	个			
8458.99		其他:				
8458.99.10		立式转塔车床		4.2%[1]	0(A,AU,BH,CA,CL,CO,D,E,IL,JO,KR,MA,MX,OM,P,PA,PE,S,SG)	30%
	10	已使用或重建	个			
	50	其他[28]	个			
8458.99.50		其他		4.4%[1]	0(A,AU,BH,CA,CL,CO,D,E,IL,JO,KR,MA,MX,OM,P,PA,PE,S,SG)	30%
	30	已使用或重建	个			
	60	其他,价值在3 025美元/个以下	个			
	90	其他	个			
8459		切削金属的钻床、镗床、铣床、攻丝机床(包括直线移动式动力头机床),但品目8458的车床(包括车削中心)除外:				
8459.10.00	00	直线移动式动力头机床[29]	个	3.3%[1]	0(A,AU,BH,CA,CL,CO,D,E,IL,JO,KR,MA,MX,OM,P,PA,PE,S,SG)	30%

税则号列	统计后缀	货品名称	单位	税率 1 普通	税率 1 特惠	2
		其他钻床：				
8459.21.00		数控的		4.2%[1]	0(A,AU,BH,CA,CL,CO,D,E,IL,JO,KR,MA,MX,OM,P,PA,PE,S,SG)	30%
	40	已使用或重建	个			
	80	其他	个			
8459.29.00		其他		4.2%[8]	0(A,AU,BH,CA,CL,CO,D,E,IL,JO,KR,MA,MX,OM,P,PA,PE,S,SG)	30%
	10	已使用或重建	个			
	20	其他,价值在 3 025 美元/个以下	个			
		其他：				
	40	多轴	个			
		其他：				
	50	径向的	个			
	70	立式,不包括手动转台和深孔机器	个			
	90	其他	个			
		其他镗铣机床：				
8459.31.00		数控的		4.2%[1]	0(A,AU,BH,CA,CL,CO,D,E,IL,JO,JP,KR,MA,MX,OM,P,PA,PE,S,SG)	30%
	05	已使用或重建	个			
		其他：				
		卧式主轴：				
	10	工作台类型,不包括刨床型	个			
	40	其他	个			
	70	其他	个			
8459.39.00		其他		4.2%[1]	0(A,AU,BH,CA,CL,CO,D,E,IL,JO,KR,MA,MX,OM,P,PA,PE,S,SG)	30%
	10	已使用或重建	个			
	20	其他,价值在 3 025 美元/个以下	个			
		其他：				
	40	卧式主轴	个			
	50	其他	个			
		其他镗床：				
8459.41.00		数控的		4.2%[1]	0(A,AU,BH,CA,CL,CO,D,E,IL,JO,KR,MA,MX,OM,P,PA,PE,S,SG)	30%
	10	已使用或重建	个			
	20	其他,价值在 3 025 美元/个以下	个			
		其他：				
	30	立式	个			

税则号列	统计后缀	货品名称	单位	税率 1 普通	税率 1 特惠	2
	90	其他	个			
8459.49.00		其他		4.2%[1]	0(A,AU,BH,CA,CL,CO,D,E,IL,JO,KR,MA,MX,OM,P,PA,PE,S,SG)	30%
	10	已使用或重建	个			
	20	其他,价值在3 025美元/个以下	个			
		其他:				
	30	立式	个			
	90	其他	个			
		升降台式铣床:				
8459.51.00		数控的		4.2%[1]	0(A,AU,BH,CA,CL,CO,D,E,IL,JO,KR,MA,MX,OM,P,PA,PE,S,SG)	30%
	40	已使用或重建	个			
	80	其他	个			
8459.59.00		其他		4.2%[8]	0(A,AU,BH,CA,CL,CO,D,E,IL,JO,KR,MA,MX,OM,P,PA,PE,S,SG)	30%
	10	已使用或重建	个			
	20	其他,价值在3 025美元/个以下	个			
	30	其他	个			
		其他铣床:				
8459.61.00		数控的		4.2%[1]	0(A,AU,BH,CA,CL,CO,D,E,IL,JO,JP,KR,MA,MX,OM,P,PA,PE,S,SG)	30%
	40	已使用或重建	个			
	80	其他[50]	个			
8459.69.00		其他		4.2%[1]	0(A,AU,BH,CA,CL,CO,D,E,IL,JO,KR,MA,MX,OM,P,PA,PE,S,SG)	30%
	10	已使用或重建	个			
	20	其他,价值在3 025美元/个以下[29]	个			
		其他:				
	50	仿形、复制或凹模	个			
	70	床型	个			
	90	其他	个			
8459.70		其他攻丝机床:				
8459.70.40	00	数控	个	4.2%[1]	0(A,AU,BH,CA,CL,CO,D,E,IL,JO,KR,MA,MX,OM,P,PA,PE,S,SG)	30%
8459.70.80		其他		4.2%[1]	0(A,AU,BH,CA,CL,CO,D,E,IL,JO,KR,MA,MX,OM,P,PA,PE,S,SG)	30%
	40	已使用或重建	个			

税则号列	统计后缀	货品名称	单位	税率 1 普通	税率 1 特惠	2
	60	其他,价值在3 025美元/个以下	个			
	80	其他	个			
8460		用磨石、磨料或抛光材料对金属或金属陶瓷进行去毛刺、刃磨、磨削、珩磨、研磨、抛光或其他精加工的机床,但品目8461的切齿机、齿轮磨床或齿轮精加工机床除外:				
		平面磨床:				
8460.12.00		数控的		4.4%[1]	0(A*,AU,BH,CA,CL,CO,D,E,IL,JO,KR,MA,MX,OM,P,PA,PE,S,SG)	30%
	40	已使用或重建	个			
	80	其他	个			
8460.19.01		其他		4.4%[1]	0(A,AU,BH,CA,CL,CO,D,E,IL,JO,KR,MA,MX,OM,P,PA,PE,S,SG)	30%
	05	已使用或重建	个			
		其他:				
	10	往复式	个			
	50	其他	个			
		其他磨床:				
8460.22.00		数控无心磨床		4.4%[1]	0(A,AU,BH,CA,CL,CO,D,E,IL,JO,KR,MA,MX,OM,P,PA,PE,S,SG)	30%
	40	已使用或重建	个			
	80	其他	个			
8460.23.00		数控外圆磨床		4.4%[1]	0(A,AU,BH,CA,CO,D,E,IL,JO,KR,MA,MX,OM,P,PA,PE,S,SG)	30%
	40	已使用或重建	个			
	80	其他	个			
8460.24.00		其他,数控的		4.4%[1]	0(A,AU,BH,CA,CL,CO,D,E,IL,JO,KR,MA,MX,OM,P,PA,PE,S,SG)	30%
	05	已使用或重建	个			
		其他:				
	10	外圆磨床,包括通用型	个			
	30	内圆磨床	个			
	50	其他	个			
8460.29.01		其他:		4.4%[1]	0(A,AU,BH,CA,CL,CO,D,E,IL,JO,JP,KR,MA,MX,OM,P,PA,PE,S,SG)	30%
	05	已使用或重建	个			
		其他:				
	10	外圆磨床,包括通用型	个			
	30	内圆磨床	个			
	50	其他	个			

税则号列	统计后缀	货品名称	单位	税率 普通	税率 1 特惠	2
		刃磨(工具或刀具)机床:				
8460.31.00		数控的		4.4%[1]	0(A, AU, BH, CA, CL, CO, D, E, IL, JO, KR, MA, MX, OM, P, PA, PE, S, SG)	30%
	40	已使用或重建	个			
	80	其他	个			
8460.39.00		其他		4.4%[8]	0(A*, AU, BH, CA, CL, CO, D, E, IL, JO, KR, MA, MX, OM, P, PA, PE, S, SG)	30%
	10	已使用或重建	个			
	20	其他,价值在3 025美元/个以下	个			
	50	其他	个			
8460.40		珩磨或研磨机床:				
8460.40.40		数控的		4.4%[1]	0(A, AU, BH, CA, CL, CO, D, E, IL, JO, KR, MA, MX, OM, P, PA, PE, S, SG)	30%
	10	已使用或重建	个			
	60	其他	个			
8460.40.80		其他		4.4%[1]	0(A, AU, BH, CA, CL, CO, D, E, IL, JO, KR, MA, MX, OM, P, PA, PE, S, SG)	30%
	10	已使用或重建	个			
	20	其他,价值在3 025美元/个以下	个			
	80	其他	个			
8460.90		其他:				
8460.90.40		数控的		4.4%[1]	0(A, AU, BH, CA, CL, CO, D, E, IL, JO, JP, KR, MA, MX, OM, P, PA, PE, S, SG)	30%
	10	已使用或重建	个			
	60	其他	个			
8460.90.80		其他		4.4%[1]	0(A, AU, BH, CA, CL, CO, D, E, IL, JO, KR, MA, MX, OM, P, PA, PE, S, SG)	30%
	10	已使用或重建	个			
	20	其他,价值在3 025美元/个以下	个			
	80	其他	个			
8461		切削金属或金属陶瓷的刨床、牛头刨床、插床、拉床、切齿机、齿轮磨床或齿轮精加工机床、锯床、切断机及其他品目未列名的切削机床:				
8461.20		牛头刨床或插床:				
8461.20.40	00	数控的	个	4.4%[1]	0(A, AU, BH, CA, CL, CO, D, E, IL, JO, KR, MA, MX, OM, P, PA, PE, S, SG)	30%
8461.20.80		其他		4.4%[1]	0(A, AU, BH, CA, CL, CO, D, E, IL, JO, KR, MA, MX, OM, P, PA, PE, S, SG)	30%

税则号列	统计后缀	货品名称	单位	税率 1 普通	税率 1 特惠	税率 2
	30	已使用或重建	个			
	70	其他,价值在 3 025 美元/个以下	个			
	90	其他	个			
8461.30		拉床:				
8461.30.40		数控的		4.4%[1]	0(A,AU,BH,CA,CL,CO,D,E,IL,JO,KR,MA,MX,OM,P,PA,PE,S,SG)	30%
	20	已使用或重建	个			
	60	其他	个			
8461.30.80		其他		4.4%[1]	0(A,AU,BH,CA,CL,CO,D,E,IL,JO,KR,MA,MX,OM,P,PA,PE,S,SG)	30%
	20	已使用或重建	个			
	40	其他,价值在 3 025 美元/个以下	个			
	80	其他	个			
8461.40		切齿机、齿轮磨床或齿轮精加工机床:				
8461.40.10		切齿机		5.8%[1]	0(A,AU,BH,CA,CL,CO,D,E,IL,JO,KR,MA,MX,OM,P,PA,PE,S,SG)2.9%(JP)	40%
	10	已使用或重建	个			
		其他:				
	20	用于锥齿轮	个			
		其他:				
	30	滚齿机	个			
	40	插齿机	个			
	60	其他	个			
8461.40.50		齿轮磨床或齿轮精加工机床		4.4%[1]	0(A,AU,BH,CA,CL,CO,D,E,IL,JO,KR,MA,MX,OM,P,PA,PE,S,SG)	30%
	20	已使用或重建	个			
	40	其他,价值在 3 025 美元/个以下	个			
		其他:				
	50	用于锥齿轮	个			
	70	其他	个			
8461.50		锯床或切断机:				
8461.50.40		数控的		4.4%[1]	0(A*,AU,BH,CA,CL,CO,D,E,IL,JO,KR,MA,MX,OM,P,PA,PE,S,SG)	30%
	10	已使用或重建	个			
	50	其他	个			
8461.50.80		其他		4.4%[100]	0(A*,AU,BH,CA,CL,CO,D,E,IL,JO,JP,KR,MA,MX,OM,P,PA,PE,S,SG)	30%
	10	已使用或重建	个			

税则号列	统计后缀	货品名称	单位	税率 1 普通	税率 1 特惠	税率 2
	20	其他,价值在3 025美元/个以下[75]	个			
	90	其他	个			
8461.90		其他:				
8461.90.30		数控的		4.4%[1]	0(A,AU,BH,CA,CL,CO,D,E,IL,JO,KR,MA,MX,OM,P,PA,PE,S,SG)	30%
		刨床:				
	20	已使用或重建	个			
	40	其他	个			
		其他:				
	60	已使用或重建	个			
	80	其他	个			
8461.90.60		其他		4.4%[1]	0(A,AU,BH,CA,CL,CO,D,E,IL,JO,KR,MA,MX,OM,P,PA,PE,S,SG)	30%
		刨床:				
	10	已使用或重建	个			
	20	其他,价值在3 025美元/个以下	个			
	30	其他	个			
		其他:				
	40	已使用或重建	个			
	50	其他,价值在3 025美元/个以下	个			
	90	其他	个			
8462		加工金属的锻造、锻锤或模锻机床(包括压力机);加工金属的弯曲、折叠、矫直、矫平、剪切、冲孔或开槽机床(包括压力机);以上未列名的加工金属或硬质合金的压力机:				
8462.10.00		锻造或模锻(包括压力机)及锻锤		4.4%[1]	0(A,AU,BH,CA,CL,CO,D,E,IL,JO,JP,KR,MA,MX,OM,P,PA,PE,S,SG)	30%
	10	已使用或重建	个			
		其他:				
	30	锻造机,包括冷锻机	个			
	35	机械转移压力机	个			
	55	其他	个			
		弯曲、折叠、矫直或矫平机(包括压力机):				
8462.21.00	00	数控的	个	4.4%[101]	0(A,AU,BH,CA,CL,CO,D,E,IL,JO,JP,KR,MA,MX,OM,P,PA,PE,S,SG)	30%
8462.29.00		其他		4.4%[1]	0(A,AU,BH,CA,CL,CO,D,E,IL,JO,JP,KR,MA,MX,OM,P,PA,PE,S,SG)	30%
	10	已使用或重建	个			

税则号列	统计后缀	货品名称	单位	税率 普通	税率 特惠	2
	20	其他,价值在3 025美元/个以下	个			
		其他:				
	30	折弯机[50]	个			
	40	弯辊	个			
	50	其他	个			
		剪切机(包括压力机),但冲剪两用机除外:				
8462.31.00		数控的		4.4%[1]	0(A*,AU,BH,CA,CL,CO,D,E,IL,JO,KR,MA,MX,OM,P,PA,PE,S,SG)	30%
	40	已使用或重建	个			
	80	其他[28]	个			
8462.39.00		其他		4.4%[1]	0(A*,AU,BH,CA,CL,CO,D,E,IL,JO,KR,MA,MX,OM,P,PA,PE,S,SG)	30%
	10	已使用或重建	个			
	20	其他,价值在3 025美元/个以下	个			
	50	其他[50]	个			
		冲孔或开槽机(包括压力机),包括冲剪两用机:				
8462.41.00		数控的		4.4%[101]	0(A*,AU,BH,CA,CL,CO,D,E,IL,JO,JP,KR,MA,MX,OM,P,PA,PE,S,SG)	30%
	40	已使用或重建	个			
	80	其他	个			
8462.49.00		其他		4.4%[101]	0(A,AU,BH,CA,CL,CO,D,E,IL,JO,KR,MA,MX,OM,P,PA,PE,S,SG)	30%
	10	已使用或重建	个			
	20	其他,价值在3 025美元/个以下	个			
	50	其他	个			
		其他:				
8462.91		液压压力机:				
8462.91.40		数控的		4.4%[1]	0(A,AU,BH,CA,CL,CO,D,E,IL,JO,KR,MA,MX,OM,P,PA,PE,S,SG)	30%
	30	已使用或重建	个			
	60	其他	个			
8462.91.80		其他		4.4%[1]	0(A,AU,BH,CA,CL,CO,D,E,IL,JO,KR,MA,MX,OM,P,PA,PE,S,SG)	30%
	30	已使用或重建	个			
	90	其他[29]	个			
8462.99		其他:				

税则号列	统计后缀	货品名称	单位	税率 1 普通	税率 1 特惠	2
8462.99.40		数控的		4.4%[1]	0(A, AU, BH, CA, CL, CO, D, E, IL, JO, KR, MA, MX, OM, P, PA, PE, S, SG)	30%
	10	已使用或重建	个			
	30	其他	个			
8462.99.80		其他		4.4%[1]	0(A, AU, BH, CA, CL, CO, D, E, IL, JO, JP, KR, MA, MX, OM, P, PA, PE, S, SG)	30%
	10	已使用或重建	个			
	20	其他,价值在3 025美元/个以下	个			
		其他:				
	45	机械压力机	个			
	60	其他	个			
8463		金属或金属陶瓷的其他非切削加工机床:				
8463.10.00		杆、管、型材、异型材、丝及类似品的拉拔机		4.4%[1]	0(A, AU, BH, CA, CL, CO, D, E, IL, JO, KR, MA, MX, OM, P, PA, PE, S, SG)	30%
	40	已使用或重建	个			
	60	其他,价值在3 025美元/个以下	个			
	80	其他				
8463.20.00		螺纹滚轧机		4.4%[1]	0(A, AU, BH, CA, CL, CO, D, E, IL, JO, KR, MA, MX, OM, P, PA, PE, S, SG)	30%
	40	已使用或重建	个			
	60	其他,价值在3 025美元/个以下	个			
	80	其他	个			
8463.30.00		金属丝加工机		4.4%[1]	0(A, AU, BH, CA, CL, CO, D, E, IL, JO, JP, KR, MA, MX, OM, P, PA, PE, S, SG)	30%
	40	已使用或重建	个			
	60	其他,价值在3 025美元/个以下	个			
	80	其他	个			
8463.90.00		其他		4.4%[1]	0(A, AU, BH, CA, CL, CO, D, E, IL, JO, JP, KR, MA, MX, OM, P, PA, PE, S, SG)	30%
	40	已使用或重建	个			
	60	其他,价值在3 025美元/个以下	个			
	80	其他	个			
8464		石料、陶瓷、混凝土、石棉水泥或类似矿物材料的加工机床,玻璃冷加工机床:				
8464.10.01	00	锯床[13]	个	0[12]		35%
8464.20.01		研磨或抛光机床		2%[1]	0(A, AU, BH, CA, CL, CO, D, E, IL, JO, KR, MA, MX, OM, P, PA, PE, S, SG)	35%
	10	玻璃加工机床	个			

税则号列	统计后缀	货品名称	单位	税率 1 普通	税率 1 特惠	税率 2
	20	其他	个			
8464.90.01		其他		2%[1]	0(A,AU,BH,CA,CL,CO,D,E,IL,JO,KR,MA,MX,OM,P,PA,PE,S,SG)	35%
	10	玻璃加工机床[28]	个			
	20	其他	个			
8465		木材、软木、骨、硬质橡胶、硬质塑料或类似硬质材料的加工机床(包括用打钉或打U形钉、胶粘或其他方法组合前述材料的机器):				
8465.10.00		不需更换工具即可进行不同机械加工的机器		2.4%[1]	0(A,AU,BH,CA,CL,CO,D,E,IL,JO,KR,MA,MX,OM,P,PA,PE,S,SG)	35%
		木材加工机器:				
		已使用或重建:				
	05	开榫机	个			
	15	其他	个			
		其他:				
		开榫机:				
	25	数控的	个			
	35	其他	个			
	45	其他	个			
	50	其他	个			
8465.20		加工中心:				
8465.20.10	00	用于锯、刨、铣、切削成形、研磨、砂磨、抛光、钻孔或凿榫	个	3%[8]	0(A,AU,BH,CA,CL,CO,D,E,IL,JO,KR,MA,MX,OM,P,PA,PE,S,SG)	35%
8465.20.50	00	用于弯曲或装配	个	2.9%[8]	0(A,AU,BH,CA,CL,CO,D,E,IL,JO,KR,MA,MX,OM,P,PA,PE,S,SG)	35%
8465.20.80	00	其他	个	2.4%[8]	0(A,AU,BH,CA,CL,CO,D,E,IL,JO,KR,MA,MX,OM,P,PA,PE,S,SG)	35%
		其他:				
8465.91.00		锯床		3%[102]	0(A,AU,BH,CA,CL,CO,D,E,IL,JO,KR,MA,MX,OM,P,PA,PE,S,SG)	35%
		木材加工机器:				
		已使用或重建:				
	02	纵锯	个			
	06	板锯	个			
	12	带锯	个			
	16	横切和优化锯	个			
	22	其他	个			
		其他:				

税则号列	统计后级	货品名称	单位	税率 普通	税率 1 特惠	2
	27	锯木机	个			
		其他：				
	32	摇臂锯	个			
	36	可倾轴台式锯	个			
	41	纵锯	个			
	47	斜切锯	个			
	49	卷锯	个			
		板锯：				
	53	定价在 3 000 美元/个以下	个			
	58	其他	个			
		带锯：				
	64	定价在 1 000 美元/个以下[21]	个			
	68	其他	个			
	74	横切和优化锯	个			
	78	其他	个			
	91	其他	个			
8465.92.00		刨、铣或切削成形机器		3%[1]	0(A,AU,BH,CA,CL,CO,D,E,IL,JO,JP,KR,MA,MX,OM,P,PA,PE,S,SG)	35%
		木材加工用：				
		已使用或重建				
	03	四面刨	个			
	06	镂铣机	个			
	16	其他	个			
		其他：				
		燕尾机：				
	26	价值在 3 000 美元/个以下	个			
	29	其他	个			
	31	四面刨	个			
		刨床：				
	34	定价在 1 000 美元/个以下[28]	个			
	37	其他	个			
		接头机：				
	42	价值在 1 000 美元/个以下	个			
	46	其他	个			
		镂铣机：				
	51	定价在 3 000 美元/个以下[29]	个			
		其他：				
	55	数控的	个			

税则号列	统计后缀	货品名称	单位	税率 1 普通	税率 1 特惠	2
	58	其他	个			
		造型器和轮廓器：				
	62	定价在1 000美元/个以下	个			
	66	其他	个			
	72	其他	个			
	91	其他	个			
8465.93.00		研磨、砂磨或抛光机器		3%[1]	0(A,AU,BH,CA,CL,CO,D,E,IL,JO,JP,KR,MA,MX,OM,P,PA,PE,S,SG)	35%
		木材加工用：				
		已使用或重建：				
	04	带式砂光机,皮带宽度在60厘米或以上	个			
	12	其他	个			
		其他：				
		边缘带砂光机：				
	30	定价在1 000美元/个以下[28]	个			
	45	定价在1 000美元/个或以上,但低于3 000美元/个	个			
	55	其他	个			
	65	带式砂光机,皮带宽度在60厘米或以上	个			
	75	其他	个			
	91	其他	个			
8465.94.00		弯曲或装配机器		2.9%[1]	0(A,AU,BH,CA,CL,CO,D,E,IL,JO,KR,MA,MX,OM,P,PA,PE,S,SG)	35%
		木材加工用：				
	05	已使用或重建	个			
		其他：				
	15	销钉机	个			
	25	封边机	个			
	35	层压机	个			
		压力机：				
	45	冷的	个			
	55	其他	个			
	65	其他	个			
	91	其他	个			
8465.95.00		钻孔或凿榫机器		3%[103]	0(A,AU,BH,CA,CL,CO,D,E,IL,JO,KR,MA,MX,OM,P,PA,PE,S,SG)	35%
		木材加工用：				
		已使用或重建：				

税则号列	统计后缀	货品名称	单位	税率 1 普通	税率 1 特惠	2
	05	数控镗床	个			
	10	其他	个			
		其他：				
		镗床				
	20	数控的	个			
		其他：				
	35	定价在 3 000 美元/个以下	个			
	45	其他	个			
		其他钻孔机：				
	55	定价在 1 000 美元/个以下[14]	个			
	60	其他	个			
	65	其他[17]	个			
	91	其他	个			
8465.96.00		剖开、切片或刮削机器		2.4%[1]	0(A, AU, BH, CA, CL, CO, D, E, IL, JO, KR, MA, MX, OM, P, PA, PE, S, SG)	35%
		木材加工用：				
	15	原木分离机	个			
	25	削片机	个			
	30	弯曲机	个			
	40	其他	个			
	51	其他	个			
8465.99.02		其他		2.4%[1]	0(A, AU, BH, CA, CL, CO, D, E, IL, JO, KR, MA, MX, OM, P, PA, PE, S, SG)	35%
		木材加工机器：				
	10	剥皮机	个			
	20	车床[29]	个			
	30	其他	个			
	50	其他	个			
8466		专用于或主要用于品目 8456 至 8465 所列机器的零件、附件，包括工件或工具的夹具、自启板牙切头、分度头及其他专用于机器的附件；各种手提工具的工具夹具：				
8466.10.01		工具夹具及自启板牙切头		3.9%[1]	0(A*, AU, BH, CA, CL, CO, D, E, IL, JO, JP, KR, MA, MX, OM, P, PA, PE, S, SG)	45%
	10	成型或切削型模具的刀架	个			
	30	用于可更换切削刀片或钻头刀片的刀柄	个			
	75	其他[50]	个			
8466.20		工件夹具：				

税则号列	统计后缀	货品名称	单位	税率 1 普通	税率 1 特惠	税率 2
8466.20.10		用于切削齿轮的机床工具		4.6%[1]	0(A*,AU,BH,CA,CL,CO,D,E,IL,JO,KR,MA,MX,OM,P,PA,PE,S,SG)	45%
	10	夹具和固定装置	个			
	90	其他	个			
8466.20.80		其他		3.7%[1]	0(A*,AU,BH,CA,CL,CO,D,E,IL,JO,JP,KR,MA,MX,OM,P,PA,PE,S,SG)	35%
		用于金属加工机床：				
	20	夹具和固定装置	个			
	35	其他	个			
		其他工具夹具：				
	40	夹具和固定装置	个			
	65	其他	个			
8466.30		分度头及其他专用于机器的附件：				
8466.30.10	00	分度头	个	3.7%[1]	0(A,AU,BH,CA,CL,CO,D,E,IL,JO,KR,MA,MX,OM,P,PA,PE,S,SG)	35%
		其他专用附件：				
8466.30.60		机器		2.9%[1]	0(A,AU,BH,CA,CL,CO,D,E,IL,JO,KR,MA,MX,OM,P,PA,PE,S,SG)	35%
	40	木材加工机器的	个			
	85	其他	个			
8466.30.80	00	其他[104]	个	8%[12]	0(A,AU,BH,CA,CL,CO,D,E,IL,JO,KR,MA,MX,OM,P,PA,PE,S,SG)	45%
		其他：				
8466.91		品目8464所列机器的：				
8466.91.10	00	铸铁零件,除清洁或机械加工用于拆除翅片、浇口和冒口,或允许在精加工机械中定位外,不得进一步加工	千克	0[8]		10%
8466.91.50	00	其他	个	0[1]		35%
8466.92		品目8465所列机器用：				
8466.92.10	00	铸铁零件,除清洁或机械加工用于拆除翅片、浇口和冒口,或允许在精加工机械中定位外,不得进一步加工	千克	0[1]		10%
8466.92.50		其他		4.7%[1]	0(A*,AU,BH,CA,CL,CO,D,E,IL,JO,JP,KR,MA,MX,OM,P,PA,PE,S,SG)	35%
	10	木材加工机器的[105]	个			
	90	其他	个			
8466.93		品目8456至8461所列机器的：				
8466.93.11	00	水刀切割机的	个	0[1]		35%
		其他：				

税则号列	统计后缀	货品名称	单位	税率 1 普通	税率 1 特惠	2
		床身、底座、工作台、头部、尾部、鞍座、托架、横向滑台、立柱、臂、锯臂、砂轮头、尾座、主轴箱、柱塞、框架、工作轴支架和C型框架铸件、焊接件或制造件：				
8466.93.15		铸铁零件,除清洁或机械加工用于拆除翅片、浇口和冒口,或允许在精加工机械中定位外,不得进一步加工		0[8]		10%
	30	用于切削、磨削或精加工齿轮的金属加工机床	千克			
	60	其他[75]	千克			
		其他：				
8466.93.30	00	用于切削齿轮的金属加工机床	个	5.8%[1]	0(A*,AU,BH,CA,CL,CO,D,E,IL,JO,KR,MA,MX,OM,P,PA,PE,S,SG)	45%
8466.93.53		其他		4.7%[1]	0(A*,AU,BH,CA,CL,CO,E,IL,JO,JP,KR,MA,MX,OM,P,PA,PE,S,SG)	35%
	40	用于磨削或精加工齿轮的金属加工机床	个			
	85	其他	个			
		其他：				
8466.93.60		铸铁零件,除清洁或机械加工用于拆除翅片、浇口和冒口,或允许在精加工机械中定位外,不得进一步加工		0[1]		10%
	30	用于切削、磨削或精加工齿轮的金属加工机床	千克			
	60	其他	千克			
		其他：				
8466.93.75	00	用于切削齿轮的金属加工机床	个	5.8%[1]	0(A*,AU,BH,CA,CL,CO,D,E,IL,JO,KR,MA,MX,OM,P,PA,PE,S,SG)	45%
		其他：				
8466.93.96	00	子目8456.10、子目8456.30、子目8457.10、子目8458.91、子目8459.21、子目8459.61和子目8461.50机床的零件和附件,专用于或主要用于制造印刷电路、印刷电路组件、品目8517的零件或自动数据处理设备的零件	个	0[1]		35%
8466.93.98		其他		4.7%[1]	0(A*,AU,BH,CA,CL,CO,E,IL,JO,JP,KR,MA,MX,OM,P,PA,PE,S,SG)	35%
	40	用于磨削或精加工齿轮的金属加工机床	个			
	85	其他[106]	个			

税则号列	统计后缀	货品名称	单位	税率 1 普通	税率 1 特惠	2
8466.94		品目8462或品目8463所列机器用				
		铸铁零件,未清洗,且仅为拆卸翅片、浇口、注道和立板或允许在精加工机械中定位而进行机加工				
8466.94.20	00	床身、底座、工作台、立柱、支架、框架、靠垫、顶部、滑块、连杆、尾座和主轴箱铸件、焊接件或制造件	千克	0[1]		10%
8466.94.40	00	其他	千克	0[1]		10%
		其他:				
8466.94.65		床身、底座、工作台、立柱、支架、框架、靠垫、顶部、滑块、连杆、尾座和主轴箱铸件、焊接件或制造件		4.7%[1]	0(A*,AU,BH,CA,CL,CO,D,E,IL,JO,KR,MA,MX,OM,P,PA,PE,S,SG)	35%
	40	机械多工位压力机零件	个			
	85	其他	个			
8466.94.85		其他		4.7%[1]	0(A*,AU,BH,CA,CL,CO,D,E,IL,JO,JP,KR,MA,MX,OM,P,PA,PE,S,SG)	35%
	40	机械多工位压力机零件	个			
	85	其他	个			
8467		手提式风动或液压工具及本身装有电动或非电动动力装置的手提式工具:				
		风动的:				
8467.11		旋转式(包括旋转冲击式的)				
8467.11.10		适用于金属加工		4.5%[1]	0(A,AU,BH,CA,CL,CO,D,E,IL,JO,KR,MA,MX,OM,P,PA,PE,S,SG)	30%
	40	研磨机、抛光机和砂光机[29]	个			
	80	其他[29]	个			
8467.11.50		其他		0[1]		27.5%
	10	凿岩机	个			
	20	钻机,不包括凿岩机;螺丝刀和螺母扳手	个			
	40	扳手,螺母扳手除外	个			
	90	其他	个			
8467.19		其他				
8467.19.10	00	适用于金属加工	个	4.5%[107]	0(A*,AU,BH,CA,CL,CO,D,E,IL,JO,KR,MA,MX,OM,P,PA,PE,S,SG)	30%
8467.19.50		其他		0[108]		27.5%
	30	气动、手持式强制进给润滑设备	个			
	60	设计用于建筑或采矿	个			
	90	其他	个			
		本身装有电动动力装置的:				

税则号列	统计后缀	货品名称	单位	税率 1 普通	税率 1 特惠	2
8467.21.00		各种钻		1.7%[109]	0(A, AU, BH, CA, CL, CO, D, E, IL, JO, KR, MA, MX, OM, P, PA, PE, S, SG)	35%
		旋转：				
	10	电池供电	个			
		其他				
	30	夹头容量小于12.7毫米	个			
	50	其他	个			
	70	其他，包括锤钻	个			
8467.22.00		锯：		0[52]		35%
	20	圆形	个			
	40	链条	个			
	70	往复式和带夹具	个			
	90	其他	个			
8467.29.00		其他		0[110]		35%
		研磨机、抛光机和砂光机：				
	10	角磨机、砂光机和抛光机	个			
	15	轨道式和直线式砂光机	个			
		其他：				
	25	带式砂光机	个			
	35	其他	个			
	40	螺丝刀、螺母扳手和冲击扳手	个			
	55	剖刨机	个			
	65	刨床	个			
	70	草和杂草修剪机/修边机	个			
	80	电动气动旋转锤和冲击锤	个			
	85	电动剪刀	个			
	90	其他	个			
		其他工具：				
8467.81.00	00	链锯	个	0[4]		27.5%
8467.89		其他				
8467.89.10	00	适用于金属加工	个	0[4]		30%
8467.89.50		其他		0[4]		27.5%
	30	汽油驱动的草坪修剪机和割草机	个			
	60	其他，设计用于农业或园艺[98]	个			
	90	其他[98]	个			
		零件：				
8467.91.01	00	链锯用	个	0[4]		27.5%
8467.92.00		风动工具用		0[4]		27.5%
	50	气动、手持式强制进给润滑设备	个			
	90	其他	个			

税则号列	统计后缀	货品名称	单位	税率 1 普通	税率 1 特惠	税率 2
8467.99.01		其他		0[8]		27.5%
	30	汽油驱动的草坪修剪机和割草机	个			
	90	其他[20]	个			
8468		焊接机器及装置,不论是否兼有切割功能,但品目8515的货品除外;气体加温表面回火机器及装置:				
8468.10.00	00	手提喷焊器	个	2.9%[4]	0(A,AU,BH,CA,CL,CO,D,E,IL,JO,KR,MA,MX,OM,P,PA,PE,S,SG)	45%
8468.20		其他气体焊接或表面回火机器及装置:				
8468.20.10	00	手动的或控制的	个	3.9%[8]	0(A,AU,BH,CA,CL,CO,D,E,IL,JO,KR,MA,MX,OM,P,PA,PE,S,SG)	45%
8468.20.50	00	其他	个	0[1]		27.5%
8468.80		其他机器及装置:				
8468.80.10	00	手动的或控制的	个	2.9%[108]	0(A,AU,BH,CA,CL,CO,D,E,IL,JO,KR,MA,MX,OM,P,PA,PE,S,SG)	45%
8468.80.50	00	其他	个	0[1]		27.5%
8468.90		零件:				
8468.90.10	00	手动的或控制的机器及装置的	个	2.9%[108]	0(A,AU,BH,CA,CL,CO,D,E,IL,JO,KR,MA,MX,OM,P,PA,PE,S,SG)	45%
8468.90.50	00	其他	个	0[8]		27.5%
8470		计算机器及具有计算功能的袖珍数据记录、重现及显示机器;装有计算装置的会计计算机、邮资盖戳机、售票机及类似机器;现金出纳机:				
8470.10.00		不需外接电源的电子计算器及具有计算功能的袖珍式数据记录、重现及显示机器		0[8]		35%
	40	仅显示[111]	个			
	60	其他	个			
		其他电子计算器:				
8470.21.00	00	装有打印装置的[112]	个	0[113]		35%
8470.29.00	00	其他	个	0[8]		35%
8470.30.00	00	其他计算机器	个	0[8]		35%
8470.50.00		现金出纳机		0[8]		35%
	20	销售点终端出纳机	个			
	60	其他	个			
8470.90.01		其他		0[8]		35%
	10	邮资盖戳机	个			
	90	其他[114]	个			

税则号列	统计后缀	货品名称	单位	税率 1 普通	税率 1 特惠	2
8471		自动数据处理设备及其部件；其他品目未列名的磁性或光学阅读机、将数据以代码形式转录到数据记录媒体的机器及处理这些数据的机器：				
8471.30.01	00	重量不超过10千克的便携自动数据处理设备，至少由一个中央处理部件、一个键盘及一个显示器组成	个	0[52]		35%
		其他自动数据处理设备：				
8471.41.01		同一机壳内至少有一个中央处理部件及一个输入和输出部件，不论是否组合式		0[4]		35%
	10	带阴极射线管(CRT)	个			
	50	其他	个			
8471.49.00	00	其他，以系统形式进口或出口的	个	0[4]		35%
8471.50.01		子目8471.41或子目8471.49所列以外的处理部件，不论是否在同一机壳内有一个或两个下列部件：存储部件、输入部件、输出部件		0[8]		35%
	10	带阴极射线管(CRT)	个			
	50	其他	个			
8471.60		输入或输出部件，不论是否在同一机壳内有存储部件：				
8471.60.10		组合式输入/输出部件		0[8]		35%
	10	带阴极射线管(CRT)	个			
	50	其他	个			
		其他：				
8471.60.20	00	键盘	个	0[52]		35%
8471.60.70	00	适用于物理方式连接自动数据处理设备的部件	个	0[8]		35%
8471.60.80	00	光学扫描仪和磁性墨水识别装置[93]	个	0[4]		35%
8471.60.90		其他		0[8]		35%
	30	卡钥匙和磁性介质输入设备	个			
	50	其他[115]	个			
8471.70		存储部件：				
		磁盘驱动器：				
		用于直径超过21厘米的磁盘：				
8471.70.10	00	未组装读写部件；单独输入的读写部件	个	0[8]		35%
8471.70.20	00	物理方式连接自动数据处理设备的部件	个	0[8]		35%
8471.70.30	00	其他	个	0[1]		35%
		其他：				
8471.70.40		未组装在机箱中，且未连接外部电源		0[1]		35%

第八十四章 核反应堆、锅炉、机器、机械器具及其零件

税则号列	统计后缀	货品名称	单位	税率 1 普通	税率 1 特惠	税率 2
	35	软盘驱动器	个			
	65	硬盘驱动器	个			
	95	其他	个			
8471.70.50		其他		0[8]		35%
	35	软盘驱动器	个			
	65	硬盘驱动器	个			
	95	其他	个			
		其他存储部件：				
8471.70.60	00	未组装在机箱中,用于放置在桌子、墙壁、地板或类似位置[27]	个	0[1]		35%
8471.70.90	00	其他[29]	个	0[1]		35%
8471.80		自动数据处理设备的其他部件：				
8471.80.10	00	控制或适配器部件	个	0[8]		35%
		其他：				
8471.80.40	00	适用于物理方式连接自动数据处理设备的部件	个	0[8]		35%
8471.80.90	00	其他	个	0[8]		35%
8471.90.00	00	其他	个	0[8]		35%
8472		其他办公室用机器（例如,胶版复印机、油印机、地址印写机、自动付钞机、硬币分类、计数及包装机、削铅笔机、打洞机或订书机）：				
8472.10.00	00	胶版复印机、油印机	个	0[8]		25%
8472.30.00	00	信件分类或折叠机或信件装封机、信件开封或闭封机、粘贴或盖销邮票机	个	1.8%[8]	0（A,AU,BH,CA,CL,CO,D,E,IL,JO,KR,MA,MX,OM,P,PA,PE,S,SG）	35%
8472.90		其他：				
8472.90.05	00	地址印写机和地址铭牌压印机	个	0[8]		25%
8472.90.10	00	自动柜员机	个	0[8]		35%
8472.90.40	00	卷笔机	个	0[52]		40%
8472.90.50	00	打字机,但品目8443的打印机除外；文字处理机	个	0[4]		35%
8472.90.60	00	编号、日期和支票书写机	个	0[8]		25%
8472.90.90		其他		0[8]		35%
	40	钞票计数器和钞票扫描仪	个			
	60	其他货币及硬币处理机器	个			
	80	其他	个			
8473		专用于或主要用于品目8470至8472所列机器的零件、附件（罩套、提箱及类似品除外）：				
		品目8470所列机器的零件、附件：				
8473.21.00	00	子目8470.10、子目8470.21或子目8470.29所列电子计算器的零件、附件	千克	0[8]		35%

税则号列	统计后缀	货品名称	单位	税率 1 普通	税率 1 特惠	2
8473.29.00	00	其他[74]	千克	0[8]		35%
8473.30		品目8471所列机器的零件、附件：				
		不包括阴极射线管：				
8473.30.11		印刷电路组件		0[8]		35%
	40	专用于或主要适用于品目8471机器的存储器模块	个			
	80	其他[115]	个			
8473.30.20	00	印刷电路组件的零件和附件，包括面板和锁闩	个	0[1]		35%
8473.30.51	00	其他[115]	个	0[8]		35%
8473.30.91	00	其他	个	0[8]		35%
8473.40		品目8472所列机器的零件、附件：				
8473.40.10	00	税号8472.90.10的自动取款机用印刷电路组件[9]	个	0[1]		35%
8473.40.21	00	税号8472.90.50文字处理机的印刷电路组件	个	0[8]		45%
8473.40.41	00	税号8472.90.50机器的其他零件和附件	千克	2%[8]	0(A, AU, BH, CA, CL, CO, D, E, IL, JO, KR, MA, MX, OM, P, PA, PE, S, SG)	45%
8473.40.86	00	其他[29]	千克	0[1]		35%
8473.50		同样适用于品目8470至8472中两个或以上品目所列机器的零件、附件：				
8473.50.30	00	印刷电路组件	个	0[1]		35%
8473.50.60	00	印刷电路组件的零件和附件，包括面板和锁闩	千克	0[12]		35%
8473.50.90	00	其他	千克	0[12]		35%
8474		泥土、石料、矿石或其他固体(包括粉状、浆状)矿物质的分类、筛选、分离、洗涤、破碎、磨粉、混合或搅拌机器；固体矿物燃料、陶瓷坯泥、未硬化水泥、石膏材料或其他粉状、浆状矿产品的粘聚或成型机器；铸造用砂模的成型机器：				
8474.10.00		分类、筛选、分离或洗涤机器		0[1]		35%
	10	便携式	个			
	90	固定式[29]	个			
8474.20.00		破碎或磨粉机器		0[1]		35%
	10	便携式	个			
		固定式：				
	50	破碎机器	个			
	70	其他	个			
		混合或搅拌机器：				
8474.31.00	00	混凝土或砂浆混合机器[29]	个	0[1]		35%
8474.32.00	00	矿物与沥青的混合机器	个	0[1]		35%
8474.39.00	00	其他	个	0[1]		35%

税则号列	统计后缀	货品名称	单位	税率 1 普通	税率 1 特惠	税率 2
8474.80.00		其他机器		0[1]		35%
		固体矿物燃料、陶瓷坯泥、未硬化水泥、抹灰材料或者其他粉末或糊状矿物产品的烧结、成型或模塑：				
	10	设计用于陶瓷浆、未硬化水泥和抹灰材料	个			
	15	其他[29]	个			
	20	砂型铸造成型机	个			
	80	其他	个			
8474.90.00		零件		0[1]		35%
	10	用于分类、筛选、分离或洗涤机器[3]	个			
	20	用于破碎或磨粉机器	个			
	50	用于混合或搅拌机器	个			
	90	其他	个			
8475		白炽灯泡、灯管、放电灯管、电子管、闪光灯泡及类似品的封装机器；玻璃或玻璃制品的制造或热加工机器：				
8475.10.00	00	白炽灯泡、灯管、放电灯管、电子管、闪光灯泡及类似品的封装机器	个	0[1]		35%
		玻璃或玻璃制品的制造或热加工机器：				
8475.21.00	00	制造光导纤维及其预制棒的机器	个	0[1]		35%
8475.29.00	00	其他[13]	个	0[12]		35%
8475.90		零件：				
8475.90.10	00	用于白炽灯泡、灯管、放电灯管、电子管、闪光灯泡组装在玻璃外壳中的机器	个	0[1]		35%
8475.90.90	00	其他	个	0[1]		35%
8476		自动售货机(例如，出售邮票、香烟、食品或饮料的机器)，包括钱币兑换机：				
		饮料自动销售机：				
8476.21.00	00	装有加热或制冷装置的	个	0[8]		35%
8476.29.00	00	其他	个	0[8]		35%
		其他机器：				
8476.81.00	00	装有加热或制冷装置的[11]	个	0[8]		35%
8476.89.00	00	其他	个	0[4]		35%
8476.90.00	00	零件	个	0[8]		35%
8477		本章其他品目未列名的橡胶或塑料及其产品的加工机器：				
8477.10		注射机：				
8477.10.30	00	制鞋用	个	0[1]		0
8477.10.40	00	用于制造光学媒体	个	0[1]		35%
8477.10.90		其他		3.1%[1]	0(A*,AU,BH,CA,CL,CO,D,E,IL,JO,JP,KR,MA,MX,OM,P,PA,PE,S,SG)	35%

税则号列	统计后缀	货品名称	单位	税率 1 普通	税率 1 特惠	2
	15	用于加工橡胶或其他热固性材料的	个			
		用于加工热塑性塑料的:				
	30	夹紧力小于50吨	个			
	40	夹紧力等于或大于50吨且小于300吨	个			
	50	夹紧力等于或大于300吨且小于750吨	个			
	60	夹紧力等于或大于750吨	个			
8477.20.00		挤出机		3.1%[1]	0(A*,AU,BH,CA,CL,CO,D,E,IL,JO,JP,KR,MA,MX,OM,P,PA,PE,S,SG)	35%
		用于加工橡胶或其他热固性材料的:				
	05	单螺杆[28]	个			
	15	其他,包括多个螺杆[83]	个			
		用于加工热塑性塑料的:				
		单螺杆,螺杆尺寸:				
	35	小于6.4厘米	个			
	45	6.4厘米或更大	个			
		其他,包括多个螺杆:				
	55	螺杆尺寸小于6.4厘米	个			
	65	螺杆尺寸为6.4厘米或更大	个			
8477.30.00	00	吹塑机	个	3.1%[1]	0(A*,AU,BH,CA,CL,CO,D,E,IL,JO,JP,KR,MA,MX,OM,P,PA,PE,S,SG)	35%
8477.40.01	00	真空模塑机器及其他热成型机器	个	3.1%[1]	0(A,AU,BH,CA,CL,CO,D,E,IL,JO,KR,MA,MX,OM,P,PA,PE,S,SG)	35%
		其他模塑或成型机器:				
8477.51.00		用于充气轮胎模塑或翻新的机器及内胎模塑或用其他方法成型的机器		3.1%[1]	0(A*,AU,BH,CA,CL,CO,D,E,IL,JO,KR,MA,MX,OM,P,PA,PE,S,SG)	35%
	10	用于充气轮胎的成型或翻新	个			
	90	其他	个			
8477.59.01	00	其他	个	3.1%[116]	0(A*,AU,BH,CA,CL,CO,D,E,IL,JO,JP,KR,MA,MX,OM,P,PA,PE,S,SG)	35%
8477.80.00	00	其他机器[41]	个	3.1%[1]	0(A,AU,BH,CA,CL,CO,D,E,IL,JO,KR,MA,MX,OM,P,PA,PE,S,SG)	35%
8477.90		零件:				
8477.90.25		底座、底座、压板、夹紧缸、闸板和注射铸件、焊接件和制造件		3.1%[1]	0(A,AU,BH,CA,CL,CO,D,E,IL,JO,KR,MA,MX,OM,P,PA,PE,S,SG)	35%
	40	税号8477.10.30、税号8477.10.40或税号8477.10.90机器的	个			
	80	其他	个			

税则号列	统计后缀	货品名称	单位	税率 1 普通	税率 1 特惠	2
8477.90.45	01	筒形螺钉	个	3.1%[1]	0(A,AU,BH,CA,CL,CO,D,E,IL,JO,KR,MA,MX,OM,P,PA,PE,S,SG)	35%
8477.90.65	00	包含一项以上的下述液压组件:歧管;阀门;泵;油冷却器	个	3.1%[1]	0(A,AU,BH,CA,CL,CO,D,E,IL,JO,KR,MA,MX,OM,P,PA,PE,S,SG)	35%
8477.90.85		其他		3.1%[1]	0(A,AU,BH,CA,CL,CO,D,E,IL,JO,JP,KR,MA,MX,OM,P,PA,PE,S,SG)	35%
	01	注射成型机的[29]	个			
	20	挤出机的	个			
	30	吹塑机的	个			
	40	充气轮胎成型机的[29]	个			
	95	其他零件	个			
8478		本章其他品目未列名的烟草加工及制作机器:				
8478.10.00		机器		0[4]		35%
	10	工业卷烟机	个			
	90	其他	个			
8478.90.00		零件		0[4]		35%
	10	工业卷烟机的零件	个			
	90	其他	个			
8479		本章其他品目未列名的具有独立功能的机器及机械器具:				
8479.10.00		公共工程用机器		0[1]		35%
		混凝土和沥青摊铺机、整饰机和撒布机:				
	40	用于混凝土	个			
	60	用于沥青[27]	个			
	80	其他	个			
8479.20.00	00	提取、加工动物油脂或植物固定油脂的机器	个	0[1]		35%
8479.30.00	00	木碎料板或木纤维板的挤压机及其他木材或软木处理机[3]	个	0[1]		35%
8479.40.00	00	绳或缆的制造机器	个	0[1]		35%
8479.50.00	00	未列名的工业机器人	个	2.5%[1]	0(A*,AU,BH,CA,CL,CO,D,E,IL,JO,KR,MA,MX,OM,P,PA,PE,S,SG)	35%
8479.60.00	00	蒸发式空气冷却器	个	2.8%[8]	0(A,AU,BH,CA,CL,CO,D,E,IL,JO,KR,MA,MX,OM,P,PA,PE,S,SG)	40%
		旅客登机(船)桥:				
8479.71.00	00	用于机场的	个	0[8]		35%
8479.79.00	00	其他	个	0[4]		35%
		其他机器及机械器具:				

税则号列	统计后缀	货品名称	单位	税率 1 普通	税率 1 特惠	2
8479.81.00	00	处理金属的机械,包括线圈绕线机[3]	个	0[1]		35%
8479.82.00		混合、搅拌、轧碎、研磨、筛选、均化或乳化机器		0[1]		35%
	40	混合或搅拌机器[91]	个			
	80	其他[41]	个			
8479.89		其他:				
		配备独立电机的机电设备:				
8479.89.10	00	空气增湿器或减湿器	个	0[8]		40%
8479.89.20	00	地板抛光机	个	0[8]		35%
8479.89.55	00	垃圾压实机	个	2.8%[4]	0(A, AU, BH, CA, CL, CO, D, E, IL, JO, KR, MA, MX, OM, P, PA, PE, S, SG)	40%
8479.89.65	00	其他[117]	个	2.8%[4]	0(A, AU, BH, C, CA, CL, CO, D, E, IL, JO, KR, MA, MX, OM, P, PA, PE, S, SG)[118]	40%
8479.89.70	00	地毯清扫机	个	0[8]		35%
8479.89.83	00	光学媒体制造用机器	个	0[1]		35%
8479.89.92	00	专用于或主要用于制造印刷电路组件的自动电子元件放置机	个	0[1]		35%
8479.89.94		其他		2.5%[119]	0(A, AU, BH, C, CA, CL, CO, E, IL, JO, KR, MA, MX, OM, P, PA, PE, S, SG)	35%
	50	油气田电缆和井下设备[120]	个			
	60	汽车维修机械	个			
	65	液压蓄能器	个			
	85	超声波清洗装置[20]	个			
	95	工业振动器	个			
	96	拖后清扫车	个			
	99	其他[121]	个			
8479.90		零件:				
8479.90.41	00	税号8479.89.10或税号8479.89.70的货品	个	0[4]		35%
		垃圾压实机的:				
8479.90.45	00	包含一种以上下述框架组件:底板;侧架;电动螺丝;前板	个	0[4]		35%
8479.90.55	00	包括闸板包装和/或闸板盖的闸板组件	个	0[4]		35%
8479.90.65	00	包含一种以上下述容器组件:容器底部;集装箱包装;滑轨;集装箱正面	个	0[4]		35%
8479.90.75	00	柜子或箱子	个	0[4]		35%
8479.90.85	00	其他	个	0[4]		35%
8479.90.94		其他		0[1]		35%
	40	工业机器人的	个			

税则号列	统计后缀	货品名称	单位	税率 1 普通	税率 1 特惠	税率 2
		其他：				
	50	公共工程、建筑物及类似的机械的	个			
	60	用于制造刨花板或木纤维建筑板或其他木质材料的压力机，以及处理木材或软木的其他机械	个			
	65	用于处理金属的机器或机械装置	个			
	96	其他[32]	个			
8480		金属铸造用型箱；型模底板；阳模；金属用型模（锭模除外）、硬质合金、玻璃、矿物材料、橡胶或塑料用型模：				
8480.10.00	00	金属铸造用型箱	个	3.8%[8]	0(A,AU,BH,CA,CL,CO,D,E,IL,JO,KR,MA,MX,OM,P,PA,PE,S,SG)	45%
8480.20.00	00	型模底板[29]	个	3.4%[1]	0(A,AU,BH,CA,CL,CO,D,E,IL,JO,KR,MA,MX,OM,P,PA,PE,S,SG)	50%
8480.30.00	00	阳模[29]	个	2.8%[1]	0(A*,AU,BH,CA,CL,CO,D,E,IL,JO,KR,MA,MX,OM,P,PA,PE,S,SG)	50%
		金属、硬质合金用型模：				
8480.41.00	00	注模或压模	个	3.1%[1]	0(A,AU,BH,CA,CL,CO,D,E,IL,JO,JP,KR,MA,MX,OM,P,PA,PE,S,SG)	35%
8480.49.00		其他		3.1%[1]	0(A,AU,BH,CA,CL,CO,D,E,IL,JO,KR,MA,MX,OM,P,PA,PE,S,SG)	35%
	10	球墨铸铁管离心铸造模具	个			
	90	其他	个			
8480.50.00		玻璃用型模		0[1]		35%
	10	注模或压模	个			
	90	其他	个			
8480.60.00		矿物材料用型模		0[4]		35%
	10	注模或压模	个			
	90	其他	个			
		塑料或橡胶用型模：				
8480.71		注模或压模：				
8480.71.10	00	制鞋机械	个	0[1]		0
8480.71.40	00	用于制造半导体器件	个	0[1]		0
8480.71.80		其他		3.1%[1]	0(A,AU,BH,CA,CL,CO,D,E,IL,JO,JP,KR,MA,MX,OM,P,PA,PE,S,SG)	35%
	20	临时进口用于测试、校准、检查、修理或改造；出口测试、校准、检查、修理或更改后返回	个			
		其他：				

税则号列	统计后缀	货品名称	单位	税率 1 普通	税率 1 特惠	2
	45	注射型[10]	个			
	60	压缩型[29]	个			
8480.79		其他：				
8480.79.10	00	制鞋机械模具	个	0[8]		0
8480.79.90		其他		3.1%[122]	0(A*,AU,BH,CA,CL,CO,D,E,IL,JO,JP,KR,MA,MX,OM,P,PA,PE,S,SG)	35%
	10	吹塑	个			
	20	气囊式模具	个			
	90	其他模具[75]	个			
8481		用于管道、锅炉、罐、桶或类似品的龙头、旋塞、阀门及类似装置,包括减压阀及恒温控制阀:				
8481.10.00		减压阀		2%[123]	0(A,AU,B,BH,CA,CL,CO,D,E,IL,JO,KR,MA,MX,OM,P,PA,PE,S,SG)	35%
	20	液压传动式	个 千克			
		气压传动式：				
	40	过滤器调节器和过滤器调节器润滑器	个 千克			
	60	其他	个 千克			
	90	其他[106][9]	个 千克			
8481.20.00		油压或气压传动阀		2%[1]	0(A*,AU,B,BH,CA,CL,CO,D,E,IL,JO,KR,MA,MX,OM,P,PA,PE,S,SG)	35%
		液压阀：				
		方向控制：				
	10	手动型	个 千克			
	20	电磁阀型[29]	个 千克			
	30	其他	个 千克			
	40	流量控制型	个 千克			
	50	其他	个 千克			
		其他：				
		方向控制：				
	60	电磁阀型	个 千克			
	70	其他	个 千克			

税则号列	统计后缀	货品名称	单位	税率 1 普通	税率 1 特惠	2
	80	其他	个 千克			
8481.30		止回阀:				
8481.30.10		铜制		3%[8]	0(A*,AU,B,BH,CA,CL,CO,D, E,IL,JO,KR,MA,MX,OM,P, PA,PE,S,SG)	45%
	10	压力等级低于850千帕	个 千克			
	90	压力等级为850千帕或以上	个 千克			
8481.30.20		钢铁制		5%[1]	0(A*,AU,B,BH,CA,CL,CO,D, E,IL,JO,KR,MA,MX,OM,P, PA,PE,S,SG)	45%
	10	铁制	个 千克			
	90	钢制[3]	个 千克			
8481.30.90	00	其他[43]	个 千克	3%[1]	0(A*,AU,B,BH,CA,CL,CO,D, E,IL,JO,KR,MA,MX,OM,P, PA,PE,S,SG)	45%
8481.40.00	00	安全阀或溢流阀[83]	个 千克	2%[1]	0(A,AU,B,BH,CA,CL,CO,D, E,IL,JO,KR,MA,MX,OM,P, PA,PE,S,SG)	35%
8481.80		其他器具:				
		手动操作:				
8481.80.10		铜制		4%[8]	0(A*,AU,B,BH,CA,CL,CO,D, E,IL,JO,KR,MA,MX,OM,P, PA,PE,S,SG)	47%
		压力等级低于850千帕:				
	20	浴缸和淋浴龙头[124]	个 千克			
	30	水槽和马桶水龙头[124]	个 千克			
	40	给水阀[124]	个 千克			
	50	其他	个 千克			
		压力等级为850千帕或以上:				
	60	门型	个 千克			
	70	球型截止阀	个 千克			
	75	栓塞型	个 千克			
	85	球型[74]	个 千克			
	90	蝴蝶型	个 千克			

税则号列	统计后缀	货品名称	单位	税率 1 普通	税率 1 特惠	2
	95	其他	个 千克			
8481.80.30		钢铁制		5.6%[8]	0(A*,AU,B,BH,CA,CL,CO,D,E,IL,JO,KR,MA,MX,OM,P,PA,PE,S,SG)2.8%(JP)	45%
		铁制：				
	10	门型[125]	个 千克			
	15	球型截止阀	个 千克			
	20	栓塞型	个 千克			
	25	球型	个 千克			
	30	蝴蝶型[74]	个 千克			
	40	其他	个 千克			
		钢制：				
	55	门型[21]	个 千克			
	60	球型截止阀	个 千克			
	65	栓塞型	个 千克			
	70	球型[55]	个 千克			
	75	蝴蝶型	个 千克			
	90	其他[75]	个 千克			
8481.80.50		其他材料制		3%[8]	0(A*,AU,B,BH,CA,CL,CO,D,E,IL,JO,KR,MA,MX,OM,P,PA,PE,S,SG)	45%
	40	压力喷雾罐阀	个 千克			
	60	浴缸、淋浴、水槽和盥洗盆龙头[74]	个 千克			
	90	其他[99]	个 千克			
8481.80.90		其他		2%[126]	0(A*,AU,B,BH,CA,CL,CO,D,E,IL,JO,KR,MA,MX,OM,P,PA,PE,S,SG)	35%
	05	电磁阀[75]	个			
	10	球阀机构	个			
	15	自操作调节阀,用于控制温度、压力、流量和液位等变量[127]	个			
		其他：				

税则号列	统计后缀	货品名称	单位	税率 1 普通	税率 1 特惠	2
		使用电气或电动液压执行器：				
	20	设计用于通过来自控制设备的信号进行比例操作的控制阀	个			
	25	其他	个			
	30	使用液压执行器	个			
		使用气动执行器：				
	35	设计用于通过来自控制设备的信号进行比例操作的控制阀	个			
	40	其他	个			
	45	使用恒温执行器[75]	个			
	50	其他[75]	个			
8481.90		零件：				
		手动操作和检查器具：				
8481.90.10	00	铜的[128]	千克	3%[4]	0(A*,AU,B,BH,CA,CL,CO,D,E,IL,JO,KR,MA,MX,OM,P,PA,PE,S,SG)	47%
8481.90.30	00	钢铁制[129]	千克	5%[4]	0(A*,AU,B,BH,CA,CL,CO,D,E,IL,JO,KR,MA,MX,OM,P,PA,PE,S,SG)	45%
8481.90.50	00	其他材料制	千克	3%[4]	0(A*,AU,B,BH,CA,CL,CO,D,E,IL,JO,KR,MA,MX,OM,P,PA,PE,S,SG)	45%
8481.90.90		其他		0[1]		35%
		子目8481.20的阀门：				
	20	阀体[50]	千克			
	40	其他[130]	千克			
		其他：				
	60	阀体[131]	千克			
		其他：				
	81	钢锻件	千克			
	85	其他[29]	千克			
8482		滚动轴承：				
8482.10		滚珠轴承：				
8482.10.10		带整体轴的滚珠轴承		2.4%[8]	0(A+,AU,B,BH,CA,CL,CO,D,E,IL,JO,KR,MA,MX,OM,P,PA,PE,S,SG)	35%
	40	外径不超过30毫米的轴承	个 千克			
	80	其他	个 千克			
8482.10.50		其他		9%[1]	0(A+,AU,B,BH,CA,CL,CO,D,E,IL,JO,KR,MA,MX,OM,P,PA,PE,S,SG)	67%
	04	未磨削的轴承[29]	个			
		其他：				

税则号列	统计后缀	货品名称	单位	税率 1 普通	税率 1 特惠	2
	08	推力轴承[29]	个 千克			
	12	直线轴承	个 千克			
		角接触轴承:				
		轮毂轴承部件:				
	16	法兰式[2]	个 千克			
	24	其他[3]	个 千克			
	28	其他[50]	个 千克			
		径向轴承:				
		单列轴承:				
	32	最大或全容量型[106]	个 千克			
		其他轴承,外径为:				
	36	9毫米以下[29]	个 千克			
	44	9毫米及以上,但不超过30毫米[10]	个 千克			
	48	超过30毫米,但不超过52毫米[10]	个 千克			
	52	超过52毫米,但不超过100毫米[10]	个 千克			
	56	超过100毫米[29]	个 千克			
	60	双列滚珠轴承[61]	个 千克			
	64	其他	个 千克			
	68	其他	个 千克			
8482.20.00		锥形滚子轴承,包括锥形滚子组件		5.8%[1]	0(A+,AU,B,BH,CA,CL,CO,D,E,IL,JO,KR,MA,MX,OM,P,PA,PE,S,SG)	67%
		作为成套货品进口的圆锥形和锥形部件:				
		轮毂部件:				
	20	法兰式	个 千克			
	30	其他	个 千克			
		其他:				
	40	带外径不超过102毫米的皮碗	个 千克			

税则号列	统计后缀	货品名称	单位	税率 普通	税率 特惠	2
	61	带外径超过102毫米但不超过203毫米的皮碗[29]	个千克			
	64	带外径超过203毫米但不超过305毫米的皮碗	个千克			
	67	其他	个千克			
		单独输入的圆锥形组件:				
	70	对于外径不超过102毫米的皮碗[29]	个千克			
	81	对于外径超过102毫米但不超过203毫米的皮碗[29]	个千克			
	90	其他[29]	个千克			
8482.30.00		鼓形滚子轴承		5.8%[1]	0(A*,AU,B,BH,CA,CL,CO,D, E,IL,JO,KR,MA,MX,OM,P, PA,PE,S,SG)	67%
	40	单列的	个千克			
	80	其他[29]	个千克			
8482.40.00	00	滚针轴承[45]	个千克	5.8%[1]	0(A,AU,B,BH,CA,CL,CO,D, E,IL,JO,KR,MA,MX,OM,P, PA,PE,S,SG)	67%
8482.50.00	00	其他圆柱形滚子轴承[29]	个千克	5.8%[1]	0(A,AU,B,BH,CA,CL,CO,D, E,IL,JO,KR,MA,MX,OM,P, PA,PE,S,SG)	67%
8482.80.00		其他,包括球、柱混合轴承		5.8%[1]	0(A,AU,B,BH,CA,CL,CO,D, E,IL,JO,KR,MA,MX,OM,P, PA,PE,S,SG)	67%
	20	滚珠和球面滚子组合轴承	个千克			
	40	滚珠和滚针组合轴承	个千克			
	60	滚珠和其他圆柱滚子组合轴承	个千克			
	80	其他	个千克			
		零件:				
8482.91.00		滚珠、滚针及滚柱		4.4%[1]	0(A+,AU,B,BH,CA,CL,CO,D, E,IL,JO,KR,MA,MX,OM,P, PA,PE,S,SG)	45%
		滚珠:				
	10	合金钢制	千克			
	20	其他	千克			
	40	滚针	千克			
	50	圆锥滚柱	千克			
	70	球面滚柱	千克			

税则号列	统计后缀	货品名称	单位	税率 1 普通	税率 1 特惠	2
	80	其他圆柱滚柱	千克			
	90	其他	千克			
8482.99		其他：				
		内圈或外圈或座圈：				
8482.99.05	00	用于滚珠轴承[132]	个 千克	9.9%[1]	0(A+,AU,B,BH,CA,CL,CO,D,E,IL,JO,KR,MA,MX,OM,P,PA,PE,S,SG)	67%
8482.99.15		用于圆锥滚子轴承		5.8%[1]	0(A+,AU,B,BH,CA,CL,CO,D,E,IL,JO,KR,MA,MX,OM,P,PA,PE,S,SG)	67%
		皮碗：				
	50	外径不超过203毫米的	个 千克			
	70	其他	个 千克			
	80	其他	个 千克			
8482.99.25		其他		5.8%[1]	0(A+,AU,B,BH,CA,CL,CO,D,E,IL,JO,KR,MA,MX,OM,P,PA,PE,S,SG)	67%
	20	球面滚子轴承的	个 千克			
	40	滚针轴承的	个 千克			
	60	其他圆柱滚子轴承的	个 千克			
	80	其他	个 千克			
		其他：				
8482.99.35	00	滚珠轴承零件(包括带整体轴的滚珠轴承零件)	千克	9.9%[1]	0(A+,AU,B,BH,CA,CL,CO,D,E,IL,JO,KR,MA,MX,OM,P,PA,PE,S,SG)	67%
8482.99.45	00	圆锥滚子轴承零件	千克	5.8%[1]	0(A+,AU,B,BH,CA,CL,CO,D,E,IL,JO,KR,MA,MX,OM,P,PA,PE,S,SG)	67%
8482.99.65		其他	千克	5.8%[1]	0(A+,AU,B,BH,CA,CL,CO,D,E,IL,JO,KR,MA,MX,OM,P,PA,PE,S,SG)	67%
	10	球面滚子轴承的[29]	千克			
	30	滚针轴承的	千克			
	60	其他圆柱滚子轴承的	千克			
	95	其他[26]	千克			
8483		传动轴(包括凸轮轴及曲柄轴)及曲柄;轴承座及滑动轴承;齿轮及齿轮传动装置;滚珠或滚子螺杆传动装置;齿轮箱及其他变速装置,包括扭矩变换器;飞轮及滑轮,包括滑轮组;离合器及联轴器(包括万向节):				
8483.10		传动轴(包括凸轮轴及曲柄轴)及曲柄：				

税则号列	统计后缀	货品名称	单位	税率 1 普通	税率 1 特惠	2
		凸轮轴和曲轴：				
8483.10.10		专用于或主要用于火花点火内燃活塞发动机或转子发动机		2.5%[8]	0(A,AU,B,BH,C,CA,CL,CO,D,E,IL,JO,KR,MA,MX,OM,P,PA,PE,S,SG)	35%
		用于第八十七章的车辆：				
	10	摩托车用	个 千克			
	30	其他[21]	个 千克			
	50	其他[22]	个 千克			
8483.10.30		其他		2.5%[133]	0(A,AU,B,BH,C,CA,CL,CO,D,E,IL,JO,KR,MA,MX,OM,P,PA,PE,S,SG)	35%
	10	用于第八十七章的车辆	个 千克			
	50	其他[21]	个 千克			
8483.10.50	00	其他传动轴和曲柄	千克	0[8]		30%
8483.20		装有滚珠或滚子轴承的轴承座：				
8483.20.40		法兰、张紧装置、卡盘和吊架部件		4.5%[8]	0(A,AU,BH,CA,CL,CO,D,E,IL,JO,KR,MA,MX,OM,P,PA,PE,S,SG)	45%
	40	与滚珠轴承结合	个			
	80	与滚柱轴承结合	个			
8483.20.80		其他		4.5%[8]	0(A+,AU,BH,CA,CL,CO,D,E,IL,JO,KR,MA,MX,OM,P,PA,PE,S,SG)	45%
	40	与滚珠轴承结合	个			
	80	与滚柱轴承结合	个			
8483.30		未装有滚珠或滚子轴承的轴承座；滑动轴承：				
8483.30.40		法兰、张紧装置、卡盘和吊架部件		4.5%[1]	0(A,AU,BH,C,CA,CL,CO,D,E,IL,JO,KR,MA,MX,OM,P,PA,PE,S,SG)	45%
	40	滚珠轴承或滚柱轴承	千克			
	80	其他	千克			
8483.30.80		其他		4.5%[134]	0(A+,AU,BH,C,CA,CL,CO,D,E,IL,JO,KR,MA,MX,OM,P,PA,PE,S,SG)	45%
		轴承座：				
	20	滚珠或滚柱轴承类型[14]	千克			
	40	其他	千克			
		滑动轴承：				
		有轴承座：				
	55	杆端轴承	个 千克			

税则号列	统计后缀	货品名称	单位	税率 1 普通	税率 1 特惠	2
	65	其他	个 千克			
		无轴承座：				
	70	球形的[17]	个 千克			
	90	其他[13]	个 千克			
8483.40		齿轮及齿轮传动装置,但单独进口或出口的带齿的轮、链轮及其他传动元件除外;滚珠或滚子螺杆传动装置;齿轮箱及其他变速装置,包括扭矩变换器：				
8483.40.10	00	扭矩变换器	个	0[1]		27.5%
		齿轮箱和其他变速装置：				
		固定比率变速器、多个可变比率变速器,比率通过手动操作选择：				
8483.40.30		进口用于制造纤维素纸浆、纸张或纸板的机器		0[1]		27.5%
	40	固定比率变速器	个			
	80	其他	个			
8483.40.50		其他		2.5%[135]	0(A*,AU,BH,C,CA,CL,CO,D,E,IL,JO,KR,MA,MX,OM,P,PA,PE,S,SG)	27.5%
	10	固定比率变速器[55]	个			
	50	其他	个			
8483.40.70	00	其他变速器	个	25美分/个+3.9%[8]	0(A*,AU,BH,C,CA,CL,CO,D,E,IL,JO,KR,MA,MX,OM,P,PA,PE,S,SG)	4.50美元/个+65%
8483.40.80	00	滚珠或滚柱螺钉	个	3.8%[1]	0(A*,AU,B,BH,C,CA,CL,CO,D,E,IL,JO,KR,MA,MX,OM,P,PA,PE,S,SG)	45%
8483.40.90	00	齿轮和传动装置,不包括单独输入的齿轮、链轮和其他传动元件[3]	个	2.5%[1]	0(A*,AU,B,BH,C,CA,CL,CO,D,E,IL,JO,KR,MA,MX,OM,P,PA,PE,S,SG)	27.5%
8483.50		飞轮及滑轮,包括滑轮组：				
8483.50.40	00	灰铁遮阳篷或滑车滑轮,轮径不超过6.4厘米	个	5.7%[8]	0(A*,AU,BH,C,CA,CL,CO,D,E,IL,JO,KR,MA,MX,OM,P,PA,PE,S,SG)	45%
		其他：				
8483.50.60	00	飞轮[29]	个	2.8%[1]	0(A*,AU,BH,C,CA,CL,CO,D,E,IL,JO,KR,MA,MX,OM,P,PA,PE,S,SG)	45%
8483.50.90		其他		2.8%[1]	0(A*,AU,BH,C,CA,CL,CO,D,E,IL,JO,KR,MA,MX,OM,P,PA,PE,S,SG)	45%
	40	槽轮[9]	个			
	80	其他[3]	千克			
8483.60		离合器及联轴器(包括万向节)：				

税则号列	统计后缀	货品名称	单位	税率 1 普通	税率 1 特惠	税率 2
8483.60.40		离合器和万向节		2.8%[1]	0(A,AU,B,BH,C,CA,CL,CO,D,E,IL,JO,KR,MA,MX,OM,P,PA,PE,S,SG)	45%
	40	离合器	个			
	80	万向节[29]	个			
8483.60.80	00	其他	个	2.8%[136]	0(A+,AU,B,BH,C,CA,CL,CO,D,E,IL,JO,KR,MA,MX,OM,P,PA,PE,S,SG)	45%
8483.90		单独报验的带齿的轮、链轮及其他传动元件;零件:				
8483.90.10		链轮及其零件		2.8%[1]	0(A*,AU,BH,C,CA,CL,CO,D,E,IL,JO,KR,MA,MX,OM,P,PA,PE,S,SG)	45%
	10	锻造的[29]	千克			
	50	其他[29]	千克			
		轴承座和滑动轴承的零件:				
8483.90.20	00	法兰、张紧装置、筒体和吊架部件的零件	千克	4.5%[1]	0(A*,AU,BH,C,CA,CL,CO,D,E,IL,JO,KR,MA,MX,OM,P,PA,PE,S,SG)	45%
8483.90.30	00	其他	千克	4.5%[1]	0(A+,AU,BH,C,CA,CL,CO,D,E,IL,JO,KR,MA,MX,OM,P,PA,PE,S,SG)	45%
8483.90.50		齿轮、齿轮箱和其他变速器的零件		2.5%[137]	0(A*,AU,BH,C,CA,CL,CO,D,E,IL,JO,KR,MA,MX,OM,P,PA,PE,S,SG)	27.5%
	10	锻造齿轮毛坯	个			
	90	其他[21]	千克			
		其他:				
8483.90.70	00	子目8483.20货品的零件	千克	5.5%[1]	0(A+,AU,BH,CA,CL,CO,D,E,IL,JO,KR,MA,MX,OM,P,PA,PE,S,SG)	45%
8483.90.80		其他		2.8%[1]	0(A+,AU,B,BH,C,CA,CL,CO,D,E,IL,JO,KR,MA,MX,OM,P,PA,PE,S,SG)	45%
	10	税号8483.60.80货品的零件[42]	千克			
	40	万向节零件	千克			
	80	其他[3]	千克			
8484		密封垫或类似接合衬垫,用金属片与其他材料制成或用双层或多层金属片制成;成套或各种不同材料的密封垫或类似接合衬垫,装于袋、套或类似包装内;机械密封件:				
8484.10.00	00	密封垫或类似接合衬垫,用金属片与其他材料制成或用双层或多层金属片制成[29]	个	2.5%[1]	0(A*,AU,B,BH,C,CA,CL,CO,D,E,IL,JO,KR,MA,MX,OM,P,PA,PE,S,SG)	35%
8484.20.00	00	机械密封件	个	3.9%[1]	0(A,AU,B,BH,CA,CL,CO,D,E,IL,JO,KR,MA,MX,OM,P,PA,PE,S,SG)	45%

税则号列	统计后缀	货品名称	单位	税率 1 普通	税率 1 特惠	2
8484.90.00	00	其他	个	2.5%[1]	0(A, AU, B, BH, C, CA, CL, CO, D, E, IL, JO, KR, MA, MX, OM, P, PA, PE, S, SG)	35%
8486		专用于或主要用于制造半导体单晶柱或晶圆、半导体器件、集成电路或平板显示器的机器及装置;本章注释九(三)规定的机器及装置;零件及附件:				
8486.10.00	00	制造单晶柱或晶圆用的机器及装置	个	0[12]		35%
8486.20.00	00	制造半导体器件或集成电路用的机器及装置	个	0[12]		35%
8486.30.00	00	制造平板显示器用的机器及装置	个	0[12]		35%
8486.40.00		本章注释九(三)规定的机器及装置		0[12]		35%
	10	用于制作或修复掩模板和投影掩模板	个			
	20	用于组装半导体器件或集成电路	个			
	30	用于升降、搬运、装卸单晶柱、晶圆、半导体器件、集成电路和平板显示器	个			
8486.90.00	00	零件及附件[13]	个	0[12]		35%
8487		本章其他品目未列名的机器零件,不具有电气接插件、绝缘体、线圈、触点或其他电气器材特征的:				
8487.10.00		船用推进器及桨叶		0[1]		30%
	40	铜制	个			
	80	其他	个			
8487.90.00		其他		3.9%[1]	0(A*, AU, B, BH, CA, CL, CO, D, E, IL, JO, KR, MA, MX, OM, P, PA, PE, S, SG)	45%
	40	油封,第四十章的油封除外	千克			
	80	其他[2]	千克			

[1]见9903.88.01。

[2]见9903.88.11和9903.88.14。

[3]见9903.88.11。

[4]见9903.88.15。

[5]见9902.15.38和9903.88.03。

[6]见9902.15.39和9903.88.03。

[7]见9902.15.40和9903.88.02。

[8]见9903.88.03。

[9]见9903.88.08。

[10]见9903.88.05。

[11]见9903.88.18。

[12]见9903.88.02。

[13]见9903.88.17。

[14]见9903.88.12。

[15]见9903.88.12和9903.88.54。

[16]见9903.88.12和9903.88.20。

[17]见9903.88.20。

[18]见9902.15.41和9903.88.03。

[19]见总注释六。

[20]见9903.88.34。

[21]见9903.88.43。

[22]见9903.88.45和9903.88.56。

[23]见9903.88.37、9903.88.43、9903.88.45、9903.88.46和9903.88.56。

[24]见9902.15.42、9902.15.43、9902.15.44和9903.88.03。

[25]见9902.15.45、9902.15.46、9902.15.47和9903.88.03。

[26]见9903.88.10。

[27]见9903.88.06。

[28]见9903.88.19。

[29]见9903.88.14。

[30]见9903.88.11和9903.88.52。

[31]见9903.88.48和9903.88.56。

[32]见9903.88.07和9903.88.14。

[33]见9903.88.37、9903.88.38、9903.88.56和9903.88.64。

[34]见9902.15.48、9902.15.49、9902.15.50和9903.88.03。

[35]见9902.15.51、9902.15.52和9903.88.03。

[36]见9903.88.37和9903.88.56。

[37]见9903.88.43和9903.88.56。

[38]见9903.88.10、9903.88.14和9903.88.50。

[39]见9903.88.06、9903.88.10、9903.88.14、9903.88.19、9903.88.50和9903.88.58。

[40]见9903.88.10、9903.88.14和9903.88.14。

[41]见9903.88.14和9903.88.19。

[42]见9903.88.10和9903.88.50。

[43]见9903.88.06和9903.88.14。

[44]见9903.88.19和9903.88.50。

[45]见9903.88.10和9903.88.19。

[46]见9903.88.52。

[47]见9903.88.46和9903.88.56。

[48]见9902.15.53和9903.88.03。

[49]见9903.88.37、9903.88.38和9903.88.56。

[50]见9903.88.14和9903.88.58。

[51]见9902.15.54、9902.15.55和9903.88.16。

[52]见9903.88.16。

[53]见9902.15.56和9903.88.03。

[54]见9903.88.37、9903.88.45和9903.88.56。

[55]见9903.88.45。

[56]见9903.88.37。

[57]见9902.15.57和9903.88.03。

[58]见9902.15.58、9902.15.59和9903.88.03。

[59] 见 9902.15.62、9902.15.63、9902.15.64 和 9903.88.03。

[60] 见 9903.88.33、9903.88.35、9903.88.48 和 9903.88.56。

[61] 见 9903.88.10 和 9903.88.14。

[62] 见 9902.15.66 和 9903.88.02。

[63] 见 9902.15.67 和 9903.88.02。

[64] 见 9903.88.12、9903.88.17 和 9903.88.20。

[65] 见 9903.88.05 和 9903.88.19。

[66] 见 9903.88.05 和 9903.88.07。

[67] 见 9903.88.14、9903.88.19、9903.88.58 和 9903.88.60。

[68] 见 9903.88.05 和 9903.88.06。

[69] 见 9903.88.05、9903.88.06、9903.88.07、9903.88.08、9903.88.14、9903.88.19 和 9903.88.58。

[70] 见 9903.88.40 和 9903.88.48。

[71] 见 9903.88.14、9903.88.58 和 9903.88.62。

[72] 见 9903.88.06、9903.88.14 和 9903.88.58。

[73] 见 9903.88.36、9903.88.40、9903.88.45、9903.88.48 和 9903.88.56。

[74] 见 9903.88.33。

[75] 见 9903.88.46。

[76] 见 9902.15.68 和 9903.88.02。

[77] 见 9903.88.12、9903.88.54 和 9903.88.63。

[78] 见 9903.88.45、9903.88.56 和 9903.88.64。

[79] 见 9903.88.34 和 9903.88.56。

[80] 见 9903.88.05、9903.88.07 和 9903.88.14。

[81] 见 9903.88.43 和 9903.88.46。

[82] 见 9903.88.40、9903.88.43 和 9903.88.56。

[83] 见 9903.88.19 和 9903.88.60。

[84] 见 9903.88.08 和 9903.88.14。

[85] 见 9903.88.01 和 9903.89.43。

[86] 见 9903.88.53。

[87] 见 9903.88.14、9903.88.19 和 9903.88.60。

[88] 见 9903.88.06、9903.88.14 和 9903.88.19。

[89] 见 9903.88.12、9903.88.17 和 9903.88.54。

[90] 见 9903.88.11、9903.88.14 和 9903.88.19。

[91] 见 9903.88.11、9903.88.14 和 9903.88.58。

[92] 见 9902.15.69、9902.15.70 和 9903.88.03。

[93] 见 9903.88.55。

[94] 见 9903.88.14、9903.88.19 和 9903.88.58。

[95] 见 9902.15.71、9902.15.72 和 9903.88.03。

[96] 见 9903.45.01、9903.45.02 和 9903.88.15。

[97] 见 9903.45.05、9903.45.06 和 9903.88.15。

[98] 见 9903.88.51 和 9903.88.57。

[99] 见 9903.88.38 和 9903.88.56。

[100] 见 9902.15.73 和 9903.88.03。

[101] 见 9817.84.01 和 9903.88.01。

[102]见9902.15.74、9902.15.75、9902.15.76、9902.15.77、9902.15.78、9902.15.79和9903.88.03。

[103]见9902.15.80和9903.88.02。

[104]9903.88.14、9903.88.17、9903.88.20和9903.88.61。

[105]见9903.88.05和9903.88.14。

[106]见9903.88.07。

[107]见9903.88.15和9903.89.37。

[108]见9903.88.03和9903.89.37。

[109]见9902.15.81和9903.88.16。

[110]见9903.88.15和9903.89.43。

[111]见9903.88.36。

[112]见9903.88.36

[113]见9903.88.03和9903.88.36。

[114]见9903.88.40和9903.88.56。

[115]见9903.88.18和9903.88.56。

[116]见9902.15.82和9903.88.03。

[117]见9903.88.42。

[118]见本章附加美国注释一。

[119]见9817.84.01、9902.15.83、9902.15.84、9902.15.85、9902.15.86、9902.15.87、9902.15.88、9902.15.89和9903.88.03。

[120]见9903.88.35。

[121]见9903.88.37、9903.88.43和9903.88.56。

[122]见9902.15.90和9903.88.03。

[123]见9903.88.01和9903.88.07。

[124]见9903.88.38。

[125]见9903.88.40。

[126]9902.15.91、9902.15.92、9902.15.93、9902.15.94、9902.15.95和9903.88.03。

[127]见9903.88.38、9903.88.46和9903.88.48。

[128]见9903.88.49、9903.88.51和9903.88.57。

[129]见9903.88.51和9903.88.53。

[130]见9903.88.05、9903.88.07、9903.88.08、9903.88.14和9903.88.58。

[131]见9903.88.11和9903.88.19。

[132]见9903.88.10和9903.88.11。

[133]见9902.15.96、9902.15.97、9902.15.98和9903.88.03。

[134]见9902.15.99和9903.88.02。

[135]见9902.16.01和9903.88.03。

[136]见9902.16.02、9902.16.03和9903.88.03。

[137]见9902.16.04和9903.88.03。

第八十五章 电机、电气设备及其零件;录音机及放声机、电视图像、声音的录制和重放设备及其零件、附件

注释:

一、本章不包括:

(一)电暖的毯子、褥子、足套及类似品,电暖的衣服、靴、鞋、耳套或其他供人穿戴的电暖物品;

(二)品目 7011 的玻璃制品;

(三)品目 8486 的机器及装置;

(四)用于医疗、外科、牙科或兽医的真空设备(品目 9018);或

(五)第九十四章的电热家具。

二、品目 8501 至 8504 不适用于品目 8511、品目 8512、品目 8540、品目 8541 或品目 8542 的货品。

但金属槽汞弧整流器仍归入品目 8504。

三、品目 8507 所称"蓄电池"包括与其一同报验的辅助元件,这些辅助元件具有储电及供电功能,或者保护蓄电池免遭损坏,例如,电路连接器、温控装置(例如,热敏电阻)及电路保护装置,也可包括蓄电池的部分保护外壳。

四、品目 8509 仅包括通常供家用的下列电动器具:

(一)任何重量的地板打蜡机、食品研磨机及食品搅拌器,水果或蔬菜的榨汁机;

(二)重量不超过 20 千克的其他机器。

但该品目不适用于风机、风扇或装有风扇的通风罩及循环气罩(不论是否装有过滤器)(品目 8414)、离心干衣机(品目 8421)、洗碟机(品目 8422)、家用洗衣机(品目 8450)、滚筒式或其他形式的熨烫机器(品目 8420 或品目 8451)、缝纫机(品目 8452)、电剪子(品目 8467)或电热器具(品目 8516)。

五、就品目 8523 而言:

(一)"固态、非易失性存储器件"(例如,"闪存卡"或"电子闪存卡")是指带有接口的存储器件,其在同一壳体内包含一个或多个闪存(FLASH E2PROM),以集成电路的形式装配在一块印刷电路板上。它们可以包括一个集成电路形式的控制器及多个分立无源元件,例如,电容器及电阻器。

(二)"智能卡"是指装有一个或多个集成电路[微处理器、随机存取存储器(RAM)或只读存储器(ROM)]芯片的卡。这些卡可带有触点、磁条或嵌入式天线,但不包含任何其他有源或无源电路元件。

六、品目 8534 所称"印刷电路"是指采用各种印制方法(例如,压印、覆镀、腐蚀)或采用"膜电路"工艺,将导线、接点或其他印制元件(例如,电感器、电阻器、电容器)按预定的图形单独或互相连接地印制在绝缘基片上的电路,但能够产生、整流、调制或放大电信号的元件(例如,半导体元件)除外。

所称"印刷电路"不包括装有非印制元件的电路,也不包括单个的分立式电阻器、电容器及电感器。但

印刷电路可配有非经印刷的连接元件。

用同样工艺制得的无源元件及有源元件组成的薄膜电路或厚膜电路应归入品目8542。

七、品目8536所称"光导纤维、光导纤维束或光缆用连接器"是指在有线数字通讯设备中，简单机械地把光纤端部相连成一线的连接器。它们不具备诸如对信号进行放大、再生或修正等其他功能。

八、品目8537不包括电视接收机或其他电气设备用的无绳红外遥控器(品目8543)。

九、就品目8541及品目8542而言：

(一)"二极管、晶体管及类似的半导体器件"是指那些依靠外加电场引起电阻率的变化而进行工作的半导体器件。

(二)"集成电路"是指：

1. 单片集成电路，即电路元件(二极管、晶体管、电阻器、电容器、电感器等)主要整体制作在一片半导体材料或化合物半导体材料(例如，掺杂硅、砷化镓、硅锗或磷化铟)基片的表面，并不可分割地连接在一起的电路。

2. 混合集成电路，即通过薄膜或厚膜工艺制得的无源元件(电阻器、电容器、电感器等)和通过半导体工艺制得的有源元件(二极管、晶体管、单片集成电路等)用互连或连接线实际上不可分割地组合在同一绝缘基片(玻璃、陶瓷等)上的电路。这种电路也可包括分立元件。

3. 多芯片集成电路是由两个或多个单片集成电路实际上不可分割地组合在一片或多片绝缘基片上构成的电路，不论是否带有引线框架，但不带有其他有源或无源的电路元件。

4. 多元件集成电路(MCOs)：由一个或多个单片、混合或多芯片集成电路以及下列至少一个元件组成：硅基传感器、执行器、振荡器、谐振器或其组件所构成的组合体，或者具有品目8532、品目8533、品目8541所列商品功能的元件，或品目8504的电感器。其像集成电路一样实际上不可分割地组合成一体，作为一种元件，通过引脚、引线、焊球、底面触点、凸点或导电压点进行连接，组装到印刷电路板(PCB)或其他载体上。

在本定义中：

(1)元件可以是分立的，独立制造后组装到多元件(MCO)的其余部分上，或者集成到其他元件内。

(2)"硅基"是指在硅基片上制造，或由硅材料制造而成，或者制造在集成电路裸片上。

(3)①硅基传感器是由在半导体材料内部或表面制作的微电子或机械结构组成，具有探测物理量和化学量并将其转换成电信号(因电特性变化或机械结构位移而产生)的功能。"物理量或化学量"与现实世界的现象相关，例如，压力、声波、加速度、振动、运动、方向、张力、磁场强度、电场强度、光、放射性、湿度、流量和化学浓度等。

②硅基执行器是由在半导体材料内部或表面制作的微电子或机械结构组成，具有将电信号转换成物理运动的功能。

③硅基谐振器是由在半导体材料内部或表面制作的微电子或机械结构组成，具有按预先设定的频率产生机械或电振荡的功能，频率取决于响应外部输入的结构的物理参数。

④硅基振荡器是有源器件，由在半导体材料内部或表面制作的微电子或机械结构组成，具有按预先设定的频率产生机械或电振荡的功能，频率取决于这些结构的物理参数。

本注释所述物品在归类时，即使本税测其他品目涉及上述物品，尤其是物品的功能，仍应优先考虑归入品目8541及品目8542，但涉及品目8523的情况除外。

十、品目 8548 所称"废原电池、废原电池组及废蓄电池"是指因破损、拆解、耗尽或其他原因而不能再使用，也不能再充电的电池。

子目注释：
一、子目 8527.12 仅包括有内置放大器但无内置扬声器的盒式磁带放声机，它不需外接电源即能工作，且外形尺寸不超过 170 毫米×100 毫米×45 毫米。

附加美国注释：
一、就品目 8501 和品目 8503 而言，746 瓦相当于 1 马力。

二、就子目 8516.72 而言，"烤面包机"包括烤面包炉，其主要设计用于烤面包，但也可烤土豆等小物品。

三、就品目 8517 和品目 8525 而言，"收发机"系指共用外壳内无线电发射和接收设备的组合，其发射和接收均采用共用电路元件，且不能同时接收和发射。

四、就税号 8529.90.05、税号 8529.90.06、税号 8529.90.33、税号 8529.90.36、税号 8529.90.43、税号 8529.90.46、税号 8529.90.88 和税号 8529.90.89 而言：

(一)包含一个或多个以下电视部件作为一个组件或者以一个或多个以下电视部件包含在同一税目中的每个子组件应酌情归入子目 8529.90.05、子目 8529.90.33、子目 8529.90.43 或子目 8529.90.88：调谐器、频道选择器组件、天线、偏转线圈、消磁线圈、显像管安装支架、接地组件、将显像管或调谐器固定到位所需的零件、用户操作控制装置或扬声器；

(二)每个子组件应计为独立单元，但由同一税目包含并设计用于组装到同一电视型号中的两个或多个不同印刷电路板或陶瓷基板应计为一个单元。

五、与其他物品组合进口或装配于其他物品的显像管应归入子目 8540.11 至 8540.12(含子目 8540.12)，除非——

(一)如下文附加美国注释六所定义的装配于完整电视接收机；

(二)集成到完全组装的单元中，如文字处理器、ADP 终端或类似物品；

(三)安装在套件中，包含组装成完整电视接收机所需的所有零件，如下文附加美国注释六所述；或者

(四)安装在套件中，包含组装成完全组装单元(如文字处理器、ADP 终端或类似物品)所需的所有零件。

六、就上述附加美国注释五而言，"完整电视接收机"是指完全组装在其机壳中的电视接收机，不论是否包装或测试以分发给最终买方。

七、就本章而言，适用于电视接收机和阴极射线管的"高清晰度"是指具有以下特征的物品：

(一)屏幕纵横比等于或大于 16:9；以及

(二)能够显示 700 条以上扫描线的显示屏。

八、就本章而言，通过测量用于显示视频的面板可见部分的最大直线尺寸来确定视频显示对角线。

九、子目 8529.90.29、子目 8529.90.33、子目 8529.90.36 和子目 8529.90.39 涵盖电视接收机(包括视频监视器和视频投影仪)的以下部分：

(一)视频中间(IF)放大和检测系统；

(二)视频处理和放大系统；

(三)同步和偏转电路；

(四)调谐器和调谐器控制系统；以及

（五）音频检测和放大系统。

十、就税号8540.91.15而言，"前面板组件"是指：

(一) 关于彩色阴极射线电视显像管，由玻璃面板和荫罩或孔径格栅组成的总成，连接用于最终用途，适用于装入彩色阴极射线电视显像管（包括视频监视器阴极射线管），并且经过必要的化学和物理处理，以便在玻璃面板上以足够的精度压印磷光体，以便在受到电子流激发时呈现视频图像；或者

(二) 关于单色阴极射线显像管，由玻璃面板或玻璃外壳组成的组件，其适于装入单色阴极射线电视显像管（包括视频监视器或视频投影仪阴极射线管），经过必要的化学和物理处理，在玻璃面板或玻璃外壳上印上荧光粉，其精度足以在电子流激发下呈现视频图像。

十一、就税号8538.90.10而言，"第八十五章附加美国注释十一所述货品"系指以下任何物品：税号8443.32.30、税号8443.32.50、税号8443.39.20或税号8443.39.40的影印设备；品目8469的文字处理机；品目8470或品目8471的物品；税号8472.90.10的自动柜员机；子目8486.10至8486.40的物品；品目8517的物品；子目8519.50的物品；税号8525.50.10的传动装置；子目8525.60的物品；税号8525.80.40的数字静止图像照相机；税号8543.70.93的物品；税号9017.10.40或税号9017.20.70的绘图仪；品目9026的仪器和器具；品目9027的仪器和器具，子目9027.10或税号9027.90.20除外；子目9030.40所列仪器和器具；子目9030.82所列仪器和器具；子目9031.41所列光学仪器和器具；税号9031.49.70所列光学仪器和器具；税号9031.80.40的物品。

十二、就税号8517.69.00而言，"寻呼接收器"包括寻呼警报装置，其设计仅用于在接收到预设无线电信号时发出声音或视觉信号（如闪光灯）。

统计注释：

一、就本章而言，"AM"和"FM"分别指550～1650 kHz和88～108MHz的娱乐广播频段。

二、就子目8539.10项下统计报告目的而言，通过测量面板上的最大对角线尺寸来确定封闭式光束灯装置的尺寸。

三、就子目8544.70项下统计报告目的而言，与光缆有关的"光纤米"的数量单位是通过将其中包含的单个光纤的数量乘以长度（以米为单位）来确定。

四、就品目8542而言，以下定义将适用：

(一) "静态随机读写存取器（SRAM）"是指集成电路存储器装置，其中存储器单元可按任意顺序随机寻址，用于存储或检索数据，并且只要向该装置供电，存储的信息就可在无需进一步干预的情况下被保留。

(二) "易失性存储器"是指在没有电力的情况下丢失所有存储信息的集成电路存储器装置。

(三) "动态随机读写存取器（DRAM）"是指集成电路存储器装置，其中存储器单元可按任意顺序随机寻址以存储或检索数据，并且其中存储的信息必须不断刷新以将信息保存在存储器中。

(四) "带电可擦可编程只读存储器（EEPROM）"是指用户可编程集成电路存储器装置，其在没有电力的情况下保留所存储的信息，并且其中所存储的信息可以被电改变。

(五) "可擦除（带电除外）可编程只读存储器（EPROM）"是指用户可编程集成电路存储器装置，其在无电的情况下保留所存储的信息，并且可从中移除所存储的信息（电除外）。这类设备通常通过暴露在紫外光下擦除，之后可以用新信息重写。

(六)"微处理器"指作为单片集成电路制造的中央处理器(CPU)。

(七)"千位"指 1 024 位的数据存储容量,"兆位"指 1 024 千位的数据存储容量,"千兆位"指 1 024 兆位的数据存储容量。

五、就子目 8532.22 而言,非圆形横截面的铝电解电容器的直径应为通过中心测量的最大尺寸。

六、在统计报告编码 8544.42.9010 中,"延长线"是指包含符合美国电气制造商协会(NEMA)1-15P、5-15P 或 5-20P 型电气插头和符合 NEMA 1-15R、5-15R 或 5-20R 型电气插座的软电线组件。

七、就统计报告编码 8543.70.9930、8543.70.9940、8543.90.8850 和 8543.90.8860 而言,"个人电气或电子汽化装置"是指对液体或其他物质进行电加热或雾化的装置,不论是否含有尼古丁,产生可通过吹口吸入的蒸汽。这些设备通常被称为电子烟、"电子水烟"、"电子管"、汽化器或"抽气"系统。一个装置由汽化所需的所有零件组成,可以是组装的,也可以是成套的,包括电池、容器和雾化器。

八、就税号 8539.50.00 而言,美国国家标准电灯协会对发光(LED)灯的类型定义如下:

(一)统计报告编码 8539.50.0010 描述的 ANSI 形状 A、BT、P、PS 或 T;

(二)统计报告编码 8539.50.0020 描述的 ANSI 形状 B、BA、C、CA、DC、F、G 或 ST;

(三)统计报告编码 8535.50.0030 描述的 ANSI 形状 R、BR 或 PAR;或者

(四)统计报告编码 8539.50.0040 描述的 ANSI 形状 MR11、MR16 或 MRX16。

九、就品目 8501 而言,光伏发电机包括与其他装置组合的光电管面板,例如蓄电池和电子控制装置(电压调节器、逆变器等)以及配备元件的面板或模块,无论其多么简单(例如,控制电流方向的二极管),直接向电机、电解槽等供电。在这些装置中,电是通过太阳能电池产生的,将太阳能直接转换为电能(光伏转换)。

十、就统计报告编码 8501.31.8010、8501.32.6010、8501.61.0010、8507.20.8010、8541.40.6015、8541.40.6025、8541.40.6035 和 8541.40.6045 而言,进口商应根据最新版国际电工委员会(IEC)60904 的标准试验条件报告光伏设备最大功率下的总瓦数。

十一、就统计报告编码 8541.40.6015 和 8541.40.6025 而言,"晶体硅光伏电池"指厚度等于或大于 20 微米的晶体硅光伏电池,具有通过任何方式形成的 p/n 极(或其变体),根据统计报告编码 8541.40.6025 进口的电池(或根据统计报告编码 8541.40.6015 进口的其子组件)是否经过其他处理,包括但不限于清洁、蚀刻、涂层和/或添加材料(包括但不限于,金属化和导体图案)收集和转发电池产生的电。这种电池包括除其他光伏材料外还含有晶体硅的光伏电池。这包括但不限于钝化发射极后接触单元、具有固有薄层单元的异质结以及其他所谓的混合单元。

第八十五章 电机、电气设备及其零件;录音机及放声机、电视图像、声音的录制和重放设备及其零件、附件

税则号列	统计后缀	货品名称	单位	税率 1 普通	税率 1 特惠	税率 2
8501		电动机及发电机(不包括发电机组):				
8501.10		输出功率不超过37.5瓦的电动机:				
		低于18.65瓦:				
8501.10.20	00	同步,价值不超过4美元/个[1]	个	6.7%[2]	0(A,AU,B,BH,CA,CL,CO,D,E,IL,JO,KR,MA,MX,OM,P,PA,PE,S,SG)	90%
8501.10.40		其他		4.4%[3]	0(A,AU,B,BH,CA,CL,CO,D,E,IL,JO,KR,MA,MX,OM,P,PA,PE,S,SG)	35%
	20	交流[4]	个			
		直流:				
	40	无刷[5]	个			
	60	其他[6]	个			
	80	其他	个			
8501.10.60		18.65瓦或以上但不超过37.5瓦		2.8%[7]	0(A,AU,B,BH,CA,CL,CO,D,E,IL,JO,KR,MA,MX,OM,P,PA,PE,S,SG)	35%
	20	交流[8]	个			
		直流:				
	40	无刷[9]	个			
	60	其他[1]	个			
	80	其他[10]	个			
8501.20		交直流两用电动机,输出功率超过37.5瓦				
8501.20.20	00	超过37.5瓦,但不超过74.6瓦[11]	个	3.3%[3]	0(A,AU,B,BH,CA,CL,CO,D,E,IL,JO,KR,MA,MX,OM,P,PA,PE,S,SG)	35%
8501.20.40	00	超过74.6瓦,但不超过735瓦[1]	个	4%[2]	0(A,AU,B,BH,CA,CL,CO,D,E,IL,JO,KR,MA,MX,OM,P,PA,PE,S,SG)	35%
8501.20.50	00	超过735瓦,但低于746瓦	个	3.3%[3]	0(A,AU,B,BH,C,CA,CL,CO,D,E,IL,JO,KR,MA,MX,OM,P,PA,PE,S,SG)	35%
8501.20.60	00	其他[11]	个	2.4%[3]	0(A,AU,B,BH,C,CA,CL,CO,D,E,IL,JO,KR,MA,MX,OM,P,PA,PE,S,SG)	35%
		其他直流电动机;直流发电机:				
8501.31		输出功率不超过750瓦:				
		电动机:				
8501.31.20	00	超过37.5瓦,但不超过74.6瓦[12]	个	2.8%[3]	0(A*,AU,B,BH,CA,CL,CO,D,E,IL,JO,KR,MA,MX,OM,P,PA,PE,S,SG)	35%
8501.31.40	00	超过74.6瓦,但不超过735瓦[13]	个	4%[14]	0(A*,AU,B,BH,CA,CL,CO,D,E,IL,JO,KR,MA,MX,OM,P,PA,PE,S,SG)	35%

税则号列	统计后缀	货品名称	单位	税率 1 普通	税率 1 特惠	2
8501.31.50	00	超过735瓦,但低于746瓦[15]	个	3.3%[3]	0(A*,AU,B,BH,C,CA,CL,CO,D,E,IL,JO,KR,MA,MX,OM,P,PA,PE,S,SG)	35%
8501.31.60	00	其他[16]	个	2.4%[3]	0(A*,AU,B,BH,C,CA,CL,CO,D,E,IL,JO,KR,MA,MX,OM,P,PA,PE,S,SG)	35%
8501.31.80		发电机		2.5%[17]	0(A*,AU,B,BH,C,CA,CL,CO,D,E,IL,JO,KR,MA,MX,OM,P,PA,PE,S,SG)	35%
	10	本章统计注释九所述的光伏发电机[18]	个 瓦			
	90	其他	个			
8501.32		输出功率超过750瓦,但不超过75千瓦:				
		电动机:				
8501.32.20	00	超过750瓦,但不超过14.92千瓦[9]	个	2.9%[2]	0(A*,AU,B,BH,C,CA,CL,CO,D,E,IL,JO,KR,MA,MX,OM,P,PA,PE,S,SG)	35%
		其他				
8501.32.45	00	用作子目8703.40、子目8703.50、子目8703.60、子目8703.70或子目8703.80的电动车辆的电动机	个	0[3]		35%
8501.32.55		其他		0[3]		35%
	20	用于民用飞机[19]	个			
	40	其他	个			
8501.32.60		发电机		2%[17]	0(A*,AU,B,BH,C,CA,CL,CO,D,E,IL,JO,KR,MA,MX,OM,P,PA,PE,S,SG)	35%
	10	本章统计注释九所述的光伏发电机	个 瓦			
	90	其他	个			
8501.33		输出功率超过75千瓦,但不超过375千瓦				
		电动机:				
8501.33.20		超过75千瓦,但低于149.2千瓦		0[2]		35%
	40	用于民用飞机[19]	个			
	80	其他	个			
8501.33.30	00	149.2千瓦或以上,但不超过150千瓦	个	2.8%[2]	0(A,AU,BH,C,CA,CL,CO,D,E,IL,JO,KR,MA,MX,OM,P,PA,PE,S,SG)	35%
8501.33.40		其他		2.8%[3]	0(A,AU,BH,CA,CL,CO,D,E,IL,JO,KR,MA,MX,OM,P,PA,PE,S,SG)	35%
	40	不超过373千瓦	个			
	60	其他	个			

第八十五章 电机、电气设备及其零件;录音机及放声机、电视图像、声音的录制和重放设备及其零件、附件   1319

税则号列	统计后缀	货品名称	单位	税率 1 普通	税率 1 特惠	2
8501.33.60	00	发电机	个	2.5%[3]	0(A,AU,B,BH,C,CA,CL,CO,D,E,IL,JO,KR,MA,MX,OM,P,PA,PE,S,SG)	35%
8501.34		输出功率超过375千瓦:				
8501.34.30	00	电动机	个	2.8%[3]	0(A,AU,BH,CA,CL,CO,D,E,IL,JO,KR,MA,MX,OM,P,PA,PE,S,SG)	35%
8501.34.60	00	发电机	个	2%[3]	0(A,AU,B,BH,C,CA,CL,CO,D,E,IL,JO,KR,MA,MX,OM,P,PA,PE,S,SG)	35%
8501.40		其他单相交流电动机:				
8501.40.20		输出功率超过37.5瓦,但不超过74.6瓦		3.3%[20]	0(A*,AU,B,BH,CA,CL,CO,D,E,IL,JO,KR,MA,MX,OM,P,PA,PE,S,SG)	35%
	20	齿轮马达[21]	个			
	40	其他[22]	个			
8501.40.40		输出功率超过74.6瓦,但不超过735瓦		4%[23]	0(A*,AU,B,BH,CA,CL,CO,D,E,IL,JO,KR,MA,MX,OM,P,PA,PE,S,SG)	35%
	20	齿轮马达[21]	个			
	40	其他[24]	个			
8501.40.50		输出功率超过735瓦,但低于746瓦		3.3%[25]	0(A*,AU,B,BH,CA,CL,CO,D,E,IL,JO,KR,MA,MX,OM,P,PA,PE,S,SG)	35%
	20	齿轮马达	个			
	40	其他	个			
8501.40.60		其他		3.7%[25]	0(A*,AU,B,BH,CA,CL,CO,D,E,IL,JO,KR,MA,MX,OM,P,PA,PE,S,SG)	35%
	20	齿轮马达	个			
	40	其他[26]	个			
		其他多相交流电动机:				
8501.51		输出功率不超过750瓦:				
8501.51.20		超过37.5瓦,但不超过74.6瓦		2.5%[3]	0(A,AU,B,BH,CA,CL,CO,D,E,IL,JO,JP,KR,MA,MX,OM,P,PA,PE,S,SG)	35%
	20	齿轮马达	个			
	40	其他[11]	个			
8501.51.40		超过74.6瓦,但不超过735瓦		2.5%[3]	0(A,AU,B,BH,CA,CL,CO,D,E,IL,JO,JP,KR,MA,MX,OM,P,PA,PE,S,SG)	35%
	20	齿轮马达	个			
	40	其他[27]	个			
8501.51.50		超过735瓦,但低于746瓦		3.3%[3]	0(A,AU,B,BH,C,CA,CL,CO,D,E,IL,JO,JP,KR,MA,MX,OM,P,PA,PE,S,SG)	35%
	20	齿轮马达	个			

税则号列	统计后缀	货品名称	单位	税率 1 普通	税率 1 特惠	2
	40	其他	个			
8501.51.60		其他		2.5%[3]	0(A, AU, B, BH, C, CA, CL, CO, D, E, IL, JO, JP, KR, MA, MX, OM, P, PA, PE, S, SG)	35%
	20	齿轮马达	个			
	40	其他	个			
8501.52		输出功率超过750瓦,但不超过75千瓦:				
8501.52.40	00	超过750瓦,但不超过14.92千瓦[18]	个	3.7%[28]	0(A, AU, B, BH, C, CA, CL, CO, D, E, IL, JO, KR, MA, MX, OM, P, PA, PE, S, SG)	35%
8501.52.80		其他		0[3]		35%
	20	用于民用飞机[19]	个			
	40	其他[29]	个			
8501.53		输出功率超过75千瓦				
8501.53.40		超过75千瓦,但低于149.2千瓦		0[3]		35%
	40	用于民用飞机[19]	个			
	80	其他[30]	个			
8501.53.60	00	149.2千瓦或以上,但不超过150千瓦	个	4.2%[31]	0(A, AU, BH, C, CA, CL, CO, D, E, IL, JO, KR, MA, MX, OM, P, PA, PE, S, SG)	35%
8501.53.80		其他		2.8%[3]	0(A, AU, BH, CA, CL, CO, D, E, IL, JO, KR, MA, MX, OM, P, PA, PE, S, SG)	35%
	40	不超过373千瓦[32]	个			
	60	其他[33]	个			
		交流发电机:				
8501.61.00		输出功率不超过75千伏安		2.5%[34]	0(A*, AU, B, BH, C, CA, CL, CO, D, E, IL, JO, KR, MA, MX, OM, P, PA, PE, S, SG)	35%
	10	本章统计注释九所述的光伏发电机	个瓦			
	90	其他	个			
8501.62.00	00	输出功率超过75千伏安,但不超过375千伏安[35]	个	2.5%[3]	0(A, AU, B, BH, C, CA, CL, CO, D, E, IL, JO, JP, KR, MA, MX, OM, P, PA, PE, S, SG)	35%
8501.63.00	00	输出功率超过375千伏安,但不超过750千伏安[11]	个	2.5%[3]	0(A*, AU, BH, C, CA, CL, CO, D, E, IL, JO, KR, MA, MX, OM, P, PA, PE, S, SG)	35%
8501.64.00		输出功率超过750千伏安		2.4%[3]	0(A, AU, BH, CA, CL, CO, D, E, IL, JO, JP, KR, MA, MX, OM, P, PA, PE, S, SG)	35%
		超过750千伏安,但不超过10 000千伏安:				
	21	税号8502.31.00的风力发电机组的	个			
	25	其他[11]	个			

税则号列	统计后缀	货品名称	单位	税率 1 普通	税率 1 特惠	2
	30	超过 10 000 千伏安,但不超过 40 000 千伏安	个			
	50	其他	个			
8502		发电机组及旋转式变流机:				
		装有压燃式活塞内燃发动机(柴油或半柴油发动机)的发电机组:				
8502.11.00	00	输出功率不超过 75 千伏安[11]	个	2.5%[3]	0(A,AU,B,BH,C,CA,CL,CO, D,E,IL,JO,JP,KR,MA,MX, OM,P,PA,PE,S,SG)	35%
8502.12.00	00	输出功率超过 75 千伏安,但不超过 375 千伏安	个	2.5%[3]	0(A*,AU,B,BH,C,CA,CL,CO, D,E,IL,JO,JP,KR,MA,MX, OM,P,PA,PE,S,SG)	35%
8502.13.00		输出功率超过 375 千伏安:		2%[3]	0(A,AU,B,BH,C,CA,CL,CO, D,E,IL,JO,KR,MA,MX,OM,P, PA,PE,S,SG)	35%
	20	超过 375 千伏安,但不超过 1 000 千伏安	个			
	40	超过 1 000 千伏安	个			
8502.20.00		装有点燃式活塞内燃发动机的发电机组		2%[36]	0(A,AU,B,BH,C,CA,CL,CO, D,E,IL,JO,JP,KR,MA,MX, OM,P,PA,PE,S,SG)	35%
	30	输出功率不超过 1.875 千伏安	个			
	60	输出功率超过 1.875 千伏安,但不超过 6.25 千伏安	个			
	70	输出功率超过 6.25 千伏安,但不超过 75 千伏安	个			
	85	输出功率超过 75 千伏安	个			
		其他发电机组:				
8502.31.00	00	风力驱动的	个	2.5%[3]	0(A,AU,B,BH,C,CA,CL,CO, D,E,IL,JO,KR,MA,MX,OM, PA,PE,S,SG)	35%
8502.39.00		其他		2.5%[3]	0(A,AU,B,BH,C,CA,CL,CO, D,E,IL,JO,JP,KR,MA,MX, OM,P,PA,PE,S,SG)	35%
	40	由汽轮机提供动力	个			
	80	其他	个			
8502.40.00	00	旋转式变流机	个	3%[3]	0(A,AU,B,BH,C,CA,CL,CO, D,E,IL,JO,KR,MA,MX,OM,P, PA,PE,S,SG)	35%
8503.00		专用于或主要用于品目 8501 或品目 8502 所列机器的零件:				
8503.00.20	00	换向器	个	2.4%[3]	0(A,AU,B,BH,CA,CL,CO,D, E,IL,JO,KR,MA,MX,OM,P, PA,PE,S,SG)	35%
		品目 8501 货品的定子和转子:				
8503.00.35	00	适用于 18.65 瓦以下的电动机	个	6.5%[3]	0(A,AU,B,BH,CA,CL,CO,D, E,IL,JO,KR,MA,MX,OM,P, PA,PE,S,SG)	90%

税则号列	统计后缀	货品名称	单位	税率 1 普通	税率 1 特惠	2
8503.00.45	00	适用于飞机上使用的发电机	个	0[3]		35%
8503.00.65	00	其他[11]	个	3%[3]	0(A*,AU,B,BH,CA,CL,CO,D, E,IL,JO,KR,MA,MX,OM,P, PA,PE,S,SG)	35%
		其他:				
8503.00.75	00	适用于18.65瓦以下的电动机	个	6.5%[3]	0(A,AU,B,BH,CA,CL,CO,D, E,IL,JO,KR,MA,MX,OM,P, PA,PE,S,SG)	90%
8503.00.90	00	适用于飞机上使用的发电机	个	0[3]		35%
8503.00.95		其他		3%[37]	0(A*,AU,B,BH,CA,CL,CO,D, E,IL,JO,KR,MA,MX,OM,P, PA,PE,S,SG)	35%
	20	电动机零件[38]	千克			
		发电机零件:				
	46	用于税号8501.64.00的交流发电机(交流发电机)	千克			
	50	其他[39]	千克			
		其他:				
	70	税号8502.31.00的风力发电机组零件	千克			
	80	其他	千克			
8504		变压器、静止式变流器(例如整流器)及电感器:				
8504.10.00	00	放电灯或放电管用镇流器:	个	3%[40]	0(A*,AU,B,BH,C,CA,CL,CO, D,E,IL,JO,KR,MA,MX,OM,P, PA,PE,S,SG)	35%
		液体介质变压器:				
8504.21.00		额定容量不超过650千伏安		0[3]		35%
	20	额定容量不超过50千伏安	个			
	40	额定容量超过50千伏安,但不超过100千伏安	个			
	60	额定容量超过100千伏安,但不超过500千伏安	个			
	80	额定容量超过500千伏安,但不超过650千伏安	个			
8504.22.00		额定容量超过650千伏安,但不超过10兆伏安		0[3]		35%
	40	额定容量超过650千伏安,但不超过2 500千伏安的	个			
	80	额定容量超过2 500千伏安,但不超过10 000千伏安	个			
8504.23.00		额定容量超过10兆伏安:		1.6%[3]	0(A,AU,BH,CA,CL,CO,D,E, IL,JO,KR,MA,MX,OM,P,PA, PE,S,SG)	35%
	41	额定容量超过10 000千伏安,但不超过59 999千伏安	个			

第八十五章　电机、电气设备及其零件;录音机及放声机、电视图像、声音的录制和重放设备及其零件、附件

税则号列	统计后缀	货品名称	单位	税率 1 普通	税率 1 特惠	税率 2
	45	额定容量超过 59 999 千伏安,但不超过 100 000 千伏安	个			
	80	额定容量超过 100 000 千伏安	个			
		其他变压器:				
8504.31		额定容量不超过 1 千伏安:				
8504.31.20	00	未评级	个	0[25]		35%
		其他:				
8504.31.40		额定容量小于 1 千伏安		6.6%[25]	0(A,AU,B,BH,C,CA,CL,CO,D,E,IL,JO,KR,MA,MX,OM,P,PA,PE,S,SG)	35%
	35	额定容量小于 40 伏安	个			
	65	额定容量 40 伏安及以上	个			
8504.31.60	00	额定容量 1 千伏安	个	1.6%[25]	0(A,AU,B,BH,C,CA,CL,CO,D,E,IL,JO,KR,MA,MX,OM,P,PA,PE,S,SG)	35%
8504.32.00	00	额定容量超过 1 千伏安,但不超过 16 千伏安[41]	个	2.4%[3]	0(A,AU,B,BH,C,CA,CL,CO,D,E,IL,JO,KR,MA,MX,OM,P,PA,PE,S,SG)	35%
8504.33.00		额定容量超过 16 千伏安,但不超过 500 千伏安		1.6%[3]	0(A,AU,B,BH,C,CA,CL,CO,D,E,IL,JO,JP,KR,MA,MX,OM,P,PA,PE,S,SG)	35%
	20	额定容量超过 16 千伏安,但不超过 50 千伏安[42]	个			
	40	额定容量超过 50 千伏安,但不超过 500 千伏安	个			
8504.34.00	00	额定容量超过 500 千伏安	个	1.6%[3]	0(A,AU,B,BH,CA,CL,CO,D,E,IL,JO,JP,KR,MA,MX,OM,P,PA,PE,S,SG)	35%
8504.40		静止式变流器:				
8504.40.40	00	电动机的速度驱动控制器[43]	个	0[3]		35%
		品目 8471 的自动数据处理设备及其部件的电源;子目 8443.31 或子目 8443.32 货品的电源;子目 8528.42 或子目 8528.52 的监视器或子目 8528.62 的投影仪的电源:				
8504.40.60		适用于物理连接到品目 8471 的自动数据处理设备及其部件		0[25]		35%
	01	输出功率不超过 50 瓦	个			
	07	输出功率超过 50 瓦,但不超过 150 瓦	个			
	12	输出功率超过 150 瓦,但不超过 500 瓦	个			
	18	其他[44]	个			
8504.40.70		其他		0[25]		35%
	01	输出功率不超过 50 瓦[45]	个			
	07	输出功率超过 50 瓦,但不超过 150 瓦[46]	个			

税则号列	统计后缀	货品名称	单位	税率 1 普通	税率 1 特惠	2
	12	输出功率超过150瓦,但不超过500瓦	个			
	18	其他	个			
8504.40.85	00	电信设备用[47]	个	0[25]		35%
8504.40.95		其他		0[48]		35%
		整流器及整流装置:				
		电源:				
	10	输出功率不超过50瓦	个			
	20	输出功率超过50瓦,但不超过150瓦[45]	个			
	30	输出功率超过150瓦,但不超过500瓦[49]	个			
	40	其他[50]	个			
	50	其他[51]	个			
	70	逆变器[50]	个			
	80	其他[21]	个			
8504.50		其他电感器:				
8504.50.40	00	用于品目8471的自动数据设备及其部件的电源;用于子目8443.31或子目8443.32货品的电源;用于子目8528.42或子目8528.52的监视器或子目8528.62的投影仪的电源;用于电信设备	个	0[25]		35%
8504.50.80	00	其他[26]	个	0[25]		35%
8504.90		零件:				
		品目8471的自动数据处理设备及其部件的电源;子目8443.31或子目8443.32货品的电源;子目8528.42或子目8528.52的监视器或子目8528.62的投影仪的电源:				
8504.90.20	00	印刷电路组件	个	0[25]		35%
8504.90.41	00	其他	个	0[3]		35%
		其他:				
		印刷电路组件:				
8504.90.65	00	子目8504.40或子目8504.50的用于电信设备的货品[52]	个	0[3]		35%
8504.90.75	00	其他[53]	个	0[54]		35%
8504.90.96		其他		0[3]		35%
		铁氧体:				
	10	变压器用	个			
	30	其他	个			
		其他零件:				
		变压器:				
	34	用于并入叠片芯中的叠片	个			

第八十五章 电机、电气设备及其零件;录音机及放声机、电视图像、声音的录制和重放设备及其零件、附件

税则号列	统计后缀	货品名称	单位	税率 1 普通	税率 1 特惠	2
	38	变压器用叠层铁芯	个			
	42	变压器用绕线铁芯	个			
	46	其他[11]	个			
	50	静态转换器[42]	个			
	90	其他[55]	个			
8505		电磁铁;永磁铁及磁化后准备制永磁铁的货品;电磁铁或永磁铁卡盘、夹具及类似的工件夹具;电磁联轴节、离合器及制动器;电磁起重吸盘:				
		永磁铁及磁化后准备制永磁铁的物品:				
8505.11.00		金属的:		2.1%	0(A,AU,B,BH,CA,CL,CO,D,E,IL,JO,JP,KR,MA,MX,OM,P,PA,PE,S,SG)	45%
	10	铝镍钴	个 千克			
	30	陶瓷	个 千克			
	50	烧结钐钴	个 千克			
	70	烧结钕铁硼	个 千克			
	90	其他	个 千克			
8505.19		其他:				
8505.19.10	00	柔性磁铁	个	4.9%[3]	0(A,AU,BH,CA,CL,CO,D,E,IL,JO,KR,MA,MX,OM,P,PA,PE,S,SG)	45%
8505.19.20	00	含有柔性磁铁的复合材料	个	4.9%[25]	0(A,AU,BH,CA,CL,CO,D,E,IL,JO,KR,MA,MX,OM,P,PA,PE,S,SG)	45%
8505.19.30	00	其他	个	4.9%[25]	0(A,AU,BH,CA,CL,CO,D,E,IL,JO,KR,MA,MX,OM,P,PA,PE,S,SG)	45%
8505.20.00	00	电磁联轴节、离合器及制动器	个	3.1%[3]	0(A,AU,B,BH,CA,CL,CO,D,E,IL,JO,KR,MA,MX,OM,P,PA,PE,S,SG)	35%
8505.90		其他,包括零件:				
8505.90.30	00	电磁吊头	个	0[3]		35%
8505.90.40	00	工作架及其零件	千克	0[3]		30%
8505.90.70	00	专用于或主要用于磁共振成像设备的电磁铁,但品目9018的设备除外	个	0[3]		35%
8505.90.75	01	其他[56]	千克	1.3%[54]	0(A*,AU,B,BH,CA,CL,CO,D,E,IL,JO,KR,MA,MX,OM,P,PA,PE,S,SG)	35%
8506		原电池及原电池组:				
8506.10.00	00	二氧化锰的	个	2.7%[25]	0(A,AU,BH,CA,CL,CO,D,E,IL,JO,KR,MA,MX,OM,P,PA,PE,S,SG)	35%

税则号列	统计后缀	货品名称	单位	税率 1 普通	税率 1 特惠	2
8506.30		氧化汞的：				
8506.30.10	00	外部体积不超过300立方厘米的	个	2.7%[25]	0(A, AU, BH, CA, CL, CO, D, E, IL, JO, KR, MA, MX, OM, P, PA, PE, S, SG)	35%
8506.30.50	00	其他	个	2.7%[25]	0(A, AU, BH, CA, CL, CO, D, E, IL, JO, KR, MA, MX, OM, P, PA, PE, S, SG)	35%
8506.40		氧化银的：				
8506.40.10	00	外部体积不超过300立方厘米的	个	2.7%[3]	0(A, AU, BH, CA, CL, CO, D, E, IL, JO, KR, MA, MX, OM, P, PA, PE, S, SG)	35%
8506.40.50	00	其他	个	2.7%[3]	0(A, AU, BH, CA, CL, CO, D, E, IL, JO, KR, MA, MX, OM, P, PA, PE, S, SG)	35%
8506.50.00	00	锂的	个	2.7%[3]	0(A, AU, BH, CA, CL, CO, D, E, IL, JO, KR, MA, MX, OM, P, PA, PE, S, SG)	35%
8506.60.00	00	空气锌的	个	2.7%[3]	0(A, AU, BH, CA, CL, CO, D, E, IL, JO, KR, MA, MX, OM, P, PA, PE, S, SG)	35%
8506.80.00	00	其他原电池及原电池组	个	2.7%[25]	0(A*, AU, BH, CA, CL, CO, D, E, IL, JO, JP, KR, MA, MX, OM, P, PA, PE, S, SG)	35%
8506.90.00	00	零件[33]	千克	2.7%[3]	0(A, AU, BH, CA, CL, CO, D, E, IL, JO, KR, MA, MX, OM, P, PA, PE, S, SG)	35%
8507		蓄电池,包括隔板,不论是否矩形(包括正方形)：				
8507.10.00		铅酸蓄电池,用于启动活塞式发动机		3.5%[25]	0(A, AU, B, BH, C, CA, CL, CO, D, E, IL, JO, KR, MA, MX, OM, P, PA, PE, S, SG)	40%
		12伏电池：				
	30	重量不超过6千克[57]	个 千克			
	60	重量超过6千克	个 千克			
	90	其他	个 千克			
8507.20		其他铅酸蓄电池：				
8507.20.40	00	用作子目8703.40、子目8703.50、子目8703.60、子目8703.70或子目8703.80的电动车辆的主要电气动力源[58]	个 千克	3.5%[25]	0(A*, AU, B, BH, CA, CL, CO, D, E, IL, JO, KR, MA, MX, OM, P, PA, PE, S, SG)	40%
8507.20.80		其他		3.5%[59]	0(A*, AU, B, BH, CA, CL, CO, D, E, IL, JO, KR, MA, MX, OM, P, PA, PE, S, SG)	40%
	10	税号9903.45.25的	个 瓦			
		其他：				

第八十五章 电机、电气设备及其零件;录音机及放声机、电视图像、声音的录制和重放设备及其零件、附件

税则号列	统计后缀	货品名称	单位	税率 1 普通	税率 1 特惠	税率 2
	31	6伏电池	个 千克			
	41	12伏电池	个 千克			
	61	36伏电池	个 千克			
	91	其他	个 千克			
8507.30		镍镉蓄电池:				
8507.30.40	00	用作子目8703.40、子目8703.50、子目8703.60、子目8703.70或子目8703.80的电动车辆的主要电气动力源	个	2.5%[25]	0(A,AU,B,BH,CA,CL,CO,D,E,IL,JO,KR,MA,MX,OM,P,PA,PE,S,SG)	40%
8507.30.80		其他		2.5%[25]	0(A,AU,B,BH,C,CA,CL,CO,D,E,IL,JO,KR,MA,MX,OM,P,PA,PE,S,SG)	40%
	10	密封的	个			
	90	其他	个			
8507.40		镍铁蓄电池:				
8507.40.40	00	用作子目8703.40、子目8703.50、子目8703.60、子目8703.70或子目8703.80的电动车辆的主要电气动力源	个	3.4%[25]	0(A,AU,B,BH,CA,CL,CO,D,E,IL,JO,KR,MA,MX,OM,P,PA,PE,S,SG)	40%
8507.40.80	00	其他	个	3.4%[25]	0(A,AU,B,BH,C,CA,CL,CO,D,E,IL,JO,KR,MA,MX,OM,P,PA,PE,S,SG)	40%
8507.50.00	00	镍氢蓄电池[45]	个 千克	3.4%[25]	0(A,AU,B,BH,C,CA,CL,CO,D,E,IL,JO,KR,MA,MX,OM,P,PA,PE,S,SG)	40%
8507.60.00		锂离子蓄电池		3.4%[60]	0(A,AU,B,BH,C,CA,CL,CO,D,E,IL,JO,KR,MA,MX,OM,P,PA,PE,S,SG)	40%
	10	用作子目8703.40、子目8703.50、子目8703.60、子目8703.70或子目8703.80的电动车辆的主要电气动力源	个 千克			
	20	其他[61]	个 千克			
8507.80		其他蓄电池:				
8507.80.40	00	用作子目8703.40、子目8703.50、子目8703.60、子目8703.70或子目8703.80的电动车辆的主要电气动力源	个	3.4%[2]	0(A,AU,B,BH,CA,CL,CO,D,E,IL,JO,KR,MA,MX,OM,P,PA,PE,S,SG)	40%
8507.80.81	00	其他	个 千克	3.4%[2]	0(A,AU,B,BH,C,CA,CL,CO,D,E,IL,JO,JP,KR,MA,MX,OM,P,PA,PE,S,SG)	40%
8507.90		零件:				
8507.90.40	00	铅酸蓄电池用	千克	3.5%[40]	0(A,AU,B,BH,C,CA,CL,CO,D,E,IL,JO,KR,MA,MX,OM,P,PA,PE,S,SG)	40%

税则号列	统计后缀	货品名称	单位	税率 1 普通	税率 1 特惠	税率 2
8507.90.80	00	其他	千克	3.4%[3]	0(A, AU, B, BH, C, CA, CL, CO, D, E, IL, JO, KR, MA, MX, OM, P, PA, PE, S, SG)	40%
8508		真空吸尘器：				
		电动的：				
8508.11.00	00	功率不超过1 500瓦,且带有容积不超过20升的集尘袋或其他集尘容器[62]	个	0[25]		35%
8508.19.00	00	其他	个	0[25]		35%
8508.60.00	00	其他真空吸尘器	个	0[25]		35%
8508.70.00	00	零件	千克	0[25]		35%
8509		家用电动器具,品目8508的真空吸尘器除外：				
8509.40.00		食品研磨机及搅拌器；水果或蔬菜的榨汁机		4.2%[63]	0(A, AU, BH, CA, CL, CO, D, E, IL, JO, KR, MA, MX, OM, P, PA, PE, S, SG)	40%
	15	搅拌机	个			
	25	其他食品搅拌机	个			
	30	榨汁机	个			
	40	食品研磨机和加工机	个			
8509.80		其他器具：				
8509.80.10	00	地板打蜡机	个	0[64]		35%
8509.80.20	00	厨房废物处理器(处置)	个	0[25]		40%
8509.80.50		其他		4.2%[65]	0(A, AU, BH, CA, CL, CO, D, E, IL, JO, KR, MA, MX, OM, P, PA, PE, S, SG)	40%
	40	开罐器(包括组合装置)	个			
	45	电动牙刷	个			
		加湿器：				
	50	蒸发式	个			
		其他：				
	70	超声波	个			
	80	其他	个			
	95	其他	个			
8509.90		零件：				
		地板打蜡机零件：				
8509.90.25	00	外壳	个	3.4%[25]	0(A, AU, BH, CA, CL, CO, D, E, IL, JO, KR, MA, MX, OM, P, PA, PE, S, SG)	35%
8509.90.35	00	其他	千克	3.4%[25]	0(A, AU, BH, CA, CL, CO, D, E, IL, JO, KR, MA, MX, OM, P, PA, PE, S, SG)	35%
		其他：				

第八十五章　电机、电气设备及其零件；录音机及放声机、电视图像、声音的录制和重放设备及其零件、附件　1329

税则号列	统计后缀	货品名称	单位	税率 1 普通	税率 1 特惠	2
8509.90.45	00	外壳	个	4.2%[25]	0(A,AU,BH,CA,CL,CO,D,E,IL,JO,KR,MA,MX,OM,P,PA,PE,S,SG)	40%
8509.90.55	00	其他	千克	4.2%[66]	0(A,AU,BH,CA,CL,CO,D,E,IL,JO,KR,MA,MX,OM,P,PA,PE,S,SG)	40%
8510		电动剃须刀、电动毛发推剪及电动脱毛器：				
8510.10.00	00	剃须刀	个	0[40]		35%
8510.20		毛发推剪：				
8510.20.10	00	用于农业或园艺的毛发推剪	个	4%[25]	0(A,AU,BH,CA,CL,CO,D,E,IL,JO,KR,MA,MX,OM,P,PA,PE,S,SG)	45%
8510.20.90	00	其他	个	4%[25]	0(A,AU,BH,CA,CL,CO,D,E,IL,JO,KR,MA,MX,OM,P,PA,PE,S,SG)	45%
8510.30.00	00	脱毛器	个	4.2%[64]	0(A*,AU,BH,CA,CL,CO,D,E,IL,JO,KR,MA,MX,OM,P,PA,PE,S,SG)	40%
8510.90		零件：				
		剃须刀零件：				
8510.90.10	00	刀片和刀头	个	0[25]		27.5%
8510.90.20	00	其他零件	千克	0[25]		35%
		毛发推剪零件：				
	01	用于农业或园艺的零件	千克	4%[25]	0(A,AU,BH,CA,CL,CO,D,E,IL,JO,KR,MA,MX,OM,P,PA,PE,S,SG)	45%
8510.90.40	00	其他零件	千克	4%[25]	0(A,AU,BH,CA,CL,CO,D,E,IL,JO,KR,MA,MX,OM,P,PA,PE,S,SG)	45%
8510.90.55	00	其他	千克	4.2%[25]	0(A,AU,BH,CA,CL,CO,D,E,IL,JO,KR,MA,MX,OM,P,PA,PE,S,SG)	40%
8511		点燃式或压燃式内燃发动机用的电点火及电启动装置(例如,点火磁电机、永磁直流发电机、点火线圈、火花塞、电热塞及启动电机)；附属于上述内燃发动机的发电机(例如,直流发电机、交流发电机)及断流器：				
8511.10.00	00	火花塞	百个	2.5%[25]	0(A*,AU,B,BH,C,CA,CL,CO,D,E,IL,JO,KR,MA,MX,OM,P,PA,PE,S,SG)	35%
8511.20.00	00	点火磁电机；永磁直流发电机；磁飞轮	个	2.5%[25]	0(A,AU,B,BH,C,CA,CL,CO,D,E,IL,JO,KR,MA,MX,OM,P,PA,PE,S,SG)	35%
8511.30.00		分电器；点火线圈		2.5%[25]	0(A,AU,B,BH,C,CA,CL,CO,D,E,IL,JO,KR,MA,MX,OM,P,PA,PE,S,SG)	35%
	40	分电器	个			
	80	点火线圈[67]	个			

税则号列	统计后缀	货品名称	单位	税率 1 普通	税率 1 特惠	2
8511.40.00	00	启动电机及两用启动发电机[68]	个	2.5%[69]	0(A*,AU,B,BH,C,CA,CL,CO,D,E,IL,JO,KR,MA,MX,OM,P,PA,PE,S,SG)	35%
8511.50.00	00	其他发电机[70]	个	2.5%[71]	0(A,AU,B,BH,C,CA,CL,CO,D,E,IL,JO,KR,MA,MX,OM,P,PA,PE,S,SG)	35%
8511.80		其他装置：				
		带切断继电器的电压和电压电流调节器：				
8511.80.20	00	设计用于6伏、12伏或24伏系统	个	2.5%[2]	0(A,AU,B,BH,C,CA,CL,CO,D,E,IL,JO,KR,MA,MX,OM,P,PA,PE,S,SG)	25%
8511.80.40	00	其他	个	0[2]		35%
8511.80.60	00	其他[46]	千克	2.5%[25]	0(A,AU,B,BH,C,CA,CL,CO,D,E,IL,JO,KR,MA,MX,OM,P,PA,PE,S,SG)	35%
8511.90		零件：				
		带切断继电器的电压和电压电流调节器：				
8511.90.20	00	设计用于6伏、12伏或24伏系统	千克	3.1%[2]	0(A,AU,B,BH,CA,CL,CO,D,E,IL,JO,KR,MA,MX,OM,P,PA,PE,S,SG)	25%
8511.90.40	00	其他	千克	0[2]		35%
8511.90.60		其他零件		2.5%[25]	0(A,AU,B,BH,CA,CL,CO,D,E,IL,JO,KR,MA,MX,OM,P,PA,PE,S,SG)	35%
	20	配电盘触点(断路器点)组	个			
	40	其他	千克			
8512		自行车或机动车辆用的电气照明或信号装置(品目8539的物品除外)、风挡刮水器、除霜器及去雾器：				
8512.10		自行车用照明或视觉信号装置：				
8512.10.20	00	照明装置[72]	个	0[40]		45%
8512.10.40	00	视觉信号装置[73]	个	2.7%[40]	0(A,AU,BH,CA,CL,CO,D,E,IL,JO,KR,MA,MX,OM,P,PA,PE,S,SG)	35%
8512.20		其他照明或视觉信号装置：				
8512.20.20		照明装置		0[25]		25%
	40	用于子目8701.20或品目8702、品目8703、品目8704、品目8705或品目8711的车辆[74]	个			
	80	其他	个			
8512.20.40		视觉信号装置		2.5%[25]	0(A,AU,B,BH,CA,CL,CO,D,E,IL,JO,KR,MA,MX,OM,P,PA,PE,S,SG)	35%
	40	用于子目8701.20或品目8702、品目8703、品目8704、品目8705或品目8711的车辆	个			

第八十五章　电机、电气设备及其零件；录音机及放声机、电视图像、声音的录制和重放设备及其零件、附件

税则号列	统计后缀	货品名称	单位	税率 1 普通	税率 1 特惠	2
	80	其他	个			
8512.30.00		音响信号装置		2.5%[25]	0(A,AU,B,BH,CA,CL,CO,D,E,IL,JO,KR,MA,MX,OM,P,PA,PE,S,SG)	35%
	20	喇叭	个			
	30	机动车辆用雷达探测器	个			
	40	其他[70]	个			
8512.40		风挡刮水器、除霜器及去雾器：				
8512.40.20	00	除霜器及去雾器	个	2.5%[25]	0(A,AU,BH,CA,CL,CO,D,E,IL,JO,KR,MA,MX,OM,P,PA,PE,S,SG)	35%
8512.40.40	00	风挡刮水器	个	2.5%[25]	0(A,AU,B,BH,CA,CL,CO,D,E,IL,JO,KR,MA,MX,OM,P,PA,PE,S,SG)	25%
8512.90		零件：				
8512.90.20	00	信号装置用[75]	千克	2.5%[76]	0(A*,AU,B,BH,CA,CL,CO,D,E,IL,JO,KR,MA,MX,OM,P,PA,PE,S,SG)	35%
		照明装置用：				
8512.90.40	00	用于自行车的	千克	0[25]		45%
8512.90.60	00	其他[77]	千克	0[25]		25%
8512.90.70	00	除霜器及去雾器	千克	2.5%[25]	0(A*,AU,BH,CA,CL,CO,D,E,IL,JO,KR,MA,MX,OM,P,PA,PE,S,SG)	35%
8512.90.90	00	其他	千克	2.5%[25]	0(A*,AU,B,BH,CA,CL,CO,D,E,IL,JO,KR,MA,MX,OM,P,PA,PE,S,SG)	25%
8513		自供能源（例如，使用干电池、蓄电池、永磁发电机）的手提式电灯，但品目8512的照明装置除外：				
8513.10		灯：				
8513.10.20	00	手电筒	个	12.5%[64]	0(A*,AU,BH,CA,CL,CO,D,E,IL,JO,KR,MA,MX,OM,P,PA,PE,S,SG)	35%
8513.10.40	00	其他	个	3.5%[64]	0(A*,AU,BH,CA,CL,CO,D,E,IL,JO,KR,MA,MX,OM,P,PA,PE,S,SG)	40%
8513.90		零件：				
8513.90.20	00	手电筒的	千克	12.5%[25]	0(A*,AU,BH,CA,CL,CO,D,E,IL,JO,KR,MA,MX,OM,P,PA,PE,S,SG)	35%
8513.90.40	00	其他	千克	3.5%[25]	0(A*,AU,BH,CA,CL,CO,D,E,IL,JO,KR,MA,MX,OM,P,PA,PE,S,SG)	40%
8514		工业或实验室用电炉及电烘箱（包括通过感应或介质损耗工作的）；工业或实验室用其他通过感应或介质损耗对材料进行热处理的设备：				

税则号列	统计后缀	货品名称	单位	税率 1 普通	税率 1 特惠	2
8514.10.00	00	电阻加热的炉及烘箱[11]	个	0[3]		35%
8514.20		通过感应或介质损耗工作的炉及烘箱：				
		微波炉：				
8514.20.40	00	用于制作热饮，或用于烹饪或加热食物	个	4%[78]	0(A*,AU,BH,C,CA,CL,CO,D,E,IL,JO,KR,MA,MX,OM,P,PA,PE,S,SG)	35%
8514.20.60	00	其他	个	4.2%[3]	0(A*,AU,BH,CA,CL,CO,D,E,IL,JO,KR,MA,MX,OM,P,PA,PE,S,SG)	35%
8514.20.80	00	其他	个	0[3]		35%
8514.30		其他炉及烘箱：				
8514.30.10	00	专用于或主要用于制造印刷电路或印刷电路组件的	个	0[3]		35%
8514.30.90	00	其他	个	1.3%[3]	0(A,AU,BH,CA,CL,CO,D,E,IL,JO,KR,MA,MX,OM,P,PA,PE,S,SG)	35%
8514.40.00	00	其他通过感应或介质损耗对材料进行热处理的设备[11]	千克	0[3]		35%
8514.90		零件：				
8514.90.40	00	微波炉用	千克	4%[25]	0(A,AU,BH,CA,CL,CO,D,E,IL,JO,KR,MA,MX,OM,P,PA,PE,S,SG)	35%
8514.90.80	00	其他[79]	千克	0[3]		35%
8515		电气(包括电热气体)、激光、其他光、光子束、超声波、电子束、磁脉冲或等离子弧焊接机器及装置，不论是否兼有切割功能；用于热喷金属或金属陶瓷的电气机器及装置：				
		钎焊机器及装置：				
8515.11.00	00	烙铁及焊枪[41]	个	2.5%[3]	0(A*,AU,BH,CA,CL,CO,D,E,IL,JO,KR,MA,MX,OM,P,PA,PE,S,SG)	35%
8515.19.00	00	其他[35]	个	0[3]		35%
		电阻焊接机器及装置：				
8515.21.00	00	全自动或半自动的	个	0[3]		35%
8515.29.00	00	其他	个	0[3]		35%
		用于金属加工的电弧(包括等离子弧)焊接机器及装置：				
8515.31.00	00	全自动或半自动的	个	1.6%[3]	0(A*,AU,BH,CA,CL,CO,D,E,IL,JO,JP,KR,MA,MX,OM,P,PA,PE,S,SG)	35%
8515.39.00		其他		1.6%[3]	0(A,AU,BH,CA,CL,CO,D,E,IL,JO,KR,MA,MX,OM,P,PA,PE,S,SG)	35%
		非旋转式：				
	20	交流变压器型[42]	个			
	40	其他	个			

第八十五章 电机、电气设备及其零件;录音机及放声机、电视图像、声音的录制和重放设备及其零件、附件

税则号列	统计后缀	货品名称	单位	税率 1 普通	税率 1 特惠	2
	60	旋转式	个			
8515.80.00		其他机器及装置		0[3]		35%
	40	超声波焊接机	个			
	80	其他	个			
8515.90		零件:				
8515.90.20	00	超声波焊接机用[11]	个	1.6%[3]	0(A,AU,BH,CA,CL,CO,D,E,IL,JO,JP,KR,MA,MX,OM,P,PA,PE,S,SG)	35%
8515.90.40	00	其他零件[80]	个	0[3]		35%
8516		电热的快速热水器、储存式热水器、浸入式液体加热器;电气空间加热器及土壤加热器;电热的理发器具(例如,电吹风机、电卷发器、电热发钳)及干手器;电熨斗;其他家用电热器具;加热电阻器,但品目8545的货品除外:				
8516.10.00		电热的快速热水器、储存式热水器、浸入式液体加热器		0[40]		35%
	40	储存式热水器	个			
	80	其他热水器及浸入式液体加热器	个			
		电气空间加热器及土壤加热器:				
8516.21.00	00	储存式散热器	个	0[25]		35%
8516.29.00		其他		3.7%[81]	0(A,AU,B,BH,CA,CL,CO,D,E,IL,JO,KR,MA,MX,OM,P,PA,PE,S,SG)	35%
		便携式空间加热器:				
	30	风扇驱动的[82]	个			
	60	其他	个			
	90	其他[83]	个			
		电热的理发器具及干手器:				
8516.31.00		吹风机	个	3.9%[64]	0(A,AU,BH,CA,CL,CO,D,E,IL,JO,KR,MA,MX,OM,P,PA,PE,S,SG)	35%
8516.32.00		其他理发器具		3.9%[64]	0(A,AU,BH,CA,CL,CO,D,E,IL,JO,KR,MA,MX,OM,P,PA,PE,S,SG)	35%
	20	卷发器	个			
	40	其他	个			
8516.33.00	00	干手器	个	0[40]		35%
8516.40		电熨斗:				
8516.40.20	00	旅行用	个	0[64]		35%
8516.40.40	00	其他	个	2.8%[84]	0(A,AU,BH,CA,CL,CO,D,E,IL,JO,KR,MA,MX,OM,P,PA,PE,S,SG)	40%
8516.50.00		微波炉		2%[85]	0(A*,AU,BH,CA,CL,CO,D,E,IL,JO,KR,MA,MX,OM,P,PA,PE,S,SG)	35%

税则号列	统计后缀	货品名称	单位	税率 1 普通	税率 1 特惠	2
	30	容量不超过22.5升的	个			
	60	容量超过22.5升但不超过31.0升的	个			
	90	容量超过31.0升的	个			
8516.60		其他炉；电锅、电热板、加热环、烧烤炉及烘烤器：				
8516.60.40		电锅和烤箱		0[25]		35%
	60	微波炉组合机	个			
		其他：				
	70	便携式的[21]	个			
		其他：				
	74	最大宽度不超过70厘米[86]	个			
		最大宽度超过70厘米的：				
	78	包含燃气灶	个			
	82	包含辐射加热炉灶	个			
	86	其他	个			
8516.60.60	00	其他	个	2.7%[87]	0(A*,AU,BH,CA,CL,CO,D,E,IL,JO,KR,MA,MX,OM,P,PA,PE,S,SG)	40%
		其他电热器具：				
8516.71.00		咖啡壶或茶壶		3.7%[88]	0(A*,AU,BH,CA,CL,CO,D,E,IL,JO,KR,MA,MX,OM,P,PA,PE,S,SG)	40%
		咖啡机：				
	20	自动滴液泵式咖啡机[89]	个			
	40	渗滤式咖啡机	个			
	60	其他	个			
	80	其他	个			
8516.72.00	00	烤面包机	个	5.3%[90]	0(A,AU,BH,CA,CL,CO,D,E,IL,JO,KR,MA,MX,OM,P,PA,PE,S,SG)	40%
8516.79.00	00	其他	个	2.7%[91]	0(A*,AU,BH,CA,CL,CO,D,E,IL,JO,KR,MA,MX,OM,P,PA,PE,S,SG)	40%
8516.80		加热电阻器：				
8516.80.40	00	仅用简单的绝缘模板和电气连接组装，用于防冰或除冰	个	0[25]		35%
8516.80.80	00	其他[21]	个	0[25]		35%
8516.90		零件：				
8516.90.05	00	子目8516.10、子目8516.21或子目8516.29的加热器或加热装置用	个	3.7%[25]	0(A*,AU,B,BH,CA,CL,CO,D,E,IL,JO,KR,MA,MX,OM,P,PA,PE,S,SG)	35%
8516.90.15	00	子目8516.33的干手设备外壳	个	3.9%[25]	0(A*,AU,BH,CA,CL,CO,D,E,IL,JO,KR,MA,MX,OM,P,PA,PE,S,SG)	35%

税则号列	统计后缀	货品名称	单位	税率 1 普通	税率 1 特惠	税率 2
8516.90.25	00	子目8516.40的电熨斗的外壳和钢底座	个	3.9%[25]	0(A*,AU,BH,CA,CL,CO,D,E,IL,JO,KR,MA,MX,OM,P,PA,PE,S,SG)	35%
		子目8516.50的微波炉的零件：				
8516.90.35	00	包含一项以上的下述组件：烹饪室；结构支撑底盘；门；外壳	个	0[25]		35%
8516.90.45	00	印刷电路组件	个	0[25]		35%
8516.90.50	00	其他	个	0[25]		35%
		子目8516.60.40的炉灶、灶具和烤箱的零件：				
8516.90.55	00	烹饪室，不论是否组装	个	0[25]		35%
8516.90.65	00	带或不带加热元件或控制装置的顶面板	个	0[25]		35%
8516.90.75	00	门组件，包含一种以上下述组件：内板；外板；窗户；绝缘	个	0[25]		35%
8516.90.80		其他		0[25]		35%
	10	用于烹饪炉灶和炉灶的搁架和架子	个			
	50	其他	个			
8516.90.85	00	烤面包器外壳	个	3.9%[25]	0(A*,AU,BH,CA,CL,CO,D,E,IL,JO,KR,MA,MX,OM,P,PA,PE,S,SG)	35%
8516.90.90	00	其他	个	3.9%[92]	0(A*,AU,BH,CA,CL,CO,D,E,IL,JO,KR,MA,MX,OM,P,PA,PE,S,SG)	35%
8517		电话机，包括用于蜂窝网络或其他无线网络的电话机；其他发送或接收声音、图像或其他数据用的设备，包括有线或无线网络（例如，局域网或广域网）的通信设备，品目8443、品目8525、品目8527或品目8528的发送或接收设备除外：				
		电话机，包括蜂窝网络或其他无线网络用电话机：				
8517.11.00	00	无绳电话机	个	0[40]		35%
8517.12.00		用于蜂窝网络或其他无线网络的电话机		0[64]		35%
	20	为公共蜂窝无线电通信服务设计的安装在机动车辆上的无线电话机	个			
	50	为公共蜂窝无线电通信服务设计的其他无线电电话机	个			
	80	其他	个			
8517.18.00		其他		0[64]		35%
	10	可视电话机	个			
	20	多线电话机（包括按键、呼叫导向器和控制台）	个			
	50	其他	个			

税则号列	统计后缀	货品名称	单位	税率 1 普通	税率 1 特惠	2
		其他发送或接收声音、图像或其他数据用的设备,包括有线或无线网络(例如,局域网或广域网)的通信设备:				
8517.61.00	00	基站	个	0[40]		35%
8517.62.00		接收、转换并且发送或再生声音、图像或其他数据用的设备,包括交换及路由设备		0[93]		35%
	10	调制解调器,与品目8471的数据处理设备一起使用的	个			
	20	交换器和路由器[94]	个			
	90	其他[95]	千克			
8517.69.00	00	其他	个	0[25]		35%
8517.70.00	00	零件	个	0[40]		35%
8518		传声器(麦克风)及其座架;扬声器,不论是否装成音箱;耳机、耳塞机,不论是否装有传声器,由传声器及一个或多个扬声器组成的组合机;音频扩大器;电气扩音机组:				
8518.10		传声器(麦克风)及其座架:				
8518.10.40	00	直径不超过10毫米,高度不超过3毫米,频率范围为300赫兹至3.4赫兹的通讯用麦克风	个	0[25]		35%
8518.10.80		其他		0[40]		35%
	30	麦克风	个			
	40	其他	个			
		扬声器,不论是否装成音箱:				
8518.21.00	00	单喇叭音箱	个	0[40]		35%
8518.22.00	00	多喇叭音箱[96]	个	0[40]		35%
8518.29		其他:				
8518.29.40	00	不带外壳,频率范围为300赫兹至3.4千赫,直径不超过50毫米,用于电信用途	个	0[64]		35%
8518.29.80	00	其他	个	0[40]		35%
8518.30		耳机、耳塞机,不论是否装有传声器,由传声器及一个或多个扬声器组成的组合机				
8518.30.10	00	有线电话听筒	个	0[40]		35%
8518.30.20	00	其他	个	0[64]		35%
8518.40		音频扩大器:				
8518.40.10	00	用作有线电话中的中继器	个	0[25]		35%
8518.40.20	00	其他	个	0[25]		35%
8518.50.00	00	电气扩音机组	个	0[25]		35%
8518.90		零件:				
		子目8518.30.10的有线电话听筒;子目8518.40.10的中继器的:				

第八十五章 电机、电气设备及其零件；录音机及放声机、电视图像、声音的录制和重放设备及其零件、附件

税则号列	统计后缀	货品名称	单位	税率 1 普通	税率 1 特惠	2
8518.90.20	00	有线电话听筒的印刷电路组件；中继器的零件	个	0[25]		35%
8518.90.41	00	其他	个	0[25]		35%
		其他：				
8518.90.60	00	税号 8518.10.40 或税号 8518.29.40 货品的印刷电路组件	个	0[25]		35%
8518.90.81	00	其他	个	0[25]		35%
8519		声音录制或重放设备：				
8519.20.00	00	用硬币、钞票、银行卡、代币或其他支付方式使其工作的设备	个	0[40]		35%
8519.30		转盘(唱机唱盘)：				
8519.30.10	00	具有自动记录更改机制	个	3.9%[40]	0(A, AU, B, BH, CA, CL, CO, D, E, IL, JO, KR, MA, MX, OM, P, PA, PE, S, SG)	35%
8519.30.20	00	其他	个	0[64]		35%
8519.50.00	00	电话应答机	个	0[64]		35%
		其他设备：				
8519.81		使用磁性、光学或半导体媒体的：				
		仅录制声音：				
8519.81.10	00	转录机	个	0[40]		35%
		盒式磁带播放机：				
8519.81.20	00	专为机动车辆安装而设计	个	0[64]		35%
8519.81.25	00	其他	个	0[64]		35%
8519.81.30		其他		0[25]		35%
	10	光盘(包括光盘)播放机	个			
	20	其他[97]	个			
8519.81.40		其他		0[64]		35%
	10	装有音响设备(电话答录机除外)的磁带录音机	个			
	20	光盘刻录机	个			
	50	其他	个			
8519.89		其他：				
		除通过硬币、钞票、银行卡、代币或其他支付方式使其工作的唱机外的其他唱机：				
8519.89.10	00	无扬声器	个	0[40]		35%
8519.89.20	00	其他	个	0[64]		35%
8519.89.30	00	其他	个	0[40]		35%
8521		视频信号录制或重放设备，不论是否装有高频调谐器：				
8521.10		磁带型：				
		彩色、胶片或磁带型：				
8521.10.30	00	不能录音	个	0[40]		35%

税则号列	统计后缀	货品名称	单位	税率 普通 1	税率 特惠 1	2
8521.10.60	00	其他	个	0[40]		35%
8521.10.90	00	其他	个	0[40]		35%
8521.90.00	00	其他	个	0[40]		35%
8522		专用于或主要用于品目8519或品目8521所列设备的零件、附件：				
8522.10.00	00	拾音头	个	3.9%[25]	0(A, AU, B, BH, CA, CL, CO, D, E, IL, JO, KR, MA, MX, OM, P, PA, PE, S, SG)	35%
8522.90		其他：				
		税号8519.81.40规定的由两个或以上固定或连接在一起的货品组成的组件和子组件：				
8522.90.25	00	印刷电路组件	个	0[25]		35%
8522.90.36	00	其他	个	0[25]		35%
		电话答录机的零件：				
8522.90.45	00	印刷电路组件	个	0[25]		35%
8522.90.58		其他		0[25]		35%
	40	磁记录和重放磁头	个			
	80	其他	个			
		其他：				
8522.90.65	00	印刷电路组件	个	0[25]		35%
8522.90.80		其他		0[25]		35%
	40	磁记录和重放磁头	个			
	81	其他	个			
8523		录制声音或其他信息用的圆盘、磁带、固态非易失性数据存储器件、"智能卡"及其他媒体，不论是否已录制，包括供复制圆盘用的母片及母带，但不包括第三十七章的产品：				
		磁性媒体：				
8523.21.00	00	磁条卡	个	0[25]		80%
8523.29		其他：				
8523.29.10	00	未录制的磁性媒体	个	0[40]		80%
		其他：				
8523.29.20	00	用于重放声音或图像以外信息的磁带	平方米	0[40]		86.1美分/米² 记录面积
		其他磁带：				
		宽度不超过4毫米：				
8523.29.30	00	时事新闻录音	个	0[40]		0
8523.29.40		其他		0[40]		86.1美分/米² 记录面积
	10	盒式磁带上的录音	个 平方米			

第八十五章　电机、电气设备及其零件;录音机及放声机、电视图像、声音的录制和重放设备及其零件、附件

税则号列	统计后缀	货品名称	单位	税率 1 普通	税率 1 特惠	税率 2
	20	其他	个 平方米			
		宽度超过4毫米但不超过6.5毫米的:				
8523.29.50		录像带记录		0[40]		3.3美分/米
	10	盒式磁带	米 个			
	20	其他	米			
8523.29.60	00	其他	平方米	0[40]		86.1美分/米^{2}记录面积
		宽度超过6.5毫米的:				
8523.29.70		录像带记录		0[40]		3.3美分/米
	10	宽度不超过16毫米,盒式	米 个			
	20	其他	米			
8523.29.80	00	其他	平方米	0[40]		86.1美分/米^{2}记录面积
8523.29.90	00	其他	平方米	0[40]		86.1美分/米^{2}记录面积
		光学媒体:				
8523.41.00	00	未录制	个	0[40]		80%
8523.49		其他:				
8523.49.20		用于重放声音或图像以外的信息		0[40]		86.1美分/米^{2}记录面积
	10	用于自动数据处理设备的预装软件,零售用	个 平方米			
	20	其他	个 平方米			
8523.49.30	00	仅用于复制声音	个 平方米	0[40]		86.1美分/米^{2}记录面积
		其他:				
8523.49.40	00	用于重放指令、数据、声音和图像信息,以机器可读的二进制形式记录,并且能够通过自动数据处理设备进行操作或向用户提供交互性;专有格式录制光盘	个	0[25]		80%
8523.49.50	00	其他	个	0[40]		80%
		半导体媒体:				
8523.51.00	00	固态非易失性存储器件(闪速存储器)[40]	个	0[40]		80%
8523.52.00		"智能卡"		0[25]		35%
	10	未录制	个			
	90	其他	个			
8523.59.00	00	其他	个	0[25]		35%
8523.80		其他:				

税则号列	统计后缀	货品名称	单位	税率 1 普通	税率 1 特惠	2
8523.80.10	00	留声机唱片	个	0[40]		30%
8523.80.20	00	其他	个	0[40]		80%
8525		无线电广播、电视发送设备，不论是否装有接收装置或声音的录制、重放装置；电视摄像机、数字照相机及视频摄录一体机：				
8525.50		发送设备：				
		用于电视：				
8525.50.10	00	具有通讯功能的机顶盒	个	0[64]		35%
8525.50.30		其他		0[25]		35%
	15	接收电视卫星转播的电视信号的装置	个			
		其他：				
	35	转换器、解码器、前置放大器、线路放大器、分配放大器等放大器；定向耦合器和其他耦合器；所有上述设计用于有线电视或闭路电视应用	个			
	40	其他	个			
8525.50.70		用于无线电广播		0[3]		35%
	10	发射设备	个			
	50	其他	个			
8525.60		装有接收装置的发送设备：				
8525.60.10		收发机		0[3]		35%
	10	民用波段(CB)[98]	个			
	20	工作频率为49.82～49.90兆赫的低功率无线电话收发器	个			
		其他：				
	30	手持式[42]	个			
		其他：				
	40	船用甚高频调频	个			
	50	其他[99]	个			
8525.60.20	00	其他	个	0[3]		35%
8525.80		电视摄像机、数字照相机及视频摄录一体机：				
		电视摄像机：				
8525.80.10	00	陀螺稳定电视摄像机	个	0[3]		35%
8525.80.20	00	演播室电视摄像机，不包括肩扛式摄像机和其他便携式摄像机	个	0[3]		35%
8525.80.30		其他		0[25]		35%
	10	彩色[100]	个			
	50	其他	个			
8525.80.40	00	数码静止图像摄像机[101]	个	0[40]		35%
8525.80.50		其他		0[25]		35%

第八十五章 电机、电气设备及其零件;录音机及放声机、电视图像、声音的录制和重放设备及其零件、附件

税则号列	统计后缀	货品名称	单位	税率 1 普通	税率 1 特惠	2
	15	摄像机	个			
	50	其他	个			
8526		雷达设备、无线电导航设备及无线电遥控设备:				
8526.10.00		雷达设备		0[3]		35%
	20	专为船舶或船舶安装而设计	个			
	40	其他	个			
		其他:				
8526.91.00		无线电导航设备		0[3]		35%
	20	仅接收设备	个			
	40	其他[11]	个			
8526.92		无线电遥控设备				
8526.92.10	00	视频游戏机用无线电遥控装置	个	0[64]		35%
8526.92.50	00	其他[29]	个	0[3]		35%
8527		无线电广播接收设备,不论是否与声音的录制、重放装置或时钟组合在同一机壳内:				
		不需外接电源的无线电收音机:				
8527.12.00	00	袖珍盒式磁带收放机	个	0[64]		35%
8527.13		其他收录(放)音组合机				
8527.13.11	00	包含不能录音的磁带播放器的组合机	个	0[64]		35%
		其他:				
8527.13.20		录音机组合机		0[64]		35%
	15	盒式	个			
	25	其他	个			
8527.13.40	00	收音机组合机	个	0[64]		35%
8527.13.60		其他		0[64]		35%
	40	包含光盘(包括光盘)播放器或刻录机	个			
	80	其他	个			
8527.19		其他				
8527.19.10	00	定价不超过40美元/个,包含时钟或时钟计时器,不与任何其他货品组合,并且不是为机动车辆安装而设计的	个	0[64]		35%
8527.19.50		其他		0[64]		35%
	10	仅调频或仅调幅/调频	个			
	25	其他	个			
		需外接电源的汽车用无线电收音机:				
8527.21		收录(放)音组合机:				
		磁带播放机组合机:				

税则号列	统计后缀	货品名称	单位	税率 1 普通	税率 1 特惠	2
8527.21.15	00	与能够接收和解码数字无线电数据系统信号的录音或重放设备组合	个	0[25]		35%
8527.21.25		其他		2%[25]	0(A*,AU,B,BH,CA,CL,CO,D,E,IL,JO,KR,MA,MX,OM,P,PA,PE,S,SG)	35%
	10	包含光盘(包括光盘)播放器或刻录机	个			
	25	其他	个			
8527.21.40		其他		0[25]		35%
	40	包含光盘(包括光盘)播放器或刻录机	个			
	80	其他	个			
8527.29		其他				
8527.29.40	00	仅调频或仅调幅/调频[57]	个	0[25]		35%
8527.29.80	00	其他	个	0[25]		35%
		其他：				
8527.91		收录(放)音组合机				
8527.91.05	00	设计用于连接电报或电话设备或仪器或电报或电话网络的货品	个	0[64]		35%
		其他：				
8527.91.40	00	包含不能录音的磁带播放机的组合机	个	0[64]		35%
8527.91.50	00	包含磁带录音机的其他组合机	个	0[40]		35%
8527.91.60		其他		0[40]		35%
	40	包含光盘(包括光盘)播放器或刻录机的	个			
	80	其他	个			
8527.92		带时钟的收音机				
8527.92.10	00	价值不超过40美元/个	个	0[64]		35%
8527.92.50	00	其他	个	0[64]		35%
8527.99		其他				
8527.99.10	00	婴儿保育室监控系统,每个系统包含在同一个无线电发射机包中,一个电气适配器和无线电接收器	个	0[64]		35%
8527.99.15	00	其他无线电接收机	个	0[3]		35%
8527.99.40	00	其他	个	0[3]		35%
8528		监视器及投影机,未装电视接收装置;电视接收装置,不论是否装有无线电收音装置或声音、图像的录制或重放装置:				
		阴极射线管监视器：				
8528.42.00	00	可直接连接且设计用于品目8471的自动数据处理设备的	个	0[25]		35%
8528.49		其他：				
		彩色：				

第八十五章　电机、电气设备及其零件;录音机及放声机、电视图像、声音的录制和重放设备及其零件、附件　1343

税则号列	统计后缀	货品名称	单位	税率 1 普通	税率 1 特惠	税率 2
		不完整品或未制成品[包括本章附加美国注释九(一)、(二)、(三)和(五)所述的部件及电源组成的组件],报验时不带显示设备:				
8528.49.05	00	包含录制或重放设备	个	0[40]		25%
8528.49.10	00	其他	个	0[40]		35%
		非高清,具有用于直接观看的单个显像管(非投影类型),视频显示对角线不超过35.56厘米:				
		装有录制或重放设备的:				
8528.49.15	00	视频显示对角线不超过34.29厘米	个	0[25]		25%
8528.49.20	00	其他	个	0[25]		25%
		其他:				
8528.49.25	00	视频显示对角线不超过34.29厘米	个	0[40]		35%
8528.49.30	00	其他	个	0[40]		35%
		非高清,具有用于直接观看的单个显像管(非投影类型),视频显示对角线超过35.56厘米:				
8528.49.35	00	包含录制或重放设备	个	0[25]		25%
8528.49.40	00	其他	个	0[40]		35%
		非高清,投影型,带阴极射线管:				
8528.49.45	00	包含录制或重放设备	个	0[25]		25%
8528.49.50	00	其他	个	0[40]		35%
		高清晰度,非投影型,带阴极射线管:				
8528.49.60	00	包含录制或重放设备	个	0[25]		25%
8528.49.65	00	其他	个	0[40]		35%
		高清晰度,投影型,带阴极射线管:				
8528.49.70	00	包含录制或重放设备	个	0[40]		25%
8528.49.75	00	其他	个	0[40]		35%
8528.49.80	00	黑白或其他单色	个	0[25]		35%
		其他监视器:				
8528.52.00	00	可直接连接且设计用于品目8471的自动数据处理设备的	个	0[64]		35%
8528.59		其他:				
		彩色:				
		不完整品或未制成品[包括本章附加美国注释九(一)、(二)、(三)和(五)所述的部件及电源组成的组件],报验时不带显示设备:				
8528.59.05	00	包含录制或重放设备	个	0[25]		25%
8528.59.10	00	其他	个	0[25]		35%

税则号列	统计后缀	货品名称	单位	税率 1 普通	税率 1 特惠	2
		使用平板屏幕：				
		包含录制或重放设备的：				
8528.59.15	00	视频显示对角线不超过34.29厘米	个	0[40]		25%
8528.59.23	00	其他	个	3.9%[40]	0(A*,AU,BH,CA,CL,CO,D,E,IL,JO,KR,MA,MX,OM,P,PA,PE,S,SG)	25%
		其他：				
8528.59.25	00	视频显示对角线不超过34.29厘米	个	0[40]		35%
8528.59.33		其他		5%[40]	0(A+,AU,B,BH,CA,CL,CO,D,E,IL,JO,KR,MA,MX,OM,P,PA,PE,S,SG)	35%
	10	等离子型	个			
	50	LCD型(直视)	个			
	70	其他	个			
		其他：				
		装有录像或重放设备的：				
8528.59.35	00	视频显示对角线不超过34.29厘米	个	0[40]		25%
8528.59.40	00	其他	个	3.9%[64]	0(A*,AU,BH,CA,CL,CO,D,E,IL,JO,KR,MA,MX,OM,P,PA,PE,S,SG)	25%
		其他：				
8528.59.45	00	视频显示对角线不超过34.29厘米	个	0[64]		35%
8528.59.50	00	其他	个	5%[40]	0(A+,AU,B,BH,CA,CL,CO,D,E,IL,JO,KR,MA,MX,OM,P,PA,PE,S,SG)	35%
8528.59.60	00	黑白或其他单色	个	5%[40]	0(A+,AU,B,BH,CA,CL,CO,D,E,IL,JO,KR,MA,MX,OM,P,PA,PE,S,SG)	35%
		投影机：				
8528.62.00	00	可直接连接且设计用于品目8471的自动数据处理设备的	个	0[40]		35%
8528.69		其他：				
		彩色：				
		不完整品或未制成品[包括本章附加美国注释九(一)、(二)、(三)和(五)所述的部件及电源组成的组件]，报验时不带显示设备：				
8528.69.05	00	包含录制或重放设备	个	0[25]		25%
8528.69.10	00	其他	个	0[25]		35%
		非高清，带阴极射线管：				
8528.69.15	00	包含录制或重放设备	个	3.9%[40]	0(A,AU,BH,CA,CL,CO,D,E,IL,JO,KR,MA,MX,OM,P,PA,PE,S,SG)	25%

第八十五章 电机、电气设备及其零件;录音机及放声机、电视图像、声音的录制和重放设备及其零件、附件

税则号列	统计后缀	货品名称	单位	税率 1 普通	税率 1 特惠	2
8528.69.20	00	其他	个	5%[25]	0(A+,AU,B,BH,CA,CL,CO,D,E,IL,JO,KR,MA,MX,OM,P,PA,PE,S,SG)	35%
		高清晰度,带阴极射线管:				
8528.69.25	00	包含录制或重放设备	个	3.9%[40]	0(A,AU,BH,CA,CL,CO,D,E,IL,JO,KR,MA,MX,OM,P,PA,PE,S,SG)	25%
8528.69.30	00	其他	个	5%[25]	0(A+,AU,B,BH,CA,CL,CO,D,E,IL,JO,KR,MA,MX,OM,P,PA,PE,S,SG)	35%
		使用平板屏幕:				
		装有录制或重放设备的:				
8528.69.35	00	视频显示对角线不超过34.29厘米	个	0[64]		25%
8528.69.40	00	其他	个	3.9%[64]	0(A,AU,BH,CA,CL,CO,D,E,IL,JO,KR,MA,MX,OM,P,PA,PE,S,SG)	25%
		其他:				
8528.69.45	00	视频显示对角线不超过34.29厘米	个	0[40]		35%
8528.69.50	00	其他	个	5%[40]	0(A+,AU,B,BH,CA,CL,CO,D,E,IL,JO,KR,MA,MX,OM,P,PA,PE,S,SG)	35%
		其他:				
8528.69.55	00	包含录制或重放设备	个	3.9%[40]	0(A,AU,BH,CA,CL,CO,D,E,IL,JO,KR,MA,MX,OM,P,PA,PE,S,SG)	25%
8528.69.60	00	其他	个	5%[40]	0(A+,AU,B,BH,CA,CL,CO,D,E,IL,JO,KR,MA,MX,OM,P,PA,PE,S,SG)	35%
8528.69.70	00	黑白或其他单色	个	5%[40]	0(A+,AU,B,BH,CA,CL,CO,D,E,IL,JO,KR,MA,MX,OM,P,PA,PE,S,SG)	35%
		电视接收装置,不论是否装有无线电收音装置或声音、图像的录制或重放装置:				
8528.71		在设计上不带有视频显示器或屏幕的:				
8528.71.10	00	包含录制或重放设备	个	0[40]		25%
		其他:				
8528.71.20	00	具有通讯功能的机顶盒	个	0[40]		35%
8528.71.30	00	带有调谐器的印刷电路组件,用于品目8471的数据处理设备	个	0[40]		35%
		其他:				
8528.71.40	00	彩色	个	0[40]		35%
8528.71.45	00	黑白或其他单色	个	0[40]		35%
8528.72		其他,彩色的:				

税则号列	统计后缀	货品名称	单位	税率 1 普通	税率 1 特惠	2
		不完整品或未制成品(包括本章附加美国注释九所述的所有部件及电源组成的电视接收机组件),报验时不带显示设备:				
8528.72.04	00	包含录制或重放设备	个	0[25]		25%
8528.72.08	00	其他	个	0[40]		35%
		非高清,具有用于直接观看的单个显像管(非投影类型),视频显示对角线不超过35.56厘米:				
		包含录制或重放设备的:				
8528.72.12	00	视频显示对角线不超过34.29厘米	个	0[25]		25%
8528.72.16	00	其他	个	3.9%[64]	0(A,AU,BH,CA,CL,CO,D,E,IL,JO,JP,KR,MA,MX,OM,P,PA,PE,S,SG)	25%
		其他:				
8528.72.20	00	视频显示对角线不超过34.29厘米	个	0[25]		35%
8528.72.24	00	其他	个	5%[25]	0(A+,AU,B,BH,CA,CL,CO,D,E,IL,JO,JP,KR,MA,MX,OM,P,PA,PE,S,SG)	35%
		非高清,具有用于直接观看的单个显像管(非投影类型),视频显示对角线超过35.56厘米:				
8528.72.28	00	包含录制或重放设备	个	3.9%[25]	0(A,AU,BH,CA,CL,CO,D,E,IL,JO,JP,KR,MA,MX,OM,P,PA,PE,S,SG)	25%
8528.72.32	00	其他	个	5%[40]	0(A+,AU,B,BH,CA,CL,CO,D,E,IL,JO,JP,KR,MA,MX,OM,P,PA,PE,S,SG)	35%
		非高清,投影型,带阴极射线管:				
8528.72.36	00	包含录制或重放设备	个	3.9%[25]	0(A,AU,BH,CA,CL,CO,D,E,IL,JO,JP,KR,MA,MX,OM,P,PA,PE,S,SG)	25%
8528.72.40	00	其他	个	5%[25]	0(A+,AU,B,BH,CA,CL,CO,D,E,IL,JO,JP,KR,MA,MX,OM,P,PA,PE,S,SG)	35%
		高清晰度,非投影型,带阴极射线管:				
8528.72.44	00	包含录制或重放设备	个	3.9%[25]	0(A,AU,BH,CA,CL,CO,D,E,IL,JO,JP,KR,MA,MX,OM,P,PA,PE,S,SG)	25%
8528.72.48	00	其他	个	5%[40]	0(A+,AU,B,BH,CA,CL,CO,D,E,IL,JO,JP,KR,MA,MX,OM,P,PA,PE,S,SG)	35%
		高清晰度,投影型,带阴极射线管:				
8528.72.52	00	包含录制或重放设备	个	3.9%[40]	0(A,AU,BH,CA,CL,CO,D,E,IL,JO,JP,KR,MA,MX,OM,P,PA,PE,S,SG)	25%

第八十五章　电机、电气设备及其零件;录音机及放声机、电视图像、声音的录制和重放设备及其零件、附件　1347

税则号列	统计后缀	货品名称	单位	税率 1 普通	税率 1 特惠	2
8528.72.56	00	其他	个	5%[40]	0(A+,AU,B,BH,CA,CL,CO,D,E,IL,JO,JP,KR,MA,MX,OM,P,PA,PE,S,SG)	35%
		使用平板屏幕:				
		包含录制或重放设备:				
8528.72.62	00	视频显示对角线不超过34.29厘米	个	0[40]		25%
8528.72.64		其他		3.9%[40]	0(A*,AU,BH,CA,CL,CO,D,E,IL,JO,JP,KR,MA,MX,OM,P,PA,PE,S,SG)	25%
		视频显示对角线:				
	20	不超过75厘米[72]	个			
	30	超过75厘米但不超过88厘米	个			
	40	超过88厘米但不超过113厘米	个			
	60	超过113厘米	个			
		其他:				
8528.72.68	00	视频显示对角线不超过34.29厘米	个	0[40]		35%
8528.72.72		其他		5%[102]	0(A+,AU,B,BH,CA,CL,CO,D,E,IL,JO,JP,KR,MA,MX,OM,P,PA,PE,S,SG)	35%
		LCD(直视),带视频显示对角线:				
	20	不超过75厘米	个			
	30	超过75厘米但不超过88厘米	个			
	40	超过88厘米但不超过113厘米	个			
	60	超过113厘米	个			
	90	其他,包括等离子型	个			
		其他:				
		包含录制或重放设备:				
8528.72.76	00	视频显示对角线不超过34.29厘米	个	0[40]		25%
8528.72.80	00	其他	个	3.9%[40]	0(A,AU,BH,CA,CL,CO,D,E,IL,JO,JP,KR,MA,MX,OM,P,PA,PE,S,SG)	25%
		其他:				
8528.72.84	00	视频显示对角线不超过34.29厘米	个	0[40]		35%
8528.72.97	00	其他	个	5%[40]	0(A+,AU,B,BH,CA,CL,CO,D,E,IL,JO,JP,KR,MA,MX,OM,P,PA,PE,S,SG)	35%

税则号列	统计后缀	货品名称	单位	税率 1 普通	税率 1 特惠	2
8528.73.00	00	其他,单色的	个	5%[25]	0(A+,AU,B,BH,CA,CL,CO,D,E,IL,JO,KR,MA,MX,OM,P,PA,PE,S,SG)	35%
8529		专用于或主要用于品目8525至8528所列装置或设备的零件:				
8529.10		各种天线或天线反射器及其零件:				
8529.10.21		电视机的		0[25]		35%
		天线:				
	20	仅接收	个			
	50	其他	个			
	90	其他	个			
8529.10.40		雷达、无线电导航辅助和无线电遥控的		0[3]		35%
	40	天线[52]	个			
	80	其他	个			
8529.10.91	00	其他[1]	个	0[2]		35%
8529.90		其他:				
		印刷电路组件:				
		电视设备的:				
8529.90.04	00	调谐器	个	0[25]		35%
		其他,包括印刷电路板和陶瓷基板以及组装在其上的组件,用于彩色电视接收机;包含一个或多个此类电路板或基板的子组件,调谐器或汇聚组件除外:				
8529.90.05	00	与本章附加美国注释四所述的部件一起输入	个[103]	0[3]		35%
8529.90.06	00	其他	个[103]	0[3]		35%
		其他:				
8529.90.09	00	电视摄像机	个	0[3]		35%
8529.90.13	00	其他[104]	个	0[40]		35%
		雷达设备、无线电导航设备或无线电遥控设备的:				
8529.90.16		组件和子组件,由两个或多个固定或连接在一起的零件或零件组成		0[3]		35%
	20	雷达设备的	个			
	40	无线电导航设备(雷达除外)的	个			
	60	其他[33]	个			
8529.90.19		其他		0[3]		35%
	20	雷达设备的	个			
	40	无线电导航设备(雷达除外)的	个			
	60	其他	个			
8529.90.22	00	其他	个	0[3]		35%

第八十五章 电机、电气设备及其零件;录音机及放声机、电视图像、声音的录制和重放设备及其零件、附件

税则号列	统计后缀	货品名称	单位	税率 1 普通	税率 1 特惠	税率 2
	01	用于子目 8526.10 设备的收发器组件,印刷电路组件除外	个	0[3]		35%
		本章附加美国注释九所述的电视接收机部件,印刷电路组件除外:				
8529.90.29	00	调谐器	个	0[3]		35%
		彩色电视接收机的子组件,包含两个或多个印刷电路板或陶瓷基板,上面装有组件,但调谐器或汇聚组件除外:				
8529.90.33	00	与本章附加美国注释四列举的部件一起输入	个[103]	0[3]		35%
8529.90.36	00	其他	个[103]	0[25]		35%
8529.90.39	00	其他	个	0[25]		35%
		本章附加美国注释九所述的零件组合:				
		彩色电视接收机的子组件,包含两个或多个印刷电路板或陶瓷基板,上面装有组件,但调谐器或汇聚组件除外:				
8529.90.43	00	与本章附加美国注释四所述的部件一起输入	个[103]	0[25]		35%
8529.90.46	00	其他	个[103]	0[3]		35%
8529.90.49	00	其他	个	0[25]		35%
8529.90.54	00	子目 8528.59.15、税号 8528.59.23、税号 8528.59.25、税号 8528.59.33、税号 8528.69.35、税号 8525.69.40、税号 8528.69.45、税号 8528.69.50、税号 8528.72.62、税号 8528.72.64、税号 8528.72.68 和税号 8528.72.72 的装置用的平板显示组件	个	0[25]		35%
		其他,印刷电路组件的零件,包括面板和锁闩:				
		电视设备的:				
8529.90.63	00	用于电视摄像机	个	0[3]		35%
8529.90.68	00	其他	个	0[3]		35%
8529.90.73	00	雷达设备、无线电导航设备或无线电遥控设备的	个	0[3]		35%
8529.90.75	00	其他	个	0[25]		35%
		品目 8525 和品目 8527 货品的其他零件:				
		电视设备的:				
		用于电视摄像机:				
8529.90.78	00	适合在闭路电视摄像机中使用和单独输入的已安装镜头,带或不带电气或非电气闭路电视摄像机连接器,带或不带电机	个	0[3]		35%
8529.90.81	00	其他[56]	个	0[3]		35%
8529.90.83	00	其他	个	0[3]		35%

税则号列	统计后缀	货品名称	单位	税率 1 普通	税率 1 特惠	2
8529.90.86	00	其他	个	0[25]		35%
		其他：				
		电视接收机的：				
		彩色电视接收机的子组件,包含两个或多个印刷电路板或陶瓷基板,上面装有组件,但调谐器或汇聚组件除外：				
8529.90.88	00	与本章附加美国注释四列举的部件一起输入	个[103]	0[25]		35%
8529.90.89	00	其他	个[103]	0[3]		35%
8529.90.93		其他		0[3]		35%
	45	汇聚组件、聚焦线圈和消磁线圈	个			
	80	其他	个			
		雷达设备、无线电导航设备或无线电遥控装置的：				
8529.90.95		组件和子组件,由两个或多个固定或连接在一起的零件或零件组成		0[3]		35%
	20	雷达设备的	个			
	40	无线电导航设备(雷达除外)的	个			
	60	其他	个			
8529.90.97		其他		0[3]		35%
	20	雷达设备的	个			
	40	无线电导航设备(雷达除外)的	个			
	60	其他	个			
8529.90.99	00	其他[43]	个	0[3]		35%
8530		铁道、电车道、道路或内河航道、停车场、港口或机场用的电气信号、安全或交通管理设备(品目8608的货品除外)：				
8530.10.00	00	铁道或电车道用的设备	个	0[3]		35%
8530.80.00	00	其他设备	个	0[3]		35%
8530.90.00	00	零件	个	0[3]		35%
8531		电气音响或视觉信号装置(例如,电铃、电笛、显示板、防盗或防火报警器),但品目8512或品目8530的货品除外：				
8531.10.00		防盗或防火报警器及类似装置		1.3%[25]	0(A, AU, B, BH, C, CA, CL, CO, D, E, IL, JO, KR, MA, MX, OM, P, PA, PE, S, SG)	35%
		烟雾探测器：				
	15	电池供电	个			
	25	其他	个			
		其他：				
	35	防盗报警器	个			
	45	其他	个			

第八十五章 电机、电气设备及其零件;录音机及放声机、电视图像、声音的录制和重放设备及其零件、附件

税则号列	统计后缀	货品名称	单位	税率 1 普通	税率 1 特惠	2
8531.20.00		装有液晶装置（LCD）或发光二极管（LED）的显示板		0[25]		35%
	20	结合液晶显示器[57]	个			
	40	其他[105]	个			
8531.80		其他装置：				
8531.80.15	00	门铃、报时、蜂鸣器和类似装置	千克	1.3%[64]	0(A,AU,B,BH,C,CA,CL,CO,D,E,IL,JO,KR,MA,MX,OM,P,PA,PE,S,SG)	35%
8531.80.90		其他		0[40]		35%
		指示板：				
	05	结合放电（荧光）装置	个			
	26	其他	个			
	31	喇叭	个			
	41	其他声音信号装置	个			
	51	其他	个			
8531.90		零件：				
		印刷电路组件：				
8531.90.15	00	子目 8531.20 的面板的	个	0[25]		35%
8531.90.30	00	其他[46]	个	0[25]		35%
		其他：				
8531.90.75	00	子目 8531.20 的面板的	个	0[25]		35%
8531.90.90	01	其他[106]	个	0[25]		35%
8532		固定、可变或可调（微调）电容器：				
8532.10.00	00	固定电容器,用于 50/60 赫兹电路,其额定无功功率不低于 0.5 千乏（电力电容器）[42]	个	0[3]		35%
		其他固定电容器：				
8532.21.00		钽电容器		0[3]		35%
	20	金属外壳	个			
		其他：				
	40	浸渍	个			
	50	专为接触式表面安装（SMD）而设计[42]	个			
	80	其他	个			
8532.22.00		铝电解电容器		0[3]		35%
	20	直径不超过 18 毫米[107]	个			
	40	直径超过 18 毫米但不超过 35 毫米[107]	个			
	55	直径超过 35 毫米但不超过 51 毫米[108]	个			
	85	直径超过 51 毫米[107][109]	个			
8532.23.00		单层瓷介电容器		0[3]		35%
	20	片式	个			
		其他：				

税则号列	统计后缀	货品名称	单位	税率 1 普通	税率 1 特惠	2
	40	轴向引线	个			
	60	径向引线	个			
8532.24.00		多层瓷介电容器		0[3]		35%
	20	片式[110]	个			
		其他:				
	40	轴向引线	个			
	60	径向引线	个			
8532.25.00		纸介质或塑料介质电容器		0[3]		35%
		用于交流电（AC）:				
	10	小于300伏[11]	个			
	20	300伏或更高,但小于600伏[11]	个			
	30	600伏或更高,但小于1 000伏	个			
	40	1 000伏或更高	个			
		其他:				
		无铅:				
	45	专为接触式表面安装（SMD）而设计	个			
	55	其他	个			
	60	轴向引线	个			
	70	径向引线	个			
	80	其他[11]	个			
8532.29.00		其他		0[3]		35%
	20	云母电介质	个			
	40	其他[11]	个			
8532.30.00		可变或可调（微调）电容器		0[3]		35%
	10	云母、陶瓷或玻璃介质	个			
	90	其他[11]	个			
8532.90.00	00	零件	个	0[3]		35%
8533		电阻器（包括变阻器及电位器）,但加热电阻器除外:				
8533.10.00		固定碳质电阻器,合成或薄膜式		0[3]		35%
		专为接触式表面安装（SMD）而设计:				
	20	有两个以上的终端（电阻网络）	个			
	42	有两个终端	个			
	57	有两条以上的引线（电阻网络）	个			
		其他:				
	60	碳组分	个			
	65	碳膜[33]	个			
		其他固定电阻器:				
8533.21.00		额定功率不超过20瓦		0[3]		35%

第八十五章　电机、电气设备及其零件；录音机及放声机、电视图像、声音的录制和重放设备及其零件、附件

税则号列	统计后缀	货品名称	单位	税率 1 普通	税率 1 特惠	2
		专为接触式表面安装（SMD）而设计：				
		有两个以上的终端（电阻网络）：				
	10	双内联包	个			
	20	其他（包括扁平包装）	个			
		有两个终端：				
	30	扁平电阻芯片	个			
	40	圆柱形无铅电阻器（包括金属膜、金属氧化物及厚水泥膜）	个			
		有两条以上的引线（电阻网络）：				
	50	单线	个			
	60	双线	个			
	70	其他	个			
		其他：				
	80	线绕[33]	个			
	90	其他（包括金属膜、金属氧化物及厚水泥膜）[33]	个			
8533.29.00	00	其他	个	0[3]		35%
		线绕可变电阻器，包括变阻器及电位器：				
8533.31.00	00	额定功率不超过20瓦	个	0[3]		35%
8533.39.00		其他		0[25]		35%
	40	调光器	个			
	80	其他	个			
8533.40		其他可变电阻器，包括变阻器及电位器				
8533.40.40	00	金属氧化物压敏电阻[11]	个	0[3]		35%
8533.40.80		其他		0[3]		35%
	40	变阻器和电阻器型电机启动器和控制器[33]	个			
		其他：				
	50	金属陶瓷	个			
	60	金属釉	个			
	70	其他[11]	个			
8533.90		零件：				
8533.90.40	00	用于子目8533.40的货物，由陶瓷或金属材料制成，对温度变化有电气或机械反应	个	0[2]		35%
8533.90.80	00	其他	个	0[3]		35%
8534.00.00		印刷电路		0[25]		35%
		浸渍塑料，非柔性类型：				
		具有完全由浸渍玻璃制成的底座：				
	20	具有3层或以上的导电材料[111]	个			
	40	其他[112]	个			

税则号列	统计后缀	货品名称	单位	税率 1 普通	税率 1 特惠	2
	50	完全由浸渍纸制成的	个			
	70	其他	个			
		其他:				
	80	柔性类型	个			
	85	其他,有陶瓷底座的	个			
	95	其他[57]	个			
8535		电路的开关、保护或连接用的电气装置(例如,开关、熔断器、避雷器、电压限幅器、电涌抑制器、插头及其他连接器、接线盒),用于电压超过1 000伏的线路:				
8535.10.00		熔断器		2.7%[3]	0(A,AU,BH,CA,CL,CO,D,E,IL,JO,KR,MA,MX,OM,P,PA,PE,S,SG)	35%
	20	用于2 300伏或更高电压的电路中	个			
	40	其他	个			
		自动断路器:				
8535.21.00	00	用于电压低于72.5千伏的线路	个	2.7%[3]	0(A,AU,BH,CA,CL,CO,D,E,IL,JO,KR,MA,MX,OM,P,PA,PE,S,SG)	35%
8535.29.00		其他		2%[3]	0(A,AU,BH,CA,CL,CO,D,E,IL,JO,JP,KR,MA,MX,OM,P,PA,PE,S,SG)	35%
	20	用于345千伏或更高电压的电路中	个			
	40	其他	个			
8535.30.00		隔离开关及断续开关		2.7%[3]	0(A,AU,BH,CA,CL,CO,D,E,IL,JO,KR,MA,MX,OM,P,PA,PE,S,SG)	35%
	40	刀	个			
	80	其他	个			
8535.40.00	00	避雷器、电压限幅器及电涌抑制器	个	2.7%[25]	0(A,AU,BH,CA,CL,CO,D,E,IL,JO,KR,MA,MX,OM,P,PA,PE,S,SG)	35%
8535.90		其他:				
8535.90.40	00	电机启动器及电机过载保护器	个	2.7%[25]	0(A,AU,BH,CA,CL,CO,D,E,IL,JO,KR,MA,MX,OM,P,PA,PE,S,SG)	35%
8535.90.80		其他		2.7%[3]	0(A,AU,BH,CA,CL,CO,D,E,IL,JO,KR,MA,MX,OM,P,PA,PE,S,SG)	35%
	20	终端,电气拼接和电气联轴器	个			
	40	其他连接器	个			
	60	其他	个			
8536		电路的开关、保护或连接用的电器装置(例如,开关、继电器、熔断器、电涌抑制器、插头、插座、灯座及其他连接器、接线盒),用于电压不超过1 000伏的线路;光导纤维、光导纤维束或光缆用连接器:				

第八十五章　电机、电气设备及其零件;录音机及放声机、电视图像、声音的录制和重放设备及其零件、附件

税则号列	统计后缀	货品名称	单位	税率 1 普通	税率 1 特惠	2
8536.10.00		熔断器		2.7%[3]	0(A, AU, B, BH, CA, CL, CO, D, E, IL, JO, KR, MA, MX, OM, P, PA, PE, S, SG)	35%
	20	玻璃壳	个			
	40	其他	个			
8536.20.00		自动断路器		2.7%[3]	0(A, AU, B, BH, CA, CL, CO, D, E, IL, JO, KR, MA, MX, OM, P, PA, PE, S, SG)	35%
	20	模制外壳	个			
	40	其他	个			
8536.30		其他电路保护装置:				
8536.30.40	00	电机过载保护器[110]	个	0[3]		35%
8536.30.80	00	其他[10]	个	0[113]		35%
		继电器:				
8536.41.00		用于电压不超过60伏的线路		2.7%[3]	0(A, AU, B, BH, CA, CL, CO, D, E, IL, JO, KR, MA, MX, OM, P, PA, PE, S, SG)	35%
	05	汽车信号闪光灯	个			
		其他:				
		触点额定电流小于10安:				
	20	机电的	个			
	30	其他	个			
		其他:				
	45	接触器[35]	个			
		其他:				
	50	机电的[114]	个			
	60	其他	个			
8536.49.00		其他		2.7%[3]	0(A, AU, B, BH, CA, CL, CO, D, E, IL, JO, KR, MA, MX, OM, P, PA, PE, S, SG)	35%
		触点额定电流小于10安:				
	50	机电的	个			
	55	其他	个			
		其他:				
	65	接触器[11]	个			
		其他:				
	75	机电的[56]	个			
	80	其他	个			
8536.50		其他开关:				
8536.50.40	00	电动机启动器[11]	个	0[3]		35%
		其他:				

税则号列	统计后缀	货品名称	单位	税率 1 普通	税率 1 特惠	2
8536.50.70	00	由光耦合输入和输出电路组成的电子交流开关(绝缘晶闸管交流开关);电子开关,包括温度保护开关,由晶体管和逻辑芯片组成(芯片芯片技术);电流不超过11安的机电速动开关[115]	个	0[2]		35%
8536.50.90		其他		0[3]		35%
		旋转开关:				
	20	额定电流不超过5安[110]	个			
	25	额定电流超过5安[79]	个			
		按钮:				
		额定电流不超过5安				
	31	瞬时接触[35]	个			
	32	其他,分组开关	个			
	33	其他[33]	个			
	35	额定电流超过5安[116]	个			
	40	速动,限位除外[117]	个			
	45	刀	个			
	50	滑动	个			
	55	限位[53]	个			
	65	其他[118]	个			
		灯座、插头及插座:				
8536.61.00	00	灯座	个	2.7%[119]	0(A,AU,B,BH,CA,CL,CO,D,E,IL,JO,KR,MA,MX,OM,P,PA,PE,S,SG)	35%
8536.69		其他				
8536.69.40		同轴连接器;圆柱形多触点连接器;机架和面板连接器;印刷电路连接器;带状或扁平电缆连接器		0[3]		35%
	10	同轴连接器[27]	个			
	20	圆柱形多触点连接器[11]	个			
	30	机架和面板连接器	个			
	40	印刷电路连接器[11]	个			
	51	带状或扁平电缆连接器	个			
8536.69.80	00	其他[120]	个	2.7%[25]	0(A*,AU,B,BH,CA,CL,CO,D,E,IL,JO,KR,MA,MX,OM,P,PA,PE,S,SG)	35%
8536.70.00	00	光导纤维、光导纤维束或光缆用连接器	个	0[2]		45%
8536.90		其他装置:				
8536.90.40	00	终端,电气拼接和电气联轴器;晶圆探针[121]	个	0[3]		35%
8536.90.60	00	品目8702、品目8703、品目8704或品目8711的机动车辆中使用的电池夹	个	2.7%[40]	0(A*,AU,B,BH,CA,CL,CO,D,E,IL,JO,KR,MA,MX,OM,P,PA,PE,S,SG)	35%

第八十五章 电机、电气设备及其零件;录音机及放声机、电视图像、声音的录制和重放设备及其零件、附件

税则号列	统计后缀	货品名称	单位	税率 1 普通	税率 1 特惠	2
8536.90.85		其他		0[3]		35%
	10	电气配电管	千克			
	30	接线盒[11]	个			
	85	其他	个			
8537		用于电气控制或电力分配的盘、板、台、柜及其他基座,装有两个或多个品目8535或品目8536所列的装置,包括装有第九十章所列的仪器或装置,以及数控装置,但品目8517的交换机除外:				
8537.10		用于电压不超过1 000伏的线路:				
8537.10.30	00	与外壳或支架组装在一起,用于品目8421、品目8422、品目8450或8516的货物[38]	个	2.7%[2]	0(A*,AU,B,BH,CA,CL,CO,D,E,IL,JO,KR,MA,MX,OM,P,PA,PE,S,SG)	35%
8537.10.60	00	电机控制中心	个	2.7%[3]	0(A*,AU,B,BH,CA,CL,CO,D,E,IL,JO,KR,MA,MX,OM,P,PA,PE,S,SG)	35%
		其他:				
8537.10.80	00	没有显示功能的触敏数据输入设备(所谓的"触摸屏"),用于并入具有显示器的设备中,该设备通过检测显示区域内触摸的存在和位置来发挥作用(这种感测可以通过电阻、静电等方式获得)容量、声脉冲识别、红外灯或其他触敏技术)[114]	个	0[3]		35%
8537.10.91		其他		2.7%[122]	0(A*,AU,B,BH,CA,CL,CO,D,E,IL,JO,KR,MA,MX,OM,P,PA,PE,S,SG)	35%
	20	开关设备组件和配电盘	个			
	30	用于控制机床的数控装置	个			
		其他:				
	50	配电盘和配电板[50]	个			
	60	可编程控制器[94]	个			
	70	其他[123]	个			
8537.20.00		用于电压超过1 000伏的线路		2.7%[3]	0(A*,AU,BH,CA,CL,CO,D,E,IL,JO,KR,MA,MX,OM,P,PA,PE,S,SG)	35%
	20	开关设备组件和配电盘	个			
	40	其他	个			
8538		专用于或主要用于品目8535、品目8536或品目8537所列装置的零件:				
8538.10.00	00	品目8537所列货品用的盘、板、台、柜及其他基座,但未装有关装置[33]	个	0[3]		35%
8538.90		其他:				
		印刷电路组件:				
8538.90.10	00	品目8537的第八十五章附加美国注释十一所述货品	个	0[25]		35%

税则号列	统计后缀	货品名称	单位	税率 1 普通	税率 1 特惠	2
8538.90.30	00	其他	个	3.5%[124]	0(A*,AU,B,BH,CA,CL,CO,E,IL,JO,JP,KR,MA,MX,OM,P,PA,PE,S,SG)	35%
8538.90.40	00	其他,税号 8535.90.40、税号 8536.30.40 或税号 8536.50.40 的陶瓷或金属材料制品,对温度变化有电气或机械反应的	个	3.5%[3]	0(A*,AU,B,BH,CA,CL,CO,E,IL,JO,KR,MA,MX,OM,P,PA,PE,S,SG)	35%
		其他:				
8538.90.60	00	模制零件[125][42]	千克	3.5%[3]	0(A*,AU,B,BH,CA,CL,CO,E,IL,JO,JP,KR,MA,MX,OM,P,PA,PE,S,SG)	35%
8538.90.81		其他		3.5%[3]	0(A*,AU,B,BH,CA,CL,CO,D,E,IL,JO,JP,KR,MA,MX,OM,P,PA,PE,S,SG)	35%
	20	自动断路器的[35]	个			
		其他:				
	40	金属触点	千克			
	60	开关设备、配电盘和配电板和其他部件	个			
	80	其他	个			
8539		白炽灯泡,放电灯管,包括封闭式聚光灯及紫外线灯管或红外线灯泡;弧光灯;发光二极管(LED)光源:				
8539.10.00		封闭式聚光灯		2%[25]	0(A*,AU,B,BH,C,CA,CL,CO,D,E,IL,JO,KR,MA,MX,OM,P,PA,PE,S,SG)	20%
		15.24 厘米以下:				
	10	用于子目 8701.20、品目 8702、品目 8703、品目 8704、品目 8705 或品目 8711 的车辆	个			
	30	其他	个			
		15.24 厘米或以上:				
	50	用于子目 8701.20、品目 8702、品目 8703、品目 8704、品目 8705 或品目 8711 的车辆	个			
	60	其他	个			
		其他白炽灯泡,但不包括紫外线灯管或红外线灯泡:				
8539.21		卤钨灯:				
8539.21.20		设计用于不超过 100 伏的电压		0[25]		20%
	40	用于子目 8701.20 或品目 8702、品目 8703、品目 8704、品目 8705 或 8711 的车辆	个			
	80	其他	个			
8539.21.40		其他		2.6%[25]	0(A*,AU,BH,CA,CL,CO,D,E,IL,JO,KR,MA,MX,OM,P,PA,PE,S,SG)	20%
	40	功率小于 500 瓦的	个			

第八十五章 电机、电气设备及其零件;录音机及放声机、电视图像、声音的录制和重放设备及其零件、附件

税则号列	统计后缀	货品名称	单位	税率 1 普通	税率 1 特惠	2
	80	功率为 500 瓦或以上的	个			
8539.22		其他灯,功率不超过 200 瓦,但额定电压超过 100 伏:				
8539.22.40	00	圣诞树灯	个	5.8%[64]	0(A, AU, BH, CA, CL, CO, D, E, IL, JO, KR, MA, MX, OM, P, PA, PE, S, SG)	20%
8539.22.80		其他		2.6%[64]	0(A, AU, BH, CA, CL, CO, D, E, IL, JO, KR, MA, MX, OM, P, PA, PE, S, SG)	20%
		功率不超过 150 瓦:				
	10	三相的	个			
	30	装饰性的	个			
		其他,包括标准户型:				
	40	功率为 15 瓦或以上,但不超过 150 瓦	个			
	60	其他	个			
	70	功率超过 150 瓦	个			
8539.29		其他:				
		设计用于不超过 100 伏的电压:				
8539.29.10	00	圣诞树灯	个	5.8%[64]	0(A, AU, BH, CA, CL, CO, D, E, IL, JO, KR, MA, MX, OM, P, PA, PE, S, SG)2.9%(JP)	20%
8539.29.20	00	玻璃外壳最大直径不超过 6.35 毫米的灯,适用于膀胱镜和其他手术器械	个	5.2%[40]	0(A, AU, BH, CA, CL, CO, D, E, IL, JO, KR, MA, MX, OM, P, PA, PE, S, SG)2.6%(JP)	55%
8539.29.30		其他		0[40]		20%
	20	手电筒灯	个			
		其他:				
	50	设计用于 12 伏或更高但不超过 14 伏的电压[89]	个			
	60	其他	个			
8539.29.40	00	专为超过 100 伏的电压而设计	个	2.6%[40]	0(A, AU, BH, CA, CL, CO, D, E, IL, JO, JP, KR, MA, MX, OM, P, PA, PE, S, SG)	20%
		放电灯管,但紫外线灯管除外:				
8539.31.00		热阴极荧光灯		2.4%[25]	0(A, AU, BH, CA, CL, CO, D, E, IL, JO, KR, MA, MX, OM, P, PA, PE, S, SG)	20%
	40	1.2 米直管,功率为 30 瓦或以上,但不超过 40 瓦	个			
		其他:				
	50	有一个单个的插入式底座	个			
	60	有一个单个的旋入式底座	个			
	70	其他[46]	个			

税则号列	统计后缀	货品名称	单位	税率 1 普通	税率 1 特惠	2
8539.32.00		汞或钠蒸气灯;金属卤化物灯		2.4%[25]	0(A*,AU,BH,CA,CL,CO,D,E,IL,JO,KR,MA,MX,OM,P,PA,PE,S,SG)	20%
	20	钠蒸气灯	个			
	40	汞蒸气灯	个			
	90	其他	个			
8539.39		其他:				
8539.39.10	00	用于平板显示器背光源的冷阴极管荧光灯(CCFL)	个	0[25]		20%
8539.39.90	00	其他[126]	个	2.4%[25]	0(A*,AU,BH,CA,CL,CO,E,IL,JO,KR,MA,MX,OM,P,PA,PE,S,SG)	20%
		紫外线灯管或红外线灯泡;弧光灯:				
8539.41.00	00	弧光灯	个	2.6%[3]	0(A,AU,BH,CA,CL,CO,D,E,IL,JO,KR,MA,MX,OM,P,PA,PE,S,SG)	35%
8539.49.00		其他		2.4%[127]	0(A,AU,BH,CA,CL,CO,D,E,IL,JO,KR,MA,MX,OM,P,PA,PE,S,SG)	35%
	40	紫外线灯管[70]	个			
	80	其他	个			
8539.50.00		发光二极管(LED)光源		2%[64]	0(A,AU,BH,CA,CL,CO,E,IL,JO,KR,MA,MX,OM,P,PA,PE,S,SG)	20%
	10	本章统计注释八(一)中所述的类型	个			
	20	本章统计注释八(二)中所述的类型	个			
	30	本章统计注释八(三)中所述的类型	个			
	40	本章统计注释八(四)中所述的类型	个			
	50	直管	个			
	90	其他	个			
8539.90.00	00	零件[15]	个	2.6%[3]	0(A*,AU,BH,CA,CL,CO,D,E,IL,JO,KR,MA,MX,OM,P,PA,PE,S,SG)	35%
8540		热电子管、冷阴极管或光阴极管(例如,真空管或充气管、汞弧整流管、阴极射线管、电视摄像管):				
		阴极射线电视显像管,包括视频监视器用阴极射线管:				
8540.11		彩色的:				
8540.11.10		非高清,非投影,视频显示对角线超过35.56厘米		15%[25]	0(A+,AU,B,BH,CA,CL,CO,D,E,IL,JO,KR,MA,MX,OM,P,PA,PE,S,SG)	60%
		视频显示对角线:				
	30	不超过39厘米	个			
	40	超过39厘米,但不超过45厘米	个			

第八十五章　电机、电气设备及其零件;录音机及放声机、电视图像、声音的录制和重放设备及其零件、附件　1361

税则号列	统计后缀	货品名称	单位	税率 1 普通	税率 1 特惠	2
	50	超过45厘米,但不超过50厘米	个			
	55	超过50厘米,但不超过63厘米	个			
	85	超过63厘米	个			
		非高清、非投影,视频显示对角线不超过35.56厘米:				
	01	视频显示对角线不超过34.29厘米	个	7.5%[25]	0(A+,AU,B,BH,CA,CL,CO,D,E,IL,JO,KR,MA,MX,OM,P,PA,PE,S,SG)	60%
	01	其他	个	15%[25]	0(A+,AU,B,BH,CA,CL,CO,D,E,IL,JO,KR,MA,MX,OM,P,PA,PE,S,SG)	60%
8540.11.30	00	高清晰度,视频显示对角线超过35.56厘米	个	15%[25]	0(A+,AU,B,BH,CA,CL,CO,D,E,IL,JO,KR,MA,MX,OM,P,PA,PE,S,SG)	60%
		高清晰度,视频显示对角线不超过35.56厘米:				
	01	视频显示对角线不超过34.29厘米	个	7.5%[25]	0(A+,AU,B,BH,CA,CL,CO,D,E,IL,JO,KR,MA,MX,OM,P,PA,PE,S,SG)	60%
	01	其他	个	15%[25]	0(A+,AU,B,BH,CA,CL,CO,D,E,IL,JO,KR,MA,MX,OM,P,PA,PE,S,SG)	60%
8540.11.50	00	其他	个	15%[25]	0(A+,AU,B,BH,CA,CL,CO,D,E,IL,JO,KR,MA,MX,OM,P,PA,PE,S,SG)	60%
8540.12		单色的:				
		跨面板的直线尺寸大于29厘米但不超过42厘米的电视显像管:				
8540.12.10	00	非高清	个	3.6%[25]	0(A,AU,B,BH,CA,CL,CO,D,E,IL,JO,KR,MA,MX,OM,P,PA,PE,S,SG)	60%
8540.12.20	00	高清晰度	个	3.6%[25]	0(A,AU,B,BH,CA,CL,CO,D,E,IL,JO,KR,MA,MX,OM,P,PA,PE,S,SG)	60%
		其他:				
8540.12.50		非高清		3.3%[25]	0(A+,AU,B,BH,CA,CL,CO,D,E,IL,JO,KR,MA,MX,OM,P,PA,PE,S,SG)	60%
	40	投影	个			
	80	其他	个			
8540.12.70	00	高清晰度	个	3.3%[25]	0(A+,AU,B,BH,CA,CL,CO,D,E,IL,JO,KR,MA,MX,OM,P,PA,PE,S,SG)	60%
8540.20		电视摄像管;变像管及图像增强管;其他光阴极管:				
8540.20.20		阴极射线管		6%[25]	0(A+,AU,B,BH,CA,CL,CO,D,E,IL,JO,KR,MA,MX,OM,P,PA,PE,S,SG)	35%

税则号列	统计后缀	货品名称	单位	税率 1 普通	税率 1 特惠	2
	40	彩色	个			
	80	其他	个			
8540.20.40	00	其他	个	3.3%[25]	0(A+,AU,B,BH,CA,CL,CO,D,E,IL,JO,KR,MA,MX,OM,P,PA,PE,S,SG)	35%
8540.40.10		单色的数据/图形显示管;彩色的数据/图形显示管,屏幕荧光点间距小于0.4毫米		3%[128]	0(A+,AU,B,BH,CA,CL,CO,D,E,IL,JO,KR,MA,MX,OM,P,PA,PE,S,SG)	35%
	10	彩色	个			
	50	其他	个			
8540.60.00		其他阴极射线管		3%[25]	0(A+,AU,B,BH,CA,CL,CO,D,E,IL,JO,KR,MA,MX,OM,P,PA,PE,S,SG)	35%
		视频显示对角线:				
	20	不超过30厘米	个			
	65	超过30厘米,但不超过36厘米	个			
	80	超过36厘米	个			
		微波管(例如,磁控管、速调管、行波管、返波管),但不包括栅控管:				
8540.71		磁控管				
8540.71.20	00	改装后用作微波炉的部件	个	0[25]		35%
8540.71.40	00	其他	个	3.7%[25]	0(A+,AU,BH,CA,CL,CO,D,E,IL,JO,KR,MA,MX,OM,P,PA,PE,S,SG)	35%
8540.79		其他:				
8540.79.10	00	速调管	个	3.3%[3]	0(A+,AU,BH,CA,CL,CO,D,E,IL,JO,KR,MA,MX,OM,P,PA,PE,S,SG)	35%
8540.79.20	00	其他	个	3.7%[3]	0(A+,AU,BH,CA,CL,CO,D,E,IL,JO,KR,MA,MX,OM,P,PA,PE,S,SG)	35%
		其他管:				
8540.81.00	00	接收管或放大管	个	4.2%[25]	0(A+,AU,B,BH,CA,CL,CO,D,E,IL,JO,KR,MA,MX,OM,P,PA,PE,S,SG)	35%
8540.89.00		其他		3.7%[3]	0(A+,AU,B,BH,CA,CL,CO,D,E,IL,JO,KR,MA,MX,OM,P,PA,PE,S,SG)	35%
	20	气体和蒸汽电子管	个			
	40	二极管、三极管和四极管	个			
	60	感光管	个			
	80	其他	个			
		零件:				
8540.91		阴极射线管用:				
8540.91.15	00	前面板组件	个	5.4%[25]	0(A+,AU,B,BH,CA,CL,CO,D,E,IL,JO,KR,MA,MX,OM,P,PA,PE,S,SG)	35%

第八十五章 电机、电气设备及其零件;录音机及放声机、电视图像、声音的录制和重放设备及其零件、附件

税则号列	统计后缀	货品名称	单位	税率 1 普通	税率 1 特惠	税率 2
8540.91.20	00	偏转线圈	个	0[25]		35%
8540.91.50	00	其他	千克	5.4%[25]	0(A+,AU,B,BH,CA,CL,CO,D,E,IL,JO,KR,MA,MX,OM,P,PA,PE,S,SG)	35%
8540.99		其他:				
8540.99.40	00	电子枪;子目 8540.71 至 8540.79(含)的微波管的射频(RF)相互作用结构	个	0[25]		35%
8540.99.80	00	其他	个	0[25]		35%
8541		二极管、晶体管及类似的半导体器件;光敏半导体器件,包括不论是否装在组件内或组装成块的光电池;发光二极管(LED);已装配的压电晶体:				
8541.10.00		二极管,但光敏二极管或发光二极管(LED)除外		0[2]		35%
	40	未安装的芯片、裸片及晶圆	个			
		其他:				
	50	稳压二极管[38]	个			
	60	微波炉	个			
		其他:				
	70	最大电流为 0.5 安或更小	个			
	80	其他[39]	个			
		晶体管,但光敏晶体管除外:				
8541.21.00		耗散功率小于 1 瓦的		0[3]		35%
	40	未安装的芯片、裸片及晶圆	个			
		其他:				
	75	工作频率不低于 100 兆赫[11]	个			
	95	其他[11]	个			
8541.29.00		其他		0[3]		35%
	40	未安装的芯片、裸片及晶圆	个			
		其他:				
	75	工作频率不低于 30 兆赫	个			
	95	其他[11]	个			
8541.30.00		半导体开关元件、两端交流开关元件及三端双向可控硅开关元件,但光敏器件除外		0[3]		35%
	40	未安装的芯片、裸片及晶圆	个			
	80	其他	个			
8541.40		光敏半导体器件,包括不论是否装在组件内或组装成块的光电池;发光二极管(LED):				
8541.40.20	00	发光二极管(LED)	个	0[3]		20%
8541.40.60		其他二极管		0[129]		35%
	10	未安装的芯片、裸片及晶圆	个			

税则号列	统计后缀	货品名称	单位	税率 1 普通	税率 1 特惠	2
		其他：				
		太阳能电池：				
		本章统计注释十一所述的晶体硅光伏电池：				
	15	装配在组件内或组装成块[9]	个瓦			
	25	其他	个瓦			
		其他：				
	35	装配在组件内或组装成块[9]	个瓦			
	45	其他	个瓦			
	50	其他	个			
8541.40.70		晶体管		0[3]		35%
	40	未安装的芯片、裸片及晶圆	个			
	80	其他	个			
		其他：				
8541.40.80	00	光耦合隔离器	个	0[3]		35%
8541.40.95	00	其他	个	0[3]		35%
8541.50.00		其他半导体器件		0[3]		35%
	40	未安装的芯片、裸片及晶圆	个			
	80	其他	个			
8541.60.00		已装配的压电晶体		0[3]		35%
		石英,设计用于工作频率：				
	10	32.768千赫	个			
	20	不超过1兆赫,32.768千赫除外	个			
	30	超过1兆赫,但不超过5兆赫	个			
	50	超过5兆赫,但不超过20兆赫	个			
	60	超过20兆赫[11]	个			
	80	其他	个			
8541.90.00	00	零件	个	0[3]		35%
8542		集成电路：				
		集成电路：				
8542.31.00	01	处理器及控制器,不论是否带有存储器、转换器、逻辑电路、放大器、时钟及时序电路或其他电路[1]	个	0[2]		35%
8542.32.00		存储器		0[2]		35%
		动态随机读写存储器(DRAM)：				
	02	不超过128兆位	个			
	24	超过128兆位,但不超过256兆位	个			

第八十五章 电机、电气设备及其零件;录音机及放声机、电视图像、声音的录制和重放设备及其零件、附件

税则号列	统计后缀	货品名称	单位	税率 1 普通	税率 1 特惠	税率 2
	28	超过256兆位,但不超过512兆位	个			
	32	超过512兆位,但不超过1千兆位	个			
	36	超过1吉比特	个			
	41	静态随机读写存储器(SRAM)	个			
	51	带电可擦可编程只读存储器(EEP-ROM)	个			
	61	可擦(带电除外)可编程只读存储器(EPROM)	个			
	71	其他	个			
8542.33.00	01	放大器	个	0[2]		35%
8542.39.00	01	其他	个	0[2]		35%
8542.90.00	00	零件	个	0[2]		35%
8543		本章其他品目未列名的具有独立功能的电气设备及装置:				
8543.10.00	00	粒子加速器[130]	个	1.9%[3]	0(A*,AU,BH,CA,CL,CO,D,E,IL,JO,KR,MA,MX,OM,P,PA,PE,S,SG)	35%
8543.20.00	00	信号发生器	个	0[3]		35%
8543.30		电镀、电解或电泳设备及装置				
8543.30.20	00	专用于或主要用于制造印刷电路的[11]	个	0[3]		35%
8543.30.90		其他		2.6%[3]	0(A,AU,BH,CA,CL,CO,E,IL,JO,KR,MA,MX,OM,P,PA,PE,S,SG)	35%
	40	镁阳极[114]	个			
	80	其他[79]	个			
8543.70		其他设备及装置:				
8543.70.20	00	物理气相沉积装置	个	2.5%[3]	0(A*,AU,BH,CA,CL,CO,D,E,IL,JO,KR,MA,MX,OM,P,PA,PE,S,SG)	35%
		电同步器和传感器;飞行数据记录器;飞机用带电阻的除霜器和除雾器:				
8543.70.42	00	飞行数据记录器	个	0[3]		35%
8543.70.45	00	其他[131]	个	2.6%[132]	0(A*,AU,BH,C,CA,CL,CO,D,E,IL,JO,KR,MA,MX,OM,P,PA,PE,S,SG)	35%
8543.70.60	00	设计用于连接电报或电话设备或仪器或者电报或电话网络的货品	个	0[3]		35%
8543.70.71	00	电致发光灯	个	2%[25]	0(A*,AU,BH,CA,CL,CO,D,E,IL,JO,KR,MA,MX,OM,P,PA,PE,S,SG)	20%
		其他:				
8543.70.80	00	微波放大器	个	0[3]		35%
		其他:				

税则号列	统计后缀	货品名称	单位	税率 1 普通	税率 1 特惠	2
8543.70.85	00	用于电气神经刺激[70]	个	0[25]		35%
8543.70.87	00	具有翻译或字典功能的电气设备;品目8528以外的平板显示器,但子目8528.52或8528.62除外;视频游戏控制台控制器,使用红外传输来操作或访问控制台的各种功能和能力	个	0[64]		35%
8543.70.89	00	其他便携式电池供电的电子阅读器,用于记录和重放文本、静态图像或音频文件	个	0[40]		35%
8543.70.91	00	能够连接到有线或无线网络进行声音混合的数字信号处理设备[133]	个	0[25]		35%
	01	主要为儿童设计的便携交互式电子教育设备	个	0[64]		35%
8543.70.95	00	无显示功能的触摸敏感数据输入设备(称为"触摸屏"),用于并入具有显示器的设备中,其功能是通过检测显示区域内触摸的存在和位置(可通过电阻、静电容量、声脉冲识别、红外线灯或其他触摸感应技术等方式获得此感测)	个	0[3]		35%
8543.70.97	00	从电子显微镜标本和标本架上去除有机污染物的等离子清洗机	个	0[3]		35%
8543.70.99		其他		2.6%[2]	0(A*,AU,B,BH,CA,CL,CO,D,E,IL,JO,KR,MA,MX,OM,P,PA,PE,S,SG)	35%
	10	放大器	个			
	20	与乐器一起使用的特殊效果踏板	个			
		个人电气或电子汽化装置:				
	30	含有尼古丁[134]	个			
	40	其他	个			
	60	其他[8]	个			
8543.90		零件:				
8543.90.12	00	子目8543.70的物理气相沉积装置	个	0[3]		35%
		飞行数据记录器用组件和子组件,由两个或以上零件固定或连接在一起:				
8543.90.15	00	印刷电路组件	个	0[3]		35%
8543.90.35	00	其他	个	0[3]		35%
		其他:				
		印刷电路组件:				
8543.90.65	00	品目8528以外的平板显示器的,但子目8528.52或子目8528.62除外	个	0[3]		35%
8543.90.68	00	其他	个	0[3]		35%
		其他:				

第八十五章 电机、电气设备及其零件;录音机及放声机、电视图像、声音的录制和重放设备及其零件、附件

税则号列	统计后缀	货品名称	单位	税率 1 普通	税率 1 特惠	2
8543.90.85	00	品目8528以外的平板显示器的,但子目8528.52或子目8528.62除外	个	0[25]		35%
8543.90.88		其他		0[25]		35%
	45	粒子加速器的	个			
		个人电气或电子汽化装置的:				
	50	含有尼古丁[134]	个			
	60	其他	个			
	85	其他	个			
8544		绝缘(包括漆包或阳极化处理)电线、电缆(包括同轴电缆)及其他绝缘电导体,不论是否有接头;由多根具有独立保护套的光纤组成的光缆,不论是否与电导体装配或装有接头:				
		绕组电线:				
8544.11.00		铜制		3.5%[3]	0(A,AU,B,BH,CA,CL,CO,D,E,IL,JO,KR,MA,MX,OM,P,PA,PE,S,SG)	40%
	20	33AWG(直径0.18毫米)及更细	千克			
	30	22AWG(直径0.643毫米)及更细,但大于33AWG(直径0.18毫米)	千克			
	50	其他	千克			
8544.19.00	00	其他	千克	3.9%[3]	0(A*,AU,B,BH,CA,CL,CO,D,E,IL,JO,KR,MA,MX,OM,P,PA,PE,S,SG)	35%
8544.20.00	00	同轴电缆及其他同轴电导体	千克	5.3%[25]	0(A*,AU,B,BH,CA,CL,CO,D,E,IL,JO,KR,MA,MX,OM,P,PA,PE,S,SG)	35%
8544.30.00	00	车辆、航空器、船舶用点火布线组及其他布线组[110]	个	5%[3]	0(A*,AU,B,BH,C,CA,CL,CO,D,E,IL,JO,KR,MA,MX,OM,P,PA,PE,S,SG)	30%
		其他电导体,额定电压不超过1 000伏:				
8544.42		有接头:				
8544.42.10	00	配有模块化电话连接器[45]	个	0[25]		35%
		其他:				
8544.42.20	00	用于电信的[83]	个	0[25]		35%
8544.42.90		其他		2.6%[135]	0(A,AU,B,BH,CA,CL,CO,D,E,IL,JO,KR,MA,MX,OM,P,PA,PE,S,SG)	35%
	10	本章统计注释六所述的延长线[136]	个			
	90	其他[137]	个			
8544.49		其他:				
		额定电压不超过80伏:				
8544.49.10	00	用于电信	千克	0[2]		40%

税则号列	统计后缀	货品名称	单位	税率 1 普通	税率 1 特惠	2
8544.49.20	00	其他[39]	千克	3.5%[2]	0(A, AU, B, BH, CA, CL, CO, D, E, IL, JO, KR, MA, MX, OM, P, PA, PE, S, SG)	40%
		其他：				
8544.49.30		铜制		5.3%[3]	0(A, AU, B, BH, CA, CL, CO, D, E, IL, JO, KR, MA, MX, OM, P, PA, PE, S, SG)	40%
	40	额定电压超过600伏	千克			
	80	其他	千克			
8544.49.90	00	其他[11]	千克	3.9%[3]	0(A, AU, B, BH, CA, CL, CO, D, E, IL, JO, KR, MA, MX, OM, P, PA, PE, S, SG)	35%
8544.60		其他电导体，额定电压超过1 000伏：				
8544.60.20	00	配备连接器	个	3.7%[3]	0(A, AU, B, BH, CA, CL, CO, D, E, IL, JO, JP, KR, MA, MX, OM, P, PA, PE, S, SG)	35%
		其他：				
8544.60.40	00	铜制[33]	千克	3.5%[3]	0(A, AU, B, BH, CA, CL, CO, D, E, IL, JO, JP, KR, MA, MX, OM, P, PA, PE, S, SG)	40%
8544.60.60	00	其他[138]	千克	3.2%[2]	0(A, AU, B, BH, CA, CL, CO, D, E, IL, JO, JP, KR, MA, MX, OM, P, PA, PE, S, SG)	35%
8544.70.00	00	光缆[33]	光纤米	0[3]		65%
8545		碳电极、碳刷、灯碳棒、电池碳棒及电气设备用的其他石墨或碳精制品，不论是否带金属：				
		碳电极：				
8545.11.00		炉用		0[25]		45%
		石墨：				
	10	直径不超过425毫米	千克			
	20	直径超过425毫米	千克			
	50	其他	千克			
8545.19		其他：				
8545.19.20	00	用于电解	千克	0[25]		45%
8545.19.40	00	其他	千克	0[25]		45%
8545.20.00	00	碳刷	千克	0[25]		45%
8545.90		其他：				
8545.90.20	00	弧光碳	千克	0[25]		60%
8545.90.40	00	其他	千克	0[25]		45%
8546		各种材料制的绝缘子：				
8546.10.00	00	玻璃制[139]	个	2.9%[25]	0(A, AU, BH, CA, CL, CO, D, E, IL, JO, KR, MA, MX, OM, P, PA, PE, S, SG)	50%

第八十五章 电机、电气设备及其零件;录音机及放声机、电视图像、声音的录制和重放设备及其零件、附件

税则号列	统计后缀	货品名称	单位	税率 1 普通	税率 1 特惠	税率 2
8546.20.00		陶瓷制		3%[25]	0(A,AU,B,BH,CA,CL,CO,D,E,IL,JO,JP,KR,MA,MX,OM,P,PA,PE,S,SG)	60%
		用于高压、低频电气系统:				
	30	通常称为悬挂式、针式或线状支柱绝缘子[46]	个			
	60	其他	个			
	90	其他[21]	个			
8546.90.00	00	其他[140]	个	0[25]		30%
8547		电气机器、器具或设备用的绝缘零件,除了为装配需要而在模制时装入的小金属零件(例如螺纹孔)以外,全部用绝缘材料制成,但品目8546的绝缘子除外;内衬绝缘材料的贱金属制线路导管及其接头:				
8547.10		陶瓷制绝缘零件:				
8547.10.40	00	用于生产以天然气为燃料的固定式内燃机火花塞的陶瓷绝缘体	个	3%[25]	0(A,AU,BH,CA,CL,CO,D,E,IL,JO,KR,MA,MX,OM,P,PA,PE,S,SG)	60%
8547.10.80	00	其他	个	3%[25]	0(A,AU,B,BH,CA,CL,CO,D,E,IL,JO,KR,MA,MX,OM,P,PA,PE,S,SG)	60%
8547.20.00	00	塑料制绝缘零件	个	0[25]		30%
8547.90.00		其他		4.6%[25]	0(A,AU,B,BH,CA,CL,CO,D,E,IL,JO,KR,MA,MX,OM,P,PA,PE,S,SG)	45%
	10	其他绝缘配件	个			
		内衬绝缘材料的贱金属制线路导管及其接头:				
	20	导管	千克			
		接头:				
	30	螺纹	千克			
	40	其他	千克			
8548		原电池、原电池组及蓄电池的废碎料;废原电池、废原电池组及废蓄电池;机器或设备的本章其他品目未列名的电气零件:				
8548.10		原电池、原电池组及蓄电池的废碎料;废原电池、废原电池组及废蓄电池:				
		废原电池、废原电池组和废蓄电池:				
8548.10.05		用于铅的回收		0[40]		11.5%
	40	用于启动发动机的铅酸蓄电池	个 千克			
	80	其他	个 千克			
8548.10.15	00	其他	千克	0[40]		0
		其他:				
8548.10.25	00	用于铅的回收	个 千克	0[40]		11.5%

税则号列	统计后缀	货品名称	单位	税率 1 普通	税率 1 特惠	2
8548.10.35	00	其他	千克	0[40]		0
8548.90.01	00	其他	个	0[25]		35%

[1]见9903.88.20。

[2]见9903.88.02。

[3]见9903.88.01。

[4]见9903.88.06、9903.88.14和9903.88.58。

[5]见9903.88.14和9903.88.40。

[6]见9903.88.08、9903.88.11、9903.88.14、9903.88.19和9903.88.60。

[7]见9902.16.05和9903.88.02。

[8]见9903.88.12、9903.88.20和9903.88.54。

[9]见9903.88.17。

[10]见9903.88.12、9903.88.20和9903.88.61。

[11]见9903.88.14。

[12]见9903.88.11、9903.88.14、9903.88.19和9903.88.58。

[13]见9903.88.20和9903.88.61。

[14]见9902.16.06、9902.16.07和9903.88.02。

[15]见9903.88.06。

[16]见9903.88.14、9903.88.19和9903.88.60。

[17]见9903.45.25和9903.88.02。

[18]见9903.88.12和9903.88.20。

[19]见总注释六。

[20]见9902.16.08、9902.16.09、9902.16.10和9903.88.03。

[21]见9903.88.45和9903.88.56。

[22]见9903.88.43、9903.88.45和9903.88.56。

[23]见9902.16.11、9902.16.12和9903.88.03。

[24]见9903.88.38、9903.88.40、9903.88.43、9903.88.45和9903.88.56。

[25]见9903.88.03。

[26]见9903.88.43和9903.88.56。

[27]见9903.88.14、9903.88.19和9903.88.58。

[28]见9902.16.13和9903.88.02。

[29]见9903.88.08、9903.88.14和9903.88.19。

[30]见9903.88.11和9903.88.14。

[31]见9902.16.14和9903.88.02。

[32]见9903.88.10、9903.88.14、9903.88.50和9903.88.58。

[33]见9903.88.19。

[34]见9902.16.15、9903.45.25和9903.88.03。

[35]见9903.88.11和9903.88.19。

[36]见9902.16.16和9903.88.03。

[37]见9902.16.17和9903.88.02。

[38]见9903.88.12。

第八十五章 电机、电气设备及其零件;录音机及放声机、电视图像、声音的录制和重放设备及其零件、附件

[39]见9903.88.17和9903.88.20。
[40]见9903.88.15。
[41]见9903.88.06和9903.88.14。
[42]见9903.88.11。
[43]见9903.88.10、9903.88.19和9903.88.50。
[44]见9903.88.18和9903.88.56。
[45]见9903.88.46。
[46]见9903.88.45。
[47]见9903.88.34、9903.88.37、9903.88.40、9903.88.46和9903.88.56。
[48]见9902.16.18和9903.88.03。
[49]见9903.88.40和9903.88.46。
[50]见9903.88.40。
[51]见9903.88.36、9903.88.38、9903.88.43、9903.88.45和9903.88.46。
[52]见9903.88.10和9903.88.14。
[53]见9903.88.14和9903.88.58。
[54]见9902.16.19和9903.88.01。
[55]见9903.88.07和9903.88.14。
[56]见9903.88.08。
[57]见9903.88.43。
[58]见9903.88.36。
[59]见9903.45.25和9903.88.03。
[60]见9902.16.20、9902.16.21、9902.16.22和9903.88.15。
[61]见9903.88.49和9903.88.53。
[62]见9903.88.35、9903.88.45和9903.88.56。
[63]见9902.16.23、9902.16.24、9902.16.25和9903.88.16。
[64]见9903.88.16。
[65]见9902.16.26、9902.16.27、9902.16.28、9902.16.29、9902.16.30、9902.16.31、9902.16.32和9903.88.16。
[66]见9902.16.33、9902.16.34、9902.16.35、9902.16.36、9902.16.37和9903.88.03。
[67]见9903.88.43和9903.88.45。
[68]见9903.88.35和9903.88.56。
[69]见9902.16.38和9903.88.03。
[70]见9903.88.37。
[71]见9902.16.39、9902.16.40和9903.88.03。
[72]见9903.88.44。
[73]见9903.88.47。
[74]见9903.88.36、9903.88.43和9903.88.48。
[75]见9903.88.37、9903.88.48和9903.88.56。
[76]见9902.16.41和9903.88.03。
[77]见9903.88.38和9903.88.46。
[78]见9903.88.03和9903.89.37。
[79]见9903.88.11和9903.88.52。
[80]见9903.88.07。
[81]见9902.16.42、9902.16.43、9902.16.44和9903.88.03。

[82]见9903.88.33、9903.88.45和9903.88.56。

[83]见9903.88.33和9903.88.56。

[84]见9902.16.45、9902.16.46和9903.88.16。

[85]见9902.16.47、9902.16.48、9902.16.49、9902.16.50、9902.16.51、9902.16.52、9902.16.53、9902.16.54和9903.88.16。

[86]见9903.88.48。

[87]见9902.16.55、9902.16.56、9902.16.57和9903.88.16。

[88]见9902.16.58、9902.16.59、9902.16.60、9902.16.61、9902.16.62、9902.16.63、9902.16.64、9902.16.65、9902.16.66和9903.88.15。

[89]见9903.88.53。

[90]见9902.16.67和9903.88.16。

[91]见9902.16.68、9902.16.69、9902.16.70、9902.16.71、9902.16.72、9902.16.73、9902.16.74、9902.16.75、9902.16.76、9902.16.77、9902.16.78、9902.16.79、9902.16.80、9902.16.81、9902.16.82和9903.88.16。

[92]见9902.16.83、9902.16.84和9903.88.03。

[93]见9903.88.04和9903.88.15。

[94]见9903.88.33。

[95]见9903.88.44、9903.88.47、9903.88.49和9903.88.57。

[96]见9903.88.53和9903.88.57。

[97]见9903.88.38。

[98]见9903.88.05。

[99]见9903.88.10、9903.88.14和9903.88.58。

[100]见9903.88.37、9903.88.43、9903.88.45和9903.88.56。

[101]见9903.88.51。

[102]见9902.16.85和9903.88.15。

[103]报告本章附加美国注释四(二)规定的数量。

[104]见9903.88.49和9903.88.57。

[105]见9903.88.43、9903.88.45、9903.88.56和9903.88.64。

[106]见9903.88.33、9903.88.40、9903.88.46和9903.88.48。

[107]见本章统计注释五。

[108]见本章统计注释五。见9903.88.14。

[109]见9903.88.11、9903.88.19和9903.88.52。

[110]见9903.88.14和9903.88.19。

[111]见9903.88.38、9903.88.43和9903.88.56。

[112]见9903.88.33、9903.88.38和9903.88.56。

[113]见9902.16.86、9902.16.87、9902.16.88和9903.88.02。

[114]见9903.88.10。

[115]见9903.88.17、9903.88.20和9903.88.61。

[116]见9903.88.08、9903.88.10和9903.88.19。

[117]见9903.88.08和9903.88.14。

[118]见9903.88.07、9903.88.10、9903.88.11、9903.88.14、9903.88.19和9903.88.58。

[119]见9902.16.89和9903.88.03。

[120]见9903.88.38、9903.88.40、9903.88.45和9903.88.56。

[121]见9903.88.10、9903.88.14、9903.88.19和9903.88.58。

[122]见9902.16.90和9903.88.03。

第八十五章 电机、电气设备及其零件;录音机及放声机、电视图像、声音的录制和重放设备及其零件、附件

[123]见9903.88.33、9903.88.34、9903.88.45、9903.88.56和9903.88.64。

[124]见9902.16.91和9903.88.03。

[125]见9903.88.06和9903.88.19。

[126]见9903.88.18。

[127]见9902.16.92、9902.16.93和9903.88.03。

[128]见9902.16.94和9903.88.03。

[129]见9903.45.21、9903.45.22、9903.45.25和9903.88.02。

[130]见9903.88.14、9903.88.58和9903.88.62。

[131]见9903.88.12和9903.88.54。

[132]见9902.16.95和9903.88.02。

[133]见9903.88.33、9903.88.43和9903.88.56。

[134]见本章统计注释七。

[135]见9902.16.96和9903.88.03。

[136]见9903.88.34、9903.88.38、9903.88.46和9903.88.56。

[137]见9903.88.33、9903.88.37、9903.88.38、9903.88.40、9903.88.43、9903.88.45、9903.88.46和9903.88.56。

[138]见9903.88.17和9903.88.59。

[139]见9903.88.34。

[140]见9903.88.37和9903.88.56。

第十七类　车辆、航空器、船舶及有关运输设备

注释：

一、本类不包括品目9503或品目9508的物品，或者品目9506的长雪橇、平底雪橇及类似品。

二、本类所称"零件"及"零件、附件"不适用于下列物品，不论其是否确定为供本类货品使用：

(一)各种材料制的接头、垫圈或类似品(按其构成材料归类或归入品目8484)或硫化橡胶(硬质橡胶除外)的其他制品(品目4016)；

(二)第十五类注释二所规定的贱金属制通用零件(第十五类)或塑料制的类似品(第三十九章)；

(三)第八十二章的物品(工具)；

(四)品目8306的物品；

(五)品目8401至8479的机器或装置及其零件，但供本类所列货品使用的散热器除外；品目8481或品目8482的物品，或者品目8483的物品(这些物品是构成发动机或其他动力装置所必需的)；

(六)电机或电气设备(第八十五章)；

(七)第九十章的物品；

(八)第九十一章的物品；

(九)武器(第九十三章)；

(十)品目9405的灯具或照明装置；或者

(十一)作为车辆零件的刷子(品目9603)。

三、第八十六章至第八十八章所称"零件"或"附件"不适用于那些非专用于或非主要用于这几章所列物品的零件、附件。同时符合这几章内两个或以上品目规定的零件、附件，应按其主要用途归入相应的品目。

四、就本类而言：

(一)既可在道路上又可在轨道上行驶的特殊构造的车辆，应归入第八十七章的相应品目；

(二)水陆两用的机动车辆，应归入第八十七章的相应品目；

(三)可兼作地面车辆使用的特殊构造的航空器，应归入第八十八章的相应品目。

五、气垫运输工具应按本类最相似的运输车辆归类，其规定如下：

(一)在导轨上运行的(气垫火车)，归入第八十六章；

(二)在陆地行驶或水陆两用的,归入第八十七章;

(三)在水上航行的,不论能否在海滩或浮码头登陆或者能否在冰上行驶,一律归入第八十九章。

气垫运输工具的零件、附件,应按照上述规定,与运输车辆的零件、附件一并归类。

气垫火车的轨道固定装置及附件应与铁道轨道固定装置及附件一并归类。气垫火车运行系统的信号、安全或交通管理设备应与铁道的信号、安全或交通管理设备一并归类。

第八十六章　铁道及电车道机车、车辆及其零件；铁道及电车道轨道固定装置及其零件、附件；各种机械（包括电动机械）交通信号设备

注释：

一、本章不包括：

(一)木制或混凝土制的铁道或电车道轨枕及气垫火车用的混凝土导轨(品目4406或者品目6810)；

(二)品目7302的铁道及电车道铺轨用钢铁材料；或者

(三)品目8530的电气信号、安全或交通管理设备。

二、品目8607主要适用于：

(一)轴、轮、行走机构、金属轮箍、轮圈、毂及轮子的其他零件；

(二)车架、底架、转向架；

(三)轴箱，制动装置；

(四)车辆缓冲器，钩及其他联结器及车厢走廊联结装置；

(五)车身。

三、除上述注释一另有规定的以外，品目8608包括：

(一)已装配的轨道、转车台、站台缓冲器、量载规；

(二)铁道及电车道、道路、内河航道、停车场、港口或机场用的臂板信号机、机械信号盘、平交道口控制器、信号及道岔控制器，以及其他机械(包括电动机械)信号、安全或交通管理设备，不论是否装有电力照明装置。

附加美国注释：

一、不征收关税的铁路机车(品目8601、品目8602)及铁路货车(品目8606)，不受《1930年关税法》第448、484条规定的进口商品进出境要求的限制。财政部部长可以通过法规制定适当的报告要求，包括要求提供保证金以确保合规。

税则号列	统计后缀	货品名称	单位	税率 1 普通	税率 1 特惠	2
8601		铁道机车,由外部电力或蓄电池驱动:				
8601.10.00	00	由外部电力驱动	个	0[1]		35%
8601.20.00	00	由蓄电池驱动	个	0[2]		35%
8602		其他铁道机车;机车煤水车:				
8602.10.00	00	柴油电力机车	个	0[2]		35%
8602.90.00	00	其他	个	0[3]		35%
8603		铁道及电车道用的机动客车、货车、敞车,但品目8604的货品除外:				
8603.10.00	00	由外部电力驱动	个	5%[1]	0(A, AU, BH, CA, CL, CO, D, E, IL, JO, KR, MA, MX, OM, P, PA, PE, S, SG)	35%
8603.90.00	00	其他	个	5%[1]	0(A, AU, BH, CA, CL, CO, D, E, IL, JO, KR, MA, MX, OM, P, PA, PE, S, SG)	35%
8604.00.00	00	铁道及电车道用的维修或服务车,不论是否机动(例如,工场车、起重机车、道碴捣固车、轨道校正车、检验车及查道车)	个	2.9%[1]	0(A, AU, BH, CA, CL, CO, D, E, IL, JO, KR, MA, MX, OM, P, PA, PE, S, SG)	45%
8605.00.00	00	铁道及电车道用的非机动客车;行李车、邮政车和其他铁道或电车道用的非机动特殊用途车辆(品目8604的货品除外)	个	14%[2]	0(A, AU, BH, CA, CL, CO, D, E, IL, JO, KR, MA, MX, OM, P, PA, PE, S, SG)	45%
8606		铁道及电车道用的非机动有篷及无篷货车:				
8606.10.00	00	油罐货车及类似车	个	14%[2]	0(A, AU, BH, CA, CL, CO, D, E, IL, JO, KR, MA, MX, OM, P, PA, PE, S, SG)	45%
8606.30.00	00	自卸货车,但税号8606.10.00或税号8606.20.00的货品除外	个	14%[2]	0(A, AU, BH, CA, CL, CO, D, E, IL, JO, KR, MA, MX, OM, P, PA, PE, S, SG)	45%
		其他:				
8606.91.00	00	带篷及封闭的	个	14%[2]	0(A, AU, BH, CA, CL, CO, D, E, IL, JO, KR, MA, MX, OM, P, PA, PE, S, SG)	45%
8606.92.00	00	敞篷的,厢壁固定且高度超过60厘米	个	14%[2]	0(A, AU, BH, CA, CL, CO, D, E, IL, JO, KR, MA, MX, OM, P, PA, PE, S, SG)	45%
8606.99.01		其他		14%[2]	0(A, AU, BH, CA, CL, CO, D, E, IL, JO, KR, MA, MX, OM, P, PA, PE, S, SG)	45%
	30	平车,底架上有平坦的地板或甲板,没有车顶,没有凸起的侧面或端部	个			
	60	其他	个			
8607		铁道或电车道机车或其他车辆的零件:				
		转向架、轴、轮及其零件:				
8607.11.00	00	驾驶转向架	个	0[2]		35%
8607.12.00	00	其他转向架	个	3.6%[1]	0(A, AU, BH, CA, CL, CO, D, E, IL, JO, KR, MA, MX, OM, P, PA, PE, S, SG)	45%
8607.19		其他,包括零件:				

第八十六章　铁道及电车道机车、车辆及其零件;铁道及电车道轨道固定装置及其零件、附件;各种机械(包括电动机械)交通信号设备　　1379

税则号列	统计后缀	货品名称	单位	税率 1 普通	税率 1 特惠	2
		车轴及其零件:				
8607.19.03	00	车轴	千克	0.4%[2]	0(A,AU,BH,CA,CL,CO,D,E,IL,JO,KR,MA,MX,OM,P,PA,PE,S,SG)	3%
8607.19.06	00	车轴零件	千克	0.4%[1]	0(A+,AU,BH,CA,CL,CO,D,E,IL,JO,KR,MA,MX,OM,P,PA,PE,S,SG)	3%
		车轮及其零件,以及任何装有车轴的进口车轮或零件:				
8607.19.12	00	车轮,不论是否装有车轴	千克	0[1]		2.2美分/千克
8607.19.15	00	车轮零件	千克	0[1]		2.2美分/千克
8607.19.30		品目8605或品目8606车辆的卡车总成零件		3.6%[2]	0(A,AU,BH,CA,CL,CO,D,E,IL,JO,KR,MA,MX,OM,P,PA,PE,S,SG)	45%
	10	靠垫[4]	千克			
	20	侧框[4]	千克			
	90	其他	千克			
8607.19.90	00	其他	千克	2.6%[1]	0(A,AU,BH,CA,CL,CO,D,E,IL,JO,JP,KR,MA,MX,OM,P,PA,PE,S,SG)	35%
		制动装置及其零件:				
8607.21		空气制动器及其零件:				
8607.21.10	00	品目8605或品目8606的车辆用[5]	千克	3.6%[1]	0(A,AU,BH,CA,CL,CO,D,E,IL,JO,KR,MA,MX,OM,P,PA,PE,S,SG)	45%
8607.21.50	00	其他	千克	3.9%[1]	0(A,AU,BH,CA,CL,CO,D,E,IL,JO,KR,MA,MX,OM,P,PA,PE,S,SG)	35%
8607.29		其他:				
8607.29.10	00	品目8605或品目8606的车辆用	千克	3.6%[1]	0(A,AU,BH,CA,CL,CO,D,E,IL,JO,KR,MA,MX,OM,P,PA,PE,S,SG)	45%
8607.29.50	00	其他	千克	2.6%[1]	0(A,AU,BH,CA,CL,CO,D,E,IL,JO,KR,MA,MX,OM,P,PA,PE,S,SG)	35%
8607.30		钩、其他联结器、缓冲器及其零件				
8607.30.10	00	品目8605或品目8606的车辆用[6]	千克	3.6%[2]	0(A,AU,BH,CA,CL,CO,D,E,IL,JO,KR,MA,MX,OM,P,PA,PE,S,SG)	45%
8607.30.50	00	其他	千克	2.6%[2]	0(A,AU,BH,CA,CL,CO,D,E,IL,JO,KR,MA,MX,OM,P,PA,PE,S,SG)	35%
		其他:				
8607.91.00	00	机车用	千克	0[1]		35%
8607.99		其他:				
8607.99.10	00	品目8605或品目8606的车辆用,制动调节器除外	千克	2.8%[1]	0(A*,AU,BH,CA,CL,CO,D,E,IL,JO,KR,MA,MX,OM,P,PA,PE,S,SG)	45%

税则号列	统计后缀	货品名称	单位	税率 1 普通	税率 1 特惠	2
8607.99.50	00	其他	千克	3.1%[1]	0(A*,AU,BH,CA,CL,CO,D,E,IL,JO,JP,KR,MA,MX,OM,P,PA,PE,S,SG)	35%
8608.00.00	00	铁道或电车道轨道固定装置及附件；供铁道、电车道、道路、内河航道、停车设施、港口装置或机场用的机械(包括电动机械)信号、安全或交通管理设备；上述货品的零件	千克	3.8%[1]	0(A,AU,BH,CA,CL,CO,D,E,IL,JO,KR,MA,MX,OM,P,PA,PE,S,SG)	45%
8609.00.00	00	集装箱(包括运输液体的集装箱)，经特殊设计、装备适用于各种运输方式	个	0		25%

[1] 见 9903.88.01。

[2] 见 9903.88.02。

[3] 见 9903.88.03。

[4] 见 9903.88.17。

[5] 见 9903.88.06。

[6] 见 9903.88.12、9903.88.20 和 9903.88.61。

第八十七章　车辆及其零件、附件(铁道及电车道车辆除外)

注释：

一、本章不包括仅可在钢轨上运行的铁道及电车道车辆。

二、本章所称"牵引车、拖拉机"是指主要为牵引或推动其他车辆、器具或重物的车辆。除了上述主要用途以外，不论其是否还具有装运工具、种子、肥料或其他货品的辅助装置。

用于安装在品目 8701 的牵引车或拖拉机上，作为可替换设备的机器或作业工具，即使与牵引车或拖拉机一同进口或出口，不论其是否已安装在车(机)上，仍应归入其各自相应的品目。

三、装有驾驶室的机动车辆底盘，应归入品目 8702 至 8704，而不归入品目 8706。

四、品目 8712 包括所有儿童两轮车，其他儿童脚踏车归入品目 9503。

附加美国注释：

一、公路牵引车、挂车和半挂车即使同时进口，仍分别归入品目 8701 和品目 8716。

二、为了对品目 8712 的自行车进行归类，每个车轮的直径是安装在其上的轮胎外周长的直径，如果没有安装在其上，则是该车轮的普通轮胎的直径。

税则号列	统计后缀	货品名称	单位	税率 1 普通	税率 1 特惠	2
8701		牵引车、拖拉机（品目8709的牵引车除外）：				
8701.10.01	00	单轴拖拉机	个	0[1]		0
8701.20.00		半挂车用的公路牵引车		4%[2]	0(A+,AU,B,BH,CA,CL,CO,D,E,IL,JO,KR,MA,MX,OM,P,PA,PE,S,SG)	25%
		新的：				
	15	总重量不超过36 287千克	个			
	45	总重量超过36 287千克	个			
	80	用过的	个			
8701.30		履带式牵引车、拖拉机：				
8701.30.10		农业用		0[1]		0
		新的：				
	15	发动机净功率小于93.3千瓦	个			
	30	发动机净功率大于等于93.3千瓦，但小于119.4千瓦	个			
	45	发动机净功率为119.4千瓦或以上，但小于194千瓦	个			
	60	发动机净功率为194千瓦或以上，但小于257.4千瓦	个			
	75	发动机净功率为257.4千瓦以上	个			
	90	用过的	个			
8701.30.50		其他		0[2]		27.5%
		新的：				
	15	发动机净功率小于93.3千瓦	个			
	30	发动机净功率大于等于93.3千瓦，但小于119.4千瓦	个			
	45	发动机净功率为119.4千瓦或以上，但小于194千瓦	个			
	60	发动机净功率为194千瓦或以上，但小于257.4千瓦	个			
	75	发动机净功率为257.4千瓦以上	个			
	90	用过的	个			
		其他，其发动机功率：				
8701.91		不超过18千瓦：				
8701.91.10	00	农业用	个	0[2]		0
8701.91.50	00	其他	个	0[2]		27.5%
8701.92		超过18千瓦，但不超过37千瓦：				
8701.92.10	00	农业用	个	0[2]		0
8701.92.50	00	其他	个	0[2]		27.5%
8701.93		超过37千瓦，但不超过75千瓦：				
8701.93.10	00	农业用	个	0[2]		0
8701.93.50	00	其他	个	0[2]		27.5%

税则号列	统计后缀	货品名称	单位	税率 1 普通	税率 1 特惠	税率 2
8701.94		超过75千瓦,但不超过130千瓦:				
8701.94.10	00	农业用	个	0[2]		0
8701.94.50	00	其他	个	0[2]		27.5%
8701.95		超过130千瓦:				
8701.95.10	00	农业用	个	0[2]		0
8701.95.50	00	其他	个	0[2]		27.5%
8702		客运机动车辆,10座或以上(包括驾驶座):				
8702.10		仅仅装有压燃式活塞内燃发动机(柴油或半柴油式)的车辆:				
8702.10.31	00	设计为16座或以上(包括驾驶座)	个	2%[1]	0(A*,AU,B,BH,CA,CL,CO,D,E,IL,JO,KR,MA,MX,OM,P,PA,PE,S,SG)	25%
8702.10.61	00	其他	个	2%[1]	0(A,AU,B,BH,CA,CL,CO,D,E,IL,JO,KR,MA,MX,OM,P,PA,PE,S,SG)	25%
8702.20		同时装有压燃式活塞内燃发动机(柴油或半柴油发动机)及驱动电动机的车辆:				
8702.20.31	00	设计为16座或以上(包括驾驶座)	个	2%[1]	0(A,AU,B,BH,CA,CL,CO,D,E,IL,JO,KR,MA,MX,OM,P,PA,PE,S,SG)	25%
8702.20.61	00	其他	个	2%[1]	0(A,AU,B,BH,CA,CL,CO,D,E,IL,JO,KR,MA,MX,OM,P,PA,PE,S,SG)	25%
8702.30		同时装有点燃往复式活塞内燃发动机及驱动电动机的车辆:				
8702.30.31	00	设计为16座或以上(包括驾驶座)	个	2%[1]	0(A,AU,B,BH,CA,CL,CO,D,E,IL,JO,KR,MA,MX,OM,P,PA,PE,S,SG)	25%
8702.30.61	00	其他	个	2%[1]	0(A,AU,B,BH,CA,CL,CO,D,E,IL,JO,KR,MA,MX,OM,P,PA,PE,S,SG)	25%
8702.40		仅装有驱动电动机的车辆:				
8702.40.31	00	设计为16座或以上(包括驾驶座)	个	2%[1]	0(A,AU,B,BH,CA,CL,CO,D,E,IL,JO,KR,MA,MX,OM,P,PA,PE,S,SG)	25%
8702.40.61	00	其他	个	2%[1]	0(A,AU,B,BH,CA,CL,CO,D,E,IL,JO,KR,MA,MX,OM,P,PA,PE,S,SG)	25%
8702.90		其他:				
8702.90.31	00	设计为16座或以上(包括驾驶座)	个	2%[1]	0(A,AU,B,BH,CA,CL,CO,D,E,IL,JO,KR,MA,MX,OM,P,PA,PE,S,SG)	25%
8702.90.61	00	其他	个	2%[1]	0(A,AU,B,BH,CA,CL,CO,D,E,IL,JO,KR,MA,MX,OM,P,PA,PE,S,SG)	25%
8703		主要用于载人的机动车辆(品目8702的货品除外),包括旅行小客车及赛车:				

税则号列	统计后缀	货品名称	单位	税率 1 普通	税率 1 特惠	2
8703.10		雪地行走专用车；高尔夫球车及类似车辆：				
8703.10.10	00	雪地行走专用车	个	2.5%[3]	0(A+,AU,B,BH,CA,CL,CO,D,E,IL,JO,KR,MA,MX,OM,P,PA,PE,S,SG)	10%
8703.10.50		其他		2.5%[3]	0(A,AU,B,BH,CA,CL,CO,D,E,IL,JO,KR,MA,MX,OM,P,PA,PE,S,SG)	10%
	30	高尔夫球车	个			
	60	其他	个			
		仅装有点燃往复式活塞内燃发动机的其他车辆：				
8703.21.01		气缸容量（排气量）不超过1 000毫升：		2.5%[1]	0(A+,AU,B,BH,CA,CL,CO,D,E,IL,JO,KR,MA,MX,OM,P,PA,PE,S,SG)	10%
		带跨座和车把控制的三轮或四轮越野车：				
	10	带有表明车辆仅供年满16周岁的人驾驶的标签[4]	个			
	30	其他	个			
	50	其他	个			
8703.22.01	00	气缸容量（排气量）超过1 000毫升，但不超过1 500毫升	个	2.5%[1]	0(A+,AU,B,BH,CA,CL,CO,D,E,IL,JO,KR,MA,MX,OM,P,PA,PE,S,SG)	10%
8703.23.01		气缸容量（排气量）超过1 500毫升，但不超过3 000毫升		2.5%[1]	0(A+,AU,B,BH,CA,CL,CO,D,E,IL,JO,KR,MA,MX,OM,P,PA,PE,S,SG)	10%
	10	房车	个			
		其他：				
		新的：				
		具有不超过4个气缸的发动机				
		旅行车和客车：				
	20	160厘米以下的旅行车	个			
	30	其他	个			
	40	其他	个			
	60	具有超过4个气缸但不超过6个气缸的发动机	个			
	70	具有超过6个气缸的发动机	个			
	90	用过的	个			
8703.24.01		气缸容量（排气量）超过3 000毫升		2.5%[1]	0(A+,AU,B,BH,CA,CL,CO,D,E,IL,JO,KR,MA,MX,OM,P,PA,PE,S,SG)	10%
	10	救护车、灵车和囚车	个			
	30	房车	个			
		其他：				

税则号列	统计后缀	货品名称	单位	税率 1 普通	税率 1 特惠	税率 2
		新的：				
	40	具有不超过4个气缸的发动机	个			
	50	具有超过4个气缸但不超过6个气缸的发动机	个			
	60	具有超过6个气缸的发动机	个			
	90	用过的	个			
		仅装有压燃式活塞内燃发动机(柴油或半柴油发动机)的其他车辆：				
8703.31.01	00	气缸容量(排气量)不超过1 500毫升	个	2.5%[1]	0(A+,AU,B,BH,CA,CL,CO,D,E,IL,JO,KR,MA,MX,OM,P,PA,PE,S,SG)	10%
8703.32.01		气缸容量(排气量)超过1 500毫升,但不超过2 500毫升：		2.5%[1]	0(A+,AU,B,BH,CA,CL,CO,D,E,IL,JO,KR,MA,MX,OM,P,PA,PE,S,SG)	10%
	10	新的	个			
	50	用过的	个			
8703.33.01		气缸容量(排气量)超过2 500毫升		2.5%[1]	0(A+,AU,B,BH,CA,CL,CO,D,E,IL,JO,KR,MA,MX,OM,P,PA,PE,S,SG)	10%
	10	救护车、灵车和囚车	个			
	30	房车	个			
		其他：				
	45	新的	个			
	85	用过的	个			
8703.40.00		同时装有点燃式活塞内燃发动机及驱动电动机的其他车辆,可通过接插外部电源进行充电的除外		2.5%[1]	0(A+,AU,B,BH,CA,CL,CO,D,E,IL,JO,KR,MA,MX,OM,P,PA,PE,S,SG)	10%
	05	气缸容量(排气量)不超过1 000毫升	个			
	10	气缸容量(排气量)超过1 000毫升,但不超过1 500毫升	个			
		气缸容量(排气量)超过1 500毫升,但不超过3 000毫升：				
	15	房车	个			
		其他：				
		新的：				
	20	具有不超过4个气缸的发动机	个			
	30	具有超过4个气缸但不超过6个气缸的发动机	个			
	40	具有超过6个气缸的发动机	个			
	45	用过的	个			
		气缸容量(排气量)超过3 000毫升：				
	50	救护车、灵车和囚车	个			
	55	房车	个			
		其他：				

税则号列	统计后级	货品名称	单位	税率 1 普通	税率 1 特惠	2
		新的:				
	60	具有不超过4个气缸的发动机	个			
	70	具有超过4个气缸但不超过6个气缸的发动机	个			
	80	具有超过6个气缸的发动机	个			
	90	用过的	个			
8703.50.00		同时装有压燃式活塞内燃发动机(柴油或半柴油发动机)及驱动电动机的其他车辆,可通过接插外部电源进行充电的除外		2.5%[1]	0(A+,AU,B,BH,CA,CL,CO,D,E,IL,JO,KR,MA,MX,OM,P,PA,PE,S,SG)	10%
	10	气缸容量(排气量)不超过1 500毫升	个			
		气缸容量(排气量)超过1 500毫升,但不超过2 500毫升:				
	30	新的	个			
	50	用过的	个			
		气缸容量(排气量)超过2 500毫升:				
	60	救护车、灵车和囚车	个			
	65	房车	个			
		其他:				
	70	新的	个			
	90	用过的	个			
8703.60.00		同时装有点燃式活塞内燃发动机及驱动电动机、可通过接插外部电源进行充电的其他车辆		2.5%[1]	0(A+,AU,B,BH,CA,CL,CO,D,E,IL,JO,KR,MA,MX,OM,P,PA,PE,S,SG)	10%
	05	气缸容量(排气量)不超过1 000毫升	个			
	10	气缸容量(排气量)超过1 000毫升,但不超过1 500毫升	个			
		气缸容量(排气量)超过1 500毫升,但不超过3 000毫升:				
	15	房车	个			
		其他:				
		新的:				
	20	具有不超过4个气缸的发动机	个			
	30	具有超过4个气缸但不超过6个气缸的发动机	个			
	40	具有超过6个气缸的发动机	个			
	45	用过的	个			
		气缸容量(排气量)超过3 000毫升:				
	50	救护车、灵车和囚车	个			
	55	房车	个			
		其他:				
		新的:				
	60	具有不超过4个气缸的发动机	个			

税则号列	统计后缀	货品名称	单位	税率 1 普通	税率 1 特惠	税率 2
	70	具有超过4个气缸但不超过6个气缸的发动机	个			
	80	具有超过6个气缸的发动机	个			
	90	用过的	个			
8703.70.00		同时装有压燃活塞内燃发动机(柴油或半柴油发动机)及驱动电动机、可通过接插外部电源进行充电的其他车辆		2.5%[1]	0(A+,AU,B,BH,CA,CL,CO,D,E,IL,JO,KR,MA,MX,OM,P,PA,PE,S,SG)	10%
	10	气缸容量(排气量)不超过1 500毫升	个			
		气缸容量(排气量)超过1 500毫升,但不超过2 500毫升:				
	30	新的	个			
	50	用过的	个			
		气缸容量(排气量)超过2 500毫升:				
	60	救护车、灵车和囚车	个			
	65	房车	个			
		其他:				
	70	新的	个			
	90	用过的	个			
8703.80.00	00	仅装有驱动电动机的其他车辆	个	2.5%[1]	0(A+,AU,B,BH,CA,CL,CO,D,E,IL,JO,KR,MA,MX,OM,P,PA,PE,S,SG)	10%
8703.90.01	00	其他	个	2.5%[1]	0(A+,AU,B,BH,CA,CL,CO,D,E,IL,JO,KR,MA,MX,OM,P,PA,PE,S,SG)	10%
8704		货运机动车辆:				
8704.10		非公路用自卸车:				
8704.10.10	00	驾驶室底盘	个	0[1]		25%
8704.10.50		其他		0[1]		25%
		后倾:				
	20	容量为40.8吨或以下	个			
	30	容量超过40.8吨,但不超过63.5吨	个			
	40	容量超过63.5吨,但不超过90.7吨	个			
	50	容量超过90.7吨	个			
	60	其他	个			
		装有压燃式活塞内燃发动机(柴油或半柴油发动机)的其他货车:				
8704.21.00	00	车辆总重量不超过5吨	个	25%[1]	0(A+,AU,B,BH,CA,CL,CO,D,E,IL,JO,MA,MX,OM,P,PA,PE,S,SG)25%(KR)	25%
8704.22		车辆总重量超过5吨,但不超过20吨:				

税则号列	统计后缀	货品名称	单位	税率 1 普通	税率 1 特惠	2
8704.22.10		驾驶室底盘		4%[1]	0(A+,AU,B,BH,CA,CL,CO,D,E,IL,JO,KR,MA,MX,OM,P,PA,PE,S,SG)	25%
	20	总重量超过5吨,但不超过9吨	个			
	40	总重量超过9吨,但不超过12吨	个			
	60	总重量超过12吨,但不超过15吨	个			
	80	总重量超过15吨,但不超过20吨	个			
8704.22.50		其他		25%[1]	0(A+,AU,B,BH,CA,CL,CO,D,E,IL,JO,MA,MX,OM,P,PA,PE,S,SG)25%(KR)	25%
	20	总重量超过5吨,但不超过9吨	个			
	40	总重量超过9吨,但不超过12吨	个			
	60	总重量超过12吨,但不超过15吨	个			
	80	总重量超过15吨,但不超过20吨	个			
8704.23.00	00	车辆总重量超过20吨	个	25%[1]	0(A+,AU,B,BH,CA,CL,CO,D,E,IL,JO,MA,MX,OM,P,PA,PE,S,SG)25%(KR)	25%
		装有点燃式活塞内燃发动机的其他货车:				
8704.31.00		车辆总重量不超过5吨		25%[1]	0(A+,AU,B,BH,CA,CL,CO,D,E,IL,JO,MA,MX,OM,P,PA,PE,S,SG)25%(KR)	25%
	20	总重量不超过2.5吨	个			
	40	总重量超过2.5吨,但不超过5吨	个			
8704.32.00		车辆总重量超过5吨		25%[1]	0(A+,AU,B,BH,CA,CL,CO,D,E,IL,JO,MA,MX,OM,P,PA,PE,S,SG)25%(KR)	25%
	10	总重量超过5吨,但不超过9吨	个			
	20	总重量超过9吨,但不超过12吨	个			
	30	总重量超过12吨,但不超过15吨	个			
	40	总重量超过15吨,但不超过20吨	个			
	50	总重量超过20吨	个			
8704.90.00	00	其他	个	25%[5]	0(A+,AU,B,BH,CA,CL,CO,D,E,IL,JO,MA,MX,OM,P,PA,PE,S,SG)25%(KR)	25%
8705		特殊用途的机动车辆(例如,抢修车、起重车、救火车、混凝土搅拌车、道路清洁车、喷洒车、流动工场车及流动放射线检查车),但主要用于载人或运货的车辆除外:				
8705.10.00		起重车:		0[2]		25%
	10	电缆操作	个			
	50	其他	个			
8705.20.00	00	钻探车	个	0[2]		25%
8705.30.00	00	救火车	个	0[1]		25%
8705.40.00	00	混凝土搅拌车	个	0[1]		25%

第八十七章　车辆及其零件、附件(铁道及电车道车辆除外)　1389

税则号列	统计后缀	货品名称	单位	税率 1 普通	税率 1 特惠	2
8705.90.00		其他		0[2]		25%
	10	流动放射线检查车	个			
	20	流动医疗车	个			
	80	其他	个			
8706.00		装有发动机的机动车辆底盘,品目8701至8705所列车辆用:				
		子目8701.20、品目8702或品目8704所列车辆用:				
8706.00.03	00	子目8704.21或子目8704.31所列车辆用	个	4%[6]	0(A+,AU,B,BH,CA,CL,CO,D,E,IL,JO,KR,MA,MX,OM,P,PA,PE,S,SG)	25%
8706.00.05		其他		4%[6]	0(A+,AU,B,BH,CA,CL,CO,D,E,IL,JO,KR,MA,MX,OM,P,PA,PE,S,SG)	25%
	20	子目8701.20所列车辆用	个			
	40	品目8702所列车辆用	个			
	75	品目8704所列车辆用	个			
8706.00.15		品目8703所列车辆用		2.5%[6]	0(A+,AU,B,BH,CA,CL,CO,D,E,IL,JO,KR,MA,MX,OM,P,PA,PE,S,SG)	10%
	20	乘用车用	个			
	40	品目8703所列其他车辆用	个			
8706.00.25	00	品目8705所列车辆用	个	1.6%[1]	0(A+,AU,BH,CA,CL,CO,D,E,IL,JO,KR,MA,MX,OM,P,PA,PE,S,SG)	10%
		其他车辆用:				
8706.00.30	00	农用拖拉机用	个	0[1]		0
8706.00.50	00	其他	个	1.4%[6]	0(A,AU,BH,CA,CL,CO,D,E,IL,JO,KR,MA,MX,OM,P,PA,PE,S,SG)	27.5%
8707		机动车辆的车身(包括驾驶室),品目8701至8705所列车辆用:				
8707.10.00		品目8703所列车辆用		2.5%[6]	0(A+,AU,B,BH,CA,CL,CO,D,E,IL,JO,KR,MA,MX,OM,P,PA,PE,S,SG)	10%
	20	乘用车用	个			
	40	其他车辆用	个			
8707.90		其他:				
8707.90.10	00	农用拖拉机用	个	0[6]		0
8707.90.50		其他		4%[6]	0(A+,AU,B,BH,CA,CL,CO,D,E,IL,JO,KR,MA,MX,OM,P,PA,PE,S,SG)	25%
	20	子目8701.20所列车辆用	个			
	40	品目8702车辆用	个			
	60	品目8704车辆用	个			
	80	品目8705车辆用	个			

税则号列	统计后缀	货品名称	单位	税率 1 普通	税率 1 特惠	2
	90	其他车辆用	个			
8708		机动车辆的零件、附件,品目8701至8705所列车辆用:				
8708.10		缓冲器(保险杠)及其零件:				
8708.10.30		保险杠		2.5%[6][7][8]	0(A, AU, B, BH, CA, CL, CO, D, E, IL, JO, KR, MA, MX, OM, P, PA, PE, S, SG)	25%
		冲压件:				
	20	钢制	个			
	30	铝制	个			
	40	其他	个			
	50	其他[9]	个			
8708.10.60		保险杠零件		2.5%[6]	0(A, AU, B, BH, CA, CL, CO, D, E, IL, JO, KR, MA, MX, OM, P, PA, PE, S, SG)	25%
	10	冲压件	个			
	50	其他	个			
		车身(包括驾驶室)的其他零件、附件:				
8708.21.00	00	座椅安全带[10]	千克	2.5%[6]	0(A, AU, B, BH, CA, CL, CO, D, E, IL, JO, KR, MA, MX, OM, P, PA, PE, S, SG)	25%
8708.29		其他:				
8708.29.15	00	门组件	个	2.5%[6]	0(A, AU, B, BH, CA, CL, CO, D, E, IL, JO, KR, MA, MX, OM, P, PA, PE, S, SG)	25%
		车身冲压件:				
8708.29.21		农用拖拉机用	个	0[6][7][8]		0
	20	钢制	个			
	30	铝制	个			
	40	其他	个			
8708.29.25	00	其他	个	2.5%[6]	0(A, AU, B, BH, CA, CL, CO, D, E, IL, JO, KR, MA, MX, OM, P, PA, PE, S, SG)	25%
8708.29.50		其他		2.5%[6]	0(A, AU, B, BH, CA, CL, CO, D, E, IL, JO, KR, MA, MX, OM, P, PA, PE, S, SG)	25%
	10	冲压件	个			
	25	卡车顶盖	个			
	60	其他[11]	个			
8708.30		制动器、助力制动器及其零件:				
8708.30.10		农用拖拉机用		0[6]		0
	10	安装的制动衬片	个			
	90	其他	个			

税则号列	统计后缀	货品名称	单位	税率 普通	税率 特惠	税率 2
8708.30.50		其他车辆用		2.5%[6]	0(A*,AU,B,BH,CA,CL,CO,D,E,IL,JO,KR,MA,MX,OM,P,PA,PE,S,SG)	25%
	20	制动鼓[12]	个			
	30	制动盘[12]	个			
	40	安装的制动衬片	个			
	90	其他[13]	个			
8708.40		变速箱及其零件:				
		齿轮箱:				
8708.40.11		子目8701.20、品目8702、品目8703或品目8704所列车辆用		2.5%[14]	0(A*,AU,B,BH,CA,CL,CO,D,E,IL,JO,KR,MA,MX,OM,P,PA,PE,S,SG)	25%
	10	品目8703所列车辆用	个			
	50	其他	个			
8708.40.30	00	农用拖拉机用	个	0[6]		0
8708.40.50	00	其他车辆用	个	2.5%[15]	0(A*,AU,B,BH,CA,CL,CO,D,E,IL,JO,KR,MA,MX,OM,P,PA,PE,S,SG)	25%
		零件:				
8708.40.60	00	农用拖拉机用	个	0[6]		0
8708.40.65	00	其他拖拉机(道路拖拉机除外)用	个	0[6]		27.5%
		其他:				
8708.40.70	00	铸铁制	千克	0[6]		0
8708.40.75		其他		2.5%[6]	0(A*,AU,B,BH,CA,CL,CO,D,E,IL,JO,KR,MA,MX,OM,P,PA,PE,S,SG)	25%
	70	钢锻件[16]	千克			
	80	其他	个			
8708.50		装有差速器的驱动桥及其零件,不论是否装有其他传动部件;非驱动桥及其零件:				
		装有差速器的驱动桥,不论是否装有其他传动部件,以及非驱动桥:				
		拖拉机(公路拖拉机除外)用:				
8708.50.11		农用拖拉机用		0[6]		0
	10	装有差速器的驱动桥,不论是否装有其他传动部件	个千克			
	50	非驱动桥	个			
8708.50.31		其他拖拉机用		0[6]		27.5%
	10	装有差速器的驱动桥,不论是否装有其他传动部件	个千克			
	50	非驱动桥	个			
8708.50.51		品目8703所列车辆用		2.5%[6]	0(A*,AU,B,BH,CA,CL,CO,D,E,IL,JO,KR,MA,MX,OM,P,PA,PE,S,SG)	25%

税则号列	统计后缀	货品名称	单位	税率 1 普通	税率 1 特惠	2
	10	装有差速器的驱动桥,不论是否装有其他传动部件	个千克			
	50	非驱动桥	个			
		其他车辆用:				
8708.50.61	00	装有差速器的驱动桥,不论是否装有其他传动部件	个千克	2.5%[6]	0(A*,AU,B,BH,CA,CL,CO,D,E,IL,JO,KR,MA,MX,OM,P,PA,PE,S,SG)	25%
8708.50.65	00	非驱动桥	个	2.5%[6]	0(A*,AU,B,BH,CA,CL,CO,D,E,IL,JO,KR,MA,MX,OM,P,PA,PE,S,SG)	25%
		零件:				
		拖拉机(公路拖拉机除外)用:				
8708.50.70	00	农用拖拉机用	个	0[6]		0
8708.50.75	00	其他拖拉机用	个	0[6]		27.5%
		品目所列8703车辆用:				
8708.50.79	00	非驱动桥零件	个	2.5%[6]	0(A*,AU,B,BH,CA,CL,CO,D,E,IL,JO,KR,MA,MX,OM,P,PA,PE,S,SG)	25%
		其他:				
8708.50.81	00	铸铁制[10]	千克	0[6]		0
		其他:				
8708.50.85	00	半轴[17]	个	2.5%[6]	0(A*,AU,B,BH,CA,CL,CO,D,E,IL,JO,KR,MA,MX,OM,P,PA,PE,S,SG)	25%
8708.50.89	00	其他	个	2.5%[18]	0(A*,AU,B,BH,CA,CL,CO,D,E,IL,JO,KR,MA,MX,OM,P,PA,PE,S,SG)	25%
		其他车辆用:				
8708.50.91		非驱动桥零件		2.5%[6]	0(A*,AU,B,BH,CA,CL,CO,D,E,IL,JO,KR,MA,MX,OM,P,PA,PE,S,SG)	25%
	10	主轴	个千克			
	50	其他	个			
		其他:				
8708.50.93	00	铸铁制	千克	0[6]		0
		其他:				
8708.50.95	00	半轴	个	2.5%[6][19]	0(A*,AU,B,BH,CA,CL,CO,D,E,IL,JO,KR,MA,MX,OM,P,PA,PE,S,SG)	25%
8708.50.99	00	其他	个	2.5%[6]	0(A*,AU,B,BH,CA,CL,CO,D,E,IL,JO,KR,MA,MX,OM,P,PA,PE,S,SG)	25%
8708.70		车轮及其零件、附件:				
		拖拉机(道路拖拉机除外)用:				
		农用拖拉机用:				

第八十七章　车辆及其零件、附件(铁道及电车道车辆除外)　1393

税则号列	统计后缀	货品名称	单位	税率 1 普通	税率 1 特惠	2
8708.70.05	00	车轮	个	0[6]		0
8708.70.15	00	零配件	个	0[6]		0
		其他拖拉机用：				
8708.70.25	00	车轮	个	0[6]		27.5%
8708.70.35	00	零配件	个	0[6]		27.5%
		其他车辆用：				
8708.70.45		车轮		2.5%[6]	0(A*,AU,B,BH,CA,CL,CO,D,E,IL,JO,KR,MA,MX,OM,P,PA,PE,S,SG)	25%
	30	子目8701.20、品目8702、品目8704或品目8705所列车辆用	个			
		其他：				
		铝制：				
	46	直径至少为57厘米但不超过63厘米的车轮[20]	个			
	48	其他[21]	个			
	60	其他[22]	个			
8708.70.60		零配件		2.5%[6]	0(A*,AU,B,BH,CA,CL,CO,D,E,IL,JO,KR,MA,MX,OM,P,PA,PE,S,SG)	25%
	30	子目8701.20、品目8702、品目8703、品目8704或品目8705所列车辆的轮辋	个			
	45	子目8701.20、品目8702、品目8703、品目8704或品目8705所列车辆的轮罩和轮毂盖	个			
	60	其他[9]	个			
8708.80		悬挂系统及其零件(包括减震器)：				
		悬挂系统(包括减震器)：				
		农用拖拉机用：				
8708.80.03	00	麦弗逊支柱	个	0[6]		0
8708.80.05	00	其他	个	0[6]		0
		其他车辆用：				
8708.80.13	00	麦弗逊支柱	个	2.5%[6]	0(A,AU,B,BH,CA,CL,CO,D,E,IL,JO,KR,MA,MX,OM,P,PA,PE,S,SG)	25%
8708.80.16	00	其他	个	2.5%[6]	0(A,AU,B,BH,CA,CL,CO,D,E,IL,JO,KR,MA,MX,OM,P,PA,PE,S,SG)	25%
		零件：				
8708.80.51	00	农用拖拉机用	个	0[6]		0
8708.80.55	00	其他拖拉机(公路拖拉机除外)用	个	0[6]		27.5%
		其他：				
8708.80.60	00	铸铁制	千克	0[6]		0

税则号列	统计后缀	货品名称	单位	税率 1 普通	税率 1 特惠	2
8708.80.65		其他		2.5%[23]	0(A, AU, B, BH, CA, CL, CO, D, E, IL, JO, KR, MA, MX, OM, P, PA, PE, S, SG)	25%
	10	梁吊架	个			
	90	其他[22]	个			
		其他零件、附件：				
8708.91		散热器及其零件：				
		散热器：				
8708.91.10	00	农用拖拉机用	个	0[6]		0
8708.91.50	00	其他车辆用[24]	个	2.5%[6]	0(A, AU, B, BH, CA, CL, CO, D, E, IL, JO, KR, MA, MX, OM, P, PA, PE, S, SG)	25%
		零件：				
8708.91.60	00	农用拖拉机用	个	0[6]		0
8708.91.65	00	其他拖拉机（公路拖拉机除外）用	个	0[6]		27.5%
		其他车辆用：				
8708.91.70	00	铸铁制	千克	0[6]		0
8708.91.75		其他		2.5%[6]	0(A*, AU, B, BH, CA, CL, CO, D, E, IL, JO, KR, MA, MX, OM, P, PA, PE, S, SG)	25%
	10	散热器芯	个			
	50	其他[25]	个			
8708.92		消声器（消音器）、排气管及其零件：				
		消音器（清音器）及排气管：				
8708.92.10	00	农用拖拉机用	个	0[6]		0
8708.92.50	00	其他车辆用[22]	个	2.5%[6]	0(A+, AU, B, BH, CA, CL, CO, D, E, IL, JO, KR, MA, MX, OM, P, PA, PE, S, SG)	25%
		零件：				
8708.92.60	00	农用拖拉机用	个	0[6]		0
8708.92.65	00	其他拖拉机（公路拖拉机除外）用	个	0[6]		27.5%
		其他车辆用：				
8708.92.70	00	铸铁制	千克	0[6]		0
8708.92.75	00	其他	个	2.5%[26]	0(A*, AU, B, BH, CA, CL, CO, D, E, IL, JO, KR, MA, MX, OM, P, PA, PE, S, SG)	25%
8708.93		离合器及其零件：				
		农用拖拉机用：				
8708.93.15	00	离合器	个	0[6]		0
8708.93.30	00	其他	个	0[6]		0
		其他车辆用：				

第八十七章　车辆及其零件、附件(铁道及电车道车辆除外)　1395

税则号列	统计后缀	货品名称	单位	税率 1 普通	税率 1 特惠	税率 2
8708.93.60	00	离合器	个	2.5%[6]	0(A,AU,B,BH,CA,CL,CO,D,E,IL,JO,KR,MA,MX,OM,P,PA,PE,S,SG)	25%
8708.93.75	00	其他[27]	个	2.5%[6]	0(A,AU,B,BH,CA,CL,CO,D,E,IL,JO,KR,MA,MX,OM,P,PA,PE,S,SG)	25%
8708.94		转向盘、转向柱、转向器及其零件:				
		方向盘、转向柱及转向器:				
8708.94.10	00	农用拖拉机用	个	0[6]		0
8708.94.50	00	其他车辆用[22]	个	2.5%[6]	0(A*,AU,B,BH,CA,CL,CO,D,E,IL,JO,KR,MA,MX,OM,P,PA,PE,S,SG)	25%
		零件:				
8708.94.60	00	农用拖拉机用	个	0[6]		0
8708.94.65	00	其他拖拉机(公路拖拉机除外)用	个	0[6]		27.5%
		其他车辆用:				
8708.94.70	00	铸铁制[22]	千克	0[6]		0
8708.94.75		其他		2.5%[6]	0(A*,AU,B,BH,CA,CL,CO,D,E,IL,JO,KR,MA,MX,OM,P,PA,PE,S,SG)	25%
	10	包含万向节的转向轴组件[12]	个千克			
	50	其他[22]	个			
8708.95		带充气系统的安全气囊及其零件:				
8708.95.05	00	气囊充气机及模块	个	2.5%[6]	0(A,AU,B,BH,CA,CL,CO,D,E,IL,JO,KR,MA,MX,OM,P,PA,PE,S,SG)	25%
		其他:				
8708.95.10	00	农用拖拉机用	个	0[6]		0
8708.95.15	00	其他拖拉机(公路拖拉机除外)用	个	0[6]		27.5%
8708.95.20	00	其他车辆用	个	2.5%[6]	0(A,AU,B,BH,CA,CL,CO,D,E,IL,JO,KR,MA,MX,OM,P,PA,PE,S,SG)	25%
8708.99		其他:				
		农用拖拉机用部件:				
8708.99.03	00	含有橡胶的防振品	个	0[6]		0
8708.99.06	00	带滚珠轴承的双法兰轮毂单元	个	0[6]		0
8708.99.16	00	动力传动系的其他零件	个	0[6]		0
8708.99.23	00	其他	个	0[6]		0
		其他拖拉机(公路拖拉机除外)用零件:				
8708.99.27	00	含有橡胶的防振品	个	0[6]		27.5%
8708.99.31	00	带滚珠轴承的双法兰轮毂单元	个	0[6]		27.5%
8708.99.41	00	动力传动系的其他零件	个	0[6]		27.5%
8708.99.48		其他		0[6]		27.5%

税则号列	统计后缀	货品名称	单位	税率 1 普通	税率 1 特惠	2
	10	履带式拖拉机履带链	个千克			
	50	其他	个			
		其他:				
8708.99.53	00	铸铁制[12]	千克	0[6]		0
		其他:				
8708.99.55	00	含有橡胶的防振品[28]	个	2.5%[6]	0(A*,AU,B,BH,CA,CL,CO,D,E,IL,JO,KR,MA,MX,OM,P,PA,PE,S,SG)	25%
8708.99.58	00	带滚珠轴承的双法兰轮毂单元	个千克	2.5%[6]	0(A*,AU,B,BH,CA,CL,CO,D,E,IL,JO,KR,MA,MX,OM,P,PA,PE,S,SG)	25%
		其他:				
8708.99.68		动力传动系的其他零件		2.5%[6]	0(A*,AU,B,BH,CA,CL,CO,D,E,IL,JO,KR,MA,MX,OM,P,PA,PE,S,SG)	25%
	05	传动轴[19]	个			
	10	品目8703所列车辆用锻造万向节	个			
	20	品目8704所列车辆用锻造万向节	个			
	90	其他[29]	个			
8708.99.81		其他		2.5%[6]	0(A*,AU,B,BH,CA,CL,CO,D,E,IL,JO,KR,MA,MX,OM,P,PA,PE,S,SG)	25%
	05	塑料制制动软管,带附件[12]	个			
	15	双法兰轮毂单元,不包含球轴承	个千克			
	30	滑入式露营车	个			
	60	电缆牵引装置	千克			
	80	其他[30]	个			
8709		短距离运输货物的机动车辆,未装有提升或搬运设备,用于工厂、仓库、码头或机场;火车站台上用的牵引车;上述车辆的零件:				
		车辆:				
8709.11.00		电动的		0[1]		35%
	30	操作员驾驶[4]	个			
	60	其他	个			
8709.19.00		其他		0[1]		35%
	30	操作员驾驶	个			
	60	其他	个			
8709.90.00		零件		0[1]		35%
	10	公路车轮	千克			s
	20	车轮和轮胎组件	千克			

税则号列	统计后缀	货品名称	单位	税率 1 普通	税率 1 特惠	2
	90	其他	千克			
8710.00.00		坦克及其他机动装甲战斗车辆,不论是否装有武器;上述车辆的零件		0[3]		35%
		整车:				
	30	履带式(包括半履带式)	个			
	60	其他	个			
	90	零件	千克			
8711		摩托车(包括机器脚踏两用车)及装有辅助发动机的脚踏车,不论有无边车;边车:				
8711.10.00	00	装有活塞内燃发动机,气缸容量(排气量)不超过50毫升[31]	个	0[2]		10%
8711.20.00		装有活塞内燃发动机,气缸容量(排气量)超过50毫升,但不超过250毫升		0[3]		10%
	30	气缸容量超过50毫升,但不超过90毫升	个			
	60	气缸容量超过90毫升,但不超过190毫升	个			
	90	气缸容量超过190毫升,但不超过250毫升	个			
8711.30.00		装有活塞内燃发动机,气缸容量(排气量)超过250毫升,但不超过500毫升		0[3]		10%
	30	气缸容量超过250毫升,但不超过290毫升	个			
	60	气缸容量超过290毫升,但不超过490毫升	个			
	90	气缸容量超过490毫升,但不超过500毫升	个			
8711.40		装有活塞内燃发动机,气缸容量(排气量)超过500毫升,但不超过800毫升:				
8711.40.30	00	气缸容量超过500毫升,但不超过700毫升	个	0[3]		10%
8711.40.60		气缸容量超过700毫升,但不超过800毫升		2.4%[3]	0(A*,AU,BH,CA,CL,CO,D,E,IL,JO,KR,MA,MX,OM,P,PA,PE,S,SG)	10%
	30	气缸容量超过700毫升,但不超过790毫升	个			
	60	气缸容量超过790毫升,但不超过800毫升	个			
8711.50.00		装有活塞内燃发动机,气缸容量(排气量)超过800毫升		2.4%[1]	0(A*,AU,BH,CA,CL,CO,D,E,IL,JO,KR,MA,MX,OM,P,PA,PE,S,SG)	10%
	30	气缸容量超过800毫升,但不超过970毫升	个			
	60	气缸容量超过970毫升	个			
8711.60.00		装有驱动电动机的		0[2]		10%
	50	输出功率不超过250瓦[32]	个			

税则号列	统计后缀	货品名称	单位	税率 1 普通	税率 1 特惠	2
	90	其他[33]	个			
8711.90.01	00	其他	个	0[2]		10%
8712.00		自行车及其他非机动脚踏车(包括运货三轮脚踏车):				
8712.00.15		两个车轮的直径均不超过63.5厘米的自行车		11%[34]	0(A+,AU,BH,CA,CL,CO,D,E,IL,JO,KR,MA,MX,OM,P,PA,PE,S,SG)5.5%(JP)	30%
	10	两个车轮的直径均不超过50厘米[35]	个			
	20	两个车轮的直径均超过50厘米,但不超过55厘米[17]	个			
	50	两个车轮的直径均超过55厘米,但不超过63.5厘米[35]	个			
		两个车轮的直径均超过63.5厘米的自行车:				
8712.00.25	00	如果重量小于16.3千克(不含附件),不适合与横截面直径超过4.13厘米的轮胎一起使用[36]	个	5.5%[6]	0(A+,AU,BH,CA,CL,CO,D,E,IL,JO,KR,MA,MX,OM,P,PA,PE,S,SG)2.75%(JP)	30%
8712.00.35	00	其他[37]	个	11%	0(A+,AU,BH,CA,CL,CO,D,E,IL,JO,KR,MA,MX,OM,P,PA,PE,S,SG)5.5%(JP)	30%
8712.00.44	00	前轮直径超过55厘米但不超过63.5厘米,后轮直径超过63.5厘米,重量小于16.3千克(不含附件),不适合与横截面直径超过4.13厘米的轮胎一起使用,价值为200美元或更多的自行车[38]	个	5.5%[6]	0(A+,AU,BH,CA,CL,CO,D,E,IL,JO,KR,MA,MX,OM,P,PA,PE,S,SG)2.75%(JP)	30%
8712.00.48	00	其他自行车[39]	个	11%[6]	0(A+,AU,BH,CA,CL,CO,D,E,IL,JO,KR,MA,MX,OM,P,PA,PE,S,SG)5.5%(JP)	30%
8712.00.50	00	其他脚踏车	个	3.7%[40]	0(A,AU,BH,CA,CL,CO,D,E,IL,JO,JP,KR,MA,MX,OM,P,PA,PE,S,SG)	35%
8713		残疾人用车,不论是否机动或其他机械驱动:				
8713.10.00	00	非机械驱动	个	0		40%
8713.90.00		其他		0		10%
	30	三轮车[41]	个			
	60	其他	个			
8714		零件、附件、品目8711至8713所列车辆用:				
8714.10.00		摩托车(包括机器脚踏两用车)用		0[3]		25%
	10	鞍座	千克			
	20	车轮	千克			
	50	其他[42]	千克			
8714.20.00	00	残疾人车辆用	千克	0		40%
		其他:				
8714.91		车架、轮叉及其零件:				

税则号列	统计后缀	货品名称	单位	税率 1 普通	税率 1 特惠	2
		车架：				
8714.91.20	00	价值超过600美元/个	个	3.9%[6]	0(A,AU,BH,CA,CL,CO,D,E,IL,JO,JP,KR,MA,MX,OM,P,PA,PE,S,SG)	30%
8714.91.30	00	其他[43]	个	3.9%[6]	0(A+,AU,BH,CA,CL,CO,D,E,IL,JO,JP,KR,MA,MX,OM,P,PA,PE,S,SG)	30%
8714.91.50	00	切割成精确长度的钢管组,每组具有组装(与其他零件一起)到一辆自行车车架和轮叉中所需的钢管数量	千克	6%[6]	0(A+,AU,BH,CA,CL,CO,D,E,IL,JO,KR,MA,MX,OM,P,PA,PE,S,SG)3%(JP)	30%
8714.91.90	00	其他[25]	千克	0[6]		30%
8714.92		轮圈及辐条：				
8714.92.10	00	轮圈[44]	千克	5%[6]	0(A+,AU,BH,CA,CL,CO,D,E,IL,JO,JP,KR,MA,MX,OM,P,PA,PE,S,SG)	30%
8714.92.50	00	辐条	千克	10%[6]	0(A,AU,BH,CA,CL,CO,D,E,IL,JO,KR,MA,MX,OM,P,PA,PE,S,SG)5%(JP)	30%
8714.93		轮毂(倒轮制动毂及毂闸除外)；飞轮、链轮：				
		轮毂：				
8714.93.05	00	铝合金轮毂,带空心轴和杠杆操作快速释放机构	个	0[6]		30%
		其他：				
8714.93.15	00	三速	个	0[6]		30%
		带内部齿轮变速机构的变速(三速除外)：				
8714.93.24	00	二速	个	0[6]		30%
8714.93.28	00	其他	个	3%[6]	0(A+,AU,BH,CA,CL,CO,D,E,IL,JO,JP,KR,MA,MX,OM,P,PA,PE,S,SG)	30%
8714.93.35	00	其他	个	10%[6]	0(A+,AU,BH,CA,CL,CO,D,E,IL,JO,KR,MA,MX,OM,P,PA,PE,S,SG)5%(JP)	30%
8714.93.70		飞轮		0[6]		30%
	30	多级飞轮	个			
	60	其他	千克			
8714.94		制动器(包括倒轮制动毂及毂闸)及其零件：				
8714.94.30		鼓式制动器、卡钳和悬臂式自行车制动器、过山车制动器；上述制动器的零件(包括电缆或其内线,装有配件)		0[6]		30%
	20	卡钳和悬臂式自行车制动器	个			
		过山车制动器：				
	40	专为单速自行车设计	个			
		其他：				

税则号列	统计后缀	货品名称	单位	税率 1 普通	税率 1 特惠	2
	50	专为三速自行车设计	个			
	60	其他	个			
	80	其他	千克			
8714.94.90	00	其他	千克	10%[45]	0(A+,AU,BH,CA,CL,CO,D,E,IL,JO,KR,MA,MX,OM,P,PA,PE,S,SG)5%(JP)	30%
8714.95.00	00	鞍座[35]	个	8%[6]	0(A+,AU,BH,CA,CL,CO,D,E,IL,JO,KR,MA,MX,OM,P,PA,PE,S,SG)4%(JP)	30%
8714.96		脚蹬、曲柄链轮及其零件：				
8714.96.10	00	脚蹬及其零件	千克	8%[6]	0(A+,AU,BH,CA,CL,CO,D,E,IL,JO,KR,MA,MX,OM,P,PA,PE,S,SG)4%(JP)	30%
8714.96.50	00	无销曲柄组件及其零件	千克	0[6]		30%
8714.96.90	00	其他曲柄链轮及其零件	千克	10%[6]	0(A+,AU,BH,CA,CL,CO,D,E,IL,JO,KR,MA,MX,OM,P,PA,PE,S,SG)5%(JP)	30%
8714.99		其他：				
8714.99.10	00	旋转手柄及操纵杆	千克	0[3]		30%
8714.99.50	00	变速器及其零件	千克	0[3]		30%
8714.99.60	00	三速轮毂的触发和扭转手柄控制装置及其零件；自行车车把柄铝制合金（包括任何材料的五金件），每件价值超过2.15美元；以及自行车把手杆转子总成	千克	0[3]		30%
8714.99.80	00	其他	千克	10%[46]	0(A+,AU,BH,CA,CL,CO,D,E,IL,JO,KR,MA,MX,OM,P,PA,PE,S,SG)5%(JP)	30%
8715.00.00		婴孩车(包括婴儿手推车)及其零件		4.4%[47]	0(A,AU,BH,CA,CL,CO,D,E,IL,JO,KR,MA,MX,OM,P,PA,PE,S,SG)	45%
	20	婴孩车(包括婴儿手推车)	个			
	40	零件	千克			
8716		挂车及半挂车或其他非机械驱动车辆及其零件：				
8716.10.00		供居住或野营用厢式挂车及半挂车		0[6]		45%
	30	长度小于10.6米	个			
	75	长度为10.6米以上	个			
8716.20.00	00	农用自装或自卸式挂车及半挂车	个	0[6]		45%
		其他货运挂车及半挂车：				
8716.31.00	00	罐式挂车及半挂车	个	0[6]		45%
8716.39.00		其他	个	0[6]		45%
	10	农业用	个			
	20	品目8709所列车辆用	个			
		其他：				

第八十七章　车辆及其零件、附件(铁道及电车道车辆除外)　1401

税则号列	统计后缀	货品名称	单位	税率 1 普通	税率 1 特惠	2
	30	品目8703所列车辆用	个			
		其他:				
	40	厢式货车	个			
	50	平台类型	个			
	90	其他	个			
8716.40.00	00	其他挂车及半挂车[48]	个	0[6]		45%
8716.80		其他车辆				
8716.80.10	00	农用货车及手推车	个	0[6]		0
8716.80.50		其他		3.2%[6]	0(A*,AU,BH,CA,CL,CO,D,E,IL,JO,KR,MA,MX,OM,P,PA,PE,S,SG)	45%
	10	工业手推车	个			
		其他:				
	20	手提行李车	个			
	90	其他[49]	个			
8716.90		零件:				
8716.90.10		农用货车及手推车的零件		0[6]		0
	10	车轮	千克			
	20	车轮及轮胎总成	千克			
	90	其他	千克			
8716.90.30	00	品目8302以外的脚轮[50]	千克	5.7%[6]	0(A*,AU,BH,CA,CL,CO,D,E,IL,JO,KR,MA,MX,OM,P,PA,PE,S,SG)	45%
8716.90.50		其他		3.1%[6]	0(A*,AU,BH,CA,CL,CO,D,E,IL,JO,KR,MA,MX,OM,P,PA,PE,S,SG)	45%
	10	车轴及其零件[25]	千克			
		车轮:				
	35	直径为30～42厘米的钢轮,不论是否装配	千克			
		其他:				
		车轮:				
		直径至少为57厘米,但不超过63厘米:				
	46	铝制	千克			
	47	钢制	千克			
	48	其他车轮[25]	千克			
		带轮胎的车轮:				
	56	带轮胎的非公路用车轮	千克			
	59	带其他轮胎的车轮	千克			
	60	其他[51]	千克			

[1]见9903.88.01。

[2]见9903.88.02。

[3]见9903.88.15。

[4]见9903.88.14和9903.88.58。

[5]见9902.16.97和9903.88.02。

[6]见9903.88.03。

[7]见第99章第三分章美国注释十九。

[8]见第99章第三分章美国注释十六。

[9]见9903.88.43和9903.88.46。

[10]见9903.88.33。

[11]见9903.88.33、9903.88.38、9903.88.43、9903.88.45、9903.88.46、9903.88.48和9903.88.56。

[12]见9903.88.36。

[13]见9903.88.18和9903.88.56。

[14]见9902.17.01、9902.17.02和9903.88.03。

[15]见9902.17.03和9903.88.03。

[16]见9903.88.46和9903.88.56。

[17]见9903.88.36和9903.88.56。

[18]见9902.17.04和9903.88.03。

[19]见9903.88.34。

[20]见9903.88.33和9903.88.34。

[21]见9903.88.33、9903.88.34和9903.88.45。

[22]见9903.88.43。

[23]见9902.17.05和9903.88.03。

[24]见9903.88.18和9903.88.43。

[25]见9903.88.46。

[26]见9902.17.06和9903.88.03。

[27]见9903.88.33和9903.88.38。

[28]见9903.88.37。

[29]见9903.88.43、9903.88.46和9903.88.56。

[30]见9903.88.33、9903.88.35、9903.88.37、9903.88.38、9903.88.43、9903.88.45、9903.88.46和9903.88.56。

[31]见9903.88.12和9903.88.54。

[32]见9903.88.17、9903.88.20和9903.88.59。

[33]见9903.88.17和9903.88.59。

[34]见9902.17.07和9903.88.03。

[35]见9903.88.37和9903.88.56。

[36]见9903.88.18、9903.88.35、9903.88.45和9903.88.56。

[37]见9903.88.38和9903.88.56。

[38]见9903.88.35。

[39]见9903.88.43、9903.88.45和9903.88.56。

[40]见9902.17.08、9902.17.09和9903.88.03。

[41]见9902.17.10。

[42]见9903.88.53。

[43]见9903.88.33和9903.88.56。

[44] 见 9903.88.45 和 9903.88.46。
[45] 见 9902.17.10 和 9903.88.03。
[46] 见 9902.17.11、9902.17.12 和 9903.88.15。
[47] 见 9902.17.13、9902.17.14 和 9903.88.16。
[48] 见 9903.88.38、9903.88.43 和 9903.88.56。
[49] 见 9903.88.13、9903.88.33 和 9903.88.35。
[50] 见 9903.88.34、9903.88.43 和 9903.88.56。
[51] 见 9903.88.13、9903.88.18、9903.88.45 和 9903.88.56。

第八十八章　航空器、航天器及其零件

子目注释：

一、子目 8802.11 至 8802.40 所称"空载重量"是指航空器在正常飞行状态下，除去机组人员、燃料及非永久性安装设备后的重量。

税则号列	统计后缀	货品名称	单位	税率 1 普通	税率 1 特惠	2
8801.00.00		气球及飞艇；滑翔机、悬挂滑翔机及其他无动力航空器		0[1]		50%
		滑翔机及悬挂滑翔机：				
	10	悬挂滑翔机	个			
	20	滑翔机	个			
	50	其他	个			
8802		其他航空器(例如,直升机、飞机)；航天器(包括卫星)及其运载工具、亚轨道运载工具：				
		直升机：				
8802.11.00		空载重量不超过2 000千克		0[2]		30%
		新的：				
	15	军用的	个			
		其他：				
	30	空载重量不超过998千克	个			
	45	空载重量超过998千克,但不超过2 000千克	个			
		用过的或复原的：				
	60	军用的	个			
	90	其他	个			
8802.12.00		空载重量超过2 000千克		0[2]		30%
		新的：				
	20	军用的	个			
	40	其他	个			
		用过的或复原的：				
	60	军用的	个			
	80	其他	个			
8802.20.00		飞机及其他航空器,空载重量不超过2 000千克		0[2]		30%
	15	空载重量不超过450千克	个			
		其他：				
		新的：				
		军用飞机：				
	20	飞机	个			
	30	其他飞机	个			
		其他：				
	40	单引擎飞机	个			
	50	多引擎飞机	个			
	60	其他飞机	个			
		用过的或复原的：				
	70	军用飞机	个			
	80	其他飞机	个			

税则号列	统计后缀	货品名称	单位	税率 1 普通	税率 1 特惠	2
8802.30.00		飞机及其他航空器,空载重量超过2 000千克,但不超过15 000千克		0[2]		30%
		新的:				
		军用飞机:				
	10	战斗机	个			
	20	其他	个			
		其他:				
		多引擎飞机:				
	30	空载重量超过2 000千克,但不超过4 536千克	个			
		空载重量超过4 536千克,但不超过15 000千克:				
	40	涡轮风扇驱动	个			
	50	其他	个			
	60	其他	个			
		用过的或复原的:				
	70	军用飞机	个			
	80	其他飞机	个			
8802.40.00		飞机及其他航空器,空载重量超过15 000千克		0[2]		30%
		新的:				
		军用飞机:				
	15	战斗机	个			
	20	货运飞机	个			
	30	其他	个			
		其他:				
	40	客运飞机	个			
	60	货运飞机	个			
	70	其他(包括乘客/货物组合)	个			
		用过的或复原的:				
	80	军用飞机	个			
	90	其他飞机	个			
8802.60		航天器(包括卫星)及其运载工具、亚轨道运载工具:				
8802.60.30	00	通信卫星	个	0[2]		0
8802.60.90		其他		0[2]		27.5%
	20	军用的	个			
	40	其他	个			
8803		品目8801或品目8802所列货品的零件:				
8803.10.00		推进器、水平旋翼及其零件		0[2]		27.5%
		民用飞机用:				
	15	供国防部或美国海岸警卫队使用[3]	千克			

第八十八章　航空器、航天器及其零件　1407

税则号列	统计后缀	货品名称	单位	税率 1 普通	税率 1 特惠	税率 2
	30	其他[3]	千克			
	60	其他	千克			
8803.20.00		起落架及其零件		0[2]		27.5%
		民用飞机用：				
	15	供国防部或美国海岸警卫队使用[3]	千克			
	30	其他[3]	千克			
	60	其他	千克			
8803.30.00		飞机及直升机的其他零件		0[2]		27.5%
		民用飞机用：				
	15	供国防部或美国海岸警卫队使用[3]	千克			
	30	其他[4]	千克			
	60	其他	千克			
8803.90		其他：				
8803.90.30	00	通信卫星部件	千克	0[2]		0
8803.90.90		其他		0[2]		27.5%
		民用飞机用：				
	15	供国防部或美国海岸警卫队使用[3]	千克			
	30	其他[3]	千克			
	60	其他[5]	千克			
8804.00.00	00	降落伞(包括可操纵降落伞及滑翔伞)、旋翼降落伞及其零件、附件	千克	3%[6]	0(A,AU,BH,CA,CL,CO,D,E,IL,JO,KR,MA,MX,OM,P,PA,PE,S,SG)	50%
8805		航空器的发射装置、甲板停机装置或类似装置和地面飞行训练器及其零件：				
8805.10.00	00	航空器的发射装置及其零件；甲板停机装置或类似装置及其零件	千克	0[2]		35%
		地面飞行训练器及其零件：				
8805.21.00	00	空战模拟器及其零件	千克	0[2]		35%
8805.29.00	00	其他	千克	0[2]		35%

[1]见9903.88.15。

[2]见9903.88.01。

[3]见总注释六。

[4]见总注释六、9903.88.14和9903.88.19。

[5]见9903.88.14。

[6]见9903.88.03。

第八十九章　船舶及浮动结构体

注释：

一、已装配、未装配或已拆卸的船体、未完工或不完整的船舶以及未装配或已拆卸的完整船舶，如果不具有某种船舶的基本特征，应归入品目8906。

附加美国注释：

一、如果船舶在国际贸易或商业中使用，或如果非居民将其带入美国关区供自己游玩，则应在没有正式海关消费申报或缴纳关税的情况下予以入境。

税则号列	统计后缀	货品名称	单位	税率 1 普通	税率 1 特惠	税率 2
8901		巡航船、游览船、渡船、货船、驳船及类似的客运或货运船舶:				
8901.10.00	00	巡航船、游览船及主要用于客运的类似船舶;各式渡船	个	0[1]		0
8901.20.00	00	液货船	个	0[1]		0
8901.30.00	00	冷藏船,但子目8901.20的船舶除外	个	0[2]		0
8901.90.00	00	其他货运船舶及其他客货兼运船舶	个	0[1]		0
8902.00.00	00	捕鱼船;加工船及其他加工保藏鱼类产品的船舶	个	0[1]		0
8903		娱乐或运动用快艇及其他船舶;划艇及轻舟:				
8903.10.00		充气船		2.4%[3]	0(A*,AU,BH,CA,CL,CO,D,E,IL,JO,KR,MA,MX,OM,P,PA,PE,S,SG)	25%
		价值超过500美元:				
	15	附带刚性船体	个			
	45	其他	个			
	60	其他[4]	个			
		其他:				
8903.91.00		帆船,不论是否装有辅助发动机		1.5%[3]	0(A,AU,BH,CA,CL,CO,D,E,IL,JO,KR,MA,MX,OM,P,PA,PE,S,SG)	30%
		带辅助电机:				
	25	长度不超过9.2米	个			
	35	长度超过9.2米	个			
		其他:				
	45	长度不超过4米	个			
	60	长度超过4米,但不超过6.5米	个			
	75	长度超过6.5米,但不超过9.2米	个			
	85	长度超过9.2米	个			
8903.92.00		汽艇,但装有舷外发动机的除外		1.5%[3]	0(A*,AU,BH,CA,CL,CO,D,E,IL,JO,KR,MA,MX,OM,P,PA,PE,S,SG)	30%
		内侧/外侧驱动:				
	15	长度不超过6.5米	个			
		长度超过6.5米:				
	30	摩托艇	个			
	35	其他	个			
		其他:				
	50	长度不超过8米	个			
		长度超过8米:				
	65	摩托艇	个			
	70	其他	个			

税则号列	统计后缀	货品名称	单位	税率 1 普通	税率 1 特惠	2
8903.99		其他:				
		非主要用于发动机或帆的划船和独木舟:				
8903.99.05	00	独木舟[5]	个	0[3]		35%
8903.99.15	00	其他	个	2.7%[3]	0(A*,AU,BH,CA,CL,CO,D,E,IL,JO,KR,MA,MX,OM,P,PA,PE,S,SG)	45%
8903.99.20		舷外摩托艇	个	1%[3]	0(A*,AU,BH,CA,CL,CO,D,E,IL,JO,KR,MA,MX,OM,P,PA,PE,S,SG)	30%
		金属外壳:				
	15	长度不超过5米	个			
	30	长度超过5米	个			
		增强塑料外壳:				
	45	长度不超过5米	个			
	60	长度超过5米	个			
	75	其他	个			
8903.99.90	00	其他	个	1%[3]	0(A*,AU,BH,CA,CL,CO,D,E,IL,JO,KR,MA,MX,OM,P,PA,PE,S,SG)	30%
8904.00.00	00	拖轮及顶推船	个	0[1]		0
8905		灯船、消防船、挖泥船、起重船及其他不以航行为主要功能的船舶;浮船坞;浮动或潜水式钻探或生产平台:				
8905.10.00	00	挖泥船	个	0[1]		0
8905.20.00	00	浮动或潜水式钻探或生产平台	吨个	0[1]		0
8905.90		其他:				
8905.90.10	00	浮船坞	吨个	0[6]		35%
8905.90.50	00	其他	个	0[1]		0
8906		其他船舶,包括军舰及救生船,但划艇除外:				
8906.10.00	00	军舰	个	0[7]		0
8906.90.00		其他		0[1]		0
	10	船体	吨个			
	90	其他	个			
8907		其他浮动结构体(例如,筏、柜、潜水箱、浮码头、浮筒及航标):				
8907.10.00	00	充气筏	个	0[3]		45%
8907.90.00		其他		0[7]		45%
	30	浮筒	个			
	60	柜	个			
	90	其他	个			

税则号列	统计后缀	货品名称	单位	税率 1 普通	税率 1 特惠	2
8908.00.00	00	供拆卸的船舶及其他浮动结构体	吨	0[1]		0

[1]见 9903.88.01。

[2]见 9903.88.02。

[3]见 9903.88.03。

[4]见 9903.88.13。

[5]见 9903.88.35 和 9903.88.38。

[6]见 9903.88.16。

[7]见 9903.88.15。

第十八类　光学、照相、电影、计量、检验、医疗或外科用仪器及设备、精密仪器及设备;钟表;乐器;上述物品的零件、附件

第九十章　光学、照相、电影、计量、检验、医疗或外科用仪器及设备、精密仪器及设备；上述物品的零件、附件

注释：
一、本章不包括：
(一) 机器、设备或其他专门技术用途的硫化橡胶（硬质橡胶除外）制品（品目4016）、皮革或再生皮革制品（品目4205）或纺织材料制品（品目5911）；
(二) 纺织材料制的承托带及其他承托物品，其承托器官的作用仅依靠自身的弹性（例如，孕妇用的承托带，用于胸部、腹部、关节或肌肉的承托绷带）（第十一类）；
(三) 品目6903的耐火材料制品；品目6909的实验室、化学或其他专门技术用途的陶瓷器；
(四) 品目7009的未经光学加工的玻璃镜及品目8306或第七十一章的非光学元件的贱金属或贵金属制的镜子；
(五) 品目7007、品目7008、品目7011、品目7014、品目7015或品目7017的货品；
(六) 第十五类注释二所规定的贱金属制通用零件（第十五类）或塑料制的类似品（第三十九章）；
(七) 品目8413的装有计量装置的泵；计数和检验用的衡器或单独报验的天平砝码（品目8423）；升降、起重及搬运机械（品目8425至8428）；纸张或纸板的各种切割机器（品目8441）；品目8466的用于机床或水射流切割机上调整工件或工具的附件，包括具有读度用的光学装置的附件（例如，"光学"分度头），但其本身主要是光学仪器的除外（例如，校直望远镜）；计算机器（品目8470）；品目8481的阀门及其他装置；品目8486的机器及装置（包括将电路图投影或绘制到感光半导体材料上的装置）；
(八) 自行车或机动车辆用探照灯或聚光灯（品目8512）；品目8513的手提式电灯；电影录音机、还音机及转录机（品目8519）；拾音头或录音头（品目8522）；电视摄像机、数字照相机及视频摄录一体机（品目8525）；雷达设备、无线电导航设备或无线电遥控设备（品目8526）；光导纤维、光导纤维束或光缆用连接器（品目8536）；品目8537的数字控制装置；品目8539的封闭式聚光灯；品目8544的光缆；
(九) 品目9405的探照灯及聚光灯；
(十) 第九十五章的物品；
(十一) 品目9620的独脚架、双脚架、三脚架及类似品；
(十二) 容量的计量器具（按其构成的材料归类）；或者
(十三) 卷轴、线轴及类似芯子（按其构成材料归类，例如，归入品目3923或第十五类）。
二、除上述注释一另有规定的以外，本章各品目所列机器、设备、仪器或器具的零件、附件，应按下列规定归类：
(一) 凡零件、附件本身已构成本章或第八十四章、第八十五章或第九十一章各品目（品目8487、品目

8548 或品目 9033 除外)所包括的货品,应一律归入其相应的品目;

（二）其他零件、附件,如果专用于或主要用于某种或同一品目项下的多种机器、仪器或器具(包括品目 9010、品目 9013 或品目 9031 的机器、仪器或器具),应归入相应机器、仪器或器具的品目;

（三）所有其他零件、附件均应归入品目 9033。

三、第十六类注释三及四的规定也适用于本章。

四、品目 9005 不包括武器用望远镜瞄准具、潜艇或坦克上的潜望镜式望远镜及本章或第十六类的机器、设备、仪器或器具用的望远镜;这类望远镜瞄准具及望远镜应归入品目 9013。

五、计量或检验用的光学仪器、器具或机器,如果既可归入品目 9013,又可归入品目 9031,则应归入品目 9031。

六、品目 9021 所称"矫形器具",是指下列用途的器具:

（一）预防或矫正躯体畸变;或者

（二）生病、手术或受伤后人体部位的支撑或固定。

矫形器具包括用于矫正畸形的鞋及特种鞋垫,但需符合下列任一条件:(1)定制的;或(2)成批生产的,单独报验,且不成双的,设计为左右两脚同样适用。

七、品目 9032 仅适用于:

（一）液体或气体的流量、液位、压力或其他变化量的自动控制仪器及装置或温度自动控制装置,不论其是否依靠要被自动控制的因素所发生的不同的电现象来进行工作,这些仪器或装置将被自控因素调到并保持在一设定值上,通过持续或定期测量实际值来保持稳定,修正偏差;

（二）电量自动调节器及自动控制非电量的仪器或装置,依靠要被控制的因素所发生的不同的电现象来进行工作,这些仪器或装置将被控制的因素调到并保持在一设定值上,通过持续或定期测量实际值来保持稳定,修正偏差。

附加美国注释:

一、就品目 9001 及品目 9002 而言,"光学加工"是指对玻璃表面进行研磨或抛光、以产生所需的光学性能。

二、就本章而言,"电气"在指仪器、用具、仪器和机器时,是指其操作取决于电气现象的物品,该电气现象根据待确定的因素而变化。

三、就本章而言,"光学装置"和"光学仪器"仅指包含一个或多个光学元件的装置和仪器,但不包括其中一个或多个光学元件仅用于查看或其他辅助用途的任何器具或仪器。

四、就本章而言,"印刷电路组件"是指由一个或多个品目 8534 的印刷电路组成的货物,其上组装有一个或多个有源元件,带或不带无源元件。本注释中,"有源元件"是指品目 8541 的二极管、晶体管和类似半导体器件(无论是否光敏),以及品目 8542 的集成电路。

统计注释:

一、就子目 9001.10 项下统计报告目的而言,与光纤束和光缆有关的"光纤米"的数量单位是通过将其中包含的单个光纤的数量乘以长度(以米为单位)来确定的。

二、就统计报告编码 9025.19.8010 而言,"临床红外温度计"是设计用于检查人类和动物体温的装置。

第九十章　光学、照相、电影、计量、检验、医疗或外科用仪器及设备、精密仪器及设备；上述物品的零件、附件

税则号列	统计后缀	货品名称	单位	税率 1 普通	税率 1 特惠	2
9001		光导纤维及光导纤维束；光缆，但品目8544的货品除外；偏振材料制的片及板；未装配的各种材料制透镜（包括隐形眼镜片）、棱镜、反射镜及其他光学元件，但未经光学加工的玻璃制上述元件除外：				
9001.10.00		光导纤维、光导纤维束及光缆		6.7%[1]	0(A*,AU,BH,CA,CL,CO,D,E,IL,JO,KR,MA,MX,OM,P,PA,PE,S,SG)	65%
		光纤：				
	30	用于传输语音、数据或视频通信	米			
		其他：				
	50	塑料光纤	米			
	70	其他	米			
		光导纤维束及光缆：				
	75	塑料光导纤维束及光缆	光纤米			
	85	其他	光纤米			
9001.20.00	00	偏振材料制的片及板[2]	千克	0[1]		50%
9001.30.00	00	隐形眼镜片	个	2%[3]	0(A*,AU,BH,CA,CL,CO,D,E,IL,JO,KR,MA,MX,OM,P,PA,PE,S,SG)	40%
9001.40.00	00	玻璃制眼镜片	副	2%[3]	0(A*,AU,BH,CA,CL,CO,D,E,IL,JO,KR,MA,MX,OM,P,PA,PE,S,SG)	40%
9001.50.00	00	其他材料制眼镜片	副	2%[3]	0(A,AU,BH,CA,CL,CO,D,E,IL,JO,KR,MA,MX,OM,P,PA,PE,S,SG)	40%
9001.90		其他：				
9001.90.40	00	镜片[4]	个	0[5]		45%
9001.90.50	00	棱镜	个	0[5]		65%
9001.90.60	00	镜子	个	0[5]		45%
		其他：				
9001.90.80	00	设计用于雕刻或照相工艺的半色调屏幕	个	0[5]		25%
9001.90.90	00	其他[6]	个	0[5]		85%
9002		已装配的各种材料制透镜、棱镜、反射镜及其他光学元件，作为仪器或装置的零件、配件，但未经光学加工的玻璃制上述元件除外：				
		物镜：				
9002.11		照相机、投影仪、照片放大机及缩片机用：				
9002.11.40	00	投影	个	2.45%[7]	0(A,AU,BH,CA,CL,CO,D,E,IL,JO,KR,MA,MX,OM,P,PA,PE,S,SG)	45%
		其他：				

税则号列	统计后缀	货品名称	单位	税率 1 普通	税率 1 特惠	2
9002.11.60	00	适合在闭路电视摄像机中使用和单独输入的已安装镜头,带或不带电气或非电气闭路电视摄像机连接器,带或不带电机	个	0[5]		45%
9002.11.90	00	其他[8]	个	2.3%[9]	0(A,AU,BH,CA,CL,CO,D,E,IL,JO,JP,KR,MA,MX,OM,P,PA,PE,S,SG)	45%
9002.19.00	00	其他	个	0[5]		45%
9002.20		滤光镜及其零件、附件:				
9002.20.40	00	摄影的	个	0[5]		20%
9002.20.80	00	其他	个	0[5]		65%
9002.90		其他:				
9002.90.20	00	棱镜	个	0[10]		65%
9002.90.40	00	镜子	个	0[10]		45%
		其他:				
9002.90.70	00	设计用于雕刻或照相工艺的半色调屏幕	个	0[10]		25%
9002.90.85	00	安装透镜,适合闭路电视摄像机中使用,并与闭路电视摄像机分开进入,带或不带连接电气还是不电气闭路电视摄像机连接器,带或不带连接电机	个	0[5]		65%
9002.90.95	00	其他[11]	个	0[10]		65%
9003		眼镜架及其零件:				
		眼镜架:				
9003.11.00	00	塑料制[12]	打	2.5%[3]	0(A*,AU,BH,CA,CL,CO,D,E,IL,JO,KR,MA,MX,OM,P,PA,PE,S,SG)	50%
9003.19.00	00	其他材料制[12]	打	0[3]		50%
9003.90.00	00	零件	个	2.5%[3]	0(A*,AU,BH,CA,CL,CO,D,E,IL,JO,KR,MA,MX,OM,P,PA,PE,S,SG)	50%
9004		矫正视力、保护眼睛或其他用途的眼镜、挡风镜及类似品:				
9004.10.00	00	太阳镜	打	2%[3]	0(A,AU,BH,CA,CL,CO,D,E,IL,JO,JP,KR,MA,MX,OM,P,PA,PE,S,SG)	40%
9004.90.00		其他[13]		2.5%[14]	0(A*,AU,BH,CA,CL,CO,D,E,IL,JO,JP,KR,MA,MX,OM,P,PA,PE,S,SG)	40%
	10	安全眼镜或护目镜[15]	打			
	90	其他[15]	打			
9005		双筒望远镜、单筒望远镜、其他光学望远镜及其座架;其他天文仪器及其座架,但不包括射电天文仪器:				
9005.10.00		双筒望远镜		0[3]		60%
	20	用红外光的棱镜双筒望远镜	个			

第九十章　光学、照相、电影、计量、检验、医疗或外科用仪器及设备、精密仪器及设备；上述物品的零件、附件　1419

税则号列	统计后缀	货品名称	单位	税率 1 普通	税率 1 特惠	2
	40	其他棱镜双筒望远镜[16]	个			
	80	其他	个			
9005.80		其他仪器：				
9005.80.40		光学望远镜		8%[17]	0(A*,AU,BH,CA,CL,CO,D,E,IL,JO,KR,MA,MX,OM,P,PA,PE,S,SG)	45%
	20	用红外光	个			
	40	其他	个			
9005.80.60	00	其他	个	6%[3]	0(A*,AU,BH,CA,CL,CO,D,E,IL,JO,KR,MA,MX,OM,P,PA,PE,S,SG)	45%
9005.90		零件、附件(包括座架)：				
9005.90.40	00	包含品目9001或品目9002的货物	个	适用作为货品的零件或附件的税率[18]	0(A,AU,BH,CA,CL,CO,D,E,IL,JO,KR,MA,MX,OM,P,PA,PE,S,SG)	适用作为货品的零件或附件的税率
	01	其他	个	适用作为货品的零件或附件的税率[18]	0(A,AU,BH,CA,CL,CO,D,E,IL,JO,KR,MA,MX,OM,P,PA,PE,S,SG)	适用作为货品的零件或附件的税率
9006		照相机(电影摄影机除外)；照相闪光灯装置及闪光灯泡,但品目8539的放电灯泡除外：				
9006.30.00	00	水下、航空测量或体内器官检查用的特种照相机；法庭或犯罪学用的比较照相机	个	0[5]		20%
9006.40		一次成像照相机：				
9006.40.40	00	固定焦距	个	0[3]		20%
		固定焦距除外：				
9006.40.60	00	价值不超过10美元/个	个	6.8%[17]	0(A*,AU,BH,CA,CL,CO,D,E,IL,JO,KR,MA,MX,OM,P,PA,PE,S,SG)	20%
9006.40.90	00	价值超过10美元/个	个	0[3]		20%
		其他照相机：				
9006.51.00		通过镜头取景[单镜头反光式(SLR)],使用胶片宽度不超过35毫米		0[3]		20%
	40	使用胶片宽度为35毫米	个			
		其他：				
	60	使用磁敏胶片宽度为24毫米	个			
	90	其他	个			
9006.52		其他,使用胶片宽度小于35毫米：				
		固定焦距：				
		手持式：				
9006.52.10		110照相机		0[3]		20%
	20	内置电子频闪闪光灯	个			
	40	其他	个			

税则号列	统计后缀	货品名称	单位	税率 普通	税率 特惠	2
9006.52.30	00	其他	个	4%[3]	0(A, AU, BH, CA, CL, CO, D, E, IL, JO, KR, MA, MX, OM, P, PA, PE, S, SG)	20%
9006.52.50	00	其他	个	0[3]		20%
		固定焦距除外：				
9006.52.60	00	价值不超过10美元/个	个	6.8%[3]	0(A, AU, BH, CA, CL, CO, D, E, IL, JO, KR, MA, MX, OM, P, PA, PE, S, SG)	20%
9006.52.91		价值超过10美元/个		0[3]		20%
		手持式：				
		110照相机：				
	20	内置电子频闪闪光灯	个			
	40	其他	个			
	60	其他	个			
	80	其他	个			
9006.53.01		其他，使用胶片宽度为35毫米		0[3]		20%
		一次性照相机：				
	10	内置电子频闪闪光灯	个			
	20	其他	个			
		其他：				
	50	内置电子频闪闪光灯	个			
	70	其他	个			
9006.59		其他：				
9006.59.20	00	制版照相机	个	0[3]		20%
9006.59.40		固定焦距		4%[3]	0(A, AU, BH, CA, CL, CO, D, E, IL, JO, KR, MA, MX, OM, P, PA, PE, S, SG)	20%
	40	盘式照相机	个			
	60	其他	个			
		固定焦距除外：				
9006.59.60	00	价值不超过10美元/个	个	6.8%[17]	0(A, AU, BH, CA, CL, CO, D, E, IL, JO, KR, MA, MX, OM, P, PA, PE, S, SG)	20%
9006.59.91	00	价值超过10美元/个	个	0[3]		20%
		照相闪光灯装置及闪光灯泡：				
9006.61.00		放电式(电子式)闪光灯装置		0[3]		35%
		能够安装摄像头：				
	20	能够自动控制闪光持续时间	个			
	40	其他	个			
	60	其他	个			
9006.69.01		其他		0[17]		35%
	10	闪光灯泡、闪光灯及类似品	个			
	50	其他	个			

第九十章 光学、照相、电影、计量、检验、医疗或外科用仪器及设备、精密仪器及设备；上述物品的零件、附件

税则号列	统计后缀	货品名称	单位	税率1 普通	税率1 特惠	税率2
		零件、附件：				
	01	照相机用	个	5.8%[3]	0(A,AU,BH,CA,CL,CO,D,E,IL,JO,KR,MA,MX,OM,P,PA,PE,S,SG)	20%
9006.99.00	00	其他	个	3.9%[3]	0(A,AU,BH,CA,CL,CO,D,E,IL,JO,KR,MA,MX,OM,P,PA,PE,S,SG)	35%
9007		电影摄影机、放映机，不论是否带有声音的录制或重放装置：				
9007.10.00	00	摄影机	个	0[5]		20%
9007.20		放映机：				
		使用小于16毫米的胶片：				
9007.20.20	00	带有声音的录制和重放系统；以及只能放映有声电影的	个	0[5]		45%
9007.20.40	00	其他	个	4.9%[5]	0(A,AU,BH,CA,CL,CO,D,E,IL,JO,KR,MA,MX,OM,P,PA,PE,S,SG)	45%
		其他：				
9007.20.60		带有声音的录制和重放系统；以及只能放映有声电影的		0[5]		45%
	40	16毫米	个			
	80	其他	个			
9007.20.80	00	其他	个	3.5%[5]	0(A,AU,BH,CA,CL,CO,D,E,IL,JO,KR,MA,MX,OM,P,PA,PE,S,SG)	45%
		零件、附件：				
9007.91		摄影机用：				
9007.91.40	00	零件	千克	0[3]		20%
	01	其他	千克	3.9%[3]	0(A,AU,BH,CA,CL,CO,D,E,IL,JO,KR,MA,MX,OM,P,PA,PE,S,SG)	45%
9007.92.00	00	放映机用	千克	3.5%[5]	0(A,AU,BH,CA,CL,CO,D,E,IL,JO,KR,MA,MX,OM,P,PA,PE,S,SG)	45%
9008		影像投影仪，但电影用除外；照片(电影片除外)放大机及缩片机：				
9008.50		投影仪、放大机及缩片机：				
9008.50.10	00	幻灯机	个	7%[17]	0(A,AU,BH,CA,CL,CO,D,E,IL,JO,KR,MA,MX,OM,P,PA,PE,S,SG)	45%
		缩微胶卷、缩微胶片或其他缩微品的阅读器，不论是否可以进行复制：				
9008.50.20	00	能够复制的	个	0[3]		35%
9008.50.30	00	其他	个	3.5%[3]	0(A,AU,BH,CA,CL,CO,D,E,IL,JO,KR,MA,MX,OM,P,PA,PE,S,SG)	45%

税则号列	统计后缀	货品名称	单位	税率 1 普通	税率 1 特惠	2
9008.50.40	00	其他图像投影仪	个	4.6%[17]	0(A, AU, BH, CA, CL, CO, D, E, IL, JO, KR, MA, MX, OM, P, PA, PE, S, SG)	45%
9008.50.50	00	照片(电影片除外)放大机和缩片机	个	0[5]		20%
9008.90		零件、附件：				
9008.90.40	00	影像投影仪用(但电影用除外)	千克	0[5]		35%
9008.90.80	00	其他	千克	2.9%[5]	0(A, AU, BH, CA, CL, CO, D, E, IL, JO, KR, MA, MX, OM, P, PA, PE, S, SG)	20%
9010		本章其他品目未列名的照相(包括电影)洗印用装置及设备；负片显示器；银幕及其他投影屏幕：				
9010.10.00	00	照相(包括电影)胶卷或成卷感光纸的自动显影装置及设备或将已冲洗胶卷自动曝光到成卷感光纸上的装置及设备	千克	2.4%[5]	0(A, AU, BH, CA, CL, CO, D, E, IL, JO, KR, MA, MX, OM, P, PA, PE, S, SG)	35%
9010.50		照相(包括电影)洗印用其他装置及设备；负片显示器：				
9010.50.10	00	接触式打印机	个	0[5]		35%
9010.50.20	00	显影罐	个	0[5]		45%
		摄影胶片查看器、标题器、拼接器和编辑器，所有前述产品及其组合：				
		包含光学透镜或设计用于包含此类透镜的货品：				
9010.50.30	00	编辑器和组合编辑器用电影胶片	个	0[5]		45%
9010.50.40	00	其他	千克	0[5]		45%
9010.50.50	00	其他	千克	0[5]		35%
9010.50.60	00	其他	千克	0[5]		35%
9010.60.00	00	银幕及其他投影屏幕	个	0[19]		50%
9010.90		零件、附件：				
9010.90.85	00	子目9010.50和子目9010.60货品的零件及附件	千克	0[5]		45%
9010.90.95	00	其他	千克	2.9%[5]	0(A*, AU, BH, CA, CL, CO, E, IL, JO, KR, MA, MX, OM, P, PA, PE, S, SG)	45%
9011		复式光学显微镜,包括用于显微照相、显微电影摄影及显微投影的：				
9011.10		立体显微镜：				
9011.10.40	00	配备用于拍摄图像的装置	个	0[10]		20%
9011.10.80	00	其他[20]	个	0[10]		45%
9011.20		显微照相、显微电影摄影及显微投影用的其他显微镜：				
9011.20.40	00	配备用于拍摄图像的装置	个	3.9%[10]	0(A, AU, BH, CA, CL, CO, D, E, IL, JO, KR, MA, MX, OM, P, PA, PE, S, SG)	20%

第九十章 光学、照相、电影、计量、检验、医疗或外科用仪器及设备、精密仪器及设备；上述物品的零件、附件

税则号列	统计后缀	货品名称	单位	税率 1 普通	税率 1 特惠	税率 2
9011.20.80	00	其他	个	7.2%[5]	0(A,AU,BH,CA,CL,CO,D,E,IL,JO,KR,MA,MX,OM,P,PA,PE,S,SG)	45%
9011.80.00	00	其他显微镜[21]	个	0[5]		45%
9011.90.00	00	零件、附件[22]	千克	0[10]		45%
9012		显微镜,但光学显微镜除外；衍射设备：				
9012.10.00	00	显微镜,但光学显微镜除外；衍射设备	个	0[10]		40%
9012.90.00	00	零件、附件[11]	千克	0[10]		40%
9013		其他品目未列名的液晶装置；激光器,但激光二极管除外；本章其他品目未列名的光学仪器及器具：				
9013.10		武器用望远镜瞄准具；潜望镜式望远镜；作为本章或第十六类的机器、设备、仪器或器具部件的望远镜：				
		步枪用望远镜瞄准具：				
9013.10.10	00	不适用红外线	个	14.9%[3]	0(A*,AU,BH,CA,CL,CO,D,E,IL,JO,KR,MA,MX,OM,P,PA,PE,S,SG)8.9%(JP)	45%
9013.10.30	00	其他	个	1.4%[5]	0(A*,AU,BH,CA,CL,CO,D,E,IL,JO,KR,MA,MX,OM,P,PA,PE,S,SG)	35%
		其他：				
9013.10.45	00	设计用为本章或第十六类的机器、设备、仪器或器具部件的望远镜	个	0[10]		45%
9013.10.50	00	其他	个	5.3%[3]	0(A*,AU,BH,CA,CL,CO,E,IL,JO,KR,MA,MX,OM,P,PA,PE,S,SG)	45%
9013.20.00	00	激光器,但激光二极管除外[11]	个	0[10]		35%
9013.80		其他装置、仪器及器具：				
9013.80.20	00	手持放大镜、放大眼镜、观片镜、螺纹计数器及类似仪器	个	6.6%[5]	0(A,AU,BH,CA,CL,CO,D,E,IL,JO,KR,MA,MX,OM,P,PA,PE,S,SG)	45%
9013.80.40	00	光学门眼	个	5.8%[5]	0(A,AU,BH,CA,CL,CO,D,E,IL,JO,KR,MA,MX,OM,P,PA,PE,S,SG)	60%
9013.80.70	00	子目8528.52或子目8528.62的平板显示器[23]	个	0[10]		45%
9013.80.90	00	其他[24]	个	4.5%2[5]	0(A,AU,BH,CA,CL,CO,D,E,IL,JO,KR,MA,MX,OM,P,PA,PE,S,SG)	45%
9013.90		零件、附件：				
9013.90.20	00	步枪用望远镜瞄准具用	个	16%[3]	0(A,AU,BH,CA,CL,CO,D,E,IL,JO,KR,MA,MX,OM,P,PA,PE,S,SG)	45%
9013.90.50	00	子目8528.52或子目8528.62的平板显示器用	千克	0[5]		45%
		其他：				

税则号列	统计后缀	货品名称	单位	税率 1 普通	税率 1 特惠	2
9013.90.70	00	其他零件及附件,但武器用望远镜瞄准具或潜望镜式望远镜用零件及附件除外	个	0[5]		45%
9013.90.80	00	其他	个	4.5%[5]	0(A,AU,BH,CA,CL,CO,E,IL,JO,KR,MA,MX,OM,P,PA,PE,S,SG)	45%
9014		定向罗盘;其他导航仪器及装置:				
9014.10		定向罗盘:				
9014.10.10	00	光学仪器	个	0[5]		45%
		其他:				
9014.10.60	00	非电气的陀螺罗盘	个	0[3]		35%
		其他:				
9014.10.70		电气的		0[10]		40%
	30	陀螺罗盘	个			
	60	其他	个			
9014.10.90	00	其他	个	0[1]		45%
9014.20		航空或航天导航仪器及装置(罗盘除外):				
9014.20.20	00	光学仪器及装置	个	0[10]		45%
		其他:				
9014.20.40	00	自动驾驶仪	个	0[10]		40%
		其他:				
9014.20.60	00	电气的	个	0[10]		40%
9014.20.80		其他		0[10]		30%
	40	民用飞机用[26]	个			
	80	其他	个			
9014.80		其他仪器及装置:				
9014.80.10	00	光学仪器	个	0[10]		45%
		其他:				
9014.80.20	00	船舶日志和测深仪[27]	个	0[10]		70%
		其他:				
9014.80.40	00	电气的	个	0[10]		40%
9014.80.50	00	其他	个	0[10]		30%
9014.90		零件、附件:				
9014.90.10	00	税号9014.20.40所涵盖的货品	千克	0[10]		40%
9014.90.20		税号9014.20.80所涵盖的货品		0[10]		30%
	40	民用飞机用[26]	个			
	80	其他	个			
9014.90.40	00	税号9014.80.50所涵盖的货品	千克	0[10]		30%
9014.90.60	00	其他[11]	千克	0[10]		40%

第九十章　光学、照相、电影、计量、检验、医疗或外科用仪器及设备、精密仪器及设备；上述物品的零件、附件

税则号列	统计后缀	货品名称	单位	税率 1 普通	税率 1 特惠	税率 2
9015		大地测量（包括摄影测量）、水道测量、海洋、水文、气象或地球物理用仪器及装置，不包括罗盘；测距仪：				
9015.10		测距仪：				
9015.10.40	00	电气的	个	0[5]		40%
9015.10.80	00	其他	个	0[10]		45%
9015.20		经纬仪及视距仪：				
9015.20.40	00	电气的	个	0[10]		40%
9015.20.80	00	其他	个	0[10]		45%
9015.30		水平仪：				
9015.30.40	00	电气的[28]	个	0[5]		40%
9015.30.80	00	其他[29]	个	2.8%[5]	0(A, AU, BH, CA, CL, CO, D, E, IL, JO, KR, MA, MX, OM, P, PA, PE, S, SG)	45%
9015.40		摄影测量用仪器及装置：				
9015.40.40	00	电气的	个	0[10]		40%
9015.40.80	00	其他	个	0[10]		40%
9015.80		其他仪器及装置：				
9015.80.20	00	光学仪器及装置	个	0[10]		45%
		其他：				
9015.80.60	00	地震仪	个	0[10]		40%
9015.80.80		其他		0[10]		40%
	40	地球物理仪器及装置	个			
	80	其他[30]	千克			
9015.90.01		零件、附件		0[5]		适用作为货品的零件或附件的税率
	10	测距仪用	千克			
	20	经纬仪及视距仪用	千克			
	30	水平仪用	千克			
	40	摄影测量用仪器及装置用	千克			
	50	地震仪用	千克			
	60	其他地球物理仪器及装置用	千克			
	90	其他[31]	千克			
9016.00		感量为50毫克或更精密的天平，不论是否带有砝码：				
9016.00.20	00	电气天平及其零件和附件[32]	千克	3.9%[5]	0(A, AU, BH, CA, CL, CO, D, E, IL, JO, KR, MA, MX, OM, P, PA, PE, S, SG)	40%
		其他：				
9016.00.40	00	珠宝天平及其零件和附件	千克	2.9%[5]	0(A, AU, BH, CA, CL, CO, D, E, IL, JO, KR, MA, MX, OM, P, PA, PE, S, SG)	45%

税则号列	统计后缀	货品名称	单位	税率 1 普通	税率 1 特惠	2
9016.00.60	00	其他	千克	3.3%[5]	0(A, AU, BH, CA, CL, CO, D, E, IL, JO, KR, MA, MX, OM, P, PA, PE, S, SG)	40%
9017		绘图、划线或数学计算仪器及器具(例如,绘图机、比例缩放仪、分度规、绘图工具、计算尺及盘式计算器);本章其他品目未列名的手用测量长度的器具(例如,量尺、量带、千分尺及卡尺):				
9017.10		绘图台及绘图机,不论是否自动:				
9017.10.40	00	绘图仪	个	0[5]		45%
9017.10.80	00	其他	个	3.9%[5]	0(A, AU, BH, CA, CL, CO, D, E, IL, JO, KR, MA, MX, OM, P, PA, PE, S, SG)	45%
9017.20		其他绘图、划线或数学计算器具:				
9017.20.40	00	圆盘计算器、计算尺及其他数学计算器具	个	3.9%[5]	0(A*, AU, BH, CA, CL, CO, D, E, IL, JO, KR, MA, MX, OM, P, PA, PE, S, SG)	40%
9017.20.70	00	绘图仪	个	0[5]		45%
9017.20.80		其他		4.6%[5]	0(A*, AU, BH, CA, CL, CO, D, E, IL, JO, KR, MA, MX, OM, P, PA, PE, S, SG)	45%
	40	将位置数据传输到计算机处理器或显示器(数字化仪)的手动输入设备	个			
	80	其他	千克			
9017.30		千分尺、卡尺及量规				
9017.30.40	00	千分尺及卡尺	个	5.8%[5]	0(A, AU, BH, CA, CL, CO, D, E, IL, JO, KR, MA, MX, OM, P, PA, PE, S, SG)	45%
9017.30.80	00	其他	个	3.9%[5]	0(A, AU, BH, CA, CL, CO, D, E, IL, JO, KR, MA, MX, OM, P, PA, PE, S, SG)	45%
9017.80.00	00	其他仪器及器具[33]	个	5.3%[5]	0(A, AU, BH, CA, CL, CO, D, E, IL, JO, KR, MA, MX, OM, P, PA, PE, S, SG)2.65%(JP)	45%
9017.90.01		零件、附件		适用作为货品的零件或附件的税率[34]	0(A, AU, BH, CA, CL, CO, D, E, IL, JO, KR, MA, MX, OM, P, PA, PE, S, SG)	适用作为货品的零件或附件的税率
	05	子目9017.10.40货品的	千克			
	15	子目9017.10.80货品的	千克			
	20	子目9017.20.40货品的	千克			
	32	子目9017.20.70货品的	千克			
	36	子目9017.20.80货品的	千克			
	40	子目9017.30.40货品的	千克			
	50	子目9017.30.80货品的	千克			
	60	其他	千克			

第九十章　光学、照相、电影、计量、检验、医疗或外科用仪器及设备、精密仪器及设备；上述物品的零件、附件

税则号列	统计后缀	货品名称	单位	税率 普通	税率 特惠	2
9018		医疗、外科、牙科或兽医用仪器及器具,包括闪烁扫描装置、其他电气医疗装置及视力检查仪器：				
		电气诊断装置(包括功能检查或生理参数检查用装置)：				
9018.11		心电图记录仪及其零件和附件：				
9018.11.30	00	心电图记录仪	个	0[10]		35%
9018.11.60	00	印刷电路组件	个	0[10]		35%
9018.11.90	00	其他[35]	个	0[10]		35%
9018.12.00	00	超声波扫描装置[36]	个	0[10]		35%
9018.13.00	00	核磁共振成像装置	个	0[10]		35%
9018.14.00	00	闪烁摄影装置	个	0[10]		35%
9018.19		其他：				
9018.19.40	00	功能探查装置及其零件、附件	个	0[10]		55%
		其他				
9018.19.55	00	病员监护仪	个	0[10]		35%
9018.19.75	00	用于参数采集模块的印刷电路组件	个	0[10]		35%
9018.19.95		其他		0[10]		35%
	30	基础代谢和血压仪[37]	个			
	35	脑电图(EEG)和肌电图(EMG)	个			
	50	其他设备[35]	个			
	60	零件、附件[38]	个			
9018.20.00		紫外线及红外线装置		0[10]		35%
	40	治疗性[39]	个			
	80	其他	个			
		注射器、针、导管、插管及类似品：				
9018.31.00		注射器,不论是否装有针头		0		60%
		注射器,不论是否装有针头：				
	40	皮下注射	个			
	80	其他	个			
	90	零件、附件	个			
9018.32.00		管状金属针头及缝合用针	个	0		55%
9018.39.00		其他		0		30%
		探条、导管、引流管和探测器及其零件和附件：				
	20	橡胶导管	打			
	40	其他	个			
	50	其他	个			
		牙科用其他仪器及器具：				
9018.41.00	00	牙钻机,不论是否与其他牙科设备组装在同一底座上	个	0		35%

税则号列	统计后缀	货品名称	单位	税率 1 普通	税率 1 特惠	税率 2
9018.49		其他：				
9018.49.40	00	牙钻	罗	0		35%
9018.49.80		其他		0		35%
	40	牙科手动器械及其零件和附件	个			
	80	其他	个			
9018.50.00	00	眼科用其他仪器及器具	个	0		60%
9018.90		其他仪器及器具：				
		其他仪器及器具：				
9018.90.10	00	镜子和反射器	个	0		45%
9018.90.20	00	其他[40]	个	0[10]		60%
		其他：				
9018.90.30	00	麻醉器械及其零件和附件[35]	个	0[10]		45%
9018.90.40	00	敲击锤、听诊器及听诊器零件	个	0		45%
9018.90.50		血压计、张力计和示波器；上述产品的零件及附件		0		27.5%
	40	血压计及其零件和附件	个			
	80	其他	个			
		电动医疗器械及其零件和附件：				
9018.90.60	00	电外科仪器和器具，体外冲击波碎石机除外；上述产品的零件及附件[36]	个	0[10]		55%
		其他：				
9018.90.64	00	除颤器	个	0		35%
9018.90.68	00	税号9018.90.64的除颤器用印刷电路组件	个	0		35%
9018.90.75		其他		0[10]		35%
	20	透析仪器	个			
		其他治疗仪器及器具：				
	40	超声波	个			
	60	其他[41]	个			
	70	透析仪器及机械的零件和附件	个			
	80	其他[42]	个			
9018.90.80	00	其他	个	0		55%
9019		机械疗法器具；按摩器具；心理功能测验装置；臭氧治疗器；氧气治疗器、喷雾治疗器、人工呼吸器及其他治疗用呼吸器具：				
9019.10		机械疗法器具；按摩器具；心理功能测验装置：				
9019.10.20		机械疗法器具和按摩器具及其零件和附件		0		35%
	10	机械疗法器具	个			
		按摩器具：				

第九十章 光学、照相、电影、计量、检验、医疗或外科用仪器及设备、精密仪器及设备；上述物品的零件、附件

税则号列	统计后缀	货品名称	单位	税率 1 普通	税率 1 特惠	2
		电动操作：				
		电池供电：				
	20	手持式	个			
	30	其他	个			
		其他：				
	35	交流适配器供电	个			
	45	其他	个			
	50	其他	个			
	90	零件、附件	个			
		其他：				
9019.10.40	00	电气操作的设备及其零件	个	0		35%
9019.10.60	00	其他	个	0		55%
9019.20.00	00	臭氧治疗器、氧气治疗器、喷雾治疗器、人工呼吸器及其他治疗用呼吸器具	个	0		35%
9020.00		其他呼吸器具及防毒面具，但不包括既无机械零件又无可互换过滤器的防护面具：				
9020.00.40	00	水下呼吸装置，设计为一个完整的装置，可随身携带	个	0		27.5%
9020.00.60	00	其他呼吸器具及防毒面具	个	2.5%	0(A,AU,BH,C,CA,CL,CO,D,E,IL,JO,KR,MA,MX,OM,P,PA,PE,S,SG)	35%
9020.00.90	00	其他	千克	2.5%	0(A,AU,BH,CA,CL,CO,D,E,IL,JO,KR,MA,MX,OM,P,PA,PE,S,SG)	35%
9021		矫形器具，包括支具、外科手术带、疝气带；夹板及其他骨折用具；人造的人体部分；助听器及为弥补生理缺陷或残疾而穿戴、携带或植入人体内的其他器具：				
9021.10.00		矫形或骨折用器具		0		55%
	50	骨板、螺钉和钉子以及其他内固定装置或器具	个			
	90	其他	个			
		假牙及牙齿固定件：				
9021.21		假牙：				
9021.21.40	00	塑料制	个	0		20%
9021.21.80	00	其他	个	0		70%
9021.29		其他：				
9021.29.40	00	塑料制	个	0		20%
9021.29.80	00	其他	个	0		70%
		其他人造的人体部分：				
9021.31.00	00	人造关节	个	0		55%
9021.39.00	00	其他	个	0		40%
9021.40.00	00	助听器，不包括零件、附件	个	0		35%
9021.50.00	00	心脏起搏器，不包括零件、附件	个	0[10]		35%

税则号列	统计后缀	货品名称	单位	税率 1 普通	税率 1 特惠	2
9021.90		其他:				
9021.90.40		助听器及心脏起搏器的零件和附件		0		35%
	40	助听器	个			
	80	其他	个			
9021.90.81	00	其他	个	0		35%
9022		X射线或α射线、β射线、γ射线的应用设备,不论是否用于医疗、外科、牙科或兽医,包括射线照相及射线治疗设备,X射线管及其他X射线发生器、高压发生器、控制板及控制台、荧光屏、检查或治疗用的桌、椅及类似品:				
		X射线的应用设备,不论是否用于医疗、外科、牙科或兽医,包括射线照相或射线治疗设备:				
9022.12.00	00	X射线断层检查仪[43]	个	0[10]		35%
9022.13.00	00	其他,牙科用	个	0[10]		35%
9022.14.00	00	其他,医疗、外科或兽医用[44]	个	0[10]		35%
9022.19.00	00	其他:	个	0[10]		35%
		α射线、β射线、γ射线的应用设备,不论是否用于医疗、外科、牙科或兽医,包括射线照相或射线治疗设备:				
9022.21.00	00	医疗、外科、牙科或兽医用	个	0[10]		35%
9022.29		其他:				
9022.29.40	00	电离型烟雾探测器	个	0		35%
9022.29.80	00	其他	个	0[10]		35%
9022.30.00	00	X射线管	个	0[10]		35%
9022.90		其他,包括零件、附件:				
9022.90.05	00	射线发生部件	个	0.8%[10]	0(A, AU, BH, CA, CL, CO, D, E, IL, JO, KR, MA, MX, OM, P, PA, PE, S, SG)	35%
9022.90.15	00	射线传输部件	个	1.4%[10]	0(A, AU, BH, CA, CL, CO, D, E, IL, JO, KR, MA, MX, OM, P, PA, PE, S, SG)	35%
		其他:				
9022.90.25	00	其他仪器[35]	个	0.8%[10]	0(A, AU, BH, CA, CL, CO, D, E, IL, JO, KR, MA, MX, OM, P, PA, PE, S, SG)	35%
		零件、附件:				
9022.90.40	00	X射线管用[35]	个	0.9%[10]	0(A, AU, BH, CA, CL, CO, D, E, IL, JO, KR, MA, MX, OM, P, PA, PE, S, SG)	35%
		其他:				
9022.90.60	00	基于X射线的仪器的[45]	个	0[10]		35%
9022.90.70	00	电离型烟雾探测器的	个	1%	0(A, AU, B, BH, CA, CL, CO, D, E, IL, JO, KR, MA, MX, OM, P, PA, PE, S, SG)	35%

第九十章 光学、照相、电影、计量、检验、医疗或外科用仪器及设备、精密仪器及设备；上述物品的零件、附件

税则号列	统计后缀	货品名称	单位	税率 1 普通	税率 1 特惠	2
9022.90.95	00	其他[35]	个	1.4%[10]	0(A, AU, BH, CA, CL, CO, D, E, IL, JO, KR, MA, MX, OM, P, PA, PE, S, SG)	35%
9023.00.00	00	专供示范(例如,教学或展览)而无其他用途的仪器、装置及模型	千克	0[3]		0
9024		各种材料(例如,金属、木材、纺织材料、纸张、塑料)的硬度、强度、压缩性、弹性或其他机械性能的试验机器及器具：				
9024.10.00	00	金属材料的试验用机器及器具[46]	个	0[10]		40%
9024.80.00	00	其他机器及器具	个	0[10]		40%
9024.90.00		零件、附件		0[10]		40%
	40	金属材料的试验用机器及器具用	千克			
	80	其他	千克			
9025		记录式或非记录式的液体比重计及类似的浮子式仪器、温度计、高温计、气压计、温度计、干湿球温度计及其组合装置：				
		温度计及高温计,未与其他仪器组合：				
9025.11		液体温度计,可直接读数：				
9025.11.20	00	临床	个	0		85%
9025.11.40	00	其他	个	0		85%
9025.19		其他：				
9025.19.40	00	高温计	个	0[1]		45%
9025.19.80		其他		0[1]		40%
		临床：				
	10	本章统计注释二的红外温度计[47]	个			
	20	其他[47]	个			
		其他：				
	60	红外温度计[48]	个			
	85	其他[48]	个			
9025.80		其他仪器：				
9025.80.10	00	电气的[49]	个	1.7%[1]	0(A, AU, BH, C, CA, CL, CO, D, E, IL, JO, KR, MA, MX, OM, P, PA, PE, S, SG)	40%
		其他：				
9025.80.15	00	气压计,不与其他仪器结合使用	个	1%[3]	0(A, AU, BH, C, CA, CL, CO, D, E, IL, JO, KR, MA, MX, OM, P, PA, PE, S, SG)	40%
9025.80.20	00	比重计及类似的浮动仪器,不论是否装有温度计,非记录式	个	2.9%[5]	0(A, AU, BH, C, CA, CL, CO, D, E, IL, JO, KR, MA, MX, OM, P, PA, PE, S, SG)	85%
9025.80.35	00	湿度计和干湿球湿度计,非记录式	个	1.4%[3]	0(A, AU, BH, C, CA, CL, CO, D, E, IL, JO, KR, MA, MX, OM, P, PA, PE, S, SG)	45%
9025.80.40	00	温度计、气压计、湿度计和其他记录仪器	个	1%[3]	0(A, AU, BH, C, CA, CL, CO, D, E, IL, JO, KR, MA, MX, OM, P, PA, PE, S, SG)	35%

税则号列	统计后缀	货品名称	单位	税率 1 普通	税率 1 特惠	2
9025.80.50	00	其他	个	1.6%[3]	0(A, AU, BH, C, CA, CL, CO, D, E, IL, JO, KR, MA, MX, OM, P, PA, PE, S, SG)	50%
9025.90.06	00	零件、附件[50]	千克	0[5]		适用作为货品的零件或附件的税率
9026		液体或气体的流量、液位、压力或其他变化量的测量或检验仪器及装置(例如,流量计、液位计、压力表、热量计),但不包括品目9014、品目9015、品目9028或品目9032的仪器及装置:				
9026.10		测量、检验液体流量或液位的仪器及装置:				
9026.10.20		电气的		0[10]		40%
	40	流量计[11]	个			
	80	其他	个			
		其他:				
9026.10.40	00	流量计	个	0[3]		每个$4.50+65%
9026.10.60	00	其他	个	0[3]		35%
9026.20		测量、检验压力的仪器及装置:				
9026.20.40	00	电气的[11]	个	0[10]		40%
9026.20.80	00	其他	个	0[3]		35%
9026.80		其他仪器及装置:				
9026.80.20	00	电气的	个	0[10]		40%
		其他:				
9026.80.40	00	含液体供应计和风速计的热量计	个	0[5]		每个$4.50+65%
9026.80.60	00	其他	个	0[3]		35%
9026.90		零件、附件:				
9026.90.20	00	电气仪器仪表	千克	0[10]		40%
		其他:				
9026.90.40	00	含液体供应计和风速计的流量计、热量计的	千克	0[10]		65%
9026.90.60	00	其他	千克	0[10]		35%
9027		理化分析仪器及装置(例如,偏振仪、折光仪、分光仪、气体或烟雾分析仪);测量或检验粘性、多孔性、膨胀性、表面张力及类似性能的仪器及装置;测量或检验热量、声量或光量的仪器及装置(包括曝光表);检镜切片机:				
9027.10		气体或烟雾分析仪:				
9027.10.20	00	电气的[51]	千克	0[1]		40%
		其他:				
9027.10.40	00	光学仪器和装置	千克	0[5]		50%

第九十章　光学、照相、电影、计量、检验、医疗或外科用仪器及设备、精密仪器及设备；上述物品的零件、附件　　1433

税则号列	统计后缀	货品名称	单位	税率 1 普通	税率 1 特惠	2
9027.10.60	00	其他	千克	0[5]		40%
9027.20		色谱仪及电泳仪：				
9027.20.50		电气的		0[10]		40%
	30	电泳仪	个			
	50	气相色谱仪	个			
	60	液相色谱仪	个			
	80	其他	个			
9027.20.80		其他		0[10]		40%
	30	气相色谱仪	个			
	60	液相色谱仪	个			
	90	其他	个			
9027.30		使用光学射线（紫外线、可见光、红外线）的分光仪、分光光度计及摄谱仪：				
9027.30.40		电气的		0[10]		40%
	40	分光光度计	个			
	80	其他	个			
9027.30.80		其他		0[10]		50%
	20	分光镜	个			
	80	其他	个			
9027.50		使用光学射线（紫外线、可见光、红外线）的其他仪器及装置：				
9027.50.10	00	曝光计	个	1.2%[10]	0(A,AU,BH,CA,CL,CO,D,E,IL,JO,KR,MA,MX,OM,P,PA,PE,S,SG)	27.5%
		其他：				
9027.50.40		电气的		0[10]		40%
	15	化学分析仪器及装置	个			
	20	热分析仪器及装置	个			
	50	光度计	个			
	60	其他	个			
9027.50.80		其他		0[10]		50%
	15	化学分析仪器及装置	个			
	20	热分析仪器及装置	个			
	60	其他	个			
9027.80		其他仪器及装置：				
9027.80.25	00	核磁共振仪	个	0[10]		40%
		其他：				
9027.80.45		电气的		0[10]		40%
	20	质谱仪	个			
		其他：				
	30	化学分析仪器及装置5[2]	千克			
	60	物理分析仪器及装置	千克			

税则号列	统计后缀	货品名称	单位	税率 1 普通	税率 1 特惠	2
	90	其他	千克			
9027.80.80		其他		0[10]		40%
	30	化学分析仪器及装置	千克			
	60	物理分析仪器及装置	千克			
	90	其他	千克			
9027.90		检镜切片机;零件、附件				
9027.90.20	00	显微镜用薄片切片机[53]	个	0[3]		40%
		零件、附件:				
		电气仪器及装置的:				
9027.90.45	00	子目9027.80的货品用印刷电路组件	个	0[10]		40%
		其他:				
9027.90.54	00	不含光学或其他测量装置的电泳仪器	千克	0[10]		40%
9027.90.56		子目9027.20、子目9027.30、子目9027.50或子目9027.80所列仪器及装置		0[10]		40%
	25	子目9027.20.50的货品	千克			
	30	子目9027.30.40的货品	千克			
	40	子目9027.50.10的货品	千克			
	50	子目9027.50.40的货品5[4]	千克			
	95	其他	千克			
9027.90.59		其他		0[10]		40%
	10	税号9027.10.20的货品[11]	千克			
	95	其他[11]	千克			
		其他:				
		光学仪器和装置的:				
9027.90.64	00	子目9027.20、子目9027.30、子目9027.50或子目9027.80所列仪器及器具的	千克	0[10]		50%
9027.90.68	00	其他	千克	0[5]		50%
		其他:				
9027.90.84	00	子目9027.20、子目9027.30、子目9027.50或子目9027.80所列仪器及器具的	千克	0[10]		40%
9027.90.88	00	其他	千克	0[10]		40%
9028		生产或供应气体、液体及电力用的计量仪表,包括它们的校准仪表:				
9028.10.00	00	气量计[2]	个	16美分/个+2.5%[1]	0(A, AU, BH, CA, CL, CO, D, E, IL, JO, KR, MA, MX, OM, P, PA, PE, S, SG)	4.50美元/个+65%
9028.20.00	00	液量计[2]	个	16美分/个+2.5%[1]	0(A, AU, BH, CA, CL, CO, D, E, IL, JO, KR, MA, MX, OM, P, PA, PE, S, SG)	4.50美元/个+65%

第九十章 光学、照相、电影、计量、检验、医疗或外科用仪器及设备、精密仪器及设备；上述物品的零件、附件

税则号列	统计后缀	货品名称	单位	税率 1 普通	税率 1 特惠	2
9028.30.00	00	电量计	个	0[1]		4.50美元/个+65%
9028.90.00		零件、附件		0[10]		65%
	40	电能表用[11]	千克			
	80	其他	千克			
9029		转数计、产量计数器、车费计、里程计、步数计及类似仪表；速度计及转速表，品目9014及品目9015的仪表除外；频闪观测仪：				
9029.10		转数计、产量计数器、车费计、里程计、步数计及类似仪表：				
9029.10.40	00	车费计	个	5.3%[5]	0(A, AU, B, BH, CA, CL, CO, D, E, IL, JO, KR, MA, MX, OM, P, PA, PE, S, SG)	85%
9029.10.80	00	其他[55]	个	0[5]		35%
9029.20		速度计及转速表；频闪观测仪：				
9029.20.20	00	自行车速度计[56]	个	6%5[7]	0(A+, AU, BH, CA, CL, CO, D, E, IL, JO, KR, MA, MX, OM, P, PA, PE, S, SG)	110%
9029.20.40		其他速度计及转速表		0[1]		35%
	40	民用飞机用[26]	个			
	80	其他[2]	个			
9029.20.60	00	频闪观测仪	个	16美分/个+2.5%[5]	0(A, AU, BH, CA, CL, CO, D, E, IL, JO, KR, MA, MX, OM, P, PA, PE, S, SG)	4.50美元/个+65%
9029.90		零件、附件：				
9029.90.20	00	车费计用	千克	5.3%[5]	0(A, AU, B, BH, CA, CL, CO, D, E, IL, JO, KR, MA, MX, OM, P, PA, PE, S, SG)	85%
9029.90.40	00	自行车速度计用	千克	6%[5]	0(A+, AU, BH, CA, CL, CO, D, E, IL, JO, KR, MA, MX, OM, P, PA, PE, S, SG)	110%
9029.90.60	00	频闪观测仪用	千克	3.2%[3]	0(A, AU, BH, CA, CL, CO, D, E, IL, JO, KR, MA, MX, OM, P, PA, PE, S, SG)	65%
9029.90.80		其他		0[1]		35%
	40	速度计转速表用	千克			
	80	其他	千克			
9030		示波器、频谱分析仪及其他用于电量测量或检验的仪器和装置，但不包括品目9028的各种仪表；α射线、β射线、γ射线、X射线、宇宙射线或其他离子射线的测量或检验仪器及装置：				
9030.10.00	00	离子射线的测量或检验仪器及装置	个	0[10]		40%
9030.20		示波器：				
9030.20.05	00	专为电信设计的	个	0[10]		40%
9030.20.10	00	其他示波器	个	0[58]		40%

税则号列	统计后缀	货品名称	单位	税率 1 普通	税率 1 特惠	2
		检测电压、电流、电阻或功率的其他仪器及装置:				
9030.31.00	00	万用表,不带记录装置[59]	个	0[60]		40%
9030.32.00	00	万用表,带记录装置	个	0[61]		40%
9030.33		其他,不带记录装置:				
9030.33.34	00	电阻测量仪器	个	1.7%[10]	0(A*,AU,B,BH,C,CA,CL,CO,E,IL,JO,KR,MA,MX,OM,P,PA,PE,S,SG)	40%
9030.33.38	00	其他[62]	个	0[10]		40%
9030.39.01	00	其他,带记录装置[52]	个	0[10]		40%
9030.40.00	00	通信专用的其他仪器及装置(例如,串音测试器、增益测量仪、失真度表、噪声计)[11]	个	0[10]		40%
		其他仪器及装置:				
9030.82.00	00	测试或检验半导体晶圆或器件用	个	0[10]		40%
9030.84.00	00	其他,带记录装置[59]	个	06[3]		40%
9030.89.01	00	其他	个	06[4]		40%
9030.90		零件、附件:				
		子目9030.10货品的:				
9030.90.25	00	印刷电路组件[11]	个	0[10]		40%
9030.90.46	00	其他[65]	千克	0[10]		40%
		其他:				
		印刷电路组件:				
9030.90.66	00	子目9030.40或子目9030.82所列仪器及器具的	个	0[10]		40%
9030.90.68	00	其他	个	0[10]		40%
		其他:				
9030.90.84	00	子目9030.82所列仪器及器具的	千克	0[10]		40%
9030.90.89		其他		0[10]		40%
	11	子目9030.20货品的[66]	千克			
	21	子目9030.31货品的	千克			
	22	子目9030.32货品的	千克			
	23	子目9030.33货品的	千克			
	31	子目9030.39货品的	千克			
	40	子目9030.40货品的	千克			
	56	子目9030.84货品的	千克			
	61	其他	千克			
9031		本章其他品目未列名的测量或检验仪器、器具及机器;轮廓投影仪:				
9031.10.00	00	机械零件平衡试验机	个	0[10]		40%
9031.20.00	00	试验台	个	1.7%[10]	0(A*,AU,BH,CA,CL,CO,D,E,IL,JO,KR,MA,MX,OM,P,PA,PE,S,SG)	45%

第九十章　光学、照相、电影、计量、检验、医疗或外科用仪器及设备、精密仪器及设备；上述物品的零件、附件

税则号列	统计后缀	货品名称	单位	税率 1 普通	税率 1 特惠	税率 2
		其他光学仪器及器具：				
9031.41.00		制造半导体器件时检验半导体晶圆、器件或检测光掩模或光栅用		0[10]		50%
	20	制造半导体器件时检测光掩模或光栅用	个			
		检验半导体晶圆或器件：				
	40	晶圆	个			
	60	其他	个			
9031.49		其他：				
9031.49.10	00	轮廓投影仪	个	0[10]		45%
9031.49.40	00	坐标测量仪	个	0[10]		50%
9031.49.70	00	制造半导体器件时检测掩模（光掩模除外）用；测量半导体器件表面微粒污染用	个	0[10]		50%
9031.49.90	00	其他[41]	个	0[10]		50%
9031.80		其他仪器、器具及机器：				
9031.80.40	00	电子束显微镜，配有专门设计用于处理和运输半导体晶圆或光栅的设备	个	0[10]		40%
9031.80.80		其他		0[10]		40%
		内燃机特性试验设备：				
	60	用于测试电气特点	千克			
	70	其他	千克			
	85	其他[67]	千克			
9031.90		零件、附件：				
9031.90.21	00	轮廓投影仪用	千克	0[10]		45%
		除试验台外的其他光学仪器及器具：				
9031.90.45	00	税号9031.49.40的坐标测量仪的底座和框架	千克	0[5]		50%
9031.90.54	00	子目9031.41或税号9031.49.70所列光学仪器及器具	千克	0[10]		50%
9031.90.59	00	其他	千克	0[10]		50%
		其他：				
9031.90.70	00	税号9031.80.40货品的	千克	0[10]		40%
9031.90.91		其他		0[10]		40%
	30	机械零件平衡机的	千克			
	60	试验台的	千克			
	95	其他	千克			
9032		自动调节或控制仪器及装置：				
9032.10.00		恒温器		1.7%[10]	0 (A, AU, B, BH, C, CA, CL, CO, D, E, IL, JO, JP, KR, MA, MX, OM, P, PA, PE, S, SG)	40%
		用于空调、制冷或加热系统：				
	30	专为壁挂式设计[68]	个			

税则号列	统计后缀	货品名称	单位	税率 1 普通	税率 1 特惠	2
	60	其他[11]	个			
	90	其他	个			
9032.20.00	00	恒压器	个	0[10]		35%
		其他仪器及装置：				
9032.81.00		液压或气压的		0[10]		35%
		工业过程控制仪表及仪器：				
	20	水力的	个			
	60	气动的	个			
	80	其他	个			
9032.89		其他：				
		自动电压及电压电流调节器：				
9032.89.20	00	设计用于6伏、12伏或24伏系统	个	1.1%[10]	0(A,AU,B,BH,C,CA,CL,CO,D,E,IL,JO,KR,MA,MX,OM,P,PA,PE,S,SG)	25%
9032.89.40	00	其他[69]	个	1.7%[10]	0(A,AU,BH,C,CA,CL,CO,D,E,IL,JO,KR,MA,MX,OM,P,PA,PE,S,SG)	35%
9032.89.60		其他		1.7%[10]	0(A,AU,B,BH,C,CA,CL,CO,D,E,IL,JO,KR,MA,MX,OM,P,PA,PE,S,SG)	40%
		空调、制冷或加热系统的控制仪表：				
	15	完整系统	个			
	25	其他	个			
		过程控制仪器及装置：				
	30	完整系统	个			
		其他：				
	40	温度控制仪表[11]	个			
	50	压力和通风控制仪表	个			
	60	流量和液位控制仪表[11]	个			
	70	湿度控制仪器[52]	个			
	75	其他	千克			
	85	其他[11]	千克			
9032.90		零件、附件：				
		自动电压及电压电流调节器：				
9032.90.21	00	设计用于6伏、12伏或24伏系统	千克	1.1%[10]	0(A,AU,B,BH,C,CA,CL,CO,E,IL,JO,KR,MA,MX,OM,P,PA,PE,S,SG)	25%
9032.90.41	00	其他	千克	1.7%[10]	0(A,AU,BH,C,CA,CL,CO,E,IL,JO,KR,MA,MX,OM,P,PA,PE,S,SG)	35%
9032.90.61		其他		1.7%[10]	0(A,AU,B,BH,C,CA,CL,CO,E,IL,JO,KR,MA,MX,OM,P,PA,PE,S,SG)	40%

第九十章　光学、照相、电影、计量、检验、医疗或外科用仪器及设备、精密仪器及设备；上述物品的零件、附件

税则号列	统计后缀	货品名称	单位	税率 1 普通	税率 1 特惠	2
	20	自动调温器的[69]	千克			
	40	稳压器的	千克			
	60	子目9032.81所列仪器及器具的	千克			
	80	其他	千克			
9033.00		第九十章所列机器、器具、仪器或装置用的本章其他品目未列名的零件、附件：				
9033.00.20	00	发光二极管(LED)背光模块，由一个或多个LED和一个或多个连接器以及其他无源元件组成并安装在印刷电路或其他类似基板上的光源，不论是否与光学元件或保护二极管组合，用作液晶显示器(LCD)的背光照明	个	0[10]		40%
9033.00.30	00	没有显示功能的触敏数据输入设备(所谓的"触摸屏")，用于安装在显示器上，其功能是通过检测显示区域内触摸的存在和位置(这种感测可以通过电阻、电容、声脉冲、红外线或其他触敏技术等方式获得)	个	0[10]		40%
9033.00.90	00	其他	千克	4.4%[10]	0(A*,AU,B,BH,C,CA,CL,CO,E,IL,JO,KR,MA,MX,OM,P,PA,PE,S,SG)	40%

[1]见9903.88.02。

[2]见9903.88.12。

[3]见9903.88.15。

[4]见9903.88.33。

[5]见9903.88.03。

[6]见9903.88.33和9903.88.56。

[7]见9902.17.15、9902.17.16和9903.88.03。

[8]见9908.33.43。

[9]见9903.88.03和9903.89.37。

[10]见9903.88.01。

[11]见9903.88.14。

[12]见9903.88.49。

[13]见9903.88.42、9903.88.51和9903.88.57。

[14]见9902.17.17和9903.88.15。

[15]见9903.88.65。

[16]见9903.88.51和9903.88.57。

[17]见9903.88.16。

[18]见9903.88.15、9903.88.25、9903.88.26、9903.88.27和9903.88.28。

[19]见9902.17.18和9903.88.03。

[20]见9903.88.08。

[21]见9903.88.37、9903.88.56和9903.88.64。

[22]见9903.88.08和9903.88.14。

[23]见9903.88.06、9903.88.14和9903.88.19。

[24] 见9903.88.49和9903.88.57。

[25] 见9902.17.19、9902.17.20、9902.17.21、9902.17.22、9902.17.23、9902.17.24、9902.17.25、9902.17.26、9902.17.27和9903.88.15。

[26] 见总注释六。

[27] 见9903.88.06、9903.88.14和9903.88.58。

[28] 见9903.88.38。

[29] 见9903.88.45。

[30] 见9903.88.11和9903.88.52。

[31] 见9903.88.33、9903.88.45和9903.88.56。

[32] 见9903.88.38和9903.88.45。

[33] 见9903.88.46。

[34] 见9903.88.03、9903.88.21、9903.88.22、9903.88.23和9903.88.24。

[35] 见9903.88.14、9903.88.58和9903.88.62。

[36] 见9903.88.11、9903.88.14、9903.88.58和9903.88.62。

[37] 见9903.88.62。

[38] 见9903.88.10、9903.88.14、9903.88.50、9903.88.58和9903.88.62。

[39] 见9903.88.08和9903.88.19。

[40] 见9903.88.14、9903.88.56、9903.88.58和9903.88.62。

[41] 见9903.88.19。

[42] 见9903.88.06、9903.88.14、9903.88.58和9903.88.62。

[43] 见9903.88.19、9903.88.60和9903.88.62。

[44] 见9903.88.05。

[45] 见9903.88.11、9903.88.14、9903.88.52、9903.88.58和9903.88.62。

[46] 见9903.88.10。

[47] 见9903.88.12、9903.88.20、9903.88.54、9903.88.61和9903.88.63。

[48] 见9903.88.12、9903.88.17、9903.88.20和9903.88.63。

[49] 见9903.88.12和9903.88.20。

[50] 见9903.88.46和9903.88.56。

[51] 见9903.88.20和9903.88.61。

[52] 见9903.88.11。

[53] 见9903.88.51。

[54] 见9903.88.06和9903.88.62。

[55] 见9903.88.38和9903.88.56。

[56] 见9903.88.34。

[57] 见9902.17.28和9903.88.03。

[58] 见9902.17.29、9902.17.30和9903.88.03。

[59] 见9903.88.20。

[60] 见9902.17.31、9902.17.32、9902.17.33和9903.88.02。

[61] 见9902.17.34和9903.88.02。

[62] 见9903.88.07和9903.88.19。

[63] 见9902.17.35、9902.17.36、9902.17.37和9903.88.02。

[64] 见9902.17.38、9902.17.39、9902.17.40、9902.17.41和9903.88.02。

[65] 见9903.88.19和9903.88.60。

[66] 见 9903.88.14 和 9903.88.19。
[67] 见 9903.88.06。
[68] 见 9903.88.05、9903.88.14 和 9903.88.58。
[69] 见 9903.88.14 和 9903.88.58。

第九十一章　钟表及其零件

注释：

一、本章不包括：

(一)钟表玻璃及钟锤(按其构成材料归类)；

(二)表链(根据不同情况，归入品目 7113 或品目 7117)；

(三)第十五类注释二所规定的贱金属制通用零件(第十五类)、塑料制的类似品(第三十九章)及贵金属或包贵金属制的类似品(一般归入品目 7115)；但钟、表发条则应作为钟、表的零件归类(品目 9114)；

(四)轴承滚珠(根据不同情况，归入品目 7326 或品目 8482)；

(五)品目 8412 的物品，不需擒纵器可以工作的；

(六)滚珠轴承(品目 8482)；或者

(七)第八十五章的物品，本身未组装在或未与其他零件组装在钟、表机芯内，也未组装成专用于或主要用于钟、表机芯零件的(第八十五章)。

二、品目 9101 仅包括表壳完全以贵金属或包贵金属制的表，以及用贵金属或包贵金属与品目 7101 至 7104 的天然、养殖珍珠或宝石、半宝石(天然、合成或再造)合制的表。用贱金属上镶嵌贵金属制成表壳的表应归入品目 9102。

三、本章所称"表芯"是指由摆轮及游丝、石英晶体或其他能确定时间间隔的装置来进行调节的机构，并带有显示器或可装机械指示器的系统。表芯的厚度不超过 12 毫米，长、宽或直径不超过 50 毫米。

四、除注释一另有规定的以外，钟、表的机芯及其他零件，既适用于钟或表，又适用于其他物品(例如，精密仪器)的，均应归入本章。

附加美国注释：

一、就本章而言：

(一)"手表"包括佩戴或随身携带的手表(包括具有特殊功能的手表，如计时表、日历表和专为潜水设计的手表)，不论其中包含的机芯是否符合上文注释三中"表芯"的定义。带有支架的钟表，不论多么简单，都不能归类为手表。

(二)"表壳"包括内部和外部机壳、容器和机壳，以及零件或部件，例如但不限于环、脚、柱、底座和外框，以及(通过适当的机壳)用于完成钟表的任何辅助或附带特征，本章规定的时间开关和其他装置。

(三)"珠宝"包括珠宝的替代品。

(四)"时钟机芯"是指由平衡轮和游丝、石英晶体或任何其他能够确定时间间隔的系统调节的装置，带有显示器或可装入机械显示器的系统。此类时钟机芯的厚度或宽度、长度或直径应超过 12 毫米或 50 毫米，或两者兼有。

（五）"未装配或部分装配的完整手表或时钟机芯（机芯套件）"是指由组装手表或时钟机芯所需的所有零件组成的套件，但对于具有机械显示的机芯，该套件可能包括也可能不包括表盘和指针。

（六）"组装的不完整钟表机芯"是指：

1. 已安装但缺少除刻度盘、指针或轴以外的某些零件的机械机芯（例如，擒纵机构或桶桥）；

2. 装有机械显示器的电池供电机芯，但除刻度盘、指针、轴或电池（例如电机）外，没有其他部件；或

3. 其他拟与光电显示器一起运行的机芯，光电显示器已安装，但缺少除电池以外的某些部件（例如显示器）。

（七）"粗钟表机芯"是指用于装配钟表机芯的未装配零件组，此类钟表机芯的构造是为了与擒纵机构一起工作。这些装置不包括擒纵机构、平衡轮和游丝或其他调节装置、主弹簧、刻度盘或指针；因此，它们主要由夹板（和任何附加板）、过桥、工作部件、卷绕和设置机构以及任何附加机构组成，如自动卷绕装置、日历机构、计时器、报警器等。这些装置可以带桶或不带桶进入。每个拟按原样使用的元件本身可能由一个简单的零件或几个不可分割地装配在一起的零件组成，但这些元件本身可能不会相互组装。

二、与腕表一起输入以及通常随腕表一起出售的表带和表链，不论是否附有，均应归入品目9101或9102的手表；否则，表带和表链应归入品目9113。

三、与电池供电的钟表或其完整的组装机芯一起输入并与之一起使用的电池，可根据手表、钟表或机芯的规定进行归类。同样，未组装或部分组装（机芯套件）的完整手表或时钟机芯，或未组装或拟与之一起使用的完整手表或时钟机芯（机芯套件）的电池可根据此类机芯的规定进行归类。其他电池可归入品目8506或品目8507，不论是否适合与钟表一起使用。

四、特殊标记要求：除以下例外情况外，本章规定的任何机芯或表壳，不论是单独进口的还是附在本章规定的物品上的，均不得进入，除非通过切割、冲模、雕刻等方式进行明显且不可擦除的标记，冲压（包括使用不褪色墨水）或模具标记（凹痕或凸起），如下所述。本注释中规定的标记要求不包括仅带有光电显示器的机芯和设计用于该机芯的机壳，不论是作为单独物品还是作为组装钟表的部件输入。特殊标记要求如下：

（一）手表机芯应标记在一个或多个桥架或顶板上，以显示：

1. 制造国的名称；

2. 制造商或买方的名称；以及

3. 以文字表示，用作摩擦轴承机械用途宝石（如有的话）的数目。

（二）时钟机芯应标记在前板或背板的最显眼的位置，以显示：

1. 制造国的名称；

2. 制造商或买方的名称；以及

3. 珠宝的数量（如有的话）。

（三）表壳应在背面内侧或外侧标记，以显示：

1. 制造国的名称；以及

2. 制造商或买方的名称。

（四）本章规定的钟壳应标记在背面最显眼的位置，以显示制造国的名称。

五、岛屿属地的产品——

（一）除本注释（二）款至（九）款规定的情况外，本章规定的维尔京群岛、关岛和美属萨摩亚（以下简称

"岛屿属地")产品以及含有任何外国部件的任何物品均应缴纳关税：

1. 如果外国部件价值超过 50% 的原产国是适用第 1 栏税率的产品所在国,则按照第 1 栏规定的税率计算;
2. 如果外国部件价值 50% 或以上的原产国是第 2 栏费率适用的产品所在国,则按照第 2 栏规定的费率。

(二)如果在美国岛屿属地生产或制造的手表机芯和手表(包括组装在手表上的表带和表链)含有外国部件,则可免税入境,而不考虑此类手表所含外国部件的价值,前提是这些外国部件符合本注释的规定,但免税进口的此类物品不得超过本注释(四)款规定的数量或金额。

(三)尽管有本注释(二)款的规定,但本注释的规定以及本注释项下的利益不适用于含有第 2 栏税率适用的任何国家产品的任何物品。

(四)1. 在 1983 年,可免税进口的此类物品的总量不得超过 4 800 000 件。

2. 在随后的年份中,商务部部长和内政部部长(以下简称"部长")应共同制定年内免税进口的数量限制,并应考虑这种限制是否符合岛内财产的最佳利益,而不应与国内或国际贸易政策考虑相抵触。秘书处根据本款,在任何年份确定的数量不得——

(1)超过 10 000 000 件或国内消费量的九分之一[由国际贸易委员会根据本注释(五)款确定],以较大者为准;

(2)减少超过上一年确定数量的 10%;以及

(3)增加至 7 000 000 件以上,或增加上一年确定数量的 20% 以上,以较大者为准。

(五)在每年的 4 月 1 日或之前(从美国岛屿属地进口手表超过 9 000 000 件的第一年开始),国际贸易委员会应确定上一年美国手表和手表机芯的消费量,向部长报告该决定,并在《联邦公报》上公布该决定。

(六)1. 在 1983 年,第(四)款所述免税物品总量中,维尔京群岛产品不超过 3 000 000 件,关岛产品不超过 1 200 000 件,美属萨摩亚产品不超过 600 000 件。

2. 在 1984 年及其后,考虑到每个地区生产和运输其分配数量的能力,部长可在免税输入的总数量中确定新的份额。地区在任何一年的份额不得减少：

(1)在 1984 或 1985 年,超过 200 000 件;以及

(2)在 1986 日历年或之后超过 500 000 件,但地区份额不得低于 500 000 件。

(七)部长们应共同行动,在公平和公正的基础上,将本注释(二)款、(四)款和(六)款规定的年免税额分配给位于岛屿属地的生产者,并颁发相应的许可证。秘书处的分配应为最终分配。在作出分配时,秘书处应考虑地区生产对同类产品的国内生产的潜在影响,并制定分配标准(包括最低装配要求),以合理地最大限度地扩大岛上直接经济利益。

(八)1. 在 2003—2015 年期间,秘书应共同——

(1)核实——

①每个生产商在上一年内支付给岛屿属地永久居民的工资(包括通常和习惯的健康保险、人寿保险和养老金福利的价值),

②该生产商在岛屿属地生产并免税进口至美国关税区的手表和手表机芯的总量和价值;以及

(2)向各生产商(不迟于上一年结束后 60 天)发放适用金额的证书。

2. 就上述第 1 项而言,除下述第 3 项和第 4 项另有规定外,"适用金额"等于以下金额之和:
　(1)在上一年内的前 300 000 件,生产商在装配上的可抵免工资的 90%(包括通常和习惯健康保险、人寿保险和养老金福利的价值);以及
　(2)在上一年内,超过 300 000 件但不超过 750 000 件,生产商在装配上的可抵免工资(包括通常和习惯健康保险、人寿保险和养老金福利的价值)的适用递减百分比(每年由秘书确定);以及
　(3)每个生产商的手表与手表机芯(不包括数字手表,也不包括超出本款限制的 750 000 件)在前一年免税进口到美国关区的关税之差,如果按照 2001 年 1 月 1 日生效的本章第 1 栏规定的税率已经纳税。
3. 在任何年份内签发的所有证书的总金额不得超过与以下金额具有相同比例的 5 000 000 美元:
　(1)美国上年的国民生产总值(由商务部部长确定)应包括:
　(2)1982 年美国的国民生产总值(按此确定)。
4. (1)根据第(2)条的规定,如果根据上述第 1 项颁发的证书的金额超过第 3 项规定的限额,则每个生产商证书的适用金额应按超额金额的比例减少。
　(2)任何生产商证书的适用金额不得低于第 2(1)项下确定的金额,除非本条的适用将导致证书总额超过第 3 项下的限额,各生产商证书的适用金额应再次按照本条款适用后确定的超额金额按比例减少。
5. 根据第 1 项颁发的任何证书应使证书持有人有权获得与证书持有人进口到美国关区的任何物品的证书面值相等的退税。此类退款应根据财政部发布的规定进行。不超过 5% 的此类退款可保留作为对海关总署退款行政费用的补偿。
6. 根据第 1 项颁发的任何证书或其任何部分应可转让。
7. 根据第 1 项签发的任何证书应自签发之日起 1 年到期,并可适用于在证书签发之日前 2 年内报关的手表和手表机芯的进口关税。
8. 为了确定 1983 年期间签发的任何生产商证书的适用金额,以下列两者中的较大者为准:
　(1)1982 年生产商的可抵免工资;或
　(2)1981 年生产商可抵免工资的 60% 应视为 1982 年的可抵免工资。
(九)各部长有权发布其认为履行本注释下各自职责所必需的法规,但不得与本注释的规定相抵触。此类法规应包括最低装配要求。任何被确定为未按照适用法规进行的免税入境应受到适用的民事补救措施和刑事制裁,此外,部长可取消或限制被发现故意违反法规的任何制造商的许可证或证书。

统计注释:

一、计算各种手表、钟表、手表机芯和钟表机芯的关税时,需要将这些物品划分为其组成部分,并对每个组成部分分别估价。各组成部分应在以下统计后缀下单独报告。在每种情况下,单个组件的价值总和应等于物品的总价值。在根据以下报告方案单独报告物品成分的情况下,条目应包括所有单独命名的成分,即使未包括在装运中。在这种情况下,输入的数量和价值将为零。例如,可归入税号 9101.11.40 的进口电池驱动手表(不含电池)的条目将包括电池统计报告编码(9101.11.4040)的一行,数量和价值显示为零。为确定下列子目的适当统计报告编码,进口商应将适用的八位税号编码与以下适用的统计后缀组合起来。

(一)税号9101.11.40、税号9101.11.80、税号9101.19.40、税号9101.19.80、税号9102.11.10、税号9102.11.25、税号9102.11.30、税号9102.11.45、税号9102.11.50、税号9102.11.65、税号9102.11.70、税号9102.11.95、税号9102.19.20、税号9102.19.40、税号9102.19.60和税号9102.19.80的统计后缀应是：

统计后缀	货品名称	数量单位
10	机芯	个
20	表壳或钟壳	个
30	表带或表链	个
40	电池	个

(二)税号9102.91.20、税号9104.00.05、税号9104.00.10、税号9104.00.25、税号9104.00.30和税号9104.00.45的统计后缀应为：

统计后缀	货品名称	数量单位
10	机芯和表壳	机芯的个数
20	电池	个

(三)税号9101.21.50、税号9101.29.90、税号9101.99.20、税号9101.99.40、税号9101.99.60、税号9101.99.80、税号9102.29.04、税号9102.99.20、税号9102.99.40、税号9102.99.60、税号9102.99.80、税号9104.00.60、税号9105.29.10、税号9105.29.20、税号9105.99.20和税号9105.99.30的统计后缀应为：

统计后缀	货品名称	数量单位
10	机芯	个
20	表壳或钟壳	个

(四)税号9101.21.80、税号9101.29.10、税号9101.29.20、税号9101.29.30、税号9101.29.40、税号9101.29.50、税号9102.21.10、税号9102.21.25、税号9102.21.30、税号9102.21.50、税号9102.21.70、税号9102.21.90、税号9102.29.10、税号9102.29.15、税号9102.29.20、税号9102.29.25、税号9102.29.30、税号9102.29.35、税号9102.29.40、税号9102.29.45、税号9102.29.50、税号9102.29.55和税号9102.29.60的统计后缀应为：

统计后缀	货品名称	数量单位
10	机芯	个
20	表壳或钟壳	个
30	表带或表链	个

(五)税号9101.91.40、税号9101.91.80、税号9102.91.40、税号9102.91.80和税号9104.00.50的统计后缀应为：

统计后缀	货品名称	数量单位
10	机芯	个
20	表壳或钟壳	个
30	电池	个

(六)税号 9103.10.20 的统计后缀应为：

统计后缀	货品名称	数量单位
	旅行钟：	
10	机芯和钟壳	机芯的个数
20	电池	个
	其他钟：	
30	机芯和钟壳	机芯的个数
40	电池	个

(七)税号 9103.10.40 和税号 9103.10.80 的统计后缀应为：

统计后缀	货品名称	数量单位
	旅行钟：	
10	机芯	个
20	钟壳	个
30	电池	个
	其他钟：	
40	机芯	个
50	钟壳	个
60	电池	个

(八)税号 9103.90.00、税号 9105.19.10 和税号 9105.19.20 的统计后缀应为：

统计后缀	货品名称	数量单位
	旅行钟：	
10	机芯	个
20	钟壳	个
	其他钟：	
30	机芯	个
40	钟壳	个

(九)税号 9105.11.40 的统计后缀应为：

统计后缀	货品名称	数量单位
10	只能使用交流电运行的时钟：	
	其他：	个
	旅行钟：	
20	机芯和钟壳	机芯的个数
30	电池	个
	其他钟：	个
40	机芯和钟壳	机芯的个数
50	电池	个

(十)税号9105.11.80的统计后缀应为：

统计后缀	货品名称	数量单位
	只能使用交流电运行的时钟：	
05	机芯	个
15	钟壳	个
	其他：	
	旅行钟：	
20	机芯	个
30	钟壳	个
40	电池	个
	其他钟：	
50	机芯	个
60	钟壳	个
70	电池	个

(十一)税号9105.19.30的统计后缀应为：

统计后缀	货品名称	数量单位
	旅行钟：	
10	机芯	个
	应纳税的	应税宝石数
20	钟壳	个
	其他钟：	
30	机芯	个
	应纳税的	应税宝石数
40	钟壳	个

(十二)税号9105.21.40和税号9105.91.40的统计后缀应为：

统计后缀	货品名称	数量单位
10	只能使用交流电运行的时钟：	个
	其他钟：	个
20	机芯和钟壳	机芯的个数
30	电池	个

(十三)税号9105.21.80和税号9105.91.80的统计后缀应为：

统计后缀	货品名称	数量单位
	只能使用交流电运行的时钟：	
10	机芯	个
20	钟壳	个
	其他钟：	
30	机芯	个
40	钟壳	个
50	电池	个

(十四)税号 9106.90.55 的统计后缀应为：

统计后缀	货品名称	数量单位
10	装置	个
20	电池	个

(十五)税号 9105.29.30 和税号 9105.99.40 的统计后缀应为：

统计后缀	货品名称	数量单位
10	机芯	个
	应纳税的	应税宝石数
20	表壳	个

(十六)税号 9108.11.40、税号 9108.11.80、税号 9108.12.00、税号 9108.19.40 和税号 9108.19.80 的统计后缀应为：

统计后缀	货品名称	数量单位
10	机芯	个
20	电池	个

(十七)税号 9109.10.10、税号 9109.10.20、税号 9109.10.30、税号 9109.10.40、税号 9109.10.50、税号 9109.10.60、税号 9109.10.70 和税号 9109.10.80 的统计后缀应为：

统计后缀	货品名称	数量单位
10	只能使用交流电运行的时钟机芯	个
	其他机芯：	
20	机芯	个
30	电池	个

税则号列	统计后缀	货品名称	单位	税率 1 普通	税率 1 特惠	税率 2
9101		手表、怀表及其他表,包括秒表,表壳用贵金属或包贵金属制成的:				
		电力驱动的手表,不论是否附有秒表装置:				
9101.11		仅有机械指示器的:				
9101.11.40	[1]	机芯中没有宝石或者只有1颗宝石	[1]	51美分/个+表壳、表带和表链的6.25%+电池的5.3%[2]	0(AU,BH,CA,CL,CO,D,E,IL,JO,KR,MA,MX,OM,P,PA,PE,R,S,SG)	2.25美元/个+表壳的45%+表带或表链的80%+电池的35%
9101.11.80	[1]	其他	[1]	87美分/个+表壳、表带和表链的6.25%+电池的5.3%[2]	0(AU,BH,CA,CL,CO,D,E,IL,JO,KR,MA,MX,OM,P,PA,PE,R,S,SG)	3.25美元/个+表壳的45%+表带或表链的80%+电池的35%
9101.19		其他:				
9101.19.20		仅有光电显示器		0[2]		35%
		与税号9101.19.20的手表一起进口并根据本章附加美国注释二进行归类的表带或表链;所有上述内容,不论是否在进口时附在手表上:				
	20	纺织材料制或贱金属制,不论是否镀金或镀银	个			
	40	其他	个			
	80	其他	个			
9101.19.40	[1]	其他的,机芯中没有宝石或只有1颗宝石	[1]	41美分/个+表壳、表带和表链的5%+电池的4.2%[2]	0(AU,BH,CA,CL,CO,D,E,IL,JO,KR,MA,MX,OM,P,PA,PE,R,S,SG)	2.25美元/个+表壳的45%+表带或表链的80%+电池的35%
9101.19.80	[1]	其他	[1]	61美分/个+表壳、表带和表链的4.4%+电池的3.7%[2]	0(AU,BH,CA,CL,CO,D,E,IL,JO,KR,MA,MX,OM,P,PA,PE,R,S,SG)	3.25美元/个+表壳的45%+表带或表链的80%+电池的35%
		其他手表,不论是否附有秒表装置:				
9101.21		自动上弦的				
		机芯中有超过17颗宝石:				
		与税号9101.21.50的手表一起进口并根据本章附加美国注释二进行归类的表带或表链;所有上述产品,不论是否在进口时附在手表上:				
9101.21.10	00	纺织材料制或贱金属制,不论是否镀金或镀银	个	3.1%[2]	0(AU,BH,CA,CL,CO,D,E,IL,JO,KR,MA,MX,OM,P,PA,PE,R,S,SG)	80%
9101.21.30	00	其他	个	3.1%[2]	0(A,AU,BH,CA,CL,CO,D,E,IL,JO,KR,MA,MX,OM,P,PA,PE,R,S,SG)	80%

第九十一章 钟表及其零件 1451

税则号列	统计后缀	货品名称	单位	税率 1 普通	税率 1 特惠	税率 2
9101.21.50	[1]	其他	[1]	0[2]		11.50 美元/个＋表壳的45%
9101.21.80	[1]	其他	[1]	1.61 美元/个＋表壳、表带和表链的4.4%[2]	0(AU,BH,CA,CL,CO,D,E,IL,JO,KR,MA,MX,OM,P,PA,PE,R,S,SG)	5.75 美元/个＋表壳的45%＋表带或表链的80%
9101.29		其他：				
9101.29.10	[1]	机芯中没有宝石或者只有1颗宝石	[1]	40 美分/个＋表壳、表带或表链的5%[2]	0(AU,BH,CA,CL,CO,D,E,IL,JO,KR,MA,MX,OM,P,PA,PE,R,S,SG)	2.25 美元/个＋表壳的45%＋表带或表链的80%
9101.29.20	[1]	机芯中有超过1颗但不超过7颗的宝石	[1]	61 美分/个＋表壳、表带和表链的4.4%[2]	0(AU,BH,CA,CL,CO,D,E,IL,JO,KR,MA,MX,OM,P,PA,PE,R,S,SG)	3.25 美元/个＋表壳的45%＋表带或表链的80%
		机芯中有7颗以上但不超过17颗的宝石：				
		每个机芯价值不超过15美元：				
9101.29.30	[1]	机芯尺寸不超过15.2毫米	[1]	2.28 美元/个＋表壳、表带或表链的5%[2]	0(AU,BH,CA,CL,CO,D,E,IL,JO,KR,MA,MX,OM,P,PA,PE,R,S,SG)	4.75 美元/个＋表壳的45%＋表带或表链的80%
9101.29.40	[1]	机芯尺寸超过15.2毫米	[1]	1.92 美元/个＋表壳、表带或表链的5%[2]	0(AU,BH,CA,CL,CO,D,E,IL,JO,KR,MA,MX,OM,P,PA,PE,R,S,SG)	4.75 美元/个＋表壳的45%＋表带或表链的80%
9101.29.50	[1]	每个机芯价值超过15美元	[1]	90 美分/个＋表壳、表带和表链的4.4%[2]	0(AU,BH,CA,CL,CO,D,E,IL,JO,KR,MA,MX,OM,P,PA,PE,R,S,SG)	4.75 美元/个＋表壳的45%＋表带或表链的80%
		机芯中有超过17颗宝石：				
		与税号9101.21.50的手表一起进口并根据本章附加美国注释二进行归类的表带或表链；所有上述产品,不论是否在进口时附在手表上：				
9101.29.70	00	纺织材料制或贱金属制,不论是否镀金或镀银	个	3.1%[2]	0(AU,BH,CA,CL,CO,D,E,IL,JO,KR,MA,MX,OM,P,PA,PE,R,S,SG)	80%
9101.29.80	00	其他	个	3.1%[2]	0(A,AU,BH,CA,CL,CO,D,E,IL,JO,KR,MA,MX,OM,P,PA,PE,R,S,SG)	80%
9101.29.90	[1]	其他	[1]	0[2]		11.50 美元/个＋表壳的45%
		其他：				
9101.91		电气驱动的：				
9101.91.20	00	仅配备光电显示器	个	0[2]		35%
		其他：				

税则号列	统计后缀	货品名称	单位	税率 1 普通	税率 1 特惠	2
9101.91.40	[1]	机芯中没有宝石或只有1颗宝石	[1]	0[3]		2.25美元/个＋表壳的45%＋电池的35%
9101.91.80	[1]	其他	[1]	0[2]		3.25美元/个＋表壳的45%＋电池的35%
9101.99		其他:				
9101.99.20	[1]	机芯中没有宝石或有不超过7颗宝石	[1]	0[2]		2.25美元/个＋表壳的45%
		机芯中有超过7颗但不超过17颗的宝石:				
9101.99.40	[1]	机芯价值不超过15美元/个	[1]	98美分/个＋表壳的3%[3]	0(A,AU,BH,CA,CL,CO,D,E,IL,JO,KR,MA,MX,OM,P,PA,PE,R,S,SG)	4.75美元/个＋表壳的45%
9101.99.60	[1]	机芯价值超过15美元/个	[1]	0[2]		4.75美元/个＋表壳的45%
9101.99.80	[1]	机芯中有超过17颗宝石	[1]	0[2]		11.50美元/个＋表壳的45%
9102		手表、怀表及其他表,包括秒表,但品目9101的货品除外:				
		电力驱动的手表,不论是否附有秒表装置:				
9102.11		仅有机械指示器的:				
		机芯中没有宝石或只有1颗宝石:				
		带纺织材料或贱金属制表带或表链,不论是否镀金或镀银:				
9102.11.10	[1]	镀金或镀银的表壳	[1]	44美分/个＋表壳的6%＋表带或表链的14%＋电池的5.3%[2]	0(AU,BH,CA,CL,CO,D,E,IL,JO,KR,MA,MX,OM,P,PA,PE,R,S,SG)	1.90美元/个＋表壳的45%＋表带和表链的110%＋电池的35%
9102.11.25	[1]	其他	[1]	40美分/个＋表壳的8.5%＋表带或表链的14%＋电池的5.3%[2]	0(AU,BH,CA,CL,CO,D,E,IL,JO,KR,MA,MX,OM,P,PA,PE,R,S,SG)	1.70美元/个＋表壳的45%＋表带和表链的110%＋电池的35%
		其他:				
9102.11.30	[1]	镀金或镀银的表壳	[1]	44美分/个＋表壳的6%＋表带或表链的2.8%＋电池的5.3%[2]	0(AU,BH,CA,CL,CO,D,E,IL,JO,KR,MA,MX,OM,P,PA,PE,R,S,SG)	1.90美元/个＋表壳的45%＋表壳、表带和表链的35%＋电池的35%
9102.11.45	[1]	其他	[1]	40美分/个＋表壳的8.5%＋表带或表链的2.8%＋电池的5.3%[2]	0(AU,BH,CA,CL,CO,D,E,IL,JO,KR,MA,MX,OM,P,PA,PE,R,S,SG)	1.70美元/个＋表壳的45%＋表壳、表带和表链的35%＋电池的35%
		其他:				
		带纺织材料或贱金属制表带或表链,不论是否镀金或镀银:				

税则号列	统计后缀	货品名称	单位	税率 1 普通	税率 1 特惠	税率 2
9102.11.50	[1]	镀金或镀银的表壳	[1]	80美分/个＋表壳的6%＋表带或表链的14%＋电池的5.3%[2]	0(AU,BH,CA,CL,CO,D,E,IL,JO,KR,MA,MX,OM,P,PA,PE,R,S,SG)	2.90美元/个＋表壳的45%＋表带和表链的110%＋电池的35%
9102.11.65	[1]	其他	[1]	76美分/个＋表壳的8.5%＋表带或表链的14%＋电池的5.3%[2]	0(AU,BH,CA,CL,CO,D,E,IL,JO,KR,MA,MX,OM,P,PA,PE,R,S,SG)	2.70美元/个＋表壳的45%＋表带和表链的110%＋电池的35%
		其他：				
9102.11.70	[1]	镀金或镀银的表壳	[1]	80美分/个＋表壳的6%＋表带或表链的2.8%＋电池的5.3%[2]	0(AU,BH,CA,CL,CO,D,E,IL,JO,KR,MA,MX,OM,P,PA,PE,R,S,SG)	2.90美元/个＋表壳的45%＋表壳、表带和表链的35%＋电池的35%
9102.11.95	[1]	其他	[1]	76美分/个＋表壳的8.5%＋表带或表链的2.8%＋电池的5.3%[2]	0(AU,BH,CA,CL,CO,D,E,IL,JO,KR,MA,MX,OM,P,PA,PE,R,S,SG)	2.70美元/个＋表壳的45%＋表壳、表带和表链的35%＋电池的35%
9102.12		仅有光电显示器的：				
		与税号9101.21.50的手表一起进口并根据本章附加美国注释二进行归类的表带或表链；所有上述产品，不论是否在进口时附在手表上：				
9102.12.20	00	纺织材料制或贱金属制，不论是否镀金或镀银	个	0[3]		35%
9102.12.40	00	其他	个	0[3]		35%
9102.12.80	00	其他	个	0[2]		35%
9102.19		其他				
		机芯中没有宝石或只有1颗宝石：				
9102.19.20	[1]	带纺织材料或贱金属制表带或表链，不论是否镀金或镀银	[1]	32美分/个＋表壳的4.8%＋表带和表链的11%＋电池的4.2%[2]	0(AU,BH,CA,CL,CO,D,E,IL,JO,KR,MA,MX,OM,P,PA,PE,R,S,SG)	1.70美元/个＋表壳的45%＋表带和表链的110%＋电池的35%
9102.19.40	[1]	其他	[1]	32美分/个＋表壳的4.8%＋表带和表链的2.2%＋电池的4.2%[2]	0(AU,BH,CA,CL,CO,D,E,IL,JO,KR,MA,MX,OM,P,PA,PE,R,S,SG)	1.70美元/个＋表壳的45%＋表壳、表带和表链的35%＋电池的35%
		其他：				
9102.19.60	[1]	带纺织材料或贱金属制表带或表链，不论是否镀金或镀银	[1]	57美分/个＋表壳的4.5%＋表带和表链的10.6%＋电池的4%[2]	0(AU,BH,CA,CL,CO,D,E,IL,JO,KR,MA,MX,OM,P,PA,PE,R,S,SG)	2.70美元/个＋表壳的45%＋表带和表链的110%＋电池的35%

税则号列	统计后缀	货品名称	单位	税率 1 普通	税率 1 特惠	税率 2
9102.19.80	[1]	其他	[1]	57美分/个＋表壳的4.5%＋表带和表链的2.1%＋电池的4%[2]	0(AU,BH,CA,CL,CO,D,E,IL,JO,KR,MA,MX,OM,P,PA,PE,R,S,SG)	2.70美元/个＋表壳、表带和表链的35%＋电池的35%
		其他手表,不论是否装有秒表装置:				
9102.21		自动上弦的:				
		机芯中没有宝石或只有1颗宝石:				
9102.21.10	[1]	带纺织材料或贱金属制表带或表链,不论是否镀金或镀银	[1]	75美分/个＋表壳的6%＋表带和表链的14%[2]	0(AU,BH,CA,CL,CO,D,E,IL,JO,KR,MA,MX,OM,P,PA,PE,R,S,SG)	2.70美元/个＋表壳的45%＋表带和表链的110%
9102.21.25	[1]	其他	[1]	75美分/个＋表壳的6%＋表带和表链的2.8%[2]	0(AU,BH,CA,CL,CO,D,E,IL,JO,KR,MA,MX,OM,P,PA,PE,R,S,SG)	2.70美元/个＋表壳的45%＋表带和表链的35%
		机芯中有1颗以上但不超过17颗的宝石:				
9102.21.30	[1]	带纺织材料或贱金属制表带或表链,不论是否镀金或镀银	[1]	1.75美元/个＋表壳的4.8%＋表带和表链的11.2%[2]	0(AU,BH,CA,CL,CO,D,E,IL,JO,KR,MA,MX,OM,P,PA,PE,R,S,SG)	5.20美元/个＋表壳的45%＋表带和表链的110%
9102.21.50	[1]	其他	[1]	1.75美元/个＋表壳的4.8%＋表带和表链的2.2%[2]	0(AU,BH,CA,CL,CO,D,E,IL,JO,KR,MA,MX,OM,P,PA,PE,R,S,SG)	5.20美元/个＋表壳的45%＋表带和表链的35%
		机芯中有超过17颗宝石:				
9102.21.70	[1]	带纺织材料或贱金属制表带或表链,不论是否镀金或镀银	[1]	1.53美元/个＋表壳的4.2%＋表带和表链的9.8%[2]	0(AU,BH,CA,CL,CO,D,E,IL,JO,KR,MA,MX,OM,P,PA,PE,R,S,SG)	10.95美元/个＋表壳的45%＋表带和表链的110%
9102.21.90	[1]	其他	[1]	1.53美元/个＋表壳的4.2%＋表带和表链的2%[2]	0(AU,BH,CA,CL,CO,D,E,IL,JO,KR,MA,MX,OM,P,PA,PE,R,S,SG)	10.95美元/个＋表壳的45%＋表带和表链的35%
9102.29		其他:				
		机芯中没有宝石或只有1颗宝石:				
		带纺织材料或贱金属制表带或表链,不论是否镀金或镀银:				
9102.29.02	00	与税号9102.29.04的手表一起进口并根据本章附加美国注释二进行归类的表带或表链;上述所有产品,不论是否在进口时附在手表上	个	14%[2]	0(AU,BH,CA,CL,CO,D,E,IL,JO,KR,MA,MX,OM,P,PA,PE,R,S,SG)	110%
9102.29.04	[1]	其他	[1]	40美分/个＋表壳的6%[2]	0(A,AU,BH,CA,CL,CO,D,E,IL,JO,KR,MA,MX,OM,P,PA,PE,R,S,SG)	1.70美元/个＋表壳的45%
9102.29.10	[1]	其他	[1]	40美分/个＋表壳的6%＋表带和表链的2.8%[2]	0(A,AU,BH,CA,CL,CO,D,E,IL,JO,KR,MA,MX,OM,P,PA,PE,R,S,SG)	1.70美元/个＋表壳的45%＋表带和表链的35%

税则号列	统计后缀	货品名称	单位	税率 1 普通	税率 1 特惠	税率 2
		机芯中有1颗以上但不超过7颗的宝石：				
9102.29.15	[1]	带纺织材料或贱金属制表带或表链,不论是否镀金或镀银	[1]	58美分/个+表壳的4.6%+表带和表链的10.6%[3]	0(AU,BH,CA,CL,CO,D,E,IL,JO,KR,MA,MX,OM,P,PA,PE,R,S,SG)	2.70美元/个+表壳的45%+表带和表链的110%
9102.29.20	[1]	其他	[1]	56美分/个+表壳的4.4%+表带和表链的2%[2]	0(AU,BH,CA,CL,CO,D,E,IL,JO,KR,MA,MX,OM,P,PA,PE,R,S,SG)	2.70美元/个+表壳的45%+表带和表链的35%
		机芯中有超过7颗但不超过17颗的宝石：				
		机芯价值不超过15美元/个：				
		机芯尺寸不超过15.2毫米：				
9102.29.25	[1]	带纺织材料或贱金属制表带或表链,不论是否镀金或镀银	[1]	2.19美元/个+表壳的4.8%+表带和表链的11.2%[2]	0(AU,BH,CA,CL,CO,D,E,IL,JO,KR,MA,MX,OM,P,PA,PE,R,S,SG)	4.20美元/个+表壳的45%+表带和表链的110%
9102.29.30	[1]	其他	[1]	2.19美元/个+表壳的4.8%+表带和表链的2.2%[2]	0(AU,BH,CA,CL,CO,D,E,IL,JO,KR,MA,MX,OM,P,PA,PE,R,S,SG)	4.20美元/个+表壳的45%+表带和表链的35%
		机芯尺寸超过15.2毫米：				
9102.29.35	[1]	带纺织材料或贱金属制表带或表链,不论是否镀金或镀银	[1]	1.61美元/个+表壳的4.2%+表带和表链的9.8%[2]	0(AU,BH,CA,CL,CO,D,E,IL,JO,KR,MA,MX,OM,P,PA,PE,R,S,SG)	4.20美元/个+表壳的45%+表带和表链的110%
9102.29.40	[1]	其他	[1]	1.83美元/个+表壳的4.8%+表带和表链的2.2%[2]	0(AU,BH,CA,CL,CO,D,E,IL,JO,KR,MA,MX,OM,P,PA,PE,R,S,SG)	4.20美元/个+表壳的45%+表带和表链的35%
		机芯价值超过15美元/个：				
9102.29.45	[1]	带纺织材料或贱金属制表带或表链,不论是否镀金或镀银	[1]	93美分/个+表壳的4.8%+表带和表链的11.2%[2]	0(AU,BH,CA,CL,CO,D,E,IL,JO,KR,MA,MX,OM,P,PA,PE,R,S,SG)	4.20美元/个+表壳的45%+表带和表链的110%
9102.29.50	[1]	其他	[1]	93美分/个+表壳的4.8%+表带和表链的2.2%[2]	0(AU,BH,CA,CL,CO,D,E,IL,JO,KR,MA,MX,OM,P,PA,PE,R,S,SG)	4.20美元/个+表壳的45%+表带和表链的35%
		机芯中有超过17颗宝石：				
9102.29.55	[1]	带纺织材料或贱金属制表带或表链,不论是否镀金或镀银	[1]	1.55美元/个+表壳的4.2%+表带和表链的9.9%[2]	0(AU,BH,CA,CL,CO,D,E,IL,JO,KR,MA,MX,OM,P,PA,PE,R,S,SG)	10.95美元/个+表壳的45%+表带和表链的110%
9102.29.60	[1]	其他	[1]	1.75美元/个+表壳的4.8%+表带和表链的2.2%[2]	0(AU,BH,CA,CL,CO,D,E,IL,JO,KR,MA,MX,OM,P,PA,PE,R,S,SG)	10.95美元/个+表壳的45%+表带和表链的35%
		其他：				

税则号列	统计后缀	货品名称	单位	税率 1 普通	税率 1 特惠	2
9102.91		电力驱动的：				
9102.91.20	[1]	仅有光电显示器的	[1]	机芯和表壳的 3.9%＋电池的 5.3%[2]	0（A,AU,BH,CA,CL,CO,D,E,IL,JO,KR,MA,MX,OM,P,PA,PE,R,S,SG）	35%
		其他：				
9102.91.40	[1]	机芯中没有宝石或者只有 1 颗宝石	[1]	40 美分/个＋表壳的 6%＋电池的 5.3%[2]	0（AU,BH,CA,CL,CO,D,E,IL,JO,KR,MA,MX,OM,P,PA,PE,R,S,SG）	1.70 美元/个＋表壳的 45%＋电池的 35%
9102.91.80	[1]	其他	[1]	76 美分/个＋表壳的 6%＋电池的 5.3%[2]	0（AU,BH,CA,CL,CO,D,E,IL,JO,KR,MA,MX,OM,P,PA,PE,R,S,SG）	2.70 美元/个＋表壳的 45%＋电池的 35%
9102.99		其他：				
9102.99.20	[1]	机芯中没有宝石或宝石不超过 7 颗	[1]	20 美分/个＋表壳的 3%[2]	0（A,AU,BH,CA,CL,CO,D,E,IL,JO,KR,MA,MX,OM,P,PA,PE,R,S,SG）	1.70 美元/个＋表壳的 45%
		机芯中有超过 7 颗但不超过 17 颗的宝石：				
9102.99.40	[1]	机芯价值不超过 15 美元/个	[1]	92 美分/个＋表壳的 3%[2]	0（A,AU,BH,CA,CL,CO,D,E,IL,JO,KR,MA,MX,OM,P,PA,PE,R,S,SG）	4.20 美元/个＋表壳的 45%
9102.99.60	[1]	机芯价值超过 15 美元/个	[1]	1.16 美元/个＋表壳的 6%[2]	0（A,AU,BH,CA,CL,CO,D,E,IL,JO,KR,MA,MX,OM,P,PA,PE,R,S,SG）	4.20 美元/个＋表壳的 45%
9102.99.80	[1]	机芯中有超过 17 颗宝石	[1]	2.19 美元/个＋表壳的 6%[2]	0（A,AU,BH,CA,CL,CO,D,E,IL,JO,KR,MA,MX,OM,P,PA,PE,R,S,SG）	10.95 美元/个＋表壳的 45%
9103		以表芯装成的钟，但不包括品目 9104 的钟：				
9103.10		电力驱动的：				
9103.10.20	[1]	仅有光电显示器的	[1]	机芯和表壳的 2.6%＋电池的 3.6%[3]	0（A+,AU,BH,CA,CL,CO,D,E,IL,JO,KR,MA,MX,OM,P,PA,PE,S,SG）	35%
		其他：				
9103.10.40	[1]	机芯中没有宝石或者只有 1 颗宝石	[1]	24 美分/个＋表壳的 4.5%＋电池的 3.5%[3]	0（A+,AU,BH,CA,CL,CO,D,E,IL,JO,KR,MA,MX,OM,P,PA,PE,S,SG）	1.50 美元/个＋表壳的 45%＋电池的 35%
9103.10.80	[1]	其他	[1]	48 美分/个＋表壳的 4.6%＋电池的 3.5%[2]	0（A+,AU,BH,CA,CL,CO,D,E,IL,JO,KR,MA,MX,OM,P,PA,PE,S,SG）	2.50 美元/个＋表壳的 45%＋电池的 35%
9103.90.00	[1]	其他	[1]	24 美分/个＋表壳的 4.6%[2]	0（A+,AU,BH,CA,CL,CO,D,E,IL,JO,KR,MA,MX,OM,P,PA,PE,S,SG）	1.50 美元/个＋表壳的 45%
9104.00		仪表板钟及车辆、航空器、航天器或船舶用的类似钟：				
		时钟机芯的宽度或直径超过 50 毫米：				

税则号列	统计后缀	货品名称	单位	税率 1 普通	税率 1 特惠	2
		价值不超过10美元/个:				
9104.00.05	[1]	仅有光电显示器的	[1]	机芯和表壳的2.6%+电池的3.5%[4]	0(A+,AU,B,BH,C,CA,CL,CO,D,E,IL,JO,KR,MA,MX,OM,P,PA,PE,S,SG)	35%
		其他:				
9104.00.10	[1]	电动(包括电池驱动)	[1]	20美分/个+机芯和表壳的4.3%+电池的3.5%[4]	0(A+,AU,B,BH,C,CA,CL,CO,D,E,IL,JO,KR,MA,MX,OM,P,PA,PE,S,SG)	3美元/个+机芯和表壳的65%+电池的35%
9104.00.20	00	其他	个	30美分/个+6.4%[4]	0(A+,AU,B,BH,C,CA,CL,CO,D,E,IL,JO,KR,MA,MX,OM,P,PA,PE,S,SG)	3美元/个+65%
		价值超过10美元/个:				
9104.00.25	[1]	仅有光电显示器的	[1]	机芯和表壳的3.9%+电池的5.3%[4]	0(A+,AU,B,BH,C,CA,CL,CO,D,E,IL,JO,KR,MA,MX,OM,P,PA,PE,S,SG)	35%
		其他:				
9104.00.30	[1]	电动(包括电池驱动)	[1]	30美分/个+机芯和表壳的4.3%+电池的3.5%[4]	0(A+,AU,B,BH,C,CA,CL,CO,D,E,IL,JO,KR,MA,MX,OM,P,PA,PE,S,SG)	4.50美元/个+机芯和表壳的65%+电池的35%
9104.00.40	00	其他	个	30美分/个+4.3%[4]	0(A+,AU,B,BH,C,CA,CL,CO,D,E,IL,JO,KR,MA,MX,OM,P,PA,PE,S,SG)	4.50美元/个+65%
		其他:				
9104.00.45	[1]	仅有光电显示器的	[1]	机芯和表壳的2.6%+电池的3.5%[4]	0(A+,AU,B,BH,C,CA,CL,CO,D,E,IL,JO,KR,MA,MX,OM,P,PA,PE,S,SG)	35%
		其他:				
9104.00.50	[1]	电动(包括电池驱动)	[1]	20美分/个+表壳的4.6%+电池的3.5%[4]	0(A+,AU,B,BH,C,CA,CL,CO,D,E,IL,JO,KR,MA,MX,OM,P,PA,PE,S,SG)	75美分/个+表壳的45%+电池的35%
9104.00.60	[1]	其他	[1]	19美分/个+表壳的4.5%[2]	0(A+,AU,B,BH,C,CA,CL,CO,D,E,IL,JO,KR,MA,MX,OM,P,PA,PE,S,SG)	75美分/个+表壳的45%
9105		其他钟:				
		闹钟:				
9105.11		电力驱动的				
9105.11.40	[1]	仅有光电显示器的	[1]	机芯和表壳的3.9%+电池的5.3%[3]	0(A+,AU,BH,CA,CL,CO,D,E,IL,JO,KR,MA,MX,OM,P,PA,PE,S,SG)	35%
9105.11.80	[1]	其他	[1]	30美分/个+表壳的6.9%+电池的5.3%[3]	0(A+,AU,BH,CA,CL,CO,D,E,IL,JO,KR,MA,MX,OM,P,PA,PE,S,SG)	75美分/个+表壳的45%+电池的35%
9105.19		其他:				
		机芯宽度或直径不超过50毫米:				

税则号列	统计后缀	货品名称	单位	税率 1 普通	税率 1 特惠	税率 2
9105.19.10	[1]	设计为在不倒带的情况下运行不超过47小时	[1]	30美分/个+表壳的6.9%[2]	0(A,AU,BH,CA,CL,CO,D,E,IL,JO,KR,MA,MX,OM,P,PA,PE,S,SG)	75美分/个+表壳的45%
		设计为在不倒带的情况下运行47小时以上：				
9105.19.20	[1]	没有宝石或者只有1颗宝石	[1]	60美分/个+表壳的6.9%[2]	0(A+,AU,BH,CA,CL,CO,D,E,IL,JO,KR,MA,MX,OM,P,PA,PE,S,SG)	1.75美元/个+表壳的45%
9105.19.30	[1]	有超过1颗宝石	[1]	43美分/个+宝石数超过7时2.8美分/个宝石+表壳的3.7%[2]	0(A+,AU,BH,CA,CL,CO,D,E,IL,JO,KR,MA,MX,OM,P,PA,PE,S,SG)	2.25美元/个+宝石数超过7时15美分/个宝石+表壳的60%
		其他：				
9105.19.40	00	价值不超过5美元/个	个	15美分/个+6.4%[3]	0(A,AU,BH,CA,CL,CO,D,E,IL,JO,KR,MA,MX,OM,P,PA,PE,S,SG)	1.50美元/个+65%
9105.19.50	00	价值超过5美元/个	个	23美分/个+3.2%[2]	0(A+,AU,BH,CA,CL,CO,D,E,IL,JO,KR,MA,MX,OM,P,PA,PE,S,SG)	4.50美元/个+65%
		挂钟：				
9105.21		电力驱动的：				
9105.21.40	[1]	仅有光电显示器的	[1]	机芯和表壳的3.9%+电池的5.3%[3]	0(A+,AU,BH,CA,CL,CO,D,E,IL,JO,KR,MA,MX,OM,P,PA,PE,S,SG)	35%
9105.21.80	[1]	其他	[1]	30美分/个+表壳的6.9%+电池的5.3%[3]	0(A+,AU,BH,CA,CL,CO,D,E,IL,JO,KR,MA,MX,OM,P,PA,PE,S,SG)	75美分/个+表壳的45%+电池的35%
9105.29		其他：				
		机芯宽度或直径不超过50毫米：				
9105.29.10	[1]	设计为在不倒带的情况下运行不超过47小时	[1]	20美分/个+表壳的4.6%[2]	0(A+,AU,BH,CA,CL,CO,D,E,IL,JO,KR,MA,MX,OM,P,PA,PE,S,SG)	75美分/个+表壳的45%
		设计为在不倒带的情况下运行超过47小时：				
9105.29.20	[1]	没有宝石或者只有1颗宝石	[1]	40美分/个+表壳的4.6%[2]	0(A+,AU,BH,CA,CL,CO,D,E,IL,JO,KR,MA,MX,OM,P,PA,PE,S,SG)	1.75美元/个+表壳的45%
9105.29.30	[1]	有超过1颗宝石	[1]	57美分/个+宝石数超过7时3.7美分/个宝石+表壳的4.9%[2]	0(A+,AU,BH,CA,CL,CO,D,E,IL,JO,KR,MA,MX,OM,P,PA,PE,S,SG)	2.25美元/个+宝石数超过7时15美分/个宝石+表壳的60%
		其他：				
9105.29.40	00	价值不超过5美元/个	个	15美分/个+6.4%[3]	0(A+,AU,BH,CA,CL,CO,D,E,IL,JO,KR,MA,MX,OM,P,PA,PE,S,SG)	1.50美元/个+65%

税则号列	统计后缀	货品名称	单位	税率 1 普通	税率 1 特惠	税率 2
9105.29.50	00	价值超过5美元/个	个	30美分/个+4.3%[2]	0(A+,AU,BH,CA,CL,CO,D,E,IL,JO,KR,MA,MX,OM,P,PA,PE,S,SG)	4.50美元/个+65%
		其他:				
9105.91		电力驱动的:				
9105.91.40	[1]	仅有光电显示器的	[1]	机芯和表壳的3.9%+电池的5.3%[3]	0(A+,AU,BH,CA,CL,CO,D,E,IL,JO,KR,MA,MX,OM,P,PA,PE,S,SG)	35%
9105.91.80	[1]	其他	[1]	30美分/个+表壳的6.9%+电池的5.3%[3]	0(A+,AU,BH,CA,CL,CO,D,E,IL,JO,KR,MA,MX,OM,P,PA,PE,S,SG)	75美分/个+表壳的45%+电池的35%
9105.99		其他:				
9105.99.10	00	具有弹簧擒纵机构的标准航海天文钟	个课税宝石数	17美分/个+2.5%+1美分/个宝石[2]	0(A,AU,BH,CA,CL,CO,D,E,IL,JO,KR,MA,MX,OM,P,PA,PE,S,SG)	4.50美元/个+65%+25美分/个宝石
		其他,机芯宽度或直径不超过50毫米:				
9105.99.20	[1]	设计为在不倒带的情况下运行不超过47小时	[1]	0[2]		75美分/个+表壳的45%
		设计为在不倒带的情况下运行超过47小时:				
9105.99.30	[1]	没有珠宝或只有1颗珠宝	[1]	0[2]		1.75美元/个+表壳的45%
9105.99.40	[1]	有超过1颗宝石	[1]	0[2]		2.25美元/个+宝石数超过7时15美分/个宝石+表壳的60%
		其他:				
9105.99.50	00	价值不超过5美元/个	个	7.5美分/个+3.2%[3]	0(A+,AU,BH,CA,CL,CO,D,E,IL,JO,KR,MA,MX,OM,P,PA,PE,S,SG)	1.50美元/个+65%
9105.99.60	00	价值超过5美元/个	个	23美分/个+3.2%[2]	0(A+,AU,BH,CA,CL,CO,D,E,IL,JO,KR,MA,MX,OM,P,PA,PE,S,SG)	4.50美元/个+65%
9106		时间记录器以及测量、记录或指示时间间隔的装置,装有钟、表机芯或同步电动机的(例如,考勤钟、时刻记录器):				
9106.10.00	00	考勤钟、时刻记录器	个课税宝石数	36美分/个+5.6%+2美分/个宝石[4]	0(A+,AU,BH,CA,CL,CO,D,E,IL,JO,KR,MA,MX,OM,P,PA,PE,S,SG)	4.50美元/个+65%+25美分/个宝石
9106.90		其他:				
9106.90.20	00	停车场计价表	个课税宝石数	36美分/个+5.6%+2美分/个宝石[4]	0(A+,AU,BH,CA,CL,CO,D,E,IL,JO,KR,MA,MX,OM,P,PA,PE,S,SG)	4.50美元/个+65%+25美分/个宝石
9106.90.40	00	价值超过10美元/个的时间锁	个课税宝石数	36美分/个+5.6%+2美分/个宝石[4]	0(A,AU,BH,CA,CL,CO,D,E,IL,JO,KR,MA,MX,OM,P,PA,PE,S,SG)	4.50美元/个+65%+25美分/个宝石

税则号列	统计后缀	货品名称	单位	税率 普通	税率 1 特惠	税率 2
		其他：				
		用于测量、记录或以其他方式指示时间间隔的装置,装有钟或表机芯,电池供电：				
9106.90.55	[1]	仅有光电显示器的	[1]	装置的3.9%+电池的5.3%[4]	0(A,AU,BH,CA,CL,CO,D,E,IL,JO,KR,MA,MX,OM,P,PA,PE,S,SG)	4.50美元/个+65%
9106.90.65	00	其他	个课税宝石数	15美分/个+2.3%+0.8美分/个宝石[4]	0(A,AU,BH,CA,CL,CO,D,E,IL,JO,KR,MA,MX,OM,P,PA,PE,S,SG)	4.50美元/个+65%+25美分/个宝石
		其他：				
9106.90.75	00	用于测量、记录或以其他方式指示时间间隔的装置,装有钟或表机芯,交流供电,仅有光电显示器的	个	3.9%[4]	0(A+,AU,BH,CA,CL,CO,D,E,IL,JO,KR,MA,MX,OM,P,PA,PE,S,SG)	4.50美元/个+65%
9106.90.85	00	其他[5]	个课税宝石数	15美分/个+2.3%+0.8美分/个宝石[4]	0(A+,AU,BH,CA,CL,CO,D,E,IL,JO,KR,MA,MX,OM,P,PA,PE,S,SG)	4.50美元/个+65%+25美分/个宝石
9107.00		装有钟、表机芯或同步电动机的定时开关：				
9107.00.40		价值不超过5美元/个		15美分/个+4%+2.5美分/个宝石[4]	0(A,AU,BH,CA,CL,CO,D,E,IL,JO,KR,MA,MX,OM,P,PA,PE,S,SG)	1.50美元/个+65%+25美分/个宝石
	40	以固定时间周期运行的时间开关,用于家用冰箱和组合冰箱冷冻机,交替控制压缩机和除霜装置(除霜定时器)的操作	个课税宝石数			
	80	其他	个课税宝石数			
9107.00.80	00	价值超过5美元/个	个课税宝石数	45美分/个+6.4%+2.5美分/个宝石[4]	0(A+,AU,BH,CA,CL,CO,D,E,IL,JO,KR,MA,MX,OM,P,PA,PE,S,SG)	4.50美元/个+65%+25美分/个宝石
9108		已组装的完整表芯：				
		电力驱动的：				
9108.11	[1]	仅有机械指示器或有可装机械指示器的装置的	[1]			
9108.11.40	[1]	没有宝石或者只有1颗宝石	[1]	36美分/个+电池的5.3%[2]	0(AU,BH,CA,CL,CO,D,E,IL,JO,KR,MA,MX,OM,P,PA,PE,R,S,SG)	1.50美元/个+电池的35%
9108.11.80	[1]	其他	[1]	72美分/个+电池的5.3%[2]	0(AU,BH,CA,CL,CO,D,E,IL,JO,KR,MA,MX,OM,P,PA,PE,R,S,SG)	2.50美元/个+电池的35%
9108.12.00	[1]	仅有光电显示器的	[1]	机芯的3.1美元+电池的4.2%[3]	0(AU,BH,CA,CL,CO,D,E,IL,JO,KR,MA,MX,OM,P,PA,PE,R,S,SG)	35%
9108.19		其他：				
9108.19.40	[1]	没有宝石或者只有1颗宝石	[1]	28美分/个+电池的4.2%[2]	0(AU,BH,CA,CL,CO,D,E,IL,JO,KR,MA,MX,OM,P,PA,PE,R,S,SG)	1.50美元/个+电池的35%

税则号列	统计后缀	货品名称	单位	税率 1 普通	税率 1 特惠	2
9108.19.80	[1]	其他	[1]	53美分/个＋电池的3.9%[2]	0(AU,BH,CA,CL,CO,D,E,IL,JO,KR,MA,MX,OM,P,PA,PE,R,S,SG)	2.50美元/个＋电池的35%
9108.20		自动上弦的：				
9108.20.40	00	有超过17颗宝石	个	0[2]		10.75美元/个
9108.20.80	00	其他	个	0[2]		5.00美元/个
9108.90		其他：				
		没有宝石或者只有1颗宝石：				
9108.90.10	00	尺寸为33.8毫米或更小	个	29美分/个[2]	0(AU,BH,CA,CL,CO,D,E,IL,JO,KR,MA,MX,OM,P,PA,PE,R,S,SG)	1.50美元/个
9108.90.20	00	其他	个	25美分/个[2]	0(AU,BH,CA,CL,CO,D,E,IL,JO,KR,MA,MX,OM,P,PA,PE,R,S,SG)	1.50美元/个
		有超过1颗但不超过7颗的宝石：				
9108.90.30	00	尺寸为33.8毫米或更小	个	57美分/个[2]	0(AU,BH,CA,CL,CO,D,E,IL,JO,KR,MA,MX,OM,P,PA,PE,R,S,SG)	2.50美元/个
9108.90.40	00	其他	个	25美分/个[2]	0(AU,BH,CA,CL,CO,D,E,IL,JO,KR,MA,MX,OM,P,PA,PE,R,S,SG)	1.50美元/个
		有超过7颗但不超过17颗的宝石：				
		尺寸为33.8毫米或更小：				
		价值不超过15美元/个				
9108.90.50	00	尺寸不超过15.2毫米	个	2.16美元/个[2]	0(AU,BH,CA,CL,CO,D,E,IL,JO,KR,MA,MX,OM,P,PA,PE,R,S,SG)	4美元/个
9108.90.60	00	尺寸超过15.2毫米	个	1.80美元/个[2]	0(AU,BH,CA,CL,CO,D,E,IL,JO,KR,MA,MX,OM,P,PA,PE,R,S,SG)	4美元/个
9108.90.70	00	价值超过15美元/个	个	90美分/个[2]	0(AU,BH,CA,CL,CO,D,E,IL,JO,KR,MA,MX,OM,P,PA,PE,R,S,SG)	4美元/个
		其他：				
9108.90.80	00	价值不超过15美元/个	个	1.44美元/个[3]	0(AU,BH,CA,CL,CO,D,E,IL,JO,KR,MA,MX,OM,P,PA,PE,R,S,SG)	4美元/个
9108.90.85	00	价值超过15美元/个	个	0[2]		4美元/个
		有超过17颗宝石：				
9108.90.90	00	尺寸为33.8毫米或更小	个	1.50美元/个[2]	0(AU,BH,CA,CL,CO,D,E,IL,JO,KR,MA,MX,OM,P,PA,PE,R,S,SG)	10.75美元/个
9108.90.95	00	其他	个	1.72美元/个[2]	0(AU,BH,CA,CL,CO,D,E,IL,JO,KR,MA,MX,OM,P,PA,PE,R,S,SG)	10.75美元/个
9109		已组装的完整钟芯：				
9109.10		电力驱动的：				

税则号列	统计后缀	货品名称	单位	税率 1 普通	税率 1 特惠	税率 2
		闹钟：				
9109.10.10	[1]	仅有光电显示器的	[1]	机芯的 3.9%＋电池的 5.3%[3]	0(A＋,AU,BH,CA,CL,CO,D,E,IL,JO,KR,MA,MX,OM,P,PA,PE,S,SG)	35%
		其他：				
9109.10.20	[1]	宽度或直径不超过50毫米	[1]	30 美分/个＋电池的 5.3%[2]	0(A＋,AU,BH,CA,CL,CO,D,E,IL,JO,KR,MA,MX,OM,P,PA,PE,S,SG)	75 美分/个＋电池的 35%
		其他：				
9109.10.30	[1]	价值不超过5美元/个	[1]	7.5 美分/个＋机芯的 3.2%＋电池的 2.6%[3]	0(A＋,AU,BH,CA,CL,CO,D,E,IL,JO,KR,MA,MX,OM,P,PA,PE,S,SG)	1.50 美元/个＋机芯的 65%＋电池的 35%
9109.10.40	[1]	价值超过5美元/个	[1]	22 美分/个＋机芯的 3.2%＋电池的 2.6%[2]	0(A＋,AU,BH,CA,CL,CO,D,E,IL,JO,KR,MA,MX,OM,P,PA,PE,S,SG)	4.50 美元/个＋机芯的 65%＋电池的 35%
		其他：				
9109.10.50	[1]	仅有光电显示器的	[1]	机芯的 3.9%＋电池的 5.3%[2]	0(A＋,AU,BH,C,CA,CL,CO,D,E,IL,JO,KR,MA,MX,OM,P,PA,PE,S,SG)[6]	35%
		其他：				
9109.10.60	[1]	宽度或直径不超过50毫米	[1]	20 美分/个＋电池的 3.5%[3]	0(A＋,AU,BH,C,CA,CL,CO,D,E,IL,JO,KR,MA,MX,OM,P,PA,PE,S,SG)[6]	75 美分/个＋电池的 35%
		其他：				
9109.10.70	[1]	价值不超过5美元/个	[1]	12 美分/个＋机芯的 5.1%＋电池的 4.2%[3]	0(A＋,AU,BH,CA,CL,CO,D,E,IL,JO,KR,MA,MX,OM,P,PA,PE,S,SG)[6]	1.50 美元/个＋机芯的 65%＋电池的 35%
9109.10.80	[1]	价值超过5美元/个	[1]	30 美分/个＋机芯的 4.3%＋电池的 3.5%[7]	0(A＋,AU,BH,CA,CL,CO,D,E,IL,JO,KR,MA,MX,OM,P,PA,PE,S,SG)[6]	4.50 美元/个＋机芯的 65%＋电池的 35%
9109.90		其他：				
9109.90.20	00	宽度或直径不超过50毫米	个	20 美分/个[2]	0(A＋,AU,B,BH,C,CA,CL,CO,D,E,IL,JO,KR,MA,MX,OM,P,PA,PE,S,SG)	75 美分/个
		其他：				
9109.90.40	00	价值不超过5美元/个	个	15 美分/个＋6.4%[3]	0(A＋,AU,B,BH,CA,CL,CO,D,E,IL,JO,KR,MA,MX,OM,P,PA,PE,S,SG)	1.50 美元/个＋65%
9109.90.60	00	价值超过5美元/个	个	30 美分/个＋4.3%[8]	0(A＋,AU,B,BH,CA,CL,CO,D,E,IL,JO,KR,MA,MX,OM,P,PA,PE,S,SG)	4.50 美元/个＋65%
9110		未组装或部分组装的完整钟、表机芯(机芯套装件);已组装的不完整钟、表机芯;未组装的不完整钟、表机芯：				
		表的：				

税则号列	统计后缀	货品名称	单位	税率 1 普通	税率 1 特惠	税率 2
9110.11.00	00	未组装或部分组装的完整机芯(机芯套装件)	个	适用完整品、组装机芯的税率[9]	0(AU,BH,CA,CL,CO,D,E,IL,JO,KR,MA,MX,OM,P,PA,PE,R,S,SG)	适用完整品、组装机芯的税率
9110.12.00	00	已组装的不完整机芯	个	9%[2]	0(AU,BH,CA,CL,CO,D,E,IL,JO,KR,MA,MX,OM,P,PA,PE,R,S,SG)	45%
9110.19.00	00	未组装的不完整机芯	个	9%[2]	0(AU,BH,CA,CL,CO,D,E,IL,JO,KR,MA,MX,OM,P,PA,PE,R,S,SG)	45%
9110.90		其他:				
9110.90.20	00	未组装或部分组装的完整机芯(机芯套装件)	个	适用完整品、组装机芯的税率[9]	0(A+,AU,B,BH,CA,CL,CO,D,E,IL,JO,KR,MA,MX,OM,P,PA,PE,S,SG)	适用完整品、组装机芯的税率
		其他:				
9110.90.40	00	由两个或多个固定或连接在一起的零件或零件组成	个	4.3%+1.7美分/宝石+其他零件0.2美分/个,如果由一块板或一组板的零件组成,则总税负不得超过整个机芯的税负[2]	0(A+,AU,B,BH,CA,CL,CO,D,E,IL,JO,KR,MA,MX,OM,P,PA,PE,S,SG)	65%+25美分/宝石+其他零件3美分/个,但如果由一块板或一组板的零件组成,则总税负不得超过整个机芯的税负
9110.90.60	00	其他	个	4.2%[2]	0(A+,AU,B,BH,CA,CL,CO,D,E,IL,JO,KR,MA,MX,OM,P,PA,PE,S,SG)	65%
9111		表壳及其零件:				
9111.10.00	00	贵金属表壳或包贵金属表壳	个	12美分/个+4.8%[2]	0(A+,AU,BH,CA,CL,CO,D,E,IL,JO,KR,MA,MX,OM,P,PA,PE,R,S,SG)	75美分/个+45%
9111.20		贱金属表壳,不论是否镀金或镀银				
9111.20.20	00	镀金或镀银	个	7美分/个+5.4%[2]	0(A+,AU,BH,CA,CL,CO,D,E,IL,JO,KR,MA,MX,OM,P,PA,PE,R,S,SG)	40美分/个+45%
9111.20.40	00	其他[10]	个	3.6美分/个+7.6%[2]	0(A+,AU,BH,CA,CL,CO,D,E,IL,JO,KR,MA,MX,OM,P,PA,PE,R,S,SG)	20美分/个+45%
9111.80.00	00	其他表壳	个	3.6美分/个+7.6%[2]	0(A+,AU,BH,CA,CL,CO,D,E,IL,JO,KR,MA,MX,OM,P,PA,PE,R,S,SG)	20美分/个+45%
9111.90		零件:				
9111.90.40	00	贵金属或包贵金属制	个	6.4%[2]	0(A+,AU,BH,CA,CL,CO,D,E,IL,JO,KR,MA,MX,OM,P,PA,PE,R,S,SG)	75美分/个+45%
		其他:				
9111.90.50	00	边框、背面和中心	个	1.6美分/个+6.8%[2]	0(A+,AU,BH,CA,CL,CO,D,E,IL,JO,KR,MA,MX,OM,P,PA,PE,R,S,SG)	10美分/个+45%

税则号列	统计后缀	货品名称	单位	税率 1 普通	税率 1 特惠	2
9111.90.70	00	其他	个	6.4%[2]	0(A+,AU,BH,CA,CL,CO,D,E,IL,JO,KR,MA,MX,OM,P,PA,PE,R,S,SG)	45%
9112		钟壳和本章所列其他货品的类似外壳及其零件:				
9112.20		壳:				
9112.20.40	00	金属表壳	个	3.5%[2]	0(A+,AU,B,BH,CA,CL,CO,D,E,IL,JO,KR,MA,MX,OM,P,PA,PE,S,SG)	45%
9112.20.80	00	其他表壳	个	5.5%[2]	0(A,AU,B,BH,CA,CL,CO,D,E,IL,JO,KR,MA,MX,OM,P,PA,PE,S,SG)	45%
9112.90.00	00	零件	千克	5.5%[2]	0(A,AU,B,BH,CA,CL,CO,D,E,IL,JO,KR,MA,MX,OM,P,PA,PE,S,SG)	45%
9113		表带及其零件:				
9113.10.00	00	贵金属或包贵金属制	打	4.5%[2]	0(A*,AU,BH,CA,CL,CO,D,E,IL,JO,KR,MA,MX,OM,P,PA,PE,R,S,SG)	80%
9113.20		贱金属制,不论是否镀金或镀银:				
		表带及表链:				
9113.20.20	00	价值不超过5美元/打	打	11.2%[3]	0(A,AU,BH,CA,CL,CO,D,E,IL,JO,KR,MA,MX,OM,P,PA,PE,R,S,SG)	110%
9113.20.40	00	价值超过5美元/打	打	11.2%[3]	0(AU,BH,CA,CL,CO,D,E,IL,JO,KR,MA,MX,OM,P,PA,PE,R,S,SG)	110%
		零件:				
9113.20.60	00	表链,价值不超过12美元/打	千克	8.8%[2]	0(A*,AU,BH,CA,CL,CO,D,E,IL,JO,KR,MA,MX,OM,P,PA,PE,R,S,SG)	110%
9113.20.90	00	其他	千克	8.8%[2]	0(A,AU,BH,CA,CL,CO,D,E,IL,JO,KR,MA,MX,OM,P,PA,PE,R,S,SG)	110%
9113.90		其他:				
9113.90.40	00	纺织材料	打	7.2%[3]	0(A+,AU,BH,CA,CL,CO,E,IL,JO,KR,MA,MX,OM,P,PA,PE,R,S,SG)	78.5%
9113.90.80	00	其他	打	1.8%[2]	0(A,AU,BH,CA,CL,CO,D,E,IL,JO,KR,MA,MX,OM,P,PA,PE,R,S,SG)	35%
9114		钟、表的其他零件:				
9114.10		发条,包括游丝:				
9114.10.40	00	手表的	个	7.3%[2]	0(A+,BH,CA,CL,CO,D,E,IL,JO,KR,MA,MX,OM,P,PA,PE,R,S,SG)	65%
9114.10.80	00	其他	个	4.2%[2]	0(A+,AU,B,BH,CA,CL,CO,D,E,IL,JO,KR,MA,MX,OM,P,PA,PE,R,S,SG)	65%

税则号列	统计后缀	货品名称	单位	税率 1 普通	税率 1 特惠	税率 2
9114.30		钟面或表面:				
9114.30.40	00	宽度不超过50毫米[10]	个	0.4美分/个+7.2%[2]	0(A+,AU,B,BH,CA,CL,CO,D,E,IL,JO,KR,MA,MX,OM,P,PA,PE,R,S,SG)	5美分/个+45%
9114.30.80	00	宽度超过50毫米	个	4.4%[2]	0(A+,AU,B,BH,CA,CL,CO,D,E,IL,JO,KR,MA,MX,OM,P,PA,PE,R,S,SG)	50%
9114.40		夹板及横担(过桥):				
9114.40.20	00	手表机芯底部或支柱板或其类似品	个	12美分/个[2]	0(A+,AU,BH,CA,CL,CO,D,E,IL,JO,KR,MA,MX,OM,P,PA,PE,R,S,SG)	75美分/个
9114.40.40	00	任何适合在其上装配时钟机芯的表盘	个	10美分/个[2]	0(A+,AU,BH,CA,CL,CO,D,E,IL,JO,KR,MA,MX,OM,P,PA,PE,S,SG)	38美分/个
		其他:				
9114.40.60	00	手表	个	7.3%[2]	0(A+,AU,BH,CA,CL,CO,D,E,IL,JO,KR,MA,MX,OM,P,PA,PE,R,S,SG)	65%
9114.40.80	00	其他	个	4.2%[2]	0(A+,AU,B,BH,CA,CL,CO,D,E,IL,JO,KR,MA,MX,OM,P,PA,PE,S,SG)	65%
9114.90		其他:				
9114.90.10	00	宝石	个	0[2]		10%
		手表或时钟机芯的组件和子组件,由两个或多个不可分离地固定或连接在一起的部件或零件组成:				
9114.90.15	00	手表的机芯	千克	7.2%[2]	0(A+,AU,BH,CA,CL,CO,D,E,IL,JO,KR,MA,MX,OM,P,PA,PE,R,S,SG)	45%
9114.90.30	00	时钟的机芯	千克	6%+2.3美分/宝石+其他零件0.2美分/个,但如果由一块板或一组板的零件组成,则总税负不得超过整个机芯的税负[3]	0(A+,AU,B,BH,CA,CL,CO,D,E,IL,JO,KR,MA,MX,OM,P,PA,PE,S,SG)	65%+25美分/宝石+其他零件3美分/个,但如果由一块板或一组板的零件组成,则总税负不得超过整个机芯的税负
		其他:				
9114.90.40	00	手表[11]	千克	8.8%[2]	0(A+,AU,BH,CA,CL,CO,D,E,IL,JO,KR,MA,MX,OM,P,PA,PE,R,S,SG)	65%
9114.90.50	00	其他	千克	4.2%1[2]	0(A+,AU,B,BH,CA,CL,CO,D,E,IL,JO,KR,MA,MX,OM,P,PA,PE,S,SG)	65%

[1]见本章统计注释一。

[2]见9903.88.15。

[3]见9903.88.16。

[4]见9903.88.03。

[5]见 9903.88.45 和 9903.88.56。

[6]公告 8771 附件中省略了特惠税率"B"。

[7]见 9902.17.42 和 9903.88.15。

[8]见 9902.17.43 和 9903.88.15。

[9]见 9903.88.15、9903.88.25、9903.88.26、9903.88.27 和 9903.88.28。

[10]见 9903.88.49 和 9903.88.57。

[11]见 9903.88.49。

[12]见 9902.17.44 和 9903.88.15。

第九十二章　乐器及其零件、附件

注释：

一、本章不包括：

(一) 第十五类注释二所规定的贱金属制通用零件(第十五类)或塑料制的类似品(第三十九章)；

(二) 第八十五章或第九十章的传声器、扩大器、扬声器、耳机、开关、频闪观测仪及其他附属仪器、器具或设备，虽用于本章物品但未与该物品组成一体或安装在同一机壳内；

(三) 玩具乐器或器具(品目9503)；

(四) 清洁乐器用的刷子(品目9603)；或独脚架、双脚架、三脚架及类似品(品目9620)；或者

(五) 收藏品或古物(品目9705或品目9706)。

二、用于演奏品目9202、品目9206所列乐器的弓、槌及类似品，如果与该乐器一同报验，数量合理，用途明确，应归入有关乐器的相应品目。

品目9209的卡片、盘或卷，即使与乐器一同报验，也不视为该乐器的组成部分，而应作为单独报验的物品对待。

统计注释：

一、就子目9201.10而言，竖直钢琴琴匣的高度是通过从地板到琴匣背面顶部的测量来确定的。

二、就子目9201.20而言，大钢琴盒的长度是通过垂直测量从钥匙前面的橱柜前缘到大轮辋尾部中心的最远点来确定的。

税则号列	统计后缀	货品名称	单位	税率 1 普通	税率 1 特惠	2
9201		钢琴,包括自动钢琴、拨弦古钢琴及其他键盘弦乐器:				
9201.10.00		竖式钢琴		4.7%[1]	0(A,AU,BH,CA,CL,CO,D,E,IL,JO,JP,KR,MA,MX,OM,P,PA,PE,S,SG)	40%
	05	旧的	个			
		其他:				
	11	装有高度低于111.76厘米的箱子[2]	个			
	21	装有高度为111.76厘米或以上但低于121.92厘米的箱子[2]	个			
	31	装有高度为121.92厘米或以上但低于129.54厘米的箱子[2]	个			
	41	装有高度为129.54厘米或以上的箱子[2]	个			
9201.20.00		大钢琴		4.7%[1]	0(A,AU,BH,CA,CL,CO,D,E,IL,JO,JP,KR,MA,MX,OM,P,PA,PE,S,SG)	40%
	05	旧的	个			
		其他:				
	11	装有长度小于152.40厘米的箱子	个			
	21	装有长度为152.40厘米或以上但小于167.64厘米的箱子[2]	个			
	31	装有长度为167.64厘米或以上但小于180.34厘米的箱子[2]	个			
	41	装有长度为180.34厘米或以上但小于195.58厘米的箱子[2]	个			
	51	装有长度为195.58厘米或以上的箱子[2]	个			
9201.90.00	00	其他	个	3.5%[1]	0(A,AU,BH,CA,CL,CO,D,E,IL,JO,KR,MA,MX,OM,P,PA,PE,S,SG)	40%
9202		其他弦乐器(例如,吉他、小提琴、竖琴):				
9202.10.00	00	弓弦乐器	个	3.2%[1]	0(A,AU,BH,CA,CL,CO,D,E,IL,JO,KR,MA,MX,OM,P,PA,PE,S,SG)	37.5%
9202.90		其他:				
		吉他:				
9202.90.20	00	价值不超过100美元/个,不包括箱子的价值[4]	个	4.5%[1]	0(A*,AU,BH,CA,CL,CO,D,E,IL,JO,KR,MA,MX,OM,P,PA,PE,S,SG)	40%
9202.90.40	00	其他	个	8.7%[1]	0(A*,AU,BH,CA,CL,CO,D,E,IL,JO,KR,MA,MX,OM,P,PA,PE,S,SG)	40%
9202.90.60	00	其他	个	4.6%[3]	0(A*,AU,BH,CA,CL,CO,D,E,IL,JO,KR,MA,MX,OM,P,PA,PE,S,SG)	40%

税则号列	统计后缀	货品名称	单位	税率 1 普通	税率 1 特惠	2
9205		管乐器(例如,键盘管风琴、手风琴、单簧管、小号、风笛),但游艺场风琴及手摇风琴除外:				
9205.10.00		铜管乐器		2.9%[1]	0(A*,AU,BH,CA,CL,CO,D,E,IL,JO,JP,KR,MA,MX,OM,P,PA,PE,S,SG)	40%
	40	价值不超过10美元/个	个			
	80	价值超过10美元/个	个			
9205.90		其他:				
		键盘管风琴;簧风琴及类似的游离金属簧片键盘乐器:				
9205.90.12	00	键盘管风琴	个	0[1]		35%
9205.90.14	00	其他	个	2.7%[1]	0(A*,AU,BH,CA,CL,CO,D,E,IL,JO,JP,KR,MA,MX,OM,P,PA,PE,S,SG)	40%
		手风琴及类似乐器;口风琴:				
		手风琴及类似乐器:				
9205.90.15	00	钢琴手风琴	个	0[1]		40%
9205.90.18	00	其他	个	2.6%[1]	0(A*,AU,BH,CA,CL,CO,D,E,IL,JO,JP,KR,MA,MX,OM,P,PA,PE,S,SG)	40%
9205.90.19	00	口风琴	打	0[1]		40%
		木管乐器:				
9205.90.20	00	风笛	个	0[1]		40%
9205.90.40		其他		4.9%[1]	0(A*,AU,BH,CA,CL,CO,D,E,IL,JO,JP,KR,MA,MX,OM,P,PA,PE,S,SG)	40%
	20	单簧管	个			
	40	萨克斯管	个			
	60	长笛和短笛(竹子除外)	个			
	80	其他	个			
9205.90.60	00	其他	个	0[1]		40%
9206.00		打击乐器(例如,鼓、木琴、铙、钹、响板、响葫芦):				
9206.00.20	00	鼓	个	4.8%[1]	0(A*,AU,BH,CA,CL,CO,D,E,IL,JO,KR,MA,MX,OM,P,PA,PE,S,SG)	40%
9206.00.40	00	钹	个	0[1]		40%
9206.00.60	00	风铃、编钟或排钟的成套调音钟	个	0[1]		50%
9206.00.80	00	其他	个	5.3%[1]	0(A*,AU,BH,CA,CL,CO,D,E,IL,JO,KR,MA,MX,OM,P,PA,PE,S,SG)	40%
9207		通过电产生或扩大声音的乐器(例如,电风琴、电吉他、电手风琴):				

税则号列	统计后缀	货品名称	单位	税率 1 普通	税率 1 特惠	2
9207.10.00		键盘乐器,但手风琴除外		5.4%[1]	0(A*,AU,BH,CA,CL,CO,D,E,IL,JO,KR,MA,MX,OM,P,PA,PE,S,SG)2.7%(JP)	40%
		音乐合成器:				
	05	价值低于100美元/个	个			
	10	价值为100美元/个或以上	个			
		其他:				
		使用多个键盘:				
	45	价值低于200美元/个	个			
	55	价值为200美元/个或以上	个			
		使用一个键盘:				
	60	手持式	个			
		其他:				
	65	价值低于100美元/个	个			
	75	价值为100美元/个或以上	个			
9207.90.00		其他		5%[1]	0(A*,AU,BH,CA,CL,CO,D,E,IL,JO,JP,KR,MA,MX,OM,P,PA,PE,S,SG)	40%
	40	微动弦乐器[5]	个			
	80	其他	个			
9208		百音盒、游艺场风琴、手摇风琴、机械鸣禽、乐锯及本章其他品目未列名的其他乐器;各种媒诱音响器、哨子、号角、口吹音响信号器:				
9208.10.00	00	百音盒	个	3.2%[6]	0(A*,AU,BH,CA,CL,CO,D,E,IL,JO,KR,MA,MX,OM,P,PA,PE,S,SG)	40%
9208.90.00		其他		5.3%[1]	0(A*,AU,BH,CA,CL,CO,D,E,IL,JO,KR,MA,MX,OM,P,PA,PE,S,SG)	40%
	40	乐器	个			
	80	其他	个			
9209		乐器的零件(例如,百音盒的机械装置)、附件(例如,机械乐器用的卡片、盘及带卷);节拍器、音叉及各种定音管:				
9209.30.00	00	乐器用的弦	个	0[1]		40%
		其他:				
9209.91		钢琴的零件、附件:				
9209.91.40	00	弦轴	千个	0[1]		1美元/千个+35%
9209.91.80	00	其他	个	4.2%[1]	0(A+,AU,BH,CA,CL,CO,D,E,IL,JO,KR,MA,MX,OM,P,PA,PE,S,SG)	40%
9209.92		品目9202所列乐器的零件、附件:				

税则号列	统计后缀	货品名称	单位	税率 普通	税率 特惠	2
9209.92.20	00	用于连接乐器的弱音器、可折叠乐器架和音乐支架	个	3.9%[3]	0(A*,AU,BH,CA,CL,CO,D,E,IL,JO,KR,MA,MX,OM,P,PA,PE,S,SG)	45%
9209.92.40	00	弦轴	千个	10美分/千个+3.5%[1]	0(A*,AU,BH,CA,CL,CO,D,E,IL,JO,KR,MA,MX,OM,P,PA,PE,S,SG)	1美元/千个+35%
9209.92.60	00	弓、弓的零件、弓毛、下巴托和其他用弓演奏的弦乐器零件及附件	个	0[1]		40%
9209.92.80	00	其他[2]	个	4.6%[1]	0(A*,AU,BH,CA,CL,CO,D,E,IL,JO,KR,MA,MX,OM,P,PA,PE,S,SG)	40%
9209.94		品目9207所列乐器的零件、附件				
9209.94.40	00	可折叠乐器架	个	5.7%[3]	0(A*,AU,BH,CA,CL,CO,D,E,IL,JO,KR,MA,MX,OM,P,PA,PE,S,SG)	45%
9209.94.80	00	其他[5]	个	2.7%[1]	0(A*,AU,BH,CA,CL,CO,D,E,IL,JO,JP,KR,MA,MX,OM,P,PA,PE,S,SG)	40%
9209.99		其他:				
9209.99.05	00	节拍器、音叉和音管	个千克	0[1]		40%
9209.99.10	00	乐器弱音器;鼓的踏板、减震器和剌;钹的踏板和支架;用于连接乐器的音乐支架;以及用于放置乐谱或乐器的可折叠的支架	个	5.7%[1]	0(A*,AU,BH,CA,CL,CO,D,E,IL,JO,KR,MA,MX,OM,P,PA,PE,S,SG)	45%
		其他:				
9209.99.16	00	税号9205.90.12的管风琴用	个千克	0[1]		35%
9209.99.18	00	税号9205.90.14的乐器用	个	2.7%[1]	0(A*,AU,BH,CA,CL,CO,D,E,IL,JO,KR,MA,MX,OM,P,PA,PE,S,SG)	40%
9209.99.20	00	风笛用	个千克	0[1]		40%
9209.99.40		其他木管乐器和铜管乐器用		0[1]		40%
	40	木管乐器用	个千克			
	80	其他	个千克			
9209.99.61	00	音乐盒用	个千克	0[1]		40%
9209.99.80	00	其他	个	5.3%[1]	0(A*,AU,BH,CA,CL,CO,D,E,IL,JO,KR,MA,MX,OM,P,PA,PE,S,SG)	40%

[1]见9903.88.15。

[2]见9903.88.51和9903.88.57。

[3]见9903.88.16。

[4]见9903.88.51。

[5]见9903.88.53。

[6]见9902.13.47和9903.88.16。

第十九类　武器、弹药及其零件、附件

第九十三章 武器、弹药及其零件、附件

注释：
一、本章不包括：
 (一)第三十六章的货品(例如，火帽、雷管、信号弹)；
 (二)第十五类注释二所规定的贱金属制通用零件(第十五类)或塑料制的类似品(第三十九章)；
 (三)装甲战斗车辆(品目8710)；
 (四)武器用的望远镜瞄准具及其他光学装置(第九十章)，但安装在武器上或与武器一同报验以备安装在该武器上的除外；
 (五)弓、箭、钝头击剑或玩具(第九十五章)；或者
 (六)收藏品或古物(品目9705或品目9706)。
二、品目9306所称"零件"不包括品目8526的无线电设备及雷达设备。

统计注释：
一、就子目9301.90.30、子目9303.30.40和子目9303.30.80而言，对装有望远镜式瞄准具或设计用于安装望远镜式瞄准具的进口步枪的关税计算要求将这些物品建设性地分为其组成部分，并对每个组成部分分别估价。应在适当的统计后缀下单独报告各个组成部分。在每种情况下，各组成部分的价值总和应等于物品的总价值。

税则号列	统计后缀	货品名称	单位	税率 1 普通	税率 1 特惠	2
9301		军用武器,但左轮手枪、其他手枪及品目9307的兵器除外:				
9301.10.00		火炮武器(例如,榴弹炮及迫击炮)		0[1]		27.5%
	10	自推进的	个			
	80	其他	个			
9301.20.00	00	火箭发射装置;火焰喷射器;手榴弹发射器、鱼雷发射管及类似发射装置	个	0[1]		27.5%
9301.90		其他:				
9301.90.30		步枪		步枪价值的4.7%+望远镜式瞄准具价值的20%(如有)[1]	0(A,AU,BH,CA,CL,CO,D,E,IL,JO,KR,MA,MX,OM,P,PA,PE,S,SG)	65%
	10	随步枪进口的望远镜式瞄准具	个[2]			
	20	步枪	个[2]			
9301.90.60	00	猎枪	个	2.6%[1]	0(A,AU,BH,CA,CL,CO,D,E,IL,JO,KR,MA,MX,OM,P,PA,PE,S,SG)	65%
9301.90.90		其他		0[1]		27.5%
	30	机枪	个			
	90	其他	个			
9302.00.00		左轮手枪及其他手枪,但品目9303或品目9304的货品除外		14美分/个+3%[1]	0(A+,AU,BH,CA,CL,CO,D,E,IL,JO,KR,MA,MX,OM,P,PA,PE,S,SG)	3.50美元/个+55%
	20	左轮手枪	个			
	40	半自动手枪	个			
	90	其他	个			
9303		靠爆炸药发射的其他火器及类似装置(例如,运动用猎枪及步枪、前装枪、维利式信号枪及其他专为发射信号弹的装置、发射空包弹的左轮手枪和其他手枪、弩枪式无痛捕杀器、抛缆枪):				
9303.10.00	00	前装枪	个	0[1]		0
9303.20.00		其他运动、狩猎或打靶用猎枪,包括组合式滑膛来复枪		2.6%[1]	0(A,AU,BH,CA,CL,CO,D,E,IL,JO,KR,MA,MX,OM,P,PA,PE,S,SG)	65%
		猎枪:				
	20	自动加载	个			
	30	泵动式	个			
	40	叠排式	个			
	65	其他	个			
	80	组合式猎枪	个			
9303.30		其他运动、狩猎或打靶用步枪:				

第九十三章 武器、弹药及其零件、附件

税则号列	统计后缀	货品名称	单位	税率 1 普通	税率 1 特惠	2
9303.30.40		价值超过25美元/个,但不超过50美元/个		步枪价值的3.8%＋望远镜式瞄准具价值的10%（如有）[1]	0(A,AU,BH,CA,CL,CO,D,E,IL,JO,KR,MA,MX,OM,P,PA,PE,S,SG)	65%
	10	随步枪进口的望远镜式瞄准具	个[2]			
		步枪：				
	20	中心发火	个[2]			
	30	边缘发火	个[2]			
9303.30.80		其他		步枪价值的3.1%＋望远镜式瞄准具价值的13%（如有）[1]	0(A,AU,BH,CA,CL,CO,D,E,IL,JO,KR,MA,MX,OM,P,PA,PE,S,SG)	65%
	05	随步枪进口的望远镜式瞄准具	个[2]			
		步枪：				
		中心发火：				
	10	自动加载	个[2]			
		栓式				
	12	单发	个[2]			
	17	其他	个[2]			
	25	其他	个[2]			
	30	边缘发火	个[2]			
9303.90		其他：				
9303.90.40	00	设计为仅发射空弹药筒或空白弹药的手枪和左轮手枪	个	4.2%[1]	0(A,AU,BH,CA,CL,CO,D,E,IL,JO,KR,MA,MX,OM,P,PA,PE,S,SG)	105%
9303.90.80	00	其他	个	0[1]		27.5%
9304.00		其他武器(例如,弹簧枪、气枪、气手枪、警棍),但不包括品目9307的货品：				
		通过释放压缩空气或气体,或者通过释放弹簧机构或拉紧的橡胶来喷射导弹的手枪、步枪和其他枪支：				
9304.00.20	00	步枪[3]	个	3.9%[1]	0(A,AU,BH,CA,CL,CO,D,E,IL,JO,KR,MA,MX,OM,P,PA,PE,S,SG)	70%
9304.00.40	00	其他	个	0[1]		27.5%
9304.00.60	00	其他	个	5.7%[1]	0(A,AU,BH,CA,CL,CO,D,E,IL,JO,KR,MA,MX,OM,P,PA,PE,S,SG)	45%
9305		品目9301至9304所列货品的零件、附件：				
9305.10		左轮手枪或手枪用：				
9305.10.20		品目9302用		4.2%[1]	0(A+,AU,BH,CA,CL,CO,D,E,IL,JO,KR,MA,MX,OM,P,PA,PE,S,SG)	105%

税则号列	统计后缀	货品名称	单位	税率 1 普通	税率 1 特惠	2
	10	边框和接收器	个			
	80	其他	千克			
		其他:				
9305.10.40	00	设计为仅发射空弹药筒或空白弹药的左轮手枪或手枪	千克	4.2%[1]	0(A, AU, BH, CA, CL, CO, D, E, IL, JO, KR, MA, MX, OM, P, PA, PE, S, SG)	105%
9305.10.60	00	枪口装填的左轮手枪和手枪	千克	0[1]		0
9305.10.80	00	其他	千克	0[1]		27.5%
9305.20		品目9303的猎枪或步枪用:				
9305.20.05	00	枪托	个	3.5%[1]	0(A, AU, BH, CA, CL, CO, D, E, IL, JO, KR, MA, MX, OM, P, PA, PE, S, SG)	69.5%
9305.20.80		其他		0[1]		73.5%
		猎枪枪管:				
	04	枪口装填的猎枪	个			
	08	其他	个			
	20	猎枪或步枪的其他零件	千克			
		其他:				
		散弹枪,包括散弹枪和步枪组合:				
	31	枪托	个			
	33	其他	千克			
	60	步枪	千克			
		其他:				
9305.91		品目9301的军用武器用:				
9305.91.10	00	步枪用	千克	0[1]		55%
9305.91.20	00	散弹枪用	千克	0[1]		55%
9305.91.30		其他		0[1]		27.5%
	10	子目9301.10的火炮武器用	千克			
	30	其他	千克			
9305.99		其他				
9305.99.40	00	品目9303的货品(猎枪或步枪除外)用	千克	0[4]		27.5%
9305.99.50		税号9304.00.20或税号9304.00.40的货品用		3.9%[1]	0(A, AU, BH, CA, CL, CO, D, E, IL, JO, KR, MA, MX, OM, P, PA, PE, S, SG)	70%
	10	漆弹标记的零件和附件	千克			
	50	其他	千克			
9305.99.60	00	其他	千克	2.9%[1]	0(A, AU, BH, CA, CL, CO, D, E, IL, JO, KR, MA, MX, OM, P, PA, PE, S, SG)	45%
9306		炸弹、手榴弹、鱼雷、地雷、水雷、导弹及类似武器及其零件;子弹、其他弹药和射弹及其零件,包括弹丸及弹垫:				
		猎枪子弹及其零件;气枪弹丸:				

税则号列	统计后缀	货品名称	单位	税率 1 普通	税率 1 特惠	2
9306.21.00	00	猎枪子弹	个	0[1]		30%
9306.29.00	00	其他	千克	0[1]		45%
9306.30		其他子弹及其零件：				
9306.30.41		弹药筒和空弹药筒		0[1]		30%
		包含射弹的弹药筒：				
		步枪或手枪				
	10	.22 口径	个			
	20	其他	个			
	30	其他	个			
	38	用于铆接机或类似工具或用于弩枪式无痛捕杀器的弹药筒及其零件	千个			
		空弹壳：				
	40	步枪或手枪	个			
	50	其他	个			
	60	其他	个			
9306.30.80	00	其他	千克	0[1]		45%
9306.90.00		其他		0[1]		45%
	20	导弹	个			
		炸弹、手榴弹、鱼雷、地雷及类似的战争弹药；其他弹药及射弹：				
	41	彩弹	个			
	50	其他	千克			
	60	导弹零件	千克			
	80	炸弹、手榴弹、鱼雷、地雷及类似战争弹药的零件；其他弹药及射弹的零件	千克			
9307.00.00	00	剑、短弯刀、刺刀、长矛和类似的武器及其零件；刀鞘、剑鞘	千克	2.7%[1]	0(A, AU, BH, CA, CL, CO, D, E, IL, JO, KR, MA, MX, OM, P, PA, PE, S, SG)	50%

[1]见 9903.88.15。

[2]见本章统计注释一。

[3]见 9903.88.53。

[4]见 9903.88.16。

第二十类　杂项制品

第九十四章 家具;寝具、褥垫、弹簧床垫、软座垫及类似的填充制品;未列名灯具及照明装置;发光标志、发光铭牌及类似品;活动房屋

注释:

一、本章不包括:

(一)第三十九章、第四十章或第六十三章的充气或充水的褥垫、枕头及座垫;

(二)落地镜[例如,品目70.09的试衣镜(旋转镜)];

(三)第七十一章的物品;

(四)第十五类注释二所规定的贱金属制通用零件(第十五类)、塑料制的类似品(第三十九章)或品目8303的保险箱;

(五)冷藏或冷冻设备专用的特制家具(品目8418);缝纫机专用的特制家具(品目8452);

(六)第八十五章的灯具及照明装置;

(七)品目8518、品目8519、品目8521或品目8525至8528所列装置专用的特制家具(应分别归入品目8518、品目8522或品目8529);

(八)品目8714的物品;

(九)装有品目9018所列牙科用器具或漱口盂的牙科用椅(品目9018);

(十)第九十一章的物品(例如,钟及钟壳);

(十一)玩具家具、玩具灯或玩具照明装置(品目9503)、台球桌或其他供游戏用的特制家具(品目9504)、魔术用的特制家具或中国灯笼及类似的装饰品(电气彩灯串除外)(品目9505);或者

(十二)独脚架、双脚架、三脚架及类似品(品目9620)。

二、品目9401至9403的物品(零件除外)只适用于落地式的物品。

对下列物品,即使是悬挂的、固定在墙壁上的或叠摞的,仍归入上述各品目:

(一)碗橱、书柜、其他架式家具(包括与将其固定于墙上的支撑物一同报验的单层搁架)及组合家具;

(二)坐具及床。

三、(一)品目9401至9403所列货品的零件不包括玻璃(包括镜子)、大理石或其他石料以及第六十八章及第六十九章所列任何其他材料的片、块(不论是否切割成形,但未与其他零件组装)。

(二)品目9404的货品如果单独报验,则不能作为品目9401、品目9402或品目9403所列货品的零件归类。

四、品目9406所称"活动房屋"是指在工厂制成成品或制成部件并一同报验,供以后在有关地点上组装的房屋,例如,工地用房、办公室、学校、店铺、工作棚、车房或类似的建筑物。

附加美国注释:

一、就税号9401.20.00而言,"机动车用座椅"不包括儿童安全座椅。

统计注释：

一、就品目9401而言，固定活动中心没有脚轮或轮子。

二、就统计报告编码9403.20.0075而言，"无螺栓或预包装出售的压装钢货架装置"是指钢货架，其中钢垂直和水平支架锁定在一起，形成货架装置的框架，并且主要在不使用螺母、螺栓或螺钉的情况下进行组装。无螺栓钢架包括铆钉架、焊接框架架、槽和凸耳架以及冲孔铆钉（准铆钉）架，但不包括壁挂式架或钢丝架装置，其中钢丝甲板和钢丝水平支架集成为一个整体。

三、就统计报告编码9403.20.0078而言，"金属交换储物柜"是指在一个主锁门上安装有单独锁门的储物柜，用于进入商业企业、医院、警察部门、公寓、公寓、酒店、汽车经销商等使用的多个单元。

四、就品目9406而言，单位"平方米"是指装配时建筑物的楼面面积。

第九十四章　家具;寝具、褥垫、弹簧床垫、软座垫及类似的填充制品;
未列名灯具及照明装置;发光标志、发光铭牌及类似品;活动房屋

税则号列	统计后缀	货品名称	单位	税率 1 普通	税率 1 特惠	税率 2
9401		坐具(包括能作床用的两用椅,但品目9402的货品除外)及其零件:				
9401.10		飞机用坐具:				
9401.10.40	00	皮革软垫	个	0[1]		45%
9401.10.80	00	其他	个	0[1]		45%
9401.20.00	00	机动车辆用坐具[2]	个	0[3]		25%
9401.30		可调高度的转动坐具:				
9401.30.40	00	木框架	个	0[3]		40%
9401.30.80		其他		0[3]		45%
	10	家用	个			
	30	其他	个			
9401.40.00	00	能作床用的两用椅,但庭园坐具或野营设备除外	个	0[3]		40%
		藤、柳条、竹及类似材料制的坐具:				
9401.52.00	00	竹制的	个	0[3]		60%
9401.53.00	00	藤制的	个	0[3]		60%
9401.59.00	00	其他	个	0[3]		60%
		木框架的其他坐具:				
9401.61		装软垫的:				
		椅子:				
9401.61.20		柚木的		0[3]		40%
	10	家用	个			
	30	其他	个			
9401.61.40		其他		0[4]		40%
	01	儿童座椅,包括高脚椅	个			
	11	其他家用[5]	个			
	31	其他[6]	个			
9401.61.60		其他		0[3]		40%
	01	儿童固定活动中心	个			
	05	其他儿童座位	个			
	11	其他家用[7]	个			
	31	其他	个			
9401.69		其他:				
9401.69.20		弯木座椅		0[3]		42.5%
	10	家用	个			
	30	其他	个			
		其他:				
		椅子:				
9401.69.40		柚木的		0[3]		40%
	10	家用	个			
	30	其他	个			

税则号列	统计后缀	货品名称	单位	税率 1 普通	税率 1 特惠	2
9401.69.60		其他		0[8]		40%
	01	儿童座椅,包括高脚椅	个			
	11	其他家用[9]	个			
	31	其他	个			
9401.69.80		其他		0[3]		40%
	01	儿童固定活动中心	个			
	05	其他儿童座位	个			
	11	其他家用	个			
	31	其他	个			
		金属框架的其他坐具:				
9401.71.00		装软垫的:		0[10]		45%
	01	高脚椅和加高座椅	个			
	05	婴儿学步车	个			
	06	有座位的充气跳床	个			
	07	儿童秋千	个			
	08	儿童固定活动中心	个			
	11	其他家用[11]	个			
	31	其他[12]	个			
9401.79.00		其他		0[4]		45%
	01	高脚椅和加高座椅	个			
	02	婴儿学步车	个			
	03	有座位的充气跳床	个			
	04	儿童秋千	个			
	06	儿童固定活动中心	个			
		其他:				
		户外:				
		带有织物覆盖的坐垫或织物座椅或背衬材料:				
	11	家用[11]	个			
	15	其他[13]	个			
		其他:				
	25	家用	个			
	35	其他[14]	个			
		其他:				
	46	家用	个			
	50	其他[15]	个			
9401.80		其他坐具:				
		由橡胶或塑料制成:				
9401.80.20		由增强或层压塑料制成		0[4]		65%

第九十四章 家具;寝具、褥垫、弹簧床垫、软座垫及类似的填充制品;未列名灯具及照明装置;发光标志、发光铭牌及类似品;活动房屋

税则号列	统计后缀	货品名称	单位	税率 1 普通	税率 1 特惠	税率 2
	01	儿童高脚椅和加高座椅（机动车辆除外）;浴室座椅、婴儿学步车、带座椅的充气跳床、儿童秋千	个			
	05	儿童固定活动中心	个			
	11	其他家用	个			
	31	其他[11]	个			
9401.80.40		其他		0[4]		25%
	01	儿童高脚椅和加高座椅（机动车辆除外）;浴室座椅、婴儿学步车、带座椅的充气跳床、儿童秋千	个			
	04	儿童固定活动中心	个			
		其他:				
		户外:				
		带有织物覆盖的坐垫或织物座椅或背衬材料:				
	06	家用	个			
	15	其他	个			
		其他:				
	26	家用	个			
	35	其他	个			
	46	其他	个			
9401.80.60		其他		0[16]		45%
		儿童安全座椅:				
	21	带可拆卸硬壳座椅	个			
	23	其他	个			
	24	儿童固定活动中心	个			
	25	其他儿童座位	个			
	28	其他家用	个			
	30	其他	个			
9401.90		零件:				
9401.90.10		机动车用座椅		0[1]		25%
	10	皮革的,切割成型	个			
	20	纺织材料制成,切割成型	个			
	85	其他[17]	个			
9401.90.15	00	弯木座椅的	个	0[1]		42.5%
		其他:				
9401.90.25		由藤、柳条、竹或类似材料制成		0[1]		60%
	40	藤制的	个			
	80	其他	个			
9401.90.35		橡胶或塑料的		0[3]		25%
	10	儿童高脚椅、除机动车辆及类似座椅外的加高座椅	个			

税则号列	统计后缀	货品名称	单位	税率 1 普通	税率 1 特惠	2
	80	其他	个			
9401.90.40		木制的		0[3]		40%
	10	用于儿童高脚椅、加高座椅及类似座椅	个			
	80	其他[18]	个			
9401.90.50		其他		0[3]		45%
	05	用于儿童高脚椅、加高座椅及类似座椅	个			
	21	其他纺织材料制,切割成型[19]	个			
	81	其他[20]	个			
9402		医疗、外科、牙科或兽医用家具(例如,手术台、检查台、带机械装置的病床、牙科用椅);有旋转、倾斜、升降装置的理发用椅及类似椅;上述物品的零件				
9402.10.00	00	牙科、理发及类似用途的椅及其零件	个	0		35%
9402.90.00		其他		0		40%
	10	病床	个			
	20	其他	个			
9403		其他家具及其零件:				
9403.10.00		办公室用金属家具		0[3]		45%
	20	文件柜	个			
	40	其他	个			
9403.20.00		其他金属家具		0[3]		45%
		家用:				
	11	落地式金属顶熨平板	个			
		其他:				
	16	婴儿床	个			
	17	幼儿床、婴儿摇篮、摇篮、游乐场及其他用于限制儿童的围栏[21]	个			
	35	机械可调床或床垫底座,不可折叠,具有床或床架特征,宽度超过91.44厘米,长度超过184.15厘米,深度超过8.89厘米	个			
	40	带腿的床垫底座,不可折叠,具有固定(不可机械调节)床架的特征,宽度超过91.44厘米,长度超过184.15厘米,深度超过8.89厘米	个			
		带腿的可折叠床垫底座,具有床或床架的特征,不论是否可机械调节:				
	46	机械可调	个			
	48	固定的(不可机械调节)	个			
	50	其他[22]	个			
		其他:				

第九十四章　家具;寝具、褥垫、弹簧床垫、软座垫及类似的填充制品;
未列名灯具及照明装置;发光标志、发光铭牌及类似品;活动房屋　1489

税则号列	统计后缀	货品名称	单位	税率 1 普通	税率 1 特惠	2
		柜台、储物柜、行李架、展示柜、货架、隔板及类似固定装置:				
	75	本章统计注释二所述,预包装出售的无螺栓或压装钢货架装置	个			
	78	本章统计注释三所述的储物柜,交换储物柜除外[7]	个			
	81	其他[23]	个			
	90	其他[24]	个			
9403.30		办公室用木家具				
9403.30.40	00	弯木家具	个	0[3]		42.5%
9403.30.80	00	其他	个	0[3]		40%
9403.40		厨房用木家具				
9403.40.40	00	弯木家具	个	0[3]		42.5%
		其他				
9403.40.60	00	专为机动车辆设计	个	0[3]		25%
9403.40.90		其他		0[3]		40%
	40	餐桌	个			
	60	设计用于永久安装的机柜	个			
	80	其他	个			
9403.50		卧室用木家具:				
9403.50.40	00	弯木家具	个	0[3]		42.5%
		其他:				
9403.50.60	00	专为机动车辆设计	个	0[3]		25%
9403.50.90		其他		0[3]		40%
		病床:				
	41	婴儿床	个			
	42	幼儿床、婴儿摇篮和摇篮[25]	个			
	45	其他	个			
	80	其他[26]	个			
9403.60		其他木家具:				
9403.60.40	00	弯木家具	个	0[3]		42.5%
9403.60.80		其他		0[3]		40%
	10	游戏场地及其他用于限制儿童的围栏	个			
	40	餐桌	个			
	81	其他[27]	个			
9403.70		塑料家具:				
9403.70.40		由增强或层压塑料制成		0[4]		65%
	01	婴儿床	个			
	02	幼儿床、婴儿摇篮和摇篮[28]	个			

税则号列	统计后缀	货品名称	单位	税率 普通	税率 特惠	2
	03	游戏场地及其他用于限制儿童的围栏	个			
	15	其他家用	个			
	20	办公室用	个			
	31	其他	个			
9403.70.80		其他		0[4]		25%
	01	婴儿床	个			
	02	幼儿床、婴儿摇篮和摇篮	个			
	03	游戏场地及其他用于限制儿童的围栏	个			
	15	其他家用	个			
	20	办公室用	个			
	31	其他	个			
		其他材料制的家具,包括藤、柳条、竹或类似材料制的:				
9403.82.00		竹制的		0[3]		60%
	01	婴儿床	个			
	02	幼儿床、婴儿摇篮和摇篮;游戏场地及其他用于限制儿童的围栏	个			
	15	其他家用[7]	个			
	30	其他	个			
9403.83.00		藤制的		0[3]		60%
	01	婴儿床	个			
	02	幼儿床、婴儿摇篮和摇篮;游戏场地及其他用于限制儿童的围栏	个			
	15	其他家用	个			
	30	其他	个			
9403.89		其他:				
9403.89.30		由藤、柳条或类似材料制成		0[3]		60%
	10	家用	个			
	20	其他	个			
9403.89.60		其他		0[3]		45%
	03	婴儿床、幼儿床、婴儿摇篮和摇篮;游戏场地及其他用于限制儿童的围栏[29]	个			
	15	其他家用[2]	个			
	20	其他[2]	个			
9403.90		零件:				
9403.90.10		用于机动车辆家具的		0[3]		25%
	40	金属制	千克			
	50	由纺织材料制成,切割成型	千克			
	85	其他	千克			

税则号列	统计后缀	货品名称	单位	税率 1 普通	税率 1 特惠	税率 2
		其他：				
9403.90.25		由藤、柳条、竹或类似材料制成		0[3]		60%
	40	藤制的	千克			
	80	其他	千克			
		由橡胶或塑料制成：				
9403.90.40		由增强或层压塑料制成		0[3]		65%
	05	用于幼儿床、婴儿床、婴儿摇篮和摇篮	个			
	10	用于游戏场地及其他用于限制儿童的围栏	个			
	60	其他	个			
9403.90.50		其他		0[3]		25%
	05	用于幼儿床、婴儿床、婴儿摇篮和摇篮	个			
	10	用于游戏场地及其他用于限制儿童的围栏	个			
	80	其他	个			
9403.90.60		纺织材料制,棉除外		0[3]		80%
	05	用于幼儿床、婴儿床、婴儿摇篮和摇篮[18]	个			
	10	用于游戏场地及其他用于限制儿童的围栏	个			
	80	其他	个			
9403.90.70		木制		0[3]		40%
	05	用于幼儿床、婴儿床、婴儿摇篮和摇篮	个			
	10	用于游戏场地及其他用于儿童的围栏	个			
	80	其他[2]	个			
9403.90.80		其他		0[3]		45%
	10	用于幼儿床、婴儿床、婴儿摇篮和摇篮	个			
	15	用于游戏场地及其他用于限制儿童的围栏	个			
		其他：				
		金属制：				
	20	焊接钢丝架盖板,不论是否镀锌、电镀或涂层	千克			
	41	其他[30]	千克			
	51	由棉花制成,切割成型	千克			
	61	其他[26]	千克			
9404		弹簧床垫;寝具及类似用品,装有弹簧、内部用任何材料填充、衬垫或用海绵橡胶、泡沫塑料制成,不论是否包面(例如,褥垫、棉被、羽绒被、靠垫、座垫及枕头)：				

税则号列	统计后缀	货品名称	单位	税率 1 普通	税率 1 特惠	2
9404.10.00	00	弹簧床垫	个	0[3]		45%
		褥垫：				
9404.21.00		海绵橡胶或泡沫塑料制，不论是否包面		3%[3]	0(A*,AU,BH,CA,CL,CO,D,E,IL,JO,KR,MA,MX,OM,P,PA,PE,S,SG)	40%
	10	用于婴儿床或幼儿床	个			
	13	宽度超过91厘米,长度超过184厘米,深度超过8厘米的	个			
	95	其他	个			
9404.29		其他材料制				
9404.29.10		棉花的		3%[3]	0(A+,AU,BH,CA,CL,CO,D,E,IL,JO,KR,MA,MX,OM,P,PA,PE,S,SG)	40%
	05	用于婴儿床或幼儿床	个			
	13	宽度超过91厘米,长度超过184厘米,深度超过8厘米的	个			
	95	其他	个			
9404.29.90		其他		6%[3]	0(A*,AU,BH,CA,CL,CO,D,E,IL,JO,KR,MA,MX,OM,P,PA,PE,S,SG)	40%
		未覆盖内装弹簧件：				
	05	用于婴儿床或幼儿床	个			
	13	宽度超过91厘米,长度超过184厘米,深度超过8厘米的	个			
	50	其他	个			
		其他：				
	85	用于婴儿床或幼儿床	个			
	87	宽度超过91厘米,长度超过184厘米,深度超过8厘米的				
	95	其他	个			
9404.30		睡袋：				
9404.30.40	00	含20%或以上重量的羽毛和/或羽绒	个	4.7%[31]	0(A*,AU,BH,CA,CL,CO,D,E,IL,JO,KR,MA,MX,OM,P,PA,PE,S,SG)	60%
9404.30.80	00	其他	个	9%[31]	0(AU,BH,CA,CL,CO,E,IL,JO,KR,MA,MX,OM,P,PA,PE,S,SG)	78.5%
9404.90		其他：				
		枕头、靠垫及类似家具：				
9404.90.10	00	棉花的(369)[32]	个 千克	5.3%[33]	0(AU,BH,CA,CL,CO,IL,JO,KR,MA,MX,OM,P,PA,PE,S,SG)	40%
9404.90.20	00	其他[32]	个	6%[34]	0(A,AU,BH,CA,CL,CO,D,E,IL,JO,KR,MA,MX,OM,P,PA,PE,S,SG)	40%
		其他：				

第九十四章 家具;寝具、褥垫、弹簧床垫、软座垫及类似的填充制品;未列名灯具及照明装置;发光标志、发光铭牌及类似品;活动房屋

税则号列	统计后缀	货品名称	单位	税率 1 普通	税率 1 特惠	税率 2
9404.90.80		棉制,不含任何超过6.35毫米的刺绣、花边、编织、镶边、镶边、管道或贴花		4.4%[31]	0(AU,BH,CA,CL,CO,E*,IL,JO,KR,MA,MX,OM,P,PA,PE,S,SG)	25%
	20	被褥、羽绒、被褥及类似货品(362)	个 千克			
	40	其他(369)	个 千克			
		其他:				
9404.90.85		被褥、羽绒、被子及类似货品		12.8%[31]	0(AU,BH,CA,CL,CO,E*,IL,JO,KR,MA,MX,OM,P,PA,PE,S,SG)	90%
	05	带棉被套(362)	个 千克			
	22	带化纤被套(666)	个 千克			
		带其他纺织材料制被套:				
	23	含85%或以上重量的丝或绢丝	个 千克			
	36	其他(899)	个 千克			
9404.90.95		其他		7.3%[31]	0(AU,BH,CA,CL,CO,E*,IL,JO,KR,MA,MX,OM,P,PA,PE,S,SG)	90%
	05	带棉被套(369)	个 千克			
	22	带化纤被套(666)	个 千克			
		带其他纺织材料制被套:				
	23	含85%或以上重量的丝或绢丝	个 千克			
	36	其他(899)	个 千克			
	70	其他	个 千克			
9405		其他品目未列名的灯具及照明装置,包括探照灯、聚光灯及其零件;装有固定光源的发光标志、发光铭牌及类似品,以及其他品目未列名的这些货品的零件:				
9405.10		枝形吊灯及天花板或墙壁上的其他电气照明装置,但不包括公共露天场所或街道上的电气照明装置:				
		贱金属制:				
9405.10.40		黄铜的		3.9%[3]	0(A*,AU,BH,C,CA,CL,CO,D,E,IL,JO,KR,MA,MX,OM,P,PA,PE,S,SG)	45%
	10	家用	个			
	20	其他	个			

税则号列	统计后缀	货品名称	单位	税率 1 普通	税率 1 特惠	2
9405.10.60		其他		7.6%[35]	0(A*,AU,BH,C,CA,CL,CO,D,E,IL,JO,KR,MA,MX,OM,P,PA,PE,S,SG)	45%
	10	家用[36]	个			
	20	其他[19]	个			
9405.10.80		其他		3.9%[3]	0(A*,AU,BH,C,CA,CL,CO,D,E,IL,JO,KR,MA,MX,OM,P,PA,PE,S,SG)	35%
	10	家用[36]	个			
	20	其他	个			
9405.20		电气的台灯、床头灯或落地灯:				
		贱金属制:				
9405.20.40		黄铜的		3.7%[3]	0(A*,AU,BH,CA,CL,CO,D,E,IL,JO,KR,MA,MX,OM,P,PA,PE,S,SG)	40%
	10	家用	个			
	20	其他	个			
9405.20.60		其他		6%[37]	0(A*,AU,BH,CA,CL,CO,D,E,IL,JO,KR,MA,MX,OM,P,PA,PE,S,SG)	45%
	10	家用[38]	个			
	20	其他	个			
9405.20.80		其他		3.9%[3]	0(A*,AU,BH,CA,CL,CO,D,E,IL,JO,KR,MA,MX,OM,P,PA,PE,S,SG)	35%
	10	家用[39]	个			
	20	其他	个			
9405.30.00		圣诞树用的灯串		8%[3]	0(A*,AU,BH,CA,CL,CO,D,E,IL,JO,KR,MA,MX,OM,P,PA,PE,S,SG)	50%
	10	微型系列有线套件[40]	个			
	40	其他	个			
9405.40		其他电气灯具及照明装置:				
		贱金属制:				
9405.40.40	00	黄铜的	个	4.7%[3]	0(A*,AU,BH,CA,CL,CO,D,E,IL,JO,KR,MA,MX,OM,P,PA,PE,S,SG)	45%
9405.40.60	00	其他	个	6%[41]	0(A*,AU,BH,CA,CL,CO,D,E,IL,JO,KR,MA,MX,OM,P,PA,PE,S,SG)	45%
		其他:				

税则号列	统计后缀	货品名称	单位	税率 1 普通	税率 1 特惠	税率 2
9405.40.82	00	发光二极管(LED)背光模块,由一个或多个LED和一个或多个连接器组成并安装在印刷电路或其他类似基板上,以及不论是否与光学元件或保护二极管组成其他无源元件的光源,用作液晶显示器(LCD)的背光照明[2]	个	0[3]		35%
9405.40.84		其他		3.9%[3]	0(A*,AU,BH,CA,CL,CO,E,IL,JO,KR,MA,MX,OM,P,PA,PE,S,SG)	35%
	10	其他灯组[7]	个			
	40	其他[42]	个			
9405.50		非电气的灯具及照明装置:				
9405.50.20	00	设计为由丙烷或其他气体,或由压缩空气和煤油或汽油驱动的白炽灯	个	2.9%[3]	0(A*,AU,BH,CA,CL,CO,D,E,IL,JO,KR,MA,MX,OM,P,PA,PE,S,SG)	45%
		其他:				
9405.50.30	00	黄铜的	个	5.7%[3]	0(A*,AU,BH,CA,CL,CO,D,E,IL,JO,KR,MA,MX,OM,P,PA,PE,S,SG)	45%
9405.50.40	00	其他[43]	个	6%[3]	0(A*,AU,BH,CA,CL,CO,D,E,IL,JO,KR,MA,MX,OM,P,PA,PE,S,SG)	45%
9405.60		发光标志、发光铭牌及类似品:				
		贱金属制:				
9405.60.20	00	黄铜的	个	5.7%[3]	0(A,AU,BH,C,CA,CL,CO,D,E,IL,JO,KR,MA,MX,OM,P,PA,PE,S,SG)	45%
9405.60.40	00	其他[36]	个	6%[44]	0(A,AU,BH,C,CA,CL,CO,D,E,IL,JO,KR,MA,MX,OM,P,PA,PE,S,SG)	45%
9405.60.60	00	其他	个	5.3%[3]	0(A,AU,BH,C,CA,CL,CO,D,E,IL,JO,KR,MA,MX,OM,P,PA,PE,S,SG)	80%
		零件:				
9405.91		玻璃制:				
		球形灯罩和其他灯罩:				
9405.91.10	00	铅晶质玻璃制	个	12%[3]	0(A,AU,BH,CA,CL,CO,D,E,IL,JO,KR,MA,MX,OM,P,PA,PE,S,SG)	70%
9405.91.30	00	其他	个	12%[3]	0(A,AU,BH,CA,CL,CO,D,E,IL,JO,KR,MA,MX,OM,P,PA,PE,S,SG)	70%
9405.91.40	00	煤油灯灯罩	打	7.5%[45]	0(A,AU,BH,CA,CL,CO,D,E,IL,JO,KR,MA,MX,OM,P,PA,PE,S,SG)	60%
9405.91.60		其他		4.5%[3]	0(A,AU,BH,CA,CL,CO,D,E,IL,JO,KR,MA,MX,OM,P,PA,PE,S,SG)	60%

税则号列	统计后缀	货品名称	单位	税率 1 普通	税率 1 特惠	2
	40	用于吊灯和壁挂支架的棱镜和其他玻璃制品及其制品	千克			
	80	其他	千克			
9405.92.00	00	塑料制	千克	3.7%[3]	0(A*,AU,BH,C,CA,CL,CO,D,E,IL,JO,KR,MA,MX,OM,P,PA,PE,S,SG)	80%
9405.99		其他：				
9405.99.20	00	黄铜的	千克	3.9%[3]	0(A,AU,BH,C,CA,CL,CO,D,E,IL,JO,KR,MA,MX,OM,P,PA,PE,S,SG)	45%
9405.99.40		其他		6%[3]	0(A,AU,BH,C,CA,CL,CO,D,E,IL,JO,KR,MA,MX,OM,P,PA,PE,S,SG)	45%
	10	灯柱及灯柱底座,铸铁制	个			
	20	灯柱及灯柱底座,铝制	个			
	90	其他[46]	千克			
9406		活动房屋：				
9406.10.00	00	木制的	个 千克	2.6%[3]	0(A,AU,BH,CA,CL,CO,D,E,IL,JO,KR,MA,MX,OM,P,PA,PE,S,SG)	33 1/3%
9406.90.00		其他		2.9%[3]	0(A,AU,BH,CA,CL,CO,D,E,IL,JO,KR,MA,MX,OM,P,PA,PE,S,SG)	45%
		金属的：				
		温室：				
	10	商业的	个 平方米			
	20	其他	个 平方米			
	30	其他[47]	个 平方米			
		其他：				
	50	塑料动物棚	个 千克			
	90	其他	个			

[1]见9903.88.15。

[2]见9903.88.43。

[3]见9903.88.03。

[4]见9903.88.04和9903.88.16。

[5]见9903.88.04和9903.88.36。

[6]见9903.88.04和9903.88.46。

[7]见9903.88.38和9903.88.56。

[8]见9903.88.04和9903.88.15。

[9]见9903.88.04和9903.88.38。

[10]见9903.88.04、9903.88.15和9903.88.16。

[11] 见 9903.88.04 和 9903.88.46。
[12] 见 9903.88.04、9903.88.37、9903.88.46 和 9903.88.56。
[13] 见 9903.88.04、9903.88.34、9903.88.35、9903.88.36 和 9903.88.56。
[14] 见 9903.88.04、9903.88.34、9903.88.37 和 9903.88.56。
[15] 见 9903.88.04、9903.88.46、9903.88.48 和 9903.88.56。
[16] 见 9903.88.04。
[17] 见 9903.88.49、9903.88.51 和 9903.88.57。
[18] 见 9903.88.37 和 9903.88.56。
[19] 见 9903.88.38。
[20] 见 9903.88.33、9903.88.37、9903.88.38、9903.88.46 和 9903.88.56。
[21] 见 9903.88.45。
[22] 见 9903.88.34、9903.88.35、9903.88.38、9903.88.46 和 9903.88.56。
[23] 见 9903.88.38、9903.88.43 和 9903.88.56。
[24] 见 9903.88.35、9903.88.37、9903.88.43、9903.88.45、9903.88.46 和 9903.88.56。
[25] 见 9903.88.40。
[26] 见 9903.88.33。
[27] 见 9903.88.36、9903.88.40、9903.88.43、9903.88.45、9903.88.46 和 9903.88.48。
[28] 见 9903.88.48。
[29] 见 9903.88.33、9903.88.38 和 9903.88.56。
[30] 见 9903.88.38、9903.88.40、9903.88.43、9903.88.45 和 9903.88.56。
[31] 见 9903.88.16。
[32] 见 9903.88.51 和 9903.88.57。
[33] 见 9902.17.45 和 9903.88.15。
[34] 见 9902.17.46 和 9903.88.15。
[35] 见 9902.17.47 和 9903.88.03。
[36] 见 9903.88.36。
[37] 见 9902.17.48、9902.17.49、9902.17.50 和 9903.88.03。
[38] 见 9903.88.35 和 9903.88.38。
[39] 见 9903.88.35、9903.88.36、9903.88.38、9903.88.43 和 9903.88.46。
[40] 见 9903.88.18。
[41] 见 9902.17.51、9902.17.52、9902.17.53 和 9903.88.03。
[42] 见 9903.88.18、9903.88.37、9903.88.38、9903.88.43、9903.88.45 和 9903.88.56。
[43] 见 9903.88.18、9903.88.36 和 9903.88.56。
[44] 见 9902.22.85 和 9903.88.03。
[45] 见 9902.17.54 和 9903.88.03。
[46] 见 9903.88.18 和 9903.88.56。
[47] 见 9903.88.46。

第九十五章 玩具、游戏品、运动用品及其零件、附件

注释：
一、本章不包括：
   (一)蜡烛(品目 3406)；
   (二)品目 3604 的烟花、爆竹或其他烟火制品；
   (三)已切成一定长度但未制成钓鱼线的纱线、单丝、绳、肠线及类似品(第三十九章、品目 4206 或第十一类)；
   (四)品目 4202、品目 4303 或品目 4304 的运动用袋或其他容器；
   (五)第六十一章或第六十二章的纺织品制的化妆舞会服装；第六十一章或第六十二章的纺织品制的运动服或特殊衣着(例如，击剑服或足球守门员服)，不论是否附带保护配件，例如，肘部、膝部或腹股沟部位的保护垫或填充物。
   (六)第六十三章的纺织品制的旗帜及帆板或滑行车用帆；
   (七)第六十四章的运动鞋靴(装有冰刀或滑轮的溜冰鞋除外)或第六十五章的运动用帽；
   (八)手杖、鞭子、马鞭或类似品(品目 6602)及其零件(品目 6603)；
   (九)品目 7018 的未装配的玩偶或其他玩具用的玻璃假眼；
   (十)第十五类注释二所规定的贱金属制通用零件(第十五类)或塑料制的类似货品(第三十九章)；
   (十一)品目 8306 的铃、钟、锣及类似品；
   (十二)液体泵(品目 8413)、液体或气体的过滤、净化机器及装置(品目 8421)、电动机(品目 8501)、变压器(品目 8504)；录制声音或其他信息用的圆盘、磁带、固态非易失性数据存储器件、"智能卡"及其他媒体，不论是否已录制(品目 8523)；无线电遥控设备(品目 8526)或无绳红外线遥控器件(品目 8543)；
   (十三)第十七类的运动用车辆(长雪橇、平底雪橇及类似品除外)；
   (十四)儿童两轮车(品目 8712)；
   (十五)运动用船艇，例如，轻舟、赛艇(第八十九章)及其桨、橹和类似品(木制的归入第四十四章)；
   (十六)运动及户外游戏用的眼镜、护目镜及类似品(品目 9004)；
   (十七)媒诱音响器及哨子(品目 9208)；
   (十八)第九十三章的武器及其他物品；
   (十九)各种电气彩灯串(品目 9405)；
   (二十)独脚架、双脚架、三脚架及类似品(品目 9620)；
   (二十一)球拍线、帐篷或类似的野营用品、分指手套、连指手套及露指手套(按其构成材料归类)；或者
   (二十二)餐具、厨房用具、盥洗用品、地毯及纺织材料制的其他铺地制品、服装、床上、餐桌、盥洗及厨房用的织物制品及具有实用功能的类似货品(按其构成材料归类)。

二、本章包括天然或养殖珍珠、宝石或半宝石(天然、合成或再造)、贵金属或包贵金属只作为小零件的物品。

三、除上述注释一另有规定的以外,凡专用于或主要用于本章各品目所列物品的零件、附件,应与有关物品一并归类。

四、除上述注释一另有规定的以外,品目9503主要适用于该品目所列的物品与一项或多项其他货品组合而成的物品,只要这些物品为零售包装,且组合后具有玩具的基本特征。这些组合物品不能视为归类总规则三(二)所指的成套货品,如果单独报验,应归入其他品目。

五、品目9503不包括因其设计、形状或构成材料可确认为专供动物使用的物品,例如,"宠物玩具"(归入其适当品目)。

子目注释:

一、子目9504.50包括:

(一)在电视机、监视器或其他外部屏幕或表面上重放图像的视频游戏控制器;或者

(二)自带显示屏的视频游戏设备,不论是否便携式。

本子目不包括用硬币、钞票、银行卡、代币或任何其他支付方式使其工作的视频游戏控制器或设备(子目9504.30)。

统计注释:

一、品目9503中,分类基于产品预期使用的最年轻年龄。例如,标签为"2~5岁"的物品应适当归类为"3岁以下"类别。如果零件和附件未针对特定的使用年限进行专门标记,则应按照适用于其为组件或包含在其中的零售成品的使用年限名称进行分类。

税则号列	统计后缀	货品名称	单位	税率 1 普通	税率 1 特惠	税率 2
9503.00.00		三轮车、踏板车、踏板汽车和类似的带轮玩具;玩偶车;玩偶;其他玩具;缩小(按比例缩小)的模型及类似的娱乐用模型,不论是否活动;各种智力玩具		0[1]		70%
		《美国法典》第15卷第2052节中定义的"儿童产品":				
		充气玩具球、气球和朋克球,橡胶制:				
		由进口商标记或确定供人员使用:				
	11	3 岁以下	个			
	13	3~12 岁	个			
		其他:				
		由进口商标记或确定供人员使用:				
	71	3 岁以下	个			
	73	3~12 岁	个			
	90	其他	个			
9504		视频游戏控制器及设备、游艺场所、桌上或室内游戏用品,包括弹球机、台球、娱乐专用桌及保龄球自动球道设备;零件及附件:				
9504.20		台球用品及附件:				
9504.20.20	00	球	个	0[2]		50%
9504.20.40	00	粉笔	个	0[2]		25%
9504.20.60	00	表	个	0[1]		33.33%
9504.20.80	00	其他,包括零件及附件	千克	0[2]		33.33%
9504.30.00		使用硬币、钞票、银行卡、代币或任何其他支付方式使其工作的其他游戏用品,但保龄球自动球道设备除外;零件及附件		0[2]		35%
	10	视频游戏	个			
		其他:				
		游戏:				
	20	弹球机、钟型机和控制器	个			
	40	其他	个			
	60	零件及附件	个			
9504.40.00	00	游戏纸牌	副	0[1]		10 美分/副＋20%
9504.50.00	00	视频游戏控制器及设备,但子目9504.30的货品除外	个	0[1]		35%
9504.90		其他:				
9504.90.40	00	游戏机,使用硬币、钞票(纸币)、光盘或类似货品使其工作的游戏机除外;零件及附件	个	0[1]		35%
		其他:				

税则号列	统计后缀	货品名称	单位	税率 1 普通	税率 1 特惠	2
9504.90.60	00	在特殊设计的棋盘上进行的国际象棋、跳棋、西洋棋、西洋双陆棋、飞镖和其他游戏及其零件(包括棋盘);麻将和多米诺骨牌;上述任何游戏相互组合,或与其他游戏包装在一个容器中的零售成套货品;扑克筹码和骰子	个	0[1]		40%
9504.90.90		其他		0[2]		40%
	40	保龄球	个			
	60	保龄球设备及其零件和附件	个			
	80	其他	个			
9505		节日(包括狂欢节)用品或其他娱乐用品,包括魔术道具及嬉戏品:				
9505.10		圣诞节用品:				
		圣诞节装饰品:				
9505.10.10	00	玻璃制	个	0[2]		60%
		其他:				
9505.10.15	00	木制	个	0[1]		20%
9505.10.25	00	其他	个	0[1]		20%
9505.10.30	00	耶稣诞生场景及其人物	个	0[1]		80%
		其他:				
9505.10.40		塑料制		0[1]		60%
	10	人造圣诞树	个			
	20	其他	个			
9505.10.50		其他:		0[1]		90%
	10	人造圣诞树	个			
	20	其他	个			
9505.90		其他:				
9505.90.20	00	魔术和恶作剧道具;零件及附件	个	0[1]		70%
9505.90.40	00	五彩纸屑、纸螺旋或彩带、派对礼物和噪声制造器及其零件和附件	个	0[1]		45%
9505.90.60	00	其他	个	0[1]		25%
9506		一般的体育活动、体操、竞技及其他运动(包括乒乓球运动)或户外游戏用的本章其他品目未列名用品及设备;游泳池或戏水池:				
		滑雪屐及其他滑雪用具:				
9506.11		滑雪屐:				
9506.11.20	00	越野滑雪	副	0[2]		33.33%
9506.11.40		其他滑雪板		2.6%[2]	0(A*,AU,BH,CA,CL,CO,D,E,IL,JO,KR,MA,MX,OM,P,PA,PE,S,SG)	33.33%
	10	滑雪板	个			
	80	其他	副			

税则号列	统计后缀	货品名称	单位	税率 普通	税率 1 特惠	2
9506.11.60	00	零件及附件	个	0[2]		45%
9506.12		滑雪屐扣件(滑雪屐带):				
9506.12.40	00	越野	个	0[2]		45%
9506.12.80	00	其他	个	2.8%[3]	0(A,AU,BH,CA,CL,CO,D,E,IL,JO,KR,MA,MX,OM,P,PA,PE,S,SG)	45%
9506.19		其他:				
9506.19.40	00	越野	个	0[2]		45%
9506.19.80		其他		2.8%[2]	0(A*,AU,BH,CA,CL,CO,D,E,IL,JO,KR,MA,MX,OM,P,PA,PE,S,SG)	45%
	40	滑雪杖及其零件和附件	个			
	80	其他	个			
		滑水板、冲浪板、帆板及其他水上运动用具:				
9506.21		帆板:				
9506.21.40	00	帆板	个	0[2]		30%
9506.21.80	00	零件及附件	个	0[2]		30%
9506.29.00		其他		0[2]		40%
	20	滑水板	副			
	30	冲浪板	个			
	80	其他	个			
		高尔夫球棍及其他高尔夫球用具:				
9506.31.00	00	棍,全套	个	4.4%[2]	0(A,AU,BH,CA,CL,CO,D,E,IL,JO,JP,KR,MA,MX,OM,P,PA,PE,S,SG)	30%
9506.32.00	00	球	打	0[2]		30%
9506.39.00		其他		4.9%[5]	0(A,AU,BH,CA,CL,CO,D,E,IL,JO,JP,KR,MA,MX,OM,P,PA,PE,S,SG)	30%
	60	高尔夫球杆零件	个			
	80	其他	个			
9506.40.00	00	乒乓球运动用品及器械	个	5.1%[1]	0(A,AU,BH,CA,CL,CO,D,E,IL,JO,KR,MA,MX,OM,P,PA,PE,S,SG)	30%
		网球拍、羽毛球拍或类似的球拍,不论是否装弦:				
9506.51		草地网球拍,不论是否装弦:				
9506.51.20	00	球拍,已装弦	个	5.3%[6]	0(A,AU,BH,CA,CL,CO,D,E,IL,JO,KR,MA,MX,OM,P,PA,PE,S,SG)	30%
9506.51.40	00	球拍,未装弦	个	3.9%[7]	0(A,AU,BH,CA,CL,CO,D,E,IL,JO,JP,KR,MA,MX,OM,P,PA,PE,S,SG)	30%

第九十五章　玩具、游戏品、运动用品及其零件、附件　1503

税则号列	统计后缀	货品名称	单位	税率 1 普通	税率 1 特惠	2
9506.51.60	00	零件及附件	个	3.1%[2]	0(A,AU,BH,CA,CL,CO,D,E,IL,JO,JP,KR,MA,MX,OM,P,PA,PE,S,SG)	30%
9506.59		其他：				
9506.59.40		羽毛球拍及其零件和附件		5.6%[1]	0(A,AU,BH,CA,CL,CO,D,E,IL,JO,KR,MA,MX,OM,P,PA,PE,S,SG)	30%
	40	球拍及拍框	个			
	80	其他零件及附件	个			
9506.59.80		其他		4%[8]	0(A,AU,BH,CA,CL,CO,D,E,IL,JO,KR,MA,MX,OM,P,PA,PE,S,SG)	40%
	20	壁球拍	个			
	40	壁球	个			
	60	其他,包括零件及附件	个			
		球,但高尔夫球及乒乓球除外：				
9506.61.00	00	草地网球	个	0[2]		30%
9506.62		可充气的球：				
9506.62.40		橄榄球及足球		0[2]		30%
	40	橄榄球	个			
	80	足球	个			
9506.62.80		其他		4.8%[9]	0(A*,AU,BH,CA,CL,CO,D,E,IL,JO,KR,MA,MX,OM,P,PA,PE,S,SG)	30%
	20	篮球	个			
	40	排球	个			
	60	其他	个			
9506.69		其他：				
9506.69.20		棒球及垒球		0[2]		30%
	40	棒球	个			
	80	垒球	个			
9506.69.40	00	直径不超过19厘米的不可充气空心球	个	5.4%[10]	0(A*,AU,BH,CA,CL,CO,D,E,IL,JO,KR,MA,MX,OM,P,PA,PE,S,SG)	70%
9506.69.60		其他		4.9%[2]	0(A*,AU,BH,CA,CL,CO,D,E,IL,JO,KR,MA,MX,OM,P,PA,PE,S,SG)	30%
	10	马球	个			
	20	其他	个			
9506.70		溜冰鞋及旱冰鞋,包括装有冰刀的溜冰靴：				
9506.70.20		旱冰鞋及其零件和附件		0[1]		20%
	10	附在靴子上	副			
	90	其他	个			

税则号列	统计后缀	货品名称	单位	税率 1 普通	税率 1 特惠	2
9506.70.40	00	永久附鞋的溜冰鞋[4]	副	2.9%[2]	0(A,AU,BH,CA,CL,CO,D,E,IL,JO,KR,MA,MX,OM,P,PA,PE,S,SG)	20%
9506.70.60		其他,包括永久附鞋的溜冰鞋的零件和配件		0[2]		20%
	40	溜冰鞋	副			
	80	零件及附件	副			
		其他:				
9506.91.00		一般的体育活动、体操或竞技用品及设备:		4.6%[11]	0(A*,AU,BH,CA,CL,CO,D,E,IL,JO,KR,MA,MX,OM,P,PA,PE,S,SG)	40%
	10	健身单车	个			
	20	健身划船机	个			
	30	其他[12]	个			
9506.99		其他:				
9506.99.05		射箭用品和设备及其零件和附件		0[2]		35%
	10	弓和弓零件	个			
	20	箭头和箭头零件[13]	个			
	30	其他	个			
		羽毛球用品及设备(球拍除外)及其零件和附件:				
9506.99.08	00	棉网	个 千克	2.8%[1]	0(A+,AU,BH,CA,CL,CO,D,E,IL,JO,KR,MA,MX,OM,P,PA,PE,S,SG)	30%
9506.99.12	00	其他	个	5.6%[1]	0(A*,AU,BH,CA,CL,CO,D,E,IL,JO,KR,MA,MX,OM,P,PA,PE,S,SG)	30%
9506.99.15	00	棒球用品及设备(球除外)及其零件和附件	个	0[1]		30%
9506.99.20	00	橄榄球、足球和马球制品及设备(球除外)及其零件和配件	个	0[2]		30%
9506.99.25		冰球和曲棍球用品及设备(球和溜冰鞋除外)及其零件和配件		0[2]		30%
	40	冰球棍	个			
	80	其他,包括零件及附件	个			
9506.99.28	00	曲棍球棒	个	0[2]		30%
9506.99.30	00	草地网球用品及设备(球和球拍除外)及其零件和附件	个	3.1%[2]	0(A*,AU,BH,CA,CL,CO,D,E,IL,JO,KR,MA,MX,OM,P,PA,PE,S,SG)	30%
9506.99.35	00	飞碟靶	打	0[2]		20%
		雪橇、大雪橇、平底长雪橇等及其零件和附件:				
9506.99.40	00	平底长雪橇;用于国际比赛的大雪橇和无舵雪橇	个	0[2]		0

第九十五章 玩具、游戏品、运动用品及其零件、附件

税则号列	统计后缀	货品名称	单位	税率 1 普通	税率 1 特惠	2
9506.99.45	00	其他,包括零件及附件	个	2.8%[2]	0(A*,AU,BH,CA,CL,CO,D,E,IL,JO,KR,MA,MX,OM,P,PA,PE,S,SG)	45%
9506.99.50	00	雪地鞋及其零件和附件	个	2.6%[1]	0(A*,AU,BH,CA,CL,CO,D,E,IL,JO,KR,MA,MX,OM,P,PA,PE,S,SG)	33.33%
9506.99.55	00	游泳池和浅水池及其零件和附件	个	5.3%[2]	0(A*,AU,BH,CA,CL,CO,D,E,IL,JO,KR,MA,MX,OM,P,PA,PE,S,SG)	80%
9506.99.60		其他		4%[14]	0(A*,AU,BH,CA,CL,CO,D,E,IL,JO,KR,MA,MX,OM,P,PA,PE,S,SG)	40%
	40	其他部分未列名的网	千克			
	80	其他[15]	个			
9507		钓鱼竿、钓鱼钩及其他钓鱼用品;捞鱼网、捕蝶网及类似网;囮子"鸟"(品目9208或品目9705的货品除外))以及类似的狩猎用品:				
9507.10.00		钓鱼竿及其零件和附件		6%[16]	0(A+,AU,BH,CA,CL,CO,D,E,IL,JO,KR,MA,MX,OM,P,PA,PE,S,SG)	55%
	40	钓鱼竿	个			
	80	零件及附件	个			
9507.20		钓鱼钩,不论有无系钩丝:				
9507.20.40	00	冷弯钩	千克	4%[2]	0(A*,AU,BH,CA,CL,CO,D,E,IL,JO,KR,MA,MX,OM,P,PA,PE,S,SG)	55%
9507.20.80	00	其他[17]	千克	4.8%[2]	0(A*,AU,BH,CA,CL,CO,D,E,IL,JO,JP,KR,MA,MX,OM,P,PA,PE,S,SG)	45%
9507.30		钓线轮及其零件和附件:				
		钓线轮:				
9507.30.20	00	价值不超过2.70美元/个	个	9.2%[1]	0(A+,AU,BH,CA,CL,CO,D,E,IL,JO,KR,MA,MX,OM,P,PA,PE,S,SG)	55%
9507.30.40	00	价值超过2.70美元/个,但不超过8.45美元/个	个	24美分/个[18]	0(A+,AU,BH,CA,CL,CO,D,E,IL,JO,KR,MA,MX,OM,P,PA,PE,S,SG)	55%
9507.30.60	00	价值超过8.45美元/个[19]	个	3.9%[2]	0(A*,AU,BH,CA,CL,CO,D,E,IL,JO,JP,KR,MA,MX,OM,P,PA,PE,S,SG)	55%
9507.30.80	00	零件及附件	个	5.4%[2]	0(A*,AU,BH,CA,CL,CO,D,E,IL,JO,KR,MA,MX,OM,P,PA,PE,S,SG)	55%
9507.90		其他:				
9507.90.20	00	零售包装的钓鱼线	个	3.7%[2]	0(A*,AU,BH,CA,CL,CO,D,E,IL,JO,JP,KR,MA,MX,OM,P,PA,PE,S,SG)	65%

税则号列	统计后缀	货品名称	单位	税率 1 普通	税率 1 特惠	2
9507.90.40	00	钓鱼抛投线或前导线	打	5.6%[2]	0(A*,AU,BH,CA,CL,CO,D,E,IL,JO,KR,MA,MX,OM,P,PA,PE,S,SG)2.8%(JP)	55%
9507.90.60	00	鱼网、捕蝶网及类似的网	个	5%[1]	0(A*,AU,BH,CA,CL,CO,D,E,IL,JO,KR,MA,MX,OM,P,PA,PE,S,SG)	40%
		其他,包括零件及附件:				
9507.90.70	00	人工拟饵和飞蝇饵	打	9%[2]	0(A+,AU,BH,CA,CL,CO,D,E,IL,JO,KR,MA,MX,OM,P,PA,PE,S,SG)4.5%(JP)	55%
9507.90.80	00	其他,包括零件及附件	个	9%[1]	0(A*,AU,BH,CA,CL,CO,D,E,IL,JO,KR,MA,MX,OM,P,PA,PE,S,SG)	55%
9508		旋转木马、秋千、射击用靶及其他游乐场娱乐设备;流动马戏团及流动动物园;流动剧团:				
9508.10.00	00	流动马戏团及流动动物园	个	0[2]		35%
9508.90.00	00	其他	个	0[2]		35%

[1]见9903.88.16。

[2]见9903.88.15。

[3]见9902.17.55和9903.88.15。

[4]见9903.88.53。

[5]见9902.17.56、9902.17.57、9902.17.58、9902.17.59、9902.17.60、9902.17.61、9902.17.62、9902.17.63、9902.17.64、9902.17.65和9903.88.15。

[6]见9902.17.70和9903.88.16。

[7]见9902.17.71和9903.88.16。

[8]见9902.17.72、9902.17.73和9903.88.15。

[9]见9902.17.74、9902.17.75、9902.17.76、9902.17.77和9903.88.15。

[10]见9902.17.78和9903.88.15。

[11]见9902.17.79、9902.17.80、9902.17.81、9902.17.82、9902.17.83、9902.17.84、9902.17.85、9902.17.86、9902.17.87、9902.17.88、9902.17.89和9903.88.15。

[12]见9903.88.49、9903.88.51、9903.88.53和9903.88.57。

[13]见9903.88.51和9903.88.57。

[14]见9902.17.90、9902.17.91、9902.17.92和9903.88.15。

[15]见9903.88.55。

[16]见9902.17.93和9903.88.16。

[17]见9903.88.49。

[18]见9902.17.94和9903.88.16。

[19]见9903.88.51。

第九十六章　杂项制品

注释：

一、本章不包括：

(一)化妆盥洗用笔(第三十三章)；

(二)第六十六章的制品(例如，伞或手杖的零件)；

(三)仿首饰(品目7117)；

(四)第十五类注释二所规定的贱金属制通用零件(第十五类)或塑料制的类似品(第三十九章)；

(五)第八十二章的利口器及其他物品，其柄或其他零件是雕刻或模塑材料制的；但品目9601或品目9602适用于单独报验的上述物品的柄或其他零件；

(六)第九十章的物品，例如，眼镜架(品目9003)、数学绘图笔(品目9017)、各种牙科、医疗、外科或兽医专用刷子(品目9018)；

(七)第九十一章的物品(例如，钟壳或表壳)；

(八)乐器及其零件、附件(第九十二章)；

(九)第九十三章的物品(武器及其零件)；

(十)第九十四章的物品(例如，家具、灯具及照明装置)；

(十一)第九十五章的物品(玩具、游戏品、运动用品)；或者

(十二)艺术品、收藏品及古物(第九十七章)。

二、品目9602所称"**植物质或矿物质雕刻材料**"是指：

(一)用于雕刻的硬种子、硬果核、硬果壳、坚果及类似植物材料(例如，象牙果及棕榈子)；

(二)琥珀、海泡石、粘聚琥珀、粘聚海泡石、黑玉及其矿物代用品。

三、品目9603所称"**制帚、制刷用成束、成簇的材料**"仅指未装配的成束、成簇的兽毛、植物纤维或其他材料。这些成束、成簇的材料无需分开即可安装在帚、刷之上，或只需经过简单加工(例如，将顶端修剪成形)即可安装的。

四、除品目9601至品目9606或品目9615的货品以外，本章的物品还包括全部或部分用贵金属、包贵金属、天然或养殖珍珠、宝石或半宝石(天然、合成或再造)制成的物品。而且，品目9601至9606及品目9615包括天然或养殖珍珠、宝石或半宝石(天然、合成或再造)、贵金属或包贵金属只作为小零件的物品。

附加美国注释：

一、就品目9606而言，税率栏中的"线"是指0.635毫米的线按钮尺寸。

二、税号9606.21.40和税号9606.29.20中的纽扣(不论是否成品)如果是美国关境外的岛屿属地产品，并且是由任何外国产品的纽扣坯料或未成品纽扣制造或生产的，则应根据税号9606.21.40和税号9606.29.20，按照适用于该外国产品的税率征收关税。

税则号列	统计后缀	货品名称	单位	税率 1 普通	税率 1 特惠	2
9601		已加工的兽牙、骨、玳瑁壳、角、鹿角、珊瑚、珍珠母及其他动物质雕刻材料及其制品(包括模塑制品):				
9601.10.00	00	已加工的兽牙及其制品	个 千克	0[1]		35%
9601.90		其他:				
9601.90.20	00	加工壳及其制品	个 千克	0[1]		35%
9601.90.40	00	珊瑚,切割但未镶嵌和浮雕,适用于珠宝	千克	2.1%[1]	0(A*,AU,BH,CA,CL,CO,D,E,IL,JO,KR,MA,MX,OM,P,PA,PE,S,SG)	10%
9601.90.60	00	骨头、角、蹄、鲸骨、羽毛笔或其任何组合	个 千克	0[1]		25%
9601.90.80	00	其他	个 千克	3.7%[1]	0(A*,AU,BH,CA,CL,CO,D,E,IL,JO,KR,MA,MX,OM,P,PA,PE,S,SG)	20%
9602.00		已加工的植物质或矿物质雕刻材料及其制品;蜡、硬脂、天然树胶、天然树脂或塑型膏制成的模塑或雕刻制品以及其他品目未列名的模塑或雕刻制品;已加工的未硬化明胶(品目3503的明胶除外)及未硬化明胶制品:				
9602.00.10		已加工的未硬化明胶及未硬化明胶制品		3%[1]	0(A,AU,BH,CA,CL,CO,D,E,IL,JO,KR,MA,MX,OM,P,PA,PE,S,SG)	25%
	40	未填充的明胶胶囊	千个			
	80	其他	个			
9602.00.40	00	蜡制或雕刻品	个	1.8%[1]	0(A,AU,BH,CA,CL,CO,D,E,IL,JO,KR,MA,MX,OM,P,PA,PE,S,SG)	20%
9602.00.50		其他		2.7%[1]	0(A,AU,BH,CA,CL,CO,D,E,IL,JO,KR,MA,MX,OM,P,PA,PE,S,SG)	20%
	10	未填充的蔬菜胶囊	千个			
	80	其他	个			
9603		帚、刷(包括作为机器、器具、车辆零件的刷)、非机动的手工操作地板清扫器、拖把及毛掸;供制帚、刷用的成束或成簇的材料;油漆块垫及滚筒;橡皮扫帚(橡皮辊除外):				
9603.10		用枝条或其他植物材料捆扎而成的帚及刷,不论是否有把:				
		扫帚,全部或部分由制帚玉米制成:				
		每个价值不超过96美分:				
9603.10.05	00	在进入仓库或从仓库中取出用于消费之前的任何日历年,61 655打可归入税号9603.10.05至9603.10.35(含)下的扫帚	个	8%[1]	0(A+,AU,BH,CA,CL,CO,D,E,IL,JO,KR,MA,MX,OM,P,PA,PE,S,SG)	20%

税则号列	统计后缀	货品名称	单位	税率 1 普通	税率 1 特惠	税率 2
9603.10.15	00	其他	个	5美分/个[1]	0(A+,AU,BH,CA,CL,CO,D,E,IL,JO,KR,MA,MX,OM,P,PA,PE,S,SG)	12美分/个
9603.10.35	00	价值超过96美分/个	个	14%[1]	0(A+,AU,BH,CA,CL,CO,D,E,IL,JO,KR,MA,MX,OM,P,PA,PE,S,SG)	32%
		其他扫帚,全部或部分由制帚玉米制成:				
		价值不超过96美分/个:				
9603.10.40	00	在进入仓库或从仓库中取出用于消费之前的任何日历年,121 478打可归入税号9603.10.40至9603.10.60(含)下的扫帚	个	8%[1]	0(A+,AU,BH,CA,CL,CO,D,E,IL,JO,KR,MA,MX,OM,P,PA,PE,S,SG)	20%
9603.10.50	00	其他	个	32美分/个[1]	0(A+,AU,BH,CA,CL,CO,D,E,IL,JO,KR,MA,MX,OM,P,PA,PE,S,SG)	32美分/个
9603.10.60	00	价值超过96美分/个	个	32%[1]	0(A+,AU,BH,CA,CL,CO,D,E,IL,JO,KR,MA,MX,OM,P,PA,PE,S,SG)	32%
9603.10.90	00	其他	个	10%[1]	0(A,AU,BH,CA,CL,CO,D,E,IL,JO,KR,MA,MX,OM,P,PA,PE,S,SG)	25%
		牙刷、剃须刷、发刷、指甲刷、睫毛刷及其他人体化妆用刷,包括作为器具零件的上述刷:				
9603.21.00	00	牙刷,包括齿板刷	个	0[1]		2美分/个+50%
9603.29		其他:				
9603.29.40		价值不超过40美分/个		0.2美分/个+7%[2]	0(A,AU,BH,CA,CL,CO,D,E,IL,JO,KR,MA,MX,OM,P,PA,PE,S,SG)	1美分/个+50%
	10	发刷	个			
	90	其他	个			
9603.29.80		价值超过40美分/个		0.3美分/个+3.6%[2]	0(A,AU,BH,CA,CL,CO,D,E,IL,JO,KR,MA,MX,OM,P,PA,PE,S,SG)	1美分/个+50%
	10	发刷	个			
	90	其他	个			
9603.30		画笔、毛笔及化妆用的类似笔:				
9603.30.20	00	价值不超过5美分/个	个	2.6%[1]	0(A*,AU,BH,CA,CL,CO,D,E,IL,JO,KR,MA,MX,OM,P,PA,PE,S,SG)	40%
9603.30.40	00	价值超过5美分/个,但不超过10美分/个	个	0[1]		40%
9603.30.60	00	价值超过10美分/个	个	0[2]		40%
9603.40		油漆刷、涂料刷、清漆刷及类似的刷(子目9603.30的货品除外);油漆块垫及滚筒:				

税则号列	统计后缀	货品名称	单位	税率 1 普通	税率 1 特惠	税率 2
9603.40.20	00	油漆滚筒	个	7.5%[2]	0(A,AU,BH,CA,CL,CO,D,E,IL,JO,KR,MA,MX,OM,P,PA,PE,S,SG)	50%
9603.40.40		其他		4%[2]	0(A,AU,BH,CA,CL,CO,D,E,IL,JO,KR,MA,MX,OM,P,PA,PE,S,SG)	50%
	20	油漆垫	个			
	40	天然鬃毛刷	个			
	60	其他	个			
9603.50.00	00	作为机器、器具、车辆零件的刷	个	0[1]		35%
9603.90		其他：				
9603.90.40	00	羽毛掸		0[1]		45%
9603.90.80		其他		2.8%[1]	0(A*,AU,BH,CA,CL,CO,D,E,IL,JO,KR,MA,MX,OM,P,PA,PE,S,SG)	50%
	10	扫帚	个			
	20	立式扫帚	个			
	30	推扫帚,宽度不超过41厘米	个			
	40	其他扫帚	个			
	50	其他[3]	个			
9604.00.00	00	手用粗筛、细筛	个	4.9%[1]	0(A,AU,BH,CA,CL,CO,D,E,IL,JO,KR,MA,MX,OM,P,PA,PE,S,SG)	40%
9605.00.00	00	个人梳妆、缝纫或清洁鞋靴、衣服用的成套旅行用具	个	8.1%[2]	0(A,AU,BH,CA,CL,CO,D,E,IL,JO,KR,MA,MX,OM,P,PA,PE,S,SG)	45%
9606		钮扣、揿扣、钮扣芯及钮扣和揿扣的其他零件；钮扣坯：				
9606.10		揿扣及其零件：				
9606.10.40	00	产品或零件的价值不超过20美分/打	罗	3.5%[4]	0(A,AU,B,BH,CA,CL,CO,D,E,IL,JO,KR,MA,MX,OM,P,PA,PE,S,SG)	60%
9606.10.80	00	产品或零件的价值超过20美分/打	罗	2.7%[4]	0(A,AU,B,BH,CA,CL,CO,D,E,IL,JO,KR,MA,MX,OM,P,PA,PE,S,SG)	65%
		钮扣：				
9606.21		塑料制,未用纺织材料包裹：				
9606.21.20	00	酪蛋白的	罗	0[4]		45%
9606.21.40	00	丙烯酸树脂、聚酯树脂或两种树脂混合物的	罗线	0.3美分/线/罗+4.6%[4]	0(A,AU,B,BH,CA,CL,CO,D,E,IL,JO,KR,MA,MX,OM,P,PA,PE,S,SG)	1.5美分/线/罗+25%
9606.21.60	00	其他	罗	4.7%[4]	0(A,AU,B,BH,CA,CL,CO,D,E,IL,JO,KR,MA,MX,OM,P,PA,PE,S,SG)	45%
9606.22.00	00	贱金属制,未用纺织材料包裹	罗	0[4]		45%
9606.29		其他：				

第九十六章 杂项制品 1511

税则号列	统计后缀	货品名称	单位	税率 普通	税率 1 特惠	税率 2
9606.29.20	00	丙烯酸树脂、聚酯树脂或两种树脂混合物的,用纺织材料包裹	罗线	0.3美分/线/罗+4.5%[4]	0(A,AU,BH,CA,CL,CO,D,E,IL,JO,KR,MA,MX,OM,P,PA,PE,S,SG)	1.5美分/线/罗+25%
		其他:				
9606.29.40	00	珍珠或贝壳制	罗线	0.18美分/线/罗+2.5%[4]	0(A,AU,BH,CA,CL,CO,D,E,IL,JO,KR,MA,MX,OM,P,PA,PE,S,SG)	1.75美分/线/罗+25%
9606.29.60	00	其他	罗	2.9%[4]	0(A,AU,BH,CA,CL,CO,D,E,IL,JO,KR,MA,MX,OM,P,PA,PE,S,SG)	45%
9606.30		钮扣芯及钮扣的其他零件;钮扣坯:				
9606.30.40	00	酪蛋白钮扣坯	罗	0[4]		45%
9606.30.80	00	其他	罗	6%[4]	0(A,AU,BH,CA,CL,CO,D,E,IL,JO,KR,MA,MX,OM,P,PA,PE,S,SG)	45%
9607		拉链及其零件:				
		拉链:				
9607.11.00	00	装有贱金属制齿的	个	10%[4]	0(A,AU,B,BH,CA,CL,CO,D,E,IL,JO,KR,MA,MX,OM,P,PA,PE,S,SG)	66%
9607.19.00		其他		13%[4]	0(A,AU,B,BH,CA,CL,CO,D,E,IL,JO,KR,MA,MX,OM,P,PA,PE,S,SG)	66%
	20	装有塑料链勺的	个			
	40	装有连续塑料灯丝的	个			
	60	其他	个			
9607.20.00		零件		11.5%[4]	0(A,AU,B,BH,CA,CL,CO,D,E,IL,JO,KR,MA,MX,OM,P,PA,PE,S,SG)	66%
	40	滑块,带或不带拉力	千个			
	80	其他	个			
9608		圆珠笔;毡尖和其他渗水式笔尖笔及唛头笔;自来水笔、铁笔型自来水笔及其他钢笔;蜡纸铁笔;活动铅笔;钢笔杆、铅笔套及类似的笔套;上述物品的零件(包括帽、夹),但品目9609的货品除外:				
9608.10.00	00	圆珠笔	个	0.8美分/个+5.4%[1]	0(A,AU,BH,CA,CL,CO,D,E,IL,JO,KR,MA,MX,OM,P,PA,PE,S,SG)	6美分/个+40%
9608.20.00	00	毡尖和其他渗水式笔尖笔及唛头笔[5]	罗	4%[1]	0(A,AU,BH,CA,CL,CO,D,E,IL,JO,JP,KR,MA,MX,OM,P,PA,PE,S,SG)	40%
9608.30.00		自来水笔、铁笔型自来水笔及其他钢笔		0.4美分/个+2.7%[1]	0(A+,AU,BH,CA,CL,CO,D,E,IL,JO,KR,MA,MX,OM,P,PA,PE,S,SG)	6美分/个+40%
	31	印度墨水画笔	个			
	39	其他	个			
9608.40		活动铅笔:				

税则号列	统计后缀	货品名称	单位	税率 1 普通	税率 1 特惠	税率 2
9608.40.40	00	通过机械动作伸出或伸出和回收铅芯	罗	6.6%[1]	0(A,AU,BH,CA,CL,CO,D,E,IL,JO,KR,MA,MX,OM,P,PA,PE,S,SG)3.3%(JP)	41.5%
9608.40.80	00	其他	罗	0[1]		45%
9608.50.00	00	由上述两个或多个子目所列物品组成的成套货品	个	在没有本子目的情况下,适用每件物品的税率[6]	0(A+,AU,BH,CA,CL,CO,D,E,IL,JO,KR,MA,MX,OM,P,PA,PE,S,SG)	在没有本子目的情况下,适用每件物品的税率
9608.60.00	00	圆珠笔芯,由圆珠笔头和墨芯构成	个	0.4美分/个＋2.7%[1]	0(A,AU,BH,CA,CL,CO,D,E,IL,JO,KR,MA,MX,OM,P,PA,PE,S,SG)	6美分/个＋40%
		其他:				
9608.91.00	00	钢笔头及笔尖粒	罗	0[1]		20美分/罗
9608.99		其他:				
9608.99.20	00	补充墨盒	个	0.4美分/个＋2.7%[1]	0(A,AU,BH,CA,CL,CO,D,E,IL,JO,KR,MA,MX,OM,P,PA,PE,S,SG)	6美分/个＋40%
9608.99.30	00	圆珠笔用滚球	千个	20美分/千个＋3.5%[1]	0(A,AU,BH,CA,CL,CO,D,E,IL,JO,KR,MA,MX,OM,P,PA,PE,S,SG)	2.50美元/千个＋40%
		其他:				
9608.99.40	00	子目9608.10和9608.30规定的零件(圆珠笔用滚球除外)	个	0[1]		6美分/个＋40%
9608.99.60	00	其他	个	0[1]		45%
9609		铅笔(品目9608的铅笔除外)、颜色铅笔、铅笔芯、蜡笔、图画碳笔、书写或绘画用粉笔及裁缝划粉:				
9609.10.00	00	铅笔及颜色铅笔	罗	14美分/罗＋4.3%[1]	0(A*,AU,BH,CA,CL,CO,D,E,IL,JO,KR,MA,MX,OM,P,PA,PE,S,SG)	50美分/罗＋30%
9609.20		铅笔芯,黑的或其他颜色的				
9609.20.20	00	最大横截面尺寸不超过1.5毫米	罗	0[1]		20美分/罗
9609.20.40	00	最大横截面尺寸超过1.5毫米	罗	0[1]		6美分/罗
9609.90		其他:				
9609.90.40	00	裁缝划粉	千克	0[1]		25%
9609.90.80	00	其他	罗	0[1]		50美分/罗＋30%
9610.00.00	00	具有书写或绘画面的石板、黑板及类似板,不论是否镶框	个	3.5%[2]	0(A*,AU,BH,CA,CL,CO,D,E,IL,JO,KR,MA,MX,OM,P,PA,PE,S,SG)	33.33%
9611.00.00	00	手用日期戳、封缄戳、编号戳及类似印戳(包括标签压印器);手工操作的排字盘及带有排字盘的手印器	个	2.7%[1]	0(A,AU,BH,CA,CL,CO,D,E,IL,JO,KR,MA,MX,OM,P,PA,PE,S,SG)	80%
9612		打字机色带或类似色带,已上油或经其他方法处理能着色的,不论是否装轴或装盒;印台,不论是否已加印油或带盒子:				
9612.10		色带:				

税则号列	统计后缀	货品名称	单位	税率 普通	税率 1 特惠	税率 2
9612.10.10		宽度小于30毫米,永久性地装在塑料或金属盒里(不论是否装有线轴),用于打字机、自动数据处理或其他机器		0[1]		78.5%
	10	化纤机织的	打千克			
	20	其他	打千克			
9612.10.90		其他		7.9%[1]	0(AU,BH,CA,CL,CO,E*,IL,JO,KR,MA,MX,OM,P,PA,PE,S,SG)3.95%(JP)	78.5%
	10	化纤机织的(621)	打千克			
		其他:				
	30	涂覆聚对苯二甲酸乙二醇酯薄膜的热转移印花色带	打千克			
	90	其他	打千克			
9612.20.00	00	印台	个	3.5%[1]	0(A+,AU,BH,CA,CL,CO,D,E,IL,JO,KR,MA,MX,OM,P,PA,PE,S,SG)	40%
9613		香烟打火机和其他打火器(不论是机械的,还是电气的)及其零件,但打火石及打火机芯除外:				
9613.10.00	00	袖珍气体打火机,一次性的	个	5%[1]	0(A*,AU,BH,CA,CL,CO,D,E,IL,JO,KR,MA,MX,OM,P,PA,PE,S,SG)	110%
9613.20.00	00	袖珍气体打火机,可充气的	个	9%[2]	0(A,AU,BH,CA,CL,CO,D,E,IL,JO,KR,MA,MX,OM,P,PA,PE,S,SG)	110%
9613.80		其他打火器:				
9613.80.10		台式打火机		4.8%[1]	0(A,AU,BH,CA,CL,CO,D,E,IL,JO,KR,MA,MX,OM,P,PA,PE,S,SG)	60%
	40	丁烷	个			
	80	其他	个			
		其他:				
9613.80.20		电气		3.9%[1]	0(A,AU,B,BH,CA,CL,CO,D,E,IL,JO,KR,MA,MX,OM,P,PA,PE,S,SG)	35%
	10	多用途打火机,包括用于点燃木炭和燃气烤架和壁炉的打火机	个			
	90	其他[7]	个			
		其他:				
9613.80.40	00	贵金属(银除外)的、宝石或半宝石的或此类金属和宝石的	个	3.6%[1]	0(A*,AU,BH,CA,CL,CO,D,E,IL,JO,KR,MA,MX,OM,P,PA,PE,S,SG)	80%
		其他:				

税则号列	统计后缀	货品名称	单位	税率 1 普通	税率 1 特惠	2
9613.80.60	00	价值不超过5美元/打	打	8%[2]	0(A,AU,BH,CA,CL,CO,D,E,IL,JO,KR,MA,MX,OM,P,PA,PE,S,SG)	110%
9613.80.80	00	价值超过5美元/打	打	9%[1]	0(A,AU,BH,CA,CL,CO,D,E,IL,JO,KR,MA,MX,OM,P,PA,PE,S,SG)	110%
9613.90		零件:				
9613.90.40	00	电气	个	3.9%[1]	0(A,AU,B,BH,CA,CL,CO,D,E,IL,JO,KR,MA,MX,OM,P,PA,PE,S,SG)	35%
9613.90.80	00	其他	个	5%[1]	0(A,AU,BH,CA,CL,CO,D,E,IL,JO,KR,MA,MX,OM,P,PA,PE,S,SG)	110%
9614.00		烟斗(包括烟斗头)和烟嘴及其零件:				
		烟斗及烟斗头:				
		木制或根制:				
9614.00.21	00	用于制作烟斗的粗制成型的木块或树根	罗	0[1]		10%
9614.00.25	00	其他	个	0.4美分/个+3.2%[1]	0(A*,AU,BH,CA,CL,CO,D,E,IL,JO,KR,MA,MX,OM,P,PA,PE,S,SG)	5美分/个+60%
9614.00.26	00	陶制的烟斗及烟斗头	个	3%[1]	0(A*,AU,BH,CA,CL,CO,D,E,IL,JO,KR,MA,MX,OM,P,PA,PE,S,SG)	45%
9614.00.28		其他		0.3美分/个+3.2%[2]	0(A*,AU,BH,CA,CL,CO,D,E,IL,JO,KR,MA,MX,OM,P,PA,PE,S,SG)	5美分/个+60%
	10	玻璃制	个			
	30	塑料制	个			
	90	其他	个			
		其他:				
9614.00.94	00	金属制:	个	7.2%[2]	0(A*,AU,BH,CA,CL,CO,D,E,IL,JO,KR,MA,MX,OM,P,PA,PE,S,SG)	110%
9614.00.98		其他	个	0.5美分/个+3%[1]	0(A*,AU,BH,CA,CL,CO,D,E,IL,JO,KR,MA,MX,OM,P,PA,PE,S,SG)	5美分/个+60%
	10	玻璃制	个			
	90	其他	个			
9615		梳子、发夹及类似品;发卡、卷发夹、卷发器或类似品及其零件,但品目8516的货品除外				
		梳子、发夹及类似品:				
9615.11		硬质橡胶或塑料制:				
		梳子:				
9615.11.10	00	价值不超过4.50美元/罗	罗	14.4美分/罗+2%[2]	0(A,AU,BH,CA,CL,CO,D,E,IL,JO,KR,MA,MX,OM,P,PA,PE,S,SG)	1.44美元/罗+25%

税则号列	统计后缀	货品名称	单位	税率 1 普通	税率 1 特惠	税率 2
		价值超过4.50美元/罗:				
9615.11.20	00	硬橡胶制	罗	5.2%[2]	0(A,AU,BH,CA,CL,CO,D,E,IL,JO,KR,MA,MX,OM,P,PA,PE,S,SG)	36%
9615.11.30	00	其他	罗	28.8美分/罗+4.6%[2]	0(A,AU,BH,CA,CL,CO,D,E,IL,JO,KR,MA,MX,OM,P,PA,PE,S,SG)	2.88美元/罗+35%
		其他:				
9615.11.40	00	不镶仿珍珠或仿宝石	个	5.3%[2]	0(A,AU,BH,CA,CL,CO,D,E,IL,JO,KR,MA,MX,OM,P,PA,PE,S,SG)	80%
9615.11.50	00	其他	个	0[2]		110%
9615.19		其他:				
		梳子:				
9615.19.20	00	价值不超过4.50美元/罗	罗	9.7美分/罗+1.3%[2]	0(A*,AU,BH,CA,CL,CO,D,E,IL,JO,KR,MA,MX,OM,P,PA,PE,S,SG)	1.44美元/罗+25%
9615.19.40	00	价值超过4.50美元/罗	罗	28.8美分/罗+4.6%[2]	0(A*,AU,BH,CA,CL,CO,D,E,IL,JO,KR,MA,MX,OM,P,PA,PE,S,SG)	2.88美元/罗+35%
9615.19.60	00	其他	个	11%[8]	0(A*,AU,BH,CA,CL,CO,D,E,IL,JO,KR,MA,MX,OM,P,PA,PE,S,SG)	110%
9615.90		其他:				
9615.90.20	00	用于卷发的非热的、非装饰性的装置	个	8.1%[9]	0(A*,AU,BH,CA,CL,CO,D,E,IL,JO,KR,MA,MX,OM,P,PA,PE,S,SG)	45%
9615.90.30	00	发卡	千克	5.1%[2]	0(A*,AU,BH,CA,CL,CO,D,E,IL,JO,KR,MA,MX,OM,P,PA,PE,S,SG)	35%
		其他:				
9615.90.40	00	橡胶或塑料制,不镶仿珍珠或仿宝石	个	5.3%[2]	0(A*,AU,BH,CA,CL,CO,D,E,IL,JO,KR,MA,MX,OM,P,PA,PE,S,SG)	80%
9615.90.60	00	其他	个	11%[2]	0(A*,AU,BH,CA,CL,CO,D,E,IL,JO,KR,MA,MX,OM,P,PA,PE,S,SG)	110%
9616		香水喷雾器或类似的化妆用喷雾器及其座架、喷头;粉扑及粉拍,施敷脂粉或化妆品用:				
9616.10.00	00	香水喷雾器或类似的化妆用喷雾器及其座架、喷头	个	0[1]		40%
9616.20.00	00	粉扑及粉拍,施敷脂粉或化妆品用	千克	4.3%[2]	0(A+,AU,BH,CA,CL,CO,D,E,IL,JO,KR,MA,MX,OM,P,PA,PE,S,SG)	78.5%
9617.00		带壳的保温瓶和其他真空容器及其零件,但玻璃瓶胆除外:				
		容器:				

税则号列	统计后缀	货品名称	单位	税率 普通	税率 1 特惠	2
9617.00.10	00	容量不超过1升的	个	7.2%[2]	0(A,AU,BH,CA,CL,CO,D,E,IL,JO,KR,MA,MX,OM,P,PA,PE,S,SG)	55.5%
9617.00.30	00	容量超过1升,但不超过2升的	个	6.9%[2]	0(A,AU,BH,CA,CL,CO,D,E,IL,JO,KR,MA,MX,OM,P,PA,PE,S,SG)	52%
9617.00.40	00	容量超过2升的	个	6.9%[10]	0(A,AU,BH,CA,CL,CO,D,E,IL,JO,KR,MA,MX,OM,P,PA,PE,S,SG)	51%
9617.00.60	00	零件	个	7.2%[2]	0(A,AU,BH,CA,CL,CO,D,E,IL,JO,KR,MA,MX,OM,P,PA,PE,S,SG)	55%
9618.00.00	00	裁缝用人体模型及其他人体活动模型;橱窗装饰用的自动模型及其他活动陈列品	个	4.4%[1]	0(A,AU,BH,CA,CL,CO,D,E,IL,JO,KR,MA,MX,OM,P,PA,PE,S,SG)	56%
9619.00		任何材料制的卫生巾(护垫)及卫生棉条、尿布及尿布衬里和类似品:				
9619.00.05	00	塑料制	千克	5%[1]	0(A,AU,BH,CA,CL,CO,D,E,IL,JO,KR,MA,MX,OM,P,PA,PE,S,SG)	25%
9619.00.11	00	纸浆制	千克	0[1]		30%
9619.00.15		纸、纤维素絮纸或纤维素纤维网纸制		0[1]		35%
	10	卫生巾及卫生棉条	千克			
	30	尿布及尿布衬里	千克			
	60	其他	千克			
		纺织絮胎制:				
9619.00.21	00	棉制(369)	千克	3.6%[1]	0(AU,BH,CA,CL,CO,IL,JO,KR,MA,MX,OM,P,PA,PE,S,SG)	40%
9619.00.25	00	其他(669)	千克	6.3%[1]	0(AU,BH,CA,CL,CO,E*,IL,JO,KR,MA,MX,OM,P,PA,PE,S,SG)	74%
		其他纺织材料制尿布:				
		棉制:				
9619.00.31	00	针织或钩编纺织面料制(239)	打千克	8.1%[2]	0(AU,BH,CA,CL,CO,IL,JO,KR,MA,MX,OM,P,PA,PE,S,SG)	90%
9619.00.33	00	其他(239)	打千克	9.3%[1]	0(AU,BH,CA,CL,CO,IL,JO,KR,MA,MX,OM,P,PA,PE,S,SG)	90%
9619.00.41	00	合成纤维制(239)	打千克	16%[2]	0(AU,BH,CA,CL,CO,IL,JO,KR,MA,MX,OM,P,PA,PE,S,SG)	90%
9619.00.43	00	人造纤维制(239)	打千克	14.9%[1]	0(AU,BH,CA,CL,CO,IL,JO,KR,MA,MX,OM,P,PA,PE,S,SG)	90%
		其他纺织纤维制:				

税则号列	统计后缀	货品名称	单位	税率 1 普通	税率 1 特惠	税率 2
9619.00.46	00	针织或钩编纺织面料制(839)	打 千克	5.6%[2]	0(AU,BH,CA,CL,CO,E*,IL,JO,KR,MA,MX,OM,P,PA,PE,S,SG)	60%
9619.00.48	00	其他(839)	打 千克	2.8%[1]	0(AU,BH,CA,CL,CO,E,IL,JO,KR,MA,MX,OM,P,PA,PE,S,SG)	35%
		其他纺织材料制:				
		针织或钩编:				
9619.00.61	00	棉制	打 千克	10.8%[2]	0(AU,BH,CA,CL,CO,IL,JO,KR,MA,MX,OM,P,PA,PE,S,SG)	90%
9619.00.64	00	化纤制	打 千克	14.9%[1]	0(AU,BH,CA,CL,CO,IL,JO,KR,MA,MX,OM,P,PA,PE,S,SG)	90%
9619.00.68	00	其他	打 千克	5.6%[2]	0(AU,BH,CA,CL,CO,E*,IL,JO,KR,MA,MX,OM,P,PA,PE,S,SG)	60%
		其他:				
9619.00.71	00	棉制	打 千克	8.1%[1]	0(AU,BH,CA,CL,CO,IL,JO,KR,MA,MX,OM,P,PA,PE,S,SG)	90%
9619.00.74	00	化纤制	打 千克	16%[1]	0(AU,BH,CA,CL,CO,IL,JO,KR,MA,MX,OM,P,PA,PE,S,SG)	76%
		其他:				
9619.00.78	00	男式或男童式	打 千克	2.8%[1]	0(AU,BH,CA,CL,CO,E*,IL,JO,KR,MA,MX,OM,P,PA,PE,S,SG)	35%
9619.00.79	00	女式或女童式	打 千克	7.3%[2]	0(AU,BH,CA,CL,CO,E,IL,JO,KR,MA,MX,OM,P,PA,PE,S,SG)	35%
9619.00.90	00	其他	个 千克	7%[1]	0(A,AU,B,BH,CA,CL,CO,D,E,IL,JO,KR,MA,MX,OM,P,PA,PE,S,SG)	40%
9620.00		独脚架、双脚架、三脚架及类似品:				
9620.00.10	00	单独或主要与品目8519或品目8521的仪器一起使用的附件	个	2%[4]	0(A*,AU,B,BH,CA,CL,CO,D,E,IL,JO,KR,MA,MX,OM,P,PA,PE,S,SG)[11]	35%
9620.00.15	00	品目9005货品的附件	个	适用作为附件的税率[12]	0(A*,AU,BH,CA,CL,CO,D,E,IL,JO,KR,MA,MX,OM,P,PA,PE,S,SG)	适用作为附件的税率
9620.00.20	00	品目9006的摄影(电影除外)照相机附件	个	5.8%[4]	0(A*,AU,BH,CA,CL,CO,D,E,IL,JO,KR,MA,MX,OM,P,PA,PE,S,SG)[11]	20%
9620.00.25	00	品目9007的电影摄影机附件	个	3.9%[4]	0(A*,AU,BH,CA,CL,CO,D,E,IL,JO,KR,MA,MX,OM,P,PA,PE,S,SG)[11]	45%
9620.00.30	00	品目9015的仪器和器具附件,包括测距仪		适用作为附件的税率[12]	0(A,AU,BH,CA,CL,CO,D,E,IL,JO,KR,MA,MX,OM,P,PA,PE,S,SG)	适用作为附件的税率

税则号列	统计后缀	货品名称	单位	税率 1 普通	税率 1 特惠	税率 2
	10	测距仪的	个			
	20	经纬仪和测速仪的	个			
	30	水准仪的	个			
	40	摄影测量仪器和设备的	个			
	50	地震仪的	个			
	60	其他地球物理仪器和设备的	个			
	90	其他[13]	个			
		其他:				
9620.00.50	00	塑料制	个	5.3%[14]	0(A*,AU,B,BH,C,CA,CL,CO,D,E,IL,JO,KR,MA,MX,OM,P,PA,PE,S,SG)[11]	80%
9620.00.55	00	木制	个	3.3%[4]	0(A*,AU,B,BH,CA,CL,CO,D,E,IL,JO,KR,MA,MX,OM,P,PA,PE,S,SG)[11]	33.33%
9620.00.60	00	石墨或其他碳制	个	0[4]		45%
9620.00.65	00	钢铁制	个	2.9%[4]	0(A*,AU,B,BH,CA,CL,CO,D,E,IL,JO,KR,MA,MX,OM,P,PA,PE,S,SG)[11]	45%
9620.00.70	00	铝制	个	2.5%[4]	0(A*,AU,B,BH,CA,CL,CO,D,E,IL,JO,KR,MA,MX,OM,P,PA,PE,S,SG)[11]	45%

[1]见9903.88.15。

[2]见9903.88.16。

[3]见9903.88.49、9903.88.53和9903.88.57。

[4]见9903.88.03。

[5]见9903.88.53。

[6]见9903.88.15、9903.88.25、9903.88.26、9903.88.27和9903.88.28。

[7]见9903.88.49。

[8]见9902.17.95、9902.17.96和9903.88.16。

[9]见9902.17.97和9903.88.16。

[10]见9902.17.98、9902.17.99、9902.18.01、9902.18.02和9903.88.15。

[11]如公告所示;见总注释四(四)。

[12]见9903.88.03、9903.88.21、9903.88.22、9903.88.23和9903.88.24。

[13]见9903.88.45。

[14]见9902.18.03和9903.88.03。

第二十一类 艺术品、收藏品及古物

第九十七章　艺术品、收藏品及古物

注释：

一、本章不包括：

　（一）品目 4907 的未经使用的邮票、印花税票、邮政信笺（印有邮票的纸品）及类似的票证。

　（二）作舞台、摄影的布景及类似用途的已绘制画布（品目 5907），但可归入品目 9706 的除外；或者

　（三）天然或养殖珍珠、宝石或半宝石（品目 7101 至 7103）。

二、品目 9702 所称"雕版画、印制画、石印画的原本"是指以艺术家完全手工制作的单块或数块印版直接印制出来的黑白或彩色原本，不论艺术家使用何种方法或材料，但不包括使用机器或照相制版方法制作的。

三、品目 9703 不适用于成批生产的复制品及具有商业性质的传统手工艺品，即使这些物品是艺术家设计或创造的。

四、（一）除上述注释一至三另有规定的以外，可归入本章各品目的物品，均应归入本章的相应品目而不归入本税则的其他品目；

　（二）品目 9706 不适用于可以归入本章其他各品目的物品。

五、已装框的油画、粉画及其他绘画、版画、拼贴画及类似装饰板，如果框架的种类及价值与作品相称，应与作品一并归类。如果框架的种类及价值与作品不相称，则应分别归类。

附加美国注释：

一、品目 9703 不仅包括雕塑家制作的原始雕塑，还包括雕塑家本人或另一位艺术家根据雕塑家的原始作品或模型制作的前 12 个铸件、复制品，不论其比例是否发生变化，以及雕塑家在制作铸件时是否活着，复制品已完成。

二、凡根据第 9706 品目登记出售的物品，其后被确定为不超过 100 岁，则对"税率"第 1 栏"普通"栏待遇所列物品征收 6.6% 的从价税，除本税则中对此类物品征收的任何其他关税或罚款外，应对原产于加拿大境内的货物免征关税，或对第 2 栏处理的物品征收 25% 的从价税。

统计注释：

一、就统计报告编码 9705.00.0075 而言，"考古文物"是指至少有 250 年历史的具有文化意义的文物，通常是通过科学挖掘、秘密或意外挖掘或陆上或水下勘探而发现的。在统计报告编码 9705.00.0080 中，"民族志作品"也可称为"民族学作品"，是部落或非工业社会的产物，由于其独特的特征，对一个民族的文化遗产很重要，相对稀少或他们对该民族起源、发展或历史知识的贡献。见海关和边境保护局（CBP）关于"艺术品、收藏品、古董和其他文化财产"的知情合规出版物。

二、对于税号 9705.00.00 规定的商品统计报告，由一种以上文化财产（即动物、生物、古生物、考古、解剖学等）组成的收藏品，应当作各自独立进口，按其各自的组成部分在适当的统计参考号中分别报告。

税则号列	统计后缀	货品名称	单位	税率 1 普通	税率 1 特惠	2
9701		油画、粉画及其他手绘画,但带有手工绘制及手工描饰的制品或品目4906的图纸除外;拼贴画及类似装饰板:				
9701.10.00	00	油画、粉画及其他手绘画[1]	个	0[2]		0
9701.90.00	00	其他[3]	个	0[2]		0
9702.00.00	00	雕版画、印制画、石印画的原本[4]	个	0[2]		0
9703.00.00	00	各种材料制的雕塑品原件[4]	个	0[2]		0
9704.00.00	00	使用过或未使用过的邮票、印花税票、邮戳印记、首日封、邮政信笺(印有邮票的纸品)及类似品,但品目4907的货品除外[5]	个	0[2]		0
9705.00.00		具有动物学、植物学、矿物学、解剖学、历史学、考古学、古生物学、人种学或钱币学意义的收集品及珍藏品		0[2]		0
		钱币(收藏家的)硬币,考古碎片除外:				
	01	14世纪之前制造的硬币,以及挖掘、发现或考古遗址中年代未知的产品	克			
		其他:				
		250年或以上:				
	10	金制[6]	克			
	40	其他[6]	克			
		其他:				
	50	金制[6]	克			
	65	其他[6]	克			
	79	本章统计注释一描述的一种考古文物	千克			
	80	本章统计注释一描述的一种民族志作品	千克			
	85	其他[7]	千克			
9706.00.00		超过100年的古物		0[2]		0
	20	银器[4]	千克			
	40	家具[4]	千克			
	60	其他[6]	千克			

[1]见9903.88.51、9903.88.53和9903.88.57。

[2]见9903.88.15。

[3]见9903.88.51。

[4]见9903.88.51和9903.88.53。

[5]见9903.88.51和9903.88.57。

[6]见9903.88.53。

[7]见9903.88.51、9903.88.53和9903.88.57。

第二十二类 特别归类规定；临时立法；根据现有贸易法规的临时修改；根据经修正的《农业调整法》第 22 条制定的附加进口限制

第九十八章 特别归类规定

美国注释：

一、本章规定不受归类总规则注释三(一)中具体列名优先规则约束。本章所述物品，如符合该条及其适用规定的条件和要求，则可归入本章。

二、在没有相反具体规定情况下，商品归类不受此前进口至美国关境、经海关放行事实影响，无论此前进口是否已支付税款。

三、第四至第七分章(包括第四分章和第七分章)或第九分章的免税物品，也应免予缴纳进口或因进口而征收的国内税收。

统计注释：

一、对本章税目归类未显示统计后缀的物品，不提供统计数据。

二、本章规定物品，其税率来自该物品归入协调关税税则表其他章中相应的规定，用于统计申报时应为本章提供的10位统计报告编码，其后附上适用该税率的统计报告编码。该项物品计量单位应与提供适用税率物品的计量单位相同。例如，10台全新全自动电焊机按照保修条款出口维修或改装后返回美国，统计报告编码为9802.00.4040至8515.31.0000，数量为10，价值为应课税价值。

出口商须知

本章包含的统计报告编码仅用于进口，不必在发货人的出口报关单中报告。请参阅第一章之前的出口商须知。

第一分章　出口后运回物品，状态未升级或改良；出口后运回动物

美国注释：

一、本分章规定（税号9801.00.70和税号9801.00.80除外）不适用于以下物品：

（一）出口已退税；

（二）该物品入境时已因进口征收国内税，除非该物品从美国出口时对其生产或进口征收国内税，并应证明该税在出口前支付且未退税；

（三）在美国境内海关保税仓库制造或生产，或税号9813.00.05所述货品根据法律规定出口。

二、就税号9801.00.70和税号9801.00.80而言：

（一）由于海关记录灭失或其他原因而无法确定运回物品是否已允许退税和退税金额，如果该运回物品此前进口用于制造或生产时在入境之日已按该商品的税率征税，则其评估纳税金额应与估计的进口退税和征收国内税金额相等，但在任何情况下，对该物品征税均不得超过完全来自外国的同一物品；

（二）根据《1954年国内税收法典》第5704(d)条规定，进口应征收的国内税用于返还国内税收债券的，该归类项下的烟草制品、卷烟纸以及烟管可免于缴纳应收的国内税，海关予以放行。

（三）为了便于确定和征收税款，为征收该物品或该种、该类物品税款而造成政府开支和不便与征收税款数额不相称的，财政部部长有权直接确定适用于该物品或该种、该类物品与应退税或应征收国内税相等的金额，免于对该物品或该种、该类物品的税款评估。

税则号列	统计后缀	货品名称	单位	税率 1 普通	税率 1 特惠	2
9801.00.10		美国产品在出口后运回,或者在出口后3年内运回的其他产品,在国外没有加工或其他方式提升价值或改善状态		免税		
	10	出口物品在国外临时使用后复进口	千克			
	12	暂时运回物品在修理、改造、加工后拟复出口	[1]			
		其他:				
	15	第二章或第十六章肉类和家禽类产品	千克			
	26	品目1202的花生	千克			
	27	第二十八章物品	千克			
	28	第三十章物品	千克			
	29	第三十七章物品	平方米			
	30	第七十一章物品	[1]			
	31	第八十二章物品	[1]			
		第八十四章物品:				
	35	子目8407.10、子目8409.10、品目8411或子目8412.10所述货品	个 千克			
	37	子目8419.31、子目8424.41、子目8424.49、子目8424.82、子目8424.90、子目8429.11、子目8429.19、子目8431.42、品目8432、品目8433、品目8434或品目8436所述货品	个			
	43	品目8470、品目8471、品目8472或品目8473中所述货品	个			
	45	其他	[1]			
		第八十五章物品:				
	49	品目8501、品目8502或品目8503所述货品	个			
	51	品目8504所述货品	个			
	53	品目8517、品目8519、品目8525、品目8527或品目8529所述货品	个			
	55	其他	[1]			
	59	第八十六章物品	个			
		第八十七章物品:				
	63	品目8701所述货品	个			
	64	品目8702所述货品	个			
	65	品目8703所述货品	个			
	66	品目8704所述货品	个			
	67	品目8706、品目8707或品目8708所述货品	个			
	69	品目8705或品目8709所述货品	个			
	74	其他	个			
		第八十八章物品:				
	75	品目8801或品目8802所述货品	个			

税则号列	统计后缀	货品名称	单位	税率 1 普通	税率 1 特惠	税率 2
	77	品目 8803 或品目 8804 所述货品	千克			
	79	品目 8805 所述货品	千克			
	89	第八十九章物品	个			
	90	第九十章物品	个			
		第九十四章物品：				
	92	品目 9401、9402 或 9403 所述货品	个			
	94	其他	[1]			
	97	第九十七章物品	[1]			
	98	其他	[1]			
9801.00.11		美国政府财产，在国外没有以任何方式提升价值或改良状态，由美国政府或承包商运入美国，并由进口商证明为美国政府财产	千克	免税		
9801.00.20	00	此前进口的物品，已经缴付物品进口税款，或根据《加勒比海盆地经济复苏法》或《1974 年贸易法》第五章规定予以免税，如果(1)根据租赁或类似使用协议出口后复进口，没有在国外通过任何加工过程或其他方式提升价值或改善状态；(2)由原物品进口商进口至美国、从美国出口并复进口	千克	免税		免税
9801.00.25	00	以前进口的物品，已缴纳进口关税，如果符合以下条件：(1)在上一次进口之日起三年内出口；(2)在国外未经任何加工过程或其他方式提升价值或改良状态复进口；(3)由于该类物品不符合样品或规格而复进口，以及(4)由进口的人或以其名义进口后出口再复进口到美国	千克	免税		免税
9801.00.26	00	以前进口的物品，已缴纳进口税款，如果符合以下条件(1)在上一次进口之日起 3 年内出口；(二)出口销售供个人使用；(3)在国外未进行任何加工过程或其他方式提升价值或改良状态；(4)从国外使用的人复进口，无论是否在复进口前与其他个人返回物品合并；(5)在出口后 1 年内由从美国出口的人或以其名义复进口	千克	免税		免税
9801.00.30	00	以前进口的飞机发动机或螺旋桨，或其部件或附件，已缴纳进口税款，符合以下条件：(1)以贷款，租借或租赁方式出口给飞机所有人或经营人，作为在美国进行大修、修理、重建或翻新的飞机发动机的临时替代品，复进口时在国外没有通过加工过程或其他方式提升价值或改良状态；以及(2)由从美国出口的人或以其名义复进口	个	免税		免税
		暂时出口，在国外临时使用，仅出于以下目的而运回，并由出口人或以其名义进口：				
9801.00.40	[2]	展览、检验或实验，用于科学或教育目的		免税		免税
9801.00.50	[2]	与马戏团或动物园有关的展览		免税		免税
9801.00.60	[2]	在公众博览会、展览会或会议展览或使用		免税		免税
9801.00.65	[2]	与勘探、开采或开发自然资源有关的地球物理或承包服务		免税		免税
		以前从美国出口的物品(本分章美国注释一除外)，有资格根据下列任何一项免税入境，否则不能免税：				

税则号列	统计后缀	货品名称	单位	税率 1 普通	税率 1 特惠	税率 2
9801.00.70	00	从美国出口享受退税的飞机或税号9813.00.05所述货品	千克	税款等于以前未出口的类似物品的进口税,但在任何情况下都不超过以下金额:(a)出口时已批准的海关退税;以及(b)如果未在税号9813.00.05项下进口和出口,则应支付制造或生产此类飞机所用的任何物品应缴纳的关税	免税(AU、BH、CA、CL、CO、IL、JO、KR、MA、MX、OM、P、PA、PE、SG)	税款等于以前未出口的类似物品的进口税,但在任何情况下都不超过以下金额:(a)出口时已批准的海关退税;以及(b)如果未在税号9813.00.05项下进口和出口,则应支付制造或生产此类飞机所用的任何物品应缴纳的关税
9801.00.80		其他,除本分章美国注释一3的物品外		税收(取代其他关税或税收)等于对此前未出口的类似物品征收进口关税和国内税总和。但不得超过以下总和:(a)出口时已批准的海关退税;以及(b)该类物品进口时,未出口的类似物品进口应征收的国内税款	免税(AU、BH、CA、CL、CO、IL、JO、KR、MA、MX、OM、P、PA、PE、SG)	税收(取代其他关税或税收)等于对此前未出口的类似物品征收进口关税和国内税总和。但不得超过以下总和:(a)出口时已批准的海关退税;以及(b)该类物品进口时,未出口的类似物品进口应征收的国内税款
	10	税号2202.91.00的不含酒精的啤酒	升			
	20	品目2203、品目2204、品目2205、品目2206、品目2207和品目2208的酒精	升			
	30	第二十四章的烟草和烟草制品	[1]			
	40	品目4813的卷烟纸	[1]			
	90	其他	[1]			
9801.00.85	00	贸易、职业或就业的专业书籍、工具、仪器和用具,在出口国外临时使用后返回美国,由物品出口人或以其名义进口	个	免税		免税
9801.00.90	00	动物,驯化,跨越边界线进入外国,或由所有者驱赶跨越边界线,仅用于临时放牧,与该动物后代一起;以上所有动物在8个月内带回美国	个	免税		免税

[1]报告的单位应为第一章至第九十七章中提供的单位。

[2]参见九十八章统计注释一。

第二分章　出口后运回物品,在国外已升级或改良

美国注释:

一、除按《美国-墨西哥-加拿大协定》(USMCA)或《北美自由贸易协定》(NAFTA)退税的货物外,本分章不适用于以下出口物品:

　　(一)豁免、减免税款或退还税款,处于海关监管下的;

　　(二)享受退税的;

　　(三)按照美国法律或联邦机构规定要求出口的;

　　(四)税号9813.00.05的在美国制造或生产的。

二、(一)除下述(二)款另有规定以外,美国任何产品通过在国外制造或其他方式进行价值提升或状态改良后运回,或进口物品已在国外全部或部分组装到美国产品中运回,在本法中应视为外国物品。除另有规定外,应按照全部或部分价值缴纳税款,除非根据经修正的《1930年关税法》第402条规定按其全部价值征税。在402条款下,如果此类产品或此类物品从价征税,应按该产品或该物品全部价值征税。

　　(二)在以下情况下,不得将物品(纺织品、服装制品和品目2709或品目2710的石油或石油产品除外)视为外国物品或视为征税对象:

　　　　1.该物品为——

　　　　　　(1)对全部是美国制造产品的部件进行组装或加工而成;

　　　　　　(2)在受惠国对全部成分(水除外)为美国产品进行加工而成;

　　　　2.从美国出口的制造部件、材料或成分以及物品本身,在进入美国之前,未在受惠国以外任何其他外国进行商业行为的。

　　　　本条所指"受惠国"系指总注释七(一)所列国家。

三、在国外修理、改装、加工或其他改变状态的物品。以下规定仅适用于税号9802.00.40至税号9802.00.60的物品(包含税号9802.00.40和税号9802.00.60):

　　(一)在美国境外修理、改装、加工或其他改变状态的价值应为:

　　　　1.进口商支付此类费用;

　　　　2.如果免收费用,则改装的价值为发票和报关文件所述;如果估价人员认为所列金额不能反映合理成本或价值,则改装的价值应根据经修订的《1930年关税法》第402条确定。

　　(二)进口物品状态发生改变的,除非有必要确定适用于该物品的税率和价格,否则不得要求对改变状态后的进口物品进行估价。

　　(三)如需对改变状态的价值征税,应按照该物品在非本分章归类范围内进口时本身整体适用的税率征税,而非对其组成部分分开适用。如果运回美国的物品须按特定税率或复合税率缴纳税款,则该税率应转换为从价税率,该从价税率应为按照《1930年关税法》第402条确定的物品整体价值适用特定或复合税率时缴纳相同税款的税率。计算应缴关税时,该从价税率应适用于在美国境外改变状态的价值。

　　(四)就税号9802.00.40及税号9802.00.50而言,根据本税则总注释十一的条款,"税率"第1栏"特

惠"子栏中括号内的"S"应分别适用于在加拿大或墨西哥修理后返回美国的任何货物,无论此类货物是否为加拿大或墨西哥的货物。

(五)就税号 9802.00.40 及税号 9802.00.50 而言,根据本税则总注释十一或总注释十二的条款,"税率"第 1 栏"特惠"子栏中括号内的"S"、"CA"或"MX"的税率应适用于分别在加拿大或墨西哥修理或改装后返回美国的任何货物,无论此类货物是否为加拿大货物或墨西哥货物。

(六)就税号 9802.00.60 而言,"金属"包括(1)第十五类注释三中列举的贱金属;(2)砷、钡、硼、钙、汞、硒、硅、锶、碲、钍、铀和稀土元素;(3)任何前述金属的合金。

(七)1. 就税号 9802.00.40 及税号 9802.00.50 而言,从美国出口的使用该税号的可替代物品为
(1)可混合;
(2)该类物品的来源、价值和分类可使用库存管理方法进行核算。

2. 如果某人根据本款对可替换物品选择使用库存管理方法,则该人应根据本款对声称可替代性的任何其他物品使用相同的库存管理方法。

3. 就本条而言——
(1)"可替换物品"是指出于商业目的,在所有情况下相同或可替换的商品或物品;
(2)"库存管理方法"是指基于公认会计原则管理库存的任何方法。

四、对美国生产部件在国外组装的物品,以下规定仅适用于税号 9802.00.80 及税号 9802.00.91:

(一)组装成进口物品的美国产部件价值应为:

1. 最后购买此类部件的成本;

2. 如果免收费用,则为此类部件出口时发票和报关文件所述价值,如果估价人员认为所列金额不能反映合理成本或价值,则该类部件的价值应根据经修订的《1930 年关税法》第 402 条确定。

(二)如需对进口物品征税,应按照该物品在非本分章归类范围内进口时的状态适用的税率征税,而非对其组成部分分开适用。如果进口物品须按特定税率或复合税率征收,则应按照美国此类部件的成本或价值占进口物品全部价值的相应比例扣减总税额。

五、进口物品不得根据本分章一项以上规定给予部分免税。

六、尽管对从美国出口的税号 9802.00.60 的金属产品的价值部分免除普通关税,但根据《1930 年关税法》(19 U.S.C. 1671)第七篇或《1974 年贸易法》(19 U.S.C. 2251,19 U.S.C. 2411)第二篇第一章或第三篇第一章,税号 9802.00.60 项下进口的物品须征收所有其他税收,以及接受任何其他管制或限制。

七、(一)为享受《非洲增长和机会法》(AGOA)(公布法律第 106-200 号第 I 篇)授予的特殊关税待遇,对于从受惠国家——此前公告的撒哈拉非洲国家并由美国贸易代表办公室在《联邦公报》中列明,直接进口税号 9802.00.80 的特定货物,确定已满足《非洲增长和机会法》要求并因此获得此类关税待遇,该子目所列明的免税待遇仅适用于在一个或多个受惠国缝制或以其他方式组装的服装产品,该服装使用的材料是在美国已完全成型和切割的面料,或在美国已完全成型的纱线,或两者兼有(包括非纱线制成的面料,如果该面料可归入第五十六章品目 5602 或品目 5603,并在美国完全成型和切割)。可归入本子目的其他物品,如符合本章第十九分章美国注释三中规定条件,不得归入本子目。无论何时美国贸易代表办公室如本文所述发布《联邦公报》通知,均应在本注释中列明受惠国家。本注释条款所涵盖的物品有资格进入美国关境,不受数量限制。美国贸易易代表办公室确定以下国家已采用有效签证制度和相关程序,并已满足《非洲增长和机会法》海

关要求,因此,应授予本注释规定的关税待遇:贝宁、博茨瓦纳、布基纳法索、喀麦隆、佛得角、乍得、科特迪瓦、斯威士兰、埃斯瓦蒂尼、埃塞俄比亚、加纳、几内亚、肯尼亚、莱索托、利比里亚共和国、马达加斯加、马拉维、马里、毛里求斯、莫桑比克、纳米比亚、尼日尔、尼日利亚、卢旺达、塞内加尔、塞拉利昂、南非、坦桑尼亚、乌干达、赞比亚。

(二)1.就税号9802.00.80而言,应对直接从《美国-加勒比盆地贸易伙伴关系法》(CBTPA)受惠国(以下称"CBTPA受惠国")进口的下列物品给予免税待遇,受惠国名称此前由总统根据此类法案签署发布,并列明于本税则总注释十七(一)款中:

(1)在一个或多个受惠国缝制或以其他方式组合的服装产品,该服装使用的材料是在美国已完全成型和裁剪的面料,或在美国已完全成型的纱线,或两者兼有(包括非纱线制成的面料,如果该面料可归入第五十六章品目5602或品目5603,并在美国完全成型和裁剪),只要符合本注释规定;或者

(2)在指定受惠国组合的纺织行李箱,由美国完全成型和裁剪的织物制成,或由在美国完全成型的纱线制成。

可归入本子目的其他物品,如符合本章第二十分章美国注释三中规定条件,不得归入本子目。本注释条款所涵盖的物品有资格进入美国境内,不受数量限制。在2002年9月1日或之后进口的,在CBTPA受惠国由针织或钩编织物或机织织物组合的服装产品,只有在织物所有染色、印刷和整理工序在美国完成,该类服装产品方可享受本注释规定的免税优惠。美国贸易代表办公室确定以下国家已满足《美国-加勒比盆地贸易伙伴关系法》的海关要求,因此,应授予本注释规定的关税待遇:巴巴多斯、伯利兹、圭亚那、海地、牙买加、圣卢西亚、特立尼达和多巴哥。

2.在CBTPA受惠国和前CBTPA受惠国生产的物品。

(1)为确定本款项下享有优惠待遇物品的资格,前述——

①"CBTPA受惠国"应被视为包括任何前CBPTA受惠国,以及

②"CBTPA受惠国"应被视为包括前CBTPA受惠国,如果该物品或用于生产该物品的货物在CBPTA受惠国生产。

(2)根据本注释2(1)款有资格享受优惠待遇的物品不应被取消这一待遇,因为该物品直接从CBTPA前受惠国进口。

(3)尽管有(五)2(1)款和(五)2(2)款的规定,但如果该物品符合《1930年关税法》第304条(19 U.S.C. 1304)或《乌拉圭回合协定法》(19 U.S.C. 3592)第334条规定,即使该物品是前CBTPA受惠国的一种商品,也不得根据本注释享受优惠待遇。

(4)①"前CBTPA受惠国"是指根据本注释不再被确定为CBTPA受惠国的国家,因为该国已成为与美国签订自由贸易协定的缔约国。

②就本款而言,以下国家是前CBTPA受惠国:萨尔瓦多、危地马拉、洪都拉斯、尼加拉瓜、多明尼加共和国、哥斯达黎加、巴拿马。

(5)尽管有本注释2(3)款的规定,但如果符合以下情形,该物品有资格享受本注释优惠待遇:

①符合《1930年关税法》(19 U.S.C. 1304)第304条或《乌拉圭回合协定法》(19 U.S.C. 3592)第334条规定,来自多米尼加共和国的物品;

②该物品或用于制造该物品的货物在海地生产。

统计注释：

一、对于统计报告编码9802.00.6000、9802.00.8015、9802.00.8016、9802.00.8055或9802.00.8068所述货品，应申报两个价值：第一个申报统计引用的统计报告编码（即9802.00.6000、9802.00.8015、9802.00.8016、9802.00.8055或9802.00.8068）的价值，第二个申报第一章至第九十七章规定的该物品税率的统计报告编码的价值，具体如下：

(一)统计报告编码9802.00.6000：

1.该物品的总价值减去外国加工的价值；

2.应课税价值，即外国加工的价值。

(二)统计报告编码9802.00.8015、9802.00.8016、9802.00.8055或9802.00.8068：

1.美国制造部件的价值；

2.应课税价值，即物品的总价值减去美国制造部件的价值。

二、根据本章第二分章美国注释二(二)或注释七享受免税待遇的物品，统计申报引用的应为本分章中提供的10位统计报告编码，后面是通常适用于该物品的第一章至第九十七章中规定的统计编码。物品申报统计报告编码的计量单位应与第一章至第九十七章规定的该物品计量单位相同。

统计报告编码9802.00.5010、9802.00.8040、9802.00.8042、9802.00.8044、9802.00.8046和9802.00.8048所述货品，应申报两个价值：第一个申报统计引用的统计报告编码（即9802.00.5010、9802.00.8040、9802.00.8042、9802.00.8044、9802.00.8046或9802.00.8048）的价值，第二个申报通常适用于该物品的第一章至第九十七章规定的统计报告编码的价值。

(一)统计报告编码9802.00.5010：

1.该物品的总价值减去外国加工的价值；

2.应课税价值，即外国加工的价值。

(二)统计报告编码9802.00.8040、9802.00.8042、9802.00.8044、9802.00.8046和9802.00.8048：

1.美国制造的部件或材料的价值；

2.应课税价值，即物品的总价值分别减去美国制造部件的价值。

三、统计报告编码9802.00.9000所述货品，统计申报中应引用为9802.00.9000，其后是通常适用于该物品的第一章至第九十七章规定的统计报告编码。物品申报统计报告编码的计量单位应与第一章至第九十七章规定的该物品计量单位相同。同时，应申报两个价值：第一个申报统计引用的统计报告编码9802.00.9000的价值，第二个申报通常适用于该物品的第一章至第九十七章规定的统计报告编码的价值，具体如下：

(一)组合成进口物品中的美国产品价值；

(二)进口物品的总价值分别减去其组成部件美国产品的价值。

税则号列	统计后缀	货品名称	单位	税率 1 普通	税率 1 特惠	税率 2
9802.00.20	00	在美国制造的摄影胶片和干胶片（用于商业目的的电影胶片除外）在国外曝光，无论是否冲洗	个	免税		免税
		物品出口后通过加工过程或其他方式提升价值或改良状态后返回美国的物品：				
		出口用于维修或改造的物品：				
9802.00.40		根据保修协议进行维修或更新的物品		对维修或更新的价值征税（参见本分章美国注释三）[4]	免税（AU、B、BH、C、CA、CL、CO、IL、JO、KR、MA、MX、OM、P、PA、PE、SG）[4]	对维修或更新的价值征税（参见本分章美国注释三）
	20[1]	内燃机	[1]			
	40[1]	其他	[1]			
9802.00.50		其他		对维修或更新的价值征税（参见本分章美国注释三）[4]	免税（AU、BH、CL、CO、IL、JO、KR、MA、MX、OM、P、PA、PE、SG）；对维修或更新的价值征税（参见本分章美国注释三）(B、C、CA)[4]	对维修或更新的价值的征税（参见本分章美国注释三）
	10[2]	根据本分章美国注释二（二）要求免税待遇的物品	[2]			
		其他：				
	30[1]	内燃机	[1]			
	60[1]	其他	[1]			
9802.00.60	00[1]	在美国制造或在美国开展加工的金属制品[本分章美国注释三（五）款定义]，如果出口进一步加工，并且出口产品在美国境外加工，或美国境外加工产生的物品运回美国进行进一步加工	[1][3]	对在美国境外加工的价值征税（参见本分章美国注释三）[4]	免税（BH、CL、IL、JO、MA、OM、P、SG）；对在美国境外加工的价值征税（参见本分章美国注释三）(AU、B、C、CA、KR、MX、PA、PE)；对进口物品全部价值减去美国该物品成本或价值后征税（参见本分章美国注释三）(CO)[4]	对在美国境外加工的价值征税（参见本分章美国注释三）
9802.00.80		除税号9802.00.90的货物、根据本章第十九分章规定进口的货物和根据第二十分章规定进口的货物外在国外进行全部或部分部件组装和物品，美国的产品：(a)出口时待组装且未经进一步制造，(b)改变形式、形状或其他方式，但没有丧失其物理特征，并且(c)在国外没有提升价值或改良状态，除非正在组装或正在进行组装过程中附带的操作，例如清洁、润滑和涂漆		对进口物品全部价值减去美国部件的成本或价值后征税（见本分章美国注释四）[4]	免税（BH、CL、CO、IL、JO、KR、P、PA、SG）对进口物品全部价值减去美国部件的成本或价值后征税（参见本分章美国注释四）(AU、B、CA、E、MX、OM、PE)对进口物品全部价值减去美国部件的成本或价值后征税(MA)[4]	对进口物品全部价值减去美国部件的成本或价值（参见本分章美国注释四）

税则号列	统计后缀	货品名称	单位	税率 1 普通	税率 1 特惠	2
	15[1]	根据特殊准入计划项下双边纺织品准入协议,并符合纺织品协议执行委员会制定程序	[1][2]			
	16[1]	根据外发加工计划项下双边纺织品准入协议,并符合纺织品协议执行委员会制定程序	[1][2]			
	40[3]	根据本分章美国注释二(二)要求免税待遇的物品	[3]			
	42[4]	根据本分章美国注释七(一)要求免税待遇的物品	[3]			
	44[5]	根据本分章美国注释七(二)1款要求免税待遇的物品	[3]			
	46[3]	根据本分章美国注释七(二)2款要求免税待遇的物品	[3]			
	48[3]	根据本分章美国注释七(三)款要求免税待遇的物品	[3]			
	55[1]	第六分章附加美国注释三(三)所述的纺织品或服装	[1][2]			
	68[1]	其他	[1][2]			
9802.00.91		在墨西哥组装的纺织品和服装,其中所有织物部件在美国完全成型和裁剪,条件是这些织物部件全部或部分地(a)出口时待组合且未经进一步制造,(b)改变形式、形状或其他方式,但没有丧失其品物理特征,并且(c)在国外没有提升价值或改良状态,除非正在组合或正在进行组合过税中附带的操作;但归入第六十一章、第六十二章或第六十三章中的货物,可能在装配后经过漂白、衣物染色、水磨、酸洗或压制			免税(参见本分章美国注释四)	

[1]见第九十八章统计注释二。

[2]见第二分章统计注释二。

[3]见第二分章统计注释一。

[4]见9903.88.01和9903.88.02。

第三分章　大型集装箱或容器

美国注释：

一、本分章仅包括以下物品：

（一）作为进口物品需征收关税的大量集装箱或容器，并且——

1. 进口时是空的，且不属于特别免除关税规定范围；或者

2. 进口时装有或包含物品，并且通常不是一同出售，或分开进口；

（二）某些维修部件、配件和设备。

二、本分章不适用于以下集装箱或容器：

（一）出口后已享受退税并运回；

（二）在美国境内海关保税仓库制造或生产，或税号 9813.00.05 所述货品根据法律规定出口。

三、为了便于本分章规定的大型集装箱和容器在入境口岸迅速清关，财政部部长有权：

（一）在容易确认符合本分章规定自由进入条件的情况下，允许其不经许可入境；

（二）在确保海关监管不变的情况下，允许在进口之前或之后集中缴纳关税。

四、国际运输工具，如集装箱、起重车、轨道车和机车，卡车驾驶室和拖车等，不需正式报关，但进出美国时需分别通过美国海关总署对国际承运人的舱单程序进行申报。进口该类国际运输工具有关的费用应按照财政部部长签署规定和《1956 年集装箱海关公约》（20 UST 30；TIAS 6634）的要求定期申报和缴纳。

税则号列	统计后缀	货品名称	单位	税率 1 普通	税率 1 特惠	税率 2
9803.00.50	[1]	大量集装箱和容器,如果是美国产品(包括美国生产的板材,返回时作为包装商品的盒子或桶),或者是外国产品,以前进口已经缴纳税款(如果有的话),或者是由财务部长指定为国际交通工具的类别,作为国际交通工具的外国生产的集装箱的维修组件,以及此类集装箱的配件和设备,不管附件和设备与进口容器一起进口以便单独复出口,或与另一个容器分开,或单独进口以与容器一起复出口		免税		免税

[1]参见第九十八章统计注释一。

第四分章 对居民和非居民的个人豁免

美国注释：

一、（一）总价值 300 美元或以上予以免税的税号 9804.00.20 的珠宝或类似的个人饰品，进境之日后 3 年内出售；

（二）税号 9804.00.35 的免税物品，进境之日起 1 年内出售；

（三）税号 9904.00.60 的免税汽车，其使用目的并非明示的目的，或未按财政部部长规定的时间和方式返回国外。

以上物品，在入境时未享受任何子目优惠，且未事先向美国支付本应支付的关税，该物品或其价值（从进口商处收回）应予以没收。根据司法命令或清算死者遗产而出售的物品不受本注释规定约束。

二、人员来自拥有自由区或自由港的毗邻国家的，如果财政部部长为维护公共利益需要，便于执行税号 9804.00.70 项下的免税要求，应仅对外国旅行获得物品予以免税。财政部部长应通过法规或指示，规定其适用范围限于一个或多个入境口岸，此类免税仅适用于在美国领土范围外停留不少于规定期限、不超过 24 小时的居民，并且在该规定或指示日期届满 90 日后，上述免税额仍应受此规定约束。

三、抵达美国的人属于以下情形：

（一）作为从事国际运输的船舶、车辆或飞机上的雇员，或

（二）在旅行中受雇用，无权获得本分章规定的免税额（税号 9804.00.80 项下除外），除非他永久离开此类雇用工作且无意在同一或另一承运人上受雇。

四、税号 9804.00.72 所指的"受惠国"系指总注释七（一）或十一（一）所列国家。

税则号列	统计后缀	货品名称	单位	税率 1 普通	税率 1 特惠	税率 2
		从外国进口物品或以该人名义抵达美国的物品：				
9804.00.05	[1]	书籍、图书、合理的日常家具以及类似家庭用品,如果该人或该人及家人在国外实际使用不少于一年,并非为他人进口或进口销售		免税		免税
9804.00.10	[1]	贸易、职业或就业的专业书籍、工具、器具和用具,由该人或以其名义带到国外		免税		免税
		任何从外国移民到美国的人或以该人名义进口的物品：				
9804.00.15	[1]	在国外拥有和使用的贸易、职业或就业专业书籍、工具、器具、用具(不包括戏剧布景,道具或服装,不包括在生产设施中使用的物品,不包括为他人进口或为了进口销售的物品)		免税		免税
		非居民返回抵达美国时进口或以其名义进口的物品：				
9804.00.20	[1]	穿着服装、个人装饰品、盥洗用品和类似的个人物品；所有上述物品,如果该人在出国前或之前在国外实际拥有并由其使用,仅适合其个人用途,且由其个人使用,而非用于其他人,也非出售		免税		免税
9804.00.25	[1]	不超过50支雪茄,或200支香烟,或2千克烟草,或以上每种适当比例(不超出限额),不超过1升的酒精饮料,由成年非居民进口,用于个人消费		免税		免税
9804.00.30	[1]	不超过100美元的物品(不包括酒精饮料和香烟,但包括不超过100支的雪茄),由该人携带作为真正的礼物,条件：此人未在他抵达前6个月内申请税号9804.00.30所述货品免税,并拟在美国停留不少于72小时		免税		免税
9804.00.35	[1]	汽车,拖车,飞机,摩托车,自行车,婴儿车,船只,马拉运输工具,马匹和类似的运输工具,上述物品随附常用设备；上述与该人抵达有关的进口物品,仅在美国运输其本人、家人和客人时使用,且附带设备是适合其本人使用运输工具的		免税		免税
9804.00.40	[1]	不超过200美元的物品(包括不超过4升的酒精饮料),这些物品是该人过境美国并随身携带的		免税		免税
		回国居民或以其名义进口的物品(包括美属萨摩亚,关岛或美属维尔京群岛的美国公民)：				
9804.00.45	[1]	本人或以其名义从国外带回的所有个人和家庭物品		免税		免税
9804.00.50	[1]	由外国或外国公民作为荣誉称号授予的金属物品(包括奖章,奖杯和奖品)		免税		免税
9804.00.55	[1]	猎物(包括鸟类和鱼类),由该人在国外捕杀并进口,用于非商业目的		免税		免税

税则号列	统计后缀	货品名称	单位	税率 1 普通	税率 1 特惠	2
9804.00.60	[1]	美国居民在国外租用的汽车,进口用于运输本人、家人和客人,以及适合本人使用汽车的附带设备		在财政部部长规定的临时期限内免税	免税(BH、CA、CL、CO、IL、KR、MA、MX、P、PA、PE、SG)	在财政部部长规定的临时期限内免税
		回国居民进口或以其名义进口的物品(包括美属萨摩亚、关岛或美属维尔京群岛的美国居民);从美属维尔京群岛回国居民其他旅途偶然所得物品;或从毗邻国家免税区或免税港回国,或者在美国境外逗留不少于48小时,本人或家庭所用物品,非以他人名义进口或用于出售,按照财政部规定申报,在抵达前30天内,未享受税号9804.00.65、税号9804.00.70和税号9804.00.72所述货品优惠,并在抵达时仅对其中一件物品申请免税:				
9804.00.65	[1]	个人随身物品,在获得国合理零售价值不超过800美元,包括(但仅限于年满21岁的个人)不超过1升的酒精饮料,不超过200支香烟和100支雪茄		免税		免税
9804.00.70	[1]	无论是否随身物品,在获得国合理市场价值超过1 600美元,包括:(a)仅限于年满21岁的人,不超过5升的酒精饮料,其中美属萨摩亚、关岛或维尔京群岛以外获得的不得超过1升,这些岛屿以外生产的不得超过4升(b)不超过1 000支香烟,其中不在这些岛屿生产的不得超过200支,不超过100支雪茄,如果此人直接或间接从这些岛屿回国,不在这些岛屿获得的不得超过800美元,(但该子目不包括这些岛屿以外获得、非随身携带的物品)		免税		免税
9804.00.72	[1]	无论是否随身携带,在获得国的合理市场价值不超过800美元,包括:(a)仅限于年满21岁的个人,不超过1升酒精饮料,或不超过2升,其中至少1升是一个或多个受惠国的产品;(b)不超过200支香烟和不超过100支雪茄,如果此人直接从受惠国抵达(但该子目不允许输入受惠国以外获得的非随身携带的物品)		免税		免税
9804.00.75	[1]	进口替代物品,替代税号9804.00.70项下先前免税进口、价值相当的类似物品,条件是:在其进口后60天内,进口商不满意该物品,在财政部规定的监督下,原免税物品已出口		免税		免税
9804.00.80	[1]	合理、适当、真正个人自用的物品(包括不超过50支雪茄,或300支香烟,或2千克烟草,或以上每种适当比例,不超过1升酒精饮料),并将由抵达美国的国际运输船舶、车辆、飞机上雇员离开运输工具时携带出境(使用消耗的物品除外)		免税		免税
9804.00.85	[1]	个人和家庭物品,不是库存商品,进口时所有权属于在国外去世的美国公民的财产		免税		免税

[1]见第九十八章统计注释一。

第五分章　适用于美国雇员和撤离人员的个人豁免

税则号列	统计后缀	货品名称	单位	税率 1 普通	税率 1 特惠	税率 2
9805.00.50	[1]	在美国关境外邮政或车站服务期满返回美国的人（由与本条款相关的规定界定），或与其在外一起居住的家庭成员，或根据政府命令或指示疏散到美国的人员，其个人和家庭用品（进口酒精饮料和烟草制品受财政部部长规定限制）		免税		免税

[1]见第九十八章统计注释一。

第六分章　贵宾、外国政府或国际组织人员个人豁免

美国注释：

一、本分章中使用的"行李和物品"包括入境人士在国外拥有的所有物品，在抵达时随同入境，用于真实的个人或家庭使用，但不包括作为供人住宿、用于出售或其他商业用途进境的物品。

二、税号 9806.00.35 免税待遇仅限于必要的场合和临时访问所需的个人物品和设备，并应不迟于公众展示结束后 30 日内出口。

三、本分章中"为个人或家庭使用而进口的物品"不包括作为供他人住宿、用于出售或其他商业用途而进口的物品。

四、本分章对外国政府代表、官员、雇员和武装部队成员及其家属、配偶和佣人的优惠待遇，只有在其政府给予美国同等地位人员互惠优惠时，才应给予。

品目/子目	统计后缀	商品描述	计量单位	税率 普通	税率 1 特惠	税率 2
		以下外国人的行李和物品：				
9806.00.05	[1]	应国务院要求，经美国认可，或往返于美国认可的其他国家的大使、部长、代办、秘书、顾问、随员、其他代表以及外国政府官员和雇员，以及他们的直系亲属、配偶和佣人		免税		免税
9806.00.10	[1]	应国务院要求，外国政府外交信使		免税		免税
9806.00.15	[1]	应国务院要求，根据《国际组织豁免法》第22条(22U.S.C.288)，美国总统认定为公共国际组织的外国政府代表、国际组织官员及雇员，以及他们的直系亲属、配偶和佣人		免税		免税
9806.00.20	[1]	外国武装部队在美国执勤的人员及其直系亲属		免税		免税
9806.00.25	[1]	应国务院的要求，由国务院认定为外国政府高级官员或贵宾及其直系亲属		免税		免税
9806.00.30	[1]	应国务院要求，根据法令或条约并经美国参议院批准的指定人员		免税		免税
9806.00.35	[1]	应国务院要求，抵达美国的外国居民团体或代表团的个人物品和设备，在短时间亲善访问中参加爱国庆祝活动，节日和其他公益集会，该物品在访问结束时出口或破坏		免税		免税
		在美国执勤的外国人个人或家庭使用而输入的物品：				
9806.00.40	[1]	应国务院要求，外国使馆和公馆的大使，部长、代办、秘书、顾问、随员		免税		免税
9806.00.45	[1]	外国武装部队人员		免税		免税
9806.00.50	[1]	应国务院要求，外国政府的其他代表、官员和雇员		免税		免税
9806.00.55	[1]	应国务院要求，根据法规或条约并经美国参议院批准的指定人员		免税		免税

[1]见第九十八章统计注释一。

第七分章　其他个人豁免

税则号列	统计后缀	货品名称	单位	税率 1 普通	税率 1 特惠	2
9807.00.40	[1]	金属物品(包括奖章,奖杯和奖品),由外国或外国公民提供,作为一种荣誉赠与美国人		免税		免税
9807.00.50	[1]	应国务院要求,由外国公民提交给美国总统或副总统的物品		免税		免税

[1]见第九十八章统计注释一。

第八分章　美国政府进口物资

美国注释：

一、作为国家航空航天局国际项目的一部分,美国国家航空航天局从太空或外国进口至美国关境的税号 9808.00.80 的货物不得视为进口,不需要提供进口该类材料的许可。

统计注释：

一、归入税号 9808.00.30、税号 9808.00.40、税号 9808.00.50、税号 9808.00.70 或税号 9808.00.80 的物品,统计编码应包括本分章中为其提供的 10 位数字,后面随附该物品不归入本分章时适用于该物品的商品编码,申报的计量单位是该物品在其他章规定的计量单位。例如,作为紧急战争物资进口的 10 辆新的军用货物运输工具,空载重量不超过 2 000 千克,申报的统计报告编码应为 9808.00.3000 至 8802.20.0020,计量单位申报为 10。

税则号列	统计后缀	货品名称	单位	税率 1 普通	税率 1 特惠	税率 2
		美国政府机构使用物品：				
9808.00.10	00	雕刻、蚀刻、照相印刷品，无论装订或未装订；录制的录像带和曝光的摄影胶片（包括电影胶片），无论是否冲洗；以缩微胶片、单片缩影胶片或类似胶片介质形式存在的政府官方出版物	个	免税		免税
		国务院使用物品：				
9808.00.20	00	根据1948年"美国信息和教育交流法"（22U.S.C.1431－1479）授权项目使用的录音和录制录像带	个	免税		免税
		军事部门用品：				
9808.00.30	00[1]	向海关关长提交证明，由授权采购机构在国外采购的紧急战争物资	[1]	免税		免税
		美国总务管理局用品：				
9808.00.40	00[1]	该局向海关关长提交证明，根据《战略和关键材料堆放法》（50U.S.C.98～98h）采购的战略和关键材料	[1]	免税		免税
		核管理委员会或能源部用品：				
9808.00.50	00[1]	向海关关长提交证明，为了共同防御和安全而必须进口的原材料	[1]	免税		免税
		供农业部或美国植物园使用的物品：				
9808.00.60	00	植物、种子和其他种植材料	千克	免税		免税
		商品信贷公司的用品：				
9808.00.70	00[1]	向海关关长提交证明，该机构因易货或交换农产品或其他产品获得的战略材料	[1]	免税		免税
		美国国家航空航天局的物品，为实施国家航空航天局与外国实体国际项目而进口的物品，包括发射服务协议：				
9808.00.80	00	向海关关长提交证明，进口供国家航空航天局使用或实施国家航空航天局国际项目的物品，包括发射到太空及其星体的物品，地面支持设备，与国家航空航天局国际项目实施相关的唯一设备，包括发射服务协议		免税		免税

[1]见第八分章统计注释一。

第九分章　外国政府和国际组织进口物资

美国注释：

一、本分章中"公共国际组织"是指总统根据《国际组织豁免法》(22 U.S.C. 288)第1节确定的组织。

税则号列	统计后缀	货品名称	单位	税率 1 普通	税率 1 特惠	税率 2
9809.00.10	[1]	公开文件,不论是否以缩微胶卷,缩影胶片或类似胶片介质(包括曝光和已冲洗的影片和其他电影,录制的录像带和录音)形式存在,主要是应外国政府、外国政治派别或包括两个以上国家的国际组织要求并由其资助发行		免税		免税
		互惠基础上的外国政府和国际公共组织的用品:				
9809.00.20	[1]	应国务院要求,外国政府代表或公共国际组织人员在美国履职所需办公用品、设备以及其他官方使用的物品		免税		免税
9809.00.30	[1]	在美国履职的外国武装部队人员官方使用的物品		免税		免税
		应国务院要求,属于外国政府或国际公共组织财产的物品(通信卫星及其部件除外):				
9809.00.40	[1]	在美国期间属于该政府或该组织财产的物品,仅用于该政府或该组织的非商业性职能,包括由该政府或组织赞助或参与不具有商业性性质或与商业活动无关的展览		免税		免税
9809.00.50	[1]	由外国政府向居住在美国的前武装部队人员提供的假肢装置		免税		免税
9809.00.60	[1]	由外国政府为埋葬在美国的退伍军人坟墓提供的墓碑		免税		免税
9809.00.70	[1]	用于赠送给美国政府、州政府或地方政府或在美国成立的公共机构的礼品		免税		免税
9809.00.80	[1]	印刷品,不含广告物、免费派发品		免税		免税

[1]见第九十八章统计注释一。

第十分章　宗教、教育、科学和其他机构进口物资

美国注释：

一、除税号9810.00.20、税号9810.00.70、税号9810.00.85、税号9810.00.90和税号9810.00.95或本美国注释另有规定外,本分章所涵盖的物品必须专供相关机构使用,在入境后5年内不得用于分销、销售或其他商业用途。根据本分章规定进境物品,可以从一个有资格进口物品的机构转移到另一个符合条件机构,或者在海关监管下出口或销毁,不需承担税负。但是,如果该物品(税号9810.00.20或税号9810.00.70所述货品除外)入境5年内转让不符合上述规定,或用于商业目的,进口该物品的机构应立即通知入境口岸的海关官员,并应按照其当时进口状态以及适用的税率(不考虑本分章规定)缴纳税款。如果将工具或设备转移(符合转移条件的除外)或用于商业目的,税号9810.00.65的维修部件已组装到该工具或设备中,为了对其征税,该维修部件应视为单独物品。

二、本分章中"法衣"(子目9810.00.15和子目9810.00.45)只包括职级或职位标志、徽记或者用于该机构公共活动时在身上或手上佩戴的其他物品,不包括家具或固定装置,不包括常规服装和个人私有财产。

三、本分章不包括建筑、工程、工业或商业图纸、平面图及其复制品,除非它们仅用于税号9810.00.30项下展览或教育用途(见第四十九章)。

四、不归入税号9810.00.10的涂漆、上色或染色玻璃窗及其部件应归入第七十章。

五、特定机构可以根据本章第十二分章规定免税进口物品用作永久性展览。

六、(一)"仪器和设备"(税号9810.00.60)仅指以下税号项下并应纳税的仪器和设备：

　　1. 第三十九章：品目3914；

　　2. 第六十九章：子目6909.11至6909.90、子目6914.10和子目6914.90；

　　3. 第七十章：子目7017.10至7017.90、子目7020.00；

　　4. 第七十一章：税号7114.11.70、子目7114.19、子目7114.20、子目7115.10和子目7115.90；

　　5. 第七十三章：子目7325.10、子目7325.91、税号7325.99.10、税号7325.99.50、子目7326.19、子目7326.20和子目7326.90；

　　6. 第七十四章：子目7419.91、税号7419.99.30和税号7419.99.50；

　　7. 第七十五章：子目7508.10和税号7508.90.50(电镀阳极除外)；

　　8. 第七十六章：子目7616.91和税号7616.99.50；

　　9. 第七十八章：子目7806.00；

　　10. 第七十九章：税号7907.00.60(锌阳极除外)；

　　11. 第八十章：税号8007.00.50；

　　12. 第八十一章：锻造金属以外的物品,包括子目8101.99、子目8102.99、子目8103.90、子目8104.90、子目8105.90、子目8107.90、子目8112.19、子目8112.59、子目8112.99和子目8113.00；

　　13. 第八十四章：子目8402.11、子目8402.90、子目8404.10至8424.90.90、子目8435.10、子目8435.90、子目8438.80、子目8454.10至8468.90(子目8468.10除外)、子目8470.10至8470.30、

子目8479.10至8479.90(子目8479.20及子目8479.40除外)及税号8483.10.10至8483.10.50；

14. 第八十五章：子目8501.10至8505.11、子目8505.20、子目8505.90至8516.32、子目8516.40至8522.90、子目8525.50至8532.30、子目8533.10至8542.90、子目8543.20至8544.70、子目8547.90及子目8548.90；

15. 第八十八章：子目8801.00(滑翔机及悬挂式滑翔机除外)、税号8802.60.90、归入品目8803的子目8801.00(滑翔机及悬挂式滑翔机除外)及税号8802.60.90的部件；

16. 第八十九章：子目8907.10及子目8907.90；

17. 第九十章：所有子目(子目9013.80及子目9023.00除外)；

18. 第九十一章：所有子目(子目9113.10至9113.90除外)；

19. 第九十六章：子目9603.50、税号9613.80.20、税号9613.90.40及子目9617.00(税号9617.00.60除外)；

但该术语不包括材料或供应品，也不包括用于建筑施工或维护或用于支持该机构活动的普通设备，如行政办公室或其饮食、宗教活动设施。税号9810.00.60的"仪器和设备"包括本分章具体所列仪器或设备的可分离部件，这些部件是为了在美国组装仪器或设备而进口，由于其尺寸原因，组装完毕后不便于进口。

(二)拟进口税号9810.00.60所述货品的机构应向财政部申请。申请内容包括(如法规要求，应另外提供其他信息)：货物描述，仪器设备用途，该机构认为美国没有为此目的制造具有同等科学价值仪器设备的依据，声明该机构已下达该仪器设备真实订单，或有强烈意愿，如允许其申请，将根据本美国注释第(四)款在指定的最后一天或之前下达订单。按照相关规定提交申请后，财政部部长应立即将其副本转发给商务部部长和公共卫生事务部部长。如果商务部部长审议期间或联邦巡回上诉法院审理对该申请上诉期间，该机构取消订购仪器设备订单，或没有明确意图订购此类仪器或设备，应立即通知商务部部长或该法院(视情况而定)。

(三)收到申请后，商务部秘书须在《联邦公报》上公告，为有兴趣的人和其他政府机构提供合适机会，就是否在美国制造为此目的具有同等科学价值的仪器或设备问题表达意见。根据本款考虑各方意见，包括公共卫生事务部部长的书面建议后，商务部部长应确定为实现该机构使用目的，与该物品具有同等科学价值的仪器或设备是否能在美国制造。商务部部长根据本款作出的调查结果应及时向财政部部长和申请机构报告。所有调查结果及理由应在该机构根据适用法规向财政部部长提出申请之日起第九十日或之前在《联邦公报》上发布。

(四)1. 如果商务部部长根据本美国注释确定在美国制造的仪器或设备与提出申请的外国来源的仪器或设备具有同等的科学价值(但由于尺寸原因，组装完毕后不便于进口)，秘书应将调查结果报告财部政部长和申请机构，该外国来源的仪器或设备所有部件应为征税对象。

2. 如果商务部部长确定申请的仪器或设备不在美国制造，则秘书有权进一步确定该类仪器或设备分开购买、获得或进口的任何部件是否可以在美国制造，并应将调查结果报告给财政部部长和申请机构，该仪器或设备中任何国内可替代的部件应为征税对象。

3. 由于尺寸原因在组装完毕后不便于进口，财政部部长决定批准免税进口仪器或设备某一部件的，在考虑到进口机构科学需求和国内可比制造能力发展潜力后，应与商务部部长协商确定，并在规定的最长期限内生效。

(五)税号9810.00.60不适用于任何仪器或设备，除非根据本美国注释，提出申请机构在商务部部长作出有利于该机构的最终和决定性结论之日起 60 日内下达真实订单。

(六)在商务部部长根据本美国注释(三)款在《联邦公报》中公布调查结果后 20 日内,以下人员可以就调查结果一个或多个法律问题向联邦巡回上诉法院提出上诉:

1. 根据本美国注释(二)款提出申请的机构;
2. 在调查过程中,以书面形式向商务部部长表示他在美国制造具有与申请用途同等科学价值仪器或设备的人;
3. 上诉时该申请涉及物品已入境的进口商;
4. 上述任何一项的代理人。

根据本款提出的任何上诉应优先于法院审理的其他事项,并应按法院认为切实可行的方式迅速审理和裁定。法院判决为终审判决。

(七)财政部部长和商务部部长可以根据本注释发布联合执行规定。

税则号列	统计后缀	货品名称	单位	税率 1 普通	税率 1 特惠	税率 2
		专为宗教目的而设立机构进口的物品：				
9810.00.05	00	绘画、版画、铜版画、石版画、木刻、录音、录像、照相及其他印刷品,上述物品不论是否装订;曝光的摄影胶片(包括电影胶片),无论是否冲洗	个	免税		免税
9810.00.10	00	涂漆、着色或彩色玻璃窗及其部件,上述物品价值超过每平方米161美元,由专业艺术家设计、制作或指导	平方米	免税		免税
9810.00.15	00	法衣	个	免税		免税
9810.00.20	00	手工编织织物,由机构制作自用或出售的宗教服装	平方米	免税		免税
		为宗教目的设立和运营的机构进口的物品,包括墓地、学校、医院、孤儿院和类似由该机构雇用和管理的非营利活动：				
9810.00.25	00	祭坛、讲坛、圣餐桌、洗礼池、神龛、镶嵌画、圣障,上述物品的部件、附件或配件,不论是否与其物理相接;雕像(花岗岩或大理石墓石、花岗岩或大理石纪念牌除外,但包括巴黎石膏铸件、纸或纸制部件)	个	免税		免税
		为公共图书馆、其他公共机构或为教育、科学、文学或哲学目的或为鼓励美术发展而设立的非营利机构使用的进口物品：				
9810.00.30	00	图纸、平面图及其复制品,版画、铜版画、石版画、木刻、地球仪、录音、录像、照相及其他印刷品,不论是否装订;曝光的摄影胶片(包括电影胶片),不论是否冲洗	个	免税		免税
9810.00.35	00	字母、数字和其他符号;数字卡和其他算术材料;印刷品;方块和其他尺寸形状,几何图形,平面或实体;地球仪;用于理解音乐的铃声和基本材料;模型和图形;谜语和游戏,旗帜,镜框,假钟,瓶子、盒子和其他容器或支架;所有上述物品,不论是否成套,按照规范制作并为儿童课堂教学设计;用于存储上述教学用品设计制作的容器或支架	千克	免税		在没有此子目的情况下适用的费率
9810.00.40	00	雕塑和雕像	个	免税		免税
9810.00.45	00	法衣	个	免税		免税
9810.00.50	00	仅用于指导学生使用的纺织机器、机械或部件,	个	免税		免税
9810.00.55	00	专门用于该机构展览或教育用途的模式和模型	个	免税		免税
		为教育或科学目的而设立的非营利机构(不论是公共机构还是私营机构)使用的物品：				
9810.00.60	00	仪器和设备,美国没有生产同样用途、具有同等科学价值的仪器或设备(参见本分章美国注释六)	个	免税		免税
9810.00.65	00	税号9810.00.60的仪器或设备的修理部件	千克	免税		免税
9810.00.67	00	专门设计用于维护、检查、测量或修理税号9810.00.60项下仪器或设备的工具	个	免税		免税
9810.00.70	00	野生动物(包括鸟类和鱼类),进口用于或进口销售用于科学或教育目的的公共收藏品	个	免税		免税

税则号列	统计后缀	货品名称	单位	税率 1 普通	税率 1 特惠	税率 2
		支持拯救生命而设立的机构进口的物品：				
9810.00.75	00	救生艇和救生设备	个	免税		免税
		为教育、科学或治疗目的而设立的公共或私人非营利机构所进口的物品：				
9810.00.80	00	利用放射性物质进行医学诊断或治疗的装置,包括作为整体包含在装置中的放射性物质本身,以及上述装置的部件或附件	个	免税		免税
9810.00.85	00	进口的人造肾脏用纤维素塑料材料,由医院或患者根据医生处方使用	个	免税		此子目下适用税率缺失
9810.00.90	00	祈祷披肩,用于存放祈祷披肩的袋子和用于公共或私人宗教仪式的头饰,不论上述进口物品是否用于宗教机构	千克	免税		免税
9810.00.95	00	进口的木质或纸质的卷轴或筒,用于公共或私人宗教仪式(通常称为御本尊),不论上述进口物品是否用于宗教机构	个	免税		免税

第十一分章　征订订单样品

美国注释：

一、根据本分章免税的物品，也应免除支付进口或因进口而征收的国内税收，并免于《联邦酒精管理法》和《1954年国内税收法案》第52章的标签要求。

二、公历季度以商业数量进口酒精饮料、烟草制品、卷烟纸或香烟管，税号9811.00.20或税号9811.00.40规定每人进口每种饮料产品、烟草制品、卷烟纸或烟管不超过一个样品。

税则号列	统计后缀	货品名称	单位	税率 1 普通	税率 1 特惠	税率 2
9811.00.20	[1]	酒精饮料样品(如果是含麦芽饮料,每种样品不超过300毫升,如果是葡萄酒,不超过150毫升,如果是其他酒精饮料,不超过100毫升),仅用于在美国争取订单,以商业数量进口酒精饮料		免税		免税
9811.00.40	[1]	烟草制品,卷烟纸和烟斗样品(每个样品不超过(a)3支雪茄,(b)3支香烟,(c)3.5克烟草,(d)3.5克鼻烟,(e)3支烟管或(f)25张卷烟纸,仅用于在美国争取订单,以商业数量进口烟草制品,卷烟纸或烟管		免税		免税
9811.00.60	[1]	任何样品(税号9811.00.20或税号9811.00.40所涵盖的样品除外),每件价值不超过1美元,或标记,撕裂,穿孔或以其他方式处理,使其不适合销售或仅能当样品使用,仅用于在美国争取订购外国产品的订单		免税		免税

[1]见第九十八章统计注释一。

第十二分章　用于永久展览的免税物品

美国注释：

一、本分章规定不适用于拟出售或用于展览或建立公共纪念碑以外任何目的的物品，也不适用于从事私人或商业性质业务或与之有关的任何机构或社团。税号9812.00.20项下免税物品可以从指定的一个组织转移到另一个同类组织，或暂时转移到商业画廊或其他场所用于展览而非销售。

二、在税号9812.00.20或税号9812.00.40所述货品放行前，应提供入境之日起5年内该物品被销售、转让或违反本分章规定使用要求的法定关税保证金。该物品应在入境之日起5年内任何时间接受海关人员查验和检查。财政部部长可酌情豁免该项保证金。

税则号列	统计后缀	货品名称	单位	税率 普通 1	税率 特惠 1	税率 2
9812.00.20	00	为鼓励农业、艺术、教育或科学设立的机构或社团进口的展览品,或为国家或市政公司举办展览进口的物品	千克	根据本分章美国注释二,免税,收取保证金	免税(AU、BH、CA、CL、IL、JO、KR、MA、MX、OM、P、PA、PE、SG)	根据本分章美国注释二,免税,收取保证金
9812.00.40	00	任何机构、社团,或国家,或市政公司进口的物品,用于建立公共纪念碑	千克	根据本分章美国注释二,免税,收取保证金	免税(AU、BH、CA、CL、IL、JO、KR、MA、MX、OM、P、PA、PE、SG)	根据本分章美国注释二,免税,收取保证金

第十三分章　暂时免税的保税物品

美国注释：

一、(一)本分章规定的物品如进口非供销售或经批准出销售,可自进口之日起1年内,凭出口担保书进口,无需缴纳关税。根据申请,财政部部长可酌情决定延长一个或多个时段,加上最初1年,最长不得超过3年。但(1)税号9813.00.75所述货品应自进口之日起6个月内保证出口,且6个月期限不得延长;(2)税号9813.00.50项下交易的专业设备和工具在进入美国时已被扣押(私人诉讼扣押除外),在扣押期间应暂停复出口要求。本注释中,如航空器发动机或螺旋桨或其部件或附件在税号9813.00.05项下进口,则作为国际运输中从美国出发航空器的一部分,从美国实际起飞视为出口。

(二)税号9813.00.50项下允许进入美国的物品应由非居民进口物品或由非居民代表的组织进口,该组织根据外国法律设立或其主要业务地点在国外。

(三)在本分章中,如果税号9813.00.05所述货品进入美国后经加工后运回出口到加拿大或墨西哥境内的,应免除或减少评估税额,但该税额不得超过该物品以本税则第一章至第九十七章进口应付税款或出口至加拿大和墨西哥所应付税款两者中较少的税额,除非该物品为《美国-墨西哥-加拿大协定》第208(a)(1)至第208(a)(8)款所列物品。根据本注释对该物品计算的关税或退税金额应予以调整,以考虑随后向另一个美墨加协定国家提出优惠关税待遇。

(四)在本分章中,如果税号9813.00.05所述货品进入美国后经加工后运回出口到加拿大或墨西哥境内的,应免除或减少评估税额,但该税额不得超过该物品以本税则第一章至第九十七章进口应付税款或出口至加拿大和墨西哥所应付税款两者中较少的税额,除非该物品为《北美自由贸易协定实施法》第203(a)(1)至第203(a)(8)款所列物品。根据本注释对该物品计算的关税或退税金额应予以调整,以考虑随后向另一个北美自由贸易协定国家提出优惠关税待遇。本注释适用于1996年1月1日或之后运往加拿大或2001年1月1日或之后运往墨西哥的货物。

二、税号9813.00.05项下商品允许进入美国,条件是:

(一)该商品不会被加工成在美国制造或生产的以下物品:

　　1.酒精、蒸馏酒、葡萄酒、啤酒或任一前述或全部的稀释物或混合物;

　　2.含有乙醇的香水或其他商品(不论该酒精是否变性);

　　3.小麦产品。

(二)对该商品的任何加工变成美国制造或生产的物品[上述(一)款所述物品除外]:

　　1.海关将对所有制成品、废物、生产中无法避免的损耗进行全面核算;

　　2.保税期内加工产生的制成品和有价值的废物,均应在海关监管下出口或销毁;有价值的废物除出口或销毁外,也可按照进口时该废物的实际税率征收关税。

三、如有充分证据证明税号9813.00.30所述货品因用于规定目的而被销毁,则该保税物品出口义务视为已履行。

四、海关关长可对税号9813.00.35项下参加比赛或其他非金钱目的特定比赛的车辆或船艇缴纳保证金的期限推迟至进口之日起不超过90日。但除非此类车辆或船舶出口,或在延期期间缴付保证金,否则该车辆或船舶应予以没收。
五、只有在财政部部长发现进口物品来源国允许或将允许来自美国进口的类似进口货物给予实质互惠的情况下,才可对税号9813.00.75所述货品给予优惠。如财政部发现外国对该物品已停止或将停止实施此类优惠,则对此后从该外国进口的商品,不适用税号9813.00.75所述货品优惠。

统计注释:

一、归入统计报告编码9813.00.0520和9813.00.0540的物品,正确的统计申报应包括9813.00.0520或9813.00.0540,随附该物品不归入该分章时所需申报的统计编码,计量单位为其他章规定的该物品的计量单位。

税则号列	统计后缀	货品名称	单位	税率 普通	税率 1 特惠	税率 2
9813.00.05		需要修理、改造或加工的物品(包括发生在美国的物品加工或生产过程)		根据本分章美国注释一,免税,收取担保	免税(AU、BH、CA、CL、IL、JO、KR、MA、MX、OM、P、PA、PE、SG)	根据本分章美国注释一,免税,收取担保
	20[1]	在美国加工或制成成品的物品	[1]			
	40	其他	[1]			
9813.00.10	[2]	制造商进口的女性服装模型,在其机构中单独作为模特使用		根据本分章美国注释一,免税,收取担保	免税(AU、BH、CA、CL、IL、JO、KR、MA、MX、OM、P、PA、PE、SG)	根据本分章美国注释一,免税,收取担保
9813.00.15	[2]	插图画家和摄影师进口的物品,在其机构中单独作为模特使用,或在说明目录、小册子或广告品中使用		根据本分章美国注释一,免税,收取担保	免税(AU、BH、CA、CL、IL、JO、KR、MA、MX、OM、P、PA、PE、SG)	根据本分章美国注释一,免税,收取担保
9813.00.20	[2]	仅用于接受商品订单的样品		根据本分章美国注释一,免税,收取担保	免税(AU、BH、CA、CL、IL、JO、KR、MA、MX、OM、P、PA、PE、SG)	根据本分章美国注释一,免税,收取担保
9813.00.25	[2]	为复制而专门供检查的物品,或用于检验及复制的物品(用于检验和复制的光刻印刷版除外);电影广告片		根据本分章美国注释一,免税,收取担保	免税(AU、BH、CA、CL、IL、JO、KR、MA、MX、OM、P、PA、PE、SG)	根据本分章美国注释一,免税,收取担保
9813.00.30	[2]	仅用于测试、实验或检验的物品,包括与实验或研究有关的说明书、照片和类似物品		根据本分章美国注释一,免税,收取担保	免税(AU、BH、CA、CL、IL、JO、KR、MA、MX、OM、P、PA、PE、SG)	根据本分章美国注释一,免税,收取担保
9813.00.35	[2]	汽车、摩托车、自行车、飞机、飞艇、气球、船只、竞速艇和类似车辆和船艇,以及上述物品的常用设备,由非居民暂时进口参加比赛或其他特定竞赛		根据本分章美国注释一,免税,收取担保	免税(AU、BH、CA、L、IL、JO、KR、MA、MX、OM、P、PA、PE、SG)	根据本分章美国注释一,免税,收取担保
9813.00.40	[2]	机车和其他铁路设备暂时进口,用于清除美国境内的铁路障碍、灭火或进行紧急维修,或者紧急情况下由财政部部长确定必须在运输中临时使用的外国铁路设备(国际运输除外)		根据本分章美国注释一,免税,收取担保	免税(AU、BH、CA、CL、IL、JO、KR、MA、MX、OM、P、PA、PE、SG)	根据本分章美国注释一,免税,收取担保
9813.00.45	[2]	压缩气体容器,不论填充与否;运输过程中覆盖或保存商品的容器或其他物品(包括个人或家庭用品),可以重复使用		根据本分章美国注释一,免税,收取担保	免税(AU、BH、CA、CL、IL、JO、KR、MA、MX、OM、P、PA、PE、SG)	根据本分章美国注释一,免税,收取担保
9813.00.50	[2]	专业设备、贸易用具、本子目下设备或工具的维修部件和野营装备;上述物品由非居民进口,或为在美国境内暂时寄居的非居民使用		根据本分章美国注释一,免税,收取担保	免税(AU、BH、CA、CL、IL、JO、KR、MA、MX、OM、P、PA、PE、SG)	根据本分章美国注释一,免税,收取担保
9813.00.55	[2]	专门设计,仅在制造或生产出口物品时临时使用的物品		根据本分章美国注释一,免税,收取担保	免税(AU、BH、CA、CL、IL、JO、KR、MA、MX、OM、P、PA、PE、SG)	根据本分章美国注释一,免税,收取担保
9813.00.60	[2]	为了繁殖、展览或竞赛带入美国的动物、家禽及其通常使用设备		根据本分章美国注释一,免税,收取担保	免税(AU、BH、CA、CL、IL、JO、KR、MA、MX、OM、P、PA、PE、SG)	根据本分章美国注释一,免税,收取担保
9813.00.70	[2]	美术、版画、摄影等免费作品,哲学和科学仪器,由外国专业艺术家、讲师或科学家带至美国,用于展览和说明,推广和促进美国艺术、科学、工业		根据本分章美国注释一,免税,收取担保	免税(AU、BH、CA、CL、IL、JO、KR、MA、MX、OM、P、PA、PE、SG)	根据本分章美国注释一,免税,收取担保
9813.00.75	[2]	汽车、汽车底盘、汽车车身、上述物品的切割件和部件、成品、未完成品或切割件,仅用于展示		根据本分章美国注释一,免税,收取担保	免税(AU、BH、CA、CL、IL、JO、KR、MA、MX、OM、P、PA、PE、SG)	根据本分章美国注释一,免税,收取担保

[1]见第八节统计注释一。

[2]见第九十八章统计注释一。

第十四分章　担保状态下茶叶免税

美国注释：

一、税号9814.00.50规定原料的进口商和制造商应提供适当的保证金，并经入境口岸海关关长批准，批准条件是按照公共卫生事务部部长发布的规定，进口原料仅用于税号9814.00.50规定的目的。

二、有关茶的其他规定见第九章。

税则号列	统计后缀	货品名称	单位	税率 1 普通	税率 1 特惠	2
9814.00.50	00[1]	茶叶,茶叶废渣,茶叶筛屑和碎末,上述仅用于制造茶素、茶精或其他化学产品,但原料的特征和性质被完全销毁或改变[1]	千克[1]	根据本分章美国注释一,免税,收取保证金	免税(AU、BH、CA、CL、IL、JO、KR、MA、MX、OM、P、PA、PE、SG)[1]	根据本分章美国注释一,免税,收取保证金

[1]法律注释转自美国协调关税税则表。1996年4月9日生效的《茶叶进口法》(21 U.S.C.41)已废止。

第十五分章 美国渔业产品

美国注释：

一、本分章所指美国渔业，是挂美国船旗船只在公海或外国水域运营的捕鱼企业，该船只有权通过条约或其他方式捕获鱼类或其他海产品，并可包括由船东或船长运营的与此类船舶相连的岸站。

二、本分章中任何子目均不适用于以鱼片、鱼排或切片去骨形式存在的鱼（包括上述已切块产品的任何一部分），不论新鲜、冷藏或冷冻，如果该物品在一个国家或领海生产，使用非美国居民的全部或部分劳动。

税则号列	统计后缀	货品名称	单位	税率 1 普通	税率 1 特惠	2
9815.00.20	00	美国渔业产品(包括鱼类、贝类和其他海洋动物,鲸鱼和海洋动物油),这些产品尚未在外国登陆,或者登陆仅用于转运而不改变状态	千克	免税		免税
9815.00.40	00	鱼类(鳕鱼、尖鳕、黑线鳕、狗鳕、鲭鱼、青鳕和箭鱼除外),美国渔业产品,在国外登陆,去除头部、内脏或鳍,或者通过冷却或冷冻,或以上加工工序的组合,但没有进行其他加工	千克	免税		免税
9815.00.60	00	由美国渔业在1818年美国和英国签订公约定义的海岸、拉布拉多,马格达林群岛和纽芬兰沿岸加工或保存的美国渔业产品	千克	免税		免税

第十六分章　非商业性进口有限价值物品

美国注释：

一、为执行本分章规定,除非财政部部长或其代表确定,将本分章规定税率代替该物品其他适用税率将对美国的经济利益产生不利影响,否则,应采用本分章中物品税率而非该物品的其他税率进行征税,除非该物品原为免税。

税则号列	统计后缀	货品名称	单位	税率 1 普通	税率 1 特惠	2
		个人或家庭使用的物品,或者作为真正的礼物,不是以他人名义进口,在获取国合理零售总价不超过 1 000 美元,该人要求享受税号 9816.00.20 或税号 9816.00.40 所述货品或以上两个子目所述货品优惠,且未在抵达前 30 天内享受过该优惠:				
9816.00.20	[1]	抵达美国个人随身物品(不包括在美属萨摩亚、关岛或美属维尔京群岛获得的免税品和其他物品)		合理零售价值的 3%	免税(BH、CA、CL、CO、IL、JO、KR、MA、MX、OM、P、PA、PE、SG)	合理零售价值的 4%
9816.00.40	[1]	直接或间接由美属萨摩亚、关岛或美属维尔京群岛抵达美国的个人物品(无论随身与否),为该人在上述岛屿偶然所得,由该人进口或以其名义进口		合理零售价值的 1.5%	免税(BH、CA、CL、CO、IL、JO、KR、MA、SG)	合理零售价值的 2%

[1]见第九十八章统计注释一。

第十七分章　其他特别归类规定

美国注释：

一、(一)除非符合以下规定,否则税号9817.00.40所述货品不得免税：

　　1. 总统指定的联邦机构(或多个机构)确定此类物品是"促进教育、科学和文化特征视听材料国际流通协定"所指的具有教育、科学或文化特征的视觉或听觉材料。[17 UST(第2页)1578；贝鲁特协议]

　　2. 该物品为——

　　　　(1)由总统指定的某个联邦机构或多个机构认定为教育、科学或文化性质的公共、私人机构或协会,用于佛罗伦萨协定内罗毕议定书规定目的的免税物品,由进口商进口或经授权进口；

　　　　(2)由进口商证明是具有教育、科学或文化特征的视觉或听觉材料,或由联合国或其专门机构制作。为了第1款的目的,当总统确定有或可能是营利展览或使用税号9817.00.40所述货品严重干扰(或有可能严重干扰)类似物品的国内生产,总统可规定对上述某些外国物品实施限制,以确保该物品仅为非营利目的展示或使用。

(二)税号9817.00.42至9817.00.48(含税号9817.00.42和税号9817.00.48)所述货品,除非符合本注释(一)2(1)和(2)款规定的标准,否则不得免税。

二、税号9817.00.50和税号9817.00.60规定不适用于：

(一)第二十五章物品；

(二)子目3212.10所述货品；

(三)税号3926.90.30所述货品；

(四)皮革制品或毛皮物品；

(五)纺织材料制品；

(六)第十三类的物品(品目6808、子目6809.11、子目7018.10、子目7018.90、子目7019.40、子目7019.51、子目7019.52和子目7019.59除外)；

(七)第七十一章物品；

(八)第七十二章物品；

(九)第七十三章物品(子目7308.10、子目7308.20、子目7308.40、子目7308.90、子目7315.81至7315.89、子目7319.40、子目7325.10、子目7325.91、子目7326.11及子目7326.19除外)；

(十)第七十四章物品(子目7419.10和子目7419.91除外)；

(十一)第七十五章物品；

(十二)第七十六章物品(品目7610除外)；

(十三)第七十八章规定的物品；

(十四)第七十九章物品(锌制的排水沟、屋顶封盖、天窗框架及其他装配建筑构件除外)；

(十五)第八十章物品；

(十六)第八十一章物品(子目8101.99和子目8102.99除外)；

(十七)第八十二章物品；

(十八)第八十三章物品；

(十九)税号8419.81.50、税号8419.81.90、子目8427.10、子目8427.20、子目8427.90、子目8431.20、品目8432、品目8433、品目8434、子目8435.10、子目8435.90、品目8436、子目8438.80、子目8468.10、税号8472.90.40和子目8479.89、税号8482.10.10至8482.99.65(子目8482.91除外)、税号8483.10.50及子目8487.10；

(二十)第八十五章物品(税号8519.81.20、品目8523、子目8532.90、子目8539.90、品目8542、子目8543.10至8543.30、税号8543.70.60、税号8543.70.80、税号8543.70.85、税号8543.70.92、税号8543.70.96、子目8543.90、子目8544.70、子目8546.90、子目8547.20和子目8548.90)；

(二十一)第八十六章物品；

(二十二)第八十七章物品(自行车及其他非机动脚踏车及其部件除外)，但可互换的农业和园艺工具可归入税号9817.00.50，即使进口时安装在第八十七章拖拉机上也是如此；

(二十三)第八十八章物品(品目8805除外)；

(二十四)第八十九章物品(品目8901、品目8902、品目8904、子目8905.10、子目8905.20、品目8907和品目8908除外)；

(二十五)税号9006.69.01、税号9032.89.20、税号9032.89.40、税号9032.90.20和税号9032.90.40的物品；

(二十六)税号9101.19.20、子目9102.12、子目9102.91.20、税号9103.10.20、税号9104.00.05及税号9104.00.45的物品；

(二十七)品目9405规定的物品(税号9405.60.60和子目9405.92除外)；

(二十八)税号9505.10.10、税号9506.21.40和税号9506.21.80的物品；

(二十九)税号9603.50.00、税号9604.00.00、税号9605.00.00及税号9616.10.00的物品；

(三十)品目9705的物品。

三、(一)当铜的市场价格低于每千克1.12美元时，税号9817.00.80不适用。

(二)就(一)款而言，铜的市场价格是康涅狄格州谷交付的标准形状和尺寸的电解铜的一个公历月的每千克平均市场价格，由美国国际贸易委员会按照下述程序确定并向财政部部长报告。

(三)就(一)款而言，只有在美国国际贸易委员会向财政部部长报告其确定市场价格在一个公历月内低于每千克1.12美元后的第二十天及之后，铜的市场价格才应被视为低于每千克1.12美元。在此报告后，只有在委员会向财政部部长报告已确定市场价格为1.12美元或更高之日起第二十天后，市场价格才被视为不低于每千克1.12美元一个公历月。

(四)上述委员会对电解铜市场价格的确定应基于通常商业渠道中铜购买者通常采用的来源，包括但不限于由工程和采矿杂志"金属和矿物市场"发布的康涅狄格谷标准形状和尺寸电解铜市场价格的报价。

四、(一)税号9817.00.92、税号9817.00.94及税号9817.00.96中"盲人或其他身体或精神残障人士"包括患有永久性或慢性身体或精神障碍的人，这些残障严重限制一项或多项主要生活活动，如照料自己、完成手工任务、步行、看、听、说、呼吸、学习或工作。

(二)税号9817.00.92、税号9817.00.94及税号9817.00.96不包括：

1.用于急性或暂时性残疾的物品；

2.非实质残疾的人使用的眼镜，假牙和化妆品；

3. 治疗和诊断用品；要么
4. 药物, 药剂。

五、税号 9817.57.01 中" 批量生产的套件 "仅包括那些设计成套装形式, 仅在美国关境内销售的物品。

六、税号 9817.22.05 所述货品免税待遇适用于在加拿大境内生产的利口酒和烈性饮料, 如果——
1. 该类朗姆酒是在关税税则表总注释七(一)款列举的《加勒比盆地经济复苏法》(CBERA)指定的受惠国或美国维尔京群岛生长、生产或制造；
2. 该类朗姆酒直接从关税税则表总注释七(一)中列举的 CBERA 指定受惠国或美国维尔京群岛进口至加拿大境内, 该类利口酒和烈性饮料从加拿大境内直接进入美国关境；
3. 进口至美国关境时, 该类利口酒和烈酒饮料归入关税税则表子目 2208.40 或子目 2208.90；
4. 该类朗姆酒占该等利口酒和烈性饮料中酒精含量至少 90％。

七、以下规定适用于税号 9817.85.01：
(一)就本分章而言, 税号 9817.85.01 中" 原型"是指以下物品的原件或模型：
1. 处于预生产、生产或后期生产阶段, 并且专门用于开发、测试、产品评估或质量控制目的；
2. 处于生产或后期生产阶段物品的原件或模型, 与当前生产设计变更相关(包括产品本身或产品制造方法的改良、提升、完善、开发或质量控制)。

就第 1 款而言, 为奖金、奖牌或商业竞赛而开展的赛车运动不应被视为"开发、测试、产品评估或质量控制"。

(二)1. 原型只能按照行业惯例以有限的非商业数量进口。
2. 除财政部部长规定外, 原型或原型部件进口到美国后, 不得出售或者并入其他销售的产品中。
(三)受数量限制、反倾销令或反补贴令约束的物品不得归入本注释所述原型。受许可要求约束或进口前必须遵守美国海关总署以外机构管理的法律、规则或条例的物品, 如果符合适用的法律规定并符合(一)款"原型定义, 则可归类为"原型"。

八、税号 9817.60.00 项下免税的物品应免除其他可能适用的税费, 但不得免于或以其他方式免除或排除海关所要求的例行检查或其他检查。

统计注释：

一、税号 9817.00.80、税号 9817.00.90、税号 9817.00.92、税号 9817.00.94、税号 9817.00.96、税号 9817.29.01、税号 9817.29.02、税号 9817.57.01、税号 9817.61.01、税号 9817.82.01、税号 9817.84.01、税号 9817.85.01、税号 9817.95.01 和税号 9817.95.05 项下商品的统计申报：
(一)申报本分章中的 8 位数字子目(或 10 位数字, 如果有的话), 以及本应归入第一章至第九十七章的 10 位数字子目；
(二)申报计量数量应采用该物品归入第一章至第九十七章的计量单位。

税则号列	统计后缀	货品名称	单位	税率 1 普通	税率 1 特惠	税率 2
		网,网的部件或网的一部分:				
9817.00.20	00	单丝刺网,用于鱼类采样	千克	免税		免税
9817.00.30	00	根据相应联邦或州政府颁发的许可证,用于捕获野生鸟类的网	千克	免税		免税
9817.00.40	00	冲洗的摄影胶片,包括记录图片或声音和图片的电影胶片;摄影幻灯片;透明胶片;录音;录制录像带;模型(玩具模型除外);图;地图;地球仪;海报;根据本分章美国注释一(一)确定为视觉或听觉材料的上述物品	千克	免税		免税
		根据本分章美国注释一确定为视觉或听觉材料的物品:				
9817.00.42	00	激光投影全息图;缩微胶卷,缩影胶片和类似物品	千克	免税		免税
9817.00.44	00	无论是否冲洗,以任何形式记录图片、声音和图片的电影胶片	个	免税		免税
9817.00.46	00	录音,声音和视频组合录制,以及录音磁带;视频光盘、录像带和类似物品	个	免税		免税
9817.00.48	00	图案和挂图;地球仪;抽象概念的模型或可视化,如分子结构或数学公式;程序指令材料;包含印刷材料和音频材料或上述两种或多种物质任意组合的套件	个	免税		免税
9817.00.50	00	用于农业或园艺的机械、设备和器具	[1]	免税		没有适用该子目的税率
9817.00.60	00	品目8432、品目8433、品目8434和品目8436所述货品使用的部件,不论这些部件是否主要用作该物品的一部分,或是否包含在附加美国规则一(三)内的特定条款中	[1]	免税		没有适用该子目的税率
9817.00.70	00	动物,猎物,为了存储进口至美国	个	免税		免税
		未锻造的金属,以块、锭或方坯形式存在的重新熔化废锭(铜、铅、锌和钨除外),(a)有缺陷或损坏,或由熔化的金属废料和废料生产,无脱硫、炼制、融化或精炼,以方便处理和运输,(b)未再制造下不能商用;替代料或二次混料;金属制品(铅、锌或钨制品除外,不包括第六类、第二十六章或子目8548.10的含金属材料,不包括第七十二章至八十一章未锻造金属),熔化后再制造,或通过切碎、剪切压实或类似加工,使其适合金属含量的回收				
9817.00.80	[1]	铜制品	[1]	免税		没有适用该子目的税率
9817.00.90		其他		免税		免税
	40[1]	块、锭或方坯	[1]			
	60[1]	替代料或二次混料	[1]			
	80[1]	其他	[1]			

第九十八章　特别归类规定

税则号列	统计后缀	货品名称	单位	税率 1 普通	税率 1 特惠	税率 2
		为盲人或其他身体或精神残障人士使用或受益而特别设计或改装的物品；专门设计或改装用于上述物品的部件和附件（牙箍和假肢修复体的部件和附件除外）：				
		盲人用品：				
9817.00.92	[1]	书籍、音乐和小册子，凸起印刷，专门用于或为盲人使用的	[1]	免税		免税
9817.00.94	[1]	盲文书写板、立方体算术，仅供盲人使用或使其受益的特殊设备、机器、印刷机	[1]	免税		免税
9817.00.96	[1]	其他	[1]	免税		免税
9817.00.98	00	戏剧布景、道具和服装，由来自国外的戏剧、芭蕾舞、歌剧或类似作品的经营者或管理者带入美国，供他们在此类作品中临时使用	千克	免税		没有适用该子目的税率
9817.22.05	[1]	本分章美国注释六所述的朗姆酒、塔菲亚酒、利口酒和烈性饮料，可归入子目2208.40或子目2208.90	[1]		免税	
9817.29.01	[1]	第二十九章具有芳香族或改性芳香结构的任何物理形式的环状有机化学产品（但不包括2,3-二羟基萘-6-磺酸钠盐），用于制造照相色素偶合剂；照相颜色成色剂（但不包括2,3-二羟基萘-6-磺酸钠盐）（所有上述商品归入第二十九章、税号3707.90.31、税号370.90.32或税号3707.90.60）	[1]	免税		没有适用该子目的税率
9817.29.02	[1]	在公海或外国水域的船上用天然气生产的甲醇	[1]	免税		46%
9817.57.01	[1]	针线工艺品展示模型，主要是手工缝制的、已完成批量生产的衣物（税号5701.10.40、税号5701.10.90、税号5701.90.20、税号5805.00.25、税号5805.00.40、子目6302.91、税号6302.93.10、税号6302.93.20、税号6302.99.20、子目6303.19、税号6303.92.10、税号6303.92.20、子目6303.99、子目6304.92、子目6304.93、税号6304.99.15、税号6304.99.35、税号6304.99.60、税号6307.90.85或税号6307.90.98所述货品）	[1]	免税		没有适用该子目的税率
9817.60.00	00	以下不打算出售或分发给公众的物品：在美国举办的国际体育赛事，如奥运会和残奥会、亲善运动会、特奥会、世界杯足球赛或任何财政部部长确定的类似的国际体育赛事，上述赛事的外国参赛者、官员或代表团成员以及上述人士的直系亲属或佣人的个人物品；由上述人士或组委会进口，与赛事相关，并由财政部同意，用于展示参加国国家文化的设备和物品	千克	免税		免税

税则号列	统计后缀	货品名称	单位	税率 1 普通	税率 1 特惠	2
9817.61.01	[1]	滑雪比赛服装制品,专门设计其衬垫、结构或其他特殊功能,防止滑雪运动造成的伤害,例如由障碍滑雪或摔跤引起的撞击(税号6101.30.20、税号6105.20.20、子目6110.11、税号6110.12.20、子目6110.19、税号6110.20.20、税号6110.30.30、税号6112.20.10、税号6114.30.30、税号6203.43.15或税号6203.43.35所述货品)	[1]	5.50%	免税(AU、BH、CA、CL、CO、JO、KR、MX、P、PA、PE、SG)没有适用该子目的税率(A、D、E、IL、MA、OM)	没有适用该子目的税率
9817.64.01	[1]	品目9021所述货品以外的鞋类,用于疾病、手术或受伤后支撑或保持足部的鞋类,条件是此类鞋:(1)量身定做,(2)单独出现而不是成对出现,设计为适合任何一只脚	[1]	免税		没有适用该子目的税率
9817.82.01	[1]	多晶金刚石的安装工具和钻头坯料(税号8207.19.60、税号8207.50.40或税号8207.50.80所述货品)和多晶金刚石的安装工具坯料(税号8207.70.60、税号8207.80.60、税号8207.90.45或税号8207.90.75所述货品)	[1]	免税		没有适用该子目的税率
9817.84.01	[1]	车轮制造、车轮矫正、轮胎冲压、轮胎装配及类似机器(子目8462.21、子目8462.29、子目8462.41、子目8462.49、税号8479.89.94或子目9031.80所述货品),上述适用于制造自行车的车轮	[1]	免税		没有适用该子目的税率
9817.85.01	[1]	专门用于开发、测试、产品评估或质量控制目的的原型	[1]	免税		没有适用该子目的税率
		归入子目3924.10、子目3926.90、子目6307.90、子目6911.10、子目6912.00、子目7013.22、子目7013.28、子目7013.41、子目7013.49、子目9405.20、子目9405.40或子目9405.50的物品,符合下述描述:				
9817.95.01	[1]	家庭使用,用于宗教或文化节日中特定宗教或文化仪式庆典的实用物品,如逾越节家宴盘子,祝福杯,光明节烛台或宽扎节烛台	[1]	免税		25%
9817.95.05	[1]	实用物品,以三维形式表现的符号或主题,与美国特定假日明显相关	[1]	免税		25%

[1]见本分章统计注释一。

第十八分章　船舶零件和维修

美国注释：

一、本分章的规定适用于根据美国法律备案的从事对外或沿海贸易的船舶,或根据美国海关法规定需要进入美国从事对外或沿海贸易的船舶。

二、除税号 9818.00.03 至 9818.00.07 的规定外,应用于根据美国法律备案并从事对外或沿海贸易的船舶上的设备、修理零件和材料的费用不需缴纳关税。当船舶所属船员在公海、外国水域或外国港口期间,由该船舶的正式船员进行安装,未接受外国修理船厂的修理劳务,此类安装、设备、零件和材料不需要报关登记。

统计注释：

一、用于税号 9818.00.05 的商品的统计报告。

（一）报告本分章中出现的 8 位数字(或 10 位数字),以及第一章至第九十七章中出现的 10 位数字(如果没有本分章的规定,则适用)；以及

（二）报告的数量应采用第一章至第九十七章中规定的单位。

税则号列	统计后缀	货品名称	单位	税率 1 普通	税率 1 特惠	2
		为本分章美国注释一所述船只购买的设备或其任何部分,包括船只,或将使用的修理零件或材料,或在外国进行的修理费用:				
9818.00.01	00	为外国购买的任何设备或设备的任何部分,或在外国使用的修理零件或材料,或在该等驳船首次抵达美国任何港口时,在用作货柜的短驳(船上驳船)上进行修理的费用	千克	免税		此类货物或修理费用的50%
9818.00.03	00	船舶所有人或船长证明的备件或材料(网或网状物除外),拟用于货船上,在美国、海上或外国根据需要安装或使用,但前提是在首次进入美国时,外国购买或从外国进口的每种此类备件或材料已根据本附表缴付税款	千克	免税		此类零件或材料成本的50%
9818.00.05	00	在第一次进入美国之前必须安装的备件,每一个在外国购买或从外国进口的此类备件第一次进入美国时	[1]	在没有本子目的情况下,适用于此类零件成本的费率	免税(BH、C、CA、CL、CO、E、IL、JO、KR、MA、MX、OM、P、PA、PE、SG)在没有本子目的情况下,适用于此类零件成本的费率(AU)	此类零件成本的50%
9818.00.07	00	其他,在本分章美国注释一所述任何船只首次抵达美国任何港口时	千克	此类货物或修理费用的50%	免税(AU、BH、C、CA、CL、CO、E、IL、JO、KR、MA、MX、OM、P、PA、PE、SG)	此类货物或修理费用的50%

[1]见本分章统计注释一。

第十九分章　根据《非洲增长和机会法》符合特殊关税优惠条件的纺织品和服装

美国注释：

一、就本分章而言，所规定的关税待遇仅适用于该子目中所述的纺织品和服装制品，这些纺织品和服装制品是从先前通过公告指定的撒哈拉以南非洲受惠国直接进口至美国关税区的，这些受惠国随后又通过公告指定。在美国贸易代表办公室发布的《联邦公报》通知中确定，符合《非洲增长和机会法》（AGOA）（公法第106-200号标题一）的要求，因此，应提供该法授权的关税待遇，并在本分章中予以规定。每当美国贸易代表办公室如本文所述发布《联邦公报》通知时，应在本注释中列举这些国家。除本分章说明另有规定外，此类物品应具有免税和不受任何数量限制的资格。美国贸易代表办公室已确定下列国家已采用有效的签证制度和相关程序，并满足《非洲增长和机会法》的海关要求，因此，应提供本注释中规定的关税待遇：贝宁、博茨瓦纳、布基纳法索、喀麦隆、佛得角、中非共和国、乍得、科特迪瓦、斯威士兰王国、埃塞俄比亚、冈比亚、加纳、几内亚、肯尼亚、莱索托、利比里亚共和国、马达加斯加、马拉维、马里、毛里求斯、莫桑比克、纳米比亚、尼日尔、尼日利亚、卢旺达、塞内加尔、塞拉利昂、南非、坦桑尼亚、乌干达、赞比亚。

二、（一）根据美国国际贸易委员会的决定，进口税号9819.11.09、税号9819.11.12、税号9819.15.10以及税号9819.15.15至9819.15.42中任何其他税号下的服装制品，可适用于从撒哈拉以南非洲受惠国进口的服装制品。在本注释第（二）款所列的每一个1年期间内，应限制在可获得数据的前12个月期限内，进口至美国的所有服装制品的适用百分比（总平方米当量）。任何符合税号9819.11.09以及税号9819.15.10至9819.15.42入境条件的服装制品，均应列入税号9819.15.10至9819.15.42的适当税号中。

（二）根据美国国际贸易委员会的决定，进口税号9819.11.09、税号9819.15.10以及税号9819.15.15至9819.15.42中任何其他税号的服装制品，可能适用于符合条件的撒哈拉以南非洲国家进口的服装制品，在2003年10月1日开始的每一个1年期间内，总数量不得超过本协议规定的在过去12个月内进口至美国的所有服装制品中可获得相关数据的总平方米当量的适用百分比：

12个月周期	适用百分比
2003年10月1日至2004年9月30日	4.747
2004年10月1日至2005年9月30日	5.310
2005年10月1日至2006年9月30日	5.873
2006年10月1日至2007年9月30日	6.436
2007年10月1日至2008年9月30日 以及2014年10月1日至2025年9月30日的12个月期间	7.0

来自本注释（四）款所列的撒哈拉以南非洲欠发达受惠国的服装制品，当这些制品符合税号9819.11.12的描述并输入时，则应计入本注释对税号9819.11.09设定的输入服装制品的限额。在2002年10月1日起至2011年10月1日止的每一个1年期间内，总数量不得超过本协议规定

的在过去 12 个月内进口至美国的所有服装制品中可获得相关数据的总平方米当量的适用百分比：

12 个月周期	适用百分比
2002 年 10 月 1 日至 2003 年 9 月 30 日	2.0714
2003 年 10 月 1 日至 2004 年 9 月 30 日	2.3571
2004 年 10 月 1 日至 2005 年 9 月 30 日	2.6428
2005 年 10 月 1 日至 2006 年 9 月 30 日	2.9285
2006 年 10 月 1 日至 2007 年 9 月 30 日以及从 2025 年 9 月 30 日起每 1 年	3.5

税号 9819.11.12 中所述的服装物品应在上述 12 个月期间内，允许进入制造此类物品所用织物或纱线的原产国，但总统在《联邦公报》公布的公告中施加的任何限制除外。

(三) 在每一列举的 12 个月期间允许的进口总量应由纺织品协议执行委员会公布在《联邦公报》上。

(四) 就税号 9819.11.12 而言，根据《非洲增长和机会法》[19 U.S.C. 3721(b)(3)(b)]第 112(b)(3)(b)款，只有在美国贸易代表办公室发布通知后，在本分章美国注释一中列举的撒哈拉以南非洲受惠国才有资格被视为欠发达受惠国。每当美国贸易代表办公室发布本注释所述的《联邦公报》时，符合被指定为欠发达受惠国的国家应在本注释中列出，并在该通知中公布的生效日期后根据该子目输入货物。就该税号而言，符合撒哈拉以南非洲欠发达受惠国资格的下列国家的产品有资格根据该税号入关，但前提是这些国家在入境或从仓库提取消费之日已在本分章美国注释一中列出：贝宁共和国、埃塞俄比亚、尼日利亚联邦共和国、博茨瓦纳、冈比亚共和国、卢旺达共和国、布基纳法索、加纳民主共和国、圣汤姆共和国和普林西比共和国、喀麦隆、几内亚共和国、佛得角共和国、肯尼亚共和国、塞内加尔共和国、中非共和国、塞拉利昂共和国、莱索托王国、乍得共和国、利比里亚共和国、坦桑尼亚联合共和国、刚果共和国、马达加斯加、乌干达共和国、科特迪瓦、毛里求斯、赞比亚共和国、吉布提、毛里求斯共和国、纳米比亚共和国、厄立特里亚共和国、莫桑比克、斯威士兰王国、马拉维共和国。

(五) 就税号 9819.11.09、税号 9819.11.12、税号 9819.15.10 以及税号 9819.15.15 至 9819.15.42 中的任何其他税号而言，根据美国国际贸易委员会的决定，该税号可能适用于从撒哈拉以南非洲合格受惠国进口的服装制品。根据该项进口的物品，可以含有税号 9819.11.03 或税号 9819.11.06 的服装制品所要求的织物、织物组件或者针织成型组件。

三、(一) 根据本分章的任何规定，有资格享受优惠待遇的物品不应被取消享受优惠待遇的资格，因为该物品包含——

1. 外国来源的零件或装饰，如果这些零件或装饰的价值不超过组装物品组件成本的 25%；或者
2. 某些外国来源的内衬，如果此类内衬(以及任何外国来源的发现和修整)的价值不超过组装物品组件成本的 25%；或者
3. 不完全在美国或本分章美国注释一中列举的一个或多个指定受惠国形成的纤维或纱线，前提是所有此类纤维和纱线的总重量不超过物品总重量的 10%；或者
4. 下列任何不符合本分章规定要求的部件：任何领子或袖子(上述裁剪或针织成型)、拉绳、肩垫或其他衬垫、腰带、系在物品上的腰带、带有弹性或肘部补丁的带子。

(二)就上述(一)1款而言,符合该款要求的零件或装饰包括缝纫线、钩和眼、按扣、纽扣、"蝴蝶结"、装饰花边、弹性带、拉链(包括拉链带)和标签。只有当弹性带的宽度小于2.54厘米并用于生产胸罩时,才将其视为零件或装饰。就税号9819.11.06和税号9819.11.30所述物品而言,缝纫线不应被视为零件或装饰。

(三)就上述(一)2款而言,该款项下合格的内衬仅包括由动物粗毛或化纤制的胸部型板、机织或纬纱插入的经编结构的"海毛垫布"片或"袖头"。

(四)就本分章而言,"前撒哈拉以南非洲受惠国"是指在根据《非洲增长和机会法》被指定为撒哈拉以南非洲国家并在本注释(一)款中列举后,由于与联合国贸易局签订自由贸易协定而不再被指定为该类国家。

四、(一)就税号9819.11.27而言,根据本规定进口的货物必须由本分章美国注释一中列举的指定受惠国的主管当局根据适当的美国政府当局确定的任何要求,证明为该国的合格产品。

(二)在这类税号中,"民族印花织物"指的是——

1. 在两个边缘都有一个宽度小于50英寸的边饰,可归入本税则税号5208.52.30或税号5208.52.40分类;

2. 包含非洲版画的设计、符号和其他特征的版画——

    (1)通常为非洲本土市场生产和销售,以及

    (2)通常在非洲按件出售,而不是在非洲本土市场出售前定制成衣;

3. 在撒哈拉以南一个或多个合格受惠国印刷,包括上蜡;以及

4. 在美国生产、利用美国生产的纱线或利用在撒哈拉以南非洲一个或多个受惠国用美国或撒哈拉以南非洲一个或多个受惠国的纱线生产的织物。

统计注释:

一、对于本分章子目下商品的统计报告:

(一)报告本分章中发现的8位数字(或10位数字),以及第一章至第九十七章中出现的10位数字(如果没有本分章的规定,则适用);以及

(二)报告的数值应采用第一章至第九十七章中规定的单位。

税则号列	统计后缀	货品名称	单位	税率 1 普通	税率 1 特惠	2
		从本分章美国注释一所列的指定受益人撒哈拉以南非洲国家进口的物品：				
9819.11.03	[1]	在一个或多个这样的国家(卢旺达共和国除外)缝制或以其他方式组合的第六十一章或第六十二章的服装，由在美国完全成型和裁剪的织物或针织成型的组件制成，或者由在美国完全成型的纱线制成，或者兼而有之(包括非纱线制成的织物，该织物可归入品目5602或品目5603，并且是在美国全部成型和裁剪的)，上述产品：(1)是刺绣的，或是经石洗、酶洗、酸洗、预压缩的，烘炉烘烤、漂白、服装染色、丝网印刷或其他类似工艺，以及(2)但对于此类刺绣或加工，属于本税则税号9802.00.80中另有说明的类型	[1]		免税	
9819.11.06	[1]	在一个或多个这样的国家(卢旺达共和国除外)缝制或以其他方式组合的服装，其在美国成型的线来自在美国完全成型的织物，在一个或多个这样的国家从在美国完全成型的纱线中裁剪，或从在美国完全成型的纱线中针织成型的组件中裁剪，或两者兼而有之(包括非纱线制成的织物，该织物可归入品目5602或品目5603，且在美国完全成型)	[1]		免税	
9819.11.09	[1]	根据本分章美国注释二的规定，在一个或多个这样的国家(卢旺达共和国除外)完全成型的织物，从原产于美国或一个或多个这样的国家的纱线(包括非纱线制成的织物，该织物可归入品目5602或品目5603，并且在一个或多个这样的国家成型和裁剪)或从针织成型的组件或来自美国或一个或多个此类国家或前撒哈拉以南非洲受惠国[如本分章美国注释三(四)款所述]的纱线，或同时来自这两个国家的纱线，或完全由美国或一个或多个此类国家的纱线在无缝针织机上形成的服装制品。这些国家或前撒哈拉以南非洲受惠国[如本分章美国注释三(四)款所述]或两者兼之，不论服装是否也由本分章美国注释二(五)款所述的任何织物、织物组件或针织成型的组件制成[除非服装制品仅由本分章美国注释二(五)款所述的任何织物、织物组件或针织成型组件制成]	[1]		免税[2]	
9819.11.12	[1]	在本分章美国注释二(四)款所列的一个或多个欠发达国家(卢旺达共和国除外)的全部组合、针织成型和全部组合或两者兼有的服装制品，在符合本分章美国注释二规定的前提下，不论织物或用于制造此类制品的纱线的原产国是哪里，如果在自美国贸易代表办公室发布的《联邦公报》通知公布之日起至2025年9月30日(含)止进口	[1]		免税[2]	
9819.11.15	[1]	在一个或多个这样的国家(卢旺达共和国除外)针织成型的羊绒毛衫，归入子目6110.12	[1]		免税	
9819.11.18	[1]	在一个或多个这样的国家(卢旺达共和国除外)针织成型的毛衣，含有50%或更多羊毛(直径21.5微米或更细)	[1]		免税	
9819.11.21	[1]	在一个或多个此类国家(卢旺达共和国除外)裁剪(或针织成型)和缝制或以其他方式组合的服装，只要此类织物或纱线的服装有资格享受本税则总注释十二规定的关税待遇，而不考虑织物或纱线的原产地	[1]		免税	
9819.11.24	[1]	在一个或多个这样的国家(卢旺达共和国除外)裁剪(或针织成型)和缝制或以其他方式组合的服装制品，根据美国政府相关机构可能提供的任何条款，均采用该机构在《联合公报》中指定的在美国没有商业数量的织物或纱线	[1]		免税	
9819.11.27	[1]	根据本分章美国注释四的规定，手工机织、手工编织、民俗物品或民族印花织物(来自卢旺达共和国的产品除外)	[1]		免税	
9819.11.30	[1]	在一个或多个这样的国家(卢旺达共和国除外)缝制或以其他方式组合的服装，其纱线在美国形成，上述产品：(1)由美国和一个或多个这样的国家或前撒哈拉以南非洲受惠国[如本分章美国注释三(四)款所述]裁剪的部件制成，由在美国形成的织物制成。在美国完全成型的纱线(包括非纱线制成的织物，该织物可归入品目5602或品目5603)，或(2)在美国和一个或多个此类国家通过在美国完全成型的纱线针织成型组件，或(3)任何组合而成的纱线。上述两种或两种以上的针织成型或裁剪加工	[1]		免税	

税则号列	统计后缀	货品名称	单位	税率 1 普通	税率 1 特惠	税率 2
9819.11.33	[1]	归入第五十章至第六十章(含第六十章)或第六十三章的纺织制品,上述物品是撒哈拉以南非洲欠发达受惠国[如本分章美国注释二(四)款所述]的产品,并且在一个或多个此类国家完全由纤维、纱线、织物、织物组件或者一个或多个此类国家针织成型组件构成	[1]		免税	
		第六十一或第六十二章的服装制品,在本分章美国注释二(四)款中列举的一个或多个撒哈拉以南非洲欠发达受益者国家(卢旺达共和国除外)中完全组装或针织成型并完全组装,或两者兼有,并且属于本分章美国注释五所述类型,如果根据该注释的条款输入:				
9819.15.10	[1]	税号 5209.42.00 的牛仔布	[1]		免税	
9819.15.15	[1]	美国国际贸易委员会确定的第一批织物或纱线是在撒哈拉以南非洲受惠国按商业数量生产的,供撒哈拉以南非洲欠发达受惠国使用,并在《联邦公报》上公布的公告中予以规定	[1]		免税	
9819.15.18	[1]	美国国际贸易委员会确定的第二种织物或纱线是在撒哈拉以南非洲受惠国按商业数量生产的,供撒哈拉以南非洲欠发达受惠国使用,并在《联邦公报》上公布的公告中予以规定	[1]		免税	
9819.15.21	[1]	美国国际贸易委员会确定的第三种织物或纱线是在撒哈拉以南非洲受惠国按商业数量生产的,供撒哈拉以南非洲欠发达受惠国使用,并在《联邦公报》上公布的公告中予以规定	[1]		免税	
9819.15.24	[1]	美国国际贸易委员会确定的第四种织物或纱线是在撒哈拉以南非洲受惠国按商业数量生产的,供撒哈拉以南非洲欠发达受惠国使用,并在《联邦公报》上公布的公告中予以规定	[1]		免税	
9819.15.27	[1]	美国国际贸易委员会确定的第五种织物或纱线是在撒哈拉以南非洲受惠国按商业数量生产的,供撒哈拉以南非洲欠发达受惠国使用,并在《联邦公报》上公布的公告中予以规定	[1]		免税	
9819.15.30	[1]	美国国际贸易委员会确定的第六种织物或纱线是在撒哈拉以南非洲受惠国按商业数量生产的,供撒哈拉以南非洲欠发达受惠国使用,并在《联邦公报》上公布的公告中予以规定	[1]		免税	
9819.15.33	[2]	美国国际贸易委员会确定的第七种织物或纱线是在撒哈拉以南非洲受惠国按商业数量生产的,供撒哈拉以南非洲欠发达受惠国使用,并在《联邦公报》上公布的公告中予以规定	[2]		免税	
9819.15.36	[2]	美国国际贸易委员会确定的第八种织物或纱线是在撒哈拉以南非洲受惠国按商业数量生产的,供撒哈拉以南非洲欠发达受惠国使用,并在《联邦公报》上公布的公告中予以规定	[2]		免税	
9819.15.39	[2]	美国国际贸易委员会确定的第九种织物或纱线是在撒哈拉以南非洲受惠国(卢旺达共和国除外)按商业数量生产的,供撒哈拉以南非洲欠发达受惠国使用,并在《联邦公报》上公布的公告中予以规定	[2]		免税	
9819.15.42	[2]	美国国际贸易委员会确定的第十种织物或纱线是在撒哈拉以南非洲受惠国按商业数量生产的,供撒哈拉以南非洲欠发达受惠国使用,并在《联邦公报》上公布的公告中予以规定	[2]		免税	

[1]见本分章统计注释一。

[2]有关到期日的后续修订,请参见第 114.27 号公告第 103 节。

第二十分章 根据《美国-加勒比盆地贸易伙伴关系法》有资格享受特殊关税待遇的货物

美国注释：

一、本分章规定的关税待遇仅适用于该子目中所述的纺织品和服装，这些纺织品和服装制品是总注释十七(一)所指定的美国-加勒比盆地贸易伙伴关系法(CBTPA)受惠国直接进口至美国境内。美国贸易代表办公室已确定下列国家(地区)[以下称 CBTPA 受惠国(地区)]已满足《海关与边境保护法》的海关要求，因而应给予本注释规定的关税待遇：巴巴多斯、伯利兹、库拉索、圭亚那、海地、牙买加、圣卢西亚、特立尼达和多巴哥。

二、(一)除本注释另有规定外，从本税则总注释十七(一)款所列的指定 CBTPA 受惠国(地区)直接进口至美国关税区的本分章税号 9820.11.03 至 9820.11.33(包括税号 9820.11.33)所述的纺织品和服装，则有资格根据此类子目和适用法律注释中规定的条款免税入境且不受任何数量限制，本分章另有规定的除外，如此类条款的"特惠"税率栏中"免税"税率所示。就税号 9820.11.03、税号 9820.11.06、税号 9820.11.18 和税号 9820.11.33 而言，2002 年 9 月 1 日或之后通过针织或钩编织物或机织物在 CBTPA 受惠国(地区)组合的服装，只有所有染色、印花和整理是在美国进行的，才有资格享受本注释所述的关税待遇。

(二)从 2000 年 10 月 2 日起至 2001 年 9 月 30 日止，税号 9820.11.09 服装的进口应限制在总数量不超过 250 000 000 平方米的当量。在本协议规定的每一年期限内，此类服装的进口应限制在以下总平方米当量：

12 个月周期	平方米当量
2001 年 10 月 1 日至 2002 年 9 月 30 日	290 000 000
2002 年 10 月 1 日至 2003 年 9 月 30 日	500 000 000
2003 年 10 月 1 日至 2004 年 9 月 30 日	850 000 000
2004 年 10 月 1 日至 2005 年 9 月 30 日及随后的 12 个月	970 000 000

(三)税号 9820.11.12 的 T 恤衫进口应在 2000 年 10 月 2 日开始至 2001 年 9 月 30 日结束的期间内限制在不超过 4 200 000 打。在本协议规定的每一年期限内，进口此类 T 恤衫的数量应限制在以下总量：

12 个月周期	总量(以打为单位)
2001 年 10 月 1 日至 2002 年 9 月 30 日	4 872 000
2002 年 10 月 1 日至 2003 年 9 月 30 日	9 000 000
2003 年 10 月 1 日至 2004 年 9 月 30 日	10 000 000
2004 年 10 月 1 日至 2005 年 9 月 30 日及随后的 12 个月	12 000 000

(四)就税号 9820.11.15 而言,在 2001 年 10 月 1 日开始的期间和随后的 6 个 1 年期间内,生产商或控制生产的实体的胸罩进口,只有在以下情况下才有资格享受优惠待遇:在前一年期间,用于生产该生产商或实体在税号 9820.11.15 下入境美国并符合条件的所有此类物品,至少为该生产商或实体在所有此类物品中所含织物申报总海关价值的 75%(不包括所有零件和装饰)。在前一年期间根据税号 9820.11.15 的规定登记并具有资格的生产商或实体。美国海关总署可以制定和实施方法和程序,以确保持续遵守本款的规定。如果海关总署发现生产者或控制生产的实体在 1 年内未满足此类规定,那么该生产者或实体的此类服装物品在任何后续行动中均不得根据税号 9820.11.15 获得优惠待遇。直到在前 12 个月期间进入的生产者或实体生产此类物品中在美国形成的织物总成本(不包括所有零件和装饰)的年份,至少是申报总量的 85%该生产商或实体的所有此类物品中包含的面料的海关价值(不包括所有零件和装饰)在前一年期间根据税号 9820.11.15 输入并符合资格。

三、(一)根据本分章的任何规定,有资格享受优惠待遇的物品不得因含有以下产品而没有资格享有该待遇:

1. 外国来源的零件或装饰,如果这些零件和装饰的价值不超过组合物组件总成本的 25%;或者
2. 某些外国来源的内衬,如果此类内衬(以及任何外国来源的零件和装饰)的价值不超过组合物组件总成本的 25%;或者
3. 不完全在美国或本税则总注释十七(一)款列举的一个或多个指定受惠国(地区)形成的纤维或纱线,但所有这些纤维和纱线的总重量不超过该物品总重量的 7%;或者
4. 在一个或多个 CBTPA 受惠国(地区)染色、印花或加工的用于装配此类服装制品的线。

尽管有上述第(三)款的规定,含有弹性纱线的服装产品只有在这些纱线全部在美国成型的情况下,才有资格享受本注释项下的优惠关税待遇。

(二)就上述(一)1 款而言,符合该项要求的零件或装饰包括缝纫线、钩和眼、按扣、纽扣、"蝴蝶结"、装饰花边、弹性带、拉链(包括拉链带)和标签以及其他类似产品。只有当弹性带的宽度小于 2.54 厘米并用于生产胸罩时,才将其视为零件或装饰。就税号 9820.11.06、税号 9820.11.18 和税号 9820.11.33 所述物品而言,缝纫线不应视为零件或装饰。

(三)就上述(一)2 款而言,该款项下合格的内衬仅包括由动物粗毛或化纤制的胸部型板、机织或纬纱插入的经编结构的"海毛垫布"片或"袖头"。

(四)就本章第二分章美国注释七(一)款和税号 9820.11.03、税号 9820.11.06 和税号 9820.11.18 而言,根据该税号有资格享受优惠待遇的物品不应被取消此类待遇的资格,因为该物品含有尼龙长丝纱(弹性纱除外),包括税号 5402.11.30、税号 5402.11.60、税号 5402.19.30、税号 5402.19.60、税号 5402.31.30、税号 5402.31.60、税号 5402.32.30、税号 5402.32.60、税号 5402.45.10、税号 5402.45.90、税号 5402.51.00 和 5402.61.00。根据本税则总注释八的条款,作为以色列产品,或根据本税则总注释十二的条款,作为加拿大或墨西哥产品免税。

四、就税号 9820.11.30 而言,根据本规定进口的货物必须由本税则总注释十七(一)款中列举的指定受惠国(地区)的主管当局根据适当的美国政府当局确定的要求证明为该国(地区)的合格产品。

五、在 CBTPA 受惠国(地区)和 CBTPA 前受惠国(地区)进行生产的物品。

(一)为确定根据本分章享有优惠待遇的物品的资格,提及——

1. "一个 CBTPA 受惠国(地区)"应视为包括任何 CBPTA 前受惠国(地区),以及
2. "多个 CBTPA 受惠国(地区)"应视为包括 CBTPA 前受惠国(地区),

如果该物品或用于生产该物品的货物在CBPTA受惠国(地区)进行生产。

(二)根据本注释(一)款规定有资格享受优惠待遇的物品不应因该物品直接从CBTPA前受惠国(地区)进口而丧失享受优惠待遇的资格。

(三)尽管有本注释(一)款和(二)款的规定,根据《1930年关税法》(19 U.S.C.1304)第304节或《乌拉圭回合协定法》(19 U.S.C.3592)第334节(视情况而定),属于CBTPA前受惠国(地区)的物品不符合本注释的优惠待遇。

(四)尽管有本注释(三)款的规定,但在以下情况下,物品应符合本注释项下的优惠待遇:

1. 根据《1930年关税法》(19 U.S.C.1304)第304节或《乌拉圭回合协定法》(19 U.S.C.3592)第334节(视情况而定),本条为多米尼加共和国的货物;以及

2. 该物品或用于生产该物品的货物在海地进行生产。

(五)1. 就本分章而言,术语"CBTPA前受惠国(地区)"是指根据本分章美国注释一不再被指定为CBTPA受惠国(地区)的国家,因为该国已成为与美国签订的自由贸易协定的缔约国。

2. 就本注释而言,以下国家是CBTPA前受惠国(地区):萨尔瓦多、多米尼加共和国、尼加拉瓜、巴拿马、洪都拉斯、危地马拉、哥斯达黎加。

六、2006年《海地机会伙伴促进法》。

(一)就税号9820.85.44而言,该子目所述并可归入税号8544.30.00的海地产品,如直接从海地进口至美国境内,则在2006年12月20日至2020年12月19日期间,有资格享受其中规定的关税待遇。前提是——

1. 在海地或本注释(二)款所列一个或多个国家生产的材料的成本或价值,或其任何组合,加上

2. 在海地或美国或两者都进行的加工作业的直接成本(如本税则总注释七(二)所定义的),
不低于该产品申报完税价格的50%。

(二)1. 就本注释(一)1和(三)款而言,所包括的国家为美国、以色列、加拿大、墨西哥、约旦、新加坡、智利、澳大利亚、摩洛哥、巴林、萨尔瓦多、洪都拉斯、尼加拉瓜、危地马拉、多米尼加共和国、哥斯达黎加、秘鲁、阿曼、韩国、哥伦比亚、巴拿马和本税则通用注释十一、十六或十七列举的指定受惠国。

2. 就本注释而言,适用的1年期应包括自2006年至2017年(含)每个日历年12月20日起至下一日历年12月19日止的时间段。①

(三)根据子目9820.61.25的规定直接从海地或多米尼加共和国进口的生产商或生产控制实体的服装,应在上述(二)2款规定的适用1年期限内免税进入美国,但应遵守本注释中规定的限制条件,前提是:这些制品由织物、织物组件、针织成型组件和纱线的组合物完全在海地组合或针织成型,在适用的1年期内进口的每件商品,以下各项之和:

1. 在海地或上述(二)款所列一个或多个国家生产的材料的成本或价值,或其任何组合,加上

2. 在海地或上述(二)款所列的一个或多个国家或其任何组合进行的加工作业的直接费用[定义见本税则总注释七(二)],不低于该服装制品申报海关价值的适用百分比(如本附注第(六)款所定义)。

(四)在计算本注释(三)1款下的成本或价值时,应扣除以下各项的成本或价值:

---

① 2015年《贸易优惠延长法》将HOPE(以及HOPE II和HELP)下的优惠延长至2025年12月19日结束。

1. 在海地用于生产服装制品的任何外国材料；以及
2. 用于生产上述(三)1 款所述材料的任何外国材料。

(五)就税号 9820.61.30 而言：
1. 在 2006 年 12 月 20 日开始的最初适用的 1 年期内，对于生产商或控制生产的实体在最初适用的 1 年期内通过汇总进入的物品，也可满足上述(三)款与适用百分比相关的要求——
   (1)上述(三)1 款中材料的成本或价值，以及
   (2)上述(三)2 款中加工作业的直接成本，
   该生产商或控制生产的实体在海地完全组合或针织成型的所有服装制品，并在最初适用的 1 年期间输入。
2. 在上述(二)2 款规定的初始适用 1 年期后的每 1 年期内，也可满足上述(三)1 款中与适用百分比相关的要求，适用百分比适用于生产商或生产控制实体的物品，这些物品在适用 1 年期内通过汇总进入——
   (1)上述(三)1 款中材料的成本或价值，以及
   (2)上述(三)2 款中加工作业的直接成本，
   该生产商或控制生产的实体在海地完全组合或针织成型的所有服装制品，并在最初适用的 1 年期间输入。
3. 在计算上述(五)1 款或(五)2 款中的成本或价值时，应扣除——
   (1)在海地用于生产服装制品的任何外国材料；以及
   (2)用于生产上述(五)1(1)款或(五)2(1)款所述材料(视情况而定)的任何异物。
4. 根据除本注释外的任何法律规定获得优惠待遇或受本税则第 1 栏"普通税率"约束的服装制品条目不包括在上述(五)1 款或(五)2 款中的年度合计中，除非生产商或生产控制实体选择进行年度汇总计算的时间，以便将此类条目包括在此类汇总中。

(六)就本注释而言：
1. "适用百分比"是指：
   (1)2006 年、2007 年、2008 年、2009 年、2010 年、2011 年、2012 年、2013 年或 2014 年 12 月 20 日起的 1 年期内，50% 或以上；
   (2)2015 年或 2016 年 12 月 20 日起的 1 年期内，55% 或以上；
   (3)2017 年 12 月 20 日起的 1 年期内，60% 或以上；
2. "外国材料"是指在海地以外的国家或上述(二)款所列任何国家生产的材料。
3. 为了确定上述(三)款(五)1 款或(五)2 款下的适用百分比，该百分比中可能包括——
   (1)在不考虑织物或纱线来源的情况下，根据本税则总注释十二(二十)，此类织物或纱线的服装有资格享受优惠待遇的织物或纱线成本；以及
   (2)指定为不可用于以下目的的商业数量的织物或纱线的成本：
      ①税号 9820.11.27，
      ②税号 9819.11.24，
      ③税号 9822.05.01，
      ④税号 9822.06.20，
      不考虑织物或纱线的来源。

(七)1. 在下表所列的每一适用的1年期间内,税号9820.61.25和税号9820.61.30项下给予的优惠待遇应延长至不超过最近12年进口到美国的所有服装制品的总平方米当量的相应百分比。可获得数据由纺织品协议执行委员会公布在《联邦公报》上:

适用一年期	百分值
2006年12月20日至2007年12月19日	1%
2007年12月20日至2008年12月19日	1.25%
随后的每一年直至	
2017年12月20日至2018年12月19日	
及随后的12个月	

2018年12月19日结束后,本分部不提供优惠待遇。①

2. 符合以下(八)至(十七)款中优惠待遇条件的任何服装或本税则的任何其他规定不受本注释(七)1款中数量限制的限制,也不包括在计算中。

(八)1. 税号9820.62.05项下提供的优惠待遇应扩大到根据本税则第六十二章归类的任何服装,这些服装在海地完全组合或针织成型,由任何织物、织物组件、针织成型或纱线组合而成,并直接从海地或多米尼加共和国进口,根据以下2款和3款,不考虑制造物品的织物、织物组件、针织成型组件或纱线的来源。

2. 除以下4款另有规定外,上述第1款所规定的优惠待遇应在2008年10月1日起的1年期内以及随后的11个1年期内延长至不超过7 000 000平方米的同等服装。

3. 符合本注释(七)款或(九)款至(十七)款或本税则任何其他规定的优惠待遇的任何服装不受上述2款规定的数量限制的约束,也不包括上述2款规定的数量限制的计算中。

4. (1) 除非以下(2)款和(3)款中另有规定,并且符合以下(4)款的规定,如果本注释(八)1款或(十)1款中所述的52 000 000平方米服装在2009年10月1日开始的1年期内或随后的1年期内进入美国,本注释(八)1款或(十)1款中所述的优惠待遇(视情况而定)不得超过在《联邦公报》上公布的延期通知中(视情况而定)(八)1款或(十)1款中所述的200 000 000平方米的服装。

(2) ① 如属于以下②款所述的服装,则本款须以"70 000 000"取代"200 000 000"而适用。
② 本款所述服装是下列属于本税则(2010年5月23日生效)统计报告编码的服装:
6203.19.1020、6203.19.9020、6203.22.3020、6203.22.3030、6203.23.0060、6203.23.0070、6203.29.2030、6203.29.2035、6203.42.4003、6203.42.4006、6203.42.4011、6203.42.4016、6203.42.4026、6203.42.4036、6203.42.4046、6203.42.4051、6203.42.4061、6203.43.2500、6203.43.3510、6203.43.3590、6203.43.4010、6203.43.4020、6203.43.4030、6203.43.4040、6203.49.1500、6203.49.2015、6203.49.2030、6203.49.2045、6203.49.2060、6203.49.8020、6203.49.8030、6204.12.0030、6204.19.8030、6204.22.3040、6204.22.3050、6204.23.0040、6204.23.0045、6204.29.2020、6204.29.2025、6204.29.4034、6204.29.4038、6204.62.3000、

---
① 2015年《贸易优惠延长法》将HOPE(以及HOPE II 和HELP)下的优惠延长至2025年12月19日结束。

6204.62.4003、6204.62.4006、6204.62.4011、6204.62.4021、6204.62.4031、6204.62.4041、6204.62.4051、6204.62.4056、6204.62.4066、6204.63.2000、6204.63.3010、6204.63.3090、6204.63.3510、6204.63.3530、6204.63.3532、6204.63.3540、6204.69.2510、6204.69.2530、6204.69.2540、6204.69.2560、6204.69.6010、6204.69.6030、6204.69.9010、6204.69.9030、6210.40.5031、6210.40.5039、6210.40.9033、6210.50.5031、6210.50.5039、6210.50.9060、6211.20.1520、6211.20.1525、6211.20.1550、6211.20.1555、6211.20.3810、6211.20.3820、6211.20.6810、6211.20.6820、6211.32.0040、6211.33.0030、6211.42.0030、6211.43.0040、6217.90.9050 或 6217.90.9060。

(3)①如属于以下②款所述的服装,则本款须以"85 000 000"取代"2 000 000 000"而适用。

②本款所述服装是下列属于本税则(2010 年 5 月 23 日生效)统计报告编码的服装:
6105.10.0010、6209.10.0018、6109.10.0027、6109.10.0040、6109.10.0045、6110.20.2079、6110.30.3053 或 6110.30.3059。

(4)①负责美国海关和边境保护的专员应在不迟于每年 4 月 1 日、7 月 1 日、10 月 1 日和 1 月 1 日核实,根据(八)4 款进口至美国境内的服装未被非法转运[在 19U.S.C.2703A(f)(2)的含义内]。

②如果专员根据上述①款确定根据(八)4 款进口至美国境内的服装被非法转运到美国,专员应向总统报告该决定。

③如果在(八)4 款下可享受优惠待遇的任何 1 年内,专员根据上述①款就非法转运向主席报告,主席——

(a)可修改(八)4 款中的数量限制,因为主席认为有权解释此类转运;以及

(b)如果主席按照上述(a)款的规定修改了限制,应在《联邦公报》上公布修改通知。

(九)税号 9820.62.12 所规定的优惠待遇应扩大至子目 6212.10 的任何物品,如果该物品是在海地由任何织物、织物组件、针织成型或纱线组合而成,并且是直接从海地或多米尼加共和国进口的,不考虑制造物品的织物、织物组件、针织成型组件或纱线的来源。

(十)1. 税号 9820.61.35 所规定的优惠待遇应扩大到根据本税则第六十一章归类的任何服装,这些服装在海地完全组合或针织成型,由任何织物、织物组件、针织成型或纱线组合而成,并直接从海地或多米尼加共和国进口,除以下第 2、3、4 款外,不考虑制品所用织物、织物组件、针织成型组件或纱线的来源。

2. 上述 1 款所述的优惠待遇不适用于以下各项:

(1)根据税号 6109.10.00 可分类的下列男童服装:

①白色 T 恤衫,袖子短,下摆有褶边,领口有圆领、圆领或 V 领,V 领中间有斜接缝,无口袋、镶边、刺绣;

②纯白背心,无口袋、镶边、刺绣;

③其他 T 恤,但不包括保暖汗衫;

(2)归入税号 6109.90.10 的男式或男童 T 恤;

(3)下列可归入税号 6110.20.20 的男童服装制品:

①运动衫;

②套头衫,但作为泳装一部分进口的毛衣、背心、服装除外;

(4)归入税号 6110.30.30 的男童运动衫,化纤制,按重量计含有少于 65% 的化纤。

3. 除(八)4款规定的情况外,(十)1款所述的优惠待遇应在自2008年10月1日起的1年期内以及随后的11个1年期内延长至不超过70 000 000平方米,相当于(八)4款所述服装。

4. 任何符合(七)至(九)款或(十一)至(十七)款中优惠待遇条件的服装,或本税则的任何其他规定,均不受(十)3款中数量限制的约束,或不包括在(十)3款中数量限制的计算中。

(十一)税号9820.61.40规定的优惠待遇应扩大到以下在海地由任何织物、织物组件、针织成型组件或纱线组合物完全组合或针织成型,以及直接从海地或多米尼加共和国进口的服装制品,而不考虑织物、织物组件、针织成型组件或制品用纱的来源:

1. 关于第六十一章税号6102.20.00、税号6102.90.90(适用于棉花制成的货物)、税号6104.13.20、税号6104.19.15、税号6104.19.60(适用于作为套装的一部分进口的夹克)、税号6104.19.80(适用于作为套装的一部分进口的夹克、棉花制夹克或化纤制的夹克)、税号6104.22.00(适用于在品目6102或品目6104所述的夹克和运动衫中)、税号6104.29.20(对于品目6102所述的服装或品目6104所述的夹克和运动衫,上述品目由棉花制成)、税号6104.32.00、税号6104.39.20(棉花制成的货物)、税号6112.11.00(品目6101或品目6102所述的女式或女式服装)、税号6113.00.90(妇女或女孩穿的棉制外套和夹克)或税号6117.90.90(棉制外套和夹克);或者

2. 关于第六十二章税号6202.12.20、税号6202.19.90(适用于棉花制成的货物)、税号6202.91.20(适用于妇女的货物)、税号6202.92.15、税号6202.92.20(不包括有衬垫的无袖夹克,不包括袖子附件)、税号6202.93.45、税号6202.99.90(适用于棉花制成的货物)、税号6203.39.90(适用于羊毛制成的货物)、税号6204.12.00(作为套装的一部分进口的夹克)、税号6204.13.20、税号6204.19.20、税号6204.19.80(作为套装的一部分进口且是棉花制成的夹克,或化纤制成的货物)、税号6204.22.30(品目6202所述的服装,或品目6204所述的夹克和夹克)、税号6204.23.00、税号6204.296204.32、税号6204.33.20、税号6204.39.80、税号6204.42.30(女式服装,灯芯绒除外)、税号6204.43.40(女式服装)、税号6204.44.40(女式服装)、税号6205.20.20(男式衬衫,经纱和/或填充物有两种或两种以上颜色,每种颜色的衣领和袖子尺寸均以英寸为单位,无双衣领尺寸,上述服装用硬纸板、别针、夹子、单独的塑料袋和吊牌重新包装,以备零售)、税号6205.30.20(男士衬衫,经纱和/或填充物有两种或两种以上颜色,每种颜色的衣领和袖子尺寸以英寸表示,无双衣领尺寸,上述服装用硬纸板、别针、夹子、单独塑料袋和吊牌重新包装,以备零售)、品目6207(仅限拳击手、睡衣或睡衣)、品目6208(仅限拳击手、睡衣或睡衣)、税号6209.20.10、税号6210.30.90(亚麻布以外的服装)、税号6210.50.90(风衣)、税号6211.20.15[风衣(包括滑雪夹克)]、防风衣和类似物品(包括女式无袖夹克,棉制,作为滑雪服的一部分进口)、税号6211.20.58(棉制)、税号6211.49.11(品目6202以外的夹克和夹克类服装)、税号6211.42.00(不包括运动裤的运动服,或品目6202以外的夹克和夹克类服装)、子目6212.10或税号6217.90.90(棉制外套和夹克)。

(十二)税号9820.42.05所规定的优惠关税待遇,应扩展至子目4202.12、子目4202.22、子目4202.32或子目4202.92的任何物品,这些物品是在海地组装的,并且是直接从海地或多米尼加共和国进口的,而不考虑织物、零件或制作物品的材料。

(十三)税号9820.65.05所规定的优惠关税待遇应扩展至本税则品目6501、品目6502、品目6504或税号6505.00.04至6505.00.90的任何物品,这些物品在海地由任何织物、织物组件、针织成型组件或纱线组合针织成型或制成,直接从海地或多米尼加共和国进口,不考虑织物、织物组

件、针织成型组件或纱线来源。

(十四)税号9820.62.20所规定的优惠关税待遇应扩大到下列在海地由任何织物、织物组件、针织物组件或纱线组合而成的、直接从海地或多米尼加共和国进口的服装,而不考虑织物、织物组件、针织成型组件或纱线的来源:

1. 可归入税号6208.91.30的棉制睡衣及其他女童睡衣,或可归入税号6208.92.00的化纤睡衣;或

2. 根据税号6208.99.20分类的其他纺织材料制女童睡衣和其他睡衣。

(十五)税号9820.62.25所规定的优惠待遇,应扩展至在海地完全针织成型的服装制品,这些服装由直接从海地或多米尼加共和国进口的任何织物、织物组件、针织成型组件或纱线组合而成,而不考虑织物、织物组件的来源。根据商务部部长制定的计划公法110-246第15402节,该等服装附有反映与该等服装的总平方米当量相等数量的进口免税证明。为了确定本款下的平方米当量数量,应采用"系数:美国纺织和服装行业体系与协调关税税则2008"或其美国商务部后续出版物中列出的换算系数。

(十六)税号9820.62.30所规定的优惠待遇应扩展至在海地由任何织物、织物组件、针织成型组件或纱线组合而成的、直接从海地或多米尼加共和国进口的任何服装,而不考虑产品的来源。如果决定物品关税分类的织物、织物组件、针织成型组件或纱线属于以下任何一种:

1. 根据总注释十二(二十)款,在不考虑面料或纱线来源的情况下,该面料或纱线的服装有资格享受优惠待遇的范围内;

2. 织物或纱线,只要该等织物或纱线被指定为不可用于商业目的,则——

   (1)税号9820.11.27;

   (2)税号9819.11.24;

   (3)税号9822.05.01;或

   (4)关于确定纺织品或服装是否为符合优惠待遇条件的原产货物的任何其他规定,该规定适用于执行美国在提出优惠待遇要求时生效的自由贸易协定的法律,而不考虑织物或纱线的来源。

(十七)1. 就税号9820.61.45而言,下述2款所述的在海地由任何织物、织物组件、针织成型组件或纱线组合而成的、直接从海地或多米尼加共和国进口的服装,应在不含以下物质的情况下进入美国,不考虑织物、织物组件、针织成型组件或纱线的来源。

2. 符合上述1款规定待遇的服装是在2010年5月23日生效的本税则的下列统计报告编码所述的服装:6101.30.1000、6101.30.1500、6101.90.0500、6101.90.9010、6101.90.9020、6101.90.9030、6102.30.0500、6102.30.1000、6102.90.9010、6102.90.9015、6103.22.0010、6103.22.0050、6103.23.0005、6103.23.0007、6103.23.0025、6103.23.0036、6103.23.0037、6103.23.0075、6103.29.0500、6103.29.0510、6103.29.0520、6103.29.1010、6103.29.1015、6103.29.1050、6103.31.0000、6103.33.1000、6103.33.2000、6103.39.1000、6103.39.8020、6103.39.8030、6104.22.0010、6104.22.0030、6104.22.0060、6104.23.0010、6104.23.0020、6104.23.0025、6104.23.0036、6104.29.0510、6104.29.0560、6104.29.1010、6104.29.1050、6104.29.2010、6104.29.2012、6104.29.2014、6104.29.2022、6104.29.2049、6104.29.2051、6104.29.2055、6104.33.1000、6104.39.2020、6104.39.2030、6104.44.2020、6104.49.9010、

6104.49.9030、6104.52.0010、6104.52.0020、6104.59.8010、6105.90.1000、6105.90.8010、6105.90.8020、6105.90.8030、6106.20.1020、6106.90.1010、6106.90.1020、6106.90.2510、6106.90.2520、6106.90.2530、6106.90.3010、6106.90.3020、6106.90.3030、6107.21.0010、6107.21.0020、6107.21.0030、6107.22.0010、6107.22.0015、6107.22.0025、6107.91.0030、6107.91.0040、6107.91.0090、6107.99.1030、6108.31.0010、6108.31.0020、6108.32.0015、6110.11.0070、6110.12.2070、6110.12.2080、6110.19.0070、6110.19.0080、6110.20.1031、6110.20.1033、6110.30.1050、6110.30.1060、6110.30.1550、6110.30.1560、6110.30.2051、6110.30.2053、6110.30.2061、6110.30.2063、6112.11.0010、6112.11.0020、6112.11.0030、6112.11.0040、6112.12.0010、6112.12.0020、6112.12.0030、6112.12.0040、6112.19.1010、6112.19.1020、6112.19.1030、6112.19.1040、6112.20.1010、6112.20.1020、6112.20.1030、6112.20.1040、6113.00.9015、6113.00.9025 或 6113.00.9030。

(十八) 1. 就税号 9820.63.05 而言，下述 2 款中所述的在海地由任何织物、织物组件、针织成型组件或纱线组合而成的、直接从海地或多米尼加共和国进口的服装，应在不含以下物质的情况下进入美国，不考虑织物、织物组件、针织成型组件或纱线的来源。

2. 符合上述 1 款规定待遇的化纤制品是在 2010 年 5 月 23 日生效的本税则的下列统计报告编码所述的化纤制品：5601.10.2000、5601.22.0090、5601.29.0010、5601.29.0020、5601.29.0090、5701.10.9000、5701.90.1030、5701.90.2010、5701.90.2020、5701.90.2030、5702.31.1000、5702.31.2000、5702.32.1000、5702.32.2000、5702.39.2010、5702.42.2090、5702.50.2000、5702.50.4000、5702.50.5200、5702.50.5600、5702.91.3000、5702.91.4000、5702.92.1000、5702.92.9000、5702.99.0500、5702.99.1500、5703.10.2000、5703.10.8000、5703.20.1000、5703.20.2010、5703.20.2090、5703.30.2000、5703.30.8030、5703.30.8080、5704.10.0010、5704.10.0090、5705.00.2005、5705.00.2015、5705.00.2030、5807.10.0510、5807.10.0520、5807.90.0510、5807.90.0520、6301.30.0010、6301.30.0020、6301.40.0010、6301.40.0020、6301.90.0010、6301.90.0020、6301.90.0030、6302.39.0010、6302.60.0010、6302.60.0020、6302.60.0030、6302.91.0005、6302.91.0015、6302.91.0035、6302.91.0045、6302.91.0050、6304.11.2000、6304.11.3000、6304.19.3040、6304.19.3060、6304.91.0020、6304.91.0040、6304.91.0050、6304.91.0070、6304.92.0000、6304.93.0000、6304.99.1500、6304.99.3500、6304.99.6010、6304.99.6020、6304.99.6040、6305.20.0000、6305.32.0010、6305.32.0020、6305.32.0050、6305.32.0060、6305.39.0000、6305.90.0000、6307.10.1020、6307.10.1090、6307.90.3010、6307.90.3020、6307.90.8910、6307.90.8940、6307.90.8945、6308.00.0020、6406.10.7700、6406.10.9020、6406.10.9040、6406.10.9060、6406.10.9090、9404.90.1000 或 9404.90.9505。

统计注释：

一、对于本分章子目下商品的统计报告：

(一) 报告本分章中发现的 8 位数字 (或 10 位数字，如果有)，以及第一章至第九十七章中出现的 10 位数字 (如果没有本分章的规定，则适用)；以及

(二) 报告的数量应采用第一章至第九十七章规定的单位。

税则号列	统计后缀	货品名称	单位	税率 普通	税率 特惠	2
		从本税则总注释十七(一)款列举的CBTPA指定受惠国(地区)进口的物品:				
9820.11.03	[1]	在一个或多个这样的国家缝制或以其他方式组合的第六十一章或第六十二章的服装,由在美国完全成型和裁剪的织物,或由在美国完全成型的纱线(包括非纱线制成的织物,该织物可归入品目5602或品目5603,并且上述制品:(1)在美国完全成型和裁剪的,或(2)经刺绣加工或石洗、酶洗、酸洗、烫压、烘箱烘烤、漂白、服装染色、丝网印花或其他类似工艺,(2)但对于此类刺绣或加工,是本税则税号9802.00.80以外类型的,以及(3)满足本分章美国注释二(一)款的要求	[1]		免税	
9820.11.06	[1]	在一个或多个这样的国家缝制或以其他方式组合的服装,其在美国加工的线来自美国完全成型的织物,在一个或多个这样的国家从在美国完全成型的纱线中裁剪,或从在美国完全成型的纱线中针织成型组件中裁剪。根据本分章美国注释二(一)款,声明或同时声明(包括非纱线制成的织物,该织物可归入品目5602或品目5603,且完全在美国加工的织物)	[1]		免税	
9820.11.09	[1]	在该国用完全在美国成型的纱线针织成型的服装(品目6115的袜子除外);归入税号6109.10.00和税号6109.90.10并在税号9820.11.12中所述的针织或钩编服装(不包括内衣以外的T恤衫),在一个或多个这样的国家完全组合在一个或多个这样的国家成型的织物上,或在一个或多个这样的国家和美国加工的织物上,所有上述织物均由在美国完全加工的纱线(包括非纱线制成的织物,该织物可归入品目5602或品目5603,在一个或多个这样的国家加工),并符合本分章美国注释二(二)款的规定	[1]		免税	
9820.11.12	[1]	归入税号6109.10.00和税号6109.90.10的T恤,在一个或多个此类国家制造,采用一个或多个此类国家成型的织物,由在美国加工的纱线制成,但不包括内衣,但应符合本分章美国注释二(三)款的规定	[1]		免税	
9820.11.15	[1]	可归入子目6212.10的胸罩,根据本分章美国注释二(四)款的规定,在美国或一个或多个此类国家或两个国家裁剪、缝制或以其他方式加工	[1]		免税	
9820.11.18	[1]	在一个或多个这样的国家裁剪和组合的针织或钩编服装,由在美国完全成型的纱线制成,或两者兼而有之(包括非纱线制成的织物);织物可归入品目5602或品目5603,并且根据本分章美国注释二(一)的条款完全在美国加工	[1]		免税	
9820.11.21	[1]	在这样一个国家组合的纺织品箱包,是用完全在美国成型的面料、完全在美国成型的纱线、在受惠国(地区)裁剪的面料制成的	[1]		免税	
9820.11.24	[1]	如果这种服装从加拿大或墨西哥直接进口至美国,在一个或多个这样的国家裁剪(或针织成型)、缝制或以其他方式组合的服装,前提是根据本税则总注释十二(二十)的条款,这种织物或纱线的服装将被视为原产货物,而不考虑织物或纱线的来源	[1]		免税	
9820.11.27	[1]	在一个或多个这样的国家,根据《联邦公报》中有关美国政府当局指定的织物或纱线,按照该当局可能规定的任何条款,在一个或多个这样的国家裁剪(或针织成型)和缝制或以其他方式组合成在美国没有商业数量的织物或纱线	[1]		免税	
9820.11.30	[1]	根据本分章美国注释四的条款,手工机织、手工编织或民俗纺织品和服装	[1]		免税	
9820.11.33	[1]	在一个或多个这样的国家缝制或以其他方式组合的服装,其线在美国成型,上述(i)由在美国裁剪的部件制成,在一个或多个这样的国家由在美国完全成型的纱线(包括非纱线制成的织物)制成。该织物可归入品目5602或品目5603,或(ii)在美国和一个或多个此类国家,由美国完全成型的纱线针织成型组件,或(iii)根据本分章美国注释二(一)款,由上述两种或以上的针织物组合成型或裁剪操作	[1]		免税	
9820.42.05	[1]	美国注释六(十二)款所述的品目4202直接从海地或多米尼加共和国进口的货品	[1]		免税	

税则号列	统计后缀	货品名称	单位	税率 1 普通	税率 1 特惠	2
9820.61.25	[1]	根据本分章美国注释六(七)(九)款规定的限制条件,在本分章美国注释六(二)2款规定的适用1年期限内,从海地或多米尼加共和国直接进口的本分章美国注释六(三)款所述的服装	[1]		免税	
9820.61.30		在本分章美国注释六(二)2款规定的适用1年期限内,从海地或多米尼加共和国直接进口的本分章美国注释六(五)款所述的服装,但须受本分章美国注释六(七)1款规定的限制	[1]		免税	
9820.61.35		本分章美国注释六(十)款所述的第六十一章的服装,在美国规定的任何1年期间直接从海地或多米尼加共和国进口,但须受本分章美国注释六(十)3款规定的限制	[1]		免税	
9820.61.40		本分章美国注释六(十一)款所述的直接从海地或多米尼加共和国进口的服装	[1]		免税	
9820.61.45		本分章美国注释六(十七)款所述的直接从海地或多米尼加共和国进口的服装	[1]		免税	
9820.62.05		根据本分章美国注释六(八)款,在本分章美国注释六(八)2款规定的适用1年期限内,直接从海地或多米尼加共和国进口本税则第六十二章中的服装条款,但受美国注释六(八)2款规定的限制	[1]		免税	
9820.62.12		子目6212.10的胸罩,根据本分章美国注释六(九)款,直接从海地或多米尼加共和国进口	[1]		免税	
9820.62.20		本分章美国注释六(十四)款所述的直接从海地或多米尼加共和国进口的睡衣和其他睡衣	[1]		免税	
9820.62.25		本分章美国注释六(十五)款所述的直接从海地或多米尼加共和国进口的服装	[1]		免税	
9820.62.30		本分章美国注释六(十六)款所述的直接从海地或多米尼加共和国进口的服装	[1]		免税	
9820.63.05		本分章美国注释六(十八)款所述的直接从海地或多米尼加共和国进口的化纤制品	[1]		免税	
9820.65.05		本分章美国注释六(十三)款所述的直接从海地或多米尼加共和国进口的物品	[1]		免税	
9820.85.44		根据本分章美国注释六输入的用于车辆、飞机或船舶(前述海地产品)的点火接线装置和其他接线装置	[1]		免税	

[1]见本分章统计注释一。

第二十二分章 根据自由贸易协定制定的规定

美国注释：
一、(一)本分章对根据税则总注释实施的美国与一个或多个其他国家之间的自由贸易协定制定的本税则条款进行了修改。根据本分章进口并在本分章规定中所述的货物(此处规定了税率并在括号内加上符号)，应按照本分章规定的税率缴纳关税，而不是第一章至第九十七章规定的税率。

(二)就税号9822.01.05而言，该项下货物的免税临时进口只应给予列为符合下列条件的货物：
1.《北美自由贸易协定》第305条，
2.《美国-新加坡自由贸易协定》第2.5条，
3.《美国-智利自由贸易协定》第3.7条，
4.《美国-澳大利亚自由贸易协定》第2.5条，
5.《多米尼加共和国-中美洲-自由贸易协定》第3.5条，
6.《美国-摩洛哥自由贸易协定》第2.5条，
7.《美国-巴林自由贸易协定》第2.5条，
8.《美国-阿曼自由贸易协定》第2.5条，
9.《美国-秘鲁贸易促进协定》第2.5条，
10.《美国-韩国自由贸易协定》第2.5条，
11.《美国-哥伦比亚贸易促进协定》第2.5条，
12.《美国-巴拿马贸易促进协定》第3.5条。
根据财政部部长颁布的条例规定的协议条款和依据。这种临时准入应限于本注释所列协议的一方国家(美国除外)的国民或居民进口或使用的货物，在上述列举的协议条款授权的范围内，并应无担保地提供，无论有关货物的原产地。

(三)就税号9822.01.10而言，暂时从美国出口的船只(连同设备、零件或材料)，不论其原产地如何，以及在属于本款所述自由贸易协定缔约国的国家进行修理或改造的船只(连同设备、零件或材料)，在某种程度上应给予免税进口。包括：
1.《北美自由贸易协定》第307条，
2.《美国-新加坡自由贸易协定》第2.6条，
3.《美国-智利自由贸易协定》第3.9条，
4.《美国-澳大利亚自由贸易协定》第2.6条，
5.《多米尼加共和国-中美洲-美国自由贸易协定》第3.6条，
6.《美国-摩洛哥自由贸易协定》第2.6条，
7.《美国-巴林自由贸易协定》第2.6条，
8.《美国-阿曼自由贸易协定》第2.6条，
9.《美国-秘鲁贸易促进协定》第2.6条，
10.《美国-韩国自由贸易协定》第2.6条，
11.《美国-哥伦比亚贸易促进协定》第2.6条，

12.《美国-巴拿马贸易促进协定》第3.6条。

根据相关协议条款的条款和财政部部长发布的条例规定的基础。无论修理或改装是否可以在美国进行,都应提供免税进口。

二、(一)除非另有规定,本注释和税号9822.01.25对其中所述并于2014年1月1日或之后输入的从新加坡进口货物有效。"税率"第1栏"特惠"子栏中税号9822.01.25的税率以及括号中的符号"SG"应适用于从新加坡进口的货物。第六十一章或第六十二章中的服装商品,如果这些商品在新加坡或美国境内或两者都是用织物或纱线(不论产地)裁剪(或针织成型)或缝制或以其他方式组合而成,则由适当的美国政府当局指定为织物或纱线,但不能及时获得商业数量的织物或纱线。必须在《联邦公报》上公布的公告中作出此类指定,以确定从2002年11月15日起,根据税号9819.11.24或税号9820.11.27的规定,由此类织物或纱线制成服装的有资格进入美国。就本注释而言,在此类通知中提及的在美国成型的纱线或织物应视为包括在新加坡或美国境内成型的纱线或织物,或两者兼而有之。

(二)就本注释和税号9822.01.25而言,除符合该品目下入境条件的任何货物外,下列从新加坡进口的货物应符合2006年8月1日或之后该品目下的入境条件:

1. 子目6106.20的女式或女童针织或钩编衬衫或税号6108.11.00、税号6108.22.00、税号6108.32.00或税号6108.92.00的内衣或内衣,所有上述产品均由51公支或85公支的环锭纺单纱制成,按重量计含有50%及50%以上但小于85%的0.9旦尼尔或更细的莫代尔纤维,主要与原产于美国的长绒棉混纺(归入税号5510.30.00);

2. 第六十二章的服装和服装附件(品目6216的手套除外),由100%纯棉机织法兰绒织物制成,具有2×2斜纹织物结构(该织物可归入税号5208.43.00)的不同颜色纱线,含21~36公支的环锭纱;

3. 子目6206.30的女式或女式衬衫或衬衫,由子目5210.21或子目5210.31的织物制成,而该等织物并非平衡结构,每平方厘米含有超过70根经纱及纬纱,平均纱线细度超70公支;或者

4. 第六十一章或第六十二章的服装和衣着附件,由30根单纱和36根黏胶纱制成,此类纱线为溶液染色、自由端纺短纤纱,可归入税号5510.11.00。

(三)就本注释和税号9822.01.25而言,除符合该品目下入境条件的任何货物外,下列从新加坡进口的货物应符合2011年5月21日或之后该品目下的入境条件:

1. 第六十一章或第六十二章的服装,上述在新加坡或美国境内或两者之间用黏胶人造丝纱线(此类纱线可归入税号5403.41.00)裁剪(或针织成型)并缝制或以其他方式组合的服装;

2. 第六十一章或第六十二章的女式或女童的衬衫,上述剪裁(或针织成形)并在新加坡或美国境内缝制或以其他方式组合而成,或两者兼而有之,采用机织棉织物,非平衡结构,每平方厘米含70多根经纱和纬纱,平均纱线细度超过70公支(可归入子目5210.11的织物);

3. 第六十一章或第六十二章的服装(不包括手套),上述裁剪(或针织成型)和缝纫或其他方式在新加坡或美国境内或两者兼有,由100%纯棉机织纱染色法兰绒织物制成,由14~41公支的环锭纺单纱制成,2×1斜纹织物,称重200克/米^{2}或以下(此类织物可归入税号5208.43.00);

4. 第六十一章或第六十二章的衬衫、裤子、睡衣、长袍、晨衣或机织内裤,上述裁剪(或针织成型)并在新加坡或美国境内或两者之间缝制或以其他方式组合的100%纯棉机织法兰绒织物(此类织物可归入税号5208.42.30或者税号5209.41.60);

5. 第六十一章或第六十二章的衬衫、裤子、睡衣、长袍、晨衣或机织内衣,上述裁剪(或针织成型)并在新加坡或美国境内缝制或以其他方式组合,或两者兼而有之。100%纯棉机织法兰绒织物(此类织物包括可归入税号5208.32.30或税号5209.31.60);

6. 第六十一章或第六十二章的衬衫、裤子、睡衣、长袍、晨衣或机织内衣裤,上述裁剪(或针织成型)和缝纫或其他方式在新加坡或美国境内组合,或两者兼而有之,由100%纯棉机织起绒织物(此类织物可归入税号5209.41.60);或者

7. 第六十一章或第六十二章的衬衫、裤子、睡衣、长袍、晨衣或机织内衣,上述裁剪(或针织成型)并在新加坡或美国境内或两者之间缝制或以其他方式组合,采用100%纯棉机织双层起绒织物(此类织物可归入税号5209.31.60)。

三、(一)除非另有规定,本注释和税号9822.02.01对2016年1月1日或之后根据本税则总注释二十六的条款输入的智利原产货物有效。在2016年及其后的连续几年,美国贸易代表办公室应在《联邦公报》上公布该日历年智利贸易顺差(按数量计算)的确定,该金额来源于以下各子目:子目1701.12、子目1701.13、子目1701.14、子目1701.91、子目1701.99、子目1702.20、子目1702.30、子目1702.40、子目1702.60、子目1702.90、子目1806.10、子目2101.12、子目2101.20和子目2106.90,但子目1702.40和1702.60项下智利对美国原产货物的进口不包括在智利贸易顺差的计算中。

(二)在任何日历年税号9822.02.01输入的智利原产货物总数量应等于本注释(一)款中智利贸易顺差的数量。

四、除非另有规定,本注释和子目9822.02.02对2016年1月1日当天或之后从智利进口的货物有效。"税率"第1栏"特惠"子栏中税号9822.02.02的免税率,后跟符号(cl),应适用于从智利进口的货物,年总数量不超过1 000 000件。其中:

(一)本税则第五十二章、第五十四章、第五十五章、第五十八章和第六十章规定的全部在智利由在智利或美国境外生产或获得的纱线形成的棉或化纤织物,以及

(二)附件4.1(具体原产地规则)中规定的棉或化纤织物,其完全由在智利境内或美国境内从智利或美国境外生产或获得的纤维纺成的纱线在智利成型。

五、除非另有规定,否则本注释与税号9822.02.03对2016年1月1日或之后从智利进口的货物有效。"税率"第1栏"特惠"子栏中税号9822.02.03的免税率,后跟符号(cl),应适用于从智利进口的年总量不超过1 000 000件的货物,棉或化纤服装商品或受棉限或化纤限的服装商品,上述商品均在智利通过在智利境内生产或获得的织物或纱线进行裁剪(或针织成型)和缝制或以其他方式加工。当此类货物在下列税号中提供:6101.20.00、6101.30.10、6101.30.20、6102.20.00、6102.30.05、6102.30.20、6103.10.30、6103.10.60、6103.22.00、6103.23.00、6103.29.10、6103.32.00、6103.33.20、6103.39.10、6103.42.10、6103.42.20、6103.43.15、6103.43.20、6103.49.10、6103.49.20、6104.12.00、6104.13.20、6104.22.00、6104.23.00、6104.29.10、6104.32.00、6104.33.20、6104.39.10、6104.42.00、6104.43.20、6104.44.20、6104.52.00、6104.53.20、6104.59.10、6104.62.00、6104.62.20、6104.63.10、6104.63.20、6104.69.10、6104.69.20、6105.10.00、6105.20.20、6106.10.00、6106.20.20、6107.11.00、6107.12.00、6107.21.00、6107.22.00、6107.91.00、6107.99.70、6108.11.00、6108.19.90、6108.21.00、6108.22.90、6108.31.00、6108.32.00、6108.91.00、6108.92.00、6109.10.00、6109.90.10、6110.20.10、6110.20.20、6110.30.10、6110.30.20、6110.30.30、6111.20.10、6111.20.20、6111.20.30、6111.20.40、6111.20.50、6111.20.60、6111.30.10、6111.30.20、6111.30.30、6111.30.40、6111.30.50、6111.90.10、6111.90.20、

6111.90.40、6111.90.50、6112.11.00、6112.12.00、6112.19.10、6112.20.10、6112.20.20、6112.31.00、6112.39.00、6112.41.00、6112.49.00、6113.00.90、6114.20.00、6114.30.10、6114.30.20、6114.30.30、6115.21.00、6115.29.80、6115.20.90、6115.95.60、6115.95.90、6115.96.60、6115.96.90、6115.99.14、6115.99.18、6116.10.17、6116.10.48、6116.10.55、6116.10.75、6116.92.64、6116.92.74、6116.92.88、6116.92.94、6116.93.88、6116.93.94、6116.99.48、6116.99.54、6117.10.20、6117.10.60、6117.80.30、6117.80.87、6117.80.95、6117.90.90、6201.12.10、6201.12.20、6201.13.10、6201.13.40、6201.92.10、6201.92.15、6201.92.20、6201.93.10、6201.93.20、6201.93.30、6201.93.35、6202.12.10、6202.12.20、6202.13.10、6202.13.40、6202.92.10、6202.92.15、6202.92.20、6202.93.10、6202.93.20、6202.93.45、6202.93.50、6203.12.20、6203.19.10、6203.19.30、6203.22.10、6203.22.30、6203.23.00、6203.29.20、6203.32.10、6203.32.20、6203.33.20、6203.39.20、6203.42.20、6203.42.40、6203.43.15、6203.43.20、6203.43.25、6203.43.35、6203.43.40、6203.49.10、6203.49.15、6203.49.20、6204.12.00、6204.13.20、6204.19.20、6204.22.10、6204.22.30、6204.23.00、6204.29.20、6204.32.10、6204.32.20、6204.33.10、6204.33.20、6204.33.50、6204.39.30、6204.42.30、6204.43.10、6204.43.20、6204.43.40、6204.44.20、6204.44.40、6204.52.20、6204.53.10、6204.53.30、6204.59.10、6204.59.30、6204.62.20、6204.62.30、6204.62.40、6204.63.12、6204.63.15、6204.63.20、6204.63.30、6204.63.35、6204.69.10、6204.69.25、6205.20.10、6205.20.20、6205.30.10、6205.30.20、6206.30.10、6206.30.30、6206.40.10、6206.40.20、6206.40.30、6207.11.00、6207.19.90、6207.21.00、6207.22.00、6207.91.10、6207.91.30、6207.99.75、6207.99.85、6208.11.00、6208.19.20、6208.21.00、6208.22.00、6208.91.10、6208.91.30、6208.92.00、6209.20.10、6209.20.20、6209.20.30、6209.20.50、6209.30.10、6209.30.20、6209.30.30、6209.90.10、6209.90.20、6209.90.30、6210.10.90、6210.20.50、6210.20.90、6210.30.50、6210.30.90、6210.40.50、6210.40.90、6210.50.50、6210.50.90、6211.11.10、6211.11.80、6211.12.10、6211.12.80、6211.20.04、6211.20.15、6211.20.28、6211.20.38、6211.20.48、6211.20.58、6211.20.68、6211.20.78、6211.32.00、6211.33.00、6211.42.00、6211.43.00、6212.10.50、6212.10.90、6212.20.00、6212.30.00、6212.90.00、6213.20.10、6213.20.20、6213.90.10、6214.30.00、6214.40.00、6214.90.00、6215.20.00、6215.90.00、6216.00.17、6216.00.21、6216.00.24、6216.00.29、6216.00.38、6216.00.41、6216.00.54、6216.00.58、6217.10.95 或 6217.90.90。

六、(一) 除非另有规定，本注释和税号 9822.03.01 对 2021 年 1 月 1 日或之后根据总注释二十七的条款输入的摩洛哥原产货物有效。在 2021 年及其后的连续几年内，美国贸易代表办公室应在《联邦公报》上公布该日历年摩洛哥从以下各子目的所有货物来源中按数量计算的贸易顺差：子目 1701.12，子目 1701.13，子目 1701.14，子目 1701.91，子目 1701.99，子目 1702.40 和子目 1702.60，但子目 1702.40 和子目 1702.60 下摩洛哥对美国原产货物的进口不应包括在摩洛哥贸易顺差的计算中。

(二) 在任何日历年税号 9822.03.01 输入的摩洛哥原产货物的总数量应等于本注释(一)款中摩洛哥贸易顺差的数量。

七、(一) 除非另有规定，否则本注释和税号 9822.03.02 对根据本注释和税号 9822.03.02 输入的摩洛哥原产货物有效。

2021 年 1 月 1 日当天或之后总注释二十七的条款。2021 年及以后连续几年，"税率"第 1 栏"特惠"子栏中后接符号"(MA)"的税号 9822.03.02 的免税税率应适用于从摩洛哥进口的纺织品或服装货物，总数量不超过 1 067 257 千克，如果棉纤维属于美国的品目 5201。在生产货物时，来源于下述(二)款指定的一个或多个撒哈拉以南最不发达受惠国,前提是棉花纤维在摩洛哥或美国境内或本注释(二)中列出的最不发达国家境内进行梳理。

(二)就本注释而言,下列国家是最不发达的撒哈拉以南受惠国,如公告厅第4861号公告第1421(1.1.2001)第6条所述,自2005年1月1日起免除进口商品或原产地证书的责任:安哥拉、利比里亚、贝宁、马达加斯加、布基纳法索、马拉维、布隆迪、马里、毛里塔尼亚、佛得角、中非共和国、莫桑比克、乍得、尼日尔、科摩罗、卢旺达、刚果民主共和国、圣多美和普林西比、吉布提、塞拉利昂、赤道几内亚、索马里、厄立特里亚、苏丹、埃塞俄比亚、坦桑尼亚、冈比亚、多哥、几内亚、乌干达、几内亚比绍、赞比亚、莱索托。

八、(一)除非另有规定,本注释对2023年1月1日或之后根据总注释二十八输入的澳大利亚原产货物有效。对于2023年以及此后的连续几年,美国贸易代表办公室应在《联邦公报》上公布适用于澳大利亚原产货物的总数量在该日历年的决定。

(二)在任何日历年输入的澳大利亚原产税号9822.04.01项下货物总量不得超过上述(一)款规定的数量。上述数量仅为美国进口商以海关确定的形式和方式向海关和边境保护局(海关)申报货物有效出口证书的数量。

(三)保障措施应适用于输入的澳大利亚原产货物超过上述(一)款规定的总数量,如下所示:

1. 如果在任何日历年的上一个季度的任何两个月内,月平均指数价格低于24个月触发价格,则税号9822.04.02规定的税率应在该日历年的当前季度适用;或

2. 如果在任何日历年第四季度的任何一个月,或在紧接第四季度之前的一个月,月平均指数价格低于24个月的旅行价格,则税号9822.04.02规定的税率应在该日历年第四季度的剩余时间内适用。

如果上述1款或2款不适用于澳大利亚原产货物,则美国贸易代表办公室应在《联邦公报》上公布一项决定。

在本注释中,"月平均指数价格"一词是指美国农业部农业营销服务部报告的批发盒装牛肉切出值(选择1～3个美国中部600～750磅或其等效物)的月平均指数价格,"24个月触发价格"一词是指比前24个月的平均指数价格低6.5%。

九、(一)除非另有规定,本注释对根据总注释二十八的条款于2023年1月1日或之后输入的澳大利亚原产货物有效。对于2023年以及此后的连续几年,美国贸易代表办公室应在《联邦公报》上公布该日历年适用于澳大利亚原产货物总量的决定。该数量应以6%的复合年增长率增长。

(二)在任何日历年输入的澳大利亚原产税号9822.04.05项下货物总量不得超过本注释(一)中规定的数量。

上述数量仅为美国进口商以海关确定的形式和方式向海关和边境保护局(海关)申报货物有效出口证书的数量。

十、(一)除非另有规定,本注释对2023年1月1日或之后根据总注释二十八输入的澳大利亚原产货物有效。对于2023年以及此后的连续几年,美国贸易代表办公室应在《联邦公报》上公布该日历年适用于澳大利亚原产货物总量的决定。该数量应以3%的复合年增长率增长。

(二)根据税号9822.04.10在任何日历年输入的澳大利亚原产货物总量不得超过本注释(一)中规定的数量。上述数量仅为美国进口商以海关确定的形式和方式向海关和边境保护局(海关)申报货物有效出口证书的数量。

十一、(一)除非另有规定,本注释对 2023 年 1 月 1 日或之后根据总注释二十八输入的澳大利亚原产货物有效。对于 2023 年以及此后的连续几年,美国贸易代表办公室应在《联邦公报》上公布该日历年适用于澳大利亚原产货物总量的决定。该数量应以 3% 的复合年增长率增长。

(二)在任何日历年输入的澳大利亚原产税号 9822.04.15 项下货物总量不得超过本注释(一)中规定的数量。上述数量仅为美国进口商以海关确定的形式和方式向海关和边境保护局(海关)申报货物有效出口证书的数量。

十二、(一)除非另有规定,本注释对 2023 年 1 月 1 日或之后根据总注释二十八输入的澳大利亚原产货物有效。对于 2023 年以及此后的连续几年,美国贸易代表办公室应在《联邦公报》上公布该日历年适用于澳大利亚原产货物总量的决定。该数量应以 4% 的复合年增长率增长。

(二)在任何日历年输入的澳大利亚原产税号 9822.04.20 项下货物总量不得超过本注释(一)中规定的数量。上述数量仅为美国进口商以海关确定的形式和方式向海关和边境保护局(海关)申报货物有效出口证书的数量。

十三、(一)除非另有规定,本注释对 2023 年 1 月 1 日或之后根据总注释二十八输入的澳大利亚原产货物有效。对于 2023 年以及此后的连续几年,美国贸易代表办公室应在《联邦公报》上公布该日历年适用于澳大利亚原产货物总量的决定。该数量应以 6% 的复合年增长率增长。

(二)在任何日历年输入的澳大利亚原产税号 9822.04.25 项下货物总量不得超过本注释(一)中规定的数量。上述数量仅为美国进口商以海关确定的形式和方式向海关和边境保护局(海关)申报货物有效出口证书的数量。

十四、(一)除非另有规定,本注释对 2023 年 1 月 1 日或之后根据总注释二十八输入的澳大利亚原产货物有效。对于 2023 年以及此后的连续几年,美国贸易代表办公室应在《联邦公报》上公布该日历年适用于澳大利亚原产货物总量的决定。该数量应以 6% 的复合年增长率增长。

(二)在任何日历年输入的澳大利亚原产税号 9822.04.30 项下货物总量不得超过本注释(一)中规定的数量。上述数量仅为美国进口商以海关确定的形式和方式向海关和边境保护局(海关)申报货物有效出口证书的数量。

十五、(一)除非另有规定,本注释对 2023 年 1 月 1 日或之后根据总注释二十八输入的澳大利亚原产货物有效。对于 2023 年以及此后的连续几年,美国贸易代表办公室应在《联邦公报》上公布该日历年适用于澳大利亚原产货物总量的决定。该数量应以 5% 的复合年增长率增长。

(二)在任何日历年输入的澳大利亚原产税号 9822.04.35 项下货物总量不得超过本注释(一)中规定的数量。上述数量仅为美国进口商以海关确定的形式和方式向海关和边境保护局(海关)申报货物有效出口证书的数量。

十六、(一)除非另有规定,本注释对 2023 年 1 月 1 日或之后根据总注释二十八输入的澳大利亚原产货物有效。对于 2023 年以及此后的连续几年,美国贸易代表办公室应在《联邦公报》上公布该日历年适用于澳大利亚原产货物总量的决定。该数量应以 5% 的复合年增长率增长。

(二)在任何日历年输入的澳大利亚原产税号 9822.04.40 项下货物总量不得超过本注释(一)中规定的数量。上述数量仅为美国进口商以海关确定的形式和方式向海关和边境保护局(海关)申报货物有效出口证书的数量。

十七、(一)除非另有规定,本注释对 2023 年 1 月 1 日或之后根据总注释二十八输入的澳大利亚原产货物有效。对于 2023 年以及此后的连续几年,美国贸易代表办公室应在《联邦公报》上公布该日历年适用于澳大利亚原产货物总量的决定。该数量应以3%的复合年增长率增长。

(二)在任何日历年输入的澳大利亚原产税号9822.04.45项下货物总量不得超过本注释(一)中规定的数量。只有美国进口商以海关确定的形式和方式向海关和边境保护局(海关)声明,澳大利亚政府签发的有效出口证明对货物有效,上述数量才有资格享受免税待遇。

十八、(一)除非另有规定,本注释对2023年1月1日或之后根据总注释二十八输入的澳大利亚原产货物有效。对于2023年以及此后的连续几年,美国贸易代表办公室应在《联邦公报》上公布该日历年适用于澳大利亚原产货物总量的决定。该数量应以3%的复合年增长率增长。

(二)在任何日历年输入的澳大利亚原产税号9822.04.50项下货物总量不得超过本注释(一)中规定的数量。只有美国进口商以海关确定的形式和方式向海关和边境保护局(海关)声明,澳大利亚政府签发的有效出口证明对货物有效,上述数量才有资格享受免税待遇。

十九、(一)除非另有规定,本注释对2023年1月1日或之后根据总注释二十八输入的澳大利亚原产货物有效。美国贸易代表办公室应在2023年及其后的连续几年内,在《联邦公报》上公布该日历年适用于澳大利亚原产货物总量的决定。该数量应以5%的复合年增长率增长。

(二)在任何日历年输入的澳大利亚原产税号9822.04.65项下货物总量不得超过本注释(一)中规定的数量。只有美国进口商以海关确定的形式和方式向海关和边境保护局(海关)声明,澳大利亚政府签发的有效出口证明对货物有效,上述数量才有资格享受免税待遇。

二十、(一)税号9822.05.01应适用于第五十章至第六十三章和子目9404.90的纺织品或服装,这些纺织品或服装含有总注释二十九所述的本文中所述的任何织物、纱线或纤维,并且以其他方式满足此类总注释二十九的要求:

1.子目5801.23的平绒织物;

2.子目5801.22的灯芯绒织物,含棉85%以上,每厘米含7.5条以上的绒条数;

3.根据哈里斯粗花呢管理委员会的规章制度,在英国机织的、经协会认证的、归入子目5111.11或子目5111.19的、手工机织的、织布机宽度小于76厘米的织物;

4.子目5112.30的面料,重量不超过340克/米^2,含羊毛、动物细毛重量不低于20%,人造短纤维重量不低于15%;

5.子目5513.11或子目5513.21的蜡染布,平衡结构,单根纱线超过76公支,每平方厘米含经纱和纬纱60~70条,重量不超过110克/米^2;

6.平均纱线细度超过135公支的子目5208.21、子目5208.22、子目5208.29、子目5208.31、子目5208.32、子目5208.39、子目5208.41、子目5208.42、子目5208.49、子目5208.51、子目5208.52或5208.59所列织物;

7.子目5513.11、子目5513.21的织物,非平衡,每平方厘米含有70根以上经纱和纬纱,平均纱线细度超过70公支;

8.子目5210.21、子目5210.31的织物,非平衡,每平方厘米含有70根以上经纱和纬纱,平均纱线细度超过70公支;

9.子目5208.22、子目5208.32的织物,非平衡,每平方厘米含有75根以上经纱和纬纱,平均纱线细度超过65公支;

10.子目5407.81、子目5407.82或子目5407.83的织物,其重量小于170克/米^2,具有由多臂机构形成的多臂组织;

11. 子目 5208.42、子目 5208.49 的织物,非平衡结构,每平方厘米含有 85 根以上经纱和纬纱,平均纱线细度超过 85 公支;

12. 子目 5208.51 的平衡结构织物,每平方厘米含 75 根以上经纱和纬纱,单纱织造,平均纱线细度等于或超过 95 公支;

13. 子目 5208.41 的平衡结构、方格布图案的织物,每平方厘米含有 85 根以上经纱和纬纱,用单纱织造,平均纱线细度等于或超过 95 公支,由不同颜色的经纱和纬纱织成;

14. 子目 5208.41 的织物,经纱用植物染料染色,纬纱用白色或植物染料染色,平均纱线细度超过 65 公支;

15. 税号 6006.21.10、税号 6006.22.10、税号 6006.23.10、税号 6006.24.10 的全部棉纱制圆形针织物,每根纱线超过 100 公支;

16. 税号 6001.92.00 项下密度不超过 271 克/米^2、100%聚酯、圆形针织的压扁的丝绒织物;

17. 子目 5403.31 或子目 5403.32 的黏胶人造丝纱线;

18. 税号 5108.20.80 的精梳羊绒纱、精梳羊绒混纺纱或者骆驼毛;

19. 用于腰带的下列两种弹性织物,归入子目 5903.90.25 的化纤织物:

    (1)一种针织外层可熔材料,其折线织入织物中,该织物包括一个 45 毫米宽的底衬,窄幅针织,合成纤维基(按重量计,含 49%的聚酯、43%的弹性纤维和 8%的尼龙,重量为 124.74 克/米^2、110/110 拉伸和消光纱制成),用粘合剂(热塑性树脂)涂层拉伸弹性材料;45 毫米宽,分为以下几部分:34 毫米主体,3 毫米接缝,允许其折叠,然后是 8 毫米固体;

    (2)具有粘合剂(热塑性树脂)涂层的针织内层可熔材料,该粘合剂(热塑性树脂)涂层在经过表面处理后应用于去除产品的所有收缩,所述织物包括基于 40 毫米合成纤维的、由 80%尼龙 6 和 20%弹性长丝构成的拉伸弹性可熔材料,124.74 克/米^2,110/110 伸长和一根无光丝;

20. 子目 5210.21、子目 5210.31 的织物,非平衡,每平方厘米含有 70 根以上经纱和纬纱,平均纱线细度超过 135 公支;

21. 子目 5208.22、子目 5208.32 的织物,非平衡,每平方厘米含有 75 根以上经纱和纬纱,平均纱线细度超过 135 公支;

22. 子目 5407.81、子目 5407.82 或子目 5407.83 的织物,重量小于 170 克/米^2,多臂组织由平均纱线细度超过 135 公支的多臂机构形成;

23. 子目 5403.39 的铜氨黏胶长丝;

24. 子目 5208.42、子目 5208.49 的织物,非平衡结构,每平方厘米含有 85 根以上经纱和纬纱,平均纱线细度超过 85 公支,而织物是牛津结构的,平均纱线细度超过 135 公支;

25. 按重量计含 50%以上但小于 85%的 51 公支和 85 公支环锭纺单纱,0.9 旦或更细的莫代尔纤维,主要与原产于美国的长绒棉混纺,归入子目 5510.30;

26. 品目 5502 的黏胶人造丝丝束;

27. 100%棉机织法兰绒织物,不同颜色的环锭纺单纱,21～36 公支,归入税号 5208.43.00,采用 2×2 斜纹组织,重量不超过 200 克/米^2;

28. 纱线平均数超过 93 公支的下列税号的织物:税号 5208.21.60、税号 5208.22.80、税号 5208.29.80、税号 5208.31.80、税号 5208.32.50、税号 5208.39.80、税号 5208.41.80、税号

5208.42.50、税号 5208.49.80、税号 5208.51.80、税号 5208.52.50、税号 5208.59.80、税号 5210.21.80、税号 5210.29.80、税号 5210.31.80、税号 5210.39.80、税号 5210.41.80、税号 5210.49.80、税号 5210.51.80 或税号 5210.59.80；

29. 用于生产子目 5111.11 或子目 5111.19 的机织物的上述税号 5108.10.80 的经梳理的羊绒纱或骆驼毛纱；

30. 用于生产子目 5509.31 纱线的子目 5501.30 的酸性可染聚丙烯腈丝束；

31. 税号 5402.41.90 的尼龙扁条,这种纱为：

(1) 尼龙制,细度相当于 7 旦/5 丝尼龙 66 未变形(平)半暗纱；复丝、未加捻或捻度不超过 50 圈/米；

(2) 尼龙制,细度相当于 10 旦/7 丝尼龙 66 未变形(平)半暗纱；复丝、未加捻或捻度不超过 50 圈/米；或

(3) 尼龙制,细度相当于 12 旦/5 丝尼龙 66 未变形(平)半暗纱；复丝、未加捻或捻度不超过 50 圈/米；

32. 税号 5515.13.10 的机织物,由混有羊毛的聚酯短纤维精梳而成,羊毛重量百分比小于 36%；

33. 税号 6006.90.10 的 85%绢、15%羊毛(210 克/米^2)的针织物；

34. 子目 5512.99 的机织物,含 100%重量的合成短纤维,非平衡结构,平均纱线细度超过 55 公支；

35. 子目 5512.21 或者子目 5512.29 的 100%腈纶机织物,平均纱线细度超过 55 公支；

36. 子目 5401.20 的人造丝缝纫线；

37. 税号 5208.32.30 的棉含量为 97%、氨纶含量为 3%的环锭纺机织物；

38. 税号 5512.99.00 的 74%聚酯纤维、22%尼龙和 4%氨纶的合成机织物；

39. 税号 5515.19.00 中所列的 62%聚酯纤维、32%黏胶纤维和 6%氨纶的双向拉伸机织物；

40. 税号 5515.19.00 的 71%聚酯纤维、23%黏胶纤维和 6%氨纶的双向拉伸机织物；

41. 子目 5516.92 的 70%的人造丝和 30%的聚酯纤维染色的人字形斜纹布,重量大于 200 克/米^2；

42. 子目 5516.14 的重量 200 克/米^2 以上的 100%人造丝印花人字布；

43. 归入子目 5804.21 或子目 5804.29 的花边；

44. 子目 5513.11、子目 5513.21 的平均纱线细度超过 70 公支、每平方厘米含有 70 根以上经纱和纬纱、非平衡结构的化纤织物；

45. 子目 5210.11 的棉织物,非平衡,每平方厘米含有 70 根以上经纱和纬纱,平均纱线细度超过 70 公支；

46. 归入子目 5107.10、子目 5107.20 或子目 5108.20 的羊毛或动物细毛精梳纱,其纤维平均直径不超过 18.5 微米；

47. 税号 5208.43.00 的 2×1 斜纹组织结构的 100%棉纱、染色的机织法兰绒织物,用 14～41 公支环锭纺单纱制成,质量不超过 200 克/米^2；

48. 税号 5510.11.00 的小于或等于 30 英支或者小于等于 0.9 旦的莫代尔纤维环锭纺纱单纱；

49. 纱线细度从 6/1 至 18/1 英支的彩色自由端纺单纱,含回收棉和再生棉的混合物,重量百分

比不低于35%,但不超过49%,智能织物技术相变材料(PCM)丙烯酸短纤维,由 Outlast 科技有限公司许可生产,归入税号 5206.11.00 或税号 5206.12.00;

50. 100%纯棉法兰绒机织物,匹染,经预缩整理,重 152.6 克/米^2,经向每厘米含 24.4 根细度为 40.6 公支的环锭纺经纱,纬向每厘米含 15.7 根细度为 20.3 公支的自由端纺纬纱,每平方厘米 40.1 线,总平均纱线细度 39.4 公支,两面起毛,宽 150 厘米,归入税号 5208.32.30;

51. 100%纯棉法兰绒机织物,匹染和双面起绒,经预缩整理,重 251 克/米^2,经向每厘米含 22.8 根细度为 40.6 公支的环锭纺经纱,纬向每厘米含 15 根细度为 8.46 公支的自由端纺纬纱,每平方厘米 37.8 线,总平均纱线细度 24.1 公支,宽 160 厘米,归入税号 5209.31.60;

52. 100%纯棉法兰绒机织物,匹染和双面起绒,经预缩整理,重 203 克/米^2,经向每厘米含 20.5 根细度为 40.6 公支的环锭纺经纱,纬向每厘米含 17.3 根细度为 13.5 公支的自由端纺纬纱,每平方厘米 37.8 线,总平均纱线细度 27.9 公支,宽 150 厘米,归入税号 5209.31.60;

53. 100%纯棉法兰绒机织物,匹染和双面起绒,经预缩整理,重 291.5 克/米^2,经向每厘米含 23.2 根细度为 27.07 公支的环锭纺经纱,纬向每厘米含 15 根细度为 8.46 公支的自由端纺纬纱,每平方厘米 38.2 线,总平均纱线细度 20.1 公支,宽 160 厘米,归入税号 5209.31.60;

54. 100%纯棉法兰绒机织物,匹染和双面起绒,经预缩整理,重 291.5 克/米^2,经向每厘米含 26.8 根细度为 25.46 公支的环锭纺经纱,纬向每厘米含 16.5 根细度为 10.16 公支的自由端纺纬纱,每平方厘米 43.3 线,总平均纱线细度 23.8 公支,宽 160 厘米,归入税号 5209.31.60;

55. 100%纯棉法兰绒机织物,匹染和双面起绒,经预缩整理,重 254 克/米^2,经向每厘米含 20 根细度为 28.8 公支的环锭纺经纱,纬向每厘米含 14.5 根细度为 8.46 公支的自由端纺纬纱,每平方厘米 34.5 线,总平均纱线细度 27.9 公支,宽 160 厘米,归入税号 5209.31.60;

56. 100%纯棉法兰绒机织物,有不同颜色纱线织成方格图案或方格效果,两面起绒,经预缩整理,重 251 克/米^2,经向每厘米含 22.8 根细度为 40.6 公支的环锭纺经纱,纬向每厘米含 15 根细度为 8.46 公支的自由端纺纬纱,每平方厘米 37.8 线,平均纱线细度 24.1 公支,宽 160 厘米,归入税号 5209.41.60;

57. 100%纯棉法兰绒机织物,由不同颜色织线织成格子布,两面起绒,经预缩整理,重 251 克/米^2,经向每厘米含 19.7 根细度为 20.3 公支的环锭纺经纱,纬向每厘米含 11.8 根细度为 8.46 公支的自由端纺纬纱,每平方厘米 31.5 线,平均纱线细度 20.1 公支,宽 160 厘米,归入税号 5209.41.60;

58. 100%纯棉法兰绒机织物,纱线有不同颜色,两面起绒,经预缩整理,重 152.6 克/米^2,经向每厘米含 24.4 根细度为 40.6 公支的环锭纺经纱,纬向每厘米含 15.7 根细度为 20.4 公支的自由端纺纬纱,每平方厘米 40.1 线,平均纱线细度 39.4 公支,宽 150 厘米,归入税号 5208.42.30;

59. 100%纯棉法兰绒机织物,纱线有不同颜色,两面起绒,经预缩整理,重 251 克/米^2,经向每厘米含 22.8 根细度为 40.6 公支的环锭纺经纱,纬向每厘米含 17.3 根细度为 8.46 公支的自由端纺纬纱,每平方厘米 40.1 线,平均纱线细度 24.1 公支,宽 160 厘米,归入税号 5209.41.60;

60. 100%纯棉法兰绒机织物,匹染,两面起绒,经预缩整理,重 251 克/米^2,经向每厘米含 20.1 根细度为 27.07 公支的环锭纺经纱,纬向每厘米含 16.5 根细度为 10.16 公支的自由端纺纬纱,每平方厘米 36.6 线,平均纱线细度 23.3 公支,宽 160 厘米,归入税号 5209.41.60;

61. 100％纯棉机织物,匹染,两面起绒,经预缩整理,重 291.5 克/米^2,经向每厘米含 24.41 根细度为 25.4 公支的环锭纺经纱,纬向每厘米含 16.53 根细度为 10.16 公支的自由端纺纬纱,每平方厘米 42.52 线,平均纱线细度 13.95 公支,宽 160 厘米,归入税号 5209.31.60;

62. 100％纯棉机织物,匹染,两面起绒,经预缩整理,重 305 克/米^2,经向每厘米含 24.41 根细度为 25.4 公支的环锭纺经纱,纬向每厘米含 18.11 根细度为 10.16 公支的自由端纺纬纱,每平方厘米 42.52 线,平均纱线细度 13.95 公支,宽 160 厘米,归入税号 5209.31.60;

63. 100％纯棉法兰绒机织物,匹染,两面起绒,经预缩整理,重 203 克/米^2,经向每厘米含 21 根细度为 40.6 公支的环锭纺经纱,纬向每厘米含 18 根细度为 13.54 公支的自由端纺纬纱,每平方厘米 39 线,平均纱线细度 19.2 公支,宽 150 厘米,归入税号 5209.31.60;

64. 100％聚酯花式长丝机织物,由 75 旦、100 旦、150 旦和 300 旦的纱线和 100％阳离子纤维或 25％阳离子/75％分散或 50％分散或 50％阳离子混合而成的平纹、斜纹或缎纹机织物,含有至少三种不同颜色,宽度 147.3 厘米或 152.4 厘米,归入税号 5407.53.20;

65. 100％纯棉机织四线斜纹法兰绒织物,双面起绒,重 136～140 克/米^2,含两种以上但不超过八种不同颜色的环锭纺棉纱,上述纱线经染色、精梳,经向每厘米有 38～40 个细度为 48～52 公支的环锭纺单纱,纬向每厘米有 28～30 根纬纱,每平方厘米 66～70 线,平均纱线细度 48～50 公支,宽度为 148～150 厘米,归入税号 5208.43.00;

66. 100％纯棉机织的四线人字斜纹织法兰绒织物,双面起绒,含有两种或两种以上不同颜色的环锭纱,上述纱线经染色、精梳,经向每厘米有 25～26 根细度为 35/2～36/2 公支的环锭纺单纱,纬向每厘米有 23～24 根纬纱,每平方厘米 48～50 线,平均纱线细度 32～34 公支,重量 301～303 克/米^2,宽度为 142～145 厘米,归入税号 5208.43.00;

67. 100％纯棉、四线斜纹、双面不规则 1×3 缎纹法兰绒织物,在色织物单面印花,经预缩整理,重 325～327 克/米^2,环锭纺单纱经染色、精梳,经向每厘米有 33～35 个细度为 50～52 公支的纱线,纬向每厘米有 57～59 根细度为 23～25 公支的纬纱,每平方厘米 90～94 线,平均纱线细度 28～30 公支,宽度为 148～152 厘米,归入税号 5208.43.00;

68. 100％纯棉、四线斜纹法兰绒织物,匹染,双面经碳金刚砂处理,重 176～182 克/米^2,纱线经染色,经向每厘米有 43～45 根细度为 39/1～41/1 公支的环锭纺精梳纱线,纬向每厘米有 61～71 根细度为 39/1～41/1 公支的环锭纺精梳纱线,每平方厘米 61～71 线,平均纱线细度 38～40 公支,宽度为 168～172 厘米,归入税号 5208.43.00;

69. 100％纯棉机织,四线 2×2 斜纹法兰绒织物,精梳环锭纺单纱经染色为不同颜色,起绒,经向每厘米有 50～52 根细度为 34 公支的纱线,纬向每厘米有 45～46 根细度为 34 公支的环锭纺精梳股线,平均纱线细度 60～62 公支,宽度为 148～152 厘米,归入税号 5208.43.00;

70. 税号 5205.42.00、税号 5205.43.00、税号 5205.44.00、税号 5205.46.00、税号 5205.47.00 紧密纺、100％棉环锭股线,细度为 42～102 公支;

71. 纺织品协议执行委员会在 2006 年 3 月 1 日当天或之后在《联邦公报》上发布的公告中确定的任何其他织物、纱线或纤维,在本协议缔约方领土内不能及时获得商业数量的织物、纱线或纤维,如总注释二十九(一)款所定义,但须符合纺织品协议执行委员会对织物、纱线或纤维的定量限制。

(二)美国贸易代表办公室可修改上述(一)款规定的指定织物、纱线和纤维的计数,以反映上述(一)款所述的纺织品协议执行委员会决定,该通知发表在《联邦公报》上。

二十一、(一)就税号9822.05.11和税号9822.05.13而言,总注释二十九(四)7款规定的处理仅限于从总注释二十九(一)款定义的协议一方(多米尼加共和国除外)进口至美国境内的货物,总数量不得超过下述(二)款规定的总限额,除非下述(三)款另有规定。为了确定对总限额征收的平方米当量(SME)数量应采用"系数:美国纺织品和服装分类体系与协调关税税则2003"、美国商务部纺织与服装办公室或后续出版物中列出的换算系数。

(二)根据下文所述和下述(三)款规定的除外条款,根据本条款,货物有资格进入的第一个日历年的总限额不得超过100 000 000。本规定自当年1月1日起施行的,按当年满月数的比例减少限额和限额。根据下文所述,总注释二十九(一)中规定的协议生效的每个连续日历年的总限额在任何日历年最多可增加200 000 000,以使其占总限额的比例与第一个日历年相同。根据本规定,货物有资格进入的年份,限额每增加一个百分比,应相当于本税则总注释二十九(一)款所定义的从《多米尼加共和国-中美洲-美国自由贸易协定》其他缔约方进口至美国境内的原产货物增加百分比,多米尼加共和国除外。

1. 不超过45 000 000可以是棉或化纤制成的裤子、裙子及其零件,也可以是棉或化纤制成的以下税号的裤子、裙子及其配件:税号6203.19.10,税号6203.19.90,税号6203.22.30,税号6203.23.00,税号6203.29.20,税号6203.42.40,税号6203.43.25,税号6203.43.35,税号6203.43.40,税号6203.49.15,税号6203.49.20,税号6203.49.80,税号6204.12.00,税号6204.19.80,税号6204.22.30,税号6204.23.00,税号6204.29.20,税号6204.29.40,税号6204.52.10,税号6204.52.20,税号6204.53.10,税号6204.53.30,税号6204.59.10,税号6204.59.30,税号6204.59.40,税号6204.62.30,税号6204.62.40,税号6204.63.20,税号6204.63.30,税号6204.63.35,税号6204.69.25,税号6204.69.60,税号6204.69.90,税号6210.40.50,税号6210.40.90,税号6210.50.50,税号6210.50.90,税号6211.20.15,税号6211.20.38,税号6211.20.68,税号6211.32.00,税号6211.33.00,税号6211.42.00,税号6211.43.00,税号6217.90.90,不包括下述2款所述的货物。

2. 税号6203.42.40、税号6204.62.40的棉蓝色牛仔裤和税号6204.52.20的蓝色牛仔裙不得超过20 000 000。

3. 不超过1 000 000可以是以下服装,非针织或钩编的,含有36%或36%以上的羊毛或羊毛类似物:

(1) 税号6203.11.15、税号6203.11.30、税号6203.11.60、税号6203.11.90、税号6203.12.10、税号6203.19.20、税号6203.19.90、税号6203.21.30所述的男童套装;

(2) 税号6203.21.30、税号6203.21.90、税号6203.23.00、税号6203.31.50、税号6203.31.90、税号6203.33.10、税号6203.39.10或税号6203.39.90所述的男式西服式夹克和西装外套;

(3) 税号6203.21.30、税号6203.21.90、税号6203.23.00、税号6203.41.05、税号6203.41.12、税号6203.41.18、税号6203.43.30、税号6203.49.20或税号

6203.49.80 所述的供男子或男孩穿的裤子、马裤及短裤；

(4) 税号 6204.11.00、税号 6204.13.10、税号 6204.19.10 或税号 6204.19.80 所述的女式或女孩服装；

(5) 税号 6204.31.10、税号 6204.31.20、税号 6204.33.40、税号 6204.39.20、税号 6204.39.80 所述的女式西服式夹克和小西装；

(6) 税号 6204.21.00、税号 6204.23.00、税号 6204.29.40、税号 6204.51.00、税号 6204.53.20、税号 6204.59.20 或税号 6204.59.40 所述的女裙；

(7) 税号 6204.21.00、税号 6402.23.00、税号 6204.29.40、税号 6204.61.10、税号 6204.61.90、税号 6204.63.25、税号 6204.69.20、税号 6204.69.60 或税号 6204.69.90 所述的供妇女或女孩穿的裤子、马裤或短裤。

(三) 上述(二)款的限制不适用于以下由羊毛织物制成的货物：男童和女童西服、裤子、西服式夹克、运动夹克和背心以及女童和女童裙，前提是这些货物不是由梳理过的羊毛织物制成或由平均纤维直径不超过 18.5 微米的羊毛纱制成。

(四) 美国贸易代表办公室可在《联邦公报》上发布的公告中修改上述(二)款规定的总体限制，以反映纺织品协议执行委员会的决定，但须符合上述(二)款规定的最大限制和百分比。美国贸易代表办公室也可在《联邦公报》中公告修改内容，为反映总注释二十九(一)款所定义的执行协定缔约方决定的 CITA 决定，考虑到多米尼加共和国参与此类限制的能力而设定的总体要求。

二十二、对于第六十一章至第六十三章规定的纺织品或服装货物，如果该货物不是总注释二十九规定的原产货物，并且要求对其进行税号 9822.05.10 所述的关税处理，则"税率"第 1 栏"普通"子栏中所述的税率应仅适用于组合货物的价值，减去在美国形成的织物、在美国针织成型的组件以及用于生产此类货物的任何其他美国原产材料的价值，前提是该货物是在总注释二十九(一)中规定的协议一方(美国除外)领土内缝制或以其他方式组合的，并且完全在美国成型的线，从完全在美国成型的织物，在协议的一个或多个缔约方(美国除外)中裁剪而成的线，如总注释二十九(一)款所定义，或从在美国针织成型的组件，或两者兼而有之。就本注释而言——

(一) 如果在美国进行了所有的生产工艺和整理操作，从编织、针织、针刺、簇绒、毡合、缠绕或其他工艺开始，到准备裁剪或组合而无需进一步加工的织物结束，则织物在美国完全加工；并且

(二) 如果在美国进行了所有的生产过程，从长丝、长条、薄膜或片材的挤压开始，包括将薄膜或片材切成长条，或将所有纤维纺成线，或两者同时纺成线，并以穿线结束，在美国完全加工。

二十三、就本分章而言，"本分章美国注释二十三中所述货物"是指根据税号 9822.05.15 或税号 9822.05.20 输入的货物。此类货物必须满足总注释二十九(一)的要求，但在美国进行的操作或从美国获得的材料应被视为在总注释二十九(一)定义的除了非协议缔约国进行的操作和从该国获得的材料。为确定该货物适用于哪个国家的特定关税配额，应适用正常贸易过程中使用的非参照原产地规则。

二十四、本分章美国注释二十三所述的哥斯达黎加货物总量，可在 2009 年或其后任何日历年根据税号 9822.05.15 的规定输入，不得超过 2 000 吨。

二十五、(一) 在下文规定的期间内，税号 9822.05.20 可输入的协议各方在本分章美国注释二十三所述的总数量〔如总注释二十九(一)款所定义〕应限于以下所列国家的各自数量(以吨计)：

周　　期	国　家	吨
2006年3月24日至2006年12月31日	萨尔瓦多	24 000
2006年4月1日至2006年12月31日	洪都拉斯	8 000
2006年4月1日至2006年12月31日	尼加拉瓜	22 000
2006年7月1日至2006年12月31日	危地马拉	32 000
2007年3月1日至2007年12月31日	多米尼加共和国	0
2009年1月1日至2009年12月31日	哥斯达黎加	11 660
2010年6月15日至2010年12月31日	哥斯达黎加	11 880

（二）1. 从2007年开始并在其后的连续几年内，美国贸易代表办公室应公布在《联邦公报》中，根据可获得的最新年度数据，确定协议各方的贸易顺差（一国对所有目的地的出口额超过其从所有来源的进口额的数额），如总注释二十九（一）款所定义的归入如下子目：子目1701.12、子目1701.13、子目1701.14、子目1701.91、子目1701.99、子目1702.40和子目1702.60；但归入子目1701.12、子目1701.13、子目1701.14、子目1701.12、子目1701.91和子目1701.99的货物及子目1702.40和子目子目1702.60的美国原产货物的进口不应包括在计算一国的贸易顺差中。

2. 就税号9822.05.20而言，在本协议规定的任何日历年内，可归入税号9822.05.20的输入的总注释二十九（一）规定的协议各方在本分章的美国注释二十三所述的货物总量，应为等于该国根据税号9822.05.20的规定确定的贸易顺差金额中较小者的货物数量。本注释（二）2款或该国当年下文所列货物总量。

在2021年之后的每个连续日历年中，每个列举国家的总数量应从上一日历年允许的总数量增加到本协议规定的数量：

	2007	2008	2009	2010	2011
哥斯达黎加					12100
多米尼加共和国		10 400	10 600	10 800	11 000
萨尔瓦多	24 480	24 960	28 000	28 560	29 120
危地马拉	32 640	33 280	37 000	37 740	38 480
洪都拉斯	8 160	8 320	8 480	8 640	8 800
尼加拉瓜	22 440	22 880	23 320	23 760	24 200
	2012	2013	2014	2015	2016
哥斯达黎加	12 320	12 540	12 760	12 980	13 200
多米尼加共和国	11 200	11 400	11 600	11 800	12 000
萨尔瓦多	29 680	31 000	31 620	32 240	32 860
危地马拉	39 220	42 000	42 840	43 680	44 520
洪都拉斯	8 960	9 120	9 280	9 440	9 600
尼加拉瓜	24 640	25 080	25 520	25 960	26 400

(续表)

	2017	2018	2019	2020	2021
哥斯达黎加	13 420	13 640	13 860	14 080	14 300
多米尼加共和国	12 200	12 400	12 600	12 800	13 000
萨尔瓦多	34 000	34 680	35 360	36 040	36 720
危地马拉	47 000	47 940	48 880	49 820	50 760
洪都拉斯	9 760	9 920	10 080	10 240	10 400
尼加拉瓜	26 840	27 280	27 720	28 160	28 600

在2021年之后的每个连续日历年中，每个列举国家的总数量应从上一日历年允许的总数量增加到本协议规定的数量：

	数量（吨）
哥斯达黎加	220
多米尼加共和国	200
萨尔瓦多	680
危地马拉	940
洪都拉斯	160
尼加拉瓜	440

税号9822.05.20的规定输入的税号1701.12.50、税号1701.13.50、税号1701.14.50、税号1701.91.30、税号1701.99.50、税号1702.90.20和税号2106.90.46的货物数量应按原值等值法确定。就本注释而言，"原值"系指根据财政部部长发布的条例或指示，由偏光仪测定的96度普通商业原糖的等效物。除其他事项外，此类法规或指示可规定：(i)在最终确定极性之前进入此类物品；以及(ii)在相同或后续配额期内对初始和最终原值差异进行正负调整。糖的主要等级和类型应进行翻译。按以下方式计入原始价值：

(1) 对于税号1701.12.50、税号1701.13.50、税号1701.14.50、税号1701.91.30、税号1701.99.50和税号2106.90.46中所述的物品，将其千克数乘以0.93中的较大者，或者对于100度以下的每一偏振度（以及比例中的一个度的分数），将1.07减去0.0175。

(2) 对于税号1702.90.20所述物品，将其总糖（蔗糖和还原或转化糖之和）的千克数乘以1.07。

二十六、税号9822.05.25规定的关税待遇仅限于由协议一方[如总注释二十九（一）所定义]和纺织品协议执行委员会共同商定属于以下范围的货物：

(一)家庭手工织物；

(二)用这种手工织物制成的手工农舍工业品；或

(三)传统民间手工艺品。

此类货物必须由该方主管当局根据纺织品协议执行委员会规定的任何要求认证为该方合格产品。

二十七、进口免税计划

(一)就税号9822.06.05而言,完全在多米尼加共和国加工和直接从多米尼加共和国进口的合格服装,如果该等服装制品附有赚取的进口免税证明,则应免税进入美国,而不考虑制品所用织物或纱线的来源。根据商务部部长制定的赚取进口补贴计划,该计划反映的信贷额等于此类服装制品中面料的总平方米当量(SME)。为确定本注释下的平方米当量数量,应采用"系数:美国纺织和服装行业体系与协调关税税则 2008"或美国商务部后续出版物中列出的换算系数。

(二)就上述(一)款而言,"合格服装制品"系指本税则第六十二章[并符合总注释二十九(十四)款与第六十二章有关规则的要求]中棉制(但不包括牛仔布)进行分类的下列物品:裤子、背带工装裤、马裤和短裤、裙子和分开的裙子和裤子。

二十八、(一)就本分章而言,尽管本税则中有其他规定,"根据本税则总注释三十二的规定,秘鲁货物"是指满足总注释三十二的要求的秘鲁货物,但在美国进行的加工或从美国获得的材料除外。新国际贸易协定成员国应被视为是在非总注释三十二所定义的本协定缔约国进行的业务,以及从非本协定缔约国获得的材料。

(二)美国贸易代表办公室可颁布条例,规定根据税号9822.06.10进入秘鲁的货物。除其他事项外,该《美国贸易代表条例》还可规定签发该税号下进口秘鲁货物的合格证书。

(三)从 2009 年开始,并在其后的连续几年内,美国贸易代表办公室应在《联邦公报》上公布该日历年的贸易顺差金额(秘鲁对所有目的地的出口额超过其进口额的金额)。所有来源按体积计算,适用于总注释三十二规定的秘鲁货物,分为以下子目:子目1701.12、子目1701.13、子目1701.14、子目1701.91、子目1701.99、子目1702.40 和子目 1702.60,但归入子目1701.12、子目1701.13、子目1701.14、子目1701.12、子目1701.91和子目1701.99 的货物及子目1702.40、子目1702.60 的原产于美国的货物的进口不应包括在秘鲁贸易顺差的计算中。

(四)根据总注释三十二的条款,在本条所列的任何日历年中,税号 9822.06.10 可输入的秘鲁货物总量,应为等于根据上述(三)款确定的秘鲁贸易顺差金额或总数量中较小者的货物量。秘鲁当年的下列货物数量:

年 份	质量(吨)	年 份	质量(吨)
2/1/09—12/31/09	9 000	2017	10 440
2010	9 180	2018	10 620
2011	9 360	2019	10 800
2012	9 540	2020	10 980
2013	9 720	2021	11 160
2014	9 900	2022	11 340
2015	10 080	2023	11 520
2016	10 260		

在 2023 年以后的每个连续日历年中,每个列举国家的总量应从上一日历年允许的总量中每年增加 180 吨。

(五)根据税号 9822.06.10 的规定输入的税号 1701.12.50、税号 1701.13.50、税号 1701.14.50、税号 1701.91.30、税号 1701.99.50、税号 1702.90.20 和税号 2106.90.46 的货物数量,应以原值等值基础确定。就本注释而言,"原值"一词系指根据财政部部长发布的条例或指示,由偏光仪测定的 96 度普通商业原糖的等效物。除其他事项外,此类法规或指示可规定:(i)在最终确定极性之前进入此类物品;以及(ii)在相同或后续配额期内对初始和最终原值差异进行正负调整。糖的主要等级和类型应进行翻译。按以下方式计入原始价值:

1. 对于税号 1701.12.50、税号 1701.13.50、税号 1701.14.50、税号 1701.91.30、税号 1701.99.50 和税号 2106.90.46 所述的物品,将其千克数乘以 100 度以下每一偏振度的 0.93 或 1.07 减去 0.0175(以及比例为一度的分数)。

2. 对于税号 1702.90.20 所述物品,将其总糖(蔗糖和还原或转化糖之和)的千克数乘以 1.07。

二十九、(一)税号 9822.06.20 应适用于第五十章至第六十三章和子目 9404.90 的纺织品或服装,其中包含总注释三十二所述的任何织物、纱线或纤维,或者满足总注释三十二的要求:

1. 税号 6001.92.00 的 100%聚酯压扁织物,圆形针织结构,重量不超过 271 克/米^2;

2. 子目 5403.39 的铜氨黏胶长丝;

3. 税号 5108.20.60 的精梳羊绒纱、精梳羊绒混纺纱、驼毛;

4. 子目 5513.11 或子目 5513.21 的合成短纤机织物,非平衡,每平方厘米含经纱和纬纱 70 根以上,平均纱线细度超过 135 公支;

5. 子目 5210.21 或子目 5210.31 的每平方厘米含 70 个以上经纱和纬纱的非平衡棉织物,平均纱线细度超过 135 公支;

6. 子目 5407.81、子目 5407.82 或子目 5407.83 的合成纤维长丝机织物,重量小于 170 克/米^2,用多臂机构织成的多臂组织,平均纱线细度超过 135 公支;

7. 子目 5208.51 的每平方厘米含 75 个以上经纱和纬纱的平衡结构的棉织物,单纱织造而成,平均纱线细度为 95 公支及以上;

8. 子目 5208.41 的棉纱机织物,经纱用植物染料染色,纬纱用白色或植物染料染色,平均纱线细度大于 65 公支;

9. 税号 5510.30.00 的环锭纺单纱,50 公支和 84 公支,含 50%以上但小于 85%(按重量计)的 1 分特或更细的莫代尔纤维,主要与原产于美国的长绒棉混纺;

10. 税号 5510.11.00 的用 30 旦和 36 旦超细黏胶人造丝纺成的、经溶液染色的、自由端纺成的短纤维纱;

11. 子目 5107.10、子目 5107.20 或子目 5108.20 的羊毛或动物细毛精梳紧密纱,但南美骆驼科细毛除外;

12. 税号 5407.53.20 的三种以上不同颜色纱线的平纹、斜纹或缎纹 100%聚酯长丝织物,幅宽 147.3 厘米以上但不超过 152.4 厘米,纱线细度分别为 83.3 特、111.1 特、166.7 特和 333.3 特,25%阳离子/75%分散、50%阳离子/50%分散和 100%阳离子染料的混合物;

13. 税号 5510.11.00 的 50 公支及以上、1 分特或更小的超细纤维的人造短纤维环锭纺纱单纱;

14. 税号 5208.43.00 的 100%纯棉法兰绒四线斜纹织物,幅宽 148 厘米以上但不超过 150 厘米,136 克/米² 及以上但不超过 140 克/米²,由 48 公支以上但不超过 52 公支的经纱和纬纱的染色、精梳的环锭纺单纱织成,纱线有 2~8 种不同颜色,平均 48 公支以上但不超过 50 公支,上述两种纱线在双面起绒,每厘米含经纱 38 根或以上,但不超过 40 根,每厘米含纬纱 28 根或以上,但不超过 30 根,每平方厘米的总纱线数为 66 根及以上,但不超过 70 根;

15. 税号 5208.43.00 的四线人字斜纹的 100％棉法兰绒织物,幅宽 142 厘米以上但不超过 145 厘米,301 克/米² 以上但不超过 303 克/米²,由色织、精梳和环锭纺的单纱织成,纱线细度 35/2 公支或 36/2 公支,总平均纱线细度 32 公支或以上但不超过 34 公支,纱线有两种或以上不同颜色,双面起绒,每厘米含经纱 25 或 26 根,含纬纱 23 或 24 根,每平方厘米的总纱线数为 48 根及以上,但不超过 50 根;

16. 税号 5208.43.00 的 100％纯棉法兰绒,幅宽 148 厘米以上但不超过 152 厘米,325 克/米² 以上但不超过 327 克/米²,四股双面不规则 1×3 缎斜纹组织,环锭纺单纱经染色、精梳,经纱细度 50 公支以上、52 公支以下,纬纱细度 23 公支以上、25 公支以下,总纱线细度为 28 公支或以上但不超过 30 公支,色织后单面印花,双面起绒并经预缩整理,每厘米含经纱 33 根或以上,但不超过 35 根,含纬纱 57 根或以上但不超过 59 根,每平方厘米总纱线数 90 根或以上但不超过 94 根;

17. 税号 5208.43.00 的 100％纯棉法兰绒织物,幅宽 168 厘米以上但不超过 172 厘米,176 克/米² 以上但不超过 182 克/米²,染色,两侧碳金刚砂磨绒,四线斜纹组织,环锭纺纱线经染色、精梳而成,经纱为细度 39/1 公支以上但不超过 41/1 公支的精梳环锭纺纱线,纬纱为细度 39/1 公支以上但不超过 41/1 粗梳环锭纺纱线,平均纱线细度 38 公支以上但不超过 40 公支,每厘米含经纱 43 根以上但不超过 45 根,含纬纱 24 根以上但不超过 26 根,每平方厘米总纱线数 61 根以上但不超过 71 根;

18. 税号 5208.43.00 的 100％纯棉法兰绒织物,幅宽 148 厘米以上但不超过 152 厘米,150 克/米² 以上但不超过 160 克/米²,四线 2×2 斜纹组织,由染色、精梳和环锭纺的不同颜色的单纱织成,起绒,经纱和纬纱细度 34 公支,环锭纺和精梳,两股线,纱线平均细度 60 公支或以上但不超过 62 公支,每厘米含经纱 50 根或以上但不超过 52 根,含纬纱 45 根或以上但不超过 46 根,每平方厘米总纱线数 92 根或以上但不超过 98 根;

19. 纺织品协议执行委员会在 2009 年 2 月 1 日或之后在《联邦公报》上发布的公告中确定的任何其他织物、纱线或纤维,在秘鲁、美国或两者的领土内,均不能及时获得商业数量的织物、纱线或纤维,但须受以下数量限制:纺织品协议执行委员会可用于织物、纱线或纤维。

(二)美国贸易代表办公室可修改本注释(一)款的指定织物、纱线和纤维的计数,以反映本注释(一)款所述的纺织品协议执行委员会测定,该测定在《联邦公报》上发布。

三十、(一)税号 9822.06.25 的关税待遇仅限于秘鲁和美国共同商定并经纺织品协议执行委员会确定属于下列规定的货物:

1. 家庭手工织物;
2. 手工纺织的家庭手工业品;
3. 传统民间手工艺品。

4. 基本上结合历史、传统地域设计或者图案的手工制品。

历史或传统区域设计或图案包括但不限于对传统几何图案或本地物体、景观、动物或人的描绘。

(二)此类货物必须由秘鲁主管当局根据纺织品协议执行委员会制定的任何要求,证明为秘鲁合格产品。

三十一、(一)税号 9822.07.10 至 9822.07.25 以及下述(二)款的数量限制适用于子目 2402.20 的韩国非原产货物。本注释和该子目的规定应适用于含有非原产烟草的韩国货物。但前提是:(a)在美国种植和收获的品目 2401 烟叶占此类货物所含烟草重量的不少于 30%;或(b)品目 2401 的原产烟叶占此类货物所含烟草重量的不少于 60%。在 2012 年开始的任何日历年中,超过本协议规定数量限制的韩国非原产货物应享受第二十四章适当规定的"税率"第 1 栏"普通"子栏的税率。根据本税则总注释三十三的规定,韩国的原产货物不得列入本款。

(二)税号 9822.07.10 至 9822.07.25 在任何日历年内输入的韩国货物总量,不得超过该日历年以下规定的数量:

年 份	质量(千克)	年 份	质量(千克)
3/15/2012—12/31/2012	1 100 000	2016	2 100 000
2013	1 350 000	2017	2 300 000
2014	1 600 000	2018 及之后	2 500 000
2015	1 850 000		

三十二、(一)在 2012 年 5 月 15 日至 2012 年 12 月 31 日期间,税号 9822.08.01 在本分章注释三十二所述的总注释三十四所定义的哥伦比亚货物总量应限于 50 000 吨。

(二)从 2013 年开始,并在此后的连续几年内,美国贸易代表办公室应使用最新的年度数据,在《联邦公报》上公布哥伦比亚贸易顺差(哥伦比亚对所有目的地的出口额超过该数额)的决定。从所有来源进口的货物),按体积计算,子目如下:子目 1701.12、子目 1701.13、子目 1701.14、子目 1701.91、子目 1701.99、子目 1702.40 和子目 1702.60,但哥伦比亚对美国出口的子目 1701.12、子目 1701.13、子目 1701.14、子目 1701.91 和子目 1701.99 的货物及其对美国进口的子目 1702.40 和子目子目 1702.60 的原产货物不包括在该国贸易顺差的计算中。

(三)1. 根据税号 9822.08.01 的规定,在本文件规定的任何日历年内,可输入的哥伦比亚货物总数量应等于(1)根据上述(二)款中子目的规定确定的哥伦比亚贸易顺差金额,或(2)总数量中的较小者。哥伦比亚当年的下列货物数量:

年 份	质量(吨)	年 份	质量(吨)
2013	50 750	2020	56 000
2014	51 500	2021	56 750
2015	52 250	2022	57 500
2016	53 000	2023	58 250
2017	53 750	2024	59 000

(续表)

年 份	质量(吨)	年 份	质量(吨)
2018	54 500	2025	59 750
2019	55 250	2026	60 500

在2026年以后的每个连续日历年中,每个列举国家的总量应从上一日历年允许的总量中每年增加750吨。

2. 税号9822.08.01下输入的税号1701.12.50、税号1701.13.50、税号1701.14.50、税号1701.91.30、税号1701.99.50、税号1702.90.20和税号2106.90.46的货物数量,应以原值等值基础确定。就本附注而言,"原值"一词系指根据财政部部长发布的条例或指示,由偏光仪测定的96度普通商业原糖的等效物。除其他事项外,此类法规或指示可规定:(i)在最终确定极性之前进入此类物品;以及(ii)在相同或后续配额期内对初始和最终原值差异进行正负调整。糖的主要等级和类型应进行翻译。按以下方式计入原始价值:

(1)对于税号1701.12.50、税号1701.13.50、税号1701.14.50、税号1701.91.30、税号1701.99.50和税号2106.90.46所述的物品,将其千克数乘以0.93中的较大者,或将100度以下的每一偏振度的1.07减去0.0175(并按比例分出一个度)。

(2)对于税号1702.90.20所述物品,将其总糖(蔗糖和还原或转化糖之和)的千克数乘以1.07。

(四)就税号9822.08.01而言,尽管本税则有任何其他规定,"哥伦比亚货物,根据本税则总注释三十四的条款"是指满足总注释三十四的要求的哥伦比亚货物,但在以下情况下进行的操作或获得的材料除外:美国应被视为是在总注释三十四规定的协议缔约国以外的国家执行业务,并从该国获得材料。

三十三、(一)税号9822.08.25应适用于本税则第四十二章、第五十章至第六十三章和第九十四章中哥伦比亚的纺织品或服装,其中包含总注释三十四(十三)7款所述的任何织物、纱线或纤维,并且符合该总注释三十四的要求:

1. 税号6001.92.00的圆形针织结构的全聚酯压扁织物;

2. 子目5403.39的铜氨黏胶长丝;

3. 税号5108.20.60的精梳羊绒、精梳羊绒混纺、驼毛的纱线;

4. 子目5513.11或子目5513.21所列面料,非平衡,每平方厘米含经纱和纬纱70根以上,平均纱线细度超过135公支;

5. 子目5210.21或子目5210.31的织物,非平衡,每平方厘米含有70根以上经纱和纬纱,平均纱线细度超过135公支;

6. 子目5407.81、子目5407.82或子目5407.83的织物,重量小于170克/平方厘米,由多臂机构形成的多臂组织,平均纱线细度超过135公支;

7. 子目5208.51的平衡结构织物,每平方厘米含经纱和纬纱75根以上,单纱织造,平均纱线95公支以上;

8. 子目5208.41的织物,经纱用植物染料染色,纬纱用白色或植物染料染色,平均纱线细度大于65公支;

9. 税号5510.30.00的环锭纺纱单纱,其中纱线30英支和50英支,含50%以上但小于85%（按重量计）的0.9旦或更细的莫代尔纤维,主要与原产于美国的长绒棉混纺;

10. 税号5510.11.00的30旦和36旦的溶液染色、自由端纺、短纤维纺黏胶纱;

11. 子目5107.10、子目5107.20或子目5108.20的羊毛或动物细毛精梳紧密纱（南美骆驼科细毛除外）;

12. 税号5403.53.20的"花式"聚酯纤维长丝织物,全部由聚酯纤维制成,平纹、斜纹或缎纹组织;至少含有三种不同的纱线,每种纱线被染色成不同的颜色;75旦、100旦、150旦和300旦纱线的混纺织物,25%阳离子/75%分散,50%阳离子/50%分散和100%阳离子;上述(1)重量不超过170克/米^{2}的扁平织物或(2)重量超过170克/米^{2}的扁平织物以外的织物;

13. 税号5510.11.00的30英支及以上、0.9旦或更小的莫代尔纤维环锭纺纱;

14. 税号5208.43.00全棉、法兰绒四股斜纹织物,色织、精梳、环锭纺单纱织物,136克/米^{2}或以上但不超过140克/米^2,幅宽148厘米或以上但不超过150厘米,每厘米含经纱38根～40根,含纬纱28～30根,每平方厘米纱线数66～70根,纱线细度48～52公支,平均细度为48～50公支,2～8种不同颜色,双面起绒;

15. 税号5208.43.00的全棉、法兰绒四线人字斜纹织物,色织、精梳、环锭纺单纱,301克/米^{2}以上但不超过303克/米^2,幅宽142厘米以上但不超过145厘米,每厘米经纱25～26根,纬纱23～24根,纱线细度35/2～36/2公支,平均细度32～34公支,两种或以上不同颜色,双面起绒;

16. 税号5208.43.00的全棉、法兰绒四股斜纹织物（双面不规则1×3缎纹）,色织、精梳、环锭纺单纱,325克/米^{2}以上但不超过327克/米^2,幅宽148厘米以上但不超过152厘米,每厘米含经纱33～35根,纬纱57～59根,每平方厘米纱线数90～94根,经纱细度50～52公支,纬纱细度23～25公支,纱线平均细度为32～34公支,色织后单面印花,双面起绒;

17. 税号5208.43.00的全棉、法兰绒三线或四线斜纹织物,色织、精梳、环锭纺单纱,176克/米^{2}以上但不超过182克/米^2,幅宽168厘米以上但不超过172厘米,每厘米含经纱43～45根,含纬纱24～26根,每平方厘米纱线数61～71公支,经纱为39/1～41/1公支精梳环锭纺纱线,纬纱为39/1～41/1公支粗梳环锭纺纱,纱线平均细度38～40公支,双面炭金刚砂磨绒;

18. 税号5208.43.00的全棉、法兰绒四线2×2斜纹织物,色织、精梳、环锭纺单纱,150克/米^{2}或以上但不超过160克/米^2,幅宽148厘米以上但不超过152厘米,每厘米含经纱50～52根（25～26双股）,含纬纱45～46根（21～23双股）,每平方厘米纱线数92～98根（46～49双股）,纱线细度为34公支,环锭纺精梳两股线,平均纱线细度60～62公支,不同颜色的纱线,起绒;

19. 纺织品协议执行委员会根据公法112-42在《联邦公报》上公布的公告中确定的任何其他织物、纱线或纤维,在哥伦比亚或美国领土内不能及时获得商业数量的织物、纱线或纤维,但须受以下任何数量限制:在纺织品协议执行委员会可以为织物、纱线或纤维建立。

（二）美国贸易代表办公室可修改本注释中规定的指定织物、纱线和纤维的计数,以反映上述（一）

款所述的《联邦公报》公布的纺织品协议执行委员会决定。

三十四、(一)税号9822.08.35的关税待遇仅限于哥伦比亚和美国共同商定并经纺织品协议执行委员会确定属于下列规定的货物：

1. 家庭手工织物；

2. 用这种手工纺织物生产的手工村舍工业品；

3. 传统民间手工艺品；

4. 基本上结合历史、传统地域设计或者图案的手工制品。

历史或传统区域设计或图案包括但不限于对传统几何图案或本地物体、景观、动物或人的描绘。

(二)此类货物必须由哥伦比亚主管当局根据纺织品协议执行委员会规定的任何要求认证为哥伦比亚合格产品。

三十五、(一)从2012年开始并在其后的连续几年内，美国贸易代表办公室应在《联邦公报》根据本税则总注释三十五的规定，根据最新的年度数据，确定巴拿马货物的贸易顺差(巴拿马对所有目的地的出口额超过其从所有来源的进口额)的数量。归入以下子目：子目1701.12、子目1701.13、子目1701.14、子目1701.91、子目1701.99、子目1702.40和子目1702.60，但巴拿马向美国出口子目1701.12、子目1701.13、子目1701.14、子目1701.91和子目1701.99所列货物以及子目1702.40和子目1702.60所列美国原产货物的进口不应包括在巴拿马贸易顺差的计算中。

(二)在2012年10月31日至2012年12月31日期间，根据本税则总注释三十五的条款，可在税号9822.09.17下输入的巴拿马原产货物总量应为零。

(三)根据总注释三十五的条款，在任何日历年根据税号9822.09.17的规定可输入的巴拿马原产货物的总数量应为等于根据上述(一)款所列子目的规定确定的巴拿马贸易顺差金额中较小者的货物数量，或巴拿马当年货物总量如下：

年 份	质量(吨)	年 份	质量(吨)
2013	510	2020	545
2014	515	2021	550
2015	520	2022	555
2016	525	2023	560
2017	530	2024	565
2018	535	2025	570
2019	540	2026	575

在2026年以后的每个连续日历年中，巴拿马此类货物的总数量应从上一日历年允许的总数量每年增加5吨。

(四)美国可通过法规(包括许可证)管理本注释中规定的免税数量。

三十六、在任何日历年根据税号9822.09.18的规定输入的巴拿马始发货物的总数量应不超过该年度下列规定的数量：

年 份	质量(吨)	年 份	质量(吨)
10/31/2012—12/31/2012	6 060	2017	6 360
2013	6 120	2018	6 420
2014	6 180	2019	6 480
2015	6 240	2020	6 540
2016	6 300	2021 及之后	6 600

美国可通过法规(包括许可证)管理本注释中规定的免税数量。

三十七、税号 1701.12.50、税号 1701.13.50、税号 1701.14.50、税号 1701.91.30、税号 1701.99.50、税号 1702.90.20 和税号 2106.90.46 下根据税号 9822.09.17 或税号 9822.09.18 从巴拿马输入的货物数量应按原值等值法确定。就本注释而言,"原值"是指根据财政部部长发布的条例或指示,由偏光仪测定的 96 度普通商业原糖的等效物。除其他事项外,此类法规或指示可规定:(i)在最终确定极性之前进入此类物品;以及(ii)在相同或后续配额期内对初始和最终原值差异进行正负调整。糖的主要等级和类型应进行翻译。按以下方式计入原始价值:

(一) 对于税号 1701.12.50、税号 1701.13.50、税号 1701.14.50、税号 1701.91.30、税号 1701.99.50 和税号 2106.90.46 所述的物品,将其千克数乘以 100 度以下每一偏振度的 0.93 或 1.07 减去 0.0175(并按比例分出一个度);以及

(二) 对于税号 1702.90.20 所述物品,将其总糖(蔗糖和还原糖或投资糖的总和)的千克数乘以 1.07。

三十八、就税号 9822.09.20 而言,第十七章附加美国注释五规定的作为巴拿马原产货物并根据该子目输入的特种糖总量,在任何一年内不得超过 500 吨。美国可通过条例包括许可证。

三十九、对于本税则第六十一章至第六十三章的纺织品或服装,如果不是总注释三十五规定的原产货物,并且申请了税号 9822.09.61 的关税待遇,则"税率"第 1 栏"普通"子栏规定的税率仅适用于加工货物减去在美国形成的织物、在美国针织成型组件和用于生产此类货物的任何其他原产于美国的材料的价值,前提是该货物在巴拿马境内由在美国完全成型的线缝制或以其他方式加工而成,在巴拿马或从美国针织成型的组件,或两者兼而有之。就本注释而言——

(一) 如果在美国进行了所有的生产工艺和整理操作,从编织、针织、针刺、簇绒、毡合、缠绕或其他工艺开始,到准备裁剪或组合而无需进一步加工的织物结束,则织物在美国完全成型;并且

(二) 如果在美国进行了所有的生产过程,从长丝、长条、薄膜或片材的挤压开始,包括将薄膜或片材切成长条,或将所有纤维纺成线,或两者同时纺成线,并以线结束,则纹饰在美国完全加工。

四十、(一)税号 9822.09.62 应适用于巴拿马的纺织品或服装,其第五十章至第六十三章和子目 9404.90 包含总注释三十五(四)2 款所述的任何织物、纱线或纤维,并且以其他方式满足总注释三十五的要求:

1. 子目 5801.23 的平绒织物;

2. 子目 5801.22 的灯芯绒织物,含棉 85% 以上,每厘米含 7.5 条以上的绒条数;

3. 根据哈里斯粗花呢管理委员会的规章制度,在英国手工机织的、归入子目 5111.11 或子目

5111.19 的、织布机宽度小于 76 厘米的羊毛织物,并经协会认证;

4. 子目 5112.30 的面料,重量不超过 340 克/米^2,含羊毛、动物细毛重量不低于 20%,人造短纤维重量不低于 15%;

5. 子目 5513.11 或子目 5513.21 的聚酯短纤维蜡染布,平衡结构,单纱细度超过 76 公支,每平方厘米含经纱和纬纱 60~70 根,重量不超过 110 克/米^2;

6. 子目 5208.21、子目 5208.22、子目 5208.29、子目 5208.31、子目 5208.32、子目 5208.39、子目 5208.41、子目 5208.42、子目 5208.49、子目 5208.51、子目 5208.52、子目 5208.59 的棉织物,平均纱线细度超过 135 公支;

7. 子目 5513.11 或子目 5513.21 的聚酯短纤维织物,非平衡,每平方厘米含 70 根以上经纱和纬纱,平均纱线细度超过 70 公支;

8. 子目 5210.21 或子目 5210.31 的棉织物,非平衡,每平方厘米含经纱和纬纱 70 根以上,平均纱线细度超过 70 公支;

9. 子目 5208.22 或子目 5208.32 的棉织物,非平衡,每平方厘米含经纱和纬纱 75 根以上,平均纱线细度超过 65 公支;

10. 子目 5407.81、子目 5407.82 或子目 5407.83 的合成纤维长丝织物,其重量小于 170 克/米^2,具有多臂机构件形成的多臂组织;

11. 子目 5208.42 或子目 5208.49 的非平衡棉布,每平方厘米含经纱和纬纱 85 根以上,平均纱线细度超过 85 公支;

12. 子目 5208.51 的平衡结构棉织物,每平方厘米含经纱和纬纱 75 根以上,平均纱线细度等于或超过 95 公支,用单纱织造;

13. 子目 5208.41 的棉制方格布,每平方厘米 85 根经纱和纬纱,用单纱织造,平均纱线细度等于或超过 95 公支,经纱和纬纱中纱线颜色变化产生特殊效应;

14. 子目 5208.41 的棉织物,经纱用植物染料染色,纬纱用白色或植物染料染色,平均纱线细度超过 65 公支;

15. 税号 6006.21.10、税号 6006.22.10、税号 6006.23.10 或税号 6006.24.10 的单纱 100 公支以上的全棉圆形针织物;

16. 税号 6001.92.00 的 100% 圆形针织压扁织物,不超过 271 克/米^2;

17. 子目 5403.31 的黏胶人造丝纱线;

18. 税号 5108.20.60 的精梳羊绒、精梳羊绒混纺和精梳驼毛纱线;

19. 税号 5903.90.25 的用于腰带的两种弹性织物,包括:(1)针织的外层可熔织物,其折线织成织物,具有宽 45 毫米的底衬,窄幅针织,按重量计含有 49% 的聚酯纤维、43% 的弹性长丝和 8% 的尼龙,重量为每 100 根约 124.7 克(4.4 盎司),经处理和松弛的织物,110/110 拉伸无光纱线,用粘合剂(热塑性树脂)涂层拉伸弹性材料;45 毫米宽,分为以下几部分:34 毫米实心,然后是 3 毫米接缝,允许其折叠,然后是 8 毫米实心;和(2)针织丝织物,在经过精整处理后涂上粘合剂(热塑性树脂)涂层,以去除产品的所有收缩;这种织物是一种基于 40 毫米合成纤维的拉伸弹性熔丝,由 80% 尼龙 6 和 20% 弹性长丝组成,重量约为每 100 根 124.7 克(4.4 盎司),经过处理和放松的织物、110/110 拉伸无光泽纱线;

20. 子目 5210.21 或税号 5210.31 所列非平衡结构的棉织物,每平方厘米含有 70 根以上经纱

和纬纱,平均纱线细度超过 135 公支;
21. 子目 5208.22 或税号 5208.32 的非平衡棉布,每平方厘米含有 75 根以上经纱和纬纱,平均纱线细度超过 135 公支;
22. 子目 5407.81、子目 5407.82 或子目 5407.83 的合成纤维长丝织物,重量小于 170 克/米^2,由平均纱线细度超过 135 公支的多臂机构形成;
23. 子目 5403.39 的铜氨黏胶长丝;
24. 子目 5208.42 或子目 5208.49 的棉织物,非平衡结构,每平方厘米含有 85 根以上经纱和纬纱,其平均纱线细度超过 85 公支,或者如果是牛津结构,其平均纱线细度超过 135 公支;
25. 子目 5510.30 的单独与原产于美国的长绒棉混纺的 51 公支和 85 公支人造短纤维环锭纺单纱,含 50% 以上但小于 85%(以重量计)的十分之一特(0.9 旦)或更细的莫代尔纤维;
26. 子目 5502 的黏胶人造丝丝束;
27. 税号 5208.43.00 的 100% 棉机织法兰绒织物,其中各种颜色的环锭纺单纱,纱线细度 21~36 公支,2×2 斜纹组织结构,重量不超过 200 克/米^2;
28. 下列子目的织物,平均纱线细度超过 93 公支,税号 5208.21.60、税号 5208.22.80、税号 5208.29.80、税号 5208.31.80、税号 5208.32.50、税号 5208.39.80、税号 5208.41.80、税号 5208.42.50、税号 5208.49.80、税号 5208.51.80、税号 5208.52.50、税号 5208.59.80、税号 5210.21.80、税号 5210.29.80、税号 5210.31.80、税号 5210.39.80、税号 5210.41.80、税号 5210.49.80、税号 5210.51.80 或税号 5210.59.80;
29. 税号 5108.10.60 所列经梳理的羊绒或骆驼毛纱线,用于生产子目 5111.11 或子目 5111.19 的机织物的;
30. 子目 5501.30 的酸性可染聚丙烯腈丝束,用于生产子目 5509.31 的纱线;
31. 税号 5402.41.90 所列尼龙扁条,(1)尼龙,7 旦/5 丝尼龙 66 未变形(平)半暗纱,复丝,无捻或捻度不超过 50 圈/米,(2)尼龙,10 旦/7 丝尼龙 66 未变形(平)半暗纱,复丝,无捻或捻度不超过 50 圈/米,或者(3)尼龙,12 旦/5 长丝尼龙 66 未加捻(平)半暗纱,复丝、未捻或捻度不超过 50 圈/米;
32. 税号 5515.13.10 的聚酯短纤与精梳羊毛混纺的机织物,羊毛重量占 36%;
33. 税号 6006.90.10 的 85% 绢丝、15% 的羊毛、210 克/米^2 的针织物;
34. 子目 5512.99 的 100% 合成短纤机织物,非平衡结构,平均纱线细度超过 55 公支;
35. 子目 5512.21 或者 5512.29 所列平均纱线细度超过 55 公支、含 100% 丙烯酸纤维的机织物;
36. 子目 5401.20 的人造丝缝纫线;
37. 税号 5208.32.30 的棉 97%/莱卡 3% 的府绸、宽幅、环锭纺、机织物,细度为 42 公支或更低;
38. 税号 5512.99.00 的各种颜色纱线的三混纺机织物(蓝色牛仔布或提花布除外),按重量计含有 74% 的聚酯纤维、22% 的尼龙和 4% 的氨纶;
39. 税号 5515.19.00 的按重量计含有 62% 的聚酯纤维、32% 的人造丝和 6% 的氨纶的双向拉伸机织物(蓝色牛仔布、提花织物、府绸、宽幅布、床单布、印花布、粗棉布、上等细棉布、薄纱、蜡染布、粗布、缎纹织物、斜纹织物或牛津布除外),但不包括不同颜色的纱线;
40. 税号 5515.19.00 的按重量计含有 71% 的聚酯纤维、23% 的人造丝和 6% 的氨纶的双向拉伸机织物(蓝色牛仔布、提花织物、府绸、宽幅布、床单布、印花布、粗棉布、上等细棉布、薄纱、蜡染布、粗布、缎纹织物、斜纹织物或牛津布除外），但不包括不同颜色的纱线；
    41. 子目5516.92的重量大于200克/米²、含70%的人造丝和30%的聚酯的染色人字斜纹布；
    42. 子目5516.14的重量超过200克/米²的100%人造丝印花人字布；
    43. 子目5804.21或子目5804.29的花边；
    44. 根据公法112－43，纺织品协议执行委员会在《联邦公报》上发布的公告中确定的任何其他织物、纱线或纤维，在巴拿马或美国领土内不能及时获得商业数量的织物、纱线或纤维，但应受到以下任何数量限制：纺织品协议执行委员会可用于织物、纱线或纤维。
  （二）美国贸易代表办公室可修改本注释规定的指定织物、纱线和纤维的计数，以反映上述（一）款所述的《联邦公报》中公布的纺织品协议执行委员会决定。

四十一、税号9822.09.63应适用于品目6204的连衣裙和品目6205、品目6206或品目6211的衬衫和罩衫（不论这些货物是否根据总注释三十五的条款原产于货物），包括：
  （一）短袖或长袖；
  （二）一个前门襟，带纽扣，与货物全长一致；
  （三）轴环及轭；
  （四）在前门襟两侧，从抵肩到下摆的整个长度的褶皱或刺绣，以及褶皱或刺绣与抵肩相交处的装饰按钮；
  （五）相应的褶皱或刺绣，该褶皱或刺绣在从抵肩到折边的背部两侧贯穿货物的整个长度，并带有装饰按钮，其中褶皱或刺绣与抵肩相交；
  （六）四个口袋，口袋前面有纽扣；
  （七）直边；以及
  （八）带有按钮闭合的侧通风口或狭缝，前提是货物在美国或巴拿马境内进行裁剪和缝制或以其他方式组合。

四十二、税号9822.09.65应适用于税号6111.20.60、税号6111.30.50或税号6111.90.50的婴儿袜子和靴筒，以及子目6115.91至6115.99的袜子（包括但不限于根据本税则总注释三十五的条款，上述任何货物均为原产货物），只要货物是在巴拿马组合，在美国由在美国完全成型和加工的纱线在美国针织成型的组件制成的纹饰。

四十三、税号9822.09.70的关税待遇仅限于巴拿马和美国共同商定并由纺织品协议执行委员会确定属于下列规定的货物：
  （一）家庭手工织物；
  （二）用该等手工隐身织物制成的手工农舍工业品；
  （三）传统民间手工艺品；或
  （四）实质上包含一个或多个MOLA（译者注：一种巴拿马库纳印第安人的纺织艺术）的纺织品或服装；
假如巴拿马主管当局已根据纺织品协议执行委员会确定的任何要求，将根据该税号输入的货物认证为合格产品。

税则号列	统计后缀	货品名称	单位	税率 普通	税率 特惠	2
9822.01.05	[1]	根据本分章美国注释一(二)款,有资格临时进入美国关税区的货物	[1]		根据本分章美国注释一(二)款,免费	
9822.01.10	[1]	根据本分章美国注释一(三)款,无论原产地如何,上述船舶(连同设备、零件或材料)暂时从美国出口,并在进行修理或改造后重新进入关税区	[1]		根据本分章美国注释一(三)款,免费	
9822.01.25	[1]	本分章美国注释二描述并根据其规定输入的服装	[1]		免税(SG)	
9822.02.01	[1]	智利货物、根据本税则总注释二十六的条款归入税号1701.12.50、税号1701.13.50、税号1701.14.50、税号1701.91.30、税号1701.91.48、税号1701.91.58、税号1701.99.50、税号1702.20.28、税号1702.30.28、税号1702.40.28、税号1702.60.28、税号1702.90.20、税号1702.90.58、税号1702.90.68、税号1704.90.68、税号1704.90.78、税号1806.10.15、税号1806.10.28、税号1806.10.38、税号1806.10.55、税号1806.10.75、税号1806.20.73、税号1806.20.77、税号1806.20.94、税号1806.20.98、税号1806.90.39、税号1806.90.49、税号1806.90.59、税号1901.20.25、税号1901.20.35、税号1901.20.60、税号1901.20.70、税号1901.90.68、税号1901.90.71、税号2101.12.38、税号2101.12.48、税号2101.12.58、税号2101.20.38、税号2101.20.48、税号2101.20.58、税号2103.90.78、税号2106.90.46、税号2106.90.72、税号2106.90.76、税号2106.90.80、税号2106.90.91、税号2106.90.94 或税号2106.90.97,以本分章美国注释三(二)款的数量限制为准	[1]		免税(CL)	
9822.02.02	[1]	从智利进口的棉花或化纤织物,其年总数量不超过1 000 000,如本分章美国注释四(一)款所述,全部由智利或美国境外生产或获得的纱线或美国注释四(二)款所述,在智利加工。该分章完全由智利境内或美国境内从智利或美国境外生产或获得的纤维纺成的纱线在智利成型	[1]		免税(CL)	
9822.02.03	[1]	从智利进口的棉花或化纤服装或服装,总年进口量不超过1 000 000,受本分章美国注释五规定的棉花或化纤限制的棉花或化纤服装或服装,从智利生产的织物或纱线中裁剪(或针织成型)并在智利缝制或以其他方式加工,或在智利或美国境外获得的	[1]		免税(CL)	
9822.03.01	[1]	摩洛哥货物、根据本税则总注释二十七的条款,归入税号1701.12.50、税号1701.13.50、税号1701.14.50、税号1701.91.30、税号1701.91.48、税号1701.91.58、税号1701.99.50、税号1702.20.28、税号1702.30.28、税号1702.40.28、税号1702.60.28、税号1702.90.20、税号1702.90.58、税号1702.90.68、税号1704.90.68、税号1704.90.78、税号1806.10.15、税号1806.10.28、税号1806.10.38、税号1806.10.55、税号1806.10.75、税号1806.20.73、税号1806.20.77、税号1806.20.94、税号1806.20.98、税号1806.90.39、税号1806.90.49、税号1806.90.59、税号1901.20.25、税号1901.20.35、税号1901.20.60、税号1901.20.70、税号1901.90.68、税号1901.90.71、税号2101.12.38、税号2101.12.48、税号2101.12.58、税号2101.20.38、税号2101.20.48、税号2101.20.58、税号2103.90.78、税号2106.90.46、税号2106.90.72、税号2106.90.76、税号2106.90.80、税号2106.90.91、税号2106.90.94 及税号2106.90.97,以本分章美国注释六(二)款的数量限制为准	[1]		免税(MA)[2]	

税则号列	统计后缀	货品名称	单位	税率 1 普通	税率 1 特惠	2
9822.03.02	[1]	本分章美国注释六(二)款规定从摩洛哥进口的纺织品或服装,总数量不超过每年1 067 257千克,如本分章美国注释七所述	[1]		免税(MA)[2]	
		根据本税则总注释二十八的条款,澳大利亚货物:				
		税号0201.10.50、税号0201.20.80、税号0201.30.80、税号0202.10.50、税号0202.20.80或税号0202.30.80的货物:				
9822.04.01	[1]	以本分章美国注释八(二)款规定的数量限制为准	[1]		免税(AU)[2]	
		其他:				
9822.04.02	[1]	以本分章美国注释八(三)款规定的数量限制为准	[1]		免税(AU)[2]	
9822.04.03	[1]	其他	[1]		免税(AU)[2]	
9822.04.05	[1]	税号0401.40.25、税号0401.50.25、税号0403.90.16或税号2105.00.20的货物,以本分章美国注释九规定的数量限制为准	[1]		免税(AU)[2]	
9822.04.10	[1]	税号0401.50.75、税号0402.21.90、税号0403.90.65、税号0403.90.78、税号0405.10.20、税号0405.20.30、税号0405.90.20、税号2106.90.26或税号2106.90.36的货物,以本分章美国注释十规定的数量限制为准	[1]		免税(AU)[2]	
9822.04.15	[1]	税号0402.10.50、税号0402.21.25的货物,以本分章美国注释十一的规定为准	[1]		免税(AU)[2]	
9822.04.20	[1]	税号0402.21.50、税号0403.90.45、税号0403.90.55、税号0404.10.90、税号2309.90.28或税号2309.90.48的货物,以本分章美国注释十二规定的数量限制为准	[1]		免税(AU)[2]	
9822.04.25	[1]	税号0402.29.50、税号0402.99.90、税号0403.10.50、税号0403.90.95、税号0404.10.15、税号0404.90.50、税号0405.20.70、税号1517.90.60、税号1704.90.58、税号1806.20.26、税号1806.20.28、税号1806.20.36、税号1806.20.38、税号1806.20.82、税号1806.20.83、税号1806.20.87、税号1806.20.89、税号1806.32.06、税号1806.32.08、税号1806.32.16、税号1806.32.18、税号1806.32.70、税号1806.32.80、税号1806.90.08、税号1806.90.10、税号1806.90.18、税号1806.90.20、税号1806.90.28、税号1806.90.30、税号1901.10.30、税号1901.10.40、税号1901.10.75、税号1901.10.85、税号1901.20.15、税号1901.20.50、税号1901.90.43、税号1901.90.47、税号2105.00.40、税号2106.90.09、税号2106.90.66、税号2106.90.87及税号2202.90.28,以本分章美国注释十三规定的数量限制为准	[1]		免税(AU)[2]	
9822.04.30	[1]	税号0402.91.70、税号0402.91.90、税号0402.99.45或税号0402.99.55规定的货物,以本分章美国注释十四规定的数量限制为准	[1]		免税(AU)[2]	
9822.04.35	[1]	税号0406.10.08、税号0406.10.88、税号0406.20.91、税号0406.30.91或税号0406.90.97规定的货物,以本分章美国注释十五规定的数量限制为准	[1]		免税(AU)[2]	

税则号列	统计后缀	货品名称	单位	税率 1 普通	税率 1 特惠	2
9822.04.40	[1]	税号0406.10.18、税号0406.10.48、税号0406.10.58、税号0406.10.68、税号0406.20.28、税号0406.20.48、税号0406.20.53、税号0406.20.63、税号0406.20.75、税号0406.20.79、税号0406.20.83、税号0406.30.18、税号0406.30.48、税号0406.30.53、税号0406.30.63、税号0406.30.75、税号0406.30.79、税号0406.30.83、税号0406.40.70、税号0406.90.18、税号0406.90.32、税号0406.90.37、税号0406.90.42、税号0406.90.68、税号0406.90.74、税号0406.90.88及税号0406.90.92规定的货物,以本分章美国注释十六规定的数量限制为准	[1]		免税(AU)[2]	
9822.04.45	[1]	税号0406.10.28、税号0406.20.33、税号0406.20.67、税号0406.30.28、税号0406.30.67、税号0406.90.12及税号0406.90.78规定的货物,以本分章美国注释十七规定的数量限制为准	[1]		免税(AU)[2]	
9822.04.50	[1]	税号0406.10.38、税号0406.20.39、税号0406.20.71、税号0406.30.38、税号0406.30.71、税号0406.90.54及0406.90.84规定的货物,以本分章美国注释十八规定的数量限制为准	[1]		免税(AU)[2]	
9822.04.65	[1]	税号0406.90.48规定的货物,以本分章美国注释十九规定的数量限制为准	[1]		免税(AU)[2]	
9822.05.01	[1]	本分章美国注释二十所述并根据其规定输入的纺织品或服装	[1]		免税(P)	
9822.05.10	[1]	本分章美国注释二十二所述的第六十一章至第六十三章所述的纺织品和服装,并根据其规定输入	[1]	进口商品的关税税基是全部价值减去织物的价值,美国部件或材料(见本分章美国注释二十二)		
		适用本分章美国注释二十一规定的处理方法的第六十二章的服装:				
9822.05.11	[1]	如果进入美国关税区的总量不超过本分章美国注释二十一(二)款规定的数量限制			免税(P)	
9822.05.13	[1]	本分章美国注释二十一(三)款规定的货物	[1]		免税(P)	
		本分章美国注释二十三所述货物:				
		哥斯达黎加的:				
9822.05.15	[1]	税号1701.12.10、税号1701.13.10、税号1701.14.10、税号1701.91.10、税号1701.99.10、税号1702.90.10或税号2106.90.44规定的货物,以本分章美国注释二十四规定的数量限制为准	[1]		免税(P+)	
		本税则总注释二十九(一)款定义的协议一方:				

税则号列	统计后缀	货品名称	单位	税率 1 普通	税率 1 特惠	2
9822.05.20	[1]	税号1701.12.50、税号1701.13.50、税号1701.14.50、税号1701.91.30、税号1701.91.48、税号1701.91.58、税号1701.99.50、税号1702.20.28、税号1702.30.28、税号1702.40.28、税号1702.60.28、税号1702.90.20、税号1702.90.58、税号1702.90.68、税号1704.90.68、税号1704.90.78、税号1806.10.15、税号1806.10.28、税号1806.10.38、税号1806.10.55、税号1806.10.75、税号1806.20.73、税号1806.20.77、税号1806.20.94、税号1806.20.98、税号1806.90.39、税号1806.90.49、税号1806.90.59、税号1901.20.25、税号1901.20.35、税号1901.20.60、税号1901.20.70、税号1901.90.68、税号1901.20.71、税号2101.12.38、税号2101.12.48、税号2101.12.58、税号2101.20.38、税号2101.20.48、税号2101.20.58、税号2103.90.78、税号2106.90.46、税号2106.90.72、税号2106.90.76、税号2106.90.80、税号2106.90.91、税号2106.90.94或税号2106.90.97规定的货物,以本分章美国注释二十五规定的数量限制为准	[1]		免税(P+)	
9822.05.25	[1]	本分章美国注释二十六所述的本税则总注释二十九(一)款所定义的协议一方的货物	[1]		免税(P+)	
		协议一方的货物,如本税则总注释二十九(一)中所定义,不符合总注释二十九规定的关税待遇,上述货物在一方领土内裁剪或针织成型、缝制或以其他方式组合,前提是这些货物符合原产国的条件。第六十二章注释一(受章注二第二句限制)、注释三、注释四和注释五规定的货物,如总注释二十九(十四)款所述:				
9822.05.30	[1]	可归入税号6202.11.00的货物	[1]	子目规定的税率减去0.5%		
9822.05.35	[1]	可归入税号6203.31.90的货物	[1]	子目规定的税率减去0.5%		
9822.05.40	[1]	可归入税号6203.33.10的货物	[1]	子目规定的税率减去0.5%		
9822.05.45	[1]	可归入税号6203.41.18的货物	[1]	子目规定的税率减去0.5%		
9822.05.50	[1]	可归入税号6203.42.40或税号6204.62.40的货物	[1]	子目规定的税率减去0.5%		
9822.05.55	[1]	可归入税号6203.43.30的货物	[1]	子目规定的税率减去0.5%		
9822.05.60	[1]	可归入税号6203.12.20(仅供男孩穿着)的货物	[1]	子目规定的税率减去2%		
9822.05.65	[1]	可归入税号6203.43.40的货物	[1]	子目规定的税率减去2%		
9822.05.70	[1]	可归入税号6204.63.35的货物	[1]	子目规定的税率减去2%		
9822.06.05	[1]	在多米尼加共和国加工的第六十二章的服装,直接从该国进口,根据本分章美国注释二十七的条款	[1]	免税		

税则号列	统计后缀	货品名称	单位	税率 1 普通	税率 1 特惠	2
9822.06.10	[1]	秘鲁货物,根据本税则总注释三十二的条款,根据本分章美国注释二十八的规定,税号1701.12.50、税号1701.13.50、税号1701.14.50、税号1701.91.30、税号1701.91.48、税号1701.91.58、税号1701.99.50、税号1702.20.28、税号1702.30.28、税号1702.40.28、税号1702.60.28、税号1702.90.20、税号1702.90.58、税号1702.90.68、税号1704.90.68、税号1704.90.78、税号1806.10.15、税号1806.10.28、税号1806.10.38、税号1806.10.55、税号1806.10.75、税号1806.20.73、税号1806.20.77、税号1806.20.94、税号1806.20.98、税号1806.90.39、税号1806.90.49、税号1806.90.59、税号1901.20.25、税号1901.20.35、税号1901.20.60、税号1901.20.70、税号1901.90.60、税号1901.90.71、税号2102.12.38、税号2101.12.48、税号2101.12.58、税号2101.20.38、税号2101.20.48、税号2101.20.58、税号2103.90.78、税号2106.90.46、税号2106.90.72、税号2106.90.76、税号2106.90.80、税号2106.90.91、税号2106.90.94 或者税号2106.90.97 规定的货物,如果在任何一年中输入的总数量不超过本分章美国注释二十八(三)款对数量限制	[1]		免税(PE)	
9822.06.15	[1]	特产糖,即上文所述的秘鲁货物,根据本税则总注释三十二的条款,如果在任何年份以不超过2 000吨的总量输入,包括税号1701.12.10、税号1701.13.10、税号1701.14.10、税号1701.91.10、税号1701.99.10、税号1702.90.10 或税号2106.90.44 所述	[1]		免税(PE)	
9822.06.20	[1]	本分章美国注释二十九所述并根据其规定输入的秘鲁纺织品或服装	[1]		免税(PE)	
9822.06.25	[1]	本分章美国注释三十所述并根据其规定输入的秘鲁纺织品或服装	[1]		免税(PE)	
		韩国货物,根据本分章美国注释三十一的条款,受该注释规定的数量限制:				
9822.07.10	[1]	可归入税号2402.20.10 的货物	[1]		该子目中为韩国原产货物规定的税率	
9822.07.15	[1]	可归入税号2402.20.80 的货物	[1]		该子目中为韩国原产货物规定的税率	
9822.07.25	[1]	可归入税号2402.20.90 的货物	[1]		该子目中为韩国原产货物规定的税率	

税则号列	统计后缀	货品名称	单位	税率 1 普通	税率 1 特惠	2
9822.08.01	[1]	本分章美国注释三十四所述的本税则总注释三十二所定义的以下哥伦比亚货物；税号 1701.12.50、税号 1701.13.50、税号 1701.14.50、税号 1701.91.30、税号 1701.91.48、税号 1701.91.58、税号 1701.99.50、税号 1702.20.28、税号 1702.30.28、税号 1702.40.28、税号 1702.60.28、税号 1702.90.20、税号 1702.90.58、税号 1702.90.68、税号 1704.90.68、税号 1704.90.78、税号 1806.10.15、税号 1806.10.28、税号 1806.10.38、税号 1806.10.55、税号 1806.10.75、税号 1806.20.73、税号 1806.20.77、税号 1806.20.94、税号 1806.20.98、税号 1806.90.39、税号 1806.90.49、税号 1806.90.59、税号 1901.20.25、税号 1901.20.35、税号 1901.20.60、税号 1901.20.70、税号 1901.90.68、税号 1901.90.71、税号 2101.12.38、税号 2101.12.48、税号 2101.12.58、税号 2101.20.38、税号 2101.20.48、税号 2101.20.58、税号 2103.90.78、税号 2106.90.46、税号 2106.90.72、税号 2106.90.76、税号 2106.90.80、税号 2106.90.91、税号 2106.90.94 或税号 2106.90.97 货物，受本分章美国注释三十二规定的数量限制	[1]		免税(CO)	
9822.08.25	[1]	本分章美国注释三十三所述并根据其规定输入的哥伦比亚纺织品或服装	[1]		免税(CO)	
9822.08.35	[1]	本分章美国注释三十四所述并根据其规定输入的哥伦比亚纺织品或服装	[1]		免税(CO)	
		巴拿马货物，根据本税则总注释三十五的条款：				
9822.09.17	[1]	税号 1701.12.50、税号 1701.13.50、税号 1701.14.50、税号 1701.91.30、税号 1701.91.48、税号 1701.91.58、税号 1701.99.50、税号 1702.20.28、税号 1702.30.28、税号 1702.40.28、税号 1702.60.28、税号 1702.90.20、税号 1702.90.58、税号 1702.90.68、税号 1704.90.68、税号 1704.90.78、税号 1806.10.15、税号 1806.10.28、税号 1806.10.38、税号 1806.10.55、税号 1806.10.75、税号 1806.20.73、税号 1806.20.77、税号 1806.20.94、税号 1806.20.98、税号 1806.90.39、税号 1806.90.49、税号 1901.20.25、税号 1901.20.60、税号 1901.20.70、税号 1901.20.35、税号 1901.90.68、税号 1901.90.71、税号 2101.12.38、税号 2101.12.48、税号 2101.12.58、税号 2101.20.38、税号 2101.20.48、税号 2101.20.58、税号 2103.90.78、税号 2106.90.46、税号 2106.90.72、税号 2106.90.76、税号 2106.90.80、税号 2106.90.91、税号 2106.90.94 或税号 2106.90.97 规定的货物，受本分章美国注释三十五规定的数量限值	[1]		免税(PA)	
9822.09.18	[1]	税号 1701.13.50 或税号 1701.14.50 的货物，受本分章美国注释三十六规定的数量限制	[1]		免税(PA)	
9822.09.20	[1]	第十七章附加美国注释五规定的特种糖，受本分章美国注释三十八规定的定量限值	[1]		免税(PA)	
		税号 2207.10.60 或税号 2207.20.00 的货物：				
9822.09.22	[1]	未变性乙醇和其他酒精，按体积计酒精浓度为 80% 或更高的酒精，如果此类乙醇用作燃料或适用于生产汽油和酒精混合物、特殊燃料和酒精混合物或任何其他用作燃料的混合物	[1]		为受惠国提供的子目 9901.00.50 (PA)的税率	
9822.09.24	[1]	乙醇及其他烈性酒，如该等乙醇用作燃料或适宜用作生产汽油与酒精混合物、特殊燃料与酒精混合物或任何其他用作燃料的混合物，则须经任何强度变性的乙醇及其他烈性酒	[1]		为受惠国提供的子目 9901.00.50 (PA)的税率	

税则号列	统计后缀	货品名称	单位	税率 1 普通	税率 1 特惠	2
9822.09.26	[1]	归入税号2207.10.60或税号2207.20.00的货物	[1]		免税(PA)	
9822.09.61	[1]	第六十一章至第六十三章所述纺织品和服装,遵照本分章美国注释三十九并根据其规定输入	[1]		进口物品的关税税基为全部价值减去美国织物、组件或材料的价值(见本分章美国注释三十九)	
9822.09.62	[1]	第六十一章至第六十三章所述纺织品和服装,遵照本分章美国注释四十并根据其规定输入	[1]		免税(PA)	
9822.09.63	[1]	本分章所述服装,遵照本分章美国注释四十一并根据其规定输入	[1]		免税(PA)	
9822.09.65	[1]	本分章所述服装,遵照本分章美国注释四十二并根据其规定输入	[1]		免税(PA)	
9822.09.70	[1]	本分章所述巴拿马的纺织品和服装,遵照本分章美国注释四十三并根据其规定输入	[1]		免税(PA)	

[1]见第九十八章统计注释一。

[2]本分章美国注释一(二)款规定的日期后生效。

第二十三分章　根据《美国-墨西哥-加拿大协定》制定的规定

本分章包含对根据《美国-墨西哥-加拿大协定》制定的税则规定的修订。根据本分章规定输入并在本分章条款中描述的货物,如果在括号中提供了关税税率和符号,则应按照本分章规定的税率缴纳关税,而不是第一章至第九十七章中的税率。"第1年"都是指2020年7月1日和2020年12月31日(包括首尾两天),"EIF"是指2020年7月1日。

美国注释:

一、液态奶油、酸奶油、冰淇淋和牛奶饮料

本注释和税号9823.01.01至9823.01.07适用于根据本税则总注释十一的条款有资格享受特殊关税待遇的《美国-墨西哥-加拿大协定》国家原产的税号0401.40.25、税号0401.50.25、税号0403.90.16、税号2105.00.20或税号2202.99.28的货物。自2020年7月1日起,2021年以及此后的连续几年,税号9823.01.01至9823.01.07的税率第1栏"特惠"子栏中的税率后跟符号(S+),应适用于这些国家的原产货物,以代替上述税号中原有"特惠"子栏规定的税率。

(一)根据美国法律有资格标记为墨西哥的货物,不论货物是否标记,美国货物只有在税号9823.01.01下才有资格获得《美国-墨西哥-加拿大协定》关税待遇。

(二)根据美国法律有资格标记为加拿大的货物,不论货物是否标记,均应从税号9823.01.02至9823.01.07入关。

1. 在下所的任何时期或日历年,从税号9823.01.02入关的加拿大原产货物的总量不得超过该时期的以下规定数量:

年度	数量(升)	年度	数量(升)	年度	数量(升)
第1年	875 000	第7年	10 605 000	第13年	11 257 421
第2年	3 500 000	第8年	10 711 050	第14年	11 369 995
第3年	5 250 000	第9年	10 818 161	第15年	11 483 695
第4年	7 000 000	第10年	10 926 342	第16年	11 598 532
第5年	8 750 000	第11年	11 035 606	第17年	11 714 518
第6年	10 500 000	第12年	11 145 962	第18年	11 831 663

从第19年开始,每年本注释中规定的加拿大原产货物的数量限制为11 949 979升。

2. 如果从税号9823.01.02入关的加拿大原产货物总量超过了本注释(二)1款规定的当年数量,则加拿大原产货物应从税号9823.01.03至9823.01.07下入关。

二、脱脂奶粉

本注释和税号9823.02.01至9823.02.04适用于根据本税则总注释十一的条款有资格享受特殊关税待遇的《美国-墨西哥-加拿大协定》国家原产的税号0402.10.50或税号0402.21.25的货物。在2020年7月1日至2020年12月31日期间,包括2021年和此后的连续几年,税号9823.02.01至9823.02.04的税率第 1 栏"特惠"子栏中的税率后跟符号(S+),应适用于这些国家的原产货物,以代替上述税号中原有"特惠"子栏规定的税率。

(一)根据美国法律有资格标记为墨西哥的货物,不论货物是否标记,美国货物只有在税号 9823.02.01 下才有资格获得《美国-墨西哥-加拿大协定》关税待遇。

(二)根据美国法律有资格标记为加拿大的货物,不论货物是否标记,只有在税号 9823.02.02 至 9823.02.04 下才有资格获得《美国-墨西哥-加拿大协定》关税待遇。

1. 在下列任何时期或日历年,从税号 9823.02.02 入关的加拿大原产货物总量不得超过该时期的以下规定数量:

年度	数量(吨)	年度	数量(吨)	年度	数量(吨)
第 1 年	625	第 7 年	7 575	第 13 年	8 041.015
第 2 年	2 500	第 8 年	7 650.75	第 14 年	8 121.425
第 3 年	3 750	第 9 年	7 727.258	第 15 年	8 202.64
第 4 年	5 000	第 10 年	7 804.53	第 16 年	8 284.666
第 5 年	6 250	第 11 年	7 882.575	第 17 年	8 367.513
第 6 年	7 500	第 12 年	7 961.401	第 18 年	8 451.188

从第 19 年开始,每年本注释中规定的加拿大原产货物的数量限制为 8 535.7 吨。

2. 如果从税号 9823.02.02 入关的加拿大原产货物总量超过了本注释(二)1 款规定的该时期或当年的数量,则加拿大原产货物应从税号 9823.0.2.03 至 9823.02.4 下入关。

三、黄油、奶油和奶油粉

本注释和税号 9823.03.01 至 9823.03.11 适用于根据本税则总注释十一的条款有资格享受特殊关税待遇的《美国-墨西哥-加拿大协定》国家原产的税号 0401.50.75、税号 0402.21.90、税号 0403.90.65、税号 0403.90.78、税号 0405.10.20、税号 0405.20.30、税号 0405.20.70、税号 0405.90.20、税号 2106.90.26 或税号 2106.90.36 的货物。从 2020 年 7 月 1 日至 2020 年 12 月 31 日,包括 2021 年以及此后的连续几年,税号 9823.03.01 至 9823.03.11 的税率第 1 栏"特惠"子栏中的税率后跟符号(S+),应适用于这些国家的原产货物,以代替上述税号中原有"特惠"子栏规定的税率。

(一)根据美国法律有资格标记为墨西哥的货物,不论货物是否标记,美国货物只有在税号 9823.03.01 下才有资格获得《美国-墨西哥-加拿大协定》关税待遇。

(二)根据美国法律有资格标记为加拿大的货物,不论货物是否标记,只有在税号 9823.03.02 至 9823.03.11 下才有资格获得《美国-墨西哥-加拿大协定》关税待遇。

1. 在任何日历年,从税号 9823.03.02 入关的加拿大原产货物总量不得超过该时期的以下规定数量:

年度	数量(吨)	年度	数量(吨)	年度	数量(吨)
第 1 年	750	第 7 年	4 545	第 13 年	4 824.609
第 2 年	1 500	第 8 年	4 590.45	第 14 年	4 872.855
第 3 年	2 250	第 9 年	4 636.355	第 15 年	4 921.584
第 4 年	3 000	第 10 年	4 682.718	第 16 年	4 970.8

(续表)

年度	数量(吨)	年度	数量(吨)	年度	数量(吨)
第5年	3 750	第11年	4 729.545	第17年	5 020.508
第6年	4 500	第12年	4 776.841	第18年	5 070.713

从第19年开始,每年本注释中规定的加拿大原产货物的数量限制为5 121.42吨。

2. 如果从税号9823.03.02入关的加拿大原产货物总量超过了本注释(二)1款规定的该时期或当年的数量,则加拿大原产货物应从税号9820.03.03至9823.03.11下入关。

四、奶酪

本注释和税号9823.04.01至9823.04.54适用于根据本税则总注释十一的条款有资格享受特殊关税待遇的《美国-墨西哥-加拿大协定》国家原产的税号0406.10.08、税号0406.10.18、税号0406.10.28、税号0406.10.38、税号0406.10.48、税号0406.10.58、税号0406.10.68、税号0406.10.78、税号0406.10.88、税号0406.20.28、税号0406.20.33、税号0406.20.39、税号0406.20.48、税号0406.20.53、税号0406.20.63、税号0406.20.67、税号0403.20.71、税号0406.20.75、税号0406.20.79、税号0406.20.83、税号0406.20.87、税号0406.20.91、税号0406.30.18、税号0406.30.28、税号0406.30.38、税号0406.30.48、税号0406.30.53、税号0406.30.63、税号0406.30.67、税号0406.30.71、税号0406.30.75、税号0406.30.79、税号0406.30.83、税号0406.30.87、税号0406.30.91、税号0406.40.70、税号0406.90.12、税号0406.90.18、税号0406.90.32、税号0406.90.37、税号0406.90.42、税号0406.90.48、税号0406.90.54、税号0406.90.68、税号0406.90.74、税号0406.90.78、税号0406.90.84、税号0406.90.88、税号0406.90.92、税号0406.90.94、税号0406.90.97或1901.90.36的货物。从2020年7月1日至2020年12月31日,在2021年以及此后的连续几年,税号9823.04.01至9823.04.55的税率第1栏"特惠"子栏中的税率后跟符号(S+),应适用于这些国家的原产货物,以代替上述税号中原有"特惠"子栏规定的税率。

(一)根据美国法律有资格标记为墨西哥的货物,不论货物是否标记,美国货物只有在税号9823.04.01下才有资格获得《美国-墨西哥-加拿大协定》关税待遇。

(二)根据美国法律有资格标记为加拿大的货物,不论货物是否标记,只有在税号9823.04.02至9823.04.54下才有资格获得《美国-墨西哥-加拿大协定》关税待遇。

1. 在任何日历年,从税号9823.04.02入关的加拿大原产货物总量不得超过该年度的以下规定数量:

年度	数量(吨)	年度	数量(吨)	年度	数量(吨)
第1年	1 041.5	第7年	12 625	第13年	13 401.69
第2年	4 176	第8年	12 751.25	第14年	13 535.71
第3年	6 250	第9年	12 878.76	第15年	13 671.07
第4年	8 333	第10年	13 007.55	第16年	13 807.78
第5年	10 416	第11年	13 137.63	第17年	13 945.85
第6年	12 500	第12年	13 269	第18年	14 085.31

从第19年开始以及此后每年,本注释中规定的加拿大原产货物的数量限制为14 226.17吨。

2. 如果从税号9823.04.02入关的加拿大原产货物总量超过了本注释(二)1款规定的当年数量,则加拿大原产货物应从税号9823.03.03至9823.04.54入关。

五、全脂奶粉

本注释和税号9823.05.01至9823.05.04适用于根据本税则总注释十一的条款有资格享受特殊关税待遇的《美国-墨西哥-加拿大协定》国家原产的税号0402.21.50、税号0402.29.50、税号2309.90.28或税号2309.90.48的货物。从2020年7月1日至2020年12月31日,在2021年以及此后的连续几年,税号9823.05.01至9823.05.006的税率第1栏"特惠"子栏中的税率后跟符号(S+),应适用于这些国家的原产货物,以代替上述税号中原有"特惠"子栏规定的税率。

(一)根据美国法律有资格标记为墨西哥的货物,不论货物是否标记,美国货物只有在税号9823.05.01下才有资格获得《美国-墨西哥-加拿大协定》关税待遇。

(二)根据美国法律有资格标记为加拿大的货物,不论货物是否标记,只有在税号9823.05.02至9823.05.006下才有资格获得《美国-墨西哥-加拿大协定》关税待遇。

1. 在任何日历年,从税号9823.05.02入关的加拿大原产货物总量不得超过该时期的以下规定数量:

年度	数量(吨)	年度	数量(吨)	年度	数量(吨)
第1年	57.5	第7年	696.9	第13年	739.773 4
第2年	230	第8年	703.869	第14年	747.171 1
第3年	345	第9年	710.907 7	第15年	754.642 8
第4年	460	第10年	718.016 8	第16年	762.189 3
第5年	575	第11年	725.196 9	第17年	769.811 2
第6年	690	第12年	732.448 9	第18年	777.509 3

从第19年开始,每年本注释中规定的加拿大原产货物的数量限制为785.284 4吨。

2. 如果从税号9823.05.02入关的加拿大原产货物总量超过了本注释(二)1款规定的当年数量,则加拿大原产货物应从税号9823.05.03至9823.05.06入关。

六、酸奶干、酸奶油、乳清及乳制品配料

本注释和税号9823.06.01至9823.06.09适用于根据本税则总注释十一的条款有资格享受特殊关税待遇的《美国-墨西哥-加拿大协定》国家原产的税号0403.10.50、税号0403.90.45、税号0403.90.55、税号0403.90.95、税号0404.10.15、税号0404.10.90或税号0404.90.50的货物。自2020年7月1日起,2021年以及此后的连续几年,税号9823.06.01至9823.06.09的税率第1栏"特惠"子栏中的税率后跟符号(S+),应适用于这些国家的原产货物,以代替上述税号中原有"特惠"子栏规定的税率。

(一)根据美国法律有资格标记为墨西哥的货物,不论货物是否标记,美国货物只有在税号9823.06.01下才有资格获得《美国-墨西哥-加拿大协定》关税待遇。

(二)根据美国法律有资格标记为加拿大的货物,不论货物是否标记,只有在税号9823.06.02至9823.06.09下才有资格获得《美国-墨西哥-加拿大协定》关税待遇。

1. 在任何时期或日历年,从税号9823.06.02入关的加拿大原产货物总量不得超过该年度的以下规定数量:

年度	数量（吨）	年度	数量（吨）	年度	数量（吨）
第1年	919	第7年	11 140.3	第13年	11 825.65
第2年	3 677	第8年	11 251.7	第14年	11 943.91
第3年	5 515	第9年	11 364.22	第15年	12 063.35
第4年	7 353	第10年	11 477.86	第16年	12 183.98
第5年	9 192	第11年	11 592.64	第17年	12 305.82
第6年	11 030	第12年	11 708.57	第18年	12 428.88

从第19年开始，每年本注释中规定的加拿大原产货物的数量限制为12 553.17吨。

2. 如果从税号9823.06.02入关的加拿大原产货物总量超过了本注释（二）1款规定的当年数量，则加拿大原产货物应从税号9823.06.03至9823.06.09入关。

七、浓缩牛奶

本注释和税号9823.07.01至9823.07.07适用于根据本税则总注释十一的条款有资格获得特殊关税待遇的《美国-墨西哥-加拿大协定》国家原产的税号0402.91.70、税号0402.91.90、税号0402.09.45、税号0402.99.55或0402.99.90的货物。自2020年7月1日起，2021年以及此后的连续几年，税号9823.07.01至9823.07.07的税率第1栏"特惠"子栏中的税率后跟符号（S+），应适用于这些国家的原产货物，以代替上述税号中原有"特惠"子栏规定的税率。

（一）根据美国法律有资格标记为墨西哥的货物，不论货物是否标记，美国货物只有在税号9823.07.01下才有资格获得《美国-墨西哥-加拿大协定》关税待遇。

（二）根据美国法律有资格标记为加拿大的货物，不论货物是否标记，只有在税号9823.07.02至9823.07.77下才有资格获得《美国-墨西哥-加拿大协定》关税待遇。

1. 在任何时期或日历年，从税号9823.07.02入关的加拿大原产货物总量不得超过该年度的以下规定数量：

年度	数量（吨）	年度	数量（吨）	年度	数量（吨）
第1年	115	第7年	1 393.8	第13年	1 479.547
第2年	460	第8年	1 407.738	第14年	1 494.342
第3年	690	第9年	1 421.815	第15年	1 509.286
第4年	920	第10年	1 436.034	第16年	1 524.379
第5年	1 150	第11年	1 450.394	第17年	1 539.622
第6年	1 380	第12年	1 464.898	第18年	1 555.019

从第19年开始，每年本注释中规定的加拿大原产货物的数量限制为1 570.569吨。

2. 如果从税号9823.07.02入关的加拿大原产货物总量超过了本注释（二）1款规定的当年数量，则加拿大原产货物应从税号9827.07.03至9823.07.07入关。

八、其他乳制品

本注释和税号9823.08.01至9823.08.38适用于根据本税则总注释十一的条款有资格获得特殊关税待遇的《美国-墨西哥-加拿大协定》国家原产的税号1517.90.60、税号1704.90.58、税号1806.20.26、税号1806.20.23、税号1806.20.36、税号1806.20.38、税号1806.20.82、税号1806.20.83、税号1806.20.87、税号1806.20.89、税号1806.32.06、税号1806.32.28、税号1806.32.18、税号1806.32.70、税号1806.32.80、税号1806.90.08、税号1806.90.10、税号1806.90.18、税号1806.90.20、税号1806.90.28、税号1806.90.30、税号1901.10.16、税号1901.10.26、税号1901.10.36、税号1901.10.44、税号1901.10.56、税号1901.10.66、税号1901.20.15、税号1901.20.50、税号1901.90.62、税号1901.90.65、税号2105.00.40、税号2106.90.09、税号2106.90.66或税号2106.90.87的货物。自2020年7月1日起,2021年以及此后的连续几年,税号9823.08.01至税号9823.08.38的税率第1栏"特惠"子栏中的税率后跟符号(S+),应适用于这些国家的原产货物,以代替上述税号中原有"特惠"子栏规定的税率。

(一)根据美国法律有资格标记为墨西哥的货物,不论货物是否标记,美国货物只有在税号9823.08.01下才有资格获得《美国-墨西哥-加拿大协定》关税待遇。

(二)根据美国法律有资格标记为加拿大的货物,不论货物是否标记,只有在税号9823.08.02至9823.08.38下才有资格获得《美国-墨西哥-加拿大协定》关税待遇。

1. 2020年7月1日至2020年12月31日、2021年以及任何时期或日历年从税号9823.08.02入关的加拿大原产货物总量不得超过以下规定的数量:

年度	数量(吨)	年度	数量(吨)	年度	数量(吨)
第1年	158.5	第7年	1 919	第13年	2 037.057
第2年	633	第8年	1 938.19	第14年	2 057.428
第3年	950	第9年	1 957.572	第15年	2 078.002
第4年	1 267	第10年	1 977.148	第16年	2 098.782
第5年	1 583	第11年	1 996.919	第17年	2 119.77
第6年	1 900	第12年	2 016.888	第18年	2 140.968

从第19年开始,每年本注释中规定的加拿大原产货物的数量限制为2 162.377吨。

2. 如果从税号9823.08.02入关的加拿大原产货物总量超过本注释(二)1款规定的当年数量,则加拿大原产货物应从税号9828.08.03至9823.08.38入关。

九、糖

本注释和税号9823.09.01至9823.09.09适用于根据本税则总注释十一的条款有资格获得特殊关税待遇的《美国-墨西哥-加拿大协定》国家原产的税号1701.12.50、税号1701.13.50、税号1701.44.50、税号1701.91.30、税号1701.99.50或税号1702.90.20的货物[本注释(二)3款所列的情况除外]。从2020年7月1日至2020年12月31日,在2021年以及此后的连续几年,税号9823.09.01至9823.09.09的税率第1栏"特惠"子栏中的税率后跟符号(S+),应适用于这些国家的原产货物,以代替上述税号中原有"特惠"子栏规定的税率。

(一)根据美国法律有资格标记为墨西哥的货物,不论货物是否标记,美国货物只有在税号9823.09.01下才有资格获得《美国-墨西哥-加拿大协定》关税待遇。

(二)根据美国法律有资格标记为加拿大的货物,不论货物是否标记,只有在税号9823.09.02至9823.09.09下才有资格获得《美国-墨西哥-加拿大协定》关税待遇。

1. 2020 年 7 月 1 日至 2020 年 12 月 31 日期间,从税号 9823.09.02 入关的加拿大原产货物总量不得超过 4 800 吨。从 2021 年开始,每年本注释中规定的加拿大原产货物的数量限制为 9 600 吨。只有完全从加拿大生产的甜菜中获得的加拿大原产货物才能从税号 9823.09.02 入关。

2. 如果从税号 9823.09.02 入关的加拿大原产货物总量超过了该年度本注释(二)1 款规定的数量,或者如果加拿大原产货物并非完全来自加拿大生产的甜菜,则加拿大原产货物应从税号 9823.03.03 至 9823.09.88 入关。

3. 在美国农业部部长决定允许以配额内关税税率向美国进口额外数量的精制糖(特种糖除外)的任何日历年,应允许额外数量的加拿大货物从税号 9823.09.09 入境,超过其根据《世界贸易组织协定》和其他贸易协定所作承诺以这些税率提供的数量。美国贸易代表办公室应在《联邦公报》上公布当年新增数量的决定。在《联邦公报》通知所示日期之前的任何日历年,货物不得从税号 9823.09.09 入关。从税号 9823.09.09 入关的货物可以由非原产原糖制成,但应符合本税则总注释十一规定的优惠关税待遇的其他适用条件。

十、含糖产品

本注释和税号 9823.10.01 至 9823.10.45 适用于根据本税则总注释十一的条款有资格获得特殊关税待遇的《美国-墨西哥-加拿大协定》国家原产的税号 1701.91.48、税号 1701.91.58、税号 1702.20.28、税号 1702.30.28、税号 1701.40.28、税号 1702.60.28、税号 1709.90.58、税号 1702.90.68、税号 1704.90.68、税号 1704.90.78、税号 1806.10.15、税号 1806.10.28、税号 1806.10.38、税号 1806.10.55、税号 1806.10.75、税号 1806.20.73、税号 1806.20.77、税号 1806.20.94、税号 1806.20.98、税号 1806.90.39、税号 1806.90.49、税号 1806.90.59、税号 1901.10.76、税号 1901.20.25、税号 1901.20.35、税号 1901.20.60、税号 1901.20.70、税号 1901.90.68、税号 1901.90.71、税号 2101.12.38、税号 2101.12.48、税号 2101.12.58、税号 2101.20.38、税号 2101.20.48、税号 2101.20.58、税号 2103.90.78、税号 2106.90.46、税号 2106.90.72、税号 2106.90.76、税号 2106.90.80、税号 2106.90.91、税号 2106.90.94 或税号 2106.90.97 项下的货物[本注释(二)3 款所列的情况除外]。自 2020 年 7 月 1 日至 2020 年 12 月 31 日,2021 年以及此后的连续几年,税号 9823.10.01 至 9823.10.45 的税率第 1 栏"特惠"子栏中的税率后跟符号(S+),应适用于这些国家的原产货物,以代替上述税号中原有"特惠"子栏规定的税率。

(一)根据美国法律有资格标记为墨西哥的货物,不论货物是否标记,美国货物只有在税号 9823.10.01 下才有资格获得《美国-墨西哥-加拿大协定》关税待遇。

(二)根据美国法律有资格标记为加拿大的货物,不论货物是否标记,只有在税号 9823.10.02 至 9823.10.45 下才有资格获得《美国-墨西哥-加拿大协定》关税待遇。

1. 2020 年 7 月 1 日至 2020 年 12 月 31 日期间,从税号 9823.10.02 入关的加拿大原产货物总量不得超过 4 800 吨。从 2021 年开始,每年本注释中规定的加拿大原产货物的数量限制为 9 600 吨。在美国贸易代表办公室在《联邦公报》上公布需要出口证书的决定的任何一年,如果美国进口商以海关确定的形式和方式向美国海关和边境保护局申报,加拿大政府签发的有效出口证书对此类货物有效,则从税号 9823.10.02 入关是有资格的。

2. 如果从税号 9823.10.02 入关的加拿大原产货物总量超过了该年度本注释(二)1 款中规定的数量,或者不符合本注释(二)1 款的其他限制,则加拿大原产货物应从税号 9823.10.03 至 9823.10.45 入关。

3. 就税号 9823.10.02 货物的入关而言,受到上述 1 款规定的数量限制,税号 1701.91.48、税号 1701.91.58、税号 1702.20.28、税号 1702.30.28、税号 1702.40.28、税号 1702.60.28、税号 1709.90.58、税号 1702.90.68、税号 1806.10.15、税号 1806.10.28 和税号 1806.10.38 的货物可以由加拿大精制糖制成。其中,加拿大精制糖是指将任何其他子目更改为子目 1701.91 或子目 1701.99 的商品。

十一、本注释和税号 9823.52.01 至 9823.53.06(含)适用于墨西哥和加拿大的某些纺织品和服装,这些货物不是本税则总注释十一条款规定的原产货物,但有资格享受本注释规定的特殊关税待遇。从 2020 年 7 月 1 日至 2020 年 12 月 31 日,在 2021 年以及此后的连续几年,税号 9823.52.01 至 9823.53.06 的税率第 1 栏"特惠"子栏中的税率后跟符号(S+),应适用于本注释定义的墨西哥和加拿大的某些纺织品和服装,以代替下文所列税号中原有"一般"子栏规定的税率。商品加工费不适用于根据本附注和税号入关的货物。

就本注释而言,"SME"是指根据《美国-墨西哥-加拿大协定》第 6 章附件 6-B 中规定的换算系数确定的平方米当量。

就本注释而言,适用于棉或化纤织物的"平均纱线支数"应具有《美国-墨西哥-加拿大协定》第 6 章附件 6-A 中规定的含义。

就本注释而言,羊毛服装应具有《美国-墨西哥-加拿大协定》第 6 章附件 6-A 中规定的含义。

(一)税号 9823.52.01 至 9823.520.08 的税率第 1 栏"特惠"子栏中的税率后跟符号"S+",应适用于本款和本分章所述的从加拿大进口的特定货物,并且根据美国法律有资格标记为加拿大货物,不论货物是否标记。

1. 税号 9823.52.01 至 9823.52.03 应适用于第六十一章和第六十二章的服装以及品目 9619 的纺织品或服装(絮胎除外),这些商品都是在加拿大裁剪(或针织成型)、缝制或以其他方式组合而成的,所用的织物或纱线是在《美国-墨西哥-加拿大协定》任何一个国家境外生产或获得的,前提是这些服装符合本税则总注释十一规定的优惠关税待遇的其他适用条件。

(1)税号 9823.52.01 的税率第 1 栏"特惠"子栏中的税率后跟符号"S+",应适用于 2020 年 7 月 1 日至 2020 年 12 月 31 日(包括首尾两天)期间以及此后每个日历年内总数量不超过 40 000 000SME 的棉或化纤服装。

(2)税号 9823.52.02 的税率第 1 栏"特惠"子栏中的税率后跟符号"S+",应适用于 2020 年 7 月 1 日至 2020 年 12 月 31 日(包括首尾两天)期间以及此后的每个日历年内总数量不超过 4 000 000SME 的羊毛服装。

①税号 9823.52.03 的税率第 1 栏"特惠"子栏中的税率后跟符号"S+",应适用于 2020 年 7 月 1 日至 2020 年 12 月 31 日(包括首尾两天)期间以及此后每个日历年内总数量不超过 3 800 000SME 的美国第 443 类男式或男童羊毛西装。

2. 税号 9823.52.04 的税率第 1 栏"特惠"子栏中的税率后跟符号"S+",应适用于棉或化纤织物以及棉或化纤织物制成的纺织品,对应于本税则第五十二章至第五十五章(不包括羊毛或动物细毛重量为 36% 或以上的货物)、第五十八章、第六十章和第六十三章的货物以及下述(1)款的规定,在 2020 年 7 月 1 日至 2020 年 12 月 31 日(包括首尾两天)期间以及此后的每个日历年内,在该税号下输入的总数量不超过 71 765 252SME。

(1)税号 9823.52.05 的税率第 1 栏"特惠"子栏中的税率后跟符号"S+",应适用于 2020 年

7月1日至2020年12月31日(包括首尾两天)期间以及此后每个日历年内总数量不超过38 642 828SME 的本税则第五十二章至第五十五章(不包括羊毛或动物细毛重量为36%或以上的货物)、第五十八章或第六十三章(子目6302.10、子目6302.40、子目6303.12、子目6303.19、子目6304.11 或子目6304.91 除外)的货物。

(2)税号9823.52.06 的税率第1栏"特惠"子栏中的税率后跟符号"S+",应适用于2020 年7月1日至2020年12月31日(包括首尾两天)期间以及此后每个日历年内总数量不超过38 642 828SME 的本税则第六十章或子目6302.10、子目6302.40、子目6303.12、子目6303.19、子目6304.11 或子目6304.91 的货物。

(3)对于税号9823.52.04、税号9823.52.05 和税号9823.52.06,此类棉或化纤织物以及棉或化纤制成的纺织品必须在加拿大用《美国-墨西哥-加拿大协定》境外国家生产或获得的纱线,或在《美国-墨西哥-加拿大协定》国家用《美国-墨西哥-加拿大协定》境外国家制造或获得的纤维生产的纱线机织、针织或钩编而成,或在加拿大用《美国-墨西哥-加拿大协定》境外国家制造或获得的纤维在《美国-墨西哥-加拿大协定》国家纺制的纱线针织或钩编,以及用《美国-墨西哥-加拿大协定》境外国家生产或获得的子目5208.11 至5208.29、子目5209.11 至5209.29、子目5210.11 至5210.29、子目5211.11 至5211.20、子目5212.11、子目5212.12、子目5212.21、子目5212.22、子目5407.41、子目5407.51、子目5407.71、子目5407.81、子目5407.91、子目5408.21、子目5408.31、子目5512.11、子目5512.21、子目5512.91、子目5513.11 至5513.19、子目5514.11 至5514.19、子目5516.11、子目5516.21、子目5516.31、子目5516.41 或5516.91 的织物制成、裁剪、缝制或以其他方式组合而成的子目9404.90 的货物,并符合本税则总注释十一规定的优惠关税待遇的其他适用条件。

(4)对于适用于税号9823.52.04、税号9823.52.05 和9823.52.06 的SME 总量限制的计算,适用以下附加规定:

①对于非原产纺织品,因为某些非原产纺织材料没有经历总注释十一规定的适用归类变更,但如果此类非原产材料占该货物重量的50%或以下,则该货物只有50%的SME 可以申请,以及

②对于非原产纺织品,因为某些非原产纺织材料没有经历总注释十一中规定的适用归类变更,但如果此类材料占该货物重量的50%以上,则该货物100%的SME 可以申请。

3. 税号9823.52.07 和税号9823.52.08 的税率第1栏"特惠"子栏中的税率后跟符号"S+",应适用于品目5205 至5207 或品目5509 至5511 的棉或化纤纱线,这些纱线是在加拿大由《美国-墨西哥-加拿大协定》境外国家生产或获得的品目5201 至5203 或品目5501 至5507 的纤维纺制而成的,或适用于在2020 年7月1日至2020年12月31日(包括首尾两天)期间以及此后的每个日历年在加拿大以不超过6 000 000 千克的总数量从《美国-墨西哥-加拿大协定》境外国家获得的纤维制成的品目5605 的货物,当此类货物符合本协定项下优惠关税待遇的其他适用条件时。

(1)税号9823.52.07 的税率第1栏"特惠"子栏中的税率后跟符号"S+",应适用于品目5509 或品目5511 的主要由丙烯酸纤维制成的纱线,在2020 年7月1日至2020 年12月

31日(包括首尾两天)期间以及此后的每个日历年内,总数量为 6 000 000 千克,年度数量为 3 000 000 千克。

(2)税号 9823.52.08 的税率第 1 栏"特惠"子栏中的税率后跟符号"S+",应适用于品目 5205 至 5207、品目 5509 至 5511 或品目 5605 的纱线(品目 5509 或品目 5511 的主要由丙烯酸纤维制成的纱线除外),在 2020 年 7 月 1 日至 2020 年 12 月 31 日(包括首尾两天)期间以及此后每个日历年内,总数量为 6 000 000 千克,年度数量为 3 000 000 千克。

(二)税号 9823.53.01 至 9823.50.06 的税率第 1 栏"特惠"子栏中的税率后跟符号"S+",应适用于本款和本分章条款所述的墨西哥货物,并且根据美国法律有资格标记为墨西哥的货物,不论货物是否标记。

1. 税号 9823.53.01 至 9823.53.02 应适用于第六十一章和第六十二章的服装以及品目 9619 的纺织品或服装(絮胎除外),这些货物都是在墨西哥裁剪(或针织成型)和缝制或以其他方式组合的,其面料或纱线是在《美国-墨西哥-加拿大协定》境外国家生产或获得的,并且符合本税则总注释十一规定的优惠关税待遇的其他适用条件,但下列(1)款规定的除外。

    (1)① 子目 5209.42 或子目 5211.42、统计报告编码 5212.24.6020、5514.30.3210 或 5514.30.3910 的蓝色牛仔布;

    ② 子目 5208.19、子目 5208.29、子目 5208.39、子目 5208.49、子目 5208.59、子目 5210.19、子目 5210.29、子目 5210.39、子目 5210.49、子目 5210.59、子目 5512.11、子目 5512.19、子目 5513.13、子目 5513.33、子目 551.39 或子目 5513.49 的平均纱线支数小于 135 公支的平纹织物(牛津布);

    ③ 税号 6107.11.00、税号 6107.12.00、税号 6109.10.00 或税号 6109.90.10 的服装,主要由平均纱线支数等于或小于 100 公支的圆形针织物制成;

    ④ 子目 6108.21 或子目 6108.22 的服装,主要由平均纱线支数等于或小于 100 公支的圆形针织物制成;或

    ⑤ 子目 6108.21 或子目 6108.22 的服装,主要由平均纱线支数等于或小于 100 公支的圆形针织物制成;或

    ⑥ 统计报告编码 6110.30.1010、6110.30.1020、6110.30.1510、6110.30.1520、6110.30.2010、6110.30.2020、6110.30.3010、6110.30.3015、6110.30.3020 或 6110.30.3025 的服装,或作为统计报告编码 6103.23.0030、6103.23.0070、6104.23.0022 或 6104.23.0040 套装中一部分的服装。

    (2)税号 9823.53.01 的税率第 1 栏"特惠"子栏中的税率后跟符号"S+",适用于 2020 年 7 月 1 日至 2020 年 12 月 31 日期间以及此后每个日历年的棉或化纤服装,总数量不超过 45 000 000SME。

    (3)税号 9823.53.02 的税率第 1 栏"特惠"子栏中的税率后跟符号"S+",适用于 2020 年 7 月 1 日至 2020 年 12 月 31 日期间以及此后每个日历年的羊毛服装,年总量不超过 1 500 000 件。

2. 税号 9823.53.03 的税率第 1 栏"特惠"子栏中的税率后跟符号"S+",应适用于第五十二章至第五十五章(不包括羊毛或动物细毛重量含量为 36% 或以上的货物)、第五十八章、第六十章和第六十三章的棉或化纤织物以及棉或化纤制成的纺织品,在 2020 年 7 月 1 日至 2020

年 12 月 31 日期间以及此后每个日历年,最高为 22 800 000SME。

(1) 税号 9823.53.04 的税率第 1 栏"特惠"子栏中的税率后跟符号"S+",应适用于第五十二章至第五十五章、第五十八章或第六十三章(子目 6302.10、子目 6302.40、子目 6303.12、子目 6303.19、子目 6304.11 或子目 6304.91 除外)的货物(不包括羊毛或动物细毛重量含量为 36%或以上的货物),在 2020 年 7 月 1 日至 2020 年 12 月 31 日(包括首尾两天)期间以及此后每个日历年,年度总数量不超过 4 800 000SME。

(2) 税号 9823.53.05 的税率第 1 栏"特惠"子栏中的税率后跟符号"S+",应适用于第六十章或子目 6302.10、子目 6302.40、子目 8303.12、子目 6303.19、子目 6304.11 或子目 6304.91 的货物,在 2020 年 7 月 1 日至 2020 年 12 月 31 日(包括首尾两天)期间以及此后每个日历年,总数量不超过 18 000 000SME。

(3) 税号 9823.53.03 至 9823.53.05 应适用于第五十二章至第五十五章(不包括羊毛或动物细毛含量为 36%或以上的货物)、第五十八章、第六十章和第六十三章的棉或化纤织物以及棉或化纤制成的纺织品,这些货物是在墨西哥用《美国-墨西哥-加拿大协定》境外国家生产或获得的纱线,或在《美国-墨西哥-加拿大协定》国家用《美国-墨西哥-加拿大协定》境外国家生产或获得的纤维生产的纱线机织或针织而成,或在墨西哥用《美国-墨西哥-加拿大协定》国家纺制的纱线针织而成的,并适用于由在《美国-墨西哥-加拿大协定》境外国家生产或获得的子目 5208.11 至 5208.29、子目 5209.11 至 5209.29、子目 5211.11 至 5211.20、子目 5212.11、子目 5212.12、子目 5212.21、子目 5212.22、子目 5407.41、子目 5407.51、子目 5407.71、子目 5407.81、子目 5407.91、子目 5408.21、子目 5408.31、子目 5512.11、子目 5512.21、子目 5512.91、子目 5513.11 至 5513.19、子目 5514.11 至 5514.19、子目 5516.11、子目 5516.21、子目 5516.31、子目 5516.41 或子目 5516.91 的织物加工、裁剪、缝制或以其他方式组合而成的子目 9404.90 的货物,并符合本税则总注释十一规定的优惠关税待遇的其他适用条件。

3. 税号 9823.53.06 的税率第 1 栏"特惠"子栏中的税率后跟符号"S+",应适用于品目 5205 至 5207 或品目 5509 至 5511 的棉或化纤纱线,这些纱线在墨西哥由《美国-墨西哥-加拿大协定》境外国家生产或获得的品目 5201 至 5203 或品目 5501 至 5507 的纤维纺制而成,在 2020 年 7 月 1 日至 2020 年 12 月 31 日期间以及此后的每个日历年,数量不超过 700 000 千克,并且符合协定项下优惠关税待遇的其他适用条件。

税则号列	统计后缀	货品名称	单位	税率 1 普通	税率 1 特惠	2
		根据本税则总注释十一《美国-墨西哥-加拿大协定》的规定进口的货物:				
		税号0401.40.25、税号0401.50.25、税号0403.90.16、税号2105.00.20或税号2209.99.28的货物:				
9823.01.01		本分章美国注释一(一)款规定的墨西哥货物或美国货物:			免税(S+)	
		本分章美国注释一(二)款规定的加拿大货物:				
9823.01.02		受到本分章美国注释一(二)1款规定的数量限制			免税(S+)	
9823.01.03		税号0401.40.25的货物			77.2美分/升(S+)	
9823.01.04		税号0401.50.25的货物			77.2美分/升(S+)	
9823.01.05		税号0403.90.16的货物			77.2美分/升(S+)	
9823.01.06		税号2105.00.20的货物			50.2美分/升+17%(S+)	
9823.01.07		税号2202.99.28的货物			23.5美分/升+14.9%(S+)	
		税号0402.10.50或税号0402.21.25的货物				
9823.02.01		本分章美国注释二(一)款规定的墨西哥货物或美国货物			免税(S+)	
		本分章美国注释二(二)款规定的加拿大货物:				
9823.02.02		受到本分章美国注释二(二)1款规定的数量限制			免税(S+)	
		本分章注释二(二)2款规定的货物:				
9823.02.03		税号0402.10.50的货物			86.5美分/升(S+)	
9823.02.04		税号0402.21.25的货物			86.5美分/升(S+)	
		税号0401.50.70、税号0402.21.90、税号0403.90.65、税号0403.90.78、税号0405.10.20、税号0405.20.30、税号0405.20.70、税号0405.90.20、税号2106.9026或税号2106.90.36的货物:				
9823.03.01		本分章美国注释三(一)款规定的墨西哥货物或美国货物			免税(S+)	
		本分章美国注释三(二)款规定的货物:				
9823.03.02		受到本分章美国注释三(二)1款规定的数量限制			免税(S+)	
		本分章注释三(二)2款规定的货物:				
9823.03.03		税号0401.50.75的货物			1.646美元/千克(S+)	
9823.03.04		税号0402.21.90的货物			1.556美元/千克(S+)	
9823.03.05		税号0403.90.65的货物			1.556美元/千克(S+)	
9823.03.06		税号0403.90.78的货物			1.646美元/千克(S+)	
9823.03.07		税号0405.10.20的货物			1.541美元/千克(S+)	
9823.03.08		税号0405.20.30的货物			1.996美元/千克(S+)	
9823.03.09		税号0405.20.70的货物			70.4美分/千克+8.5%(S+)	
9823.03.10		税号0405.90.20的货物			1.865美元/千克+8.5%(S+)	
9823.03.11		税号2106.90.26的货物			1.996美元/千克(S+)	

税则号列	统计后缀	货品名称	单位	税率 1 普通	税率 1 特惠	2
9823.03.12		税号 2106.90.36 的货物			1.996 美元/千克(S+)	
		税号 0406.10.08、税号 0406.10.18、税号 0406.10.28、税号 0406.10.38、税号 0406.10.48、税号 0406.10.58、税号 0406.10.68、税号 0406.10.78、税号 0406.10.88、税号 0406.20.28、税号 0406.20.33、税号 0406.20.39、税号 0406.20.48、税号 0406.20.53、税号 0406.20.63、税号 0406.20.67、税号 0406.20.71、税号 0406.20.75、税号 0406.20.79、税号 0406.20.83、税号 0406.20.87、税号 0406.20.91、税号 0406.30.18、税号 0406.30.28、税号 0406.30.38、税号 0406.30.48、税号 0406.30.53、税号 0406.30.63、税号 0406.30.67、税号 0406.30.71、税号 0406.30.75、税号 0406.30.79、税号 0406.30.83、税号 0406.30.87、税号 0406.30.91、税号 0406.40.70、税号 0406.90.12、税号 0406.90.18、税号 0406.90.32、税号 0406.90.37、税号 0406.90.42、税号 0406.90.48、税号 0406.90.54、税号 0406.90.68、税号 0406.90.74、税号 0406.90.78、税号 0406.90.84、税号 0406.90.88、税号 0406.90.92、税号 0406.90.94、税号 0406.90.96 或税号 0406.90.36 的货物：				
9823.04.01		本分章美国注释四(一)款规定的墨西哥货物或美国货物			免税(S+)	
		本分章美国注释四(二)款规定的加拿大货物：				
9823.04.02		受到本分章美国注释四(二)1款规定的数量限制			免税(S+)	
		本分章美国注释四(二)2款规定的货物：				
9823.04.03		税号 0406.10.08 的货物			1.509 美元/千克(S+)	
9823.04.04		税号 0406.10.18 的货物			2.269 美元/千克(S+)	
9823.04.05		税号 0406.10.28 的货物			1.227 美元/千克(S+)	
9823.04.06		税号 0406.10.38 的货物			1.055 美元/千克(S+)	
9823.04.07		税号 0406.10.48 的货物			1.803 美元/千克(S+)	
9823.04.08		税号 0406.10.58 的货物			2.146 美元/千克(S+)	
9823.04.09		税号 0406.10.68 的货物			1.386 美元/千克(S+)	
9823.04.10		税号 0406.10.78 的货物			1.128 美元/千克(S+)	
9823.04.11		税号 0406.10.88 的货物			1.509 美元/千克(S+)	
9823.04.12		税号 0406.20.28 的货物			2.269 美元/千克(S+)	
9823.04.13		税号 0406.20.33 的货物			1.227 美元/千克(S+)	
9823.04.14		税号 0406.20.39 的货物			1.055 美元/千克(S+)	
9823.04.15		税号 0406.20.48 的货物			1.803 美元/千克(S+)	
9823.04.16		税号 0406.20.53 的货物			2.146 美元/千克(S+)	
9823.04.17		税号 0406.20.63 的货物			2.269 美元/千克(S+)	
9823.04.18		税号 0406.20.67 的货物			1.227 美元/千克(S+)	
9823.04.19		税号 0406.20.71 的货物			1.055 美元/千克(S+)	
9823.04.20		税号 0406.20.75 的货物			1.803 美元/千克(S+)	
9823.04.21		税号 0406.20.79 的货物			2.146 美元/千克(S+)	
9823.04.22		税号 0406.20.83 的货物			1.386 美元/千克(S+)	

税则号列	统计后缀	货品名称	单位	税率 1 普通	税率 1 特惠	2
9823.04.23		税号 0406.20.87 的货物			1.128 美元/千克(S+)	
9823.04.24		税号 0406.20.91 的货物			1.509 美元/千克(S+)	
9823.04.25		税号 0406.30.18 的货物			2.269 美元/千克(S+)	
9823.04.26		税号 0406.30.28 的货物			1.227 美元/千克(S+)	
9823.04.27		税号 0406.30.38 的货物			1.055 美元/千克(S+)	
9823.04.28		税号 0406.30.48 的货物			1.803 美元/千克(S+)	
9823.04.29		税号 0406.30.53 的货物			1.386 美元/千克(S+)	
9823.04.30		税号 0406.30.63 的货物			2.269 美元/千克(S+)	
9823.04.31		税号 0406.30.67 的货物			1.227 美元/千克(S+)	
9823.04.32		税号 0406.30.71 的货物			1.055 美元/千克(S+)	
9823.04.33		税号 0406.30.75 的货物			1.803 美元/千克(S+)	
9823.04.34		税号 0406.30.79 的货物			2.146 美元/千克(S+)	
9823.04.35		税号 0406.30.83 的货物			1.386 美元/千克(S+)	
9823.04.36		税号 0406.30.87 的货物			1.128 美元/千克(S+)	
9823.04.37		税号 0406.30.91 的货物			1.509 美元/千克(S+)	
9823.04.38		税号 0406.40.70 的货物			2.269 美元/千克(S+)	
9823.04.39		税号 0406.90.12 的货物			1.227 美元/千克(S+)	
9823.04.40		税号 0406.90.18 的货物			1.803 美元/千克(S+)	
9823.04.41		税号 0406.90.32 的货物			2.146 美元/千克(S+)	
9823.04.42		税号 0406.90.37 的货物			2.146 美元/千克(S+)	
9823.04.43		税号 0406.90.42 的货物			2.146 美元/千克(S+)	
9823.04.44		税号 0406.90.48 的货物			1.877 美元/千克(S+)	
9823.04.45		税号 0406.90.54 的货物			1.055 美元/千克(S+)	
9823.04.46		税号 0406.90.68 的货物			2.146 美元/千克(S+)	
9823.04.47		税号 0406.90.74 的货物			2.269 美元/千克(S+)	
9823.04.48		税号 0406.90.78 的货物			1.227 美元/千克(S+)	
9823.04.49		税号 0406.90.84 的货物			1.055 美元/千克(S+)	
9823.04.50		税号 0406.90.88 的货物			1.803 美元/千克(S+)	
9823.04.51		税号 0406.90.92 的货物			1.386 美元/千克(S+)	
9823.04.52		税号 0406.90.94 的货物			1.128 美元/千克(S+)	
9823.04.53		税号 0406.90.97 的货物			1.509 美元/千克(S+)	
9823.04.54		税号 1901.90.36 的货物			1.128 美元/千克(S+)	
		税号 0402.21.50、税号 0402.29.50、税号 2309.90.28 或税号 2309.90.48 的货物:				
9823.05.01		本分章美国注释五(一)款规定的墨西哥货物或美国货物			免税(S+)	
		本分章美国注释五(二)款规定的加拿大货物:				
9823.05.02		受到本分章美国注释五(二)1款规定的数量限制			免税(S+)	

税则号列	统计后缀	货品名称	单位	税率 1 普通	税率 1 特惠	2
		本分章美国注释五(二)2款规定的货物：				
9823.05.03		税号0402.21.50的货物			1.092美元/千克(S+)	
9823.05.04		税号0402.29.50的货物			1.104美元/千克 + 14.9%(S+)	
9823.05.05		税号2309.90.28的货物			80.4美分/千克 + 6.4%(S+)	
9823.05.06		税号2309.90.48的货物			80.4美分/千克 + 6.4%(S+)	
		税号0403.10.50、税号0403.90.45、税号0403.90.55、税号04039.0.95、税号0404.10.15、税号0404.10.90或税号0404.90.50的货物：				
9823.06.01		本分章美国注释六(一)款规定的墨西哥货物或美国货物			免税(S+)	
		本分章美国注释六(二)款规定的加拿大货物：				
9823.06.02		受到本分章美国注释六(二)1款规定的数量限制			免税(S+)	
		本分章美国注释六(二)2款规定的货物：				
9823.06.03		税号0403.10.50的货物			1.035美元/千克 + 17%(S+)	
9823.06.04		税号0403.90.45的货物			87.6美分/千克(S+)	
9823.06.05		税号0403.90.55的货物			1.092美元/千克(S+)	
9823.06.06		税号0403.90.95的货物			1.034美元/千克 + 17%(S+)	
9823.06.07		税号0404.10.15的货物			84.7美分/千克 + 7%(S+)	
9823.06.08		税号0404.10.90的货物			71.7美分/千克(S+)	
9823.06.09		税号0404.90.50的货物			1.189美元/千克 + 8.5%(S+)	
		税号0402.91.70、税号0402.91.90、税号04029.9.45、税号0402.99.55或税号0402.99.90的货物：				
9823.07.01		本分章美国注释七(一)款规定的墨西哥货物或美国货物			免税(S+)	
		本分章美国注释七(二)款规定的加拿大货物：				
9823.07.02		受到本分章美国注释七(二)款规定的数量限制			免税(S+)	
		本分章美国注释七(二)2款规定的货物：				
9823.07.03		税号0402.91.70的货物			31.3美分/千克(S+)	
9823.07.04		税号0402.91.90的货物			31.3美分/千克(S+)	
9823.07.05		税号0402.99.45的货物			49.6美分/千克(S+)	
9823.07.06		税号0402.99.55的货物			49.6美分/千克(S+)	
9823.07.07		税号0402.99.90的货物			46.3美分/千克 + 14.9%(S+)	

税则号列	统计后缀	货品名称	单位	税率 1 普通	税率 1 特惠	2
		税号 1517.90.60、税号 1704.90.58、税号 1806.20.26、税号 1806.20.28、税号 1806.20.36、税号 1806.20.38、税号 1806.20.82、税号 1806.20.83、税号 1806.20.87、税号 1806.2089、税号 1806.32.06、税号 1806.32.08、税号 1806.32.16、税号 1806.32.18、税号 1806.32.70、税号 1806.32.80、税号 1806.90.08、税号 1806.90.10、税号 1806.90.18、税号 1806.90.20、税号 1806.90.28、税号 1806.90.30、税号 1901.10.16、税号 1901.10.26、税号 1901.10.36、税号 1901.10.44、税号 1901.10.56、税号 1901.10.66、税号 1901.20.15、税号 1901.20.50、税号 1901.90.62、税号 1901.90.65、税号 2105.00.40、税号 2106.90.09、税号 2106.90.66 或税号 2106.90.87 的货物：				
9823.08.01		本分章美国注释八(一)款规定的墨西哥货物或美国货物			免税(S+)	
		本分章美国注释八(二)款规定的加拿大货物：				
9823.08.02		受到本分章美国注释八(二)1款规定的数量限制			免税(S+)	
		本分章美国注释八(二)2款规定的货物：				
9823.08.03		税号 1517.90.60 的货物			22.8美分/千克(S+)	
9823.08.04		税号 1704.90.58 的货物			40美分/千克 + 10.4%(S+)	
9823.08.05		税号 1806.20.26 的货物			37.2美分/千克 + 4.3%(S+)	
9823.08.06		税号 1806.20.28 的货物			52.8美分/千克 + 4.3%(S+)	
9823.08.07		税号 1806.20.36 的货物			37.2美分/千克 + 4.3%(S+)	
9823.08.08		税号 1806.20.38 的货物			52.8美分/千克 + 4.3%(S+)	
9823.08.09		税号 1806.20.82 的货物			37.2美分/千克 + 8.5%(S+)	
9823.08.10		税号 1806.20.83 的货物			52.8美分/千克 + 8.5%(S+)	
9823.08.11		税号 1806.20.87 的货物			37.2美分/千克 + 8.5%(S+)	
9823.08.12		税号 1806.20.89 的货物			52.8美分/千克 + 8.5%(S+)	
9823.08.13		税号 1806.32.06 的货物			37.2美分/千克 + 4.3%(S+)	
9823.08.14		税号 1806.32.08 的货物			52.8美分/千克 + 4.3%(S+)	
9823.08.15		税号 1806.32.16 的货物			37.2美分/千克 + 4.3%(S+)	
9823.08.16		税号 1806.32.18 的货物			52.8美分/千克 + 4.3%(S+)	
9823.08.17		税号 1806.32.70 的货物			37.2美分/千克 + 6%(S+)	

税则号列	统计后缀	货品名称	单位	税率 1 普通	税率 1 特惠	2
9823.08.18		税号 1806.32.80 的货物			52.8 美分/千克 + 6%(S+)	
9823.08.19		税号 1806.90.08 的货物			37.2 美分/千克 + 6%(S+)	
9823.08.20		税号 1806.90.10 的货物			52.8 美分/千克 + 6%(S+)	
9823.08.21		税号 1806.90.18 的货物			37.2 美分/千克 + 6%(S+)	
9823.08.22		税号 1806.90.20 的货物			52.8 美分/千克 + 6%(S+)	
9823.08.23		税号 1806.90.28 的货物			37.2 美分/千克 + 6%(S+)	
9823.08.24		税号 1806.90.30 的货物			52.8 美分/千克 + 6%(S+)	
9823.08.25		税号 1901.10.16 的货物			1.035 美元/千克 + 14.9%(S+)	
9823.08.26		税号 1901.10.26 的货物			1.035 美元/千克 + 14.9%(S+)	
9823.08.27		税号 1901.10.36 的货物			1.035 美元/千克 + 14.9%(S+)	
9823.08.28		税号 1901.10.44 的货物			1.035 美元/千克 + 14.9%(S+)	
9823.08.29		税号 1901.10.56 的货物			1.035 美元/千克 + 13.6%(S+)	
9823.08.30		税号 1901.10.66 的货物			1.035 美元/千克 + 13.6%(S+)	
9823.08.31		税号 1901.20.15 的货物			42.3 美分/千克 + 8.5%(S+)	
9823.08.32		税号 1901.20.50 的货物			42.3 美分/千克 + 8.5%(S+)	
9823.08.33		税号 1901.90.62 的货物			1.035 美元/千克 + 13.6%(S+)	
9823.08.34		税号 1901.90.65 的货物			1.035 美元/千克 + 13.6%(S+)	
9823.08.35		税号 2105.00.40 的货物			50.2 美分/千克 + 17%(S+)	
9823.08.36		税号 2106.90.09 的货物			86.2 美分/千克(S+)	
9823.08.37		税号 2106.90.66 的货物			70.4 美分/千克 + 8.5%(S+)	
9823.08.38		税号 2106.90.87 的货物			28.8 美分/千克 + 8.5%(S+)	
		税号 1701.12.50、税号 1701.13.50、税号 1701.44.50、税号 1701.91.30、税号 1701.99.50 或税号 1702.90.20 的货物:				
9823.09.01		本分章美国注释九(一)款规定的货物			免税(S+)	
		本分章美国注释九(二)款规定的货物:				

税则号列	统计后缀	货品名称	单位	税率 1 普通	税率 1 特惠	2
9823.09.02		受到本分章美国注释九(二)1款规定的数量限制			免税(S+)	
		本分章美国注释九(二)2款规定的货物:				
9823.09.03		税号1701.12.50的货物			35.74美分/千克(S+)	
9823.09.04		税号1701.13.50的货物			33.87美分/千克(S+)	
9823.09.05		税号1701.14.50的货物			33.87美分/千克(S+)	
9823.09.06		税号1701.91.30的货物			35.74美分/千克(S+)	
9823.09.07		税号1701.99.50的货物			35.74美分/千克(S+)	
9823.09.08		税号1702.90.20的货物			35.74美分/千克(S+)	
9823.09.09		本分章美国注释九(二)3款规定的货物,并受美国农业部部长确定的数量限制			免税(S+)	
		税号1701.91.48、税号1701.91.58、税号1702.20.28、税号1702.30.28、税号1702.40.28、税号1702.60.28、税号1709.90.58、税号1702.90.68、税号1704.90.68、税号2101.12.48、税号2101.12.58、税号2101.20.38、税号2101.20.48、税号2101.50.58、税号2103.90.78、税号2106.90.46、税号2106.90.72、税号2106.90.76、税号2106.90.80、税号2106.90.91、税号2106.90.94或税号2106.90.97的货物:				
9823.10.01		本分章注释十(一)款规定的货物			免税(S+)	
		本分章注释十(二)款规定的货物:				
9823.10.02		受到本分章美国注释十(二)1款规定的数量限制			免税(S+)	
		本分章注释十(二)2款规定的货物:				
9823.10.03		税号1701.91.48的货物			33.9美分/千克 + 5.1%(S+)	
9823.10.04		税号1701.91.58的货物			33.9美分/千克 + 5.1%(S+)	
9823.10.05		税号1702.20.28的货物			16.9美分/千克总糖 + 5.1%(S+)	
9823.10.06		税号1702.30.28的货物			16.9美分/千克总糖 + 5.1%(S+)	
9823.10.07		税号1702.40.28的货物			33.9美分/千克总糖 + 5.1%(S+)	
9823.10.08		税号1702.60.28的货物			33.9美分/千克总糖 + 5.1%(S+)	
9823.10.09		税号1702.90.58的货物			33.9美分/千克总糖 + 5.1%(S+)	
9823.10.10		税号1702.90.68的货物			33.9美分/千克 + 5.1%(S+)	
9823.10.11		税号1704.90.68的货物			40美分/千克 + 10.4%(S+)	
9823.10.12		税号1704.90.78的货物			40美分/千克 + 10.4%(S+)	
9823.10.13		税号1806.10.15的货物			21.7美分/千克(S+)	

税则号列	统计后缀	货品名称	单位	税率 1 普通	税率 1 特惠	2
9823.10.14		税号1806.10.28的货物			33.6美分/千克(S+)	
9823.10.15		税号1806.10.38的货物			33.6美分/千克(S+)	
9823.10.16		税号1806.10.55的货物			33.6美分/千克(S+)	
9823.10.17		税号1806.10.75的货物			33.6美分/千克(S+)	
9823.10.18		税号1806.20.73的货物			30.5美分/千克＋8.5%(S+)	
9823.10.19		税号1806.20.77的货物			30.5美分/千克＋8.5%(S+)	
9823.10.20		税号1806.20.94的货物			37.2美分/千克＋8.5%(S+)	
9823.10.21		税号1806.20.98的货物			37.2美分/千克＋8.5%(S+)	
9823.10.22		税号1806.90.39的货物			37.2美分/千克＋6%(S+)	
9823.10.23		税号1806.90.49的货物			37.2美分/千克＋6%(S+)	
9823.10.24		税号1806.90.59的货物			37.2美分/千克＋6%(S+)	
9823.10.25		税号1901.10.76的货物			23.7美分/千克＋8.5%(S+)	
9823.10.26		税号1901.20.25的货物			42.3美分/千克＋8.5%(S+)	
9823.10.27		税号1901.2035的货物			42.3美分/千克＋8.5%(S+)	
9823.10.28		税号1901.20.60的货物			42.3美分/千克＋8.5%(S+)	
9823.10.29		税号1901.20.70的货物			42.3美分/千克＋8.5%(S+)	
9823.10.30		税号1901.90.68的货物			23.7美分/千克＋8.5%(S+)	
9823.10.31		税号1901.90.71的货物			23.7美分/千克＋8.5%(S+)	
9823.10.32		税号2101.12.38的货物			30.5美分/千克＋8.5%(S+)	
9823.10.33		税号2101.12.48的货物			30.5美分/千克＋8.5%(S+)	
9823.10.34		税号2101.12.58的货物			30.5美分/千克＋8.5%(S+)	
9823.10.35		税号2101.20.38的货物			30.5美分/千克＋8.5%(S+)	
9823.10.36		税号2101.20.48的货物			30.5美分/千克＋8.5%(S+)	
9823.10.37		税号2101.20.58的货物			30.5美分/千克＋8.5%(S+)	

税则号列	统计后缀	货品名称	单位	税率 1 普通	税率 1 特惠	2
9823.10.38		税号2103.90.78的货物			30.5美分/千克＋8.5%(S+)	
9823.10.39		税号2106.90.46的货物			35.74美分/千克(S+)	
9823.10.40		税号2106.90.72的货物			70.4美分/千克＋8.5%(S+)	
9823.10.41		税号2106.90.76的货物			70.4美分/千克＋8.5%(S+)	
9823.10.42		税号2106.90.80的货物			70.4美分/千克＋8.5%(S+)	
9823.10.43		税号2106.90.91的货物			28.8美分/千克＋8.5%(S+)	
9823.10.44		税号2106.90.94的货物			28.8美分/千克＋8.5%(S+)	
9823.10.45		税号2106.90.97的货物			28.8美分/千克＋8.5%(S+)	
		如本分章美国注释十一的规定,根据《美国-墨西哥-加拿大协定》的规定入境的货物:				
		本分章美国注释十一(一)款所述从加拿大进口的货物:				
		本分章注释十一(一)1款所述的服装:				
9823.52.01		本分章注释十一(一)1(1)款规定的棉或化纤服装			免税(S+)	
9823.52.02		本分章注释十一(一)1(2)款规定的羊毛服装			免税(S+)	
9823.52.03		本分章注释十一(一)1(2)(A)款规定的443类男式或男童羊毛套装			免税(S+)	
9823.52.04		本分章注释十一(一)2款规定的棉或化纤织物和制成品:			免税(S+)	
9823.52.05		本分章注释十一(一)2(1)款规定的货物			免税(S+)	
9823.52.06		本分章注释十一(一)2(2)款规定的货物			免税(S+)	
		本分章注释十一(一)3款规定的非原产棉或化纤短纤纱:				
9823.52.07		本分章注释十一(一)3(1)款规定的货物			免税(S+)	
9823.52.08		本分章注释十一(一)3(2)款规定的货物			免税(S+)	
		本分章注释十一(二)所述墨西哥货物:				
		本分章注释十一(二)1款规定的服装:				
9823.53.01		本分章注释十一(二)1(2)款规定的棉或化纤服装			免税(S+)	
9823.53.02		本分章注释十一(二)1(3)款规定的羊毛服装			免税(S+)	
9823.53.03		本分章注释十一(二)2款规定的棉或化纤织物和制成品:			免税(S+)	
9823.53.04		本分章注释十一(二)2(1)款规定的货物			免税(S+)	
9823.53.05		本分章注释十一(二)2(2)款规定的货物			免税(S+)	
9823.53.06		本分章注释十一(二)3款规定的非原产棉或化纤短纤纱			免税(S+)	

第九十九章 临时立法；根据现有贸易法规的临时修改；根据经修正的《农业调整法》第 22 条制定的附加进口限制

美国注释：

一、本章条款涉及立法以及根据适当授权采取的行政和管理行动，根据：

(一) 第一章至第九十八章的一项或多项规定临时修订或修改；或者

(二) 附加法规规定的附加关税或其他进口限制。

二、除非上下文另有要求，否则总注释解释性规则、类注以及第一章至第九十八章的注释适用于本章的规定。

统计注释：

一、对于此处提供的商品的统计报告：

(一) 除非本章的分章中出现更具体的说明，否则除了第一章至第九十七章中出现的 10 位统计报告编码外，还需报告本章中的 8 位税号（或 10 位统计报告编码，如果有的话）；并且

(二) 报告的数量应采用第一章至第九十七章规定的单位。

二、对于此处没有出现任何税率的品目和子目（即规定绝对配额的品目和子目），报告 8 位税号，然后报告第一章至第九十七章中相应的 10 位统计报告编码。报告的数量应采用第一章至第九十七章提供的单位。

出口商须知

本章包含的统计报告编码仅用于进口，不必在发货人的出口报关单中报告。请参阅第一章之前的出口商须知。

第九十九章　临时立法;根据现有贸易法规的临时修改;根据经修正的《农业调整法》
第 22 条制定的附加进口限制

第一分章　附加关税临时立法

美国注释:
[编者注:由于子目 9901.00.50 和 9901.00.52 的有效期已到期,因此包括上文所述的关税税率的美国注释及其规定均未实施。另请参见这些子目的编译注释。]

一、本款规定的关税为累积关税,适用于相关条款规定的其他关税(如有)。本分章规定的关税仅适用于在最后一列规定的期限内输入的物品。

二、就税号 9901.00.50 而言,"适用于任何此类用途"不包括经海关总署署长(以下简称"署长")备案的进口商证明为乙醇或含有进口用于发动机液体燃料以外的用途或用于生产发动机液体燃料相关混合物的乙醇(由税号 2207.10.60 和子目 2207.20 规定)。如果经备案的进口商证明发动机非液体燃料的使用是税号 9901.00.50 项下的实际用途或适用性,在确信乙醇实际上并未用于发动机液体燃料或用于生产发动机液体燃料相关混合物之前,则署长不得取消乙醇的进口。如果在入境当天开始不少于 18 个月的合理期限内未能满足要求,则税号 9901.00.50 项下的关税应追溯至入境之日。在使用发动机液体燃料或使用任何经入境时申报为发动机非液体燃料的乙醇或乙醇混合物后,此类关税也应立即支付并追溯至入境日期。

三、对于税号 9901.00.50 和"特惠"税率栏"参见本分章美国注释三"括号内的符号"E",该税号的乙醇或其混合物,从岛屿的占有国或受惠国进口时,在本注释规定的范围内应给予免税处理。

(一)在下述(四)4 款所列的美国或受惠国的岛屿属地通过完全发酵过程生产的乙醇或其混合物应视为该属地或国家的本土产品,并有资格享受免税待遇。

(二)仅在满足下述(三)款规定的适用当地原料要求时,该岛属地或受惠国境内脱水的乙醇及其混合物(以下简称"脱水酒精和混合物")才有资格作为该属地或受惠国的本土产品享受免税待遇。从所有有资格免税的岛屿属地和受惠国进口的脱水酒精和混合物的总量仅限于下述(三)款和(四)款规定的满足适用当地原料要求的脱水酒精和混合物的总量。

(三)对任何自然年而言,当地原料要求是——
　1.输入的脱水酒精和混合物的基本量为 0%;
　2.在基本数量之后输入量,相当于 35 000 000 加仑脱水酒精和混合物的 30%。以及
　3.对于在上述第 2 款规定的量之后输入的所有脱水酒精和混合物,为 50%。

(四)就本注释而言:
　1.就任何自然年内输入的脱水酒精和混合物而言,"**基本量**"是指下面两者中该自然年内首次输入的较大者:
　　(1)6 000 万加仑的公制当量;或
　　(2)根据美国国际贸易委员会在截至 9 月 30 日的 12 个月期间确定的相当于美国国内乙醇市场 7%的数量减去根据下述第 5 款和第 6 款分配给萨尔瓦多和哥斯达黎加的脱水酒精和混合物数量之和(以加仑表示)。
　2."**当地原料**"是指在任何岛国或受惠国完全生产或制造的含水乙醇。
　3."**本地原料要求**"是指必须包括在脱水酒精和混合物中的本地原料的最小体积百分比。

4. "受惠国"是指下列国家之一：安提瓜和巴布达、格林纳达、尼加拉瓜、阿鲁巴、危地马拉、巴拿马、巴哈马、圭亚那、圣基茨和尼维斯、巴巴多斯、海地、圣卢西亚岛、伯利兹、洪都拉斯、圣文森特和格林纳丁斯、哥斯达黎加、牙买加、特立尼达和多巴哥、多米尼加、蒙特塞拉特、英属维尔京群岛、多米尼加共和国、荷属安的列斯、萨尔瓦多。

5. 上述第1款规定的基本数量中，分配给萨尔瓦多的总量不得超过下列每年这样规定数量的公制当量或本年度上述第1款确定的脱水酒精和混合物基础量的10%。

年度	数量（加仑）	年度	数量（加仑）	年度	数量（加仑）
2006	6 604 322	2011	13 208 644	2016	19 812 966
2007	7 925 186	2012	14 529 508	2017	21 133 830
2008	9 246 051	2013	15 850 372	2018	22 454 694
2009	10 566 915	2014	17 171 237	2019	23 775 559
2010	11 887 779	2015	18 492 101	2020	25 096 423

到2020年之后，萨尔瓦多的可用量将增加下面两者的较小值：相当于每年1 320 864加仑的公制当量或上一年数量的差额；该年度注释(四)1款中确定的脱水酒精及混合物基准量的10%。

6. 在任何自然年分配给哥斯达黎加的总量不得超过31 000 000加仑的公制当量。

(五)就税号9901.00.50和税号9901.00.52而言，根据本税则总注释三十二规定的秘鲁原产货物以及根据总注释三十四规定的哥伦比亚原产货物，如果满足下列条件，则不受该税号规定的任何关税约束：

1. 货物直接从秘鲁或哥伦比亚进口到美国关境，以及

2. 在秘鲁或哥伦比亚境内生产的材料成本或价值加上在秘鲁境内进行加工作业的直接成本之和，不少于该等货物进入时估价的35%。

税则号列	统计后缀	货品名称	单位	税率 1 一般	税率 1 特惠	税率 2	有效期
9901.00.50	[1]	乙醇（税号 2207.10.60 和子目 2207.20 项下）或含有乙醇的任何混合物（品目 2710 或品目 3824 项下），若将该乙醇或混合物用作燃料或用于生产汽油和酒精混合物、特殊燃料和酒精混合物或任何其他用作燃料（包括税号 2710.12.15、税号 2710.19.16、税号 2710.19.24 或税号 2710.20.15 的发动机燃料）的混合物，或适用于任何此类用途	[1]	14.27 美分/升[2]	不变(A)免税（CA, IL, MX）见本分章美国注释三(E)见美国注释三（五）款(CO,PE)	14.27 美分/升[2]	2012 年 1 月 1 日之前。本税号所述物品的税率不适用于 2000 年 10 月 1 日之前根据 1986 年国内税收法第 4081（a）(2)条所述的公路信托基金融资税率。
9901.00.52	[1]	乙基叔丁基醚（税号 2909.19.18 项下）和任何含有乙基叔丁基醚的混合物	[1]	5.99 美分/升[2]	不变(A)免税（CA, IL, MX）见美国注释三（五）款(CO,PE)	5.99 美分/升[2]	在 2012 年 1 月 1 日或国库规则 §1.40－1 被撤回或宣布无效之前。本子目所述物品的税率不适用于 2000 年 10 月 1 日之前根据 1986 年国内税收法第 4081（a）(2)条所述的公路信托基金融资税率。

[1]见第九十九章统计注释一。

[2]见本分章美国注释一。

[注:阴影区域表示该规定已过期。]

第二分章　临时降低税率

美国注释：

［编者注：第 115-239 号公法废除了本分章中所有现有的美国注释，且未插入新注释。］

第九十九章 临时立法;根据现有贸易法规的临时修改;根据经修正的《农业调整法》第22条制定的附加进口限制

税则号列	统计后缀	货品名称	单位	税率 1 一般	税率 1 特惠	税率 2	有效期
9902.01.01	[1]	冷冻,煮熟的糯玉米(甜玉米除外),尺寸未缩小(税号0710.80.70项下)	[1]	免税	不变	不变	2020年12月31日当天或之前
9902.01.02	[1]	芥菜籽油及其除原油外的馏分,未经变性,未经化学改性(税号1514.99.90项下)	[1]	免税	不变	不变	2020年12月31日当天或之前
9902.01.03	[1]	可可粉,不含添加的糖或其他甜味剂(税号1805.00.00项下)	[1]	免税	不变	不变	2020年12月31日当天或之前
9902.01.04	[1]	用醋或乙酸制成或保存的洋蓟(税号2001.90.25项下)	[1]	7.20%	不变	不变	2020年12月31日当天或之前
9902.01.05	[1]	胡椒粉,用醋或乙酸制成或保存,并装在玻璃罐中(税号2001.90.38项下)	[1]	免税	不变	不变	2020年12月31日当天或之前
9902.01.06	[1]	胡椒粉,用醋或乙酸制成或保存,用玻璃罐子以外的容器盛装(税号2001.90.38项下)	[1]	免税	不变	不变	2020年12月31日当天或之前
9902.01.07	[1]	绿色橄榄,与切碎甜菜末一起用盐水浸泡并装在玻璃容器中,未包装(税号2005.70.25项下)	[1]	免税	不变	不变	2020年12月31日当天或之前
9902.01.08	[1]	非冷冻、非醋或乙酸制备或保存的甜椒(税号2005.99.50项下)	[1]	免税	不变	不变	2020年12月31日当天或之前
9902.01.09	[1]	非冷冻、非醋或乙酸制备或保存的胡椒粉(税号2005.99.55项下)	[1]	免税	不变	不变	2020年12月31日当天或之前
9902.01.10	[1]	非冷冻、非醋或乙酸制备或保存的洋蓟(税号2005.99.80项下)	[1]	12.70%	不变	不变	2020年12月31日当天或之前
9902.01.11	[1]	草莓加糖腌制再用烤箱或坑道式烘干(税号2008.80.00项下)	[1]	免税	不变	不变	2020年12月31日当天或之前
9902.01.12	[1]	含有偶联亚油酸的可食用粉末(CAS No. 2540-56-9和2420-56-6),其中乳固体含量(按重量计)重量10%(税号2106.90.82项下)	[1]	免税	不变	不变	2020年12月31日当天或之前
9902.01.13	[1]	含有尼古丁和合成甜味剂(例如糖精)、非糖的口香糖(税号2106.90.98项下)	[1]	5.80%	不变	不变	2020年12月31日当天或之前
9902.01.14	[1]	非浓缩椰子水与果汁混合,零售包装(税号2009.90.40项下)	[1]	免税	不变	不变	2020年12月31日当天或之前
9902.01.15	[1]	非浓缩椰子水,不含糖或其他甜味剂,用纸盒灌装零售(税号2009.89.70项下)	[1]	免税	不变	不变	2020年12月31日当天或之前
9902.01.16	[1]	非浓缩椰子水,加味,零售包装(税号2009.89.70项下)	[1]	免税	不变	不变	2020年12月31日当天或之前
9902.01.17	[1]	非浓缩椰子水,不含糖或其他甜味剂,经进口商认证,从常规种植的(非有机)椰子提取,用500毫升聚对苯二甲酸乙二醇酯瓶零售包装(税号2009.89.70项下)	[1]	免税	不变	不变	2020年12月31日当天或之前
9902.01.18	[1]	轻油馏分中含有超过重量50%的异十二烷(CAS No. 93685-81-5)(税号2710.12.90项下)	[1]	免税	不变	不变	2020年12月31日当天或之前
9902.01.19	[1]	中油馏分含有重量50%以上的异十六烷(CAS No. 93685-80-4)(税号2710.19.90项下)	[1]	免税	不变	不变	2020年12月31日当天或之前
9902.01.20	[1]	钠,钙含量超过200 ppm(CAS No. 7440-23-5)(税号2805.11.00项下)	[1]	2.50%	不变	不变	2020年12月31日当天或之前
9902.01.21	[1]	钠,钙含量不超过200 ppm(CAS No. 7440-23-5)(税号2805.11.00项下)	[1]	0.70%	不变	不变	2020年12月31日当天或之前

税则号列	统计后缀	货品名称	单位	税率 1 一般	税率 1 特惠	税率 2	有效期
9902.01.22	[1]	亚硝基硫酸（CAS No.7782-78-7）（税号2811.19.61项下）	[1]	免税	不变	不变	2020年12月31日当天或之前
9902.01.23	[1]	次磷酸50%（次膦酸）（CAS No.6303-21-5）（税号2811.19.61项下）	[1]	免税	不变	不变	2020年12月31日当天或之前
9902.01.24	[1]	氨基磺酸（CAS No.5329-14-6）（税号2811.19.61项下）	[1]	免税	不变	不变	2020年12月31日当天或之前
9902.01.25	[1]	六氟锆酸二氢(2-)（六氟锆酸）（CAS No.12021-95-3）（税号2811.19.61项下）	[1]	免税	不变	不变	2020年12月31日当天或之前
9902.01.26	[1]	二氧硅烷（无定形二氧化硅）（CAS No.7631-86-9）全球形微球，平均粒径为0.005毫米或更小，粒径均匀，均匀系数为1.65或更小，痕量金属杂质小于70 ppm，电阻率为50 000 欧姆·厘米（税号2811.22.10项下）	[1]	免税	不变	不变	2020年12月31日当天或之前
9902.01.27	[1]	二氧硅烷（无定形二氧化硅）（CAS No.7631-86-9）全球形微球，平均粒径为0.007~0.020毫米，粒径均匀，均匀系数为1.65或更小，痕量金属杂质小于70 ppm，电阻率为50 000 欧姆·厘米（税号2811.22.10项下）	[1]	免税	不变	不变	2020年12月31日当天或之前
9902.01.28	[1]	二氧硅烷（无定形二氧化硅）（CAS No.7631-86-9），全球形微球，经进口商认证，平均粒径为0.046~0.054毫米，粒径均匀，均匀系数为1.65或更小，电阻率为50 000 欧姆·厘米或更大（税号2811.22.10项下）	[1]	免税	不变	不变	2020年12月31日当天或之前
9902.01.29	[1]	二氧硅烷（无定形二氧化硅）（CAS No.7631-86-9），经进口商认证，包含全球形微球，平均粒径为28~45微米，表面积为600~800平方米/克（税号2811.22.10）	[1]	免税	不变	不变	2020年12月31日当天或之前
9902.01.30	[1]	平均粒径为0.050~0.100毫米，电阻为50 000 欧姆·厘米或更高的非晶态二氧化硅微球（CAS No.7631-86-9）（税号2811.22.10项下）	[1]	免税	不变	不变	2020年12月31日当天或之前
9902.01.31	[1]	平均粒径为0.003~0.018毫米，亚麻籽油吸收量为30~40毫升/克，表面积小于80平方米/克，孔容小于0.1毫升/克的非晶态二氧化硅微球（CAS No.7631-86-9）（税号2811.22.10项下）	[1]	免税	不变	不变	2020年12月31日当天或之前
9902.01.32	[1]	全球形二氧化硅微球，经进口商认证，平均粒径为3~18微米，亚麻籽油吸收量为150~400毫升/克，微生物数小于100cfu/g，霉菌数小于100cfu/g，重金属含量小于20ppm，表面积为300~800平方米/克，孔体积为0.8~2.5毫升/克（CAS No.7631-86-9）（税号2811.22.10项下）	[1]	免税	不变	不变	2020年12月31日当天或之前
9902.01.33	[1]	亚硫酰氯（CAS No.7719-09-7）（税号2812.17.00项下）	[1]	免税	不变	不变	2020年12月31日当天或之前
9902.01.34	[1]	氧化铬（CAS No.1308-38-9）（税号2819.90.00项下）	[1]	免税	不变	不变	2020年12月31日当天或之前
9902.01.35	[1]	氧化铁（颜料红101）（CAS No.1309-37-1）（税号2821.10.00项下）	[1]	2.10%	不变	不变	2020年12月31日当天或之前
9902.01.36	[1]	羟胺（CAS No.7803-49-8）（税号2825.10.00项下）	[1]	2.70%	不变	不变	2020年12月31日当天或之前

税则号列	统计后缀	货品名称	单位	税率 一般	税率 特惠	2	有效期
9902.01.37	[1]	硫酸羟胺[硫酸双(羟铵)](CAS No.10039-54-0)(税号2825.10.00项下)	[1]	免税	不变	不变	2020年12月31日当天或之前
9902.01.38	[1]	肼,64％水溶液(CAS No.302-01-2)(税号2825.10.00项下)	[1]	免税	不变	不变	2020年12月31日当天或之前
9902.01.39	[1]	粉末状二氧化锗(CAS No.1310-53-8)(税号2825.60.00项下)	[1]	免税	不变	不变	2020年12月31日当天或之前
9902.01.40	[1]	氧化锡(Ⅳ)(二氧化锡)(CAS No.18282-10-5)(税号2825.90.20项下)	[1]	免税	不变	不变	2020年12月31日当天或之前
9902.01.41	[1]	氟化氢铵[氟化氢铵(1∶1∶1)](CAS No.1341-49-7)(税号2826.19.10项下)	[1]	免税	不变	不变	2020年12月31日当天或之前
9902.01.42	[1]	氟化钠(CAS No.7681-49-4)(税号2826.19.20项下)	[1]	免税	不变	不变	2020年12月31日当天或之前
9902.01.43	[1]	氟化锡(CAS No.7783-47-3)(税号2826.19.90项下)	[1]	免税	不变	不变	2020年12月31日当天或之前
9902.01.44	[1]	二氟化氢钠(CAS No.1333-83-1)(税号2826.19.90项下)	[1]	免税	不变	不变	2020年12月31日当天或之前
9902.01.45	[1]	三氟化铬(CAS No.7788-97-8)(税号2826.19.90项下)	[1]	免税	不变	不变	2020年12月31日当天或之前
9902.01.46	[1]	氟化氢氟化钾(CAS No.7789-29-9)(税号2826.19.90项下)	[1]	免税	不变	不变	2020年12月31日当天或之前
9902.01.47	[1]	氟硼酸钾(CAS No.14075-53-7)(税号2826.90.90项下)	[1]	免税	不变	不变	2020年12月31日当天或之前
9902.01.48	[1]	氟钛酸钾[六氟钛酸二钾(2-)](CAS No.16919-27-0)(税号2826.90.90项下)	[1]	免税	不变	不变	2020年12月31日当天或之前
9902.01.49	[1]	锆酸钾(CAS No.16923-95-8)(税号2826.90.90项下)	[1]	免税	不变	不变	2020年12月31日当天或之前
9902.01.50	[1]	三氯化钛(CAS No.7705-07-9)(税号2827.39.30项下)	[1]	免税	不变	不变	2020年12月31日当天或之前
9902.01.51	[1]	氯化钴[水合二氯钴(1∶1)](CAS No.7791-13-1)(税号2827.39.60项下)	[1]	免税	不变	不变	2020年12月31日当天或之前
9902.01.52	[1]	氯化铯(CAS No.7647-17-8)(税号2827.39.90项下)	[1]	免税	不变	不变	2020年12月31日当天或之前
9902.01.53	[1]	碘化铯(CAS No.7789-17-5)(税号2827.60.51项下)	[1]	免税	不变	不变	2020年12月31日当天或之前
9902.01.54	[1]	硫化钠(CAS No.1313-82-2)(税号2830.10.00项下)	[1]	免税	不变	不变	2020年12月31日当天或之前
9902.01.55	[1]	五水合硫代硫酸钠[水合硫代硫酸钠(2∶1.5)](CAS No.10102-17-7)(税号2832.30.10项下)	[1]	免税	不变	不变	2020年12月31日当天或之前
9902.01.56	[1]	亚硝酸钡(CAS No.10022-31-8)(税号2834.29.51项下)	[1]	免税	不变	不变	2020年12月31日当天或之前
9902.01.57	[1]	次磷酸钠一水合物(CAS No.10039-56-2)(税号2835.10.00项下)	[1]	免税	不变	不变	2020年12月31日当天或之前
9902.01.58	[1]	磷酸二氢钾(CAS No.7778-77-0)(税号2835.24.00项下)	[1]	1.00％	不变	不变	2020年12月31日当天或之前

税则号列	统计后缀	货品名称	单位	税率 1 一般	税率 1 特惠	税率 2	有效期
9902.01.59	[1]	多磷酸铵（CAS No.68333-79-9）(税号2835.39.50项下)	[1]	免税	不变	不变	2020年12月31日当天或之前
9902.01.60	[1]	碳酸钴[水合碳酸钴（2+）（1∶1∶1）]（CAS No.513-79-1）(税号2836.99.10项下)	[1]	免税	不变	不变	2020年12月31日当天或之前
9902.01.61	[1]	碱式碳酸锆[（4+）二碳酸锆]（CAS No.57219-64-4）(税号2836.99.50项下)	[1]	免税	不变	不变	2020年12月31日当天或之前
9902.01.62	[1]	铁氰化钾（CAS No.13746-66-2）(税号2837.20.10项下)	[1]	免税	不变	不变	2020年12月31日当天或之前
9902.01.63	[1]	亚铁氰化钠（CAS No.13601-19-9）(税号2837.20.51项下)	[1]	免税	不变	不变	2020年12月31日当天或之前
9902.01.64	[1]	亚铁氰化钾（CAS No.14459-95-1）(税号2837.20.51项下)	[1]	免税	不变	不变	2020年12月31日当天或之前
9902.01.65	[1]	水合氧硅烷硅烷酸钠（2∶1∶9）(九水偏硅酸钠)（CAS No.13517-24-3）(税号2839.11.00项下)	[1]	免税	不变	不变	2020年12月31日当天或之前
9902.01.66	[1]	四硼酸钾（CAS No.12045-78-2）(税号2840.20.00项下)	[1]	免税	不变	不变	2020年12月31日当天或之前
9902.07.68	[1]	二氧化二(二氧)钨(枸椽酸二钠)（CAS No.13472-45-2）(税号2841.80.00项下)	[1]	免税	不变	不变	2020年12月31日当天或之前
9902.01.68	[1]	硫氰酸钠（CAS No.540-72-7）(税号2842.90.10项下)	[1]	免税	不变	不变	2020年12月31日当天或之前
9902.01.69	[1]	磷酸氢锆银钠（CAS No.265647-11-8）(税号2843.29.01项下)	[1]	免税	不变	不变	2020年12月31日当天或之前
9902.01.70	[1]	磷酸钇（CAS No.13990-54-0）和磷酸铈（CAS No.13454-71-2）的混合物或共沉淀物(税号2846.10.00和税号2846.90.80项下)	[1]	免税	不变	不变	2020年12月31日当天或之前
9902.01.71	[1]	氧化镧（CAS No.1312-81-8）(税号2846.90.80项下)	[1]	2.40%	不变	不变	2020年12月31日当天或之前
9902.01.72	[1]	碳酸镧（CAS No.54451-24-0）(税号2846.90.80项下)	[1]	免税	不变	不变	2020年12月31日当天或之前
9902.01.73	[1]	氧化镥（CAS No.12032-20-1）(税号2846.90.80项下)	[1]	2.20%	不变	不变	2020年12月31日当天或之前
9902.01.74	[1]	掺杂铈铽的磷酸镧（CAS No.95823-34-0）(税号2846.90.80项下)	[1]	免税	不变	不变	2020年12月31日当天或之前
9902.01.75	[1]	纯度至少为99.9%的氧化钇（CAS No.1314-36-9）(税号2846.90.80项下)	[1]	免税	不变	不变	2020年12月31日当天或之前
9902.01.76	[1]	中值粒径大于0.2微米且小于0.7微米的三氟化镱粉末（CAS No.13760-80-0）(税号2846.90.80项下)	[1]	免税	不变	不变	2020年12月31日当天或之前
9902.01.77	[1]	二氢钛(2+)(氢化钛)（CAS No.7704-98-5）(税号2850.00.07项下)	[1]	免税	不变	不变	2020年12月31日当天或之前
9902.01.78	[1]	含二氢化钛糊剂的混合物,用于涂覆低压汞灯的内部（CAS No.7704-98-5）(税号2850.00.07项下)	[1]	免税	不变	不变	2020年12月31日当天或之前
9902.01.79	[1]	四氢铝酸锂(1-)(氢化铝锂)（CAS No.16853-85-3）(税号2850.00.50项下)	[1]	免税	不变	不变	2020年12月31日当天或之前
9902.01.80	[1]	氰胺（CAS No.420-04-2）(税号2853.90.90项下)	[1]	免税	不变	不变	2020年12月31日当天或之前

税则号列	统计后缀	货品名称	单位	税率 1 一般	税率 1 特惠	税率 2	有效期
9902.01.81	[1]	正丁基氯(1-氯丁烷)(CAS No.109-69-3)(税号2903.19.60项下)	[1]	免税	不变	不变	2020年12月31日当天或之前
9902.01.82	[1]	1,6-二氯己烷(CAS No.2163-00-0)(税号2903.19.60项下)	[1]	免税	不变	不变	2020年12月31日当天或之前
9902.01.83	[1]	烯丙基溴(3-溴-1-丙烯)(CAS No.106-95-6)(税号2903.39.20项下)	[1]	免税	不变	不变	2020年12月31日当天或之前
9902.01.84	[1]	1,6,7,8,9,14,15,16,17,17,18,18-十二氯戊基氯[12.2.1.16,9.02,13.05,10]十八碳-7,15-二烯(CAS No.13560-89-9)(税号2903.89.31项下)	[1]	免税	不变	不变	2020年12月31日当天或之前
9902.01.85	[1]	氯苯(CAS No.108-90-7)(税号2903.91.10项下)	[1]	3.90%	不变	不变	2020年12月31日当天或之前
9902.01.86	[1]	邻二氯苯(1,2-二氯苯)(CAS No.95-50-1)(税号2903.91.20项下)	[1]	免税	不变	不变	2020年12月31日当天或之前
9902.01.87	[1]	对二氯苯(1,4-二氯苯)(CAS No.106-46-7)(税号2903.91.30项下)	[1]	2.70%	不变	不变	2020年12月31日当天或之前
9902.01.88	[1]	1-氯-4-(三氟甲基)苯(CAS No.98-56-6)(税号2903.99.08项下)	[1]	4.30%	不变	不变	2020年12月31日当天或之前
9902.01.89	[1]	1,2,4-三氯苯(CAS No.120-82-1)(税号2903.99.10项下)	[1]	2.90%	不变	不变	2020年12月31日当天或之前
9902.01.90	[1]	α,α,α-三氯甲苯(CAS No.98-07-7)(税号2903.99.20项下)	[1]	免税	不变	不变	2020年12月31日当天或之前
9902.01.91	[1]	2-氯苄基氯(CAS No.611-19-8)(税号2903.99.80项下)	[1]	免税	不变	不变	2020年12月31日当天或之前
9902.01.92	[1]	二氯甲基苯(CAS No.29797-40-8)(税号2903.99.80项下)	[1]	免税	不变	不变	2020年12月31日当天或之前
9902.01.93	[1]	1-氯-2-氯甲基-3-氟苯(CAS No.55117-15-2)(税号2903.99.80项下)	[1]	免税	不变	不变	2020年12月31日当天或之前
9902.01.94	[1]	2-溴-1,3-二乙基-5-甲基苯(CAS No.314084-61-2)(DEMBB)(税号2903.99.80项下)	[1]	2.10%	不变	不变	2020年12月31日当天或之前
9902.01.95	[1]	2-氯甲苯(CAS No.95-49-8)(税号2903.99.80项下)	[1]	免税	不变	不变	2020年12月31日当天或之前
9902.01.96	[1]	1-(氯甲基)-3-甲基苯(CAS No.620-19-9)(税号2903.99.80项下)	[1]	免税	不变	不变	2020年12月31日当天或之前
9902.01.97	[1]	苯磺酰氯(CAS No.98-09-9)(税号2904.10.08项下)	[1]	免税	不变	不变	2020年12月31日当天或之前
9902.01.98	[1]	对苯乙烯磺酸锂(CAS No.4551-88-6)(税号2904.10.32项下)	[1]	免税	不变	不变	2020年12月31日当天或之前
9902.01.99	[1]	4-乙烯基苯磺酸钠(CAS No.2695-37-6)(税号2904.10.37项下)	[1]	免税	不变	不变	2020年12月31日当天或之前
9902.02.01	[1]	对甲苯磺酸[4-甲基苯磺酸水合物(1:1)](CAS No.6192-52-5)(税号2904.10.37项下)	[1]	免税	不变	不变	2020年12月31日当天或之前
9902.02.02	[1]	甲磺酸(CAS No.75-75-2)(税号2904.10.50项下)	[1]	0.80%	不变	不变	2020年12月31日当天或之前
9902.02.03	[1]	甲磺酰氯(CAS No.124-63-0)(税号2904.10.50项下)	[1]	免税	不变	不变	2020年12月31日当天或之前

税则号列	统计后缀	货品名称	单位	税率 一般	税率 特惠	税率 2	有效期
9902.02.04	[1]	4-氯-3,5-二硝基-α,α,α-三氟甲苯(CAS No. 393-75-9)(税号2904.99.15项下)	[1]	免税	不变	不变	2020年12月31日当天或之前
9902.02.05	[1]	2-甲基-5-硝基苯磺酸(CAS No. 121-03-9)(税号2904.99.20项下)	[1]	免税	不变	不变	2020年12月31日当天或之前
9902.02.06	[1]	三氟甲磺酸(三氟甲磺酸)(CAS No. 1493-13-6)(税号2904.99.50项下)	[1]	免税	不变	不变	2020年12月31日当天或之前
9902.02.07	[1]	三氟甲酸酐(三氟甲磺酸酐)(CAS No. 358-23-6)(税号2904.99.50项下)	[1]	免税	不变	不变	2020年12月31日当天或之前
9902.02.08	[1]	1,2,3,3,4,4,5,5,6,6-十氟-1-(五氟乙基)环己烷磺酸钾(CAS No. 67584-42-3)(税号2904.99.50项下)	[1]	免税	不变	不变	2020年12月31日当天或之前
9902.02.09	[1]	2-辛醇(CAS No. 123-96-6)(税号2905.16.00项下)	[1]	免税	不变	不变	2020年12月31日当天或之前
9902.02.10	[1]	16-甲基-1-十七醇(异硬脂醇)(CAS No. 27458-93-1)(税号2905.19.90项下)	[1]	免税	不变	不变	2020年12月31日当天或之前
9902.02.11	[1]	甲醇钠粉(CAS No. 124-41-4)(税号2905.19.90项下)	[1]	免税	不变	不变	2020年12月31日当天或之前
9902.02.12	[1]	双(2-甲基-2-丙醇镁)(叔丁醇镁)(CAS No. 32149-57-8)(税号2905.19.90项下)	[1]	免税	不变	不变	2020年12月31日当天或之前
9902.02.13	[1]	2-丙炔-1-醇(炔丙醇)(CAS No. 107-19-7)(税号2905.29.90项下)	[1]	免税	不变	不变	2020年12月31日当天或之前
9902.02.14	[1]	顺式3-己烯-1-醇(CAS No. 928-96-1)(税号2905.29.90项下)	[1]	免税	不变	不变	2020年12月31日当天或之前
9902.02.15	[1]	1,2-戊二醇(CAS No. 5343-92-0)(税号2905.39.90项下)	[1]	免税	不变	不变	2020年12月31日当天或之前
9902.02.16	[1]	2,5-二甲基-2,5-己二醇(CAS No. 110-03-2)(税号2905.39.90项下)	[1]	免税	不变	不变	2020年12月31日当天或之前
9902.02.17	[1]	d-薄荷醇(CAS No. 15356-60-2)(税号2906.11.00项下)	[1]	免税	不变	不变	2020年12月31日当天或之前
9902.02.19	[1]	α-萘酚(CAS No. 90-15-3)(税号2907.15.10项下)	[1]	免税	不变	不变	2020年12月31日当天或之前
9902.02.20	[1]	百里酚(2-异丙基-5-甲基苯酚)(CAS No. 89-83-8)(税号2907.19.40项下)	[1]	免税	不变	不变	2020年12月31日当天或之前
9902.02.21	[1]	2-苯基苯酚(CAS No. 90-43-7)(税号2907.19.80项下)	[1]	免税	不变	不变	2020年12月31日当天或之前
9902.02.22	[1]	2-苯基苯酚钠盐(CAS No. 132-27-4)(税号2907.19.80项下)	[1]	免税	不变	不变	2020年12月31日当天或之前
9902.02.23	[1]	间苯二酚(CAS No. 108-46-3)(税号2907.21.00项下)	[1]	免税	不变	不变	2020年12月31日当天或之前
9902.02.24	[1]	邻苯三酚(邻苯二酸)(CAS No. 87-66-1)(税号2907.29.10项下)	[1]	免税	不变	不变	2020年12月31日当天或之前
9902.02.25	[1]	1,4,9,10-四羟基蒽(CAS No. 476-60-8)、2,3-二氢-9,10-二羟基蒽-1,4-二酮(CAS No. 17648-03-2)的亮白喹唑啉或2,3-二氢-1,4-二羟基-9,10-蒽二酮(CAS No. 40498-13-3)(税号2907.29.90或税号2914.69.90项下)	[1]	免税	不变	不变	2020年12月31日当天或之前

第九十九章　临时立法;根据现有贸易法规的临时修改;根据经修正的《农业调整法》第 22 条制定的附加进口限制

税则号列	统计后缀	货品名称	单位	税率 1 一般	税率 1 特惠	税率 2	有效期
9902.02.26	[1]	6,6′-二叔丁基-2,2′-亚甲基二对甲酚（CAS No.119-47-1）(税号 2907.29.90 项下)	[1]	免税	不变	不变	2020 年 12 月 31 日当天或之前
9902.02.27	[1]	2,2′-(2-甲基-1,1-丙二基)双(4,6-二甲基苯酚)（CAS No.33145-10-7）(税号 2907.29.90 项下)	[1]	免税	不变	不变	2020 年 12 月 31 日当天或之前
9902.02.28	[1]	4,4′-(1,1-丁二基)双[5-甲基-2-(2-甲基-2-丙烷基)苯酚]（CAS No.85-60-9）(税号 2907.29.90 项下)	[1]	免税	不变	不变	2020 年 12 月 31 日当天或之前
9902.02.29	[1]	2,5-双(2-甲基-2-丁基)-1,4-苯二醇（CAS No.79-74-3）(税号 2907.29.90 项下)	[1]	免税	不变	不变	2020 年 12 月 31 日当天或之前
9902.02.30	[1]	4,4′,4″-(1,1,3-丁三基)三[5-甲基-2-(2-甲基-2-丙基)苯酚]（CAS No.1843-03-4）(税号 2907.29.90 项下)	[1]	免税	不变	不变	2020 年 12 月 31 日当天或之前
9902.02.31	[1]	2,2′-亚甲基双[4-乙基-6-(2-甲基-2-丙烷基)苯酚]（CAS No.88-24-4）(税号 2907.29.90 项下)	[1]	免税	不变	不变	2020 年 12 月 31 日当天或之前
9902.02.32	[1]	2-硝基苯酚(邻硝基苯酚)（CAS No.88-75-5）(税号 2908.99.25 项下)	[1]	免税	不变	不变	2020 年 12 月 31 日当天或之前
9902.02.33	[1]	3-三氟甲基-4-硝基苯酚（CAS No.88-30-2）(税号 2908.99.80 项下)	[1]	免税	不变	不变	2020 年 12 月 31 日当天或之前
9902.02.34	[1]	2,5,8,11,14,17,20-庚烷恶多聚糖-22-ol 甲磺酸盐（CAS No.477775-57-8）(税号 2909.19.60 项下)	[1]	免税	不变	不变	2020 年 12 月 31 日当天或之前
9902.02.35	[1]	2-氯-α,α,α-三氟-对甲苯基-3-乙氧基-4-硝基苯醚（氟芴）（CAS No.42874-03-3）(税号 2909.30.30 项下)	[1]	0.80%	不变	不变	2020 年 12 月 31 日当天或之前
9902.02.36	[1]	1-甲氧基-2,4-二硝基苯(2,4-二硝基苯甲醚)（CAS No.119-27-7）(税号 2909.30.60 项下)	[1]	免税	不变	不变	2020 年 12 月 31 日当天或之前
9902.02.37	[1]	2-(羟甲基)-2-(丙-2-烯氧基甲基)丙烷-1,3-二醇（CAS No.91648-24-7）(税号 2909.49.60 项下)	[1]	免税	不变	不变	2020 年 12 月 31 日当天或之前
9902.02.38	[1]	叔丁基枯基过氧化物(⟨2-[(2-甲基-2-丙烷基)过氧]-2-丙烷基⟩苯)（CAS No.3457-61-2）(税号 2909.60.10 项下)	[1]	免税	不变	不变	2020 年 12 月 31 日当天或之前
9902.02.39	[1]	双(α,α-二甲基苄基)过氧化二枯基（CAS No.80-43-3）(税号 2909.60.20 项下)	[1]	免税	不变	不变	2020 年 12 月 31 日当天或之前
9902.02.40	[1]	2-苯基-2-氢过氧化异丙基丙烷（CAS No.80-15-9）(税号 2909.60.20 项下)	[1]	免税	不变	不变	2020 年 12 月 31 日当天或之前
9902.02.41	[1]	2,5-二甲基-2,5-双[(2-甲基-2-丙酰基)过氧]己烷（CAS No.78-63-7）(税号 2909.60.50 项下)	[1]	免税	不变	不变	2020 年 12 月 31 日当天或之前
9902.02.42	[1]	(2S)-2-[(烯丙氧基)甲基]环氧乙烷（CAS No.106-92-3）(税号 2910.90.91 项下)	[1]	免税	不变	不变	2020 年 12 月 31 日当天或之前
9902.02.43	[1]	2-溴-1,1-二甲氧基乙烷（CAS No.7252-83-7）(税号 2911.00.50 项下)	[1]	免税	不变	不变	2020 年 12 月 31 日当天或之前
9902.02.44	[1]	3,7-二甲基辛基-2,6-二烯(柠檬醛)（CAS No.5392-40-5）(税号 2912.19.10 项下)	[1]	免税	不变	不变	2020 年 12 月 31 日当天或之前
9902.02.45	[1]	乙二醛（CAS No.107-22-2）(税号 2912.19.30 项下)	[1]	0.20%	不变	不变	2020 年 12 月 31 日当天或之前

税则号列	统计后缀	货品名称	单位	税率 1 一般	税率 1 特惠	税率 2	有效期
9902.02.46	[1]	4-丙基苯甲醛(CAS No.28785-06-0)(税号2912.29.60项下)	[1]	2.80%	不变	不变	2020年12月31日当天或之前
9902.02.47	[1]	环丁烷甲醛(CAS No.2987-17-9)(税号2912.29.60项下)	[1]	免税	不变	不变	2020年12月31日当天或之前
9902.02.48	[1]	2-甲基-3-[4-(2-甲基-2-丙烷基)苯基]丙醛(百合醛)(CAS No.80-54-6)(税号2912.29.60项下)	[1]	免税	不变	不变	2020年12月31日当天或之前
9902.02.49	[1]	对茴香醛(4-甲氧基苯甲醛)(CAS No.123-11-5)(税号2912.49.10项下)	[1]	免税	不变	不变	2020年12月31日当天或之前
9902.02.50	[1]	2-甲氧基-5-(2-甲基-2-丙烷基)苯甲醛(CAS No.85943-26-6)(税号2912.49.26项下)	[1]	免税	不变	不变	2020年12月31日当天或之前
9902.02.51	[1]	7-羟基香茅醛(7-羟基-3,7-二甲基辛醛)(CAS No.107-75-5)(税号2912.49.55项下)	[1]	免税	不变	不变	2020年12月31日当天或之前
9902.02.52	[1]	2,4-二硫代苯甲醛(CAS No.88-39-1)(税号2913.00.40项下)	[1]	免税	不变	不变	2020年12月31日当天或之前
9902.02.53	[1]	对-(三氟甲基)苯甲醛(CAS No.455-19-6)(税号2913.00.40项下)	[1]	免税	不变	不变	2020年12月31日当天或之前
9902.02.54	[1]	3-戊酮(二乙基酮)(CAS No.96-22-0)(税号2914.19.00项下)	[1]	0.20%	不变	不变	2020年12月31日当天或之前
9902.02.55	[1]	(3E)-4-(2,6,6-三甲基-2-环己烯-1-基)-3-丁烯-2-酮(CAS No.79-77-6)(税号2914.23.00项下)	[1]	免税	不变	不变	2020年12月31日当天或之前
9902.02.56	[1]	3-甲基-4-(2,6,6-三甲基环己-2-烯基)丁-3-烯-2-酮(甲基紫罗兰酮)(CAS No.1335-46-2)(税号2914.23.00项下)	[1]	免税	不变	不变	2020年12月31日当天或之前
9902.02.57	[1]	1,3-环己二酮(CAS No.504-02-9)(税号2914.29.50项下)	[1]	免税	不变	不变	2020年12月31日当天或之前
9902.02.58	[1]	3-[2-氯-4-(甲基磺酰基)苯甲酰基]-4-(苯基磺酰基)双环[3.2.1]辛-3-烯-2-酮(苯并双环)(CAS No.156963-66-5)(税号2914.29.50项下)	[1]	免税	不变	不变	2020年12月31日当天或之前
9902.02.59	[1]	环戊酮(CAS No.120-92-3)(税号2914.29.50项下)	[1]	1.70%	不变	不变	2020年12月31日当天或之前
9902.02.60	[1]	二苯甲酮(CAS No.119-61-9)(税号2914.39.90项下)	[1]	免税	不变	不变	2020年12月31日当天或之前
9902.02.61	[1]	5-氯-1-茚满酮(CAS No.42348-86-7)(税号2914.39.90项下)	[1]	免税	不变	不变	2020年12月31日当天或之前
9902.02.62	[1]	对甲基苯乙酮[1-(4-甲基苯基)乙酮](CAS No.122-00-9)(税号2914.39.90项下)	[1]	免税	不变	不变	2020年12月31日当天或之前
9902.02.63	[1]	1-羟基-2-甲基戊三-3-酮(CAS No.27970-79-2)(税号2914.40.90项下)	[1]	1.00%	不变	不变	2020年12月31日当天或之前
9902.02.64	[1]	2,4-二羟基二苯甲酮(CAS No.131-56-6)(税号2914.50.30项下)	[1]	免税	不变	不变	2020年12月31日当天或之前
9902.02.65	[1]	4-(4-羟基苯基)丁-2-(树莓酮)(CAS No.5471-51-2)(税号2914.50.30项下)	[1]	免税	不变	不变	2020年12月31日当天或之前
9902.02.66	[1]	4,4-二甲氧基-2-丁酮(CAS No.5436-21-5)(税号2914.50.50项下)	[1]	免税	不变	不变	2020年12月31日当天或之前

第九十九章　临时立法;根据现有贸易法规的临时修改;根据经修正的《农业调整法》
第 22 条制定的附加进口限制　　1657

税则号列	统计后缀	货品名称	单位	税率 1 一般	税率 1 特惠	税率 2	有效期
9902.02.67	[1]	2-叔戊基蒽醌(2-(2-甲基-2-丁基)-9,10-蒽醌)(CAS No. 32588-54-8)(税号 2914.69.10 项下)	[1]	免税	不变	不变	2020年12月31日当天或之前
9902.02.68	[1]	1-硝基蒽醌(1-硝基蒽-9,10-二酮)(CAS No. 82-34-8)(税号 2914.79.40 项下)	[1]	免税	不变	不变	2020年12月31日当天或之前
9902.02.69	[1]	1-(4-氯苯基)-4,4-二甲基戊基-3--(烷基酮)(CAS No. 66346-01-8)(税号 2914.79.40 项下)	[1]	3.30%	不变	不变	2020年12月31日当天或之前
9902.02.70	[1]	1,5-二氯-9,10-蒽醌(CAS No. 82-46-2)(税号 2914.79.40 项下)	[1]	免税	不变	不变	2020年12月31日当天或之前
9902.02.71	[1]	(3E)-4-乙氧基-1,1,1-三氟丁-3-en-2-one(CAS No. 59938-06-6)(税号 2914.79.90 项下)	[1]	免税	不变	不变	2020年12月31日当天或之前
9902.02.72	[1]	(3-溴-6-甲氧基-2-甲基苯基)(2,3,4-三甲氧基-6-甲基苯基)甲酮(甲酮芬)(CAS No. 220899-03-6)(税号 2914.79.90 项下)	[1]	免税	不变	不变	2020年12月31日当天或之前
9902.02.73	[1]	顺式-2-叔丁基丁基环己基乙酸酯(CAS No. 20298-69-5)(税号 2915.39.45 项下)	[1]	免税	不变	不变	2020年12月31日当天或之前
9902.02.74	[1]	二氯乙酰氯(DCAC)(CAS No. 79-36-7)(税号 2915.40.50 项下)	[1]	免税	不变	不变	2020年12月31日当天或之前
9902.02.75	[1]	2-氯乙酸甲酯(CAS No. 96-34-4)(税号 2915.40.50 项下)	[1]	免税	不变	不变	2020年12月31日当天或之前
9902.02.76	[1]	氯乙酸乙酯(CAS No. 105-39-5)(税号 2915.40.50 项下)	[1]	免税	不变	不变	2020年12月31日当天或之前
9902.02.78	[1]	新癸酸乙烯酯(7,7-二甲基辛酸乙烯酯)(CAS No. 51000-52-3)(税号 2915.90.18 项下)	[1]	免税	不变	不变	2020年12月31日当天或之前
9902.02.79	[1]	过氧化二月桂酰(CAS No. 105-74-8)(税号 2915.90.50 项下)	[1]	免税	不变	不变	2020年12月31日当天或之前
9902.02.80	[1]	辛酸甘油三酯(CAS No. 108777-93-1)(税号 2915.90.50 项下)	[1]	免税	不变	不变	2020年12月31日当天或之前
9902.02.81	[1]	丙烯酸叔丁酯(丙烯酸 2-甲基-2-丙酯)(CAS No. 1663-39-4)(税号 2916.12.50 项下)	[1]	0.10%	不变	不变	2020年12月31日当天或之前
9902.02.82	[1]	甲基丙烯酸烯丙酯(CAS No. 96-05-9)(税号 2916.14.20 项下)	[1]	免税	不变	不变	2020年12月31日当天或之前
9902.02.83	[1]	(2E,4E)-2,4-己二酸(山梨酸)(CAS No. 110-44-1)(税号 2916.19.20 项下)	[1]	2.60%	不变	不变	2020年12月31日当天或之前
9902.02.84	[1]	(E)-2-丁烯酸(反丁烯酸)(CAS No. 107-93-7)(税号 2916.19.30 项下)	[1]	免税	不变	不变	2020年12月31日当天或之前
9902.02.85	[1]	蒎烷氢过氧化物(2,6,6-三甲基双环[3.1.1]庚基氢过氧化物)(CAS No. 28324-52-9)(税号 2916.20.50 项下)	[1]	免税	不变	不变	2020年12月31日当天或之前
9902.02.86	[1]	2-甲基联苯-3-基甲基(1RS,3RS)-3-[(Z)-2-氯-3,3,3-三氟丙-1-烯基]-2,2-二甲基环丙烷甲酸酯(联苯菊酯)(CAS No. 82657-04-3)(税号 2916.20.50 项下)	[1]	2.40%	不变	不变	2020年12月31日当天或之前
9902.02.87	[1]	苯甲酰氯(CAS No. 98-88-4)(税号 2916.32.20 项下)	[1]	2.00%	不变	不变	2020年12月31日当天或之前

税则号列	统计后缀	货品名称	单位	税率 一般	税率 特惠	2	有效期
9902.02.88	[1]	4-硝基苯甲酰氯（CAS No. 122-04-3）（税号 2916.39.03项下）	[1]	免税	不变	不变	2020年12月31日当天或之前
9902.02.89	[1]	(2E)-3-苯基丙烯酸甲酯（肉桂酸甲酯）（CAS No. 103-26-4）（税号 2916.39.21项下）	[1]	免税	不变	不变	2020年12月31日当天或之前
9902.02.90	[1]	双(2,4-二氯苯甲酰基)过氧化物（CAS No. 133-14-2）（税号 2916.39.79项下）	[1]	免税	不变	不变	2020年12月31日当天或之前
9902.02.91	[1]	草酸(乙二酸二水合物)（CAS No. 6153-56-6）（税号 2917.11.00项下）	[1]	免税	不变	不变	2020年12月31日当天或之前
9902.02.92	[1]	草酸二甲酯（CAS No. 553-90-2）（税号 2917.11.00项下）	[1]	免税	不变	不变	2020年12月31日当天或之前
9902.02.93	[1]	癸二酸（CAS No. 111-20-6）（税号 2917.13.00项下）	[1]	2.00%	不变	不变	2020年12月31日当天或之前
9902.02.94	[1]	丙二酸二甲酯（CAS No. 108-59-8）（税号 2917.19.70项下）	[1]	免税	不变	不变	2020年12月31日当天或之前
9902.02.95	[1]	衣康酸(2-甲叉基丁二酸)（CAS No. 97-65-4）（税号 2917.19.70项下）	[1]	免税	不变	不变	2020年12月31日当天或之前
9902.02.96	[1]	丁二酸酐(1,2,3,6-四氢-3,6-甲基邻苯二甲酸酐)（CAS No. 826-62-0）（税号 2917.20.00项下）	[1]	免税	不变	不变	2020年12月31日当天或之前
9902.02.97	[1]	1,3-二氧杂-1H,3H-苯并[异]异戊烯-6-磺酸钾（CAS No. 71501-16-1）（税号 2917.39.04项下）	[1]	免税	不变	不变	2020年12月31日当天或之前
9902.02.99	[1]	5,5′-双-2-苯并呋喃-1,1′,3,3′-四酮（CAS No. 2420-87-3）（税号 2917.39.30项下）	[1]	免税	不变	不变	2020年12月31日当天或之前
9902.03.01	[1]	萘-1,8：4,5-四羧酸二酐（CAS No. 81-30-1）（税号 2917.39.70项下）	[1]	免税	不变	不变	2020年12月31日当天或之前
9902.03.02	[1]	均苯四酸二酐(苯-1,2：4,5-四羧酸二酐)（CAS No. 89-32-7）（税号 2917.39.70项下）	[1]	免税	不变	不变	2020年12月31日当天或之前
9902.03.03	[1]	5-硝基间苯二甲酸二甲酯（CAS No. 13290-96-5）（税号 2917.39.70项下）	[1]	免税	不变	不变	2020年12月31日当天或之前
9902.03.04	[1]	间苯二甲酰氯（CAS No. 99-63-8）（税号 2917.39.70项下）	[1]	免税	不变	不变	2020年12月31日当天或之前
9902.03.05	[1]	对苯二甲酰氯（CAS No. 100-20-9）（税号 2917.39.70项下）	[1]	免税	不变	不变	2020年12月31日当天或之前
9902.03.06	[1]	3-羟基-2,2-二甲基丙基-3-羟基-2,2-二甲基丙酸酯（CAS No. 1115-20-4）（税号 2918.19.90项下）	[1]	免税	不变	不变	2020年12月31日当天或之前
9902.03.07	[1]	邻乙酰水杨酸(阿司匹林)（CAS No. 50-78-2）（税号 2918.22.10项下）	[1]	1.90%	不变	不变	2020年12月31日当天或之前
9902.03.08	[1]	水杨酸甲酯（CAS No. 119-36-8）（税号 2918.23.20项下）	[1]	2.30%	不变	不变	2020年12月31日当天或之前
9902.03.09	[1]	4-羟基苯甲酸（CAS No. 99-96-7）（税号 2918.29.22项下）	[1]	2.00%	不变	不变	2020年12月31日当天或之前
9902.03.10	[1]	3,4,5-三羟基苯甲酸一水合物（一水合苹果酸）（CAS No. 5995-86-8）（税号 2918.29.30项下）	[1]	免税	不变	不变	2020年12月31日当天或之前
9902.03.11	[1]	丙酸C7-C9-烷基3-(3,5-二-叔丁基-4-羟基苯基)酯（CAS No. 125643-61-0）（税号 2918.29.65项下）	[1]	免税	不变	不变	2020年12月31日当天或之前

税则号列	统计后缀	货品名称	单位	税率 一般	税率 特惠	税率 2	有效期
9902.03.12	[1]	3,4,5-三羟基苯甲酸丙酯(没食子酸丙酯)(CAS No.121-79-9)(税号2918.29.75项下)	[1]	免税	不变	不变	2020年12月31日当天或之前
9902.03.13	[1]	3-(3,5-二叔丁基-4-羟基苯基)丙酸十八烷基酯(CAS No.2082-79-3)(税号2918.29.75项下)	[1]	免税	不变	不变	2020年12月31日当天或之前
9902.03.14	[1]	季戊四醇四[3-(3,5-二叔丁基-4-羟基苯基)丙酸酯](CAS No.6683-19-8)(税号2918.29.75项下)	[1]	免税	不变	不变	2020年12月31日当天或之前
9902.03.15	[1]	4-羟基苯甲酸乙酯(CAS No.120-47-8)(税号2918.29.75项下)	[1]	免税	不变	不变	2020年12月31日当天或之前
9902.03.16	[1]	4-羟基苯甲酸甲酯(CAS No.99-76-3)(税号2918.29.75项下)	[1]	免税	不变	不变	2020年12月31日当天或之前
9902.03.17	[1]	4-羟基-3,5-双(2-甲基-2-丙烷基)苯甲酸十六烷基酯(CAS No.67845-93-6)(税号2918.29.75项下)	[1]	免税	不变	不变	2020年12月31日当天或之前
9902.03.18	[1]	2-苄基苯甲酸(CAS No.85-52-9)(税号2918.30.30项下)	[1]	3.70%	不变	不变	2020年12月31日当天或之前
9902.03.19	[1]	己二酮钙(双(3,5-二氧代-4-丙酰基环己烷甲酸)钙)(CAS No.127277-53-6)(税号2918.30.90项下)	[1]	免税	不变	不变	2020年12月31日当天或之前
9902.03.20	[1]	乙醛酸(CAS No.298-12-4)(税号2918.30.90项下)	[1]	免税	不变	不变	2020年12月31日当天或之前
9902.03.21	[1]	(+)-(R)-2-(2,4-二氯苯氧基)丙酸(滴丙酸-P)(CAS No.15165-67-0)(税号2918.99.18项下)	[1]	免税	不变	不变	2020年12月31日当天或之前
9902.03.22	[1]	4-(2,4-二氯苯氧基)丁酸(2,4-DB)(CAS No.94-82-6)(税号2918.99.20项下)	[1]	免税	不变	不变	2020年12月31日当天或之前
9902.03.23	[1]	2-甲基-4-氯苯氧乙酸(MCPA)(CAS No.94-74-6)(税号2918.99.20项下)	[1]	2.50%	不变	不变	2020年12月31日当天或之前
9902.03.24	[1]	5-[2-氯-4-(三氟甲基)苯氧基]-2-硝基苯甲酸酯-1-乙氧基-1-氧代-2-丙烷基(乳氟禾草灵)(CAS No.77501-63-4)(税号2918.99.20项下)	[1]	4.00%	不变	不变	2020年12月31日当天或之前
9902.03.25	[1]	三甘醇双[3-(3-叔丁基-4-羟基-5-甲基-苯基)丙酸酯](CAS No.36443-68-2)(税号2918.99.43项下)	[1]	免税	不变	不变	2020年12月31日当天或之前
9902.03.26	[1]	4,4′-氧代二邻苯二甲酸酐(CAS No.1823-59-2)(税号2918.99.43项下)	[1]	免税	不变	不变	2020年12月31日当天或之前
9902.03.27	[1]	4-甲氧基肉桂酸2-乙基己酯(CAS No.5466-77-3)(税号2918.99.43项下)	[1]	免税	不变	不变	2020年12月31日当天或之前
9902.03.28	[1]	(R)-(+)-2-(4-羟基苯氧基)丙酸(CAS No.94050-90-5)(税号2918.99.43项下)	[1]	免税	不变	不变	2020年12月31日当天或之前
9902.03.29	[1]	4,4′-氧二苯甲酰氯(CAS No.7158-32-9)(税号2918.99.43项下)	[1]	免税	不变	不变	2020年12月31日当天或之前
9902.03.30	[1]	5,5′-氧双(2-苯并呋喃-1,3-二酮)(CAS No.1823-59-2)(税号2918.99.43项下)	[1]	免税	不变	不变	2020年12月31日当天或之前
9902.03.31	[1]	(RS)-4-环丙基(羟基)亚甲基-3,5-二氧代环己烷甲酸乙酯(抗倒酯)(CAS No.95266-40-3)(税号2918.99.50项下)	[1]	免税	不变	不变	2020年12月31日当天或之前

税则号列	统计后缀	货品名称	单位	税率 1 一般	税率 1 特惠	税率 2	有效期
9902.03.32	[1]	甲氧乙酸甲酯(CAS No. 6290-49-9)(税号 2918.99.50项下)	[1]	免税	不变	不变	2020年12月31日当天或之前
9902.03.33	[1]	(2Z,4E)-5-[(1S)-1-羟基-2,6,6-三甲基-4-氧代-2-环己烯-1-基]-3-甲基-2,4-戊二烯酸((+)-脱落酸)(CAS No. 21293-29-8)(税号 2918.99.50项下)	[1]	免税	不变	不变	2020年12月31日当天或之前
9902.03.34	[1]	甲氧乙酸(CAS No. 625-45-6)(税号 2918.99.50项下)	[1]	免税	不变	不变	2020年12月31日当天或之前
9902.03.35	[1]	(Z)-2-氯-1-(2,4,5-三氯苯基)乙烯基磷酸二甲酯(四氯乙烯磷)(CAS No. 22248-79-9)(税号 2919.90.30项下)	[1]	免税	不变	不变	2020年12月31日当天或之前
9902.03.36	[1]	氯化双(2,4-二氯苯基)酯(CAS No. 14254-41-2)(税号 2919.90.30项下)	[1]	免税	不变	不变	2020年12月31日当天或之前
9902.03.37	[1]	磷酸三(2-乙基己基)酯(CAS No. 78-42-2)(税号 2919.90.50项下)	[1]	0.70%	不变	不变	2020年12月31日当天或之前
9902.03.38	[1]	O-(2,6-二氯-4-甲基苯基)O,O-二甲基硫代磷酸酯(甲基托克洛夫)(CAS No. 57018-04-9)(税号 2920.19.40项下)	[1]	免税	不变	不变	2020年12月31日当天或之前
9902.03.39	[1]	O,O-二氯硫代磷酸二乙酯(CAS No. 2524-04-1)(税号 2920.19.50项下)	[1]	免税	不变	不变	2020年12月31日当天或之前
9902.03.40	[1]	亚磷酸二甲酯(CAS No. 868-85-9)(税号 2920.21.00项下)	[1]	免税	不变	不变	2020年12月31日当天或之前
9902.03.41	[1]	亚硫酸2-[4-(2-甲基-2-丙基)苯氧基]环己基2-丙炔基-1-酯(无卤石)(CAS No. 2312-35-8)(税号 2920.90.10项下)	[1]	免税	不变	不变	2020年12月31日当天或之前
9902.03.42	[1]	亚磷酸三(2,4-二叔丁基苯基)酯(CAS No. 31570-04-4)(税号 2920.90.20项下)[2]	[1]	免税	不变	不变	2020年12月31日当天或之前
9902.03.43	[1]	三(乙基膦酸铝)(CAS No. 39148-24-8)(税号 2920.90.51项下)	[1]	免税	不变	不变	2020年12月31日当天或之前
9902.03.44	[1]	双(4-叔丁基环己基)过氧化二碳酸酯(CAS No. 15520-11-3)(税号 2920.90.51项下)	[1]	免税	不变	不变	2020年12月31日当天或之前
9902.03.45	[1]	硝酸2-乙基己酯(CAS No. 27247-96-7)(税号 2920.90.51项下)	[1]	免税	不变	不变	2020年12月31日当天或之前
9902.03.46	[1]	碳酸二甲酯(CAS No. 616-38-6)(税号 2920.90.51项下)	[1]	免税	不变	不变	2020年12月31日当天或之前
9902.03.47	[1]	碳酸二(2-乙基己基)酯(碳酸二乙基酯)(CAS No. 14858-73-2)(税号 2920.90.51项下)	[1]	免税	不变	不变	2020年12月31日当天或之前
9902.03.48	[1]	2-乙基己胺(CAS No. 104-75-6)(税号 2921.19.61项下)	[1]	免税	不变	不变	2020年12月31日当天或之前
9902.03.49	[1]	十三烷基胺(N-十三烷基-1-三癸胺)(CAS No. 101012-97-9)(税号 2921.19.61项下)	[1]	免税	不变	不变	2020年12月31日当天或之前
9902.03.50	[1]	C9-C15全氟化碳胺(CAS No. 86508-42-1)(税号 2921.19.61项下)	[1]	免税	不变	不变	2020年12月31日当天或之前
9902.03.51	[1]	N,N'-双(3-氨基丙基)乙二胺(CAS No. 10563-26-5)(税号 2921.29.00项下)	[1]	免税	不变	不变	2020年12月31日当天或之前

第九十九章 临时立法;根据现有贸易法规的临时修改;根据经修正的《农业调整法》第22条制定的附加进口限制 1661

税则号列	统计后缀	货品名称	单位	税率 1 一般	税率 1 特惠	税率 2	有效期
9902.03.52	[1]	2,4,4-三甲基-1,6-己二胺(CAS No. 25620-58-0)(税号 2921.29.00项下)	[1]	免税	不变	不变	2020年12月31日当天或之前
9902.03.53	[1]	N,N-二乙基-1,3-丙二胺(CAS No. 104-78-9)(税号 2921.29.00项下)	[1]	免税	不变	不变	2020年12月31日当天或之前
9902.03.54	[1]	2,4-二氯苯胺(CAS No. 554-00-7)(税号 2921.42.18项下)	[1]	免税	不变	不变	2020年12月31日当天或之前
9902.03.55	[1]	4-氯-2-硝基苯胺(CAS No. 89-63-4)(税号 2921.42.55项下)	[1]	免税	不变	不变	2020年12月31日当天或之前
9902.03.56	[1]	2-硝基苯胺(CAS No. 88-74-4)(税号 2921.42.55项下)	[1]	免税	不变	不变	2020年12月31日当天或之前
9902.03.57	[1]	3,5-二氟苯胺(CAS No. 372-39-4)(税号 2921.42.65项下)	[1]	免税	不变	不变	2020年12月31日当天或之前
9902.03.58	[1]	2-乙基-N-[(2S)-1-甲氧基丙烷-2-基]-6-甲基苯胺(CAS No. 118604-70-9)(税号 2921.42.65项下)	[1]	4.00%	不变	不变	2020年12月31日当天或之前
9902.03.59	[1]	2,6-二氯苯胺(CAS No. 608-31-1)(税号 2921.42.90项下)	[1]	免税	不变	不变	2020年12月31日当天或之前
9902.03.60	[1]	N-苄基-N-乙基苯胺(CAS No. 92-59-1)(税号 2921.42.90项下)	[1]	免税	不变	不变	2020年12月31日当天或之前
9902.03.61	[1]	α-N-乙炔基甲苯-3-磺酸(CAS No. 101-11-1)(税号 2921.42.90项下)	[1]	免税	不变	不变	2020年12月31日当天或之前
9902.03.62	[1]	对氯苯胺(CAS No. 106-47-8)(税号 2921.42.90项下)	[1]	免税	不变	不变	2020年12月31日当天或之前
9902.03.63	[1]	2-氨基苯-1,4-二磺酸氢钠(CAS No. 24605-36-5)(税号 2921.42.90项下)	[1]	免税	不变	不变	2020年12月31日当天或之前
9902.03.64	[1]	3-{[乙基(苯基)氨基]甲基}苯磺酸(CAS No. 101-11-1)(税号 2921.42.90项下)	[1]	免税	不变	不变	2020年12月31日当天或之前
9902.03.65	[1]	α,α,α-三氟-2,6-二硝基对甲苯胺(氟乐灵)(CAS No. 1582-09-8)(税号 2921.43.15项下)	[1]	4.00%	不变	不变	2020年12月31日当天或之前
9902.03.66	[1]	N-乙基-N-(2-甲基-2-丙烯基)-2,6-二硝基-4-(三氟邻甲基)苯胺(乙氟拉林)(CAS No. 55283-68-6)(税号 2921.4322项下)	[1]	免税	不变	不变	2020年12月31日当天或之前
9902.03.67	[1]	对甲苯胺(CAS No. 106-49-0)(税号 2921.43.40项下)	[1]	免税	不变	不变	2020年12月31日当天或之前
9902.03.68	[1]	N-丁基-N-乙基-α,α,α-三氟-2,6-二硝基-对甲苯胺(苯氟拉林)(CAS No. 1861-40-1)(税号 2921.43.90项下)	[1]	免税	不变	不变	2020年12月31日当天或之前
9902.03.69	[1]	邻氯对甲苯胺(3-氯-4-甲基苯胺)(CAS No. 95-74-9)(税号 2921.43.90项下)	[1]	免税	不变	不变	2020年12月31日当天或之前
9902.03.70	[1]	间甲苯胺(CAS No. 108-44-1)(税号 2921.43.90项下)	[1]	免税	不变	不变	2020年12月31日当天或之前
9902.03.71	[1]	邻甲苯胺(CAS No. 95-53-4)(税号 2921.43.90项下)	[1]	5.50%	不变	不变	2020年12月31日当天或之前
9902.03.72	[1]	N-仲丁基-4-(2-甲基-2-丙烷基)-2,6-二硝基苯胺(仲丁灵)(CAS No. 33629-47-9)(税号 2921.43.90项下)	[1]	免税	不变	不变	2020年12月31日当天或之前

税则号列	统计后缀	货品名称	单位	税率 1 一般	税率 1 特惠	2	有效期
9902.03.73	[1]	4-氨基-3-甲基苯磺酸(CAS No.98-33-9)(税号2921.43.90项下)	[1]	免税	不变	不变	2020年12月31日当天或之前
9902.03.74	[1]	2,4-二甲苯胺(CAS No.95-68-1)(税号2921.49.10项下)	[1]	免税	不变	不变	2020年12月31日当天或之前
9902.03.75	[1]	混合二甲苯胺(CAS No.1300-73-8)(税号2921.49.45项下)	[1]	免税	不变	不变	2020年12月31日当天或之前
9902.03.76	[1]	十二烷基苯胺支链异构体(CAS No.68411-48-3)(税号2921.49.45项下)	[1]	免税	不变	不变	2020年12月31日当天或之前
9902.03.77	[1]	N-(2-氯-6-氟苄基)-N-乙基-α,α,α-三氟-2,6-二硝基-对甲苯胺(氟节胺)(CAS No.62924-70-3)(税号2921.49.45项下)	[1]	免税	不变	不变	2020年12月31日当天或之前
9902.03.78	[1]	(1S)-1-苯基乙胺(CAS No.618-36-0)(税号2921.49.50项下)	[1]	免税	不变	不变	2020年12月31日当天或之前
9902.03.79	[1]	2-乙基-6-甲基苯胺(CAS No.24549-06-2)(税号2921.49.50项下)	[1]	免税	不变	不变	2020年12月31日当天或之前
9902.03.80	[1]	间苯二胺(CAS No.108-45-2)(税号2921.51.10项下)[3]	[1]	免税	不变	不变	2020年12月31日当天或之前
9902.03.81	[1]	1,3-苯二胺(CAS No.108-45-2)(税号2921.51.10项下)[4]	[1]	4.00%	不变	不变	2020年12月31日当天或之前
9902.03.82	[1]	N-苯基-对苯二胺(CAS No.101-54-2)(税号2921.51.50项下)	[1]	4.60%	不变	不变	2020年12月31日当天或之前
9902.03.83	[1]	4,4′亚甲基双(2-氯苯胺)(CAS No.101-14-4)(税号2921.59.08项下)	[1]	免税	不变	不变	2020年12月31日当天或之前
9902.03.84	[1]	4,4′-二氨基-2,2′-苯乙烯二磺酸(CAS No.81-11-8)(税号2921.59.20项下)	[1]	1.50%	不变	不变	2020年12月31日当天或之前
9902.03.85	[1]	2,2′-双(三氟甲基)-4,4′-联苯二胺(CAS No.341-58-2)(税号2921.59.40项下)	[1]	免税	不变	不变	2020年12月31日当天或之前
9902.03.86	[1]	2,2′-{[(1S,2S)-1,2-二苯基-1,2-乙二基]双(亚氨基)}双[6-(1,1-二甲基乙基苯酚)(CAS No.481725-63-7)(税号2921.59.40项下)	[1]	免税	不变	不变	2020年12月31日当天或之前
9902.03.87	[1]	2,6-二硝基-N,N-二丙基-4-(三氟甲基)-1,3-苯二胺(丙二胺)(CAS No.29091-21-2)(税号2921.59.80项下)	[1]	1.60%	不变	不变	2020年12月31日当天或之前
9902.03.88	[1]	3,3′-二氯联苯胺二盐酸盐(3,3′-二氯-4,4′-联苯二胺二盐酸盐)(CAS No.612-83-9)(税号2921.59.80项下)	[1]	免税	不变	不变	2020年12月31日当天或之前
9902.03.89	[1]	2-{[2,4,8,10-四(2-甲基-2-丙烷基)二苯并-[d,f][1,3,2]二氧杂磷酰基-6-基]氧基}-N,N-双(2-{[2,4,8,10-四(2-甲基-2-丙烷基)二苯并[d,f][1,3,2]二氧磷-苯丙氨酸-6-基]氧基}乙基乙胺)(CAS No.80410-33-9)(税号2922.19.60项下)	[1]	免税	不变	不变	2020年12月31日当天或之前
9902.03.90	[1]	4-甲基-N,N-二丙氧基苯胺(CAS No.38668-48-3)(税号2922.19.70项下)	[1]	免税	不变	不变	2020年12月31日当天或之前
9902.03.91	[1]	植物鞘氨醇[(2S,3S,4R)-2-氨基-1,3,4-十八碳三醇中](CAS No.13552-11-9)(税号2922.19.96项下)	[1]	免税	不变	不变	2020年12月31日当天或之前

第九十九章 临时立法;根据现有贸易法规的临时修改;根据经修正的《农业调整法》第 22 条制定的附加进口限制

税则号列	统计后缀	货品名称	单位	税率 1 一般	税率 1 特惠	税率 2	有效期
9902.03.92	[1]	1-(二甲氨基)-2-丙醇(CAS No.108-16-7)(税号 2922.19.96 项下)	[1]	免税	不变	不变	2020 年 12 月 31 日当天或之前
9902.03.93	[1]	(2S,3S,4R)-2-氨基-1,3,4-十八碳三烯盐酸盐(盐酸植物鞘氨醇 HCl)(CAS No.154801-32-8)(税号 2922.19.96 项下)	[1]	免税	不变	不变	2020 年 12 月 31 日当天或之前
9902.03.94	[1]	2-氨基-4-甲基苯酚(CAS No.95-84-1)(税号 2922.29.10 项下)	[1]	3.70%	不变	不变	2020 年 12 月 31 日当天或之前
9902.03.95	[1]	4,4'-[1,3-亚苯基双(氧基)]二苯胺(CAS No.2479-46-1)(税号 2922.29.61 项下)	[1]	免税	不变	不变	2020 年 12 月 31 日当天或之前
9902.03.96	[1]	4-甲氧基-2-甲基-N-苯基苯胺(CAS No.41317-15-1)(税号 2922.29.61 项下)	[1]	免税	不变	不变	2020 年 12 月 31 日当天或之前
9902.03.97	[1]	N-(2,4-二甲基苯基)-4-甲氧基-2-甲苯胺(CAS No.41374-20-3)(税号 2922.29.61 项下)	[1]	免税	不变	不变	2020 年 12 月 31 日当天或之前
9902.03.98	[1]	对甲苯胺磺酸(4-氨基-5-甲氧基-2-甲基苯磺酸)(CAS No.6471-78-9)(税号 2922.29.81 项下)	[1]	免税	不变	不变	2020 年 12 月 31 日当天或之前
9902.03.99	[1]	2-甲氧基-5-甲基苯胺(CAS No.120-71-8)(税号 2922.29.81.90 项下)[5]	[1]	免税	不变	不变	2020 年 12 月 31 日当天或之前
9902.04.01	[1]	4,4'-氧二苯胺(CAS No.101-80-4)(税号 2922.29.81 项下)	[1]	1.30%	不变	不变	2020 年 12 月 31 日当天或之前
9902.04.02	[1]	4-氨基-5-甲氧基-2-甲基苯磺酸(CAS No.6471-78-9)(在 2922.29.81 项下)	[1]	免税	不变	不变	2020 年 12 月 31 日当天或之前
9902.04.03	[1]	l-赖氨酸水合物(1:1)(CAS No.39665-12-8)(税号 2922.41.00 项下)	[1]	免税	不变	不变	2020 年 12 月 31 日当天或之前
9902.04.04	[1]	4-氯苯甘氨酸(CAS No.6212-33-5)(税号 2922.49.30 项下)	[1]	0.50%	不变	不变	2020 年 12 月 31 日当天或之前
9902.04.05	[1]	2-氨基-5-磺基苯甲酸(CAS No.3577-63-7)(税号 2922.49.30 项下)	[1]	免税	不变	不变	2020 年 12 月 31 日当天或之前
9902.04.06	[1]	3,4-二氨基苯甲酸(CAS No.619-05-6)(税号 2922.49.30 项下)	[1]	免税	不变	不变	2020 年 12 月 31 日当天或之前
9902.04.07	[1]	2-氨基-3-氯苯甲酸甲酯(CAS No.77820-58-7)(税号 2922.49.30 项下)	[1]	免税	不变	不变	2020 年 12 月 31 日当天或之前
9902.04.08	[1]	11-氨基癸酸(CAS No.2432-99-7)(税号 2922.49.40 项下)	[1]	2.5%[6]	不变	不变	2020 年 12 月 31 日当天或之前
9902.04.09	[1]	3-氨基-4,4,4-三氟巴豆酸乙酯(CAS No.372-29-2)(税号 2922.49.80 项下)	[1]	免税	不变	不变	2020 年 12 月 31 日当天或之前
9902.04.10	[1]	2,2',2'',2'''-(1,2-乙二基二苯甲基)四乙酸锰(2+)钠(1:2:1)(乙二胺四乙酸锰二钠)(CAS No.15375-84-5)(税号 2922.49.80 项下)	[1]	免税	不变	不变	2020 年 12 月 31 日当天或之前
9902.04.11	[1]	肌氨酸钠盐[(甲基氨基)乙酸钠](CAS No.4316-73-8)(税号 2922.49.80 项下)	[1]	免税	不变	不变	2020 年 12 月 31 日当天或之前
9902.04.12	[1]	2,2',2'',2'''-(1,2-乙二基二苯并三)四乙酸铜(2+)钠(CAS No.14025-15-1)(税号 2922.49.80 项下)	[1]	免税	不变	不变	2020 年 12 月 31 日当天或之前
9902.04.13	[1]	3-[(2-羧乙基)(十二烷基)氨基]丙酸钠(CAS No.14960-06-6)(税号 2922.49.80 项下)	[1]	免税	不变	不变	2020 年 12 月 31 日当天或之前

税则号列	统计后缀	货品名称	单位	税率 1 一般	税率 1 特惠	2	有效期
9902.04.14	[1]	2-{4-[N-乙基-N-(4-甲基苯基)氨基]-2-羟基苯甲酰基}苯甲酸(CAS No. 42530-36-9)(税号2922.50.35项下)	[1]	免税	不变	不变	2020年12月31日当天或之前
9902.04.15	[1]	2-[4-(二乙氨基)-2-羟基苯甲酰基]苯甲酸(CAS No. 5809-23-4)(税号2922.50.40项下)	[1]	免税	不变	不变	2020年12月31日当天或之前
9902.04.16	[1]	(2-羟乙基)三甲基氢氧化铵(氢氧化胆碱)(CAS No. 123-41-1)(税号2923.10.00项下)	[1]	免税	不变	不变	2020年12月31日当天或之前
9902.04.17	[1]	源自非转基因油菜籽的卵磷脂(CAS No. 8002-43-5)(税号2923.20.20项下)	[1]	免税	不变	不变	2020年12月31日当天或之前
9902.04.18	[1]	源自非转基因向日葵种子的卵磷脂(CAS No. 8002-43-5)(税号2923.20.20项下)	[1]	免税	不变	不变	2020年12月31日当天或之前
9902.04.19	[1]	源自非转基因大豆的卵磷脂(CAS No. 8002-43-5)(税号2923.20.20项下)	[1]	免税	不变	不变	2020年12月31日当天或之前
9902.04.20	[1]	(Z)-N-甲基-N-(1-氧代-9-十八碳烯基)甘氨酸(N-油基肌氨酸)(CAS No. 110-25-8)(税号2924.19.11项下)	[1]	免税	不变	不变	2020年12月31日当天或之前
9902.04.21	[1]	N-乙烯基甲酰胺(N-乙烯基甲酰胺)(CAS No. 13162-05-5)(税号2924.19.11项下)	[1]	3.30%	不变	不变	2020年12月31日当天或之前
9902.04.22	[1]	3-氧代丁酰胺(乙酰乙酰胺)(CAS No. 5977-14-0)(税号2924.19.11项下)	[1]	免税	不变	不变	2020年12月31日当天或之前
9902.04.23	[1]	N-[3-(二甲基氨基)丙基]-2-甲基丙烯酰胺(CAS No. 5205-93-6)(税号2924.19.11项下)	[1]	免税	不变	不变	2020年12月31日当天或之前
9902.04.24	[1]	1,1,3,3-四丁基脲(CAS No. 4559-86-8)(税号2924.19.11项下)	[1]	免税	不变	不变	2020年12月31日当天或之前
9902.04.25	[1]	N-(2-甲基-4-氧代-2-戊基)丙烯酰胺(CAS No. 2873-97-4)(税号2924.19.11项下)	[1]	免税	不变	不变	2020年12月31日当天或之前
9902.04.26	[1]	N,N,N',N'-四(2-羟丙基)-己二酰胺(CAS No. 57843-53-5)(税号2924.19.80项下)	[1]	免税	不变	不变	2020年12月31日当天或之前
9902.04.27	[1]	N,N,N',N'-四(2-2-羟乙基)-己二酰胺(CAS No. 6334-25-4)(税号2924.19.80项下)	[1]	免税	不变	不变	2020年12月31日当天或之前
9902.04.28	[1]	2,2-二氯-N,N-双(丙-2-烯基)乙酰胺(双氯丙烯胺)(CAS No. 37764-25-3)(税号2924.19.80项下)	[1]	免税	不变	不变	2020年12月31日当天或之前
9902.04.30	[1]	3-(3,4-二氯苯基)-1,1-二甲基脲(敌草隆)(CAS No. 330-54-1)(税号2924.21.16项下)	[1]	0.40%	不变	不变	2020年12月31日当天或之前
9902.04.31	[1]	3-(3,4-二氯苯基)-1-甲氧基-1-甲基脲(CAS No. 330-55-2)(利谷隆)(税号2924.21.16项下)	[1]	免税	不变	不变	2020年12月31日当天或之前
9902.04.32	[1]	N,N'-六亚甲基双(3,5-二叔丁基-4-羟基肉桂酰胺)(3,3'-双(3,5-二叔丁基-4-羟基苯基)-N,N'(六亚甲基二丙酰胺)(CAS No. 23128-74-7)(税号2924.29.31项下)	[1]	免税	不变	不变	2020年12月31日当天或之前
9902.04.33	[1]	(3-氯苯基)氨基甲酸异丙酯(氯丙胺)(CAS No. 101-21-3)(税号2924.29.43项下)	[1]	免税	不变	不变	2020年12月31日当天或之前
9902.04.34	[1]	异丙酯[2-(1-甲基乙氧基)苯基 N-甲基氨基甲酸酯](CAS No. 114-26-1)(税号2924.29.47项下)	[1]	免税	不变	不变	2020年12月31日当天或之前

税则号列	统计后缀	货品名称	单位	税率 1 一般	税率 1 特惠	2	有效期
9902.04.35	[1]	2-氯-N-(2-乙基-6-甲基-苯基)-N-(1-甲氧基丙烷-2-基)乙酰胺(甲草胺)(CAS No.51218-45-2)(税号2924.29项下)47)	[1]	免税	不变	不变	2020年12月31日当天或之前
9902.04.36	[1]	N-(2-甲氧基乙酰基)-N-(2,6-二甲苯基)-DL-丙氨酸甲酯(甲霜灵)(CAS No.57837-19-1)(税号2924.29.47项下)	[1]	免税	不变	不变	2020年12月31日当天或之前
9902.04.37	[1]	(RS)-3,5-二氯-N-(3-氯-1-乙基-1-甲基-2-氧代丙基)-对甲苯胺(苯酰菌胺)(CAS No.156052-68-5)(税号2924.29.47项下)	[1]	免税	不变	不变	2020年12月31日当天或之前
9902.04.38	[1]	[3-(甲氧羰基氨基)苯基]N-(3-甲基苯基)氨基甲酸酯(苯甲双胺)(CAS No.13684-63-4)(税号2924.29.47项下)	[1]	免税	不变	不变	2020年12月31日当天或之前
9902.04.39	[1]	1-萘基甲基氨基甲酸酯(碳芳基)(CAS No.63-25-2)(税号2924.29.47项下)	[1]	免税	不变	不变	2020年12月31日当天或之前
9902.04.40	[1]	N-[3-(1-甲基乙氧基)苯基]-2-(三氟甲基)苯甲酰胺(CAS No.66332-96-5)(税号2924.29.47项下)	[1]	1.50%	不变	不变	2020年12月31日当天或之前
9902.04.41	[1]	1-(2,4-二氯苯基氨基甲酰基)环丙烷甲酸(环苯胺)(CAS No.113136-77-9)(税号2924.29.47项下)	[1]	免税	不变	不变	2020年12月31日当天或之前
9902.04.42	[1]	N-(2,6-二甲基苯基)-N-(甲氧基乙酰基)-D-丙氨酸甲酯(甲霜灵-M和L-甲霜灵)(CAS No.70630-17-0和69516-34-3)(税号2924.29.47项下)	[1]	4.20%	不变	不变	2020年12月31日当天或之前
9902.04.43	[1]	2-氯-N-(2-乙基-6-甲基苯基)-N-[(1S)-2-甲基-氧-1-甲基乙基]乙酰胺((S)-异丙甲草胺)(CAS No.87392-12-9)(税号2924.29.47项下)	[1]	6.00%	不变	不变	2020年12月31日当天或之前
9902.04.44	[1]	(RS)-N,N-二乙基-2-(1-萘氧基)丙酰胺(萘丙酰胺)(CAS No.15299-99-7)(税号2924.29.47项下)	[1]	免税	不变	不变	2020年12月31日当天或之前
9902.04.45	[1]	2-(4-氯苯基)-N-{2-[3-甲氧基-4-(2-丙炔-1-基氧)苯基]乙基}-2-(2-丙炔-1-基氧基)乙酰胺(二丙酰胺)(CAS No.374726-62-2)(税号2924.29.47项下)	[1]	免税	不变	不变	2020年12月31日当天或之前
9902.04.46	[1]	N-(2,3-二氯-4-羟基苯基)-1-甲基环己烷甲酰胺(苯六胺)(CAS No.126833-17-8)(税号2924.29.47项下)	[1]	免税	不变	不变	2020年12月31日当天或之前
9902.04.47	[1]	2-{2-[(2,5-二甲基苯氧基)甲基]苯基}-2-甲氧基-N-甲基乙酰胺(曼地洛宾)(CAS No.173662-97-0)(税号2924.29.47项下)	[1]	免税	不变	不变	2020年12月31日当天或之前
9902.04.48	[1]	N-(4-氟苯基)-2-羟基-N-(1-甲基乙基)乙酰胺(CAS No.54041-17-7)(税号2924.29.71项下)	[1]	3.90%	不变	不变	2020年12月31日当天或之前
9902.04.49	[1]	2-(三氟甲基)苯甲酰胺(CAS No.360-64-5)(税号2924.29.71项下)	[1]	4.20%	不变	不变	2020年12月31日当天或之前
9902.04.50	[1]	2-氨基-4-[(2,5-二氯苯基)氨基甲酰基]苯甲酸甲酯(CAS No.59673-82-4)(税号2924.29.71项下)	[1]	免税	不变	不变	2020年12月31日当天或之前

税则号列	统计后缀	货品名称	单位	税率 一般	税率 特惠	税率 2	有效期
9902.04.51	[1]	2,5-双(乙酰乙酰氨基)苯磺酸(CAS No.70185-87-4)(税号2924.29.71项下)	[1]	免税	不变	不变	2020年12月31日当天或之前
9902.04.52	[1]	(氯羰基)[4-(三氟甲氧基)苯]氨基甲酸甲酯(CAS No.173903-15-6)(税号2924.29.71项下)	[1]	2.00%	不变	不变	2020年12月31日当天或之前
9902.04.53	[1]	2′-氯乙酰乙酰苯胺(CAS No.93-70-9)(税号2924.29.77项下)	[1]	免税	不变	不变	2020年12月31日当天或之前
9902.04.54	[1]	4′-氯2′,5′-二甲氧基乙酰乙酰苯胺(CAS No.4433-79-8)(税号2924.29.77项下)	[1]	免税	不变	不变	2020年12月31日当天或之前
9902.04.55	[1]	对氨基苯甲酰胺(4-氨基苯甲酰胺)(CAS No.2835-68-9)(税号2924.29.77项下)	[1]	免税	不变	不变	2020年12月31日当天或之前
9902.04.56	[1]	2-氨基-5-氰基-N,3-二甲苯甲酰胺(CAS No.890707-29-6)(税号2924.29.77项下)	[1]	免税	不变	不变	2020年12月31日当天或之前
9902.04.57	[1]	反式-4-{[(2-甲基-2-丙丙基)氧基]羰基}环己基-氨基羧酸(CAS No.53292-89-0)(税号2924.29.95项下)	[1]	免税	不变	不变	2020年12月31日当天或之前
9902.04.58	[1]	1,1′-[1,3-苯撑双(亚甲基)]双(3-甲基-1H-pyr-角色-2,5-二酮)(CAS No.119462-56-5)(税号2925.1942项下)	[1]	免税	不变	不变	2020年12月31日当天或之前
9902.04.59	[1]	1-十二烷基胍乙酸酯(多宁)(CAS No.2439-10-3)(税号2925.19.91项下)	[1]	免税	不变	不变	2020年12月31日当天或之前
9902.04.60	[1]	1,1′-(1,3-亚苯基)双(1H-吡咯-2,5-二酮)(CAS No.3006-93-7)(税号2925.19.91项下)	[1]	免税	不变	不变	2020年12月31日当天或之前
9902.04.61	[1]	1,3-二苯胍(CAS No.102-06-7)(税号2925.29.60项下)	[1]	免税	不变	不变	2020年12月31日当天或之前
9902.04.62	[1]	戊基[2-氯-5-(1,3-二氧代-1,3,4,5,6,7-六氢-2H-异吲哚-2-基)-4-氟苯氧基]乙酸酯(氟米氯克拉戊酯)(CAS No.87546-18-7)(税号2925.29.60项下)	[1]	免税	不变	不变	2020年12月31日当天或之前
9902.04.63	[1]	肌酸(N-氨基甲酰基-N-甲基甘氨酸)(CAS No.57-00-1)(税号2925.29.90项下)	[1]	免税	不变	不变	2020年12月31日当天或之前
9902.04.64	[1]	N-氨基甲酰氨基甘氨酸(胍基乙酸)(CAS No.352-97-6)(税号2925.29.90项下)	[1]	免税	不变	不变	2020年12月31日当天或之前
9902.04.65	[1]	2,4,5,6-四氯间苯二甲腈(CAS No.1897-45-6)(税号2926.90.21项下)	[1]	5.00%	不变	不变	2020年12月31日当天或之前
9902.04.66	[1]	2-甲氧基乙基2-氰基-2-[4-(2-甲基-2-丙炔基)苯基]-3-氧代-3-[2-(三氟甲基)苯]丙酸酯(氟马他芬)(CAS No.400882-07-7)(税号2926.90.25项下)	[1]	免税	不变	不变	2020年12月31日当天或之前
9902.04.67	[1]	2,6-二溴-4-氰基苯基辛酸酯(溴己腈辛酸酯)(CAS No.1689-99-2)(税号2926.90.25项下)	[1]	免税	不变	不变	2020年12月31日当天或之前
9902.04.68	[1]	2,6-二溴-4-氰基苯基庚酸酯(溴己腈庚酸酯)(CAS No.56634-95-8)(税号2926.90.25项下)	[1]	免税	不变	不变	2020年12月31日当天或之前
9902.04.69	[1]	(2R)-2-[4-(4-氰基-2-氟苯氧基)苯氧基]丙酸丁酯(氰氟草酸)(CAS No.122008-85-9)(税号2926.90.25项下)	[1]	免税	不变	不变	2020年12月31日当天或之前

第九十九章 临时立法;根据现有贸易法规的临时修改;根据经修正的《农业调整法》
第 22 条制定的附加进口限制

税则号列	统计后缀	货品名称	单位	税率 1 一般	税率 1 特惠	税率 2	有效期
9902.04.70	[1]	(RS)-α-氰基-4-氟-3-苯氧基苄基(1RS,3RS;1RS,3SR)-3-(2,2-二氯乙烯基)-2,2-二甲基环丙烷羧酸酯(β-氟氰菊酯)(CAS No. 68359-37-5)(税号 2926.90.30 项下)	[1]	3.40%	不变	不变	2020 年 12 月 31 日当天或之前
9902.04.71	[1]	(S)-α-氰基-3-苯氧基苄基(1R,3R)-3-(2,2-二溴乙烯基)-2,2-二甲基环丙烷羧酸酯(溴氰菊酯)(CAS No. 52918-63-5)(税号 2926.90.30 项下)	[1]	1.80%	不变	不变	2020 年 12 月 31 日当天或之前
9902.04.72	[1]	3-(2,2-二氯乙烯基)-2,2-二甲基环丙烷甲酸氰基(4-氟-3-苯氧基苯基)甲基(氟氰菊酯,不包括β-氟氰菊酯)(CAS No. 68359-37-5)(税号 2926.90 项下)	[1]	免税	不变	不变	2020 年 12 月 31 日当天或之前
9902.04.73	[1]	3-(2,2-二氯乙烯基)-2,2-二甲基环丙烷甲酸氰基(3-苯氧基苯基)甲酯(氯氰菊酯)(CAS No. 52315-07-8)(税号 2926.90.30 项下)	[1]	免税	不变	不变	2020 年 12 月 31 日当天或之前
9902.04.74	[1]	(S)-氰基(3-苯氧基苯基)甲基(S)-4-氯-α-(1-甲基乙基)苯乙酸酯(芬氟戊酸酯)(CAS No. 66230-04-4)(税号 2926.90.30 项下)	[1]	免税	不变	不变	2020 年 12 月 31 日当天或之前
9902.04.75	[1]	(R)-α-氰基-3-苯氧基苄基(1S,3S)-3-(2,2-二氯乙烯基)-2,2-二甲基环丙烷羧酸酯和(S)-α-氰基-3-苯氧基苄基(1R)-顺式 3-(2,2-二氯乙烯基)-2,2-二甲基环丙烷-羧酸盐异构体(α-氯氰菊酯技术)(CAS No. 67375-30-8)(税号 2926.90.30 项下)	[1]	免税	不变	不变	2020 年 12 月 31 日当天或之前
9902.04.76	[1]	(S)-氰基-(3-苯氧基苯基)甲基(+)顺-3-(2,2-二氯代乙基 1)-2,2-二甲基环丙烷羧酸酯和(S)-氰基-(3-苯氧基苯基)甲基(+)反式 3-(2,2-二氯代乙基 1)-2,2-二甲基环丙烷甲酸酯(Z-氯氰菊酯)(CAS No. 1315501-18-8)(税号 2926.90.30 项下)	[1]	免税	不变	不变	2020 年 12 月 31 日当天或之前
9902.04.78	[1]	2,2,3,3-四甲基环丙烷甲酸 α-氰基-3-苯氧基苯基酯(苯丙酸菊酯)(CAS No. 39515-41-8)(税号 2926.90.30 项下)	[1]	免税	不变	不变	2020 年 12 月 31 日当天或之前
9902.04.79	[1]	1,2 二氰基苯(邻苯二甲腈)(CAS No. 91-15-6)(税号 2926.90.43 项下)	[1]	免税	不变	不变	2020 年 12 月 31 日当天或之前
9902.04.80	[1]	2,2-二苯乙腈(CAS No. 86-29-3)(税号 2926.90.48 项下)	[1]	免税	不变	不变	2020 年 12 月 31 日当天或之前
9902.04.81	[1]	间苯二甲腈(1,3-二氰基苯)(CAS No. 626-17-5)(税号 2926.90.48 项下)	[1]	免税	不变	不变	2020 年 12 月 31 日当天或之前
9902.04.82	[1]	3,4-二氟苄腈(CAS No. 64248-62-0)(税号 2926.90.48 项下)	[1]	免税	不变	不变	2020 年 12 月 31 日当天或之前
9902.04.83	[1]	4-[(4-氨基苯基)偶氮]-苯磺酸(CAS No. 104-23-4)(税号 2927.00.50 项下)	[1]	免税	不变	不变	2020 年 12 月 31 日当天或之前
9902.04.84	[1]	N-(3,5-二甲基苯甲酰基)-3-甲氧基-2-甲基-N-(2-甲基-2-丙酰基)苯甲酰肼(甲氧基苯肼)(CAS No. 161050-58-4)(税号 2928.00 项下)25	[1]	3.20%	不变	不变	2020 年 12 月 31 日当天或之前
9902.04.85	[1]	3-(4-甲氧基联苯-3-基)氨基甲酸异丙酯(联苯肼酯)(CAS No. 149877-41-8)(税号 2928.00.25 项下)	[1]	免税	不变	不变	2020 年 12 月 31 日当天或之前

税则号列	统计后缀	货品名称	单位	税率 1 一般	税率 1 特惠	税率 2	有效期
9902.04.86	[1]	(E)-甲氧基亚氨基甲基-{(E)-2-[1-(α,α,α-三氟-间甲苯基)亚乙基亚氨基氧基]-邻甲苯基}乙酸酯(三氟菌酯)(CAS No.141517-21-7)(税号2928.00.25项下)	[1]	免税	不变	不变	2020年12月31日当天或之前
9902.04.87	[1]	(1Z)-N-{(Z)-[(环丙基甲氧基)亚氨基][2,3-二氟-6-(三氟-甲基)苯基]甲基}-2-苯基乙酰胺酸(氟苯乙酰胺)(CAS No.180409-60-3)(税号2928.00.25项下)	[1]	免税	不变	不变	2020年12月31日当天或之前
9902.04.88	[1]	N-(4-乙基苯甲基)-3,5-二甲基-N-(2-甲基-2-丙酰基)苯甲酰肼(替布芬尼)(CAS No.112410-23-8)(税号2928.00.25项下)	[1]	免税	不变	不变	2020年12月31日当天或之前
9902.04.89	[1]	碳酰肼(CAS No.497-18-7)(税号2928.00.50项下)	[1]	免税	不变	不变	2020年12月31日当天或之前
9902.04.90	[1]	2-(N-乙氧基丙酰胺基)-3-羟基-5-甲磺酰基-2-环己烯-1-酮(扑热息痛)(CAS No.87820-88-0)(税号2928.00.50项下)	[1]	免税	不变	不变	2020年12月31日当天或之前
9902.04.91	[1]	4-(2,2-二甲基肼基)-4-氧代丁酸(达米诺嗪)(CAS No.1596-84-5)(税号2928.00.50项下)	[1]	免税	不变	不变	2020年12月31日当天或之前
9902.04.92	[1]	氨基胍碳酸氢盐(CAS No.2582-30-1)(税号2928.00.50项下)	[1]	免税	不变	不变	2020年12月31日当天或之前
9902.04.93	[1]	己二酰肼(己二酰肼)(CAS No.1071-93-8)(税号2928.00.50项下)	[1]	免税	不变	不变	2020年12月31日当天或之前
9902.04.94	[1]	苯乙撑二异氰酸酯(3,3'-二甲基联苯-4,4'-二基二异氰酸酯)(CAS No.91-97-4)(税号2929.10.20项下)	[1]	免税	不变	不变	2020年12月31日当天或之前
9902.04.95	[1]	4-氯苯基异氰酸酯(CAS No.104-12-1)(税号2929.10.80项下)	[1]	免税	不变	不变	2020年12月31日当天或之前
9902.04.96	[1]	异氰酸苯酯(CAS No.103-71-9)(税号2929.10.80项下)	[1]	免税	不变	不变	2020年12月31日当天或之前
9902.04.97	[1]	{4-氯-2-氟-5-[({[甲基(1-甲基乙基)α-氨基磺酰基}氨基)羰基]苯基}氨基甲酸乙酯(CAS No.874909-61-2)(税号2929.90.15项下)	[1]	5.50%	不变	不变	2020年12月31日当天或之前
9902.04.98	[1]	N-丁基硫代磷酸三酰胺(CAS No.94317-64-3)(税号2929.90.50项下)	[1]	免税	不变	不变	2020年12月31日当天或之前
9902.04.99	[1]	S-4-氯苄基二乙基硫代氨基甲酸酯(硫苯威)(CAS No.28249-77-6)(税号2930.20.10项下)	[1]	免税	不变	不变	2020年12月31日当天或之前
9902.05.01	[1]	S-乙基二丙基硫代氨基甲酸酯(EPTC)(CAS No.759-94-4)(税号2930.20.90项下)	[1]	免税	不变	不变	2020年12月31日当天或之前
9902.05.02	[1]	O,O-二甲基S-邻苯二甲酰亚胺基二硫代磷酸酯(磷酸酯)(CAS No.732-11-6)(税号2930.90.10项下)	[1]	免税	不变	不变	2020年12月31日当天或之前
9902.05.03	[1]	2-[4-(甲基磺酰基)-2-硝基苯甲酰]-1,3-环己二酮(甲基磺草酮)(CAS No.104206-82-8)(税号2930.90.10项下)	[1]	6.20%	不变	不变	2020年12月31日当天或之前
9902.05.04	[1]	O-4-溴-2-氯苯基O-乙基S-丙基硫代磷酸酯(丙溴磷)(CAS 41198-08-7)(税号2930.90.10项下)	[1]	免税	不变	不变	2020年12月31日当天或之前

税则号列	统计后缀	货品名称	单位	税率 一般	税率 特惠	税率 2	有效期
9902.05.05	[1]	2-[1-({[(2E)-3-氯-2-丙-1-基]氧基}氨基)丙基二烯]-5-[2-(乙基硫烷基)丙基]-1,3-环己基-阴离子(氯乙定)(CAS No.99129-21-2)(税号2930.90.10项下)	[1]	免税	不变	不变	2020年12月31日当天或之前
9902.05.06	[1]	(1,2-苯二氨基甲硫基硫代酯)二氨基甲酸酯二甲基(硫氰酸甲酯)(CAS No.23564-05-8)(税号2930.90.10项下)	[1]	免税	不变	不变	2020年12月31日当天或之前
9902.05.07	[1]	2-氯-4-(甲基磺酰基)-3-((2,2,2-三氟乙氧基)甲基)苯甲酸(CAS No.120100-77-8)(税号2930.90.29项下)	[1]	5.70%	不变	不变	2020年12月31日当天或之前
9902.05.08	[1]	2-(甲硫基)-4-(三氟甲基)苯甲酸(MTBA)(CAS No.142994-05-6)(税号2930.90.29项下)	[1]	免税	不变	不变	2020年12月31日当天或之前
9902.05.09	[1]	2,2′-[联苯-4,4′-二基乙二烯-2,1-二基]二苯磺酸二钠(CAS No.27344-41-8)(税号2930.90.29项下)	[1]	免税	不变	不变	2020年12月31日当天或之前
9902.05.10	[1]	4,6-双(辛基硫代甲基)-邻甲酚(CAS No.110553-27-0)(税号2930.90.29项下)	[1]	免税	不变	不变	2020年12月31日当天或之前
9902.05.11	[1]	4,4′-亚磺二基双[5-甲基-2-(2-甲基-2-丙烷基)苯酚](CAS No.96-69-5)(税号2930.90.29项下)	[1]	免税	不变	不变	2020年12月31日当天或之前
9902.05.12	[1]	1-(十八烷基二硫基)十八烷(CAS No.2500-88-1)(税号2930.90.29项下)	[1]	免税	不变	不变	2020年12月31日当天或之前
9902.05.13	[1]	2,2′-硫代二基双[4-甲基-6-(2-甲基-2-丙烷基)苯酚](CAS No.90-66-4)(税号2930.90.29项下)	[1]	免税	不变	不变	2020年12月31日当天或之前
9902.05.14	[1]	二氯二苯砜(CAS No.80-07-9)(税号2930.90.29项下)	[1]	免税	不变	不变	2020年12月31日当天或之前
9902.05.15	[1]	(1E)-N-[N-[甲基-[甲基-[(E)-1-甲基-亚硫烷基]亚乙基]氧羰基氨基]硫烷基-氨基甲酰基]氧亚氨基硫代硫酸盐(硫二威)(CAS No.59669-26-0)(税号2930.90.43项下)	[1]	免税	不变	不变	2020年12月31日当天或之前
9902.05.16	[1]	O,S-二甲基乙酰氨基硫代乙酰甲酸酯(乙酰甲酸酯)(CAS No.30560-19-1)(税号2930.90.43项下)	[1]	3.20%	不变	不变	2020年12月31日当天或之前
9902.05.17	[1]	S,S-O-二硫代磷酸二仲丁酯(硫线磷)(CAS No.95465-99-9)(税号2930.90.43项下)	[1]	免税	不变	不变	2020年12月31日当天或之前
9902.05.18	[1]	(1E)-N-[(甲基氨基甲酰基)氧基]乙亚氨基硫代甲基磺酸酯(甲磺酰基)(CAS No.16752-77-5)(税号2930.90.43项下)	[1]	5.00%	不变	不变	2020年12月31日当天或之前
9902.05.19	[1]	2-[(三氯甲基)硫烷基]-3a,4,7,7a-四氢-1H-异吲哚-1,3(2H)-二酮(克菌丹)(CAS No.133-06-2)(税号2930.90.43项下)	[1]	免税	不变	不变	2020年12月31日当天或之前
9902.05.20	[1]	二氧化硫脲(氨基(亚氨基)甲亚磺酸)(CAS No.1758-73-2)(税号2930.90.49项下)	[1]	免税	不变	不变	2020年12月31日当天或之前
9902.05.21	[1]	巯基乙酸(磺基乙酸)(CAS No.68-11-1)(税号2930.90.49项下)	[1]	免税	不变	不变	2020年12月31日当天或之前
9902.05.22	[1]	2-巯基乙醇(CAS No.60-24-2)(税号2930.90.91项下)	[1]	免税	不变	不变	2020年12月31日当天或之前

税则号列	统计后缀	货品名称	单位	税率 1 一般	税率 1 特惠	税率 2	有效期
9902.05.23	[1]	3-{[3-(十二烷基硫烷基)丙酰基]氧基}-2,2-双({[[3-(十二烷基硫烷基)丙酰基]氧基}甲基)丙基3-(十二烷基硫烷基)丙酸酯)(CAS No. 29598-76-3)(税号2930.90.91项下)	[1]	免税	不变	不变	2020年12月31日当天或之前
9902.05.24	[1]	2-巯基乙醇(2-硫烷基乙醇)(CAS No. 60-24-2)(税号2930.90.91项下)	[1]	免税	不变	不变	2020年12月31日当天或之前
9902.05.25	[1]	二叔壬基多硫化物(CAS No. 68425-16-1)(税号2930.90.91项下)	[1]	免税	不变	不变	2020年12月31日当天或之前
9902.05.26	[1]	异硫氰酸烯丙酯(CAS No. 57-06-7)(税号2930.90.91项下)	[1]	免税	不变	不变	2020年12月31日当天或之前
9902.05.27	[1]	3-[丁氧基(甲基)磷酰基]-1-氰基丙基乙酸酯(CAS No. 167004-78-6)(税号2931.39.00项下)	[1]	3.20%	不变	不变	2020年12月31日当天或之前
9902.05.28	[1]	甲基次膦酸丁酯(CAS No. 6172-80-1)(税号2931.39.00项下)	[1]	2.80%	不变	不变	2020年12月31日当天或之前
9902.05.29	[1]	2,2'-[(膦酰基甲基)亚氨基]二乙酸水合物(1:1)(CAS No. 5994-61-6)(税号2931.39.00项下)	[1]	2.50%	不变	不变	2020年12月31日当天或之前
9902.05.30	[1]	三苯膦(CAS No. 603-35-0)(税号2931.39.00项下)	[1]	免税	不变	不变	2020年12月31日当天或之前
9902.05.31	[1]	氧化双[三(2-甲基-2-苯基丙基)锡](苯丁丁醚)(CAS No. 13356-08-6)(税号2931.90.26项下)	[1]	免税	不变	不变	2020年12月31日当天或之前
9902.05.32	[1]	氢氧化三苯锡(CAS No. 76-87-9)(税号2931.90.26项下)	[1]	免税	不变	不变	2020年12月31日当天或之前
9902.05.33	[1]	(三乙氧基甲硅烷基)甲基蒽9-羧酸盐(CAS No. 313482-99-4)(税号2931.90.30项下)	[1]	免税	不变	不变	2020年12月31日当天或之前
9902.05.34	[1]	4-氯-2-氟-3-甲氧基苯基硼酸(CAS No. 944129-07-1)(税号2931.90.30项下)	[1]	4.60%	不变	不变	2020年12月31日当天或之前
9902.05.35	[1]	苯次膦酸(CAS No. 1779-48-2)(税号2931.90.60项下)	[1]	免税	不变	不变	2020年12月31日当天或之前
9902.05.36	[1]	(4-吗啉基亚甲基)双(膦酸)(CAS No. 32545-75-8)(税号2931.90.60项下)	[1]	免税	不变	不变	2020年12月31日当天或之前
9902.05.37	[1]	(2RS)-2-氨基-4-(甲基膦酰基)丁酸铵盐(草铵膦)(CAS No. 77182-82-2)(税号2931.39.00项下)	[1]	1.50%	不变	不变	2020年12月31日当天或之前
9902.05.38	[1]	甲胂酸氢钠(CAS No. 2163-80-6)(税号2931.90.90项下)	[1]	免税	不变	不变	2020年12月31日当天或之前
9902.05.39	[1]	四(羟甲基)氯化 chloride(CAS No. 124-64-1)(税号2931.90.90项下)	[1]	免税	不变	不变	2020年12月31日当天或之前
9902.05.40	[1]	硫酸四(羟甲基)phosph(CAS No. 55566-30-8)(税号2931.90.90项下)	[1]	免税	不变	不变	2020年12月31日当天或之前
9902.05.41	[1]	N-(膦酰基甲基)甘氨酸(草甘膦)(CAS No. 1071-83-6)(税号2931.90.90项下)	[1]	3.1%[7]	不变	不变	2020年12月31日当天或之前
9902.05.42	[1]	双[(2,2-二甲基辛酰基)氧基](二甲基)锡烷(CAS No. 68928-76-7)(税号2931.90.90项下)	[1]	免税	不变	不变	2020年12月31日当天或之前
9902.05.43	[1]	(2-氯乙基)膦酸(乙烯利)(CAS No. 16672-87-0)(税号2931.90.90项下)	[1]	免税	不变	不变	2020年12月31日当天或之前

税则号列	统计后缀	货品名称	单位	税率 1 一般	税率 1 特惠	税率 2	有效期
9902.05.44	[1]	二甲基,甲基(聚乙酸乙烯酯封端的)硅氧烷(CAS No.70914-12-4)(税号2931.90.90项下)	[1]	免税	不变	不变	2020年12月31日当天或之前
9902.05.45	[1]	2-甲基-1-硝基-3-(四氢-2-呋喃基甲基)胍(地替呋喃)(CAS No.165252-70-0)(税号2932.19.51项下)	[1]	免税	不变	不变	2020年12月31日当天或之前
9902.05.46	[1]	3,6-脱水-1-O-辛酰基己糖醇(脱水山梨糖醇辛酸酯)(CAS No.60177-36-8)(税号2932.19.51项下)	[1]	免税	不变	不变	2020年12月31日当天或之前
9902.05.47	[1]	O-(3-氯-4-甲基-2-甲基-2-氧代-2H-铬基-7-基)O,O-二乙基硫代磷酸酯(蝇毒磷)(CAS No.56-72-4)(税号2932.20.10项下)	[1]	免税	不变	不变	2020年12月31日当天或之前
9902.05.48	[1]	3-甲硫基-2-氧代-1-氧基吡咯[4.4]非-3-烯-4-基 3,3-二甲基丁酸(斯皮罗米西芬)(CAS No.283594-90-1)(税号2932.20.10项下)	[1]	免税	不变	不变	2020年12月31日当天或之前
9902.05.49	[1]	3-(2,4-二氯苯基)-2-氧代-1-氧杂[4.5]2,2-二甲基丁酸癸-3-烯-4-基酯(螺二氯芬)(CAS No.148477-71-8)(税号2932.20.10项下)	[1]	1.90%	不变	不变	2020年12月31日当天或之前
9902.05.50	[1]	4-羟基-3-[3-(4′-溴-4-联苯基)-1,2,3,4-四氢-1-萘基]香豆素(溴鼠隆)(CAS No.56073-10-0)(税号2932.20.10项下)	[1]	免税	不变	不变	2020年12月31日当天或之前
9902.05.51	[1]	(4″R)-4″-脱氧-4″-(甲氨基)阿维菌素 b1 苯甲酸酯(CAS No.155569-91-8)(税号3824.99.92或税号2932.20.50项下)	[1]	免税	不变	不变	2020年12月31日当天或之前
9902.05.52	[1]	赤霉素(CAS No.77-06-5)、赤霉素 A4(CAS No.468-44-0)和赤霉素 A7(CAS No.510-75-8)的混合物(税号2932.20.50项下)	[1]	免税	不变	不变	2020年12月31日当天或之前
9902.05.53	[1]	异抗坏血酸{(5R)-5-[(1R)-1,2-二羟基乙基]-3,4-二羟基-2(5H)-呋喃酮}(CAS No.89-65-6)(税号2932.20 0.50项下)	[1]	免税	不变	不变	2020年12月31日当天或之前
9902.05.54	[1]	异抗坏血酸钠{(2R)-2-[((2R)-4,5-二羟基-3-氧代-2,3-二氢-2-呋喃基]-2-羟基乙醇酸钠}(CAS No.6381-77-7)(税号2932.20.50项下)	[1]	免税	不变	不变	2020年12月31日当天或之前
9902.05.55	[1]	(RS)-2-乙氧基-2,3-二氢-3,3-二甲基苯并呋喃-5-基甲磺酸酯(草酸酯)(CAS No.26225-79-6)(税号2932.99.08项下)	[1]	免税	不变	不变	2020年12月31日当天或之前
9902.05.56	[1]	[(二丁基氨基)硫烷基]甲基氨基甲酸酯 2,2-二甲基-2,3-二氢-1-苯并呋喃-7-基(碳硫丹技术)(CAS No.55285-14-8)(税号2932.99.20项下)	[1]	免税	不变	不变	2020年12月31日当天或之前
9902.05.57	[1]	3-(1,3-苯并二噁英-5-基)-2-甲基丙醛(新洋茉莉醛)(CAS No.1205-17-0)(税号2932.99.70项下)	[1]	免税	不变	不变	2020年12月31日当天或之前
9902.05.58	[1]	(rel-2R,4R)-四氢-4-甲基-2-(2-甲基丙基)-2H-吡喃-4-醇与(rel-2R,4S)-四氢-4-甲基-2-(2-甲基丙基)-2H-吡喃-4-醇反应混合物(CAS No.63500-71-0)(税号2932.99.90项下)	[1]	免税	不变	不变	2020年12月31日当天或之前
9902.05.59	[1]	(2-异丁基-2-甲基-1,3-二氧戊环-4-基)甲醇(CAS No.5660-53-7)(税号2932.99.90项下)	[1]	免税	不变	不变	2020年12月31日当天或之前

税则号列	统计后缀	货品名称	单位	税率 1 一般	税率 1 特惠	2	有效期
9902.05.60	[1]	6-异丙基-9-甲基-1,4-二氧杂螺并[4.5]癸烷-2-甲醇(甲苯酮甘油缩酮)(CAS No.63187-91-7)(税号2932.99.90项下)	[1]	免税	不变	不变	2020年12月31日当天或之前
9902.05.61	[1]	(E)-α-(1,3-二甲基-5-苯氧基吡唑-4-基亚甲基氨基氧基)-叔丁基对苯甲酸(唑螨酯(ISO))(CAS No.134098-61-6)(税号2933.19.23项下)	[1]	免税	不变	不变	2020年12月31日当天或之前
9902.05.62	[1]	1-(3-氯-4,5,6,7-四氢吡唑并[1,5-a]吡啶-2-基)-5-[甲基(丙-2-炔基)氨基]吡唑-4-腈(吡咯烷)(CAS No.158353-15-2)(税号2933.19.23项下)	[1]	免税	不变	不变	2020年12月31日当天或之前
9902.05.63	[1]	2-氯-5-(4-氯-5-二氟甲氧基-1-甲基-1H-吡唑-3-基)-4-氟苯氧乙酸乙酯(吡氟苯甲酸乙酯)(CAS No.129630-19-9)(税号2933.19.23项下)	[1]	免税	不变	不变	2020年12月31日当天或之前
9902.05.64	[1]	4-氯-3-乙基-1-甲基-N-[4-(对甲苯氧基)苄基]吡唑-5-羧酰胺(唑虫酰胺)(CAS No.129558-76-5)(税号2933.19.23项下)	[1]	免税	不变	不变	2020年12月31日当天或之前
9902.05.65	[1]	5-氟-1,3-二甲基-N-[2-(4-甲基戊烷-2-基)苯基]-1H-吡唑-4-羧酰胺(CAS No.494793-67-8)(税号2933.19.23项下)	[1]	免税	不变	不变	2020年12月31日当天或之前
9902.05.66	[1]	(RS)-5-氨基-1-[2,6-二氯-4-(三氟甲基)苯基]-4-(三氟甲基亚磺酰基)-1H-吡唑-3-腈(氟虫腈)(CAS No.120068-37-3)(税号2933.19.23项下)	[1]	4.40%	不变	不变	2020年12月31日当天或之前
9902.05.67	[1]	N-(2-{[1-(4-氯苯基)吡唑-3-基]氧基甲基}-苯基)-(N-甲氧基)氨基甲酸酯(吡咯菌酯)(CAS No.175013-18-0)(税号2933.19.23项下)	[1]	6.20%	不变	不变	2020年12月31日当天或之前
9902.05.68	[1]	N-[2-(2-环丙基环丙基)苯基]-3-(二氟甲基)-1-甲基吡唑-4-羧酰胺(环丙吡)(CAS No.874967-67-6)(税号2933.19.23项下)	[1]	免税	不变	不变	2020年12月31日当天或之前
9902.05.69	[1]	N-[9-(二氯亚甲基)-1,2,3,4-四氢-1,4-亚甲基萘-5-基]-3-(二氟甲基)-1-甲基-1H-吡唑-4-羧酰胺(苯并二氟吡啶)(CAS No.1072957-71-1)(税号2933.19.23项下)	[1]	4.00%	不变	不变	2020年12月31日当天或之前
9902.05.70	[1]	S-烯丙基5-氨基-2-异丙基-4-(2-甲基苯基)-3-氧代-2,3-二氢-1H-吡唑-1-甲硫醇酯(苯并吡嗪胺)(CAS No.473798-59-3)(税号2933.19.23项下)	[1]	免税	不变	不变	2020年12月31日当天或之前
9902.05.71	[1]	碳酸1-({[1-乙基-4-[3-(2-甲氧基乙氧基)-2-甲基-4-(甲基磺酰基)苯甲酰基]-1H-吡唑-5-基}氧基)乙基甲基苯甲酸(CAS No.1101132-67-5)(税号2933.19.23项下)	[1]	免税	不变	不变	2020年12月31日当天或之前
9902.05.72	[1]	3-(二氟甲基)-1-甲基-N-(3',4',5'-三氟联苯二甲基-2-基)吡唑-4-羧酰胺(氟唑菌酰胺)(CAS No.907204-31-3)(税号2933.19.37项下)	[1]	5.70%	不变	不变	2020年12月31日当天或之前
9902.05.73	[1]	3-(3,5-二氯苯基)-N-异丙基-2,4-二氧杂咪唑啉-1-羧酰胺(异丙隆)(CAS No.36734-19-7)(税号2933.21.00项下)	[1]	2.00%	不变	不变	2020年12月31日当天或之前
9902.05.74	[1]	(E)-4-氯-α,α,α-三氟-N-(1-咪唑-1-基-2-丙氧基亚乙基)-邻甲苯胺(三氟甲唑)(CAS No.99387-89-0)(税号2933.29.35项下)	[1]	免税	不变	不变	2020年12月31日当天或之前

第九十九章 临时立法;根据现有贸易法规的临时修改;根据经修正的《农业调整法》第 22 条制定的附加进口限制

税则号列	统计后缀	货品名称	单位	税率 1 一般	税率 1 特惠	税率 2	有效期
9902.05.75	[1]	(S)-1-苯胺基-4-甲基-2-甲基-2-甲硫基-4-苯基咪唑啉-5-酮(芬那酮)(CAS No.161326-34-7)(税号 2933.29.35 项下)	[1]	免税	不变	不变	2020 年 12 月 31 日当天或之前
9902.05.76	[1]	4-氯-1-(二甲基氨基磺酰基)-5-(对甲苯基)咪唑-2-腈(氰基法米定)(CAS No.120116-88-3)(税号 2933.29.43 项下)	[1]	免税	不变	不变	2020 年 12 月 31 日当天或之前
9902.05.77	[1]	肌酐(2-氨基-1-甲基-1,5-二氢-4H-咪唑-4-酮)(CAS No.60-27-5)(税号 2933.29.90 项下)	[1]	免税	不变	不变	2020 年 12 月 31 日当天或之前
9902.05.78	[1]	癸二酸双(2,2,6,6-四甲基-4-哌啶基)(CAS No.52829-07-9)(税号 2933.39.20 项下)	[1]	免税	不变	不变	2020 年 12 月 31 日当天或之前
9902.05.79	[1]	2,6-二氯-N-[3-氯-5-(三氟甲基)-2-吡啶基甲基]苯甲酰胺(氟哌啶醇)(CAS No.239110-15-7)(税号 2933.39.21 项下)	[1]	免税	不变	不变	2020 年 12 月 31 日当天或之前
9902.05.80	[1]	N-{2-[3-氯-5-(三氟甲基)吡啶-2-基]乙基}-2-(三氟甲基)苯甲酰胺(氟吡喃)(CAS No.658066-35-4)(税号 2933.3921 项下)	[1]	免税	不变	不变	2020 年 12 月 31 日当天或之前
9902.05.81	[1]	2-氯-N-(4'-氯联苯-2-基)-烟酰胺(啶酰菌胺)(CAS No.188425-85-6)(税号 2933.39.21 项下)	[1]	5.20%	不变	不变	2020 年 12 月 31 日当天或之前
9902.05.82	[1]	N-[1-(4-异丙氧基-2-甲基苯基)-2-甲基-1-氧代丙烷-2-基]-3-甲基噻吩-2-羧酰胺(异噻菌胺)(CAS No.875915-78-9)(税号 2933.39.21 项下)	[1]	免税	不变	不变	2020 年 12 月 31 日当天或之前
9902.05.83	[1]	3-氯-N-[3-氯-2,6-二硝基-4-(三氟甲基)苯基-5-(三氟甲基)-2-二甲胺(氟津南)(CAS No.79622-59-6)(税号 2933.39.21 项下)	[1]	免税	不变	不变	2020 年 12 月 31 日当天或之前
9902.05.84	[1]	(5-氯-2-甲氧基-4-甲基-3-吡啶基)(4,5,6-三甲氧基-邻甲苯基)甲酮(吡喃酮)(CAS No.688046-61-9)(税号 2933.39.21 项下)以及含有该化合物的任何配方(税号 3808.92.15 项下)	[1]	免税	不变	不变	2020 年 12 月 31 日当天或之前
9902.05.85	[1]	邻百草枯二氯化物(CAS No.1910-42-5)(税号 2933.39.23 项下)	[1]	3.00%	不变	不变	2020 年 12 月 31 日当天或之前
9902.05.86	[1]	5-乙基-2-[(RS)-4-异丙基-4-甲基-5-氧代-2-咪唑啉-2-基]烟酸(普施特)(CAS No.81335-77-5)(税号 2933.39.25 项下)	[1]	2.20%	不变	不变	2020 年 12 月 31 日当天或之前
9902.05.87	[1]	1-甲基-3-苯基-5-[3-(三氟甲基)苯基]-4(1H)-吡啶酮(氟啶酮)(CAS No.59756-60-4)(税号 2933.39.25 项下)	[1]	免税	不变	不变	2020 年 12 月 31 日当天或之前
9902.05.88	[1]	4-羟基-3-({2-[(2-甲氧基乙氧基)甲基]-6-(三氟邻甲基)-3-吡啶基}羰基)双环[3.2.1]辛-3-烯-2-酮(双环吡喃酮)(CAS No.352010-68-5)(税号 2933.39.25 项下)	[1]	4.00%	不变	不变	2020 年 12 月 31 日当天或之前
9902.05.89	[1]	3,6-二氯-2-吡啶甲酸(CAS No.1702-17-6)(税号 2933.39.25 项下)	[1]	1.40%	不变	不变	2020 年 12 月 31 日当天或之前
9902.05.90	[1]	4-氨基-3,5,6-三氯-2-吡啶羧酸(CAS No.1918-02-1)(税号 2933.39.25 项下)	[1]	4.30%	不变	不变	2020 年 12 月 31 日当天或之前
9902.05.91	[1]	(2R)-2-{4-[(5-氯-3-氟-2-吡啶-2-吡啶基)氧基]苯氧基}丙酸 2-丙炔-1-基酯(炔草酸)(CAS No.105512-06-9)(税号 2933.39.25 项下)	[1]	免税	不变	不变	2020 年 12 月 31 日当天或之前

税则号列	统计后缀	货品名称	单位	税率 1 一般	税率 1 特惠	2	有效期
9902.05.92	[1]	4-氨基-3,6-二氯-2-吡啶甲酸(氨基吡啶)(CAS No.150114-71-9)(税号2933.39.25项下)	[1]	4.10%	不变	不变	2020年12月31日当天或之前
9902.05.93	[1]	[(3,5,6-三氯-2-吡啶基)氧基]乙酸(曲氯吡酯)(CAS No.55335-06-3)(税号2933.39.25项下)	[1]	免税	不变	不变	2020年12月31日当天或之前
9902.05.94	[1]	[(4-氨基-3,5-二氯-6-氟-2-吡啶基)氧基]2-辛基乙酸酯(旅氟吡氧乙酸-异辛酯)(CAS No.81406-37-3)(税号2933.39.25项下)	[1]	1.60%	不变	不变	2020年12月31日当天或之前
9902.05.95	[1]	4-氨基-3-氯-6-(4-氯-2-氟-3-甲氧基-苯基)-2-吡啶甲酸甲酯(氟氯吡酯)(CAS No.943831-98-9)(税号2933.39.25项下)	[1]	免税	不变	不变	2020年12月31日当天或之前
9902.05.96	[1]	1,1-二甲基氯化哌啶(氯化异丙基哌嗪)(CAS No.24307-26-4)(税号2933.39.27项下)	[1]	免税	不变	不变	2020年12月31日当天或之前
9902.05.97	[1]	N-{1-[(6-氯吡啶-3-基)甲基]-4,5-二氢咪唑-2-基}硝酰胺(吡虫啉)(CAS No.138261-41-3)(税号2933.39.27项下)	[1]	4.30%	不变	不变	2020年12月31日当天或之前
9902.05.98	[1]	2-(2-羟乙基)哌啶-1-甲酸1-甲基丙基酯(CAS No.119515-38-7)(税号2933.39.27项下)	[1]	免税	不变	不变	2020年12月31日当天或之前
9902.05.99	[1]	(E)-N1-[(6-氯-3-吡啶基)甲基]-N2-氰基-N1-甲基-乙(乙酰酰胺)(CAS No.135410-20-7)(税号2933.39.27项下)	[1]	免税	不变	不变	2020年12月31日当天或之前
9902.06.01	[1]	2-氯-6-(三氯甲基)吡啶(CAS No.1929-82-4)(税号2933.39.27项下)	[1]	0.60%	不变	不变	2020年12月31日当天或之前
9902.06.02	[1]	铜(2+)双(2-吡啶硫醇盐1-氧化物)(CAS No.14915-37-8)(税号2933.39.27项下)	[1]	免税	不变	不变	2020年12月31日当天或之前
9902.06.03	[1]	2-(3-{2,6-二氯-4-[(3,3-二氯-2-丙烯基-1-基)氧基]苯氧基}丙氧基)-5-(三氟-甲基)吡啶(吡啶基)(CAS No.179101-81-6)(税号2933.39.27项下)	[1]	免税	不变	不变	2020年12月31日当天或之前
9902.06.04	[1]	2-{[1-(4-苯氧基苯氧基)-2-丙烷基]氧基}吡啶(吡丙醚)(CAS No.95737-68-1)(税号2933.39.27项下)	[1]	3.50%	不变	不变	2020年12月31日当天或之前
9902.06.05	[1]	甲基{(2S,3R)-1-[(2S)-2-{5-[(2R,5R)-1-{3,5-二氯-4-[4-(4-氟苯基)-1-哌啶基]苯基}-5-(6-氟-2-{(2S)-1-[N-(甲氧基羰基)-O-甲基-L-苏氨酰基]-2-吡咯烷基}-1H-苯并咪唑-5-基)-[2-吡咯烷基]-6-氟-1H-苯并咪唑-2-基}-1-吡咯烷基]-3-甲氧基-1-氧代-2-丁基}氨基甲酸酯(匹布仑塔斯韦)(CAS No.1353900-92-1)(税号2933.39.41项下)	[1]	免税	不变	不变	2020年12月31日当天或之前
9902.06.06	[1]	(2S,5R)-7-氧代-N-(哌啶-4-基)-6-(磺氧基)-1,6-二氮杂双环[3.2.1]辛烷-2-羧酰胺(CAS No.1174018-99-5)(税号2933.39.41项下)	[1]	免税	不变	不变	2020年12月31日当天或之前
9902.06.07	[1]	2,3-二氯-5-(三氟甲基)吡啶(CAS No.69045-84-7)(税号2933.39.61项下)	[1]	2.50%	不变	不变	2020年12月31日当天或之前
9902.06.08	[1]	2-乙酰烟碱酸(CAS No.89942-59-6)(税号2933.39.61项下)	[1]	免税	不变	不变	2020年12月31日当天或之前
9902.06.09	[1]	癸二酸二(2,2,6,6-四甲基-1-辛氧基-4-哌啶基)(CAS No.129757-67-1)(税号2933.39.61项下)	[1]	免税	不变	不变	2020年12月31日当天或之前

税则号列	统计后缀	货品名称	单位	税率 1 一般	税率 1 特惠	税率 2	有效期
9902.06.10	[1]	5-甲基甲氧基吡啶-2,3-二羧酸(CAS No. 143382-03-0)(税号2933.39.61项下)	[1]	3.80%	不变	不变	2020年12月31日当天或之前
9902.06.11	[1]	5-甲基吡啶-2,3-二羧酸二甲酯(CAS No. 112110-16-4)(税号2933.39.61项下)	[1]	免税	不变	不变	2020年12月31日当天或之前
9902.06.12	[1]	5-甲基吡啶-2,3-二羧酸(CAS No. 53636-65-0)(税号2933.39.61项下)	[1]	免税	不变	不变	2020年12月31日当天或之前
9902.06.13	[1]	2,3-吡啶二甲酸(CAS No. 89-00-9)(税号2933.39.61项下)	[1]	免税	不变	不变	2020年12月31日当天或之前
9902.06.14	[1]	N,N'-1,6-己二基双(2,2,6,6-四甲基-4-哌啶-羧酰胺(CAS No. 124172-53-8)(税号2933.39.61项下)	[1]	免税	不变	不变	2020年12月31日当天或之前
9902.06.15	[1]	癸二酸双(1,2,2,6,6-五甲基-4-哌啶基)癸二酸酯(CAS No. 41556-26-7)和1,2,2,6,6-五甲基-4-哌啶基癸二酸酯甲基(CAS No. 82919-37-7)(税号2933.39.61项下)	[1]	免税	不变	不变	2020年12月31日当天或之前
9902.06.16	[1]	N,N'-双(2,2,6,6-四甲基-4-哌啶基)间苯二甲酰胺(CAS No. 42774-15-2)(税号2933.39.61项下)	[1]	免税	不变	不变	2020年12月31日当天或之前
9902.06.17	[1]	3-十二烷基-1-(2,2,6,6-四甲基-4-哌啶基)-2,5-吡咯烷二酮(CAS No. 79720-19-7)(税号2933.39.61项下)	[1]	免税	不变	不变	2020年12月31日当天或之前
9902.06.18	[1]	1-(1-乙酰基-2,2,6,6-四甲基-4-哌啶基)-3-十二烷基-2,5-吡咯烷二酮(CAS No. 106917-31-1)(税号2933.39.61项下)	[1]	免税	不变	不变	2020年12月31日当天或之前
9902.06.19	[1]	2-甲氧基-4-(三氟甲基)吡啶(CAS No. 219715-34-1)(税号2933.39.61项下)	[1]	免税	不变	不变	2020年12月31日当天或之前
9902.06.20	[1]	2-氰基吡啶(2-吡啶甲腈)(CAS No. 100-70-9)(税号2933.39.91项下)	[1]	2.30%	不变	不变	2020年12月31日当天或之前
9902.06.21	[1]	N-丁基-2,2,6,6-四甲基哌啶-4-胺(CAS No. 36177-92-1)(税号2933.39.91项下)	[1]	免税	不变	不变	2020年12月31日当天或之前
9902.06.22	[1]	乙氧基喹(1,2-二氢-6-乙氧基-2,2,4-三甲基喹啉)(CAS No. 91-53-2)(税号2933.49.10项下)	[1]	1.20%	不变	不变	2020年12月31日当天或之前
9902.06.23	[1]	3,7-二氯-8-喹啉羧酸(二氯喹啉酸)(CAS No. 84087-01-4)(税号2933.49.30项下)	[1]	免税	不变	不变	2020年12月31日当天或之前
9902.06.24	[1]	[(5-氯喹啉-8-基]氧基]乙酸1-甲基己基酯(氯喹酮-甲氧基)(CAS No. 99607-70-2)(税号2933.49.60项下)	[1]	4.20%	不变	不变	2020年12月31日当天或之前
9902.06.25	[1]	(5-氯-8-喹啉氧基)乙酸(氯喹)(CAS No. 88349-88-6)(税号2933.49.60项下)	[1]	免税	不变	不变	2020年12月31日当天或之前
9902.06.26	[1]	2-甲基喹啉(奎纳丁)(CAS No. 91-63-4)(税号2933.49.70项下)	[1]	免税	不变	不变	2020年12月31日当天或之前
9902.06.27	[1]	(2-甲基-1-氧代-1-丙-2-烯氧基丙烷-2-基)2-氯-5-[3-甲基-2,6-二氧代-4-(三氟甲基)嘧啶-1-基]苯甲酸酯(氯丙嘧草酯)(CAS No. 134605-64-4)(税号2933.59.10项下)	[1]	免税	不变	不变	2020年12月31日当天或之前
9902.06.28	[1]	3-叔丁基-5-氯-6-甲基尿嘧啶(特草定)(CAS No. 5902-51-2)(税号2933.59.10项下)	[1]	免税	不变	不变	2020年12月31日当天或之前

税则号列	统计后缀	货品名称	单位	税率 1 一般	税率 1 特惠	2	有效期
9902.06.29	[1]	2,6-双[(4,6-二甲氧基嘧啶-2-基)氧基]苯甲酸钠(双嘧贝酸钠)(CAS No.125401-92-5)(税号2933.59.10项下)	[1]	免税	不变	不变	2020年12月31日当天或之前
9902.06.30	[1]	(2E)-2-(2-{[6-(2-氰基苯氧基)嘧啶-4-基]氧基}苯基)-3-甲氧基丙烯酸酯(阿米西达)(CAS No.131860-33-8)(税号2933.59.15项下)	[1]	6.20%	不变	不变	2020年12月31日当天或之前
9902.06.31	[1]	4-环丙基-6-甲基-N-苯基嘧啶-2-胺(嘧菌环胺)(CAS No.121552-61-2)(税号2933.59.15项下)	[1]	免税	不变	不变	2020年12月31日当天或之前
9902.06.32	[1]	N-(4,6-二甲基嘧啶-2-基)苯胺(嘧啶酮)(CAS No.53112-28-0)(税号2933.59.15项下)	[1]	免税	不变	不变	2020年12月31日当天或之前
9902.06.33	[1]	N-苄基-3H-嘌呤-6-胺(苄基腺嘌呤)(CAS No.1214-39-7)(税号2933.59.15项下)	[1]	免税	不变	不变	2020年12月31日当天或之前
9902.06.34	[1]	5-乙基-6-辛基[1,2,4]三唑并[1,5-a]嘧啶-7-胺(唑嘧菌胺)(CAS No.865318-97-4)(税号2933.59.15项下)	[1]	免税	不变	不变	2020年12月31日当天或之前
9902.06.35	[1]	5-溴-3-仲丁基-6-甲基尿嘧啶(溴腈)(CAS No.314-40-9)(税号2933.59.18项下)	[1]	免税	不变	不变	2020年12月31日当天或之前
9902.06.36	[1]	O-(2-二乙氨基-6-甲基嘧啶-4-基)O,O-二甲基硫代磷酸酯(嘧啶磷甲基)(CAS No.29232-93-7)(税号2933.59.18项下)	[1]	免税	不变	不变	2020年12月31日当天或之前
9902.06.37	[1]	6-氨基-5-氯-2-环丙基-嘧啶-4-羧酸(氨基环吡氯)(CAS No.858956-08-8)(税号2933.59.18项下)	[1]	免税	不变	不变	2020年12月31日当天或之前
9902.06.38	[1]	{(4S)-8-氟-2-[4-(3-甲氧基苯基)-1-哌嗪基]-3-[2-甲氧基-5-(三氟甲基)苯基]-3,4-二氢-4-喹唑啉基}乙酸(CAS No.917389-32-3)(税号2933.59.36项下)	[1]	免税	不变	不变	2020年12月31日当天或之前
9902.06.39	[1]	3-[(1S,2S)-2-羟基环己基]-6-[(6-甲基-3-吡啶基)甲基]苯并[h]喹唑啉-4(3H)-酮(CAS No.1227923-29-6)(税号2933.59.53项下)	[1]	免税	不变	不变	2020年12月31日当天或之前
9902.06.40	[1]	1-乙酰基-1,2,3,4-四氢-3-[(3-吡啶基甲基)氨基]-6-[1,2,2,2-四氟-1-(三氟甲基)乙基]喹唑啉-2-酮(吡氟喹嗪)(CAS No.337458-27-2)(税号2933.59.70项下)	[1]	免税	不变	不变	2020年12月31日当天或之前
9902.06.41	[1]	2,2′-二硫代二双(5-乙氧基-7-氟[1,2,4]三-偶氮[1,5-c]嘧啶)(CAS No.166524-75-0)(税号2933.59.70项下)	[1]	0.60%	不变	不变	2020年12月31日当天或之前
9902.06.42	[1]	苯基(4,6-二甲氧基-2-嘧啶基)氨基甲酸酯(CAS No.89392-03-0)(税号2933.59.70项下)	[1]	免税	不变	不变	2020年12月31日当天或之前
9902.06.43	[1]	1-[2-氟-6-(三氟甲基)苄基]-5-碘-6-甲基-2,4(1H,3H)-嘧啶二酮(CAS No.1150560-54-5)(税号2933.59.70项下)	[1]	免税	不变	不变	2020年12月31日当天或之前
9902.06.44	[1]	(RS)-2′-[(4,6-二甲氧基嘧啶-2-基)(羟基)甲基]-1,1-二氟-6′-(甲氧基甲基)甲磺酰苯胺(嘧啶)(CAS No.221205-90-9)(税号2933.59.80项下)	[1]	免税	不变	不变	2020年12月31日当天或之前

第九十九章 临时立法;根据现有贸易法规的临时修改;根据经修正的《农业调整法》第 22 条制定的附加进口限制   **1677**

税则号列	统计后缀	货品名称	单位	税率 1 一般	税率 1 特惠	税率 2	有效期
9902.06.45	[1]	2,2-二硫代双(8-氟-5-甲氧基)-1,2,4-三唑并[1,5-c]嘧啶(CAS No.166524-74-9)(税号 2933.59.95 项下)	[1]	1.00%	不变	不变	2020 年 12 月 31 日当天或之前
9902.06.46	[1]	三亚乙基二胺(1,4-二氮杂双环[2.2.2]辛烷)(CAS No.280-57-9)(税号 2933.59.95 项下)	[1]	免税	不变	不变	2020 年 12 月 31 日当天或之前
9902.06.47	[1]	5,8-二甲氧基[1,2,4]三唑[1,5-c]嘧啶-2-胺(CAS No.219715-62-5)(税号 2933.59.95 项下)	[1]	免税	不变	不变	2020 年 12 月 31 日当天或之前
9902.06.48	[1]	4,6-二甲基-2-嘧啶胺(CAS No.767-15-7)(税号 2933.59.95 项下)	[1]	免税	不变	不变	2020 年 12 月 31 日当天或之前
9902.06.49	[1]	2-氨基-5,7-二甲氧基-1,2,4-三唑并[1,5-a]嘧啶(ADTP)(CAS No.13223-43-3)(税号 2933.59.95 项下)	[1]	免税	不变	不变	2020 年 12 月 31 日当天或之前
9902.06.50	[1]	氰尿酰氯(2,4,6-三氯-1,3,5-三嗪)(CAS No.108-77-0)(税号 2933.69.60 项下)	[1]	免税	不变	不变	2020 年 12 月 31 日当天或之前
9902.06.51	[1]	4-氨基-6-叔丁基-3-甲硫基 1,2,4-三嗪-5(4H)-酮(嗪草酮)(CAS No.21087-64-9)(税号 2933.69.60 项下)	[1]	1.90%	不变	不变	2020 年 12 月 31 日当天或之前
9902.06.52	[1]	3-环己基-6-二甲基氨基-1-甲基-1,3,5-三嗪-2,4(1H,3H)-二酮(六嗪酮)(CAS No.51235-04-2)(税号 2933.69.60 项下)	[1]	免税	不变	不变	2020 年 12 月 31 日当天或之前
9902.06.53	[1]	6-甲基-4-{[((1E)-吡啶-3-基亚甲基]氨基}-4,5-二氢-1,2,4-三嗪-3(2H)-酮(吡蚜酮)(CAS No.123312-89-0)(税号 2933.69.60 项下)	[1]	免税	不变	不变	2020 年 12 月 31 日当天或之前
9902.06.54	[1]	6-氯-4-N-乙基-2-N-丙-2-基-1,3,5-三嗪-2,4-二胺(阿特拉津)(CAS No.1912-24-9)(税号 2933.69.60 项下)	[1]	免税	不变	不变	2020 年 12 月 31 日当天或之前
9902.06.55	[1]	6-氯-2-N,4-N-二乙基-1,3,5-三嗪-2,4-二胺(西玛嗪)(CAS No.122-34-9)(税号 2933.69.60 项下)	[1]	免税	不变	不变	2020 年 12 月 31 日当天或之前
9902.06.56	[1]	1,3,5-三嗪烷-2,4,6-三酮-1,3,5-三嗪-2,4,6-三胺(1:1)(CAS No.37640-57-6)(税号 2933.69.60 项下)	[1]	免税	不变	不变	2020 年 12 月 31 日当天或之前
9902.06.57	[1]	6-氯-2-N,4-N-二(丙-2-基)-1,3,5-三嗪-2,4-二胺(丙嗪)(CAS No.139-40-2)(税号 2933.69.60 项下)	[1]	免税	不变	不变	2020 年 12 月 31 日当天或之前
9902.06.58	[1]	N-[(1R,2S)-2,6-二甲基-2,3-二氢-1H-茚满-1-基]-6-[(1R)-1-氟乙基]-1,3,5-三嗪-2,4-二胺(茚嗪氟草胺)(CAS No.950782-86-2)(税号 2933.69.60 项下)	[1]	免税	不变	不变	2020 年 12 月 31 日当天或之前
9902.06.59	[1]	2-(4,6-二苯基-1,3,5-三嗪-2-基)-5-(己氧基)苯酚(CAS No.147315-50-2)(税号 2933.69.60 项下)	[1]	免税	不变	不变	2020 年 12 月 31 日当天或之前
9902.06.60	[1]	2-[4,6-二(4-联苯基)-1,3,5-三嗪-2-基]-5-[(2-乙基己基)氧基]苯酚(CAS No.204583-39-1)(税号 2933.69.60 项下)	[1]	免税	不变	不变	2020 年 12 月 31 日当天或之前
9902.06.61	[1]	(4E)-4-(乙氧基)-N-(2-甲基-2-丙基)-6-(甲基硫烷基)-1,4-二氢-1,3,5-三嗪-2-胺(特丁净)(CAS No.886-50-0)(税号 2933.69.60 项下)	[1]	免税	不变	不变	2020 年 12 月 31 日当天或之前

税则号列	统计后缀	货品名称	单位	税率 一般	税率 特惠	2	有效期
9902.06.62	[1]	1,3,5-三(2-羟乙基)-1,3,5-三嗪烷-2,4,6-三酮(赛克)(CAS No. 839-90-7)(税号 2933.69.60 项下)	[1]	免税	不变	不变	2020年12月31日当天或之前
9902.06.63	[1]	4-甲氧基-6-甲基-1,3,5-三嗪-2-胺(CAS No. 1668-54-8)(税号 2933.69.60 项下)	[1]	免税	不变	不变	2020年12月31日当天或之前
9902.06.64	[1]	4-甲氧基-N,6-二甲基-1,3,5-三嗪-2-胺(CAS No. 5248-39-5)(税号 2933.69.60 项下)	[1]	免税	不变	不变	2020年12月31日当天或之前
9902.06.65	[1]	三烯丙基氰尿酸酯[2,4,6-三(烯丙氧基)-1,3,5-三嗪](CAS No. 101-37-1)(税号 2933.69.60 项下)	[1]	免税	不变	不变	2020年12月31日当天或之前
9902.06.66	[1]	(4Z)-5-(4-氯苯基)-2,2-二甲基-4-(1H-1,2,4-三唑-1-基)-4-己烯-3-醇(高烯效唑)(CAS No. 83657-17-4)(税号 2933.69.60 项下)	[1]	免税	不变	不变	2020年12月31日当天或之前
9902.06.67	[1]	(5s,8s)-3-(2,5-二甲基苯基)-8-甲氧基-2-氧代-1-氮杂螺[4.5]癸-3-烯-4-基碳酸乙酯(螺四茂铁)(CAS No. 203313-25-1)(税号 2933.79.08 项下)	[1]	3.20%	不变	不变	2020年12月31日当天或之前
9902.06.68	[1]	3-氯-5-({1-[(4-甲基-5-氧 4,5-二氢-1H-1,2,4-三唑-3-基)甲基]-2-氧-4-(三氟甲基)-1,2-二氢-3-吡啶基}氧基)苄腈(多拉韦林)(CAS No. 1338225-97-0)(税号 2933.79.08 项下)	[1]	免税	不变	不变	2020年12月31日当天或之前
9902.06.69	[1]	N,N′-亚甲基二对亚苯基双(六氢-2-氧代-1H-氮杂-1-甲酰胺)(CAS No. 54112-23-1)(税号 2933.79.15 项下)	[1]	免税	不变	不变	2020年12月31日当天或之前
9902.06.70	[1]	2-(4-氯苯基)-2-(1H-1,2,4-三唑-1-基甲基)己腈(霉菌丁腈)(CAS No. 88671-89-0)(税号 2933.99.06 项下)	[1]	免税	不变	不变	2020年12月31日当天或之前
9902.06.71	[1]	4-(4-氯苯基)-2-苯基-2-(1H-1,2,4-三唑-1-基甲基)丁腈(芬布康唑)(CAS No. 114369-43-6)(税号 2933.9906 项下)	[1]	免税	不变	不变	2020年12月31日当天或之前
9902.06.72	[1]	4-{2-[4-(2-甲基-2-丙丙基)苯基]乙氧基}喹唑啉(萘苯喹啉)(CAS No. 120928-09-8)(税号 2933.99.17 项下)	[1]	免税	不变	不变	2020年12月31日当天或之前
9902.06.73	[1]	3-溴-N-(2-溴-4-氯-6-{[(1-环丙基乙基)氨基]羰基}苯基)-1-(3-氯-2-吡啶基)-1H-吡唑-5-羧酰胺(环呋丹)(CAS No. 1031756-98-5)(税号 2933.99.17 项下)	[1]	免税	不变	不变	2020年12月31日当天或之前
9902.06.74	[1]	2-叔丁基-5-(4-叔丁基苄硫基)-4-氯哒嗪-3(2H)-酮(吡啶达本)(CAS No. 96489-71-3)(税号 2933.99.22 项下)	[1]	免税	不变	不变	2020年12月31日当天或之前
9902.06.75	[1]	1-(4-氯苯氧基)-3,3-二甲基-1-(1H-1,2,4-三唑-1-基)-2-丁酮(三唑酮)(CAS No. 43121-43-3)(税号 2933.99.22 项下)	[1]	免税	不变	不变	2020年12月31日当天或之前
9902.06.76	[1]	N-(3′,4′-二氟联苯-2-基)-3-(三氟甲基)吡嗪-2-羧酰胺(吡喃氟胺)(CAS No. 942515-63-1)(税号 2933.99.22 项下)	[1]	免税	不变	不变	2020年12月31日当天或之前
9902.06.77	[1]	α-(4-氯苯基)-α-(1-环丙基乙基)-1H-1-1,2,4-三唑-1-乙醇(环丙唑)(CAS No. 94361-06-5)(税号 2933.99.22 项下)	[1]	免税	不变	不变	2020年12月31日当天或之前

第九十九章 临时立法;根据现有贸易法规的临时修改;根据经修正的《农业调整法》第 22 条制定的附加进口限制 　1679

税则号列	统计后缀	货品名称	单位	税率 1 一般	税率 1 特惠	税率 2	有效期
9902.06.78	[1]	(RS)-1-对氯苯基-4,4-二甲基-3-(1H-1,2,4-三唑-1-基甲基)戊-3-醇(丁苯康唑)(CAS No.107534-96-3)(税号 2933.99.22 项下)	[1]	免税	不变	不变	2020 年 12 月 31 日当天或之前
9902.06.79	[1]	E-5-(4-氯亚苄基)-2,2-二甲基-1-(1H-1,2,4-三唑-1-基甲基)环戊醇(苯三唑)(CAS No.131983-72-7)(税号 2933.99.22 项下)	[1]	免税	不变	不变	2020 年 12 月 31 日当天或之前
9902.06.80	[1]	5-[(4-氯苯基)甲基]-2,2-二甲基-1-(1,2,4-三唑-1-基甲基)环戊烷-1-醇(甲康唑)(CAS No.125116-23-6)(税号 2933.99.22 项下)	[1]	1.60%	不变	不变	2020 年 12 月 31 日当天或之前
9902.06.81	[1]	2-[(2RS)-2-(1-氯环丙基)-3-(2-氯苯基)-2-羟基丙基]-2H-1,2,4-三唑-3(4H)-硫酮(丙硫菌唑)(CAS No.178928-70-6)(税号 2933.99.22 项下)	[1]	5.30%	不变	不变	2020 年 12 月 31 日当天或之前
9902.06.82	[1]	(2RS,3RS)-1-(4-氯苯基)-4,4-二甲基-2-(1H-1,2,4-三唑-1-基)戊-3-醇(多效唑)(CAS No.76738-62-0)(税号 2933.99.22 项下)	[1]	免税	不变	不变	2020 年 12 月 31 日当天或之前
9902.06.83	[1]	N-(1H-苯并咪唑-2-基)氨基甲酸甲酯(多菌灵)(CAS No.10605-21-7)(税号 2933.99.22 项下)	[1]	免税	不变	不变	2020 年 12 月 31 日当天或之前
9902.06.84	[1]	1-(2-氟苯基)-1-(4-氟苯基)-2-(1H-1,2,4-三唑-1-基)乙醇(氟三酚)(CAS No.76674-21-0)(税号 2933.99.22 项下)	[1]	0.20%	不变	不变	2020 年 12 月 31 日当天或之前
9902.06.85	[1]	(1R,2S,5R)-2-(4-氯苄基)-5-异丙基-1-(1H-1,2,4-三唑-1-基甲基)环戊醇(环戊唑醇)(CAS No.125225-28-7)(税号 2933.99.22 项下)	[1]	免税	不变	不变	2020 年 12 月 31 日当天或之前
9902.06.86	[1]	1-[2-(2,4-二氯苯基)-3-(1,1,2,2-四氟乙氧基)-丙基]-1H-1,2,4-三唑(四康唑)(CAS No.112281-77-3)(税号 2933.99.22 项下)	[1]	免税	不变	不变	2020 年 12 月 31 日当天或之前
9902.06.87	[1]	乙基 2-氯-3-{2-氯-5-[4-(二氟甲基)-3-甲基-5-氧代-4,5-二氢-1H-1,2,4-三唑-1-基]-4-氟苯基}丙酸酯(唑酮草酯)(CAS No.128639-02-1)(税号 2933.99.22 项下)及其配方(税号 3808.93.15 项下)	[1]	免税	不变	不变	2020 年 12 月 31 日当天或之前
9902.06.88	[1]	4-溴-2-(4-氯苯基)-5-(三氟甲基)-1H-吡咯-作用-3-甲腈(托拉普利)(CAS No.122454-29-9)(税号 2933.99.22 项下)	[1]	免税	不变	不变	2020 年 12 月 31 日当天或之前
9902.06.89	[1]	2-(2H-苯甲酰胺-2-yl)-4,6-二-三聚苯乙烯苯酚(CAS No.25973-55-1)(税号 2933.99.79 项下)	[1]	免税	不变	不变	2020 年 12 月 31 日当天或之前
9902.06.90	[1]	2-(2H-苯甲酰胺-2-yl)-4,6-二(1-甲基-1-苯乙醚)苯酚(CAS No.70321-86-7)(税号 2933.99.79 项下)	[1]	免税	不变	不变	2020 年 12 月 31 日当天或之前
9902.06.91	[1]	2,5-二氯-3,6-双[(9-乙基咔唑-3-基)氨基]环己二 2,5-二烯-1,4-二酮(双苯胺)(CAS No.80546-37-8)(税号 2933.99.79 项下)	[1]	免税	不变	不变	2020 年 12 月 31 日当天或之前
9902.06.92	[1]	甲基丙烯酸 2-[3-(2-H-苯并三唑-2-基)-4-羟基苯基]乙丙烯酸酯(CAS No.96478-09-0)(税号 2933.99.79 项下)	[1]	免税	不变	不变	2020 年 12 月 31 日当天或之前
9902.06.93	[1]	2-苯基苯并咪唑-5-磺酸(恩舒利唑)(CAS No.27503-81-7)(税号 2933.99.79 项下)	[1]	免税	不变	不变	2020 年 12 月 31 日当天或之前

税则号列	统计后缀	货品名称	单位	税率 一般	税率 特惠	2	有效期
9902.06.94	[1]	9-乙基-9H-咔唑-3-胺(氨基乙基咔唑)(CAS No.132-32-1)(税号 2933.99.82 项下)	[1]	免税	不变	不变	2020年12月31日当天或之前
9902.06.95	[1]	1H-伊索因多尔-1,3(2H)-二胺(1,3 二氨基黄胺)(CAS No.3468-11-9)(税号 2933.99.82 项下)	[1]	免税	不变	不变	2020年12月31日当天或之前
9902.06.96	[1]	3-{[3-(1-叠氮基)丙酰基]氧基}-2-({[3-(1-叠氮基)丙酰基]氧基}甲基)-2-(羟甲基)丙基 3-(1-叠氮基)丙酸酯(CAS No.57116-45-7)(税号 2933.99.97 项下)	[1]	免税	不变	不变	2020年12月31日当天或之前
9902.06.97	[1]	1H-[1,2,4]三唑(1,2,4-三唑)(CAS No.288-88-0)(税号 2933.99.97 项下)	[1]	2.80%	不变	不变	2020年12月31日当天或之前
9902.06.98	[1]	5-氨基-1,2-二氢-3H-1,2,4-三唑-3-硫酮(CAS No.16691-43-3)(税号 2933.99.97 项下)	[1]	免税	不变	不变	2020年12月31日当天或之前
9902.06.99	[1]	(4RS,5RS)-5-(4-氯苯基)-N-环己基-4-甲基-2-氧代-1,3-噻唑烷-3-羧酰胺(噻螨酮)(CAS No.78587-05-0)(税号 2934.10.10 项下)	[1]	1.80%	不变	不变	2020年12月31日当天或之前
9902.07.01	[1]	3-[(6-氯-3-吡啶基)甲基]-1,3-噻唑烷-2-亚苄基酰胺(噻虫啉)(CAS No.111988-49-9)(税号 2934.10.10 项下)	[1]	免税	不变	不变	2020年12月31日当天或之前
9902.07.02	[1]	甲基{(2S)-1-[(2S)-2-{5-[(6S)-6-(2-环丙基-1,3-噻唑-5-基)-1-氟-3-{2-[(2S)-1-{(2S)-2-[(甲氧基碳酰基)氨基]-3-甲基丁酰基}-2-吡咯烷基]-1H-咪唑-5-基}吲哚[1,2-c][1,3]苯并恶嗪-10-基]-1H-咪唑-2-基}-1-吡咯烷基]-3-甲基-1-氧代-2-丁基}氨基甲酸酯(鲁扎斯韦)(CAS No.1613081-64-3)(税号 2934.10.10 项下)	[1]	免税	不变	不变	2020年12月31日当天或之前
9902.07.03	[1]	(2-{[(1-{1-[(2R,3R)-3-[4-(4-氰基苯基)-1,3-噻唑-2-基]-2-(2,5-二氟苯基)-[2-羟基丁基]-1H-1,2,4-三唑-4-4-基-4-乙}乙氧基)羰基](甲基)氨基]-3-吡啶基)甲基 N-甲基甘氨酸盐 硫酸氢盐(硫酸异艾康唑鎓)(CAS No.946075-13-4)(税号 2934.10.10 项下)	[1]	免税	不变	不变	2020年12月31日当天或之前
9902.07.04	[1]	4-[(2-溴-5-氯苯基)甲基]-7-氯-2-(2-环丙基-1,3-噻唑-5-基)-5-氟-2H-3,1-苯并恶嗪(CAS No.1855942-64-1)(税号 2934.10.10 项下)	[1]	免税	不变	不变	2020年12月31日当天或之前
9902.07.05	[1]	6-(2-环丙基噻唑-5-基)-1-氟-3,10-双(4,4,5,5-四甲基-1,3,2-二氧杂硼烷-2-基)-6H-苯并[5,6][1,3]恶二嗪[3,4-a]吲哚(CAS No.1620545-76-7)(税号 2934.10.10 项下)	[1]	免税	不变	不变	2020年12月31日当天或之前
9902.07.06	[1]	(E)-1-(2-氯-1,3-噻唑-5-基甲基)-3-甲基-2-硝基胍(氯噻啶)(CAS No.210880-92-5)(税号 2934.10.90 项下)	[1]	6.10%	不变	不变	2020年12月31日当天或之前
9902.07.07	[1]	噻虫嗪(3-(2-氯-5-噻唑甲基)四氢-5-甲基-N-硝基-1,3,5-恶二嗪-4-亚胺)(CAS No.153719-23-4)(税号 2934.10.90 项下)	[1]	2.50%	不变	不变	2020年12月31日当天或之前
9902.07.08	[1]	N-[氰基(2-噻吩基)甲基]-4-乙基-2-(乙基氨基)-1,3-噻唑-5-羧酰胺(噻唑菌胺)(CAS No.162650-77-3)(税号 2934.10.90 项下)	[1]	免税	不变	不变	2020年12月31日当天或之前

第九十九章 临时立法;根据现有贸易法规的临时修改;根据经修正的《农业调整法》第 22 条制定的附加进口限制　　**1681**

税则号列	统计后缀	货品名称	单位	税率 1 一般	税率 1 特惠	税率 2	有效期
9902.07.09	[1]	2-硫基苯并噻唑(苯并噻唑-2-硫醇)(CAS No.149-30-4)(税号 2934.20.15 项下)	[1]	免税	不变	不变	2020 年 12 月 31 日当天或之前
9902.07.10	[1]	2-(1,3-苯并噻唑-2-基硫烷基)琥珀酸(CAS No.95154-01-1)(税号 2934.20.40 项下)	[1]	免税	不变	不变	2020 年 12 月 31 日当天或之前
9902.07.11	[1]	4-甲基苯并噻唑-2-基胺(CAS No.1477-42-5)(税号 2934.20.80 项下)	[1]	免税	不变	不变	2020 年 12 月 31 日当天或之前
9902.07.12	[1]	双(1,3-苯并噻唑-2-硫醇盐)锌(CAS No.155-04-4)(税号 2934.20.80 项下)	[1]	免税	不变	不变	2020 年 12 月 31 日当天或之前
9902.07.13	[1]	3-[2,4-二氯-5-(1-甲基乙氧基)苯基]-5-(1,1-二甲基-乙基)-1,3,4-恶二唑-2(3H)-酮(恶二唑)(CAS No.19666-30-9)(税号 2934.99.11 项下)	[1]	1.30%	不变	不变	2020 年 12 月 31 日当天或之前
9902.07.14	[1]	1-({2-[2-氯-4-(4-氯苯氧基)苯基]-4-甲基-1,3-二氧戊环-2-基}甲基)-1H-1,2,4-三唑(二苯并康唑)(CAS No.119446-68-3)(税号 2934.99.12 项下)	[1]	4.60%	不变	不变	2020 年 12 月 31 日当天或之前
9902.07.15	[1]	4-(2,2-二氟-1,3-苯并二恶唑-4-基)-1H-吡咯-3-甲腈[氟地西尼(ISO)](CAS No.131341-86-1)(税号 2934.99 项下)12)	[1]	5.00%	不变	不变	2020 年 12 月 31 日当天或之前
9902.07.16	[1]	1-{[2-(2,4-二氯苯基)-4-丙基-1,3-二氧戊环-2-基]-甲基}-1H-1,2,4-三唑(丙哌唑)(CAS No.60207-90-1)(税号 2934.99.12 项下)	[1]	4.40%	不变	不变	2020 年 12 月 31 日当天或之前
9902.07.17	[1]	2-甲基-N-苯基-5,6-二氢-1,4-氧代嘧啶-3-羧酰胺(羧甲基)(CAS No.5234-68-4)(税号 2934.99.12 项下)	[1]	免税	不变	不变	2020 年 12 月 31 日当天或之前
9902.07.18	[1]	2-丁基-1,2-苯并异噻唑-3(2H)-1(CAS No.4299-07-4)(税号 2934.99.12 项下)	[1]	免税	不变	不变	2020 年 12 月 31 日当天或之前
9902.07.19	[1]	(2E)-3-(4-氯苯基)-3-(3,4-二甲氧基苯基)-1-(4-吗啉基)-2-丙烯-1-酮(CAS No.110488-70-5)(税号 2934.99.12 项下)	[1]	免税	不变	不变	2020 年 12 月 31 日当天或之前
9902.07.20	[1]	1-(4-{4-[5-(2,6-二氟苯基)-4,5-二氢-1,2-恶唑-3-基]-1,3-噻唑-2-基}-1-哌啶基)-2-[5-甲基-3-(三氟甲基)-1H-吡唑-1-基]乙酮(氟噻唑吡乙酮)(CAS No.1003318-67-9)(税号 2934.99.12 项下)[8]	[1]	3.50%	不变	不变	2020 年 12 月 31 日当天或之前
9902.07.21	[1]	(E)-{2-[6-(2-氯苯氧基)-5-氟嘧啶-4-基氧基]苯基}(5,6-二氢-1,4,2-二恶嗪-3-基)-N-甲氧基甲亚胺(氟嘧菌酯)(CAS No.361377-29-9)(税号 2934.99.12 项下)	[1]	免税	不变	不变	2020 年 12 月 31 日当天或之前
9902.07.22	[1]	(5-环丙基-1,2-恶唑-4-基)(α,α,α-三氟-2-甲磺酰基-对甲苯基)甲酮(异恶草铵)(CAS No.141112-29-0)(税号 2934.99.15 项下)	[1]	5.50%	不变	不变	2020 年 12 月 31 日当天或之前
9902.07.23	[1]	3-异丙基-1H-2,1,3-苯并噻二嗪-4(3H)-酮 2,2-二氧化钠,钠盐(苯达松钠盐)(CAS No.50723-80-3)(税号 2934.99.15 项下)	[1]	4.40%	不变	不变	2020 年 12 月 31 日当天或之前
9902.07.24	[1]	1-苯基-3-(1,2,3-噻二唑-5-基)脲(噻二唑)(CAS No.51707-55-2)(税号 2934.99.15 项下)	[1]	免税	不变	不变	2020 年 12 月 31 日当天或之前

税则号列	统计后缀	货品名称	单位	税率 1 一般	税率 1 特惠	2	有效期
9902.07.25	[1]	[3-(4,5-二氢-1,2-恶唑-3-基)-4-甲酰基-邻甲苯基](5-羟基-1-甲基吡唑-4-基)甲酮(托吡酮)(CAS No. 210631-68-8)(税号2934.99.15项下)	[1]	4.10%	不变	不变	2020年12月31日当天或之前
9902.07.26	[1]	8-(2,6-二乙基-4-甲基苯基)-1,2,4,5-四氢-7H-吡唑并[1,2-d][1,4,5]恶二唑啉-9-基-2,2-丙酸二甲酯(匹诺沙坦)(CAS No. 243973-20-8)(税号2934.99.15项下)	[1]	5.40%	不变	不变	2020年12月31日当天或之前
9902.07.27	[1]	2,6-二甲氧基-N-[3-(3-甲基-3-戊基)-1,2-恶唑-5-基]苯甲酰胺(异沙宾)(CAS No. 82558-50-7)(税号2934.99.15项下)	[1]	3.10%	不变	不变	2020年12月31日当天或之前
9902.07.28	[1]	2-(2-氯苄基)-4,4-二甲基-1,2-恶唑烷-3-酮(异恶草酮)(CAS No.81777-89-1)(税号2934.99.15项下)以及任何包含此类的制剂化合物(税号3808.93.15项下)	[1]	免税	不变	不变	2020年12月31日当天或之前
9902.07.29	[1]	甲基[[2-氯-4-氟-5[(四氢-3-氧代-1H,3H-[1,3,4]噻二唑并[3,4-a]哒嗪-1-亚甲基)氨基]苯基]硫代]乙酸酯(氟乙酰甲基技术)(CAS No. 117337-19-6)(税号2934.99.15项下)	[1]	免税	不变	不变	2020年12月31日当天或之前
9902.07.30	[1]	2-[7-氟-3-氧代-4-(2-丙炔-1-基)-3,4-二氢-2H-1,4-苯并恶嗪-6-基]-4,5,6,7-四氢-1H-异吲哚-1,3(2H)-二酮(氟米嗪)(CAS No. 103361-09-7)(税号2934.99.15项下)	[1]	6.10%	不变	不变	2020年12月31日当天或之前
9902.07.31	[1]	(2Z)-3-异丙基-2-[(2-甲基-2-丙酰基)亚氨基]-5-苯基-1,3,5-噻二嗪南-4-酮(丁苯丙嗪)(CAS No. 69327-76-0 或 953030-84-7)(税号2934.99.16项下)	[1]	1.40%	不变	不变	2020年12月31日当天或之前
9902.07.32	[1]	4-{[(6-氯-3-吡啶基)甲基](2,2-二氟乙基)氨基}-2(5H)-呋喃酮(氟吡喃酮)(CAS No. 951659-40-8)(税号2934.99.16项下)	[1]	免税	不变	不变	2020年12月31日当天或之前
9902.07.33	[1]	4-[5-(3,5-二氯苯基)-5-(三氟甲基)-4,5-二氢-1,2-恶唑-3-基]-2-甲基-N-{2-氧-2-2-[(2,2,2-三氟乙基)氨基]乙基}苯甲酰胺(氟拉那仑)(CAS No. 864731-61-3)(税号2934.99.16项下)	[1]	免税	不变	不变	2020年12月31日当天或之前
9902.07.34	[1]	10.10'-氧双(10H-苯丙氨酸)(CAS No. 58-36-6)(税号2934.99.18项下)	[1]	免税	不变	不变	2020年12月31日当天或之前
9902.07.35	[1]	2-(2,6-二氟苯基)-4-[2-乙氧基-4-(2-甲基-2-丙酰基)苯基]-4,5-二氢-1,3-恶唑(乙螨唑)(CAS No. 153233-91-1)(税号2934.99.18项下)	[1]	4.50%	不变	不变	2020年12月31日当天或之前
9902.07.36	[1]	3-苯基-5-(2-噻吩基)-1,2,4-恶二唑(噻恶沙芬)(CAS No. 330459-31-9)(税号2934.99.18项下)	[1]	免税	不变	不变	2020年12月31日当天或之前
9902.07.37	[1]	4-[(1-羟基-1,3-二氢-2,1-苯并恶唑-5-基)氧基]苯腈(苯并硼异氰酸酯)(CAS No. 906673-24-3)(税号2934.99.30项下)	[1]	6.30%	不变	不变	2020年12月31日当天或之前
9902.07.38	[1]	1-[5]-(5S)-5-(3,5-二氯-4-氟苯基)-4,5-二氢-5-(三氟甲基)-1,2-恶唑-3-yl]-1H,3'H-螺[氮杂环丁烷-3,1'-[2]苯并呋喃}-1-基}-2-间甲基庚酮(萨罗拉纳)(CAS No. 1398609-39-6)(税号2934.99.30项下)	[1]	免税	不变	不变	2020年12月31日当天或之前

税则号列	统计后缀	货品名称	单位	税率 1 一般	税率 1 特惠	税率 2	有效期
9902.07.39	[1]	甲基{(2S)-1-[(2S)-2-{4-[(6S)-3-{2-[(2S)-1-{(2S)-2-[(甲氧羰基)氨基]-3-甲基丁酰基}-2-吡咯烷基]-1H-咪唑-4-基}-6-苯基吲哚[1,2-c][1,3]苯并恶嗪-10-基]-1H-咪唑-2-yl]-1-吡咯亚烷基}-3-甲基-1-氧代-2-丁基}氨基甲酸酯(艾尔巴韦)(CAS No.1370468-36-2)(税号2934.99.30项下)	[1]	免税	不变	不变	2020年12月31日当天或之前
9902.07.40	[1]	丙-2-基(2R)-2-{[(R)-({(2R,3R,4R,5R)-4-氯-5-[2,4-二氧代-3,4-二氢嘧啶-1(2H)-基]-3-羟基-4-甲基氧杂戊-2-基}氧基)(苯氧基)磷酰基]氨基}丙酸酯(马普立布韦)(CAS No.1496551-77-9)(税号2934.99项下)30或2934.99.39)	[1]	免税	不变	不变	2020年12月31日当天或之前
9902.07.41	[1]	[(7R)-4-(5-氯-1,3-苯并恶唑-2-基)-7-甲基-1,4-二氮杂-1-基][5-甲基-2-(2H-1,2,3-三唑-2-基)苯基]甲酮(苏沃雷生)(CAS No.1030377-33-3)(税号2934.99.30项下)	[1]	免税	不变	不变	2020年12月31日当天或之前
9902.07.42	[1]	(2S)-5-氧吡咯烷-2-羧酸-(1S,2S,3S,4R,5S)-5-[4-氯-3-(4-乙氧基苄基)苯基]-1-(羟甲基)-6,8-二氧杂双环[3.2.1]辛烷-2,3,4-三醇(1:1)(埃格列净L-焦谷氨酸)(CAS No.1210344-83-4)(税号2934.99.30项下)	[1]	免税	不变	不变	2020年12月31日当天或之前
9902.07.43	[1]	5,5-二苯基-4H-1,2-恶唑-3-羧酸乙酯(异恶二芬-乙基)(CAS No.163520-33-0)(税号2934.99.39项下)	[1]	4.00%	不变	不变	2020年12月31日当天或之前
9902.07.44	[1]	2-2′-亚甲基双-(4,6-二叔丁基苯基)磷酸钠(CAS No.85209-91-2)(税号2934.99.39项下)	[1]	免税	不变	不变	2020年12月31日当天或之前
9902.07.45	[1]	2,2-(1,4-亚苯基)双(4H-3,1-苯并恶嗪-4-酮)(CAS No.18600-59-4)(税号2934.99.39项下)	[1]	免税	不变	不变	2020年12月31日当天或之前
9902.07.46	[1]	2H-3,1-苯并恶嗪-2,4(1H)-二酮(CAS No.118-48-9)(税号2934.99.44项下)	[1]	免税	不变	不变	2020年12月31日当天或之前
9902.07.47	[1]	(RS)-N-[2-(1,3-二甲基丁基)-3-噻吩基]-1-甲基-3-(三氟甲基)吡唑-4-羧酰胺(苯并吡喃)(CAS No.183675-82-3)(税号2934.99.90项下)	[1]	免税	不变	不变	2020年12月31日当天或之前
9902.07.48	[1]	2-氨基-3-氰基噻吩(CAS No.4651-82-5)(税号2934.99.90项下)	[1]	免税	不变	不变	2020年12月31日当天或之前
9902.07.49	[1]	1,3-二甲基-1-[5-(2-甲基-2-丙烷基)-1,3,4-噻二唑-2-基]脲(丁丁硫龙)(CAS No.34014-18-1)(税号2934.99.90项下)	[1]	免税	不变	不变	2020年12月31日当天或之前
9902.07.50	[1]	4-(4-甲基苯基)-4-氧代丁酸-4-乙基吗啉(2:1)(CAS No.171054-89-0)(税号2934.99.90项下)	[1]	免税	不变	不变	2020年12月31日当天或之前
9902.07.51	[1]	C1-C3全氟烷基全氟吗啉(CAS No.382-28-5)(税号2934.99.90项下)	[1]	免税	不变	不变	2020年12月31日当天或之前
9902.07.52	[1]	5-乙氧基-3-(三氯甲基)-1,2,4-噻二唑(氯唑灵)(CAS No.2593-15-9)(税号2934.99.90项下)	[1]	免税	不变	不变	2020年12月31日当天或之前

税则号列	统计后缀	货品名称	单位	税率 1 一般	税率 1 特惠	2	有效期
9902.07.53	[1]	3-({[5-(二氟甲氧基)-1-甲基-3-(三氟甲基)-1H-吡唑-4-基]甲基}磺酰基)-5,5-二甲基-4,5-二氢-1,2-恶唑(吡喃砜)(CAS No.447399-55-5)(税号2934.99.90项下)	[1]	3.50%	不变	不变	2020年12月31日当天或之前
9902.07.54	[1]	2H-3,1-苯并恶嗪-2,4(1H)-二酮(异酸酐)(CAS No.118-48-9)(税号2934.99.90项下)	[1]	免税	不变	不变	2020年12月31日当天或之前
9902.07.55	[1]	(1R,18R,20R,24S,27S)-N-{(1R,2S)-1-[(环丙基-磺酰基)氨基甲酰基]-2-乙烯基环丙基}-7-甲氧基-24-(2-甲基-2-丙酰基)-22,25-二氧杂-2,21-二氧杂-4,11,23,26-四氮杂五环[24.2.1.03,12.05,10.018,20]十九碳-3,5,7,9,11-五烯-27-羧酰胺(格拉估普雷维尔)(CAS No.1350514-68-9)(税号2935.90.48项下)	[1]	4.10%	不变	不变	2020年12月31日当天或之前
9902.07.56	[1]	N-{[4-(环丙基氨基甲酰基)苯基]磺酰基}-2-甲氧基苯甲酰胺(环磺酰胺)(CAS No.221667-31-8)(税号2935.90.75项下)	[1]	5.00%	不变	不变	2020年12月31日当天或之前
9902.07.57	[1]	2-(2-氯乙氧基)-N-[(4-甲氧基-6-甲基-1,3,5-三嗪-2-基)氨基甲酰基]苯磺酰胺(三氟磺隆)(CAS No.82097-50-5)(税号2935.90.75项下)	[1]	0.40%	不变	不变	2020年12月31日当天或之前
9902.07.58	[1]	4,6-二甲氧基-2-[({[3-(2,2,2-三氟-乙氧基)吡啶-2-基]磺酰基}氨基甲酰基)亚氨基]-2H-嘧啶-1-基(三氟磺隆钠)(CAS No.199119-58-9)(税号2935.90.75项下)	[1]	4.60%	不变	不变	2020年12月31日当天或之前
9902.07.59	[1]	甲苯-4-磺酰肼(CAS No.1576-35-8)(税号2935.90.75项下)	[1]	免税	不变	不变	2020年12月31日当天或之前
9902.07.60	[1]	N-{2,4-二氯-5-[4-(二氟甲基)-3-甲基-5-氧-4,5-二氢-1H-1,2,4-三唑-1-基]苯基}甲磺酰胺(磺酰)(CAS No.122836-35-5)(税号2935.90.75项下)	[1]	5.40%	不变	不变	2020年12月31日当天或之前
9902.07.61	[1]	2-{[(4,6-二甲基-2-嘧啶基)氨基甲酰基]氨基磺酰基}苯甲酸甲酯(磺胺磺隆)(CAS No.74222-97-2)(税号2935.90.75项下)	[1]	免税	不变	不变	2020年12月31日当天或之前
9902.07.62	[1]	2-{[{[,(4,6-二甲氧基嘧啶-2-基)氨基]羰基}氨基]磺酰基}甲基}苯甲酸甲酯(苯磺隆-甲基)(CAS No.83055-99-6)(税号2935.90.75项下)	[1]	免税	不变	不变	2020年12月31日当天或之前
9902.07.63	[1]	4-氯7-(4-甲基苯基磺酰基)-7H-吡咯并[2,3-d]嘧啶(CAS No.479633-63-1)(税号2935.90.75项下)	[1]	免税	不变	不变	2020年12月31日当天或之前
9902.07.64	[1]	[(4-氨基苯基)磺酰基](甲氧羰基)氮杂钠(阿舒拉姆钠盐)(CAS No.2302-17-2)(税号2935.90.75项下)	[1]	免税	不变	不变	2020年12月31日当天或之前
9902.07.65	[1]	[(3-甲氧基-4-甲基-5-氧代-4,5-二氢-1H-1,2,4-三唑-1-基)羰基]{[2-(三氟甲氧基)苯基]磺酰基}氮杂化钠(氟脲钠)(CAS No.181274-17-9)(税号2935.90.75项下)	[1]	免税	不变	不变	2020年12月31日当天或之前
9902.07.66	[1]	N-(5,7-二甲氧基[1,2,4]三唑并[1,5-a]嘧啶-2-基)-2-甲基-4-(三氟甲基)-3-吡啶-磺酰胺(吡苏兰)(CAS No.422556-08-9)(税号2935.90.75项下)	[1]	免税	不变	不变	2020年12月31日当天或之前

税则号列	统计后缀	货品名称	单位	税率 1 一般	税率 1 特惠	税率 2	有效期
9902.07.67	[1]	2-氨磺酰基苯甲酸甲酯(CAS No.57683-71-3)(税号2935.90.75项下)	[1]	免税	不变	不变	2020年12月31日当天或之前
9902.07.68	[1]	3-氨磺酰基-2-噻吩甲酸甲酯(CAS No.59337-93-8)(税号2935.90.75项下)	[1]	免税	不变	不变	2020年12月31日当天或之前
9902.07.69	[1]	3-(乙基磺酰基)-2-吡啶磺酰胺(CAS No.117671-01-9)(税号2935.90.75项下)	[1]	免税	不变	不变	2020年12月31日当天或之前
9902.07.70	[1]	苯基({3-[(二甲氨基)羰基]-2-吡啶基}磺酰基)氨基甲酸酯(CAS No.112006-94-7)(税号2935.90.75项下)	[1]	免税	不变	不变	2020年12月31日当天或之前
9902.07.71	[1]	2-氯-N-[(4,6-二甲氧基-2-嘧啶基)氨基甲酰基]咪唑并[1,2-a]吡啶-3-磺酰胺(咪唑磺隆)(CAS No.122548-33-8)(税号2935.90.75项下)	[1]	免税	不变	不变	2020年12月31日当天或之前
9902.07.72	[1]	N-{3-[(2R)-2-氨基-1-(甲基氨磺酰基)丙烷-2-基]-4-氟苯基}-5-氟吡啶-2-羧酰胺(CAS No.1877329-50-4)(税号2935.90.75项下)	[1]	免税	不变	不变	2020年12月31日当天或之前
9902.07.73	[1]	3,5-二硝基-N⁴,N⁴-二丙基磺酰胺(安磺灵)(CAS No.19044-88-3)(税号2935.90.95项下)	[1]	免税	不变	不变	2020年12月31日当天或之前
9902.07.74	[1]	13-[(2-O-β-D-吡喃葡萄糖基-α-D-吡喃葡萄糖基)氧基]卡乌尔-16-烯-18-油酸β-D-吡喃葡萄糖基酯(甜菊糖普)(CAS No.57817-89-7)(税号2938.90.00项下)	[1]	免税	不变	不变	2020年12月31日当天或之前
9902.07.75	[1]	纯化的甜菊糖苷,莱鲍迪苷A{19-O-β-吡喃葡萄糖基-13-O-[β-吡喃葡萄糖基(1-2)-β-吡喃葡萄糖基(1-3)]-β-吡喃葡萄糖基-13-羟基卡尔-16-乙二胺-19-酸}(CAS No.58543-16-1)(税号2938.90.00项下)	[1]	免税	不变	不变	2020年12月31日当天或之前
9902.07.76	[1]	(4-α)-13-({O-β-D-葡糖吡喃糖基-(1-2)-O-[β-D-吡喃吡喃糖基-(1-3)]-β-D-吡喃葡萄糖基}氧基)-卡尔-16-乙二胺-18-油酸O-β-D-吡喃葡萄糖基-(1-2)-O-[β-D-吡喃葡萄糖基-(1-3)]-β-D-吡喃葡萄糖基酯(莱鲍迪弍M)(CAS No.1220616-44-3)(税号2938.90.00项下)	[1]	免税	不变	不变	2020年12月31日当天或之前
9902.07.77	[1]	(3S,4S,5S,6R)-6-(羟甲基)恶烷-2,3,4,5-四(D-甘露糖)(CAS No.3458-28-4)(税号2940.00.60项下)	[1]	免税	不变	不变	2020年12月31日当天或之前
9902.07.78	[1]	海藻糖(α-D-吡喃葡萄糖基α-D-吡喃葡萄糖苷二水合物)(CAS No.6138-23-4)(税号2940.00.60项下)	[1]	免税	不变	不变	2020年12月31日当天或之前
9902.07.79	[1]	乙二胺二羟基苯基乙酸铁钠({α,α'-(乙烯二亚氨基)双[2-羟基苯-1-丙酮]}[(4-)]高铁酸钠(1-))(CAS No.16455-61-1)(税号2942.00.10项下)	[1]	免税	不变	不变	2020年12月31日当天或之前
9902.07.80	[1]	叶绿素-铜复合物(CAS No.11006-34-1)(税号2942.00.50项下)	[1]	免税	不变	不变	2020年12月31日当天或之前
9902.07.81	[1]	黑胡萝卜浓缩色母料(税号3203.00.80项下)	[1]	免税	不变	不变	2020年12月31日当天或之前
9902.07.82	[1]	紫色地瓜色母料(税号3203.00.80项下)	[1]	免税	不变	不变	2020年12月31日当天或之前

税则号列	统计后缀	货品名称	单位	税率 一般	税率 特惠	2	有效期
9902.07.83	[1]	红甘蓝色母料(税号3203.00.80项下)	[1]	免税	不变	不变	2020年12月31日当天或之前
9902.07.84	[1]	萝卜红浓缩色母料(税号3203.00.80项下)	[1]	免税	不变	不变	2020年12月31日当天或之前
9902.07.85	[1]	(1,5-二氨基-2-溴-4,8-二羟基-9,10-蒽醌)(分散蓝56)(CAS No.68134-65-6)(税号3204.11.10项下)	[1]	免税	不变	不变	2020年12月31日当天或之前
9902.07.86	[1]	({[4-[(E)-(3,5-二硝基-2-噻吩基)二氮烯基-苯基}晋氨基}=-2,1-乙酰二乙酸酯)(分散蓝284)(CAS No.42783-06-2)(税号3204.11.10项下)	[1]	免税	不变	不变	2020年12月31日当天或之前
9902.07.87	[1]	1,5-二氨基-4,8-二羟基-2-(4-羟基苯基)-9,10-蒽醌(分散蓝73)(CAS No.12222-78-5)(税号3204.11.10项下)	[1]	免税	不变	不变	2020年12月31日当天或之前
9902.07.88	[1]	4,11-二氨基-2-(3-甲氧基丙基)-1H-萘并[2,3-f]异吲哚-1,3,5,10(2H)-四烯(分散蓝60 M)(CAS No.12217-80-0)和4,11-二氨基-2-[3-(2-甲氧基乙氧基)丙基]-1H-萘[2,3-f]异吲哚-1,3,5,10(2H)-四酮(分散蓝60 ME)(CAS No.65059-45-2)的混合物(税号3204.11.35项下)	[1]	免税	不变	不变	2020年12月31日当天或之前
9902.07.89	[1]	1-苯胺基-4,5-二羟基-8-硝基-9,10-蒽醌(分散蓝77)(CAS No.20241-76-3)、1,5-二氨基-2-溴-4,8-二羟基-9,10-蒽醌(分散蓝56)(CAS No.68134-65-6);4,11-二氨基-2-(3-甲氧基丙基)-1H-萘[2,3-f]异吲哚-1,3,5,10(2H)-四烯(分散蓝60 M)(CAS No.12217-80-0)和4,11-二氨基-2-[3-(2-甲氧基乙氧基)丙基]-1H-萘[2,3-f]异吲哚-1,3,5,10(2H)-四烯(分散蓝60 ME)(CAS No.65059-45-2)的混合物(税号3204.11.35项下)	[1]	免税	不变	不变	2020年12月31日当天或之前
9902.07.90	[1]	2-(4-溴-3-羟基-2-喹啉基)-1H-茚-1,3(2H)-二酮(分散黄64)(CAS No.10319-14-9)、5-[(E)-(4-氯-2-硝基苯基)二氮烯基]-1-乙基-6-羟基-4-甲基-2-氧代-1,2-二氢-3-吡啶甲腈(分散黄211)(CAS No.70528-90-4)、4-苯胺基-3-硝基-N-苯基苯磺酰胺(分散黄42)(CAS No.5124-25-4)和2-(3-羟基-2-喹啉基)-1H-茚-1,3(2H)-二酮(分散黄54)(CAS No.7576-65-0)的混合物(税号3204.11.35项下)	[1]	免税	不变	不变	2020年12月31日当天或之前
9902.07.91	[1]	分散黄218(CAS No.75199-13-2)(税号3204.11.35项下)	[1]	免税	不变	不变	2020年12月31日当天或之前

税则号列	统计后缀	货品名称	单位	税率 1 一般	税率 1 特惠	税率 2	有效期
9902.07.92	[1]	3,3′-({4-[(2,6-二氯-4-硝基苯基)二氮烯基]苯基}亚氨基)二丙腈(分散黄 163)(CAS No.67923-43-7)、1,8-双(苯硫基)蒽-9,10-二酮(溶剂黄 163)(CAS No.13676-91-0)、1,5-二氨基-2-溴-4,8-二羟基-9,10-蒽醌(分散蓝 56)(CAS No.68134-65-6)、1-苯胺基-4,5-二羟基-8-硝基-9,10-蒽醌(分散蓝 77)(CAS No.20241-76-3)、分散红 1042A(5-[2-(2-氰基-4-硝基苯基)二氮烯基]-2-{[2-(2-羟基乙氧基)乙基]氨基}-4-甲基-6-(苯基氨基)-3-吡啶甲腈(CAS No.149988-44-3)、5-[(2-氰基-4-硝基苯基)二氮烯基]-6-{[2-(2-羟基乙氧基)乙基]氨基}-4-甲基-2-(苯基氨基)-3-吡啶乙腈(分散红 1042B)(CAS No.137428-29-6)、4,11-二氨基-2-(3-甲氧基丙基)-1H-萘[2,3-f]异吲哚-1,3,5,10(2H)-四烯(分散蓝 60 M)(CAS No.12217-80-0)和 4,11-二氨基-2-[3-(2-甲氧基乙氧基)丙基]-1H-萘[2,3-f]异吲哚-1,3,5,10(2H)-四酮(分散蓝 60 ME)(CAS No.65059-45-2)的混合物(税号 3204.11.35 项下)	[1]	免税	不变	不变	2020 年 12 月 31 日当天或之前
9902.07.93	[1]	3-(苄基{4-[(4-硝基苯基)二氮烯基]苯基}氨基)丙腈(分散橙 288)(CAS No.96662-24-7)、N-{2-[(E)-(2-溴-4,6-二硝基苯基)二氮烯基]-5-(二烯丙基氨基)-4-甲氧基苯基}乙酰胺(分散蓝 291:1)(CAS No.51868-46-3)和 N-{2-[(E)-(2-溴-4,6-二硝基-苯基)二氮烯基]-5-(二乙基氨基)苯基}乙酰胺(分散紫 93:1)(CAS No.52697-38-8)的混合物(税号 3204.11.35 项下)	[1]	免税	不变	不变	2020 年 12 月 31 日当天或之前
9902.07.94	[1]	8-双(苯硫烷基)-9,10-蒽醌(溶剂黄 163)(CAS No.13676-91-0)、1,5-二氨基-2-溴-4,8-二羟基-9,10-蒽醌(分散蓝 56)(CAS No.68134-65-6)、({3-(乙酰氨基)-4-[(2-氯-4-硝基苯基)偶氮]苯基}亚氨基)二乙烷-2,1-二乙酸二乙酯](分散红 167:1)(CAS No.1533-78-4)、4-({2-甲氧基-4-[(4-硝基苯基)二氮杂烯基]苯基}二重氮烯基)苯酚(分散橙 29)(CAS No.19800-42-1)、5-[2-(2-氰基-4-硝基苯基)二氮烯基]-2-{[2-(2-羟基乙氧基)乙基]氨基}-4-甲基-6-(苯基氨基)-3-吡啶甲腈(分散红 1042A)(CAS No.149988-44-3)、5-[(2-氰基-4-硝基苯基)二氮烯基]-6-{[2-(2-羟基-乙氧基)乙基]氨基}-4-甲基-2-(苯基氨基)-3-吡啶(分散红 1042B)(CAS No.137428-29-6)、4,11-二氨基-2-(3-甲氧基丙基)-1H-萘[2,3-f]异吲哚-1,3,5,10(2H)-四烯(分散蓝 60 M)(CAS No.12217-80-0)和 4,11-二氨基-2-[3-(2-甲氧基乙氧基)丙基]-1H-萘并[2,3-f]异吲哚-1,3,5,10(2H)-四酮(分散蓝 60 ME)(CAS No.65059-45-2)的混合物(税号 3204.11.35 项下)	[1]	免税	不变	不变	2020 年 12 月 31 日当天或之前

税则号列	统计后缀	货品名称	单位	税率 一般	税率 特惠	2	有效期
9902.07.95	[1]	N-{5-(乙酰氨基)-4-[2-(2-溴-4,6-二硝基苯基)二氮烯基]-2-甲氧基-苯基}-N-(2-甲氧基-2-氧乙基)-甘氨酸,甲酯[分散蓝 ANT(Br)](CAS No. 88938-51-6)、N-{5-(乙酰氨基)-2-甲氧基-4-[2-(5-硝基-2,1-苯并噻唑-3-基)二氮烯基]苯基}-N-(2-甲氧基-2-氧代乙基)-甘氨酸甲酯(分散绿色 GNA)(CAS No. 1235882-84-4)、4-[2-(5-氰基-1,6-二氢-2-羟基-1,4-二甲基-6-氧代-3-吡啶基)二氮烯基]-苯甲酸,2-苯氧基乙基酯(分散黄 FC60954)(CAS No. 88938-37-8)、N-{4-[2-(2-氰基-4-硝基苯基)二氮烯基-}-N-(苯甲基)-B-丙氨酸,2-氧代丙酯(分散红 DYNS 2246)(CAS No. 1021394-33-1)和1,2-二氢-6-羟基-1,4-二甲基-5-{2-[2-硝基-4-(苯基甲氧基)苯基]二氮烯基}-2-氧-3-吡啶甲腈(分散黄 DYLA 1306)(CAS No. 1613451-37-8)的混合物(税号 3204.11.35 项下)	[1]	免税	不变	不变	2020年12月31日当天或之前
9902.07.96	[1]	1-苯胺基-4,5-二羟基-8-硝基-9,10-蒽醌(分散蓝 77)(CAS No. 20241-76-3)和4,11-二氨基-2-)(3-甲氧基丙基)-1H-萘[2,3-f]异吲哚-1,3,5,10(2H)-四烯(分散蓝 60 M)(CAS No. 12217-80-0)的混合物(税号 3204.1135 项下)	[1]	免税	不变	不变	2020年12月31日当天或之前
9902.07.97	[1]	3-(5-氯-2-苯并恶唑基)-7-(二乙基-氨基)-2H-1-苯并吡喃-2-酮(分散黄 232)(CAS No. 35773-43-4)(税号 3204.11.35 项下)	[1]	免税	不变	不变	2020年12月31日当天或之前
9902.07.98	[1]	N-{5-(乙酰氨基)-4-[2-(2-溴-4,6-二硝基苯基)二氮烯基]-2-甲氧基苯基}-N-(2-甲氧基-2-氧代乙氧基-甘氨酸甲酯[分散蓝 ANT(Br)](CAS No. 88938-51-6)、N-{5-(乙酰氨基)-2-甲氧基-4-[2-(5-硝基-2,1-苯并噻唑-3-基)重氮烯基]苯基}-N-(2-甲氧基-2-氧代乙基)-甘氨酸甲酯(分散绿色 GNA)(CAS No. 1235882-84-4)、4-[2-(5-氰基-1,6-二氢-2-羟基-1,4-二甲基-6-氧-3-吡啶基)二氮烯基]-苯甲酸,2-苯氧基乙酯(分散黄 FC60954)(CAS No. 88938-37-8)和 N-{4-[2-(2-氰基-4-硝基苯基)重氮基]苯基}-N-(苯甲基)-B-丙氨酸,2-氧丙基酯(分散红 DYNS 2246)(CAS No. 1021394-33-1)的混合物(税号 3204.11.35 项下)	[1]	免税	不变	不变	2020年12月31日当天或之前
9902.07.99	[1]	氰基{3-[(6-甲氧基-2-苯并噻唑基)氨基]-1H-异吲哚-1-亚甲基}乙酸戊酯(分散橙 FC84508)(CAS No. 173285-74-0)(税号 3204.11.35 项下)	[1]	免税	不变	不变	2020年12月31日当天或之前
9902.08.01	[1]	4,11-二氨基-2-(3-甲氧基-丙基)-1H-萘[2,3-f]异吲哚-1,3,5,10(2H)-四烯(分散蓝 60 M)(CAS 12217-80-0)、4,11-二氨基-2-[3-(2-甲氧基-乙氧基)丙基]-1H-萘[2,3-f]异吲哚-1,3,5,10(2H)-四元(分散蓝 60 ME)(CAS No. 65059-45-2)和(8E)-8-{[2-(二丁氨基)-4-苯基-1,3-噻唑-5-基]亚氨基}-2-(3-庚基)-7-甲基-5-氧-5,8-二氢[1,2,4]三偶氮[1,5-a]吡啶-6-腈(分散蓝 1771)(CAS No. 169324-83-8)的混合物(税号 3204.11.35 项下)	[1]	免税	不变	不变	2020年12月31日当天或之前
9902.08.02	[1]	9(或 10)-甲氧基-7H-苯并咪唑并[2,1-a]苯并[de]异喹啉-7-酮(分散黄 71)(CAS No. 68296-59-3)(税号 3204.11.35 项下)	[1]	免税	不变	不变	2020年12月31日当天或之前

税则号列	统计后缀	货品名称	单位	税率 一般	税率 特惠	2	有效期
9902.08.03	[1]	1-苯胺基-4,5-二羟基-8-硝基-9,10-蒽醌(分散蓝77)(CAS No.20241-76-3)、5-[2-(2-氰基-4-硝基苯基)二氮烯基]-2-{[2-(2-羟基乙氧基)乙基]氨基}-4-甲基-6-(苯基氨基)-3-吡啶甲腈(分散红1042A)(CAS No.149988-44-3)、5-[(2-氰基-4-硝基苯基)二氮烯基]-6-{[2-(2-羟基乙氧基)乙基]氨基}-4-甲基-2-(苯基氨基)-3-吡啶乙腈(分散红1042B)(CAS No.137428-29-6)和氰基{3-[(6-甲氧基-2-苯并噻唑基)氨基]-1H-异吲哚-1-亚基}乙酸戊酯(分散橙FC84508)(CAS No.173285-74-0)的混合物(税号3204.11.35项下)	[1]	免税	不变	不变	2020年12月31日当天或之前
9902.08.04	[1]	3,3′-({4-[(2,6-二氯-4-硝基苯基)二氮烯基]苯基}亚氨基)二丙腈(分散黄163)(CAS No.67923-43-7)、{3-(乙酰氨基)-4-[((2-氯-4-硝基苯基)偶氮]苯基}亚氨基)二乙烷-2,1-二乙酸二乙酯(分散红167∶1)(CAS No.1533-78-4)1-氨基-4-羟基-2-苯氧基-9,10-蒽二酮(分散红60)(CAS No.17418-58-5)、1-苯胺基-4,5-二羟基-8-硝基-9,10-蒽醌(分散蓝77)(CAS No.20241-76-3)、1,5-二氨基-2-溴-4,8-二羟基-9,10-蒽醌(分散蓝56)(CAS No.68134-65-6)、4,8-二氨基-2-(4-乙氧基苯基)-1,5-二羟基-9,10-蒽醌(分散蓝214 E)(CAS No.15114-15-5)和4,8-二氨基-2-[4-(2-乙氧基乙氧基)苯基]-1,5-二羟基-9,10-蒽醌(分散蓝214 EE)(CAS No.23119-35-9)的混合物(税号3204.11.35项下)	[1]	免税	不变	不变	2020年12月31日当天或之前
9902.08.05	[1]	3-苯基-7-(4-丙氧基苯甲基)呋喃[2,3-f][1]苯并呋喃-2,6-二酮(分散红356)(CAS No.79694-17-0)、[4-(2,6-二氢-2,6-二氧代-7-苯基苯并[1,2-b∶4,5-b′]二呋喃-3-基)苯氧基]-乙酸,2-乙氧基乙酯(分散红367)(CAS No.126877-05-2)和[4-[2,6-二氢-2,6-二氧代-7-(4-丙氧基苯基)苯并[1,2-b∶4,5-b′]二呋喃-3-基)苯氧基]-乙酸,2-乙氧基乙酯(分散红H1111030)(CAS No.126877-06-3)的混合物(税号3204.11.35项下)	[1]	免税	不变	不变	2020年12月31日当天或之前
9902.08.06	[1]	5-[2-(2-氰基-4-硝基-苯基)二氮烯基]-2-{[2-(2-羟基乙氧基)乙基]氨基}-4-甲基-6-(苯基氨基)-3-吡啶甲腈(分散红1042A)(CAS No.149988-44-3)和5-[(2-氰基-4-硝基苯基)重氮基]-6-{[2-(2-羟基乙氧基)乙基]氨基}-4-甲基-2-(苯基氨基)-3-吡啶腈(分散红1042B)(CAS No.137428-29-6)的混合物(税号3204.11.35项下)	[1]	免税	不变	不变	2020年12月31日当天或之前
9902.08.07	[1]	1-苯胺基-4,5-二羟基-8-硝基-9,10-蒽醌(分散蓝77)(CAS No.20241-76-3)、4,11-二氨基-2-(3-甲氧基丙基)-1H-萘并[2,3-f]异吲哚-1,3,5,10(2H)-四烯(分散蓝60 M)(CAS No.12217-80-0)和9(或10)-甲氧基-7H-苯并咪唑[2,1-a]苯并[de]异喹啉-7-一(分散黄71)(CAS No.68296-59-3)的混合物(税号3204.11.35项下)	[1]	免税	不变	不变	2020年12月31日当天或之前

税则号列	统计后缀	货品名称	单位	税率 1 一般	税率 1 特惠	税率 2	有效期
9902.08.08	[1]	4,11-二氨基-2-(3-甲氧基丙基)-1H-萘并[2,3-f]异吲哚-1,3,5,10(2H)-四烯(分散蓝60)(CAS No.12217-80-0)(税号3204.11.50项下)	[1]	免税	不变	不变	2020年12月31日当天或之前
9902.08.09	[1]	1-苯胺基-4,5-二羟基-8-硝基-9,10-蒽醌(分散蓝77)(CAS No.20241-76-3)(税号3204.11.50项下)	[1]	免税	不变	不变	2020年12月31日当天或之前
9902.08.10	[1]	({5-乙酰胺基-4-[(2-溴-4,4,6-二硝基苯基)二氮烯基]-2-甲氧基苯基}亚氨基)二-2,1-乙二基二乙酸酯(分散蓝色79∶1)(CAS No.3618-72-2)(税号3204.11.50项下)	[1]	免税	不变	不变	2020年12月31日当天或之前
9902.08.11	[1]	1-氨基-4-羟基-2-苯氧基-9,10-蒽二酮(分散红60)(CAS No.17418-58-5)(税号3204.11.50项下)	[1]	免税	不变	不变	2020年12月31日当天或之前
9902.08.12	[1]	2-(4-溴-3-羟基-2-喹啉基)-1H-茚-1,3(2H)-二酮(分散黄64)(CAS No.10319-14-9)(税号3204.11.50项下)	[1]	免税	不变	不变	2020年12月31日当天或之前
9902.08.13	[1]	1,5-二氨基-4,8-二羟基(4-甲基苯甲酸酯)的混合物-9,10-苯二烯(分散蓝73A)(CAS编号31288-44-5)和(1,5-二氨基-4-羟基苯基)-9,10-苯丙酮(分散蓝73P)(CAS编号31529-8-6)的混合物(税号3204.11.50项下)	[1]	免税	不变	不变	2020年12月31日当天或之前
9902.08.14	[1]	2,3,4,5-四氯-6-(2,4,5,7-四溴-钼-6-氧化-3-氧代-3H-黄嘌呤-9-基)苯甲酸二钠(福禄辛B)(酸性红92)(CAS No.18472-87-2)(税号3204.12.20项下)	[1]	免税	不变	不变	2020年12月31日当天或之前
9902.08.15	[1]	1-氨基-9,10-二氧-4-({4-[(2-氧丙基)氨基]-2-磺酰基苯}氨基)-9,10-二氢-2-蒽磺酸二钠(酸性蓝182)(CAS No.72152-54-6)(税号3204.12.20项下)	[1]	免税	不变	不变	2020年12月31日当天或之前
9902.08.16	[1]	酸性黑194(CAS No.61931-02-0)(税号3204.12.20项下)	[1]	免税	不变	不变	2020年12月31日当天或之前
9902.08.17	[1]	4-[3,6-双(二乙氨基)-9-黄嘌呤基]-1,3-苯二磺酸钠(酸性红52)(CAS No.3520-42-1)(税号3204.12.20项下)	[1]	免税	不变	不变	2020年12月31日当天或之前
9902.08.18	[1]	(4E)-4-[(2,5-二氯苯基)腙基]-3-氧代-3,4-二氢-2-萘-羧酸(酸性红144染料)(CAS No.51867-77-7)(税号3204.12.45项下)	[1]	免税	不变	不变	2020年12月31日当天或之前
9902.08.19	[1]	四钠{7-氨基-3-[(3-氯-2-羟基-5-硝基苯基)偶氮]-4-羟基-2-萘磺酸钠(3-)}{6-氨基-4-羟基-3-[(2-羟基-5-硝基-3-磺基苯基)偶氮]-2-萘-磺酸钠(4-)}-铬酸盐(4-)(山拿度深黑HBL染料)(CAS No.184719-87-7)(税号3204.12.45项下)	[1]	免税	不变	不变	2020年12月31日当天或之前
9902.08.20	[1]	[4-(羟基-κO)-3-{[2-(羟基-κO)-1-萘基]二氮杂基}苯砜-a酰胺(2-)][4-羟基-3-{[2-(羟基-κO)-1-萘基]二氮烯基}-苯磺酰胺基(2-)钴(1-)][酸性红182](CAS No.58302-43-5)(税号3204.12.45项下)	[1]	免税	不变	不变	2020年12月31日当天或之前

税则号列	统计后缀	货品名称	单位	税率 一般	税率 特惠	2	有效期
9902.08.21	[1]	4-({3-[(E)-(2-甲基-4-{[(4-甲基苯基)磺酰基]氧基}苯基)二氮烯基]苯基}氨基)-3-硝基苯磺酸钠(酸性橙67)(CAS No.12220-06-3)(税号3204.12.45项下)	[1]	免税	不变	不变	2020年12月31日当天或之前
9902.08.22	[1]	4-[(3-乙酰氨基苯基)氨基]-1-氨基-9,10-二氧代-9,10-二氢-2-蒽磺酸钠(酸性蓝324)(CAS No.70571-81-2)(税号3204.12.45)	[1]	免税	不变	不变	2020年12月31日当天或之前
9902.08.23	[1]	[6-(氨基-κN)-5-{2-[2-(羟基-κO)-4-硝基苯基]二氮杂烯基-κN1}-N-甲基-2-萘磺酸-萘甲酸钠(2-)][6-(氨基-κN)-5-{2-[2-(羟基-κO)-4-硝基-苯基]二氮烯基-κN1}-2-萘磺酸钠(3-)-钴酸酯(2-)(1:2)(1:2)(酸性蓝171)(CAS No.75314-27-1)(税号3204.12.45项下)	[1]	免税	不变	不变	2020年12月31日当天或之前
9902.08.24	[1]	铬酸盐(2-),{3-羟基-4-[(2-羟基-1-萘基)偶氮]-7-硝基-1-萘磺酸钠(3-)}[1-(2-羟基-5-硝基苯基)偶氮]-2-萘萘并(2-),锂钠(酸性黑220 A)(CAS No.85828-76-8)和铬酸盐(2-),{3-羟基-4-[(2-羟基-1-萘基)偶氮]-7-硝基-1-萘磺酸钠(3-)}[N-{7-羟基-8-[(2-羟基-5-硝基苯基)偶氮]-1-萘基}乙酰胺基(2-)]-,锂钠(酸性黑220 B)的混合物(CAS No.85828-75-7)(税号3204.12.45项下)	[1]	免税	不变	不变	2020年12月31日当天或之前
9902.08.25	[1]	(曙红二钠盐)[2-(2,4,5,7-四溴-6-氧化-3-氧杂蒽酮-9-基)苯甲酸二钠](酸性红87)(CAS No.17372-87-1)(税号3204.12.50项下)	[1]	免税	不变	不变	2020年12月31日当天或之前
9902.08.26	[1]	2-({4-[乙基(3-磺酰基苄基)氨基]苯基}二异丙基{4-[乙基(3-磺酰基苄基)亚氨基]环己基-2,5-二烯-1-亚甲基}苯磺酸酯[酸性艳蓝FCF食品蓝1号(酸性蓝9)](CAS No.3844-45-9)(税号3204.12.50项下)	[1]	免税	不变	不变	2020年12月31日当天或之前
9902.08.27	[1]	3,3′-(9,10-二噁英-9,10-二氢蒽-1,4-二基)二氨基(2,4,6-三甲基-苯磺酸钠)(酸性蓝80)(CAS No.4474-24-2)(税号3204.12.50项下)	[1]	免税	不变	不变	2020年12月31日当天或之前
9902.08.28	[1]	5-氧代-1-(4-磺酰基苯基)-4-[(E)-(4-磺酰基苯基)二氮烯基]-2,5-二氢-1H-吡唑-3-羧酸三钠(酸性黄23)(CAS No.1934-21-0)(税号3204.12.50项下)	[1]	免税	不变	不变	2020年12月31日当天或之前
9902.08.29	[1]	2-[7-(二乙氨基)-2-氧代-2H-铬-3-基]-1,3-二甲基-1H-3,1-苯并咪唑-3-氯化铵(CAS No.29556-33-0碱性黄40)(税号3204.13.10项下)	[1]	免税	不变	不变	2020年12月31日当天或之前
9902.08.30	[1]	乙酸4-{[4-(二甲基氨基)苯基][4-(甲基氨基)苯甲基]亚甲基}环己-2,5-二烯-1-基)二甲基乙酸铵(CAS No.84434-47-9)(税号3204.13.60项下)	[1]	免税	不变	不变	2020年12月31日当天或之前
9902.08.31	[1]	3,6-双(乙氨基)-9-[2-(甲氧羰基)苯基]-2,7-二甲基氯化黄原烯(碱性红1:1)(CAS No.3068-39-1)(税号3204.13.80项下)	[1]	免税	不变	不变	2020年12月31日当天或之前
9902.08.32	[1]	(4-{4-[二(乙基)氨基]苯}环己-2,5-二烯-1-基)二乙基硫酸氢铵(碱性绿1)(CAS No.633-03-4)(税号3204.13.80项下)	[1]	免税	不变	不变	2020年12月31日当天或之前

税则号列	统计后缀	货品名称	单位	税率 一般	税率 特惠	2	有效期
9902.08.33	[1]	9-(2-羧基苯基)-6-(二乙氨基)-N,N-二乙基-3H-黄嘌呤-3-亚胺乙酸盐(若丹明蓝阴影染料液)(CAS No. 64381-99-3)(税号 3204.13.80 项下)	[1]	免税	不变	不变	2020年12月31日当天或之前
9902.08.34	[1]	双{6-(二乙氨基)-N,N-二乙基-9-[2-(甲氧羰基)苯基]-3H-黄嘌呤-3-亚胺}四氯锌酸酯(2-)(碱性紫 11∶1)(CAS No. 73398-89-7)(CIN 45174)(税号 3204.13.80 项下)	[1]	免税	不变	不变	2020年12月31日当天或之前
9902.08.35	[1]	3-[((E)-{4-[(E)-{4-[(E)-(6-氨基-1-羟基-3-磺酸-2-纳菲基)二苯基-6-硫磷-1-萘}二氮烯基]-1-萘}二烯基]-1,5-萘二磺酸盐(直接蓝 71)(CAS No. 4399-55-7)(税号 3204.14.50 项下)	[1]	免税	不变	不变	2020年12月31日当天或之前
9902.08.36	[1]	4-N-(5,8-二甲氧基-2,4-二甲基喹啉-6-基)-1-N,1-N-二乙基戊烷-1,4-二胺(直接蓝 279)(CAS No. 72827-89-5(税号 3204.14.50 项下)	[1]	免税	不变	不变	2020年12月31日当天或之前
9902.08.37	[1]	7-苯胺基-3-[(E)-{4-[(E)-(2,4-二甲基-6-磺酰基苯基)二氮烯基]-2-甲氧基-5-甲基苯基}二钠二氮烯基]-4-羟基-2-萘磺酸盐(直接紫罗兰色 51)(CAS No. 5489-77-0)(税号 3204.14.50 项下)	[1]	免税	不变	不变	2020年12月31日当天或之前
9902.08.38	[1]	7-苯胺基-4-羟基-3-二钠({2-甲氧基-5-甲基-4-[(4-磺酰基苯基)二氮烯基]苯基}二氮烯基)-2-萘磺酸盐(直接紫 9)(CAS No. 6227-14-1)(税号 3204.14.50 项下)	[1]	免税	不变	不变	2020年12月31日当天或之前
9902.08.39	[1]	2-(1,3-二氢-3-氧代-2H-吲唑-2-亚基)-1,2-二氢-3H-吲哚-3-一([还原蓝 1(合成靛蓝)])(CAS No. 482-89-3)(税号 3204.15.10 项下)	[1]	免税	不变	不变	2020年12月31日当天或之前
9902.08.40	[1]	双苯并咪唑[2,1-b:2′,1′-i]苯并[lmn][3,8]菲咯啉-8,17-二酮(颜料橙 43/还原橙 7)(CAS No. 4424-06-0)(税号 3204.15.20 项下)	[1]	免税	不变	不变	2020年12月31日当天或之前
9902.08.41	[1]	双苯并咪唑并[2,1-b∶1′,2′-j]苯并[lmn][3,8]苯甲酰胺-6,9-二酮(还原红 15)(CAS No. 4216-02-8)(税号 3204.15.30 项下)	[1]	免税	不变	不变	2020年12月31日当天或之前
9902.08.42	[1]	9,10-蒽二酮,1,1′-[(6-苯基-1,3,5-三嗪-2,4-二基)二亚氨基]双(3″-乙酰基-4-氨基-)(还原蓝 66)(CAS No. 32220-82-9)(税号 3204.15.30 项下)	[1]	免税	不变	不变	2020年12月31日当天或之前
9902.08.43	[1]	蒽[9,1,2-cde]苯并[r]五苯芬-5,10-二酮,溴代衍生物(还原蓝 19)(CAS No. 1328-18-3)(税号 3204.15.30 项下)	[1]	免税	不变	不变	2020年12月31日当天或之前
9902.08.44	[1]	还原蓝蓝色 43(CAS No. 85737-02-6)(税号 3204.15.40 项下)	[1]	免税	不变	不变	2020年12月31日当天或之前
9902.08.45	[1]	[2,2′-Bi-1H-吲哚]-3,3′-二醇,钾钠盐(还原的还原蓝 1)(CAS No. 207692-02-2)(税号 3204.15.40 项下)	[1]	免税	不变	不变	2020年12月31日当天或之前
9902.08.46	[1]	异紫蒽酮(还原紫 10)(CAS No. 128-64-3)(税号 3204.15.80 项下)	[1]	免税	不变	不变	2020年12月31日当天或之前
9902.08.47	[1]	6,15-二氢-5,9,14,18-邻苯二甲酰胺(还原蓝 4)(CAS No. 81-77-6)(税号 3204.15.80 项下)	[1]	免税	不变	不变	2020年12月31日当天或之前

第九十九章　临时立法;根据现有贸易法规的临时修改;根据经修正的《农业调整法》
第 22 条制定的附加进口限制　1693

税则号列	统计后缀	货品名称	单位	税率 1 一般	税率 1 特惠	税率 2	有效期
9902.08.48	[1]	1-氨基-9,10-二氧-4-[(3-{[2-(磺酰氧基)乙基]磺酰基}苯基)氨基]-9,10-二氢-2-蒽磺酸磺酸二钠(活性蓝 19)(CAS No. 2580-78-1)(税号 3204.16.20 项下)	[1]	免税	不变	不变	2020 年 12 月 31 日当天或之前
9902.08.49	[1]	2-{(E)-[8-({4-氯-6-[(3-{[2-(磺酰氧基氧)乙基]磺酰基}苯基)氨基]-1,3,5-三嗪-2-基}氨基)-1-羟基-3,6-二磺酰基-2-萘基]二氮烯基}-1,5-萘二磺酸五钠(活性红 195)(CAS No. 93050-79-4)(税号 3204.16.30 项下)	[1]	免税	不变	不变	2020 年 12 月 31 日当天或之前
9902.08.50	[1]	1-氨基-9,10-二氢-9,10-二氧代-4-[[3-[[2-(2-(磺氧基)乙基]磺酰基]苯基]氨基]-2-蒽磺酸(1:2)(活性蓝 19)(CAS No. 2580-78-1)和 1,1'-[(6,13-二氯-4,11-二硫代-3,10-三苯二恶嗪二基)双[亚氨基-2,1-乙烷二亚氨基[6-[(2,5-二硫代苯基)氨基]-1,3,5-三嗪-4,2-二基]]]双[3-羧基-双(内盐),六钠盐(活性蓝 187)(CAS No. 79771-28-1)的混合物盐(税号 3204.16.30 项下)	[1]	免税	不变	不变	2020 年 12 月 31 日当天或之前
9902.08.51	[1]	[2-[2-[3-[[4-氟-6-[苯基[2-(磺氧基)乙基]磺酰基]乙基]氨基]-1,3,5-三嗪-2-基]氨基]-2-(羟基-kO)-5-磺酸苯基]二氮烯基-2kN]苯甲基二氮烯基-kN]-4-磺苯甲酸(6-)-kO]_(4-)铜酸盐(活性蓝 FC75311)(CAS No. 156830-72-7)(税号 3204.16.30 项下)	[1]	免税	不变	不变	2020 年 12 月 31 日当天或之前
9902.08.52	[1]	1H-黄嘌呤[2,1,9-def]异喹啉-5,9-二磺酸,2,3-二氢-1,3-二氧-2-[3-[[2-(磺酰氧基))[乙基]磺酰基]苯基]-钠盐(1:? :?)(活性黄 F00-0155)(CAS No. 1309975-18-5)(税号 3204.16.30 项下)	[1]	免税	不变	不变	2020 年 12 月 31 日当天或之前
9902.08.53	[1]	5-[[4-氯-6-[(3-磺基苯基)氨基]-1,3,5-三嗪-2-基]氨基]-4-羟基-3-[[4-[[2-(亚砜氧基)乙基]磺酰基]苯基]偶氮]-2,7-萘二磺酸钠盐(1:?)(活性红 198)(CAS No. 78952-61-1)和 2-[2-[[8-[[4-氯-6]-[[4-[[2-(磺氧基)乙基]磺酰基]苯基]氨基]-1,3,5-三嗪-2-基]氨基]-1-羟基-3,6-二硫代-2-萘-2-萘]二烯基]-1,5-萘二磺酸钠盐(1:5)(活性红 239)(CAS No. 89157-03-9)的混合物(税号 3204.16.30 项下)	[1]	免税	不变	不变	2020 年 12 月 31 日当天或之前
9902.08.54	[1]	1,1'-[(6,13-二氯-4,11-二磺酰基-3,10-三苯二恶嗪二基)双[亚氨基-2,1-乙二酰亚胺基[6-[(2,5-二磺酸苯基)氨基]-1,3,5-三嗪-4,2-二基]]双[3-羧基吡啶鎓],二氢氧化物,双(内盐),六钠盐(活性蓝 187)(CAS No. 79771-28-1)(税号 3204.16.30 项下)	[1]	免税	不变	不变	2020 年 12 月 31 日当天或之前
9902.08.55	[1]	2,4-二氨基-3-[4-(2-磺氧基乙基磺酰基)-苯基偶氮]-5-[4-(2-磺氧基乙基磺酰基)-2-磺基苯基偶氮]-苯磺酸钾钠盐(活性橙 131)(CAS No. 187026-95-5)(税号 3204.16.30 项下)	[1]	免税	不变	不变	2020 年 12 月 31 日当天或之前
9902.08.56	[1]	4-氨基-5-羟基-3,6-四[(4-{[2-(磺酰氧基)乙基]磺酰基}苯基)二氮烯基]-2,7-萘二磺酸四钠(活性黑 5)(CAS No. 17095-24-8)(税号 3204.16.50 项下)	[1]	免税	不变	不变	2020 年 12 月 31 日当天或之前

税则号列	统计后缀	货品名称	单位	税率 1 一般	税率 1 特惠	2	有效期
9902.08.57	[1]	活性红 180（CAS No.72828-03-6）（税号 3204.16.50 项下）	[1]	免税	不变	不变	2020年12月31日当天或之前
9902.08.58	[1]	活性黑 5（CAS No.17095-24-8）（税号 3204.16.50 项下）	[1]	免税	不变	不变	2020年12月31日当天或之前
9902.08.59	[1]	酞菁铜（酞菁(2-)-铜），不可用作颜料（PCN 蓝色原油）（CAS No.147-14-8）（税号 3204.17.20 项下）	[1]	3.30%	不变	不变	2020年12月31日当天或之前
9902.08.60	[1]	酞菁铜单磺酸铜{氢[29H,31H-酞菁磺酸(3-)-N29,N30,N31,N32]铜(1-)}，不可用作颜料（CAS No.28901-96-4）（税号 3204.17.60 项下）	[1]	免税	不变	不变	2020年12月31日当天或之前
9902.08.61	[1]	不可用作颜料的氯酞菁铜（纯度 30%～35%）[CAS No.16040-69-0（按重量计 65%～70%）和 12239-87-1（按重量计 30%～35%）]（税号 3204.17.60 项下）	[1]	免税	不变	不变	2020年12月31日当天或之前
9902.08.62	[1]	不可用作颜料的非氯化酞菁铜蓝原油（CAS No.147-14-8）（按重量计 30%～40%）和尚未准备用作颜料的氯化铜酞菁蓝原油（CAS No.68987-63-3）的混合物（按重量计 60%～70%）（税号 3204.17.60 项下）	[1]	免税	不变	不变	2020年12月31日当天或之前
9902.08.63	[1]	[1,2,3,4,8,9,10,11,15,16,17,18,22,23,25-五氯二氢-29,31-二氢-5H,26H-邻苯二甲酸酯(2-)-+2 N29,N31+铜（CAS No.1328-53-6）（税号 3204.17.90 项下）	[1]	免税	不变	不变	2020年12月31日当天或之前
9902.08.64	[1]	尚未准备好用作颜料的粗制氯酞菁铜（CAS No.12239-87-1）（税号 3204.17.90 项下）	[1]	免税	不变	不变	2020年12月31日当天或之前
9902.08.65	[1]	14H-蒽[2,1,9-甲基]噻吨-14-酮（溶剂橙 63）（CAS No.16294-75-0）（CI 编号 68550）（税号 3204.19.11 项下）	[1]	免税	不变	不变	2020年12月31日当天或之前
9902.08.66	[1]	溶剂黄 160:1（CAS No.35773-43-4）（税号 3204.19.11 项下）	[1]	免税	不变	不变	2020年12月31日当天或之前
9902.08.67	[1]	4-[(E)-苯基二氮烯基]苯胺（溶剂黄 1）（CAS No.60-09-3）（税号 3204.19.11 项下）	[1]	免税	不变	不变	2020年12月31日当天或之前
9902.08.69	[1]	14H-苯并[4,5]异喹啉[2,1-a]嘧啶-14-酮（溶剂红 179）（CAS No.6829-22-7）（CI 编号 564150）（税号 3204.19.20 项下）	[1]	免税	不变	不变	2020年12月31日当天或之前
9902.08.70	[1]	1,4-双(间苯二甲氨基)-9,10-蒽醌（溶剂蓝 104）（CAS No.116-75-6）（税号 3204.19.20 项下）	[1]	免税	不变	不变	2020年12月31日当天或之前
9902.08.71	[1]	1-羟基-4-(对甲苯胺基)蒽-9,10-二酮（溶剂紫 13）（CAS No.81-48-1）（税号 3204.19.20 项下）	[1]	免税	不变	不变	2020年12月31日当天或之前
9902.08.72	[1]	溶剂黄 195（CAS No.440645-24-9）（税号 3204.19.20 项下）	[1]	免税	不变	不变	2020年12月31日当天或之前
9902.08.73	[1]	1,8-双(苯硫基)蒽-9,10-二酮（溶剂黄 163）（CAS No.13676-91-0）（税号 3204.19.20 项下）	[1]	免税	不变	不变	2020年12月31日当天或之前
9902.08.74	[1]	1-苯胺基 9,10-蒽醌（溶剂红 227）（CAS No.2944-28-7）（CI 编号 60510）（税号 3204.19.25 项下）	[1]	免税	不变	不变	2020年12月31日当天或之前
9902.08.75	[1]	1-(异丙基氨基)-9,10-蒽醌（溶剂红 169）（CAS No.27354-18-3）（税号 3204.19.25 项下）	[1]	免税	不变	不变	2020年12月31日当天或之前

税则号列	统计后缀	货品名称	单位	税率 1 一般	税率 1 特惠	税率 2	有效期
9902.08.76	[1]	2-(3-羟基-2-喹啉基)-1H-茚-1,3(2H)-二酮(溶剂黄 114)(CAS No.7576-65-0)(税号 3204.19.25 项下)	[1]	免税	不变	不变	2020 年 12 月 31 日当天或之前
9902.08.77	[1]	12H-异吲哚并[2,1-a]嘧啶-12-酮(溶剂橙 60)(CAS No.6925-69-5)(税号 3204.19.25 项下)	[1]	免税	不变	不变	2020 年 12 月 31 日当天或之前
9902.08.78	[1]	8,9,10,11-四氯 12H-异吲哚并[2,1-a]嘧啶-12-酮(溶剂红 135)(CAS No.20749-68-2)(税号 3204.19.25 项下)	[1]	免税	不变	不变	2020 年 12 月 31 日当天或之前
9902.08.79	[1]	1,4-双(丁基氨基)-9,10-蒽醌(溶剂蓝 35)(CAS No.17354-14-2)(CI 编号 61554)(税号 3204.19.25 项下)	[1]	免税	不变	不变	2020 年 12 月 31 日当天或之前
9902.08.80	[1]	1,4-二氨基蒽醌(溶剂紫 11)(CAS No.128-95-0)(税号 3204.19.25 项下)	[1]	免税	不变	不变	2020 年 12 月 31 日当天或之前
9902.08.81	[1]	2,4-二硝基苯酚(硫黑 1)(CAS No.1326-82-5)(税号 3204.19.30 项下)	[1]	免税	不变	不变	2020 年 12 月 31 日当天或之前
9902.08.82	[1]	单或二邻苯二甲酰亚胺基甲基酞菁([2-(29H,31H-酞菁甲基)-1H-异吲哚-1,3(2H)-dionato(2-)-N29,N30,N31,N32]铜)(CAS No.42739-64-0)(税号 3204.19.50 项下)	[1]	免税	不变	不变	2020 年 12 月 31 日当天或之前
9902.08.83	[1]	可溶性硫黑 1(CAS No.1326-83-6)(税号 3204.19.50 项下)	[1]	免税	不变	不变	2020 年 12 月 31 日当天或之前
9902.08.84	[1]	2,2'-噻吩-2,5-二甲苯基双(5-叔丁基-1,3-苯并恶唑)(CAS No.7128-64-5)(税号 3204.20.80 项下)	[1]	免税	不变	不变	2020 年 12 月 31 日当天或之前
9902.08.85	[1]	2,2'-(亚乙烯基二对亚苯基)双苯并恶唑(CAS No.1533-45-5)(税号 3204.20.80 项下)	[1]	免税	不变	不变	2020 年 12 月 31 日当天或之前
9902.08.86	[1]	N,N-二甲基-N-十八烷基-1-十八胺基-(Sp-4-2)-[29H,31H-酞菁-2-磺酰基-N29,N30,N31,N32]铜酸盐(酞菁蓝添加剂)(CAS No.70750-63-9)(税号 3204.90.00 项下)	[1]	免税	不变	不变	2020 年 12 月 31 日当天或之前
9902.08.87	[1]	安全用途的有机发光颜料和染料(税号 3204.90.00 项下),上述不包括日光荧光颜料和染料,也不包括 CAS No.6359-10-0 的染料	[1]	免税	不变	不变	2020 年 12 月 31 日当天或之前
9902.08.88	[1]	基于掺杂铜的硫化锌(CAS No.68611-70-1)的磷光颜料(税号 3206.42.00 项下)	[1]	免税	不变	不变	2020 年 12 月 31 日当天或之前
9902.08.89	[1]	颜料黄 184(氧化铋钒)(CAS No.14059-33-7)(税号 3206.49.60 项下)	[1]	免税	不变	不变	2020 年 12 月 31 日当天或之前
9902.08.90	[1]	掺有铕的氧化钇磷光体,用作发光体(CAS No.68585-82-0)(税号 3206.50.00 项下)	[1]	免税	不变	不变	2020 年 12 月 31 日当天或之前
9902.08.91	[1]	掺有紫杉醇和三聚体的磷酸镧荧光粉,用作发光体(CAS No.95823-34-0)(税号 3206.50.00 项下)	[1]	免税	不变	不变	2020 年 12 月 31 日当天或之前
9902.08.92	[1]	掺有铕的铝钡镁磷光体,用作发光体(CAS No.102110-17-8、1304-28-5、1309-48-4、1344-28-1、1308-96-9 和 63774-55-0)(税号 3206.50.00 项下)	[1]	免税	不变	不变	2020 年 12 月 31 日当天或之前

税则号列	统计后缀	货品名称	单位	税率 1 一般	税率 1 特惠	2	有效期
9902.08.93	[1]	掺有铈、磷酸镧、氧化钇的磷混合物,化学成分(按重量计)为55%~75%的氧化钇、铈和45%~25%的磷酸、镧盐、铈铽(CAS No. 68585-82-0和95823-34-0)(税号3206.50.00项下)	[1]	免税	不变	不变	2020年12月31日当天或之前
9902.08.94	[1]	掺杂锑和锰的氯化钙氟化磷,用作发光体:磷酸钙卤化磷)(CAS No. 545386-98-9)(税号3206.50.00项下)	[1]	免税	不变	不变	2020年12月31日当天或之前
9902.08.95	[1]	铈和锰掺杂的铝酸钡镁磷光体,用作发光体(CAS No. 102110-17-8、1344-43-0、1304-28-5、1309-48-4、1344-28-1、1308-96-9和63774-55-0)(税号3206.50.00项下)	[1]	免税	不变	不变	2020年12月31日当天或之前
9902.08.96	[1]	烧结的硼硅酸钡玻璃,平均粒径为0.4~10微米,杨氏模量为71GPa,密度为2.8克/立方厘米,射线不透性为4.2,折射率为1.53,化学成分(按重量计)为55%的二氧化硅、25%钡、10%的三氧化硼和10%的氧化铝(税号3207.40.10项下)	[1]	免税	不变	不变	2020年12月31日当天或之前
9902.08.97	[1]	制备的涂料干燥剂,其中包含氢氧化钴(CAS No. 21041-93-0)、2-乙基己酸钴(CAS No. 136-52-7)、丙酸钙(CAS No. 4075-81-4)、钙2-己酸乙酯(CAS No. 136-51-6),加氢处理的重石脑油(CAS No. 64742-48-9)、三丙二醇(CAS No. 24800-44-0)和三丙二醇甲醚(CAS No. 25498-49-1)的混合物(税号3211.00.00项下)	[1]	免税	不变	不变	2020年12月31日当天或之前
9902.08.98	[1]	基于碳酸钙和硅树脂的树脂水泥(CAS No. 471-34-1和68037-83-2)(税号3214.10.00项下)	[1]	免税	不变	不变	2020年12月31日当天或之前
9902.08.99	[1]	冷榨橙油(税号3301.12.00项下)	[1]	免税	不变	不变	2020年12月31日当天或之前
9902.09.01	[1]	冷榨葡萄柚油(税号3301.19.10项下)	[1]	免税	不变	不变	2020年12月31日当天或之前
9902.09.02	[1]	水合环化桉树桉油(CAS No. 1245629-80-4)(税号3301.29.10项下)	[1]	免税	不变	不变	2020年12月31日当天或之前
9902.09.03	[1]	约45%重量的丙烯,1,1,2,3,3,3-六氟-与氧化、还原、水解的氯三氟乙烯的调聚物(CAS No. 220207-15-8)和15%重量的1-丙烯,1,1,2,3,3,3-六氟-氧化聚合(CAS No. 69991-67-9)在水中的分散和悬浮液(税号3402.11.50项下)	[1]	免税	不变	不变	2020年12月31日当天或之前
9902.09.04	[1]	约25%重量的1-丙烯,1,1,2,3,3,3-六氟-调聚物与氧化、还原、水解的氯三氟乙烯铵盐(CAS No. 330809-92-2)在水中的分散或悬浮液(税号3402.11.50项下)	[1]	免税	不变	不变	2020年12月31日当天或之前
9902.09.05	[1]	约25%重量的1-丙烯,1,1,2,3,3,3-六氟-与氧化、还原、水解的三氟氯乙烯的调聚物,氧化、还原,水解(CAS No. 330809-92-2)和约15%~20%重量的1-丙烯,1,2,3,3,3-六氟,氧化,聚合(CAS No. 69991-67-9)在水中的分散液和悬浮液(税号3402.11.50项下)	[1]	免税	不变	不变	2020年12月31日当天或之前
9902.09.06	[1]	约20%重量的1-丙烯,1,1,2,3,3,3-六氟-调聚物与三氟氯乙烯,氧化、还原的乙酯,水解的钠盐(CAS No. 220207-15)-8)在水中的分散液和悬浮液(税号3402.11.50项下)	[1]	免税	不变	不变	2020年12月31日当天或之前

第九十九章　临时立法;根据现有贸易法规的临时修改;根据经修正的《农业调整法》第 22 条制定的附加进口限制

税则号列	统计后缀	货品名称	单位	税率 1 一般	税率 1 特惠	税率 2	有效期
9902.09.07	[1]	石油磺酸钠（CAS No.68608－26－4）（税号 3402.11.50 项下）	[1]	免税	不变	不变	2020 年 12 月 31 日当天或之前
9902.09.08	[1]	烷基（C16－C18）聚乙二醇四癸二醇醚（CAS No.96081－39－9）（税号 3402.13.10 项下）	[1]	免税	不变	不变	2020 年 12 月 31 日当天或之前
9902.09.09	[1]	由脂肪酸,C16－C18 和 C18 不饱和脂肪酸与季戊四醇酯组成的表面活性制剂（CAS No.85711－45－1）;聚山梨酯 20（CAS No.9005－64－5）;以及聚氧乙烯二油酸酯（CAS No.9005－07－6）（税号 3402.13.20 项下）	[1]	免税	不变	不变	2020 年 12 月 31 日当天或之前
9902.09.10	[1]	3-羟基-2,2-双（羟甲基）丙基（9Z）-9-十八烯酸酯（季戊四醇单油酸酯）（CAS No.10332－32－8）（税号 3402.13.20 项下）	[1]	免税	不变	不变	2020 年 12 月 31 日当天或之前
9902.09.11	[1]	1-丁醇的混合物（CAS No.71－36－3）；1-丙氧基-2-丙醇（混合异构体）（CAS No.1569－01－3）；硅氧烷和硅酮,二甲基,3-羟丙基甲基,乙氧基化的丙氧基化（CAS No.68937－55－3）；2-甲基环氧乙烷,环氧乙烷,3-丙-2-烯氧基丙-1-烯（CAS No.9041－33－2）；脲,甲醛聚合物,甲基化（CAS No.68071－45－4）；2-丙醇（CAS No.67－63－0）；2-氨基-2-甲基-1-丙醇（CAS No.124－68－5）；2-甲基-2-（甲基氨基）-1-丙醇（CAS No.27646－80－6）；甲醇（CAS No.67－56－1）和水（CAS No.7732－18－5）（税号 3402.19.50 项下）	[1]	免税	不变	不变	2020 年 12 月 31 日当天或之前
9902.09.12	[1]	聚（氧-1,2-乙二基）,α-（2,4,6-三（1-苯乙基）苯基）-ω-羟基-,磷酸盐,钾盐的混合物（CAS No.163436－84－8）；聚（氧-1,2-乙二基）,α-（三（1-苯乙基）苯基）-ω-羟基-（CAS No.99734－09－5）；以及丙烷-1,2-二醇（CAS No.57－55－6）（税号 3402.90.30 项下）	[1]	免税	不变	不变	2020 年 12 月 31 日当天或之前
9902.09.13	[1]	由丙-2-醇（CAS No.67－63－0）、2-甲基丙-1-醇（CAS No.78－83－1）、2-甲氧基-甲基乙酸乙酯（CAS No.108－65－6）、十六烷酸（CAS No.57－10－3）、十八烷酸（CAS No.57－11－4）和其他成分制成的石膏脱模剂（税号 3403.99.00 项下）	[1]	免税	不变	不变	2020 年 12 月 31 日当天或之前
9902.09.14	[1]	烟火（1.4G 级）（税号 3604.10.90 项下）	[1]	免税	不变	不变	2020 年 12 月 31 日当天或之前
9902.09.15	[1]	派对爆竹（1.4G 级）（税号 3604.90.00 项下）	[1]	免税	不变	不变	2020 年 12 月 31 日当天或之前
9902.09.16	[1]	速印胶片,用于彩色照相（彩色）（税号 3701.20.00 项下）	[1]	3.10%	不变	不变	2020 年 12 月 31 日当天或之前
9902.09.17	[1]	二化松香酸的甘油酯,其软化点不少于 104℃,酸值测量为 3 以上但不超过 8（CAS No.68475－37－6）（税号 3806.30.00 项下）	[1]	免税	不变	不变	2020 年 12 月 31 日当天或之前
9902.09.18	[1]	部分聚（二聚）松香,用硫酸催化,软化点不低于 92℃,酸值不低于 140（CAS No.65997－05－9）（税号 3806.90.00 项下）	[1]	免税	不变	不变	2020 年 12 月 31 日当天或之前
9902.09.19	[1]	含有（RS）-α-氰基-4-氟-3-苯氧基苄基（1RS,3RS；1RS,3SR）-3-（2,2-二氯乙烯基）-2,2-二甲基环丙烷羧酸酯（β-氟氯氰菊酯）（CAS No.68359－37－5）的混合物产品（税号 3808.91.25 项下）	[1]	免税	不变	不变	2020 年 12 月 31 日当天或之前

税则号列	统计后缀	货品名称	单位	税率 1 一般	税率 1 特惠	税率 2	有效期
9902.09.20	[1]	含有4-{[((6-氯-3-吡啶基)甲基](2,2-二氟乙基)氨基}-2(5H)-呋喃酮(氟吡喃酮)(CAS No.951659-40-8)的混合物产品(税号3808.91.25项下)	[1]	4.20%	不变	不变	2020年12月31日当天或之前
9902.09.21	[1]	含有1-(6-氯-3-吡啶基)甲基-N-硝基咪唑啉-2-亚胺(吡虫啉)(CAS No.138261-41-3)和(RS)-α-氰基-4-氟-3-苯氧基苄基(1RS,3RS;1RS,3SR)-3-(2,2-二氯乙烯基)-2,2-二甲基环丙烷羧酸酯(β-氟氯氰菊酯)(CAS No.68359-37-5)的混合物产品(税号3808.91.25项下)	[1]	免税	不变	不变	2020年12月31日当天或之前
9902.09.22	[1]	含有1-(6-氯-3-吡啶基)甲基-N-硝基咪唑啉-2-亚胺(吡虫啉)(CAS No.138261-41-3)和3,7,9,13-四甲基-5,11-二氧杂-2,8,14-三硫杂-4,7,9,12-四氮杂十五碳-3,12-二烯-6,10-二酮(噻二威)(CAS No.59669-26-0)的混合物产品(税号3808.91.25项下)	[1]	免税	不变	不变	2020年12月31日当天或之前
9902.09.23	[1]	含有3,3-二甲苯-2-氧-1-氧杂螺[4.4]非-3-烯-4-基 3,3-二甲基丁酸酯(螺甲螨酯)(CAS No.283594-90-1)的混合物产品(税号3808.91.25项下)	[1]	1.00%	不变	不变	2020年12月31日当天或之前
9902.09.24	[1]	含有(5s,8s)-3-(2,5-二甲基苯基)-8-甲氧基-2-氧代-1-氮杂螺[4.5]癸-3-烯-4-基碳酸乙酯(螺虫乙酯)(CAS No.203313-25-1)的混合物产品(税号3808.91.25项下)	[1]	5.20%	不变	不变	2020年12月31日当天或之前
9902.09.25	[1]	含有1-(2-氯-1,3-噻唑-5-基甲基)-3-甲基-2-硝基胍(草胺素)(CAS No.210880-92-5)和(RS)-α-氰基-4-氟-3-苯氧基苄基(1RS,3RS;1RS,3SR)-3-(2,2-二氯乙烯基)-2,2-二甲基环丙烷羧酸酯(β-氟氯氰菊酯)(CAS No.68359-37-5)的混合物产品(税号3808.91.25项下)	[1]	免税	不变	不变	2020年12月31日当天或之前
9902.09.26	[1]	含有(Z)-2-氯-1-(2,4,5-三氯苯基)乙烯基二甲基磷酸酯(四氯乙烯)(CAS No.22248-79-9)的混合物产品(税号3808.91.25项下)	[1]	免税	不变	不变	2020年12月31日当天或之前
9902.09.27	[1]	3,6-双(2-氯苯基)-1,2,4,5-四嗪(氯芬替嗪)(CAS No.74115-24-5)和应用助剂的混合物(税号3808.91.25项下)	[1]	免税	不变	不变	2020年12月31日当天或之前
9902.09.28	[1]	3-十二烷基-1,4-二氧-1,4-二氢萘-2-基乙酸酯(乙酰喹啉)(CAS No.57960-19-7)和应用助剂的混合物(税号3808.91.25项下)	[1]	免税	不变	不变	2020年12月31日当天或之前
9902.09.29	[1]	N-(氰基甲基)-4-(三氟甲基)-3-吡啶甲酰胺(氟啶虫酰胺)(CAS No.158062-67-0)(税号2933.39.27项下)以及含有此类化合物的任何配方(税号3808.91 25项下)	[1]	免税	不变	不变	2020年12月31日当天或之前
9902.09.30	[1]	含有氰基(3-苯氧基苯基)甲基 3-[(1Z)-2-氯-3,3,3-三氟-1-丙-1-基]-2,2-二甲基环丙烷羧酸酯(γ-氯氟氰菊酯)(CAS No.76703-62-3)和应用助剂的混合物(税号3808.91.25项下)	[1]	免税	不变	不变	2020年12月31日当天或之前
9902.09.31	[1]	(E)-N1-[(6-氯-3-吡啶基)甲基]-N2-氰基-N1-甲基乙脒(乙酰胺)(CAS No.135410-20-7)和应用助剂的混合物(税号3808.91.25项下)	[1]	0.80%	不变	不变	2020年12月31日当天或之前

税则号列	统计后缀	货品名称	单位	税率 1 一般	税率 1 特惠	税率 2	有效期
9902.09.32	[1]	含有磷化锌(三磷化锌)(CAS No.1314-84-7)的配方(税号3808.91.30项下)	[1]	免税	不变	不变	2020年12月31日当天或之前
9902.09.33	[1]	含有二甲基(2aR,3S,4S,4aR,5S,7aS,8S,10R,10aS,10bR)-10-乙酰氧基-3,5-二羟基-4[(1aR,2S,3aS,6aS,7S,7aS)-6a-羟基-7a-甲基-3a,6a,7,7a-四氢-2,7-甲呋喃并[2,3-b]氧杂诺[e]氧杂环庚烷-1a(2H)-基]-4-甲基-8-{[(2E)-2-甲基-2-乙基]氧}八氢-1H-纳普托[1,8a-c:4,5-b'c']二富兰-5,10a(8H)-二甲苯甲酸酯(印楝素)(CAS No.11141-17-6)的混合物(税号3808.91.50项下)	[1]	免税	不变	不变	2020年12月31日当天或之前
9902.09.34	[1]	阿维菌素(阿维菌素A1a和阿维菌素A1b的混合物)(CAS No.155569-91-8)(税号3808.91.50项下)	[1]	免税	不变	不变	2020年12月31日当天或之前
9902.09.35	[1]	O,S-二甲基乙酰氨基硫代磷酸酯(乙酰甲酸酯)(CAS No.30560-19-1)的配方(税号3808.91.50项下)	[1]	1.80%	不变	不变	2020年12月31日当天或之前
9902.09.36	[1]	含有1-[(2-氯-1,3-噻唑-5-基)甲基]-2-甲基-3-硝基胍(噻盼丁)(CAS No.210880-92-5)和紧致芽孢杆菌(菌株I-1582)的混合物产品(税号3808.91.50项下)	[1]	4.20%	不变	不变	2020年12月31日当天或之前
9902.09.37	[1]	含有1-[(2-氯-1,3-噻唑-5-基)甲基]-2-甲基-3-硝基胍(氯噻啶)(CAS No.210880-92-5)的混合物(税号3808.9150项下)	[1]	2.80%	不变	不变	2020年12月31日当天或之前
9902.09.38	[1]	2-甲基-1-硝基-3-(四氢-2-呋喃基甲基)胍(二甲呋喃)(CAS No.165252-70-0)和应用助剂的混合物(税号3808.91.50项下)	[1]	免税	不变	不变	2020年12月31日当天或之前
9902.09.39	[1]	(1E)-N-[(甲基氨基甲酰基)氧基]乙亚氨基硫代甲基磺酸酯(甲苯甲酸酯)(CAS No.16752-77-5)和应用助剂的混合物(税号3808.91.50项下)	[1]	免税	不变	不变	2020年12月31日当天或之前
9902.09.40	[1]	含有N-(2-甲氧基乙酰基)-N-(2,6-二甲苯基)-DL-丙氨酸甲酯(甲霜灵)(CAS No.57837-19-1),5-氟-1,3-二甲基-N的混合物产品-[[2-(4-甲基戊-2-基)苯基]-1H-吡唑-4-羧酰胺(苯氟醚)(CAS No.494793-67-8)和2-[((2RS)-2-(1-氯环丙基)]-3-(2-氯苯基)-2-羟丙基]-2H-1,2,4-三唑-3(4H)-硫酮(丙硫菌唑)(CAS No.178928-70-6)的混合物产品(税号3808.92.15项下)	[1]	免税	不变	不变	2020年12月31日当天或之前
9902.09.41	[1]	含有(E)-{2-[6-(2-氯苯氧基)-5-氟嘧啶-4-基氧基]苯基}(5,6-二氢-1,4,2-二恶嗪-3-基)甲酮O-甲基肟(氟沙星)(CAS No.361377-29-9)的混合物产品(税号3808.92.15项下)	[1]	免税	不变	不变	2020年12月31日当天或之前
9902.09.42	[1]	含有1-(4-氯苯氧基)-3,3-二甲基-1-[1,2,4]三唑-1-基-丁-2-(三唑酮)的混合物产品(CAS No.43121-43-3)和(E)-甲氧基亚氨基-{(E)-2-[1-(α,α,α-三氟-间甲苯基)亚乙基亚氨基氧基]-邻甲苯基}乙酸甲酯(三氟雌激素)(CAS No.141517-21-7)的混合物产品(税号3808.92.15项下)	[1]	免税	不变	不变	2020年12月31日当天或之前

税则号列	统计后缀	货品名称	单位	税率 1 一般	税率 1 特惠	税率 2	有效期
9902.09.43	[1]	含有1-(4-氯苯氧基)-3,3-二甲基-1-(1H-1,2,4-三唑-1-基)-2-丁酮(三唑酮)的混合物产品(CAS No.43121-43-3)(税号3808.92.15项下)	[1]	免税	不变	不变	2020年12月31日当天或之前
9902.09.44	[1]	含有N-[2-(1,3-二甲基丁基)苯基]-5-氟-1,3-二甲基-1H-吡唑-4-羧酰胺(戊苯吡菌胺)(CAS No.494793-67-8)和2的混合物产品-[[(2RS)-2-(1-氯环丙基)-3-(2-氯苯基)-2-羟丙基]-2H-1,2,4,4-三唑-3(4H)-硫酮(丙硫菌唑)(CAS No.178928-70-6)的混合物产品(税号3808.92.15项下)	[1]	免税	不变	不变	2020年12月31日当天或之前
9902.09.45	[1]	含有1-(6-氯-3-吡啶基)甲基-N-硝基咪唑啉-2-亚胺(吡虫啉)(CAS No.138261-41-3),甲基N-(2-甲氧基乙酰基)的产物混合物-N-(2,6-二甲苯基)-DL-丙氨酸酯(甲霜灵)(CAS No.57837-19-1),2-[((2RS)-2-(1-氯环丙基)-3-(2-氯苯基)-2-羟丙基]-2H-1,2,4-三唑-3(4H)-硫酮(丙硫菌唑)(CAS No.178928-70-6)和(RS)-1-对氯苯基-4,4-二甲基-3-(1H-1,2,4-三唑-1-基甲基)戊-3-醇(丁苯康唑)(CAS No.107534-96-3)的混合物(税号3808.92.15项下)	[1]	免税	不变	不变	2020年12月31日当天或之前
9902.09.46	[1]	含有N-[9-(二氯亚甲基)-1,2,3,4-四氢-1,4-蛋氨酸萘-5-基]-3-(二氟甲基)-1-甲基-1H-吡唑-4-羧酰胺的混合物(苯并二氟吡啶)(CAS No.1072957-71-1)和甲基(2E)-2-(2-{[6-(2-氰基苯氧基)嘧啶-4-基]氧基}苯基)-3-甲氧基丙烯酸酯(阿米西达)(CAS No.131860-33-8)的混合物(税号3808.92.15项下)	[1]	免税	不变	不变	2020年12月31日当天或之前
9902.09.47	[1]	含有1-[4-[4-[5-(2,6-二氟苯基)-4,5-二氢-1,2-恶唑-3-基]-1,3-噻唑-2-基]哌啶的混合物1-基]-2-[5-甲基-3-(三氟甲基)吡唑-1-基]乙酮(氟噻唑吡乙酮)(CAS No.1003318-67-9)的混合物(税号3808.92.15项下)	[1]	免税	不变	不变	2020年12月31日当天或之前
9902.09.48	[1]	含有N-{2-[3-氯-5-(三氟甲基)-2-吡啶基]乙基}-2-(三氟甲基)苯甲酰胺(氟吡喃)(CAS No.658066-35-4)和1-(4-氯苯基)-4,4-二甲基-3-(1H-1,2,4-三唑-1-基甲基)戊-3-醇(丁苯康唑)(CAS No.107534-96-3)的混合物(税号3808.92.15项下)	[1]	免税	不变	不变	2020年12月31日当天或之前
9902.09.49	[1]	含有N-[2-[3-氯-5-(三氟甲基)吡啶-2——2-基]乙基]-2-(三氟甲基)苯甲酰胺(氟吡喃)(CAS No.658066-35-4)和紧致芽孢杆菌(菌株I-1582)的混合物产品(税号3808.92.15项下)	[1]	0.30%	不变	不变	2020年12月31日当天或之前
9902.09.50	[1]	含有2-[((2RS)-2-(1-氯环丙基)-3-(2-氯苯基)-2-羟丙基]-2H-1,2,4-三唑-3(4H)-硫酮(丙硫菌唑)的混合物产品(CAS No.178928-70-6)和(RS)-1-对氯苯基-4,4-二甲基-3-(1H-1,2,4-三唑-1-基甲基)戊烷3-醇(戊唑醇)(CAS No.107534-96-3)的混合物产品(税号3808.92.15项下)	[1]	4.90%	不变	不变	2020年12月31日当天或之前

税则号列	统计后缀	货品名称	单位	税率 1 一般	税率 1 特惠	税率 2	有效期
9902.09.51	[1]	含有(E)-甲氧基亚氨基-{(E)-2-[1-(α,α,α-三氟-间甲苯基)乙叉亚氨基氧基]-邻甲苯基}乙酸酯(三氟精油)(CAS No.141517-21-7)和2-[((2RS)-2-(1-氯环丙基)-3-(2-氯苯基)-2-羟丙基]-2H-1,2,4-三唑-3(4H)-硫酮(丙硫菌唑)(CAS No.178928-70-6)的混合物产品(税号3808.92.15项下)	[1]	4.00%	不变	不变	2020年12月31日当天或之前
9902.09.52	[1]	含有1-(6-氯-3-吡啶基)甲基-N-硝基咪唑啉-2-亚胺(吡虫啉)(CAS No.138261-41-3),甲基N-(2-甲氧基乙酰基)-N-(2的混合物产品,6-二甲苯基)-DL-丙氨酸盐(甲霜灵)(CAS No.57837-19-1)和(RS)-1-对氯苯基-4,4-二甲基-3-(1H-1,2,4-三唑-1-基甲基)戊-3-醇(丁苯康唑)(CAS No.107534-96-3)的混合物产品(税号3808.92.15项下)	[1]	免税	不变	不变	2020年12月31日当天或之前
9902.09.53	[1]	含有(E)-甲氧基亚氨基-{(E)-2-[1-(α,α,α-三氟-间甲苯基)乙叉亚氨基氧基]-邻甲苯基}乙酸酯(三氟精油)(CAS No.141517-21-7)和(RS)-1-对氯苯基-4,4-二甲基-3-(1H-1,2,4-三唑-1-基甲基)戊-3-醇(戊唑醇)(CAS No.107534-96-3)的混合物产品(税号3808.92.15项下)	[1]	免税	不变	不变	2020年12月31日当天或之前
9902.09.54	[1]	含有N-[2-[3-氯-5-(三氟甲基)吡啶-2-基]乙基]-2-(三氟甲基)苯甲酰胺(氟吡喃)(CAS No.658066-35-4)和4,6的混合物产品-二甲基-N-苯基-2-嘧啶胺(嘧啶胺)(CAS No.53112-28-0)的混合物产品(税号3808.92.15项下)	[1]	免税	不变	不变	2020年12月31日当天或之前
9902.09.55	[1]	含有N-[2-[3-氯-5-(三氟甲基)吡啶-2-基]乙基]-2-(三氟甲基)苯甲酰胺(氟吡喃)(CAS No.658066-35-4)和甲基(E)-甲氧基亚氨基-{(E)-2-[1-(α,α,α-三氟-间甲苯基)亚乙基氨基氧基]-邻甲苯基}乙酸酯(三氟菌酯)(CAS No.141517-21-7)的混合物产品(税号3808.92.15项下)	[1]	免税	不变	不变	2020年12月31日当天或之前
9902.09.56	[1]	含有(E)-甲氧基亚氨基-{(E)-2-[1-(α,α,α-三氟-间甲苯基)乙叉亚氨基氧基]-邻甲苯基}乙酸酯(三氟精油)(CAS No.141517-21-7)和顺-反-1-[2-(2,4-二氯苯基)-4-丙基-1,3-二氧戊环-2-基甲基]-1H-1,2,4-三唑(丙环唑)(CAS No.60207-90-1)的混合物产品(税号3808.92.15项下)	[1]	免税	不变	不变	2020年12月31日当天或之前
9902.09.57	[1]	含有(2E)-(甲氧基亚氨基)[2-({[((E)-{1-[3-三氟甲基)苯基]亚乙基}氨基]氧基}甲基)苯基]乙酸][三氟雌激素](CAS No.141517-21-7)的混合物产品(税号3808.92.15项下)	[1]	免税	不变	不变	2020年12月31日当天或之前
9902.09.58	[1]	含有N-[2-[3-氯-5-(三氟甲基)吡啶-2-基]乙基]-2-(三氟甲基)苯甲酰胺(氟吡喃)(CAS No.658066-35-4)和(RS)的混合物产品-2-[2-(1-氯环丙基)-3-(2-氯苯基)-2-羟丙基]-2,4-二氢-1,2,4-三唑-3-硫酮(丙硫菌唑)(CAS No.178928-70-6)的混合物产品(税号3808.92.15项下)	[1]	免税	不变	不变	2020年12月31日当天或之前

税则号列	统计后缀	货品名称	单位	税率 1 一般	税率 1 特惠	2	有效期
9902.09.59	[1]	含有2-[2-(1-氯环丙基)-3-(2-氯苯基)-2-羟丙基]-1,2-二氢-3H-1,2,4-三唑-3-硫酮(丙硫菌唑)(CAS No.178928-70-6)的混合物产品(税号3808.92.15项下)	[1]	免税	不变	不变	2020年12月31日当天或之前
9902.09.60	[1]	含有N-(2,3-二氯-4-羟基苯基)-1-甲基环己烷甲酰胺(苯六胺)(CAS No.126833-17-8)和应用助剂的混合物(税号3808.92.15项下)	[1]	免税	不变	不变	2020年12月31日当天或之前
9902.09.61	[1]	含有N-[2-[3-氯-5-(三氟甲基)吡啶-2-基]乙基]-2-(三氟甲基)苯甲酰胺(氟吡喃)的混合物(CAS No.658066-35-4)(税号3808.92.15项下)	[1]	免税	不变	不变	2020年12月31日当天或之前
9902.09.62	[1]	N-[2-[3-氯-5-(三氟甲基)吡啶-2-基]乙基]-2-(三氟甲基)苯甲酰胺(氟吡喃)(CAS No.658066-35-4)和N-[1-[(6-氯吡啶基-3-基)甲基]-4,5-二氢咪唑-2-基]硝酰胺(吡虫啉)(CAS No.138261-41-3)的混合物(税号3808.92.15项下)	[1]	免税	不变	不变	2020年12月31日当天或之前
9902.09.63	[1]	(1-[2-(烯丙氧基)-2-(2,4-二氯苯基)乙基]-1H-咪唑)(抑霉唑)(CAS No.35554-44-0)和应用助剂的混合物(税号3808.92.15项下)	[1]	免税	不变	不变	2020年12月31日当天或之前
9902.09.64	[1]	1-[2-(2,4-二氯苯基)-2-(丙-2-烯-1-基氧基)乙基]-1H-咪唑硫酸盐(硫酸咪唑)(CAS No.58594-72-2)和应用助剂的混合物(税号3808.92.15项下)	[1]	免税	不变	不变	2020年12月31日当天或之前
9902.09.65	[1]	4,6-二甲基-N-苯基-2-嘧啶胺(嘧啶胺)(CAS No.53112-28-0)和应用助剂的混合物(税号3808.92.15项下)	[1]	免税	不变	不变	2020年12月31日当天或之前
9902.09.66	[1]	5,7-二氯-4-(4-氟苯氧基)喹啉(奎宁芬)(CAS No.124495-18-7)和应用助剂的混合物(税号3808.92.15项下)	[1]	1.60%	不变	不变	2020年12月31日当天或之前
9902.09.67	[1]	3-苯胺基-5-甲基-5-(4-苯氧基苯基)-1,3-恶唑烷-2,4-二酮(恶唑菌酮)(CAS No.131807-57-3)、2-氰基-N-的混合物乙氨基甲酰基)-2-(甲氧基亚氨基)乙酰胺(霜脲氰)(CAS No.57966-95-7)和应用助剂的混合物(税号3808.92.15项下)	[1]	免税	不变	不变	2020年12月31日当天或之前
9902.09.68	[1]	含有(2E)-(甲氧基咪诺)[2-({[(E)-{1-[3-(三氟甲基)苯基]乙基氨基}氧基甲基)苯基]醋酸酯(三氟西林酯)(CAS No.141517-21-7)、2-(4-氯苯基)-3-环丙基-1-(1h-1,2,4-三唑-1-基)-2-丁醇(环丙唑)(CAS No.94361-06-5)和应用助剂的混合物(税号3808.92.15项下)	[1]	免税	不变	不变	2020年12月31日当天或之前
9902.09.69	[1]	含有N-[2-(3-氯-5-(三氟甲基)吡啶-2-基]乙基]-2-(三氟甲基)苯甲酰胺(氟吡喃)(CAS No.658066-35-4)和(E)-1-(2-氯-1,3-噻唑-5-甲基)-3-甲基-2-硝基胍(噻虫胺)(CAS No.210880-92-5)的混合物(税号3808.92.15项下)	[1]	免税	不变	不变	2020年12月31日当天或之前

税则号列	统计后缀	货品名称	单位	税率 1 一般	税率 1 特惠	2	有效期
9902.09.70	[1]	含有3-(3,5-二氯苯基)-N-异丙基-2,4-二氧基-1-咪唑胺(异菌脲)(CAS No.36734-19-7)和甲基(2E)-(甲氧基咪诺)[2-({(E)-{1-[3-(三氟甲基)苯基]乙基氨基}氧基甲基}苯基]醋酸酯(三氟西林酯)(CAS No.141517-21-7)的混合物(税号3808.92.15项下)	[1]	免税	不变	不变	2020年12月31日当天或之前
9902.09.71	[1]	1-[2-(2,4-二氯苯基)3-(1,1,2,2-四氟乙氧基)丙基]-1h-1,2,4-三唑(四唑)(CAS No.112281-77-3)、甲基(2E)-2-(2-{[6-(2-氰基氧基)-4-吡啶基]氧基苯基}-3-甲氧基丙烯酸酯(偶氮酮)(CAS No.131860-33-8)和应用助剂的混合物(税号3808.92.15项下)	[1]	免税	不变	不变	2020年12月31日当天或之前
9902.09.72	[1]	1-[2-(2,4-二氯苯基)3-(1,1,2,2-四氟乙氧基)丙基]-1h-1,2,4-三唑(四唑)(CAS No.112281-77-3)、2,4,5,6-四氯异酞腈(百菌清)(CAS No.1897-45-6)和应用助剂的混合物(税号3808.92.15项下)	[1]	免税	不变	不变	2020年12月31日当天或之前
9902.09.73	[1]	双锌(二甲基二硫代氨基甲酸锌)(福美锌)(CAS No.137-30-4)和应用助剂的混合物(税号3808.92.28项下)	[1]	免税	不变	不变	2020年12月31日当天或之前
9902.09.74	[1]	[二磺酰双(羰基亚硝酸盐)]四甲基甲烷(二硫化四甲基秋兰姆)(CAS No.137-26-8)和应用助剂的混合物(税号3808.92.28项下)	[1]	免税	不变	不变	2020年12月31日当天或之前
9902.09.75	[1]	异硫氰酸烯丙酯(3-异硫氰酸酯-1-丙烯)(CAS No.57-06-7)(按重量计含量至少为95%)和应用助剂的混合物(税号3808.92.28项下)	[1]	免税	不变	不变	2020年12月31日当天或之前
9902.09.76	[1]	氯化铜(CAS No.1332-40-7)和氢氧化铜(CAS No.20427-59-2)的混合物(税号3808.92.30项下)	[1]	免税	不变	不变	2020年12月31日当天或之前
9902.09.77	[1]	氢氧化铜(CAS No.20427-59-2)和应用助剂的混合物(税号3808.92.30项下)	[1]	免税	不变	不变	2020年12月31日当天或之前
9902.09.78	[1]	含有(1S,2R,3S,4R,5S,6S)-2,3,4,5,6-五羟基环己基2-氨基-4-{[羧基(亚氨基)甲基]氨基}-2,3,4,6-四脱氧-α-d-阿拉伯-己吡喃糖苷(CAS No.19408-46-9)和应用助剂的混合物(税号3808.92.50项下)	[1]	免税	不变	不变	2020年12月31日当天或之前
9902.09.79	[1]	锌1-{(2R,3R,4S,5R)-5-[(S)-{(2S,3S,4S)-2-氨基-5-(氨基甲酰氧基)-3,4-二羟基戊酰基]氨基}(羧甲基)甲基-3,4-二羟基四氢-2-呋喃基]-2,4-二氧-1,2,3,4-四氢-5-嘧啶羧酸盐(多辛D锌盐)(CAS No.146659-78-1)的配方(税号3808.92.50项下)	[1]	免税	不变	不变	2020年12月31日当天或之前
9902.09.80	[1]	N,N-二甲基-3-[(丙氧羰基)氨基]-1-丙氨酰氯(盐酸丙氨卡波)(CAS No.25606-41-1)和应用助剂的混合物(税号3808.92.50项下)	[1]	免税	不变	不变	2020年12月31日当天或之前
9902.09.81	[1]	含有β-蓝豆蛋白和应用助剂的混合物,用作杀菌剂(税号3808.92.50项下)	[1]	免税	不变	不变	2020年12月31日当天或之前
9902.09.82	[1]	1-十二烷基胍乙酸酯(1:1)(多丁)(CAS No.2439-10-3)和应用助剂的混合物(税号3808.92.50项下)	[1]	免税	不变	不变	2020年12月31日当天或之前

税则号列	统计后缀	货品名称	单位	税率 1 一般	税率 1 特惠	2	有效期
9902.09.83	[1]	配方杀菌剂试剂盒,包括单独包装的氟化四丁胺(CAS No. 87749-50-6)、二甲基亚砜(CAS No. 67-68-5)、2-(丁二甲基硅基)-1-甲基环丙醇-1-甲磺酸盐(CAS No. 1446996-86-6)和氢氧化钠溶液(CAS No. 1310-73-2)(税号3808.92.50项下)	[1]	免税	不变	不变	2020年12月31日当天或之前
9902.09.84	[1]	含有5-甲基-1,2-恶唑-3(2H)-1(羟美唑)(CAS No. 10004-44-1)的混合物产品（税号3808.92.50项下）	[1]	免税	不变	不变	2020年12月31日当天或之前
9902.09.85	[1]	含有{[2-(甲氧基羰基)苯基]磺酰钠}、[(4,5-二氢-4-甲基-5-氧-3-丙氧基-1H-1,2,4-三唑-1-基)羰基]叠氮化钠(CAS No. 181274-15-7)的混合物产品(税号3808.93.15项下)	[1]	3.8%	不变	不变	2020年12月31日当天或之前
9902.09.86	[1]	含有(5-羟基-1,3-二甲基-1h-吡唑-4-基)[2-(甲基磺酰基)-4-(三氟甲基)苯基]2,4-二溴-6-氰基辛酸酯(辛酰溴苯腈)(CAS No. 1689-99-2)、2,6-二溴-4-氰基庚酸酯(溴氧零庚酸酯)(CAS No. 56634-95-8)和1-(2,4-二氯苯基)-5-甲基-4,5-二氢-1h-吡唑-3,5-二羧酸二乙酯(甲吡喃-二乙基)(CAS No. 135590-91-9)的混合物产品(税号3808.93.15项下)	[1]	3.7%	不变	不变	2020年12月31日当天或之前
9902.09.87	[1]	苯甲酸胺、2-[({[(4,6-二甲氟基-2-嘧啶基)氨基]羰基}氨基)磺酰]-4-(甲酰胺基)-N,N-甲基-(有孔虫隆)(CAS No. 173159-57-4)和应用助剂的混合物(税号3808.93.15项下)	[1]	免税	不变	不变	2020年12月31日当天或之前
9902.09.88	[1]	含有甲基2-[({[(4,6-二甲氧基-2-嘧啶基)氨基]羰基}氨基)磺酰]-4-[(甲氨基)甲基]苯甲酸酯(中嘧磺隆)(CAS No. 208465-21-8)的混合物产品(税号3808.93.15项下)	[1]	免税	不变	不变	2020年12月31日当天或之前
9902.09.89	[1]	含有(5-环丙基-1,2-恶唑-4-基)[2-(甲基磺酰基)-4-(三氟甲基)苯基]甲酮(异恶唑)(CAS No. 141112-29-0)的混合物产品(税号3808.93.15项下)	[1]	免税	不变	不变	2020年12月31日当天或之前
9902.09.90	[1]	含有N-[(1R,2S)-2,6-二甲基-2,3-二氢-1H-茚-1-基]-6-[(1R)-1-氟乙基]-1,3,5-三嗪-2,4-二胺 950782-86-2)和N-[(4,6-二甲氧基-2-嘧啶基)氨甲酰]-3-(乙基磺酰基)-2-吡啶磺酰胺(甲磺隆)(CAS No. 122931-48-0)的混合物产品(税号3808.93.15项下)	[1]	免税	不变	不变	2020年12月31日当天或之前
9902.09.91	[1]	乙基2-氯-5-(4-氯-5-二氟甲氧基-1-甲基-1H-吡唑-3-基)-4-氟苯氧乙酸(吡氟芬乙酯)和应用助剂的混合物(税号3808.93.15项下)	[1]	免税	不变	不变	2020年12月31日当天或之前
9902.09.92	[1]	(2RS,3RS)-1-(4-氯苯基)-4,4-二甲基-2-(1H-1,2,4-三唑-1-基)戊烷-3-醇(多效唑)(CAS No. 76738-62-0)和应用助剂的混合物(见品目3808.93.15)	[1]	免税	不变	不变	2020年12月31日当天或之前
9902.09.93	[1]	N-[(4-甲氧基-6-甲基-1,3,5-三嗪-2-基)甲氨基甲酰基]-2-(3,3,3-三氟丙基)苯磺酰胺(丙嘧磺隆)(CAS No. 941 25-34-5)和应用助剂的混合物(税号3808.93.15项下)	[1]	免税	不变	不变	2020年12月31日当天或之前

第九十九章 临时立法;根据现有贸易法规的临时修改;根据经修正的《农业调整法》第 22 条制定的附加进口限制

税则号列	统计后缀	货品名称	单位	税率 1 一般	税率 1 特惠	税率 2	有效期
9902.09.94	[1]	1,1′-二甲基-4,4′-二氯化联吡啶(百草枯原药)(CAS No.1910-42-5)和2-氨基-4,5-二氢-6-甲基-4-丙基-s-三唑-[1,5-a]嘧啶-5-酮(催吐剂 PP796)(CAS No.27277-00-5)的混合物(税号3808.93.15项下)	[1]	4.6%	不变	不变	2020年12月31日当天或之前
9902.09.95	[1]	含有5-(2-氯-4-(三氟甲基)苯氧基)-2-硝基苯甲酸(次氯酸钠)(CAS No.62476-59-9)的混合物(税号3808.93.15项下)	[1]	4.2%	不变	不变	2020年12月31日当天或之前
9902.09.96	[1]	甲磺酸氨基甲酸酯、钠盐(阿舒拉姆钠盐)(CAS No.2302-17-2)和应用助剂的混合物(税号3808.93.15项下)	[1]	2.0%	不变	不变	2020年12月31日当天或之前
9902.09.97	[1]	(RS)-n,n-二乙基-2-(1-萘氧基)丙酰胺配方(敌草胺)(CAS No.15299-99-7)(税号3808.93.15项下)	[1]	免税	不变	不变	2020年12月31日当天或之前
9902.09.98	[1]	含有甲基 2-{[(4,6-二甲基-2-嘧啶基)氨基甲氨酰基]氨磺酰基}苯甲酸酯(磺甲基)(CAS No.74222-97-2)的混合物产品(税号3808.93.15项下)	[1]	免税	不变	不变	2020年12月31日当天或之前
9902.09.99	[1]	3-异丙基-1h-2,1,3-苯并噻吩二嗪-4(3H)-1,2,2-二氧化物(苯达松)(CAS No.25057-89-0)的配方(税号3808.93.15项下)	[1]	免税	不变	不变	2020年12月31日当天或之前
9902.10.01	[1]	含有5-环丙基-4-(2-甲酰基-4-三氟甲基苯酰基)异恶唑(CAS No.221667-31-8)的混合物产品(税号3808.93.15项下)	[1]	2.5%	不变	不变	2020年12月31日当天或之前
9902.10.02	[1]	含有乙基5,5-二苯基-4H-1,2-恶唑-3-羧酸盐(异恶二芬乙基)和2-{2-氯-4-(甲磺酰基)-3-[(2,2,2-三氟乙氧基)甲基]苯甲酰基}-1,3-环己二酮(替莫替酮)(CAS No.335104-84-2)的混合物产品(税号3808.93.15项下)	[1]	1.3%	不变	不变	2020年12月31日当天或之前
9902.10.03	[1]	N-[[(4,6-二甲氧基-2-嘧啶基)氨基]羰基]-3-(乙基磺酰)-2-吡啶磺酰胺(rim嘧磺隆)(CAS No.122931-48-0)和应用助剂的混合物(税号3808.93.15项下)	[1]	免税	不变	不变	2020年12月31日当天或之前
9902.10.04	[1]	含有甲基 4-{(3-甲氧基-5-甲基-5-氧氧基-4,5-二氢-1H-1,2,4-三唑-1-基)羰基]磺胺基}-5-甲基-3-噻吩甲酸乙酯(硫脲基)(CAS No.317815-83-1),甲基 2-{[(4,6-二甲氧基-2-嘧啶基)氨基甲氨基甲酰基]氨基羰基-4-{[(甲基磺酰基)氨基]苯甲酸甲酯(中嘧磺隆)(CAS No.208465-21-8)和1-二乙基(2,4-二氯苯基)-5-甲基-4,5-二氢-1h-吡唑-3,5-二羧酸盐(甲吡喃二乙基)(CAS No.135590-91-9)的混合物产品(税号3808.93.15项下)	[1]	免税	不变	不变	2020年12月31日当天或之前
9902.10.05	[1]	(2-甲基环己基)-3-苯基脲(西都隆)(CAS No.1982-49-6)和惰性成分的混合物(税号3808.93.15项下)	[1]	免税	不变	不变	2020年12月31日当天或之前
9902.10.06	[1]	N-{2,4-二氯-5-[4-(二氟甲基)-3-甲基-5-氧代-4,5-二氢-1H-1,2,4-三唑-1-基]苯基}甲基磺酰胺(硫踪)(CAS No.122836-35-5)和应用助剂的混合物(税号3808.93.15项下)	[1]	5.6%	不变	不变	2020年12月31日当天或之前

税则号列	统计后缀	货品名称	单位	税率 1 一般	税率 1 特惠	2	有效期
9902.10.07	[1]	2-氯-6-[(4,6-二甲氧基嘧啶-2-基)硫代丁苯甲酸钠(吡啶硫杆菌钠)(CAS No. 123343-16-8)和应用助剂的混合物(税号3808.93.15项下)	[1]	1.0%	不变	不变	2020年12月31日当天或之前
9902.10.08	[1]	2-({[4-(二甲基氨基)-6-(2,2,2-三氟乙氧基)-1,3,5-三嗪-2-基]氨基甲酰}磺胺基)-3-甲基苯甲酸酯(CAS No. 126535-15-7)和应用助剂的混合物(税号3808.93.15项下)	[1]	免税	不变	不变	2020年12月31日当天或之前
9902.10.09	[1]	含有 N-[(1R,2S)-2,6-二甲基-2,3-二氢-1H-茚-1-基]-6-[(1R)-1-氟乙基]-1,3,5-三嗪-2,4-二胺(CAS No. 950782-86-2)和应用助剂的混合物(税号3808.93.15项下)	[1]	5.6%	不变	不变	2020年12月31日当天或之前
9902.10.10	[1]	含有(5-羟基-1,3-二甲基-1H-吡唑-4-基)[2-(甲基磺基)-4-(三氟甲基)苯基]甲酮(吡磺酸基)(CAS No. 365400-11-9);2,4-二溴-6-氰基苯辛酸酯(辛酸溴氧基尼酯)(CAS No. 1689-99-2);4-{[(3-甲氧基-4-甲基-5-氧基-4,5-二氢-1H-1,2,4-三唑-1-基)羰基]氨磺酰]-5-甲基-3-噻吩甲酸酯(甲基噻吩卡巴宗)CAS No. 317815-83-1)和1-(2,4-二氯苯基)-5-甲基-4,5-二氢-1H-吡唑-3,5-二羧酸二乙酯(美芬吡尔二乙酯)(CAS No. 135590-91-9)的混合物(税号3808.93.15项下)	[1]	3.6%	不变	不变	2020年12月31日当天或之前
9902.10.11	[1]	含有甲基 4-{[(3-甲氧基-5-甲基-5-氧基-4,5-二氢-1h-1,2,4-三唑-1-基)羰基]磺胺基}-5-甲基-3-噻吩甲酸酯(硫脲-甲基)(CAS No. 317815-83-1)、2-{[(4,6-二甲氧基-2-嘧啶)氨基甲氢酰基]磺胺基}-4-甲酰胺-n,n-二甲基苯甲酰胺(有孔虫隆)(CAS No. 173159-57-4)和3-氯-5-甲基[(4,6-二甲氧基-2-嘧啶)氨基甲酰基]氨基甲酰基}-1-甲基-1h-吡唑-4-羧酸盐(卤磺隆-甲基)(CAS No. 100784-20-1)和应用助剂的混合物(税号3808.93.15项下)	[1]	免税	不变	不变	2020年12月31日当天或之前
9902.10.12	[1]	1-(4,6-二甲氧基嘧啶-2-基)-3-[2-二甲氨基甲酰基]苯基磺胺基]脲(原胺)(CAS No. 213464-77-8)和应用助剂的混合物(税号3808.93.20项下)	[1]	免税	不变	不变	2020年12月31日当天或之前
9902.10.13	[1]	(RS)-5-氨基-1-[2,6-二氯-4-(三氟甲基)苯基]-4-(三氟甲基亚砜)-1H-吡唑-3-碳腈(氟虫腈)(CAS No. 120068-37-3)(税号3808.93.50项下)	[1]	免税	不变	不变	2020年12月31日当天或之前
9902.10.14	[1]	(2-氯乙基)三甲基氯化铵(CAS No. 999-81-5)(税号3808.93.50项下)	[1]	免税	不变	不变	2020年12月31日当天或之前
9902.10.15	[1]	含有 S-(2,3,3-三氯-2-丙烯-1-基)二异丙基氨基甲硫代酸二异丙酯(三异丙酯)(CAS No. 2303-17-5)的混合物(税号3808.93.50项下)	[1]	免税	不变	不变	2020年12月31日当天或之前
9902.10.16	[1]	S-(2,3,3-三氯-2-丙烯-1-基)二异丙甲氨基硫代酸二异丙酯(燕麦畏)(CAS No. 2303-17-5)和2,6-二硝基-N,N-二丙基-4-(三氟甲基)苯胺(三氟甲基)(CAS No. 1582-09-8)的混合物(税号3808.93.50项下)	[1]	免税	不变	不变	2020年12月31日当天或之前
9902.10.17	[1]	1-(4,6-二甲氧基嘧啶-2-基)-3-[3-(三氟甲基)吡啶-2-基配方(CAS No. 104040-8-0)的配方(税号3808.93.50项下)	[1]	免税	不变	不变	2020年12月31日当天或之前

税则号列	统计后缀	货品名称	单位	税率 一般	税率 特惠	税率 2	有效期
9902.10.18	[1]	甲氨酰基膦酸铵(磷胺-铵)(CAS No. 25954-13-6)和应用助剂的混合物(税号3808.93.50项下)	[1]	免税	不变	不变	2020年12月31日当天或之前
9902.10.19	[1]	含有2-[4-(2-甲基-2-丙氨酰)苯氧基]环己基2-丙基-1-基亚硫酸盐(CAS No. 2312-35-8)(炔螨特)和应用助剂的混合物(税号3808.99.95项下)	[1]	免税	不变	不变	2020年12月31日当天或之前
9902.10.20	[1]	含有5-氨基-1,3-二氢-2H-苯并咪唑-2-酮(CAS No. 95-23-8)的制剂(税号3809.91.00项下)	[1]	免税	不变	不变	2020年12月31日当天或之前
9902.10.21	[1]	含有一种用作润滑剂的稀释剂的12-羟基十八烯酸(蓖麻油酸)(CAS No. 141-22-0)的制剂(税号3811.21.00项下)	[1]	4.8%	不变	不变	2020年12月31日当天或之前
9902.10.22	[1]	一种用作粘度改进剂的经加氢处理的C20-C50中性石油(CAS No. 72623-87-1)的混合物(税号3811.21.00项下)	[1]	免税	不变	不变	2020年12月31日当天或之前
9902.10.23	[1]	异丁基3-(二异丁氧基磷代硫酸基磺酰)-2-甲基丙酸盐(CAS No. 268567-32-4)(税号3811.29.00项下)	[1]	免税	不变	不变	2020年12月31日当天或之前
9902.10.24	[1]	含有一种用作燃料添加剂的聚(乙烯-乙酸乙烯酯共聚物)(CAS No. 24937-78-8)的混合物(税号3811.90.00项下)	[1]	0.7%	不变	不变	2020年12月31日当天或之前
9902.10.25	[1]	一种用作润滑性改进剂的高油品单、二、甘油三酯(CAS No. 97722-02-6)的混合物(税号3811.90.00项下)	[1]	2.8%	不变	不变	2020年12月31日当天或之前
9902.10.26	[1]	己内酰胺二硫醚与乙烯-丙烯-二烯单体和乙烯-醋酸乙酯弹性体结合剂和分散剂(CAS No. 23847-08-7)的混合物(税号3812.10.50项下)	[1]	免税	不变	不变	2020年12月31日当天或之前
9902.10.27	[1]	3-(3,4-二氯苯基)-1,1-二甲基脲(CAS No. 330-54-1)与丙烯酸酯橡胶的混合物(税号3812.10.50项下)	[1]	免税	不变	不变	2020年12月31日当天或之前
9902.10.28	[1]	二氰锌二胺((t-4)-二氨基二(氰基)-锌(CAS No. 122012-52-6)与三元乙丙橡胶和醋酸烯乙酯的弹性体粘合剂和分散剂的混合物(税号3812.10.50项下)	[1]	免税	不变	不变	2020年12月31日当天或之前
9902.10.29	[1]	含有二苯基甲酚磷酸(CAS No. 26444-49-5)、三苯基磷酸(CAS No. 115-86-6)、三甲苯磷酸(CAS No. 1330-78-5)、二苯基磷酸二甲苯(CAS No. 26446-73-1)的增塑剂(税号3812.20.10项下)	[1]	免税	不变	不变	2020年12月31日当天或之前
9902.10.30	[1]	C10-C18烷基磺酸苯酯(CAS No. 70775-94-9)的混合物(税号3812.20.10项下)	[1]	3.2%	不变	不变	2020年12月31日当天或之前
9902.10.31	[1]	4-甲基-1h-苯并咪唑-2-硫代锌(CAS No. 61617-00-3)(税号3812.39.60项下)	[1]	免税	不变	不变	2020年12月31日当天或之前
9902.10.32	[1]	2,4-二甲基-6-(1-甲基戊二基)苯酚(CAS No. 134701-20-5)(税号3812.39.60项下)	[1]	免税	不变	不变	2020年12月31日当天或之前
9902.10.33	[1]	1,3-丙二胺与2,4,6-三氯-1,3,5-三嗪的聚合物,与正丁基-2,2,6,6-四甲基-4-哌啶胺的反应产物(CAS No. 136504-96-6)(税号3812.39.60项下)	[1]	免税	不变	不变	2020年12月31日当天或之前

税则号列	统计后缀	货品名称	单位	税率 1 一般	税率 1 特惠	2	有效期
9902.10.34	[1]	含有四[2,4-二(2-甲基-2-丙烷基)苯基]4,4′-联苯二基双(膦酸盐)(CAS No. 119345-01-6)的制剂(税号3812.39.60项下)	[1]	免税	不变	不变	2020年12月31日当天或之前
9902.10.35	[1]	4-甲基苯酚-三环[5.2.2.02,6]十一烷(1:1)(CAS No. 68610-51-5)(税号3812.39.60项下)	[1]	免税	不变	不变	2020年12月31日当天或之前
9902.10.36	[1]	1,6-己二胺,N1,n6-双(2,2,6,6-四甲基-4-哌啶基)-,与2,4,6-三氯-1,3,5-三嗪的聚合物,与3-溴-1-丙烯,正丁基-1-丁胺的反应产物氧化氢化的正丁基-2,2,6,6-四甲基-4-哌啶胺(CAS No. 247243-62-5)(税号381 2.39.90项下)	[1]	免税	不变	不变	2020年12月31日当天或之前
9902.10.37	[1]	碳酸氢铝镁(合成水滑石)(CAS No. 11097-59-9号)(税号2842.90.90);以及硬脂酸包覆的氢氧化镁铝碳酸盐(合成水滑石)(CAS No. 11097-59-9)(CAS No. 57-11-4)(税号3812.39.90项下)	[1]	免税	不变	不变	2020年12月31日当天或之前
9902.10.38	[1]	甲基化钾溶液(CAS No. 865-33-8)(税号3815.90.50项下)	[1]	免税	不变	不变	2020年12月31日当天或之前
9902.10.39	[1]	聚乙二醇(CAS No. 25322-68-3)、(乙酸盐)戊胺钴二硝酸酯(CAS No. 14854-63-8)和碳酸锌(CAS No. 3486-35-9)的混合物(税号3815.90.50项下)	[1]	免税	不变	不变	2020年12月31日当天或之前
9902.10.40	[1]	一种用作聚合抑制剂的沉淀硅胶(CAS No. 11292600-8)和(4-羟基-2,2,6,6-四甲基-1-哌啶基)氧化剂(CAS No. 2226-96-2)的混合物(税号3815.90.50项下)	[1]	免税	不变	不变	2020年12月31日当天或之前
9902.10.41	[1]	五胺二硝酸钴(CAS No. 14854-63-8)与聚合物或石蜡载体的混合物(税号3815.90.50项下)	[1]	免税	不变	不变	2020年12月31日当天或之前
9902.10.42	[1]	支链C24混合烷基苯(CAS No. 68081-77-6)(税号3817.00.15项下)	[1]	1.3%	不变	不变	2020年12月31日当天或之前
9902.10.43	[1]	α-水-ω-羟基聚(氧-1,2-乙二基)硼酸酯(CAS No. 71243-41-9)(税号3819.00.00项下)	[1]	免税	不变	不变	2020年12月31日当天或之前
9902.10.44	[1]	从棕榈油中提取的一元羧酸(税号3823.19.20项下)	[1]	1.4%	不变	不变	2020年12月31日当天或之前
9902.10.45	[1]	共共轭亚油酸((9Z,11E)-9,11-十八二烯酸和(10E,12Z)-10,12-十八二烯酸))(CAS No. 2540-56-9和2420-56-6)(税号3823.19.40项下)	[1]	免税	不变	不变	2020年12月31日当天或之前
9902.10.46	[1]	十二烷基十六醇(醇、C12-C16)(CAS No. 68855-56-1)(税号3823.70.40项下)	[1]	0.5%	不变	不变	2020年12月31日当天或之前
9902.10.47	[1]	碳酸钡(CAS No. 513-77-9)、碳酸锶(CAS No. 1633-05-2)、碳酸钙(CAS No. 471-34-1)和1-甲氧基-2-丙氨酰乙酸(CAS No. 108-65-6)的混合物,一种用作发射极悬浮阴极的材料涂料(税号3824.90.92项下)	[1]	免税[9]	不变	不变	2020年12月31日当天或之前
9902.10.48	[1]	含有88%或以上(按重量计)聚[氧(二甲基硅烷二基)]2[ω-丁氧基聚(氧丙烯)]2 醚(CAS No. 67762-96-3)、含有8%或以下(按重量计)α-丁基-ω-羟基聚(氧丙烯)(CAS No. 9003-13-8)和含有4%以下(按重量计)硅二甲基硅烷(CAS No. 68611-44-9)的混合物(税号3824.90.92项下)	[1]	0.1% 3/	不变	不变	2020年12月31日当天或之前

税则号列	统计后缀	货品名称	单位	税率 1 一般	税率 1 特惠	2	有效期
9902.10.49	[1]	2-氨基-2,3-二甲基丁腈(CAS No. 13893-53-3)与甲苯的混合物(税号3824.99.28项下)	[1]	免税	不变	不变	2020年12月31日当天或之前
9902.10.50	[1]	以 N'-(2-乙氧基苯基)-N'-[4-(10-甲基十一烷基)苯基]乙二酰胺(CAS No. 82493-14-9)为基质的制剂(税号3824.99.28项下)	[1]	免税	不变	不变	2020年12月31日当天或之前
9902.10.52	[1]	以妥尔油脂肪酸、邻苯二甲酸酐、甘油和松香为基质的聚合物(CAS No. 68015-39-4)、聚(异丁基乙烯基醚)(CAS No. 9003-44-5)、2-乙基己酸锌(CAS No. 136-53-8)和超过50%(按重量计)的烃基溶剂的混合物(税号3208.10.00项下)	[1]	免税	不变	不变	2020年12月31日当天或之前
9902.10.53	[1]	C16-C18 和 C18 不饱和脂肪酸甲酯(CAS No. 67762-38-3)和十六酸甲酯(棕榈酸甲酯)(CAS No. 112-39-0)的混合物(税号3824.99.41项下),这些甲酯来自椰子、棕榈仁或棕榈油,用作燃料以外的	[1]	免税	不变	不变	2020年12月31日当天或之前
9902.10.54	[1]	正丙基硫代三胺(CAS No. 916809-14-8)(税号3824.99.92项下)	[1]	免税	不变	不变	2020年12月31日当天或之前
9902.10.55	[1]	亚氨基芥酸钠盐的混合物(CAS No. 144538-83-0),不论是否溶于水(税号3824.99.92项下)	[1]	免税	不变	不变	2020年12月31日当天或之前
9902.10.56	[1]	N,N'-1,2-乙二基双(N-乙酰乙酰胺)和有机结合剂的混合物(CAS. 10543-57-4号)(税号3824.99.92项下)	[1]	免税	不变	不变	2020年12月31日当天或之前
9902.10.57	[1]	C5-C18 全氟碳烷、全氟碳胺和/或全氟碳醚的混合物(CAS No. 86508-42-1)(税号3824.99.92项下)	[1]	免税	不变	不变	2020年12月31日当天或之前
9902.10.58	[1]	2-甲基-N-[2-(2-恶吡唑啉酮-1-基)乙基]丙烯酰胺(CAS No. 3089-19-8)、2-甲基-2-烯酸(CAS No. 79-41-4)、1-(2-氨基乙基)咪唑啉酮-2-1 (CAS No. 3089-19-8)6281-42-1)和苯-1,4-二醇(CAS No. 123-31-9)的混合物(税号3824.99.92项下)	[1]	免税	不变	不变	2020年12月31日当天或之前
9902.10.59	[1]	硅烷化非晶质合成硅胶(CAS No. 112926-00-8)(税号3824.99项下)	[1]	免税	不变	不变	2020年12月31日当天或之前
9902.10.60	[1]	乙醇酸钠(乙醇酸钠)(CAS No. 141-52-6),乙醇溶液(CAS No. 17-5)(税号3824.99.92项下)	[1]	免税	不变	不变	2020年12月31日当天或之前
9902.10.61	[1]	超过70%(按重量计)的硅氧烷和硅酮、二甲基、甲基倍半硅氧烷和聚丙二醇单丁醚的聚合物(CAS No. 68554-65-4),含有低于8%(按重量计)的聚[氧(甲基-1,2-乙二基)]、α-丁基ω羟基(CAS 9003-13-8),低于2%(按重量计)的环氧乙烷、甲基、环氧乙烷聚合物、单丁酯(CAS No. 9035-95-3),低于8%(按重量计)的硅烷胺,1,1,1-三甲基(CAS No. 68 909-206)和低于1%(按重量计)的二氧化硅(CAS No. 7631-86-9)(税号3824.99.92项下)	[1]	免税	不变	不变	2020年12月31日当天或之前
9902.10.62	[1]	1-o-硬脂酰-β-d-呋喃果酰基α-d-吡喃葡萄糖甙(蔗糖硬脂酸酯)(税号3824.99.92项下)	[1]	免税	不变	不变	2020年12月31日当天或之前
9902.10.63	[1]	酸性水洗贝塔沸石粉末,由铝、硅和钠氧化物混合物组成,四乙基氢氧化物和有机化合物(CAS No. 1318-02-1)(税号3824.99.92项下)	[1]	免税	不变	不变	2020年12月31日当天或之前

税则号列	统计后缀	货品名称	单位	税率 1 一般	税率 1 特惠	税率 2	有效期
9902.10.64	[1]	2-丙烯酸,c12-c14-烷基酯,与乙烯、2-乙基己基丙烯酸酯、丙醛和醋酸乙烯酯的端聚物(CAS No. 923958-45-6)(税号 3901.90.90 项下)	[1]	免税	不变	不变	2020年12月31日当天或之前
9902.10.65	[1]	含有18%或以上但不超过22%(按重量计)的矿物填料(滑石)(CAS No. 9003-07-0)的颗粒状聚丙烯(税号 3902.10.00 项下)	[1]	免税	不变	不变	2020年12月31日当天或之前
9902.10.66	[1]	聚(异丁烯)氢甲酰化产物(CAS No. 337367-30-3)和氨的反应产物(税号 3902.20.50 项下)	[1]	5.0%	不变	不变	2020年12月31日当天或之前
9902.10.67	[1]	聚(2-甲基丙烯)(聚异丁烯),弹性体材料除外(CAS No. 9003-27-4)(税号 3902.20.50 项下)	[1]	5.1%	不变	不变	2020年12月31日当天或之前
9902.10.68	[1]	聚丙烯-乙烯(CASNO.9010-79-1)(税号 3902.30.00 的项下)	[1]	5.9%	不变	不变	2020年12月31日当天或之前
9902.10.69	[1]	硅烷,乙基三甲氧基,与丁烯-乙烯-丙烯聚合物(CASNO. 832150-35-3)(税号 3902.30.00 项下)	[1]	免税	不变	不变	2020年12月31日当天或之前
9902.10.70	[1]	聚-丙烯-co-1-丁烯-co-乙烯(CAS No. 25895-47-0)(税号 3902.30.00 项下)	[1]	免税	不变	不变	2020年12月31日当天或之前
9902.10.71	[1]	C12-C18 烯烃,4-甲基-1-戊烯聚合物(CAS No. 25155-83-3, 81229-87-0 和 103908-22-1)(税号 3902.90.00 项下)	[1]	免税	不变	不变	2020年12月31日当天或之前
9902.10.72	[1]	α-烯烃(C20-C24)马来酸4-氨基-2,2,6,6-四甲基哌啶,聚合物(CAS No. 152261-33-1)(税号 3902.90.00 项下)	[1]	免税	不变	不变	2020年12月31日当天或之前
9902.10.73	[1]	低聚物(丁二烯)(CAS No. 68441-52-1)(税号 3902.90 项下)	[1]	免税	不变	不变	2020年12月31日当天或之前
9902.10.75	[1]	聚醋酸乙烯-氯乙烯(CAS No. 9003-22-9 号)(税号 3904.30.60 项下)	[1]	免税	不变	不变	2020年12月31日当天或之前
9902.10.76	[1]	聚富马酸-醋酸乙烯-氯乙烯(CAS No. 32650-26-3)(税号 3904.30.60 项下)	[1]	免税	不变	不变	2020年12月31日当天或之前
9902.10.77	[1]	聚(2Z)-2-丁烯二酸-Co-乙烯基氯-Co-2-羟丙基丙烯酸酯(CAS No. 114653-42-8)(税号 3904.40.00 项下)	[1]	免税	不变	不变	2020年12月31日当天或之前
9902.10.78	[1]	聚乙烯基氯-羟基丙基丙烯酸酯(CAS No. 53710-52-4)(税号 3904.40.00 项下)	[1]	免税	不变	不变	2020年12月31日当天或之前
9902.10.79	[1]	聚(1,1,2,2-四氟-2-[(三氟乙烯基)氧基]乙磺酰氟化物-四氟乙烯)(CAS No. 1163733-25-2)(税号 3904.69.50 项下)	[1]	免税	不变	不变	2020年12月31日当天或之前
9902.10.80	[1]	聚(1,1,2,2-四氟-2-[(三氟乙烯)氧基]乙基磺酰氟-co-四氟乙烯)SO2F型(税号 3904.69.50 项下)	[1]	免税	不变	不变	2020年12月31日当天或之前
9902.10.81	[1]	聚(1,1,2,2-四氟醚-2-[(三氟乙烯)氧基]乙基磺酰基氟醚-co-四氟乙烯)锂盐(税号 3904.69.50 项下)	[1]	免税	不变	不变	2020年12月31日当天或之前
9902.10.82	[1]	聚(1,1,2,2-四氟醚-2-[(三氟乙烯)氧基]乙基磺酰基氟醚-co-四氟乙烯)铵盐(CAS No. 1126091-34-6)(税号 3904.69.50 项下)	[1]	免税	不变	不变	2020年12月31日当天或之前
9902.10.83	[1]	1,1,2-三氟乙烯-1,1-二氟乙烯(1:1)(偏氟乙烯-三氟乙烯共聚物)(CAS No. 28960-88-5)(税号 3904.69.50 项下)	[1]	免税	不变	不变	2020年12月31日当天或之前

税则号列	统计后缀	货品名称	单位	税率 1 一般	税率 1 特惠	税率 2	有效期
9902.10.84	[1]	聚(1,1-二氟乙烯-co-1-氯-1,2,2-三氟乙烯-co-1,1,2-三氟乙烯)(CAS No.81197-12-8)(税号3904.69.50项下)	[1]	免税	不变	不变	2020年12月31日当天或之前
9902.10.85	[1]	约25％丙酸,3-羟基-2-(羟甲基)-2,甲基聚合物与5-异氰酸酯-1-(异氰酸原子乙基)-1,3,3-三甲基环己烷和还原甲基酯的还原聚合,氧化四氟乙烯,化合物与三甲胺(CAS No.328389-91-9),小于1％的2-丙醇(CAS No.67-63-0)和小于1％的2-丁酮(CAS No.78-93-3),其余水分(税号3904.69.50项下)	[1]	免税	不变	不变	2020年12月31日当天或之前
9902.10.86	[1]	沸点在170摄氏度以上的全氟聚甲基异丙醚(CAS No.69991-67-9)(税号3904.69.50项下)	[1]	免税	不变	不变	2020年12月31日当天或之前
9902.10.87	[1]	混合聚(1-[二氟(三氟甲基)甲氧基]-1,1,2,2-四氟-2-(三氟甲氧基)乙烷(CAS No.69991-67-9)(税号3904.69.50项下)	[1]	免税	不变	不变	2020年12月31日当天或之前
9902.10.88	[1]	1,1,2,2 四氟乙烯,氧化,聚合(CAS No.69991-61-3)(税号3904.69.50项下)	[1]	2.4％	不变	不变	2020年12月31日当天或之前
9902.10.89	[1]	乙烯,1,1,2,2-四氟-,氧化,聚合,还原,乙基酯,还原,N-[2-[(2-甲基-1-氧基-2-丙烯-1-基)氧]乙基]氨基甲酸酯(CAS No.1385773-87-4)(税号3904.69.50项下)	[1]	免税	不变	不变	2020年12月31日当天或之前
9902.10.90	[1]	1-丙烯,1,1,2,3,3,3-六氟氧基,氧化,多元醇,与氨的还原、水解反应产物(CAS No.370097-12-4)(税号3904.69.50项下)	[1]	免税	不变	不变	2020年12月31日当天或之前
9902.10.91	[1]	1-丙烯,1,1,2,3,3,3-六氟罗-,氧化、聚合、还原、水解(CAS No.161075-14-5)(税号3904.69.50项下)	[1]	免税	不变	不变	2020年12月31日当天或之前
9902.10.92	[1]	乙烯,1,1,2,2-四氟醚,氧化,聚合、还原,甲酯,还原,2,3-二羟丙基醚(CAS No.925918-64-5)(税号3904.69.50项下)	[1]	免税	不变	不变	2020年12月31日当天或之前
9902.10.93	[1]	聚全氟乙氧基甲氧基二氟乙基聚乙二醇醚(CAS No.88645-29-8)(税号3904.69.50项下)	[1]	2.1％	不变	不变	2020年12月31日当天或之前
9902.10.94	[1]	甲氧基碳端全氟化聚氧乙烯-聚氧乙烯(CAS No.107852-49-3)(税号3904.69.50项下)	[1]	免税	不变	不变	2020年12月31日当天或之前
9902.10.95	[1]	乙烯,四氟醚,氧化,聚合、还原,甲酯,还原,乙氧基化(CAS No.162492-15-1)(税号3904.69.50项下)	[1]	免税	不变	不变	2020年12月31日当天或之前
9902.10.96	[1]	95％全氟聚醚聚乙氧基醇和5％2,2'-[氧二(2,1-乙二氧基)]2-二乙醇(四乙二醇)的混合物(CAS No.112-60-7)(税号3904.69.50项下)	[1]	免税	不变	不变	2020年12月31日当天或之前
9902.10.97	[1]	1-丙丙胺,3-(三乙氧基硅基)-,与还原多环芳烃测试器的反应产物.氧化聚四氟乙烯(CAS No.223557-70-8)(税号3904.69.50项下)	[1]	免税	不变	不变	2020年12月31日当天或之前
9902.10.98	[1]	聚醋酸乙烯酯,用于食品制剂(CAS No.9003-20-7)(税号3905.19.00项下)	[1]	免税	不变	不变	2020年12月31日当天或之前
9902.10.99	[1]	聚醋酸乙烯酯-巴豆酸(CAS No.25609-89-6)(税号3905.19.00项下)	[1]	免税	不变	不变	2020年12月31日当天或之前

税则号列	统计后缀	货品名称	单位	税率 1 一般	税率 1 特惠	税率 2	有效期
9902.11.01	[1]	乙烯-醋酸乙烯酯共聚物(不包括在水分散体中),按重量计含50%或50%以上的醋酸乙烯酯单体(CAS No. 24937-78-8)(税号3905.29.00项下)	[1]	免税	不变	不变	2020年12月31日当天或之前
9902.11.02	[1]	聚乙烯醇缩甲醛树脂(乙烯醇;[(乙氧基)甲氧基]乙烯(CAS No. 63450-15-7,63148-64-1,9003-33-2)(税号3905.91.10项下)	[1]	免税	不变	不变	2020年12月31日当天或之前
9902.11.03	[1]	聚乙烯醇(CAS No. 110532-37-1)和聚(乙烯基吡咯烷酮)(CAS No. 9003-39-8)的水性混合物(CAS No. 110532-37-1)(税号3905.99.80项下)	[1]	免税	不变	不变	2020年12月31日当天或之前
9902.11.04	[1]	聚(丙烯酸 acid-co-(钠2-(丙烯酰胺)-2-甲基-1-丙磺酸钠盐)(CAS No. 136903-34-9)(税号3906.90.50项下)	[1]	免税	不变	不变	2020年12月31日当天或之前
9902.11.05	[1]	聚(丙烯酰二甲基牛磺酸-乙烯基吡咯烷酮)(CAS No. 335383-60-3)(税号3906.90.50项下)	[1]	免税	不变	不变	2020年12月31日当天或之前
9902.11.06	[1]	聚(丙烯酰胺-co-聚丙烯酸钠)(税号3906.90.50项下)	[1]	免税	不变	不变	2020年12月31日当天或之前
9902.11.07	[1]	聚(甲基丙烯酸丁酯-co-(2-二甲基氨基乙基)甲基丙烯酸酯-甲基丙烯酸甲酯)(CAS No. 24938-16-7)(税号3906.90.50项下)	[1]	免税	不变	不变	2020年12月31日当天或之前
9902.11.08	[1]	聚丙烯酸乙酯-甲基丙烯酸甲酯-甲基丙烯酸三甲基铵乙酯氯化物(CAS No. 33434-24-1)(税号3906.90.50项下)	[1]	免税	不变	不变	2020年12月31日当天或之前
9902.11.09	[1]	聚甲基丙烯酸-甲基丙烯酸甲酯(CAS No. 25086-15-1)(税号3906.90.50项下)	[1]	免税	不变	不变	2020年12月31日当天或之前
9902.11.10	[1]	聚(丙烯酸甲酯-甲基丙烯酸甲酯-甲基丙烯酸甲酯-甲基丙烯酸)7:3:1(CAS No. 26936-24-3)(税号3906.90.50项下)	[1]	免税	不变	不变	2020年12月31日当天或之前
9902.11.11	[1]	淀粉-g-聚丙烯酰胺-co-2-丙烯酸钾盐(CAS No. 863132-14-3)(Zeba)(税号3906.90.50项下)	[1]	免税	不变	不变	2020年12月31日当天或之前
9902.11.12	[1]	α-(3-(3-(2H-苯并三唑-2-基)-5-(1,1-二甲基乙基)-4-羟基苯基)-1-氧代丙基)-ω-羟基-聚(氧-1,2-乙二基)(CAS No. 104810-48-2);α-(3-(3-(2H-苯并三唑-2-基)-5-(1,1-二甲基乙基)-4-羟基苯基)-1-氧丙基)-ω-(3-(3-(2H-苯并三唑-2-基)-5-(1,1-二甲基乙基)-4-羟基苯基)-1-氧代丙氧基)-聚(氧-1,2-乙二基))(CAS No. 104810-47-1);和聚乙二醇(CAS No. 25322-68-3)的混合物(税号3907.20.00项下)	[1]	免税	不变	不变	2020年12月31日当天或之前
9902.11.13	[1]	环氧乙烷,2-甲基-,与环氧乙烷的聚合物,与1,2-丙二醇单体(2-甲基-2-丙烯酸酯)的单醚(税号3907.20.00项下)	[1]	免税	不变	不变	2020年12月31日当天或之前
9902.11.14	[1]	约20%或更少的二磷酸混合物,与乙氧基化还原四氟乙烯的还原聚合甲基酯(CAS 200013-65-6)和小于10%的聚合物2-(2-甲氧基丙氧基)-1-丙醇(CAS No. 34590-94-8),其余为水(税号3907.20.00项下)	[1]	0.3%	不变	不变	2020年12月31日当天或之前

税则号列	统计后缀	货品名称	单位	税率 1 一般	税率 1 特惠	税率 2	有效期
9902.11.15	[1]	热固性环氧树脂混合物,按重量计含 30％以上 4,4′-(9h-芴-9,9-二基)双(2-氯苯胺)(CAS No.107934-68-9)(税号 3907.30.00 项下)	[1]	免税	不变	不变	2020 年 12 月 31 日当天或之前
9902.11.16	[1]	铜混合物,羟基-n-(2-羟基乙基)-n,n-二甲基-,硫酸甲酯(1:1),与 2-(氯甲基)氧环的聚合物,1,3-二异氰酸基甲苯,a-氢-w-羟基聚[氧(甲基-1,2-乙二醇)]和 1,2,3-丙三醇(CAS No.82294-81-3);苯酚,4,4'-(1-亚甲基)bis,聚合物 2-(氯甲基)氧环己烷(CAS No.25068-38-6);甲酰胺,N,N-二甲基(CAS No.68-12-2)(税号 3907.30.00 项下)	[1]	免税	不变	不变	2020 年 12 月 31 日当天或之前
9902.11.17	[1]	1,2-bis-o-(2-氧基兰基甲基)-d-葡糖醇(CAS No.68412-01-1)(税号 3907.30.00 项下)	[1]	免税	不变	不变	2020 年 12 月 31 日当天或之前
9902.11.18	[1]	磺化聚对苯二甲酸乙二醇酯(CAS No.63534-56-5)(税号 3907.60.00 项下)	[1]	免税[11]	不变	不变	2020 年 12 月 31 日当天或之前
9902.11.19	[1]	碳酸二甲酯-co-1,6-己二醇 101325-00-2)(税号 3907.99.50 项下)	[1]	免税	不变	不变	2020 年 12 月 31 日当天或之前
9902.11.20	[1]	碳酸二甲酯聚合物与 1,6-己二醇共聚物和 2-恶酮(CAS No.282534-15-0)(税号 3907.99.50 项下)	[1]	免税	不变	不变	2020 年 12 月 31 日当天或之前
9902.11.21	[1]	聚[(丁二酸二甲酯-co-1-(2-羟乙基)-2,2,6,6-四甲基哌啶-4-醇](CAS No.65447-77-0)(税号 3907.99.50 项下)	[1]	免税	不变	不变	2020 年 12 月 31 日当天或之前
9902.11.23	[1]	聚(二甲基丁二酸盐-co-1-(2-羟基乙基)-2,2,6,6-四甲基哌啶-4-醇 1,4-苯二甲酸与 1,4-丁二醇和己二酸的聚合物(CAS No.60961-73-1)(税号 3907.99.50 项下)	[1]	免税	不变	不变	2020 年 12 月 31 日当天或之前
9902.11.24	[1]	1,4-苯二甲酸,与 1,4 丁二醇和癸二酸(CAS No.28205-74-5)聚合物(税号 3907.99.50 项下)	[1]	免税	不变	不变	2020 年 12 月 31 日当天或之前
9902.11.26	[1]	1,4-苯二甲酸与 1,4-丁二醇、己二酸和壬二酸的聚合物(CAS No.83064-08-8)(税号 3907.99.50 项下)	[1]	免税	不变	不变	2020 年 12 月 31 日当天或之前
9902.11.27	[1]	1,4-苯二甲酸与 1,4-丁二醇、癸二酸和己二酸的聚合物(CAS No.109586-86-9)(税号 3907.99.50 项下)	[1]	免税	不变	不变	2020 年 12 月 31 日当天或之前
9902.11.28	[1]	2-乙基-2-(羟甲基)-1,3-丙二醇、己二酸、2,2-((1-甲基乙叉)二(4,1-苯基亚甲基))二(氧环己烷)和 1,2-丙二醇(CAS No.68568-64-9)(税号 3907.99.50 项下)	[1]	免税	不变	不变	2020 年 12 月 31 日当天或之前
9902.11.29	[1]	聚(1,4-苯二甲酸-co-1,4-丁二醇-co-壬二酸)(税号 3907.99.50 项下)	[1]	免税	不变	不变	2020 年 12 月 31 日当天或之前
9902.11.30	[1]	十二烷二酸与 4,4_-亚甲基双(2-甲基环己胺)的聚合物(CAS No.163800-66-6)(税号 3908.10.00 项下)	[1]	免税	不变	不变	2020 年 12 月 31 日当天或之前
9902.11.31	[1]	聚酰胺 6(CAS No.356040-79-4)、聚酰胺 12(CAS No.338462-62-7)、聚酰胺 6,12(CAS No.356040-89-6)的微孔、超细、球形聚酰胺粉末(税号 3908.10.00 或 3908.90.70 项下)	[1]	免税	不变	不变	2020 年 12 月 31 日当天或之前

税则号列	统计后缀	货品名称	单位	税率 1 一般	税率 1 特惠	税率 2	有效期
9902.11.32	[1]	聚{(氮杂环十三烷-2-酮)-Co-(1,3-苯二甲酸;1,4-苯二甲酸)-Alt-(1,6-己二胺;4,4′-亚甲基双[环己胺];4,4′-亚甲基双[2-甲基环己胺])}(CAS No.1030611-14-3)(税号3908.90.70项下)	[1]	免税	不变	不变	2020年12月31日当天或之前
9902.11.33	[1]	聚{(氮杂环十三烷-2-酮)-co-(1,3-苯二甲酸;1,4-苯二甲酸)-alt-(4,4′-亚甲基双[2-甲基环己胺])}(CAS No.62694-40-0)(税号3908.90.70项下)	[1]	免税	不变	不变	2020年12月31日当天或之前
9902.11.34	[1]	含40%至60%重量甲醛聚合物和苯胺的混合物(CAS No.25214-70-4)和60至40 4′-甲基二苯胺(CAS No.101-77-9)(税号3909.39.00项下)	[1]	免税	不变	不变	2020年12月31日当天或之前
9902.11.35	[1]	聚(苯酚-co-甲醛-co-4-(1,1-二甲基乙基)苯酚)(CAS No.28453-20-5)(税号3909.40.00项下)	[1]	免税	不变	不变	2020年12月31日当天或之前
9902.11.36	[1]	4-叔丁基苯酚;甲醛;4-[2-(4-羟基苯基)丙基]苯酚(CAS No.54579-44-1)(税号3909.40.00项下)	[1]	免税	不变	不变	2020年12月31日当天或之前
9902.11.37	[1]	甲醛-1,3-苯二醇(1:1)(CAS No.24969-11-7)和未反应1,3-苯二醇(CAS No.108-46-3)的聚合物混合物(税号3909.40.00项下)	[1]	免税	不变	不变	2020年12月31日当天或之前
9902.11.38	[1]	与1,4-丁二醇和5-共聚的2-恶烯酮异氰酸酯-1-(异氰酸原子乙基)-1,3,3-三甲基环己烷,2-乙基-1-己醇封闭(CAS No.189020-69-7)(税号3909.50.50项下)	[1]	免税	不变	不变	2020年12月31日当天或之前
9902.11.39	[1]	己二酸二酰肼与5-氨基-1,3,3-三甲基环己胺,1,3-丁二醇和1,1′-亚甲基双[4-异氰基环己烷]、甲基乙基酮肟和聚乙二醇单甲醚在水溶液中封阻的聚合物(CAS No.200295-51-8)(税号3909.50.50项下)	[1]	免税	不变	不变	2020年12月31日当天或之前
9902.11.40	[1]	环氧乙烷,2-甲基,与环氧乙烷,醚与1,2,3-丙二醇(3:1)的聚合物,聚合物2,4-二异氰酸酯-1-甲苯和α-氢-ω-羟基聚[氧(甲基-1,2-乙二基)]-醚与2-乙基-2-(羟甲基)-1,3-丙二醇(3:1),己内酰胺封闭(CAS No.936346-53-1)(税号3909.50.50项下)	[1]	免税	不变	不变	2020年12月31日当天或之前
9902.11.41	[1]	1,3苯二甲酸,聚合物2-乙基-2-(羟基)-1,3-丙二醇,己二酸,1,6-己二醇,1,3-异苯并呋喃二酮1,1′-甲基二烯[4-异氰基苯],丙二酸二乙酯封闭(CAS No.200414-59-1)(税号3909.50.50项下)	[1]	免税	不变	不变	2020年12月31日当天或之前
9902.11.42	[1]	聚[氧(甲基-1,2-乙二基)]、α-氢-ω-羟基-和5-异氰酸酯-1-(异氰酸酯甲基)-1,3,3-三甲基环己烷(异佛尔酮二异氰酸酯)(CAS No.1012318-97-6)(税号3909.50.50项下)	[1]	免税	不变	不变	2020年12月31日当天或之前
9902.11.43	[1]	1,4:5,8-二甲基萘,氢化的 2-亚乙基-1,2,3,4,4a,5,8,8a-辛烷基与3A,4,7,7a-四氢-4,7-甲基-1h-茚的聚合物,呈颗粒状(税号3911.90.25项下)	[1]	免税	不变	不变	2020年12月31日当天或之前
9902.11.44	[1]	聚乙烯亚胺(CAS No.902-98-6),冷藏,装在不超过1升的容器内(税号3911.90.25项下)	[1]	免税	不变	不变	2020年12月31日当天或之前

第九十九章 临时立法;根据现有贸易法规的临时修改;根据经修正的《农业调整法》第 22 条制定的附加进口限制 **1715**

税则号列	统计后缀	货品名称	单位	税率 1 一般	税率 1 特惠	税率 2	有效期
9902.11.45	[1]	聚乙烯亚胺(CAS No. 902-98-6),用作进一步制造成成品医疗装置的组件(税号 3911.90.25 项下)	[1]	免税	不变	不变	2020 年 12 月 31 日当天或之前
9902.11.46	[1]	1,6-二异氰酸酯-己烷;2,4-二异氰酸酯-1-甲苯聚合物(税号 3911.90.45 项下)	[1]	免税	不变	不变	2020 年 12 月 31 日当天或之前
9902.11.47	[1]	聚甲苯二异氰酸酯(CAS No. 26006-20-2)(税号 3911.90.45 项下)	[1]	免税	不变	不变	2020 年 12 月 31 日当天或之前
9902.11.48	[1]	水基于聚(六亚甲基二异氰酸酯)和含 3-(环己胺)-1-丙磺酸的二甲基二环己胺化合物的水分散多异氰酸酯产品酸性聚(1,6-二异氰酸酯)(CAS No. 666723-27-9)(税号 3911.90.90 项下)	[1]	免税	不变	不变	2020 年 12 月 31 日当天或之前
9902.11.49	[1]	聚(1,6-二异氰酸酯己烷)-块-聚乙烯-块-聚(1-丁氧基丙-2-醇) 125252-47-3)(税号 3911.90.90 项下)	[1]	免税	不变	不变	2020 年 12 月 31 日当天或之前
9902.11.50	[1]	N,N′,N″-[(2,4,6-三嗪-1,3,5-三嗪-1,3,5(2H,4H,6H)-三甲基]]三[亚甲基(3,5,5-三甲基-3,1-环己二基)](税号 3911.90.90 项下)	[1]	免税	不变	不变	2020 年 12 月 31 日当天或之前
9902.11.51	[1]	3,5-二甲基-1h-吡唑-低聚物(六亚甲基二异氰酸酯)(CAS No. 163206-31-3)(税号 3911.90.90 项下)	[1]	免税	不变	不变	2020 年 12 月 31 日当天或之前
9902.11.52	[1]	α-烯烃,C14-C20,与顺丁烯二酸酐,2-(1-哌嗪基)基酰亚胺的聚合物,邻苯二甲酸二异壬酯增塑(CAS 640-62-9)(税号 3911.90.90 项下)	[1]	免税	不变	不变	2020 年 12 月 31 日当天或之前
9902.11.53	[1]	2,4-二异氰酸酯-1-甲苯;5-(1,3-二氧-2-苯并呋喃-5-羰基)-2-苯并呋喃-1,3-二酮;1-异氰酸酯-4-[(4-异氰酸酯苯基)甲基]苯(CAS No. 58698-66-1)(税号 3911.90.90 项下)	[1]	免税	不变	不变	2020 年 12 月 31 日当天或之前
9902.11.54	[1]	聚(乙烯-ran-(2-降冰片烯)),压缩 64％(加或减 3)重量百分比的乙烯,玻璃化转变温度为 78(加或减 4.C),含有不少于 3％重量百分比的聚乙烯(CAS No. 9002-88-4)(税号 3911.90.90 项下)	[1]	免税	不变	不变	2020 年 12 月 31 日当天或之前
9902.11.55	[1]	1,6-己二胺,N,N′-双(2,2,6,6-四甲基-4-哌啶基)-与 2,4,6-三氯-1,3,5-三嗪的聚合物,与正丁基-1-丁胺和正丁基-2,2,6,6-四甲基-4-哌啶胺的反应产物(CAS No. 192268-64-7)(税号 3911.90.90 项下)	[1]	免税	不变	不变	2020 年 12 月 31 日当天或之前
9902.11.56	[1]	聚(二乙烯基苯-共-乙基苯乙烯)(CAS No. 9043-77-0)(税号 3911.90.90 项下)	[1]	免税	不变	不变	2020 年 12 月 31 日当天或之前
9902.11.57	[1]	工业级硝化纤维素,以干重计含氮量低于 12.4％,以重量计含醇量为 28％～32％(CAS No. 29004-70-0),装在每个含有 85 千克、100 千克、110 千克和 120 千克的此类硝化纤维素的桶中,经进口商认证,由至少 50％的棉短绒或木浆制成,每个桶衬有抗静电塑料袋,并配有用于机械卸载的联轴器(税号 3912.20.00 项下)	[1]	免税	不变	不变	2020 年 12 月 31 日当天或之前
9902.11.58	[1]	工业级硝化纤维素,以干重计含氮量低于 12.4％,以重量计含醇量为 33％～37％(CAS No. 29004-70-0),装在每个含有 85 千克、100 千克、110 千克和 120 千克的此类硝化纤维素的桶中,经进口商认证,由至少 80％的棉短绒或木浆制成,每个桶衬有抗静电塑料袋,并配有用于机械卸载的联轴器(税号 3912.20.00 项下)	[1]	免税	不变	不变	2020 年 12 月 31 日当天或之前

税则号列	统计后缀	货品名称	单位	税率 1 一般	税率 1 特惠	2	有效期
9902.11.59	[1]	海藻酸钠（CAS No.9005－38－3）（税号3913.10.00项下）	[1]	免税	不变	不变	2020年12月31日当天或之前
9902.11.60	[1]	海藻酸丙二醇酯（CAS No.9005－37－2）（税号3913.10.00项下）	[1]	免税	不变	不变	2020年12月31日当天或之前
9902.11.61	[1]	海藻酸（CAS No.9005－32－7）、海藻酸铵（CAS No.9005－34－9）、海藻酸钾（CAS No.9005－36－1）、海藻酸钙（CAS No.9005－35－0）和海藻酸镁（CAS No.37251－44－8）（税号3913.10.00项下）	[1]	免税	不变	不变	2020年12月31日当天或之前
9902.11.62	[1]	含柠檬酸盐的海藻酸钠（CAS No.9005－38－3）（税号3913.10.00项下）	[1]	免税	不变	不变	2020年12月31日当天或之前
9902.11.63	[1]	透明质酸钠（CAS No.9067－32－7）（税号3913.90.20项下）	[1]	4.3%	不变	不变	2020年12月31日当天或之前
9902.11.64	[1]	离子交换树脂,由丙烯腈与二乙烯苯、乙烯苯和1,7-辛二烯共聚水解（CAS No.130353－60－5）（税号3914.00.60项下）	[1]	免税	不变	不变	2020年12月31日当天或之前
9902.11.65	[1]	由聚－(丙烯酸-共-2,2'-氧二乙醇-共-乙氧基乙烯)组成的离子交换树脂,酸型（CAS No.359785－58－3）（税号3914.00.60项下）	[1]	免税	不变	不变	2020年12月31日当天或之前
9902.11.66	[1]	由二乙烯基苯组成的离子交换树脂与苯乙烯和乙基苯乙烯（CAS No.9052－95－3）在平均粒径为0.30～1.20毫米的球形小珠中共聚合（税号3914.00.60项下）	[1]	1.4%	不变	不变	2020年12月31日当天或之前
9902.11.67	[1]	离子交换树脂,由甲基丙烯酸与二乙烯基苯交联形成的氢离子形式的共聚物组成（CAS No.50602－21－6）（税号3914.00.60项下）	[1]	免税	不变	不变	2020年12月31日当天或之前
9902.11.68	[1]	离子交换树脂,利用由苯(氯甲基)乙基组成的I型季铵盐官能团,与二乙烯苯,N,N-二乙基乙醇胺（CAS No.63453－90－7）复合的聚合物,平均粒径为0.30～1.20毫米的球珠（税号3914.00.60项下）	[1]	免税	不变	不变	2020年12月31日当天或之前
9902.11.69	[1]	离子交换树脂,游离碱式,利用由2-丙烯酰胺,N-[3-(二甲基氨基)丙基]-组成的叔胺官能团,与二乙烯苯和1,1'-[氧双(2,1-二乙基氧基)]双[乙烯]（CAS No.165899－87－8）组成的聚合物,平均粒径为0.30～1.20毫米的球形小珠（税号3914.00.60项下）	[1]	免税	不变	不变	2020年12月31日当天或之前
9902.11.70	[1]	离子交换树脂,氯化物形式,利用季铵盐官能团,由1,2-双(乙烯基)苯;4-[(E)-2-[(E)-2-丁-3-烯氧基乙氧基]乙氧基]丁-1-烯;三甲基-[3-(丙-2-烯酰氨基)丙基]氮鎓;氯化物（CAS No.65997－24－2）组成,在球形珠中,平均粒径为0.30～1.20毫米（税号3914.00.60项下）	[1]	免税	不变	不变	2020年12月31日当天或之前
9902.11.71	[1]	含磺化聚(二乙烯基苯乙烯-共聚-乙基苯乙烯-共聚-苯乙烯)钠盐的离子交换树脂（CAS No.69011－22－9）（税号3914.00.60项下）	[1]	免税	不变	不变	2020年12月31日当天或之前
9902.11.72	[1]	阴离子交换树脂,羟基形式,氯甲基化,和2-(二甲氨基)乙醇-季铵化的羟基（CAS No.69011－16－1）,聚(二乙烯苯乙烯-共聚-苯乙烯-共聚-乙基苯乙烯),平均粒径为0.30～1.20毫米（税号3914.00.60项下）	[1]	免税	不变	不变	2020年12月31日当天或之前

第九十九章 临时立法;根据现有贸易法规的临时修改;根据经修正的《农业调整法》第 22 条制定的附加进口限制

税则号列	统计后缀	货品名称	单位	税率 1 一般	税率 1 特惠	税率 2	有效期
9902.11.73	[1]	氯甲基化、三甲胺-季铵盐化聚苯乙烯(CAS No.69011-19-4)(税号 3914.00.60 项下)	[1]	免税	不变	不变	2020 年 12 月 31 日当天或之前
9902.11.74	[1]	聚(二乙烯基苯-共-丙烯酸)(CAS No.9052-45-3)(税号 3914.00.60 项下)	[1]	免税	不变	不变	2020 年 12 月 31 日当天或之前
9902.11.75	[1]	亚氨基二乙酸离子交换树脂(钠 2,2'-[(4-乙烯基苯)亚氨基]双乙酸-1,4-二乙烯基苯(2:1:1) 70660-50-3),平均粒径为 0.425～1.20 毫米的球形小珠(税号 3914.00.60 项下)	[1]	免税	不变	不变	2020 年 12 月 31 日当天或之前
9902.11.76	[1]	离子交换树脂和螯合树脂,亚氨基二乙酸离子交换树脂(CAS No.109945-55-3),具有异硫氧离子官能基,球形小珠,平均粒径为 0.30～1.20 毫米(税号 3914.00.60 项下)	[1]	免税	不变	不变	2020 年 12 月 31 日当天或之前
9902.11.77	[1]	离子交换树脂和氨基磷酸官能团螯合树脂,氨基磷酸基聚苯乙烯树脂(CAS No.125935-42-4)球珠,平均粒径为 0.30～1.20 毫米(税号 3914.00.60 项下)	[1]	免税	不变	不变	2020 年 12 月 31 日当天或之前
9902.11.78	[1]	甲基丙烯酸酯-二乙烯基苯共聚物钾(哌拉西林钾)(CAS No.65405-55-2)(税号 3914.00.60 项下)	[1]	免税	不变	不变	2020 年 12 月 31 日当天或之前
9902.11.79	[1]	由厚度大于 3 毫米但不超过 30 毫米的全膨胀聚四氟乙烯(PTFE)制成的无孔、带粘合衬垫的卷绕带材,经进口商认证,根据 ASTM F-152 试验,其拉伸强度为 24.1MPa(3 500psi)及以上(税号 3916.90.50 项下)	[1]	免税	不变	不变	2020 年 12 月 31 日当天或之前
9902.11.80	[1]	以软管形式表示的未加固的绝缘塑料管,没有管件,该管中插入聚乙烯管,适用于热水供应或供暖系统(税号 3917.32.00 项下)	[1]	免税	不变	不变	2020 年 12 月 31 日当天或之前
9902.11.81	[1]	聚乙烯微管,内径 0.01 毫米,壁厚 0.05 毫米(税号 3917.32.00 项下)	[1]	免税	不变	不变	2020 年 12 月 31 日当天或之前
9902.11.82	[1]	建筑施工中使用的塑料弯头、固定销、弯曲支架、锚夹、订书钉(税号 3917.40.00 项下)	[1]	5.1%	不变	不变	2020 年 12 月 31 日当天或之前
9902.11.83	[1]	透明聚丙烯聚平面薄膜卷,厚度为 162～198 微米,宽度为 396～398 毫米(税号 3920.20.00 项下)	[1]	免税	不变	不变	2020 年 12 月 31 日当天或之前
9902.11.84	[1]	聚甲基丙烯酸甲酯塑料薄片,无孔、未加固、层压、支撑或与其他材料类似地合制,不具有挠性,用于生产台面或镶边、橱柜顶、面或边的家庭或办公室家具(税号 3920.51.50 项下)	[1]	3.5%	不变	不变	2020 年 12 月 31 日当天或之前
9902.11.85	[1]	聚甲基丙烯酸甲酯以外的丙烯酸聚合物柔性薄膜(税号 3920.59.10 项下)	[1]	免税	不变	不变	2020 年 12 月 31 日当天或之前
9902.11.86	[1]	经进口商证明可用于飞机的聚乙烯醇缩丁醛薄膜(CAS No.27360-07-2)(税号 3920.91.00 项下)	[1]	3.7%	不变	不变	2020 年 12 月 31 日当天或之前
9902.11.87	[1]	再生纤维素,蜂窝状,无粘性,长方形,长 750 毫米或以上,但不超过 885 毫米;宽 765 毫米或以上,但不超过 885 毫米;厚 0.9 毫米或以上,但不超过 1.9 毫米(税号 3921.14.00 项下)	[1]	免税	不变	不变	2020 年 12 月 31 日当天或之前
9902.11.88	[1]	膨胀聚四氟乙烯(PTFE)非自粘多孔板,厚度大于 1.5 毫米但不大于 3.0 毫米,经进口商认证,根据 ASTM F-152 试验,其拉伸张度至少为 48.3 MPa(7 000 psi)(税号 3921.19.00 项下)	[1]	免税	不变	不变	2020 年 12 月 31 日当天或之前

税则号列	统计后缀	货品名称	单位	税率 一般	税率 特惠	2	有效期
9902.11.89	[1]	膨胀聚四氟乙烯(PTFE)非自粘多孔板,厚度大于3.0毫米但不大于6.0毫米,经进口商认证,根据ASTM F-152试验,其拉伸强度至少为48.3 MPa (7 000 psi)(税号3921.19.00项下)	[1]	免税	不变	不变	2020年12月31日当天或之前
9902.11.90	[1]	注塑成型的热塑牙科修复产品容器,设计用于配药系统,每个容器的容量不超过50毫升(税号3923.30.00项下)	[1]	免税	不变	不变	2020年12月31日当天或之前
9902.11.91	[1]	聚乙烯塞型封头,适用于长度为15毫米的试样管封头;每个闭孔的上部设计为延伸到试样管之外,以便容纳闭孔,该上部直径为15.5毫米,厚度为3.3毫米,并具有缺口凹槽;其底部设计用于插入直径约为11.7毫米的标本管;由进口证明用于自动插入系统的上述瓶盖(税号3923.50.00项下)	[1]	免税	不变	不变	2020年12月31日当天或之前
9902.11.92	[1]	注射成型的热塑性牙科修复产品配药器,封闭的容器容量小于或等于50毫升(税号3923.50.00项下)	[1]	1.3%	不变	不变	2020年12月31日当天或之前
9902.11.93	[1]	进口商认证的用于食品储存容器的塑料盖子(税号3923.50.00项下)	[1]	免税	不变	不变	2020年12月31日当天或之前
9902.11.94	[1]	可挤压式运动水瓶的塑料盖(税号3923.50.00项下)	[1]	0.5%	不变	不变	2020年12月31日当天或之前
9902.11.95	[1]	塑料餐具,每一件单独用聚丙烯薄膜包装,在全封闭的配料系统中,用竹签将包装好的餐具连在一起,以便于装入(税号3924.10.40项下)	[1]	免税	不变	不变	2020年12月31日当天或之前
9902.11.96	[1]	塑料餐具,连同数量相同的餐具,用纸包或纸带连在一起,以便在全封闭分配系统内易于装载(税号3924.10.40项下)	[1]	免税	不变	不变	2020年12月31日当天或之前
9902.11.97	[1]	一次性塑料餐具,按重量计含有96%以上的聚丙烯,在完全封闭的配料系统中,没有单独包装、成组、带状或串状包装,以便于装载(税号3924.10.40项下)	[1]	免税	不变	不变	2020年12月31日当天或之前
9902.11.98	[1]	塑料盘或塑料插入物,用于金属丝制成的宠物板条箱作为插入物以形成坚固的内表面(税号3924.90.56项下)	[1]	免税	不变	不变	2020年12月31日当天或之前
9902.11.99	[1]	为养鱼、爬行动物或小宠物的水族馆而设计的塑料装饰(税号3924.90.56项下)	[1]	0.5%	不变	不变	2020年12月31日当天或之前
9902.12.01	[1]	塑料拳击和综合格斗手套(税号3926.20.30项下)	[1]	免税	不变	不变	2020年12月31日当天或之前
9902.12.02	[1]	品目9403的冷却器用塑料把手(税号3926.30.10项下)	[1]	免税	不变	不变	2020年12月31日当天或之前
9902.12.03	[1]	纺织机械用塑料带,包括化纤或植物纤维,但其重量不超过任何其他纺织纤维,其宽度超过120厘米,但不超过171厘米(税号3926.90.59项下)	[1]	免税	不变	不变	2020年12月31日当天或之前
9902.12.04	[1]	长丝长度为6毫米或以上但不超过127毫米的尼龙或聚丙烯紧固件,装在卡子上,每个卡子可装25件、50件或100件,适用于机械连接装置(税号3926.90.85项下)	[1]	4.4%	不变	不变	2020年12月31日当天或之前
9902.12.05	[1]	高尔夫球袋的一种塑料部件,用作一件式内顶和内底分隔物(税号3926.90.99项下)	[1]	免税	不变	不变	2020年12月31日当天或之前

税则号列	统计后缀	货品名称	单位	税率 1 一般	税率 1 特惠	税率 2	有效期
9902.12.06	[1]	乙烯基环,一端开槽,连在马桶刷球童的底部,价值不超过 0.083 美元/个(税号 3926.90.99 项下)	[1]	免税	不变	不变	2020 年 12 月 31 日当天或之前
9902.12.07	[1]	聚氯乙烯塑料的成型件或型材,设计为附加到一个簸箕托盘的边缘有接触地板或其他表面,刚性和灵活的形式,每块长 24.77～30 厘米,宽 1.35～1.87 厘米,价值不超过 0.09 美元/个(税号 3926.90.99 项下)	[1]	免税	不变	不变	2020 年 12 月 31 日当天或之前
9902.12.08	[1]	可调节的挤压触发棒夹塑料(税号 3926.90.99 项下)	[1]	0.2%	不变	不变	2020 年 12 月 31 日当天或之前
9902.12.09	[1]	硬塑料制智能手机后壳,每个都装有柔性的橡胶按钮和特制的可调节氯丁橡胶织物臂带的硬质塑料夹子(税号 3926.90.99 项下)	[1]	免税	不变	不变	2020 年 12 月 31 日当天或之前
9902.12.10	[1]	长方形塑料块,填充以聚合物为基础的冷冻凝胶,用于连接可重复使用的食品储存容器（税号 3926.90.99 项下）	[1]	1.0%	不变	不变	2020 年 12 月 31 日当天或之前
9902.12.11	[1]	税号 8525.80.40 的相机塑料配件,每个配件都包括一个手持相机手柄,折叠伸缩臂和一个可拧入手柄底部的三脚架,上述配件在没有三脚架的情况下完全展开后尺寸在 50 厘米至 53 厘米,在有三脚架的情况下完全展开后尺寸为 62～65 厘米,折叠后尺寸为 18～21 厘米(税号 3926.90.99 项下)	[1]	免税	不变	不变	2020 年 12 月 31 日当天或之前
9902.12.12	[1]	塑料支架,用于将税号 8525.80.40 的摄影机固定在人的头部,每个支架包含一个可调节的头带,设计用于环绕额头,一个塑料支架设计夹头带相机,翼形螺钉,使相机的安装和调整查看相机的视角(税号 3926.90.99 项下)	[1]	免税	不变	不变	2020 年 12 月 31 日当天或之前
9902.12.13	[1]	塑料配件,专为配合税号 8525.80.40 照相机使用而设计,长度为 14～17 厘米,浮在水里,每一个都将处理设计允许用户用手控制,可调扶手带和一个可调的拇指螺丝设计,允许安装的摄像头和调整相机的视角(税号 3926.90.99 项下)	[1]	免税	不变	不变	2020 年 12 月 31 日当天或之前
9902.12.14	[1]	塑料底座,工程上用以连接税号 8525.80.40 的照相机,采用直径为 8～10 厘米的圆形吸盘吸附在平面上,每一个包含 x、y 和 z 方向的枢轴来调整相机的视角(税号 3926.90.99 项下)	[1]	免税	不变	不变	2020 年 12 月 31 日当天或之前
9902.12.15	[1]	照相机塑料支架,设计用来固定在 10～23 毫米的管上,每个支架设计用来装两架照相机,使使用者能够以沉浸式的正面和背面透视图拍照(税号 3926.90.99 项下)	[1]	免税	不变	不变	2020 年 12 月 31 日当天或之前
9902.12.16	[1]	安装税号 8525.80.40 的数码静止图像摄像机的框架外壳,包括摄影机 microSD、micro HDMI 和 USB 端口的开口、摄影机锁存装置和玻璃保护屏(税号 3926.90.99 项下)	[1]	免税	不变	不变	2020 年 12 月 31 日当天或之前
9902.12.17	[1]	摄像机塑料底座,与税号 8525.80.40 的摄像机一起工作,便于将摄像机安装在直径 3.5～6.35 厘米的管道上,上述底座可使摄像机在平面上 360 度旋转(税号 3926.90.99 项下)	[1]	免税	不变	不变	2020 年 12 月 31 日当天或之前
9902.12.18	[1]	安装塑料框架外壳,专为税号 8525.80.40 的数字静止图像摄像机设计,包括直径为 15 厘米的粘性圆形底座(税号 3926.90.99 项下)	[1]	免税	不变	不变	2020 年 12 月 31 日当天或之前

税则号列	统计后缀	货品名称	单位	税率 1 一般	税率 1 特惠	税率 2	有效期
9902.12.19	[1]	尺寸不超过 40×60 毫米但至少 35×50 毫米的塑胶屏幕保护器,以供 8525.80.40 数码静止图像摄像机使用(税号 3926.90.99 项下)	[1]	免税	不变	不变	2020 年 12 月 31 日当天或之前
9902.12.20	[1]	更换塑料门,用于防水照相机外壳(税号 3926.90.99 项下)	[1]	免税	不变	不变	2020 年 12 月 31 日当天或之前
9902.12.21	[1]	更换塑料侧门,用于税号 8525.80.40 的数字静止图像摄像机的外壳(税号 3926.90.99 项下)	[1]	免税	不变	不变	2020 年 12 月 31 日当天或之前
9902.12.22	[1]	摄像机塑料底座,用于将税号 8525.80.40 的摄像机牢固地固定在直径 9~35 毫米的管上,每个管的底座可使摄像机在平面上 360 度旋转(税号 3926.90.99 项下)	[1]	免税	不变	不变	2020 年 12 月 31 日当天或之前
9902.12.23	[1]	照相机塑料底座,用于固定税号 8525.80.40 的照相机,每个底座长 4 厘米和 10 厘米,宽 3~5 厘米,高不到 2 厘米,包括把底座贴在平面上的胶垫(税号 3926.90.99 项下)	[1]	免税	不变	不变	2020 年 12 月 31 日当天或之前
9902.12.24	[1]	摄像机支架,设计目的是将税号 8525.80.40 的摄像机夹在冲浪板上,插入冲浪板上钻出的横截面孔中,并用螺丝固定(税号 3926.90.99 项下)	[1]	免税	不变	不变	2020 年 12 月 31 日当天或之前
9902.12.25	[1]	适用于税号 8525.80.40 的照相机的锚,设计为用一种黏合剂将其粘在照相机上,并配有可系在锚上的系绳(税号 3926.90.99 项下)	[1]	免税	不变	不变	2020 年 12 月 31 日当天或之前
9902.12.26	[1]	摄像机塑料支架,每个支架都有一个细长的、分段的塑料颈,由 6~8 个球形接头组成,包括一个底座,用于夹住其他类型的支架,但不包括一个夹子,用于安装税号 8525.80.40 的摄像机(税号 3926.90.99 项下)	[1]	免税	不变	不变	2020 年 12 月 31 日当天或之前
9902.12.27	[1]	含 5 个塑料摄像机支架的套装,适用于税号 8525.80.40 的摄像机,这些套装包含各种不同轮廓配置的支架,包括但不限于矩形、弯曲或凸起的轮廓(税号 3926.90.99 项下)	[1]	免税	不变	不变	2020 年 12 月 31 日当天或之前
9902.12.28	[1]	摄像机塑料支架,设计用于将税号 8525.80.40 的摄像机安装到乐器或麦克风支架上;每一个都包含一个弹簧夹和一个可折叠的扩展臂(税号 3926.90.99 项下)	[1]	免税	不变	不变	2020 年 12 月 31 日当天或之前
9902.12.29	[1]	用化纤重量超过任何其他单一纤维的纺织部件加固的硫化橡胶输送带,其宽度超过 120 厘米但不超过 171 厘米(税号 4010.12.50 项下)	[1]	免税	不变	不变	2020 年 12 月 31 日当天或之前
9902.12.30	[1]	第八十七汽车用品用硫化橡胶(硬质橡胶除外)垫片、垫圈及其他密封件(税号 4016.93.10 项下)	[1]	2.4%	不变	不变	2020 年 12 月 31 日当天或之前
9902.12.31	[1]	由非硬质橡胶的无孔硫化橡胶制成的宠物玩具,带毡呢覆盖物,无孔(税号 4016.99.20 项下)	[1]	免税	不变	不变	2020 年 12 月 31 日当天或之前
9902.12.32	[1]	照相机浮动装置,由硫化橡胶(硬橡胶、泡沫橡胶或天然橡胶除外)制成,长度为 6~9 厘米,宽度为 4~6 厘米,深度为 2~6 厘米,不论其设计为包裹照相机还是通过粘合垫附在照相机上(税号 4016.99.60 项下)	[1]	免税	不变	不变	2020 年 12 月 31 日当天或之前
9902.12.33	[1]	硬质橡胶以外的硫化橡胶浮选装置,设计用于税号 8525.80.40 的照相机,这种装置的长、宽、高尺寸均小于 50 毫米,其设计目的是将照相机包起来或用胶粘在照相机上(4016.99.60 项下)	[1]	免税	不变	不变	2020 年 12 月 31 日当天或之前

税则号列	统计后缀	货品名称	单位	税率 1 一般	税率 1 特惠	税率 2	有效期
9902.12.34	[1]	经鞣制的全牛皮革,全粒面未剖层革或粒面剖层革,干燥状态,鞣制后未进一步加工,单位表面积为 5.11 平方米或以上,但不超过 6.04 平方米,经进口商认证可用于生产室内装潢(税号 4104.41.50 项下)	[1]	免税	不变	不变	2020 年 12 月 31 日当天或之前
9902.12.35	[1]	为宠物设计的救生衣,这种氯丁橡胶和防撕裂织物制成的夹克衫,并附有反射器和把手(税号 4201.00.60 项下)	[1]	免税	不变	不变	2020 年 12 月 31 日当天或之前
9902.12.37	[1]	娃娃尿布袋,外表面为棉纺织材料,每袋宽度不超过 25 厘米,高度不超过 22 厘米(不含提手),深度不超过 10 厘米;这种袋子是用来装和携带玩偶尿布和其他与玩偶有关的配件的,并且有一个附加的副翼用来作为玩偶换尿布的垫子(税号 4202.92.15 项下)	[1]	免税	不变	不变	2020 年 12 月 31 日当天或之前
9902.12.38	[1]	睡袋("布袋"),由聚酯塔夫绸机织物制成,支数为 160 或以上但不超过 210,由 22 分特或以上但不超过 112 分特的纱线制成,每袋重量为 25 克/米^2 或以上,但不超过 250 克/米^2,有拉绳封口,长 77.5 厘米或以上,但周长不超过 127.7 厘米,价值不超过 2 美元,不带睡袋或含睡袋(税号 4202.92.31 项下)	[1]	免税	不变	不变	2020 年 12 月 31 日当天或之前
9902.12.39	[1]	背包或手提袋,每件都有化纤纺织材料的外表面,专门为携带玩偶而设计,并装有专为将玩偶固定在适当位置而设计的肩带、袖子、网兜或其他约束装置,包括一个或多个可通过其观看玩偶的外部窗户(税号 4202.92.31 项下)	[1]	4.0%	不变	不变	2020 年 12 月 31 日当天或之前
9902.12.40	[1]	背包或手提袋,每件都有化纤纺织材料的外表面,特别为携带玩偶而设计,并装有专为将玩偶固定在适当位置而设计的肩带、袖子、网兜或其他约束装置,不包括任何可以看到玩偶的外部窗户(税号 4202.92.31 项下)	[1]	免税	不变	不变	2020 年 12 月 31 日当天或之前
9902.12.41	[1]	购物袋,外表面为聚丙烯纺粘织物或聚丙烯无纺织物(税号 4202.92.31 项下)	[1]	16.5%	不变	不变	2020 年 12 月 31 日当天或之前
9902.12.42	[1]	化纤制成的背包,每个内载专为手提电脑或平板电脑设计的软垫隔层,外表面有一层硬模制塑胶外壳(税号 4202.92.31 项下)	[1]	免税	不变	不变	2020 年 12 月 31 日当天或之前
9902.12.43	[1]	化纤制成的背包,每个内载专为手提电脑或平板电脑设计的软垫隔层,外表面有一个或多个动物或动物零件形状的硬模制塑胶外壳(税号 4202.92.31 项下)	[1]	免税	不变	不变	2020 年 12 月 31 日当天或之前
9902.12.44	[1]	化纤制成的背包,每个内载专为手提电脑或平板电脑而设的软垫隔层,其外表面以硬模制塑胶壳而非盾牌或动物或动物零件(税号 4202.92.31 项下)	[1]	免税	不变	不变	2020 年 12 月 31 日当天或之前
9902.12.45	[1]	外表面为 230 分特尼龙面料,内表面为层压聚酯针织面料的背包,每个重 0.85 千克但不超过 1 千克,体积为 0.018 立方米但不超过 0.022 立方米;价值 14 美元/个或以上但不超过 21 美元/个;上述每个都有一个可拆卸的前袋肩带(税号 4202.92.31 项下)	[1]	免税	不变	不变	2020 年 12 月 31 日当天或之前

税则号列	统计后缀	货品名称	单位	税率 1 一般	税率 1 特惠	税率 2	有效期
9902.12.46	[1]	双筒望远镜盒,外表面由涂塑料的人造纤维迷彩印花织物制成,内部有衬垫,有拉链和磁性闭合件,设计为放在身体前侧,由肩带支撑,肩带用背带固定,重量不超过 382.544 克,价值 20 美元或以上(税号 4202.92.91 项下)	[1]	免税	不变	不变	2020 年 12 月 31 日当天或之前
9902.12.47	[1]	化纤袋,表面为纺织材料,用于清洁、清洁和客房推车(税号 4202.92.91 项下)	[1]	免税	不变	不变	2020 年 12 月 31 日当天或之前
9902.12.48	[1]	拉绳袋,其外表面为塑料薄膜或纺织材料,如尼龙袋,以每 5 袋一套包装,并贴零售标签,每袋容量不超过 1 升(税号 4202.92.91 项下)	[1]	免税	不变	不变	2020 年 12 月 31 日当天或之前
9902.12.49	[1]	塑料或化纤外表面的箱子或容器,特殊形状,箱子、容器或零售包装的外部有标签、徽标或其他描述性信息,表明其将用于品目 9504 的电子游戏机或配件(税号 4202.92.91 和税号 4202.92.97 项下)	[1]	免税	不变	不变	2020 年 12 月 31 日当天或之前
9902.12.50	[1]	硬质塑料手提箱,每个均有塑料把手和塑料门,但没有金属门,上述塑料箱是为爬行动物或两栖动物而设计的,不适用于哺乳动物的住房或运输,每箱不超过 381 毫米(税号 4202.99.90 项下)	[1]	免税	不变	不变	2020 年 12 月 31 日当天或之前
9902.12.51	[1]	透明聚碳酸酯塑料相机外壳,设计用于保存税号 8525.80.40 的相机,每个外壳都包含用于操作相机的按钮、夹在相机支架上的不透明塑料底座、底座上的指旋螺钉,允许在枢轴上调整相机视角、相箱门上的硅垫片,允许相机在超过 40 米但不超过 60 米的深度进行防水操作,每个外壳都包含平坦的光学涂层玻璃透镜和散热器,用于消散相机热量(税号 4202.99.90 项下)	[1]	免税	不变	不变	2020 年 12 月 31 日当天或之前
9902.12.52	[1]	透明聚碳酸酯塑料,与税号 8525.80.40 的照相机一起使用,以便将照相机固定在使用者的手腕上;这种外壳的防水深度可达 60 米,每个外壳都包含用于操作相机的按钮、用于防水的硅垫圈、一个平面的光学涂层玻璃镜头、一个铝散热器和可调节的氯丁橡胶/钩和其手腕带的环扣(税号 4202.99.90 项下)	[1]	免税	不变	不变	2020 年 12 月 31 日当天或之前
9902.12.53	[1]	注塑成型的丙烯腈-丁二烯-苯乙烯(ABS)、聚丙烯(PP)和聚碳酸酯(PC)塑料箱子或容器,上述特殊形状或适合,标签,商标或其他描述性信息或容器的外部情况,其拉链拉或零售包装表明设计用于为持有人提供的税号 9504 电子游戏或配件(税号 4202.99.90 项下)	[1]	免税	不变	不变	2020 年 12 月 31 日当天或之前
9902.12.54	[1]	透明模制聚碳酸酯塑料摄像机外壳,设计用于保存税号 8525.80.40 的摄像机,每个外壳都包含用于操作摄像机的按钮、夹在摄像机支架上的不透明塑料底座、底座上的指旋螺钉,允许在枢轴上调整摄像机视角、机箱门上的硅垫片,允许相机在不超过 40 米的深度进行防水操作,每个外壳都包含平坦的光学涂层玻璃透镜和散热器,用于消散相机热量(税号 4202.99.90 项下)	[1]	免税	不变	不变	2020 年 12 月 31 日当天或之前
9902.12.55	[1]	模压聚碳酸酯塑料相机外壳,设计用于保存税号 8525.80.40 的相机,每个外壳都包含用于操作相机的按钮、连接到底座的塑料夹、底座上的指旋螺钉,允许在枢轴上调整相机视角,每个外壳都包含平坦的光学涂层玻璃透镜以及允许空气和声音进入的开放空间(税号 4202.99.90 项下)	[1]	免税	不变	不变	2020 年 12 月 31 日当天或之前

税则号列	统计后缀	货品名称	单位	税率 一般	税率 特惠	2	有效期
9902.12.56	[1]	不透明模压聚碳酸酯塑料相机外壳,呈纯色,表面无反射,设计用于保存税号8525.80.40的相机,每个外壳都包含用于操作相机的按钮、连接到底座的塑料夹、底座上的指旋螺钉,允许在枢轴上调整相机视角、机箱门上的硅垫片,允许相机在40米以上但不超过60米的深度进行防水操作,每个外壳都包含平坦的光学涂层玻璃透镜和散热器,用于消散相机热量(税号4202.99.90项下)	[1]	免税	不变	不变	2020年12月31日当天或之前
9902.12.57	[1]	女式皮夹克,除短上衣外,每件都有正面开口,但没有封边,长度及腰,很有价值不超过$125(税号4203.10.40项下)	[1]	免税	不变	不变	2020年12月31日当天或之前
9902.12.58	[1]	皮制击球手套,每只手套都有一根带子,可绕在手腕上和手背上,并将手套固定在佩戴者手腕上(税号4203.21.20项下)	[1]	免税	不变	不变	2020年12月31日当天或之前
9902.12.59	[1]	为狩猎运动设计的全指手套,手掌侧为皮革,背面为迷彩印花针织物,完全由聚酯制成,并涂有膨胀聚四氟乙烯(EPTFE),这种手套具有绝缘性,由40%合成纤维和60%鸭绒组成;每只手套都有一个缝在手套背面的手指套作为盖子,手指和拇指都有皮革尖端以提高抓握性,这种手套旨在覆盖手指以提供额外的温暖(税号4203.21.80项下)	[1]	免税	不变	不变	2020年12月31日当天或之前
9902.12.60	[1]	皮革或再生皮革制拳击和综合格斗手套(税号4203.21.80项下)	[1]	免税	不变	不变	2020年12月31日当天或之前
9902.12.61	[1]	非专门设计用于体育运动的马皮或牛皮(小牛皮除外)皮手套,非完全用皮革制成,上述手套中至少有4个小手套或侧壁,在4个手套之间的指尖之间相互延伸手指(税号4203.29.15项下)	[1]	9.2%	不变	不变	2020年12月31日当天或之前
9902.12.62	[1]	非专为体育用途而设计的、并非完全由皮革制成的无长围巾或边墙的马皮或牛皮手套(小牛皮除外)(税号4203.29.18项下)	[1]	13.4%	不变	不变	2020年12月31日当天或之前
9902.12.63	[1]	男式全指手套,手掌侧为皮革,背面为织物,织物包含89%或以上但不超过95%的人造纤维和5%或以上但不超过11%的弹性纤维,这种织物涂有塑料;这种手套填充有合成纤维用于隔热,手腕有弹性,每副价值18美元或以上;专为运动而设计的手套以外的其他物品(税号4203.29.30项下)	[1]	免税	不变	不变	2020年12月31日当天或之前
9902.12.64	[1]	女式皮带,皮革或再生皮革制,每条价值7.00美元或以上(税号4203.30.00项下)	[1]	2.5%	不变	不变	2020年12月31日当天或之前
9902.12.65	[1]	毛皮制腰带,貂皮制皮带除外(税号4303.10.00项下)	[1]	免税	不变	不变	2020年12月31日当天或之前
9902.12.66	[1]	适用于窗帘的编织材料和编织材料产品,成卷,每卷面积为27.85平方米或以上但不超过46.46平方米,竹片宽度超过1毫米但不超过13毫米,截面尺寸超过2毫米但不超过5毫米,上述材料用聚酯纱线编织成重复图案,不论这种图案是否包括草、纸条或黄麻(税号4601.92.20项下)	[1]	免税	不变	不变	2020年12月31日当天或之前

税则号列	统计后缀	货品名称	单位	税率 1 一般	税率 1 特惠	税率 2	有效期
9902.12.67	[1]	适用于窗帘的木制编织材料和编织材料产品,成卷,每卷面积超过 27.85 平方米但不超过 46.46 平方米,所含木条宽度为 6 毫米或以上但不超过 8 毫米,或者 22 毫米或以上但不超过 25 毫米,竹片厚度为 1 毫米或以上且不超过 2 毫米,宽度为 1～2.5 毫米,马鲁帕木棒和/或纸绳的直径为 1.5 毫米或以上但不超过 3 毫米,上述木条与聚酯纱线编成重复图案,不论这种图案是否包含黄麻或纸(税号 4601.94.20 项下)	[1]	免税	不变	不变	2020 年 12 月 31 日当天或之前
9902.12.68	[1]	通常放在口袋或手袋内,不论是否有肩带或提手的藤条制品(税号 4602.12.23 项下)	[1]	免税	不变	不变	2020 年 12 月 31 日当天或之前
9902.12.69	[1]	克什米尔(开士米)山羊的细毛,经脱脂或碳化加工(税号 5102.11.90 项下)	[1]	免税	不变	不变	2020 年 12 月 31 日当天或之前
9902.12.70	[1]	驼毛,除脱脂或碳化外未经任何其他加工(税号 5102.19.20 项下)	[1]	免税	不变	不变	2020 年 12 月 31 日当天或之前
9902.12.71	[1]	经碳化加工的驼毛(税号 5102.19.90 项下)	[1]	免税	不变	不变	2020 年 12 月 31 日当天或之前
9902.12.72	[1]	骆驼毛(税号 5103.10.00 项下)	[1]	免税	不变	不变	2020 年 12 月 31 日当天或之前
9902.12.73	[1]	克什米尔(开士米)山羊细毛,梳理或精梳(税号 5105.31.00 项下)	[1]	免税	不变	不变	2020 年 12 月 31 日当天或之前
9902.12.74	[1]	骆驼毛,梳理或精梳(税号 5105.39.00 项下)	[1]	免税	不变	不变	2020 年 12 月 31 日当天或之前
9902.12.75	[1]	纱支 19.35 米或以上的克什米尔(开士米)山羊粗毛纱(税号 5108.10.80 项下)	[1]	免税	不变	不变	2020 年 12 月 31 日当天或之前
9902.12.76	[1]	非供零售的克什米尔(山羊绒)山羊粗毛纱线,纱线支数少于 19.35(税号 5108.10.80 项下)	[1]	免税	不变	不变	2020 年 12 月 31 日当天或之前
9902.12.77	[1]	已梳骆驼毛纱(税号 5108.10.80 项下)	[1]	免税	不变	不变	2020 年 12 月 31 日当天或之前
9902.12.78	[1]	非供零售的精梳羊绒纱或驼毛纱(税号 5108.20.80 项下)	[1]	免税	不变	不变	2020 年 12 月 31 日当天或之前
9902.12.79	[1]	粗梳羊驼毛机织物,按重量计含 85% 或以上的羊驼毛,重量不超过 300 克/米^2(税号 5111.11.70 项下)	[1]	免税	不变	不变	2020 年 12 月 31 日当天或之前
9902.12.80	[1]	粗梳羊驼毛机织物,按重量计含 85% 或以上的羊驼毛,重量超过 300 克/米^2(税号 5111.19.60 项下)	[1]	免税	不变	不变	2020 年 12 月 31 日当天或之前
9902.12.81	[1]	精梳羊驼毛机织物,按重量计含有 85% 或以上的羊驼毛,重量不超过 200 克/米^2(税号 5112.11.60 项下)	[1]	免税	不变	不变	2020 年 12 月 31 日当天或之前
9902.12.82	[1]	精梳羊驼毛机织物,按重量计含有 85% 以上的羊驼毛,重量超过 200 克/米^2(税号 5112.19.95 项下)	[1]	免税	不变	不变	2020 年 12 月 31 日当天或之前
9902.12.83	[1]	经漂白、纱线支数为 43～68 的棉机织物,成卷,幅宽 74 厘米以上但宽度不超过 184 厘米,长度 1 640 米以上但不超过 6 500 米(税号 5208.21.40 项下)	[1]	免税	不变	不变	2020 年 12 月 31 日当天或之前

税则号列	统计后缀	货品名称	单位	税率 一般	税率 特惠	税率 2	有效期
9902.12.84	[1]	棉机织物,按重量计含有大于50%但小于85%的棉花并含聚酯纤维,漂白,幅宽290厘米或更大(税号5211.20.29项下)	[1]	免税	不变	不变	2020年12月31日当天或之前
9902.12.85	[1]	棉机织物,按重量计含棉量50%以上但不超过85%,含聚酯纤维,染色,幅宽290厘米或以上(税号5211.39.00项下)	[1]	免税	不变	不变	2020年12月31日当天或之前
9902.12.86	[1]	尼龙单丝,细度53分特或以上但不超过58分特,截面尺寸不超过1毫米,未加捻或加捻小于5转/米,非供零售,完全取向;上述直径保持不变,适用于丝印(税号5402.45.90项下)	[1]	免税	不变	不变	2020年12月31日当天或之前
9902.12.87	[1]	合成(聚乙烯醇)长丝,无捻,细度为1 100~1 330分特,由200条长丝组成,经进口商认证强度为6.8~8.2 cN/dtex,断裂伸长率为7.7%~13.5%(税号5402.49.91项下)	[1]	免税	不变	不变	2020年12月31日当天或之前
9902.12.88	[1]	合成(尼龙或其他聚酰胺)长丝(缝纫线除外),非供零售,单纱,捻度超过50转/米,细度为23分特或以上但不超过840分特,每个含4~68根单丝并含有10%或以上的尼龙12(税号5402.51.00项下)	[1]	免税	不变	不变	2020年12月31日当天或之前
9902.12.89	[1]	高强力黏胶人造丝单纱(缝纫线除外),细度大于或等于1 000分特,非供零售(税号5403.10.30项下)	[1]	免税	不变	不变	2020年12月31日当天或之前
9902.12.90	[1]	高强力黏胶人造丝单纱,细度小于1 000分特(税号5403.10.30项下)	[1]	免税	不变	不变	2020年12月31日当天或之前
9902.12.91	[1]	高强力黏胶纤维股线(缆线)(税号5403.10.60项下)	[1]	免税	不变	不变	2020年12月31日当天或之前
9902.12.92	[1]	黏胶人造丝单纱(缝纫线除外),非供零售,未加捻或加捻不超过120转/米(税号5403.31.00项下)	[1]	免税	不变	不变	2020年12月31日当天或之前
9902.12.93	[1]	黏胶人造丝单纱,捻度超过120转/米(税号5403.32 00项下)	[1]	免税	不变	不变	2020年12月31日当天或之前
9902.12.94	[1]	合成聚丙烯单丝,67分特及以上,截面尺寸不超过1毫米(税号5404.19.80项下)	[1]	免税	不变	不变	2020年12月31日当天或之前
9902.12.95	[1]	尼龙单丝,67分特及以上,截面尺寸不超过1毫米,直径保持不变(税号5404.19.80项下)	[1]	免税	不变	不变	2020年12月31日当天或之前
9902.12.96	[1]	尼龙单丝,67分特及以上,截面尺寸不超过1毫米;设计一致的直径,以适应丝网印花(税号5404.19.80项下)	[1]	免税	不变	不变	2020年12月31日当天或之前
9902.12.97	[1]	按重量含85%或以上的聚酯长丝变形纱的平纹机织物,色织,重量96克/平方米以上但170克/平方米以下,幅宽142.2厘米或以上;这种织物纬纱是聚丁烯对苯二酸酯(PBT),给织物横向延伸性,经向每厘米有31根或以上但不超过36根染色单纱,纬向每厘米有14根或以上但不超过18根染色纬纱(浅综色)(税号5407.53.20项下)	[1]	免税	不变	不变	2020年12月31日当天或之前
9902.12.98	[1]	腈纶长丝丝束,按重量计含至少85%但不超过92%的丙烯腈单体,至少3%的水,生白(未染色),平均细度为2~5分特/根,总细度为660 000~1 200 000分特,长度大于2米(税号5501.30.00项下)	[1]	免税	不变	不变	2020年12月31日当天或之前

税则号列	统计后缀	货品名称	单位	税率 1 一般	税率 1 特惠	税率 2	有效期
9902.12.99	[1]	腈纶长丝丝束,按重量计含85%或以上的丙烯腈单体,2%或以上但不超过3%的水,生白(未染色),卷曲状,平均细度为2.2(±10%)分特,总细度为660 000~1 200 000分特,长度大于2米(税号5501.30.00项下)	[1]	免税	不变	不变	2020年12月31日当天或之前
9902.13.01	[1]	腈纶长丝丝束,按重量计含85%或以上的丙烯腈单体,2%以上但不超过3%的水,生白(未染色),卷曲状,平均细度为3.3(±10%)分特,总细度为660 000~1 200 000分特,长度大于2米(税号5501.30.00项下)	[1]	免税	不变	不变	2020年12月31日当天或之前
9902.13.02	[1]	腈纶长丝丝束,按重量计含92%或以上的丙烯腈单体,不超过0.01%的锌,2%或以上但不超过8%的水,染色,成包卷曲状,每包含214 000(±10%)根平均细度为2.75(±10%)分特的单丝,长度大于2米(税号5501.30.00项下)	[1]	免税	不变	不变	2020年12月31日当天或之前
9902.13.03	[1]	腈纶长丝丝束,按重量计含92%或以上的丙烯腈单体,不超过0.01%的锌,2%或以上但不超过8%的水,染色,成包卷曲状,每包含214 000(±10%)根平均细度为3.3(±10%)分特的单丝,长度大于2米(税号5501.30.00项下)	[1]	免税	不变	不变	2020年12月31日当天或之前
9902.13.04	[1]	腈纶长丝丝束,按重量计含85%或以上的丙烯腈单体,2%或以上但不超过8%的水,染色,细度5.0~5.6分特,总细度660 000~1 200 000分特,长度大于2米(税号5501.30.00项下)	[1]	免税	不变	不变	2020年12月31日当天或之前
9902.13.05	[1]	腈纶长丝丝束,按重量计含92%或以上的丙烯腈单体,不超过0.01%的锌,2%或以上但不超过8%的水,染色,成包卷曲状,每包含315 000~360 000根平均细度为3.3分特的单丝,长度大于2米(税号5501.30.00项下)	[1]	免税	不变	不变	2020年12月31日当天或之前
9902.13.06	[1]	腈纶长丝丝束,按重量计含85%或以上的丙烯腈单体,2%或以上但不超过3%的水,染色,卷曲状,单丝平均细度为3.0(±10%)分特,长度50(±10%)毫米(税号5503.30.00项下)	[1]	免税	不变	不变	2020年12月31日当天或之前
9902.13.07	[1]	改性腈纶短纤,按重量含35%或以上但不超过85%的丙烯腈单体,2%或以上但不超过3%的水,未染色,卷曲状,单丝平均细度为2.2(±10%)分特,长度38(±10%)毫米(税号5503.30.00项下)	[1]	免税	不变	不变	2020年12月31日当天或之前
9902.13.08	[1]	改性腈纶短纤,按重量含35%或以上但不超过85%的丙烯腈单体,2%或以上但不超过3%的水,未染色,卷曲状,单丝平均细度为2.2(±10%)分特,长度51(±10%)毫米(税号5503.30.00项下)	[1]	免税	不变	不变	2020年12月31日当天或之前
9902.13.09	[1]	改性腈纶短纤,按重量含35%或以上但不超过85%的丙烯腈单体,2%或以上但不超过3%的水,未染色,卷曲状,单丝平均细度为1.7(±10%)分特,长度51(±10%)毫米(税号5503.30.00项下)	[1]	免税	不变	不变	2020年12月31日当天或之前
9902.13.10	[1]	腈纶短纤,按重量计至少含85%的丙烯腈单体、2%或以上但不超过3%的水,生白(未染色),卷曲状,单丝平均细度为1.3(±10%)分特,长度38(±10%)毫米(税号5503.30.00项下)	[1]	免税	不变	不变	2020年12月31日当天或之前

第九十九章 临时立法;根据现有贸易法规的临时修改;根据经修正的《农业调整法》第 22 条制定的附加进口限制

税则号列	统计后缀	货品名称	单位	税率 一般	税率 特惠	2	有效期
9902.13.11	[1]	腈纶短纤,按重量计含85%或以上的丙烯腈单体、2%或以上但不超过3%的水,染色,卷曲状,单丝平均细度为1.3(±10%)分特,长度40(±10%)毫米(税号5503.30.00项下)	[1]	免税	不变	不变	2020年12月31日当天或之前
9902.13.12	[1]	腈纶短纤,按重量计含85%或以上的丙烯腈单体、2%或以上但不超过3%的水,未染色,卷曲状,单丝平均细度为1.98~2.42分特,长度48~60毫米(税号5503.30.00项下)	[1]	免税	不变	不变	2020年12月31日当天或之前
9902.13.13	[1]	腈纶短纤,按重量计含85%或以上的丙烯腈单体、2%或以上但不超过3%的水,染色,卷曲状,单丝平均细度为1.98~2.42分特,长度40~47.5毫米,经进口商认证,太阳反射率指数小于10(税号5503.30.00项下)	[1]	免税	不变	不变	2020年12月31日当天或之前
9902.13.14	[1]	腈纶短纤,按重量计含85%或以上的丙烯腈单体、2%或以上但不超过3%的水,染色,卷曲状,单丝平均细度为1.98~2.42分特,长度40~47.5毫米,经进口商认证,太阳反射率指数10~30(税号5503.30.00项下)	[1]	免税	不变	不变	2020年12月31日当天或之前
9902.13.15	[1]	腈纶短纤,按重量计含85%或以上的丙烯腈单体、2%或以上但不超过3%的水,染色,卷曲状,单丝平均细度为1.98~2.42分特,长度40~47.5毫米,经进口商认证,太阳反射率指数大于30(税号5503.30.00项下)	[1]	免税	不变	不变	2020年12月31日当天或之前
9902.13.16	[1]	腈纶短纤,按重量计含85%或以上的丙烯腈单体、2%或以上但不超过3%的水,染色,卷曲状,单丝平均细度为1.98~2.42分特,长度48~60毫米,经进口商认证,太阳反射率指数小于10(税号5503.30.00项下)	[1]	免税	不变	不变	2020年12月31日当天或之前
9902.13.17	[1]	腈纶短纤,按重量计含85%或以上的丙烯腈单体、2%或以上但不超过3%的水,染色,卷曲状,单丝平均细度为1.98~2.42分特,长度48~60毫米,经进口商认证,太阳反射率指数10~30(税号5503.30.00项下)	[1]	免税	不变	不变	2020年12月31日当天或之前
9902.13.18	[1]	腈纶短纤,按重量计含85%或以上的丙烯腈单体、2%或以上但不超过3%的水,染色,卷曲状,单丝平均细度为1.98~2.42分特,长度48~60毫米,经进口商认证,太阳反射率指数大于30(税号5503.30.00项下)	[1]	免税	不变	不变	2020年12月31日当天或之前
9902.13.19	[1]	改性腈纶短纤,按重量计含2%或以上但不超过3%的水,未染色,卷曲状,单丝平均细度为1.7分特,长度38毫米(税号5503.30.00项下)	[1]	免税	不变	不变	2020年12月31日当天或之前
9902.13.20	[1]	腈纶短纤,未染色,未经粗梳、精梳或其他纺前加工,按重量计含92%或以上的丙烯腈单体、不超过0.01%的锌,2%或以上但不超过8%的水,单丝细度为5.0~5.6分特,纤维收缩率0~22%,长度80~150毫米(税号5503.30.00项下)	[1]	免税	不变	不变	2020年12月31日当天或之前
9902.13.21	[1]	改性腈纶短纤,未经粗梳、精梳或其他纺前加工,按重量计含35%或以上但不超过85%的丙烯腈单体,单丝细度为2.7(±2%)分特,本色,长度38~120毫米(税号5503.30.00项下)	[1]	免税	不变	不变	2020年12月31日当天或之前

税则号列	统计后缀	货品名称	单位	税率 一般	税率 特惠	2	有效期
9902.13.22	[1]	改性腈纶短纤,未经粗梳、精梳或其他纺前加工,按重量计含35%或以上但不超过85%的丙烯腈单体,单丝细度为3.9(±2%)分特,本色,长度38～120毫米(税号5503.30.00项下)	[1]	免税	不变	不变	2020年12月31日当天或之前
9902.13.23	[1]	腈纶短纤,染色,未经粗梳、精梳或其他纺前加工,按重量计含92%或以上的丙烯腈单体、不超过0.01%的锌,2%或以上但不超过8%的水,单丝细度为3.3～5.6分特,纤维收缩率0～22%(税号5503.30.00项下)	[1]	免税	不变	不变	2020年12月31日当天或之前
9902.13.24	[1]	黏胶短纤,染色,未经粗梳、精梳或其他纺前加工,按重量计含28%或以上但不超过33%的二氧化硅(税号5504.10.00);上述纤维中,单丝细度2.2分特,长度38毫米,单丝细度4.7分特、长度51毫米,单丝细度3.3分特、4.7分特、5.0分特、长度38毫米的纤维除外	[1]	免税	不变	不变	2020年12月31日当天或之前
9902.13.25	[1]	黏胶短纤,未经粗梳、精梳或其他纺前加工,单丝细度0.9分特或以上但不超过1.30分特,长度为20毫米或以上但不超过150毫米(税号5504.10.00项下)	[1]	免税	不变	不变	2020年12月31日当天或之前
9902.13.26	[1]	黏胶短纤,未经粗梳、精梳或其他纺前加工,单丝细度0.5分特或以上但不超过1.0分特,长度为4毫米或以上但不超过20毫米(税号5504.10.00项下)	[1]	免税	不变	不变	2020年12月31日当天或之前
9902.13.27	[1]	适于纺纱的阻燃黏胶纤维,以山毛榉木制成的莫代尔纤维为基础,含20%～22%的磷系阻燃剂,最低纤维强度25cN/tex(税号5504.10.00项下)	[1]	免税	不变	不变	2020年12月31日当天或之前
9902.13.28	[1]	黏胶短纤,细度小于5.0分特,三叶多肢截面,肢长宽比至少2:1,适于生产税号9619的货品(税号5504.10.00项下)	[1]	免税	不变	不变	2020年12月31日当天或之前
9902.13.29	[1]	黏胶短纤,未经粗梳、精梳或其他纺前加工,按重量计含28%～33%的二氧化硅,单丝细度4.7分特,长度60毫米(税号5504.10.00项下)	[1]	免税	不变	不变	2020年12月31日当天或之前
9902.13.30	[1]	黏胶短纤,未经粗梳、精梳或其他纺前加工,按重量计含28%～33%的二氧化硅,单丝细度3.3分特,长度60毫米(税号5504.10.00项下)	[1]	免税	不变	不变	2020年12月31日当天或之前
9902.13.31	[1]	黏胶短纤,未经粗梳、精梳或其他纺前加工,按重量计含28%～33%的二氧化硅,单丝细度5.0分特,长度60毫米(税号5504.10.00项下)	[1]	免税	不变	不变	2020年12月31日当天或之前
9902.13.32	[1]	黏胶短纤,未经粗梳、精梳或其他纺前加工,按重量计含28%～33%的二氧化硅,单丝细度2.2分特,长度38毫米(税号5504.10.00项下)	[1]	免税	不变	不变	2020年12月31日当天或之前
9902.13.33	[1]	黏胶短纤,未经粗梳、精梳或其他纺前加工,按重量计含28%～33%的二氧化硅,单丝细度4.7分特,长度51毫米(税号5504.10.00项下)	[1]	免税	不变	不变	2020年12月31日当天或之前
9902.13.34	[1]	莱赛尔短纤,未经粗梳、精梳或其他纺前加工,单丝细度1.7分特或以上但不超过3.3分特,长度25毫米或以上但不超过51毫米,含25%高岭土(税号5504.90.00项下)	[1]	免税	不变	不变	2020年12月31日当天或之前

第九十九章 临时立法;根据现有贸易法规的临时修改;根据经修正的《农业调整法》第 22 条制定的附加进口限制　1729

税则号列	统计后缀	货品名称	单位	税率 1 一般	税率 1 特惠	税率 2	有效期
9902.13.35	[1]	腈纶短纤,经粗梳、精梳或其他纺前加工(税号 5506.30.00);上述纤维中,按重量计含丙烯腈 92％或以上的腈纶短纤,含不超过 0.01％的锌和 2％或以上但不超过 8％的水,染色或原白(未染色),平均细度 2.75～3.30 分特或 11（±10％）分特,或者如果染色,平均细度 5.0～5.6 分特的纤维除外	[1]	免税	不变	不变	2020 年 12 月 31 日当天或之前
9902.13.36	[1]	腈纶短纤,经粗梳、精梳或其他纺前加工,按重量计含 92％或以上的丙烯腈单体,含不超过 0.01％的锌和 2％或以上但不超过 8％的水,染色或原白(未染色),单丝细度 2.75～3.30 分特（税号 5506.30.00 项下）	[1]	免税	不变	不变	2020 年 12 月 31 日当天或之前
9902.13.37	[1]	腈纶短纤,经粗梳、精梳或其他纺前加工,按重量计含 92％或以上的丙烯腈单体,含不超过 0.01％的锌和 2％或以上但不超过 8％的水,染色或原白(未染色),单丝平均细度 11（±10％）分特（税号 5506.30.00 项下）	[1]	免税	不变	不变	2020 年 12 月 31 日当天或之前
9902.13.38	[1]	腈纶短纤,经粗梳、精梳或其他纺前加工,按重量计含 92％或以上的丙烯腈单体,含不超过 0.01％的锌和 2％或以上但不超过 8％的水,染色,单丝平均细度 5.0～5.6 分特(税号 5506.30.00 项下)	[1]	免税	不变	不变	2020 年 12 月 31 日当天或之前
9902.13.39	[1]	黏胶短纤,经粗梳、精梳或其他纺前加工,纤维束状（税号 5507.00.00 项下）	[1]	免税	不变	不变	2020 年 12 月 31 日当天或之前
9902.13.40	[1]	合成短纤机织物,按重量计含 85％或以上的聚乙烯醇短纤和 15％以下的富强黏胶（税号 5512.99.00 项下）	[1]	免税	不变	不变	2020 年 12 月 31 日当天或之前
9902.13.41	[1]	莫代尔短纤机织物,按重量计含 50％以上但低于 85％的莫代尔纤维,染色,主要或仅与棉混纺,重量超过 270 克/平方米但不超过 340 克/平方米,纱线细度 42 公支或更低,每平方厘米纱线数为 150～160,起绒（税号 5516.42.00 项下）	[1]	免税	不变	不变	2020 年 12 月 31 日当天或之前
9902.13.42	[1]	地毯和其他纺织铺地制品,簇绒,不论是否由羊毛或动物细毛制成,手工制,即簇绒是用手或非动力驱动的手工工具插入（税号 5703.10.20 项下）	[1]	免税	不变	不变	2020 年 12 月 31 日当天或之前
9902.13.43	[1]	聚对苯二甲酸乙二醇酯(PET)热交换毛细材料,由平行的 PET 管排列并固定在 PET 纱线针织物上（税号 6003.30.60 项下）	[1]	免税	不变	不变	2020 年 12 月 31 日当天或之前
9902.13.44	[1]	化纤制男式衬衫,针织或钩编,织物或聚合物基电极编织或附着在织物上,包括两个卡扣,用以固定一个模块,将电极上的心率信息传送到一个兼容的监测仪上(税号 6105.20.20 项下)	[1]	免税	不变	不变	2020 年 12 月 31 日当天或之前
9902.13.45	[1]	化纤针织物的背心,包括弹性体纤维,每件背心上都有编织或附着在织物上的织物或聚合物电极,并装有两个卡扣,用以固定一个模块,该模块可将电极上的心率信息传送到兼容显示器（税号 6109.90.10 项下）	[1]	免税	不变	不变	2020 年 12 月 31 日当天或之前
9902.13.46	[1]	化纤制成的女式或女童针织或钩编背心,按重量计含毛量 23％或以上,每件织物针脚数大于 9 针/2 厘米,按针迹形成的方向量度（税号 6110.30.15 项下）	[1]	免税	不变	不变	2020 年 12 月 31 日当天或之前

税则号列	统计后缀	货品名称	单位	税率 1 一般	税率 1 特惠	2	有效期
9902.13.47	[1]	化纤制男式背心(毛衣背心除外),针织或钩编,用织物或聚合物基电极编织成或附着在织物上,并结合两个卡扣,以固定一个模块,将电极上的心率信息传送到兼容的监视器(税号6110.30.30项下)	[1]	免税	不变	不变	2020年12月31日当天或之前
9902.13.48	[1]	男式针织或钩编套头衫和开襟衫,含70%或以上的蚕丝,每件有9针/2厘米以上的针脚,按针脚形成的方向测量,按至少10厘米×10厘米的面积计算,每个方向的平均针脚数不到10针/厘米,此类服装制品达到腰部(税号6110.90.10项下)	[1]	免税	不变	不变	2020年12月31日当天或之前
9902.13.49	[1]	亚麻制男式或男童针织或钩编毛衣,每件按针迹形成的方向每2厘米计缝9针或更少(税号6110.90.90项下)	[1]	免税	不变	不变	2020年12月31日当天或之前
9902.13.50	[1]	棉质女童针织或钩编连身工作服或连身衣(税号6114.20.00项下)	[1]	免税	不变	不变	2020年12月31日当天或之前
9902.13.51	[1]	鞋帮含氯丁橡胶的袜子,厚度2.5毫米,两面用尼龙针织面料覆盖;这种袜子的底脚是用可呼吸的氯丁橡胶制成,厚度为2.5~3毫米,两侧用尼龙针织面料覆盖;上述的每一个都是按人体结构而形成的,是为佩戴者而设计的左或右脚(税号6115.96.90项下)	[1]	免税	不变	不变	2020年12月31日当天或之前
9902.13.52	[1]	合成纤维制短袜,鞋面用氯丁橡胶量厚度3.5毫米,两面均覆盖尼龙针织平针织物;每只这样的袜子都有一个完整的折叠式袖口,袖口由尼龙针织面料制成,每个袖口都有一个模制的挂钩,以便与水靴连接,并设计成防止碎片和砾石进入水靴,这样的袜子在解剖学上形成(税号6115.96.90项下)	[1]	免税	不变	不变	2020年12月31日当天或之前
9902.13.53	[1]	除硬质橡胶(税号4015.19.50项下)或合成纺织材料(税号6116.93.08项下)外的硫化橡胶训练手套纺织材料制,针织或钩编	[1]	免税	不变	不变	2020年12月31日当天或之前
9902.13.54	[1]	涂有塑料的聚酯针织织物手用手罩,这种手罩填充有用于隔热的合成超细纤维,每一面开口有弹性封口,外袋有拉链封口,重量不超过453.592克(税号6117.80.95项下)	[1]	免税	不变	不变	2020年12月31日当天或之前
9902.13.55	[1]	化纤机织男式外套,含羊毛重量36%或以上,长及大腿或以上,有袖子,有或没有合拢,全开襟(税号6201.13.30项下)	[1]	免税	不变	不变	2020年12月31日当天或之前
9902.13.57	[1]	棉织灯芯绒男式或男童夹克,长度不足大腿中部,长袖,全部或部分开襟(税号6201.92.45项下)	[1]	免税	不变	不变	2020年12月31日当天或之前
9902.13.58	[1]	化纤男式机织夹克,按重量计含羊毛36%或以上,长及大腿中部以下,长袖,全部或部分开襟(税号6201.93.55项下)	[1]	免税	不变	不变	2020年12月31日当天或之前
9902.13.59	[1]	羊毛女式或女童机织棉袄(包括背心),短于大腿中部,全开襟(税号6202.91.60项下)	[1]	免税	不变	不变	2020年12月31日当天或之前
9902.13.60	[1]	化纤机织女式短外衣,含羊毛36%或以上,长及大腿中部以下,长袖,全部或部分开襟(税号6202.93.45项下)	[1]	免税	不变	不变	2020年12月31日当天或之前
9902.13.61	[1]	蚕丝机织女式服装(税号6204.49.10项下)	[1]	6.5%	不变	不变	2020年12月31日当天或之前
9902.13.63	[1]	蚕丝女式裙子和分体裙(税号6204.59.40项下)	[1]	1.7%	不变	不变	2020年12月31日当天或之前

第九十九章 临时立法;根据现有贸易法规的临时修改;根据经修正的《农业调整法》第 22 条制定的附加进口限制　1731

税则号列	统计后缀	货品名称	单位	税率 1 一般	税率 1 特惠	税率 2	有效期
9902.13.64	[1]	蚕丝机织女式衬衫(税号 6206.10.00 项下)	[1]	6.5%	不变	不变	2020 年 12 月 31 日当天或之前
9902.13.65	[1]	化纤机织男式或男童睡衣裤,包括上衣和睡衣裤,单独呈现,不成套,上述设计供人穿着在床上(税号 6207.99.85 项下)	[1]	免税	不变	不变	2020 年 12 月 31 日当天或之前
902.13.66	[1]	化纤机织婴儿裤子,但作为成套零件进口的除外(税号 6209.90.20 项下)	[1]	免税	不变	不变	2020 年 12 月 31 日当天或之前
9902.13.67	[1]	亚麻机织婴儿服装(税号 6209.90.90 项下)	[1]	免税	不变	不变	2020 年 12 月 31 日当天或之前
9902.13.68	[1]	针织或机织女式运动胸罩,含有弹性纤维,但不含蕾丝、网或刺绣,不论是组装还是针织/钩编成一件,每件胸罩都有织物或聚合物基电极,编织或附着在织物上,并配有两个按扣,用于固定一个模块,该模块旨在将心率信息从电极传输到兼容的监护仪(税号 6212.10.90 项下)	[1]	免税	不变	不变	2020 年 12 月 31 日当天或之前
9902.13.69	[1]	蚕丝女式披肩、围巾和类似货物(税号 6214.10.10 项下)	[1]	免税	不变	不变	2020 年 12 月 31 日当天或之前
9902.13.70	[1]	化纤制棒球手套,专为棒球运动而设计,有一条带子绕在手腕上和手背上,把手套固定在手腕上(税号 6216.00.46 项下)	[1]	免税	不变	不变	2020 年 12 月 31 日当天或之前
9902.13.71	[1]	化纤制非针织机械师工作手套,带四角叉,上述手套按重量计不含 36% 或以上羊毛或动物细毛(税号 6216.00.58 项下)	[1]	9.8%	不变	不变	2020 年 12 月 31 日当天或之前
9902.13.72	[1]	袋子,外层的机织物层压在内层针织物上,每一个袋子内都有带拉链的货物袋和其他口袋,用来装行李,并有双重入口拉链;上述设计的拉链可以塞入裤子内(税号 6217.90.90 项下)	[1]	免税	不变	不变	2020 年 12 月 31 日当天或之前
9902.13.73	[1]	不超过 10 分特的未染色尼龙长丝机织物制的麻袋和袋子,用于包装用于运输、储存或销售的羊毛的上述袋子(税号 6305.39.00 项下)	[1]	免税	不变	不变	2020 年 12 月 31 日当天或之前
9902.13.80	[1]	未填充的睡袋壳,由聚酯机织塔夫绸制成,纱线支数为 160~210 根,纱线细度为 22~112 分特;重量为 25 克/米^2 或以上,但不超过 250 克/米^2;长度为 152~305 厘米,带拉链,价值不超过 7 美元/件(税号 6307.90.98 项下)	[1]	免税	不变	不变	2020 年 12 月 31 日当天或之前
9902.13.82	[1]	氧化聚丙烯腈纤维的无纺布径向段和弦向制动段,这些片段是通过将网状物和单向丝束织物针刺在一起形成的,并切割成正方形或矩形以外的形状,上述设计用于飞机制动系统(税号 6307.90.98 项下)	[1]	免税	不变	不变	2020 年 12 月 31 日当天或之前
9902.13.83	[1]	聚丙烯层压织物箱,矩形或正方形,可折叠、可堆叠,体积 28 升以上但不超过 256 升,高度不超过 63.5 厘米,每个箱子都有缝制的纸板插入和织物顶板缝入纸板插件,这种织物用按长度切割的钩环材料固定到箱子上,这种箱子每个都有一个折叠式织物面板,缝有纸板插件,这种面板缝在箱子的内部;由进口商认证的符合 ASTM D642-15 标准的容器标准(税号 6307.90.98 项下)	[1]	免税	不变	不变	2020 年 12 月 31 日当天或之前

税则号列	统计后缀	货品名称	单位	税率 1 一般	税率 1 特惠	税率 2	有效期
9902.13.84	[1]	智能手机保护套,每个都连接到整体可调臂带,完全由纺织材料制成,这种保护套由聚酯层压氯丁橡胶制成,包括一个透明的塑料窗口,用于可视地访问智能手机屏幕,以及一个小的耳机线开口,不论是否带有装饰塑料覆盖层(税号 6307.90.98 项下)	[1]	免税	不变	不变	2020 年 12 月 31 日当天或之前
9902.13.85	[1]	供宠物使用的可携式和可折叠的纺织材料盛水或盛食物的碗(税号 6307.90.98 项下)	[1]	免税	不变	不变	2020 年 12 月 31 日当天或之前
9902.13.86	[1]	为保护柑橘树不受蜜蜂授粉影响而特别设计的农业控制网,这种网由高密度聚丙烯单丝制成,每隔一定时间打上眼结;每个网约 441.5 米×12.8 米或 274.3 米×12.8 米,成卷(税号 6307.90.98 项下)	[1]	免税	不变	不变	2020 年 12 月 31 日当天或之前
9902.13.87	[1]	纺织材料制的胸部安全袋,每一套用于将税号 8525.80.40 的摄影机系在使用者的胸上;包括腰带和肩带,每个都有一个塑料连接器和拇指螺丝设计的相机安装或调整(税号 6307.90.98 项下)	[1]	免税	不变	不变	2020 年 12 月 31 日当天或之前
9902.13.88	[1]	纺织材料制成的可调节带,带小塑料底座,目的是将税号 8525.80.40 的摄影机固定在头盔或其他物品上(税号 6307.90.98 项下)	[1]	免税	不变	不变	2020 年 12 月 31 日当天或之前
9902.13.89	[1]	聚酯机织物制纺织袋,经热塑性聚氨酯涂层,每个袋子打褶,用内螺纹连接到塑料和/或金属环上,带有垫圈和塑料帽,塑料帽用外螺纹拧入环中,形成可膨胀的圆形袋,设计用于装冰和/或冷水(税号 6307.90.98 项下)	[1]	免税	不变	不变	2020 年 12 月 31 日当天或之前
9902.13.90	[1]	纺织材料支架,设计用于将税号 8525.80.40 的摄影机安装在使用者的手腕、手臂或腿上;这样的支架包含钩环可调带,设计允许在安装平面上 360 度调节相机视角和相机倾斜(税号 6307.90.98 项下)	[1]	免税	不变	不变	2020 年 12 月 31 日当天或之前
9902.13.91	[1]	由棉布制成的长方形色卡,每只约长 5.08 厘米,宽 20.32 厘米,边缘有细纹,并以认可染料的颜色染色,而每只色卡均有指明颜色的条码(税号 6307.90.98 项下)	[1]	免税	不变	不变	2020 年 12 月 31 日当天或之前
9902.13.92	[1]	男式运动鞋,外底和鞋面由橡胶或塑料制成,价值超过 12 美元/双(税号 6402.19.90 项下)	[1]	8.7%	不变	不变	2020 年 12 月 31 日当天或之前
9902.13.93	[1]	运动鞋(男鞋除外),外底和鞋面由橡胶或塑料制成,价值超过 12 美元/双(税号 6402.19.90 项下)	[1]	8.5%	不变	不变	2020 年 12 月 31 日当天或之前
9902.13.94	[1]	男式工作鞋,外底和鞋面由橡胶或塑料制成,覆盖脚踝,并有耐油和抗滑的外底(税号 6402.91.40 项下)	[1]	免税	不变	不变	2020 年 12 月 31 日当天或之前
9902.13.95	[1]	男式防护活动鞋(防水模制底部的鞋除外,包括外底全部或部分由鞋面组成,以及具有隔热功能的鞋),从外底到鞋面顶部高度不超过 15.34 厘米(税号 6402.91.42 项下)	[1]	免税	不变	不变	2020 年 12 月 31 日当天或之前
9902.13.96	[1]	女式防护活动鞋,外底和鞋面由橡胶或塑料制成(防水模制鞋底的鞋除外,包括外底全部或部分由鞋面组成,以及具有隔热功能的鞋),外底底部到鞋面顶部的高度不超过 15.34 厘米(税号 6402.91.42 项下),如果价值为 26 美元/双或以上,鞋底或鞋面上没有设计用于排出湿气的开口(税号 6402.91.42 项下)	[1]	1.0%	不变	不变	2020 年 12 月 31 日当天或之前

税则号列	统计后缀	货品名称	单位	税率 1 一般	税率 1 特惠	税率 2	有效期
9902.13.97	[1]	女式防护活动鞋,外底和鞋面由橡胶或塑料制成(防水模制鞋底的鞋除外,包括外底全部或部分由鞋面组成,以及具有隔热功能的鞋),从外底底部到鞋面顶部的高度不超过 15.34 厘米,覆盖脚踝,价值超过 26 美元/双;如果这种保护通过使用层压织物实现,那么鞋底或侧面有开口,或鞋底上方有有盖开口,设计用于排出湿气(税号 6402.91.42 项下)	[1]	免税	不变	不变	2020 年 12 月 31 日当天或之前
9902.13.98	[1]	男鞋,外底和鞋面由橡胶或塑料制成(硫化鞋和带防水模制或硫化鞋底的鞋除外,包括外底全部或部分由鞋面组成,以及设计成保护性的鞋,而该鞋在进口时为不完整品),价值超过 25 美元/双,外底底部到鞋面顶部的高度不超过 25.4 厘米,该鞋代替其他鞋类以防止水、油脂或化学物质的侵害,抵御寒冷或恶劣天气,这种保护(包括防水)通过使用层压但未涂层的织物实现;如果价值超过 27 美元/双,鞋底或侧面没有开口,鞋面有有盖开口,设计用于排出湿气(税号 6402.91.50 项下)	[1]	3.8%	不变	不变	2020 年 12 月 31 日当天或之前
9902.13.99	[1]	男鞋,外底和鞋面由橡胶或塑料制成(硫化鞋和带防水模制或硫化鞋底的鞋除外,包括外底全部或部分由鞋面组成,以及设计成保护性的鞋,而该鞋在进口时为不完整品),价值超过 27 美元/双,外底底部到鞋面顶部的高度不超过 25.4 厘米,该鞋代替其他鞋类以防止水、油脂或化学物质的侵害,抵御寒冷或恶劣天气,这种保护(包括防水)通过使用层压但未涂层的织物实现;鞋底或侧面有开口,或鞋底上方有有盖开口,设计用于排出湿气(税号 6402.91.50 项下)	[1]	免税	不变	不变	2020 年 12 月 31 日当天或之前
9902.14.01	[1]	男鞋,外底和鞋面由橡胶或塑料制成,鞋面由厚度 7 毫米的氯丁橡胶制成,外部注入聚氨酯,内部覆盖完全由聚酯制成的针织面料,橡胶凸耳底部用粘合剂粘合在鞋面上;覆盖脚踝,高度不超过 35.56 厘米;防水,价值不超过 36 美元/双,设计用于永久固定在钓鱼裤上(税号 6402.91.50 项下)	[1]	免税	不变	不变	2020 年 12 月 31 日当天或之前
9902.14.02	[1]	男鞋,外底和鞋面由橡胶或塑料制成(硫化鞋和带防水模制或硫化鞋底的鞋除外,包括外底全部或部分由鞋面组成,以及设计成保护性的鞋,而该鞋在进口时为不完整品),价值超过 25 美元/双,外底底部到鞋面顶部的高度不超过 25.4 厘米,覆盖脚踝,该鞋代替其他鞋类以防止水、油脂或化学物质的侵害,抵御寒冷或恶劣天气,这种保护(包括防水)通过使用厚度大于或等于 9 微米的涂层但非层压织物实现(税号 6402.91.50 项下)	[1]	免税	不变	不变	2020 年 12 月 31 日当天或之前
9902.14.03	[1]	男鞋(运动鞋、防护鞋、防水或防滑鞋除外),外底和鞋面由橡胶或塑料制成,带围边或围边状带子,覆盖脚踝,闭合脚趾或脚跟,价值超过 3 美元/双但不超过 6.50 美元/双(税号 6402.91.70 项下)	[1]	免税	不变	不变	2020 年 12 月 31 日当天或之前
9902.14.04	[1]	男鞋(运动鞋除外),外底和鞋面由橡胶或塑料制成,带围边或围边状带子,覆盖脚踝,闭合脚趾或脚跟,价值超过 6.50 美元/双但不超过 12.00 美元/双,不具有保护性和防水性(税号 6402.91.80 项下)	[1]	免税	不变	不变	2020 年 12 月 31 日当天或之前

税则号列	统计后缀	货品名称	单位	税率 1 一般	税率 1 特惠	2	有效期
9902.14.05	[1]	外底和鞋面由橡胶或塑料制成的鞋靴,其鞋面外表面积90%以上为橡胶或塑料,由木质鞋底制成(税号6402.99.23项下)	[1]	免税	不变	不变	2020年12月31日当天或之前
9902.14.06	[1]	外底和鞋面由橡胶或塑料制成的鞋靴(网球鞋、篮球鞋、运动鞋、训练鞋等除外),不覆盖脚踝,鞋帮外表面积90%以上为橡胶或塑料,此类鞋为男鞋(工作鞋除外),价值为15美元/双及以上(税号6402.99.31项下)	[1]	5.5%	不变	不变	2020年12月31日当天或之前
9902.14.07	[1]	女式工作鞋(家用拖鞋和网球鞋、篮球鞋、健身鞋、训练鞋等除外),外底和鞋面由橡胶或塑料制成,不覆盖脚踝(税号6402.99.31项下)	[1]	2.5%	不变	不变	2020年12月31日当天或之前
9902.14.08	[1]	男式工作鞋(家用拖鞋和网球鞋、篮球鞋、健身鞋、训练鞋等除外),外底和鞋面由橡胶或塑料制成,不覆盖脚踝(税号6402.99.31项下)	[1]	3.6%	不变	不变	2020年12月31日当天或之前
9902.14.09	[1]	税号6402.20.00以外的鞋,鞋底最厚处比最薄处厚9.53毫米或比最薄处厚35%以上;以其他方式满足税号6402.20.00的归类要求	[1]	免税	不变	不变	2020年12月31日当天或之前
9902.14.10	[1]	女鞋,外底由橡胶或塑料制成,鞋面由塑料制成,鞋底厚度不超过14毫米,该鞋设计用于啦啦队活动,价值超过15美元/双,重量不超过0.5千克/双(税号6402.99.31项下)	[1]	免税	不变	不变	2020年12月31日当天或之前
9902.14.11	[1]	男式防护活动鞋,外底和鞋面由橡胶或塑料制成,不覆盖脚踝,价值超过24美元/双(税号6402.99.32项下)	[1]	9.4%	不变	不变	2020年12月31日当天或之前
9902.14.12	[1]	女式防护活动鞋,外底和鞋面由橡胶或塑料制成,不覆盖脚踝,价值超过24美元/双(税号6402.99.32项下);如果价值超过26美元/双,则通过使用层压织物提供防水保护,鞋底或侧面有开口,或鞋底上方有有盖开口,设计用于排出湿气	[1]	免税	不变	不变	2020年12月31日当天或之前
9902.14.13	[1]	女式防护活动鞋,外底和鞋面由橡胶或塑料制成,不覆盖脚踝,通过使用层压织物提供防水保护,鞋底或侧面有开口,设计用于排出湿气;上述鞋价值超过26美元/双(税号6402.99.32项下)	[1]	免税	不变	不变	2020年12月31日当天或之前
9902.14.14	[1]	女鞋,外底和鞋面由橡胶或塑料制成(硫化鞋和防水模压底的鞋除外,包括外底全部或部分由鞋面组成,以及设计成保护性的鞋,而该鞋在进口时为不完整品),不覆盖脚踝或有保护性金属鞋头,价值超过25美元/双,该鞋代替其他鞋类以防止水、油脂或化学品的侵害,抵御寒冷或恶劣天气,这种保护使用层压织物(税号6402.99.33项下)	[1]	0.2%	不变	不变	2020年12月31日当天或之前
9902.14.15	[1]	女鞋,外底和鞋面由橡胶或塑料制成(硫化鞋和防水模压底的鞋除外,包括外底全部或部分由鞋面组成,以及设计成保护性的鞋,而该鞋在进口为不完整品),不覆盖脚踝或有保护性金属鞋头,价值超过27美元/双,该鞋代替其他鞋类以保护其免受防止水、油脂或化学品的侵害,抵御寒冷或恶劣天气,这种保护使用层压织物实现,鞋底或侧面有开口,或鞋底上方有有盖开口,设计用于排出湿气(税号6402.99.33项下)	[1]	免税	不变	不变	2020年12月31日当天或之前

税则号列	统计后缀	货品名称	单位	税率 1 一般	税率 1 特惠	税率 2	有效期
9902.14.16	[1]	其他人用鞋,外底及鞋面由橡胶或塑料制成(硫化鞋和防水模压底的鞋除外,包括外底全部或部分由鞋面组成,以及设计成保护性的鞋,而该鞋在进口时为不完整品),不覆盖脚踝或有保护性金属鞋头,价值超过 18 美元/双,该鞋代替其他鞋类以防止水、油脂或化学品的侵害,抵御寒冷或恶劣天气,这种保护使用层压织物实现,鞋底或侧面有开口,或鞋底上方有有盖开口,设计用于排出湿气(税号 6402.99.33 项下)	[1]	免税	不变	不变	2020 年 12 月 31 日当天或之前
9902.14.17	[1]	女鞋,外底和鞋面由橡胶或塑料制成(硫化鞋和防水模压底的鞋除外,包括外底全部或部分由鞋面组成,以及设计成保护性的鞋,而该鞋在进口时为不完整品),不覆盖脚踝或有保护性金属鞋头,价值超过 25 美元/双,该鞋代替其他鞋类以防止水、油脂或化学品的侵害,抵御寒冷或恶劣天气,这种保护(包括防水)通过使用厚度大于或等于 9 微米的涂层织物实现(税号 6402.99.33 项下)	[1]	3.8%	不变	不变	2020 年 12 月 31 日当天或之前
9902.14.18	[1]	女鞋,外底和鞋面由橡胶或塑料制成,鞋底厚度不超过 12 毫米,上述鞋设计用于啦啦队活动,价值超过 19 美元/双,重量不超过 0.5 千克/双(税号 6402.99.90 项下)	[1]	免税	不变	不变	2020 年 12 月 31 日当天或之前
9902.14.19	[1]	男式、青年和男童用高尔夫鞋,外底由橡胶、塑料、皮革或合成革制成,鞋面由皮革(猪皮除外)制成,无边,前脚为钉子、夹板、夹子等,以增强牵引力和抓地力,该鞋代替其他鞋类以防止水、油脂或化学品的侵害,抵御寒冷或恶劣天气,这种保护通过使用层压织物实现,鞋底或侧面有开口,或鞋底上方有有盖开口,设计用于排出湿气(税号 6403.19.30 项下)	[1]	免税	不变	不变	2020 年 12 月 31 日当天或之前
9902.14.20	[1]	女鞋,外底由橡胶或塑料制成,鞋面由皮革制成,在木底或木台上制成(税号 6403.99.20 项下)	[1]	1.4%	不变	不变	2020 年 12 月 31 日当天或之前
9902.14.21	[1]	男式工作鞋,外底由橡胶或塑料制成,鞋面由皮革制成,不覆盖脚踝,有金属以外材料制成的保护性鞋头(税号 6403.99.60 项下)	[1]	免税	不变	不变	2020 年 12 月 31 日当天或之前
9902.14.22	[1]	男式、青年和男童用家用拖鞋,外底由橡胶或塑料制成,鞋面由皮革制成(税号 6403.99.60 项下)	[1]	5.7%	不变	不变	2020 年 12 月 31 日当天或之前
9902.14.23	[1]	男鞋,鞋面由皮革(猪皮除外)制成,外底由橡胶或塑料制成(拖鞋、工作鞋、网球鞋、篮球鞋、健身鞋、训练鞋等除外),不覆盖脚踝,价值为 29 美元/双或以上,该鞋代替其他鞋类以防止水、油脂或化学品的侵害,抵御寒冷或恶劣天气,这种保护通过使用层压织物实现,鞋底或侧面有开口,或鞋底上方有有盖开口,设计用于排出湿气(税号 6403.97.60 项下)	[1]	免税	不变	不变	2020 年 12 月 31 日当天或之前
9902.14.24	[1]	男鞋,鞋面由皮革(猪皮除外)制成,外底由橡胶或塑料制成(拖鞋、工作鞋、网球鞋、篮球鞋、健身鞋、训练鞋等除外),不覆盖脚踝,价值为 29 美元/双或以上,该鞋代替其他鞋类以防止水、油脂或化学品的侵害,抵御寒冷或恶劣天气,这种保护通过使用层压织物实现,鞋底或侧面有开口,或鞋底上方有有盖开口,设计用于排出湿气(税号 6403.99.60 项下)	[1]	2.7%	不变	不变	2020 年 12 月 31 日当天或之前

税则号列	统计后缀	货品名称	单位	税率 1 一般	税率 1 特惠	税率 2	有效期
9902.14.25	[1]	女式工作鞋,外底由橡胶、塑料、皮革或合成革制成,鞋面由皮革制成,不覆盖脚踝,有金属以外材料制成的保护性鞋头,价值超过2.50美元/双(税号6403.99.90项下)	[1]	免税	不变	不变	2020年12月31日当天或之前
9902.14.26	[1]	其他人用鞋,鞋面由皮革(猪皮除外)制成,外底由橡胶或塑料制成(拖鞋、工作鞋、网球鞋、篮球鞋、健身鞋、训练鞋等除外),不覆盖脚踝,价值为20美元/双或以上,该鞋代替其他鞋类以防止水、油脂或化学品的侵害,抵御寒冷或恶劣天气,这种保护通过使用层压织物实现,鞋底或侧面有开口,或鞋底上方有有盖开口,设计用于排出湿气;如果是女鞋,价值超过29美元/双的鞋除外(税号6403.99.90项下)	[1]	免税	不变	不变	2020年12月31日当天或之前
9902.14.27	[1]	女鞋,鞋面由皮革(猪皮除外)制成,外底由橡胶或塑料制成(拖鞋、工作鞋、网球鞋、篮球鞋、健身鞋、训练鞋等除外),不覆盖脚踝,价值为29美元/双或以上,该鞋代替其他鞋类以防止水、油脂或化学品的侵害,抵御寒冷或恶劣天气,这种保护通过使用层压织物实现,鞋底或侧面有开口,或鞋底上方有有盖开口,设计用于排出湿气(税号6403.95.90项下)	[1]	2.9%	不变	不变	2020年12月31日当天或之前
9902.14.28	[1]	女式家用拖鞋,外底由橡胶或塑料制成,鞋面由皮革制成,价值超过2.50美元/双(税号6403.99.90项下)	[1]	7.9%	不变	不变	2020年12月31日当天或之前
9902.14.29	[1]	女鞋,鞋面由皮革(猪皮除外)制成,外底由橡胶或塑料制成(拖鞋、工作鞋、网球鞋、篮球鞋、健身鞋、训练鞋等除外,不包括滑靴),不覆盖脚踝,价值为27美元/双或以上,该鞋代替其他鞋类以防止水、油脂或化学品的侵害,抵御寒冷或恶劣天气,这种保护通过使用层压织物实现;如果价值为29美元/双或以上,鞋底或侧面有开口,或鞋底上方有有盖开口,设计用于排出湿气(税号6403.99.90项下)	[1]	6.6%	不变	不变	2020年12月31日当天或之前
9902.14.30	[1]	其他人用鞋,鞋面由皮革(猪皮除外)制成,外底由橡胶或塑料制成(拖鞋、工作鞋、网球鞋、篮球鞋、健身鞋、训练鞋等除外,不包括滑靴),不覆盖脚踝,价值为18美元/双或以上,该鞋代替其他鞋类以防止水、油脂或化学品的侵害,抵御寒冷或恶劣天气,这种保护通过使用层压织物实现;除女鞋外,上述各项(i)价值超过27美元/双,或(ii)如果价值超过20美元/双,那么鞋底或侧面有开口,或鞋底上方有有盖开口,设计用于排出湿气(税号6403.99.90项下)	[1]	8.5%	不变	不变	2020年12月31日当天或之前
9902.14.31	[1]	女鞋,鞋面由皮革制成,外底由橡胶或塑料制成,鞋底厚度不超过9毫米,该鞋设计用于啦啦队活动,价值超过19美元/双,重量不超过0.5千克/双(税号6403.99.90项下)	[1]	免税	不变	不变	2020年12月31日当天或之前
9902.14.32	[1]	女式运动鞋、网球鞋、篮球鞋、健身鞋、训练鞋等,外底由橡胶或塑料制成,鞋面由纺织材料制成,其鞋面外表[包括如第六十四章注释四(一)款所述任何皮革附件或加固物]面积50%以上为皮革(税号6404.1120项下)	[1]	免税	不变	不变	2020年12月31日当天或之前

税则号列	统计后缀	货品名称	单位	税率 1 一般	税率 1 特惠	税率 2	有效期
9902.14.33	[1]	男鞋或女鞋以外的鞋,鞋面由纺织材料制成,外底由橡胶或塑料制成,属运动型,仅粘着结构,无镶边或镶边状带子,价值超过 3 美元/双但不超过 6.50 美元/双(税号 6404.11.69 项下)	[1]	免税	不变	不变	2020 年 12 月 31 日当天或之前
9902.14.34	[1]	滑雪靴、越野滑雪靴或滑雪板靴,由前倾的上部构成,或设计成通过捆绑方式牢固地附在滑雪板或滑雪板上,价值超过 12 美元/双,外底由橡胶或塑料制成,鞋面由皮革、合成皮革或纺织材料制成(税号 6404.11.90 项下)	[1]	免税	不变	不变	2020 年 12 月 31 日当天或之前
9902.14.35	[1]	女式运动鞋,外底由橡胶或塑料制成,鞋面由纺织材料制成,价值超过 20 美元/双,但滑雪靴、越野滑雪靴和滑雪板靴除外;该鞋代替其他鞋类以防止水、油脂或化学品的侵害,抵御寒冷或恶劣天气,这种保护通过使用层压织物实现,鞋底或侧面有开口,或鞋底上方有有盖开口,设计用于排出湿气(税号 6404.1190 项下)	[1]	12.6%	不变	不变	2020 年 12 月 31 日当天或之前
9902.14.36	[1]	男式运动鞋,外底由橡胶或塑料制成,鞋面由纺织材料制成,价值超过 20 美元/双,但滑雪靴、越野滑雪靴和滑雪板靴除外;该鞋代替其他鞋类以防止水、油脂或化学品的侵害,抵御寒冷或恶劣天气,这种保护通过使用层压织物实现,鞋底或侧面有开口,或鞋底上方有有盖开口,设计用于排出湿气(税号 6404.1190 项下)	[1]	14.9%	不变	不变	2020 年 12 月 31 日当天或之前
9902.14.37	[1]	男鞋,氯丁橡胶硫化鞋面,厚度为 7 毫米,内部覆盖聚酯针织羊毛,外部涂橡胶,这种鞋的高度(从内底到上底)为 20.32 厘米或以上但不超过 25.4 厘米,胶合橡胶鞋底;上述防水鞋价值为 40 美元/双或以上,每只靴子在上领子的顶部有一个缝,设计成允许靴子挂在涉水船上(税号 6404.19.20 项下)	[1]	免税	不变	不变	2020 年 12 月 31 日当天或之前
9902.14.38	[1]	女鞋,外底由橡胶、塑料、皮革或合成革制成,鞋面由纺织材料制成(硫化鞋和防水模压底的鞋除外,包括外底全部或部分由鞋面组成的鞋、工作鞋和设计成保护性的鞋,而该鞋在进口时是不完整品);价值超过 25 美元/双,不覆盖脚踝,该鞋代替其他鞋类以防止水、油脂或化学品的侵害,抵御寒冷或恶劣天气,这种保护通过使用层压织物实现(税号 6404.19.20 项下)	[1]	免税	不变	不变	2020 年 12 月 31 日当天或之前
9902.14.39	[1]	女鞋,外底由橡胶、塑料、皮革或合成革制成,鞋面由纺织材料制成(硫化鞋和防水模塑或硫化底的鞋除外,包括外底全部或部分由鞋面组成的鞋、工作鞋和设计成保护性的鞋,而该鞋在进口时是不完整品),价值超过 27 美元/双,不覆盖脚踝,该鞋代替其他鞋类以防止水、油脂或化学品的侵害,抵御寒冷或恶劣天气,这种保护通过使用层压织物实现,鞋底或侧面有开口,或鞋底上方有有盖开口,设计用于排出湿气(税号 6404.19.20 项下)	[1]	免税	不变	不变	2020 年 12 月 31 日当天或之前
9902.14.40	[1]	女鞋,鞋面由植物纤维制成,露趾或露跟,其鞋面外表[包括如第六十四章注释四(一)款所述任何羊皮附件或加固物]面积至少 30% 为羊皮;外底有与地面接触表面积最大的纺织材料,但未考虑第六十四章附加美国注释五的条款(税号 6404.19.36 项下)	[1]	5.0%	不变	不变	2020 年 12 月 31 日当天或之前

税则号列	统计后缀	货品名称	单位	税率 1 一般	税率 1 特惠	2	有效期
9902.14.41	[1]	鞋靴（女鞋除外），鞋面由植物纤维制成，露趾或露跟，其鞋面外表[包括如第六十四章注释四(一)款所述任何羊皮附件或加固物]面积至少30%为羊皮；外底有与地面接触表面积最大的纺织材料，但未考虑第六十四章附加美国注释五的条款（税号6404.19.36项下）	[1]	免税	不变	不变	2020年12月31日当天或之前
9902.14.42	[1]	女鞋（家用拖鞋除外），外底由橡胶或塑料制成，鞋面由非植物纤维的纺织材料制成，外底有与地面接触表面积最大的纺织材料，但未考虑第六十四章附加美国注释五的条款，露趾或露跟或为滑套式，橡胶或塑料的重量为10%或以上，价值为15美元/双或以上（家庭拖鞋除外）（税号6404.19.37项下）	[1]	免税	不变	不变	2020年12月31日当天或之前
9902.14.43	[1]	女鞋（家用拖鞋除外），外底由橡胶或塑料制成，鞋面由非植物纤维的纺织材料制成，外底有与地面接触表面积最大的纺织材料，但未考虑第六十四章附加美国注释五的条款，露趾或露跟或为滑套式，橡胶或塑料的重量占比为10%或以上，价值10美元/双或以上但不超过14.99美元/双（税号6404.19.37项下）	[1]	免税	不变	不变	2020年12月31日当天或之前
9902.14.44	[1]	鞋靴（男鞋除外），外底由橡胶或塑料制成，鞋面由非植物纤维的纺织材料制成，露趾或露跟，其鞋面外表[包括如第六十四章注释四(一)款所述任何羊皮附件或加固物]面积至少30%为羊皮；外底有与地面接触表面积最大的纺织材料，但未考虑第六十四章附加美国注释五的条款（税号6404.19.37项下）	[1]	10.0%	不变	不变	2020年12月31日当天或之前
9902.14.45	[1]	女鞋，露趾或露跟，橡胶或塑料的重量占比为10%或以上，鞋面由植物纤维制成，其鞋面外表[包括如第六十四章注释四(一)款所述任何羊皮附件或加固物]面积至少30%为羊皮；外底由橡胶或塑料制成，外底没有与地面接触表面积最大的纺织材料，但未考虑第六十四章附加美国注释五的条款（税号6404.19.39项下）	[1]	34.6%	不变	不变	2020年12月31日当天或之前
9902.14.46	[1]	鞋靴（女鞋除外），露趾或露跟，橡胶或塑料的重量占比为10%或以上，鞋面由植物纤维制成，其鞋面外表[包括如第六十四章注释四(一)款所述任何羊皮附件或加固物]面积至少30%为羊皮；外底由橡胶或塑料制成，外底没有与地面接触表面积最大的纺织材料，但未考虑第六十四章附加美国注释五的条款（税号6404.19.39项下）	[1]	31.5%	不变	不变	2020年12月31日当天或之前
9902.14.47	[1]	鞋面由植物纤维制成的鞋（男女鞋除外），不论外底是否由橡胶或塑料制成（税号6404.11.41、税号6404.11.51、税号6404.11.61、税号6404.11.71、税号6404.11.81、税号6404.19.36、税号6404.19.42、税号6404.19.52、税号6404.19.72或税号6404.19.82项下）或者外底是否由皮革或合成革以外的材料制成（税号6405.20.30项下）	[1]	7.4%	不变	不变	2020年12月31日当天或之前
9902.14.48	[1]	家用拖鞋，外底由橡胶或塑料制成，鞋面由非植物纤维的纺织材料制成，价值超过6.5美元/双但不超过12美元/双，外底有与地面接触表面积最大的纺织材料，但未考虑第六十四章附加美国注释五的条款（税号6404.19.87项下）	[1]	免税	不变	不变	2020年12月31日当天或之前

第九十九章 临时立法;根据现有贸易法规的临时修改;根据经修正的《农业调整法》第 22 条制定的附加进口限制

税则号列	统计后缀	货品名称	单位	税率 1 一般	税率 1 特惠	税率 2	有效期
9902.14.49	[1]	男鞋,外底由橡胶或塑料制成,鞋面由纺织材料制成,价值超过 24 美元/双,覆盖脚踝但不覆盖膝盖(税号 6404.19.90 项下)	[1]	8.1%	不变	不变	2020 年 12 月 31 日当天或之前
9902.14.50	[1]	男鞋或女鞋,外底由橡胶或塑料制成,鞋面由纺织材料制成,不覆盖脚踝,价值超过 12 美元/双,有金属以外材料制成的保护性鞋头(税号 6404.19.90 项下)	[1]	免税	不变	不变	2020 年 12 月 31 日当天或之前
9902.14.51	[1]	其他未列名的女鞋,外底由皮革或合成革制成,鞋面由纺织材料制成,价值不超过 20.00 美元/双;橡胶或塑料的重量占比小于 10% 的鞋除外,纺织材料、橡胶或塑料的重量占比小于或等于 50% 且橡胶或塑料的重量占比至少为 10% 的鞋除外(税号 6404.20.60 项下)	[1]	免税	不变	不变	2020 年 12 月 31 日当天或之前
9902.14.52	[1]	其他未列名的女鞋,外底由皮革或合成革制成,鞋面由纺织材料制成,价值超过 20.00 美元/双;橡胶或塑料的重量占比小于 10% 的鞋除外,纺织材料、橡胶或塑料的重量占比小于或等于 50% 且橡胶或塑料的重量占比至少为 10% 的鞋除外(税号 6404.20.60 项下)	[1]	免税	不变	不变	2020 年 12 月 31 日当天或之前
9902.14.53	[1]	男鞋,氯丁橡胶硫化鞋面,厚度为 7 毫米,内面覆盖聚酯针织抓绒,外面涂橡胶;这种鞋的尺寸(从内底底部到上底顶部)为 20.32 厘米或以上但不超过 25.4 厘米高,有毛毡外底;该鞋防水,价值为 40 美元/双或更高,每只靴子的上领子顶部有一个裂缝,以便将靴子固定在涉水钓鱼者身上(税号 6405.20.90 项下)	[1]	免税	不变	不变	2020 年 12 月 31 日当天或之前
9902.14.54	[1]	家用拖鞋,外底和鞋面由纺织材料制成,外底上各有防滑牵引点,包括一个电池供电的声音或灯光装置(税号 6405.20.90 项下)	[1]	免税	不变	不变	2020 年 12 月 31 日当天或之前
9902.14.55	[1]	男鞋,鞋面外表面 50% 以上为聚氨酯,厚度为 1.4 毫米,外底为胶结,外表面 50% 以上为毛毡,具有正常使用所需的特性,包括耐用性和强度;不覆盖脚踝,价值超过 20 美元/双(税号 6405.90.90 项下)	[1]	免税	不变	不变	2020 年 12 月 31 日当天或之前
9902.14.56	[1]	可拆卸鞋类砾石防护罩,鞋面为 3 毫米氯丁橡胶,尼龙球衣面和底面,每个尺寸为 17.78 厘米或更高但不超过 20.32 厘米,具有锥形配合,用钩环扣件条和环带固定在鞋上(税号 6406.90.15 项下)	[1]	免税	不变	不变	2020 年 12 月 31 日当天或之前
9902.14.57	[1]	由橡胶或塑料制成的可拆卸鞋垫,上述鞋垫旨在提供足部支撑(税号 640690.30 项下)	[1]	4.5%	不变	不变	2020 年 12 月 31 日当天或之前
9902.14.58	[1]	植物纤维制帽子及头饰,非纤维植物材料、纸纱制,编结但非编结条制,并经缝合(税号 6504.00.30 项下)	[1]	4.4%	不变	不变	2020 年 12 月 31 日当天或之前
9902.14.59	[1]	植物纤维制、非纤维植物材料制、纸纱制或其任何组合制的帽子和头饰,由条带组合而成,并经缝合(税号 6504.00.30 项下)	[1]	1.9%	不变	不变	2020 年 12 月 31 日当天或之前
9902.14.60	[1]	植物纤维制帽子及头饰,非纤维植物材料制、纸纱制或其任何组合制,编结但非编结条制,未缝合(税号 6504.00.60 项下)	[1]	3.6%	不变	不变	2020 年 12 月 31 日当天或之前

税则号列	统计后缀	货品名称	单位	税率 1 一般	税率 1 特惠	2	有效期
9902.14.61	[1]	植物纤维的帽子和头饰,未经纤维化的植物材料、纸纱或其任何组合、编织带或组装带制成,未缝合(税号6504.00.60项下)	[1]	1.7%	不变	不变	2020年12月31日当天或之前
9902.14.62	[1]	针织帽及其他头饰,或以棉布、毛毡或其他纺织物(但非条状)编成,含羊毛重量达23%及以上,除婴儿及非婴儿用外,不遮盖头顶的帽子(税号6505.00.15项下)	[1]	免税	不变	不变	2020年12月31日当天或之前
9902.14.63	[1]	帽子及其他头饰,针织的,或由花边、毛毡或其他纺织物(但非条状)制成,由棉花制成,含羊毛重量不超过23%,上述各项(婴儿除外)及护目镜外,或其他不遮盖头部顶部的帽子(税号6505.00.15项下)	[1]	免税	不变	不变	2020年12月31日当天或之前
9902.14.64	[1]	化纤制帽子及头饰,针织或钩编的,或针织或钩编织物制成的,成片(但非条状),不含编带,价值为5.00元/件或以上(税号6505.00.60项下)	[1]	6.3%	不变	不变	2020年12月31日当天或之前
9902.14.65	[1]	化纤机织婴儿帽,不含编带(税号6505.00.80项下)	[1]	免税	不变	不变	2020年12月31日当天或之前
9902.14.66	[1]	伞架,不带底座,上述框架带有长度大于2.133m的铝中心支撑杆,不论是否包括倾斜功能(税号6603.20.90项下)	[1]	2.1%	不变	不变	2020年12月31日当天或之前
9902.14.67	[1]	用塑料制成的叶子和花朵,代表沙漠或水下植物,高度不超过45.72厘米,每一个用胶水组装并插入底座或吸盘中,上述物品作为设计用于家庭花瓶或水族馆的商品零售(税号6702.10.20项下)	[1]	免税	不变	不变	2020年12月31日当天或之前
9902.14.68	[1]	用塑料制成的叶子和花朵,代表沙漠或水下植物,每一种都直接插入底座或吸盘中,高度不超过20.32厘米,不通过胶合或类似方法组装,也不通过与软性材料(如电线、纸、纺织材料或箔)结合组装;上述物品作为设计用于家庭花瓶或水族馆的商品零售(税号6702.1040项下)	[1]	免税	不变	不变	2020年12月31日当天或之前
9902.14.69	[1]	按重量计,含有70%以上氧化铝和30%以下二氧化硅的多晶纤维,上述纤维不含碱性氧化物或氧化硼,散装(税号6806.10.00项下)	[1]	免税	不变	不变	2020年12月31日当天或之前
9902.14.70	[1]	陶瓷纤维制针刺毯,含65%以上的氧化铝,不超过3%的丙烯酸乳胶有机粘合剂,基本重量大于或等于1 745克/米²,厚度为10.0毫米或以上;散装,品目8703机动车辆用薄板或卷筒(税号6806.10.00项下)	[1]	免税	不变	不变	2020年12月31日当天或之前
9902.14.71	[1]	针刺陶瓷制针刺毯,含65%以上的氧化铝,不超过3%的丙烯酸乳胶有机粘合剂,基本重量小于1 745克/米²,厚度为5.0毫米或以上,但不超过9.9毫米;散装,品名8703机动车辆用薄板或卷筒(税号6806.10.00项下)	[1]	0.1%	不变	不变	2020年12月31日当天或之前
9902.14.72	[1]	针刺陶瓷制针刺毯,含65%以上的氧化铝,含3%以上7%以下的丙烯酸乳胶有机粘合剂,基本重量小于1 745克/米²,厚度为5.0毫米或以上,但不超过9.9毫米;散装,品名8703机动车辆用薄板或卷筒(税号6806.10.00项下)	[1]	2.1%	不变	不变	2020年12月31日当天或之前

第九十九章 临时立法;根据现有贸易法规的临时修改;根据经修正的《农业调整法》第 22 条制定的附加进口限制

税则号列	统计后缀	货品名称	单位	税率 1 一般	税率 1 特惠	税率 2	有效期
9902.14.73	[1]	针刺陶瓷制针刺毯,含 65% 以上的氧化铝,含 3% 以上 7% 以下的丙烯酸乳胶有机粘合剂,基本重量小于 1 745 克/米^2,厚度为 10 毫米或以上;散装,品名 8703 机动车辆用薄板或卷筒(税号 6806.10.00 项下)	[1]	免税	不变	不变	2020 年 12 月 31 日当天或之前
9902.14.74	[1]	石器陶瓷板,每块长度至少为 320 厘米、宽度至少为 144 厘米(税号 6914.90.80 项下)	[1]	4.7%	不变	不变	2020 年 12 月 31 日当天或之前
9902.14.75	[1]	玻璃球(品目 7018 的微球除外),未加工,不包括制成品,每个直径超过 3 毫米但不超过 6 毫米(税号 7002.10.10 项下)	[1]	免税	不变	不变	2020 年 12 月 31 日当天或之前
9902.14.76	[1]	经打磨和抛光但未经进一步加工的金属丝轧制玻璃,呈矩形,厚度为 6.35 毫米或以上,用于在因火灾或冲击而破碎时将玻璃碎片保留在金属丝窗框内(税号 7005.30.00 项下)	[1]	免税	不变	不变	2020 年 12 月 31 日当天或之前
9902.14.77	[1]	拉制玻璃圆盘,每片直径为 1.4~1.7 米,厚度为 40~50 毫米,重量为 200~250 千克,上述各项均已加工,以使一个表面呈凹形,另一个表面呈凸形,上述物品未安装其他材料,也未设计用于操纵光线以产生光学效果(税号 7006.00.40 项下)	[1]	免税	不变	不变	2020 年 12 月 31 日当天或之前
9902.14.78	[1]	炊具用钢化玻璃罩,此类罩由自动机器生产(税号 7010.20.20 项下)	[1]	0.1%	不变	不变	2020 年 12 月 31 日当天或之前
9902.14.79	[1]	非釉面玻璃陶瓷厨房用具,按体积结晶度计大于 75%(税号 7013.10.10 项下)	[1]	免税	不变	不变	2020 年 12 月 31 日当天或之前
9902.14.80	[1]	不透明微晶玻璃炊具(税号 7013.10.50 项下)	[1]	7.1%	不变	不变	2020 年 12 月 31 日当天或之前
9902.14.81	[1]	一组未经压制或钢化(特别钢化)的玻璃杯垫,每一组在玻璃形成后印有物体的横截面图像,当任何一组杯垫堆叠时,该图像描绘了该物体的三维图像;每个配有橡胶保护脚,价值超过 0.30 美元/个但不超过 3 美元/个(税号 7013.99.50 项下)	[1]	免税	不变	不变	2020 年 12 月 31 日当天或之前
9902.14.82	[1]	未经压制或钢化(特别钢化)的吹制玻璃花瓶,带有吹制颜色,上述物品在固化前未经玻璃装饰、金属斑点、图案或线或带状效果嵌入或引入此物品体内;高度至少为 15.2 厘米但不超过 20.4 厘米,开口宽度至少为 11.4 厘米但不超过 12.7 厘米,价值不超过 3 美元/个;无种子或石块(税号 7013.99.50 项下)	[1]	免税	不变	不变	2020 年 12 月 31 日当天或之前
9902.14.83	[1]	未经压制或钢化(特别钢化)的吹制玻璃花瓶,带有吹制颜色,上述物品在固化前未经玻璃装饰、金属斑点、图案或线或带状效果嵌入或引入此类物品体内;高 20.4 厘米但不超过 25.4 厘米,开口至少 11.4 厘米但不超过 12.7 厘米,价值不超过 3 美元/个;无种子或石块(税号 7013.99.50 项下)	[1]	免税	不变	不变	2020 年 12 月 31 日当天或之前
9902.14.84	[1]	吹制的玻璃鸟形装饰物,价值超过 15.00 美元/个,可通过标记识别(税号 7013.99.90 项下)	[1]	免税	不变	不变	2020 年 12 月 31 日当天或之前
9902.14.85	[1]	长度大于 50 毫米、含 90% 以上二氧化硅(按重量计)的短切玻璃丝(税号 7019.19.30 项下)	[1]	免税	不变	不变	2020 年 12 月 31 日当天或之前
9902.14.86	[1]	二氧化硅含量超过 90%(按重量计)的玻璃碎片(税号 7019.19.90 项下)	[1]	免税	不变	不变	2020 年 12 月 31 日当天或之前

税则号列	统计后缀	货品名称	单位	税率 一般	税率 特惠	2	有效期
9902.14.87	[1]	设计用于喷水灭火系统和其他释放装置的充液玻璃灯泡(税号7020.00.60项下)	[1]	1.8%	不变	不变	2020年12月31日当天或之前
9902.14.88	[1]	银丝,含银量为90%或以上但不超过93%,含氧化锡量为6%或以上但不超过9%(税号7106.92.50项下)	[1]	免税	不变	不变	2020年12月31日当天或之前
9902.14.89	[1]	半成品银,按重量计含银87%～89%、锡11%～13%、氧化铜0.1%～0.7%,以带材的形式呈现,并经进口商认证,适用于开关和继电器制造用电接触系统(税号7106.92.50项下)	[1]	免税	不变	不变	2020年12月31日当天或之前
9902.14.90	[1]	含铂、钯和铑的网纱(税号7115.10.00项下)	[1]	免税	不变	不变	2020年12月31日当天或之前
9902.14.91	[1]	银包覆条,经进一步加工,而非半制成品每条含银量在54%或以上,但不超过56%;有三层,其中一层含银量为87%或以上但不超过89%,含锡量为11%或以上,但不超过13%,第二层含银量为99.9%或以上,第三层含银量为14.5%或以上但不超过15.5%,含铜量为79%或以上但不超过81%,含磷量为4.8%或以上但不超过5.2%;宽度为15.65毫米,厚度为0.95毫米,呈卷状(税号7115.90.40项下)	[1]	免税	不变	不变	2020年12月31日当天或之前
9902.14.92	[1]	铁制别针和金属嵌件,镀以金、银或青铜色,雕刻或成形以纪念当年,复制学校吉祥物或象征学术、体育、美术、警卫成就,此类别针或插页,价值不超过0.20美元/个(税号7117.19.90项下)	[1]	免税	不变	不变	2020年12月31日当天或之前
9902.14.93	[1]	用于制造非晶态金属带的硼铁(税号7202.99.80项下)	[1]	免税	不变	不变	2020年12月31日当天或之前
9902.14.94	[1]	钢制自攻螺钉固定器(见7318.14.50),每个固定器的杆(体)直径为6.35毫米,内螺纹六角垫圈头直径为9.53毫米,具有切割螺纹(税号7318.14.50项下)	[1]	免税	不变	不变	2020年12月31日当天或之前
9902.14.95	[1]	便携式丙烷燃气野营炉具,每个炉具都有一个可调节的燃烧器,额定可产生高达7650个英国热量单位(BTU)的功率,外壳为钢,锅支架为钢,表面覆有瓷,上述物品价值为4美元/个或以上但不超过20美元/个(税号7321.11.10项下)	[1]	免税	不变	不变	2020年12月31日当天或之前
9902.14.96	[1]	不锈钢手柄,上述部件包括炊具(税号7323.93.00项下)	[1]	1.5%	不变	不变	2020年12月31日当天或之前
9902.14.97	[1]	隔热保温水罐,每个水罐的内外均为不锈钢,带铰链式不锈钢盖,容量不超过1升(税号7323.93.00项下)	[1]	免税	不变	不变	2020年12月31日当天或之前
9902.14.98	[1]	为狗设计的铁制或钢制网箱,可折叠,长度小于或等于0.76米(税号7323.99.90项下)	[1]	1.4%	不变	不变	2020年12月31日当天或之前
9902.14.99	[1]	为狗设计的铁制或钢制网箱,可向下折叠,长度大于0.76米但小于1.37米(税号7323.99.90项下)	[1]	1.4%	不变	不变	2020年12月31日当天或之前
9902.15.01	[1]	铁制或钢制金属笼,每一笼均附有塑料或钢制托盘,此类笼配有一个或两个铰链门,用于宠物进入笼内,上述笼设计用于除狗以外的小型宠物使用(税号7323.99.90项下)	[1]	免税	不变	不变	2020年12月31日当天或之前

第九十九章　临时立法;根据现有贸易法规的临时修改;根据经修正的《农业调整法》
第 22 条制定的附加进口限制　　**1743**

税则号列	统计后缀	货品名称	单位	税率 1 一般	税率 1 特惠	税率 2	有效期
9902.15.02	[1]	消防梯,完全伸展时,不高于 4.3 米,经测试可支撑 510.3 千克的重量,设计悬挂在 15 厘米或更大但不超过 25 厘米的窗户上;这些梯子各由窗台架和钢制横档(楼梯)和连接横档和窗台架的化纤绳组成;带有防滑横档和稳定器,供住宅使用,价值不超过 19 美元/个(税号 7326.90.86 项下)	[1]	免税	不变	不变	2020 年 12 月 31 日当天或之前
9902.15.03	[1]	消防梯,当完全伸展时,尺寸为 4.4 米或以上但不超过 7.4 米高,经测试可支撑 510.3 千克的重量,并设计成悬挂在 15 厘米或以上但不超过 25 厘米的窗户上;此类梯子由窗户支架和钢制横档(楼梯)和钢丝绳组成。将横档相互连接并连接到窗框的化纤;带有防滑横档和稳定器,用于住宅用途,价值不超过 34.50 美元/个(税号 7326.90.86)	[1]	免税	不变	不变	2020 年 12 月 31 日当天或之前
9902.15.04	[1]	未涂有贵金属或未镀有贵金属的铁或钢制皮带和捆扎带,上述皮带和捆扎带有或无皮带扣(税号 7326.90.86 项下)	[1]	免税	不变	不变	2020 年 12 月 31 日当天或之前
9902.15.05	[1]	钢制侧压绞柄(税号 7326.90.86 项下)	[1]	免税	不变	不变	2020 年 12 月 31 日当天或之前
9902.15.06	[1]	钢或铁制立管接头,设计用于将钻机连接至海底立管密封组件,上述接头经进口商认证,设计用于立管底部和顶部的高弯矩和张力(税号 7326.90.86 项下)	[1]	免税	不变	不变	2020 年 12 月 31 日当天或之前
9902.15.07	[1]	镍合金冷成形型材,具有等腰三角形的对称横截面,总宽度为 2.9~3.1 毫米,高度为 3.8~4.3 毫米(税号 7505.12.50 项下)	[1]	免税	不变	不变	2020 年 12 月 31 日当天或之前
9902.15.08	[1]	镍钛合金冷成型钢丝,呈卷状,圆形截面,直径为 0.1778 毫米或以上但不超过 0.6350 毫米(税号 7505.22.10 项下)	[1]	免税	不变	不变	2020 年 12 月 31 日当天或之前
9902.15.09	[1]	铸铝机加工百叶窗安装件,带有聚四氟乙烯涂层(税号 7616.99.51 项下)	[1]	免税	不变	不变	2020 年 12 月 31 日当天或之前
9902.15.10	[1]	锌压铸内冲头,每个冲头都有一个塑料外壳(税号 7907.00.60 项下)	[1]	免税	不变	不变	2020 年 12 月 31 日当天或之前
9902.15.11	[1]	烧结钨棒,含 99.95% 或以上重量的钨,尺寸为 0.004 毫米(4 微米),每根长度为 49.78~64.14 厘米,宽度为 19.56~23.5 厘米,厚度为 3.99~4.11 厘米(税号 8101.94.00 项下)	[1]	免税	不变	不变	2020 年 12 月 31 日当天或之前
9902.15.12	[1]	未锻造和固态镓(税号 8112.92.10 项下)	[1]	免税	不变	不变	2020 年 12 月 31 日当天或之前
9902.15.13	[1]	未锻造的锗锭,重量为 0.5 千克/锭或以上但不足 2 千克/锭(税号 8112.92.60 项下)	[1]	免税	不变	不变	2020 年 12 月 31 日当天或之前
9902.15.14	[1]	锗锭和单晶,根据本税则第十五类附加注释的条款,每一种都可按未锻造货物归类,含 99.999% 重量的锗(税号 8112.92.60 项下)除未锻造的锗锭外,上述各项重量均为 0.5 千克或以上但不到 2 千克/锭	[1]	免税	不变	不变	2020 年 12 月 31 日当天或之前
9902.15.15	[1]	割草机和类似的单手修枝机和剪刀,每把都有一个齿轮驱动的可旋转手柄,可增加杠杆作用并控制刀片的移动(税号 8201.50.00 项下)	[1]	免税	不变	不变	2020 年 12 月 31 日当天或之前
9902.15.16	[1]	双手修枝剪和树篱剪,每把剪的刀片都在非圆形齿轮机构周围铰接(税号 8201.60.00 项下)	[1]	免税	不变	不变	2020 年 12 月 31 日当天或之前

税则号列	统计后缀	货品名称	单位	税率 1 一般	税率 1 特惠	税率 2	有效期
9902.15.17	[1]	剪草机,每个剪草机的转头上铰接有钢制切割刀片,用于水平修剪和垂直边缘修整(税号8201.90.30项下)	[1]	免税	不变	不变	2020年12月31日当天或之前
9902.15.18	[1]	镊子(税号8203.20.20项下)	[1]	1.5%	不变	不变	2020年12月31日当天或之前
9902.15.20	[1]	设计用于用塑料扣件将标签贴在衣服上的手动工具,每个工具包括一个钢制进料机构(位于塑料体内)和一个可更换的空心针,通过该空心针进料扣件,然后插入服装材料(税号8205.59.55项下)	[1]	免税	不变	不变	2020年12月31日当天或之前
9902.15.21	[1]	钢制台钳,重量小于9千克/个,螺栓安装有180度旋转底座和可翻转的钳口面,钳口宽度(开口)为11~12厘米(税号8205.70.00项下)	[1]	免税	不变	不变	2020年12月31日当天或之前
9902.15.22	[1]	钢制台钳,重量小于13.5千克/个,螺栓安装有180度旋转底座和可逆颚板,颚板宽度(开口)为13~14厘米(税号8205.70.00项下)	[1]	免税	不变	不变	2020年12月31日当天或之前
9902.15.23	[1]	钢制台钳,重量小于18.75千克/个,螺栓安装有180度旋转底座和可逆颚板,颚板宽度(开口)为17~18厘米(税号8205.70.00项下)	[1]	免税	不变	不变	2020年12月31日当天或之前
9902.15.24	[1]	旋转式凿岩钻头,每个钻头的切削部分重量超过0.2%的铬、钼或钨或超过0.1%的钒(税号8207.19.30项下),设计用于品目8430的凿岩和挖土工具	[1]	免税	不变	不变	2020年12月31日当天或之前
9902.15.25	[1]	旋转或固定刀具钻头,每个钻头都在安装在基底金属体上的基底金属或金属碳化物上切割部分宝石或半宝石(天然的、合成的或重建的项下)上述设计用于品目8430的岩石钻孔和土方钻孔工具(税号8207.19.60项下)	[1]	免税	不变	不变	2020年12月31日当天或之前
9902.15.26	[1]	真空隔热咖啡机,带钢衬,每台容量超过2升,包含一个冲泡盖和咖啡机底部的孔,用于连接杠杆式水龙头(税号8210.00.00项下)	[1]	免税	不变	不变	2020年12月31日当天或之前
9902.15.27	[1]	真空隔热咖啡机,每台都有外层和钢衬,容量超过2升,带有紧密安装的铰链盖,其中心孔设计为允许酿造的饮料通过顶部杠杆作用直接进入咖啡机(税号8210.00.00项下)	[1]	免税	不变	不变	2020年12月31日当天或之前
9902.15.28	[1]	真空隔热咖啡机,带钢衬,每台容量超过2升,底座无盖,咖啡机底部有一个孔,用于在进口时连接杠杆式水龙头(税号8210.00.00项下)	[1]	免税	不变	不变	2020年12月31日当天或之前
9902.15.30	[1]	剪刀,价值超过1.75美元/打,设计用于宠物美容,并附有零售标签,或作为用于剪宠物头发的商品零售(税号8213.00.90项下)	[1]	免税	不变	不变	2020年12月31日当天或之前
9902.15.31	[1]	剪刀,价值超过1.75美元/打,每把都有不锈钢刀片,一个小的环柄和一个大的环柄,总长度小于17厘米,除设计用于宠物梳毛的剪刀外,上述剪刀附有零售标签,或作为用于剪宠物头发的商品出售(税号8213.00.90项下)	[1]	4.2%	不变	不变	2020年12月31日当天或之前
9902.15.32	[1]	带不锈钢刀片的趾甲钳,每个刀片都有一个或两个带圆边切口的刀片,用于剪狗、猫或其他小宠物(包括鸟、兔子、雪貂、仓鼠、豚鼠或沙鼠)的趾甲(税号8214.20.30子项下)	[1]	免税	不变	不变	2020年12月31日当天或之前

税则号列	统计后缀	货品名称	单位	税率 1 一般	税率 1 特惠	税率 2	有效期
9902.15.33	[1]	趾甲钳、趾甲锉,其一个或两个刀片都有圆边切口,设计用于狗、猫或其他小宠物(包括鸟、兔子、雪貂、仓鼠、豚鼠或沙鼠)的趾甲修剪(税号 8214.20.30 项下)	[1]	2.8%	不变	不变	2020年12月31日当天或之前
9902.15.34	[1]	美甲和修脚用具,每套都包含剪子、锉刀和类似的美甲或修脚用品;上述物品不在皮革容器中(税号 8214.20.90 项下)	[1]	1.6%	不变	不变	2020年12月31日当天或之前
9902.15.35	[1]	贱金属制挂锁,筒形或栓形结构,尺寸超过3.8厘米但宽度不超过6.4厘米,不供零售(税号 8301.10.80 项下)	[1]	2.0%	不变	不变	2020年12月31日当天或之前
9902.15.36	[1]	适合在建筑物上使用的贱金属手动闭门器,此类闭门器具有可调节的闩锁速度张力,以满足个人需要;设计有侧装启动按钮,可减少用户在启动过程中的损坏(税号 8302.41.30 项下)	[1]	免税	不变	不变	2020年12月31日当天或之前
9902.15.37	[1]	焊接钢制铠装保险箱;重量不超过11.8千克/个,价值为24美元/个或以上但不超过36美元/个,带数字锁(品目 8303.00.00 项下)	[1]	1.6%	不变	不变	2020年12月31日当天或之前
9902.15.38	[1]	省煤器,包括与品目8402的锅炉一起使用的辅助设备,其压力能力为10 686.87 千帕,经进口商认证可用于制浆造纸工业(税号 8404.10.00 项下)	[1]	免税	不变	不变	2020年12月31日当天或之前
9902.15.39	[1]	凝汽式直接驱动固定式汽轮机,适用于发电机,输出功率为60兆瓦或以上但不超过120兆瓦,转速超过3 500转/分(税号 8406.81.10 项下)	[1]	免税	不变	不变	2020年12月31日当天或之前
9902.15.40	[1]	蒸汽涡轮机,多阶段冷凝型,直接驱动,适合与发电机一起使用,输出功率为27兆瓦或以上但不超过40兆瓦,转速超过3 500转/分(税号 8406.82.10 项下)	[1]	免税	不变	不变	2020年12月31日当天或之前
9902.15.41	[1]	安装在子目8701.20或品目8704车辆上的二手压燃式内燃机(税号 8408.20.20 项下)	[1]	1.5%	不变	不变	2020年12月31日当天或之前
9902.15.42	[1]	对于子目8701.20的车辆,气缸容量约为12.4升的压燃式内燃机(柴油机或半柴油机)的发动机缸体,重量超过272千克/个但不超过317千克/个(税号 8409.99.91 项下)	[1]	0.6%	不变	不变	2020年12月31日当天或之前
9902.15.43	[1]	压燃式内燃机(柴油机或半柴油机)用高硅钼排气歧管,气缸容量为2 300毫升或以上但不超过20 000毫升,长度至少为80厘米但不超过200厘米,宽度至少为10厘米但不超过200厘米,高度至少为10厘米但不超过200厘米(税号 8409.99.91 项下)	[1]	1.9%	不变	不变	2020年12月31日当天或之前
9902.15.44	[1]	子目8701.20、品目8702、品目8703、品目8704车辆用压燃式内燃机(柴油机或半柴油机)用连杆,长度至少为20厘米但不超过120厘米,宽度至少为10厘米但不超过60厘米,高度至少为5厘米但不超过90厘米(税号 8409.99.91 项下)	[1]	0.4%	不变	不变	2020年12月31日当天或之前
9902.15.45	[1]	铸铁曲轴箱,仅适用于或主要适用于船用推进发动机,长度超过1.1米(税号 8409.99.92 项下)	[1]	免税	不变	不变	2020年12月31日当天或之前
9902.15.46	[1]	仅适用于或主要适用于船用压燃式发动机的铸铁气缸盖,这些零件的气缸孔超过125毫米,重量超过32千克/个(税号 8409.99.92 项下)	[1]	免税	不变	不变	2020年12月31日当天或之前

税则号列	统计后缀	货品名称	单位	税率 1 一般	税率 1 特惠	2	有效期
9902.15.47	[1]	仅适用于或主要适用于船用推进发动机的活塞,这些活塞均具有铸钢活塞顶和铝制机身,重量为12千克/个或更重(税号8409.99.92项下)	[1]	免税	不变	不变	2020年12月31日当天或之前
9902.15.48	[1]	燃油喷射泵总成,设计用于容量为6.4升、输出功率小于1 000千瓦(税号8413.30.10规定)的压燃式内燃机,但不包括旧货	[1]	免税	不变	不变	2020年12月31日当天或之前
9902.15.49	[1]	燃油喷射泵,设计用于输出功率为1 000千瓦或以上的压燃式发动机,每个泵的重量为60千克或以上,能够产生大于1 200巴的压力,此类泵设计用于共轨燃油系统(税号8413.30.10项下),但不包括旧货	[1]	免税	不变	不变	2020年12月31日当天或之前
9902.15.50	[1]	为内燃机活塞发动机设计的旧燃料、润滑或冷却介质泵(税号8413.30.10或税号8413.30.90项下)	[1]	0.6%	不变	不变	2020年12月31日当天或之前
9902.15.51	[1]	用于压燃式发动机的新燃油泵(燃油喷射泵除外),长度为2厘米或以上但不超过163厘米,宽度为2厘米或以上但不超过127厘米,高度为2厘米或以上但不超过95厘米(税号8413.30.90项下)	[1]	0.5%	不变	不变	2020年12月31日当天或之前
9902.15.52	[1]	高压燃油泵,每个都包含一个默认打开或关闭的电磁阀,经进口商认证用于调节燃油分供管中的燃油供应,设计用于汽油直喷(GDI)火花点火式内燃机(税号8413.30.90);上述物品不包括旧货	[1]	1.7%	不变	不变	2020年12月31日当天或之前
9902.15.53	[1]	真空泵,每个泵都有一个钢壳和塑料外壳,以便冷却;这种泵的高度约为22厘米,宽度约为16厘米,有一个与高效空气过滤器连接的孔,功率输出额定值超过850瓦但不超过1 050瓦,价值不超过24美元/个(税号8414.10.00项下)	[1]	免税	不变	不变	2020年12月31日当天或之前
9902.15.54	[1]	设计用于浴室的永久天花板安装用排气扇,每个排气扇包含一个输出功率不超过125瓦的电动机,带灯或不带灯,体积流量为1.35立方米/分钟~2.04立方/分钟,声级大于2.2索恩但不大于2.2索恩超过6.8索恩(税号8414.51.30项下)	[1]	4.1%	不变	不变	2020年12月31日当天或之前
9902.15.55	[1]	设计用于浴室永久天花板安装的排气扇,每个排气扇配有独立的直流无刷电机,输出功率不超过125瓦,带灯或不带灯,此类风扇的声级额定值大于0.1索恩但不超过1.2索恩(税号8414.51.30项下)	[1]	3.0%	不变	不变	2020年12月31日当天或之前
9902.15.56	[1]	风机组件,每个组件包括输出功率超过18.5瓦但不超过38.5瓦的电动A/C或D/C电机、金属或塑料风机轮和底板,设计用于永久安装税号8414.51.30的吊扇,或用于永久安装税号8516.29.00的加热器、风扇和灯组合的加热装置中	[1]	免税	不变	不变	2020年12月31日当天或之前
9902.15.57	[1]	烟囱式抽油烟机、岛式抽油烟机或柜式抽油烟机下的抽油烟机,通常用于家庭,设计用于永久安装在墙壁或天花板上,每个抽油烟机在其最大水平面上的尺寸超过121厘米,有或没有风机;上述规定,如果不带鼓风机,则包括其他通风设备(税号8414.80.90项下)	[1]	免税	不变	不变	2020年12月31日当天或之前

第九十九章　临时立法;根据现有贸易法规的临时修改;根据经修正的《农业调整法》
第 22 条制定的附加进口限制　　**1747**

税则号列	统计后缀	货品名称	单位	税率 1 一般	税率 1 特惠	税率 2	有效期
9902.15.58	[1]	基座柱组件,包括在组装状态下呈现的振荡电风扇部件,每个部件由上下钢管组成,热塑性夹头(套筒)覆盖这些管子的连接点,并附带夹头插入件,允许以可调整的间隔锁定两个管子(税号 8414.90.10 项下)	[1]	免税	不变	不变	2020 年 12 月 31 日当天或之前
9902.15.59	[1]	塑料格栅(税号 8414.90.10 项下),每个格栅的外部周长上都包含一个能够提供连续光的发光二极管(LED)灯,经进口商认证,设计用于永久性安装的排气扇,每分钟产生 2.83 立方米的废气,该类排气扇为住宅用,并归入税号 8414.51.30 项下	[1]	免税	不变	不变	2020 年 12 月 31 日当天或之前
9902.15.62	[1]	安装在轮子或脚轮上的装有制冷装置的空调机,每小时超过 17.58 千瓦(税号 8415.82.01 项下)	[1]	0.8%	不变	不变	2020 年 12 月 31 日当天或之前
9902.15.63	[1]	安装在轮子或脚轮上的空调机,每台包括一个制冷装置,额定功率小于 3.52 千瓦/小时(税号 8415.82.01 项下)	[1]	免税	不变	不变	2020 年 12 月 31 日当天或之前
9902.15.64	[1]	独立式便携式空调机,不固定在窗户、墙壁、天花板或地板上,制冷量额定值为 3.52 千瓦/小时或以上但小于每小时 17.58 千瓦(税号 8415.82.01 项下)	[1]	1.8%	不变	不变	2020 年 12 月 31 日当天或之前
9902.15.66	[1]	设计用于液化空气及其组分气体的压力蒸馏塔,包括钎焊铝板翅式热交换器(税号 8419.60.10 项下)	[1]	2.7%	不变	不变	2020 年 12 月 31 日当天或之前
9902.15.67	[1]	为压燃式发动机设计的壳管式机油冷却器,长度为 50 厘米或以上但不超过 180 厘米,宽度为 10 厘米或以上但不超过 70 厘米,高度为 15 厘米或以上但不超过 70 厘米(税号 8419.89.95 项下)	[1]	免税	不变	不变	2020 年 12 月 31 日当天或之前
9902.15.68	[1]	用于农业或园艺目的的自行式洒水车,中心枢轴型除外(税号 8424.82.00 项下)	[1]	免税	不变	不变	2020 年 12 月 31 日当天或之前
9902.15.69	[1]	柔性版印刷机械,具有连续的辊送纸,设计用于在纸板上印刷(不论是否涂布这种纸板),印刷速度小于 184 米/分钟,印刷宽度大于或等于 101 厘米但小于 280 厘米(税号 8443.16.00 项下)	[1]	免税	不变	不变	2020 年 12 月 31 日当天或之前
9902.15.70	[1]	柔性版印刷机械,具有连续的辊送纸,设计用于在纸板上印刷(不论该纸板是否涂布),印刷速度为 599 米/分钟或以上但不超过 801 米/分钟,印刷宽度为 106 厘米或以上但不超过 178 厘米(税号 8443.16.00 项下)	[1]	0.1%	不变	不变	2020 年 12 月 31 日当天或之前
9902.15.71	[1]	无梭织机(动力织机),剑杆式,用于织造宽度超过 30 厘米但不超过 4.9 米的织物(税号 8446.30.50 项下)	[1]	免税	不变	不变	2020 年 12 月 31 日当天或之前
9902.15.72	[1]	无梭织机(动力织机),喷气式,用于织造宽度超过 30 厘米但不超过 4.9 米的织物(税号 8446.30.50 项下)	[1]	免税	不变	不变	2020 年 12 月 31 日当天或之前
9902.15.73	[1]	金属加工用电动非数控斜接锯机,带安全切断开关(税号 8461.50.80 项下)	[1]	3.7%	不变	不变	2020 年 12 月 31 日当天或之前
9902.15.74	[1]	用于加工木材、软木、骨头、硬质橡胶、硬质塑料或类似硬质材料的台锯,每种锯片尺寸为 25.4 厘米(税号 8465.91.00 项下),此类锯片不包括(i)非激光引导的倾斜式乔木台锯,各带 25.4 厘米锯片,重量不超过 220 千克,以及(ii)激光引导倾斜式乔木台锯,各带 25.4 厘米锯片和带脚轮的可拆卸底座,重量小于 31 千克	[1]	1.2%	不变	不变	2020 年 12 月 31 日当天或之前

税则号列	统计后缀	货品名称	单位	税率 1 一般	税率 1 特惠	税率 2	有效期
9902.15.75	[1]	用于加工木材、软木、骨头、硬质橡胶、硬质塑料或类似硬质材料的台式带锯,切割深度为25～36厘米,价值不超过1 000美元/把(税号8465.91.00项下)	[1]	免税	不变	不变	2020年12月31日当天或之前
9902.15.76	[1]	落地式(固定式)带锯,切割深度为25～36厘米,价值1 000美元/把以下(税号8465.91.00项下)	[1]	免税	不变	不变	2020年12月31日当天或之前
9902.15.77	[1]	非激光导向可倾乔木台锯,每个锯片25.4厘米,重量不超过220千克(税号8465.91.00项下)	[1]	免税	不变	不变	2020年12月31日当天或之前
9902.15.78	[1]	激光引导倾斜轴台锯,每个锯片25.4厘米,配有带脚轮的可拆卸底座,重量小于31千克(税号8465.91.00项下)	[1]	免税	不变	不变	2020年12月31日当天或之前
9902.15.79	[1]	用于木材、软木、骨头、硬质橡胶、硬质塑料或类似硬质材料加工的电动、非数控斜接锯床,带25.4厘米的锯片,能够调节切割斜角,无需激光引导(税号8465.91.00项下)	[1]	2.1%	不变	不变	2020年12月31日当天或之前
9902.15.80	[1]	钻床,价值1 000美元/台以下(税号8465.95.00项下)	[1]	免税	不变	不变	2020年12月31日当天或之前
9902.15.81	[1]	旋转钻、锤和凿岩工具,带独立电机(税号8467.21.00项下),每个带有气动锤击机构(与开槽驱动钻头啮合)和机电机构(将驱动装置与内齿轮分离项下)额定电流不超过15安,三轴振动值根据欧洲规范60745测量,不超过9米/s2	[1]	免税	不变	不变	2020年12月31日当天或之前
9902.15.82	[1]	用于成型、组装或以其他方式成型未硫化、未硫化橡胶(绿色)轮胎的机械(税号8477.59.01项下),用于生产各种尺寸的新充气轮胎(税号4011.10.10、税号4011.10.50的轮胎),公共汽车以及卡车(税号4011.20.10、税号4011.20.50的轮胎)、摩托车(税号4011.40.00的轮胎)和农业、林业、建筑或工业车辆(税号4011.70.00、税号4011.80.10、税号4011.80.20、税号4011.80.80、税号4011.90.10、税号4011.90.20、税号4011.90.80的轮胎)	[1]	2.5%	不变	不变	2020年12月31日当天或之前
9902.15.83	[1]	电动"捉迷藏"玩具,专为猫或狗设计,每一个都有一个电动的快速移动的羽毛棒,它能随意改变方向;这种魔杖机构放置在一个圆形塑料围栏中,设计用来允许魔杖射出;每个玩具都包含一个顶部铺有地毯的区域(税号8479.89.94项下)	[1]	免税	不变	不变	2020年12月31日当天或之前
9902.15.84	[1]	电动宠物玩具,每一个玩具都有一个塑料蝴蝶,附着在使用时绕着塑料底座旋转的钢丝绳上,这种玩具的设计目的是模拟蝴蝶的飞行运动(税号8479.89.94项下)	[1]	免税	不变	不变	2020年12月31日当天或之前
9902.15.85	[1]	车辆稳定性控制执行器总成(税号8479.89.94项下)	[1]	2.3%	不变	不变	2020年12月31日当天或之前
9902.15.86	[1]	额定压力为68 947.57千帕的水下可接合连接装置,每个装置均经进口商认证具有高强度抗弯性能,并设计用于连接水下树木、歧管和管道末端,以将生产流输送至流线(税号8479.89.94项下)	[1]	免税	不变	不变	2020年12月31日当天或之前

第九十九章　临时立法;根据现有贸易法规的临时修改;根据经修正的《农业调整法》
第 22 条制定的附加进口限制　　1749

税则号列	统计后缀	货品名称	单位	税率 1 一般	税率 1 特惠	税率 2	有效期
9902.15.87	[1]	电动猫玩具,每只笼中有纺织材料制成的玩具鸟,身体内有磁铁,由一根细绳从包含塑料肋骨的笼顶部悬挂;这种笼坐在含有电气部件的塑料底座上,笼子底座上有一个设计用于切换极性并使鸟处于连续运动状态的磁性线圈(税号 8479.89.94 项下)	[1]	免税	不变	不变	2020 年 12 月 31 日当天或之前
9902.15.88	[1]	电动猫玩具,具有向运动部件供电和支持机械功能的电气功能,每个单元包括一个电气/机械"老鼠",塑料老鼠封装在直径约 0.61 米的纺织纤维"袋子"中,老鼠被设计成在袋子内部随机移动(税号 8479.89.94 项下)	[1]	免税	不变	不变	2020 年 12 月 31 日当天或之前
9902.15.89	[1]	光学望远镜镜段支撑组件,每个组件都不带镜子(税号 8479.89.94 项下)	[1]	免税	不变	不变	2020 年 12 月 31 日当天或之前
9902.15.90	[1]	分段压缩式模具,设计用于"绿色轮胎"的成型和固化,轮辋直径超过 63.5 厘米(税号 8480.79.90),此类轮胎用于越野	[1]	免税	不变	不变	2020 年 12 月 31 日当天或之前
9902.15.91	[1]	阀门式喷油器,每个喷油器在压力大于 120 兆帕(1 200 巴)(税号 8481.80.90 项下)的共轨燃油系统中工作,但不包括旧货	[1]	0.5%	不变	不变	2020 年 12 月 31 日当天或之前
9902.15.92	[1]	加药模块喷射器,包括压燃式发动机后燃烧处理系统的零件,长度为 30 厘米或以上但不超过 50 厘米,宽度为 30 厘米或以上但不超过 50 厘米,高度为 10 厘米或以上但不超过 30 厘米(税号 8481.80.90 项下)	[1]	免税	不变	不变	2020 年 12 月 31 日当天或之前
9902.15.93	[1]	用于控制温度、压力或流量等变量的自力式调节阀(税号 8481.80.90 项下)	[1]	免税	不变	不变	2020 年 12 月 31 日当天或之前
9902.15.94	[1]	除已使用的喷油器外,每个喷油器都包括一个阀门和一个微型冲压孔,经进口商认证,其设计目的是将燃油输送至压力不超过 120 兆帕(1 200 巴)的汽油发动机燃烧室(税号 8481.80.90 项下)	[1]	1.9%	不变	不变	2020 年 12 月 31 日当天或之前
9902.15.95	[1]	能够在 68.94 兆帕或更高压力下工作的阀门(税号 8481.80.90 项下),用于控制通过水下采油树的生产流量,每个阀门安装在一个模块中,该模块可被远程操作的水下机器人(ROV)移除和替换	[1]	免税	不变	不变	2020 年 12 月 31 日当天或之前
9902.15.96	[1]	专门用于或主要用于压燃式内燃机(第八十七章车辆除外)的新型锻钢曲轴,每个曲轴的长度超过 1.86 米,重量超过 453 千克(税号 8483.10.30 项下)	[1]	0.6%	不变	不变	2020 年 12 月 31 日当天或之前
9902.15.97	[1]	专门或主要用于压燃式内燃机(火花点火内燃机除外)的旧凸轮轴和曲轴(税号 8483.10.30 项下)	[1]	免税	不变	不变	2020 年 12 月 31 日当天或之前
9902.15.98	[1]	设计用于或主要用于气缸容量超过 19 000cc 的压燃式内燃机的新型曲轴,此类曲轴的长度为 200 厘米或以上但不超过 900 厘米,宽度为 100 厘米或以上但不超过 200 厘米,宽度为 50 厘米或以上但不超过 200 厘米(税号 8483.10.30 项下),但上述锻造钢制新曲轴除外,第八十七章的车辆除外,每个曲轴长度超过 1.86 米,重量不超过 453 千克	[1]	免税	不变	不变	2020 年 12 月 31 日当天或之前
9902.15.99	[1]	不带外壳的光轴溅射轴承(上述轴承、球形轴承除外),每个重量为 200 克或以上,轴颈直径为 117 毫米或以上(税号 8483.30.80 项下)	[1]	免税	不变	不变	2020 年 12 月 31 日当天或之前

税则号列	统计后缀	货品名称	单位	税率 1 一般	税率 1 特惠	税率 2	有效期
9902.16.01	[1]	使用的固定比率变速器(税号8483.40.50项下),但品目8701、品目8702、品目8703、品目8704和品目8705车辆的变速箱除外	[1]	1.9%	不变	不变	2020年12月31日当天或之前
9902.16.02	[1]	设计用于气缸容量等于或大于6 000毫升但不超过20 000毫升的压燃式发动机的挠性板,长度为5厘米或以上但不超过150厘米,宽度为22厘米或以上但不超过150厘米,宽度为2厘米或以上但不超过150厘米高度(税号8483.60.80项下)	[1]	1.7%	不变	不变	2020年12月31日当天或之前
9902.16.03	[1]	设计用于气缸容量为1 000～5 900毫升的压燃式发动机的挠性板,长度为35厘米或以上但不超过50厘米,宽度为35厘米或以上但不超过50厘米,高度为2厘米或以上但不超过10厘米(税号8483.60.80项下)	[1]	免税	不变	不变	2020年12月31日当天或之前
9902.16.04	[1]	直径30厘米或以上但不超过200厘米,高度6厘米或以上但不超过30厘米的齿圈,上述部件应装配在气缸容量等于或大于5 000毫升但不超过95 000毫升的柴油发动机挠性板或飞轮的外围(税号8483.90.50项下)	[1]	1.0%	不变	不变	2020年12月31日当天或之前
9902.16.05	[1]	机电旋转式执行机构,每个都带有附加的执行机构臂和销(此类臂的长度为12～15毫米,销的直径为8毫米),输出功率为36瓦(税号8501.10.60项下)	[1]	免税	不变	不变	2020年12月31日当天或之前
9902.16.06	[1]	品目8701、品目8705机动车辆的电动后门(提升门)执行器总成,每个总成包括产生350～400瓦功率的无刷直流电动机、电磁离合器、离合器磁铁、离合器飞轮、离合器片、传感器和外壳(税号8501.31.40项下)	[1]	1.7%	不变	不变	2020年12月31日当天或之前
9902.16.07	[1]	输出功率为190～290瓦、重量小于1千克的直流电动机,每台电动机装在高度约为55毫米、半径约为45毫米的圆柱形壳体中(税号8501.31.40项下)	[1]	2.8%	不变	不变	2020年12月31日当天或之前
9902.16.08	[1]	输出功率超过37.5瓦但不超过74.6瓦的单相交流电动机,每台电动机均配有电容器、转速控制机构和电动机安装冷却环(税号8501.40.20项下)	[1]	免税	不变	不变	2020年12月31日当天或之前
9902.16.09	[1]	输出功率超过37.5瓦但不超过72瓦的单相交流电动机,每台电动机均配有电容器、速度控制机构、塑料电动机底座和自足的振荡齿轮机构(税号8501.40.20项下)	[1]	2.0%	不变	不变	2020年12月31日当天或之前
9902.16.10	[1]	输出功率超过50瓦但不超过74.6瓦的单相交流电动机,每台电动机配备一个电容器和一个三速控制开关(税号8501.40.20项下)	[1]	0.3%	不变	不变	2020年12月31日当天或之前
9902.16.11	[1]	输出功率超过74.6瓦但不超过95瓦的单相交流电动机,每台电动机配备一个电容器和一个三速控制开关(税号8501.40.40项下)	[1]	免税	不变	不变	2020年12月31日当天或之前
9902.16.12	[1]	输出功率超过74.6瓦但不超过95瓦的单相交流电动机,每台电动机配备一个电容器和一个三速控制开关(税号8501.40.40项下)	[1]	免税	不变	不变	2020年12月31日当天或之前
9902.16.13	[1]	设计用于泵的潜水式多相电动机,圆柱形,直径超过12厘米但不超过18厘米,长度超过63厘米但不超过80厘米,输出功率超过3千瓦但不超过14.92千瓦(税号8501.52.40项下)	[1]	免税	不变	不变	2020年12月31日当天或之前

第九十九章 临时立法;根据现有贸易法规的临时修改;根据经修正的《农业调整法》第22条制定的附加进口限制

税则号列	统计后缀	货品名称	单位	税率 1 一般	税率 1 特惠	税率 2	有效期
9902.16.14	[1]	设计用于泵的潜水式多相电动机,圆柱形,直径超过22厘米但不超过35厘米,长度超过150厘米但不超过230厘米,输出功率超过149.2千瓦但不超过150千瓦(税号8501.53.60项下)	[1]	免税	不变	不变	2020年12月31日当天或之前
9902.16.15	[1]	设计用于子目9506.91运动设备的交流发电机,每台发电机配备一个飞轮和一个涡流加载装置,负载受磁性控制(税号8501.61.00项下)。	[1]	免税	不变	不变	2020年12月31日当天或之前
9902.16.16	[1]	发电机组,每台发电机组均配备以天然气为燃料的火花点火式内燃机(税号8502.20.00项下)	[1]	1.9%	不变	不变	2020年12月31日当天或之前
9902.16.17	[1]	定子铁芯和转子铁芯叠片,成对进口,每个叠片包括一个定子铁芯叠片和一个转子铁芯叠片;定子铁芯叠片的外径为26.42厘米,内径为20.35厘米,重量为4.14千克或以上但不超过6.72千克;转子芯层压板的外径为20.2厘米,内径为14.0厘米,重量3.3为千克或以上但不超过5.3千克;经进口商证明,上述产品设计用于制造为混合动力汽车电池充电的发电机电机和用于推进混合动力汽车的电动机(税号8503.00.95项下)	[1]	0.7%	不变	不变	2020年12月31日当天或之前
9902.16.18	[1]	设计用于标准汽车点烟器插座的电源适配器,具有双USB输出端口,每个端口输出功率为12瓦(税号8504.40.95项下)	[1]	免税	不变	不变	2020年12月31日当天或之前
9902.16.19	[1]	设计用于气缸容量为2 000~20 000毫升的压燃式柴油发动机的燃油切断电磁阀,长度为5厘米或以上但不超过800厘米,宽度为3厘米或以上但不超过500厘米,高度为3厘米或以上但不超过200厘米(税号8505.90.75项下)	[1]	免税	不变	不变	2020年12月31日当天或之前
9902.16.20	[1]	可充电锂电池,经进口商认证,具有聚合物电解质层和复合阴极,可完成800个电池累积寿命小时,并在45~130摄氏度的持续温度下连续运行至少1小时充电间隔时间(税号8507.60.00项下)	[1]	免税	不变	不变	2020年12月31日当天或之前
9902.16.21	[1]	环状氯化亚砜锂(LTC)电池,长度为30.48毫米或以上但不超过152.4毫米,外径为10.16厘米或以上但不超过127毫米,内径为55.88毫米或以上但不超过88.9毫米,经进口商认证,含有锂阳极和液体阴极,该液体阴极包含填充有亚硫酰氯(SOCL2)的多孔碳集电器(税号8507.60.00项下)	[1]	免税	不变	不变	2020年12月31日当天或之前
9902.16.22	[1]	圆柱形氯化亚砜锂电池,长度为30.48毫米或以上但不超过152.4厘米,外径为10.16厘米或以上但不超过127毫米,经进口商认证为含有锂阳极和液体阴极,该液体阴极包含填充有亚硫酰氯(SOCL2)的多孔碳集电器(税号8507.60.00项下)	[1]	免税	不变	不变	2020年12月31日当天或之前
9902.16.23	[1]	机电毛刺咖啡研磨机,带独立电机,每个研磨机配备一个透明玻璃顶部存储容器和一个透明玻璃底部存储容器(税号8509.40.00项下)	[1]	免税	不变	不变	2020年12月31日当天或之前
9902.16.24	[1]	机电家用电器,每一个都有独立的电动机,这些电器设计用于水果和蔬菜的剥皮、取芯和切片,并且能够将这些食品切割成螺旋状,上述各项均具有5个以上可互换的刀片(税号8509.40.00项下)	[1]	免税	不变	不变	2020年12月31日当天或之前
9902.16.25	[1]	机电圆柱形咖啡研磨机,每台均通过将塑料盖推入底座进行操作,上述研磨机配有一个容量大于0.1升但不超过0.2升的可拆卸不锈钢碗(税号8509.40.00项下)	[1]	免税	不变	不变	2020年12月31日当天或之前

税则号列	统计后缀	货品名称	单位	税率 1 一般	税率 1 特惠	税率 2	有效期
9902.16.26	[1]	机电刀,带有独立电动机,价值为8美元/把或以上但不超过40美元/把(税号8509.80.50项下)	[1]	免税	不变	不变	2020年12月31日当天或之前
9902.16.27	[1]	设计用于家用的垃圾箱,每个都有独立的电动机,由外部适配器供电,该适配器插入墙壁插座或电源插座,并可能有备用电池,当猫进入垃圾箱触发该机制后,在一定时间后将猫的排泄物耙入垃圾箱中(税号8509.80.50项下)	[1]	免税	不变	不变	2020年12月31日当天或之前
9902.16.28	[1]	设计供狗和猫在家中使用的喂食器,配有一个独立的电动机,通过插入墙壁插座或电源插座或者使用电池的外部适配器供电,该装置可编程为在预设时间分散不同数量的食物(税号8509.80.50项下)	[1]	免税	不变	不变	2020年12月31日当天或之前
9902.16.29	[1]	设计供猫和狗在家中使用的饮水机,配有一个独立的电动机,通过插入墙壁插座或电源插座或者使用电池的外部适配器供电,该装置过滤不断流动的饮水机或在水量低于一定量时补充水(税号8509.80.50项下)	[1]	免税	不变	不变	2020年12月31日当天或之前
9902.16.30	[1]	设计用于鱼类的喂食器,配有一个由电池供电的独立电动机,带有固定夹或夹子,固定在家用水族馆上,该装置可编程为在预设时间投喂不同数量的食物(税号8509.80.50项下)	[1]	免税	不变	不变	2020年12月31日当天或之前
9902.16.31	[1]	机电刀具,配有一个独立的电动机(税号8509.80.50项下),只有在价值低于8美元/把或高于40美元/把时,才适用上述规定	[1]	0.3%	不变	不变	2020年12月31日当天或之前
9902.16.32	[1]	手持式电池操作自动开罐器,每个开罐器都配有独立的电动机,这样的开罐器重量不超过20千克,不包括附加的可互换部件或可拆卸的辅助装置(税号8509.80.50项下)	[1]	免税	不变	不变	2020年12月31日当天或之前
9902.16.33	[1]	不锈钢食品搅拌器,专为家用机电手持食品搅拌器设计(税号8509.90.55项下)	[1]	免税	不变	不变	2020年12月31日当天或之前
9902.16.34	[1]	不锈钢面团钩,专为家用机电食品手动搅拌机设计(税号8509.90.55项下)	[1]	免税	不变	不变	2020年12月31日当天或之前
9902.16.35	[1]	设计用于家用机电立式食品搅拌机的电热碗,每个碗都有一个带数字显示的控制面板(税号8509.90.55项下)	[1]	免税	不变	不变	2020年12月31日当天或之前
9902.16.36	[1]	设计用于机电立式食品搅拌机的不锈钢碗,容量大于4.7升但不超过8.6升(不论是否有一个不锈钢垂直定向焊接手柄项下),前部各有一个轧制的顶部边缘和两个带圆孔的焊接不锈钢侧支架(税号8509.90.55项下)	[1]	免税	不变	不变	2020年12月31日当天或之前
9902.16.37	[1]	设计用于机电立式食品搅拌机的不锈钢碗,容量大于3.3升但不超过4.8升(不论是否有一个不锈钢垂直定向焊接手柄项下),有一个轧制的顶部边缘和焊接的不锈钢底座,带有四个突出部分,一个站立的搅拌机底座(税号8509.90.55项下)	[1]	免税	不变	不变	2020年12月31日当天或之前
9902.16.38	[1]	火花点火或压燃式内燃机用电起动马达(税号8511.40.00项下)	[1]	0.4%	不变	不变	2020年12月31日当天或之前
9902.16.39	[1]	额定电压为24伏、电流为500安或更高的新型交流发电机,设计用于为军用柴油机部件和支撑系统提供动力,此类发电机的每个重量小于55千克,直径小于300毫米(税号8511.50.00项下)	[1]	免税	不变	不变	2020年12月31日当天或之前

税则号列	统计后缀	货品名称	单位	税率 1 一般	税率 1 特惠	税率 2	有效期
9902.16.40	[1]	与火花点火或压燃式内燃机结合使用的旧发电机(交流发电机)(税号 8511.50.00 项下)	[1]	1.6%	不变	不变	2020 年 12 月 31 日当天或之前
9902.16.41	[1]	信号设备的零件,每个零件的法兰上都有压封(税号 8512.90.20 项下)	[1]	1.2%	不变	不变	2020 年 12 月 31 日当天或之前
9902.16.42	[1]	设计为永久安装在天花板上的电加热装置,每个装置包括一个加热器和一个或两个红外线灯泡,带或不带风扇(税号 8516.29.00 项下)	[1]	免税	不变	不变	2020 年 12 月 31 日当天或之前
9902.16.43	[1]	加热装置,每一个都结合一个加热器、一个风扇和一个住宅用灯,用于永久性天花板安装,每个都包含一个安装在格栅上的可调节百叶窗,此类百叶窗可旋转 360 度,以便手动自行定位热输出流量(税号 8516.29.00 项下)	[1]	免税	不变	不变	2020 年 12 月 31 日当天或之前
9902.16.44	[1]	设计为永久安装在墙上的大容量供暖装置,供住宅家庭使用,每台产生 1 000 瓦和 1500 瓦的功率,带有或不带内置恒温器的格栅(税号 8516.29.00 项下)	[1]	免税	不变	不变	2020 年 12 月 31 日当天或之前
9902.16.45	[1]	家用电热蒸汽熨斗,能够在不连接电源线的情况下操作,每个熨斗都有可拆卸底座(税号 8516.40.40 项下)	[1]	免税	不变	不变	2020 年 12 月 31 日当天或之前
9902.16.46	[1]	家用电热蒸汽熨斗,每个熨斗都有陶瓷涂层铸铝底板(税号 8516.40.40 项下),在没有电源连接的情况下,上述熨斗不能运行。	[1]	1.0%	不变	不变	2020 年 12 月 31 日当天或之前
9902.16.47	[1]	带整体式抽油烟机的家用微波炉,每台容量大于 48 升但不超过 49 升,配有直径大于 30 厘米但不超过 31 厘米的玻璃转盘板和具有外部模塑料把手的门(税号 8516.50.00 项下)	[1]	0.5%	不变	不变	2020 年 12 月 31 日当天或之前
9902.16.48	[1]	带整体式抽油烟机的家用微波炉,每台容量大于 48 升但不超过 49 升,配有直径大于 30 厘米但不超过 31 厘米的玻璃转盘板和带外部金属把手的门(税号 8516.50.00 项下)	[1]	1.2%	不变	不变	2020 年 12 月 31 日当天或之前
9902.16.49	[1]	带整体式吸油烟机的家用微波炉,每台容量大于 53 升但不超过 55 升,配有直径大于 30 厘米但不超过 31 厘米的玻璃转盘(税号 8516.50.00 项下)	[1]	免税	不变	不变	2020 年 12 月 31 日当天或之前
9902.16.50	[1]	带整体式抽油烟机的家用微波炉,每台容量大于 58 升但不超过 60 升,配有直径大于 30 厘米但不超过 32 厘米的玻璃转盘(税号 8516.50.00 项下)	[1]	免税	不变	不变	2020 年 12 月 31 日当天或之前
9902.16.51	[1]	带整体式抽油烟机的家用微波炉,每台容量大于 58 升但不超过 60 升,配有直径大于 35 厘米但不超过 37 厘米的玻璃转盘	[1]	免税	不变	不变	2020 年 12 月 31 日当天或之前
9902.16.52	[1]	带整体式抽油烟机的家用微波炉,每台容量大于 53 升但不超过 55 升,配有直径大于 35 厘米但不超过 37 厘米的玻璃转盘(税号 8516.50.00 项下)	[1]	免税	不变	不变	2020 年 12 月 31 日当天或之前
9902.16.53	[1]	带整体式抽油烟机的家用微波炉,每台容量为 56 升或以上但不超过 58 升,配有直径为 30 厘米或以上但不超过 31 厘米的玻璃转盘(税号 8516.50.00 项下)	[1]	免税	不变	不变	2020 年 12 月 31 日当天或之前
9902.16.54	[1]	带整体式抽油烟机的家用微波炉,每台容量大于 56 升但不超过 58 升,配有玻璃矩形转盘(税号 8516.50.00 项下)	[1]	免税	不变	不变	2020 年 12 月 31 日当天或之前

税则号列	统计后缀	货品名称	单位	税率 1 一般	税率 1 特惠	税率 2	有效期
9902.16.55	[1]	电热华夫饼制造机,一种家用电器,双面板垂直放置,在圆形模具中分成相等的四分之一深网格,顶部有漏斗;这种电器在不锈钢外壳中,带有一个喷嘴,包括填充标记水平面和一个用于移除华夫饼的开放式外壳的开口(税号8516.60.60项下)	[1]	免税	不变	不变	2020年12月31日当天或之前
9902.16.56	[1]	家用电热多功能烤架,每个烤架包括一个烹饪板,用作烤架或烤箱,带有恒温控制装置的可拆卸电源线(税号8516.60.60项下)	[1]	免税	不变	不变	2020年12月31日当天或之前
9902.16.57	[1]	家用电热双网夹层板烧烤器具,每种器具都有锁闩和浮动上盖(税号8516.60.60项下),上述装置无恒温控制。	[1]	免税	不变	不变	2020年12月31日当天或之前
9902.16.58	[1]	家用电热自动点滴咖啡机,每台均能冲泡多种食物,并配有带手柄的可拆卸水箱;上述设备不包括带圆顶外壳或设计用于永久安装在墙上的咖啡机、柜子或架子,不包括设计用于使用咖啡胶囊或豆荚的咖啡机(税号8516.71.00项下)	[1]	免税	不变	不变	2020年12月31日当天或之前
9902.16.59	[1]	一种家用电热自动咖啡机,每个咖啡机在酿造室上方都有一个圆顶形外壳,上述设备能够酿造多种饮品,在将热水释放到酿造室之前单独加热咖啡机中的水(税号8516.71.00项下)	[1]	免税	不变	不变	2020年12月31日当天或之前
9902.16.60	[1]	家用电热虹吸咖啡机,每个都有上球形腔室,磁性地密封到底部的咖啡瓶上,上述咖啡壶在底座上有电子控制装置(税号8516.71.00项下)	[1]	免税	不变	不变	2020年12月31日当天或之前
9902.16.61	[1]	电热茶壶,一种家用茶壶,每个茶壶都有透明玻璃室,配有不锈钢泡茶器和铰链式金属石灰过滤器,上述茶壶的底座上装有温度控制杆(税号8516.71.00项下)	[1]	免税	不变	不变	2020年12月31日当天或之前
9902.16.62	[1]	家用电热咖啡机,设计使用咖啡胶囊冲泡,每个咖啡机都有一个装载杆,装有不锈钢和塑料(税号8516.71.00项下)	[1]	免税	不变	不变	2020年12月31日当天或之前
9902.16.63	[1]	家用的电热意大利浓咖啡机,每一个都有液压激活的"喷头"喷雾,具有自动回缩功能和磁性锁定抽屉式过滤器,前述无卡口锁定标签(税号8516.71.00项下)	[1]	0.7%	不变	不变	2020年12月31日当天或之前
9902.16.64	[1]	家用自动点滴咖啡机,每台咖啡机配有电子可编程时钟、前置水箱和冲泡盒(税号8516.71.00项下);除带有可拆卸水箱或半球形外壳的咖啡机外	[1]	免税	不变	不变	2020年12月31日当天或之前
9902.16.65	[1]	家用电热自动点滴咖啡机,每台均配有电子计时器和独立的咖啡储藏室,上述设备不使用单独的咖啡瓶(税号8516.71.00项下);上述不包括咖啡机(i)设计用于永久安装在墙壁、柜子或架子上(ii)带有带把手的可拆卸罐或(iii)带有包含不锈钢和塑料的装载杆	[1]	0.4%	不变	不变	2020年12月31日当天或之前
9902.16.66	[1]	家用电热自动咖啡机,每台均装在外壳内,永久安装在墙壁、橱柜或架子上,并能通过与智能手机或平板电脑的无线连接进行远程操作(税号8516.71.00项下)	[1]	免税	不变	不变	2020年12月31日当天或之前
9902.16.67	[1]	家用电热烤箱,每个烤箱顶部都有一个单槽烤箱开口(税号8516.72.00项下)	[1]	免税	不变	不变	2020年12月31日当天或之前

第九十九章 临时立法;根据现有贸易法规的临时修改;根据经修正的《农业调整法》第 22 条制定的附加进口限制

税则号列	统计后缀	货品名称	单位	税率 1 一般	税率 1 特惠	税率 2	有效期
9902.16.68	[1]	电热漆金属圆顶壶,一种家用壶,每个壶都有一个圆形温度计显示器和一个底座,底座上有一个温度控制杆和电源按钮(税号 8516.79.00 项下)	[1]	免税	不变	不变	2020 年 12 月 31 日当天或之前
9902.16.69	[1]	家用电热不锈钢圆柱形水壶,每个水壶的把手上方都有液晶显示器和操作控制按钮和显示器,把手后面有一个半透明容量指示器(税号 8516.79.00 项下)	[1]	免税	不变	不变	2020 年 12 月 31 日当天或之前
9902.16.70	[1]	家用电热慢炖锅,外部为不锈钢或涂漆金属,每套都有一个玻璃盖和容量为 5.68 升的可拆卸陶瓷烹饪锅,这种锅有五种烹饪功能(慢煮、炒制、蒸煮、烘焙和烘烤),由数字控制面板控制(如税号 8516.79.00 项下),不带温度计探头或煮沸和文火功能	[1]	1.8%	不变	不变	2020 年 12 月 31 日当天或之前
9902.16.71	[1]	家用电热慢炖锅,外部为不锈钢或涂漆金属,每套都有一个玻璃盖和容量为 5.68 升的可拆卸陶瓷烹饪锅,这种锅有三种烹饪功能(烘、烤、炒制、慢煮),由数字控制面板控制(税号 8516.79.00 项下),不带温度计探头或煮沸和文火功能	[1]	免税	不变	不变	2020 年 12 月 31 日当天或之前
9902.16.72	[1]	家用电热慢炖锅,外部为不锈钢或涂漆金属,每套都有一个容量为 3.31 升的可拆卸陶瓷主锅和两个容量为 1.42 升的可拆卸陶瓷锅,每个锅位于主设备上方,并连接到可移动到该主设备左右的摇臂上,配有单独的旋钮以控制每个烹饪锅的温度(税号 8516.79.00 项下),不带温度计探头或煮沸和文火功能	[1]	免税	不变	不变	2020 年 12 月 31 日当天或之前
9902.16.73	[1]	家用电热三明治炊具,用于制作圆面包(税号 8516.79.00 项下)	[1]	免税	不变	不变	2020 年 12 月 31 日当天或之前
9902.16.74	[1]	设计用于通过各种方法(包括煮沸、煨、油炸、烘烤或炖煮)制备食品的家用电热多功能炊具(多锅),每种炊具均装有计时器,但不包括温度计探头(税号 8516.79.00 项下)	[1]	免税	不变	不变	2020 年 12 月 31 日当天或之前
9902.16.75	[1]	家用电热可编程慢炖锅,带温度计探头(税号 8516.79.00 项下),无煮沸和文火功能	[1]	免税	不变	不变	2020 年 12 月 31 日当天或之前
9902.16.76	[1]	家用电热压力锅,容量不少于 5 升,额定功率 1 000 瓦以上但不超过 1 200 瓦(税号 8516.79.00 项下)	[1]	免税	不变	不变	2020 年 12 月 31 日当天或之前
9902.16.77	[1]	家用电热饭煲,额定功率为 200 瓦或以下,带有可拆卸电源线(税号 8516.79.00 项下)	[1]	免税	不变	不变	2020 年 12 月 31 日当天或之前
9902.16.78	[1]	家用电热压力锅,每种容量不少于 5 升,额定功率超过 1 200 瓦但不超过 1 400 瓦(税号 8516.79.00 项下)	[1]	免税	不变	不变	2020 年 12 月 31 日当天或之前
9902.16.79	[1]	家用电热压力锅,每种容量小于 5 升,额定功率为 800～1 000 瓦(税号 8516.79.00 项下)	[1]	0.4%	不变	不变	2020 年 12 月 31 日当天或之前
9902.16.80	[1]	家用电热热油爆米花机,每个都有旋转的金属丝搅拌棒和机械翻转开关作用(税号 8516.79.00 项下)	[1]	免税	不变	不变	2020 年 12 月 31 日当天或之前
9902.16.81	[1]	家用的电热插头式房间除臭剂,每种除臭剂都带有装饰性的非塑料外壳,不包括变阻器;这些器具用于芳香蜡,不论是否带有蜡(税号 8516.79.00 项下)	[1]	免税	不变	不变	2020 年 12 月 31 日当天或之前

税则号列	统计后缀	货品名称	单位	税率 一般	税率 特惠	2	有效期
9902.16.82	[1]	家用手持式电热制衣熨斗,塑料机身,额定输出功率小于1 000瓦,带伸缩绳,重量不超过1千克,不论是否用储存袋包装(税号8516.79.00项下)	[1]	免税	不变	不变	2020年12月31日当天或之前
9902.16.83	[1]	真空隔热咖啡壶,内部和外部为不锈钢,每个容量超过1升但不超过2升,带有塑料冲泡盖子,可直接酿制(税号8516.90.90项下)	[1]	免税	不变	不变	2020年12月31日当天或之前
9902.16.84	[1]	真空隔热保温水罐,内外均为不锈钢材质,容量超过1升但不超过2升,尺寸为27.94厘米或以上,但高度不超过30.48厘米,带直接酿造用的塑料冲泡盖和塑料喷口以及浇铸用的把手(税号8516.90.90项下)	[1]	免税	不变	不变	2020年12月31日当天或之前
9902.16.85	[1]	平板液晶显示器(LCD)电视接收设备,每个设备包括电视调谐器,可连接运动设备(税号8528.72.72项下)	[1]	3.6%	不变	不变	2020年12月31日当天或之前
9902.16.86	[1]	额定电流为15安的接地故障断路器(税号8536.30.80项下)	[1]	免税	不变	不变	2020年12月31日当天或之前
9902.16.87	[1]	额定电流为20安的接地故障断路器(税号8536.30.80项下)	[1]	免税	不变	不变	2020年12月31日当天或之前
9902.16.88	[1]	电弧故障电路断路器,包括双功能电弧/接地故障电路断路器(税号8536.30.80项下)	[1]	免税	不变	不变	2020年12月31日当天或之前
9902.16.89	[1]	陶瓷灯座外壳,含插座(税号8536.61.00项下)	[1]	免税	不变	不变	2020年12月31日当天或之前
9902.16.90	[1]	每个组件包括子目8517.70的底盘或搁架,以及配备有两个或更多品目8535或品目8536设备的背板(面板/配电板),用于电气控制或配电,电压不超过1 000伏(税号8537.10.91项下)	[1]	免税	不变	不变	2020年12月31日当天或之前
9902.16.91	[1]	税号8536.30.80的仅适用于接地故障电路断路器和电弧故障电路断路器的印刷电路组件(税号8538.90.30项下)	[1]	免税	不变	不变	2020年12月31日当天或之前
9902.16.92	[1]	充有氘气的紫外线灯,每个都没有射频识别装置,价值超过300美元(税号8539.49.00项下)	[1]	0.5%	不变	不变	2020年12月31日当天或之前
9902.16.93	[1]	充有氘气的紫外线灯,每个都配有射频识别装置,价值超过300美元(税号8539.49.00项下)	[1]	免税	不变	不变	2020年12月31日当天或之前
9902.16.94	[1]	彩色阴极射线数据/图形显示管,荧光点屏间距小于0.4毫米,偏转小于90度(税号8540.40.10项下)	[1]	免税	不变	不变	2020年12月31日当天或之前
9902.16.95	[1]	位置传感器,每一个设计用于在线性旋转或移动时发射数字脉冲,由尺寸约为67毫米×50毫米×24毫米的外壳组成,外壳包含电连接器和印刷电路组件,经进口商认证的用于地面天文台的此类传感器(税号8543.70.45项下)	[1]	免税	不变	不变	2020年12月31日当天或之前
9902.16.96	[1]	电压不超过1 000伏的电缆和电缆束,配有连接器(税号8544.42.90项下)用于制造或检验税号8486.20.00半导体器件的机器和设备,或用于检验税号9031.41.00半导体晶圆的光学仪器和设备的前述物品	[1]	免税	不变	不变	2020年12月31日当天或之前

第九十九章 临时立法;根据现有贸易法规的临时修改;根据经修正的《农业调整法》第 22 条制定的附加进口限制

税则号列	统计后缀	货品名称	单位	税率 1 一般	税率 1 特惠	税率 2	有效期
9902.16.97	[1]	装有驾驶室的汽车底盘,每个驾驶室由一个仅装有推进用电动机的汽车底盘和一个驾驶室组成,总重量超过 5 吨但不超过 20 吨,并用于货物运输(税号 8704.90.00 项下)	[1]	23.9%	不变	不变	2020 年 12 月 31 日当天或之前
9902.17.01	[1]	子目 8701.20 或品目 8704(税号 8708.40.11 中规定)机动车辆用齿轮箱	[1]	免税	不变	不变	2020 年 12 月 31 日当天或之前
9902.17.02	[1]	品目 8702 或品目 8704 机动车辆用新齿轮箱,上述六速齿轮箱,额定峰值扭矩至少为 69 千克·米,但不超过 110 千克·米(税号 8708.40.11 项下)	[1]	2.1%	不变	不变	2020 年 12 月 31 日当天或之前
9902.17.03	[1]	税号 8701.30.50、子目 8701.91、子目 8701.92、子目 8701.93、子目 8701.94 和子目 8701.95 车辆用齿轮箱(税号 8708.40.50 项下)	[1]	免税	不变	不变	2020 年 12 月 31 日当天或之前
9902.17.04	[1]	品目 8703 车辆用差速器,每个差速器包括一个自给式硅油储液罐、剪切泵和逐步锁定离合器组件,上述各项不包括拖拉机(公路拖拉机除外)(税号 8708.50.89 项下)	[1]	2.3%	不变	不变	2020 年 12 月 31 日当天或之前
9902.17.05	[1]	合金钢制悬挂系统稳定杆,重量不超过 40 千克,仅设计用于 7 级和 8 级重型卡车(税号 8708.80.65 项下)	[1]	免税	不变	不变	2020 年 12 月 31 日当天或之前
9902.17.06	[1]	品目 8701 至 8705 机动车辆(适于农业使用的拖拉机除外)(税号 8708.92.50)及其零件(税号 8708.92.75)的消声器和排气管	[1]	2.4%	不变	不变	2020 年 12 月 31 日当天或之前
9902.17.07	[1]	无座、无座管、无座托的自行车,设计为只能由站立的使用者踩下,这种自行车的两个轮子直径不超过 63.5 厘米(税号 8712.00.15 项下)	[1]	免税	不变	不变	2020 年 12 月 31 日当天或之前
9902.17.08	[1]	自行车,每辆车有两个车轮,两个车轮直径不超过 63.5 厘米,或者有三个车轮;所有上述车辆均以椭圆步进运动(税号 8712.00.50 项下),以横向安装踏板推动	[1]	免税	不变	不变	2020 年 12 月 31 日当天或之前
9902.17.09	[1]	独轮车(税号 8712.00.50 项下)	[1]	免税	不变	不变	2020 年 12 月 31 日当天或之前
9902.17.10	[1]	自行车用盘式制动器及其零件(税号 8714.94.90 项下)	[1]	6.7%	不变	不变	2020 年 12 月 31 日当天或之前
9902.17.11	[1]	合金或复合材料制成的"Z"形水瓶架(笼),设计用于自行车(税号 8714.99.80 项下)	[1]	免税	不变	不变	2020 年 12 月 31 日当天或之前
9902.17.12	[1]	广角反光器,设计用于自行车(税号 8714.99.80 项下)	[1]	免税	不变	不变	2020 年 12 月 31 日当天或之前
9902.17.13	[1]	一体式婴儿车,每个婴儿车都有不可拆卸的座椅;带有可折叠、不可拆卸的固定点,设计用于汽车座椅安装,以及一个折叠机构,设计用于使靠背向前靠在婴儿车座椅上折叠(税号 8715.00.00 项下)	[1]	免税	不变	不变	2020 年 12 月 31 日当天或之前
9902.17.14	[1]	婴儿推车,每个底盘上都有可拆卸座椅和可拆卸摇篮,座椅设计与底盘底板相连,座椅靠背设计允许儿童处于倾斜位置或以不同的靠背角度支撑;上述规定不包括仅具有倾斜或倾斜座椅的任何此类婴儿车(税号 8715.00.00 项下)	[1]	免税	不变	不变	2020 年 12 月 31 日当天或之前

税则号列	统计后缀	货品名称	单位	税率 1 一般	税率 1 特惠	税率 2	有效期
9902.17.15	[1]	投影透镜,焦距为 1.13 米或以上但不超过 36.94 米,投射比为 0.66 米或以上但不超过 9.23 米,上述透镜的重量不超过 8 千克(税号 9002.11.40 项下)	[1]	免税	不变	不变	2020 年 12 月 31 日当天或之前
9902.17.16	[1]	焦距在 19.68 毫米或以上但不超过 132.0 毫米,投比在 0.28:1 或以上但不超过 7.10:1,焦距在 0.45 米或以上但不超过 40 米的投影透镜,上述透镜的重量不超过 5.4 千克(税号 9002.11.40 项下)	[1]	免税	不变	不变	2020 年 12 月 31 日当天或之前
9902.17.17	[1]	带硅胶头带的游泳护目镜(税号 9004.90.00 项下)	[1]	免税	不变	不变	2020 年 12 月 31 日当天或之前
9902.17.18	[1]	投影屏幕,每个尺寸为 11 米或以上,但宽度不超过 22 米,由透声穿孔材料制成(税号 9010.60.00 项下)	[1]	免税	不变	不变	2020 年 12 月 31 日当天或之前
9902.17.19	[1]	液晶显示器(LCD)电视面板组件,每个组件的视频显示器对角线尺寸不超过 58.42 厘米(税号 9013.80.90 项下)	[1]	免税	不变	不变	2020 年 12 月 31 日当天或之前
9902.17.20	[1]	液晶显示器(LCD)电视面板组件,每个组件的视频显示器对角线尺寸超过 58.42 厘米但不超过 78.74 厘米(税号 9013.80.90 项下)	[1]	免税	不变	不变	2020 年 12 月 31 日当天或之前
9902.17.21	[1]	液晶显示器(LCD)电视面板组件,每个组件的视频显示器对角线尺寸超过 78.74 厘米但不超过 81.28 厘米(税号 9013.80.90 项下)	[1]	免税	不变	不变	2020 年 12 月 31 日当天或之前
9902.17.22	[1]	液晶显示器(LCD)电视面板组件,每个组件的视频显示器对角线尺寸超过 81.28 厘米但不超过 99.06 厘米(税号 9013.80.90 项下)	[1]	免税	不变	不变	2020 年 12 月 31 日当天或之前
9902.17.23	[1]	液晶显示器(LCD)电视面板组件,每个组件的视频显示器对角线尺寸超过 99.06 厘米但不超过 101.6 厘米(税号 9013.80.90 项下)	[1]	免税	不变	不变	2020 年 12 月 31 日当天或之前
9902.17.24	[1]	液晶显示器(LCD)电视面板组件,每个组件的视频显示器对角线尺寸超过 101.6 厘米但不超过 124.46 厘米(税号 9013.80.90 项下)	[1]	免税	不变	不变	2020 年 12 月 31 日当天或之前
9902.17.25	[1]	液晶显示器(LCD)电视面板组件,每个组件的视频显示器对角线尺寸超过 124.46 厘米,但不超过 137.16 厘米(税号 9013.80.90 项下)	[1]	免税	不变	不变	2020 年 12 月 31 日当天或之前
9902.17.26	[1]	液晶显示器(LCD)电视面板组件,每个组件的视频显示器对角线尺寸超过 137.16 厘米(税号 9013.80.90 项下)	[1]	免税	不变	不变	2020 年 12 月 31 日当天或之前
9902.17.27	[1]	设计用于在自由空间或光纤中降低光信号功率级的光衰减器,此类仪器或设备专门用于电信(税号 9013.80.90 项下)	[1]	免税	不变	不变	2020 年 12 月 31 日当天或之前
9902.17.28	[1]	自行车速度计(税号 9029.20.20 项下)	[1]	免税	不变	不变	2020 年 12 月 31 日当天或之前
9902.17.29	[1]	示波器和示波器,带宽范围为 20~90 吉赫,采样率范围为 50~80 千兆字节/秒,具有 1~16 个测量通道、1 个内部硬盘、1~4 个可互换的测量模块和 1 个尺寸超过 25 厘米但不超过 28 厘米的彩色触摸屏(税号 9030.20.10 项下),上述各项手提式除外	[1]	免税	不变	不变	2020 年 12 月 31 日当天或之前
9902.17.30	[1]	手持式示波器(税号 9030.20.10 项下)	[1]	免税	不变	不变	2020 年 12 月 31 日当天或之前

第九十九章 临时立法;根据现有贸易法规的临时修改;根据经修正的《农业调整法》第 22 条制定的附加进口限制

税则号列	统计后缀	货品名称	单位	税率 1 一般	税率 1 特惠	税率 2	有效期
9902.17.31	[1]	万用表,每个都不带记录装置,非手持式,具有 4-1/2、5-1/2、6-1/2、7-1/2 或 8-1/2 位测量精度,带或不带 LXI(仪器局域网扩展)标准,带彩色或非彩色单屏或双屏显示屏(税号 9030.31.00 项下)	[1]	免税	不变	不变	2020 年 12 月 31 日当天或之前
9902.17.32	[1]	真有效值(均方根)万用表,不带记录装置,手动调节,具有 3-1/2、4 或 4-1/2 位测量精度,以及液晶显示器(LCD)或有机发光二极管(OLED)显示屏,设计用于提供以下一个或多个测量值:DCV、ACV、DCI、ACI,2 线和/或 4 线电阻、频率、连续性、二极管测试、容量、温度、分贝、开关计数器、谐波比、脉冲宽度、延迟周期和/或 4~20 毫安百分比刻度(税号 9030.31.00 项下)	[1]	免税	不变	不变	2020 年 12 月 31 日当天或之前
9902.17.33	[1]	PXI 6-1/2 位数字万用表(DMM),不带记录装置,非手持式,具有 6-1/2 位测量精度,设计用于提供以下基本测量:DCV、ACV、DCI、ACI,2 线和 4 线电阻、频率、周期、电容、温度、占空比循环、计数器和直流电源(税号 9030.31.00 项下)	[1]	免税	不变	不变	2020 年 12 月 31 日当天或之前
9902.17.34	[1]	数字万用表,每一个都有 8.5 位数的分辨率,并有一个记录装置,经进口商认证具有 3ppm 直流电压(DCV)精度(税号 9030.32.00 项下)	[1]	免税	不变	不变	2020 年 12 月 31 日当天或之前
9902.17.35	[1]	阻抗分析仪,频率范围为 20 赫兹~120 兆赫,峰值最大输出电压为±42 伏,具有 1~4 个测量通道、1 个记录装置和 1 个尺寸超过 25 厘米但不超过 28 厘米的彩色触摸屏(税号 9030.84.00 项下)	[1]	免税	不变	不变	2020 年 12 月 31 日当天或之前
9902.17.36	[1]	电磁干扰(EMI)接收机,每个接收机的频带范围为 3 赫兹~44 吉赫,符合 LXI(仪器局域网扩展)标准,具有两个射频(RF)输入和一个彩色显示屏,显示屏对角线尺寸超过 20 厘米但不超过 23 厘米(税号 9030.84.00 项下)	[1]	免税	不变	不变	2020 年 12 月 31 日当天或之前
9902.17.37	[1]	用于校准电气安全测试仪的多功能装置,每个装置包括信号发生器和万用表,以及一个记录装置(税号 9030.84.00 项下)	[1]	免税	不变	不变	2020 年 12 月 31 日当天或之前
9902.17.38	[1]	用于仪表(LXI)数据采集/交换单元的局域网(LAN)扩展,每个单元都有一个通用串行总线(USB)和使用 LXI 标准的 LAN 终端,后面有一个用于插件模块的 3 插槽主机,能够测量 11 个不同的输入信号,并具有内置的分辨率为 6-1/2 位(22 位)的数字万用表(DMM)(税号 9030.89.01 项下)	[1]	免税	不变	不变	2020 年 12 月 31 日当天或之前
9902.17.39	[1]	经进口商认证用于校准示波器的信号发生器,上述发生器各有 5 个通道,不带记录装置(税号 9030.89.01 项下)	[1]	免税	不变	不变	2020 年 12 月 31 日当天或之前
9902.17.40	[1]	经进口商认证用于校准无线电频率测量设备的信号发生器,不带记录装置(税号 9030.89.01 项下)	[1]	免税	不变	不变	2020 年 12 月 31 日当天或之前
9902.17.41	[1]	仅输出信号发生器,每个发生器具有可配置的相位和谐波,用于校准电力和能源设备,不带记录装置(税号 9030.89.01 项下)	[1]	免税	不变	不变	2020 年 12 月 31 日当天或之前
9902.17.42	[1]	电池驱动的齐鸣旋律钟机芯,完整且组装,价值超过 5 美元/个,适用于生产落地摆钟、挂钟和壁炉架钟(税号 9109.10.80 项下)	[1]	免税	不变	不变	2020 年 12 月 31 日当天或之前

税则号列	统计后缀	货品名称	单位	税率 1 一般	税率 1 特惠	税率 2	有效期
9902.17.43	[1]	机械钟表机芯,完整且组装,价值超过5美元/个,适用于生产落地摆钟、挂钟或壁炉架钟(税号9109.90.60项下)	[1]	免税	不变	不变	2020年12月31日当天或之前
9902.17.44	[1]	齐鸣旋律钟组件及其零件,上述组件适用于生产落地摆钟、挂钟和壁炉架钟(税号9114.90.50项下)	[1]	免税	不变	不变	2020年12月31日当天或之前
9902.17.45	[1]	枕头、靠垫和类似的棉制家具,尺寸超过4 000平方厘米(税号9404.90.10项下)	[1]	3.1%	不变	不变	2020年12月31日当天或之前
9902.17.46	[1]	枕头、靠垫和类似家具,棉花以外的材料,尺寸超过4 000平方厘米(税号9404.90.20项下)	[1]	5.3%	不变	不变	2020年12月31日当天或之前
9902.17.47	[1]	电发光二极管(LED)照明配件,贱金属(黄铜除外),无论是天花板(悬挂式)还是壁挂式,每个配件都有隐藏在石英圆柱体上方的LED光源,用于产生全内反射(税号9405.10.60项下)	[1]	免税	不变	不变	2020年12月31日当天或之前
9902.17.48	[1]	除黄铜外的贱金属制电桌或桌子用发光二极管(LED)工作灯,每个灯都有可互换的安装选项,包括底座、夹具或其他安装件(税号9405.20.60项下)	[1]	3.0%	不变	不变	2020年12月31日当天或之前
9902.17.49	[1]	除黄铜外的贱金属电桌或桌子用发光二极管(LED)工作灯,每个灯都有球形接头,以允许灯头相对于灯座的多个位置(税号9405.20.60项下)	[1]	免税	不变	不变	2020年12月31日当天或之前
9902.17.50	[1]	除黄铜外的贱金属电桌或桌子用发光二极管(LED)工作灯,每个工作灯都包括一个反射器,用于反射灯杆中LED发出的光(税号9405.20.60项下)	[1]	免税	不变	不变	2020年12月31日当天或之前
9902.17.51	[1]	用于外部照明的发光二极管(LED)运动激活安全灯套件,此类灯具由贱金属制成,表面为古铜色,每个灯具都有磨砂玻璃,带有集成光电管和运动传感器,以及壁装式托架(税号9405.40.60项下)	[1]	3.8%	不变	不变	2020年12月31日当天或之前
9902.17.52	[1]	应急灯,贱金属制(黄铜除外),圆形或长形,高度为6~12厘米,每个灯包括白炽灯、灯座、反射器、带排水孔的透明玻璃透镜、压力罐和带连接器的电线;上述配置为安装在飞机外部,设计用于在紧急疏散期间照亮飞机上或飞机周围的出口通道(税号9405.40.60项下)	[1]	免税	不变	不变	2020年12月31日当天或之前
9902.17.53	[1]	外部灯,贱金属制,黄铜除外,此类圆形灯,高度为11.5厘米或以上但不超过12厘米,重量不超过1.3千克,每个灯包括卤素灯、灯座、反射器、自耦变压器和电连接器,上述配置应安装用于照亮飞机机翼顶面、前缘和发动机机舱区域以进行机翼结冰探测的飞机外部(税号9405.40.60项下)	[1]	免税	不变	不变	2020年12月31日当天或之前
9902.17.54	[1]	透明或磨砂柱状球体或阴影,经进口商认证为硼硅酸盐玻璃,长度为2.54厘米或以上但不超过30.48厘米,直径为2.54厘米或以上但不超过20.32厘米,顶部和底部各有圆形开口,设计用于室外用便携式非电气灯具(税号9405.91.40项下)	[1]	免税	不变	不变	2020年12月31日当天或之前
9902.17.55	[1]	滑雪用具(越野滑雪用具除外),价值不超过55美元/个(税号9506.12.80项下)	[1]	免税	不变	不变	2020年12月31日当天或之前
9902.17.56	[1]	高尔夫球杆杆头,每个杆头上已加盖钢印或以其他方式永久标记,杆面倾角为9.5度(税号9506.39.00项下)	[1]	免税	不变	不变	2020年12月31日当天或之前

第九十九章　临时立法;根据现有贸易法规的临时修改;根据经修正的《农业调整法》第 22 条制定的附加进口限制

税则号列	统计后缀	货品名称	单位	税率 1 一般	税率 1 特惠	税率 2	有效期
9902.17.57	[1]	高尔夫球杆杆头,每个杆头上已加盖钢印或以其他方式永久标记,杆面倾角大于 9.5 度(税号 9506.39.00 项下)	[1]	免税	不变	不变	2020 年 12 月 31 日当天或之前
9902.17.58	[1]	高尔夫球杆杆头,每个杆头上已加盖钢印或以其他方式永久标记,杆面倾角小于 9.5 度(税号 9506.39.00 项下)	[1]	免税	不变	不变	2020 年 12 月 31 日当天或之前
9902.17.59	[1]	指定为 1 杆、2 杆、3 杆、4 杆或 5 杆的球杆设计的高尔夫球杆杆头(税号 9506.39.00 项下)	[1]	1.0%	不变	不变	2020 年 12 月 31 日当天或之前
9902.17.60	[1]	高尔夫球杆混合杆头,每个杆头已加盖钢印或以其他方式永久标记(税号 9506.39.00 项下)	[1]	免税	不变	不变	2020 年 12 月 31 日当天或之前
9902.17.61	[1]	高尔夫球杆楔形杆头,每个杆头已加盖钢印或永久标记,表示杆面倾角在 56 度及以下(税号 9506.39.00 项下)	[1]	免税	不变	不变	2020 年 12 月 31 日当天或之前
9902.17.62	[1]	为 6 杆和 7 杆的球杆设计的高尔夫球杆杆头(税号 9506.39.00 项下)	[1]	1.0%	不变	不变	2020 年 12 月 31 日当天或之前
9902.17.63	[1]	为 8 杆和 9 杆的球杆设计的高尔夫球杆杆头(税号 9506.39.00 项下)	[1]	免税	不变	不变	2020 年 12 月 31 日当天或之前
9902.17.64	[1]	高尔夫球杆楔形杆头,每个杆头带有压印或永久标记,表示杆面倾角大于 56 度(税号 9506.39.00 项下)	[1]	免税	不变	不变	2020 年 12 月 31 日当天或之前
9902.17.65	[1]	高尔夫球杆推杆头(税号 9506.39.00 项下)	[1]	3.0%	不变	不变	2020 年 12 月 31 日当天或之前
9902.17.70	[1]	网球拍,捆扎和包装零售的(税号 9506.51.20 项下)	[1]	2.6%	不变	不变	2020 年 12 月 31 日当天或之前
9902.17.71	[1]	草坪网球拍,无张力(税号 9506.51.40 项下)	[1]	0.4%	不变	不变	2020 年 12 月 31 日当天或之前
9902.17.72	[1]	短柄壁球拍(税号 9506.59.80 项下)	[1]	免税	不变	不变	2020 年 12 月 31 日当天或之前
9902.17.73	[1]	壁球拍(税号 9506.59.80 项下)	[1]	免税	不变	不变	2020 年 12 月 31 日当天或之前
9902.17.74	[1]	充气排球(税号 9506.62.80 项下)	[1]	免税	不变	不变	2020 年 12 月 31 日当天或之前
9902.17.75	[1]	充气篮球,外表面非皮革或橡胶(税号 9506.62.80 项下)	[1]	3.1%	不变	不变	2020 年 12 月 31 日当天或之前
9902.17.76	[1]	充气篮球,外表面为皮革(税号 9506.62.80 项下)	[1]	免税	不变	不变	2020 年 12 月 31 日当天或之前
9902.17.77	[1]	充气篮球,外表面为橡胶(税号 9506.62.80 项下)	[1]	2.5%	不变	不变	2020 年 12 月 31 日当天或之前
9902.17.78	[1]	网球拍,直径不超过 19 厘米,不扁平,空心(税号 9506.69.40 项下)	[1]	免税	不变	不变	2020 年 12 月 31 日当天或之前
9902.17.79	[1]	为循环训练而设计的健身器材,每个单元包括一个钢框架和一个站立平台,平台上有六个把手,把手连接在具有可变电阻水平的电缆和滑轮上,具有能够无线交换数据的电子控制面板,并具有多色发光二极管(LED)栅极(税号 9506.91.00 项下)	[1]	免税	不变	不变	2020 年 12 月 31 日当天或之前

税则号列	统计后缀	货品名称	单位	税率 一般	税率 特惠	2	有效期
9902.17.80	[1]	为家庭使用而设计的健身设备,每个单元包括两个独立的跑步机平台,带有单独的运动带,在使用过程中围绕机械跑步机旋转不同时上下移动,设计允许渐进的阻力并结合跑步机的功能,一台爬楼梯机和一台椭圆机(税号9506.91.00项下)	[1]	0.9%	不变	不变	2020年12月31日当天或之前
9902.17.81	[1]	健身器材,配有旋转手柄和脚踏板,可交替运动,将步进器和椭圆机的运动结合起来,同时在底座上驱动径向风扇和磁力制动器,配备无法无线交换数据的电子控制台,配备非背光LCD显示屏,并配有心率监测器胸带(税号9506.91.00项下)	[1]	0.9%	不变	不变	2020年12月31日当天或之前
9902.17.82	[1]	合成材料制成的运动垫和瑜伽垫(税号9506.91.00项下)	[1]	免税	不变	不变	2020年12月31日当天或之前
9902.17.83	[1]	健身器材,配有旋转手柄和脚踏板,可交替运动,将步进器和椭圆机的运动结合起来,同时在底座上驱动径向风扇和磁力制动器,配备一个能够无线交换数据的电子控制台,带有背光LCD显示屏和心率监测器(税号9506.91.00项下)	[1]	2.8%	不变	不变	2020年12月31日当天或之前
9902.17.84	[1]	速递袋、独立式重袋、钢制重袋架、带充气球和重袋壳的速递袋(税号9506.91.00项下)	[1]	0.8%	不变	不变	2020年12月31日当天或之前
9902.17.85	[1]	直立、卧位和半卧位运动自行车(税号9506.91.00项下)	[1]	4.3%	不变	不变	2020年12月31日当天或之前
9902.17.86	[1]	可调节重量的健身哑铃,重量从2千克到不超过30千克不等,具有无线数据交换的能力,包括一个旋转的单手柄,该手柄将磁盘与由塑料底座支撑的配重板联锁,无论是否与无线交换数据的单元包装在一起(税号9506.91.00项下)	[1]	免税	不变	不变	2020年12月31日当天或之前
9902.17.87	[1]	无蓝牙功能的可调重量健身哑铃,重量从2千克到不超过30千克不等,经进口商认证为包含一个旋转的单手柄,该手柄将圆盘与配重板联锁,由塑料底座支撑(税号9506.91.00项下)	[1]	免税	不变	不变	2020年12月31日当天或之前
9902.17.88	[1]	健身器材,每个单元都有旋转手柄和带钢制脚踏板的脚踏板,允许用户交替运动(无论是否也有固定手柄),结合步进器和椭圆机的运动,同时驱动径向风扇和磁力底座中的制动器;电子控制台具有背光液晶显示器/发光二极管(LCD/LED)显示器,并能够无线交换数据;集成心率监测器,带可选胸带(税号9506.91.00项下)	[1]	免税	不变	不变	2020年12月31日当天或之前
9902.17.89	[1]	可调节重量的健身哑铃,允许使用者从2千克到不超过26千克、从4千克到不超过46千克的范围内选择重量,经进口商认证,包含旋转端转盘,配重盘联锁,配重盘由安装的塑料底座支撑(税号9506.91.00项下)	[1]	免税	不变	不变	2020年12月31日当天或之前
9902.17.90	[1]	充气系绳包,每个都带有绳索附件(税号9506.99.60项下)	[1]	免税	不变	不变	2020年12月31日当天或之前
9902.17.91	[1]	塑料运动护齿板(税号9506.99.60项下)	[1]	免税	不变	不变	2020年12月31日当天或之前
9902.17.92	[1]	拳击和混合武术防护装备,包括护腿、护垫和盾牌(税号9506.99.60项下)	[1]	免税	不变	不变	2020年12月31日当天或之前
9902.17.93	[1]	由玻璃纤维和碳纤维制成的一体式鱼竿,不带鱼线盘,价值为5美元/根或以上但不超过50美元/根(税号9507.10.00项下)	[1]	免税	不变	不变	2020年12月31日当天或之前

第九十九章　临时立法;根据现有贸易法规的临时修改;根据经修正的《农业调整法》
第 22 条制定的附加进口限制　　1763

税则号列	统计后缀	货品名称	单位	税率 1 一般	税率 1 特惠	税率 2	有效期
9902.17.94	[1]	每根钓竿均配有价值超过 2.70 美元但不超过 8.45 美元的卷轴,并装有钓鱼线,上述产品作为成套工具零售,每套包括一根钓竿和一个卷轴(不论是否装有其他附件),每个套件的总价值不超过 30 美元(税号 9507.30.40 项下)	[1]	免税	不变	不变	2020 年 12 月 31 日当天或之前
9902.17.95	[1]	非人造橡胶或塑料制成的发夹,装饰有人造珍珠或人造宝石(税号 9615.19.60 项下)	[1]	免税	不变	不变	2020 年 12 月 31 日当天或之前
9902.17.96	[1]	非人造橡胶或塑料制成的发夹,未装饰有人造珍珠或人造宝石(税号 9615.19.60 项下)	[1]	免税	不变	不变	2020 年 12 月 31 日当天或之前
9902.17.97	[1]	睫毛夹(税号 9615.90.20 项下)	[1]	免税	不变	不变	2020 年 12 月 31 日当天或之前
9902.17.98	[1]	隔热咖啡器,每台咖啡器外部为不锈钢和真空玻璃内衬,并配有带按钮分配的铰链式冲泡盖,容量超过 2 升(税号 9617.00.40 项下)	[1]	免税	不变	不变	2020 年 12 月 31 日当天或之前
9902.17.99	[1]	咖啡器,每台咖啡器外部为不锈钢、真空玻璃内衬、带顶杆式泵和旋转底座的铰链式冲泡盖,容量超过 2 升(税号 9617.00.40 项下)	[1]	免税	不变	不变	2020 年 12 月 31 日当天或之前
9902.18.01	[1]	真空咖啡器,每台咖啡器都有玻璃内衬、塑料外壳、顶部提手、透明内容物窗口和冲泡盖,容量超过 2 升(税号 9617.00.40 项下)	[1]	免税	不变	不变	2020 年 12 月 31 日当天或之前
9902.18.02	[1]	真空咖啡器,每台咖啡器都有不锈钢衬里、塑料外壳、顶部提手、透明内容物窗口和冲泡盖,容量超过 2 升(税号 9617.00.40 项下)	[1]	免税	不变	不变	2020 年 12 月 31 日当天或之前
9902.18.03	[1]	设计用于税号 8525.80.40 数字静止图像摄像机的塑料三脚架,长度为 12 厘米或以上但不超过 20 厘米(税号 9620.00.50 项下)	[1]	免税	不变	不变	2020 年 12 月 31 日当天或之前

[1]见第九十九章统计注释一。

[2]该品目所述产品可能归入 2017 年 1 月 1 日生效的 HTS 税号 2920.29.00;详情请咨询海关。

[3]注意:此规定和税号 9902.03.81 指的是具有相同 CAS 注册表编号的产品。建议进口商选择与货运发票说明相符的税号。如有任何疑问,请咨询美国海关和边境保护局。

[4]注意:此规定和税号 9902.03.80 指的是具有相同 CAS 注册表编号的产品。建议进口商选择与货运发票说明相符的税号。如有任何疑问,请咨询美国海关和边境保护局。

[5]注意:条款可能只涉及 8 位税号编码。

[6]税号 2922.49.40 已从本税则中删除;税号 2922.49.49 可能涵盖该品目所述产品。关于这一关税暂停条款的应用,请咨询美国海关和边境保护局。

[7]从美国海关和边境保护局获悉,由于国际关税变动,该品目所述产品现在可能归入税号 2931.39.00。关于这一关税减免条款的应用,请咨询海关官员。

[8]参考的可能是税号 2034.10.10。详情请咨询海关。

[9]税号 3824.90.92 已从本税则中删除;税号 3824.99.92 可能涵盖该品目所述产品。关于这一关税暂停条款的应用,请咨询美国海关和边境保护局。

[10]税号 3824.90.92 已从本税则中删除;税号 3824.99.92 可能涵盖该品目所述产品。关于这一关税减免条款的应用,请咨询美国海关和边境保护局。

[11]税号 3907.60.00 已从本税则中删除;该品目所述产品可能归入税号 3907.61.00 和税号 3907.69.00。关于这一关税暂停条款的应用,请咨询美国海关和边境保护局。

第三分章　根据贸易立法制定的临时性修改

美国注释：

一、本分章包含对根据贸易立法所制定税则的规定所作的临时修改。除非另有说明，修改后的条款在暂停或终止前有效。本分章规定税率的物品，在规定的期间内缴纳的，应当按照本章规定的税率缴纳税款，代替第一章至第九十八章规定的税率缴纳税款。

[美国注释二删除]

三、对于税号 9903.41.05 和税号 9903.41.10，本分章规定的关税为累加关税，除对有关物品征收的其他关税外，还适用累加关税。

[美国注释四删除]

五、根据行政行动，暂定执行下列规定：税号 9903.04.05、税号 9903.04.10、税号 9903.04.15 至 9903.04.55（包括税号 9903.41.25）和税号 9903.41.35 至 9903.41.45（包括税号 9903.04.45）。

六、陆地棉花进口配额。本条规定自 1991 年 8 月 1 日起适用于税号 9903.52.00 至 9903.52.26 的陆地棉的进口。

(一)以北欧价格为基准的特别陆地棉花进口配额。

1. 每当农业部部长宣布任何连续 4 周期间，周五到下周周四中等棉花最低价格增长的平均值，到重要的国际市场做比对，如果超过现行世界市场价格，部长应当立即实行特殊的进口配额。配额应等于国内棉厂按有资料的最近 3 个月经季节调整后的平均一周旱地棉花的耗用量。棉花进入美国的总数量在任何销售年度按照特殊的进口配额下不得超过相当于 10 周国内棉厂按任何销售年度设立的第一个特别进口配额前 3 个月经季节调整的平均耗用量。

2. 应用。配额应适用于国务卿根据上述 1 款的声明生效后 90 日内购买并在该日期后 180 日内进入美国的陆地棉花。

3. 重叠。根据上述 1 款的要求，可以设定与任何现有配额期相重叠的配额期，但如果按照下述(二)款规定的配额期已经确定，则不得根据本条规定确定配额期。

4. 农业部部长应将根据本条设立的任何特别进口配额通知财政部部长，并将该配额的通知提交联邦登记册。

(二)根据现货市场价格计算的陆地棉花进口配额

1. 农业部部长决定并公布旱地棉花基本质量均价时，在指定的现货市场，一个月的价格超过了该市场过去 36 个月平均价格的 130％，应立即实行一项有限的全球进口配额，该配额应等于以可获得数据的最近 3 个月经季节调整的平均速率计算的国内旱地棉花工厂 21 天的消耗量。根据本条发布的公告称为有限全球棉花进口配额公告。就本分类而言，有限的全球棉花进口配额是指不受本税则第五十二章所载关税配额的超额配额税率限制的进口数量。

2. 数量(如果有配额)。在过去 12 个月内已根据本条规定确定配额者下一项配额之数量，应少于以上述(一)款所定国内工厂消耗之 21 天的数量，或少于以增加供应至需求之 130％。

3. 定义。如上述 2 款所述——

(1)供应。"供应"一词是指使用美国农业部还有财政部人口普查局的最新官方数据。

①在确定特别配额的销售年度开始时结转的旱地棉花(调整为 480 磅包);

②当前作物的产量;

③进口到销售年度内可获得的最新日期。

(2)需求。"需求"一词的意思是:

①有资料可查的最近 3 个月季节调整的国内钢厂平均年消耗量;

②以下二者中较大者:

(A) 过去 6 个销售年度的平均旱地棉花出口量;或者

(B) 在设立特别配额的销售年度内,旱地棉花的累计出口加上未完成的出口销售。

4. 配额进口日期。根据本条规定确定配额时,棉花可在农业部部长宣布配额生效之日起 90 日内按配额进口。

5. 没有重叠。尽管有上述 1 款至 4 款的规定,但不得在本条下规定的配额期间与本条下规定的现有配额期间或本注释(一)款规定的配额期间重叠。

6. 农业部部长应将根据本条设立的任何进口配额通知财政部部长,并将该配额的通知提交联邦登记册。

[美国注释七删除]

[美国注释八删除]

[美国注释九删除]

[美国注释十删除]

[美国注释十一删除]

[美国注释十二删除]

十三、(一)就税号 9903.53.01 而言,本分章规定的关税是除对有关物品征收的其他关税外的累加关税。

(二)就税号 9903.53.01 而言,根据美国和加拿大于 2006 年 9 月 12 日签署的《2006 年软木协议》附件 1A 的规定,以及 2006 年 10 月 12 日美国和加拿大签订的协议(SLA 2006)修订,"软木产品"包括税号 4407.10.01、税号 4409.10.10、税号 4409.10.20、税号 4409.10.90 和税号 4418.90.25 的所有产品,统计报告编码 4418.90.4065 的所有产品,以及下文所述的任何软木材、地板和壁板。这些软木产品包括:

1. 纵锯或纵削、切片或剥皮,不论是否刨平、砂光或指接,厚度超过 6 毫米的针叶树木材;

2. 针叶树木墙板(包括未装配拼花地板的木条和饰边)沿其任何边或面(不论是否刨平、砂光或指接)连续成形(舌状、槽状、槽状、倒角状、V 形连接、珠状、模塑、圆形或类似);

3. 其他针叶树木材(包括未装配拼花地板的木条和饰边)沿其边缘或表面(除木模和木钉棒外)连续成形(舌状、槽状、槽状、倒角状、V 形连接、珠状、模塑、圆形或类似),不论是否刨平、砂光或指状连接;

4. 针叶树木地板(包括未装配拼花地板用的条和饰边)沿其边缘或表面(不论是否刨平、砂光或指接)连续成形(舌状、槽状、槽状、倒角状、V 形连接、珠状、模塑、圆形或类似);以及

5. 针叶树木材钻孔、开槽和斜切木材;

(三)就税号 9903.53.01 及 2006 年《软木协议》附件 1A 的规定而言,"软木产品"亦应包括:

1. 在税号 4409.10.05 项下进口的任何产品,其沿其末端和/或侧面边缘连续成形,或者符合范围的书面定义;以及

2. 不符合下述(六)款所列标准的木材产品,分类为木行条、弧形切割箱形弹簧框架组件,栅栏桩,以及桁架组件、托盘组件、门框及窗框组件,其可根据统计报告编码4418.90.4695、4421.90.7040和4421.90.9760进口。

(四)就税号9903.53.01和"软木产品"的定义而言,本注释中的税号和统计报告编码仅供参考;本注释中软木产品的书面说明具有处置性。

(五)下列物品并非"软木产品"(就税号9903.53.01而言):

1. 子目4418.90的桁架和桁架组件;

2. 工字梁;

3. 组合箱弹簧架;

4. 子目4415.20的托盘和托盘组件;

5. 车库门;

6. 税号4421.90.94的边缘胶合木材及统计报告编码4421.90.9760的其他边缘胶合木材;

7. 归类正确的完整门框;

8. 归类正确的完整窗框;

9. 归类正确的家具;

10. 暂时带进美国并说明根据第九十八章第十三分章免税的物品;以及

11. 家庭及个人用品。

(六)下列物品并非"软木产品"(就税号9903.53.01而言),但须符合下文详述的指明要求:

1. 纵梁(用于运行器的托盘组件);叉车叶片侧面至少有两个凹槽,且与中心的距离相等,以容纳叉车叶片,且应归入税号4421.90.9760。

2. 弹簧床垫框架包如果它们包含以下木制部件:两侧轨道,两端(或顶部)轨道两端(或顶部)轨道,以及不同数量的板条。侧导轨和端导轨的两端应呈放射状切割组件应单独包装,并应包含制作特定盒弹簧架所需的确切数量的木制组件,无需进一步加工。所有组件的实际厚度不超过1英寸或长度不超过83英寸。

3. 半径切割盒弹簧框架组件,实际厚度不超过1英寸或长度不超过83英寸,无需进一步加工即可组装。半径切口必须出现在板的两端,并且必须是实质性的切口,以便完全圆角。

4. 税号4421.90.70的栅栏桩无需进一步加工,实际厚度不超过1英寸,宽度不超过8英寸,长度不超过6英尺以及有尖桩或装饰性的插枝,能清楚地标明它们是栅栏尖桩,折角的栅栏尖桩,应将木板的四角切掉,以便移走边长3/4英寸或以上的等腰直角三角形的木块。

5. 美国原产的木材运往加拿大进行小规模加工,然后进口至美国如果满足以下条件,是否不包括在税号9903.53.01范围内:(1)如果在加拿大进行的加工仅限于干燥、抛光至尺寸的板材和砂光;(2)如果进口商确定美国海关和边境保护局对该木材的原产地感到满意,则该木材为美国原产。

6. 此外,所有根据美国原产国申请非主体地位的软木产品应在税号9903.53.01下被视为不包括在内,但这些软木产品必须符合下列条件加拿大加工商和/或美国生产商应建立在美国:美国海关和边境保护局对软木产品进入美国并以美国文件形式记录表示满意——原木最初是在美国生产的,是一种满足软木范围物理参数的木材产品。

(七)如不考虑归类,软木产品包含在单个家庭的家庭包装或工具包,如进口商证明符合下述1款、2

款、3款、4款及5款的规定,则不在税号9903.53.01的范围内:
1. 进口的家庭包装或成套工具构成木件数量的完整包装按指定的图则、设计或蓝图设计或绘制,以建造面积最少700平方英尺的住宅所必需的设计或蓝图。
2. 包装或工具包必须包含所有必要的内外门窗钉子、螺钉、胶水、地板、护套、梁、柱、连接器,如果合同中有,还需要平面图、设计图或设计图中规定的铺装、装饰、干墙和屋顶瓦。
3. 在进口之前包装或工具包必须按照有效的购买合同,参照特定的家居设计计划,向美国的零售商出售完整的家居包装或工具包并由与进口商无关的客户签署合同。
4. 作为单个家庭住宅包装或工具包的一部分而输入的软木产品,不论是在单个入口还是在多个工作日的多个入口,将仅用于符合美国美国海关和边境保护局报关规定的住宅设计指定的单个家庭住宅的建造。
5. 对于每次进入美国的货物,进口商必须保留以下文件,并应美国海关要求提供给美国海关:
   (1)与美国进口报关相匹配的适当的住宅设计方案或蓝图的副本;
   (2)与进口商无关的客户签署的家庭用品或包装零售商的采购合同;
   (3)一个包含所有部件的包装或工具包进入美国,符合家庭设计包进口的清单;
   (4)同一合同多次装运的上述(3)款所列的所有项目,包括在有关付运的货物内,亦须加以识别。

(八)税号9903.53.01规定的附加关税不适用于2006年《软木协议》附件10所列公司生产的软木产品。

(九)税号9903.53.01规定的附加关税应适用于进口货品或于2010年9月1日或之后从仓库取出供消费如果加拿大出口许可证相关的条目显示装运日期在2010年9月1日之前的。如果与条目相关的加拿大出口许可证显示的装运日期为2010年9月1日或更晚或于2010年9月1日或之后从仓库取出供消费税号9903.53.01规定的附加关税不适用于输入的物品。

十四、(一)就税号9903.40.05和税号9903.40.10而言,本分章规定的关税为累加关税,除对有关物品征收的其他关税外,还适用累加关税。

(二)这两个税号所规定的税率应分别减少如下;

2010年9月26日至2011年9月25日	30%
2011年9月26日至2012年9月25日	25%

在2012年9月25日结束后,不得对第九十九章所述的任何物品征收第九十九章所述的税率。

十五、(一)税号9903.17.01至903.14.10的总数量限制仅仅适用于满足以下条件的糖、糖浆和蜂蜜:(1)第十七章附加美国注释五不符合分配给任何国家或地区;(2)不是条款细分下的,被美国贸易代表办公室定义的进口保留的特殊糖。在本注释(二)款,这些限制将在美国贸易代表办公室发表的联邦公告生命的有效期内有效,在此期间只有这些特殊货物总数量将会允许进入美国关境。尽管税则对这些货物规定了其他数量限制,限制依然有效。任何美国贸易代表办公室背书的声明设置的数量将会取代17章美国注释五所声明的数量。

(二)税号9903.17.21到税号9903.17.33项下的总数量限制仅仅适用于美国贸易代表定义的特殊糖,这些特殊糖是在美国贸易代表办公室在《联合公报》上宣布的任何一年该税号的任何有效期进口的,在此期间,只有该货物总量内的才被允许进入美国关境。尽管关税表中可能对此类货物规定了其他数量限制,但这类限制仍然适用。美国贸易代表办公室就本协议规定的任何税号发布的此类通知中规定的任何数量都可以在供应国家和地区之间分配,从而取代根据第十七章美国附加注释五规定的数量或分配。

(三)税号9903.18.01至9903.18.10确立的数量限制适用于糖、糖浆和蜂蜜,在美国贸易代表办公室在《联邦公报》上宣布的任何一年该税号的任何有效期内进口的,在此期间,只有该货物总量内的才被允许进入美国关境。尽管税则对此类货物规定了其他数量限制,或者本税则第十七章或第二十一章货物设置了数量限制或配额,此类限制依然有效。美国贸易代表办公室就本协议规定的任何税号发布通知中规定的任何数量都可以在供给国家和地区之间分配,从而取代第十七章附加美国注释五规定的数量和分配。

十六、(一)本注释和关税条款阐述了适用于除美国以外的所有国家进口的钢铁产品的普通关税待遇,前提是此类钢铁产品可归入下述(二)款或本款2的品目或税号。适用于该类货物的所有反倾销、反补贴或其他关税和费用均应继续征收,但本款另有明确规定的除外。

1. 除本注释另有规定外,根据品目条文描述和本注释(五)款的条款,税号9903.80.01规定了除美国产品外的所有国家和明确豁免关税的国家以外的所有国家的钢铁产品的普通关税待遇,对于本税则总注释三(三)1款所列的任何自由贸易协定或优惠计划下有资格享受特别关税待遇的任何此类产品,除非法律禁止,本条税率应当在合适的关税税号下除任何特殊税率下征收,第九十八章项下申请进口,并且受到附加关税规定约束的货物,应当符合并对此条款和使用的美国海关及边境保护局条款负责,除非其为税号9802.00.60项下应按进口全价值进口评估的货物。对于本注释(二)款根据边境保护局提供的信息减税或者税收减免待遇的条款,此注释下的钢铁制品任何进境、减免税声明都将不被允许,但是除了税号9903.80.01的税率,任何第九十九章本分章或者第四分章规定的附加税率都应有效。

2. 税号9903.80.03明确规定了除美国和根据该税号注释明确豁免的其他国家以外的所有国家/地区所列的钢铁产品的普通关税待遇。对于税号9903.80.03涵盖的任何符合本税则总注释三(三)1款所列任何自由贸易协定或优惠计划的特殊关税待遇的产品,税号9903.80.03规定的关税除法律禁止的情况外,应在适当关税税号下适用的任何特殊税率之外征收。根据第九十八章的规定要求入境并需缴纳此处规定的附加关税的货物应符合并遵守此类规定和适用的美国海关和边境保护局法规的条款,但应评估税号9802.00.60项下的关税基于进口物品的全部价值。考虑到美国海关和边境保护局提供的信息,第九十九章的规定可能规定较低的税率或提供免税待遇,不得要求入境或任何免税,但任何规定中规定的任何附加关税除税号9903.80.03的关税外,还应征收本分章或第九十九章第四分章的规定。税号9903.80.03仅适用于下列钢铁产品:

(1)铁钉、大头钉(拇指大头钉除外)、图钉、波纹钉、订书钉(品目8305的除外)和类似的铁制或钢制品,不论是否带有其他材料的头部(不包括此类物品)铜头,适用于粉末驱动的手动工具,螺纹(税号7317.00.30项下);

(2)铁钉、大头钉(拇指大头钉除外)、图钉、波纹钉、订书钉(品目8305的钉除外)及类似的铁制或钢制品,不论是否带有其他材料的头部(不包括铜头此类物品),一件式结构,不论是否由圆线制成,上述仅在统计报告编码 7317.00.5503、7317.00.5505、

第九十九章 临时立法;根据现有贸易法规的临时修改;根据经修正的《农业调整法》第 22 条制定的附加进口限制

7317.00.5507、7317.00.5560、7317.00.5580 或 7317.00.6560 项下,而不是在其他统计报告编码 7317.00.55 和 7317.00.65 项下;

(3)钢制保险杠冲压件,上述包括品目 8701 至 8705(税号 8708.10.30 项下)的机动车辆的零件和附件;以及

(4)适用于农业用拖拉机的钢制车身冲压件(税号 8708.29.21 项下)。

3. 税号 9903.80.05 至 9903.80.62(含),为下述(二)款的货物提供了普通关税税率和配额待遇,当这些货物是上文任意国家的产品并且明确不属于受到下述(五)款限制的 9903.80.01 的货物范围时。

(二)税号 9903.80.01 和税号 9903.80.05 至 9903.80.58(含)适用于本款以下规定中的所有进口的钢铁制品:

1. 品目 7208、品目 7209、品目 7210、品目 7211、品目 7212、品目 7225 和品目 7226 的轧制扁钢产品。

2. 品目 7213、品目 7214、品目 7215、品目 7227 和品目 7228 的条杆,品目 7216 的角材、型材和异型材(除了税号 7216.61.00、税号 7216.69.00 和税号 7216.91.00),品目 7217 和品目 7229 的丝,税号 7301.10.00 的板桩,子目 7302.10 的栏杆,税号 7302.40.00 的鱼尾板和鞋底板,以及税号 7302.90.00 的其他钢铁产品。

3. 品目 7304 和品目 7306 的圆管和空心型材,品目 7305 的圆管;

4. 品目 7206、品目 7207 和品目 7224 的锭块、其他初级形式和半制品;以及

5. 品目 7218、品目 7219、品目 7220、品目 7221、品目 7222 和品目 7223 的不锈钢制品。

以上提到的在第七十二章或第七十三章中任意品目或子目的钢铁制品(视情况而定),指的是该品目或子目及其已被本注释和相关关税规定所涵盖的所有附属规定(包括法律和统计)的文本描述中的任何商品。

(三)商务部部长可以决定并公布税号 9903.80.01 和税号 9903.80.05 至 903.80.58(包括)项下可能适用于上述(一)2 款(二)款所涵盖的个别钢铁衍生品或其中独立运输货物的排外条款,不论它是否受到此类货物或运输货物的特定数量限制。这些决定应当被立即传达到海关和边境保护局,由海关和边境保护局尽早实施,但实施日期不得迟于海关和边境保护局收到从商务部收到任何此类决定之日起的 5 个工作日。根据税号 9903.80.60、税号 9903.80.61、税号 9903.80.62 和以上条款,当此类货物在指定期限内的适用数量限制被满足时,部长可以规定,准许任何被排除的产品进入美国关境。

(四)任何进口税号 9903.80.01、税号 9903.80.05 至 9903.80.58、税号 9903.80.60 和税号 9903.80.61 被本注释涵盖的钢铁产品的进口商,应当提供被要求的任何信息,这种形式被海关和边境保护局视为为了执行本税号管理的必要方式。进口商同样按照海关和边境保护局所要求的形式,直接报告商务部门批准的任何使用排外条款信息。

(五)税号 9903.80.05 至 9903.80.58(含)规定了在该税号中细分国家的钢铁产品的一般关税待遇[如上述(二)款所列举],这些国家受制于每年的这些税号的总数量限制如美国海关和边境保护局以下链接所示:https://www.cbp.gov/trade/quota。从 2018 年 7 月 1 日开始,在 1—3 月、4—6 月、7—9 月或 10—12 月,从上述任何国家进口该税号项下商品总量超过 500 000 千克和对于该国家该日历年总量的 30%,根据美国海关和边境保护局网站所设置,将不被允许。

十七、(一)税号 9903.45.01 至 9903.45.06 及其上文建立了适用于此处描述货物和归入税则第八十四章的货物的临时修改版本。不论任何时候任何税号具体说明此类货物每年的总数量将不得超过本注释该条款下的数量。如果此类货物不是下述(二)款所列国家的产品,超出此类规定数量的此类货物将按照为本货物设置的超额税号进口。所有货物都应按照这里的税率进口,这些税率是累增的并且按照附加的税则第八十四章此类货物建立的税率课征。

(二)就本注释和税号 9903.45.01 至 9903.45.06(含)而言,以下国家将不受税率和关税配额的限制:

 1. 加拿大;以及

 2. 世界贸易组织成员中的以下发展中国家(地区):阿富汗、阿尔巴尼亚、阿尔及利亚、安哥拉、亚美尼亚、阿塞拜疆、伯利兹、贝宁、不丹、玻利维亚、波斯尼亚和黑塞哥维纳、博茨瓦纳、巴西、布基纳法索、缅甸、布隆迪、柬埔寨、喀麦隆、佛得角、中非共和国、乍得、科摩罗、刚果(布拉柴维尔)、刚果(金沙萨)、科特迪瓦、吉布提、多米尼克、厄瓜多尔、埃及、厄立特里亚、埃塞俄比亚、斐济、加蓬、冈比亚、格鲁吉亚、加纳、格林纳达、几内亚、几内亚比绍、圭亚那、海特、印度尼西亚、伊拉克、牙买加、约旦、哈萨克斯坦、肯尼亚、基里巴斯、科索沃、吉尔吉斯斯坦、黎巴嫩、莱索托、利比里亚、马其顿、马达加斯加、马拉维、马尔代夫、马里、毛里塔尼亚、毛里求斯、摩尔多瓦、蒙古、黑山、莫桑比克、纳米比亚、尼泊尔、尼日尔、尼日利亚、巴基斯坦、巴布亚新几内亚、巴拉圭、菲律宾、卢旺达、圣卢西亚岛、圣文森特和格林纳丁斯、萨摩亚、圣多美和普林西比、塞内加尔、塞尔维亚、塞拉利昂、所罗门岛、索马里、南非、南苏丹、斯里兰卡、苏里南、斯威士兰、坦桑尼亚、东帝汶、多哥、汤加、突尼斯、图瓦卢、乌干达、乌克兰、乌兹别克斯坦、瓦努阿图、也门(共和国)、赞比亚和津巴布韦。

(三)1. 就本分章税号 9903.45.01 和税号 9903.453.02 而言,"家用洗衣机,包括具有洗涤和烘干功能的机器,不论是否超过 10 千克的干衣量"(在本注释的有效期内,这类商品归入税号 8450.11.10 和税号 8450.50.00,并且依次在统计报告编码 8450.11.0040、8450.11.0080、8450.20.0040 和税号 8450.20.0080 中被报告)包括以下货物:自动洗衣机,不管旋转轴的方位如何,每个面的宽度(从最宽处测量)至少为 62.23 厘米,不超过 81.28 厘米,除非本注释中另有规定。

 2. 税号 9903.45.01 和税号 9903.45.02 不适用于以下特殊洗衣机:

  (1)所有堆叠式洗衣干燥机和所有商业洗衣机:

   ①"堆叠式洗衣干燥机"是指安装在同一个整体框架内的洗衣机器和干燥机器,这个洗衣机器和干燥机器共享一个操作台。

   ②"商业洗衣机"是指满足以下任意两种目的的为"按使用付费"而设计的自动洗衣机。

    (A)(a)它包含电子支付系统;

     (b)它外部安装有至少 15.24 厘米高的设计的可以容纳一个货币/投币的运行支付系统的成品铁框架(不论在进口时实际的货币/投币的成品支付系统已安装);

     (c)它包含一个按钮用户界面,最多有 6 个手动可选择的洗涤循环设置,没有最终用户能够为选定的洗涤循环设置修改水温、水位或旋转速度的能力;以及

     (d)包含用户界面的控制台由钢制成,并用安全紧部件组装;或者

(B)(a)它包括电子支付系统;

(b)信用支付系统电子设备(不论其在进口时是否已安装了支付承兑设备):在正常运作时,如果预先没有接受到从电子信用卡阅读器等支付承兑设备的信号,该部件就无法开始洗涤循环;

(c)它包含一个按钮用户界面,最多有 6 个手动可选择的清洗周期设置,没有最终用户有能力修改所选清洗循环设置的水温、水位或转速;以及

(d)包含用户界面的控制台由钢制成,并用安全部件组装。

(2)自动洗衣机满足下列所有条件:

①它们有垂直旋转轴;

②它们是顶装的;以及

③它有一个传动系统,由永久分裂电容电动机、皮带传动和扁平弹簧离合器组成。

(3)满足下列所有条件的自动洗衣机:

①它们有水平旋转轴;

②它们是顶装的;以及

③它有一个传动系统,由受控感应电动机和皮带传动组成。

(4)满足下列所有条件的自动洗衣机:

①它们有水平传动轴;

②它们是顶装的;以及

③它们有一个(从最宽处测量)超过 72.39 厘米的宽柜。

(四)就本分章税号 9903.45.01 而言,"税率"第 1 栏"普通"子栏(包括"税率"第 2 栏)规定的该税号项下进口的商品,并且它不是上述(二)款所列国家的产品,在适用税号 8450.11.00 或税号 8450.20.00 项下的税率外,还应当使用下述规定的税率:

如果是在 2018 年 2 月 7 日至 2019 年 2 月 6 日期间进口 ·················· 20%

如果是在 2019 年 2 月 7 日至 2020 年 2 月 6 日期间进口 ·················· 18%

如果是在 2020 年 2 月 7 日至 2021 年 2 月 7 日期间进口 ·················· 16%

(五)就本分章税号 9903.45.02 而言,"税率"第 1 栏"普通"子栏(包括"税率"第 2 栏)规定的该税号项下进口的商品,并且它不是上述(二)款所列国家的产品,在适用税号 8450.11.00 或税号 8450.20.00 项下的税率外,还应当使用下述规定的税率:

如果是在 2018 年 2 月 7 日至 2019 年 2 月 6 日期间进口 ·················· 50%

如果是在 2019 年 2 月 7 日至 2020 年 2 月 6 日期间进口 ·················· 45%

如果是在 2020 年 2 月 7 日至 2021 年 2 月 7 日期间进口 ·················· 40%

(六)就本分章税号 9903.45.05 至 9903.45.06 而言,"家用(住宅)洗衣机零件"应当包括税号 8450.90.20 或税号 8450.90.60 的如下货物:

1. 税号 8450.90.60 的所有橱柜或者部件,设计用于上述(三)款所界定的洗衣机;

2. 税号 8450.90.20 的所有已装配的洗涤桶,设计用于上述(三)款所界定的至少包括一个洗涤桶和一个密封件的洗衣机;

3. 税号 8450.90.60 下所有已经装配的篮筐,设计用于上述(三)款所界定的至少包括一个侧包、一个底座和一个驱动轮毂的洗衣机;以及

4. 税号 8450.0.20 或税号 8540.90.60 的上述零件和组件的任意组合。

(七)就本分章税号 9903.45.05 而言,上述(六)款所定义的每年家用型(住宅型)洗衣机零件的总数量,应当按照如下细分年份进口:

如果是在 2018 年 2 月 7 日至 2019 年 2 月 6 日之间进口 ············· 50 000 个
如果是在 2019 年 2 月 7 日至 2020 年 2 月 6 日之间进口 ············· 70 000 个
如果是在 2020 年 2 月 7 日至 2021 年 2 月 7 日之间进口 ············· 90 000 个

(八)就本分章税号 9903.45.06 而言,按照如下细分年份进口的货物的"税率"第 1 栏"普通"子栏(包括"税率"第 2 栏)的税率应当为:在适用税号 8450.0.20 或税号 8450.90.60 项下的税率外,还应当使用下述规定的税率(视情况而定):

如果是在 2018 年 2 月 7 日至 2019 年 2 月 6 日期间进口 ············· 50%
如果是在 2019 年 2 月 7 日至 2020 年 2 月 6 日期间进口 ············· 45%
如果是在 2020 年 2 月 7 日至 2021 年 2 月 7 日期间进口 ············· 40%

十八、(一)税号 9903.45.21 和税号 9903.45.25 及其上文建立了适用于此处描述货物和归入本税则第八十五章的货物的临时修改版本。不论何时,任何税号具体说明此类货物每年的总数量将不得超过本注释该条款下的数量。如果此类货物不是上述(二)款所列国家的产品,则超出此类规定数量的此类货物将按照为本货物设置的超额税号进口。所有货物都应按照此处规定的税率进口,这些税率是累增的并且按照附加的第八十五章此类货物建立的税率课征,应按照"税率"第 2 栏规定税率课征的除外。

(二)就本注释和税号 9903.45.21 至 9903.45.25(含)而言,以下世界贸易组织的发展中国家(地区)成员将不必受税率和此处提供的关税配额的约束:阿富汗、阿尔巴尼亚、阿尔及利亚、安哥拉、亚美尼亚、阿塞拜疆、伯利兹、贝宁、不丹、玻利维亚、波斯尼亚和黑塞哥维那、博茨瓦纳、巴西、布基纳法索、缅甸、布隆迪、柬埔寨、喀麦隆、佛得角、塞内加尔、中非共和国、乍得、科摩罗、刚果(布拉柴维尔)、刚果(金沙萨)、科特迪瓦、吉布提、多米尼克、厄瓜多尔、埃及、厄立特里亚、埃塞俄比亚、斐济、加蓬、冈比亚、格鲁吉亚、加纳、格林纳达、几内亚、几内亚比绍、圭亚那、海地、印度尼西亚、伊拉克、牙买加、约旦、哈萨克斯坦、肯尼亚、基里巴斯、科索沃、吉尔吉斯斯坦、黎巴嫩、莱索托、利比里亚、马其顿、马达加斯加、马拉维、马尔代夫、马里、毛里塔尼亚、毛里求斯、摩尔多瓦、蒙古、黑山、莫桑比克、纳米比亚、尼泊尔、尼日利亚、巴基斯坦、巴布亚新几内亚、巴拉圭、卢旺达、圣卢西亚、圣文森特和格林纳丁斯、萨摩亚、圣多美和普林西比、塞内加尔、塞尔维亚、塞拉利昂、所罗门群岛、索马里、南非、南苏丹、斯里兰卡、苏里南、斯威士兰、坦桑尼亚、东帝汶、多哥、汤加、突尼斯、图瓦卢、乌干达、乌克兰、乌兹别克斯坦、瓦努阿图、也门(共和国)、赞比亚和津巴布韦。

(三)1. 就税号 9903.45.22 和税号 0903.45.22 而言,除另有规定除外,"晶硅光伏电池"(CSPV 电池)是指厚度大于或者等于 20 微米,有以任何方式形成的 p/n 结合点(或其变体)的规定光伏电池,不论其电池(或者税号 8541.40.60 和统计报告编码 8541.40.6030 进口的组件)是否经过其他处理,包括但不限于清洗、蚀刻、涂覆和/或添加材料(包括但不限于金属化和导体图画)来收集和转发电池产生的电。除其他光伏材料外,此类电池还包括含有晶态硅的光伏电池。这里包括但不限于这包括但不限于被动发射极后接触电池、与固有薄层电池的异质结以及其他所谓的混合电池。税号 9903.45.21 和税号 9903.4522 包括以单元格形式呈现的,在进口时未组装成电路、层压板或模块或组成面板货物。

2. 税号 9903.45.21 和税号 9903.45.22 不包括:

(1) 由非晶硅(a-Si)、碲化镉(CdTe)或铜铟镓硒化物(CIGS)制备的薄膜光伏产品;

(2) 晶硅光伏电池,表面积不超过 10 000 平方毫米,它永久集成到消费品中,此消费品的首要功能不是发电并且消耗着由内置晶硅光伏电池提供的电力。如果一个消费品中永久集成了一个以上的晶硅光伏电池,则本除外条款中的表面积应为集成到消费品中的所有晶硅光伏电池的总结合表面积;以及

(3) 晶硅光伏电池,不论是否部分或全部组装成其他产品,如果这种晶硅光伏电池是在美国制造的。

3. 税号 9903.45.25 不包括下列货物,不论是否在本税则第一章至第九十七章中出现单独的统计报告编码:

(1) 10~60 瓦 9(含)矩形太阳能电池板,具有以下特性:①长度为 250 毫米或以上但不超过 482 毫米,或者宽度为 400 毫米或以上但不超过 635 毫米;以及②表面积为 1 000 平方厘米或以上但不超过 3 061 平方厘米。不具有这些特性的面板在进口时应包含内部电池或外部计算机外围端口。

(2) 使用可充电电池的夜光灯中的 1 瓦太阳能电池板,具有以下尺寸:58 毫米或以上但不超过 64 毫米×126 毫米或以上但不超过 140 毫米。

(3) 可使用充电电池的日光调光器中的 2 瓦太阳能电池板,具有以下尺寸:75 毫米或以上但不超过 82 毫米×139 毫米或以上但不超过 143 毫米。

(4) 非格栅和便携式晶硅光伏面板,不论是可折叠形式还是刚性形式包含玻璃盖,此类面板具有以下特性:①每个面板的总功率输出不超过 100 瓦;②每个面板的最大表面积为 8 000 平方厘米;③不包括内置逆变器;④如果面板有玻璃盖,则此类面板必须采用单独的零售包装(就本规定而言,零售包装通常包括图形、产品名称、说明和/或特征以及运输用泡沫)。

(5) 3.19 瓦或以下的太阳能电池板,长度为 75 毫米或以上但不超过 266 毫米,宽度为 46 毫米或以上但不超过 127 毫米,表面积为 338 平方厘米或以下,从电池板边缘测量时,一根黑线和一根红线(分别是 22 AWG 或 24 AWG 型)的长度不超过 206 毫米,不具有这些特性的面板在进口时应包含内部电池或外部计算机外围端口。

(6) 27.1 瓦或以下的太阳能电池板,表面积小于 3 000 平方厘米,并用聚氨酯圆顶树脂涂覆在整个表面上,它连接到电池充电和维护单元,该单元是一个包含涂覆电线组成的发光二极管(LED)的丙烯腈-丁二烯-苯乙烯箱,它包括一个连接器,以允许引入一根延长电缆接入。

(7) 非栅格,45 瓦或以下的太阳能电池板,长度不超过 950 毫米,宽度为 100 毫米或以上但不超过 255 毫米,表面积为 2 500 平方厘米或以下,进口时是压力层压钢化玻璃盖而不是框架,电缆或连接器,或内置电池。

(8) 4 瓦或以下的太阳能电池板,长度或直径为 70 毫米或以上但不超过 235 毫米,表面积不超过 539 平方厘米,不超过 16 伏,不具有这些特性的面板在进口时应包含内部电池或外部计算机外围端口。

(9) 最大额定功率等于或小于 60 瓦特的太阳能电池板,具有以下特性:①长度不超过 482 毫米,宽度不超过 635 毫米;或者②总表面积不超过 3 061 平方厘米。不具有这些特性的面板在进口时应包含内部电池或外部计算机外围端口。

(10) 柔性和半柔性的非栅栏太阳能电池板,设计用于机动车辆和船上,其中面板的额定功率为 10~120 瓦(含)。

(11) 黑色或蓝色以外的无框太阳能电池板,总功率为 90 瓦或以下,而这些电池板表面均匀,没有可见的太阳能电池或母线。

(12) 最大额定功率为 3.4~6.7 瓦(含)的太阳能电池,具有以下特性:①电池表面积为 154~260 平方厘米(含);②电池正面没有可见的母线或网格线;③有 100 多根镀锡实心铜叉指附着在电池背面,金属叉指的铜部分的厚度大于 0.01 毫米。

(13) 最大额定功率为 320~500 瓦(含)的太阳能电池板,具有以下特性:①长度为 1 556~2 070 毫米(含),宽度为 1 014~1 075 毫米(含);②构成电池板的太阳能电池在其前部没有可见的母线或网格线;③有 100 多根镀锡实心铜叉指附着在电池背面,金属叉指的铜部分的厚度大于 0.01 毫米。

(14) 模块[本分章注释十八(七)款定义]仅包含美国产的晶硅光伏电池,不包含任何其他国家产品的晶硅光伏电池。

(15) 不含没有玻璃纤维的玻璃组件的柔性玻璃纤维太阳能板,输出功率为 250~900 瓦(含)。

(16) 太阳能电池板由一排排排列的太阳能电池组成,这些电池板层压在电池板上,电池板之间相隔超过 10 毫米,所有电池排之间的空隙上都有一层光学薄膜,用于将阳光直接照射到太阳能电池上,不包括缺少上述光学薄膜或只有白色或其他背衬层吸收或散射阳光的面板。

(四) 如果是美国贸易代表办公室刊登在《联邦公告》中除本注释另有规定实施的货物外,免除税率和关税配额的本注释的货物,也可排除在救济的范围之外,美国贸易代表办公室根据本注释条款作出决定,可豁免从所有国家输入或仅从列举国家输入的特定附加晶硅光伏电池或模块,或者可以修改本注释上述(三)款中的产品描述,或者可以修改上述(三)款的产品说明。

美国贸易代表办公室有权在上述(一)款第一句指定的税号的有效期内修改或终止或明确说明任何此类裁定,在本注释指定生效日期后,此类晶硅光伏电池和模块在美国贸易代表办公室在《联邦公告》上发布通知后将被视为"不适用救济的货物"。此类"不适用救济的货物"在任何限额期间将不被计入任何贸易救济数量。

(五) 1. 就税号 9903.45.21 而言,在此任何细分期间货物的每年有资格进口总数量不得超过该税号栏设置的数量,在这里,1 千兆瓦等于 1 000 兆瓦。

2. 税号 9903.45.21 晶硅光伏电池的任何进口商都应向美国海关统计部门和边境保护部门申报组成此电池的电力输出,并应向海关提供执行此类税号管理要求的信息。这样的一次进口应当算作进口商的在此描述构成晶硅光伏电池的电力输出的证明。进口商还应按照海关要求的范围和形式,申报税号 9903.45.22 项下入关的构成晶硅光伏电池的电力输出。

(六) 就本分章税号 9903.45.22 而言,"税率"第 1 栏"普通"子栏(包括"税率"第 2 栏)规定的该税号项下进口的商品,并且它不是上述(二)款所列国家的产品,在适用税号 8541.40.60 项下的税

第九十九章　临时立法;根据现有贸易法规的临时修改;根据经修正的《农业调整法》
第 22 条制定的附加进口限制　　1775

率外,还应当使用下述规定的税率:

　　如果是在 2018 年 2 月 7 日至 2019 年 2 月 6 日期间进口 ·················· 30%
　　如果是在 2019 年 2 月 7 日至 2020 年 2 月 6 日期间进口 ·················· 25%
　　如果是在 2020 年 2 月 7 日至 2021 年 2 月 6 日期间进口 ·················· 20%
　　如果是在 2021 年 2 月 7 日至 2022 年 2 月 6 日期间进口 ·················· 15%

(七)按照上述(三)3 款的规定,对本分章税号 9903.45.25 来说,"模块"应当包括税号 8541.40.60 的以下货物:一个模块是一个由晶硅光伏电池群组成的,该电池是由上述(三)款所定义的,不论电池的数量和加入电池群的形状,它的首要任务是发电。同样包括每个被成为一个"面板"的一个"模块",该模块由经过任何处理、组装或者互联(包括,但不仅限于组装成压层)的一个晶硅光伏电池组成。组装成模块或制成电池组的晶硅光伏电池包括统计报告编码 8541.40.6020 项下为统计目的报告的货物。此类货物也包括:(1)依次归入税号 8501.61.00 或税号 8507.20.80 逆变器或电池的晶硅光伏电池;以及(2)税号 8501.31.80 的直流发电器电池。

(八)就本分章税号 9903.45.25 而言,在下文所列的任何时期"税率"第 1 栏"普通"子栏和"税率"第 2 栏如下,除适用税号 8541.40.60 项下的税率外,还应当使用下述规定的税率:

　　如果是在 2018 年月 7 日和 2019 年 2 月 6 日期间进口 ······················ 30%
　　如果是在 2019 年月 7 日和 2020 年 2 月 6 日期间进口 ······················ 25%
　　如果是在 2020 年月 7 日和 2021 年 2 月 6 日期间进口 ······················ 20%
　　如果是在 2021 年月 7 日和 2022 年 2 月 6 日期间进口 ······················ 15%

按照海关的指示或者要求,此关税应当按照此类模块的申报价值,包括其中非电池部分的费用或者价值(如铝框架)进行征收。

十九、(一)本注释和此处提及的关税条款规定了适用于除美国以外的所有国家的铝产品的普通关税待遇,当此类铝产品可归入本注释(一)3 款或(一)4 款或者在(二)款中列举。所有反倾销或反补贴税或者适用于此类货物的其他关税和费用应继续征收,除非本协议明确规定。

1. 除本注释另有规定外,税号 9903.85.01 规定了除美国产品和明确豁免的国家以外的所有国家的铝制品的普通关税待遇。对于根据本税则总注释三(三)1 款所列的任何自由贸易协定或优惠计划有资格享受特殊关税待遇的任何此类产品,除了任何除非法律禁止,否则在相应关税税号下适用的特殊税率。根据第九十八章的规定要求入境并需缴纳此处规定的附加关税的货物应符合并遵守此类规定和适用的美国海关和边境保护局法规的条款,但以下情况除外,税号 9802.00.60 项下进口的物品应根据物品的全部价值征收关税。考虑到海关和边境保护局提供的信息根据第九十九章可能规定较低税率或提供免税待遇的下述(二)款列举的铝制品,不得提出入境或任何免税或减税要求,但除税号 9903.85.01 项下的关税外,还应征收本分章或第九十九章第四分章规定的任何额外关税。

2. 税号 9903.85.05 和税号 9903.85.06(含)提供了下述(二)款列举的此类货物的普通关税和配额待遇,前提是这些货物是其上文中列举的任何国家的产品,并明确免于税号 9903.85.01 的范围,受下述(五)款的限制。

3. 税号 9903.85.03 规定了除美国产品和明确豁免国家产品以外的所有国家/地区所列的铝产品的普通关税待遇。对于税号 9903.85.03 涵盖的任何符合本税则总注释三(三)1 款所列任何自由贸易协定或优惠计划的特殊关税待遇的产品表中,税号 9903.85.03 规定的关税应在适当关税税号下适用的任何特殊税率之外征收,除非法律禁止。根据第九十八章的规定要求入境并需缴纳此处规定的附加关税的货物应符合并遵守此类规定和适用的美国海关和边境保护局法规的条款,但应评估税号 9802.00.60 项下的关税基于进口物品的全部价值。考虑到所提供的信息,第九十九章规定的本款中列举的铝产品不得要求入境或任何关税减免,这些产品可能规定较低的税率或提供免税待遇由海关和边境保护局征收,但除税号 9903.85.03 项下的关税外,还应征收本分章或第九十九章第四分章的任何规定中规定的任何附加关税。税号 9903.85.03 仅适用于下列衍生铝制品:

(1) 未电绝缘的铝制钢芯绞合线、电缆、编织带等,包括吊索和类似物品,前述装有配件或制成物品的物品(税号 7614.10.50 项下);

(2) 绞合线、电缆、编织带等,包括吊索和类似物品,铝制且不带钢芯,未电绝缘,前述包括电导体,未安装配件或制成物品(税号 7614.90.20 项下);

(3) 绞合线、电缆、编织带等,包括吊索和类似物品,铝制且不带钢芯,未电绝缘,前述不包括电导体、未安装配件或制成物品(税号 7614.90.40 项下);

(4) 绞合线、电缆、编织带及类似物,包括吊索和类似物品,铝制且不带钢芯,未电绝缘,上述装有配件或制成制品的物品(税号 7614.90.50 项下);

(5) 铝制保险杠冲压件,前述包括品目 8701 至 8705(税号 8708.10.30 项下)的机动车辆的零件和附件;以及

(6) 适用于农用拖拉机的铝制车身冲压件(税号 8708.29.21 项下)。

4. 税号 9903.85.21 规定了子目 7601.10 的未锻轧铝、非合金铝的普通关税待遇,该产品是加拿大的产品,在 2020 年 8 月 16 日东部夏令时间上午 12:01 或之后至 2020 年 9 月 1 日上午 12:00,以及根据本注释可能提供的任何后续有效期进口用于消费或从仓库取出消费;税号 9903.85.21 不得用于子目 7601.10 的未锻轧铝、非合金铝、加拿大产品,在 2020 年 9 月 1 日上午 12:01 或之后输入用于消费或从仓库取出消费,除非总统规定将再次使用税号 9903.85.21 用于进口这些产品,包括可能的追溯使用。对于根据本税则总注释三(三)1 款所列的任何自由贸易协定或优惠计划有资格享受特殊关税待遇的任何此类产品,适用于进口的税号 9903.85.21 规定的关税除非法律禁止,否则应在适当关税税号下适用的任何特殊税率之外征收这些产品。根据第九十八章的规定要求入境并需缴纳税号 9903.85.21 规定的附加关税的货物,当此类附加关税适用时,应符合并遵守此类规定和适用的美国海关和边境保护局法规的条款,但税号 9802.00.60 项下的关税应根据进口物品的全部价值进行评估。考虑到海关和边境保护局提供的信息,根据第九十九章的规定,本款列举的铝制品不得要求入境或任何关税减免,这些铝制品可能会规定较低的税率或提供免税待遇,但除了税号 9903.85.21 项下的关税外,还应征收本分章或第九十九章第四分章规定的任何附加关税。

(二) 税号 9903.85.01、税号 9903.85.05 和税号 9903.85.06(含),适用于归入本分章条款细分条文的所有铝制品:

1. 品目 7601 的未锻铝:

2. 品目 7604 的条、棒和型材,品目 7605 的丝;

3. 品目7606的板材、薄板和带材,品目7607的薄片;

4. 品目7608和品目7609的小管、大管和管件;

5. 税号7616.99.51的铝制铸件和锻件。

以上提到的归入任何一栏或者第七十六章项下分栏的铝产品(依具体情况而定),是指该行或者分行或者被此注释或者相关关税涵盖的所有附属规定(包括法律和统计)文本所述的货物。

(三)商务部部长可以确定并公布税号9903.85.01、税号9903.85.03和税号9903.85.21项下可能适用于上述(一)3款或(二)款所涵盖的个别铝衍生品或个别铝产品的排外条款,不论它是否受到此类货物或运输货物的特定数量限制。这些决定应当被立即传达到海关和边境保护局,由海关和边境保护局尽早实施,但实施日期不得迟于海关和边境保护局从商务部收到任何此类决定之日起的5个工作日。根据税号9903.85.11和以上条款,当此类货物在指定期限内的适用数量限制被满足时,部长可以规定,准许任何被排除的产品进入美国关境。

(四)任何进口商在税号9903.85.01或税号9903.85.21、税号9903.85.06、税号9903.85.06和税号9903.85.11(含)项下进口本注释所涵盖的铝产品,或税号9903.85.03的衍生铝产品,应提供可能需要的任何信息,并以海关和边境保护局认为必要的形式提供,以便管理本税号。进口商同样被指示以海关和边境保护局可能要求的形式报告有关商务部授予的任何适用排除的信息。

(五)税号9903.85.05和税号9903.85.06(含)设置了上文所列国家铝产品[上述(二)款所列]的普通关税待遇,这些国家受到这些税号设置的年总数量限制的约束,如美国海关和边境保护局以下链接所示:https://www.cbp.gov/trade/quota。从2018年7月1日起,在任何年份的1—3月、4—6月、7—9月或10—12月这段期间从这些国家进口该税号总数量内的商品,超过500 000千克和对于美国海关和边境保护局网站上设置的那一年总数量的30%,将不被允许。

二十、(一)就税号9903.88.01而言,对本注释规定的中国产品应课征附加25%的从价税。税号9903.88.01项下须附加25%从价税的中国产品是第三分章美国注释二十(二)款所列税号的中国产品。对第三分章美国注释二十(二)款所列税号的所有中国产品,按照税号9903.88.01的规定课征附加25%的从价税,但经美国贸易代表办公室批准排除的以下中国产品除外:(1)税号9903.88.05和第九十九章第三分章美国注释二十(八)款;(2)税号9903.88.06和第九十九章第三分章美国注释二十(九)款;(3)税号9903.88.07和第九十九章第三分章美国注释二十(十)款;(4)税号9903.88.08和第九十九章第三分章美国注释二十(十一)款;(5)税号9903.88.10和第九十九章第三分章美国注释二十(十三)款;(6)税号9903.88.11和第九十九章第三分章美国注释二十(十四)款;(7)税号9903.88.14和第九十九章第三分章美国注释二十(十七)款;(8)税号9903.88.19和第九十九章第三分章美国注释二十(二十四)款;(9)税号9903.88.50和第九十九章第三分章美国注释二十(五十一)款;(10)税号9903.88.52和第九十九章第三分章美国注释二十(五十三)款;(11)税号9903.88.58和第九十九章第三分章美国注释二十(五十九)款;(12)税号9903.88.60和第九十九章第三分章美国注释二十(六十一)款;或(13)税号9903.88.62和第九十九章第三分章美国注释二十(六十三)款。[**编撰人说明:本注释项下的某些附加关税排除条款可能在2020年12月31日到期,详情请咨询海关。**]

尽管有第三分章美国注释一的规定,税号9903.88.01项下课征附加25%从价税的所有中国产品,同样应当课征第三分章美国注释二十(二)款列举的中国产品的普通关税。

第三分章美国注释二十(二)款列举的中国产品、本税则总注释三(三)1款享受特殊关税待遇的中国产品和第九十九章第二分章享受临时关税减免的中国产品,也应当按照税号9903.88.01的规定课征附加25%的从价税。

税号9903.88.01征收的附加关税不适用于根据本税则第九十八章规定正常申报的货物,但在税号9802.00.40、税号9802.00.50、税号9802.00.60和税号9802.00.80项下进口的货物除外。就税号9802.00.40、税号9802.00.50和税号9802.00.60而言,附加关税适用于在国外修理、改动或加工的价值。就税号9802.00.80而言,附加关税适用于货物的价值减去税号9802.00.80规定的美国此类产品的成本或价值。

对税号9903.88.01规定并归入第三分章美国注释二十(二)款列举的税号之一的中国产品,应课征适用于此类货物的反倾销、反补贴和其他关税、费用、强制费用和收费,同时也要按照税号9903.88.01的规定征收附加25%的从价税。

(二)税号9903.88.01适用于归入所列8位税号(扫描以下二维码可见)的所有中国产品,但经美国贸易代表办公室批准排除的以下中国产品除外:(1)税号9903.88.05和第九十九章第三分章美国注释二十(八)款;(2)税号9903.88.06和第九十九章第三分章美国注释二十(九)款;(3)税号9903.88.07和第九十九章第三分章美国注释二十(十)款;(4)税号9903.88.08和第九十九章第三分章美国注释二十(十一)款;(5)税号9903.88.10和第九十九章第三分章美国注释二十(十三)款;(6)税号9903.88.11和第九十九章第三分章美国注释二十(十四)款;(7)税号9903.88.14和第九十九章第三分章美国注释二十(十七)款;(8)税号9903.88.19和第九十九章第三分章美国注释二十(二十四)款;(9)税号9903.88.50和第九十九章第三分章美国注释二十(五十一)款;(10)税号9903.88.52和第九十九章第三分章美国注释二十(五十三)款;(11)税号9903.88.58和第九十九章第三分章美国注释二十(五十九)款;(12)税号9903.88.60和第九十九章第三分章美国注释二十(六十一)款;或(13)税号9903.88.62和第九十九章第三分章美国注释二十(六十三)款。

(三)就税号9903.88.02而言,对本注释规定的中国产品应课征附加25%的从价税。税号9903.88.02项下须附加25%从价税的中国产品是第三分章美国注释二十(四)款所列税号的中国产品。对第三分章美国注释二十(四)款所列税号的所有中国产品,按照税号9903.88.02的规定课征附加25%的从价税,但经美国贸易代表办公室批准排除的以下中国产品除外:(1)税号9903.88.12和第九十九章第三分章美国注释二十(十五)款;(2)税号9903.88.17和第九十九章第三分章美国注释二十(二十二)款;(3)税号9903.88.20和第九十九章第三分章美国注释二十(二十五)款;(4)税号9903.88.54和第九十九章第三分章美国注释二十(五十五)款;(5)税号9903.88.59和第九十九章第三分章美国注释二十(六十)款;(6)税号9903.88.61和第九十九章第三分章美国注释二十(六十二)款;或(7)税号9903.88.63和第九十九章第三分章美国注释二十(六十四)款。

尽管有第三分章美国注释一的规定,税号9903.88.02项下课征附加25%从价税的所有中国产品,同样应当课征第三分章美国注释二十(四)款列举的中国产品的普通关税。

第三分章美国注释二十(四)款列举的中国产品、本税则总注释三(三)1款享受特殊关税待遇的中国产品和第九十九章第二分章享受临时关税减免的中国产品,也应当按照税号9903.88.02的规定课征附加25%的从价税。

税号9903.88.02规定的附加关税不适用于根据本税则第九十八章规定正常申报的货物,但在税号9802.00.40、税号9802.00.50、税号9802.00.60和税号9802.00.80项下进口的货物除外。就税号9802.00.40、税号9802.00.50和税号9802.00.60而言,附加关税适用于在国外修理、改动或加工的价值。就税号9802.00.80而言,附加关税适用于货物的价值减去税号9802.00.80规定的美国此类产品的成本或价值。

对税号9903.88.02规定并归入第三分章美国注释二十(四)款列举的税号之一的中国产品,应课征适用于此类货物的反倾销、反补贴和其他关税、费用、强制费用和收费,同时也要按照税号9903.88.02的规定征收附加25%的从价税。

(四)税号9903.88.02适用于归入所列8位税号(扫描以下二维码可见)的所有中国产品,但经美国贸易代表办公室批准排除的以下中国产品除外:(1)税号9903.88.12和第九十九章第三分章美国注释二十(十五)款;(2)税号9903.88.17和第九十九章第三分章美国注释二十(二十二)款;(3)税号9903.88.20和第九十九章第三分章美国注释二十(二十五)款;(4)税号9903.88.54和第九十九章第三分章美国注释二十(五十五)款;(5)税号9903.88.59和第九十九章第三分章美国注释二十(六十)款;(6)税号9903.88.61和第九十九章第三分章美国注释二十(六十二)款;或(7)税号9903.88.63和第九十九章第三分章美国注释二十(六十四)款。

(五)就税号9903.88.03而言,对本注释规定的中国产品应课征附加25%的从价税。税号9903.88.03项下须附加25%从价税的中国产品是第三分章美国注释二十(六)款所列税号的中国产品。对第三分章美国注释二十(六)款所列税号的所有中国产品,按照税号9903.88.03的规定课征附加25%的从价税,但经美国贸易代表办公室批准排除的以下中国产品除外:(1)税号9903.88.13和第九十九章第三分章美国注释二十(十六)款;(2)税号9903.18.18和第九十九章第三分章美国注释二十(二十三)款;(3)税号9903.88.33和第九十九章第三分章美国注释二十(三十四)款;(4)税号9903.88.34和第九十九章第三分章美国注释二十(三十五)款;(5)税号9903.88.35和第九十九章第三分章美国注释二十(三十六)款;(6)税号9903.88.36和第九十九章第三分章美国注释二十(三十七)款;(7)税号9903.88.37和第九十九章第三分章美国注释二十(三十八)款;(8)税号9903.88.38和第九十九章第三分章美国注释二十(三十九)款;(9)税号9903.88.40和第九十九章第三分章美国注释二十(四十一)款;(10)税号9903.88.41和第九十九章第三分章美国注释二十(四十二)款;(11)税号9903.88.43和第九十九章第三分章美国注释二十(四十四)款;(12)税号9903.88.45和第九十九章第三分章美国注释二十(四十六)款;(13)税号 9903.88.46 和第九十九章第三分章美国注释二十(四十七)款;(14)税号 9903.88.48 和第九十九章第三分章美国注释二十(四十九)款;(15)税号 9903.88.56 和第九十九章第三分章美国注释二十(五十七)款;或(16)税号 9903.88.64 和第九十九章第三分章美国注释二十(六十五)款。

尽管有第三分章美国注释一的规定,税号 9903.88.03 项下课征附加 25% 从价税的所有中国产品,同样应当课征第三分章美国注释二十(六)款列举的中国产品的普通关税。

第三分章美国注释二十(六)款列举的中国产品、本税则总注释三(三)1 款享受特殊关税待遇的中国产品和第九十九章第二分章享受临时关税减免的中国产品,也应当按照税号 9903.88.02 的规定课征附加 25% 的从价税。

税号 9903.88.03 规定的附加关税不适用于根据本税则第九十八章规定正常申报的货物,但在税号 9802.00.40、税号 9802.00.50、税号 9802.00.60 和税号 9802.00.80 项下进口的货物除外。就税号 9802.00.40、税号 9802.00.50 和税号 9802.00.60 而言,附加关税适用于在国外修理、改动或加工的价值。就税号 9802.00.80 而言,附加关税适用于货物的价值减去税号 9802.00.80 规定的美国此类产品的成本或价值。

对税号 9903.88.02 规定并归入第三分章美国注释二十(六)款列举的税号之一的中国产品,应课征适用于此类货物的反倾销、反补贴和其他关税、费用、强制费用和收费,同时也要按照税号 9903.88.03 的规定征收附加 25% 的从价税。

(六)税号 9903.88.03 适用于归入所列 8 位税号(扫描以下二维码可见)的所有中国产品,但经美国贸易代表办公室批准排除的以下中国产品除外:(1)税号 9903.88.13 和第九十九章第三分章美国注释二十(十六)款;(2)税号 9903.88.18 和第九十九章第三分章美国注释二十(二十三)款;(3)税号 9903.88.33 和第九十九章美国注释第三分章注释二十(三十四)款;(4)第九十九章第三分章美国注释二十(三十五)款;(5)税号 9903.88.35 和第九十九章第三分章美国注释二十(三十六)款;(6)税号 9903.88.36 和第九十九章第三分章美国注释二十(三十七)款;(7)税号 9903.88.37 和第九十九章第三分章美国注释二十(三十八)款;(8)税号 9903.88.38 和第九十九章第三分章美国注释二十(三十九)款;(9)税号 9903.88.40 和美国第九十九章第三分章美国注释二十(四十一)款;(10)税号 9903.88.41 和第九十九章第三分章美国注释二十(四十二)款;(11)税号 9903.88.43 和第九十九章第三分章美国注释二十(四十四)款;(12)税号 9903.88.45 和第九十九章第三分章美国注释二十(四十六)款;(13)税号 9903.88.46 和第九十九章第三分章美国注释二十(四十七)款;(14)税号 9903.88.48 和第九十九章第三分章美国注释二十(四十九)款;(15)税号 9903.88.56 和第九十九章第三分章美国注释二十(五十七)款;或(16)税号 9903.88.64 和第九十九章第三分章美国注释二十(六十五)款。

(七)就税号 9903.88.04 而言,对本注释规定的中国产品应课征附加 25% 的从价税,但经美国贸易代表办公室批准排除的以下中国产品除外:(1)税号 9903.88.33 和第九十九章第三分章美国

注释二十(三十四)款;(2)税号 9903.88.34 和第九十九章第三分章美国注释二十(三十五)款;(3)税号 9903.88.36 和第九十九章第三分章美国注释二十(三十七)款;(4)税号 9903.88.37 和第九十九章第三分章美国注释二十(三十八)款;(5)税号 9903.88.38 和第九十九章第三分章美国注释二十(三十九)款;(6)税号 9903.88.40 和第九十九章第三分章美国注释二十(四十一)款;(7)税号 9903.88.46 和第九十九章第三分章美国注释二十(四十七)款;(8)税号 9903.88.48 和第九十九章第三分章美国注释二十(四十九)款;或(9)税号 9903.88.64 和第九十九章第三分章美国注释二十(六十五)款。税号 9903.88.04 项下课征附加 25% 从价税的中国产品如下所示:

1. 税号 2931.90.90 的其他非芳香族有机无机化合物,但统计报告编码 2931.90.9051 的化合物除外;
2. 税号 8517.60.00 用于接收、转换和传输或再生声音、图像或其他数据的机器,但统计报告编码 8517.62.0090 的机器除外;
3. 税号 9401.61.40 的其他木制框架软垫座椅,但统计报告编码 9401.61.4001 的座椅除外;
4. 税号 9401.69.60 的其他木制框架座椅,未加软垫,但统计报告编码 9401.69.6001 的座椅除外;
5. 税号 9401.71.00 的其他金属框架软垫座椅,但统计报告编码 9401.71.0001、9401.71.0005、9401.71.0006、7401.71.0007 的座椅除外;
6. 税号 9401.79.00 的其他金属框架座椅,但统计报告编码 9401.79.0001、9401.79.0002、9401.79.0003、9401.79.0004 的座椅除外;
7. 税号 9401.80.20 的其他增强塑料或叠层塑料座椅,但统计报告编码 9401.80.2001 的其他座椅除外;
8. 税号 9401.80.40 的其他增强塑料或叠层塑料座椅除外的其他橡胶或塑料座椅,但税号 9401.80.4001 的座椅除外;
9. 税号 9401.80.60 的其他座椅,但统计报告编码 9401.80.6021 和 9401.80.6023 的座椅除外;
10. 税号 9403.70.40 的增强塑料或叠层塑料家具,但统计报告编码 9403.70.4003 的家具除外;以及
11. 税号 9403.70.80 的增强塑料或叠层塑料家具除外的塑料家具,但统计报告编码 9403.70.8003 的家具除外。

尽管有第三分章美国注释一的规定,税号 9903.88.04 项下课征附加 25% 从价税的所有中国产品,同样应当课征第三分章美国注释二十(七)款列举的中国产品的普通关税。

第三分章美国注释二十(款)款列举的中国产品、本税则总注释三(三)1 款享受特殊关税待遇的中国产品和第九十九章第二分章享受临时关税减免的中国产品,也应当按照税号 9903.88.04 的规定课征附加 25% 的从价税。

税号 9903.88.04 规定的附加关税不适用于根据本税则第九十八章规定正常申报的货物,但在税号 9802.00.40、税号 9802.00.50、税号 9802.00.60 和 9802.00.80 项下进口的货物除外。就税号 9802.00.40、9802.00.50 和税号 9802.00.60 而言,附加关税适用于在国外修理、改动或加工的价值。就税号 9802.00.80 而言,附加关税适用于货物的价值减去税号

9802.00.80 规定的美国此类产品的成本或价值。

对税号 9903.88.04 规定的课征附加 25% 从价税的中国产品,应课征适用于此类货物的反倾销、反补贴和其他关税、费用和强制费用,同时也要按照税号 9903.88.04 的规定征收附加 25% 的从价税。

(八)美国贸易代表办公室决定建立一个程序,通过该程序可以将归入税号 9903.88.01、第三分章美国注释二十(一)款和二十(二)款的特殊商品从税号 9903.88.01 规定的附加关税中排除出来。见《联邦公报》第 83 卷第 28710 节(2018 年 6 月 20 日)和第 83 卷第 32181 节(2018 年 7 月 11 日)。根据这个商品排除程序,美国贸易代表办公室决定税号 9903.88.01 规定的附加关税将不适用于以下特殊商品,其统计报告编码为:

1. 8412.21.0075;
2. 8418.69.0120;
3. 8480.71.8045;
4. 8482.10.5044;
5. 8482.10.5048;
6. 8482.10.5052;
7. 8525.60.1010;
8. 船用外推进用火花点火发动机,额定功率不小于 29.83 千瓦但不超过 44.74 千瓦(统计报告编码 8407.21.0030 项下);
9. 焊接液压直线作用(气缸)发动机和电机,活塞孔为 12.7 毫米或以上但不超过 254 毫米,行程不超过 11.43 米,总长不超过 15.24 米,有杆直径不超过 1.219 米(统计报告编码 8412.21.0030 项下);
10. 不锈钢拉伸器,设计用于移动滚筒以调整纸织物的张力,便于干燥,每个拉伸器上都有带作动器的旋转臂、带作动器的线性导轨以及带管辊轴承座安装孔的前后装置(统计报告编码 8419.90.2000 项下);
11. 压花纸用压铸机,手动驱动(统计报告编码 8420.10.9080 项下);
12. 塑料色拉纺纱机,容量至少为 2.4 升但不超过 3.8 升(统计报告编码 8421.19.0000 项下);
13. 非电动滤水器,由三个圆筒形滤筒组成,每个滤筒尺寸为 6.35 厘米×26.67 厘米,带有储水箱和 0.63 厘米或更长但不超过 0.95 厘米的塑料管,配有安装工具包(统计报告编码 8421.21.0000 项下);
14. 绞车,机架上有耐腐蚀涂层,不锈钢芯棒有尼龙衬套,由蜗杆机构手动操作(统计报告编码 8425.39.0100 项下);
15. 电梯,包括固定在钢制链条上的 L 形钢桶,带有导轨和驱动系统(统计报告编码 8428.32.0000 项下);
16. 带式输送机,由带调平脚的框架、电动机和食品级塑料输送带组成(统计报告编码 8423.33.0000 项下);
17. 带式输送机,由带调平脚和脚轮的焊接框架、电动机和食品级塑料输送带组成(统计报告编码 8428.33.0000 项下);

第九十九章 临时立法;根据现有贸易法规的临时修改;根据经修正的《农业调整法》
第 22 条制定的附加进口限制 1783

18. 不锈钢护罩,用于保护造纸机操作员不受移动或旋转设备的影响,尺寸为 30 厘米×30 厘米×50 厘米至 50 厘米×50 厘米×400 厘米,重量为 30 千克或以上但不超过 100 千克(统计报告编码 843.99.1000 项下);

19. 不锈钢刮板,设计用于刮除造纸机的成型和压榨部分的旋转辊表面的杂质,每个刮板由一条带刀片的横梁组成。横截面不对称,长纵横比,两端安装轴颈和转动装置,尺寸未 50 厘米×50 厘米×800 厘米至 60 厘米×60 厘米×100 厘米,重量为 1 吨或以上但不超过 3 吨(统计报告编码 8349.99.1000 项下);

20. 造纸机成型和压榨段框架,不锈钢或覆有不锈钢或耐酸钢的低碳钢制,尺寸为 1 米×1 米×1 米至 2.3 米×2.3 米×12 米,重量为 500 千克或以上但不超过 40 吨(统计报告编码 8439.99.1000 项下);

21. 不锈钢导轨,设计用于在造纸机上定位传送带,每条导轨上都有一个带有致动器的移动臂和带安装孔的前后管轴承后部,尺寸为 40 厘米×50 厘米×30 厘米至 100 厘米×100 厘米×50 厘米,重量为 300 千克或以上但不超过 500 千克(统计报告编码 8439.99.1000 项下);

22. 钢制和铸铁制的滚筒("压辊"),两端带有轴承轴颈,设计用于造纸制造,以机械压缩纸网以去除水或赋予纸网所需的机械性能,每个滚筒都有一个聚合物盖,上述滚筒的长度为 7 米或更长但不超过 12 米,直径为 1 米以上但不超过 1.5 米,重量为 15 吨以上但不超过 30 吨(统计报告编码 8439.99.1000 项下);

23. 不锈钢敞开式容器("沙丘"),设计用于收集造纸过程中产生的水,由大型方形板和端部带有安装孔的平面结构构成,尺寸为 50 厘米×50 厘米至 1.5 米×10 米,重量为 50 千克或以上但不超过 2 吨(统计报告编码 8439.99.1000 项下);

24. 不锈钢拉伸器,设计用于移动造纸机的滚筒以调整织物的张力,每个拉伸器上都有带作动器的旋转臂、带作动器的线性导轨以及带管辊轴承座安装孔的前后装置(统计报告编码 8439.99.1000 项下);

25. 不锈钢吸盘,用于在造纸过程中除去纸网或造纸织物上的水,每箱尺寸为 50 厘米×50 厘米×800 厘米到 1 米×1 米×10 米,重量为 1.5 吨或以上但不超过 2 吨(统计报告编码 8439.99.1000 项下);

26. 不锈钢或铸铁轧辊,设计用于纸张制造,用来支撑和传送造纸布或纸网,重量为 7 吨或以上但不超过 20 吨,长度为 7 米或以上但不超过 12 米,直径为 40 厘米或以上但不超过 1.5 米,两端有轴承轴颈和聚合物盖(统计报告编码 8439.99.1000 项下);

27. 工作台,设计用于人字锯,有金属管架、4 个金属腿和 2 个金属延伸臂(统计报告编码 8466.92.5010 项下);

28. 工作台,设计用于人字锯,有可使工作台移动的轮子,并有折叠以扩展工作区域的侧边(统计报告编码 8466.92.5010 项下);

29. 钢制角旋塞柄总成,尺寸为 11.43 厘米×21.59 厘米×5.08 厘米,重量为 0.748 千克(统计报告编码 8481.90.9040 项下);

30. 放射治疗系统,用钢制结构外壳包裹,盖有三对塑料面板(统计报告编码 9022.14.0000 项下);

31. 为空调或供暖系统设计的恒温器，设计不能连接互联网，壁挂式安装（统计报告编码 9032.10.0030 项下）。

（九）美国贸易代表办公室决定建立一个程序，通过该程序可以将归入税号 9903.88.01、第三分章美国注释二十（一）款和二十（二）款的特殊商品从税号 9903.88.01 规定的附加关税中排除出来。见《联邦公报》第 83 卷第 28710 节（2018 年 6 月 20 日）和第 83 卷第 32181 节（2018 年 7 月 11 日）。根据这个商品排除程序，美国贸易代表办公室决定税号 9903.88.01 规定的附加关税不适用于以下特殊商品，其统计报告编码为：[**编者注：以下 1、3、5、10、13、14、15、17、19、23 和 32 款的除外责任已延期至 2021 年 3 月 25 日；其他款尚未延期，并计划在 2020 年 3 月 25 日结束时到期。见《联邦公报》第 85 卷第 15849 节。**]

1. 8412.21.0045；

2. 8430.31.0040；

3. 8607.21.1000；

4. 潜水泵，由 36 伏电机驱动（统计报告编码 8413.70.2004 项下）；

5. 吸奶器，不论是否装有附件或电池（统计报告编码 8413.81.0040 项下）；

6. 铸铁叶轮壳 [不论是在 2019 年 1 月 1 日前统计报告编码 8413.91.9080（液体泵的零件，其他）项下，还是在 2019 年 1 月 1 日至 2019 年 12 月 31 日统计报告编码 843.91.9095 项下和 2020 年 1 月 1 日后统计报告编码 8413.91.9085 或 8413.91.9096 项下]；

7. 离心泵设计的塑料叶轮，外径为 73 毫米或以上但不超过 74 毫米 [不论是在 2019 年 1 月 1 日前统计报告编码 841391.9080（液体泵的零件，其他）项下，还是在 2019 年 1 月 1 日至 2019 年 12 月 31 日统计报告编码 843.91.9095 项下和 2020 年 1 月 1 日后统计报告编码 8413.91.9085 或 8413.91.9096 项下]；

8. 压缩机外壳，为涡轮增压器而设计（统计报告编码 8414.90.4165 项下）；

9. 非电动塑料色拉旋转器（统计报告编码 8421.19.0000 项下）；

10. 潜水器过滤水机械，由电池驱动，手动操作，设计用于水池、水塘、水疗池或类似的装有水的水体（统计报告编码 8421.21.0000 项下）；

11. 为去除盐水水族箱中的废物而设计的机械，方法是注入气泡，然后过滤这些气泡（统计报告编码 8421.21.0000 项下）；

12. 家用洗衣机净水用电子水氧化剂（统计报告编码 8421.21.0000 项下）；

13. 手持式紫外线净水器，电池供电（统计报告编码 8421.21.0000 项下）；

14. 过滤器，用于除去葡萄酒中亚硫酸盐（统计报告编码 8421.22.0000 项下）；

15. 钢制的过滤外壳、盖或联轴器和液体过滤及其或设备的部件（统计报告编码 8421.99.0040 项下）；

16. L 形钢质斗式电梯，由钢制吊桶组成，用导丝和传动系统固定在钢制链上（统计报告编码 8428.32.0000 项下）；

17. 硫化橡胶履带，设计用于建筑设备，每条履带都装有钢带和夹板（统计报告编码 8431.49.9095 项下）；

18. 不锈钢转子，用于将纸张和水搅拌成纸浆，上述转子包括用于制造纤维素纸浆的机械部件（统计报告编码 8439.91.9000 项下）；

第九十九章　临时立法;根据现有贸易法规的临时修改;根据经修正的《农业调整法》
第 22 条制定的附加进口限制　1785

19. 自动数据处理存储单元(磁盘驱动单元除外),未装配在放置在桌子或类似位置的机柜中,不与系统的任何其他部件同时报验(统计报告编码 8471.70.6000 项下);

20. 沥青摊铺机,自走式,重量超过 14.9 吨但不超过 18.2 吨,作业宽度为 2.4 米以上但不超过 8.6 米(统计报告编码 8479.10.0060 项下);

21. 丁腈橡胶(NBR)制止回阀,重量为 120 克或以下(统计报告编码 8481.30.9000 项下);

22. 塑料制止回阀(统计报告编码 8481.30.9000 项下);

23. 交流永久分裂电容器型电动机,外壳外径为 84 毫米或以下,输出功率为 6 瓦或以上但不超过 16 瓦(统计报告编码 8501.10.4020 项下);

24. 直流电动机,额定功率为 739.6 瓦,外壳外径为 85 毫米或以上但不超过 90 毫米,重量为 2 575 克或以下(统计报告编码 8501.31.5000 项下);

25. 变压器,额定功率为 1.8 千瓦,外部尺寸约为 13.3 厘米×12.7 厘米×11.4 厘米(统计报告编码 8504.32.0000 项下);

26. 焊锡熨斗或焊枪,电池供电,长度不超过 18 厘米(统计报告编码 8515.11.0000 项下);

27. 注射成型塑料旋钮(统计报告编码 8538.90.6000 项下);

28. 钼箔灯丝组件,设计用于紫外线灯(统计报告编码 8539.90.0000 项下);

29. 薄膜晶体管,发光二极管背光平板液晶显示模块,每个模块都有一个铝边框和一个对角线长度为 113 毫米或以上但不超过 339 毫米的视频显示器(统计报告编码 013.80.7000 项下);

30. 带数字显示的测深仪,用于安装在仪表板上 63.5 毫米的孔内,专为娱乐划船使用设计(统计报告编码 9014.80.2000 项下);

31. 用于胸用压缩器的约束包,有一个躯干约束装置,由一条用钩子和环形紧固件固定在压缩器上的棉带和一个头部稳定器盖组成(统计报告编码 9018.90.7580 项下);

32. ［排除删除］;

33. 调谐器,用于夹在乐器上并指示乐器是否调谐(统计报告编码 9031.80.8085 项下)。

(十)美国贸易代表办公室决定建立一个程序,通过该程序可以将归入税号 9903.88.01、第三分章美国注释二十(一)款和二十(二)款的特殊商品从税号 9903.88.01 规定的附加关税中排除出来。见《联邦公报》第 83 卷第 28710 节(2018 年 6 月 20 日)和第 83 卷第 32181 节(2018 年 7 月 11 日)。根据这个商品排除程序,美国贸易代表办公室决定税号 9903.88.01 规定的附加关税将不适用于以下特殊商品,其统计报告编码为:

1. 泵,设计用于供应啤酒的台面,用声波控制碳酸化程度(统计报告编码 8413.19.0000 项下);

2. 滚压设备,设计用于切割、蚀刻或压印纸、箔或织物,手动驱动(统计报告编码 8420.10.9080 项下);

3. 水氧化剂和氯化剂(统计报告编码 8421.21.0000 项下);

4. 棘轮绞车,设计用于纺织织物捆扎,(统计报告编码 8425.39.0100 项下);

5. 连续活动电梯和输送机,设计用于输送矿物材料,(统计报告编码 8428.33.0000 项下)

6. 钢铁抗衡铸件,设计用于叉车和其他工程卡车,(统计报告编码 8431.20.0000 项下);

7. 叉齿、托架和其他货物装卸设备及零件,设计用于叉车和其他工程卡车(统计报告编码

8431.20.0000 项下）；

8. 钻头锐化机的部件（统计报告编码 8466.93.98 项下）；

9. 液压蓄能器外壳，铁或非合金钢制，圆柱形，两端有半球形封头（统计报告编码 8479.90.9496 项下）；

10. 机械雨篷和遮阳帘的零件（统计报告编码 8479.90.9496 项下）；

11. 钢铁制的门、销保护器、衬垫、前壁、炉排、锤子、转子和端盘盖、砧和断路器杆，以及金属碎纸机的零件（统计报告编码 847 990.9496 项下）；

12. 不锈钢制船用转向轮，直径超过 27 厘米但不超过 78 厘米（统计报告编码 8479.90.9496 项下）；

13. 黄铜或青铜调压器，不论是高入口型还是低入口型，额定流量为 55 000～150 000 BTU/小时，最大入口压力为 0.17～1.72 兆帕，入口连接为 POL 或螺纹型（统计报表编码 8481.10.0090 项下）；

14. 铝制管托架，设计用于安装空气制动控制阀，有 4 个端口，尺寸为 27.9 厘米×20.3 厘米×17.8 厘米，重量为 11.34 千克（统计报告编码 8481.90.9040 项下）；

15. 钢推销和 C 杆，设计用于变力电磁阀。（统计报告编码 8481.90.9040 项下）；

16. 球轴承，宽度不超过 30 毫米（统计报告编码 8482.10.5032 项下）；

17. 铝制电感基板，长度为 149.20 毫米或以上但不超过 275 毫米，宽度为 119.40 毫米或以上但不超过 232 毫米，深度为 10.50 毫米或以上但不超过 19 毫米，重量为 0.48 千克或以上但不超过 3.2 千克（统计报告编码 8504.90.9690 项下）；

18. 烙铁和钎焊机零件（统计报告编码 8515.90.4000 项下）；

19. 机动车辆换档开关组件，由柱塞、连接器和换档杆组成（统计报告编码 8536.50.9065 项下）；

20. 压力开关，设计用于热泵和空调冷凝器，额定压强为 1.90 兆帕或更高但不超过 4.55 兆帕（统计报告编码 8536.50.9065 项下）；

21. 测量或检查电压或电气连接的仪器，电路追踪器（统计报告编码 9030.33.3800 项下）。

（十一）美国贸易代表办公室决定建立一个程序，通过该程序可以将归入税号 9903.88.01、第三分章美国注释二十（一）款和二十（二）款的特殊商品从税号 9903.88.01 规定的附加关税中排除出来。见《联邦公报》第 83 卷第 28710 节（2018 年 6 月 20 日）和第 83 卷第 32181 节（2018 年 7 月 11 日）。根据这个商品排除程序，美国贸易代表办公室决定税号 9903.88.01 规定的附加关税不适用于以下特殊商品，其统计报告编码为：[**编者注：以下 4、5、8、11、18、19、21、22、23、24、25、38 和 39 款的除外责任已根据《联邦公报》第 85 卷第 29503 节延期；其他款未延请。**]

1. 8407.21.0040；
2. 8427.10.4000；
3. 8473.40.1000；
4. 8481.10.0090；
5. 8483.50.9040；
6. 设备，包括水罐、瓶子和设计用于安装在冰箱、家用电器或水龙头中的装置，上述设备装

第九十九章 临时立法;根据现有贸易法规的临时修改;根据经修正的《农业调整法》第 22 条制定的附加进口限制

有过滤或净化水的过滤器(干燥器)(统计报告编码 8421.21.0000 项下);

7. 配备泵的过滤装置,设计用于水池、温泉或类似的封闭水体(统计报告编码 8421.21.0000 项下);
8. 过滤或净化机械或设备,用于废水处理(统计报告编码 8421.21.0000 项下);
9. 用于过滤水的潜水机械,设计用于水池、水族馆、水疗中心或类似的封闭水体(统计报告编码 8421.21.0000 项下);
10. 品目 8419 未列名的水蒸馏机械和设备(统计报告编码 8421.21.0000 项下);
11. 电动空气净化设备,重量小于 36 千克(统计报告编码 8421.39.8015 项下);
12. 水泥、矿物和采矿工业除尘设备(统计报告编码 8421.39.8015 项下);
13. 停机坪式链式输送机(统计报告编码 8428.39.0000 项下);
14. 滚筒输送机(统计报告编码 8428.39.0000 项下);
15. 振动输送机(统计报告编码 8428.39.0000 项下);
16. 设计用于商业食品服务机构的单份饮料混合机械,供人类直接食用(统计报告编码 8438.80.0000 项下);
17. 设计用于商业食品服务机构的从冷冻预包装重构单份饮料的机械,供人类直接食用(统计报告编码 8438.80.0000 项下);
18. 电枢,设计用于液压电磁阀。(统计报告编码 8481.90.9040 项下);
19. 钢制 C 杆,设计用于液压电磁阀(统计报告编码 8481.90.9040 项下);
20. 铁制或钢制液压球阀外壳,尺寸为 5.7 厘米×3.2 厘米,重量为 0.528 千克(统计报告编码 8481.90.9040 项下);
21) 铝制计量线轴,设计用于液压螺线管控制阀(统计报告编码 8481.90.9040 项下);
22. 钢制计量线轴,设计用于液压电磁阀(统计报告编码 8481.90.9040 项下);
23. 钢制磁极,设计用于液压电磁阀(统计报告编码 8481.90.9040 项下);
24. 钢制推杆,设计用于液压电磁阀(统计报告编码 8481.90.9040 项下);
25. 钢制固定器,设计用于液压电磁阀(统计报告编码 8481.90.9040 项下);
26. 电动机,宽度超过 7.5 毫米但不超过 43 毫米(统计报告编码 8501.10.4060 项下);
27. 多相交流电动机,输出功率超过 14.92 千瓦但不超过 75 千瓦,用于民用飞机除外(统计报告编码 8501.52.8040 项下);
28. 线圈、线圈组件和电磁铁的其他零件(统计报告编码 8505.90.7501 项下);
29. 车库门无线电遥控装置(统计报告编码 8526.92.5000 项下);
30. 宠物项圈和宠物食品分配器无线电遥控装置(统计报告编码 8526.92.5000 项下);
31. 遥控装置,设计用于玩具模型车辆和飞机,手持式,电池供电(统计报告编码 8526.92.5000 项下);
32. 挡板、盖子和外壳,设计用于机动车辆摄像头(统计报告编码 8529.90.8100 项下);
33. 机电继电器,电压超过 60 伏但不超过 250 伏,触点额定电压为 10 伏或以上(统计报告编码 8536.49.0075 项下);
34. 按钮开关,额定电流为 5 安以上,尺寸不超过 2.9 厘米×2.9 厘米,有 4 个铲形或黄铜端子,有一个 D 形截面的执行器轴(统计报告编码 8536.50.9035 项下);

35. 按钮开关,额定电流为5安以上,尺寸不超过4.8厘米×2.8厘米,有两个铲形或黄铜端子(统计报告编码8536.50.9035项下);

36. 按钮开关,额定电流为5安以上,尺寸不超过5厘米×1.7厘米×1.9厘米,有两个铲形或黄铜端子,有一个D形截面的执行器轴(统计报告编码8536.50.9035项下);

37. 快动开关,设计用于安装在壁挂式外壳或电器箱中(统计报告编码8536.50.9040项下);

38. 立体显微镜,未配备拍摄图像的工具,价值不超过500美元/台(统计报告编码9011.10.8000项下);

39. 适配器环、管子和延伸套筒、支架和臂组件、舞台和滑翔台、护目镜和聚焦支架,为复合光学显微镜而设计(统计报告编码90.1190.000项下);

40. 紫外线或红外线发光二极管光疗设备,专业治疗皮肤疼痛或疾病(统计报告编码9018.20.0040项下)。

(十二)就税号9903.88.09的中国产品而言,应课征附加10%的从价税。税号9903.88.09项下须附加10%从价税的中国产品是第三分章美国注释二十(六)款或二十(七)款所列税号的中国产品。对第三分章美国注释二十(六)款或二十(七)款所列税号的所有中国产品,都应当按照税号9903.88.09的规定课征附加10%的从价税。

就税号9903.88.09而言,课征附加10%从价税的中国产品是以下产品:(1)在2019年5月10日前出口至美国的商品;(2)在2019年5月10日至2019年6月15日期间用于消费而进口或者从仓库回收用于进口的商品。

尽管有第三分章美国注释一的规定,税号9903.88.09项下课征附加10%从价税的所有中国产品,同样应当课征第三分章美国注释二十(六)款或二十(七)款列举的中国产品的普通关税。

第三分章美国注释二十(六)款或二十(七)款列举的中国产品、本税则总注释三(三)1款享受特殊关税待遇的中国产品和第九十九章第二分章享受临时关税减免的中国产品,也应当按照税号9903.88.09的规定课征附加10%的从价税。

税号9903.88.03规定的附加关税不适用于根据本税则第九十八章规定正常申报的货物,但在税号9802.00.40、税号9802.00.50、税号9802.00.60和税号9802.00.80项下进口的货物除外。就税号9802.00.40、税号9802.00.50和税号9802.00.60而言,附加关税适用于在国外修理、改动或加工的价值。就税号9802.00.80而言,附加关税适用于货物的价值减去税号9802.00.80规定的美国此类产品的成本或价值。

对税号9903.88.09规定并归入第三分章美国注释二十(六)款列举的税号之一的中国产品,应课征适用于此类货物的反倾销、反补贴和其他关税、费用和强制费用,同时也要按照税号9903.88.09的规定征收附加10%的从价税。

(十三)美国贸易代表办公室决定建立一个程序,通过该程序可以将归入税号9903.88.01、第三分章美国注释二十(一)款和二十(二)款的特殊商品从税号9903.88.01规定的附加关税中排除出来。见《联邦公报》第83卷第28710节(2018年6月20日)和第83卷32181节(2018年7月11日)。根据这个商品排除程序,美国贸易代表办公室决定税号9903.88.01规定的附加关税不适用于以下特殊商品,其统计报告编码为:[编者注:以下3、6、9、13、14、22、24、

28、34、42、50、51、52、53、62 和 88 款的除外责任延期至 2020 年底;其他款未延期。见《联邦公报》第 85 卷第 33775 节。]

1. 8537.10.8000;
2. 非飞机燃气轮机的部件(转子、主轴、转子组件、主轴组件或钢锻件除外)(统计报告编码 8411.99.9085 项下);
3. 油井和油田曲柄平衡长冲程梁泵(统计报告编码 8413.50.0010 项下);
4. 径向活塞液压泵重量不超过 500 克(统计报告编码 8413.50.0070 项下);
5. 潜水泵,设计用于给宠物供水的设备(统计报告编码 8413.70.2004 项下);
6. 潜水泵,用于制造纤维素浆、纸或纸板的机器除外,额定功率不超过 1.5 千瓦(统计报告编码 8413.70.2004 项下);
7. 潜水双端口泵,设计用于游泳池(统计报告编码 8413.70.2004 项下);
8. 潜水泵,设计用于水族馆,高度不超过 325 毫米(统计报告编码 8413.70.2004 项下);
9. 潜水泵,包含磁驱动电机(统计报告编码 8413.70.2004 项下);
10. 潜水泵,设计用于抽污水,额定功率不超过 1 马力(统计报告编码 8413.70.2004 项下);
11. 潜水泵,额定功率不超过 1 马力,由浮子开关启动(统计报告编码 8413.70.2004 项下);
12. 离心泵,非用于制造纤维素浆、纸或纸板的机器,不可潜水,上述单级、单吸、紧密耦合,排放口直径小于 5.1 厘米(统计报告编码 8413.70.2005 项下);
13. 其他未列名的离心泵,为排除凝结水而设计(统计报告编码 8413.70.2090 项下);
14. 税号 8413.30.90 的水泵外壳(税号 8413.91.9010 项下);
15. 税号 8413.30.90 的水泵用叶轮(统计报告编码 8413.91.9010 项下);
16. 液压泵定位活塞组件(统计报告编码 8413.91.9060 项下);
17. 汽车制动主汽缸用塑料储罐(统计报告编码 8413.91.9060 项下);
18. 气端组件、进口导叶、空气端、压缩机基板和背板(统计报告编码 8414.90.4190 项下);
19. 单机制冰机,额定容量不超过每天 160 千克,可在任何尺寸内以不大于 40 立方厘米的碎片产生冰(统计报告编码 8418.69.0110 项下);
20. 热电模块组件,不论是否附带热交换器、风扇、罩、温度传感器或控制器(统计报告编码 8418.69.0180 项下);
21. 非压缩机冷却器,由 12 伏直流供电,内部容积不超过 17 升(统计报告编码 8418.69.0180 项下);
22. 太阳能热水器,装有玻璃管集热器,包括带水箱的玻璃管和支架(统计报告编码 8419.19.0040 项下);
23. 蒸馏和精馏设备,为生产亚甲基二苯基二异氰酸酯而设计(统计报告编码 8419.40.0080 项下);
24. 换热板、芯、翅片管、锥、壳、阀盖、法兰和挡板(统计报告编码 8419.90.3000 项下);
25. 铸钢和钢结构形式,设计用于采矿或制造设施的过滤机械(统计报告编码 8421.99.0080 项下);
26. 铸钢和钢制空气过滤机械或设备的零件(统计报告编码 8421.99.0080 项下);
27. 自行式叉车和平台车,由电动机驱动,由步行操作员控制(统计报告编码 8427.10.8070

和 8427.10.8095 项下);

28. 车库开门器/夹子(统计报告编码 8428.90.0290 项下);
29. 铰接钢输送机械,设计用于将货物从传送线转移到传送带(统计报告编码 8428.90.0290 项下);
30. 电动旋转工作台,设计用于在生产线上加工工件(统计报告编码 8428.90.0290 项下);
31. 旋转叉机,设计用于在生产线上提升和沉积盘条(统计报告编码 8428.90.0290 项下);
32. 振动式自动捣固机,装有滚筒(统计报告编码 8429.40.0020 项下);
33. 新型履带式液压挖土机或液压铲子,装有 360 度旋转上层建筑(统计报告编码 8429.52.1010 项下);
34. 柴油动力打桩机(统计报告编码 8430.10.0000 项下);
35. 带式输送机横梁组件(统计报告编码 8431.39.0010 项下);
36. 输送机滚筒支撑托架(统计报告编码 8431.39.0010 项下);
37. 托架,设计用于在高架输送机中存放机动车辆(统计报告编码 8431.39.0010 项下);
38. 悬链线吊弦(统计报告编码 8431.39.0010 项下);
39. 输送带组件,装有轴承(统计报告编码 8431.39.0010 项下);
40. 输送带线盘,仅用于或主要用于煤矿输送机的部件(统计报告编码 8431.39.0010 项下);
41. 输送机溢油板(载于统计报告编码 8431.39.0010 项下);
42. 焊接框架,为支持输送机滚筒而设计(统计报告编码 8431.39.0010 项下);
43. 进料机、包叉、铲运机和框架(统计报告编码 8431.49.9010 项下);
44. 全板桩轧机(统计报表编码 8455.22.0000 项下);
45. 轧机,设计用于形成宽度不超过 95 厘米的 4～5 个带肋金属板(统计报告编码 8455.22.0000 项下);
46. 双列球轴承,内径超过 15 毫米但不超过 32 毫米,外径超过 38 毫米但不超过 64 毫米,宽度超过 15 毫米但不超过 29 毫米(统计报告编码 8482.10.5060 项下);
47. 滚针轴承,宽度不超过 30 毫米(统计报告编码 8482.40.0000 项下);
48. 外轴承环(统计报告编码 8482.99.0500 项下);
49. 轴承护罩(统计报告编码 8482.99.6595 项下);
50. 联轴器盖,包括中心构件、法兰轮毂、套筒和轴瓦(统计报告编码 8483.90.8010 项下);
51. 交流多相电动机,输出功率超过 300 千瓦但不超过 310 千瓦,装有滑轮和制动器,可升降乘客电梯(统计报告编码 85 01.53.8040 项下);
52. 再生速度驱动控制器,用于控制电梯电动机转速(统计报告编码 8504.40.4000 项下);
53. 电动机速度驱动控制器,长度为 100 毫米或以上但不超过 130 毫米,宽度为 40 毫米或以上但不超过 125 毫米,宽度为 24 毫米或以上但不超过 85 毫米(统计报告编码 8504.40.4000 项下);
54. 电动机速度驱动控制器,电流为 250 安或以上但不超过 500 安(统计报告编码 8504.40.4000 项下);
55. 电动机变频驱动控制器,重量大于 1 千克但不超过 11 千克(统计报告编码

8504.40.4000项下);

56. 印刷电路组件,用于子目8504.40或子目8504.50的电信设备,宽度为4~6厘米,长度为10~12厘米,可将36伏直流转换为90伏交流电(统计报告编码8504.90.6500项下);

57. 印刷电路组件,用于子目8504.40或子目8504.50的电信设备,宽度为7~9厘米,长度为18~20厘米,有两个开关,用于电源保护,以防止电反馈(统计报告编码8504.90.6500项下);

58. 印刷电路组件,用于子目8504.40或子目8504.50的电信设备,用作电源控制器,宽度为5~7厘米,长度为11~14厘米,侧面标头有50针(统计报告编码8504.90.6500项下);

59. 印刷电路组件,用于子目8504.40或子目8504.50的电信设备,用作噪音过滤器,宽度为18~20厘米,长度为25~27厘米,内装半导体器件和4个散热器(统计报告编码8504.90.6500项下);

60. 无线电收发器,设计用于安装在机动车辆上,工作频率为46~468兆赫(统计报告编码8525.60.1050项下);

61. 贱金属和玻璃纤维制天线(统计报告编码8529.10.4040项下);

62. 投影机部件(统计报告编码8529.90.9900项下);

63. 机电继电器,电压不超过24伏,除汽车烧瓶外,触点额定电流为10安或以上,尺寸不超过80毫米(统计报告编码8536.41.0050项下);

64. 按钮开关,额定电流为5安以上,尺寸不超过14.4厘米×11.6厘米×6.4厘米(统计报告编码8536.50.9035项下);

65. 按钮开关,额定电流为5安以上,尺寸不超过14.6厘米×8厘米×14.1厘米(统计报告编码8536.50.9035项下);

66. 按钮开关,额定电流为5安以上,尺寸不超过19.1厘米×8.3厘米×14.1厘米(统计报告编码8536.50.9035);

67. 按钮开关,额定电流为5安以上,尺寸不超过19.7厘米×11.8厘米×8.3厘米(统计报告编码8536.50.9035项下);

68. 额定电流为5安以上的按钮开关,尺寸不超过19.7厘米×9.8厘米×16.5厘米(统计报告编码8536.50.9035项下);

69. 按钮开关,额定电流为5安以上,尺寸不超过21厘米×13.3厘米×9厘米(统计报告编码8536.50.9035项下);

70. 按钮开关,额定电流为5安以上,尺寸不超过23.5厘米×8厘米×13.1厘米(统计报告编码8536.50.9035项下);

71. 按钮开关,额定电流为5安以上,尺寸不超过6厘米×14.1厘米×11厘米(统计报告编码8536.50.9035项下);

72. 推拉开关,供机动车辆使用,电压不超过1 000伏(统计报告编码8536.50.9065项下);

73. 子弹头连接器,电压不超过1 000伏(统计报告编码8536.90.4000项下);

74. 对接连接器(闭合端除外),电压不超过1 000伏(统计报告编码8536.90.4000项下);

75. 封闭式对接连接器,电压不超过1 000伏(统计报告编码8536.90.4000项下);

76. 电压不超过1 000伏的卷曲连接器(统计报告编码8536.90.4000项下);

77. 卷曲型绝缘凸耳电气连接器和凸耳插座电气连接器,电压不超过1 000伏,凸耳宽度不超过6.4毫米或凸耳插座宽度不超过6.4毫米(统计报告编码8536.90.4000项下);

78. 连接块,电压不超过1 000伏(统计报告编码8536.90.4000项下);

79. 凸耳连接器,电压不超过1 000伏(统计报告编码8536.90.4000项下);

80. 环形连接器,电压不超过1 000伏(统计报告编码8536.90.4000项下);

81. 铲形连接器,电压不超过1 000伏(统计报告编码8536.90.4000项下);

82. 弹簧夹("短吻鳄夹")端子,电压不超过1 000伏(统计报告编码8536.90.4000项下);

83. 端子块,电压不超过1 000伏(统计报告编码8536.90.4000项下);

84. 抽头连接器,电压不超过1 000伏(统计报告编码8536.90.4000项下);

85. 镁阳极,重量不超过48千克(统计报告编码8543.30.9040项下);

86. 一次性自粘式大脑监测传感器贴片,与血氧计配套使用,包含电路板、发光二极管、光电二极管、存储设备和连接器(统计报告编码9018.19.9560项下);

87. 一次性不锈钢真皮下针电极,与肌电图设备配套使用(统计报告编码9018.19.9560项下);

88. 术中神经监测(IONM)系统的一次性表面电极,由表面电极垫、绝缘线和标准DIN 42802连接器组成(统计报告编码9018.19.9560项下);

89. 金属硬度测试机(统计报告编码9024.10.0000项下)。

(十四) 美国贸易代表办公室决定建立一个程序,通过该程序可以将归入税号9903.88.01、第三分章美国注释二十(一)款和二十(二)款的特殊商品从税号9903.88.01规定的附加关税中排除出来。见《联邦公报》第83卷第28710节(2018年6月20日)和第83卷第32181节(2018年7月11日)。根据这个商品排除程序,美国贸易代表办公室决定税号9903.88.01规定的附加关税不适用于以下特殊商品,其统计报告编码为:[**编者注:美国贸易代表办公室办公室已将以下8、17、18、23、28、77、85、87、88、97、98和106款的除外责任延期;其他款未延期。见《联邦公报》第85卷第41267节规定的本注释第(五十三)款和税号9903.88.52。**]

1. 热交换器,包括品目8402货物的零件,装有热回收蒸汽发生器(统计报告编码8402.90.0010项下);

2. 热回收蒸汽发生器的桶、排气堆和进风管板组件(统计报告编码8402.90.0090项下);

3. 蒸汽或其他蒸汽发生锅炉用水箱(统计报告编码8402.90.0090项下);

4. 压燃式发动机,最大功率超过50千瓦但不超过120千瓦,价值超过6 000美元/台但不超过9 500美元/台(统计报告编码8408.90.9010项下);

5. 压燃式发动机,最大功率超过149.2千瓦但不超过373千瓦,价值超过9 800美元/台但不超过12 000美元/台(统计报告编码8408.90.9020项下);

6. 飞机燃气轮机压缩机箱,钢和铬镍铁合金制,价值超过3 000美元/台但不超过4 000美元/台(统计报告编码8411.99.9090项下);

7. 铬镍铁合金制发动机固定密封气垫,外径大于35厘米但不超过35.5厘米,宽度超过3.5厘米但不超过4厘米(统计报告编码8411.99.9090项下);

第九十九章 临时立法;根据现有贸易法规的临时修改;根据经修正的《农业调整法》第 22 条制定的附加进口限制 　1793

8. 直接作用和弹簧回程气动执行机构,额定最大压力为 10 巴,价值超过每 68 美元/个但不超过 72 美元/个（统计报告编码 8412.39.0080 项下）；

9. 弹簧驱动马达,价值超过 3 000 美元/台但不超过 3 600 美元/台（统计报告编码 8412.80.1000 项下）；

10. 齿轮式液压泵,手持式,电池动力,宽度不超过 5 厘米,价值不超过 6 美元/台（统计报告编码 8413.60.0030 项下）；

11. 装有热切断的离心式水泵,出口直径为 5.08 厘米或以上,价值超过 66 美元/台但不超过 72 美元/台（统计报告编码 8413.70.2015 项下）；

12. 汽车油泵轴承座（统计报告编码 8413.91.9010 项下）；

13. 叶轮（统计报告编码 8413.91.9095 项下）；

14. 除液压泵外的采油和采气梁泵部件（统计报告编码 8413.91.9095 项下）；

15. 泵组件基座（统计报告编码 8413.91.9095 项下）；

16. 塑料泵座,设计用于保护泵叶轮不受阻碍（统计报告编码 8413.91.9095 项下）；

17. 泵壳和泵体（统计报告编码 8413.91.9095 项下）；

18. 泵盖（统计报告编码 8413.91.9095 项下）；

19. 泵驱逐者（统计报告编码 8413.91.9095 项下）；

20. 泵脂杯和脂杯适配器（统计报告编码 8413.91.9095 项下）；

21. 泵内衬（统计报告编码 8413.91.9095 项下）；

22. 泵流形（统计报告编码 8413.91.9095 项下）；

23. 塑料泵部件,价值不超过 3 美元/个（统计报告编码 8413.91.9095 项下）；

24. 泵轴铸件,钢制（统计报告编码 8413.91.9095 项下）；

25. 泵喉（统计报告编码 8413.91.9095 项下）；

26. 泵容积（统计报告编码 8413.91.9095 项下）；

27. 不锈钢结构泵座（统计报告编码 8413.91.9095 项下）；

28. 压缩机,用于机动车辆空调设备,螺旋式压缩机除外,价值 88 美元/台以上但不超过 92 美元/台（统计报告编码 8414.30.8030 项下）；

29. 家用冰箱、空调和热泵用压缩机（螺杆式除外）,额定功率大于 1/4 马力但不超过 1 马力,价值不超过 150 美元/台（统计报告编码 8414.30.8050 项下）；

30. 叉车,以丙烷为动力,额定提升能力超过 9.5 吨但不超过 33 吨（统计报告编码 8427.20.8090 项下）；

31. 电动平地机,重量为 14 吨以上但不超过 21 吨（统计报告编码 8429.20.0000 项下）；

32. 自行式气动压路机,重量为 14 吨以上但不超过 28 吨（统计报告编码 8429.40.0040 项下）；

33. 新型铰接式铲式装载机,轮式,装有四轮驱动,后装发动机,铲斗容量小于 1.5 立方米,额定功率不超过 26 马力（统计报告编码 8429.51.1015 项下）；

34. 整体式拖拉机铲式装载机,装有四轮驱动,桶容量至少为 3.8 立方米但小于 5.2 立方米,作业重量为 17.5 吨或以上但不超过 20 吨（统计报告编码 8429.51.1040 项下）；

35. 铲式装载机,作业重量为 30～36 吨（统计报告编码 8429.51.1045 项下）；

36. 铲式装载机,作业重量为 30～36 吨(统计报告编码 8429.51.1050 项下);
37. 橡胶履带铲装机,起重能力不超过 375 千克(统计报告编码 8429.51.5010 项下);
38. 带槽钢丝绳鼓,价值为 350 美元/个以上(统计报告编码 8431.10.0010 项下);
39. 自动扶梯驱动组件,由电动机、行星齿轮和变速箱组成(统计报告编码 8431.31.0040 项下);
40. 自动梯级(统计报告编码 8431.31.0040 项下);
41. 由下列任何部件组成的客运或货运电梯:电梯紧急制动和调速器装置、剪刀升降机组件、伸缩臂升降机组件或接头 升降臂组件(统计报告编码 8431.31.0060 项下);
42. 原木搬运设备配重(统计报告编码 8431.39.0070 项下);
43. 反铲平衡锤,重量超过 400 千克但不超过 600 千克(统计报告编码 8431.49.9044 项下);
44. 挖掘机履带(统计报告编码 8431.49.9044 项下);
45. 播种机或摊铺机挡板和挡板组件(统计报告编码 8432.90.0060 项下);
46. 播种机或播种机框架(统计报告编码 8432.90.0060 项下);
47. 播种机或播种机手柄(统计报告编码 8432.90.0060 项下);
48. 播种机或摊铺机料斗组件(统计报告编码 8432.90.0060 项下);
49. 播种机或播种机料斗炉排(统计报告编码 8432.90.0060 项下);
50. 播种机或播种机叶轮(统计报告编码 8432.90.0060 项下);
51. 电动切屑机/碎纸机(统计报告编码 8436.80.0090 项下);
52. 切屑机/碎纸机,汽油驱动,价值低于 250 美元/台(统计报告编码 8436.80.0090 项下);
53. 麦芽生产设备(统计报告编码 8436.80.0090 项下);
54. 卧式车床,电动功率不超过 1.5 马力(统计报告编码 8458.19.0020 项下);
55. 设计用于筛分或分拣机的给料机和振动设备及其部件;外壳和降噪罩(统计报告编码 8474.90.0010 项下);
56. 竹子或其他木质材料用印刷机(统计报告编码 8479.30.0000 项下)
57. 绕线机(统计报表编码 8479.81.0000 项下);
58. 不锈钢绝缘混合室,容量为 5～25 立方米(统计报告编码 8479.82.0040 项下);
59. 钢制止回阀,内径不小于 4.8 厘米或超过 62.5 厘米(统计报告编码 8481.30.2090 项下);
60. 子目 8481.20 的手动阀或止回阀和减压阀除外的减压阀阀体,例如黄铜阀体(统计报告编码 8481.90.9060 项下);
61. 子目 8481.20 的手动阀或止回阀和阀门除外的阀门主体,长度超过 18 厘米但不超过 19 厘米,价值超过 55 美元/个但不超过 65 美元/个(统计报告编码 8481.90.9060 项下);
62. 带滚珠轴承的法兰轮毂轴承单元,内径超过 2.2 厘米但不超过 2.8 厘米(统计报告编码 8482.10.5016 项下);
63. 轮毂角接触轴承单元,未凸缘,价值超过 2 美元/个但不超过 10 美元/个(统计报告编码 882.105024 项下);
64. 内轴承环(统计报告编码 8482.99.0500 项下);
65. 办公室打印机的无齿齿轮,价值不超过 7 美元/个(统计报表编码 8483.40.9000 项下);

66. 无槽滑轮,带深槽滚子轴承(统计报告编码8483.50.9080项下);
67. 无槽滑轮,镀锌,价值不超过3美元/个(统计报告编码8483.50.9080项下);
68. 传送带轮毂,外径大于5厘米但不超过56厘米(统计报告编码8483.90.8080项下);
69. 机械把手(统计报告编码8487.90.0080项下);
70. 电动机,宽度超过7.5厘米但不超过7.8厘米(统计报告编码8501.10.4060项下);
71. 直流电动机,价值为125美元/台以上,附链铜线(统计报告编码8501.31.2000项下);
72. 多相交流电动机,输出功率超过75千瓦但小于149.2千瓦(统计报告编码8501.53.4080项下);
73. 交流发电机,重量为250千克或以上但不超过1吨,价值不超过2 400美元/台(统计报告编码8501.62.0000项下);
74. 变压器,用于控制电子束在阴极射线管中水平运动(统计报告编码8504.33.0020项下);
75. 静态转换器盖、底座和外壳(统计报告编码8504.90.9650项下);
76. 炉壳(统计报告编码8514.90.8000项下);
77. 工业炉结构部件(统计报告编码8514.90.8000项下);
78. 手工操作的返工站,包括焊锡/除焊站(统计报告编码8515.0000项下);
79. 电弧(包括等离子弧)焊接机器和设备,价值不超过500美元/台(统计报告编码8515.39.0020项下);
80. 手持式收发信机(除了民用波段外,除了低功率无线电话从47.82兆赫到49.90兆赫的频率),价值不超过70美元/台(统计报告编码825.60.1030项下);
81. 固定电容器,价值不超过4美元/个(统计报告编码8532.10.0000项下);
82. 固定充油电容器,额定电压为1~25千伏(统计报告编码8532.10.0000项下);
83. 钽电容器,具有导电聚合物阴极,价值不超过4美元/个(统计报告编码8532.21.0050项下);
84. 钽电容器,尺寸为7.3毫米×4.3毫米×1.9毫米,价值不超过4美元/个(统计报告编码8532.21.0050项下);
85. 铝电解电容器,价值不超过2.50美元/个(统计报告编码8532.22.0085项下);
86. 接触器,电压不超过60伏,触点额定电流不超过10安,价值不超过18美元/个(统计报告编码833.41.00项下);
87. 旋转开关,额定电流5安以上,尺寸不超过5.5厘米×5厘米×3.4厘米,具有2~8铲终端和具有D形截面的致动器轴(统计报告编码833.50.9025项下);
88. 单杆单掷旋转开关(SPST),额定电流为5安以上,尺寸不超过14.6厘米×8.9厘米×14.1厘米(统计报告编码8536.50.9025项下);
89. 瞬时触点开关,额定电流为5安或以下,设计用于汽车超速开关(统计报告编码8536.50.9031项下);
90. 瞬时触点开关,额定电流为5安或以下,价值不超过4美元/个(统计报告编码8536.50.9031项下);
91. 摇杆开关,供机动车辆使用,电压不超过1 000伏(统计报告编码8536.50.9065项下);

92. 模制按钮(统计报告编码 8538.90.6000 项下);

93. 模塑外壳和盖子(统计报告编码 8538.90.6000 项下);

94. 铝制死罐断路器用储罐(统计报表编码 8538.90.8120 项下);

95. 铝阳极,用于电镀、电解或电泳机器和设备(统计报告编码 8543.30.9080 项下);

96. 含钛板的氯发生器室,用于电镀、电解或电泳机器和设备(统计报告编码 8543.30.9080 项下);

97. 锌阳极,用于电镀、电解或电泳机器和设备(统计报告编码 8543.30.9080 项下);

98. 气象站,有监测显示和室外气象传感器,传输范围不超过 140 米,价值不超过 50 美元/个(统计报告编码 901580.8080 项下);

99. 兽医超声设备,具有黑白图像质量,用作医疗诊断工具(统计报告编码 9018.12.0000 项下);

100. 微波消融天线,不论是否附有控制装置,作为消融活肿瘤的消融系统的部件(统计报告 9018.90.6000 项下);

101. 电子外科器械及用具(体外冲击波碎石器除外)的零件及附件(统计报告编码 9018.90.6000 项下);

102. 烟雾疏散铅笔,有配管和软管,通过将这两种功能结合在一个单一的手柄上,将烟雾疏散与电手术结合起来,单极电切能量用于在手术环境中将组织作为目标组织,同时从手术部位疏散烟雾(统计报告编码 9018.90.6000 项下);

103. 外科手术用凝固剂,由带有机械和/或电气控制的手部和一次性轴组成,用于外科手术过程中组织的凝固和抽吸(统计报告编码 9018.90.6000 项下);

104. 电能分离和密封组织的血管密封和分割装置,在开放式或腹腔镜手术过程中使用,包括带有机械和/或电气控制装置的机头,以及双极电极,用于将电外科电流从系统发生器直接输送至组织,以进行切割/凝固/消融(统计报告编码 9018.90.6000 项下);

105. 普通 X 射线对准及定位仪器,价值超过 5 000 美元/台(统计报告编码 9022.90.6000 项下);

106. 放射治疗系统中的超叶准直仪(统计报告编码 9022.90.6000 项下);

107. 露头管悬挂,(统计报告编码 9022.90.6000 项下);

108. 化学分析食品仪器和装置,以检测麸质或花生存在,价值低于 55 美元/台(统计报告编码 9027.80.4530 项下);

109. 电流表,有记录装置(统计报告编码 9030.39.0100 项下);

110. 加湿器,有室外传感器,价值不超过 40 美元/台(统计报告编码 9032.89.6070 项下)。

(十五)美国贸易代表办公室决定建立一个程序,通过该程序可以将归入税号 9903.88.02、第三分章美国注释二十(三)款和二十(四)款的特殊商品从税号 9903.88.02 规定的附加关税中排除出来。见《联邦公报》第 83 卷第 40823 节(2018 年 8 月 16 日)和第 83 卷 47236 节(2018 年 9 月 18 日)。根据这个商品排除程序,美国贸易代表办公室决定税号 9903.88.02 规定的附加关税不适用于以下特殊商品,其统计报告编码为:[编者注:关于延期至 2020 年 12 月 31 日截止的除外责任,请参见本注释(五十五)款和税号 9903.99.54。]

1. 氯化聚乙烯弹性体,白色或淡黄色粉末,氯含量(按重量计)为 28%～44%(统计报告编码

3901.90.1000项下);
2. 聚四氟乙烯[$(C_2F_4)_n$],粒径为5~500微米,熔点为315~329摄氏度(统计报告编码3904.61.0090项下);
3. 可膨胀塑料珠,直径为0.30~0.50毫米,由甲基丙烯酸甲酯(按重量计含量为62%~64%)和苯乙烯(按重量计含量为26%~28%)组成(统计报告编码3906.90.2000项下);
4. 多元醇共混物,含聚醚多元醇质量的92%或以上(CAS No.9049-71-2)和按N,N-二甲基环合物重量计的2.5%或更多(统计报告编码3907.20.0000项下);
5. 丙烯酸乳液双轴取向聚丙烯(BOPP)薄膜的热熔扁条(统计报告编码3919.90.5060项下);
6. 聚乙烯薄膜,宽度为20.32~198.12厘米,长度为30.5~2 000.5米,涂有溶剂丙烯酸粘合剂,透明或透明颜色,不论是否印刷,成卷(统计报告编码3919.90.5060项下);
7. 聚氯乙烯薄膜,一面涂上压敏溶剂丙烯酸粘合剂,便于从平板玻璃或平面、刚性、透明的塑料表面上去除,宽度为106.7厘米、137.2厘米或152.4厘米,长度为30.38米或49.99米,有直径为1.5~1.6毫米的规则孔,其孔眼覆盖面积的30%、40%或50%(统计报告编码3919.90.5060项下);
8. 印刷的长方形聚乙烯片,一面描绘图像,另一面用剥离衬里保护自粘边,尺寸为30.5厘米×45.7厘米或30.5厘米×25.4厘米(统计报告编码3919.90.5060项下);
9. 自粘彩色或印刷聚氯乙烯薄膜,具有可剥离衬里,宽度为30.5厘米或50.8厘米,长度为3.05~6.10米,用于衬里书架或抽屉(统计报告编码39 19.90.5060项下);
10. 印制的乙烯非渗透塑料薄膜,设计用于包装个人护理产品,如婴儿湿巾、成人湿巾和类似湿式烟囱产品(统计报告编码为39 20.10.0000项下);
11. 聚乙烯薄膜,用于包装易腐食品,在宽度为30.5厘米、长度为76.2米的卷筒中装有起动机边缘标签,在零售包装中装入内置的滑动切割器和握把带,以将薄膜保持在适当位置,直到随后使用(统计报告编码39 20.10.0000项下);
12. 高密度或低密度聚乙烯,在医院或手术中心手术室中使用,宽度为111.75~215.9厘米,长度为152.4~304.8厘米,贴附于每个床单中心的贴纸(统计报告编码39 20.10.0000项下);
13. 火花点火旋转或往复式内燃机,安装在农业或园艺机械或设备上,功率为4 476瓦或以上但不超过376 000瓦,价值不超过180元/台(统计报告编码8407.90.1020项下);
14. 汽油或液体丙烷(LP)发动机,排量超过2升但不超过2.5升(统计报告编码8407.90.9010项下);
15. 其他未列名的火花点火内燃机,功率为746瓦或以上但不超过4 476瓦,排量不超过430cc(统计报告编码8407.90.9040项下);
16. 热枪(统计报告编码8419.89.9585项下);
17. 加热组织制备显微镜载玻片压平台(统计报告编码8419.89.9585项下);
18. 组织样本石蜡浮浴(统计报告编码8419.89.9585项下);
19. 空气放大器,仅由外部压缩空气源供电,压缩空气通过该装置以吸入环境空气的方式,增加其速度并引导空气通过输出端口,重量不超过1千克(统计报告编码8424.899000

项下）；

20. 能够产生和投射模拟雾、雾或雪的大小的液体颗粒的装置（取决于液体或粉末源的组成），不论是否装配激光或其他照明装置（统计报告编码 8424.89.9000 项下）；

21. 能够机械地从液体源产生和突出气泡的仪器，重量超过 2.5 千克但不超过 6.5 千克（统计报告编码 8424.89.9000 项下）；

22. 香薰喷洒装置，包括电池供电的气溶胶装置和含有不超过 25 毫升精油溶液的玻璃瓶，重量不超过 300 克（统计报告编码 8424.899000 项下）；

23. 适合狗或猫的项圈，装有通过喷雾器为动物提供刺激的装置，不论是否与静电放电装置或声音发射器结合，以及能够由外部传动装置控制的项圈，不论控制器是否作为套装提供（统计报告编码 8424.89.9000 项下）；

24. 洗手液或手消毒液的分配器，不论是使用手动泵还是接近检测的电池操作泵，重量不超过 3 千克（统计报告编码 8424.899000 项下）；

25. 口腔冲洗器（牙科喷水机）（统计报告编码 8424.89.9000 项下）；

26. 零件垫圈，每个垫圈由容量不超过 100 升的钢盆、钢制排水塞、支撑腿和架子、循环离心泵组件、电源线刺激器组成，一个电动可熔连接件，一个鹅颈螺丝钉组件，一个钢制盖子，由一个"钢琴式"铰链和一个装有机械易熔连杆的盖子支架（统计报告编码 8424.89.9000 项下）；

27. 旋转表面垫圈，由一根管子组成，其一端适合连接外部动力垫圈和控制装置位置的手柄。另一端是接收外部动力垫圈输出的一个或多个旋转刷的总成（统计报告编码 8424.89.9000 项下）；

28. 湿式和干式扩散装置，安装于放香机（统计报告编码 8424.89.9000 项下）；

29. 电动步行式旋耕机，重量小于 14 千克（统计报告编码 8432.29.0060 项下）；

30. 肥料分配器，容量不超过 40 千克（统计报告编码 8432.42.0000 项下）；

31. 台式钻床，功率小于 750 瓦，价值低于 1 000 美元/台（统计报告编码 8465.95.0055 项下）；

32. 轴承座，价值超过 2 000 美元/个（统计报告编码 8483.30.8020 项下）；

33. 交流电动机，功率为 18.65 瓦或以上但不超过 37.5 瓦，带有附加执行机构、曲轴或齿轮（统计报告编码 8501.10.6020 项下）；

34. C 型二极交流电动机，功率为 18.65 瓦或以上但不超过 37.5 瓦，价值不超过 4 美元/台（统计报告编码 8501.10.6020 项下）；

35. 电动机，功率为 18.65 瓦或以上但不超过 37.5 瓦，价值超过 28 美元/台但不超过 35 美元/台（统计报告编码 8501.10.6080 项下）；

36. 非晶硅太阳能充电器，输出功率在 100 瓦或以下（统计报告编码 8501.31.8010 项下）；

37. 电动机，输出额定功率不超过 800 瓦（统计报告编码 8501.52.4000 项下）；

38. 品目 8501 的电动机电枢轴（统计报告编码 8503.00.9520 项下）；

39. 挡风玻璃雨刷马达盖和轴（统计报告编码 8503.00.9520 项下）；

40. 泄漏电流检测和中断（LCDI）线（统计报告编码 8536.30.8000 项下）；

41. 品目 8516 的炉、灶和烤箱的控制板（统计报告编码 8537.10.3000 项下）；

42. 齐纳二极管,价值不超过 0.25 美元/个(统计报告编码 8541.10.0050 项下);
43. 机动车辆传动系统的位置或速度传感器,价值不超过 12 美元/台(统计报告编码 8543.70.4500 项下);
44. 防抱死汽车制动系统的轮速传感器,价值不超过 12 美元/台(统计报告编码 8543.70.4500 项下);
45. 天线放大器,价值不超过 15 美元/台(统计报告编码 8543.70.9960 项下);
46. 天线噪声抑制器,价值不超过 5 美元/台(统计报告编码 8543.70.9960 项下);
47. 使用无源红外探测传感器的设置,设计用于开灯和关灯(统计报告编码 8543.70.9960 项下);
48. 音频控制器,价值不超过 100 美元/台(详见统计报表编码 8543.70.9960 项下);
49. 音频混频器,价值不超过 75 美元/台(统计报告编码 8543.70.9960 项下);
50. 装有传感器和监视器的装置,用于识别调查参与者的编码电视和无线电信号信息(统计报告编码 8543.70.9960 项下);
51. 电动猫噪声控制装置(统计报告编码 8543.70.9960 项下);
52. 电动梳,用于宠物(统计报告编码 8543.70.9960 项下);
53. 电动狗训练、控制、排斥或定位装置,不论是否装有成套工具,包括装有 GPS 或者其他发射或接收装置的狗项圈和电屏障发射器装置(统计报告编码 854 3.70.99 60 项下);
54. 电动昆虫控制装置(统计报告编码 8543.70.9960 项下);
55. 电动静电塑料条,设计用于训练或控制宠物(统计报告编码 8543.70.9960 项下);
56. 闪光固化指甲油用发光二极管灯(统计报告编码 8543.70.9960 项下);
57. 液体泄漏探测器(统计报告编码 8543.70.9960 项下);
58. 多台设备遥控器(无线电遥控器除外),价值不超过 2 美元/台(统计报表编码 8543.70.9960 项下);
59. 可编程的机器人,尺寸不超过高 40 厘米×宽 22 厘米×深 27 厘米,装有液晶显示器(LCD)第八十八章、照相机和麦克风,但没有"手"(统计报告编码 854 3.70.99 60 项下);
60. 品目 8605 或品目 8606 机动车辆的连轴器、转向节和方向盘及其部件(统计报告编码 8607.30.1000 项下);
61. 摩托车(包括轻便摩托车),气缸容量不超过 50 毫升的往复式内燃机,价值不超过 500 美元/辆(统计报告编码 8711.10.0000 项下);
62. 三醋酸乙烯酯,有压敏粘着衬垫的极化膜(统计报告编码 9001.20.0000 项下);
63. 数字临床温度计,价值不超过 11 美元/个(统计报告编码 9025.19.8040 项下);
64. 烹饪温度计,包括糖果和油炸温度计(统计报告编码 9025.19.8080 项下);
65. 红外温度计(统计报告编码 9025.19.8080 项下);
66. 温度计和湿度计组合装置(统计报告编码 9025.80.1000 项下);
67. 脉冲输出气体仪表,可远程读取(统计报告编码 9028.10.0000 项下);
68. 铸造不锈钢脉冲输出水表(统计报告编码 9028.20.0000 项下);
69. 指尖脉搏血氧计(统计报告编码 9029.20.4080 项下)。

(十六)美国贸易代表办公室决定建立一个程序,通过该程序可以将归入税号9903.88.03、第三分章美国注释二十(五)款和二十(六)款的特殊商品从税号9903.88.03规定的附加关税中排除出来。见《联邦公报》第83卷第47974节(2018年9月21日)和第84卷第29576节(2018年6月24日)。根据这个商品排除程序,美国贸易代表办公室决定税号9903.88.03规定的附加关税不适用于以下特殊商品,其统计报告编码为:

1. 塑料容器单元,包括桶和盖子,配置或安装用于输送、包装或分配湿巾(统计报告编码3923.10.9000项下);

2. 注射成型聚丙烯塑料帽或盖子,重量不超过24克,设计用于分配湿巾(统计报告编码3923.50.0000项下);

3. 双头双面独木舟桨,装有铝轴和玻璃纤维增强尼龙叶片(统计报告编码3926.90.3000项下);

4. 聚酯高强力纱,不超过600分特(统计报告编码5402.20.3010项下);

5. 非织造布,重量超过25克/米^{2}但不超过70克/米^2,未浸渍、涂布或包覆(统计报告编码5603.92.0090项下);

6. 钢制宠物笼(统计报告编码7323.99.9080项下);

7. 家庭购物用汽车,非机械驱动,有3~4个轮子(统计报告编码8716.80.5090项下);

8. 卡车拖车裙架,第十五类通用部件除外(统计报告编码8716.90.5060项下);

9. 充气艇(皮艇和独木舟除外),使用20号以上的聚氯乙烯,价值不超过500美元/艘,重量不超过52千克(统计报告编码8903.100.60项下);

10. 充气皮艇和独木舟,使用20号以上的聚氯乙烯,价值为500美元/艘或以下,重量不超过22千克(统计报告编码8903.10.0060项下)。

(十七)美国贸易代表办公室决定建立一个程序,通过该程序可以将归入税号9903.88.01、第三分章美国注释二十(五)款和二十(六)款的特殊商品从税号9903.88.01规定的附加关税中排除出来。见《联邦公报》第83卷第28710节(2018年6月20日)和第83卷第32181节(2018年7月11日)。根据这个商品排除程序,美国贸易代表办公室决定税号9903.88.01规定的附加关税不适用于以下特殊商品,其统计报告编码为:

1. 热交换器,包括品目8402货品的零件,每个零件都安装在热回收发电机上(统计报告编码8402.90.0010项下);

2. 液压动力回转、绞车和行程驱动装置,轴向活塞式,配有齿轮箱,价值超过2 000美元/台但不超过7 000美元/台(统计报告编码8412.29.8045项下);

3. 润滑油输送泵,配备或设计为配备测量装置,每个泵配备1.5千瓦电机(统计报告编码8413.19.0000项下);

4. 油井和油田往复式容积式柱塞泵(统计报告编码8413.50.0010项下);

5. 容积式活塞液体泵,设计用于气动或电动压力清洗器,额定输出为7升/分钟或以上但不超过16升/分钟,压力为17兆帕或以上但不超过28兆帕(统计报告编码8413.50.0090项下);

6. 非液压旋转正排量泵,未配置为滚柱泵,重量小于5.5千克,价值不超过25美元/台(统计报告编码8413.60.0090项下);

7. 潜水离心泵(内燃机用燃料泵、润滑泵或冷却介质泵除外,进口用于制造纤维素纸浆、纸张或纸板的机器的库存泵除外),未安装或设计为安装测量装置,包含一个磁力驱动电机(统计报告编码8413.70.2004项下);

8. 潜水离心泵(内燃机用燃料泵、润滑泵或冷却介质泵除外),未安装或设计为安装测量装置,用于桌面装饰用途,包括级联水功能(统计报告编码8413.70.2004项下);

9. 潜水离心泵(内燃机用燃料、润滑或冷却介质泵除外,进口用于制造纤维素纸浆、纸张或纸板的机器的库存泵除外),未安装或设计为安装测量装置,能够以3 700/小时升或以上但不超过41 000升/小时的速度运行(统计报告编码8413.70.2004项下);

10. 潜水离心泵(内燃机用燃料、润滑或冷却介质泵除外,进口用于制造纤维素纸浆、纸张或纸板的机器的库存泵除外),未安装或设计为安装测量装置,额定功率不超过1.5千瓦(统计报告编码8413.70.2004项下);

11. 台式喷泉,设计用于室内,基本特征是潜水离心泵(统计报告编码8413.70.2004项下);

12. 液体用非潜水离心泵(内燃机用燃料泵、润滑泵或冷却介质泵除外),未安装或设计为安装测量装置,包括单级、单吸、紧密耦合,排放口直径小于5.08厘米,价值超过4美元/个但不超过6.50美元/个(统计报告编码8413.70.2005项下);

13. 液体用非潜水离心泵(内燃机用燃料泵、润滑泵或冷却介质泵除外),未安装或设计为安装测量装置,包括单级单吸,排放口直径为5.08厘米或以上,额定功率为37瓦或以上但不超过80瓦,流速为17升/分钟或以上的紧密耦合离心电机泵(统计报告编码8413.70.2015项下);

14. 液体用非潜水离心泵(内燃机用燃料泵、润滑泵或冷却介质泵除外),未安装或设计为安装测量装置,在120伏电压和60赫兹频率下运行,价值超过4美元/台但不超过9美元/台(统计报告编码8413.70.2022项下);

15. 液体用非潜水离心泵(内燃机用燃料泵、润滑泵或冷却介质泵除外),未安装或设计为安装测量装置,包括单级、单吸、紧密耦合,排放口直径小于5.08厘米,出口价值超过150 000美元/台(统计报告编码8413.70.2025项下);

16. 宠物饮水机,不包括离心泵(统计报告编码8413.81.0040项下);

17. 泵(内燃机用燃料泵、润滑泵或冷却介质泵除外,离心泵除外),未安装或设计为安装测量装置,额定功率为37瓦或以上但不超过80瓦,流速为17升/分钟或以上(统计报告编码8413.81.0040项下);

18. 电磁燃油泵用铜合金管,价值不超过1美元/根(统计报告编码8413.91.9010项下);

19. 泵零件(压燃式发动机的燃油喷射泵或进口用于制造纤维素纸浆、纸张或纸板的机器的库存泵的零件除外),塑料制(2019年1月1日之前的统计报告编码8413.91.9080项下,2019年1月1日至2019年12月31日期间的统计报告编码8413.91.9095项下,2020年1月1日生效的统计报告编码8413.91.9085或8413.91.9096项下);

20. 杆和联轴节,设计用于油气田泵,为美国石油学会等级(2019年1月1日之前的统计报告编码8413.91.9080项下,2019年1月1日至2019年12月31日生效的统计报告编码8413.91.9095项下,2020年1月1日生效的统计报告编码8413.91.9065、8413.91.9085或8413.91.9096项下);

21. 蜗壳,设计用于离心式污水泵(2019年1月1日之前的统计报告编码8413.91.9080项下,2019年1月1日至2019年12月31日期间生效的统计报告编码8413.91.9095项下,2020年1月1日生效的统计报告编码8413.91.9096项下);

22. 空调压缩机,设计用于机动车辆(统计报告编码8414.30.4000项下);

23. 压缩机,设计用于家用冰箱,不超过187瓦(1/4马力),价值不超过30美元/台(统计报告编码8414.30.4000项下);

24. 单相旋转活塞式旋转压缩机,带分体式电容器电机和制冷剂泵,价值不超过70美元/台(统计报告编码8414.30.4000项下);

25. 旋转式压缩机,功率超过746瓦但不超过2 238瓦,冷却能力为2.3～5.5千瓦(统计报告编码8414.30.8060项下);

26. 旋转式压缩机,功率超过746瓦但不超过2 238瓦,冷却能力为750瓦或以上但不超过1.4千瓦(统计报告编码8414.30.8060项下);

27. 涡旋压缩机,功率超过2238瓦(3马力)但不超过7 460瓦(10马力),价值超过200美元/台但不超过1 500美元/台(统计报告编码8414.30.8070项下);

28. 涡旋式压缩机,功率超过7 460瓦(10马力),价值超过200美元/台但不超过1 500美元/台(统计报告编码8414.30.8080项下);

29. 压缩机壳体,专为涡轮增压器设计(统计报告编码8414.90.4165项下);

30. 矿板生产设备,包括废气处理装置(统计报告编码8417.80.0000项下);

31. 双反应器热解废物处理设备,包括两个双一级和一个二级处理装置(统计报告编码8417.80.0000项下);

32. 干炉熔炼炉零件(统计报告编码8417.90.0000);

33. 便携式家用不锈钢冰块制造机,价值不超过70美元/台(统计报告编码8418.69.0110项下);

34. 吸收式液体制冷机组,价值超过130 000美元/台(统计报告编码8418.69.0160项下);

35. 压缩式柜式冷却器,内部容积超过440升但不超过600升(统计报告编码8418.69.0180项下);

36. 压缩型立式冷冻柜,内部容积超过1 300升但不超过2 100升(统计报告编码8418.69.0180项下);

37. 钎焊铝板翅式热交换器,价值不超过250美元/台(统计报告编码8419.50.1000项下);

38. 热交换器装置,设计用于重量超过27吨但不超过32吨的热交换系统的一部分,包括管壳式热交换器(统计报告编码8419.50.5000项下);

39. 热交换器装置,设计用于重量超过40吨但不超过44吨的热交换系统的一部分,且设计用于包含二氯化乙烯排气喷射器液体冷却器(统计报告编码8419.50.5000项下);

40. 热交换器装置,设计用于作为重量超过63.5吨的热交换系统的一部分,不设计用于使用丙烯制冷剂的冷冻MCB冷却器(统计报告编码8419.50.5000项下);

41. 热交换器装置,设计用于单独使用或作为重量超过63.5吨的系统的一部分使用,且不设计用于使用丙烯制冷剂的冷冻MCB冷却器(统计报告编码8419.50.5000项下);

42. 热交换器,价值不超过17 000美元/台(统计报告编码8419.50.5000项下);

43. 工业管式换热机组(统计报告编码 8419.50.5000 项下);
44. 热交换器板、芯、翅片管、锥体、壳体、阀盖、法兰和挡板(统计报告编码 8419.90.3000 项下);
45. 压延机,金属或玻璃压延机除外,重量超过 12 000 千克(统计报告编码 8420.10.9040 项下);
46. 热辊层压机,价值不超过 450 美元/台(统计报告编码 8420.10.9040 项下);
47. 切割垫、平台、底板、垫、垫片、托盘,用作宽度不超过 51 厘米的手动台式压延机的导轨(统计报告编码 8420.99.9000 项下);
48. 玻璃水过滤罐和过滤器(统计报告编码 8421.21.0000 项下);
49. 家用碱性水离子发生器和过滤装置(统计报告编码 8421.21.0000 项下);
50. 家用滤水器滤芯(统计报告编码 8421.21.0000 项下);
51. 电离过滤器,价值超过 35 美元/台但不超过 45 美元/台(统计报告编码 8421.21.0000 项下);
52. 宠物喷泉用滤水器(统计报告编码 8421.21.0000 项下);
53. 热泵和空调用蓄能器,价值超过 8 美元/台但不超过 12 美元/台(统计报告编码 8421.29.0065 项下);
54. 篮式、Y 型或双联式过滤器,每个过滤器都有螺纹或法兰式端部(统计报告编码 8421.29.0065 项下);
55. 笼式滤筒,设计用于直接从燃油箱中除去水,价值不超过 2 美元/个(统计报告编码 8421.29.0065 项下);
56. 过滤或净化机械,价值超过 2 500 000 美元/台(统计报告编码 8421.29.0065 项下);
57. 液压油过滤器,额定压力小于 100 千帕,直径不超过 10 厘米,长度不超过 12 厘米,价值不超过 2 美元/个(统计报告编码 8421.29.0065 项下);
58. 液态化学聚合物的过滤或净化机械,钢制外壳,带烧结金属圆柱形过滤器(统计报告编码 8421.29.0065 项下);
59. 商用车空调机组的接收器干燥器(统计报告编码 8421.29.0065 项下);
60. 塑料芯不锈钢网过滤器,用于防止喷漆机堵塞,价值不超过 1.50 美元/个(统计报告编码 8421.29.0065 项下);
61. 适用于过滤和除湿医疗设备(如气体分析仪)中患者呼吸的一次性塑料过滤器(统计报告编码 8421.39.8090 项下);
62. 玻璃纤维增强聚乙烯压力容器(统计报告编码 8421.99.0040 项下);
63. 过滤器部件,价值不超过 8 美元/个(统计报告编码 8421.99.0040 项下);
64. 游泳池真空吸尘器零件(统计报告编码 8421.99.0040 项下);
65. 自清洁过滤器,不锈钢制,适用于过滤市政、农业或工业供水,价值超过 700 美元/台但不超过 800 美元/台(统计报告编码 8421.99.0040 项下);
66. 游泳池滤筒(统计报告编码 8421.99.0040 项下);
67. 带有钢网外壳和塑料端盖的纸制喷漆过滤器,价值不超过 1 美元/个(统计报告编码 8421.99.0080 项下);

68. 涡流气体分离器零件(统计报告编码 8421.99.0080 项下);
69. 真空封口机,价值超过 30 美元/台但不超过 40 美元/台(统计报告编码 8422.30.9191 项下);
70. 家用洗碗机用不锈钢滚珠轴承三件式滑轨(统计报告编码 8422.90.0640 项下);
71. 家用洗碗机用不锈钢冲压外门板(统计报告编码 8422.90.0640 项下);
72. 电子秤,用于在输送机上连续称量石英、粉末和树脂,能够每分钟测量 2 千克或以上但不超过 100 千克的材料(统计报告编码 8423.20.1000 项下);
73. 手动操作的绞车,有一个带棘轮和棘爪机构的钢架(统计报告编码 8425.39.0100 项下);
74. 电动操作人员乘坐的托盘车,装载能力不超过 3 700 千克(2019 年 7 月 1 日之前的统计报告编码 8427.10.8010 项下,2019 年 7 月 1 日之后的统计报告编码 8427.10.8030 项下);
75. 电动操作人员乘坐的伸缩式叉车,载重能力超过 1 300 千克但不超过 2 100 千克(2019 年 7 月 1 日之前的统计报告编码 8427.10.8010 项下,2019 年 7 月 1 日之后的统计报告编码 8427.10.8030 项下);
76. 骑乘式平衡式叉车,内燃机驱动,配有充气轮胎,载重能力为 900 千克或以上但不超过 18 000 千克(统计报告编码 8427.20.4000 项下);
77. 骑乘式平衡式叉车,内燃机驱动,带实心轮胎,载重能力为 1 300 千克或以上但不超过 3 000 千克(统计报告编码 8427.20.4000 项下);
78. 聚乙烯制行李架,专用于或主要用于子目 8428.39 的输送机(统计报告编码 8431.39.0010 项下);
79. 连续式电梯和输送机,设计用于机场处理行李(统计报告编码 8428.39.0000 项下);
80. 辊道输送机,带托盘旋转器或托盘转角旋转器(统计报告编码 8428.39.0000 项下);
81. 旋转定位机,与机床一起使用(统计报告编码 8428.90.0290 项下);
82. 铲式装载机,铲斗容量为 11.4~12 立方米,工作重量为 30 000 千克或以上但不超过 36 000 千克(统计报告编码 8429.51.1055 项下);
83. 绞车手柄(统计报告编码 8431.10.0090 项下);
84. 零件,专用于或主要用于由电动机驱动并装有子目 8427.10 起重或搬运设备的自行式工程车(统计报告编码 8431.20.0000 项下);
85. 驱动框架及其零件,重量超过 3.6 吨(统计报告编码 8431.39.0010 项下);
86. 除铲斗外的抓斗附件,价值超过 250 美元/个但不超过 350 美元/个(统计报告编码 8431.41.0040 项下);
87. 抓斗,价值超过 800 美元/个但不超过 900 美元/个(统计报告编码 8431.41.0040 项下);
88. 桥塞组件,用于石油和天然气钻井或钻井机械(海上石油和天然气钻井和生产平台除外)(统计报告编码 8431.43.8060 项下);
89. 金属框架或组件,适合用作农业拖拉机附件(统计报告编码 8431.49.9020 项下);
90. 铁制或钢制配重铸件,设计用于挖掘机和轮式装载机(统计报告编码 8431.49.9095 项下);

91. 铁制或钢制配重铸件,设计用于撬装机(统计报告编码8431.20.0000项下);
92. 挖泥刀齿,包括专用于或主要用于品目8429或品目8430机械的零件(统计报告编码8431.49.9095项下);
93. 装有轴承的耙子或耕耘机零件(统计报告编码8432.90.0050项下);
94. 球墨铸铁件,重量超过0.75千克但不超过18.25千克,最大尺寸超过190毫米但不超过695毫米(统计报告编码8432.90.0060项下);
95. 电动造粒机(统计报告编码8436.10.0000项下);
96. 动物饲养机械(统计报告编码8436.80.0090项下);
97. 动物饲养机械零件(统计报告编码8436.99.0090项下);
98. 用于生产圆柱形纸制饮用吸管的机器(统计报告编码8441.40.0000项下);
99. 墨盒,每个重量超过1千克(统计报告编码8443.99.2010项下);
100. 第八十四章附加美国注释二(七)款的纸张处理组件(统计报告编码8443.99.2050项下);
101. 打印机维护套件,包括第八十四章附加美国注释二规定的税号8443.32.10的打印机装置的两个或多个更换零件(统计报告编码8443.99.2050项下);
102. 压铸机,铸造体积不超过5 278立方厘米,模具高度不小于360毫米但不大于1 000毫米,模具锁紧力不小于6 600千牛但不大于8 400千牛(统计报告编码8454.30.0010项下);
103. 圆柱形侧导轨,包括金属轧机零件(统计报告编码8455.90.8000项下);
104. 卧式车床,用于拆卸金属,电动,非数控,磨头附件安装在车床主轴箱上方(统计报告编码8458.19.0020项下);
105. 导轨式单元头机床,价值超过1 800美元但不超过2 200美元(统计报告编码8459.10.0000项下);
106. 新型数控铣床,能够对外径为60厘米或以上但不超过305厘米的管道进行端部坡口加工(统计报告编码8459.61.0080项下);
107. 台式铣床,非数控,价值超过400美元/台但不超过700美元/台(统计报告编码8459.69.0020项下);
108. 压力制动器,非数控,额定驱动能力为3千瓦(统计报告编码8462.29.0030项下);
109. 新型液压剪切机,非数控,功率为7.5千瓦,价值为3 025美元/台或以上(统计报告编码8462.39.0050项下);
110. 非数控液压机,价值超过85 000美元/台但不超过110 000美元/台(统计报告编码8462.91.8090项下);
111. 用于端部成型金属管的机器,外径范围为60厘米或以上但不超过305厘米(统计报告编码8462.91.8090项下);
112. 木工槽刨,配有1 306瓦(1.75马力)的电机,价值不超过60美元/台(统计报告编码8465.92.0051项下);
113. 木工车床,功率为224瓦(0.3马力)或以上但不超过896瓦(1.2马力),以600~3 500转/分的速度运行,价值不超过130美元/台(统计报告编码8465.99.0220项下);

114. 刀具夹,用于固定铣床主轴上使用的各类金属加工刀具(统计报告编码 8466.10.0175 项下);

115. [删除]

116. 工作台,设计用于斜切锯,不论是否带轮(统计报告编码 8466.92.5010 项下);

117. 手持式旋转磨床,适用于金属加工,价值低于 10 美元/台(统计报告编码 8467.11.1040 项下);

118. 手持式旋转砂光机,适用于金属加工,价值低于 20 美元/台(统计报告编码 8467.11.1040 项下);

119. 气动旋转刀具,适用于金属加工,刀片最大直径为 11 厘米,最大速度为 20 000 转/分,价值低于 10 美元/个(统计报告编码 8467.11.1080 项下);

120. 外部光盘驱动器存储单元,封装在机箱内,价值低于 60 美元/个(统计报告编码 8471.70.9000 项下);

121. 自动柜员机零件(统计报告编码 8473.40.8600 项下);

122. 固定式砂筛设备,每小时容量超过 90 吨但低于 182 吨(统计报告编码 8474.10.0090 项下);

123. 便携式混凝土或砂浆搅拌机,电动,容量不超过 0.15 立方米(统计报告编码 8474.31.0000 项下);

124. 配有振动电机的矿物压榨机(统计报告编码 8474.80.0015 项下);

125. 加工软塑料的电动切割机,单位价值不超过 300 美元(统计报告编码 8477.80.0000 项下);

126. 注射模嵌件(统计报告编码 8477.90.8501 项下);

127. 模架零件,长度超过 19 厘米但不超过 91 厘米,宽度超过 3 厘米但不超过 61 厘米,厚度超过 2 厘米但不超过 16 厘米;上述预配置有标准磨机特征,如钻孔、槽和衬套,以容纳塑料注射模运行所需的各种销和管定位销(统计报告编码 8477.90.8501 项下);

128. 钢制侧壁板、顶部胎圈、底部胎圈和上部袋夹环,所有上述部件均为轮胎模具的零件(统计报告编码 8477.90.8540 项下);

129. 适用于将岩石颗粒或类似硬质材料与塑料树脂混合以形成均质混合物的机器(统计报告编码 8479.82.0040 项下);

130. 通过混合、捏合或搅拌功能制造氢氧化锂的模块化装置(统计报告编码 8479.82.0040 项下);

131. 压碎/研磨药丸的机器,价值不超过 35 美元/台(统计报告编码 8479.82.0080 项下);

132. [删除]

133. [删除]

134. 排水和下水道清洗机零件(统计报告编码 8479.90.9496 项下);

135. 牙科照明或输送系统中使用的悬挂臂零件(统计报告编码 8479.90.9496 项下);

136. 钢制模架,尺寸为 27.9 厘米×38.1 厘米×45.7 厘米,重量为 409.1 千克(统计报告编码 8480.20.0000 项下);

137. 塑料注射成型模具,价值超过 50 000 美元/台(统计报告编码 8480.30.0000 项下);

138. 压缩型轮胎模具(统计报告编码8480.71.8060项下);
139. 液压电磁正时阀,价值不超过20美元/个(统计报告编码8481.20.0020项下);
140. 塑料或橡胶制止回阀(统计报告编码8481.30.9000项下);
141. 油液或气动传动用铸铁球型角旋塞阀体(统计报告编码8481.90.9020项下);
142. 油液传动或气动传动用阀门的铝制阀体(统计报告编码8481.90.9020项下);
143. 油液或气动传动用阀门的液压阀零件(阀体除外),价值不超过5美元/个(统计报告编码8481.90.9040项下);
144. 阀门泄压部件,包括阀体盖和隔膜(统计报告编码8481.90.9085项下)
145. 非圆形滚珠轴承,价值不超过4美元/个(统计报告编码8482.10.5004项下);
146. 推力轴承,价值不超过2美元/个(统计报告编码8482.10.5008项下);
147. 钢制轮毂轴承单元,用于机动车、挂车和草坪设备,具有一个用于车轮和制动器连接的法兰和一个用于连接到车辆悬架的第二个法兰,并具有密封和润滑的双排轴承(统计报告编码8482.10.5016项下);
148. 角接触球轴承,不与轮毂轴承单元一起使用,内径大于等于25毫米但不超过55毫米,外径大于等于50毫米但不超过95毫米,宽度大于等于20毫米但不超过35毫米,带有单列或双列钢球和钢或塑料保持架(统计报告编码8482.10.5028项下);
149. 角接触球轴承,宽度不超过40毫米,轮毂轴承单元除外(统计报告编码8482.10.5028项下);
150. 单列角接触球轴承,轮毂轴承单元除外,价值超过5.50美元/个但不超过6.25美元/个(统计报告编码8482.10.5028项下);
151. 单列径向轴承,外径小于9毫米价值不超过1美元/个(统计报告编码8482.10.5036项下);
152. 单列径向轴承,外径超过100毫米,价值不超过9美元/个(统计报告编码8482.10.5056项下);
153. 径向双列滚珠轴承,内径为10毫米或以上但不超过90毫米,外径为30毫米或以上但不超过170毫米,宽度为14.3毫米或以上但不超过68.3毫米,带钢或塑料保持架(统计报告编码8482.10.5060项下);
154. 圆锥滚子轴承,外圈外径超过102毫米但不超过203毫米,价值不超过9美元/个(统计报告编码8482.20.0061项下);
155. 单列圆锥滚子轴承内圈组件,用于外径不超过102毫米的外圈(统计报告编码8482.20.0070项下);
156. 钢制圆锥滚子轴承内圈组件,用于外径超过102毫米但不超过203毫米的外圈,无外圈,内圈延伸超过滚子保持架的宽度(统计报告编码8482.20.0081项下);
157. 滚锥轴承内圈组件,用于外径超过102毫米但不超过203毫米的外圈,价值不超过9美元/个(统计报告编码8482.20.0081项下);
158. 单列圆锥滚子轴承内圈组件,用于外径超过203毫米的外圈(统计报告编码8482.20.0090项下);
159. 球面滚子轴承,单列除外,内径为20毫米或以上但不超过300毫米,外径为50毫米或以上但不超过 300 毫米,宽度为 15 毫米或以上但不超过 100 毫米(统计报告编码 8482.30.0080 项下);

160. 圆柱滚子推力轴承,内径为 77.2 毫米,外径为 95.6 毫米,宽度为 3.445 毫米,包括 64 个直径为 2.24 毫米且长度为 5 毫米的圆柱滚子、1 个钢保持架和 1 个钢制轴向垫圈(统计报告编码 8482.50.0000 项下);

161. 球面滚子轴承的适配器套筒组件,包括锥形套筒适配器、锁紧螺母和锁紧垫圈(统计报告编码 8482.99.6510 项下);

162. 飞轮,用于手动汽车变速器中(统计报告编码 8483.50.6000 项下);

163. 万向节,重量不超过 5 千克(统计报告编码 8483.60.4080 项下);

164. 链轮,带锻造轮毂,外径为 59.4 毫米或以上但不超过 999.4 毫米,宽度为 22.4 毫米或以上但不超过 114.3 毫米(统计报告编码 8483.90.1010 项下);

165. 链轮,直径不超过 55 毫米(统计报告编码 8483.90.1050 项下);

166. 与其他材料组合的金属板垫片或两层或多层金属垫片,价值不超过 3 美元/层(统计报告编码 8484.10.0000 项下);

167. 第八十四章其他未列名的机械零件,不含电连接器、绝缘体、线圈、触点或其他电气特征,价值不超过 20 美元/个(统计报告编码 8487.90.0080 项下);

168. C 型架单相感应式交流电动机,输出功率不超过 18.65 瓦,非同步,无外部外壳,价值不超过 20 美元/台(统计报告编码 8501.10.4020 项下);

169. 永久分裂电容式交流电动机,输出功率不超过 16 瓦(统计报告编码 8501.10.4020 项下);

170. 永久分体式电容型交流电动机,高度为 97.5 毫米或以上但不超过 127.0 毫米,长度为 82.8 毫米或以上但不超过 226.0 毫米,输出功率为 12 瓦或以上但不超过 16 瓦,60 赫兹(统计报告编码 8501.10.4020 项下);

171. 带罩极的交流电动机,输出功率不超过 18.65 瓦,价值不超过 5 美元/台(统计报告编码 8501.10.4020 项下);

172. 无刷电机,输出功率不超过 18.65 瓦,非同步,价值不超过 0.50 美元/台(统计报告编码 8501.10.4040 项下);

173. 直流伺服电机或执行器,输出功率小于 18.65 瓦,价值不超过 2 美元/台但不超过 2.50 美元/台(统计报告编码 8501.10.4060 项下);

174. 通用交流/直流电动机,额定功率大于 37.5 瓦但不大于 65 瓦,价值低于 20 美元/台(统计报告编码 8501.20.2000 项下);

175. 四分之一圈执行机构电机,输出功率超过 746 瓦,价值不超过 140 美元/台(统计报告编码 8501.20.6000 项下);

176. 无刷直流电动机,额定输出功率为 48 瓦或以上但不超过 60 瓦,价值不超过 14 美元/台(统计报告编码 8501.31.2000 项下);

177. 直流无刷电机,额定电压为 32 伏,设计用于在盐水环境中运行,价值超过 35 美元/台(统计报告编码 8501.31.2000 项下);

178. 直流电动机,输出功率超过 37.5 瓦但不超过 74.6 瓦,装有热开关,价值不超过 22 美

元/台(统计报告编码 8501.31.2000 项下);

179. 直流电动机,输出功率超过 37.5 瓦但不超过 74.6 瓦,价值超过 2 美元/台但不超过 30 美元/台(统计报告编码 8501.31.2000 项下);

180. 多相交流电动机,输出功率超过 74.6 瓦但不超过 735 瓦,价值不超过 200 美元/台(统计报告编码 8501.51.4040 项下),与喷漆机一起用于调节油漆流动;

181. 无刷变速直流电机,输出功率为 750 瓦(统计报告编码 8501.31.6000 项下);

182. 直流电机和齿轮箱总成,输出功率为 746 瓦或以上但不超过 750 瓦,用于打开和关闭回转门,价值不超过 300 美元/台(统计报告编码 8501.31.6000 项下);

183. 多相交流电机,齿轮电机除外,输出功率超过 37.5 瓦但不超过 74.6 瓦,重量小于 600 克,价值低于 15 美元/台(统计报告编码 8501.51.2040 项下);

184. 三相交流电机,输出功率不小于 90 瓦但不超过 135 瓦,配有正时皮带(统计报告编码 8501.51.4040 项下);

185. 多相交流电机,轧制钢框架结构(统计报告编码 8501.51.4040 项下);

186. 多相交流电动机,民用飞机用电动机除外,输出功率超过 74 千瓦但不超过 75 千瓦(统计报告编码 8501.52.8040 项下);

187. 多相交流电动机,输出功率超过 93 千瓦但不超过 112 千瓦(统计报告编码 8501.53.4080 项下);

188. 多相交流电动机,输出功率为 186.5 千瓦或以上但不超过 373 千瓦,具有铸铁框架结构(统计报告编码 8501.53.8040 项下);

189. 交流发电机,具有铜绕组,重量超过 900 千克但不超过 1 700 千克(统计报告编码 8501.63.0000 项下);

190. 交流发电机,输出超过 750 千伏安但不超过 10 000 千伏安,具有铜绕组,重量超过 1 650 千克但不超过 4 100 千克,税号 8502.31.00 的风力发电机组除外(统计报告编码 8501.64.0025 项下);

191. 发电机组,重量超过 650 千克但不超过 830 千克(统计报告编码 8502.11.0000 项下);

192. 电枢,18.65 瓦以下电机除外,民用飞机发电机除外,价值不超过 5 美元/台(统计报告编码 8503.00.6500 项下);

193. 电机(18.65 瓦以下电机、民用飞机发电机除外)磁芯,钢冲压,价值不超过 5 美元/个(统计报告编码 8503.00.6500 项下);

194. 定子和转子,设计用于家用洗衣机或台式家用电器,价值不超过 10 美元/个(统计报告编码 8503.00.6500 项下);

195. 电机和发电机(不包括发电机组)的定子和转子,二极或四极型,价值 85 美元/个或以上但不超过 1 700 美元/个(统计报告编码 8503.00.6500 项下);

196. 变压器,重量不超过 500 克(统计报告编码 8504.32.0000 项下);

197. 印刷电路板,尺寸不超过 2.3 厘米×13.1 厘米,两端和/或两侧有两个黑色塑料插针连接器,设计用于为电信网络供电的变压器(统计报告编码 8504.90.6500 项下);

198. 双层印刷电路板组件,价值超过 30 美元/台但不超过 35 美元/台(统计报告编码 8504.90.7500 项下);

199. 浇铸环氧树脂变压器线圈,价值超过 6 500 美元/台但不超过 7 000 美元/台(统计报告编码 8504.90.9646);

200. 变压器、静态变流器和电感器用铝导线(统计报告编码 8504.90.9690 项下);

201. 电感器用铝散热器(统计报告编码 8504.90.9690 项下);

202. 塑料制电感器零件(统计报告编码 8504.90.9690 项下);

203. 硅钢圆环体(统计报告编码 8504.90.9690 项下);

204. 一次性锂电池,价值超过 0.50 美元/节但不超过 0.75 美元/节(统计报告编码 8506.50.0000 项下);

205. 电阻加热退火炉(统计报告编码 8514.10.0000 项下);

206. 电阻加热玻璃熔炉,具有连续输送铰接辊和正压(统计报告编码 8514.10.0000 项下);

207. 电阻加热铸带炉(统计报告编码 8514.40.0000 项下);

208. 手动操作烙铁和焊枪,带或不带电源,但不带工作台或其他附件装置(统计报告编码 8515.11.0000 项下);

209. 钨惰性气体保护电弧焊焊炬用钨电极(统计报告编码 8515.90.2000 项下);

210. 收发器,10 米,非手持式,用于在 28.000～29.700 兆赫的频率范围内工作(统计报告编码 8525.60.1050 项下);

211. GPS 仪器,高度不超过 118 毫米,宽度不超过 120 毫米,厚度不超过 20 毫米,配备或不配备天线或其他附件(统计报告编码 8526.91.0040 项下);

212. GPS 装置,适用于狗或其他动物项圈(统计报告编码 8526.91.0040 项下);

213. 套件,每个套件包括适合与狗或动物项圈一起使用的 GPS 装置、手持式 GPS 发射器及其附件(统计报告编码 8526.91.0040 项下);

214. 无线电遥控装置,适用于控制燃气壁炉(统计报告编码 8526.92.5000 项下);

215. 27 兆赫无线电遥控天线,设计用于向狗项圈接收器发送信号(统计报告编码 8529.10.4040 项下);

216. [删除]

217. 铝电解电容器,价值不超过 4 美元/台(统计报告编码 8532.22.0055 项下);

218. 固定陶瓷介质多层片式电容器,价值不超过 0.12 美元/台(统计报告编码 8532.24.0020 项下);

219. 交流用纸张或塑料介质电容器,工作电压低于 300 伏,价值不超过 4.50 美元/台(统计报告编码 8532.25.0010 项下);

220. 交流用纸质或塑料介质电容器,工作电压为 300 伏或以上但不超过 600 伏,价值不超过 3 美元/台(统计报告编码 8532.25.0020 项下);

221. 双面电容器模块,包含于在 165 法拉、48 伏和 53 瓦时下运行的电容器(统计报告编码 8532.25.0080 项下);

222. 固定电容器(除钽、铝电解、陶瓷电介质、纸张或塑料电介质或云母电介质外的上述固定电容器),价值超过 200 美元/台但不超过 300 美元/台(统计报告编码 8532.29.0040 项下);

223. 可变电容器(云母、陶瓷或玻璃电介质除外),价值超过 500 美元/台但不超过 600 美

元/台(统计报告编码8532.30.0090项下);

224. 陶瓷-金属氧化物材料的金属氧化物压敏电阻器(统计报告编码8533.40.4000项下);

225. 电位器(金属陶瓷或金属釉除外),价值不超过70美元/个(统计报告编码8533.40.8070项下);

226. 热敏电阻(金属陶瓷或金属釉除外),价值不超过1美元/个(统计报告编码8533.40.8070项下);

227. 电机过载保护器,电压超过60伏但不超过1 000伏,价值超过5美元/个但不超过7美元/个(统计报告编码8536.30.4000项下);

228. 接触器,电压不超过1 000伏,价值不超过39美元/个(统计报告编码8536.49.0065项下);

229. 电动机起动器,电压超过60伏但不超过1 000伏,价值超过9美元/个但不超过10美元/个(统计报告编码8536.50.4000项下);

230. 旋转开关组件,电压不超过1 000伏,额定电流不超过5安,价值超过2美元/个但不超过3美元/个(统计报告编码8536.50.9020项下);

231. 速动开关,电压不超过250伏,额定电流不超过8安(统计报告编码8536.50.9040项下);

232. 限位开关,电压不超过1 000伏,价值超过19美元/个但不超过32美元/个(统计报告编码8536.50.9055项下);

233. 断带开关,设计用于干衣机,电压不超过1 000伏(统计报告编码8536.50.9065项下);

234. 模块化光开关,电压不超过1 000伏,安装在聚对苯二甲酸乙二醇酯(PET)外壳中,设计用于背板(统计报告编码8536.50.9065项下);

235. 单极双掷开关,有一个可移动的接触臂,允许打开和关闭触点,额定电压不超过1 000伏(统计报告编码8536.50.9065项下);

236. 开关,设计用于机动车、驾驶员或乘客激活(统计报告编码8536.50.9065项下);

237. 同轴连接器,电压不超过1 000伏,价值超过0.20美元/个但不超过0.30美元/个(统计报告编码8536.69.4010项下);

238. 圆柱形多触点连接器,电压不超过1 000伏,价值不超过120美元/个(统计报告编码8536.69.4020项下);

239. 印刷电路连接器,价值不超过1美元/个(统计报告编码8536.69.4040项下);

240. 印刷电路连接器,电压不超过1 000伏,长142毫米,高20.53毫米,宽6.5毫米(统计报告编码8536.69.4040项下);

241. 印刷电路连接器,电压不超过1 000伏,长59.08毫米,高25.91毫米,宽25.91毫米,价值不超过20美元/个(统计报告编码8536.69.4040项下);

242. 印刷电路连接器,电压不超过1 000伏,价值超过1美元/个但不超过5美元/个(统计报告编码8536.69.4040项下);

243. 印刷电路连接器,电压不超过1 000伏,堆叠,价值不超过10美元/个(统计报告编码8536.69.4040项下);

244. 对接拼接连接器,电压不超过1 000伏,价值不超过3美元/个(统计报告编码8536.90.4000项下);

245. 套件,包含40个分类端子,包括12个对接接头、10个环形端子、8个铲形端子和10个阴式断开,电压不超过1 000伏(统计报告编码8536.90.4000项下);

246. 套件,每个套件包含80个分类端子,价值不超过2美元/个,电压不超过1 000伏(统计报告编码8536.90.4000项下);

247. 环形端子,电压不超过1 000伏(统计报告编码8536.90.4000项下);

248. 绞合式导线连接器,电压不超过1 000伏,价值不超过0.03美元/个(统计报告编码8536.90.4000项下);

249. 接线盒,价值超过1.40美元/个但不超过1.70美元/个(统计报告编码8536.90.8530项下);

250. 晶体管,损耗率小于1瓦,工作频率不小于100兆赫,价值超过0.04美元/个但不超过0.05美元/个(统计报告编码8541.21.0075项下);

251. 双极结晶体管,耗散率小于1瓦,工作频率小于100兆赫(统计报告编码8541.21.0095项下);

252. 碳化硅衬底上的金属氧化物晶体管,耗散率为1瓦或更高(统计报告编码8541.29.0095项下);

253. 安装式石英压电晶体,工作电压为1.5伏或更高但不超过3.75伏,频率范围不超过175兆赫(统计报告编码8541.60.0060项下);

254. S波段和X波段线性加速器,设计用于放射外科或放射治疗设备(统计报告编码8543.10.0000项下);

255. 铜板或图案电镀机,专用于或主要用于制造印刷电路(统计报告编码8543.30.2000项下);

256. 电解铜回蚀和去污机,专用于或主要用于制造印刷电路(统计报告编码8543.30.2000项下);

257. 同轴天线馈线电缆,设计用于机动车(统计报告编码8544.30.0000项下)

258. 点火线圈和接线组,设计用于机动车发动机,价值不超过7美元/个(统计报告编码8544.30.0000项下);

259. 电源电缆,设计用于飞机(统计报告编码8544.30.0000项下);

260. 接线组,设计用于机动车换档器,价值不超过7美元/个(统计报告编码8544.30.0000项下);

261. 绝缘铝电缆,电压超过80伏但不超过600伏,未安装连接器(统计报告编码8544.49.9000项下);

262. 四轮越野车,仅配备火花点火内燃机往复式活塞发动机,气缸容量不超过1 000 cc,带跨座和把手控制,车上的标签表明车辆只能由至少16岁的人操作,价值不超过5 000美元/辆(统计报告编码8703.21.0110项下);

263. 电动工作卡车,整备重量超过8 500千克但不超过9 500千克,操作员乘坐(统计报告编码8709.11.0030项下);

264. 民用飞机用齿轮头组件及其零件,价值不超过 40 美元/个(统计报告编码 8803.30.0030 项下);
265. 机翼、尾翼、机身和其他机身部分,包括上述结构部件和零件,设计用于不能运送人员的无人机(统计报告编码 8803.90.9060 项下);
266. 机动车透镜盖总成(统计报告编码 9002.90.9500 项下);
267. 附件,为复合光学显微镜台而设计(统计报告编码 9011.90.0000 项下);
268. 摄像头适配器支架,为复合光学显微镜而设计(统计报告编码 9011.90.0000 项下);
269. 上位荧光显微镜配件,为复合光学显微镜而设计(统计报告编码 9011.90.0000 项下);
270. 激光器(激光二极管除外),价值超过 200 美元/台但不超过 300 美元/台(统计报告编码 9013.20.0000 项下);
271. 液晶显示器第八十八章,视频显示对角线长度不超过 85 厘米(统计报告编码 9013.80.7000 项下);
272. 测深仪,价值不超过 50 美元(统计报告编码 9014.80.2000 项下);
273. 税号 9014.80.20 的鱼鳍塑料零件(统计报告编码 9014.90.6000 项下);
274. 一次性心电图(ECG)电极(统计报告编码 9018.11.9000 项下);
275. 便携式超声波扫描仪控制台,每个重量小于 4 千克,配备或不配备传感器(统计报告编码 9018.12.0000 项下);
276. 数字峰值流量计,适合医疗专业人员使用(统计报告编码 9018.19.9550 项下);
277. 指尖脉搏血氧仪,适合医疗专业人员使用(统计报告编码 9018.19.9550 项下);
278. 锗酸铋晶体,具有设定的尺寸和表面光洁度要求,并用作正电子发射断层扫描(PET)探测器中的检测元件(统计报告编码 9018.19.9560 项下);
279. 磁共振成像("MRI")患者外壳装置,包括射频和梯度线圈(统计报告编码 9018.19.9560 项下);
280. 二氧化碳浓度监测仪的零件和附件(统计报告编码 9018.19.9560 项下);
281. 耳镜(统计报告编码 9018.90.2000 项下);
282. 麻醉面罩(统计报告编码 9018.90.3000 项下);
283. 带电连接器的电外科烧灼铅笔(统计报告编码 9018.90.6000 项下);
284. 印刷电路板组件,设计用于显示医用输液设备操作性能(统计报告编码 9018.90.7580 项下);
285. X 射线表(统计报告编码 9022.90.2500 项下);
286. X 射线管外壳及其零件(统计报告编码 9022.90.4000 项下);
287. 移动式 X 射线设备的金属制零件和附件(统计报告编码 9022.90.6000 项下);
288. 印刷电路板组件,设计用于 X 射线设备(统计报告编码 9022.90.6000 项下);
289. 钨屏蔽,含 90% 或更多的钨,设计用于基于 X 射线的使用连接到特定放射治疗设备的多叶准直器的壁上(统计报告编码 9022.90.6000 项下);
290. 垂直支架,专门设计用于支撑、容纳或调整 X 射线数字探测器或完整 X 射线诊断系统中的 X 射线管和准直器运动(统计报告编码 9022.90.6000 项下);
291. 聚己内酯热塑性面罩,在为放射照相或放射治疗而使用 α、β 或 γ 辐射时用于固定患者

(统计报告编码 9022.90.9500 项下）；

292. 管道用电磁流量计系统，外径大于 183 厘米（统计报告编码 9026.10.2040 项下）；
293. 数字轮胎压力计，价值不超过 8.50 美元/个（统计报告编码 9026.20.4000 项下）；
294. 一氧化碳传感器，价值超过 14 美元/个但不超过 19 美元/个（统计报告编码 9027.90.5910 项下）；
295. 硫化氢传感器，价值超过 9 美元但/个不超过 13 美元/个（统计报告编码 9027.90.5910 项下）；
296. 二氧化氮传感器，价值超过 12 美元/个但不超过 17 美元/个（统计报告编码 9027.90.5910 项下）；
297. 二氧化硫传感器，价值超过 24 美元/个但不超过 29 美元/个（统计报告编码 9027.90.5910 项下）；
298. 切片机通用卡式夹（统计报告编码 9027.90.5995 项下）；
299. 塑料公用电能表底座，直径为 17 厘米或以上但不超过 18 厘米，包括闭锁继电器，价值超过 8 美元/个但不超过 10 美元/个（统计报告编码 9028.90.0040 项下）；
300. 波形监视器，价值超过 4 000 美元/台但不超过 5 000 美元/台（统计报告编码 9030.40.0000 项下）；
301. 印刷电路板组件，设计用于 X 射线探测器（统计报告编码 9030.90.2500 项下）；
302. 示波器探头（统计报告编码 9030.90.8911 项下）；
303. 加热、通风和空调系统的自动恒温器，包含温度和湿度传感器，设计用于壁挂式安装（统计报告编码 9032.10.0030 项下）；
304. 空调、制冷或加热系统的恒温器，设计用于机动车辆（统计报告编码 9032.10.0060 项下）；
305. 空调、制冷或加热系统的恒温器（壁装式除外），长度不超过 15 厘米，宽度不超过 11 厘米，高度不超过 3 厘米（统计报告编码 9032.10.0060 项下）；
306. 电池平衡器，设计用于调节电池间电压（6 伏、12 伏或 24 伏系统除外）（统计报告编码 9032.89.4000 项下）；
307. 家用电器中使用的水位和温度控制装置（统计报告编码 9032.89.6040 项下）；
308. 流量和液位控制仪表，价值不超过 10 美元/个（统计报告编码 9032.89.6060 项下）；
309. 印刷电路板组件，设计用于控制喷漆机中油漆流动（统计报告编码 9032.89.6085 项下）；
310. 恒温器盖（统计报告编码 9032.90.6120 项下）。

（十八）就税号 9903.88.15 而言，对本注释规定的中国产品应课征附加 7.5% 的从价税。税号 9903.88.15 项下须附加 7.5% 从价税的中国产品是第三分章美国注释二十（十九）1 款所列税号或美国注释二十（十九）2 款所列税号的中国产品。对第三分章美国注释二十（十九）1 款所列税号或美国注释二十（十九）2 款所列税号的所有中国产品，按照税号 9903.88.15 的规定课征附加 7.5% 的从价税，但经美国贸易代表办公室批准排除的以下中国产品除外：(1)税号 9903.88.39 和第九十九章第三分章美国注释二十（四十）款；(2)税号 9903.88.42 和第九十九章第三分章美国注释二十（四十三）款；(3)税号 9903.88.44 和第九十九章第三分章美国注释二十(四十五)款;(4)税号9903.88.47和第九十九章第三分章美国注释二十(四十八)款;(5)税号9903.88.49和第九十九章第三分章美国注释二十(五十)款;(6)税号9903.88.51和第九十九章第三分章美国注释二十(五十二)款;(7)税号9903.88.53和第九十九章第三分章美国注释二十(五十四)款;(8)税号9903.88.55和第九十九章第三分章美国注释二十(五十六)款;(9)税号9903.88.57和第九十九章第三分章美国注释二十(五十八)款;或(10)税号9903.88.65和第九十九章第三分章美国注释二十(六十六)款。

尽管有第三分章美国注释一的规定,税号9903.88.15项下课征附加7.5%从价税的所有中国产品,同样应当课征第三分章美国注释二十(一)款或美国注释二十(二)款列举的中国产品的普通关税。

第三分章美国注释二十(十九)1款或美国注释二十(十九)2款列举的中国产品、本税则总注释三(三)1款享受特殊关税待遇的中国产品和第九十九章第二分章享受临时关税减免的中国产品,也应当按照税号9903.88.15的规定课征附加7.5%的从价税。

税号9903.88.15征收的附加关税不适用于根据本税则第九十八章规定正常申报的货物,但在税号9802.00.40、税号9802.00.50、税号9802.00.60和税号9802.00.80项下进口的货物除外。就税号9802.00.40、税号9802.00.50和税号9802.00.60而言,附加关税适用于在国外修理、改动或加工的价值。就税号9802.00.80而言,附加关税适用于货物的价值减去税号9802.00.80规定的美国此类产品的成本或价值。

对税号9903.88.15规定并归入第三分章美国注释二十(十九)1款或美国注释二十(十九)2款列举的税号之一的中国产品,应课征适用于此类货物的反倾销、反补贴和其他关税、费用和强制费用,同时也要按照税号9903.88.15的规定征收附加7.5%的从价税。

(十九)税号9903.88.15适用于:

1. 归入所列8位税号(扫描以下二维码可见)的所有中国产品:

2. 以下中国产品:
   (1)税号4901.99.00的其他印刷书籍、小册子和类似印刷品,但统计报告编码4901.99.0040的印刷品除外;
   (2)税号8517.62.00的用于接收、转换和传输或再生声音、图像或其他数据的机器,但统计报告编码8517.62.0010和8517.62.0020的机器除外;
   (3)税号9401.69.60项下的其他木框座椅,但统计报告编码9401.69.6011和9401.69.6031项下的座椅除外;
   (4)税号9401.71.00的其他带金属框架软座椅,但统计报告编码9401.71.0001、9401.71.0005、9401.71.0006、9401.71.0008、9401.71.0011和9401.71.00031的座椅除外。

(二十)就税号9903.88.16而言,对本注释规定的中国产品应课征附加15%的从价税。税号9903.88.16项下须附加15%从价税的中国产品是第三分章美国注释二十(二十一)1款所列税号或美国注释二十(二十一)2款所列税号的中国产品。对第三分章美国注释二十(二十一)1款所列税号或美国注释二十(二十一)2款所列税号的所有中国产品,按照税号9903.88.16的规定课征附加15%的从价税。[**编者注:第三分章美国注释二十(二十)款和二十(二十一)款及税号9903.88.16暂停使用**。]

尽管有第三分章美国注释一的规定,税号9903.88.16项下课征附加15%从价税的所有中国产品,同样应当课征第三分章美国注释二十(二十一)1款或美国注释二十(二十一)2款列举的中国产品的普通关税。

第三分章美国注释二十(二十一)1款或美国注释二十(二十一)2款列举的中国产品、本税则总注释三(三)1款享受特殊关税待遇的中国产品和第九十九章第二分章享受临时关税减免的中国产品,也应当按照税号9903.88.16的规定课征附加15%的从价税。

税号9903.88.16征收的附加关税不适用于根据本税则第九十八章规定正常申报的货物,但在税号9802.00.40、税号9802.00.50、税号9802.00.60和税号9802.00.80项下进口的货物除外。就税号9802.00.40、税号9802.00.50和税号9802.00.60而言,附加关税适用于在国外修理、改动或加工的价值。就税号9802.00.80而言,附加关税适用于货物的价值减去税号9802.00.80规定的美国此类产品的成本或价值。

对税号9903.88.16规定并归入第三分章美国注释二十(二十一)1款或美国注释二十(二十一)2款列举的税号之一的中国产品,应课征适用于此类货物的反倾销、反补贴和其他关税、费用和强制费用,同时也要按照税号9903.88.16的规定征收附加15%的从价税。

(二十一)税号99036.88.16适用于:

1. 归入所列8位税号(扫描以下二维码可见)的所有中国产品:

2. 以下中国产品:
    (1) 税号2931.90.90的其他非芳香族有机无机化合物,但统计报告编码2931.90.9010、2931.90.9021、2931.90.9025和2931.90.9029的化合物除外;
    (2) 税号9401.61.40的其他木制框架软垫座椅,但统计报告编码9401.61.4011和9401.61.4031的座椅除外;
    (3) 税号9401.71.00的其他金属框架软垫座椅,但统计报告编码9401.71.0007、9401.71.0008、9401.71.0011和9401.71.0031的座椅除外;
    (4) 税号9401.79.00的其他金属框架座椅,未加软垫,但统计报告编码9401.79.0006、9401.79.0011、9401.79.0015、9401.79.0025、9401.79.0035、9401.79.0046和9401.79.0050的座椅除外;
    (5) 税号9401.80.20的其他增强或层压塑料座椅,但统计报告编码9401.80.2005、9401.80.2011和9401.80.2031的座椅除外;
    (6) 税号9401.80.40的其他橡胶或塑料座椅,但统计报告编码9401.80.4004、9401.80.4006、9401.80.4015、9401.80.4026、9401.80.4026、9401.80.4035和

9401.80.4046 的座椅除外；

(7) 税号 9403.70.40 的增强或层压塑料家具，但统计报告编码 9403.70.4001、9403.70.4002、9403.70.4015、9403.70.4020 和 9403.70.4031 的家具除外；以及

(8) 税号 9403.70.80 的增强塑料或层压塑料制家具，但统计报告编码 9403.70.8001、9403.70.8002、9403.70.8015、9403.70.8020 和 9403.70.8031 的家具除外。

(二十二) 美国贸易代表办公室决定建立一个程序，通过该程序可以将归入税号 9903.88.02、第三分章美国注释二十(三)款和二十(四)款的特殊商品从税号 9903.88.02 规定的附加关税中排除出来。见《联邦公报》第 83 卷第 40823 节(2018 年 8 月 16 日)和第 83 卷第 47236 节(2018 年 9 月 18 日)。根据这个商品排除程序，美国贸易代表办公室决定税号 9903.88.02 规定的附加关税不适用于以下特殊商品，其统计报告编码为：

1. 丙烯酸-2-丙烯酰胺基-2-甲基丙烷磺酸丙烯酸酯(AA/AMPS/HPA)三元共聚物，干燥状态(统计报告编码 3906.90.5000 项下)；

2. 丙烯酸和 2-丙烯酰胺-2-甲基丙烷磺酸共聚物，价值为 4.00 美元/千克～7.00 美元/千克(统计报告编码 3906.90.5000 项下)；

3. 粒状烃类树脂，每个颗粒在任何尺寸上不大于 1 厘米，熔点高于 95℃ 但不高于 105℃，以纸张、纸板或牛皮纸直接包装，重量超过 23 千克但不超过 27 千克(统计报告编码 3911.10.0000 项下)；

4. 用于生产门框的型材，由聚氯乙烯、碳酸钙和锯末组成(统计报告编码 3916.20.0020 项下)；

5. 编织聚氯乙烯软管，带卷曲配件，设计用于输水，价值不超过 2.00 美元/千克(统计报告编码 3917.23.0000 项下)；

6. 模压丙烯腈-丁二烯-苯乙烯(ABS)管，用于将液体从袋子或小瓶无菌转移至另一容器，长度超过 7.5 厘米但不超过 23 厘米，内径小于 0.65 厘米，外径小于 9 厘米，一端经角度切割形成尖刺，且具有集成法兰，小于钉端附近直径为 3 厘米(防溅罩)，两端为可拆卸聚乙烯盖，放置在无菌包装中(统计报告编码 3917.29.0090 项下)；

7. 聚合物条以螺旋方式卷曲，形成具有恒定圆形横截面且直径不超过 2 厘米的挠性管(统计报告编码 3917.29.0090 项下)；

8. 塑料制饮用吸管，外径大于等于 8 毫米，长度大于等于 18 厘米(统计报告编码 3917.32.0050 项下)；

9. 舱壁配件，包括一端带有六角或八角头的空心螺纹圆柱体，长度为 9.53 厘米或以上但不超过 23.5 厘米，内径为 1.27 厘米或以上但不超过 15.24 厘米，聚合物垫圈和六角或八角紧固螺母(统计报告编码 3917.40.0090 项下)；

10. 连接器用聚缩醛支架，长度为 3.84 厘米或以上但不超过 4.57 厘米，宽度为 0.838 厘米，高度为 2.15 厘米(统计报告编码 3917.40.0090 项下)；

11. 聚缩醛过滤器，尺寸为 3.76 厘米×3.76 厘米×0.31 厘米(统计报告编码 3917.40.0090 项下)；

12. 聚缩醛软管倒钩配件，长度为 2.27 厘米，宽度为 0.99 厘米，高度为 2.29 厘米(统计报告编码 3917.40.0090 项下)；

13. 塑料制管、软管接头和连接器,最大外部尺寸为 6.5 厘米×6.35 厘米×6.35 厘米(统计报告编码 3917.40.0090 项下);

14. Y 形塑料配件,长度为 6.99 厘米,宽度和高度为 3.18 厘米或以上但不超过 3.81 厘米,其中心包括塑料和黄铜阀杆(统计报告编码 3917.40.0090 项下)

15. 聚氯乙烯卷制电工胶带,宽度不超过 2 厘米,长度不超过 20.2 米,厚度不超过 0.18 毫米(统计报告编码 3919.10.2020 项下);

16. 带有丙烯酸乳液粘合剂的塑料透明胶带,卷装宽度不超过 4.8 厘米,价值不超过 0.25 美元/米^2(统计报告编码 3919.10.2030 项下);

17. 涂有溶剂型丙烯酸粘合剂的聚乙烯薄膜卷(统计报告编码 3919.10.2055 项下);

18. 塑料热封印刷薄膜,厚度超过 20 微米但不超过 30 微米,卷宽超过 15 厘米但不超过 20 厘米(统计报告编码 3920.20.0055 项下);

19. 聚氯乙烯卷,尺寸为 2.5 厘米或以上,宽度不超过 5.1 厘米,长度不超过 182.9 米(统计报告编码 3920.43.5000 项下);

20. 聚氯乙烯片材,卷装,宽度为 0.6 米或以上,不论是否以各种颜色印刷,价值 0.88 美元/千克或以上但不超过 2.42 美元/千克(统计报告编码 3920.43.5000 项下);

21. 聚氯乙烯片材,宽度为 2.44 米或以上但不超过 3.66 米,长度为 3.05 米或以上但不超过 5.18 米,厚度为 0.5 厘米(统计报告编码 3920.43.5000 项下);

22. 聚氯乙烯板,宽 45.72 厘米,长 60.96 厘米,厚 0.6096 毫米,两面涂有可打印底漆(统计报告编码 3920.43.5000 项下);

23. 聚氯乙烯透明板材(双重抛光或超双重抛光),不论是否具有整体图案,卷装,宽 1.37 米或以上但不超过 1.83 米,长不超过 54.9 米,厚 0.075 毫米或以上但不超过 0.51 毫米,价值为 2.35 美元/米^2 或以上但不超过 3.35 美元/米^2(统计报告编码 3920.43.5000 项下);

24. 未涂覆聚氯乙烯薄膜,按重量计,增塑剂含量小于 6%,厚度小于 0.07 毫米,卷重 1 吨或以上(统计报告编码 3920.49.0000 项下);

25. 单面或双面涂有聚偏二氯乙烯(PVdC)或聚乙烯醇(PVOH)的薄膜,不论基底和涂层之间是否有底漆层,总厚度大于 0.01 毫米但不大于 0.03 毫米(统计报告编码 3920.62.0090 项下);

26. 透明聚氨酯板,宽度为 112 厘米,长度为 112 厘米或以上但不超过 168 厘米,不论是否用无菌包装(统计报告编码 3920.99.2000 项下);

27. 聚氯乙烯印刷薄膜,与发泡聚氯乙烯涂层聚酯织物层压,成卷,用于架子或抽屉衬里(统计报告编码 3921.12.1100 项下);

28. 三层聚氯乙烯薄膜与聚酯无纺织物层压,成卷,宽度不超过 5 米,长度不超过 91.5 米,价值为 2.10 美元/米^2 或以上但不超过 2.40 美元/米^2(统计报告编码 3921.12.1100 项下);

29. 泡沫聚氯乙烯与非纺织品防潮层层压,成卷,宽度为 45.7 厘米,长度为 1.83 米,每卷重量不超过 0.39 千克(统计报告编码 3921.12.5000 项下);

30. 合成革片材,包括三层聚碳酸酯型聚氨酯,外层表面处理,中间层泡沫聚氨酯,底部粘合层与聚酯针织物支撑层结合,重量为 441 克/米² 或以上但不超过 539 克/米²,成卷,宽度大于等于 1.4 米但不超过 1.5 米,长度大于等于 20 米(统计报告编码 3921.13.1500 项下);

31. 细胞再生纤维素板(块),尺寸为 99.1 厘米×99.1 厘米×35.6 厘米(统计报告编码 3921.14.0000 项下);

32. 用于货架衬垫的片状或卷状非粘合半透明乙烯-醋酸乙烯酯(统计报告编码 3921.19.0000 项下);

33. 由闭孔乙烯-醋酸乙烯酯和聚乙烯泡沫层组成的矩形板,每层的表面积为 2 平方米或以上但不大于 2.25 平方米(统计报告编码 3921.19.0000 项下);

34. 由交联聚乙烯和乙烯-醋酸乙烯酯组成的片材和带材,宽度大于 1 米但不大于 1.5 米,长度大于 1.75 米但不大于 2.6 米(统计报告编码 3921.19.0000 项下);

35. 非多孔聚氯乙烯与人造纺织物复合板材,价值 6.15 美元/米² 或以上但不超过 6.30 美元/米²(统计报告编码 3921.90.1100 项下);

36. 用纺粘法非织造聚丙烯织物层压的聚乙烯薄板和薄膜,宽度为 1.12 米或以上但不超过 1.52 米,长度为 1.93 米或以上但不超过 2.29 米,重量为 55 克/米² 或以上但不超过 88 克/米²(统计报告编码 3921.90.1500 项下);

37. 塑料薄膜,高密度聚乙烯纺织带芯/细麻布编织层,两侧涂有低密度聚乙烯,带有一层可见的黑色线性低密度聚乙烯锉刀,不含聚氯乙烯,重量不超过 1.492 千克/米²,每卷宽度不超过 5 米(统计报告编码 3921.90.1950 项下);

38. 透明板材(双重抛光或超双重抛光)层压聚氯乙烯,不论是否具有整体图案,成卷,宽度为 1.37 米或以上但不超过 1.83 米,长度不超过 54.9 米,厚度为 0.075 毫米或以上但不超过 0.51 毫米,价值 2.35 美元/米² 或以上但不超过 3.35 美元/米²(统计报告编码 3921.90.4090 项下);

39. 透明(双面抛光或超双面抛光)聚氯乙烯片,不论是否有整体图案,成卷,宽度为 1.37 米或以上但不超过 1.83 米,长度不超过 54.9 米,厚度为 0.075 毫米或以上但不超过 0.51 毫米,价值 2.35 美元/米² 或以上但不超过 3.35 美元/米²(统计报告编码 3921.90.4090 项下);

40. 钢铁大梁,符合美国材料与试验协会标准 A572,等级 50、65 或 70(统计报告编码 7308.90.3000 项下);

41. 铁制或钢制管道,符合美国材料与试验协会标准 A572,等级 50,带接头(统计报告编码 7308.90.3000 项下);

42. 钢管柱,带有球形旋钮(统计报告编码 7308.90.3000 项下);

43. 钢管柱,带有门槛板和球头螺柱(统计报告编码 7308.90.3000 项下);

44. 铁制或钢制肋节点,符合美国材料与试验协会标准 A572,等级 50、65 或 70(统计报告编码 7308.90.3000 项下);

45. 钢竖立支撑构件(统计报告编码 7308.90.3000 项下);

46. 镀锌钢角料架,设计用于牲畜饲养(统计报告编码 7308.90.9590 项下);

47. 钢铁制动物犬舍(统计报告编码 7308.90.9590 项下);

48. 铁制或钢制栏杆或主轴,设计用于扶手(统计报告编码 7308.90.9590 项下);

49. 铁制或钢制链环围栏板、围栏板支架和底座(统计报告编码 7308.90.9590 项下);

50. 镀锌钢拉长半环(统计报告编码 7308.90.9590 项下);

51. 铁制或钢制凉亭、棚架和棚架(统计报告编码 7308.90.9590 项下);

52. 镀锌钢制锁定框架,长度超过 3.0 米,用于控制牲畜的移动(统计报告编码 7308.90.9590 项下);

53. 钢板组件,符合美国材料与试验协会标准 A709,等级 50(统计报告编码 7308.90.9590 项下);

54. 镀锌钢管,长度不超过 1.0 米,一端有盖(缺口)(统计报告编码 7308.90.9590 项下);

55. [**删除**]

56. 火花点火往复式或旋转式内燃机,安装在农业或园艺机械或设备中,额定功率小于 4 200 瓦(统计报告编码 8407.90.1010 项下);

57. 其他未列名的火花点火往复式或旋转式内燃机,额定功率为 4 476 瓦或以上但不超过 18.65 千瓦,发动机排量不超过 690cc(统计报告编码 8407.90.9060 项下);

58. 冷板,用于制备组织样品(统计报告编码 8419.89.9540 项下);

59. 淬火装置,设计用于用水降低钢板温度,包括顶部冷却集管、底部冷却集管、侧扫集管、为所有集管馈电的公共控制歧管、支撑所有底部集管和底部辊的主支撑架、顶部收割台支撑副架,用于支撑顶部收割台和顶部辊、五个顶部辊和五个底部辊、颈部轴承、驱动装置和船上管道(统计报告编码 8419.89.9540 项下);

60. 冷板机,包括扁平的吸热金属板,能够将石蜡的温度从液态降低到固态,设计用于切片机(统计报告编码 8419.89.9585 项下);

61. 电动步行式旋耕机,重量小于 16 千克(统计报告编码 8432.29.0060 项下);

62. 松土机(统计报告编码 8432.29.0090 项下);

63. 瓷砖锯(统计报告编码 8464.10.0100 项下);

64. 带锯防护装置(统计报告编码 8466.30.8000 项下);

65. 磨床架、托辊和其他工具和工件架、支架和平台(统计报告编码 8466.30.8000 项下);

66. 电动工具支架(统计报告编码 8466.30.8000 项下);

67. 用于制造夹层玻璃或中空玻璃的机器,价值超过 100 000 美元/台(统计报告编码 8475.29.0000 项下);

68. 无外壳的滑动轴轴承和衬套,价值不超过 3 美元/个(统计报告编码 8483.30.8090 项下);

69. 其他未列名的零件和附件,价值不超过 2 800 美元/个(统计报告编码 8486.90.0000 项下);

70. 无刷直流电机,额定电压为 24 伏,设计用于盐水水族馆(统计报告编码 8501.10.604 项下);

71. 直流电动机,输出功率超过 750 瓦但不超过 1.8 千瓦(统计报告编码 8501.32.2000 项下);

72. [**删除**]

73. 直流电动机,输出功率超过 750 瓦但不超过 14.92 千瓦,配有执行机构、曲轴或齿轮(统计报告编码 8501.32.2000 项下);

74. 发电机零件(第十五类注释二定义的通用零件除外),价值不超过 10 美元/个(统计报告编码 8503.00.9550 项下);

75. 电子交流照明控制开关,用于调光和打开和关闭灯,包装零售(统计报告编码 8536.50.7000 项下);

76. 表面安装玻璃钝化整流器,整流输出电流不超过 1.25 安(统计报告编码 8541.10.0080 项下);

77. 表面安装瞬态电压抑制器,峰值脉冲功率容量不超过 5 安(统计报告编码 8541.10.0080 项下);

78. 齐纳二极管,在 25 摄氏度时其容许齐纳电流不超过 0.15 安(统计报告编码 8541.10.0050 项下);

79. 第八十五章统计注释十一所述类型的晶体硅光伏电池,制成表面积不超过 3 061 平方厘米的面板(统计报告编码 8541.40.6015 项下);

80. 太阳能电池板,表面积不超过 3 100 平方厘米(统计报告编码 8541.40.6015 和 8541.40.6035 项下);

81. 16 号 2 芯导线,电压不超过 80 伏,未安装连接器(统计报告编码 8544.49.2000 项下);

82. 电导体,电压不超过 80 伏,未安装连接器,用聚丙烯二次成型(统计报告编码 8544.49.2000 项下);

83. 单极导体(铜制除外),电压超过 1 000 伏,未安装连接器(统计报告编码 8544.60.6000 项下);

84. 铁路车辆用卡车靠垫,重量超过 650 千克(统计报告编码 8607.19.3010 项下);

85. 铁路车辆用卡车侧架,重量超过 400 千克(统计报告编码 8607.19.3020 项下);

86. 用于推进的电力摩托车,功率不超过 1 000 瓦(2019 年 7 月 1 日之前的统计报告编码 8711.60.0050 或 8711.60.0090 项下,2019 年 7 月 1 日生效的统计报告编码 8711.60.0000 项下);

87. 滑板,驱动功率为 1.0 千瓦或以上但不超过 2.1 千瓦(2019 年 7 月 1 日之前的统计报告编码 8711.60.0090 项下,2019 年 7 月 1 日生效的统计报告编码 8711.60.0000 项下);

88. [**删除**]

89. 温度计,包括带传感器的电缆组件,适用于游泳池,不与其他仪器组合,价值不超过 10 美元/台(2020 年 7 月 1 日之前的统计报告编码 9025.19.8080 项下,2020 年 7 月 1 日生效的统计报告编码 9025.19.8060 或 9025.19.8085 项下)。

(二十三)美国贸易代表办公室决定建立一个程序,通过该程序可以将归入税号 9903.88.03、第三分章美国注释二十(五)款和二十(六)款的特殊商品从税号 9903.88.03 规定的附加关税中排除出来。见《联邦公报》第 83 卷第 47974 节(2018 年 9 月 21 日)和第 84 卷第 29576 节(2019 年 6 月 24 日)。根据这个商品排除程序,美国贸易代表办公室决定税号 9903.88.03 规定的附加关税不适用于以下特殊商品,其统计报告编码为:

1. 硅铝比为 20∶1 至 24∶1 的菱硼沸石,价值为 31～39 美元/千克(统计报告编码 3824.99.3900 项下);
2. 聚丙烯杯,内部安装并固定有凹槽木纸过滤器,高度为 44.1 毫米,用于生产单杯咖啡酿造系统用胶囊(统计报告编码 3923.90.0080 项下);
3. 防静电放电垫,包括宽度为 40 厘米或以上但不超过 60 厘米、长度为 80 厘米或以上但不超过 125 厘米、厚度为 2 毫米的导电橡胶垫,带有用于接地线夹或防静电腕带的集成放电点,表面印有测量规则和技术参考数据的此类垫子(统计报告编码 4016.91.0000 项下);
4. 丁腈橡胶、三元乙丙橡胶(EPDM)橡胶或氟弹性体制 O 形圈(统计报告编码 4016.93.1010 项下);
5. 狗套和可伸缩狗带(统计报告编码 4201.00.3000 项下);
6. 用于加热食物的便携式一次性烤架,包括竹炭燃料、膨胀珍珠岩绝缘材料、用于将食物悬浮在木炭火焰上的竹竿,以及专门设计用于装配烤架主体的切割纸或纸板(统计报告编码 4402.10.0000 项下);
7. 强化木地板,具有硬木单板饰面表面和松木条或块背衬,面板具有榫槽外缘,厚度大于 1.4 厘米但不大于 1.5 厘米(统计报告编码 4412.99.5105 项下);
8. 藤条织带,编织成装饰图案(统计报告编码 4601.93.0100 项下);
9. 纸浆海绵块,尺寸为 38 厘米×38 厘米×102 厘米(15 英寸×15 英寸×40 英寸)(统计报告编码 4823.70.0040 项下);
10. 100%聚酯超细纤维机织物,每英寸不超过 150/75 或 104/72 线,重量为 83 克/米^2(统计报告编码 5407.10.0010 项下);
11. 65%聚酯纤维和 35%棉制机织物,重量小于 170 克/米^2,每英寸不超过 45/45 或 110/76 线(统计报告编码 5513.11.0040 项下);
12. 涂有聚氨酯的聚酯或黏胶织物,宽度为 137 厘米(54 英寸),重量为 187 克/米^2(统计报告编码 5903.20.2500 项下);
13. 不锈钢网过滤器(统计报告编码 7314.14.1000 项下);
14. 由钢丝构成的烤架,尺寸为 49 厘米×47 厘米(19.25 英寸×18.5 英寸),重量为 0.36 千克(0.80 磅),设计为烤架的烹饪表面(统计报告编码 7321.90.6090 项下);
15. 铝制安装板,用于吉他声音修改("效果")装置,由一个铝框架组成,铝框架带有用于放置装置的地上插槽,以及用于控制修改装置的开/关脚踏开关的地板插槽(统计报告编码 7616.99.5190 项下);
16. 管状不锈钢扶手,带墙壁连接件,长度超过 300 毫米但不超过 1.3 米(统计报告编码 8302.41.6080 项下);
17. 冲压和成型钢制闩锁(统计报告编码 8302.49.6085 项下);
18. 钢制冲压成型支架(统计报告编码 8302.50.0000 项下);
19. 火花点火往复式活塞发动机,气缸容量超过 100 毫升但不超过 250 毫升,不超过 10.0 千瓦(统计报告编码 8407.32.9040 项下);
20. 内燃机、火花点火活塞发动机用燃油泵(统计报告编码 8413.30.9030 项下);

第九十九章 临时立法;根据现有贸易法规的临时修改;根据经修正的《农业调整法》第 22 条制定的附加进口限制 　　1823

21. 除子目 8414.51 风机以外的鼓风机用铝、铁或钢零件(统计报告编码 8414.90.1080 项下);
22. 鼠标输入设备,用于自动数据处理(ADP)机器,价值超过 70 美元/台(统计报告编码 8471.60.9050 项下);
23. 触摸板输入装置,用于自动数据处理(ADP)机器,价值超过 100 美元/台(统计报告编码 8471.60.9050 项下);
24. 印刷电路组件,用于增强自动数据处理(ADP)机器("加速器模块")图形性能(统计报告编码 8473.30.1180 项下);
25. 印刷电路组件(图形处理模块),用于在计算机屏幕上呈现图像(统计报告编码 8473.30.1180 项下);
26. 由未制成逻辑板组成的印刷电路组件(统计报告编码 8473.30.1180 项下);
27. 品目 8471 的机器零件和附件,不论是否包含风扇轮毂或发光二极管,但不包含品目 8541 或品目 8542 的其他货物(统计报告编码 8473.30.5100 项下);
28. 用于分配活鱼饵和渔具的冷藏和加热自动售货机,重量超过 350 千克(统计报告编码 8476.81.0000 项下);
29. 适用于实际并入品目 8471 的自动数据处理设备及其部件的电源,输出功率超过 500 瓦,长度为 148 毫米,宽度为 43 毫米,高度为 335 毫米(统计报告编码 8504.40.6018 项下);
30. 冷阴极电氖放电灯,直径小于等于 6.5 毫米(1/4 英寸),长度小于等于 16 毫米(5/8 英寸)(统计报告编码 8539.39.9000 项下);
31. 导向销和导向螺栓,设计用于制动器和伺服制动器(统计报告编码 8708.30.5090 项下);
32. 品目 8701 至 8705 的机动车辆用铝散热器(适用于农用拖拉机除外),宽度为 50 厘米或以上但不超过 77 厘米(20～30 英寸),高度为 50 厘米或以上但不超过 77 厘米(20～30 英寸),高度为 5 厘米或以上但不超过 11 厘米(2～4 英寸)厚度由焊接至中心堆芯的上下罐或侧罐组成(统计报告编码 8708.91.5000 项下);
33. 单速自行车,双轮直径超过 63.5 厘米,重量小于 16.3 千克,不带附件,设计用于横截面直径超过 4.13 厘米的轮胎(统计报告编码 8712.00.2500 项下);
34. 牵引车拖车裙板,包括设计用于连接到拖车两侧的面板,每个裙板的上部具有聚乙烯芯、钢层和聚酯面漆,每个下部由热塑性硫化化合物组成(统计报告编码 8716.90.5060 项下);
35. 用于圣诞树的小型照明装置(统计报告编码 9405.30.0010 项下);
36. 园艺用发光二极管灯具,包含 5 000 多个发光二极管,分布在 6 个灯杆上(统计报告编码 9405.40.8440 项下);
37. 室外使用的花园、天井和桌面灯芯燃烧火炬(统计报告编码 9405.50.4000 项下)。
38. 金属框架上的织物灯罩(统计报告编码 9405.99.4090 项下)

(二十四)美国贸易代表办公室决定建立一个程序,通过该程序可以将归入税号 9903.88.01、第三分章美国注释二十(一)款和二十(二)款的特殊商品从税号 9903.88.01 规定的附加关税中排除出来。见《联邦公报》第 83 卷第 28710 节(2018 年 6 月 20 日)和第 84 卷第 32181 节(2018 年 7 月 11 日)。根据这个商品排除程序,美国贸易代表办公室决定税号 9903.88.01 规定的附加关税不适用于以下特殊商品,其统计报告编码为:

1. 无限制旋转作用液压马达,齿轮型,价值 70 美元/台或以上但不超过 75 美元/台(统计报告编码 8412.29.8015 项下);
2. 包含三个单级、单吸、框架式液体离心泵的模块,带机械密封,排放口直径小于 4 厘米(统计报告编码 8413.70.2022 项下);
3. 插入启动/停止内燃机的水泵的负载限制器(统计报告编码 8413.91.1000 项下);
4. 不锈钢衬套,具有 12 面外表面,设计用于安装在用于汽车喷油器的燃油蒸汽叶轮上(统计报告编码 8413.91.1000 项下);
5. 钢环,设计用于空调压缩机,外径不大于 18 毫米(统计报告编码 8414.90.4140 项下);
6. 炉膛燃烧器的淬火外壳(统计报告编码 8417.90.0000 项下);
7. 成型金属板防护装置,适用于连接到造纸机械干燥辊(统计报告编码 8419.90.2000 项下);
8. 钢制化学蚀刻模具、钢尺切割模具、可移动磁性模具、压花文件夹和塑料压花扩散器,用于手动辊压机中,用于对卡纸、纸张、皮革、柔性磁铁、塑料、金属箔、牛皮纸、毛毡或织物的单张进行蚀刻或模版,宽度或长度不超过 50.8 厘米的此类板材(统计报告编码 8420.99.9000 项下);
9. 水过滤装置,价值不超过 1.50 美元/台(统计报告编码 8421.21.0000 项下);
10. 液体处理工艺模块,用于将二氯化乙烯(EDC)从 EDC/水/酸溶液中分离,包含 EDC 沉降器、热交换器和泵,测量值不超过 23 米 × 23 米 × 25 米(统计报告编码 8421.29.0065 项下);
11. 氯气吸收工艺模块,用于将盐水和盐酸相互作用产生的氯气溶解在液体中,测量值不超过 35 米×23 米×26 米(统计报告编码 8421.39.8040 项下);
12. 气体处理工艺模块,包含一个亚甲基二苯二胺(MDA)排气洗涤器和氮气汽提塔,设计用于使用苯胺过滤氮气汽提塔中的 MDA,测量值不超过 26 米×21 米×17 米(统计报告编码 8421.39.8040 项下);
13. 气体处理工艺模块,包含一个反应器排气洗涤器,设计用于用氯苯擦洗蒸发的光化反应液,测量值不超过 26 米×22 米×22 米(统计报告编码 8421.39.8040 项下);
14. 气体处理工艺模块,包含洗涤器和分解器,设计用于去除填充柱中填料表面的有害气体,测量值不超过 21 米×17 米×36 米(统计报告编码 8421.39.8040 项下);
15. 亚甲基二苯基二异氰酸酯(MDI)异构体分离工艺模块,用于净化 MDI 气体,测量值不超过 24 米×21 米×22 米(统计报告编码 8421.39.8040 项下);
16. 模块,由二氧化碳汽提塔和热交换器组成,设计用于从溶液中去除二氧化碳以生产 1-乙基-3-(3-二甲氨基丙基)碳二亚胺(EDC),测量值不超过 20 米×20 米×17 米(统计报告编码 8421.39.8040 项下);
17. 包含活性炭吸收剂的工艺模块,设计用于吸收挥发性有机化合物,测量值不超过 21 米×20 米×15 米(统计报告编码 8421.39.8040 项下);

第九十九章 临时立法;根据现有贸易法规的临时修改;根据经修正的《农业调整法》第22条制定的附加进口限制

18. 热氧化剂模块(TO$_X$),设计用于销毁在二氯乙烯(EDC)和亚甲基二苯基异氰酸酯(MDI)生产过程中产生的水蒸气、气体和液体中的有害化合物,包含用于将氮氧化物(NO$_X$)转化为氮(N$_2$)的燃烧室和洗涤器,测量值不超过35米×20米×14米(统计报告编码8421.39.8040项下);

19. 热氧化剂模块(TO$_X$),设计用于销毁在二氯乙烯(EDC)和亚甲基二苯基异氰酸酯(MDI)生产过程中产生的水蒸气、气体和液体中的有害化合物,包含用于将氮氧化物(NO$_X$)转化为氮(N$_2$)的燃烧室和洗涤器,测量值不超过31米×24米×20米(统计报告编码8421.39.8040项下);

20. 2019年7月1日至2019年12月31日生效的第八十四章统计注释一或2020年1月1日生效的第八十四章统计注释二所述类型的操作员乘坐自行式高空作业平台,由电动机驱动,负载能力不超过1 400千克(2019年7月1日之前的统计报告编码8427.10.8010项下,2019年7月1日生效的统计报告编码8427.10.8020项下);

21. 拖拉机铲式装载机,四轮驱动,铲斗容量至少为2.9立方米但低于3.8立方米,发动机功率为168～180千瓦,工作重量至少为19吨但不超过19.2吨(至少为41 887 lb但不超过42 329 lb.)(统计报告编码8429.51.1035项下);

22. 水泥护圈组件,直径为4.5厘米或以上但不超过51厘米,长度为30.5厘米或以上但不超过72厘米,由圆柱形铸铁部件、丁腈橡胶密封件和黄铜支承环组成,专用于或主要用于子目8430.41或子目8430.49的机械(统计报告编码8431.43.8060项下);

23. 除雪器叶片及其框架(统计报告编码8431.49.9095项下);

24. 车轮和轮胎总成,每个车轮和轮胎总成的塑料车轮直径不超过20厘米,宽度不超过16厘米,橡胶轮胎直径不超过40厘米,宽度不超过16厘米(统计报告编码8432.90.0020项下);

25. 播种机部件组件,用于将机械手运动传输至浇口机构,以启动、调整和停止种子流动(统计报告编码8432.90.0060项下);

26. 肥料分配器零件(统计报告编码8432.90.0060项下);

27. 塑料车轮,每个车轮直径不超过16厘米,宽度不超过8厘米(统计报告编码8432.90.0060项下);

28. 完整的制浆机,包括制浆机械、筛分机械、清洁机械、沉淀池、泵和过滤器,每个制浆机的整体价值超过200万美元,低于400万美元(统计报告编码8439.10.0010项下);

29. 纸张或纸板制造机的完整部分,不论是否组装,用于形成(将浆料转化为固体薄片)纸张或纸板(统计报告编码8439.99.1000项下);

30. 纸张或纸板制造机的压制和成型部分的组件,不论是否组装,用于协助更换滚筒和织物(统计报告编码8439.99.1000项下);

31. 用于整理纸张或纸板的带聚合物盖的钢和铸铁制施胶辊(统计报告编码8439.99.5000项下);

32. 子目8443.32.10打印机部件的订书机堆垛机及其零件(统计报告编码8443.99.2050项下);

33. 通过逐步将钢穿过至少15个但不超过20个成型辊,并使用液压剪切机切割至一定长度,将轻型卷曲钢(厚度为 0.35 厘米或以上,但不超过 0.61 厘米)冷成型为波纹板或其他密肋板(宽度为 91.4 厘米)的机器(统计报告编码 8455.22.0000 项下);

34. 立式转台车床,重量超过 10 000 千克(统计报告编码 8458.99.1050 项下);
35. 新的数控金属分切机,重量超过 2 000 千克/台但不超过 2 300 千克/台(统计报告编码 8462.31.0080 项下);
36. 数控玻璃加工机,价值超过 50 000 美元/台(统计报告编码 8464.90.0110 项下);
37. 带有两个刀头的木工刨床,手工作业除外,价值不超过 200 美元/台(统计报告编码 8465.92.0034 项下);
38. 边缘带砂光机,价值在 150 美元/台以下,用于手工作业的除外,设计用于带宽不超过 16 厘米(统计报告编码 8465.93.0030 项下);
39. 使用两个连续单螺杆装置挤压橡胶或塑料的机器(统计报告编码 8477.20.0005 项下);
40. 用于加工橡胶的挤出机,双螺杆型,设计用于生产轮胎内衬(统计报告编码 8477.20.0015 项下);
41. 电动塑料切割机,单位价值不超过 300 美元(统计报告编码 8477.80.0000 项下);
42. 破碎机或研磨机,非未用于饮料制造或矿物粉碎,价值超过 10 000 美元/台(统计报告编码 8479.82.0080 项下);
43. 黄铜或青铜制安全阀,包含可在设定温度下自动关闭阀门的易熔元件,每个值不超过 5 美元(统计报告编码 8481.40.0000 项下);
44. 安装在喷漆装置中的底阀外壳,外部测量值不大于 5 厘米(统计报告编码 8481.90.9060 项下);
45. 滚针轴承,内径为 2.54 厘米,外径为 3.33 厘米,宽度为 3.81 厘米,圆柱滚子的均匀直径不超过 5 毫米,长度至少为直径的三倍(统计报告编码 8482.40.0000 项下);
46. 直流电动机,输出功率小于 18.65 瓦,无刷电动机除外,直径小于 38 毫米(统计报告编码 8501.10.4060 项下);
47. 输出功率超过 37.5 瓦但不超过 74.6 瓦的直流齿轮电机,带有弹簧耦合机构、输出轴和锁定连接器(统计报告编码 8501.31.2000 项下);
48. 输出功率超过 37.5 瓦但不超过 74.6 瓦的直流电机、带衬套的可调杆端致动器、后安装衬套、电力电缆和连接器(统计报告编码 8501.31.2000 项下);
49. 输出功率超过 67 瓦但不超过 69 瓦,价值 8 美元/台或以上但不超过 17 美元/台的绕场双速直流电动机和永磁有刷直流电动机(统计报告编码 8501.31.2000 项下);
50. 直流电机,电子换向,三相,八极,用于暖通空调系统,输出功率为 750 瓦,价值不超过 100 美元/台(统计报告编码 8501.31.6000 项下);
51. 输出功率不超过 110 瓦的多相交流电机,齿轮电机除外(统计报告编码 8501.51.4040 项下);
52. 输出功率超过 14.92 千瓦或以上但不超过 75 千瓦的多相交流电动机,非民用航空器用电动机(统计报告编码 8501.52.8040 项下);
53. 交流多相电动机,输出功率超过 450 千瓦,配有滑轮和制动器(统计报告编码

第九十九章 临时立法;根据现有贸易法规的临时修改;根据经修正的《农业调整法》第 22 条制定的附加进口限制

8501.53.8060 项下);

54. 为品目 8502 发电机组设计的交流发电机,输出超过 75 千伏安但不超过 375 千伏安(统计报告编码 8501.62.0000 项下);

55. 电机的速度驱动控制器,设计用于使用电机推进的车辆,包括但不限于材料搬运设备、高尔夫球车、清扫器洗涤器和高空升降机,价值为 50 美元/台或以上但不超过 700 美元/台(统计报告编码 8504.40.4000 项下);

56. 设计用于容纳 9 伏碱性电池的塑料外壳,尺寸为 6.35 厘米×13.34 厘米×3.18 厘米,带有按钮连接器(统计报告编码 8506.90.0000 项下);

57. 焊接站,由台式电源、机头、电源线和工作台组成,通过提供射频电流的电源操作,以加热机头(统计报告编码 8515.19.0000 项下);

58. 用于打开或关闭闸门的无线电遥控装置(统计报告编码 8526.92.5000 项下);

59. 印刷电路板组件,长度为 27.94 厘米,宽度为 17.78 厘米,高度为 5.08 厘米,用于机械无线电遥控的无线电遥控器装置,包括一个铜底座,其上连接有 2 个电容器、16 个继电器、16 个压敏电阻、两排接线板连接器,黑色外壳中的两个保险丝,顶部带有平头螺钉槽和发光二极管数字显示器(统计报告编码 8529.90.1660 项下);

60. 铝馈电喇叭组件,长度为 8.4 厘米,直径为 5.1 厘米,工作频率为 17.8~20.2 吉赫(接收)和 28~30 吉赫(发射),价值为 2.75 美元/个或以上但不超过 2.85 美元/个(统计报告编码 8529.90.9900 项下);

61. 铝电解固定电容器,直径超过 51 毫米,价值超过 6.50 美元/个但不超过 8 美元/个(统计报告编码 8532.22.0085 项下);

62. 多层陶瓷温度稳定电容器(温度系数 5XR),具有 47 微法拉电容,尺寸为 2 毫米×1.25 毫米×1.25 毫米,价值为 0.08 额美元/个或以上但不超过 0.12 美元/个(统计报告编码 8532.24.0020 项下);

63. 固定碳膜电阻器,非接触式表面安装,有两根引线,功率处理能力不超过 1 瓦(统计报告编码 8533.10.0065 项下);

64. 线绕固定电阻器,功率处理能力不超过 20 瓦,芯为玻璃、陶瓷或金属氧化物文件(统计报告编码 8533.21.0080 项下);

65. 陶瓷金属氧化物热敏电阻,有两条引线(统计报告编码 8533.21.0090 项下);

66. 接触式传感器,用于检测汽车油门踏板的踩下和松开,包括陶瓷板和安装在模制塑料体内的转子,它们共同产生一个电位计(变阻器),控制发动机油门的启动,价值 6.70 美元/台或以上但不超过 7.55 美元/台(统计报告编码 8533.40.8040 项下);

67. 电机过载保护器,一极、二极或三极配置,电流负载额定值高达 60 安,高度为 19 毫米或以上但不超过 57 毫米,长度为 102 毫米,宽度为 76 毫米,价值为 6.00 美元/台或以上但不超过 8.40 美元/台(统计报告编码 8536.30.4000 项下);

68. 三极接触器,在 12~60 伏电压下运行,塑料外壳封闭三个可移动的银镉氧化物触点(仅常开),额定电流为 50 安或以上但不超过 60 安,电磁线圈、螺旋弹簧、线圈端子、聚酯致动器、由聚酯部件支撑的固定端子、线圈防尘罩和辅助开关的可选插件,价值 9 美元/台或以上但不超过 10 美元/台(统计报告编码 8536.41.0045 项下);

69. 旋转开关,电压不超过 1 000 伏,额定电流不超过 5 安,在按钮致动器中包含一个铝轴,该按钮致动器连接到包含印刷电路板的尼龙外壳(统计报告编码 8536.50.9020 项下);

70. 瞬时接触按钮开关,额定电压为 9 伏或以上但不超过 16 伏,额定电流不超过 50 毫安,尺寸不超过 70 毫米(统计报告编码 8536.50.9031 项下);

71. 按钮和接近开关,额定电流不超过 5 安,设计用于汽车换档应用,带或不带连接器(统计报告编码 8536.50.9033 项下);

72. 按钮开关,额定电流大于 5 安但不超过 20 安,有外部连接,允许开关在常开或常闭配置下接线(统计报告编码 8536.50.9035 项下);

73. 摇臂开关,电流为 16 安或以上但不超过 20 安(统计报告编码 8536.50.9065 项下);

74. 家用干衣机开关,价值超过 35 美分/个但不超过 40 美分/个(统计报告编码 8536.50.9065 项下);

75. 开关,价值超过 0.90 美元/个但不超过 1.25 美元/个(统计报告编码 8536.50.9065 项下);

76. BNC 直式射频(RF)公针圆柱形连接器/终端插头,电压不超过 1 000 伏,阻抗为 51 欧姆,额定功率不超过 1 瓦,长度不超过 29 毫米,直径不超过 15 毫米(统计报告编码 8536.69.4010 项下)

77. 电气连接器,用于在镇流器照明中进行电气连接,电压不超过 1 00 伏(统计报告编码 8536.90.4000 项下);

78. 合金钢外壳,包含地下采矿机械的所有电气部件,重量超过 15 吨(统计报告编码 8538.10.0000 项下);

79. 聚碳酸酯帽状盖子,能够安装在凸起的控制按钮(如位于电子宠物项圈装置上的控制按钮)上,直径为 0.39 毫米,高度为 0.134 毫米(统计报告编码 8538.90.6000 项下);

80. 电气设施用气体断路器本体,配有安装的断路器,每个断路器的重量超过 800 千克(统计报告编码 8538.90.8120 项下);

81. 带推进电机的高尔夫球车的接线装置(统计报告编码 8544.30.0000 项下);

82. 海底用铜绝缘三芯电缆,电压超过 1 000 伏,长度超过 3.5 千米,重量超过 90 吨(统计报告编码 8544.60.4000 项下);

83. 数字光纤电缆,长度超过 0.5 米但不超过 4.0 米,带连接器(统计报告编码 8544.70.0000 项下);

84. 齿轮头组件及其零件,用于除国防部或美国海岸警卫队以外的民用飞机,价值不超过 90 美元/个(统计报告编码 8803.30.0030 项下);

85. 输出架,钝化不锈钢制,齿轮长 36.754 毫米,直径 33.782 毫米,17 个齿,每个齿的最大圆厚度为 0.8306 毫米,用于飞机高升力系统的齿轮头组件,用于国防部或美国海岸警卫队以外的民用飞机(统计报告编码 8803.30.0030 项下);

86. 用作电子书写表面的柔性压敏液晶显示器第八十八章面板显示装置(统计报告编码 9013.80.7000 项下);

87. 硅酮和聚碳酸酯塑料制成的治疗用口罩,具有嵌入式红外(880 nm)和红色(660 nm)

第九十九章　临时立法;根据现有贸易法规的临时修改;根据经修正的《农业调整法》
第 22 条制定的附加进口限制　　1829

发光二极管灯,用于辐射口腔内的上下牙龈线,价值 45 美元/个或以上但不超过 50 美元/个(统计报告编码 9018.20.0040 项下);

88. 负压伤口治疗系统(统计报告编码 9018.90.7560 项下);

89. 组合正电子发射断层扫描/计算机断层扫描(PET/CT)扫描仪,在公共基础上使用多个 PET 机架(框架)(统计报告编码 9022.12.0000 项下);

90. 可编程直流电子负载仪表,能够向装置提供恒定负载,如恒定电阻、恒定电压、恒定电流或恒定功率,重量大于 4 千克但小于 8 千克(统计报告编码 9030.33.3800 项下);

91. 示波器用电流探针(统计报告编码 9030.90.8911 项下);

92. 展台,宽度为 61 厘米,长度为 70 厘米,高度为 94.5 厘米,配有集成冷却风扇和带触摸板控制器的液晶显示器第八十八章显示屏,用于演示和评估替代照明条件对表面颜色的影响(统计报告编码 9031.49.9000 项下);

93. 9030.90.4600;

94. 潜水离心泵,设计用于提取石油和天然气的人工提升系统(统计报告编码 8413.70.2004 项下);

95. 动力割草机所用类型液压流体动力泵的活塞和外壳(2019 年 1 月 1 日之前的统计报告编码 8413.91.9050 项下,2019 年 1 月 1 日生效的统计报告编码 8413.91.9060 项下);

96. 钢制炉辊端轴(统计报告编码 8417.90.0000 项下);

97. [**删除文本。见《联邦公报》第 85 卷第 42970 节**。]

(二十五)美国贸易代表办公室决定建立一个程序,通过该程序可以将归入税号 9903.88.02、第三分章美国注释二十(三)款和二十(四)款的特殊商品从税号 9903.88.02 规定的附加关税中排除出来。见《联邦公报》第 83 卷第 40823 节(2018 年 8 月 16 日)和第 84 卷第 47236 节(2018 年 9 月 18 日)。根据这个商品排除程序,美国贸易代表办公室决定税号 9903.88.02 规定的附加关税不适用于以下特殊商品,其统计报告编码为:

1. 零售包装的宠物尿液收集和处理套件,包括 7 个一次性塑料托盘(深度为 8.3 厘米,长度为 27.9 厘米,宽度为 16.5 厘米)、1 勺塑料和 1 个装有 42 克吸水性丙烯酸钠粉末的瓶子(统计报告编码 3906.90.5000 项下);

2. 3910.00.0000;

3. 弹性石油树脂(CAS No. 64742-16-1)(统计报告编码 3911.10.0000 项下);

4. 交联聚乙烯(PE$_X$)制挠性管、管道和软管,长度为 6.1 米,外径为 9.5 毫米或以上但不超过 28.6 毫米(统计报告编码 3917.32.0020 项下);

5. 塑料自粘胶带,卷装,宽 5.08 厘米,长 30.5 米,厚 0.254 毫米,用于包裹和密封金属管道和配件之间的连接(统计报告编码 3919.10.2055 项下);

6. 聚氯乙烯自粘胶带,卷装,宽 1.905 厘米,长 6.706 米,厚 0.18 毫米(统计报告编码 3919.10.2055 项下);

7. 自粘膜,透明乙烯基,宽度超过 20 厘米,设计用作货架衬垫(统计报告编码 3919.90.5040 项下);

8. 热成型聚对苯二甲酸乙二醇酯片材,聚对苯二甲酸乙二醇酯闪光片永久固定在片材上,成卷,宽度不小于250毫米,长度不大于1 092毫米,厚度为0.35毫米或以上但不超过1.7毫米(统计报告编码3920.62.0090项下);

9. 乙烯-醋酸乙烯泡沫塑料彩色或印刷板,矩形尺寸为15厘米或以上但不超过31厘米,长度为22厘米或以上但不超过46厘米,厚度为2毫米或以上但不超过6毫米,或卷式尺寸为91.44厘米,长度为152.4厘米,厚度大于等于2毫米但不超过6毫米(统计报告编码3921.19.0000项下);

10. 非包覆高纯度二氧化硅玻璃芯杆,芯区注入二氧化锗,其中杆外径与芯区直径之比小于5∶1,外径不超过65毫米,长度小于3米(统计报告编码7002.20.1000项下);

11. 镀锌钢车道闸门和人行闸门(统计报告编码7308.90.9590项下);

12. 镀锌钢围栏板(统计报告编码7308.90.9590项下);

13. 铁制或钢制门柱(统计报告编码7308.90.9590项下);

14. 铁制或钢制闸门或围栏(统计报告编码7308.90.9590项下);

15. 妊娠间、产仔板条箱及其轨道、大门和结构支撑柱,前述钢制,用于猪围栏系统(统计报告编码7308.90.9590项下);

16. 钢链围栏板,宽度为3.5米或以上但不超过4米,高度为1.5米或以上但不超过2米(统计报告编码7308.90.9590项下);

17. 钢制墙体组件(统计报告编码7308.90.9590项下);

18. 不锈钢结构件(统计报告编码7308.90.9590项下);

19. 火花点火内燃机(飞机发动机除外,船舶推进发动机除外,用于第八十七章车辆推进的往复式活塞发动机除外,安装在农业或园艺机械或设备中的发动机除外,以及天然气或液化石油气发动机除外),额定功率为746瓦或以上但不超过4 476瓦,气缸容量不超过220cc(统计报告编码8407.90.9040项下);

20. 火花点火内燃机(飞机发动机除外,船舶推进发动机除外,用于第八十七章车辆推进的往复式活塞发动机除外,安装在农业或园艺机械或设备中的发动机除外,以及天然气或液化石油气发动机除外),额定功率4 476瓦或以上但不超过16.50千瓦,气缸容量不超过710cc(统计报告编码8407.90.9060项下);

21. 包含热交换器、阀门、泵、管道、接线和仪表的机械,设计用于改变气体温度(统计报告编码8419.89.9585项下);

22. 榫眼机,包括一个在x-y轴上移动的工作支架,额定功率不超过375瓦(1/2马力)(统计报告编码8465.95.0065项下);

23. 机床架,具有调平、稳定、连接或其他特殊功能(统计报告编码8466.30.8000项下);

24. 钢制径向球面滑动轴承,无轴承座(统计报告编码8483.30.8070项下)

25. 步进电机,输出功率低于18.65瓦,价值不超过1.20美元/台(统计报告编码8501.10.2000项下);

26. 交流电动机,输出功率为18.65瓦或以上但不超过37.5瓦,配有制动器(统计报告编码8501.10.6020项下);

27. 圆柱形直流电动机,输出功率为18.65瓦或以上但不超过37.5瓦(统计报告编码8501.10.6060项下);

28. 摆动门开启器,包括输出功率为18.65瓦或以上但小于35瓦的直流电机,每个电机包括交流电源变压器、无线遥控器、电动线性致动器和用于断开致动器的应急钥匙(统计报告编码8501.10.6060项下);

29. 电动机,输出功率为18.65瓦或以上但不超过37.5瓦,带连接电缆,设计用于调节机动车座椅(统计报告编码8501.10.6080项下);

30. 通用交流/直流电动机,输出功率超过74.6瓦但不超过735瓦,带有贱金属臂,设计用于延伸或收缩遮阳篷或大门(统计报告编码8501.20.4000项下);

31. 通用交流/直流电动机,输出功率超过74.6瓦但不超过735瓦,配有齿轮和齿条轨道(统计报告编码8501.20.4000项下);

32. 通用交流/直流电动机,输出功率超过74.6瓦但不超过735瓦,配有齿轮和链传动(统计报告编码8501.20.4000项下);

33. 直流电动机,12伏,输出功率超过74.6瓦但不超过735瓦,带引线和电连接器,外径不超过75毫米,外壳长度不超过100毫米,轴长度不超过60毫米(统计报告编码8501.31.4000项下);

34. 直流电动机,12伏,输出功率不超过515瓦,外径不超过95毫米,长度不超过155毫米,轴长度不超过30毫米(统计报告编码8501.31.4000项下);

35. 直流电动机,120伏,输出功率不超过140瓦,直径不超过45毫米,长度不超过100毫米(统计报告编码8501.31.4000项下);

36. 直流电动机,120伏,输出功率不超过90瓦,长度不超过90毫米,宽度不超过35毫米,高度不超过35毫米(统计报告编码8501.31.4000项下);

37. 直流电动机,13.5伏,输出功率不超过110瓦,外径不超过75毫米,外壳长度不超过120毫米,轴长度不超过55毫米,安装法兰不超过150毫米(统计报告编码8501.31.4000项下);

38. 直流电动机,230伏,输出功率不超过140瓦,直径不超过45毫米,长度不超过100毫米(统计报告编码8501.31.4000项下);

39. 直流电动机,230伏,输出不超过85瓦,长度不超过90毫米,宽度不超过35毫米,高度不超过35毫米(统计报告编码8501.31.4000项下);

40. 直流电动机,24伏,输出功率超过74.6瓦但不超过735瓦,带安装板、引线和电连接器,外径不超过80毫米,外壳长度不超过150毫米,轴长度不超过95毫米(统计报告编码8501.31.4000项下);

41. 直流电动机,24伏,输出功率不超过105瓦,长度不超过260毫米,宽度不超过205毫米,高度不超过825毫米(统计报告编码8501.31.4000项下);

42. 直流电动机,24伏,输出功率不超过515瓦,外径不超过95毫米,长度不超过155毫米,轴长度不超过30毫米(统计报告编码8501.31.4000项下);

43. 直流电动机,输出功率超过74.6瓦但不超过735瓦,包含引线和电气连接器(统计报告编码8501.31.4000项下);

44. 直流电动机,输出功率超过74.6瓦但不超过80瓦,带有一个小齿轮,价值不超过5美元/台(统计报告编码8501.31.4000项下);

45. 直流电动机,输出功率超过 74.6 瓦但不超过 230 瓦,直径小于 105 毫米,长度大于等于 50 毫米但不超过 100 毫米(统计报告编码 8501.31.4000 项下);

46. 直流电动机,输出功率超过 74.6 瓦但不超过 735 瓦,价值不超过 18 美元/台(统计报告编码 8501.31.4000 项下);

47. 直流永磁电机,额定功率为 90 瓦或以上但不超过 110 瓦,24 伏,扭矩为 65 牛顿米和 2 035 牛顿米,包括可手动驱动阀门的车轮(统计报告编码 8501.31.4000 项下);

48. 树脂封装直流永磁无刷电机,输出功率为 150 瓦或以上但不超过 250 瓦,设计用于空调和热泵系统,直径为 112 毫米,长度为 110 毫米或以上但不超过 122 毫米(不包括轴)(统计报告编码 8501.31.4000 项下);

49. 非晶硅太阳能电池板套件,输出功率不超过 100 瓦(统计报告编码 8501.31.8010 项下);

50. 第八十五章统计注释九所述类型的光伏发电机,输出功率不超过 150 瓦(统计报告编码 8501.31.8010 项下);

51. 端部支架,专用于或主要用于品目 8501 的发电机(统计报告编码 8501.64.0021 的发电机除外)(统计报告编码 8503.00.9550 项下);

52. CB 无线电天线(统计报告编码 8529.10.9100 项下);

53. 接地故障断路器(GFCI)、电器泄漏电流断路器(ALCI)、泄漏电流检测断路器(LCDI)和电弧故障断路器(AFCI)(统计报告编码 8536.30.8000 项下);

54. 电涌保护器,设计用于保护埋线安全壳系统及其控制装置,在 120 伏下的能量吸收额定值小于 500 焦耳和 15 安(统计报告编码 8536.30.8000 项下);

55. 电子交流无源红外(PIR)运动传感开关(统计报告编码 8536.50.7000 项下);

56. 固定设定点压力开关(统计报告编码 8536.50.7000 项下);

57. 湿度触发开关(统计报告编码 8536.50.7000 项下);

58. 占用和空置传感器开关(统计报告编码 8536.50.7000 项下);

59. 回复反射红外光束开关,由单个外壳中的红外发光二极管发射器和探测器以及用于远距离安装的反射盘组成,此类发射器探测器单元在不超过 40 伏交流/直流电压下运行,并包含继电器或其他开关组件,用于打开或关闭单独(二次)电路(统计报告编码 8536.50.7000 项下);

60. 壁挂式调光器开关(统计报告编码 8536.50.7000 项下);

61. 表面安装玻璃钝化整流二极管,整流输出电流超过 0.5 安但不超过 1.25 安(统计报告编码 8541.10.0080 项下);

62. 不含存储器的专用集成电路(ASIC),设计用于发动机控制单元(ECU)与线性废气氧传感器(UEGO)接口(统计报告编码 8542.31.0001 项下);

63. 调制电信号的电气控制装置,不包含两个或两个以上品目 8535 或 8536 装置,价值超过 60 美元/台但不超过 70 美元/台(统计报告编码 8543.70.9960 项下);

64. 电压不超过 1 000 伏的导线,带有 4 个未安装的电线连接器和 4 个防水胶状电线接头盒(统计报告编码 8544.49.2000 项下);

65. 20 号铜线,用聚氯乙烯绝缘,未安装连接器,电压不超过 80 伏,非设计用于电信(统计

报告编码 8544.49.2000 项下);

66. 包括用于电动狗训练、控制、排斥或定位装置的导体和标记的装置(统计报告编码 8544.49.2000 项下);

67. 底部机架耦合器组件,设计用于品目 8605 或品目 8606 机动车辆耦合系统(统计报告编码 8607.30.1000 项下);

68. 缓冲/缓冲前挡板,设计用于品目 8605 或品目 8606 机动车辆的缓冲/缓冲系统(统计报告编码 8607.30.1000 项下);

69. 缓冲/缓冲中间对准和超程保护构件,设计用于品目 8605 或品目 8606 机动车辆的缓冲/缓冲系统(统计报告编码 8607.30.1000 项下);

70. 缓冲/缓冲后对准和超程保护构件,设计用于品目 8605 或品目 8606 机动车辆的缓冲/缓冲系统(统计报告编码 8607.30.1000 项下);

71. 缓冲/缓冲后部结构单元,设计用于品目 8605 或品目 8606 机动车辆的缓冲/缓冲系统(统计报告编码 8607.30.1000 项下);

72. 缓冲/缓冲保持和对准轴,设计用于品目 8605 或品目 8606 机动车辆的缓冲/缓冲系统(统计报告编码 8607.30.1000 项下);

73. 缓冲/缓冲固定帽,设计用于品目 8606 货车的缓冲/缓冲系统(统计报告编码 8607.30.1000 项下);

74. 牵引组件后对齐和超程保护构件,设计用于品目 8606 货物轨道车的混合式轨道车缓冲系统(统计报告编码 8607.30.1000 项下);

75. 随动块板,设计用于品目 8606 货车的缓冲/缓冲系统(统计报告编码 8607.30.1000 项下);

76. 前牵引吊耳,设计用于阻止品目 8605 或品目 8606 机动车辆的缓冲/缓冲系统的移动(统计报告编码 8607.30.1000 项下);

77. 后牵引凸耳,设计用于阻止品目 8605 或品目 8606 机动车辆缓冲/缓冲系统移动(统计报告编码 8607.30.1000 中所述);

78. F 型转向节,设计用于品目 8605 或品目 8606 机动车辆的耦合系统(统计报告编码 8607.30.1000);

79. 数字临床温度计,价值不超过 11 美元/个(2020 年 7 月 1 日之前的统计报告编码 9025.19.8040 项下,2020 年 7 月 1 日生效的统计报告编码 9025.19.8010 或 9025.19.8020 项下);

80. 伽利略温度计(2020 年 7 月 1 日之前的统计报告编码 9025.19.8080 项下,2020 年 7 月 1 日生效的统计报告编码 9025.19.8060 或 9025.19.8085 项下);

81. 手持电子温度计,带有长度为 10 厘米的金属热电偶探针(2020 年 7 月 1 日之前的统计报告编码 9025.19.8080 项下,2020 年 7 月 1 日生效的统计报告编码 9025.19.8060 或 9025.19.8085 项下);

82. 温度计,不与其他仪器组合,直接读数的充液温度计除外,高温计除外,临床温度计除外(2020 年 7 月 1 日之前的统计报告编码 9025.19.8080 项下,2020 年 7 月 1 日生效的统计报告编码 9025.19.8060 或 9025.19.8085 项下);

83. 电子温度监测器,带有液晶显示器,电池供电,能够存储可下载的读数或存储低至零下 80 摄氏度或高达 70 摄氏度的温度参数,用于低温运输或储存易腐货物(统计报告编码 9025.80.1000 项下);

84. 电气气体监测仪,便携式,无线启用(统计报告编码 9027.10.2000 项下);

85. 万用表,不带记录装置,钳式,带 10 功能液晶显示器第八十八章数字显示,用于测量交流/直流电压和电流、电阻和连续性,自动量程为 400 安,高度不超过 33 厘米(13 英寸),宽度不超过 51 厘米(20 英寸),深度不超过 36 厘米(14 英寸)(统计报告编码 9030.31.0000 项下);

86. 万用表,不带记录装置,能够测量电路中电流的多个特性(如电压、电流、连续性、接地故障),自供电或由其测量的电路供电,价值不超过 16 美元/个(统计报告编码 9030.31.0000 项下);

87. 万用表,不带记录装置,钳式,带 6 功能,自动量程为 600 安交流电,高度不超过 33 厘米(13 英寸),宽度不超过 15.5 厘米(6 英寸),深度不超过 18 厘米(7 英寸)(统计报告编码 9030.31.0000 项下);

88. 均方根(RMS)型万用表,不带记录装置,钳式,用于测量交流/直流电压、交流/直流电流、电阻、电容和频率,安全额定值为 600~1 000 伏(统计报告编码 9030.31.0000 项下);

89. 均方根(RMS)型万用表,不带记录装置,钳式,带 6 功能液晶显示器第八十八章数字显示,高度不超过 41 厘米,宽度不超过 33 厘米,深度不超过 28 厘米(统计报告编码 9030.31.0000 项下);

90. 万用表,不带记录装置,钳式,带 4 功能 8 量程手动测距模拟显示器,用于测量交流/直流电压、交流电流和电阻,高度不超过 30.5 厘米(12 英寸),宽度不超过 13 厘米(5 英寸),深度不超过 20.3 厘米(8 英寸)(统计报告编码 9030.31.0000 项下);

91. 万用表,不带记录装置,手持式,用于测量交流/直流电压、交流/直流电流、电阻、电容和频率,安全额定值为 250~1 000 交流/直流电压,用于检查家用电器和汽车中的电机(统计报告编码 9030.31.0000 项下);

92. 均方根(RMS)型万用表,不带记录装置,手持式,带 10 功能 10 量程液晶显示器第八十八章数字显示,用于测量交流/直流电压、电流、电阻、二极管、导通性和电池,高度不超过 31 厘米,深度不超过 21 厘米(宽度不超过 20.3 厘米,深度不超过 12 厘米)(统计报告编码 9030.31.0000 项下);

93. 万用表,不带记录装置,手持式,带 13 量程模拟显示器,高度不超过 28 厘米,宽度不超过 13 厘米,深度不超过 20.3 厘米(统计报告编码 9030.31.0000 项下);

94. 万用表,不带记录装置,手持式,带 3 功能 11 量程液晶显示器第八十八章数字显示,手动测距,用于测量交流/直流电压和电阻,高度不超过 23 厘米,宽度不超过 13 厘米,深度不超过 26 厘米(统计报告编码 9030.31.0000 项下);

95. 万用表,不带记录装置,手持式,带 4 功能 14 手动范围液晶显示器第八十八章数字显示,用于测量交流/直流电压、电阻和电池,高度不超过 15.5 厘米,宽度不超过 28 厘米,深度不超过 28 厘米(统计报告编码 9030.31.0000 项下);

96. 万用表,不带记录装置,手持式,带 4 功能 14 量程手动测距液晶显示器第八十八章数字显示,用于测量交流/直流电压、电阻和电池,高度不超过 28 厘米,宽度不超过 15.5 厘米,深度不超过 26 厘米(见统计报告编码 9030.31.0000 项下);

97. 万用表,不带记录装置,手持式,带 4 功能 17 量程自动量程液晶显示器第八十八章数字显示,用于测量交流/直流电压、电阻、导通性和二极管,高度不超过 20.3 厘米,宽度不超过 8 厘米,深度不超过 13 厘米(统计报告编码 9030.31.0000 项下);

98. 万用表,不带记录装置,手持式,带 5 功能 18 量程液晶显示器第八十八章数字显示,输入阻抗为 10 兆欧,用于测量交流/直流电压、直流电流、电阻和二极管,高度不超过 13 厘米,宽度不超过 23 厘米,深度不超过 23 厘米(见统计子目 9030.31.0000 项下);

99. 万用表,不带记录装置,手持式,带 5 功能模拟显示器,高度不超过 18 厘米,宽度不超过 13 厘米,深度不超过 20.3 厘米(统计报告编码 9030.31.0000 项下);

100. 万用表,不带记录装置,手持式,带 5 功能 12 量程模拟显示器,高度不超过 13 厘米,宽度不超过 20.3 厘米,深度不超过 18 厘米(统计报告编码 9030.31.0000 项下);

101. 万用表,不带记录装置,手持式,带 6 功能 14 量程手动量程模拟显示器,用于测量交流/直流电压、直流电流、电阻、分贝和电池,高度不超过 18 厘米,宽度不超过 13 厘米,深度不超过 23 厘米(统计报告编码 9030.31.0000 项下);

102. 万用表,不带记录装置,手持式,带 7 功能 19 量程模拟显示器,用于测量交流/直流电压、直流电流、电阻、连续性、分贝和电池,高度不超过 23 厘米,宽度不超过 64 厘米,深度不超过 26 厘米(统计报告编码 9030.31.0000 项下);

103. 万用表,不带记录装置,手持式,带 7 功能 19 量程液晶显示器第八十八章数字显示,用于测量交流/直流电压、电阻、导通性、二极管、电池和温度,高度不超过 26 厘米,宽度不超过 26 厘米,深度不超过 15.5 厘米(统计报告编码 9030.31.0000 项下);

104. 万用表,不带记录装置,手持式,带 7 功能 19 量程液晶显示器第八十八章数字显示,高度不超过 33 厘米,宽度不超过 13 厘米,深度不超过 13 厘米(统计报告编码 9030.31.0000 项下);

105. 万用表,不带记录装置,手持式,带 7 功能 7 量程自动量程 LCD 数字显示器,用于测量交流/直流电压、电阻、二极管、连续性、温度和电池,高度不超过 28 厘米,宽度不超过 16 厘米,深度不超过 26 厘米(统计报告编码 9030.31.0000 项下);

106. 万用表,不带记录装置,手持式,带 8 功能 28 手动范围液晶显示器第八十八章数字显示,用于测量交流/直流电压、电流、电阻、连续性、二极管和电池,高度不超过 28 厘米,宽度不超过 21 厘米,深度不超过 21 厘米(统计报告编码 9030.31.0000 项下);

107. 万用表,不带记录装置,手持式,带 9 功能 10 自动量程液晶显示器第八十八章数字显示,用于测量交流/直流电压、电流、电阻、二极管和导通性,高度不超过 28 厘米,宽度不超过宽 21 厘米,深度不超过 21 厘米(统计报告编码 9030.31.0000 项下);

108. 万用表,不带记录装置,手持式,带自动量程液晶显示器第八十八章数字显示,用于测量高达 600 伏的交流/直流电压、高达 10 安培的电流、连续性和电阻,高度不超过 28 厘米,宽度不超过 23 厘米,深度不超过 18 厘米(统计报告编码 9030.31.0000 项下);

109. 均方根(RMS)型用表,不带记录装置,钳式,用于测量交流/直流电压、交流/直流电流、电阻、电容和频率,安全额定值为 600 伏,主要用于检查家用电器和汽车中的电机(统计报告编码 9030.31.0000 项下);

110. 万用表,不带记录装置,用于测量电压、电流、电阻或功率(统计报告编码 9030.31.0000 项下);

111. GPS 无线诊断工具,带记录装置,在 150 兆赫下运行(统计报告编码 9030.84.0000 项下);

112. 推进用电滑板,功率不超过 250 瓦(统计报告编码 8711.60.0050 项下);

113. 多相交流电机,输出功率至少为 5.8 千瓦但不超过 14.92 千瓦,装配有行星齿轮和齿轮箱(统计报告编码 8501.52.4000 项下)。

(二十六)就税号 9903.88.21 而言,税号 9903.88.03 或税号 9903.88.09 规定的附加关税不适用于税号 2202.99.36、税号 2202.99.37、税号 5810.91.00、税号 5810.92.10、税号 5810.92.90、税号 5810.99.90、税号 8205.90.60、税号 8206.00.00、税号 8215.20.00、税号 9017.90.01、税号 9620.00.15 和税号 9620.00.30 下的条目,如果这些条目须遵守从税号 9903.88.01 规定的附加关税的另一税号衍生而来的所列税号下的适用税率。

(二十七)就税号 9903.88.22 而言,税号 9903.88.03 或税号 9903.88.09 规定的附加关税不适用于税号 2202.99.36、税号 2202.99.37、税号 5810.91.00、税号 5810.92.10、税号 5810.92.90、税号 5810.99.10、税号 5810.99.90、税号 8205.90.60、税号 8206.00.00、税号 8215.20.00、税号 9017.90.01、税号 9620.00.15 和税号 9620.00.30 下的条目,如果这些条目须遵守从税号 9903.88.02 规定的附加关税的另一税号衍生而来的所列税号下的适用税率。

(二十八)就税号 9903.88.23 而言,税号 9903.88.03 或税号 9903.88.09 规定的附加关税不适用于税号 2202.99.36、税号 2202.99.37、税号 5810.91.00、税号 5810.92.10、税号 5810.92.90、税号 5810.99.10、税号 5810.99.90、税号 8205.90.60、税号 8206.00.00、税号 8215.20.00、税号税号 9017.90.01、税号 9620.00.15 和税号 9620.00.30 下的条目,如果这类条目须遵守从税号 9903.88.03 或税号 9903.88.09 规定的附加关税的另一税号衍生的所列税号下的适用税率。

(二十九)就税号 9903.88.24 而言,税号 9903.88.03 或税号 9903.88.09 规定的附加关税不适用于税号 2202.99.36、税号 2202.99.37、税号 5810.91.00、税号 5810.92.10、税号 5810.92.90、税号 5810.99.10、税号 5810.99.90、税号 8205.90.60、税号 8206.00.00、税号 8215.20.00、税号 9017.90.01、税号 9620.00.15 和税号 9620.00.30 下的条目,如果这些条目须遵守从税号 9903.88.15 规定的附加关税的另一税号衍生的所列税号下的适用税率。

(三十)就税号 9903.88.25 而言,税号 9903.88.15 规定的附加关税不适用于税号 2106.90.52、税号 2106.90.54、税号 6103.22.00、税号 6103.23.00、税号 6103.29.05、税号 6103.29.10、税号 6103.29.20、税号 6104.22.00、税号 6104.23.00、税号 6104.29.05、税号 6104.29.10、税号 6203.29.10、税号 6203.29.20、税号 6203.29.30、税号 6204.21.00、税号 6204.22.30、税号 6204.23.00、税号 6204.29.20、税号 8215.10.00、税号 9005.90.40、税号 9005.90.80、税号

9110.11.00、税号 9110.90.20 和税号 9608.50.00 下的条目,如果这些条目须遵守从税号 9903.88.01 征收附加关税的另一税号衍生而来的所列税号下的适用税率。

(三十一)就税号 9903.88.26 而言,税号 9903.88.15 规定的附加关税不适用于税号 2106.90.52、税号 2106.90.54、税号 6103.22.00、税号 6103.23.00、税号 6103.29.05、税号 6103.29.10、税号 6103.29.20、税号 6104.22.00、税号 6104.23.00、税号 6104.29.05、税号 6104.29.10、税号 6203.29.10、税号 6203.29.20、税号 6203.29.30、税号 6204.21.00、税号 6204.22.30、税号 6204.23.00、税号 6204.29.20、税号 8215.10.00、税号 9005.90.40、税号 9005.90.80、税号 9110.11.00、税号 9110.90.20 和税号 9608.50.00 下的条目,如果这些条目须遵守从税号 9903.88.02 征收附加关税的另一税号衍生而来的所列税号下的适用税率。

(三十二)就税号 9903.88.27 而言,税号 9903.88.15 规定的附加关税不适用于税号税号 2106.90.52、税号 2106.90.54、税号 6103.22.00、税号 6103.23.00、税号 6103.29.05、税号 6103.29.10、税号 6103.29.20、税号 6104.22.00、税号 6104.23.00、税号 6104.29.05、税号 6104.29.10、税号 6203.29.10、税号 6203.29.20、税号 6203.29.30、税号 6204.21.00、税号 6204.22.30、税号 6204.23.00、税号 6204.29.20、税号 8215.10.00、税号 9005.90.40、税号 9005.90.80、税号 9110.11.00、税号 9110.90.20 和税号 9608.50.00 下的条目,如果这些条目须适用于税号 9903.88.03 或税号 9903.88.09 规定的附加关税的另一税号衍生的所列税号下的适用税率。

(三十三)就税号 9903.88.28 而言,税号 9903.88.15 规定的附加关税不适用于税号 2106.90.52、税号 2106.90.54、税号 6103.22.00、税号 6103.23.00、税号 6103.29.05、税号 6103.29.10、税号 6103.29.20、税号 6104.22.00、税号 6104.23.00、税号 6104.29.05、税号 6104.29.10、税号 6203.22.30、税号 6203.29.10、税号 6203.29.30、税号 6204.23.00、税号 6204.29.20、税号 8215.10.00、税号 9005.90.40、税号 9005.90.80、税号 9110.11.00、税号 9110.90.20 和税号 9608.50.00 下的条目,如果这些条目须遵守从税号 9903.88.15 规定的附加关税的另一税号衍生的所列税号下的适用税率。

(三十四)美国贸易代表办公室决定建立一个程序,通过该程序可以将归入税号 9903.88.03、第三分章美国注释二十(五)款和二十(六)款的特殊商品从税号 9903.88.03 规定的附加关税中排除出来。见《联邦公报》第 83 卷第 47974 节(2018 年 9 月 21 日)和第 84 卷第 29576 节(2019 年 6 月 24 日)。根据这个商品排除程序,美国贸易代表办公室决定税号 9903.88.03 规定的附加关税不适用于以下特殊商品,其统计报告编码为:

1. 赤藓糖醇(CAS No. 149-32-6)(统计报告编码 2905.49.4000 项下);

2. 3-三氟甲基-4-硝基苯酚(CAS No. 88-30-2)[IUPAC:4-硝基-3-(三氟甲基)苯酚],价值超过 16 美元/千克但不超过 25 美元/千克(统计报告编码 2908.99.8000 项下);

3. 癸二酸(CAS No. 111-20-6)(统计报告编码 2917.13.0030 项下);

4. 4,4′-二氨基-2,2′-二苯乙烯二磺酸(CAS No. 81-11-8)(统计报告编码 2921.59.2000 项下);

5. 4-氨基苯甲酸乙酯(CAS No.94-09-7)[苯佐卡因(INN)](统计报告编码

2922.49.3700 项下）；

6. 异氰酸正丁酯（CAS No.111-36-4）（统计报告编码 2929.10.2700 项下）；

7. 颜料黄 13（CAS No.5102-83-0）（统计报告编码 3204.17.9050 项下）；

8. 涂有光刻胶溶液的聚对苯二甲酸乙二醇酯（PET）薄膜，成卷，感光，未曝光，无穿孔，宽度超过 105 毫米但不超过 610 毫米，未用作图形艺术薄膜（统计报告编码 3702.44.0160 项下）；

9. 泡沫聚氯乙烯天花板瓷砖，成卷，未用纺织纤维支撑，每卷尺寸为 60 厘米×60 厘米×4 毫米（统计报告编码 3918.10.5000 项下）；

10. 丁腈橡胶、三元乙丙橡胶或氟橡胶制垫圈、垫圈和其他密封件（O 形圈或油封除外）（统计报告编码 4016.93.5050 项下）；

11. 硬或软制动衬套（统计报告编码 4016.99.6050 项下）；

12. 竹制托盘、盘子和碗（统计报告编码 4823.61.0040 项下）；

13. 精梳美利奴羊毛制纱线，非供零售，羊毛含量（按重量计）为 85%，平均纤维直径不超过 25 微米（统计报告编码 5106.10.0090 项下）；

14. 100% 变形聚酯长丝纱制机织染色织物，宽度为 332.7 厘米，重量超过 170 克/米^2（统计报告编码 5407.52.2060 项下）；

15. 化纤制非织造布，重量大于 25 克/米^2 但不大于 70 克/米^2，具有光滑或浮雕纹理（未浸渍、涂覆或覆盖除橡胶、塑料、木浆或玻璃纤维以外的材料），成卷，预开缝长度不小于 15 厘米至不大于 107 厘米，用于制造个人护理湿巾（统计报告编码 5603.12.0090 项下）；

16. 化纤制安全带织带，尺寸大于等于 25 毫米，但宽度不超过 50 毫米，未切割至特定长度（统计报告编码 5806.32.2000 项下）；

17. 化纤制人造革织物，按重量计至少用 60% 的聚氯乙烯和 75% 的塑料浸渍、涂覆、覆盖或层压（统计报告编码 5903.10.2090 项下）；

18. 用聚氨酯浸渍、涂层、覆盖或层压的人造细旦纤维织物，宽度至少为 135 厘米但不超过 150 厘米，重量至少为 206 克/米^2 但不超过 500 克/米^2（统计报告编码 5903.20.2500 项下）；

19. 针织长毛绒织物，聚脂为底，丙烯酸为绒面，价值不超过 16 美元/米^2（统计报告编码 6001.10.2000 项下）；

20. 水泥垫板（CAS No.1309-48-4）（统计报告编码 6810.99.0080 项下）；

21. 用于马赛克或其他装饰或施工目的的乙烯基网背衬上的非再生玻璃瓷砖，网格图案不小于 304 毫米×304 毫米，不超过 305 毫米×305 毫米（统计报告编码 7016.10.0000 项下）；

22. 显微镜载玻片，每个 25 毫米×76 毫米、25 毫米×25 毫米区域涂有可打印涂料（统计报告编码 7017.90.1000 项下）；

23. 铰接铁链，厚度不超过 8 毫米，价值不超过 2 美元/米（统计报告编码 7315.12.0080 项下）；

24. 除不锈钢外的合金钢制螺栓，带直径为 6 毫米或以上的柄或螺纹，每件价值不超过

0.05 美元(统计报告编码 7318.15.8069 项下);

25. 穿孔中空六角头螺栓(空心螺栓),钢制(不锈钢除外),带直径为 6 毫米或以上的柄或螺纹,价值不超过 0.07 美元/个(统计报告编码 7318.15.8069 项下);

26. 煤油空气加热器,有电机驱动的风扇或鼓风机,价值 70 美元/台或以上但不超过 300 美元/台(统计报告编码 7322.90.0015 项下);

27. 独立式铸铁浴缸,无脚,涂有搪瓷,价值超过 275 美元/个(统计报告编码 7324.21.5000 项下);

28. 冲压钢环,厚度为 1.22 毫米,直径为 35 毫米,与机动车悬架中的橡胶振动衬套一起使用(统计报告编码 7326.19.0080 项下);

29. 便携式工作台底座(统计报告编码 7326.90.8688 项下);

30. 钢制锯架,带折叠支腿,重量至少为 225 千克但不超过 685 千克(统计报告编码 7326.90.8688 项下);

31. 装饰性铜杯雨水漏斗,重量不超过 1.5 千克,链条长 20 厘米,杯子高度为 80 厘米,宽度为 10 厘米,直径为 10 厘米(统计报告编码 7419.99.5050 项下);

32. 羟基碳酸镍(CAS No.12607-70-4)(统计报告编码 7501.20.0000 项下);

33. 铝制台式机,用于笔记本电脑(统计报告编码 7616.99.5190 项下);

34. 加长扳手(统计报告编码 8204.11.0060 项下);

35. 平行夹具,钳口宽度不超过 10 厘米(统计报告编码 8205.70.0090 项下);

36. 石油和天然气钻井用钢制钻头,由三个支腿组成,每个支腿焊接在一起,每个支腿包含旋转锥体(统计报告编码 8207.19.3060 项下);

37. 圆柱形硬质合金棒坯,按重量计含 60% 或以上的碳化钨、30% 或以下的钴和 15% 或以下的镍(统计报告编码 8209.00.0030 项下);

38. 品目 8703 和品目 8704 机动车辆用不锈钢制动片夹(统计报告编码 8302.30.3060 项下);

39. 15 门冷藏储物柜,设计用于向消费者运送预购食品,深度不超过 80 厘米,长度不超过 230 厘米,高度不超过 35 厘米(统计报告编码 8418.50.0080 项下);

40. 九门冷藏柜,设计用于向消费者运送预购食品,深度不超过 80 厘米,长度不超过 230 厘米,高度不超过 35 厘米(统计报告编码 8418.50.0080 项下);

41. 压力垫圈(统计报告编码 8424.30.9000 项下);

42. 子目 8470.50 现金出纳机的现金抽屉(统计报告编码 8473.29.0000 项下);

43. 青铜球阀,设计用于船用发动机、发电机和空调,尺寸从 6 毫米 NPT/BSPP[国家管螺纹/英国标准平行管]到 102 毫米 NPT/BSPP(统计报告编码 8481.80.1085 项下);

44. 手动蝶阀,铁制,杠杆操作,设计用于灌溉系统,尺寸不超过 34 厘米×13 厘米×34 厘米(统计报告编码 8481.80.3030 项下);

45. 手动蝶阀,铁制,杠杆操作,设计用于灌溉系统,尺寸不超过 34 厘米×13 厘米×40 厘米(统计报告编码 8481.80.3030 项下);

46. 手动蝶阀,铁制,杠杆操作,设计用于灌溉系统,尺寸不超过 46 厘米×18 厘米×50 厘米(统计报告编码 8481.80.3030 项下);

47. 手动蝶阀,铁制,杠杆操作,设计用于灌溉系统,尺寸不超过 55 厘米×58 厘米×18 厘米(统计报告编码 8481.80.3030 项下);

48. 手动蝶阀,铁制,杠杆操作,设计用于灌溉系统,尺寸不超过 65 厘米×61 厘米×19 厘米(统计报告编码 8481.80.3030 项下);

49. 黄铜水龙头,设计用于中心装置和大面积盥洗槽(统计报告编码 8481.80.5060 项下);

50. 风机驱动的便携式空间电加热器,功耗不超过 1.5 千瓦,重量超过 1.5 千克但不超过 17 千克,不论是否包含加湿器或空气过滤器(统计报告编码 8516.29.0030 项下);

51. 风机驱动的便携式空间电加热器,功耗超过 900 瓦但不超过 1 600 千瓦,重量超过 1.5 千克但不超过 17 千克,不论是否包含加湿器或空气过滤器(统计报告编码 8516.29.0030 项下);

52. 电壁炉插件和独立式电壁炉加热器,额定值为 5 000 英制热量单位(BTU)(统计报告编码 8516.29.0090 项下);

53. 电壁炉,重量不超过 55 千克(统计报告编码 8516.29.0090 项下);

54. 移动 Wi-Fi 热点(统计报告编码 8517.62.0020 项下);

55. 磁性安全标签和标签(统计报告编码 8531.90.9001 项下);

56. 印刷电路板,塑料浸渍,非挠性,底座完全由浸渍玻璃制成,导电材料层少于 3 层,价值超过 2 美元/层但不超过 4.25 美元/层(统计报告编码 8534.00.0040 项下);

57. 可编程气体点火安全控制装置,高度至少为 4 厘米但不超过 5 厘米,宽度至少为 6 厘米但不超过 9 厘米,深度不超过 14 厘米,重量至少为 190 克但不超过 250 克,价值不超过 15 美元/个,用于休闲车的热水器(统计报告编码 8537.10.9160 项下);

58. 燃气点火控制再点火器,用于燃气燃烧器系统或丙烷汽化器,尺寸为 5 厘米×4 厘米×10 厘米,重量不超过 100 千克(统计报告编码 8537.10.9170 项下);

59. 气体点火安全控制装置,高度至少为 3 厘米但不超过 6 厘米,宽度至少为 9 厘米但不超过 12 厘米,高度至少为 13 厘米但不超过 14 厘米,重量至少为 200 克但不超过 400 克,价值不超过 26 美元/个,用于庭院加热器、农业加热器或干衣机(统计报告编码 8537.10.9170 项下);

60. 混合信号处理设备,能够连接到有线或无线网络进行声音混合(统计报告编码 8543.70.9100 项下);

61. 绝缘电导体,电压不超过 1 000 伏,装有用于电信的连接器,价值超过 0.35 美元/根但不超过 2 美元/根(统计报告编码 8544.42.2000 项下);

62. 绝缘电导体,电压不超过 1 000 伏,装有连接器(用于电信的类型除外,第八十五章统计注释六定义的延长线除外),此类导体的长度不小于 8 米但不大于 10 米,一端包含一个连接器,另一端包含一个设计用于容纳 4 节 AA 电池的耐候隔间和盖子(统计报告编码 8544.42.9090 项下);

63. 品目 8701 至品目 8705 机动车辆用安全带,价值超过 3.50 美元/个但不超过 4.50 美元/个(统计报告编码 8708.21.0000 项下);

64. 不带棘轮机构的安全带卷收器总成(统计报告编码 8708.29.5060 项下);

65. 品目 8703 机动车辆差速器减振器的铸铁零件(统计报告编码 8708.50.8100 项下);
66. 品目 8703 机动车辆用 356 铝合金车轮,直径至少为 50.8 厘米但不超过 66.04 厘米(20~26 英寸),宽度至少为 25.4 厘米但不超过 40.64 厘米(10~16 英寸)(2020 年 1 月 1 日之前的统计报告编码 8708.70.4545 项下,2020 年 1 月 1 日生效的统计报告编码 8708.70.4546 项下);[编者注:应仅报告公制计量;本税则不使用英制单位。]
67. 品目 8701 至 8705 机动车辆用钢制离合器盖和离合器片(适用于农用拖拉机的除外)(统计报告编码 8708.93.7500 项下);
68. 品目 8701 至 8705 机动车辆用美国材料与试验协会 A519 1020 冷拔精密机械钢管制防振控制部件,价值超过 0.40 美元/根但不超过 0.80 美元/根(适用于农业用途的拖拉机除外)(统计报告编码 8708.99.8180 项下);
69. 碳纤维自行车车架,价值不超过 600 美元/个(统计报告编码 8714.91.3000 项下);
70. 可调整侧面长度的移动底座,容量为 182 千克或以上但不超过 680 千克(统计报告编码 8716.8050.90 项下);
71. 步枪瞄准镜、测距仪和瞄准镜的未安装透镜(统计报告编码 9001.90.4000 项下);
72. 电弧焊头盔用透明矩形过滤器盖透镜,未安装,碳酸烯丙基二甘醇,尺寸为 50 毫米×110 毫米或 115 毫米×135 毫米(统计报告编码 9001.90.9000 项下);
73. 气象仪器和器具的零件和附件,包括一套套件,包括一个用于安装在电杆上的外壳,带有一个集成的紧固旋钮和一条长度不小于 8 米且不大于 10 米的延长线(统计报告编码 9015.90.0190 项下);
74. 电池供电计时器,带时钟或手表移动,仅带光电显示器,包括 360 度旋转计时器控制、启动/停止控制、复位控制和声音警报,最大时间计数为 9 小时 59 分 59 秒(统计报告编码 9106.90.5510 项下);
75. 电池供电计时器,带时钟或手表机芯,仅带光电显示器,包括声音报警器,尺寸不超过 10 厘米×10 厘米×5 厘米,重量不超过 60 克(统计报告编码 9106.90.5510 项下);
76. 贱金属和橡胶制脚部组件,设计用于折叠椅(统计报告编码 9401.90.5081 项下);
77. 木制珠宝衣柜,重量超过 13 千克但不超过 28 千克,高度为 101 厘米,宽度为 44 厘米,深度为 30 厘米,有 8 个抽屉(统计报告编码 9403.50.9080 项下);
78. 木制珠宝衣柜,重量超过 13 千克但不超过 28 千克,高度为 102 厘米,宽度为 46 厘米,深度为 30 厘米,有 7 个抽屉(统计报告编码 9403.50.9080 项下);
79. 由聚酯纤维织物和钢管框架组成的摇篮,长度为 86 厘米,宽度为 51 厘米,高度为 88 厘米,重量不超过 11 千克,带有下落侧轨和车轮上可调节高度的支腿(统计报告编码 9403.89.6003 项下);
80. 由聚酯纤维织物和钢管框架组成的摇篮,长度为 86 厘米,宽度为 52 厘米,高度为 81 厘米,重量不超过 11 千克,或长度为 100 厘米,宽度为 65 厘米,高度为 81 厘米,重量为 13 千克,带有下降侧轨和车轮(统计报告编码 9403.89.6003 项下);
81. 由聚酯纤维织物和钢管框架组成的摇篮,长度为 91 厘米,宽度为 72 厘米,重量不超过 13 千克,带有下降侧轨,车轮上的可调高度腿,配有悬挂玩具和音乐手机(统计报告编码 9403.89.6003 项下)

82. 金属、塑料和织物制婴儿摇篮,尺寸不超过 80 厘米×30 厘米×30 厘米(统计报告编码 9403.89.6003 项下)

83. 台式或台式计算机显示器坐立工作站,价值超过 100 美元/个(统计报告编码 9403.90.8061 项下)

(三十五)美国贸易代表办公室决定建立一个程序,通过该程序可以将归入税号 9903.88.03、第三分章美国注释二十(五)款和二十(六)款的特殊商品从税号 9903.88.03 规定的附加关税中排除出来,将归入税号 9903.88.04、第三分章美国注释二十(七)款的特殊商品从税号 9903.88.04 规定的附加关税中排除出来。见《联邦公报》第 83 卷第 47974 节(2018 年 9 月 21 日)和第 84 卷第 29576 节(2019 年 6 月 24 日)。根据这个商品排除程序,美国贸易代表办公室决定税号 9903.88.03 或税号 9903.88.04 规定的附加关税不适用于以下特殊商品,其统计报告编码为:

1. 8409.91.3000;

2. 8708.50.9500;

3. 聚氯乙烯地板覆盖物,以瓷砖或木板的形式呈现,设计用于在安装过程中咬合在一起(统计报告编码 3918.10.1000 项下);

4. 氯乙烯聚合物乙烯地砖,设计用于在安装过程中接合在一起,厚度为 4.7 毫米或以上但不超过 8 毫米,宽度为 18 厘米或以上但不超过 23 厘米,长度为 120 厘米或以上但不超过 182 厘米(统计报告编码 3918.10.1000 项下);

5. 氯乙烯聚合物乙烯地砖,设计用于在安装过程中接合,厚度为 7 毫米,宽度为 18 厘米或以上但不超过 19 厘米,长度为 120 厘米或以上但不超过 125 厘米(统计报告编码 3918.10.1000 项下);

6. 各种尺寸的尼龙、聚酯或大豆织带制成的狗形导线、项圈、线束、可伸缩导线、口罩和头笼头,带或不带铁制或钢制系带电缆和天线(统计报告编码 4201.00.3000 项下);各种尺寸的尼龙、聚酯或大豆基织带(统计报告编码 4201.00.6000 项下)和猫项圈制成的猫绳、可伸缩导线、口罩和头笼头(统计报告编码 4201.00.3000 或 4201.00.6000 项下);

7. 橡木制标准木塑件(统计报告编码 4409.29.4100 项下);

8. 工程地板,橡木制,由 1.2 毫米厚的橡木单板顶层、5.8 毫米石塑复合芯和 2 毫米聚乙烯背衬组成,此类地板涂有氧化铝,长度不超过 191 厘米,宽度不超过 19 厘米,厚度不超过 0.9 厘米(统计报告编码 4412.99.5105 项下);

9. 地板面板,由厚度为 0.6 毫米或以上但不超过 1.2 毫米的硬木单板制成,层压在防水石聚合物复合基层上,每块面板的厚度为 5~7.5 毫米,带有用于安装的榫槽机构和附加泡沫垫(统计报告编码 4412.99.5105 项下);

10. 组装的围栏段,由芦苇和成排的铁丝固定在一起,每个部分的高度为 1.8 米或以上但不超过 1.9 米,宽度为 4.5 米或以上但不超过 4.6 米,或者高度为 1.3 米,宽度为 2.5 米(统计报告编码 4421.91.7020 项下);

11. 硬纸板箱,重量为 1.2 千克/米²,上面覆盖有装饰图案的纸张,每个箱子都有吊牌、手柄和两条带按扣的人造革皮带,此类箱子的高度为 21 厘米或以上但不超过 23 厘米,长度为 31 厘米或以上但不超过 33 厘米,深度为 5 厘米或以上但不超过 9 厘米(统计

第九十九章 临时立法;根据现有贸易法规的临时修改;根据经修正的《农业调整法》第 22 条制定的附加进口限制 1843

报告编码 4819.50.4040 项下);

12. 蚕丝织物,按重量计丝或绢丝(䌷丝除外)含量在 85% 或以上,未印花,非提花机织,宽度超过 127 厘米(统计报告编码 5007.20.0065 项下);

13. 蚕丝织物,按重量计丝或绢丝(䌷丝除外)含量在 85% 或以上,未印花,非提花机织,宽度为 107 厘米或以上但不超过 127 厘米(统计报告编码 5007.20.0085 项下);

14. 聚酯高强力单纱,554 分特或以上但不超过 556 分特,每米捻度为 5 圈或以上(统计报告编码 5402.20.3030 项下);

15. 搪瓷铸铁水槽(统计报告编码 7324.90.0000 项下);

16. 子目 8467.21 手钻用便携式钻床(统计报告编码 8467.99.0190 项下);

17. 静态转换器,设计用于电信设备无线(感应)充电(统计报告编码 8504.40.8500 项下);

18. 气体点火安全控制装置,高度为 3.8~5.3 厘米,宽度为 6.4~10.1 厘米,深度为 13.2~13.9 厘米,重量为 160~380 克,价值不超过 26 美元/个,用于庭院加热器、农业加热器或干衣机的一种(统计报告编码 8537.10.9170 项下);

19. 第八十五章统计注释六定义的电压不超过 1 000 伏的延长线,一端带有插座,另一端带有公插头,插脚垂直于延长线的其余部分,插头位于长 115 毫米、宽 70 毫米的塑料盖下(统计报告编码 8544.42.9010 项下);

20. 脚轮,直径(包括适当的轮胎)为 20 厘米或以上但不超过 23 厘米(统计报告编码 8716.90.3000 项下);

21. 自行车速度表设计为把手安装,有线,带数字显示,能够测量以下 7 个变量:当前速度、平均速度、最大速度、行程距离、总距离、经过的时间和时间(统计报告编码 9029.20.2000 项下);

22. 带有钢和/或铝框架的折叠椅,每个框架的宽度为 30 厘米或以上但不超过 97 厘米,深度为 20 厘米或以上但不超过 89 厘米,高度为 30 厘米或以上但不超过 117 厘米(统计报告编码 9401.79.0015 项下);

23. 带钢或铝框架的可折叠凳子,宽度不超过 30.5 厘米,深度不超过 26 厘米,高度不超过 39 厘米(统计报告编码 9401.79.0035 项下);

24. 含有酚醛树脂的纤维板,厚度不超过 0.635 毫米(统计报告编码 4411.93.9090 项下);

25. 聚酯和氨纶制圆形针织物,印花,双层针织或互锁结构除外,卷装(统计报告编码 6006.34.0080 项下);

26. 切割钳,重量为 90 克或以上但不超过 545 克,长度不超过 32 厘米,宽度不超过 10.5 厘米,厚度不超过 3 毫米(统计报告编码 8203.20.6030 项下);

27. 碳合金钢螺栓连接端头,用于桶式或卧式研磨机(统计报告编码 8207.90.7585 项下);

28. 碳化钨刀尖、条和棒(统计报告编码 8209.00.0030 项下);

29. 底座,设计用于品目 8703 中主要用于娱乐、娱乐、运动和越野运输的机动车辆或品目 8711 的摩托车,重量小于 2 千克(统计报告编码 8302.30.3060 项下);

30. 棘轮链条、绳索或缆绳起重机(箕斗起重机或用于提升机动车辆的起重机除外),不由电动机驱动(统计报告编码 8425.19.0000 项下);

31. 超声波清洗机,带不锈钢罐,液体容量不超过 32 升(统计报告编码 8479.89.9485 项下);

32. 静态转换器,用于为汽车或家庭中的电信设备充电,价值不超过 2 美元/个(统计报告编码 8504.40.8500 项下);

33. 玻璃电绝缘体(统计报告编码 8546.10.0000 项下);

34. 子目 8703.21.01 机动车辆用铝制车轮,直径为 30 厘米或以上但不超过 51 厘米,宽度为 14 厘米或以上但不超过 28 厘米(2020 年 1 月 1 日之前的统计报告编码 8708.70.4545 项下,2020 年 1 月 1 日生效的统计报告编码 8708.70.4546 项下);

35. 驱动轴,也称为传动轴,用于将变速器连接至差速器,允许车辆移动,设计用于制造品目 8703 中主要用于娱乐、娱乐、运动和越野运输的机动车辆(统计报告编码 8708.99.6805 项下);

36. 张力杆淋浴器球童,高度不超过 305 厘米,由 5 根钢杆、3 个钢丝篮和小塑料件组成,用于将架子固定在杆上(统计报告编码 9403.20.0050 项下)。

(三十六)美国贸易代表办公室决定建立一个程序,通过该程序可以将归入税号 9903.88.03、第三分章美国注释二十(五)款和二十(六)款的特殊商品从税号 9903.88.03 规定的附加关税中排除出来,将归入税号 9903.88.04、第三分章美国注释二十(七)款的特殊商品从税号 9903.88.04 规定的附加关税中排除出来。见《联邦公报》第 83 卷第 47974 节(2018 年 9 月 21 日)和第 84 卷第 29576 节(2019 年 6 月 24 日)。根据这个商品排除程序,美国贸易代表办公室决定税号 9903.88.03 或税号 9903.88.04 规定的附加关税不适用于以下特殊商品,其统计报告编码为:

1. 糖果棒棒糖,不含可可,以较大塑料棒棒糖的形式包装零售的此类商品,每个棒棒糖包括一个长轴为 14 厘米、短轴为 11 厘米的球形容器,以及一根长度为 22 厘米的塑料棒插入容器底部,容器部分用印刷塑料薄膜包裹,通过印刷吊牌系在容器底部(统计报告编码 1704.90.3550 项下);

2. 散装固体形式的金属钠(CAS No.7440-23-5)(统计报告编码 2805.11.0000 项下);

3. 零售包装塑料托盘用定制真空,由聚氯乙烯或聚苯乙烯板(厚度为 0.45～0.9 毫米)制成,长度为 7.62 厘米或以上但不超过 53.34 厘米,宽度为 17.15 厘米或以上但不超过 42.55 厘米,深度为 3.18 厘米或以上但不超过 15.24 厘米(统计报告编码 3923.10.9000 项下);

4. 柔性非电石墨板,长度为 1 000 毫米,宽度为 1 000 毫米,厚度为 0.8 毫米或以上但不超过 1.5 毫米(统计报告编码 6815.10.0100 项下);

5. 钇稳定氧化锆磨珠(统计报告编码 6909.11.2000 项下);

6. 合金钢(不锈钢除外)制管或管套(联轴器),螺纹,重量为 0.19 千克或以上但不超过 18.2 千克,长度为 305 厘米,直径为 1.2 厘米或以上但不超过 10.2 厘米,UL 认证(统计报告编码 7307.92.3030 项下);

7. 镀锌钢制对焊管或管弯头,重量为 0.19 千克或以上但不超过 17 千克,内径为 12 毫米

第九十九章 临时立法;根据现有贸易法规的临时修改;根据经修正的《农业调整法》第 22 条制定的附加进口限制

或以上但不超过 102 毫米,UL 认证(统计报告编码 7307.93.6000 项下);

8. 可折叠钢制活梯,每个活梯有 2、3 或 4 级台阶和安全闩,承载能力为 90 千克或以上但不超过 140 千克(统计报告编码 7326.90.8660 项下);

9. 贱金属平板显示器安装适配器(统计报告编码 8302.50.0000 项下);

10. 伸缩窗帘杆组,供零售,包括两个或多个圆柱形伸缩杆、两个或多个能够将杆固定在建筑构件上的墙支架、所有前述钢材、两个或多个树脂或其他塑料杆顶件,不包括开启或关闭窗帘的机构(统计报告编码 8302.41.6050 项下);

11. 包含商用制冷设备的电子展示柜,每个都有一个玻璃正面,用于显示正在储存的食品或饮料(统计报告编码 8418.50.0080 项下);

12. 油气田用电缆桥塞组件,符合美国石油学会(API)规范 11D1,每个由圆柱形砂铸铸铁部件组成,带有丁腈橡胶密封元件和黄铜元件支承环,直径为 3.7 厘米或以上但不超过 52 厘米,长度为 30 厘米或以上但不超过 72 厘米(统计报告编码 8479.89.9450 项下);

13. 立式无袋真空吸尘器,能够在湿模式或干模式下运行,配有功率不超过 1 500 瓦的独立电机,油箱容量不超过 4 升(统计报告编码 8508.11.0000 项下);

14. 立式无袋真空吸尘器,配有功率不超过 1 500 瓦的独立电机,容量不超过 1 升(统计报告编码 8508.11.0000 项下);

15. 内燃机起动马达,设计用于草坪、汽车、船舶、摩托车、工业和园林行业(统计报告编码 8511.40.0000 项下);

16. 品目 8701 至 8705 的柴油动力车辆用不锈钢 EGR 冷却液管组件(统计报告编码 8708.99.8180 项下);[编者注:"EGR"可能参考"废气再循环"。]

17. 非机动自行车,具有直径大于 69 厘米但不大于 71 厘米的铝或镁合金车轮,横截面直径为 3.5 厘米的轮胎,铝框架,聚氨酯/碳纤维帘线传动带,3 速、7 速或 12 速后轮毂和扭转换档器(统计报告编码 8712.00.2500 项下);

18. 符合税号 8712.00.44 标准的单速自行车,具有钢架、铝杆、轮辋和曲柄组,骑手接触面积为塑料,重量不超过 11.5 千克(统计报告编码 8712.00.4400 项下);

19. 转换成梯子的手推车(工业手推车和手提行李车除外),重量不超过 15 千克,尺寸不超过 105 厘米×56 厘米×11 厘米(统计报告编码 8716.80.5090 项下);

20. 自卸车,有一个钢框架、一个塑料床和四个车轮充气轮胎,容量不超过 681 千克(统计报告编码 8716.80.5090 项下);

21. 独木舟(木制或金属制除外),价值超过 800 美元/艘,其类型并非主要用于发动机或帆(统计报告编码 8903.99.0500 项下);

22. 带铝框的折叠椅,由一个聚酯防撕裂织物和聚酯网制成的座椅和一个铝框组成,重量不超过 600 克(统计报告编码 9401.79.0015 项下);

23. 设计用于野营的折叠桌,由聚酯防撕裂织物顶部组成,设计用于组装到铝框架上,打开使用时尺寸为 53.34 厘米×41.91 厘米×36.83 厘米,重量在 0.9 千克以下(统计报告编码 9403.20.0050 项下);

24. 室外钢制和铝制桌子,每个尺寸不超过 93 厘米×93 厘米×63 厘米,包括内置燃气火

坑(统计报告编码9403.20.0050项下);

25. 带钢和/或铝框架的可折叠胶辊,具有聚酯或尼龙织物的睡眠表面,长度为185厘米或以上但不超过230厘米,宽度为70厘米或以上但不超过105厘米,高度为7厘米或以上但不超过58厘米(统计报告编码9403.20.0090项下);

26. 具有钢和/或铝框架的可折叠桌子,每个框架长度为25厘米或以上但不超过156厘米,宽度为30厘米或以上但不超过80厘米,高度为37厘米或以上但不超过113厘米,桌面表面为铝(统计报告编码9403.20.0090项下);

27. 家用落地式电灯,贱金属制(黄铜除外),高度超过1.22米但不超过2.59米,带E26插座(统计报告编码9405.20.6010项下);

28. 家用落地式电灯,贱金属制(黄铜除外),高度超过77厘米但不超过232厘米,以发光二极管灯为光源(统计报告编码9405.20.6010项下);

29. 家用电灯或台灯,贱金属制(黄铜除外),高度超过25厘米但不超过92厘米,带有E26插座(统计报告编码9405.20.6010项下);

30. 家用台灯或台灯,贱金属制(黄铜除外),高度为38厘米或以上但不超过87厘米,以发光二极管灯为光源,配有交流插座、充电垫或通用串行总线(USB)端口,用于为电子设备充电(统计报告编码9405.20.6010项下);

31. 木制家用落地电灯,高度为115厘米或以上但不超过210厘米,带有E26插座(统计报告编码9405.20.8010项下);

32. 家用木制台灯或台灯,高度超过25厘米但不超过80厘米,带有E26插座(统计报告编码9405.20.8010项下)。

(三十七)美国贸易代表办公室决定建立一个程序,通过该程序可以将归入税号9903.88.03、第三分章美国注释二十(五)款和二十(六)款的特殊商品从税号9903.88.03规定的附加关税中排除出来,将归入税号9903.88.04、第三分章美国注释二十(七)款的特殊商品从税号9903.88.04规定的附加关税中排除出来。见《联邦公报》第83卷第47974节(2018年9月21日)和第84卷第29576节(2019年6月24日)。根据这个商品排除程序,美国贸易代表办公室决定税号9903.88.03或税号9903.88.04规定的附加关税不适用于以下特殊商品,其统计报告编码为:

1. 0304.72.5000;
2. 0304.83.1015;
3. 0304.83.1020;
4. 0304.83.5090;
5. 8507.20.4000;
6. 8708.50.8500;
7. 8708.94.7510;
8. 8708.99.8105;
9. 8712.00.1520
10. 香蕉,冷冻干燥切片,包装零售,每包净重15克(统计报告编码0803.90.0045项下);
11. 苹果,冷冻干燥切片,包装零售,每包净重15克(统计报告编码0813.30.0000项下);

第九十九章 临时立法;根据现有贸易法规的临时修改;根据经修正的《农业调整法》第 22 条制定的附加进口限制 1847

12. 桃子,冷冻干燥切片,包装零售,每包净重 15 克(统计报告编码 0813.40.4000 项下);
13. 梨,冷冻干燥切片,包装零售,每包净重 15 克(统计报告编码 0813.40.9000 项下);
14. 草莓和香蕉的混合物,冷冻干燥切片,包装零售,每包净重 15 克(统计报告编码 0813.50.0020 项下);
15. 喜马拉雅盐、番茄片、柠檬皮、罗勒、黑胡椒和鼠尾草混合调味品,包装零售,每包净重 200 克(统计报告编码 2103.90.8000 项下);
16. 木浆纤维素海绵模制块,尺寸不超过 105 厘米×105 厘米×40 厘米(统计报告编码 4823.70.0040 项下);
17. 人造长丝纱缎纹机织物,由 63%的人造丝和 37%的精梳棉组成,染色,重量不超过 211 克/米^2(统计报告编码 5408.32.9050 项下);
18. 无纺布地毯垫,100%聚酯纤维织物,表面层压至热塑性弹性体,重量超过 150 克/米^2(统计报告编码 5603.94.1090 项下);
19. 化纤绳索,长度为 1.7 米或以上但不超过 6.1 米,断裂强度为 22 千克或以上但不超过 230 千克,带有贱金属挂钩和锁紧机构,以保持绳索张力(统计报告编码 5609.00.3000 项下);
20. 钢制门,用于限制儿童或宠物,未涂覆或镀有贵金属(统计报告编码 7323.99.9040 项下);
21. 钢制电气箱,设计用于照明设备、开关、插座或插座装置,重量为 0.4 千克或以上但不超过 3.5 千克,长度为 10.2 厘米或以上,宽度为 5 厘米或以上但不超过 10.2 厘米,高度为 12 厘米,上述 UL 列出(统计报告编码 7326.90.8688 项下);
22. 铝制伸缩式多位置梯子,最大到达高度为 4.2 米或以上但不超过 7.9 米,配有可调整伸缩位置的锁,额定载荷为 136 千克或以上但不超过 170 千克(统计报告编码 7616.99.5130 项下);
23. 铝制塔架,未装配,每个塔架设计安装在船上,包括至少一个点,牵引绳可固定在该点上,用于牵引参加水上运动(如尾波冲浪)的个人,组装塔架的高度不超过 1.9 米,宽度不超过 2.5 米(统计报告编码 8302.49.6055 项下);
24. 铝制塔架,未装配,设计安装在船体上,包括一个拖曳点,用于拖曳参加水上运动的个人,如尾波板,组装塔架的高度不超过 1.6 米,宽度不超过 2.5 米(统计报告编码 8302.49.6055 项下);
25. 数字电子秤,非个人使用,非连续称重,恒重秤除外,尺寸不超过 195 毫米×165 毫米×60 毫米,最大称重量为 5 千克,并且在添加到被称重物品时能够多次重置皮重(零点重置)(统计报告编码 8423.81.0040 项下);
26. 带备用电池的太阳能台式电子计算器(具有工程、三角、科学或建筑功能的除外),长度为 11 厘米或以上但不超过 25 厘米,宽度为 7 厘米或以上但不超过 19.5 厘米,高度为 1 厘米或以上但不超过 5 厘米,重量为 0.058 千克或以上但不超过 0.34 千克(统计报告编码 8470.10.0040 项下);
27. 手持、太阳能或电池供电的电子计算器(具有工程、三角或科学功能的除外),长度为 10 厘米或以上但不超过 16 厘米,宽度为 5 厘米或以上但不超过 9 厘米,高度为 0.5

厘米或以上但不超过2厘米,重量为0.02千克或以上但不超过1千克(统计报告编码8470.10.0040项下);

28. 手持、太阳能或电池供电的电子计算器,具有科学、三角函数或其他高级数学功能,长度为11厘米或以上但不超过18厘米,宽度为6.5厘米或以上但不超过9厘米,高度为1厘米或以上但不超过3厘米,重量为0.04千克或以上但不超过0.25千克(统计报告编码8470.10.0040项下);

29. 电子计算器,包括一个2色墨辊印刷装置,使用外部电源运行,带有真空荧光显示器,长度为24厘米或以上但不超过27厘米,宽度为18厘米或以上但不超过21厘米,高度为5厘米或以上但不超过7厘米,重量为0.5千克或以上但不超过1.5千克(统计报告编码8470.21.0000项下);

30. 电子计算器,包括一个平行色带油墨打印装置,该装置通过外部电源运行,并带有真空荧光显示器,长度为31.75厘米或以上但不超过34.3厘米,宽度为21.5厘米或以上但不超过25.4厘米,高度为7.5厘米或以上但不超过9厘米,重量为1.6千克或以上但不超过2千克(统计报告编码8470.21.0000项下);

31. 电子计算器,包括一个色带墨水打印设备,使用外部电源运行,带有真空荧光显示器(VFD),长32厘米或以上但不超过35厘米,宽22厘米或以上但不超过26厘米,高8厘米或以上但不超过9厘米,体重1.75千克或以上但不超过2千克(统计报告编码8470.21.0000项下);

32. 电子计算器,包括一个墨辊打印装置,能够使用外部电源或电池电源运行,带有液晶显示器第八十八章,长度为19厘米或以上但不超过26.5厘米,宽度为8厘米或以上但不超过20厘米,高度为4厘米或以上但不超过7厘米,重量为0.3千克或以上但不超过0.7千克(统计报告编码8470.21.0000项下);

33. 其他静态转换器、整流器和整流装置,带丙烯腈-丁二烯-苯乙烯(ABS)塑料防损坏盒、输入和输出电压电缆,重量不超过0.35千克,长度不超过17厘米,宽度不超过12厘米(统计报告编码8504.40.9550项下);

34. 发光二极管前照灯、灯杆和立方体灯,设计用于安装在越野车、全地形车上(统计报告编码8512.20.2040项下);

35. 品目8701至8705机动车辆(农用拖拉机除外)用灰铸铁制动鼓,内径为38厘米或以上但不超过42厘米(统计报告编码8708.30.5020项下);

36. 品目8701至8705机动车辆(农用拖拉机除外)用灰铸铁制动盘,外径为32厘米或以上但不超过44厘米(统计报告编码8708.30.5030项下);

37. 品目8701至8705越野车辆用铸铁轮毂,重量为2千克或以上但不超过4千克(统计报告编码8708.99.5300项下);

38. 木制(柚木除外)框架软垫座椅(统计报告编码9401.61.4011项下);

39. 户外非家用三腿椅,钢架由弹性绳和纺织座椅材料固定在一起(统计报告编码9401.79.0015项下);

40. 户外非家用四腿椅,铝框架由弹性绳和纺织座椅材料固定在一起(统计报告编码9401.79.0015项下);

41. 除弯曲木材外的其他木材的入口表格,长度为180厘米或以上但不超过185厘米,高度为80厘米或以上但不超过83厘米,宽度为40厘米但不超过45厘米,顶部为锡(统计报告编码9403.60.8081项下);

42. 8灯圆形家用电吊灯,贱金属(黄铜除外)制(统计报告编码9405.10.6010项下);

43. 家用电动台灯,木质底座,带灯罩,高度不超过64厘米,重量不超过3千克(统计报告编码9405.20.8010项下);

44. 木制非电壁式烛台,配有3个熟铁烛台(统计报告编码9405.50.4000项下)。

(三十八)美国贸易代表办公室决定建立一个程序,通过该程序可以将归入税号9903.88.03、第三分章美国注释二十(五)款和二十(六)款的特殊商品从税号9903.88.03规定的附加关税中排除出来,将归入税号9903.88.04、第三分章美国注释二十(七)款的特殊商品从税号9903.88.04规定的附加关税中排除出来。见《联邦公报》第83卷第47974节(2018年9月21日)和第84卷第29576节(2019年6月24日)。根据这个商品排除程序,美国贸易代表办公室决定税号9903.88.03或税号9903.88.04规定的附加关税不适用于以下特殊商品,其统计报告编码为:

1. 8712.00.1510;

2. 8712.00.1550;

3. 用有机表面活性剂制剂浸渍的无纺布湿巾,用于去除皮肤上的毛发色斑,装在装有100块湿巾的容器中零售(统计报告编码3401.11.5000项下);

4. 硫化橡胶、模制聚氨酯、氯丁橡胶或焊接聚氨酯制成的环形同步带,外周长60厘米或以上但不超过77厘米,宽度2.5厘米或以上但不超过4厘米,重量0.18千克或以上但不超过0.45千克(统计报告编码4010.35.9000项下);

5. 外表面为皮革的公文包,尺寸不超过37厘米×45厘米×17厘米(统计报告编码4202.11.0030项下);

6. 泡桐木存储容器,宽度为8厘米或以上但不超过41厘米,深度为8厘米或以上但不超过41厘米,高度为9厘米或以上但不超过41厘米(统计报告编码4420.90.8000项下);

7. 100%聚酯变形长丝机织物,染色,重量超过170克/米^2,宽度不超过310厘米(统计报告编码5407.52.2060项下);

8. 合成长丝纱线机织物,含85%或85%以上(按重量计)变形聚酯长丝,染色,宽249厘米,重量超过170克/米^2(统计;报告编码5407.52.2060项下)

9. 杜皮奥尼机织物,100%无纹理染色聚酯长丝制,重量不超过170克/米^2,宽度不超过310厘米(统计报告编码5407.61.9930项下);

10. 全聚酯机织物,染色,非扁平,含无变形聚酯长丝,重量不超过170克/米^2,宽度不超过310厘米(统计报告编码5407.61.9930项下);

11. 全聚酯织物,染色,含无变形聚酯长丝,重量超过170克/米^2,宽度不超过310厘米(统计报告编码5407.61.9935项下);

12. 含47%尼龙和53%聚酯的机织物,染色,含变形长丝,重量不超过170克/米^2,宽度大于274厘米(统计报告编码5407.72.0015项下);

13. 聚酯短纤机织物,染色,重量超过 240 克/米^2,宽度不超过 310 厘米(统计报告编码 5512.19.0090 项下);

14. 机织染色三线斜纹织物,按重量计含 65% 的聚酯纤维和 35% 的棉短纤维,未起毛,重量超过 200 克/米^2,宽度超过 310 厘米(统计报告编码 5514.22.0020 项下);

15. 绞合纸绳存储容器,长度不小于 8 厘米但不大于 39 厘米,宽度不小于 8 厘米但不大于 39 厘米,高度不小于 9 厘米但不大于 57 厘米(统计报告编码 5609.00.4000 项下);

16. 机织染色刺绣织物,按重量计含 55% 的聚酯和 45% 的尼龙,重量小于 115 克/米^2,宽度为 289 厘米(统计报告编码 5810.92.9080 项下);

17. 由冲压、焊接和粉末涂层 12 号碳钢制成的拱门,高度为 2 米或以上,宽度为 81 厘米或以上但不超过 92 厘米,厚度为 7.7 厘米,配有 9 个锁紧螺栓、1 个滑动离合器手柄和 1 个带键盘的可编程电子锁,带机械钥匙超控,提供匹配的门框(统计报告编码 7308.30.5050 项下);

18. 适用于粉末驱动手动工具的钢制订书钉,无螺纹,每个重 37 克或以上但不超过 41 克,测量高度为 2.8 厘米或以上但不超过 12.7 厘米,宽度为 6.4 厘米或以上但不超过 7.4 厘米,深度为 3.3 厘米或以上但不超过 12.2 厘米(统计报告编码 7317.00.2000 项下);

19. 16 号碳钢制保险箱,每个都有冲压、焊接和粉末涂层,带有带键盘的可编程电锁,机械钥匙超控,长度为 27 厘米或以上但不超过 33 厘米,宽度为 21 厘米或以上但不超过 23 厘米,深度为 6 厘米或以上但不超过 23 厘米(统计报告编码 7323.99.9080 项下);

20. 钢制和塑料制鱼线,重量为 516 克或以上但不超过 3 810 克,尺寸不超过 46 厘米×34 厘米×5 厘米(统计报告编码 7326.90.8688 项下);

21. 带橡胶绝缘层的钢夹,重量不超过 45.4 克,高度不超过 26 毫米,宽度不超过 54 毫米,深度不超过 97 毫米(统计报告编码 7326.90.8688 项下);

22. 钢制伸缩杆,弹簧加载,塑料端部,高度不小于 127 厘米但不大于 314 厘米,直径不大于 2.6 厘米(统计报告编码 7326.90.8688 项下);

23. 铝制雨篷铸造端板,重量不小于 0.1 千克,长度不小于 17 厘米,宽度不小于 10 厘米,高度不小于 1 厘米(统计报告编码 7610.90.0080 项下);

24. 装饰性铸铝端盖,与休闲车(RV)屋顶安装天井遮阳篷的结构元件一起使用,长度不超过 19 厘米,宽度不超过 11.5 厘米,厚度不超过 3 厘米,重量不超过 0.15 千克(统计报告编码 7610.90.0080 项下);

25. 形状类似字母"J"的铝夹,环的直径不超过 13 毫米,每个环的长部分钻有一个孔(统计报告编码 7616.99.5190 项下);

26. 铝制伸缩杆,弹簧加载,两端为塑料,高度不小于 1.5 米但不大于 3.7 米,直径不小于 2.9 厘米但不超过 3.6 厘米(统计报告编码 7616.99.5190 项下);

27. 由镀锌铝制成的遮阳篷铸造枢轴,重量不小于 0.6 千克,长度不小于 9 厘米,宽度不小于 6 厘米,高度不小于 4 厘米(统计报告编码 7907.00.6000 项下);

28. 类似钳子的钢制手动工具,能够卷曲、剥落和切割金属丝,重量至少为 170 克或以上但不超过 460 克,通过 30 厘米×11 厘米×2.5 厘米的钳口尺寸测量不超过 26 厘米

(统计报告编码 8203.20.6060 项下);

29. 类似钳子的钢制手动工具,设计用于压接电气连接器和切割电线,重量为 333 克,尺寸不超过 26 厘米×11 厘米×2.5 厘米(统计报告编码 8203.20.6060 项下);
30. 凿岩或钻土工具的切削零件,按重量计含有超过 0.2% 的铬、钼或钨或超过 0.1% 的钒(统计报告编码 8207.19.3090 项下);
31. 不锈钢餐具套,供零售,不含镀贵金属物品(统计报告编码 8215.20.0000 项下);
32. 带滚轮的钢制液压气门挺杆,专用于或主要用于火花点火式内燃机(飞机发动机、船舶推进发动机或子目 8701.20 或品目 8702、品目 8703 或 8704 所列车辆除外),长度为 5 厘米或以上但不超过 13 厘米,直径为 2.5 厘米或以上但不超过 3.9 厘米,重量为 135 克或以上但不超过 410 克(统计报告编码 8409.91.9990 项下);
33. 钢制实心气门挺杆,仅适用于或主要适用于火花点火内燃机活塞发动机(飞机发动机、船舶推进发动机或子目 8701.20 或品目 8702、8703 或 8704 所列车辆除外),长度为 19 毫米或以上但不超过 114 毫米,直径为 6 毫米或以上但不超过 26 毫米,重量为 20 克或以上但不超过 250 克(统计报告编码 8409.91.9990 项下);
34. 手动泵(燃料或润滑剂除外,未安装或设计为安装计量装置),每个手动泵用于分配计量数量的液体肥皂或消毒剂(统计报告编码 8413.20.0000 项下);
35. 内燃机用润滑泵(统计报告编码 8413.30.9060 项下);
36. 手动或脚踏式气泵,重量为 400 克或以上但不超过 3 000 克,最大压力为 1.52 兆帕,进口时带有轮胎和内胎阀门适配器(统计报告编码 8414.20.0000 项下);
37. 机动车辆用通风机,由 12 伏直流 5 安可逆多速电动机组成,带轴流风机叶片、电动操作挡板、电子键盘、电路板和金属丝网筛,尺寸不超过 36 厘米×36 厘米(统计报告编码 8414.59.6540 项下);
38. 机动车辆用通风机,包括 12 伏直流 5 安单速电动机,带轴流风机叶片、手动挡板、旋转开关和钢丝网筛,尺寸不超过 36 厘米×36 厘米(统计报告编码 8414.59.6540 项下);
39. 用于分散香油的 12 伏风扇,直径超过 10 厘米但不超过 11 厘米(统计报告编码 8414.59.6595 项下);
40. 便携式空气压缩机,每分钟输送量低于 0.57 立方米(统计报告编码 8414.80.1685 项下);
41. 由电动机驱动的绞车,重量为 9 千克或以上但不超过 14 千克,牵引能力为 1 130 千克或以上但不超过 2 730 千克(统计报告编码 8425.31.0100 项下);
42. 由电动机驱动的绞车,牵引能力为 4 300 千克或以上但不超过 7 940 千克(统计报告编码 8425.31.0100 项下);
43. 棘轮系紧带,每条由宽度不小于 25 毫米、不大于 105 毫米、长度不大于 12.5 米的纺织品带、带两端的钢钩以及用于调整整个长度的齿轮和棘爪机构组成(统计报告编码 8479.89.9499 项下);
44. 移动电话用无线电池充电器,每个充电器的形式为包含无线充电器的画框或包含无线充电器的支架,允许移动电话在竖立时充电(统计报告编码 8504.40.8500 项下);
45. 机动车充电系统用交流发电机(统计报告编码 8511.50.0000 项下);

46. 安装在机动车辆上的报警器,当机动车辆反向行驶时,每个报警器都会发出警告声或警告声并闪烁(统计报告编码 8512.30.0040 项下);

47. 空气喇叭用塑料投影仪("喇叭")(统计报告编码 8512.90.2000 项下);

48. 与显微镜一起使用的彩色摄像机,配有 C 型安装座,重量不超过 87 克,长度不超过 109 毫米,直径不超过 31 毫米,并配有长度不超过 1.5 米的电缆(统计报告编码 8525.80.3010 项下);

49. 与显微镜一起使用的数字彩色摄像机,分辨率为 1 000 万像素,重量不超过 175 克,长度为 63 毫米×37 毫米,配有 USB 电缆、缩小镜头、目镜适配器、软件 CD 和校准幻灯片(统计报告编码 8525.80.3010 项下);

50. 与显微镜一起使用的数字彩色摄像机,配有自动对焦、C 型安装座、1080p 分辨率,重量不超过 450 克,尺寸不超过 67 毫米×67 毫米×81 毫米,配备交流电源适配器和电源线(统计报告编码 8525.80.3010 项下);

51. 用于皮肤晒黑的紫外线灯,零售包装,重量大于 5 千克但小于 10 千克(统计报告编码 8539.49.0040 项下);

52. 管理经皮神经电刺激的手持式电池供电电气设备以及通过附着在皮肤上的粘性电极垫进行的肌肉电刺激(统计报告编码 8543.70.8500 项下);

53. 非电信用绝缘导线,电压不超过 1 000 伏,每端都有聚氯乙烯盖和连接器,成捆成 3、5 或 6,用于将患者连接到监测设备(统计报告编码 8544.42.9090 项下);

54. 塑料和钢制电绝缘体("电线螺母")(统计报告编码 8546.90.0000 项下);

55. 电机安装套件,由 3 至 5 个部件组成,每个部件由不锈钢或铝制成,与耐热橡胶材料结合,并带有加工孔,用于将发动机安装到汽车或卡车车身上,设计用于售后汽车维修(统计报告编码 8708.99.5500 项下);

56. 税号 8703.10.10 车辆用耐磨条,包括硬质合金条(统计报告编码 8708.99.8180 项下);

57. 自行车鞍座,每个鞍座都有塑料、化纤纺织物或两者的组合覆盖物(统计报告编码 8714.95.0000 项下);

58. 复合双筒光学显微镜(立体显微镜和显微摄影、电影显微摄影或显微投影用显微镜除外),放大倍数为 40 倍或以上但不超过 1 000 倍,重量不超过 3 千克(统计报告编码 9011.80.0000 项下);

59. 复合光学显微镜(立体显微镜和显微摄影、电影显微摄影或显微投影用显微镜除外),放大倍数为 40 倍或以上但不超过 400 倍,重量不超过 15 千克(统计报告编码 9011.80.0000 项下);

60. 宗教礼拜场所用可堆叠金属框架软垫座椅,能够相互联锁,每个椅子带有固定的支架和架子(统计报告编码 9401.71.0031 项下);

61. 钢制或铝制狩猎架(包括梯架、吊舱架、悬挂架和攀爬架),允许一个或多个猎人登上一个高度并坐着等待猎物出现(统计报告编码 9401.79.0035 项下);

62. 未加工胶合板椅子零件,包括身体、腿和手臂(统计报告编码 9401.90.4080 项下);

63. 金属椅架,每个椅架配有整体书架,可堆叠(统计报告编码 9401.90.5081 项下);

64. 折叠轮式托盘,固定高度不超过 90 厘米,尺寸不超过 37 厘米×40 厘米(统计报告编码 9403.20.0090 项下);

65. 带轮托盘,配有 5 个轮子、3 个塑料碗,带有吸盘底部,高度可从 65 厘米到 108 厘米调节(统计报告编码 9403.20.0090 项下);

66. 婴儿床衬垫,由两块多层经编聚酯编织网组成,无任何衬垫,一块尺寸不超过 29 厘米×283 厘米,另一块尺寸不超过 29 厘米×210 厘米(统计报告编码 9403.90.6005 项下);

67. 具有嵌入式发光二极管的柔性条,其电连接至模制电气端部连接器,缠绕在直径不超过 25 厘米、宽度不超过 1.5 厘米的卷轴上(统计报告编码 9405.40.8440 项下);

68. 灯箱,尺寸不超过 32 厘米×58 厘米×12 厘米,重量不超过 10 千克,带有两个双轴荧光灯,可为季节性和睡眠障碍提供光疗(统计报告编码 9405.40.8440 项下);

69. 机动车辆用通风机,包括 12 伏直流 5 安不可逆多速电动机,带轴流风机叶片、电子键盘、电路板和金属丝网筛,尺寸不超过 36 厘米×36 厘米(统计报告编码 8414.59.6540 项下);

70. 机动车辆用通风机,包括 12 伏直流 5 安不可逆多速电动机,带轴流风机叶片、键盘、电路板和金属丝网筛,尺寸不超过 36 厘米×36 厘米(统计报告编码 8414.59.6540 项下);

71. 机动车辆用通风风扇,包括 12 伏直流 5 安不可逆多速电动机,带轴流风扇叶片、键盘或遥控器、电路板和金属丝网,尺寸不超过 36 厘米×36 厘米(统计报告编码 8414.59.6540 项下);

72. 机动车辆用通风机,包括 12 伏直流 5 安不可逆多速电动机,带轴流风机叶片、网络控制系统和钢丝网筛,尺寸不超过 36 厘米×36 厘米(统计报告编码 8414.59.6540 项下);

73. 机动车辆用通风机,包括 12 伏直流 5 安可逆多速电动机,带轴流风机叶片、电子键盘、电路板和金属丝网筛,尺寸不超过 36 厘米×36 厘米(统计报告编码 8414.59.6540 项下)。

(三十九)美国贸易代表办公室决定建立一个程序,通过该程序可以将归入税号 9903.88.03、第三分章美国注释二十(五)款和二十(六)款的特殊商品从税号 9903.88.03 规定的附加关税中排除出来,将归入税号 9903.88.04、第三分章美国注释二十(七)款的特殊商品从税号 9903.88.04 规定的附加关税中排除出来。见《联邦公报》第 83 卷第 47974 节(2018 年 9 月 21 日)和第 84 卷第 29576 节(2019 年 6 月 24 日)。根据这个商品排除程序,美国贸易代表办公室决定税号 9903.88.03 或税号 9903.88.04 规定的附加关税不适用于以下特殊商品,其统计报告编码为:

1. 8425.31.0100;

2. 8708.93.7500;

3. 阿拉斯加比目鱼(黄鳍、岩石或平头),块状冷冻,净重超过 4.5 千克(统计报告编码 0304.83.5015 项下);

4. 0304.83.5015;

5. 阿拉斯加鲽鱼,块状冷冻,每箱净重超过 4.5 千克(统计报告编码 0304.83.5020 项下);

6. 0304.83.5020;

7. 滑龙虾肉,冷冻,生的,不论整条还是碎块,袋装出售,每袋净重不超过 2.27 千克(统计报告编码 0306.19.0061 项下);

8. 帝王蟹肉,块状冷冻,每个块重至少 1 千克但不超过 1.2 千克,密封容器(统计报告编码 1605.10.2010 项下);

9. 雪蟹肉(C. opilio),块状冷冻,装在净重不超过 1.2 千克的密闭容器中(统计报告编码 1605.10.2022 项下);

10. 丹金尼斯大海蟹肉,块状冷冻,装在净重不超过 1.2 千克的密闭容器中(统计报告编码 1605.10.2030 项下);

11. 蟹肉(帝王蟹、雪蟹、大闸蟹或游泳蟹除外),块状冷冻,装在净重不超过 1.5 千克的密闭容器中(统计报告编码 1605.10.2090 项下);

12. 合成硅胶,粒径 0.25~0.6 毫米,零售包装,用于干燥和保存花卉(统计报告编码 2811.22.1000 项下);

13. 氧化亚氮(一氧化二氮)(CAS No. 10024 - 97 - 2),在圆柱形镀锌钢筒中加压至 250 巴,每个直径不超过 18.1 毫米,长度不超过 65.6 毫米,含有不超过 8.3 克氧化亚氮(统计报告编码 2811.29.5000 项下);

14. 来自大豆的粉状肥料,袋装,每袋净重 23 千克,其中 14% 为氮(N),不含磷(P)或钾(K)(统计报告编码 3101.00.0000 项下);

15. 洗衣粉,不论是粉末还是水溶性或预先测量的豆荚,供零售(统计报告编码 3402.20.1100 项下);

16. 除草剂,由 1,1′-二甲基-4,4′-联吡啶二氯化物(CAS No. 1910 - 42 - 5)(液体形式的百草枯浓缩物)组成,浓度高达 45%,并使用助剂(统计报告编码 3808.93.1500 项下);

17. 负载型镍基催化剂,用于甲烷化、脱硫、加氢、预重整或有机化学品重整,或用于保护加氢处理催化剂免受砷化氢中毒(统计报告编码 3815.11.0000 项下);

18. 氨、氢和甲醇高温变换反应用负载型催化剂,以一氧化碳或二氧化碳为活性成分(统计报告编码 3815.19.0000 项下);

19. 聚合用负载型催化剂(统计报告编码 3815.19.0000 项下);

20. 负载型催化剂,以氧化亚铜和氧化锌为砷脱除活性成分(统计报告编码 3815.19.0000 项下);

21. 负载型催化剂,以氧化铝为脱氯活性成分(统计报告编码 3815.19.0000 项下);

22. 负载型催化剂,以碳酸铜或碳酸锌为低温脱硫活性成分(统计报告编码 3815.19.0000 项下);

23. 负载型催化剂,以金属硫化物为脱汞活性成分(统计报告编码 3815.19.0000 项下);

24. 负载型催化剂,以含钼化合物为加氢活性成分(统计报告编码 3815.19.0000 项下);

25. 负载型催化剂,以氧化锌吸收剂为活性成分(统计报告编码 3815.19.0000 项下);

第九十九章 临时立法;根据现有贸易法规的临时修改;根据经修正的《农业调整法》第 22 条制定的附加进口限制

26. 氯乙烯聚合物地板覆盖物,具有木粉复合材料刚性芯,木板粘合在一起,长度不小于 115 厘米但不大于 130 厘米(统计报告编码 3918.10.1000 项下);

27. 经生物降解产品协会认证为可堆肥的塑料袋,宽度为 43 厘米或以上但不超过 107 厘米,长度为 45 厘米或以上但不超过 122 厘米,厚度为 0.02 毫米或以上但不超过 0.056 毫米的薄板或薄膜(统计报告编码 3923.29.0000 项下);

28. 自行车用新型充气橡胶轮胎,具有碳钢丝增强胎圈,重量不超过 2.27 千克(统计报告编码 4011.50.0000 项下);

29. 丙烯腈-丁二烯橡胶无缝一次性手套,外科或医疗用途除外(统计报告编码 4015.19.1010 项下);

30. 天然橡胶乳胶制无缝一次性手套,外科或医疗用途除外(统计报告编码 4015.19.1010 项下);

31. 带有皮革镶边的编织尼龙袋,每个袋子的一端都有一个金属滑扣和一个锁紧机构,以防止滑扣打开,长度为 11 厘米或以上但不超过 20 厘米,宽度为 5 厘米或以上但不超过 9 厘米,高度为 7 厘米或以上但不超过 12 厘米(统计报告编码 4202.22.8100 项下);

32. 外表面为聚酯织物的拉链容器,尺寸不超过 170 毫米×95 毫米×30 毫米,带有清晰的触摸敏感聚氯乙烯前窗,安装在臂带上(统计报告编码 4202.92.9100 项下);

33. 木杆、饰板、系扣和类似的窗帘五金件(统计报告编码 4421.99.9780 项下);

34. 纸张和纸板印刷标签,个性化,非平版印刷,无光泽自粘材料,带有箔片装饰,直径不超过 2 厘米但不超过 6 厘米,在宽度不超过 21 厘米、长度不超过 29 厘米的纸张上,用密封的直邮包裹包装(统计报告编码 4821.10.4000 项下);

35. 饮用纸制吸管,长度为 12.5 厘米或以上但不超过 26.5 厘米,直径为 5 毫米或以上但不超过 10 毫米(2020 年 7 月 1 日之前的统计报告编码 4823.90.8600 项下,2020 年 7 月 1 日生效的统计报告编码 4823.90.8680 项下)

36. 含人造短纤维的染色棉缎织物,宽度为 292.1 厘米(统计报告编码 5516.92.0060 项下);

37. 100%聚酯或聚丙烯地毯,带有黄铜垫圈和不锈钢弹簧,尺寸至少为 44 厘米×45 厘米但不超过 56 厘米×59 厘米(统计报告编码 5705.00.2030 项下);

38. 100%聚酯织物,硅涂层,适用于室内装潢,重量超过 90 克/米^2,符合美国材料与试验协会国际标准 G21、美国纺织化学家和着色剂协会(AATCC)标准 147-2004 和 30 以及化学织物和薄膜协会(CFFA)标准 141 方法 Ⅱ(统计报告编码 5903.90.2000 项下);

39. 透明钠钙玻璃碎玻璃,用于生产连续纤维垫(统计报告编码 7001.00.5000 项下);

40. 玻璃外壳,安装在玻璃绝缘子中,用于输电(统计报告编码 7006.00.4050 或 7020.00.6000 项下);

41. 机动车凸面玻璃后视镜,厚度不小于 1.75 毫米且不大于 2.4 毫米,长度不小于 125 毫米且不大于 210 毫米,宽度不小于 97 毫米且不大于 180 毫米,重量不小于 74 克且不大于 188 克(统计报告编码 7009.10.0000 项下);

42. 机动车平板玻璃后视镜,厚度不小于 1.75 毫米但不大于 2.4 毫米,长度不小于 163 毫米但不大于 210 毫米,宽度不小于 107 毫米但不大于 167 毫米,重量不小于 80 克但不大于 188 克(统计报告编码 7009.10.0000 项下);

43. 无纺布玻璃纤维和聚酯复合板,尺寸不小于 120 厘米×242 厘米,厚度不小于 2 毫米但不大于 10 毫米(统计报告编码 7019.39.1090 项下);

44. 冷镦优质碳钢制弯曲螺栓、管螺母,长度为 18.75 毫米,外径为 19.50 毫米(统计报告编码 7318.15.2046 项下);;

45. 钢制炉管汇和孔口支架组件,带内螺纹和带螺孔的焊接平板,长度不小于 15 厘米,宽度不小于 8 厘米,高度不小于 10 厘米(统计报告编码 7321.90.6060 项下);;

46. 钢缆钩,重量不小于 0.2 千克,长度不小于 9 厘米,宽度不小于 5 厘米,高度不小于 1 厘米,带弹簧加载闭门(统计报告编码 7326.90.8688 项下);

47. 钢制登记器、格栅和扩散器,用于供暖和通风系统管道开口类型(统计报告编码 7326.90.8688 项下);

48. 遮阳篷稳定器套件,包括两个镀锌钢结构螺旋桩和两卷绳索或两条拉力带,重量不超过 2 千克(统计报告编码 7326.90.8688 项下);

49. 镀铬或镀镍黄铜厕纸架(统计报告编码 7418.20.1000 项下);

50. 碳化钨尖或双金属孔锯杯,直径不小于 18.5 毫米但不大于 166 毫米(统计报告编码 8202.99.0000 项下);

51. 镀锌合金钢插座,用于安装 19 毫米六角螺母,带有快速连接轴,重量不超过 250 克(统计报告编码 8204.20.0000 项下);

52. A2 或 D2 工具钢制冲压模,尺寸不小于 60 厘米×60 厘米×32 厘米但不大于 370 厘米×155 厘米×125 厘米,重量不小于 1 360 千克但不大于 5 450 千克,适用于冲压钢或铝(统计报告编码 8207.30.6032 项下);

53. 聚乙烯涂层钢制梯子钩和支架,适用于承载休闲车废水箱,重量不超过 2 千克(统计报告编码 8302.30.3060 项下);

54. 休闲车屏蔽门用铝推杆,长度不小于 500 毫米但不大于 825 毫米,重量不超过 600 克(统计报告编码 8302.30.3060 项下);

55. 休闲车用聚氯乙烯雨篷滚轮杆悬挂装置,带有 S 形钩吊架,容量不超过 7 千克,重量不超过 200 克(统计报告编码 8302.41.9080 项下);

56. 丙烯腈-丁二烯-苯乙烯(ABS)塑料液体用手动泵(子目 8413.11 或子目 8413.19 除外)(统计报告编码 8413.20.0000 项下);

57. 手动泵,重量不小于 350 克但不大于 360 克,设计用于为运动球充气或放气(统计报告编码 8414.20.0000 项下);

58. 非家用缝纫机,非专门设计用于将鞋底与鞋面连接,适用于缝制皮革,重量为 45 千克或以上但不超过 140 千克(统计报告编码 8452.29.9000 项下);

59. 铜制浴缸和淋浴水龙头,由一个阀门组成,在该阀门中,水龙头出水的温度由一个可调恒温器控制,该恒温器根据用户的需要设置,额定压力低于 850 千帕(统计报告编码 8481.80.1020 项下);

60. 铜制浴缸和淋浴水龙头,由一个控制水流的阀门组成,有一个入口和一个出口,额定压力低于850千帕(统计报告编码8481.80.1020项下);
61. 铜制浴缸和淋浴水龙头,由一个控制水流的阀门组成,有一个入口和两个出口,额定压力低于850千帕(统计报告编码8481.80.1020项下);
62. 铜制手动淋浴龙头,额定压力低于850千帕(统计报告编码8481.80.1020项下);
63. 黄铜水压平衡阀,有1.91厘米的入口和1.27厘米的出口(统计报告编码8481.80.1020项下);
64. 铜制水压平衡阀,有1.27厘米的入口和1.27厘米的出口(统计报告编码8481.80.1020项下);
65. 铜制水压平衡阀,有1.91厘米的入口和1.91厘米的出口(统计报告编码8481.80.1020项下);
66. 水槽和盥洗室用铜制水龙头,额定压力低于850千帕,通过一个孔安装在甲板上(统计报告编码8481.80.1030项下);
67. 水槽和盥洗室用铜制水龙头,额定压力低于850千帕,通过三个孔安装在甲板上,最外层孔中心之间的距离为20.3厘米(统计报告编码8481.80.1030项下);
68. 水槽和盥洗室用黄铜水龙头,额定压力低于850千帕,通过两个孔壁装,孔中心之间的距离为20.3厘米(统计报告编码8481.80.1030项下);
69. 黄铜供应停止装置,有1.91厘米的入口和1.91厘米的出口(统计报告编码8481.80.1040项下);
70. 手动塑料阀门,包括瓶盖、饮水嘴和调味品分配阀(统计报告编码8481.80.5090项下);
71. 丙烯腈-丁二烯-苯乙烯(ABS)塑料手动阀门,为手动四分之一转球阀,一端有螺纹,用于接收美国花园软管的阳端(统计报告编码8481.80.5090项下);
72. 黄铜调压阀,可调,带有螺纹,以安装美国花园软管,最大输入压力设定值为1.1千帕,重量不超过750克(统计报告编码8481.80.9015项下);
73. 单相交流风扇电机,输出功率不超过500瓦,电机和轴的长度不超过40厘米,专门设计用于休闲车的热泵(统计报告编码8501.40.4040项下);
74. 太阳能电池充电器,由丙烯腈-丁二烯-苯乙烯(ABS)塑料外壳、太阳能电池板充电器和6伏或12伏密封铅酸电池组成(统计报告编码8504.40.9550项下);
75. 机动车照明系统用印刷电路板组件(统计报告编码8512.90.6000项下);
76. 狩猎用游戏呼叫装置,带有或不带遥控装置,用于模拟动物声音以吸引猎物(统计报告编码8519.81.3020项下);
77. 印刷电路板,底座全部由塑料浸渍玻璃制成,不可弯曲,有4层铜(统计报告编码8534.00.0020项下);
78. 印刷电路板,底座完全由塑料浸渍玻璃制成,不可弯曲,有2层铜(统计报告编码8534.00.0040项下);
79. 符合美国电气制造商协会(NEMA)1-15R、5-15R或5-20R型要求的落地式插座(统计报告编码8536.69.8000项下);

80. 锁紧适配器插头,带有美国电气制造商协会 5‐15P 型插头和 SS2‐50R 型插座、5‐15P 型插头和 L5‐30R 型插座、TT‐30P 型插头和 SS2‐50R 型插座或 TT‐30P 型插头和 L5‐30R 型插座,用于连接标准 15 安和 30 安住宅插座和电源座(统计报告编码 8536.69.8000 项下);

81. 带有黄铜端子的聚碳酸酯塑料公插头,符合美国国家电气制造商协会 TT‐30P 或 14‐50P 型要求,手柄呈环形(统计报告编码 8536.69.8000 项下);

82. 带聚氯乙烯护套的铜线延长线,电压不超过 1 000 伏,长度至少为 9 米但不超过 16 米,一端带有美国电气制造商协会 5‐15P 型插头,另一端带有 5‐15R 型插座(统计报告编码 8544.42.9010 项下);

83. 带聚氯乙烯护套的铜线延长线,电压不超过 1 000 伏,长度至少为 4 米但不超过 16 米,一端带有美国电气制造商协会 TT‐30P 型插头,另一端带有 TT‐30R 型插座,或一端带有 14‐50P 型插头,另一端带有 14‐50R 型插座,每端的手柄呈环状(统计报告编码 8544.42.9090 项下);

84. 品目 8701 至 8705 机动车辆用杯托总成(统计报告编码 8708.29.5060 项下);

85. 在没有 USB 充电端口的机动车辆内部安装电话的装置(统计报告编码 8708.29.5060 项下);

86. 钢制悬挂接收器,不适用于牵引应用,夹在休闲车的方形后保险杠上,侧面尺寸不超过 102 毫米(统计报告编码 8708.99.8180 项下);

87. 钢制罐架,设计安装在休闲车的外部后保险杠上,用于在车辆行驶时安全固定便携式储罐(统计报告编码 8708.99.8180 项下);

88. 非机动自行车,双轮直径超过 63.5 厘米,固定传动装置和过山车制动器(统计报告编码 8712.00.3500 项下);

89. 非机动自行车,两个车轮直径均超过 63.5 厘米,不超过三速,配有过山车制动器(统计报告编码 8712.00.3500 项下);

90. 适用于在成人自行车后面牵引的轮式拖车,包括一个铝框架和一个挂接装置,重量不超过 17.5 千克,容量不超过 46 千克,指定用于承载符合美国材料与试验协会国际标准 F1975 的儿童(统计报告编码 8716.40.0000 项下);

91. 非充气高密度聚乙烯皮艇(统计报告编码 8903.99.0500 项下);

92. 电平,有四个指示灯,当设备所在的表面水平时,指示灯从红色变为绿色(统计报告编码 9015.30.4000 项下);

93. 5 厘克或更高灵敏度的数字电子天平,电池供电,塑料外壳,配有碗或不锈钢平台(统计报告编码 9016.00.2000 项下);

94. 手持式卡片计数器,由包含电路板、可充电电池和控制器的塑料盒组成,重量小于 1 千克(统计报告编码 9029.10.8000 项下);

95. 非藤条、柳条、竹子或类似材料制成的木制框架软垫座椅,宽度至少为 144 厘米但不超过 214 厘米,高度至少为 81 厘米但不超过 89 厘米,深度至少为 81 厘米但不超过 163 厘米(统计报告编码 9401.61.6011 项下);

96. 品目 9401 座椅用纺织材料制、经切割并缝合成型的罩或壳衬(统计报告编码

第九十九章 临时立法;根据现有贸易法规的临时修改;根据经修正的《农业调整法》第 22 条制定的附加进口限制

9401.90.5021 项下);

97. 座椅零件(机动车辆用座椅或弯曲木座椅除外),由切割成型的织物材料组成,包括部分缝合的衬里零件、带拉链垫、焊接线或管道(统计报告编码 9401.90.5021 项下);

98. 座椅零件(机动车辆用座椅或弯曲木座椅除外),由皮革切割成型,包括衬里零件,部分缝合,带拉链垫、焊接线或管道(统计报告编码 9401.90.5081 项下);

99. 金属和高压层压竹制家用家具(烫衣板、婴幼儿家具或床架除外)(统计报告编码 9403.20.0050 项下);

100. 钢制储物柜(统计报告编码 9403.20.0050 或 9403.20.0078 项下);

101. 粉末涂层钢制展示架,不论是否安装在脚轮上,不论是否配备发光二极管照明,每个展示架的长度至少为 60 厘米但不超过 125 厘米,宽度至少为 60 厘米但不超过 125 厘米,高度至少为 130 厘米但不超过 225 厘米,倾斜货架,每个货架的前缘有一个边缘,高度为 3 厘米或以上(2019 年 7 月 1 日之前的统计报告编码 9403.20.0080 项下,2019 年 7 月 1 日生效的统计报告编码 9403.20.0081 项下);

102. 钢制展示台,宽度不小于 92 厘米但不大于 254 厘米,深度不小于 46 厘米但不大于 221 厘米,高度不小于 66 厘米但不大于 120 厘米,整个顶部周长边缘周围有一个钢制边缘,高度不大于 3 厘米,带塑料立管(2019 年 7 月 1 日之前的统计报告编码 9403.20.0080 项下,2019 年 7 月 1 日生效的统计报告编码 9403.20.0081 项下);

103. 高压层压竹制家用家具(婴儿或儿童家具除外)(统计报告编码 9403.82.0015 项下);

104. 摇篮,由聚酯织物制成,带有钢管框架和部分实木栏杆,尺寸为 86 厘米×51 厘米×86 厘米,重量为 12 千克,车轮上有可调高度的支腿(统计报告编码 9403.89.6003 项下);

105. 钢制储物柜零件(统计报告编码 9403.90.8041 项下);

106. 装有发光二极管的铝制天花板灯具(家用除外),直径至少 26 厘米但不超过 39 厘米,在 120 伏或以上但不超过 277 伏的电压下工作(统计报告编码 9405.10.6020 项下);

107. 装有发光二极管的铝制长筒靴(家用除外),尺寸不超过 61 厘米×122 厘米(统计报告编码 9405.10.6020 项下);

108. 装有发光二极管的铝制长筒灯,尺寸不超过 61 厘米×61 厘米,具有可选择的相关色温,家用除外(统计报告编码 9405.10.6020 项下);

109. 家用落地式电灯,贱金属制(黄铜除外),高度不超过 2 米(统计报告编码 9405.20.6010 项下);

110. 家用电灯或台灯,贱金属制(黄铜除外),高度不超过 92 厘米(统计报告编码 9405.20.6010 项下);

111. 家用落地电灯,水晶制,高度超过 36 厘米但不超过 200 厘米(统计报告编码 9405.20.8010 项下);

112. 家用陶瓷台灯或台灯,高度不超过 92 厘米(统计报告编码 9405.20.8010 项下);

113. 家用混凝土台灯或台灯,高度不超过 92 厘米(统计报告编码 9405.20.8010 项下);

114. 家用水晶台灯或台灯,高度不超过 92 厘米(统计报告编码 9405.20.8010 项下);

115. 家用玻璃台灯或台灯,高度不超过 92 厘米(统计报告编码 9405.20.8010 项下);

116. 家用大理石台灯或台灯,高度不超过 92 厘米(统计报告编码 9405.20.8010 项下);

117. 家用电动台灯或台灯,聚酯树脂或塑料制,高度不超过 92 厘米(统计报告编码 9405.20.8010 项下);

118. 室外照明设备,包含 6 个或 10 个聚碳酸酯灯泡插座(统计报告编码 9405.40.8410 项下);

119. 柔性带,嵌入发光二极管,电连接至模制电气端部连接器,缠绕在直径不超过 25 厘米、宽度不超过 1.5 厘米的卷轴上(统计报告编码 9405.40.8440 项下)。

(四十)美国贸易代表办公室决定建立一个程序,通过该程序可以将归入税号 9903.88.15、第三分章美国注释二十(十八)款和二十(十九)款的特殊商品从税号 9903.88.15 规定的附加关税中排除出来。见《联邦公报》第 84 卷第 43304 节(2019 年 8 月 20 日)、第 84 卷第 45821 节(2019 年 8 月 30 日)、第 84 卷第 57144 节(2019 年 10 月 24 日)和第 85 卷第 3741 节(2020 年 1 月 22 日)。根据这个商品排除程序,美国贸易代表办公室决定税号 9903.88.15 规定的附加关税不适用于以下特殊商品,其统计报告编码为:

1. 3401.19.0000;
2. 3926.90.9910;;
3. 4015.19.0510;
4. 4015.19.0550;
5. 2020 年 7 月 1 日之前的 4818.90.0000 项下,2020 年 7 月 1 日生效的 4818.90.0020 或 4818.90.0080 项下;
6. 6210.10.5000;
7. 6307.90.6090;
8. 6307.90.6800。

(四十一)美国贸易代表办公室决定建立一个程序,通过该程序可以将归入税号 9903.88.03、第三分章美国注释二十(五)款和二十(六)款的特殊商品从税号 9903.88.03 规定的附加关税中排除出来,将归入税号 9903.88.04、第三分章美国注释二十(七)款的特殊商品从税号 9903.88.04 规定的附加关税中排除出来。见《联邦公报》第 83 卷第 47974 节(2018 年 9 月 21 日)和第 84 卷第 29576 节(2019 年 6 月 24 日)。根据这个商品排除程序,美国贸易代表办公室决定税号 9903.88.03 或税号 9903.88.04 规定的附加关税不适用于以下特殊商品,其统计报告编码为:

1. 6505.00.8015;
2. 二氧化钛(CAS No. 13463 - 67 - 7)(统计报告编码 2823.00.0000 项下);
3. D-核糖(CAS No. 50 - 69 - 1)(统计报告编码 2940.00.6000 项下);
4. 机动车辆用硫化橡胶(硬质橡胶除外)机械制品,包括天窗或遮阳板的导轨或挡块,重量不超过 4 克(统计报告编码 4016.99.6010 项下);
5. 用化纤织物外表面填充袋子,每个袋子的周长为 77.5 厘米或以上但不超过 127.7 厘米,圆柱形,有一个隔间,袋子一端有一个拉带封口,另一端有一条带子(统计报告编码

4202.92.3131 项下);

6. 皮革盖,设计用于电信设备(统计报告编码 4205.00.8000 项下);
7. 双层木地板,包括厚度至少为 0.6 毫米但不超过 1.2 毫米的非针叶木单板,层压至单层纤维板基层,每块板的宽度至少为 9 厘米但不超过 21 厘米,长度至少为 35 厘米但不超过 1.9 米,厚度至少为 5 毫米但不超过 12 毫米(统计报告编码 4412.99.5105 项下);
8. 中密度纤维板制成的书桌附件,涂漆或染色,包括但不限于书桌整理器、信盒、名片夹、倾斜文件、铅笔杯、便笺夹、角架、显示器竖板、杂志架、书尾和储物盒,每个重量至少为 0.06 千克但不超过 5.5 千克,长度至少为 10 厘米但不超过 35 厘米,宽度至少为 4 厘米但不超过 43 厘米,高度至少为 4.5 厘米但不超过 30 厘米(统计报告编码 4420.90.8000 项下);
9. 纯棉未漂白平纹织物,重量不超过 100 克/米^2,编号 43 至 68(粗棉布),三层折叠和卷曲,折叠和卷曲后宽度小于 28 厘米,符合航空航天管理服务标准(统计报告编码 5208.11.4090 项下);
10. 纯棉漂白平纹织物,重量不超过 100 克/米^2,编号 43 至 68(粗棉布),符合航空航天管理服务标准(统计报告编码 5208.21.4090 项下);
11. 染色合成长丝纱线机织物,重量超过 280 克/米^2 但不超过 420 克/米^2(统计报告编码 5407.92.2090 项下);
12. 含人造短纤维重量低于 85% 的片状织物,主要或仅与棉混合,此类人造短纤维来自木材,印刷(统计报告编码 5516.44.0022 项下);
13. 聚对苯二甲酸乙二醇酯(PET)无纺布,薄片尺寸不超过 160 厘米×250 厘米,重量超过 1 800 克/米^2 但不超过 3 000 克/米^2(统计报告编码 5603.94.9090 项下);
14. 全聚酯织物,经编织,与平纹织物粘合,宽度不超过 141 厘米,重量超过 271 克/米^2,用于装饰家具(统计报告编码 6001.92.0010 项下);
15. 竹制人造短纤维针织或钩编织物(统计报告编码 6003.40.6000 项下);
16. 全聚酯织物,经编织,印花,粘合在全聚酯织物衬垫上,重量不低于 290 克/米^2 但不超过 500 克/米^2,用于装饰家具(统计报告编码 6005.39.0080 项下);
17. 便携式室外炊具套件,至少包括一个燃烧器和钢制和/或铸铁制支架,带有可调压力调节器/软管组合,用于将燃烧器连接至天然气源或便携式液化丙烷容器(统计报告编码 7321.11.1060 项下);
18. 下水道软管支架,由厚度为 0.3 厘米的扁平铝条制成,铆接在一起,以延伸和收缩手风琴式,延伸时每个支架不超过 4.6 米,重量不超过 1.5 千克(统计报告编码 7616.99.5150 项下);
19. 带注塑夹头和杆的铝制夹头组件,长度不小于 60 厘米但不超过 127 厘米,长度可延伸至 254 厘米(统计报告编码 7616.99.5190 项下);
20. 铝铲,长度不小于 65 厘米但不大于 85 厘米,重量小于 1 千克,可调(统计报告编码 8201.10.0000 项下);
21. 汽车抛光附件,专门设计用于手持式钻机,包括 9.5 毫米钢驱动轴、内部齿轮组件、横向手撑和旋转盘组件(统计报告编码 8207.90.7585 项下);

22. 钢制和铝制铰接式视频监视器安装组件,重量不小于 1.5 千克但不大于 9.5 千克(统计报告编码 8302.50.0000 项下);

23. 内燃机用燃油滤清器,由塑料圆柱壳组成,带有长度不超过 8 厘米、直径不超过 5.5 厘米的内部滤网(统计报告编码 8421.23.0000 项下);

24. 数字电子秤(计数秤或零售秤除外),最大称重量不超过 30 千克(统计报告编码 8423.81.0040 项下);

25. 镀锌钢制千斤顶,用于支撑拖车舌片,在缩回状态下不小于 60 厘米,在伸出状态下不小于 85 厘米,最大宽度为 17 厘米,最大负载能力为 455 千克(统计报告编码 8425.49.0000 项下);

26. 彩票自动售票终端,包括一个触摸屏显示器、条形码扫描仪、Wi-Fi/以太网/蓝牙连接、6 个 USB 端口、两个 LAN 端口和两个串行端口(统计报告编码 8470.90.0190 项下);

27. 铸铁手动平背闸阀,设计用于灌溉渠、导流沟等(统计报告编码 8481.80.3010 项下);

28. 铸铁手动插口背闸阀,设计用于灌溉渠、导流沟等(统计报告编码 8481.80.3010 项下);

29. 单相交流电机,输出功率超过 74.6 瓦但不超过 335 瓦,直径不超过 13 厘米,高度不超过 13 厘米,轴长度不超过 39 厘米(统计报告编码 8501.40.4040 项下);

30. 48 伏整流器,用于电信有线和无线设备,输出功率不小于 2 400 瓦但不大于 3 000 瓦,尺寸不大于 45 毫米×105 毫米×330 毫米,重量不大于 2 千克(统计报告编码 8504.40.8500 项下);

31. 48 伏整流器,用于电信有线和无线设备,输出功率不小于 4 000 瓦但不大于 4 600 瓦,尺寸不大于 165 毫米×95 毫米×305 毫米,重量不大于 4 千克(统计报告编码 8504.40.8500 项下);

32. 48 伏整流器,用于电信有线和无线设备,输出功率不超过 1 200 瓦,尺寸不超过 50 毫米×90 毫米×260 毫米,重量不超过 1 千克(统计报告编码 8504.40.8500 项下);

33. 电缆网络电源,将 120 伏/60 赫兹交流输入转换为 63 伏交流或 87 伏交流输出,尺寸不超过 200 毫米×425 毫米×270 毫米,重量不超过 27.5 千克,包含印刷电路板组件、变压器和充油电容器(统计报告编码 8504.40.8500 项下);

34. 电缆网络电源,将 120 伏/60 赫兹交流或 230 伏/50 赫兹交流输入转换为 63 伏交流或 87 伏交流,尺寸不超过 220 毫米×244 毫米×200 毫米,重量不超过 12 千克(统计报告编码 8504.40.8500 项下);

35. 用于光纤通信设备的电源,将 120～240 伏 AC 转换为 12 伏 DC,每个测量值不超过 170 毫米×200 毫米×115 毫米,并具有 4 个发光二极管指示器(统计报告编码 8504.40.8500 项下);

36. 四路输出电源模块,一侧带有气流断路器,每个模块包含一块印刷电路板和 4 个发光二极管指示器,外部尺寸不超过 361 毫米×125 毫米×75 毫米,重量不超过 1 千克(统计报告编码 8504.40.8500 项下);

37. 电源,输出功率超过 150 瓦但不超过 180 瓦,120 伏,尺寸不超过 90 毫米×395 毫米×

625 毫米(统计报告编码 8504.40.9530 项下);

38. 电源,具有 120 伏交流输入和输出,尺寸不超过 485 毫米×385 毫米×260 毫米,重量不超过 15 千克,在正常电源发生故障时以不间断方式提供不超过 660 瓦的电源(统计报告编码 8504.40.9540 项下);

39. 电源,具有 120 伏交流输入和输出,尺寸不超过 530 毫米×355 毫米×205 毫米,重量不超过 20 千克,在正常电源发生故障时以不间断方式提供不超过 2 000 瓦的电源(统计报告编码 8504.40.9540 项下);

40. 电逆变器(整流器、自动数据处理设备或电信设备的电源除外),尺寸不超过 190 毫米×160 毫米×255 毫米,重量不超过 2.5 千克(统计报告编码 8504.40.9570 项下);

41. 声磁安全系统标签(统计报告编码 8531.90.9001 项下);

42. 铜制电缆接线头,电压不超过 1 000 伏,长度至少为 12 毫米但不超过 155 毫米(统计报告编码 8536.69.8000 项下);

43. 印刷电路板组件,电压不超过 1 000 伏,尺寸为 3 毫米×169 毫米×137.5 毫米,配有 4 个继电器,安装在组件中心,并配有连接器(统计报告编码 8537.10.9150 项下);

44. 电导体,电压不超过 300 伏,用聚氯乙烯绝缘,装有连接器,长度不小于 200 毫米但不大于 1.2 米(统计报告编码 8544.42.9090 项下);

45. 学步儿童木床,带有防止学步儿童掉落的栏杆(统计报告编码 9403.50.9042 项下);

46. 壁炉壁炉架或木制外壳(统计报告编码 9403.60.8081 项下);

47. 办公室家具零件,由模块化桌座和贱金属支架组成,带电动高度调节机构,重量不超过 40 千克(统计报告编码 9403.90.8041 项下)。

(四十二)美国贸易代表办公室决定建立一个程序,通过该程序可以将归入税号 9903.88.03、第三分章美国注释二十(五)款和二十(六)款的特殊商品从税号 9903.88.03 规定的附加关税中排除出来。见《联邦公报》第 83 卷第 47974 节(2018 年 9 月 21 日)和第 84 卷第 29576 节(2019 年 6 月 24 日)。根据这个商品排除程序,美国贸易代表办公室决定税号 9903.88.03 规定的附加关税不适用于以下特殊商品,其统计报告编码为:

1. 3923.21.0030;
2. 3923.21.0095;
3. 3926.20.9050;
4. 4015.19.1010;
5. 5603.12.0090.

(四十三)美国贸易代表办公室决定建立一个程序,通过该程序可以将归入税号 9903.88.15、第三分章美国注释二十(十八)款和二十(十九)款的特殊商品从税号 9903.88.15 规定的附加关税中排除出来。见《联邦公报》第 84 卷第 43304 节(2019 年 8 月 20 日)、第 84 卷第 45821 节(2019 年 8 月 30 日)、第 84 卷第 57144 节(2019 年 10 月 24 日)和第 85 卷第 3741 节(2020 年 1 月 22 日)。根据这个商品排除程序,美国贸易代表办公室决定税号 9903.88.15 规定的附加关税不适用于以下特殊商品,其统计报告编码为:

1. 模制塑料碗,带夹子,用于在手术过程中固定导丝(2020 年 7 月 1 日之前的统计报告编码 3926.90.9990 项下,2020 年 7 月 1 日生效的统计报告编码 3926.90.9985 项下);

2. 一次性带刻度的塑料配药杯(2020 年 7 月 1 日之前的统计报告编码 3926.90.9990 项下,2020 年 7 月 1 日生效的统计报告编码 3926.90.9985 项下);

3. 泡沫塑料垫、带钩环扣件带、整体式手臂保护装置和辅助头枕、身体带、托板、手柄和面罩,在医疗过程中用于定位患者(2020 年 7 月 1 日之前的统计报告编码 3926.90.9990 项下,2020 年 7 月 1 日生效的统计报告编码 3926.90.9950 项下);

4. 一次性无菌塑料窗帘和覆盖物,用于保护外科手术室无菌区域(2020 年 7 月 1 日之前的统计报告编码 3926.90.9990 项下,2020 年 7 月 1 日生效的统计报告编码 3926.90.9985 项下);

5. 聚苯乙烯塑料制成的无菌倾析器,用于将无菌液体或药物转移至无菌袋、小瓶或玻璃容器,或从无菌袋、小瓶或玻璃容器转移至无菌液体或药物(2020 年 7 月 1 日之前的统计报告编码 3926.90.9990 项下,2020 年 7 月 1 日生效的统计报告编码 3926.90.9985 项下);

6. 冷包装,由一次性、即时、吸热化学反应冷包装和纺织品外衬组成(2020 年 7 月 1 日之前的统计报告编码 6307.90.9889 项下,2020 年 7 月 1 日生效的统计报告编码 6307.90.9891 项下);

7. 化纤织物的一次性鞋和靴套(2020 年 7 月 1 日之前的统计报告编码 6307.90.9889 项下;2020 年 7 月 1 日生效的统计报告编码 6307.90.9891 项下);

8. 眼罩,由填充硅胶或凝胶珠的织物罩组成,带或不带钩环扣件带(2020 年 7 月 1 日之前的统计报告编码 6307.90.9889 项下,2020 年 7 月 1 日生效的统计报告编码 6307.90.9891 项下);

9. 纺织材料制口罩和微粒口罩(2020 年 7 月 1 日之前的统计报告编码 6307.90.9889 项下,2020 年 7 月 1 日生效的统计报告编码 6307.90.9845、6307.90.9850、6307.90.9870 或 6307.90.9875 项下);

10. 纺织材料制凝胶垫,带有可拆卸织物套筒,呈心形、圆形或象限形(2020 年 7 月 1 日之前的统计报告编码 6307.90.9889 项下,2020 年 7 月 1 日生效的统计报告编码 6307.90.9891 项下);

11. 一次性纺织材料热包装(放热化学反应)(2020 年 7 月 1 日之前的统计报告编码 6307.90.9889 项下,2020 年 7 月 1 日生效的统计报告编码 6307.90.9891 项下);

12. 剖腹手术用棉质擦拭布(2020 年 7 月 1 日之前的统计报告编码 6307.90.9889 项下,2020 年 7 月 1 日生效的统计报告编码 6307.90.9891 项下);

13. 纺织材料制患者约束带或安全带,带钩环或梯子锁紧固件(2020 年 7 月 1 日之前的统计报告编码 6307.90.9889 项下,2020 年 7 月 1 日生效的统计报告编码 6307.90.9891 项下);

14. 纺织材料制一次性使用血压袖套(2020 年 7 月 1 日之前的统计报告编码 6307.90.9889 项下,2020 年 7 月 1 日生效的统计报告编码 6307.90.9891 项下);

15. 纺织材料制一次性医用口罩(2020 年 7 月 1 日之前的统计报告编码 6307.90.9889 项下,2020 年 7 月 1 日生效的统计报告编码 6307.90.9845、6307.90.9850 或 6307.90.9870 项下);

16. 一次性听诊器盖(2020年7月1日前统计报告编码6307.90.9889项下,2020年7月1日生效的统计报告编码6307.90.9891项下);

17. 方形或矩形的棉机织物擦拭布(2020年7月1日之前的统计报告编码6307.90.9889项下,2020年7月1日生效的统计报告编码6307.90.9891项下);

18. 钢制机电靴盖分配器(统计报告编码8479.89.6500项下);

19. 防护用品(统计报告编码9004.90.0000项下)。

(四十四)美国贸易代表办公室决定建立一个程序,通过该程序可以将归入税号9903.88.03、第三分章美国注释二十(五)款和二十(六)款的特殊商品从税号9903.88.03规定的附加关税中排除出来。见《联邦公报》第83卷第47974节(2018年9月21日)和第84卷第29576节(2019年6月24日)。根据这个商品排除程序,美国贸易代表办公室决定税号9903.88.03规定的附加关税不适用于以下特殊商品,其统计报告编码为:

1. 7002.10.2000;

2. 冷冻罗非鱼,每条重量不超过115克(统计报告编码0304.61.0000项下);

3. 牡蛎壳(角牡蛎壳)(统计报告编码0508.00.0000项下);

4. 蜜瓜籽(统计报告编码1207.70.0075项下);

5. 辣椒种子(统计报告编码1209.91.6090项下);

6. F1杂交南瓜种子,椭圆形,外皮白色,大小不超过10毫米(统计报告编码1209.91.8055项下);

7. 茄子种子(统计报告编码1209.91.8090项下);

8. 菊苣种子(统计报告编码1209.91.8090项下);

9. 瓜子种子(统计报告编码1209.91.8090项下);

10. 番茄种子(统计报告编码1209.91.8090项下);

11. 红梭子蟹(Portunus haanii)的蟹肉,新鲜包装,经巴氏杀菌或密封容器冷冻(统计报告编码1605.10.2059项下);

12. 无定形颗粒合成硅胶,用作催化剂载体(统计报告编码2811.22.1000项下);

13. 萘酚(CAS No. 90-15-3)(统计报告编码2907.15.1000项下);

14. 乙二醛(CAS No. 107-22-2)(统计报告编码2912.19.3000项下);

15. (2-羟基-4-甲氧基苯基)苯甲酮(CAS No. 131-57-7)[含氧苯甲酮(INN)]和(2-羟基-4-辛氧基苯基)苯甲酮(CAS No. 1843-05-6)[辛苯甲酮(INN)](统计报告编码2914.50.3000项下);

16. 2,2-二氯乙酰氯(CAS No. 79-36-7)(统计报告编码2915.40.5050项下)

17. 己二酸钠(1,4-丁二甲酸二钠盐)(IUPAC名称:己二酸二钠)(CAS No. 7486-38-6)(统计报告编码2917.12.5000项下);

18. 4-氨基苯酚(CAS No. 123-30-8)(统计报告编码2922.29.8190项下);

19. 敌草隆(IUPAC名称:3-(3,4-二氯苯基)-1,1-二甲基脲)(CAS No. 330-54-1)(统计报告编码2924.21.1600项下);

20. 2-{[3-氟-4-(甲基氨甲酰)-苯基]氨基}-2-甲基丙酸(CAS No. 1289942-66-0)(统计报告编码2924.29.7100项下);

21. 3,4-二氟苯甲腈(CAS No.64248-62-0)(统计报告编码2926.90.4300项下);
22. 八丙烯(IUPAC名称:2-乙基己基2-氰基-3,3-二苯基丙-2-烯酸)(CAS No.6197-30-4)(统计报告编码2926.90.4801项下);
23. 3-环戊基丙烯腈(IUPAC名称:(E)-3-环戊基丙基-2-烯腈)(CAS No.591769-05-0)(统计报告编码2926.90.5050项下);
24. 乙腈(CAS No.75-05-8)(统计报告编码2926.90.5050项下);
25. N-(N-丁基)硫代磷酸三酰胺(IUPAC名称:N-二氨基膦酰丁烷-1-胺)(CAS No.94317-64-3)(统计报告编码2929.90.5090项下);
26. (4-氯-2-氟-3-甲氧基苯基)硼酸(CAS No.944129-07-1)(统计报告编码2931.90.3000项下);
27. 2-磷酸丁烷-1,2,4-三羧酸及其盐(CAS♯40372-66-5)(统计报告编码2931.90.7000项下);
28. 噻虫胺(CAS No.210880-92-5)(IUPAC名称:E-1-[(2-氯-1,3-噻唑-5-基)甲基]-3-甲基-2-硝基胍)(统计报告编码2934.10.9000项下);
29. 2-巯基苯并噻唑(CAS No.149-30-4)(统计报告编码2934.20.1500项下);
30. 埋弧焊用完全由无机物质组成的焊剂粉末,包括但不限于二氧化硅、氧化钛、氧化锰、氧化铝和氟化钙(统计报告编码3810.90.2000项下);
31. 壳聚糖(CAS No.9012-76-4)(统计报告编码3913.90.2090项下);
32. 塑料箱、箱子、板条箱或类似物品,根据联合国标准4H2认证适用于运输锂离子电池和锂离子电池供电设备(统计报告编码3923.10.9000项下);
33. 由品目3916型材制成的围栏零件(统计报告编码3925.90.0000项下);
34. 硅塑料垫圈、垫圈和其他密封件(O形圈除外),重量至少为5克但不超过400克(统计报告编码3926.90.4590项下);
35. 硫化橡胶软管(硬质橡胶除外),未加固或未与其他材料组合,无配件,重量至少为10克但不超过1 000克,长度至少为2厘米但不超过500厘米(统计报告编码4009.11.0000项下);
36. 硫化橡胶(硬质橡胶除外)软管,仅用纺织材料加固或以其他方式结合,无配件(统计报告编码4009.31.0000项下);
37. 硫化橡胶(硬质橡胶除外)软管,用金属或纺织品以外的材料加固或以其他方式结合,无配件(统计报告编码4009.41.0000项下);
38. 新型无内胎橡胶充气轮胎,具有"人字"胎面,轮胎额定厚度为6R,外径不超过61厘米,宽度至少为20.3厘米但不超过25.4厘米,用于安装在直径为35.6厘米的轮辋上(统计报告编码4011.90.1010项下);
39. 新型橡胶子午线充气轮胎,额定厚度为8层,外径不超过67厘米,宽度至少为22厘米但不超过28厘米,适合安装在直径为30.5厘米的轮辋上(统计报告编码4011.90.2010项下);
40. 新的橡胶子午线充气轮胎,直径为66厘米或以上但不超过82厘米,宽度为22厘米或以上但不超过39厘米,钢制内胎体和侧壁用三条安全带加固(统计报告编码

第九十九章　临时立法;根据现有贸易法规的临时修改;根据经修正的《农业调整法》
第 22 条制定的附加进口限制　　**1867**

4011.90.2010 项下);

41. 新型斜交轮胎,橡胶制,6 层额定值,直径至少为 61 厘米但不超过 62 厘米,宽度至少为 20 厘米但不超过 31 厘米,适合安装在直径为 30.5 厘米的轮辋上(统计报告编码 4011.90.8010 项下);

42. 高尔夫球车用硫化橡胶(硬质橡胶或多孔橡胶除外)压模地板垫,尺寸不超过 1 038 毫米×605 毫米(统计报告编码 4016.91.0000 项下);

43. 摩托车或个人船艇所用类型的模制乙丙非共轭二烯单体橡胶(EPDM)制索环、减震器和类似保护分离器,重量不超过 2.27 千克(统计报告编码 4016.99.6050 项下);

44. 外表面由大麻和有机棉混合而成的背包和行李袋,尺寸不小于 38 厘米×30 厘米×15 厘米但不大于 36 厘米×72 厘米×34 厘米(统计报告编码 4202.92.2000 项下);

45. 外表面为化纤纺织材料的背包,高度至少为 35 厘米但不超过 75 厘米,宽度至少为 19 厘米但不超过 34 厘米,深度至少为 5 厘米但不超过 26 厘米(统计报告编码 4202.92.3120 项下);

46. 化纤渔具袋,宽度至少为 5 厘米但不超过 17 厘米,高度至少为 23 厘米但不超过 27 厘米,深度至少为 37 厘米但不超过 43 厘米,带有肩带和提手(统计报告编码 4202.92.3131 项下);

47. 冲浪板盖,外表面为聚酯纤维,重量至少为 0.85 千克但不超过 6 千克,高度至少为 150 厘米但不超过 307 厘米,宽度至少为 55 厘米但不超过 66 厘米(统计报告编码 4202.92.3131 项下);

48. 带把手的化纤外表面手提袋,正面和背面均有印刷,宽度大于 20 厘米但不大于 36 厘米,高度大于 22 厘米但不大于 39 厘米,角撑板的尺寸不大于 16 厘米(统计报告编码 4202.92.3131 项下);

49. 外表面为化纤纺织材料的袋子,有一个塑料底座和一个线圈拉链,重量为 0.22 千克或以上但不超过 4.6 千克,形状适合动力运动车辆(包括但不限于越野车、全地形车、雪地摩托和摩托车)(统计报告编码 4202.92.9100 项下);

50. 化纤机织小袋和工具套,高度至少为 13 厘米但不超过 19 厘米,宽度至少为 4 厘米但不超过 11 厘米,深度至少为 3 厘米但不超过 5 厘米,价值不超过 16 美元/个,设计用于套在佩戴者的腰带上或系在腰带环上,以便免提携带移动式手机、工具、手电筒和类似尺寸的物品(统计报告编码 4202.92.9100 项下);

51. 塑料枪壳(靴),带有内部衬垫、防尘防水外壳和用于安装的钢支架(统计报告编码 4202.99.9000 项下);

52. 聚氨酯涂层的猪皮革或聚氨酯涂层复合猪皮革制女式、女童和婴儿长裤、裙子和连衣裙(统计报告编码 4203.10.4095 项下);

53. 瓦楞纸或纸板制印刷纸箱、盒子或箱子,卫生食品或饮料容器除外(统计报告编码 4819.10.0040 项下);

54. 纸或纸板制笔记本,封面上都有一个塑料玩具积木,短面尺寸至少为 13 厘米但不超过 16 厘米,长面尺寸至少为 15 厘米但不超过 22 厘米,厚度至少为 1 厘米但不超过 3 厘米,至少有 192 页但不超过 352 页(统计报告编码 4820.10.2060 项下);

55. 模制或压制竹浆制盘子、碗或杯子,重量至少为 3 克但不超过 92 克(统计报告编码 4823.70.0020 项下);

56. 模制或压制竹浆制蛤壳容器、比萨饼盘、盖子、分隔盘和其他托盘,重量至少为 3 克但不超过 95 克(统计报告编码 4823.70.0040 项下);

57. 羊绒或骆驼毛制纱线,梳理但未精梳,非供零售用(统计报告编码 5108.10.8000 项下);

58. 聚酯长丝丝束,细度超过 50ktex 但不超过 275ktex(统计报告编码 5501.20.0000 项下);

59. 聚丙烯纤维丝束,细度超过 50ktex 但不超过 275ktex(统计报告编码 5501.40.0000 项下);

60. 由机织聚酯或棉和聚酯混纺制成的纺织织物,一面涂有发泡聚氨酯,其占产品总重量的 70% 以上,织物的整个厚度至少为 0.8 毫米但不超过 1.22 毫米,重量至少为 350 克/米^2 或以上但不超过 425 克/米^2(统计报告编码 5903.20.2000 项下);

61. 圆形单针织物,含 96% 聚酯纤维和 4% 氨纶,染色(统计报告编码 6006.32.0080 项下);

62. 由实心大理石块雕刻而成的独立式浴缸,未经层压或粘合,尺寸不超过 215 厘米×125 厘米×70 厘米,重量不超过 1 600 千克(统计报告编码 6802.91.1500 项下);

63. 浴室和厨房用大理石水槽和水槽底座,尺寸不超过 110 厘米×95 厘米×95 厘米,重量不超过 415 千克(统计报告编码 6802.91.1500 项下)

64. 由真正的地质花岗岩、水盆、长凳、喷泉和火坑制成的已加工纪念碑或建筑石制品(统计报告编码 6802.93.0090 项下);

65. 被称为棕色波浪的砂岩,用于户外生活空间,包含一个纹理面和最多四个凿边,密度为 2 750 千克/立方米(统计报告编码 6802.99.0060 项下);

66. 砂岩,一侧具有火焰饰面,长度为 200 毫米或以上但不超过 3 100 毫米,宽度为 100 毫米或以上但不超过 1 380 毫米、厚度为 30 毫米或以上但不超过 180 毫米(统计报告编码 6802.99.0060 项下);

67. 凝聚石制雕像和小雕像,高度至少 100 毫米但不超过 310 毫米,重量至少 0.1 千克但不超过 2.1 千克(统计报告编码 6810.99.0080 项下);

68. 合成石墨,呈圆形,直径为 5 厘米或以上但不超过 153 厘米,长度为 25 厘米或以上但不超过 204 厘米,或呈长方形,宽度为 40 厘米或以上但不超过 61 厘米,高度为 40 厘米或以上但不超过 94 厘米,长度为 152 厘米或以上但不超过 280 厘米(统计报告编码 6815.10.0100 项下);

69. 陶瓷制品(瓷器除外),莫氏硬度计上硬度等于或大于 9,经机加工成型,重量不超过 2.4 千克,尺寸不超过 45.5 厘米×3.1 厘米×8.9 厘米(统计报告编码 6909.12.0000 项下);

70. 惰性陶瓷环和球体,用于混合分层过滤和净化塔中的床层分级(统计报告编码 6909.19.5095 项下);

71. 钢化安全玻璃制成的透明、切割和处理过的屏幕保护器,单面用粘合剂,矩形板,重量

第九十九章 临时立法;根据现有贸易法规的临时修改;根据经修正的《农业调整法》
第 22 条制定的附加进口限制 **1869**

为 6 克或以上但不超过 77 克,高度为 2.8 厘米或以上但不超过 28 厘米,宽度为 1.9 厘米或以上但不超过 21 厘米,厚度不超过 0.1 厘米(统计报告编码 7007.19.0000 项下);

72. 表面涂有氧化硅的钢化安全玻璃片,表面积小于 2.5 平方米,设计用于放置在太阳能电池板上,以防止外部损坏(统计报告编码 7007.19.0000 项下);

73. 夹层安全玻璃挡风玻璃,尺寸和形状适用于车辆,重量至少为 10.9 千克但不超过 15.4 千克(统计报告编码 7007.21.1010 项下);

74. 车辆后视镜,由不锈钢、铝、玻璃填充尼龙、聚乙烯和丙烯腈-丁二烯-苯乙烯组成,重量至少为 500 克但不超过 1 千克,长度至少为 180 毫米但不超过 400 毫米(统计报告编码 7009.10.0000 项下);

75. 车辆后视镜,由多曲率凸面玻璃镜、钢制外壳和加热元件组成(统计报告编码 7009.10.0000 项下);

76. 车辆后视镜更换套件,包括多曲率凸面玻璃镜、垫片和加热元件(统计报告编码 7009.10.0000 项下);

77. 装有钢化玻璃的不锈钢窗户,装有一个橡胶垫圈,在关闭时提供防水密封,设计用于安装在第八十九章的船舶上(统计报告编码 7308.30.1000 项下);

78. 钢制储罐,容量至少为 477 升但不超过 23 848 升,重量至少为 100 千克但不超过 2 250 千克,不论是否内衬或隔热,但未安装机械或热力设备(统计报告编码 7309.00.0030 项下);

79. 不锈钢方形桶,每个桶的侧面有板条,最大容量为 228 升(2020 年 7 月 1 日之前的统计报告编码 7310.10.0010 项下,2020 年 7 月 1 日生效的统计报告编码 7310.10.0015 项下);

80. 钢制防滑链,带直径不超过 8 毫米的链环,用于安装直径超过 63 厘米但不超过 67 厘米的越野车辆轮胎(统计报告编码 7315.20.1000 项下);

81. 由炉灶组成的钢制烹饪炉排,每个炉灶重量不小于 1 千克,长度不小于 40 厘米,宽度不小于 48 厘米,高度不小于 5 厘米(统计报告编码 7321.90.1000 项下);

82. 鸟类喂食器,主要由铁或钢制成,带有玻璃元件,高度至少为 25 厘米但不超过 36 厘米,重量至少为 0.6 千克但不超过 1.4 千克(统计报告编码 7323.99.9080 项下);

83. 淋浴部件,包括不锈钢淋浴杆可调节滑杆,带或不带其他金属饰面,重量不超过 0.44 千克,长度至少为 48.3 厘米但不超过 91.5 厘米,直径至少为 1.9 厘米但不超过 2.6 厘米(统计报告编码 7324.90.0000 项下);

84. 不锈钢淋浴臂,带或不带其他金属饰面,两端有螺纹,重量不小于 0.08 千克但不大于 0.35 千克,长度至少为 15 厘米但不大于 64 厘米,直径不大于 2 厘米(统计报告编码 7324.90.0000 项下);

85. 不锈钢制钩环,不适用于攀爬应用(统计报告编码 7326.90.8688 项下);

86. 为油或天然气井口用钢制外壳,具有螺纹或焊接底部和螺纹顶部,重量至少 284 千克但不超过 1 200 千克,长度至少 52 厘米但不超过 105 厘米,外径至少 42 厘米但不超过 60 厘米,孔径不小于 20 厘米(统计报告编码 7326.90.8688 项下);

87. 石油或天然气井口用钢制油管头,长度至少为 39 厘米但不超过 107 厘米,外径至少为 57 厘米但不超过 78 厘米,孔径不小于 13 厘米(统计报告编码 7326.90.8688 项下);

88. 黄铜饰框,带或不带其他金属饰面,重量不超过 0.5 千克,尺寸不超过 23 厘米×23 厘米×3 厘米,设计用于水龙头或淋浴装置周围的装饰(统计报告编码 7419.99.5010 项下);

89. 黄铜水龙头零件,设计用于容纳曝气器,高度不超过 4 厘米(统计报告编码 7419.99.5010 项下);

90. 黄铜淋浴臂,用于将淋浴头连接到供水系统(统计报告编码 7419.99.5010 项下);

91. 铝制钩环,不适用于攀爬应用(统计报告编码 7616.99.5190 项下);

92. 带皮革装饰的锌制钥匙圈(统计报告编码 7907.00.6000 项下);

93. 高碳钢木工用螺旋钻钻头套件(切割件中铬、钼或钨的重量百分比超过 0.2%,钒的重量百分比超过 0.1%),每个钻头的直径不小于 0.95 厘米,但不大于 3.81 厘米,长度不小于 15.24 厘米,但不大于 45.72 厘米(统计报告编码 8207.50.2070 项下);

94. 高碳钢铲形钻头刀片套件(切割部分不含重量超过 0.2%的铬、钼或钨或超过 0.1%的钒),每个钻头直径至少为 0.635 厘米,但不超过 3.81 厘米,长度至少为 15.24 厘米,但不超过 45.72 厘米(统计报告编码 8207.50.6000 项下);

95. 带有钢制底座的脚轮,车轮由橡胶或塑料制成,每个车轮直径(包括轮胎)大于 60 毫米但小于 210 毫米(统计报告编码 8302.20.0000 项下);

96. 钢铁、铝或锌制机动车辆用安装件和配件(气缸除外)(统计报告编码 8302.30.3060 项下);

97. 船用不锈钢夹板和楔块(统计报告编码 8302.49.6055 项下);

98. 铝制屏蔽门横杆,可调,长度至少 53 厘米但不超过 74 厘米,重量不超过 0.6 千克,带聚丙烯端盖(统计报告编码 8302.49.6085 项下);

99. 品目 8703 车辆火花点火内燃机用铸铝活塞,直径 73 毫米,高度 45 毫米(统计报告编码 8409.91.5085 项下);

100. 摩托车发动机用铝制气缸盖,重量至少为 3.6 千克但不超过 6.4 千克(统计报告编码 8409.91.9990 项下);

101. 品目 8703 或 8704 机动车辆内燃机活塞发动机用冷却介质泵(统计报告编码 8413.30.9090 项下);

102. 固定式空气压缩机(非往复式,非旋转式),由 12 伏直流电机驱动,最大输出压力为 1.04 兆帕,最大输出容量为 57 升/分钟,重量不超过 6 千克,带有编织输出导管和连接在气缸盖上的单向阀(统计报告编码 8414.80.1680 项下);

103. 液压千斤顶,用于提升车辆,起重能力不超过 550 千克(统计报告编码 8425.42.0000 项下);

104. 钢制液压升降机,包括一个底座、两个提升臂和一个液压千斤顶,重量不超过 30 千克,重量限制不超过 250 千克(统计报告编码 8425.42.0000 项下);

105. 螺旋千斤顶和剪式千斤顶,包括一个底座、两个提升臂和可调车轮垫,重量至少为 22

千克但不超过42千克,重量限制不超过342千克(统计报告编码8425.49.0000项下);

106. 工作木材用带锯,台式,价值在1 000美元/把以下,配有115伏电机,高度不超过88厘米,宽度不超过54厘米,深度不超过42厘米,重量不超过36千克,切割能力不超过36厘米(见统计报告编码8465.91.0064项下);

107. 工作木材用落地式带锯,价值在1 000美元/把以下,配有115伏电机,高度不超过190厘米,宽度超过63厘米但不超过88厘米,深度超过63厘米但不超过66厘米,重量超过99千克但不超过130千克,切割能力不超过36厘米(统计报告编码8465.91.0064项下);

108. 工作木材用带锯,价值在1 000美元/把以下,落地式,配有115伏电机,高度不超过190厘米,宽度不超过63厘米,深度不超过63厘米,重量不超过99千克,切割能力不超过36厘米(统计报告编码8465.91.0064项下);

109. 用于固定物品的织带,由宽度不超过26毫米的聚酯织带和用于拧紧织带的棘轮机构组成,长度不超过2.5米(统计报告编码8479.89.9499项下);

110. 锻钢手轮操作闸阀,宽度至少为37厘米但不超过102厘米(在圆形接头法兰处),高度至少为55厘米但不超过288厘米(从阀门底部到手轮顶部),具有直径至少为5厘米但不超过18厘米的孔,重量至少为79千克但不超过3 015千克(统计报告编码8481.80.3055项下);

111. 凸轮轴,专为越野车辆和雪地摩托车辆设计的或主要用于火花点火内燃机活塞发动机(统计报告编码8483.10.1030项下);

112. 曲轴,设计用于排量不超过12升的柴油发动机(统计报告编码8483.10.3050项下);

113. 构成发动机或电动机组成部分的摩托车、越野车和雪地摩托车辆的链轮以外的齿轮和链轮(统计报告编码8483.90.5090项下);

114. 单相交流电动机(齿轮电动机除外),输出功率为56瓦或以上但不超过69瓦,长度不超过9厘米,直径不超过11.5厘米,重量不超过2千克,装在贱金属外壳内,带开关(统计报告编码8501.40.2040项下);

115. 单相交流电动机,装有永久分裂电容器,输出范围为367瓦或以上但不超过565瓦,在不小于115伏交流电压但不大于230伏交流电压下运行,能够在浸没于水中时运行,重量至少为7千克但不超过11千克,直径不超过10厘米,长度至少为22厘米但不超过34厘米(统计报告编码8501.40.4040项下);

116. 单相交流电动机(齿轮电动机除外),不论是否装有永久分裂电容器,输出范围为746瓦或以上但不超过1.13千瓦,在不小于115伏交流电压但不大于250伏交流电压下运行,能够在浸没于水中时运行,重量至少为9千克但不超过12.5千克,直径不超过10厘米,长度至少为25厘米但不超过36厘米(统计报告编码8501.40.6040项下);

117. 电池充电器,设计用于为电动高尔夫球车和类似多用途车中的电池充电,电压不超过48伏,宽度不超过20厘米,长度不超过30厘米,高度不超过15厘米(统计报告编

码8504.40.9550项下);

118. 静态变流器,输出电压范围为10伏或以上但不超过26伏,功率输出范围至少为5安但不超过240安,重量不超过23千克(统计报告编码8504.40.9550项下);

119. 电感,22微亨利,公差不大于20%,直流电阻为198毫欧姆,直流电流为1.9安(统计报告编码8504.50.8000项下);

120. 电感,220微亨利,公差不大于20%,直流电阻为550毫欧姆,直流电流为510毫安(统计报告编码8504.50.8000项下);

121. 电感,470微亨利,公差不大于20%,直流电阻为700毫欧姆,直流电流为540毫安(统计报告编码8504.50.8000项下);

122. 起动活塞式发动机用12伏铅酸蓄电池,高度不超过167厘米,宽度不超过91厘米,重量超过4.8千克但不超过5.3千克(统计报告编码8507.10.0030项下);

123. 火花点火式或压燃式发动机的点火线圈,设计用于安装在动力运动车辆上,包括越野车、全地形车、雪地摩托和摩托车(统计报告编码8511.30.0080项下);

124. 照明子目8701.20、品目8702、品目8703、品目8704、品目8705或品目8711机动车辆用内部照明设备,包括发光二极管灯,每个发光二极管灯的尺寸不超过128毫米×75毫米×36毫米(统计报告编码8512.20.2040项下);

125. 与车辆显示器一起使用的彩色电视摄像机(统计报告编码8525.80.3010项下);

126. 机动车辆用无线电广播接收器套件,包括一个在没有外部电源的情况下不能运行的无线电广播接收器,未与录音或再现设备结合,包括一个仅FM或仅AM/FM调谐器、两个直径不超过135毫米的扬声器、45瓦4通道放大器和外部天线(统计报告编码8527.29.4000项下);

127. 包含适用于机动车的分段液晶显示器第八十八章的指示面板,设计用于显示有限数量的字符或图标,宽度不超过99毫米,高度不超过61毫米(统计报告编码8531.20.0020项下);

128. 包含发光二极管的指示板,设计用于医疗输液设备(统计报告编码8531.20.0040项下);

129. 印刷电路板,底座为玻璃纤维增强环氧树脂层压材料,符合美国电气制造商协会FR-4级耐火性,非柔性,有10层,设计用于流量计,尺寸不超过6.35厘米×6.35厘米×0.1575厘米(统计报告编码8534.00.0020项下);

130. 印刷电路板,2层,发光二极管左侧尾灯,由FR-4编织玻璃纤维布制成,带有阻燃环氧树脂粘合剂,玻璃化转变温度为150摄氏度,铜含量不超过0.03千克(统计报告编码8534.00.0095项下);

131. 印刷电路板,2层,发光二极管左侧尾灯,由FR-4编织玻璃纤维布制成,带有阻燃环氧树脂粘合剂,铜含量不超过0.03千克(统计报告编码8534.00.0095项下);

132. 印刷电路板,2层,发光二极管右侧尾灯,由FR-4编织玻璃纤维布制成,带有阻燃环氧树脂粘合剂,铜含量不超过0.03千克(统计报告编码8534.00.0095项下);

133. 印刷电路板,2层,架空单元,由FR-4编织玻璃纤维布制成,带有阻燃环氧树脂粘合剂,铜含量不超过0.03千克,无铅饰面(统计报告编码8534.00.0095项下);

134. 印刷电路板,2层,架空单元,由 FR－4 编织玻璃纤维布制成,带有阻燃环氧树脂粘合剂,无铅饰面(统计报告编码 8534.00.0095 项下);

135. 印刷电路板,2层,带高侧或低侧驱动器脉冲宽度调制,由 FR－4 编织玻璃纤维布制成,带有阻燃环氧树脂粘合剂,玻璃化转变温度为 150 摄氏度,铜含量不超过 0.03 千克(统计报告编码 8534.00.0095 项下);

136. 印刷电路板,4层,使用后视镜,由 FR－4 编织玻璃纤维布制成,带有阻燃环氧树脂粘合剂,铜含量不超过 0.03 千克(统计报告编码 8534.00.0095 项下);

137. 印刷电路板,2层,由 FR－4 编织玻璃纤维布制成,带有阻燃环氧树脂粘合剂,玻璃化转变温度为 150 摄氏度,铜含量不超过 0.03 千克(统计报告编码 8534.00.0095 项下);

138. 数字声音处理设备,能够连接到有线或无线网络进行声音混合,能够混合 16、24、32 或 64 声道,高度不超过 17 厘米,深度不超过 60 厘米,宽度不超过 83 厘米(统计报告编码 8543.70.9100 项下);

139. 电导体,电压不超过 1 000 伏,带绞合 18 号铜线和 SPT－2 外绝缘,一端带有 2 叉极化插头或 3 叉接地插头,此类插头带有集成的不可更换保险丝,此类导体的长度至少为 210 厘米但不超过 250 厘米(统计报告编码 8544.42.9090 项下);

140. 品目 8701 至 8705 越野车辆用钢制或铝制保险杠(冲压件除外)(统计报告编码 8708.10.3050 中项下);

141. 排气绝缘体,用于在休闲车上安装 35.56 厘米×35.56 厘米的标准排气口,每个排气口由包裹在聚酯抓绒织物中的泡沫组成,不论是否具有反射箔(统计报告编码 8708.29.5060 项下);

142. 品目 8703 机动车辆用钢制车轮,直径至少为 32 厘米但不超过 37 厘米,宽度至少为 11 厘米但不超过 21 厘米,重量至少为 5.2 千克但不超过 6.7 千克(统计报告编码 8708.70.4560 项下);

143. 品目 8703 机动车辆用钢制车轮,直径至少为 37 厘米但不超过 46 厘米,宽度至少为 19 厘米但不超过 26 厘米(统计报告编码 8708.70.4560 项下)

144. 品目 8703 机动车辆用铝制车轮垫圈,厚度至少为 25 毫米但不超过 45 毫米(统计报告编码 8708.70.6060 项下);

145. 品目 8701 至 8705 越野车和品目 8703 雪地摩托的悬架系统零件(统计报告编码 8708.80.6590 项下);

146. 扭矩杆,也称为扭矩臂、半径杆或半径臂(统计报告编码 8708.80.6590 项下);

147. 铝制散热器,长度至少为 335 毫米但不超过 630 毫米,宽度至少为 167.5 毫米但不超过 355 毫米,高度至少为 37.5 毫米但不超过 60 毫米(统计报告编码 8708.91.5000 项下);

148. 品目 8703 全地形车和雪地摩托的消声器和排气管(统计报告编码 8708.92.5000 项下);

149. 品目 8703 全地形车和其他越野车用钢制转向箱和转向柱(统计报告编码 8708.94.5000 项下);

150. 品目 8701、品目 8702、品目 8704 和品目 8705 机动车辆的零件,包括转向器用铸铁外壳,重量不超过 20 千克,长度至少 11 厘米但不超过 29 厘米,宽度至少 9 厘米但不超过 19 厘米,高度至少 14 厘米但不超过 24 厘米(统计报告编码 8708.94.7000 项下);

151. 第八十七章机动车辆用铸铁转向气缸盖,重量至少为 1 千克但不超过 3 千克(统计报告编码 8708.94.7000 项下);

152. 品目 8701 至 8705 机动车辆[拖拉机(不包括道路拖拉机)除外]转向机用碳钢外壳盖,带或不带轴承(统计报告编码 8708.94.7550 项下);

153. 品目 8701、品目 8702、品目 8704 或品目 8705 机动车辆(农用拖拉机除外,但包括公路拖拉机)转向机用碳钢转向垂臂夹持器,(统计报告编码 8708.94.7550 项下);

154. 品目 8703 机动车辆轮毂锁总成用铝铸件(统计报告编码 8708.99.6890 项下);

155. 换档杆焊接件、链轮、轴、轴承座和杆式换档器,上述所有部件均为品目 8701 至 8705 机动车辆动力传动系的零件(统计报告编码 8708.99.6890 项下);

156. 纺织材料制汽车座椅或乘客舱罩,带或不带紧固件,单独提供或成套出售(统计报告编码 8708.99.8180 项下);

157. 铸铝中冷器管,重量至少为 0.37 千克但不超过 0.643 千克(统计报告编码 8708.99.8180 项下);

158. 货架,设计用于装入品目 8701 至 8705 机动车辆接收器挂钩,用于运输自行车(统计报告编码 8708.99.8180 项下);

159. 品目 8701 至 8705 机动车辆(拖拉机除外,但包括公路拖拉机)用合金钢或碳钢制拖车挂接装置套件(统计报告编码 8708.99.8180 项下);

160. 自行车(包括山地自行车),带吊杆、无内胎、折叠(统计报告编码 8712.00.4800 项下);

161. 带有钢制或铝制框架的单轴挂车,宽度至少为 1.5 米但不超过 2.5 米,长度至少为 2.4 米但不超过 5.8 米,重量至少为 110 千克但不超过 730 千克(统计报告编码 8716.40.0000 项下);

162. 零售购物车、材料搬运车、轻工业车、面包师车、实验室车、医疗车或制药车用脚轮,包括聚丙烯轮毂上的聚氨酯胎面,直径至少为 7.5 厘米但不超过 20.5 厘米,宽度至少为 2.5 厘米但不超过 5.5 厘米(统计报告编码 8716.90.3000 项下);

163. 安装式摄像机镜头,每个镜头均具有 M12 安装配置,具有 8.46 毫米传感器格式,焦距在 2.8 毫米和 16.0 毫米之间,焦比(F/No)为 1.4 或更大但不超过 6.6,以及固定光圈(统计报告编码 9002.11.9000 项下);

164. 非倾斜式汽车座椅,包括聚合物泡沫衬垫和聚氯乙烯座椅罩(统计报告编码 9401.20.0000 项下);

165. 除家用外的可调钢丝架装置,由垂直杆、脚帽或脚轮、夹子和架子组成,每个完全组装时,宽度至少为 35 厘米或以上但不超过 183 米,深度至少为 35 厘米但不超过 77 厘米,高度至少为 137 厘米但不超过 183 厘米(统计报告编码 9403.20.0081 项下);

166. 钢制储物架,粉末涂层,设计用于悬挂在高架支架上,每个重量不超过 37 千克,宽度不超过 123 厘米,高度不超过 123 厘米,长度不超过 245 厘米(统计报告编码

9403.20.0081项下）；

167. 镀铬钢架子，由宽度至少为35厘米但不超过62厘米、长度至少为61厘米但不超过183厘米的金属丝架子和支柱组成，带有长度不超过30厘米的水平尺（统计报告编码9403.20.0090项下）；

168. 带有玻璃正面的木制机柜，高度至少为208厘米但不超过234厘米，宽度至少为86厘米但不超过128厘米，深度至少为40厘米但不超过49厘米（统计报告编码9403.60.8081项下）；

169. 带有玻璃正面的木质橱柜，高度至少为91厘米但不超过117厘米，宽度至少为165厘米但不超过216厘米，深度至少为38厘米但不超过59厘米（统计报告编码9403.60.8081项下）；

170. 室外人造石桌子，尺寸不超过93厘米×93厘米×63厘米，带有内置的燃气火坑（统计报告编码9403.89.6015项下）；

171. 套长方形洗衣房整理器，由至少6个但不超过9个乙烯-醋酸乙烯酯织物的可折叠篮组成，每个篮都有一个抽绳顶部、一个外部拉链口袋和绳柄，设计用于站立在地板上，不用时折叠（统计报告编码9403.89.6020项下）；

172. 除藤条、柳条、竹子或类似材料外的木制柜台、货架、陈列柜和类似固定装置的零件（统计报告编码9403.90.7080项下）；

173. 柜台、货架、陈列柜和类似贱金属固定装置的零件，不包括焊接金属货架盖板（统计报告编码9403.90.8041项下）；

174. 带装饰织物灯罩的灯，灯座为凝聚石，为雕像，每个灯高度至少为45厘米但不超过77厘米，重量至少为1.3千克但不超过2.8千克（统计报告编码9405.20.8010项下）；

175. 除贱金属外的发光二极管灯，高度可从至少19厘米调节至不超过38厘米，带有触摸开关，控制电源、亮度和三色模式（温暖、明亮和自然日光照明）、5伏、2.1安USB充电端口，以及具有时间、日期和温度显示功能的数字液晶显示器第八十八章显示屏（统计报告编码9405.20.8010项下）；

176. 发光二极管背光模块，长度至少为90毫米但不超过105毫米，宽度至少为45毫米但不超过55毫米（统计报告编码9405.40.8200项下）；

177. 带有由电池供电的发光二极管灯的无焰柱状蜡烛，直径至少为7.6厘米但不超过20厘米，外部有蜡（统计报告编码9405.40.8440项下）。

（四十五）美国贸易代表办公室决定建立一个程序，通过该程序可以将归入税号9903.88.15、第三分章美国注释二十（十八）款和二十（十九）款的特殊商品从税号9903.88.15规定的附加关税中排除出来。见《联邦公报》第84卷第43304节（2019年8月20日）、第84卷第45821节（2019年8月30日）、第84卷第57144节（2019年10月24日）和第85卷第3741节（2020年1月22日）。根据这个商品排除程序，美国贸易代表办公室决定税号9903.88.15规定的附加关税不适用于以下特殊商品，其统计报告编码为：

1. 0505.10.0050；
2. 3926.90.9925；

3. 6506.10.3045;

4. 8512.10.2000;

5. 8528.72.6420;

6. 塑料覆盖物,设计用于覆盖伤口部位或铸件,从而形成保护密封,以在淋浴或沐浴时保持覆盖区域干燥和无碎屑(2020年7月1日之前的统计报告编码3926.90.9990项下,2020年7月1日生效的统计报告编码3926.90.9985项下);

7. 塑料袋,与手动操作的药丸或片剂破碎机一起使用,以捕获粉末药物(2020年7月1日之前的统计报告编码3926.90.9990项下,2020年7月1日生效的统计报告编码3926.90.9985项下);

8. 可再填充塑料分配器,设计用于安装在垂直墙上,用于在医疗环境中储存和分配呕吐控制袋(2020年7月1日之前的统计报告编码3926.90.9990项下;2020年7月1日生效的统计报告编码3926.90.9985项下);

9. 无菌泌尿外科塑料排水袋,设计用于安装在泌尿外科手术台延伸部分上,带有皮瓣延伸部分,可将患者与手术台表面进行无菌分离,并引导液体进入和通过连接的排水软管顶部的过滤器,通向收集容器(2020年7月1日之前的统计报告编码3926.90.9990项下,2020年7月1日生效的统计报告编码3926.90.9985项下);

10. 纺织材料制冰袋,用于治疗受伤或疼痛,可重新填充(2020年7月1日之前的统计报告编码6307.90.9889项下,2020年7月1日生效的统计报告编码6307.90.9891项下);

11. 纺织材料制识别腕带,带有空白面板(2020年7月1日之前的统计报告编码6307.90.9889项下,2020年7月1日生效的统计报告编码6307.90.9891项下);

12. 适合佩戴在手腕上的装置,具有时间显示功能,有一个加速计,能够显示和传输通过网络(例如便携式ADP装置、LAN或蜂窝网络)发送给它的数据(统计报告编码8517.62.0090项下)。

(四十六)美国贸易代表办公室决定建立一个程序,通过该程序可以将归入税号9903.88.03、第三分章美国注释二十(五)款和二十(六)款的特殊商品从税号9903.88.03规定的附加关税中排除出来。见《联邦公报》第83卷第47974节(2018年9月21日)和第84卷第29576节(2019年6月24日)。根据这个商品排除程序,美国贸易代表办公室决定税号9903.88.03规定的附加关税不适用于以下特殊商品,其统计报告编码为:

1. 8424.90.9080;

2. 绿豆种子(统计报告编码0713.31.1000项下);

3. 有机认证的切碎大蒜制剂,用水、柠檬酸和盐包装,供零售(统计报告编码2005.99.9700项下);

4. 粉末状氢氧化铝(CAS No. 21645-51-2)(统计报告编码2818.30.0000项下);

5. 立方氮化硼(CAS No. 10043-11-5)(统计报告编码2850.00.5000项下);

6. 2-乙氧基萘(CAS No. 93-18-5)(统计报告编码2909.30.2000项下);

7. 1-(4-叔丁基-2,6-二甲基-3,5-二硝基苯基)乙酮(麝香酮)(CAS No. 81-14-1)(统计报告编码2914.79.1000项下);

第九十九章　临时立法;根据现有贸易法规的临时修改;根据经修正的《农业调整法》第 22 条制定的附加进口限制

8. 2-环己基乙酸乙酯(CAS No. 21722-83-8)(统计报告编码 2915.39.4550 项下);

9. 乙醛酸(IUPAC 名称:2-氧乙酸)(CAS No. 298-12-4),以 50%水溶液形式进口(统计报告编码 2918.30.9000 项下);

10. 1-氰基胍(双氰胺)(CAS No. 461-58-5)(统计报告编码 2926.20.0000 项下);

11. 1,2-二溴-2,4-二氰基丁烷(IUPAC 名称:2-溴-2-(溴甲基)戊二腈)(CAS No. 35691-65-7)(统计报告编码 2926.90.5050 项下);

12. 氢氟碳化合物混合物,按重量计含有 40%~44%的 1,1,1,2-四氟乙烷(CAS No. 811-97-2)、56%~60%(按重量计)的五氟乙烷(CAS No. 354-33-6)和高达 2%(按重量计)的润滑油(统计报告编码 3824.78.0020 项下);

13. 含有 2-(二甲氨基)乙醇的混合物(CAS No. 108-01-0)(统计报告编码 3824.99.9297 项下);

14. 植物材料袋和袋子,包括玉米淀粉,可生物降解,不含聚乙烯(统计报告编码 3923.29.0000 项下);

15. 纤维素聚氯乙烯墙板,长度不小于 123 厘米但不大于 245 厘米,高度不大于 184 厘米,宽度不大于 3 厘米,以 6 块墙板为一组进行零售,每块墙板的重量不小于 13.5 千克但不大于 29 千克(统计报告编码 3925.90.0000 项下);

16. 橡胶制电缆保护器,长度不超过 91 厘米,宽度不超过 51 厘米,高度不超过 5.2 厘米,配有 5 个通道,用于多条电缆或软管,直径不超过 3.8 厘米,带聚氯乙烯盖,重量不超过 14.5 千克,负载能力不超过 8,200 千克(统计报告编码 4016.99.6050 项下);

17. 再生橡胶停车位,长度不超过 185 厘米,宽度不超过 15.5 厘米,高度不超过 10.5 厘米,重量不超过 16 千克(统计报告编码 4016.99.6050 项下)

18. 聚酯信使袋,尺寸不超过 50 厘米×38 厘米×11 厘米,重量不超过 2.5 千克(统计报告编码 4202.12.8130 项下);

19. 带保湿系统的背包,尺寸不超过 51 厘米×28 厘米×9 厘米,重量不超过 1 千克(统计报告编码 4202.92.0400 项下);

20. 66.66tex 聚酯双肩包,尺寸不超过 57 厘米×44 厘米×11 厘米(统计报告编码 4202.92.3120 项下);

21. 聚酯制粗呢袋,尺寸不超过 81 厘米×39 厘米×11 厘米,重量不超过 7 千克(统计报告编码 4202.92.3131 项下);

22. 主要由化纤制成的行李袋,尺寸不超过 98 厘米×52 厘米×17 厘米,重量不超过 7 千克,带轮子(统计报告编码 4202.92.3131 项下);

23. 聚酯制服装袋,尺寸不超过 69 厘米×46 厘米×11 厘米,重量不超过 2 千克(统计报告编码 4202.92.3131 项下);

24. 聚酯制剃须/梳妆袋,尺寸不超过 30 厘米×28 厘米×11 厘米,重量不超过 1 千克(统计报告编码 4202.92.3131 项下);

25. 人造皮革或聚酯制成的挂本,带或不带拉链,包含一个书写板(统计报告编码 4820.10.2020 项下);

26. 带聚酯盖的粘合剂,重量小于 800 克,每个长度小于 36 厘米,宽度小于 25 厘米,深度

小于6厘米(统计报告编码4820.30.0040项下);

27. 足球头盔用肩带,有编织聚酯织物的织带包裹在聚氯乙烯中,泡沫填充物为闭孔泡沫,扣环为不锈钢(统计报告编码6507.00.0000项下);

28. 足球头盔用前垫和侧垫,顶部和底部为聚氯乙烯乙烯基,泡沫垫为闭孔泡沫,扣扣为不锈钢(统计报告编码6507.00.0000项下);

29. 密封玻璃漏斗形式的光纤面板,实际用于阴极射线管,圆形,个直径不超过5.4厘米,重量不超过78克,最大厚度为1.15厘米(统计报告编码7011.20.4500项下);

30. 阴极射线管用圆形玻璃面板,径不超过8厘米,中心厚度不超过0.36厘米,重量不超过50克(统计报告编码7011.20.4500项下);

31. 碳或合金钢(铸钢)制铁路空气制动管配件,支管三通,无螺纹,带焊接套筒,尺寸不小于7厘米×5厘米×5厘米但不大于11厘米×13厘米×13厘米,重量不小于0.4千克但不大于2.4千克,符合美国铁路协会规范S-400(统计报告编码7307.19.9080项下);

32. 碳钢或合金钢(铸钢)制铁路罐车蛇形管配件,无螺纹,带焊接套筒,重量不小于0.9千克但不大于3.4千克,尺寸不小于12厘米×7厘米×2厘米但不大于16厘米×13厘米×11厘米,符合美国铁路协会规范M-1002(统计报告编码7307.19.9080项下);

33. 铁制或非合金钢制轮胎链,链环直径不超过10毫米(统计报告编码7315.82.5000项下);

34. 镀锌钢制螺栓,具有六角头,六角头配有塑料旋钮,以便于安装到雨篷中的钢螺母中,螺纹直径为6毫米或更大(统计报告编码7318.15.2065项下);

35. 不锈钢软管压接环,重量不超过0.1千克,直径不超过2.7厘米,长度不小于1.4厘米但不超过4.2厘米,圆形不小于1.3厘米但不超过4.3厘米(统计报告编码7326.90.8688项下);

36. 圆筒形钢制快速连接阀体套筒联轴器,长度不超过3厘米,直径不超过4厘米(统计报告编码7326.90.8688项下);

37. 金属铋(统计报告编码8106.00.0000项下);

38. 不锈钢挠性管,带有带花园软管配件的内部软管,重量不超过1.5千克,长度不小于760厘米但不超过3 052厘米(统计报告编码8307.10.3000项下);

39. 不锈钢带扣,包含一个卡扣套筒和调整齿,设计用于足球头盔下巴带(统计报告编码8308.90.6000项下);

40. 镀铬贱金属或镍或铝制成的标志牌、铭牌、地址牌或类似标牌,每块重量不小于4克(统计报告编码8310.00.0000项下);

41. 专用于或主要用于船舶推进用品目8407的火花点火内燃活塞式发动机的零件(未清洗且仅为拆卸翅片、浇口、注道和立板或者允许在精加工机械或连杆中定位而进行机加工的铸铁零件除外)(统计报告编码8409.91.9290项下);

42. 专用于或主要用于品目8407的火花点火内燃活塞式发动机的零件(用于飞机发动机的零件,未清洗且仅为拆卸翅片、浇口、注道和立板或者允许在精加工机械或连杆中

第九十九章 临时立法;根据现有贸易法规的临时修改;根据经修正的《农业调整法》第 22 条制定的附加进口限制

定位而进行机加工的铸铁零件,用于子目 8701.20、品目 8702、品目 8703 或品目 8704 的船舶推进发动机或连杆车辆的零件除外)(统计报告编码 8409.91.9990 项下);

43. 机动车气候控制系统中使用的直流鼓风机,尺寸不小于 323 毫米×122 毫米×102 毫米但不大于 357 毫米×214 毫米×167 毫米(统计报告编码 8414.59.6540 项下);

44. 直流离心径向鼓风机,尺寸不小于 345 毫米×122 毫米×102 毫米但不大于 355 毫米×173 毫米×145 毫米,输出功率为 100~285 瓦,重量至少为 1.80 千克但不大于 2.72 千克(统计报告编码 8414.59.6560 项下);

45. 电动/电池驱动轴向叶片鼓风机(统计报告编码 8414.59.6590 项下);

46. 风机零件,包括由可伸缩钢管组成的立柱组件,每个立柱组件具有将组件锁定在所需长度的机构,以及用于制造家用底座风机的前钢格栅(统计报告编码 8414.90.1040 项下);

47. 零售计算秤,带触觉键盘或 VGA 显示器的数字,最大称重能力不小于 10 千克但不大于 15.5 千克,宽度不小于 15 厘米但不大于 41 厘米,深度不小于 20 厘米但不大于 32 厘米(统计报告编码 8423.81.0030 项下);

48. 小型便携式不锈钢运输秤,最大称重能力不超过 16 千克,带数字显示器,钩下重量和把手,宽度不小于 19 厘米但不大于 52 厘米,深度不小于 21 厘米但不大于 41 厘米,高度不小于 3 厘米但不大于 13 厘米(统计报告编码 8423.81.0040 项下);

49. 手动安装在耳轴上的钢制球阀,直径超过 5 厘米但不超过 60 厘米(统计报告编码 8481.80.3070 项下);

50. 火花点火内燃机或旋转发动机的零件,包括传动轴(包括凸轮轴和曲轴)和曲轴,前述加工铸铁或其他黑色金属,第八十七章车辆发动机除外(统计报告编码 8483.10.1050 项下);

51. 手动阀门致动器,移动螺母型,铁制,长度超过 20 厘米但不超过 200 厘米,适用于球阀、蝶阀、旋塞阀或四球阀(统计报告编码 8483.40.5010 项下);

52. 单相交流四极永久分裂电容式齿轮电动机,输出功率为 38 瓦或以上但不超过 74.5 瓦,封装在长度为 12 厘米或以上但不超过 17 厘米的塑料外壳内,并在塑料支架末端旋转,另一端装有开关振荡和速度控制装置(统计报告编码 8501.40.2020 项下);

53. 单相交流四极永久分裂电容式齿轮电动机,输出功率为 38 瓦或以上但不超过 74.5 瓦,封装在长度为 13 厘米或以上但不超过 16 厘米的塑料外壳内,在塑料支架的一端旋转,另一端装有开关和速度控制装置(统计报告编码 8501.40.2020 项下);

54. 单相交流四极永久分裂电容式齿轮电动机,输出功率为 38 瓦或以上但不超过 74.5 瓦,封闭在带有开关和速度控制装置的塑料外壳内(统计报告编码 8501.40.2020 项下);

55. 单相交流四极永久分裂电容式电动机(齿轮电动机除外),输出功率为 60 瓦或以上但不超过 74.5 瓦,配有一个由绝缘导线连接的旋转开关,封闭在贱金属外壳内(统计报告编码 8501.40.2040 项下);

56. 单相交流齿轮电机,输出功率为 74.6 瓦或以上但不超过 228 瓦,带有弹簧、联轴器和锁紧连接器,总成长度不超过 30 厘米,宽度不超过 11 厘米,高度不超过 16 厘米(统计

报告编码 8501.40.4020 项下);

57. 单相交流四极永久分裂电容式齿轮电动机,输出功率为 75 瓦或以上但不超过 95 瓦,封闭在塑料外壳内,该外壳在塑料支架端部旋转,另一端装有开关振荡和速度控制装置(统计报告编码 8501.40.4020 项下);

58. 单相交流四极永久分裂电容式电动机(齿轮电动机除外),输出功率为 75 瓦或以上但不超过 110 瓦,配有一个由绝缘导线连接的开关,封闭在外径为 85 毫米或以上但不超过 95 毫米的贱金属圆形外壳内(统计报告编码 8501.40.4040 项下);

59. 自动数据处理机的电源,输出功率超过 50 瓦但不超过 150 瓦,重量不超过 0.5 千克,长度不超过 12.5 厘米,宽度不超过 5.6 厘米,深度不超过 3.4 厘米,具有综合浪涌保护(统计报告编码 8504.40.7007 项下);

60. 电池充电用整流器,长度至少为 275 毫米但不超过 281 毫米,宽度至少为 243 毫米但不超过 249 毫米,高度至少为 102 毫米但不超过 116 毫米,重量小于 5 千克,带有带连接器的输入和输出导线以及连接的安装支架(统计报告编码 8504.40.9550 项下);

61. 天气传感器或气象站显示器用电源适配器(统计报告编码 8504.40.9580 项下);

62. 住宅用机器人真空吸尘器,配有功率不超过 50 瓦的独立电机和容量不超过 1 升的防尘袋/插座,不论是否配有附件(统计报告编码 8508.11.0000 项下);

63. 室外动力设备用火花点火内燃机点火线圈(统计报告编码 8511.30.0080 项下);

64. 室外动力设备用内燃机起动机系统中使用的电磁开关(统计报告编码 8511.80.6000 项下);

65. 风机驱动便携式电加热器,带有陶瓷加热元件(统计报告编码 8516.29.0030 项下);

66. 风机驱动便携式电加热器,带有电阻加热元件(统计报告编码 8516.29.0030 项下);

67. 家用便携式台面空气煎锅(统计报告编码 8516.60.4070 项下);

68. 管状电热电阻器(统计报告编码 8516.80.8000 项下);

69. 闭环数字视频安全系统,由一个 4 通道或 8 通道网络视频录像机组成或一个 4 通道网关,在塑料、电缆和电源适配器的外壳中无线连接至少 2 台但不超过 8 台彩色电视摄像机,供零售(统计报告编码 8525.80.3010 项下);

70. 闭环数字视频安全系统,由一个 4 通道、8 通道或 16 通道数字视频录像机组成,通过电缆连接至塑料、电缆和电源适配器外壳中的至少 2 个但不超过 16 个彩色电视摄像机,供零售(统计报告编码 8525.80.3010 项下);;

71. 指示器面板,包括发光二极管、黑色塑料真空形式或注塑背衬,具有数字或发光边框,能够显示文字(统计报告编码 8531.20.0040 项下);

72. 印刷电路板组件,专门设计用于控制医用输液泵中声音信号(警报)(统计报告编码 8531.90.3000 项下);

73. 壁挂式插座,符合美国国家电气制造商协会 1-15R、5-15R 或 5-20R 型,电压不超过 1 000 伏,带有一个或多个标准插座,不论是否包含一个或多个 USB 端口(统计报告编码 8536.69.8000 项下);

74. 额定电压为 120 伏、60 赫兹的控制器,适用于电动控制医院病床(统计报告编码 8537.10.9170 项下);

75. 电力控制底座,用于在电源之间手动或自动切换电力负荷,电压不超过 1 000 伏(统计报告编码 8537.10.9170 项下);

76. 电力控制板,设计用于休闲车的气体吸收式冰箱(统计报告编码 8537.10.9170 项下);

77. 印刷电路板组件,专门设计用于控制医用输液泵(统计报告编码 8537.10.9170 项下);

78. T8 管状荧光灯,长度不小于 60 厘米但不超过 118 厘米(统计报告编码 8539.31.0070 项下);

79. 绝缘电线线束,电压不超过 1 000 伏,带控制线,安装有连接器,用于并入休闲车的气体吸收式冰箱(统计报告编码 8544.42.9090 项下);

80. 高压、低频电气系统用陶瓷电绝缘体(统计报告编码 8546.20.0030 项下);

81. 气体点火电极组件用氧化铝陶瓷电绝缘体,长度至少为 6.6 厘米但不超过 11.5 厘米,直径不超过 0.95 厘米,重量不超过 25 克(统计报告编码 8546.20.0090 项下);

82. 轮胎托架附件、车顶行李架、挡泥板衬里、侧面保护附件、前述钢制附件(统计报告编码 8708.29.5060 项下);

83. 品目 8703 机动车辆的铸铝车轮,直径为 30 厘米或以上但不超过 56 厘米,宽度为 15 厘米或以上但不超过 31 厘米(2020 年 1 月 1 日之前的统计报告编码 8708.70.4545 项下,2020 年 1 月 1 日生效的统计报告编码 8708.70.4548 项下);

84. 品目 8701 至 8705 机动车辆用加热器线圈,由钢、铜、铝和塑料组成,高度不小于 184 毫米但不大于 355 毫米,长度不小于 350 毫米但不大于 774 毫米,宽度不小于 32 毫米但不大于 308 毫米,额定值不低于 6 300 千卡/小时但不超过 22 700 千卡/小时(统计报告编码 8708.99.8180 项下);

85. AISI 8620 合金钢制悬挂立管板,重量不小于 94 克但不大于 96 克(统计报告编码 8708.99.8180 项下);

86. 与品目 8701 至 8705 机动车辆一起使用的粉末涂层钢制挂接装置,设计用于分配重量,包括可调摆动控制夹、可调挂接头和镀铬挂接球,每个球直径不小于 5.5 厘米但不大于 6 厘米,每个挂接装置重量不小于 40 千克但不大于 41 千克(统计报告编码 8708.99.8180 项下);

87. 与品目 8701 至 8705 机动车辆一起使用的粉末涂层钢制挂接装置,用于安装在卡车底座上,每个挂接装置包括两个固定支腿、一个头部、一个横梁、一个滑块、钢轨适配器、自动锁爪和一个副把手锁,高度可调,不小于 36 厘米但不大于 46 厘米,挂车总重容量不超过 9 980 千克(统计报告编码 8708.99.8180 项下);

88. 双轮直径超过 63.5 厘米,重量小于 16.3 千克,不带附件,且未设计用于横截面直径超过 4.13 厘米的多速轮胎的自行车(统计报告编码 8712.00.2500 项下);

89. 铝制自行车,双轮超过 25 厘米但不超过 70 厘米,价值不超过 45 美元/辆(统计报告编码 8712.00.4800 项下);

90. 自行车轮辋,直径不小于 30 厘米但不大于 75 厘米(统计报告编码 8714.92.1000 项下);

91. 铝制自行车轮辋,直径不小于 451 毫米但不大于 622 毫米(统计报告编码 8714.92.1000 项下);

92. 挂车或半挂车上使用的轮毂和轮辐轮毂(统计报告编码 8716.90.5060 项下);

93. 水平仪,具有丙烯腈-丁二烯-苯乙烯(ABS)塑料框架和石蜡矿物油填充玻璃瓶,长度为 10.16 厘米,宽度为 3.81 厘米(统计报告编码 9015.30.8000 项下);

94. 气象仪器和器具的零件和附件,由重量不超过 25 克的塑料和贱金属制成的风向标组成(统计报告编码 9015.90.0190 项下);

95. 气象仪器和器具的零件和附件,由 1 个组件组成,该组件包括 3 个旋转风杯、轴承、1 个内部吸气风扇和 1 个或多个太阳能电池板(统计报告编码 9015.90.0190 项下);

96. 气象仪器和器具的零件和附件,由塑料和金属制成的组件组成,包括 3 个重量不超过 35 克的风杯(统计报告编码 9015.90.0190 项下);

97. 实验室天平,灵敏度为 5 厘克或更高,称重容量不超过 220 克,带触摸屏显示器,带耐化学腐蚀全金属外壳(统计报告编码 9016.00.2000 项下);

98. 不锈钢制便携式电子天平,灵敏度为 5 厘克或更高(统计报告编码 9016.00.2000 项下);

99. 60 分钟机械倒计时厨房计时器(统计报告编码 9106.90.8500 项下);

100. 金属制幼儿床、摇篮和摇篮(统计报告编码 9403.20.0017 项下);

101. 铝制可调高度折叠桌,尺寸不超过 183 厘米×122 厘米×72 厘米(统计报告编码 9403.20.0090 项下);

102. 脚轮上的钢制移动工具车,尺寸不小于 40 厘米×40 厘米×46 厘米但不大于 184 厘米×108 厘米×184 厘米,配有两个锁柜、抽屉和托盘(统计报告编码 9403.20.0090 项下);

103. 不锈钢桌子,宽度不小于 60 厘米但不大于 189 厘米,深度不小于 50 厘米但不大于 77 厘米,高度不大于 92 厘米,带可调支腿(统计报告编码 9403.20.0090 项下);

104. 钢制工作台,宽度不小于 152 厘米,深度不大于 49 厘米,配有脚轮、橡胶木木质工作面和多抽屉(统计报告编码 9403.20.0090 项下);

105. 木材更换表(统计报告编码 9403.60.8081 项下);

106. 带有尼龙网织物盖的床栏杆,连接到床的侧面,以防止床上的乘客翻滚(统计报告编码 9403.90.8041 项下);

107. 蜡烛形灯,高度至少为 15 厘米但不超过 39 厘米,包括发光二极管和开关,由电池或 120 伏电源供电(统计报告编码 9405.40.8440 项下);

108. 镀锌钢制三脚架,高度不超过 1.2 米,宽度不超过 0.2 米,深度不超过 0.2 米,重量不超过 5.5 千克(统计报告编码 9620.00.3090 项下)。

(四十七)美国贸易代表办公室决定建立一个程序,通过该程序可以将归入税号 9903.88.03、第三分章美国注释二十(五)款和二十(六)款的特殊商品从税号 9903.88.03 规定的附加关税中排除出来,将归入税号 9903.88.04、第三分章美国注释二十(七)款的特殊商品从税号 9903.88.04 规定的附加关税中排除出来。见《联邦公报》第 83 卷第 47974 节(2018 年 9 月 21 日)和第 84 卷第 29576 节(2019 年 6 月 24 日)。根据这个商品排除程序,美国贸易

第九十九章 临时立法;根据现有贸易法规的临时修改;根据经修正的《农业调整法》
第 22 条制定的附加进口限制　**1883**

代表办公室决定税号 9903.88.03 或税号 9903.88.04 规定的附加关税不适用于以下特殊商品,其统计报告编码为:

1. 4819.50.4060;

2. 6902.20.5020;

3. 西兰花,干燥,粉末状(统计报告编码 0712.90.8510 项下);

4. 南瓜,冷冻干燥,粉末状(统计报告编码 0712.90.8580 项下);

5. 石榴,干燥,粉末状(统计报告编码 1106.30.4000 项下);

6. 蜂花粉,粉末状(统计报告编码 1212.99.9200 项下);

7. 糙米,粉末状,蛋白质含量(按重量计)至少为 80%,来源于有机糙米(统计报告编码 2106.10.0000 项下);

8. 合成氧化铁红色中等色度,粉末状,颜色指数 77491(CAS No.1309-37-1),水溶性(统计报告编码 2821.10.0020 项下);

9. 2,5,8,11,14,17-六氧烷酸-癸烷-19-甲磺酸酯(IUPAC 名称:2-[2-[2-[2-(2-苯甲氧基乙氧基)乙氧基]乙氧基]乙基甲烷磺酸盐)(CAS No.1807539-07-6)(统计报告编码 2909.19.1800 项下);

10. 酞菁绿 7 速凝冲洗颜料,糊状,颜色指数 74260(CAS No.1328-53-6),不溶于水(统计报告编码 3204.17.9010 项下);

11. 喹吖啶酮红 122 速凝冲洗颜料,糊状,颜色指数 73915(CAS No.980-26-7),不溶于水(统计报告编码 3204.17.9021 项下);

12. 制备的颜料浆,按重量计含有 41% 的颜色指数颜料紫罗兰 19(CAS No.1047-16-1)、35% 的塑料树脂、20% 的亚麻籽油和 4% 的大豆脂肪酸甲酯(大豆酸甲酯),用于生产印刷油墨(统计报告编码 3204.17.9035 项下)

13. 制备的颜料浆,按重量计含有 40% 的颜色指数颜料黄 74(CAS No.6358-31-2)、36% 的塑料树脂、18% 的亚麻籽油和 6% 的大豆脂肪酸甲酯(大豆酸甲酯),用于生产印刷油墨(统计报告编码 3204.17.9055 项下);

14. 制备的颜料浆,按重量计含有 41% 的颜色指数颜料红 81(CAS No.12224-98-5)、35% 的塑料树脂、20% 的亚麻籽油和 4% 的大豆脂肪酸甲酯(大豆酸甲酯),用于生产印刷油墨(统计报告编码 3204.17.9086 项下)

15. 非织造纺织材料制一次性布,用有机表面活性剂浸渍、涂覆或覆盖,用于清洗皮肤,供零售(统计报告编码 3401.30.5000 项下);

16. 人造石墨,粉末状(统计报告编码 3801.10.5000 项下);

17. 天然石墨,粉末状(统计报告编码 3801.90.0000 项下);

18. 脱氨 1,3,5-三嗪-2,4,6-三胺(CAS No.68649-66-1)(统计报告编码 3810.90.5000 项下);

19. 用于通过增强汞氧化还原氧化亚氮(NO_x)的板式负载催化剂(反应加速器),以贱金属氧化物为活性物质,应用于不锈钢网(统计报告编码 3815.19.0000 项下);

20. 用于还原氧化亚氮(NO_x)的板式负载催化剂(反应加速器),以贱金属为活性物质,应用于二氧化钛基陶瓷材料上的不锈钢网(统计报告编码 3815.19.0000 项下);

21. 乙烯基板材或瓷砖形式的地板覆盖物,具有高密度塑料复合材料或石聚合物复合材料芯,每个表面层厚度至少为 0.1 毫米但不超过 0.8 毫米,整个厚度至少为 2 毫米但不超过 8 毫米,宽度至少为 12.5 厘米但不超过 61 厘米,长度至少为 30 厘米但不超过 153 厘米,边缘互锁或仅以 90 度角切割(统计报告编码 3918.10.1000 项下);

22. 聚丙内酯或聚乳酸制一体式塞子聚合物,包括一个圆盘状顶部,该顶部连接一个圆形锥形塞子,带有一个突出的搅拌器,总长度至少为 55 毫米但不超过 120.7 毫米,重量至少为 0.6 克但不超过 1.1 克,与饮料容器盖一起使用(统计报告编码 3923.50.0000 项下);

23. 纤维织带中橡胶护套的可膨胀花园软管,带有黄铜配件(统计报告编码 4009.32.0050 项下);

24. 新型非子午线橡胶充气轮胎,胎面花纹适用于越野全地形车和多用途任务车,直径至少为 70 厘米但不超过 105 厘米,重量至少为 20 千克但不超过 35 千克(统计报告编码 4011.90.8010 项下);

25. 品目 8701 至 8705 机动车辆用橡胶(天然橡胶除外)制振动控制货物(统计报告编码 4016.99.5500 项下);

26. 氯丁橡胶制汽车等速万向节防尘套和齿轮齿条防尘套(统计报告编码 4016.99.6050 项下);

27. 外表面由化纤纺织材料制成的背包,有不超过 27 厘米×19 厘米×21.5 厘米的带衬垫和绝缘拉链的隔间(统计报告编码 4202.92.3120 项下);

28. 化纤纺织材料箱,尺寸不超过 57 厘米×47 厘米×34 厘米,专门安装在缝纫机内,带有外口袋、侧把手和 4 个轮子(统计报告编码 4202.92.3131 项下);

29. 化纤箱,尺寸不超过 40 厘米×27 厘米×9 厘米,带透明拉链口袋、网眼口袋和提手(统计报告编码 4202.92.9100 项下);

30. 由竹条制成的三层胶合板,每层宽度不超过 122 厘米,长度不超过 244 厘米,厚度至少 2 厘米(统计报告编码 4412.10.0500 项下);

31. 复合地板,由厚度为 1.5 毫米的竹面层组成,层压在高密度塑料复合材料或石塑复合材料的基础上,每块木板的厚度至少为 7 毫米但不超过 9 毫米,宽度至少为 126 毫米但不超过 204 毫米,长度至少为 30 厘米但不超过 214 厘米,带有锁紧边缘和乙烯基填充物(统计报告编码 4412.10.9000 项下);

32. 可打印闪光纸,厚度至少为 0.3 毫米,由涂有聚对苯二甲酸乙二醇酯闪光片的原纸组成,卷筒和薄片宽度不超过 145 厘米,重量至少为 190 克/米^2 但不超过 520 克/米^2(统计报告编码 4811.51.2050 项下);

33. 可打印闪光纸,厚度不超过 0.3 毫米,由涂有聚对苯二甲酸乙二醇酯闪光片的原纸组成,卷筒和薄片宽度不超过 145 厘米,重量至少为 145 克/米^2 但不超过 220 克/米^2(统计报告编码 4811.51.4000 项下)

34. 可打印闪光纸,由涂有聚对苯二甲酸乙二醇酯闪光片的原纸组成,单面尺寸不超过 36 厘米,单面尺寸不超过 15 厘米,重量至少为 150 克/米^2 但不超过 400 克/米^2(统计报告编码 4811.51.6000 项下);

35. 记录金融交易的登记簿,插入白皮书小册子中,尺寸至少为9.5厘米但不超过10.5厘米,至少为6厘米但不超过7厘米,重量至少为8克但不超过10克(统计报告编码4820.10.4000项下);

36. 含棉量至少为85%的染色棉缎织物,宽度至少为292厘米但不超过293厘米,重量不超过210克/米^2(统计报告编码5208.39.2020项下);

37. 石灰石,一侧具有火焰饰面,长度至少为200毫米但不超过3 100毫米,宽度至少为100毫米但不超过1 380毫米,厚度至少为30毫米但不超过180毫米(统计报告编码6802.92.0000项下);

38. 浴室和厨房用天然花岗岩制水槽和水槽底座,尺寸不超过110厘米×95厘米×95厘米,重量不超过415千克(统计报告编码6802.93.0090项下);

39. 玄武岩,一侧具有火焰饰面,长度至少为200毫米但不超过3 100毫米,宽度至少为100毫米但不超过1 380毫米,厚度至少为30毫米但不超过180毫米(统计报告编码6802.99.0060项下);

40. 耐火砖,其中二氧化硅含量(按重量计)为90%(统计报告编码6902.20.1020项下);

41. 陶瓷圆筒(不包括品目6902的圆筒),按重量计至少含有50%的氧化铝(Al_2O_3)或氧化铝和二氧化硅(SiO_2)的混合物或化合物(统计报告编码6903.20.0000项下);

42. 车辆凸面后视镜(统计报告编码7009.10.0000项下);

43. 车辆用平面后视镜(统计报告编码7009.10.0000项下);

44. 机动车辆用玻璃后视镜,未安装和未安装(统计报告编码7009.10.0000项下);

45. 阴极射线管用凸形玻璃锥,锥底直径不超过32厘米,颈部直径不超过10厘米,从底部到颈部顶部不超过42厘米,重量不超过7千克(统计报告编码7011.20.4500项下);

46. 显微镜载玻片,由带有磨光边缘和45度角的玻璃组成,宽度为25毫米,长度为75毫米,厚度为1毫米,以72件/包的包装出售(统计报告编码7017.90.1000项下);

47. 硼硅酸盐玻璃实验室玻璃器皿,包括以下任何一种:200毫米Liebig冷凝器,带有六角底座的100毫升刻度圆柱,50毫升带旋塞的滴定管(也称为滴定管),100毫升容量瓶,9毫升带边缘的试管,100毫升烧杯和250毫升锥形烧瓶(统计报告编码7017.90.5000项下);

48. 非合金钢制绝缘接头,镀锌,内衬聚丙烯,长度至少为1.8厘米国家管螺纹,长度至少为5厘米但不超过13厘米,重量至少为0.08千克但不超过0.2千克(统计报告编码7307.99.5015项下);

49. 手动厨房搅拌器,由涂有硅酮的钢丝圈组成,手柄长度不超过26厘米,直径不超过6厘米(统计报告编码7323.99.9030项下);

50. 桌子、厨房或其他家用物品的钢制零件,由半圆形金属丝组成,该金属丝被设计成作为打开和关闭盖子的垂直元件,并被装入垃圾桶中(统计报告编码7323.99.9080项下);

51. 桌子、厨房或其他家用物品的钢制零件,由半圆形金属丝组成,设计用于装在垃圾桶中,作为打开和关闭盖子的水平元件(统计报告编码7323.99.9080项下);

52. 铸铁制钢轨气制动卷曲软管配件,尺寸至少为 2.5 厘米×10.1 厘米×12.7 厘米但不超过 5.1×10.2 厘米×15.3 厘米,重量至少为 0.2 千克但不超过 1 千克,符合美国铁路协会规范 M-927 和 M-618(统计报告编码 7325.99.1000 项下);

53. 钢轨空气制动软管连接支架铸件,尺寸至少为 5 厘米×5 厘米×5 厘米但不超过 12.7 厘米×12.7 厘米×10.2 厘米,重量至少为 0.2 千克但不超过 2.3 千克,符合美国铁路协会规范 S-4021、S-4003、S-400 和 S-4013(统计报告编码 7325.99.1000 项下);

54. 钢轨空气制动软管接头(统计报告编码 7325.99.1000 项下);

55. 适用于软管堵塞或空气制动系统测试和校准的轨道制动假人联轴器,尺寸至少为 2.5 厘米×5 厘米×15.2 厘米但不超过 5.1 厘米×7.7 厘米×20.4 厘米,重量至少为 0.2 千克但不超过 1.4 千克,符合美国铁路协会规范 S-436、S-486 和 S-491(统计报告编码 7325.99.1000 项下);

56. 不锈钢制天然气测量机和压裂装置零件、阀座、载体和阀体,重量至少为 0.2 千克但不超过 2.3 千克,尺寸至少为 5 厘米但不超过 15.8 厘米(统计报告编码 7325.99.5000 项下);

57. 烧结金属纤维过滤介质,不论是否为 316L 级不锈钢或其他钢合金,具有无纺多孔网结构(统计报告编码 7326.90.8688 项下);

58. 螺丝刀用贱金属制袖珍夹子(统计报告编码 8205.40.0000 项下);

59. 螺丝刀,长度至少为 12 厘米但不超过 14 厘米,深度至少为 1 厘米但不超过 2 厘米,重量至少为 13 克但不超过 50 克,具有两个可逆钻头,每个钻头具有不同尺寸的头部(统计报告编码 8205.40.0000 项下);

60. 钢铁制厨房和餐桌用具,非电动,包括但不限于去皮器、磨碎器和搅打器(统计报告编码 8205.51.3030 项下);

61. 厨房手动工具,包括蔬菜去皮器和鳄梨制备工具,带有不锈钢刀片和塑料手柄(统计报告编码 8205.51.7500 项下);

62. 未完成的不锈钢手动弯管机(统计报告编码 8205.59.1000 项下);

63. 贱金属(铁、钢、铜或铝除外)制手工工具零件,由一个阀杆工具组成,重量不超过 5 克,尺寸不超过 16 毫米×6 毫米×3 毫米(统计报告编码 8205.59.8000 项下);

64. 多功能刀具,带有碳钢刀片和塑料手柄,尺寸不超过 16 厘米×3.8 厘米×4.5 厘米(统计报告编码 8211.93.0060 项下);

65. 铁路空气制动系统安装件和支架,尺寸至少为 15.2 厘米×7.6 厘米×114 厘米但不超过 42 厘米×34 厘米×115 厘米,重量至少为 4 千克但不超过 22 千克(统计报告编码 8302.49.6045 项下),符合美国铁路协会规范 S-475、M-201 和 S-401;

66. 钢制货架,用于存放皮划艇、桨板和钓鱼杆(统计报告编码 8302.50.0000 项下);

67. 扣子、带扣子的框架、钱包脚和戒指,所有上述贱金属制,以及用于制造钱包和手袋的一种(统计报告编码 8308.90.9000 项下);

68. 夹子,带有一个铁弹簧、聚丙烯把手、聚苯乙烯头,带有一个磁铁,重量不超过 0.1 千克,测量宽度不超过 9 厘米,深度不超过 5 厘米,高度不超过 8.6 厘米(统计报告编码

8308.90.9000 项下);

69. 铝制化油器,专用于或主要用于品目 8407 的火花点火内燃活塞式发动机(用于飞机发动机的铝制化油器,未清洗且仅为拆卸翅片、浇口、注道和立板或者允许在精加工机械中定位而进行机加工的铸铁零件,用于子目 8701.20、品目 8702、品目 8703 或品目 8704 的机动车辆或船舶推进发动机的铝制化油器除外)(统计报告编码 8409.91.9990 项下);

70. 铝和钢制曲轴箱,专用于或主要用于品目 8407 的火花点火内燃活塞式发动机,气缸内径至少为 85 毫米但不超过 92 毫米,排量不超过 1 升(用于飞机发动机的铝和钢制曲轴箱,未清洗且仅为拆卸翅片、浇口、注道和立板或者允许在精加工机械中定位而进行机加工的铸铁零件,用于子目 8701.20、品目 8702、品目 8703 或品目 8704 的机动车辆或船舶推进发动机的铝和钢制曲轴箱除外)(统计报告编码 8409.91.9990 项下);

71. 汽车制动系统用真空泵,由铸铝阀体和非合金钢盖组成,长度不超过 85 毫米,宽度不超过 75 毫米,高度不超过 96 毫米,容积不超过 200 cc(统计报告编码 8414.10.0000 项下);

72. 农业和园艺喷雾器,可牵引,容量不超过 80 升(统计报告编码 8424.41.1000 项下);

73. 钢制液压落地千斤顶,尺寸不超过 81 厘米×41 厘米×25 厘米,重量不超过 52 千克(统计报告编码 8425.42.0000 项下);

74. 伸缩式液压传动千斤顶,重量不超过 90 千克,符合美国机械工程师学会 2014 年便携式汽车维修设备标准(统计报告编码 8425.42.0000 项下);

75. 非自行式托盘千斤顶,尺寸不超过 160 厘米×70 厘米,负载能力至少为 1 950 千克但不超过 2 500 千克,泵尺寸在 89~105 毫米之间,钢叉的规格范围在 9~12 毫米之间(2019 年 7 月 1 日之前的统计报告编码 8427.90.0000 项下,2019 年 7 月 1 日生效的统计报告编码 8427.90.0090 项下);

76. 热压机零件(统计报告编码 8451.90.9090 项下);

77. 切割金属管、管和棒材的电锯,锯片向下切割金属,非数控,新的,价值在 3 025 美元/台以下(统计报告编码 8461.50.8020 项下);

78. 30 级灰口铸铁或 65-45-12 级球墨铸铁的机床底座铸件,未清洗且仅为拆卸翅片、浇口、注道和立板或者允许在精加工机械中定位而进行机加工,但用于切削、研磨或精加工齿轮的机床除外,长度至少为 119 厘米但不超过 475 厘米,宽度至少为 56 厘米但不超过 206 厘米,高度至少为 39 厘米但不超过 78 厘米(统计报告编码 8466.93.1560 项下);

79. 30 级灰口铸铁或 65-45-12 级球墨铸铁的机床桥架铸件,未清洗且仅为拆卸翅片、浇口、注道和立板或者允许在精加工机械中定位而进行机加工,但用于切削、研磨或精加工齿轮的机床除外,长度至少为 89 厘米但不超过 168 厘米,宽度至少为 56 厘米但不超过 89 厘米,高度至少为 35 厘米但不超过 89 厘米(统计报告编码 8466.93.1560 项下);

80. 30 级灰口铸铁或 65-45-12 级球墨铸铁的机床立柱铸件,未清洗且仅为拆卸翅片、浇口、注道和立板或者允许在精加工机械中定位而进行机加工,但用于切削、研磨或精加工齿轮的机床除外,长度至少为70厘米但不超过276厘米,宽度至少为33厘米但不超过115厘米,高度至少为14厘米但不超过107厘米(统计报告编码8466.93.1560项下);

81. 30级灰口铸铁或65-45-12级球墨铸铁的机床鞍座铸件,未清洗且仅为拆卸翅片、浇口、注道和立板或者允许在精加工机械中定位而进行机加工,但用于切削、研磨或精加工齿轮的机床除外,长度至少为56厘米但不超过700厘米,宽度至少为42厘米但不超过87厘米,高度至少为11厘米但不超过39厘米(统计报告编码8466.93.1560项下);

82. 30级灰口铸铁或65-45-12级球墨铸铁的机床主轴头铸件,未清洗且仅为拆卸翅片、浇口、注道和立板或者允许在精加工机械中定位而进行机加工,但用于切削、研磨或精加工齿轮的机床除外,长度至少为39厘米但不超过87厘米,宽度至少为31厘米但不超过65厘米,高度至少为24厘米但不超过125厘米(统计报告编码8466.93.1560项下);

83. 30级灰口铸铁或65-45-12级球墨铸铁的机床台面铸件,未清洗且仅为拆卸翅片、浇口、注道和立板或者允许在精加工机械中定位而进行机加工,但用于切削、研磨或精加工齿轮的机床除外,每个长度至少为74厘米但不超过250厘米,宽度至少为33厘米但不超过110厘米,高度至少为7厘米但不超过26厘米(统计报告编码8466.93.1560项下);

84. 皮划艇用橡胶或塑料模具(吹塑模具或气囊操作模具除外),非注射或压缩型(统计报告编码8480.79.9090项下);

85. 手动不锈钢手动阀,包括管状不锈钢阀体、塑料止回阀、软管接头和阀盖,设计用于平齐安装至垂直或水平表面(统计报告编码8481.80.3090项下);

86. 热泵换向阀,由黄铜阀体组成,内部活塞由电磁阀控制,重量不超过0.2千克(统计报告编码8481.80.9005项下);

87. 空气压力调节阀(统计报告编码8481.80.9015项下);

88. 恒温膨胀自调节阀,用于控制空调机组和系统中使用的制冷剂(统计报告编码8481.80.9015项下);

89. 空气调节阀总成,重量不超过7千克,带阀体、活塞或弹簧和O形圈,带恒温执行器(统计报告编码8481.80.9045项下);

90. 内燃机节气门总成阀(统计报告编码8481.80.9050项下);

91. 感应充电套管和基站,供零售,包含电子电路,当与自动数据处理机器一起使用时,感应充电,输出功率至少为1.8安但不超过7.1安(统计报告编码8504.40.7001项下);

92. 光通信设备用模块化电源,位于矩形金属外壳中,宽度至少为96毫米但不超过305毫米,高度至少为40毫米但不超过96毫米,重量不超过2千克(统计报告编码8504.40.8500项下);

93. 电源,能够将230伏/460瓦交流电转换为24伏/97瓦直流电,由印刷电路板、电源和散热器组成,封闭在尺寸不超过355毫米×100毫米×99毫米的金属外壳中(统计报告编码8504.40.9520项下);

94. 电源,输出功率至少为150瓦但不超过500瓦,尺寸不超过18厘米×24厘米×65厘米,重量不超过2.4千克(统计报告编码8504.40.9530项下);

95. 电池充电器,在至少100伏但不超过240伏的输入电压下工作,输出功率至少为650瓦但不超过1 425瓦,具有无线控制和通信功能(统计报告编码8504.40.9550项下);

96. 镍金属氢化物电池,4.8伏,重量不超过0.3千克,尺寸为46.5毫米×46.5毫米×48.5毫米,或6伏,重量不超过0.2千克,尺寸为84毫米×31毫米×18毫米(统计报告编码8507.50.0000项下);

97. 照明源用青铜配件,直径至少为5厘米但不超过10.3厘米,厚度至少为1.2厘米但不超过5.1厘米(统计报告编码8512.90.6000项下);

98. 聚碳酸酯反射器,与照明源一起使用,长度至少为6厘米但不超过31厘米,重量至少为45克但不超过227克(统计报告编码8512.90.6000项下);

99. 反射器,由聚碳酸酯和丙烯腈-丁二烯-苯乙烯混合物组成,长度至少为6厘米但不超过31厘米(统计报告编码8512.90.6000项下);

100. 安全用室内探测器,能够检测平板、钢化、夹层或有线玻璃类型的破损,并向控制面板或中央呼叫中心发送报警信号(统计报告编码8531.90.9001项下);

101. 绝缘电缆,装有模块化电话连接器,具有钢制外护套(统计报告编码8544.42.1000项下);

102. 符合第八十五章统计注释六的延长线,电压不超过1 000伏,长度不超过60厘米(统计报告编码8544.42.9010项下);

103. 电缆线束,由绝缘铜分解器24伏反馈电缆和230伏交流和440伏交流电缆组成,用于工业机器人的带连接器的交流电力电缆,不论是否带有以太网电缆,净重不超过7.3千克(统计报告编码8544.42.9090项下);

104. 带连接器的扁平线束,电压不超过1 000伏,用于将汽车发动机加热产品(包括但不限于块状加热器)连接到电源(统计报告编码8544.42.9090项下);

105. 绝缘铜电缆,设计用于为工业机器人提供动力,以三线或六线组绞合在一起,带连接器,电压不超过1 000伏,每根净重1.4千克,长度不超过1.2米(统计报告编码8544.42.9090项下);

106. 太阳能电池板中使用的接线盒组件,包括三个旁路二极管和两条装有连接器的绝缘电缆,电压不超过1 000伏(统计报告编码8544.42.9090项下);

107. 全地形车前部、侧面或后部用圆管或钢板制保险杠或多用途任务车(统计报告编码8708.10.3050项下);

108. 机动车保险杠底面附件,设计用于安装在品目8701至8705机动车辆上(统计报告编码8708.29.5060项下);

109. 为品目8703机动车辆提供空气动力下压力和发动机罩的扰流板、分离器、扩散器和其他装置,所有上述材料均为玻璃纤维增强塑料或碳纤维制(统计报告编码8708.29.5060项下);

110. 皮卡车的顶盖,带有可折叠的软乙烯基面板(统计报告编码8708.29.5060项下);

111. 全地形车和多用途任务车用铝制车轮垫片(统计报告编码8708.70.6060项下);

112. 高频焊接复合铝制散热器管,尺寸不超过 310 厘米(统计报告编码 8708.91.7550 项下);
113. 美国汽车工程师学会 1035 碳钢法兰锻件(统计报告编码 8708.40.7570 项下);
114. 美国汽车工程师学会 1045 碳钢的前输出轴,适用于乘用车的自动变速器系统(统计报告编码 8708.99.6890 项下);
115. 集成轮端断开系统用铝制外壳,在两轮驱动和四轮驱动之间切换时锁定和分离前轮毂(统计报告编码 8708.99.6890 项下);
116. 美国汽车工程师学会 1035 碳钢轮毂锻件(统计报告编码 8708.40.7570 项下);
117. 美国汽车工程师学会 1520 碳钢驻车齿轮坯料(统计报告编码 8708.40.7570 项下);
118. Stahlwerk-Annahutte ZF34C 级碳钢定子轴(统计报告编码 8708.40.7570 项下);
119. 粉末涂层钢制货运车,设计用于安装在品目 8701 至 8705 机动车辆的接收器挂钩上,尺寸不超过 123 厘米×83 厘米×20 厘米,容量不超过 228 千克,包括装载坡道(统计报告编码 8708.99.8180 项下);
120. 自行车车架用碳纤维前三角板(统计报告编码 8714.91.9000 项下);
121. 自行车车架用碳纤维后轮摆臂(统计报告编码 8714.91.9000 项下);
122. 自行车轮辋,碳纤维制,螺纹孔周围有外部加强件,价值至少为 100 美元(统计报告编码 8714.92.1000 项下);
123. 拖车轴零件:心轴、心轴制动法兰、制动卡盘、系板或扭臂(统计报告编码 8716.90.5010 项下);
124. 聚丙烯轮毂上带有聚氨酯胎面的车轮,直径不超过 210 毫米(2020 年 1 月 1 日之前的统计报告编码 8716.90.5045 项下,2020 年 1 月 1 日生效的统计报告编码 8716.90.5048 项下);
125. 可伸缩钢卷尺,长度至少为 3.5 米但不超过 7.8 米,重量至少为 90 克但不超过 310 克(统计报告编码 9017.80.0000 项下);
126. 卷尺,由半透明塑料外壳内的钢卷尺组成,长度至少为 3 米但不超过 3.1 米,重量至少为 77.1 克但不超过 77.2 克(统计报告编码 9017.80.0000 项下);
127. 柔性探头,长度至少为 1 米但不超过 2 米,其尖端带有热敏电阻热传感器,可将热数据直接传输至温度监测器(统计报告编码 9025.90.0600 项下);
128. 税号 9025.11.40 温度计的金属外壳和金属零件,设计用于加热、通风和空调设备(统计报告编码 9025.90.0600 项下);
129. 温度计的零件和附件以及温度计和其他仪器的组合,包括一个太阳辐射屏蔽,包括一个由 99% 的塑料和 1% 的贱金属组成的外壳,带有一个集成的悬挂环,重量不超过 300 克(统计报告编码 9025.90.0600 项下);
130. 非儿童或家庭用木制(柚木制除外)框架软垫座椅(统计报告编码 9401.61.4031 项下);
131. 婴儿座椅,钢架固定在塑料底座上,用织物覆盖,适合用作稳定的座椅,用于给婴儿洗澡(统计报告编码 9401.71.0011 项下);
132. 金属框架座椅(家用座椅除外),未加软垫,座椅和靠背由塑料或木材制成,宽度至少

第九十九章 临时立法;根据现有贸易法规的临时修改;根据经修正的《农业调整法》第 22 条制定的附加进口限制

为 48 厘米但不超过 61 厘米(统计报告编码 9401.71.0031 项下);

133. 铁制或钢制框架软垫座椅(统计报告编码 9401.71.0031 项下);

134. 室外家用座椅,铝制框架覆盖聚乙烯藤条,带有织物覆盖的座垫(统计报告编码 9401.79.0011 项下);

135. 可堆叠金属框架座椅,未加软垫,非折叠(统计报告编码 9401.79.0050 项下);

136. 儿童塑料摇椅,有一个凸形底座(统计报告编码 9401.80.2031 项下);

137. 铸铝工作台架,高度至少为 42 厘米但不超过 79 厘米,宽度至少为 52 厘米但不超过 62 厘米(统计报告编码 9401.90.5081 项下);

138. 无脂气缸,高度至少为 7.5 厘米但不超过 45 厘米,直径不超过 5.1 厘米(统计报告编码 9401.90.5081 项下);

139. 家具零件,包括椅子的旋转靠背支架(统计报告编码 9401.90.5081 项下);

140. 室外家用桌子,铝制框架覆盖聚乙烯藤条(统计报告编码 9403.20.0050 项下);

141. 镀锌或黑色粉末涂层钢制自行车架,包括一圈、三圈或五圈外径不超过 7 厘米的管子,用于表面或地面安装(统计报告编码 9403.20.0090 项下);

142. 床上桌子,高度可调,每个桌子有一个带脚轮的钢底座和一个带倾斜机构的高密度木质层压顶部(统计报告编码 9403.60.8081 项下);

143. 发光二极管台灯(贱金属制除外),高度可从至少 28 厘米到不超过 61 厘米进行调节,具有柔性颈、控制电源的触摸开关和自然日光发光二极管的 4 个亮度设置,带或不带 5 伏、2.1 安 USB 充电端口(统计报告编码 9405.20.8010 项下);

144. 发光二极管落地式灯具(贱金属制除外),高度可从至少 124 厘米到不超过 181 厘米进行调节,具有柔性颈、触摸开关控制自然日光质量发光二极管照明的电源和亮度设置,包括记忆功能,用于在灯打开时记忆上次亮度设置(统计报告编码 9405.20.8010 项下);

145. 发光二极管落地灯或台灯(贱金属制除外),高度可从至少 100 厘米到不超过 145 厘米进行调节,带挠性颈,配有 2 个直径不超过 12.8 厘米的放大镜和 4 个聚光放大镜(统计报告编码 9405.20.8010 项下);

146. 模块化预制建筑,有一个钢框架(统计报告编码 9406.90.0030 项下)。

(四十八)美国贸易代表办公室决定建立一个程序,通过该程序可以将归入税号 9903.88.15、第三分章美国注释二十(十八)款和二十(十九)款的特殊商品从税号 9903.88.15 规定的附加关税中排除出来。见《联邦公报》第 84 卷第 43304 节(2019 年 8 月 20 日)、第 84 卷第 45821 节(2019 年 8 月 30 日)、第 84 卷第 57144 节(2019 年 10 月 24 日)和第 85 卷第 3741 节(2020 年 1 月 22 日)。根据这个商品排除程序,美国贸易代表办公室决定税号 9903.88.15 规定的附加关税不适用于以下特殊商品,其统计报告编码为:

1. 3306.20.0000;

2. 6506.10.6030;

3. 8512.10.4000;

4. [删除条文]

5. 一次性塑料识别腕带,设计用于患者在医疗过程中佩戴,每个腕带由一个塑料带组成,带一个集成窗口,用于插入带有相关患者识别信息的纸张,此类手镯的宽度为 0.95 厘米或更大但不超过 3.2 厘米,并具有安全的封盖(2020 年 7 月 1 日之前的统计报告编码 3926.90.9990 项下,2020 年 7 月 1 日生效的统计报告编码 3926.90.9985 项下);

6. [**删除**]

7. 跟踪装置,侧面尺寸不超过 86 毫米(如果为矩形)或直径不超过 28 毫米(如果为圆形),厚度不超过 7.5 毫米,重量不超过 15 克,设计用于连接到其他物品,并与其他设备建立蓝牙连接,以提供相对位置信息(统计报告编码 8517.62.0090 项下);

8. 能够接收要分发给无线扬声器的音频数据的无线通信设备(统计报告编码 8517.62.0090 项下)。

(四十九)美国贸易代表办公室决定建立一个程序,通过该程序可以将归入税号 9903.88.03、第三分章美国注释二十(五)款和二十(六)款的特殊商品从税号 9903.88.03 规定的附加关税中排除出来,将归入税号 9903.88.04、第三分章美国注释二十(七)款的特殊商品从税号 9903.88.04 规定的附加关税中排除出来。见《联邦公报》第 83 卷第 47974 节(2018 年 9 月 21 日)和第 84 卷第 29576 节(2019 年 6 月 24 日)。根据这个商品排除程序,美国贸易代表办公室决定税号 9903.88.03 或税号 9903.88.04 规定的附加关税不适用于以下特殊商品,其统计报告编码为:

1. 0713.33.1040;
2. 0713.50.1000;
3. 1207.70.0020;
4. 1207.70.0040;
5. 1209.30.0090;
6. 1209.91.6010;
7. 1209.91.8010;
8. 1209.91.8020;
9. 1209.91.8040;
10. 1209.91.8050;
11. 1209.91.8060;
12. 1209.91.8070;
13. 2916.19.1000;
14. 5603.14.9090;
15. 5603.92.0090;
16. 5603.93.0090;
17. 9403.70.4002;

18. 冷冻干燥或冷冻血吸虫(摇蚊科),用作宠物饲料,供零售(统计报告编码 0511.91.0090 项下);

19. 冷冻干燥或冷冻盐水虾(方卤虫),整只,用作宠物饲料,供零售(统计报告编码 0511.91.0090 项下);

20. 冷冻干燥虾(对虾属),整只,用作宠物饲料,供零售(统计报告编码 0511.91.0090

项下);

21. 用作宠物饲料的冷冻干燥圆线虫,整条,装在感应密封塑料罐中零售,每罐净重至少23克但不超过43克(统计报告编码0511.91.0090项下);
22. 用作宠物饲料的干绿色海藻(紫菜属),装在容器中零售,容器包括24张预切薄片,每张包装在可重新密封的塑料袋中,每袋净重23克(统计报告编码1212.29.0000项下);
23. 40%水溶液中的高锰酸钠(CAS No.10101-50-5)(统计报告编码2841.69.0010项下);
24. 粉末状碳化硼(CAS No.12069-32-8)(统计报告编码2849.90.1000项下);
25. 儿童丙烯酸漆套装,由6个、12个或24个不同颜色的罐或罐组成,每个罐含有至少5毫升但不超过23毫升的油漆,使用油漆刷,此类套装供零售(统计报告编码3213.10.0000项下);
26. 儿童岩画套件,包括各种颜色的丙烯酸涂料、油漆刷和岩石,每组岩石重量至少900克但不超过1 400克,以及配件,包括但不限于涡流棒或转移片(统计报告编码3213.10.0000项下);
27. 儿童可水洗蛋彩画套装,包括5罐不同颜色的油漆,每个罐含有5毫升油漆,带或不带油漆刷,供零售(统计报告编码3213.10.0000项下);
28. 用于清洗皮肤的有机表面活性液,不含任何芳香或改性芳香表面活性剂,装在一瓶带泵作用顶部的塑料中零售,每瓶宽度不超过17厘米,高度不超过27厘米,长度不超过6.5厘米,净重不超过0.5千克(统计报告编码3401.30.5000项下);
29. 人造蜡或制备蜡(聚乙二醇蜡、含有漂白蜂蜡或化学改性褐煤蜡的蜡除外)制成的马桶密封圈(统计报告编码3404.90.5150项下);
30. 人造石墨,粉末或片状,用于制造电池的锂离子阳极组件(统计报告编码3801.10.5000项下);
31. 乙基氨甲酰膦酸铵(福萨明铵)(CAS No.25954-13-6)和应用佐剂的混合物(统计报告编码3808.93.5050项下);
32. 制冷剂气体R-421B,包括按重量计含83%～87%的五氟乙烷、13%～17%的1,1,2,2-四氟乙烷和0.5%～2%润滑剂的混合物(统计报告编码3824.78.0020项下);
33. 粉末形式的一氧化硅(SiO)(CAS No.10097-28-6)(统计报告编码3824.99.9297项下);
34. 丙烯腈-丁二烯橡胶(NBR)制洗衣机桶形密封件,每个底部密封件包括径向滚珠轴承和锁销,每个顶部密封件安装有金属护罩和润滑脂(统计报告编码4016.93.5020项下);
35. 用于汽车燃料组件的丙烯腈-丁二烯橡胶(NBR)垫圈,内径不超过6厘米,外径不超过8厘米,重量不超过10克(统计报告编码4016.99.6050项下);
36. 外表面为塑料薄膜的手提包,宽度不超过35厘米,高度不超过20.5厘米,长度不超过30厘米(统计报告编码4202.22.1500项下);
37. 外表面为层压塑料的硬币钱包,长度不超过8厘米,高度不超过8厘米,宽度不超过3

厘米(统计报告编码 4202.32.1000 项下);

38. 化纤制服装旅行袋,重量至少为 0.9 千克但不超过 1.9 千克,长度至少为 100 厘米但不超过 170 厘米,带拉链隔室,带折叠状态下可携带的把手和挂钩夹(统计报告编码 4202.92.3131 项下);

39. 地板板,长度至少为 121 厘米但不超过 122 厘米,宽度至少为 12.7 厘米但不超过 19.7 厘米(统计报告编码 4411.13.2000 项下);

40. 木箱,尺寸不超过 30 厘米×13 厘米×20 厘米,带铰链顶部、贱金属手柄和两个卡扣(统计报告编码 4420.90.8000 项下);

41. 桦树(桦树属)制普通木暗销,除针叶木外,每根长度至少为 19.5 厘米,但不超过 38.5 厘米,厚度至少为 4.7 毫米,但不超过 8 毫米(统计报告编码 4421.99.1500 项下);

42. 聚丙烯屋面垫层(统计报告编码 4602.90.0000 项下);

43. 装订好的日记,每篇至少包含 40 页但不超过 60 页,每篇都放在一个工具包中,工具包中还包含一支笔和贴纸(统计报告编码 4820.10.2010 项下);

44. 用于样品或收藏品的相册,每本至少包含 15 页但不超过 20 页,以成套方式零售,每本还包含卡片和信封、胶水棒、模板、剪刀、邮票、贴纸、闪闪发光的宝石、记号笔和钢笔(统计报告编码 4820.50.0000 项下);

45. 尼龙和聚丙烯手工打结毛毯,尺寸至少为 1.2 平方米(统计报告编码 5701.90.1010 项下);

46. 准备好的喷漆帆布面板,每块板含有 50%重量的帆布(帆布化纤除外)和 50%的纸,尺寸至少为 9 厘米但不超过 29 厘米,高度至少为 14 厘米但不超过 37 厘米,厚度至少为 0.6 厘米但不超过 3.5 厘米,以套件形式零售,每个套件包含不超过 12 块板(统计报告编码 5901.90.4000 项下);

47. 脚手架设备,包括镀锌钢框架、立柱、木板、托架、横档、组件和附件,用于组装成环形锁或杯形锁结构,高度至少为 10 厘米但不超过 3.3 米,宽度至少为 4 厘米但不超过 8.8 米,重量不超过 91 千克,负载能力不超过 2,750 千克(统计报告编码 7308.40.0000 项下);

48. 脚手架设备,包括粉末涂层或镀锌焊接管状钢框架、支架、护栏系统、组件和附件,上述用于组装成框架和支架配置的设备,高度至少为 10 厘米但不超过 3.3 米,宽度至少为 4 厘米但不超过 8.8 米,重量不超过 91 千克,承载能力不超过 2,750 千克(统计报告编码 7308.40.0000 项下);

49. 不锈钢空桶,每个桶的容量至少为 50 升但不超过 60 升,重量至少为 12 千克但不超过 15 千克(2020 年 7 月 1 日之前的统计报告编码 7310.10.0010 项下;2020 年 7 月 1 日起生效的统计报告编码 7310.10.0015 项下);

50. 圆形截面不锈钢容器,通过焊接封闭,容积至少为 11.4 升但不超过 26.6 升,用于运输啤酒(统计报告编码 7310.21.0025 项下);

51. 不锈钢螺钉,具有直径至少为 6 毫米的柄或螺纹,带飞利浦头的自螺纹(统计报告编码 7318.15.8082 项下);

52. 便携式铁制或钢制烤架,设计用于同时使用木炭和丙烷作为燃料,每个烤架配有陶瓷涂层铸铁烹饪格栅、木炭托盘、空气挡板、温度计和独立控制的不锈钢燃烧器(统计报告编码7321.11.1060项下)；

53. 带侧护板的不锈钢盖组件，包括炉和灶的零件，具有铸铝前部和黑色纹理饰面，重量不超过2.8千克，深度至少为35厘米，宽度至少为47厘米，高度至少为4厘米(统计报告编码7321.90.1000项下)；

54. 不锈钢落地式炉顶组件，包括炉和灶的零件，带有两个燃烧器，每个燃烧器的重量不超过1.2千克，深度至少为33厘米，宽度至少为45厘米，高度至少为2厘米(统计报告编码7321.90.1000项下)；

55. 钢制滴入式燃烧器箱组件，包括炉和灶部件，每个重量不超过4.5千克，深度至少为30厘米，宽度至少为43厘米，高度至少为10厘米(统计报告编码7321.90.1000项下)；

56. 由炉和灶组成的钢制落地式炉顶组件，带有黑瓷，带有两个燃烧器，每个燃烧器重量不超过1.2千克，深度至少为12厘米，宽度至少为17厘米，高度至少为0.4厘米(统计报告编码7321.90.1000项下)；

57. 带有透明或不透明玻璃的钢制跌落式盖子组件，包括炉和灶的零件，每个零件的厚度不超过0.4厘米，至少为42厘米×52厘米×4厘米(统计报告编码7321.90.1000项下)；

58. 由炉和灶组成的钢制烤架，每个长度至少为47厘米，宽度至少为35厘米，高度至少为18厘米(统计报告编码7321.90.1000项下)；

59. 热成型钢板的拼焊板，切割成D形，尺寸不超过2毫米×不超过1.6毫米(统计报告编码7326.90.8688项下)；

60. 水瓶艺术套件，包括一个不含双酚A(BPA)的铝水瓶、一个带彩色标记和粘性丙烯酸宝石的钩扣夹，每个套件重量不超过0.3千克(统计报告编码7616.99.5190项下)；

61. 碳化钨岩芯钻头，钴含量(按重量计)至少为10%但不超过11%(统计报告编码8207.19.3060项下)；

62. 铝制宠物识别标签，带有用于连接到项圈的开口环，重量不超过15克(统计报告编码8302.49.4000项下)；

63. 镀铬黄铜宠物识别标签，重量不超过10克(统计报告编码8302.49.4000项下)；

64. 带数字键盘的贱金属枪支保险箱，重量至少148千克但不超过422千克，高度至少141厘米但不超过183厘米，宽度至少55厘米但不超过107厘米，深度至少40厘米但不超过71厘米(统计报告编码8303.00.0000项下)；

65. 风力涡轮机轮毂(统计报告编码8412.90.9081项下)；

66. 装有制冷设备的立式冷却器，宽度不超过77厘米，深度不超过78厘米，高度不超过200厘米，重量不超过127千克，带有一个摆动式透明玻璃门(统计报告编码8418.50.0080项下)；

67. 内燃机用燃油滤清器，采用纸质过滤介质，每个滤清器的直径至少为7厘米但不超过16厘米，重量不超过120克(统计报告编码8421.23.0000项下)；

68. 铝制船运秤，含不锈钢和丙烯腈-丁二烯-苯乙烯(ABS)塑料，最大重量不超过30千

克,带图形显示,平面尺寸为(26～32)厘米×(29～36)厘米(统计报告编码 8423.81.0040 项下);

69. 门式起重机,配备一个吊臂或操作臂,从起重机水平延伸并在轨道上运行,起重机位于基座上,起重能力至少为 200 吨(统计报告编码 8426.30.0000 项下);

70. 自动调节阀,用于控制汽车和船舶应用的燃油压力(统计报告编码 8481.80.9015 项下);

71. 子目 8701.20 或品目 8702、品目 8703、品目 8704 或品目 8705 的乘用车和载重汽车的前照灯总成,每个前照灯总成包括塑料外壳、透明聚碳酸酯(PC)透镜和灯泡(统计报告编码 8512.20.2040 项下);

72. 自行车信号装置用电池架(统计报告编码 8512.90.2000 项下);

73. 不锈钢和塑料台面烤箱,容量不超过 23 升,宽度不超过 48 厘米,深度不超过 32 厘米,高度不超过 30 厘米,重量不超过 10 千克,具有对流、烘焙、蒸汽和烧烤功能,可手动或通过 Wi-Fi 信号控制(统计报告编码 8516.60.4074 项下);

74. 谐振电路标签,包括至少一个调谐电容器和一个天线,设计用于射频监控系统,上述标签未配备存储器存储能力或其他介质(统计报告编码 8531.90.9001 项下);

75. 品目 8701 至 8705 的机动车辆用压铸铝合金踏脚板,长度不超过 230 厘米,宽度不超过 21 厘米,厚度不超过 3 厘米(统计报告编码 8708.29.5060 项下);

76. 金属框架座椅(家用座椅除外),未加软垫,座椅和靠背由塑料或木材制成,宽度至少为 48 厘米但不超过 61 厘米(统计报告编码 9401.79.0050 项下);

77. 带有锁紧机构的中密度纤维板面板和木饰面落地式珠宝衣柜(统计报告编码 9403.60.8081 项下);

78. 胡桃木饰面落地式珠宝衣柜,带锁紧机构、镜盖、多抽屉和隔间,长度不超过 46.5 厘米,宽度不超过 35 厘米,高度不超过 96 厘米(统计报告编码 9403.60.8081 项下);

79. 配有增强玻璃纤维和木材排水壳的摩托艇,长度不小于 14.47 米但不大于 36.57 米,重量不小于 28 吨但不大于 363 吨,由内侧发动机驱动,而非内侧/外侧驱动(统计报告编码 8903.92.0065 项下);

80. 增强塑料制钱包,不论是否带腕带,每个钱包长(17.5～19)厘米,宽 2 厘米,高 11 厘米(统计报告编码 4202.32.1000 所述)[**编者注:对于 2018 年 9 月 24 日东部夏令时间上午 12:01 时或之后至 2020 年 8 月 7 日之前进口用于消费或从仓库提取用于消费的货物有效**];

81. 含有 N,N-二甲基十二烷-1-胺(CAS No. 112-18-5)和 N,N-二甲基十四烷-1-胺(CAS No. 112-75-4)的混合物(统计报告编码 3824.99.9297 项下)[**编者注:对于 2018 年 9 月 24 日东部夏令时间上午 12:01 时或之后至 2020 年 8 月 7 日之前进口用于消费或从仓库提取用于消费的货物有效**]。

(五十)美国贸易代表办公室决定建立一个程序,通过该程序,可以将归入税号 9903.88.15、第三分章美国注释二十(十八)款和二十(十九)款的特殊商品从税号 9903.88.15 规定的附加关税中排除出来。见《联邦公报》第 84 卷第 43304 节(2019 年 8 月 20 日)、第 84 卷第 45821 节(2019 年 8 月 30 日)、第 84 卷第 57144 节(2019 年 10 月 24 日)和第 85 卷第 3741 节(2020

年1月22日)。根据这个商品排除程序,美国贸易代表办公室决定,按照税号9903.88.49的规定,税号9903.88.15规定的附加关税不适用于以下特殊商品,其统计报告编码为:

1. 5210.11.4040;

2. 5210.11.6020;

3. 鸭或鹅的羽绒,除清洁、消毒或保存处理外未进一步加工,符合美国总务管理局颁布的联邦标准148a的试验标准4和10.1,填充率至少为315立方厘米/克,但不超过580立方厘米/克(统计报告编码0505.10.0055项下);

4. 三聚氯氰(IUPAC名称:2,4,6-三氯-1,3,5-三嗪)(CAS No.108-77-0),纯度99.5%或更高(统计报告编码2933.69.6010项下);

5. 塑料护膝(统计报告编码3924.90.5650项下);

6. 塑料配件,用于连接拖把头和拖把柄(2020年7月1日之前的统计报告编码3926.90.9990项下;2020年7月1日生效的统计报告编码3926.90.9985项下);

7. 中文印刷书籍(不包括字典和百科全书、教科书、目录、圣经、遗嘱、祈祷书和其他宗教书籍、技术、科学和专业书籍、艺术和画册、精装书和机架大小的纸质书籍),每本49页或以上(不包括封面)(统计报告编码4901.99.0093项下);

8. 女式裁剪和缝制花园手套,不带四角叉,由聚酯和棉针织物裁剪和缝制,含50%或以上重量的橡胶或塑料,斜纹裁剪(统计报告编码6116.10.4400项下);

9. 由机织物裁剪和缝制的手套,不带四角叉,带聚氯乙烯点,此类手套含50%或以上重量的棉、化纤或羊毛,或其任何组合,化纤限内(统计报告编码6116.10.5520项下);

10. 手套,含纺织纤维重量低于50%,涂有橡胶或塑料,用于增强抓地力(统计报告编码6116.10.6500项下);

11. 由针织物裁剪和缝制的手套,主要重量为聚酯,未经塑料或橡胶浸渍、涂覆或覆盖,不带四角叉(统计报告编码6116.93.8800项下);

12. 植物纤维手套,不带四角叉,涂有聚氯乙烯点(统计报告编码6216.00.1720项下);

13. 由不超过1.22分特的长丝纱组成的超细纤维织物制成的枕头和加芯床罩,此类织物的重量至少为55克/米^2,但不超过155克/米^2(2020年7月1日之前的统计报告编码6307.90.9889项下;2020年7月1日起生效的统计报告编码6307.90.9891项下);

14. 非合金钢制、热浸镀锌、含碳量小于0.25%(按重量计)的圆线,直径至少为1.5毫米(统计报告编码7217.20.3000项下);

15. 活页夹用环形活页夹机构,每个活页夹长度至少为132毫米,但不超过134毫米,宽度至少为16毫米但不超过18毫米,外壳下方有2个插脚(统计报告编码8305.10.0010项下);

16. 黄铜三通手动阀零件,适用于灌溉级阀门的输入零件(统计报告编码8481.90.1000项下);

17. 除国际电工委员会(IEC)或美国国家标准协会(ANSI)指定尺寸以外的锂离子电池,输出电压不超过45伏,容量至少为6 000毫安时(mAh)但不超过10安小时(统计报告编码8507.60.0020项下);

18. 光信道分离器(能够在电信号和多路复用光信号之间转换)(统计报告编码

8517.62.0090项下);

19. 电视液晶显示器第八十八章主板组件,每个主板组件由包含电视调谐器和音频和视频组件的印刷电路板组成(统计报告编码8529.90.1300项下);

20. 符合美国职业安全与健康管理局标准的塑料安全眼镜架(统计报告编码9003.11.0000项下);

21. 符合美国食品和药物管理局规定的塑料眼镜架,作为经批准的医疗器械(统计报告编码9003.11.0000项下);

22. 眼镜架,塑料制除外(统计报告编码9003.19.0000项下);

23. 液晶显示器第八十八章模块,不能接收或处理广播电视信号,视频显示对角线长度不超过191厘米(统计报告编码9013.80.9000项下);

24. 不锈钢和钛制表壳,非镀金或镀银,未组装,每个表壳直径至少为20毫米,但不超过48毫米,重量至少为50克,但不超过250克(统计报告编码9111.20.4000项下);

25. 不锈钢表壳,非镀金或镀银,包括蓝宝石晶体、表冠和表壳背面,每个表壳的直径至少为39毫米但不超过41毫米,厚度至少为8毫米但不超过10毫米,重量不超过40克(统计报告编码9111.20.4000项下);

26. 黄铜表盘,宽度至少为18毫米但不超过50毫米,重量至少为10克但不超过20克(统计报告编码9114.30.4000项下);

27. 铜制手表表盘,直径至少为33毫米但不超过35毫米(统计报告编码9114.30.4000项下);

28. 手表指针,每套有三只铜制指针(秒、分、时),每个指针的长度至少为10毫米但不超过14毫米,表面涂有夜光漆(统计报告编码9114.90.4000项下);

29. 儿童安全座椅零件(统计报告编码9401.90.1085项下);

30. 重量训练练习机用未加工衬垫和座椅(统计报告编码9506.91.0030项下);

31. 鱼钩,未打磨(统计报告编码9507.20.8000项下);

32. 聚酯和人造丝制一次性无绒头拖把头(统计报告编码9603.90.8050项下);

33. 猪鬃簇,其方向为软毛末端朝上,硬毛根部朝下,毛根部粘在一起形成直径不超过7毫米的圆形底部,以便并入刷子(统计报告编码9603.90.8050项下);

34. 电火花打火机(统计报告编码9613.80.2090项下)。

(五十一)美国贸易代表办公室决定建立一个程序,通过该程序可以将归入税号9903.88.01、第三分章美国注释二十(一)款和二十(二)款的特殊商品从税号9903.88.01规定的附加关税中排除出来。见《联邦公报》第83卷第28710节(2018年6月20日)和第83卷第32181节(2018年7月11日)。根据这个商品排除程序,美国贸易代表办公室决定,按照税号9903.88.50的规定,税号9903.88.01规定的附加关税不适用于以下特殊商品,其统计报告编码为:

1. 油井和油田曲柄平衡、长冲程和游梁泵(统计报告编码8413.50.0010项下);

2. 潜水离心泵,与纤维素纸浆、纸或纸板制造机一起使用的除外;上述额定功率不超过15千瓦的泵(统计报告编码8413.70.2004项下);

3. 包含磁力驱动电机的潜水泵(统计报告编码8413.70.2004项下);

4. 其他未列名的设计用于消除冷凝水的离心泵(统计报告编码 8413.70.2090 项下);

5. 子目 8413.30.90 的水泵外壳(统计报告编码 8413.91.9010 项下);

6. 太阳能热水器,包括玻璃管集热器,包括玻璃管和带水箱的支架(统计报告编码 8419.19.0040 项下);

7. 热交换器板、芯、翅片管、锥体、壳体、阀盖、法兰和挡板(统计报告编码 8419.90.3000 项下);

8. 车库门开启器/关闭器(统计报告编码 8428.90.0290 项下);

9. 柴油动力打桩机(统计报告编码 8430.10.0000 项下);

10. 设计用于支撑输送机滚筒的焊接框架(统计报告编码 8431.39.0010 项下);

11. 联轴节盖,包括中心构件、法兰毂、套筒和轴瓦(统计报告编码 8483.90.8010 项下);

12. 交流多相电动机,输出功率超过 300 千瓦但不超过 310 千瓦,配有滑轮和制动器,用于升降乘客电梯(统计报告编码 8501.53.8040 项下);

13. 用于控制电梯电机速度的再生速度驱动控制器(统计报告编码 8504.40.4000 项下);

14. 电动机的速度驱动控制器,长度为 100 毫米或以上但不超过 130 毫米,宽度为 40 毫米或以上但不超过 125 毫米,高度为 24 毫米或以上但不超过 85 毫米(统计报告编码 8504.40.4000 项下);

15. 投影仪零件(统计报告编码 8529.90.9900 项下);

16. 用于术中神经监测("IONM")系统的一次性表面电极,每个由表面电极垫、绝缘导线和标准 DIN 42802 连接器组成(统计报告编码 9018.19.9560 项下);

(五十二)美国贸易代表办公室决定建立一个程序,通过该程序可以将归入税号 9903.88.15、第三分章美国注释二十(十八)款和二十(十九)款的特殊商品从税号 9903.88.15 规定的附加关税中排除出来。见《联邦公报》第 84 卷第 43304 节(2019 年 8 月 20 日)、第 84 卷第 45821 节(2019 年 8 月 30 日)、第 84 卷第 57144 节(2019 年 10 月 24 日)和第 85 卷第 3741 节(2020 年 1 月 22 日)。根据这个商品排除程序,美国贸易代表办公室决定,按照税号 9903.88.51 的规定,税号 9903.88.15 规定的附加关税不适用于以下特殊商品,其统计报告编码为:

1. 食蟹猴(长尾猴)和恒河猴,圈养繁殖用于研究(统计报告编码 0106.11.0000 项下);

2. 鸭或鹅的一种用于填充物的羽毛,除经过清洁、消毒或保存处理外,未进一步加工,上述羽毛不符合美国总务管理局颁布的联邦标准 148a 的试验标准 4 和 10.1(统计报告编码 0505.10.0060 项下);

3. 硅酮塑料制婴儿奶嘴,不论是否带有用于连接奶瓶的密封圈(统计报告编码 3924.90.0500 项下);

4. 含低密度聚乙烯珠的棉和氨纶混纺压缩眼罩,用于缓解偏头痛或眼睛疲劳(统计报告编码 3924.90.5650 项下);

5. 设计为固定、手持、高度可调或其组合的塑料淋浴头及其零件(统计报告编码 3924.90.5650 项下);

6. 塑料 A 形框架或夹芯板标志,可折叠平放存放,不含印刷品(2020 年 7 月 1 日之前的统计报告编码 3926.90.9990 项下;2020 年 7 月 1 日生效的统计报告编码 3926.90.9985

项下）；

7. 适用于安装在垂直表面上的塑料支架,高度至少为 90 毫米但不超过 200 毫米,宽度至少为 32 毫米但不超过 80 毫米,深度至少为 64 毫米但不超过 80 毫米(2020 年 7 月 1 日之前的统计报告编码 3926.90.9990 项下,2020 年 7 月 1 日生效的统计报告编码 3926.90.9985 项下）；

8. 组合天气传感器电池室用塑料盖,高度不超过 90 毫米,宽度不超过 140 毫米,价值超过 0.60 美元/件但不超过 0.70 美元/件(2020 年 7 月 1 日之前的统计报告编码 3926.90.9990 项下;2020 年 7 月 1 日生效的统计报告编码 3926.90.9985 项下）；

9. 锥形消音耳塞,由两个由塑料线连接的泡沫塑料插头组成,每个插头长度不超过 3 厘米,直径不超过 2 厘米,并配有一个塑料手提箱,长度不超过 6.5 厘米,宽度不超过 4.5 厘米(2020 年 7 月 1 日之前的统计报告编码 3926.90.9990 项下;2020 年 7 月 1 日生效的统计报告编码 3926.90.9985 项下）；

10. 除子目 4814.20.00 所述壁纸外,具有花卉、景观、人物或抽象图案或手工绘制的固体背景的壁纸,不论是否使用金属片(统计报告编码 4814.90.0200 项下）；

11. 印刷艺术书和画册,价值 5 美元/本以下,精装,每本有银箔封面,封面上有主要人物的描述,银箔和防尘套上有浮雕,长度为 13.5～14.5 厘米,宽度为 2～3 厘米,高度为 21～22 厘米,重量为 500～600 克(统计报告编码 4901.99.0060 项下）；

12. 印刷艺术书和画册,每本价值至少 5 美元但不超过 17 美元,每本高度至少 22 厘米但不超过 39 厘米,宽度至少 14 厘米但不超过 32 厘米,重量不超过 3 千克,带有模切或额外翻页,并用烫金或丝印装订在封面上(统计报告编码 4901.99.0065 项下）；

13. 针织聚酯织物防尘罩,设计用于床垫和枕头(统计报告编码 6302.10.0020 项下）；

14. 枕套,非针织或钩编,主要重量为棉的机织物制,线数至少为 1 450 根/平方厘米但不超过 3 900 根/平方厘米,宽度至少为 44 厘米但不超过 57 厘米,长度至少为 62 厘米但不超过 139 厘米,带有拉链开口(统计报告编码 6304.92.0000 项下）；

15. 主要重量为聚酯纤维的织物制被套,宽度至少为 171 厘米但不超过 202 厘米,长度至少为 227 厘米但不超过 230 厘米,重量不超过 90 克/米^2,一侧有开口(2020 年 7 月 1 日之前的统计报告编码 6307.90.9889 项下;2020 年 7 月 1 日起生效的统计报告编码 6307.90.9891 项下）；

16. 主要为聚酯的靠背织物外壳(2020 年 7 月 1 日之前的统计报告编码 6307.90.9889 项下,2020 年 7 月 1 日生效的统计报告编码 6307.90.9891 项下）；

17. 主要为聚酯纤维的座垫用织物外壳,设计用于品目 9401 的座椅(飞机或机动车座椅除外)(2020 年 7 月 1 日之前的统计报告编码 6307.90.9889 项下;2020 年 7 月 1 日起生效的统计报告编码 6307.90.9891 项下）；

18. 化纤救生衣外壳(2020 年 7 月 1 日之前的统计报告编码 6307.90.9889 项下,2020 年 7 月 1 日生效的统计报告编码 6307.90.9891 项下）；

19. 超细纤维织物枕头和被子的外壳(2020 年 7 月 1 日之前的统计报告编码 6307.90.9889 项下,2020 年 7 月 1 日生效的统计报告编码 6307.90.9891 项下）；

20. 运动、娱乐和运动头盔,包括聚氯乙烯、聚碳酸酯塑料或丙烯腈-丁二烯-苯乙烯外壳,

每个外壳均带有膨胀聚丙烯或膨胀聚苯乙烯内衬,设计用于自行车(统计报告编码6506.10.6045项下);

21. 光亮 C1060 圆线,镀锌或涂锌,含碳量(按重量计)为 0.6% 或以上,直径为 0.034 毫米或以上但小于 1 毫米(统计报告编码 7217.20.4530 项下);
22. 非冷成型的圆形截面高速钢棒和杆,长度至少为 10 厘米但不超过 50 厘米(统计报告编码 7228.10.0010 项下);
23. 冷轧 304L 不锈钢制圆形截面无缝管,外径不超过 21.1 毫米,管壁厚度不超过 2.9 毫米,每根长度至少为 2964 毫米但不超过 6350 毫米(统计报告编码 7304.41.6045 项下);
24. 不锈钢剃须刀,长度至少为 11 厘米但不超过 13 厘米,重量不超过 100 克,单刃(统计报告编码 8212.10.0000 项下);
25. 家用缝纫机,重量不超过 22.5 千克,具有触摸屏控制、缝纫灯、压脚升降器和自动穿线机(统计报告编码 8452.10.0090 项下);
26. 汽油驱动的钻地动力螺旋钻,重量不超过 16 千克,具有气缸排量不超过 55 毫升的汽油发动机和可连接到螺旋钻钻头的输出轴,不论是否配备一个或多个螺旋钻钻头(统计报告编码 8467.89.5060 项下);
27. 气缸排量不超过 80 毫升的汽油动力或丙烷动力发动机,包括一个专门设计用于切割水体冰盖的螺旋钻头(统计报告编码 8467.89.5090 项下);
28. 铜制手动水龙头零件,重量不超过 5 千克(统计报告编码 8481.90.1000 项下);
29. 钢铁制防回流阀零件,包括阀体(统计报告编码 8481.90.3000 项下);
30. 能够在可见光下捕获和记录静止和运动图像的数字跟踪摄像机,每个摄像机配备红外传感器和镜头,不论是否配备发光二极管灯、调制解调器、天线和控制板,安装在塑料箱中,宽度不超过 16 厘米,长度不超过 21 厘米,厚度不超过 13 厘米(统计报告编码 8525.80.4000 项下);
31. 套件,包含防护眼镜和护耳装置(统计报告编码 9004.90.0000 项下);
32. 非处方眼镜,太阳镜除外(统计报告编码 9004.90.0000 项下);
33. 棱镜双筒望远镜,除用于红外线外,包括带橡胶套的塑料、铝或镁合金主体,放大倍数至少为 4 倍但不超过 22 倍,孔径至少为 21 毫米但不超过 56 毫米(统计报告编码 9005.10.0040 项下);
34. 旋转切片机(统计报告编码 9027.90.2000 项下);
35. 装有高度小于 111.76 厘米(统计报告编码 9201.10.0011 中所述)的立式声学钢琴(未使用的除外);
36. 立式声学钢琴(未使用的除外),装有一个 111.76 厘米或以上但高度小于 121.92 厘米的音箱(统计报告编码 9201.10.0021 项下);
37. 立式声学钢琴(未使用的除外),装有一个 121.92 厘米或以上但高度小于 129.54 的音箱(统计报告编码 9201.10.0031 项下);
38. 立式声学钢琴(未使用的除外),每个钢琴内有一个 129.54 厘米或更高的音箱(统计报告编码 9201.10.0041 项下);

39. 有声大钢琴（未使用的除外），每架有一个长度为 152.4 厘米或以上但小于 167.64 厘米的音箱（统计报告编码 9201.20.0021 项下）；

40. 有声大钢琴（使用的除外），每架有一个长度为 167.64 厘米或以上但小于 180.34 厘米的音箱（统计报告编码 9201.20.0031 项下）；

41. 有声大钢琴（已用除外），每架有一个长度为 180.34 厘米或以上但小于 195.58 厘米的音箱（统计报告编码 9201.20.0041 项下）；

42. 声学大钢琴（使用的除外），每架包含长度为 195.58 厘米或以上的音箱（统计报告编码 9201.20.0051 项下）；

43. 原声吉他，每个原声吉他的音板厚度至少为 2 毫米，但不超过 4 毫米，价值不超过 100 美元，不包括音箱的价值（统计报告编码 9202.90.2000 项下）；

44. 钢制竖琴锐利杆（统计报告编码 9209.92.8000 项下）；

45. 用于调节机动车座椅的零件，由塑料电缆外壳中的钢电缆组成（统计报告编码 9401.90.1085 项下）；

46. 包含弹簧的儿童安全座椅零件（统计报告编码 9401.90.1085 项下）；

47. 棉质枕套，每个枕套内填充鹅绒或鸭绒（统计报告编码 9404.90.1000 项下）；

48. 棉质绗缝枕套（统计报告编码 9404.90.1000 项下）；

49. 化纤绗缝枕套（统计报告编码 9404.90.2000 项下）；

50. 子目 9506.91 的运动器械的零件和附件（统计报告编码 9506.91.0030 项下）；

51. 金属箭头（统计报告编码 9506.99.0520 项下）；

52. 每卷价值超过 8.45 美元的旋转式或诱饵式的捕鱼卷轴（统计报告编码 9507.30.6000 项下）；

53. 完全手工绘制的绘画、素描或蜡笔（上述品目 4906 的绘画和手工绘制或手工装饰的制成品除外），每幅尺寸不超过 300 厘米，不超过 2,000 厘米（统计报告编码 9701.10.0000 项下）；

54. 拼贴和类似装饰板，不论是否镶框（统计报告编码 9701.90.0000 项下）；

55. 带框或不带框的原始雕刻、印刷品和平版印刷品（统计报告编码 9702.00.0000 项下）；

56. 任何材料的原始雕塑和雕像（统计报告编码 9703.00.0000 项下）；

57. 邮票（统计报告编码 9704.00.0000 项下）；

58. 具有历史价值的收藏品和收藏者作品，除钱币、考古作品或人种学作品外的上述物品（统计报告编码 9705.00.0085 项下）；

59. 具有矿物学意义的收藏者作品（统计报告编码 9705.00.0085 项下）；

60. 超过一百年的古董银器（统计报告编码 9706.00.0020 项下）；

61. 超过一百年的古董家具（统计报告编码 9706.00.0040 项下）。

（五十三）美国贸易代表办公室决定建立一个程序，通过该程序可以将归入税号 9903.88.01、第三分章美国注释二十（一）款和二十（二）款的特殊商品从税号 9903.88.01 规定的附加关税中排除出来。见《联邦公报》第 83 卷第 28710 节（2018 年 6 月 20 日）和第 83 卷第 32181 节（2018 年 7 月 11 日）。根据这个商品排除程序，美国贸易代表办公室决定，按照税号

第九十九章 临时立法；根据现有贸易法规的临时修改；根据经修正的《农业调整法》
第 22 条制定的附加进口限制   1903

9903.88.52 的规定,税号 9903.88.01 规定的附加关税不适用于以下特殊商品,其统计报告编码为：

1. 直接作用和气动执行机构和弹簧复位气动执行机构,最大额定压力为 10 巴,价值超过 68 美元/台但不超过 72 美元/台(统计报告编码 8412.39.0080 项下)；
2. 泵壳和泵体(2019 年 1 月 1 日之前的统计报告编码 8413.91.9080 项下,2019 年 1 月 1 日至 2019 年 12 月 31 日的统计报告编码 8413.91.9095 项下,2020 年 1 月 1 日生效的统计报告编码 8413.91.9085 或 8413.91.9096 项下)；
3. 泵盖(2019 年 1 月 1 日之前的统计报告编码 8413.91.9080 项下,2019 年 1 月 1 日至 2019 年 12 月 31 日的统计报告编码 8413.91.9095 项下,2020 年 1 月 1 日生效的统计报告编码 8413.91.9085 或 8413.91.9096 项下)；
4. 塑料制泵零件,价值不超过 3 美元(2019 年 1 月 1 日之前的统计报告编码 8413.91.9080 项下,2019 年 1 月 1 日至 2019 年 12 月 31 日的统计报告编码 8413.91.9095 项下,2020 年 1 月 1 日生效的统计报告编码 8413.91.9085 或 8413.91.9096 项下)；
5. 用于机动车空调设备的压缩机(螺杆式压缩机除外),价值超过 88 美元/台但不超过 92 美元/台(统计报告编码 8414.30.8030 项下)；
6. 工业炉的结构部件(统计报告编码 8514.90.8000 项下)；
7. 铝电解电容器,价值不超过 3.20 美元(统计报告编码 8532.22.0085 项下)；
8. 旋转开关,额定电流大于 5 安,尺寸不超过 5.5 厘米×5.0 厘米×3.4 厘米,每个旋转开关具有 2～8 个铲形端子和一个具有 D 形横截面的致动器轴(统计报告编码 8536.50.9025 项下)；
9. 单极单掷旋转开关(SPST),额定电流大于 5 安,尺寸不超过 14.6 厘米×8.9 厘米×14.1 厘米(统计报告编码 8536.50.9025 项下)；
10. 电镀、电解或电泳用机器和设备用锌阳极(统计报告编码 8543.30.9080 项下)；
11. 气象站机组,由监测显示器和室外天气传感器组成,传输范围不超过 140 米,每套价值不超过 50 美元(统计报告编码 9015.80.8080 项下)；
12. 基于 X 射线的放射治疗系统的多叶准直器(统计报告编码 9022.90.6000 项下)。

(五十四)美国贸易代表办公室决定建立一个程序,通过该程序,可以将归入税号 9903.88.15、第三分章美国注释二十(十八)款和二十(十九)款的特殊商品从税号 9903.88.15 规定的附加关税中排除出来。见《联邦公报》第 84 卷第 43304 节(2019 年 8 月 20 日)、第 84 卷第 45821 节(2019 年 8 月 30 日)、第 84 卷第 57144 节(2019 年 10 月 24 日)和第 85 卷第 3741 节(2020 年 1 月 22 日)。根据这个商品排除程序,美国贸易代表办公室决定,按照税号 9903.88.53 的规定,税号 9903.88.15 规定的附加关税不适用于以下特殊商品,其统计报告编码为：

1. 0505.10.0055；
2. 5504.10.0000；
3. 8215.99.3500；
4. 9506.70.4000；

5. 9701.10.0000；
6. 9702.00.0000；
7. 9703.00.0000；
8. 9705.00.0085；
9. 9706.00.0020；
10. 9706.00.0040；
11. 9706.00.0060；
12. 海藻酸钠树脂(CAS No.9005-38-3)(统计报告编码3913.10.0000项下)；
13. 塑料和钢制靴架,设计用于固定一对靴,配有塑料耦合器,用于垂直连接两个或多个靴架(统计报告编码3924.90.5650项下)；
14. 具有塑料外表面且在这些表面之间具有泡沫塑料绝缘层的外门,高度至少为213厘米但不超过245厘米,宽度至少为80厘米但不超过95厘米,厚度不超过45毫米(统计报告编码3925.20.0010项下)；
15. 模制塑料制夹具和夹子,带有紧固件或粘合剂衬垫,用于将绳索或电缆粘贴到平面上(2020年7月1日之前的统计报告编码3926.90.9990项下；2020年7月1日生效的统计报告编码3926.90.9985项下)；
16. 塑料模制外壳,长度至少为11.1厘米但不超过11.7厘米,宽度至少为7.9厘米但不超过8.6厘米,重量至少为38克但不超过42克,有两个钻孔(每个长边的中点附近各有一个,且彼此水平对齐),用于形成耳机外壳的类型(2020年7月1日之前的统计报告编码3926.90.9990项下,2020年7月1日生效的统计报告编码3926.90.9985项下)；
17. 三套聚氯乙烯涂层的塑料泡沫垫,用于通过带扣的可调节带穿过垫槽来组装漂浮工作背心,每组包括两个不规则形状的前/侧垫和一个矩形后垫(2020年7月1日之前的统计报告编码3926.90.9990项下,2020年7月1日生效的统计报告编码3926.90.9985项下)；
18. 主要重量为棉花的女式针织长袍,带钩环扣(统计报告编码6108.91.0030项下)；
19. 棉针织互锁织物制成的婴儿睡衣,有袖子、颈部开口和弹性底部开口(统计报告编码6111.20.6070项下)；
20. 棉制针织婴儿睡袋,有颈部开口和双向拉链(统计报告编码6111.20.6070项下)；
21. 无袖棉质针织婴儿睡袋,有颈部开口和双向拉链(统计报告编码6111.20.6070项下)；
22. 棉针织互锁织物婴儿褴褛袋,有袖子和手套袖口(统计报告编码6111.20.6070项下)；
23. 聚酯针织抓绒婴儿毯,无袖,配有双向拉链(统计报告编码6111.30.5015项下)；
24. 带有细棉布镶边的男式和男童棉质毛圈浴衣,无腰带,但带有钩环扣(统计报告编码6207.91.1000项下)；
25. 带有细棉布镶边的女式棉质毛圈浴衣,无腰带,但带有钩环扣(统计报告编码6208.91.1010项下)；

26. 带有细棉布镶边的女孩棉质毛圈浴衣,无腰带,但带有钩环扣(统计报告编码 6208.91.1020 项下);

27. 女孩羊毛浴衣,无腰带,但带有钩环扣(统计报告编码 6208.92.0020 项下);

28. 棉毯(电毯除外),机织,边缘尺寸至少为 116 厘米但不超过 118 厘米(统计报告编码 6301.30.0010 项下);

29. 棉制毛毯(电热毯除外),非机织,边缘尺寸至少为 116 厘米但不超过 118 厘米(统计报告编码 6301.30.0020 项下);

30. 装有松紧带的细棉布婴儿床床单(统计报告编码 6302.31.9020 项下);

31. 棉质枕头保护套,非针织或钩编,未起绒或印花,每个枕头都有全套结构和拉链开口(统计报告编码 6302.31.9040 项下);

32. 棉制烤箱手套,非针织或钩编,带有悬挂环,宽度至少为 16 厘米但不超过 19 厘米,长至少为 29 厘米但不超过 32 厘米(统计报告编码 6304.92.0000 项下);

33. 温泉和游泳池的扶手盖,由 95% 的聚酯和 5% 的氨纶(按重量计)组成,长度至少为 60 厘米但不超过 306 厘米(2020 年 7 月 1 日之前的统计报告编码 6307.90.9889 项下,2020 年 7 月 1 日生效的统计报告编码 6307.90.9891 项下);

34. 室外庇护所,包括一个由纺织品制成的顶棚、一个折叠框架和一个带轮子的手提箱(2020 年 7 月 1 日之前的统计报告编码 6307.90.9889 项下,2020 年 7 月 1 日起生效的统计报告编码 6307.90.9891 项下);

35. 运动、娱乐和运动头盔(增强塑料或层压塑料制成的除外),配有内部保护悬挂系统和遮阳板,重量不超过 500 克,设计用于自行车越野使用(统计报告编码 6506.10.6045 项下);

36. 注塑件制折叠头盔,折叠时厚度不超过 85 毫米,重量不超过 525 克(统计报告编码 6506.10.6075 项下);

37. 镀锌钢配件,包括但不限于支架、翼子板、支腿、连接器和标志支架,所有这些都是零售展示灯具的组成部分(统计报告编码 8302.42.3065 项下);

38. 轮式电动吹雪机,有绳或无绳,重量不超过 46 千克,电机电流不超过 15 安(统计报告编码 8430.20.0060 项下);

39. 专门设计用于在瓦楞纸和纸板上印刷的机器上调整颜色的圆柱形钢驱动器,直径至少为 8 毫米但不超过 9 毫米,长度至少为 2.5 毫米但不超过 3 毫米,重量至少为 12 千克但不超过 14.1 千克(统计报告编码 8443.91.3000 项下);

40. 专门设计用于控制印刷机械上颜色注册(校准)和材料张力的圆柱形钢驱动装置,直径至少为 155 毫米但不超过 160 毫米,长度至少为 165 毫米但不超过 170 毫米,重量至少为 3 千克但不超过 4 千克(统计报告编码 8443.91.3000 项下);

41. 电动自动刺绣机,可由操作员在机器控制台进行编程,也可通过 USB 端口或局域网连接保存或加载数字编程命令,至少有 2 个但不超过 8 个并行操作的多线程刺绣头和一个单液晶显示器第八十八章面板,视频显示对角线长度至少为 160 毫米但不超过 170 毫米,以及相关控制面板(统计报告编码 8447.90.5000 项下);

42. 手动闸阀用铸铁盖(统计报告编码 8481.90.3000 项下);

43. 手动圆盘(或圆盘)阀的铁或钢阀体(统计报告编码 8481.90.3000 项下);

44. 手动闸阀的钢制零件(统计报告编码 8481.90.3000 项下);

45. 锂离子电池,由含有 18 650 个锂离子电池单体的贱金属外壳组成,此类电池的总容量至少为 60 瓦时,但不超过 200 瓦时,至少有一个 USB Type C 端口、至少一个 USB Type A 端口、至少一个无线充电垫和一个显示电池电源状况的数字屏幕(统计报告编码 8507.60.0020 项下);

46. 锂离子电池,由含有 18 650 个锂离子电池单体的贱金属外壳组成,此类电池的总容量至少为 90 瓦时,但不超过 6500 瓦时,且至少有一个交流插座、至少一个 USB 端口、至少一个母管端口和一个显示电池电源状况的数字屏幕(统计报告编码 8507.60.0020 项下);

47. 家用电动咖啡机,通过 USB 电缆直流供电,重量不超过 0.5 千克(统计报告编码 8516.71.0020 项下);

48. 能够接收要分发给无线扬声器的音频数据的无线通信装置(统计报告编码 8518.22.0000 项下);

49. 熔断式白炽钨丝灯,设计电压为 12 伏或以上但不超过 14 伏,直径不超过 7 毫米,长度不超过 32 毫米(统计报告编码 8539.29.3050 项下);

50. 摩托车用铝制前照灯支架,尺寸不超过 34 厘米×29 厘米×19 厘米,重量不超过 2 千克(统计报告编码 8714.10.0050 项下);

51. 电吉他套件,由构成电吉他所需的所有零件组成(统计报告编码 9207.90.0040 项下);

52. 品目 9207 的音乐合成器的零件,包括影响声音特性或质量的专门设计的印刷电路组件(统计报告编码 9209.94.8000 项下);

53. 预充气气动气动步枪,长度至少为 101 厘米但不超过 115 厘米,重量至少为 2.8 千克,但不超过 3.5 千克(统计报告编码 9304.00.2000 项下);

54. 模块化潜水板,适用于安装在船或码头上(统计报告编码 9506.29.0080 项下);

55. 游泳面罩、浮潜面罩、浮潜器和水鳍(统计报告编码 9506.29.0080 项下);

56. 塑料平衡训练器,长度不超过 120 厘米,宽度不超过 45 厘米,高度不超过 27 厘米,包含一个气囊(统计报告编码 9506.91.0030 项下);

57. 专门设计用于训练臀肌的钢制运动机,长度至少为 157 厘米但不超过 158 厘米,宽度至少为 152 厘米但不超过 153 厘米,高度至少为 88 厘米但不超过 90 厘米(统计报告编码 9506.91.0030 项下);

58. 俯卧撑练习机,由一个带硬塑料端盖的铝挤压件、一个硬塑料中心分隔器、两个硬塑料和橡胶滑动手柄以及一个滑动调整板组成(统计报告编码 9506.91.0030 项下);

59. 长度至少为 30 毫米但不超过 33 毫米的天然山羊毛毛刷,封闭在塑料保护支架内,用于清洁光学透镜(统计报告编码 9603.90.8050 项下);

60. 用于涂抹液体粉笔的多孔尖端标记(统计报告编码 9608.20.0000 项下);

61. 具有钱币(收藏家)意义的、250 年或以上的、源自中国的金币(统计报告编码 9705.00.0010 项下);

62. 250 年或以上(统计报告编码 9705.00.0040 所述)的钱币(收藏家的)硬币(考古作品和黄金除外);

63. 具有钱币(收藏家)意义的、年龄小于 250 年的中国原产金币(统计报告编码 9705.00.0050 项下);

64. 起源于中国且具有钱币(收藏家)意义的硬币,除黄金以外的任何金属制,使用年限小于 250 年(统计报告编码 9705.00.0065 项下)。

(五十五)美国贸易代表办公室决定建立一个程序,通过该程序可以将归入税号 9903.88.02、第分章美国注释二十(三)款和二十(四)款的特殊商品从税号 9903.88.02 规定的附加关税中排除出来。见《联邦公报》第 83 卷第 40823 节(2018 年 8 月 16 日)和第 83 卷第 47326 节(2018 年 9 月 18 日)。根据这个商品排除程序,美国贸易代表办公室决定,按照税号 9903.88.54 的规定,税号 9903.88.02 规定的附加关税不适用于以下特殊商品,其统计报告编码为:

1. 聚四氟乙烯((C_2F_4)n),粒径为 5~500 微米,熔点为 315~329 摄氏度(统计报告编码 3904.61.0090 项下);

2. 聚乙烯薄膜,宽度为 20.32~198.12 厘米,长度为 30.5~2 000.5 米,单面涂有溶剂丙烯酸粘合剂,透明或透明颜色,不论是否印刷,成卷(统计报告编码 3919.90.5060 项下);

3. 高密度或低密度聚乙烯矩形板,宽度为 111.75~215.9 厘米,长度为 152.4~304.8 厘米,中心贴有标签,用于医院或外科中心手术室(统计报告编码 3920.10.0000 项下);

4. 排量超过 2 升但不超过 2.5 升的气体(天然气或液体丙烷)发动机(统计报告编码 8407.90.9010 项下);

5. 手部清洁液或手部消毒液的分配器,不论是否使用手动泵或接近检测电池驱动泵,重量不超过 3 千克(统计报告编码 8424.89.9000 项下);

6. 步行式旋耕机,电动,重量小于 14 千克(统计报告编码 8432.29.0060 项下);

7. 交流电机,功率为 18.65 瓦或以上但不超过 37.5 瓦,配有执行器、曲轴或齿轮(统计报告编码 8501.10.6020 项下);

8. 机动车传动系统的位置或速度传感器,价值不超过 12 美元/个(统计报告编码 8543.70.4500 项下);

9. 用于防抱死机动车制动系统的轮速传感器,价值不超过 12 美元(统计报告编码 8543.70.4500 项下);

10. 使用被动红外探测传感器的设备,设计用于打开和关闭灯(统计报告编码 8543.70.9960 项下);

11. 液体泄漏检测器(统计报告编码 8543.70.9960 项下);

12. 机器人,可编程,测量高度不超过 40 厘米,宽度不超过 22 厘米,深度不超过 27 厘米,包括液晶显示器、摄像头和麦克风,但不带"手"(统计报告编码 8543.70.9960 项下);

13. 装有往复式内燃机活塞发动机的摩托车(包括轻便摩托车),气缸容量不超过 50 cc,每辆价值不超过 500 美元(统计报告编码 8711.10.0000 项下);

14. 数字临床温度计(2020 年 7 月 1 日之前的统计报告编码 9025.19.8040 项下,2020 年

7月1日生效的统计报告编码9025.19.8010或9025.19.8020项下)。

(五十六)美国贸易代表办公室决定建立一个程序,通过该程序可以将归入税号9903.88.15、第三分章美国注释二十(十八)款和二十(十九)款的特殊商品从税号9903.88.15规定的附加关税中排除出来。见《联邦公报》第84卷第43304节(2019年8月20日)、第84卷第45821节(2019年8月30日)、第84卷第57144节(2019年10月24日)和第85卷第3741节(2020年1月22日)。根据这个商品排除程序,美国贸易代表办公室决定,按照税号9903.88.55的规定,税号9903.88.15规定的附加关税不适用于以下特殊商品,其统计报告编码为:

1. 8443.32.1050;

2. 门道防尘板套件,包括一块厚度不超过0.15毫米、宽度至少为1.2米但不超过1.6米、长度至少为2.1米但不超过2.6米的塑料板,两个平行滑动紧固件延伸至该板的全长,两个金属翻盖挂钩和一卷胶带,两侧带有粘合剂,用于将板材固定到门口,此类套件供零售(2020年7月1日之前的统计报告编码3926.90.9990项下,2020年7月1日生效的统计报告编码3926.90.9985项下);

3. 用于室内施工临时防尘系统的塑料头、板、夹盘、滑夹、脚塞和其他零件(2020年7月1日之前的统计报告编码3926.90.9990项下,2020年7月1日生效的统计报告编码3926.90.9985项下);

4. 塑料制锁紧拉链紧固件(2020年7月1日之前的统计报告编码3926.90.9990项下,2020年7月1日起生效的统计报告编码3926.90.9985项下);

5. 装饰性玻璃器皿,每件由一个装在黄铜框架内的长方形玻璃盒组成,顶部有铰链,尺寸为(11.5~21.5)厘米×(16~26.5)厘米×(3~8)厘米,重量至少为500克但不超过1.5千克,价值超过5美元/件(2020年7月1日之前的统计报告编码7013.99.9000项下,2020年7月1日起生效的统计报告编码7013.99.9010或7013.99.9090项下);

6. 装饰性玻璃器皿,每件由一个直径至少为65毫米但不超过150毫米的吹制玻璃球组成,内有雕塑、水和人造雪,带有浇注树脂底座,重量至少为800克但不超过3千克,价值超过5美元(2020年7月1日之前的统计报告编码7013.99.9000项下,2020年7月1日起生效的统计报告编码7013.99.9090项下);

7. 最大扫描宽度至少为60厘米但不超过92厘米的数字光学图像扫描仪(统计报告编码8471.60.8000项下);

8. 户外游戏用弹弓装置,不论是否电动(统计报告编码9506.99.6080项下);

9. 回转装置及其零件和附件(统计报告编码9506.99.6080项下);

10. 陷阱射击发射器及其零件和附件(统计报告编码9506.99.6080项下)。

(五十七)美国贸易代表办公室决定建立一个程序,通过该程序可以将归入税号9903.88.03、第三分章美国注释二十(五)款和二十(六)款的特殊商品从税号9903.88.03规定的附加关税中排除出来。见《联邦公报》第83卷第47974节(2018年9月21日)和第84卷第29576节(2019年6月24日)。根据这个商品排除程序,美国贸易代表办公室决定,按照税号9903.88.56的规定,税号9903.88.03规定的附加关税不适用于以下特殊商品,其统计报告编码为:

第九十九章　临时立法;根据现有贸易法规的临时修改;根据经修正的《农业调整法》
第 22 条制定的附加进口限制　**1909**

1. 0304.72.5000;
2. 0304.83.1015;
3. 0304.83.1020;
4. 0304.83.5015;
5. 0304.83.5020;
6. 0304.83.5090;
7. 3923.21.0095;
8. 3926.20.9050;
9. 4015.19.1010;
10. 4819.50.4060;
11. 5603.12.0090;
12. 5603.14.9090;
13. 5603.92.0090;
14. 5603.93.0090;
15. 6505.00.8015;
16. 8424.90.9080;
17. 8425.31.0100;
18. 8708.50.8500;
19. 8712.00.1510;
20. 8712.00.1520;
21. 8712.00.1550;
22. 阿拉斯加比目鱼(黄鳍、岩石或平头),成块冷冻,净重超过 4.5 千克(统计报告编码 0304.83.5015 项下);
23. 香蕉,冷冻干燥切片,包装零售,每包净重 15 克(统计报告编码 0803.90.0045 项下);
24. 苹果,冷冻干燥切片,包装零售,每包净重 15 克(统计报告编码 0813.30.0000 项下);
25. 桃子,冷冻干燥切片,包装零售,每包净重 15 克(统计报告编码 0813.40.4000 项下);
26. 梨,冷冻干燥切片,包装零售,每包净重 15 克(统计报告编码 0813.40.9000 项下);
27. 草莓和香蕉的混合物,冷冻干燥切片,包装零售,每包净重 15 克(统计报告编码 0813.50.0020 项下);
28. 密封容器中的帝王蟹肉,冷冻成块,每块重量至少为 1 千克,但不超过 1.2 千克(统计报告编码 1605.10.2010 项下);
29. 雪蟹肉,块状冷冻,装在净重不超过 1.2 千克的密闭容器中(统计报告编码 1605.10.2022 项下);
30. 珍宝蟹肉,块状冷冻,装在净重不超过 1.2 千克的密闭容器中(统计报告编码 1605.10.2030 项下);
31. 蟹肉(帝王蟹、雪蟹、大闸蟹或游泳蟹除外),块状冷冻,装在净重不超过 1.5 千克的密闭容器中(统计报告编码 1605.10.2090 项下);
32. 散装固体形式的金属钠(CAS No.7440-23-5)(统计报告编码 2805.11.0000 项下);

33. 己二酸钠(1,4-丁二羧酸二钠盐)(IUPAC名称:己二酸二钠)(CAS No.7486-38-6)(统计报告编码2917.12.5000项下);

34. 1-氰基胍(双氰胺)(CAS No.461-58-5)(统计报告编码2926.20.0000项下);

35. N-(正丁基)硫代磷酸三酰胺(IUPAC名称:N-二氨基膦硫代丁烷-1-胺)(CAS No.94317-64-3)(统计报告编码2929.90.5090项下);

36. 颜料黄13(CAS No.5102-83-0)(统计报告编码3204.17.9050项下);

37. 非织造纺织材料制一次性布,用有机表面活性剂浸渍、涂覆或覆盖,用于清洗皮肤,供零售(统计报告编码3401.30.5000项下);

38. 用于清洗皮肤的有机表面活性液,不含任何芳香或改性芳香表面活性剂,装在一瓶带泵作用顶部的塑料中零售,每瓶宽度不超过17厘米,身高不超过27厘米,长度不超过6.5厘米,净重不超过0.5千克(统计报告编码3401.30.5000项下);

39. 洗衣粉,不论是粉末还是水溶性,或预先测量的豆荚,供零售(统计报告编码3402.20.1100项下);

40. 涂有光刻胶溶液的聚对苯二甲酸乙二醇酯(PET)薄膜,成卷,感光,未曝光,无穿孔,宽度超过105毫米但不超过610毫米,未用作图形艺术薄膜(统计报告编码3702.44.0160项下);

41. 粉末状人造石墨(统计报告编码3801.10.5000项下);

42. 人造石墨,粉末或片状,用于制造电池的锂离子阳极组件(统计报告编码3801.10.5000项下);

43. 粉末状天然石墨(统计报告编码3801.90.0000项下);

44. 由1,1′-二甲基-4,4′-联吡啶二氯化物(CAS No.1910-42-5)(液体形式的百草枯浓缩物)组成的除草剂,浓度高达45%,使用助剂(统计报告编码3808.93.1500项下);

45. 埋弧焊用完全由无机物质组成的焊剂粉末,包括但不限于二氧化硅、氧化钛、氧化锰、氧化铝和氟化钙(统计报告编码3810.90.2000项下);

46. 负载型镍基催化剂,用于甲烷化、脱硫、加氢、预重整或有机化学品重整,或用于保护加氢处理催化剂免受砷化氢中毒(统计报告编码3815.11.0000项下);

47. 用于通过增强汞氧化还原氧化亚氮(NO_x)的板式负载催化剂(反应加速器),以贱金属氧化物为活性物质,应用于不锈钢网(统计报告编码3815.19.0000项下);

48. 用于还原氧化亚氮(NO_x)的板式负载催化剂(反应加速器),以贱金属为活性物质,应用于二氧化钛基陶瓷材料上的不锈钢网(统计报告编码3815.19.0000项下);

49. 聚合用负载型催化剂(统计报告编码3815.19.0000项下);

50. 作为砷化氢去除活性成分的氧化亚铜和氧化锌负载型催化剂(统计报告编码3815.19.0000项下);

51. 以碳酸铜或碳酸锌作为低温脱硫活性成分的负载型催化剂(统计报告编码3815.19.0000项下);

52. 以金属硫化物为脱汞活性物质的负载型催化剂(统计报告编码3815.19.0000项下);

53. 含钼化合物作为加氢活性物质的负载型催化剂(统计报告编码3815.19.0000项下);

54. 以氧化锌吸收剂为活性物质的负载型催化剂(统计报告编码3815.19.0000项下);

55. 氢氟碳化合物混合物,按重量计含有 40% 至 44% 的 1,1,1,2-四氟乙烷(CAS No. 811-97-2),56%~60%(按重量计)的五氟乙烷(CAS No. 354-33-6)和高达 2%(按重量计)的润滑油(统计报告编码 3824.78.0020 项下);

56. 制冷剂气体 R-421B,包括含有至少 83% 但不超过 87%(按重量计)、至少 13% 但不超过 17%(按重量计)的 1,1,2,2-四氟乙烷和至少 0.5% 但不超过 2%(按重量计)的润滑剂的混合物(统计报告编码 3824.78.0020 项下);

57. 含有 N,N-二甲基十二烷-1-胺(CAS No. 112-18-5)和 N,N-二甲基十四烷-1-胺(CAS No. 112-75-4)的混合物(统计报告编码 3824.99.9297 项下);

58. 粉末形式的一氧化硅(SiO)(CAS No. 10097-28-6)(统计报告编码 3824.99.9297 项下);

59. 塑料容器单元,包含一个桶和盖子,配置或安装用于输送、包装或分配湿巾(统计报告编码 3923.10.9000 项下);

60. 注塑聚丙烯塑料盖或盖子,重量不超过 24 克,用于分配湿巾(统计报告编码 3923.50.0000 项下);

61. 整体式塞子,由聚丙内酯(PPL)或聚乳酸(PLA)聚合物制成,包括一个圆盘状顶部,该顶部连接到带有突出搅拌器的圆形锥形塞子上,总长度至少为 55 毫米但不超过 120.7 毫米,重量至少为 0.6 克但不超过 1.1 克,与饮料容器盖一起使用的一种容器(统计报告编码 3923.50.0000 项下);

62. 硫化橡胶、模制聚氨酯、氯丁橡胶或焊接聚氨酯制成的环形同步带,外周长为 60 厘米或以上但不超过 77 厘米,宽度为 2.5 厘米或以上但不超过 4 厘米,重量为 0.18 千克或以上但不超过 0.45 千克(统计报告编码 4010.35.9000 项下);

63. 外科或医疗用途以外的丙烯腈-丁二烯橡胶无缝一次性手套(统计报告编码 4015.19.1010 项下);

64. 天然橡胶乳胶制无缝一次性手套,外科或医疗用途除外(统计报告编码 4015.19.1010 项下);

65. 硬或软制动衬套(统计报告编码 4016.99.6050 项下);

66. 橡胶电缆保护器,长度不超过 91 厘米,宽度不超过 51 厘米,高度不超过 5.2 厘米,带有 5 个通道,用于多条电缆或软管,直径不超过 3.8 厘米,带聚氯乙烯盖,重量 14.5 千克,负载能力不超过 8200 千克(统计报告编码 4016.99.6050 项下);

67. 再生橡胶停车位,长度不超过 185 厘米,宽度不超过 15.5 厘米,高度不超过 10.5 厘米,重量不超过 16 千克(统计报告编码 4016.99.6050 项下);

68. 聚酯信使袋,每袋尺寸不超过 50 厘米×38 厘米×11 厘米,重量不超过 2.5 千克(统计报告编码 4202.12.8130 项下);

69. 带有保湿系统的背包,尺寸不超过 51 厘米×28 厘米×9 厘米,重量不超过 1 千克(统计报告编码 4202.92.0400 项下);

70. 外表面为化纤纺织材料的背包,高度至少为 35 厘米但不超过 75 厘米,宽度至少为 19 厘米但不超过 34 厘米,深度至少为 5 厘米但不超过 26 厘米(统计报告编码 4202.92.3120 项下);

71. 主要由化纤制成的行李袋,尺寸不超过 98 厘米×52 厘米×17 厘米,重量不超过 7 千克,带轮子(统计报告编码 4202.92.3131 项下);

72. 聚酯粗呢袋,尺寸不超过 81 厘米×39 厘米×11 厘米,重量不超过 7 千克(统计报告编码 4202.92.3131 项下);

73. 化纤织物做面的填充袋,周长为 77.5 厘米或以上但不超过 127.7 厘米,圆柱形,有一个隔间,袋子一端有一个拉带封口,另一端有一个带子(统计报告编码 4202.92.3131 项下);

74. 皮革盖,设计用于电信设备(统计报告编码 4205.00.8000 项下);

75. 用于加热食物的便携式一次性烤架,包括竹炭燃料、膨胀珍珠岩隔热材料、用于将食物悬浮在木炭火焰上的竹竿,以及专门设计用于装配烤架主体的切割纸或纸板(统计报告编码 4402.10.0000 项下);

76. 含有酚醛树脂的纤维板,厚度不超过 0.635 毫米(统计报告编码 4411.93.9090 项下);

77. 纸或纸板制成的笔记本,封面上都装有塑料玩具积木,短面尺寸至少为 13 厘米但不超过 16 厘米,长面尺寸至少为 15 厘米但不超过 22 厘米,厚度至少为 1 厘米但不超过 3 厘米,至少有 192 页但不超过 352 页(统计报告编码 4820.10.2060 项下);

78. 竹制托盘、盘子和碗(统计报告编码 4823.61.0040 项下);

79. 模制或压制竹浆制的盘子、碗或杯子,重量至少为 3 克但不超过 92 克(统计报告编码 4823.70.0020 项下);

80. 模制或压制竹浆的蛤壳容器、比萨饼盘、盖子、分隔盘和其他托盘,重量至少为 3 克但不超过 95 克(统计报告编码 4823.70.0040 项下);

81. 木浆纤维素海绵模制块,尺寸不超过 105 厘米×105 厘米×40 厘米(统计报告编码 4823.70.0040 项下);

82. 纸浆海绵块,尺寸为 38 厘米×38 厘米×102 厘米(15 英寸×15 英寸×40 英寸)(统计报告编码 4823.70.0040 项下);

83. 蚕丝织物,按重量计丝或绢丝(紬丝除外)含量在 85% 或以上,未印花,非提花机织,宽度超过 127 厘米(统计报告编码 5007.20.0065 项下);

84. 蚕丝织物,按重量计丝或绢丝(紬丝除外)含量在 85% 或以上,未印花,非提花机织,宽度为 107~127 厘米(统计报告编码 5007.20.0085 项下);

85. 羊绒或骆驼毛制纱线,梳理但未精梳,非供零售用(统计报告编码 5108.10.8000 项下);

86. 100% 变形聚酯长丝机织物,染色,宽度为 332.7 厘米,重量超过 170 克/米^2(统计报告编码 5407.52.2060 项下);

87. 100% 变形聚酯长丝机织物,染色,重量超过 170 克/米^2,宽度不超过 310 厘米(统计报告编码 5407.52.2060 项下);

88. 合成长丝纱线机织物,按重量计变形聚酯长丝含量在 85% 或以上,染色,宽度为 249 厘米,重量超过 170 克/米^2(统计报告编码 5407.52.2060 项下);

89. 完全由无纹理染色聚酯长丝制成的机织物,重量不超过 170 克/米^2,宽度不超过 310

厘米(统计报告编码 5407.61.9930 项下);

90. 完全由聚酯制成的机织物,染色,非扁平,含有无变形聚酯长丝,重量不超过 170 克/米^2,宽度不超过 310 厘米(统计报告编码 5407.61.9930 项下);
91. 全聚酯织物,染色,含非变形聚酯长丝,重量超过 170 克/米^2,宽度不超过 310 厘米(统计报告编码 5407.61.9935 项下);
92. 含 47％尼龙和 53％聚酯的机织物,染色,含变形长丝,重量不超过 170 克/米^2,宽度大于 274 厘米(统计报告编码 5407.72.0015 项下);
93. 聚酯长丝丝束,尺寸超过 50 ktex 但不超过 275 ktex(统计报告编码 5501.20.0000 项下);
94. 聚丙烯纤维丝束,尺寸超过 50 ktex 但不超过 275 ktex(统计报告编码 5501.40.0000 项下);
95. 聚酯短纤机织物,染色,重量超过 240 克/米^2,宽度不超过 310 厘米(统计报告编码 5512.19.0090 项下);
96. 含 65％聚酯纤维和 35％棉短纤维的机织染色三线斜纹织物,未经起毛,重量超过 200 克/米^2,宽度超过 310 厘米(统计报告编码 5514.22.0020 项下);
97. 化纤非织造布,重量大于 25 克/米^2 但不大于 70 克/米^2,具有光滑或浮雕纹理(未浸渍、涂覆或覆盖除橡胶、塑料、木浆或玻璃纤维以外的材料),成卷预切长度不小于 15 厘米但不大于 107 厘米,用于制造个人护理湿巾(统计报告编码 5603.12.0090 项下);
98. 聚对苯二甲酸乙二醇酯(PET)无纺布,薄片尺寸不超过 160 厘米×250 厘米,重量超过 1 800 克/米^2 但不超过 3 000 克/米^2(统计报告编码 5603.94.9090 项下);
99. 尼龙和聚丙烯手工打结毛毯,尺寸至少为 1.2 平方米(统计报告编码 5701.90.1010 项下);
100. 100％聚酯或聚丙烯地毯,带有黄铜垫圈和不锈钢弹簧,尺寸至少为 44 厘米×45 厘米但不超过 56 厘米×59 厘米(统计报告编码 5705.00.2030 项下);
101. 按重量计含 55％聚酯和 45％尼龙的机织染色刺绣织物,重量小于 115 克/米^2,宽度为 289 厘米(统计报告编码 5810.92.9080 项下);
102. 针织长毛绒织物,聚酯为底,丙烯酸为绒面,价值不超过 16 美元/平方米(统计报告编码 6001.10.2000 项下);
103. 竹子制人造短纤维针织或钩编织物(统计报告编码 6003.40.6000 项下);
104. 被称为棕色波浪的砂岩,用于户外生活空间,含有一个纹理面和最多四个凿边,密度为 2 750 千克/立方米(统计报告编码 6802.99.0060 项下);
105. 一侧具有火焰饰面的砂岩,长度为 200 毫米或以上但不超过 3 100 毫米,宽度为 100 毫米或以上但不超过 1 380 毫米,厚度为 30 毫米或以上但不超过 180 毫米(统计报告编码 6802.99.0060 项下);
106. 钇稳定氧化锆磨珠(统计报告编码 6909.11.2000 项下);
107. 由钢化安全玻璃制成的透明、切割和处理过的屏幕保护器,一面用粘合剂,矩形板,重量至少为 6 克但不超过 77 克,高度不小于 2.8 厘米但不超过 28 厘米,宽度不小于

1.9 厘米但不超过 21 厘米,厚度不超过 0.1 厘米(统计报告编码 7007.19.0000 项下);

108. 表面涂有氧化硅的钢化安全玻璃片,其表面积小于 2.5 平方米,设计用于放置在太阳能电池板上,以防止外部损坏(统计报告编码 7007.19.0000 项下);

109. 机动车辆凸面玻璃后视镜,厚度不小于 1.75 毫米且不大于 2.4 毫米,长度不小于 125 毫米且不大于 210 毫米,宽度不小于 97 毫米且不大于 180 毫米,重量不小于 74 克且不大于 188 克(统计报告编码 7009.10.0000 项下);

110. 机动车平板玻璃后视镜,厚度不小于 1.75 毫米但不大于 2.4 毫米,长度不小于 163 毫米但不大于 210 毫米,宽度不小于 107 毫米但不大于 167 毫米,重量不小于 80 克但不大于 188 克(统计报告编码 7009.10.0000 项下);

111. 用于马赛克或其他装饰或施工目的的乙烯基网背衬上的非再生玻璃瓷砖,网格图案不小于 304 毫米×304 毫米但不超过 305 毫米×305 毫米(统计报告编码 7016.10.0000 项下);

112. 装有钢化玻璃的不锈钢窗,装有一个橡胶垫圈,在关闭时提供防水密封,设计用于安装在第八十九章的船舶上(统计报告编码 7308.30.1000 项下);

113. 由冲压、焊接和粉末涂层 12 号碳钢制成的拱门,高度为 2 米或以上,宽度为 81 厘米或以上但不超过 92 厘米,厚度为 7.7 厘米,配有 9 个锁紧螺栓、1 个滑动离合器手柄和 1 个带键盘的可编程电子锁,带机械钥匙超控,并配有匹配的门框(统计报告编码 7308.30.5050 项下);

114. 脚手架设备,包括粉末涂层或镀锌焊接管状钢框架、支架、护栏系统、组件和附件,上述用于组装成框架和支架配置的设备,高度至少为 10 厘米但不超过 3.3 米,宽度至少为 4 厘米但不超过 8.8 米,重量不超过 91 千克,负载能力不超过 2 750 千克(统计报告编码 7308.40.0000 项下);

115. 铰接铁链,厚度不超过 8 毫米,价值不超过每米 2 美元/米(统计报告编码 7315.12.0080 项下);

116. 便携式室外炊具套件,至少包括一个燃烧器和由钢和/或铸铁制成的支架,带有可调压力调节器/软管组合,用于将燃烧器连接到天然气源或液化丙烷便携式容器(统计报告编码 7321.11.1060 项下);

117. 由钢丝构成的烤架,尺寸为 49 厘米×47 厘米(19.25 英寸×18.5 英寸),重量为 0.36 千克(0.80 磅),设计为烤架的烹饪表面(统计报告编码 7321.90.6090 项下);

118. 遮阳篷稳定器套件,包括两个镀锌钢结构螺旋桩,带有两卷绳索或两条拉力带,重量不超过 2 千克(统计报告编码 7326.90.8688 项下);

119. 钢索钩,重量不小于 0.2 千克,长度不小于 9 厘米,宽度不小于 5 厘米,高度不小于 1 厘米,带弹簧加载闭门(统计报告编码 7326.90.8688 项下);

120. 热成型钢板的拼焊板,切割成 D 形,尺寸不超过 2 毫米×1.6 毫米(统计报告编码 7326.90.8688 项下);

121. 羟基碳酸镍(CAS No.12607-70-4)(统计报告编码 7501.20.0000 项下);

122. 吉他声音修改("效果")装置用铝制安装板,由一个铝框架组成,铝框架带有用于放

置装置的地上插槽,以及用于控制修改装置的开/关脚踏开关的地板插槽(统计报告编码 7616.99.5190 项下);

123. 钢铁制厨房和餐桌用具,非电动,包括但不限于去皮器、磨碎器和搅拌器(统计报告编码 8205.51.3030 项下);

124. 专门设计用于手持式钻机的汽车抛光附件,包括 9.5 毫米钢驱动轴、内部齿轮组件、横向手撑和旋转盘组件(统计报告编码 8207.90.7585 项下);

125. 用于桶式或卧式研磨机的碳合金钢螺栓连接端头(统计报告编码 8207.90.7585 项下);

126. 贱金属平板显示器安装适配器(统计报告编码 8302.50.0000 项下);

127. 冲压成型钢制支架(统计报告编码 8302.50.0000 项下);

128. 带数字键盘的贱金属枪支保险箱,重量至少为 148 千克但不超过 422 千克,高度至少为 141 厘米但不超过 183 厘米,宽度至少为 55 厘米但不超过 107 厘米,深度至少为 40 厘米但不超过 71 厘米(统计报告编码 8303.00.0000 项下);

129. 专用于或主要用于船舶推进用品目 8407 的火花点火内燃活塞式发动机的零件(未清洗且仅为拆卸翅片、浇口、注道和立板或者允许在精加工机械或连杆中定位而进行机加工的铸铁零件除外)(统计报告编码 8409.91.9290 项下);

130. 带滚轮的钢制液压气门挺杆,专用于或主要用于火花点火内燃活塞式发动机(用于飞机发动机、船舶推进发动机或者子目 8701.20、品目 8702、品目 8703 或品目 8704 的机动车辆的带滚轮的钢制液压气门挺杆除外),长度为 5 厘米或以上但不超过 13 厘米,直径为 2.5 厘米或以上但不超过 3.9 厘米,重量为 135 克或以上但不超过 410 克(统计报告编码 8409.91.9990 项下);

131. 专用于或主要用于品目 8407 的火花点火内燃活塞式发动机的零件(用于飞机发动机的零件,未清洗且仅为拆卸翅片、浇口、注道和立板或者允许在精加工机械中定位而进行机加工的铸铁零件,用于子目 8701.20、品目 8702、品目 8703 或品目 8704 的船舶推进发动机或连杆车辆的零件除外)(统计报告编码 8409.91.9990 项下);

132. 钢制实心气门挺杆,专用于或主要用于火花点火内燃活塞式发动机(用于飞机发动机、船舶推进发动机或者子目 8701.20、品目 8702、品目 8703 或品目 8704 的机动车辆的钢制实心气门挺杆除外),长度为 19 毫米或以上但不超过 114 毫米,直径为 6 毫米或以上但不超过 26 毫米,重量为 20 克或以上但不超过 250 克(统计报告编码 8409.91.9990 项下);

133. 风力涡轮机轮毂(统计报告编码 8412.90.9081 项下);

134. 手动泵(燃料或润滑剂除外,未安装或设计为安装计量装置),用于分配计量数量的液体肥皂或消毒剂(统计报告编码 8413.20.0000 项下);

135. 丙烯腈-丁二烯-苯乙烯(ABS)塑料制液体手泵(子目 8413.11 或子目 8413.19 除外)(统计报告编码 8413.20.0000 项下);

136. 内燃机活塞发动机润滑泵(统计报告编码 8413.30.9060 项下);

137. 品目 8703 或品目 8704 的机动车辆内燃机活塞发动机用冷却介质泵(统计报告编码 8413.30.9090 项下);

138. 用于汽车制动系统的真空泵,由铸铝阀体和非合金钢盖组成,长度不超过85毫米,宽度不超过75毫米,高度不超过96毫米,泵容量不超过200 cc(统计报告编码8414.10.0000项下);

139. 手动或脚踏式气泵,重量为400克或以上但不超过3千克,最大压力为1.52兆帕,进口时带有轮胎和内胎阀门适配器(统计报告编码8414.20.0000项下);

140. 机动车气候控制系统中使用的直流鼓风机,尺寸不小于323毫米×122毫米×102毫米但不大于357毫米×214毫米×167毫米(统计报告编码8414.59.6540项下);

141. 直流离心径向鼓风机,尺寸不小于345毫米×122毫米×102毫米但不大于355毫米×173毫米×145毫米,输出功率为100～285瓦,重量至少为1.80千克但不大于2.72千克(统计报告编码8414.59.6560项下);

142. 便携式空气压缩机,每分钟输送量小于0.57立方米(统计报告编码8414.80.1685项下);

143. 风机零件,包括由可伸缩钢管组成的立柱组件,具有将组件锁定在所需长度的机构,以及用于制造家用底座风机的前钢格栅(统计报告编码8414.90.1040项下);

144. 装有商用制冷设备的电子展示柜,有一个玻璃正面,用于展示储存的食品或饮料(统计报告编码8418.50.0080项下);

145. 装有制冷设备的立式冷却器,宽度不超过77厘米,深度不超过78厘米,高度不超过200厘米,重量不超过127千克,带有一个摆动式透明玻璃门(统计报告编码8418.50.0080项下);

146. 零售计算秤,带触觉键盘或VGA显示器的数字,最大称重能力不小于10千克但不大于15.5千克,宽度不小于15厘米但不大于41厘米,深度不小于20厘米但不大于32厘米(统计报告编码8423.81.0030项下);

147. 小型便携式不锈钢运输秤,最大称重能力不超过16千克,带数字显示器,钩下重量和把手,宽度不小于19厘米但不大于52厘米,深度不小于21厘米但不大于41厘米,高度不小于3厘米但不大于13厘米(统计报告编码8423.81.0040项下);

148. 棘轮链式、绳索式或缆索式起重机,不包括箕斗式起重机或用于提升机动车辆的起重机,此类起重机不由电动机驱动(统计报告编码8425.19.0000项下);

149. 由电动机驱动的绞车,牵引能力为4 300千克或以上但不超过7 940千克(统计报告编码8425.31.0100项下);

150. 螺旋千斤顶和剪式千斤顶,包括一个底座、两个提升臂和可调车轮垫,重量至少为22千克但不超过42千克,重量限制不超过342千克(统计报告编码8425.49.0000项下);

151. 门式起重机,配备一个吊臂或操作臂,从起重机水平延伸并在轨道上运行,起重机位于基座上,起重能力至少为200吨(统计报告编码8426.30.0000项下);

152. 非家用缝纫机,非专门设计用于将鞋底与鞋面连接的缝纫机,适用于缝制皮革,重量为45千克或以上但不超过140千克(统计报告编码8452.29.9000项下);

153. 彩票销售终端,包括一个触摸屏显示器、条形码扫描仪、Wi-Fi/以太网/蓝牙连接、六个USB端口、两个LAN端口和两个串行端口(统计报告编码8470.90.0190项下);

154. 自动数据处理机器的鼠标输入设备,价值超过 70 美元/台(统计报告编码 8471.60.9050 项下);

155. 自动数据处理机器的触摸板输入装置,价值超过 100 美元/台(统计报告编码 8471.60.9050 项下);

156. 用于在计算机屏幕上呈现图像的印刷电路组件(图形处理模块)(统计报告编码 8473.30.1180 项下);

157. 用于增强自动数据处理机器(加速器模块)图形性能的印刷电路组件(统计报告编码 8473.30.1180 项下);

158. 由未制成逻辑板组成的印刷电路组件(统计报告编码 8473.30.1180 项下);

159. 品目 8471 的机器零件和附件,不论是否包含风扇轮毂或发光二极管,但不包含品目 8541 或品目 8542 的其他货物(统计报告编码 8473.30.5100 项下);

160. 棘轮系紧带,由宽度不小于 25 毫米、不大于 105 毫米、长度不大于 12.5 米的纺织品带、带两端的钢钩以及用于调整整个长度的齿轮和棘爪机构组成(统计报告编码 8479.89.9499 项下);

161. 丙烯腈-丁二烯-苯乙烯塑料手动阀门,为手动四分之一转球阀,一端有螺纹,用于接收美国花园软管的阳端(统计报告编码 8481.80.5090 项下);

162. 塑料手动阀门,包括瓶盖、饮水嘴和调味品分配阀(统计报告编码 8481.80.5090 项下);

163. 点燃式活塞内燃发动机或旋转式发动机(第八十七章车辆的发动机除外)的零件,由传动轴(包括凸轮轴和曲轴)和曲轴组成,上述零件的铸铁或其他黑色金属制度(统计报告编码 8483.10.1050 项下);

164. 单相交流四极永久分裂电容式齿轮电动机,输出功率为 38 瓦或以上但不超过 74.5 瓦,封装在长度为 12 厘米或以上但不超过 17 厘米的塑料外壳内,该外壳在塑料支架的末端旋转,另一端装有开关振荡和速度控制装置(统计报告编码 8501.40.2020 项下);

165. 单相交流四极永久分裂电容式齿轮电动机,输出功率为 38 瓦或以上但不超过 74.5 瓦,封装在长度为 13 厘米或以上但不超过 16 厘米的塑料外壳内,该外壳在塑料支架的一端旋转,另一端装有开关和速度控制装置(统计报告编码 8501.40.2020 项下);

166. 输出功率为 38 瓦或以上但不超过 74.5 瓦的单相交流四极永久分裂电容式齿轮电动机,封装在带有开关和速度控制装置的塑料外壳内(统计报告编码 8501.40.2020 项下);

167. 输出功率为 60 瓦或以上但不超过 74.5 瓦的单相交流四极永久分裂电容式电动机(齿轮电动机除外),配有一个由绝缘导线连接的旋转开关,封闭在贱金属外壳内(统计报告编码 8501.40.2040 项下);

168. 单相交流电机(齿轮电机除外),输出功率为 56 瓦或以上但不超过 69 瓦,长度不超过 9 厘米,直径不超过 11.5 厘米,重量不超过 2 千克,位于贱金属外壳内,带有开关(统计报告编码 8501.40.2040 项下);

169. 单相交流齿轮电机,输出功率为 74.6 瓦或以上但不超过 228 瓦,带有弹簧、联轴器和锁紧连接器,总成长度不超过 30 厘米,宽度不超过 11 厘米,高度不超过 16 厘米(统计报告编码 8501.40.4020 项下);

170. 单相交流、四极永久分裂电容式齿轮电动机,输出功率为 75 瓦或以上但不超过 95 瓦,封闭在塑料外壳内,该外壳在塑料支架的末端旋转,另一端装有开关振荡和速度控制装置(统计报告编码 8501.40.4020 项下);

171. 单相交流电机,输出功率超过 74.6 瓦但不超过 335 瓦,直径不超过 13 厘米,高度不超过 13 厘米,轴长度不超过 39 厘米(统计报告编码 8501.40.4040 项下);

172. 输出功率为 75 瓦或以上但不超过 110 瓦的单相交流四极永久分裂电容式电动机(齿轮电动机除外),配有一个由绝缘导线连接的开关,封闭在外径为 85 毫米或以上但不超过 95 毫米的贱金属圆形外壳内(统计报告编码 8501.40.4040 项下);

173. 包含永久分裂电容器的单相交流电动机,输出范围为 367 瓦或以上但不超过 565 瓦,在不低于 115 伏但不超过 230 伏的交流电下运行,能够在浸入水中时运行,重量至少为 7 千克但不超过 11 千克,直径不超过 10 厘米,长度至少为 22 厘米但不超过 34 厘米(统计报告编码 8501.40.4040 项下);

174. 单相交流电动机,齿轮电动机除外,不论是否装有永久分裂电容器,输出范围为 746 瓦或以上但不超过 1.13 千瓦,在不小于 115 伏但不超过 250 伏的交流电下运行,能够在浸入水中时运行,重量至少为 9 千克但不超过 12.5 千克,直径不超过 10 厘米,长度至少为 25 厘米但不超过 36 厘米(统计报告编码 8501.40.6040 项下);

175. 用于品目 8471 的自动数据处理设备及其部件的电源,输出功率超过 500 瓦,长度为 148 毫米,宽度为 43 毫米,高度为 335 毫米(统计报告编码 8504.40.6018 项下);

176. 电缆网络电源,将 120 伏/60 赫交流输入转换为 63 伏交流或 87 伏交流输出,尺寸不超过 200 毫米×425 毫米×270 毫米,重量不超过 27.5 千克,包含印刷电路板组件、变压器和充油电容器(统计报告编码 8504.40.8500 项下);

177. 设计用于电信设备无线(感应)充电的静态转换器(统计报告编码 8504.40.8500 项下);

178. 用于为汽车或家庭中的电信设备充电的静态转换器,价值不超过 2 美元/台(统计报告编码 8504.40.8500 项下);

179. 用于天气传感器或气象站显示器的电源适配器(统计报告编码 8504.40.9580 项下);

180. 电感器,每个电感器的电感为 22 微亨利(μH),公差不大于 20%,直流电阻为 198 毫欧姆,直流电流为 1.9 安(统计报告编码 8504.50.8000 项下);

181. 电感器,电感为 220 微亨利(μH),公差不大于 20%,直流电阻为 550 毫欧姆,直流电流为 510 毫安(统计报告编码 8504.50.8000 项下);

182. 电感器,电感为 470 微亨利(μH),公差不大于 20%,直流电阻为 700 毫欧姆,直流电流为 540 毫安(统计报告编码 8504.50.8000 项下);

183. 住宅用机器人真空吸尘器,配有功率不超过 50 瓦的独立电机和容量不超过 1 升的防尘袋/插座,不论是否配有附件(统计报告编码 8508.11.0000 项下);

184. 立式无袋真空吸尘器,配有功率不超过 1 500 瓦的独立电机,且吸尘器容量不超过 1 升(统计报告编码 8508.11.0000 项下);
185. 设计用于草坪、汽车、船舶、摩托车、工业和园林行业的内燃机起动马达(统计报告编码 8511.40.0000 项下);
186. 空气喇叭用塑料投影仪(喇叭)(统计报告编码 8512.90.2000 项下);
187. 风机驱动便携式电加热器,带有陶瓷加热元件(统计报告编码 8516.29.0030 项下);
188. 风机驱动的便携式空间电加热器,功耗不超过 1.5 千瓦,重量超过 1.5 千克但不超过 17 千克,不论是否包含加湿器或空气过滤器(统计报告编码 8516.29.0030 项下);
189. 电壁炉插件和独立式电壁炉加热器,额定值为 5 00 英制热量单位(BTU)(统计报告编码 8516.29.0090 项下);
190. 电壁炉,重量不超过 55 千克(统计报告编码 8516.29.0090 项下);
191. 家用便携式台面空气炸锅(统计报告编码 8516.60.4070 项下);
192. 管状电热电阻器(统计报告编码 8516.80.8000 项下);
193. 闭环数字视频安全系统,由一个 4 通道、8 通道或 16 通道数字视频录像机组成,通过电缆连接到塑料、电缆和电源适配器外壳中的至少 2 个但不超过 16 个彩色电视摄像机,供零售(统计报告编码 8525.80.3010 项下);
194. 与显微镜一起使用的彩色摄像机,配有 C 型安装座,重量不超过 87 克,长度不超过 109 毫米,直径不超过 31 毫米,并配有长度不超过 1.5 米的电缆(统计报告编码 8525.80.3010 项下);
195. 与显微镜一起使用的数字彩色摄像机,分辨率为 1 000 万像素,重量不超过 175 克,长度为 63 毫米×37 毫米,配有 USB 电缆、缩小镜头、目镜适配器、软件 CD 和校准幻灯片(统计报告编码 8525.80.3010 项下);
196. 与显微镜一起使用的数字彩色摄像机,配有自动对焦、C 型安装座、1080p 分辨率,重量不超过 450 克,尺寸不超过 67 毫米×67 毫米×81 毫米,配备交流电源适配器和电源线(统计报告编码 8525.80.3010 项下);
197. 包含发光二极管的指示板,设计用于医疗输液设备(统计报告编码 8531.20.0040 项下);
198. 印刷电路板,每个板的底座完全由塑料浸渍玻璃制成,不可弯曲,有 4 层铜(统计报告编码 8534.00.0020 项下);
199. 印制电路板,基板为玻璃纤维增强环氧层压材料,符合美国电气制造商协会 FR‑4 级耐火性,非柔性,10 层,设计用于流量计,测量值不超过 6.35 厘米×6.35 厘米×0.1575 厘米(统计报告编码 8534.00.0020 项下);
200. 印刷电路板,每个板的底座全部由塑料浸渍玻璃制成,不可弯曲,带有 2 层铜(统计报告编码 8534.00.0040 项下);
201. 符合美国电气制造商协会 1‑15R、5‑15R 或 5‑20R 型要求的落地式插座(统计报告编码 8536.69.8000 项下);
202. 气体点火安全控制装置,高度为 3.8～5.3 厘米,宽度为 6.4～10.1 厘米,深度为

13.2～13.9厘米,重量为160～380克,价值不超过26美元/件,用于庭院加热器、农业加热器或干衣机的一种(统计报告编码8537.10.9170项下);

203. 专门设计用于控制医用输液泵的印刷电路板组件(统计报告编码8537.10.9170项下);

204. 能够连接到有线或无线网络进行声音混合的数字声音处理设备,每个能够混合16、24、32或64个通道,每个测量高度不超过17厘米,深度不超过60厘米,宽度不超过83厘米(统计报告编码8543.70.9100项下);

205. 电压不超过1 000伏的绝缘电导体,装有用于电信的连接器,每根价值超过0.35美元但不超过2美元(统计报告编码8544.42.2000项下);

206. 带聚氯乙烯护套的铜线延长线,电压不超过100伏,每根长度至少为9米,但不超过16米,一端带有美国电气制造商协会5-15P型插头,另一端带有美国电气制造商协会5-15R型插座(统计报告编码8544.42.9010项下);

207. 带聚氯乙烯护套的铜线延长线,电压不超过1 000伏,长度至少4米但不超过16米,一端带有美国电气制造商协会TT-30P型插头,另一端带有TT-30R型插座,或一端带有14-50P型插头,另一端带有14-50R型插座,每端的手柄呈环状(统计报告编码8544.42.9090项下);

208. 电压不超过1,000伏的非电信用绝缘导线,每根导线两端各有聚氯乙烯盖和连接器,成捆成3、5或6,用于将患者连接到监测设备(统计报告编码8544.42.9090项下);

209. 太阳能电池板中使用的接线盒组件,包括三个旁路二极管和两条装有连接器的绝缘电缆,电压不超过1,000伏(统计报告编码8544.42.9090项下);

210. 气体点火电极组件用氧化铝陶瓷电绝缘体,每个长度至少为6.6厘米,但不超过11.5厘米,直径不超过0.95厘米,重量不超过25克(统计报告编码8546.20.0090项下);

211. 塑料和钢制电绝缘体("电线螺母")(统计报告编码8546.90.0000项下);

212. 在没有USB充电端口的机动车内部安装电话的装置(统计报告编码8708.29.5060项下);

213. 轮胎托架附件、车顶行李架、挡泥板衬垫、侧面保护附件、前述钢制附件(统计报告编码8708.29.5060项下);

214. 设计用于子目8708.30制动器和伺服制动器的导向销和导向螺栓(统计报告编码8708.30.5090项下);

215. 美国汽车工程师学会1035碳钢法兰锻件(统计报告编码8708.40.7570项下);

216. 美国汽车工程师学会1035碳钢轮毂锻件(统计报告编码8708.40.7570项下);

217. 美国汽车工程师学会1520碳钢驻车齿轮坯料(统计报告编码8708.40.7570项下);

218. Stahlwerk-Annahutte ZF34C级碳钢定子轴(统计报告编码8708.40.7570项下);

219. 适用于乘用车自动变速器系统的美国汽车工程师学会1045碳钢前输出轴(统计报告编码8708.99.6890项下);

220. 钢制悬挂接收器,不适用于牵引应用,每个接收器夹在休闲车的后保险杠上,此类保

第九十九章　临时立法;根据现有贸易法规的临时修改;根据经修正的《农业调整法》第 22 条制定的附加进口限制　1921

险杠为方形,侧面尺寸不超过 102 毫米(统计报告编码 8708.99.8180 项下);

221. 非机动自行车,每辆具有直径大于 69 厘米但不大于 71 厘米的铝合金或镁合金车轮,横截面直径为 3.5 厘米的轮胎,铝框架,聚氨酯/碳纤维帘线传动带,3 速、7 速或 12 速后轮毂和扭转换档器(统计报告编码 8712.00.2500 项下);

222. 双轮直径超过 63.5 厘米,重量小于 16.3 千克,无附件,且未设计用于横截面直径超过 4.13 厘米的轮胎的单速自行车(统计报告编码 8712.00.2500 项下);

223. 非机动自行车,两个车轮直径均超过 63.5 厘米,每个车轮不超过三速,且配有过山车制动器(统计报告编码 8712.00.3500 项下);

224. 自行车,包括山地自行车,带吊杆、无内胎、折叠(统计报告编码 8712.00.4800 项下);

225. 碳纤维自行车车架,价值不超过 600 美元/件(统计报告编码 8714.91.3000 项下);

226. 自行车鞍座,每个鞍座都有塑料、人造纺织物或两者的组合覆盖(统计报告编码 8714.95.0000 项下);

227. 适用于在成人自行车后面牵引的轮式拖车,包括一个铝框架和一个挂接装置,重量不超过 17.5 千克,容量不超过 46 千克,指定用于承载符合美国材料与试验协会国际标准 F1975 的儿童(统计报告编码 8716.40.0000 项下);

228. 脚轮,直径(包括适当的轮胎)为 20 厘米或以上但不超过 23 厘米(统计报告编码 8716.90.3000 项下);

229. 卡车拖车裙座支架,第十五类通用零件件除外(统计报告编码 8716.90.5060 项下);

230. 未安装的透明矩形过滤器盖透镜,碳酸烯丙基二甘醇,用于电弧焊头盔,每个尺寸为 50 毫米×110 毫米或 115 毫米×135 毫米(统计报告编码 9001.90.9000 项下);

231. 复合双筒光学显微镜(立体显微镜和显微摄影、电影显微摄影或显微投影用显微镜除外),放大倍数为 40 倍或以上但不超过 1 000 倍,重量不超过 3 千克(统计报告编码 9011.80.0000 项下);

232. 复合光学显微镜(立体显微镜和显微摄影、电影显微摄影或显微投影用显微镜除外),每个显微镜的放大倍数为 40 倍或以上但不超过 400 倍,重量不超过 15 千克(统计报告编码 9011.80.0000 项下);

233. 气象仪器和器具的零件和附件,由重量不超过 25 克的塑料和贱金属制成的风向标组成(统计报告编码 9015.90.0190 项下);

234. 气象仪器和设备的零件和附件,由一个组件组成,该组件包括 3 个旋转风杯、轴承、一个内部吸气风扇和一个或多个太阳能电池板(统计报告编码 9015.90.0190 项下);

235. 气象仪器和器具的零件和附件,由塑料和金属制成的组件组成,包括 3 个重量不超过 35 克的风杯(统计报告编码 9015.90.0190 项下);

236. 柔性探头,长度至少为 1 米但不超过 2 米,探头端部装有热敏电阻热传感器,可将热数据直接传输至温度监测器(统计报告编码 9025.90.0600 项下);

237. 税号 9025.11.40 温度计的金属外壳和金属零件,设计用于加热、通风和空调设备(统计报告编码 9025.90.0600 项下);

238. 手持式卡片计数器,由一个包含电路板、可充电电池和控制器的塑料盒组成,重量小于1千克(统计报告编码9029.10.8000项下);

239. 60分钟机械倒计时厨房计时器(统计报告编码9106.90.8500项下);

240. 非藤条、柳条、竹子或类似材料制成的木制框架软垫座椅(椅子除外),宽度至少为144厘米但不超过214厘米,高度至少为81厘米但不超过89厘米,深度至少为81厘米但不超过163厘米(统计报告编码9401.61.6011项下);

241. 宗教礼拜场所用可堆叠软垫金属座椅,能够相互联锁,带有固定的支架和架子(统计报告编码9401.71.0031项下);

242. 金属框架座椅(家用座椅除外),未加软垫,座椅和靠背由塑料或木材制成,宽度至少为48厘米但不超过61厘米(统计报告编码9401.71.0031项下);

243. 带铝框的折叠椅,由聚酯防撕裂织物和聚酯网制成的座椅和一个铝框组成,重量不超过600克(统计报告编码9401.79.0015项下);

244. 带钢或铝框架的可折叠凳子,宽度不超过30.5厘米,深度不超过26厘米,高度不超过39厘米(统计报告编码9401.79.0035项下);

245. 钢制或铝制狩猎架(包括梯架、吊舱架、悬挂架和攀爬架),都允许一个或多个猎人登上一定的高度,坐在那里等待猎物出现(统计报告编码9401.79.0035项下);

246. 金属框架座椅(家用座椅除外),未加软垫,座椅和靠背由塑料或木材制成,宽度至少为48厘米但不超过61厘米(统计报告编码9401.79.0050项下);

247. 未加工胶合板椅子零件,包括身体、腿和手臂(统计报告编码9401.90.4080项下);

248. 铸铝工作台架,高度至少为42厘米但不超过79厘米,宽度至少为52厘米但不超过62厘米(统计报告编码9401.90.5081项下);

249. 金属椅架,配有整体书架,可堆叠(统计报告编码9401.90.5081项下);

250. 用于折叠椅的贱金属和橡胶制脚部组件(统计报告编码9401.90.5081项下);

251. 金属和高压层压竹制家用家具(熨衣板、婴幼儿家具或床架除外)(统计报告编码9403.20.0050项下);

252. 钢制储物柜(统计报告编码9403.20.0050或9403.20.0078项下);

253. 粉末涂层钢制展示架,不论是否安装在脚轮上,不论是否配备发光二极管照明,每个展示架的长度至少为60厘米但不超过125厘米,宽度至少为60厘米但不超过125厘米,高度至少为130厘米但不超过225厘米,倾斜货架,每个货架的前缘有一个边缘,高度为3厘米或以上(2019年7月1日之前的统计报告编码9403.20.0080项下;2019年7月1日生效的统计报告编码9403.20.0081项下);

254. 除家用外的可调钢制金属丝搁架装置,包括垂直杆、脚帽或脚轮、夹子和搁架,每个完全组装时,宽度至少为35厘米或以上但不超过183米,深度至少为35厘米但不超过77厘米,高度至少为137厘米但不超过183厘米(统计报告编码9403.20.0081项下);

255. 钢制储物架,粉末涂层,设计用于悬挂在高架支架上,重量不超过37千克,宽度不超过123厘米,高度不超过123厘米,长度不超过245厘米(统计报告编码9403.20.0081项下);

256. 带钢和/或铝框架的可折叠婴儿床,可供睡眠的表面由聚酯或尼龙织物制成,每张床长度为 185 厘米或以上但不超过 230 厘米,宽度为 70 厘米或以上但不超过 105 厘米,高度为 7 厘米或以上但不超过 58 厘米(统计报告编码 9403.20.0090 项下);

257. 具有钢和/或铝框架的可折叠桌子,长度为 25 厘米或以上但不超过 156 厘米,宽度为 30 厘米或以上但不超过 80 厘米,高度为 37 厘米或以上但不超过 113 厘米,桌面表面为铝(统计报告编码 9403.20.0090 项下);

258. 高压层压竹制家用家具,婴儿或儿童家具除外(统计报告编码 9403.82.0015 项下);

259. 摇篮,由聚酯织物制成,带有钢管框架和部分实木栏杆,尺寸为 86 厘米×51 厘米×86 厘米,重量为 12 千克,车轮上有可调高度的支腿(统计报告编码 9403.89.6003 项下);

260. 婴儿床衬垫,由两块多层经编织的聚酯网组成,无任何填充,一块不超过 29 厘米×283 厘米,另一块不超过 29 厘米×210 厘米(统计报告编码 9403.90.6005 项下);

261. 床栏,连接在床的侧面,以防止床上的人滚出,并配有尼龙网织物(统计报告编码 9403.90.8041 项下);

262. 室外照明设备,包含 6 个或 10 个聚碳酸酯灯泡插座(统计报告编码 9405.40.8410 项下);

263. 带有由电池供电的发光二极管灯的无焰柱形蜡烛,直径至少为 7.6 厘米但不超过 20 厘米,外部有蜡(统计报告编码 9405.40.8440 项下);

264. 柔性带,有嵌入式发光二极管,与模制的电路连接器连接,缠绕在直径不超过 25 厘米、宽度不超过 1.5 厘米的卷轴上(统计报告编码 9405.40.8440 项下);

265. 室外用花园、露台和桌面灯芯燃烧火炬(统计报告编码 9405.50.4000 项下);

266. 金属框架上的织物灯罩(统计报告编码 9405.99.4090 项下)。

(五十八)美国贸易代表办公室决定建立一个程序,通过该程序可以将归入税号 9903.88.15、第三分章美国注释二十(十八)款和二十(十九)款的特殊商品从税号 9903.88.15 规定的附加关税中排除出来。见《联邦公报》第 84 卷第 43304 节(2019 年 8 月 20 日)、第 84 卷第 45821 节(2019 年 8 月 30 日)、第 84 卷第 57144 节(2019 年 10 月 24 日)和第 85 卷第 3741 节(2020 年 1 月 22 日)。根据这个商品排除程序,美国贸易代表办公室决定,按照税号 9903.88.57 的规定,税号 9903.88.15 规定的附加关税不适用于以下特殊商品,其统计报告编码为:

1. 0505.10.0050;

2. 0505.10.0055;

3. 3401.19.0000;

4. 3926.90.9910;

5. 4015.19.0510;

6. 4015.19.0550;

7. 2020 年 7 月 1 日之前的统计报告编码 4818.90.0000 项下,2020 年 7 月 1 日生效的统计报告编码 4818.90.0020 或 4818.90.0080 项下;

8. 5210.11.4040;

9. 5210.11.6020；
10. 5504.10.0000；
11. 6210.10.5000；
12. 6307.90.6090；
13. 6307.90.6800；
14. 6506.10.6030；

15. 食蟹猴（也称食蟹猴或长尾猕猴）以及专为研究而圈养的恒河猴（猕猴）（统计报告编码 0106.11.0000 项下）；

16. 鸭或鹅的一种用于填充物的羽毛，除经过清洁、消毒或保存处理外，未进一步加工，上述羽毛不符合美国总务管理局颁布的联邦标准 148a 的试验标准 4 和 10.1（统计报告编码 0505.10.0060 项下）；

17. 海藻酸钠树脂（CAS No.9005-38-3）（统计报告编码 3913.10.0000 项下）；

18. 设计为固定、手持、高度可调或其组合的塑料淋浴头及其零件（统计报告编码 3924.90.5650 项下）；

19. 三套聚氯乙烯涂层的塑料泡沫垫，用于通过带扣的可调节带穿过垫槽来组装漂浮工作背心，每组包括两个不规则形状的前/侧垫和一个矩形后垫（2020 年 7 月 1 日之前的统计报告编码 3926.90.9990 项下，2020 年 7 月 1 日生效的统计报告编码 3926.90.9985 项下）；

20. 模制塑料碗，带夹子，用于在手术过程中固定导丝（2020 年 7 月 1 日之前的统计报告编码 3926.90.9990 项下，2020 年 7 月 1 日生效的统计报告编码 3926.90.9985 项下）；

21. 塑料覆盖物，设计用于覆盖伤口部位或铸件，从而形成保护密封，以在淋浴或沐浴时保持覆盖区域干燥和无碎屑（2020 年 7 月 1 日之前的统计报告编码 3926.90.9990 项下，2020 年 7 月 1 日生效的统计报告编码 3926.90.9985 项下）；

22. 一次性带刻度的塑料配药杯（2020 年 7 月 1 日之前的统计报告编码 3926.90.9990 项下，2020 年 7 月 1 日生效的统计报告编码 3926.90.9985 项下）；

23. 用于保护外科手术室无菌区域的一次性无菌塑料窗帘和覆盖物（2020 年 7 月 1 日之前的统计报告编码 3926.90.9990 项下，2020 年 7 月 1 日生效的统计报告编码 3926.90.9985 项下）；

24. 聚苯乙烯塑料无菌倾析器，用于将无菌液体或药物转移到无菌袋、小瓶或玻璃容器中或从无菌袋、小瓶或玻璃容器中转移出去（2020 年 7 月 1 日之前的统计报告编码 3926.90.9990 项下，2020 年 7 月 1 日生效的统计报告编码 3926.90.9985 项下）；

25. 具有花卉、景观、人物或抽象图案或手工绘制的固体背景的壁纸（子目 4814.20.00 的壁纸除外），不论是否使用金属片（统计报告编码 4814.90.0200 项下）；

26. 印刷艺术书和画册，价值为 5~17 美元，高度为 22~39 厘米，宽度为 14~32 厘米，重量不超过 3 千克，带有模切或额外翻页，并用烫金或丝网装订在封面上（统计报告编码 4901.99.0065 项下）；

27. 主要重量为棉花的女式针织长袍，带钩环扣（统计报告编码 6108.91.0030 项下）；

28. 棉针织互锁织物制成的婴儿睡衣,有袖子、领子和弹性底部开口(统计报告编码 6111.20.6070 项下);
29. 无袖棉质互锁针织物婴儿睡袋,有颈部开口和双向拉链(统计报告编码 6111.20.6070 项下);
30. 棉制针织婴儿睡袋,有颈部开口和双向拉链(统计报告编码 6111.20.6070 项下);
31. 棉针织互锁织物婴儿襁褓袋,有袖子和手套袖口(统计报告编码 6111.20.6070 项下);
32. 聚酯针织抓绒婴儿毯,无袖,配有双向拉链(统计报告编码 6111.30.5015 项下);
33. 手套,含纺织纤维重量低于 50%,涂有橡胶或塑料,用于增强抓地力(统计报告编码 6116.10.6500 项下);
34. 带有细棉布镶边的男式和男童棉质毛圈浴衣,无腰带,但带有钩环扣(统计报告编码 6207.91.1000 项下);
35. 带有细棉布镶边的女式棉质毛圈浴衣,无腰带,但带有钩环扣(统计报告编码 6208.91.1010 项下);
36. 带有细棉布镶边的女孩棉质毛圈浴衣,无腰带,但带有钩环扣(统计报告编码 6208.91.1020 项下);
37. 女孩羊毛浴衣,无腰带,但有钩环扣(统计报告编码 6208.92.0020 项下);
38. 棉毯(电毯除外),机织,边缘尺寸为 116~118 厘米(统计报告编码 6301.30.0010 项下);
39. 棉制毛毯(电热毯除外),非机织,边缘尺寸为 116~118 厘米(统计报告编码 6301.30.0020 项下);
40. 针织聚酯织物防尘罩,设计用于床垫和枕头(统计报告编码 6302.10.0020 项下);
41. 装有松紧带的细棉布婴儿床床单(统计报告编码 6302.31.9020 项下);
42. 棉质枕头保护套,非针织或钩编,未起绒或印花,有全套结构和拉链开口(统计报告编码 6302.31.9040 项下);
43. 由一次性、即时、吸热化学反应冷包装和纺织品外衬组成的冷包装(2020 年 7 月 1 日之前的统计报告编码 6307.90.9889 项下,2020 年 7 月 1 日起生效的统计报告编码 6307.90.9891 项下);
44. 化纤织物的一次性鞋和靴套(2020 年 7 月 1 日之前的统计报告编码 6307.90.9889 项下,2020 年 7 月 1 日生效的统计报告编码 6307.90.9891 项下);
45. 纺织织物制口罩和微粒口罩(2020 年 7 月 1 日之前的统计报告编码 6307.90.9889 项下,2020 年 7 月 1 日起生效的统计报告编码 6307.90.9845、6307.90.9850、6307.90.9870 或 6307.90.9875 项下);
46. 一次性纺织材料热包装(放热化学反应)(2020 年 7 月 1 日之前的统计报告编码 6307.90.9889 项下,2020 年 7 月 1 日生效的统计报告编码 6307.90.9891 项下);
47. 剖腹手术用棉质擦拭布(2020 年 7 月 1 日之前的统计报告编码 6307.90.9889 项下,2020 年 7 月 1 日生效的统计报告编码 6307.90.9891 项下);
48. 纺织材料一次性使用血压袖套(2020 年 7 月 1 日之前的统计报告编码 6307.90.9889

项下,2020 年 7 月 1 日生效的统计报告编码 6307.90.9891 项下);

49. 纺织材料一次性医用口罩(2020 年 7 月 1 日之前的统计报告编码 6307.90.9889 项下,2020 年 7 月 1 日生效的统计报告编码 6307.90.9845、6307.90.9850 或 6307.90.9870 项下);

50. 一次性听诊器盖(2020 年 7 月 1 日之前的统计报告编码 6307.90.9889 项下,2020 年 7 月 1 日生效的统计报告编码 6307.90.9891 项下);

51. 方形或矩形的棉机织物擦拭布(2020 年 7 月 1 日之前的统计报告编码 6307.90.9889 项下,2020 年 7 月 1 日生效的统计报告编码 6307.90.9891 项下);

52. 运动、娱乐和运动头盔,包括聚氯乙烯、聚碳酸酯塑料或丙烯腈-丁二烯-苯乙烯外壳,每个外壳具有膨胀聚丙烯或膨胀聚苯乙烯内衬,设计用于自行车(统计报告编码 6506.10.6045 项下);

53. 光亮 C1060 圆线,镀锌或涂锌,含碳量为 0.6% 或以上,直径为 0.034 毫米或以上但小于 1 毫米(统计报告编码 7217.20.4530 项下);

54. 家用缝纫机,重量不超过 22.5 千克,具有触摸屏控制、缝纫灯、压脚升降器和自动穿线机(统计报告编码 8452.10.0090 项下);

55. 汽油驱动的钻地动力螺旋钻,重量不超过 16 千克,具有气缸排量不超过 55 毫升的汽油发动机和可连接到螺旋钻钻头的输出轴,不论是否配备一个或多个螺旋钻钻头(统计报告编码 8467.89.5060 项下);

56. 气缸排量不超过 80 毫升的汽油动力或丙烷动力发动机,包括一个专门设计用于切割水体冰盖的螺旋钻钻头(统计报告编码 8467.89.5090 项下);

57. 铜制手动水龙头零件,重量不超过 5 千克(统计报告编码 8481.90.1000 项下);

58. 适合佩戴在手腕上的装置,具有时间显示功能,有一个加速计,能够显示和传输通过网络(例如便携式 ADP 装置、LAN 或蜂窝网络)发送给它的数据(统计报告编码 8517.62.0090 项下);

59. 跟踪装置,侧面尺寸不超过 86 毫米(如果为矩形)或直径不超过 28 毫米(如果为圆形),厚度不超过 7.5 毫米,重量不超过 15 克,设计用于连接到其他物品,并与其他设备建立蓝牙连接,以提供相对位置信息(统计报告编码 8517.62.0090 项下);

60. 能够接收要分发给无线扬声器的音频数据的无线通信装置(统计报告编码 8518.22.0000 项下);

61. 电视液晶显示器第八十八章的主板组件,包括一块印刷电路板,其中包含电视调谐器和音频和视频组件(统计报告编码 8529.90.1300 项下);

62. 防护用品(统计报告编码 9004.90.0000 项下);

63. 棱镜双筒望远镜,除用于红外光外,包括带橡胶套的塑料、铝或镁合金主体,放大倍数为 4~22 倍,孔径为 21~56 毫米(统计报告编码 9005.10.0040 项下);

64. 液晶显示器第八十八章的模块,不能接收或处理广播电视信号,视频显示对角线长度不超过 191 厘米(统计报告编码 9013.80.9000 项下);

65. 不锈钢和钛制表壳,非镀金或镀银,未装配,直径为 20~48 毫米,重量为 50~250 克(统计报告编码 9111.20.4000 项下);

66. 黄铜表盘,宽度为 18～50 毫米,重量为 10～20 克(统计报告编码 9114.30.4000 项下);
67. 立式声学钢琴(未使用的除外),装有高度小于 111.76 厘米的音箱(统计报告编码 9201.10.0011 项下);
68. 原声立式钢琴(二手的除外),装有高度为 111.76 厘米或以上但小于 121.92 厘米的音箱(统计报告编码 9201.10.0021 项下);
69. 原声立式钢琴(二手的除外),装有高度为 121.92 厘米或以上但小于 129.54 的音箱(统计报告编码 9201.10.0031 项下);
70. 原声立式钢琴(二手的除外),装有高度为 129.54 厘米或以上的音箱(统计报告编码 9201.10.0041 项下);
71. 原声三角钢琴(二手的除外),装有长度为 152.4 厘米或以上但小于 167.64 厘米的音箱(统计报告编码 9201.20.0021 项下);
72. 原声三角钢琴(二手除外),装有长度为 167.64 厘米或以上但小于 180.34 厘米的音箱(统计报告编码 9201.20.0031 项下);
73. 原声三角钢琴(二手的除外),装有长度为 180.34 厘米或以上但小于 195.58 厘米的音箱(统计报告编码 9201.20.0041 项下);
74. 原声三角钢琴(二手的除外),装有长度为 195.58 厘米或以上的音箱(统计报告编码 9201.20.0051 项下);
75. 钢制竖琴锋利杆(统计报告编码 9209.92.8000 项下);
76. 儿童安全座椅零件(统计报告编码 9401.90.1085 项下);
77. 包含弹簧的儿童安全座椅零件(统计报告编码 9401.90.1085 项下);
78. 棉质枕套,内里填充鹅绒或鸭绒(统计报告编码 9404.90.1000 项下);
79. 棉质绗缝枕套(统计报告编码 9404.90.1000 项下);
80. 化纤绗缝枕套(统计报告编码 9404.90.2000 项下);
81. 塑料天平训练器,长度不超过 120 厘米,宽度不超过 45 厘米,高度不超过 27 厘米,包含一个气囊(统计报告编码 9506.91.0030 项下);
82. 金属箭头(统计报告编码 9506.99.0520 项下);
83. 天然山羊鬃毛刷子,长度为 30～33 毫米,封闭在塑料保护支架内,用于清洁光学透镜(统计报告编码 9603.90.8050 项下);
84. 猪鬃簇,其方向为软毛末端朝上,硬毛根部朝下,毛根部粘在一起形成直径不超过 7 毫米的圆形底部,以便并入刷子(统计报告编码 9603.90.8050 项下);
85. 完全手工绘制的绘画、素描或粉彩(品目 4906 的绘画、手绘或手工装饰的制成品除外),每幅尺寸不超过 300 厘米×2 000 厘米(统计报告编码 9701.10.0000 项下);
86. 邮票(统计报告编码 9704.00.0000 项下);
87. 具有矿物学意义的收藏家作品(统计报告编码 9705.00.0085 项下)。

(五十九)美国贸易代表办公室决定建立一个程序,通过该程序可以将归入税号 9903.88.01、第三分章美国注释二十(一)款和二十(二)款的特殊商品从税号 9903.88.01 规定的附加关税中排除出来。见《联邦公报》第 83 卷第 40823 节(2018 年 8 月 16 日)和第 83 卷第 47326

节(2018年9月18日)。根据这个商品排除程序，美国贸易代表办公室决定，按照税号9903.88.58的规定，税号9903.88.01规定的附加关税不适用于以下特殊商品，其统计报告编码为：

1. 潜水离心泵(内燃机用燃料、润滑或冷却介质泵除外，进口用于制造纤维素纸浆、纸张或纸板的机器的库存泵除外)，未安装或设计为安装测量装置，上述装置能够以每小时3 700升或以上但不超过41 000升的速度运行(统计报告编码8413.70.2004项下)；

2. 设计用于室内的台式喷泉，其基本特征由潜水离心泵赋予(统计报告编码8413.70.2004项下)；

3. 旋转式压缩机，功率超过746瓦但不超过2 238瓦，冷却能力为2.3～5.5千瓦(统计报告编码8414.30.8060项下)；

4. 热辊式层压机，价值不超过450美元/台(统计报告编码8420.10.9040项下)；

5. 切割垫、平台、底板、垫、垫片、托盘，用作宽度不超过51厘米的手动台式压延机的导轨(统计报告编码8420.99.9000项下)；

6. 价值超过35美元/台但不超过45美元/台的电离过滤器(统计报告编码8421.21.0000项下)；

7. 适用于过滤和除湿医疗设备(如气体分析仪)中患者呼吸的一次性塑料过滤器(统计报告编码8421.39.8090项下)；

8. 游泳池真空吸尘器零件(统计报告编码8421.99.0040项下)；

9. 家用洗碗机用不锈钢滚珠轴承三件式滑轨(统计报告编码8422.90.0640项下)；

10. 铲式装载机，容量为11.4～12立方米，装载重量为30 000千克或以上但不超过36 000千克(统计报告编码8429.51.1055项下)；

11. 动物饲养机械(统计报告编码8436.80.0090项下)；

12. 动物饲养机械零件(统计报告编码8436.99.0090项下)；

13. 墨盒，重量超过1千克(统计报告编码8443.99.2010项下)；

14. 打印机维护套件，包括第八十四章附加美国注释二规定的子目8443.32.10打印机装置的两个或多个更换零件(统计报告编码8443.99.2050项下)；

15. 用于拆卸金属的卧式车床，电动，非数控，磨头附件安装在车床主轴箱上方(统计报告编码8458.19.0020项下)；

16. 新型数控铣床，能够对外径为60厘米或以上但不超过305厘米的管道进行端部坡口加工(统计报告编码8459.61.0080项下)；

17. 压力制动器，非数控，额定驱动能力为3千瓦(统计报告编码8462.29.0030项下)；

18. 新型液压剪切机，非数控，功率为7.5千瓦，价值为3 025美元/台或以上(统计报告编码8462.39.0050项下)；

19. 用于固定铣床主轴上使用的各种类型金属加工刀具的刀架(统计报告编码8466.10.0175项下)；

20. 通过混合、捏合或搅拌功能生产氢氧化锂的模块化装置(统计报告编码8479.82.0040项下)；

21. 油液或气动传动用铸铁球型角旋塞阀体(统计报告编码8481.90.9020项下)；

22. 油液传动或气动传动用阀门的铝制阀体(统计报告编码 8481.90.9020 项下);
23. 油液或气动传动用阀门的液压阀零件(阀体除外),每件价值不超过 5 美元(统计报告编码 8481.90.9040 项下);
24. 角接触球轴承,不与轮毂轴承单元一起使用,内径为 25 毫米或以上但不超过 55 毫米,外径为 50 毫米或以上但不超过 95 毫米,宽度为 20 毫米或以上但不超过 35 毫米,带有单列或双列钢球和钢或塑料保持架(统计报告编码 8482.10.5028 项下);
25. 角接触球轴承,宽度不超过 40 毫米,轮毂轴承单元除外(统计报告编码 8482.10.5028 项下);
26. 永久分裂电容式交流电动机,功率不超过 16 瓦(统计报告编码 8501.10.4020 项下);
27. 直流电动机,输出功率超过 37.5 瓦但不超过 74.6 瓦,价值超过 2 美元/台但不超过 30 美元/台(统计报告编码 8501.31.2000 项下);
28. 轧制钢框架结构的多相交流电机(统计报告编码 8501.51.4040 项下);
29. 多相交流电动机,输出功率为 186.5 千瓦或以上但不超过 373 千瓦,具有铸铁框架结构(统计报告编码 8501.53.8040 项下);
30. 双层印刷电路板组件,价值超过 30 美元/件但不超过 35 美元/件(统计报告编码 8504.90.7500 项下);
31. 非手持式 10 米收发器,用于在 28.000~29.700 兆赫的不频繁频率下运行(统计报告编码 8525.60.1050 项下);
32. 限位开关,电压不超过 1 000 伏,价值超过 19 美元/个但不超过 32 美元/个(统计报告编码 8536.50.9055 项下);
33. 模块化光开关,电压不超过 1 000 伏,采用聚对苯二甲酸乙二醇酯(PET)制成外壳,设计用于背板(统计报告编码 8536.50.9065 项下);
34. 设计用于机动车、驾驶员或乘客激活的开关(统计报告编码 8536.50.9065 项下);
35. 同轴连接器,电压不超过 1 000 伏,价值超过 0.20 美元/个但不超过 0.30 美元/个(统计报告编码 8536.69.4010 项下);
36. 对接接头,电压不超过 1 000 伏,价值不超过 3 美元/个(统计报告编码 8536.90.4000 项下);
37. 环形端子,电压不超过 1 000 伏(统计报告编码 8536.90.4000 项下);
38. 绞合式导线连接器,电压不超过 1 000 伏,价值不超过 0.03 美元/个(统计报告编码 8536.90.4000 项下);
39. 设计用于放射外科或放射治疗设备的 S 波段和 X 波段线性加速器(统计报告编码 8543.10.0000 项下);
40. 四轮越野车,仅装有火花点火内燃机往复式活塞发动机,气缸容量不超过 1 000 cc,带跨座和把手控制,每辆车上都有标签,表明车辆只能由至少 16 岁的人操作,价值不超过 5 000 美元/辆(统计报告编码 8703.21.0110 项下);
41. 电动工作车整备重量超过 8 500 千克但不超过 9 500 千克,操作员乘坐(统计报告编码 8709.11.0030 中所述);
42. 测深仪器,价值不超过 50 美元/台(统计报告编码 9014.80.2000 项下);

43. 一次性心电图(ECG)电极(统计报告编码 9018.11.9000 项下);

44. 便携式超声波扫描仪控制台,重量小于 4 千克,配备或不配备传感器(统计报告编码 9018.12.0000 项下);

45. 适合医疗专业人员使用的数字峰值流量计(统计报告编码 9018.19.9550 项下);

46. 适合医疗专业人员使用的指尖脉搏血氧仪(统计报告编码 9018.19.9550 项下);

47. 具有规定尺寸和表面光洁度要求的锗酸铋晶体,用作正电子发射断层扫描(PET)探测器中的检测元件(统计报告编码 9018.19.9560 项下);

48. 磁共振成像(MRI)患者外壳装置,包括射频和梯度线圈(统计报告编码 9018.19.9560 项下);

49. 二氧化碳监测仪的零件和附件(统计报告编码 9018.19.9560 项下);

50. 耳镜(统计报告编码 9018.90.2000 项下);

51. 麻醉面罩(统计报告编码 9018.90.3000 项下);

52. 带电连接器的电外科烧灼铅笔(统计报告编码 9018.90.6000 项下);

53. 设计用于显示医用输液设备操作性能的印刷电路板组件(统计报告编码 9018.90.7580 项下);

54. X 射线表(统计报告编码 9022.90.2500 项下);

55. X 射线管外壳及其零件(统计报告编码 9022.90.4000 项下);

56. 设计用于移动式 X 射线设备的金属制零件和附件(统计报告编码 9022.90.6000 项下);

57. 设计用于 X 射线设备的印刷电路板组件(统计报告编码 9022.90.6000 项下);

58. 专门设计用于支撑、容纳或调整 X 射线数字探测器或完整 X 射线诊断系统中的 X 射线管和准直器运动的垂直支架(统计报告编码 9022.90.6000 项下);

59. 在使用 α、β 或 γ 辐射期间,用于固定患者,用于放射照相或放射治疗的聚己内酯热塑性面罩(统计报告编码 9022.90.9500 项下);

60. 用于加热、通风和空调系统的自动恒温器,包含温度和湿度传感器,设计用于壁装(统计报告编码 9032.10.0030 项下);

61. 设计用于调节电池间电压的电池平衡器,6、12 或 24 伏系统除外(统计报告编码 9032.89.4000 项下);

62. 恒温器盖(统计报告编码 9032.90.6120 项下)。

(六十)美国贸易代表办公室决定建立一个程序,通过该程序可以将归入税号 9903.88.02、第三分章美国注释二十(三)款和二十(四)款的特殊商品从税号 9903.88.02 规定的附加关税中排除出来。见《联邦公报》第 83 卷第 40823 节(2018 年 8 月 16 日)和第 83 卷第 47326 节(2018 年 9 月 18 日)。根据这个商品排除程序,美国贸易代表办公室决定,按照税号 9903.88.59 的规定,税号 9903.88.02 规定的附加关税不适用于以下特殊商品,其统计报告编码为:

1. 丙烯酸-2-丙烯酰胺基-2-甲基丙烷磺酸丙烯酸酯(AA/AMPS/HPA)三元共聚物,以干燥形式呈现(统计报告编码 3906.90.5000 项下);

2. 模制丙烯腈-丁二烯-苯乙烯(ABS)管,用于将液体从袋子或小瓶无菌转移至另一容器,每根管长度为 7.5 厘米或以上但不超过 23 厘米,内径小于 0.65 厘米,外径小于 9 厘米,一端经过角度切割形成钉状物,钉状物端附近有一个直径小于 3 厘米的整体法兰(防溅罩),两端有可拆卸的聚乙烯盖,用无菌包装(统计报告编码 3917.29.0090 项下);

3. 聚氯乙烯卷制电工胶带,宽度不超过 2 厘米,长度不超过 20.2 米,厚度不超过 0.18 毫米(统计报告编码 3919.10.2020 项下);

4. 带有丙烯酸乳液粘合剂的塑料透明胶带,卷装宽度不超过 4.8 厘米,价值不超过 0.25 美元/平方米(统计报告编码 3919.10.2030 项下);

5. 涂有溶剂丙烯酸粘合剂的聚乙烯薄膜卷(统计报告编码 3919.10.2055 项下);

6. 成卷的聚氯乙烯卷,宽度为 2.5 厘米或以上但不超过 5.1 厘米,长度为 182.9 米(统计报告编码 3920.43.5000 项下);

7. 用聚偏二氯乙烯(PVdC)或聚乙烯醇(PVOH)在一面或两面涂覆的薄膜,不论基底和涂层之间是否有底漆层,总厚度大于 0.01 毫米但不大于 0.03 毫米的任何上述材料(统计报告编码 3920.62.0090 项下);

8. 聚氯乙烯印刷薄膜,与发泡聚氯乙烯涂层聚酯纤维板层压,成卷,用于架子或抽屉衬里(统计报告编码 3921.12.1100 项下);

9. 由交联聚乙烯和乙烯-醋酸乙烯酯组成的片材和带材,宽度大于 1 米但不大于 1.5 米,长度大于 1.75 米但不大于 2.6 米(统计报告编码 3921.19.0000 项下);

10. 用纺粘纺粘非织造聚丙烯织物层压的聚乙烯薄板和薄膜,宽度为 1.12 米或以上但不超过 1.52 米,长度为 1.93 米或以上但不超过 2.29 米,重量为 55 克/米^2 或以上但不超过 88 克/米^2(统计报告编码 3921.90.1500 项下);

11. 钢铁大梁,符合美国材料与试验协会标准 A572,等级 50、65 或 70(统计报告编码 7308.90.3000 项下);

12. 铁制或钢制管道,带接头,符合美国材料与试验协会标准 A572,等级 50(统计报告编码 7308.90.3000 项下);

13. 钢管柱,附球形旋钮(统计报告编码 7308.90.3000 项下);

14. 钢管柱,带有门槛板和球头螺柱(统计报告编码 7308.90.3000 项下);

15. 铁制或钢制肋节点,符合美国材料与试验协会标准 A572,等级 50、65 或 70(统计报告编码 7308.90.3000 项下);

16. 单极导体,铜制除外,电压超过 1 000 伏,且未安装连接器(统计报告编码 8544.60.6000 项下);

17. 用于推进的电力摩托车,功率不超过 1 000 瓦(2019 年 7 月 1 日起生效的统计报告编码 8711.60.0050 或 8711.60.0090 项下,2019 年 7 月 1 日前生效的统计报告编码 8711.60.0000 项下)。

(六十一)美国贸易代表办公室决定建立一个程序,通过该程序可以将归入税号 9903.88.01、第三分章美国注释二十(一)款和二十(二)款的特殊商品从税号 9903.88.01 规定的附加关税中排除出来。见《联邦公报》第 83 卷第 40823 节(2018 年 8 月 16 日)和第 83 卷第 47326 节(2018 年 9 月 18 日)。根据这个商品排除程序,美国贸易代表办公室决定,按照税号 9903.88.60 的规定,税号 9903.88.01 规定的附加关税不适用于以下特殊商品,其统计报告编码为:

1. 9030.90.4600；

2. 钢制化学蚀刻模具、钢尺切割模具、可移动磁性模具、压花文件夹和塑料压花扩散器，用于手动辊压机中，用于对卡纸、纸张、皮革、柔性磁铁、塑料、金属箔、牛皮纸、毛毡或织物的单张进行蚀刻或模版，宽度或长度不超过50.8厘米的此类板材（统计报告编码8420.99.9000项下）；

3. 2019年7月1日至2019年12月31日生效的第八十四章统计注释一或2020年1月1日生效的第八十四章统计注释二所述类型的操作员乘坐自行式高空作业平台，由电动机驱动，负载能力不超过1 400千克（2019年7月1日之前的统计报告编码8427.10.8010项下，2019年7月1日生效的统计报告编码8427.10.8020项下）；

4. 直径为4.5厘米或以上但不超过51厘米、长度为30.5厘米或以上但不超过72厘米的水泥护圈组件，由圆柱形铸铁部件、丁腈橡胶密封件和黄铜支承环组成，仅适用于或主要适用于子目8430.41或子目8430.49的机械（统计报告编码8431.43.8060项下）；

5. 用于加工橡胶的挤出机，双螺杆型，设计用于生产轮胎内衬（统计报告编码8477.20.0015项下）；

6. 黄铜或青铜制安全阀，包含可在设定温度下自动关闭阀门的易熔元件，价值不超过5美元/个（统计报告编码8481.40.0000项下）；

7. 直流电机，输出功率小于18.65瓦，无刷电机除外，直径小于38毫米（统计报告编码8501.10.4060项下）；

8. 直流电机，电子换向，三相，八极，用于暖通空调系统，输出功率750瓦，价值不超过100美元/台（统计报告编码8501.31.6000项下）；

9. 组合正电子发射断层扫描/计算机断层扫描（PET/CT）扫描仪，在公共基础上使用多个PET机架（框架）（统计报告编码9022.12.0000项下）。

（六十二）美国贸易代表办公室决定建立一个程序，通过该程序可以将归入税号9903.88.02、第三分章美国注释二十（三）款和二十（四）款的特殊商品从税号9903.88.02规定的附加关税中排除出来。参见《联邦公报》第83卷第40823节（2018年8月16日）和第83卷第47326节（2018年9月18日）。根据这个商品排除程序，美国贸易代表办公室决定，按照税号9903.88.61的规定，税号9903.88.02规定的附加关税不适用于以下特殊商品，其统计报告编码为：

1. 弹性石油树脂（CAS No.64742-16-1）（统计报告编码3911.10.0000项下）；

2. 具有调平、稳定、连接或其他特殊功能的机床架（统计报告编码8466.30.8000项下）；

3. 电机，输出功率为18.65瓦或以上但不超过37.5瓦，带有连接电缆，设计用于调整机动车座椅（统计报告编码8501.10.6080项下）；

4. 直流电动机，12伏，输出功率超过74.6瓦但不超过735瓦，带引线和电连接器，外径不超过75毫米，外壳长度不超过100毫米，轴长度不超过60毫米（统计报告编码8501.31.4000项下）；

5. 直流电动机，12伏，输出功率不超过515瓦，外径不超过95毫米，外壳长度不超过155毫米，轴长度不超过30毫米（统计报告编码8501.31.4000项下）；

6. 直流电动机，120伏，输出功率不超过90瓦，长度不超过90毫米，宽度不超过35毫米，

高度不超过 35 毫米(统计报告编码 8501.31.4000 项下);

7. 直流电动机,13.5 伏,输出功率不超过 110 瓦,外径不超过 75 毫米,外壳长度不超过 120 毫米,轴长度不超过 55 毫米,安装法兰不超过 150 毫米(统计报告编码 8501.31.4000 项下);

8. 直流电动机,230 伏,输出功率不超过 140 瓦,直径不超过 45 毫米,长度不超过 100 毫米(统计报告编码 8501.31.4000 项下);

9. 直流电动机,230 伏,输出功率不超过 85 瓦,长度不超过 90 毫米,宽度不超过 35 毫米,高度不超过 35 毫米(统计报告编码 8501.31.4000 项下);

10. 直流电动机,24 伏,输出功率不超过 515 瓦,外径不超过 95 毫米,外壳长度不超过 155 毫米,轴长度不超过 30 毫米(统计报告编码 8501.31.4000 项下);

11. 直流电动机,输出功率超过 74.6 瓦但不超过 735 瓦,包含引线和电气连接器(统计报告编码 8501.31.4000 项下);

12. 直流电动机,输出功率超过 74.6 瓦但不超过 230 瓦,直径小于 105 毫米,长度大于等于 50 毫米但不超过 100 毫米(统计报告编码 8501.31.4000 项下);

13. 直流电动机,输出功率超过 74.6 瓦但不超过 735 瓦,价值不超过 18 美元/台(统计报告编码 8501.31.4000 项下);

14. 直流永磁电机,额定功率为 90 瓦或以上但不超过 110 瓦和 24 伏,扭矩为 65 牛顿米(Nm)和 2035 牛顿米(Nm),包括一个可手动驱动阀门的轮子(统计报告编码 8501.31.4000 项下);

15. 接地故障断路器(GFCI)、电器泄漏电流断路器(ALCI)、泄漏电流检测断路器(LCDI)和电弧故障断路器(AFCI)(统计报告编码 8536.30.8000 项下);

16. 电子交流无源红外(PIR)运动传感开关(统计报告编码 8536.50.7000 项下);

17. 底架耦合器组件,设计用于品目 8605 或品目 8606 车辆的耦合系统(统计报告编码 8607.30.1000 项下);

18. 缓冲/缓冲前挡板,设计用于品目 8605 或品目 8606 车辆的缓冲/缓冲系统(统计报告编码 8607.30.1000 项下);

19. 缓冲/缓冲中间对准和超程保护构件,设计用于品目 8605 或 8606 车辆的缓冲/缓冲系统(统计报告编码 8607.30.1000 项下);

20. 缓冲/缓冲后对准和超程保护构件,设计用于品目 8605 或 8606 车辆的缓冲/缓冲系统(统计报告编码 8607.30.1000 项下);

21. 缓冲/缓冲后部结构单元,设计用于品目 8605 或品目 8606 车辆的缓冲/缓冲系统(统计报告编码 8607.30.1000 项下);

22. 缓冲/缓冲保持和对准轴,设计用于品目 8605 或品目 8606 车辆的缓冲/缓冲系统(统计报告编码 8607.30.1000 项下);

23. 缓冲/缓冲固定帽,设计用于品目 8606 货车的缓冲/缓冲系统(统计报告编码 8607.30.1000 项下);

24. 牵引组件后部对齐和超程保护构件,设计用于品目 8606 货运轨道车的混合型轨道车缓冲系统(统计报告编码 8607.30.1000 项下);

25. 随动块板,设计用于品目 8606 货车的缓冲/缓冲系统(统计报告编码 8607.30.1000 项下);

26. F 型转向节,设计用于品目 8605 或品目 8606 车辆的耦合系统(统计报告编码 8607.30.1000 项下);

27. 数字临床温度计,价值不超过 11 美元/台(2020 年 7 月 1 日之前的统计报告编码 9025.19.8040 项下,2020 年 7 月 1 日生效的统计报告编码 9025.19.8010 或 9025.19.8020 项下);

28. 便携式、无线启用的电气气体监测器(统计报告编码 9027.10.2000 项下)。

(六十三)美国贸易代表办公室决定建立一个程序,通过该程序可以将归入税号 9903.88.01、第三分章美国注释二十(一)款和二十(二)款的特殊商品从税号 9903.88.01 规定的附加关税中排除出来。见《联邦公报》第 83 卷第 28710 节(2018 年 6 月 20 日)和第 83 卷第 32181 节(2018 年 7 月 11 日)。随后,美国贸易代表办公室就本次调查中的其他修改征求公众意见,以应对新型冠状病毒感染见《联邦公报》第 85 卷第 16987 节(2020 年 3 月 25 日)。美国贸易代表办公室决定,按照税号 9903.88.62 的规定,税号 9903.88.01 规定的附加关税不适用于以下特殊商品,其统计报告编码为:

1. 适用于过滤和除湿医疗设备(如气体分析仪)中患者呼吸的一次性塑料过滤器(统计报告编码 8421.39.8090 项下);

2. 设计用于放射外科或放射治疗设备的 S 波段和 X 波段线性加速器(统计报告编码 8543.10.0000 项下);

3. 一次性心电图(ECG)电极(统计报告编码 9018.11.9000 项下);

4. 超声波扫描设备,尺寸不超过 122 厘米×77 厘米×127 厘米,不论是否配有换能器(统计报告编码 9018.12.0000 项下);

5. 适合医疗专业人员使用的血压监测器(统计报告编码 9018.19.9530 项下);

6. 适合医疗专业人员使用的数字峰值流量计(统计报告编码 9018.19.9550 项下);

7. 适合医疗专业人员使用的指尖脉搏血氧仪(统计报告编码 9018.19.9550 项下);

8. 锗酸铋晶体,具有规定的尺寸和表面光洁度要求,用作正电子发射断层扫描(PET)探测器的检测元件(统计报告编码 9018.19.9560 项下);

9. 磁共振成像(MRI)患者外壳设备,包含射频和梯度线圈(统计报告编码 9018.19.9560 项下);

10. 二氧化碳监测仪的零件和附件(统计报告编码 9018.19.9560 项下);

11. 用于术中神经监测(IONM)系统的一次性表面电极,由表面电极垫、绝缘导线和标准 DIN 42802 连接器组成(统计报告编码 9018.19.9560 项下);

12. 耳镜(统计报告编码 9018.90.2000 项下);

13. 麻醉面罩(统计报告编码 9018.90.3000 项下);

14. 适用于医疗或外科科学的麻醉仪器和器具,以及上述仪器和器具的零件和附件(统计报告编码 9018.90.3000 项下);

15. 带电连接器的电外科烧灼铅笔(统计报告编码 9018.90.6000 项下);

16. 设计用于显示医用输液设备操作性能的印刷电路板组件(统计报告编码

9018.90.7580 项下）；

17. 利用多个 PET 的正电子发射断层扫描/计算机断层扫描（PET/CT）组合扫描仪公共基础上的龙门架（框架）（统计报告编码 9022.12.0000 项下）；
18. X 射线表（统计报告编码 9022.90.2500 项下）；
19. X 射线管外壳及其零件（统计报告编码 9022.90.4000 项下）；
20. 基于 X 射线的放射治疗系统的多叶准直器（统计报告编码 9022.90.6000 项下）；
21. 移动式 X 射线设备用金属制零件和附件（统计报告编码 9022.90.6000 项下）；
22. 专门设计用于支撑、容纳或调整 X 射线数字探测器或完整 X 射线诊断系统中的 X 射线管和准直器运动的垂直支架（统计报告编码 9022.90.6000 项下）；
23. 在使用 α、β 或 γ 辐射期间，用于固定患者，用于放射或放射治疗的聚己内酯热塑性面罩（统计报告编码 9022.90.9500 项下）；
24. 塑料接种器组，由一个带多个孔的板、一个展示托盘和一个盖子组成，组装时装置的宽度为 105 毫米或以上但不超过 108 毫米，深度为 138 毫米或以上但不超过 140 毫米，厚度为 6.5 毫米或以下（统计报告编码 9027.90.5650 项下）。

（六十四）美国贸易代表办公室决定建立一个程序，通过该程序可以将归入税号 9903.88.02、第三分章美国注释二十（三）款和二十（四）款的特殊商品从税号 9903.88.02 规定的附加关税中排除出来。见《联邦公报》第 83 卷第 40823 节（2018 年 8 月 16 日）和第 83 卷第 47326 节（2018 年 9 月 18 日）。随后，美国贸易代表办公室就本次调查中的其他修改征求公众意见，以应对新型冠状病毒感染。见《联邦公报》第 85 卷第 16987 节（2020 年 3 月 25 日）。美国贸易代表办公室决定，按照税号 9903.88.63 的规定，税号 9903.88.02 规定的附加关税不适用于以下特殊商品，其统计报告编码为：

1. 9025.19.8010；
2. 9025.19.8020；
3. 9025.19.8060；
4. 9025.19.8085；
5. 模制丙烯腈-丁二烯-苯乙烯（ABS）管，用于将液体从袋子或小瓶无菌转移至另一容器，每根管长度为 7.5 厘米或以上但不超过 23 厘米，内径小于 0.65 厘米，外径小于 9 厘米，一端经过角度切割形成钉状物，钉状物端附近有一个直径小于 3 厘米的整体法兰（防溅罩），两端有可拆卸的聚乙烯盖，用无菌包装（统计报告编码 3917.29.0090 项下）；
6. 聚乙烯薄膜，宽度为 20.32～198.12 厘米，长度为 30.5～2 000.5 米，单面涂有溶剂丙烯酸粘合剂，透明或透明颜色，不论是否印刷，成卷（统计报告编码 3919.90.5060 项下）；
7. 高密度或低密度聚乙烯矩形板，宽度为 111.75～215.9 厘米，长度为 152.4～304.8 厘米，每块板的中心贴有标签，用于医院或外科中心手术室（统计报告编码 3920.10.0000 项下）；
8. 由交联聚乙烯和乙烯-醋酸乙烯酯组成的片材和带材，宽度大于 1 米但不大于 1.5 米，长度大于 1.75 米但不大于 2.6 米（统计报告编码 3921.19.0000 项下）；
9. 用纺粘非织造聚丙烯织物层压的聚乙烯薄板和薄膜，宽度为 1.12 米或以上但不超过

1.52 米,长度为 1.93 米或以上但不超过 2.29 米,重量为 55 克/米² 或以上但不超过 88 克/米²(统计报告编码 3921.90.1500 项下);

10. 手部清洁液或手部消毒液的分配器,不论是否使用手动泵或接近检测电池驱动泵,重量不超过 3 千克(统计报告编码 8424.89.9000 项下)。

(六十五)美国贸易代表办公室决定建立一个程序,通过该程序可以将归入税号 9903.88.03、第三分章美国注释二十(五)款和二十(六)款的特殊商品从税号 9903.88.03 规定的附加关税中排除出来,根据该条款,归入税号 9903.88.04 并在本分章美国注释二十(七)中规定的特殊商品可被排除在税号 9903.88.04 规定的附加关税之外。见《联邦公报》第 83 卷 47974 节(2018 年 9 月 21 日)和第 84 卷第 29576 节(2019 年 6 月 24 日)。随后,美国贸易代表办公室就本次调查中的其他修改征求公众意见,以应对新型冠状病毒感染。见《联邦公报》第 85 卷第 16987 节(2020 年 3 月 25 日)。美国贸易代表办公室决定,按照税号 9903.88.64 的规定,税号 9903.88.03 或税号 9903.88.04 规定的附加关税不适用于以下特殊商品,其统计报告编码为:

1. 3808.94.1000;
2. 3808.94.5010;
3. 3808.94.5050;
4. 3808.94.5090;
5. 3923.21.0095;
6. 3926.20.9050;
7. 4015.19.1010;
8. 4819.50.4060;
9. 5603.12.0090;
10. 5603.14.9090;
11. 5603.92.0090;
12. 5603.93.0090;
13. 6505.00.8015;
14. 8424.90.9080;

15. 散装固体形式的金属钠(CAS No.7440-23-5)(统计报告编码 2805.11.0000 项下);

16. 非织造纺织材料制一次性布,用有机表面活性剂浸渍、涂覆或覆盖,用于清洗皮肤,供零售(统计报告编码 3401.30.5000 项下);

17. 液体或乳霜形式的洗手液(品目 3808 的洗手液除外),供零售(统计报告编码 3401.30.5000 项下);

18. 用于清洗皮肤的有机表面活性液,不含任何芳香族或改性芳香族表面活性剂,装在一瓶带泵作用顶部的塑料中零售,每瓶宽度不超过 17 厘米,高度不超过 27 厘米,长度不超过 6.5 厘米,净重不超过 0.5 千克(统计报告编码 3401.30.5000 项下);

19. 含有 2-(二甲氨基)乙醇的混合物(CAS No.108-01-0)(统计报告编码 3824.99.9297 项下);

20. 粉末形式的一氧化硅(SiO)(CAS No.10097-28-6)(统计报告编码 3824.99.9297

项下）；

21. 聚氯乙烯制挠性气体取样管、管道和软管，两端带有锁紧接头（统计报告编码 3917.33.0000 项下）；

22. 柔性氧气管、管道和软管，配有集成模制接头，聚氯乙烯（统计报告编码 3917.33.0000 项下）；

23. 塑料容器单元，包括一个桶和盖子，配置或安装用于运输、包装或分配湿巾（统计报告编码 3923.10.9000 项下）；

24. 美国食品和药物管理局根据产品代码 NNI 认定为 1 级医疗器械的可再封闭乙烯聚合物袋（统计报告编码 3923.21.0030 项下）；

25. 注塑聚丙烯塑料盖或盖子，用于分配湿巾，重量不超过 24 克/个（统计报告编码 3923.50.0000 项下）；

26. 用作个人防护设备的塑料围裙（统计报告编码 3926.20.9010 项下）；

27. 外科或医疗用途以外的丙烯腈-丁二烯橡胶制无缝一次性手套（统计报告编码 4015.19.1010 项下）；

28. 天然橡胶乳胶制无缝一次性手套，外科或医疗用途除外（统计报告编码 4015.19.1010 项下）；

29. 化纤非织造布，重量大于 25 克/米^2，但不大于 70 克/米^2，具有光滑或浮雕纹理（未浸渍、涂覆或覆盖除橡胶、塑料、木浆或玻璃纤维以外的材料），成卷预开缝，长度为 15～107 厘米，用于制造个人护理湿巾（统计报告编码 5603.12.0090 项下）；

30. 手动泵（燃料或润滑剂除外，未安装或设计为安装计量装置），每个手动泵用于分配计量数量的液体肥皂或消毒剂（统计报告编码 8413.20.0000 项下）；

31. 丙烯腈-丁二烯-苯乙烯（ABS）塑料液体用手动泵（子目 8413.11 或子目 8413.19 除外）（统计报告编码 8413.20.0000 项下）；

32. 包含发光二极管的指示板，设计用于医疗输液设备（统计报告编码 8531.20.0040 项下）；

33. 数据输入设备，具有用于磁共振成像（"MRI"）设备、计算机断层扫描（CT）设备、术中 X 射线（"IXR"）设备或患者监护仪的显示能力（统计报告编码 8537.10.9170 项下）；

34. 复合双筒光学显微镜（立体显微镜和显微摄影、电影显微摄影或显微投影用显微镜除外），放大倍数为 40 倍或以上但不超过 1 000 倍，重量不超过 3 千克（统计报告编码 9011.80.0000 项下）；

35. 复合光学显微镜（立体显微镜和显微摄影、电影显微摄影或显微投影用显微镜除外），放大倍数为 40 倍或以上但不超过 400 倍，重量不超过 15 千克（统计报告编码 9011.80.0000 项下）。

(六十六) 美国贸易代表办公室决定建立一个程序，通过该程序可以将归入税号 9903.88.15、第三分章美国注释二十（十八）款和二十（十九）款的特殊商品从税号 9903.88.15 规定的附加关税中排除出来。见《联邦公报》第 84 卷第 43304 节（2019 年 8 月 20 日）、第 84 卷第 45821 节（2019 年 8 月 30 日）、第 84 卷第 57144 节（2019 年 10 月 24 日）和第 85 卷第 3741 节（2020 年 1 月 22 日）。随后，美国贸易代表办公室就本次调查中的其他修改征求公众意见,以应对新型冠状病毒感染。参见《联邦公报》第 85 卷 16987(2020 年 3 月 25 日)。美国贸易代表办公室决定,按照税号 9903.88.65 的规定,税号 9903.88.15 规定的附加关税不适用于以下特殊商品,其统计报告编码为:

1. 3401.19.0000;
2. 3926.90.9910;
3. 4015.19.0510;
4. 4015.19.0550;
5. 2020 年 7 月 1 日之前的统计报告编码 4818.90.0000 项下,2020 年 7 月 1 日生效的统计报告编码 4818.90.0020 或 4818.90.0080 项下;
6. 5210.11.4040;
7. 5210.11.6020;
8. 5504.10.0000;
9. 6210.10.5010;
10. 6210.10.5090;
11. 6307.90.6090;
12. 6307.90.6800;
13. 6307.90.7200;
14. 透明塑料制面罩,不论是否装配(统计报告编码 3926.90.9950 项下);
15. 模制塑料碗,带夹子,用于在手术过程中固定导丝(2020 年 7 月 1 日之前的统计报告编码 3926.90.9990 项下,2020 年 7 月 1 日生效的统计报告编码 3926.90.9985 项下);
16. 塑料覆盖物,设计用于覆盖伤口部位或铸件,从而形成保护密封,以在淋浴或沐浴时保持覆盖区域干燥和无碎屑(2020 年 7 月 1 日之前的统计报告编码 3926.90.9990 项下,2020 年 7 月 1 日生效的统计报告编码 3926.90.9985 项下);
17. 一次性带刻度的塑料配药杯(2020 年 7 月 1 日之前的统计报告编码 3926.90.9990 项下,2020 年 7 月 1 日生效的统计报告编码 3926.90.9985 项下);
18. 一次性使用无菌塑料窗帘和覆盖物,用于保护外科手术室的无菌区域(2020 年 7 月 1 日之前的统计报告编码 3926.90.9990 项下,2020 年 7 月 1 日生效的统计报告编码 3926.90.9985 项下);
19. 聚苯乙烯塑料制成的无菌倾析器,用于将无菌液体或药物转移到无菌袋、小瓶或玻璃容器中或从无菌袋、小瓶或玻璃容器中转移出来(2020 年 7 月 1 日之前的统计报告编码 3926.90.9990 项下,2020 年 7 月 1 日生效的统计报告编码 3926.90.9985 项下);
20. 手套,含纺织纤维重量低于 50%,涂有橡胶或塑料,用于增强抓地力(统计报告编码 6116.10.6500 项下);
21. 由一次性、即时、吸热化学反应冷包装和纺织品外衬组成的冷包装(2020 年 7 月 1 日之前的统计报告编码 6307.90.9889 项下,2020 年 7 月 1 日生效的统计报告编码 6307.90.9891 项下);
22. 化纤织物的一次性鞋和靴套(2020 年 7 月 1 日之前的统计报告编码 6307.90.9889 项

下,2020年7月1日生效的统计报告编码6307.90.9891项下);

23. 纺织面料制口罩和微粒口罩(2020年7月1日之前的统计报告编码6307.90.9889项下,2020 年 7 月 1 日生效的统计报告编码 6307.90.9845、6307.90.9850、6307.90.9870 或 6307.90.9875 项下);

24. 一次性纺织材料热包装(放热化学反应)(2020年7月1日之前的统计报告编码6307.90.9889项下,2020年7月1日生效的统计报告编码6307.90.9891项下);

25. 剖腹手术用棉质擦拭布(2020年7月1日之前的统计报告编码6307.90.9889项下,2020年7月1日生效的统计报告编码6307.90.9891项下);

26. 纺织材料一次性使用血压袖套(2020年7月1日之前的统计报告编码6307.90.9889项下,2020年7月1日生效的统计报告编码6307.90.9891项下);

27. 纺织材料一次性医用口罩(2020年7月1日之前的统计报告编码6307.90.9889项下,2020 年 7 月 1 日生效的统计报告编码 6307.90.9845、6307.90.9850 或 6307.90.9870 项下);

28. 一次性听诊器盖(2020年7月1日之前的统计报告编码6307.90.9889项下,2020年7月1日生效的统计报告编码6307.90.9891项下);

29. 方形或矩形的棉机织物擦拭布(2020年7月1日之前的统计报告编码6307.90.9889项下,2020年7月1日生效的统计报告编码6307.90.9891项下);

30. 防护用品(2021年1月1日之前的统计报告编码9004.90.0000项下,2021年1月1日生效的统计报告编码9004.90.0010或9004.90.0090项下)。

二十一、(一)就税号9903.89.05至9903.89.55及其上级文本而言,指奥地利、比利时、保加利亚、克罗地亚、塞浦路斯共和国、捷克共和国、丹麦、爱沙尼亚、芬兰、法国、德国、希腊、匈牙利、爱尔兰、意大利、拉脱维亚、立陶宛的产品,卢森堡、马耳他、荷兰、波兰、葡萄牙、罗马尼亚、斯洛伐克、斯洛文尼亚、西班牙、瑞典或英国,如上述规定和本注释所述,应承担本注释规定的额外关税。归入本注释所列税号的指定国家的所有产品均须缴纳税号9903.89.05至9903.89.55规定的附加关税。此类税号征收的关税应为适用条款规定的普通税率之外的关税。

奥地利、比利时、保加利亚、克罗地亚、塞浦路斯共和国、捷克共和国、丹麦、爱沙尼亚、芬兰、法国、德国、希腊、匈牙利、爱尔兰、意大利、拉脱维亚、立陶宛、卢森堡、马耳他、荷兰、波兰、葡萄牙、罗马尼亚、斯洛伐克、斯洛文尼亚、西班牙,归类于本注释所列子目且符合第九十九章第二分章规定的临时免税或减税条件的瑞典或英国应缴纳税号9903.89.05至9903.89.55规定的附加关税,任何此类免税或减税仅适用于本税则第一章至第九十七章规定的永久普通税率。

税号9903.89.05至9903.89.55征收的附加关税不适用于根据本税则第九十八章规定正确申报的货物,但根据税号9802.00.40、税号9802.00.50、税号9802.00.60和税号9802.00.80申报的货物除外。对于税号9802.00.40、税号9802.00.50和税号9802.00.60,附加关税适用于在奥地利、比利时、保加利亚、克罗地亚、塞浦路斯共和国、捷克共和国、丹麦、爱沙尼亚、芬兰、法国、德国、希腊、匈牙利、爱尔兰、意大利、拉脱维亚、立陶宛、卢森堡、马耳他、荷兰、波兰、葡萄牙、罗马尼亚、斯洛伐克、斯洛文尼亚、西班牙、瑞典或英国,如适用税号所述。对于税号9802.00.80,附加关税适用于税号9802.00.80所述的物品价值减去美国此类产品的成本或价值。

奥地利、比利时、保加利亚、克罗地亚、塞浦路斯共和国、捷克共和国、丹麦、爱沙尼亚、芬兰、法国、德国、希腊、匈牙利、爱尔兰、意大利、拉脱维亚、立陶宛、卢森堡、马耳他、荷兰、波兰、葡萄牙、罗马尼亚、斯洛伐克、斯洛文尼亚、西班牙,税号9903.89.05至9903.89.55所述并归入该税号和本附注中所列税号之一的瑞典或英国应继续缴纳反倾销税、反补贴税或其他关税(包括本章第三分章其他条款规定的关税和本章第四分章规定的保障关税),适用于此类产品的费用、收费,以及本章规定的额外费用。

(二)就税号9903.89.05而言,"新飞机或其他新飞机"是指除生产测试外无服务时间或飞行时间的飞机,以及进入美国关税区或抵达美国入境港所需的每架此类飞机的飞行。该税号不包括使用过的或重修的飞机或其他飞机,它们不包括在本注释中规定的"新"货物定义中。

(三)税号9903.89.10及其上级文本应适用于奥地利、比利时、保加利亚、克罗地亚、塞浦路斯共和国、捷克共和国、丹麦、爱沙尼亚、芬兰、法国、德国、希腊、匈牙利、爱尔兰、意大利、拉脱维亚、立陶宛、卢森堡、马耳他、荷兰、波兰、葡萄牙、罗马尼亚、斯洛伐克、斯洛文尼亚、西班牙、瑞典或英国的归入下列税号的产品:

0403.10.50	0406.30.28	0406.90.94
0403.90.85	0406.30.34	0805.10.00
0403.90.90	0406.30.38	0805.21.00
0405.20.20	0406.30.55	0805.22.00
0406.10.28	0406.30.69	0805.50.20
0406.10.54	0406.30.79	0812.10.00
0406.10.58	0406.40.44	0813.40.30
0406.10.68	0406.40.48	1602.49.10
0406.20.51	0406.90.32	1605.53.05
0406.20.53	0406.90.43	1605.56.05
0406.20.69	0406.90.52	1605.56.10
0406.20.77	0406.90.54	1605.56.15
0406.20.79	0406.90.68	1605.56.20
0406.20.87	0406.90.72	1605.56.30
0406.20.91	0406.90.74	1605.56.60
0406.30.05	0406.90.82	1605.59.05
0406.30.18	0406.90.92	1605.59.60

(四)税号9903.89.13及其上级文本应适用于德国、西班牙或英国归入以下税号的所有产品:

0203.29.40	0406.10.95	1509.10.20
0404.10.05	0406.90.16	1509.90.20
0406.10.84	0406.90.56	2005.70.12
0406.10.88		2005.70.25

(五)税号9903.89.16及其上级文本应适用于奥地利、比利时、保加利亚、克罗地亚、塞浦路

斯共和国、捷克共和国、丹麦、爱沙尼亚、芬兰、德国、希腊、匈牙利、爱尔兰、意大利、拉脱维亚、立陶宛、卢森堡、马耳他、荷兰、葡萄牙、罗马尼亚、斯洛伐克、斯洛文尼亚、西班牙、、瑞典或英国归入下列税号的产品：

0403.10.90		2008.70.20
0405.10.10	0811.90.80	2008.97.90
0405.10.20	1601.00.20	2009.89.65
0406.30.89	2008.60.00	2009.89.80

(六)税号9903.89.19及其上级文本应适用于奥地利、比利时、保加利亚、克罗地亚、塞浦路斯共和国、捷克共和国、丹麦、爱沙尼亚、芬兰、法国、德国、希腊、匈牙利、爱尔兰、意大利、拉脱维亚、立陶宛、卢森堡、马耳他、荷兰、葡萄牙、罗马尼亚、斯洛伐克、斯洛文尼亚、西班牙、、瑞典或英国归入下列税号的产品：

0405.20.30	0406.90.78	1602.42.40
0405.20.80	1602.41.90	1602.49.40
0406.30.85	1602.42.20	1602.49.90

(七)税号9903.89.22及其上级文本应适用于奥地利、比利时、保加利亚、克罗地亚、塞浦路斯共和国、捷克共和国、丹麦、爱沙尼亚、芬兰、德国、希腊、匈牙利、爱尔兰、意大利、拉脱维亚、立陶宛、卢森堡、马耳他、荷兰、波兰、葡萄牙、罗马尼亚、斯洛伐克、斯洛文尼亚、西班牙、、瑞典或英国归入下列税号的产品：

0405.90.10	0406.90.41	2007.99.70
0406.30.51	0406.90.42	2008.40.00
0406.30.53	0406.90.48	2009.89.20
0406.40.54	0406.90.90	
0406.90.08	0406.90.97	
0406.90.12	1605.53.60	

(八)税号9903.89.25及其上级文本应适用于奥地利、比利时、保加利亚、克罗地亚、塞浦路斯共和国、捷克共和国、丹麦、爱沙尼亚、德国、希腊、匈牙利、爱尔兰、意大利、拉脱维亚、立陶宛、卢森堡、马耳他、荷兰、葡萄牙、罗马尼亚、斯洛伐克、斯洛文尼亚、西班牙、瑞典或英国归入税号0406.90.46的产品。

(九)税号9903.89.28及其上级文本应适用于奥地利、比利时、克罗地亚、塞浦路斯共和国、捷克共和国、丹麦、爱沙尼亚、芬兰、德国、希腊、匈牙利、爱尔兰、意大利、拉脱维亚、立陶宛、卢森堡、马耳他、荷兰、波兰、葡萄牙、罗马尼亚、斯洛伐克、斯洛文尼亚、西班牙、瑞典和英国归入税号0406.90.57的产品。

(十)税号9903.89.31及其上级文本应适用于奥地利、比利时、保加利亚、克罗地亚、塞浦路斯共和国、捷克共和国、丹麦、爱沙尼亚、芬兰、德国、希腊、匈牙利、爱尔兰、意大利、拉脱维亚、卢森堡、马耳他、荷兰、葡萄牙、罗马尼亚、斯洛伐克、斯洛文尼亚、西班牙、瑞典和英国归入税号0406.90.95的产品。

(十一)税号9903.89.34及其上级文本应适用于法国、德国、西班牙或英国归入以下税号的所有产品：

0711.20.18　　　0711.20.40　　　2005.70.23
0711.20.28　　　2005.70.08　　　2204.21.50
0711.20.38　　　2005.70.16

(十二)税号9903.89.37及其上级文本应适用于分类在下列税号中的所有德国产品：

0901.21.00　　　8203.30.00　　　8467.19.50
0901.22.00　　　8203.40.60　　　8468.80.10
1905.31.00
2101.11.21　　　8205.40.00　　　8468.90.10
8201.40.60　　　8211.93.00　　　8514.20.40
8203.20.20　　　8211.94.50　　　9002.11.90
8203.20.60　　　8467.19.10

(十三)税号9903.89.40及其上级文本应适用于奥地利、比利时、保加利亚、克罗地亚、塞浦路斯共和国、捷克共和国、爱沙尼亚、芬兰、德国、希腊、匈牙利、爱尔兰、意大利、拉脱维亚、立陶宛、卢森堡、马耳他、荷兰、葡萄牙、罗马尼亚、斯洛伐克、斯洛文尼亚、西班牙、瑞典和英国归入税号1602.49.20的产品。

(十四)税号9903.89.43及其上级文本应适用于归入下列税号的所有德国或英国产品：

　　　　　　　　4911.91.20　　　8429.52.50
1905.32.00　　　4911.91.30　　　8467.29.00
4901.10.00　　　4911.91.40
4908.10.00　　　8429.52.10

(十五)税号9903.89.46及其上级文本应适用于归入税号2208.70.00中的德国、爱尔兰、意大利、西班牙或英国的所有产品。

(十六)税号9903.89.49及其上级文本应适用于英国的以下所有产品：

(1) 单一麦芽爱尔兰威士忌或苏格兰威士忌(税号2208.30.30项下)，或

(2) 下列税号的产品：

6110.11.00　　　6203.11.60　　　6211.12.80
6110.12.10　　　6203.11.90　　　6301.30.00
6110.20.20　　　6203.19.30　　　6301.90.00
6110.30.30　　　6203.19.90　　　6302.21.50
6202.99.15　　　6208.21.00　　　6302.21.90
6202.99.80　　　6211.12.40

(十七)税号9903.89.52及其上级文本应适用于归入税号2007.99.05、税号2007.99.10、税号2007.99.15、税号2007.99.20、税号2007.99.25、税号2007.99.35、税号2007.99.60或税号8214.90.60的所有法国或德国产品。

(十八)税号9903.89.55及其上级文本应适用于奥地利、比利时、保加利亚、克罗地亚、塞浦路斯、捷克共和国、丹麦、爱沙尼亚、芬兰、德国、匈牙利、爱尔兰、意大利、拉脱维亚、立陶宛、卢森堡、马耳他、荷兰、葡萄牙、罗马尼亚、斯洛伐克、斯洛文尼亚、西班牙、瑞典、英国归入税号0406.90.99的产品。

税则号列	统计后缀	货品名称	单位	税率 1 普通	税率 1 特惠	税率 2
		青梅乳酪：				
9903.04.05	[1]	原始块状（税号 0406.40.44、税号 0406.40.54 或税号 0406.40.70 项下）	[1]	200%	不变	200%
9903.04.10	[1]	其他（税号 0406.20.15、税号 0406.20.24、税号 0406.20.28、税号 0406.30.05、税号 0406.30.14、税号 0406.30.18、税号 0406.40.48、税号 0406.40.58 或税号 0406.40.70 项下）	[1]	200%	不变	200%
9903.04.15	[1]	荷兰球奶酪和高达奶酪（税号 0406.20.44、税号 0406.20.48、税号 0406.30.44、税号 0406.30.48、税号 0406.90.16 或税号 0406.90.18 项下）	[1]	200%	不变	200%
9903.04.20	[1]	奶酪和奶酪的替代品,价值超过 11.3 美分/千克(含),或加工,意大利奶酪,用牛的奶做的,而不是原始饼（罗马诺由牛奶、雷吉亚干酪、帕尔马干酪、普罗沃龙、普罗沃莱蒂、斯宾茨和戈雅制成）（税号 0406.20.77、税号 0406.20.79、税号 0406.30.77、税号 0406.30.79、税号 0406.90.66 或税号 0406.90.68 项下）	[1]	200%	不变	200%
9903.04.25	[1]	菊苣,包括菊苣,新鲜的,冷藏的或冷冻的,未缩小或以其他方式制备或保存的菊苣（子目 0705.21 或子目 0705.29 项下）	[1]	200%	不变	200%
9903.04.30	[1]	橄榄,用盐水调制或腌制,未成熟,未去核,未填馅,未呈绿色,未装于玻璃、金属或玻璃与金属制成的密封容器内（税号 2005.70.75 项下）	[1]	200%	不变	200%
9903.04.35	[1]	去骨及煮熟的猪腿及肩肉,装于密封容器内,容量少于 1.4 千克（税号 1602.41.20 或税号 1602.42.20 项下）	[1]	200%	不变	200%
9903.04.40	[1]	胡萝卜（不论大小有否缩小）、制备或腌制,但不以盐、卤水或咸水包装,亦不以密封容器腌制（税号 2005.99.10 项下）	[1]	200%	不变	200%
9903.04.45	[1]	以体积计,白葡萄酒的酒精含量不超过 14%,每个容器的酒精含量不超过 3.8 升,价值超过 1.05 美元/千（税号 2204.21.20、税号 2204.21.40 或税号 2204.29.20 项下）	[1]	200%	不变	200%
9903.04.50	[1]	白兰地（皮斯科、辛加尼和斯利沃维茨除外）,每个容器不超过 3.8 升,每升价值 3.43 美元（税号 2208.20.40 或 2208.90.30 项下）	[1]	200%	不变	200%
9903.04.55	[1]	杜松子酒,每个容器不超过 3.8 升（税号 2208.50 项下）	[1]	200%	不变	200%
		奥地利、比利时、芬兰、法国、日本、德国、希腊、爱尔兰、意大利、卢森堡、葡萄牙、西班牙、瑞典或英国的产品：				
9903.08.04	[1]	浴用制剂,浴盐除外（税号 3307.30.50 项下）	[1]	100%		
9903.08.07	[1]	手提包,不论是否有肩带,包括无提手的手提包,其外表面有塑料薄膜（税号 4202.22.15 项下）	[1]	100%		
9903.08.08	[1]	通常放在口袋或手提袋内的一种物品,其外层为塑料薄膜、增强塑料或层压塑料（税号 4202.32.10 项下）	[1]	100%		
9903.08.09	[1]	未涂布毡纸和卷筒纸或薄板纸（税号 4805.50 项下）	[1]	100%		
9903.08.10	[1]	非瓦楞纸或纸板制的折叠纸盒、盒子和箱子（税号 4819.20 项下）	[1]	100%		
9903.08.11	[1]	纸张或纸板上的平板印刷品,厚度不超过 0.51 毫米,进口时的印刷时间不超过 20 年（税号 4911.91.20 项下）	[1]	100%		
9903.08.13	[1]	棉制非针织或钩编的印花床上用品,但不包括刺绣、花边、编织、镶边、修边、滚边或贴花制品的床上用品（税号 6302.21.90 项下）	[1]	100%		

税则号列	统计后缀	货品名称	单位	税率 1 普通	税率 1 特惠	2
9903.08.14	[1]	铅酸蓄电池,用于启动活塞发动机的蓄电池或税号8703.80.00和8703.90.01电动汽车的主要动力源的蓄电池除外（税号8507.20.80项下）	[1]	100%		
		奥地利、比利时、芬兰、法国、日本、德国,希腊、爱尔兰、卢森堡、葡萄牙、西班牙、瑞典或英国的产品：				
9903.08.15	[1]	家用的电热咖啡或茶壶（税号8516.71项下）	[1]	100%		
		根据本分章美国注释十五的条款,在税号1701.12.10、税号1701.91.10、税号1701.99.10、税号17012.90.10 或税号2106.90.44中规定的糖、糖浆和糖浆				
		本分章美国注释十五(一)所述：				
9903.17.01	[1]	自每年10月1日起的12个月内,符合美国贸易代表发出的通知中规定的第一个配额期限的进口资格	[1]			
9903.17.02	[1]	自每年10月1日起的12个月内,符合美国贸易代表发出的通知中规定的第二个配额期限的进口资格	[1]			
9903.17.03	[1]	自每年10月1日起的12个月内,符合美国贸易代表发出的通知中规定的第三个配额期限的进口资格	[1]			
9903.17.04	[1]	自每年10月1日起的12个月内,符合美国贸易代表发出的通知中规定的第四个配额期限的进口资格	[1]			
9903.17.05	[1]	自每年10月1日起的12个月内,符合美国贸易代表发出的通知中规定的第五个配额期限的进口资格	[1]			
9903.17.06	[1]	自每年10月1日起的12个月内,符合美国贸易代表发出的通知中规定的第六个配额期限的进口资格	[1]			
9903.17.07	[1]	自每年10月1日起的12个月内,符合美国贸易代表发出的通知中规定的第七个配额期限的进口资格	[1]			
9903.17.08	[1]	自每年10月1日起的12个月内,符合美国贸易代表发出的通知中规定的第八个配额期限的进口资格	[1]			
9903.17.09	[1]	自每年10月1日起的12个月内,符合美国贸易代表发出的通知中规定的第九个配额期限的进口资格	[1]			
9903.17.10	[1]	自每年10月1日起的12个月内,符合美国贸易代表发出的通知中规定的第十个配额期限的进口资格	[1]			
		本分章美国注释十五(二)所述：				
9903.17.21	[1]	自每年10月1日起的12个月内,符合美国贸易代表发出的通知中规定的第一个配额期限的进口资格	[1]			
9903.17.22	[1]	自每年10月1日起的12个月内,符合美国贸易代表发出的通知中规定的第二个配额期限的进口资格	[1]			
9903.17.23	[1]	自每年10月1日起的12个月内,符合美国贸易代表发出的通知中规定的第三个配额期限的进口资格	[1]			
9903.17.24	[1]	自每年10月1日起的12个月内,符合美国贸易代表发出的通知中规定的第四个配额期限的进口资格	[1]			
9903.17.25	[1]	自每年10月1日起的12个月内,符合美国贸易代表发出的通知中规定的第五个配额期限的进口资格	[1]			
9903.17.26	[1]	自每年10月1日起的12个月内,符合美国贸易代表发出的通知中规定的第六个配额期限的进口资格	[1]			
9903.17.27	[1]	自每年10月1日起的12个月内,符合美国贸易代表发出的通知中规定的第七个配额期限的进口资格	[1]			

第九十九章 临时立法;根据现有贸易法规的临时修改;根据经修正的《农业调整法》第 22 条制定的附加进口限制

税则号列	统计后缀	货品名称	单位	税率 1 普通	税率 1 特惠	税率 2
9903.17.28	[1]	自每年 10 月 1 日起的 12 个月内,符合美国贸易代表发出的通知中规定的第八个配额期限的进口资格	[1]			
9903.17.29	[1]	自每年 10 月 1 日起的 12 个月内,符合美国贸易代表发出的通知中规定的第九个配额期限的进口资格	[1]			
9903.17.30	[1]	自每年 10 月 1 日起的 12 个月内,符合美国贸易代表发出的通知中规定的第十个配额期限的进口资格	[1]			
9903.17.31	[1]	自每年 10 月 1 日起的 12 个月内,符合美国贸易代表发出的通知中规定的第十一个配额期限的进口资格	[1]			
9903.17.32	[1]	自每年 10 月 1 日起的 12 个月内,符合美国贸易代表发出的通知中规定的第十二个配额期限的进口资格	[1]			
9903.17.33	[1]	自每年 10 月 1 日起的 12 个月内,符合美国贸易代表发出的通知中规定的第十三个配额期限的进口资格	[1]			
		本分章美国注释十五(三)款所述:				
9903.18.01	[1]	自每年 10 月 1 日起的 12 个月内,符合美国贸易代表发出的通知中规定的第一个配额期限的进口资格	[1]			
9903.18.02	[1]	自每年 10 月 1 日起的 12 个月内,符合美国贸易代表发出的通知中规定的第二个配额期限的进口资格	[1]			
9903.18.03	[1]	自每年 10 月 1 日起的 12 个月内,符合美国贸易代表发出的通知中规定的第三个配额期限的进口资格	[1]			
9903.18.04	[1]	自每年 10 月 1 日起的 12 个月内,符合美国贸易代表发出的通知中规定的第四个配额期限的进口资格	[1]			
9903.18.05	[1]	自每年 10 月 1 日起的 12 个月内,符合美国贸易代表发出的通知中规定的第五个配额期限的进口资格	[1]			
9903.18.06	[1]	自每年 10 月 1 日起的 12 个月内,符合美国贸易代表发出的通知中规定的第六个配额期限的进口资格	[1]			
9903.18.07	[1]	自每年 10 月 1 日起的 12 个月内,符合美国贸易代表发出的通知中规定的第七个配额期限的进口资格	[1]			
9903.18.08	[1]	自每年 10 月 1 日起的 12 个月内,符合美国贸易代表发出的通知中规定的第八个配额期限的进口资格	[1]			
9903.18.09	[1]	自每年 10 月 1 日起的 12 个月内,符合美国贸易代表发出的通知中规定的第九个配额期限的进口资格	[1]			
9903.18.10	[1]	自每年 10 月 1 日起的 12 个月内,符合美国贸易代表发出的通知中规定的第十个配额期限的进口资格	[1]			
		乌克兰产品:				
9903.27.01	[1]	馏分油及残余燃料油(包括混合燃料油)及馏分油及残余燃料油的废物(不论是否混合)(税号 2710.19.06、税号 2710.19.11、税号 2710.20.05、税号 2710.20.10、税号 2710.99.05 或税号 2710.99.10 项下)	[1]	100%		
9903.27.02	[1]	稀有气体,氩气除外(税号 2804.29.00 项下)	[1]	100%		
9903.27.03	[1]	锗氧化物和二氧化锆(税号 2825.60.00 项下)	[1]	100%		
9903.27.04	[1]	硅碳化物(税号 2849.20.10 或 2849.20.20 项下)	[1]	100%		
9903.27.05	[1]	其他含硝酸盐和磷酸盐的矿物或化学肥料(税号 3105.51.00 项下)	[1]	100%		

税则号列	统计后缀	货品名称	单位	税率 普通	税率 特惠	2
				1		
9903.27.06	[1]	以二氧化钛为基础的颜料和制剂（税号 3206.11.00 或 3206.19.00 项下）	[1]	100%		
9903.27.07	[1]	其他未涂布、未漂白的牛皮纸及纸板，卷装或片装，重 225 克/米^2 或以上（税号 4804.51.00 项下）	[1]	100%		
9903.27.08	[1]	其他鞋底为橡胶、塑胶或合成皮革及鞋面为皮革的鞋靴（税号 6403.99.60、6403.99.75 或 6403.99.90 项下）	[1]	100%		
9903.27.09	[1]	其他鞋底为橡胶或塑料，鞋面为纺织材料，脚趾或鞋跟敞开，或易穿脱的鞋靴（税号 6404.19.35 项下）	[1]	100%		
9903.27.10	[1]	未分级的钻石（税号 7102.10.00 项下）	[1]	100%		
9903.27.11	[1]	非工业用钻石（税号 7102.31.00 或 7102.39.00 项下）	[1]	100%		
9903.27.12	[1]	铂制金属丝布或烤架的催化剂（税号 7115.10.00 项下）	[1]	100%		
9903.27.13	[1]	未经提炼的铜；电解精炼用铜阳（税号 7402.00.00 项下）	[1]	100%		
9903.27.14	[1]	其他未加工铝合金（税号 7601.20.90 项下）	[1]	100%		
9903.27.15	[1]	其他冷藏、冷冻设备；热泵（税号 8418.69.00 项下）	[1]	100%		
		根据美国美国注释十四的规定中国制的新型橡胶充气轮胎：				
9903.40.05	[1]	用于汽车(赛车除外)、旅行车、运动型多用途车、面包车和公路轻型卡车的子午线轮胎（税号 4011.10.10 或税号 4011.20.10 项下）	[1]	25%		
9903.40.10	[1]	其他用于汽车(赛车除外)、旅行车、运动型多用途车、面包车和公路轻型卡车的轮胎（税号 4011.10.50 或税号 4011.20.50 项下）	[1]	25%		
		日本产品：				
9903.41.05	[1]	牛(包括水牛)及马皮革（品目 4104 或品目 4107 项下）；山羊皮、山羊皮、绵羊革、羔皮，前一种为染色、着色、印花或压花革（品目 4105、品目 4106、品目 4112 或品目 4113 项下）	[1]	40%		
9903.41.10	[1]	鞋类皮革外底和鞋面全部或部分的皮革，和鞋类外鞋底的橡胶或塑料和鞋面有一个外表面面积主要是皮革，上述规定的第六十四章，除了(a)不系鞋带的鞋子类型不适合户外使用，没有支持或背带，有外鞋底的厚度小于 5 毫米和小于 20 毫米的厚度差异下球的脚踵，和(b)鞋类设计体育活动和、攀岩和滑冰靴，滑雪靴和越野滑雪鞋，摔跤靴子、拳击靴和自行车鞋	[1]	40%		
9903.41.15	[1]	自动数据处理设备，其部件集成在同一单元，不论是否完成，它包含一个基于微处理器的计算机制，有能力处理至少 16 位数据，设计用于非阴极射线管显示器，不论是否能够使用外部电源（子目 8471.30 或子目 8471.41 项下）	[1]	100%		
		自动数据处理设备，其部件是单独安装的，不论是否完成，它包含一个基于微处理器的计算机制，有能力处理至少 16 位数据，设计用于附着或放置在桌子、书桌或类似的地方：				
9903.41.20	[1]	具有基于微处理器的计算机制，能够直接处理超过 8M 的内存（税号 8471.49.10 或子目 8471.50 项下）	[1]	100%		
9903.41.25	[1]	具有基于微处理器的计算机制，能够直接处理不超过 8M 的内存（税号 8471.49.10 或子目 8471.50 项下）	[1]	100%		
		旋转式钻头，非电池驱动，卡盘容量为 1/2 英寸或以上；电动气动回转锤和冲击锤；(不含角磨机、皮带磨机、轨道磨机、直线磨机等)以上为电动机械工具，手用电动马达工作；电动气动旋转锤、冲击锤				

第九十九章 临时立法;根据现有贸易法规的临时修改;根据经修正的《农业调整法》第22条制定的附加进口限制

税则号列	统计后缀	货品名称	单位	税率 1 普通	税率 1 特惠	税率 2
9903.41.30	[1]	电动气动旋转锤和冲击锤(子目8467.29项下)	[1]	100%		
9903.41.35	[1]	其他(子目8467.21或子目8467.29项下)	[1]	100%		
9903.41.40	[1]	完整的彩色电视接收器,包含在单个外壳设备中,用于接收和显示非直播的每个标准美国广播频道,有或没有外部扬声器,有一个用于直接观看的单显像管,视频显示对角线超过45厘米但不超过50厘米(税号8528.72.32或税号8528.72.48项下)	[1]	100%		
9903.41.45	[1]	完整的彩色电视接收器,包含在单个外壳设备中,用于接收和显示非直播的每个标准美国广播频道,有或没有外部扬声器,有一个用于直接观看的单显像管,视频显示对角线超过50厘米但不超过52厘米(税号8528.72.32或税号8528.72.48项下)	[1]	100%		
		家用(住宅)洗衣机,包括洗衣机和烘干机,无论其干衣容量是否超过10千克[定义见本分章美国注释十七(三)款和税号8450.11.00或税号8450.20.00的规定],当从非国家进口时本分章注释十七(二)款列举:				
9903.45.01	[1]	如果在本分章注释十七(九)款规定的任何季度内以合计数量输入,根据该注释的条款,在任何该季度内不超过300 000个	[1]	20%[2]		55%[2]
9903.45.02	[1]	其他	[1]	50%[2]		85%[2]
		家用(住宅)洗衣机的零件[本分章美国注释十七(三)款中税号9903.45.01和税号9903.45.02所述的此类机器],本分章美国注释十七(六)款列出的税号8450.90.20或税号8450.90.60规定的零件,当从本分章美国注释十七(二)款规定的国家以外的国家进口时:				
9903.45.05	[1]	如果输入的年度总数量不超过本分章美国注释十七(七)款规定的数量,则根据该注释的条款	[1]	未改变		未改变
9903.45.06	[1]	其他	[1]	50%[3]		90%[3]
		本分章美国注释十八(三)款定义的晶体硅光伏电池,当本分章美国注释十八(二)款所述国家以外的国家的产品或原产货物:				
9903.45.21	[1]	根据该注释条款,以不超过2.5千兆瓦的年度总量输入	[1]	未改变	未改变	未改变
9903.45.22	[1]	其他	[1]	30%[4]		65%[4]
9903.45.25	[1]	本分章美国注释十八(七)款定义的模块,当产品或原产货物来自本分章注释十八(二)款所述国家以外的国家时	[1]	30%[4]		30%[4]
		尽管对棉花、陆地棉的进口有任何其他数量限制,但如附有该棉花生产国政府机构官员的证明原件,证明该棉花是陆地棉的一种,可按本分章美国注释六(二)款的条件,在该公告生效日期后的90日内,依照农业部部长根据美国注释六(二)1款确定和公告中规定的数量输入:				
9903.52.00	[5]	根据农业部部长特别限制全球进口配额公告购买并输入	[5]			
		尽管对棉花、陆地棉的进口有任何其他数量限制,但如附有该棉花生产国政府机构官员的证明原件,证明该棉花是陆地棉的一种,进口商可根据本分章美国注释六(一)款的条件,在农业部部长宣布配额生效日期后90天内购买棉花,农业部部长根据美国注释六(一)1款在该决定和公告生效日期后180日内决定和公告中规定的数量:				
9903.52.01	[5]	根据农业部部长第1号特别棉花进口配额公告购买和进口	[5]			
9903.52.02	[5]	根据农业部部长第2号特别棉花进口配额公告购买和进口	[5]			
9903.52.03	[5]	根据农业部部长第3号特别棉花进口配额公告购买和进口	[5]			

税则号列	统计后缀	货品名称	单位	税率 普通	税率 1 特惠	税率 2
9903.52.04	[5]	根据农业部部长第 4 号特别棉花进口配额公告购买和进口	[5]			
9903.52.05	[5]	根据农业部部长第 5 号特别棉花进口配额公告购买和进口	[5]			
9903.52.06	[5]	根据农业部部长第 6 号特别棉花进口配额公告购买和进口	[5]			
9903.52.07	[5]	根据农业部部长第 7 号特别棉花进口配额公告购买和进口	[5]			
9903.52.08	[5]	根据农业部部长第 8 号特别棉花进口配额公告购买和进口	[5]			
9903.52.09	[5]	根据农业部部长第 9 号特别棉花进口配额公告购买和进口	[5]			
9903.52.10	[5]	根据农业部部长第 10 号特别棉花进口配额公告购买和进口	[5]			
9903.52.11	[5]	根据农业部部长第 11 号特别棉花进口配额公告购买和进口	[5]			
9903.52.12	[5]	根据农业部部长第 12 号特别棉花进口配额公告购买和进口	[5]			
9903.52.13	[5]	根据农业部部长第 13 号特别棉花进口配额公告购买和进口	[5]			
9903.52.14	[5]	根据农业部部长第 14 号特别棉花进口配额公告购买和进口	[5]			
9903.52.15	[5]	根据农业部部长第 15 号特别棉花进口配额公告购买和进口	[5]			
9903.52.16	[5]	根据农业部部长第 16 号特别棉花进口配额公告购买和进口	[5]			
9903.52.17	[5]	根据农业部部长第 17 号特别棉花进口配额公告购买和进口	[5]			
9903.52.18	[5]	根据农业部部长第 18 号特别棉花进口配额公告购买和进口	[5]			
9903.52.19	[5]	根据农业部部长第 19 号特别棉花进口配额公告购买和进口	[5]			
9903.52.20	[5]	根据农业部部长第 20 号特别棉花进口配额公告购买和进口	[5]			
9903.52.21	[5]	根据农业部部长第 21 号特别棉花进口配额公告购买和进口	[5]			
9903.52.22	[5]	根据农业部部长第 22 号特别棉花进口配额公告购买和进口	[5]			
9903.52.23	[5]	根据农业部部长第 23 号特别棉花进口配额公告购买和进口	[5]			
9903.52.24	[5]	根据农业部部长第 24 号特别棉花进口配额公告购买和进口	[5]			
9903.52.25	[5]	根据农业部部长第 25 号特别棉花进口配额公告购买和进口	[5]			
9903.52.26	[5]	根据农业部部长第 26 号特别棉花进口配额公告购买和进口	[5]			
		总注释十二所指的加拿大产品或源自加拿大的货品：				
9903.53.01	[1]	本分章美国注释十三所述的软木材产品,其原产地为马尼托巴省、安大略省、魁北克省或萨斯喀彻温省	[1]	10%	10%（CA）	
9903.80.01	[1]	本分章美国注释十六列举税号下的钢铁产品,澳大利亚、阿根廷、巴西、加拿大、墨西哥、韩国的产品除外,或商务部可能确定和宣布的任何除外情况	[1]	相应税号关税+25%		相应税号关税+25%
9903.80.03	[1]	本分章美国注释十六(一)2 列举的钢铁产品,但阿根廷、澳大利亚、巴西、加拿大、墨西哥、韩国的产品或商务部确定和宣布的任何除外情况除外	[1]	相应税号关税+25%	相应税号关税+25%	相应税号关税+25%
		除了税号 9903.80.60 和 9903.80.61 外,本分章美国注释十六(二)款所列的阿根廷、巴西和韩国的钢铁产品,如果从 2018 年 1 月 1 日起任意一年进口并且按照本分章注释十六(五)款规定的数量输入：	[1]			
9903.80.05	[1]	税号 7208.10.60、税号 7208.26.00、税号 7208.27.00、税号 7208.38.00、税号 7208.39.00、税号 7208.40.60、税号 7208.53.00、税号 7208.54.00、税号 7208.90.00、税号 7225.30.70 或税号 7225.40.70 的热轧薄板	[1]	免税		

第九十九章 临时立法;根据现有贸易法规的临时修改;根据经修正的《农业调整法》第 22 条制定的附加进口限制

税则号列	统计后缀	货品名称	单位	税率 1 普通	税率 1 特惠	税率 2
9903.80.06	[1]	税号 7211.19.15、税号 7211.19.20、税号 7211.19.30、税号 7211.19.45、税号 7211.19.60、税号 7211.19.75、税号 7226.91.70 或税号 7226.91.80 的热轧薄板	[1]	免税		
9903.80.07	[1]	税号 7208.10.15、税号 7208.10.30、税号 7208.25.30、税号 7208.25.60、税号 7208.36.00、税号 7208.37.00、税号 7211.14.00(统计报告编码 7211.14.0030 和 7211.14.0045 除外)或 7225.30.30 的热轧薄板,成卷	[1]	免税		
9903.80.08	[1]	税号 7209.15.00、税号 7209.16.00、税号 7209.17.00、税号 7209.18.15、税号 7209.18.60、税号 7209.25.00、税号 7209.26.00、税号 7209.27.00、税号 7209.28.00、税号 7209.90.00、税号 7210.70.30、税号 7225.50.70、税号 7225.50.80 或税号 7225.99.00 的冷轧薄板及其他产品	[1]	免税		
9903.80.09	[1]	税号 7211.23.15、税号 7211.23.20、税号 7211.23.30、税号 7211.23.45、税号 7211.23.60、税号 7211.29.20、税号 7211.29.45、税号 7211.29.60、税号 7211.90.00、税号 7212.40.10、税号 7212.40.50、税号 7226.92.50、税号 7226.92.70、税号 7226.92.80 或税号 7226.99.01(统计报告编码 7226.99.0110 和 7226.99.0130 除外)的冷轧薄板及其他产品	[1]	免税		
9903.80.10	[1]	税号 7209.18.25 的冷轧板	[1]	免税		
9903.80.11	[1]	税号 7208.40.30、税号 7208.51.00、税号 7208.52.00、税号 7210.90.10、税号 7211.13.00、税号 7211.14.00(统计报告编码 7211.14.0090 除外)、7225.40.30、7225.50.60 或 7226.91.50 的切割板	[1]	免税		
9903.80.12	[1]	税号 7210.41.00、税号 7210.49.00、税号 7210.70.60(统计报告编码 7210.70.6030 和 7210.70.6090 除外)、7212.30.10、7212.30.30、7212.30.50、7225.92.00 或 7226.99.01(统计报告编码 7226.99.0110 和 7226.99.0180 除外)的热浸镀平板轧材	[1]	免税		
9903.80.13	[1]	税号 7210.20.00、税号 7210.61.00、税号 7210.69.00、税号 7210.70.60(统计报告编码 7210.70.6030 和 7210.70.6060 除外)、7210.90.60、7210.90.90、7212.50.00 或 7212.60.00 的涂层的平板轧材	[1]	免税		
9903.80.14	[1]	税号 7210.50.00 的无锡钢	[1]	免税		
9903.80.15	[1]	税号 7210.11.00、税号 7210.12.00 或税号 7212.10.00 的马口铁	[1]	免税		
9903.80.16	[1]	税号 7225.11.00、税号 7225.19.00、税号 7226.11.10、税号 7226.11.90、税号 7226.19.10 或税号 7226.19.90 的硅电钢片和钢带	[1]	免税		
9903.80.17	[1]	税号 7210.30.00,7210.70.60(统计报告编码 7210.70.6060 和 7210.70.6090 除外),和 7212.20.00、7225.91.00 或 7226.99.01(统计报告编码 7226.99.0130 和 7226.99.0180 除外)的涂锌或镀锌的薄板和带材	[1]	免税		
9903.80.18	[1]	税号 7304.23.30、税号 7304.23.60、税号 7304.29.10、税号 7304.29.20、税号 7304.29.31、税号 7304.29.41、税号 7304.29.50、税号 7304.29.61、税号 7305.20.20、税号 7305.20.40、税号 7305.20.60、税号 7305.20.80、税号 7306.29.10、税号 7306.29.20、税号 7306.29.31、税号 7306.29.41、税号 7306.29.60 或税号 7306.29.81 的石油管道和管子	[1]	免税		

税则号列	统计后缀	货品名称	单位	税率 普通	税率 特惠	2
9903.80.19	[1]	税号 7304.19.10(统计报告编码 7304.19.1020、7304.19.1030、7304.19.1045 和 7304.19.1060 除外)、7304.19.50(统计报告编码 7304.19.5020 和 7304.19.5050 除外)、7305.11.10、7305.11.50、7305.12.10、7305.12.50、7305.19.10 或 7305.19.50 的外径超过 406.4 毫米的管子	[1]	免税		
9903.80.20	[1]	税号 7304.19.10(统计报告编码 7304.19.1080 除外)、7304.19.50(统计报告编码 7304.19.5080 除外)、7306.19.10(统计报告编码 7306.19.1050 除外)或 7306.19.51 统计报告编码 7306.19.5150 除外)的外径超过 406.4 毫米的管子	[1]	免税		
9903.80.21	[1]	税号 7306.19.10(统计报告编码 7306.19.1010 除外)或 7306.19.51(统计报告编码 7306.19.5110 除外)的其他管子	[1]	免税		
9903.80.22	[1]	税号 7304.39.00(统计报告编码 7304.39.0002、7304.39.0004、7304.39.0006、7304.39.0008、7304.39.0028、7304.39.0032、7304.39.0040、7304.39.0044、7304.39.0052、7304.39.0056、7304.39.0068 和 7304.39.0072 除外)、7304.59.80(统计报告编码 7304.59.8020、7304.59.8025、7304.59.8035、7304.59.8040、7304.59.8050、7304.59.8055、7304.59.8065 和 7304.59.8070 除外)、7306.30.50(统计报告编码 7306.30.5010、7306.30.5015、7306.30.5020 和 7306.30.5035 除外)的其他管子	[1]	免税		
9903.80.23	[1]	税号 7304.90.10、税号 7304.90.30、税号 7305.31.20、税号 7305.31.40、税号 7305.31.60(统计报告编码 7305.31.6010 除外)、7306.30.30、7306.50.30、7306.61.10、7306.61.30、7306.69.10 或 7306.69.30 的结构管	[1]	免税		
9903.80.24	[1]	税号 7304.31.30、7304.31.60(统计报告编码 7304.31.6010 除外)、7304.39.00(统计报告编码 7304.39.0002、7304.39.0004、7304.39.0006、7304.39.0008、7304.39.0016、7304.39.0020、7304.39.0024、7304.39.0036、7304.39.0048、7304.39.0062、7304.39.0076 和 7304.39.0080 除外)、7304.51.10、7304.51.50(统计报告编码 7304.51.5005、7304.51.5015 和 7304.51.5045 除外)、7304.59.10、7304.59.60、7304.59.80(统计报告编码 7304.59.8010、7304.59.8015、7304.59.8030、7304.59.8045、7304.59.8060 和 7304.59.8080 除外)、7304.90.50、7304.90.70、7306.30.10、7306.30.50(统计报告编码 7306.30.5010、7306.30.5025、7306.30.5028、7306.30.5032、7306.30.5040、7306.30.5055、7306.30.5085 和 7306.30.5090 除外)、7306.50.10、7306.50.50(统计报告编码 7306.50.5010 除外)、7306.61.50、7306.61.70(统计报告编码 7306.61.7030 除外)、7306.69.50 或 7306.69.70(统计报告编码 7306.69.7030 除外)的机械管和其他产品	[1]	免税		
9903.80.25	[1]	税号 7304.31.60(统计报告编码 7304.31.6050 除外)、7304.39.00(统计报告编码 7304.39.0016、7304.39.0020、7304.39.0024、7304.39.0028、7304.39.0032、7304.39.0036、7304.39.0040、7304.39.0044、7304.39.0052、7304.39.0056、7304.39.0062、7304.39.0068、7304.39.0072、7304.39.0076 和 7304.39.0080 除外)、7304.51.50(统计报告编码 7304.51.5005 和 7304.51.5060 除外)、7304.59.20、7306.30.50(统计报告编码 7306.30.5015、7306.30.5020、7306.30.5025、7306.30.5028、7306.30.5032、7306.30.5035、7306.30.5040、7306.30.5055、7306.30.5085and7306.30.5090 除外) 或 7306.50.50(统计报告编码 7306.50.5030、7306.50.5050 和 7306.50.5070 除外)的压力管及其他产品,	[1]	免税		
9903.80.26	[1]	税号 7305.39.10 或 7305.39.50 的打桩或其他产品用管	[1]	免税		

第九十九章 临时立法;根据现有贸易法规的临时修改;根据经修正的《农业调整法》第22条制定的附加进口限制

税则号列	统计后缀	货品名称	单位	税率 1 普通	税率 1 特惠	2
9903.80.27	[1]	税号7304.51.50(统计报告编码7304.51.5015、7304.51.5045和7304.51.5060除外)、7305.90.10、7305.90.50、7306.90.10或7306.90.5的非特殊用途的管道	[1]	免税		
9903.80.28	[1]	税号7219.13.00、税号7219.14.00、税号7319.23.00或7229.24.00的不锈钢热轧板	[1]	免税		
9903.80.29	[1]	税号7220.12.10或税号7220.12.50的不锈钢及其他产品热轧带材	[1]	免税		
9903.80.30	[1]	税号7219.11.00或税号7219.12.00的不锈钢热轧板和其他产品,卷状	[1]	免税		
9903.80.31	[1]	税号7219.32.00、7219.33.00、税号7219.34.00、税号7219.35.00或税号7219.90.00的不锈钢冷轧薄板及其他产品				
9903.80.32	[1]	税号7220.20.10、税号7220.20.60、税号7220.20.70、税号7220.20.80、税号7220.20.90或7220.90.00的不锈钢冷轧带材	[1]	免税		
9903.80.33	[1]	税号7219.31.00(统计报告编码7219.31.0050除外)的不锈钢冷轧钢板,卷状	[1]	免税		
9903.80.34	[1]	税号7223.00.10、税号7223.00.50或税号7223.00.90的不锈钢拉丝	[1]	免税		
9903.80.35	[1]	税号7304.41.30、税号7304.41.60、税号7304.49.00、税号7305.31.60(统计报告编码7305.31.6090除外)、7306.40.10、7306.40.50、7306.61.70(统计报告编码7306.61.7060除外)或7306.69.70(统计报告编码7306.69.7060除外)的不锈钢管	[1]	免税		
9903.80.36	[1]	税号7304.11.00或7306.11.00的不锈钢线管	[1]	免税		
9903.80.37	[1]	税号7222.20.00或7222.30.00的冷加工不锈钢条杆	[1]	免税		
9903.80.38	[1]	税号7221.00.00(统计报告编码7221.00.0017、7221.00.0018和7221.00.0030除外)或税号7222.11.00、7222.19.00或7222.40.30(统计报告编码7222.40.3025和7222.40.3045除外)的热轧不锈钢条杆	[1]	免税		
9903.80.39	[1]	税号7218.91.00和7218.99.00的不锈钢和其他材料的钢坯、钢坯和板坯产品	[1]	免税		
9903.80.40	[1]	税号7304.22.00、税号7304.24.30、税号7304.24.40、7304.24.60、税号7306.21.30、7306.21.40或税号7306.21.80的石油不锈钢管道和其他产品	[1]	免税		
9903.80.41	[1]	税号7218.10.00的不锈钢锭和其他主要形式的不锈钢	[1]	免税		
9903.80.42	[1]	税号7219.21.00、税号7219.22.00、税号7219.31.00(统计报告编码7219.31.0010除外)或7220.11.00的不锈钢扁轧制品	[1]	免税		
9903.80.43	[1]	税号7221.00.00(统计报告编码7221.00.0005、7221.00.0045和7221.00.0075除外)的不锈钢不规则盘绕热轧条杆	[1]	免税		
9903.80.44	[1]	税号7222.40.30(统计报告编码7222.40.3065和7222.40.3085除外)或7222.40.60的不锈钢角材、型材和异型材	[1]	免税		
9903.80.45	[1]	税号7216.31.00、7216.32.00、税号7216.33.00、7216.40.00、税号7216.50.00、税号7216.99.00、税号7228.70.30(统计报告编码7228.70.3060和7228.70.3081除外)或7228.70.60的不锈钢角材、型材和异型材	[1]	免税		

税则号列	统计后缀	货品名称	单位	税率 1 普通	税率 1 特惠	2
9903.80.46	[1]	税号 7213.91.30、税号 7213.91.45、税号 7213.91.60、税号 7213.99.00(统计报告编码 7213.99.0060 除外)、7227.20.00(统计报告编码 7227.20.0080 除外)或 7227.90.60(统计报告编码 7227.90.6005、7227.90.6010、7227.90.6040 和 7227.90.6090 除外)的不锈钢不规则盘绕热轧条杆	[1]	免税		
9903.80.47	[1]	税号 7217.10.10、税号 7217.10.20、税号 7217.10.30、税号 7217.10.40、税号 7217.10.50、税号 7217.10.60、税号 7217.10.70、税号 7217.10.80、税号 7217.10.90、税号 7217.20.15、税号 7217.20.30、税号 7217.20.45、税号 7217.20.60、税号 7217.20.75、税号 7217.30.15、税号 7217.30.30、税号 7217.30.45、税号 7217.30.60、税号 7217.30.75、税号 7217.90.10、税号 7217.90.50、税号 7229.20.00、税号 7229.90.10、税号 7229.90.50 或税号 7229.90.90 的金属丝(不锈钢除外)	[1]	免税		
9903.80.48	[1]	税号 7213.20.00、税号 7213.99.00（统计报告编码 7213.99.0030 和 7213.99.0090 除外）、7214.10.00、7214.30.00、7214.91.00、7214.99.00、7215.90.10、7227.20.00(统计报告编码 7227.20.0030除外)、7227.90.60(统计报告编码 7227.90.6020、7227.90.6030 和 7227.90.6035 除外)、7228.20.10、7228.30.80(统计报告编码 7228.30.8010除外)、7228.40.00、7228.60.60 或 7228.80.00 的非不锈钢热轧棒材	[1]	免税		
9903.80.49	[1]	税号 7215.10.00、税号 7215.50.00、税号 7215.90.30、7215.90.50、税号 7228.20.50、税号 7228.50.50 或税号 7228.60.80 的非不锈钢冷加工条杆	[1]	免税		
9903.80.50	[1]	税号 7216.10.00、税号 7216.21.00、税号 7216.22.00 或税号 7228.70.30(统计报告编码 7228.70.3010、7228.70.3020 和 7228.70.3041 除外)的"轻型钢筋"类型一种的角材、型材和异型材	[1]	免税		
9903.80.51	[1]	税号 7213.10.00、税号 7214.20.00 或税号 7228.30.80(统计报告编码 7228.30.8005、7228.30.8015、7228.30.8041、7228.30.8045 和 7228.30.8070 除外)的钢筋	[1]	免税		
9903.80.52	[1]	税号 7301.10.00 的板桩	[1]	免税		
9903.80.53	[1]	税号 7302.40.00、税号 7302.90.10 和税号 7302.90.90 的铁路产品	[1]	免税		
9903.80.54	[1]	税号 7302.10.10(统计报告编码 7302.10.1010、7302.10.1035、7302.10.1065 和 7302.10.1075 除外)的"标准轨道"以外的轨道	[1]	免税		
9903.80.55	[1]	税号 7302.10.10(统计报告编码 7302.10.1015、7302.10.1025、7302.10.1045 和 7302.10.1055 除外)或 7302.10.50 的"标准轨道"	[1]	免税		
9903.80.56	[1]	税号 7224.10.00（统计报告编码 7224.10.0005 和 7224.10.0075 除外）、7224.90.00（统计报告编码 7224.90.0005、7224.90.0045、7224.90.0055、7224.90.0065 和 7224.90.0075 除外）、7225.30.11、7225.30.51、7225.40.11、7225.40.51、7225.50.11、7226.20.00、7226.91.05、7226.91.15、7226.91.25、7226.92.10、7226.92.30、7227.10.00、7227.90.10、7227.90.20、7228.10.00、7228.30.20、7228.30.40、7228.30.60、7228.50.10、7228.60.10 或 7229.90.05 的工具钢及其他产品	[1]	免税		

税则号列	统计后缀	货品名称	单位	税率 1 普通	税率 1 特惠	税率 2
9903.80.57	[1]	税号 7207.11.00、税号 7207.12.00、税号 7207.19.00、税号 7207.20.00 或 7224.90.00（统计报告编码 7224.90.0015、7224.90.0025 和 7224.90.0035 除外）的半成品的大钢坯、坯料和板坯	[1]	免税[6]		
9903.80.58	[1]	税号 7206.10.00、税号 7206.90.00 或税号 7224.10.00（统计报告编码 7224.10.0045 除外）的钢锭	[1]	免税		
		本分章美国注释十六（二）款列举的阿根廷、巴西或韩国的钢铁产品，均包含在商务部部长根据本分章美国注释十六（三）款授予的除外条款中：				
9903.80.60	[1]	不在美国的，在充分合理数量下，或者在令人满意的质量下，或者在特定国家安全理由下的被部长同意由税号 9903.80.05 至 903.80.58 规定的数量限制豁免的钢铁产品，该产品应当计入被总统宣布的数量限制，直到该限制已满	[1]	相应税号规定的税率		
9903.80.61	[1]	受合格合同或其他书面协议约束的货物，该货物已免于适用与税号 9903.80.05 至 9903.80.58 规定的相应数量限制中获得，但前提是此类货物应计入总统宣布的任何数量限制，直到此类限制已满	[1]	相应税号规定的税率 ＋25％		
		本分章美国注释十六（二）4 款列举的巴西钢铁产品，每个产品均包含在商务部部长根据本分章美国注释十六（三）款授予的除外条款中：				
9903.80.62	[1]	受合格合同或其他书面协议约束的货物，该货物已免于适用与税号 9903.80.57 有关的数量限制，但前提是此类货物应计入总统宣布的任何数量限制，直到此类限制已满	[1]	相应税号规定的税率		
9903.85.01	[1]	除税号 9903.85.03 或税号 9903.85.21 所述的产品外，本分章美国注释十九所列品目或税号规定的铝产品，阿根廷、澳大利亚、加拿大、墨西哥的产品或商务部确定和宣布的任何除外情况除外	[1]	相应税号规定的税率＋10％	相应税号规定的税率＋10％（AU，BH，CA，CL，CO，E，IL，JO，KR，MA，MX，OM，P，PA，PE，SG）	相应税号规定的税率＋10％
9903.85.03	[1]	本分章美国注释十九（一）3 款列举的铝产品，但阿根廷、澳大利亚、加拿大、墨西哥的产品或商务部确定和宣布的任何除外情况除外	[1]	相应税号规定的税率＋10％	相应税号规定的税率＋10％	相应税号规定的税率＋10％
		除税号 9903.85.11 规定的情况外，本分章美国注释十九（二）款列举的阿根廷铝产品，如果在 2018 年 1 月 1 日起的任何年以及该年本分章注释十九（五）款规定的任何部分，以注释十九（五）中规定的总量输入：				
9903.85.05	[1]	品目 7601 的未锻造铝	[1]	相应税号规定的税率	相应税号规定的税率（AU，BH，CA，CL，CO，E，IL，JO，KR，MA，MX，OM，P，PA，PE，SG）	

税则号列	统计后缀	货品名称	单位	税率 普通	税率 特惠	2
9903.85.06	[1]	品目7604、品目7605、品目7606、品目7607、品目7608、品目7609的未锻造铝和税号7616.99.51的铝铸件和锻件	[1]	相应税号规定的税率	相应税号规定的税率(AU, BH, CA, CL, CO, E, IL, JO, KR, MA, MX, OM, P, PA, PE, SG)	
		本分章美国注释十九(二)款所列阿根廷生产的铝产品,均属于本分章注释十九(三)款被贸易部部长宣布排他条款:				
9903.85.11	[1]	对于部长决定的有着充分合理数量或者令人满意质量的非美国生产的铝产品,或者对于国家安全原因,税号9903.85.05和9903.85.06规定的相应数量限制下获得救济的货物,该货物应当计入总统宣布的数量限制,直到数量限制已满	[1]	相应税号规定的税率		
9903.85.21	[1]	本分章美国注释十九(一)4款列举的加拿大铝产品	[1]	相应税号规定的税率+10%	相应税号规定的税率+10%(CA, MX, S)	相应税号规定的税率+10%
9903.88.01	[1]	除税号9903.88.05、税号9903.88.06、税号9903.88.07、税号9903.88.10、税号9903.88.11、税号9903.88.14、税号9903.88.19、税号9903.88.50、税号9903.88.52、税号9903.88.58、税号9903.88.60或税号9903.88.62另有规定的以外,本分章美国注释二十(一)款和美国注释二十(二)款所列税号的中国产品	[1]	相应税号规定的税率加25%		
9903.88.02	[1]	除税号9903.88.12、税号9903.88.17、税号9903.88.20、税号9903.88.54、税号9903.88.59、税号9903.88.61或税号9903.88.63另有规定的以外,本分章美国注释二十(三)款以及美国注释二十(四)款所列税号的中国产品	[1]	相应税号规定的税率加25%		
9903.88.03	[1]	除税号9903.88.13、税号9903.88.18、税号9903.88.33、税号9903.88.34、税号9903.88.35、税号9903.88.36、税号9903.88.37、税号9903.88.38、税号9903.88.40、税号9903.88.41、税号9903.88.43、税号9903.88.45、税号9903.88.46、税号9903.88.48、税号9903.88.56或9903.88.64另有规定的以外,本分章美国注释二十(五)款和美国注释二十(六)款所列税号的中国产品	[1]	相应税号规定的税率加25%		
9903.88.04	[1]	除税号9903.88.33、税号9903.88.34、税号9903.88.36、税号9903.88.37、税号9903.88.38、税号9903.88.40、税号9903.88.46、税号9903.88.48、税号9903.88.56或9903.88.64另有规定的以外,本分章美国注释二十(七)款和美国注释二十(八)款所列税号的中国产品	[1]	相应税号规定的税率加25%		
9903.88.05	[1]	根据本分章美国注释二十(八)款的规定,被美国贸易代表办公室排外条款覆盖的中国产品	[1]	相应税号规定的税率[3]		
9903.88.06	[1]	根据本分章美国注释二十(九)款的规定,被美国贸易代表办公室排外条款覆盖的中国产品	[1]	相应税号规定的税率		
9903.88.07	[1]	根据本分章美国注释二十(十)款的规定,被美国贸易代表办公室排外条款覆盖的中国产品	[1]	相应税号规定的税率		
9903.88.08	[1]	根据本分章美国注释二十(十一)款的规定,被美国贸易代表办公室排外条款覆盖的中国产品	[1]	相应税号规定的税率		

第九十九章　临时立法;根据现有贸易法规的临时修改;根据经修正的《农业调整法》第 22 条制定的附加进口限制

税则号列	统计后缀	货品名称	单位	税率 1 普通	税率 1 特惠	税率 2
9903.88.09	[1]	本分章美国注释二十(十二)和美国注释二十(六)款、二十(七)款所列税号的中国产品,如果在 2019 年 5 月 10 日进口并为了消费目的出口到美国,或者在 2019 年 5 月 10 日(含)之后并在 2019 年 6 月 15 日之前为了消费从仓库撤回	[1]	相应税号规定的税率+10%		
9903.88.10	[1]	根据本分章美国注释二十(十三)款的规定,被美国贸易代表办公室排外条款覆盖的中国产品	[1]	相应税号规定的税率		
9903.88.11	[1]	根据本分章美国注释二十(十四)款的规定,被美国贸易代表办公室排外条款覆盖的中国产品	[1]	相应税号规定的税率		
9903.88.12	[1]	根据本分章美国注释二十(十五)款的规定,被美国贸易代表办公室排外条款覆盖的中国产品	[1]	相应税号规定的税率		
9903.88.13	[1]	根据本分章美国注释二十(十六)款的规定,被美国贸易代表办公室排外条款覆盖的中国产品	[1]	相应税号规定的税率		
9903.88.14	[1]	根据本分章美国注释二十(十七)款的规定,被美国贸易代表办公室排外条款覆盖的中国产品	[1]	相应税号规定的税率		
9903.88.15	[1]	除税号 9903.88.39、9903.88.42、9903.88.44、9903.88.47、9903.88.49、9903.88.51、9903.88.53、9903.88.55、9903.88.57 或 9903.88.65 另有规定的以外,本分章美国注释二十(十八)款和美国注释二十(十九)中所列税号的中国产品	[1]	相应税号规定的税率+7.5%		
9903.88.16	[1]	本分章美国注释二十(二十)款和美国注释二十(二十一)款所列税号的中国产品	[1]	相应税号规定的税率+15%[4]		
9903.88.17	[1]	根据本分章美国注释二十(二十二)款的规定,被美国贸易代表办公室排外条款覆盖的中国产品	[1]	相应税号规定的税率		
9903.88.18	[1]	根据本分章美国注释二十(二十三)款的规定,被美国贸易代表办公室排外条款覆盖的中国产品	[1]	相应税号规定的税率		
9903.88.19	[1]	根据本分章美国注释二十(二十四)款的规定,被美国贸易代表办公室排外条款覆盖的中国产品	[1]	相应税号规定的税率		
9903.88.20	[1]	根据本分章美国注释二十(二十五)款的规定,被美国贸易代表办公室排外条款覆盖的中国产品	[1]	相应税号规定的税率		
9903.88.21	[1]	本分章美国注释二十(二十六)款所列税号的中国产品	[1]	相应税号规定的税率		
9903.88.22	[1]	本分章美国注释二十(二十七)款所列税号的中国产品	[1]	相应税号规定的税率		
9903.88.23	[1]	本分章美国注释二十(二十八)款所列税号的中国产品	[1]	相应税号规定的税率		
9903.88.24	[1]	本分章美国注释二十(二十九)款所列税号的中国产品	[1]	相应税号规定的税率		
9903.88.25	[1]	本分章美国注释二十(三十)款所列税号的中国产品	[1]	相应税号规定的税率		
9903.88.26	[1]	本分章美国注释二十(三十一)款所列税号的中国产品	[1]	相应税号规定的税率		
9903.88.27	[1]	本分章美国注释二十(三十二)款所列税号的中国产品	[1]	相应税号规定的税率		
9903.88.28	[1]	本分章美国注释二十(三十三)款所列税号的中国产品	[1]	相应税号规定的税率		

税则号列	统计后缀	货品名称	单位	税率 普通	税率 特惠	2
9903.88.33	[1]	根据本分章美国注释二十(三十四)款的规定,被美国贸易代表办公室排外条款覆盖的中国产品	[1]	相应税号规定的税率		
9903.88.34	[1]	根据本分章美国注释二十(三十五)款的规定,被美国贸易代表办公室排外条款覆盖的中国产品	[1]	相应税号规定的税率		
9903.88.35	[1]	根据本分章美国注释二十(三十六)款的规定,被美国贸易代表办公室排外条款覆盖的中国产品	[1]	相应税号规定的税率		
9903.88.36	[1]	根据本分章美国注释二十(三十七)款的规定,被美国贸易代表办公室排外条款覆盖的中国产品	[1]	相应税号规定的税率		
9903.88.37	[1]	根据本分章美国注释二十(三十八)款的规定,被美国贸易代表办公室排外条款覆盖的中国产品	[1]	相应税号规定的税率		
9903.88.38	[1]	根据本分章美国注释二十(三十九)款的规定,被美国贸易代表办公室排外条款覆盖的中国产品	[1]	相应税号规定的税率		
9903.88.39	[1]	根据本分章美国注释二十(四十)款的规定,被美国贸易代表办公室排外条款覆盖的中国产品	[1]	相应税号规定的税率		
9903.88.40	[1]	根据本分章美国注释二十(四十一)款的规定,被美国贸易代表办公室排外条款覆盖的中国产品	[1]	相应税号规定的税率		
9903.88.41	[1]	根据本分章美国注释二十(四十二)款的规定,被美国贸易代表办公室排外条款覆盖的中国产品	[1]	相应税号规定的税率		
9903.88.42	[1]	根据本分章美国注释二十(四十三)款的规定,被美国贸易代表办公室排外条款覆盖的中国产品	[1]	相应税号规定的税率		
9903.88.43	[1]	根据本分章美国注释二十(四十四)款的规定,被美国贸易代表办公室排外条款覆盖的中国产品	[1]	相应税号规定的税率		
9903.88.44	[1]	根据本分章美国注释二十(四十五)款的规定,被美国贸易代表办公室排外条款覆盖的中国产品	[1]	相应税号规定的税率		
9903.88.45	[1]	根据本分章美国注释二十(四十六)款的规定,被美国贸易代表办公室排外条款覆盖的中国产品	[1]	相应税号规定的税率		
9903.88.46	[1]	根据本分章美国注释二十(四十七)款的规定,被美国贸易代表办公室排外条款覆盖的中国产品	[1]	相应税号规定的税率		
9903.88.47	[1]	根据本分章美国注释二十(四十八)款的规定,被美国贸易代表办公室排外条款覆盖的中国产品	[1]	相应税号规定的税率		
9903.88.48	[1]	根据本分章美国注释二十(四十九)款的规定,被美国贸易代表办公室排外条款覆盖的中国产品	[1]	相应税号规定的税率		
9903.88.49	[1]	根据本分章美国注释二十(五十)款的规定,被美国贸易代表办公室排外条款覆盖的中国产品	[1]	相应税号规定的税率		
9903.88.50	[1]	根据本分章美国注释二十(五十一)款的规定,在2020年6月4日至2020年12月31日期间被美国贸易代表办公室排外条款覆盖的中国产品	[1]	相应税号规定的税率		
9903.88.51	[1]	根据本分章美国注释二十(五十二)款的规定,被美国贸易代表办公室排外条款覆盖的中国产品	[1]	相应税号规定的税率		
9903.88.52	[1]	根据本分章美国注释二十(五十三)的规定,在2020年7月9日至2020年12月31日期间被美国贸易代表办公室排外条款覆盖的中国产品	[1]	相应税号规定的税率		
9903.88.53	[1]	根据本分章美国注释二十(五十四)款的规定,被美国贸易代表办公室排外条款覆盖的中国产品	[1]	相应税号规定的税率		

税则号列	统计后缀	货品名称	单位	税率 普通	税率 特惠	2
9903.88.54	[1]	根据本分章美国注释二十(五十五)款的规定,在2020年7月31日至2020年12月31日期间被美国贸易代表办公室排外条款覆盖的中国产品	[1]	相应税号规定的税率		
9903.88.55	[1]	根据本分章美国注释二十(五十六)款的规定,被美国贸易代表办公室排外条款覆盖的中国产品	[1]	相应税号规定的税率		
9903.88.56	[1]	根据本分章美国注释二十(五十七)款的规定,在2020年8月7日至2020年12月31日期间被美国贸易代表办公室排外条款覆盖的中国产品	[1]	相应税号规定的税率		
9903.88.57	[1]	根据本分章美国注释二十(五十八)款的规定,在2020年9月1日至2020年12月31日期间被美国贸易代表办公室排外条款覆盖的中国产品	[1]	相应税号规定的税率		
9903.88.58	[1]	根据本分章美国注释二十(五十九)款的规定,在2020年9月20日至2020年12月31日期间被美国贸易代表办公室排外条款覆盖的中国产品	[1]	相应税号规定的税率		
9903.88.59	[1]	根据本分章美国注释二十(六十)款的规定,在2020年9月20日至2020年12月31日期间被美国贸易代表办公室排外条款覆盖的中国产品	[1]	相应税号规定的税率		
9903.88.60	[1]	根据本分章美国注释二十(六十一)款的规定,在2020年10月2日至2020年12月31日期间被美国贸易代表办公室排外条款覆盖的中国产品	[1]	相应税号规定的税率		
9903.88.61	[1]	根据本分章美国注释二十(六十二)款的规定,在2020年10月2日至2020年12月31日期间被美国贸易代表办公室排外条款覆盖的中国产品	[1]	相应税号规定的税率		
9903.88.62	[1]	根据本分章美国注释二十(六十三)款的规定,在2021年1月1日至2021年3月31日期间被美国贸易代表办公室排外条款覆盖的中国产品	[1]	相应税号规定的税率		
9903.88.63	[1]	根据本分章美国注释二十(六十四)款的规定,在2021年1月1日至2021年3月31日期间被美国贸易代表办公室排外条款覆盖的中国产品	[1]	相应税号规定的税率		
9903.88.64	[1]	根据本分章美国注释二十(六十五)款的规定,在2021年1月1日至2021年3月31日期间被美国贸易代表办公室排外条款覆盖的中国产品	[1]	相应税号规定的税率		
9903.88.65	[1]	根据本分章美国注释二十(六十六)款的规定,在2021年1月1日至2021年3月31日期间被美国贸易代表办公室排外条款覆盖的中国产品	[1]	相应税号规定的税率		
		法国、德国、西班牙或英国的产品:				
9903.89.05	[1]	本分章美国注释二十一(二)款定义的空载重量超过30 000千克的新飞机和其他新飞机(军用飞机或其他军用飞机除外)(统计报告编号8802.40.0040、8802.40.0060或8802.40.0070项下)	[1]	相应税号规定的税率+15%		
9903.89.07	[1]	空载重量超过15 000千克(税号8802.40.00项下)的飞机和其他飞机,不属于税号9903.89.05项下	[1]	相应税号规定的税率		
		奥地利、比利时、保加利亚、克罗地亚、塞浦路斯共和国、捷克共和国、丹麦、爱沙尼亚、芬兰、法国、德国、希腊、匈牙利、爱尔兰、意大利、拉脱维亚、立陶宛、卢森堡、马耳他、荷兰、波兰、葡萄牙、罗马尼亚、斯洛伐克、斯洛文尼亚、西班牙、瑞典或英国的产品:				
9903.89.10	[1]	本分章美国注释二十一(三)款所列税号的产品	[1]	相应税号规定的税率+25%		

税则号列	统计后缀	货品名称	单位	税率 1 普通	税率 1 特惠	2
		德国、西班牙或英国的产品:				
9903.89.13	[1]	本分章美国注释二十一(四)款所列税号的产品	[1]	相应税号规定的税率+25%		
		奥地利、比利时、保加利亚、克罗地亚、塞浦路斯共和国、捷克共和国、丹麦、爱沙尼亚、芬兰、德国、希腊、匈牙利、爱尔兰、意大利、拉脱维亚、立陶宛、卢森堡、马耳他、荷兰、葡萄牙、罗马尼亚、斯洛伐克、斯洛文尼亚、西班牙、瑞典或英国的产品:				
9903.89.16	[1]	本分章美国注释二十一(五)款所列税号的产品	[1]	相应税号规定的税率+25%		
		奥地利、比利时、保加利亚、克罗地亚、塞浦路斯共和国、捷克共和国、丹麦、爱沙尼亚、芬兰、法国、德国、希腊、匈牙利、爱尔兰、意大利、拉脱维亚、立陶宛、卢森堡、马耳他、荷兰、葡萄牙、罗马尼亚、斯洛伐克、斯洛文尼亚、西班牙、瑞典或英国的产品:				
9903.89.19	[1]	本分章美国注释二十一(六)款所列税号的产品	[1]	相应税号规定的税率+25%		
		奥地利、比利时、保加利亚、克罗地亚、塞浦路斯共和国、捷克共和国、丹麦、爱沙尼亚、芬兰、德国、希腊、匈牙利、爱尔兰、意大利、拉脱维亚、立陶宛、卢森堡、马耳他、荷兰、波兰、葡萄牙、罗马尼亚、斯洛伐克、斯洛文尼亚、西班牙、瑞典或英国的产品:				
9903.89.22	[1]	本分章美国注释二十一(七)款所列税号的产品	[1]	相应税号规定的税率+25%		
		奥地利、比利时、保加利亚、克罗地亚、塞浦路斯共和国、捷克共和国、丹麦、爱沙尼亚、德国、希腊、匈牙利、爱尔兰、意大利、拉脱维亚、立陶宛、卢森堡、马耳他、荷兰、葡萄牙、罗马尼亚、斯洛伐克、斯洛文尼亚、西班牙、瑞典或英国的产品:				
9903.89.25	[1]	本分章美国注释二十一(八)款所列税号的产品	[1]	相应税号规定的税率+25%		
		奥地利、比利时、克罗地亚、塞浦路斯共和国、捷克共和国、丹麦、爱沙尼亚、芬兰、德国、希腊、匈牙利、爱尔兰、意大利、拉脱维亚、立陶宛、卢森堡、马耳他、荷兰、波兰、葡萄牙、罗马尼亚、斯洛伐克、斯洛文尼亚、西班牙、瑞典或英国的产品:				
9903.89.28	[1]	本分章美国注释二十一(九)款所列税号的产品	[1]	相应税号规定的税率+25%		
		奥地利、比利时、保加利亚、克罗地亚、塞浦路斯共和国、捷克共和国、丹麦、爱沙尼亚、芬兰、德国、希腊、匈牙利、爱尔兰、意大利、拉脱维亚、卢森堡、马耳他、荷兰、葡萄牙、罗马尼亚、斯洛伐克、斯洛文尼亚、西班牙、瑞典或英国的产品:				
9903.89.31	[1]	本分章美国注释二十一(十)款所列税号的产品	[1]	相应税号规定的税率+25%		
		法国、德国、西班牙或英国的产品:				

第九十九章　临时立法;根据现有贸易法规的临时修改;根据经修正的《农业调整法》第 22 条制定的附加进口限制

税则号列	统计后缀	货品名称	单位	税率 1 普通	税率 1 特惠	2
9903.89.34	[1]	本分章美国注释二十一(十一)款所列税号的产品	[1]	相应税号规定的税率+25%		
		德国的产品:				
9903.89.37	[1]	本分章美国注释二十一(十二)款所列税号的产品	[1]	相应税号规定的税率+25%		
		奥地利、比利时、保加利亚、克罗地亚、塞浦路斯共和国、捷克共和国、爱沙尼亚、芬兰、德国、希腊、匈牙利、爱尔兰、意大利、拉脱维亚、立陶宛、卢森堡、马耳他、荷兰、葡萄牙、罗马尼亚、斯洛伐克、斯洛文尼亚、西班牙、瑞典或有英国的产品:				
9903.89.40	[1]	本分章美国注释二十一(十三)款所列税号的产品	[1]	相应税号规定的税率+25%		
		德国或英国的产品:				
9903.89.43	[1]	本分章美国注释二十一(十四)款所列税号的产品	[1]	相应税号规定的税率+25%		
		德国、爱尔兰、意大利、西班牙或英国的产品:				
9903.89.46	[1]	本分章美国注释二十一(十五)款所列税号的产品	[1]	相应税号规定的税率+25%		
		英国的产品:				
9903.89.49	[1]	本分章美国注释二十一(九)款所列税号的产品	[1]	相应税号规定的税率+25%		
9903.89.50	[1]	爱尔兰威士忌和苏格兰威士忌(税号 2208.30.30 项下),不属于税号 9903.89.49 项下	[1]	相应税号规定的税率		
		法国或德国的产品:				
9903.89.52	[1]	本分章美国注释二十一(十七)款所列税号的产品	[1]	相应税号规定的税率+25%		
		奥地利、比利时、保加利亚、克罗地亚、塞浦路斯、捷克共和国、丹麦、爱沙尼亚、芬兰、德国、匈牙利、爱尔兰、意大利、拉脱维亚、立陶宛、卢森堡、马耳他、荷兰、葡萄牙、罗马尼亚、斯洛伐克、斯洛文尼亚、西班牙、瑞典或英国的产品:				
9903.89.55	[1]	本分章美国注释二十一(十八)款所列税号的产品	[1]	相应税号规定的税率+25%		

[1] 见第九十九章统计注释一。
[2] 9903.45.01 的分期税率见美国注释十七(四)款,9903.45.02 的分期税率见美国注释十七(五)款。
[3] 见本分章美国注释十七(八)款。
[4] 9903.45.22 的分期税率见美国注释十八(六)款,9903.45.25 的分期税率见附注十八(八)款。
[5] 见第九十九章统计注释二。
[6] 巴西 2020 年此类产品的总年限量为 3 155 137 048 千克。见 85 FR 54882。

[7] 仅适用于本分章注释二十(八)2、7、11、29、30 和 31 款的有效期延长。
[8] 暂停使用本章注释二十(二十)款和二十(二十一)款以及税号 9903.88.16。

[注:**阴影区域表示该规定已过期**。]

第四分章　根据经修正的《农业调整法》第 22 条制定的《农业协定》和其他进口限制的保障措施

美国注释：

一、本分章包含根据《农业协定》第 5 条规定的保障措施（经《乌拉圭回合协定法》第 101 条批准），允许对某些农产品根据其进口到美国的货物的价值或数量征收附加关税。此外，本分章包含根据经修正的《农业调整法》第 22 条（美国法典第 7 条第 624 款）宣布的规定。本分章规定的全部关税，是指本税则对本法所列货物征收的关税（如有）以外的累加关税。除非另有说明，本分章规定的责任或限制适用于暂停或终止。下列国家进口至美国的货物不受本分章任何规定、关税或限制：加拿大、墨西哥、约旦、新加坡、智利、澳大利亚、摩洛哥、萨尔瓦多、洪都拉斯、尼加拉瓜、危地马拉、巴林、多米尼加共和国、哥斯达黎加、秘鲁、阿曼、韩国、哥伦比亚、巴拿马。

二、根据本分章规定的价值征收保障关税的规定，应适用于所有货物描述（除了羊肉，这是基于不受保护性关税值）除了期间宣布在联邦注册的农业部部长协商与美国贸易代表的有效时间根据规定征收保护性关税数量货物，在此期间，以价格为基础的保障税应被视为暂停征收，只有以数量为基础的保障税才适用于该货物。除非农业部部长根据特定货物的数量要求征收保障税，并在联邦登记册上宣布（如本款第一句所述），本法所称货物，不适用规定该关税的关税规定。在农业部部长发出的通知所指明的保障措施生效日期之前，根据已签订的合同在运输途中的货物，不得根据数量征收保障关税。

三、就本分章而言，带壳花生的进口应按本注释所列数量计算，每 100 千克带壳花生按 75 千克计算。

税则号列	统计后缀	货品名称	单位	附加关税
		税号0201.10.50、税号0201.20.80、税号0201.30.80、税号0202.10.50、税号0202.20.80或税号0202.30.80的牛肉		
		在保障措施有效期间按价值申报的：		
		动物全身、半身或者其他带骨头的切割体：		
		新鲜的或冷冻的,税号0201.10.50或税号0201.20.80项下：		
9904.02.01	[1]	价格低于25美分/千克	[1]	66.6美分/千克
9904.02.02	[1]	价格25美分/千克或以上但低于45美分/千克	[1]	49美分/千克
9904.02.03	[1]	价值45美分/千克或以上但低于65美分/千克	[1]	35美分/千克
9904.02.04	[1]	价值65美分/千克或以上但低于85美分/千克	[1]	24.3美分/千克
9904.02.05	[1]	价值85美分/千克或以上但低于1.05美元/千克	[1]	14.8美分/千克
9904.02.06	[1]	价值1.05美元/千克或以上但低于.1.25美元/千克	[1]	8.8美分/千克
9904.02.07	[1]	价值1.25美元/千克或以上但低于1.45美元/千克	[1]	2.8美分/千克
9904.02.08	[1]	价值1.45美元/千克或以上	[1]	无附加税
		冷冻的,税号0202.10.50或税号0202.20.80项下：		
9904.02.09	[1]	价值低于15美分/千克	[1]	80.7美分/千克
9904.02.10	[1]	价值15美分/千克或以上但低于35美分/千克	[1]	62.7美分/千克
9904.02.11	[1]	价值35美分/千克或以上但低于55美分/千克	[1]	46.6美分/千克
9904.02.12	[1]	价值55美分/千克或以上但低于75美分/千克	[1]	33.1美分/千克
9904.02.13	[1]	价值75美分/千克或以上但低于95美分/千克	[1]	23.1美分/千克
9904.02.14	[1]	价值95美分/千克或以上但低于1.15美元/千克	[1]	14.4美分/千克
9904.02.15	[1]	价值1.15美元/千克或以上但低于1.35美元/千克	[1]	8.4美分/千克
9904.02.16	[1]	价值1.35美元/千克或以上但低少于1.55美元/千克	[1]	2.4美分/千克
9904.02.17	[1]	价值1.55美元/千克或以上	[1]	无附加税
		无骨的,税号0201.30.80或税号0202.30.80项下：		
9904.02.27	[1]	价值低于30美分/千克	[1]	75.3美分/千克
9904.02.28	[1]	价值30美分/千克或以上但低于50美分/千克	[1]	57.5美分/千克
9904.02.29	[1]	价值50美分/千克或以上但低于70美分/千克	[1]	43.5美分/千克
9904.02.30	[1]	价值70美分/千克或以上但低于90美分/千克	[1]	31.7美分/千克
9904.02.31	[1]	价值90美分/千克或以上但低于1.10美元/千克	[1]	21.7美分/千克
9904.02.32	[1]	价值1.10美元/千克或以上但低于1.30美元/千克	[1]	14.1美分/千克
9904.02.33	[1]	价值1.30美元/千克或以上但低于1.50美元/千克	[1]	8.1美分/千克
9904.02.34	[1]	价值1.50美元/千克或以上但低于1.70美元/千克	[1]	2.1美分/千克
9904.02.35	[1]	价值1.70美元/千克或以上	[1]	无附加税
9904.02.37	[1]	如果是在农业部部长宣布的保障措施有效期间从量进入	[1]	8.8%

税则号列	统计后缀	货品名称	单位	附加关税
9904.02.60	[1]	税号0204.21.00、税号0204.22.40、税号0204.23.40、税号0204.41.00、税号0204.42.40或税号0204.43.40的羊肉,如果是在农业部部长宣布的保障措施的有效期间从量进入	[1]	0.9美分/千克
		税号0401.40.25、税号0401.50.25或税号0403.90.16的乳和奶油,液体的或冷冻的,新鲜的或酸的,含有超过6%但不超过45%的乳脂:		
		如果是在保障措施有效期间从价进入:		
9904.04.01	[1]	价值低于20美分/升	[1]	55.2美分/升
9904.04.02	[1]	价值20美分/升或以上但低于40美分/升	[1]	38.4美分/升
9904.04.03	[1]	价值40美分/升或以上但低于60美分/升	[1]	25.1美分/升
9904.04.04	[1]	价值60美分/升或以上但低于80美分/升	[1]	15.1美分/升
9904.04.05	[1]	价值80美分/升或以上但低于1美元/升	[1]	8.3美分/升
9904.04.06	[1]	价值1美元/升或以上但低于1.20美元/升	[1]	2.3美分/升
9904.04.07	[1]	价值1.20美元/升及以上	[1]	无附加税
9904.04.08	[1]	如果是在农业部部长宣布的保障措施有效期间从量进入	[1]	25.7美分/升
		税号0401.50.75、税号0403.90.78或税号0405.10.20的黄油、新鲜或酸奶油,按重量计乳脂含量超过45%:		
		如果是在保障措施有效期间从价进入:		
9904.04.09	[1]	价值低于60美分/千克	[1]	90.5美分/千克
9904.04.10	[1]	价值60美分/千克或以上但低于80美分/千克	[1]	74.6美分/千克
9904.04.11	[1]	价值80美分/千克或以上但低于1美元/千克	[1]	60.6美分/千克
9904.04.12	[1]	价值1美元/千克或以上但低于1.20美元/千克	[1]	48.4美分/千克
9904.04.13	[1]	价值1.20美元/千克或以上但低于1.40美元/千克	[1]	38.4美分/千克
9904.04.14	[1]	价值1.40美元/千克或以上但低于1.60美元/千克	[1]	28.4美分/千克
9904.04.15	[1]	价值1.60美元/千克或以上但低于1.80美元/千克	[1]	21美分/千克
9904.04.16	[1]	价值1.80美元/千克或以上但低于2美元/千克	[1]	15美分/千克
9904.04.17	[1]	价值2美元/千克或以上但低于2.20美元/千克	[1]	9美分/千克
9904.04.18	[1]	价值2.20美元/千克或以上但低于2.40美元/千克	[1]	3美分/千克
9904.04.19	[1]	价值2.40美元/千克或以上	[1]	无附加税
		如果是在农业部部长宣布的保障措施有效期间从量进入:		
9904.04.20	[1]	税号0401.50.75或税号0403.90.78项下	[1]	54.9美分/千克
9904.04.21	[1]	税号0405.10.20项下	[1]	51.4美分/千克
		税号0402.10.50、税号0402.21.25的奶粉,不论是否加糖或其他甜味物质:		
		如果是在保障措施有效期间从价进入:		
9904.04.22	[1]	价值低于20美分/千克	[1]	35美分/千克
9904.04.23	[1]	价值20美分/千克或以上但低于30美分/千克	[1]	26.9美分/千克
9904.04.24	[1]	价值30美分/千克或以上但低于40美分/千克	[1]	19.8美分/千克
9904.04.25	[1]	价值40美分/千克或以上但低于50美分/千克	[1]	14.8美分/千克

税则号列	统计后缀	货品名称	单位	附加关税
9904.04.26	[1]	价值50美分/千克或以上但低于60美分/千克	[1]	9.5美分/千克
9904.04.27	[1]	价值60美分/千克或以上但低于70美分/千克	[1]	6.5美分/千克
9904.04.28	[1]	价值70美分/千克或以上但低于80美分/千克	[1]	3.5美分/千克
9904.04.29	[1]	价值80美分/千克或以上	[1]	无附加税
9904.04.30	[1]	如果是在农业部部长宣布的保障措施有效期间从量进入	[1]	28.8美分/千克
		税号0402.21.50或税号0403.90.55的奶粉、乳油粉,不论是否加糖或其他甜味物质:		
		如果是在保障措施有效期间从价进入:		
9904.04.31	[1]	价值低于15美分/千克	[1]	35.6美分/千克
9904.04.32	[1]	价值15美分/千克或以上但低于25美分/千克	[1]	26.9美分/千克
9904.04.33	[1]	价值25美分/千克或以上但低于35美分/千克	[1]	19.9美分/千克
9904.04.34	[1]	价值35美分/千克或以上但低于45美分/千克	[1]	14.4美分/千克
9904.04.35	[1]	价值45美分/千克或以上但低于55美分/千克	[1]	9.4美分/千克
9904.04.36	[1]	价值55美分/千克或以上但低于65美分/千克	[1]	6美分/千克
9904.04.37	[1]	价值65美分/千克或以上但低于75美分/千克	[1]	3美分/千克
9904.04.38	[1]	价值75美分/千克或以上	[1]	无附加税
9904.04.39	[1]	如果是在农业部部长宣布的保障措施有效期间从量进入	[1]	36.4美分/千克
		税号0402.21.90或税号0403.90.65的奶粉、乳油粉,不论是否加糖或其他甜味物质:		
		如果是在保障措施有效期间从价进入:		
9904.04.40	[1]	价值低于60美分/千克	[1]	69.1美分/千克
9904.04.41	[1]	价值60美分/千克或以上但低于80美分/千克	[1]	55.1美分/千克
9904.04.42	[1]	价值80美分/千克或以上但低于1美元/千克	[1]	42.2美分/千克
9904.04.43	[1]	价值1美元/千克或以上但低于1.20美元/千克	[1]	32.2美分/千克
9904.04.44	[1]	价值1.20美元/千克或以上但低于1.40美元/千克	[1]	22.2美分/千克
9904.04.45	[1]	价值1.40美元/千克或以上但低于1.60美元/千克	[1]	15.8美分/千克
9904.04.46	[1]	价值1.60美元/千克或以上但低于1.80美元/千克	[1]	9.8美分/千克
9904.04.47	[1]	价值1.80美元/千克或以上但低于2美元/千克	[1]	3.8美分/千克
9904.04.48	[1]	价值2美元/千克或以上	[1]	无附加税
9904.04.49	[1]	如果是在农业部部长宣布的保障措施有效期间从量进入	[1]	51.9美分/千克
		第四章美国附加注释一的乳制品,税号0402.29.50、税号0402.99.90、税号0403.10.50、税号0403.90.95、税号0404.10.15、税号0404.90.50、税号0405.20.70、税号1517.90.60、税号1704.90.58、税号1806.20.82、税号1806.20.83、税号1806.32.70、税号1806.32.80、税号1806.90.08、税号1806.90.10、税号1901.10.26、税号1901.10.44、税号1901.10.56、税号1901.10.66、税号1901.20.15、税号1901.20.50、税号1901.90.62、税号1901.90.65、税号2105.00.40、税号2106.90.09、税号2106.90.66、税号2106.90.87或税号2202.99.28项下:		
		如果是在保障措施有效期间从价进入:		

第九十九章　临时立法;根据现有贸易法规的临时修改;根据经修正的《农业调整法》第 22 条制定的附加进口限制

税则号列	统计后缀	货品名称	单位	附加关税
		税号 0402.29.50、税号 0402.99.90、税号 0403.10.50、税号 0403.90.95、税号 1901.10.26、税号 1901.10.85 或税号 2202.99.28 项下：		
9904.04.50	[1]	价值低于 65 美分/千克	[1]	78.4 美分/千克
9904.04.51	[1]	价值 65 美分/千克或以上但低于 95 美分/千克	[1]	57.2 美分/千克
9904.04.52	[1]	价值 95 美分/千克或以上但低于 1.25 美元/千克	[1]	40.2 美分/千克
9904.04.53	[1]	价值 1.25 美元/千克或以上但低于 1.55 美元/千克	[1]	25.2 美分/千克
9904.04.54	[1]	价值 1.55 美元/千克或以上但低于 1.85 美元/千克	[1]	15.6 美分/千克
9904.04.55	[1]	价值 1.85 美元/千克或以上但低于 2.05 美元/千克	[1]	9.6 美分/千克
9904.04.56	[1]	价值 2.05 美元/千克或以上但低于 2.25 美元/千克	[1]	3.6 美分/千克
9904.04.58	[1]	价值 2.25 美元/千克或以上	[1]	无附加税
		税号 0404.10.15、税号 0405.20.70、税号 1517.90.60、税号 1704.90.58、税号 1806.20.82、税号 1806.20.83、税号 1806.32.70、税号 1806.32.80、税号 1806.90.08、税号 1806.90.10、税号 1901.20.15、税号 1901.20.50、税号 2106.90.66 或税号 2106.90.87 项下：		
9904.04.59	[1]	价值低于 30 美分/千克	[1]	65.5 美分/千克
9904.04.60	[1]	价值 30 美分/千克或以上但低于 50 美分/千克	[1]	48.6 美分/千克
9904.04.61	[1]	价值 50 美分/千克或以上但低于 70 美分/千克	[1]	34.6 美分/千克
9904.04.62	[1]	价值 70 美分/千克或以上但低于 90 美分/千克	[1]	24.4 美分/千克
9904.04.63	[1]	价值 90 美分/千克或以上但低于 1.10 美元/千克	[1]	15 美分/千克
9904.04.64	[1]	价值 1.10 美元/千克或以上但低于 1.30 美元/千克	[1]	9 美分/千克
9904.04.65	[1]	价值 1.30 美元/千克或以上但低于 1.50 美元/千克	[1]	3 美分/千克
9904.04.66	[1]	价值 1.50 美元/千克或以上	[1]	无附加税
		税号 0404.90.50、税号 1901.10.56、税号 1901.10.66、税号 1901.90.62、税号 1901.90.65 或税号 2105.00.40 项下：		
9904.04.67	[1]	价值低于 30 美分/千克	[1]	66.7 美分/千克
9904.04.68	[1]	价值 30 美分/千克或以上但低于 50 美分/千克	[1]	49.7 美分/千克
9904.04.69	[1]	价值 50 美分/千克或以上但低于 70 美分/千克	[1]	35.2 美分/千克
9904.04.70	[1]	价值 70 美分/千克或以上但低于 90 美分/千克	[1]	25.3 美分/千克
9904.04.71	[1]	价值 90 美分/千克或以上但低于 1.10 美元/千克	[1]	15.6 美分/千克
9904.04.72	[1]	价值 1.10 美元/千克或以上但低于 1.30 美元/千克	[1]	9.6 美分/千克
9904.04.73	[1]	价值 1.30 美元/千克或以上但低于 1.50 美元/千克	[1]	3.6 美分/千克
9904.04.74	[1]	价值 1.50 美元/千克或以上	[1]	无附加税
		税号 2106.90.09 项下：		
9904.04.75	[1]	价值低于 90 美分/千克	[1]	74.1 美分/千克
9904.04.76	[1]	价值 90 美分/千克或以上但低于 1.20 美元/千克	[1]	53.8 美分/千克
9904.04.77	[1]	价值 1.20 美元/千克或以上但低于 1.50 美元/千克	[1]	38.8 美分/千克
9904.04.78	[1]	价值 1.50 美元/千克或以上但低于 1.80 美元/千克	[1]	24.8 美分/千克

税则号列	统计后缀	货品名称	单位	附加关税
9904.04.79	[1]	价值1.80美元/千克或以上但低于2.10美元/千克	[1]	15.8美分/千克
9904.04.80	[1]	价值2.10美元/千克或以上但低于2.30美元/千克	[1]	9.8美分/千克
9904.04.81	[1]	价值2.30美元/千克或以上但低于2.50美元/千克	[1]	3.8美分/千克
9904.04.82	[1]	价值2.50美元/千克或以上	[1]	无附加税
		如果是在农业部部长宣布的保障措施的有效期间从量进入		
9904.04.83	[1]	税号0402.29.50项下	[1]	36.8美分/千克+5%
9904.04.84	[1]	税号0402.99.90项下	[1]	15.4美分/千克+5%
9904.04.85	[1]	税号0403.10.50或0403.90.95项下	[1]	34.5美分/千克+5.7%
9904.04.86	[1]	税号0404.10.15项下	[1]	34.5美分/千克+2.8%
9904.04.87	[1]	税号0404.90.50项下	[1]	39.6美分/千克+2.8%
9904.04.88	[1]	税号1517.90.60项下	[1]	11.4美分/千克
9904.04.89	[1]	税号1704.90.58项下	[1]	13.3美分/千克+3.5%
9904.04.90	[1]	税号1806.20.82项下	[1]	12.4美分/千克+2.8%
9904.04.91	[1]	税号1806.20.83项下	[1]	17.6美分/千克+2.8%
9904.04.92	[1]	税号1806.32.70或1806.90.08项下	[1]	12.4美分/千克+2%
9904.04.93	[1]	税号1806.32.80或1806.90.10项下	[1]	17.6美分/千克+2%
9904.04.94	[1]	税号1901.10.26或1901.10.44项下	[1]	34.5美分/千克+5%
9904.04.95	[1]	税号1901.20.15或1901.20.50项下	[1]	14.1美分/千克+2.8%
9904.04.96	[1]	税号1901.10.56、税号1901.10.66、税号1901.90.62或税号1901.90.65项下	[1]	34.5美分/千克+4.5%
9904.04.97	[1]	税号2105.00.40项下	[1]	16.7美分/千克+5.7%
9904.04.98	[1]	税号2106.90.09项下	[1]	28.7美分/千克
9904.04.99	[1]	税号0405.20.70或2106.90.66项下	[1]	23.5美分/千克+2.8%
9904.05.00	[1]	税号2106.90.87项下	[1]	9.6美分/千克+2.8%
9904.05.01	[1]	税号2202.99.28项下	[1]	7.8美分/千克+5%
		税号0402.91.70、税号0402.91.90、税号0402.99.45或0402.99.55的牛奶和奶油,浓缩或蒸发的:		
		如果是在保障措施有效期间从价进入:		
		税号0402.91.70或税号0402.91.90项下:		
9904.05.02	[1]	价值低于15美分/千克	[1]	23.6美分/千克
9904.05.03	[1]	价值15美分/千克或以上但低于20美分/千克	[1]	19.5美分/千克
9904.05.04	[1]	价值20美分/千克或以上但低于25美分/千克	[1]	16美分/千克
9904.05.05	[1]	价值25美分/千克或以上但低于30美分/千克	[1]	12.8美分/千克
9904.05.06	[1]	价值30美分/千克或以上但低于40美分/千克	[1]	7.8美分/千克
9904.05.07	[1]	价值40美分/千克或以上但低于50美分/千克	[1]	4.2美分/千克
9904.05.08	[1]	价值50美分/千克或以上	[1]	无附加税

税则号列	统计后缀	货品名称	单位	附加关税
		税号 0402.99.45 或税号 0402.99.55 项下：		
9904.05.09	[1]	价值低于 30 美分/千克	[1]	39 美分/千克
9904.05.10	[1]	价值 30 美分/千克或以上但低于 40 美分/千克	[1]	31.6 美分/千克
9904.05.11	[1]	价值 40 美分/千克或以上但低于 50 美分/千克	[1]	24.6 美分/千克
9904.05.12	[1]	价值 50 美分/千克或以上但低于 60 美分/千克	[1]	19.5 美分/千克
9904.05.13	[1]	价值 60 美分/千克或以上但低于 70 美分/千克	[1]	14.5 美分/千克
9904.05.14	[1]	价值 70 美分/千克或以上但低于 80 美分/千克	[1]	10.3 美分/千克
9904.05.15	[1]	价值 80 美分/千克或以上但低于 90 美分/千克	[1]	7.3 美分/千克
9904.05.16	[1]	价值 90 美分/千克或以上但低于 1 美元/千克	[1]	4.3 美分/千克
9904.05.17	[1]	价值 1 美元/千克或以上	[1]	无附加税
		如果是在农业部部长宣布的保障措施的有效期间从量进入		
9904.05.18	[1]	税号 0402.91.70 或税务 0402.91.90 项下	[1]	10.4 美分/千克
9904.05.19	[1]	税号 0402.99.45 或税务 0402.99.55 项下	[1]	16.5 美分/千克
		税号 0403.90.45 或税号 0404.10.90 的奶粉、乳油粉、乳清粉,不论是否加糖或其他甜味剂：		
		如果是在保障措施有效期间从价进入		
		税号 0403.90.45 的奶粉、乳油粉,不论是否加糖或其他甜味剂：		
9904.05.20	[1]	价值低于 20 美分/千克	[1]	29.6 美分/千克
9904.05.21	[1]	价值 20 美分/千克或以上但低于 30 美分/千克	[1]	22.1 美分/千克
9904.05.22	[1]	价值 30 美分/千克或以上但低于 40 美分/千克	[1]	15.7 美分/千克
9904.05.23	[1]	价值 40 美分/千克或以上但低于 50 美分/千克	[1]	11.1 美分/千克
9904.05.24	[1]	价值 50 美分/千克或以上但低于 60 美分/千克	[1]	8.2 美分/千克
9904.05.25	[1]	价值 60 美分/千克或以上但低于 70 美分/千克	[1]	3.7 美分/千克
9904.05.26	[1]	价值 70 美分/千克或以上	[1]	无附加税
		税号 0404.10.90 的乳清粉,不论是否加糖或其他甜味剂：		
9904.05.28	[1]	价值低于 7 美分/千克	[1]	[1]
9904.05.29	[1]	价值 7 美分/千克或以上但低于 10 美分/千克	[1]	15 美分/千克
9904.05.30	[1]	价值 10 美分/千克或以上但低于 15 美分/千克	[1]	11.2 美分/千克
9904.05.31	[1]	价值 15 美分/千克或以上但低于 20 美分/千克	[1]	8 美分/千克
9904.05.32	[1]	价值 20 美分/千克或以上但低于 25 美分/千克	[1]	5.5 美分/千克
9904.05.33	[1]	价值 25 美分/千克或以上但低于 30 美分/千克	[1]	3.5 美分/千克
9904.05.34	[1]	价值 30 美分/千克或以上但低于 35 美分/千克	[1]	2 美分/千克
9904.05.35	[1]	价值 35 美分/千克或以上	[1]	无附加税
9904.05.36	[1]	如果是在农业部部长宣布的保障措施的有效期间从量进入	[1]	29.2 美分/千克
		税号 0405.20.30、税号 0405.90.20、税号 2106.90.26 或税号 2106.90.36 的黄油替代品,含有超过 45% 的乳脂：		

税则号列	统计后缀	货品名称	单位	附加关税
		如果是在保障措施有效期间从价进入：		
9904.05.37	[1]	价值低于60美分/千克		67.5美分/千克
9904.05.38	[1]	价值60美分/千克或以上但低于80美分/千克	[1]	53.5美分/千克
9904.05.39	[1]	价值80美分/千克或以上但低于1美元/千克	[1]	40.9美分/千克
9904.05.40	[1]	价值1美元/千克或以上但低于1.20美元/千克	[1]	30.9美分/千克
9904.05.41	[1]	价值1.20美元/千克或以上但低于1.40美元/千克	[1]	21美分/千克
9904.05.42	[1]	价值1.40美元/千克或以上但低于1.60美元/千克	[1]	14.9美分/千克
9904.05.43	[1]	价值1.60美元/千克或以上但低于1.80美元/千克	[1]	8.9美分/千克
9904.05.44	[1]	价值1.80美元/千克或以上但低于2美元/千克	[1]	2.9美分/千克
9904.05.45	[1]	价值2美元/千克或以上	[1]	无附加税
		如果是在农业部部长宣布的保障措施的有效期间从量进入		
9904.05.46	[1]	税号0405.90.20项下	[1]	62.2美分/千克+2.8%
9904.05.47	[1]	税号0405.20.30、税号2106.90.26或税号2106.90.36项下	[1]	66.5美分/千克
		税号0406.10.18、税号0406.20.28、税号0406.20.63、税号0406.30.18、税号0406.30.63、税号0406.40.70或税号0406.90.74的青梅奶酪(英国生产的史迪威顿除外)和奶酪及其替代品,含有青梅奶酪,或由青梅奶酪加工而成：		
		如果是在保障措施有效期间从价进入		
9904.05.48	[1]	价值低于1.20美元/千克	[1]	1.062美元/千克
9904.05.49	[1]	价值1.20美元/千克或以上但低于1.50美元/千克	[1]	85.2美分/千克
9904.05.50	[1]	价值1.50美元/千克或以上但低于1.80美元/千克	[1]	67.8美分/千克
9904.05.51	[1]	价值1.80美元/千克或以上但低于2.10美元/千克	[1]	52.8美分/千克
9904.05.52	[1]	价值2.10美元/千克或以上但低于2.40美元/千克	[1]	37.3美分/千克
9904.05.53	[1]	价值2.40美元/千克或以上但低于2.70美元/千克	[1]	28.3美分/千克
9904.05.54	[1]	价值2.70美元/千克或以上但低于3美元/千克	[1]	19.3美分/千克
9904.05.55	[1]	价值3美元/千克或以上但低于3.30美元/千克	[1]	10.3美分/千克
9904.05.56	[1]	价值3.30美元/千克或以上但低于3.50美元/千克	[1]	4.3美分/千克
9904.05.57	[1]	价值3.50美元/千克或以上	[1]	无附加税
9904.05.58	[1]	如果是在农业部部长宣布的保障措施的有效期间从量进入	[1]	75.6美分/千克
		税号0406.10.28、税号0406.20.33、税号0406.20.67、税号0406.30.28、税号0406.30.67、税号0406.90.12或税号0406.90.78的切达干酪和干酪及含有或加工自切达干酪的干酪的替代品：		
		如果是在保障措施有效期间从价进入		
9904.05.59	[1]	价值低于65美分/千克	[1]	57.2美分/千克
9904.05.60	[1]	价值65美分/千克或以上但低于75美分/千克	[1]	50.2美分/千克
9904.05.61	[1]	价值75美分/千克或以上但低于85美分/千克	[1]	43.2美分/千克
9904.05.62	[1]	价值85美分/千克或以上但低于95美分/千克	[1]	37.7美分/千克

第九十九章 临时立法;根据现有贸易法规的临时修改;根据经修正的《农业调整法》第 22 条制定的附加进口限制

税则号列	统计后缀	货品名称	单位	附加关税
9904.05.63	[1]	价值 95 美分/千克或以上但低于 1.05 美元/千克	[1]	32.7 美分/千克
9904.05.64	[1]	价值 1.05 美元/千克或以上但低于 1.15 美元/千克	[1]	27.7 美分/千克
9904.05.65	[1]	价值 1.15 美元/千克或以上但低于 1.25 美元/千克	[1]	22.7 美分/千克
9904.05.66	[1]	价值 1.25 美元/千克或以上但低于 1.35 美元/千克	[1]	18.5 美分/千克
9904.05.67	[1]	价值 1.35 美元/千克或以上但低于 1.45 美元/千克	[1]	15.5 美分/千克
9904.05.68	[1]	价值 1.45 美元/千克或以上但低于 1.55 美元/千克	[1]	12.5 美分/千克
9904.05.69	[1]	价值 1.55 美元/千克或以上但低于 1.65 美元/千克	[1]	9.5 美分/千克
9904.05.70	[1]	价值 1.65 美元/千克或以上但低于 1.75 美元/千克	[1]	6.5 美分/千克
9904.05.71	[1]	价值 1.75 美元/千克或以上但低于 1.85 美元/千克	[1]	3.5 美分/千克
9904.05.72	[1]	价值 1.85 美元/千克或以上	[1]	无附加税
9904.05.73	[1]	如果是在农业部部长宣布的保障措施的有效期间从量进入	[1]	40.9 美分/千克
		税号 0406.10.38、税号 0406.20.39、税号 0406.20.71、税号 0406.30.38、税号 0406.30.71、税号 0406.90.54 或税号 0406.90.84 的美式奶酪,包括科尔比氏干酪、水洗凝乳和颗粒状奶酪(但不包括切达干酪),以及含有或加工自这种美式奶酪的奶酪及其替代品的奶酪:		
		如果是在保障措施有效期间从价进入		
9904.05.74	[1]	价值低于 50 美分/千克	[1]	53.6 美分/千克
9904.05.75	[1]	价值 50 美分/千克或以上但低于 70 美分/千克	[1]	39.6 美分/千克
9904.05.76	[1]	价值 70 美分/千克或以上但低于 90 美分/千克	[1]	28.5 美分/千克
9904.05.77	[1]	价值 90 美分/千克或以上但低于 1.10 美元/千克	[1]	18.5 美分/千克
9904.05.78	[1]	价值 1.10 美元/千克或以上但低于 1.20 美元/千克	[1]	14.9 美分/千克
9904.05.79	[1]	价值 1.20 美元/千克或以上但低于 1.40 美元/千克	[1]	8.9 美分/千克
9904.05.80	[1]	价值 1.40 美元/千克或以上但低于 1.60 美元/千克	[1]	2.9 美分/千克
9904.05.81	[1]	价值 1.60 美元/千克或以上	[1]	无附加税
9904.05.82	[1]	如果是在农业部部长宣布的保障措施的有效期间从量进入	[1]	35.2 美分/千克
		税号 0406.10.48、税号 0406.20.48、税号 0406.20.75、税号 0406.30.48、税号 0406.30.75、税号 0406.90.18 或税号 0406.90.88 的埃丹奶酪和豪达奶酪、奶酪及其替代品:		
		如果是在保障措施有效期间从价进入		
9904.05.83	[1]	价值低于 1.05 美元/千克	[1]	77 美分/千克
9904.05.84	[1]	价值 1.05 美元/千克或以上但低于 1.25 美元/千克	[1]	63 美分/千克
9904.05.85	[1]	价值 1.25 美元/千克或以上但低于 1.45 美元/千克	[1]	52.4 美分/千克
9904.05.86	[1]	价值 1.45 美元/千克或以上但低于 1.65 美元/千克	[1]	42.4 美分/千克
9904.05.87	[1]	价值 1.65 美元/千克或以上但低于 1.85 美元/千克	[1]	32.4 美分/千克
9904.05.88	[1]	价值 1.85 美元/千克或以上但低于 2.05 美元/千克	[1]	25 美分/千克
9904.05.89	[1]	价值 2.05 美元/千克或以上但低于 2.25 美元/千克	[1]	19 美分/千克
9904.05.90	[1]	价值 2.25 美元/千克或以上但低于 2.45 美元/千克	[1]	13 美分/千克

税则号列	统计后缀	货品名称	单位	附加关税
9904.05.91	[1]	价值2.45美元/千克或以上但低于2.65美元/千克	[1]	7美分/千克
9904.05.92	[1]	价值2.65美元/千克或以上但低于2.75美元/千克	[1]	4美分/千克
9904.05.93	[1]	价值2.75美元/千克或以上	[1]	无附加税
9904.05.94	[1]	如果是在农业部部长宣布的保障措施的有效期间从量进入	[1]	60.1美分/千克
		税号0406.10.58、税号0406.20.53、税号0406.20.79、税号0406.30.79、税号0406.90.32、税号0406.90.37、税号0406.90.42或税号0406.90.68的意大利奶酪、用牛奶制成,在原面包中(罗马诺由牛奶、雷奇亚干酪、帕尔马干酪、波萝伏洛干酪、普罗沃莱蒂和斯布林茨制成)和意大利式奶酪、用牛奶制成,不是在原面包中(罗马诺由牛奶、雷奇亚干酪、帕尔马干酪、波萝伏洛干酪、普罗沃莱蒂、斯布林茨和戈雅制成)和奶酪及含有此类意大利奶酪或由此类奶酪加工而成的奶酪替代品,不论是否以原面包形式存在:		
		如果是在保障措施有效期间从价进入		
9904.05.95	[1]	价值低于1.15美元/千克	[1]	98.9美分/千克
9904.05.96	[1]	价值1.15美元/千克或以上但低于1.45美元/千克	[1]	77.9美分/千克
9904.05.97	[1]	价值1.45美元/千克或以上但低于1.75美元/千克	[1]	61.4美分/千克
9904.05.98	[1]	价值1.75美元/千克或以上但低于2.05美元/千克	[1]	46.4美分/千克
9904.05.99	[1]	价值2.05美元/千克或以上但低于2.35美元/千克	[1]	32.6美分/千克
9904.06.00	[1]	价值2.35美元/千克或以上但低于2.65美元/千克	[1]	23.6美分/千克
9904.06.01	[1]	价值2.65美元/千克或以上但低于2.95美元/千克	[1]	14.6美分/千克
9904.06.02	[1]	价值2.95美元/千克或以上但低于3.15美元/千克	[1]	8.6美分/千克
9904.06.03	[1]	价值3.15美元/千克或以上但低于3.35美元/千克	[1]	2.6美分/千克
9904.06.04	[1]	价值3.35美元/千克或以上	[1]	无附加税
9904.06.05	[1]	如果是在农业部部长宣布的保障措施的有效期间从量进入	[1]	71.5美分/千克
		税号0406.90.48具有眼状结构的瑞士奶酪或埃蒙塔勒奶酪:		
		如果是在保障措施有效期间从价进入		
9904.06.06	[1]	价值低于90美分/千克	[1]	94美分/千克
9904.06.07	[1]	价值90美分/千克或以上但低于1.10美元/千克	[1]	80美分/千克
9904.06.08	[1]	价值1.10美元/千克或以上但低于1.30美元/千克	[1]	66美分/千克
9904.06.09	[1]	价值1.30美元/千克或以上但低于1.50美元/千克	[1]	55.3美分/千克
9904.06.10	[1]	价值1.50美元/千克或以上但低于1.70美元/千克	[1]	45.3美分/千克
9904.06.11	[1]	价值1.70美元/千克或以上但低于1.90美元/千克	[1]	35.3美分/千克
9904.06.12	[1]	价值1.90美元/千克或以上但低于2.10美元/千克	[1]	27.2美分/千克
9904.06.13	[1]	价值2.10美元/千克或以上但低于2.30美元/千克	[1]	21.2美分/千克
9904.06.14	[1]	价值2.30美元/千克或以上但低于2.50美元/千克	[1]	15.2美分/千克
9904.06.15	[1]	价值2.50美元/千克或以上但低于2.70美元/千克	[1]	9.2美分/千克
9904.06.16	[1]	价值2.70美元/千克或以上但低于2.90美元/千克	[1]	3.2美分/千克
9904.06.17	[1]	价值2.90美元/千克或以上	[1]	无附加税
9904.06.18	[1]	如果是在农业部部长宣布的保障措施的有效期间从量进入	[1]	62.6美分/千克

税则号列	统计后缀	货品名称	单位	附加关税
		税号 0406.10.68、税号 0406.20.83、税号 0406.30.53、税号 0406.30.83 或税号 0406.90.92 的瑞士或埃蒙塔勒奶酪,但不包括有眼状结构的奶酪、格鲁耶奶酪和奶酪,以及含有或由这些奶酪加工而成的奶酪替代品:		
		如果是在保障措施有效期间从价进入		
9904.06.19	[1]	价值低于 70 美分/千克	[1]	66.8 美分/千克
9904.06.20	[1]	价值 70 美分/千克或以上但低于 90 美分/千克	[1]	52.8 美分/千克
9904.06.21	[1]	价值 90 美分/千克或以上但低于 1.10 美元/千克	[1]	41.1 美分/千克
9904.06.22	[1]	价值 1.10 美元/千克或以上但低于 1.30 美元/千克	[1]	31.1 美分/千克
9904.06.23	[1]	价值 1.30 美元/千克或以上但低于 1.50 美元/千克	[1]	21.5 美分/千克
9904.06.24	[1]	价值 1.50 美元/千克或以上但低于 1.70 美元/千克	[1]	15.5 美分/千克
9904.06.25	[1]	价值 1.70 美元/千克或以上但低于 1.90 美元/千克	[1]	9.5 美分/千克
9904.06.26	[1]	价值 1.90 美元/千克或以上但低于 2.10 美元/千克	[1]	3.5 美分/千克
9904.06.27	[1]	价值 2.10 美元/千克或以上	[1]	无附加税
9904.06.28	[1]	如果是在农业部部长宣布的保障措施的有效期间从量进入	[1]	46.2 美分/千克
		税号 0406.10.78、税号 0406.20.87、税号 0406.30.87、税号 0406.90.94 或税号 1901.90.36 的乳酪及乳酪替代品,按重量计含 0.5% 或以下的乳脂[不包括美国附注十六至二十二(含)或第四章美国附加注释二十四及二十五所述的乳酪]或人造奶油乳酪:		
		如果是在保障措施有效期间从价进入		
9904.06.29	[1]	价值低于 50 美分/千克	[1]	59.1 美分/千克
9904.06.30	[1]	价值 50 美分/千克或以上但低于 70 美分/千克	[1]	45.1 美分/千克
9904.06.31	[1]	价值 70 美分/千克或以上但低于 90 美分/千克	[1]	33 美分/千克
9904.06.32	[1]	价值 90 美分/千克或以上但低于 1.10 美元/千克	[1]	23 美分/千克
9904.06.33	[1]	价值 1.10 美元/千克或以上但低于 1.30 美元/千克	[1]	15 美分/千克
9904.06.34	[1]	价值 1.30 美元/千克或以上但低于 1.50 美元/千克	[1]	9 美分/千克
9904.06.35	[1]	价值 1.50 美元/千克或以上但低于 1.70 美元/千克	[1]	3 美分/千克
9904.06.36	[1]	价值 1.70 美元/千克或以上	[1]	无附加税
9904.06.37	[1]	如果是在农业部部长宣布的保障措施的有效期间从量进入	[1]	37.6 美分/千克
		税号 0406.10.08、税号 0406.10.88、税号 0406.20.91、税号 0406.30.91 或税号 0406.90.97 的乳酪及其替代品,但下列除外:(i)不含牛奶的乳酪,(ii)软质成熟的牛奶乳酪,(iii)按乳脂重量计含 0.5% 或以下的乳酪[松软干酪,以及(iv)美国附加注释十七至二十五(含第四章)所述的乳酪]:		
		如果是在保障措施有效期间从价进入		
9904.06.38	[1]	价值低于 50 美分/千克	[1]	94.3 美分/千克
9904.06.39	[1]	价值 50 美分/千克或以上但低于 70 美分/千克	[1]	76.9 美分/千克
9904.06.40	[1]	价值 70 美分/千克或以上但低于 90 美分/千克	[1]	62.9 美分/千克
9904.06.41	[1]	价值 90 美分/千克或以上但低于 1.10 美元/千克	[1]	49.5 美分/千克
9904.06.42	[1]	价值 1.10 美元/千克或以上但低于 1.30 美元/千克	[1]	39.5 美分/千克

税则号列	统计后缀	货品名称	单位	附加关税
9904.06.43	[1]	价值1.30美元/千克或以上但低于1.50美元/千克	[1]	29.5美分/千克
9904.06.44	[1]	价值1.50美元/千克或以上但低于1.70美元/千克	[1]	21.3美分/千克
9904.06.45	[1]	价值1.70美元/千克或以上但低于1.90美元/千克	[1]	15.3美分/千克
9904.06.46	[1]	价值1.90美元/千克或以上但低于2.10美元/千克	[1]	9.3美分/千克
9904.06.47	[1]	价值2.10美元/千克或以上但低于2.30美元/千克	[1]	3.3美分/千克
9904.06.48	[1]	价值2.30美元/千克或以上	[1]	无附加税
9904.06.49	[1]	如果是在农业部部长宣布的保障措施的有效期间从量进入	[1]	50.3美分/千克
		税号1202.30.80、税号1202.41.80、税号1202.42.80、税号2008.11.35或税号2008.11.60的花生:		
		如果是在保障措施有效期间从价进入		
		税号1202.41.80的带壳的花生:		
9904.12.01	[1]	价值低于5美分/千克	[1]	13.3美分/千克
9904.12.02	[1]	价值5美分/千克或以上但低于10美分/千克	[1]	9.1美分/千克
9904.12.03	[1]	价值10美分/千克或以上但低于15美分/千克	[1]	5.8美分/千克
9904.12.04	[1]	价值15美分/千克或以上但低于20美分/千克	[1]	3.3美分/千克
9904.12.05	[1]	价值20美分/千克或以上但低于25美分/千克	[1]	1.7美分/千克
9904.12.06	[1]	价值25美分/千克或以上	[1]	无附加税
		其他,税号1202.30.80、税号1202.42.80、税号2008.11.35或税号2008.11.60项下:		
9904.12.07	[1]	价值低于10美分/千克	[1]	55.4美分/千克
9904.12.08	[1]	价值10美分/千克或以上但低于20美分/千克	[1]	46.4美分/千克
9904.12.09	[1]	价值20美分/千克或以上但低于30美分/千克	[1]	37.4美分/千克
9904.12.10	[1]	价值30美分/千克或以上但低于40美分/千克	[1]	30.2美分/千克
9904.12.11	[1]	价值40美分/千克或以上但低于50美分/千克	[1]	23.3美分/千克
9904.12.12	[1]	价值50美分/千克或以上但低于60美分/千克	[1]	18.3美分/千克
9904.12.13	[1]	价值60美分/千克或以上但低于70美分/千克	[1]	13.3美分/千克
9904.12.14	[1]	价值70美分/千克或以上但低于80美分/千克	[1]	9.4美分/千克
9904.12.15	[1]	价值80美分/千克或以上但低于90美分/千克	[1]	6.4美分/千克
9904.12.16	[1]	价值90美分/千克或以上但低于1美元/千克	[1]	3.4美分/千克
9904.12.17	[1]	价值1美元/千克或以上	[1]	无附加税
		如果是在农业部部长宣布的保障措施的有效期间从量进入		
9904.12.18	[1]	税号1202.41.80的带壳的花生	[1]	54.6%
9904.12.19	[1]	其他,税号1202.30.80、税号1202.42.80、税号2008.11.35或税号2008.11.60项下:	[1]	43.9%
		税号1701.13.50和1701.14.50的糖、糖浆:		
		如果是在保障措施有效期间从价进入		

税则号列	统计后缀	货品名称	单位	附加关税
9904.17.01	[1]	价值低于 5 美分/千克	[1]	12.9 美分/千克
9904.17.02	[1]	价值 5 美分/千克或以上但低于 10 美分/千克	[1]	8.7 美分/千克
9904.17.03	[1]	价值 10 美分/千克或以上但低于 15 美分/千克	[1]	5.5 美分/千克
9904.17.04	[1]	价值 15 美分/千克或以上但低于 20 美分/千克	[1]	3 美分/千克
9904.17.05	[1]	价值 20 美分/千克或以上但低于 25 美分/千克	[1]	1.5 美分/千克
9904.17.06	[1]	价值 25 美分/千克或以上	[1]	无附加税
9904.17.07	[1]	如果是在农业部部长宣布的保障措施的有效期间从量进入	[1]	11.3 美分/千克
		税号 1701.12.50、税号 1701.91.30、税号 1701.99.50、税号 1702.90.20 或税号 2106.90.46 的糖、糖浆:		
		如果是在保障措施有效期间从价进入		
9904.17.08	[1]	价值低于 5 美分/千克	[1]	21.6 美分/千克
9904.17.09	[1]	价值 5 美分/千克或以上但低于 10 美分/千克	[1]	17.1 美分/千克
9904.17.10	[1]	价值 10 美分/千克或以上但低于 15 美分/千克	[1]	13.1 美分/千克
9904.17.11	[1]	价值 15 美分/千克或以上但低于 20 美分/千克	[1]	9.6 美分/千克
9904.17.12	[1]	价值 20 美分/千克或以上但低于 25 美分/千克	[1]	7.1 美分/千克
9904.17.13	[1]	价值 25 美分/千克或以上但低于 30 美分/千克	[1]	4.6 美分/千克
9904.17.14	[1]	价值 30 美分/千克或以上但低于 35 美分/千克	[1]	3.1 美分/千克
9904.17.15	[1]	价值 35 美分/千克及以上	[1]	无附加税
9904.17.16	[1]	如果是在农业部部长宣布的保障措施的有效期间从量进入	[1]	11.9 美分/千克
		第十七章注释二中所述的按干重计含糖量超过 65% 的货品,税号 1701.91.48、税号 1702.90.68、税号 1704.90.68、税号 1806.10.28、税号 1806.10.55、税号 1806.20.73、税号 1806.90.49、税号 1901.20.25、税号 1901.20.60、税号 1901.90.54、税号 2101.12.48、税号 2101.20.48、税号 2106.90.76 或税号 2106.90.94 项下:		
		如果是在保障措施有效期间从价进入		
		税号 1806.10.28 或 1806.10.55 的可可粉:		
9904.17.17	[1]	价值低于 5 美分/千克	[1]	25.7 美分/千克
9904.17.18	[1]	价值 5 美分/千克或以上但低于 15 美分/千克	[1]	16.8 美分/千克
9904.17.19	[1]	价值 15 美分/千克或以上但低于 25 美分/千克	[1]	10.1 美分/千克
9904.17.20	[1]	价值 25 美分/千克或以上但低于 35 美分/千克	[1]	5.2 美分/千克
9904.17.21	[1]	价值 35 美分/千克或以上但低于 45 美分/千克	[1]	2.2 美分/千克
9904.17.22	[1]	价值 45 美分/千克及以上	[1]	无附加税
		税号 1901.20.25 或税号 1901.20.60 的调制品及面团:		
9904.17.23	[1]	价值低于 10 美分/千克	[1]	36.6 美分/千克
9904.17.24	[1]	价值 10 美分/千克或以上但低于 20 美分/千克	[1]	27.6 美分/千克
9904.17.25	[1]	价值 20 美分/千克或以上但低于 30 美分/千克	[1]	20.2 美分/千克
9904.17.26	[1]	价值 30 美分/千克或以上但低于 40 美分/千克	[1]	14.2 美分/千克

税则号列	统计后缀	货品名称	单位	附加关税
9904.17.27	[1]	价值40美分/千克或以上但低于50美分/千克	[1]	9.2美分/千克
9904.17.28	[1]	价值50美分/千克或以上但低于60美分/千克	[1]	5.7美分/千克
9904.17.29	[1]	价值60美分/千克或以上但低于70美分/千克	[1]	2.7美分/千克
9904.17.30	[1]	价值70美分/千克及以上	[1]	无附加税
		其他,税号1701.91.48、税号1702.90.68、税号1704.90.68、税号1806.20.73、税号1806.90.49、税号1901.90.54、税号2101.12.48、税号2101.20.48、税号2106.90.76或税号2106.90.94项下:		
9904.17.31	[1]	价值低于5美分/千克	[1]	20.7美分/千克
9904.17.32	[1]	价值5美分/千克或以上但低于10美分/千克	[1]	16.2美分/千克
9904.17.33	[1]	价值10美分/千克或以上但低于15美分/千克	[1]	12.2美分/千克
9904.17.34	[1]	价值15美分/千克或以上但低于20美分/千克	[1]	8.9美分/千克
9904.17.35	[1]	价值20美分/千克或以上但低于25美分/千克	[1]	6.4美分/千克
9904.17.36	[1]	价值25美分/千克或以上但低于30美分/千克	[1]	4.1美分/千克
9904.17.37	[1]	价值30美分/千克或以上但低于35美分/千克	[1]	2.6美分/千克
9904.17.38	[1]	价值35美分/千克及以上	[1]	无附加税
		如果是在农业部部长宣布的保障措施的有效期间从量进入		
9904.17.39	[1]	税号1701.91.48或税号1702.90.68项下	[1]	11.3美分/千克+1.7%
9904.17.40	[1]	税号1704.90.68项下	[1]	13.3美分/千克+3.5%
9904.17.41	[1]	税号1806.10.28或税号1806.10.55项下	[1]	11.2美分/千克
9904.17.42	[1]	税号1806.20.73项下	[1]	10.2美分/千克+2.8%
9904.17.43	[1]	税号1806.90.49项下	[1]	12.4美分/千克+2%
9904.17.44	[1]	税号1901.20.25或税号1901.20.60项下	[1]	14.1美分/千克+2.8%
9904.17.45	[1]	税号1901.90.54项下	[1]	7.9美分/千克+2.8%
9904.17.46	[1]	税号2101.12.48或税号2101.20.48项下	[1]	10.2美分/千克+2.8%
9904.17.47	[1]	税号2106.90.76项下	[1]	23.5美分/千克+2.8%
9904.17.48	[1]	税号2106.90.94项下	[1]	9.6美分/千克+2.8%
		第十七章注释三所述的按干重计含糖量超过10%的货品,税号1701.91.58、税号1704.90.78、税号1806.20.77、税号1806.20.98、税号1806.90.59、税号1901.10.76、税号1901.90.71、税号2101.12.58、税号2101.20.58、税号2106.90.80或税号2106.90.97项下:		
		如果是在保障措施有效期间从价进入		
9904.17.49	[1]	价值低于5美分/千克	[1]	20.7美分/千克
9904.17.50	[1]	价值5美分/千克或以上但低于10美分/千克	[1]	16.2美分/千克
9904.17.51	[1]	价值10美分/千克或以上但低于15美分/千克	[1]	12.2美分/千克
9904.17.52	[1]	价值15美分/千克或以上但低于20美分/千克	[1]	8.9美分/千克
9904.17.53	[1]	价值20美分/千克或以上但低于25美分/千克	[1]	6.4美分/千克
9904.17.54	[1]	价值25美分/千克或以上但低于30美分/千克	[1]	4.1美分/千克

税则号列	统计后缀	货品名称	单位	附加关税
9904.17.55	[1]	价值30美分/千克或以上但低于35美分/千克	[1]	2.6美分/千克
9904.17.56	[1]	价值35美分/千克及以上	[1]	无附加税
		如果是在农业部部长宣布的保障措施的有效期间从量进入		
9904.17.57	[1]	税号1701.91.58项下	[1]	11.3美分/千克+1.7%
9904.17.58	[1]	税号1704.90.78项下	[1]	13.3美分/千克+3.5%
9904.17.59	[1]	税号1806.20.77、税号2101.12.58或税号2101.20.58项下	[1]	10.2美分/千克+2.8%
9904.17.60	[1]	税号1806.20.98项下	[1]	12.4美分/千克+2.8%
9904.17.62	[1]	税号1806.90.59项下	[1]	12.4美分/千克+2%
9904.17.63	[1]	税号1901.10.76[或]税号1901.90.71[2]	[1]	7.9美分/千克+2.8%
9904.17.64	[1]	税号2106.90.80项下	[1]	23.5美分/千克+2.8%
9904.17.65	[1]	税号2106.90.97项下	[1]	9.6美分/千克+2.8%
		税号1702.20.28、税号1702.30.28、税号1702.40.28、税号1702.60.28、税号1702.90.58、税号1806.20.94、税号1806.90.39、税号2101.12.38、税号2101.20.38、税号2106.90.72或税号2106.90.91的含有从甘蔗或甜菜中提取的糖的混合糖浆,能够进一步加工或与类似或其他成分混合,但不准备以进口的相同形式和包装销售给最终消费者:		
		如果是在保障措施有效期间从价进入		
9904.17.66	[1]	价值低于5美分/千克	[1]	18.1美分/千克
9904.17.67	[1]	价值5美分/千克或以上但低于10美分/千克	[1]	13.6美分/千克
9904.17.68	[1]	价值10美分/千克或以上但低于15美分/千克	[1]	9.9美分/千克
9904.17.69	[1]	价值15美分/千克或以上但低于20美分/千克	[1]	7美分/千克
9904.17.70	[1]	价值20美分/千克或以上但低于25美分/千克	[1]	4.5美分/千克
9904.17.71	[1]	价值25美分/千克或以上但低于30美分/千克	[1]	2.7美分/千克
9904.17.72	[1]	价值30美分/千克及以上	[1]	无附加税
		如果是在农业部部长宣布的保障措施的有效期间从量进入		
9904.17.73	[1]	税号1702.20.28项下	[1]	总含糖量5.6美分/千克+1.7%
9904.17.74	[1]	税号1702.30.28项下	[1]	总含糖量5.6美分/千克+1.7%
9904.17.75	[1]	税号1702.40.28项下	[1]	总含糖量11.3美分/千克+1.7%
9904.17.76	[1]	税号1702.60.28项下	[1]	总含糖量11.3美分/千克+1.7%
9904.17.77	[1]	税号1702.90.58项下	[1]	总含糖量11.3美分/千克+1.7%
9904.17.78	[1]	税号1806.20.94项下	[1]	12.4美分/千克+2.8%
9904.17.80	[1]	税号1806.90.39项下	[1]	12.4美分/千克+2%
9904.17.81	[1]	税号2101.12.38项下	[1]	10.2美分/千克+2.8%
9904.17.82	[1]	税号2101.20.38项下	[1]	10.2美分/千克+2.8%

税则号列	统计后缀	货品名称	单位	附加关税
9904.17.83	[1]	税号 2106.90.72 项下	[1]	23.5 美分/千克+2.8%
9904.17.84	[1]	税号 2106.90.91 项下	[1]	9.6 美分/千克+2.8%
		税号 1806.10.15、税号 1806.10.38 或税号 1806.10.75 的可可粉,含有超过 10%的糖,这些糖来自甘蔗或甜菜,不论是否与其他成分以下除外:(a)主要不是晶状结构或非干燥无定形的物品,而该物品准备以进口的相同形式及包装出售给最终消费者,(b)含有从甘蔗或甜菜中提取的糖的混合糖浆,能够进一步加工或与类似或其他成分混合,但不准备以进口的相同形式和包装销售给最终消费者,或(c)包含超过 65%的干重糖是从甘蔗和甜菜,是否与其他成分混合,能够进一步处理或与相似或其他成分混合,而不是准备营销最终消费者的相同的形式和包进口):		
		如果是在保障措施有效期间从价进入		
9904.18.01	[1]	价值低于 5 美分/千克	[1]	25.7 美分/千克
9904.18.02	[1]	价值 5 美分/千克或以上但低于 15 美分/千克	[1]	16.8 美分/千克
9904.18.03	[1]	价值 15 美分/千克或以上但低于 25 美分/千克	[1]	10.1 美分/千克
9904.18.04	[1]	价值 25 美分/千克或以上但低于 35 美分/千克	[1]	5.2 美分/千克
9904.18.05	[1]	价值 35 美分/千克或以上但低于 45 美分/千克	[1]	2.2 美分/千克
9904.18.06	[1]	价值 45 美分/千克及以上	[1]	无附加税
		如果是在农业部部长宣布的保障措施的有效期间从量进入		
9904.18.07	[1]	税号 1806.10.15 项下	[1]	7.2 美分/千克
9904.18.08	[1]	税号 1806.10.38 或税号 1806.10.75 项下	[1]	11.2 美分/千克
		税号 1806.20.26、税号 1806.20.28、税号 1806.32.06、税号 1806.32.08、税号 1806.90.18 或税号 1806.90.20 的乳脂含量超过 5.5%的巧克力(不包括用作糖果或甜点的零售物品):		
		如果是在保障措施有效期间从价进入		
9904.18.09	[1]	价值低于 20 美分/千克	[1]	46.3 美分/千克
9904.18.10	[1]	价值 20 美分/千克或以上但低于 40 美分/千克	[1]	30.1 美分/千克
9904.18.11	[1]	价值 40 美分/千克或以上但低于 60 美分/千克	[1]	18.2 美分/千克
9904.18.12	[1]	价值 60 美分/千克或以上但低于 80 美分/千克	[1]	9.4 美分/千克
9904.18.13	[1]	价值 80 美分/千克或以上但低于 1 美元/千克	[1]	3.4 美分/千克
9904.18.14	[1]	价值 1 美元/千克及以上	[1]	无附加税
		如果是在农业部部长宣布的保障措施的有效期间从量进入		
9904.18.15	[1]	税号 1806.20.26 或税号 1806.32.06 项下	[1]	12.4 美分/千克+1.4%
9904.18.16	[1]	税号 1806.20.28 或税号 1806.32.08 项下	[1]	17.6 美分/千克+1.4%
9904.18.17	[1]	税号 1806.90.18 项下	[1]	12.4 美分/千克+2%
9904.18.18	[1]	税号 1806.90.20 项下	[1]	17.6 美分/千克+2%
		税号 1806.20.36、税号 1806.20.38、税号 1806.20.87、税号 1806.20.89、税号 1806.32.16、税号 1806.32.18、税号 1806.90.28、税号 1806.90.30 的巧克力及按重量计乳脂含量为 5.5%或以下的低脂巧克力屑(不包括零售用作糖果或甜点的物品):		
		如果是在保障措施有效期间从价进入		

第九十九章 临时立法;根据现有贸易法规的临时修改;根据经修正的《农业调整法》第 22 条制定的附加进口限制

税则号列	统计后缀	货品名称	单位	附加关税
9904.18.19	[1]	价值低于 20 美分/千克	[1]	48.8 美分/千克
9904.18.20	[1]	价值 20 美分/千克或以上但低于 40 美分/千克	[1]	32.4 美分/千克
9904.18.21	[1]	价值 40 美分/千克或以上但低于 60 美分/千克	[1]	20.1 美分/千克
9904.18.22	[1]	价值 60 美分/千克或以上但低于 80 美分/千克	[1]	10.7 美分/千克
9904.18.23	[1]	价值 80 美分/千克或以上但低于 1 美元/千克	[1]	4.7 美分/千克
9904.18.24	[1]	价值 1 美元/千克及以上	[1]	无附加税
		如果是在农业部部长宣布的保障措施的有效期间从量进入		
9904.18.25	[1]	税号 1806.20.36 或税号 1806.32.16 项下	[1]	12.4 美分/千克+1.4%
9904.18.26	[1]	税号 1806.20.38 或税号 1806.32.18 项下	[1]	17.6 美分/千克+1.4%
9904.18.27	[1]	税号 1806.20.87 项下	[1]	12.4 美分/千克+2.8%
9904.18.28	[1]	税号 1806.20.89 项下	[1]	17.6 美分/千克+2.8%
9904.18.29	[1]	税号 1806.90.28 项下	[1]	12.4 美分/千克+2%
9904.18.30	[1]	税号 1806.90.30 项下	[1]	17.6 美分/千克+2%
		税号 1901.10.16 或税号 1901.10.36 的含低聚糖的婴儿配方奶粉:		
		如果是在保障措施有效期间从价进入		
9904.19.01	[1]	价值低于 65 美分/千克	[1]	78.4 美分/千克
9904.19.02	[1]	价值 65 美分/千克或以上但低于 85 美分/千克	[1]	64.2 美分/千克
9904.19.03	[1]	价值 85 美分/千克或以上但低于 1.05 美分/千克	[1]	50.2 美分/千克
9904.19.04	[1]	价值 1.05 美元/千克或以上但低于 1.25 美元/千克	[1]	40.2 美分/千克
9904.19.05	[1]	价值 1.25 美元/千克或以上但低于 1.55 美元/千克	[1]	25.2 美分/千克
9904.19.06	[1]	价值 1.55 美元/千克或以上但低于 1.85 美元/千克	[1]	15.6 美分/千克
9904.19.07	[1]	价值 1.85 美元/千克或以上但低于 2.05 美元/千克	[1]	9.6 美分/千克
9904.19.08	[1]	价值 2.05 美元/千克或以上但低于 2.25 美元/千克	[1]	3.6 美分/千克
9904.19.09	[1]	价值 2.25 美元/千克及以上	[1]	无附加税
9904.19.10	[1]	如果是在农业部部长宣布的保障措施的有效期间从量进入	[1]	34.5 美分/千克+5%
		税号 1901.20.35 或税号 1901.20.70 的第十九章注释一所述的调制品及面团:		
		如果是在保障措施有效期间从价进入		
9904.19.11	[1]	价值低于 10 美分/千克	[1]	36.6 美分/千克
9904.19.12	[1]	价值 10 美分/千克或以上但低于 20 美分/千克	[1]	27.6 美分/千克
9904.19.13	[1]	价值 20 美分/千克或以上但低于 30 美分/千克	[1]	20.2 美分/千克
9904.19.14	[1]	价值 30 美分/千克或以上但低于 40 美分/千克	[1]	14.2 美分/千克
9904.19.15	[1]	价值 40 美分/千克或以上但低于 50 美分/千克	[1]	9.2 美分/千克
9904.19.16	[1]	价值 50 美分/千克或以上但低于 60 美分/千克	[1]	5.7 美分/千克
9904.19.17	[1]	价值 60 美分/千克或以上但低于 70 美分/千克	[1]	2.7 美分/千克
9904.19.18	[1]	价值 70 美分/千克及以上	[1]	无附加税

税则号列	统计后缀	货品名称	单位	附加关税
9904.19.19	[1]	如果是在农业部部长宣布的保障措施的有效期间从量进入	[1]	14.1美分/千克+2.8%
		税号2008.11.15的花生酱糊:		
		如果是在保障措施有效期间从价进入		
9904.20.01	[1]	价值低于5美分/千克	[1]	43.4美分/千克
9904.20.02	[1]	价值5美分/千克或以上但低于15美分/千克	[1]	34.4美分/千克
9904.20.03	[1]	价值15美分/千克或以上但低于25美分/千克	[1]	25.8美分/千克
9904.20.04	[1]	价值25美分/千克或以上但低于35美分/千克	[1]	18.8美分/千克
9904.20.05	[1]	价值35美分/千克或以上但低于45美分/千克	[1]	13.4美分/千克
9904.20.06	[1]	价值45美分/千克或以上但低于55美分/千克	[1]	8.4美分/千克
9904.20.07	[1]	价值55美分/千克或以上但低于65美分/千克	[1]	5.4美分/千克
9904.20.08	[1]	价值65美分/千克或以上但低于75美分/千克	[1]	2.4美分/千克
9904.20.09	[1]	价值75美分/千克及以上	[1]	无附加税
9904.20.10	[1]	如果是在农业部部长宣布的保障措施的有效期间从量进入		
		税号2103.90.78的第二十一章注释三所述的混合调味品:		
		如果是在保障措施有效期间从价进入的		
9904.21.01	[1]	价值低于5美分/千克	[1]	20.7美分/千克
9904.21.02	[1]	价值5美分/千克或以上但低于10美分/千克	[1]	16.2美分/千克
9904.21.03	[1]	价值10美分/千克或以上但低于15美分/千克	[1]	12.2美分/千克
9904.21.04	[1]	价值15美分/千克或以上但低于20美分/千克	[1]	8.9美分/千克
9904.21.05	[1]	价值20美分/千克或以上但低于25美分/千克	[1]	6.4美分/千克
9904.21.06	[1]	价值25美分/千克或以上但低于30美分/千克	[1]	4.1美分/千克
9904.21.07	[1]	价值30美分/千克或以上但低于35美分/千克	[1]	2.6美分/千克
9904.21.08	[1]	价值35美分/千克及以上	[1]	无附加税
9904.21.09	[1]	如果是在农业部部长宣布的保障措施的有效期间从量进入	[1]	10.2美分/千克+2.1%
		税号2105.00.20的冰激凌:		
		如果是在保障措施有效期间从价进入		
9904.21.10	[1]	价值低于20美分/升	[1]	32.3美分/升
9904.21.11	[1]	价值20美分/升及以上但低于30美分/升	[1]	24.5美分/升
9904.21.12	[1]	价值30美分/升及以上但低于40美分/升	[1]	17.8美分/升
9904.21.13	[1]	价值40美分/升及以上但低于50美分/升	[1]	12.8美分/升
9904.21.14	[1]	价值50美分/升及以上但低于60美分/升	[1]	8.2美分/升
9904.21.15	[1]	价值60美分/升及以上但低于70美分/升	[1]	5.2美分/升
9904.21.16	[1]	价值70美分/升及以上但低于80美分/升	[1]	2.2美分/升
9904.21.17	[1]	价值80美分/升及以上	[1]	无附加税
9904.21.18	[1]	如果是在农业部部长宣布的保障措施的有效期间从量进入	[1]	16.7美分/升+5.7%

税则号列	统计后缀	货品名称	单位	附加关税
		税号2309.90.28或税号2309.90.48的含有牛奶或牛奶衍生物的动物饲料：		
		如果是在保障措施有效期间从价进入		
9904.23.01	[1]	价值低于25美分/千克	[1]	27.8美分/千克
9904.23.02	[1]	价值25美分/千克或以上但低于35美分/千克	[1]	20.8美分/千克
9904.23.03	[1]	价值35美分/千克或以上但低于45美分/千克	[1]	15.1美分/千克
9904.23.04	[1]	价值45美分/千克或以上但低于55美分/千克	[1]	10.1美分/千克
9904.23.05	[1]	价值55美分/千克或以上但低于65美分/千克	[1]	7.8美分/千克
9904.23.06	[1]	价值65美分/千克或以上但低于75美分/千克	[1]	5.1美分/千克
9904.23.07	[1]	价值75美分/千克或以上但低于85美分/千克	[1]	2.3美分/千克
9904.23.08	[1]	价值85美分/千克及以上	[1]	无附加税
9904.23.09	[1]	如果是在农业部部长宣布的保障措施的有效期间从量进入	[1]	26.8美分/千克＋2.1%
		税号5201.00.18的任何国家或地区(包括美国)的未梳原棉,纤维长度小于28.575毫米(1.125英寸)[纤维长度小于19.05毫米(0.75英寸)的粗棉除外]：		
		如果是在保障措施有效期间从价进入		
9904.52.01	[1]	价值低于35美分/千克	[1]	51.5美分/千克
9904.52.02	[1]	价值35美分/千克或以上但低于55美分/千克	[1]	36.6美分/千克
9904.52.03	[1]	价值55美分/千克或以上但低于75美分/千克	[1]	24.8美分/千克
9904.52.04	[1]	价值75美分/千克或以上但低于95美分/千克	[1]	14.8美分/千克
9904.52.05	[1]	价值95美分/千克或以上但低于1.15美元/千克	[1]	8.6美分/千克
9904.52.06	[1]	价值1.15美元/千克或以上但低于1.25美元/千克	[1]	5.6美分/千克
9904.52.07	[1]	价值1.25美元/千克或以上但低于1.35美元/千克	[1]	2.6美分/千克
9904.52.08	[1]	价值1.35美元/千克及以上	[1]	无附加税
9904.52.09	[1]	如果是在农业部部长宣布的保障措施的有效期间从量进入	[1]	10.5美分/千克
		税号5201.00.28的任何国家或地区(包括美国)的未梳粗棉,纤维长度为29.368 75毫米(1.156 25英寸)或以上但小于34.925毫米(1.375英寸)以下,颜色为白色(短纤棉、抓棉和采摘棉除外)：		
		如果是在保障措施有效期间从价进入		
9904.52.10	[1]	价值低于10美分/千克	[1]	49.1美分/千克
9904.52.11	[1]	价值10美分/千克或以上但低于30美分/千克	[1]	31.5美分/千克
9904.52.12	[1]	价值30美分/千克或以上但低于50美分/千克	[1]	18.6美分/千克
9904.52.13	[1]	价值50美分/千克或以上但低于70美分/千克	[1]	9.2美分/千克
9904.52.14	[1]	价值70美分/千克或以上但低于90美分/千克	[1]	3.2美分/千克
9904.52.15	[1]	价值90美分/千克及以上	[1]	无附加税
9904.52.16	[1]	如果是在农业部部长宣布的保障措施的有效期间从量进入	[1]	10.5美分/千克

税则号列	统计后缀	货品名称	单位	附加关税
		税号5201.00.38的任何国家或地区(包括美国)的未梳原棉,纤维长度为28.575毫米(1.125英寸)或以上但小于34.925毫米(1.375英寸)以下[纤维长度29.368 75毫米(1.156 25英寸)或以上的白色未梳粗棉除外],但包括短纤棉、抓棉和采摘棉:		
		如果是在保障措施有效期间从价进入的		
9904.52.17	[1]	价值少于20美分/千克	[1]	44.2美分/千克
9904.52.18	[1]	价值20美分/千克或以上但低于40美分/千克	[1]	28.3美分/千克
9904.52.19	[1]	价值40美分/千克或以上但低于60美分/千克	[1]	16.7美分/千克
9904.52.20	[1]	价值60美分/千克或以上但低于80美分/千克	[1]	8.3美分/千克
9904.52.21	[1]	价值80美分/千克或以上但低于1美元/千克	[1]	2.3美分/千克
9904.52.22	[1]	价值1美元/千克及以上	[1]	无附加税
9904.52.23	[1]	如果是在农业部部长宣布的保障措施的有效期间从量进入	[1]	10.5美分/千克
		税号5201.00.80项下的未梳棉花,包括美国在内的任何国家或地区的产品,其纤维长度为34.925毫米(1-3/8英寸)或以上:		
		如果是在保障措施有效期间从价进入的		
9904.52.24	[1]	价值少于50美分/千克	[1]	98.1美分/千克
9904.52.25	[1]	价值50美分/千克或以上但低于80美分/千克	[1]	73.3美分/千克
9904.52.26	[1]	价值80美分/千克或以上但低于1.10美元/千克	[1]	52.3美分/千克
9904.52.27	[1]	价值1.10美元/千克或以上但低于1.40美元/千克	[1]	37.3美分/千克
9904.52.28	[1]	价值1.40美元/千克或以上但低于1.70美元/千克	[1]	23.3美分/千克
9904.52.29	[1]	价值1.70美元/千克或以上但低于2美元/千克	[1]	14.3美分/千克
9904.52.30	[1]	价值2美元/千克或以上但低于2.20美元/千克	[1]	8.3美分/千克
9904.52.31	[1]	价值2.20美元/千克或以上但低于2.30美元/千克	[1]	5.3美分/千克
9904.52.32	[1]	价值2.30美元/千克或以上但低于2.40美元/千克	[1]	2.3美分/千克
9904.52.33	[1]	价值2.40美元/千克及以上	[1]	无附加税
9904.52.34	[1]	如果是在农业部部长宣布的保障措施的有效期间从量进入	[1]	10.5美分/千克
		税号5202.99.30的由任何国家或地区(包括美国)的纤维长度小于30.162 5毫米(1.187 5英寸)的棉花、碎棉卷、碎棉条和废棉纱制成的:		
		如果是在保障措施有效期间从价进入		
9904.52.35	[1]	价值低于1.20美元/千克	[1]	3.159美元/千克
9904.52.36	[1]	价值1.20美元/千克或以上但低于2.20美元/千克	[1]	2.291美元/千克
9904.52.37	[1]	价值2.20美元/千克或以上但低于3.20美元/千克	[1]	1.591美元/千克
9904.52.38	[1]	价值3.20美元/千克或以上但低于4.20美元/千克	[1]	1.079美元/千克
9904.52.39	[1]	价值4.20美元/千克或以上但低于5.20美元/千克	[1]	64.1美分/千克
9904.52.40	[1]	价值5.20美元/千克或以上但低于6.20美元/千克	[1]	34.1美分/千克
9904.52.41	[1]	价值6.20美元/千克或以上但低于7.20美元/千克	[1]	4.1美分/千克
9904.52.42	[1]	价值7.20美元/千克及以上	[1]	无附加税

税则号列	统计后缀	货品名称	单位	附加关税
9904.52.43	[1]	如果是在农业部部长宣布的保障措施的有效期间从量进入	[1]	2.6 美分/千克
		税号 5203.00.30 的经加工但未纺制的棉纤维:		
		如果是在保障措施有效期间从价进入		
9904.52.44	[1]	价值低于 10 美分/千克	[1]	24.1 美分/千克
9904.52.45	[1]	价值 10 美分/千克或以上但低于 20 美分/千克	[1]	15.9 美分/千克
9904.52.46	[1]	价值 20 美分/千克或以上但低于 30 美分/千克	[1]	9.8 美分/千克
9904.52.47	[1]	价值 30 美分/千克或以上但低于 40 美分/千克	[1]	5.2 美分/千克
9904.52.48	[1]	价值 40 美分/千克或以上但低于 50 美分/千克	[1]	2.2 美分/千克
9904.52.49	[1]	价值 50 美分/千克及以上	[1]	无附加税
9904.52.50	[1]	如果是在农业部部长宣布的保障措施的有效期间从量进入	[1]	10.5 美分/千克

[1] 见第九十九章统计注释一。

[第五分章　删除]

[第六分章　删除]

[第七分章　删除]

第八分章　根据与以色列关于农产品贸易某些方面的协定所作的临时修改

美国注释：

一、本分章包括根据 1996 年 11 月 4 日美国与以色列关于农产品贸易某些方面的协定所制定的本税则的规定所作的临时修改。当以色列的产品进口到美国关境时，符合本协定的利益，并在本分章的规定中加以说明，其中规定了数量限制，后面带有符号为"(IL)"的税率。按照本分章规定的数量输入时，应按照本分章规定的税率缴纳税款，以代替第 1 章至第 97 章第 1 栏税率中规定的税率。尽管本税则中其他地方有配额规定，但以色列的合格产品应被允许以此处规定的关税范围和税率进入美国。在本分章规定的数量限制下输入的货物不得计入本税则其他地方为此类货物提供的任何配额或关税配额。本分章规定的货物不得享受本税则其他部分规定的其他优惠关税待遇。自 2004 年 1 月 1 日起，进入或从仓库取出用于消费的货物，根据本章规定进入的符合条件的以色列产品均不需缴纳本章第四分章规定的附加关税。除非另有规定，本分章的规定和注释对在 1996 年 12 月 4 日或之后入库或出库用于消费的以色列产品有效，至 2021 年 12 月 31 日结束，此后本分章将不再适用于该日期之后进入的任何货物。

二、凡本分章规定并对本附表第一章至第九十七章适用的关税或配额待遇作出临时修改的货物，如无其他特别规定，统计报告编码应为基本条款（第一章至第九十七章为分类目的的适当条款）的适当统计报告编码，前接本分章的适当税号编号。出于统计目的，美国人口普查局应从本分章收集基本规定的统计报告编码和适用税号。

三、在本注释指定的任何时期，在税号 9908.04.01 项下进口的合格的以色列原产黄油、新鲜或酸奶油（按重量计乳脂含量超过 45%）的总数量，不得超过如下规定的数量：

日　期	数量（千克）
1996 年 12.4—1996.12.31	300 000
1997 年	315 000
1998 年	331 000
1999 年	347 000
2000 年	365 000
2001 年	383 000
2002 年	383 000
2003 年	383 000
2004 年	383 000
2005 年	402 150
2006 年	422 258
2007 年	443 000
2008 年	466 000
2009 年	466 000

(续表)

日　期	数量(千克)
2010 年	466 000
2011 年	466 000
2012 年	466 000
2013 年	466 000
2014 年	466 000
2015 年	466 000
2016 年	466 000
2017 年	466 000
2018 年	466 000
2019 年	466 000
2020 年	466 000
2021 年	466 000

四、在本注释指定的任何时期,在税号 9908.04.03 项下进口的合格的以色列原产奶粉(不论是否含添加糖或其他甜味物质)的总数量,不得超过如下规定的数量:

日　期	数量(千克)
1996 年 12.4—1996.12.31	1 000 000
1997 年	1 030 000
1998 年	1 061 000
1999 年	1 093 000
2000 年	1 126 000
2001 年	1 160 000
2002 年	1 160 000
2003 年	1 160 000
2004 年	1 160 000
2005 年	1 194 800
2006 年	1 230 644
2007 年	1 266 000
2008 年	1 304 000
2009 年	1 304 000
2010 年	1 304 000
2011 年	1 304 000
2012 年	1 304 000
2013 年	1 304 000
2014 年	1 304 000
2015 年	1 304 000

(续表)

日　期	数量(千克)
2016 年	1 304 000
2017 年	1 304 000
2018 年	1 304 000
2019 年	1 304 000
2020 年	1 304 000
2021 年	1 304 000

五、在本注释指定的任何时期,在税号 9908.04.05 项下进口的合格的以色列原产奶酪及其替代品的总数量,不得超过如下规定的数量:

日　期	数量(千克)
1996 年 12 月 4 日—12 月 31 日	1 000 000
1997 年	1 053 000
1998 年	1 107 000
1999 年	1 162 000
2000 年	1 220 000
2001 年	1 279 000
2002 年	1 279 000
2003 年	1 279 000
2004 年	1 279 000
2005 年	1 317 370
2006 年	1 356 891
2007 年	1 467 000
2008 年	1 534 000
2009 年	1 534 000
2010 年	1 534 000
2011 年	1 534 000
2012 年	1 534 000
2013 年	1 534 000
2014 年	1 534 000
2015 年	1 534 000
2016 年	1 534 000
2017 年	1 534 000
2018 年	1 534 000
2019 年	1 534 000
2020 年	1 534 000
2021 年	1 534 000

六、在本注释指定的任何时期,在税号 9908.12.01 项下进口的合格的以色列原产花生的总数量,不得超过如下规定的数量:

日 期	数量（千克）
1996年12月4日—12月31日	100 000
1997年	103 000
1998年	106 000
1999年	109 000
2000年	113 000
2001年	116 000
2002年	116 000
2003年	116 000
2004年	116 000
2005年	119 480
2006年	123 064
2007年	127 000
2008年	131 000
2009年	131 000
2010年	131 000
2011年	131 000
2012年	131 000
2013年	131 000
2014年	131 000
2015年	131 000
2016年	131 000
2017年	131 000
2018年	131 000
2019年	131 000
2020年	131 000
2021年	131 000

就本款而言，进口的去壳花生须按本注释所列数量计算，每100千克带壳花生按75千克计算。

七、在本注释指定的任何时期，在税号9908.21.01项下进口的合格的以色列原产冰淇淋的总数量，不得超过如下规定的数量：

日 期	数量（千克）
1996年12月4日—12月31日	251 670
1997年	276 837
1998年	304 521
1999年	334 973
2000年	368 470
2001年	405 317

（续表）

日　期	数量(千克)
2002 年	405 317
2003 年	405 317
2004 年	405 317
2005 年	417 477
2006 年	430 001
2007 年	643 000
2008 年	707 000
2009 年	707 000
2010 年	707 000
2011 年	707 000
2012 年	707 000
2013 年	707 000
2014 年	707 000
2015 年	707 000
2016 年	707 000
2017 年	707 000
2018 年	707 000
2019 年	707 000
2020 年	707 000
2021 年	707 000

税则号列	统计后缀	货品名称	单位	税率 1 普通	税率 1 特惠	2
		符合本分章注一规定的以色列合格产品				
9908.04.01	[1]	税号 0401.50.75、税号 0403.90.78 或税号 0405.10.20 项下,适用于本分章注释三的数量限制	[1]		免税(IL)	
9908.04.03	[1]	税号 0402.10.50 或税号 0402.21.25 项下,适用于本分章注释四的数量限制	[1]		免税(IL)	
9908.04.05	[1]	税号 0406.10.08、税号 0406.10.18、税号 0406.10.28、税号 0406.10.38、税号 0406.10.48、税号 0406.10.58、税号 0406.10.68、税号 0406.10.78、税号 0406.10.88、税号 0406.20.28、税号 0406.20.33、税号 0406.20.39、税号 0406.20.48、税号 0406.20.53、税号 0406.20.63、税号 0406.20.67、税号 0406.20.71、税号 0406.20.75、税号 0406.20.79、税号 0406.20.83、税号 0406.20.87、税号 0406.20.91、税号 0406.30.18、税号 0406.30.28、税号 0406.30.38、税号 0406.30.48、税号 0406.30.53、税号 0406.30.63、税号 0406.30.67、税号 0406.30.71、税号 0406.30.75、税号 0406.30.79、税号 0406.30.83、税号 0406.30.87、税号 0406.30.91、税号 0406.40.70、税号 0406.90.12、税号 0406.90.18、税号 0406.90.32、税号 0406.90.37、税号 0406.90.42、税号 0406.90.48、税号 0406.90.54、税号 0406.90.68、税号 0406.90.74、税号 0406.90.78、税号 0406.90.84、税号 0406.90.88、税号 0406.90.92、税号 0406.90.94、税号 0406.90.97 或税号 1901.90.36 项下,适用于本分章注释五的数量限制	[1]		免税(IL)	
9908.12.01	[1]	税号 1202.30.80、税号 1202.41.80、税号 1202.42.80、税号 2008.11.35 或税号 2008.11.60 项下,适用于本分章注释六的数量限制	[1]		免税(IL)	
9908.21.01	[1]	税号 2105.00.20 项下,适用于本分章注释七的数量限制	[1]		免税(IL)	

[1] 见第九十九章统计注释一。

[第九分章　删除]

[第十分章　删除]

[第十一分章　删除]

第十二分章　根据《美国-摩洛哥自由贸易协定》所作的修改

美国注释：

一、本分章包含对根据《美国-摩洛哥自由贸易协定》制定的税则条款的修改。根据本税则总注释二十七有关条款进口的税号 9912.02.05 至 9912.99.40 的摩洛哥货物，其税率后标有符号"(MA)"的，应适用本分章规定的税率，而不是第一章至第九十七章规定有关的税率。在税号 9912.02.05 至 9912.52.40 项下进口至美国的摩洛哥原产货物不受本税则第九十九章第四分章的任何条款、关税或限定条件的约束。除非另有规定，本分章的美国注释三至注释十六和税号 9912.02.05 至 9912.52.40 对根据本税则总注释二十七进口的摩洛哥此类货物有效，有效期至 2020 年 12 月 31 日，并应在该日期结束时从本税则中删除。美国注释十七至六十二和税号 9912.61.01 至 9912.63.26 规定了某些服装的关税待遇。美国注释六十三和税号 9912.95.01 至 9912.96.11 规定了基于某些农产品进口至美国的摩洛哥原产商品的保障措施。就本分章的美国注释六十四和六十五以及相关品目，本分章规定了在指定时间段内从摩洛哥进口的特定进口产品可获得的关税待遇。在 2023 年 12 月 31 日结束时，本分章将从本税则中删除，并不再适用于该日期之后进口的任何货物。

二、如果货物根据本分章税号规定的《美国-摩洛哥自由贸易协定》适用税率修改的条款进行归类，则在没有其他具体规定的情况下，报告编码应为基本条款（第一章至第九十七章用于归类目的的适当条款）的适当统计报告编码，前接本分章的税号编号。出于统计目的，美国人口普查局应收集本分章中的基本条款统计报告编码和适用税号编号。

三、任何一年，税号 9912.02.05 项下进口的摩洛哥原产货物的总数量不得超过该年度如下规定的数量：

年份	数量(千克)	年份	数量(千克)	年份	数量(千克)
2006	15 000	2011	18 250	2016	22 204
2007	15 600	2012	18 980	2017	23 092
2008	16 224	2013	19 739	2018	24 015
2009	16 873	2014	20 529	2019	24 976
2010	17 548	2015	21 350		

自 2020 年起，摩洛哥此类原产货物不再受数量限制。

四、任何一年，税号 9912.04.01 项下进口的摩洛哥原产货物的总数量不得超过该年度如下规定的数量：

年份	数量(升)	年份	数量(升)	年份	数量(升)
2006	1 500	2011	1 825	2016	2 220
2007	1 560	2012	1 898	2017	2 309
2008	1 622	2013	1 974	2018	2 402
2009	1 687	2014	2 053	2019	2 498
2010	1 755	2015	2 135		

自2020年起，摩洛哥此类原产货物不再使用数量限制。

五、任何一年，税号9912.04.10项下进口的摩洛哥原产货物的总数量不得超过该年度如下规定的数量：

年份	数量(千克)	年份	数量(千克)	年份	数量(千克)
2006	10 000	2011	12 167	2016	14 802
2007	10 400	2012	12 653	2017	15 395
2008	10 816	2013	13 159	2018	16 010
2009	11 249	2014	13 686	2019	16 651
2010	11 699	2015	14 233		

自2020年起，摩洛哥此类原产货物不再使用数量限制。

六、任何一年，税号9912.04.20项下进口的摩洛哥原产货物的总数量不得超过该年度如下规定的数量：

年份	数量(千克)	年份	数量(千克)	年份	数量(千克)
2006	10 000	2011	12 167	2016	14 802
2007	10 400	2012	12 653	2017	15 395
2008	10 816	2013	13 159	2018	16 010
2009	11 249	2014	13 686	2019	16 651
2010	11 699	2015	14 233		

自2020年起，摩洛哥此类原产货物不再使用数量限制。

七、任何一年，税号9912.04.30项下进口的摩洛哥原产货物的总数量不得超过该年度如下规定的数量：

年份	数量(千克)	年份	数量(千克)	年份	数量(千克)
2006	15 000	2011	18 250	2016	22 204
2007	15 600	2012	18 980	2017	23 092
2008	16 224	2013	19 739	2018	24 015
2009	16 873	2014	20 529	2019	24 976
2010	17 548	2015	21 350		

自2020年起，摩洛哥此类原产货物不再使用数量限制。

八、任何一年，税号9912.04.70项下进口的摩洛哥原产货物的总数量不得超过该年度如下规定的数量：

年份	数量(千克)	年份	数量(千克)	年份	数量(千克)
2006	30 000	2011	36 500	2016	44 407
2007	31 200	2012	37 960	2017	46 184
2008	32 448	2013	39 478	2018	48 031
2009	33 746	2014	41 057	2019	49 952
2010	35 096	2015	42 699		

自 2020 年起,摩洛哥此类原产货物不再使用数量限制。

九、任何一年,税号 9912.07.05 项下进口的摩洛哥原产货物总计数量不得超过该年度如下规定的数量。

年份	数量(千克)	年份	数量(千克)	年份	数量(千克)
2006	10 000	2011	12 167	2016	14 802
2007	10 400	2012	12 653	2017	15 395
2008	10 816	2013	13 159	2018	16 010
2009	11 249	2014	13 686	2019	16 651
2010	11 699	2015	14 233		

自 2020 年起,摩洛哥此类原产货物不再使用数量限制。

十、任何一年,税号 9912.07.35 项下进口的摩洛哥原产货物的总数量不得超过该年度如下规定的数量:

年份	数量(千克)	年份	数量(千克)	年份	数量(千克)
2006	5 000	2011	6 083	2016	7 401
2007	5 200	2012	6 327	2017	7 697
2008	5 408	2013	6 580	2018	8 005
2009	5 624	2014	6 843	2019	8 325
2010	5 849	2015	7 117		

自 2020 年起,摩洛哥此类原产货物不再使用数量限制。

十一、任何一年,税号 9912.07.05 项下进口的摩洛哥原产货物的总数量不得超过该年度如下规定的数量:

年份	数量(千克)	年份	数量(千克)	年份	数量(千克)
2006	1 000	2011	1 217	2016	1 480
2007	1 040	2012	1 265	2017	1 539
2008	1 082	2013	1 316	2018	1 601
2009	1 125	2014	1 369	2019	1 665
2010	1 170	2015	1 423		

自 2020 年起,摩洛哥此类原产货物不再使用数量限制。

十二、(一)从 2006 年开始和此后的连续年份,美国贸易代表办公室应当在《联邦公报》上公布来自摩洛哥的子目 1701.11、子目 1701.12、子目 1701.91、子目 1701.99、子目 1702.40 和子目 1702.60 的所有物品的贸易顺差金额(按数量计算),这个计算量不包括摩洛哥进口的原产于美国的子目 1702.40 和子目 1702.60 的货物。

(二)任何一年,税号 9912.17.05 项下进口的摩洛哥原产货物的总数量应为与上述(一)中摩洛哥贸易顺差相等的货物数量,但不得超过该年度如下规定的数量:

年份	数量(千克)	年份	数量(千克)	年份	数量(千克)
2006	2 000	2011	2 433	2016	2 960
2007	2 080	2012	2 531	2017	3 079
2008	2 163	2013	2 632	2018	3 202
2009	2 250	2014	2 737	2019	3 330
2010	2 340	2015	2 847		

自2020年起,任何一年,税号9912.17.05项下进口的摩洛哥原产货物的总数量应为与上述(一)款中摩洛哥贸易顺差相等的货物数量。

(三)任何一年,税号9912.17.10至9912.17.85项下进口的摩洛哥原产货物的总数量应为与上述(一)款中摩洛哥贸易顺差相等的货物数量,但不得超过该年度如下规定的数量:

年份	数量(千克)	年份	数量(千克)	年份	数量(千克)
2006	2 000	2011	2 433	2016	2 960
2007	2 080	2012	2 531	2017	3 079
2008	2 163	2013	2 632	2018	3 202
2009	2 250	2014	2 737	2019	3 330
2010	2 340	2015	2 847		

除非另有规定,在2019年12月31日之前,注释十二(三)和税号9912.17.10至9912.17.85及上级文本"本分章美国注释十二(三)款特殊数量限制"对本税则总注释二十七进口的摩洛哥货物有效。在该日期到达时,注释十二(三)和税号9912.17.10至9912.17.85及上级文本"本分章美国注释十二(三)特殊数量限制"将会从税则中删除。在此日期之后,任何进口货物将不再适用这些条款。

十三、任何一年,税号9912.20.05项下进口的摩洛哥原产货物的总数量不得超过该年度如下规定的数量:

年份	数量(千克)	年份	数量(千克)	年份	数量(千克)
2006	300	2011	365	2016	444
2007	312	2012	380	2017	462
2008	324	2013	395	2018	480
2009	337	2014	411	2019	500
2010	351	2015	427		

自2020年起,摩洛哥此类原产货物不再使用数量限制。

十四、任何一年,税号9912.21.05项下进口的摩洛哥原产货物的总数量不得超过该年度如下规定的数量:

年份	数量(千克)	年份	数量(千克)	年份	数量(千克)
2006	200	2011	243	2016	296
2007	208	2012	253	2017	308
2008	216	2013	263	2018	320
2009	225	2014	274	2019	333
2010	234	2015	285		

自 2020 年起,摩洛哥此类原产货物不再使用数量限制。

十五、任何一年,税号 9912.24.05 项下进口的摩洛哥原产货物的总数量不得超过该年度如下规定的数量:

年份	数量(千克)	年份	数量(千克)	年份	数量(千克)
2006	5 000	2011	6 083	2016	7 401
2007	5 200	2012	6 327	2017	7 697
2008	5 408	2013	6 580	2018	8 005
2009	5 624	2014	6 843	2019	8 325
2010	5 849	2015	7 117		

自 2020 年起,摩洛哥此类原产货物不再使用数量限制。

十六、任何一年,税号 9912.52.05 项下进口的摩洛哥原产货物的总数量不得超过该年度如下规定的数量:

年份	数量(千克)	年份	数量(千克)	年份	数量(千克)
2006	5 000	2011	6 083	2016	7 401
2007	5 200	2012	6 327	2017	7 697
2008	5 408	2013	6 580	2018	8 005
2009	5 624	2014	6 843	2019	8 325
2010	5 849	2015	7 117		

自 2020 年起,摩洛哥此类原产货物不再使用数量限制。

[十七至六十二已删除]

六十三、根据美国-摩洛哥自由贸易协定《美国-摩洛哥自由贸易协定》条文第 202 部分提供),税号 9912.95.01 至 9912.96.11 提供了关税保障措施,它允许进口美国的特定农产品根据货物价值征收附加税款。在本税则总注释二十七和本分章税号 9912.95.01 至 9912.96.11 项下进口的摩洛哥货物,应该按照本分章而不是第一章至第九十七章征收税款。

[六十四已删除]

六十五、(一)如果用于生产纺织品或服装的品目 5201 的棉纤维来自本注释(二)款指定的一个或者多个撒哈拉以南最不发达受惠国,并且棉纤维在摩洛哥或美国或本注释(一)款所列的最不发达国家境内粗梳或精梳,则"税率"第 1 栏"特惠"子栏中的税号 9912.99.40 的免税应适用于从摩洛哥进口的总量不超过1 067 257千克的。

(二)在本注释中,以下国家是官方公报第4861号之二第1421(1.1.2001)第6条指定的撒哈拉以南最不发达受惠国,自2006年1月1日起,免除非洲原产产品和原产地的进口权:安哥拉、贝宁、布基纳法索、布隆迪、佛得角、中非共和国、乍得、科摩罗、刚果共和国、吉布提、赤道几内亚、厄立特里亚、埃塞俄比亚、冈比亚、几内亚、几内亚比绍、莱索托、利比里亚、马达加斯加、马拉维、马里、毛里塔尼亚、莫桑比克、尼日尔、卢旺达、圣多美和王子、塞拉利昂、索马里、苏丹、坦桑尼亚、多哥、乌干达、赞比亚。

除非另有规定,截止到2020年12月31日,本注释和税号9912.99.40对摩洛哥进口货物有效,临近此日期,本注释和税号9912.99.40将会从本税则中删除,此日期后,任何进口货物将不再适用这些条款。

税则号列	统计后缀	货品名称	单位	税率 1 普通	税率 1 特惠	2
		本税则总注释二十七项下摩洛哥进口货物：				
		税号 0201.10.50、税号 0201.20.80、税号 0201.30.80、税号 0202.10.50、税号 0202.20.80 或税号 0202.30.80 的货物：				
9912.02.05	[1]	受本分章美国注释三规定数量限制的货物	[1]		免税(MA)	
9912.02.10	[1]	其他	[1]		1.7%(MA)	
		税号 0401.40.25、税号 0401.50.25、税号 0403.90.16 或税号 2105.00.20 的货物：				
9912.04.01	[1]	受本分章美国注释四规定数量限制的货物	[1]		免税(MA)	
		其他：				
9912.04.02	[1]	税号 0410.40.25、税号 0401.50.25 或税号 0403.90.16 的货物	[1]		5.2 美分/升(MA)	
9912.04.03	[1]	税号 2105.00.20 的货物	[1]		3.3 美分/千克＋1.1%(MA)	
		税号 0401.50.75、税号 0402.21.90、税号 0403.90.65、税号 2106.90.26 或税号 2106.90.36 的货物：				
9912.04.10	[1]	受本分章美国注释五规定数量限制的货物	[1]		免税(MA)	
		其他：				
9912.04.11	[1]	税号 0401.50.75 的货物	[1]		11.1 美分/千克(MA)	
9912.04.12	[1]	税号 0402.21.90 或税号 0403.90.65 的货物	[1]		10.5 美分/千克(MA)	
9912.04.13	[1]	税号 0405.10.20 的货物	[1]		11.1 美分/千克(MA)	
9912.04.14	[1]	税号 0405.90.02 的货物	[1]		10.4 美分/千克(MA)	
9912.04.15	[1]	税号 0405.20.30、税号 2106.90.26 或税号 2106.90.36 的货物	[1]		13.4 美分/千克(MA)	
9912.04.16	[1]	税号 0405.90.20 的货物	[1]		12.6 美分/千克＋0.5%(MA)	
		税号 0402.10.50、税号 0502.21.25、税号 0402.21.20、税号 0403.90.45、税号 0403.90.55 或税号 0404.10.90 的货物				
9912.04.20	[1]	受本分章美国注释六规定数量限制的货物	[1]		免税(MA)	
		其他				
9912.04.21	[1]	税号 0402.21.25 的货物	[1]		5.8 美分/千克(MA)	
9912.04.22	[1]	税号 0402.21.50 或税号 0403.90.55 的货物	[1]		7.3 美分/千克(MA)	
9912.04.23	[1]	税号 0403.90.45 或税号 0404.10.90 的货物	[1]		5.9 美分/千克(MA)	
9912.04.24	[1]	税号 2309.90.28 或税号 2309.90.48 的货物	[1]		5.4 美分/千克＋0.4%(MA)	

第九十九章　临时立法;根据现有贸易法规的临时修改;根据经修正的《农业调整法》第 22 条制定的附加进口限制

税则号列	统计后缀	货品名称	单位	税率 普通	税率 特惠	2
		税号 0402.91.90、税号 0402.99.45、税号 0402.99.55、税号 0402.99.90、税号 0402.10.50、税号 0403.90.95、税号 0404.10.15、税号 0404.90.50、税号 0405.20.70、税号 1517.90.60、税号 1704.90.58、税号 1706.20.26、税号 1806.20.28、税号 1706.20.36、税号 1806.20.38、税号 1806.20.82、税号 1806.20.83、税号 1806.20.87、税号 1806.20.89、税号 1806.32.06、税号 1806.32.08、税号 1806.32.16、税号 1806.32.18、税号 1806.32.70、税号 1806.32.80、税号 1806.90.08、税号 1806.90.10、税号 1806.90.18、税号 1806.90.20、税号 1806.90.28、税号 1809.90.30、税号 1901.10.16、税号 1901.10.26、税号 1901.10.36、税号 1901.10.44、税号 1901.10.56、税号 1901.10.66、税号 1901.20.15、税号 1901.20.26、税号 1901.90.62、税号 1901.90.65、税号 2105.00.40、税号 2106.20.50、税号 1901.90.62、税号 2106.90.87 或税号 2202.99.28 的货物				
9912.04.30	[1]	受本分章美国注释七规定数量限制的货物	[1]	免税(MA)		
		其他				
9912.04.31	[1]	税号 0402.29.50 的货物	[1]	7.4 美分/千克+1%(MA)		
9912.04.32	[1]	税号 0402.91.70 或税号 0402.91.90 的货物	[1]	2.1 美分/千克(MA)		
9912.04.33	[1]	税号 0402.99.45 或税号 0402.99.55 的货物	[1]	3.3 美分/千克(MA)		
9912.04.34	[1]	税号 0402.99.90 的货物	[1]	3.1 美分/千克+1%(MA)		
9912.04.35	[1]	税号 0403.10.15 的货物	[1]	6.9 美分/千克+1.1%(MA)		
9912.04.36	[1]	税号 0404.90.95 的货物	[1]	6.9 美分/千克+1.1%(MA)		
9912.04.37	[1]	税号 0404.10.15 的货物	[1]	6.9 美分/千克+0.5%(MA)		
9912.04.38	[1]	税号 0404.90.50 的货物	[1]	8 美分/千克+0.5%(MA)		
9912.04.39	[1]	税号 0405.20.70 或税号 2106.90.66 的货物	[1]	4.7 美分/千克+0.5%(MA)		
9912.04.40	[1]	税号 1517.90.60 的货物	[1]	2.3 美分/千克(MA)		
9912.04.41	[1]	税号 1704.90.58 的货物	[1]	2.7 美分/千克+0.7%(MA)		
9912.04.42	[1]	税号 1806.20.26、税号 1806.20.36、税号 1806.32.06 或税号 1806.32.16 的货物	[1]	2.5 美分/千克+0.2%(MA)		
9912.04.43	[1]	税号 1806.20.28、税号 1806.20.38、税号 1806.32.08 或税号 1806.32.18 的货物	[1]	3.5 美分/千克+0.2%(MA)		
9912.04.44	[1]	税号 1806.20.82 或税号 1806.20.87 的货物	[1]	2.5 美分/千克+0.5%(MA)		
9912.04.45	[1]	税号 1806.20.83 或税号 1806.20.89 的货物	[1]	3.5 美分/千克+0.5%(MA)		
9912.04.46	[1]	税号 1806.32.70、税号 1906.90.08、税号 1806.90.18 或 1806.90.28 的货物	[1]	2.5 美分/千克+0.4%(MA)		

税则号列	统计后缀	货品名称	单位	税率 普通	税率 特惠	2
9912.04.47	[1]	税号1806.32.80、税号1806.90.10、税号1806.90.18或税号1806.90.30的货物	[1]		3.5美分/千克+0.4%(MA)	
9912.04.48	[1]	税号1901.10.16、税号1901.10.26、税号1901.10.36或税号1901.10.44的货物	[1]		6.9美分/千克+1%(MA)	
9912.04.49	[1]	税号1901.20.15或税号1901.20.50的货物	[1]		2.8美分/千克+0.5%(MA)	
9912.04.50	[1]	税号1901.10.56、税号1901.10.66、税号1901.90.62或税号1901.90.65的货物	[1]		6.9美分/千克+0.9%(MA)	
9912.04.51	[1]	税号2105.00.40的货物	[1]		3.3美分/千克+1.1%(MA)	
9912.04.52	[1]	税号2106.90.09的货物	[1]		5.8美分/千克(MA)	
9912.04.53	[1]	税号2106.90.87的货物	[1]		1.9美分/千克+0.5%(MA)	
9912.04.54	[1]	税号2202.99.28的货物	[1]		1.5美分/升+1%(MA)	
		税号0406.10.08、税号0406.10.18、税号0406.10.28、税号0406.10.38、税号0406.10.48、税号0106.10.58、税号0406.10.68、税号0406.10.78、税号0406.10.88、税号0406.20.28、税号0406.20.33、税号0406.20.39、税号0406.20.48、税号0406.20.53、税号0406.20.62、税号0406.20.67、税号0406.20.71、税号0406.20.75、税号0406.20.79、税号0406.20.83、税号0406.20.87、税号0406.20.91、税号0406.30.18、税号0406.30.28、税号0406.30.38、税号0406.30.48、税号0406.30.53、税号0406.30.63、税号0406.30.67、税号0406.30.71、税号0406.30.75、税号0406.30.79、税号0406.30.83、税号0406.30.87、税号0406.30.91、税号0406.40.70、税号0406.90.12、税号0406.90.18、税号0406.90.32、税号0406.90.37、税号0406.90.42、税号0406.90.48、税号0406.90.54、税号0406.90.68、税号0406.90.74、税号0406.90.78、税号0406.90.84、税号0406.90.88、税号0406.90.92、税号0406.90.94、税号0406.90.97或税号1901.90.36的货物				
9912.04.70	[1]	受本分章美国注释八规定数量限制的货物	[1]		免税(MA)	
	[1]	其他	[1]			
9912.04.71	[1]	税号0406.10.08、税号0406.10.88、税号0406.20.91或税号0406.90.97的货物	[1]		10.2美分/千克(MA)	
9912.04.72	[1]	税号0406.10.18、税号0406.20.28、税号0406.20.63、税号0406.30.18、税号0406.30.63、税号0406.40.70或税号0406.90.74的货物	[1]		15.3美分/千克(MA)	
9912.04.73	[1]	税号0406.10.28、税号0406.20.33、税号0406.20.67、税号0406.30.28、税号0406.30.67、税号0406.90.12或税号0406.90.78的货物	[1]		8.2美分/千克(MA)	
9912.04.74	[1]	税号0406.10.38、税号0406.20.39、税号0406.10.71、税号0406.30.38、税号0406.30.71、税号0406.90.54或税号0406.91.84的货物	[1]		7.1美分/千克(MA)	
9912.04.75	[1]	税号0406.10.48、税号0406.20.48、税号0406.20.75、税号0406.30.48、税号0406.30.75、税号0406.90.18、税号0406.90.88的货物	[1]		12.1美分/千克(MA)	

税则号列	统计后缀	货品名称	单位	税率 普通	税率 特惠	2
9912.04.76	[1]	税号0406.10.58、税号0406.20.53、税号0406.20.79、税号0406.30.79、税号0406.90.32、税号0406.90.37、税号0406.90.42或税号0406.90.68的货物	[1]		14.5 美分/千克(MA)	
9912.04.77	[1]	税号0406.10.68、税号0406.20.83、税号0406.30.53、税号0406.30.83或税号0406.90.92的货物	[1]		9.3 美分/千克(MA)	
9912.04.78	[1]	税号0406.20.87、税号0406.30.87、税号0406.90.94或税号1901.90.36的货物	[1]		7.6 美分/千克(MA)	
9912.04.79	[1]	税号0406.90.48的货物	[1]		12.6 美分/千克(MA)	
	[1]	税号0712.20.20或税号0712.20.40的货物：	[1]			
9912.07.05	[1]	受本分章美国注释九规定数量限制的货物	[1]		免税(MA)	
		其他				
		税号0712.20.20的货物：				
9912.07.11	[1]	价值低于19.25美分/千克	[1]		29.8%(MA)	
9912.07.12	[1]	价值19.25美分/千克或以上但低于30.8美分/千克	[1]		21.4%(MA)	
9912.07.13	[1]	价值30.8美分/千克或以上但低于46.2美分/千克	[1]		15.9%(MA)	
9912.07.14	[1]	价值46.2美分/千克或以上但低于69.3美分/千克	[1]		10.3%(MA)	
9912.07.15	[1]	价值69.3美分/千克	[1]		2%(MA)	
		税号0712.20.40的货物：				
9912.07.16	[1]	价值低于31.5美分/千克	[1]		21.3%(MA)	
9912.07.17	[1]	价值31.5美分/千克或以上但低于50.4美分/千克	[1]		15.3%(MA)	
9912.07.18	[1]	价值50.4美分/千克或以上但低于75.6美分/千克	[1]		11.3%(MA)	
9912.07.19	[1]	价值75.6美分/千克或以上但低于1.134美元/千克	[1]		7.3%(MA)	
9912.07.20	[1]	价值1.134美元/千克或以上	[1]		1.4%(MA)	
		税号0712.90.40的货物：				
9912.07.35	[1]	受本分章美国注释十规定数量限制的货物	[1]		免税(MA)	
		其他				
		粉末或粉状物质				
9912.07.41	[1]	价值低于13.25美分/千克	[1]		29.8%(MA)	
9912.07.42	[1]	价值13.25美分/千克或以上但低于21.2美分/千克	[1]		21.4%(MA)	
9912.07.43	[1]	价值21.2美分/千克或以上但低于31.8美分/千克	[1]		15.9%(MA)	
9912.07.44	[1]	价值31.8美分/千克或以上但低于47.7美分/千克	[1]		10.3%(MA)	
9912.07.45	[1]	价值47.7美分/千克或以上	[1]		2%(MA)	
		其他				
9912.07.46	[1]	价值低于12美分/千克	[1]		29.8%(MA)	
9912.07.47	[1]	价值12美分/千克或以上但低于19.2美分/千克	[1]		21.4%(MA)	
9912.07.48	[1]	价值19.2美分/千克或以上但低于28.8美分/千克	[1]		15.9%(MA)	

税则号列	统计后缀	货品名称	单位	税率 普通	税率 特惠	2
9912.07.49	[1]	价值28.8美分/千克或以上但低于43.2美分/千克	[1]		10.3%(MA)	
9912.07.50	[1]	价值43.2美分/千克或以上	[1]		2%(MA)	
		税号1202.30.80、税号1202.41.80、税号1202.42.80、税号2008.11.15、税号2008.11.35或税号2008.11.60的货物：				
9912.12.05	[1]	受本分章美国注释十一规定数量限制的货物	[1]		免税	
		其他				
9912.12.10	[1]	税号1202.41.80的货物	[1]		11%(MA)	
9912.12.20	[1]	税号1202.30.80、税号1202.42.80、税号2008.11.15、税号2008.11.35或税号2008.11.60的货物	[1]		8.9%(MA)	
		税号1701.12.50、税号1701.13.50、税号1701.14.50、税号1701.91.30、税号1701.91.48、税号1701.91.58、税号1701.99.50、税号1702.20.28、税号1702.30.28、税号1702.40.28、税号1702.60.28、税号1702.90.20、税号1702.90.58、税号1702.90.68、税号1704.90.68、税号1704.90.78、税号1806.10.15、税号1806.10.28、税号1806.10.38、税号1806.10.55、税号1806.10.75、税号1806.20.73、税号1806.20.77、税号1806.20.94、税号1806.20.98、税号1806.90.39、税号1806.90.49、税号1806.90.59、税号1901.20.25、税号1901.20.35、税号1901.20.60、税号1901.20.70、税号1901.90.68、税号1901.90.71、税号2101.12.38、税号2101.12.48、税号2101.12.58、税号2101.20.38、税号2101.20.48、税号2101.20.58、税号2103.90.78、税号2106.90.46、税号2106.90.72、税号2106.90.76、税号2106.90.80、税号2106.90.91、税号2106.90.94或税号2106.90.97的货物：				
9912.17.05	[1]	受本分章美国注释十二(二)规定数量限制的货物	[1]		免税(MA)	
	[1]	受本分章美国注释十二(三)规定数量限制的货物	[1]			
9912.17.10	[1]	税号1701.13.50、税号1701.14.50的货物	[1]		14.9 美分/千克(MA)	
9912.17.15	[1]	税号1701.12.50、税号1701.91.30、税号1701.99.50、税号1702.90.20或税号2106.90.46的货物	[1]		15.7 美分/千克(MA)	
9912.17.20	[1]	税号1702.20.28或税号1702.30.28的货物	[1]		14.9 美分/千克＋2.2%(MA)	
9912.17.25	[1]	税号1702.40.28、税号1702.60.28或税号1702.90.58的货物	[1]		总含糖量的7.4美分/千克＋2.2%(MA)	
9912.17.30	[1]	税号1704.90.68或税号1704.90.78的货物	[1]		总含糖量的14.9美分/千克＋2.2%(MA)	
9912.17.35	[1]	税号1806.10.15的货物	[1]		17.6 美分/千克＋4.5%(MA)	
9912.17.40	[1]	税号1806.10.28、税号1806.10.38、税号1806.10.55或税号1806.10.75的货物	[1]		9.5 美分/千克(MA)	
9912.17.45	[1]	税号1806.20.73、税号1806.20.77、税号2101.12.38、税号2101.12.48、税号2101.12.58、税号2101.20.38、税号2101.20.48或税号2101.20.58的货物	[1]		14.8 美分/千克(MA)	

税则号列	统计后缀	货品名称	单位	税率 1 普通	税率 1 特惠	2
9912.17.50	[1]	税号1806.20.94或税号1806.20.98的货物	[1]		13.4美分/千克+3.7%	
9912.17.55	[1]	税号1806.90.39、税号1806.90.49或1806.90.59的货物	[1]		16.4美分/千克+3.7%(MA)	
9912.17.60	[1]	税号1901.20.25、税号1901.20.35、税号1901.20.60或税号1901.20.70的货物	[1]		16.4美分/千克+2.6%(MA)	
9912.17.65	[1]	税号1702.40.28、税号1702.60.28或税号1702.90.58的货物	[1]		18.6美分/千克+3.7%(MA)	
9912.17.70	[1]	税号1901.90.68或税号1901.90.71的货物	[1]		10.4美分/千克+3.7%(MA)	
9912.17.75	[1]	税号2103.90.78的货物	[1]		13.4美分/千克+2.8%(MA)	
9912.17.80	[1]	税号2106.90.72、税号2106.90.76或税号2106.90.80的货物	[1]		31.1美分/千克+3.7%(MA)	
9912.17.85	[1]	税号2106.90.91、税号2106.90.94或税号2106.90.97的货物	[1]		12.7美分/千克+3.7%(MA)	
		税号2002.10.00或税号2002.90.80的货物：				
9912.20.05	[1]	受本分章美国注释十三规定数量限制的货物	[1]		免税(MA)	
		其他：				
		税号2002.10.00的货物：				
		装在容量小少于1.4千克的容器内：				
9912.20.11	[1]	价值低于13美分/千克	[1]		12.5%(MA)	
9912.20.12	[1]	价值13美分/千克或以上但低于20.8美分/千克	[1]		8.9%(MA)	
9912.20.13	[1]	价值20.8美分/千克或以上但低于31.2美分/千克	[1]		6.6%(MA)	
9912.20.14	[1]	价值31.2美分/千克或以上但低于46.8美分/千克	[1]		4.3%(MA)	
9912.20.15	[1]	价值46.8美分/千克或以上	[1]		0.8%(MA)	
		其他：				
9912.20.16	[1]	价值低于10.75美分/千克	[1]		12.5%(MA)	
9912.20.17	[1]	价值10.75美分/千克或以上但低于17.2美分/千克	[1]		8.9%(MA)	
9912.20.18	[1]	价值17.2美分/千克或以上但低于25.8美分/千克	[1]		6.6%(MA)	
9912.20.19	[1]	价值25.8美分/千克或以上但低于38.7美分/千克	[1]		4.3%(MA)	
9912.20.20	[1]	价值38.7美分/千克或以上	[1]		0.8%(MA)	
		税号2002.90.80的货物：				
		膏糊状：				
		装在容量小于1.4千克的容器内：				
9912.20.21	[1]	价值低于16美分/千克	[1]		11.6%(MA)	
9912.20.22	[1]	价值16美分/千克或以上但低于25.6美分/千克	[1]		8.3%(MA)	
9912.20.23	[1]	价值25.6美分/千克或以上但低于38.4美分/千克	[1]		6.1%(MA)	
9912.20.24	[1]	价值38.4美分/千克或以上但低于57.6美分/千克	[1]		3.9%(MA)	

税则号列	统计后缀	货品名称	单位	税率 1 普通	税率 1 特惠	2
9912.20.25	[1]	价值57.6美分/千克或以上	[1]		0.7%(MA)	
		其他				
9912.20.26	[1]	价值低于14美分/千克	[1]		11.6%(MA)	
9912.20.27	[1]	价值14美分/千克或以上但低于22.4美分/千克	[1]		8.3%(MA)	
9912.20.28	[1]	价值22.4美分/千克或以上但低于33.6美分/千克	[1]		6.1%(MA)	
9912.20.29	[1]	价值33.6美分/千克或以上但低于50.4美分/千克	[1]		3.9%(MA)	
9912.20.30	[1]	价值50.4美分/千克或以上	[1]		0.7%(MA)	
		汤酱状：				
		装在容量小于1.4千克的容器内：				
9912.20.31	[1]	价值低于11.5美分/千克	[1]		11.6%(MA)	
9912.20.32	[1]	价值11.5美分/千克或以上但低于18.4美分/千克	[1]		8.3%(MA)	
9912.20.33	[1]	价值18.4美分/千克或以上但低于27.6美分/千克	[1]		6.1%(MA)	
9912.20.34	[1]	价值27.6美分/千克或以上但低于41.4美分/千克	[1]		3.9%(MA)	
9912.20.35	[1]	价值41.4美分/千克	[1]		0.7%(MA)	
		其他				
9912.20.36	[1]	价值低于7.75美分/千克	[1]		11.6%(MA)	
9912.20.37	[1]	价值7.75美分/千克或以上但低于12.4美分/千克	[1]		8.3%(MA)	
9912.20.38	[1]	价值12.4美分/千克或以上但低于18.6美分/千克	[1]		6.1%(MA)	
9912.20.39	[1]	价值18.6美分/千克或以上但低于27.9美分/千克	[1]		3.9%(MA)	
9912.20.40	[1]	价值27.9美分/千克或以上	[1]		0.7%(MA)	
		其他：				
9912.20.41	[1]	价值低于17.25美分/千克	[1]		11.6%(MA)	
9912.20.42	[1]	价值10.75美分/千克或以上但低于27.6美分/千克	[1]		8.3%(MA)	
9912.20.43	[1]	价值27.6美分/千克或以上但低于41.4美分/千克	[1]		6.1%(MA)	
9912.20.44	[1]	价值41.4美分/千克或以上但低于62.1美分/千克	[1]		3.9%(MA)	
9912.20.45	[1]	价值62.1美分/千克或以上	[1]		0.7%(MA)	
		税号2103.20.40的货物：				
9912.21.05	[1]	受本分章美国注释十四规定数量限制的货物	[1]		免税(MA)	
		其他：				
		装在容量小于1.4千克包的容器内：				
9912.21.11	[1]	价值低于21美分/千克	[1]		11.6%(MA)	
9912.21.12	[1]	价值21美分/千克或以上但低于33.6美分/千克	[1]		8.3%(MA)	
9912.21.13	[1]	价值33.6美分/千克或以上但低于50.4美分/千克	[1]		6.1%(MA)	
9912.21.14	[1]	价值50.4美分/千克或以上但低于75.6美分/千克	[1]		3.9%(MA)	
9912.21.15	[1]	价值75.6美分/千克或以上	[1]		0.7%(MA)	

税则号列	统计后缀	货品名称	单位	税率 1 普通	税率 1 特惠	2
		其他				
9912.21.16	[1]	价值低于 23.5 美分/千克	[1]		11.6%(MA)	
9912.21.17	[1]	价值 23.5 美分/千克或以上但低于 37.6 美分/千克	[1]		8.3%(MA)	
9912.21.18	[1]	价值 37.6 美分/千克或以上但低于 56.4 美分/千克	[1]		6.1%(MA)	
9912.21.19	[1]	价值 56.4 美分/千克或以上但低于 84.6 美分/千克	[1]		3.9%(MA)	
9912.21.20	[1]	价值 84.6 美分/千克或以上	[1]		0.7%(MA)	
		税号 2401.10.65、税号 2401.20.35、税号 2401.20.87、税号 2401.30.70、税号 2403.19.90、税号 2403.91.47 或税号 2403.99.90 的货物:				
9912.24.05	[1]	受本分章美国注释十五规定数量限制的货物	[1]		免税(MA)	
9912.24.10	[1]	其他:	[1]		23.6%(MA)	
		税号 5201.00.18、税号 5201.00.28、税号 5201.00.38、税号 5201.00.80、税号 5202.99.30 或税号 5203.00.30 的货物:				
9912.52.05	[1]	受本分章美国注释十六规定数量限制的货物	[1]		免税(MA)	
		其他:			2.1 美分/千克(MA)	
9912.52.20	[1]	税号 5201.00.18、税号 5201.00.28、税号 5201.00.38、税号 5201.00.80 或税号 5203.00.30 的货物	[1]			
9912.52.40	[1]	税号 5202.99.30 的货物	[1]		0.5 美分/千克(MA)	
		税号 2005.60.00 的芦笋:				
9912.95.01	[1]	价值低于 39.75 美分/千克	[1]		14.9%(MA)	
9912.95.02	[1]	价值 39.75 美分/千克或以上但低于 63.6 美分/千克	[1]		10.7%(MA)	
9912.95.03	[1]	价值 63.6 美分/千克或以上但低于 95.4 美分/千克	[1]		7.9%(MA)	
9912.95.04	[1]	价值 95.4 美分/千克或以上但低于 1.431 美元/千克	[1]		5.1%(MA)	
9912.95.05	[1]	价值 1.431 美元/千克或以上	[1]		1%(MA)	
		税号 2005.70.60 的橄榄:				
		整个的:				
		装在容量小于 0.3 千克的容器内:				
9912.95.06	[1]	价值低于 40.25 美分/千克	[1]		免税(MA)	
9912.95.07	[1]	价值 40.25 美分/千克或以上但低于 64.4 美分/千克	[1]		免税(MA)	
9912.95.08	[1]	价值 64.4 美分/千克或以上但低于 96.6 美分/千克	[1]		免税(MA)	
9912.95.09	[1]	价值 96.6 美分/千克或以上但低于 1.449 美元/千克	[1]		免税(MA)	
9912.95.10	[1]	价值 1.449 美元/千克或以上	[1]		免税(MA)	
		装在容量为 0.3 千克(干重)以上的容器内				
9912.95.11	[1]	价值低于 39 美分/千克	[1]		免税(MA)	
9912.95.12	[1]	价值 39 美分/千克或以上但低于 62.4 美分/千克	[1]		免税(MA)	
9912.95.13	[1]	价值 62.4 美分/千克或以上但低于 93.6 美分/千克	[1]		免税(MA)	
9912.95.14	[1]	价值 93.6 美分/千克或以上但低于 1.404 美元/千克	[1]		免税(MA)	

税则号列	统计后缀	货品名称	单位	税率 1 普通	税率 1 特惠	2
9912.95.15	[1]	价值1.404美元/千克或以上	[1]		免税(MA)	
		切片的：				
9912.95.16	[1]	价值低于44.75美分/千克	[1]		免税(MA)	
9912.95.17	[1]	价值44.75美分/千克或以上但低于71.6美分/千克	[1]		免税(MA)	
9912.95.18	[1]	价值71.6美分/千克或以上但低于1.074美元/千克	[1]		免税(MA)	
9912.95.19	[1]	价值1.074美元/千克或以上但低于1.611美元/千克	[1]		免税(MA)	
9912.95.20	[1]	价值1.611美元/千克或以上	[1]		免税(MA)	
		切碎的或切成末的：				
9912.95.21	[1]	价值低于24.25美分/千克	[1]		免税(MA)	
9912.95.22	[1]	价值24.25美分/千克或以上但低于38.8美分/千克	[1]		免税(MA)	
9912.95.23	[1]	价值38.8美分/千克或以上但低于58.2美分/千克	[1]		免税(MA)	
9912.95.24	[1]	价值58.2美分/千克或以上但低于87.3美分/千克	[1]		免税(MA)	
9912.95.25	[1]	价值87.3美分/千克	[1]		免税(MA)	
		其他,包括被挤压和被破坏的：				
9912.95.26	[1]	价值低于37.5美分/千克	[1]		免税(MA)	
9912.95.27	[1]	价值37.5美分/千克或以上但低于60美分/千克	[1]		免税(MA)	
9912.95.28	[1]	价值60美分/千克或以上但低于90美分/千克	[1]		免税(MA)	
9912.95.29	[1]	价值90美分/千克或以上但低于1.35美元/千克	[1]		免税(MA)	
9912.95.30	[1]	价值1.35美元/千克或以上	[1]		免税(MA)	
		税号2008.40.00的梨：				
		装在容量小于1.4千克的容器内：				
9912.95.31	[1]	价值低于6.25美分/千克	[1]		15.3%(MA)	
9912.95.32	[1]	价值6.25美分/千克或以上但低于26美分/千克	[1]		12.7%(MA)	
9912.95.33	[1]	价值26美分/千克或以上但低于39美分/千克	[1]		11%(MA)	
9912.95.34	[1]	价值39美分/千克或以上但低于58.5美分/千克	[1]		9.2%(MA)	
9912.95.35	[1]	价值58.5美分/千克或以上	[1]		6.7%(MA)	
		其他：				
9912.95.36	[1]	价值低于15.75美分/千克	[1]		15.3%(MA)	
9912.95.37	[1]	价值15.75美分/千克或以上但低于25.2美分/千克	[1]		12.7%(MA)	
9912.95.38	[1]	价值25.2美分/千克或以上但低于37.8美分/千克	[1]		11%(MA)	
9912.95.39	[1]	价值37.8美分/千克或以上但低于56.7美分/千克	[1]		9.2%(MA)	
9912.95.40	[1]	价值56.7美分/千克	[1]		6.7%(MA)	
		税号2008.50.40的杏：				
9912.95.41	[1]	价值低于24.5美分/千克	[1]		29.8%(MA)	
9912.95.42	[1]	价值24.5美分/千克或以上但低于39.2美分/千克	[1]		24.7%(MA)	

税则号列	统计后缀	货品名称	单位	税率 1 普通	税率 1 特惠	2
9912.95.43	[1]	价值39.2美分/千克或以上但低于58.8美分/千克	[1]		21.4%(MA)	
9912.95.44	[1]	价值58.8美分/千克或以上但低于88.2美分/千克	[1]		18.1%(MA)	
9912.95.45	[1]	价值88.2美分/千克或以上	[1]		13.1%(MA)	
		税号2008.70.10或税号2008.70.20的桃：				
		税号2008.70.10的货物：				
		装在容量小于1.4千克的容器内：				
9912.95.46	[1]	价值低于14.5美分/千克	[1]		16%(MA)	
9912.95.47	[1]	价值14.5美分/千克或以上但低于23.2美分/千克	[1]		13.3%(MA)	
9912.95.48	[1]	价值23.2美分/千克或以上但低于34.8美分/千克	[1]		11.5%(MA)	
9912.95.49	[1]	价值34.8美分/千克或以上但低于52.2美分/千克	[1]		9.7%(MA)	
9912.95.50	[1]	价值52.2美分/千克或以上	[1]		7%(MA)	
		其他：				
9912.95.51	[1]	价值低于13.75美分/千克	[1]		16%(MA)	
9912.95.52	[1]	价值13.75美分/千克或以上但低于22美分/千克	[1]		13.3%(MA)	
9912.95.53	[1]	价值22美分/千克或以上但低于33美分/千克	[1]		11.5%(MA)	
9912.95.54	[1]	价值33美分/千克或以上但低于49.5美分/千克	[1]		9.7%(MA)	
9912.95.55	[1]	价值49.5美分/千克或以上	[1]		7%(MA)	
		税号2008.70.20的货物：				
		装在容量小于1.4千克的容器内：			17%(MA)	
9912.95.56	[1]	价值低于14.5美分/千克	[1]		14.1%(MA)	
9912.95.57	[1]	价值14.5美分/千克或以上但低于23.2美分/千克	[1]		12.2%(MA)	
9912.95.58	[1]	价值23.2美分/千克或以上但低于34.8美分/千克	[1]		10.3%(MA)	
9912.95.59	[1]	价值34.8美分/千克或以上但低于52.2美分/千克	[1]		7.5%(MA)	
9912.95.60	[1]	价值52.2美分/千克或以上	[1]			
		其他：				
9912.95.61	[1]	价值低于13.75美分/千克	[1]		17%(MA)	
9912.95.62	[1]	价值13.75美分/千克或以上但低于22美分/千克	[1]		14.1%(MA)	
9912.95.63	[1]	价值22美分/千克或以上但低于33美分/千克	[1]		12.2%(MA)	
9912.95.64	[1]	价值33美分/千克或以上但低于49.5美分/千克	[1]		10.3%(MA)	
9912.95.65	[1]	价值49.5美分/千克或以上	[1]		7.5%(MA)	
		税号2008.97.90的水果、坚果和其他植物可食用部分的混合物：				
		装在封闭集装箱内的液体介质中：				
		包含桃或梨：				
		装在容量小于1.4千克的容器内：				
9912.95.66	[1]	价值低于20.75美分/千克	[1]		14.9%(MA)	

税则号列	统计后缀	货品名称	单位	税率 1 普通	税率 1 特惠	2
9912.95.67	[1]	价值20.75美分/千克或以上但低于33.2美分/千克	[1]		12.3%(MA)	
9912.95.68	[1]	价值33.2美分/千克或以上但低于49.8美分/千克	[1]		10.7%(MA)	
9912.95.69	[1]	价值49.8美分/千克或以上但低于74.7美分/千克	[1]		9%(MA)	
9912.95.70	[1]	价值74.7美分/千克或以上	[1]		6.5%(MA)	
		其他:				
9912.95.71	[1]	价值低于18.75美分/千克	[1]		14.9%(MA)	
9912.95.72	[1]	价值18.75美分/千克或以上但低于30美分/千克	[1]		12.3%(MA)	
9912.95.73	[1]	价值30美分/千克或以上但低于45美分/千克	[1]		10.7%(MA)	
9912.95.74	[1]	价值45美分/千克或以上但低于67.5美分/千克	[1]		9%(MA)	
9912.95.75	[1]	价值67.5美分/千克或以上	[1]		6.5%(MA)	
		其他:				
		包含橘子(橙子)或者葡萄柚:				
9912.95.76	[1]	价值低于30.25美分/千克	[1]		14.9%(MA)	
9912.95.77	[1]	价值30.25美分/千克或以上但低于48.4美分/千克	[1]		12.3%(MA)	
9912.95.78	[1]	价值48.4美分/千克或以上但低于72.6美分/千克	[1]		10.7%(MA)	
9912.95.79	[1]	价值72.6美分/千克或以上但低于1.089美元/千克	[1]		9%(MA)	
9912.95.80	[1]	价值1.089美元/千克或以上	[1]		6.5%(MA)	
		其他:				
9912.95.81	[1]	价值低于20美分/千克	[1]		14.9%(MA)	
9912.95.82	[1]	价值20美分/千克或以上但低于32美分/千克	[1]		12.3%(MA)	
9912.95.83	[1]	价值32美分/千克或以上但低于48美分/千克	[1]		10.7%(MA)	
9912.95.84	[1]	价值48美分/千克或以上但低于72美分/千克	[1]		9%(MA)	
9912.95.85	[1]	价值72美分/千克或以上	[1]		6.5%(MA)	
9912.95.86	[1]	其他			6.5%(MA)	
		税号2009.11.00的冰冻橙汁:				
		装在容量小于0.946升的容器内:				
9912.95.87	[1]	价值低于5.75美分/升	[1]		7.85美分/升(MA)	
9912.95.88	[1]	价值35.75美分/升但少于9.2美分/升	[1]		6.5美分/升(MA)	
9912.95.89	[1]	价值9.2美分/升但少于13.8美分/升	[1]		5.6美分/升(MA)	
9912.95.90	[1]	价值13.8美分/升但少于20.7美分/升	[1]		4.7美分/升(MA)	
9912.95.91	[1]	价值20.7美分/升或以上	[1]		3.4美分/升(MA)	
		装在容量为0.946升或以上但不超过3.785升的容器内:				
9912.95.92	[1]	价值低于5.5美分/升	[1]		7.85美分/升(MA)	
9912.95.93	[1]	价值5.5美分/升但少于8.8美分/升	[1]		6.5美分/升(MA)	
9912.95.94	[1]	价值8.8美分/升但少于13.2美分/升	[1]		5.6美分/升(MA)	

税则号列	统计后缀	货品名称	单位	税率 普通	税率 特惠	2
9912.95.95	[1]	价值13.2美分/升但少于19.8美分/升	[1]		4.7美分/升(MA)	
9912.95.96	[1]	价值19.8美分/升或以上	[1]		3.4美分/升(MA)	
		装在容量超过3.785升的容器内:				
9912.95.97	[1]	价值低于5美分/升	[1]		7.85美分/升(MA)	
9912.95.98	[1]	价值5美分/升但少于8美分/升	[1]		6.5美分/升(MA)	
9912.95.99	[1]	价值8美分/升但少于12美分/升	[1]		5.6美分/升(MA)	
9912.96.00	[1]	价值12美分/升但少于18美分/升	[1]		4.7美分/升(MA)	
9912.96.01	[1]	价值18美分/升或以上	[1]		3.4美分/升(M	
		税号2009.12.45的橙汁,非冰冻,白利糖度不超过20				
9912.96.02	[1]	价值低于12.25美分/升	[1]		7.85美分/升(MA)	
9912.96.03	[1]	价值12.25美分/升但少于19.6美分/升	[1]		5.6美分/升(MA)	
9912.96.04	[1]	价值19.6美分/升但少于29.4美分/升	[1]		4.1美分/升(MA)	
9912.96.05	[1]	价值29.4美分/升但少于44.1美分/升	[1]		2.7美分/升(MA)	
9912.96.06	[1]	价值44.1美分/升或以上	[1]		0.5美分/升(MA)	
		税号2009.19.00的橙汁:				
9912.96.07	[1]	价值低于12.25美分/升	[1]		7.85美分/升(MA)	
9912.96.08	[1]	价值12.25美分/升但少于19.6美分/升	[1]		5.6美分/升(MA)	
9912.96.09	[1]	价值19.6美分/升但少于29.4美分/升	[1]		4.1美分/升(MA)	
9912.96.10	[1]	价值29.4美分/升但少于44.1美分/升	[1]		2.7美分/升(MA)	
9912.96.11	[1]	价值44.1美分/升或以上	[1]		0.5美分/升(MA)	
9912.99.40	[1]	摩洛哥进口的本分章美国注释六十五的纺织品或者服装,总数量不超过每年1 067 257千克	[1]		免税(MA)	

[1] 见第九十九章统计注释一。

第十三分章　根据《美国-澳大利亚自由贸易协定》所作的修改

美国注释：

一、本分章包含对根据《美国-澳大利亚自由贸易协定》制定的税则条款的修改。根据本税则总注释二十八进口的税号9913.02.05至9913.52.40的澳大利亚货物，其税率后标有符号"（AU）"的，应适用本分章规定的税率，而不是第一章至第九十七章规定的有关税率。在税号9913.02.05至9913.52.40项下进口至美国的澳大利亚原产货物不受本税则第九十九章第四分章的任何条款、关税和限定条件的约束。截止到2022年12月31日，本章节和注释对税则总注释二十八规定的原产于澳大利亚的进口货物有效，临近此日期，本分章将会从本税则中删除，并不再用于该日期之后进口的任何货物。

二、如果货物根据本分章税号规定的《美国-澳大利亚自由贸易协定》适用税率修改的条款进行归类，则在没有其他具体规定的情况下，报告编码应为基本条款（第一章至第九十七章用于归类目的的适当条款）的适当统计报告编码，前接本分章的税号编号。出于统计目的，美国人口普查局应收集本分章中的基本条款统计报告编码和适用税号编号。

三、（一）任何一年，税号9913.02.05项下进口的澳大利亚原产货物的总数量不得超过该年度如下规定的数量：

年份	数量（吨）	年份	数量（吨）
2013	35 000	2018	45 000
2014	35 000	2019	50 000
2015	40 000	2020	55 000
2016	40 000	2021	60 000
2017	45 000	2022	70 000

以上数量仅适用于本税则第二章附加注释一（一）定义的全身、半身或已加工牛肉以外的牛肉。

只有美国进口商以海关确定的形式和方式向海关和边境保护局声明澳大利亚政府签发的有效出口证书对货物有效，上述数量才有资格享受免税待遇。

从2023年开始，澳大利亚原产的此类货物数量不再使用数量限制。

（二）任何一年，税号9913.02.20项下进口的澳大利亚原产货物的总数量不得超过该年度如下规定的数量：

年份	数量（吨）	年份	数量（吨）
2013	35 000	2018	45 000
2014	35 000	2019	50 000
2015	40 000	2020	55 000
2016	40 000	2021	60 000
2017	45 000	2022	70 000

以上数量仅适用于本税则第二章附加注释一(一)定义的全身、半身或已加工牛肉以外的牛肉。

只有美国进口商以海关确定的形式和方式向海关和边境保护局声明澳大利亚政府签发的有效出口证书对货物有效,税号9912.02.20的上述数量才有资格享受免税待遇。

(三)在2013—2022年期间,如果税号9913.02.30中的关税不适用于澳大利亚原产货物,则美国贸易代表办公室应在《联邦公报》上公布一项决定,并应公布对此类货物的适当关税待遇。

四、任何一年,税号9913.04.05项下进口的澳大利亚原产货物的总数量不得超过该年度如下规定的数量:

年份	数量(吨)	年份	数量(吨)	年份	数量(吨)
2005	7 500	2011	10 639	2017	15 091
2006	7 950	2012	11 277	2018	15 997
2007	8 427	2013	11 954	2019	16 957
2008	8 933	2014	12 671	2020	17 974
2009	9 469	2015	13 431	2021	19 053
2010	10 037	2016	14 237		

自2022年起,澳大利亚此类原产货物的数量限制应以6%的复合年增长率增加,且此类数量应由美国贸易代表办公室在《联邦公报》上公布。

只有美国进口商以海关确定的形式和方式向海关和边境保护局声明澳大利亚政府签发的有效出口证书对货物有效,上述数量才有资格享受免税待遇。

五、任何一年,税号9913.04.05项下进口的澳大利亚原产货物的总数量不得超过该年度如下规定的数量:

年份	数量(吨)	年份	数量(吨)	年份	数量(吨)
2005	1 500	2011	1 791	2017	2 139
2006	1 545	2012	1 845	2018	2 203
2007	1 591	2013	1 900	2019	2 269
2008	1 639	2014	1 957	2020	2 337
2009	1 688	2015	2 016	2021	2 407
2010	1 739	2016	2 076		

自2022年起,澳大利亚此类原产货物的数量限制应以3%的复合年增长率增加,且此类数量应由美国贸易代表在《联邦公报》上公布。

只有美国进口商以海关确定的形式和方式向海关和边境保护局声明澳大利亚政府签发的有效出口证书对货物有效,上述数量才有资格享受免税待遇。

六、任何一年,税号9913.04.15项下进口的澳大利亚原产货物的总数量不得超过该年度如下规定的数量:

年份	数量(吨)	年份	数量(吨)	年份	数量(吨)
2005	100	2011	1 791	2017	143
2006	103	2012	1 845	2018	147
2007	106	2013	1 900	2019	151
2008	109	2014	1 957	2020	156
2009	113	2015	2 016	2021	160
2010	116	2016	2 076		

自2022年起,澳大利亚此类原产货物的数量限制应以3%的复合年增长率增加,且此类数量应由美国贸易代表在《联邦公报》上公布。

只有美国进口商以海关确定的形式和方式向海关和边境保护局声明澳大利亚政府签发的有效出口证书对货物有效,上述数量才有资格享受免税待遇。

七、任何一年,税号9913.04.20项下进口的澳大利亚原产货物的总数量不得超过该年度如下规定的数量:

年份	数量(吨)	年份	数量(吨)	年份	数量(吨)
2005	4 000	2011	5 061	2017	6 404
2006	4 160	2012	5 264	2018	6 660
2007	4 326	2013	5 474	2019	6 927
2008	4 499	2014	5 693	2020	7 204
2009	4 679	2015	5 921	2021	7 492
2010	4 867	2016	6 158		

自2022年起,澳大利亚此类原产货物的数量限制应以4%的复合年增长率增加,且此类数量应由美国贸易代表在《联邦公报》上公布。

只有美国进口商以海关确定的形式和方式向海关和边境保护局声明澳大利亚政府签发的有效出口证书对货物有效,上述数量才有资格享受免税待遇。

八、任何一年,税号9913.04.25项下进口的澳大利亚原产货物的总数量不得超过该年度如下规定的数量:

年份	数量(吨)	年份	数量(吨)	年份	数量(吨)
2005	1 500	2011	2 128	2017	3 018
2006	1 590	2012	2 255	2018	3 199
2007	1 685	2013	2 391	2019	3 391
2008	1 787	2014	2 534	2020	3 595
2009	1 894	2015	2 686	2021	3 811
2010	2 007	2016	2 847		

自2022年起,澳大利亚此类原产货物的数量限制应以6%的复合年增长率增加,且此类数量应由美

国贸易代表在《联邦公报》上公布。

只有美国进口商以海关确定的形式和方式向海关和边境保护局声明澳大利亚政府签发的有效出口证书对货物有效,上述数量才有资格享受免税待遇。

九、任何一年,税号9913.04.30项下进口的澳大利亚原产货物的总数量不得超过该年度如下规定的数量:

年份	数量(吨)	年份	数量(吨)	年份	数量(吨)
2005	3 000	2011	4 256	2017	6 037
2006	3 180	2012	4 511	2018	6 399
2007	3 371	2013	4 782	2019	6 783
2008	3 573	2014	5 068	2020	7 190
2009	3 787	2015	5 373	2021	7 621
2010	4 015	2016	5 695		

自2022年起,澳大利亚此类原产货物的数量限制应以6%的复合年增长率增加,且此类数量应由美国贸易代表在《联邦公报》上公布。

只有美国进口商以海关确定的形式和方式向海关和边境保护局声明澳大利亚政府签发的有效出口证书对货物有效,上述数量才有资格享受免税待遇。

十、任何一年,税号9913.04.35项下进口的澳大利亚原产货物的总数量不得超过该年度如下规定的数量:

年份	数量(吨)	年份	数量(吨)	年份	数量(吨)
2005	3 500	2011	4 690	2017	6 285
2006	3 675	2012	4 925	2018	6 600
2007	3 859	2013	5 171	2019	6 930
2008	4 052	2014	5 430	2020	7 276
2009	4 254	2015	5 701	2021	7 640
2010	4 467	2016	5 986		

自2022年起,澳大利亚此类原产货物的数量限制应以5%的复合年增长率增加,且此类数量应由美国贸易代表在《联邦公报》上公布。

只有美国进口商以海关确定的形式和方式向海关和边境保护局声明澳大利亚政府签发的有效出口证书对货物有效,上述数量才有资格享受免税待遇。

十一、任何一年,税号9913.04.40项下进口的澳大利亚原产货物的总数量不得超过该年度如下规定的数量:

年份	数量(吨)	年份	数量(吨)	年份	数量(吨)
2005	2 000	2011	2 680	2017	3 592
2006	2 100	2012	2 814	2018	3 771

(续表)

年份	数量(吨)	年份	数量(吨)	年份	数量(吨)
2007	2 205	2013	2 955	2019	3 960
2008	2 315	2014	3 103	2020	4 158
2009	2 431	2015	3 258	2021	4 366
2010	2 553	2016	3 421		

自2022年起,澳大利亚此类原产货物的数量限制应以5%的复合年增长率增加,且此类数量应由美国贸易代表在《联邦公报》上公布。

只有美国进口商以海关确定的形式和方式向海关和边境保护局声明澳大利亚政府签发的有效出口证书对货物有效,上述数量才有资格享受免税待遇。

十二、任何一年,税号9913.04.45项下进口的澳大利亚原产货物的总数量不得超过该年度如下规定的数量:

年份	数量(吨)	年份	数量(吨)	年份	数量(吨)
2005	750	2011	896	2017	1 069
2006	773	2012	922	2018	1 101
2007	796	2013	950	2019	1 134
2008	820	2014	979	2020	1 168
2009	844	2015	1 008	2021	1 264
2010	869	2016	1 038		

自2022年起,澳大利亚此类原产货物的数量限制应以3%的复合年增长率增加,且此类数量应由美国贸易代表在《联邦公报》上公布。

只有美国进口商以海关确定的形式和方式向海关和边境保护局声明澳大利亚政府签发的有效出口证书对货物有效,上述数量才有资格享受免税待遇。

十三、任何一年,税号9913.04.50项下进口的澳大利亚原产货物的总数量不得超过该年度如下规定的数量:

年份	数量(吨)	年份	数量(吨)	年份	数量(吨)
2005	500	2011	597	2017	713
2006	515	2012	615	2018	734
2007	530	2013	633	2019	756
2008	546	2014	652	2020	779
2009	563	2015	672	2021	802
2010	580	2016	692		

自2022年起,澳大利亚此类原产货物的数量限制应以3%的复合年增长率增加,且此类数量应由美国贸易代表在《联邦公报》上公布。

只有美国进口商以海关确定的形式和方式向海关和边境保护局声明澳大利亚政府签发的有效出口

证书对货物有效,上述数量才有资格享受免税待遇。

十四、任何一年,税号9913.04.55项下进口的澳大利亚原产货物的总数量不得超过该年度如下规定的数量:

年份	数量(吨)	年份	数量(吨)	年份	数量(吨)
2005	2 500	2011	3 350	2017	4 490
2006	2 625	2012	3 518	2018	4 714
2007	2 756	2013	3 694	2019	4 950
2008	2 894	2014	3 878	2020	5 197
2009	3 039	2015	4 072	2021	5 457
2010	3 191	2016	4 276		

在2020日历年开始,澳大利亚原产的此类货物量不再使用数量限制。

只有美国进口商以海关确定的形式和方式向海关和边境保护局声明澳大利亚政府签发的有效出口证书对货物有效,上述数量才有资格享受免税待遇。

十五、任何一年,税号9913.04.65项下进口的澳大利亚原产货物的总数量不得超过该年度如下规定的数量:

年份	数量(吨)	年份	数量(吨)	年份	数量(吨)
2005	500	2011	670	2017	898
2006	525	2012	704	2018	943
2007	551	2013	739	2019	990
2008	579	2014	776	2020	1 039
2009	608	2015	814	2021	1 091
2010	638	2016	855		

自2022年起,澳大利亚此类原产货物的数量限制应以5%的复合年增长率增加,且此类数量应由美国贸易代表在《联邦公报》上公布。

只有美国进口商以海关确定的形式和方式向海关和边境保护局声明澳大利亚政府签发的有效出口证书对货物有效,上述数量才有资格享受免税待遇。

十六、任何一年,税号9913.08.05项下进口的澳大利亚原产货物的总数量不得超过该年度如下规定的数量:

年份	数量(吨)	年份	数量(吨)	年份	数量(吨)
2005	0	2011	4 026	2017	7 133
2006	2 500	2012	4 429	2018	7 846
2007	2 750	2013	4 872	2019	8 631
2008	3 025	2014	5 359	2020	9 464
2009	3 328	2015	5 895	2021	10 443
2010	3 660	2016	6 484		

自 2022 年起,澳大利亚此类原产货物不再使用数量限制。

十七、任何一年,税号 9913.08.25 项下进口的澳大利亚原产货物的总数量不得超过该年度如下规定的数量:

年份	数量(吨)	年份	数量(吨)	年份	数量(吨)
2005	0	2011	2 416	2017	4 280
2006	1 500	2012	2 657	2018	4 708
2007	1 650	2013	2 923	2019	5 178
2008	1 815	2014	3 215	2020	5 696
2009	1 997	2015	3 537	2021	6 266
2010	2 196	2016	3 891		

自 2022 年起,澳大利亚此类原产货物不再使用数量限制。

十八、任何一年,税号 9913.12.05 项下进口的澳大利亚原产货物的总数量不得超过该年度如下规定的数量:

年份	数量(吨)	年份	数量(吨)	年份	数量(吨)
2005	500	2011	597	2017	713
2006	515	2012	615	2018	734
2007	530	2013	633	2019	756
2008	546	2014	652	2020	779
2009	563	2015	672	2021	802
2010	580	2016	692		

自 2022 年起,澳大利亚此类原产货物不再使用数量限制。

十九、任何一年,税号 9913.24.05 项下进口的澳大利亚原产货物的总数量不得超过该年度如下规定的数量:

年份	数量(吨)	年份	数量(吨)	年份	数量(吨)
2005	250	2011	299	2017	356
2006	258	2012	307	2018	367
2007	265	2013	317	2019	378
2008	273	2014	326	2020	389
2009	281	2015	336	2021	401
2010	290	2016	346		

自 2022 年起,澳大利亚此类原产货物不再使用数量限制。

二十、任何一年,税号 9913.52.05 项下进口的澳大利亚原产货物的总数量不得超过该年度如下规定的数量:

年份	数量(吨)	年份	数量(吨)	年份	数量(吨)
2005	250	2011	299	2017	356
2006	258	2012	307	2018	367
2007	265	2013	317	2019	378
2008	273	2014	326	2020	389
2009	281	2015	336	2021	401
2010	290	2016	346		

自 2022 年起,澳大利亚此类原产货物不再使用数量限制。

二十一、根据《美国-澳大利亚自由贸易协定》条款 3.1(根据《美国-澳大利亚自由贸易协定》202(b)部分),税号 9913.95.00 至 9913.96.66 提供了关税保障措施,它允许进口美国的特定农产品根据货物价值征收附加税款。在税则总注释二十八和本分章税号 9919.95.00 至 9913.96.66 税率后跟符号"(AU)"的进口澳大利亚货物,应该按照本分章而不是第一章至第九十七章征收税款。

税则号列	统计后缀	货品名称	单位	税率 普通	税率 特惠	2
		税则总注释二十八项下进口的澳大利亚货物：				
		税号 0201.10.50、税号 0201.20.80、税号 0201.30.80、税号 0202.10.50、税号 0202.20.80 或税号 0202.30.80 的货物				
9913.02.05	[1]	受本分章美国注释三(一)规定数量限制的货物	[1]		免税(AU)	
9913.02.20	[1]	受本分章美国注释三(二)规定数量限制的货物	[1]		10.5%(AU)	
9913.02.30	[1]	其他	[1]		22.4%(AU)	
9913.04.05	[1]	税号 0401.40.25、税号 0401.50.25、税号 0403.90.16 或税号 2105.00.20 的受本分章美国注释四规定数量限制的货物	[1]		免税(AU)	
9913.04.10	[1]	税号 0401.50.75、税号 0402.21.90、税号 0403.90.65、税号 0403.90.78、税号 0405.10.20、税号 0405.20.30、税号 0405.90.20、税号 2106.90.26 或税号 2106.90.36 的受本分章美国注释五规定数量限制的货物	[1]		免税(AU)	
9913.04.15	[1]	税号 0402.10.50 或税号 0402.21.25 的受本分章美国注释六规定数量限制的货物	[1]		免税(AU)	
9913.04.20	[1]	税号 0402.21.50、税号 0403.90.45、税号 0403.90.55、税号 0404.10.90、税号 2309.90.28 或税号 2309.90.48 的受本分章美国注释七规定数量限制的货物	[1]		免税(AU)	
9913.04.25	[1]	税号 0402.29.50、税号 0402.99.90、税号 0403.10.50、税号 0403.90.95、税号 0404.10.15、税号 0404.90.50、税号 0405.20.70、税号 1517.90.60、税号 1704.90.58、税号 1806.20.26、税号 1806.20.28、税号 1806.20.36、税号 1806.20.38、税号 1806.20.82、税号 1806.20.83、税号 1806.20.87、税号 1806.20.89、税号 1806.32.06、税号 1806.32.08、税号 1806.32.16、税号 1806.32.18、税号 1806.32.70、税号 1806.32.80、税号 1806.90.08、税号 1806.90.10、税号 1806.90.18、税号 1806.90.20、税号 1806.90.28、税号 1806.90.30、税号 1901.10.16、税号 1901.10.26、税号 1901.10.36、税号 1901.10.44、税号 1901.10.56、税号 1901.10.66、税号 1901.20.15、税号 1901.20.50、税号 1901.90.62、税号 1901.90.65、税号 2105.00.40、税号 2106.90.09、税号 2106.90.66、税号 2106.90.87 或税号 2202.99.28 的受本分章美国注释八规定数量限制的货物	[1]		免税(AU)	
9913.04.30	[1]	税号 0402.91.70、税号 0402.91.90、税号 0402.99.45 或税号 0402.99.55 的受本分章美国注释九规定数量限制的货物	[1]		免税(AU)	
9913.04.35	[1]	税号 0406.10.08、税号 0406.10.88、税号 0406.20.91、税号 0406.30.91 或税号 0406.90.97 的受制于本分章美国注释十规定的数量限制货物	[1]		免税(AU)	
9913.04.40	[1]	税号 0406.10.18、税号 0406.10.48、税号 0406.10.58、税号 0406.10.68、税号 0406.20.28、税号 0406.20.48、税号 0406.20.53、税号 0406.20.63、税号 0406.20.75、税号 0406.20.79、税号 0406.20.83、税号 0406.30.18、税号 0406.30.48、税号 0406.30.53、税号 0406.30.63、税号 0406.30.75、税号 0406.30.79、税号 0406.30.83、税号 0406.40.70、税号 0406.90.18、税号 0406.90.32、税号 0406.90.37、税号 0406.90.42、税号 0406.90.68、税号 0406.90.74、税号 0406.90.88 或税号 0406.90.92 的受本分章美国注释十一规定数量限制的货物	[1]		免税(AU)	

税则号列	统计后缀	货品名称	单位	税率 1 普通	税率 1 特惠	2
9913.04.45	[1]	税号 0406.10.28、税号 0406.20.33、税号 0406.20.67、税号 0406.30.28、税号 0406.30.67、税号 0406.90.12 或税号 0406.90.78 的受本分章美国注释十二规定数量限制的货物	[1]		免税(AU)	
9913.04.50	[1]	税号 0406.10.38、税号 0406.20.39、税号 0406.20.71、税号 0406.30.38、税号 0406.30.71、税号 0406.90.54 或税号 0406.90.84 的受本分章美国注释十三规定数量限制的货物	[1]		免税(AU)	
		税号 0406.90.33 的货物;				
9913.04.55	[1]	受本分章美国注释十四规定数量限制的货物	[1]		免税(AU)	
9913.04.60	[1]	其他:	[1]		免税(AU)	
9913.04.65	[1]	税号 0406.90.48 的受本分章美国注释十五规定数量限制的货物	[1]		3.4%(AU)	
		税号 0804.40.00 的货物:				
		如果在任何一年的 1 月 1 日至 1 月 31 日(含)或 9 月 16 日至 12 月 31 日(含)期间进口:				
9913.08.05	[1]	受本分章美国注释十六规定数量限制的货物	[1]		免税(AU)	
9913.08.10	[1]	其他	[1]		3.7 美分/千克(AU)	
		如果在任何一年的 2 月 1 日至 9 月 15 日(含)期间进口:				
9913.08.25	[1]	受本分章美国注释十七规定数量限制的货物	[1]		免税(AU)	
9913.08.80	[1]	其他	[1]		3.7 美分/千克(AU)	
		税号 1202.30.80、税号 1202.41.80、税号 1202.42.80、税号 2008.11.15、税号 2008.11.35 或税号 2008.11.60 的货物:				
9913.12.05	[1]	受本分章美国注释十八规定数量限制的货物	[1]		免税(AU)	
		其他				
9913.12.10	[1]	税号 1202.41.80 的货物	[1]		26.2%(AU)	
9913.12.20	[1]	税号 1202.30.80、税号 1202.42.80、税号 2008.11.15、税号 2008.11.35 或税号 2008.11.60 的货物	[1]		21%(AU)	
		税号 2401.10.65、税号 2401.20.35、税号 2401.20.87、税号 2401.30.70、税号 2403.19.90、税号 2403.91.47 或税号 2403.99.90 的货物				
9913.24.05	[1]	受本分章美国注释十九规定数量限制的货物	[1]		免税(AU)	
9913.24.10	[1]	其他	[1]		56%(AU)	
		税号 5201.00.18、税号 5201.00.28、税号 5201.00.38、税号 5201.00.80、税号 5202.99.30 或税号 5203.00.30 的货物				
9913.52.05	[1]	受本分章美国注释二十规定数量限制的货物	[1]		免税(AU)	
		其他				
9913.52.20	[1]	税号 5201.00.18、税号 5201.00.28、税号 5201.00.38、税号 5201.00.80 或税号 5203.00.30 的货物	[1]		5 美分/千克(AU)	
9913.52.40	[1]	税号 5202.99.30 的货物	[1]		1.2 美分/千克(AU)	
		税号 0712.20.20 的洋葱粉末:				
9913.95.01	[1]	价值低于 19.25 美分/千克	[1]		29.8%(AU);	

税则号列	统计后缀	货品名称	单位	税率 1 普通	税率 1 特惠	2
9913.95.02	[1]	价值19.25美分/千克或以上但低于30.8美分/千克	[1]		22.2%(AU)	
9913.95.03	[1]	价值30.8美分/千克或以上但低于46.2美分/千克	[1]		17.2%(AU)	
9913.95.04	[1]	价值46.2美分/千克或以上但低于69.3美分/千克	[1]		12.2%(AU)	
9913.95.05	[1]	价值69.3美分/千克或以上	[1]		4.7%(AU)	
		税号0712.20.40的干洋葱:				
9913.95.06	[1]	价值低于31.5美分/千克	[1]		21.3%(AU)	
9913.95.07	[1]	价值31.5美分/千克或以上但低于50.4美分/千克	[1]		15.9%(AU)	
9913.95.08	[1]	价值50.4美分/千克或以上但低于75.6美分/千克	[1]		12.3%(AU)	
9913.95.09	[1]	价值75.6美分/千克或以上但低于1.134美元/千克	[1]		8.7%(AU)	
9913.95.10	[1]	价值1.134美元/千克或更高	[1]		3.4%(AU)	
		税号0712.20.40的干大蒜:				
		粉末或粉状:		[1]	29.8%(AU)	
9913.95.11	[1]	价值低于13.25美分/千克	[1]		22.2%(AU)	
9913.95.12	[1]	价值13.25美分/千克或以上但低于21.2美分/千克	[1]		17.2%(AU)	
9913.95.13	[1]	价值21.2美分/千克或以上但低于75.6美分/千克	[1]		12.2%(AU)	
9913.95.14	[1]	价值75.6美分/千克或以上但低于47.7美分/千克	[1]		4.7%(AU)	
9913.95.15	[1]	价值47.7美分/千克或更高				
		其他:				
9913.95.16	[1]	价值低于12美分/千克	[1]		29.8%(AU)	
9913.95.17	[1]	价值12美分/千克或以上但低于19.2美分/千克	[1]		22.2%(AU)	
9913.95.18	[1]	价值19.2美分/千克或以上但低于28.8美分/千克	[1]		17.2%(AU)	
9913.95.19	[1]	价值28.8美分/千克或以上但低于43.2美分/千克	[1]		12.2%(AU)	
9913.95.20	[1]	价值43.2美分/千克或更高	[1]		4.7%(AU)	
		税号2002.10.00的马铃薯,整个或切片的:				
		装在容量小于1.4千克的容器中:				
9913.95.21	[1]	价值低于10.25美分/千克	[1]		12.5%(AU)	
9913.95.22	[1]	价值10.25美分/千克或以上但低于16.4美分/千克	[1]		9.3%(AU)	
9913.95.23	[1]	价值16.4美分/千克或以上但低于24.6美分/千克	[1]		7.2%(AU);	
9913.95.24	[1]	价值24.6美分/千克或以上但低于36.9美分/千克	[1]		5.1%(AU)	
9913.95.25	[1]	价值36.9美分/千克或以上	[1]		2%(AU)	
		其他:				
9913.95.26	[1]	价值低于10.75美分/千克	[1]		12.5%(AU)	
9913.95.27	[1]	价值10.75美分/千克或以上但低于17.2美分/千克	[1]		9.3%(AU)	
9913.95.28	[1]	价值17.2美分/千克或以上但低于25.8美分/千克	[1]		7.2%(AU)	
9913.95.29	[1]	价值25.8美分/千克或以上但低于38.7美分/千克	[1]		5.1%(AU)	

税则号列	统计后缀	货品名称	单位	税率 普通	税率 特惠	2
9913.95.30	[1]	价值 38.7 美分/千克或以上	[1]		2%(AU)	
		税号 2002.90.80 的马铃薯：				
		泥膏状：				
		装在容量小于 1.4 千克的容器中：				
9913.95.31	[1]	价值低于 16 美分/千克	[1]		11.6%(AU)	
9913.95.32	[1]	价值 16 美分/千克或以上但低于 25.6 美分/千克	[1]		8.6%(AU)	
9913.95.33	[1]	价值 25.6 美分/千克或以上但低于 38.4 美分/千克	[1]		6.7%(AU)	
9913.95.34	[1]	价值 38.4 美分/千克或以上但低于 57.6 美分/千克	[1]		4.7%(AU)	
9913.95.35	[1]	价值 57.6 美分/千克或以上	[1]		1.8%(AU)	
		其他：				
9913.95.36	[1]	价值低于 14 美分/千克	[1]		11.6%(AU)	
9913.95.37	[1]	价值 14 美分/千克或以上但低于 22.4 美分/千克	[1]		8.6%(AU)	
9913.95.38	[1]	价值 22.4 美分/千克或以上但低于 33.6 美分/千克	[1]		6.7%(AU)	
9913.95.39	[1]	价值 33.6 美分/千克或以上但低于 50.4 美分/千克	[1]		4.7%(AU)	
9913.95.40	[1]	价值 50.4 美分/千克或以上	[1]		1.8%(AU)	
		汤酱状：				
		装在容量小于 1.4 千克的容器中：				
9913.95.41	[1]	价值低于 11.5 美分/千克	[1]		11.6%(AU)	
9913.95.42	[1]	价值 11.5 美分/千克或以上但低于 18.4 美分/千克	[1]		8.6%(AU)	
9913.95.43	[1]	价值 18.4 美分/千克或以上但低于 27.6 美分/千克	[1]		6.7%(AU)	
9913.95.44	[1]	价值 27.6 美分/千克或以上但低于 41.4 美分/千克	[1]		4.7%(AU)	
9913.95.45	[1]	价值 41.4 美分/千克或以上	[1]		1.8%(AU)	
		其他：				
9913.95.46	[1]	价值少于 7.75 美分/千克	[1]		11.6%(AU)	
9913.95.47	[1]	价值 7.75 美分/千克或以上但低于 12.4 美分/千克	[1]		8.6%(AU)	
9913.95.48	[1]	价值 12.4 美分/千克或以上但低于 18.6 美分/千克	[1]		6.7%(AU)	
9913.95.49	[1]	价值 18.6 美分/千克或以上但低于 27.9 美分/千克	[1]		4.7%(AU)	
9913.95.50	[1]	价值 27.9 美分/千克或以上	[1]		1.8%(AU)	
		其他				
9913.95.51	[1]	价值低于 17.25 美分/千克	[1]		11.6%(AU)	
9913.95.52	[1]	价值 17.25 美分/千克或以上但低于 27.6 美分/千克	[1]		8.6%(AU)	
9913.95.53	[1]	价值 27.6 美分/千克或以上但低于 41.4 美分/千克	[1]		6.7%(AU)	
9913.95.54	[1]	价值 41.4 美分/千克或以上但低于 62.1 美分/千克	[1]		4.7%(AU)	
9913.95.55	[1]	价值 62.1 美分/千克或以上	[1]		1.8%(AU)	
		税号 2005.60.00 的芦笋：				

税则号列	统计后缀	货品名称	单位	税率 1 普通	税率 1 特惠	2
9913.95.56	[1]	价值低于39.75美分/千克	[1]		14.9%(AU)	
9913.95.57	[1]	价值39.75美分/千克或以上但低于63.6美分/千克	[1]		11.1%(AU)	
9913.95.58	[1]	价值63.6美分/千克或以上但低于95.4美分/千克	[1]		8.6%(AU)	
9913.95.59	[1]	价值95.4美分/千克或以上但低于1.431美元/千克	[1]		6.1%(AU)	
9913.95.60	[1]	价值1.431美元/千克或以上	[1]		2.3%(AU)	
		税号2008.40.00的梨：				
		装在容量小于1.4千克的容器中：				
9913.95.61	[1]	价值低于16.25美分/千克	[1]		15.3%(AU)	
9913.95.62	[1]	价值16.25美分/千克或以上但低于26美分/千克	[1]		11.4%(AU)	
9913.95.63	[1]	价值26美分/千克或以上但低于39美分/千克	[1]		8.8%(AU)	
9913.95.64	[1]	价值39美分/千克或以上但低于58.5美分/千克	[1]		6.3%(AU)	
9913.95.65	[1]	价值58.5美分/千克或以上	[1]		2.4%(AU)	
		其他：				
9913.95.66	[1]	价值低于14.5美分/千克	[1]		15.3%(AU)	
9913.95.67	[1]	价值14.5美分/千克或以上但低于23.2美分/千克	[1]		11.4%(AU)	
9913.95.68	[1]	价值23.2美分/千克或以上但低于34.8美分/千克	[1]		8.8%(AU)	
9913.95.69	[1]	价值34.8美分/千克或以上但低于52.2美分/千克	[1]		6.3%(AU)	
9913.95.70	[1]	价值52.2美分/千克或更高	[1]		2.4%(AU)	
		税号2005.60.00的杏：				
9913.95.71	[1]	价值低于22.5美分/千克	[1]		29.8%(AU)	
9913.95.72	[1]	价值22.5美分/千克或以上但低于36美分/千克	[1]		22.2%(AU)	
9913.95.73	[1]	价值36美分/千克或以上但低于54美分/千克	[1]		17.2%(AU)	
9913.95.74	[1]	价值54美分/千克或以上但低于81美分/千克	[1]		12.2%(AU)	
9913.95.75	[1]	价值81美分/千克或更高	[1]		4.7%(AU)	
		税号2008.70.20的桃：				
		装在容量小于1.4千克的容器中：				
9913.95.76	[1]	价值少于8美分/千克	[1]		17%(AU)	
9913.95.77	[1]	价值8美分/千克或以上但低于12.8美分/千克	[1]		12.7%(AU)	
9913.95.78	[1]	价值12.8美分/千克或以上但低于19.2美分/千克	[1]		9.8%(AU)	
9913.95.79	[1]	价值19.2美分/千克或以上但低于28.8美分/千克	[1]		7%(AU)	
9913.95.80	[1]	价值28.8美分/千克或以上	[1]		2.7%(AU)	
		其他：				
9913.95.81	[1]	价值低于13.5美分/千克	[1]		17%(AU)	
9913.95.82	[1]	价值13.5美分/千克或以上但低于21.6美分/千克	[1]		12.7%(AU)	
9913.95.83	[1]	价值21.6美分/千克或以上但低于32.4美分/千克	[1]		9.8%(AU)	

第九十九章　临时立法;根据现有贸易法规的临时修改;根据经修正的《农业调整法》第 22 条制定的附加进口限制

税则号列	统计后缀	货品名称	单位	税率 1 普通	税率 1 特惠	2
9913.95.84	[1]	价值 32.4 美分/千克或以上但低于 48.6 美分/千克	[1]		7%(AU)	
9913.95.85	[1]	价值 48.6 美分/千克或以上	[1]		2.7%(AU)	
		税号 2008.97.90 的水果、坚果和植物其他可食用部分的混合物：				
		装在密封容器内的液体介质中：				
		含有桃子或梨的：				
		装在容量小于 1.4 千克的容器中：				
9913.95.86	[1]	价值低于 20.75 美分/千克	[1]		14.9%(AU)	
9913.95.87	[1]	价值 20.75 美分/千克或以上但低于 33.2 美分/千克	[1]		11.1%(AU)	
9913.95.88	[1]	价值 33.2 美分/千克或以上但低于 49.8 美分/千克	[1]		8.6%(AU)	
9913.95.89	[1]	价值 49.8 美分/千克或以上但低于 74.7 美分/千克	[1]		6.1%(AU)	
9913.95.90	[1]	价值 74.7 美分/千克或更高	[1]		2.3%(AU)	
		其他：				
9913.95.91	[1]	价值低于 18.75 美分/千克	[1]		14.9%(AU)	
9913.95.92	[1]	价值 18.75 美分/千克或以上但低于 30 美分/千克	[1]		11.1%(AU)	
9913.95.93	[1]	价值 30 美分/千克或以上但低于 45 美分/千克	[1]		8.6%(AU)	
9913.95.94	[1]	价值 45 美分/千克或以上但低于 67.5 美分/千克	[1]		6.1%(AU)	
9913.95.95	[1]	价值 67.5 美分/千克或更高	[1]		2.3%(AU)	
		其他：				
		含有橘子或柚子的：				
9913.95.96	[1]	价值低于 30.25 美分/千克	[1]		14.9%(AU)	
9913.95.97	[1]	价值 30.25 美分/千克或以上但低于 48.4 美分/千克	[1]		11.1%(AU)	
9913.95.98	[1]	价值 48.4 美分/千克或以上但低于 72.6 美分/千克	[1]		8.6%(AU)	
9913.95.99	[1]	价值 72.6 美分/千克或以上但低于 1.089 美元/千克	[1]		6.1%(AU)	
9913.96.00	[1]	价值 1.089 美元/千克或更高	[1]		2.3%(AU)	
		其他：				
9913.96.01	[1]	价值低于 20 美分/千克	[1]		14.9%(AU)	
9913.96.02	[1]	价值 20 美分/千克或以上但低于 32 美分/千克	[1]		11.1%(AU)	
9913.96.03	[1]	价值 32 美分/千克或以上但低于 48 美分/千克	[1]		8.6%(AU)	
9913.96.04	[1]	价值 48 美分/千克或以上但低于 72 美分/千克	[1]		6.1%(AU)	
9913.96.05	[1]	价值 72 美分/千克或更高	[1]		2.3%(AU)	
9913.96.06	[1]	其他	[1]		2.3%(AU)	
		税号 2009.11.00 的橙汁,冰冻的：				
		装在容量小于 0.946 升的容器中				
9913.96.07	[1]	价值低于 5.75 美分/升	[1]		7.85 美分/升(AU)	
9913.96.08	[1]	价值 5.75 美分/升或以上但低于 9.2 美分/升	[1]		5.8 美分/升(AU)	

税则号列	统计后缀	货品名称	单位	税率 普通	税率 特惠	2
9913.96.09	[1]	价值9.2美分/升或以上但低于13.8美分/升	[1]		4.5美分/升(AU)	
9913.96.10	[1]	价值13.8美分/升或以上但低于20.7美分/升	[1]		3.2美分/升(AU)	
9913.96.11	[1]	价值20.7美分/升或更高	[1]		1.2美分/升(AU)	
		装在容量为0.946升或以上,但不超过3.785升的容器中				
9913.96.12	[1]	价值低于5.75美分/升	[1]		7.85美分/升(AU)	
9913.96.13	[1]	价值5.75美分/升或以上但低于9.2美分/升	[1]		5.8美分/升(AU)	
9913.96.14	[1]	价值9.2美分/升或以上但低于13.8美分/升	[1]		4.5美分/升(AU)	
9913.96.15	[1]	价值13.8美分/升或以上但低于20.7美分/升	[1]		3.2美分/升(AU)	
9913.96.16	[1]	价值20.7美分/升或以上	[1]		1.2美分/升(AU)	
		装在每个容量超过3.785升的容器中				
9913.96.17	[1]	价值低于5美分/升	[1]		7.85美分/升(AU)	
9913.96.18	[1]	价值5美分/升或以上但低于8美分/升	[1]		5.8美分/升(AU)	
9913.96.19	[1]	价值8美分/升或以上但低于12美分/升	[1]		4.5美分/升(AU)	
9913.96.20	[1]	价值12美分/升或以上但低于18美分/升	[1]		3.2美分/升(AU)	
9913.96.21	[1]	价值18美分/升或以上	[1]		1.2美分/升(AU)	
		税号2009.12.45项下的橙汁,未冰冻,甜度值不超过20:				
9913.96.22	[1]	价值低于12.25美分/升	[1]		7.85美分/升(AU)	
9913.96.23	[1]	价值12.25美分/升或以上但低于19.6美分/升	[1]		5.8美分/升(AU)	
9913.96.24	[1]	价值19.6美分/升或以上但低于29.4美分/升	[1]		4.5美分/升(AU)	
9913.96.25	[1]	价值29.4美分/升或以上但低于44.1美分/升	[1]		3.2美分/升(AU)	
9913.96.26	[1]	价值44.1美分/升或以上	[1]		1.2美分/升(AU)	
		税号2009.19.00项下的橙汁:				
9913.96.27	[1]	价值低于12.25美分/升	[1]		7.85美分/升(AU)	
9913.96.28	[1]	价值12.25美分/升或以上但低于19.6美分/升	[1]		5.8美分/升(AU)	
9913.96.29	[1]	价值19.6美分/升或以上但低于29.4美分/升	[1]		4.5美分/升(AU)	
9913.96.30	[1]	价值29.4美分/升或以上但低于44.1美分/升	[1]		3.2美分/升(AU)	
9913.96.31	[1]	价值44.1美分/升或以上	[1]		1.2美分/升(AU)	
		税号2009.61.00的葡萄汁(包括葡萄雾),甜度值不超过30:				
		非浓缩:				
9913.96.32	[1]	价值少于14美分/升	[1]		4.4美分/升(AU)	
9913.96.33	[1]	价值14美分/升或以上但低于22.4美分/升	[1]		3.2美分/升(AU)	
9913.96.34	[1]	价值22.4美分/升或以上但低于33.6美分/升	[1]		2.5美分/升(AU)	
9913.96.35	[1]	价值33.6美分/升或以上但低于50.4美分/升	[1]		1.8美分/升(AU)	
9913.96.36	[1]	价值50.4美分/升或以上	[1]		0.7美分/升(AU)	
		浓缩:				

税则号列	统计后缀	货品名称	单位	税率 1 普通	税率 1 特惠	2
		冰冻的：				
9913.96.37	[1]	价值低于 8.5 美分/升	[1]		4.4 美分/升(AU)	
9913.96.38	[1]	价值 8.5 美分/升或以上但低于 13.6 美分/升	[1]		3.2 美分/升(AU)	
9913.96.39	[1]	价值 13.6 美分/升或以上但低于 20.4 美分/升	[1]		2.5 美分/升(AU)	
9913.96.40	[1]	价值 20.4 美分/升或以上但低于 30.6 美分/升	[1]		1.8 美分/升(AU)	
9913.96.41	[1]	价值 30.6 美分/升或以上	[1]		0.7 美分/升(AU)	
		其他：				
9913.96.42	[1]	价值低于 6.75 美分/升	[1]		4.4 美分/升(AU)	
9913.96.43	[1]	价值 6.75 美分/升或以上但低于 10.8 美分/升	[1]		3.2 美分/升(AU)	
9913.96.44	[1]	价值 10.8 美分/升或以上但低于 16.2 美分/升	[1]		2.5 美分/升(AU)	
9913.96.45	[1]	价值 16.2 美分/升或以上但低于 24.3 美分/升	[1]		1.8 美分/升(AU)	
9913.96.46	[1]	价值 24.3 美分/升或以上	[1]		0.7 美分/升(AU)	
		税号 2009.69.00 的葡萄汁(包括葡萄雾)：				
		冰冻的：				
9913.96.47	[1]	价值低于 8 美分/升	[1]		4.4 美分/升(AU)	
9913.96.48	[1]	价值 8 美分/升或以上但低于 12.8 美分/升	[1]		3.2 美分/升(AU)	
9913.96.49	[1]	价值 12.8 美分/升或以上但低于 19.2 美分/升	[1]		2.5 美分/升(AU)	
9913.96.50	[1]	价值 19.2 美分/升或以上但低于 28.8 美分/升	[1]		1.8 美分/升(AU)	
9913.96.51	[1]	价值 28.8 美分/升或以上	[1]		0.7 美分/升(AU)	
		其他：				
9913.96.52	[1]	价值少于 6.25 美分/升	[1]		4.4 美分/升(AU)	
9913.96.53	[1]	价值 6.25 美分/升或以上但低于 10 美分/升	[1]		3.2 美分/升(AU)	
9913.96.54	[1]	价值 10 美分/升或以上但低于 15 美分/升	[1]		2.5 美分/升(AU)	
9913.96.55	[1]	价值 15 美分/升或以上但低于 22.5 美分/升	[1]		1.8 美分/升(AU)	
9913.96.56	[1]	价值 22.5 美分/升或以上	[1]		0.7 美分/升(AU)	
		税号 2009.69.00 的番茄酱：				
		装在容量小于 1.4 千克的容器中：				
9913.96.57	[1]	价值低于 21 美分/千克	[1]		11.6%(AU)	
9913.96.58	[1]	价值 21 美分/千克或以上但低于 33.6 美分/千克	[1]		8.6%(AU)	
9913.96.59	[1]	价值 33.6 美分/千克或以上但低于 50.4 美分/千克	[1]		6.7%(AU)	
9913.96.60	[1]	价值 50.4 美分/千克或以上但低于 75.6 美分/千克	[1]		4.7%(AU)	
9913.96.61	[1]	价值 75.6 美分/千克或以上	[1]		1.8%(AU)	
		其他：				
9913.96.62	[1]	价值少于 23.5 美分/千克	[1]		11.6%(AU)	
9913.96.63	[1]	价值 23.5 美分/千克或以上但低于 37.6 美分/千克	[1]		8.6%(AU)	

税则号列	统计后缀	货品名称	单位	税率 普通	税率 特惠	2
9913.96.64	[1]	价值37.6美分/千克或以上但低于56.4美分/千克	[1]		6.7%(AU)	
9913.96.65	[1]	价值56.4美分/千克或以上但低于84.6美分/千克	[1]		4.7%(AU)	
9913.96.66	[1]	价值84.6美分/千克或以上	[1]		1.8%(AU)	

[1] 见第九十九章统计注释一。

[第十四分章 删除]

编译说明:在 2016 年 1 月 1 日之前,第十四分章规定了根据《美国-巴林自由贸易协定》(见本税则总注释三十)制定的临时条款。根据该分章美国注释一的条款,整个分章于 2015 年 12 月 31 日结束时从本税则中删除。然而,2014 年 12 月 23 日总统公告 9223(79 F.R.78681)规定,本分章美国注释十三和相关税号 9914.99.20 的有效期延长至 2016 年 7 月 31 日结束。因此,根据该公告,这些规定在此处用与那些公告相同的税率形式重新表述;形式与 2015 年协调关税税则不相同。

十三、税号 9914.99.20 项下第 1 栏中跟着"(BH)"符号的"特惠"税率栏的"免税"税率适用于巴林进口货物,这些货物自 2006 年 8 月 1 日至 2006 年 12 月 31 日期间(含)的总数量不超过 27 083.33 亿平方米(SEM),2007 年至 2015 年(含)每个日历年的总数量不得超过 65 000 000 当量。从 2016 年 1 月 1 日至 2016 年 7 月 31 日期间(含)的总数量不得超过 37 916 667 当量,这些货物包括:

(一)本税则第五十二章、第五十四章、第五十五章、第五十八章和第六十章规定的全部在巴林境内织成的棉花或化纤织物,其纱线由巴林或美国境外生产或获得。

(二)子目 5801.21、子目 5801.22、子目 5801.23、子目 5801.27、子目 5801.26、子目 5801.31、子目 5801.32、子目 5801.33、子目 5801.37、子目 5801.36、子目 5802.11、子目 5802.19、子目 5802.20、子目 5802.30、子目 5803.10、税号 5803.90.30、税号 5804.10.10、税号 5804.21、税号 5804.29.10、子目 5804.30、税号 5805.00.30、税号 5805.00.40、税号 5806.10.10、税号 5806.10.24、税号 5806.10.28、子目 5806.20、子目 5806.31、子目 5806.32、税号 5807.10.05、税号 5807.10.20、税号 5807.90.05、税号 5807.90.20、税号 5808.10.40、税号 5808.10.70、子目 5808.90、子目 5809.00、子目 5810.10、子目 5810.91、子目 5810.92、税号 5811.00.20、税号 5811.00.30、子目 6001.10、子目 6001.21、子目 6001.22、子目 6001.91、子目 6001.92、子目 6002.40、子目 6002.90、子目 6003.20、子目 6003.30、子目 6003.40、子目 6004.10、子目 6004.90、子目 6005.21、子目 6005.22、子目 6005.23、子目 6005.24、子目 6005.31、子目 6005.32、子目 6005.33、子目 6005.34、子目 6005.41、子目 6005.42、子目 6005.43、子目 6005.44、子目 6006.21、子目 6006.22、子目 6006.23、子目 6006.24、子目 6006.31、子目 6006.32、子目 6006.33、子目 6006.34、子目 6006.41、子目 6006.42、子目 6006.43、子目 6006.44 的完全在巴林境内织造而成的棉机织物或化纤机织物,其纤维来自巴林或者美国境外。

(三)本税则第六十一章或第六十二章的在巴林境内裁剪或/和针织成型并缝制或者其他组合的棉花或化纤服装,它的布或纱线在巴林或者美国的关境之外获得;

(四)本税则第六十三章在巴林境内裁剪(或/和针织成型)并缝制或以其他方式组合的棉或者化纤制品,它的布完全在巴林或美国获得,布的纱线在巴林或美国关境外生产或获得。

在本注释的使用中,术语"SME"意味着平方米当量,应采用美国商务部发布的"系数:美国纺织与服装分类体系与协调关税税则 2003"或后续出版物中列出的换算系数。

除非另有提供,在 2016 年 7 月 31 日前本注释和税号 9914.90.20 对巴林进口货物有效,临近此日期,本注释和税号9914.99.20将会从本税则中删除,在此日期后,任何货物都将不适用本注释和税号9914.99.20。

税则号列	统计后缀	货品名称	单位	税率 1 普通	税率 1 特惠	2
9914.99.20	[1]	本分章美国注释十三规定的巴林进口货物,每年的总数量不得超过 65 000 000SME	[1]		免税(BH)	

[1] 见第九十九章注释统计注释一报告说明。

第十五分章　根据《多米尼加共和国-中美洲-美国自由贸易协定》所作的修改

美国注释：

一、本分章包含对根据《米尼加共和国-中美洲-美国自由贸易协定》制定的税则条款的修改。根据本税则总注释二十九(一)款进口的税号 9915.02.05 至 9915.21.20 的协定缔约方一方的货物，其税率后标有符号"P+"的，应适用本分章规定的税率，而不是第一章至第九十七章规定的有关税率。除非明确修改，本分章美国注释四至注释十四规定的数量在注释中专门分配给相应国家和年份，不得再分配给任何其他国家或年份。根据税号 9915.02.05 至 9915.21.20 的规定进入美国的协定一方的原产货物不受本税收第九十九章第四分章的任何条款、关税或限定条件的约束。本税则总注释二十九(一)定义的税号 9915.50.01 (或本分章以后可能确立的任何后续税号)的协定缔约方的货物，应当按照本分章美国注释四规定的特别税率纳税，而不是本税则第一章至第九十七章或者第九十八章第二分章规定的特别税率，除非这类货物按照本税则第一章至第九十七章适当的普通税率进口。临近 2025 年 12 月 31 日，本分章将会从本税则中删除，在此日期之后，任何进口货物将不适用本分章。

二、在本分章下，条款"本分章美国注释二的货物"包括税号 9915.02.05 至 9915.21.20 的进口货物，这类货物必须满足本税则总注释二十九(一)的规定，除非货物在美国加工，或者材料来自美国进口视为在本税则总注释二十九(一)定义的货物不是从协定的任何一个国家加工，或者材料来自非协定的任何一个国家。为了确定此类适用哪个国家的关税税率配额，正常贸易流程将适用于非优惠性原产地规则。

三、不论任何时候被划分到本税则第一章至第九十七章(这里面提到的"基本条款")适用于本分章税号项下税率的商品，此类货物的报告编码，在没有其他规定的情况下，应当为先于分章税号的相应的基本条款(第一章至第九十七章下为了归类目的相关条款)的统计报告编码。出于统计目的，美国人口普查局应收集本分章中的基本条款统计报告编码和适用税号编号。

四、任何一年，税号 9915.02.05 项下进口的哥斯达黎加、多米尼加共和国、萨尔瓦多、洪都拉斯或尼加拉瓜原产的本分章美国注释二所述货物的总数量不得超过该年度如下规定的数量(单位：吨)：

年份	3/1/2006—12/31/2006	4/1/2006—12/31/2006	3/1/2007—12/31/2006	2007	2008	2009	2010	2011
哥斯达黎加						12 042	12 544	13 046
多米尼加共和国	[1]	[1]	1 440	[1]	1 560	1 680	1 800	1 920
萨尔瓦多	105	[1]	[1]	110	115	120	125	130
洪都拉斯	[1]	525	[1]	550	575	600	625	650
尼加拉瓜	[1]	10 500	[1]	11 000	11 500	12 000	12 500	13 000

（续表）

	2012	2013	2014	2015	2016	2017	2018	2019
哥斯达黎加	13 548	14 050	14 552	15 054	15 556	16 058	16 560	17 062
多米尼加共和国	2 040	2 160	2 280	2 400	2 520	2 640	2 760	2 880
萨尔瓦多	135	140	145	150	155	160	165	170
洪都拉斯	675	700	725	750	775	800	825	850
尼加拉瓜	13 500	14 000	14 500	15 000	15 500	16 000	16 500	17 000

[1] 所给时间段无限制。

任何一年，注释中的数量只有在当年本税则第二章附加美国注释三中"其他国家或地区"的数量填满才能生效。

自2020年起，哥斯达黎加、多米尼加共和国、萨尔瓦多、洪都拉斯或尼加拉瓜此类原产货物不再使用数量限制。

除非更早修订或者失效，本注释、税号9915.02.05至9915.02.10和相关文本将会在2020年12月31日从本税则中删除。

五、（一）任何一年，税号9915.04.01项下进口的哥斯达黎加、多米尼加共和国、萨尔瓦多、洪都拉斯或尼加拉瓜原产的本分章美国注释二所述货物的总数量不得超过该年度如下规定的数量（单位:升）：

年份	3/1/2006—12/31/2006	4/1/2006—12/31/2006	6/15/2006—12/31/2006
萨尔瓦多	366 715	[1]	[1]
危地马拉	[1]	[1]	305 596
洪都拉斯	[1]	560 259	[1]
尼加拉瓜	[1]	254 663	[1]

年份	2007	2008	2009	2010	2011	2012
哥斯达黎加			471 687	495 271	520 035	546 037
萨尔瓦多	385 051	404 303	424 518	445 744	468 032	491 433
危地马拉	320 876	336 919	353 765	371 454	390 026	409 528
洪都拉斯	588 272	617 685	648 570	680 998	715 048	750 801
尼加拉瓜	267 396	280 766	294 804	309 545	325 022	341 273

年份	2013	2014	2015	2016	2017	2018
哥斯达黎加	573 339	602 006	632 106	663 711	696 897	731 741
萨尔瓦多	516 005	541 805	568 895	597 340	627 207	658 567
危地马拉	430 004	451 504	474 079	497 783	522 672	548 806
洪都拉斯	788 341	827 758	869 145	912 603	958 233	1 006 145
尼加拉瓜	358 337	376 253	395 066	414 819	435 560	457 338

(续表)

	2019	2020	2021	2022	2023	2024
哥斯达黎加	768 329	806 745	847 082	889 436	933 908	980 604
萨尔瓦多	691 496	726 070	762 374	800 493	840 517	882 543
危地马拉	576 246	605 059	635 312	667 077	700 431	735 453
洪都拉斯	1 056 452	1 109 274	1 164 738	1 222 975	1 284 124	1 348 330
尼加拉瓜	480 205	504 216	529 426	555 898	583 693	612 877

[1] 所给时间段无限制。

自2020年起,哥斯达黎加、多米尼加共和国、萨尔瓦多、洪都拉斯或尼加拉瓜此类原产货物不再使用数量限制。

(二)任何一年,税号9915.04.02项下进口的萨尔瓦多、危地马拉、洪都拉斯或尼加拉瓜原产的本分章美国注释二所述货物的总数量不得超过该年度如下规定的数量(单位:升):

年份	3/1/2006—12/31/2006	4/1/2006—12/31/2006	6/15/2006—12/31/2006
萨尔瓦多	110 014	[1]	[1]
危地马拉	[1]	[1]	91 679
洪都拉斯	[1]	168 078	[1]
尼加拉瓜	[1]	76 399	[1]

年份	2007	2018	2009	2010	2011	2012
哥斯达黎加			141 506	148 581	156 010	163 811
萨尔瓦多	115 515	121 291	127 355	33 723	140 410	147 430
危地马拉	96 263	101 076	106 130	111 436	117 008	122 858
洪都拉斯	176 482	185 306	194 571	204 299	214 514	225 240
尼加拉瓜	80 219	84 230	88 441	92 864	97 507	102 382

年份	2013	2014	2015	2016	2017	2018
哥斯达黎加	172 002	180 602	89 632	199 113	209 069	219 522
萨尔瓦多	154 802	162 542	170 688	179 202	188 162	197 570
危地马拉	129 001	135 451	142 224	149 335	156 802	164 642
洪都拉斯	236 502	248 327	260 744	273 781	287 470	301 844
尼加拉瓜	107 501	112 876	118 520	124 446	130 668	137 201

年份	2019	2020	2021	2022	2023	2024
哥斯达黎加	230 499	242 024	254 125	266 831	280 172	294 181
萨尔瓦多	207 449	217 821	228 712	240 148	252 155	264 763
危地马拉	172 874	181 518	190 594	200 123	210 129	220 636
洪都拉斯	316 936	332 782	349 421	366 892	385 237	404 499
尼加拉瓜	144 062	151 265	158 828	166 769	175 108	183 863

[1] 所给时间段无限制。

自 2025 年起,萨尔瓦多、危地马拉、洪都拉斯或尼加拉瓜此类原产货物不再使用数量限制将会失效。

除非更早修订或者失效,本注释、税号 9915.04.01 至 9915.04.03 和相关文本将会在 2025 年 12 月 31 日从本税则中删除。

六、(一)任何一年,税号 9915.04.05 项下进口的哥斯达黎加、萨尔瓦多或洪都拉斯原产的本分章美国注释二所述货物的总数量不得超过该年度如下规定的数量(单位:吨):

年份	3/1/2006—12/31/2006	4/1/2006—12/31/2006	2007	2008	2009
哥斯达黎加	[1]	[1]	[1]	[1]	58
萨尔瓦多	60	[1]	63	66	69
洪都拉斯	[1]	100	105	110	116
年份	2010	2011	2012	2013	2014
哥斯达黎加	61	64	67	70	74
萨尔瓦多	73	77	80	84	89
洪都拉斯	122	128	134	141	148
年份	2015	2016	2017	2018	2019
哥斯达黎加	78	81	86	90	94
萨尔瓦多	93	98	103	108	113
洪都拉斯	155	163	171	180	189
年份	2020	2021	2022	2023	2024
哥斯达黎加	99	104	109	115	120
萨尔瓦多	119	125	131	138	144
洪都拉斯	198	208	218	229	241

[1] 所给时间段无限制。

自 2025 年起,哥斯达黎加、萨尔瓦多或洪都拉斯此类原产货物不再使用数量限制。

(二)任何一年,税号 9915.04.06 至 9915.04.11 项下进口的哥斯达黎加、萨尔瓦多或洪都拉斯原产的本分章美国注释二所述货物的总数量不得超过该年度如下规定的数量(单位:吨):

年份	3/1/2006—12/31/2006	4/1/2006—12/31/2006	2007	2008	2009
哥斯达黎加	[1]	[1]	[1]	[1]	17
萨尔瓦多	18	[1]	19	20	21
洪都拉斯	[1]	30	32	33	35
年份	2010	2011	2012	2013	2014
哥斯达黎加	18	19	20	21	22
萨尔瓦多	22	23	24	25	27
洪都拉斯	37	38	40	42	44

(续表)

年份	2020	2021	2022	2023	2024
哥斯达黎加	30	31	33	34	36
萨尔瓦多	36	38	39	41	43
洪都拉斯	59	62	65	69	72

自2015年起,哥斯达黎加、萨尔瓦多或洪都拉斯此类原产货物不再使用数量限制。

除非更早修订或者失效,税号9915.04.05至9915.04.17和相关文本将会在2025年12月31日从本税则中删除。

七、(一)任何一年,税号9915.04.20项下进口的哥斯达黎加原产的本分章美国注释二所述货物的总数量不得超过该年度如下规定的数量:

年份	数量(吨)	年份	数量(吨)	年份	数量(吨)
2009	58	2014	74	2019	94
2010	61	2015	78	2020	99
2011	64	2016	81	2021	104
2012	67	2017	86	2022	109
2013	70	2018	90	2023	120

(二)任何一年,税号9915.04.21至9915.04.24项下进口的哥斯达黎加原产的本分章美国注释二所述货物的总数量不得超过该年度如下规定的数量:

年份	数量(吨)	年份	数量(吨)	年份	数量(吨)
2009	17	2015	23	2021	31
2010	18	2016	24	2022	33
2011	19	2017	26	2023	34
2012	20	2018	27	2024	36
2013	21	2019	28		
2014	22	2020	30		

自2025年起,哥斯达黎加此类原产货物不再使用数量限制。

除非更早修订或者失效,税号9915.04.20至9915.04.28和相关文本将会在2025年12月31日从本税则中删除。

八、(一)任何一年,税号9915.04.30项下进口的哥斯达黎加、多米尼加共和国、萨尔瓦多、危地马拉或尼加拉瓜原产的本分章美国注释二所述货物的总数量不得超过该年度如下规定的数量(单位:吨):

年份	3/1/2006—12/31/2006	4/1/2006—12/31/2006	6/15/2006—12/31/2006	3/1/2007—12/31/2007
多米尼加共和国	[1]	[1]	[1]	120

(续表)

年份	3/1/2006—12/31/2006	4/1/2006—12/31/2006	6/15/2006—12/31/2006	3/1/2007—12/31/2007
萨尔瓦多	120	[1]	[1]	[1]
危地马拉	[1]	[1]	50	[1]
尼加拉瓜	[1]	100	[1]	[1]

年份	2007	2008	2009	2010	2011	2012
哥斯达黎加	0	0	174	182	191	201
多米尼加共和国	[1]	130	140	150	160	170
萨尔瓦多	126	132	139	146	153	161
危地马拉	263	276	289	304	319	335
尼加拉瓜	105	110	116	122	128	134

年份	2013	2014	2015	2016	2017	2018
哥斯达黎加	211	222	233	244	257	269
多米尼加共和国	180	190	200	210	220	230
萨尔瓦多	169	177	186	195	205	216
危地马拉	352	369	388	407	428	449
尼加拉瓜	141	148	155	163	171	180

年份	2019	2020	2021	2022	2023	2024
哥斯达黎加	283	297	312	327	344	361
多米尼加共和国	240	250	260	270	280	290
萨尔瓦多	226	238	249	262	275	289
危地马拉	471	495	520	546	573	602
尼加拉瓜	189	198	208	218	229	241

[1]所给时间段无限制。

自2025年起,哥斯达黎加、多米尼加共和国、萨尔瓦多、危地马拉或尼加拉瓜此类原产货物不再使用数量限制。

(二)任何一年,税号9915.04.31至9915.04.54项下进口的哥斯达黎加、多米尼加共和国、萨尔瓦多、危地马拉或尼加拉瓜原产的本分章美国注释二所述货物的总数量不得超过该年度如下规定的数量(单位:吨):

年份	3/1/2006—12/31/2006	4/1/2006—12/31/2006	6/15/2006—12/31/2006	3/1/2007—12/31/2007
多米尼加共和国	[1]	[1]	[1]	36
萨尔瓦多	36	[1]	[1]	[1]
危地马拉	[1]	[1]	75	[1]
尼加拉瓜	[1]	30	[1]	[1]

(续表)

年份	2007	2008	2009	2010	2011	2012
哥斯达黎加	0	0	52	55	55	60
多米尼加共和国	[1]	39	42	45	45	51
萨尔瓦多	38	40	42	44	44	48
危地马拉	79	83	87	91	91	100
尼加拉瓜	32	33	35	37	37	40
年份	2013	2014	2015	2016	2017	2018
哥斯达黎加	63	67	70	73	77	81
多米尼加共和国	54	57	60	63	66	69
萨尔瓦多	51	53	56	58	62	65
危地马拉	106	111	116	122	128	135
尼加拉瓜	42	44	46	49	51	54
年份	2019	2020	2021	2022	2023	2024
哥斯达黎加	85	89	94	98	103	108
多米尼加共和国	72	75	78	81	84	87
萨尔瓦多	68	71	75	79	82	87
危地马拉	141	148	156	164	172	181
尼加拉瓜	57	59	62	65	69	72

[1]所给时间段无限制。

自2025年起,哥斯达黎加、多米尼加共和国、萨尔瓦多、危地马拉或尼加拉瓜此类原产货物不再使用数量限制。

除非更早修订或者失效,本注释、税号9915.04.30至9915.04.78和相关文本将会在2025年12月31日从本税则中删除。

九、从2017年3月1日到2007年12月31日这段时间,税号9915.04.79项下进口的多米尼加共和国原产的本分章美国注释二所述货物的总数量不得超过240吨。任何一年,税号9915.04.79项下进口的多米尼加共和国此类原产货物的总数量不得超过如下规定的数量:

年份	数量(吨)	年份	数量(吨)	年份	数量(吨)
2008	260	2014	380	2020	500
2009	280	2015	400	2021	520
2010	300	2016	420	2022	540
2011	320	2017	440	2023	560
2012	340	2018	460	2024	580
2013	360	2019	480	2020	500

自 2025 年起,多米尼加共和国此类原产货物不再使用。

除非更早修订或者失效,本注释、税号 9915.04.79 将会在 2025 年 12 月 31 日从本税则中删除。

十、(一)任何一年,税号 9915.04.80 项下进口的本税则总注释二十九(一)定义的协定一方原产的本分章美国注释二所述货物的总数量不得超过该年度如下规定的数量(单位:吨):

年份	3/1/2006—12/31/2006	4/1/2006—12/31/2006	6/15/2006—12/31/2006	3/1/2007—12/31/2007
多米尼加共和国	[1]	[1]	[1]	450
萨尔瓦多	450	[1]	[1]	[1]
危地马拉	[1]	[1]	500	[1]
洪都拉斯	[1]	350	[1]	[1]
尼加拉瓜	[1]	625	[1]	[1]

年份	2007	2008	2009	2010	2011	2012
哥斯达黎加	[1]	443	347	365	383	402
多米尼加共和国	473	713	525	563	600	638
萨尔瓦多	525	665	521	547	574	603
危地马拉	368	739	579	608	638	670
尼加拉瓜	656	517	405	425	447	469

年份	2013	2014	2015	2016	2017	2018
哥斯达黎加	422	443	465	489	513	539
多米尼加共和国	675	713	750	788	825	863
萨尔瓦多	633	665	698	733	770	808
危地马拉	704	739	776	814	855	898
尼加拉瓜	492	517	543	570	599	629

年份	2019	2020	2021	2022	2023	2024
哥斯达黎加	566	594	624	655	688	722
多米尼加共和国	900	938	975	1 013	1 050	1 088
萨尔瓦多	849	891	936	982	1 031	1 083
危地马拉	943	990	1 039	1 091	1 146	1 203
尼加拉瓜	660	693	728	764	802	1504

[1] 所给时间段无限制。

自 2025 年起,本税则总注释二十九(一)定义的协定一方的此类原产货物不再使用数量限制。

(二)任何一年,税号 9915.04.81 至 9915.04.89 项下进口的本税则总注释二十九(一)定义的协定一方原产的本分章美国注释二所述货物的总数量不得超过该年度如下规定的数量(单位:吨):

年份	3/1/2006—12/31/2006	4/1/2006—12/31/2006	6/15/2006—12/31/2006	3/1/2007—12/31/2007
多米尼加共和国				
萨尔瓦多	135	[1]	[1]	135
危地马拉	[1]	[1]	150	[1]
洪都拉斯	[1]	105	[1]	[1]
尼加拉瓜	[1]	188	[1]	[1]

年份	2007	2008	2009	2010	2011	2012
哥斯达黎加			104	110	115	121
多米尼加共和国	[1]	146	158	169	180	191
萨尔瓦多	142	149	156	164	172	181
危地马拉	158	165	174	182	191	201
洪都拉斯	110	116	122	128	134	141
尼加拉瓜	197	207	217	228	239	251

年份	2013	2014	2015	2016	2017	2018
哥斯达黎加	127	133	140	147	154	162
多米尼加共和国	202	214	225	236	248	259
萨尔瓦多	190	200	209	220	231	242
危地马拉	211	222	233	244	256	269
洪都拉斯	148	155	163	171	180	189
尼加拉瓜	264	277	291	305	321	337

年份	2019	2020	2021	2022	2023	2024
哥斯达黎加	170	178	187	196	206	217
多米尼加共和国	270	281	292	304	315	326
萨尔瓦多	255	267	281	295	309	325
危地马拉	283	297	312	327	344	361
洪都拉斯	198	208	218	229	241	253
尼加拉瓜	354	371	390	409	430	451

[1] 所给时间段无限制。

自 2025 年起,本税则总注释二十九(一)定义的协定一方的此类原产货物不再使用数量限制。

除非更早修订或者失效,本注释、税号 9915.04.80 至 9915.04.98 和相关文本将会在 2025 年 12 月 31 日从本税则中删除。

十一、任何一年,税号 9915.04.99 项下进口的尼加拉瓜原产的本分章美国注释二所述货物的总数量不得超过该年度如下规定的数量:

年份	数量(吨)	年份	数量(吨)	年份	数量(吨)
4/1/2006—12/31/2006	250	2013	352	2020	495
2007	263	2014	369	2021	520
2008	276	2015	388	2022	546
2009	289	2016	407	2023	573
2010	304	2017	428	2024	602
2011	319	2018	449		
2012	335	2019	471		

自2025年起,尼加拉瓜此类原产货物不再使用数量限制。

除非更早修订或者失效,本注释和税号9915.04.99将会在2025年12月31日从本税则中删除。

十二、(一)任何一年,税号9915.12.05项下进口的萨尔瓦多或尼加拉瓜原产的本分章美国注释二所述货物的总数量不得超过该年度如下规定的数量(单位:吨):

年份	3/1/2006—12/31/2006	4/1/2006—12/31/2006	2007	2008	2009
萨尔瓦多	500	[1]	525	550	575
尼加拉瓜	[1]	10 000	10 000	10 000	10 000
年份	2010	2011	2012	2013	2014
萨尔瓦多	600	625	650	675	575
尼加拉瓜	10 000	11 000	12 000	13 000	10 000
年份	2015	2016	2017	2018	2019
萨尔瓦多	725	750	775	800	825
尼加拉瓜	15 000	16 000	17 000	18 000	19 000

[1]所给时间段无限制。

自2020年起,萨尔瓦多或尼加拉瓜此类原产货物不再使用数量限制。

(二)任何一年,税号9915.12.10或税号9915.12.20项下进口的萨尔瓦多或尼加拉瓜原产的本分章美国注释二所述货物的总数量不得超过该年度如下规定的数量(单位:升):

年份	3/1/2006—12/31/2006	4/1/2006—12/31/2006	2007	2008	2009
萨尔瓦多	500	[1]	525	550	575
尼加拉瓜	[1]	10 000	10 000	10 000	10 000
年份	2010	2011	2012	2013	2014
萨尔瓦多	180	188	195	202	210
尼加拉瓜	3 000	3 300	3 600	3 900	4 200

(续表)

年份	2015	2016	2017	2018	2019
萨尔瓦多	218	225	232	240	248
尼加拉瓜	4 500	4 800	5 100	5 400	5 700

[1] 所给时间段无限制。

自2020年起,萨尔瓦多或尼加拉瓜此类原产货物不再使用数量限制。

在本注释中,每100千克进口带壳花生按75千克计算。除非更早修订或者失效,本注释、税号9915.12.05至9915.12.40和相关文本将会在2020年12月31日从本税则中删除。

十三、(一)任何一年,税号9915.20.05项下进口的尼加拉瓜原产的本分章美国注释二所述货物的总数量不得超过该年度如下规定的数量:

年份	数量(吨)	年份	数量(吨)	年份	数量(吨)
4/1/2006—12/31/2006	280	2011	420	2016	560
2007	308	2012	448	2017	588
2008	336	2013	476	2018	616
2009	364	2014	504	2019	644
2010	392	2015	532		

自2020年起,尼加拉瓜此类原产货物不再使用数量限制。

(二)任何一年,税号9915.20.10项下进口的尼加拉瓜原产的本分章美国注释二所述货物的总数量不得超过该年度如下规定的数量:

年份	数量(吨)	年份	数量(吨)	年份	数量(吨)
4/1/2006—12/31/2006	84	2011	126	2016	168
2007	92	2012	134	2017	176
2008	101	2013	143	2018	185
2009	109	2014	151	2019	193
2010	118	2015	160		

自2020年起,尼加拉瓜此类原产货物不再使用数量限制。

除非更早修订或者失效,本注释、税号9915.20.05至9915.20.20和相关文本将会在2020年12月31日从本税则中删除。

十四、(一)任何一年,税号9915.21.05项下进口的本税则总注释二十九(一)定义的协定一方原产的本分章美国注释二所述货物的总数量不得超过该年度如下规定的数量:

年份	3/1/2006—12/31/2006	4/1/2006—12/31/2006	6/15/2006—12/31/2006	3/1/2007—12/31/2007
多米尼加共和国	[1]	[1]	[1]	174 757
萨尔瓦多	77 670	[1]	[1]	[1]
危地马拉	[1]	[1]	194 174	[1]
洪都拉斯	[1]	48 544	[1]	[1]
尼加拉瓜	[1]	266 989	[1]	[1]

年份	2007	2008	2009	2010	2011	2012
哥斯达黎加			112 390	118 010	123 910	130 10
多米尼加共和国	[1]	189 320	203 883	218 446	233 009	247 572
萨尔瓦多	81 554	85 631	89 913	94 408	99 129	104 085
危地马拉	203 883	214 077	224 781	236 020	247 821	260 212
洪都拉斯	50 971	53 519	56 195	59 005	61 955	65 053
尼加拉瓜	280 338	294 355	309 073	324 527	340 753	357 791

年份	2013	2014	2015	2016	2017	2018
哥斯达黎加	136 611	143 442	150 614	158 144	166 052	174 354
多米尼加共和国	262 135	276 698	291 261	305 824	320 387	334 950
萨尔瓦多	109 289	114 754	120 492	126 516	132 842	139 484
危地马拉	273 222	286 883	301 228	316 289	332 103	348 709
洪都拉斯	68 306	71 721	75 307	79 072	83 026	87 177
尼加拉瓜	375 680	394 464	414 188	434 897	456 642	479 474

年份	2019	2020	2021	2022	2023	2024
哥斯达黎加	183 072	192 226	201 837	211 929	222 525	233 651
多米尼加共和国	349 513	364 076	378 639	393 202	407 765	422 328
萨尔瓦多	146 458	153 781	161 470	169 544	178 021	186 922
危地马拉	366 144	384 451	403 674	423 857	445 050	467 303
洪都拉斯	91 536	96 113	100 918	105 964	111 263	116 826
尼加拉瓜	503 448	528 620	555 051	582 804	611 944	642 541

[1] 所给时间段无限制。

自 2025 年起,本税则总注释二十九(一)定义的协定一方的此类原产货物不再使用数量限制。

(二)任何一年,税号 9915.21.10 项下进口的本税则总注释二十九(一)定义的协定一方原产的本分章美国注释二所述货物的总数量不得超过该年度如下规定的数量(单位:升):

年份	3/1/2006—12/31/2006	4/1/2006—12/31/2006	6/15/2006—12/31/2006	3/1/2007—12/31/2007		
多米尼加共和国	[1]	[1]	[1]	54 427		
萨尔瓦多	23 301	[1]	[1]	[1]		
危地马拉	[1]	[1]	58 252	[1]		
洪都拉斯	[1]	14 563	[1]	[1]		
尼加拉瓜	[1]	80 097	[1]	[1]		
年份	2007	2008	2009	2010	2011	2012
哥斯达黎加			33 717	35 403	37 173	39 032
多米尼加共和国	[1]	56 796	61 165	65 534	69 903	74 272
萨尔瓦多	24 466	25 689	26 974	28 322	29 739	31 226
危地马拉	61 165	64 223	67 434	70 806	74 346	78 064
洪都拉斯	15 291	16 056	16 858	17 702	18 586	19 516
尼加拉瓜	84 101	88 306	92 722	97 358	102 226	107 337
年份	2013	2014	2015	2016	2017	2018
哥斯达黎加	40 983	43 033	45 184	47 443	49 816	52 306
多米尼加共和国	78 640	83 009	87 378	91 747	96 116	100 485
萨尔瓦多	32 787	34 426	36 148	37 955	39 853	41 845
危地马拉	81 967	86 065	90 368	94 887	99 631	104 613
洪都拉斯	20 492	21 516	22 592	23 722	24 908	26 153
尼加拉瓜	112 704	118 339	124 256	130 469	136 993	143 842
年份	2019	2020	2021	2022	2023	2024
哥斯达黎加	54 922	57 668	60 551	63 579	66 758	70 095
多米尼加共和国	104 854	109 223	113 592	117 961	122 330	126 698
萨尔瓦多	43 937	46 134	48 441	50 863	53 406	6 077
危地马拉	109 843	115 335	121 102	127 157	133 515	140 191
洪都拉斯	27 461	28 834	30 275	31 789	33 379	35 048
尼加拉瓜	151 034	158 586	166 515	174 841	183 583	192 762

[1] 所给时间段无限制。

自2025年起,本税则总注释二十九(一)定义的协定一方的此类原产货物不再使用数量限制。除非提前修订或者失效,本注释、税号9915.21.05至9915.21.20和相关文本将会在2025年12月31日从本税则中删除。

十五、原产于尼加拉瓜的棉制或化学纤维制服装货品。

(一)税号9915.61.01对应的关税"税率"第1栏中的最惠国税率应适用于总数量不超过本注释中(三)款规定的年度总数量得尼加拉瓜货品。税号9915.61.01适用于本注释中所述的棉制或化学纤维制服装,其前提是该棉制或化学纤维制服装符合本税则总注释二十九项下关税优惠

第九十九章 临时立法;根据现有贸易法规的临时修改;根据经修正的《农业调整法》第 22 条制定的附加进口限制

待遇的适用条件,但不包括原产于尼加拉瓜境内以及在尼加拉瓜境内裁切或针织成形并且缝合的服装制品或者以其他形式缝合的服装货品。

(二)第六十一章或第六十二章所列棉制或化学纤维制服装、棉限或化学纤维限内服装,应该享受税号 9915.61.01 规定的关税待遇。本注释所称的服装货品必须可归入如下所示的第一栏所列的关税条款中,并且符合该条款对应处的具体描述。

	税号	根据本注释可作为服装制品处理的货品
1	6101.20.00、6101.30.10、6101.30.20、6101.90.90	针织或钩编的男式大衣、短大衣、斗篷、短斗篷、带风帽的防寒短上衣(包括滑雪短上衣)、风衣及类似品,但品目 6103 的棉制或化学纤维制服装以及棉限或化学纤维限内的服装除外
2	6102.20.00、6102.30.05、6102.30.20、6102.90.90	针织或钩编的女式大衣、短大衣、斗篷、短斗篷、带风帽的防寒短上衣(包括滑雪短上衣)、风衣及类似品,但品目 6104 的棉制或化学纤维制服装以及棉限或化学纤维限内的服装除外
3	6103.12.20、6103.19.15、6103.19.20、6103.19.90、6103.22.00、6103.23.00、6103.29.10、6103.29.20、6103.32.00、6103.33.20、6103.39.10、6103.39.80、6103.42.10、6103.42.20、6103.43.15、6103.43.20、6103.49.10、6103.49.20、6103.49.80	针织或钩编的男式西服套装、便服套装、上衣、长裤、护胸背带工装裤、马裤及短裤(游泳裤除外),棉或化学纤维的,或者棉限或化学纤维限内
4	6104.12.00、6104.13.20、6104.19.15、6104.19.80、6104.22.00、6104.23.00、6104.29.10、6104.29.20、6104.32.00、6104.33.20、6104.39.10、6104.39.20、6104.42.00、6104.43.20、6104.44.20、6104.49.90、6104.52.00、6104.53.20、6104.59.10、6104.59.80、6104.62.10、6104.62.20、6104.63.10、6104.63.20、6104.69.10、6104.69.20、6104.69.80	针织或钩编的女式西服套装、便服套装、上衣、连衣裙、裙子、裙裤、长裤、护胸背带工装裤、马裤及短裤(游泳裤除外),棉花或化学纤维的,或者棉限或化学纤维限内
5	6105.10.00、6105.20.20、6105.90.80	针织或钩编的男衬衫,棉或化学纤维的,或者棉限或化学纤维限内
6	6106.10.00、6106.20.20、6106.90.25、6106.90.30	针织或钩编的女衬衫,棉或化学纤维的,或者棉限或化学纤维限内
7	6107.11.00、6107.12.00、6107.21.00、6107.22.00、6107.91.00、6107.92.00	针织或钩编的男式内裤、三角裤、长睡衣、睡衣裤、浴衣、晨衣及类似品,棉或化学纤维的,或者棉限或化学纤维限内
8	6108.11.00、6108.19.90、6108.21.00、6108.22.90、6108.31.00、6108.32.00、6108.91.00、6108.92.00	针织或钩编的女式内裤、三角裤、长睡衣、睡衣裤、浴衣、晨衣及类似品,棉或化学纤维的,或者棉限或化学纤维限内
9	6109.10.00、6109.90.10	针织或钩编的T恤衫、汗衫及其他背心,棉花或化学纤维的,或者棉限或化学纤维限内
10	6110.20.10、6110.20.20、6110.30.10、6110.30.20、6110.30.30、6110.90.90	针织或钩编的套头衫、开襟衫、背心及类似品,棉或化学纤维的,或者棉限或化学纤维限内

(续表)

	税号	根据本注释可作为服装制品处理的货品
11	6111.20.10、6111.20.20、6111.20.30、6111.20.40、6111.20.50、6111.20.60、6111.30.10、6111.30.20、6111.30.30、6111.30.40、6111.30.50、6111.90.10、6111.90.20、6111.90.30、6111.90.40、6111.90.50	针织或钩编的婴儿服装及衣着附件,棉或化学纤维的,或者棉限或化学纤维限内
12	6112.11.00、6112.12.00、6112.19.10、6112.20.10、6112.20.20、6112.31.00、6112.39.00、6112.41.00、6112.49.00	针织或钩编的运动服、滑雪服及游泳服,棉或化学纤维的,或者棉限或化学纤维限内
13	6113.00.90	用品目5903、品目5906或品目5907的针织物或钩编织物制成的服装,棉或化学纤维的,或者棉限或化学纤维限内
14	6114.20.00、6114.30.10、6114.30.20、6114.30.30、6114.90.90	针织或钩编的其他服装,棉或化学纤维的,或者棉限或化学纤维限内
15	6115.11.00、6115.12.20、6115.19.80、6115.20.90、6115.92.60、6115.92.90、6115.93.60、6115.93.90、6115.99.14、6115.99.18	针织或钩编的运动服、滑雪服及游泳服连裤袜、紧身裤袜、长筒袜、短袜及其他袜类,包括用以治疗静脉曲张的长筒袜和无外缝鞋底的鞋类,棉或化学纤维的,或者棉限或化学纤维限内
16	6116.10.17、6116.10.48、6116.10.55、6116.10.75、6116.92.64、6116.92.74、6116.92.88、6116.92.94、6116.93.88、6116.93.94、6116.99.48、6116.99.54、6116.99.95	针织或钩编的分指手套、连指手套及露指手套,棉或化学纤维的,或者棉限或化学纤维限内
17	6117.10.20、6117.10.60、6117.20.90、6117.80.95、6117.90.90	针织或钩编的衣着附件,棉或化学纤维的,或者棉限或化学纤维限内;针织或钩编的服装或衣着附件的零件,棉或化学纤维的,或者棉限或化学纤维限内
18	6201.12.10、6201.12.20、6201.13.10、6201.13.40、6201.19.90、6201.92.10、6201.92.15、6201.92.20、6201.93.10、6201.93.20、6201.93.30、6201.93.35、6201.99.90	男式大衣、短大衣、斗篷、短斗篷、带风帽的防寒短上衣(包括滑雪短上衣)、风衣及类似品(包括连身服、背心),但税号6203的货品除外,棉或化学纤维的,或者棉限或化学纤维限内
19	6202.12.10、6202.12.20、6202.13.10、6202.13.40、6202.19.90、6202.92.10、6202.92.15、6202.92.20、6202.93.10、6202.93.20、6202.93.45、6202.93.50、6202.99.90	女式大衣、短大衣、斗篷、短斗篷、带风帽的防寒短上衣(包括滑雪短上衣)、风衣及类似品,(包括连身服、背心),但品目6204的货品除外,棉或化学纤维的,或者棉限或化学纤维限内
20	6203.12.20、6203.19.10、6203.19.30、6203.19.90、6203.22.10、6203.22.30、6203.23.00、6203.29.20、6203.32.10、6203.32.20、6203.33.20、6203.39.20、6203.39.90、6203.42.20、6203.42.40、6203.43.15、6203.43.20、6203.43.25、6203.43.35、6203.43.40、6203.49.10、6203.49.15、6203.49.20、6203.49.80	男式西服套装、便服套装、上衣、长裤、护胸背带工装裤、马裤及短裤(游泳裤除外),棉或化学纤维的,或者棉限或化学纤维限内

	税号	根据本注释可作为服装制品处理的货品
21	6204.12.00、6204.13.20、6204.19.20、6204.19.80、6204.22.10、6204.22.30、6204.23.00、6204.29.20、6204.29.40、6204.32.10、6204.32.20、6204.33.10、6204.33.20、6204.33.50、6204.39.30、6204.39.80、6204.42.10、6204.42.20、6204.42.30、6204.43.10、6204.43.20、6204.43.40、6204.44.20、6204.44.40、6204.49.50、6204.52.10、6204.52.20、6204.53.10、6204.53.30、6204.59.10、6204.59.30、6204.59.40、6204.62.20、6204.62.30、6204.62.40、6204.63.12、6204.63.15、6204.63.20、6204.63.30、6204.63.35、6204.69.10、6204.69.25、6204.69.60、6204.69.90	女式西服套装、便服套装、上衣、连衣裙、裙子、裙裤、长裤、护胸背带工装裤、马裤及短裤（游泳裤除外），棉或化学纤维的，或者棉限或化学纤维限内
22	6205.20.10、6205.20.20、6205.30.10、6205.30.20、6205.90.30、6205.90.40	男衬衫，棉或化学纤维的，或者棉限或化学纤维限内
23	6206.10.00、6206.30.10、6206.30.20、6206.30.30、6206.40.10、6206.40.20、6206.40.30、6206.90.00	女衬衫，棉或化学纤维的，或者棉限或化学纤维限内
24	6207.11.00、6207.19.90、6207.21.00、6207.22.00、6207.91.10、6207.91.30、6207.92.20、6207.92.40	男式背心及其他内衣、三角裤、短衬裤、睡衣、睡衣裤、浴衣、晨衣及类似品，棉或化学纤维的，或者棉限或化学纤维限内
25	6208.11.00、6208.19.20、6208.21.00、6208.22.00、6208.91.10、6208.91.30、6208.92.00	女式背心及其他内衣、长衬裙、衬裙、三角裤、短衬裤、睡衣、睡衣裤、浴衣、晨衣及类似品，棉或化学纤维的，或者棉限或化学纤维限内
26	6209.20.10、6209.20.20、6209.20.30、6209.20.50、6209.30.10、6209.30.20、6209.30.30、6209.90.10、6209.90.20、6209.90.30	婴儿服装及衣着附件，棉或化学纤维的，或者棉限或化学纤维限内
27	6210.10.90、6210.20.50、6210.20.90、6210.30.50、6210.30.90、6210.40.50、6210.40.90、6210.50.50、6210.50.90	用品目5602、品目5603、品目5903、品目5906或品目5907的织物制成的服装，棉或化学纤维的，或者棉限或化学纤维限内
28	6211.11.10、6211.11.80、6211.12.10、6211.12.80、6211.20.04、6211.20.15、6211.20.28、6211.20.38、6211.20.48、6211.20.58、6211.20.68、6211.20.78、6211.32.00、6211.33.00、6211.42.00、6211.43.00	运动服、滑雪服及游泳服，棉或化学纤维的，或者棉限或化学纤维限内；其他服装，棉或化学纤维的，或者棉限或化学纤维限内
29	6212.10.50、6212.10.90、6212.20.00、6212.30.00、6212.90.00	胸罩、束腰带、紧身胸衣、吊裤带、吊袜带、束袜带和类似品及零件，不论是否针织或钩编的，棉或化学纤维的，或者棉限或化学纤维限内
30	6213.20.10、6213.20.20、6213.90.10	手帕，棉或化学纤维的，或者棉限或化学纤维限内
31	6214.30.00、6214.40.00、6214.90.00	披巾、领巾、围巾、披纱、面纱及类似品，棉或化学纤维的，或者棉限或化学纤维限内
32	6215.10.00、6215.20.00、6215.90.00	领带及领结，棉或化学纤维的，或者棉限或化学纤维限内

(续表)

	税号	根据本注释可作为服装制品处理的货品
33	6216.00.17、6216.00.21、6216.00.24、6216.00.29、6216.00.38、6216.00.41、6216.00.54、6216.00.58	分指手套、连指手套及露指手套,棉或化学纤维的,或者棉限或化学纤维限内
34	6217.10.95、6217.90.90	其他制成的衣着附件;服装或衣着附件的零件,但品目6212的货品除外,棉或化学纤维的,或者棉限或化学纤维限内

税号9915.61.01规定的关税待遇同样适用于税号6103.23.00、税号6103.29.05、税号6103.31.00、税号6103.33.10、税号6103.39.80、税号6203.23.00、税号6203.29.10、税号6203.29.15、税号6203.31.50、税号6203.31.90、税号6203.33.10或税号6203.39.10项下的按重量计羊毛或动物细毛含量在23%及以上的男式运动外套,前提是决定该货品归类的的成分是税号5111.11.70、税号5111.19.60或税号5111.90.90的粗梳羊毛纤维并且该货品满足本注释的所有其他适用要求。

(三)税号9915.61.01项下从尼加拉瓜进口的本注释(二)款所列货品,其合计数量在任何年度不得超过下列规定数量:

年份	数量(平方米当量)	年份	数量(平方米当量)
2006	100 000 000	2011	100 000 000
2007	100 000 000	2012	100 000 000
2008	100 000 000	2013	100 000 000
2009	100 000 000	2014	100 000 000
2010	100 000 000		

在上述任何一年规定的数量中,不超过1 500 000SME的部分可以是本注释(二)款最后一句所述的按重量计羊毛或者动物细毛含量在23%以上的男士运动套装。

在确定与本条款规定的合计数量对应的平方米当量(SME)时,可适用美国商务部下设纺织品及服装办公室于2003年制定的与《美国协调税则》对应的纺织品及服装分类系统及后续文件中所列的换算系数。

除非提前修订或者失效,本注释、税号9915.61.01和相关文本将会在2014年12月31日从本税则中删除。

(四)税号9915.61.05所称"根据本税则总注释二十九有关条款,原产于尼加拉瓜的长裤、马裤或短裤"仅适用于美国成型纱线制成的、棉制或化学纤维制、非针织或非钩编的服装,且同时满足:(1)可归入下列税号,并且符合该税号对应的说明;(2)根据本税则总注释二十九有关条款,为原产于尼加拉瓜的货品。本注释中根据本税则总注释二十九规定的适用规则属于原产于尼加拉瓜,且在下列税号中列出的第六十二章条款的货品,必须在税号9915.61.05和第六十二章的适当规定下报告。

①	6203.42.40	棉制男式长裤、马裤或短裤(进口用作男童游戏装零件的除外)
②	6203.43.35	合成纤维制防水男式长裤、马裤
③	6203.43.40	合成纤维制男式长裤、马裤或短裤(进口用作男童游戏装零件的除外)
④	6203.49.20	化纤制男式长裤、马裤或短裤(羊毛或动物细毛含量36%及以上的除外,不包括进口的用作男童游戏装的零件)
⑤	6203.49.80	其他纺织材料制男式长裤或马裤(棉花限内或化学纤维限内)
⑥	6204.62.40	棉制女式长裤、马裤或短裤(进口用作女童游戏装的零件除外)
⑦	6204.63.30	合成纤维制防水女式长裤、马裤
⑧	6204.63.35	合成纤维制女式长裤、马裤或短裤(进口用作女童游戏装的零件除外)
⑨	6204.69.25	化纤制女式长裤、马裤或短裤(进口用作女童游戏装的零件除外)
⑩	6204.69.60	丝制或绢丝制女式长裤、马裤或短裤(棉花限内或化学纤维限内)
⑪	6204.69.90	其他纺织材料制女式长裤、马裤或短裤(棉花限内或化学纤维限内)
⑫	6210.40.50	化学纤维制男式长裤、马裤或短裤
⑬	6210.40.90	丝制或绢丝制男式长裤、马裤或短裤(含丝或绢丝量在70%及以上的除外)
⑭	6210.50.50	化学纤维制女式长裤、马裤或短裤
⑮	6210.50.90	丝制或绢丝制女式长裤、马裤或短裤(含丝或绢丝量在70%及以上的除外)
⑯	6211.20.15	进口的用作滑雪服零件的男式或女式防水长裤或马裤
⑰	6211.20.38	进口的用作滑雪服零件的男式长裤或马裤(棉制或化学纤维制)
⑱	6211.20.68	进口的用作滑雪服零件的女式长裤或马裤(棉制或化学纤维制)
⑲	6211.32.00	棉制男式运动服裤子
⑳	6211.33.00	化学纤维制男式运动服裤子
㉑	6211.42.00	棉制女式运动服裤子
㉒	6211.43.00	化学纤维制女式运动服裤子

十六、进口自哥斯达黎加的服装。

(一)除本注释(三)款规定的以外,税号9915.62.05对应的"税率"第1栏"特惠"栏的税率应适用于本注释(二)款所列的哥斯达黎加货品,该货品在2009年至2018年期间每年合计数量不超过500 000平方米当量(SME)。税号9915.62.05适用于本注释所称羊毛服装货品,其前提是该羊毛服装货品在哥斯达黎加境内裁切、缝纫或者以其他形式组装并且符合税则总注释二十九规定的优惠关税待遇的所有适用条件(原产货物除外),同时符合原产货物总注释中第62章注释一、三、四和五规定的要求。

(二)品目6203或者6204中所列的下列服装货品,如果其按重量计羊毛(或羊毛限内)含量在36%及以上,且为非针织或钩编的,则应获得税号9915.62.05规定的关税待遇:

1. 归入税号6203.11.15、税号6203.11.30、税号6203.11.60、税号6203.11.90、税号6203.12.10、税号6203.19.20、税号6203.19.90或税号6203.29.10的男式西服套装;

2. 归入税号6203.23.00、税号6203.29.10、税号6203.29.15、税号6203.31.50、税号6203.31.90、税号6203.33.10、税号6203.39.10或税号6203.39.90的男式西装式上衣;

3. 归入税号 6203.23.00、税号 6203.29.10、税号 6203.29.15、税号 6203.41.05、税号 6203.41.12、税号 6203.41.18、税号 6203.43.30、税号 6203.49.20 或税号 6203.49.80 的男式长裤、马裤或短裤；

4. 归入税号 6204.11.00、税号 6204.13.10、税号 6204.19.10 或税号 6204.19.80 的女式西服套装；

5. 归入税号 6204.31.20、税号 6204.33.40、税号 6204.39.20 或税号 6204.39.80 的女式西装式上衣；

6. 归入税号 6204.21.00、税号 6204.23.00、税号 6204.29.40、税号 6204.51.00、税号 6204.53.20、税号 6204.59.20 或税号 6204.59.40 的女式裙子；

7. 归入税号 6204.21.00、税号 6204.23.00、税号 6204.29.40、税号 6204.61.10、税号 6204.61.90、税号 6204.63.25、税号 6204.69.20、税号 6204.69.60 或税号 6204.69.90 的女式长裤、马裤或短裤。

(三)税号 9915.62.15 对应的"税率"第 1 栏"特惠"栏的税率应适用于本注释(四)款所列的哥斯达黎加货品，该货品在 2009 年至 2018 年期间每年合计数量不超过 500 000 平方米当量(SME)。税号 9915.62.15 适用于本注释所称羊毛服装货品，其前提是该羊毛服装货品在哥斯达黎加境内裁剪、缝制或者以其他形式组合并且符合税则总注释二十九规定的优惠关税待遇的所有适用条件(原产货物除外)。根据本注释(一)款和本条款可享受优惠待遇的货品应根据本条款规定的限额进口，并首先计入该限额，直至达到该限额，然后根据(一)款规定的限额进口并计入该限额。

(四)羊毛织物制成的下列服装货品(粗梳羊毛织物制成的服装货品以及由平均纤维直径小于或等于 18.5 微米的羊毛纱线制成的服装货品除外)应获得税号 9915.62.15 的关税待遇：

1. 归入税号 6203.11.30 或税号 6203.11.90 的男式西服套装；

2. 归入税号 6203.29.15 或税号 6203.31.90 的男式西装式上衣；

3. 归入税号 6203.29.15 或税号 6211.39.05 的男式马甲(背心)；

4. 归入税号 6203.29.15、税号 6203.41.05 或税号 6203.41.18 的男式长裤和马裤；

5. 归入税号 6204.11.00 的女式西服套装；

6. 归入税号 6204.21.00、税号 6204.31.10 或税号 6204.31.20 的女式西装式上衣；

7. 归入税号 6204.21.00 或税号 6211.49.41 的女式马甲(背心)；

8. 归入税号 6204.21.00 或税号 6204.51.00 的女式裙子；

9. 归入税号 6204.21.00、税号 6204.61.10 或税号 6204.61.90 的女式长裤和马裤。

(五)在确定与本条款规定的合计数量对应的平方米当量(SME)的数量时，可适用美国商务部下设纺织品及服装办公室于 2003 年制定的与《美国协调税则》对应的纺织品及服装分类系统及后续文件中所列的换算系数。

(六)除非提前修订或者失效，本注释和税号 9915.62.05、税号 9915.62.15 将会在 2019 年 12 月 31 日从本税则中删除。

十七、哥斯达黎加乳房切除术后专用泳衣。

(一)从哥斯达黎加进口的本分章美国注释二所述货品，其在税号 9915.61.03 或税号 9915.61.04 项下进口的合计数量在任何年度都不得超过下列年份中规定的数量：

年份	数量(平方米当量)	年份	数量(平方米当量)
2009	100 000	2014	133 823
2010	106 000	2015	133 823
2011	112 360	2016	133 823
2012	119 102	2017	133 823
2013	126 248	2018	133 823

税号 9915.61.03 和税号 9915.61.04 仅适用于专门为乳房切除术后安装乳房假体的人设计的女式针织或钩编泳衣(税号 6112.41.00 或税号 6112.41.00 所述),包括两个带侧开口的全尺寸内袋、两个预制杯、胸部下方有支撑松紧带并且从垂直中心缝合将两个口袋分开,前提是该进口货品在哥斯达黎加境内被裁剪或针织成型、缝制或以其他方式组合,并且符合才税则总注释二十九规定的优惠关税待遇的适用条件,但原产货物除外。

(二)在确定与本条款规定的合计数量对应的平方米当量(SME)时,可适用美国商务部下设纺织品及服装办公室于 2003 年制定的与《美国协调税则》对应的纺织品及服装分类系统及后续文件中所列的换算系数。

(三)除非提前修订或者失效,本注释、税号 9915.61.03、税号 9915.61.04 和相关文本将会在 2019 年 12 月 31 日从本税则中删除。

税则号列	统计后缀	货品名称	单位	税率 1 普通	税率 1 特惠	2
		本分章注释二所列货品：				
		哥斯达黎加、多米尼加共和国、萨尔瓦多、洪都拉斯或尼加拉瓜的产品：				
		税号0201.10.50、税号0201.20.80、税号0201.30.80、税号0202.10.50、税号0202.20.80或税号0202.30.80所述货品：				
9915.02.05	[1]	受本分章美国注释四规定的数量限制的	[1]		免税(P+)	
9915.02.10	[1]	其他	[1]		1.7%(P+)	
		哥斯达黎加、萨尔瓦多、危地马拉、洪都拉斯或尼加拉瓜的产品：				
		税号0401.40.25、税号0401.50.25或税号0403.90.16所述货品：				
9915.04.01	[1]	受本分章美国注释五(一)款规定的数量限制的	[1]		免税(P+)	
9915.04.02	[1]	受本分章美国注释五(二)款规定的数量限制的	[1]		46.3美分/升(P+)	
9915.04.03	[1]	其他	[1]		77.2美分/升(P+)	
		哥斯达黎加、萨尔瓦多或洪都拉斯的：				
		税号0401.50.75、税号0402.21.90、税号0403.90.65、税号0403.90.78、税号0405.10.20、税号0405.20.30、税号0405.90.20、税号2106.90.26或税号2106.90.36所述货物：				
9915.04.05	[1]	受本分章美国注释六(一)款规定的数量限制的	[1]		免税(P+)	
		受本分章美国注释六(二)款规定的数量限制的：				
9915.04.06	[1]	税号0401.50.75所述货品	[1]		98.7美分/千克(P+)	
9915.04.07	[1]	税号0402.21.90或税号0403.90.65所述货品	[1]		93.3美分/千克(P+)	
9915.04.08	[1]	税号0403.90.78所述货品	[1]		98.7美分/千克(P+)	
9915.04.09	[1]	税号0405.10.20所述货品	[1]		92.4美分/千克(P+)	
9915.04.10	[1]	税号0405.20.30、税号2106.90.26或税号2106.90.36所述货品	[1]		1.19美元/千克(P+)	
9915.04.11	[1]	税号0405.90.20所述货品	[1]		1.11美元/千克+5.1%(P+)	
		其他：				
9915.04.12	[1]	税号0401.50.75所述货品	[1]		1.646美元/千克(P+)	
9915.04.13	[1]	税号0402.21.90或税号0403.90.65所述货品	[1]		1.556美元/千克(P+)	
9915.04.14	[1]	税号0403.90.78所述货品	[1]		1.646美元/千克(P+)	
9915.04.15	[1]	税号0405.10.20所述货品	[1]		1.541美元/千克(P+)	
9915.04.16	[1]	税号0405.20.30、税号2106.90.26或税号2106.90.36所述货品	[1]		1.996美元/千克(P+)	
9915.04.17	[1]	税号0405.90.20所述货品	[1]		1.865美元/千克+8.5%(P+)	
		哥斯达黎加的：				

第九十九章 临时立法;根据现有贸易法规的临时修改;根据经修正的《农业调整法》第 22 条制定的附加进口限制　2053

税则号列	统计后缀	货品名称	单位	税率 1 普通	税率 1 特惠	2
		税号 0402.10.50、税号 0402.21.25、税号 0402.21.50、税号 0403.90.45、税号 0403.90.550404.10.90、税号 2309.90.28 或税号 2309.90.48 所述货品				
9915.04.20	[1]	受本分章美国注释七(一)款规定的数量限制的	[1]		免税(P+)	
		受本分章美国注释七(二)款规定的数量限制的:				
9915.04.21	[1]	税号 0402.10.50 或税号 0402.21.25 所述货品	[1]		51.9 美分/千克(P+)	
9915.04.22	[1]	税号 0402.21.50 或税号 0403.90.55 所述货品	[1]		65.5 美分/千克(P+)	
9915.04.23	[1]	税号 0403.90.45 或税号 0404.10.90 所述货品	[1]		52.5 美分/千克(P+)	
9915.04.24	[1]	税号 2309.90.28 或税号 2309.90.48 所述货品	[1]		48.2 美分/千克+3.8%(P+)	
		其他:				
9915.04.25	[1]	税号 0402.10.50 或税号 0402.21.25 所述货品	[1]		86.5 美分/千克(P+)	
9915.04.26	[1]	税号 0402.21.50 或税号 0403.90.55 所述货品	[1]		1.092 美元/千克(P+)	
9915.04.27	[1]	税号 0403.90.45 或税号 0404.10.90 所述货品	[1]		87.6 美分/千克(P+)	
9915.04.28	[1]	税号 2309.90.28 或税号 2309.90.48 所述货品	[1]		80.4 美分/千克+6.4%(P+)	
		多米尼加共和国、萨尔瓦多、危地马拉或尼加拉瓜的:				
		税号 0402.29.50、税号 0402.91.70、税号 0402.91.90、税号 0402.99.45、税号 0402.99.55、税号 0402.99.90、税号 0403.10.50、税号 0403.90.95、税号 0404.10.15、税号 0404.90.50、税号 0405.20.70、税号 1517.90.60、税号 1704.90.58、税号 1806.20.26、税号 1806.20.28、税号 1806.20.36、税号 1806.20.38、税号 1806.20.82、税号 1806.20.83、税号 1806.20.87、税号 1806.20.89、税号 1806.32.06、税号 1806.32.08、税号 1806.32.16、税号 1806.32.18、税号 1806.32.70、税号 1806.32.80、税号 1806.90.08、税号 1806.90.10、税号 1806.90.18、税号 1806.90.20、税号 1806.90.28、税号 1806.90.30、税号 1901.10.16、税号 1901.10.26、税号 1901.10.36、税号 1901.10.44、税号 1901.10.56、税号 1901.10.66、税号 1901.20.15、税号 1901.20.50、税号 1901.90.62、税号 1901.90.65、税号 2105.00.40、税号 2106.90.09、税号 2106.90.66、税号 2106.90.87 或 2202.99.28 所述货品:				
9915.04.30	[1]	受本分章美国注释八(一)款规定的数量限制的	[1]		免税(P+)	
		受本分章美国注释八(二)款规定的数量限制的:				
9915.04.31	[1]	税号 0402.29.50 所述货品	[1]		66.2 美分/千克+8.9%	
9915.04.32	[1]	税号 0402.91.70 或税号 0402.91.90 所述货品	[1]		18.7 美分/千克(P+)	
9915.04.33	[1]	税号 0402.99.45 或税号 0402.99.55 所述货品	[1]		29.7 美分/千克(P+)	
9915.04.34	[1]	税号 0402.99.90 的货物	[1]		27.7 美分/千克+8.9%(P+)	
9915.04.35	[1]	税号 0403.10.50 的货物	[1]		62.1 美分/千克+10.2%(P+)	
9915.04.36	[1]	税号 0403.90.95 的货物	[1]		62 美分/千克+10.2%(P+)	

税则号列	统计后缀	货品名称	单位	税率 1 普通	税率 1 特惠	2
9915.04.37	[1]	税号 0404.10.15 的货物	[1]		62.1 美分/千克＋5.1%(P＋)	
9915.04.38	[1]	税号 0404.90.50 的货物	[1]		71.3 美分/千克＋5.1%(P＋)	
9915.04.39	[1]	税号 0405.20.70 或税号 2106.90.66 的货物	[1]		42.2 美分/千克＋5.1%(P＋)	
9915.04.40	[1]	税号 1517.90.60 的货物	[1]		20.5 美分/千克(P＋)	
9915.04.41	[1]	税号 1704.90.58 的货物	[1]		24 美分/千克＋6.24%(P＋)	
9915.04.42	[1]	税号 1806.20.26、税号 1806.20.36、税号 1806.32.06 或税号 1806.32.16 的货物	[1]		22.3 美分/千克＋2.5%(P＋)	
9915.04.43	[1]	税号 1806.20.28、税号 1806.20.28、税号 1806.32.08 或税号 1806.32.08 的货物	[1]		31.6 美分/千克＋2.5%(P＋)	
9915.04.44	[1]	税号 1806.20.82 或税号 1806.20.87 的货物	[1]		22.3 美分/千克＋5.1%(P＋)	
9915.04.45	[1]	税号 1806.20.83 或税号 1806.20.89 的货物	[1]		31.6 美分/千克＋5.1%(P＋)	
9915.04.46	[1]	税号 1806.32.70、税号 1806.90.08、税号 1806.90.18 或税号 1806.90.28 的货物	[1]		22.3 美分/千克＋3.6%(P＋)	
9915.04.47	[1]	税号 806.32.80、税号 1806.90.10、税号 1806.90.20 或税号 1806.90.30 的货物	[1]		31.6 美分/千克＋3.6%(P＋)	
9915.04.48	[1]	税号 1901.10.16、税号 1901.10.26、税号 1901.10.36 或税号 1901.10.44 的货物	[1]		62.1 美分/千克＋8.9%(P＋)	
9915.04.49	[1]	税号 1901.20.15 或税号 1901.20.50 的货物	[1]		25.3 美分/千克＋5.1%(P＋)	
9915.04.50	[1]	税号 1901.10.56、税号 1901.10.66、税号 1901.90.62 或税号 1901.90.65 的货物	[1]		62.1 美分/千克＋8.1%(P＋)	
9915.04.51	[1]	税号 2105.00.40 的货物	[1]		30.1 美分/千克＋10.2%(P＋)	
9915.04.52	[1]	税号 2106.90.09 的货物	[1]		51.7 美分/千克(P＋)	
9915.04.53	[1]	税号 2106.90.87 的货物	[1]		17.2 美分/千克＋5.1%(P＋)	
9915.04.54	[1]	税号 2202.99.28 的货物	[1]		14.1 美分/升＋8.9%(P＋)	
		其他：				
9915.04.55	[1]	税号 0402.29.50 的货物	[1]		1.104 美元/千克＋14.9%(P＋)	
9915.04.56	[1]	税号 0402.91.70 或税号 0402.91.90 的货物	[1]		31.3 美分/千克(P＋)	
9915.04.57	[1]	税号 0402.99.45 或税号 0402.99.55 的货物	[1]		49.6 美分/千克(P＋)	
9915.04.58	[1]	税号 0402.99.90 的货物	[1]		46.3 美分/千克＋14.9%(P＋)	
9915.04.59	[1]	税号 0403.10.50 的货物	[1]		1.035 美元/千克＋17%(P＋)	

税则号列	统计后缀	货品名称	单位	税率 1 普通	税率 1 特惠	2
9915.04.60	[1]	税号0403.90.95的货物	[1]		1.034 美元/千克＋17％(P＋)	
9915.04.61	[1]	税号0404.10.15的货物	[1]		1.035 美元/千克＋8.5％(P＋)	
9915.04.62	[1]	税号0404.90.50的货物	[1]		1.189 美元/千克＋8.5％(P＋)	
9915.04.63	[1]	税号0405.20.70或税号2106.90.66的货物	[1]		70.4 美分/千克＋8.5％(P＋)	
9915.04.64	[1]	税号1517.90.60的货物	[1]		34.2 美分/千克(P＋)	
9915.04.65	[1]	税号1704.90.58的货物	[1]		40 美分/千克＋10.4％(P＋)	
9915.04.66	[1]	税号1806.20.26、税号1806.20.36、税号1806.32.06或税号1806.32.16的货物	[1]		37.2 美分/千克＋4.3％(P＋)	
9915.04.67	[1]	税号1806.20.28、税号1806.20.38、税号1806.32.08或税号1806.32.18的货物	[1]		52.8 美分/千克＋4.3％(P＋)	
9915.04.68	[1]	税号1806.20.82或税号1806.20.87的货物	[1]		37.2 美分/千克＋8.5％(P＋)	
9915.04.69	[1]	税号1806.20.83或税号1806.20.89的货物	[1]		52.8 美分/千克＋8.5％(P＋)	
9915.04.70	[1]	税号1806.32.70、税号1806.90.08、税号1806.90.18或税号1806.90.28的货物	[1]		37.2 美分/千克＋6％(P＋)	
9915.04.71	[1]	税号1806.32.80、税号1806.90.10、税号1806.90.20或税号1806.90.30的货物	[1]		52.8 美分/千克＋6％(P＋)	
9915.04.72	[1]	税号1901.10.16、税号1901.10.26、税号1901.10.36或税号1901.10.44的货物	[1]		1.035 美元/千克＋14.9％(P＋)	
9915.04.73	[1]	税号1901.20.15或税号1901.20.50的货物	[1]		42.3 美分/千克＋8.5％(P＋)	
9915.04.74	[1]	税号1901.10.56、税号1901.10.66、税号1901.90.62或税号1901.90.65的货物	[1]		1.035 美元/千克＋13.6％(P＋)	
9915.04.75	[1]	税号2105.00.40的货物	[1]		50.2 美分/千克＋17％(P＋)	
9915.04.76	[1]	税号2106.90.09的货物	[1]		86.2 美分/千克(P＋)	
9915.04.77	[1]	税号2106.90.87的货物	[1]		28.8 美分/千克＋8.5％(P＋)	
9915.04.78	[1]	税号2202.99.28的货物	[1]		23.5 美分/升＋14.9％(P＋)	
		多米尼加共和国的：				
9915.04.79	[1]	受本分章美国注释九规定数量限制的税号0402.91.70、税号0402.91.90、税号0402.99.45或税号0402.99.55的货物	[1]		免税(P＋)	
		本税则总注释二十九(一)款所列协定缔约方的：				

税则号列	统计后缀	货品名称	单位	税率 普通	税率 特惠	2
		税号 0406.10.08、税号 0406.10.18、税号 0406.10.28、税号 0406.10.38、税号 0406.10.48、税号 0406.10.58、税号 0406.10.68、税号 0406.10.78、税号 0406.10.88、税号 0406.20.28、税号 0406.20.33、税号 0406.20.39、税号 0406.20.48、税号 0406.20.53、税号 0406.20.63、税号 0406.20.67、税号 0406.20.71、税号 0406.20.75、税号 0406.20.79、税号 0406.20.83、税号 0406.20.87、税号 0406.20.91、税号 0406.30.18、税号 0406.30.28、税号 0406.30.38、税号 0406.30.48、税号 0406.30.53、税号 0406.30.63、税号 0406.30.67、税号 0406.30.71、税号 0406.30.75、税号 0406.30.79、税号 0406.30.83、税号 0406.30.87、税号 0406.30.91、税号 0406.40.70、税号 0406.90.12、税号 0406.90.18、税号 0406.90.32、税号 0406.90.37、税号 0406.90.42、税号 0406.90.48、税号 0406.90.54、税号 0406.90.68、税号 0406.90.74、税号 0406.90.78、税号 0406.90.84、税号 0406.90.88、税号 0406.90.92、税号 0406.90.94、税号 0406.90.97 或税号 1901.90.36 的货物:				
9915.04.80	[1]	受本分章美国注释十(一)款规定数量限制的货物	[1]	免税(P+)		
		受本分章美国注释十(二)款规定数量限制的货物:				
9915.04.81	[1]	税号 0406.10.08、税号 0406.10.88、税号 0406.20.91、税号 0406.30.91 或税号 0406.90.97 的货物	[1]	90.5 美分/千克(P+)		
9915.04.82	[1]	税号 0406.10.18、税号 0406.20.28、税号 0406.20.63、税号 0406.30.18 0406.30.63、税号 0406.40.70 或税号 0406.90.74 的货物	[1]	1.36 美元/千克(P+)		
9915.04.83	[1]	税号 0406.10.28、税号 0406.20.33、税号 0406.20.67、税号 0406.30.28、税号 0406.30.67、税号 0406.90.12 或税号 0406.90.78 的货物	[1]	73.6 美分/千克(P+)		
9915.04.84	[1]	税号 0406.10.38、税号 0406.20.39、税号 0406.20.71、税号 0406.30.38、税号 0406.30.71、税号 0406.90.54 或税号 0406.90.84 的货物	[1]	63.3 美分/千克(P+)		
9915.04.85	[1]	税号 0406.10.48、税号 0406.20.48、税号 0406.20.75、税号 0406.30.48、税号 0406.30.75、税号 0406.90.18 或税号 0406.90.88 的货物	[1]	1.08 美元/千克(P+)		
9915.04.86	[1]	税号 0406.10.58、税号 0406.20.53、税号 0406.20.79、税号 0406.30.79、税号 0406.90.32、税号 0406.90.37、税号 0406.90.42 或税号 0406.90.68 的货物	[1]	1.28 美元/千克(P+)		
9915.04.87	[1]	税号 0406.10.68、税号 0406.20.83、税号 0406.30.53、税号 0406.30.83 或税号 0406.90.92 的货物	[1]	83.1 美分/千克(P+)		
9915.04.88	[1]	税号 0406.10.78、税号 0406.20.87、税号 0406.30.87、税号 0406.90.94 或税号 1901.90.36 的货物	[1]	67.6 美分/千克(P+)		
9915.04.89	[1]	税号 0406.90.48 的货物	[1]	1.12 千克(P+)		
		其他:				
9915.04.90	[1]	税号 0406.10.08、税号 0406.10.88、税号 0406.20.91、税号 0406.30.91 或税号 0406.90.97 的货物	[1]	1.509 美元/千克(P+)		
9915.04.91	[1]	税号 0406.10.18、税号 0406.20.28、税号 0406.20.63、税号 0406.30.18、税号 0406.30.63、税号 0406.40.70 或税号 0406.90.74 的货物	[1]	2.269 美元/千克(P+)		

税则号列	统计后缀	货品名称	单位	税率 1 普通	税率 1 特惠	2
9915.04.92	[1]	税号0406.10.28、税号0406.20.33、税号0406.20.67、税号0406.30.28、税号0406.30.67、税号0406.90.12或税号0406.90.78的货物	[1]		1.227美元/千克(P+)	
9915.04.93	[1]	税号0406.10.38、税号0406.20.39、税号0406.20.71、税号0406.30.38、税号0406.30.71、税号0406.90.54或税号0406.90.84的货物	[1]		1.055美元/千克(P+)	
9915.04.94	[1]	税号0406.10.48、税号0406.20.48、税号0406.20.75、税号0406.30.48、税号0406.30.75、税号0406.90.18或税号0406.90.88的货物	[1]		1.803美元/千克(P+)	
9915.04.95	[1]	税号0406.10.58、税号0406.20.53、税号0406.20.79、税号0406.30.79、税号0406.90.32、税号0406.90.37、税号0406.90.42或税号0406.90.68的货物	[1]		2.146美元/千克(P+)	
9915.04.96	[1]	税号0406.10.68、税号0406.20.83、税号0406.30.53、税号0406.30.83或税号0406.90.92的货物	[1]		1.386美元/千克(P+)	
9915.04.97	[1]	税号0406.10.78、税号0406.20.87、税号0406.30.87、税号0406.90.94或税号1901.90.36的货物	[1]		1.128美元/千克(P+)	
9915.04.98	[1]	税号0406.90.48的货物	[1]		1.877美元/千克(P+)	
		尼加拉瓜的:				
9915.04.99	[1]	受本分章美国注释十一规定数量限制的税号0406.10.08、税号0406.10.88、税号0406.20.91、税号0406.30.91或税号0406.90.97的货物	[1]		免税(P+)	
		萨尔瓦多或尼加拉瓜的:				
		税号1202.30.80、税号1202.41.80、税号1202.42.80、税号2008.11.35或税号2008.11.60的货物:				
9915.12.05	[1]	受本分章美国注释十二(一)款所规定数量限制的货物	[1]		免税(P+)	
		受本分章美国注释十二(二)款所规定数量限制的货物:				
9915.12.10	[1]	税号1202.41.80的货物	[1]		21.9%(P+)	
9915.12.20	[1]	税号1202.30.80、税号1202.42.80、税号2008.11.35或税号2008.11.60的货物	[1]		17.6%(P+)	
		其他:				
9915.12.30	[1]	税号1202.41.80的货物	[1]		92.8%(P+)	
9915.12.40	[1]	税号1202.30.80、税号1202.42.80、税号2008.11.35或税号2008.11.60的货物	[1]		74.7%(P+)	
		尼加拉瓜的:				
		税号2008.11.15的货物:				
9915.20.05	[1]	受本分章美国注释十三(一)款规定数量限制的货物	[1]		免税(P+)	
9915.20.10	[1]	受本分章美国注释十三(二)款规定数量限制的货物	[1]		8.7%(P+)	
9915.20.20	[1]	其他	[1]		70.2%(P+)	
		本税则总注释二十九(一)款所列协定一方的税号2105.00.20的货物:				
		税号2105.00.20的货物:				
9915.21.05	[1]	受本分章美国注释十四(一)款规定的数量限制的货物	[1]		免税(P+)	

税则号列	统计后缀	货品名称	单位	税率 1 普通	税率 1 特惠	2
9915.21.10	[1]	受本分章美国注释十四(二)款规定数量限制的货物	[1]		30.1 美分/千克 + 10.2%（P+）	
9915.21.20	[1]	其他	[1]		50.2 美分/千克+17%（P+）	
9915.50.01	[1]	税号 6115.95.60、税号 6115.95.90、税号 9802.00.80 或税号 9822.05.10 项下有资格入境的棉制、针织或钩织袜子、长袜及其他无底袜及鞋类,按照税则总注释二十九有关条款原产于洪都拉斯,并且于 2008 年 7 月 1 日至 2008 年 12 月 31 日(含)期间进口	[1]	不变	进口商品全部价值的 5%	
9915.61.01	[1]	本分章注释十五(二)款所述的棉制、化学纤维制或者棉限、化学纤维限内材料制的尼加拉瓜服装,以不超过本分章注释十五(三)款规定数量的合计数量进口至美国关境的	[1]		免税	
	[1]	哥斯达黎加的税号 6112.41.00 或税号 6112.49.00 的乳房切除术妇女专用针织泳装,上述货品为本分章美国注释十七所述,且其合计进口数量不超过本分章美国注释十七规定的数量：				
9915.61.03		本分章美国注释十七税号 6112.41.00 的货物	[1]		免税	
9915.61.04	[1]	本分章美国注释十七税号 6112.49.00 的货物	[1]		免税	
9915.61.05	[1]	如本分章美国注释十五(四)款所述,根据税则总注释二十九有关条款,原产于尼加拉瓜的长裤、马裤或短裤	[1]		免税（P）	
9915.62.05	[1]	本分章美国注释十六(二)款所述的哥斯达黎加的非针织及非钩编服装,羊毛或羊毛限内材料含量在 36% 及以上,且其年度进口合计数量不超过本分章美国注释十六(一)款规定的数量	[1]		免税	
9915.62.15	[1]	本分章美国注释十六(二)款所述哥斯达黎加的羊毛制服装(粗梳羊毛织物制成的服装以及由平均纤维直径小于或等于 18.5 微米的羊毛纱线制成的服装除外),年度进口合计数量不超过本分章美国注释十六条款(三)规定的数量	[1]		免税	

[1] 见第九十九章统计注释一。

[注:阴影区域表示该规定已过期。]

第十六分章　[根据《美国-阿曼自由贸易协定》所作的修改]①

---

① 本分章的规定已过期,因为最终分阶段削减已于 2018 年 1 月 1 日开始实施;本分章现已按先前的声明删除。

第十七分章　根据《美国-秘鲁贸易促进协定》所作的修改

美国注释：

一、本分章包含对根据《美国-秘鲁贸易促进协定》制定的税则条款的修改。根据本税则总注释三十二有关条款进口的税号9917.04.10至9917.04.69的秘鲁货物，其税率后标有符号"(PE)"的，应适用本分章规定的税率，而不是第一章至第九十七章规定的有关税率。即使税则有其他规定，本分章所称"本税则总注释三十二规定的秘鲁货物"是指满足本税则总注释三十二要求的秘鲁货物，不包括在美国加工或从美国获得材料，但应被视为从本税则总注释三十二明确的非协定缔约方的国家加工并且从该国获得材料的秘鲁货物。本税号9917.04.10至9917.04.69项下进口至美国的此类秘鲁货物不受本税则第九十九章第四分章的任何条款、关税或限定条件的约束。

除非另有规定，否则本分章美国注释三至注释五（包含税号9917.04.10至9917.04.69）对在2025年12月31日前进口的税则总注释三十二所述此类秘鲁货物有效，并且该规定应在2025年12月31日从本税则中删除。

二、当货物根据本分章税号中对适用的《美国-秘鲁贸易促进协定》税率进行修订的规定进行归类时，如果没有与此相悖的具体说明，报告编码应为基本条款（第一章至第九十七章中关于归类的适当规定）的适当统计报告编码，以本分章的税号编号开头。出于统计目的，美国人口普查局应收集本分章中的基本条款统计报告编码和适用税号编号。

三、（一）任何一年，税号9917.04.10项下进口的秘鲁原产货物的总数量不得超过该年度如下规定的数量：

年份	数量（吨）	年份	数量（吨）
2/1/09—12/31/09	6 000	2017	14 856
2010	6 720	2018	16 638
2011	7 526	2019	18 635
2012	8 430	2020	20 871
2013	9 441	2021	23 376
2014	10 574	2022	26 181
2015	11 843	2023	29 323
2016	13 264	2024	32 841

自2025年起，秘鲁此类原产货物不再使用数量限制。

（二）任何一年，税号9917.04.11至9917.04.12项下进口的秘鲁原产货物的总数量不得超过该年度如下规定的数量：

年份	数量（吨）	年份	数量（吨）
2/1/09—12/31/09	1 800	2017	4 457
2010	2 016	2018	4 991

(续表)

年份	数量(吨)	年份	数量(吨)
2011	2 258	2019	5 591
2012	2 529	2020	6 261
2013	2 832	2021	7 013
2014	3 172	2022	7 854
2015	3 553	2023	8 797
2016	3 979	2024	9 852

自2025年起,秘鲁此类原产货物不再使用数量限制。除非提前修订或失效,本注释、税号9917.04.10至9917.04.14和相应文本将会在2025年12月31日从本税则中删除。

四、任何一年,税号9917.04.20项下进口的秘鲁原产的货物的总数量不得超过该年度如规定的数量:

年份	数量(吨)	年份	数量(吨)
2/1/09—12/31/09	2 000	2016	3 897
2010	2 200	2017	4 287
2011	2 420	2018	4 716
2012	2 662	2019	5 187
2013	2 928	2020	5 706
2014	3 221	2021	6 277
2015	3 543	2022	6 905

自2023年起,秘鲁此类原产货物不再使用数量限制。除非提前修订或失效,本注释、税号9917.04.20至9917.04.40和相应文本将会在2023年12月31日从本税则中删除。

五、(一)任何一年,税号9917.04.50项下进口的秘鲁原产货物的总数量不得超过该年度如下规定的数量:

年份	数量(吨)	年份	数量(吨)
2/1/09—12/31/09	2 000	2017	6 190
2010	2 800	2018	6 933
2011	3 136	2019	7 765
2012	3 512	2020	8 696
2013	3 934	2021	9 740
2014	4 406	2022	10 909
2015	4 935	2023	12 218
2016	5 527	2024	13 684

自2025年起,秘鲁此类原产货物不再使用数量限制。

(二)任何一年,税号9917.04.51至9917.04.59项下进口的秘鲁原产货物的总数量不得超过该年度如下规定的数量：

年份	数量(吨)	年份	数量(吨)
2/1/09—12/31/09	600	2017	1 857
2010	840	2018	2 080
2011	941	2019	2 330
2012	1 054	2020	2 609
2013	1 180	2021	2 922
2014	1 322	2022	3 273
2015	1 481	2023	3 665
2016	1 658	2024	4 105

自2025年起，秘鲁此类原产货物不再使用数量限制。除非提前修订或失效，本注释、税号9917.04.50至9917.04.69和相应文本将会在2025年12月31日从本税则中删除。

税则号列	统计后缀	货品名称	单位	税率 1 普通	税率 1 特惠	2
		本税则总注释三十二有关所列原产自秘鲁的货物：				
		税号0402.91.70、税号0402.91.90、税号0402.99.45、税号0402.99.55的货物：				
9917.04.10	[1]	受本分章美国注释三(一)款规定数量限制的货物	[1]		免税(PE)	
		受本分章美国注释三(二)款规定数量限制的货物：				
9917.04.11	[1]	税号0402.91.70或税号0402.91.90的货物	[1]		24.5美分/千克(PE)	
9917.04.12	[1]	税号0402.99.45或税号0402.99.55的货物	[1]		38.9美分/千克(PE)	
		其他：				
9917.04.13	[1]	税号0402.91.70或税号0402.91.90的货物	[1]		17.8美分/千克(PE)	
9917.04.14	[1]	税号0402.99.45或税号0402.99.55的货物	[1]		28.3美分/千克(PE)	
		税号0402.29.50、税号0402.99.90、税号0403.10.50、税号0403.90.95、税号0404.10.15、税号0404.90.50、税号0405.20.70、税号1517.90.60、税号1704.90.58、税号1806.20.82、税号1806.20.83、税号1806.32.70、税号1806.32.80、税号1806.90.08、税号1806.90.10、税号1901.10.26、税号1901.10.44、税号1901.10.56、税号1901.10.60、税号1901.20.15、税号1901.20.50、税号1901.90.62、税号1901.90.65、税号2105.00.40、税号2106.90.09、税号2106.90.66、税号2106.90.87或税号2202.99.28的货物：				
9917.04.20	[1]	受本分章美国注释四规定数量限制的货物	[1]		免税(PE)	
		其他：				
9917.04.21	[1]	税号0402.29.50的货物	[1]		14.7美分/千克+1.9%(PE)	
9917.04.22	[1]	税号0402.99.90的货物	[1]		6.1美分/千克+1.9%(PE)	
9917.04.23	[1]	税号0403.10.50的货物	[1]		13.8美分/千克+2.2%(PE)	
9917.04.24	[1]	税号0403.90.95的货物	[1]		13.7美分/千克+2.2%(PE)	
9917.04.25	[1]	税号0404.10.15的货物	[1]		27.6美分/千克+2.2%(PE)	
9917.04.26	[1]	税号0404.90.50的货物	[1]		15.8美分/千克+1.1%(PE)	
9917.04.27	[1]	税号0405.20.70或税号2106.90.66的货物	[1]		9.3美分/千克+1.1%(PE)	
9917.04.28	[1]	税号1517.90.60的货物	[1]		4.5美分/千克(PE)	
9917.04.29	[1]	税号1704.90.58的货物	[1]		5.3美分/千克+1.3%(PE)	
9917.04.30	[1]	税号1806.20.82的货物	[1]		4.9美分/千克+1.1%(PE)	
9917.04.31	[1]	税号1806.20.83的货物	[1]		7美分/千克+1.1%(PE)	

税则号列	统计后缀	货品名称	单位	税率 1 普通	税率 1 特惠	2
9917.04.32	[1]	税号1806.32.70或税号1806.90.08的货物	[1]		4.9美分/千克+0.8%(PE)	
9917.04.33	[1]	税号1806.32.80或税号1806.90.10的货物	[1]		7美分/千克+0.8%(PE)	
9917.04.34	[1]	税号1901.10.26或税号1901.10.44的货物	[1]		13.8美分/千克+1.9%(PE)	
9917.04.35	[1]	税号1901.20.15或税号1901.20.50的货物	[1]		5.6美分/千克+1.1%(PE)	
9917.04.36	[1]	税号1901.10.56、税号1901.10.60、税号1901.90.62或税号1901.90.65的货物	[1]		13.8美分/千克+1.8%(PE)	
9917.04.37	[1]	税号2105.00.40的货物	[1]		6.6美分/千克+2.2%(PE)	
9917.04.38	[1]	税号2106.90.09的货物	[1]		80.4美分/千克(PE)	
9917.04.39	[1]	税号2106.90.87的货物	[1]		3.8美分/千克+1.1%(PE)	
9917.04.40	[1]	税号2202.99.28的货物	[1]		3.1美分/升+1.9%(PE)	
		税号0406.10.08、税号0406.10.18、税号0406.10.28、税号0406.10.38、税号0406.10.48、税号0406.10.58、税号0406.10.68、税号0406.10.78、税号0406.10.88、税号0406.20.28、税号0406.20.33、税号0406.20.39、税号0406.20.48、税号0406.20.53、税号0406.20.63、税号0406.20.67、税号0406.20.71、税号0406.20.75、税号0406.20.79、税号0406.20.83、税号0406.20.87、税号0406.20.91、税号0406.30.18、税号0406.30.28、税号0406.30.38、税号0406.30.48、税号0406.30.53、税号0406.30.63、税号0406.30.67、税号0406.30.71、税号0406.30.75、税号0406.30.79、税号0406.30.83、税号0406.30.87、税号0406.30.91、税号0406.40.70、税号0406.90.12、税号0406.90.18、税号0406.90.32、税号0406.90.37、税号0406.90.42、税号0406.90.48、税号0406.90.54、税号0406.90.68、税号0406.90.74、税号0406.90.78、税号0406.90.84、税号0406.90.88、税号0406.90.92、税号0406.90.94、税号0406.90.97或税号1901.90.36的货物：				
9917.04.50	[1]	受本分章注释五(一)款规定数量限制的货物	[1]		免税(PE)	
		受本分章注释五(二)款规定数量限制的货物：				
9917.04.51	[1]	税号0406.10.08、税号0406.10.88、税号0406.20.91、税号0406.30.91或税号0406.90.97的货物	[1]		1.18美元/千克(PE)	
9917.04.52	[1]	税号0406.10.18、税号0406.20.28、税号0406.20.63、税号0406.30.18、税号0406.30.63、税号0406.40.70或税号0406.90.74的货物	[1]		1.78美元/千克(PE)	
9917.04.53	[1]	税号0406.10.28、税号0406.20.33、税号0406.20.67、税号0406.30.28、税号0406.30.67、税号0406.90.12或税号0406.90.78的货物	[1]		96.4美分/千克(PE)	
9917.04.54	[1]	税号0406.10.38、税号0406.20.39、税号0406.20.71、税号0406.30.38、税号0406.30.71、税号0406.90.54或税号0406.90.84的货物	[1]		82.8美分/千克(PE)	

税则号列	统计后缀	货品名称	单位	税率 1 普通	税率 1 特惠	2
9917.04.55	[1]	税号0406.10.48、税号0406.20.48、税号0406.20.75、税号0406.30.48、税号0406.30.75、税号0406.90.18或税号0406.90.88的货物	[1]		1.41美元/千克(PE)	
9917.04.56	[1]	税号0406.10.58、税号0406.20.53、税号0406.20.79、税号0406.30.79、税号0406.90.32、税号0406.90.37、税号0406.90.42或税号0406.90.68的货物	[1]		1.68美元/千克(PE)	
9917.04.57	[1]	税号0406.10.68、税号0406.20.83、税号0406.30.53、税号0406.30.83或税号0406.90.92的货物	[1]		1.08美元/千克(PE)	
9917.04.58	[1]	税号0406.10.78、税号0406.20.87、税号0406.30.87、税号0406.90.94或税号1901.90.36的货物	[1]		64.4美分/千克(PE)	
9917.04.59	[1]	税号0406.90.48的货物	[1]		1.47美元/千克(PE)	
		其他：				
9917.04.61	[1]	税号0406.10.08、税号0406.10.88、税号0406.20.91、税号0406.30.91或税号0406.90.97的货物	[1]		86.2美分/千克(PE)	
9917.04.62	[1]	税号 0406.10.18 0406.20.28、税号0406.20.63、税号0406.30.18、税号0406.30.63、税号0406.40.70或税号0406.90.74的货物	[1]		1.296美元/千克(PE)	
9917.04.63	[1]	税号0406.10.28、税号0406.20.33、税号0406.20.67、税号0406.30.28、税号0406.30.67、税号0406.90.12或税号0406.90.78的货物	[1]		70.1美分/千克(PE)	
9917.04.64	[1]	税号0406.10.38、税号0406.20.39、税号0406.20.71、税号0406.30.38、税号0406.30.71、税号0406.90.54或税号0406.90.84的货物	[1]		60.2美分/千克(PE)	
9917.04.65	[1]	税号0406.10.48、税号0406.20.48、税号0406.20.75、税号0406.30.48、税号0406.30.75、税号0406.90.18或税号0406.90.88的货物	[1]		1.03美元/千克(PE)	
9917.04.66	[1]	税号0406.10.58、税号0406.20.53、税号0406.20.79、税号0406.30.79、税号0406.90.32、税号0406.90.37、税号0406.90.42或税号0406.90.68的货物	[1]		1.22美元/千克(PE)	
9917.04.67	[1]	税号0406.10.68、税号0406.20.83、税号0406.30.53、税号0406.30.83或税号0406.90.92的货物	[1]		79.2美分/千克(PE)	
9917.04.68	[1]	税号0406.10.780、税号406.20.87、税号0406.30.87、税号0406.90.94或税号1901.90.36的货物	[1]		64.4美分/千克(PE)	
9917.04.69	[1]	税号0406.90.48的货物	[1]		1.07美元/千克(PE)	

[1] 见第九十九章统计注释一。

第十八分章 根据《美国-哥伦比亚贸易促进协定》所作的修改

美国注释：

一、本分章包含对根据《美国-哥伦比亚贸易促进协定》制定的税则条款的修改。根据本税则总注释三十四有关条款进口的税号 9918.02.01 至 9918.24.11 的哥伦比亚货物，其税率后标有符号"(CO)"的，应适用本分章规定的税率，而不是第一章至第九十七章规定的有关税率。在税号 9918.02.01 至 9918.24.11 项下进口至美国的哥伦比亚原产货物不受本税则第九十九章第四分章的任何条款、关税或限定条件的约束。除非另有规定，否则本分章注释三至注释九（包含税号 9918.02.01 至 9918.24.11）对在 2026 年 12 月 31 日前进口的税则总注释三十四所述此类货物有效，并且该规定应在 2026 年 12 月 31 日从本税则中删除。本分章所称"哥伦比亚原产货物"，如果其符合税则总注释三十四（十五）款的要求，且不是在美国加工或从美国获得材料，应被视为从本注释第一句话明确的非协定缔约方的国家加工和从该国获得材料的货品，则其应享有限制数量输入货品的权益。

二、当货物根据本分章税号中对适用的《美国-哥伦比亚贸易促进协定》税率进行修订的规定进行归类时，如果没有与此相悖的具体说明，报告编码应为基本条款（第一章至第九十七章中关于归类的适当规定）的适当统计报告编码，以本分章的税号编号开头。出于统计目的，美国人口普查局应收集本分章中的基本条款统计报告编号和适用税号编号。

三、(一)除本条款最后一句另有规定外，任何一年，税号 9918.02.01 项下进口的哥伦比亚原产货物的总数量不得超过该年度如下规定的数量：

年份	数量（吨）	年份	数量（吨）
5/15/2012—12/31/2012	5 250	2017	6 700
2013	5 513	2018	7 036
2014	5 788	2019	7 387
2015	6 078	2020	7 757
2016	6 381		

自 2021 年起，哥伦比亚此类原产货物不再适用数量限制。对任一年度，只有在该年度分配给税则第二章美国注释三所列之外的其他国家或地区的数量额度已满时，本条款的免税数量才有效。

(二)税号 9918.02.02 应仅在已进口税号 9918.02.01 项下本注释（一）款中规定限制数量的货物时适用。任何一年，税号 9918.02.02 项下进口的哥伦比亚原产货物的总数量不得超过该年度如下规定的数量：

年份	数量（吨）	年份	数量（吨）
5/15/2012—12/31/2012	2 100	2017	2 680
2013	2 205	2018	2 814
2014	2 315	2019	2 955
2015	2 431	2020	3 103
2016	2 552		

自2021年起,哥伦比亚此类原产货物不再适用数量限制。除非提前修订或失效,本注释、税号9918.02.01至9918.02.03和相应文本将会在2021年12月31日从本税则中删除。

四、任何一年,税号9918.04.01项下进口的哥伦比亚原产货物的总数量不得超过该年度如下规定的数量:

年份	数量(吨)	年份	数量(吨)
5/15/2012—12/31/2012	110	2017	177
2013	121	2018	195
2014	133	2019	214
2015	146	2020	236
2016	161	2021	259

自2022年起,哥伦比亚此类原产货物不再适用数量限制。除非提前修订或失效,本注释、税号9918.04.01至9918.04.02和相应文本将会在2021年12月31日从本税则中删除。

五、任何一年,税号9918.04.04项下进口的哥伦比亚原产货物的总数量不得超过该年度如下规定的数量:

年份	数量(吨)	年份	数量(吨)
5/15/2012—12/31/2012	2 200	2017	3 543
2013	2 420	2018	3 897
2014	2 662	2019	4 287
2015	2 928	2020	4 716
2016	3 221	2021	5 187

自2022年起,哥伦比亚此类原产货物不再适用数量限制。除非提前修订或失效,本注释、税号9918.04.04至9918.04.05和相应文本将会在2021年12月31日从本税则中删除。

六、任何一年,税号9918.04.50项下进口的哥伦比亚原产货物的总数量不得超过该年度如下规定的数量:

年份	数量(吨)	年份	数量(吨)
5/15/2012—12/31/2012	5 060	2019	9 861
2013	5 566	2020	10 847
2014	6 123	2021	11 931
2015	6 735	2022	13 124
2016	7 408	2023	14 437
2017	8 149	2024	15 880
2018	8 964	2025	17 468

自2026年起,哥伦比亚此类原产货物不再适用数量限制。除非提前修订或失效,本注释、税号9918.04.50至9918.04.59和相应文本将会在2026年12月31日从本税则中删除。

七、任何一年,税号 9918.04.60 项下进口的哥伦比亚原产货物的总数量不得超过该年度如下规定的数量:

年份	数量(吨)	年份	数量(吨)
5/15/2012—12/31/2012	2 200	2019	4 287
2013	2 420	2020	4 716
2014	2 662	2021	5 187
2015	2 928	2022	5 706
2016	3 221	2023	6 277
2017	3 543	2024	6 905
2018	3 897	2025	7 595

自 2026 年起,哥伦比亚此类原产货物不再适用数量限制。除非提前修订或失效,本注释、税号 9918.04.60 至 9918.04.80 和相应文本将会在 2026 年 12 月 31 日从本税则中删除。

八、任何一年,税号 9918.21.10 项下进口的哥伦比亚原产货物的总数量不得超过该年度如下规定的数量:

年份	数量(吨)	年份	数量(吨)
5/15/2012—12/31/2012	330	2017	531
2013	363	2018	585
2014	399	2019	643
2015	439	2020	707
2016	483	2021	778

自 2022 年起,哥伦比亚此类原产货物不再适用数量限制。除非提前修订或失效,本注释、税号 9918.21.10 至 9918.21.11 和相应文本将会在 2022 年 12 月 31 日从本税则中删除。

九、任何一年,税号 9918.24.10 项下进口的哥伦比亚原产货物的总数量不得超过该年度如下规定的数量:

年份	数量(吨)	年份	数量(吨)
5/15/2012—12/31/2012	4 200	2019	5 910
2013	4 410	2020	6 205
2014	4 631	2021	6 516
2015	4 862	2022	6 841
2016	5 105	2023	7 183
2017	5 360	2024	7 543
2018	5 628	2025	7 920

自 2026 年起,哥伦比亚此类原产货物不再适用数量限制。除非提前修订或失效,本注释、税号

9918.24.10 至 9918.24.11 和相应文本将会在 2026 年 12 月 31 日从本税则中删除。

十、税号 9918.24.15 及其对应的本注释规定的价值限制适用于子目 2402.20 至 2402.90 和品目 2403 的哥伦比亚货物。本注释和此类税号的规定应适用于未发生本税则总注释三十四(十五)款规定的归类变化,但在其他方面满足总注释三十四所有适用要求的哥伦比亚货物,其前提是品目 2401 的除未脱粒或类似加工的包装烟草外非原产烟草的价值不超过下列货物调整价值的百分比:

年份	调整价值百分比
5/15/2012—12/31/2012	货物调整价值的 15%
2013	货物调整价值的 14%
2014	货物调整价值的 13%
2015	货物调整价值的 12%

进口商、出口商或生产商对本注释中的货物提出优惠关税待遇时,可以使用本注释的规定,也可以使用总注释三十四(五)款规定的规则,但不能同时使用两者。在本注释规定的任何年度内,未根据本注释条款进口的哥伦比亚非原产货品应接受第二十四章适当规定的"税率"第 1 栏中的普通税率。这些税号不包括哥伦比亚原产货物。除非提前修订或失效,本注释、税号 9918.24.15、税号 9918.24.20 和相应文本将会在 2016 年 12 月 31 日从本税则中删除。

税则号列	统计后缀	货品名称	单位	税率 1 普通	税率 1 特惠	2
		本税则总注释三十四有关条款规定的哥伦比亚货物：				
		税号0201.10.50、税号0201.20.80、税号0201.30.80、税号0202.10.50、税号0202.20.80或税号0202.30.80的货物：				
9918.02.01	[1]	受本分章美国注释三(一)款规定数量限制的货物	[1]		免税(CO)	
		受规定数量限制的货物：				
9918.02.02	[1]	受本分章美国注释三(二)款规定数量限制的货物	[1]		免税(CO)	
9918.02.03	[1]	其他	[1]		免税(CO)	
		税号0401.40.25、税号0401.50.25或税号0403.90.16的货物：				
9918.04.01	[1]	受本分章美国注释四规定数量限制的货物	[1]		免税(CO)	
9918.04.02	[1]	其他	[1]		7美分/升(CO)	
		税号0401.50.75、税号0403.90.78、税号0405.10.20、税号0405.20.30、税号0405.90.20、税号2106.90.26或税号2106.90.36的货物：				
9918.04.04	[1]	受本分章美国注释五规定数量限制的货物	[1]		免税(CO)	
		其他：				
9918.04.05	[1]	税号0401.50.75或税号0403.90.78的货物	[1]		14.9美分/千克(CO)	
9918.04.06	[1]	税号0405.10.20的货物	[1]		14美分/千克(CO)	
9918.04.07	[1]	税号0405.20.30、税号2106.90.26或税号2106.90.36的货物	[1]		18.1美分/千克(CO)	
9918.04.08	[1]	税号0405.90.20的货物	[1]		16.9美分/千克＋0.7%(CO)	
		税号0406.10.08、税号0406.10.18、税号0406.10.28、税号0406.10.38、税号0406.10.48、税号0406.10.58、税号0406.10.68、税号0406.10.78、税号0406.10.88、税号0406.20.28、税号0406.20.33、税号0406.20.39、税号0406.20.48、税号0406.20.53、税号0406.20.63、税号0406.20.67、税号0406.20.71、税号0406.20.75、税号0406.20.79、税号0406.20.83、税号0406.20.87、税号0406.20.91、税号0406.30.18、税号0406.30.28、税号0406.30.38、税号0406.30.48、税号0406.30.53、税号0406.30.63、税号0406.30.67、税号0406.30.71、税号0406.30.75、税号0406.30.79、税号0406.30.83、税号0406.30.87、税号0406.30.91、税号0406.40.70、税号0406.90.12、税号0406.90.18、税号0406.90.32、税号0406.90.37、税号0406.90.42、税号0406.90.48、税号0406.90.54、税号0406.90.68、税号0406.90.74、税号0406.90.78、税号0406.90.84、税号0406.90.88、税号0406.90.92、税号0406.90.94、税号0406.90.97或税号1901.90.36的货物：				
9918.04.50	[1]	受本分章美国注释六规定数量限制的货物	[1]		免税(CO)	
		其他：				
9918.04.51	[1]	税号0406.10.08、税号0406.10.88、税号0406.20.91、税号0406.30.91或税号0406.90.97的货物	[1]		50.3美分/千克(CO)	

税则号列	统计后缀	货品名称	单位	税率 普通	税率 特惠	2
				1		
9918.04.52	[1]	税号0406.10.18、税号0406.20.28、税号0406.20.63、税号0406.30.18、税号0406.30.63、税号0406.40.70或税号0406.90.74的货物			75.6美分/千克(CO)	
9918.04.53	[1]	税号0406.10.28、税号0406.20.33、税号0406.20.67、税号0406.30.28、税号0406.30.67、税号0406.90.12或税号0406.90.78的货物	[1]		40.9美分/千克(CO)	
9918.04.54	[1]	税号0406.10.38、税号0406.20.39、税号0406.20.71、税号0406.30.38、税号0406.30.71、税号0406.90.54或税号0406.90.84的货物	[1]		35.1美分/千克(CO)	
9918.04.55	[1]	税号0406.10.48、税号0406.20.48、税号0406.20.75、税号0406.30.48、税号0406.30.75、税号0406.90.18或税号0406.90.88的货物	[1]		60.1美分/千克(CO)	
9918.04.56	[1]	税号0406.10.58、税号0406.20.53、税号0406.20.79、税号0406.30.79、税号0406.90.32、税号0406.90.37、税号0406.90.42或税号0406.90.68的货物	[1]		71.5美分/千克(CO)	
9918.04.57	[1]	税号0406.10.68、税号0406.20.83、税号0406.30.53、税号0406.30.83或税号0406.90.92的货物	[1]		46.2美分/千克(CO)	
9918.04.58	[1]	税号0406.10.78、税号0406.20.87、税号0406.30.87、税号0406.90.94或税号1901.90.36的货物	[1]		37.6美分/千克(CO)	
9918.04.59	[1]	税号0406.90.48的货物	[1]		62.5美分/千克(CO)	
		税号0402.29.50、税号0402.99.90、税号0403.10.50、税号0403.90.95、税号0404.10.15、税号0404.90.50、税号0405.20.70、税号1517.90.60、税号1704.90.58、税号1806.20.82、税号1806.20.83、税号1806.32.70、税号1806.32.80、税号1806.90.08、税号1806.90.10、税号1901.10.16、税号1901.10.26、税号1901.10.36、税号1901.10.44、税号1901.10.56、税号1901.10.66、税号1901.20.15、税号1901.20.50、税号1901.90.62、税号1901.90.65、税号2105.00.40、税号2106.90.09、税号2106.90.66、税号2106.90.87或税号2202.99.28的货物:				
9918.04.60	[1]	受本分章美国注释七规定数量限制的货物	[1]		免税(CO)	
		其他:				
9918.04.61	[1]	税号0402.29.50的货物	[1]		36.8美分/千克＋4.9%(CO)	
9918.04.62	[1]	税号0402.99.90的货物	[1]		15.4美分/千克＋4.9%(CO)	
9918.04.63	[1]	税号0403.10.50的货物	[1]		34.5美分/千克＋5.6%(CO)	
9918.04.64	[1]	税号0403.90.95的货物	[1]		34.4美分/千克＋5.6%(CO)	
9918.04.65	[1]	税号0404.10.15的货物	[1]		34.5美分/千克＋2.8%(CO)	
9918.04.66	[1]	税号0404.90.50的货物	[1]		39.6美分/千克＋2.8%(CO)	
9918.04.67	[1]	税号0405.20.70或税号2106.90.66的货物	[1]		23.4美分/千克＋2.8%(CO)	
9918.04.68	[1]	税号1517.90.60的货物	[1]		11.4美分/千克(CO)	

税则号列	统计后缀	货品名称	单位	税率 1 普通	税率 1 特惠	2
9918.04.69	[1]	税号1704.90.58的货物	[1]		13.3美分/千克+3.4%(CO)	
9918.04.70	[1]	税号1806.20.82的货物	[1]		12.4美分/千克+2.8%(CO)	
9918.04.71	[1]	税号1806.20.83的货物	[1]		17.6美分/千克+2.8%(CO)	
9918.04.72	[1]	税号1806.32.70或税号1806.90.08的货物	[1]		12.4美分/千克+2%(CO)	
9918.04.73	[1]	税号1806.32.80或税号1806.90.10的货物	[1]		17.6美分/千克+2%(CO)	
9918.04.74	[1]	税号1901.10.16、税号1901.10.26、税号1901.10.36或税号1901.10.44的货物	[1]		34.5美分/千克+4.9%(CO)	
9918.04.75	[1]	税号1901.20.15或税号1901.20.50的货物	[1]		14.1美分/千克+2.8%(CO)	
9918.04.76	[1]	税号1901.10.56、税号1901.10.66、税号1901.90.62或税号1901.90.65的货物	[1]		34.5美分/千克+4.5%(CO)	
9918.04.77	[1]	税号2105.00.40的货物	[1]		16.7美分/千克+5.6%(CO)	
9918.04.78	[1]	税号2106.90.09的货物	[1]		28.7美分/千克(CO)	
9918.04.79	[1]	税号2106.90.87的货物	[1]		9.6美分/千克+2.8%(CO)	
9918.04.80	[1]	税号2202.99.28的货物	[1]		7.8美分/千克+4.9%(CO)	
		税号2105.00.20的货物:				
9918.21.10	[1]	受本分章美国注释八规定数量限制的货物	[1]		免税(CO)	
9918.21.11	[1]	其他	[1]		4.5美分/千克+1.5%(CO)	
		税号2401.10.65、税号2401.20.35、税号2401.20.87、税号2401.30.70、税号2403.19.90、税号2403.91.47或税号2403.99.90的货物:				
9918.24.10	[1]	受本分章美国注释九规定数量限制的货物	[1]		免税(CO)	
9918.24.11	[1]	其他	[1]		116.6%(CO)	
		本分章美国注释十有关条款规定的哥伦比亚货物,并以该注释的条款为准:				
9918.24.15	[1]	税号2402.20.10、税号2402.20.80、税号2402.20.90、税号2402.90.00或品目2403的货物(税号2403.19.90或2403.99.90的货物除外)	[1]		免税	
9918.24.20	[1]	其他,税号2403.19.90或税号2403.99.90货物	[1]		原产于哥伦比亚货物规定该税号的税率	

[1] 见第九十九章统计注释一。

第十九分章　根据《美国-巴拿马贸易促进协定》所作的修改

美国注释：

一、本分章包含对根据《美国-巴拿马贸易促进协定》制定的税则条款的修改。根据本税则总注释三十五有关条款进口的税号 9919.04.10 至 9919.61.12 的巴拿马货物，其税率后标有符号"(PA)"的，应适用本分章规定的税率，而不是第一章至第九十七章规定的有关税率。税号 9919.04.10 至 9919.61.12 项下进口至美国的此类巴拿马货物不受本税则第九十九章第四分章的任何条款、关税或限定条件的约束。

除非另有规定，否则本分章美国注释一至注释七（包含税号 9919.04.10 至 9919.61.12）对在 2028 年 12 月 31 日前进口的本税则总注释三十五所述此类巴拿马货物有效，并且该规定应在 2028 年 12 月 31 日从本税则中删除。

二、当货物根据本分章税号中对适用的《美国-巴拿马贸易促进协定》税率进行修订的规定进行归类时，如果没有与此相悖的具体说明，报告编码应为基本条款（第一章至第九十七章中关于归类的适当规定）的适当统计报告编码，以本分章的税号编号开头。出于统计目的，美国人口普查局应收集本分章中的基本条款统计报告编码和适用税号编号。

三、任何一年，税号 9919.02.01 项下进口的巴拿马原产货物的总数量不得超过该年度如下规定的数量：

年份	数量(吨)	年份	数量(吨)
10/31/2012—12/31/2012	330	2019	643
2013	363	2020	707
2014	399	2021	778
2015	439	2022	856
2016	483	2023	942
2017	531	2024	1 036
2018	585	2025	1 130

自 2026 年起，巴拿马此类原产货物不再适用数量限制。除非提前修订或失效，本注释和税号 9918.02.01 至 9918.02.02 将会在 2026 年 12 月 31 日从本税则中删除。

四、(一)任何一年，税号 9919.04.10 项下进口的巴拿马原产货物的总数量不得超过该年度如下规定的数量：

年份	数量(吨)	年份	数量(吨)
10/31/2012—12/31/2012	2 120	2020	3 379
2013	2 247	2021	3 582
2014	2 382	2022	3 797
2015	2 525	2023	4 024

(续表)

年份	数量(吨)	年份	数量(吨)
2016	2 676	2024	4 266
2017	2 837	2025	4 522
2018	3 007	2026	4 793
2019	3 188	2027	5 081

自2028年起,巴拿马此类原产货物不再适用数量限制。

(二)税号9919.04.11至9919.04.12项下进口的巴拿马原产货物的总数量不得超过该年度如下规定的数量:

年份	数量(吨)	年份	数量(吨)
10/31/2012—12/31/2012	318	2020	507
2013	337	2021	537
2014	357	2022	570
2015	379	2023	604
2016	401	2024	640
2017	426	2025	678
2018	451	2026	719
2019	478	2027	762

自2028年起,巴拿马此类原产货物不再适用数量限制。除非提前修订或失效,本注释、税号9919.04.10至9919.04.14和相应文本将会在2028年12月31日从本税则中删除。

五、(一)任何一年,税号9919.04.40项下进口的巴拿马原产货物的总数量不得超过该年度如下规定的数量:

年份	数量(吨)	年份	数量(吨)
10/31/2012—12/31/2012	318	2019	478
2013	337	2020	507
2014	357	2021	537
2015	379	2022	569
2016	401	2023	604
2017	426	2024	640
2018	451	2025	678

自2026年起,巴拿马此类原产货物不再适用数量限制。

(二)任何一年,税号9919.04.41项下进口的巴拿马原产货物的总数量不得超过该年度如下规定的数量:

年份	数量(吨)	年份	数量(吨)
10/31/2012—12/31/2012	48	2019	68
2013	51	2020	76
2014	54	2021	81
2015	57	2022	85
2016	60	2023	91
2017	64	2024	96
2018	68	2025	102

自2026年起,巴拿马此类原产货物不再适用数量限制。除非提前修订或失效,本注释、税号9919.04.40至9919.04.42和相应文本将会在2026年12月31日从本税则中删除。

六、(一)任何一年,税号9919.04.50项下进口的巴拿马原产货物的总数量不得超过该年度如下规定的数量:

年份	数量(吨)	年份	数量(吨)
10/31/2012—12/31/2012	525	2020	776
2013	551	2021	814
2014	579	2022	855
2015	608	2023	898
2016	638	2024	943
2017	670	2025	990
2018	704	2026	1 039
2019	739	2027	1 091

自2028年起,巴拿马此类原产货物不再适用数量限制。

(二)任何一年,税号9919.04.51至9919.04.58项下进口的巴拿马原产货物的总数量不得超过该年度如下规定的数量:

年份	数量(吨)	年份	数量(吨)
10/31/2012—12/31/2012	79	2020	116
2013	83	2021	122
2014	87	2022	128
2015	91	2023	135
2016	96	2024	141
2017	101	2025	149
2018	106	2026	156
2019	111	2027	164

自2028年起,巴拿马此类原产货物不再适用数量限制。除非提前修订或失效,本注释、税号

9919.04.50 至 9919.04.68 和相应文本将会在 2028 年 12 月 31 日从本税则中删除。

七、(一)任何一年,税号 9919.21.10 项下进口的巴拿马原产货物的总数量不得超过该年度如下规定的数量:

年份	数量(吨)	年份	数量(吨)
10/31/2012—12/31/2012	1 590	2019	2 391
2013	1 685	2020	2 534
2014	1 787	2021	2 686
2015	1 894	2022	2 847
2016	2 007	2023	3 018
2017	2 128	2024	3 199
2018	2 255	2025	3 391

自 2026 年起,巴拿马此类原产货物不再适用数量限制。

(二)任何一年,税号 9919.21.11 项下进口的巴拿马原产货物的总数量不得超过该年度如下规定的数量:

年份	数量(吨)	年份	数量(吨)
10/31/2012—12/31/2012	239	2019	359
2013	253	2020	380
2014	268	2021	403
2015	284	2022	427
2016	301	2023	453
2017	319	2024	480
2018	338	2025	509

自 2026 年起,巴拿马此类原产货物不再适用数量限制。除非提前修订或失产儿,本注释、税号 9919.21.10 至 9919.21.12 和相应文本将会在 2026 年 12 月 31 日从本税则中删除。

税则号列	统计后缀	货品名称	单位	税率 1 普通	税率 1 特惠	2
		本税则总注释三十五有关条款规定的巴拿马货物：				
		税号0201.10.50、税号0201.20.80、税号0201.30.80、税号0202.10.50、税号0202.20.80或税号0202.30.80的货物：				
9919.02.01	[1]	受本分章美国注释三规定数量限制的货物	[1]		13.2%(PA)	
9919.02.02	[1]	其他	[1]		19.8%(PA)	
		税号0402.91.70、税号0402.91.90、税号0402.99.45或税号0402.99.55的货物：				
9919.04.10	[1]	受本分章美国注释四(一)款规定数量限制的货物	[1]		免税(PA)	
		受本分章美国注释四(二)款规定数量限制的货物：				
9919.04.11	[1]	税号0402.91.70或税号0402.91.90的货物	[1]		27.4美分/千克(PA)	
9919.04.12	[1]	税号0402.99.45或税号0402.99.55的货物	[1]		43.4美分/千克(PA)	
		其他：				
9919.04.13	[1]	税号0402.91.70或税号0402.91.90的货物	[1]		31.3美分/千克(PA)	
9919.04.14	[1]	税号0402.99.45或税号0402.99.55的货物	[1]		49.6美分/千克(PA)	
		税号0406.10.08、税号0406.10.88、税号0406.20.91、税号0406.30.91或税号0406.90.97的货物：				
9919.04.40	[1]	受本分章美国注释五(一)款规定数量限制的货物	[1]		免税(PA)	
9919.04.41	[1]	受本分章美国注释五(一)款规定数量限制的货物	[1]		1.07美元/千克(PA)	
9919.04.42	[1]	其他	[1]		1.50美元/千克(PA)	
		税号0406.10.18、税号0406.10.28、税号0406.10.38、税号0406.10.48、税号0406.10.58、税号0406.10.68、税号0406.10.78、税号0406.20.28、税号0406.20.33、税号0406.20.39、税号0406.20.48、税号0406.20.53、税号0406.20.63、税号0406.20.67、税号0406.20.71、税号0406.20.75、税号0406.20.79、税号0406.20.83、税号0406.20.87、税号0406.30.18、税号0406.30.28、税号0406.30.38、税号0406.30.48、税号0406.30.53、税号0406.30.63、税号0406.30.67、税号0406.30.79、税号0406.30.83、税号0406.30.71、税号0406.30.75、税号0406.30.87、税号0406.40.70、税号0406.90.12、税号0406.90.18、税号0406.90.32、税号0406.90.37、税号0406.90.42、税号0406.90.48、税号0406.90.54、税号0406.90.68、税号0406.90.74、税号0406.90.78、税号0406.90.84、税号0406.90.88、税号0406.90.92、税号0406.90.94或税号1901.90.36的货物：				
9919.04.50	[1]	受本分章美国注释六(一)款规定的数量限制的货物	[1]		免税(PA)	
		受本分章美国注释六(一)款规定的数量限制的货物：				
9919.04.51	[1]	税号0406.10.18、税号0406.20.28、税号0406.20.63、税号0406.30.18、税号0406.30.63、税号0406.40.70或税号0406.90.74的货物	[1]		1.98美元/千克(PA)	
9919.04.52	[1]	税号0406.10.28、税号0406.20.33、税号0406.20.67、税号0406.30.28、税号0406.30.67、税号0406.90.12或税号0406.90.78的货物	[1]		1.07美元/千克(PA)	

税则号列	统计后缀	货品名称	单位	税率 1 普通	税率 1 特惠	2
9919.04.53	[1]	税号0406.10.38、税号0406.20.39、税号0406.20.71、税号0406.30.38、税号0406.30.71、税号0406.90.54或税号0406.90.84的货物	[1]		92.3美分/千克(PA)	
9919.04.54	[1]	税号0406.10.48、税号0406.20.48、税号0406.20.75、税号0406.30.48、税号0406.30.75、税号0406.90.18或税号0406.90.88的货物	[1]		1.57美元/千克(PA)	
9919.04.55	[1]	税号0406.10.58、税号0406.20.53、税号0406.20.79、税号0406.30.79、税号0406.90.32、税号0406.90.37、税号0406.90.42或税号0406.90.68的货物	[1]		1.87美元/千克(PA)	
9919.04.56	[1]	税号0406.10.68、税号0406.20.83、税号0406.30.53、税号0406.30.83或税号0406.90.92的货物	[1]		1.21美元/千克(PA)	
9919.04.57	[1]	税号0406.10.78、税号0406.20.87、税号0406.30.87、税号0406.90.94或税号1901.90.36的货物	[1]		98.7美分/千克(PA)	
9919.04.58	[1]	税号0406.90.48的货物	[1]		1.64美元/千克(PA)	
		其他：				
9919.04.61	[1]	税号0406.10.18、税号0406.20.28、税号0406.20.63、税号0406.30.18、税号0406.30.63、税号0406.40.70或税号0406.90.74的货物	[1]		2.26美元/千克(PA)	
9919.04.62	[1]	税号0406.10.28、税号0406.20.33、税号0406.20.67、税号0406.30.28、税号0406.30.67、税号0406.90.12或税号0406.90.78的货物	[1]		1.22美元/千克(PA)	
9919.04.63	[1]	税号0406.10.38、税号0406.20.39、税号0406.20.71、税号0406.30.38、税号0406.30.71、税号0406.90.54或税号0406.90.84的货物	[1]		1.05美元/千克(PA)	
9919.04.64	[1]	税号0406.10.48、税号0406.20.48、税号0406.20.75、税号0406.30.48、税号0406.30.75、税号0406.90.18或税号0406.90.88的货物	[1]		1.80美元/千克(PA)	
9919.04.65	[1]	税号0406.10.58、税号0406.20.53、税号0406.20.79、税号0406.30.79、税号0406.90.32、税号0406.90.37、税号0406.90.42或税号0406.90.68的货物	[1]		2.14美元/千克(PA)	
9919.04.66	[1]	税号0406.10.68、税号0406.20.83、税号0406.30.53、税号0406.30.83或税号0406.90.92的货物	[1]		1.38美元/千克(PA)	
9919.04.67	[1]	税号0406.10.78、税号0406.20.87、税号0406.30.87、税号0406.90.94或税号1901.90.36的货物	[1]		1.12美元/千克(PA)	
9919.04.68	[1]	税号0406.90.48的货物	[1]		1.87美元/千克(PA)	
		税号2105.00.20的货物：				
9919.21.10	[1]	受本分章美国注释七(一)款规定数量限制的货物	[1]		免税(PA)	
9919.21.11	[1]	受本分章美国注释七(二)款规定数量限制的货物	[1]		35.8美分/千克+17%(PA)	
9919.21.12	[1]	其他	[1]		50.2美分/千克+17%(PA)	
		税号6111.20.60、税号6111.30.50或税号6111.90.50的货物：				
9919.61.01	[1]	税号6111.20.60、税号6111.30.50或税号6111.90.50的货物(婴儿短袜和靴除外)	[1]		免税(PA)	

第九十九章 临时立法;根据现有贸易法规的临时修改;根据经修正的《农业调整法》第 22 条制定的附加进口限制

税则号列	统计后缀	货品名称	单位	税率 1 普通	税率 1 特惠	2
9919.61.02	[1]	税号 6111.20.60 的婴儿短袜和靴	[1]		免税(PA)	
9919.61.03	[1]	税号 6111.30.50 的婴儿短袜和靴	[1]		免税(PA)	
9919.61.04	[1]	税号 6111.90.50 的婴儿短袜和靴	[1]		免税(PA)	
		税号 6115.94.00、税号 6115.95.60、税号 6115.95.90、税号 6115.96.60、税号 6115.96.90、税号 6115.99.14、税号 6115.99.19、税号 6115.99.40、税号 6115.99.90 的货物:				
9919.61.05	[1]	短袜除外的货物	[1]		免税(PA)	
9919.61.06	[1]	税号 6115.94.00 的短袜	[1]		免税(PA)	
9919.61.07	[1]	税号 6115.95.60 的短袜	[1]		免税(PA)	
9919.61.08	[1]	税号 6115.95.90 的短袜	[1]		免税(PA)	
9919.61.09	[1]	税号 6115.96.60 或税号 6115.99.14 的短袜	[1]		免税(PA)	
9919.61.10	[1]	税号 6115.96.90 或税号 6115.99.19 的短袜	[1]		免税(PA)	
9919.61.11	[1]	税号 6115.99.40 的短袜	[1]		免税(PA)	
9919.61.12	[1]	税号 6115.99.90 的短袜	[1]		免税(PA)	

[1] 见第九十九章统计注释一。

第二十分章　根据《美国-韩国贸易促进协定》所作的修改

美国注释：

一、本分章包含对根据《美国-韩国贸易促进协定》制定的税则条款的修改。根据本税则总注释三十三有关条款进口的税号9920.04.10至9920.85.02的韩国货物，其税率后标有符号"(KR)"的，应适用本分章规定的税率，而不是第一章至第九十七章规定的有关税率。即使税则有其他规定，本分章所称"本税则总注释三十三有关条款规定的韩国货物"是指满足本税则总注释三十三要求的韩国货物，不包括在美国加工或从美国获得材料，但应被视为从本税则总注释三十三明确的非协定缔约方的国家加工并且从该国获得材料的韩国货品。税号9920.04.10至9920.85.02项下进口至美国的此类韩国货物不受本税则第九十九章第四分章的任何条款、关税或限定条件的约束。

除非另有规定，否则本分章的条款对在2026年12月31日前进口的本税则总注释三十三所述的此类韩国货物有效，并且相关条款应在2026年12月31日从本税则中删除。

二、当货物根据本分章税号中对适用的《美国-韩国贸易促进协定》税率进行修订的规定进行归类时，如果没有与此相悖的具体说明，报告编码应为基本条款（第一章至第九十七章中关于归类的适当规定）的适当统计报告编码，以本分章的税号编号开头。出于统计目的，美国人口普查局应收集本分章中的基本条款统计报告编码和适用税号编号。

三、任何一年，税号9920.04.10项下进口的韩国原产货物的总数量不得超过该年度如下规定的数量：

年份	数量(吨)	年份	数量(吨)
3/15/2012—12/31/2012	300	2017	348
2013	309	2018	358
2014	318	2019	369
2015	328	2020	380
2016	338		

自2021年起，韩国此类原产货物不再适用数量限制。除非提前修订或失效，本注释和税号9920.04.10至9920.04.30将会在2021年12月31日从本税则中删除。

税则号列	统计后缀	货品名称	单位	税率 1 普通	税率 1 特惠	2
		本税则总注释三十三有关条款规定的韩国货物：				
		税号0402.29.50、税号0402.99.90、税号0403.10.50、税号0403.90.95、税号0404.10.15、税号0404.90.50、税号0405.20.70、税号1517.90.60、税号1704.90.58、税号1806.20.82、税号1806.20.83、税号1806.32.70、税号1806.32.80、税号1806.90.08、税号1806.90.10、税号1901.10.26、税号1901.10.44、税号1901.10.56、税号1901.10.60、税号1901.20.15、税号1901.20.50、税号1901.90.62、税号1901.90.65、税号2105.00.40、税号2106.90.09、税号2106.90.66、税号2106.90.87 或税号2202.99.28 的货物：				
9920.04.10	[1]	受本分章美国注释三规定的数量限制的货物	[1]		免税(KR)	
		其他：				
9920.04.11	[1]	税号0402.29.50 的货物	[1]		免税(KR)	
9920.04.12	[1]	税号0402.99.90 的货物	[1]		免税(KR)	
9920.04.13	[1]	税号0403.10.50 的货物	[1]		免税(KR)	
9920.04.14	[1]	税号0403.90.95 的货物	[1]		免税(KR)	
9920.04.15	[1]	税号0404.10.15 的货物	[1]		免税(KR)	
9920.04.16	[1]	税号0404.90.50 的货物	[1]		免税(KR)	
9920.04.17	[1]	税号0405.20.70 或税号2106.90.66 的货物	[1]		免税(KR)	
9920.04.18	[1]	税号1517.90.60 的货物	[1]		免税(KR)	
9920.04.19	[1]	税号1704.90.58 的货物	[1]		免税(KR)	
9920.04.20	[1]	税号1806.20.82 的货物	[1]		免税(KR)	
9920.04.21	[1]	税号1806.20.83 的货物	[1]		免税(KR)	
9920.04.22	[1]	税号1806.32.70 或1806.90.08 的货物	[1]		免税(KR)	
9920.04.23	[1]	税号1806.32.80 或1806.90.10 的货物	[1]		免税(KR)	
9920.04.24	[1]	税号1901.10.26 或1901.10.44 的货物	[1]		免税(KR)	
9920.04.25	[1]	税号1901.20.15 或1901.20.50 的货物	[1]		免税(KR)	
9920.04.26	[1]	税号1901.10.56、税号1901.10.60、税号1901.90.62 或税号1901.90.65 的货物	[1]		免税(KR)	
9920.04.27	[1]	税号2105.00.40 的货物	[1]		免税(KR)	
9920.04.28	[1]	税号2106.90.09 的货物	[1]		免税(KR)	
9920.04.29	[1]	税号2106.90.87 的货物	[1]		免税(KR)	
9920.04.30	[1]	税号2202.99.28 的货物	[1]		免税(KR)	
		税号3824.71.01 的货物：				
9920.38.01	[1]	含氟和氯的全卤化物,但不含任何其他卤素	[1]		免税(KR)	
9920.38.02	[1]	其他	[1]		免税(KR)	
		税号8544.42.90 的货物：				
9920.85.01	[1]	绝缘电导体,电压不超过80伏,装有接头	[1]		免税(KR)	

税则号列	统计后缀	货品名称	单位	税率 1 普通	税率 1 特惠	2
9920.85.02	[1]	绝缘电导体,电压超过80伏但不超过1 000伏,装有接头	[1]		免税（KR）	

[1]见第九十九章统计注释一。

[注:阴影区域表示该规定已过期。]

第二十一分章 《美国-日本贸易协定》

美国注释：

一、本分章包含对根据《美国-日本贸易协定》制定的税则条款的修改。根据本税则注释三十六有关条款进口的税号 9921.01.01 至 9921.01.02 的日本货物，其税率后标有符号"(JP)"规定的税率，以代替本税则中另行规定的税率。

税则号列	统计后缀	货品名称	单位	税率 1 普通	税率 1 特惠	2
		本税则总注释三十三规定的日本货物:品目8415的空调机零件,包括无法单独控制湿度的机器的零件(税号8415.90.80的):				
9921.01.01	[1]	汽车空调的	[1]		1.4%(JP)	
9921.01.02	[1]	其他	[1]		免税(JP)	

第二十二分章 《美国-墨西哥-加拿大自由贸易协定》

美国注释：

一、花生以及与花生有关的货物。

本注释和税号9922.01.01至9922.01.12对2020年7月1日至2024年12月31日期间在本税则总注释十一条款下进口的归入税号1202.30.80、税号1202.41.80、税号1202.42.80、税号2008.11.15、税号2008.11.35或税号2008.11.60的原产于《美国-墨西哥-加拿大自由贸易协定》国家的货物有效。

(一)根据美国法律有资格被标记为墨西哥货物的货物，不论该货物是否被标记，以及美国货物，在本注释规定的期限内，仅税号9922.01.01、税号9922.01.03、税号9922.01.05、税号9922.01.07、税号9922.01.09或税号9922.01.11的货物有资格享受《美国-墨西哥-加拿大自由贸易协定》关税待遇。

(二)根据美国法律有资格被标记为加拿大货物的货物，不论该货物是否被标记，以及美国货物，在本注释规定的期限内，仅税号9922.01.02、税号9922.01.04、税号9922.01.06、税号9922.01.08、税号9922.01.10或税号9922.01.12的货物有资格享受《美国-墨西哥-加拿大自由贸易协定》关税待遇。

二、棉花以及与棉花有关的货物。

本注释和税号9922.52.01至9922.52.12对2020年7月1日至2024年12月31日期间在本税则总注释十一条款下进口的归入税号5201.00.18、税号5201.00.28、税号5201.00.38、税号5201.00.80、税号5202.99.30或税号5203.00.30的原产于《美国-墨西哥-加拿大自由贸易协定》国家的货物有效。

(一)根据美国法律有资格被标记为墨西哥货物的货物，不论该货物是否被标记，以及在本税则总注释十一条款下进口的美国货物，在本注释规定的期限内，仅税号9922.52.01、税号9922.52.03、税号9922.52.05或税号9922.52.07的货物有资格享受《美国-墨西哥-加拿大自由贸易协定》关税待遇。

(二)在本税则总注释十一条款下进口的加拿大货物，根据美国法律有资格被标记为加拿大货物，不论该货物是否被标记，在本注释规定的期限内，仅税号9922.52.02、税号9922.52.04、税号9922.52.06、税号9922.52.08、税号9922.52.06、税号9922.52.08、税号9922.52.10或税号9922.52.12的货物有资格享受《美国-墨西哥-加拿大自由贸易协定》关税待遇。

税则号列	统计后缀	货品名称	单位	税率 1 普通	税率 1 特惠	2
		根据税则总注释十一中《美-墨西哥-加拿大自由贸易协定》条款进口的货物：				
		税号1202.30.80的货物：				
9922.01.01	[1]	本分章美国注释一(一)款的墨西哥货物或美国货物	[1]		免税(S+)	
9922.01.02	[1]	本分章美国注释一(二)款的加拿大货物	[1]		87.9%(S+)	
		税号1202.41.80的货物：				
9922.01.03	[1]	本分章美国注释一(一)款的墨西哥货物或美国货物	[1]		免税(S+)	
9922.01.04	[1]	本分章美国注释一(二)款的加拿大货物	[1]		109.2%(S+)	
		税号1202.42.80的货物：				
9922.01.05	[1]	本分章美国注释一(一)款的墨西哥货物或美国货物	[1]		免税(S+)	
9922.01.06	[1]	本分章美国注释一(二)款的加拿大货物	[1]		87.9%(S+)	
		税号2008.11.15的货物：				
9922.01.07	[1]	本分章美国注释一(一)款的墨西哥货物或美国货物	[1]		免税(S+)	
9922.01.08	[1]	本分章美国注释一(二)款的加拿大货物	[1]		87.9%(S+)	
		税号2008.11.35的货物：				
9922.01.09	[1]	本分章美国注释一(一)款的墨西哥货物或美国货物	[1]		免税(S+)	
9922.01.10	[1]	本分章美国注释一(二)款的加拿大货物	[1]		87.9%(S+)	
		税号2008.11.60的货物：				
9922.01.11	[1]	本分章美国注释一(一)款的墨西哥货物或美国货物	[1]		免税(S+)	
9922.01.12	[1]	本分章美国注释一(二)款的加拿大货物	[1]		87.9%(S+)	
		税号5201.00.18的货物：				
9922.52.01	[1]	本分章美国注释二(一)款的墨西哥货物或美国货物	[1]		免税(S+)	
9922.52.02	[1]	本分章美国注释二(二)款的加拿大货物	[1]		20.9美分/千克(S+)	
		税号5201.00.28的货物：				
9922.52.03	[1]	本分章美国注释二(一)款的墨西哥货物或美国货物	[1]		免税(S+)	
9922.52.04	[1]	本分章美国注释二(二)款的加拿大货物	[1]		20.9美分/千克(S+)	
		税号5201.00.38的货物：				
9922.52.05	[1]	本分章美国注释二(一)款的墨西哥货物或美国货物	[1]		免税(S+)	
9922.52.06	[1]	本分章美国注释二(二)款的加拿大货物	[1]		20.9美分/千克(S+)	
		税号5201.00.80的货物：				
9922.52.07	[1]	本分章美国注释二(一)款的墨西哥货物或美国货物	[1]		免税(S+)	
9922.52.08	[1]	本分章美国注释二(二)款的加拿大货物	[1]		20.9美分/千克(S+)	
		税号5202.99.30的货物：				
9922.52.09	[1]	本分章美国注释二(一)款的墨西哥货物或美国货物	[1]		免税(S+)	
9922.52.10	[1]	本分章美国注释二(二)款的加拿大货物	[1]		5.2美分/千克(S+)	
		税号5203.00.30的货物：				

税则号列	统计后缀	货品名称	单位	税率 1 普通	税率 1 特惠	2
9922.52.11	[1]	本分章美国注释二(一)款的墨西哥货物或美国货物	[1]		免税(S+)	
9922.52.12	[1]	本分章美国注释二(二)款的加拿大货物	[1]		20.9美分/千克（S+)	

特殊统计报告编码

99 – SSRN

统计报告编码	条款
	救助
9999.00.2000	船舶在美国领海沉没2年后,船舶所有人放弃船舶,根据《1930年关税法》第310条的规定,从该船上收回的任何应纳税商品均可免税运入最近的港口。
	加拿大或墨西哥的纺织品和服装
	根据税则第十一类附加注释三、注释四和注释五的规定,报告从加拿大或墨西哥进口的纺织品和服装时,必须采用下列规定;且这些条款所述货物必须按依据该附加注释确定的平方米当量报告
	根据第十一类附加注释三、注释四和注释五规定从加拿大或墨西哥进口的纺织品和服装
	第十一类附加注释三(一)所述货物
	棉制或化学纤维制服装
9999.00.50	由在《北美自由贸易协定》缔约方领土外针织或机织的织物制成的
9999.00.51	附加注释三(一)其他货物
	羊毛服装
9999.00.52	443类男式羊毛西服套装
9999.00.53	附加注释三其他货物
9999.00.54	第十一类附加注释四(一)所述货物
9999.00.55	第十一类附加注释四(三)(九)所述货物
9999.00.56	第十一类附加注释五(一)所述货物
	根据第十一类附加注释三[(三)款除外]、注释四和注释五规定从墨西哥进口的纺织品和服装
	第十一类附加注释三(二)所述货物,但该注释(四)款和(五)款所述货物除外
9999.00.60	棉制或化学纤维制服装
9999.00.61	羊毛服装
9999.00.62	根据第十一类附加注释四(四),该注释四(二)所述货物
9999.00.64	第十一类附加注释五(二)所述货物
	与自由贸易协定有关的其他报告要求
9999.00.84	根据《美国-新加坡自由贸易协定》从新加坡进口并根据总注释二十五(十三)款有关规定被视为原产货物的货物